D0334841

DICCIONARIO
INGLÉS-ESPAÑOL
ESPAÑOL-INGLÉS

DICCIONARIO
INGLÉS-ESPAÑOL
ESPAÑOL-INGLÉS

ENGLISH-SPANISH
SPANISH-ENGLISH DICTIONARY

Por

EDWIN B. WILLIAMS,

Profesor de Lenguajes Romances, Universidad de Pensylvania

GRAMERCY BOOKS
NUEVA YORK

Publicado anteriormente bajo Bantam
Diccionario Inglés-Español Español-Inglés

Reprint edition of the Bantam Diccionario
Inglés-Español Español-Inglés

Library of Congress Cataloging-in-Publication Data

Williams, Edwin Bucher, 1891-1975
    Diccionario inglés-español, español- inglés = English-Spanish, Spanish-English dictionary / por Edwin B. Williams.
        p. cm.
    Rev. ed. of: The Bantam new college Spanish and English. 1968.
    ISBN 0-517-22390-2
    1. Spanish language—Dictionaries—English. 2. English language—Dictionaries—Spanish.
I. Williams, Edwin Bucher, 1891-1975. Bantam new college Spanish & English dictionary.
II. Title.

PC4640.W53 2004
463'.21—dc22

2004040642

10 9 8 7 6 5 4 3 2 1

CONTENTS

Luego de leer una entrada, vea la otra sección del diccionario para encontrar más información sobre el significado de las palabras. Véase, p.ej., fuerza y force.

After you read an entry in one section of the dictionary, read the entry in the other section to find more information on that particular word's meaning, i.e. force and fuerza.

PREFACE TO THE FIRST EDITION

This book is based on primary spoken and written sources. It is designed for speakers of either language who wish to find words or the meanings of words in the foreign language. Its purpose is, therefore, fourfold. It gives to the English-speaking users (1) the Spanish words they need to express their thoughts in Spanish and (2) the English meanings of Spanish words they need to understand Spanish, and to the Spanish-speaking users (3) the English words they need to express their thoughts in English and (4) the Spanish meanings of English words they need to understand English.

To accomplish the purpose of (1) and (3), discriminations are provided in the source language except that, because of the special facility with which the subject of the verb can be shown in Spanish and because of the convenience of showing the object with personal **a**, discriminations in the form of subject and/or object are given in Spanish on the English-Spanish side as well as on the Spanish-English side. For the purpose of (2) and (4) discriminations are not needed and are not given because the user will always have the context of what he hears or reads to guide him. However, some glosses whose purpose is not to show discrimination but rather to elaborate on the meaning of what may be judged to be an unfamiliar or obscure word or expression in the user's native language are provided in that language.

All words are treated in a fixed order according to the parts of speech and the functions of verbs; and meanings with subject, usage, and regional labels come after more general meanings.

In order to facilitate the finding of the meaning and use sought for, changes within a vocabulary entry in part of speech and function of verb, in irregular inflection, in the gender of Spanish nouns, and in the pronunciation of English words are marked with parallels instead of the usual semicolons.

Periods are omitted after labels and grammatical abbreviations and at the end of vocabulary entries.

The feminine form of a Spanish adjective used as a noun (or a Spanish feminine noun having identical spelling with the feminine form of an adjective) that falls alphabetically in a separate position from the adjective is treated in that position and is listed again as a cross reference under the adjective.

The gender of Spanish nouns is shown on both sides of the Dictionary except that the gender of masculine nouns ending in **-o**, feminine nouns ending in **-a, -dad, -tad, -tud, -ión,** and **-umbre,** masculine nouns modified by an adjective ending in **-o,** and feminine nouns modified by an adjective ending in **-a** is not shown on the English-Spanish side.

Numbers referring to the conjugations of irregular Spanish verbs are placed before the abbreviations indicating the part of speech. The list at the end of the Spanish-English part of the Dictionary includes models of all verbs that show a combination of two types of irregularity, e. g., **esforzar, seguir, teñir.**

Proper nouns and abbreviations are listed in their alphabetical position in the main body of the Dictionary. Thus **España** and **español** do not have to be looked up in two different parts of the book. And all subentries are listed in strictly alphabetical order.

The centered period is used in vocabulary entries of irregularly inflected words to mark off the final syllable that has to be detached before the syllable showing the inflection is added, e. g., **lá•piz** *m* (*pl* **-pices**) and **falsi•fy** ['fɔlsɪ,faɪ] *v* (*pret & pp* **-fied**).

The pronunciation of all English simple words is shown in a new adaptation of the symbols of the International Phonetic Alphabet and in brackets. The pronunciation of English compound words is not shown provided the pronunciation of the components is shown where they appear as independent vocabulary entries.

Since vocabulary entries are not determined on the basis of etymology, homographs are included in a single entry. When the pronunciation of an English homograph changes, this is shown in the proper place after parallels.

PRÓLOGO DE LA PRIMARA EDICIÓN

Hemos basado este libro en fuentes originales del lenguaje hablado y escrito. Está destinado a los hablantes de uno u otro idioma que buscan palabras o significados de palabras en el idioma extranjero. Tiene, por lo tanto, los cuatro siguientes propósitos: al usuario de habla inglesa le suministra (1) las palabras españolas que necesita para expresar su pensamiento en español y (2) los significados ingleses de las palabras españolas que necesita para comprender el español; y al usuario de habla española le suministra (3) las palabras inglesas que necesita para expresar su pensamiento en inglés y (4) los significados españoles de las palabras inglesas que necesita para comprender el inglés.

Para lograr los propósitos indicados bajo los números (1) y (3), se suministran diferenciaciones (es decir, distinciones entre dos o más significados de una palabra) en la lengua-fuente; pero, dada la facilidad con que el sujeto del verbo puede indicarse en español y dada la conveniencia de destacar el objeto del verbo con la preposición **a**, las diferenciaciones consistentes en el sujeto o el objeto, o ambos, se dan en español tanto en la parte de inglés-español como en la parte de español-inglés. Para los propósitos indicados bajo los números (2) y (4) no se necesitan diferenciaciones y no se dan, porque el usuario siempre tendrá como guía el contexto de lo que oye o lee. Con todo, algunas glosas que no tienen por objeto indicar diferenciaciones sino más bien dilucidar el sentido de lo que parece ser una palabra o expresión raras u obscuras en la lengua nativa del usuario, se indican en esta lengua.

Los vocablos se tratan consecutivamente de acuerdo con las partes de la oración y las funciones verbales; y los significados marcados con calificativos de tema, uso y país van después de los significados más generales.

Para facilitar la búsqueda del significado y el uso deseados, los cambios en la parte de la oración y función verbal, en la flexión, en el género de los nombres españoles y en la pronunciación de las palabras inglesas van señalados con doble raya vertical, en vez del punto y coma de costumbre.

Se han omitido los puntos después de los calificativos y abreviaturas gramaticales y al fin de los artículos.

La forma femenina de un adjetivo español usado como sustantivo (o de un sustantivo femenino que se escribe lo mismo que la forma femenina de un adjetivo), que cae alfabéticamente en lugar apartado del adjetivo, se trata en este lugar y se consigna otra vez bajo el adjetivo con una referencia a la palabra traducida anteriormente.

El género de los nombres españoles aparece en ambas partes del Diccionario; pero no aparece en la parte de inglés-español el género de los nombres masculinos que terminan en **-o,** los nombres femeninos que terminan en **-a, -dad, -tad, -tud, -ión,** y **-umbre,** los nombres masculinos modificados por un adjetivo que termina en **-o** ni los nombres femeninos modificados por un adjetivo que termina en **-a.**

Los números que se refieren a los modelos de conjugación de los verbos españoles van antes de las abreviaturas que indican la parte de la oración. La lista completa de los modelos de conjugación incluye muchos que muestran una combinación de dos irregularidades, p.ej., **esforzar, seguir, teñir.**

Los nombres propios y las abreviaturas se consignan en su propio lugar alfabético en el texto del Diccionario. No hay, pues, que buscar **España** y **español** en dos partes distintas del libro. Y todos los artículos secundarios van colocados en riguroso orden alfabético.

Se usa el punto divisorio en los artículos de palabras de flexión irregular para señalar la sílaba final que debe separarse antes de agregar la sílaba que denota la flexión, p.ej., **lá•piz** (*pl* **-pices**) y **falsi•fy** [ˈfɔlsɪˌfaɪ] *v* (*pret & pp* **-fied**).

La pronunciación de todas las palabras inglesas simples se muestra por media de una nueva adaptación de los símbolos del Alfabeto fonético internacional y entre corchetes. No se muestra la pronunciación de las palabras inglesas compuestas cuando la pronunciación de los componentes consta en los lugares donde aparecen como artículos independientes.

The author wishes to express his gratitude to many persons who have worked with him in lexicographical research and development and who helped him directly in the compilation of this book and particularly to the following: Paul Aguilar, William Beigel, Henry H. Carter, Eugenio Chang-Rodríguez, R. Thomas Douglass, David Louis Gold, Allison Gronberg, James E. Iannucci, Christopher Stavrou, Roger J. Steiner, John C. Traupman, and José Vidal.

EDWIN B. WILLIAMS

PREFACE TO THE REVISED EDITION

The main objective of this revision has been to add about 3,200 recent words and meanings, primarily from the fields of science and technology (especially computers, medicine, and genetics), communication, environment, and economics and from colloquial speech. To accommodate the new text, we have omitted (1) the repetition of the infinitive particle (to) and (2) many alternative pronunciations, especially of British English.

The label (Am) has been deleted in most instances because this Dictionary focuses, in its entirety, on the Spanish of the Americas. The 22 regional labels have been retained.

Credit for work on this revision is due Mario Bernal, Gerald J. Mac Donald, Liliana Montano, Roger J. Steiner, Sol Steinmetz, Carlos Vega, Lawrence Weisburg, and Diane S. Aronson.

WALTER D. GLANZE

Como la constitución de los artículos no se ha determinado a base de su etimología, se incluyen bajo un mismo artículo todos los homógrafos de una palabra. Cuando varía la pronunciación de un homógrafo inglés, se indica en su propio lugar después de la doble raya vertical.

EDWIN B. WILLIAMS

PRÓLOGO DE LA EDICIÓN AUMENTADA

El objectivo mayor de esta revisión ha sido agregar aproximadamente 3,200 palabras y significados recientes, principalmente de las áreas de ciencia y technología (especialmente computadores, medicina y genética), comunicaciones, medio ambiente y economía, y del idioma de uso común. Para adaptar el texto nuevo, hemos omitido (1) la repetición del signo de infinitivo (**to**) y (2) muchas pronunciaciones alternativas, especialmento del inglés británico.

El calificativo (Am) ha sido omitido generalmente, porque este Diccionario se concentra en el español de las Américas. Los 22 calificativos regionales han sido retenidos.

Por el trabajo rendido en esta revisión, crédito es debido a Mario Bernal, Gerald J. Mac-Donald. Liliana Montano, Roger J. Steiner, Sol Steinmetz, Carlos Vega, Lawrence Weisburg y Diane S. Aronson.

WALTER D. GLANZE

LABELS AND GRAMMATICAL ABBREVIATIONS
CALIFICATIVOS Y
ABREVIATURAS GRAMATICALES

abbr abbreviation—abreviatura
(acronym) acrónimo—a word formed from the initial letters or syllables of a series of words—palabra formada de las letras o sílabas iniciales de una serie de palabras
adj adjective—adjetivo
adv adverb—adverbio
(aer) aeronautics—aeronáutica
(agr) agriculture—agricultura
(alg) algebra—álgebra
(Am) Spanish American—hispano-americano
(anat) anatomy—anatomía
(archaic) arcaico
(archeol) archeology—arqueología
(archit) architecture—arquitectura
(Arg) Argentine—argentino
(arith) arithmetic—aritmética
art article—artículo
(arti) artillery—artillería
(astr᾿ astronomy—astronomía
(aut) automobiles—automóviles
(bact) bacteriology—bacteriología
(baseball) beisbol
(bb) bookbinding—encuadernación
(Bib) Biblical—bíblico
(billiards) billar
(biochem) biochemistry—bioquímica
(biol) biology—biología
(Bol) Bolivian—boliviano
(bowling) bolos
(bot) botany—botánica
(box) boxing—boxeo
(Brit) British—británico
(CAm) Central American—centroamericano
(cards) naipes
(carp) carpentry—carpintería
(chem) chemistry—química
(chess) ajedrez
(Chile) Chilean—chileno
(Col) Colombian—colombiano
(coll) colloquial—familiar
(com) commercial—comercial
comp comparative—comparativo
cond conditional—condicional
conj conjunction—conjunción
(C-R) Costa Rican—costarriqueño
(Cuba) Cuban—cubano
(culin) cooking—cocina
def definite—definido
dem demonstrative—demostrativo
(dent) dentistry—odontología
(dial) dialectal—dialectal
(eccl) ecclesiastical—eclesiástico
(econ) economics—economía
(Ecuad) Ecuadorian—ecuatoriano
(educ) education—educación
(elec) electricity—electricidad

(electron) electronics—electrónica
(El Salv) El Salvador
(ent) entomology—entomología
f feminine noun—nombre femenino
(fa) fine arts—bellas artes
fem feminine—femenino
(fencing) esgrima
(feud) feudalism—feudalismo
(fig) figurative—figurado
fpl feminine noun plural—nombre femenino plural
fsg feminine noun singular—nombre femenino singular
fut future—futuro
(geog) geography—geografía
(geol) geology—geología
(geom) geometry—geometría
ger gerund—gerundio
(gram) grammar—gramática
(Guat) Guatemalan—guatemalteco
(heral) heraldry—heráldica
(hist) history—historia
(Hond) Honduran—hondureño
(hort) horticulture—horticultura
(hum) humorous—jocoso
(hunt) hunting—caza
(ichth) ichthyology—ictiología
imperf imperfect—imperfecto
impers impersonal—impersonal
impv imperative—imperativo
ind indicative—indicativo
indecl indeclinable—indeclinable
indef indefinite—indefinido
inf infinitive—infinitivo
(ins) insurance—seguros
interj interjection—interjección
interr interrogative—interrogativo
intr intransitive verb—verbo intransitivo
invar invariable—invariable
(iron) ironical—irónico
(Lat) Latin—latín
(law) derecho
(letterword) a word in the form of an abbreviation which is pronounced by sounding the names of its letters in succession and which functions as a part of speech—palabra en forma de abreviatura la cual se pronuncia haciendo sonar el nombre de cada letra consecutivamente y que funciona como parte del discurso
(log) logic—lógica
m masculine noun—nombre masculino
(mach) machinery—maquinaria
(mas) masonry—albañilería
masc masculine—masculino
(math) mathematics—matemática
(mech) mechanics—mecánica
(med) medicine—medicina
(metal) metallurgy—metalurgia
(meteor) meteorology—meteorología

(Mex) Mexican—mejicano
mf masculine or feminine noun according to sex—nombre masculino o nombre femenino según el sexo
(mil) military—militar
(min) mining—minería
(mineral) mineralogy—mineralogía
(mountaineering) alpinismo
(mov) moving pictures—cine
mpl masculine noun plural—nombre masculino plural
msg masculine noun singular—nombre masculino singular
(mus) music—música
(myth) mythology—mitología
m & f masculine and feminine noun without regard to sex—nombre masculino y femenino sin tener en cuenta el sexo
(naut) nautical—náutico
(nav) naval—naval militar
neut neuter—neutro
(obs) obsolete—desusado
(obstet) obstetrics—obstetricia
(opt) optics—óptica
(orn) ornithology—ornitología
(paint) painting—pintura
(Pan) Panamanian—panameño
(Para) Paraguayan—paraguayo
(pathol) pathology—patología
pers personal—personal
(Peru) Peruvian—peruano
(pharm) pharmacy—farmacia
(philol) philology—filología
(philos) philosophy—filosofía
(phonet) phonetics—fonética
(phot) photography—fotografía
(phys) physics—física
(physiol) physiology—fisiología
pl plural—plural
(poet) poetical—poético
(pol) politics—política
poss possessive—posesivo
pp past participle—participio pasado
(P-R) Puerto Rican—puertorriqueño
prep preposition—preposición
pres present—presente

pret preterit—pretérito
pron pronoun—pronombre
(psychoanalysis) sicoanálisis
(psychol) psychology—sicología
(rad) radio—radio
ref reflexive verb—verbo reflexivo
reflex reflexive—reflexivo
rel relative—relativo
(rhet) rhetoric—retórica
(rr) railway—ferrocarril
s substantive—substantivo
(SAm) South American—sudamericano
(scornful) despreciativo
(sculp) sculpture—escultura
(S-D) Santo Domingo—República Dominicana
(sew) sewing—costura
sg singular—singular
(slang) jerga
spl substantive plural—substantivo plural
(sport) deporte
ssg substantive singular—substantivo singular
subj subjunctive—subjuntivo
super superlative—superlativo
(surg) surgery—cirugía
(surv) surveying—agrimensura
(taur) bullfighting—tauromaquia
(telg) telegraphy—telegrafía
(telp) telephony—telefonía
(telv) television—televisión
(tennis) tenis
(theat) theater—teatro
(theol) theology—teología
tr transitive verb—verbo transitivo
(typ) printing—imprenta
(Urug) Uruguayan—uruguayo
v verb—verbo
var variant—variante
v aux auxiliary verb—verbo auxiliar
(Ven) Venezuelan—venezolano
(vet) veterinary medicine—veterinaria
(vulg) vulgar—grosero
(W-I) West Indian—antillano
(zool) zoology—zoología

ESPAÑOL-INGLÉS
SPANISH-ENGLISH

A

A, a (a) *f* first letter of the Spanish alphabet
a *prep* at; for, to; on, upon; in, into; by; from;
  a decir verdad to tell the truth; **a la
  española** in the Spanish manner; **a lo que
  parece** as it seems; **a no ser por** if it
  weren't for; **a saberlo yo** if I had known it;
  oler a to smell of
abacería *f* grocery store
abace•ro -ra *mf* grocer
abad *m* abbot
abadejo *m* codfish; (orn) kinglet; (ent) Spanish fly
abadesa *f* abbess
abadía *f* abbacy; abbey
abajar *ref* to lower oneself
abaje•ño -ña *adj* (Mex) coastal, lowland || *mf*
  (Mex) lowlander
abaje•ro -ra *adj* (Arg) lower, under || *f* (Arg)
  bellyband, bellystrap; (Arg) saddlecloth
abaji•no -na *adj* (Col, Chile) northern || *mf*
  (Col, Chile) northerner
abajo *adv* down, underneath; downwards;
  downstairs; **abajo de** down; **más abajo**
  lower down; **río abajo** downstream || *interj*
  down with. . . !
abalanzar §60 *tr* to hurl || *ref* to rush;
  venture; (*un caballo*) rear
abalear *tr* (SAm) to shoot
abalizar §60 *tr* to mark with buoys || *ref*
  (naut) to take bearings
abalorio *m* glass bead
abaluartar *tr* to bulwark
abanar *tr* to fan
abanderado *m* colorbearer
abanderar *tr* (*un buque*) to register
abanderizar §60 *tr* to organize into bands ||
  ref to band together; (Chile, Peru) to join
  up
abandona•do -da *adj* lonely
abandonar *tr* to abandon, forsake || *intr* to
  give up || *ref* to abandon oneself; give up
abandonismo *m* defeatism
abandonista *adj* & *mf* defeatist
abandono *m* abandon, abandonment; neglect;
  forlornness; yielding
abanicar §73 *tr* to fan
abanico *m* fan; fanlight; sword; **abanico de
  chimenea** fire screen
abaniquear *tr* to fan
abaniqueo *m* fanning; gesticulations
abanto *adj* skittish (*bull*)
abaratamiento *m* cheapening

abaratar *tr* to cheapen; (*precios*) lower || *intr*
  & *ref* to get cheap
abarca *f* sandal
abarcar §73 *tr* to embrace; encompass; surround; corner, monopolize
abarloar *tr* (naut) to bring alongside || *ref* to
  snuggle up
abarquillar *tr* & *ref* to curl up
abarraganamiento *m* illicit cohabitation
abarrancar *ref* to get into a difficult situation
abarrota•do -da *adj* overcrowded
abarrotar *tr* to bar; bind, fasten; jam, pack,
  stuff; overstock || *ref* to become a glut on
  the market
abarrote *m* (naut) packing; **abarrotes** groceries; hardware
abarrotería *f* (Guat) grocery store; (CAm)
  hardware store
abarrote•ro -ra *mf* grocer
abastecer §22 *tr* to supply, provide
abastecimiento *m* supplying; supplies, provisions
abasto *m* supply; abundance; **dar abasto** to
  be sufficient
abatanar *tr* to full
abatí *m* (Arg, Para) corn; corn whiskey
abatible *adj* collapsible, folding
abati•do -da *adj* downcast; abject, contemptible || *f* abatis
abatimiento *m* discouragement; descent
abatir *tr* to lower; knock down; shoot down;
  take apart; humble; discourage || *intr* (aer)
  to drift; (naut) to have leeway || *ref* to be
  discouraged; be humbled; drop, fall; swoop
  down
abdicar §73 *tr* & *intr* to abdicate
abdomen *m* abdomen
abecé *m* A B C
abecedario *m* A B C's
abedul *m* birch
abeja *f* bee; **abeja maestra** or **abeja reina**
  queen bee
abejar *m* apiary, beehive
abejarrón *m* bumblebee
abeje•ro -ra *mf* beekeeper
abejorro *m* bumblebee
aberración *f* aberration; deviation
abertura *f* aperture; opening; crack, slit;
  cove; openness, frankness
abeto *m* fir tree; hemlock; **abeto del Norte,
  abeto falso** spruce tree
abier•to -ta *adj* open; frank
abigarra•do -da *adj* motley, variegated

abigeo *m* horse thief, cattle thief
abijar *tr* (Col) to sic
abiselar *tr* to bevel
abisma•do -da *adj* absorbed, lost in thought; mysterious
abismar *tr* to cast down; humble; spoil, ruin ‖ *ref* to sink; cave in; be humbled; give in; lose oneself; be surprised
abismo *m* abyss, chasm
abjurar *tr* to abjure; renounce
ablandabre•vas *m* (*pl* **-vas**) or **ablandahi•gos** *m* (*pl* **-gos**) good-for-nothing
ablandar *tr* to soften; soften up; soothe; loosen ‖ *intr* (*el tiempo*) to moderate ‖ *ref* to soften; relent; (*el tiempo*) moderate
ablativo *m* ablative
abnegación *f* abnegation; self-denial
abnega•do -da *adj* self-denying
abnegar *ref* to deny oneself; sacrifice oneself
aboba•do -da *adj* stupid, stupid-looking
abobar *tr* to make stupid ‖ *ref* to grow stupid
aboca•do -da *adj* (*vino*) mild, smooth; vulnerable; **abocado a** verging on
abocar §73 *tr* to bite; pour; bring near ‖ *intr* to enter ‖ *ref* to approach; have an interview
abocinar *tr* to give a flare to ‖ *intr* to fall on the face ‖ *ref* to flare
abochornar *tr* to overheat; make blush ‖ *ref* to blush; wilt
abofa•do -da *adj* (Cuba, Mex) swollen
abofetear *tr* to slap in the face
abogacía *f* law, legal profession
abogaderas *fpl* (CAm) specious arguments
abogado *m* lawyer; **abogado criminalista** criminal lawyer; **abogado de secano** quack lawyer; **abogado firmón** lawyer who will sign anything; **abogado trampista** shyster
abogar §44 *intr* to plead; **abogar por** to advocate, back
abolengo *m* ancestry, descent; inheritance
abolición *f* abolition
abolir §1 *tr* to revoke, repeal
abolorio *m* ancestry
abolladura *f* dent; bump, bruise; embossing
abollar *tr* to bump, bruise; dent; stun; emboss ‖ *ref* to get bumped, get bruised; dent, be dented
abollonar *tr* to emboss
abombar *tr* to make convex; stun, confound ‖ *ref* to rot, decompose
abominable *adj* abominable, very bad
abominación *f* abomination
abominar *tr* to detest, abominate ‖ *intr* — **abominar de** to abominate
abona•do -da *adj* trustworthy; apt, likely ‖ *mf* subscriber; (*al gas, electricidad, etc.*) consumer; (*a una localidad en el teatro*) season-ticket holder; (*al ferrocarril*) commuter
abonanzar §60 *intr* (*el tiempo*) to clear up; (*el viento*) abate
abonar *tr* to vouch for; certify; improve; fertilize; **abonar en cuenta a** to credit to the account of ‖ *intr* (*el tiempo*) to clear up ‖ *ref* to subscribe
abonaré *m* promissory note

abono *m* subscription; credit; installment; voucher; fertilizer, manure
abordar *tr* to approach; accost; undertake, plan; (naut) to board; (naut) to run afoul of; (naut) to dock ‖ *intr* to run afoul; (naut) to put into port
aborigen *adj invar* aboriginal, native; **aborígenes** *mpl* aborigines, natives
aborrascar §73 *ref* to get stormy
aborrecer §22 *tr* to abhor, detest, hate; bore ‖ *ref* to get bored
aborrecible *adj* abhorrent, hateful
aborrega•do -da *adj* (*nubes*) fleecy; (*cielo*) mackerel
aborregar *ref* (SAm) to become stupid
abortar *tr* & *intr* to abort
abortista *mf* abortionist
aborto *m* abortion; miscarriage; **aborto despenalizado** legalized abortion
abotagar §44 *ref* to become bloated, swell up
abotonador *m* buttonhook
abotonar *tr* to button ‖ *intr* to bud
abovedar *tr* to arch, vault
abozalar *tr* to muzzle
abra *f* cove; vale; fissure; (Mex) clearing
abrasa•dor -dora *adj* burning, hot
abrasar *tr* to set fire to, burn; parch; nip; squander; shame ‖ *intr* to burn ‖ *ref* to burn; become parched; (fig) to be burning up
abrasi•vo -va *adj* & *m* abrasive
abrazadera *f* clasp, clip, clamp; (typ) bracket
abrazar §60 *tr* to embrace, clasp; include; take in ‖ *ref* (*dos personas*) to embrace
abrazo *m* embrace, hug
abrebo•cas *m* (*pl* **-cas**) mouth prop, mouth gag
abrebote•llas *m* (*pl* **-llas**) bottle opener
abrecar•tas *m* (*pl* **-tas**) knife, letter opener
abreco•ches *m* (*pl* **-ches**) doorman
abrela•tas *m* (*pl* **-tas**) can opener
abreos•tras *m* (*pl* **-tras**) oyster knife
abrevadero *m* watering place, drinking trough
abrevar *tr* to water; wet, soak; irrigate; size ‖ *ref* to drink
abreviación *f* abridgment, abbreviation, shortening; hastening
abreviar *tr* to abridge; abbreviate; shorten; hasten ‖ *intr* to be quick; **abreviar con** to make short work of
abreviatura *f* abbreviation; **en abreviatura** in a hurry
abridero *m* (Mex, P-R) dive, joint
abridor *m* opener; grafting knife; **abridor de guantes** glove stretcher
abridura *f* (act of) opening
abrigadero *m* windbreak
abrigar §44 *tr* to shelter; protect; (*esperanzas, sospechas*) harbor ‖ *ref* to take shelter; wrap oneself up
abrigo *m* shelter; aid, support; cover, wrap; overcoat; (naut) harbor; **abrigo antiaéreo** air-raid shelter; **abrigo de entretiempo** topcoat, spring-and-fall coat; **al abrigo de** sheltered from, protected from; sheltered

by, protected by; (*ropa*) **de mucho abrigo** heavy

abril *m* April

abrillantar *tr* to polish; glaze

abrir *m* opening; **en un abrir y cerrar de ojos** in the twinkling of an eye ‖ §83 *tr* to open; unlock, unfasten; (*el apetito*) whet; (*el bosque*) clear ‖ *intr* to open ‖ *ref* to open; **abrirse a** or **con** to unbosom oneself to

abrochador *m* buttonhook

abrochar *tr* to button, hook, fasten

abrogación *f* repeal; abrogation

abrogar *tr* to repeal; abrogate; annul

abrojo *m* thistle, thorn; **abrojos** reef, hidden rocks

abrótano *m* southernwood

abruma•do -da *adj* hazy; foggy

abruma•dor -dora *adj* crushing, oppressing; overwhelming

abrumar *tr* to crush, oppress; overwhelm; annoy ‖ *ref* to become foggy

abrup•to -ta *adj* abrupt, steep; rough, rugged

absceso *m* abscess

absenta *f* absinth

ábsida *f* or **ábside** *m* apse

absolución *f* absolution; acquittal

absoluta *f* dogmatic statement; (mil) discharge

absolutamente *adv* absolutely; by no means

absolu•to -ta *adj* absolute; arbitrary ‖ *m* absolute; **en absoluto** absolutely not ‖ *f* see **absoluta**

absolvederas *fpl* — **tener buenas absolvederas** to be an indulgent confessor

absolver §47 & §83 *tr* to absolve; to solve, to answer

absorbente *adj* absorbent; (*interesante*) absorbing

absorber *tr* to absorb; use up; attract

absorción *f* absorption

absor•to -ta *adj* absorbed; entranced

abste•mio -mia *adj* abstemious

abstener §71 *ref* to abstain

abstensionismo *m* nonparticipation

abstinente *adj* abstinent

abstracción *f* abstraction; absorption, deep thought; **hacer abstracción de** to leave out, disregard

abstrac•to -ta *adj* abstract

abstraer §75 *tr* to abstract ‖ *intr* — **abstraer de** to do without, leave aside ‖ *ref* to be abstracted or absorbed; **abstraerse de** to do without, leave aside

abstraí•do -da *adj* absorbed in thought; withdrawn

abstru•so -sa *adj* abstruse

absurdidad *f* absurdity

absur•do -da *adj* absurd ‖ *m* absurdity

abuchear *tr* & *intr* to boo, hoot

abuela *f* grandmother; **cuéntesclo a su abuela** tell that to the marines

abuelo *m* grandparent; grandfather; **abuelos** grandparents; ancestors

abulta•do -da *adj* bulky, massive

abultar *tr* to enlarge; exaggerate ‖ *intr* to be bulky

abundamiento *m* abundance; **a mayor abundamiento** with greater reason

abundancia *f* abundance, plenty

abundante *adj* abundant

abundar *intr* to abound

abur *interj* good-bye!, so long!

aburguesa•do -da *adj* middle-class, bourgeois

aburguesar *ref* to become middle-class, become bourgeois

aburri•do -da *adj* bored; tiresome

aburrimiento *m* weariness, fatigue; dullness

aburrir *tr* to bore, tire ‖ *ref* to become bored

abusar *intr* to go too far; **abusar de** to abuse; impose on; overindulge in

abusión *f* superstition

abusi•vo -va *adj* abusive

abuso *m* abuse; imposition

abyec•to -ta *adj* abject

A.C. *abbr* **año de Cristo**

acá *adv* here, around here; **acá y allá** here and there; **de ayer acá** since yesterday; **¿de cuándo acá?** since when?; **desde entonces acá** since then; **más acá** here closer; **muy acá** right here

acaba•do -da *adj* complete, perfect; worn-out, exhausted ‖ *m* finish

acabamiento *m* end; completion; death; decline

acabar *tr* to end, finish, complete ‖ *intr* to end; die; **acabar con** to put an end to; end in; **acabar de** to finish; have just, e.g., **acaba de salir** he has just left; **acababa de salir** he had just left; **acabar por** to end in; end by; **no acabar de decidirse** to be unable to make up one's mind ‖ *ref* to end; be exhausted; be all over; run out of, e.g., **se me acabó el café** I have run out of coffee

acabóse *m* limit, last straw

acacia *f* acacia; **acacia falsa** locust tree

academia *f* academy

académi•co -ca *adj* academic ‖ *mf* academician

acaecer §22 *intr* to happen, occur

acaecimiento *m* happening, occurrence

acalenturar *ref* to get a fever

acalora•do -da *adj* heated; warm; fiery, excited

acaloramiento *m* ardor; passion

acalorar *tr* to heat, warm; incite, encourage; stir up ‖ *ref* to become heated; warm up

acallar *tr* to quiet, silence; pacify

acampada *f* camp

acamar *tr* (*las mieses la lluvia o el viento*) to beat down, blow over

acampamento *m* camp, encampment

acampana•do -da *adj* bell-shaped

acampar *tr, intr* & *ref* to encamp

acanalar *tr* to groove; flute; channel; corrugate

acantila•do -da *adj* rocky; steep, precipitous ‖ *m* cliff, bluff

acantonamiento *m* cantonment

acantonar *tr* to canton, quarter ‖ *ref* to be quartered; **acantonarse en** to limit one's activities to

acaparar *tr* to corner; monopolize; hoard
acaramela•do -da *adj* candied; smooth, honey-tongued
acarar *tr* to bring face to face
acarear *tr* to bring face to face; face, brave
acariciar *tr* to caress; (*una ilusión*) cherish
acarraladura *f* (Chile, Peru) run (*in stockings*)
acarreadi•zo -za *adj* transportable
acarrear *tr* to cart, transport, carry along; cause, occasion || *ref* to incur, bring upon oneself
acarreo *m* cartage, drayage; conveyance
acartonar *ref* to shrivel up, become wizened
acasera•do -da *adj* (Chile, Peru) homeloving; (*parroquiano*) (Chile, Peru) regular || *mf* (Chile, Peru) stay-at-home, homebody; (Chile, Peru) regular customer
acaso *m* chance, accident; **al acaso** at random || *adv* maybe, perhaps; **por si acaso** in case of need, just in case
acatamiento *m* homage; respect
acatar *tr* to respect, hold in awe; observe
acatarrar *tr* to chill, give a cold to; (Chile, Mex) to bother, annoy || *ref* to catch cold; get tipsy
acaudala•do -da *adj* rich, well-to-do
acaudalar *tr* to acquire, accumulate
acaudillar *tr* to lead, command; direct
acceder *intr* to accede; agree
accesible *adj* accessible
accesión *f* accession; acquiescence; access, entry
accésit *m* second prize, honorable mention
acceso *m* access, approach; attack, fit, spell; **acceso prohibido** no admittance
acceso•rio -ria *adj* accessory || *m* accessory, fixture, attachment; **accesorios** (theat) properties
accidenta•do -da *adj* agitated; restless; rough, uneven || *mf* victim, casualty
accidental *adj* accidental; acting, protempore, temporary
accidentar *tr* to injure, hurt || *ref* to faint
accidente *m* accident; (*del terreno*) roughness, unevenness; fainting spell
acción *f* action; gesture; (*parte del capital de una sociedad*) share; stock certificate; **acción crecedera** growth stock; **acción de gracias** thanksgiving; **acción liberada** stock dividend; **poner en acción** to set in motion
accionar *tr* to drive || *intr* to gesticulate
accionista *mf* shareholder, stockholder
acebo *m* holly tree
acebuche *m* wild olive
acecinar *tr* to dry-cure, dry-salt; (*el salmón o el arenque*) kipper || *ref* to shrivel up
acechar *tr* to watch, to spy on
acecho *m* watching, spying; **al acecho** or **en acecho** on the watch, spying
acedar *tr* to turn sour; embitter || *ref* to turn sour; wither
acedía *f* sourness; crabbedness; heartburn
ace•do -da *adj* sour, tart; crabbed
aceitar *tr* to oil; grease
aceite *m* oil; olive oil; **aceite de hígado de**

bacalao cod-liver oil; **aceite de linaza** linseed oil; **aceite de pie de buey** neat's-foot oil; **aceite de ricino** castor oil; **aceite mineral** coal oil
aceite•ro -ra *adj* oil || *mf* oiler; oil dealer || *f* oilcan; oil cup; **aceiteras** cruet stand
aceito•so -sa *adj* oily, greasy
aceituna *f* olive
aceituno *m* olive tree
aceleración *f* acceleration
acelerador *m* accelerator
acelerar *tr* & *ref* to accelerate; hasten, hurry
acelga *f* Swiss chard
acémila *f* beast of burden, pack animal; dolt; drudge
acendra•do -da *adj* refined; stainless, spotless
acendrar *tr* to refine; purify, make stainless
acento *m* accent; **acento de altura** pitch accent; **acento ortográfico** written accent, accent mark; **acento prosódico** stress accent, tonic accent
acentuar §21 *tr* to accent; accentuate, emphasize
aceña *f* water-driven flour mill
acepción *f* meaning
acepillar *tr* to plane; brush; smooth
aceptable *adj* acceptable
aceptación *f* acceptance; **aceptación de personas** discrimination; partiality
aceptar *tr* to accept
acequia *f* irrigation ditch; (Bol, Col, Peru) stream, rivulet
acera *f* sidewalk
acera•do -da *adj* steel, steely; (fig) cutting, biting, sharp
acerar *tr* to steel, harden; line with a sidewalk || *ref* to harden; steel oneself
acer•bo -ba *adj* sour, bitter; harsh
acerca *adv* — **acerca de** about, with regard to
acercamiento *m* approach, rapprochement
acercar §73 *tr* to bring near or nearer || *ref* to approach, come near or nearer
acería *f* steel mill
acerico *m* small cushion; pincushion
acero *m* steel; sword; courage, spirit
acérri•mo -ma *adj* all-out; (*enemigo*) bitter
acerrojar *tr* to bolt
acerta•do -da *adj* fit, right; skillful, sure; well-aimed
acertante *mf* winner
acertar §2 *tr* to hit; hit upon; figure out correctly; find; do right || *intr* to be right; succeed; guess right; **acertar a** to happen to; succeed in; **acertar con** to come upon; find
acertijo *m* conundrum, riddle
acervo *m* heap; assets, estate; shoal; store, fund, hoard
acetato *m* acetate
acéti•co -ca *adj* acetic
acetificar §73 *tr* & *ref* to acetify
acetileno *m* acetylene
acetona *f* acetone
acia•go -ga *adj* unlucky, ill-fated, evil
acial *m* (CAm, Ecuad) whip

acíbar *m* aloes; bitterness, sorrow

acicalar *tr* to polish, burnish; dress, dress up ‖ *ref* to get all dressed up

acicate *m* long-pointed spur; incentive, stimulus

acicatear *tr* to spur, urge

acidez *f* acidity

acidificar §73 *tr* & *ref* to acidify

áci•do -da *adj* acid, tart, sour ‖ *m* acid

acierto *m* lucky hit, good shot; good guess; tact, prudence; ability, skill; accuracy; success

aci•mut *m* (*pl* **-muts**) azimut

aclamación *f* acclaim, applause

aclamar *tr* & *intr* to acclaim, to hail, to cheer

aclarar *tr* to brighten, clear; rinse; explain ‖ *intr* to get bright; clear up; dawn

aclarato•rio -ria *adj* explanatory

aclimatar *tr* & *ref* to acclimate

acne *f* acne

acobardar *tr* to cow, intimidate ‖ *ref* to be frightened

acocear *tr* to kick; trample upon, ill-treat

acocil *m* Mexican crayfish; **estar como un acocil** (Mex) to blush, be abashed

acoda•do -da *adj* elbow-shaped

acodar *tr* (*el brazo*) to lean; prop; (hort) to layer ‖ *ref* to lean

acodillar *tr* to bend at an angle ‖ *ref* to double up; to bend, to crumple

acogencia *f* (CAm) acceptance; reception

acoger §17 *tr* to receive, welcome; accept ‖ *ref* to take refuge; resort

acogida *f* reception, welcome; meeting place, confluence; refuge, shelter; **dar acogida a** (com) to honor

acolada *f* accolade

acolchar *tr* to quilt, pad

acolchí *m* (Mex) red-winged blackbird

acólito *m* acolyte; altar boy

acollador *m* (naut) lanyard

acomedi•do -da *adj* obliging

acometer *tr* to attack; undertake; (*el sueño, la enfermedad, el deseo a una persona*) overcome

acometida *f* attack; (*p.ej., de una línea eléctrica*) house connection

acomodación *f* accommodation

acomodadi•zo -za *adj* accommodating, obliging

acomoda•do -da *adj* convenient, suitable; comfort-loving; well-to-do

acomoda•dor -dora *adj* accommodating, obliging ‖ *mf* usher

acomodar *tr* to accommodate; usher; reconcile; suit; furnish, supply ‖ *intr* to be suitable, be convenient ‖ *ref* to comply; come to terms; hire out; make oneself comfortable

acomodo *m* arrangement, adjustment; lodgings; job, position; (Chile) neatness, tidiness

acompañador *m* companion; accompanist

acompañamiento *m* accompaniment; escort, retinue; (theat) extras, supernumeraries

acompañanta *f* female companion or escort; accompanist

acompañante *m* companion; accompanist

acompañar *tr* to accompany; escort; enclose; sympathize with

acompaño *m* (CAm) meeting; encounter

acompasa•do -da *adj* rhythmic; slow; easy-going; cautious

acompleja•do -da *adj* full of complexes

aconchar *tr* to push to safety; (naut) to beach, run aground ‖ *ref* to take shelter; (naut) to run aground; (Chile) to form a deposit

acondiciona•do -da *adj* conditioned; **bien acondicionado** well-disposed; in good condition; **mal acondicionado** ill-disposed; in bad condition

acondicionador *m* conditioner; **acondicionador de aire** air conditioner

acondicionamiento *m* conditioning; **acondicionamiento del aire** air conditioning

acondicionar *tr* to condition; put in condition; repair; season ‖ *ref* to qualify; find a job

acongojar *tr* to grieve, afflict ‖ *ref* to grieve

aconsejable *adj* advisable

aconsejar *tr* to advise, counsel, warn ‖ *ref* to seek advice, get advice

acontecer §22 *intr* to happen, occur

acontecimiento *m* happening, event

acopiar *tr* to gather together

acopio *m* gathering; stock; abundance

acoplado *m* (Arg, Chile, Urug) trailer trolley car

acoplamiento *m* coupling; joint; connection; linkup (in space)

acoplar *tr* to couple; join; connect; hitch; reconcile ‖ *ref* to be reconciled; mate; be intimate

acoquinar *tr* to intimidate

acoraza•do -da *adj* armored, armor-plated; contrary ‖ *m* battleship

acorazar §60 *tr* to armor-plate

acorchar *tr* to line with cork; turn into cork ‖ *ref* to get spongy; wither, shrivel; become corky or pithy; get numb

acorchetar *tr* to bracket

acordar §61 *tr* to agree upon; authorize; reconcile; make level or flush; remind of; tune ‖ *intr* to agree; blend ‖ *ref* to be agreed, come to an agreement; remember; **acordarse de** to remember

acorde *adj* agreed, in accord; in tune ‖ *m* accord; (mus) chord

acordeón *m* accordion

acordonar *tr* to cord, lace; (*monedas*) knurl, mill; rope off

acornar §61 *tr* gore; butt

acornear *tr* to gore; butt

acorralar *tr* to corral, corner; intimidate

acortar *tr* to shorten; reduce; slow down; check, stop ‖ *ref* to become shorter; hold back; be timid; slow down; shrink

acosar *tr* to harass; pester

acosijar *tr* (Mex) to pursue, press, track down

acostar §61 *tr* to lay down; put to bed; (naut) to bring alongside ‖ *ref* to lie down; go to bed; (CAm, Mex) to give birth

ac
ac

acostumbra•do -da *adj* accustomed; customary, usual

acostumbrar *tr* to accustom || *intr* to be accustomed || *ref* to accustom oneself; become accustomed

acotación *f* boundary mark; marginal note; elevation mark

acotamiento *m* boundary mark; marginal note; elevation mark; stage direction

acotar *tr* to mark off, map; annotate; admit, accept; check; vouch for; select; mark elevations on

acotillo *m* sledge hammer

acre *adj* acrid; austere; biting, mordant

acrecentamiento *m* increase, growth; promotion

acrecentar §2 *tr* to increase; promote || *ref* to increase; bud, blossom

acreditar *tr* to accredit; credit; get a reputation for || *ref* to get a reputation, prove oneself

acree•dor -dora *adj* accrediting; deserving || *mf* creditor; **acreedor hipotecario** mortgagee

acribar *tr* to sift; riddle

acribillar *tr* to riddle; harass, plague, pester

acriminar *tr* to incriminate; exaggerate

acrimonio•so -sa *adj* acrid; acrimonious

acriollar *ref* to acquire Spanish American ways

acrisolar *tr* to purify, refine; reveal, bring out

acrobacia *f* acrobatics

acróbata *mf* acrobat

acrobatismo *m* acrobatics

acrónimo *m* acronym

acrópo•lis *adj* (*pl* -**lis**) acropolis

acróstico *m* acrostic

acta *f* minutes; certificate; **acta notarial** affidavit; **actas** proceedings, transactions; **levantar acta** to write up the minutes

actitud *f* attitude; **en actitud de** getting ready to

activar *tr* to activate; hasten, expedite

actividad *f* activity

activista *mf* activist

acti•vo -va *adj* active || *m* (com) assets; (com) credit side

acto *m* act; ceremony, function; commencement; thesis; **acto carnal** sexual intercourse; **acto continuo** right afterward; **acto seguido** right afterward; **acto seguido de** right after; **en acto de servicio** in the line of duty; **hacer acto de presencia** to honor with one's presence

actor *m* actor; agent; **primer actor** leading man

ac•triz *f* (*pl* -**trices**) actress; **primera actriz** leading lady

actuación *f* acting, performance; action; operation; behavior; **actuación en directo** live performance; **actuaciones** legal proceedings

actual *adj* present, present-day; up-to-date || *m* current month

actualidad *f* present time; timeliness; **actualidades** current events; newsreel; **actuali-** dad escénica theater news; **actualidad gráfica** news in pictures

actualizar §60 *tr* to bring up to date

actualmente *adv* at present, at the present time

actuante *mf* participant

actuar §21 *tr* to actuate || *intr* to act; perform

actua•rio -ria *mf* actuary

acuaplano *m* aquaplane

acuarela *f* water color

acuario *m* aquarium; **Acuario** *m* (astr) Aquarius

acuartelar *tr* to billet, quarter

acuáti•co -ca *adj* aquatic

acuatizaje *m* (aer) alighting on water; (*de nave espacial*) splashdown

acuatizar §60 *intr* (aer) to alight on water

acucia *f* zeal, diligence; yearning

acuciar *tr* to goad, prod; harass; yearn for

acuclillar *ref* to squat, crouch

acuchilla•do -da *adj* knife-shaped; schooled by experience; (*vestido*) slashed

acuchillar *tr* to stab; stab to death; slash

acudir *intr* to come up, respond; apply; hang around; come to the rescue; **acudir a las urnas** to vote

acueducto *m* aqueduct

acuerdo *m* accord; agreement; memory; **de acuerdo con** in accord with; **de común acuerdo** with one accord; **estar en su acuerdo** to be in one's right mind; **ponerse de acuerdo** to come to an agreement; **recobrar su acuerdo** to come to; **tomar un acuerdo** to make a decision; **volver en su acuerdo** to come to; to change one's mind

acuitar *tr* & *ref* to grieve

acullá *adv* yonder, over there

acumulador *m* storage battery

acumular *tr* to accumulate, gather; store up || *intr* & *ref* to accumulate, gather

acunar *tr* to rock; cradle

acuñación *f* coining, minting; wedging

acuñar *tr* to coin, mint; wedge; key, lock; (typ) to quoin

acuo•so -sa *adj* watery; juicy

acupuntura *f* acupuncture

acurrucar §73 *ref* to squat, crouch; huddle

acusación *f* accusation

acusa•do -da marked || *mf* accused

acusar *tr* to accuse; show; (*recibo de una carta*) acknowledge || *ref* to confess

acusati•vo -va *adj* & *m* accusative

acuse *m* acknowledgment

acústi•co -ca *adj* acoustic || *f* acoustics

achacar §73 *tr* to impute, attribute

achaco•so -sa *adj* ailing, sickly

achaparra•do -da *adj* stocky; stubby; chubby

achaparrar *ref* to become stunted

achaque *m* sickliness, indisposition; excuse, pretext; matter, subject; weakness; (coll) monthlies

achatar *tr* to flatten || *ref* (Mex) to become frightened, afraid

achica•do -da *adj* childish; abashed, disconcerted

achicador *m* scoop

achicar §73 *tr* to make smaller; humble; bail, to bail out
achicoria *f* chicory
achicharrar *tr* to scorch; bedevil ‖ *ref* to get scorched
achicharronar *tr* to squash
achín *m* (CAm) peddler; door-to-door salesman
achiquitar *ref* to lose heart, cower
achispa•do -da *adj* tipsy
achispar *tr* to make tipsy ‖ *ref* to get tipsy
achuchar *tr* to incite; crumple, crush; jostle ‖ *ref* (Arg, Urug) to shiver, have a chill
adagio *m* adage
adalid *m* chief; guide, leader; champion
adama•do -da *adj* womanish; chic, stylish
adamar *ref* to become effeminate
adán *m* dirty, ragged fellow; lazy, careless fellow ‖ **Adán** *m* Adam
adaptación *f* adaptation
adaptar *tr* to adapt
adarga *f* oval or heart-shaped leather shield
adarvar *tr* to bewilder, stun
A. de C. *abbr* año de Cristo
adecentar *tr* to clean up, tidy up ‖ *ref* to put on a clean shirt, dress up
adecua•do -da *adj* fitting, suitable
adecuar *tr* to fit, adapt
adefesio *m* nonsense; outlandish outfit; queer-looking fellow
adehala *f* gratuity, extra
adehesar *tr* to convert into pasture
adelanta•do -da *adj* precocious; bold, forward; (*reloj*) fast; **por adelantado** in advance ‖ *m* provincial governor
adelantamiento *m* anticipation; advancement, promotion, progress
adelantar *tr* to move forward; outstrip, get ahead of; advance; promote; improve ‖ *intr* to advance; improve; be fast ‖ *ref* to move forward; gain, be fast
adelante *adv* ahead; forward; **más adelante** farther on; later ‖ *interj* go ahead!; come in!
adelanto *m* advance, progress, improvement; advancement; payment in advance
adelfa *f* oleander
adelgazar §60 *tr* to make thin; taper; purify; argue subtly about; weaken, lessen ‖ *intr* & *ref* to get thin; taper
ademán *m* attitude; gesture; **ademanes** manners; **en ademán de** getting ready to; **hacer ademán de** to make a move to
además *adv* moreover, besides; **además de** in addition to, besides
adentellar *tr* to sink one's teeth into
adentrar *intr* & *ref* to go in; **adentrarse en el mar** to go farther out to sea
adentro *adv* inside; **mar adentro** out at sea; **ser muy de adentro** to be like a member of the family; **tierra adentro** inland ‖ **adentros** *mpl* inmost being, inmost thoughts; **en** or **para sus adentros** to oneself, to himself, etc.
adep•to -ta *adj* initiated ‖ *mf* follower
aderezar §60 *tr* to dress, adorn; cook; (*una tela*) starch; season; repair; lead; (*bebidas*) mix; (*vinos*) blend ‖ *ref* to dress, get ready
aderezo *m* dressing; seasoning, condiment; starch; finery; equipment; set of jewelry
adestrar §2 *tr* & *ref* var of **adiestrar**
adeuda•do -da *adj* indebted, in debt
adeudar *tr* to owe; to be liable for; charge ‖ *intr* to become related by marriage ‖ *ref* to run into debt
adeudo *m* debt, indebtedness; customs duty; charge, debit
adherencia *f* adhesion; **tener adherencias** to have connections
adherente *adj* adherent ‖ *m* adherent; **adherentes** accessories
adherir §68 *intr* & *ref* to adhere; stick
adhesión *f* adherence, adhesion
adhesi•vo -va *adj* adhesive
adición *f* addition; (*en un café o restaurante*) check
adicionar *tr* to add; add to
adic•to -ta *adj* devoted; supporting ‖ *mf* supporter, follower
adiestramiento *m* training; breaking in
adiestrar *tr* to train; teach; lead, guide ‖ *ref* to train, practice
adietar *tr* to put on a diet
adinera•do -da *adj* wealthy, well-to-do
adiós *m* adieu, good-bye ‖ *interj* adieu!, good-bye!
aditamento *m* addition; accessory
aditi•vo -va *adj* & *m* additive
adivinación *f* prophecy; guessing, divination; **adivinación del pensamiento** mind reading
adivina•dor -dora *mf* guesser; good guesser; **adivinador del pensamiento** mind reader
adivinaja *f* riddle, puzzle
adivinanza *f* riddle; guess
adivinar *tr* to prophesy; guess, divine; (*un enigma*) solve; (*el pensamiento ajeno*) read
adivi•no -na *mf* fortuneteller; guesser
adjetivo -va *m* adjective
adjudicar §73 *tr* to adjudge, award ‖ *ref* to appropriate
adjuntar *tr* to join, connect; add; enclose
adjun•to -ta *adj* added, attached; enclosed ‖ *mf* associate ‖ *m* adjunct; adjective
adminículo *m* aid, auxiliary; gadget; meddler; **adminículos** emergency equipment
administración *f* administration, management; headquarters
administra•dor -dora *mf* administrator, manager; **administrador de correos** postmaster
administrar *tr* to administer, manage
admiración *f* admiration; wonder; exclamation mark
admira•dor -dora *mf* admirer
admirar *tr* to admire; surprise ‖ *ref* to wonder; **admirarse de** to wonder at
admisible *adj* admissible
admisión *f* admission; (mach) intake
admitir *tr* to admit; allow; accept, recognize; agree to
adobar *tr* to repair, restore; dress, prepare; cook, stew; (*carne, pescado*) pickle; (*pieles*) tan

adobe *m* adobe
adobera *f* (SAm) brick-shaped cheese; mold for brick-shaped cheese
adobo *m* repairing; dressing; cooking; pickling; tanning; pickled meat or fish
adocena•do -da common, ordinary
adoctrinar *tr* to indoctrinate, teach, instruct
adolecer §22 *intr* to fall sick; **adolecer de** to suffer from ‖ *ref* — **adolecerse de** (archaic) to sympathize with, feel sorry for
adolescencia *f* adolescence
adolescente *adj & mf* adolescent
adonde *conj* where, whither
adónde *adv* where, whither
adopción *f* adoption
adoptar *tr* to adopt
adoquín *m* paving stone, paving block; (coll) blockhead
adoquina•do -da *adj* paved with cobblestones ‖ *m* cobblestone paving
adorable *adj* adorable
adoración *f* adoration, worship; **Adoración de los Reyes** Epiphany
adora•dor -dora *mf* adorer, worshiper ‖ *m* suitor
adorar *tr & intr* to adore, worship
adormecer §22 *tr* to put to sleep ‖ *ref* to go to sleep; get sleepy
adormeci•do -da *adj* sleepy, drowsy; numb; calm
adormidera *f* opium poppy
adormilar *ref* to doze, drowse
adornar *tr* to adorn; (*un cuento*) embroider
adornista *mf* decorator
adorno *m* adornment, decoration; **adorno de escaparate** window dressing
adosar *tr* to lean; push close
adquirir §40 *tr* to acquire; **adquirir en propiedad** to buy, purchase
adquisición *f* acquisition
adrede *adv* on purpose
Adriáti•co -ca *adj & m* Adriatic
adscribir §83 *tr* to attribute; assign
adscripción *f* attribution; assignment
aduana *f* customhouse; **aduana seca** inland customhouse; **exento de aduana** duty-free; **sujeto de aduana** dutiable
aduane•ro -ra *adj* customhouse; customs ‖ *m* customhouse officer, customs inspector
aduar *m* Arab settlement; gipsy camp; Indian ranch
adueñar *ref* to take possession
adujar *tr* (naut) to coil ‖ *ref* (naut) to curl up
adular *tr* to flatter, fawn on
adu•lón -lona *adj* fawning, groveling ‖ *mf* fawner
adúltera *f* adulteress
adulterar *tr* to adulterate ‖ *intr* to commit adultery ‖ *ref* to become adulterated, to spoil
adulterio *m* adultery
adúlte•ro -ra *adj* adulterous ‖ *m* adulterer ‖ *f* see **adúltera**
adultez *f* adulthood
adul•to -ta *adj & mf* adult
adulzar §60 *tr* to sweeten; (*metales*) soften
adunar *tr* to join, bring together

adundar *ref* (CAm) to become stupid
adus•to -ta *adj* grim, stern, gloomy; scorching hot
advenedi•zo -za *adj* strange; foreign ‖ *mf* stranger; foreigner; outsider; parvenu, upstart; nouveau riche
advenimiento *m* advent, coming; accession; **esperar el santo advenimiento** to wait in vain
advenir §79 *intr* to come, arrive; happen
adverbio *m* adverb
adversa•rio -ria *mf* adversary
adversidad *f* adversity
advertencia *f* observation; notice, remark; warning; preface
adverti•do -da *adj* capable, clever, wideawake
advertir §68 *tr* to notice, observe; notify, warn; point out ‖ *ref* to become aware
Adviento *m* (eccl) Advent
adyacente *adj* adjacent
aeración *f* aeration; ventilation; air conditioning
aére•o -a *adj* air, aerial; overhead, elevated; airy, light, fanciful
aerodinámi•co -ca *adj* aerodynamic ‖ *f* aerodynamics
aeródromo *m* aerodrome, airdrome; **aeródromo de urgencia** emergency-landing field
aerofluyente *adj* streamlined
aeroespacial *adj* aerospace
aerofumigación *f* crop dusting
aeromedicina *f* aviation medicine
aeromodelismo *m* model-airplane building
aeromodelista *mf* model-airplane builder
aeromodelo *m* model airplane
aeromotor *m* windmill; airplane motor
aeromoza *f* air hostess, stewardess
aeronáuti•co -ca *adj* aeronautic ‖ *f* aeronautics
aeronave *f* airship; **aeronave cohete** rocket ship
aeropista *f* landing strip
aeroplano *m* aeroplane
aeroposta *f* air mail
aeropostal *adj* air-mail
aeropropulsor *m* airplane engine; **aeropropulsor por reacción** jet engine
aeropuerto *m* airport
aeroscala *f* transit point
aerosol *m* aerosol
aeroste•ro -ra *adj* aviation ‖ *m* flyer; airman
aerotaxi *m* air taxi
aeroterrestre *adj* air-ground
aerovía *f* airway
afable *adj* affable, friendly, agreeable
afama•do -da *adj* noted, famous
afamar *tr* to make famous ‖ *ref* to become famous
afán *m* hard work; eagerness, zeal; task; worry
afanar *tr* to press, hurry ‖ *intr* to strive, toil ‖ *ref* to strive, toil; busy oneself
afano•so -sa *adj* hard, laborious; hardworking
afarolar *ref* to make a fuss, get excited

afear *tr* to deface, disfigure; blame
afeblecer §22 *intr* to grow feeble, get thin
afección *f* affection, fondness; (med) affection
afectación *f* affectation
afecta•do -da *adj* affected; **estar afectado de** (*p.ej., los riñones*) to have (*e.g., kidney*) trouble
afectar *tr* to affect; hurt, injure || *ref* to be moved, be stirred
afecti•vo -va *adj* emotional
afec•to -ta *adj* fond; kind; affected; **afecto a** fond of; (*un empleo, un servicio, etc.*) attached to; **afecto de** suffering from || *m* affection, fondness; emotion
afectuo•so -sa *adj* affectionate; kind
afeitado *m* shave; **afeitado a ras** close shave
afeitar *tr* to shave; adorn; || *ref* to shave; paint
afeite *m* cosmetics, rouge, make-up
afeminación *f* effeminacy
afemina•do -da *adj* effeminate
afeminar *tr* to effeminate || *ref* to become effeminate
aferra•do -da *adj* stubborn, obstinate
aferrar *tr* to seize; catch; hook; (naut) to moor; (naut) to furl || *ref* to interlock, hook together; cling; insist
Afganistán, el Afghanistan
afga•no -na *adj & mf* Afghan
afianzar §60 *tr* to guarantee, vouch for; bail; fasten; prop up; grasp; support || *ref* to hold fast, steady oneself
afición *f* fondness, liking, taste; ardor, zeal; fans, public
aficiona•do -da *adj* fond; amateur; **aficionado a** fond of || *mf* amateur; fan, follower
aficionar *tr* to win, win the attachment of || *ref* — **aficionarse a** or **de** to become fond of; become a follower of, become a fan of
afiebra•do -da *adj* feverish
afiebrar *ref* (SAm) to get a fever
afi•jo -ja *adj* affixed || *m* affix
afila•do -da *adj* sharp; tapering; pointed; peaked
afilador *m* grinder, sharpener; razor strop
afilalápi•ces *m* (*pl* -**ces**) pencil sharpener
afilar *tr* to grind, sharpen; (*una navaja de afeitar*) strop; (Arg & Urug) to flirt with || *ref* to sharpen, get sharp; taper, get thin
afiliar §77 & *regular tr* to affiliate, take in || *ref* — **afiliarse a** to join
afiligranar *tr* to filigree; adorn, embellish
afilón *m* knife sharpener; razor strop
afín *adj* near, bordering; like, similar; related || *mf* relative by marriage
afinador *m* tuner; tuning hammer, tuning key
afinar *tr* to purify, refine, perfect; trim; tune
afincar §73 *intr & ref* to buy up real estate
afinidad *f* affinity; **por afinidad** by marriage
afirmar *tr* to strengthen, secure, fasten; assert || *ref* to hold fast; steady oneself
afirmati•vo -va *adj & f* affirmative
aflicción *f* affliction; sorrow, grief
afligir §27 *tr* to afflict, grieve; (Mex) to beat, whip || *ref* to grieve
aflojar *tr* to slacken, let go; loosen || *intr* to

slacken, slow up; abate, lessen || *ref* to come loose; slacken
aflora•do -da *adj* flour; fine, elegant
aflorar *tr* to sift || *intr* to crop out
afluencia *f* flowing; affluence, abundance; crowd, jam, rush; fluency; **horas de afluencia** rush hour
afluente *adj* flowing; abundant; fluent || *m* tributary
afluir §20 *intr* to flow; pour, flock
afmo. *abbr.* **afectísimo**
afofar *tr* to make fluffy, make spongy
afonizar §60 *tr & ref* to unvoice
aforar *tr* to gauge, measure; appraise
aforismo *m* aphorism
afortuna•do -da *adj* fortunate; happy
afrancesa•do -da *adj & mf* Francophile
afrecho *m* bran
afrenta *f* affront
afrentar *tr* to affront || *ref* to be ashamed
afrento•so -sa *adj* outrageous, disgraceful
África *f* Africa
africa•no -na *adj & mf* African
afrodisía•co -ca *adj & m* aphrodisiac
afrontamiento *m* confrontation
afrontar *tr* to bring face to face; defy || *ref* — **afrontarse con** to confront, meet face to face
afuera *adv* outside || *interj* clear the way!, look out! || **afueras** *fpl* outskirts, environs
afuetada *f* or **afuetadura** *f* (SAm) beating
agachadiza *f* snipe; **hacer la agachadiza** to duck
agachar *tr* to lower, bend down || *ref* to crouch, squat; cower; (SAm) to give in, yield
agalla *f* gallnut; (*de pez*) gill; (*de ave*) ear lobe; **agallas** courage, guts
ágape *m* banquet, love feast
agarradera *f* hold, grip; handle; **tener agarraderas** to have connections
agarrada *f* brawl, fight, scrap
agarra•do -da *adj* stingy, tight || *f* see **agarrada**
agarrar *tr* to grab, grasp; take hold of; get, obtain || *intr* to take hold; take root; stick || *ref* to grapple; have a good hold; worry; **agarrarse a** to take hold of, cling to
agarro *m* clench, clutch, grip
agarrochar *tr* to jab with a goad
agarrón *m* brawl, fight; grip, tug
agarrotar *tr* to garrote; bind, tie up || *ref* to become numb
agasajar *tr* to regale, lionize, make a fuss over
agasajo *m* kindness, attention; lionization; favor, gift; treat; party
agavillar *tr* to bind or tie in sheaves || *ref* to band together
agazapar *tr* to grab, to nab || *ref* to crouch; to hide
agencia *f* agency; bureau; (Chile) pawn shop; **agencia de noticias** news agency; **agencia matrimonial** marriage broker
agenciar *tr* to manage to bring about; promote || *ref* to manage
agenda *f* notebook

agente *m* agent; policeman; **agente de policía** policeman; **agente viajero** traveling salesman, commercial traveler

agigantar *tr* to make huge ‖ *ref* to become huge

ágil *adj* agile; flexible, light

agilitar *tr* & *ref* to limber up

agita•do -**da** *adj* agitated, excited, exalted; (*mar*) rough

agitar *tr* to agitate; shake; wave; stir ‖ *intr* to agitate ‖ *ref* to be agitated; shake; wave; get excited; (*el mar*) get rough

aglomeración *f* agglomeration; crowd; built-up area

aglomerado *m* briquet, coal briquet

aglutinar *tr* to stick together ‖ *ref* to cake

agnósti•co -**ca** *adj* & *mf* agnostic

agobiar *tr* to overburden; exhaust, oppress

agolpar *ref* to flock, throng

agonía *f* agony, throes of death; agony, anguish; yearning; craving

agonizar §60 *tr* (*al moribundo*) to assist, attend; harass ‖ *intr* to be in the throes of death

agorar §3 *tr* to augur, foretell

agore•ro -**ra** *adj* fortunetelling; ill-omened; superstitious ‖ *mf* fortuneteller

agostar *tr* to burn up, to parch ‖ *ref* to dry up; (*la esperanza, la felicidad*) fade away

agostero *m* harvest helper

agosto *m* August; harvest; harvest time; **hacer su agosto** to make hay while the sun shines

agota•do -**da** *adj* exhausted; sold out; out of print

agotar *tr* to exhaust, wear out, use up ‖ *ref* to become exhausted, be used up; go out of print; run out

agracia•do -**da** *adj* charming, graceful; nice, pretty ‖ *mf* winner

agradable *adj* agreeable; pleasant

agradar *tr* to please ‖ *intr* to be pleasing ‖ *ref* to be pleased

agradecer §22 *tr* to thank; **agradecerle a uno una cosa** to thank someone for something

agradeci•do -**da** *adj* thankful, grateful; rewarding

agradecimiento *m* thanks, gratitude

agrado *m* agreeableness, graciousness; pleasure, liking

agrandar *tr* to enlarge ‖ *ref* to grow larger

agranelar *tr* (*cuero*) to grain, pebble

agrapar *tr* to clamp

agrariense *adj* & *mf* agrarian

agra•rio -**ria** *adj* agrarian

agravar *tr* to weigh down; aggravate; exaggerate; oppress ‖ *ref* to get worse

agraviar *tr* to wrong, offend ‖ *ref* to take offense

agravio *m* wrong, offense; **agravios de hecho** assault and battery

agravio•so -**sa** *adj* offensive, insulting

agraz *m* (*pl* **agraces**) sour grape; sour-grape juice; bitterness, displeasure; **en agraz** prematurely

agredir §1 *tr* to attack, assault

agregado *m* aggregate; concrete block; attaché; (Arg) tenant farmer

agregar §44 *tr* to add; attach; appoint ‖ *ref* to join

agremiado *m* union member

agremiar *tr* to unionize

agresión *f* aggression

agresi•vo -**va** *adj* aggressive

agre•sor -**sora** *adj* aggressive ‖ *mf* aggressor

agreste *adj* country, rustic; wild, rough; uncouth

agriar §77 & *regular tr* to make sour; exasperate ‖ *ref* to turn sour; become exasperated

agrícola *adj* agricultural ‖ *mf* farmer

agricultura *f* agriculture

agridulce *adj* bittersweet

agriera *f* (Chile) heartburn; **agrieras** (Col) cruet stand

agrietar *tr* & *ref* to crack

agrimensor *m* surveyor

agrimensura *f* surveying

agringar §44 *ref* to act like a gringo

a•grio -**gria** *adj* sour, acrid; uneven, rough; brittle ‖ **agrios** *mpl* citrus fruit

agronomía *f* agronomy

agropecua•rio -**ria** *adj* land-and-cattle, farm

agrumar *tr* & *ref* to curd, clot

agrupar *tr* & *ref* to group, cluster

agrura *f* sourness; unpleasantness; **agruras** citrus fruit

agua *f* water; (*de un tejado*) slope; **agua abajo** downstream; **agua arriba** upstream; **agua bendita** holy water; **agua corriente** running water; **agua de Colonia** eau de Cologne; **agua de marea** tidewater; **agua gaseosa** carbonated water; **agua oxigenada** hydrogen peroxide; **aguas** mineral springs; (*de sedas; de piedras preciosas*) water, sparkle; **aguas mayores** equinoctial tide; feces; **aguas menores** ordinary tide; urination; **cubrir aguas** to have under roof; **entre dos aguas** under water, under the surface of the water; (coll) undecided

aguacate *m* avocado, alligator pear; pear-shaped emerald

aguacero *m* shower

aguada *f* source of water; water color; watering station

aguade•ro -**ra** *adj* water ‖ *m* watering place

agua•do -**da** *adj* watery; thin, watered; weak, washed out, limp; dull, insipid ‖ *f* see **aguada**

agua•dor -**dora** *mf* water carrier ‖ *m* paddle, bucket

aguafies•tas *mf* (*pl* -**tas**) kill-joy, wet blanket, crapehanger

aguafortista *mf* etcher

aguafuerte *f* etching; **grabar al aguafuerte** to etch

aguaitar *intr* to spy, watch ‖ *tr* to watch, wait for

aguaje *m* watering place; tidal wave; strong current; (*de buque*) wake

aguamala *f* jellyfish

aguamanil *m* ewer, wash pitcher; washstand

aguama•nos *m* (*pl* **-nos**) water for washing hands; washstand

aguamarina *f* aquamarine

aguanie•ves *f* (*pl* **-ves**) wagtail

aguano•so -sa *adj* watery, soaked

aguantada *f* patience, forbearance

aguantar *tr* to hold up, sustain; bear, endure, tolerate; hold back, control ‖ *intr* to last, hold out ‖ *ref* to restrain oneself; keep quiet; **aguantarse las lágrimas** to swallow one's tears

aguante *m* patience, endurance; strength, vigor

aguar §10 *tr* to water; spoil, mar ‖ *ref* to become watery; fill up with water; be spoiled

aguardar *tr* to await, wait for; grant time to ‖ *intr* to wait; **aguardar a que** to wait until

aguardentera *f* liquor bottle, brandy flask

aguardentería *f* liquor store

aguardento•so -sa *adj* brandy; (*voz*) whiskey

aguardiente *m* brandy; spirituous liquor; **aguardiente de caña** rum; **aguardiente de manzana** applejack

aguardo *m* hunter's blind

aguarrás *m* turpentine, oil of turpentine

aguasar *ref* (Arg & Chile) to become countrified

aguazal *m* swamp, pool

agudeza *f* acuteness, acuity; sharpness; witticism; **agudeza visual** visual acuity

agu•do -da *adj* acute; sharp; keen; witty

agüero *m* augury; omen; forecast

aguerri•do -da *adj* inured, hardened

aguijada *f* goad, spur; prod

aguijar *tr* to goad, spur, prod ‖ *intr* to hurry along

aguijón *m* goad, spur; sting; thorn; stimulus; **dar coces contra el aguijón** to kick against the pricks

aguijonear to goad, incite; sting

águila *f* eagle; **¿águila o sol?** (Mex) heads or tails?; **ser un águila** to be wide-awake, be a wizard

aguile•ño -ña *adj* aquiline; sharp-featured

aguilón *m* (*de grúa*) boom, jib; (*del tejado*) gable

aguinaldo *m* Christmas gift, Epiphany gift; Christmas carol

aguja *f* needle; hatpin; steeple, spire; (*del reloj*) hand; **aguja de gancho** crochet needle; **aguja de hacer media** knitting needle; **aguja de zurcir** darning needle; **agujas** (rr) switch; **buscar una aguja en un pajar** to look for a needle in a haystack

agujerear *tr* to make a hole in, pierce, perforate

agujero *m* hole; pincushion; **agujero negro** black hole

agujeta *f* (*de la jeringa*) needle; shoestring; **agujetas** stitches, twinges

agusanar *ref* to get wormy; become worm-eaten

aguzanie•ves *f* (*pl* **-ves**) wagtail

aguzar §60 *tr* to sharpen; incite, stir up; stare at; (*las orejas*) prick up

ah-chís *interj* kerchoo!

aherrojar *tr* to fetter, shackle; oppress

aherrumbrar *tr* & *ref* to rust

ahí *adv* there; **de ahí que** hence; **por ahí** that way

ahija•do -da *mf* godchild; protégé ‖ *m* godson ‖ *f* goddaughter

ahilar *ref* to faint from hunger; waste away; grow poorly; turn sour

ahincar §73 *tr* to urge, press; importune ‖ *ref* to hasten

ahinco *m* earnestness, zeal, eagerness

ahitar *tr* to cloy, surfeit, stuff

ahi•to -ta *adj* surfeited, stuffed; fed up, disgusted ‖ *m* surfeit; indigestion

ahoga•do -da *adj* drowned; smothered; sunk; close, unventilated; **mate ahogado** stalemate; **perecer ahogado** to drown; **verse ahogado** to be swamped

ahogar §44 *tr* to drown; suffocate, smother; (*cal*) slake; (*plantas*) soak; oppress; extinguish; stalemate ‖ *ref* to drown; suffocate; drown oneself

ahogo *m* shortness of breath; great sorrow; stringency

ahondar *tr* to make deeper; go deep into ‖ *intr* to go deep, go deeper

ahora *adv* now; presently; **ahora bien** now then, so then; **ahora mismo** right now; **por ahora** for the present

ahorcajar *ref* to sit astride

ahorcar §73 *tr* to hang ‖ *ref* to hang, be hanged; hang oneself

ahorra•do -da *adj* saving, thrifty

ahorrar *tr* to save; spare ‖ *ref* to save or spare oneself

ahorrati•vo -va *adj* saving, thrifty; stingy ‖ *f* economy

ahorro *m* economy; **ahorros** savings

ahuchar *tr* to hoard

ahuecar §73 *tr* to hollow, hollow out; loosen, fluff up; **ahuecar la voz** to speak in deep and solemn tones ‖ *ref* to be puffed up

ahula•do -da *adj* waterproof, impermeable *m* overshoe

ahumar *tr* to smoke ‖ *intr* to be smoky ‖ *ref* to get smoked up; look or taste smoky; get drunk

ahusar *tr* & *ref* to taper

ahuyentar *tr* to put to flight; scare away ‖ *ref* to flee, run away

aira•do -da *adj* angry; wild; depraved

airar §4 *tr* to anger ‖ *ref* to get angry

aire *m* air; **al aire libre** in the open air; **darse aires** to put on airs

airear *tr* to air, aerate, ventilate ‖ *ref* to get aired; catch cold

airón *m* aigrette, panache; gray heron

airo•so -sa *adj* airy; drafty; graceful, light; resplendent; successful

aislación *f* insulation

aislacionista *adj* & *mf* isolationist

aislador *m* insulator

aislamiento *m* isolation; (elec) insulation

aislar §4 *tr* to isolate; detach, separate; (elec) to insulate ‖ *ref* to live in seclusion

ajar *m* garlic field ‖ *tr* to crumple, muss; (*marchitar*) wither; tamper with; abuse, ill-treat ‖ *ref* to get mussed; wither
ajedrea *f* (bot) savory
ajedrecista *mf* chess player
ajedrez *m* chess; chess set
ajenjo *m* (*Artemisia*) wormwood; (*licor*) absinthe; (*sinsabores y penas*) (fig) wormwood, bitterness; **ajenjo del campo** or **ajenjo mayor** (*Artemisia absinthium*) wormwood
aje·no -na *adj* another's; extraneous, foreign; different; contrary; free; insane; uninformed; **lo ajeno** what belongs to someone else
ajetrear *tr* to drive, harass ‖ *ref* to bustle about; fidget
ajetreo *m* bustle, fuss
ají *m* (*pl* **ajíes**) chili; chili sauce; **ponerse como un ají** (Chile) to turn red as a tomato
aji·mez *m* (*pl* **-meces**) mullioned window
ajo *m* garlic; garlic clove; garlic sauce
ajorca *f* bracelet, anklet
ajornalar *tr* to hire by the day ‖ *ref* to hire out by the day
ajuar *m* housefurnishings; trousseau
ajuiciar *tr* to bring to one's senses ‖ *ref* to come to one's senses
ajustable *adj* adjustable
ajusta·do -da *adj* just, right; tight, close-fitting
ajus·tar *tr* to adapt, fit, adjust; hire; arrange; reconcile; fasten; settle ‖ *intr* to fit ‖ *ref* to fit; hire out; be hired; come to an agreement
ajuste *m* fit; fitting, adjustment; hiring; arrangement; reconciliation; settlement; agreement
ajusticiar *tr* to execute, put to death
ala *f* wing; (*del sombrero*) brim; (*de puerta, mesa, etc.*) leaf; (*de pez*) fin; (*de hélice*) blade; (football) end; **ahuecar el ala** to beat it; **ala en flecha** (aer) sweptback wing; **alas** boldness, courage; **volar con sus propias alas** to stand on one's own feet
Alá *m* Allah
alabanza *f* praise
alabar *tr* to praise ‖ *ref* to boast
alabarda *f* halberd
alabardero *m* halberdier; hired applauder, claqueur
alabastro *m* alabaster
álabe *m* drooping branch; bucket, paddle; cog
alabear *tr* & *ref* to warp
alacena *f* cupboard, wall closet; (naut) locker; (Mex) booth, stall
alacrán *m* scorpion
ala·do -da *adj* winged
alamar *m* frog (*button and loop on a garment*)
alambica·do -da *adj* precious, oversubtle, fine-spun; begrudged
alambicar §73 *tr* to distill; refine to excess
alambique *m* still, alembic; (*de laboratorio*) retort; **por alambique** sparingly

alambrada *f* chicken wire; wire mesh; (mil) barbed wire; (elec) wiring
alambrado *m* chicken wire; wire mesh; wire fence; (elec) wiring; (mil) wire entanglement
alambraje *m* (elec) wiring
alambrar *tr* to fence with wire; string with wire; wire
alambre *m* wire; **alambre cargado** live wire; **alambre de púas** barbed wire; **alambre sin aislar** bare wire
alambrera *f* wire screen; wire cover
alameda *f* poplar grove; mall, shaded walk
álamo *m* poplar; **álamo de Italia** Lombardy poplar; **álamo negro** black poplar; **álamo temblón** aspen
alampar *ref* to have a craving
alancear *tr* to lance, spear
alano *m* mastiff, great Dane
alarde *m* display, ostentation; (mil) review; **hacer alarde de** to make a show of; boast of
alardear *intr* to boast, brag, show off
alardo·so -sa *adj* showy, ostentatious
alargar §44 *tr* to extend, lengthen, stretch; hand; to increase; let out ‖ *ref* to go away, withdraw; grow longer; be long-winded
alarido *m* howl, shout, yell, whoop
alarma *f* alarm; (aer) alert; **alarma aérea** air-raid warning; **alarma de incendios** fire alarm; **alarma de ladrones** burglar alarm
alarmar *tr* to alarm; alert ‖ *ref* to become alarmed
alarmista *mf* alarmist
alastrar *tr* (*las orejas*) to throw back; (naut) to ballast ‖ *ref* to lie flat, cower
ala·zán -zana *adj* sorrel, reddish-brown ‖ *mf* sorrel horse
alba *f* dawn, daybreak
albacea *m* executor ‖ *f* executrix
albahaquero *m* flowerpot
alba·nés -nesa *adj* & *mf* Albanian
albañal *m* sewer, drain
albañil *m* mason, bricklayer
albañilería *f* masonry
albarán *m* rent sign; bulletin; (com) check list
albarca *f* sandal
albarda *f* packsaddle
albardilla *f* (*tejadillo sobre los muros*) coping; shoulder pad
albaricoque *m* apricot
albaricoquero *m* apricot tree
alba·tros *m* (*pl* **-tros**) albatross
albayalde *m* white lead
albear *intr* to turn white; (Arg) to get up at dawn
albedrío *m* free will; fancy, caprice, pleasure; **libre albedrío** free will
albéitar *m* veterinarian
alberca *f* pond, pool; tank, reservoir; **en alberca** roofless
albérchigo *m* clingstone peach
albergar §44 *tr* to shelter, harbor; house ‖ *intr* & *ref* to take shelter; take lodgings
albergue *m* shelter, refuge; lodging; den, lair
albero *m* dishcloth, dishrag; white earth

al•bo -ba *adj* (poet) white || *f* see **alba**
albóndiga *f* meat ball, fish ball
albor *m* whiteness; dawn
alborada *f* dawn; morning serenade; reveille
alborear *intr* to dawn
albor•noz *m* (*pl* **-noces**) terry cloth; burnoose; cardigan; beach robe
alborota•do -da *adj* hasty, rash; noisy; rough
alborota•dor -dora *mf* agitator, rioter
alborotapue•blos *mf* (*pl* **-blos**) (coll) rabble rouser
alborotar *tr* to agitate, arouse, stir up || *intr* to make a racket || *ref* to get excited; riot; (*la mar*) get rough
alboroto *m* agitation, disturbance; noise, riot; **alborotos** (CAm) candied popcorn; **armar un alboroto** to raise a racket
alborozar §60 *tr* to gladden, cheer, overjoy, elate
alborozo *m* joy, merriment, elation
albricias *fpl* reward for good news; reward given on the occasion of some happy event; **en albricias de** as a token of || *interj* good news!, congratulations!
albufera *f* saltwater lagoon
ál•bum *m* (*pl* **-bumes**) album; **álbum de recortes** scrapbook
albumen *m* albumen
albúmina *f* albumin
albuminar *tr* (phot) to emulsify
albur *m* risk, chance
alcachofa *f* artichoke
alcahue•te -ta *mf* bawd, procurer, go-between; screen, fence; schemer; gossip
alcahuetear *tr* to procure; harbor || *intr* to pander
alcaide *m* governor, warden, jailer
alcalde *m* mayor, chief burgess; **alcalde de monterilla** small-town mayor; **tener el padre alcalde** to have a friend at court
alcaldesa *f* mayoress
álcali *m* alkali
alcali•no -na *adj* alkaline
alcallería *f* pottery
alcana *f* henna
alcance *m* reach, scope, extent; range; pursuit; capacity; late news; import; coverage; brains, intelligence; **al alcance de** within reach of, within range of; **alcance de la vista** eyesight, eyeshot; **alcance del oído** earshot; **dar alcance a** to catch up with
alcancía *f* child's bank; bin, hopper
alcanfor *m* camphor
alcantarilla *f* sewer; culvert
alcantarillar *tr* to sewer
alcanza•do -da *adj* needy, hard up
alcanzar §60 *tr* to reach; overtake, catch up to; grasp; obtain; understand; live through || *intr* to succeed; (*un arma de fuego*) carry; manage; suffice
alcaparrosa *f* vitriol
alcaravea *f* caraway
alcatraz *m* gannet, pelican
alcázar *m* fortress; castle, royal palace; quarterdeck
alce *m* elk, moose
alcista *adj* bullish || *mf* (fig) bull

alcoba *f* bedroom; **alcoba de respeto** master bedroom
alcohol *m* alcohol
alcohóli•co -ca *adj* & *mf* alcoholic
alconafta *f* gasohol
alcor *m* hill, elevation, eminence
alcornoque *m* cork oak; blockhead
alcorque *m* cork-soled shoe; trench for water around a tree
alcorza *f* sugar paste, sugar icing; **ser una alcorza** (Arg) to be highly emotional
alcurnia *f* ancestry, lineage
alcuza *f* olive-oil can
aldaba *f* knocker, door knocker; bolt, crossbar; latch; hitching ring; **aldaba dormida** deadlatch; **tener buenas aldabas** to have pull
aldabonazo *m* knock on the door
aldea *f* village, hamlet
aldea•no -na *adj* village; rustic || *mf* villager
aleación *f* alloy
alear *tr* to alloy || *intr* to flap the wings; to flap one's arms; to convalesce
aleccionar *tr* to teach, instruct; to train, to coach
aleda•ño -ña *adj* bordering || *m* border, boundary
alega•dor -dora *adj* quarrelsome; litigious
alegar §44 *tr* to allege; to declare, assert || *intr.* (Col, Hond) to quarrel
alegoría *f* allegory
alegóri•co -ca *adj* allegoric(al)
alegrar *tr* to cheer, gladden; (*un fuego*) to stir || *ref* to be glad, to rejoice; to get tipsy
alegre *adj* glad; bright; cheerful, light-hearted; careless; fast, spicy; **alegre de cascos** scatterbrained
alegría *f* cheer, joy, gladness; brightness, gaiety
aleja•do -da *adj* distant, remote
alejandri•no -na *adj* & *mf* Alexandrine
alejar *tr* & *ref* to move aside, move away
alelar *tr* to make stupid || *ref* to grow stupid
aleluya *m* & *f* hallelujah || *m* Easter time || *f* doggerel; daub; **aleluya navideña** Christmas card || *interj* hallelujah!
ale•mán -mana *adj* & *mf* German
Alemania *f* Germany
alenta•do -da *adj* brave, spirited; proud, haughty; well, healthy || *f* deep breath
alentar §2 *tr* to encourage, cheer up || *intr* to breathe || *ref* to take heart; get well, recover
alerce *m* larch
alergia *f* allergy
alero *m* eaves
alerón *m* aileron
alerta *adv* on the alert || *interj* watch out!, look out! || *m* (mil) alert; (mil) watchword
alertar *tr* to alert
aler•to -ta *adj* alert, watchful, vigilant
alesaje *m* bore
alesna *f* awl
aleta *f* small wing; (*de pez*) fin; (*de hélice*) blade; **aletas** (*natación*) flippers
aletargar §44 *tr* to benumb; put to sleep || *ref* to get drowsy, fall asleep

aletear *intr* to flap the wings; flap, flip, flutter
aleve *adj* treacherous, perfidious
alevosía *f* treachery, perfidy
alevo•so **-sa** *adj* treacherous, perfidious
alfabetizar §60 *tr* to alphabetize; teach reading and writing to
alfabeto *m* alphabet
alfaneque *m* buzzard
alfanje *m* cutlass
alfarería *f* pottery
alfarero *m* potter
alféizar *m* splay; embrasure
alfeñicar §73 *tr* to candy, ice ‖ *ref* to grow thin; be affected, finical
alfeñique *m* almond-flavored sugar paste; affectation, prudery; thin, delicate person; weakling
alfé•rez *m* (*pl* **-reces**) (mil) second lieutenant; (mil) subaltern (Brit); **alférez de fragata** (nav) ensign; **alférez de navío** (nav) lieutenant (j.g.)
alfil *m* bishop
alfiler *m* pin; **alfiler de corbata** stickpin, scarfpin; **alfiler de madera** clothespin; **alfiler de seguridad** safety pin; **alfileres** pin money
alfilerar *tr* to pin, pin up
alfiletero *m* pincase, needlecase
alfombra *f* carpet; rug
alfombrar *tr* to carpet
alforfón *m* buckwheat
alforja *f* shoulder bag; traveling supplies; **pasarse a la otra alforja** to go too far, take too much liberty
alforza *f* pleat, tuck
al•foz *m* (*pl* **-foces**) outskirts; dependence; mountain pass
alga *f* alga; **alga marina** seaweed; **algas** algae
algaida *f* brush, thicket; sandbank
algalia *f* civet; catheter
algarabía *f* Arabic; (coll) gibberish, jabber; (coll) hubbub, uproar
algarada *f* outcry; uproar
algarroba *f* carob bean
algarrobo *m* carob
algazara *f* Moorish battle cry; din, uproar
álgebra *f* algebra
algebrai•co **-ca** *adj* algebraic
álgi•do **-da** *adj* cold, icy, frigid
algo *pron indef* something; anything; **algo por el estilo** something of the sort ‖ *adv* somewhat, a little, rather
algodón *m* cotton; **algodón pólvora** guncotton; **estar criado entre algodones** to be brought up in comfort
algodoncillo *m* milkweed
algodono•so **-sa** *adj* cottony
alguacil *m* bailiff; mounted police officer at the head of the processional entrance of the bu!lfighters
alguien *pron indef* somebody, someone
algún *adj indef* apocopated form of **alguno**, used only before masculine singular nouns and adjectives

algu•no **-na** *adj indef* some, any; not any; **alguna vez** sometimes; ever ‖ *pron indef* someone; **algunos** some
alhaja *f* jewel, gem; **buena alhaja** a bad egg, a sly fellow
alhajera *f* or **alhajero** *m* jewelry box
alharaca *f* fuss, ado, ballyhoo; **hacer alharacas** to make a fuss
alharaquien•to **-ta** *adj* fussy, noisy
alhe•lí *m* (*pl* **-líes**) gillyflower (*Matthiola incana*); wallflower (*Cheiranthus*)
alheña *f* henna; blight, mildew
alheñar *tr* to henna; blight, mildew ‖ *ref* (*el pelo*) to henna
alhucema *f* lavender
alhumajo *m* pine needles
alia•do **-da** *adj* allied ‖ *mf* ally
aliaga *f* furze, gorse
alianza *f* alliance; wedding ring; (Bib) covenant
aliar §77 *tr* to ally ‖ *ref* to ally, become allied; form an alliance
alias *adj* & *m* alias
alicaí•do **-da** *adj* failing, weak; crestfallen, discouraged
alicates *mpl* pliers
aliciente *m* inducement, incentive
alienar *tr* to alienate; enrapture
aliento *m* breath, breathing; courage, spirit; **dar aliento a** to encourage; **de mucho aliento** arduous, difficult, endless; **nuevo aliento** second wind; **sin aliento** out of breath
alifafe *m* complaint, indisposition
aligerar *tr* to lighten; alleviate, ease; hasten; shorten
aligustre *m* privet
alijador *m* lighter; lighterman; sander
alijar *tr* to unload, lighten; sandpaper
aligeramiento *m* easing; alleviation; **aligeramiento de impuestos** tax relief
alimaña *f* varmint, small predacious animal
alimentante *mf* person obliged to provide child support
alimentar *tr* to feed, nourish; (*p.ej., esperanzas*) to cherish, foster ‖ *ref* to feed, nourish oneself
alimenti•cio **-cia** *adj* alimentary, nourishing
alimento *m* food, nourishment; encouragement; **alimentos** foodstuffs; allowance; alimony
alindar *tr* to mark off; embellish, prettify ‖ *intr* to border, be contiguous
alinea•do **-da** *adj* lined up, aligned; **no alineado** nonaligned, Third World
alinear *tr* & *ref* to align, line up
aliñar *tr* to dress, season
aliño *m* dressing, seasoning
aliquebra•do **-da** *adj* crestfallen
alisar *tr* to smooth; polish, sleek; iron lightly
aliso *m* alder tree
alistar *tr* to list; enlist, enroll; stripe ‖ *ref* to enlist, enroll; get ready
aliteración *f* alliteration
aliviar *tr* to alleviate, relieve, soothe; remedy; lighten; hasten ‖ *ref* to get better, recover

alivio _m_ alleviation, relief; remedy
aljaba _f_ quiver
aljama _f_ mosque; synagogue; Moorish quarter; ghetto
aljamía _f_ Spanish of Moors and Jews; Spanish written in Arabic characters
aljez _m_ gypsum
aljibe _m_ water tender, tank barge; oil tanker; cistern
aljófar _m_ imperfect pearl; (fig) dewdrops
aljofifa _f_ floor mop
aljofifar _tr_ to mop
alma _f_ soul, heart, spirit; (_persona_) living soul; crux, heart; sweetheart; (_de carril_) web; (_de cañón_) bore; (_de escalera_) newel; **dar el alma, entregar el alma, rendir el alma** to give up the ghost
almacén _m_ warehouse; store, department store; storehouse; (phot) magazine
almacenaje _m_ storage; **almacenaje de datos** (_ordenador_) data storage, memory
almacenamiento _m_ storage; (_ordenador_) data storage, memory
almacenar _tr_ to store; store up, hoard; to store (electronic) data
almacenista _mf_ storekeeper ‖ _m_ warehouseman
almáciga _f_ seedbed, tree nursery
almádana _f_ spalling hammer
almagre _m_ red ocher
almajara _f_ (hort) hotbed
almanaque _m_ almanac; calendar
almeja _f_ clam
almena _f_ merlon
almenaje _m_ battlement
almendra _f_ almond; (_de cualquier fruto drupáceo_) kernel; **almendra amarga** bitter almond; **almendra de Málaga** Jordan almond; **almendra tostada** burnt almond
almendrado _m_ macaroon
almendro _m_ almond tree
almiar _m_ haystack, hayrick
almíbar _m_ simple syrup; fruit juice; **estar hecho un almíbar** to be as sweet as pie
almibarar _tr_ to preserve in syrup; (_sus palabras_) honey ‖ _intr_ to candy
almidón _m_ starch; paste; **almidón de maíz** cornstarch
almidonado -da _adj_ starched; spruce, dapper; stiff, prim
almidonar _tr_ to starch
alminar _m_ minaret
almiranta _f_ admiral's wife; flagship
almirante _m_ admiral
almirez _m_ (_pl_ **-reces**) brass mortar
almizcle _m_ musk
almizclera _f_ muskrat
almizclero _m_ musk deer
almohada _f_ pillow; **consultar con la almohada** to sleep it over
almohadilla _f_ cushion; pad; (Chile) pincushion
almohaza _f_ currycomb
almohazar §60 _tr_ to currycomb
almoneda _f_ auction; clearance sale
almonedar _tr_ to auction
almorranas _fpl_ piles, hemorrhoids

almorta _f_ grass pea
almorzada _f_ double handful, heavy breakfast
almorzar §35 _tr_ to lunch on ‖ _intr_ to lunch, have lunch
almuecín _m_ or **almuédano** _m_ muezzin
almuerzo _m_ lunch
alnado -da _mf_ stepchild
alocado -da _adj_ mad, wild, reckless ‖ _mf_ madcap
alocar §73 _tr_ to drive crazy
alocución _f_ address, speech
áloe _m_ or **aloe** _m_ aloe; aloes
alojar _tr_ to lodge; quarter, billet ‖ _intr_ & _ref_ to lodge; be quartered or billeted
alojo _m_ accommodations, lodging
alondra _f_ lark
aloquecer §22 _ref_ to go crazy, lose one's mind
alosa _f_ shad
alpaca _f_ alpaca; alpaca wool; alpaca cloth; German silver
alpargata _f_ hemp sandal, espadrille
alpende _m_ tool shed; lean-to, penthouse
Alpes _mpl_ Alps
alpestre _adj_ alpine
alpinismo _m_ mountain climbing
alpino -na _adj_ alpine
alpiste _m_ canary seed, birdseed; **quedarse alpiste** to be disappointed
alquería _f_ farmhouse
alquibla _f_ kiblah
alquiladizo -za _adj_ & _mf_ hireling
alquilar _tr_ to rent, let, hire ‖ _ref_ to hire out; be for rent
alquiler _m_ rent, rental, hire; **alquiler de coches** car-rental service; **alquiler sin chófer** drive-yourself service; **de alquiler** for rent, for hire
alquilona _f_ cleaning woman, charwoman
alquimia _f_ alchemy
alquitarar _tr_ to distill
alquitrán _m_ tar; **alquitrán de hulla** coal tar
alquitranado _m_ tarpaulin
alquitranar _tr_ to tar
alrededor _adv_ around; **alrededor de** around; about, approximately ‖ **alrededores** _mpl_ environs, surroundings, outskirts
Alsacia _f_ Alsace
alsaciano -na _adj_ & _mf_ Alsatian
alta _f_ discharge from hospital; (mil) certificate of induction into active service; **dar de alta** to discharge from the hospital; **darse de alta** to join, be admitted; (mil) to report for duty
altanero -ra _adj_ towering; arrogant, haughty
altar _m_ altar; **altar mayor** high altar; **conducir al altar** to lead to the altar
altavoz _m_ (_pl_ **-voces**) loudspeaker
altea _f_ (bot) marshmallow
alteración _f_ alteration; disturbance; uneven pulse; altercation, quarrel
alterar _tr_ to alter; disturb; agitate, upset; falsify; lessen ‖ _ref_ to alter; be disturbed; be agitated; lessen; (_el pulso_) flutter
altercación _f_ or **altercado** _m_ argument, wrangle, bickering
altercar §73 _intr_ to argue, bicker, wrangle

al
al

alternar *tr* & *intr* to alternate; **alternar con** to go around with

alternati•vo -va *adj* alternating, alternative; *f* choice, option; admission as a matador; **no tener alternativa** to have no choice

alter•no -na *adj* alternate

alteza *f* sublimity ‖ **Alteza** *f* (*tratamiento*) Highness

altibajo *m* downward thrust; **altibajos** uneven ground; ups and downs

altillo *m* hillock; (*oficina en una tienda o taller*) balcony; (Arg, Ecuad) attic, garret

altimetría *f* altimetry

altiplanicie *f* tableland

altitud *f* altitude; height

altivez *f* or **altiveza** *f* arrogance, haughtiness, pride

alti•vo -va *adj* haughty, proud; high, lofty

al•to -ta *adj* high; upper; top; loud; (*horas*) late; **ponerse tan alto** to take offense, be hoity-toity ‖ *m* height, altitude; story, floor; stop, halt; **de alto a bajo** from top to bottom; **hacer alto** to stop; **pasar por alto** to overlook, disregard ‖ *f* see **alta** ‖ **alto** *adv* high up; loud; aloud ‖ **alto** *interj* halt!

altoparlante *m* loudspeaker

altozanero *m* (Col) public errand boy

altozano *m* hill, knoll; upper part of town; (CAm, Col, Ven) parvis

altruísta *adj* altruistic ‖ *mf* altruist

altura *f* height, altitude; high seas; juncture, point, stage; (mus) pitch; (naut) latitude; **a estas alturas** at this juncture; **a la altura de** (naut) off; **estar a la altura de** to be up to, be equal to; be abreast of; **por estas alturas** around here

alucinación *f* hallucination

alucinante *adj* hallucinogenic

alud *m* avalanche

aludi•do -da *adj* above-mentioned

aludir *intr* to allude

alumbra•do -da *adj* lighted; enlightened; tipsy ‖ *m* lighting; lighting system

alumbramiento *m* lighting; childbirth, accouchement

alumbrar *tr* to light, illuminate; (*a los ciegos*) give sight to; enlighten; (*aguas subterráneas*) discover and bring to the surface ‖ *intr* to have a child ‖ *ref* to get tipsy

alumbre *m* alum

aluminio *m* aluminum

alumnado *m* student body

alum•no -na *mf* (*niño criado como si fuera hijo*) foster child; (*discípulo*) pupil, student; **alumno mimado** teacher's pet

alunizaje *m* lunar landing

alunizar §60 *intr* to land on the moon

alusión *f* allusion

álveo *m* bed of a stream, river bed

alvéolo *m* alveolus; (*de diente*) socket; (*de rueda de agua*) bucket

alza *f* rise, advance. increase; **jugar al alza** to bull the market

alzada *f* height (*e.g., of a horse*)

alza•do -da *adj* (SAm) insolent; rebellious; *m* lump sum, cash settlement; front elevation; (bb) quire, gathering

alzapaño *m* curtain holder; tieback

alzapié *m* snare, trap

alzaprima *f* crowbar, lever; (*de instrumento de arco*) (mus) bridge

alzaprimar *tr* to pry, pry up; arouse, stir up

alzapuer•tas *m* (*pl* -**tas**) (archaic) dumb player, supernumerary

alzar §60 *tr* to raise, lift, hoist; pick up; (*la hostia*) elevate; hide, lock up; (*naipes*) cut; (bb) to gather ‖ *ref* to rise, get up; revolt; **alzarse con** to abscond with

alzaválvu•las *m* (*pl* -**las**) tappet

alzo *m* (CAm) theft

allá *adv* there, over there; back there; **allá en** over in; back in; **el más allá** the beyond; **más allá** farther on, farther away; **más allá de** beyond; **por allá** thereabouts; that way

allanar *tr* to level, smooth, flatten; (*una dificultad*) iron out, overcome, get around; (*una casa*) break into; to subdue ‖ *intr* to level off ‖ *ref* to tumble down; yield, submit; humble oneself

allega•do -da *adj* near, close; related; partisan ‖ *mf* relative; partisan

allegar §44 *tr* to collect, gather; reap ‖ *intr* to approach ‖ *ref* to approach; be attached, be a follower, agree

allende *adv* beyond; **allende de** besides, in addition to ‖ *prep* beyond

allí *adv* there; **allí dentro** in there; **por allí** that way; around there

ama *f* housekeeper; housewife, lady of the house; landlady, proprietress; **ama de casa** housewife; **ama de cría** or **de leche** wet nurse; **ama de llaves** housekeeper; **ama seca** dry nurse

amable *adj* amiable, kind, obliging; (*digno de ser amado*) lovable

amachinar *ref* to cohabit; get intimate

ama•do -da *adj* & *mf* beloved

ama•dor -dora *adj* fond, loving ‖ *mf* lover

amadrigar §44 *tr* to welcome, receive with open arms ‖ *ref* to burrow; go into seclusion

amaestrar *tr* to teach, coach; (*a los animales*) train

amagar §44 *tr* to show signs of, threaten; feint ‖ *intr* to look threatening

amago *m* threat, menace; sign, indication; feint

amainar *tr* to lessen; (naut) to lower, shorten ‖ *intr* to subside, die down; lessen; yield ‖ *ref* to lessen; yield

amalgama *f* amalgam

amalgamar *tr* & *ref* to amalgamate

amamantar *tr* to nurse, to suckle

amancebamiento *m* cohabitation, concubinage, liaison

amancebar *ref* to cohabit, live in concubinage

amancillar *tr* to stain, spot; sully, tarnish

amanecer *m* dawn, daybreak ‖ *v* §22 *intr* to dawn, begin to get light; begin to appear; get awake, start the day

amanecida *f* dawn, daybreak
amanera•do -da *adj* mannered, affected
amansar *tr* (*animal*) to tame; (*caballo*) break; soothe, appease
amante *adj* fond, loving ‖ *mf* lover
amaño *m* skill, cleverness, dexterity; trick; amaños tools, implements
amapola *f* poppy
amar *tr* to love
amaraje *m* alighting on water
amarar *intr* to alight on water
amargar §44 *tr* to make bitter; embitter; (*una tertulia, una velada*) spoil ‖ *intr & ref* to become bitter; become embittered
amar•go -ga *adj* bitter; sour; distressing ‖ amargos *mpl* bitters
amargura *f* bitterness; sorrow, grief
amarillear *intr* to turn yellow, show yellow
amarillecer §22 *intr* to become yellow
amarillen•to -ta *adj* yellowish
amarillez *f* yellowness
amari•llo -lla *adj & m* yellow
amarra *f* mooring cable; amarras support, protection; soltar las amarras (naut) to cast off
amarrar *tr* to moor; lash, tie up; (*las cartas*) stack
amartelar *tr* to make love to; make jealous ‖ *ref* to fall in love; become jealous
amartillar *tr* to hammer; (*un arma de fuego*) to cock
amasar *tr* to knead; mix; massage; (*dinero*) amass; concoct
amatista *f* amethyst
Amazonas *m* Amazon
ambages *mpl* ambiguity, quibbling; sin ambages straight to the point
ámbar *m* amber
Amberes *f* Antwerp
ambición *f* ambition
ambicionar *tr* to strive for, be eager for
ambicio•so -sa *adj* ambitious; eager; ambicioso de figurar social climber
ambiental *adj* environmental
ambiente *m* atmosphere; medio ambiente environment; situation
ambi•gú *m* (*pl* -gúes) buffet supper; bar, refreshment bar
ambigüedad *f* ambiguity
ambi•guo -gua *adj* ambiguous; (*género*) (gram) common
ámbito *m* boundary, limit; compass, scope
ambladura *f* amble
amblar *intr* to amble
am•bos -bas *adj & pron indef* both; ambos a dos both, both together
ambrosía *f* ragweed
ambulancia *f* ambulance; ambulancia de correos mail car, railway post office
ambulante *adj* itinerant, traveling ‖ *m* railway mail clerk
ambulato•rio -ria *adj* ambulatory ‖ *m* welfare center, public clinic; ambulance
amedrentar *tr* to frighten, scare
amelona•do -da *adj* melon-shaped; mentally retarded; lovesick

amén *interj* amen! ‖ *m* amen ‖ *adv* — amén de aside from; in addition to
amenaza *f* threat, menace
amenazar §60 *tr* to threaten, menace
amenguar §10 *tr* to lessen, diminish; belittle; dishonor
amenidad *f* amenity
amenizar §60 *tr* to make pleasant, brighten, cheer
ame•no -na *adj* agreeable, pleasant
amento *m* catkin
América *f* America; la América Central Central America; la América del Norte North America; la América del Sur South America; la América Latina Latin America
americana *f* sack coat, jacket
americanizar §60 *tr* to Americanize
america•no -na *adj & mf* American; Spanish American ‖ *f* see americana
amerizar §60 *intr* to alight on water
ametralladora *f* machine gun
ametrallar *tr* to machine-gun
amiba *f* amoeba
amiga *f* friend; mistress; schoolmistress; girls' school
amigable *adj* amicable, friendly
amigacho *m* chum, crony, pal
amígdala *f* tonsil
amigdalitis *f* tonsillitis
ami•go -ga *adj* friendly; fond ‖ *mf* friend; sweetheart; amigo del alma bosom friend ‖ *f* see amiga
amigote *m* chum, crony, pal
amilanar *tr* to terrify, intimidate
aminorar *tr* to lessen, diminish
amistad *f* friendship; liaison; hacer las amistades to make up; romper las amistades to fall out, become enemies
amistar *tr* to bring together ‖ *ref* to become friends
amisto•so -sa *adj* friendly
amniocentesis *f* amniocentesis
amnistía *f* amnesty
amnistiar §77 *tr* to amnesty, grant amnesty to
amo *m* head of family; landlord, proprietor; boss; ser el amo del cotarro to rule the roost
amoblar §61 *tr* to furnish
amodorrar *ref* to get drowsy; fall asleep; grow numb
amohinar *tr* to annoy, irritate, vex
amojonar *tr* to mark off with landmarks
amoladera *f* grindstone, whetstone
amolar §61 *tr* to grind, sharpen; bore, annoy
amoldar *tr* to mold; model, pattern, fashion; adjust, adapt
amonestación *f* admonition; marriage banns
amonestar *tr* to admonish, warn; publish the banns of
amoníaco *m* ammonia
amontonar *tr* to heap, pile; accumulate; hoard ‖ *ref* to collect, gather; crowd; get angry; (Mex) to gang up
amor *m* love; al amor del agua with the current; obligingly; al amor de la lumbre

by the fire, in the warmth of the fire;
amores love affair; **amor propio** amour-propre; conceit; **por amor de** for the sake of
amorata•do -da *adj* livid, black-and-blue
amordazar §60 *tr* to muzzle; gag
amorío *m* love-making; love affair
amoro•so -sa *adj* loving, affectionate, amorous
amortajar *tr* to shroud; (carp) to mortise
amortecer §22 *tr* to deaden, muffle ‖ *ref* to die away, become faint
amortiguador *m* shock absorber; door check; (*de automóvil*) bumper; **amortiguador de luz** dimmer; **amortiguador de ruido** muffler
amortiguar §10 *tr* to deaden, muffle; soften, tone down; dim; damp; (*un golpe*) cushion; (*ondas electromagnéticas*) damp
amortizar §60 *tr* to amortize; (*una deuda*) pay off
amoscar §73 *ref* to get peeved; (Mex) to blush, be embarrassed
amotina•do -da *adj* mutinous, rebellious ‖ *mf* mutineer, rebel, rioter
amotinar *tr* to stir up; incite to mutiny ‖ *ref* to rise up, mutiny, rebel
amover §47 *tr* to discharge, dismiss
amovible *adj* removable, detachable
amparar *tr* to shelter, protect ‖ *ref* to seek shelter; protect oneself
amparo *m* shelter, protection, refuge; stall; aid, favor
amperio *m* ampere
amperio-hora *m* (*pl* **amperios-hora**) ampere-hour
ampliación *f* amplification; (phot) enlargement
ampliar §77 *tr* to amplify, enlarge; widen; (phot) to enlarge
amplificador *m* amplifier
amplificar §73 *tr* to amplify; expand, enlarge; magnify
am•plio -plia *adj* ample; spacious, roomy
amplitud *f* amplitude; roominess
ampo *m* dazzling white; snowflake
ampolla *f* blister; bubble; cruet; bulb, light bulb
ampollar *tr* & *ref* to blister
ampolleta *f* vial; sandglass, hourglass; bulb, light bulb; cruet
ampulosidad *f* bombast, pomposity
ampulo•so -sa *adj* bombastic, pompous
amputar *tr* to amputate
amueblar *tr* to furnish
amujera•do -da *adj* effeminate
amuleto *m* amulet, charm
amurallar *tr* to wall, wall in
amurcar §73 *tr* to gore
amusgar §44 *tr* (*las orejas el toro, el caballo*) to throw back
anacardo *m* cashew; cashew nut
anacróni•co -ca *adj* anachronistic
anacronismo *m* anachronism
ánade *mf* duck
anadear *intr* to waddle
anadeo *m* waddle, waddling

anales *mpl* annals
analfabetismo *m* illiteracy
analfabe•to -ta *adj* & *mf* illiterate
analgési•co -ca *adj* analgesic ‖ *m* painkiller, analgesic
análi•sis *m* & *f* (*pl* **-sis**) analysis; **análisis costobeneficio** cost-benefit analysis; **análisis de sistemas** systems analysis; **análisis gramatical** parsing; **análisis ocupacional** job analysis
analista *mf* analyst; annalist
analíti•co -ca *adj* analytic(al)
analizar §60 *tr* to analyze; **analizar gramaticalmente** to parse
analogía *f* analogy; similarity
análo•go -ga *adj* analogous; similar
ana•ná *m* (*pl* **-naes**) pineapple
ananás *m* pineapple
anaquel *m* shelf
anaranja•do -da *adj* & *m* (*color*) orange
anarquía *f* anarchy
anárqui•co -ca *adj* anarchic(al)
anarquista *mf* anarch, anarchist
anatema *m* & *f* anathema; curse
anatomía *f* anatomy
anatómi•co -ca *adj* anatomic(al) ‖ *mf* anatomist
anatomista *mf* anatomist
anca *f* croup, haunch; buttock, rump; **a ancas** or **a las ancas** mounted behind another person; **anca de rana** frog's leg; **dar ancas vueltas** (Mex) to give odds
ancianidad *f* old age
ancia•no -na *adj* old, aged ‖ *m* old man; (eccl) elder ‖ *f* old woman
ancla *f* anchor; **echar anclas** to cast anchor; **levar anclas** to weigh anchor
anclar *intr* to anchor
anclote *m* kedge, kedge anchor
ancón *m* bay, cove
áncora *f* anchor
ancorar *intr* to anchor
ancheta *f* (Arg) foolishness; ridiculous act
an•cho -cha *adj* wide, broad; full, ample; loose, loose-fitting ‖ *m* width, breadth
anchoa *f* anchovy
anchura *f* width, breadth; fullness, ampleness; looseness; comfort, ease
anchuro•so -sa *adj* wide, broad; spacious, roomy
andada *f* thin, hard-baked cracker; **andadas** (*de conejos y otros animales*) tracks; **volver a las andadas** to revert to one's old tricks
andaderas *fpl* gocart, walker
anda•do -da *adj* gone by, elapsed; frequented, trodden; worn, used; ordinary ‖ *m* gait ‖ *f* see **andada**
andadores *mpl* leading strings
andadura *f* pace, gait; amble; (Mex) mount
Andalucía *f* Andalusia
anda•luz -luza *adj* & *mf* Andalusian
andaluzada *f* tall story, exaggeration, fish story
andamiaje *m* scaffolding
andamio *m* scaffold; platform

andanada *f* (naut) broadside; (taur) covered upper section; (coll) scolding; (fig) fusillade

andante *adj* walking; errant, wandering

andanza *f* wandering, rambling; fate, fortune

andar *m* gait, pace, walk ‖ §5 *tr* (*p.ej.*, *dos millas*) to go; (*un camino*) go down or up ‖ *intr* to go, walk; run; travel; act, behave; (*p.ej.*, *un reloj*) go, run, work; be, feel; go by, pass, elapse; go (*to bear up*, *to last*), e.g., **anduve diez horas sin comer** I went ten hours without eating ‖ *ref* to go by, to pass, to elapse; to go away; **andarse sin** to go without

andarie•go -ga *adj* wandering, roving; swift, fleet

andas *fpl* litter; stretcher; bier

andén *m* railway platform; quay; footpath

Andes *mpl* Andes

andinismo *m* mountain climbing in the Andes

andi•no -na *adj* Andean

andraje•ro -ra *mf* ragpicker

andrajo *m* rag, tatter; ragamuffin, scalawag

andrajo•so -sa *adj* ragged, raggedy, in tatters

andurriales *mpl* byways, out-of-the-way place

anea *f* cattail, bulrush

aneblar §2 *tr* to cloud; becloud ‖ *ref* to become clouded; get dark

anécdota *f* anecdote

anegar §44 *tr* to flood; drown ‖ *ref* to become flooded; drown

ane•jo -ja *adj* annexed; accessory ‖ *m* annex; dependency; supplement

anemia *f* anaemia

anémi•co -ca *adj* anaemic

anestesia *f* anaesthesia

anestesiar *tr* anaesthetize

anestési•co -ca *adj* & *m* anaesthetic

aneurisma *m* & *f* aneurysm

anexar *tr* to annex

ane•xo -xa *adj* annexed; accessory ‖ *m* annex; dependency

anfi•bio -bia *adj* amphibious

anfiteatro *m* amphitheater

anfitrión *m* host

anfitriona *f* hostess

ánfora *f* voting urn, ballot box

anfractuo•so -sa *adj* winding, tortuous

angarillas *fpl* handbarrow; panniers; cruet stand

ángel *m* angel; **ángel custodio** or **de la guarda** guardian angel; **ángel patudo** wolf in sheep's clothing; **tener ángel** to have great charm

angelical or **angéli•co -ca** *adj* angelic(al)

angina *f* angina; **angina de pecho** angina pectoris

angloparlante *adj* English-speaking ‖ *mf* speaker of English

anglosa•jón -jona *adj* & *mf* Anglo-Saxon

angos•to -ta *adj* narrow

anguila *f* eel; **anguilas** (*para botar un barco al agua*) ways; **escurrirse como una anguila** to be as slippery as an eel

angular *adj* angular

ángulo *m* angle; corner

angulo•so -sa *adj* (*facciones*) angular

angurria *f* (SAm) raging hunger; greed

angustia *f* anguish, distress, grief

angustia•do -da *adj* distressed, grieved

angustiar *tr* to distress, afflict, grieve

angustio•so -sa *adj* distressed, grieved; worrisome

anhelar *tr* to crave, want badly ‖ *intr* to pant; yearn; **anhelar por** to long for

anhélito *m* hard breathing

anhelo *m* craving; yearning, longing

anhelo•so -sa *adj* eager, yearning; breathless, panting

anhi•dro -dra *adj* anhydrous

Aníbal *m* Hannibal

anidar *tr* to harbor, shelter ‖ *intr* & *ref* to nestle, make a nest; live

anilina *f* aniline

anilla *f* curtain ring; (*en la gimnasia*) ring; hoop

anillo *m* ring; cigar band; **anillo de compromiso** or **de pedida** engagement ring; **anillo sigilar** signet ring

ánima *f* soul; (*de arma de fuego*) bore

animación *f* animation; liveliness; bustle, movement

anima•do -da *adj* animated, lively

animador *m* (*de un café-cantante*) master of ceremonies

animal *adj* & *m* animal

animar *tr* to enliven; encourage; strengthen; drive ‖ *ref* to take heart, feel encouraged

ánimo *m* mind, spirit; courage, valor, energy; attention, thought

animosidad *f* animosity, ill will

animo•so -sa *adj* brave, courageous; spirited; ready, disposed

anina•do -da *adj* babyish, childish

anión *m* anion

aniquilar *tr* to annihilate, destroy ‖ *ref* to be annihilated; decline, waste away; be humbled

anís *m* anise; anise-flavored brandy

aniversa•rio -ria *adj* & *m* anniversary

anoche *adv* last night

anochecer *m* nightfall, dusk ‖ *v* §22 *intr* to grow dark; arrive or happen at nightfall; end the day; go to sleep ‖ *ref* to get dark; get cloudy; slip away

anochecida *f* nightfall, dusk

anodi•no -na *adj* innocuous, ineffective, harmless

ánodo *m* anode

anomalía *f* anomaly

anóma•lo -la *adj* anomalous

anonadar *tr* to annihilate, destroy; overwhelm; humble

anóni•mo -ma *adj* anonymous ‖ *m* anonymity; **guardar** or **conservar el anónimo** to preserve one's anonymity

anorexia *f* anorexia

anormal *adj* abnormal

anotar *tr* to annotate; note, jot down; point out

anquilosa•do -da *adj* stiff-jointed; old-fashioned

ánsar *m* goose; wild goose

am
an

ansia f anxiety, anguish; eagerness; **ansias** (Ven) nausea

ansiar §77 & **regular** tr to long for, yearn for ‖ intr to be madly in love

ansiedad f anxiety, worry; pain

ansio•so -sa adj anxious; anguished; longing; covetous

ant. abbr **anticuado**

anta f elk

antagonismo m antagonism

antaño adv last year; of yore, long ago

antárti•co -ca adj antarctic

ante prep before, in the presence of; in front of; at, with ‖ m elk; buff

antea•do -da adj buff; (Mex) damaged, shopworn

anteanoche adv the night before last

anteayer adv the day before yesterday

antebrazo m forearm

antecámara f antechamber, anteroom

antecedente adj antecedent ‖ m antecedent; **antecedentes** antecedents

anteceder tr to precede, go before

antece•sor -sora mf predecessor; ancestor

antedatar tr to antedate

antedi•cho -cha adj aforesaid. abovementioned

antelación f previousness, anticipation

antemano — **de antemano** in advance, beforehand

antena f (ent) antenna; (rad) antenna, aerial; **antena de conejo** rabbit ears; **en antena** on the air; **antena interior incorporada** built-in antenna; **llevar a las antenas** to put on the air''

antenombre m title, honorific

anteojera f spectacle case; blinker, blinder

anteojo m eyeglass; spyglass; **anteojos** eyeglasses, spectacles; binoculars; blinkers

antepasa•do -da adj before last ‖ **antepasados** mpl ancestors

antepecho m railing, guardrail; parapet; window sill

antepenúltima f antepenult

anteponer §54 tr to place in front; prefer

anteportada f half title, bastard title

anteportal m porch, vestibule

antepuer:!a f portière

antepuerto m entrance to a mountain pass; (naut) outer harbor

anterior adj front; previous; earlier

antes adv before; sooner, soonest; rather; previously; **antes bien** rather; on the contrary; **antes de** before; **antes (de) que** before; **cuanto antes** as soon as possible

antesala f antechamber; (p.ej., de médico) waiting room; **hacer antesala** to dance attendance

antiaére•o -a adj antiaircraft

antiartísti•co -ca adj inartistic

antibéli•co -ca adj antiwar

anticartel adj antitrust

anticientífi•co -ca adj unscientific

anticipación f preparation, anticipation; **con anticipación** in advance

anticipa•do -da adj future; advance; **por anticipado** in advance

anticipar tr to anticipate, hasten; to move ahead ‖ ref to happen early; **anticiparse a** to anticipate, to get ahead of

anticipo m anticipation; advance payment, down payment; retaining fee

anticoncepti•vo -va adj & m contraceptive

anticongelante m antifreeze

anticonstitucional adj unconstitutional

anticua•do -da adj antiquated; old-fashioned; obsolete

anticua•rio -ria adj antiquarian ‖ mf antiquarian, antiquary; antique dealer

anticuerpo m antibody

antideporti•vo -va adj unsportsmanlike

antiderrapante or **antideslizante** adj nonskid

antideslumbrante adj antiglare

antidetonante adj & m antiknock

antídoto m antidote

antieconómi•co -ca adj uneconomic(al)

antier adv the day before yesterday

antiesclavista adj antislavery ‖ mf abolitionist

anti•faz m (pl -faces) veil, mask

antífona f anthem

antigás adj invar gas (e.g., mask, shelter)

antigramatical adj ungrammatical

antigravedad f weightlessness

antigualla f antique; relic, antique; has-been

antiguar §10 intr & ref to attain seniority

antigüedad f antiquity; seniority; (mueble u otro objeto de arte antiguos) antique; **antigüedades** antiquities; antiques

anti•guo -gua adj old; ancient; antique; former ‖ mf veteran; senior

antihigiéni•co -ca adj unsanitary

antílope m antelope

antilla•no -na adj & mf West Indian

Antillas fpl Antilles

antimateria f antimatter

antimonio m antimony

antiobre•ro -ra adj antilabor

antiparras spl spectacles

antipatía f dislike, antipathy

antipáti•co -ca adj disagreeable, uncongenial

antipatrióti•co -ca adj unpatriotic

antiproyectil adj antimissile

antirreflejo adj invar nonreflecting

antirresbaladi•zo -za adj nonskid

antirrobo adj invar theft-proof, burglar-proof

antisemíti•co -ca adj anti-Semitic

antisépti•co -ca adj & m antiseptic

antisono•ro -ra adj soundproof

antisoviéti•co -ca adj anti-Soviet

antitanque adj antitank

antiterrorista adj invar & mf antiterrorist

antíte•sis f (pl -sis) antithesis

antitóxi•co -ca adj antitoxic

antitoxina f antitoxin

antojadi•zo -za adj capricious, whimsical

antojar ref to seem; fancy; seem likely; have a notion to + inf; take a fancy to + inf

antojo m caprice, fancy, whim; snap judgment; birthmark; **antojos** moles, warts; **a su antojo** as one pleases

antología f anthology

antónimo m antonym

an
ap

antorcha *f* torch; **antorcha a soplete** blow-torch
antracita *f* anthracite
ántrax *m* anthrax
antro *m* cave, cavern; (fig) den
antropología *f* anthropology
antruejo *m* carnival
anual *adj* annual
anualidad *f* annuity; year's pay; annual occurrence
anuario *m* yearbook; directory; bulletin, catalogue; **anuario telefónico** telephone directory
anublar *tr* to cloud; dim, darken; blight, wither || *ref* to become cloudy; be withered; (*las esperanzas de uno*) fade away
anudar *tr* to tie, fasten, knot; unite; resume || *ref* to get knotted; be united; fade away, wilt, fail
anuente *adj* consenting
anular *tr* to annul; nullify; remove, discharge || *ref* to be passed over
anunciar *tr* to announce; advertise || *intr* to advertise
anunciante *mf* advertiser
anuncio *m* announcement; advertisement
anverso *m* obverse
anzuelo *m* fishhook; **picar en el anzuelo** or **tragar el anzuelo** to swallow the bait, swallow the hook
añadi•do -da *adj* additional || *m* false hair, switch
añadidura *f* addition; extra weight, extra measure; **de añadidura** extra, in the bargain; **por añadidura** besides
añadir *tr* to add; increase
añafil *m* straight Moorish trumpet
añagaza *f* bird call; decoy, lure; trap, trick
añe•jo -ja *adj* aged; stale; musty, rancid
añicos *mpl* bits, pieces; **hacer añicos** to tear to pieces, break to pieces; **hacerse añicos** to wear oneself out
añil *m* indigo; bluing
añilar *tr* to dye with indigo; (*la ropa blanca*) to blue
año *m* year; **año bisiesto** leap year; **año económico** fiscal year; **año lectivo** school year; **año luz** (*pl* **años luz**) light-year; **años** birthday; **cumplir . . . años** to be . . . years old
añoranza *f* longing, sorrow
añorar *tr* to long for, sorrow for; grieve over || *intr* to yearn; sorrow, grieve
año•so -sa *adj* aged, old
aojada *f* (Col) skylight; (Col) transom
aojar *tr* to cast the evil eye on, jinx
aojo *m* evil eye, jinx
aovar *intr* to lay eggs
ap. *abbr* **aparte, apóstol**
apabilar *tr* to trim
apabullar *tr* to mash, crush; squelch
apacentar §2 *tr* & *ref* to pasture, graze; feed
apacible *adj* gentle, mild; calm
apaciguamiento *m* pacification, appeasement
apaciguar §10 *tr* to pacify, appease || *ref* to calm down
apachurrar *tr* to crush, squash, mash

apadrinar *tr* to sponsor; act as godfather for; back, support; second
apagabron•cas *m* (*pl* **-cas**) bouncer
apagador *m* extinguisher; (*de piano*) damper
apagaincen•dios *m* (*pl* **-dios**) fire extinguisher
apagar §44 *tr* to extinguish, put out; (*la luz, la radio*) turn off; (*la cal*) slake; (*el sonido*) damp, muffle; (*el fuego del enemigo*) silence; (*la sed*) quench; (*el dolor*) deaden || *ref* to go out; subside, calm down, fade away
apagón *m* blackout
apalabrar *tr* to bespeak; consider || *ref* to agree
apalabrear *intr* (SAm) to make an appointment
apalancar §73 *tr* to raise with a lever or crowbar
apalear *tr* to shovel; beat; pile up
apandar *tr* to steal
apantallar *tr* to dazzle, amaze; (elec) to shield, screen
apañar *tr* to grasp; pick up; steal; repair, mend; wrap up || *ref* to be handy
apañuscar §73 *tr* to crumple, rumple; steal; (CAm, Col, Ven) to jam, crowd
aparador *m* sideboard, buffet; showcase; workshop; (Mex) show window, store window
aparar *tr* to prepare; adorn; block; (*las manos, la falda, el pañuelo, la capa*) hold out
aparato *m* apparatus; ostentation, show; exaggeration; radio set; television set; telephone; airplane; camera; bandage, application; (theat) scenery, properties; **aparato auditivo** hearing aid; **aparato de relojería** clockwork; **aparatos sanitarios** bathroom fixtures; **ponerse al aparato** to go or to come to the phone
aparato•so -sa *adj* showy, pompous, ostentatious
aparcamiento *m* parking; parking space; **aparcamiento subterráneo** underground garage
aparcar §44 *tr* & *intr* to park
aparcería *f* partnership, sharecropping
aparce•ro -ra *mf* partner, sharecropper; (Arg) customer
aparear *tr* to pair, match; mate || *ref* to pair; mate
aparecer §22 *intr* & *ref* to appear; show up
aparecido *m* ghost, specter
aparejador *m* builder
aparejar *tr* to prepare; prime, size; harness
aparejo *m* preparation; harness; set, kit; priming, sizing; (mas) bond; **aparejos** tools, implements, equipment
aparentar *tr* to feign, pretend; look, look to be
aparente *adj* apparent, seeming; evident; right, proper
aparición *f* apparition
apariencia *f* appearance, aspect; sign, indication; **salvar las apariencias** to save face
aparqueamiento *m* parking

aparquear *tr* & *intr* to park
aparqueo *m* parking.
aparragar §44 *ref* to crouch, squat; (CAm) to loll, sprawl
apartadero *m* siding, side track; turnout
aparta•do -da *adj* distant, remote; aloof; (*camino*) side, back; different ‖ *m* side room; post-office box; vocabulary entry; section
apartamento *m* apartment, apartment house
apartar *tr* to take aside; separate; push away; shunt; (*el ganado*) sort ‖ *ref* to separate; move away, keep away, stand aside; withdraw; get divorced; give up
aparte *adv* apart, aside; **aparte de** apart from ‖ *prep* apart from ‖ *m* (theat) aside
apasiona•do -da *adj* passionate; devoted, tender, loving; sore
apasionar *tr* to impassion, appeal deeply to; afflict ‖ *ref* to become impassioned; be stirred up; fall madly in love
apatía *f* apathy
apáti•co -ca *adj* apathetic
apatusco *m* ornament, finery
apdo. *abbr* **apartado**
apeadero *m* horse block; flag stop, wayside station; platform; temporary quarters
apear *tr* to help dismount, help down; bring down; remove; overcome; prop up ‖ *ref* to dismount, get off; back down; stop, put up
apechugar §44 *intr* to push with the chest; **apechugar con** to make the best of
apedazar §60 *tr* to mend, patch; cut or tear to pieces
apedrear *tr* to stone; stone to death; pit; speckle ‖ *intr* to hail ‖ *ref* to be damaged by hail; be pitted
apegar §44 *ref* to become attached, grow fond
apego *m* attachment, fondness
apelación *f* medical consultation; remedy, help; (law) appeal
apelante *adj* appellate
apelar *intr* to appeal, make an appeal; have recourse; refer
apelativo *m* (CAm) surname, family name
apeldar *tr* — **apeldarlas** (coll) to flee, run away
apelmazar §60 *tr* to squeeze, compress ‖ *ref* to cake
apelotonar *tr* to form into a ball ‖ *ref* to form a ball; curl up
apellidar *tr* to call, name; proclaim
apellido *m* name; surname, last name, family name; **apellido de soltera** maiden name
apenar *tr* & *ref* to grieve
apenas *adv* hardly, scarcely; **apenas si** hardly, scarcely ‖ *conj* no sooner, as soon as
apéndice *m* appendage; (anat) appendix
apendicitis *f* appendicitis
apercancar §73 *ref* (Chile) to get moldy, mildew
apercibir *tr* to prepare; provide; warn; perceive; collect ‖ *ref* to get ready; be provided; **apercibirse de** to notice
apergaminar *ref* to dry up, become yellow and wrinkled

aperitivo *m* appetizer
aperla•do -da *adj* pearly
apero *m* tools, equipment, outfit; riding gear
aperrear *tr* to set the dogs on; harass, plague, pester
apersogar §44 *tr* to tether
apersona•do -da *adj* — **bien apersonado** presentable; **mal apersonado** unpresentable
apersonar *ref* to appear in person; have an interview
apertura *f* opening
apesadumbrar or **apesarar** *tr* & *ref* to grieve
apestar *tr* to infect with the plague; corrupt; sicken, nauseate; infest ‖ *intr* to stink ‖ *ref* to be infected with the plague
apesto•so -sa *adj* stinking, foul-smelling; pestilent; sickening
apetecer §22 *tr* to hunger for, thirst for, crave
apetecible *adj* desirable, tempting
apetencia *f* hunger, appetite, craving
apetito *m* appetite
apetito•so -sa *adj* tasty; tempting; gourmand
ápex *m* apex
apiadar *tr* to move to pity; take pity on ‖ *ref* to have pity
ápice *m* apex; bit, whit; crux; **estar en los ápices de** to be up in
apilar *tr* & *ref* to pile, pile up
apimpollar *ref* to sprout, put forth shoots
apiñar *tr* & *ref* to crowd, jam
apio *m* celery
apisonadora *f* road roller
apisonar *tr* to tamp; roll
aplacar §73 *tr* to placate, appease, pacify; (*la sed*) to quench
aplanacalles *m* (SAm) idler; lazy person
aplanar *tr* to smooth, make even; to astonish; **aplanar las calles** to loaf, bum around ‖ *ref* to collapse; become discouraged
aplanchar *tr* to iron
aplanetizar §60 *intr* to land on another planet
aplastar *tr* to flatten, crush, smash; dumbfound
aplaudida *f* applause
aplaudir *tr* & *intr* to applaud
aplauso *m* applause; **aplausos** applause
aplazada *f* or **aplazamiento** *m* delay; procrastination
aplazar §60 *tr* to postpone; convene; summon
aplicación *f* appliance, application; diligence
aplica•do -da *adj* industrious, studious; applied
aplicar §73 *tr* to apply; attribute ‖ *ref* to apply; apply oneself
aplomar *tr* to plumb; make straight or vertical ‖ *intr* to be vertical ‖ *ref* to collapse; (Chile) to be embarrassed; (Mex) to be slow, be backward
aplomo *m* aplomb, poise, self-possession; gravity
apoca•do -da *adj* diffident, timid, irresolute; humble, lowly
apocar §73 *tr* to cramp, contract; narrow; humble, belittle

apodar *tr* to nickname; make fun of
apodera•do -da *adj* empowered, authorized || *m* proxy; attorney
apoderamiento *m* authorization; power of attorney
apoderar *tr* to empower, authorize || *ref* — **apoderarse de** to seize, grasp; take possession of
apodo *m* nickname
apofanía *f* ablaut
apogeo *m* apogee; (fig) height, apogee
apolilla•do -da *adj* moth-eaten, mothy
apolilladura *f* moth hole
apolillar *tr* (*la polilla, p.ej., las ropas*) to eat || *ref* to become moth-eaten
apolíti•co -ca *adj* apolitical, nonpolitical
apología *f* eulogy
apoltronar *ref* to loaf around; loll, sprawl
apontizaje *m* deck-landing
apontizar §60 *intr* to deck-land
apoplejía *f* apoplexy
apopléti•co -ca *adj* & *mf* apoplectic
aporcar §73 *tr* (*las hortalizas*) to hill
aporrear *tr* to beat, club, cudgel; annoy || *ref* to drudge, slave
aportación *f* contribution; dowry
aportar *tr* to contribute; bring; lead; (*como dote*) bring || *intr* to show up; reach port
aporte *m* contribution
aposentar *tr* to put up, lodge || *ref* to take lodging
aposento *m* lodging; room; inn
apostadero *m* stand, post; naval station
apostar *tr* to post, station || §61 *tr* to bet, wager || *intr* to bet; compete
apostilla *f* note, comment
apóstol *m* apostle
apóstrofe *m* & *f* apostrophe (*words addressed to absent person*)
apóstrofo *m* apostrophe (*written sign*)
apostura *f* neatness, spruceness; bearing, carriage
apoyabra•zos *m* (*pl* -zos) armrest
apoyali•bros *m* (*pl* -bros) book end
apoyar *tr* to support, hold up; lean, rest; abet, back || *intr* & *ref* to lean, rest, be supported
apoyatura *f* (mus) grace note
apoyo *m* support, prop; backing, approval
apreciable *adj* appreciable; estimable
apreciación *f* appraisal
apreciar *tr* to appreciate; appraise; esteem
aprecio *m* appreciation, esteem
aprehender *tr* to apprehend, catch; think, conceive
aprehensión *f* apprehension
aprehensi•vo -va *adj* apprehensive
aprehensor *m* captor
apremiar *tr* to press, urge; compel, force; hurry; harass; (*a un deudor*) dun || *intr* to be urgent
apremio *m* pressure; urgency; compulsion; oppression; surtax for late payment; (*demanda de pago*) dun
aprender *tr* & *intr* to learn; **aprender haciendo** to learn by doing

apren•diz -diza *mf* apprentice; **aprendiz de imprenta** printer's devil
aprendizaje *m* apprenticeship; **pagar el aprendizaje** to pay for one's inexperience
aprensar *tr* to press; oppress
aprensión *f* apprehension; misgiving, prejudice
aprensi•vo -va *adj* apprehensive
apresar *tr* to grasp, seize; capture
aprestador *m* primer
aprestar *tr* to prepare; (*tejidos*) process; prime; size || *ref* to get ready
apresto *m* preparation; equipment; priming; sizing
apresurar *tr* & *ref* to hurry, hasten
apretadera *f* strap, rope; **apretaderas** pressure
apreta•do -da *adj* compact, tight; close, intimate; dense, thick; difficult, dangerous; mean, stingy; **estar muy apretado** to be in a bad way
apretar §2 *tr* to tighten; squeeze; pinch; hug; harass, importune; afflict, beset; (*un botón*) press; (*los puños*) clench; (*los dientes*) grit; (*la mano*) shake || *intr* to pinch; insist; get worse; push hard, press forward; **apretar a correr** to start running; **apretar con** to close in on || *ref* to grieve, be distressed; crowd
apretón *m* pressure, squeeze; struggle; dash, run; **apretón de manos** handshake
apretura *f* crush, jam; tightness; fix, trouble; need, want
aprietarropa *m* clothespin
¡aprieta! *interj* (coll) baloney!
aprieto *m* crush, jam; fix
aprisa *adv* fast, quickly
aprisco *m* sheepfold
aprisionar *tr* to imprison; bind, tie; shackle
aprobación *f* approbation, approval; pass, passing grade
aproba•do -da *adj* excellent || *m* pass
aprobar §61 *tr* & *intr* to approve; pass
aprontar *tr* to hand over without delay; expedite
apropia•do -da *adj* appropriate, fitting, proper
apropiar *tr* to hand over; fit, adapt || *ref* to appropriate; preempt
aprovechable *adj* available, usable
aprovecha•do -da *adj* thrifty; stingy; diligent; well-spent || *mf* opportunist
aprovechar *tr* to make good use of, take advantage of; (*una caída de agua*) harness || *intr* to be useful; progress, improve || *ref* — **aprovecharse de** to avail oneself of, take advantage of
aprovisionar *tr* to provision, supply, furnish
aproxima•do -da *adj* approximate, rough
aproximar *tr* to bring near; approximate || *ref* to come near; approximate
aptitud *f* aptitude; suitability
ap•to -ta *adj* apt; suitable
apuesta *f* bet, wager
apues•to -ta *adj* neat, spruce, elegant || *f* see **apuesta**
apulgarar *ref* to become mildewed

apuntador *m* (theat) prompter
apuntalar *tr* to prop up, underpin
apuntar *tr* to point; point at; aim; aim at; take note of; sharpen; stitch, darn, patch; correct; prompt; stake, to put up; (theat) to prompt || *intr* to begin to appear; dawn || *ref* (*el vino*) to begin to turn sour; register; get tipsy
apunte *m* note; rough sketch; stake; rogue, rascal; (theat) cue
apuñalar *tr* & *intr* to stab
apuñear *tr* to punch
apura•do -da *adj* needy, hard up; difficult, dangerous; hurried, rushed
apurar *tr* to purify, refine; clear up, verify; finish; drain, use up, exhaust; hurry, press; annoy || *ref* to worry, grieve; exert oneself, strive
apuro *m* need, want; grief, sorrow; haste, urgency; **apuros** financial embarrassment
aquejar *tr* to grieve, afflict
aquel, aquella *adj dem* (*pl* **aquellos, aquellas**) that, that . . . yonder
aquél, aquélla *pron dem* (*pl* **aquéllos, aquéllas**) that; that one, that one yonder; the one; the former || *m* charm, appeal
aquelarre *m* witches' Sabbath
aquello *pron dem* that; that thing, that matter
aquende *adv* on this side || *prep* on this side of
aquerenciar *ref* to become fond or attached
aquí *adv* here; **aquí dentro** in here; **de aquí en adelante** from now on; **por aquí** this way
aquiescencia *f* acquiescence
aquietar *tr* to quiet, calm
aquilatar *tr* to assay; check; refine
Aquiles *m* Achilles
aquilón *m* north wind
ara *f* altar; altar slab; **en aras de** for the sake of
árabe *adj* Arab, Arabian; (archit) Moresque || *mf* Arab, Arabian || *m* (*idioma*) Arabic
Arabia, la Arabia
arábi•go -ga *adj* Arabian, Arabic || *m* (*idioma*) Arabic; **estar en arábigo** (coll) to be Greek
arabismo *m* (*estudio, voz, rasgo*) Arabism
aracanga *f* macaw
arado *m* plow
Aragón *m* Aragon
arago•nés -nesa *adj* & *mf* Aragonese
arancel *m* tariff
arancelar *tr* (CAm) to pay
arancela•rio -ria *adj* tariff, customs
arándano *m* whortleberry; **arándano agrio** cranberry
arandela *f* bobèche; (mach) washer
araña *f* spider; chandelier
arañar *tr* to scratch; scrape; scrape together
arañazo *m* scratch
araño *m* scratching
aráquida *f* peanut
arar *tr* to plow
arbitraje *m* arbitration
arbitrar *tr* & *intr* to arbitrate; referee; umpire
arbitra•rio -ria *adj* arbitrary

arbitrio *m* free will; means, ways; **arbitrios** excise taxes
arbitrista *mf* wild-eyed dreamer
árbi•tro -tra *mf* arbiter; referee || *m* umpire
árbol *m* tree; axle, shaft; **árbol del caucho** rubber plant; **árbol de levas** camshaft; **árbol de mando** drive shaft; **árbol de Navidad** Christmas tree; **árbol motor** drive shaft
arbola•do -da *adj* wooded; (*mar*) high || *m* woodland
arboleda *f* grove
arbollón *m* sewer, drain
arbotante *m* flying buttress
arbusto *m* shrub
arca *f* chest, coffer; tank; ark; **arca de agua** water tower; **arca de la alianza** ark of the covenant; **arca de Noé** ark, Noah's ark
arcada *f* arcade; archway; stroke of bow; **arcadas** retching
arcai•co -ca *adj* archaic
arcaísmo *m* archaism
arcaizante *adj* obsolescent
arcángel *m* archangel
arca•no -na *adj* & *m* secret
arcar §73 *tr* to arch
arce *m* maple tree
arcilla *f* clay; **arcilla figulina** potter's clay
arco *m* arch; (*de cuna o mecedor*) rocker; (elec, geom) arc; (mus) bow; **arco iris** rainbow; **arco triunfal** triumphal arch; memorial arch
arcón *m* large chest; bin, bunker
archiduque *m* archduke
archienemigo *m* archenemy
archipiélago *m* archipelago; (coll) maze, entanglement || **Archipiélago** *m* Aegean Sea
archiva•dor -dora *mf* file clerk || *m* filing cabinet; letter file
archivar *tr* to file; file away; hide away
archivero *m* city clerk
archivo *m* archives; files; filing; (Col) office
ardentía *f* heartburn; (*en las olas de la mar*) phosphorescence
arder *tr* to burn || *intr* to burn; blaze; **estar que arde** to be coming to a head || *ref* to burn up
ardid *m* artifice, trick, wile
ardi•do -da *adj* burnt-up; bold, intrepid; angry
ardiendo *adj invar* burning
ardiente *adj* ardent; fiery, passionate; burning, hot
ardilla *f* squirrel; **ardilla de tierra** gopher; **ardilla ladradora** prairie dog; **ardilla listada** chipmunk
ardillón *m* gopher
ardite *m* old Spanish coin of little value; **no me importa un ardite** (coll) I don't care a hang; **no valer un ardite** to be not worth a straw
ardor *m* ardor; eagerness, fervor, zeal; vehemence; courage, dash
ardoro•so -sa *adj* fiery, enthusiastic; balky, restive
ar•duo -dua *adj* arduous, difficult

área f area; small plot; **área de descansar** rest area; **área de servicio** service area

arena f sand; grit; arena; **arena movediza** quicksand; **arenas** arena; (pathol)˙stones

arenal m sandy place; quicksand

arenga f harangue

arengar tr & intr to harangue

arenis•co -ca adj sandy, gritty; sand || f sandstone

areno•so -sa adj sandy

arenque m herring

areómetro m hydrometer

arepa f corn griddle cake

arete m eardrop, earring

arfada f (naut) pitching

arfar intr (naut) to pitch

argadijo m or **argadillo** m bobbin, reel; restless fellow

argado m prank, trick, artifice

argamasa f mortar

argamasar tr to mortar, plaster; (los materiales de construcción) mix

árgana f (mach) crane; **árganas** panniers

Argel f Algiers

Argelia f Algeria

argeli•no -na adj & mf Algerian

argentar tr to silver

argenti•no -na adj & mf Argentine, Argentinean || **la Argentina** Argentina, the Argentine

argolla f large iron ring; (que se pone en la nariz a un animal) ring; engagement ring

argonauta m Argonaut

argucia f subtlety; trick

argüir §6 tr to argue, argue for; prove; accuse || ref to argue, dispute

argumenta•dor -dora adj argumentative || mf arguer

argumentar tr to argue for; prove || intr & ref to argue, dispute

argumento m argument

aria f (mus) aria

aridez f aridity, dryness

ári•do -da adj arid; (aburrido, falto de interés) dry

Aries m Aries

ariete m battering ram; **ariete hidráulico** hydraulic ram

arimez m projection

a•rio -ria adj & mf Aryan || f see **aria**

aris•co -ca adj churlish, surly, evasive; (caballo) vicious

arista f edge; (intersección de dos planos) ridge; (del grano de trigo) beard; **arista de encuentro** (archit) groin

aristocracia f aristocracy

aristócrata mf aristocrat

aristocráti•co -ca adj aristocratic

Aristóteles m Aristotle

aristotéli•co -ca adj & mf Aristotelian

aritméti•co -ca adj arithmetical || mf arithmetician || f arithmetic

arlequín m harlequin

arma f arm, weapon; **alzarse en armas** to rise up, rebel; **arma blanca** steel blade; **arma corta** pistol; **arma de fuego** firearm;

jugar a las armas to fence; **sobre las armas** under arms

armada f fleet, armada; navy

armadía f raft, float

armadijo m trap, snare

arma•do -da adj armed; (hormigón) reinforced || f see **armada**

arma•dor -dora mf assembler || m recruiter of fishermen and whalers

armadura f armor; framework; skeleton; (elec) armature; (de imán) keeper

armamentismo m military preparedness

armamentis•to -ta adj militarist, arms || mf arms dealer

armamento m armament

armar tr to arm; (un arma) load; (una bayoneta) fix; mount, assemble; build; equip; (el hormigón) reinforce; (una nave) fit out; (caballero) dub; start, stir up; **armarla** to start a row || ref to arm oneself; get ready; balk

armario m closet, wardrobe; **armario botiquín** medicine cabinet; **armario de luna** wardrobe with mirror; **armario frigorífico** refrigerator

armatoste m hulk

armazón f frame; assemblage; skeleton

armella f screw eye, eyebolt

arme•nio -nia adj & mf Armenian || **Armenia** f Armenia

armería f arms shop; arms museum; arms

armero m gunsmith; (para las armas) rack

armiño m ermine

armisticio m armistice

armonía f harmony

armóni•co -ca adj & m harmonic || f harmonica; **armónica de boca** mouth organ

armonio•so -sa adj harmonious

armonizar §60 tr & intr to harmonize

arnés m armor, coat of mail; harness; **arneses** harness, trappings; outfit, equipment; accessories

aro m hoop; rim; **aro de émbolo** piston ring

aroma m aroma, fragrance

aromáti•co -ca adj aromatic

arpa f harp

arpar tr to claw, scratch; tear, rend

arpegio m arpeggio

arpeo m grappling iron

arpía f harpy; shrew, jade

arpillera f burlap, sackcloth

arpista mf harpist

arpón m harpoon

arponear tr & intr to harpoon

arqueada f (mus) bow

arquear tr to arch; (la lana) beat; (una nave) gauge; to audit || intr to retch || ref to bow

arqueología f archeology

arquería f arcade

arquero m archer, bowman; goalkeeper, goalie

arquitecto m architect

arquitectóni•co -ca adj architectural

arquitectura f architecture

arrabal m suburb; **arrabales** outskirts

arracada f earring with pendant

arracimar ref to cluster, bunch

arraiga•do -da *adj* deep-rooted; property-owning, landed

arraigar §44 *tr* to establish, strengthen ‖ *intr* to take root ‖ *ref* to take root; become settled

arraigo *m* taking root; stability; property, real estate

arramblar *tr* to cover with sand or gravel; sweep away

arrancadero *m* starting point

arrancar §73 *tr* to root up, pull out, pull up; snatch, wrest; (*lágrimas*) draw forth ‖ *intr* to start; set sail; leave; originate

arranque *m* pull; fit, impulse; jerk, sudden start; sally, outburst; (aut) start, starter; **arranque a mano** (aut) hand cranking; **arranque automático** (aut) self-starter

arrapiezo *m* rag, tatter; whippersnapper

arras *fpl* earnest money, pledge; dowry

arrasar *tr* to level; wreck, demolish; fill to the brim ‖ *intr* to clear up ‖ *ref* to clear up; fill up

arrastra•do -da *adj* mean, crooked ‖ *mf* wretch, crook

arrastrar *tr* to drag, drag along; drag down; impel ‖ *intr* to drag, trail; crawl, creep ‖ *ref* to drag, trail; crawl, creep; drag on; cringe

arrastre *m* drag; crawl; washout; influence; haulage; (*influencia política y social*) (Cuba, Mex) drag

arrayán *m* myrtle

arre *interj* gee!, get up!

arreador *m* muleteer; (SAm) whip

arrear *tr* to drive ‖ *intr* to hurry ‖ *ref* to lose all one's money

arrebata•do -da *adj* rash, reckless; (*color del rostro*) flushed, ruddy

arrebatar *tr* to snatch; carry away; attract; move, stir ‖ *ref* to be carried away, be overcome

arrebatiña *f* scuffle, scramble; **andar a la arrebatiña** to scramble

arrebato *m* rage, fury; ecstasy, rapture

arrebol *m* (*de las nubes*) red; (*de las mejillas*) rosiness; (*afeite*) rouge; **arreboles** red clouds

arrebozar §60 *tr* to muffle ‖ *ref* to muffle one's face

arrebujar *tr* to jumble together; wrap ‖ *ref* to wrap oneself up

arreciar *intr* & *ref* to grow worse; become more violent; grow stronger

arrecife *m* stone-paved road; dike; reef; **arrecife de coral** coral reef

arredrar *tr* to drive back; frighten ‖ *ref* to draw back; shrink; be frightened

arregazar §60 *tr* to tuck up

arreglar *tr* to adjust, regulate, settle; arrange; fix, repair ‖ *ref* to adjust, settle; arrange; conform; **arreglárselas** to manage, make out

arreglo *m* adjustment, regulation; settlement; arrangement; order, rule; agreement; **con arreglo a** in accordance with

arregostar *ref* to take a liking

arregosto *m* liking, taste

arrellanar *ref* to loll, sprawl; like one's work

arremangar §44 *tr* (*las mangas*) to turn up; (*la ropa*) to tuck up ‖ *ref* to turn up one's sleeves; tuck up one's dress; take a firm stand

arremeter *tr* to attack, assail; (*un caballo*) to spur ‖ *intr* to attack; be offensive to look at; **arremeter contra** to light into, sail into

arremetida *f* attack; (*de un caballo*) sudden start; push; short, wild run

arremolinar *ref* to crowd, mill around; whirl

arrendajo *m* (orn) jay; mimic

arrendar §2 *tr* to rent; (*una caballería*) tie ‖ *ref* to rent, be rented

arreo *m* adornment; (SAm) drove; **arreos** harness, trappings

arrepenti•do -da *adj* repentant ‖ *mf* penitent

arrepentimiento *m* repentance

arrepentir §68 *ref* to repent, be repentant; **arrepentirse de** (*p.ej., un pecado*) to repent

arrequives *mpl* finery; attendant circumstances

arresta•do -da *adj* bold, daring

arrestar *tr* to arrest ‖ *ref* to rush boldly

arresto *m* arrest; boldness, daring; **bajo arresto** under arrest

arrezagar §44 *tr* to tuck up

arriada *f* flood

arriar §77 *tr* to flood; (naut) to lower, strike; slacken ‖ *ref* to be flooded

arriba *adv* up, upward; above; upstairs; up-town; on top; **arriba de** up; **de arriba abajo** from top to bottom; from beginning to end; superciliously; **más arriba** farther up; **río arriba** upstream ‖ *interj* up with . . . !

arribada *f* arrival (*by sea*); **de arribada** (naut) emergency

arribar *intr* to put into port; arrive; to recover, make a comeback; (naut) to fall off to leeward

arribista *adj* & *mf* parvenu, upstart

arribo *m* arrival

arricete *m* shoal, bar

arriendo *m* rent, rental; lease

arriero *m* muleteer

arriesga•do -da *adj* dangerous, risky; bold, daring

arriesgar §44 *tr* to risk, jeopardize ‖ *ref* to take a risk

arriesgo *m* (SAm) risk; hazard

arrimadillo *m* wainscot

arrimar *tr* to bring close, move up; (*un golpe*) give; abandon, neglect; give up; get rid of ‖ *ref* to come close, move up; snuggle up; lean; depend

arrinconar *tr* to corner; put aside; abandon, neglect; get rid of ‖ *ref* to live in seclusion

arrisca•do -da *adj* enterprising; brisk, spirited; craggy

arriscar §73 *tr* to risk ‖ *ref* to take a risk; (*las reses*) plunge over a cliff

arrisco *m* risk

arritmia *f* arrhythmia

arrivista *adj* & *mf* parvenu, upstart

arrizar §60 *tr* to reef

arroba *f* Spanish weight of about 25 pounds

arrobar *tr* to entrance, enrapture ‖ *ref* to be enraptured

arrobo *m* ecstasy, rapture

arroce•ro -ra *adj* rice ‖ *mf* rice grower; rice merchant

arrocinar *tr* to bestialize ‖ *ref* to become bestialized; fall madly in love

arrodajar *ref* (CAm) to squat down with one's legs crossed

arrodillar *ref* to kneel, kneel down

arrogancia *f* arrogance

arrogante *adj* arrogant

arrogar §44 *tr* to adopt ‖ *ref* to arrogate to oneself

arrojadi•zo -za *adj* for throwing, projectile

arroja•do -da *adj* bold, fearless, rash

arrojalla•mas *m* (*pl* **-mas**) flame thrower

arrojar *tr* to throw, hurl; emit; bring forth; yield ‖ *ref* to rush, rush forward

arrojo *m* boldness, fearlessness, rashness

arrollado *m* (elec) coil

arrolla•dor -dora *adj* sweeping, devastating

arrollamiento *m* winding

arrollar *tr* to roll; roll up; wind, coil; (*al enemigo*) rout; dumbfound; knock down, run over

arropar *tr* to wrap, wrap up ‖ *ref* to bundle up

arrope *m* grape syrup; honey syrup

arropía *f* taffy

arrostrar *tr* to face; to like ‖ *intr* —**arrostrar con** or **por** to face, resist ‖ *ref* to rush into the fight

arruyada *f* gully; flood, freshet

arroyo *m* stream, brook; gutter; street; (*de lágrimas, sangre, etc.*) stream

arroz *m* rice

arrufar *tr* to sic, incite

arruga *f* wrinkle; crease, rumple

arrugar §44 *tr* to wrinkle; crease, rumple; (*la frente*) to knit; (Cuba, Mex) to bother, annoy ‖ *ref* to wrinkle; crease, rumple; shrink, shrivel; (Cuba, Mex) to lose courage, lose heart

arruinar *tr* to ruin ‖ *ref* to go to ruin

arrullar *tr* to sing to sleep, lull to sleep; to court, woo ‖ *intr* to coo ‖ *ref* to coo; (*las palomas*) to bill

arrullo *m* billing and cooing; lullaby

arrumaje *m* stowage; ballast

arrumar *tr* to stow ‖ *ref* to become overcast

arrumbar *tr* to cast aside, neglect; silence; (*una costa*) determine the lay of ‖ *intr* (naut) to take bearings ‖ *ref* to get seasick; (naut) to take bearings

arsenal *m* arsenal, armory; dockyard, shipyard

arsénico *m* arsenic

art. *abbr* **artículo**

arte *m* & *f* art; trick; knack; fishing gear; **artes y oficios** arts and crafts; **bellas artes** fine arts; **no tener arte ni parte en** to have nothing to do with

artefacto *m* artifact; appliance, device, contrivance; **artefactos de alumbrado** light-

ing fixtures; **artefactos sanitarios** bathroom fixtures

artemisa *f* sagebrush

arteria *f* artery

artería *f* craftiness, cunning

arte•ro -ra *adj* crafty, cunning, sly

artesa *f* trough; Indian canoe

artesanía *f* craftsmanship

artesa•no -na *mf* artisan, craftsman ‖ *f* craftswoman

artesón *m* kitchen tub; coffer, caisson (*in ceiling*)

árti•co -ca *adj* arctic

articulación *f* articulation; (*de huesos*) joint; **articulación universal** universal joint

articular *tr* to articulate

articulista *mf* feature writer

artículo *m* article; item; joint; (*en un diccionario*) entry; **artículo de fondo** leader, editorial; **artículos de consumo** consumers' goods; **artículos de deporte** sporting goods; **artículos de primera necesidad** basic commodities; **artículos para caballeros** men's furnishings

artífice *mf* artificer; craftsman

artificial *adj* artificial

artificio *m* artifice; workmanship; appliance, device; cunning; trick, ruse

artificio•so -sa *adj* ingenious, skillful; cunning, scheming, deceptive

artilugio *m* contraption, jigger

artillería *f* artillery

artillero *m* artilleryman, gunner

artimaña *f* trap; trick, cunning

artista *mf* artist

artísti•co -ca *adj* artistic

artolas *fpl* mule chair, cacolet

artríti•co -ca *adj* & *mf* arthritic

artritis *f* arthritis

arúspice *m* diviner, soothsayer

arveja *f* vetch, tare; (Chile) pea

arzobispo *m* archbishop

arzón *m* saddletree; **arzón delantero** saddlebow; **arzón trasero** cantle

as *m* ace; **as de fútbol** football star; **as de la pantalla** movie star; **as del volante** speed king

asa *f* handle, juice; **en asas** with arms akimbo

asa•do -da *adj* roasted; **bien asado** well done; **poco asado** rare ‖ *m* roast

asador *m* spit

asadura *f* entrails

asalaria•do -da *mf* wage earner

asaltar *tr* to assail, assault, storm; overtake, overcome

asalto *m* assault, attack; (box) round; (mil) storm; **tomar por asalto** to take by storm

asamblea *f* assembly

asar *tr* to roast ‖ *ref* to be burning up

asbesto *m* asbestos

ascendencia *f* ancestry

ascendente *adj* ascending; up

ascender §51 *tr* to promote ‖ *intr* to ascend, go up; be promoted; **ascender a** to amount to

ascendiente *adj* ascending; up ‖ *mf* ancestor ‖ *m* ascendancy, upper hand

ascensión *f* ascension, ascent
ascenso *m* ascent; promotion
ascensor *m* elevator; freight elevator
ascensorista *mf* elevator operator
asceta *mf* ascetic
ascéti•co -ca *adj* ascetic
asco *m* disgust, nausea, loathing; **dar asco** to turn the stomach; **estar hecho un asco** to be filthy; **hacer ascos de** to turn one's nose up at; **ser un asco** to be contemptible; be worthless
ascua *f* ember, live coal; **estar sobre ascuas** to be on needles and pins ‖ **ascuas** *interj* ouch!
asea•do -da *adj* clean, neat, tidy
asear *tr & ref* to clean up, tidy up; make one's toilet
asechamiento *m* or **asechanza** *f* snare, trap
asechar *tr* to set a trap for
asediar *tr* to besiege; harass
asedio *m* siege
asegundar *tr* to repeat right away
asegurable *adj* insurable
aseguración *f* insurance policy
asegura•dor -dora *mf* insurer, underwriter
asegurar *tr* to fasten, secure; assure; assert; seize; imprison; (*garantizar por un precio contra determinado accidente o pérdida*) insure ‖ *ref* to make sure; take out insurance
asemejar *tr* to make like; compare; resemble ‖ *ref* to be similar
asenso *m* assent; **dar asenso a** to believe
asentada *f* sitting; **de una asentada** at one sitting
asentaderas *fpl* (coll) buttocks
asentadillas — a asentadillas sidesaddle
asenta•do -da *adj* sedate; stable ‖ *f* see **asentada**
asentador *m* strap, razor strop
asentar §2 *tr* to seat; place; establish; tamp down, level; hone, sharpen; note down; (*un golpe*) impart; (*en la mente de uno*) impress; affirm; suppose ‖ *intr* to be becoming ‖ *ref* to sit down; be established, establish oneself; settle
asentimiento *m* assent
asentir §68 *intr* to assent
aseo *m* cleanliness, neatness, tidiness; care; toilet
asépti•co -ca *adj* aseptic
aseptizar §60 *tr* to purify, make aseptic
asequible *adj* accessible, obtainable
aserción *f* assertion
aserradero *m* sawmill
aserra•dor -dora *mf* sawyer; (coll) fiddler ‖ *f* power saw
aserraduras *fpl* sawdust
aserrar §2 *tr* to saw
aserrín *m* sawdust
aserruchar *tr* (SAm) to saw
aserto *m* assertion
asesinar *tr* to assassinate, murder
asesinato *m* assassination, murder
asesi•no -na *adj* murderous ‖ *mf* assassin, murderer

asesorar *tr* to advise ‖ *ref* to seek advice; get advice
asestar *tr* to aim; shoot; (*un golpe*) deal
aseveración *f* assertion, declaration
aseverar *tr* to assert, declare
asfaltar *tr* to asphalt
asfalto *m* asphalt
asfixia *f* asphyxiation
asfixiar *tr* to asphyxiate
así *adv* so, thus; **así . . . como** both . . . and; **así como** as soon as; as well as; **así que** as soon as; with the result that; **así y todo** even so, anyhow; **por decirlo así** so to speak; **y así sucesivamente** and so on
Asia *f* Asia; **el Asia Menor** Asia Minor
asiáti•co -ca *adj & mf* Asian, Asiatic
asidero *m* handle; occasion, pretext
asi•duo -dua *adj* assiduous; frequent, persistent
asiento *m* seat; site; (*de un edificio*) settling; (*de una botella, una silla, etc.*) bottom; sediment; list, roll; wisdom, maturity; **asiento abatible** reclining seat; **asiento de rejilla** cane seat; **asiento lanzable** (aer) ejection seat; **asientos** buttocks; **planchar el asiento** to be a wallflower; **tome Vd. asiento** have a seat
asignación *f* assignment; salary; allowance
asignar *tr* to assign
asignatorio *m* heir, inheritor
asignatura *f* course, subject
asila•do -da *mf* inmate
asilar *tr* to shelter; place in an asylum; silo ‖ *ref* to take refuge; be placed in an asylum
asilo *m* asylum; shelter, refuge; (*para menesterosos*) home; **asilo de huérfanos** orphan asylum; **asilo de locos** insane asylum; **asilo de pobres** poorhouse
asilla *f* fastener; collarbone; **asillas** shoulder pole
asimetría *f* asymmetry
asimilar *tr* to compare; take in ‖ *intr* to be alike ‖ *ref* to assimilate; **asimilarse a** to resemble
asimismo *adv* also, likewise
asir §7 *tr* to grasp, seize ‖ *intr* to take root ‖ *ref* to take hold; fight, grapple; **asirse a** or **de** to cling to
Asiria *f* Assyria
asi•rio -ria *adj & mf* Assyrian
asistencia *f* attendance; assistance; reward; audience, persons present; welfare, social work; (Mex) sitting room, parlor; **asistencias** allowance, support
asistenta *f* charwoman, cleaning woman
asistente *adj* attendant; present ‖ *m* assistant, helper; bystander, spectator, person present; (mil) orderly
asistir *tr* to assist, help; attend; serve, wait on ‖ *intr* to be present; **asistir a** to be present at, attend
asma *f* asthma
asna *f* she-ass, jenny ass; **asnas** rafters
asnal *adj* donkey; brutish
asno *m* ass, donkey, jackass
asociación *f* association

asocia•do -da *adj* associated; associate ‖ *mf* associate, partner

asociar *tr* to associate; take as partner ‖ *ref* to become associated; become a partner; become partners

asolamiento *m* razing, destruction

asolar *tr* to parch, burn ‖ *ref* to become parched ‖ §61 *tr* to raze, destroy

asoleada *f* or asoleadura *f* (SAm) sunstroke

asolear *tr* to sun ‖ *ref* to bask; get sunburned

asomar *tr* (*p.ej.*, *la cabeza*) to show, stick out ‖ *intr* to begin to show or appear; show ‖ *ref* to show, appear; stick out; get tipsy

asombradi•zo -za *adj* timid, shy

asombrar *tr* to shade; (*un color*) darken; frighten; astonish, amaze ‖ *ref* to be frightened; be astonished, amazed

asombro *m* fright; astonishment

asombro•so -sa *adj* astonishing, amazing

asomo *m* mark, token, sign; appearance; ni por asomo nothing of the kind, not by a long shot

asordar *tr* to deafen

aspa *f* X-shaped figure; reel; (*de molino de viento*) wheel, vane; propeller blade

aspar *tr* to reel; crucify; annoy, harass ‖ *ref* to writhe; take great pains

aspaviento *m* fuss, excitement

aspecto *m* aspect

aspereza *f* harshness; roughness; bitterness, sourness; gruffness

asperjar *tr* to sprinkle; sprinkle with holy water

áspe•ro -ra *adj* harsh; rough; bitter; gruff

áspid *m* asp

aspirador *m* vacuum cleaner; aspirador de gasolina (aut) vacuum tank

aspirante *m* applicant, candidate; aspirante a cabo private first class; aspirante de marina midshipman

aspirar *tr* to suck in, draw in; inhale ‖ *intr* to aspire; inhale, breathe in

aspirina *f* aspirin

asquear *tr* to loathe ‖ *ref* to be nauseated

asquero•so -sa *adj* disgusting, loathsome; nauseating; squeamish

asta *f* spear; shaft; flagpole, staff, mast; antler; (*de toro*) horn; a media asta at half-mast; dejar en las astas del toro to leave high and dry

asta•do -da *adj* horned ‖ *m* bull

ástato *m* astatine

aster *m* aster

asterisco *m* asterisk

astil *m* handle; shaft

astilla *f* chip, splinter

astillar *tr* & *ref* to chip, splinter

Astillejos *mpl* (astr) Castor and Pollux

astillero *m* dockyard, shipyard

astro *m* star, heavenly body; (fig) star, leading light

astrofísica *f* astrophysics

astrología *f* astrology

astronauta *m* astronaut

astronáuti•co -ca *adj* astronautic ‖ *f* astronautics

astronave *f* spaceship; astronave tripulada manned spaceship

astronavegación *f* space travel

astronomía *f* astronomy

astronómi•co -ca *adj* astronomic(al)

astróno•mo -ma *mf* astronomer

astro•so -sa *adj* ill-fated; vile, contemptible; ragged, shabby

astucia *f* cunning, craftiness; trick

asturia•no -na *adj* & *mf* Asturian

astu•to -ta *adj* astute, cunning; tricky

asueto *m* day off; leisure

asumir *tr* to assume, take on

asunción *f* assumption

asunto *m* subject, matter; affair, business; theme; asuntos internacionales world affairs

asurar *tr* to burn; parch; harass, worry

asurcar §73 *tr* to furrow, plow

asustadi•zo -za *adj* scary, skittish

asustar *tr* to scare, frighten

atabal *m* kettledrum; timbrel

ataca•do -da *adj* irresolute, undecided; mean, stingy

atacar §73 *tr* to attack; attach, fasten; pack, jam; (*un barreno*) tamp; corner, contradict ‖ *intr* to attack

ata•do -da *adj* timid, shy; weak, irresolute; insignificant; cramped ‖ *m* pack, bundle, roll

ataguía *f* cofferdam

atajar *tr* to stop, intercept, interrupt; to partition off ‖ *intr* to take a short cut ‖ *ref* to be abashed

atajo *m* short cut; (*en un escrito*) cut

atalaya *m* guard, lookout ‖ *f* watchtower; elevation

atalayar *tr* to watch from a watchtower; spy on

atanquía *f* depilatory ointment

atañer §70 *tr* to concern

ataque *m* attack; ataque por sorpresa surprise attack

atar *tr* to tie, fasten

ataracea *f* marquetry, inlaid work

atarantar *tr* to stun, daze

atardecer *m* late afternoon ‖ *v* §22 *intr* to draw toward evening; happen in the late afternoon

atarea•do -da *adj* busy

atarear *tr* to give an assignment to; overload with work ‖ *ref* to toil, work hard, keep busy

atarjea *f* sewer

atarugar §44 *tr* to peg, wedge; plug; stuff, fill; silence, shut up ‖ *ref* to become confused

atasajar *tr* to slash, hack; (*carne*) jerk

atascadero *m* mudhole; (fig) pitfall

atascar §73 *tr* to stop, stop up, clog, obstruct ‖ *ref* to get stuck; stuff oneself; clog, get clogged

atasco *m* sticking, clogging; obstruction

ataúd *m* casket, coffin

ataujía *f* damascene work

ataujiar §77 *tr* to damascene

ataviar §77 *tr* to dress, adorn, deck out

atávi•co -ca *adj* atavistic
atavío *m* dress, adornment; atavíos finery, frippery, chiffons
atediar *tr* to tire, bore
ateísmo *m* atheism
ateísta *mf* atheist
atelaje *m* harness
atemorizar §60 *tr* to frighten
atemperar *tr* to soften, moderate, temper; adjust, adapt
Atenas *f* Athens
atención *f* attention; en atención a in view of
atender §51 *tr* to attend to; heed, pay attention to; take care of; (*a los parroquianos*) wait on
atener §71 *ref* — atenerse a to abide by, rely on
ateniense *adj* & *mf* Athenian
atenta•do -da *adj* moderate, prudent; cautious || *m* attempt, assault
atentar *tr* to attempt, try to commit || *intr* — atentar a or contra (*p.ej.*, *la vida de una persona*) to attempt || §2 *ref* to grope
aten•to -ta *adj* attentive; courteous, polite || *f* favor (*letter*)
atenuar §21 *tr* to extenuate
ate•o -a *adj* & *mf* atheist
aterciopela•do -da *adj* velvety
ateri•do -da *adj* stiff, numb with cold
aterrada *f* landfall
aterrajar *tr* to thread, tap
aterraje *m* landing
aterrar *tr* to terrify || §2 *tr* to destroy, demolish; cover with earth || *intr* to land || *ref* to stand inshore
aterrizaje *m* landing; aterrizaje a ciegas blind landing; aterrizaje aplastado or en desplome pancake landing; aterrizaje forzoso emergency landing; aterrizaje sin choque soft landing
aterrizar §60 *intr* to land
aterronar *tr* to make lumpy || *ref* to cake, lump
aterrorizar §60 *tr* to terrify
atesorar *tr* to treasure; hoard; (*virtudes, perfecciones*) possess
atesta•do -da *adj* stuffed, jammed; obstinate, stubborn || *m* certificate
atestar *tr* (law) to attest || §2 & regular *tr* to jam, pack, stuff, cram; stuff
atestiguar §10 *tr* to attest, testify, depose
atezar §60 *tr* to tan; blacken || *ref* to become tanned, become sunburned
atiborrar *tr* to stuff || *ref* to stuff, stuff oneself
atiesar *tr* to stiffen; tighten || *ref* to become stiff; become tight
atildar *tr* to mark with a tilde, dash, or accent mark: point out; find fault with; tidy up, trim, adorn
atina•do -da *adj* careful, keen, wise
atinar *tr* to find, come upon || *intr* to guess, guess right; be right; manage
atirantar *tr* (Mex) to make taut; brace || *ref* (Mex) to die, pass away
atisbadero *m* peephole
atisbar *tr* to watch, spy on

atisbo *m* glimpse, look, peek
atizar §60 *tr* to stir, poke; snuff; rouse; (*p.ej.*, *un puntapié*) let go
Atlánti•co -ca *adj* & *m* Atlantic
at•las *m* (*pl* -las) atlas
atleta *mf* athlete
atleticismo *m* athletics
atléti•co -ca *adj* athletic || *f* athletics
atmósfera *f* atmosphere
atmosféri•co -ca *adj* atmospheric
atoar *tr* (naut) to tow
atocinar *tr* (*un cerdo*) to cut up; make into bacon; (coll) to murder || *ref* to get angry; fall madly in love
atocha *f* esparto
atolondra•do -da *adj* confused; scatterbrained
atolondrar *tr* to confuse, bewilder
atolladero *m* mudhole; obstacle, difficulty
atollar *intr* & *ref* to get stuck, get stuck in the mud
atómi•co -ca *adj* atomic
átomo *m* atom
atóni•to -ta *adj* astounded, aghast
atontar *tr* to stun; to confuse, bewilder
atorar *tr* to clog, obstruct || *intr* & *ref* to stick, get stuck; choke
atormentar *tr* to torment; torture
atornillar *tr* to screw, screw on
atortillar *tr* (SAm) to squash, flatten
atortolar *tr* to rattle, scare, intimidate
atosigar §44 *tr* to poison; harass || *ref* to be in a hurry
atrabanca•do -da *adj* overworked; (Mex) hasty, rash; (Ven) deep in debt
atrabancar §73 *tr* & *intr* to rush through
atrabilia•rio -ria *adj* irascible, grouchy
atracada *f* quarrel, row
atracador *m* hold-up man
atracar §73 *tr* to hold up; bring up; stuff; (naut) to bring alongside, dock || *intr* (naut) to come alongside, dock || *ref* to stuff; quarrel
atracción *f* attraction; amusement
atraco *m* holdup
atracón *m* stuffing, gluttony; fight; push, shove
atracti•vo -va *adj* attractive || *m* attraction; attractiveness
atraer §75 *tr* to attract
atragantar *tr* to choke down || *ref* to choke; atragantarse con to choke on
atraillar §4 *tr* to leash; master, subdue
atrampar *ref* to fall into a trap; be stopped up; stick; get stuck
atrancar §73 *tr* to bar; obstruct || *intr* to stride; read falteringly || *ref* to get stuck; (*una ventana*) stick; (Mex) to stick to one's opinion
atrapamos•cas *m* (*pl* -cas) flytrap; (bot) Venus's-flytrap
atrapar *tr* to trap, catch; get, land, net
atrás *adv* back, backward; behind; before; previously; atrás de back of, behind; hacerse atrás to back up, move back; hacia atrás backwards; the other way

atrasa•do -da *adj* late; *(reloj)* slow; needy; back; retarded; in arrears; **atrasado de medios** short of funds; **atrasado de noticias** behind the times
atrasar *tr* to slow down; retard; set back, turn back; delay; leave behind; postdate ‖ *intr* to be slow ‖ *ref* to be slow; lose time; lag, stay behind; be late; be in debt
atraso *m* delay, slowness; backwardness; lag; **atrasos** arrears, delinquency
atravesada *f* (SAm) crossing
atravesar §2 *tr* to cross, go across; pierce; pass through, go through; put crosswise; stake, wager ‖ *ref* to butt in; fight, wrangle; get stuck
atrayente *adj* attractive
atreguar §10 *tr* to give a truce to; grant an extension to ‖ *ref* to agree to a truce
atrever *ref* to dare; **atreverse con** or **contra** to be impudent toward
atrevi•do -da *adj* bold, daring; impudent
atrevimiento *m* boldness, daring; impudence
atribuir §20 *tr* to attribute, ascribe ‖ *ref* to assume
atribular *tr & ref* to grieve
atributo *m* attribute
atril *m* lectern; music stand
atrincherar *tr* to entrench ‖ *ref* to dig in
atrio *m* hall, vestibule; court, courtyard; parvis
atri•to -ta *adj* contrite
atrocidad *f* atrocity; enormity
atrofia *f* atrophy
atrofiar *tr & ref* to atrophy
atrojar *tr (granos)* to garner; (Mex) to befuddle
atrona•do -da *adj* reckless, thoughtless
atronar §61 *tr* to deafen; stun ‖ *intr* to thunder
atropella•do -da *adj* brusk, violent; hasty; tumultuous
atropellar *tr* to trample; knock down; run over; disregard; do hurriedly ‖ *intr & ref* to act hastily or recklessly
atropello *m* trampling; knocking down; running over; abuse, insult; outrage
a•troz *adj (pl -troces)* atrocious; huge, enormous
atto. *abbr* **atento**
atufar *tr* to anger, irritate ‖ *ref* to get angry; *(el vino)* turn sour
atún *m* tuna
aturdi•do -da *adj* reckless, harebrained
aturdir *tr* to stun; perplex, bewilder
atusar *tr* to trim; smooth ‖ *ref* to dress fancily; *(el bigote)* twist
audacia *f* audacity
au•daz *adj (pl -daces)* audacious
audición *f* audition; hearing; concert; listening
audiencia *f* audience, hearing; audience chamber; royal tribunal; provincial high court
audífono *m* hearing aid; earphone
audiofrecuencia *f* audio frequency
audiómetro *m* audiometer

auditor *m* judge advocate; **auditor de guerra** judge advocate *(in army)*; **auditor de marina** judge advocate *(in navy)*
auditorio *m (concurso de oyentes)* audience; *(local)* auditorium
auge *m* height, acme; boom; vogue; **estar en auge** to be booming
augur *m* augur
augurar *tr* to augur; wish ‖ *intr* to augur
augurio *m* augury; wish
augus•to -ta *adj* august
aula *f* classroom, lecture room; **aula magna** assembly hall
aulaga *f* gorse, furze
aullar §8 *intr* to howl
aullido *m* howl, howling
aúllo *m* howl
aumentar *tr* to augment, increase, enlarge; promote; exaggerate ‖ *intr & ref* to augment, increase
aumento *m* augmentation, increase, enlargement; promotion; (Guat, Mex) postscript, addition; **ir en aumento** to be on the increase
aun *adv* even; **aun cuando** although
aún *adv* still, yet
aunar §8 *tr & ref* to join, unite; combine, mix
aunque *conj* although, though
aúpa *interj* up!; **de aúpa** swanky; **los de aúpa** (taur) the picadors
aupar §8 *tr* to help up; extol
aura *f* gentle breeze; breath; popularity; turkey vulture
áure•o -a *adj* gold, golden
aureola *f* halo, aureole
auricular *m* earpiece, receiver; **auricular de casco** headpiece
auriga *m* (poet) coachman, charioteer
aurora *f* aurora, dawn; roseate hue
ausencia *f* absence
ausentar *tr* to send away ‖ *ref* to absent oneself
ausente *adj* absent; absent-minded ‖ *mf* absentee
auspiciar *tr* to sponsor, foster, back
auspicio *m* auspice; **bajo los auspicios de** under the auspices of
auste•ro -ra *adj* austere; harsh; honest; penitent
Australia *f* Australia
australia•no -na *adj & mf* Australian
Austria *f* Austria
austría•co -ca *adj & mf* Austrian
austro *m* south wind
auténtica *f* certificate; certification
autenticar §73 *tr* to authenticate
auténti•co -ca *adj* authentic; real ‖ *f* see **auténtica**
autillo *m* tawny owl
autísti•co -ca *adj* autistic
auto *m* edict; short Biblical play; miracle play; auto; **auto de prisión** commitment, warrant for arrest; **auto sacramental** play in honor of the Sacrament
autoabastecimiento *m* self-sufficiency
autoadhesi•vo -va *adj* self-adhesive

autoamortizable *adj* self-liquidating
autobanco *m* drive-in bank
autobiografía *f* autobiography
autobombo *m* self-glorification
autobús *m* autobus, bus
autocamión *m* motor truck
autocasa *f* motor home; mobile home; trailer
autocine *m* (Chile, Cuba) drive-in theater
autocinema *f* (Mex) drive-in theater
autocráti•co -ca *adj* autocratic(al)
autócto•no -na *adj* native, indigenous
autodefensa *f* self-defense
autodestrucción *f* self-destruction
autodeterminación *f* self-determination
autodidac•to -ta *adj* self-taught
autodisciplina *f* self-discipline
autodominio *m* self-control
autódromo *m* automobile race track
auto-escuela *f* driving school
autógena *f* welding
autogestión *f* self-administration; independence
autogobierno *m* self-government
autografiar §77 *tr* to autograph
autógra•fo -fa *adj & m* autograph
autoguia•do -da *adj* self-guided, homing
autolimpiador or **autolimpiante** *adj invar* self-cleaning
automación *f* automation
autómata *m* automaton
automáti•co -ca *adj* automatic
automatización *f* automation
automóvil *m* automobile
automovilista *mf* motorist
autonomía *f* autonomy; cruising radius
autóno•mo -ma *adj* autonomous, independent
autopega•do -da *adj* self-sealing
autopiano *m* player piano
autopista *f* turnpike, automobile road
autopsia *f* autopsy
au•tor -tora *mf* author; (*de un crimen*) perpetrator || *f* authoress
autoreactor *m* ramjet (engine)
autoridad *f* authority; pomp, display
autorita•rio -ria *adj & mf* authoritarian
autoriza•do -da *adj* authoritative
autorizar §60 *tr* to authorize; legalize; exalt
autorretrato *m* self-portrait
autoservicio *m* self-service
autostop *m* hitchhiking; **viajar en autostop** to hitchhike
autostopista *mf* hitchhiker
auto-teatro *m* drive-in movie theater
autovía *m* railway motor coach || *f* turnpike, automobile road
auxiliar *adj* auxiliary || *mf* auxiliary; aid, helper; substitute teacher || *v* §77 **& regular** *tr* to aid, help, assist; (*a un moribundo*) attend
auxilio *m* aid, help, assistance; **acudir en auxilio a** or **de** to come to the aid of; **auxilio en carretera** road service; **primeros auxilios** first aid
avahar *tr* to steam; breathe warmth on || *intr* to steam, give off vapor || *ref* to steam,

give off vapor; warm one's hands with one's breath
aval *m* indorsement; countersignature
avalancha *f* avalanche
avalorar *tr* to estimate; encourage
avaluación *f* appraisal, valuation
avaluar §21 *tr* to appraise, estimate
avalúo *m* appraisal, valuation
avance *m* advance; advance payment; (com) balance; (com) estimate; (mov) preview; **avance rápido** (mach, mov) fast forward
avante *adv* (naut) fore
avanza•do -da *adj* advanced; **avanzado de edad** advanced in years || *f* outpost, advance guard
avanzar §60 *tr* to advance, extend; propose || *intr & ref* to advance; approach
avanzo *m* balance sheet; estimate
avaricia *f* avarice
avaricio•so -sa *adj* avaricious
avarien•to -ta *adj* avaricious || *mf* miser
ava•ro -ra *adj* miserly || *mf* miser
avasallar *tr* to subject, subjugate, enslave || *ref* to submit
ave *f* bird; fowl; **ave canora** songbird; **ave de corral** barnyard fowl; **ave de mal agüero** Jonah, jinx; **ave de paso** bird of passage; **ave de rapiña** bird of prey; **ave fría** lapwing; **ave zancuda** wading bird
avecinar *tr* to bring near || *ref* to approach; take up residence
avecindar *tr* to domicile || *ref* to become a resident
avejentar *tr & ref* to age prematurely
avejigar §44 *tr*, *intr & ref* to blister
avellana *f* hazelnut
avellanar *tr* to countersink || *ref* to shrivel, shrivel up
avellano *m* hazel, hazel tree
avemaría *f* Hail Mary, Ave Maria; **al avemaría** at sunset; **en un avemaría** in a jiffy; **saber como el avemaría** to have a thorough knowledge of
avena *f* oats
avenar *tr* to drain
avenate *m* gruel, oatmeal gruel
avenencia *f* agreement; deal, bargain
avenida *f* avenue; allée; flood, freshet; gathering, assemblage
aveni•do -da *adj* — **bien avenido** in agreement; **mal avenido** in disagreement || *f* see **avenida**
avenimiento *m* agreement; reconciliation
avenir §79 *tr* to reconcile, bring together || *ref* to be reconciled, agree; compromise; correspond
aventa•dor -dora *mf* winnower || *m* fan
aventaja•do -da *adj* excellent, outstanding; advantageous
aventajar *tr* to advance; put ahead; excel || *ref* to advance, win an advantage; excel
aventar §2 *tr* to fan; winnow; scatter to the winds; blow; drive away || *ref* to swell up; flee, run away
aventón *m* (Guat, Mex, Peru) push, shove; (*llevada gratuita*) (Mex) free ride; **pedir aventón** (Mex) to hitchhike

aventura f adventure; danger, risk

aventura•do -da adj hazardous, venturesome

aventurar tr to adventure, venture, hazard ‖ ref to adventure, take a risk; venture, to risk

aventure•ro -ra adj adventuresome, adventurous ‖ m adventurer, soldier of fortune ‖ f adventuress

avergonzar §9 tr to shame; embarrass ‖ ref to be ashamed; be embarrassed

avería f aviary; breakdown, failure; (com) damage; (naut) average

averiar §77 tr to damage ‖ ref to suffer damage; break down

averiguable adj ascertainable

averiguar §10 tr to ascertain, find out

aversión f aversion, dislike; **cobrar aversión a** to take a dislike for

aves•truz m (pl -truces) ostrich

avezar §60 tr to accustom ‖ ref to become accustomed

aviación f aviation

avia•dor -dora mf aviator, flyer ‖ m aviator, airman; (mil) airman; **aviador postal** air-mail pilot ‖ f aviatrix, airwoman

aviar §77 tr to make ready, prepare; equip, provide; **estar, encontrarse** or **quedar aviado** to be in a mess, be in a jam ‖ ref to hurry; (aer) to take off

avia•triz (pl -trices) aviatrix

avidez f avidity, greediness

ávi•do -da adj avid, greedy, eager

aviejar tr & ref to age prematurely

aviento m winnowing fork, pitchfork

avie•so -sa adj crooked, distorted; evil-minded, perverse

avilantar ref to be insolent

avilantez f insolence; meanness

avillana•do -da adj rustic, boorish

avillanar tr to debase, make boorish ‖ ref to become boorish

avinagra•do -da adj vinegarish, sour, crabbed

avinagrar tr to sour ‖ ref to become sour; turn into vinegar

avío m provision; arrangement; load; **¡al avío!** let's go!; **avíos** equipment, tools, outfit; **avíos de pescar** fishing tackle

avión m airplane; (orn) martin; **avión bi-rreactor** twin-jet plane; **avión de caza** pursuit plane; **avión a chorro, avión de propulsión a chorro** or **a reacción** jet plane; **avión de travesía** airliner; **avión supersónico** supersonic aircraft

avión-correo m mailplane

avioneta f small plane; **avioneta de alquiler** taxiplane

avisaco•ches m (pl -ches) car caller

avisa•do -da adj prudent, wise; **mal avisado** rash, thoughtless

avisa•dor -dora adj warning ‖ mf informer; adviser ‖ m electric bell; **avisador de incendio** fire alarm

avisar tr to advise, inform; warn; report on

aviso m advice, information; warning; care, prudence; dispatch boat; advertisement; **sobre aviso** on the lookout

avispa f wasp

avispa•do -da adj brisk, wide-awake; (SAm) startled, scared

avispar tr to spur; to stir up ‖ ref to fret, worry

avispón m hornet

avistar tr to descry ‖ ref to meet, have an interview

avitaminosis f vitamin deficiency

avituallar tr to supply, provision ‖ ref to take in supplies

avivar tr to brighten, enliven, revive ‖ intr & ref to brighten, revive

avizor adj watchful, alert ‖ m watcher; **avizores** (slang) eyes

avizorar tr to watch, spy on ‖ ref to hide and watch, spy

ax interj ouch!, ow!

axioma m axiom

axiomáti•co -ca adj axiomatic

ay interj ay!, alas! **¡ay de mí!** woe is me! ‖ m sigh

aya f nurse, governess

ayer adj & m yesterday

ayo m tutor

ayuda m valet; **ayuda de cámera** valet de chambre ‖ f help, aid; enema

ayudanta f assistant; **ayudanta de cocina** kitchenmaid

ayudante m aid, assistant; adjutant; **ayudante de campo** aide-de-camp

ayudantía f (universidad) assistantship

ayudar tr to aid, help, assist

ayunar intr to fast

ayu•no -na adj fasting; uninformed; **en ayunas** or **en ayuno** fasting; before breakfast; uninformed; missing the point ‖ m fast, fasting

ayuntamiento m town or city council; town or city hall; sexual intercourse

azabacha•do -da adj jet, jet-black

azabache m jet; **azabaches** jet trinkets

aza•cán -cana adj menial ‖ mf drudge ‖ m water carrier

azada f hoe

azadón m hoe; grub hoe; **azadón de peto** or **de pico** mattock

azadonar tr to hoe

azafata f air hostess, stewardess; lady of the queen's wardrobe

azafate m wicker tray

azafrán m saffron

azafrana•do -da adj saffron

azafranar tr to saffron

azahar m orange or lemon blossom

azar m chance, hazard; accident, misfortune; fate, destiny; losing card; losing throw; (persona o cosa que traen mala suerte) Jonah

azarar ref to go awry; get rattled

azaro•so -sa adj hazardous, risky; unlucky

ázi•mo -ma adj unleavened

azófar m brass

azoga•do da adj fidgety, restless ‖ m quick-silver foil; **temblar como un azogado** to shake like a leaf

azogar §44 *tr* (*un espejo*) to silver ‖ *ref* to have mercury poisoning; shake, become agitated

azogue *m* quicksilver; market place; (coll) mirror

azonza•do -da *adj* stupid, dumb

azor *m* goshawk

azorar *tr* to abash; excite, stir up

Azores *fpl* Azores

azotar *tr* to whip, scourge; beat; flail; beat down upon

azote *m* whip; lash; (fig) scourge; **azotes y galeras** tiresome fare

azotea *f* flat roof, roof terrace

azteca *adj & mf* Aztec

azúcar *m* sugar; **azúcar de caña** cane sugar; **azúcar de remolacha** beet sugar

azucarar *tr* to sugar, sugarcoat; sugar over

azucare•ro -ra *adj* sugar ‖ *m* sugar bowl

azucena *f* Madonna lily, white lily

azufrar *tr* to sulfur

azufre *m* sulfur; brimstone

azul *adj & m* blue; **azul marino** navy blue

azular *tr* to color blue, dye blue

azulear *intr* to turn blue

azulejar *tr* to tile, cover with tiles

azulejo *m* glazed colored tile (orn) roller; (orn) indigo bunting; (orn) bee eater

azulones *mpl* blue jeans

azuzar §60 *tr* to sic; tease, incite

B

B, b (be) *f* second letter of the Spanish alphabet

B. *abbr* **Beato, Bueno**

baba *f* drivel, spittle, slobber; (*de culebras, peces, etc.*) slime

babear *intr* to slobber; froth

babel *m & f* (coll) bedlam, confusion; **estar en babel** to be daydreaming

babero *m* bib

Babia *f* — **estar en Babia** to be daydreaming

babieca *adj* silly, simple ‖ *mf* simpleton

Babilonia *f* (*imperio*) Babylonia; (*ciudad*) Babylon

babilóni•co -ca *adj* Babylonian

babilo•nio -nia *adj & mf* Babylonian ‖ *f* see **Babilonia**

bable *m* Asturian dialect; patois

babor *m* (naut) port

babosa *f* slug

babosada *f* (CAm, Mex) stupidity; foolish act

babosear *tr* to slobber over ‖ *intr* to slobber

babo•so -sa *adj* slobbery; (*con las damas*) (coll) mushy ‖ *m* (CAm) scoundrel ‖ *f* see **babosa**

babucha *f* slipper, mule

babuino *m* baboon

bacalao or **bacallao** *m* codfish

baceta *f* (cards) widow

bacía *f* basin, vessel; shaving dish

bacilo *m* bacillus

bacín *m* chamber pot

Baco *m* Bacchus

bacteria *f* bacterium

bacteria•no -na *adj* bacterial

bacteriología *f* bacteriology

bacterió•lo-go -ga *mf* bacteriologist

báculo *m* staff; crook; (fig) staff, comfort; **báculo pastoral** crozier

bacha *f* (Mex) (cigarette) butt

bache *m* hole, rut; blip; **bache aéreo** air pocket

bachi•ller -llera *adj* garrulous ‖ *mf* garrulous person ‖ **bachiller** *mf* bachelor

bachillerar *tr* to confer the bachelor's degree on ‖ *ref* to receive the bachelor's degree

bachillerato *m* baccalaureate, bachelor's degree

bachillerear *intr* to babble, prattle

bachillería *f* babble, prattle; gossip

badajo *m* clapper

badana *f* (dressed) sheepskin; **zurrarle a uno la badana** to tan someone's hide

badén *m* gully, gutter

badil *m* fire shovel

badulaque *m* nincompoop

bagaje *m* beast of burden; (mil) baggage

bagatela *f* trinket; triviality; (Chile, Peru) pinball

bagazo *m* waste pulp, bagasse

bagre *adj* (Bol, Col) showy, gaudy; (CAm) sly, slick; (SAm) coarse, ill-bred; (Mex) stupid ‖ *m* catfish

bahareque *m* (CAm, Col, Ven) small hut

bahía *f* bay

bahorrina *f* slop; riffraff

bailable *adj* for dancing ‖ *m* ballet

bailadero *m* dance floor, dance hall

baila•dor -dora *mf* dancer

bailar *tr* (*p.ej., un vals*) to dance; (*un trompo*) spin ‖ *intr* to dance; spin; wobble

baila•rín -rina *mf* dancer ‖ *f* ballerina; **bailarina ombliguista** belly dancer

baile *m* dance; ball; ballet; **baile de etiqueta** dress ball, formal dance; **baile de los globos** bubble dance; **baile de máscaras** masked ball, masquerade ball; **baile de San Vito** (pathol) Saint Vitus's dance; **baile de trajes** costume ball, fancy-dress ball

baja *f* (*de los precios*) fall, drop; (*en la guerra*) casualty; **dar baja** to go down, decline; **dar de baja** to drop; (mil) to mark absent; **darse de baja** to drop out; **jugar a la baja** to bear the market

bajaca f (Ecuad) hair ribbon
bajada f descent; slope; downspout; (rad) lead-in wire
bajagua f (Mex) cheap tobacco
bajamar f low tide
bajar tr to lower, take down; bring down; (la escalera) go down, descend; humble || intr to come down, go down; get off || ref to bend down; get off; humble oneself
bajel m ship, vessel
bajeza f humbleness, lowliness; meanness, baseness
bajío m shoal, sandbank; pitfall; lowland
bajista adj bearish || mf (fig) bear
ba•jo -ja adj low, under, lower; short; mean, base; lowly, humble; (mus) bass || m shoal, sandbank; (mus) bass || f see **baja** || **bajo** adv down; low, in a low voice || **bajo** prep under
bajón m bassoon; (en el caudal, la salud, etc.) decline, loss
bajonista mf bassoon player
bajorrelieve m bas-relief
bala f bullet; bale; **bala fría** spent bullet; **bala perdida** stray bullet; **ni a bala** (SAm) under no circumstances
halaca f boasting, show
balaceo m or **balacera** f (SAm) shooting; shootout
balada f ballad; (mus) ballade
bala•dí adj (pl -díes) trivial, paltry, cheap
baladro m scream, shout, outcry
baladronada f boast, boasting
baladronear intr to boast, brag
bálago m chaff
balance m balance, balance sheet; rocking, swinging; hesitation, doubt; (de una nave) rolling
balancear tr to balance || intr & ref to rock, swing, hesitate, waver; (la nave) roll
balancín m balance beam; singletree; rocker arm; seesaw
balandra f sloop
balandrán m cassock
balanza f scales, balance; comparison, judgment; **balanza de pagos** balance of payments
balar intr to bleat; (coll) to pine
balastar tr to ballast
balasto m ballast
balaustre m baluster, banister
balay m wicker basket
balazo m shot; bullet wound
balbucear tr to stammer || intr to stammer, stutter; to babble, to prattle
balbucir §1 tr & intr var of **balbucear**
Balcanes, los the Balkans
balcarrotas fpl (SAm) sideburns; (Mex) locks falling over sides of face
balcón m balcony
baldar tr to cripple; incapacitate; inconvenience; trump
balde m bucket, pail; **de balde** free, gratis; over, in excess; **en balde** in vain
baldear tr to wash with pails of water; (una excavación) bail out
baldí•o -a adj uncultivated; idle, lazy; care-

less; useless, vain; unfounded || m untilled land
baldón m insult; blot, disgrace
baldonar tr to insult; stain, disgrace
baldosa f floor tile, paving tile; flagstone
baldra•gas m (pl -gas) jellyfish
balduque s red tape, wrapping tape
balear tr to shoot at, shoot, shoot to death
baleo m (SAm) shooting
balido m bleat, bleating
balísti•co -ca adj ballistic
baliza f buoy, beacon; danger signal
balizaje m (aer) airway lighting; (naut) buoys
balizar §60 tr to mark with buoys; mark off
balnea•rio -ria adj bathing || m watering place, spa
balompié m football, soccer
balón m football; bale; balloon
baloncesto m basketball
balota f ballot
balotar intr to ballot
balsa f pool, puddle; raft; float; corkwood; **balsa salvavidas** life float
bálsamo m balsam, balm
balsear tr to cross by raft; ferry across
balsero m ferryman
bálti•co -ca adj Baltic
baluarte m bulwark
balumba f confusion; row
ballena f whale; whalebone; (de corsé) stay
ballesta f crossbow; spring, auto spring
ba•llet m (pl -llets) ballet
bambalinas fpl (theat) flies, borders
bambolear intr to sway, reel, wobble
bambolla f hulk; show, sham; show-off
bam•bú m (pl -búes) bamboo
banana f banana; (rad) plug
banane•ro -ra adj banana || m banana tree
banano m banana tree
banas fpl (Mex) banns
banasta f hamper, large basket
banca f bench; banking; stand, fruit stand; (en el juego) bank; **banca de hielo** iceberg; **hacer saltar la banca** to break the bank
banca•rio -ria adj banking, bank
bancarrota f bankruptcy; **hacer bancarrota** to go bankrupt
bancarrote•ro -ra adj & mf bankrupt
banco m bench; bank; (de peces) school; **banco de ahorros** savings bank; **banco de datos** (ordenador) data bank; memory; **banco de hielo** iceberg; **banco de liquidación** clearing house
banda f band; ribbon; faction, party; flock; border, edge; bank, shore; (de la mesa de billar) cushion; **banda ciudadana** citizens band, CB; **banda de rodamiento** (aut) tread; **banda de tambores** drum corps; **irse a la banda** (naut) to list
bandada f flock, covey; (de gente) (coll) flock
bandaje m tire
bandazo m swerving; (naut) lurch
bandear tr to go through, pierce; to pursue; to make love to || ref to manage
bandeja f tray; dish, platter

bandera f flag, banner; **con banderas desplegadas** with flying colors
banderilla f (taur) banderilla; **poner una banderilla a** to taunt; hit for a loan
banderín m (mil) color corporal; recruiting post
banderola f streamer, pennant; transom
bandido m bandit
bando m proclamation; faction, side
bandolera f bandoleer; female bandit; **en bandolera** across the shoulders
bandolero m highwayman, brigand
bandurria f Spanish lute
banquero m banker
banqueta stool, footstool; (Guat, Mex) sidewalk
banquete m banquet
banquetear tr, intr & ref to banquet
banquisa f floe, iceberg
bañadera f bathtub
bañado m chamber pot; marshland
baña•dor -dora adj bathing || mf bather || m bathing suit
bañar tr to bathe; dip; coat by dipping || ref to bathe
bañera f bathtub
bañista mf bather; frequenter of a spa or seaside resort
baño m bath; bathing; bathroom; bathtub; **baño de asiento** sitz bath; **baño de ducha** shower bath; **baños** bathing place; spa
bao m (naut) beam
baptista adj & mf Baptist
baptisterio m baptistery
baque m thud, thump; bump, bruise
baquelita f bakelite
ba•quet m (pl -quets) bucket seat
baqueta f ramrod; drumstick; **correr baquetas** or **pasar por baquetas** to run the gauntlet
baquía f knowledge of the road, paths, rivers, etc. of a region; manual skill
baquia•no -na adj skillful, expert || mf scout, pathfinder, guide
báqui•co -ca adj Bacchic
bar m bar; cocktail bar
barahunda f uproar, tumult
baraja f (de naipes) deck, pack; gang, mob; confusion, mix-up
barajadura f shuffling; dispute, quarrel
barajar tr (naipes) to shuffle; jumble, to mix || intr to shuffle; fight, quarrel || ref to get jumbled or mixed
baranda f railing; (de la mesa de billar) cushion
barandilla f balustrade, railing
barata f cheapness; barter; (Mex) bargain sale; (Chile, Peru) cockroach; (Col, Mex) junk store
baratero m shopkeeper
baratía f (SAm) cheapness
baratija f trinket
baratillo m second-hand goods; second-hand shop; bargain counter
baratío m (CAm) junk store
bara•to -ta adj cheap || m bargain sale; **dar de barato** to admit for the sake of argu-

ment; **de barato** gratis, free || f see **barata** || **barato** adv cheap
báratro m (poet) hell
baratura f cheapness
baraúnda f uproar, tumult
barba-f (parte de la cara) chin; (pelo en ella) beard; (del papel) deckle edge; (de ave) gill, wattle; **barba española** Spanish moss; **barbas** whiskers; **hacer la barba a** to shave; to bore, annoy; (Mex) to fawn on; **llevar por la barba** to lead by the nose; **mentir por la barba** (coll) to tell fish stories || m (theat) old man
barbacoa f barbecue; (Col) kitchen cupboard; (Peru) attic
barbada f lower jaw of horse; bridle curb || **la Barbada** Barbados
barbar intr to grow a beard; strike root
barbaridad f barbarism; outrage; piece of folly; large amount; **¡qué barbaridad!** how awful!, what nonsense!
barbarie f barbarity, barbarism
barbarismo m illiteracy; outrage; (gram) barbarism
bárba•ro -ra adj barbaric; barbarous || mf barbarian
barbear tr to reach with the chin; be as high as || intr to reach the same height; **barbear con** to be as high as
barbechar tr to plow for seeding; fallow
barbecho m fallow; **firmar como en un barbecho** to sign with one's eyes closed
barbería f barber shop
barberil adj barber
barbe•ro -ra mf barber; (Mex) flatterer
barbilampi•ño -ña adj smooth-faced, beardless; beginning, green
barbilla f tip of chin; (de pluma) barb; (de pez) wattle
bar•bón -bona adj bearded || m graybeard; solemn old fellow; billy goat
barboquejo m chin strap
barbotar tr & intr to mutter, mumble
barbuchas adj beardless
barbu•do -da adj bearded, long-bearded, heavy-bearded || m shoot, sucker
barbullar tr & intr to blabber
barca f small boat; bark; **barca perforador** offshore (oil) rig
barcia f chaff
barco m boat, ship; **barco cisternas** or **barco tanque** tanker; **barco de carga** cargo boat; **barco náufrago** shipwreck
barchi•lón -lona mf (Ecuad, Peru) nurse, orderly; (Arg, Bol, Peru) quack
barda f thatch; bard, horse armor
bardana f burdock
bardar tr to thatch; (caballo) bard
bardo m bard
baremo m (escala) scale; rate table
bargueño m carved inlaid secretary
bario m barium
barjuleta f haversack
barloventear intr to wander around; turn to windward
barlovento m windward
barman m bartender

bar·niz *m* (*pl* **-nices**) varnish; (*de la loza, la porcelana, etc.*) glaze; gloss, polish; (*conocimientos superficiales*) smattering; (aer) dope

barnizar §60 *tr* to varnish

barómetro *m* barometer; **barómetro aneroide** aneroid barometer

barón *m* baron

baronesa *f* baroness

barquero *m* boatman

barquilla *f* (naut) log; (naut) log chip; (aer) nacelle

barquillero *m* waffle iron; harbor boatman

barquillo *m* cone; waffle

barquín *m* bellows

barra *f* bar; (*de dinamita*) stick; (*en el tribunal*) bar, railing; **barra colectora** (elec) bus bar; **barra de labios** or **para los labios** lipstick; **barra imantada** bar magnet; **barras paralelas** (sport) parallel bars

barrabasada *f* fiendish prank, mean trick

barraca *f* cabin, hut; cottage; storage shed

barracón *m* barracks; fair booth

barragana *f* concubine

barranca *f* gorge, ravine, gully

barranco *m* gorge, ravine, gully; difficulty, obstruction; cliff, precipice

barrar *tr* to daub, smear

barrear *tr* to barricade; bar shut

barredera *f* street sweeper

barre·dor dora *mf* sweeper; **barredora de alfombras** carpet sweeper; **barredora de nieve** snowplow

barredura *f* sweeping; **barreduras** sweepings

barremi·nas *m* (*pl* **-nas**) mine sweeper

barrena *f* auger, drill, gimlet; (*espiga para taladrar*) bit; (aer) spin; **barrena picada** (aer) tail spin; **entrar en barrena** (aer) to go into a spin

barrenar *tr* to drill; (*un buque*) to scuttle; blast; upset, frustrate; violate

barrende·ro -ra *mf* sweeper

barreno *m* large drill; drill hole; blast hole; pride, vanity; (Chile) mania, pet idea; **dar barreno a** (*un buque*) to scuttle

barreño *m* earthen dishpan

barrer *tr* to sweep, sweep away; graze ‖ *intr* to sweep; **barrer hacia dentro** to look out for oneself

barrera *f* barrier; barricade; (mil) barrage; crockery cupboard; tollgate; (rr) crossing gate; (taur) fence around inside of ring; (taur) first row of seats; **barrera de arrecifes** barrier reef; **barrera de paso a nivel** (rr) crossing gate; **barrera de sonido** or **barrera sónica** sound barrier

barriada *f* district, quarter

barrial *m* (SAm) mudhole; muddy ground

barrica *f* cask, barrel

barriga *f* belly; (*de una vasija, una pared, etc.*) bulge

barri·gón -gona or **barrigu·do -da** *adj* big-bellied

barril *m* barrel

barrilero *m* cooper, barrel maker

barrio *m* ward, quarter; suburb; **barrio bajo** slums; **barrio comercial** shopping district, business district; **el otro barrio** the other world; **estar vestido de barrio** to be dressed in house clothes

barro *m* mud; clay; earthenware; pimple; (coll) money; (Arg, Urug) blunder

barro·co -ca *adj* & *m* baroque

barro·so -sa *adj* muddy; pimply

barrote *m* heavy bar; bolt; cross brace

barruntar *tr* to guess; to sense

barrunto *m* guess, conjecture; sign, token, foreboding

bartola *f* belly; **a la bartola** lazily

bartolina *f* (CAm, W-I) jail, dungeon

bártulos *mpl* household tools; **liar los bártulos** to pack up one's belongings

barullo *m* confusion, tumult

basar *tr* to base; build ‖ *ref* — **basarse en** to base one's judgment on, rely on

basca *f* nausea, squeamishness; fit of temper, tantrum

basco·so -sa *adj* nauseated, squeamish

báscula *f* scales; platform scale

base *f* base; basis; **a base de** on the basis of

bási·co -ca *adj* basic

Basilea *f* Basle, Basel

basílica *f* basilica

basilisco *m* basilisk; **estar hecho un basilisco** to be in a rage

basquear *intr* to be nauseated

basquetbol *m* basketball

bastante *adj* enough ‖ *adv* enough; fairly, rather ‖ *m* enough

bastar *intr* to be enough, suffice; abound, be more than enough ‖ *ref* to be self-sufficient

bastardilla *f* italics

bastar·do -da *adj* & *mf* bastard

bastedad *f* coarseness; roughness; (CAm) abundance; excess

bastidor *m* frame; stretcher; (theat) wing; **entre bastidores** behind the scenes

bastilla *f* hem

bastillar *tr* to hem

bas·to -ta *adj* coarse, rough; uncouth ‖ *m* packsaddle; (*naipe*) club; **el basto** the ace of clubs

bastón *m* stick; staff; cane, walking stick; baton; **bastón de esquiar** ski pole or stick

bastoncillo *m* small stick; (*de la retina*) rod

bastonear *tr* to cane, beat

basura *f* sweepings, rubbish, litter, refuse; horse manure

basural *m* (SAm) dump; trash pile

basurero *m* trash can; rubbish dump; rubbish collector

basurita *f* trifle

bata *f* smock; dressing gown, wrapper; **bata de baño** bathrobe

batacazo *m* thud, bump

bataclán *m* (Cuba) burlesque show

bataclana *f* (Cuba) showgirl, stripteaser

batahola *f* racket, hubbub

batalla *f* battle; (*de un vehículo*) wheel base; (*de la silla de montar*) seat; (paint) battle piece; **batalla campal** pitched battle; **librar batalla** to do battle

batallar *intr* to battle, fight; hesitate, waver

bata·llón -llona *adj* (*cuestión*) controversial, moot || *m* battalion
batata *f* sweet potato; (Arg) timidity
bate *m* baseball bat
batea *f* tray; flat-bottomed boat; (rr) flatcar
bateador *m* batter
batear *tr* & *intr* to bat
batel *m* small boat
batelero *m* boatman
batería *f* battery; footlights; **batería de cocina** kitchen utensils
baterista *mf* drummer
batiboleo *m* (Cuba, Mex) noise; confusion
bati·do -da *adj* (*camino*) beaten; (*tejido*) moiré || *m* batter; milk shake; (rad) beat || *f* battue; combing, search
batidor *m* beater; scout, ranger; **batidor de huevos** egg beater; **batidor de oro** goldbeater
batidora • beater, mixer
batiente *m* jamb; (*hoja de puerta*) leaf, door; (*de piano*) damper; wash, place where surf breaks
batihoja *m* goldbeater; sheet-metal worker
batimiento *m* beating; (phys) beat
batín *m* smoking jacket
batintín *m* Chinese gong
batir *tr* to beat; batter, beat down; (*las alas*) flap; (*manos*) clap; (*las olas*) ply; **batir tiendas** (mil) to strike camp
batiscafo *m* bathyscaphe
bato *m* simpleton, rustic
batuque *m* (Arg) uproar, rumpus, jamboree; **armar un batuque** (Arg) to raise a rumpus
baturrillo *m* hodgepodge
batuta *f* (mus) baton; **llevar la batuta** to boss the show
baúl *m* trunk; **baúl mundo** large trunk; **baúl ropero** wardrobe trunk
bauprés *m* bowsprit
bautismo *m* baptism; **bautismo de aire** first flight
bautista *adj* Baptist || *mf* Baptist; baptizer; **el Bautista** John the Baptist
bautisterio *m* baptistery
bautizar §60 *tr* to baptize; (*el vino*) water
bautizo *m* baptism; christening party
báva·ro -ra *adj* & *mf* Bavarian
Baviera *f* Bavaria
baya *f* berry
bayeta *f* baize
ba·yo -ya *adj* bay || *m* bay horse || *f* see **baya**
bayoneta *f* bayonet
bayonetear *tr* to bayonet
bayunca *f* or **bayuna** *f* (CAm) bar; tavern
baza *f* trick; **meter baza en** to butt into
bazar *m* bazaar
ba·zo -za *adj* yellowish-brown || *m* yellowish brown; spleen || *f* see **baza**
bazofia *f* refuse, offal, garbage
bazuca *f* bazooka
bazucar §73 *tr* to stir, shake; tamper with
be *m* baa
beata *f* lay sister
beatería *f* cant, hypocrisy
beatificar §73 *tr* to beatify
beatísi·mo -ma *adj* most holy

bea·to -ta *adj* blessed; pious, devout; bigoted, prudish || *mf* beatified person; devout person; bigot; churchgoer || *f* see **beata**
bebé *m* baby; doll
bebede·ro -ra *adj* (archaic) drinkable || *m* watering place; (Col, Ecuad, Mex) watering trough
bebedi·zo -za *adj* drinkable || *m* potion, philter
bebe·dor -dora *adj* drinking || *mf* drinker; hard drinker
beber *m* drink, drinking || *tr* & *intr* to drink; **beber de** or **en** to drink out of || *ref* to drink, drink up; (*p.ej.*, *un libro*) to drink in
bebestible *adj* drinkable || *m* drink
bebezón *f* (Col) drunk, spree
bebible *adj* drinkable
bebi·do -da *adj* tipsy, unsteady || *f* drink
bebistrajo *m* dose, mixture
beborrotear *intr* to tipple
beca *f* scholarship, fellowship; (*de los colegiales*) sash
becacín *m* snipe, whole snipe
becacina *f* snipe, great snipe
becada *f* woodcock
beca·rio -ria *mf* scholar, fellow
becerra *f* snapdragon
becerrillo *m* calfskin
bece·rro -rra *mf* yearling calf || *m* calfskin || *f* see **becerra**
becuadro *m* (mus) natural sign
bedel *m* beadle
befa *f* jeer, flout, scoff
befar *tr* to jeer at, to scoff at || *intr* (*un caballo*) to move the lips
be·fo -fa *adj* blobber-lipped; knock-kneed || *m* (*de animal*) lip || *f* see **befa**
beisbol *m* baseball
beisbolero *m* or **beisbolista** *m* baseball player
bejuco *m* cane, liana
beldad *f* beauty
beldar §2 *tr* to winnow
belén *m* crèche; bedlam, confusion; madhouse; gossip || **Belén** Bethlehem
bel·fo -fa *adj* (*labio*) blobber; blobber-lipped || *m* (*de animal*) lip; blobber lip
belga *adj* & *mf* Belgian
Bélgica *f* Belgium
bélgi·co -ca *adj* Belgian || *f* see **Bélgica**
belicista *mf* warmonger
béli·co -ca *adj* warlike
belico·so -sa *adj* bellicose
beligerante *adj* & *mf* belligerent
belitre *adj* low, mean || *m* scoundrel
bella·co -ca *adj* cunning, sly; wicked || *mf* scoundrel
bellaquear *intr* to cheat, be crooked; (SAm) to be stubborn; rear
bellaquería *f* cunning, slyness; wickedness
belleza *f* beauty; **belleza exótica** glamour girl
be·llo -lla *adj* beautiful, fair
bellota *f* acorn; carnation bud
bem·bo -ba *adj* thick-lipped; (Mex) simple, silly || *mf* (*persona*) thicklips
bemol *adj* & *m* (mus) flat; **tener bemoles** to be a tough job

bencedrina *f* benzedrine
bencina *f* benzine
bendecir §11 *tr* to bless; consecrate; **bendecir la mesa** to say grace
bendición *f* benediction, blessing; godsend; (*en la mesa*) grace; **bendiciones** wedding ceremony; **echar la bendicióna** to have nothing more to do with
bendi•to -ta *adj* blessed, saintly; simple, silly; happy; (*agua*) holy; **como el pan bendito** as easy as pie ‖ *m* simple-minded soul
benedícite *m* grace; **rezar el benedícite** to say grace
benedicti•no -na *adj & mf* Benedictine ‖ *m* benedictine
beneficencia *f* beneficience; charity, welfare; social service
beneficia•do -da *mf* person or charity receiving the proceeds of a benefit performance
beneficiar *tr* to benefit; (*la tierra*) cultivate; (*una mina*) work, exploit; (*minerales*) process, reduce; (*una región del país*) serve; season; slaughter ‖ *ref* — **beneficiarse de** to take advantage of
beneficia•rio -ria *mf* beneficiary
beneficio *m* benefit; profit, gain, yield; (*de una mina*) exploitation; smelting, ore reduction; benefit performance; **a beneficio de** for the benefit of; on the strength of; **beneficios sociales** fringe benefits
beneficio•so -sa *adj* beneficial, profitable
benéfi•co -ca *adj* charitable, benevolent
beneméri•to -ta *adj & mf* worthy; **benemérito de la patria** national hero
beneplácito *m* approval, consent
benevolencia *f* benevolence
benévo•lo -la *adj* benevolent, kind-hearted
bengala *f* Bengal light; (aer) flare
benignidad *f* benignity, mildness, kindness; (*del tiempo*) mildness
benig•no -na *adj* benign, mild, kind; (*tiempo*) clement, mild
benjamín *m* baby (*the youngest child*)
beodez *f* drunkenness
beo•do -da *adj & mf* drunk
bequista *mf* (CAm, Cuba) scholarship holder; grant winner
berbi•quí *m* (*pl* -quíes) brace; **berbiquí y barrena** brace and bit
berenjena *f* eggplant
berenjenal *m* eggplant patch; (coll) predicament, jam, fix
bergante *m* scoundrel, rascal
bergantín *m* (naut) brig; **bergantín goleta** (naut) brigantine
berilio *m* beryllium
berkelio *m* berkelium
berli•nés -nesa *adj* Berlin ‖ *mf* Berliner
bermejear *intr* to turn bright red; look bright red
berme•jo -ja *adj* vermilion, bright-red
berme•jón -jona *adj* red, reddish
bermellón *m* vermilion
berrear *intr* to bellow, low; bawl, yowl
berrenchín *m* rage, tantrum
berrido *m* bellow; scream, yowl

berrín *m* touchy person, cross child
berrinche *m* tantrum, conniption
berro *m* water cress
berza *f* cabbage
berzal *m* cabbage patch
berzas *m* or **berzotas** *m* dunderhead, flop
besalamano *m* (obs) announcement, written in the third person and marked B.L.M. (*kisses your hand*)
besamanos *m* levee, reception at court; throwing kisses
besar *tr* to kiss; to graze ‖ *ref* to bump heads together
beso *m* kiss; **beso sonado** buss
bestia *adj* stupid ‖ *mf* dunce ‖ *f* beast; **bestia de carga** beast of burden
bestial *adj* beastly; (coll) terrific
besucar §73 *tr & intr* to keep on kissing
besu•cón -cona *adj* kissing ‖ *mf* kisser
besuquear *tr & intr* to keep on kissing
betabel *m* (Mex) beet
betún *m* bitumen, pitch; shoe polish
bezo *m* blubber lip; proud flesh
bezu•do -da *adj* thick-lipped
biberón *m* nursing bottle
Biblia *f* Bible
bíbli•co -ca *adj* Biblical
bibliófi•lo -la *mf* bibliophile
bibliografía *f* bibliography
bibliógra•fo -fa *mf* bibliographer
biblioteca *f* library; **biblioteca de consulta** reference library; **biblioteca de préstamo** lending library
bibliotecca•rio -ria *mf* librarian
bibliotecnia *f* bookmaking; library science
biblioteconomía *f* library science
bicameral *adj* bicameral
bicarbonato *m* bicarbonate
bicicleta *f* bicycle
bicherío *m* (SAm) vermin
bichero *m* boat hook
bicho *m* bug, insect; vermin; animal; fighting bull; simpleton; brat; **bicho viviente** living soul; **mal bicho** scoundrel; ferocious bull
bidón *m* (*bote, lata*) can; (*tonel de metal*) drum
biela *f* connecting rod
bielda *f* winnowing rack; winnowing
bieldar *tr* to winnow
bieldo *m* winnowing pitch rake
bien *adv* well; readily; very; indeed; **ahora bien** now then; **bien** como just as; **bien que** although; **más bien** rather; somewhat; **no bien** as soon as; scarcely ‖ *s* welfare; property; darling; **bienes** wealth, riches, possessions; **bienes de fortuna** worldly possessions; **bienes dotales** dower; **bienes inmuebles** real estate; **bienes muebles** personal property; **bienes raíces** real estate; **bienes relictos** estate; **bienes semovientes** livestock; **bien público** commonweal; **en bien de** for the sake of
bienal *adj* biennial
bienama•do -da *adj* dearly beloved
bienandanza *f* happiness, prosperity
bienaventura•do -da *adj* happy, blissful; blessed; simple

bienaventuranza *f* happiness, bliss; blessedness
bienestar *m* well-being, welfare
bienhabla•do -da *adj* well-spoken
bienhada•do -da *adj* fortunate, lucky
bienhe•chor -chora *adj* beneficent ‖ *m* benefactor ‖ *f* benefactress
bienintenciona•do -da *adj* well-meaning
bienio *m* biennium
bienquerencia *f* affection, fondness
bienquistar *tr* to bring together, reconcile
bienvenida *f* safe arrival; welcome; **dar la bienvenida a** to welcome
bienveni•do -da *adj* welcome ‖ *f* see **bienvenida**
bienvivir *intr* to live in comfort; live decently, properly
bif•tec *m* (*pl* **-tecs**) beefsteak
bifurcar §73 *ref* to branch, fork
bigamia *f* bigamy
bíga•mo -ma *adj* bigamous ‖ *mf* bigamist
bigornia *f* two-horn anvil
bigote *m* mustache; **bigotes** (*del gato*) whiskers; **tener bigotes** to have a mind of one's own
bigudí *m* hair curler
bikini *m* bikini (swimsuit)
bilingüe *adj* bilingual
bilis *f* bile; **descargar la bilis** to vent one's spleen
bilma *f* (med) compress
billar *m* billiards; billiard table; billiard room; **billar romano** pinball
billete *m* ticket; note, bill; **billete de abono** season ticket; commutation ticket; **billete de banco** bank note; **billete de ida y vuelta** round-trip ticket; **billete kilométrico** mileage ticket; **medio billete** half fare
billetero *m* billfold; ticket agent
billón *m* (U.S.A.) trillion; (Brit) billion
bimba *f* top hat; (Mex) drinking spree
bimotor *adj* twin-motor ‖ *m* twin-motor plane
biodegradable *adj* biodegradable
biofísi•co -ca *adj* biophysical ‖ *f* biophysics
biografía *f* biography
biógra•fo -fa *mf* biographer
biología *f* biology
biólo•go -ga *mf* biologist
biombo *m* folding screen
bioplasma *f* bioplasm
biopsia *f* biopsy
bióxido *m* dioxide
bioquími•co -ca *adj* biochemical ‖ *mf* biochemist ‖ *f* biochemistry
bipartición *f* fission, splitting
bípe•do -da *adj* & *mf* biped; human
biplano *m* biplane
biplaza *m* (aer) two-seater
birimbao *m* jews'-harp
birlar *tr* to knock down, shoot down; outwit; **birlar algo a alguien** to snitch something from someone
birlocha *f* kite
Birmania *f* Burma
birma•no -na *adj* & *mf* Burmese
biro *m* or **birome** *f* (Arg) ball-point pen

birreta *f* biretta, red biretta
birrete *m* mortarboard, academic cap
bis *interj* encore! ‖ *m* encore
bisabue•lo -la *mf* great-grandparent ‖ *m* great-grandfather ‖ *f* great-grandmother
bisagra *f* hinge
bisar *tr* to repeat
bisbisar *tr* to mutter, mumble
bisecar §73 *tr* to bisect
bisel *m* bevel edge
biselar *tr* to bevel
bisies•to -ta *adj* leap
bismuto *m* bismuth
bisnie•to -ta *mf* great-grandchild ‖ *m* great-grandson ‖ *f* great-granddaughter
biso•jo -ja *adj* squint-eyed, cross-eyed
bisonte *m* bison; buffalo
biso•ño -ña *adj* green, inexperienced ‖ *mf* greenhorn, rookie
bisté *m* or **bistec** *m* beefsteak
bisun•to -ta *adj* dirty, greasy
bisutería *f* costume jewelry
bitácora *f* binnacle
bitoque *m* bung; (CAm) sewer; (Mex) spigot
Bizancio Byzantium
bizanti•no -na *adj* & *mf* Byzantine
bizarría *f* gallantry, bravery; magnanimity
biza•rro -rra *adj* gallant, brave; magnanimous
bizcar §73 *tr* to wink ‖ *intr* to squint
biz•co -ca *adj* squint-eyed, cross-eyed
bizcocho *m* biscuit; cake, sponge cake; hardtack; bisque
bizma *f* poultice
bizmar *tr* to poultice
biznie•to -ta *mf* var of **bisnieto**
bizquear *intr* to squint
bizquera *f* squint
blanca *f* steel blade; **sin blanca** penniless
blanca•zo -za *adj* whitish
blan•co -ca *adj* white; (*tez*) fair; (*fuerza*) water; (*arma*) steel; (*cobarde*) yellow; blank ‖ *mf* (*persona*) white; coward ‖ *m* (*color*) white; blank; target; aim, object; interval; white heat; blank form; **dar en el blanco** to hit the mark; **en blanco** (*hoja*) blank; **hacer blanco** to hit the mark; **quedarse en blanco** to not get the point; to be disappointed ‖ *f* see **blanca**
blancor *m* whiteness
blancura *f* whiteness; purity
blancuz•co -ca *adj* whitish; dirty-white
blandear *tr* to persuade; brandish ‖ *intr* & *ref* to yield, give in
blandengue *adj* soft, colorless
blandir §1 *tr*, *intr* & *ref* to brandish
blan•do -da *adj* bland, soft; indulgent; flabby; sensual; cowardly; (*ojos*) tender
blandón *m* wax candle; candlestick
blandura *f* blandness, softness; tolerance; flabbiness; sensuality; flattery; mild weather; cowardice
blanqueadura *f* whitening; bleaching; whitewash
blanquear *tr* to whiten, bleach; blanch; whitewash; tin ‖ *intr* to turn white
blanqueci•no -na *adj* whitish

blanqui•llo -lla *adj* white, whitish ‖ *m* (Guat, Mex) egg; (Chile, Peru) white peach
blasfemar *tr* to blaspheme, curse
blasfemia *f* blasphemy
blasfe•mo -ma *adj* blasphemous ‖ *mf* blasphemer
blasón *m* (*ciencia de los escudos de armas; escudo de armas*) heraldry; (heral) charge; (fig) glory, honor
blasonar *tr* to emblazon; (fig) to emblazon, extol ‖ *intr* to boast; **blasonar de** to boast of being
bledo *m* straw; **no me importa un bledo** or **no se me da un bledo de ello** that doesn't matter a rap to me
blindaje *m* armor; (elec) shield
blindar *tr* to armor, armor-plate; (elec) to shield
B.L.M. *abbr* **besalamano**
bloc *m* (*pl* **bloques**) pad
blof *m* bluff
blofear *intr* to bluff
blon•do -da *adj* blond, fair, flaxen, light; (Arg) curly ‖ *f* blond lace
bloque *m* block; (*de papel*) pad; **bloque de hormigón** concrete block
bloquear *tr* to blockade; (*un coche, un tren*) brake; (*créditos*) freeze
bloqueo *m* blockade; (*de crédito*) freezing; **bloqueo vertical** (telv) vertical hold
b.l.p. *abbr* **besa los pies**
blujins *mpl* blue jeans
blusa *f* blouse, smock; (*de mujer*) shirtwaist; (Col) jacket
boardilla *f* dormer window; garret
boato *m* show, pomp
bobada *f* folly, piece of folly
bobalías *mf* simpleton, dunce
bobali•cón -cona *adj* simple, silly ‖ *mf* simpleton, nitwit
bobear *intr* to talk nonsense; to dawdle, loiter around
bobería *f* folly, nonsense
bóbilis—de bóbilis free, for nothing; without effort
bobina *f* bobbin; (elec) coil; **bobina de chispas** spark coil; **bobina de encendido** ignition coil, spark coil; **bobina de sintonía** tuning coil
bobinar *tr* to wind
bo•bo -ba *adj* simple, foolish, stupid ‖ *mf* simpleton, fool ‖ *m* (archaic) clown, jester
boca *f* mouth; speech; taste, flavor; (*del estómago*) pit; **a boca de jarro** immoderately; at close range; **boca de agua** hydrant; **boca de dragón** (bot) snapdragon; **boca de riego** hydrant; **buscarle a uno la boca** to draw someone out; **decir con la boca chica** to offer as a mere formality; **no decir esta boca es mía** to not say a word
bocacalle *f* street entrance; intersection
boca•caz *m* (*pl* **-caces**) spillway
bocadillo *m* tape, ribbon; snack, bite; farmer's snack in the field; sandwich
bocadito *m* little bit; (Cuba) cigarillo (*cigaret wrapped in tobacco*)

bocado *m* bite, morsel; bit; **bocado de Adán** Adam's apple; **no tener para un bocado** to not have a cent
bocal *m* narrow-mouthed pitcher; (*de un puerto*) narrows
bocallave *f* keyhole
bocamanga *f* cuff, wristband
bocanada *f* (*de líquido*) swallow; (*de humo*) puff; (*de viento*) gust; boasting
bocartear *tr* to crush, stamp
bocaza *f* loudmouth; gossip
bocera *f* smear on lips
boceto *m* sketch, outline; wax model, clay model
bocina *f* horn, trumpet; auto horn; phonograph horn; ear trumpet
bocio *m* goiter
bocoy *m* large barrel
bocha *f* bowling ball
bochar *tr* (Mex, Ven) to turn down; (Mex, Ven) insult
boche *m* small hole in ground for boys' game; (Ven) slight, snub
bochinche *m* uproar, tumult, row
bochorno *m* sultry weather; blush, embarrassment, shame
bochorno•so -sa *adj* sultry, stuffy; embarrassing, shameful
boda *f* marriage, wedding; **bodas de Camacho** banquet, lavish feast
bodega *f* wine cellar; dock warehouse; granary; grocery store; (*de nave*) hold; cellar; (*hombre que bebe mucho*) tank
bodegón *m* hash house, beanery; saloon; still life
bodegue•ro -ra *mf* cellarer; grocer
bodijo *m* unequal match; simple wedding
bodoque *m* lump; dunce, dolt; (Mex) bump, lump
bodoquera *f* peashooter
bóer *mf* Boer
bofe *adj invar* (CAm) unpleasant, disgusting ‖ *m* (coll) lung; (P-R) cinch, snap; **echar el bofe** or **los bofes** to drudge, to grind; **bofes** lights (*of sheep, etc.*)
bofetada *f* slap in the face
boga *mf* rower ‖ *f* vogue, fashion; rowing
bogar §44 *intr* to row
bogavante *m* lobster
bohardilla *f* dormer window; garret
bohe•mio -mia *adj & mf* Bohemian
bohío *m* hut, shack
boicotear *tr* to boycott
boicoteo *m* boycott, boycotting
boina *f* beret
boj *m* boxwood
boja *f* southernwood
bojar *tr* to measure the perimeter of; (*el cuero*) scrape clean ‖ *intr* to measure
bola *f* ball; marble; bowling; shoe polish; shoeshine; (cards) slam; lie, deceit; (Mex) brawl, riot; **bola de alcanfor** moth ball; **bola de cristal** crystal ball; **bola de nieve** snowball; **bola rompedora** wrecking ball; **bolas** Gaucho lasso tipped with balls; **dejar que ruede la bola** to let things take

their course; **raspar la bola** (Chile) to clear out, beat it

bolada f (de una bola) throw; luck, opportunity; (Arg) billiard stroke; (Chile) dainty, tidbit; (Guat, Mex) lie, fib

bolado m (CAm) rumor

bolazo m hit with a ball; **de bolazo** (coll) hurriedly, right away; (Mex) at random

bolchevique adj & mf Bolshevik

bolchevismo m Bolshevism

boleada f (Arg) hunting with bolas; (Mex) shoeshine; (Peru) flunking

bolear tr to throw; (Arg) to catch with bolas; (zapatos) (Mex) to shine; (SAm) to kick out, flunk ‖ intr to play for fun; lie; boast ‖ ref (Arg, Urug) to rear and fall backwards; upset; blush

bole•ro -ra mf bolero dancer ‖ m bolero (dance; music; jacket); (Mex) bootblack ‖ f bowling alley; **bolera encespada** bowling green

boleta f pass, permit, admission ticket; (mil) billet; ballot

boletería f ticket office

boletín m bulletin; ticket; form; press release

boleto m ticket

boliche m bowling; bowling alley; (SAm) hash house

bólido m fireball, bolide

bolígrafo m ball-point pen

bolilápiz m (Mex) ball-point pen

bolillo m bobbin for making lace; frame for stiffening lace cuffs

Bolivia f Bolivia

bolivia•no -na adj & mf Bolivian

bo•lo -la adj (CAm, Mex) drunk; m ninepin, tenpin; dunce, blockhead; (de escalera) newel; (cards) slam; **bolos** bowling, ninepins, tenpins; **jugar a los bolos** to bowl

Bolonia f Bologna

bolsa f purse, pocketbook; pouch; stock exchange, stock market; (en el vestido) bag, pucker; grant, award; **bolsa de agua caliente** hotwater bottle; **bolsa de aire** (aut) air bag; **bolsa de hielo** ice bag; **bolsa de trabajo** employment bureau; **bolsa isotérmica** Thermos bottle; **hacer bolsa** (un vestido) to bag; **jugar a la bolsa** to play the market

bolsear tr to pick the pocket of; (Arg, Bol, Urug) to jilt; (Chile) to sponge on

bolsero m (SAm) sponger; (Mex) pickpocket

bolsicalculadora f pocket calculator

bolsillo m pocket; purse, pocketbook

bolsista m broker, stockbroker; (CAm, Mex) pickpocket

bolso m purse, pocketbook; **bolso de mano** handbag

bollo m bun, roll; bump, lump; dent; (en un vestido) puff; (en adorno de tapicería) tuft; **bollo de crema** cream puff

bomba f pump; bomb; fire engine; lamp globe; high hat; firecracker; soap bubble; bombshell; **a prueba de bombas** bombproof; **bomba atómica** atomic bomb; **bomba coche** car bomb; **bomba cohete** rocket bomb; **bomba de engrase** grease

gun; **bomba de hidrógeno** hydrogen bomb; **bomba de incendios** fire engine; **bomba de profundidad** depth bomb; **bomba de sentina** bilge pump; **bomba estomacal** stomach pump; **bomba neutrónica** neutron bomb; **bomba rompedora** blockbuster; **bomba volante** buzz bomb; **caer como una bomba** to fall like a bombshell; to burst in unexpectedly

bombachas fpl loose-fitting baggy trousers

bombardear tr & intr to bomb; bombard; **bombardear en picado** to dive-bomb

bombardeo m bombing; bombarding; **bombardeo en picado** dive bombing

bombardero m bomber; bombardier

bomba-reloj f time bomb

bombazo m bomb explosion; bomb hit; bomb damage

bombear tr to bomb; ballyhoo, puff up; pump; (SAm) to reconnoiter; (Col) to fire, dismiss ‖ ref to camber, bulge

bombero m fireman; pumpman

bombilla f bulb, light bulb; lamp chimney; tube for sucking up maté; **bombilla de destello** flash bulb

bombillo m trap, stench trap; (naut) pump

bombista m lamp maker; (el que da bombos) booster

bom•bo -ba adj astounded, stunned; (W-I) lukewarm ‖ m bass drum; ballyhoo; (naut) barge, lighter; **dar bombo a** to ballyhoo, puff up; **irse al bombo** (Arg) to fail ‖ f see **bomba**

bombón m bonbon, candy

bombona f carboy

bombonera f candy box

bona•chón -chona adj goodnatured, kind, simple

bonancible adj (tiempo) fair; (mar) calm; (viento) moderate

bonanza f fair weather, calm seas; prosperity, boom; rich ore pocket

bona•zo -za adj kind-hearted

bondad f kindness; favor; **tener la bondad de** to have the kindness to

bondado•so -sa adj kind, generous

bonete m cap, hat; candy bowl

bonetería f hat shop; notion store

bongo m (SAm) barge; canoe

boniato m sweet potato

bonificar §73 tr to improve; give a discount on

boni•to -ta adj pretty, nice; pretty good

bono m bond; food voucher

boñiga f manure, cow dung

boom m (mercado, bolsa) boom

boqueada f gasp of death

boquear tr to pronounce, utter ‖ intr to gasp

boquerel m nozzle

boquete m gap, breach, opening

boquiabier•to -ta adj open-mouthed

boquian•cho -cha adj wide-mouthed

boquiangos•to -ta adj narrow-mouthed

boquihundi•do -da adj hollow-mouthed

boquilla f (de instrumento de viento) mouthpiece; (de pipa) stem; (de cigarro) tip; (de aparato de alumbrado) burner; cigar holder, cigarette holder; (*de manguera*) nozzle; opening in irrigation canal; opening at bottom of trouser leg

boquirro•to -ta *adj* garrulous

boquiverde *adj* obscene, smutty

bórax *m* borax

borbollar or **borbollear** *intr* to bubble up

borbollón *m* bubbling; **a borbollones** impetuously

borborigmos *mpl* rumbling of the bowels

borbotar *intr* to bubble up, bubble over

borce•guí *m* (*pl* **-guíes**) high shoe

borda *f* hut; (naut) gunwale; **arrojar, echar** or **tirar por la borda** to throw overboard

bordada *f* (naut) tack; **dar bordadas** (naut) to tack; pace to and fro

bordado *m* embroidery

bordadura *f* embroidery

bordar *tr* to embroider

borde *m* border, edge; fringe; rim; **borde de la acera** curb; **borde del mar** seaside

bordear *tr* to border ‖ *intr* to go on the edge; (naut) to tack

bordo *m* (naut) board; (naut) side; (naut) tack; (Guat, Mex) dam, dike; **a bordo** (naut) on board; **al bordo** (naut) alongside; **de alto bordo** seagoing; distinguished, important

bordón *m* (*de tambor*) snare; pilgrim's staff; pet word; burden, refrain

bordonear *intr* to grope along with a stick; to go around begging

borgoña *m* Burgundy (*wine*) ‖ **la Borgoña** Burgundy

borgo•ñón -ñona *adj & mf* Burgundian

boricua or **borinque•ño -ña** *adj & mf* Puerto Rican

borla *f* tassel; powder puff; **tomar la borla** to take a higher degree, take the doctor's degree

borne *m* binding post; (*de la lanza*) tip

bornear *tr* to bend, twist; (*sillares pesados*) set in place ‖ *intr* to swing at anchor ‖ *ref* to warp

borra *f* fuzz, nap, lint

borrachera *f* drunkenness; spree, binge; great exaltation; (coll) piece of folly; **pegarse una borrachera** to go on a binge

borrachería *f* (Mex) bar, tavern

borrachín *m* drunkard

borra•cho -cha *adj* drunk; (*habitualmente*) drinking ‖ *mf* drunkard

borrador *m* blotter, day book; rough draft; eraser

borradura *f* striking out, scratching out

borraj *m* borax

borrajear *tr & intr* to scribble; doodle

borrar *tr* to scratch out, cross out; erase, rub out; darken, obscure; blot, smear

borrasca *f* storm, tempest; upset, setback

borrasco•so -sa *adj* stormy

borregos *mpl* fleecy clouds

borrica *f* she-ass; stupid woman

borrico *m* ass, donkey; sawhorse; stupid fellow, ass

borricón *m* or **borricote** *m* drudge

borrón *m* blot; rough draft; blemish; (fig) blot, stain

borronear *tr* to scribble

borro•so -sa *adj* blurred, smudgy, fuzzy; muddy, thick

boruca *f* noise, clamor, uproar

borujo *m* lump, clump

boscaje *m* woodland; (paint) woodland scene

bosque *m* forest, woodland; **bosque maderable** timberland

bosquejar *tr* to sketch, outline; make a rough model of

bosquejo *m* sketch, outline; rough model

bostezar §60 *intr* to yawn, gape

bostezo *m* yawn, yawning

bota *f* shoe, boot; leather wine bag; liquid measure (*125 gallons or 516 liters*); **bota de agua** gum boot; **bota de montar** riding boot; **ponerse las botas** (coll) to hit the jack pot, come out on top

botador *m* boat pole; punch, nailset

botadura *f* launching

botafuego *m* hothead, firebrand

botalón *m* (naut) boom; **botalón de foque** (naut) jib boom

botáni•co -ca *adj* botanical ‖ *mf* botanist ‖ *f* botany

botanista *mf* botanist

botar *tr* to throw, hurl; throw away, throw out; (*un buque*) launch; (*el timón*) shift; fire, dismiss; squander ‖ *intr* to jump; bounce ‖ *ref* (*un caballo*) to buck

botarate *m* madcap, wild man; spendthrift

bote *m* boat, small boat; can, jar, pot; bounce; blow, thrust; (Mex) jug, jail; **bote de paso** ferryboat; **bote de porcelana** apothecary's jar; **bote de remos** rowboat; **bote de salvamento** or **bote salvavidas** lifeboat; **bote en bote** crowded, jammed; **de bote y voleo** thoughtlessly

botella *f* bottle

botica *f* drug store; medicine

botica•rio -ria *mf* druggist, apothecary

botija *f* earthenware jug with short narrow neck; (CAm, Ven) hidden treasure; (SAm) belly; **decirle a uno botija verde** (Cuba) to let someone have it, tell someone off; **estar hecho una botija** (*un niño*) to be cross and scream; (*una persona*) be fat, be pudgy

botijo *m* earthenware jar with spout and handle

botín *m* booty, plunder, spoils; spat, legging; (Chile) sock

botina *f* shoe, high shoe

botiquín *m* medicine kit, first-aid kit; medicine chest; first-aid station; (Ven) saloon

bo•to -ta *adj* (*sin filo o punta*) blunt, dull; (fig) dull, slow ‖ *m* leather bag ‖ *f* see **bota**

botón *m* button; (*de mueble o puerta*) knob; (*de reloj de bolsillo*) stem; (bot) bud; (elec) push button; **botón de oro** buttercup; **botón de puerta** doorknob; **botones** *msg* bellboy, bellhop

bou *m* fishing with a dragnet between two boats

bóveda f dome, vault; crypt; (aut) cowl; **bóveda celeste** canopy of heaven
boxeador m boxer; (Mex) brass knuckles
boxear intr to box
boxeo m boxing
bóxer m brass knuckles
boxibalón m punching bag
boya f buoy; **boya salvavidas** life buoy
boyante adj buoyant; lucky, successful; (que no cala lo que debe calar) (naut) light
boyera f or **boyeriza** f ox stable
boyerizo m or **boyero** m ox driver
bozal adj simple, stupid ‖ m muzzle; head-harness bells; headstall
bozo m down on upper lip; lips, mouth; headstall
B.p. abbr **Bendición papal**
Br. abbr **bachiller**
bracear intr to swing the arms; swim with overhead strokes; struggle
brace•ro -ra adj arm, hand; thrown with the hand ‖ m man who offers his arm to a lady; day laborer; migrant worker; **de bracero** arm in arm
bra•co -ca adj pug-nosed
braga f diaper, clout; hoisting rope; **bragas** panties, step-ins; breeches; **calzarse las bragas** to wear the pants
bragadura f crotch
braga•zas m (pl -zas) easy mark, henpecked fellow
braguero m (para hernias) truss; (entre-piernas) crotch
bragueta f fly
bragui•llas m (pl -llas) brat
brama f rut, mating, mating time
bramante adj bellowing, roaring ‖ m pack-thread, twine
bramar intr to bellow, roar; (el viento) howl; rage, storm
bramido m bellow, roar; howling; raging
brasa f live coal, red-hot coal
brasero m brazier; (Col) bonfire; (Mex) hearth, fireplace
Brasil, el Brazil
brasile•ño -ña adj & mf Brazilian
bravata f bravado, bragging; **echar bravatas** to talk big
bravatear intr to brag, boast
bravear intr to talk big, four-flush
braveza f bravery; ferocity; (de los ele-mentos) fury, violence
braví•o -a adj ferocious; wild, untamed, un-cultivated; crude, unpolished; (mar) rough, wild; (terreno) rough, rugged
bra•vo -va adj (valiente) brave; fine, excel-lent; fierce, savage, wild; (mar) rough; magnificent; angry, mad; (perro) vicious; (toro) game; boasting; (chili) strong ‖ interj bravo!
bravu•cón -cona adj four-flushing ‖ mf four-flusher
bravura f bravery; fierceness; gameness; bra-vado, boasting
braza f fathom
brazada f stroke, pull (with the arm); **bra-zada de pecho** breast stroke

brazado m armful, armload
brazal m arm band; **brazal de luto** mourning band
brazalete m bracelet
brazo m arm; (de animal) foreleg; **a brazo partido** hand to hand (i.e., without weap-ons); **asidos del brazo** arm in arm; **brazo derecho** right-hand man; **brazos** hands, workmen; backers; **hecho un brazo de mar** dressed to kill
brea f tar, wood tar; calking substance; pack-ing canvas; **brea seca** rosin
brear tr to annoy, mistreat, beat; tar
brebaje m beverage, drink
brécol m or **brécoles** mpl broccoli
brecha f opening; (en un muro) breach; breakthrough
brega f fight, struggle, quarrel; trickery; drudgery
bregar §44 intr to strive, struggle, toil
breña f or **breñal** m or **breñar** m rocky thicket
breque m brake
brequear tr & intr to brake
bresca f honeycomb
Bretaña f Brittany; **la Gran Bretaña** Great Britain
brete m fetters, shackles; tight squeeze, fix
bretones mpl Brussels sprouts
breva f early fig; cinch, snap
breval m early-fig tree
breve adj brief, short; **en breve** shortly, soon
brevedad f brevity, shortness; **a la mayor brevedad** as soon as possible
brevete m note, mark
brezal m heath, moor
brezo m heath, heather
briba f loafing; **andar a la briba** to loaf around
bri•bón -bona adj loafing, crooked ‖ mf loafer, crook
bribonada f loafing, crookedness
bribonear intr to loaf around, be crooked
brida f bridle
brigada f brigade; gang, squad; warrant of-ficer
brillante adj bright, brilliant, shining ‖ m diamond, gem
brillantez f brilliance
brillantina f brilliantine; metal polish
brillar intr to shine; sparkle
brillazón f (Arg, Bol, Urug) pampa mirage
brillo m brightness, brilliance; sparkle; **sacar brillo a** to shine
brillo•so -sa adj (que brilla por el mucho uso) shiny; shining, brilliant
brin m canvas
brincar §73 tr to bounce up and down; skip, skip over ‖ intr to jump, leap; be touchy, get angry easily
brinco m bounce; jump, leap; **en dos brincos** or **en un brinco** in an instant
brindador m toaster
brindar tr to invite; offer; **brindar a uno con una cosa** to offer someone something ‖ intr — **brindar a** or **por** to drink to, toast ‖ ref — **brindarse a** to offer to

brin·dis *m* (*pl* **-dis**) invitation, treat; toast
brío *m* spirit, enterprise; elegance; **cortar los bríos a** to cut the wings of
brio·so -sa *adj* spirited, lively, enterprising; elegant
brisa *f* breeze; residue of pressed grapes
brisera *f* or **brisero** *m* glass lamp shade (*for candles*)
británi·co -ca *adj* British, Britannic
brita·no -na *adj* British ‖ *mf* Briton, Britisher
brizna *f* chip, particle; (Ven) drizzle
brl. *abbr* **barril**
broca *f* reel, spindle; drill, bit
brocado *m* brocade
brocal *m* (*de pozo*) curbstone; (*de bota*) mouthpiece; (*de banqueta*) (Mex) curb
brocamantón *m* diamond brooch
bróculi *m* broccoli
brocha *f* brush; loaded dice; **de brocha gorda** house (*painter*); (coll) crude, heavy-handed
brochada *f* stroke with a brush; rough sketch
brochazo *m* stroke with a brush
broche *m* clasp, clip, fastener; (*conjunto de dos piezas*) hook and eye; (Chile) paper clip; **broche de oro** punch line; **broche de presión** snap, catch; **broches** (Ecuad) cuff buttons
brocheta *f* skewer
broma *f* joke, jest; fun; shipworm; **bromas aparte** joking aside; **en broma** in fun, jokingly; **gastar una broma a** to play a joke on
bromear *intr* & *ref* to joke, jest; have a good time
bromhídri·co -ca *adj* hydrobromic
bromista *adj* joking ‖ *mf* joker
bromo *m* bromine
bromuro *m* bromide
bronca *f* row, quarrel; rough joke, poor joke; **armar una bronca** to start a row
bronce *m* bronze; **bronce de cañón** gun metal
broncea·do -da *adj* bronze; tanned, sunburned ‖ *m* bronzing; bronze finish; tan, sunburn
bronceador *m* suntan lotion
broncear *tr*, *intr* & *ref* to bronze; tan, sunburn
bron·co -cu *adj* coarse, rough; gruff, crude; (*voz*) harsh, hoarse ‖ *f* see **bronca**
bronquitis *f* bronchitis
broquel *m* buckler, shield; (fig) shield
broqueta *f* skewer
brota *f* bud, shoot
brotadura *f* budding, sprouting; gushing; (*de la piel*) eruption, rash
brotar *tr* to bring forth, produce ‖ *intr* to bud, sprout; gush; (*la piel*) break out
brote *m* bud, shoot; outbreak; (*de petróleo*) gush, spurt
broza *f* (*maleza*) underbrush; (*hojas, ramas, cortezas*) brushwood; (*desperdicio*) trash, rubbish; printer's brush
bruces — **dar** or **caer de bruces** to fall on one's face

bruja *f* witch, sorceress; barn owl; (*mujer fea*) hag; (*mujer de mala vida*) prostitute; (W-I) spook
brujear *tr* (*bestias salvajes*) (Ven) to hunt ‖ *intr* to practice witchcraft
brujería *f* witchcraft, sorcery, magic
brujo *m* sorcerer, wizard
brújula *f* (*flechilla*) magnetic needle; (*instrumento*) compass; (*agujero para la puntería*) sight; **perder la brújula** to lose one's touch
brujulear *tr* (*las cartas*) to uncover gradually; suspect
brulote *m* fire ship; (Arg, Chile, Bol) vulgarity, insult
bruma *f* fog, mist
brumo·so -sa *adj* foggy, misty
bruñido *m* burnish, polish; burnishing
bruñir §12 *tr* to burnish, polish; put rouge on; (CAm) to annoy
brus·co -ca *adj* brusque, gruff; sudden; (*curva*) sharp
bruselas *fpl* tweezers ‖ **Bruselas** Brussels
brusquedad *f* brusqueness, gruffness; suddenness; (*de una curva*) sharpness
brutal *adj* brutal; sudden; huge, terrific; stunning
brutalidad *f* brutality; stupidity; tremendous amount
bruteza *f* brutality; (archaic) roughness
bru·to -ta *adj* brute; rough, coarse; stupid; gross ‖ *mf* (*persona*) brute; blockhead ‖ *m* (*animal*) brute
bu *m* (*pl* **búes**) bugaboo; **hacer el bu a** to scare, frighten
buceador *m* or **buceadora** *f* diver
bucear *intr* to dive, be a diver; delve, search
buceo *m* diving
bucle *m* curl, lock
buche *m* (*de ave*) craw, crop, maw; (*de líquido*) mouthful; (*del vestido*) bag, pucker; (*para secretos*) bosom; belly; (Ecuad) high hat; (Guat, Mex) goiter; **sacar el buche a** to make (*someone*) open up
budín *m* pudding
buen *adj* var of **bueno**, used before masculine singular nouns
buenamente *adv* with ease; gladly, willingly; conveniently
buenaventura *f* fortune, good luck; (*adivinación*) fortune; **decirle a uno la buenaventura** to tell someone his fortune
bue·no -na *adj* good; kind; (*sano*) well; (*tiempo*) good, fine; **a buenas** willingly; **¡buena es ésa** (or **ésta)!** that's a good one; **de buenas a primeras** all of a sudden; from the start; **¿de dónde bueno?** where have you been?, what's new?
buey *m* ox, bullock, steer
búfa·lo -la *mf* buffalo
bufanda *f* muffler, scarf
bufar *intr* to snort
bufete *m* writing desk; law office; (*de un abogado*) clients; law practice; refreshment; (Col) bedpan; **abrir bufete** to open a law office
bufido *m* snort

bu•fo -fa *adj* comic; (Ven) spongy ‖ *mf* buffoon

bu•fón -fona *adj* clownish ‖ *m* clown, buffoon; jester; peddler

bufonada *f* buffoonery; sarcasm

bufonería *f* buffoonery; peddling

bufones•co -ca *adj* clownish; coarse, crude

bugui-bugui *m* boogie-woogie

buharda *f* dormer; dormer window; garret

buhardilla *f* dormer window; garret

buho *m* eagle owl; shy fellow

buhonería *f* peddler's kit; peddler's wares

buhonero *m* peddler, hawker

buitre *m* vulture

buje *m* axle box, bushing

bujería *f* gewgaw, trinket

bujía *f* candle; candlestick; candle power; (*de motor de explosión*) spark plug

bulbo *m* bulb

bulevar *m* boulevard

bulevardero *m* boulevardier, man about town

Bulgaria *f* Bulgaria

búlga•ro -ra *adj & mf* Bulgarian

bulimia *f* bulimia

bulto *m* bulk, volume; bust, statue; parcel, piece of baggage; bump, swelling; pillowcase; form, mass; **a bulto** broadly, by guess; **buscar el bulto a** to keep after; **de bulto** evident; **escurrir** or **huir el bulto** to duck

bulla *f* noise; crowd; loud argument

bullaje *m* crush, mob (*of people*)

bullanga *f* racket, disturbance

bullebulle *mf* busybody, bustler

bulle•ro -ra *adj* noisy; inflammatory

bullicio *m* brawl, riot, uprising; (*rumor que hace mucha gente*) rumble

bullicio•so -sa *adj* brawling, riotous; rumbling ‖ *mf* rioter

bullir §13 *tr* to move ‖ *intr* to boil; abound; bustle, hustle; swarm; move, stir; be restless ‖ *ref* to move, stir

buniato *m* sweet potato

buñuelo *m* cruller, fritter, bun; botch, bungle

buque *m* ship, vessel; (*de una nave*) hull; (*de cualquier cosa*) capacity; (C-R) doorframe; **buque almirante** admiral; **buque cisterna** tanker; **buque de guerra** warship; **buque de vapor** steamer, steamship; **buque de vela** sailboat; **buque escucha** vedette; **buque escuela** training ship; **buque fanal** or **buque faro** lightship; **buque mercante** merchantman, merchant vessel; **buque portaminas** mine layer; **buque tanque** tanker; **buque velero** sailing vessel

burbuja *f* bubble

burbujear *intr* to bubble

burdégano *m* hinny

burdel *m* brothel, disorderly house

Burdeos Bordeaux

bur•do -da *adj* coarse, rough

burear *tr* (Col) to fool ‖ *intr* to have fun

burga *f* hot springs

bur•gués -guesa *adj* middle-class, bourgeois; (*antiartístico*) bourgeois ‖ *m* middle-class man ‖ *f* middle-class woman

burguesía *f* middle class, bourgeoisie; **alta burguesía** upper middle class; **pequeña burguesía** lower middle class

burla *f* hoax, trick; joke; ridicule; **burlas aparte** joking aside; **de burlas** in fun, for fun

burladero *m* safety island, safety zone; (*en las plazas de toros*) covert; (*en los túneles*) safety niche; hiding place

burla•dor -dora *adj* joking; deceptive ‖ *mf* wag, prankster, practical joker ‖ *m* seducer, libertine

burlar *tr* to make fun of; deceive; disappoint; outwit, frustrate; (*a una mujer*) seduce ‖ *intr* to scoff ‖ *ref* to joke; **burlarse de** to make fun of

burlería *f* derision, mockery; deception, trick; scorn, derision; fish story

burles•co -ca *adj* funny, comic, burlesque

burlete *m* weather stripping

bur•lón -lona *adj* joking ‖ *mf* joker ‖ *m* mockingbird

bu•ró *m* (*pl* **-rós**) writing desk; (Mex) night table

burócrata *mf* jobholder, bureaucrat

burra *f* she-ass; stupid woman; drudge (*woman*)

burrajear *tr & intr* to scribble; doodle

burra•jo -ja *adj* (Mex) coarse, stupid ‖ *m* dung (*used as fuel*)

bu•rro -rra *adj* stupid, asinine ‖ *m* donkey, jackass; sawbuck, sawhorse; (Mex) stepladder; **burro cargado de letras** learned jackass; **burro de carga** drudge ‖ *f* see **burra**

bursátil *adj* stock-market

busca *f* search; **en busca de** in search of

buscani•guas *m* (*pl* **-guas**) (Col) snake

buscapié *m* (*para dar a entender algo*) hint; (*para averiguar algo*) feeler ‖ **busca•piés** *m* (*pl* **-piés**) snake

buscaplei•tos *mf* (*pl* **-tos**) troublemaker

buscar §73 *tr* to seek, hunt, look for; (Mex) to provoke; **buscar tres pies al gato** to be looking for trouble ‖ *ref* to take care of oneself; **buscársela** to manage to get along; to ask for it

buscareta *f* wren

buscarrui•dos *mf* (*pl* **-dos**) troublemaker

buscavi•das *mf* (*pl* **-das**) snoop, busybody; go-getter

bus•cón -cona *adj* searching; cheating ‖ *mf* seeker; thief, cheat; (min) prospector ‖ *f* loose woman

busi•lis *m* (*pl* **-lis**) trouble; **ahí está el busilis** that's the trouble; **dar en el busilis** to hit the nail on the head

búsqueda *f* search, hunt

busto *m* bust

butaca *f* armchair, easy chair; orchestra seat

butifarra *f* Catalonian sausage; loose sock, loose stocking; (Peru) ham and salad sandwich

bution•do -da *adj* lewd, lustful

buz *m* (*pl* **buces**) kiss of gratitude and reverence; lip; **hacer el buz** (archaic) to bow and scrape

buzo *m* diver
buzón *m* plug, stopper; mailbox, letter box; (*agujero para echar las cartas*) slot, letter

drop; **buzón de alcance** special-delivery box; late-collection slot

C

C, c (ce) *f* third letter of the Spanish alphabet
c. *abbr* **capítulo, compañía, corriente, cuenta**
c *abbr* **caja, cargo, contra, corriente**
cabal *adj* exact; full, complete, perfect; **no estar en sus cabales** to be not in one's right mind ‖ *adv* exactly; completely ‖ *interj* right!
cábala *f* intrigue; divination
cabalgada *f* raid on horseback; gathering of riders
cabalgador *m* rider, horseman
cabalgadura *f* mount, horse; beast of burden
cabalgar §44 *intr* to go horseback riding
cabalgata *f* cavalcade
caballa *f* mackerel
caballada *f* drove of horses; nonsense, stupidity
caballaje *m* stud service
caballazo *m* collision of two horses, trampling by a horse; (Chile, Peru) bitter attack
caballerango *m* (Mex) stableman
caballeres•co -ca *adj* chivalric, knightly; gentlemanly
caballerete *m* (coll) dude
caballería *f* mount, horse, mule; cavalry; chivalry, knighthood; **andarse en caballerías** to fall all over oneself in compliments; **caballería andante** knight-errantry; **caballería mayor** horse, mule; **caballería menor** ass, donkey
caballeriza *f* stable; stable hands
caballerizo *m* groom, stableman
caballe•ro -ra *adj* riding, mounted; stubborn ‖ *m* knight, nobleman; gentleman; mister; horseman, cavalier, rider; **armar caballero** to knight; **caballero andante** knight errant; **caballero de industria** crook, adventurer, sharper; **Caballero de la triste figura** Knight of the Rueful Countenance (*Don Quijote*); **ir caballero en** to ride
caballerosidad *f* chivalry, gentlemanliness
caballerote *m* boorish fellow, cad
caballete *m* (*bastidor para sostener un cuadro o pizarra*) easel; (*de tejado*) ridge, hip; (*lomo de tierra*) ridge; (*artificio usado como soporte*) trestle, sawbuck, horse; (*de la nariz*) bridge; chimney cap; (*del ave*) breastbone; little horse
caballista *m* horseman; mounted smuggler ‖ *f* horsewoman
caballito *m* little horse; merry-go-round; **caballito del diablo** dragonfly
caballo *m* horse; (*en ajedrez*) knight; playing card (*figure on horseback equivalent to*

queen); (slang) heroin; **a caballo** on horseback; **a caballo de** astride; **a caballo regalado no se le mira el diente** never look a gift horse in the mouth; **caballo blanco** (*persona que da dinero para una empresa dudosa*) angel; **caballo de batalla** battle horse; (*de una controversia*) gist, main point; (*aquello en que uno sobresale*) forte, strong point; **caballo de carreras** race horse; **caballo de fuerza** French horsepower, metric horsepower; **caballo de tiro** draft horse; **caballo de Troya** Trojan horse; **caballo de vapor** French horsepower, metric horsepower; **caballo de vapor inglés** horsepower; **caballo mecedor** rocking horse, hobbyhorse; **caballo padre** stallion; **caballo semental** stallion
caballu•no -na *adj* horse, horselike
cabaña *f* cabin, hut; drove, flock; livestock; pastoral scene; (Arg) cattlebreeding ranch
cabanuelas *fpl* (Arg, Bol) first summer rains; (Mex) winter rains
caba•ret *m* (*pl* -rets) cabaret
cabecear *tr* (*un libro*) to put a headband on; (*el vino*) head; (*una media*) put a new foot on ‖ *intr* to nod; bob the head; (*en señal de negación*) shake the head; (*los caballos*) toss the head; (*la caja de un carruaje*) lurch; (*un buque*) pitch
cabeceo *m* (*de la cabeza*) nod, bob, shake; (*de la caja del carruaje*) lurching; (*del buque*) pitch, pitching
cabecera *f* (*de cama, mesa, etc.*) head; bedside; headboard; headwaters; (*de una casa, un campo*) end; (*del capítulo de un libro*) heading; (*de periódico*) headline; capital, county seat; bolster, pillow; (typ) headpiece, vignette; **cabecera de cartel** top billing; **cabecera de puente** (mil) bridgehead
cabecilla *mf* scalawag ‖ *m* ringleader ‖ *f* **cabecilla de alfiler** pinhead
cabellar *intr* to grow hair; to put on false hair ‖ *ref* to put on false hair
cabellera *f* head of hair; foliage; (*del cometa*) coma; (bot) mistletoe
cabello *m* hair; **cabello de Venus** maidenhair, **cabellos de ángel** cotton candy; **en cabello** with the hair down; **en cabellos** bareheaded; **traído por los cabellos** farfetched
cabellu•do -da *adj* hairy
caber §14 *intr* to fit, go; have enough room; be possible; happen, befall; **no cabe duda** there is no doubt; **no cabe más** that's the

limit; **no caber de** to be bursting with; **no caber en sí** to be beside oneself; be puffed up with pride; **todo cabe en** anything can be expected of

cabestrar *tr* to put a halter on

cabestrillo *m* sling

cabestro *m* halter; **llevar** or **traer del cabestro** to lead by the halter; (fig) to lead by the nose

cabeza *f* head; chief city, capital; **cabeza de chorlito** scatterbrains; (Arg) forgetful person; **cabeza de motín** ringleader; **cabeza de playa** beachhead; **cabeza de puente** bridgehead; **cabeza de turco** butt, scapegoat; **cabeza mayor** head of cattle; **cabeza menor** head of sheep, goats, etc.; **de cabeza** headfirst; on end; on one's own; by heart; **ir cabeza abajo** to go downhill; **irse de la cabeza** to go out of one's mind; **mala cabeza** headstrong person; **por su cabeza** on one's own; **romperse la cabeza** to rack one's brains

cabezada *f* butt with the head; blow on the head; (*de buque*) pitch, pitching; (*de bota*) instep; (*de libro*) headband; **dar cabezadas** to nod; (*un buque*) to pitch

cabezal *m* pillow, cushion; bolster

cabezo *m* hillock; summit, peak; reef

cabe•zón -zona *adj* big-headed; stubborn; (*licor*) (Chile) strong ‖ *m* (*en la ropa*) hole for the head; tax register

cabezonada *f* stubbornness

cabezu•do -da *adj* big-headed; headstrong; (*vino*) heady

cabezuela *f* little head; (*harina gruesa del trigo*) middling; cornflower

cabida *f* room, space, capacity; influence, pull; **tener cabida en** to be included in

cabildear *intr* to lobby

cabildeo *m* lobbying

cabildero *m* lobbyist

cabildo *m* chapter (*of a cathedral*); chapter meeting; town hall

cabina *f* cabin; (*locutorio del teléfono*) booth; bathhouse, dressing room

cabio *m* rafter; joist

cabizba•jo -ja *adj* crestfallen, downcast

cable *m* cable; rope, hawser; **cable de remolque** towline; **cable de retén** guy wire

cablegrafiar §77 *tr & intr* to cable

cablegráfi•co -ca *adj* cable

cablegrama *m* cablegram

cabo *m* end, tip; (*punta de tierra que penetra en el mar*) cape; (*mango*) handle; small bundle; small piece; boss, foreman; cord, rope, cable; (mil) corporal; **al cabo** finally, at last; **al cabo de** at the end of; **atar cabos** (coll) to put two and two together; **Cabo de Buena Esperanza** Cape of Good Hope; **Cabo de Hornos** Cape Horn; **cabos** (*de caballo*) paws, nose, and mane; eyes, eyebrows, and hair; clothing; **cabo suelto** loose end; **estar al cabo de** to be well informed about; **llevar a cabo** to carry out, to accomplish

cabotaje *m* coasting trade

cabra *f* goat; nanny goat; (Chile) light two-wheel carriage; (Chile) sawbuck; (Col, Cuba, Ven) trick, gyp, loaded dice; **cabras** light clouds

cabrahigo wild fig

cabrería *f* goat stable; goat-milk dairy

cabre•ro -ra *mf* goatherd

cabrestante *m* capstan

cabrilla *f* sawbuck, sawhorse; (ichth) grouper; **cabrillas** skipping stones; (*olas blancas en el mar*) whitecaps

cabrillear *intr* (*el mar*) to be covered with whitecaps; shimmer

cabrio *m* rafter; joist

cabrí•o -a *adj* goat; goatish ‖ *m* herd of goats

cabriola *f* caper; somersault; **dar cabriolas** to cut capers

cabriolear *intr* to caper, frisk, prance

cabritilla *f* kid, kidskin

cabrito *m* kid; **cabritos** (Chile) popcorn

cabrón *m* buck, billy goat; complaisant cuckold; (Chile) pimp

cabronada *f* shamelessness; shameless forbearance

cabru•no -na *adj* goat

cacahuate *adj* (Mex) pocked ‖ *m* peanut

cacahuete *m* peanut

cacahuete•ro -ra *mf* peanut vendor

cacalote *m* (Mex) raven; (CAm, Mex) candied popcorn; (Cuba) break, blunder

cacao *m* chocolate tree; cocoa, chocolate; **pedir cacao** to call quits; **tener mucho cacao** (Guat) to have a lot of pep

cacaraña *f* pit, pock

cacarear *tr* to crow over, boast of ‖ *intr* (*la gallina*) to cackle; (*el gallo*) crow

cacareo *m* (*de la gallina*) cackling; (*del gallo*) crowing; (*de una persona*) (coll) crowing, boasting

cacatúa *f* cockatoo

cacea *f* trolling; **pescar a la cacea** to troll

cacear *tr* to stir with a dipper or ladle ‖ *intr* to troll

cacería *f* hunting; hunting party; (*animales cobrados en la caza*) bag; hunting scene

cacerola *f* casserole, saucepan

cacique *m* Indian chief; bossy fellow; (*en asuntos políticos*) (coll) boss; (Chile) lazy lummox; **cacique veranero** Baltimore oriole, hangbird

caciquismo *m* bossism

cacle *m* (Mex) sandal

caco *m* thief, pickpocket; coward

cacto *m* cactus

cacumen *m* summit; acumen, keen insight

cacha•co -ca *adj* (SAm) sporty ‖ *m* (SAm) sport, dude

cachada *f* thrust or wound made with the horns

cachalote *m* sperm whale

cachar *tr* to break to pieces; (*la madera*) slit, split; to butt with the horns; (Arg, Ecuad, Urug) to make fun of; (Chile) to grasp, understand

cacharpari *m* (Arg, Bol, Peru) send-off party

cacharro *m* crock, earthen pot; piece of crockery; piece of junk; (CAm, W-I) jail; (Col) trinket

cachaza *f* sloth, phlegm; rum; first froth on cane juice when boiled

cachazu•do -da *adj* slothful, phlegmatic ‖ *mf* sluggard

cachear *tr* to frisk

cacheo *m* frisking

cachetada *f* box on the ear

cachete *m* slap in the face; cheek, swollen cheek; dagger

cachetear *tr* to box on the ear

cachetero *m* dagger; dagger man

cachetina *f* brawl, fistfight

cachicuer•no -na *adj* horn-handled

cachillada *f* brood, litter

cachimba *f* (*para fumar*) pipe; (Arg, Urug) well, spring; (Chile) revolver

cachimbo *m* (*para fumar*) pipe; (Cuba) sugar mill; **chupar cachimbo** (Ven) to smoke a pipe; (*un niño*) (Ven) to suck its finger

cachiporra *f* billy, bludgeon

cachivache *m* good-for-nothing; **cachivaches** broken pottery; pots and pans; junk, trash

cacho *m* slice, piece; (*mercadería que no se vende*) (Chile) drug on the market

cachón *m* (*ola de agua*) breaker; splash of water; **cachones** surf

cachon•do -da *adj* (*perra*) in rut; sexy

cacho•rro -rra *mf* cub, whelp, pup ‖ *m* little pistol

cachucha *f* rowboat; cap; Andalusian dance

cachuela *f* gizzard; fricassee of pork

cachu•pín -pina *mf* (CAm, Mex) Spanish settler in Latin America

cada *adj* each; every; **cada vez más** more and more; **cada vez que** whenever

cadalso *m* stand, platform; (*para la ejecución de un reo*) scaffold

cadarzo *m* floss, floss silk

cadáver *m* corpse, cadaver

cadavéri•co -ca *adj* cadaverous

cadena *f* chain; (telv) network; **cadena antirresbaladiza** (aut) skid chain; **cadena de presidiarios** chain gang; **cadena perpetua** life imprisonment

cadencia *f* cadence, rhythm

cadencio•so -sa *adj* rhythmical

cadenero *m* (surv) lineman

cadera *f* hip

cadete *m* (mil) cadet; (Arg, Bol) apprentice (*without pay*), errand boy

cadillo *m* burdock

cadmio *m* cadmium

caducar §73 *intr* to be in one's dotage; be worn out; lapse, expire

caducidad *f* feebleness; expiration

caedi•zo -za *adj* tottery, ready to fall over ‖ *m* lean-to

caer §15 *intr* to fall; droop; fall due; be, be found; fade; (*el sol, el día, el viento*) decline; happen; **caer a** to face, overlook; **caer bien** to fit; be becoming; make a hit; **caer de plano** to fall flat; **caer en** (*cierto día*) to come on, fall on, happen on; (*cierta página*) be found on; **caer en cama** to fall

ill; **caer en favor** to be in favor; **caer en la cuenta** to catch on, get the point; **caer en que** to realize that; **caer mal** to fit badly; be unbecoming; fall flat; **no caigo** (coll) I don't get it ‖ *ref* to fall, fall down; be, be found; **caerse de su peso, caerse de suyo** to be self-evident; **caerse muerto de** (*p.ej., alegría, miedo, risa*) to be overcome with

café *adj* tan ‖ *m* coffee; coffee tree; coffee house; café; (Arg) reprimand; (Mex) tantrum; **café cantante** night club; **café de maquinilla** drip coffee; **café solo** black coffee

cafetal *m* coffee plantation

cafetalero *m* (SAm) coffee planter; coffee dealer

cafetear *intr* to drink coffee

cafetera *f* coffee pot; (Arg) jalopy; **cafetera eléctrica** electric percolator

cafetería *f* cafeteria

cafete•ro -ra *adj* coffee ‖ *mf* coffee dealer; coffee-bean picker ‖ *f* see **cafetera**

cafeto *m* coffee tree

cagar §44 *tr* to spot, stain, spoil ‖ *intr* to defecate ‖ *ref* to defecate; be scared

cagatin•ta *m* or **cagatin•tas** *m* (*pl* -tas) office drudge, penpusher

ca•gón -gona *adj* cowardly ‖ *mf* coward

caída *f* fall; spill, tumble; drop; failure; blunder, slip; (*de una cortina*) hang; **a la caída de la noche** at nightfall; **a la caída del sol** at sunset; **caída de agua** waterfall; **caída radiactiva** fallout; **caídas** coarse wool; witticisms

caí•do -da *adj* fallen; (*cuello*) turndown; (*párpado, hombro*) drooping; dejected, crestfallen; **caído en desuso** obsolete ‖ **caídos** *mpl* interest due; **los caídos** (*en la guerra*) the fallen ‖ *f* see **caída**

caimán *m* alligator; schemer

Caín *m* Cain; **pasar las de Caín** (coll) to have a frightful time

Cairo, El Cairo

caja *f* box; case, chest, coffer; (*de caudales*) safe, strongbox; (*para dinero contante*) cashbox; (*dinero contante*) cash; (*ataúd*) casket, coffin; (*de reloj de bolsillo*) case; (*donde se pagan las cuentas en los hoteles*) desk; cashier's desk; (*del aparato de radio o televisión*) cabinet; (*de coche*) body; (*tambor*) drum; (*de fusil*) stock; (*de ascensor, de escalera*) shaft, well; (mach) housing; (typ) case; **caja alta** upper case; **caja baja** lower case; **caja clara** snare drum; **caja de ahorros** savings bank; **caja de cambio de marchas** transmission-gear box; **caja de caudales** safe; **caja de cigüeñal** crankcase; **caja de colores** paintbox; **caja de embalaje** packing box or case; **caja de enchufe** (elec) outlet; **caja de engranajes** gear case; **caja de fuego** firebox; **caja de fusibles** fuse box; **caja de ingletes** miter box; **caja de menores** petty cash; **caja de registro** manhole; **caja de reloj** watchcase; **caja de seguridad** safe; safe-deposit box; **caja de sorpresa** jack-in-the-box; **caja de velocidades** transmission-gear box; **caja fuerte** safe, bank vault; **caja postal de ahorros** postal savings bank; **caja registradora** cash register; **despedir** or **echar con cajas destempladas** to send packing, give the gate

caje•ro -ra *mf* boxmaker; (*en un banco*) cashier, teller; (*en un hotel*) desk clerk

cajeta *f* little box; tobacco box; **de cajeta** (CAm, Mex) fine

cajetilla *f* pack (*of cigarettes*)

cajetín *m* rubber stamp; (typ) box

cajista *mf* compositor

cajón *m* large box, bin; (*caja movible de un mueble*) drawer; (*que se cierra con llave*) locker; (*que sirve de tienda*) booth, stall; (Chile) long gully; (Mex) dry-goods store; (SAm) coffin; **cajón de aire comprimido** caisson; **cajón de sastre** (coll) odds and ends; muddlehead; **ser de cajón** to be in vogue, be the thing

cal *f* lime; **cal apagada** slaked lime; **cal viva** quicklime; **de cal y canto** strong, tough

cala *f* calla lily; cove, inlet; (*de fruta*) sample slice; (*de buque*) hold; suppository

calabacear *tr* (*a un alumno*) to flunk; (*una mujer a un pretendiente*) to jilt

calabacera *f* calabash, pumpkin, squash

calabaza *f* calabash, gourd, pumpkin, squash; dolt; **dar calabaza** a (*un alumno*) to flunk; (*un pretendiente*) to jilt

calabo•bos *m* (*pl* **-bos**) steady drizzle

calabocero *m* jailer, warden

calabozo *m* dungeon; cell, prison cell

calada *f* soaking; (*del ave de rapiña*) swoop; scolding

calado *m* openwork, drawn work; fretwork; (*del agua*) depth; (naut) draught

calafatear *tr* to calk

calafateo *m* calking

calamar *m* squid

calambre *m* cramp

calamidad *f* calamity

calamita *f* magnetic needle

calamito•so -sa *adj* calamitous

cálamo *m* reed, stalk; (poet) pen; (poet) flute, reed

calamoca•no -na *adj* (*algo embriagado*) tipsy; (*chocho*) doddering

calaña *f* nature, kind; pattern; fan

calar *tr* to pierce; soak; wedge; cut open work in; (*un melón*) cut a plug in; (*la bayoneta*) fix; (*un puente levadizo*) lower; (*las redes de pesca*) lower in the water; (*un buque cierta profundidad*) draw; (*a una persona o las intenciones de una persona*) size up, see through; (Arg) to stare at ‖ *ref* to get soaked, get drenched; (*introducirse*) slip in; (*el ave de rapiña*) swoop down; miss fire; (*el sombrero*) pull down tight; (*las gafas*) stick on; **calarse hasta los huesos** to get soaked to the skin

cala•to -ta *adj* (Peru) naked; (Peru) penniless

calavera *m* daredevil; libertine ‖ *f* skull; (*imitación de la calavera*) death's-head; (Mex) tail light

calaverada *f* recklessness, daredeviltry; escapade

calaverear *tr* to spoil, make ugly ‖ *intr* to act recklessly; go on a spree

calcado *m* tracing

calcañal *m* or **calcañar** *m* heel

calcar §73 *tr* to trace; copy, imitate; tread on

calce *m* wedge; iron tire; iron tip; (*de un documento*) (CAm, Mex, P-R) bottom, foot

calceta *f* stocking; fetter, shackle; **hacer calceta** to knit

calcetería *f* hosiery; hosiery shop

calcete•ro -ra *mf* hosier; stocking mender

calcetín *m* sock

calcificar §73 *tr* & *ref* to calcify

calcio *m* calcium

calco *m* tracing; copy, imitation

calcula•dor -dora *adj* calculating; (*egoísta, interesado*) (fig) calculating ‖ *mf* calculator ‖ *f* calculating machine; **calculadora de bolsillo** pocket calculator

calcular *tr* & *intr* to calculate; (*suponer*) (fig) calculate

cálculo *m* calculation; (math, pathol) calculus; **cálculo biliar** gallstone; **cálculo renal** kidney stone

calchona *f* (Chile) goblin, bogey; (Chile) witch, old hag

calda *f* heating, warming; **caldas** hot springs

caldeamiento *m* heating

caldear *tr* to heat; weld ‖ *ref* to get hot; get overheated

caldeo *m* heating; welding

caldera *f* boiler; pot, kettle; (Arg) coffee pot, teapot

calderero *m* boilermaker

calderilla *f* holy-water vessel; copper coin; small change; mountain currant

caldero *m* kettle, pot; (*reloj de bolsillo*) (Arg) turnip

calderón *m* caldron; (*signo*) (mus) pause, hold

caldillo *m* light broth; sauce for fricassee; (Mex) meat bits in broth

caldo *m* broth; sauce, gravy, dressing; salad dressing; (Mex) syrup; (Mex) sugar-cane juice; **caldo de la reina** eggnog; **caldos** wet goods

calefacción *f* heating; **calefacción por agua caliente** hot-water heat; **calefacción por aire caliente** hot-air heat

calefactor *m* heater man; (electron) heater, heater element

calefón *m* (Arg) hot-water heater

calendar *tr* to date

calendario *m* calendar; **hacer calendarios** to meditate; to make wild predictions

calenta•dor -dora *adj* heating ‖ *m* heater; warming pan; (*reloj de bolsillo*) turnip; **calentador a gas** gas heater; **calentador de agua** water heater

calentamiento *m* heating

calentar §2 *tr* to heat; warm; beat; (Chile) to bore, annoy; **calentar la silla** (*detenerse demasiado*) to warm a chair ‖ *ref* to heat up, run hot; warm oneself; warm up; (*estar en celo las bestias*) be in heat; (Chile, Ven) to become annoyed, get angry

calentón *m* warm-up; **darse un calentón** to stop and warm up

calentura *f* fever, temperature

calenturien•to -ta *adj* feverish; exalted; (Chile) consumptive

calenturón *m* high fever

calenturo•so -sa *adj* feverish

calera *f* limekiln; limestone quarry

calesa *f* chaise

caleta *f* cove, inlet

caletre *m* judgment, acumen

calibrador *m* calipers; **calibrador de alambre** wire gauge

calibrar *tr* to calibrate; to gauge

calibre *m* caliber; gauge; bore, diameter

calicanto *m* rubble masonry

cali•có *m* (*pl* -cós) calico

calidad *f* quality; condition, term; rank, nobility; importance; **a calidad de que** provided that; **calidad de vida** quality of life; **en calidad de** in the capacity of

cáli•do -da *adj* warm, hot

calidoscopio *m* kaleidoscope

calicntaca•mas *m* (*pl* -mas) bed warmer

calienta•piés *m* (*pl* -piés) foot warmer

caliente *adj* hot; fiery, vehement; (*en celo*) hot; **caliente de cascos** hotheaded; **en caliente** while hot; at once

califa *m* caliph

califato *m* caliphate

calificación *f* qualification; (*nota en un examen*) grade, mark; rating, standing

calificar §73 *tr* to qualify; certify; ennoble; (*un examen*) mark; (*en los registros electorales*) (Chile) to register ‖ *ref* (archaic) to prove one's noble birth; (*en los registros electorales*) (Chile) to register

calificati•vo -va *adj* qualifying ‖ *m* (*nota en la escuela*) grade, mark; (*en un diccionario*) usage label

California *f* California; **la Baja California** Lower California

caligrafía *f* penmanship

calina *f* haze

calino•so -sa *adj* hazy

Calíope *f* Calliope

calipso *m* calypso ‖ **Calipso** *f* Calypso

calistenia *f* calisthenics

calisténi•co -ca *adj* calisthenic

cá•liz *m* (*pl* -lices) chalice; **cáliz de dolor** cup of sorrow

cali•zo -za *adj* lime, limestone ‖ *f* limestone

calma *f* calm; calm weather; quiet, tranquility; slowness; (*cesación*) letup, suspension; **calma chicha** dead calm; **calmas ecuatoriales** doldrums; **en calma** in suspension; (*mercado*) steady; (*mar*) calm, smooth

calmante *adj* soothing; pain-relieving ‖ *m* sedative

calmar *tr* to calm, soothe ‖ *intr* to grow calm; abate ‖ *ref* to calm down

calmazo *m* dead calm

cal•mo -ma *adj* barren, treeless; fallow, uncultivated ‖ *f* see **calma**

calmo•so -sa *adj* calm; slow, lazy

calmu•do -da *adj* calm; (*viento*) (naut) light; (*tiempo*) (naut) mild

caló *m* gypsy slang, underworld slang

calofriar §77 *ref* to become chilled

calofrío *m* chill

calor *m* heat; warmth; (fig) warmth, enthusiasm; **hace calor** it is hot, it is warm; **tener calor** (*una persona*) to be hot, be warm

calorífe•ro -ra *adj* heat ‖ *m* heater, furnace; heating system; foot warmer

calorífu•go -ga *adj* heatproof; fireproof

caloro•so -sa *adj* warm, hot; (fig) warm, enthusiastic, hearty

calotear *tr* (Arg) to gyp, cheat

calpul *m* (Guat) gathering, meeting; (Hond) Indian mound

caluma *f* (Peru) gorge in the Andes; (Peru) Indian hamlet

calumnia *f* calumny, slander

calumniar *tr* to slander

calumnio•so -sa *adj* slanderous

caluro•so -sa *adj* warm, hot; (fig) warm, enthusiastic, hearty

calva *f* bald spot; bare spot, clearing; (*en un tejido*) worn spot

calvario *m* (*sufrimiento moral*) cross; series of misfortunes; string of debts ‖ **Calvario** *m* Calvary; Stations of the Cross

calvero *m* clearing; clay pit

calvez *f* or **calvicie** *f* baldness

cal•vo -va *adj* bald; barren, bare ‖ *f* see **calva**

calza *f* wedge; stocking; **calzas** hose, breeches, tights; **en calzas prietas** in a tight fix

calzada *f* highway, causeway; (S-D) sidewalk

calzado *m* footwear, shoes

calzador *m* shoehorn

calzar §60 *tr* to shoe, put shoes on; provide with shoes; (*cierto tamaño de zapatos, guantes, etc.*) wear, take; (*un zapato a una persona*) fit; wedge; (*una rueda*) block, scotch; (*la pata de una mesa*) block up; tip or trim with iron; (*plantas*) (hort) to hill ‖ *intr* (Arg) to get the place sought; **calzar bien** to wear good footwear; **calzar mal** to wear poor footwear ‖ *ref* to get; (*zapatos, guantes*) put on, wear; put one's shoes on; (*a una persona*) dominate, manage

calzo *m* wedge; chock, skid

calzón *m* trousers, pants; **calzones** trousers, breeches; **calzarse los calzones** to wear the pants

calzonarias *fpl* (Col) suspenders

calzona•zos *m* (*pl* -zos) jellyfish; henpecked husband

calzoncillos *mpl* underdrawers

callada *f* (naut) abatement, lull; **a las calladas** or **de callada** on the quiet; **dar la callada por respuesta** to give no answer

calla•do -da *adj* silent; mysterious, secret ‖ *f* see **callada**

callampa *f* (Chile) felt hat; (Chile) large ear; (Chile) mushroom

callana *f* (SAm) Indian baking bowl; (*reloj de bolsillo*) (Chile) turnip; (Chile) behind; (Chile, Peru) flowerpot

callao *m* pebble

callar *tr* to silence; not mention; (*un secreto*) keep; calm, quiet ‖ *intr* & *ref* to become silent, keep silent; keep quiet, keep still; **callarse la boca** (coll) to shut up, clam up

calle *f* street; **calle de travesía** cross street; **calle mayor** main street; **dejar en la calle** to deprive of one's livelihood

calleja *f* side street, alley; subterfuge, pretext

callejear *intr* to walk around the streets, to ramble around

calleje•ro -ra *adj* street; gadabout ‖ *m* street guide; list of addresses of newspaper subscribers

callejón *m* alley, lane; **callejón sin salida** blind alley

callejuela *f* side street, alley; subterfuge, pretext

callicida *m* corn cure

callo *m* callus; (*en el pie*) corn; **callos** tripe

callo•so -sa *adj* callous

cama *f* bed; (*para las bestias*) bedding, litter; **cama imperial** four-poster; **cama turca** day bed; **guardar cama** to be sick in bed

camachuelo *m* (orn) bullfinch

camada *f* brood, litter; layer, stratum; (*de ladrones*) den

camafeo *m* cameo

camaleón *m* chameleon

cámara *f* chamber; hall; (*cuerpo legislador*) house, chamber; (*aparato fotográfico*) camera; (*tubo de goma del neumático*) inner tube; (*del arma de fuego*) chamber, breech; (*para cartuchos*) magazine; board, council; (*mueble donde se conservan los alimentos*) icebox; (*evacuación*) bowels; (aer) cockpit; **cámara agrícola** grange; **cámara ardiente** funeral chamber; **cámara cinematografica** movie camera; **cámara de combustión** (aut) combustion chamber; **cámara de compensación** clearing house; **cámara de fuelle** folding camera; **cámara de las máquinas** (naut) engine room; **Cámara de los Comunes** House of Commons; **Cámara de los Lores** House of Lords; **cámara de oxígeno** oxygen tent; **Cámara de Representantes** House of Representatives; **cámara frigorífica** cold-storage room; **cámara indiscreta** candid camera; **cámaras** loose bowels

camarada *m* comrade

camarera *f* waitress; chambermaid, maid; (*en los barcos*) stewardess; (*que sirve a una reina o princesa*) lady in waiting

camarero *m* waiter; valet; (*en un barco o avión*) steward

camarilla *f* clique, coterie, cabal; palace coterie

camarín *m* boudoir; (theat) dressing room

cámaro *m* var of **camarón**

camarógrafo *m* cameraman

camarón *m* shrimp, prawn; (CAm, Col) tip, gratuity; (Ven) nap; **ponerse como un camarón** to blush

camarote *m* stateroom, cabin

camasquin•ce *mf* (*pl* **-ce**) meddlesome person, kibitzer

cambalachar *tr* & *intr* var of **cambalachear**

cambalache *m* exchange, swap; (Arg) second-hand shop

cambalachear *tr* to swap, exchange, trade off ‖ *intr* to swap, exchange

cambiadis•cos *m* (*pl* **-cos**) record changer

cambiante *adj* changing; fickle; iridescent ‖ **cambiantes** *mpl* iridescence

cambiar *tr* to change; exchange ‖ *intr* to change; **cambiar de** (*p.ej., sombreros, ropa, trenes*) change; **cambiar de marcha** to shift gears ‖ *ref* to change

cambiavía *m* switch; switchman

cambio *m* change; exchange; rate of exchange; (aut) shift; (rr) switch; **cambio de marchas, cambio de velocidades** gearshift; **en cambio** on the other hand

cambista *mf* moneychanger; banker ‖ *m* (Arg) switchman

cambullón *m* (Mex, Col, Ven) barter, exchange; (Chile) subversion; (Peru) scheming, trickery

camelar *tr* to flirt with; cajole; tease

camelo *m* flirtation; joke; false rumor

camellero *m* camel driver

camello *m* camel

camellón *m* drinking trough; flower bed

came•ro -ra *adj* bed ‖ *mf* maker of bedding ‖ *m* (Col) highway

camilla *f* stretcher; couch; round table with heater underneath; (Mex) clothing store

camillero *m* stretcher-bearer

caminante *mf* walker; traveler on foot ‖ *m* groom attending his master's horse

caminar *tr* (*cierta distancia*) to walk ‖ *intr* to walk; go; travel, journey; behave

caminata *f* long walk, hike; outing, jaunt

camine•ro -ra *adj* road, highway

camino *m* road, way; (*viaje*) journey; (*tira larga que se pone en mesas o pisos*) (SAm) runner; **a medio camino (entre)** halfway (between); **camino de** on the way to; **camino de herradura** bridle path; **camino de hierro** railway; **camino de ruedas** wagon road; **Camino de Santiago** Way of St. James (*Milky Way*); **camino de sirga** towpath; **camino de tierra** dirt road; **camino real** highroad; **camino trillado** beaten path; **echar camino adelante** to strike out

camión *m* truck, motor truck; (Mex) bus; **camión volquete** dump truck

camionaje *m* trucking

camione•ro -ra *adj* truck ‖ *m* trucker, teamster

camioneta *f* light truck; station wagon

camionetilla *f* (Guat) station wagon

camión-grua *m* tow truck

camionista *m* trucker, teamster

camisa *f* (*de hombre*) shirt; (*de mujer*) chemise; (*de la culebra*) slough; (*de un libro*) jacket; (*para papeles*) folder; (*de una pieza mecánica*) jacket, casing; (*de un horno de fundición*) lining; **camisa de agua** water jacket; **camisa de dormir** nightshirt; **camisa de fuerza** strait jacket; **cambiarse la camisa** to become a turncoat

camisería *f* haberdashery; shirt factory

camise•ro -ra *mf* haberdasher; shirt maker
camiseta *f* undershirt; (*de traje de baño*) top
camisola *f* stiff shirt
camisolín *m* dickey, shirt front
camón *m* bay window; **camón de vidrios** glass partition
camorra *f* quarrel, row; **armar camorra** to raise Cain, raise a row; **buscar camorra** to be looking for trouble
camorrista *adj* quarrelsome ‖ *mf* quarrelsome person
camote *m* onion; (Mex) sweet potato; (Chile) lie, fib; (Chile, Peru) sweetheart; (Arg, Ecuad) blockhead; (Mex) churl; (El Salv) black-and-blue mark; **tomar un camote** to become infatuated
camotear *tr* (Arg) to filch, snitch; (Guat) to bother ‖ *intr* (Mex) to wander around aimlessly
campal *adj* pitched (*battle*)
campamento *m* camp; encampment
campana *f* bell; (*para la protección de plantas*) bell glass, bell jar; (*de las guarniciones de alumbrado eléctrico*) canopy; **campana de buzo** diving bell; **por campana de vacante** (Mex) rarely, seldom
campanada *f* stroke of a bell, ring of a bell; scandal
campanario *m* belfry, steeple
campanear *tr* (*las campanas*) to ring ‖ *intr* to ring the bells ‖ *ref* to strut
campanero *m* bell ringer; bell founder
campanil *adj* bell ‖ *m* belfry, bell tower
campanilla *f* hand bell; door bell; bubble; (anat) uvula; **de (muchas) campanillas** of great importance
campano *m* cowbell
campante *adj* proud, satisfied; outstanding
campanu•do -da *adj* bell-shaped; pompous, high-sounding
campaña *f* campaign; cruise; countryside
campar *intr* to camp; to excel, stand out
campear *intr* to go to pasture; (*las sementeras*) turn green; stand out, excel; reconnoiter; ride through the fields to check the cattle
campecha•no -na *adj* frank, good-natured, cheerful ‖ *f* (Mex) mixed drink; (Ven) hammock
campeche *m* logwood
campeón *m* champion; **campeón de venta** best seller
campeona *f* championess
campeonato *m* championship
campe•ro -ra *adj* unsheltered, in the open
campesi•no -na *adj* country, rural, peasant ‖ *mf* peasant, farmer ‖ *m* countryman ‖ *f* countrywoman
campestre *adj* country, rural
campiña *f* countryside, open country
campo *m* (*terreno sembradío; sitio o foco de varias actividades*) field; (*en oposición a la ciudad*) country; ground, background; (*campamento*) (mil) camp; **a campo traviesa** across country; **campo de batalla** battlefield; **campo de ensayos** proving ground; **campo de juego** playground;

campo de pruebas testing ground; **campo de tiro** range, shooting range; **campo magnético** magnetic field; **campo santo** cemetery; **levantar el campo** (mil) to break camp; **quedar en el campo** to fall in battle
camposanto *m* cemetery
camuesa *f* pippin (*apple*)
camueso *m* pippin (*tree*)
camuflaje *m* camouflage
camuflar *tr* to camouflage
can *m* dog; (*de arma de fuego*) trigger
cana *f* gray hair; **echar una cana al aire** to cut loose, step out; **peinar canas** to be getting old
Canadá, el Canada
canadiense *adj & mf* Canadian
canal *m* (*cauce artificial*) canal; (*estrecho en el mar*) channel; (anat) duct, canal; (telv) channel; **Canal de la Mancha** English Channel; **Canal de Panamá** Panama Canal; **Canal de Suez** Suez Canal; **canal alimenticio** alimentary canal ‖ *f* channel; (*conducto del tejado*) gutter; (*estría*) flute, groove; pipe; (*de un libro*) fore edge
canalización *f* (*de agua o gas*) mains, pipes; ductwork; (elec) wiring; **canalización de consumo** (elec) house current
canalizar §60 to channel; pipe; (elec) to wire
canalizo *m* (naut) waterway, fairway
canalón *m* rain-water spout; shovel hat; **canalones** ravioli
canalla *m* churl, scoundrel ‖ *f* riffraff, canaille
canallada *f* dirty trick, meanness
canana *f* cartridge belt
canapé *m* sofa, couch
Canarias *fpl* Canaries
cana•rio -ria *adj & mf* Canarian ‖ *m* canary, canary bird ‖ *fpl* see **Canarias**
canasta *f* basket, hamper
canastilla *f* basket; (*ropa para el niño que ha de nacer*) layette; (*equipo de novia*) (dial) trousseau
canastillo *m* basket-weave tray
canasto *m* hamper ‖ **canastos** *interj* confound it!
cáncamo *m* eyebolt; **cáncamo de argolla** ringbolt
cancanear *intr* to loaf around; stammer
cancel *m* storm door; folding screen
cancela *f* door of ironwork
cancelar *tr* to cancel; (*una deuda*) pay off
cáncer *m* cancer; **Cáncer** (astr) Cancer; **cáncer pulmonar** lung cancer
cancerología *f* cancer research; oncology
cancero•so -sa *adj* cancerous
cancilla *f* lattice gate
canciller *m* chancellor
cancillería *f* chancellery
canción *f* song; poem, lyric poem; **canción de amor** love song; **canción de cuna** cradlesong, lullaby; **canción típica** folk song; **volver a la misma canción** to sing the same old song
cancionero *m* songbook; anthology
cancionista *mf* popular singer

canco *m* (Chile) flowerpot; (Chile) earthen jug; (Chile) chamber pot; (Bol) buttock; **cancos** (Chile) woman's broad hips

cancón *m* bugaboo; **hacer un cancón a** (Mex) to try to bluff

cancha *f* field, ground; race track; golf links; tennis court; cockpit; (Urug) path, way; **estar en su cancha** (Arg, Chile, Urug) to be in one's element; **tener cancha** (Arg) to have pull ‖ *interj* gangway!

canche *adj* (Col) tasteless, poorly seasoned; (CAm) blond

candado *m* padlock

candar *tr* to lock, padlock

candela *f* candle; candlestick; fire, light; **con la candela en la mano** at death's door

candelabro *m* candelabrum

candelecho *m* elevated hut for watching the vineyard

candelero *m* candlestick; brass olive-oil lamp; fishing torch

candelilla *f* catkin; (Arg, Chile) will-o'-the-wisp; glowworm

candida•to -ta *mf* candidate

candidatura *f* candidacy; list of candidates; voting paper

candidez *f* whiteness; innocence

cándi•do -da white; simple, innocent

candil *m* open olive-oil lamp

candilejas *fpl* footlights

candon•go -ga *adj* fawning, slick; loafing, shirking ‖ *mf* fawner, flatterer; loafer, shirker ‖ *f* fawning; teasing

candonguear *tr* to kid, tease ‖ *intr* to scheme to get out of work

candor *m* innocence, ingenuousness

caneca *f* glazed earthen bottle

cane•co -ca *adj* (Arg, Bol) tipsy ‖ *f* see **caneca**

canela *f* cinnamon; (*cosa fina*) (coll) peach

canela•do -da *adj* cinnamon-colored

cane•lo -la *adj* cinnamon ‖ *m* (*árbol*) cinnamon ‖ *f* see **canela**

canelón *m* rain-water spout; large icicle; cinnamon candy

cane•sú *m* (*pl* **-súes**) (*prenda*) guimpe; (*pieza de una prenda*) yoke

cangilón *m* jug, jar, bucket; (*de draga*) bucket, scoop; rut, track

cangrejo *m* crab

cangrena *f* gangrene

cangrenar *ref* to have gangrene

canguro *m* kangaroo

caníbal *adj* & *mf* cannibal

canica *f* (*bolita*) marble; (*juego*) marbles

canicie *f* whiteness (*of hair*)

canícula *f* dog days ‖ **Canícula** *f* Dog Star

caniculares *mpl* dog days

cani•jo -ja *adj* (coll) weak, sickly ‖ *mf* (coll) weakling

canilla *f* shank (*of leg*); (*espita, grifo*) tap; bobbin, spool; (Mex) strength

cani•no -na *adj* canine ‖ *m* canine, canine tooth ‖ *f* excrement of dogs

canje *m* exchange

canjear *tr* to exchange

ca•no -na *adj* gray; gray-haired; hoary, old ‖ *f* see **cana**

canoa *f* canoe; launch

canoe•ro -ra *mf* canoeist

canon *m* canon

canóni•co -ca *adj* canonical ‖ *f* rules of canonical life

canóniga *f* nap before eating; drunk

canónigo *m* canon

canonizar §60 *tr* to canonize; approve

canonjía *f* sinecure

cano•ro -ra *adj* (*voz*) melodious; (*ave*) song, sweet-singing

cano•so -sa *adj* gray-haired

canotié *m* straw hat, skimmer

cansa•do -da *adj* tired, weary; exhausted, worn-out; tiresome

cansancio *m* tiredness, fatigue

cansar *tr* to tire, weary; bore ‖ *intr* be tiresome ‖ *ref* to tire, get tired

cantable *adj* tuneful, singable ‖ *m* (*del libreto de una zarzuela*) lyric; (*de una zarzuela*) musical passage

canta•dor -dora *mf* singer of popular songs

cantaletear *tr* to say over and over again; make fun of

cantalupo *m* cantaloupe

cantante *adj* singing ‖ *mf* singer

cantar *m* song, singing; chant; **Cantar de los Cantares** Song of Songs ‖ *tr* to sing; chant; sing of; **cantarlas claras** to speak out ‖ *intr* to sing; chant; creak, squeak; squeal, peach; **cantar de plano** to make a full confession

cántara *f* jug, pitcher

cantárida *f* Spanish fly

canta•rín -rina *adj* (*voz*) melodious; fond of singing ‖ *mf* singer ‖ *m* professional singer

cántaro *m* jug, pitcher; jugful; ballot box; **llover a cántaros** to rain pitchforks

canta•triz *f* (*pl* **-trices**) singer

cantautor *m* song writer

cantera *f* quarry; talent, genius

cántico *m* canticle

cantidad *f* quantity; amount; sum; **cantidad de movimiento** (mech) momentum

cantiga *f* poem of the troubadours

cantilena *f* ballad, song; **salir con la misma cantilena** to sing the same old song

cantimplora *f* siphon; carafe, decanter; (*frasco para llevar bebida*) canteen; (Col) powder flask; (Guat) mumps

cantina *f* cantine; lunchroom, station restaurant; barroom

cantinera *f* camp follower

cantinero *m* bartender

canto *m* song; singing; (*división del poema épico*) canto; (*de notas iguales y uniformes*) chant; (*extremidad*) edge; (*esquina*) corner; (*de cuchillo*) back; (*de pan*) crust; stone, pebble; **canto de corte** cutting edge; **canto del cisne** swan song

cantonera *f* corner reinforcement; corner table, corner shelf; streetwalker

cantonero *m* corner loafer

can•tor -tora *adj* singing; (*pájaro*) song ‖ *mf* singer ‖ *m* chanter; minstrel; poet, bard

canto•so -sa *adj* rocky, stony
canturrear *tr* & *intr* to hum
canturreo *m* hum, humming
canzonetista *mf* popular singer
caña *f* cane; reed; stalk, stem; (*del brazo o la pierna*) long bone; (*de bota o media*) leg; wineglass; **caña de azúcar** sugar cane; **caña de pescar** fishing rod
cañada *f* glen, ravine, gully; cattle path; brook
cañamazo *m* canvas, burlap; embroidered canvas
cañamiel *f* sugar cane
cáñamo *m* hemp
cañamones *mpl* birdseed
cañaveral *m* canebrake; sugar-cane plantation
cañería *f* pipe; pipe line; piping; **cañería maestra** gas main, water main
cañero *m* pipe fitter, plumber; sugar-cane dealer; (SAm) cheat; (SAm) bluffer
cañista *m* pipe fitter, plumber
caño *m* pipe, tube; gutter, sewer; ditch; (*chorro*) spurt, jet; (*canal angosto*) channel; organ pipe; (*río pequeño*) (Col) stream
cañón *m* (*pieza de artillería*) cannon; (*valle estrecho*) canyon; (*de arma de fuego; de pluma*) barrel; (*pluma de ave*) quill; (*de escalera*) well; (*de columna; de ascensor*) shaft; organ pipe; (Col) trunk of tree; **cañón de campaña** fieldpiece; **cañón de chimenea** flue, chimney flue; **cañón obús** howitzer
cañonear *tr* to cannonade, to shell
cañutazo *m* gossip
caoba *f* mahogany
caos *m* chaos
caóti•co -ca *adj* chaotic
cap. *abbr* **capitán, capítulo**
capa *f* cloak, cape, mantle; (*de pintura*) coat; (*lo que cubre*) bed, layer; (*apariencia, pretexto*) (fig) cloak, mask; **capa del cielo** canopy of heaven; **capa de ozono** ozone layer; **andar de capa caída** to be on the decline, be in a bad way; (*comedia*) **de capa y espada** cloak-and-sword, (*intriga, espionaje*) **de capa y espada** cloak-and-dagger; **so capa de** under the guise of
capacidad *f* capacity; **capacidad competitiva** competitiveness
capacitar *tr* to enable, qualify; to empower ‖ *ref* to become qualified
capacha *f* fruit basket; (SAm) jail
capacho *m* fruit basket; hamper; (*de albañil*) hod
capar *tr* to geld, castrate; curtail
caparazón *m* caparison; horse blanket; nose bag; (*de crustáceo*) shell
caparrosa *f* vitriol
capa•taz *m* (*pl* -taces) overseer, foreman, boss
ca•paz *adj* (*pl* -paces) (*grande*) capacious, spacious; (*que tiene cierta aptitud; diestro, instruido*) capable; **capaz de** capable of; with a capacity of; **capaz para** competent in; qualified for; with room for
capcio•so -sa *adj* crafty, deceptive

capea *f* amateur free-for-all bullfight
capear *tr* (*al toro*) to challenge; (*el mal tiempo*) weather; deceive, take in ‖ *intr* (naut) to lay to; (Guat) to play hooky
capellán *m* chaplain
capeo *m* capework (*of bullfighter*)
caperucita *f* little pointed hood; **Caperucita Roja** Little Red Ridinghood
caperuza *f* pointed hood; chimney cap
capilla *f* (*parte de una iglesia con altar*) chapel; (*de los reos de muerte*) death house; (*pliego suelto*) proof sheet; cowl, hood, cape; **estar en capilla** to be in the death house; to be on pins and needles; **estar expuesto en capilla ardiente** to be on view, to lie in state
capiller *m* churchwarden, sexton
capillo *m* baby cap; baptismal cap; hood; cocoon; (*del cigarro*) filler
capirotazo *m* fillip
capirote *m* hood; doctor's cap and hood; cardboard or paper cone (*worn on head*); fillip
capitación *f* poll tax
capital *adj* capital; main, principal; paramount; (*enemigo*) mortal ‖ *m* (*dinero que produce renta*) capital; (*dinero que se presta para producir renta*) principal; **capital de inversión** investment capital ‖ *f* capital
capitalismo *m* capitalism
capitalista *adj* capitalistic ‖ *mf* capitalist; shareholder, investor
capitalizar §60 *tr* to capitalize; (*los intereses devengados*) compound
capitán *m* captain; leader; **capitán de bandera** flag captain; **capitán de corbeta** (nav) lieutenant commander; **capitán del puerto** harbor master
capitana *f* flagship
capitanear *tr* to captain; lead, command
capitanía *f* captaincy; (mil) company
capitel *m* (*de una iglesia*) spire; (*de una columna*) capital
capitolio *m* capitol
capitoste *m* big shot
capítula *f* chapter (*of Scriptures*)
capitular *tr* to accuse; agree on ‖ *intr* to capitulate
capitulear *intr* (Arg, Chile, Peru) to lobby
capituleo *m* (Arg, Chile, Peru) lobbying
capitulero *m* (Arg, Chile, Peru) political henchman, lobbyist
capítulo *m* chapter; chapter house; subject, matter; errand; main point; **ganar capítulo** (coll) to win one's point; **llamar a capítulo** to take to task, call to account; **perder capítulo** to lose one's point
ca•pó *m* (*pl* -pós) hood (*of auto*)
capolar *tr* to cut to pieces, chop up
ca•pón -pona *adj* castrated ‖ *m* eunuch; (*pollo*) capon; bundle of firewood; (*golpe*) fillip ‖ *f* shoulder strap
caponera *f* coop for fattening capons; place of welcome; (*cárcel*) coop, jail
caporal *m* chief, leader; foreman (*on cattle ranch*)

capota *f* bonnet; (aer) cowling; (aut) top
capotaje *m* (aer) nosing over
capotar *intr* to upset; (aer) to nose over
capote *m* cape, cloak; (coll) frown, scowl; (Chile, Mex) beating; **capote de monte** poncho; **de capote** (Mex) on the sly; **dar capote a** to flabbergast; (*un rezagado*) to leave hungry; **decir para su capote** to say to oneself; **echar un capote** to turn the conversation
capotear *tr* (*al toro*) to challenge; (*dificultades*) evade, duck; beguile, take in; (*una obra teatral*) cut, make cuts in
Capricornio *m* Capricorn
capricho *m* caprice, whim, fancy
capricho•so -sa *adj* capricious, whimsical; willful
caprichu•do -da *adj* capricious, whimsical
cápsula *f* capsule; (*de botella*) cap
capsular *tr* to cap
captación *f* capture; (*de las aguas de un río*) harnessing; (rad) tuning in, picking up
captar *tr* to catch; (*la confianza de una persona*) win; (*las aguas de un río*) harness; (*las ondas radiofónicas*) tune in, pick up; (*lo que uno dice*) get, grasp ‖ *ref* to attract, win
captura *f* capture, catch
capturar *tr* to capture, catch
capucha *f* cowl, hood; circumflex accent
capuchina *f* garden nasturtium, Indian cress; Capuchin nun; confection of egg yolks
capucho *m* cowl, hood
capuchón *m* lady's cloak and hood; (*de una plumafuente*) cap; (aut) valve cap
capullo *m* cocoon; coarse spun silk; bud; **capullo de rosa** rosebud
capuzar §60 *tr* to throw in headfirst; (*un buque*) overload at the bow
caqui *adj* khaki ‖ *m* khaki; Japanese persimmon
caquinos *mpl* (Mex) guffaw, outburst of laughter
cara *f* face; look, countenance; façade, front; (*de disco de fonógrafo*) side; **a cara descubierta** openly; **a cara o cruz** heads or tails; **cara a** facing; **cara al público** with an audience; **cara de acelga** sallow face; **cara de ajo** vinegar face; **cara de hereje** (*persona de feo aspecto*) fright, baboon; **cara de vinagre** vinegar face; **dar la cara** to take the consequences; **de cara** in the face; facing; **echar a cara o cruz** to flip a coin; **hacer cara a** to stand up to; **tener buena cara** to look well, to look good; **tener mala cara** to look ill, to look bad
cárabe *m* amber
carabina *f* carbine; chaperon
caracol *m* snail; snail shell; (*de pelo*) curl; (*trazado en espiral*) spiral; (*del oído*) cochlea
carácter *m* (*pl* **caracteres**) character; (*marca que se pone a las reses*) brand
característi•co -ca *adj* characteristic ‖ *m* (theat) old man ‖ *f* characteristic; (theat) old woman
caracteriza•do -da *adj* distinguished

caracterizar §60 *tr* to characterize; to confer a distinction on; (*un personaje en la escena*) to interpret ‖ *ref* to dress and make up for a role
caradu•ro -ra *adj* brazen; shameless ‖ *f* scoundrel
caramba *interj* confound it!; upon my word!
carámbano *m* icicle
carambola *f* carom; double shot; trick, cheating
carambolear *intr* to carom ‖ *ref* to get tipsy
caramelo *m* caramel; drop, lozenge
carantamaula *f* ugly false face; (*persona*) ugly mug
carantoña *f* ugly false face; **carantoñas** adulation, fawning
carátula *f* mask; (*profesión de actor*) stage, theater; title page; (*de reloj*) (Mex, Guat) face
caravana *f* caravan; (*casa rodante*) trailer
caravanera *f* caravansary
caray *m* var of **carey**
carbohielo *m* dry ice
carbóli•co -ca *adj* carbolic
carbón *m* (*de leña*) charcoal; (*de piedra*) coal; (*electrodo de carbono de la lámpara de arco o la pila*) carbon; black crayon; (*honguillo parásito*) smut; **carbón de bujía** cannel coal, jet coal; **carbón tal como sale** run-of-mine coal
carboncillo *m* charcoal, charcoal pencil
carbonera *f* bunker, coal bunker; coalbin; (Col) coal mine
carbonería *f* coalyard
carbone•ro -ra *adj* coal, charcoal; coaling ‖ *mf* coaldealer; charcoal burner ‖ *f* see **carbonera**
carbonilla *f* fine coal; (*en los cilindros*) carbon
carbonizar §60 *tr* to char
carbono *m* carbon
carbunclo *m* (*piedra*) carbuncle; (pathol) carbuncle
carbunco *m* (pathol) carbuncle
carbúnculo *m* (*piedra*) carbuncle
carburador *m* carburetor
carburo *m* carbide
carcacha *f* (Mex) jalopy
carcaj *m* quiver
carcajada *f* outburst of laughter
cárcel *f* jail, prison; (*para oprimir dos piezas de madera encoladas*) clamp
carcele•ro -ra *adj* jail ‖ *m* jailer, warden
carcinóge•no -na *adj* carcinogenic; cancer-causing ‖ *m* carcinogen
carcinoma *f* carcinoma
carcoma *f* woodworm, borer; anxiety, worry; spendthrift
carcomer *tr* to bore, gnaw away at; undermine, harass ‖ *ref* to become worm-eaten
cardán *m* universal joint
cardenal *m* cardinal; cardinal bird; black-and-blue mark
cardenillo *m* verdigris
cárde•no -na *adj* purple; dapple-gray; (*agua*) opaline

cardía·co -ca *adj* cardiac ‖ *mf* (*persona que padece del corazón*) cardiac ‖ *m* (*remedio*) cardiac
cardinal *adj* cardinal
cardo *m* thistle
cardume *m* school (*of fish*)
carear *tr* to bring face to face; compare ‖ *intr* — **carear a** to overlook ‖ *ref* to meet face to face
carecer §22 *intr* — **carecer de** to lack, need, be in want of
carecimiento *m* lack, need, want
carencia *f* lack, need, want
carente *adj* — **carente de** lacking
careo *m* meeting; confrontation
care·ro -ra *adj* dear, expensive
carestía *f* scarcity, want, dearth; high prices; **carestía de la vida** high cost of living
careta *f* mask; **careta antigás** gas mask
carey *m* hawksbill turtle; tortoise shell
carga *f* load, loading; (*mercancías que se transportan*) freight, cargo; (*peso u obligación que pesan sobre una persona*) burden; (*de substancia explosiva, de electricidad, de soldados contra el enemigo*) charge; charge, responsibility, obligation; **carga de familia** dependent; **carga de punta** (elec) peak load; **carga por eje** axle load; **carga útil** pay load; **echar la carga a** to put the blame on; **volver a la carga** to keep at it
cargaderas *fpl* (Col) suspenders
cargadero *m* loading platform; freight station
carga·do -da *adj* loaded; (*cielo*) overcast, cloudy, (*atmósfera, tiempo*) close, sultry; (*alambre eléctrico*) hot, charged; (*café, té*) strong; (*rato, hora*) busy; **cargado de años** along in years; **cargado de espaldas** round-shouldered, stoop-shouldered
cargador *m* loader, stevedore; carrier, porter; (*de acumulador*) charger
cargamento *m* load; (naut) loading; (naut) cargo, shipment
cargante *adj* boring, annoying, tiresome
cargar §44 *tr* (*un peso, mercancías; un carro, un mulo, un barco; un horno; un arma de fuego; a una persona*) to load; (*a una persona con un peso u obligación*) burden; (*un acumulador; al enemigo*) charge; (*a una persona*) charge with; entrust with; annoy, bore, weary; **cargar en cuenta a** (*una persona*) to charge to the account of; **cargar** (*a una persona*) **de** to charge with; burden with ‖ *intr* to load; (*el viento*) turn; crowd; incline, tip; (*el acento*) fall; eat too much, drink too much; **cargar con** to pick up; walk away with; (*un fusil*) shoulder; take on; **cargar sobre** to rest on; bother, pester; devolve on ‖ *ref* (*el cielo*) to become overcast; (*el viento*) turn; become annoyed, be bored; **cargarse de** to have a lot of; (*lágrimas*) be bathed in
cargaréme *m* receipt, voucher
cargazón *f* loading; (*en el estómago, la cabeza, etc.*) heaviness; mass of heavy clouds; (Arg) clumsy job; (Chile) good

crop; **cargazón alta** (coll) high office; high official
cargo *m* job, position; duty, responsibility; burden, weight; management; (*falta que se atribuye a uno; cantidad que uno debe y la acción de anotarla*) charge; **a cargo de** in charge of; **cargo de conciencia** sense of guilt; **girar a cargo de** to draw on; **hacerse cargo de** to take charge of; to realize, become aware of; to look into; **librar a cargo de** to draw on; **vestir el cargo** to look the part
cargosear *tr* (Arg, Chile) to pester
cargo·so -sa *adj* annoying, bothersome; onerous, costly
carguero *m* (naut) freighter; (Arg, Urug) beast of burden
cariaconteci·do -da *adj* downcast, woebegone
cariar §77 *tr & intr* to decay
cariátide *f* caryatid
Caríbdis *f* Charybdis
caribe *adj* Caribbean ‖ *m* savage, brute
caricatura *f* (*descripción o figura grotescas; retrato festivo*) caricature; (*retrato festivo*) cartoon
caricaturista *mf* caricaturist; cartoonist
caricaturizar §60 *tr* to caricature; cartoon
caricia *f* caress; endearment
caridad *f* charity; **la caridad bien ordenada empieza por uno mismo** charity begins at home
caries *f* decay, tooth decay; caries
carilla *f* (*de colmenero*) mask; (*de libro*) page
carille·no -na *adj* full-faced
carillón *m* carillon
carine·gro -gra *adj* swarthy
cariño *m* love, affection; loved one; (Chile) gift, present; **cariños** caresses, endearments; (Arg) greetings
cariño·so -sa *adj* loving, affectionate
caripare·jo -ja *adj* stone-faced, impassive
carirraí·do -da *adj* brazen-faced, shameless
carisma *f* charisma
carismáti·co -ca *adj* charismatic
carita *f* little face; **dar** or **hacer carita** (*una mujer coqueta*) (Mex) to smile back
caritati·vo -va *adj* charitable
cariz *m* (*de la atmósfera, el tiempo*) appearance, look; (*de un asunto*) look, outlook; (*de la cara de uno*) look; **mal cariz** angry look, scowl
carlinga *f* (aer) cockpit
Carlomagno *m* Charlemagne
Carlos *m* Charles
carlota *f* pudding; **carlota rusa** charlotte russe ‖ **Carlota** *f* Charlotte
carmelita *f* (Hond) station wagon
carmen *m* song, poem; house and garden (*in Granada*)
carmesí (*pl* **-síes**) *adj & m* crimson
carnada *f* bait; (coll) bait, trap
carnal; *adj* carnal; (*hermano*) full; (*primo*) first
carnaval *m* carnival
carne *f* (*parte blanda del cuerpo humano y del animal*) flesh; (*la comestible del ani-*

mal) meat; **carne de cañón** cannon fodder; **carne de cerdo asada** roast pork; **carne de cordero** lamb; **carne de gallina** goose flesh; **carne de horca** gallows bird; **carne de res** beef; **carne de ternera** veal; **carne de vaca asada** roast of beef; **carne de venado** venison; **carne fiambre** cold meat; **carne sin hueso** cinch, snap; **carne y sangre** flesh and blood; **cobrar carnes** to put on flesh; **echar carnes** (Mex) to swear, curse; **en carnes** naked; **en vivas carnes** stark-naked

carnear *tr* (Arg, Chile, Urug) to butcher, slaughter; (Arg, Urug) to stab; (Chile) to take in, swindle

carnero *m* sheep; (*carne de este animal*) mutton; (*osario*) charnel house; family vault; (*persona que no tiene voluntad propia*) (Arg, Chile) sheep; **cantar para el carnero** (Arg, Bol, Urug) to die; **no hay tales carneros** there's no truth to it

car•net *m* (*pl* -**nets**) notebook; membership card; (Arg) dance card; **carnet de chófer** driver's license; **carnet de identidad** identification card

carnicería *f* butcher shop, meat market; (fig) carnage, massacre

carnice•ro -**ra** *adj* carnivorous; bloodthirsty ‖ *mf* butcher

carnosidad *f* fleshiness, corpulence; (*excrecencia carnosa anormal*) proud flesh

carno•so -**sa** *adj* fleshy; meaty, fat

ca•ro -**ra** *adj* (*de subido precio; amado, querido*) dear ‖ *f* see **cara** ‖ **caro** *adv* dear

carpa *f* carp; awning, tent; stand at a fair; **carpa dorada** goldfish

carpanta *f* raging hunger

carpeta *f* (*cubierta para mesas*) table cover; (*par de cubiertas para documentos*) letter file, portfolio; (*factura*) invoice; (Col) accounting department; (Peru) writing desk

carpintería *f* carpentry; carpenter shop; **carpintería de taller** millwork

carpintero *m* carpenter; woodpecker; **carpintero de carreta** wheelwright

carra•co -**ca** *adj* old, decrepit ‖ *f* (*barco viejo*) tub, hulk; (*instrumento de madera para producir un ruido desapacible*) rattle; (*berbiquí*) ratchet drill ‖ **la Carraca** Cádiz navy yard

carraspear *intr* to be hoarse

carraspera *f* hoarseness

carrera *f* (*paso del que corre*) run; (*lucha de velocidad*) race; (*sitio para correr*) race track; (*espacio recorrido corriendo*) course, stretch; (*curso de la vida, profesión*) career; (*calle*) avenue, boulevard; (*raya, crencha*) part (*in hair*); (*en las medias*) run; (*hilera*) row, line; (*viga*) rafter, girder; (*movimiento del émbolo del motor*) stroke; **a carrera abierta** at full speed; **carrera a pie** foot race; **carrera armamentista** or **de armamentos** arms race; **carrera ascendente** upstroke; **carrera de baquetas** gauntlet; **carrera de caballos** horse race; **carrera de campanario** steeplechase; **carrera de obstáculos** obstacle

race; steeplechase; **carrera de relevos** relay race; **carrera descendente** downstroke; **carrera de vallas** hurdle race; **carreras** horse racing, turf

carrerista *adj* horsy ‖ *mf* racegoer; auto racer; bicycle racer ‖ *m* outrider ‖ *f* (slang) streetwalker

carreta *f* cart; **carreta de bueyes** oxcart

carrete *m* reel, spool; fishing reel; (elec) coil

carretear *tr* to cart, haul; (*un carro, una carreta*) drive; (aer) to taxi ‖ *intr* (aer) to taxi

carretera *f* highway, road; **carretera de peaje** turnpike; **carretera de vía libre** expressway, limited-access highway

carretería *f* carts; wagon work; carting business; wagon shop

carrete•ro -**ra** *adj* wagon, carriage ‖ *m* wheelwright; teamster; charioteer; **jurar como un carretero** to swear like a trooper ‖ *f* see **carretera**

carretilla *f* wheelbarrow; baggage truck; (*para enseñar a los niños a andar*) gocart; (*buscapiés*) snake, serpent; (Arg, Chile, Urug) jaw; **carretilla de mano** handcart; **carretilla elevadora** lift truck; **de carretilla** offhand

carretón *m* cart, wagon, dray; gocart; (rr) truck; covered wagon

carricoche *m* covered wagon

carricuba *f* street sprinkler

carril *m* (*barra de acero en el ferrocarril*) rail, track; (*huella*) track, rut; (*hecho por el arado*) furrow; lane, path; (Chile) train; (Chile, P-R) railroad; **carril de toma** third rail

carrilera *f* track, rut

carrilero *m* (Peru) railroader

carrillera *f* jaw; chin strap

carrillo *m* cheek, jowl; pulley; **comer a dos carrillos** to eat like a glutton; have two sources of income; play both sides

carrizo *m* ditch reed

carro *m* cart, wagon; car, auto; (mach) carriage; **carro alegórico** float; **carro blindado** armored car; **carro correo** mail car; **carro de asalto** tank; **carro de combate** combat car, tank; **carro de equipajes** baggage car; **carro de mudanza** moving van; **carro de riego** street sprinkler; **carro frigorífero** refrigerator car; **carro fúnebre** hearse; **Carro mayor** Big Dipper; **Carro menor** Little Dipper; **carro romano** chariot; **pare Vd. el carro** hold your horses

ca•rró *m* (*pl* -**rrós**) diamond

carrocería *f* (*de automóvil*) body

carrocha *f* eggs (*of insect*)

carromato *m* covered wagon

carro•ño -**ña** *adj & f* carrion

carro-patrulla *f* (SAm) patrol car; police car

carroza *f* coach, carriage; **carroza alegórica** float; **carroza fúnebre** hearse

carruaje *m* carriage

carta *f* (*comunicación escrita*) letter; (*constitución escrita de un país*) charter; (*naipe*) card, playing card; map; **carta aérea** airmail letter; **carta blanca** carte blanche;

carta calumniosa poison-pen letter; **carta certificada** registered letter; **carta de marear** (naut) chart; **carta de naturaleza** naturalization papers; **carta general** form letter; **carta por avión** air-mail letter; **poner las cartas boca arriba** to put one's cards on the table
cartabón *m* carpenter's square
cartagi•nés -nesa *adj & mf* Carthaginian
Cartago *f* Carthage
cartapacio *m* notebook; schoolboy's satchel; writing book; (*papeles contenidos en una carpeta*) file, dossier
cartear *intr* to play low cards (*in order to see how the game stands*) ‖ *ref* to write to each other
cartel *m* show bill, poster, placard; cartel, trust; (*pasquín*) lampoon; (*de toreros*) bill, line-up; (*del torero*) fame, reputation; **cartel de teatro** bill, show bill; **dar cartel a** to headline; **se prohibe fijar carteles** post no bills; **tener cartel** to be the rage
cartela *f* card; bracket
cartelera *f* billboard; (*en los periódicos*) amusement page, theater section
cartelero *m* billposter
cartelón *m* show bill
carteo *m* finessing; exchange of letters
cárter *m* (mach) housing; **cárter de engranajes** gearcase; **cárter del cigüeñal** crankcase
cartera *f* portfolio; pocket flap; **cartera de bolsillo** billfold, wallet
cartería *f* sorting room
carterista *m* pickpocket, purse snatcher
cartero *m* letter carrier, postman
cartilagino•so -sa *adj* gristly
cartílago *m* gristle
cartilla *f* primer, speller, reader; notebook; (*de la caja de ahorros*) deposit book; **cartilla de racionamiento** ration book
cartivana *f* (bb) hinge, joint
cartón *m* cardboard, pasteboard; cardboard box, cartón de yeso y fieltro plasterboard, **cartón picado** stencil; **cartón tabla** wallboard
cartoné — **en cartoné** (bb) in boards, bound in boards
cartucho *m* cartridge
cartulina *f* fine cardboard
casa *f* (*edificio para habitar*) house; (*hogar, domicilio*) home; (*establecimiento comercial o industrial*) firm, concern; (*familia*) household; (*escaque*) square; **a casa** home, homeward; **casa consistorial** town hall, city hall; **casa de azotea** penthouse; **casa de campo** country house; **casa de caridad** poorhouse; **casa de citas** house of assignation; **casa de correos** post office; **casa de empeños** pawnshop; **casa de expósitos** foundling home; **casa de fieras** menagerie; **casa de huéspedes** boarding house; **casa de juego** gambling house; **casa de locos** madhouse; **casa de modas** dress shop; **casa de moneda** mint; **casa de préstamos** pawnshop; **casa de salud** private hospital; **casa de socorro** first-aid station; **casa de**

vecindad or **de vecinos** apartment house, tenement house; **casa editorial** publishing house; **casa matriz** main office; **casa pública** brothel; **casa real** royal palace; royal family; **casas baratas** low-cost housing; **casa solar** or **solariega** ancestral mansion, manor house; **casa y comida** board and lodging; **¡convida la casa!** the drinks are on the house!; **en casa** home, at home; **ir a buscar casa** to go house hunting; **poner casa** to set up housekeeping
casabe *m* var of **cazabe**
casaca *f* dress coat; marriage contract; (Guat, Hond) lively whispered conversation; **volver la casaca** to become a turncoat
casade•ro -ra *adj* marriageable
casa•do -da *adj* married ‖ *mf* married person; **(los) no casados** (coll) singles
casal *m* country place; (Arg) pair, couple
casamente•ro -ra *adj* matchmaking ‖ *mf* matchmaker
casamiento *m* marriage; wedding
casapuerta *f* entrance hall, vestibule
casaquilla *f* jacket
casar *tr* to marry; marry off; match, harmonize; (law) to annul, repeal ‖ *intr* to marry, get married ‖ *ref* to marry, get married; **no casarse con nadie** to get tied up with nobody
casatienda *f* store and home combined
cascabel *m* sleigh bell, jingle bell; rattlesnake; **ponerle cascabel al gato** to bell the cat
cascabelear *intr* to jingle; to act tactlessly
cascabeleo *m* jingle
cascabele•ro -ra *adj* tactless, thoughtless ‖ *mf* featherbrain ‖ *m* baby's rattle
cascabillo *m* jingle bell; chaff, husk; cup of acorn
cascada *f* cascade, waterfall
cascajo *m* pebble; gravel, rubble; broken jar; piece of junk; **estar hecho un cascajo** to be old and worn-out, be a wreck
cascanue•ces *m* (*pl* -ces) nutcracker
cascar §73 *tr* to crack, break, split; beat, strike, hit ‖ *ref* to crack, break, split
cáscara *f* hull, peel, rind, shell; bark, crust; **cáscara rueda** (Arg) ring around-a-rosy; **ser de la cáscara amarga** to be wild and flighty; hold advanced views; (Mex) to be determined
cascarón *m* eggshell
cascarra•bias *mf* (*pl* -bias) crab, grouch
casco *m* (*pieza que sirve para proteger la cabeza del soldado, el bombero, etc.*) helmet; (*uña de las caballerías*) hoof; (*pedazo de vasija rota*) potsherd; (*capa de la cebolla*) coat, shell; (*del sombrero*) crown; (*cuerpo de la nave*) hull; (*de un barco inservible*) hulk; (*barril, pipa*) barrel, tank, cask, vat; (*pieza del teléfono*) headset, headpiece; bottle; (mach) shell, casing; (*gajo de la naranja*) (Arg, Col, Chile) slice; (Peru) chest, breast; **casco de población** or **casco urbano** city limits; **romperse los cascos** to rack one's brain
casera *f* landlady; housekeeper
casería *f* country place; customers

caserío *m* country house; small settlement, hamlet

case•ro -ra *adj* homemade; homeloving; (*remedio*) household; house, home; (*sencillo*) homely ‖ *mf* owner, proprietor; renter; caretaker; janitor; huckster; vendor ‖ *m* landlord ‖ *f* see **casera**

caseta *f* (*casa sin piso alto*) cottage; (*de una feria*) stall, booth; bathhouse

casete *m* cassette

casi *adv* almost, nearly; **casi nada** next to nothing; **casi nunca** hardly ever

casilla *f* hut, shack, shed; cabin, lodge; stall, booth; (*escaque*) square; (*compartimiento en un mueble*) pigeonhole; (*división del papel rayado*) column, square; (*taquilla*) ticket office; (*de locomotora o camión*) cab; (Bol, Chile, Peru, Urug) post-office box; (Ecuad) water closet; (Cuba) bird trap; **sacarle a uno de sus casillas** to jolt someone out of his old habits; drive someone crazy

casille•ro -ra *mf* (rr) crossing guard ‖ *m* filing cabinet, set of pigeonholes

casino *m* casino; club; clubhouse

caso *m* case; chance; event; **caso de conformidad** in case you agree; **caso que** in case; **de caso pensado** deliberately, on purpose; **en todo caso** at all events; **hacer al caso** to be to the purpose; **hacer caso de** to take into account, pay attention to; **hacer caso omiso de** to pass over in silence, not mention; **no venir al caso** to be beside the point; **poner por caso** to take as an example; **venir al caso** to be just the thing

casorio *m* hasty marriage, unwise marriage

caspa *f* dandruff; scurf

cáspita *interj* well well!, upon my word!

caspo•so -sa *adj* full of dandruff

casquete *m* (*cubierta que se ajusta al casco de la cabeza*) skullcap; skull, cranium; (*pieza de la armadura que cubre el casco de la cabeza*) helmet; (*pieza del teléfono*) headset

casquillo *m* butt, cap, tip; bushing, sleeve; ferrule; horseshoe

casquiva•no -na *adj* scatterbrained

casta *f* caste; kind, quality; breed, race

castaña *f* chestnut; (*moño*) knot, chignon; demijohn; **castaña de Indias** horse chestnut; **castaña de Pará** Brazil nut

castañeta *f* castanet; snapping of the fingers

castañetear *tr* (*los dedos*) to snap, click; (*p.ej., una seguidilla*) click off with the castanets ‖ *intr* to click; (*los dientes*) chatter

casta•ño -ña *adj* chestnut, chestnut-colored; (*p.ej., pelo*) brown; (*p.ej., ojos*) hazel ‖ *m* chestnut tree; **castaño de Indias** horse chestnut ‖ *f* see **castaña**

castañuela *f* castanet; **estar como unas castañuelas** to be bubbling over with joy

castella•no -na *adj* & *mf* Castilian ‖ *m* Castilian, Spanish (*language*) ‖ *f* chatelaine

casticidad *f* purity, correctness (*in language*)

casticismo *m* purism

castidad *f* chastity

castiga•dor -dora *mf* punisher ‖ *m* seducer, Don Juan

castigar §44 *tr* to punish, chastise; (*la carne*) mortify; (*los gastos*) cut down, curtail; (*obras, escritos*) correct, emend; (*un tornillo*) (Mex) tighten

castigo *m* punishment, chastisement

Castilla *f* Castile; **Castilla la Nueva** New Castile; **Castilla la Vieja** Old Castile

castillete *m* (min) derrick; tower

castillo *m* castle; (*montura sobre un elefante*) howdah; **castillo en el aire** castle in Spain, castle in the air; **castillo de naipes** house of cards; **castillo de proa** forecastle

casti•zo -za *adj* chaste, pure, correct; pureblooded; real, regular

cas•to -ta *adj* chaste, pure ‖ *f* see **casta**

castor *m* beaver

castrar *tr* to castrate; (*una planta*) prune, cut back; weaken

casual *adj* casual, accidental, chance

casualidad *f* accident, chance; chance event; **por casualidad** by chance

casuca or **casucha** *f* shack, shanty

casulla *f* chasuble

cata *f* tasting; taste, sample

catacal•dos *mf* (*pl* **-dos**) rolling stone; busybody

catacumba *f* catacomb

catafoto *m* (rear) reflector

cata•lán -lana *adj* & *mf* Catalan, Catalonian

catalejo *m* spyglass

catalogar §44 *tr* to catalogue

catálogo *m* catalogue

Cataluña *f* Catalonia

cataplasma *f* poultice; **cataplasma de mostaza** mustard plaster

catapulta *f* catapult

catapultar *tr* to catapult

catar *tr* to taste, sample; check, examine; be on the lookout for

catarata *f* cataract, waterfall; (pathol) cataract

catarro *m* (*inflamación de las membranas mucosas*) catarrh; (*resfriado*) head cold

catástrofe *f* catastrophe

catavino *m* cup for tasting wine

catavi•nos *m* (*pl* **-nos**) winetaster; (*borracho*) rounder

catear *tr* to hunt, look for; (*a un alumno*) to flunk; to explore; (*una casa*) to search

catecismo *m* catechism

cátedra *f* chair, professorship; academic subject; teacher's desk; classroom; **poner cátedra** to hold forth

catedral *f* cathedral

catedrático *m* university professor

categoría *f* category; status, standing; class, kind; condition, quality; **de categoría** prominent

caterva *f* throng, crowd

catéter *m* catheter

cateterizar §60 *tr* to catheterize

cátodo *m* cathode

católi•co -ca *adj* catholic; Catholic; **no estar muy católico** to be under the weather ‖ *mf*

Catholic; **católico romano** Roman Catholic

catorce *adj & pron* fourteen ‖ *m* fourteen; (*en las fechas*) fourteenth

catorcea•vo -va *adj & m* fourteenth

catorza•vo -va *adj & m* fourteenth

catre *m* cot; **catre de tijera** folding cot

catrecillo *m* campstool, folding canvas chair

ca•trín -trina *adj* (CAm, Mex) sporty, swell ‖ *mf* (CAm, Mex) sport, dude

caucasia•no -na or **caucási•co -ca** *adj & mf* Caucasian

Cáucaso *m* Caucasus

cauce *m* river bed; channel, ditch, trench

caución *f* precaution; (law) bail, security

caucionar *tr* to guard against; (law) to give bail for

cauchal *m* rubber plantation

caucho *m* rubber; rubber plant; (Col) rubber raincoat; **caucho esponjoso** foam rubber; **cauchos** (*chanclos*) rubbers

caudal *adj* of great volume ‖ *m* (*de agua*) volume; abundance; wealth

caudalo•so -sa *adj* of great volume; abundant; rich, wealthy

caudillo *m* chief, leader; military leader; caudillo, head of state

causa *f* cause; (law) suit, trial; (Chile) bite, snack; (Peru) potato salad; **a** or **por causa de** on account of, because of

causa•dor -dora *adj* causing ‖ *mf* (*persona*) cause

causante *mf* (*persona*) cause; (law) principal, constituent; (Mex) taxpayer

causar *tr* to cause

causear *tr* (Chile) to get the best of ‖ *intr* (Chile) to have a bite

causeo *m* (Chile) bite, snack

cáusti•co -ca *adj* caustic

cautela *f* caution

cautelo•so -sa *adj* cautious, guarded

cauterizar §60 *tr* to cauterize

cautín *m* soldering iron

cautivar *tr* to take prisoner; attract, win over; (*encantar*) captivate

cautiverio *m* or **cautividad** *f* captivity

cauti•vo -va *adj & mf* captive

cau•to -ta *adj* cautious

cavar *tr* to dig, dig up ‖ *intr* (*una herida*) to go deep; (*el caballo*) to paw; **cavar en** to study thoroughly, to delve into

caverna *f* cavern, cave

cavidad *f* cavity

cavilar *tr* to brood over ‖ *intr* to worry, fret

cavilo•so -sa *adj* suspicious, mistrustful; (CAm) gossipy; (Col) touchy

cayado *m* (*de pastor*) crook; (*de obispo*) crozier

cayo *m* key, reef; **Cayo Hueso** Key West; **Cayos de la Florida** Florida Keys

caz *m* (*pl* **caces**) flume, millrace

caza *m* pursuit plane, fighter; **caza de reacción** jet fighter ‖ *f* chase, hunt; hunting; (*animales que se cazan*) game; **a caza de** on the hunt for; **caza al hombre** man hunt; **caza de grillos** fool's errand, wild-goose chase; **ir de caza** to go hunting

cazaautógra•fos *mf* (*pl* **-fos**) autograph seeker

cazabe *m* cassava, manioc; cassava bread

caza•dor -dora *adj* hunting ‖ *m* hunter; huntsman; **cazador de alforja** trapper; **cazador de cabezas** head-hunter; **cazador de dotes** fortune hunter; **cazador furtivo** poacher ‖ *f* huntress; hunting jacket; jacket

cazanoti•cias (*pl* **-cias**) *m* newshawk ‖ *f* newshen

cazasubmarinos *m* sub(marine) chaser

cazar §60 *tr* to chase; hunt; catch; (*en un descuido o error*) catch up; (*un descuido o error*) catch; (*adquirir con maña*) wangle; (*con halagos o engaños*) take in ‖ *intr* to hunt

cazarreactor *m* jet fighter

cazcalear *intr* to buzz around

cazo *m* dipper, ladle; glue pot; (*de cuchillo*) back

cazuela *f* earthen casserole; stew; (archaic) gallery for women; (SAm) chicken stew

cazu•rro -rra *adj* sullen, surly

cazuz *m* ivy

C. de J. *abbr* **Compañía de Jesús**

cebada *f* barley

cebadera *f* nose bag

cebador *m* (mach) primer

cebar *tr* (*a un animal*) to fatten; (*un horno*) feed; (*un arma de fuego, una bomba, un carburador*) prime; (*una pasión, la esperanza*) nourish; (*atraer*) lure; (*un clavo, un tornillo*) make catch, make take hold; (*un anzuelo*) bait ‖ *intr* (*un clavo, un tornillo*) to catch, take hold ‖ *ref* (*una enfermedad, una epidemia*) to rage; **cebarse en** to be absorbed in; vent one's fury on

cebo *m* fattening; feed; bait; lure; (*carga de un arma de fuego*) primer; priming

cebolla *f* onion; bulb; (*del velón*) oil receptacle

cebra *f* zebra

ce•bú *m* (*pl* **-búes**) zebu

ceca *f* mint; **de Ceca en Meca** or **de la Ceca a la Meca** hither and thither, from pillar to post

cecear *intr* to lisp

ceceo *m* lisp, lisping

cecina *f* dried beef

cedazo *m* sieve

ceder *tr* to yield, cede, give up ‖ *intr* to yield, give way, give in; slacken, relax; go down, decline

cedro *m* cedar; **cedro de Virginia** juniper, red cedar

cédula *f* (*de papel*) slip; form, blank; rent sign; certificate, document; **cédula de vecindad** or **cédula personal** identification papers

cedulón *m* proclamation, public notice; (*pasquín*) lampoon

céfiro *m* zephyr

cegar §66 *tr* to blind; (*un agujero*) plug, stop up; (*una puerta, una ventana*) wall up ‖ *intr* to go blind; be blinded ‖ *ref* to be blinded

cega•to -ta *adj* dim-sighted, weak-eyed

ceguedad *f* blindness

ca
ce

ceguera _f_ blindness; blackout

Ceilán Ceylon

ceila•nés -nesa _adj_ & _mf_ Ceylonese

ceja _f (pelo sobre la cuenca del ojo)_ eyebrow; edge, rim; cloud cap; clearing for a road; **arquear las cejas** to raise one's eyebrows; **fruncir las cejas** to knit one's brow; **quemarse las cejas** to burn the midnight oil

cejar _intr_ to back up; turn back; slacken

cejijun•to -ta or **ceju•do -da** _adj_ beetle-browed; scowling

celada _f_ ambush; trap, trick

celador _m_ guard (_e.g., in a museum_); (elec) lineman; (Urug) policeman

celaje _m_ cloud effect; skylight, transom; ghost

celar _tr_ to see to; watch over, keep an eye on; hide; carve

celda _f_ cell; **celda de castigo** solitary confinement

celdilla _f_ cell; niche

celebración _f_ celebration; applause; (_de una reunión_) holding

celebrante _m_ (_sacerdote_) celebrant

celebrar _tr_ to celebrate; (_una reunión_) hold; (_aprobar_) welcome; (_un matrimonio_) perform; (_misa_) say ‖ _intr_ (_decir misa_) to celebrate; be glad ‖ _ref_ to take place, be held; be celebrated

célebre _adj_ celebrated, famous; funny, witty; pretty

celebridad _f_ (_fama; persona_) celebrity

celeridad _f_ speed, swiftness

celeste _adj_ celestial; sky-blue

celestial _adj_ celestial, heavenly; stupid, silly

celestina _f_ procuress, bawd

celestinaje _m_ procuring, pandering

celibato _m_ celibacy; bachelor

célibe _adj_ celibate, single, unmarried ‖ _mf_ celibate, single person ‖ _m_ bachelor ‖ _f_ unmarried woman

celinda _f_ mock orange

celo _m_ zeal; envy; (_impulso reproductivo en las bestias_) heat, rut; **celos** jealousy

celofán _m_ or **celofana** _f_ cellophane

celosía _f_ (_celotipia_) jealousy; (_enrejado de listoncillos_) lattice window, jalousie

celo•so -sa _adj_ (_que tiene celo_) zealous; (_que tiene celos_) jealous; fearful, distrustful; (naut) unsteady

celotipia _f_ jealousy

celta _adj_ Celtic ‖ _mf_ Celt ‖ _m_ (_idioma_) Celtic

célti•co -ca _adj_ Celtic

célula _f_ cell

celuloide _m_ celluloid; **llevar al celuloide** to put on the screen

cellisca _f_ sleet, sleet storm

cellisquear _intr_ to sleet

cementerio _m_ cemetery

cemento _m_ cement; concrete; **cemento armado** reinforced concrete

cena _f_ supper; dinner ‖ **la Cena** the Last Supper

cena•dor -dora _mf_ diner-out ‖ _m_ arbor, bower, summerhouse

cenaduría _f_ (Mex) supper club

cenagal _m_ quagmire

cenago•so -sa _adj_ muddy, miry

cenaoscu•ras _mf_ (_pl_ **-ras**) recluse; skinflint

cenar _tr_ to have for supper, have for dinner ‖ _intr_ to have supper, have dinner

cencerrada _f_ tin-pan serenade

cencerrear _intr_ to keep jingling; rattle, jangle; play out of tune

cencerro _m_ cowbell; **a cencerros tapados** cautiously

cendal _m_ gauze, sendal

cenefa _f_ edging, trimming, border

cenicero _m_ ash tray

cenicien•to -ta _adj_ ashen, ash-gray ‖ **la Cenicienta** Cinderella

cenit _m_ zenith

ceniza _f_ ash; ashes; **cenizas** ashes; **huir de las cenizas y caer en las brasas** to jump from the frying pan into the fire

ceni•zo -za _adj_ ashen, ash-gray ‖ _f_ see **ceniza**

cenojil _m_ garter

cenote _m_ (Mex) deep underground water reservoir

censo _m_ census; **levantar el censo** to take the census

censor _m_ censor; **censor jurado de cuentas** certified public accountant

censura _f_ censure; censoring; gossip; **censura de cuentas** auditing

censurar _tr_ (_criticar, reprobar_) to censure; (_formar juicio de_) censor

centauro _m_ centaur

centa•vo -va _adj_ hundredth ‖ _m_ hundredth; cent

centella _f_ flash of lightning; flash of light; spark; (_de ingenio, de ira_) (fig) spark, flash

centellar or **centellear** _intr_ to flash, spark; glimmer, gleam, twinkle

centenar _m_ hundred; **a centenares** by the hundreds

centena•rio -ria _adj_ centennial ‖ _mf_ centenarian ‖ _m_ centennial

cente•no -na _adj_ hundredth ‖ _m_ rye

centési•mo -ma _adj_ & _m_ hundredth

centígra•do -da _adj_ centigrade

centímetro _m_ centimeter

cénti•mo -ma _adj_ hundredth ‖ _m_ hundredth; centime

centinela _mf_ (_persona_) watch, guard ‖ _m_ & _f_ (_soldado_) sentinel, sentry; **hacer de centinela** to stand sentinel

centípedo _m_ centipede

central _adj_ central ‖ _m_ sugar mill, sugar refinery ‖ _f_ headquarters, main office; powerhouse; (telp) exchange, central; **central de correos** main post office; **central de teléfonos** telephone exchange

centralista _mf_ telephone operator

centralizar §60 _tr_ & _ref_ to centralize

centrar _tr_ to center; hit the center ‖ _ref_ to concentrate; stress

céntri•co -ca _adj_ center, central; (_próximo al centro de la ciudad_) downtown

centrifugadora _f_ centrifuge; spin-dryer

centro _m_ center; middle; business district, downtown; club; object, goal, purpose; **centro de mesa** centerpiece; **centro docente** educational institution; **pegar centro** (CAm) to hit the bull's-eye

Centro América f Central America

centroamerica•no -na adj & mf Central American

cénts. abbr **céntimos**

ceñi•do -da adj tight, tight-fitting; lithe, svelte; thrifty

ceñidor m belt, girdle; sash

ceñir §72 tr to gird; girdle; fasten around the waist; fasten, tie; abridge, shorten; surround; (la espada) gird on; (mil) to besiege || ref (reducirse en los gastos) to tighten one's belt; (a pocas palabras) restrict oneself; adapt oneself; **ceñirse a** (p.ej., un muro) to hug, keep close to

ceño m frown; (del cielo, las nubes, el mar) threatening look; (cerco, aro) hoop, ring, band; **arrugar el ceño** to knit one's brow; **mirar con ceño** to frown at

ceño•so -sa or **ceñu•do -da** adj beetlebrowed; frowning, grim, gruff

cepa f (de árbol) stump; (de la cola del animal) stub; (de la vid) vinestalk; (de una famila o linaje) strain; **de buena cepa** of well-known quality

cepillar tr to plane; brush; smooth; (SAm) to flatter

cepillo m (instrumento para alisar la madera) plane; (utensilio para limpieza) brush; (cepo para limosnas) charity box, poor box; (CAm, Mex) flatterer; **cepillo de cabeza** hairbrush; **cepillo de dientes** toothbrush; **cepillo de ropa** clothesbrush; **cepillo de uñas** nail brush

cepo m (de limosnas) poor box; (rama de árbol) bough, branch; (trampa) snare, trap; (del yunque) stock; (vara devanar la seda) reel; clamp, vise; (para asegurar a un reo) stocks, pillory; **¡cepos quedos!** quiet!, stop it!

cera f wax; **cera de abejas** beeswax; **cera de los oídos** earwax; **cera de lustrar** polishing wax; **cera de pisos** floor wax; **ceras** honeycomb; **ser como una cera** to be wax in one's hands

cerámi•co -ca adj ceramic

cerbatana f peashooter; ear trumpet; spokesperson, go-between

cerca m close-up; **tener buen cerca** to look good at close quarters || f fence, wall; **cerca viva** hedge || adv near; **cerca de** near, close to; about; to, at the court of; **de cerca** closely; at close range

cercado m fence, wall; walled-in garden or field

cercanía f nearness, proximity; **cercanías** neighborhood, vicinity

cerca•no -na adj close, near; adjoining, neighboring; (que debe acontecer en breve) early

cercar §73 tr to fence in, wall in; encircle, surround; crowd around; (mil) to besiege

cercenar tr to clip, trim; curtail; cut out

cerciorar tr to inform, assure || ref to find out; **cerciorarse de** to ascertain, find out about

cerco m (aro, anillo) hoop, ring; (marco de puerta o ventana) casing, frame; (círculo que aparece alrededor del sol o la luna) halo; (reunión de personas) circle, group; fence, wall; (mil) siege; **poner cerco a** (mil) to lay siege to

cerda f bristle, horsehair; (hembra del cerdo) sow

cerdear intr to be weak in the forelegs; (las cuerdas de un instrumento) rasp, grate; hold back, look for excuses

Cerdeña f Sardinia

cerdo m hog; (persona sucia) pig, swine; (hombre sin cortesía) cad, ill-bred fellow; **cerdo de muerte** pig to be slaughtered; **cerdo de vida** pig not old enough to be slaughtered; **cerdo marino** porpoise

cerdo•so -sa adj bristly

cereal adj & m cereal

cerebro m brain; (seso, inteligencia) brain, brains

ceremonia f ceremony; formality; **de ceremonia** formal; **hacer ceremonias** to stand on ceremony; **por ceremonia** as a matter of form

ceremonio•so -sa adj ceremonious, punctilious; (que gusta de ceremonias) formal

cereza f cherry

cerezo m cherry tree

cerilla f wax taper; wax match

cerillera f or **cerillero** m match box

cerneja f fetlock

cerner §51 tr to sift; (el horizonte) scan || intr to bud, blossom; drizzle || ref to waddle; (el ave) soar, hover; (un mal) threaten; **cernerse sobre** (amenazar) to hang over

cernícalo m (orn) sparrow hawk; ignoramus; jag, drunk

cernir §28 tr to sift

cero m zero; **empezar de cero** to start from scratch; **ser un cero a la izquierda** to not count, be a nobody

cerote m shoemaker's wax; fear

cerotear tr (el hilo) to wax || intr (Chile) to drip

cerra•do -da adj closed; close; incomprehensible; (cielo) cloudy, overcast; (barba) thick; (curva) sharp; quiet, reserved; secretive; dense, stupid

cerradura f lock; closing, locking; **cerradura embutida** mortise lock

cerrajería f locksmith business; hardware; hardware store

cerrajero m locksmith; hardware dealer; (el que trabaja el hierro frío) ironworker

cerrar §2 tr to close, shut; lock; bolt; (el puño) clench; enclose; (la radio) turn off; **cerrar con llave** to lock || intr to close, shut; (la noche) fall; **cerrar con** (el enemigo) to close in on; **cerrar en falso** (una puerta, cerradura, etc.) to not catch || ref to close, to shut; lock; **cerrarse en falso** to not heal right

cerrazón f gathering storm clouds; (Arg) heavy fog

cerre•ro -ra adj free, loose; untamed; haughty; (Mex) rough, unpolished; (café) (Ven) bitter

cerril *adj* rough, uneven; wild, untamed; boorish, rough

cerrillar *tr* to knurl, mill

cerro *m* hill, hillock; (*entre dos surcos*) ridge; (*espinazo*) backbone; (*del animal*) neck; en cerro bareback; echar por los cerros de Úbeda to talk nonsense; por los cerros de Úbeda off the beaten path

cerrojo *m* bolt; cerrojo dormido dead bolt

certamen *m* literary competition; contest, match

certe•ro -ra *adj* certain, sure, accurate; well-informed; (*tiro*) well-aimed; (*tirador*) good, crack

certeza *f* certainty

certidumbre *f* certainty; sureness

certificación *f* certification; certificate

certifica•do -da *adj* registered ‖ *m* registered letter, registered package; certificate; certificado de estudios transcript

certificar §73 *tr* to certify; (*una carta*) register

certitud *f* certainty

cerval *adj* deer; (*miedo*) intense

cervato *m* fawn

cervecería *f* brewery; beer saloon

cervece•ro -ra *adj* beer ‖ *mf* brewer

cerveza *f* beer; cerveza a presión draught beer; cerveza de marzo bock beer

cer•viz *f* (*pl* -vices) cervix; nape of the neck; bajar or doblar la cerviz to humble oneself; levantar la cerviz to raise one's head, become proud; ser de dura cerviz to be ungovernable

cesación *f* cessation, suspension

cesante *adj* retired, out of office ‖ *mf* pensioner

cesantía *f* retirement; dismissal (*of a public official*)

cesar *intr* to stop, cease

César *m* Caesar

cese *m* ceasing; notice of retirement; cese de alarma all-clear; cese de fuego ceasefire

césped *m* lawn, sward; sod, turf

cesta *f* basket; (*para jugar a la pelota*) wicker scoop; cesta de costura sewing basket; cesta para compras market basket

cesto *m* basket; washbasket; cesto de la colada clothesbasket, washbasket; estar hecho un cesto to be overcome with sleep; ser un cesto to be crude and ignorant

cetrería *f* falconry

cetrero *m* falconer

cetri•no -na *adj* (*tez*) sallow; jaundiced, melancholy

cetro *m* scepter; (*para aves*) perch, roost; (*eccl*) verge; cetro de bufón bauble; cetro de locura fool's scepter; empuñar el cetro to ascend the throne

cf. *abbr* confesor

cg. *abbr* centigramo

C.I. *abbr* cociente intelectual

cía. *abbr* compañia

cía *f* hipbone

cianamida *f* cyanamide

cianuro *m* cyanide

ciar §77 *intr* to back up; back water; ease up

cibernética *f* cybernetics

ciborio *m* ciborium

cicatear *intr* to be stingy

cicate•ro -ra *adj* stingy ‖ *mf* miser, niggard

cica•triz *f* (*pl* -trices) scar

cicatrizar §60 *tr* to heal; (*una impresión dolorosa*) (Arg) to heal ‖ *ref* to heal; to scar

Cicerón *m* Cicero

ciclamor *m* Judas tree; ciclamor del Canadá redbud

cícli•co -ca *adj* cyclic(al)

ciclismo *m* bicycle racing

ciclista *mf* bicyclist; bicycle racer

ciclo *m* cycle; series (of lectures); (*en las escuelas*) (Arg, Urug) term

ciclón *m* cyclone

cicuta *f* hemlock

cidra *f* citron (*fruit*)

cidrada *f* citron (*candied rind*)

cidro *m* citron (*tree or shrub*)

cie•go -ga *adj* blind; blocked, stopped up; más ciego que un topo blind as a bat ‖ *mf* blind person ‖ *m* blind man ‖ *f* blind woman; a ciegas blindly; thoughtlessly; without looking

cielo *m* sky, heavens; (*clima, tiempo*) skies, climate, weather; (*de una cama*) canopy; (*mansión de los bienaventurados*) Heaven; a cielo abierto in the open air, outdoors; a cielo descubierto openly; a cielo raso in the open air, outdoors; in the country; cielo de la boca roof of the mouth; cielo máximo (aer) ceiling; cielo raso ceiling; llovido del cielo heaven-sent, manna from heaven

cielorraso *m* ceiling

ciem•piés *m* (*pl* -piés) centipede

cien *adj* hundred, a hundred, one hundred

ciénaga *f* swamp, marsh, mudhole

ciencia *f* science; knowledge; learning; a ciencia cierta with certainty

ciencia-ficción *f* science fiction

cieno *m* mud, mire, silt

cieno•so -sa *adj* muddy, miry, silty

ciento *adj & m* hundred, a hundred, one hundred; por ciento per cent

cierne *m* budding, blossoming; en cierne in blossom; only beginning

cierrarrenglón *m* marginal stop

cierre *m* closing; shutting; snap, clasp, fastener; latch, lock; (*de una tienda, de la Bolsa*) close; (*paro de trabajo*) shutdown; cierre cremallera zipper; cierre de portada metal shutter (*of store front*); cierre de puerta door check; cierre hermético weather stripping; cierre relámpago zipper

cierro *m* closing; shutting; (Chile) fence, wall; (Chile) envelope

cier•to -ta *adj* certain; a certain; (*acertado, verdadero*) true; (*seguro*) sure; por cierto for sure ‖ cierto *adv* surely, certainly

cierva *f* hind

ciervo *m* deer, stag, hart

cierzo *m* cold north wind

cifra f (*número*) cipher; (*escritura secreta*) code; (*enlace de dos o más letras empleado en sellos*) device, monogram, emblem; abbreviation; amount, sum; **en cifra** in code; in brief; mysteriously

cifrar tr to cipher, code; abridge; calculate; **cifrar la dicha en** to base one's happiness in; **cifrar la esperanza en** to place one's hope in ‖ ref to be abridged; **cifrarse en** to be based on

cifrario m (com) code

cigarra f harvest fly, locust

cigarrera f cigar case; cigar girl

cigarrería f cigar store, tobacco store

cigarre•ro -ra mf cigar maker; cigar dealer ‖ f see **cigarrera**

cigarrillo m cigarette; **cigarrillo con filtro** filter cigarette

cigarro m cigar; **cigarro de papel** cigarette; **cigarro puro** cigar

cigoñal m well sweep; (*del motor de explosión*) crankshaft

cigüeña f stork; crank, winch

cigüeñal m var of **cigoñal**

cilampa f (CAm) drizzle

cilicio m haircloth, hair shirt

cilindrada f piston displacement

cilindrar tr to roll

cilíndri•co -ca adj cylindrical

cilindro m cylinder; roll, roller, (Mex) barrel organ, hand organ

cima f (*de árbol*) top; (*de montaña*) top, summit; **dar cima a** to complete, to carry out; **por cima** (coll) at the very top

cimarra f — **hacer cimarra** (Arg, Chile) to play hooky

cima•rrón -rrona adj (*animal*) wild, untamed; (*planta*) wild; (*esclavo*) fugitive; (*marinero*) lazy; (*maté*) (Arg, Urug) black, bitter

cimarronear intr (Arg, Urug) to drink black maté ‖ ref (*el esclavo*) to flee, run away

címbalo m cymbal

cimbel m decoy pigeon, stool pigeon

cimborio or **cimborrio** m dome

cimbrar or **cimbrear** tr to brandish; swing, sway; bend; thrash, beat ‖ ref to swing, sway; shake

cimbre•ño -ña adj flexible, pliant; lithe, willowy

cimentar §2 tr to found, establish; lay the foundations of

cime•ro -ra adj top, uppermost

cimiento m foundation, groundwork; basis, source

cimitarra f scimitar

cinabrio m cinnabar

cinanquia f quinsy

cinc m (*pl* cinces) zinc

cincel m chisel, graver

cincelar tr to chisel, engrave

cinco adj & pron five; **las cinco** five o'clock ‖ m five; (*en las fechas*) fifth; **¡choque Vd. esos cinco!** or **¡vengan esos cinco!** put it here!, shake!; **decirle a uno cuántas son cinco** to tell someone what's what

cincograbado m zinc etching

cincuenta adj, pron & m fifty

cincuenta•vo -va adj & m fiftieth

cincha f cinch; **a revienta cinchas** at breakneck speed; reluctantly

cinchar tr to cinch; band, hoop

cincho m girdle, sash; iron hoop; iron tire

cine m movie; **cine en colores** color movies; **cine hablado** talkie; **cine mudo** silent movie; **cine parlante** talkie; **cine sonoro** sound movie

cineasta mf motion-picture producer; movie fan ‖ m movie actor ‖ f movie actress

cinedrama m screenplay

cinelandia f (coll) movieland

cinema m var of **cine**

cinemateca f film library

cinematografiar §77 tr & intr to cinematograph, film

cinematógrafo m cinematograph; motion picture; motion-picture projector; motion-picture theater

cinematurgo m scriptwriter

cinescopio (telv) m kinescope

cineteatro m movie house

cinéti•co -ca adj kinetic ‖ f kinetics

cínga•ro -ra adj & mf gypsy

cíni•co -ca adj cynical; impudent; slovenly, untidy ‖ mf cynic ‖ m Cynic

cinismo m cynicism; impudence

cinta f ribbon; (*tira de papel, celuloide, etc.*) tape; film; measuring tape; (*borde de la acera*) curb; fillet, scroll, **cinta aislante** electric tape, friction tape; **cinta de medir** tape measure; **cinta de teleimpresor** ticker tape; **cinta grabada de televisión** video tape; **cinta perforada** punched tape

cintillo m hatband; fancy hat cord; ring set with a gem; (*borde de la acera*) (P-R) curb; hair ribbon

cinto m belt, girdle; waist

cintura f (*parte estrecha del cuerpo humano sobre las caderas*) waist; waistline; (*de una chimenea*) throat; **meter en cintura** to bring to reason

cinturón m belt, sash; sword belt; **cinturón de asiento** seat belt; **cinturón de seguridad** safety belt; **cinturón retráctil** retractable safety belt; **cinturón salvavidas** safety belt

cíper m (Mex) zipper

cipo m milestone; signpost; memorial pillar

cipote adj (Col, Ven) stupid; (Guat) chubby ‖ mf (Hond, El Salv, Ven) brat

ciprés m cypress

circo m circus

circón m zircon

circonio m zirconium

circuito m circuit; (*de carreteras, ferrocarriles, etc.*) network; race track; **corto circuito** (elec) short circuit

circulación f circulation; traffic; **circulación rodada** vehicular traffic

circular adj circular ‖ f circular, circular letter; **circular noticiera** newsletter ‖ tr & intr to circulate

círculo m circle; club; clubhouse

circuncidar tr to circumcise; clip, curtail

circundante *adj* surrounding
circundar *tr* to surround, go around
circunferencia *f* circumference
circunfle•jo -ja *adj* circumflex
circunlocución *f* or **circunloquio** *m* circumlocution
circunnavegación *f* circumnavigation
circunnavegar §44 *tr* to circumnavigate
circunscribir §83 *tr* to circumscribe ‖ *ref* to hold oneself down; be held down
circunscripción *f* circumscription; district, subdivision
circunspec•to -ta *adj* circumspect
circunstancia *f* circumstance
circunstancia•do -da *adj* circumstantial, detailed
circunstancial *adj* circumstantial
circunstanciar *tr* to circumstantiate, to describe in detail
circunstante *adj* surrounding; present ‖ *mf* bystander, onlooker
circunveci•no -na *adj* neighboring
circunvolar §61 *tr* to fly around
cirial *m* (eccl) processional candlestick
ciriga•llo -lla *mf* gadabout
ciríli•co -ca *adj* Cyrillic
cirio *m* wax candle
Ciro *m* Cyrus
ciruela *f* plum; **ciruela claudia** greengage; **ciruela pasa** prune
ciruelo *m* plum, plum tree; stupid fellow
cirugía *f* surgery; **cirugía cosmética, decorativa** or **estética** face lifting
ciruja•no -na *mf* surgeon
ciscar §73 *tr* to soil, dirty; (Cuba, Mex) to shame; annoy ‖ *ref* to soil one's clothes, have an accident
cisco *m* culm; row, disturbance
cisma *m* schism; discord, disagreement; (Arg) worry, concern; (Col) gossip; (Col) fastidiousness
cismáti•co -ca *adj* schismatic; dissident; (Col) gossipy; (Col) fastidious ‖ *mf* schismatic; dissident
cisne *m* swan; (Arg) powder puff
cisterna *f* cistern; reservoir; toilet tank
cita *f* date, appointment, engagement; (*mención, pasaje textual*) citation, quotation; **cita a ciegas** blind date; **cita previa** by appointment; **darse cita** to make a date
citación *f* citation, quotation; (*ante un juez*) citation, summons
citar *tr* to make a date with, have an appointment with; cite, quote; (*ante un juez*) cite, summon; (*al toro*) incite, provoke ‖ *ref* to make a date, have an appointment
cítara *f* (mus) zither
ciudad *f* city; city council; **la ciudad Condal** Barcelona; **la ciudad del Apóstol** Santiago de Compostela; **la ciudad del Betis** Seville; **la ciudad del Cabo** Capetown or Cape Town; **la ciudad de los Califas** Cordova; **la ciudad de los Reyes** Lima, Peru; **la ciudad de María Santísima** Seville; **la ciudad Imperial** or **Imperial ciudad** Toledo

ciudadanía *f* citizenship
ciudada•no -na *adj* city; citizen; civic ‖ *mf* citizen; urbanite
ciudadela *f* citadel; (Cuba) tenement house
cívi•co -ca *adj* civic; city; domestic; public-spirited
civil *adj* civil; civilian ‖ *mf* civilian ‖ *m* guard, policeman
civilidad *f* civility
civilista *adj* civil-law ‖ *mf* authority on civil law; (Chile) antimilitarist
civilización *f* civilization
civilizar §60 *tr* to civilize
civismo *m* good citizenship
cizalla *f* shears; metal shaving, metal clipping; **cizalla de guillotina** gate shears, guillotine shears; **cizallas** shears
cizallar *tr* to shear
cizaña *f* darnel; contamination, corruption; discord; **sembrar cizaña** to sow discord
clac *m* (*pl* **claques**) opera hat, claque, crush hat; (*sombrero de tres picos*) cocked hat
clamar *tr* to cry out for ‖ *intr* to cry out; **clamar contra** to cry out against; **clamar por** to cry out for
clamor *m* clamor, outcry; (*toque de difuntos*) knell, toll; fame
clamorear *tr* to clamor for ‖ *intr* to clamor; (*tocar a muerto*) toll
clamoreo *m* clamoring; tolling
clamoro•so -sa *adj* clamorous; loud, noisy
clan *m* clan
clandestinista *mf* (Guat) bootlegger
clandesti•no -na *adj* clandestine
claque *f* claque, hired clappers
clara *f* white of egg; bald spot; (*de un trozo de tela*) thin spot; (*en el tiempo lluvioso*) break, let-up
claraboya *f* (*ventana en el techo*) skylight; (*en la parte alta de la pared*) transom; (*esp. en las iglesias la parte superior de la nave que tiene una serie de ventanas*) clerestory
clarear *tr* to brighten, light up ‖ *intr* (*empezar a amanecer*) to get light, dawn; (*el mal tiempo*) clear up ‖ *ref* (*una tela*) to show through; show one's hand
clarecer §22 *ref* to dawn
clarete *m* claret
claridad *f* clarity; clearness; brightness; fame, glory; blunt remark; **claridades** plain language
clarido•so -sa *adj* (CAm, Mex) blunt, rude, plain-spoken
clarificar §73 *tr* to clarify; brighten, light up; (*lo que estaba turbio*) clear
clarín *m* clarion; fine cambric; (Chile) sweet pea
clarinada *f* clarion call; uncalled-for remark
clarinete *m* clarinet
clarión *m* chalk
clarividencia *f* clairvoyance; clear-sightedness
clarividente *adj* clairvoyant; clear-sighted ‖ *mf* clairvoyant

cla•ro -ra *adj* clear; (*de color*) light; (*pelo*) thin, sparse; (*té*) weak; famous, illustrious; (*cerveza*) light; **a las claras** publicly, openly, frankly ‖ *m* gap; (*en el bosque*) glade, clearing; space, interval; (*ventana u otra abertura*) light; (*claraboya*) skylight; (*en las nubes*) break; **claro de luna** brief moonlight; **de claro en claro** evidently; from one end to the other; **pasar la noche de claro en claro** to not sleep all night; **poner** or **sacar en claro** to explain, clear up; (*un borrador*) to copy ‖ *f* see **clara** ‖ **claro** *adv* clearly ‖ **claro** *interj* sure!, of course!; ¡**claro está!**, ¡**claro que sí!** sure!, of course!

claror *m* brightness; **claror de luna** moonlight, moonglow

claru•cho -cha *adj* watery, thin

clase *f* class; classroom; **clase alta** upper class; **clase baja** lower class; **clase media** middle class; **clase obrera** working class; **clases** noncommissioned officers, warrant officers; **clases pasivas** pensioners

clasicista *mf* classicist

clási•co -ca *adj* classical ‖ *mf* classicist ‖ *m* classic

clasificador *m* filing cabinet

clasificar §73 *tr* to classify; class; sort; file ‖ *ref* to class

clasismo *m* segregation

clasista *mf* segregationist

claudicar §73 *intr* (*cojear*) to limp; (*obrar defectuosamente*) bungle; back down

claustral *adj* cloistral

claustro *m* cloister; (*junta de la universidad*) faculty

cláusula *f* (*de un contrato u otro documento*) clause; (gram) sentence

clausula•do -da *adj* (*estilo*) choppy ‖ *m* series of clauses

clausular *tr* to close, finish, conclude

clausura *f* confinement; seclusion; enclosure; adjournment

clausurar *tr* (*una asamblea, un tribunal, etc.*) to close, adjourn; (*un comercio por orden gubernativa*) suspend, close up

clava *f* club

clavadista *mf* (Mex) diver

clava•do -da *adj* studded with nails; exact, precise; (*reloj*) stopped; sharp, e.g., **a las siete clavadas** at seven o'clock sharp ‖ *m* (Mex) dive

clavar *tr* to nail; (*un clavo*) drive; (*una daga, un punzón*) stick; (*una piedra preciosa*) set; (*los ojos, la atención*) fix; (*a un caballo al herrarlo*) prick; cheat ‖ *ref* to prick oneself; get cheated; (Mex) to dive; **clavárselas** (CAm) to get drunk

clave *m* harpsichord ‖ *f* (*de un enigma, código, etc.*) key; (*piedra con que se cierra el arco*) (archit) keystone; (mus) clef

clavel *m* carnation, pink; **clavel de ramillete** sweet william; **clavel reventón** double-flowered carnation

clavelón *m* marigold

clavellina *f* carnation, pink

clave•ro -ra *mf* keeper of the keys ‖ *m* clove tree ‖ *f* nail hole

claveta *f* peg, wooden peg

clavetear *tr* to stud; tip, put a tip on; wind up, settle

clavicordio *m* clavichord

clavícula *f* clavicle, collarbone

clavija *f* pin, peg, dowel; (elec) plug; (mus) peg; **apretarle a uno las clavijas** to put the screws on someone

clavillo *m* or **clavito** *m* brad, tack; (*que sujeta las hojas de unas tijeras*) pin, rivet; clove

clavo *m* nail; (*capullo seco de la flor del clavero*) clove; migraine; keen sorrow; (*artículo que no se vende*) (Arg, Bol, Chile) drug on the market; (Col) bad deal; (Hond, Mex) rich vein of ore; (Ven) heartburn; **clavo de alambre** wire nail; **clavo de especia** (*flor*) clove; **clavo de herrar** horseshoe nail; **dar en el clavo** to hit the nail on the head

clemátide *f* clematis

clemencia *f* clemency

clemente *adj* clement, merciful

cleptóma•no -na *mf* kleptomaniac

clerecía *f* clergy

clerical *adj* & *m* clerical

clericato *m* or **clericatura** *f* priesthood

clerigalla *f* (contemptuous) priests

clérigo *m* cleric, priest; **clérigo de misa y olla** priestlet

clerizonte *m* shabby looking priest; fake priest

clero *m* clergy

clerófo•bo -ba *adj* priest-hating ‖ *mf* priest hater

cliché *m* (*lugar común*) cliché

cliente *mf* (*parroquiano de una tienda*) customer; (*de un abogado*) client; (*de un médico*) patient; (*de un hotel*) guest

clientela *f* customers; clientele; patronage, protection; practice

clima *m* climate; country, region; **clima artificial** air conditioning

climatización *f* air conditioning

climatizar §60 *tr* to air-condition

clíni•co -ca *adj* clinical ‖ *mf* clinician ‖ *f* clinic; private hospital; **clínica de reposo** nursing home, convalescent home

clip *m* paper clip

cliqueteo *m* clicking

clisar *tr* (typ) to plate

clisé *m* (*plancha clisada*) cliché, plate; (phot) plate; (*lugar común*) cliché

clo *m* cluck; **decir clo** (Chile) to kick the bucket; **hacer clo clo** (*la gallina clueca*) to cluck

cloaca *f* sewer

clocar §81 *intr* to cluck

cloquear *intr* to cluck

cloqueo *m* cluck, clucking

clorhídri•co -ca *adj* hydrochloric

cloro *m* chlorine

clorofila *f* chlorophyll

cloroformizar §60 *tr* to chloroform

cloroformo *m* chloroform

cloruro *m* chloride

ci
cl

clóset *m* (SAm) (wall) closet
club *m* (*pl* **clubs**) club; **club náutico** yacht club
clubista *mf* club member
clue•co -ca *adj* broody; decrepit
c.m.b., C.M.B. *abbr* **cuyas manos beso**
coa *f* (Mex) hoe; (Chile) thieves' jargon
coacción *f* coercion, compulsion
coaccionar *tr* to coerce, compel
coacervar *tr* to pile up
coactar *tr* to coerce, compel
coadunar *tr* & *ref* to mix together
coadyuvar *tr* & *intr* to help, aid, assist
coagular *tr* & *ref* (*la sangre*) to coagulate; (*la leche*) curdle
coágulo *m* clot
coalición *f* coalition
coalla *f* woodcock
coartada *f* alibi
coartar *tr* to limit, restrict
coba *f* hoax; flattery
cobalto *m* cobalt
cobarde *adj* cowardly; timid; (*vista*) dim, weak || *mf* coward
cobardear *intr* to act cowardly; be timid
cobardía *f* cowardice; timidity
cobayo *m* guinea pig
cobertera *f* lid; bawd, procuress
cobertizo *m* shed; (*tejado saledizo*) covered balcony, penthouse
cobertor *m* bedcover, bedspread; lid
cobertura *f* cover; covering; (*garantía metálica*) coverage
cobija *f* curved tile; top, lid; short mantilla; (W-I) guano roof; **cobijas** bedclothes
cobijar *tr* to cover; shelter, protect
cobijo *m* covering; shelter, protection; (*hospedaje sin manutención*) lodging
cobra *f* team of mares used in threshing; (hunt) retrieval
cobra•dor -dora *adj* (*perro*) retrieving || *mf* collector; trolley conductor
cobranza *f* collecting; (hunt) retrieval
cobrar *tr* (*lo perdido*) to recover; (*lo que otro le debe*) collect; (*un cheque*) cash; (*cierto precio*) charge; acquire, get; (*una cuerda*) pull in; (*pedir, reclamar*) dun; (hunt) to retrieve; **cobrar afición a** to take a liking for; **cobrar al número llamado** (telp) to reverse the charges; **cobrar ánimo** to take courage; **cobrar carnes** to put on flesh; **cobrar fuerzas** to gain strength || *intr* to get hit || *ref* to recover, come to
cobre *m* copper; copper or brass kitchen utensils; **batir el cobre** to hustle, work with a will; **cobres** (mus) brasses
cobre•ño -ña *adj* copper
cobrero *m* coppersmith
cobri•zo -za *adj* coppery
cobro *m* collection; recovery; **cobro contra entrega** collect on delivery; **en cobro** in a safe place
coca *f* (*en una cuerda*) kink; (coll) head; (slang) cocaine; **de coca** (Mex) free; (Mex) in vain
cocaína *f* cocaine

cocción *f* cooking, baking; (*de objetos cerámicos*) baking, burning
cocear *intr* to kick; (*resistir*) balk, rebel
cocer §16 *tr* to cook; boil; (*pan; ladrillos*) bake; digest || *intr* to cook; boil; ferment || *ref* to suffer a long time
coci•do -da *adj* cooked || *m* Spanish stew
cociente *m* quotient; **cociente intelectual** intelligence quotient
cocina *f* (*pieza*) kitchen; (*arte*) cooking, cuisine; (*aparato*) stove; **cocina de presión** pressure cooker; **cocina económica** kitchen range
cocinar *tr* to cook || *intr* to meddle
cocine•ro -ra *mf* cook
cocinilla *m* meddler || *f* kitchenette; chafing dish; **cocinilla sin fuego** fireless cooker
coco *m* cocoanut; (*moño*) topknot, chignon; (*duende*) bogeyman; (*gesto, mueca*) face, grimace; (*sombrero hongo*) (Col, Ecuad) derby hat; **hacer cocos** to make a face; (*los enamorados*) to make eyes
cocodrilo *m* crocodile
cócora *adj* boring, tiresome || *mf* bore, pest
coco•so -sa *adj* worm-eaten
cocotero *m* cocoanut palm or tree
coctel *m* or **cóctel** *m* cocktail; cocktail party
coctelera *f* cocktail shaker
cocuma *f* (Peru) roast corn on the cob
cochambre *m* dirty, stinking thing, pigsty
cochambro•so -sa *adj* dirty, stinking
coche *m* carriage; coach; car; taxi; (*puerco*) hog; **caminar en el coche de San Francisco** to go or to ride on shank's mare; **coche bar** (rr) club car; **coche bomba** fire engine; (coll) car bomb; **coche celular** Black Maria, prison van; **coche de alquiler** cab, hack; **coche de carreras** racing car; **coche de correos** mail car; **coche de plaza** or **de punto** cab, hack; **coche de reparto** (delivery) van; **coche de serie** (aut) stock car; **coche fúnebre** hearse; **coche rural** station wagon
coche-cama *m* (*pl* **coches-camas**) sleeping car
cochecillo *m* baby carriage; **cochecillo para inválidos** wheelchair; **cochecillo para niños** baby carriage
coche-comedor *m* (*pl* **coches-comedores**) (rr) diner, dining car
coche-correo *m* (*pl* **coches-correo**) (rr) mail car
coche-fumador *m* (*pl* **coches-fumadores**) (rr) smoker, smoking car
coche-habitación *m* (*pl* **coches-habitación**) trailer
cochera *f* coach house; livery stable; carbarn; garage
cochería *f* (Arg, Chile) livery stable
coche•ro -ra *adj* easy to cook || *m* coachman, driver; **cochero de punto** cabby, hackman || *f* see **cochera**
cocherón *m* coach house; (*depósito de locomotoras*) roundhouse
coche-salón *m* (*pl* **coches-salón**) (rr) parlor car
cochevira *f* lard

cochina *f* sow; (*mujer sucia y desaliñada*) trollop

cochinada *f* piggishness, filthiness; dirty trick

cochinillo *m* sucking pig

cochi·no -na *adj* piggish, filthy; (*tacaño*) stingy; (Ven) cowardly ‖ *mf* hog; (*persona muy sucia*) (coll) pig, dirty person ‖ *f* see **cochina**

cochite hervite *adj, adv & m* helter-skelter

cochitril *m* pigsty; den, hovel

cochura *f* batch of dough

codadura *f* (hort) layer

codal *adj* elbow ‖ *m* prop, shoring

codazo *m* poke, nudge; **dar codazo a** (Mex) to tip off

codear *tr* (SAm) to sponge on ‖ *intr* to elbow, elbow one's way ‖ *ref* to hobnob, rub elbows

codelincuencia *f* complicity

codelincuente *mf* accomplice

codera *f* elbow patch; elbow itch

códice *m* codex

codicia *f* covetousness, greed, cupidity

codiciar *tr* to covet

codicilo *m* codicil

codicio·so -sa *adj* covetous, greedy; (*laborioso*) hard-working

codificar §73 *tr* to codify

código *m* code; **código penal** criminal code; **código universal de producto** universal product code (UPC)

codillo *m* (*de animal*) knee; (*estribo*) stirrup; (*de un tubo*) elbow; (*de la rama cortada*) stump

codo *m* elbow; (Guat, Mex) miser, tightwad; **dar de codo a** to nudge; to spurn; **empinar el codo** to crook the elbow; **hablar por los codos** to talk too much

codor·niz *f* (*pl* **-nices**) quail

coeducación *f* coeducation

coeficiente *adj & m* coefficient

coetáne·o -a *adj & mf* contemporary

coexistencia *f* coexistence

coexistir *intr* to coexist

cofa *f* (naut) top; **cofa de vigía** (naut) crow's-nest

cofrade *mf* member, fellow member ‖ *m* brother ‖ *f* sister

cofradía *f* brotherhood, sisterhood; association, fraternity

cofre *m* coffer, chest, trunk

cogedor *m* dustpan; coal shovel, ash shovel

coger §17 *tr* to catch, seize, take hold of: collect, gather, pick; overtake; surprise; hold ‖ *intr* to be, be located; fit ‖ *ref* to get caught; cling; get involved

cogida *f* collecting, gathering, picking; (taur) hook

cogollo *m* (*de la lechuga*) heart; (*de la berza*) head; (*de una planta*) shoot; (*del árbol*) top; (*lo mejor*) cream, pick

cogote *m* back of the neck

cogotera *f* havelock

cogotu·do -da *adj* thick-necked; (coll) proud, stiff-necked; (SAm) moneyed

cogulla *f* cowl, frock; **cogulla de fraile** (bot) monkshood

cohabitar *intr* to live together; (*el hombre y la mujer*) cohabit

cohechar *tr* to bribe; plow just before sowing ‖ *intr* to take a bribe

cohecho *m* bribe

coherede·ro -ra *mf* coheir ‖ *f* coheiress

coherente *adj* coherent

cohesión *f* cohesion

cohete *m* (*fuego artificial*) rocket, skyrocket; (*motor a reacción*) rocket; (coll) fidgety person; **cohete de señales** (aer) flare; **cohete intermedio** or **cohete de alcance medio** intermediate-range missile; **cohete lanzador** booster rocket

cohetería *f* missilery

cohibente *adj* (elec) nonconducting

cohibi·do -da *adj* timid, self-conscious

cohibir *tr* to check, restrain, inhibit; (Mex) to oblige

cohombro *m* cucumber

cohonestar *tr* to gloss over, rationalize

coima *f* rake-off paid to operator of a gambling table; concubine; (SAm) bribe

coincidencia *f* coincidence

coincidir *intr* to coincide; happen at the same time; be at the same time (*at a given place*); agree

coito *m* coition, coitus

coja *f* lame woman; lewd woman

cojear *intr* to limp; (*una mesa, una silla*) wobble; (*adolecer de algún vicio*) slip, lapse, have a weakness

cojera *f* (*anormalidad del que cojea*) lameness; (*movimiento del que cojea*) limp

cojijo *m* bug, insect; peeve

cojijo·so -sa *adj* peevish

cojín *m* cushion

cojincillo *m* pad

cojinete *m* cushion; sewing cushion; (mach) bearing; **cojinete de bolas** ball bearing; **cojinete de rodillos** roller bearing

co·jo -ja *adj* lame, crippled; (*mesa, silla*) wobbly; (*pierna*) game ‖ *mf* lame person, cripple ‖ *f* see **coja**

cojón *m* testicle

cok *m* var of **coque**

col. *abbr* **colonia, columna**

col *f* cabbage; **col de Bruselas** Brussels sprouts

cola *f* (*de animal, de ave, de cometa*) tail; (*de un vestido*) train, trail; (*de personas que esperan turno*) queue; (*extremidad posterior*) tail end, rear end; (*de una clase de alumnos*) bottom; (*pasta fuerte*) glue; **cola del pan** bread line; **cola de milano** or **cola de pato** dovetail; **cola de pescado** isinglass; **cola de retazo** size, sizing; **hacer cola** to queue, to stand in line

colaboración *f* collaboration; (*en un periódico, coloquio, etc.*) contribution

colaboracionista *mf* collaborationist

colabora·dor -dora *adj* collaborating ‖ *mf* collaborator; contributor

colaborar *intr* to collaborate; (*en un periódico, coloquio, etc.*) contribute

colación *f* (*cotejo; refacción ligera*) collation; (*de un grado de universidad*) conferring;

cl
co

parish land; **sacar a colación** to mention, bring up; **traer a colación** to bring up; adduce as proof; bring up irrelevantly
colacionar *tr* to collate; compare; (*un beneficio*) confer
colactánea *f* foster sister
colactáneo *m* foster brother
colada *f* washing powder; wash; (*garganta entre montañas*) gulch; cattle run; **todo saldrá en la colada** it will all come out in the wash; the day of reckoning will come
coladera *f* strainer; (Mex) sewer
coladero *m* strainer; cattle run; narrow pass
colador *m* strainer, colander
colapez *f* or **colapiscis** *f* isinglass
colapso *m* breakdown, collapse; **colapso nervioso** nervous breakdown
colar *tr* (*un grado universitario*) to confer || §61 *tr* (*un líquido*) to strain; bleach in hot lye, buck; (*metales*) cast; (*una moneda falsa*) pass off; **colar el hueso por** (coll) to squeeze through || *intr* to run, ooze; squeeze through; come in, slip in; drink wine; **colar a fondo** to sink; **no colar** (*una cosa*) to not be believed || *ref* to seep, seep through; slip in, slip through; make a slip; lie; **colarse de gorra** to crash the gate
colateral *adj* collateral || *mf* (*pariente*) collateral || *m* (com) collateral
colcrén *m* cold cream
colcha *f* quilt, counterpane, bedspread
colchón *m* mattress; **colchón de aire** air mattress; **colchón de muelles** bedspring, spring mattress; **colchón de plumas** feather bed
coleada *f* wag (*of the tail*); (Mex, Ven) throwing the bull by twisting its tail
colear *tr* (taur) to grab by the tail; (*la res*) (Mex, Ven) to throw by twisting the tail; (Col, Ven) to nag, harass; (Guat) to trail after; (*reprobar en un examen*) (Chile) to flunk || *intr* to wag the tail; stay alive, keep going; (*los últimos vagones de un tren*) sway; (aer) to fishtail; **colear en** (*cierta edad*) (CAm, W-I) to border on, be close to; **todavía colea** it's not over yet
colección *f* collection
coleccionar *tr* to collect
coleccionista *mf* collector
colecta *f* collection for charity; (eccl) collect
colectar *tr* to collect; (*obras antes sueltas*) collect in one volume
colecticio -cia *adj* new, untrained, green; (*tomo*) omnibus
colectivo -va *adj* collective
colector *m* collector; catch basin; (elec) commutator; (aut) manifold
colega *mf* colleague || *m* confrere
colegial *m* schoolboy; (Mex) greenhorn, beginner
colegiala *f* schoolgirl
colegiatura *f* scholarship; (Mex) tuition
colegio *m* school, academy; (*sociedad de hombres de una misma profesión*) college (*e.g., of cardinals, electors*)
colegir §57 *tr* to gather, collect; conclude, infer

cólera *m* cholera || *f* anger, wrath; (*bilis*) bile; **montar en cólera** to fly into a rage
coléri•co -ca *adj* choleric, irascible
colesterol *m* cholesterol
coleta *f* pigtail; (*del torero*) cue, queue; (coll) postscript; **cortarse la coleta** to quit the bull ring; to quit, retire; **tener** or **traer coleta** to have serious consequences
coletero *m* wren
coleto *m* buff jacket; (coll) body, one's body, oneself; **decir para su coleto** (coll) to say to oneself; **echarse al coleto** to eat up, drink up; read from cover to cover
colgadero *m* hanger, hook; clothes rack
colgadizo *m* lean-to, penthouse; projection over a door, canopy
colga•do -da *adj* pending, unsettled; **dejar colgado** to disappoint, frustrate; **quedarse colgado** to be disappointed, frustrated
colgador *m* clothes hanger, coat hanger
colgajo *m* rag, tatter
colgante *adj* hanging, dangling; (*puente*) suspension || *m* drop, pendant; (archit) festoon; (P-R) watch fob
colgar §63 *tr* to hang; impute, attribute; (*a un alumno*) flunk; (*a un reo*) hang || *intr* to hang, hang down, dangle; droop; (telp) to hang up; **colgar de** to hang from, hang on; depend on
coli•brí *m* (*pl* **-bríes**) humming bird
cóli•co -ca *adj & m* colic || *f* upset stomach
coliche *m* (coll) at-home, open house
coliflor *f* cauliflower
coligar §44 *ref* to join forces, make common cause
colilla *f* butt, stump, stub
co•lín -lina *adj* (*caballo o yegua*) bobtailed || *m* bobwhite; **colín de Virginia** bobwhite || *f* see **colina**
colina *f* hill, knoll
colindante *adj* adjacent, contiguous
colindar *intr* to be adjacent
colino•so -sa *adj* hilly
colirio *m* eyewash
coliseo *m* coliseum
colisión *f* collision; bruise, bump
colista *mf* person standing in line
colitis *f* colitis
colma•do -da *adj* abundant, plentiful || *m* food store, grocery store; seafood restaurant
colmar *tr* to fill up; (*las esperanzas de uno*) fulfill; overwhelm; **colmar de** to shower with, overwhelm with
colmena *f* beehive
colmenar *m* apiary
colmene•ro -ra *mf* beekeeper
colmillo *m* eyetooth, canine tooth; (*del elefante*) tusk; **tener el colmillo retorcido** to cut one's eyeteeth
col•mo -ma *adj* brimful, overflowing || *m* overflow; thatch, thatch roof; (*de un sorbete*) topping; **eso es el colmo** (coll) that's the limit; **para colmo de** to top off
colocación *f* (*acción de poner una persona o cosa en un lugar*) location; (*disposición de una cosa respecto del lugar que ocupa*)

placement; (*inversión de dinero*) investment; (*empleo*) position, employment, job
colocar §73 *tr* to place, put; (*una trampa*) set
‖ *ref* to get placed, find a job; (*venderse*)
sell
colodra *f* milk bucket; drinking horn; (*bebedor de vino*) (coll) toper
colofón *m* colophon
colofonia *f* rosin
coloide *adj & m* colloid
colon *m* colon; (gram) main clause
Colón *m* Columbus
colonia *f* colony; cologne; silk ribbon; housing development; (W-I) sugar plantation ‖
Colonia *f* Cologne; **la Colonia del Cabo**
Cape Colony
colonial *adj* colonial; overseas ‖ **coloniales**
mpl imported foods
colonizar §60 *tr & intr* to colonize
colono *m* colonist, settler; tenant farmer; (W-
I) owner of sugar plantation
coloquial *adj* colloquial
coloquialismo *m* colloquialism
coloquio *m* colloquy, talk, conference
color *m* color; (*substancia para pintar*) paint;
(*para pintarse el rostro*) rouge; **colores**
(*bandera*) colors; (*persona*) **de color** of
color, colored; (*zapatos*) tan; **sacar los
colores a** to make blush, **so color de** under
color of, under pretext of; **verlo todo de
color de rosa** to see everything through
rose-colored glasses
colora•do -da *adj* red, reddish; (*libre, obsceno*) off-color; (*aparentemente justo y
razonable*) specious; **ponerse colorado** to
blush
colorado•te -ta *adj* ruddy, sanguine
colorante *adj & m* coloring
colorar *tr* to color; dye; stain
colorear *tr* to color; (fig) to color, excuse,
palliate ‖ *ref* (*la cereza, el tomate, etc.*) to
redden, turn red
colorete *m* rouge; **ponerse colorete** to put on
rouge
colorir §1 *tr* to color; (fig) to color, palliate ‖
intr to take on color
colosal *adj* colossal
coloso *m* colossus
columbrar *tr* to discern, descry, glimpse; to
guess
columna *f* column; **columna de dirección**
steering column; **quinta columna** fifth column
columnata *f* colonnade
columnista *mf* columnist
columpiar *tr* to swing ‖ *ref* to swing; to
seesaw; (coll) to swing, swagger
columpio *m* swing; **columpio de tabla** seesaw
colusión *f* collusion
collada *f* mountain pass; (naut) steady blow
collado *m* hill, height
collar *m* necklace; dog collar, horse collar;
(*aro de hierro asegurado al cuello del
malhechor*) collar, band; (*plumas del cuello
de ciertas aves*) frill, ring; (*cadena que

rodea el cuello como insignia*) cord, chain;
(mach) collar
collera *f* horse collar; chain gang; **colleras**
(Arg, Chile) cuff links
co•llón -llona *adj* cowardly ‖ *mf* coward
coma *m* (pathol) coma ‖ *f* comma; (*en inglés
se emplea el punto en aritmética para
separar los enteros de las fracciones deci-
males*) decimal point
comadre *f* mother or godmother (*with respect
to each other*); gossip (*woman*); friend,
neighbor (*woman*)
comadrear *intr* to gossip, go around gossiping
comadreja *f* weasel
comadrería *f* gossip, idle gossip
comadre•ro -ra *adj* gossipy ‖ *mf* gossip
comadrón *m* accoucheur
comadrona *f* midwife
comandancia *f* command; commander's
headquarters; (mil) majority
comandante *m* commander, commandant;
(mil) major
comandar *tr* (mil, nav) to command
comando *m* (mil) command; **comando a
distancia** remote control
comarca *f* district, region, country
comarcar §73 *tr* to plant in a line at regular
intervals ‖ *intr* to border, be contiguous
comato•so -sa *adj* comatose
comba *f* bend, curve; warp, bulge; skipping
rope; **saltar a la comba** to jump rope, skip
rope
combar *tr* to bend, curve ‖ *ref* to bend,
curve; warp, bulge; sag
combate *m* combat, fight; **combate revancha** (box) return bout; **fuera de combate**
hors de combat; (box) knockout
combatiente *adj & m* combatant
combatir *tr* to combat, fight; beat, beat upon
‖ *intr & ref* to combat, fight, struggle
combinación *f* combination; (*de trenes*) connection
combinar *tr & ref* to combine
com•bo -ba *adj* bent, curved, crooked;
warped ‖ *m* trunk or rock to stand wine
casks on ‖ *f* see **comba**
combustible *adj* combustible ‖ *m* (*substancia
que arde con facilidad*) combustible; (*substancia que sirve para calentar, cocinar,
etc.*) fuel; **combustible alternativo** alternate fuel
combustión *f* combustion
comede•ro -ra *adj* eatable ‖ *m* manger, feed
trough; (Mex) haunt, hangout; **limpiarle a
uno el comedero** to deprive someone of
his bread and butter
comedia *f* drama, play; theater; comedy; (fig)
farce; **comedia cómica** (*drama de desenlace festivo*) comedy; **hacer la comedia** to
pretend, make believe
comedian•te -ta *mf* hypocrite ‖ *m* actor,
comedian ‖ *f* actress, comedienne
comedi•do -da *adj* courteous, polite; moderate; obliging, accommodating
comedimiento *m* courtesy, politeness; moderation

comediógra•fo -fa _mf_ playwright
comedir §50 _ref_ to be courteous; restrain oneself, be moderate; be obliging; **comedirse a** to offer to, volunteer to
comedón _m_ blackhead
come•dor -dora _adj_ heavy-eating ‖ _m_ dining room; restaurant, eating place; dining-room suite; **comedor de beneficencia** soup kitchen
comején _m_ termite ⁊
comendador _m_ prelate, prior; knight commander; _(de una orden militar)_ commander
comensal _mf_ dependent, servant; table companion
comentar _tr_ to comment on ‖ _intr_ to comment; to gossip
comentario _m_ comment, commentary; **comentarios** talk, gossip
comentarista _mf_ commentator
comento _m_ comment, commentary; deceit, falsehood
comenzar §18 _tr & intr_ to commence, begin, start
comer _m_ eating, food ‖ _tr_ to eat; to feed on; to gnaw away; to consume; _(alguna renta)_ to enjoy; to itch; _(una pieza en el juego de damas)_ to take; **comer vivo** to have it in for; **sin comerlo ni beberlo** (coll) without having anything to do with it; **tener qué comer** to have enough to live on ‖ _intr_ to eat; to dine, to have dinner; to itch ‖ _ref_ to eat up; _(las uñas)_ to bite; _(el dinero)_ (coll) to consume, eat up; _(omitir)_ to skip, skip over; **comerse unos a otros** to be at loggerheads
comerciable _adj_ marketable; sociable
comercial _adj_ commercial, business
comerciante _mf_ merchant, trader, dealer; **comerciante al por mayor** wholesaler; **comerciante al por menor** retailer
comerciar _intr_ to trade, deal
comercio _m_ commerce, trade, business; store, shop; business center; commerce, intercourse; **comercio de artículos de regalo** gift shop; **comercio exterior** foreign trade
comestible _adj_ eatable ‖ _m_ food, foodstuff
cometa _m_ comet ‖ _f_ kite
cometer _tr_ _(un crimen, una falta)_ to commit; _(un negocio a una persona)_ commit, entrust; _(figuras retóricas)_ employ
cometido _m_ assignment, duty; commitment
comezón _f_ itch
comicastro _m_ ham, ham actor
comicios _mpl_ polls; **acudir a los comicios** to go to the polls
cómi•co -ca _adj_ comic, comical; dramatic ‖ _mf_ actor; comedian; **cómico de la legua** strolling player, barnstormer ‖ _f_ actress; comedienne
comida _f_ _(alimento)_ food; _(el que se toma a horas señaladas)_ meal; _(el principal de cada día)_ dinner; **comida corrida** (Mex) table d'hôte
comidilla _f_ hobby; **la comidilla del pueblo** the talk of the town

comienzo _m_ beginning, start; **a comienzos de** around the beginning of
comilitona _f_ spread, feast
comi•lón -lona _adj_ heavy-eating ‖ _mf_ hearty eater ‖ _f_ hearty meal, spread
comillas _fpl_ quotation marks
cominear _intr_ _(el hombre)_ to fuss around like a woman
comiquear _intr_ to put on amateur plays
comiquillo _m_ ham, ham actor
comisar _tr_ to seize, confiscate
comisario _m_ commissary; commissioner; **comisario de a bordo** purser
comisión _f_ commission; committee; _(recado)_ errand
comisiona•do -da _mf_ commissioner ‖ _m_ committeeman
comisionar _tr_ to commission
comiso _m_ seizure, confiscation; confiscated goods
comisura _f_ corner _(e.g., of lips)_
comité _m_ committee; **comité planeador** steering committee
comitente _mf_ constituent
comitiva _f_ retinue, suite; procession
como _adv_ as, like; so to speak, as it were ‖ _conj_ as; when; if; so that; as soon as; as long as; inasmuch as; **así como** as well as; **como no** unless; **como que** because, inasmuch as; **como quien dice** so to speak; **tan luego como** as soon as
cómo _adv_ how; why; what; **¿a cómo es. . . ?** how much is. . . ?; **¿cómo no?** why not?
cómoda _f_ bureau, commode, chest
comodidad _f_ comfort; convenience; advantage, interest
comodín _m_ joker, wild card; gadget, jigger; excuse, alibi
cómo•do -da _adj_ handy, convenient; comfortable ‖ _f_ see **cómoda**
como•dón -dona _adj_ comfort-loving, self-indulgent, easy-going
compac•to -ta _adj_ compact
compadecer §22 _tr_ to pity, feel sorry for ‖ _ref_ to harmonize; **compadecerse con** to harmonize with; **compadecerse de** to pity, feel sorry for
compadraje _m_ clique, cabal
compadrar _intr_ to become a godfather; become friends
compadre _m_ father or godfather _(with respect to each other)_; friend, companion
compadrear _intr_ to be close friends; (Arg, Urug) to brag, show off
compadrería _f_ close companionship
compadrito _m_ (Arg) bully
compaginar _tr_ to arrange, put in order ‖ _ref_ to fit, agree; blend
companage _m_ snacks, cold cuts
compañerismo _m_ companionship
compañe•ro -ra _mf_ companion; partner; mate; **compañero de cama** bedfellow; **compañero de candidatura** (pol) running mate; **compañero de cuarto** roommate; **compañero de juego** playmate; **compañero de viaje** fellow traveler ‖ _f_ _(esposa)_ helpmeet

compañía *f* company; society; **compañía de desembarco** (nav) landing force; **compañía matriz** parent company; **hacerle compañía a una persona** to keep someone company
compañón *m* testicle; **compañón de perro** orchid
comparación *f* comparison
comparar *tr* to compare
comparati•vo -va *adj* comparative
comparecencia *f* (law) appearance
comparecer §22 *intr* (law) to appear
comparendo *m* (law) summons
comparsa *mf* (theat) supernumerary, extra ‖ *f* supernumeraries, extras
compartimiento *m* distribution, division; compartment; **compartimiento estanco** watertight compartment
compartir *tr* to distribute, divide; share
compás *m* (*brújula*) compass; (*instrumento para trazar curvas*) compass or compasses; rule, measure; (mus) time, measure; (mus) bar, measure; (mus) beat; **a compás** (mus) in time; **compás de calibres** calipers; **compás de división** dividers; **llevar el compás** (mus) to keep time
compasible *adj* compassionate; pitiful
compasión *f* compassion; **¡por compasión!** for pity's sake!
compasi•vo -va *adj* compassionate
compatri•cio -cia *mf* or **compatriota** *mf* fellow countryman, compatriot
compeler *tr* to compel
compendiar *tr* to condense, summarize
compendio *m* compendium; **en compendio** in a word
compendio•so -sa *adj* compendious
compensación *f* compensation; (com) clearing, clearance
compensar *tr* to compensate; compensate for ‖ *intr* to compensate ‖ *ref* to be compensated for
competencia *f* (*aptitud*) competence; (*rivalidad*) competition; dispute; area, field; **de la competencia de** in the domain of; **sin competencia** unmatched (*prices*)
competente *adj* competent; reliable
competer *intr* to be incumbent
competición *f* competition
competi•dor -dora *adj* competing ‖ *mf* competitor
competir §50 *intr* to compete; **poder competir** to be competitive
compilación *f* compilation
compilar *tr* to compile
compinche *mf* chum, crony, pal
complacencia *f* complacency
complacer §22 *tr* to please, humor ‖ *ref* to be pleased, take pleasure
complaciente *adj* obliging; indulgent
comple•jo -ja *adj* & *m* complex; **complejo de inferioridad** inferiority complex
complementar *tr* to complement
complemento *m* complement; completion; perfection; accessory; **complemento directo** (gram) direct object
completar *tr* to complete; perfect

comple•to -ta *adj* complete; (*autobús, tranvía*) full
complexión *f* constitution
complexiona•do -da *adj* — **bien complexionado** strong, robust; **mal complexionado** weak, frail
comple•xo -xa *adj* complex
complica•do -da *adj* complicated, complex
complicar §73 *tr* to complicate; involve ‖ *ref* to become complicated; become involved
cómplice *mf* accomplice, accessory
complicidad *f* complicity
com•plot *m* (*pl* -plots) plot, intrigue
compone•dor -dora *mf* composer, compositor; typesetter; arbitrator; repairer ‖ *m* stick, composing stick; **amigable componedor** mediator, umpire
componenda *f* compromise, settlement, reconciliation
componente *adj* component, constituent ‖ *m* component, constituent; member ‖ *f* (mech) component
componer §54 *tr* to compose; compound; mend; repair; pacify, reconcile; arrange, put in order; restore, strengthen; (*huesos dislocados*) (Am) to set; (Col) to bewitch ‖ *ref* to compose oneself; get dressed; make up, become friends again; (*pintarse el rostro*) make up; **componérselas** to make out, manage
comportable *adj* bearable, tolerable
comportamentismo *m* behaviorism
comportamiento *m* behavior, conduct
comportar *tr* to support; bring about, entail ‖ *ref* to act, behave
comporte *m* behavior; carriage, bearing
composición *f* composition; agreement; (*circunspección*) composure, restraint; **hacer una composición de lugar** to lay one's plans carefully
compositi•vo -va *adj* (gram) combining
composi•tor -tora *mf* composer ‖ *m* (Arg, Urug) horse trainer, trainer of fighting cocks
compostura *f* composition; agreement; (*circunspección*) composure, restraint; repair, repairing, mending; (*aseo*) neatness; adulteration; (Arg, Urug) training
compota *f* compote, preserves; **compota de frutas** stewed fruit; **compota de manzanas** applesauce
compotera *f* (*vasija*) compote
compra *f* purchase, buy; shopping; **compra al contado** cash purchase; **compra a plazos** installment buying; **hacer compras, ir de compras** to go shopping
compra•dor -dora *mf* purchaser, buyer; shopper
comprar *tr* to purchase, buy; (*sobornar*) buy off ‖ *intr* to shop
compraventa *f* dealing, business, bargain, trading; resale
comprender *tr* (*entender*) to understand; (*entender; abrazar*) comprehend; (*contener, incluir*) comprise
comprensible *adj* comprehensible, understandable

comprensión *f* understanding, comprehension; inclusion

comprensi•vo -va *adj* understanding; comprehensive; **comprensivo de** inclusive of

compresa *f* (med) compress; **compresa higiénica** sanitary napkin

comprensión *f* compression

comprimido *m* tablet

comprimir *tr* to compress; restrain, repress; flatten

comprobación *f* checking, verification; proof

comprobante *adj* proving ‖ *m* certificate, voucher, warrant; proof; claim check

comprobar §61 *tr* to check, verify; prove

comprometer *tr* to compromise, endanger, jeopardize; force, oblige; (*un negocio a un tercero*) entrust ‖ *ref* to promise; commit oneself; become engaged

comprometi•do -da *adj* awkward, embarrassing; engaged to be married

comprometimiento *m* commitment, promise; predicament, awkward situation; compromise

compromiso *m* commitment, promise; appointment, engagement; predicament, awkward situation; betrothal

compuerta *f* hatch, half door; floodgate, sluice

compues•to -ta *adj & m* composite, compound

compulsar *tr* to collate; make an authentic copy of

compungi•do -da *adj* remorseful

compungir §27 *tr* to make remorseful ‖ *ref* to feel remorse

compurgar §44 *tr* (*el reo la pena*) (Mex) to finish serving

computar *tr & intr* to compute

cómputo *m* computation, calculation

comulgante *mf* (eccl) communicant

comulgar §44 *tr* to administer communion to ‖ *intr* to take communion

comulgatorio *m* communion rail, altar rail

común *adj* common ‖ *m* community; water closet; toilet; **el común de las gentes** the general run of people; **por lo común** commonly

comunal *adj* common; community ‖ *m* community

comune•ro -ra *adj* popular ‖ *m* shareholder

comunicación *f* communication; connection

comunicado *m* communiqué; letter to the editor, official announcement

comunica•dor -dora *adj* communicating

comunicante *mf* communicant, informant

comunicar §73 *tr* to communicate; notify, inform; connect, put into communication ‖ *intr* to communicate ‖ *ref* to communicate; communicate with each other

comunicati•vo -va *adj* communicative

comunidad *f* community

comunión *f* communion; political party; sect

comunismo *m* communism

comunista *mf* communist

comunistizar §60 *tr* to convert to communism ‖ *ref* to become communistic

comunizar §60 *tr* to communize

con *prep* with; to, towards; in spite of; **con que** and so; whereupon; **con tal (de) que** provided that; **con todo** however, nevertheless

conato *m* effort, endeavor; (*delito que no llegó a consumarse*) attempt

cónca•vo -va *adj* concave

concebible *adj* conceivable

concebir §50 *tr & intr* to conceive

conceder *tr* to concede, admit; grant

concejal *m* alderman, councilman; **concejales** city fathers

concejo *m* town council; town hall; council meeting; (*expósito*) foundling

concentrar *tr & ref* to concentrate

concéntri•co -ca *adj* concentric

concepción *f* conception

concepto *m* concept; opinion, judgment; (*dicho ingenioso*) conceit, witticism; point of view; **en concepto de** under the head of; **tener buen concepto de** or **tener en buen concepto** to have a high opinion of, to hold in high esteem

conceptuar §21 *tr* to deem, judge, regard

conceptuo•so -sa *adj* witty, epigrammatic

concerniente *adj* relative

concernir §28 *tr* to concern

concertar §2 *tr* to concert; mend, repair; (*un casamiento; la paz*) arrange; (*huesos dislocados*) set; (*poner de acuerdo*) reconcile; (*un pacto*) conclude; harmonize ‖ *intr* to concert; agree ‖ *ref* to come to terms, become reconciled; agree

concertino *m* concertmaster

concertista *mf* (mus) manager; (mus) performer, soloist

concesión *f* concession, admission; grant

concesionario *m* licensee; (*comerciante*) dealer

concesi•vo -va *adj* concessive

conciencia *f* (*conocimiento que uno tiene de su propia existencia*) consciousness; (*sentimiento del bien y del mal*) conscience; (*conocimiento*) awareness; **cobrar conciencia de** to become aware of; **en conciencia** in all conscience

concienciación *f* consciousness raising

concienzu•do -da *adj* conscientious; thorough

concierto *m* concert, harmony; (*función de música*) concert; (*composición de música*) concerto

concilia•dor -dora *adj* conciliatory

conciliar *tr* to conciliate, reconcile ‖ *ref* (*el respeto, la estima, etc.*) to conciliate, win

concilio *m* (eccl) council

conci•so -sa *adj* concise

concitar *tr* to stir up, incite, agitate

conciudada•no -na *mf* fellow citizen

concluir §20 *tr* to conclude; convince ‖ *intr & ref* to conclude, end

conclusión *f* conclusion

concluyente *adj* conclusive, convincing

concomitar *tr* to accompany, go with

concordancia *f* concordance; (gram, mus) concord

concordar §61 *tr* to harmonize; reconcile; make agree ‖ *intr* to agree

concordia *f* concord; **de concordia** by common consent

concre•to -ta *adj* concrete

concubina *f* concubine

concubio *m* (archaic) bedtime

concuñada *f* sister-in-law

concuñado *m* brother-in-law

concurrencia *f* (*acaecimiento de varios sucesos en un mismo tiempo*) concurrence; (*competencia comercial*) competition; (*ayuda*) assistance, crowd, gathering, attendance

concurrente *adj* concurrent; competing ‖ *mf* competitor, contender, entrant

concurri•do -da *adj* crowded, full of people; well-attended

concurrir *intr* to concur; gather, meet, come together; compete, contend; coincide; **concurrir con** (*p.ej., dinero*) to contribute

concursante *mf* contender

concursar *tr* to declare insolvent ‖ *intr* to contend, compete

concurso *m* contest, competition; (*de gente*) concourse, crowd, throng; backing, coöperation; show, exhibition; **concurso de acreedores** meeting of creditors; **concurso de belleza** beauty contest; **concurso hípico** horse show

concusión *f* concussion; extortion, shakedown

concha *f* (*de molusco o crustáceo*) shell; (*cada una de las dos partes del caparazón de los moluscos bivalvos*) half shell; (*en que se sirve el pescado*) scallop; (*carey*) tortoise shell; oyster; shellfish; horseshoe bay; (theat) prompter's box; **concha de peregrino** scallop shell; (zool) scallop; (*ostras*) **en su concha** on the half shell; **tener muchas conchas** to be sly, cunning

conchabanza *f* comfort; collusion, cabal

conchabar *tr* to join, unite; hire ‖ *ref* to gang up; hire out

conchabero *m* (Col) pieceworker

condado *m* county; earldom

conde *m* count, earl; gypsy chief

condecoración *f* decoration

condecorar *tr* to decorate

condena *f* sentence; penalty, jail term; **condena judicial** conviction

condenación *f* condemnation; (*la eterna*) damnation

condena•do -da *adj* condemned; damned; (Chile) shrewd, clever ‖ *mf* sentenced person; **los condenados** the damned

condenar *tr* to condemn; convict; (*a la pena eterna*) damn; (*p.ej., una ventana*) shut off, block up; (*una habitación*) padlock ‖ *ref* to condemn oneself, confess one's guilt; (*a la pena eterna*) be damned

condensar *tr* to condense ‖ *ref* to condense, be condensed

condesa *f* countess

condescendencia *f* acquiescence, compliance

condescender §51 *intr* to acquiesce, comply; **condescender a** to accede to

condescendiente *adj* acquiescent, obliging

condición *f* condition, state; position, situation; standing; nature, character, temperament; **a condición (de) que** on condition that; **en buenas condiciones** in good condition, in good shape; **tener condición** to have a bad temper

condicional *adj* conditional

condimentar *tr* to season

condimento *m* condiment, seasoning

condiscípulo *m* fellow student

condolencia *f* condolence

condoler §47 *ref* to condole; **condolerse de** to sympathize with, feel sorry for, commiserate with

condominio *m* condominium

condonar *tr* to condone, overlook

cóndor *m* condor; (Chile, Ecuad) gold coin

conducción *f* conveyance, transportation; guiding, leading; (aut) drive, driving; **conducción a la derecha** right-hand drive; **conducción a la izquierda** left-hand drive; **conducción interior** closed car

conducente *adj* conducive

conducir §19 *tr* to conduct; manage, direct; guide, lead; convey, transport; drive; employ, hire ‖ *intr* to lead; conduce ‖ *ref* to conduct oneself, behave

conducta *f* conduct; management, direction; guidance; conveyance; conduct, behavior

conducto *m* pipe; conduit; (anat) duct, canal; agency, intermediary, channel; **por conducto de** through

conduc•tor -tora *adj* conducting ‖ *mf* driver, motorist; (*cobrador en un vehículo público*) conductor ‖ *m & f* (elec & phys) conductor; **buen conductor, buena conductora** good conductor; **mal conductor, mala conductora** bad or poor conductor ‖ *m* (rr) engineman, engine driver

conectar *tr* to connect

conecti•vo -va *adj* connective

conejera *f* burrow, warren; (coll) joint, dive

conejillo *m* young rabbit; **conejillo de Indias** guinea pig

conejo *m* rabbit

conexión *f* connection

conexionar *tr* to connect; put in touch ‖ *ref* to connect; make contacts

confabulación *f* collusion, connivance

confabular *ref* to connive, scheme, plot

confección *f* making, preparation, confection; tailoring; ready-made suit; **confección a medida** suit made to order; **de confección** ready-made

confeccionar *tr* (*ropa*) to make; (*una receta*) make up, concoct

confeccionista *mf* ready-made clothier

confederación *f* confederacy; alliance

confedera•do -da *adj & mf* confederate

confederar *tr & ref* to confederate

conferencia *f* (*reunión para tratar asuntos internacionales, etc.*) conference; (*plática para tratar de algún negocio*) interview; (*disertación en público o en la universidad*) lecture; **conferencia telefónica** (telp) long-distance call

CO
CO

conferenciante *mf* conferee; lecturer
conferenciar *intr* .to confer, hold an interview
conferencista *mf* (Arg) lecturer
conferir §68 *tr* to confer, award, bestow; discuss; compare ‖ *intr* to confer
confesante *mf* confessor
confesar §2 *tr*, *intr* & *ref* to confess
confesión *f* confession; denomination, faith, religion
confe•so -sa *adj* confessed; (*judío*) converted ‖ *mf* converted Jew ‖ *m* lay brother
confesonario *m* confessional
confesor *m* confessor
confiable *adj* reliable, dependable
confia•do -da *adj* unsuspecting; haughty, self-confident
confianza *f* confidence; self-confidence, self-assurance; familiarity; secret deal; **de confianza** reliable
confianzu•do -da *adj* overconfident; overfamiliar
confiar §77 *tr* to confide, entrust; strengthen the confidence of ‖ *intr* & *ref* to confide, trust; **confiar** or **confiarse de** or **en** to confide in, trust in; rely on
confidencia *f* confidence; secret; **de mayor confidencia** top secret
confidencial *adj* confidential
confiden•te -ta *adj* trustworthy, faithful ‖ *mf* confident ‖ *m* spy; informer; secret agent; love seat
configurar *tr* to shape, form
confín *m* confine, border, boundary; **los confines** the confines
confina•do -da *adj* exiled ‖ *m* prisoner
confinamiento *m* confinement; abutment
confinar *tr* to exile; confine ‖ *intr* to border
confirmar *tr* to confirm
confiscar §73 *tr* to confiscate
confita•do -da *adj* hopeful, confident; (*bañado de azúcar*) candied
confitar *tr* (*frutas*) to candy; (*en almíbar*) preserve; (*endulzar*) sweeten
confite *m* candy, bonbon, confection; **confites** confectionery
confitera *f* candy box; candy jar
confitería *f* confectionery; confectionery store
confite•ro -ra *mf* confectioner ‖ *f* see **confitera**
confitura *f* preserves, confiture; **confituras** confectionery
conflagración *f* conflagration
conflagrar *tr* to set fire to
conflicti•vo -va *adj* conflicting; anguished
conflicto *m* conflict; (*apuro*) fix, jam
confluencia *f* confluence
confluir §20 *intr* to flow together; crowd, gather
conformador *m* hat block
conformar *tr* to shape; (*un sombrero*) to block ‖ *intr* & *ref* to conform, comply, yield, agree
conforme *adj* in agreement ‖ *adv* depending on circumstances; fine, O.K.; **conforme a** according to ‖ *conj* as, in proportion as; as soon as ‖ *m* approval

conformidad *f* conformance, conformity; resignation
confort *m* comfort
confortable *adj* comfortable; comforting
confortante *adj* comforting; tonic ‖ *mf* comforter ‖ *m* tonic
confr. *abbr* **confesor**
confricar §73 *tr* to rub
confrontar *tr* (*poner en presencia; cotejar*) to confront ‖ *intr* to border; to agree ‖ *ref* to get along, agree; **confrontarse con** (*hacer frente a*) to confront
confundir *tr* to confuse; (*turbar, dejar desarmado*) confound ‖ *ref* to become confused; (*en la muchedumbre*) get lost
confusión *f* confusion
confutar *tr* to confute
congal *m* (Mex) brothel, whorehouse
congelador *m* freezer
congelar *tr* to congeal, freeze; (*créditos*) (fig) to freeze ‖ *ref* to congeal, freeze
congenial *adj* congenial (*having the same nature*)
congeniar *intr* to be congenial, get along well
congéni•to -ta *adj* congenital
congestión *f* congestion
congestionar *tr* to congest ‖ *ref* to congest, become congested
conglobar *tr* to lump together
congoja *f* anguish, grief
congojo•so -sa *adj* distressing; distressed
congosto *m* narrow mountain pass
congraciar *tr* to win over ‖ *ref* to ingratiate oneself; **congraciarse con** to get into the good graces of
congratulación *f* congratulation
congratular *tr* to congratulate ‖ *ref* to congratulate oneself, rejoice
congregación *f* congregation; **la Congregación de los fieles** the Roman Catholic Church
congregar §44 *tr* to bring together ‖ *ref* to congregate, come together
congresal *m* (Arg, Chile) congressman
congresista *mf* delegate; member of congress ‖ *m* congressman ‖ *f* congresswoman
congreso *m* (*asamblea legislativa*) congress; (*reunión para deliberar sobre intereses comunes*) meeting, convention
congrio *m* conger eel
cóni•co -ca *adj* conical
conjetura *f* conjecture, guess
conjeturar *tr* & *intr* to conjecture, guess
conjugación *f* conjugation
conjugar §44 *tr* to conjugate; combine
conjunción *f* conjunction; combination
conjuntamente *adv* together
conjuntista *m* chorus man ‖ *f* chorus girl
conjunti•vo -va *adj* conjunctive; subjunctive
conjun•to -ta *adj* joined, combined, united ‖ *m* whole, entirety, ensemble; unit; group; (theat) chorus; **de conjunto** general; **en conjunto** as a whole; **en su conjunto** in its entirety
conjura or **conjuración** *f* conspiracy, plot

conjuramentar *tr* to swear in ‖ *ref* to take an oath

conjurar *tr* to swear in; conjure, entreat; conjure away, exorcise ‖ *intr* to conspire, plot ‖ *ref* to conspire, join in a conspiracy

conjuro *m* (*invocación supersticiosa*) conjuration; adjuration, entreaty

conllevar *tr* (*los trabajos*) to share in bearing; (*a una persona*) tolerate, stand for; (*las adversidades*) suffer

conmemorar *tr* to commemorate, memorialize

conmigo *pron* with me, with myself

conmilitón *m* fellow soldier

conminar *tr* to threaten

conmoción *f* commotion; concussion, shock

conmove•dor -dora *adj* touching, moving, stirring

conmover §47 *tr* to touch, move, affect; stir, stir up; shake, upset ‖ *ref* to be touched, be moved

conmutación *f* commutation

conmutador *m* (elec) change-over switch, (SAm) telephone exchange

conmutar *tr* to commute

connivencia *f* connivance; estar en connivencia to connive

cono *m* cone; cono de proa nose cone; cono de viento (aer) wind cone, wind sock

conoce•dor -dora *adj* knowledgeable ‖ *mf* expert, connoisseur

conocer §22 *tr* to know; meet, get to know; tell, distinguish; (law) to try ‖ *intr* to know; conocer de or en to know, have knowledge of ‖ *ref* to know oneself; know each other; meet, meet each other

conoci•do -da *adj* known, well-known, familiar; distinguished, prominent ‖ *mf* acquaintance

conocimiento *m* knowledge; understanding; acquaintance; consciousness; (com) bill of lading; con conocimiento de causa knowingly, with full knowledge; conocimiento de embarque (com) bill of lading; conocimientos knowledge; hablar con pleno conocimiento de causa to know what one is talking about; perder el conocimiento to lose consciousness; por su real conocimiento (Arg) for real money; recobrar el conocimiento to regain consciousness; venir en conocimiento de to come to know

conque *adv* and so ‖ *m* condition, terms

conquista *f* conquest

conquista•dor -dora *adj* conquering ‖ *m* conqueror; (*ladrón de corazones*) ladykiller

conquistar *tr* to conquer; (*ganar la voluntad de*) win over

consabi•do -da *adj* well-known; above-mentioned

consagrar *tr* to consecrate; devote; dedicate; (*una nueva palabra*) authorize ‖ *ref* to devote oneself; make a name for oneself

consciente *adj* conscious

conscripción *f* conscription

conscripto *m* conscript, draftee

consecución *f* obtaining, getting

consecuencia *f* (*correspondencia lógica entre sus elementos*) consistency; (*acontecimiento que resulta necesariamente de otro*) consequence; en consecuencia accordingly; guardar consecuencia to remain consistent; traer a consecuencia to bring in

consecuente *adj* (*que tiene proporción consigo mismo*) consistent; (*que sigue en orden a otra cosa*) consecutive

consecuti•vo -va *adj* consecutive

conseguir §67 *tr* to get, obtain; conseguir + *inf* to succeed in + *ger*

conseja *f* story, fairy tale; cabal

conseje•ro -ra *adj* advisory ‖ *mf* advisor, counselor; councilor

consejo *m* advice, counsel; board; council; consejos advice; un consejo a piece of advice

consenso *m* consensus

consenti•do -da *adj* spoiled, pampered; (*marido*) indulgent

consenti•dor -dora *adj* acquiescent; pampering ‖ *mf* acquiescent person; (*de niños*) pamperer ‖ *m* cuckold

consentimiento *m* consent

consentir §68 *tr* to allow; admit; pamper, spoil ‖ *intr* to consent; come loose; consentir + *inf* to think that + *ind*; consentir con to be indulgent toward; consentir en to consent to ‖ *ref* to begin to crack up; (Arg) to be proud

conserje *m* janitor, concierge

conserva *f* preserves; preserved food; pickles, (naut) convoy; conservas alimenticias canned goods; llevar en su conserva (naut) to convoy; navegar en (la) conserva (naut) to sail in a convoy

conservación *f* conservation; preservation; self-preservation; maintenance, upkeep

conserva•dor -dora *adj* preservative; (pol) conservative ‖ *mf* conservative ‖ *m* curator

conservar *tr* to conserve, keep, maintain; preserve ‖ *ref* to take good care of oneself; keep

conservati•vo -va *adj* conservative, preservative

conservatorio *m* (*p.ej., de música*) conservatory; (Arg) private school; (Chile) hothouse, greenhouse

conservera *f* cannery; (Mex) preserve dish

conservería *f* canning

conserve•ro -ra *adj* canning ‖ *mf* canner ‖ *f* see conservera

considerable *adj* considerable; large, great, important

consideración *f* consideration; ser de consideración to be of importance, be of concern; someter a consideración to take under advisement

considera•do -da *adj* (*que guarda consideración a los demás*) considerate; (*digno de respeto*) respected, esteemed; (*que obra con reflexión*) cautious, prudent

considerando *conj* & *m* whereas

considerar *tr* to consider; treat with consideration

consigna *f* slogan; watchword; (mil) orders; (rr) checkroom
consignación *f* consignment
consignar *tr* to consign; assign; state in writing, set forth
consignatario *m* consignee
consigo *pron* with him, with her, with them, with you; with himself, with herself, with themselves, with yourself or yourselves
consiguiente *adj* consequential; **ir** or **proceder consiguiente** to act consistently ‖ *m* consequence; **por consiguiente** consequently, therefore
consilia•rio -ria *mf* advisor, counselor
consistencia *f* consistence, consistency
consistente *adj* consistent
consistir *intr* to consist; **consistir en** (*estar compuesto de*) to consist of; (*residir en*) consist in
consistorio *m* consistory; town council; town hall
conso•cio -cia *mf* copartner; companion, fellow member
consola *f* console, console table; bracket
consolación *f* consolation
consolar §61 *tr* to console
consolidar *tr* to fund, refund; strengthen; repair
consommé *m* consommé
consonancia *f* consonance; rhyme
consonante *adj* consonantal; rhyming ‖ *m* rhyme ‖ *f* consonant
consonar §61 *intr* to be in harmony; rhyme
cónsone *adj* harmonious ‖ *m* (mus) chord
consorcio *m* consortium; partnership; fellowship
consorte *mf* consort, mate, spouse; partner, companion; **consortes** (law) colitigants; (law) accomplices
conspi•cuo -cua *adj* outstanding, prominent
conspiración *f* conspiracy
conspirar *intr* to conspire
constancia *f* constancy; certainty, proof
constante *adj* constant; steady, regular; sure, certain ‖ *f* constant
constar *intr* to be clear, be certain; be on record; have the right rhythm; **constar de** to consist of; **hacer constar** to state, make known; **y para que conste** in witness whereof
constatación *f* proof
constatar *tr* to prove, establish, show
constelación *f* constellation; climate, weather; epidemic
consternar *tr* to depress, dismay
constipación *f* or **constipado** *m* cold, cold in the head
constipar *tr* (*los poros*) to stop up ‖ *ref* to catch cold
constitución *f* constitution
constituir §20 *tr* to constitute; establish, found; **constituir en** to force into ‖ *ref* — **constituirse en** to set oneself up as
constituti•vo -va *adj & m* constituent
constituyente *adj* (*para dictar o reformar la constitución*) constituent

constreñir §72 *tr* to constrain, force, compel; constrict, compress
construcción *f* construction; building, structure; **construcción de buques** shipbuilding
construc•tor -tora *adj* construction ‖ *mf* builder, constructor; **constructor de buques** shipbuilder
construir §20 *tr* to build, construct
consuegro *m* fellow father-in-law (*with respect to the father of one's son-in-law or daughter-in-law*), father-in-law of one's child
consuelda *f* comfrey; **consuelda real** field larkspur; **consuelda sarracena** goldenrod
consuelo *m* consolation; joy, delight; **sin consuelo** inconsolably; to excess
consueta *m* (theat) prompter
consuetudina•rio -ria *adj* customary, usual
cónsul *m* consul
consulado *m* consulate, consulship; (*casa u oficina*) consulate
consular *adj* consular
consulta *f* consultation; opinion; reference
consultación *f* consultation
consultar *tr* to consult; take up, discuss; advise ‖ *intr* to consult, confer
consulti•vo -va *adj* advisory
consul•tor -tora *mf* consultant
consultorio *m* dispensary
consuma•do -da *adj* consummate ‖ *m* consommé
consumar *tr* to consummate; fulfill, carry out
consumerismo *m* consumerism
consumición *f* consumption; drink (*in bar or restaurant*)
consumi•do -da *adj* thin, weak, emaciated; fretful
consumi•dor -dora *mf* consumer; customer (*in bar or restaurant*)
consumir *tr* to consume; exhaust; harass, wear down ‖ *ref* to consume, waste away; long, yearn
consumo *m* consumption; drink (*in bar or restaurant*); customers; **consumos** octroi
consunción *f* consumption; (pathol) consumption
consuno *adv* — **de consuno** together, in accord
consunti•vo -va *adj* consumptive; (*crédito*) consumer
contabilidad *f* accounting, bookkeeping
contabilista *mf* accountant, bookkeeper
contabilizadora *f* computer
contabilizar §60 *tr* to enter in the ledger
contable *adj* countable ‖ *mf* accountant, bookkeeper
contactar *intr* to contact, be in contact
contacto *m* contact; **ponerse en contacto con** to get in touch with
conta•do -da *adj* scarce, rare; **al contado** cash, for cash; **contados** a few; **de contado** right away; **por de contado de** course
contador *m* counter; accountant; (*que mide el agua, gas, electricidad*) meter; (law) receiver; **contador de abonado** house meter; **contador de Geiger** Geiger counter; **contador kilométrico** speedometer; **contador**

público titulado certified public accountant

contaduría *f* accountancy; accountant's office; box office for advanced sales

contagiar *tr* to infect; corrupt

contagio *m* contagion

contagio•so -sa *adj* contagious

contaminación *f* contamination; **contaminación ambiental** environmental pollution

contaminante *m* pollutant

contaminar *tr* to contaminate; (*un texto*) corrupt; (*la ley de Dios*) break

contante *adj* (*dinero*) ready

contar §61 *tr* to count; regard, consider; tell, relate; **contar . . . años** to be . . . years old; **dejarse contar diez** (box) to take the count; **tiene sus horas contadas** his days are numbered ‖ *intr* to count; **a contar desde** beginning with; **contar con** to count on, rely on; reckon with; expect to

contemplación *f* contemplation; leniency, condescension

contemplar *tr* to contemplate; be lenient to ‖ *intr* to contemplate

contemporáne•o -a *adj* contemporaneous, contemporary ‖ *mf* contemporary

contemporizar §60 *intr* to temporize

contención *f* containment; contention, strife; (law) suit, litigation

contencio•so -sa *adj* contentious

contender §51 *intr* to contend

contendiente *mf* contender, contestant

contenedor *m* container

contener §71 *tr* to contain ‖ *ref* to contain oneself

conteni•do -da *adj* moderate, restrained ‖ *m* content, contents

contenta *f* gift or treat; indorsement; (mil) certificate of good conduct; (law) release

contentadi•zo -za *adj* easy to please

contentamiento *m* contentment

contentar *tr* to content; reconcile; (com) to indorse

conten•to -ta *adj* content, contented, glad ‖ *m* content, contentment, **a contento** to one's satisfaction; **no caber de contento** (coll) to be beside oneself with joy ‖ *f* see **contenta**

conteo *m* calculation, estimate, count

contera *f* tip, metal tip

contesta *f* answer; (Mex) chat

contestación *f* answer; argument, debate; **mala contestación** back talk

contestar *tr* to answer ‖ *intr* to answer; agree

contesto *m* (Mex) reply

contexto *m* interweaving; context

conticinio *m* dead of night

contienda *f* contest, dispute, fight

contigo *pron* with thee, with you

conti•guo -gua *adj* contiguous, adjoining

continencia *f* continence

continental *adj* continental

continente *adj* continent ‖ *m* (*cosa que contiene en sí a otra*) container; (*aire del semblante, compostura del cuerpo*) mien, bearing; (*gran extensión de tierra rodeada por los océanos*) continent

contingencia *f* contingency

contingente *adj* contingent ‖ *m* contingent; share, quota

continuar §21 *tr* & *intr* to continue; **continuará** to be continued

continuidad *f* continuity

conti•nuo -nua *adj* continuous, continual; (mach) endless ‖ **continuo** *adv* continuously

contonear *ref* to strut, swagger

contoneo *m* strut, swagger

contorcer §74 *ref* to writhe

contorno *m* contour, outline; **contornos** environs, neighborhood

contorsión *f* contortion

contra *prep* against; toward, facing ‖ *m* (*concepto opuesto*) con ‖ *f* trouble, inconvenience; (*al comprador*) (Cuba) gift, extra; (Chile) antidote; **llevar la contra a** to disagree with

contraalmirante *m* rear admiral

contraatacar §73 *tr* & *intr* to counterattack

contraataque *m* counterattack

contrabajo *m* contrabass, double bass

contrabajón *m* double bassoon

contrabalancear *tr* to counterbalance

contrabalanza *f* counterbalance

contrabandear *intr* to smuggle

contrabandista *adj* smuggling; contraband ‖ *mf* smuggler, contrabandist

contrabando *m* smuggling, contraband; **meter de contrabando** to smuggle, smuggle in

contrabarrera *f* second row of seats (*in bull ring*)

contracalle *f* parallel side street

contracarril *m* (rr) guardrail

contracción *f* contraction; (*reducción del ritmo normal de los negocios*) recession; (*al estudio*) (Chile, Peru) concentration

contracepti•vo -va *adj* & *m* contraceptive

contracorriente *f* countercurrent, crosscurrent; (*entre aguas*) undertow

contracultura *f* counterculture

contrachapado *m* plywood

contradecir §24 (*impv sg* -**dice**) *tr* to contradict

contradicción *f* contradiction

contradic•tor -tora *adj* contradictory ‖ *mf* contradicter

contradicto•rio -ria *adj* contradictory

contraer §75 *tr* to contract; (*deudas*) incur; (*el discurso o idea*) condense ‖ *ref* to contract; shrink; (Chile, Peru) to concentrate, apply oneself

contraescalón *m* riser (*of stairway*)

contraespía *mf* counterspy

contraespionaje *m* counterespionage

contrafallar *tr* & *intr* to overtrump

contrafallo *m* overtrump

contrafigura *f* counterpart

contrafuero *m* infringement, violation

contrafuerte *m* abutment, buttress

contragolpe *m* counterstroke; kickback; (box) counter

contrahace•dor -dora *adj* counterfeiting; fake ‖ *mf* counterfeiter; fake; impersonator

contrahacer §39 *tr* to counterfeit, copy, imitate; fake; impersonate; (*un libro*) pirate ‖ *ref* to pretend to be

contra•haz *f* (*pl* -haces) wrong side

contrahe•cho -cha *adj* counterfeit, fake; deformed

contrahechura *f* counterfeit, fake

contrahuella *f* riser (*of stairway*)

contralor *m* comptroller

contralto *mf* contralto (*person*) ‖ *m* contralto (*voice*)

contraluz *f* view against the light; a contraluz against the light

contramaestre *m* foreman; (naut) boatswain; segundo contramaestre boatswain's mate

contramandar *tr* to countermand

contramandato *m* countermand

contramano *adv* — a contramano in the wrong direction, the wrong way

contramarcha *f* countermarch; reverse

contramarchar *intr* to countermarch; to go in reverse

contraofensiva *f* counteroffensive

contraorden *f* cancellation

contraparte *f* counterpart

contrapasar *intr* to go over to the other side

contrapelo *adv* — a contrapelo against the hair, against the grain; the wrong way; a contrapelo de against, counter to

contrapesar *tr* to offset, counterbalance

contrapeso *m* counterweight; counterbalance; (*para completar el peso de carne, etc.*) makeweight

contraponer §54 *tr* to set opposite; oppose; compare

contraportada *f* (*del disco*) flip side

contraprestación *f* return favor

contraproducente *adj* self-defeating, unproductive

contraprueba *f* second proof

contrapuerta *f* storm door; vestibule door

contrapuntear *tr* to sing in counterpoint; taunt, be sarcastic to ‖ *ref* to taunt each other

contrapunto *m* counterpoint

contrapunzón *m* nailset, punch

contrariar §77 *tr* to counteract, oppose; annoy, provoke

contrariedad *f* opposition; interference; annoyance, bother

contra•rio -ria *adj* opposite, contrary; harmful ‖ *mf* enemy, opponent, rival ‖ *m* opposite, contrary; al contrario on the contrary; de lo contrario otherwise

contrarreferencia *f* cross reference

Contrarreforma *f* Counter Reformation

contrarregistro *m* (*para comprobar si algún género ha pasado por la frontera*) double check; (*de una experiencia científica*) control

contrarréplica *f* (law) rejoinder

contrarrestar *tr* to resist, counteract; (*la pelota*) return

contrarrevolución *f* counterrevolution

contrasentido *m* misinterpretation; mistranslation; nonsense

contraseña *f* countersign; baggage check; contraseña de salida (mov, theat) check

contrastar *tr* to resist; (*las pesas y medidas*) check ‖ *intr* to resist; contrast

contraste *m* resistance; contrast; assayer; assayer's office; (naut) sudden shift in the wind

contratar *tr* to contract for; hire, engage

contratiempo *m* misfortune, disappointment, setback

contratista *mf* contractor

contrato *m* contract

contratreta *f* counterplot

contratuerca *f* lock nut, jam nut

contravalidación *f* (*documento*) validation

contravalidar *tr* to validate; confirm

contraveneno *m* counterpoison, antidote

contravenir §79 *intr* to act contrary; contravenir a to contravene, act counter to

contraventana *f* window shutter

contravidriera *f* storm sash

contrayente *mf* contracting party (*to a marriage*)

contribución *f* contribution; tax; contribución de sangre military service; contribución industrial excise tax; contribución territorial land tax

contribui•dor -dora *mf* contributor; taxpayer

contribuir §20 *tr* & *intr* to contribute

contribuyente *mf* contributor; taxpayer

contrición *f* contrition

contrincante *m* competitor, rival; fellow candidate

contristar *tr* to sadden

contri•to -ta *adj* contrite

control *m* control, check; control de la natalidad or de los nacimientos birth control; control remoto remote control

controlador *m* controller; controlador aéreo air-traffic controller

controlar *tr* to control, check

controversia *f* controversy

controvertible *adj* controversial, controvertible

controvertir §68 *tr* to controvert

contubernio *m* cohabitation; evil alliance

contumacia *f* contumacy; (law) contempt

contu•maz *adj* (*pl* -maces) contumacious; germ-bearing; (law) guilty of contempt of court

contumelia *f* contumely

contundente *adj* bruising; impressive, convincing

contundir *tr* to bruise

conturbar *tr* to trouble, worry, upset

contusión *f* contusion

contusionar *tr* (Chile) to bruise

convalecencia *f* convalescence

convalecer §22 *intr* to convalesce, recover

convaleciente *adj* & *mf* convalescent

convalidar *tr* to confirm

conveci•no -na *adj* neighboring ‖ *mf* neighbor

convencer §78 *tr* to convince

convencimiento *m* conviction

convención *f* (*acuerdo; conformidad; asamblea*) convention; political convention

convencional *adj* conventional

convenible *adj* docile, compliant; (*precio*) fair, reasonable

conveniencia *f* (*comodidad*) convenience; (*acuerdo, convenio*) agreement; fitness, suitability; (*formas sociales*) propriety; domestic employment; **conveniencias** income, property

conveniencie•ro -ra *adj* comfort-loving

conveniente *adj* (*cómodo*) convenient; fit, suitable; advantageous; proper

convenio *m* pact, covenant, treaty

convenir §79 *intr* to agree; (*concurrir, juntarse*) convene; be suitable, be becoming; be important, be necessary; **conviene a saber** to wit, namely ‖ *ref* to agree, come to an agreement

conventillo *m* (SAm) tenement house

convento *m* convent, monastery; **convento de religiosas** convent

converger §17 or **convergir** §27 *intr* to converge; concur

conversa *f* chat, conversation

conversación *f* conversation

conversacional *adj* conversational

conversar *intr* to converse; live, dwell

conversión *f* conversion

conver•so -sa *adj* converted ‖ *mf* convert ‖ *m* lay brother ‖ *f* see **conversa**

convertible *adj* convertible ‖ *m* (aut) convertible

convertir §68 *tr* to convert; turn ‖ *ref* to convert; be converted; **convertirse en** to turn into, become

conve•xo -xa *adj* convex

convic•to -ta *adj* convicted, found guilty

convida•do -da *mf* guest ‖ *f* treat

convidar *tr* to invite; treat; move, incite; **convidarle a uno con alguna cosa** to treat someone to something ‖ *ref* to offer one's services

convincente *adj* convincing

convite *m* invitation; treat, banquet, party; **convite a escote** Dutch treat

convivir *intr* to live together

convocar §73 *tr* to convoke, call together; (*p.ej., una huelga*) call; acclaim

convoy *m* convoy; escort; cruet stand; (rr) train

convoyar *tr* to convoy

convulsionar *tr* to convulse

conyugal *adj* conjugal

cónyuge *mf* spouse, consort ‖ **cónyuges** *mpl* couple, husband and wife

co•ñac *m* (*pl* **-ñacs** or **-ñaques**) cognac

cooperación *f* coöperation

cooperar *intr* to coöperate

cooperati•vo -va *adj* coöperative

cooptar *tr* to coöpt

coordena•do -da *adj* coördinate ‖ *f* (math) coördinate

coordinante *adj* (gram) coördinating

coordinar *tr & intr* to coördinate

copa *f* goblet, wineglass; (*del sombrero*) crown; brazier; vase; drink; sundae; playing card, representing a bowl, equivalent to heart; (*del dolor*) (fig) cup; (sport) cup

copar *tr* (*la puesta equivalente a todo el dinero de la banca*) to cover; (*todos los puestos en una elección*) sweep; (mil) to cut off and capture

copartícipe *mf* copartner, joint partner

copear *intr* to sell wine or liquor by the glass; (coll) to tipple

copero *m* cabinet for wineglasses

copete *m* (*cabello levantado sobre la frente*) pompadour; (*de plumas; de una montaña*) crest; (*de un caballo*) forelock; (*de lana, cabello, plumas, etc.*) tuft; (*de un mueble*) top, finial; (*de un sorbete*) topping; **de alto copete** aristocratic, important; **tener mucho copete** to be high-hat

copetu•do -da *adj* tufted; high, lofty; high-hat

copia *f* plenty, abundance; copy; **copia al carbón** carbon copy; **copia fiel** true copy

copiador *m* or **copiadora** *f* copy(ing) machine; duplicator

copiante *mf* copier, copyist

copiar *tr* to copy, copy down

copiloto *m* copilot

copio•so -sa *adj* copious, abundant

copista *mf* copier, copyist

copla *f* couplet; ballad, popular song; **coplas** verse, poetry; **coplas de ciego** doggerel

caple•ro -ra *mf* vendor of ballads; poetaster

coplista *mf* poetaster

copo *m* bundle of cotton, flax, hemp, etc. to be spun; **copo de nieve** snowflake; **copos de jabón** soap flakes

copón *m* ciborium, pyx

copo•so -sa *adj* bushy; flaky, woolly

copu•do -da *adj* bushy, thick

copular *ref* to copulate

coque *m* coke

coqueluche *f* whooping cough

coqueta *adj* coquettish ‖ *f* coquette, flirt; (W-I) dressing table

coquetear *intr* to coquette, flirt; try to please everybody

coquetería *f* coquetry, flirting; affectation

coque•tón -tona *adj* coquettish, kittenish ‖ *m* flirt, lady-killer

coracha *f* leather bag

coraje *m* anger; mettle, spirit

coraju•do -da *adj* ill-tempered; (Arg) brave, courageous

coral *adj* (mus) choral ‖ *m* (mus) chorale; (*zoófito; esqueleto calizo del zoófito; color*) coral; **corales** coral beads

corambre *f* hides, skins

Corán *m* Koran

coranvo•bis *m* (*pl* **-bis**) fat solemn look

coraza *f* armor; cuirass; (sport) guard

corazón *m* heart; (*centro de una cosa*) core; **de corazón** heartily; **hacer de tripas corazón** to pluck up courage

corazonada *f* impulsiveness; hunch, presentiment; entrails

corbata *f* necktie, cravat; scarf; **corbata de mariposa, corbata de lazo** bow tie; **corbata de nudo corredizo** four-in-hand tie

corbatín *m* bow tie

corbeta *f* corvette

Córcega *f* Corsica
corcel *m* steed, charger
corcova *f* hump, hunch
corcova•do -da *adj* humpbacked, hunchbacked ‖ *mf* humpback, hunchback
corcovar *tr* to bend
corcovear *intr* to buck; grumble; (Mex) to be afraid
corcha *f* cork bark; cork bucket (*for cooling wine*)
corchea *f* (mus) quaver, eighth note
corche•ro -ra *adj* cork ‖ *f* cork bucket (*for cooling wine*)
corcheta *f* eye (*of hook and eye*)
corchete *m* snap; hook and eye; hook (*of hook and eye*); (*signo*) bracket; **corchete de presión** snap fastener
corcho *m* cork; cork, cork stopper; cork wine cooler; cork box; cork mat; **corcho bornizo, corcho virgen** virgin cork
cordada *f* (mountaineering) party of two or three men roped together
cordaje *m* cordage; (naut) rigging
cordal *adj* wisdom (*tooth*) ‖ *m* (mus) tailpiece
cordel *m* cord, string; (distance of) five steps; cattle run; **a cordel** in a straight line
cordelejo *m* string; **dar cordelejo a** to make fun of; (Mex) to keep putting off
cordera *f* ewe lamb; (*mujer dócil y humilde*) (fig) lamb
cordería *f* cordage
corderillo *m* lambskin
corderi•no -na *adj* lamb ‖ *f* lambskin
cordero *m* lamb; lambskin; (*hombre dócil y humilde*) (fig) lamb
corderuna *f* lambskin
cordial *adj* cordial; (*dedo*) middle ‖ *m* cordial
cordialidad *f* cordiality
cordillera *f* chain of mountains
cordobana *f* — **andar a la cordobana** to go naked
cordón *m* lace; (*de cuerda o alambre*) strand; cordon; milled edge of coin; (*de monje*) rope belt; **cordón umbilical** umbilical cord
cordoncillo *m* rib, ridge; braid; (*de monedas*) milling
cordura *f* prudence, wisdom
Corea *f* Korea; **la Corea del Norte** North Korea; **la Corea del Sur** South Korea
corea•no -na *adj & mf* Korean
corear *tr* to compose for a chorus; accompany with a chorus; join in singing; agree obsequiously with
coreografía *f* choreography
coriáce•o -a *adj* leathery
Corinto *f* Corinth
corista *m* choir priest; (theat) chorus man ‖ *f* chorus girl, chorine
cori•to -ta *adj* naked; bashful, timid
cormorán *m* cormorant
cor•nac *m* (*pl* **-nacs**) or **cornaca** *m* mahout
cornada *f* hook with horns; goring; (*en la esgrima*) upward thrust
cornadura *f* or **cornamenta** *f* (*del toro, la vaca, etc.*) horns; (*del ciervo*) antlers

cornamusa *f* bagpipe
córnea *f* cornea
cornear *tr* to butt; to gore
corneja *f* daw, crow
cornejo *m* dogwood
córne•o -a *adj* horn, horny ‖ *f see* **córnea**
corneta *f* bugle; swineherd's horn; **corneta acústica** ear trumpet; **corneta de llaves** cornet, cornet-à-pistons; **corneta de monte** hunting-horn
cornisa *f* cornice
cornisamento *m* (archit) entablature
corno *m* horn; dogwood; **corno inglés** (mus) English horn
Cornualles Cornwall
cornucopia *f* cornucopia; sconce with mirror
cornu•do -da *adj* horned, antlered; cuckold ‖ *m* cuckold
coro *m* chorus; choir; choir loft; **a coros** alternately; **de coro** by heart; **hacer coro a** to echo
corolario *m* corollary
corona *f* (*cerco de metal; moneda; dignidad real; parte visible de una muela*) crown; (*cerco de flores*) garland, wreath; (*aureola*) halo; (*de eclesiástico*) tonsure; (*la que corresponde a un título nobiliario*) coronet; **corona nupcial** bridal wreath
coronación *f* coronation
coronamento *m* or **coronamiento** *m* coronation; completion, termination; (archit) coping; (naut) taffrail
coronar *tr* to crown; complete, finish; top, surmount; (checkers) to crown
coronel *m* colonel
coronelía *f* colonelcy
coronilla *f* (*de la cabeza*) crown; **andar** or **bailar de coronilla** to be hard at it; **estar hasta la coronilla** to be fed up
corotos *mpl* belongings; utensils
corpiño *m* bodice, waist; (Arg) brassiere
corporación *f* corporation
corporal *adj* corporal, bodily
corpu•do -da *adj* corpulent
corpulen•to -ta *adj* corpulent
corpúsculo *m* corpuscle; particle
corral *m* corral, stockyard; barnyard; fishpond; theater; **corral de madera** lumberyard; **corral de vacas** pigpen; **hacer corrales** to play hooky
correa *f* strap, thong; (aer, mach) belt; **besar la correa** to eat humble pie; **correa de seguridad** (aer, aut) safety belt
corrección *f* (*acción de corregir; represión*) correction; (*calidad de correcto*) correctness
correcti•vo -va *adj & m* corrective
correc•to -ta *adj* correct
correc•tor -tora *mf* corrector; **corrector de pruebas** proofreader
corredera *f* track, slide; slide valve; (*del trombón*) slide; (naut) log; (naut) log line; (*puerta*) **de corredera** sliding
corredi•zo -za *adj* slide; sliding; (*nudo*) slip
corre•dor -dora *adj* running ‖ *mf* runner ‖ *m* corridor; porch, gallery; (*el que interviene en compras y ventas de efectos comer-*

ciales, etc.) broker; (mil) scout; **corredor de apuestas** bookmaker

corregidor *m* Spanish magistrate; chief magistrate of Spanish town

corregir §57 *tr* to correct; temper, moderate ‖ *intr* (W-I) to have a bowel movement ‖ *ref* to mend one's ways

correlación *f* correlation

correlacionar *tr & intr* to correlate

correlati•vo -va *adj & m* correlative

corre•lón -lona *adj* (SAm) fast, swift; (Col, Mex) cowardly

correncia *f* bashfulness; looseness of the bowels

correntí•o -a *adj* running; free, easy ‖ *f* looseness of the bowels

corren•tón -tona *adj* jolly, full of fun

corrento•so -sa *adj* swift, rapid

correo *m* mail; post office; mail train; postman; courier; **correo aéreo** air mail; **correo urgente** special delivery; **echar al correo** to mail, to post

correo•so -sa *adj* leathery, tough

correr *tr* (*un caballo*) to run, race; (*un riesgo*) run; travel over; overrun; (*una cortina*) draw; (*un toro*) fight; chase, pursue; auction; confuse; throw out; **correrla** to run around all night ‖ *intr* to run; race; pass, elapse; circulate, be common talk; be current; **a todo correr** at full speed; **correr a** to sell for; **correr a cargo de** or **por cuenta de** to be the business of; **correr con** to be on good terms with; be in charge of; (*mes*) **que corre** current ‖ *ref* (*a derecha o a izquierda*) to turn; be confused; be embarrassed, be ashamed; slide, glide; (*una bujía, un color*) run; go too far

correría *f* short trip, excursion; foray, raid

correspondencia *f* correspondence; contact, communication; agreement, harmony; (*en el metro*) connection; (*en una carretera*) interchange

corresponder *intr* to correspond; (*dos habitaciones*) communicate; **corresponder a** (*un beneficio, el afecto de una persona*) to return, reciprocate; concern; be up to ‖ *ref* (*comunicarse por escrito*) to correspond; (*dos cosas*) correspond with each other; be in agreement; be attached to each other

correspondiente *adj* corresponding; correspondent; respective ‖ *mf* correspondent

corresponsal *mf* correspondent

corretaje *m* brokerage

corretear *tr* to harass, pursue; (CAm) to drive away; (Chile) to speed up ‖ *intr* to race around

correveidi•le *mf* (*pl* -le) gossip; go-between

corrida *f* run; bullfight; (*carrera de entrenamiento de un caballo*) trial run; **corrida de banco** run on the bank; **corrida de toros** bullfight

corri•do -da *adj* (*peso, medida*) in excess; (*letra*) cursive; continued, unbroken; abashed, ashamed; wordly-wise, sophisticated ‖ *m* overhang; street ballad ‖ *f* see **corrida**

corriente *adj* (*agua*) running; (*actual*) current; common, ordinary; regular; well-known; fluent ‖ *adv* all right, O.K. ‖ *m* current month; **al corriente** on time; informed, aware, posted ‖ *f* current, stream; (elec) current; **corriente de aire** draft; **Corriente del Golfo** Gulf Stream; **ir contra la corriente** to go against the tide

corrillo *m* circle, clique

corrimiento *m* running; sliding; watery discharge; embarrassment, shyness; landslide; rheumatism

corro *m* (*cerco de gente; espacio circular*) ring; (*juego de niñas*) ring-around-a-rosy; **corro de brujas** fairy ring; **hacer corro** to make room

corroborar *tr* to corroborate; strengthen

corroer §62 *tr & ref* to corrode

corromper *tr* to corrupt; spoil; rot; seduce; bribe; annoy ‖ *intr* to smell bad ‖ *ref* to become corrupted; spoil; rot

corrosión *f* corrosion

corrosi•vo -va *adj & m* corrosive

corrugar §44 *tr* to shrink; wrinkle

corrupción *f* corruption; seduction; bribery; stench

corruptela *f* corruption

corruptible *adj* corruptible; (*p.ej., frutas*) perishable

corrusco *m* crust of bread

corsa *f* (naut) day's run

corsario *m* corsair

corsé *m* corset

cor•so -sa *adj & mf* Corsican ‖ *m* (naut) privateering; (SAm) drive, promenade ‖ *f* see **corsa**

corta *f* clearing, cutting, felling

cortaalam•bres *m* (*pl* -bres) wire cutter

cortabol•sas *m* (*pl* -sas) pick-pocket

cortacésped *m* lawn mower

cortaciga•rros *m* (*pl* -rros) cigar cutter

cortacircui•tos *m* (*pl* -tos) (elec) fuse

cortacorriente *m* (elec) change-over switch

cortada *f* cut, cutting

cortadillo *m* drinking cup

corta•do -da *adj* (*estilo*) choppy; (SAm) hard up ‖ *f* see **cortada**

corta•dor -dora *adj* cutting ‖ *mf* cutter ‖ *m* butcher ‖ *f* cutting machine

cortafrío *m* cold chisel

cortafuego *s* fire wall

cortahie•los *m* (*pl* -los) icebreaker

cortalápi•ces *m* (*pl* -ces) pencil sharpener

cortante *adj* cutting, sharp ‖ *m* butcher; butcher knife

cortapape•les *m* (*pl* -les) paper cutter

cortapi•cos *m* (*pl* -cos) (ent) earwig; **cortapicos y callares** little children should be seen and not heard

cortaplu•mas *m* (*pl* -mas) penknife

cortapu•ros *m* (*pl* -ros) cigar cutter

cortar *tr* to cut; trim; chop; cut off; cut out, omit; cut short; cut up; carve; (*la corriente; la ignición*) cut off ‖ *intr* to cut; (*el viento, el frío*) be cutting; **cortar de vestir** to cut cloth; gossip ‖ *ref* to become speechless;

(*la leche*) curdle, turn sour; (*la piel*) chap, crack
cortarrenglón *m* marginal stop
cortaú·ñas *m* (*pl* **-ñas**) nail clipper
cortavi·drios *m* (*pl* **-drios**) glass cutter
cortaviento *m* windshield
corte *m* cut; cutting; (*filo de un arma, cuchillo, etc.; borde de un libro*) edge; cross section; (*de un vestido*) cut, fit; piece of material; harvest; **corte de pelo** haircut; **corte de pelo a cepillo** crew cut; **corte de traje** suiting ‖ *f* (*de un rey*) court; (*corral*) yard; stable, fold; (*tribunal de justicia*) court; **Cortes** Parliament; **darse cortes** (SAm) to put on airs; **hacer la corte a** to pay court to; **la Corte** the Capital (*Madrid*)
cortedad *f* shortness; smallness; lack; bashfulness
cortejar *tr* to escort, attend, court; court, woo
cortejo *m* courting; courtship; (*séquito*) cortege; gift, treat; (coll) beau
cortera *f* (Chile) streetwalker
cortero *m* (Chile) day laborer
cortés *adj* courteous, polite, courtly
cortesana *f* courtesan
cortesana·zo -za *adj* overpolite, obsequious
cortesanía *f* courtliness
cortesa·no -na *adj* courtly, courteous ‖ *m* courtier ‖ *f* see **cortesana**
cortesía *f* courtesy, politeness, courtliness; gift, favor; (*inclinación de la cabeza o el cuerpo en señal de respeto*) curtsy; (*de una carta*) conclusion; **hecer una cortesía** to make a bow; curtsy
corteza *f* bark; peel, rind, skin; (*de pan*) crust; coarseness; (*envoltura exterior de un órgano*) cortex; **corteza cerebral** cortex
cortijo *m* farm, farmhouse
cortil *m* barnyard
cortina *f* curtain; **correr la cortina** to pull the curtain aside; **cortina de hierro** iron curtain; **cortina de humo** smoke screen
cortinal *m* fenced-in field
cortinilla *f* shade, window shade
cortisona *f* cortisone
cor·to -ta *adj* short; dull; bashful, shy; speechless; **a la corta o a la larga** sooner or later; **desde muy corta edad** from earliest childhood ‖ *f* see **corta**
cortocircuitar *tr & ref* (elec) to short-circuit
cortocircuito *m* (elec) short circuit
cortometraje *m* (mov) short
corva *f* ham, back of knee; (vet) curb
corvejón *m* gambrel, hock; (orn) cormorant
cor·vo -va *adj* arched, bent, curved ‖ *m* hook ‖ *f* see **corva**
cor·zo -za *mf* roe deer
cosa *f* thing; **cosa de** a matter of; **cosa de cajón** a matter of course; **cosa de mieles** something fine; **cosa de nunca acabar** endless bore; **cosa de oír** something worth hearing; **cosa de risa** something to laugh at; **cosa de ver** something worth seeing; **cosa nunca vista** something unheard-of; **cosa que** so that; **cosa rara** strange to say; **como si tal cosa** as if nothing had hap-

pened; **en cosa de** in a matter of; **no . . . gran cosa** not much; **no haber tal cosa** to be not so; **otra cosa** something else; **¿qué cosa?** what's new?
cosa·co -ca *adj & mf* Cossack ‖ *m* Cossack (*horseman*)
coscolina *f* (Mex) loose woman
cos·cón -cona *adj* sly, crafty
cosecha *f* crop, harvest; harvest time; **cosecha de vino** vintage; **de su cosecha** (coll) out of one's own head
cosechar *tr* to harvest, reap ‖ *intr* to harvest
coseche·ro -ra *mf* harvester, reaper; vintner
cose-pape·les *m* (*pl* **-les**) stapler
coser *tr* to sew; join, unite closely; **coser a preguntas** to riddle with questions; **coser a puñaladas** to cut to pieces ‖ *intr* to sew; **ser coser y cantar** to be a cinch ‖ *ref* — **coserse con** or **contra** to be closely attached to
cosméti·co -ca *adj & m* cosmetic
cósmi·co -ca *adj* cosmic
cosmonauta *mf* cosmonaut
cosmonave *f* spacecraft
cosmonavegación *f* space travel
cosmopolita *adj & mf* cosmopolitan
cosmos *m* cosmos; (bot) cosmos
coso *m* enclosure for bullfighting
cosquillas *fpl* tickling, ticklishness; **buscarle a uno las cosquillas** to try to irritate a person; **no sufrir cosquillas** or **tener malas cosquillas** to be touchy
cosquillear *tr* to tickle; tease, taunt; stir up the curiosity of; scare ‖ *intr* to tickle ‖ *ref* to be curious; enjoy oneself
cosquilleo *m* tickling, tickling sensation
cosquillo·so -sa *adj* ticklish; (*que se ofende fácilmente*) touchy
costa *f* coast, shore; cost, price; **a toda costa** at all costs; **Costa Brava** Mediterranean coast in province of Gerona, Spain; **Costa Firme** Spanish Main; **costa marítima** seacoast; **costas** (law) costs
costado *m* side; (*del ejército*) flank; (Mex) station platform; **costados** ancestors, stock
costal *m* bag, sack; **costal de los pecados** human body (*full of sin*); **estar hecho un costal de huesos** to be nothing but skin and bones
costanera *f* slope; **costaneras** rafters
costane·ro -ra *adj* sloping; coastal ‖ *f* see **costanera**
costanilla *f* short steep street
costar §61 *intr* to cost; **cueste lo que cueste** cost what it may
costarricense or **costarrique·ño -ña** *adj & mf* Costa Rican
coste *m* cost; **a coste y costas** at cost
costear *tr* to pay for, defray the cost of; sail along the coast of ‖ *intr* to sail along the coast ‖ *ref* to pay; pay one's way
coste·ño -ña *adj* sloping; coastal
coste·ro -ra *adj* coastal
costilla *f* rib; wealth; **costillas** back, shoulders
costillu·do -da *adj* heavy-set, broadshouldered

costo *m* cost; **costo de la vida** cost of living; **costo, seguro y flete** cost, insurance, and freight

costo•so -sa *adj* costly, expensive; grievous

costra *f* scab, scale; (*moco de una vela*) snuff

costro•so -sa *adj* scabby, scaly

costumbre *f* custom, habit; **de costumbre** usual; usually; **tener por costumbre** to be in the habit of

costumbrista *mf* critic of manners and customs

costura *f* sewing, needlework; dressmaking; (*unión de dos piezas cosidas*) seam; **alta costura** fashion designing, haute couture

costurar or costurear *tr* (CAm, Mex) to sew

costurera *f* seamstress, dressmaker

costurero *m* sewing table

cota *f* coat of arms; coat of mail

cotarrera *f* gossipy woman

cotarro *m* night shelter (*for beggars and tramps*); **alborotar el cotarro** to raise a row

cotejar *tr* to compare, collate

cotejo *m* comparison, collation

cotidia•no -na *adj* daily, everyday

cotilla *f* gossip, tattletale

cotín *m* (sport) backstroke

cotización *f* quotation; dues

cotizante *adj* dues-paying

cotizar §60 *tr* to quote; prorate ‖ *intr* to collect dues; pay dues

coto *m* price; fixed price; term, limit

cotón *m* printed cotton

cotona *f* work shirt

cotonía *f* dimity

cotorra *f* parrot; parakeet; magpie; chatterbox; (Mex) night shelter

cotorrear *intr* to gossip, gabble

cotufa *f* Jerusalem artichoke; delicacy, tidbit; **hacer cotufas** (Bol) to be fastidious; **pedir cotufas en el golfo** to ask for the moon

coturno *m* buskin

covacha *f* cave; cubbyhole; shanty; doghouse

covachuelista *m* clerk, government clerk

coxcojita *f* hopscotch; **a coxcojita** hippety hop

coy *m* (naut) hammock

coyunda *f* strap for yoking oxen; sandal string; marriage; tyranny

coyuntura *f* joint, articulation; (*sazón, oportunidad*) juncture

coz *f* (*pl* coces) kick; big end; ebb; (coll) insult; **dar coces contra el aguijón** to kick against the pricks

c.p.b., C.P.B. *abbr* cuyos pies beso

cps. *abbr* compañeros

crabrón *m* hornet

crac *m* (*ruido seco*) crack; crash; **hacer crac** to crash, fail

cráneo *m* cranium, skull

crápula *f* drunkenness, debauchery; riffraff

crapulo•so -sa *adj* drunken; vicious, evil

crascitar *intr* to crow, croak

cra•so -sa *adj* fat, greasy, thick; (*ignorancia*) crass, gross

cráter *m* crater

creación *f* creation

crea•dor -dora *adj* creative ‖ *mf* creator

crear *tr* to create; appoint; found ‖ *ref* to make for oneself, build up; trump up

creati•vo -va *adj* creative

crecede•ro -ra *adj* growth; large enough to allow for growth

crecepelo *m* hair restorer

crecer §22 *intr* to grow; increase; (*el río*) rise, swell; (*la luna*) wax ‖ *ref* to grow; take on more authority; get bolder

creces *fpl* growth, increase; excess, extra; **con creces** amply, in abundance

crecida *f* freshet, flood

creciente *adj* growing, increasing ‖ *f* —**creciente de la luna** waxing of the moon, crescent; **creciente del mar** high tide, flood tide

crecimiento *m* growth, increase; **crecimiento cero** zero growth

credenciales *fpl* credentials

crédito *m* credit

credo *m* creed; credo; **con el credo en la boca** with one's heart in one's mouth; **en un credo** in a trice

crédu•lo -la *adj* credulous

creederas *fpl* — **tener buenas creederas** to be gullible

creencia *f* belief; (*crédito que se presta a un hecho*) credence; (*secta*) creed

creer §43 *tr & intr* to believe; **¡ya lo creo!** I should say so! ‖ *ref* to believe; believe oneself to be

creíble *adj* believable, credible

creí•do -da *adj* credulous; gullible

crema *f* cream; cold cream; shoe polish; (gram) diaeresis; **crema de menta** creme de menthe; **crema dental** or **crema dentífrica** toothpaste; **crema desvanecedora** vanishing cream

cremación *f* cremation

cremallera *f* rack; zipper

cremato•rio -ria *adj & m* crematory

crémor *m* cream of tartar

cremo•so -sa *adj* creamy

crencha *f* part (*in hair*); hair on each side of part

crepitar *intr* to crackle

crepuscular *adj* twilight

crepúsculo *m* twilight

cresa *f* maggot

crespar *tr & ref* to curl

cres•po -pa *adj* curly; curled; angry, irritated; stylish, conceited; (*estilo*) turgid ‖ *m* curl

crespón *m* crape; **crespón fúnebre** crape; mourning band

cresta *f* crest; **cresta de gallo** cockscomb; (bot) cockscomb

creta *f* chalk ‖ **Creta** *f* Crete

cretense *adj & mf* Cretan

cretona *f* cretonne

creyente *adj* believing ‖ *mf* believer

creyón *m* crayon

cría *f* brood, litter; breeding; raising, rearing; nursing

criada *f* female servant, maid; **criada de casa, criada de servir** housemaid

criadero *m* nursery, tree nursery; fish hatchery; oyster bed
criadilla *f* testicle; potato
cria•do -da *adj* — bien criado well-bred; mal criado ill-bred ‖ *mf* servant ‖ *f* see criada
cria•dor -dora *mf* breeder ‖ *f* wet nurse
criamiento *m* care, upkeep
crianza *f* raising, rearing; nursing; (*urbanidad*) breeding, manners; buena crianza good breeding; mala crianza bad breeding
criar §77 *tr* to raise, rear, bring up; breed; grow; nurse, nourish; fatten; create; foster
criatura *f* (*toda cosa creada; persona que debe su cargo o situación a otra*) creature; little child, little creature
criba *f* screen, sieve
cribar *tr* to screen, sieve
cribo *m* screen, sieve
cric *m* (*pl* crics) jack
crimen *m* crime; crimen de lesa majestad lese majesty; crímenes de oficinistas white-collar crime
criminal *adj & mf* criminal
criminar *tr* to accuse, incriminate
criminología *f* criminology
crimino•so -sa *adj & mf* criminal
crines *fpl* mane
crío *m* (coll) baby, infant
crio•llo -lla *adj & mf* Creole
cripta *f* crypt
crisálida *f* chrysalis
crisantemo *m* chrysanthemum
cri•sis *f* (*pl* -sis) crisis; (*pánico económico*) depression, slump; mature judgment; crisis del servicio doméstico servant problem; crisis de llanto crying fit; crisis de vivienda housing shortage; crisis energética energy crisis; crisis ministerial cabinet crisis; crisis nerviosa fit of nerves
crisma *f* (coll) head, bean
crisol *m* crucible
crispar *tr* to cause to twitch ‖ *ref* to twitch
crispatura *f* twitch, twitching
crispir *tr* to grain, to marble
cristal *m* crystal; glass; pane of glass; mirror, looking glass; cristal cilindrado plate glass; cristal de reloj watch crystal; cristal de roca rock crystal; cristal hilado glass wool, spun glass; cristal laminado laminated glass, safety glass; cristal tallado cut glass
cristalera *f* China closet; sideboard; glass door
cristalería *f* glassworks, glass store; glassware; glass cabinet
cristali•no -na *adj* crystalline ‖ *m* lens, crystalline lens
cristalizar §60 *tr & ref* to crystallize
cristianar *tr* to baptize, christen
cristiandad *f* Christendom
cristianismo *m* Christianity
cristianizar §60 *tr* to Christianize
cristia•no -na *adj & mf* Christian ‖ *m* soul, person; Spanish; watered wine
Cristo *m* Christ; crucifix; donde Cristo dió las tres voces in the middle of nowhere

Cristóbal *m* Christopher
criterio *m* criterion
crítica *f* (*jucio sobre una obra literaria, etc.; censura de la conducta de alguno*) criticism; (*arte de juzgar una obra literaria, etc.*) critique; gossip
criticar §73 *tr & intr* to criticize
críti•co -ca *adj* critical; (*criticón*) critical (*faultfinding*) ‖ *mf* critic ‖ *f* see crítica
criti•cón -cona *adj* critical, faultfinding ‖ *mf* critic, faultfinder
critiquizar §60 *tr* to overcriticize
crizneja *f* braid of hair
croar *intr* to croak
croata *adj & mf* Croatian
crocante *m* almond brittle, peanut brittle
crocitar *intr* to crow, croak
croco *m* crocus
croché *m* crochet
crochet *m* (box) hook
croma•do -da *adj* chrome ‖ *m* chromium plating
cromar *tr* to chrome
cromo *m* chromium
cromosoma *m* chromosome
crónica *f* chronicle; news chronicle, feature story
cróni•co -ca *adj* chronic; longstanding; (*vicio*) inveterate ‖ *f* see crónica
cronista *mf* chronicler; reporter, feature writer; cronista de radio newscaster
cronología *f* chronology
cronometra•dor -dora *mf* (sport) timekeeper
cronometraje *m* (sport) clocking, timing
cronómetro *m* chronometer; stop watch
croqueta *f* croquette
cro•quis *m* (*pl* -quis) sketch
croscitar *intr* to crow, croak
crótalo *m* rattlesnake; castanet
cruce *m* crossing; crossroads, intersection; exchange (*e.g., of letters*); (*avería*) (elec) crossed wires, short circuit; cruce a nivel grade crossing; cruce en trébol cloverleaf intersection
crucero *m* crossroads; railroad crossing; (archit) transept; (aer, naut) cruise, cruising; (nav) cruiser; crucero a nivel grade crossing
crucial *adj* crucial
crucificar §73 *tr* to crucify
crucifijo *m* crucifix
crucifixión *f* crucifixion
crucigrama *m* crossword puzzle
cruda *f* (Mex) hangover
crudeza *f* crudeness, rawness; (*del agua*) hardness; harshness, roughness; blustering; crudezas undigested food
cru•do -da *adj* crude, raw; (*agua*) hard; harsh, rough; (*tiempo*) raw; (*lienzo*) unbleached; estar crudo (P-R) to be rusty; (Mex) to have a hangover ‖ *f* see cruda
cruel *adj* cruel
crueldad *f* cruelty
cruen•to -ta *adj* bloody
crujía *f* corridor, hall; hospital ward; block of houses; (naut) midship gangway; crujía de

piezas suite of rooms; **sufrir una crujía** (coll) to have a hard time of it
crujido *m* creak; crackle; clatter; chatter; rustle
crujir *intr* to creak; crackle; clatter; chatter; rustle; crunch
crup *m* croup
crustáce•o -a *adj* crustaceous ‖ *m* crustacean
cruz *f* (*pl* **cruces**) cross; (*de una moneda*) tails; (typ) dagger; **Cruz del Sur** Southern Cross; **¡cruz y raya!** (coll) that's enough!; **de la cruz a la fecha** from beginning to end
cruza *f* (SAm) intersection; crossbreeding
cruzada *f* (*expedición contra los infieles;* *propaganda contra un vicio*) crusade; crossroads, intersection
cruza•do -da *adj* crossed; (*de raza mixta*) cross; double-breasted ‖ *m* (*el que toma parte en una cruzada*) crusader; (*caballero de una orden militar*) knight; twill ‖ *f* see **cruzada**
cruzar §60 *tr* to cross; (*la tela*) twill; (*cartas*) exchange; crossbreed; (naut) to cruise, cruise over ‖ *intr* to cross; cruise ‖ *ref* to cross each other, cross one another's path; (*alistarse para una cruzada*) take the cross; **cruzarse con** (*otro automóvil*) to pass; **cruzarse de brazos** (*estar ocioso*) to cross one's arms
cs. *abbr* **céntimos, cuartos**
cte. *abbr* **corriente**
c/u *abbr* **cada uno**
cuad. *abbr* **cuadrado**
cuaderna *f* (naut) frame
cuaderno *m* notebook; folder; **cuaderno de bitácora** (naut) logbook; **cuaderno de hojas cambiables** or **sueltas** loose-leaf notebook
cuadra *f* hall, large room; stable; dormitory, ward; croup, rump; block
cuadra•do -da *adj* square; square-shouldered; perfect ‖ *m* square; (*regla*) ruler; (*en las medias*) clock; **de cuadrado** perfectly; (*que se mira frente a frente*) full-faced
cuadragési•mo -ma *adj* & *m* fortieth
cuadrangular *adj* quadrangular ‖ *m* home run
cuadrángu•lo -la *adj* quadrangular ‖ *m* quadrangle
cuadrante *m* quadrant; (*de reloj*) face, dial; **cuadrante solar** sundial
cuadrar *tr* to square; please; (*al toro*) (taur) to square off, line up ‖ *ref* to square; stand at attention; take on a serious air
cuadrilla *f* group, party; crew, gang
cuadrillazo *m* (SAm) surprise attack
cuadrillo *m* (*saeta*) bolt (*arrow*)
cuadrimotor *m* four-motor plane
cua•dro -dra *adj* square ‖ *m* square; (*lienzo, pintura*) painting, picture; (*marco de pintura, ventana, etc.*) frame; (*de jardín*) patch, flower bed; staff, personnel; (mil) cadre; (sport) team; (theat) scene; (coll) sight, mess; **a cuadros** checked; **cuadro de costumbres** sketch of manners and customs; **cuadro de distribución** switchboard;

cuadro de mando instrument panel; (aut) dashboard; **cuadro indicador** score board; **cuadro vivo** tableau; **en cuadro** square, e.g., **ocho pulgadas en cuadro** eight inches square; topsy-turvy; **quedarse en cuadro** to be all alone in the world; (mil) to be skeletonized ‖ *f* see **cuadra**
cuadrúpe•do -da *adj* & *m* quadruped
cuádruple *adj* & *m* quadruple
cuadruplicar §73 *tr* & *ref* to quadruple
cuajada *f* curd
cuajado *m* mincemeat
cuajar *tr* to curd, curdle, thicken, jelly; please, suit ‖ *intr* to take hold, catch on, jell, take shape; (Mex) to chatter, prattle ‖ *ref* to curd, curdle, thicken, jelly; sleep sound; become crowded
cuajo *m* curd; (Mex) chatter, prattle; (*en la escuela*) (Mex) recess
cual *adj rel* & *pron rel* such as; **el cual** which; who; **lo cual** which; **por lo cual** for which reason ‖ *adv* as ‖ *prep* like
cuál *adj interr* & *pron interr* which, what; which one
cualidad *f* quality, characteristic, trait
cualquier *adj indef* (*pl* **cualesquier**) apocopated form of **cualquiera**, used only before masculine nouns and adjectives
cualquiera (*pl* **cualesquiera**) *pron indef* anyone; **cualquiera que** whichever; whoever ‖ *adj indef* any ‖ *adj rel* whichever ‖ *m* (*persona poco importante*) nobody
cuan *adv* as
cuán *adv* how, how much
cuando *conj* when; although; in case; since; **aun cuando** even if, even though; **cuando más** at most; **cuando menos** at least; **cuando mucho** at most; **cuando quiera** whenever; **de cuando en cuando** from time to time ‖ *prep* (coll) at the time of
cuándo *adv* when; **cuándo . . . cuándo** sometimes . . . sometimes; **¿de cuándo acá?** since when?; how come?
cuantía *f* quantity; importance; **delito de mayor cuantía** felony; **delito de menor cuantía** misdemeanor; **de mayor cuantía** first-rate; **de menor cuantía** second-rate, of little importance
cuantiar §77 *tr* to estimate, appraise
cuánti•co -ca *adj* quantum
cuantio•so -sa *adj* large, substantial
cuan•to -ta *adj rel* & *pron rel* as much as, whatever, all that which; **cuantos** as many as, all those who, everybody who; **unos cuantos** some few ‖ **cuanto** *adv* as soon as; as long as; **cuanto antes** as soon as possible; **cuanto más . . . tanto más** the more . . . the more; **cuanto más que** all the more because; **en cuanto** as soon as; while; insofar as; **en cuanto a** as to, as for; **por cuanto** inasmuch as; **por cuanto . . .** **por tanto** inasmuch as . . . therefore ‖ **cuan•to** *m* (*pl* **-ta**) quantum
cuán•to -ta *adj interr* & *pron interr* how much; **cuántos** how many ‖ **cuánto** *adv* how, how much; how long; how long ago; **cada cuánto** how often

cuáque•ro -ra *adj* & *mf* Quaker
cuarenta *adj, pron* & *m* forty
cuarenta•vo -va *adj* & *m* fortieth
cuarentena *f* forty; quarantine; forty days, forty months, forty years; **poner en cuarentena** to quarantine; withhold one's credence in
cuaresma *f* Lent
cuaresmal *adj* Lenten
cuarta *f* fourth, fourth part; (*de la mano*) span; (CAm, W-I) horse whip
cuartago *m* nag, pony
cuartear *tr* to divide in four parts; divide; (*la aguja*) (naut) to box; (CAm, W-I) to whip ‖ *ref* to crack, split; (taur) to step aside, dodge
cuartel *m* quarter; (*de una ciudad*) section, ward; (*terreno*) lot; flower bed; (mil) barracks; (*buen trato*) (mil) quarter; (*armazón de tablas para cerrar la escotilla*) (naut) hatch; (coll) house, home; **cuartel de bomberos** engine house, firehouse; **cuarteles** (mil) quarters; **cuartel general** (mil) headquarters
cuartelada *f* mutiny, military uprising
cuartelazo *m* (mil) coup, putsch; (mil) takeover
cuarte•rón -rona *mf* quadroon ‖ *m* quarter; (*de puerta*) panel; (*de ventana*) shutter
cuarteto *m* quartet
cuartilla *f* sheet of paper
cuar•to -ta *adj* fourth; quarter ‖ *m* fourth; quarter; room, bedroom; quarter-hour; **cuarto creciente** (*de la luna*) first quarter; **cuarto de aseo** lavatory; **cuarto de baño** bathroom; **cuarto de dormir** bedroom; **cuarto de estar** living room; **cuarto delantero** (*de la res*) forequarter; **cuarto de los niños** nursery; **cuarto de luna** quarter; **cuarto menguante** (*de la luna*) last quarter; **cuarto obscuro** (phot) darkroom; **cuartos** money, cash; **cuarto trasero** (*p.ej., de vaca*) rump ‖ *f see* **cuarta**
cuarzo *m* quartz
cuate *adj* (Mex) twin; (Mex) like ‖ *mf* (Mex) twin; (Mex) pal
cuatrilli•zo -za *mf* quadruplet
cuatrinca *f* foursome
cuatro *adj* & *pron* four; (Mex) deceit, swindle; **las cuatro** four o'clock ‖ *m* four; (*en las fechas*) fourth; (*de voces*) quartet; **más de cuatro** (coll) quite a number
cuatrocien•tos -tas *adj* & *pron* four hundred ‖ **cuatrocientos** *m* four hundred
cuba *f* cask, barrel; tub, vat; (*persona de mucho vientre*) (coll) tub; (*persona que bebe mucho*) (coll) toper; **cuba de riego** street sprinkler
cuba•no -na *adj* & *mf* Cuban
cubertería *f* silverware, cutlery
cubeta *f* keg, cask; pail; bowl, toilet bowl; (*del termómetro*) cup; (chem, phot) tray; (Mex) high hat
cubicaje *m* piston displacement, cylinder capacity

cubicar *tr* (*elevar al cubo*) to cube; measure the volume of; have a piston displacement of
cúbi•co -ca *adj* cubic; (*raíz*) cube
cubierta *f* cover; envelope; roof; (*de un libro*) paper cover; (*de un neumático*) casing, shoe; (*del motor de un coche*) hood; (naut) deck; **bajo cubierta separada** under separate cover; **cubierta de aterrizaje** (nav) flight deck; **cubierta de cama** bedcover; **cubierta de mesa** table cover; **cubierta de paseo** (naut) promenade deck; **cubierta de vuelo** (nav) flight deck; **cubierta principal** (naut) main deck; **entre cubiertas** (naut) between decks
cubiertamente *adv* secretly
cubier•to -ta *adj* covered; (*cielo*) overcast ‖ *m* cover, roof, shelter; (*servicio de mesa para una persona*) cover; knife, fork, and spoon; table d'hôte, prix fixe; **a cubierto de** under cover of; protected from; **bajo cubierto** under cover, indoors ‖ *f see* **cubierta**
cubil *m* (*de fieras*) lair, den; (*de arroyo*) bed
cubilete *m* (*de cocinero*) copper mold; dicebox; mince pie; high hat; (SAm) scheming, wirepulling
cubo *m* bucket; (*de rueda*) hub; (*de un candelero; de una llave de caja*) socket; cube; (mach) barrel, drum; (math) cube; (Arg) finger bowl
cubreasiento *m* seat cover
cubrecama *f* counterpane, bedcover
cubrecorsé *m* corset cover
cubrefuego *m* curfew
cubrelibro *m* jacket
cubrenuca *f* havelock
cubrerrueda *f* mudguard
cubresexo *m* G-string
cubretablero *m* (aut) cowl
cubretetera *f* cozy, tea cozy
cubrir §83 *tr* to cover, cover over, cover up ‖ *ref* to cover oneself; be covered; put one's hat on; (*el cielo*) become overcast; (*satisfacer una deuda*) cover
cucaña *f* greased pole to be climbed as a game; (coll) cinch
cucañe•ro -ra *mf* loafer, parasite
cucar §73 *tr* to wink; to make fun of; (*la caza*) to sight; to incite, stir up ‖ *intr* (*el ganado*) to go off on a run (*when bitten by flies*)
cucaracha *f* roach, cockroach
cucarache•ro -ra *adj* (W-I) sly, tricky; (W-I) amorous, lecherous
cucarda *f* cockade
cuclillas — **en cuclillas** squatting, crouching
cuclillo *m* cuckoo; (coll) cuckold
cu•co -ca *adj* sly, tricky; cute ‖ *mf* sly person ‖ *m* bogeyman; cuckoo; **hacer cuco a** to poke fun at
cu•cú *m* (*pl* -cúes) cuckoo (*call*)
cuculla *f* cowl, hood
cucurucho *m* paper cone, ice-cream cone; **hacer cucurucho a** (Chile) to deceive, take in

cuchara *f* spoon; (*cazo*) dipper, ladle; (*para áridos; para achicar el agua en los botes*) scoop; (*de albañil*) trowel; (Mex) pickpocket; **cuchara de sopa** tablespoon; **media cuchara** (Mex) mason's helper; ordinary fellow; fellow with heavy accent; **meter su cuchara** to butt in

cucharada *f* spoonful; ladleful; scoop

cucharear *tr* to spoon, ladle out

cucharetear *intr* to stir the pot, stir with a spoon; to meddle

cucharilla *f* teaspoon; (*de soldador*) ladle

cucharón *m* large spoon; soup ladle, dipper; scoop; **despacharse con el cucharón** to look out for number one

cuchichear *intr* to whisper

cuchilla *f* knife; (*hoja de arma blanca de corte*) blade; (*de patín de hielo*) runner; (*cerro escarpado*) hogback; (*de interruptor*) (elec) blade; (poet) sword; **cuchilla de carnicero** butcher knife, cleaver

cuchillada *f* slash, gash, hack; **cuchilladas** fight, quarrel; **dar cuchillada** (*un actor o un teatro*) to be the hit of the town

cuchillería *f* cutlery; cutler's shop

cuchillero *m* cutler

cuchillo *m* knife; (*en un vestido*) gore; (naut) triangular sail; **cuchillo de trinchar** carving knife; **cuchillo de vidriero** putty knife; **pasar a cuchillo** to put to the sword

cuchitril *m* hovel, den

cuchufleta *f* joke, fun, wisecrack

cuchufletear *intr* to joke, make fun, wisecrack

cuelga *f* fruit hung up for keeping; birthday present

cuelgacapas *m* (*pl* -pas) cloak hanger

cuello *m* (*del cuerpo*) neck; (*de una prenda*) collar; shirt collar; **cuello almidonado** stiff collar; **cuello de camisa** shirtband; **cuello de cisne** gooseneck; **cuello de pajarita** or **doblado** wing collar; **levantar el cuello** to get back on one's feet again

cuenca *f* wooden bowl; (*del ojo*) socket; basin; river basin; **cuenca de polvo** dust bowl

cuenco *m* earthen bowl; hollow

cuenta *f* count, calculation; account; (*factura*) bill; (*en un restaurante*) check; (*del rosario*) bead; **abonar en cuenta a** to credit to the account of; **a cuenta** or **a buena cuenta** on account; **adeudar en cuenta a** to charge to the account of; **a fin de cuentas** after all; **caer en la cuenta** to get the point; **cargar en cuenta a** to charge to the account of; **correr por cuenta de** to be the responsibility of, to be under the administration of; **cuenta atrás** countdown; **cuenta corriente** current account; **cuenta de gastos** expense account; **cuenta de la vieja** counting on one's fingers; **cuentas del gran capitán** overdrawn account; **cuentas galanas** illusions; **darse cuenta de** to realize, become aware of; **de cuenta** of importance; **más de la cuenta** too long; too much; **pedir cuentas a** to bring to account; **por la cuenta** apparently;

por mi cuenta to my way of thinking; **tomar por su cuenta** to take upon oneself; **vamos a cuentas** (coll) let's settle this

cuentacorrentista *mf* depositor

cuentagotas *m* (*pl* -tas) dropper, medicine dropper

cuentakilómetros *m* (*pl* -tros) odometer

cuentero -ra *adj* (coll) gossipy ‖ *mf* (coll) gossip

cuentista *adj* (coll) gossipy ‖ *mf* story teller; short-story writer; (coll) gossip

cuento *m* story, tale; short story; prop, support; tip, point; (*cómputo*) count; (coll) gossip, evil talk; (coll) disagreement; **cuento de hadas** fairy tale; **cuento del tío** (SAm) gyp, swindle; **cuento de nunca acabar** (coll) endless affair; **cuento de penas** (coll) hard-luck story; **cuento de viejas** old wives' tale; **Cuentos de Calleja** collection of nursery stories; **dejarse de cuentos** (coll) to come to the point; **estar en el cuento** to be well-informed; **¡puro cuento!** pure fiction!; **sin cuento** countless; **traer a cuento** to bring up; **venir a cuento** (coll) to be opportune; **vivir del cuento** to live by one's wits

cuerda *f* cord, rope; watch spring; winding a watch or clock; (*acción de ahorcar*) hanging; fishing line; (aer, anat, geom) chord; (mus) string; **acabarse la cuerda** to run down, e.g., **se acabó la cuerda** the watch ran down; **bajo cuerda** secretly, underhandedly; **cuerda de presos** chain gang; **cuerda de remolcar** tow rope; **cuerda de tripa** (mus) catgut; **cuerda tirante** tight rope; **dar cuerda a** to give free rein to; (*un reloj*) to wind; **estar en su cuerda** to be in one's element; **sin cuerda** unwound, rundown

cuerdo -da *adj* wise, prudent; sane ‖ *f* see **cuerda**

cuerna *f* antler; horns

cuerno *m* horn; (mus) horn; **cuerno de caza** huntinghorn; **cuerno inglés** (mus) English horn

cuero *m* (*pellejo de buey*) hide; (*después de curtido*) leather; wineskin; **cuero cabelludo** scalp; **cuero en verde** rawhide; **en cueros** stark-naked

cuerpear *intr* (Arg) to duck, dodge

cuerpo *m* body; (*parte del vestido hasta la cintura*) waist; (*talle, aspecto*) build; (*de escritos, leyes, etc.*) corpus; corps, staff; (mil) corps; **cuerpo a cuerpo** hand to hand; **cuerpo celeste** heavenly body; **cuerpo compuesto** (chem) compound; **cuerpo de aviación** air corps; **cuerpo de baile** corps de ballet; **cuerpo de bomberos** fire brigade, fire company; **cuerpo de ejército** army corps; **Cuerpo de Paz** Peace Corps; **cuerpo de redacción** editorial staff, **cuerpo simple** (chem) simple substance; **dar con el cuerpo en tierra** (coll) to fall flat on the ground; **de cuerpo entero** fulllength; **de medio cuerpo** half-length; **descubrir el cuerpo** to drop one's guard; **en cuerpo** or **en cuerpo de camisa** in shirt

cu
cu

sleeves; **estar de cuerpo presente** to be on view, to lie in state; **hacer del cuerpo** (coll) to have a movement of the bowels

cueru•do -da *adj* thick-skinned; annoying, boring; bold, shameless

cuervo *m* raven; **cuervo marino** cormorant; **cuervo merendero** rook

cuesco *m* (*de la fruta*) stone; (*del molino de aceite*) millstone; windiness

cuesta *f* hill, slope, grade; charity drive; **cuesta abajo** downhill; **cuesta arriba** up-hill; **llevar a cuestas** to be burdened with

cuestión *f* question; dispute, quarrel; matter; **cuestión batallona** much-debated question; **cuestión palpitante** burning question; **en cuestión de** in a matter of

cuestionable *adj* questionable

cuestionar *tr* to question ǁ *intr* (Arg) to argue

cuestionario *m* questionnaire

cuestua•rio -ria or **cuestuo•so -sa** *adj* profitable, lucrative

cuetear *ref* (Col) to blow up, explode; (Col) to die, kick the bucket; (Mex) to get drunk

cueva *f* cave; cellar; (*de ladrones, fieras, etc.*) den

cufi•fo -fa *adj* (Chile) tipsy

cugulla *f* cowl

cui•co -ca *adj* foreign, outside ǁ *m* (Mex) cop, policeman

cuidado *m* care, concern, worry; ¡**cuidado con . . .!** beware of . . .!, look out for!; **de cuidado** dangerously; **estar de cuidado** to be dangerously ill; **pierda Vd. cuidado** don't worry; **salir de su cuidado** (*una mujer*) to be delivered; **tener cuidado** to beware, be careful

cuidadora *f* (Mex) governess, chaperon

cuidado•so -sa *adj* careful, concerned, worried; watchful

cuidar *tr* to take care of, watch over ǁ *intr* — **cuidar de** to take care of, care for; care to ǁ *ref* to take care of oneself; **cuidarse de** to care about; be careful to

cuita *f* trouble, worry; longing, yearning

cuja *f* bedstead

culata *f* buttock, haunch; (*de la escopeta*) butt; (*de imán*) keeper, yoke; **culata de cilindro** cylinder head

culatazo *m* kick, recoil

culebra *f* snake; (*del alambique*) coil; **culebra de anteojos** cobra; **culebra de cascabel** rattlesnake; **saber más que las culebras** to be crafty

culebrear *intr* to wriggle; wind, meander; zigzag

culebrón *m* foxy fellow; (Mex) poor farce

cule•co -ca *adj* self-satisfied; madly in love

cu•lí *m* (*pl* -**líes**) coolie

culina•rio -ria *adj* culinary

culipandear *intr & ref* (CAm, W-I) to welsh, be evasive

culminar *intr* to culminate

culo *m* seat, behind, backside; (*de animal*) buttocks; (*de un vaso*) bottom; **culo de mal asiento** fidgety person; **volver el culo** to run away

culote *m* base

culpa *f* blame, guilt, fault; **echar la culpa a** to put the blame on; **tener la culpa** to be wrong, be to blame

culpable *adj* blamable, guilty, culpable

culpa•do -da *adj* guilty ǁ *mf* culprit

culpar *tr* to blame, censure, accuse ǁ *ref* to take the blame

cultedad *f* fustian, affectation

culteranismo *m* euphuism, Gongorism

cultiparlar *intr* to speak in a euphuistic manner

cultismo *m* learned word; cultism, Gongorism

cultivar *tr* to cultivate; till

cultivo *m* cultivation; **cultivo de secano** dry farming

cul•to -ta *adj* cultivated, cultured; (*vocablo*) learned ǁ *m* worship; cult; **culto a la personalidad** personality cult

cultura *f* culture, cultivation

culturar *tr* to cultivate, till

cumbre *adj* top, greatest ǁ *f* summit; acme, pinnacle; **conferencia en la cumbre** summit meeting

cúmel *m* kümmel

cumiche *m* (CAm) baby (*youngest member of family*)

cumpa *m* (SAm) pal, buddy; comrade

cúmplase *m* approval, O.K.

cumplea-ños *m* (*pl* -**ños**) birthday

cumpli•do -da *adj* full; perfect; (*en muestras de urbanidad*) correct ǁ *m* correctness; courtesy; present

cumplimentar *tr* to compliment; to pay a complimentary visit to; to carry out, execute; (*un cuestionario*) to fill out

cumplimente•ro -ra *adj* effusive, obsequious

cumplimiento *m* (*muestra de urbanidad*) compliment; (*conducta decorosa*) correctness; fulfillment; perfection; **por cumplimiento** as a matter of pure formality

cumplir *tr* to fulfill, perform, execute; **cumplir años** to have a birthJay; **cumplir . . . años** to be . . . years old ǁ *intr* to fall due; to expire; to keep one's promise; to finish one's service in the army; **cumplir con** to fulfill; to fulfill one's obligation to; **cumplir por** to act on behalf of; to pay the respects of ǁ *ref* to be fulfilled, to come true; to fall due; **cúmplase** approved

cumquibus *m* wherewithal

cúmulo *m* heap, pile, lot

cuna *f* cradle

cundido *m* olive, vinegar, and salt for shepherds; olive oil, cheese, and honey to make children eat

cundir *intr* to spread; swell, puff up; increase

cunear *tr* to cradle, rock in a cradle ǁ *intr* to rock, swing, sway

cune•co -ca *mf* (Ven) baby (*youngest member of family*)

cuneta *f* gutter, ditch

cuña *f* wedge; (typ) quoin; **ser buena cuña** to take up a lot of room

cuñada *f* sister-in-law

cuñado *m* brother-in-law

cuñete *m* keg

cuño *m* die; stamp; mark
cuota *f* quota, share; fee, dues; tuition fee
cupé *m* coupé
cupo *m* quota, share; (Mex) capacity
cupón *m* coupon; **cupón de racionamiento** ration coupon
cúpula *f* cupola; dome
cuquillo *m* cuckoo
cura *m* curate; (coll) priest; **este cura** (*yo*) (coll) yours truly (*I*) ‖ *f* cure; care, treatment; **cura de aguas** water cure; **cura de almas** care of souls; **cura de hambre** starvation diet; **cura de reposo** rest cure; **cura de urgencia** first aid; **no tener cura** to be hopeless, be incorrigible
curaca *m* (SAm) boss, chief ‖ *f* (Bol, Peru) priest's housekeeper
curación *f* cure, treatment
curade•ro -ra *mf* caretaker ‖ *m* (law) guardian
curande•ro -ra *mf* quack, healer
curar *tr* (*a un enfermo*) to treat; (*sanar*) cure, heal; (*curtir*) cure; (*la madera*) season; (*una herida*) dress ‖ *intr* to cure; recover; **curar de** to take care of; recover from; mind, pay attention to ‖ *ref* to cure; cure oneself; get well, recover; get drunk; **curarse de** to recover from, get over; **curarse en salud** to be forewarned
curati•vo -va *adj & f* curative
curda *f* jag, drunk
cureña *f* gun carriage
curia *f* (hist) curia; (*de rey*) court; (*conjunto de abogados*) bar
curiales•co -ca *adj* hairsplitting, legalistic
curiosear *tr* to pry into ‖ *intr* to snoop; browse around
curiosidad *f* curiosity; (*objeto de arte raro y curioso*) curio; neatness, tidiness; care, carefulness
curio•so -sa *adj* curious; neat, tidy; careful ‖ *mf* busybody ‖ *m* (Ven) healer, medical man
currinche *m* cub reporter; hit playwright
cu•rro -rra *adj* flashy, sporty ‖ *m* sport, dandy
curruca *f* (orn) whitethroat; **curruca de cabeza negra** blackcap, warbler
curruta•co -ca *adj* dudish, sporty; chubby ‖ *m* dude, sport ‖ *f* chic dame

cursa•do -da *adj* skilled, experienced; (*asignatura*) taken
cursante *mf* student
cursar *tr* (*una materia, estudios*) to take, study; (*conferencias*) attend; (*una carta*) forward; (*un paraje*) frequent, to haunt ‖ *intr* to study; be current
cursear *intr* to have diarrhea
cursería *f* cheapness, flashiness, vulgarity; flashy lot of people
cursi *adj* cheap, flashy, vulgar, loud ‖ *m* sporty guy ‖ *f* flashy dame
cursien•to -ta *adj* diarrheic
cursilería *f* cheapness, flashiness, vulgarity; flashy lot of people
cursillo *m* refresher course; short course of lectures
cursi•vo -va *adj* cursive; italic ‖ *f* cursive; italics
curso *m* course; academic year, school year; price, quotation, current rate; **curso académico** academic year; **curso legal** legal tender; **cursos** loose bowels; **dar curso a** to give way to; to forward
cursor *m* slide; sliding contact; **cursor de procesiones** marshal
curtiduría *f* tannery
curtiembre *f* tannery
curtir *tr* (*las pieles*) to tan; (*el cutis de una persona*) tan, sunburn; harden, inure; **estar curtido en** to be skilled in, be expert in ‖ *ref* to become tanned, sunburned; become hardened; be weather-beaten
curva *f* curve; bend
curvadura *f* painful exhaustion
cur•vo -va *adj* curved, bent ‖ *f* see **curva**
cusca *f* (Col) jag, drunk; (Mex) prostitute, slut
cúspide *f* (*de montaña*) peak; (*de diente*) cusp; apex, tip, top
custodia *f* custody, care; (*de un preso*) guard; (eccl) monstrance
custodiar *tr* to guard, watch over
custodio *m* custodian; guard
cususa *f* (CAm) rum
cu•tí *m* (*pl* **-tíes**) bedtick, ticking
cutícula *f* cuticle
cutio *m* work, labor
cu•tis *m* (& *f*) (*pl* **-tis**) skin, complexion; **cutis anserina** goose flesh
cu•yo -ya *adj rel* whose
c/v *abbr* **cuenta de venta**

cu •
ch

Ch

Ch, ch (che) *f* fourth letter of the Spanish alphabet
chabacanada or **chabacanería** *f* crudeness, coarseness, vulgarity
chabaca•no -na *adj* crude, coarse, vulgar ‖ *m* (Mex) apricot tree
chabola *f* shack, shanty; (mil) foxhole
chacal *m* jackal

chacanear *tr* (Chile) to spur, goad on; (Chile) to annoy, bother
chacare•ro -ra *mf* (SAm) farm laborer, field worker; (Col) quack doctor; (Urug) gossip
chacarrachaca *f* row, racket
chacolotear *intr* to clatter
chacota *f* laughter, racket; **hacer chacota de** to make fun of

chacotear *intr* to laugh and make a racket
chacra *f* farm house; small farm; sown field
chacua•co -ca *adj* ugly, crude, boorish ‖ *m* (CAm) cigar butt; (CAm) cheap cigar
cháchara *f* chatter, idle talk; **chácharas** trinkets, junk
chacharear *intr* to chatter
chafallar *tr* to botch
chafandín *m* conceited ass
chafar *tr* to rumple, muss; flatten; cut short; (Chile) to dismiss, send off
chafarrinar *tr* to blot, stain
chafarrinón *m* blot, stain; **echar un chafarrinón a** to insult, throw mud at
chaflán *m* chamfer
chaflanar *tr* to chamfer
chal *m* shawl
cha•lán -lana *adj* horse-dealing ‖ *mf* horse dealer; horse trader ‖ *m* broncobuster, horsebreaker ‖ *f* scow, flatboat
chalanear *tr* (*un negocio*) to pull off shrewdly; (*un caballo*) break; (Arg) to take advantage of ‖ *intr* to horse-trade
chalanería *f* horse trading
chalanes•co -ca *adj* horse-trading
chaleco *m* vest, waistcoat; **al chaleco** (Mex) by force; (Mex) for nothing; **chaleco salvavidas** life jacket
chalecón *m* (Mex) crook
chalupa *f* small two-master; launch, lifeboat; (Mex) corncake
chama•co -ca *mf* (Mex) youngster, urchin
chamago•so -sa *adj* (Mex) dirty, filthy; (Mex) botched
chamarasca *f* brushwood; brush fire
chamarille•ro -ra *mf* junk dealer, secondhand dealer ‖ *m* gambler
chamari•llón -llona *mf* poor card player
chamarra *f* sheepskin jacket
chamarreta *f* loose jacket; square poncho
chamba *f* fluke, scratch; (Mex) work
chambelán *m* chamberlain; (Mex) atomizer, spray
chambergo *m* (orn) bobolink; (Arg) soft hat
chambe•rí *adj* (*pl* -**ríes**) (Peru) showy, flashy
cham•bón -bona *adj* awkward, clumsy; lucky
chambonada *f* awkwardness, clumsiness; stroke of luck
chambonear *intr* to foozle
chambra *f* blouse; (Ven) din, uproar
chambrana *f* trim (*around a door*)
chamburgo *m* (Col) stagnant water, puddle
chamico *m* jimson weed; **dar chamico a** (SAm) to bewitch
chamorrar *tr* to shear
champán *m* sampan; (coll) champagne
champaña *m* champagne
cham•pú *m* (*pl* -**púes**) shampoo
chamuchina *f* rabble; populace
chamuscar §73 *tr* to singe, scorch; (Mex) to undersell
chamusco *m* singe, scorch
chamusquina *f* singeing; fight, row, quarrel; **oler a chamusquina** to look like a fight; smack of heresy
chancar §73 *tr* to crush; beat, beat up; botch
chance *m* (SAm) opportunity, chance

chancear *intr* & *ref* to joke, jest
chance•ro -ra *adj* joking, jesting
chanciller *m* chancellor
chancla *f* old shoe; house slipper
chancleta *mf* good-for-nothing ‖ *f* slipper; (Ven) accelerator
chanclo *m* overshoe, rubber
chancha *f* cheat, lie; (Chile) slut; **hacer la chancha** (Bol, Col, Chile) to play hooky
chanche•ro -ra *mf* (Arg, Chile) pork butcher
chan•cho -cha *adj* dirty, filthy ‖ *m* pig ‖ *f* see **chancha**
chanchulle•ro -ra *mf* crook
chandal *m* or **chándal** *m* jump suit, gym suit
changador *m* (SAm) errand boy
changarro *m* (Mex) small shop
chan•go -ga *adj* (Chile) dull, stupid; (Mex) sly, crafty ‖ *mf* (Mex) monkey ‖ *m* (Arg) house boy
chan•guí *m* (*pl* -**guíes**) trick, deception
chantaje *m* blackmail
chantajista *mf* blackmailer
chantar *tr* to put on; (SAm) to throw hard; (Urug) to keep waiting ‖ *ref* (*p.ej.*, *el sombrero*) to clap on
chantre *m* cantor, precentor
chanza *f* joke, jest
chao *interj* (coll) good-by
chapa *f* sheet, plate; (*hoja fina de madera*) veneer; (*en las mejillas*) flush; (coll) good sense, judgment; (Chile) lock, bolt; **chapa de circulación** (aut) license plate; **chapas** flipping coins
chapa•do -da *adj* plated; veneered; **chapado a la antigua** old-fashioned
chapalear *intr* (*el agua; las manos y los pies en el agua*) to splash; (*la herradura floja*) clatter
chapar *tr* to cover or line with sheets of metal; veneer
chaparrear *intr* to pour
chapa•rro -rra *mf* (Mex) child, little one; (Mex) runt ‖ *m* scrub oak
chaparrón *m* downpour
chapea•do -da *adj* lined with sheets of metal; veneered ‖ *m* plywood; veneer
chapear *tr* to cover or line with sheets of metal; veneer
chapista *m* tinsmith, tinman
chapitel *m* (*remate de torre*) spire; (*capitel de columna*) capital
chapodar *tr* to trim, clear of branches; to curtail
chapotear *tr* to sponge, moisten ‖ *intr* to splash
chapucear *tr* & *intr* to botch, bungle
chapuce•ro -ra *adj* crude, rough; clumsy, bungling ‖ *mf* bungler; amateur ‖ *m* blacksmith; junk dealer
chapurrar *tr* & *intr* to jabber
chapurreo *m* jabber
cha•puz *m* (*pl* -**puces**) duck, ducking
chapuzar §60 *tr*, *intr* & *ref* to duck
chaqué *m* cutaway coat, morning coat
chaqueta *f* jacket
chaquetilla *f* short jacket; (Ecuad) lady's vest
chaquetón *m* reefer, pea jacket

charamusca *f* brushwood, firewood; (Mex) candy twist

charanga *f* (mil) brass band

charangue•ro -ra *adj* crude, rough; bungling, clumsy ‖ *mf* bungler

charca *f* pool

charco *m* puddle

charla *f* talk, chat; talk, lecture; chatter, prattle

charla•dor -dora *adj* garrulous; gossipy ‖ *mf* chatterbox; gossip

charlar *intr* to talk, chat; chatter, prattle

charla•tán -tana *adj* garrulous; gossipy ‖ *mf* chatterbox; gossip; charlatan

charlatanería *f* garrulity, loquacity

charlatanismo *m* charlatanism; garrulity, loquacity

charnela *f* (*de puerta; de molusco*) hinge; (mach) knuckle

charol *m* varnish; patent leather; lacquered tray; **calzarse las de charol** (Arg, Urug) to hit the jackpot; **darse charol** to blow one's own horn

charola•do -da *adj* shiny

charolar *tr* to varnish, lacquer

charpa *f* pistol belt; (*cabestrillo*) sling

charquear *tr* (*carne de vaca*) to jerk; slash, cut to pieces

charqui *m* jerked beef

charrada *f* country dance; boorishness; tawdry ornamentation

charretera *f* epaulet; garter; (*del aguador*) shoulder pad

charriada *f* (Mex) rodeo

cha•rro -rra *adj* coarse, ill-bred; flashy, loud, showy; Salamanca ‖ *mf* peasant; Salamanca peasant ‖ *m* broad-brimmed hat; Mexican cowboy

chasca *f* brushwood

chascar §73 *tr* (*la lengua*) to click; (*algún manjar*) crunch; (*engullir*) swallow ‖ *intr* to crack, crackle

chascarrillo *m* funny story

chas•co -ca *adj* (Arg, Bol) crinkly, crinklyhaired ‖ *m* joke, trick; disappointment; **dar un chasco a** to play a trick on; **llevar** or **llevarse (un) chasco** to be disappointed

chas•cón -cona *adj* (Bol, Chile) disheveled; (Bol, Chile) bushy-haired; (Bol, Chile) clumsy, unskilled

cha•sis *m* (*pl* -**sis**) chassis

chasquear *tr* (*un látigo*) to crack; play a trick on; disappoint ‖ *intr* to crack ‖ *ref* to be disappointed

chasqui *m* (SAm) messenger, courier

chasquido *m* crack; crackle

chata *f* barge, scow; flatcar; bedpan; (Mex) dear, darling

chatarra *f* iron slag; junk, scrap iron

chatarrería *f* junk yard

chatarre•ro -ra *mf* junk dealer, scrapiron dealer

cha•to -ta *adj* flat; flat-nosed; blunt; commonplace; disappointed ‖ *m* wineglass ‖ *f* see **chata**

chatre *adj* (Chile, Ecuad) all dressed up

chauvinismo *m* chauvinism

cha•val -vala *adj* (coll) young ‖ *m* lad ‖ *f* lass

chaveta *f* cotter pin; **perder la chaveta** to go out of one's head

chayote *m* chayote, vegetable pear; dunce, fool

chazar §60 *tr* (*la pelota*) to stop; (*el sitio donde paró la pelota*) to mark

che *interj* (SAm) say!, hey!

checar *tr* (Mex) to check

che•co -ca *adj* & *mf* Czech

checoeslova•co -ca *adj* & *mf* Czecho-Slovak

Checoeslovaquia *f* Czecho-Slovakia

checoslova•co -ca *adj* & *mf* Czecho-Slovak

Checoslovaquia *f* Czecho-Slovakia

chechén *m* (Mex) poison ivy

chécheres *mpl* trinkets, junk

chelín *m* shilling

cheque *m* check; **cheque de viajeros** traveler's check

chequear *tr* (CAm, W-I) to check

chequeo *m* control; checkup

chequera *f* checkbook

chévere *adj invar* terrific, fabulous; **¡que chévere!** terrific!

chica *f* lass, little girl; girl; my dear; **chica de cita** call girl; **chica de la vida alegre** party girl

chicalote *m* Mexican poppy

chicle *m* chewing gum

chiclear *intr* (Mex) to chew gum

chi•co -ca *adj* small, little; young ‖ *mf* child, youngster ‖ *m* lad, little boy; young fellow; old man; hand, turn ‖ *f* see **chica**

chicolear *intr* to pay compliments, to flirt ‖ *ref* (Arg, Peru) to enjoy oneself

chico•te -ta *mf* husky youngster ‖ *m* cigar; cigar stub; whip

chicotear *tr* to beat up; kill

chicue•lo -la *adj* small, little ‖ *m* little boy ‖ *f* little girl

chicha *f* corn liquor; **no ser ni chicha ni limonada** to be good for nothing

chícharo *m* pea; (Col) poor cigar; (Mex) apprentice

chicharra *f* harvest fly; chatterbox; **cantar la chicharra** (coll) to be hot and sultry

chicharrón *m* residuo of hog's fat; burnt meat; sunburned person; wrinkled person

chiche *adj invar* nice, pretty

chichear *tr* & *intr* to hiss

chi•chón -chona *adj* (CAm) easy; (SAm) joking; (Guat) large-breasted ‖ *m* lump, bump on the head

chifla *f* hissing, whistling; paring knife; **estar de chifla** (Mex) to be in a bad humor

chifla•do -da *adj* (coll) daffy, nutty ‖ *mf* crackbrain, nut

chifladura *f* daffiness, nuttiness; whim, wild idea

chiflar *tr* (*a un actor*) to hiss; (*vino o licor*) to gulp down; (*el cuero*) to pare ‖ *intr* to whistle; (*las aves*) (Guat, Mex) to sing ‖ *ref* to go crazy

chifle *m* whistle; (*para cazar aves*) bird call; powder flask

chiflido *m* whistle, hiss

ch
ch

chiflón *m* (SAm) cold blast of air; rapids; slide of loose stone

chilaba *f* jelab, jellaba

Chile *m* Chile

chile•no -na *adj & mf* Chilean

chilote *m* (CAm) ear of corn

chilla *f* fox call, hare call; clapboard; (Chile) small fox; (Mex) top gallery

chillar *intr* to shriek; to squeak; to hiss, sizzle; (*los colores*) to scream || *ref* to take offense

chillido *m* shriek, scream

chi•llón -llona *adj* shrill, high-pitched; screaming; (*color*) loud

chimenea *f* chimney, smokestack; fireplace, hearth; stovepipe hat; (naut) funnel

chimpancé *m* chimpanzee

china *f* Chinese woman; china, porcelain; pebble; nursemaid; (Col) spinning top || China *f* China

chinche *mf* bore, tiresome person || *m* (*clavito de cabeza chata*) thumbtack || *f* (*insecto*) bedbug; caer or morir como chinches to die like flies

chinchorre•ro -ra *adj* gossipy, mischievous

chincho•so -sa *adj* boring, tiresome

chinero *m* china closet

chines•co -ca *adj* Chinese || chinescos *mpl* (mus) bell tree

chingar §44 *tr* to tipple; (CAm) to bob, dock; (CAm, Mex) to bother, annoy || *ref* to tipple; fail

chin•go -ga *adj* (CAm) short; (CAm) dull, blunt; (CAm) naked

chinguirito *m* cheap rum; swig of liquor

chi•no -na *adj & mf* Chinese || *m* (*idioma*) Chinese; (Col) boy, newsboy; (Mex) curl || *f* see china

chipichipi *m* drizzle, mist

Chipre *f* Cyprus

chiquero *m* pigsty; bull pen

chiquillada *f* childish prank

chiqui•to -ta *adj* small, little || *mf* little one || *m* (*de vino*) snifter; (Arg) moment, instant || *f* five cents; no andarse con or en chiquitas to talk right off the shoulder

chiquitura *f* trifle, small matter

chiribita *f* spark; daisy; chiribitas spots before the eyes

chiribitil *m* garret; cubbyhole

chirimbolos *mpl* utensils, vessels

chirimía *f* hornpipe

chiripa *f* (billiards) fluke, scratch; stroke of luck

chirivía *f* parsnip

chirle *adj* insipid, tasteless

chirlo *m* slash or scar on the face

chirlota *f* (Mex) meadow lark

chirona *f* jail, jug

chirriar §77 *intr* to creak, squeak; shriek; hiss, sizzle; sing or play out of tune || *ref* (Col) to go on a spree; (Col) to shiver

chirrido *m* creak, squeak; shriek; hiss, sizzle

chirrión *m* squeaky cart; (SAm) whip

chis *interj* sh-sh!; ¡chis, chis! pst!

chischás *m* clash of swords

chisguete *m* swig of wine; squirt

chisme *m* piece of gossip; trinket; chisme de vecindad idle talker; chismes gossip; articles; chismes de aseo toilet articles

chismear *intr* to gossip

chismo•so -sa *adj* gossipy, catty || *mf* gossip

chispa *f* spark; (*pequeña cantidad*) drop; lightning; (fig) sparkle, wit; (coll) drunk, spree; (Col) rumor; coger una chispa to go on a drunk; chispa de entrehierro (elec) jump spark; chispas sprinkle (*of rain*); dar chispa (Guat, Mex) to work, to click; echar chispas to blow up, hit the ceiling

chispeante *adj* sparkling

chispar *tr* to throw (someone) out

chispear *intr* to spark; sparkle; drizzle, sprinkle

chis•po -pa *adj* tipsy || *m* swallow, drink || *f* see chispa

chisporrotear *intr* to spark, sputter

chispo•so -sa *adj* sputtering, sparking

chisquero *m* pocket lighter

chistar *intr* to speak, say something; no chistar to not say a word

chiste *m* joke; witticism; caer en el chiste to get the point; dar en el chiste to hit the nail on the head

chistera *f* fish basket; (coll) top hat

chisto•so -sa *adj* funny; witty || *mf* funny person; wit

chita *f* anklebone; quoits; a la chita callando quietly, secretly; dar en la chita to hit the nail on the head

chiticalla *mf* (*persona que no revela lo que sabe*) (coll) clam || *f* (coll) secret

chito *interj* hush!, sh-sh!

chivato *m* kid, young goat; (*soplón*) squealer; (Bol) apprentice, helper; (Chile) cheap rum

chi•vo -va *mf* kid || *m* billy goat; (Mex) day's wage; (Col, Ecuad, Ven) fit of rage || *f* nanny goat

chocante *adj* shocking; coarse, crude; (Col) annoying; (Mex) disagreeable

chocar §73 *tr* to shock, annoy, irritate; surprise; (*vasos*) clink; please; ¡choque Vd. esos cinco! shake! || *intr* to shock; collide; clash, fight

chocarre•ro -ra *adj* coarse, crude || *mf* crude joker

choclo *m* wooden overshoe; (Mex) low shoe; (SAm) tender ear of corn

chocolate *m* chocolate

chocha *f* woodcock

chochear *intr* to be in one's dotage; dote, be infatuated

chochera *f* dotage; (Arg, Peru) favorite

cho•chez *f* (*pl* -checes) dotage; doting act or remark

cho•cho -cha *adj* doting; doddering || *m* stick of cinnamon candy; chochos candy to quiet a child || *f* see chocha

chófer *m* chauffeur

chofeta *f* fire pan (*for lighting cigars*)

cho•lo -la *adj* half-breed (*Indian and white*) || *mf* Indian; half-breed; (Chile) coward; (SAm) darling

cholla *f* (coll) noodle, head; (coll) ability, brains

chomite *m* (Mex) coarse wool; (Mex) woolen skirt

chontal *m* uneducated person

chopo *m* black poplar; gun, rifle; **chopo de Italia** Lombardy poplar; **chopo del Canadá** or **de Virginia** cottonwood; **chopo lombardo** Lombardy poplar

choque *m* shock; collision, impact; clash, conflict, skirmish; (elec) choke, choke coil; **choque en cadena** (aut) pileup, mass collision

choricería *f* sausage shop

chorizo *m* smoked pork sausage

chorlito *m* plover, golden plover; scatterbrains

chorrea•do -da *adj* dirty; spotty

chorrear *intr* to gush, spurt, spout; drip; trickle

chorrera spout, channel; cut, gulley; rapids; lace front, jabot; (Arg) string, stream

chorrillo *m* constant stream; **irse por el chorrillo** to follow the current; **tomar el chorrillo de** to get the habit of

chorro *m* jet, spurt; stream, flow; **a chorros** in abundance; **chorro de arena** sandblast

chotaca•bras *m* (*pl* -bras) goatsucker

chotear *tr* to make fun of; (Guat) to keep an eye on

choteo *m* jeering, mocking

choza *f* hut, cabin, lodge

chubasco *m* squall, shower; (fig) temporary setback; **chubasco de agua** rainstorm; **chubasco de nieve** blizzard

chubasco•so -sa *adj* stormy, threatening

chucruta *f* sauerkraut

chucha *f* female dog, bitch; drunk, jag; (Col) opossum; (Col) body odor

chuchaque *m* (Ecuad) hangover

chuchear *tr* (*caza menor*) to trap ǁ *intr* to whisper

chuchería *f* knickknack, trinket; delicacy, tidbit

chu•cho -cha *adj* (CAm) mean, stingy; (*fruto*) (Col) watery; (Col) wrinkled ǁ *m* (coll) dog ǁ *f* see **chucha**

chue•co -ca *adj* (Mex) twisted, bent; (SAm) bow-legged; (Mex) crippled ǁ *m* (Mex) dealing in stolen goods ǁ *f* stump; hockey; hockey ball

chufa *f* groundnut

chufletear *intr* to joke, jest

chula *f* flashy dame (*in lower classes of Madrid*)

chulada *f* light-hearted remark; vulgarity

chul•co -ca *mf* (Bol) baby (*youngest child*)

chulear *tr* to tease; (Mex) to flirt with

chuleta *f* chop, cutlet; slap, smack; (*de los estudiantes*) (coll) crib, pony; **chuleta de cerdo** pork chop; **chuleta de ternera** veal chop; **chuletas** sideburns, side whiskers

chu•lo -la *adj* flashy, sporty; foxy, slick; (Guat, Mex) pretty, cute ǁ *m* sporty fellow (*in lower classes of Madrid*); pimp, procurer; gigolo; butcher's helper; (taur) attendant on foot ǁ *f* see **chula**

chumbera *f* prickly pear

chume•ro -ra *mf* (CAm) apprentice

chunches *mpl* (CAm) junk, stuff

chunga *f* jest, fun

chunguear *ref* to jest, joke

chupa *f* frock, coat; (Arg) drunk, jag; (Arg) tobacco pouch

chupa•do -da *adj* thin, skinny; drunk; (*falda*) tight ǁ *f* suck; pull (*on a cigar*)

chupador *m* teething ring, pacifier

chupaflor *m* (Mex, Ven) hummingbird

chupalla *f* straw hat

chupamirto *m* (Mex) hummingbird

chupar *tr* to suck; (*la hacienda ajena*) milk, sap; absorb ǁ *intr* to suck ǁ *ref* to get thin, lose strength; (*los labios*) smack

chupatin•tas *mf* (*pl* -tas) (coll) office drudge

chupete *m* (*para un niño*) pacifier; lollipop; **de chupete** fine, splendid

chu•pón -pona *mf* swindler ǁ *m* (bot) sucker, shoot; (mach) plunger; baby bottle; pacifier

chupópte•ro -ra *mf* sponger

chuquisa *f* (Chile, Peru) prostitute

churrasco *m* barbecue

churrasquear *tr* to barbecue

churre *m* filth, dirt, grease

churrete *m* dirty spot (*on hands or face*)

churrigueres•co -ca *adj* churrigueresque; loud, flashy, tawdry

chu•rro -rra *adj* (*lana*) coarse; (*carnero*) coarse-wooled ǁ *m* coarse-wooled sheep; fritter; botch

churrulle•ro -ra *adj* gossipy, loquacious ǁ *mf* gossip, chatterbox

churrusco *m* burnt piece of bread

churumbela *f* hornpipe, flageolet; maté cup; (Col) worry, anxiety; (Col, Ecuad) pipe

churumo *m* (coll) substance (*money, brains, etc.*)

chus *interj* here! (*to call a dog*); **no decir chus ni mus** to not say boo

chus•co -ca *adj* droll, funny; (Peru) ill-mannered; (*perro*) (Peru) mongrel

chusma *f* galley slaves; mob, rabble

chuza *f* (Mex) strike (*in bowling*)

D

D, d (de) *f* fifth letter of the Spanish alphabet

D. *abbr* **don**

D.ª *abbr* **doña**

daca give me, hand over; **andar al daca y toma** to be at cross purposes

dactilógra•fo -fa *mf* typist ǁ *m* typewriter

dactilograma *m* fingerprint

dádiva *f* gift, present

dadivo•so -sa *adj* liberal, generous

da•do -da *adj* given; **dado que** provided, as

long as ‖ *m* die; **cargar los dados** to load the dice; **dados** dice; **el dado está tirado** the die is cast

daga *f* dagger

dalia *f* dahlia

dama *f* lady, dame; maid-in-waiting; (*en el juego de damas*) king; (*en el ajedrez y los naipes*) queen; (theat) leading lady; concubine, mistress; **dama joven** (theat) young lead; **damas** checkers; **señalar dama** (*en el juego de damas*) to crown a man

damajuana *f* demijohn

damasquina•do -da *adj & m* damascene

damasquinar *tr* to damascene

damasqui•no -na *adj* damascene

damero *m* checkerboard

damisela *f* young lady; courtesan

damnación *f* damnation

damnificar §73 *tr* to damage, hurt

da•nés -nesa *adj* Danish ‖ *mf* Dane ‖ *m* (*idioma*) Danish

dáni•co -ca *adj* Danish

Danubio *m* Danube

danza *f* dance; dancing; dance team; **danza de cintas** Maypole dance; **danza de figuras** square dance; **meter en la danza** to drag in, involve

danza•dor -dora *mf* dancer

danzar §60 *tr* to dance ‖ *intr* to dance; butt in

danza•rín -rina *mf* dancer; meddler, scatterbrain

dañable *adj* harmful; reprehensible

daña•do -da *adj* bad, wicked; spoiled

dañar *tr* to hurt, damage, injure; spoil ‖ *ref* to be damaged; spoil

dañi•no -na *adj* harmful, destructive, noxious; wicked

daño *m* damage, harm; (Arg) witchcraft; **a daño de** on the responsibility of; **daños y perjuicios** (law) damages; **en daño de** to the detriment of; **hacer daño** to be harmful; **hacer daño a** to hurt; **hacerse daño** to hurt oneself; to get hurt

daño•so -sa *adj* harmful, injurious

dar §23 *tr* to give; cause; hit, strike; (*el reloj la hora*) strike; (*cartas*) deal; (*un paseo*) take; (*los buenos días*) wish; (*un film*) show; (*una capa de pintura*) put on, apply; **dar a conocer** to make known; **dar a luz** to bring out, publish; **dar cuerda a** (*un reloj*) to wind; **dar curso a** to circulate; **dar de beber a** to give something to drink to; **dar de comer a** to give something to eat to; **dar la razón a** to admit that (*someone*) is right; **dar prestado** to lend; **dar palmadas** to clap the hands; **dar por** to consider as; **dar que hablar** to cause talk; to stir up criticism; **dar que hacer** to cause annoyance or trouble; **dar que pensar** to give food for thought; to give rise to suspicion ‖ *intr* to take place; to hit, strike; (*el reloj; dos, tres, etc. horas*) to strike; to tell, intimate; **dar a** to overlook; **dar con** to run into; **dar contra** to run against, strike against; **dar de sí** to stretch, to give; **dar en** to overlook; to hit; to run into; to fall into; to be bent on; (*un chiste*)

to catch on to; **dar sobre** to overlook; **dar tras** to pursue hotly ‖ *ref* to give oneself up; to give in, yield; to occur, be found; **darse a** to devote oneself to; **darse a conocer** to make a name for oneself, make oneself known; to get to know each other; **darse cuenta de** to realize, become aware of; **darse la mano** to shake hands; **dárselas de** to pose as; **darse por aludido** to take the hint; **darse por entendido** to show an understanding; to show appreciation; **darse por ofendido** to take offense; **darse por vencido** to give up, to acknowledge defeat

dardo *m* dart; cutting remark

dares y tomares *mpl* quarrels, disputes

dársena *f* basin, marina, inner harbor

darvinia•no -na *adj & mf* Darwinian, Darwinist

darvinismo *m* Darwinism

data *f* date; (*en una cuenta*) item; **de larga data** of long standing; **estar de mala data** to be in a bad humor

datar *tr & intr* to date; **datar de** to date from

dátil *m* date

datilera *f* date, date palm

dati•vo -va *adj & m* dative

dato *m* datum; basis, foundation

de *prep* of; from; about; **acompañado de** accompanied by; **cubierto de** covered with; **de noche** in the nighttime; **de no llegar nosotros a la hora** if we do not arrive on time; **más de** more than; **tratar de** to try to

deán *m* (eccl) dean

deanato *m* or **deanazgo** *m* deanship

debajo *adv* below, underneath; **debajo de** below, under

debate *m* debate; altercation, argument

debatir *tr & intr* to debate; fight, argue ‖ *ref* to struggle

debe *m* debit

debelar *tr* to conquer, vanquish

deber *m* duty; (*deuda*) debt; homework, school work; **últimos deberes** last rites ‖ *tr* to owe ‖ *v aux* to have to, ought to, must, should; **deber de** must, most likely ‖ *ref* to be committed; **deberse a** to be due to

debidamente *adv* duly

debi•do -da *adj* due, owed; proper, right; **debido a** due to

débil *adj* weak

debilidad *f* weakness, debility

debilitar *tr & ref* to weaken

débito *m* debt, debit; responsibility

debutante *mf* debutant(e), beginner

debutar *intr* to make one's start, appear for the first time

década *f* decade

decadencia *f* decadence

decadente *adj & mf* decadent

decaer §15 *intr* to decay, decline, fail, weaken; (naut) to drift from the course

decampar *intr* (mil) to decamp

decanato *m* deanship

decano *m* dean

decanta•do -da *adj* puffed-up, overrated

decapitar *tr* to decapitate

decelerar *tr, intr, & ref* to decelerate
decencia *f* decency
decenio *m* decade
dece•no -na *adj & m* tenth
decentar §2 *tr* to cut the first slice of; begin to damage ‖ *ref* to get bedsores
decente *adj* decent, proper; decent-looking
decepción *f* disappointment
decepcionar *tr* to disappoint
decidi•do -da *adj* decided, determined
decidir *tr* to decide; persuade ‖ *intr & ref* to decide
deci•dor -dora *adj* facile, fluent, witty
decimal *adj & m* decimal
déci•mo -ma *adj & m* tenth
decimocta•vo -va *adj* eighteenth
decimocuar•to -ta *adj* fourteenth
decimono•no -na *adj* nineteenth
decimonove•no -na *adj* nineteenth
decimoquin•to -ta *adj* fifteenth
decimosépti•mo -ma *adj* seventeenth
decimosex•to -ta *adj* sixteenth
decimoterce•ro -ra *adj* thirteenth
decimoter•cio -cia *adj* thirteenth
decir *m* say-so; **al decir de** according to ‖ §24 *tr* to say; tell; (*disparates*) talk; **como si dijéramos** so to speak, in a manner of speaking; **decir entre sí** to say to oneself; **decirle a uno cuántas son cinco** to tell a person what's what; **decir para sí** to say to oneself; **decir por decir** to talk for talk's sake; **decir que no** to say no; **decir que sí** to say yes; **decírselo a una persona deletreado** to spell it out to a person; **es decir** that is to say; **mejor dicho** rather; **¡por algo te lo dije!** I told you so!; **por decirlo así** so to speak ‖ *intr* to suit, fit, ¡**diga!** (*al contestar el teléfono*) hello! ‖ *ref* to be said; be called; **se dice** it is said, they say
decisión *f* decision
decisi•vo -va *adj* decisive
declamar *tr & intr* to declaim
declaración *f* declaration; (*en bridge*) bid; **declaración de renta** tax return
declarante *mf* declarant, deponent; (*en el juego de bridge*) bidder
declarar *tr* to declare; (*en bridge*) bid; (*law*) to depose ‖ *ref* to declare oneself; break out, take place
declarati•vo -va *adj* declarative
declinación *f* declination; fall, drop; decline; (*gram*) declension
declinar *tr & intr* to decline
declive *m* descent, declivity, slope
declividad *f* declivity
decodificador *m* (telv) decoder
decollaje *m* (aer) take-off
decollar *intr* (aer) to take off
decomisar *tr* to seize, confiscate
decomiso *m* seizure, confiscation
decoración *f* decoration; memorizing; (theat) set, scenery; **decoraciones** (theat) scenery; **decoración interior** interior decoration
decorado *m* decoration; (theat) décor, scenery; memorizing
decora•dor -dora *mf* decorator
decorar *tr* to decorate; memorize

decoro *m* decorum; honor, respect; decency, propriety
decoro•so -sa *adj* decorous; respectful; decent
decrecer §22 *intr* to decrease, grow smaller, grow shorter
decrepitar *intr* to crackle
decrépi•to -ta *adj* decrepit
decretar *tr* to decree
decreto *m* decree
decurso *m* course; **en el decurso de** in the course of
dechado *m* sample, model, example; (*labor de las niñas*) sampler
dedada *f* touch, spot; **dar una dedada de miel a** to feed the hopes of
dedal *m* thimble
dedalera *f* foxglove
dedeo *m* (mus) finger dexterity
dedicación *f* dedication; (*aplicación*) diligence
dedicar §73 *tr* to dedicate; devote; autograph ‖ *ref* to devote oneself
dedicatoria *f* dedication
dedil *m* fingerstall
dedillo *m* little finger; **saber** or **tener al dedillo** to have at one's finger tips, have a thorough knowledge of
dedo *m* finger; toe; bit; **alzar el dedo** (*en señal de dar palabra*) to raise one's hand; **cogerse los dedos** to burn one's fingers; **dedo auricular** little finger; **dedo cordial, de en medio,** or **del corazón** middle finger; **dedo gordo** thumb; big toe; **dedo índice** index finger, forefinger; **dedo meñique** little finger; **dedo mostrador** forefinger; **dedo pulgar** thumb; big toe; **estar a dos dedos de** to be within an ace of; **irse de entre los dedos** (coll) to slip between the fingers; **tener en la punta de los dedos** to have at one's fingertips
deducción *f* deduction, drawing off
deducir §19 *tr* (*concluir*) to deduce; (*rebajar*) deduct; (law) to allege
defecar §73 *intr* to defecate
defección *f* defection
defeccionar *intr & ref* (Chile) to defect
defecti•vo -va *adj* defective
defecto *m* defect; shortage, lack; **en defecto de** for lack of
defectuo•so -sa *adj* defective; lacking
defender §51 *tr* to defend; protect; delay, interfere with
defensa *f* defense; fender, guard; (*del toro*) horn; (*del elefante*) tusk; (*del automóvil*) bumper; **defensa marítima** (Arg) sea wall; **defensa propia** self-defense
defensi•vo -va *adj & f* defensive
defen•sor -sora *adj* defending ‖ *mf* defender; (law) counsel for the defense
deferencia *f* deference
deferente *adj* deferential
deferir §68 *tr* to delegate ‖ *intr* to defer
deficiencia *f* deficiency
deficiente *adj* deficient
défi•cit *m* (*pl* -**cits**) deficit
deficita•rio -ria *adj* deficit

da
de

definición *f* definition; decision, verdict
defini•do -da *adj* definite; sharp, defined
definir *tr* to define; settle, determine
definiti•vo -va *adj* definitive; **en definitiva** after all, in short
deflación *f* deflation
deflector *m* baffle
deformación *f* deformation; (rad) distortion
deformar *tr* to deform; disfigure; distort
deforme *adj* deformed
deformidad *f* deformity; gross error
defraudar *tr* to defraud, cheat; (*las esperanzas de una persona*) defeat; (*la claridad del día*) cut off
defuera *adv* outside; **por defuera** on the outside
defunción *f* decease, demise
degeneración *f* (*acción y efecto de degenerar*) degeneration; (*estado de degenerado; depravación*) degeneracy
degenera•do -da *adj & mf* degenerate
degenerar *intr* to degenerate
deglutir *tr & intr* to swallow
degollar §3 *tr* to cut the throat of; kill, massacre; (*un vestido*) cut low in the neck; (*el actor una obra dramática*) butcher, murder; become obnoxious to
degradante *adj* degrading
degradar *tr* to degrade; (mil) to break
degüello *m* throat-cutting; massacre; (*de un arma*) neck; **tirar a degüello** to try to harm
degustar *tr* (*probar*) to taste; (*percibir con deleite el sabor de*) to savor
dehesa *f* pasture land, meadow; (taur) range
deidad *f* deity
deificar §73 *tr* to deify
dejación *f* abandonment; (CAm, Chile, Col) negligence
dejadez *f* laziness; negligence; slovenliness; low spirits
deja•do -da *adj* lazy; negligent; slovenly; dejected
dejamiento *m* laziness; negligence; indolence, languor, indifference
dejar *tr* to leave; abandon; let, allow, permit; **dejar caer** to drop; let fall; **dejar feo** to slight; **dejar fresco** to leave in the lurch; **dejar por** + *inf* or **que** + *inf* to leave (*something*) to be + *pp*, e.g., **hemos dejado dos manuscritos por corregir** or **que corregir** we left two manuscripts to be corrected ‖ *intr* to stop; **dejar de** to stop, cease; fail to ‖ *ref* to be slovenly, neglect oneself; (*una barba*) grow; **dejarse de** (*disparates*) to cut out; (*preguntas*) stop asking; (*dudas*) put aside; **dejarse ver** to show up; be evident
dejillo *m* (*gusto que deja alguna comida*) aftertaste; (*acento regional*) local accent
dejo *m* (*gusto que deja alguna comida*) aftertaste; abandonment; slovenliness, neglect; local accent; (*placer o disgusto que queda después de hecha una cosa*) (fig) aftertaste
delación *f* accusation, denunciation
delantal *m* apron

delante *adv* before, ahead, in front; **delante de** before, ahead of, in front of
delantera *f* front; front row; advantage, lead; cowcatcher; **coger** or **tomar la delantera a** to get ahead of; get a start on; **delanteras** overalls
delante•ro -ra *adj* front, foremost, first ‖ *m* — **delantero centro** (*fútbol*) center forward ‖ *f* see **delantera**
delatar *tr* to accuse, denounce
delega•do -da *mf* delegate
delegar §44 *tr* to delegate
deleitable *adj* delectable, enjoyable
deleitar *tr & ref* to delight
deleite *m* delight
deleito•so -sa *adj* delightful
deletrear *tr & intr* to spell; decipher
deletreo *m* spelling
deleznable *adj* (*poco durable*) perishable; (*que se rompe fácilmente*) crumbly, fragile; (*que se desliza con facilidad*) slippery
delfín *m* (*primogénito del rey de Francia*) dauphin; (*mamífero cetáceo*) dolphin
delgadez *f* thinness, leanness; delicateness, lightness; perspicacity
delga•do -da *adj* thin, lean; delicate, light; sharp, perspicacious; (*terreno*) poor, exhausted ‖ *adv* — **hilar delgado** to hew close to the line; split hairs
delgadu•cho -cha *adj* skinny; slight
deliberar *tr & intr* to deliberate
delicadeza *f* delicacy, delicateness; scrupulousness
delica•do -da *adj* delicate; scrupulous
delicia *f* delight
delicio•so -sa *adj* delicious, delightful
delicti•vo -va *adj* punishable; criminal
delincuencia *f* guilt, criminality
delincuente *adj* guilty, criminal ‖ *mf* criminal
delineante *mf* designer ‖ *m* draughtsman
delinquir §25 *intr* to transgress, be guilty
deliquio *m* faint, swoon; weakening
delirante *adj* delirious
delirar *intr* to be delirious, rant, rave; talk nonsense
delirio *m* delirium; nonsense
delito *m* crime; **delito de incendio** arson; **delito de lesa majestad** lese majesty; **delito de mayor cuantía** (law) felony; **delito de menor cuantía** (law) misdemeanor
deludir *tr* to delude
demacra•do -da *adj* emaciated, wasted, thin
demago•go -ga *mf* demagogue
demanda *f* demand, petition; charity box; lawsuit; undertaking; (*del Santo Grial*) quest; **demanda maxima** (elec) peak load; **en demanda de** in search of; **tener demanda** to be in demand
demanda•do -da *mf* (law) defendant
demandante *mf* (law) complainant, plaintiff
demandar *tr* to ask for, request; (law) to sue ‖ *intr* (law) to sue, bring suit
demarcar §73 *tr* to demarcate
demás *adj* — **el demás . . .** the other. . . , the rest of the . . . ; **estar demás** to be useless, to be in the way; **lo demás** the

rest; **por lo demás** furthermore, besides ||
pron others; **los demás** the others, the rest
|| *adv* besides; **por demás** in vain; too, too
much
demasía *f* excess, surplus; daring, boldness;
evil, guilt, wrong; insolence; **en demasía**
excessively, too much
demasia•do -da *adj & pron* too much;
demasia•dos -das too many || **demasiado**
adv too, too much, too hard
demasiar §77 *intr* to go too far
demediar *tr* to divide in half; use up half of;
reach the middle of || *intr* to be divided in
half
dementa•do -da *adj* insane; demented
demente *adj* insane || *mf* lunatic
democracia *f* democracy
demócrata *mf* democrat
democráti•co -ca *adj* democratic
demoler §47 *tr* to demolish
demolición *f* demolition
demonía•co -ca *adj* demoniacal
demonio *m* demon, devil; **estudiar con el
demonio** to be full of devilishness
demora *f* delay
demorar *tr & ref* to delay
demostración *f* demonstration
demostra•dor -dora *mf* demonstrator || *m*
hand (*of clock*)
demostrar §61 *tr* to demonstrate
demostrati•vo -va *adj* demonstrative
demudar *tr* to change, alter; disguise, cloak
|| *ref* to change countenance, color
denegación *f* denial, refusal
denegar §66 *tr* to deny, refuse
denegrecer §22 *tr* to blacken || *ref* to turn
black
dengo•so -sa *adj* affected, finicky, overnice;
(Col) strutting
dengue *m* affectation, finickiness, overnice-
ness; (Col) strut, swagger
denguear *ref* (Col) to strut, swagger
denigrar *tr* to defame, revile; insult
denominación *f* denomination
denoda•do -da *adj* bold, daring
denostar §61 *tr* to abuse, insult, mistreat
denotar *tr* to denote
densidad *f* density; darkness, confusion
den•so -sa *adj* dense; dark, confused;
crowded, thick, close
denta•do -da *adj* toothed; (*sello de correo*)
perforated || *m* gear; teeth
dentadura *f* set of teeth; **dentadura artificial
or postiza** denture
dental *adj & f* dental
dentellada *f* bite; tooth mark
dentellar *intr* (*los dientes*) to chatter
dentellear *tr* to nibble, nibble at
dentera *f* envy; eagerness; **dar dentera** to set
the teeth on edge; make the mouth water
dentición *f* teething
dentífri•co -ca *adj* (*pasta, polvos*) tooth || *m*
dentifrice
dentista *mf* dentist
dentistería *f* dentistry
dentística *f* (Chile) dentistry
dentro *adv* inside, within; **dentro de** inside,

within; **dentro de poco** shortly; **por dentro** on the inside
denuedo *m* bravery, courage, daring
denuesto *m* abuse, insult, mistreatment
denuncia *f* denunciation; report; proclamation
denunciar *tr* to denounce; report; (*la guerra*)
proclaim
deparar *tr* to furnish, provide; offer, present
departamento *m* department; (rr) compartment; (*piso*) apartment; naval district (*in
Spain*)
departir *intr* to chat, converse
depauperación *f* impoverishment; exhaustion, weakening
depauperar *tr* to impoverish; exhaust,
weaken
dependencia *f* dependence, dependency;
branch, branch office; relationship, friendship; accessory; personnel
depender *intr* to depend; **depender de** to
depend on; be attached to, belong to
dependienta *f* female employee, clerk
dependiente *adj* dependent; branch || *mf* em-
ployee, clerk
deplorable *adj* deplorable
deplorar *tr* to deplore
deponer §54 *tr* to depose; set aside, remove;
(*las armas*) lay down || *intr* to depose;
(*evacuar el vientre*) have a movement;
(CAm, Mex) to vomit
deportación *f* deportation
deporta•do -da *mf* deportee
deportar *tr* to deport
deporte *m* sport; outdoor recreation
deportista *mf* sport fan || *m* sportsman || *f*
sportswoman
deporti•vo -va *adj* sport, sports
depositante *mf* depositor
depositar *tr* to deposit; (*la esperanza, la
confianza*) put, place; (*el equipaje*) check;
(*a una persona en seguro*) commit; store ||
ref to deposit, settle
deposita•rio -ria *mf* trustee; (*de un secreto*)
repository || *m* public treasurer
depósito *m* deposit; depot, warehouse; tank,
reservoir; (*de libros en una biblioteca*)
stack; (mil) depot; **depósito comercial**
bonded warehouse; **depósito de agua** reservoir; **depósito de cadáveres** morgue; **depósito de cereales** grain elevator; **depósito
de equipajes** (rr) checkroom; **depósito de
gasolina** (aut) gas tank; **depósito de locomotoras** roundhouse; **depósito de municiones** munition dump
depravación *f* depravity, depravation
deprava•do -da *adj* depraved
depravar *tr* to deprave || *ref* to become
depraved
deprecar §73 *tr* to entreat, implore
depreciación *f* depreciation
depreciar *tr & ref* to depreciate
depresión *f* depression; drop, dip; (*en un
muro*) recess
deprimir *tr* to depress; press down; push in;
belittle; humiliate || *ref* to be depressed; (*la
frente de una persona*) recede

de
de

depurar *tr* to purify, cleanse; purge

derecha *f* right hand; right-hand side; (pol) right; **a la derecha** on the right, to the right

derechamente *adv* rightly; straight, direct; properly; wisely

derechazo *m* blow with the right; (box) right

dereche•ro -ra *adj* right, just

derechista *adj* rightist || *mf* rightist, right-winger

dere•cho -cha *adj* right; right-hand; right-handed; straight; upright, standing; (CAm) lucky || *m* right; law; exemption, privilege; road, path; (*de tela, papel, tabla*) right side; **derecho consuetudinario** common law; **derecho de gentes** law of nations, international law; **derecho de subscripción** (*a una nueva emisión de acciones*) (com) right; **derecho de tránsito** or **paso** right of way; **derecho internacional** international law; **derecho penal** criminal law; **derechos** dues, fees, taxes; (*de aduana*) duties; **derechos de almacenaje** storage, cost of storage; **derechos de autor** royalty; **derechos del hombre** rights of man; **derechos de propiedad literaria** or **derechos reservados** copyright; **derechos humanos** human rights; **según derecho** by right, by rights || *f* see **derecha** || **derecho** *adv* straight, direct; rightly

deriva (aer, naut) drift; **ir a la deriva** (naut) to drift, be adrift

derivado *m* by-product

derivar *tr* to derive || *intr & ref* to derive, be derived; (aer, naut) to drift

dermatitis *f* dermatitis

derogar §44 *tr* to abolish, destroy, repeal

derrabar *tr* to dock, cut off the tail of

derrama•do -da *adj* extravagant, lavish

derramamiento *m* pouring, spilling; shedding; spreading; lavishing, wasting

derramar *tr* to pour, spill; (*sangre*) shed; spread, publish abroad; (*dinero*) lavish, waste || *ref* to run over, overflow; spread, scatter; (*una corriente, un río*) open, empty; (*la plumafuente*) leak

derrame *m* pouring, spilling; (*de sangre*) shed, shedding; spread, scattering; lavishing, wasting; overflow; leakage; slope; chamfering; (pathol) discharge, effusion

derrapada *f* or **derrapaje** *f* (aut) skidding

derredor *m* circumference; **al** or **en derredor** around, round about

derrelícto *m* (naut) derelict

derrelínquir §25 *tr* to abandon, forsake

derrenga•do -da *adj* crooked, out of shape; crippled, lame

derrengar §44 or §66 *tr* to bend, make crooked; cripple

derreniego *m* curse

derreti•do -da *adj* madly in love; (*mantequilla*) drawn || *m* concrete

derretimiento *m* thawing, melting; intense love, passion

derretir §50 *tr* to thaw, melt; (*la mantequilla*) draw; (*la hacienda*) squander || *ref* to thaw, melt; fall madly in love; be quite susceptible; be worried, be impatient

derribar *tr* to destroy, tear down, knock down; wreck; (*un árbol*) fell; bring down, shoot down; overthrow; humiliate || *ref* to fall down, tumble down; throw oneself on the ground

derribo *m* demolition, wrecking; (*de un árbol*) felling; overthrow; (*de un avión enemigo*) bringing down; **derribos** debris, rubble

derrocadero *m* rocky precipice

derrocar §73 or §81 *tr* to throw or hurl from a height; ruin, wreck, tear down; bring down, humble, overthrow

derrocha•dor -dora *mf* wastrel, squanderer

derrochar *tr* to waste, squander

derroche *m* wasting, squandering, extravagance

derrota *f* defeat, rout; road, route, way; (*de embarcación*) course

derrotadamente *adv* shabbily, poorly

derrotar *tr* to rout, put to flight; wear out; ruin || *ref* (naut) to drift from the course

derrotero *m* course, route; ship's course

derrotismo *m* defeatism

derrotista *adj & mf* defeatist

derrubiar *tr & ref* to wash away, wear away

derrubio *m* washout

derruir §20 *tr* to tear down, demolish

derrumbadero *m* crag, precipice; hazard, risky business

derrumbamiento *m* headlong plunge; cave-in, collapse; **derrumbamiento de tierra** landslide

derrumbar *tr* to throw headlong || *ref* to plunge headlong; collapse, cave in, crumble

derrumbe *m* precipice; landslide; cave-in

derviche *m* dervish

desabonar *ref* to drop one's subscription

desabono *m* cancellation of subscription; discredit, disparagement

desabor *m* insipidity, tastelessness

desabotonar *tr* to unbutton || *intr* to blossom, bloom

desabri•do -da *adj* insipid, tasteless; gruff, surly; (*tiempo*) unsettled

desabrigar §44 *tr* to uncover, bare || *ref* to bare oneself; undress

desabrir *tr* to give a bad taste to; displease, embitter

desabrochar *tr* to unclasp, unbutton, unfasten || *ref* to unbosom oneself

desacalorar *ref* to cool off

desacatamiento *m* incivility, disrespect

desacatar *tr* to treat disrespectfully

desacato *m* incivility, disrespect, contempt; (*para con las cosas sagradas*) profanation

desacelerar *tr & ref* to decelerate

desacerta•do -da *adj* mistaken, wrong

desacertar §2 *intr* to be mistaken, be wrong

desacierto *m* error, mistake, blunder

desacomoda•do -da *adj* inconvenient; out of work; in straightened circumstances

desacomodar *tr* to inconvenience; discharge, dismiss

desacomodi•do -da *adj* (SAm) rude; impolite

desacomodo *m* discharge, dismissal

desaconseja•do -da *adj* ill-advised
desaconsejar *tr* to dissuade
desacordar §61 *tr* to put out of tune ‖ *ref* to get out of tune; become forgetful
desacorde *adj* out of tune; incongruous
desacostumbra•do -da *adj* unusual
desacostumbrar *tr* to break of a habit
desacreditar *tr* to discredit; disparage
desacuerdo *m* discord, disagreement; error, mistake; unconsciousness; forgetfulness
desadaptación *f* maladjustment
desadeudar *tr* to free of debt ‖ *ref* to get out of debt
desadormecer §22 *tr* to awaken; free of numbness ‖ *ref* to get awake; shake off the numbness
desadorna•do -da *adj* unadorned, plain; bare, uncovered
desadverti•do -da *adj* unnoticed; inattentive
desadvertimiento *m* inadvertence
desafección *f* dislike
desafec•to -ta *adj* adverse, hostile; opposed ‖ *m* dislike
desaferrar *tr* to unfasten, loosen; make (*a person*) change his mind; (*las áncoras*) weigh
desafiar §77 *tr* to challenge, defy, dare; rival, compete with
desafición *f* dislike
desaficionar *tr* to cause to dislike
desafilar *tr* to make dull ‖ *ref* to become dull
desafina•do -da *adj* flat, out of tune
desafío *m* challenge, dare; rivalry, competition
desafora•do -da *adj* colossal, huge; disorderly, outrageous
desafortuna•do -da *adj* unfortunate
desafuero *m* excess, outrage
desagracia•do -da *adj* ungraceful, graceless
desagradable *adj* disagreeable
desagradar *tr & intr* to displease ‖ *ref* to be displeased
desagradeci•do -da *adj* ungrateful
desagradecimiento *m* ungratefulness
desagrado *m* displeasure
desagraviar *tr* to make amends to, indemnify
desagravio *m* amends, indemnification
desagregación *f* disintegration
desagregar §44 *ref* to disintegrate
desaguadero *m* drain, outlet; (*ocasión de continuo gasto*) (fig) drain
desaguar §10 *tr* to drain, empty; squander, waste ‖ *intr* to flow, empty ‖ *ref* to drain, be drained
desagüe *m* drainage, sewerage; drain, outlet
desaguisa•do -da *adj* illegal ‖ *m* offense, outrage, wrong
desahijar *tr* (*las crías del ganado*) to wean ‖ *ref* (*las abejas*) to swarm
desahogadamente *adv* freely; comfortably, easily; impudently
desahoga•do -da *adj* brazen, forward; roomy; in comfortable circumstances
desahogar §44 *tr* to relieve, comfort; (*deseos, pasiones*) give free rein to ‖ *ref* to take it easy, get comfortable; unbosom oneself, open up one's heart; get out of

debt; **desahogarse en** (*denuestos*) to burst forth in
desahogo *m* brazenness; ample room; comfort; outlet, relief; comfortable circumstances
desahuciar *tr* to deprive of hope; evict, oust, dispossess ‖ *ref* to lose all hope
desahucio *m* eviction, ousting, dispossession
desaira•do -da *adj* unattractive, unprepossessing; unsuccessful
desairar *tr* to slight, snub, disregard
desaire *m* slight, snub, disregard; unattractiveness, lack of charm
desajustar *tr* to put out of order ‖ *ref* to get out of order; disagree
desalabanza *f* belittling, disparagement
desalabar *tr* to belittle, disparage
desala•do -da *adj* eager, in a hurry
desalar *tr* to desalt; clip the wings of ‖ *ref* to hasten, rush; **desalarse por** to be eager to
desalentar §2 *tr* to put out of breath; discourage ‖ *ref* to become discouraged
desalforjar *ref* to loosen one's clothing
desaliento *m* discouragement
desalinización *f* desalinization
desaliña•do -da *adj* slovenly, untidy; careless, slipshod
desaliño *m* slovenliness, untidiness; carelessness, neglect
desalma•do -da *adj* cruel, inhuman
desalojar *tr* to oust, evict; (*al enemigo*) to dislodge; (*el camino*) to clear ‖ *intr* to leave, move away, move out
desalquila•do -da *adj* vacant, unrented
desalterar *tr* to calm, quiet
desalumbra•do -da *adj* dazzled, blinded; confused, unsure of oneself
desamable *adj* unlikeable, unlovable
desamar *tr* to dislike, hate, detest
desamarrar *tr* to untie, unfasten; (naut) to unmoor
desamistar *ref* to fall out, become estranged
desamor *m* dislike, coldness; hatred
desamorrar *tr* to make (*a person*) talk
desamparar *tr* to abandon, forsake; give up
desamparo *m* abandonment, desertion; helplessness
desamuebla•do -da *adj* unfurnished
desandar §5 *tr* to retrace, go back over
desandraja•do -da *adj* ragged, in tatters
desangrar *tr* to bleed; drain; (fig) to bleed, impoverish ‖ *ref* to lose a lot of blood
desanimación *f* discouragement, downheartedness
desanima•do -da *adj* discouraged, downhearted; (*reunión*) lifeless, dull
desanimar *tr* to discourage, dishearten ‖ *ref* to become discouraged
desánimo *m* discouragement
desanublar *tr & ref* to clear up, brighten up
desanudar *tr* to untie; disentangle
desapacible *adj* unpleasant, disagreeable
desapadrinar *tr* to disavow; disapprove
desaparecer §22 *intr & ref* to disappear
desapareci•do -da *adj* missing; extinct ‖ **desaparecidos** *mpl* missing persons
desaparecimiento *m* disappearance

desaparejar *tr* to unharness, unhitch; (naut) to unrig

desaparición *f* disappearance; (Ven) death

desapasiona•do -da *adj* dispassionate, impartial

desapego *m* dislike, coolness, indifference

desapercibi•do -da *adj* unprepared; wanting; unnoticed

desapiada•do -da *adj* merciless, pitiless

desaplica•do -da *adj* idle, lazy

desapodera•do -da *adj* headlong, impetuous; violent, wild; excessive

desapoderar *tr* to dispossess; deprive of power ‖ *ref*— **desapoderarse de** to lose possession of, give up possession of

desapolillar *tr* to free of moths ‖ *ref* to expose oneself to the weather

desapreciar *tr* to depreciate

desaprecio *m* depreciation

desaprender *tr* to unlearn

desaprensión *f* composure, nonchalance

desapretar §2 *tr* to slacken, loosen; (typ) to unlock

desaprobación *f* disapproval

desaprobar §61 *tr & intr* to disapprove

desapropiar *tr* to divest ‖ *ref*—**desapropiarse de** to divest oneself of

desaprovecha•do -da *adj* unproductive; indifferent, lackadaisical

desaprovechar *tr* to not take advantage of ‖ *intr* to slip back

desarmable *adj* dismountable

desarmador *m* hammer (*of gun*); (Mex) screwdriver

desarmamiento *m* disarmament; arms reduction

desarmar *tr* to disarm; dismount, dismantle, take apart; (*la cólera*) temper, calm ‖ *intr & ref* to disarm

desarme *m* disarmament; dismantling, dismounting

desarraigar §44 *tr* to uproot, dig up; expel, drive out

desarregla•do -da *adj* out of order; slovenly, disorderly; intemperate

desarrimo *m* lack of support; stand-offishness

desarrollar *tr & intr* to develop; unroll, unfold ‖ *ref* to develop; unroll, unfold; take place

desarrollo *m* development; unrolling, unfolding; **ayuda al desarrollo** developmental aid

desarropar *tr & ref* to undress

desarrugar §44 *tr & ref* to unwrinkle

desarzonar *tr* to unsaddle, unhorse

desasea•do -da *adj* dirty, unclean, slovenly

desasentar §2 *tr* to remove; displease ‖ *ref* to stand up

desaseo *m* dirtiness, uncleanliness, slovenliness

desasir §7 *tr* to let go, let go of ‖ *ref* to come loose; let go; **desasirse de** to let go of; give up, get free of

desasosegar §66 *tr* to disquiet, worry, disturb

desasosiego *m* disquiet, worry

desastra•do -da *adj* disastrous; unfortunate, wretched; ragged, shabby

desastre *m* disaster; **ir al desastre** to go to rack and ruin

desastro•so -sa *adj* disastrous

desatacar §73 *tr* to unbuckle, untie

desatar *tr* to untie, undo, unfasten; solve, unravel ‖ *ref* to come loose; free oneself; (*la tempestad*) break loose; forget oneself, go too far; **desatarse en** (*denuestos*) to burst forth in

desatascar §73 *tr* to pull out of the mud; (*un conducto obstruído*) unclog; (*a una persona de un apuro*) extricate

desataviar §77 *tr* to disarray, undress

desatavío *m* disarray, undress, slovenliness

desate *m* (*de palabras*) flood; **desate del vientre** loose bowels

desatención *f* inattention; discourtesy, disrespect

desatender §51 *tr* to slight, disregard, pay no attention to

desatenta•do -da *adj* wild, disorderly, extreme

desaten•to -ta *adj* inattentive; discourteous, disrespectful

desatina•do -da *adj* wild, disorderly; foolish, nonsensical ‖ *mf* fool

desatinar *tr* to bewilder, confuse ‖ *intr* to talk nonsense, act foolishly; lose one's bearings

desatino *m* folly, nonsense; awkwardness, loss of touch

desatolondrar *tr* to bring to ‖ *ref* to come to one's senses

desatollar *tr* to pull out of the mud

desatornillador *m* screwdriver

desatornillar *tr* to unscrew

desatraillar §4 *tr* to unleash

desatrampar *tr* to unclog

desatrancar §73 *tr* to unbar, unbolt; unclog

desatufar *ref* to get out of the close air; cool off, quiet down

desautoriza•do -da *adj* unauthorized

desavenencia *f* disagreement, discord

desavenir §79 *tr* to cause disagreement among ‖ *ref* to disagree; **desavenirse con** to differ with, disagree with

desaventura *f* misfortune

desaviar §77 *tr* to mislead, lead astray

desavisa•do -da *adj* unadvised; ill-advised; thoughtless, careless

desayuna•do -da *adj* — **estar desayunado** to have had breakfast

desayunar *intr* to breakfast ‖ *ref* to breakfast; **desayunarse con** to have breakfast on; **desayunarse de** to get the first news of

desayuno *m* breakfast

desazón *f* insipidity, tastelessness; annoyance, displeasure; discomfort

desazonar *tr* to make tasteless; annoy, displease ‖ *ref* to feel ill

desbancar §73 *tr* to win the bank from; cut out, to supplant

desbandada *f*— **a la desbandada** helter-skelter, in confusion

desbandar *ref* to run away; disband; desert

desbarajustar *tr* to put out of order ‖ *ref* to get out of order, break down

desbarata•do -da *adj* debauched, corrupt ‖ *mf* libertine

desbaratar *tr* to destroy, spoil, ruin; squander, waste; (mil) to rout, throw into confusion ‖ *intr* to talk nonsense ‖ *ref* to be unbalanced

desbarrancadero *m* precipice

desbastar *tr* to smooth off; waste, weaken; (*a una persona inculta*) polish ‖ *ref* to become polished

desbautizar §60 *ref* to lose one's temper

desbeber *intr* (coll) to urinate

desbloquear *tr* to relieve the blockade of; (*crédito*) to unfreeze

desboca•do -da *adj* (*pieza de artillería*) wide-mouthed; (*herramienta*) nicked; (*caballo*) runaway; (*persona*) foul-mouthed

desbocar §73 *tr* to break the mouth of, break the spout of ‖ *intr* (*un río*) to empty; (*una calle*) run, open, end ‖ *ref* (*un caballo*) to run away, break loose; curse, swear

desbordamiento *m* overflow

desbordar *tr* to overwhelm ‖ *intr* & *ref* to overflow

desbozalar *tr* to unmuzzle

desbravar *tr* to tame, break in ‖ *intr* & *ref* to abate, moderate; cool off, calm down

desbrozar §60 *tr* to clear of underbrush, clear of rubbish

desbulla *f* oyster shell

desbulla•dor -dora *mf* oyster opener ‖ *m* oyster fork

desbullar *tr* (*la ostra*) to open

descabal *adj* incomplete, imperfect

descabalgar §44 *intr* to dismount, alight from a horse

descabella•do -da *adj* disheveled; rash, wild

descabellar *tr* to muss, dishevel

descabeza•do -da *adj* crazy, rash, wild

descabezar §60 *tr* to behead; (*un árbol*) top; (*una dificultad*) get the best off; **descabezar el sueño** to doze, snooze ‖ *intr* to border ‖ *ref* to rack one's brains

descabullir §13 *ref* to sneak out, slip away; refuse to face the facts

descachalandra•do -da *adj* untidy; tattered

descacharra•do -da *adj* (CAm) dirty, slovenly, ragged

descaecer §22 *intr* to decline, lose ground

descaecimiento *m* weakness; depression, despondency

descalabazar §60 *ref* to rack one's brain

descalabra•do -da *adj* banged on the head; **salir descalabrado** to come out the loser, be worsted

descalabrar *tr* to bang on the head; knock down ‖ *ref* to bang one's head

descalabro *m* misfortune, setback, loss

descalcificar §73 *tr* to decalcify

descalificar §73 *tr* to disqualify

descalzar §60 *tr* (*las botas, los guantes*) to take off; (*a una persona*) take the shoes or stockings off; undermine ‖ *ref* to take one's shoes or stockings off; take one's gloves

off; (*las botas, los guantes*) take off; (*el caballo*) lose a shoe

descal•zo -za *adj* barefooted; seedy, down at the heel

descamar *ref* to scale, scale off

descaminadamente *adv* off the road, on the wrong track

descaminar *tr* to mislead, lead astray ‖ *ref* to get lost; run off the road

descamino *m* going astray; leading astray; nonsense; contraband, smuggled goods

descamisa•do -da *adj* shirtless, ragged ‖ *m* wretch, ragamuffin

descampa•do -da *adj* free, open ‖ *m* open country

descansadero *m* resting place, stopping place

descansa•do -da *adj* rested, refreshed; calm, restful

descansar *tr* to rest, relieve; (*la cabeza, el brazo*) rest, lean ‖ *intr* to rest; lean; not worry; (*yacer en el sepulcro*) rest; **descansar en** to trust in

descanso *m* rest; peace, quiet; (*de la escalera*) landing; (theat) intermission; (Chile) toilet

descantillar *tr* to chip off; deduct

descañonar *tr* to pluck; shave against the grain; gyp

descapiruzar §60 *tr* (Col) to muss, rumple, crumple

descapotable *adj* & *m* (aut) convertible

descara•do -da *adj* barefaced, brazen, saucy

descararse *ref* to be impudent; **descararse a** to have the nerve to

descarga *f* unloading; (*de un arma de fuego*) discharge; (com) discount; (elec) discharge; **descarga de aduana** customhouse clearance

descargar §44 *tr* to unload; (*de una deuda u obligación*) free; (*un arma de fuego*) discharge; (*un golpe*) strike, deal; (elec) to discharge ‖ *intr* to unload; (*un río*) empty; (*una calle, paseo*) open; (*una nube en lluvia*) burst ‖ *ref* to unburden oneself; resign; **descargarse con** or **en uno de algo** to unload something on someone; **descargarse de** to get rid of; resign from; (*una imputación, un cargo*) clear oneself of

descargo *m* unloading; (*de una obligación*) discharge; (*del cargo que se hace a uno*) release, acquittal; receipt

descargue *m* unloading

descariño *m* coolness, indifference

descarnadamente *adv* right off the shoulder, bluntly

descarnar *tr* to remove the flesh from; chip; wear away; detach from earthly matters ‖ *ref* to lose flesh

descaro *m* brazenness, effrontery

descarriar §77 *tr* to mislead, lead astray ‖ *ref* to go wrong, go astray

descarrilamiento *m* derailment

descarrilar *intr* to jump the track; wander from the point ‖ *ref* to jump the track

descartable *adj* disposable

descartar *tr* to cast aside, reject; discard ‖ *ref* to shirk, evade; **descartarse de** (*un compromiso*) to shirk, evade

descarte *m* casting aside, rejection; discarding; (*cartas desechadas*) discard; shirking, evasion

descasar *tr* to divorce; disturb, disarrange

descascar §73 *tr* to husk, shell, peel ‖ *ref* to break to pieces; jabber, talk too much

descascarar *tr* to shell, peel ‖ *ref* to shell off, peel off

descascarillar *tr* & *ref* to shell, peel

descasta•do -da *adj* ungrateful, ungrateful to one's family

descaudala•do -da *adj* ruined, penniless

descendencia *f* descent

descendente *adj* descendent, descending; (*tren*) down

descender §51 *tr* to bring down, lower; (*la escalera*) descend, go down ‖ *intr* to descend, go down; flow, run; decline

descendiente *mf* descendant

descenso *m* descent; (*de temperatura*) drop; decline

descentralizar §60 *tr* to decentralize

desceñi•do -da *adj* loose-fitting, loose

descepar *tr* to pull up by the roots; extirpate, exterminate

descerebrar *tr* to brain

descerraja•do -da *adj* corrupt, evil, wicked

desciframiento *m* deciphering, decoding; resolving

descifrar *tr* to decipher, decode, figure out

desclasificar §73 *tr* to disqualify

descocer §16 *tr* to digest

descoco *m* impudence, insolence

descocholla•do -da *adj* (Chile) ragged

descolar *tr* to dock, crop; (*a un empleado*) (CAm) to discharge, fire; (Mex) to slight, snub

descolgar §63 *tr* to unhook; take down, lower; (*el auricular*) pick up ‖ *ref* to come down, come off; to show up suddenly; **descolgarse con** to blurt out

descolón *m* (Mex) slight, snub

descolorar *tr* & *ref* to discolor, fade

descolori•do -da *adj* faded, off color

descollante *adj* prominent, outstanding; chief, main

descollar §61 *intr* to tower, stand out; (fig) to excel, stand out

descomedi•do -da *adj* immoderate, excessive; rude, discourteous

descomedir §50 *ref* to be rude, be discourteous

descomer *intr* to have a bowel movement

descómo•do -da *adj* inconvenient

descompasa•do -da *adj* extreme, excessive

descompletar *tr* to break (*a set or series*)

descomponer §54 *tr* to decompose; disturb, disorganize; put out of order; set at odds ‖ *ref* to decompose; (*una persona, la salud de una persona*) fall to pieces; (*el tiempo*) change for the worse; (*el rostro*) become distorted; (*un aparato*) get out of order; to lose one's temper; **descomponerse con** to get angry with

descomposición *f* decomposition; disorder, disorganization; discord

descompostura *f* decomposition; disorder, untidiness; brazenness

descompresión *f* decompression

descompues•to -ta *adj* out of order; brazen, discourteous; irritated; drunk

descomulgar §44 *tr* to excommunicate

descomunal *adj* huge, colossal, enormous, extraordinary; (coll) humongous

desconcerta•do -da *adj* out of order; disconcerted, baffled, bewildered; slovenly; unbridled

desconcertar §2 *tr* to put out of order; disturb, upset; (*un hueso*) dislocate; disconcert, bewilder

desconcierto *m* disrepair; disorder; mismanagement; confusion; discomfiture; disagreement; lack of restraint; loose bowels

desconchabar *tr* to dislocate ‖ *ref* to become dislocated; disagree, fall out

desconchado *m* scaly part of wall; (*en la porcelana*) chip

desconchar *tr* & *ref* to chip, chip off; scale off

desconectar *tr* to detach; disconnect

desconfia•do -da *adj* distrustful, suspicious

desconfianza *f* distrust

desconfiar §77 *intr* to lose confidence; **desconfiar de** to lose confidence in, to distrust

desconformar *intr* to dissent, disagree ‖ *ref* to not go well together

descongelación *f* thaw, thawing out

descongelador *m* defroster

descongelar *tr* to melt; defrost; (com) to unfreeze

descongestión *f* decongestion; freeing up

descongestionar *tr* to decongest; free up

desconocer §22 *tr* to not know; disavow, disown; not recognize; slight, ignore; not see ‖ *ref* to be unknown; be quite changed, be unrecognizable

desconocidamente *adv* unknowingly

desconoci•do -da *adj* unknown; strange, unfamiliar; ungrateful ‖ *mf* unknown, unknown person

desconsentir §68 *tr* to not consent to

desconsidera•do -da *adj* ill-considered; inconsiderate

desconsola•do -da *adj* disconsolate, downhearted; (*estómago*) weak

desconsuelo *m* disconsolateness, grief; upset stomach

descontaminación *f* decontamination; **descontaminación de radiactividad** radioactive decontamination

descontar §61 *tr* to discount; deduct; take for granted; **dar por descontado que** to take for granted that

descontentadi•zo -za *adj* hard to please

desconten•to -ta *adj* & *m* discontent

descontinuar §21 *tr* to discontinue

descontrola•do -da *adj* uncontrolled; deregulated

descontrolar *tr* (com) deregulate; decontrol

desconvenar *tr* to call off

desconvenir §79 *intr* to disagree; not go together, not match; not be suitable ‖ *ref* to disagree

desconvidar *tr* to cancel an invitation to; (*lo prometido*) take back

descopar *tr* to top (*a tree*)

descorazonar *tr* to discourage

descorchar *tr* to remove the bark from; (*una botella*) uncork; break into

descornar §61 *tr* to dehorn ‖ *ref* to rack one's brains

descorrer *tr* to run back over; (*una cortina, un cerrojo*) draw ‖ *intr & ref* to flow, run off

descortés *adj* discourteous, impolite

descortesía *f* discourtesy, impoliteness

descortezar §60 *tr* to strip the bark from; take the crust off; polish ‖ *ref* to become polished

descoser *tr* to unstitch, rip ‖ *ref* to loose one's tongue; (coll) to break wind

descosi•do -da *adj* disorderly, wild; indiscreet; desultory ‖ *m* wild man; rip, open seam

descote *m* low neck

descoyuntar *tr* to dislocate; bore, annoy ‖ *ref* (*p.ej., el brazo*) to throw out of joint

descrédito *m* discredit

descreer §43 *tr* to disbelieve; discredit ‖ *intr* to disbelieve

descreí•do -da *adj* disbelieving, unbelieving ‖ *mf* disbeliever, unbeliever

descriar §77 *ref* to spoil; waste away

describir §83 to describe

descripción *f* description

descripti•vo -va *adj* descriptive

descto. *abbr* **descuento**

descuadrar *intr* to disagree; **descuadrar con** (Mex) to displease

descuajar *tr* to liquefy, dissolve; uproot; discourage ‖ *ref* to liquefy; drudge

descuartizar §60 *tr* to tear to pieces; quarter

descubierta *f* open pie; inspection; reconnoitering; (naut) scanning the horizon; **a la descubierta** openly; in the open; reconnoitering

descubiertamente *adv* clearly, openly

descubier•to -ta *adj* bareheaded; (*campo*) bare, barren; (*expuesto a reconvenciones*) under fire ‖ *m* deficiency, shortage; exposition of the Holy Sacrament; **al descubierto** in the open; unprotected; (*sin tener disponibles las acciones que se venden*) short, e.g., **vender al descubierto** to sell short ‖ *f* see **descubierta**

descubri•dor -dora *mf* discoverer ‖ *m* (mil) scout

descubrimiento *m* discovery

descubrir §83 *tr* to discover; uncover, lay open, reveal; invent; (*p.ej., una estatua*) unveil ‖ *ref* to take off one's hat, uncover; be discovered; open one's heart

descuello *m* excellence, superiority; great height; haughtiness

descuento *m* discount; deduction, rebate

descuerar *tr* (Chile) to skin, flay; (Chile) to discredit, flay

descuerno *m* slight, snub

descuida•do -da *adj* careless, negligent; slovenly, dirty; off guard

descuidar *tr* to overlook, neglect; divert, distract, relieve ‖ *ref* to be careless, not bother; be diverted

descuide•ro -ra *mf* sneak thief

descuido *m* carelessness, negligence, neglect; slip, mistake, blunder; oversight; **al descuido** with studied carelessness; **en un descuido** when least expected

descuita•do -da *adj* carefree

deschavetar *intr* to get rattled; go mad; flip one's lid

desde *prep* since, from; after; **desde ahora** from now on; **desde entonces** since then, ever since; **desde hace** for, e.g., **estoy aquí desde hace cinco días** I've been here for five days; **desde luego** at once; of course; **desde que** since

desdecir §24 (*impv sg* **-dice**) *intr* to slip back; be out of harmony ‖ *ref* — **desdecirse de** to take back, retract

desdén *m* scorn, disdain; **al desdén** with studied neglect

desdenta•do -da *adj* toothless

desdeñar *tr* to scorn, disdain ‖ *ref* to be disdainful; **desdeñarse de** to loathe, despise; not deign to

desdeño•so -sa *adj* scornful, disdainful

desdicha *f* misfortune; indigence

desdicha•do -da *adj* unfortunate, unlucky, poor, wretched; backward, timid

desdinerar *tr* to impoverish

desdoblar *tr & intr* to unfold, spread open; split, divide

desdorar *tr* to remove the gold or gilt from; tarnish, sully; disparage

desdoro *m* tarnish, blemish, blot; disparagement

deseable *adj* desirable

desear *tr* to desire, wish

desecar §73 *tr & ref* to dry; drain

desechable *adj* disposable

desechar *tr* to discard, throw out, cast aside; underrate; blame, censure; (*la llave de una puerta*) turn

desecho *m* remainder; offal, rubbish; castoff; scorn, contempt; short cut; **desecho de hierro** scrap iron

desegregación *f* desegregation

desellar *tr* to unseal

desembalaje *m* unpacking

desembalar *tr* to unpack

desembarazar §60 *tr* to free, clear, empty, open ‖ *ref* to free oneself; be cleared, emptied; **desembarazarse de** to get rid of

desembarazo *m* naturalness, lack of restraint; delivery, childbirth; **con desembarazo** naturally, readily

desembaracadero *m* wharf, pier, landing

desembarcar §73 *tr* to unload, debark, disembark ‖ *intr* to land, debark, disembark; (*de un carruaje*) get out, alight; (*la escalera al plano bajo*) end ‖ *ref* to land, debark, disembark

de
de

desembarco m landing, debarkation, disembarkation; (*de la escalera*) landing
desembarque m unloading, debarkation, disembarkation
desembocadura f (*de una calle*) opening, outlet; (*de un río*) mouth
desembocar §73 *intr* (*una calle*) open, to end; (*un río*) flow, empty
desembolsar *tr* to disburse, pay out
desembolso m disbursement, payment
desembragar §44 *tr* (*el motor*) to disengage || *intr* to throw the clutch out
desembrague m disengagement, clutch release
desembravecer §22 *tr* to tame; calm, quiet, pacify
desembriagar §44 *tr* & *ref* to sober up
desembrollar *tr* to untangle, unravel
desemejante *adj* — **desemejante de** dissimilar from or to, unlike; **desemejantes** dissimilar, unlike
desemejar *tr* to change, disfigure || *intr* to be different, not look alike
desempacar §73 *tr* to unpack, unwrap || *ref* to cool off, calm down
desempalagar §44 *tr* to rid of nausea || *ref* to get rid of nausea
desempañar *tr* (*el vidrio*) to wipe the steam or smear from; take the diaper off
desempapelar *tr* to unwrap; (*una pared, una habitación*) scrape the wallpaper from
desempaquetar *tr* to unpack; unwrap
desempatar *tr* to break the tie between; (*los votos*) break the tie in
desempate m breaking a tie
desempedrar §2 *tr* to remove the paving stones from; (*un sitio empedrado*) pound; **ir desempedrando la calle** to dash down the street
desempeñar *tr* (*un papel*) to play (*a rôle*); (*un cargo*) fill, perform; (*a uno de un empeño*) disengage; (*un deber*) discharge; free of debt; take out of hock || *ref* to get out of a jam; get out of debt
desempeño m acting, performance; disengagement; (*de un deber*) discharge; payment of a debt; taking out of hock
desempernar *tr* to unbolt
desemplea•do -da *adj* & *mf* unemployed
desempleo m unemployment; **desempleo en masa** mass unemployment
desempolvar *tr* to dust; renew, take up again || *ref* to brush up
desempolvorar *tr* to dust, dust off
desenamorar *tr* to alienate; *ref* to grow apart; **desenamorarse de** to get fed up with
desencadenar *tr* to unchain, unleash || *ref* to break loose
desencajar *tr* to dislocate; disconnect || *ref* to get out of joint; (*el rostro*) be contorted
desencaminar *tr* to lead astray, mislead
desencantamiento m disenchantment, disillusion
desencantar *tr* to disenchant, disillusion
desencantarar *tr* (*nombres o números*) to draw; (*un nombre o nombres*) exclude from balloting

desencanto m disenchantment, disillusion
desencarecer §22 *tr* to lower the price of || *intr* & *ref* to come down in price
desencerrar §2 *tr* to release, set free; disclose, reveal
desencoger §17 *tr* to unfold, spread out || *ref* to relax, shake off one's timidity
desencolar *tr* to unglue || *ref* to become unglued
desenconar *tr* to take the soreness out of; calm down
desenchufar *tr* to unplug, disconnect
desendiosar *tr* to bring down a peg
desenfadaderas *fpl* — **tener buenas desenfadaderas** to be resourceful
desenfada•do -da *adj* free, easy, unconstrained
desenfado m ease, naturalness; relaxation, calmness
desenfoca•do -da *adj* out of focus
desenfrena•do -da *adj* unbridled, wanton, licentious
desenfrenar *tr* to unbridle|| *ref* to yield to temptation; fly into a passion; (*la tempestad, el viento*) break loose
desenfreno m unruliness, wantonness, licentiousness
desenfundar *tr* to take out of its sheath, bag, pillowcase, etc.
desenganchar *tr* to unhook, uncouple, unfasten, disengage; to unhitch
desenganche m unhooking, disengaging; unhitching
desengañar *tr* to disabuse, undeceive; disillusion; disappoint
desengaño m disabusing; disillusionment; disappointment; plain fact, plain truth
desengrana•do -da *adj* out of gear
desengranar *tr* to unmesh; disengage, throw out of gear
desengraso m (Chile) dessert
desenlace m outcome, result; (*de un drama, novela, etc.*) dénouement
desenlazar §60 *tr* to untie; solve; (*el nudo de un drama*) unravel
desenmarañar *tr* to disentangle; (*una cosa obscura*) unravel
desenmascarar *tr* to unmask || *ref* to take one's mask off
desenojar *tr* to appease, free of anger || *ref* to calm down; be amused
desenredar *tr* to disentangle; clear up || *ref* to extricate oneself
desenredo m disentanglement; (*de un drama, novela, etc.*) dénouement
desenrollar *tr* to unroll, unwind, unreel
desensartar *tr* to unstring, unthread
desensillar *tr* to unsaddle (*a horse*)
desentablar *tr* to disrupt; break off (*a bargain, friendship, etc.*)
desentender §51 *ref* — **desentenderse de** to take no part in, not participate in; affect ignorance of, pretend to be unaware of
desenterrar §2 *tr* to dig up; disinter; (fig) to unearth, dig up; (fig) to recall to mind
desentona•do -da *adj* out of tune, flat

desentonar *tr* to humble, bring down a peg ‖ *intr* to be out of tune; be out of harmony ‖ *ref* to talk loud and disrespectfully

desentono *m* dissonance, false note; loud tone of voice

desentornillar *tr* to unscrew

desentrampar *ref* to get out of debt

desentrañar *tr* to disembowel; figure out, unravel ‖ *ref* to give away all that one has

desentrena•do -da *adj* out of training

desentronizar §60 *tr* to dethrone; strip of influence

desentumecer §22 *tr* to relieve of numbness ‖ *ref* to be relieved of numbness

desenvainar *tr* to unsheathe; (*las uñas el animal*) show, stretch out; bare, uncover

desenvoltura *f* naturalness, ease of manner, offhandedness; fluency; lewdness, boldness (*chiefly in women*)

desenvolver §47 & §83 *tr* to unfold, unroll, unwrap; unwind; unravel, clear up; develop ‖ *ref* to unroll; unwind; develop, evolve; extricate oneself; be forward

desenvuel•to -ta *adj* free and easy, offhand; fluent; brazen, bold, lewd

deseo *m* desire, wish

deseo•so -sa *adj* desirous, anxious

desequilibra•do -da *adj* unbalanced

desequilibrar *tr* to unbalance ‖ *ref* to become unbalanced

desequilibrio *m* disequilibrium, imbalance; derangement, mental instability

deserción *f* desertion

desertar *tr* & *intr* to desert

desertor *m* deserter

deservicio *m* disservice

desesperación *f* despair; **ser una desesperación** to be unbearable

desespera•do -da *adj* despairing, desperate ‖ *mf* desperate person

desesperanza *f* hopelessness

desesperanza•do -da *adj* hopeless

desesperanzar §60 *tr* to discourage ‖ *ref* to lose hope

desesperar *tr* to drive to despair; exasperate ‖ *intr* to lose hope; be exasperated ‖ *ref* to be desperate, lose all hope

desestancar §73 *tr* to open up, unclog; make free of duty; open the market to

desestimar *tr* to hold in low regard; refuse, reject

deséxito *m* failure

desfachata•do -da *adj* brazen, impudent

desfachatez *f* brazenness, impudence

desfalcar §73 *tr* & *intr* to embezzle

desfalco *m* embezzlement

desfallecer §22 *tr* to weaken ‖ *intr* to grow weak; faint, faint away; lose courage

desfalleci•do -da *adj* weak; faint

desfallecimiento *m* weakness; fainting; discouragement

desfavorable *adj* unfavorable

desfigurar *tr* to disfigure; distort, misrepresent; disguise; change, alter ‖ *ref* to look different

desfiladero *m* defile, pass

desfilar *intr* to defile, parade, file by

desfile *m* review, parade

desflorar *tr* to deflower; mention in passing

desfogar §44 *tr* (*un horno*) to vent; (*la cal*) slake; (*una pasión*) give free rein to ‖ *intr* (*una tempestad*) to break into rain and wind ‖ *ref* to give vent to one's anger

desfondar *tr* to stave in; (*una nave*) bilge; (agr) to trench-plow

desforestar *tr* to deforest

desgaire *m* slovenliness; disdain, scorn; **al desgaire** scornfully; carelessly, with affected carelessness

desgajar *tr* to tear off; split off ‖ *ref* to come off, come loose; arise, originate; separate, break away

desgana *f* lack of appetite; indifference; boredom; **a desgana** unwillingly, reluctantly

desgarba•do -da *adj* ungainly, uncouth

desgarrar *tr* to tear, rend; (*la flema*) cough up ‖ *ref* to tear oneself away

desgarro *m* tear, rent; brazenness, effrontery; boasting, bragging; (Chile, Col) phlegm, mucus

desgasta•do -da *adj* worn (out); eroded; (*llanta*) treadless; (*tela*) threadbare

desgastar *tr* to wear away, wear down; to weaken, spoil ‖ *ref* to wear away; grow weak, decline

desgaste *m* wear, wearing away

desgoberna•do -da *adj* ungovernable, uncontrollable

desgobernar §2 *tr* to misgovern; (*un hueso*) dislocate ‖ *intr* (naut) to steer poorly ‖ *ref* to twist and turn in dancing

desgobierno *m* misgovernment; dislocation

desgonzar §60 *tr* to unhinge; disconnect

desgracia *f* misfortune; (*acontecimiento adverso*) mishap; (*pérdida de favor*) disfavor, disgrace; (*aspereza en el trato*) gruffness; (*falta de gracia*) lack of charm; **correr con desgracia** to have no luck; **por desgracia** unfortunately

desgracia•do -da *adj* unfortunate; unattractive, unpleasant; disagreeable ‖ *mf* wretch, unfortunate

desgraciar *tr* to displease; spoil ‖ *ref* to spoil; fail; fall out, disagree

desgranar *tr* (*el maíz*) to shell; (*un racimo*) to pick the grapes from ‖ *ref* (*piezas ensartadas*) to come loose

desgreñar *tr* to dishevel ‖ *ref* to get disheveled; pull each other's hair

deshabita•do -da *adj* unoccupied

deshabituar §21 *tr* to break of a habit

deshacer §39 *tr* to undo; untie; take apart; wear away, consume, destroy; melt; put to flight, rout; (*un tratado o negocio*) violate ‖ *ref* to get out of order; vanish, disappear; **deshacerse de** to get rid of; **deshacerse en** (*cumplidos*) to lavish; (*lágrimas*) burst into; **deshacerse por** to strive hard to

desharrapa•do -da *adj* ragged, in rags

deshebillar *tr* to unbuckle

deshebrar *tr* to unravel, unthread

deshecha *f* sham, pretense; dismissal; **hacer la deshecha** to feign, pretend; (Mex) to pretend lack of interest

de
de

deshelar §2 *tr* to thaw, melt; defrost; (aer) to deice ‖ *intr* to thaw, melt
deshereda•do -da *adj* disinherited; underprivileged
desheredar *tr* to disinherit ‖ *ref* to be a disgrace to one's family
desherrar §2 *tr* to unchain, unshackle; (*una caballería*) unshoe
desherrumbrar *tr* to remove the rust from
deshidratar *tr* to dehydrate
deshielo *m* thaw; defrosting; détente
deshilachar *ref* to fray
deshila•do -da *adj* in a file; **a la deshilada** in single file; secretly ‖ *m* openwork, drawn work
deshilar *tr* to unweave; (*reducir a hilos*) shred ‖ *ref* to fray; get thin
deshilvana•do -da *adj* disconnected, desultory
deshincar §73 *tr* to pull up, pull out
deshinchar *tr* to deflate; (*la cólera*) give vent to ‖ *ref* (*un tumor*) to go down; (*una persona orgullosa*) become deflated
deshojar *tr* to strip of leaves; tear the pages out of ‖ *ref* to lose the leaves
deshollejar *tr* (*la uva*) to peel, skin; (*las habichuelas*) shell
deshollina•dor -dora *mf* chimney sweep; curious observer ‖ *m* long-handled brush or broom
deshones•to -ta *adj* immodest, indecent; improper
deshonor *m* dishonor; disgrace
deshonorar *tr* to dishonor; degrade; disfigure
deshonra *f* dishonor; disrespect; **tener a deshonra** to consider improper
deshonrabue•nos *mf* (*pl* **-nos**) slanderer; (coll) black sheep
deshonrar *tr* to disgrace; (*a una mujer*) seduce; insult
deshonro•so -sa *adj* disgraceful, improper, discreditable
deshora *f* wrong time; **a deshora** at the wrong time, inopportunely; suddenly, unexpectedly
deshuesar *tr* (*la carne de un animal*) to bone; (*la fruta*) stone, take the pits out of
deshumedecer §22 *tr* to dehumidify
desidia *f* laziness, indolence
desidio•so -sa *adj* lazy, indolent ‖ *mf* lazy person
desier•to -ta *adj* desert; deserted ‖ *m* desert; wilderness
designar *tr* to designate; (*un trabajo*) plan
designio *m* design, plan, scheme
desigual *adj* unequal; unlike; rough, uneven; difficult; inconstant
desigualar *tr* to make unequal ‖ *ref* to become unequal; (*aventajarse*) get ahead
desigualdad *f* inequality; roughness, unevenness
desilusión *f* disillusionment; disappointment
desilusionar *tr* to disillusion; disappoint ‖ *ref* to become disillusioned; be disappointed
desimanar or **desimantar** *tr* to demagnetize
desimpresionar *tr* to undeceive

desinclina•do -da *adj* disinclined
desinencia *f* (gram) termination, ending
desinfectante *adj* & *m* disinfectant
desinfectar or **desinficionar** *tr* to disinfect
desinflación *f* deflation
desinflamar *tr* to take the soreness out of
desinflar *tr* to deflate; let the air out of; (*a una persona*) deflate
desinhibición *f* loss of inhibitions
desinsectación *f* insect control
desinsectar *intr* to exterminate insects
desintegración *f* disintegration
desintegrar *tr* & *ref* to disintegrate
desinterés *m* disinterestedness
desinteresa•do -da *adj* (*imparcial*) disinterested; (*poco interesado*) uninterested
desinteresar *ref* to lose interest
desintonizar §60 *tr* (rad) to tune out; (rad) to put out of tune
desintoxicación *f* detoxification; sobering (up)
desintoxicar *tr* to detoxify; sober up
desistir *intr* to desist
desjarretar *tr* to hamstring; bleed to excess
desjuicia•do -da *adj* lacking judgment, senseless
desjuntar *tr* to disjoin, separate
deslabonar *tr* to unlink; disconnect ‖ *ref* to come loose; withdraw
deslastrar *tr* to unballast
deslava•do -da *adj* faded, colorless; barefaced ‖ *mf* barefaced person
deslavar *tr* to wash superficially; fade, take the life out of
desleal *adj* disloyal; unfair
deslealtad *f* disloyalty
deslechar *tr* (Col) to milk
desleír §58 *tr* to dissolve; dilute; (*los colores, la pintura*) thin; (*sus pensamientos*) express too diffusely ‖ *ref* to dissolve; become diluted
deslengua•do -da *adj* foul-mouthed, shameless
desliar §77 *tr* to untie, undo; unravel ‖ *ref* to come untied
desligar §44 *tr* to untie, unbind; disentangle; excuse ‖ *ref* to come untied, come loose
deslindar *tr* to mark the boundaries of; distinguish; define, explain
des•liz *m* (*pl* **-lices**) sliding; (*superficie lisa*) slide; slip, blunder; peccadillo, indiscretion
deslizade•ro -ra *adj* slippery ‖ *m* slippery place; launching way
deslizadi•zo -za *adj* slippery
deslizador *m* (aer) glider
deslizar §60 *tr* to slide; (*decir por descuido*) let slip ‖ *intr* to slide; slip; glide ‖ *ref* to slide; slip; glide; slip away, sneak away; (*un reparo*) slip out; (*caer en una flaqueza*) slide back, backslide
deslomar *tr* to break or strain the back of ‖ *ref* to break or strain one's back; **no deslomarse** to not strain oneself
desluci•do -da *adj* quiet, lackluster; dull, undistinguished
deslucir §45 *tr* to tarnish; deprive of charm, deprive of distinction; discredit

deslumbramiento *m* dazzle, glare; bewilderment, confusion

deslumbrante *adj* dazzling; bewildering, confusing

deslumbrar *tr* to dazzle; bewilder, confuse

deslustra•do -da *adj* dull, flat, dingy; (*vidrio*) ground, frosted

deslustrar *tr* to tarnish; dull, dim; (*el vidrio*) frost; discredit ‖ *ref* to tarnish

deslustre *m* tarnishing; dulling, dimming; discredit; (*del vidrio*) frosting

deslustro•so -sa *adj* ugly, unbecoming

desmadejar *tr* to enervate, weaken

desmagnetizar §60 *tr* to demagnetize

desmán *m* excess, misconduct; misfortune, mishap

desmanchar *tr* (Chile) to clean of spots

desmanda•do -da *adj* disobedient, unruly

desmandar *tr* to cancel, countermand ‖ *ref* to misbehave; go away, keep apart; get out of control

desmanear *tr* to unfetter, unshackle

desmantela•do -da *adj* dilapidated

desmantelar *tr* to dismantle; (naut) to unmast; (naut) to unrig

desmaña *f* awkwardness, clumsiness

desmaña•do -da *adj* awkward, clumsy

desmaquillar *tr & ref* to take makeup off

desmaya•do -da *adj* faint, languid, weak, unconscious; (*color*) dull

desmayar *tr* to depress, discourage ‖ *intr* to lose heart, be discouraged; falter ‖ *ref* to faint

desmayo *m* depression, discouragement; faint, fainting fit; weeping willow

desmedi•do -da *adj* excessive; boundless, limitless

desmedir §50 *ref* to go too far, be impudent

desmedra•do -da *adj* weak, run-down

desmedrar *tr* to impair ‖ *intr & ref* to decline, deteriorate

desmejorar *tr* to impair, spoil ‖ *intr & ref* to decline, go into a decline

desmelenar *tr* to muss, dishevel, rumple

desmembrar §2 *tr* to dismember

desmemoria *f* forgetfulness

desmemoria•do -da *adj* forgetful

desmemoriar *ref* to become forgetful

desmentida *f* contradiction; **dar una desmentida a** to give the lie to

desmentir §68 *tr* to belie, give the lie to; conceal ‖ *intr* to be out of line ‖ *ref* to contradict oneself

desmenudear *tr & intr* (Col) to sell at retail

desmenuzar §60 *tr* to crumble; chop up; examine in detail; criticize harshly ‖ *ref* to crumb, crumble

desmerece•dor -dora *adj* unworthy

desmerecer §22 *tr* to be unworthy of ‖ *intr* to decline in value; **desmerecer de** to compare unfavorably with

desmesura *f* excess, lack of restraint

desmesura•do -da *adj* excessive, disproportionate; insolent ‖ *mf* insolent person

desmigajar *tr & ref* to crumble, break up

desmigar §44 *tr & ref* to crumble, crumb

desmilitarizar §60 *tr* to demilitarize; **zona desmilitarizada** demilitarized zone

desmirria•do -da *adj* exhausted, emaciated, run-down

desmochar *tr* (*un árbol*) to top; (*al toro*) dehorn; (*una obra artística*) cut

desmodular *tr* to demodulate

desmola•do -da *adj* toothless

desmontable *adj* demountable

desmontar *tr* (*un terreno*) to level; (*un bosque*) clear; dismantle, dismount, take apart, knock down; (*las piezas de artillería del enemigo*) knock out; (*al jinete el caballo*) unhorse, to throw; (*un arma de fuego*) uncock ‖ *ref* to dismount, alight

desmoralizar §60 *tr* to demoralize

desmoronadi•zo -za *adj* crumbly

desmoronar *tr* to wear away ‖ *ref* to wear away; crumble, decline

desmotadera *f* burler; **desmotadera de algodón** cotton gin

desmotar *tr* (*la lana*) to burl; (*el algodón*) gin

desmovilizar §60 *tr* to demobilize

desmurador *m* mouser

desnatadora *f* cream separator

desnatar *tr* to skim; remove the slag from; take the choicest part of

desnaturalizar §60 *tr* to denaturalize; (*el alcohol*) denature; alter, pervert

desnivel *m* unevenness; difference of level

desnivelar *tr* to make uneven ‖ *ref* to become uneven

desnudar *tr* to undress; strip, lay bare; (*la espada*) draw ‖ *ref* to undress, get undressed; become evident; **desnudarse de** to get rid of

desnudez *f* nakedness; bareness

desnu•do -da *adj* naked, nude; bare; destitute, penniless ‖ **el desnudo** the nude

desnutrición *f* undernourishment, malnutrition

desnutri•do -da *adj* undernourished

desobedecer *tr & intr* to disobey

desobediencia *f* disobedience

desobediente *adj* disobedient

desocupación *f* unemployment; idleness, leisure

desocupa•do -da *adj* unemployed; idle; free, unoccupied, vacant, empty ‖ *mf* unemployed person

desocupar *tr* to empty, vacate ‖ *intr* (*una mujer*) to be delivered ‖ *ref* to become empty, vacated; become unemployed, become idle

desodorante *adj & m* deodorant

desodorizar §60 *tr* to deodorize

desoír §48 *tr* to not hear, pretend not to hear

desolación *f* desolation

desola•do -da *adj* desolate, disconsolate

desolar §61 *tr* to desolate, lay waste ‖ *ref* to be desolate, be disconsolate

desoldar §61 *tr* to unsolder ‖ *ref* to come unsoldered

desolla•do -da *adj* brazen, impudent

desollar §61 *tr* to skin, flay; harm, hurt; **desollar vivo** (*hacer pagar mucho más de*

de
de

lo justo) fleece, skin alive; (*murmurar acerbamente de*) (coll) to flay
desopilar *ref* to roar with laughter
desopinar *tr* to defame, discredit
desorbita•do -da *adj* popeyed; crazy
desorbitar *tr* to pop wide-open
desorden *m* disorder
desordena•do -da *adj* disorderly, unruly
desordenar *tr* to put out of order ‖ *ref* to get out of order; be unruly; go too far
desoreja•do -da *adj* infamous, degraded; (*que canta mal*) (Peru) off tune; (Cuba) shameless; (Cuba) spendthrift, prodigal; (Guat) stupid; (Chile) without handles
desorganizar §60 *tr* to disorganize
desorientación *f* disorientation; confusedness; going astray
desorientar *tr* to lead astray; confuse
desovar *intr* to spawn
desove *m* spawning; spawning season
desovillar *tr* to unravel, disentangle; encourage
desoxidar *tr* to deoxidize; clean of rust
despabiladeras *fpl* snuffers
despabila•do -da *adj* wide-awake
despabilar *tr* (*una candela*) to snuff, trim; (*la hacienda*) dissipate; (*una comida*) dispatch; (*robar*) snitch; (*matar*) dispatch ‖ *ref* to brighten up; wake up; leave, disappear
despacio *adv* slow, slowly; at leisure; (Arg, Chile) in a low voice
despacio•so -sa *adj* slow, easy-going
despachaderas *fpl* surly reply; resourcefulness
despacha•do -da *adj* brazen, impudent; quick, resourceful
despachante *m* (Arg) clerk; **despachante te de aduana** (Arg) customhouse broker
despachar *tr* to send, ship; dispatch, expedite; discharge, dismiss; decide, settle; sell; (*a los parroquianos*) wait on; (*la correspondencia*) attend to; hurry; (*matar*) dispatch, kill ‖ *intr* to hurry; make up one's mind; work, be employed ‖ *ref* to hurry; (*una mujer*) be delivered; speak out
despacho *m* shipping; dispatch, expedition; discharge, dismissal; (*tienda*) store, shop; (*aposento para el estudio*) study; (*aposento para los negocios*) office; (*comunicación por telégrafo o teléfono*) dispatch; (Chile) attic; **despacho de billetes** ticket office; **despacho de localidades** box office; **estar al despacho** to be pending; **tener buen despacho** to be expeditious
despachurrar *tr* to crush, smash, squash; (*dejar sin tener que replicar*) squelch; (*lo que uno trata de decir*) butcher, murder
despampanante *adj* stunning, terrific
despampanar *tr* (*las vides*) to prune, trim; astound ‖ *intr* to give vent to one's feelings ‖ *ref* to fall and hurt oneself
despancar §73 *tr* to husk (*corn*)
desparejar *tr* (*dos cosas que forman pareja*) to break, separate (*a pair*)
desparpajar *tr* to tear apart ‖ *intr* to rant, rave ‖ *ref* to rant, rave; (CAm, Mex, W-I) to wake up

desparramar *tr* to scatter, spread; (*el agua*) to spill; (*la hacienda*) squander ‖ *ref* to scatter, spread; make merry
despartir *tr* to divide, part, separate; to reconcile
despatarrada *f* split (*in dancing*); **hacer la despatarrada** to stretch out on the floor pretending to be ill or injured
despatarrar *tr* to dumbfound ‖ *ref* to open one's legs wide, fall down with legs outspread; lie motionless; be dumbfounded
despavori•do -da *adj* terrified
despea•do -da *adj* footsore
despear *ref* to get sore feet
despecti•vo -va *adj* contemptuous; (gram) pejorative
despecha•do -da *adj* spiteful, enraged
despechar *tr* to spite, enrage; (*destetar*) to wean ‖ *ref* to be enraged; despair, lose hope
despecho *m* spite; despair; weaning; **a despecho de** despite, in spite of; **por despecho** out of spite
despechugar §44 *tr* to carve the breast of ‖ *ref* (coll) to go with bare breast, bare one's breast
despedazar §60 *tr* to break to pieces; (*la honra de uno*) to ruin; (*el alma de una persona*) break ‖ *ref* to break to pieces; **despedazarse de risa** to split one's sides laughing
despedida *f* farewell, leave-taking; (*de una carta*) close, conclusion; (*copla final*) envoi
despedir §50 *tr* to throw; emit, send forth; discharge, dismiss; (*al que sale de la casa*) see off; (*un mal pensamiento*) banish; **despedir en la puerta** to see to the door ‖ *ref* to take leave, say good-by; give up one's job; **despedirse a la francesa** to take French leave; **despedirse de** to take leave of, say good-by to
despega•do -da *adj* gruff, surly
despegar §44 *tr* to loosen, unglue, unseal; open; separate, detach ‖ *intr* (aer) to take off ‖ *ref* to come off; **despegarse con** to be unbecoming to
despego *m* dislike, indifference
despegue *m* (aer) take-off; **despegue vertical** vertical take-off
despeina•do -da *adj* unkempt
despeja•do -da *adj* (*frente*) wide; (*día, cielo*) clear, cloudless; bright, sprightly; (*en el trato*) unconstrained
despejar *tr* to clarify, explain; free; (*una incógnita*) (math) to find ‖ *ref* to brighten up, cheer up; (*el cielo, el tiempo; una situación dificultosa*) clear up; (*un borracho*) sober up
despejo *m* ease, naturalness; talent, intelligence, understanding
despelotar *ref* to disrobe
despeluzar §60 *tr* to muss the hair of; make the hair of (*a person*) stand on end ‖ *ref* (*el pelo*) to stand on end
despeluznante *adj* hair-raising, horrifying
despellejar *tr* to skin, flay; slander, malign

despenalización *f* legalization
despenalizar §60 *tr* to legalize; condone
despenar *tr* to console; (coll) to kill; (Chile) to deprive of hope
despender *tr* to spend, squander; (*el tiempo*) to waste
despensa *f* pantry; food supplies; day's marketing; stewardship; (naut) storeroom
despensero *m* butler, steward; (naut) storekeeper
despeñadamente *adv* hastily; boldly
despeñade•ro -ra *adj* precipitous || *m* precipice; danger, risk
despeñadi•zo -za *adj* precipitous
despeñar *tr* to hurl, throw, push || *ref* to hurl oneself, jump; fall headlong; (*en vicios, pecados, pasiones*) plunge downward
despeño *m* plunge; headlong fall; ruin, failure, collapse; (coll) loose bowels
despepitar *tr* to seed, remove the seeds from || *ref* to rush around madly, go around screaming; **despepitarse por** to be mad about
desperdicia•do -da *adj* wasteful, prodigal || *mf* spendthrift, prodigal
desperdiciar *tr* to waste, squander; (*la ocasión de aprovechar una cosa*) miss, lose
desperdicio *m* waste, squandering; **desperdicios** waste; waste products; by-products; rubbish; **no tener desperdicio** to be excellent, be useful
desperdigar §44 *tr* to separate, scatter
desperecer §22 *ref* to long eagerly
desperezar §60 *ref* to stretch, stretch one's arms and legs
desperfecto *m* blemish, flaw, imperfection
desperna•do -da *adj* footsore, weary
desperta•dor -dora *mf* awakener || *m* alarm clock; warning
despertar §2 *tr* to awaken; arouse, stir || *intr* & *ref* to awaken, wake up
despestañar *tr* to pluck the eyelashes of || *ref* to look hard, strain one's eyes
despiada•do -da *adj* cruel, pitiless
despichar *tr* to squeeze dry; (Col, Chile) to crush, flatten || *intr* (coll) to croak, die
despidiente *m* stick placed between a hanging scaffold and wall; **despidiente de agua** flashing
despido *m* layoff, discharge
despier•to -ta *adj* wide-awake, alert; **soñar despierto** to daydream
despilfarra•do -da *adj* wasteful; ragged || *mf* prodigal; raggedy person
despilfarrar *tr* to squander, waste || *ref* to spend recklessly
despilfarro *m* squandering, waste, extravagance; slovenliness
despintar *tr* to remove the paint from; disfigure, distort, spoil; **no despintarle a uno los ojos** to not take one's eyes from a person || *intr* to decline, slip back; **despintar de** to be unworthy of || *ref* to fade, wash off; **no despintársele a uno** to not fade from one's memory
despiojar *tr* to delouse; (coll) to free from poverty

despique *m* revenge
despistar *tr* to outwit, throw off the track || *ref* to run off the track, run off the road
desplacer *m* displeasure || §22 *tr* to displease
desplantar *tr* to uproot; throw out of plumb || *ref* to get out of plumb; lose one's upright posture
desplaya•do -da *adj* broad, open, wide || *m* (Arg) wide sandy beach
desplayar *tr* to widen, spread out || *ref* (*el mar*) to recede from the beach
desplaza•do -da *adj* displaced || *mf* displaced person
desplazar §60 *tr* (*cierto peso de agua*) to displace; move, transport || *ref* to move
desplegar §66 *tr* to unfold, spread; display; explain; (mil) to deploy || *ref* to unfold, spread out; (mil) to deploy
despliegue *m* unfolding, spreading out; display; (mil) deployment
desplomar *tr* to throw out of plumb || *ref* to get out of plumb; collapse, tumble; fall down in a faint; (*un trono*) crumble; (aer) to pancake
desplome *m* leaning; collapse, tumbling; falling in a faint; downfall; (aer) pancaking
desplumar *tr* to pluck; (*dejar sin dinero*) fleece || *ref* to molt
despoblado *m* wilderness, deserted spot
despoblar §61 *tr* to depopulate; lay waste; clear, lay bare
despojar *tr* to strip, despoil, divest; dispossess || *ref* to undress; **despojarse de** to divest oneself of; (*ropa*) take off
despojo *m* dispoilment; dispossession; booty, plunder, spoils; prey, victim; **despojos** scraps, leavings; mortal remains; secondhand building materials
despolarizar §60 *tr* to depolarize
despolvar *tr* to dust
despolvorear *tr* to dust, dust off; scatter
desportillar *tr* to chip, nick || *ref* to chip, chip off
desposa•do -da *adj* handcuffed; newly married || *mf* newlywed
desposar *tr* to marry || *ref* to be betrothed, get engaged; get married
desposeer §43 *tr* to dispossess || *ref* —**desposeerse de** to divest oneself of
desposorios *mpl* betrothal, engagement; marriage, nuptials
despostar *tr* to cut up, carve; butcher
déspota *m* despot
despóti•co -ca *adj* despotic
despotismo *m* despotism
despotricar §73 *intr* & *ref* to rave, rant
despreciable *adj* contemptible, despicable
despreciar *tr* to scorn, despise; slight, snub; overlook, forgive; reject || *ref* —**despreciarse de** to not deign to
despreciati•vo -va *adj* contemptuous, scornful
desprecio *m* scorn, contempt; slight, snub
desprender *tr* to loosen, unfasten, detach; emit, give off; (chem) to liberate || *ref* to come loose, come off; issue, come forth;

desprenderse de to give up, part with; be deduced from

desprendi•do -da *adj* generous, disinterested

desprendimiento *m* loosening, detachment; emission, liberation; generosity, disinterestedness; landslide; (chem) liberation

despreocupación *f* relaxation; impartiality; indifference

despreocupa•do -da *adj* relaxed, unconcerned; impartial; indifferent

despreocupante *adj* relaxing

despreocupar *ref* to relax; **despreocuparse de** to forget about, be unconcerned about

desprestigiar *tr* to disparage, run down ‖ *ref* to lose caste, lose one's standing, lose face

desprestigio *m* disparagement; loss of standing, discredit

despreveni•do -da *adj* off one's guard; **coger a uno desprevenido** to catch someone unawares

desproporciona•do -da *adj* disproportionate

despropósito *m* absurdity, nonsense; malapropism

desproveer §43 & §83 *tr* to deprive

desprovis•to -ta *adj* destitute; **desprovisto de** lacking, devoid of

después *adv* after, afterwards; **después de** after; **después (de) que** after

despuli•do -da *adj* ground (*glass*)

despumar *tr* to skim

despuntar *tr* to dull, blunt; (*un cabo o punta*) (naut) to double, round ‖ *intr* to begin to sprout; (*empezar a amanecer*) dawn; stand out ‖ *ref* to get dull

desquiciar *tr* to unhinge; shake loose, upset; unsettle, perturb; overthrow, undermine

desquitar *tr* to recover, retrieve; compensate ‖ *ref* to retrieve a loss; get revenge, get even

desquite *m* recovery, retrieval; retaliation, revenge; (sport) return match

desrazonable *adj* unreasonable

desrielar *intr* to jump the track

destaca•do -da *adj* outstanding, distinguished

destacamiento *m* (mil) detachment; (mil) detail

destacar §73 *tr* to highlight, point up; emphasize; make stand out; (mil) to detach; (mil) to detail ‖ *intr* to stand out, be conspicuous ‖ *ref* to stand out, project; (fig) to stand out

destajar *tr* to arrange for, establish the terms for; (*la baraja*) cut; carve up

destaje•ro -ra or **destajista** *mf* pieceworker; jobber; free lance

destajo *m* piecework; job, contract; **a destajo** by the piece, by the job; freelancing; **hablar a destajo** to talk too much

destapar *tr* to open, uncover, take the lid off; uncock, unplug; reveal ‖ *ref* to get uncovered; throw off the covers; unbosom oneself

destaponar *tr* to uncock, unplug; (*una botella; las fosas nasales*) unstop

destartala•do -da *adj* tumble-down, ramshackle

destazar §60 *tr* to carve up

destechar *tr* to unroof

destejar *tr* to remove the tiles from; leave unprotected

destejer *tr* to unbraid, unknit, unweave; upset, disturb

destellar *tr & intr* to flash

destello *m* flash, beam, sparkle

destempla•do -da *adj* disagreeable, unpleasant; inharmonious, out of tune; indisposed; (*clima; pulso*) irregular

destemplanza *f* unpleasantness; discord; indisposition; (*del pulso*) irregularity; (*del tiempo*) inclemency; excess

destemple *m* dissonance; indisposition; disorder, disturbance

desteñir §72 *tr* to discolor ‖ *intr & ref* to fade

desternillante *adj* sidesplitting

desternillar *ref* — **desternillarse de risa** to split one's sides with laughter

desterra•do -da *adj* exiled ‖ *mf* exile

desterrar §2 *tr* to exile, banish; (fig) to banish

destetar *tr* to wean ‖ *ref* — **destetarse con** to have known since childhood

destete *m* weaning

destiempo *m* — **a destiempo** untimely

destiento *m* surprise, shock

destierro *m* exile; backwoods

destilación *f* distillation

destiladera *f* still; scheme, stratagem

destilar *tr* to distill; filter; exude ‖ *intr* to drip

destilatorio *m* distillery; (*alambique*) still

destilería *f* distillery

destinación *f* destination

destinar *tr* to destine; assign, designate

destinata•rio -ria *mf* addressee; consignee; (*de homenaje, aplausos*) recipient

destino *m* (*lugar a donde va una persona o una remesa*) destination; (*suerte, encadenamiento fatal de los sucesos*) fate, destiny; employment; place of employment; **con destino a** bound for

destituir §20 *tr* to deprive; dismiss, discharge

destorcer §74 *tr* to untwist, straighten ‖ *ref* to become untwisted; (naut) to drift

destornilla•do -da *adj* rash, reckless, out of one's head

destornillador *m* screwdriver

destornillar *tr* to unscrew ‖ *ref* to lose one's head, go berserk

destoser *ref* to cough (*artificially, to attract attention*)

destrabar *tr* to loosen, untie, detach

destraillar §4 *tr* unleash

destral *m* hatchet

destreza *f* skill, dexterity

destripacuen•tos *m* (*pl* -tos) (coll) butter-in

destripar *tr* to disembowel, gut; crush, mangle; spoil (*a story by telling its outcome*)

destripaterro•nes *m* (*pl* -nes) (coll) clodhopper

destriunfar *tr* to force to play trump

destrocar §81 *tr* to swap back again

destronar *tr* to dethrone; overthrow

destroncar §73 *tr* to chop down; chop off; ruin; exhaust, wear out

destrozar §60 *tr* to shatter, break to pieces; destroy; squander; *(al ejército enemigo)* wipe out

destrozo *m* havoc, destruction; rout, annihilation, defeat

destrucción *f* destruction

destructi•vo -va *adj* destructive

destructor *m* (nav) destroyer

destruir §20 *tr* to destroy ‖ *ref* (alg) to cancel each other

desuellaca•ras *m* (*pl* **-ras**) sloppy barber; scoundrel

desuello *m* skinning, flaying; shamelessness; *(precio excesivo)* (coll) highway robbery

desuncir §36 *tr* to unyoke

desunir *tr* to disunite; take apart ‖ *ref* to disunite; come apart

desusa•do -da *adj* obsolete, out of use; uncommon, unusual; **estar desusado** *(perder la práctica)* to be rusty

desuso *m* disuse; **caído en desuso** obsolete

desvaí•do -da *adj* lank, ungainly; *(color)* dull

desvainar *tr* to shell

desvali•do -da *adj* helpless, destitute

desvalijar *tr* (*una valija, baúl, etc.*) to rifle; rob, wipe out

desvalorar *tr* to devalue

desvalorizar §60 *tr* to devalue

desván *m* garret, loft

desvanecedor *m* (phot) mask

desvanecer §22 *tr* to dispel, dissipate; *(una conspiración)* break up; *(la sospecha)* banish; (phot) to mask ‖ *ref* to disappear, vanish, evanesce; evaporate; faint, faint away, swoon; (rad) to fade

desvanecimiento *m* disappearance, evanescence; dissipation; pride, vanity; faintness, fainting spell; (phot) masking; (rad) fading, fadeout

desvaria•do -da *adj* delirious, raving

desvariar §77 *intr* to be delirious, rave, rant

desvarío *m* delirium, raving; absurdity, nonsense, extravagance; whim, caprice; inconstancy

desvela•do -da *adj* wakeful, sleepless; watchful, vigilant; anxious, worried

desvelar *tr* to keep awake, not let sleep ‖ *ref* to keep awake, go without sleep; be watchful, be vigilant; **desvelarse por** to be anxious about, be worried about

desvelo *m* wakefulness, sleeplessness; watchfulness, vigilance; anxiety, worry, concern

desvenar *tr* to strip (*tobacco*)

desvencija•do -da *adj* rickety, ramshackle

desvencijar *tr* to break, tear apart ‖ *ref* to go to rack and ruin

desvendar *tr* to unbandage, undress

desventaja *f* disadvantage

desventaja•do -da *adj* disadvantaged; deprived

desventajo•so -sa *adj* disadvantageous

desventura *f* misfortune

desventura•do -da *adj* unfortunate; fainthearted; stingy

desvergonza•do -da *adj* shameless, impudent

desvergüenza *f* shamelessness, impudence

desvestir §50 *tr* & *ref* to undress

desviación *f* deviation, deflection; detour; (rad, telv) drift

desviacionismo *m* deviationism

desviacionista *mf* deviationist

desviadero *m* (rr) siding, turnout

desvia•do -da *adj* devious; (gone) astray; off track; lost

desviar §77 *tr* to deviate, deflect; turn aside; dissuade; parry, ward off; (rr) to switch ‖ *ref* to deviate, deflect; turn aside; branch off; be dissuaded

desvío *m* deviation, deflection; coldness, indifference; detour; (rr) siding, sidetrack

desvirgar §44 *tr* to deflower, ravish

desvirtuar §21 *tr* to weaken, spoil, impair

desvivir *ref* — **desvivirse por** to be crazy about; **desvivirse por** + *inf* to be eager to + *inf*, to do one's best to + *inf*

desvolvedor *m* wrench

desvolver §47 & §83 *tr* to alter, change; *(la tierra)* turn up; *(una tuerca o tornillo)* loosen, unscrew

detall *m* — **al detall** at retail

detalladamente *adv* in detail

detallar *tr* to detail, tell in detail; retail, sell at retail

detalle *m* detail; retail; **ahí está el detalle** that's the point

detallista *mf* retailer; person fond of details

detección *f* detection

detectar *tr* to detect

detective *m* detective

detector *m* detector; **detector de mentiras** lie detector

detención *f* detention, detainment; delay; care, thoroughness

detener §71 *tr* to detain; stop; arrest; keep, retain; *(el aliento)* hold ‖ *ref* to stop; linger, tarry

detenidamente *adv* carefully, thoroughly

deteni•do -da *adj* careful, thorough; hesitant, timid; stingy, mean ‖ *mf* person held in custody

detenimiento *m* var of **detención**

detergente *adj* & *m* detergent

deteriorar *tr* & *ref* to deteriorate

deterioro *m* deterioration

determinación *f* determination; decision

determina•do -da *adj* determined, resolute; *(artículo)* (gram) definite

determinar *tr* to determine; cause, bring about ‖ *ref* to decide

detestar *tr* to detest; curse; **detestar** + *inf* to hate to + *inf*

detonar *intr* to detonate

detraer §75 *tr* to withdraw, take away, detract; defame, vilify

detrás *adv* behind; **detrás de** behind, back of; **por detrás** behind; behind one's back; **por detrás de** behind the back of

detrimento *m* harm, detriment

deuda *f* debt; indebtedness

deu•do -da *mf* relative ‖ *m* kinship ‖ *f* see **deuda**

deu•dor -dora *adj* indebted ‖ *mf* debtor; **deudor hipotecario** mortgagor; **deudor moroso** delinquent (*in payment*)

devalar *intr* (naut) to drift from the course
devaluación *f* devaluation
devanar *tr* to wind, roll; (*un cuento*) to unfold || *ref* (CAm, Mex, W-I) to roll with laughter; (CAm, Mex, W-I) to writhe in pain
devanear *intr* to talk nonsense; loaf around
devaneo *m* nonsense; loafing; flirtation
devastación *f* devastation
devastar *tr* to devastate
develar *tr* to reveal; (*p.ej.*, *una estatua*) unveil
devengar §44 *tr* (*salarios*) to earn; (*intereses*) draw, earn
devoción *f* devotion
devolución *f* return, restitution
devolver §47 & §83 *tr* to return, give back, send back; pay back; (coll) to vomit || *ref* to return, come back
devorar *tr* to devour
devo•to -ta *adj* devout; devoted; devotional || *mf* devotee; devout person; **devoto del volante** car enthusiast || *m* object of worship
D.F. *abbr* **Distrito Federal**
d/f *abbr* **días fecha**
dho. *abbr* **dicho**
día *m* day; daytime; daylight; **al día** per day; up to date; **al otro día** on the following day; **buenos días** good morning; **dar los días a** to wish (*someone*) many happy returns of the day; **de día** in the daytime, in the daylight; **día de años** birthday; **día de ayuno** fast day; **día de carne** meat day; **día de engañabobos** December 28th, day when practical jokes are played on unsuspecting people; **día de inauguración** (fa) private view; **día de la raza** Columbus Day; **día del juicio** judgment day; **día de los caídos** Memorial Day; **día de los difuntos** All Souls' Day; **día de ramos** Palm Sunday; **día de Reyes** Epiphany; **día de todos los santos** All Saints' Day; **día de trabajo** workday; weekday; **día de vigilia** fast day; **día festivo** holiday; **día inhábil** day off; holiday; **día laborable** workday, weekday; **día lectivo** school day; **día puente** day between two holidays; **el día de Año Nuevo** New Year's Day; **el día menos pensado** when least expected; **el mejor día** some fine day; **en cuatro días** in a few days; **en pleno día** in broad daylight; **en su día** in due time; **ocho días** a week; **poner al día** to bring up to date; **quince días** two weeks, a fortnight; **tener sus días** to be up in years; **un día sí y otro no** every other day; **vivir al día** to live from hand to mouth
diabetes *f* diabetes
diabéti•co -ca *adj* & *mf* diabetic
diablillo *m* imp
diablo *m* devil; (Chile) ox-drawn log drag; **ahí será el diablo** (coll) there will be the devil to pay; **diablo cojuelo** tricky devil; **diablos azules** delirium tremens
diablura *f* devilment, deviltry, mischief
diabóli•co -ca *adj* devilish, diabolical

diaconisa *f* deaconess
diácono *m* deacon
diacríti•co -ca *adj* diacritical
diadema *f* diadem; (*adorno femenino*) tiara
diáfa•no -na *adj* diaphanous
diafragma *m* diaphragm
diagno•sis *f* (*pl* -sis) diagnosis
diagnosticar §73 *tr* to diagnose
diagonal *adj* diagonal || *f* diagonal, bias
diagrama *m* diagram
dialecto *m* dialect
dialogar *intr* to talk
diálogo *m* dialogue
diamante *m* diamond
diametral or **diamétri•co -ca** *adj* diametrical
diámetro *m* diameter
diana *f* bull's-eye; (mil) reveille; **hacer diana** to hit the bull's-eye
diantre *m* devil || *interj* the devil!, the deuce!
diapa•són *m* tuning fork; pitch pipe; (*p.ej.*, *del violín*) finger board; **bajar el diapasón** to lower one's voice, to change one's tune
diapositiva *f* slide, lantern slide
dia•rio -ria *adj* daily || *m* diary; daily, daily paper; **diario hablado** newscast
diarismo *m* journalism
diarrea *f* diarrhea
diástole *f* diastole
diatermia *f* diathermy
dibujante *mf* sketcher, illustrator || *m* draftsman
dibujar *tr* to draw, sketch, design; outline || *ref* to be outlined; appear, show
dibujo *m* drawing, sketch, design; outline; **dibujo al carbón** charcoal drawing; **dibujo animado** animated cartoon; **no meterse en dibujos** to attend to one's business
di•caz *adj* (*pl* -caces) sarcastic, witty
dicción *f* diction; word
diccionario *m* dictionary
díceres *mpl* sayings; rumor(s)
diciembre *m* December
dicloruro *m* dichloride
dicotomía *f* dichotomy; (*entre médicos*) split fee
dictado *m* dictation; **escribir al dictado** to take dictation; (*lo que otro dicta*) to take down
dictador *m* dictator
dictadura *f* dictatorship
dictáfono *m* dictaphone
dictamen *m* dictum, judgment, opinion
dictar *tr* to dictate; (*una ley*) promulgate; inspire, suggest; (*una conferencia*) give, deliver (*a lecture*)
dicterio *m* taunt, insult
dicha *f* happiness; luck; **por dicha** by chance
dicharache•ro -ra *adj* obscene, vulgar
dicharacho *m* obscenity; vulgarity; wisecrack
di•cho -cha *adj* said; **dicho y hecho** no sooner said than done; **mejor dicho** rather; **tener por dicho** to consider settled || *m* saying; promise of marriage, one's word; witticism; insult; **dicho de las gentes** talk, hearsay, gossip || *f* see **dicha**

dicho•so -sa *adj* happy; lucky, fortunate; annoying, tiresome

didácti•co -ca *adj* didactic

diecinueve *adj & pron* nineteen ‖ *m* nineteen; (*en las fechas*) nineteenth

diecinuevea•vo -va *adj & m* nineteenth

dieciocha•vo -va *adj m* eighteenth

dieciocho *adj & pron* eighteen ‖ *m* eighteen; (*en las fechas*) eighteenth

dieciséis *adj & pron* sixteen ‖ *m* sixteen; (*en las fechas*) sixteenth

dieciscisa•vo -va *adj & m* sixteenth

diecisiete *adj & pron* seventeen ‖ *m* seventeen; (*en las fechas*) seventeenth

diecisietea•vo -va *adj & m* seventeenth

diente *m* tooth; (*de elefante y otros animales*) tusk, fang; (*de peine, sierra, rastrillo*) tooth; (*de rueda dentada*) cog; **dar diente con diente** to shake all over; **decir entre dientes** to mutter, to mumble; **diente canino** eyetooth, canine tooth; **diente de león** dandelion; **estar a diente** to be famished; **tener buen diente** to be a hearty eater; **traer entre dientes** to have a grudge against; to talk about

diére•sis *f* (*pl* **-sis**) diaeresis; (*señal que indica la metafonía*) umlaut

diesel *m* diesel motor

dieselcléctri•co -ca *adj* diesel-electric

dics•tro -tra *adj* right; handy, skillful; shrewd, sly; favorable; **a diestro y siniestro** wildly, right and left ‖ *m* expert fencer; bullfighter on foot; matador; halter, bridle ‖ *f* right hand; **juntar diestra con diestra** to join forces

dieta *f* diet; **dietas** per diem; **estar a dieta** to diet, be on a diet

dietario *m* family budget

dictista *mf* dietitian

diez *adj & pron* ten; **las diez** ten o'clock ‖ *m* ten; (*en las fechas*) tenth

diezmar *tr* (*causar gran mortandad en*) to decimate; (*pagar el diezmo de*) tithe

diezmo *m* tithe

difamación *f* defamation, vilification

difamar *tr* to defame, vilify

diferencia *f* difference; **a diferencia de** unlike; **partir la diferencia** to split the difference

diferenciar *tr* to differentiate ‖ *intr* (*discordar*) to differ, dissent ‖ *ref* (*distinguirse una cosa de otra*) to differ, be different

diferente *adj* different

diferir §68 *tr* to defer, postpone, put off ‖ *intr* to differ, be different

difícil *adj* difficult, hard; hard to please

difícilmente *adv* with difficulty

dificultad *f* difficulty; (*reparo que se opone a una opinión*) objection

dificultar *tr* to make difficult; consider difficult ‖ *intr* to raise objections ‖ *ref* to become difficult

dificulto•so -sa *adj* difficult, troublesome; objecting; (coll) ugly, homely

difidencia *f* distrust

difidente *adj* distrustful

difteria *f* diphtheria

difundir *tr* to diffuse; spread, disseminate; divulge, publish; broadcast ‖ *ref* to diffuse; spread

difun•to -ta *adj & mf* deceased; **difunto de taberna** dead-drunk ‖ *m* corpse

difu•so -sa *adj* diffuse; extended; wordy

digerible *adj* digestible

digerir §68 *tr* to digest; **no digerir** to not bear, not stand ‖ *intr* to digest

digestible *adj* digestible

digestión *f* digestion

digesti•vo -va *adj & m* digestive

digesto *m* (law) digest

dígito *m* digit

dignación *f* condescension

dignar *ref* to deign, condescend

dignatario *m* dignitary, official

dignidad *f* dignity; bishop, archbishop

dignificar §73 *tr* to dignify

dig•no -na *adj* worthy; fitting, suitable; (*grave, decoroso*) dignified

digresión *f* digression

dije *m* amulet, charm, trinket; (*persona de excelentes cualidades*) jewel; person all dressed-up; handy person

dilacerar *tr* to tear to pieces; (*la honra, el orgullo*) damage

dilación *f* delay

dilapidación *f* waste; squandering

dilapidar *tr* to squander

dilatación *f* expansion; serenity

dilatar *tr* to dilate, expand; defer, postpone; (*p.ej., la fama*) spread ‖ *ref* to dilate, expand; spread; be wordy; delay

dilección *f* true love

dilec•to -ta *adj* dearly beloved

dilema *m* dilemma

diletante *adj & mf* dilettante

diletantismo *m* dilettantism

diligencia *f* diligence, step, démarche; errand; dispatch, speed; stagecoach; **hacer una diligencia** to do an errand; to have a bowel movement

diligente *adj* diligent; quick, ready

dilucidación *f* explanation; enlightenment

dilucidar *tr* to elucidate, explain

dilución *f* dilution

diluí•do -da *adj* dilute

diluir §20 *tr* to dilute; thin ‖ *ref* to dilute; melt; dissolve

diluviar *intr* to rain hard, pour

diluvio *m* deluge

dimanar *intr* to spring up; **dimanar de** to spring from, originate in

dimensión *f* dimension

dimes *mpl* — **andar en dimes y diretes con** to bicker with

diminuti•vo -va *adj & m* (gram) diminutive

diminu•to -ta *adj* tiny, diminutive; defective

dimisión *f* resignation

dimisorias *fpl* — **dar dimisorias a** to discharge, fire

dimitir *tr* to resign, resign from ‖ *intr* to resign

din *m* (coll) dough, money

Dinamarca *f* Denmark

dinamar•qués -quesa *adj* Danish || *mf* Dane || *m* Danish (*language*)

dinámi•co -ca *adj* dynamic

dinamita *f* dynamite

dinamitar *tr* to dynamite

dínamo *f* dynamo

dinasta *m* dynast

dinastía *f* dynasty

dindán *m* ding-dong

dinerada *f* or **dineral** *m* large sum of money

dinero *m* money; currency; wealth; **dinero contante** cash; **dinero contante y sonante** ready cash, spot cash; **dinero de bolsillo** pocket money

dinero•so -sa *adj* moneyed, wealthy

dintel *m* lintel, doorhead

dióce•si *f* or **dióce•sis** *f* (*pl* -sis) diocese

diodo *m* diode

dios *m* god; **Dios mediante** God willing; **¡por Dios!** goodness!, for heaven's sake; **¡válgame Dios!** bless me!; **¡vaya con Dios!** off with you!

diosa *f* goddess

diploma *m* diploma

diplomacia *f* diplomacy

diploma•do -da *adj* & *mf* graduate

diplomar *tr* & *ref* to graduate

diplomáti•co -ca *adj* diplomatic || *mf* diplomat

diptongar §44 *tr* & *ref* to diphthongize

diptongo *m* diphthong

diputación *f* congress; commission

diputa•do -da *mf* deputy, representative

diputar *tr* to commission, delegate; designate

dique *m* dike, jetty; dry dock; check, stop; **dique seco** dry dock

dirección *f* direction; (*señas en una carta*) address; administration, management; directorship; (aut) steering; **de dirección única** one-way; **dirección a la derecha** right-hand drive; **dirección a la izquierda** left-hand drive; **perder la dirección** to lose control of the car

directi•vo -va *adj* managing || *mf* director, manager || *f* management

direc•to -ta *adj* direct; straight

direc•tor -tora *adj* directing, guiding; managing, governing || *mf* director, manager; (*de un periódico*) editor; (*de una escuela*) principal; (*de una orquesta*) conductor; **director de escena** stage manager; **director de funeraria** funeral director; **director gerente** managing director

directorio *m* directorship; directory

dirigente *mf* leader, head, executive

dirigible *adj* & *m* dirigible

dirigir §27 *tr* to direct; manage; (*un automóvil*) steer; (*una carta; la palabra*) address; (*una obra*) dedicate || *ref* to go, betake oneself; turn; **dirigirse a** to address; apply to

dirimir *tr* to dissolve, annul; (*una dificultad*) solve; (*una controversia*) settle, mediate

discar §73 *tr* & *intr* to dial

disceptar *intr* to discuss, debate

discerniente *adj* discerning

discernir §28 *tr* to discern; distinguish

disciplina *f* discipline; **disiplinas** scourge, whip

disciplina•do -da *adj* disciplined; (*flores*) many-colored

disciplinar *tr* to discipline; teach; scourge, whip

disciplinazo *m* lash

discípu•lo -la *mf* disciple; pupil

disco *m* disk; (*del gramófono*) record, disk; (sport) discus; **disco de cola** (rr) taillight; **disco de goma** (*para un grifo*) washer (*for a spigot*); **disco de identificación** identification tag; **disco de larga duración** long-playing record; **disco de señales** (rr) semaphore; **disco selector** (telp) dial; **disco vertebral** spinal disk; **siempre el mismo disco** the same old song

discóbolo *m* discus thrower

discófi•lo -la *mf* record lover, discophile

dísco•lo -la *adj* ungovernable, wayward

disconforme *adj* disagreeing

discontinuar §21 *tr* to discontinue

discordancia *f* discordance

discordar §61 *intr* to be out of tune; disagree

discorde *adj* discordant, disagreeing; (mus) discordant, out of tune

discordia *f* discord

discoteca *f* discothèque, disco; record cabinet; record library

discreción *f* discretion; wit; witticism; **a discreción** at discretion; (mil) unconditionally

discrepancia *f* discrepancy; dissent

discrepar *intr* to differ, disagree

discretear *intr* to try to be clever, try to sparkle

discre•to -ta *adj* (*juicioso*) discreet; (*discontinuo*) discrete; witty

discrimen *m* risk, hazard; difference

discriminación *f* discrimination

discriminar *tr* to discriminate against || *intr* to discriminate

discriminato•rio -ria *adj* discriminatory

disculpa *f* excuse, apology

disculpar *tr* to excuse; pardon, overlook || *ref* to apologize; **disculparse con** to apologize to; **disculparse de** to apologize for

discurrir *tr* to contrive, invent; guess, conjecture || *intr* to ramble, roam; occur, take place; discourse; reason; pass, elapse

discursis•to -ta *adj* long-winded; (coll) windy; *mf* windbag; big talker

discursi•vo -va *adj* meditative

discurso *m* discourse, speech; (*paso del tiempo*) course; **discurso de sobremesa** after-dinner speech

discusión *f* discussion

discutible *adj* debatable

discutir *tr* to discuss || *intr* to discuss; argue

disecar §73 *tr* to dissect; (*un animal muerto*) stuff; (*una planta*) mount

diseminar *tr* to disseminate; scatter || *ref* to scatter

disensión *f* (*oposición*) dissent; (*contienda*) dissension

disentería *f* dysentery

disentir §68 *intr* to dissent

diseñar *tr* to draw, sketch; design, outline

diseño *m* drawing, sketch; design, outline
disertar *intr* to discourse, discuss
diser•to -ta *adj* fluent, eloquent
disfavor *m* disfavor
disforme *adj* formless; monstrous, ugly
disforzar §35 *ref* (Peru) to be prudish, be finical
dis•fraz *m* (*pl* **-fraces**) disguise; (*traje de máscara*) costume, fancy dress
disfrazar §60 *tr* to disguise ‖ *ref* to disguise oneself; wear fancy dress, masquerade, dress in costume
disfrutar *tr* to enjoy, to use ‖ *intr* —**disfrutar de** to enjoy, use; **disfrutar con** to enjoy, take enjoyment in
disfrute *m* enjoyment, use
disfunción *f* dysfunction
disgregar §44 *tr* & *intr* to disintegrate, break up
disgusta•do -da *adj* tasteless, insipid; sad, sorrowful; disagreeable; (Mex) hard to please
disgustar *tr* to displease ‖ *ref* to be displeased; fall out, become estranged
disgusto *m* displeasure; annoyance, unpleasantness; grief, sorrow; difference, quarrel; **a disgusto** against one's will
disidencia *f* dissidence; (*de una doctrina*) dissent
disidente *adj* dissident ‖ *mf* dissident, dissenter
disidir *intr* to dissent
disíla•bo -ba *adj* dissyllabic ‖ *m* dissyllable
disímil *adj* dissimilar
disimilar *tr* & *ref* to dissimilate
disimula•do -da *adj* sly, underhanded; **a lo disimulado** or **a la disimulada** underhandedly; **hacer la disimulada** to feign ignorance
disimular *tr* to dissemble, dissimulate, hide, conceal; overlook, pardon ‖ *intr* to dissemble, dissimulate
disimulo *m* dissembling, dissimulation; indulgence
disipación *f* dissipation
disipa•do -da *adj* dissipated; spendthrift ‖ *mf* debauchee; spendthrift
disipar *tr* to dissipate ‖ *ref* to be dissipated; disappear, evanesce
dislate *m* nonsense
dislocar §73 *tr* to dislocate ‖ *ref* to dislocate; be dislocated
disloque *m* tops, top notch
disminución *f* diminution; decrease; **disminución física** handicap, disability
disminuir §20 *tr, intr* & *ref* to diminish
disociar *tr* to dissociate
disolución *f* dissolution; disbandment; (*relajación de costumbres*) dissoluteness, dissipation
disolu•to -ta *adj* dissolute ‖ *mf* debauchee
disolver §47 & §83 *tr* to dissolve; disband; destroy, ruin ‖ *intr* & *ref* to dissolve
disonancia *f* dissonance
disonar §61 *intr* to be dissonant, lack harmony, disagree; cause surprise; sound bad

dispar *adj* unlike, different; (*que no hace juego*) odd
disparada *f* sudden flight; **a la disparada** like a shot, in mad haste; **de una disparada** (Arg) right away; **tomar la disparada** (Arg) to take to one's heels
disparadero *m* trigger
disparador *m* trigger; (*de reloj*) escapement; **poner en el disparador** to drive mad
disparar *tr* to throw, hurl; shoot, fire ‖ *intr* to rant, talk nonsense ‖ *ref* to dash away, rush away; (*un caballo*) run away; (*una escopeta*) to go off; be beside oneself
disparata•do -da *adj* absurd, nonsensical; frightful
disparatar *intr* to talk nonsense; act foolishly
disparate *m* folly, nonsense; blunder, mistake; outrage
dispare•jo -ja *adj* unequal, different, uneven, disparate; rough, broken
disparidad *f* disparity
disparo *m* shot, discharge; nonsense; (mach) release, trip; **cambiar disparos** to exchange shots
dispendio *m* waste, extravagance
dispendio•so -sa *adj* expensive
dispensar *tr* to excuse, pardon; exempt; dispense; dispense with
dispensario *m* dispensary; **dispensario de alimentos** soup kitchen
dispepsia *f* dyspepsia
dispersar *tr* & *ref* to disperse
displicente *adj* disagreeable; cross, fretful, peevish
disponer §54 *tr* to dispose, arrange; direct, order ‖ *intr* to dispose; **disponer de** to dispose of, have at one's disposal ‖ *ref* to prepare, get ready; get ready to die, make one's will
disponible *adj* available, disposable
disposición *f* disposition, arrangement, layout; inclination; preparation; disposal; predisposition; state of health; elegance; **estar a la disposición de** to be at the disposal of, be at the service of; **última disposición** last will and testament
dispositivo *m* appliance, device
dispues•to -ta *adj* ready, prepared; comely, graceful; clever, skillful; **bien dispuesto** well-disposed; well, in good health; **mal dispuesto** ill-disposed, unfavorable; ill, indisposed
disputa *f* dispute; fight, struggle; **sin disputa** beyond dispute
disputar *tr* to dispute, question; argue over; fight for ‖ *intr* to dispute; debate, argue; fight
disquería *f* record shop
disque•ro -ra *mf* record dealer
distancia *f* distance; **a distancia** at a distance; **a larga distancia** long-distance; **tomar distancia** to stand aside, stand off
distante *adj* distant
distar *intr* to be distant, be far; be different
distender §51 *tr* to distend; (*p.ej., las piernas*) stretch ‖ *ref* to distend; relax; (*un reloj*) run down

distensión *f* distension; relaxation of tension
distinción *f* (*honor, prerrogativa*) distinction; (*diferencia*) distinctness; **a distinción de** unlike
distingui•do -da *adj* distinguished; refined, urbane, smooth
distinguir §29 *tr* to distinguish; give distinction to; make out
distinti•vo -va *adj* distinctive ‖ *m* badge, insignia; distinction; distinctive mark
distin•to -ta *adj* distinct; different; **distintos** various, several
distorsión *f* distortion
distorsionar *tr* to distort, twist, bend
distracción *f* distraction; (*licencia en las costumbres*) dissipation; (*substracción de fondos*) embezzlement
distraer §75 *tr* to distract; amuse, divert, entertain; seduce; embezzle
distraí•do -da *adj* absent-minded, distracted; licentious, dissolute; (Chile, Mex) untidy, careless
distribución *f* distribution; electric supply system; timing gears, valve gears
distribui•dor -dora *adj* distributing ‖ *mf* distributor ‖ *m* (aut) distributor; slide valve; **distribuidor automático** vending machine
distribuir §20 *tr* to distribute
distrito *m* district; (rr) section; **distrito electoral** precinct; **distrito postal** zone, postal zone
disturbar *tr* to disturb
disturbio *m* disturbance
disuadir *tr* to dissuade
disyunti•vo -va *adj* disjunctive ‖ *f* dilemma
disyuntor *m* circuit breaker
dita *f* bond, surety
diuca *m* (Arg, Chile) teacher's pet ‖ *f* (Arg, Chile) finch (*Fringilla diuca*)
diuréti•co -ca *adj* & *m* diuretic
diur•no -na *adj* day, daytime
diva *f* goddess; (mus) diva
divagación *f* digression; wandering
divagar §44 *intr* to digress; ramble, wander
diván *m* divan; **diván cama** day bed
divergir §27 *intr* to diverge
diversidad *f* diversity; abundance
diversificación *f* diversification
diversificar §73 *tr* & *ref* to diversify
diversión *f* diversion
diver•so -sa *adj* diverse, different; **diversos** several, various, divers
diverti•do -da *adj* amusing, funny; (Am) tipsy
divertimiento *m* diversion, amusement
divertir §68 *tr* to divert; amuse ‖ *ref* to enjoy oneself, have a good time
dividendo *m* dividend
dividir *tr* to divide ‖ *ref* to divide, be divided; separate
divieso *m* boil
divinidad *f* divinity; (*persona dotada de gran belleza*) beauty
divinizar §60 *tr* to deify; exalt, extol
divi•no -na *adj* divine
divisa *f* badge; emblem; motto; goal, ideal; currency, foreign exchange

divisar *tr* to descry, espy
división *f* division; (*deportes*) class, category; league
divisor *m* (math) divisor; **máximo común divisor** greatest common divisor; **divisor de voltaje** (rad) voltage divider
divisoria *f* dividing line; (geog) divide
di•vo -va *adj* godlike, divine ‖ *m* god; (mus) opera star ‖ *f* see **diva**
divorciar *tr* to divorce ‖ *ref* to divorce, get divorced
divorcio *m* divorce; divergency (*in opinion*); (Col) jail for women
divulgación *f* divulging, disclosure; popularization
divulgar §44 *tr* to divulge, disclose; popularize
D.ⁿ *abbr* don
dobladillar *tr* to hem
dobladillo *m* hem
dobla•do -da *adj* rough, uneven; stocky, thickset; double-dealing ‖ *m* (mov) dubbing
doblaje *m* (mov) dubbing
doblar *tr* to double; fold, crease; bend; (*una esquina*) turn, round; (*un promontorio*) double; (*una película, generalmente en otro idioma*) dub; (bridge) to double; (Mex) to shoot down ‖ *intr* to turn; (*tocar a muerto*) toll; (mov, theat) to double, stand in; (bridge) to double ‖ *ref* to double; fold, crease; bend; bow, stoop; give in, yield
doble *adj* double; heavy, thick; stocky, thickset; deceitful, two-faced ‖ *adv* double, doubly ‖ *mf* (mov, theat) double, stand-in ‖ *m* double; fold, crease; (*toque de difuntos*) toll, knell; (*suma que se paga por la prórroga de una operación a plazos en la bolsa*) margin; **al doble** doubly
doblegar §44 *tr* to fold; bend; (*una espada*) brandish, flourish; sway, dominate ‖ *ref* to fold; bend; give in, yield
doblete *adj* medium ‖ *m* (*piedra falsa; cada una de dos palabras que poseen un mismo origen*) doublet; (bridge) doubleton
do•blez *m* (*pl* **-bleces**) fold, crease; (*del pantalón*) cuff; duplicity, double-dealing
doce *adj* & *pron* twelve; **las doce** twelve o'clock ‖ *m* twelve; (*en las fechas*) twelfth
docea•vo -va *adj* & *m* twelfth
docena *f* dozen; **docena del fraile** baker's dozen
docencia *f* (Arg) teaching; (Arg) teaching staff
docente *adj* educational, teaching
dócil *adj* docile; soft, ductile
doc•to -ta *adj* learned ‖ *mf* scholar
doc•tor -tora *mf* doctor ‖ *f* (coll) bluestocking
doctorado *m* doctorate
doctoran•do -da *mf* candidate for the doctor's degree
doctorar *tr* to grant the doctor's degree to ‖ *ref* to get the doctor's degree
doctrina *f* doctrine; teaching, instruction; learning; catechism; preaching the Gospel
doctrinar *tr* to teach, instruct

doctrino *m* orphan (*in orphanage*); **parecer un doctrino** to look scared

documentación *f* documentation; **documentación del buque** ship's papers

documental *adj* documentary ‖ *m* (mov) documentary

documentar *tr* to document

documento *m* document; **documento de prueba** (law) exhibit

dogal *m* (*para atar las caballerías*) halter; (*para ahorcar a un reo*) noose, halter, hangman's rope; **estar con el dogal a la garganta** or **al cuello** to be in a tight spot

dogmáti•co -ca *adj* dogmatic

do•go -ga *mf* bulldog

dolamas *fpl* or **dolames** *mpl* hidden defects of a horse; complaints, aches and pains

dolar §61 *tr* to hew

dólar *m* dollar

dolencia *f* ailment, complaint

doler §47 *tr* to ache, pain; grieve, distress; **dolerle a uno el dinero** to hate to spend money ‖ *intr* to ache, hurt, pain ‖ *ref* to complain; feel sorry; repent

doliente *adj* sick, ill; aching, suffering; sad, sorrowful ‖ *mf* sufferer, patient ‖ *m* mourner

dolo *m* deceit, fraud, guile

dolor *m* ache, pain; grief, sorrow; regret, repentance; **dolor de cabeza** headache; **dolor de muelas** toothache; **dolor de oído** earache; **dolor de yegua** (CAm) lumbago; **estar con dolores** to be in labor

dolori•do -da *adj* sore, painful; grieving, disconsolate

doloru•so -sa *adj* painful; sorrowful, sad

dolo•so -sa *adj* deceitful, guileful

domador *m* horsebreaker; animal tamer

domar *tr* to tame, break; master

domeñar *tr* to master, subdue

domesticar §73 *tr* to domesticate; tame

domésti•co -ca *adj* domestic, household ‖ *mf* domestic, servant

domiciliar *tr* to domicile, settle; (*una carta*) (Mex) to address ‖ *ref* to be domiciled, take up one's residence

domicilio *m* domicile, home; dwelling, house; **domicilio social** home office, company office

dominación *f* domination; (mil) eminence, high ground

dominante *adj* dominant; (*mandón*) domineering ‖ *f* (mus) dominant

dominar *tr* to dominate; check, restrain, subdue; (*una ciencia, un idioma*) master ‖ *intr* to dominate; (*mandar imperiosamente*) domineer ‖ *ref* to restrain oneself

dómine *m* schoolmaster, Latin teacher; pedant

domingo *m* Sunday; **domingo de ramos** Palm Sunday; **domingo de resurrección** Easter Sunday; **guardar el domingo** to keep the Sabbath

dominguillo *m* tumbler

dominica•no -na *adj* & *mf* Dominican

dominio *m* dominion; domain; (*de una ciencia, de un idioma*) mastery; (*del aire*) supremacy

domi•nó *m* (*pl* -nós) (*traje*) domino; (*juego*) dominoes; (*fichas*) set of dominoes

dom.° *abbr* domingo

domo *m* dome

dompedro *m* four-o'clock

don *m* gift, present; talent, natural gift; Don (*Spanish title used before masculine Christian names*); **don de acierto** knack for doing the right thing; **don de errar** knack for doing the wrong thing; **don de gentes** charm, social grace; **don de lenguas** linguistic facility; **don de mando** ability to lead, generalship

dona *f* gift, present; **donas** wedding presents from the bridegroom to the bride

donación *f* gift, bequest; endowment

donada *f* lay sister

donado *m* lay brother

dona•dor -dora *mf* donor

donaire *m* charm, grace; witticism; cleverness

donairo•so -sa *adj* charming, graceful; witty; clever

donar *tr* to donate, give

doncel *adj* mild, mellow ‖ *m* (*joven noble aun no armado caballero*) bachelor; (*hombre virgen*) virgin

doncella *f* maiden, virgin; housemaid; lady's maid; maid of honor; (Col, Ven) felon, whitlow

doncellez *f* maidenhood, virginity

doncellona *f* or **doncellueca** *f* unmarried woman, maiden lady

donde *conj* where; wherever; in which; **donde no** otherwise; **por donde quiera** anywhere, everywhere ‖ *prep* at or to the house, office, or store of

dónde *adv* where; **a dónde** where, whither; **de dónde** from where, whence; **por dónde** which way; for what cause, for what reason

dondequiera *adv* anywhere; **dondequiera que** wherever

dondiego *m* four-o'clock; **dondiego de día** morning-glory; **dondiego de noche** four-o'clock

donillero *m* sharper, smoothy

donjuán *m* four-o'clock

donosidad *f* charm, grace, wit

dono•so -sa *adj* charming, graceful, witty

donostiarra *adj* San Sebastian ‖ *mf* native or inhabitant of San Sebastian

donosura *f* charm, grace, wit

doña *f* Doña (*Spanish title used before feminine Christian names*)

doñear *intr* (coll) to hang around women

doquier or **doquiera** *conj* wherever; **por doquier** everywhere

dorada *f* (ichth) gilthead

doradillo *m* fine brass wire

dora•do -da *adj* golden; gilt ‖ *m* gilt, gilding; **dorados** bronze trimmings (*on furniture*) ‖ *f* see **dorada**

dorar *tr* to gold-plate; gild; (*tostar ligeramente*) brown; (*paliar*) sugar-coat ‖ *ref* to turn golden; turn brown

dormi•lón -lona *adj* sleepy ‖ *mf* sleepyhead ‖ *f* reclining armchair; mimosa; (Mex) headrest; (Ven) sleeping gown; **dormilonas** pearl earrings

dormir §30 *tr* to put to sleep; (*p.ej., una borrachera*) sleep off ‖ *intr* to sleep; spend the night ‖ *ref* to sleep; fall asleep; (*entorpecerse, p.ej., el pie*) go to sleep

dormirlas *m* hide-and-seek

dormitar *intr* to doze, nap

dormitorio *m* bedroom; (*muebles propios de esta habitación*) bedroom suit

dorsal *m* (sport) number (*worn on shirt*)

dorso *m* back

dos *adj* & *pron* two; **las dos** two o'clock ‖ *m* two; (*en las fechas*) second

dosal•bo -ba *adj* (*horse*) with two white feet

doscien•tos -tas *adj* & *pron* two hundred ‖ **doscientos** *m* two hundred

dosel *m* canopy, dais

doselera *f* valance, drapery

dosificación *f* dosage

dosificar §73 *tr* (*un medicamento*) to dose, give in doses

do•sis *f* (*pl* -sis) dose

dos-pie•zas *m* (*pl* -zas) two-piece bathing suit

dotación *f* (*de una mujer; de una fundación*) endowment; (nav) complement; (aer) crew; (*de remeros*) (sport) crew; staff, personnel

dotar *tr* to give a dowry to; endow; (*un buque*) staff, man; (*una oficina*) staff; equip; fix the wages for

dote *m* & *f* dowry, marriage portion ‖ *m* (*en el juego de naipes*) stack of chips ‖ *f* endowment, talent, gift; **dotes de mando** leadership

dovela *f* voussoir

doza•vo -va *adj* & *m* twelfth

d/p *abbr* días plazo

dracma *f* (*moneda griega*) drachma; (*peso farmacéutico*) dram

draga *f* dredge; (*barco*) dredger

dragado *m* dredging

dragami•nas *m* (*pl* -nas) mine sweeper

dragar §44 *tr* to dredge

dragón *m* dragon; (*planta*) snapdragon; (*soldado*) dragoon

dragonear *intr* to flirt; boast; **dragonear de** to boast of being; pretend to be, pass oneself off as

drama *m* drama

dramáti•co -ca *adj* dramatic ‖ *mf* (*autor*) dramatist; actor ‖ *f* (*arte y género*) drama

dramatizar §60 *tr* to dramatize

dramaturgo *m* dramatist

drásti•co -ca *adj* drastic

dren *m* drain

drenaje *m* drainage

drenar *tr* to drain

driblar *tr* & *intr* to dribble

dril *m* drill; duck; **dril de algodón** denim

driza *f* (naut) halyard

dro. *abbr* derecho

droga *f* drug; annoyance, bother; deceit, trick; (Chile, Mex, Peru) bad debt; (Cuba) drug on the market; **drogas milagrosas** wonder drugs

drogadic•to -ta *adj* drug-addicted ‖ *mf* drug addict

drogado *m* doping

drogar §44 *tr* to dope

droguería *f* drug store; drug business; (*comercio de substancias usadas en química, industria, medicina, bellas artes*) drysaltery (Brit)

drogue•ro -ra *mf* druggist; drysalter (Brit)

droguista *mf* druggist; (coll) crook, cheat; (Arg) toper, drunk

droláti•co -ca *adj* droll, snappy

dromedario *m* dromedary; big heavy animal; brute (*person*)

druida *m* druid

dúa *f* (min) gang of workmen

dual *adj* & *m* dual

dualidad *f* duality; (Chile) tie vote

ducado *m* duchy, dukedom; (*moneda antigua*) ducat; **gran ducado** grand duchy

dúctil *adj* ductile; easy to handle

ducha *f* (*chorro de agua en una cavidad del cuerpo*) douche; (*chorro de agua sobre el cuerpo entero*) shower bath; (*lista en los tejidos*) stripe; **ducha en alfileres** needle bath

duchar *tr* to douche; give a shower bath to ‖ *ref* to douche; take a shower bath

du•cho -cha *adj* experienced, expert, skillful ‖ *f* see **ducha**

duda *f* doubt; **sin duda** doubtless, no doubt, without doubt

dudable *adj* doubtful

dudar *tr* to doubt; question ‖ *intr* to hesitate; **dudar de** to doubt

dudo•so -sa *adj* doubtful; dubious

duela *f* stave (*of barrel*)

duelista *m* duelist

duelo *m* (*combate entre dos*) duel; grief, sorrow; bereavement, mourning; (*los que asisten a los funerales*) mourners; **batirse en duelo** to duel, to fight a duel; **duelos** hardships; **sin duelo** in abundance

duende *m* elf, goblin; gold cloth, silver cloth; (coll) restless daemon; **tener duende** to be burning within

due•ño -ña *mf* owner, proprietor; **dueño de sí mismo** one's own master; **ser dueño de** to be master of; be at liberty to, be free to ‖ *m* master, landlord ‖ *f* mistress, landlady, housekeeper; duenna; matron; **dueña de casa** housewife

duermevela *f* doze, light sleep; (*sueño fatigoso e interrumpido*) fitful sleep

dula *f* common pasture land; land irrigated from common ditch

dulce *adj* sweet; (*agua*) fresh; (*metal*) soft, ductile; gentle, mild, pleasant; (*manjar*) tasteless, insipid ‖ *m* candy; piece of candy; preserves; **dulce de almíbar** preserved fruit; **dulces** candy

dulcera *f* candy dish, preserve dish

dulcería *f* candy store, confectionery store

dulce•ro -ra *adj* sweet-toothed ‖ *mf* confectioner ‖ *f* see **dulcera**
dulcificar §73 *tr* to sweeten; appease, mollify ‖ *ref* to sweeten, turn sweet
dulcinea *f* sweetheart; ideal
dulzaina *f* flageolet
dulza•rrón -rrona *adj* cloying, sickening
dulzo•so -sa *adj* sweetish
dulzura *f* sweetness; pleasantness, kindliness; (*del clima*) mildness; endearment, sweet word
duna *f* dune
dun•do -da *adj* (CAm, Col) simple, stupid ‖ *mf* (CAm, Col) simpleton
dúo *m* duet, duo
duodéci•mo -ma *adj & m* twelfth
duodeno *m* duodenum
duplica•do -da *adj & m* duplicate; **por duplicado** in duplicate
duplicar §73 *tr* to duplicate; double; repeat
duplicata *f* duplicate
duplicidad *f* (*falsedad*) duplicity; (*calidad de doble*) doubleness
du•plo -pla *adj & m* double
duque *m* duke; **gran duque** grand duke
duquesa *f* duchess; **gran duquesa** grand duchess
dura *f* durability; **de dura** or **de mucha dura** strong, durable

durable *adj* durable, lasting
duración *f* duration, endurance; (*espacio de tiempo del uso de una cosa*) life
durade•ro -ra *adj* durable, lasting
durante *prep* during, for
durar *intr* to last; remain; (*la ropa*) last, wear, wear well
durazno *m* peach; peach tree
dureza *f* hardness; harshness, roughness; **dureza de corazón** hardheartedness; **dureza de oído** hardness of hearing; **dureza de vientre** constipation
durmiente *adj* sleeping; **la Bella Durmiente** Sleeping Beauty ‖ *mf* sleeper ‖ *m* girder, sleeper, stringer; tie, railroad tie; (Ven) steel bar
du•ro -ra *adj* hard; (*huevo*) hard-boiled; harsh, rough; cruel; stubborn, obstinate; unbearable; strong, tough; stingy; (*tiempo*) stormy; **duro de corazón** hard-hearted; **duro de oído** hard of hearing; **duro de película** movie hero; **estar muy duro con** to be hard on; **ser duro de pelar** to be hard to put across; be hard to deal with ‖ *m* dollar (*Spanish coin worth five pesetas*) ‖ *f* see **dura** ‖ **duro** *adv* hard
dux *m* (*pl* **dux**) doge
d/v *abbr* **días vista**

do
ec

E

E, e (e) *f* sixth letter of the Spanish alphabet
e *conj* (used before words beginning with *i* or *hi* not followed by a vowel) and
ea *interj* hey!
ebanista *m* cabinetmaker, woodworker
ebanistería *f* cabinetmaking, woodwork; cabinetmaker's shop
ébano *m* ebony
ebriedad *f* drunkenness
e•brio -bria *adj* drunk; (*p.ej., de ira*) blind ‖ *mf* drunk
ebrio•so -sa *adj* drinking ‖ *mf* drinker
ebullición *f* boiling
eclécti•co -ca *adj & mf* eclectic
eclesiásti•co -ca *adj & m* ecclesiastic
eclipsar *tr* to eclipse; (fig) to outshine ‖ *ref* to be in eclipse; (fig) to disappear
eclipse *m* eclipse
eclip•sis *f* (*pl* **-sis**) var of **elipsis**
eclisa *f* (rr) fishplate
eco *m* echo; (*del tambor*) rumbling; **hacer eco** to echo; attract attention; **tener eco** to be well received, catch on
ecología *f* ecology
ecológi•co -ca *adj* ecologic(al)
ecologista *mf* or **ecólogo** *m* ecologist
economato *m* stewardship; commissary, company store, coöperative store

economía *f* economy; want, poverty; **economía política** economics; **economías** savings
económi•co -ca *adj* economic; (*que gasta poco; poco costoso*) economical; cheap; miserly, niggardly
economista *mf* economist
economizar §60 *tr* to economize, save; avoid ‖ *intr* to economize, save; skimp
ecónomo *m* steward, trustee; supply priest
ecuación *f* equation
ecuador *m* equator ‖ **el Ecuador** Ecuador
ecuánime *adj* calm, composed; impartial
ecuanimidad *f* equanimity; impartiality
ecuatoria•no -na *adj & mf* Ecuadoran, Ecuadorian
ecuestre *adj* equestrian
eculcorante *adj* sweetening ‖ *m* sweetener
ecuméni•co -ca *adj* ecumenic(al)
eczema *m & f* eczema
echacan•tos *m* (*pl* **-tos**) good-for-nothing
echacuer•vos *m* (*pl* **-vos**) pimp, procurer; cheat
echada *f* cast, throw; man's length; (Arg, Mex) boast, hoax
echadero *m* place to stretch out
echadi•zo -za *adj* discarded, waste; spying ‖ *mf* foundling ‖ *m* spy

echa•do -da *adj* stretched out; (C-R) lazy, indolent; **estar echado** (CAm, Mex, P-R) to have an easy job (or easy life) ‖ *f* see **echada**

echar *tr* to throw, throw away, throw out; issue, emit; publish; discharge, dismiss; swallow; (*p.ej.*, *agua*) pour; (*p.ej.*, *un cigarrillo*) smoke; (*la baraja*) deal; (*una partida de cartas*) play; (*una llave*) turn; (*un discurso*) deliver; (*un drama*) put on; (*maldiciones*) utter; (*pelo, dientes, renuevos*) grow, put forth; (*impuestos*) impose, levy; (*la buenaventura*) tell; (*precio, distancia, edad, etc.*) ascribe, attribute; (*una mirada*) cast; (*sangre*) shed; (*la culpa*) lay; (*una mano*) lend; **echar abajo** to demolish, destroy; overthrow; **echar a pasear** to dismiss unceremoniously; **echar a perder** to spoil, ruin; **echar a pique** to sink; **echar de menos** to miss; **echarla de** to claim to be, boast of being; **echarlo todo a rodar** to upset everything; hit the ceiling ‖ *intr —* **echar a** to begin to; burst out (*e.g.*, *crying*); **echar a perder** to spoil, ruin; **echar de ver** to notice, happen to see; **echar por** (*un empleo, un oficio*) to go into, take up; (*la derecha, la izquierda*) turn toward; (*un camino*) go down ‖ *ref* to throw oneself; lie down, stretch out; (*el viento*) fall; (*un abrigo*) throw on; (*una gallina*) set; **echarse a** to begin to; **echarse a morir** to give up in despair; **echarse a perder** to spoil, be ruined; **echarse atrás** to back out; **echarse de ver** to be easy to see; **echárselas de** to claim to be, boast of being; **echarse sobre** to rush at, fall upon

echazón *f* jettison, jetsam

echiquier *m* Exchequer

edad *f* age; **edad crítica** change of life; **edad de quintas** draft age; **edad escolar** school age; **Edad Media** Middle Ages; **edad viril** prime of life; **mayor edad** majority; **menor edad** minority

edecán *m* aide-de-camp

edema *f* edema

edición *f* edition; publication; **la segunda edición de** the spit and image of

edicto *m* edict

edificación *f* construction, building; buildings; (*inspiración con el buen ejemplo*) edification, uplift

edificante *adj* edifying

edificar §73 *tr* to construct, build; (*dar buen ejemplo a*) edify, uplift

edificio *m* edifice, building

editar *tr* to publish

edi•tor -tora *adj* publishing ‖ *mf* publisher

editorial *adj* publishing; editorial ‖ *m* editorial ‖ *f* publishing house

editorialista *mf* editorial writer

editorializar §60 *intr* (Urug) to editorialize

edredón *m* eider down

educación *f* education

educacional *adj* educational

educa•dor -dora *mf* educator

educan•do -da *mf* pupil, student

educar §73 *tr* to educate; (*los sentidos*) train; (*al niño o el adolescente*) rear, bring up

educati•vo -va *adj* educational

EE.UU. *abbr* **Estados Unidos**

efectismo *m* sensationalism

efectista *adj* sensational, theatrical ‖ *mf* sensationalist

efectivamente *adv* actually, really; as a matter of fact

efecti•vo -va *adj* actual, real; (*empleo, cargo*) regular, permanent; (*vigente*) effective; **hacer efectivo** to carry out; (*un cheque*) to cash; **hacerse efectivo** to become effective ‖ *m* cash; **efectivo en caja** cash on hand

efecto *m* effect; end, purpose; article; (*en el juego de billar*) English; **a ese efecto** for that purpose; **al efecto** for the purpose; **con efecto** or **en efecto** indeed, as a matter of fact; **efecto útil** efficiency, output; **llevar a efecto** or **poner en efecto** to put into effect, carry out; **surtir efecto** to work, have the desired effect

efectuar §21 *tr* to carry out, effect, effectuate ‖ *ref* to take place

efervescencia *f* effervescence

efervescente *adj* effervescent

eficacia *f* efficacy

efi•caz *adj* (*pl* **-caces**) efficacious, effectual; efficient

eficiencia *f* efficiency

eficiente *adj* efficient

efigie *f* effigy

efíme•ro -ra *adj* ephemeral

efugio *m* evasion, subterfuge

efusión *f* effusion; (*manifestación de afectos muy viva*) warmth, effusiveness; **efusión de sangre** bloodshed

efusi•vo -va *adj* effusive

égida *f* aegis

egip•cio -cia *adj* & *mf* Egyptian

Egipto *m* Egypt

eglantina *f* sweetbriar

eglefino *m* haddock

égloga *f* eclogue

egoísmo *m* egoism

egoísta *adj* egoistic ‖ *mf* egoist

egolatría *f* self-worship, self-glorification

egotismo *m* egotism

egotista *adj* egotistic(al) ‖ *mf* egotist

egre•gio -gia *adj* distinguished, eminent

egresar *intr* to graduate

egreso *m* departure; graduation

eje *m* (*pieza alrededor de la cual gira un cuerpo*) axle, shaft; (*línea que divide en dos mitades; línea recta alrededor de la cual se supone que gira un cuerpo*) axis; (fig) core, crux; **eje de balancín** rocker, rockershaft; **eje de carretón** axletree; **eje motor** drive shaft; **eje tándem** dual axle; dual rear

ejecución *f* execution

ejecutante *mf* performer

ejecutar *tr* to execute; perform

ejecutivamente *adv* expeditiously

ejecuti•vo -va *adj* urgent, pressing; insistent; executive ‖ *m* executive

ejecu•tor -tora *adj* executive ‖ *mf* executor;

ejecutor de la justicia executioner; **ejecutor testamentario** executor (of a will) ‖ f— **ejecutora testamentaria** executrix

ejemplar adj exemplary ‖ m pattern, model; (de una obra impresa) copy; precedent; (caso que sirve de escarmiento) example; **ejemplar de cortesía** complimentary copy; **ejemplar muestra** sample copy; **sin ejemplar** unprecedented; as a special case

ejemplarizar §60 tr to set an example to; exemplify

ejemplificar §73 tr to exemplify

ejemplo m example, instance; **por ejemplo** for example, for instance; **sin ejemplo** unexampled

ejercer §78 tr (la medicina) to practice; (la caridad) show, exercise; (una fuerza) exert ‖ intr to practice; **ejercer de** to practice as, work as

ejercicio m exercise; drill, practice; (de un cargo u oficio) tenure; (uso constante) exertion; (año económico) fiscal year; **hacer ejercicio** to take exercise; (mil) to drill

ejercitar tr to exercise; practice; drill, train ‖ ref to exercise; practice

ejército m army; **ejército permanente** standing army; **los tres ejércitos** the three arms of the service

ejido m commons

ejote m (CAm, Mex) string bean

el, la (pl **los, las**) art def the ‖ pron dem that, the one; **el que** who, which, that; he who, the one that

él pron pers masc he, it; him, it

elabora•do -da adj elaborate; finished

elaborar tr to elaborate; (una teoría) work out; (el metal, la madera) fashion, to work

elación f magnanimity, nobility; (de estilo y lenguaje) pomposity

elástica f knit undershirt; **elásticas** (Ven) suspenders

elasticidad f elasticity

elásti•co -ca adj elastic ‖ m elastic; bedspring ‖ f see **elástica**

eléboro m hellebore

elección f election; choice

electi•vo -va adj elective

elec•to -ta adj elect

electorado m electorate

electorero m henchman, heeler

electricidad f electricity

electricista mf electrician

eléctrico -ca adj electric(al)

electrificar §73 tr to electrify

electrizar §60 tr to electrify

electro m electromagnet

electroafeitadora f electric shaver

electrocutar tr to electrocute

electrodo m electrode

electrodomésti•co -ca adj electric-appliance ‖ m electric appliance

electróge•no -na adj generating electricity ‖ m electric generator

electroimán m electromagnet

electrólisis f electrolysis

electrólito m electrolyte

electromagnéti•co -ca adj electromagnetic

electromo•tor -tora or **-triz** adj (pl **-tores -toras -trices**) electromotive

electrón m electron

electróni•co -ca adj electronic ‖ f electronics

electrostáti•co -ca adj electrostatic

electrotecnia f electrical engineering

electrotipar tr to electrotype

electrotipo m electrotype

elefante m elephant; **elefante blanco** (fig) (SAm) white elephant

elegancia f elegance; style, stylishness

elegante adj elegant; stylish ‖ mf fashion plate

eleganto•so -sa adj elegant

elegía f elegy

elegía•co -ca adj elegiac

elegible adj eligible

elegir §57 tr to elect; choose, select

elemental adj (primordial; simple, no compuesto) elemental; (que se refiere a los principios de una ciencia o arte; de fácil comprensión) elementary

elemento m element; (de una pila o batería) cell; **elemento de compuestos** (gram) combining form; **elemento en rastro** trace element; **estar en su elemento** to be in one's element

elenco m catalogue, list, table; (theat) cast

elepé adj (disco) long-playing; LP ‖ m long-playing record

elevación f elevation, **elevación a potencias** (math) involution

eleva•do -da adj elevated, high; lofty, sublime

elevador m elevator; **elevador de granos** grain elevator

elevar tr to elevate, lift; (math) to raise ‖ ref to ascend, rise; be exalted; become conceited

elfo m elf

elidir tr to eliminate; (una vocal) elide

eliminar tr to eliminate; strike out ‖ ref (Mex) to go away, leave

elipse f (geom) ellipse

elip•sis f (pl **-sis**) (gram) ellipsis

elípti•co -ca adj (geom & gram) elliptic(al)

elisión f elision

elitista adj & mf elitist

elocución f public speaking, elocution

elocuencia f eloquence

elocuente adj eloquent

elogiable adj praiseworthy

elogiar tr to praise, eulogize

elogio m praise, eulogy

elogio•so -sa adj laudatory, glowing

elote m (Mex, Guat) ear of corn; **coger asando elotes** (CAm) to catch in the act; **pagar los elotes** (CAm) to be the goat

elucidar tr to elucidate

eludir tr to elude, evade, avoid

elusi•vo -va adj evasive; elusive

ella pron pers fem she, it; her, it; (coll) the trouble

ello pron pers neut it; (coll) the trouble; **ello es que** the fact is that ‖ m (psychoanalysis) id

ec
el

E.M. *abbr* **Estado Mayor**
emancipar *tr* to emancipate
embadurnamiento *m* daub, daubing
embadurnar *tr* to daub
embaír §1 *tr* to deceive, take in, hoax
embajada *f* embassy; ambassadorship; (iron) fine proposition
embajador *m* ambassador; **embajadores** ambassador and wife
embajadora *f* ambassadress
embalaje *m* packing; package; (sport) sprint
embalar *tr* to pack ‖ *intr* (sport) to sprint ‖ *ref* (*el motor*) to race; (sport) to sprint
embaldosado *m* tile paving
embaldosar *tr* to pave with tile
embalsamar *tr* to embalm; perfume
embalsar *tr* to dam, dam up
embalse *m* dam; damming; backwater
embanastar *tr* to put in a basket; pack, jam, overcrowd
embanquetar *tr* (Mex) to line with sidewalks
embarazada *adj fem* pregnant ‖ *f* pregnant woman
embarazar §60 *tr* (*estorbar*) to embarrass; obstruct; make pregnant ‖ *ref* to be embarrassed, be encumbered; become pregnant
embarazo *m* embarrassment; obstruction; awkwardness; pregnancy
embarazo·so -sa *adj* embarrassing, troublesome
embarbillar *tr* to rabbet
embarcación *f* boat, ship; embarkation (*of passengers*)
embarcadero *m* pier, wharf; (rr) platform; **embarcadero de ganado** (Arg) loading chute; **embarcadero flotante** landing stage
embarcador *m* shipper
embarcar §73 *tr* to ship ‖ *intr* to entrain ‖ *ref* to embark, ship; get involved
embarco *m* embarkation (*of passengers*)
embargar §44 *tr* to embargo; paralyze; (law) to seize, attach
embargo *m* embargo; indigestion; (law) seizure, attachment; **sin embargo** however, nevertheless
embarnizar §60 *tr* to varnish
embarque *m* shipment, embarkation (*of freight*)
embarrada *f* blunder
embarrancar §73 *tr, intr & ref* to run into a ditch; (*una nave*) run aground
embarrar *tr* to splash with mud; smear, stain; (CAm, Mex) to involve in a shady deal; **embarrarla** (Arg) to spoil the whole thing
embarrilar *tr* to barrel, put in barrels
embarullar *tr* to muddle, make a mess of; bungle, botch
embastar *tr* to baste, stitch
embate *m* blow, attack; (*del mar*) beating, dashing; (*de viento*) gust; **embates de la fortuna** hard knocks
embauca·dor -dora *mf* trickster; impostor; con man
embaucar §73 *tr* to trick, bamboozle, swindle

embaula·do -da *adj* crowded, packed, jammed
embaular §8 *tr* to put in a trunk; jam, pack in
embayar *ref* (Ecuad) to fly into a rage
embazar §60 *tr* to dye brown; hinder, obstruct; astound, dumbfound ‖ *ref* to get bored; be upset, get sick at the stomach
embebecer §22 *tr* to entertain, amuse, fascinate, enchant
embeber *tr* to absorb, soak up; soak; contain, include; embed; contract, shrink ‖ *intr* to contract, shrink ‖ *ref* to be enchanted, be enraptured; become absorbed or immersed; become well versed
embebi·do -da *adj* (*vocal*) elided; (*columna*) engaged
embelecar §73 *tr* to cheat, dupe, bamboozle
embeleco *m* cheating, fraud; bore; **embelecos** cuteness
embeleñar *tr* to dope, stupefy; enchant, bewitch
embelequería *f* (Col, Mex, W-I) fraud, swindle
embelesar *tr* to charm, enrapture, fascinate
embeleso *m* charm, fascination, delight
embellece·dor -dora *adj* embellishing, beautifying ‖ *m* (aut) hubcap ‖ *f* beautician
embellecer §22 *tr* to embellish, beautify
embellecimiento *m* embellishment, beautification
embermejecer §22 *tr* to dye red; make blush ‖ *ref* to blush
emberrinchar *ref* to fly into a rage
embestida *f* attack, assault; (*detención intempestiva*) buttonholing
embesti·dor -dora *mf* beat, sponger
embestir §50 *tr* to attack, assail; to strike; buttonhole, waylay ‖ *intr* to attack, charge, rush
embetunar *tr* to blacken; cover with tar
embicar §73 *tr* (Mex) to turn upside down, tilt ‖ *intr* (Arg, Chile) to run aground
emblandecer §22 *tr* to soften; placate, mollify ‖ *ref* to soften, yield
emblanquecer §22 *tr* to whiten; bleach ‖ *ref* to turn white
emblema *m* emblem
emblemáti·co -ca *adj* emblematic(al)
embobar *tr* to amaze, fascinate ‖ *ref* to stand gaping
embocadero *m* mouth, outlet
embocadura *f* nozzle; (*de río*) mouth; (*del freno; de instrumento de viento*) mouthpiece; (*de cigarrillo*) tip; (*del vino*) taste; stage entrance
embocar §73 *tr* to catch in the mouth; put in the mouth; take on, undertake; gulp down; try to put over ‖ *intr & ref* to enter, pass
embolada *f* stroke
embolado *m* bull with wooden balls on horns; (theat) minor role; (coll) trick, hoax
embolar *tr* (*los cuernos del toro*) to put wooden balls on; (*el calzado*) to shine ‖ *ref* (CAm, Mex) to get drunk
embolia *f* embolism
émbolo *m* (mach) piston; **émbolo buzo** (mach) plunger

embolsar *tr* to pocket, take in

embonar *tr* to fertilize; suit, be becoming to

emboquillar *tr (los cigarrillos)* to put tips on; *(una galería o túnel)* cut an entrance in; *(las junturas entre los ladrillos)* (Chile) to point, chink

emborrachar *tr* to intoxicate ‖ *ref* to get drunk; *(los colores de una tela)* run

emborrar *tr* to stuff, pad, wad; gulp down

emborrascar §73 *tr* to stir up, irritate ‖ *ref* to get stormy; *(un negocio)* fail; *(la veta de una mina)* (Arg, CAm, Mex) to peter out

emborronar *tr* to blot; scribble

emboscada *f* ambush, ambuscade

emboscado *m* draft dodger

emboscar §73 *tr (tropas para sorprender al enemigo)* to ambush ‖ *ref* to ambush, lie in ambush; shirk, take an easy way out

embota•do -da *adj* blunt, dull; (Chile) black-pawed

embotadura *f* bluntness, dullness

embotar *tr* to blunt, dull; dull, weaken; *(el tabaco)* put in a jar

embotella•do -da *adj (discurso)* prepared ‖ *m* bottling; *(del tráfico)* bottleneck

embotellamiento *m* bottling; traffic jam

embotellar *tr* to bottle; *(un negocio)* tie up; (nav) to bottle up

embotijar *tr (un suelo)* to underlay with jugs ‖ *ref* to swell up with anger

embovedar *tr* to vault, vault over; put in a vault

emboza•do -da *adj* muffled up ‖ *mf* person muffled up to eyes

embozar §60 *tr* to muffle up to the eyes; *(p.ej., a un perro)* muzzle; disguise ‖ *ref* to muffle oneself up to the eyes

embozo *m* muffler, cloak held over the face; fold back *(of bed sheet)*; cunning, dissimulation; **quitarse el embozo** to drop one's mask

embragar §44 *tr (el motor)* to engage ‖ *intr* to throw the clutch in

embrague *m* clutch; engagement

embravecer §22 *tr* to enrage, make angry ‖ *ref* to get angry; *(el mar)* get rough

embraveci•do -da *adj* angry; rough, wild

embrear *tr* to tar, cover with tar; calk with tar

embregar §44 *ref* to wrangle

embriagar §44 *tr* to intoxicate, make drunk; enrapture ‖ *ref* to get drunk

embriaguez *f* drunkenness; rapture

embridar *tr* to bridle; check, restrain

embriología *f* embryology

embrión *m* embryo

embroca *f* poultice

embrocar §73 *tr* to empty; *(el toro al torero)* to catch between the horns ‖ *ref* (C-R) to fall on one's face; (Mex) to put on over the head

embrollar *tr* to tangle, muddle, embroil

embrollo *m* entanglement, muddle, embroilment; deception, trick

embromar *tr* to joke with, play jokes on; bore, annoy ‖ *ref* to be bored, be annoyed

embrujar *tr* to bewitch

embrutecer §22 *tr* to brutify, stupefy

embrutecimiento *m* brutalization; coarsening

embuchado *m* pork sausage; subterfuge; *(de la urna electoral)* stuffing (of ballot box)

embudar *tr* to put a funnel in; trick, trap

embudista *adj* tricky, scheming ‖ *mf* schemer

embudo *m* funnel; trick; (mil) shell hole; **embudo de bomba** (mil) bomb crater

embullar *tr* to stir up, excite, key up ‖ *ref* to become excited, keyed up

emburujar *tr* to jumble, pile up ‖ *ref* to wrap oneself up

embuste *m* lie, falsehood, trick; **embustes** baubles, trinkets; *(del niño)* cuteness

embuste•ro -ra *adj* lying, false, tricky ‖ *mf* liar, cheat

embuti•do -da *adj* inlaid, flush ‖ *m* inlay, marquetry; pork sausage; lace insertion

embutir *tr* to stuff, pack tight; insert; inlay; set flush; *(una hoja de metal)* fashion, hammer into shape ‖ *ref* to squeeze in; stuff oneself

emergencia *f* emergence; incident

emerger §17 *intr* to emerge; *(un submarino)* surface

emersión *f* emersion; *(de un submarino)* surfacing

eméti•co -ca *adj & m* emetic

emigración *f* emigration; migration

emigra•do -da *mf* émigré

emigrante *adj & mf* emigrant

emigrar *intr* to emigrate; migrate

eminencia *f* eminence

eminente *adj* eminent

emisa•rio -ria *mf* emissary ‖ *m* outlet

emisión *f (acción de exhalar; acción de lanzar ondas luminosas, etc.)* emission; *(títulos creados de una vez)* (com) issue; *(acción de emitir títulos nuevos)* (com) issuance; (rad) broadcast; **emisión seriada** (rad) serial

emi•sor -sora *adj* emitting; broadcasting ‖ *m* (rad) transmitter ‖ *f* broadcasting station

emitir *tr* to emit, send forth; issue, give out; *(p.ej., opiniones)* utter, express; (com) to issue; (rad) to broadcast

emoción *f* emotion

emocional *adj* emotional

emocionante *adj* moving, touching; thrilling, exciting

emocionar *tr* to move, stir; thrill

emoti•vo -va *adj* emotional

empacadi•zo -za *adj* (Arg) touchy

empaca•do -da *adj* (Arg) gruff, grim

empacar §73 *tr* to pack, crate ‖ *ref* to be stubborn; *(un animal)* balk, get balky

empa•cón -cona *adj* stubborn; balky

empacha•do -da *adj* backward, fumbling

empachar *tr* to hinder, embarrass; disguise; surfeit, upset the stomach of ‖ *ref* blush, be embarrassed; be upset, have indigestion

empacho *m* hindrance; embarrassment, bashfulness; indigestion

empacho•so -sa *adj* sickening; shameful

empadronar *tr* to register, take the census of ‖ *ref* to register, be registered in the census

empalagar §44 *tr* to cloy, pall, surfeit; bore, weary

empalago•so -sa *adj* cloying, sickening, mawkish; boring, annoying; fawning

empalar *tr* impale

empalizada *f* palisade, stockade, fence

empalizar §60 *tr* to fence in

empalmar *tr* to splice, connect, join, couple; combine ‖ *intr* to connect, make connections; **empalmar con** to connect with; follow, succeed

empalme *m* splice, connection, joint, coupling; combination; (elec) joint; (rr) connection, junction

empanada *f* pie; fraud

empanadilla *f* pie

empana•do -da *adj* unlighted, unventilated ‖ *f* see **empanada**

empanar *tr* to crumb, bread; (*las tierras*) sow with wheat

empantanar *tr* to flood; obstruct

empaña•do -da *adj* dim, misty; blurred, fogged; (*voz*) flat

empañar *tr* (*a las criaturas*) to swaddle; blur, fog, dim, dull; tarnish, sully ‖ *ref* to blur, fog, dim, dull

empañetar *tr* to plaster

empapar *tr* to soak; soak up, absorb; drench ‖ *ref* to soak; be soaked; to become imbued; be surfeited

empapelado *m* papering, paper hanging; wallpaper; paper lining

empapela•dor -dora *mf* paper hanger

empapelar *tr* to wrap in paper; paper, line with paper; wallpaper; bring a criminal charge against

empaque *m* packing; look, appearance, mien; stiffness, stuffiness; brazenness

empaquetadura *f* gasket

empaquetar *tr* to pack; jam, stuff ‖ *ref* to pack; pack in; dress up

empareda•do -da *mf* recluse ‖ *m* sandwich

emparedar *tr* to wall in, confine

emparejar *tr* to pair, match; smooth, make level; even, make even; (*una puerta*) close flush ‖ *intr* to come up, come abreast; **emparejar con** to catch up with ‖ *ref* to pair, match

emparentar §2 *intr* to become related by marriage; **emparentar con** (*buena gente*) to marry into the family of; (*una familia rica*) marry into

emparrado *m* arbor, bower

emparrillar *tr* to grill

empasta•dor -dora *mf* bookbinder

empastadura *f* binding

empastar *tr* (*un diente*) to fill; (*un libro*) bind with stiff covers; convert into pasture land ‖ *ref* (Chile) to be overgrown with weeds

empaste *m* (*de diente*) filling; stiff binding

empastelar *tr* (typ) to pie

empatar *tr* (*en la votación y los juegos*) to tie; join, connect; tie, fasten ‖ *intr* to tie ‖ *ref* to tie; **empatársela a una persona** to be a match for someone; **empatárselo a una persona** (Guat, Hond) to put it over on someone

empate *m* tie, draw; (Col) penholder; (Ven) waste of time

empatía *f* empathy

empavar *tr* (Ecuad) to annoy; (Peru) to kid, razz

empavesado *m* (naut) dressing, bunting

empavesar *tr* to bedeck with flags and bunting; (*un buque*) dress; (*un monumento*) veil ‖ *ref* to become overcast

empavonar *tr* to blue; grease, spread grease over ‖ *ref* (CAm) to dress up

empecina•do -da *adj* stubborn

empecinamiento *m* stubbornness; determination

empecinar *tr* to tar; dip in pitch ‖ *ref* to be stubborn; persist

empederni•do -da *adj* hardened, inveterate; hard-hearted

empedra•do -da *adj* cloud-flecked; pockmarked; (*caballo*) dark-spotted ‖ *m* stone paving

empedrar §2 *tr* to pave with stones; bespatter

empegado *m* tarpaulin

empegar §44 *tr* to coat with pitch, dip in pitch; (*el ganado lanar*) mark with pitch

empeine *m* instep; (*de la bota*) vamp; (*enfermedad cutánea*) tetter; (*región central del hipogastrio*) pubes

empelotar *ref* to get all tangled up; get into a row; take all one's clothes off; (Mex, W-I) to fall madly in love

empella *f* vamp

empellar *tr* to push, shove

empeller §31 *tr* to push, shove

empellón *m* push, shove; **a empellones** pushing, roughly

empenachar *tr* to adorn with plumes

empeña•do -da *adj* (*disputa*) bitter, heated; **no empeñado** noncommitted

empeñar *tr* (*dar en prenda*) to pawn; (*una lucha*) launch, begin; (*prendar, hipotecar*) pledge; (*la palabra*) pledge; force, compel ‖ *ref* to commit oneself, bind oneself; go into debt; (*una lucha, una disputa*) begin, start; **empeñarse en** to engage in; persist in, insist on

empeñe•ro -ra *mf* (Mex) pawnbroker

empeño *m* pledge, engagement, commitment; (*prenda*) pawn; pawnshop; persistence, insistence; eagerness, perseverance; effort, endeavor; pledge, backer, patron; favor, protection; **con empeño** eagerly

empeño•so -sa *adj* eager, persistent

empeorar *tr* to impair, make worse ‖ *intr & ref* to get worse, deteriorate

empequeñecer §22 *tr* (*hacer más pequeño*) to make smaller, dwarf; (*amenguar la importancia de*) belittle ‖ *ref* to get smaller, dwarf

emperador *m* emperor; **los emperadores** the emperor and empress

empera•triz *f* (*pl* -trices) empress

emperchar *tr* to hang on a clothes rack

emperejilar *tr & ref* to dress up, spruce up

emperezar §60 *tr* to delay, put off ‖ *intr & ref* to get lazy

empericar §73 *ref* (Col, Ecuad) to get drunk; (Mex) to blush

emperifollar *tr* & *ref* to dress up gaudily

empernar *tr* to bolt

empero *conj* but, however, yet

emperrar *ref* to get stubborn

empezar §18 *tr* & *intr* to begin

empicar §73 *ref* to become infatuated

empicotar *tr* to pillory

empiema *m* empyema

empina•do -da *adj* high, lofty; steep; stiff, stuck-up || *f* (aer) zoom, zooming; **irse a la empinada** (*un caballo*) to rear

empinar *tr* to raise, lift; tip over; (*el codo*) crook; (aer) to zoom || *intr* to be a toper || *ref* to stand on tiptoe; (*un caballo*) rear; tower, rise high; (aer) to zoom

empingorota•do -da *adj* influential; proud, haughty

empingorotar *tr* to put on top || *ref* to climb up, get up; be stuck-up

empíre•o -a *adj* & *m* empyrean

empíri•co -ca *adj* empiric(al) || *mf* empiricist

empizarrado *m* slate roof

empizarrar *tr* to roof with slate

emplastar *tr* to put a plaster on; put make-up on; (*un negocio*) tie up, obstruct || *ref* to put make-up on; smear oneself up

emplásti•co -ca *adj* sticky

emplasto *m* plaster, poultice

emplazamiento *m* emplacement, location; (law) summons

emplazar §60 *tr* to place, locate; summon, summons

emplea•do -da *mf* employee; (*de oficina, de tienda*) clerk; **empleado público** civil servant

emplear *tr* to employ; use; (*el dinero*) invest; **estarle a uno bien empleado** to serve someone right || *ref* to be employed; busy oneself; **empleárselo mal** to act up, misbehave

empleo *m* employ, employment; use; job, position, occupation

empleomanía *f* eagerness to hold public office

empleóma•no -na *mf* public officeholder, bureaucrat

emplomar *tr* to lead; line with lead; (*un techo*) cover with lead; put a lead seal on; (*un diente*) (Arg) to fill

emplumar *tr* to put a feather on; adorn with feathers; tar and feather; (Hond) to thrash; **emplumarlas** (Col) to beat it || *intr* to fledge, grow feathers

emplumecer §22 *intr* to fledge, grow feathers

empobrecer §22 *tr* to impoverish || *intr* & *ref* to become poor

empodrecer §22 *intr* & *ref* to rot

empolva•do -da *adj* (Mex) rusty

empolvar *tr* to cover with dust; (*el rostro*) powder || *ref* to get dusty; (*el rostro*) powder; (Mex) to get rusty

empolla•do -da *adj* primed for an examination

empollar *tr* (*huevos*) to brood, hatch; (*estudiar con mucha detención*) bone up on || *intr* to grind, be a grind; **empollar sobre** to bone up on || *ref* to hatch; bone up on

empo•llón -llona *mf* (coll) grind

emponcha•do -da *adj* (SAm) ponchowearing; (SAm) crafty, hypocritical; (SAm) suspicious-looking

emponzoñar *tr* to poison; corrupt

emporcar §81 *tr* to soil, dirty

emporra•do -da *adj* (*drogas*) high

empotra•do -da *adj* built-in; recessed

empotrar *tr* to embed, recess, fasten in a wall || *intr* & *ref* to fit, interlock

emprende•dor -dora *adj* enterprising

emprender *tr* to undertake; **emprenderla con** to squabble with, have it out with; **emprenderla para** to set out for

empreñar *tr* to make pregnant || *ref* to become pregnant

empresa *f* enterprise, undertaking; company, concern, firm; device, motto; (*la parte patronal*) management; **empresa anunciadora** advertising agency; **empresa de tranvías** traction company; **pequeña empresa** small business

empresarial *adj* managerial

empresa•rio -ria *mf* contractor; business leader, industrialist; manager; promoter; theatrical manager; **empresario de circo** showman; **empresario de pompas fúnebres** undertaker; **empresario de publicidad** advertising man; **empresario de teatro** impresario, theater manager

emprestar *tr* to borrow

empréstito *m* loan, government loan

empujar *tr* to push, shove; replace || *intr* to push, shove

empujatierra *f* bulldozer

empuje *m* push; (*fuerza o presión ejercidas por una cosa sobre otra*) thrust; (*espíritu emprendedor*) enterprise, push

empujón *m* hard push, shove; **tratar a empujones** to push around

empuñadura *f* (*de la espada*) hilt; first words of a story; (*de bastón o paraguas*) handle

empuñar *tr* to seize, grasp, clutch; (*un empleo o puesto*) obtain; (*la mano*) (Chile) to clench; (Bol) to punch; **empuñar el bastón** (fig) to seize the reins

emular *tr* & *intr* to emulate; **emular con** to emulate, vie with

ému•lo -la *adj* emulous || *mf* rival

emulsión *f* emulsion

emulsionar *tr* to emulsify

en *prep* at; in; into; by; on; of, e.g., **pensar en** to think of

enaceitar *tr* to oil || *ref* to get oily, get rancid

enagua *f* petticoat; skirt; **enaguas** petticoat

enagüillas *fpl* kilt, short skirt

enajenación *f* alienation; estrangement; rapture; (*distracción*) absent-mindedness; **enajenación mental** mental derangement

enajenar *tr* (*la propiedad, el dominio; a un amigo*) to alienate, estrange; enrapture, transport || *ref* to be enraptured, be transported; **enajenarse de** to dispossess one-

self of; (*un amigo*) become alienated from
enaltecer §22 *tr* to exalt, extol
enamoradi•zo -za *adj* susceptible
enamora•do -da *adj* lovesick; (*propenso a enamorarse*) susceptible || *mf* sweetheart || *m* lover
enamorar *tr* to make love to; enamor, captivate || *ref* to fall in love
enamoricar §73 *ref* to trifle in love
enangostar *tr* & *ref* to narrow
ena•no -na *adj* dwarfish || *mf* dwarf
enarbolar *tr* to hoist, hang out; (*una espada*) brandish || *ref* to get angry; (*el caballo*) rear
enarcar §73 *tr* to arch; (*los toneles*) hoop || *ref* to become confused, be bashful; (*el caballo*) (Mex) to rear
enardecer §22 *tr* to inflame, excite || *ref* to get excited; (*una parte del cuerpo*) become inflamed, get sore
enarenar *tr* to throw sand on || *ref* (naut) to run aground
enastar *tr* (*una herramienta*) to put a handle on; (*una bandera*) put a shaft on
encabalgamiento *m* gun carriage; trestlework; (*en el verso*) enjambment
encabalgar §44 *tr* to provide with horses || *intr* to lean, rest
encaballar *tr* to overlap; (typ) to pie
encabezamiento *m* heading; (*fórmula con que comienza un documento*) opening words; tax list; tax rate; **encabezamiento de factura** billhead
encabezar §60 *tr* (*un escrito*) to put a heading or title on; head; register; (*vinos*) fortify
encabritar *ref* (*un caballo*) to rear; (*un buque*) shoot up, pitch up; (*un avión*) nose up
encadenar *tr* to chain, put in chains; brace, buttress; bind, tie together; tie down
encajar *tr* to fit, fit in, make fit; insert, put in; (*un golpe*) give, let go; (*dinero*) put away; (*un chiste*) tell at the wrong time; to palm off; throw, hurl; **encajar una cosa a uno** to foist something on someone, palm something off on someone || *intr* to fit; (*una puerta*) close right || *ref* to squeeze one's way; (*una prenda de vestir*) put on; butt in, intrude
encaje *m* (*tejido de mallas*) lace; (*labor de taracea*) inlay, mosaic; recess, groove; fitting, matching; insertion; appearance, look
encaje•ro -ra *mf* lacemaker; lace dealer
encajonado *m* cofferdam
encajonar *tr* to box, crate, case; squeeze in || *ref* (*un río*) to narrow, narrow down; squeeze in, squeeze through
encalambrar *ref* to get cramps
encalar *tr* (*espolvorear con cal*) to lime, sprinkle with lime; (*blanquear con cal*) whitewash
encalma•do -da *adj* (*mercado de valores*) dull, quiet; (*mar, viento*) becalmed
encalvecer §22 *intr* to get bald
encalladero *m* sand bank, shoal
encallar *intr* to run aground; fail, get stuck

encallecer §22 *intr* (*la piel*) to become callous || *ref* to become callous; (fig) to become callous, become hardened
encamar *tr* to spread out on the ground || *ref* to take to bed; (*el grano*) droop, bend over
encaminar *tr* to direct, show the way to; (*sus esfuerzos, su atención*) direct || *ref* to set out
encanalar *tr* to channel, pipe
encandecer §22 *tr* to make white-hot
encandila•do -da *adj* (*sombrero*) cocked; stiff, erect
encandilar *tr* to daze, befuddle; (*un fuego*) to stir || *ref* (*los ojos*) to flash
encanecer §22 *intr* & *ref* to turn gray; get old; become moldy
encanta•do -da *adj* absent-minded, distracted; (*casa*) rambling
encanta•dor -dora *adj* charming, enchanting || *mf* charmer || *f* enchantress
encantamiento *m* charm, enchantment
encantar *tr* to charm, enchant, bewitch
encante *m* auction sale; auction house
encanto *m* charm, enchantment, spell
encantusar *tr* to coax, wheedle
encañada *f* gorge, ravine
encañar *tr* (*el agua*) to pipe; (*las tierras*) drain; (*las plantas*) prop up; wind on a spool
encañizada *f* reed fence; weir
encañonar *tr* to pipe; wind on a spool; (*un pliego*) (typ) to tip in
encaperuzar §60 *tr* to put a hood on || *ref* to put on one's hood
encapotar *tr* to cloak || *ref* to frown; cloud over, become overcast
encaprichar *ref* to insist on getting one's way; become infatuated
encaracolado *m* spiral ornament, spiral work
encara•do -da *adj* — **bien encarado** well-featured; **mal encarado** ill-featured
encaramar *tr* to raise up, lift up; praise, extol; elevate, exalt || *ref* to climb, get on top; rise, tower; blush
encarar *tr* to aim, point; (*una dificultad*) face || *intr* & *ref* to come face to face
encarcelar *tr* to incarcerate, imprison, jail; (*piezas de madera recién encoladas*) clamp; plaster in || *ref* to stay indoors
encarecer §22 *tr* (*el precio*) to raise; raise the price of; extol; urge; overrate || *intr* & *ref* to rise, rise in price
encarecidamente *adv* earnestly, insistently, eagerly
encarga•do -da *mf* agent, representative; **encargado de negocios** chargé d'affaires
encargamiento *m* duty; obligation; charge
encargar §44 *tr* (*mercancías*) to order; (*confiar*) entrust; urge, warn || *ref* to take charge, be in charge
encargo *m* assignment, job, charge; (*pedido*) order; warning; **como de encargo** or **ni de encargo** just the thing, as if made to order
encariñamiento *m* endearment
encariñar *tr* to awaken love in || *ref* — **encariñarse con** to become fond of, become attached to

encarnación *f* incarnation, embodiment
encarna•do -da *adj* red; Caucasian-skin-("flesh")-colored; (*de forma humana*) incarnate
encarnar *tr* to incarnate, embody; (*el anzuelo*) bait ‖ *intr* to become incarnate; (*una herida*) heal over
encarnecer §22 *intr* to put on flesh
encarniza•do -da *adj* bloodshot; bloody, fierce, bitter, hard-fought
encarnizar §60 *tr* to anger, provoke ‖ *ref* to get angry; become fierce; **encarnizarse con** or **en** to be merciless to
encaro *m* aim; stare; blunderbuss
encarrilar *tr* to put back on the rails; set right, put on the right track; guide, direct
encarruja•do -da *adj* wrinkled; (*pelo*) kinky; (*terreno*) (Mex) rough
encartar *tr* to enroll, register; outlaw; (*un naipe*) slip in ‖ *ref* to be unable to discard
encartonar *tr* to cover with cardboard; (*libros*) bind in boards
encasar *tr* (*un hueso dislocado*) to set (*a broken bone*)
encasillado *m* set of pigeonholes; (*lista de candidatos apoyados por el gobierno*) government slate; (SAm) checkerwork
encasillar *tr* to pigeonhole; sort out, classify; (*el gobierno a un candidato*) slate
encasquetar *tr* (*un sombrero*) to stick on the head; (*una idea*) drive in; force on
encasquillar *tr* to put a tip on; (*un caballo*) shoe ‖ *ref* to stick, get stuck
encastilla•do -da *adj* haughty, proud
encastillar *tr* to fortify with castles; pile up ‖ *ref* to stick, get stuck; take to the hills; stick to one's opinion
encastrar *tr* to engage, mesh
encastre *m* engaging, meshing; groove, socket; insert
encauchar *tr* to cover with rubber, line with rubber
encausar *tr* to prosecute, sue, bring to trial
encausticar §73 *tr* to wax
encáustico *m* floor wax, furniture polish
encauzar §60 *tr* (*una corriente*) to channel; guide, direct
encavar *ref* to hide, burrow
encebollado *m* beef stew with onions
encelar *tr* to make jealous ‖ *ref* to get jealous; be in rut
encella *f* cheese mold
encenagar §44 *ref* to get covered with mud; wallow in vice
encencerrar *tr* (*al ganado*) to put a bell on
encendajas *fpl* kindling, brush
encendedor *m* lighter; **encendedor de bolsillo** pocket lighter
encender §51 *tr* to light, kindle; ignite, fire to; (*la luz, la radio*) turn on; (*la lengua*) burn; stir up, excite ‖ *ref* to catch fire, ignite; become excited; blush
encendi•do -da *adj* bright, high-colored; red, flushed; keen, enthusiastic ‖ *m* ignition
encenizar §60 *tr* to cover with ashes ‖ *ref* to get covered with ashes

encepar *tr* to put in the stocks ‖ *intr* & *ref* to take deep root
encera•do -da *adj* wax, wax-colored; (*huevo*) boiled ‖ *m* oilcloth; tarpaulin; (*pizarra*) blackboard
encerar *tr* to wax ‖ *intr* & *ref* (*el grano*) to ripen, turn yellow
encerotar *tr* (*el hilo*) to wax
encerradero *m* sheepfold; (taur) bull pen
encerrar §2 *tr* to shut in; lock in, lock up; contain, include; encircle; imply ‖ *ref* to lock oneself in; go into seclusion; **encerrarse con** to be closeted with
encerrona *f* dilemma; tight spot; (coll) fix
encespedar *tr* to sod
encestar *tr* to put in a basket; (coll) to sink (*a basketball*)
encía *f* gum
encíclica *f* encyclical
enciclopedia *f* encyclopedia
enciclopédi•co -ca *adj* encyclopedic
encierro *m* locking up, confinement; inclusion; encirclement; lockup, prison; solitary confinement; retirement, retreat; (taur) bull pen
encima *adv* above, overhead, on top; at hand, here now; besides, in addition; **de encima** (Chile) in the bargain; **echarse encima** to take upon oneself; **encima de** on, upon; above, over; **por encima** hastily, superficially; **por encima de** above, over; in spite of; **quitarse de encima** to get rid of, shake off
encina *f* holm oak, evergreen oak
encinta *adj* pregnant; **dejar encinta** to make pregnant
encintado *m* curb
encintar *tr* to trim with ribbons; provide with curbs
enclaustrar *tr* to cloister; hide away
enclavar *tr* to nail; pierce, transfix; (*el pie del caballo*) prick; cheat
enclave *m* enclave
enclavijar *tr* to dowel; (*un instrumento*) to peg
enclenque *adj* sickly, feeble
enclíti•co -ca *adj* & *m* enclitic
enclocar §81 *intr* & *ref* to brood
encofrado *m* planking, timbering; (*para el hormigón*) form
encoger §17 *tr* to shrink, shrivel; discourage; draw in ‖ *intr* to shrink, shrivel ‖ *ref* to shrink, shrivel; be discouraged; be bashful; (*humillarse*) cringe; (*en la cama*) curl up; **encogerse de hombros** to shrug one's shoulders
encogi•do -da *adj* bashful, timid
encogimiento *m* shrinkage; crouch; bashfulness, timidity; **encogimiento de hombros** shrug
encojar *tr* to cripple, lame ‖ *ref* to become lame; feign illness
encolar *tr* to glue; (*la superficie que ha de pintarse*) size; (*el vino*) clarify; (*p.ej., una pelota*) throw out of reach
encolerizar §60 *tr* to anger ‖ *ref* to get angry

en
en

encomendar §2 *tr* to commend, entrust, commit; knight ‖ *ref* to commend oneself; send regards

encomiar *tr* to praise, extol

encomienda *f* charge, commission; commendation, praise; favor, protection; knight's cross; royal land grant (*with Indian inhabitants*); parcel post; (Mex) fruit stand

encomio *m* encomium

enconamiento *m* soreness; rancor, ill will

enconar *tr* to make sore, inflame; aggravate, irritate ‖ *ref* to get sore, become inflamed; (*una herida; el ánimo de uno*) rankle, fester

enconchar *ref* to draw back into one's shell, keep aloof

encono *m* rancor, ill will; (Col, Chile, Mex, W-I) soreness

encono•so -sa *adj* sore, sensitive; harmful; rancorous

encontra•do -da *adj* opposite, facing; contrary; hostile; **estar encontrados** to be at odds

encontrar *tr* to encounter, meet; (*hallar*) find ‖ *intr* to meet; collide ‖ *ref* to meet, meet each other; be, be situated; find oneself; **encontrarse con** to meet, run into

encontrón *m* bump, jolt, collision

encopeta•do -da *adj* aristocratic, of noble descent; conceited, boastful

encorajar *tr* to encourage ‖ *ref* to fly into a rage

encorajinar *ref* to fly into a rage; (Chile) to break up, go to ruin

encorchar *tr* (*botellas*) to cork; (*abejas*) to hive

encordar §61 *tr* (*un violín, una raqueta*) to string; wrap, wind up with rope

encordelar *tr* to string; tie with strings

encornudar *tr* to cuckold, make a cuckold of ‖ *intr* to grow horns

encorralar *tr* to corral

encortinar *tr* to curtain

encorvada *f* stoop, bending over; **hacer la encorvada** to malinger

encorvar *tr* to bend over ‖ *ref* to stoop, bend over; be partial, be biased

encovar §61 *tr* & *ref* to hide away

encrespar *tr* to curl; (*el pelo*) make stand on end; (*plumas*) ruffle; (*las olas*) stir up; irritate, anger ‖ *ref* to curl; bristle, stand on end; (*el mar, las olas*) get rough; get involved; bristle, get angry

encresta•do -da *adj* proud, haughty

encrucijada *f* crossroads, street intersection; ambush, snare, trap

encrudecer §22 *tr* to make raw; aggravate

encuadernación *f* bookbinding; (*taller*) bindery; **encuadernación a la holandesa** half binding

encuaderna•dor -dora *mf* bookbinder

encuadernar *tr* to bind; **sin encuadernar** unbound

encuadrar *tr* (*encerrar en un marco o cuadro*) to frame; (*incluir dentro de sí*) encompass; (*encajar*) insert, fit in; (Arg) to summarize

encuadre *m* film adaptation; (mov & telv) frame

encubar *tr* to put in a cask or vat; (min) to shore up

encubierta *f* fraud, deception

encubrimiento *m* concealment; (law) complicity

encubrir §83 *tr* to hide, conceal ‖ *ref* to hide; disguise oneself

encuentro *m* encounter, meeting; clash, collision; (*hallazgo*) find; (sport) game, match; **encuentro fronterizo** border clash; **llevarse de encuentro** (CAm, Mex, W-I) to knock down, run over; (CAm, Mex, W-I) to drag down to ruin; **mal encuentro** foul play; **salir al encuentro a** to go to meet; get ahead of; take a stand against

encuerar *tr* to strip of clothes; fleece ‖ *ref* to strip, get undressed

encuesta *f* inquiry; **encuesta demoscópica** opinion poll; survey

encuestador *m* pollster

encuitar *ref* to grieve

encumbra•do -da *adj* high, lofty; sublime; influential

encumbramiento *m* height, elevation; exaltation

encumbrar *tr* to raise, elevate; exalt ‖ *ref* to rise; be exalted; be proud; be flowery, use flowery speech; (*subir una cosa a mucha altura*) tower

encunar *tr* to cradle; catch between the horns

encurtido *m* pickle

encurtir *tr* to pickle

enchapado *m* veneer

enchapar *tr* to veneer

encharcar §73 *tr* to make a puddle of; (*el estómago*) upset ‖ *ref* to turn into a puddle; wallow in vice

enchavetar *tr* to key

enchichar *ref* (SAm) to get drunk; (CAm) to get angry

enchilada *f* (Guat, Mex) corn cake with tomato sauce seasoned with chili

enchilado *m* (Cuba, Mex) shellfish stew with chili sauce

enchilo•so -sa *adj* (CAm, Mex) spicy, hot

enchinar *tr* to pave with pebbles; (Mex) to curl ‖ *ref* (Mex) to get goose flesh

enchispar *tr* to make drunk ‖ *ref* to get drunk

enchivar *ref* (Col, Ecuad, CAm) to fly into a rage

enchufar *tr* (*un tubo o caño*) to fit; (*dos tubos o caños*) connect, connect together; (*dos negocios*) merge; (elec) to connect, plug in ‖ *intr* to fit ‖ *ref* to merge

enchufe *m* fitting; (*de tubo o caño*) male end; (*de dos tubos*) joint; (elec) connector; (elec) plug; (elec) receptacle; sinecure, easy job; **tener enchufe** to have pull, have a drag

enchufismo *m* spoils system; wire pulling

enchufista *m* spoilsman

ende *adv* — **por ende** therefore

endeble *adj* feeble, weak; worthless

endecha *f* dirge

endechadera *f* hired mourner

endemia *f* endemic

endémi·co -ca *adj* endemic
endemonia·do -da *adj* possessed of the devil; furious, wild; (coll) devilish
endenantes *adv* recently
endentar §2 *tr* & *intr* to mesh
endentecer §22 *intr* to teethe
enderezar §60 *tr* to stand up; straighten; direct; put in order; regulate ‖ *intr* to go straight ‖ *ref* to stand up, straighten up; head, make one's way; go straight; (aer) to flatten out, level off
endeuda·do -da *adj* indebted
endeudamiento *m* indebtedness
endeudar *ref* to run into debt; acknowledge one's indebtedness
endevota·do -da *adj* pious, devout; fond, devoted
endiabla·do -da *adj* devilish; deformed, ugly; mean, wicked; (Arg) difficult, complicated
endilgar §44 *tr* to send, direct; to spring, unload
endiosar *tr* to deify ‖ *ref* to get stuck-up; get absorbed
endominga·do -da *adj* Sunday; all dressed up
endomingar §44 *ref* to get dressed in one's Sunday best
endosante *mf* endorser
endosar *tr* (*un documento de crédito*) to endorse; (*una cosa poco grata*) unload
endosata·rio -ria *mf* endorsee
endoso *m* endorsement
endriago *m* fabulous monster
endri·no -na *adj* sloe-colored ‖ *m* (*arbusto*) sloe, blackthron ‖ *f* (*fruto*) sloe
endrogar §44 *ref* to run into debt
endulzar §60 *tr* to sweeten; make bearable
endura·dor -dora *adj* saving, stingy
endurar *tr* to harden; delay, put off; (*tolerar*) endure; save, spare ‖ *ref* to get hard
endurecer §22 *tr* to harden; (*robustecer, acostumbrar*) inure
endureci·do -da *adj* hard, strong; inured; hard-hearted; tenacious, obstinate
enebrina *f* juniper berry
enebro *m* juniper
enecha·do -da *adj* & *mf* foundling
eneldo *m* dill
enema *f* enema
enemiga *f* enmity, hatred
enemi·go -ga *adj* enemy; hostile ‖ *mf* enemy, foe; el enemigo malo the Evil One ‖ *f* see enemiga
enemistad *f* enmity
enemistar *tr* to make an enemy of; make enemies of ‖ *ref* to become enemies
energéti·co -ca *adj* energy; power
energía *f* energy; power; energía atómica atomic power (or energy); energías alternas alternate energy sources; energía solar solar energy
enérgi·co -ca *adj* energetic
energúme·no -na *adj* fiendish ‖ *mf* crazy person, wild person
enero *m* January
enervar *tr* to enervate; weaken
enési·mo -ma *adj* nth
enfadadi·zo -za *adj* peevish, irritable

enfadar *tr* to annoy, bother; anger
enfado *m* annoyance, bother; anger
enfado·so -sa *adj* annoying, disagreeable
enfaldar *ref* to tuck up one's skirt
enfardar *tr* to bale, pack
énfa·sis *m* (*pl* -sis) emphasis; bombast, affected speech
enfasizar §60 *tr* to emphasize
enfáti·co -ca *adj* emphatic; affected
enfermar *tr* to make sick ‖ *intr* to get sick
enfermedad *f* sickness, illness, disease
enfermera *f* nurse; enfermera ambulante visiting nurse
enfermería *f* infirmary
enfermero *m* male nurse
enfermi·zo -za *adj* sickly; (*clima*) unhealthy
enfer·mo -ma *adj* sick, ill; (*enfermizo*) sickly; enfermo de amor lovesick ‖ *mf* patient
enfermo·so -sa *adj* sickly
enfiestar *ref* to have a good time
enfilar *tr* to line up; (*p.ej., perlas*) string; aim; go down, go up; (mil) to enfilade ‖ *intr* to bear
enfisema *m* emphysema
enflaquecer §22 *tr* to make thin; weaken ‖ *intr* to get thin; flag, slacken ‖ *ref* to get thin, lose weight
enflauta·do -da *adj* pompous, inflated
enflautar *tr* to blow up, inflate; cheat
enfocar §73 *tr* to focus; (fig) to size up
enfoque *m* focus, focusing; (fig) approach (*to a problem*)
enfoscar §73 *tr* to trim with mortar; patch with mortar; darken, make dark ‖ *ref* to become sullen, become grouchy; become absorbed in business; become overcast
enfrailar *tr* to make a friar or monk of ‖ *ref* to become a friar or monk
enfranque *m* shank
enfrascar §73 *tr* to bottle ‖ *ref* to become involved, intangled, be sunk in work; have a good time
enfrenar *tr* (*un caballo*) to bridle; (*un tren*) brake; check
enfrentamiento *m* (*policía, masas*) confrontation
enfrentar *tr* to put face to face; (*p.ej., al enemigo*) face ‖ *intr* to be facing ‖ *ref* to meet face to face; enfrentarse con to stand up to; cope with
enfrente *adv* opposite, in front; enfrente de opposite, in front of; opposed to
enfriadera *f* bottle cooler, ice pail
enfriar §77 *tr* to cool, chill; kill ‖ *intr* & *ref* to cool off
enfundar *tr* to sheathe, put in a case; stuff; (*un tambor*) muffle
enfurecer §22 *tr* to infuriate, anger ‖ *ref* to rage
enfurruñar *ref* to sulk
engalanar *tr* to adorn, deck out, dress
engalla·do -da *adj* straight, erect; haughty
engallador *m* checkrein
enganchar *tr* to hook; (*un caballo*) hitch; (*un coche de ferrocarril*) couple; recruit; inveigle ‖ *intr* to get caught ‖ *ref* to get caught; (mil) to enlist

en
en

enganche m hook; hooking; hitching; coupling; inveigling; recruiting; enlisting; (rr) coupler

engañabo•bos mf (pl **-bos**) bamboozler

engaña•dor -dora adj deceptive; (simpático) winsome

engañar tr to deceive, cheat, fool; (el tiempo) while away; (el sueño, el hambre) ward off; wheedle ‖ ref to be mistaken

engañifa f deception, trick

engaño m deception, deceit, fraud; mistake; falsehood; **llamarse a engaño** to back out because of fraud

engaño•so -sa adj deceptive

engargantar tr (un ave) to stuff the throat of ‖ intr & ref to mesh, engage

engarzar §60 tr to link, string, wire; curl; enchase; (Col) to hook

engastar tr to enchase, mount, set

engaste m enchasing, mounting, setting

engatusar tr to coax, wheedle; inveigle

engendrar tr to beget, engender; (geom) to generate

engendro m foetus; botch, bungle; (criatura informe) runt, stunt; **mal engendro** (coll) young tough

engolfar intr to go far out in the ocean ‖ ref to go far out in the ocean; become deeply involved; be lost in thought

engoma•do -da adj (Chile) all dressed up ‖ m (CAm) hangover

engomar tr to gum ‖ ref to have a hangover

engorda f fattening; animals being fattened

engordar tr to fatten ‖ intr to get fat; (coll) to get fat, get rich

engorro m bother, nuisance, obstacle

engorro•so -sa adj annoying

engoznar tr to hinge, to hang on a hinge

engranaje m gear, gears, teeth; (fig) link, connection; **engranaje de distribución** (aut) timing gears; **engranaje de tornillo sin fin** worm gear

engranar tr to gear, mesh; throw into gear ‖ intr to gear, mesh

engrandecer §22 tr to amplify, enlarge, magnify; exalt, extol; enhance

engrane m gear; mesh

engranerar tr (el grano) to store

engrapa•dor -dora mf stapler

engrapar tr to clamp, cramp

engrasador m grease cup; **engrasador de pistón** grease gun

engrasar tr to grease; smear with grease

engrase m greasing; grease

engravar tr to spread gravel over

engredar tr to chalk, to clay

engreí•do -da adj conceited, vain

engreimiento m conceit, vanity

engreír §58 tr to make conceited; spoil, pamper ‖ ref to become conceited

engreña•do -da adj disheveled

engrescar §73 tr to incite to fight; incite to merriment ‖ ref to pick a fight; join in the fun

engrifar tr to curl, crisp ‖ ref to curl up; stand on end; (un caballo) rear

engrillar tr to shackle, fetter ‖ ref (las patatas) to sprout

engringar §44 ref to act like a foreigner

engrosar §61 tr to broaden; enlarge ‖ intr to get fat ‖ ref to broaden; swell, get bigger

engrudar tr to paste

engrudo m paste

engualdrapar tr to caparison

enguapear ref (Mex) to get drunk

enguirnaldar tr to garland, wreathe; trim, bedeck

engullir §13 tr to gulp down

engurrio m sadness, melancholy

enhebrar tr (una aguja) to thread; (perlas) string; (mentiras) rattle off

enhestar §2 tr to stand upright, erect; hoist, lift up

enhies•to -ta adj upright, straight, erect

enhilar tr to thread; direct; line up; (ideas) marshal ‖ intr to set out

enhorabuena adv safely, luckily; **enhorabuena que** thank heavens that ‖ f congratulations; **dar la enhorabuena a** to congratulate

enhoramala adv unluckily, under an unlucky star; **nacer enhoramala** to be born under an unlucky star; **vete enhoramala** go to the devil

enhornar tr to put into the oven

enigma m enigma, riddle, puzzle

enigmáti•co -ca adj enigmatic(al)

enjabonar tr to soap, lather; (adular) (coll) to soft-soap; (reprender) (coll) to upbraid

enjaezar §60 tr to harness, put trappings on

enjalbegado m whitewashing

enjalbegar §44 tr to whitewash; (el rostro) paint ‖ ref to paint the face

enjambrar intr (las abejas) to swarm; to multiply in great numbers

enjambre m swarm

enjaretado m grating, lattice work

enjarrar ref (C-R, Mex) to stand with arms akimbo

enjaular tr to cage; jail, lock up

enjergar §44 tr to launch, get started, start on a shoestring

enjoyar tr to adorn with jewels; set with precious stones; adorn

enjuagadien•tes m (pl **-tes**) mouthwash

enjuagar §44 tr to rinse, rinse out

enjuague m rinse; rinsing water; mouthwash; rinsing cup; (coll) plot

enjugador m drier; clotheshorse

enjugama•nos m (pl **-nos**) towel, hand towel

enjugaparabri•sas m (pl **-sas**) windshield wiper

enjugar §44 tr (secar) to dry; (el sudor) wipe, wipe off; (lágrimas) wipe away; (deudas, un déficit) wipe out ‖ ref to lose weight

enjuiciamiento m procedure; prosecution; suit; trial; judgment, sentence

enjuiciar tr to prosecute, sue; try; judge

enjundio•so -sa adj fatty, greasy; solid, substantial

enju•to -ta adj (tiempo, clima; ojos) dry; lean, skinny; quiet, stolid ‖ **enjutos** mpl brushwood; (*para excitar la gana de beber*) tidbits

enlabiar *tr* to entice, take in; press one's lips against

enlace *m* connection, linking; relationship; betrothal, engagement; marriage; (mil, phonet) liaison; (rr) connection, junction

enlaciar *tr, intr & ref* to wither, wilt, shrivel; rumple

enladrillado *m* brickwork; bricklaying; brick paving

enladrillar *tr* to pave with bricks

enlajado *m* (Ven) flagstone

enlajar *tr* (Ven) to pave with flagstones

enlardar *tr* to baste

enlatado *m* canning

enlatar *tr* to can; roof with tin, line with tin

enlazar §60 *tr* to connect, link; lace; (*un animal con el lazo*) lasso || *intr* (*p.ej., dos trenes*) to connect || *ref* to be connected, be linked; connect; get married; become related by marriage

enlechar *tr* to grout

enlistonado *m* lathing, lath

enlistonar *tr* to lath

enlodar *tr* to muddy, smear with mud; plaster with mud; seal with mud; (fig) to sling mud at

enloquecer §22 *tr* to drive crazy || *intr* to go crazy

enloquecimiento *m* insanity, madness

enlosado *m* flagstone paving

enlosar *tr* to pave with flagstone

enlozar §60 *tr* to enamel

enlozado *m* enamelware

enlucido *m* plaster, coat (*of plaster*)

enlucir §45 *tr* (*una pared*) to plaster; (*la plata*) polish

enlutar *tr* to put in mourning, hang with crape; darken, sadden || *ref* to dress in mourning

enmaderar *tr* to cover with boards; build the framework for

enmagrecer §22 *tr* to make thin || *intr & ref* to get thin

enmalecer §22 *tr* to spoil || *ref* to get full of weeds, be overgrown with weeds

enmarañar *tr* to entangle; confuse || *ref* to become entangled; become overcast, get cloudy

enmarcar §73 *tr* to frame

enmarchitar *tr & ref* to wither

enmaridar *intr & ref* to take a husband

enmarillecer §22 *ref* to turn yellow, turn pale

enmasar *tr* (*tropas*) to mass

enmascarar *tr* to mask; camouflage || *ref* to put on a mask; masquerade

enmasillar *tr* to putty

enmendación *f* emendation

enmendar §2 *tr* (*corregir*) to emend; (*reformar*) amend; (*resarcir*) make amends for || *ref* to amend, mend one's ways, go straight

enmienda *f* (*corrección*) emendation; (*propuesta de variante*) amendment; (*satisfacción del daño hecho*) amends

enmohecer §22 *tr* to make moldy; rust; neglect || *ref* to get moldy; rust; (*la memoria*) get rusty; fade away

enmontar *ref* (CAm, Mex, Col, Ven) to become overgrown with brush

enmudecer §22 *tr* to hush, silence || *intr* to hush up, keep quiet; become dumb, lose one's voice

enmuescar §73 *tr* to notch; (carp) to mortise

ennegrecer §22 *tr* to blacken, dye black || *ref* to turn black; (*el porvenir*) be black

ennoblecer §22 *tr* to ennoble; glorify, enhance

ennoblecimiento *m* ennoblement; glory, splendor; (*grandeza de alma*) nobility

enodio *m* fawn, young deer

enojada *f* (Mex) fit of anger

enojadi•zo -za *adj* irritable, ill-tempered

enojar *tr* to anger; annoy, vex || *ref* to get angry; **enojarse con** or **contra** to get angry with (*a person*); **enojarse de** to get angry at (*a thing*)

enojo *m* anger; annoyance, bother

eno•jón -jona *adj* (Chile, Ecuad, Mex) irritable, ill-tempered

enojo•so -sa *adj* annoying, bothersome

enorgullecer §22 *tr* to fill with pride, make proud || *ref* to be proud; **enorgullecerse de** to pride oneself on

enorme *adj* enormous, huge

enotecnia *f* wine making; oenology

enquiciar *tr* (*una puerta, una ventana*) to hang; fasten, make firm

enrabiar *tr* to enrage || *intr* to have rabies || *ref* to become enraged

enramar *tr* (*ramos*) to intertwine; adorn with branches || *intr* to sprout branches || *ref* to hide in the branches

enranciar *tr* to make rancid || *ref* to get rancid

enrarecer §22 *tr* to rarefy; make scarce || *intr* to become scarce || *ref* to rarefy; become scarce

enrarecimiento *m* (*p.ej., del aire*) thinness; scarceness, scarcity

enrasar *tr* to make flush; grade, level || *intr* to be flush

enratonar *ref* to get sick from eating mice; (Ven) to have a hangover

enredadera *adj* (*planta*) climbing || *f* climbing plant, vine

enreda•dor -dora *mf* gossip, busybody

enredar *tr* to catch in a net; (*redes, una trampa*) set; tangle up; involve, entangle; (*una pelea*) start; intertwine, interweave; endanger, compromise || *intr* to romp around, be frisky || *ref* to get tangled up; get involved, become entangled; (coll) to have an affair

enredijo *m* entanglement

enredo *m* tangle; involvement, entanglement, complication; restlessness; friskiness; mischievous lie; (*de una novela, un drama*) plot; (*trato ilícito de hombre y mujer*) liaison

enre•dón -dona *adj* scheming || *mf* schemer

en

en

enredo•so -sa *adj* entangled, complicated, difficult

enrejado *m* grating, trellis, latticework; iron railing; grill; openwork embroidery

enrejar *tr* to grate, lattice; *(una ventana)* put a grate on; fence with an iron grating; *(ladrillos, tablas)* pile alternately crosswise; (Mex) to darn

enrielar *tr* to make into ingots; lay rails on; put on the tracks; put on the right track

enriquecer §22 *tr* to enrich ‖ *intr & ref* to get rich

enrisca•do -da *adj* craggy, full of cliffs

enrizar §60 *tr & ref* to curl

enrocar §73 *tr & intr* (chess) to castle

enrodrigar §44 *tr* to prop, prop up

enrojar *tr* to redden, make red; *(el horno)* to heat up ‖ *ref* to redden, turn red

enrojecer §22 *tr* to make red; make red-hot; make blush ‖ *intr* to blush ‖ *ref* to turn red; get red-hot; flush; get sore, get inflamed

enromar *tr* to make dull, make blunt

enronquecer §22 *tr* to make hoarse ‖ *intr & ref* to get hoarse

enronquecimiento *m* hoarseness

enroque *m* (chess) castling

enroscar §73 *tr* to coil, twist, screw in ‖ *ref* to coil, twist

enrubiar *tr* to bleach, make blond ‖ *ref* to turn blond

enrubio *m* bleaching; bleaching lotion

enrular *tr & ref* (Arg) to curl

ensacar §73 *tr* to bag, put in a bag

ensaimada *f* twisted coffee cake

ensalada *f* salad; hodgepodge; fiasco, flop

ensaladera *f* salad bowl

ensalmar *tr* (*un hueso*) to set; treat or heal by incantation

ensalmo *m* incantation, spell; **como por ensalmo** as if by magic

ensalzar §60 *tr* to exalt, elevate, extol

ensamblar *tr* to assemble, join, fit together; **ensamblar a cola de milano** or **a cola de pato** to dovetail

ensanchador *m* glove stretcher

ensanchar *tr* to widen, enlarge; *(una prenda ajustada)* ease, let out; *(el corazón)* unburden ‖ *intr & ref* to be proud and haughty

ensanche *m* widening, extension; *(de una calle)* extension; suburban development; allowance *(for enlargement of garment)*

ensandecer §22 *intr* to go crazy

ensangrenta•do -da *adj* bloody, gory

ensangrentar §2 *tr* to bathe in blood; stain with blood ‖ *ref* to rage, go wild; *(p.ej., las manos)* bloody, make bloody

ensañar *tr* to anger, enrage ‖ *ref* to be cruel, be merciless; *(una enfermedad)* rage

ensartar *tr* (*una aguja*) to thread; *(cuentas)* string; stick; rattle off ‖ *ref* to squeeze in

ensayar *tr* to try, try on, try out; *(un espectáculo)* rehearse; *(minerales)* assay; teach, train; test ‖ *ref* to practice

ensaye *m* assay

ensayista *mf* essayist; (Chile) assayer

ensayo *m* trying, trial; testing, test; *(género literario)* essay; *(de minerales)* assay; exer-

cise, practice; (theat) rehearsal; **ensayo de choque** (aut) crash test; **ensayo general** dress rehearsal

ensenada *f* inlet, cove

enseña *f* standard, ensign

enseña•do -da *adj* trained, informed; *(perro de caza)* trained

enseñanza *f* teaching; education, instruction; *(ejemplo que sirve de experiencia)* lesson; **enseñanza superior** higher education

enseñar *tr* to teach; train; show, point out ‖ *intr* to teach

enseñorear *ref* to control oneself; **enseñorearse de** to take possession of

enseres *mpl* utensils, equipment, household goods

enseriar *ref* to become serious

ensillar *tr* to saddle

ensimismamiento *m* absorption in thought, deep thought

ensimismar *ref* to become absorbed in thought; (Chile, Ecuad, Peru) to be proud, be boastful

ensoberbecer §22 to make proud ‖ *ref* to become proud; *(el mar, las olas)* swell, get rough

ensoberbecimiento *m* haughtiness

ensombrecer §22 *tr* to darken ‖ *ref* to get dark; become sad and gloomy

ensoña•dor -dora *adj* dreamy ‖ *mf* dreamer

ensopar *tr* to dip, dunk; soak, drench

ensordece•dor -dora *adj* deafening

ensordecer §22 *tr* to deafen; *(una consonante sonora)* unvoice ‖ *intr* to become deaf; play deaf, not answer ‖ *ref* to unvoice

ensortijar *tr* to curl, make curly; *(la nariz de un animal)* ring, put a ring in ‖ *ref* to curl

ensuciar *tr* to dirty, soil; stain, smear; defile, sully ‖ *ref* to soil oneself; take bribes

ensueño *m* dream; daydream

entablado *m* flooring; wooden framework

entablar *tr* to board, board up; *(un hueso roto)* splint; *(una conversación)* start; *(p.ej., una batalla)* launch; *(un pleito)* bring; *(las piezas del ajedrez y de las damas)* set up ‖ *ref* (*el viento*) to settle

entable *m* boarding; *(en los juegos de ajedrez y damas)* position of men; (Col) business, undertaking

entablillar *tr* (*un hueso roto*) to splint

enta•blón -blona *adj* (Peru) blustering, bragging ‖ *mf* (Peru) bully

entalegar §44 *tr* to bag, put in a bag; *(dinero)* hoard

entalladura *f* carving, sculpture; engraving; slot, groove, mortise; cut, incision *(in a tree)*

entallar *tr* to carve, sculpture; engrave; notch; groove, mortise; *(un traje)* fit, tailor ‖ *intr* to take shape; *(el vestido)* fit; go well, be fitting

entallecer §22 *intr & ref* to shoot, sprout

entapizar §60 *tr* to tapestry, hang with tapestry; cover with a fabric; overgrow, spread over

entarimado *m* parquet, inlaid floor, hardwood floor

entarimar *tr* to parquet, to put an inlaid floor on ‖ *ref* to put on airs

entarugar §44 *tr* to pave with wooden blocks ‖ *ref* (*el sombrero*) (Ven) to stick on

ente *m* being; (coll) guy, odd fellow

enteca•do -da or **ente•co -ca** *adj* sickly, frail

enteleri•do -da *adj* shaking with cold, shaking with fright; sickly, frail

entena *f* lateen yard

entena•do -da *mf* stepchild ‖ *m* stepson ‖ *f* stepdaughter

entendederas *fpl* (coll) brains; **tener malas entendederas** (coll) to have no brains

entende•dor -dora *adj* understanding, intelligent ‖ *mf* understanding person; **al buen entendedor, pocas palabras** a word to the wise is enough

entender *m* understanding, opinion ‖ §51 *tr* to understand; intend, mean ‖ *intr* —**entender de** to be a judge of; be experienced as; **entender de razón** to listen to reason; **entender en** to be familiar with, deal with ‖ *ref* to be understood; be meant; have a secret understanding; **entenderse con** to get along with; concern; (*una mujer*) have an affair with

entendi•do -da *adj* expert, skilled; informed; **no darse por entendido** to take no notice, pretend not to understand; **los entendidos** informed sources; **un entendido en** a well-informed person in

entendimiento *m* understanding

entenebrecer §22 *tr* to darken; confuse ‖ *ref* to get dark; become confused

entera•do -da *adj* informed, posted; (Chile) conceited; (Chile) intrusive, meddlesome ‖ *mf* insider

enterar *tr* to inform, acquaint; to pay; (Arg, Chile) to complete ‖ *intr* (Chile) to get better; (Chile) to drift along ‖ *ref* to find out; to recover; **enterarse de** to find out about, become aware of

entereza *f* entirety, completeness; wholeness; perfection; fairness; constancy, fortitude; strictness

enteri•zo -za *adj* in one piece

enternece•dor -dora *adj* moving, touching

enternecer §22 *tr* to move, touch ‖ *ref* to be moved to pity

enternecimiento *m* pity, compassion

ente•ro -ra *adj* entire, whole, complete; honest, upright; firm, energetic; sound, vigorous; (*tela*) strong, heavy ‖ *m* (arith) integer; payment; (Chile) balance; **por entero** entirely, wholly, completely

enterrador *m* gravedigger

enterramiento *m* burial, interment; (*hoyo*) grave; (*monumento*) tomb

enterrar §2 *tr* to bury, inter; outlive, survive ‖ *ref* to hide away

entesar §2 *tr* to stretch, make taut

entibar *tr* to prop up, shore up ‖ *intr* to rest, lean

entibiar *tr* to cool off; temper, moderate ‖ *ref* to cool off, cool down

entidad *f* entity; importance, consequence, moment; body, organization

entierramuer•tos *m* (*pl* -tos) gravedigger

entierro *m* burial, interment; (*hoyo*) grave; (*monumento*) tomb; funeral; funeral cortege; buried treasure

entintar *tr* to ink; ink in; stain with ink; dye

entoldar *tr* to cover with awnings; adorn with hangings ‖ *ref* to get cloudy, become overcast; swell with pride

entomología *f* entomology

entonación *f* intonation; blowing of bellows

entona•do -da *adj* arrogant; haughty; harmonious, in tune

entonar *tr* to intone; sing in tune; (*el órgano*) blow; (*colores*) harmonize; tone, tone up; (*alabanzas*) sound ‖ *intr* to sing in tune ‖ *ref* to be puffed up with pride

entonces *adv* then ‖ *m* — **por aquel entonces** at that time

entonelar *tr* to put in barrels, put in casks

entongar §44 *tr* (Mex, W-I) to pile up, pile in rows; (Col) to drive crazy

entono *m* intoning; arrogance, haughtiness

entontecer §22 *tr* to make foolish, make stupid ‖ *intr* & *ref* to become foolish, become stupid

entorchado *m* bullion; **ganar los entorchados** to win one's stripes

entorna•do -da *adj* ajar, half-closed

entornar *tr* to half-close; (*los ojos*) squint; (*una puerta*) leave ajar; (*volcar*) upset ‖ *ref* to upset

entornillar *tr* to twist, screw up

entorno *m* environment

entorpecer §22 *tr* to stupefy; obstruct, delay; benumb; (*una cerradura, una ventana*) make stick ‖ *ref* to stick, get stuck

entortar §61 *tr* to bend, make crooked; knock out the eye of ‖ *ref* to bend, get crooked

entrada *f* entrance, entry; admission; arrival; income, receipts; admission ticket; entrance hall; (*número de personas que asisten a un espectáculo*) house; (*producto de cada función*) gate; (*amistad en alguna casa*) entree; (*naipes que guarda un jugador*) hand; (*de una comida*) entree; (*visita breve*) short call; (Col) down payment; (Mex) attack, onslaught; (elec) input; **dar entrada a** to admit; to give an opening to; (*un buque*) to give the right of entry to; **entrada de taquilla** gate; **entrada general** top gallery; **entrada llena** full house; **mucha entrada** good house, good turnout; **se prohíbe la entrada** no admittance

entra•do -da *adj* (Chile) officious, self-assertive; **entrado en años** advanced in years ‖ *f* see **entrada**

entra•dor -dora *adj* (*enamoradizo*) susceptible; (Mex) lively, energetic; (Chile) officious, self-assertive

entrama•do -da *adj* half-timbered ‖ *m* timber framework

entram•bos -bas *adj* & *pron indef* both; **entrambos a dos** both

entrampar *tr* to ensnare, trap; trick, deceive; overload with debt ‖ *ref* to get trapped; be tricked; run into debt

en
en

entrante *adj* entering; (*p.ej.*, *tren*) inbound, incoming; (*próximo, que viene*) next ‖ *mf* entrant; **entrantes y salientes** (coll) hangers-on

entraña *f* internal organ; (fig) heart, center; **entrañas** entrails; (fig) heart, feeling; (fig) disposition, temper

entrañable *adj* close, intimate

entrañar *tr* to put away deep, bury deep; involve; (*malos pensamientos*) harbor ‖ *ref* to go deep into; be buried deep; be close, be intimate

entrapajar *tr* to wrap up, bandage

entrar *tr* to bring in; overrun, invade; influence ‖ *intr* to enter, go in, come in; (*un río*) empty; (*el viento, la marea*) rise; attack; begin; **entrar a matar** (taur) to go in for the kill; **entrar en** to enter, enter into, go into; fit into; adopt, take up; **que entra** next

entre *prep* (*en medio de*) between; (*en el número de*) among; (*en el intervalo de*) in the course of; **entre manos** at hand; **entre mí** to myself; **entre que** while; **entre tanto** meanwhile; **entre Vd. y yo** between you and me

entreabier•to -ta *adj* half-open; (*puerta*) ajar

entreabrir §83 *tr* to half-open; leave ajar

entreacto *m* entr'acte

entreca•no -na *adj* graying, grayish

entrecarril *m* (Ven) gauge

entrecejo *m* space between the eyebrows; frown; **fruncir el entrecejo** to frown; **mirar con entrecejo** to frown at

entrecoger §17 *tr* to catch, seize; press hard, hold down

entrecoro *m* chancel

entrecorta•do -da *adj* broken, intermittent

entrecortar *tr* to break in on, keep interrupting

entre•cruz *m* (*pl* **-cruces**) interweaving

entrecruzar §60 *tr & ref* to intercross; interweave, interlace; to interbreed

entrecubiertas *fpl* between-decks

entrechocar §73 *ref* to collide, clash

entredicho *m* interdiction, prohibition; (law) injunction; (Bol) alarm bell; **poner en entredicho** to cast doubt upon

entredós *m* (*tira de encaje*) insertion; (typ) long primer

entrefilete *m* short feature, special item

entrefi•no -na *adj* medium

entrega *f* delivery; (*p.ej., de una plaza fuerte*) surrender; (*cuaderno de un libro que se vende suelto*) fascicle; (*de una revista*) issue, number; **por entregas** in instalments

entregar §44 *tr* to deliver; hand over, surrender; fit in, insert; **entregarla** to die ‖ *ref* to give in, surrender; abandon oneself; to devote oneself; **entregarse de** to take possession of, take charge of

entrehierro *m* (elec) spark gap; (phys) air gap

entrelazar §60 *tr* to interlace, interweave

entremediar *tr* to put between

entremedias *adv* in between; in the meantime; **entremedias de** between; among

entremés *m* hors d'œuvre, side dish; short farce (*inserted in an auto or performed between two acts of a comedia*)

entremesear *tr* (*una conversación*) to enliven

entremeter *tr* to put in, insert ‖ *ref* to meddle, intrude, butt in

entremeti•do -da *adj* meddling, meddlesome ‖ *mf* meddler, intruder, busybody

entremezclar *tr & ref* to intermingle, intermix

entremorir §30 & §83 *intr* to flicker, die out

entrenador *m* (sport) coach, trainer, handler

entrenamiento *m* (sport) coaching, training

entrenar *tr & ref* (sport) to coach, train

entrepaño *m* (de una puerta) panel; (*espacio entre dos columnas, etc.*) pier; shelf

entreparecer §60 *ref* to show through

entrepiernas *fpl* crotch; patches in the crotch of trousers; (Chile) bathing trunks

entrepuentes *mpl* between-decks; (naut) steerage

entrerrenglón *m* interline; space between the lines

entrerrenglonar *tr* to write between the lines

entrerriel *m* gauge

entrerrisa *f* giggle

entrerrosca *f* (mach) nipple

entresacar §73 *tr* to pick, pick out, select; cull, sift; (*árboles; el pelo*) thin out

entresemana *adv* (SAm) weekdays; workdays

entresijo *m* secret; mystery; **tener muchos entresijos** to be mysterious, be hard to figure out

entresuelo *m* mezzanine, entresol

entretallar *tr* to carve, engrave; carve in bas-relief; do openwork in; intercept

entretanto *adv* meantime, meanwhile ‖ *m* meanwhile; **en el entretanto** in the meantime

entretecho *m* (Arg, Chile, Urug) attic, garret

entretejer *tr* to interweave

entretela *f* interlining

entretelar *tr* to interline

entretención *f* amusement, entertainment

entretener §71 *tr* to amuse, entertain; (*el tiempo*) while away; maintain, keep up; put off, delay; (*el dolor*) allay; (*el hambre*) stave off (*by taking a bite before mealtime*); try to get one's mind off ‖ *ref* to amuse oneself, be amused

entreteni•do -da *adj* amusing, entertaining; (rad) continuous, undamped ‖ *f* kept woman; **dar la entretenida a** or **dar con la entretenida a** to stall off by constant talk

entretenimiento *m* amusement, entertainment; upkeep, maintenance

entretiempo *m* in-between season; **de entretiempo** spring-and-fall (*coat*)

entreventana *f* pier

entrever §80 *tr* to glimpse, descry, catch a glimpse of; guess, suspect

entreverar *tr* to mix ‖ *ref* (Arg) to get all mixed together; (*dos grupos de caballería*) (Arg) to clash in hand-to-hand combat

entrevía *f* gauge

entrevista *f* interview

entrevistar *ref* to have an interview
entristecer §22 *tr* to sadden, make sad ‖ *ref* to sadden, become sad
entrojar *tr* to store in a granary
entrometer *tr & ref* var of **entremeter**
entrometi•do -da *adj & mf* var of **entremetido**
entronar *tr* to enthrone
entroncamiento *m* connection, relationship; (*de caminos, ferrocarriles*) junction
entroncar §73 *tr* to prove relationship between ‖ *intr* to be related; (*dos caminos, ferrocarriles, etc.*) connect
entronerar *tr* (*una bola de billar*) to pocket
entronizar §60 *tr* to enthrone; exalt; popularize ‖ *ref* to be puffed up with pride
entronque *m* connection, relationship; (*de caminos, ferrocarriles*) junction
entruchar *tr* to decoy, trick
entru•chón -chona *adj* tricky ‖ *mf* trickster
entuerto *m* wrong, harm, injustice
entumecer §22 *tr* to make numb ‖ *ref* (*un miembro*) to get numb, go to sleep; (*el mar*) swell, get rough
entupir *tr* to stop up, clog; pack tight ‖ *ref* to get stopped up, get clogged
enturbiar *tr* to stir up, make muddy; confuse, upset
entusiasmar *tr* to enthuse, make enthusiastic ‖ *ref* to enthuse, become enthusiastic
entusiasmo *m* enthusiasm; inspiration
entusiasta *adj* enthusiastic ‖ *mf* enthusiast
entusiásti•co -ca *adj* enthusiastic
enumerar *tr* to enumerate
enunciar *tr* to enunciate, enounce
enunciati•vo -va *adj* (gram) declarative
envainar *tr* to sheathe
envalentonar *tr* to embolden, make bold ‖ *ref* to pluck up, take courage
envanecer §22 *tr* to make vain ‖ *ref* to become vain, get conceited
envanecimiento *m* vanity, conceit
envaramiento *m* stiffness
envarar *tr* to make numb, to stiffen ‖ *ref* to get stiff; get numb
envasar *tr* (*p.ej., trigo*) to pack, sack; (*p.ej., vino*) bottle; (*p.ej., pescado*) can; (*una espada*) thrust, poke; (*mucho vino*) put away ‖ *intr* to tipple
envase *m* container; bottle; jar; can; packing; bottling; canning; **envase de hojalata** tin can
envedijar *ref* to get tangled; come to blows
envejecer §22 *tr* to age, make old ‖ *intr & ref* to age, grow old; get out of date
envejeci•do -da *adj* old, aged; experienced, tried
envenenar *tr* to poison; (*llenar de amargura*) envenom, embitter; (*las palabras o conducta de una persona*) put an evil interpretation on ‖ *ref* to take poison
enverdecer §22 *intr* to turn green
envergadura *f* (*de las alas abiertas del ave*) spread; (*ancho de una vela*) breadth; (aer) span, wingspread; (fig) compass, spread, reach

envés *m* wrong side; (*del cuerpo humano*) back
enviado *m* envoy
enviar §77 *tr* to send; (*mercancías*) ship; **enviar a buscar** to send for; **enviar a paseo** to send on his way, dismiss without ceremony; **enviar por** to send for
enviciar *tr* to corrupt, vitiate; (*mimar*) spoil ‖ *intr* to have many leaves and little fruit ‖ *ref* to become addicted; **enviciarse con** or **en** to addict oneself to, become addicted to
envidar *tr* to bid against, bet against ‖ *intr* to bid, bet
envidia *f* envy; desire
envidiable *adj* enviable
envidiar *tr* to envy, begrudge; desire, want
envidio•so -sa *adj* envious; greedy, covetous ‖ *mf* envious person
envilecer §22 *tr* to debase, vilify, revile ‖ *ref* to degrade oneself
envío *m* sending; (*de mercancías*) shipment; (*de dinero*) remittance; (*en una obra*) autograph, inscription
envirota•do -da *adj* stiff, stuck-up
envite *m* bet; bid, offer, invitation; push, shove; (*apuesta adicional a un lance o suerte*) side bet; **al primer envite** right off, at the start
enviudar *intr* (*una mujer*) to become a widow; (*un hombre*) become a widower
envoltorio *m* bundle; (*defecto en el paño*) knot
envoltura *f* cover, wrapper, envelope; swaddling clothes
envolver §47 & §83 *tr* to wrap, wrap up; (*hilo, cinta*) wind, roll up; (*al niño*) swaddle; imply, mean; involve; envelop; (*dejar cortado y sin salida en la disputa*) floor; (mil) to encircle ‖ *ref* to become involved; have an affair
enyerbar *tr* (Col, Chile, Mex) to bewitch ‖ *ref* to be covered with grass; (Mex) to fall madly in love; (Mex) to take poison
enyesar *tr* to plaster; put in a plaster cast; (*la tierra, el vino*) gypsum
enyugar §44 *tr* to yoke
enzima *f* enzyme
enzolvar *tr* (Mex) to clog, stop up
epazote *m* (CAm, Mex) Mexican tea
E.P.D. *abbr* **en paz descanse**
epénte•sis *f* (*pl* -sis) epenthesis
eperlano *m* smelt
épica *f* epic poetry
epice•no -na *adj* (gram) epicene, common
épi•co -ca *adj* epic ‖ *m* epic poet ‖ *f* see **épica**
epicúre•o -a *adj* epicurean ‖ *mf* epicurean, epicure
epidemia *f* epidemic
epidémi•co -ca *adj* epidemic
epidemiología *f* epidemiology
epidermis *f* epidermis; **tener la epidermis fina** or **sensible** to be touchy
Epifanía *f* Epiphany, Twelfth-day
epígrafe *m* epigraph; inscription; headline, title; device, motto
epigrama *m* epigram
epilepsia *f* epilepsy

en
ep

epilépti•co -ca *adj* & *mf* epileptic
epilogar §44 *tr* to sum up, summarize
episcopalista *adj* & *mf* Episcopalian
episodio *m* episode
epistemología *f* epistemology
epístola *f* epistle
epitafio *m* epitaph
epíteto *m* epithet
epitomar *tr* to epitomize
epítome *m* epitome
E.P.M. *abbr* **en propia mano**
época *f* epoch; **hacer época** to be epoch-making
epopeya *f* epic, epic poem
equidad *f* equity; (*templanza habitual*) equableness; (*moderación en el precio*) reasonableness
equiláte•ro -ra *adj* equilateral
equilibra•do -da *adj* balanced; (fig) sensible, even-tempered
equilibrar *tr* to balance, equilibrate; (*el presupuesto*) balance ‖ *ref* to balance, equilibrate
equilibrio *m* equilibrium, balance, equipoise; (*del presupuesto*) balancing; **equilibrio político** balance of power
equilibrista *mf* balancer, ropedancer
equinoccial *adj* equinoctial
equinoccio *m* equinox
equipaje *m* baggage; piece of baggage; equipment; (naut) crew; **equipaje de mano** hand baggage
equipar *tr* to equip
equiparar *tr* to compare
equi•pier *m* (*pl* -piers) teammate
equipo *m* equipment, outfit; crew, gang; (sport) team; **equipo de alta fidelidad** stereo system; hi-fi set; **equipo de novia** trousseau; **equipo de urgencia** first-aid kit
equitación *f* horsemanship, riding
equitati•vo -va *adj* fair, equitable; (*tranquilo*) equable
equivalente *adj* & *m* equivalent
equivaler §76 *intr* to be equal, be equivalent
equivocación *f* mistake; mistakenness
equivoca•do -da *adj* mistaken, wrong
equivocar §73 *tr* (*una cosa por otra*) to mistake, mix ‖ *ref* to be mistaken, make a mistake; be wrong; **equivocarse con** to be mistaken for; **equivocarse de** to be wrong in, take the wrong . . .
equívo•co -ca *adj* equivocal, ambiguous ‖ *m* equivocation, ambiguity; pun
equivoquista *mf* equivocator; punster
era *f* era, age; threshing floor; vegetable patch, garden bed
eral *m* two-year-old bull
erario *m* state treasury
erección *f* erection; foundation, establishment
eremita *m* hermit
ergástulo *m* dungeon, slave prison
ergio *m* erg
ergotismo *m* argumentativeness; (pathol) ergotism
ergotista *adj invar* argumentative; dogmatic; *mf* dogmatist; know-it-all

erguir §33 *tr* to raise; straighten up ‖ *ref* to straighten up; swell with pride
erial *adj* unplowed, uncultivated ‖ *m* unplowed land, uncultivated land
erigir §27 *tr* to erect, build; found, establish; (*a nueva condición*) elevate ‖ *ref* —erigirse en to be elevated to; set oneself up as
eriza•do -da *adj* bristling, bristly, spiny
erizar §60 *tr* to make stand on end, cause to bristle ‖ *ref* to stand on end, to bristle
erizo *m* (*mamífero*) hedgehog; (*zurrón espinoso de la castaña*) bur, thistle; (*púas de hierro que coronan lo alto de una muralla*) cheval-de-frise; (*persona de carácter áspero*) curmudgeon; **erizo de mar** (zool) sea urchin
ermita *f* hermitage
ermita•ño -ña *mf* hermit
erogación *f* (*de bienes o caudales*) distribution; expenditure; (Peru, Ven) gift, charity; (Mex) outlay
erogar §44 *tr* to distribute; (Ecuad) to contribute; (Mex) to cause
erosión *f* erosion
erosionar *tr* & *ref* to erode
erradicar §73 *tr* to eradicate
erra•do -da *adj* mistaken, wrong
errar §34 *tr* to miss ‖ *intr* to err, be mistaken, be wrong; wander ‖ *ref* to be mistaken, be wrong
errata *f* erratum; printer's error
erróne•o -a *adj* erroneous
error *m* error, mistake; **error de pluma** clerical error; **salvo error u omisión** barring error or omission
eructar *intr* to belch; (coll) to brag
eructo *m* belch, belching
erudición *f* erudition, learning
erudi•to -ta *adj* erudite, learned ‖ *mf* scholar, savant; **erudito a la violeta** egghead, highbrow
erugino•so -sa *adj* rusty
erumpir *intr* (*un volcán*) to erupt
erupción *f* eruption
esbel•to -ta *adj* slender, lithe, willowy
esbirro *m* bailiff, constable; (*el que ejecuta órdenes injustas*) myrmidon, henchman
esbozar §60 *tr* to sketch, outline
esbozo *m* sketch, outline
escabechar *tr* to pickle; (*el pelo, la barba*) dye; (*reprobar en un examen*) flunk; stab to death ‖ *ref* to dye one's hair; (*el pelo, la barba*) dye
escabeche *m* pickle; pickled fish; hair dye
escabel *m* stool; footstool; (*para medrar*) stepping stone
escabio•so -sa *adj* mangy
escabro•so -sa *adj* scabrous, risqué; scabrous, uneven, rough, harsh
escabuche *m* weeding hoe
escabullir §13 *ref* to slip away, sneak away; slip out, wiggle out
escafandra *f* diving suit; **escafandra espacial** space suit
escafandrista *mf* diver

escala f (*escalera de mano*) ladder, stepladder; (*línea graduada de instrumento*) scale; (*de buque*) call; (*de avión*) stop; (*puerto donde toca una embarcación*) port of call; (*serie de las notas musicales*) scale; **en escala de** on a scale of; **en grande escala** on a large scale; **escala móvil** (*de salarios*) sliding scale; **hacer escala** (naut) to call

escalada f scaling, climbing; breaking in; escalation

escalador m climber; (*ladrón*) burglar, housebreaker

escalación f escalation

escalafón m roster, roll, register

escalar tr (*subir, trepar*) to scale; break in, burglarize; (*la compuerta de la acequia*) open || intr to climb; (naut) to call || ref to escalate

escalato•rres m (*pl* -rres) steeplejack, human fly

escalda•do -da adj cautious, scared, wary; (*mujer*) lewd, loose

escaldar tr to scald; make red hot || ref to get scalded; chafe

escalera f stairs, stairway; (*la portátil*) ladder; (*de naipes*) sequence; (*en el póker*) straight; **de escalera abajo** from below stairs, from the servants; **escalera de caracol** winding stairway; **escalera de escape** fire escape; **escalera de huslllo** winding stairway; **escalera de incendios** fire escape; **escalera de mano** ladder; **escalera de salvamento** fire escape; **escalera de tijera** or **escalera doble** ladder; **escalera excusada** or **falsa** private stairs; **escalera extensible** extension ladder; **escalera hurtada** secret stairway; **escalera mecánica, móvil** or **rodante** escalator, moving stairway

escalerilla f low step; car step; (*en las medias*) runner; (*de naipes*) sequence; thumb index

escalfar tr (*huevos*) to poach; (*el pan*) bake brown

escalinata f stone steps, front steps

escalo m burglary, breaking in

escalofria•do -da adj chilly

escalofrío m chill

escalón m step, rung; (*grada de la escalera*) tread; (fig) step, echelon, grade; (*paso con que uno adelanta sus pretensiones*) (fig) stepping stone; (mil) echelon; (rad) stage

escalonamiento m ranking; gradation

escalonar tr to space out, spread out; (*las horas de trabajo*) stagger; (mil) to echelon

escalope m (*loncha delgada de carne*) scallop (*thin slice of meat*)

escalpar tr to scalp

escalpelo m scalpel

escama f scale; fear, suspicion

escamar tr (*los peces*) to scale; (coll) to frighten || ref to be frightened

escamondar tr to trim, prune

escamo•so -sa adj scaly

escamotea•dor -dora mf prestidigitator; swindler

escamotear tr to whisk out of sight, cause to vanish; (*una carta*) palm; swipe, snitch

escampada f clear spell, break in rain

escampar tr to clear out || intr to stop raining; ease up; ¡ya escampa! there you go again! || ref — **escamparse del agua** to get in out of the rain

escampavía f (naut) cutter, revenue cutter

escamujar tr (*un árbol, esp. un olivo*) to prune; (*ramas*) clear out

escanciar tr (*vino*) to pour, serve, drink || intr to drink wine

escandalizar §60 tr to scandalize || ref to be scandalized; be outraged, be exasperated

escándalo m scandal; **causar escándalo** to make a scene

escandalo•so -sa adj scandalous; noisy, riotous; loud, flashy

escandallo m (naut) sounding lead; (*del contenido de varios envases*) testing, sampling; cost accounting

escandina•vo -va adj & mf Scandinavian

escandir tr (*versos*) to scan

escansión f scansion; (telv) scanning

escaño m settle, bench with a back; (*en las Cortes*) seat; park bench; (Guat) nag

escañuelo m footstool

escapada f escape, flight; short trip, quick trip

escapar tr to free, save; (*un caballo*) drive hard || intr to escape; flee, run away; **escapar en una tabla** to have a narrow escape || ref to escape; flee, run away; (*el gas, el agua*) leak; **escapársele a uno** to let slip; not notice

escaparate m show window; (*armario con cristales*) cabinet; wardrobe, clothes closet; **escaparete de tienda** shop window

escaparatista mf window dresser

escapatoria f escape, getaway; (*de atenciones, deberes, etc.*) (fig) escape; (*efugio, pretexto*) (coll) evasion, subterfuge

escape m escape; flight; (*de gas, agua*) leak; (*de reloj*) escapement; (aut) exhaust valve, (aut) exhaust, exhaust pipe; **a escape** at full speed, on the run; **escape de rejilla** (rad) grid leak; **escape libre** (aut) cutout

escápula f shoulder blade, scapula

escaque m square; **escaques** chess

escarabajear tr to bother, worry, harass || intr to swarm, crawl; scrawl, scribble

escarabajo m black beetle; (*imperfección en los tejidos*) flaw; (*persona pequeña*) runt

escaramuza f skirmish

escaramuzar §60 intr to skirmish

escarapela f (*divisa en forma de lazo*) cockade; dispute ending in hair pulling

escarapelar intr & ref to quarrel, wrangle

escarbadien•tes m (*pl* -tes) toothpick

escarbar tr (*el suelo*) to scratch, scratch up; (*la lumbre*) poke; (*los dientes, los oídos*) pick; pry into

escarcha f frost, hoarfrost

escarchar tr (*confituras*) to frost, put frosting on; (*la tierra del alfarero*) dilute with water; spangle || intr — **escarcha** there is frost

ep
es

escardar or escardillar *tr* to weed, weed out
escardillo *m* weeding hoe
escariar *tr* to ream
escarlata *adj* scarlet ‖ *f* scarlet fever
escarlatina *f* scarlet fever
escarmentar §2 *tr* to make an example of ‖ *intr* to learn one's lesson
escarmiento *m* example, lesson, warning; caution, wisdom; punishment
escarnecer §22 *tr* to scoff at, make fun of
escarnio *m* scoff, scoffing
escarola *f* endive
escarpa *f* scarp, escarpment; (Mex) sidewalk
escarpa•do -da *adj* steep; abrupt, craggy
escarpia *f* hooked spike
escarpín *m* pump
escasamente *adv* barely; hardly
escasear *tr* to give sparingly; cut down on, avoid; bevel ‖ *intr* to be scarce
escase•ro -ra *adj* sparing; saving, frugal; stingy ‖ *mf* skinflint
escasez *f* (*falta de una cosa*) scarcity; (*pobreza*) need, want; (*mezquindad*) stinginess
esca•so -sa *adj* (*poco abundante*) scarce; (*no cabal*) scant; (*muy económico*) parsimonious, frugal; (*tacaño*) stingy; (*oportunidad*) dim, slim, slight; estar escaso de to be short of
escatimar *tr* & *intr* to scrimp
escena *f* (*parte del teatro donde se representan las obras*) stage; (*subdivisión de un acto*) scene; incident, episode; poner en escena to stage
escenario *m* stage; (*disposición de la representación*) setting; (*guión de un cine*) scenario; (*antecedentes de una persona o cosa*) background
escenarista *mf* scenarist
escéni•co -ca *adj* scenic
escenificar §73 *tr* to adapt for the stage
escépti•co -ca *adj* sceptic(al) ‖ *mf* sceptic
Escila *f* Scylla; entre Escila y Caribdis between Scylla and Charybdis
Escipión *m* Scipio
escisión *f* (biol) fission; (surg) excision
esclarecer §22 *tr* to light up, brighten; explain, elucidate; ennoble ‖ *intr* to dawn
esclareci•do -da *adj* noble, illustrious
esclavitud *f* slavery
esclavización *f* enslavement
esclavizar §60 *tr* to enslave
escla•vo -va *adj* & *mf* slave
escla•vón -vona *adj* & *mf* Slav
esclerosis múltiple *f* multiple sclerosis
esclusa *f* lock; floodgate; esclusa de aire caisson
esclusero *m* lock tender
escoba *f* broom
escobada *f* sweep; sweeping
escobar *tr* to sweep with a broom
escobazar §60 *tr* to sprinkle with a wet broom
escobén *m* (naut) hawse
escobilla *f* brush, whisk; gold and silver sweepings; (elec) brush
escocer §16 *intr* to smart, sting ‖ *ref* to hurt; chafe, become chafed

esco•cés -cesa *adj* Scotch, Scottish ‖ *mf* Scot ‖ *m* Scotchman; (*whisky; dialecto*) Scotch; los escoceces the Scotch, the Scottish
Escocia *f* Scotland; la Nueva Escocia Nova Scotia
escofina *f* rasp
escofinar *tr* to rasp
escoger §17 *tr* to choose, pick out
escogi•do -da *adj* choice, select
escolar *adj* school ‖ *m* pupil
escolaridad *f* schooling, school attendance; curriculum
escolimo•so -sa *adj* impatient, gruff, restless
escolta *f* escort
escoltar *tr* to escort
escollar *intr* (Arg) to run aground on a reef; (Arg, Chile) to fail
escollera *f* jetty, breakwater
escollo *m* (*peñasco a flor de agua*) reef, rock; (*peligro*) pitfall; (*obstáculo*) stumbling block
escombrar *tr* to clear out
escombro *m* (*pez*) mackerel; escombros debris, rubble, rubbish
esconder *tr* to hide, conceal; harbor, contain ‖ *ref* to hide; lurk
escondi•do -da *adj* hidden; a escondidas secretly; a escondidas de without the knowledge of
escondite *m* hiding place; (*juego de muchachos*) hide-and-seek; jugar al escondite to play hide-and-seek
escondrijo *m* hiding place
escopeta *f* shotgun; escopeta blanca gentleman hunter; escopeta de caza fowling piece; escopeta de dos cañones double-barreled shotgun; escopeta de viento air rifle; escopeta negra professional hunter
escopetazo *m* gunshot; gunshot wound; bad news, blow; (SAm) sarcasm; insult
escoplear *tr* to chisel
escoplo *m* chisel
escorbuto *m* scurvy
escoria *f* dross, scoria, slag; (fig) dross, dregs
escorial *m* cinder bank, slag dump
escorpión *m* scorpion; Escorpión *m* (astr) Scorpio
escorzar §60 *tr* to foreshorten
escorzo *m* foreshortening
escota *f* (naut) sheet
escota•do -da *adj* low-neck ‖ *m* low neck
escotadura *f* low neck, low cut in neck
escotar *tr* to cut to fit; draw water from, drain; cut low in the neck ‖ *intr* to go Dutch
escote *m* low neck; (*encajes en el cuello de una vestidura*) tucker; ir a escote or pagar a escote to go Dutch
escotilla *f* (naut) hatchway, scuttle
escotillón *m* hatch, trap door, scuttle; (theat) trap door
escozor *m* burning, smarting, stinging; grief, sorrow
escriba *m* scribe
escribanía *f* court clerkship; desk; writing materials
escribano *m* court clerk; lawyer's clerk

escribiente *mf* clerk, office clerk; **escribiente a máquina** typist

escribir §83 *tr & intr* to write ‖ *ref* to enroll, enlist; write to each other; **no escribirse** to be impossible to describe

escriño *m* casket, jewel case; straw basket

escri•to -ta *adj* streaked ‖ *m* writing; (law) brief, writ; **poner por escrito** to write down, put in writing

escri•tor -tora *mf* writer

escritorio *m* writing desk; office; **escritorio ministro** kneehole desk, office desk; **escritorio norteamericano** rolltop desk

escritura *f* writing; script, handwriting, longhand; (law) deed, indenture; (law) sworn statement; **escritura al tacto** touch typewriting ‖ **Escritura** *f* Scripture; **Sagrada Escritura** Holy Scripture, Holy Writ

escriturar *tr* to notarize; (*p.ej., a un actor*) book ‖ *ref* (taur) to sign up for a fight

escrnía. *abbr* **escribanía**

escrno. *abbr* **escribano**

escrófula *f* scrofula

escrúpulo *m* scruple

escrupulo•so -sa *adj* scrupulous; exact

escrutar *tr* to scrutinize; (*los votos*) count

escrutinio *m* scrutiny; counting of votes

escuadra *f* (*pequeño número de personas o de soldados*) squad; (*pieza de metal para asegurar las ensambladuras*) angle iron; (*de carpintero*) square; (*de dibujante*) triangle; (nav) squadron

escuadrar *tr* (carp) to square

escuadrilla *f* (aer) squadron

escuadrón *m* (mil) squadron

escualidez *f* squalor

escuáli•do -da *adj* squalid

escualor *m* squalor

escucha *mf* listener ‖ *m* (mil) scout, vedette ‖ *f* listening; (*en un convento*) chaperon; **escuchas telefónicas** listening in on telephone conversations; wiretapping; **estar de escucha** (coll) to eavesdrop

escuchar *tr* to listen to; (*atender a*) heed; (*radiotransmisiones*) monitor ‖ *intr* to listen ‖ *ref* to like the sound of one's own voice

escudar *tr* to shield

escudero *m* esquire; nobleman; lady's page

escudete *m* escutcheon; (*refuerzo en la ropa*) gusset; (*planchuela delante de la cerradura*) escutcheon, escutcheon plate

escudilla *f* bowl

escudo *m* shield; buckler; (*delante de la cerradura*) escutcheon plate; **escudo de armas** coat of arms; **escudo térmico** (*de una cápsula espacial*) heat shield

escudriñar *tr* to scrutinize

escuela *f* school; **escuela de artes y oficios** trade school; **escuela de párvulos** kindergarten; **escuela de verano** summer school; **escuela dominical** Sunday school; **Escuela Naval Militar** Naval Academy; **escuela preparatoria** prep school; **hacer escuela** to be the leader of a school (*of thought*)

escuelante *mf* (Mex) schoolteacher ‖ *m* (Mex) schoolboy ‖ *f* (Mex) schoolgirl

escuerzo *m* toad

escue•to -ta *adj* free, unencumbered; bare, unadorned

escuintle *adj* (Mex) sickly ‖ *m* (*perro*) (Mex) mutt; (Mex) brat

esculcar §73 *tr* to frisk

esculpir *tr & intr* to sculpture, carve; engrave

escultismo *m* outdoor activities

escultista *m* outdoorsman

escultor *m* sculptor

escultora *f* sculptress

escultura *f* sculpture

escultural *adj* sculptural; statuesque

escupidera *f* cuspidor; chamber pot

escupidura *f* spit; fever blister

escupir *tr & intr* to spit

escurrepla•tos *m* (*pl* -tos) dish rack

escurridero *m* drainpipe; drainboard; slippery spot

escurridi•zo -za *adj* slippery

escurri•do -da *adj* narrow-hipped; abashed, confused

escurridor *m* colander

escurriduras *fpl* dregs, lees

escurrir *tr* (*una vasija; un líquido; la vajilla*) to drain; to wring, wring out; **escurrir el bulto** to duck ‖ *intr* to drip, ooze, trickle; slide, slip ‖ *ref* to drip, ooze, trickle; slide, slip; slip away; (*un reparo*) slip out

esdrúju•lo -la *adj* accented on the antepenult ‖ *m* word or verse accented on the antepenult

ese, esa *adj dem* (*pl* esos, esas) that (*near you*) ‖ ese *f* sound hole (*of violin*); **hacer eses** to reel, stagger

ése, ésa *pron dem* (*pl* ésos, ésas) that (*near you*); **ésa** your city

esencia *f* essence; **esencia de pera** banana oil; **quinta esencia** quintessence

esencial *adj & m* essential

esfera *f* sphere; (*del reloj*) dial

esféri•co -ca *adj* spherical ‖ *m* football

esfero *m* or **esferográfica** *f* (Col) ball-point pen

esfinge *f* sphinx; spiteful woman

esforza•do -da *adj* brave, vigorous, enterprising

esforzar §35 *tr* to strengthen, invigorate; encourage ‖ *ref* to exert oneself; strive

esfuerzo *m* effort, exertion, endeavor; courage, vigor, spirit

esfumar *tr* to stump ‖ *ref* to disappear, fade away

esgarrar *tr* (*la flema*) to try to cough up ‖ *intr* to clear the throat

esgrima *f* fencing

esgrimidura *f* fencing

esgrimir *tr* to wield, brandish; (*un argumento*) swing ‖ *intr* to fence

esgrimista *mf* (Arg, Chile, Peru) fencer; (Chile) swindler, panhandler

esguazar §60 *tr* to ford

esguazo *m* fording; ford

esguince *m* dodge, duck; (*gesto de disgusto*) frown; twist, sprain, wrench

eslabón *m* (*de cadena*) link; (*hierro acerado para sacar fuego de un pedernal; cilindro de acero para afilar cuchillos*) steel

eslabonar *tr* to link; link together, string together ‖ *intr* to link

eslálom *m* slalom

esla•vo -va *adj* Slav, Slavic ‖ *mf* Slav ‖ *m* (*idioma*) Slavic

esla•vón -vona *adj & mf* Slav

eslogan *m* (*consigna usada en fórmulas publicitarias*) slogan

eslora *f* (naut) length

eslova•co -ca *adj & mf* Slovak

esmaltar *tr* to enamel; embellish

esmalte *m* enamel; **esmalte para las uñas** nail polish

esmera•do -da *adj* careful, painstaking

esmeralda *f* emerald

esmerar *tr* to polish, shine; examine, check ‖ *ref* to take pains, do one's best

esmeril *m* emery

esmeriladora *f* emery wheel

esmerilar *tr* to grind or polish with emery

esmero *m* care, neatness

esmoladera *f* grindstone

esmoquin *m* tuxedo, dinner coat

esnifar *tr & intr* (*heroína*) to sniff

esnob *adj* snobbish ‖ *mf* (*pl* **esnobs**) snob

esnobismo *m* snobbery, snobbishness

esnobista *adj* snobbish

eso *pron dem* that; **a eso de** about; **eso es** that's it; that is; **por eso** for that reason; therefore

esófago *m* esophagus

espabila•do -da *adj* intelligent; bright

espabilar *ref* to know the ropes; be well informed

espaciador *m* space bar

espacial *adj* space, spatial

espaciar §77 (Arg, Chile) & *regular tr* to space; spread, scatter ‖ *ref* to expatiate; amuse oneself, relax

espacio *m* space; **espacio de chispa** spark gap; **espacio exterior** outer space; **espacio libre** (*entre dos cosas*) clearance; **espacio muerto** (*en el cilindro de un motor*) clearance; **por espacio de** in the space of

espacio•so -sa *adj* spacious, roomy; slow, deliberate

espada *m* swordsman; (taur) matador ‖ *f* sword; playing card (*representing a sword*) equivalent to spade; **entre la espada y la pared** between the devil and the deep blue sea

espadachín *m* swordsman; (*amigo de pendencias*) bully

espadaña *f* cattail, bulrush, reed mace; (*campanario*) bell gable

espadilla *f* (*remo que se usa como timón*) scull; (*aguja para sujetar el pelo*) bodkin; red insignia of Order of Santiago

espadín *m* rapier

espadón *m* (coll) brass hat

espagueti *m* spaghetti

espalar *tr* to shovel

espalda *f* back; **a espaldas de uno** behind one's back; **de espaldas a** with one's back

to; **tener buenas espaldas** to have broad shoulders; **volver las espaldas a** to turn a cold shoulder to

espaldar *m* (*de silla*) back; (*enrejado para plantas*) trellis, espalier

espaldarazo *m* slap on the back; (*ceremonia para armar caballero*) accolade; **dar el espaldarazo a** to accept, approve

espalera *f* trellis, espalier

espantada *f* (*de un animal*) sudden flight; (*desistimiento ocasionado por el miedo*) cold feet

espantadi•zo -za *adj* shy, skittish, scary

espantajo *m* scarecrow; (*persona fea*) fright

espantamos•cas *m* (*pl* **-cas**) (*para poner a los caballos*) fly net; (*aparato para asustar y alejar las moscas*) fly chaser

espantapája•ros *m* (*pl* **-ros**) scarecrow

espantar *tr* to scare, frighten; scare away ‖ *ref* to get scared; be surprised, marvel

espanto *m* fright, terror; (*amenaza*) threat; ghost

espantosidad *f* fright; frightfulness; awfulness

espanto•so -sa *adj* frightening, terrifying

España *f* Spain; **la Nueva España** New Spain (*Mexico in the early days*)

espa•ñol -ñola *adj* Spanish; **a la española** in the Spanish manner ‖ *mf* Spaniard ‖ *m* (*idioma*) Spanish; **los españoles** the Spanish ‖ *f* Spanish woman

españolería *f* Spanishness; hispanophilia

españolada *f* Spanish mannerism; Spanish remark

españolizar §60 *tr* to make Spanish, Hispanicize; translate into Spanish ‖ *ref* to become Spanish

esparadrapo *m* sticking plaster

esparaván *m* spavin

esparavel *m* mortarboard

esparcimiento *m* spreading, scattering, dissemination; diversion, relaxation; frankness, openness

esparcir §36 *tr* to spread, scatter; divert, relax ‖ *ref* to spread, scatter; disperse; take it easy, relax

espárrago *m* asparagus; (*perno*) stud bolt; awning pole

esparrancar §73 *ref* to spread one's legs wide apart

esparta•no -na *adj & mf* Spartan

esparto *m* esparto grass

espasmo *m* spasm

espasmódi•co -ca *adj* spasmodic

espásti•co -ca *adj* spastic

espato *m* spar; **espato flúor** fluor spar

espátula *f* spatula; putty knife

especia *f* spice

especia•do -da *adj* spicy

especial *adj* especial, special

especialidad *f* speciality; (*ramo a que se consagra una persona o negocio*) specialty

especialista *mf* specialist

especializar §60 *tr, intr & ref* to specialize

especiar *tr* to spice

especie *f* (*categoría de la clasificación biológica*) species; (*clase, género*) sort, kind;

(*caso, asunto*) matter; (*chisme, cuento*) news, rumor; appearance, pretext, show; remark; **en especie** in kind; **soltar una especie** to try to draw someone out

especie•ro -ra *mf* spice dealer ‖ *m* spice box

especificar §73 *tr* to specify; itemize

específi•co -ca *adj* specific ‖ *m* specific; patent medicine

espécimen *m* (*pl* **especímenes**) specimen

especio•so -sa *adj* (*engañoso*) specious; nice, neat, perfect

especiota *f* hoax, wild idea

espectáculo *m* spectacle; **dar un espectáculo** to make a scene; **espectáculo de atracciones** side show

especta•dor -dora *mf* witness; spectator

espectral *adj* ghostly

espectro *m* specter, phantom, ghost; (phys) spectrum

especular *tr* to check, examine; contemplate ‖ *intr* to speculate

espejear *intr* to sparkle

espejismo *m* mirage

espejo *m* mirror, looking glass; model; **espejo de cuerpo entero** full-length mirror, pier glass; **espejo de retrovisión** rear-view mirror; **espejo de vestir** full-length mirror, pier glass; **espejo retrovisor** rear-view mirror

espelunca *f* cave, cavern

espeluznante *adj* hair raising

espera *f* wait, waiting; (*puesto para cazar*) blind, hunter's blind; composure, patience, respite; delay; (law) stay; **no tener espera** to be of the greatest urgency

esperanza *f* hope; **tener puesta su esperanza en** to pin one's faith on

esperanza•do -da *adj* hopeful (*having hope*)

esperanza•dor -dora *adj* hopeful (*giving hope*)

esperanzar §60 *tr* to give hope to

esperanzo•so -sa *adj* hopeful, full of hope

esperar *tr* (*aguardar*) to wait for, await; (*tener esperanza de conseguir*) expect, hope for; **ir a esperar** to go to meet ‖ *intr* to wait; hope; **esperar + inf** to hope to + *inf;* **esperar a que** to wait until; **esperar desesperando** to hope against hope; **esperar en** to put one's hope in; **esperar que** to hope that; **esperar sentado** to have a good wait

esperinque *m* smelt

esperma *f* sperm

esperpento *m* monstrosity; freak; nonsense

espesar *m* depth, thickness (*of woods*) ‖ *tr* to thicken; (*un tejido*) weave tighter ‖ *ref* to thicken, get thick or thicker

espe•so -sa *adj* thick; dirty, greasy

espesor *m* thickness; (*de un fluido, gas, masa*) density

espesura *f* thickness; (*matorral*) thicket; (*cabellera muy espesa*) shock of hair; dirtiness, greasiness

espetar *tr* to skewer; pierce, pierce through; **espetar algo a** to spring something on ‖ *ref* to be solemn, be pompous; settle down

espetón *m* (*hurgón*) poker; (*asador*) skewer, spit; jab, poke

espía *mf* spy; squealer ‖ *f* (naut) warping; (*cuerda*) (naut) warp

espiar §77 *tr* to spy on ‖ *intr* to spy; (naut) to warp

espichar *tr* to prick; (*dinero*) (Chile) to cough up; (Chile, Peru) to tap ‖ *intr* (coll) to die ‖ *ref* (Mex, W-I) to get thin

espiche *m* (*arma o instrumento puntiagudo*) prick; (naut) peg, bung

espichón *m* stab, prick

espiga *f* (bot) ear, spike; peg, pin, tenon; (*clavo sin cabeza*) brad; (*badajo*) clapper; (*de una llave*) stem

espigar §44 *tr* to glean; tenon, dowel ‖ *intr* (*los cereales*) to form ears ‖ *ref* to grow tall, shoot up

espigón *m* sharp point, spur; (*mazorca*) ear of corn; (*cerro puntiagudo*) peak; breakwater

espina *f* thorn, spine; (*de los peces*) fishbone; doubt, uncertainty; sorrow; (anat) spine; **dar mala espina a** to worry; **espina de pescado** herringbone; **espina de pez** fishbone; **espina dorsal** spinal column; **estar en espinas** to be on pins and needles

espinaca *f* spinach; **espinacas** spinach

espinal *adj* spinal

espinapez *m* herringbone; thorny matter, difficulty

espinar *m* thorny spot; (fig) thorny matter ‖ *tr* to prick; (*árboles*) protect with thornbushes; hurt, offend

espinazo *m* backbone; (*de un arco*) keystone

espinel *m* trawl, trawl line

espineta *f* spinet

espinilla *f* (*de la pierna*) shin, shinbone; (*granillo en la piel*) blackhead

espino *m* hawthorn; **espino artificial** barbed wire; **espino negro** blackthorn

espinochar *tr* (*el maíz*) to husk

espino•so -sa or **espinu•do -da** *adj* thorny; (*pez*) bony; (*difícil*) (fig) thorny, knotty

espiocha *f* pickaxe

espión *m* spy

espionaje *m* spying, espionage

espira *f* turn

espiración *f* breathing; exhalation

espiral *adj* spiral ‖ *f* (*línea curva que da vueltas alrededor de un punto*) spiral; (*del reloj*) hairspring; (*de humo*) curl, wreath

espirar *tr* to breath; encourage ‖ *intr* to breathe; exhale, expire; (*el viento*) (poet) to blow gently

espiritismo *m* spiritualism

espirito•so -sa *adj* spirited, lively; (*licor*) spirituous

espíritu *m* spirit; (*mente*) mind; (*aparecido, fantasma*) ghost, spirit; **espíritu de equipo** teamwork; **Espíritu Santo** Holy Ghost, Holy Spirit; **dar, despedir, exhalar** or **rendir el espíritu** to give up the ghost

espiritual *adj* spiritual; sharp, witty

espiritualismo *m* spiritualism

espita *f* tap, cock; (coll) tippler

espitar *tr* to tap

esplendidez *f* splendor, magnificence

espléndi•do -da *adj* splendid, magnificent; generous, open-handed; (poet) brilliant, radiant

esplendor *m* splendor

esplendoro•so -sa *adj* resplendent

espliego *m* lavender

esplín *m* melancholy

espolada *f* prick with spur; **espolada de vino** shot of wine

espolear *tr* to spur, spur on

espoleta *f* fuse; (*hueso*) wishbone

espolón *m* (*del gallo, una montaña, un buque de guerra*) spur; dike, jetty, mole, cutwater; (*prominencia córnea de las caballerías*) fetlock; (*sabañón*) chilblain

espolvorear *tr* (*quitar el polvo de; esparcir el polvo sobre*) dust; (*el azúcar*) sprinkle

esponja *f* sponge; (*sablista*) sponge, sponger; **beber como una esponja** to drink like a fish; **tirar la esponja** to throw in (or up) the sponge

esponja•do -da *adj* proud, puffed-up; fresh, healthy

esponjar *tr* to puff up, make fluffy ‖ *ref* to puff up, become fluffy; be puffed up, be conceited; look fresh and healthy

esponjo•so -sa *adj* spongy

esponsales *mpl* betrothal, engagement

espontanear *ref* to make a clean breast of it; open one's heart

espontáne•o -a *adj* spontaneous ‖ *m* (taur) spectator who jumps into the ring to take on the bull

espora *f* spore

esporádi•co -ca *adj* sporadic

esposa *f* wife; **esposas** handcuffs, manacles

esposar *tr* to handcuff, manacle

espo•so -sa *mf* spouse ‖ *m* husband ‖ *f* see **esposa**

espuela *f* spur; **echar la espuela** (coll) to take a nightcap; **espuela de caballero** delphinium, rocket larkspur; **espuela de galán** nasturtium

espuelar *tr* (SAm) to spur, goad

espuerta *f* two-handled esparto basket

espulgar §44 *tr* to delouse; scrutinize

espuma *f* foam; (*en un vaso de cerveza; saliva parecida a la espuma*) froth; (*película de impurezas en la superficie de un líquido*) scum; **crecer como espuma** to grow like weeds; to have a meteoric rise; **espuma de caucho** foam rubber; **espuma de jabón** lather; **espuma de mar** meerschaum

espumadera *f* skimmer

espumajear *intr* to froth at the mouth

espumajo•so -sa *adj* foamy, frothy

espumante *adj* foaming; (*vino*) sparkling

espumar *tr* to skim ‖ *intr* to foam, froth; (*el jabón*) lather; (*el vino*) sparkle; increase rapidly

espumarajo *m* froth, frothing at the mouth

espumilla *f* voile; (CAm, Ecuad) meringue

espumo•so -sa *adj* foamy, frothy; (*cubierto de una película*) scummy; (*jabonoso*) lathery; (*vino*) sparkling

espu•rio -ria *adj* spurious

espurrear *or* espurriar *tr* to squirt with water from the mouth

esputar *tr* & *intr* to spit

esputo *m* spit, saliva

esq. *abbr* esquina

esqueje *m* cutting, slip

esquela *f* note; announcement; death notice; **esquela amorosa** billet-doux

esqueléti•co -ca *adj* skeleton; skeletal, thin, wasted

esqueleto *m* skeleton; (CAm, Mex) blank form; (Chile) sketch, outline

esquema *m* scheme, diagram

es•quí *m* (*pl* -**quís**) ski; skiing; **esquí acuático** water ski; water skiing; **esquí remolcado** ski-joring

esquia•dor -dora *adj* ski ‖ *mf* skier

esquiar §77 *intr* to ski

esquiciar *tr* to sketch

esquicio *m* sketch

esquifar *tr* (naut) to fit out, staff, man

esquife *m* skiff

esquiismo *m* skiing

esquila *f* sheepshearing; hand bell

esquilar *tr* to shear, fleece

esquilimo•so -sa *adj* fastidious, squeamish

esquilmar *tr* to harvest; (*las plantas el jugo de la tierra*) drain, exhaust; (*una fuente de riqueza*) drain, squander, use up; carry away, steal

esquilmo *m* harvest, farm produce; (Mex) farm scrapings

esquilmo•so -sa *adj* fastidious

esquimal *adj* & *mf* Eskimo

esquina *f* corner; (SAm) corner store; **a la vuelta de la esquina** around the corner; **doblar la esquina** to turn the corner; **hacer esquina** (*un edificio*) to be on the corner; **las cuatro esquinas** puss in the corner

esquina•do -da *adj* sharp-cornered; difficult, unsociable

esquinar *tr* to be on the corner of; put in the corner; alienate ‖ *intr* — **esquinar con** to be on the corner of ‖ *ref* — **esquinarse con** to fall out with

esquinazo *m* corner; (Arg, Chile) serenade; **dar esquinazo a** to give the slip to, to shake off

esquinencia *f* quinsy

esquinera *f* corner piece (*of furniture*)

esquirla *f* splinter

esquirol *m* scab, strikebreaker

esquisto *m* schist

esquite *m* (CAm, Mex) popcorn

esquivar *tr* to avoid, evade, shun; dodge ‖ *ref* to withdraw; dodge

esquivez *f* aloofness, gruffness

esqui•vo -va *adj* aloof, gruff

estable *adj* stable, permanent; full-time ‖ *mf* regular guest, permanent guest

establecer §22 *tr* to establish, institute ‖ *ref* to settle, take up residence; start a business, open an office

establecimiento *m* establishment; place of business; decree, ordinance, statute

establo *m* stable

estaca f stake, picket, pale; cudgel, club; (*clavo largo*) spike; (hort) cutting

estacada f stockade, palisade; dueling ground; **dejar en la estacada** to leave in the lurch; **quedarse en la estacada** to succumb on the field of battle, fall in a duel; fail; lose out

estacar §73 *tr* to stake, stake off; tie to a stake ‖ *ref* to stand stiff

estación f (*cada una de las cuatro divisiones del año*) season; (*sitio en que paran los trenes; radioemisora*) station; (*lugar en que se hace alto en un paseo, etc.*) stop; **estación balnearia** bathing resort; **estación de cabeza** (rr) terminal; **estación de carga** freight station; **estación de empalme** junction; **estación de gasolina** gas station, filling station; **estación de la seca** dry season; **estación de paso** (rr) way station; **estación depuradora** sewage-disposal plant; **estación de radiodifusión** broadcasting station; **estación de seguimiento** tracking station; **estación de servicio** service station; **estación difusora** or **emisora** broadcasting station; **estación espacial** space station; **estación gasolinera** gas station, filling station; **estación meteorológica** weather station; **estación telefónica** telephone exchange

estacional *adj* seasonal

estacionamiento *m* stationing; parking; parking lot

estacionar *tr* to station; stand, park ‖ *intr* to stand, park ‖ *ref* to station oneself; be stationary; stand, park; **se prohíbe estacionarse** no standing, no parking

estaciona•rio -ria *adj* stationary

estada f stay, stop

estadía f (*ante un pintor*) sitting; stop, stay; (com) demurrage

estadio *m* stadium; phase, stage; (*longitud*) furlong

estadista *mf* (*perito en estadística*) statistician ‖ *m* statesman

estadística f statistics

estadísti•co -ca *adj* statistical ‖ *m* statistician ‖ f see **estadística**

estadiunense *adj* American, United States ‖ *mf* American

estadi•zo -za *adj* (*aire*) heavy, stifling; (*agua*) stagnant

estado *m* state; state, condition, status; statement, report; **en estado de buena esperanza** or **en estado interesante** in the family way; **estado asistencial** welfare state; **estado civil** marital status; **estado de ánimo** state of mind; **estado de cuentas** (com) statement; **estado libre asociado** commonwealth; **estado llano** commons, common people; **estado mayor** (mil) staff; **estado mayor conjunto** joint chiefs of staff; **estado mayor general** general staff; **Estados Unidos** *msg* the United States; **estado tapón** buffer state; **estar en estado de guerra** to be under martial law; **los Estados Unidos** *mpl* the United States;

tomar estado to take a wife; to go into the church

estado-policía *m* (*pl* **estados-policías**) police state

estadounidense or **estadunidense** *adj* American, United States ‖ *mf* American

estafa f swindle, trick; (*estribo*) stirrup

estafar *tr* to swindle, trick; overcharge

estafeta f post, courier; post office; diplomatic mail

estallar *intr* to burst; explode; (*un incendio, una revolución; la guerra*) break out; (*la ira*) break forth

estallido *m* report, crash, explosion; crack; (*p.ej., de la guerra*) outbreak; **dar un estallido** to crash, explode

estambre *m* (*hebras de lana e hilo formado de ellas*) worsted; (bot) stamen; **estambre de la vida** course or thread of life

estampa f stamp, print, engraving; press, printing; footstep, track; aspect, appearance; **dar a la estampa** to publish, bring out; **parecer la estampa de la herejía** to be a sight, be a mess; **la propia estampa de** the very image of

estampado *m* printing, stamping; printed fabric, cotton print

estampar *tr* to stamp, print, engrave; (*en al ánimo*) fix, engrave; (*p.ej., el pie*) leave a mark of; (bb) to tool; (*arrojar con fuerza*) (coll) to dash, slam

estampida f report, crash, explosion; stampede

estampido *m* report, crash, explosion; **estampido sónico** (aer) sonic boom

estampilla f (*sello con letrero para estampar*) stamp; (*sello con una firma en facsímile*) rubber stamp; (*sello de correos o fiscal*) stamp

estampillar *tr* to stamp; rubber-stamp

estanca•do -da *adj* stagnant; (fig) stagnant, dead

estancar §73 *tr* to stanch; stem, check; (*un negocio*) suspend, hold up; corner; monopolize ‖ *ref* to become stagnant, become choked up

estancia f stay, sojourn, (*aposento*) living room; day in hospital; cost of day in hospital; (*estrofa*) stanza; (mil) bivouac; (Arg, Urug, Chile) cattle ranch; (Col) small country place; (Ven) truck farm

estanciero *m* rancher, cattle raiser

estan•co -ca *adj* stanch, watertight ‖ *m* government monopoly; cigar store, government store (*for sale of tobacco, matches, postage stamps, etc.*); archives; (Ecuad) liquor store

estándar *m* standard

estandardizar §60 or **estandarizar** §60 *tr* to standardize

estandarte *m* banner, standard

estandartizar §60 *tr* to standardize

estanque *m* basin, reservoir; pond, pool

estanque•ro -ra *mf* storekeeper, tobacconist; (Ecuad) saloonkeeper ‖ *m* reservoir tender

es
es

estanquillo *m* cigar store, government store (*for sale of tobacco, matches, postage stamps, etc.*); (Col, Ecuad) bar, saloon; (Mex) booth, stand

estante *adj* located, being; settled, permanent ‖ *m* shelf; shelving; bookcase, open bookcase

estantería *f* shelves, shelving; book stack

estañar *tr* to tin; tin-plate; solder; (Ven) to hurt, injure; (Ven) to fire

estaño *m* tin

estaquilla *f* peg, dowel, pin; (*clavo pequeño sin cabeza*) brad; (*clavo largo*) spike

estaquillar *tr* to peg, dowel; nail

estar §37 *v aux* (*to form progressive form*) to be, e.g., **están aprendiendo el español** they are learning Spanish ‖ *intr* to be; be in, be home; be ready; **¿a cuántos estamos?** what day of the month is it?; **¡está bien!** O.K.!, all right!; **estar a** to cost, sell at; **estar bien** to be well; **estar bien con** to be on good terms with; **estar de** to be (*on a temporary basis*); **estar de más** to be in the way; be unnecessary; be idle; **estar de viaje** to be on a trip; **estar mal** to be sick, be ill; **estar mal con** to be on bad terms with; **estar para** to be about to; **estar por** to be for, be in favor of; to be about to; to have a mind to; to remain to be + *pp;* **estar sobre sí** to be wary, be on one's guard ‖ *ref* (*p.ej., en casa*) to stay; (*p.ej., quieto*) to keep

estarcido *m* stencil

estarcir §36 *tr* to stencil

estatal *adj* state

estáti•co **-ca** *adj* static; dumbfounded, speechless

estatificar §73 *tr* to nationalize

estatizar §60 *tr* to nationalize

estatorreactor *m* ramjet (engine)

estatua *f* statue; **quedarse hecho una estatua** to stand aghast

estatuir §20 *tr* to order, decree; establish, prove

estatura *f* stature

estatuta•rio **-ria** *adj* statutory

estatuto *m* statute

estay *m* (naut) stay; **estay mayor** (naut) mainstay

este, esta *adj dem* (*pl* **estos, estas**) this ‖ *m* east; east wind

éste, ésta *pron dem* (*pl* **éstos, éstas**) this one, this one here; the latter; **ésta** this city

estela *f* (*de un buque*) wake; (*de cohete, humo, cuerpo celeste, etc.*) trail

estenógrafo *m* (Cuba) ball-point pen

estenotipia *f* stenotypy; machine stenography

estepa *f* steppe

estera *f* mat; matting; **cargado de esteras** out of patience

esterar *tr* to cover with matting ‖ *intr* to bundle up for the cold

estercolar *m* dunghill ‖ §61 *tr* to dung, to manure

estercolero *m* manure pile, dunghill; manure collector

estereofóni•co **-ca** *adj* stereophonic, stereo

estereoscópi•co **-ca** *adj* stereoscopic, stereo

estereotipa•do **-da** *adj* stereotyped

estéril *adj* (*que no produce nada*) sterile; (*inútil, vano*) futile

esterilización *f* sterilization

esterilizar §60 *tr* to sterilize ‖ *ref* to become sterile

esterlina *adj fem* (*libra*) sterling (*pound*)

esternón *m* breastbone

estero *m* tideland; estuary; (Arg) swamp, marsh; (Chile) stream; (Col, Ven) pool, puddle

esterto *m* death rattle; (*ruido en ciertas enfermedades, perceptible por la auscultación*) stertor, râle; **estertor agónico** death rattle

esteta *mf* aesthete ‖ *f* beautician

estéti•co **-ca** *adj* aesthetic ‖ *f* aesthetics

estetoscopio *m* stethoscope

estiaje *m* low water

estiba *f* (naut) stowage

estibador *m* stevedore, longshoreman

estibar *tr* to pack, stuff; (naut) to stow

estiércol *m* dung, manure

esti•gio **-gia** *adj* Stygian ‖ **Estigia** *f* Styx

estigma *m* stigma

estigmatizar §60 *tr* to stigmatize

estilar *tr* (*una escritura*) to draw up in proper form; be given to ‖ *intr & ref* to be in fashion

estilete *m* (*puñal*) stiletto

estilo *m* style; **por el estilo** like that, of the kind; **por el estilo de** like; **estilo directo** (gram) direct discourse; **estilo indirecto** (gram) indirect discourse

estilográfica *f* fountain pen

estima *f* esteem; (naut) dead reckoning

estimable *adj* estimable; considerable; appreciable, computable; esteemed

estimación *f* esteem, estimation; estimate, evaluation

estimar *tr* (*tener en buen concepto*) to esteem; (*apreciar, valuar*) estimate; think, believe; appreciate, thank; be fond of, like; **estimar en poco** to hold in low esteem

estimativa *f* judgment; instinct

estimulante *adj & m* stimulant

estimular *tr* to stimulate

estímulo *m* stimulus

estío *m* summer

estipendio *m* stipend; wages

estípti•co **-ca** *adj* styptic; constipated; mean, stingy

estipular *tr* to stipulate

estiradamente *adv* scarcely, hardly; violently

estira•do **-da** *adj* conceited, stuck-up; prim, neat; tight, closefisted

estirar *tr* to stretch; (*alambre, metal*) draw; (*planchar ligeramente*) iron lightly; (*un escrito, discurso, cargo, etc.*) (fig) to stretch out; (*el dinero*) (fig) to stretch ‖ *ref* to stretch; put on airs

estirón *m* jerk, tug; **dar un estirón** to grow up in no time

estirpe *f* race, stock, lineage; (*linaje*) strain, pedigree

estitiquez *f* constipation

estival *adj* summer

esto *pron dem* that; **en esto** at this point; **por esto** for this reason

estocada *f* thrust, stab, lunge; (*herida*) stab, stab wound; (*cosa que ocasiona dolor*) blow

Estocolmo *f* Stockholm

estofa *f* brocade; quality, kind

estofado *m* stew

estoi•co -ca *adj & mf* stoic

estóli•do -da *adj* stupid, imbecile

estómago *m* stomach; **estómago de avestruz** iron digestion; **tener buen estómago** or **mucho estómago** to be thick-skinned; have an easy conscience

estopa *f* (*de lino o cáñamo*) tow; (*de calafatear*) (naut) oakum; **estopa de acero** steel wool; **estopa de algodón** cotton waste

estopilla *f* (*tela muy sutil*) lawn; (*tela ordinaria de algodón*) cheesecloth

estoque *m* rapier; sword lily, gladiola

estoquear *tr* to stab with a rapier

estor *m* blind, shade, window shade

estorbar *tr* to hinder, obstruct; inconvenience, bother, annoy ‖ *intr* to be in the way

estorbo *m* hindrance, obstruction; inconvenience, bother, annoyance

estorbo•so -sa *adj* hindering; bothersome, annoying

estornino *m* starling; **estornino de los pastores** grackle, myna

estornudar *intr* to sneeze

estornudo *m* sneeze, sneezing

estrado *m* (*tarima del trono*) dais; lecture platform; (archaic) lady's drawing room; **estrados** courtrooms, law courts; **citar para estrados** to subpoena

estrafala•rio -ria *adj* odd, eccentric; sloppy, sloppily dressed ‖ *mf* screwball

estragar §44 *tr* to spoil, damage, vitiate

estrago *m* damage, ruin, havoc

estrambote *m* tail (*of sonnet*)

estrambóti•co -ca *adj* odd, weird

estrangul *m* (mus) reed, mouthpiece

estrangular *tr & ref* to strangle, choke

estraperlear *intr* to deal in the black market

estraperlista *adj* black-market ‖ *mf* black-market dealer

estraperlo *m* black market

estrapontín *m* folding seat, jump seat

estratagema *f* stratagem; craftiness

estratega *m* strategist

estrategia *f* strategy; **alta estrategia** grand strategy

estratégi•co -ca *adj* strategic(al) ‖ *m* strategist

estratificar §73 *tr & ref* to stratify

estrato *m* stratum, layer

estratosfera *f* stratosphere

estraza *f* rag; brown paper

estrechar *tr* (*reducir a menor ancho*) narrow; (*apretar*) tighten; press, pursue; force, compel; hug, embrace; squeeze; **estrechar la mano a** to shake hands with ‖ *ref* to narrow down; contract; hug, embrace; (*reducir los gastos*) retrench; **estrecharse en**

to squeeze in; **estrecharse la mano** (*dos personas*) to shake hands

estrechez *f* narrowness; rightness; (*amistad íntima*) closeness, intimacy; austerity, strictness; poverty, want, need; trouble, jam; **estrechez de miras** narrow outlook, narrow-mindedness; **hallarse en gran estrechez** to be in dire straits

estre•cho -cha *adj* narrow; tight; close, intimate; austere, strict; stingy, tight; poor, needy; mean ‖ *m* (*paso angosto en el mar*) strait; fix, predicament

estrechura *f* narrowness; tightness; closeness, intimacy; austerity, strictness; trouble, predicament

estregar §66 *tr* to rub hard; scour

estregón *m* hard rub

estrella *f* star; (typ) asterisk, star; (mov & theat) star; (*hado, destino*) (fig) star; **estrella de los Alpes** edelweiss; **estrella de mar** starfish; **estrella de rabo** comet; **estrella filante** or **fugaz** shooting star; **estrella fulgurante** (astr) flare star; **estrella polar** pole-star; **estrella vespertina** evening star; **ver las estrellas** (fig) to see stars

estrella•do -da *adj* (*cielo*) starry; star-spangled; star-shaped; (*huevos*) fried

estrellamar *m* starfish

estrellar *adj* star ‖ *tr* to star, spangle with stars; (*huevos*) fry; shatter, dash to pieces ‖ *ref* to be spangled with stars; crash; **estrellarse con** to clash with

estrellón *m* large star; (*fuego artificial*) star; smash-up

estremecer §22 *tr* to shake; (*el aire*) rend; (fig) to shake, upset ‖ *ref* to shake, tremble, shiver, shudder

estrena *f* (*regalo que se da en señal de agradecimiento*) handsel; first use

estrenar *tr* to use for the first time, wear for the first time; (*un drama*) perform for the first time; (*un cine*) show for the first time; try out for the first time ‖ *ref* to make the day's first transaction; appear for the first time; (*un drama, un cine*) open

estrenista *mf* first-nighter

estreno *m* beginning, debut; première, first performance; first use

estre•nuo -nua *adj* strenuous, vigorous, enterprising

estreñimiento *m* constipation

estreñir §72 *tr* to constipate

estrépito *m* racket, crash; fuss, show

estrepito•so -sa *adj* loud, noisy, boisterous; notorious; shocking

estría *f* flute, groove

estriar §77 *tr* to flute, groove

estribar *intr* to lean, rest; be based, depend

estriberón *m* stepping stone

estribillo *m* (*de un poema*) burden, refrain; pet word, pet phrase

estribo *m* (*de coche*) step; (*de automóvil*) running board; (*apoyo para el pie*) footboard; (*para el pie del jinete*) stirrup; abutment, buttress; (fig) foundation, support;

es
es

perder los estribos to fly off the handle; lose one's head
estribor *m* starboard
estricnina *f* strychnine
estricote *m* (Ven) riotous living; **al estricote** hither and thither
estric•to -ta *adj* strict, severe, rigorous; proper, punctual; (*sentido de una palabra*) narrow
estrictura *f* (pathol) stricture
estrige *f* barn owl; (*Athene noctua*) little owl
estro *m* poetic inspiration; (*de animal*) rut, heat
estrofa *f* strophe
estroncio *m* strontium
estropajo *m* mop; dishcloth; **servir de estropajo** to be forced to do the dirty work; be treated with indifference
estropajo•so -sa *adj* raggedy, slovenly; (*carne*) tough, leathery; spluttering
estropear *tr* to spoil, ruin, damage; abuse, mistreat; cripple, maim ‖ *ref* to spoil, go to ruin; fail
estropicio *m* breakage; havoc, ruin; fracas, rumpus
estructura *f* structure
estruendo *m* noise, crash, boom; confusion, uproar; pomp, show; fame
estruendo•so -sa *adj* noisy, booming
estrujar *tr* to squeeze; press, crush, mash; bruise; rumple; drain, exhaust
estuante *adj* hot, burning
estuario *m* estuary; tideland
estucar §73 *tr* to stucco
estuco *m* stucco; **estuco de París** plaster of Paris
estuche *m* case, box; (*caja y utensilios que se guardan en ella*) kit; casket, jewel case; (*para tijeras*) sheath; **estuche de afeites** compact, vanity case; **ser un estuche** to be a handy fellow
estudia•do -da *adj* affected, studied
estudiantado *m* student body
estudiante *mf* student
estudiantil *adj* student
estudiar *tr* to study; (*la lección a una persona*) to hear (*someone's lesson*) ‖ *intr* to study; **estudiar para . . .** to study to become . . .
estudio *m* study; (*aposento*) studio; (mus) étude; **altos estudios** advanced studies
estudio•so -sa *adj* studious ‖ *m* student, scholar
estufa *f* stove; steam cabinet, steam room; foot stove; (*invernáculo*) hothouse
estul•to -ta *adj* stupid, silly, foolish
estupefac•to -ta *adj* stupefied, dumbfounded
estupen•do -da *adj* stupendous; famous, distinguished
estúpi•do -da *adj* stupid ‖ *mf* dolt
estupor *m* stupor; surprise, amazement
estuprar *tr* to rape, violate
estupro *m* rape, violation
estuque *m* stucco
esturión *m* sturgeon
etapa *f* stage; **a etapas pequeñas** by easy stages

éter *m* ether
etére•o -a *adj* ethereal
eternidad *f* eternity
eternizar §60 *tr* to prolong endlessly ‖ *ref* to be endless, be interminable
eter•no -na *adj* eternal
éti•co -ca *adj* ethical ‖ *f* ethics
etileno *m* ethylene
etilo *m* ethyl
étimo *m* etymon
etimología *f* etymology; **etimología popular** folk etymology
etíope *adj* & *mf* Ethiopian
etiópi•co -ca *adj* & *m* Ethiopic
etiqueta *f* (*marbete*) tag, label; (*ceremonial que se debe observar*) etiquette; (*ceremonia en la manera de tratarse*) formality; **de etiqueta** formal, full-dress; **de etiqueta menor** semiformal; **estar de etiqueta** to have become cool toward each other
etiquetar *tr* to tag, label
etiquete•ro -ra *adj* formal, ceremonious; full of compliments
etiquez *f* (pathol) consumption
étni•co -ca *adj* ethnic(al); (gram) gentilic
etnografía *f* ethnography
etnología *f* ethnology
E.U.A. *abbr* **Estados Unidos de América**
eucalipto *m* eucalyptus
Eucaristía *f* Eucharist
eufemismo *m* euphemism
eufemísti•co -ca *adj* euphemistic
eufonía *f* euphony
eufóni•co -ca *adj* euphonic, euphonious
euforia *f* euphoria; endurance, fortitude
eufuísmo *m* euphuism
eufuísti•co -ca *adj* euphuistic
eugenesia *f* eugenics
eunuco *m* eunuch
euritmia *f* regular pulse
euro *m* east wind
Europa *f* Europe
europe•o -a *adj* & *mf* European
eutanasia *f* euthanasia
eutrapelia *f* moderation; lightheartedness; simple pastime
evacuación *f* evacuation; **evacuación de basuras** garbage disposal
evacuar §21 & *regular tr* to evacuate; (*un trámite*) transact; (*una visita*) pay; (*un encargo, un asunto*) do, carry out; **evacuar el vientre** to have a bowel movement ‖ *intr* to evacuate; have a bowel movement
evadi•do -da *adj* escaped ‖ *mf* escapee
evadir *tr* to avoid, evade, elude ‖ *ref* to evade; escape, flee
evaluar §21 *tr* to evaluate; value
evangéli•co -ca *adj* evangelic(al)
evangelio *m* gospel, gospel truth ‖ **Evangelio** *m* Gospel, Evangel
evangelista *m* Gospel singer or chanter; (Mex) public writer, penman ‖ **Evangelista** *m* Evangelist
evaporar *tr* & *ref* to evaporate
evaporizar §60 *tr, intr* & *ref* to vaporize
evasión *f* (*efugio, evasiva*) evasion; (*fuga*) escape

evasi•vo -va *adj* evasive ‖ *f* loophole, pretext, excuse
evento *m* chance, happening, contingency; (Col) sports event; **a todo evento** in any event
eventual *adj* contingent; (*emolumentos; gastos*) incidental
eventualidad *f* eventuality, contingency; uncertainty
evidencia *f* evidence, obviousness; (*prueba judicial*) evidence; **evidencia moral** moral certainty
evidenciar *tr* to show, make evident
evidente *adj* evident, obvious
evitable *adj* avoidable
evitación *f* avoidance; prevention
evitar *tr* to avoid, shun; (*p.ej., el polvo*) keep off; prevent; **evitar** + *inf* to avoid + *ger;* save from + *ger,* e.g., **la luz de la luna nos evitó tener que encender los faroles** the light of the moon saved us from having to light the lights
evo *m* (poet) age, aeon; (theol) eternity
evocar §73 *tr* to evoke; (*p.ej., los demonios*) invoke
evolución *f* evolution; change, development (*of one's point of view, plans, conduct, etc.*)
evolucionar *intr* to evolve; change, develop; (mil & nav) to maneuver
evolucionista *adj & mf* evolutionist; evolutionary
ex *adj* ex- (*former*), e.g., **el ex presidente** the ex-president
ex abrupto *adv* brashly ‖ *m* brash remark
exacción *f* (*de impuestos, deudas, multas, etc.*) exaction, levy; (*cobro injusto*) extortion
exacerbar *tr* to exacerbate, aggravate
exactitud *f* exactness; punctuality
exac•to -ta *adj* exact; punctual, faithful ‖ **exacto** *interj* right!
exactor *m* tax collector
exagerar *tr* to exaggerate
exalta•do -da *adj* exalted; extreme, hotheaded; wrought up; radical
exaltar *tr* to exalt; extol ‖ *ref* to be wrought-up, get excited
examen *m* examination; **examen de ingreso** entrance examination; **sufrir un examen** to take an examination
examinar *tr* to examine; inspect ‖ *ref* to take an examination; **examinarse de ingreso** to take entrance examinations
exangüe *adj* bloodless; weak, exhausted; dead
exánime *adj* (*sin vida*) lifeless; (*desmayado*) faint, in a faint, lifeless
exasperar *tr* to exasperate
Exc.ª *abbr* **Excelencia**
excandecer §22 *tr* to incense, enrage
excarcelación *f* release
excarcelar *tr* (*a un preso*) to release
excavadora *f* power shovel
excavar *tr* to excavate; loosen soil around

excedente *adj* excess; excessive; on leave ‖ *m* excess, surplus; **excedente de ganancia** profit margin
exceder *tr* (*ser mayor que*) to exceed; (*aventajar*) excel ‖ *ref* to go too far, go to extremes; **excederse a sí mismo** to outdo oneself
excelencia *f* excellence, excellency; **por excelencia** par excellence; **Su Excelencia** Your Excellency
excelente *adj* excellent
excel•so -sa *adj* lofty, sublime ‖ **el Excelso** the Most High
excéntrica *f* eccentric
excentricidad *f* eccentricity
excéntri•co -ca *adj* eccentric; (*barrio*) outlying ‖ *mf* eccentric ‖ *f* see **excéntrica**
excepción *f* exception; **a excepción de** with the exception of
excepcional *adj* exceptional
excepto *prep* except
exceptuar §21 *tr* to except; (*eximir*) exempt
excerpta or **excerta** *adj* excerpt
excesi•vo -va *adj* excessive; excess
exceso *m* excess; **exceso de equipaje** excess baggage; **exceso de peso** excess weight; **exceso de velocidad** speeding
excitable *adj* excitable
excitación *f* excitement; excitation
excitante *adj & m* stimulant
excitar *tr* to excite, stir up, stimulate ‖ *ref* to become excited
exclamación *f* exclamation
exclamar *tr & intr* to exclaim
exclaustrar *tr* (*a un religioso*) to secularize
excluir §20 *tr* to exclude
exclusión *f* exclusion; **con exclusión de** to the exclusion of; **exclusión de contribución** tax deduction
exclusiva *f* rejection, turndown; sole right, monopoly; (*anticipación de una noticia por un periódico*) news beat
exclusive *adv* exclusively ‖ *prep* exclusive of, not counting
exclusivista *adj* exclusive, clannish ‖ *mf* snob
exclusi•vo -va *adj* exclusive ‖ *f* see **exclusiva**
Exc.ᵐᵒ *abbr* **Excelentísimo**
ex combatiente *m* ex-serviceman
excomulgar §44 *tr* to excommunicate; ostracize, banish
excomunión *f* excommunication
excoriar *tr* to skin ‖ *ref* to skin oneself; (*p.ej., el codo*) skin
excrementar *intr* to have a bowel movement
excremento *m* excrement
exculpar *tr* to exculpate, exonerate
excursión *f* excursion, outing
excursionista *mf* excursionist, tourist
excusa *f* excuse; **a excusa** secretly; **excusa es decir** it is unnecessary to say
excusabaraja *f* basket with lid
excusable *adj* excusable; avoidable
excusadamente *adv* unnecessarily
excusa•do -da *adj* exempt; unnecessary; private, set apart; (*puerta*) side ‖ *m* toilet
excusa•lí *m* (*pl* -**líes**) small apron

excusar *tr* to excuse; exempt; avoid; prevent; make unnecessary; **excusar** + *inf* to not have to + *inf* ‖ *ref* to excuse oneself; apologize; **excusarse de** + *inf* to decline to + *inf*

exención *f* exemption

exencionar *tr* to exempt

exentamente *adv* freely; frankly, simply

exentar *tr* to exempt

exen•to -ta *adj* exempt; open, unobstructed; free, disengaged

exequias *fpl* obsequies

exfolia•dor -dora *adj* tear-off

exhalación *f* exhalation; flash of lightning; shooting star; fume, vapor; **como una exhalación** like a flash of lightning

exhalar *tr* to exhale, emit; *(suspiros, quejas)* breathe forth; **exhalar el último suspiro** to breathe one's last ‖ *ref* to exhale; *(con el ejercicio violento del cuerpo)* breathe hard; hurry; crave

exhausti•vo -va *adj* exhaustive

exhaus•to -ta *adj* exhausted; wasted away

exheredar *tr* to disinherit

exhibición *f* exhibition; exhibit; **exhibición repetida** (telv) rerun

exhibición-venta *f* sales exhibit

exhibir *tr* to exhibit; (Mex) to pay ‖ *ref* to make oneself evident

exhilarante *adj* exhilarating; *(gas)* laughing

exhortar *tr* to exhort

exhumar *tr* to exhume

exigencia *f* exigency, requirement

exigente *adj* exigent, demanding

exigir §27 *tr* to exact, require, demand

exi•guo -gua *adj* meager, scanty

exila•do -da *adj & mf* exile

exi•mio -mia *adj* choice, select, superior; distinguished

eximir *tr* to exempt

existencia *f* existence; **en existencia** in stock; **existencias** (com) stock

existente *adj* existing, extant; in stock

existir *intr* to exist

exitazo *m* smash hit

exitista *adj* (Arg) me-too ‖ *mf* (Arg) me-tooer

éxito *m* *(resultado feliz)* success; *(canción, cine, etc. que ha tenido mucho éxito)* hit; *(resultado de un negocio)* outcome, result; **éxito de librería** best seller; **éxito de taquilla** box-office hit, good box office; **éxito de venta** best seller; **éxito rotundo** smash hit

exito•so -sa *adj* (Arg) successful

ex li•bris *m* (*pl* **-bris**) bookplate

exobiología *f* exobiology

éxodo *m* exodus; **éxodo de técnicos** brain drain

exonerar *tr* to exonerate, relieve; discharge, dismiss; **exonerar el vientre** to have a bowel movement

exorar *tr* to beg, entreat

exorbitante *adj* exorbitant

exorcizar §60 *tr* to exorcise

exornar *tr* to adorn, embellish

exóti•co -ca *adj* exotic; striking, stunning, glamorous

expandir *tr & ref* (Arg, Chile) to expand, extend, spread

expansión *f* expansion; *(manifestación efusiva)* expansiveness; *(difusión de una opinión)* spread; rest, recreation

expansionar *ref* to expand; open one's heart; relax, take it easy

expansi•vo -va *adj* expansive

expatria•do -da *adj & mf* expatriate

expectación *f* expectancy; **expectación de vida** life expectancy

expectativa *f* expectation; **estar en la expectativa de** to be expecting, be on the lookout for

expectorar *tr & intr* to expectorate

expediar *tr* to expedite; handle without delay; rush, speed

expedición *f* *(excursión para realizar una empresa)* expedition; *(remesa)* shipment; *(de un certificado, títulos, etc.)* issuance; *(agilidad, facilidad)* expedition

expedi•dor -dora *mf* sender, shipper

expediente *m* expedient; makeshift, apology; *(agilidad, facilidad)* expedition; *(todos los papeles correspondientes a un asunto)* dossier; (law) action, proceedings; **expediente académico** (educ) record

expedienteo *m* red tape

expedir §50 *tr* to send, ship, remit; *(títulos)* issue; *(despachar, cursar)* expedite

expeditar *tr* to expedite

expediti•vo -va *adj* expeditious

expedi•to -ta *adj* ready; clear, open, unencumbered

expeler *tr* to expel, eject

expende•dor -dora *mf* dealer, retailer; ticket agent; **expendedor de moneda falsa** distributor of counterfeit money

expendeduría *f* cigar store *(for sale of state-monopolized articles)*

expender *tr* to spend; dispense; sell at retail; *(moneda falsa)* circulate

expendio *m* shop, store; retail; (Mex) cigar store

expensar *tr* (Chile, Guat, Mex) to pay the cost of

expensas *fpl* expenses

experiencia *f* *(enseñanza que se adquiere con la práctica o con el vivir; suceso en que uno ha participado, cosa que uno ha experimentado)* experience; *(ensayo, experimento)* experiment

experimenta•do -da *adj* experienced

experimentar *tr* to experience, undergo, feel; test, try, try out ‖ *intr* to experiment

experimento *m* experiment; **experimento piloto** pilot test, pilot run

exper•to -ta *adj & m* expert

expiación *f* expiation, atonement; purification

expiar §77 *tr* to expiate, atone for; purify

expirar *intr* to expire

explanación *f* grading, leveling; explanation

explanada *f* esplanade

explanar *tr* to grade, level; explain

explayar *tr* to enlarge, extend ‖ *ref* to spread out, extend; go for an outing; expatiate, talk at length; **explayarse con** to unbosom oneself to

explicación f explanation

explicar §73 tr to explain; (*exponer*) expound; (*exculpar*) explain away; (*una clase*) teach ‖ intr to explain ‖ ref to explain oneself; understand, make out

explicati•vo -va adj explanatory

explíci•to -ta adj explicit

exploración f exploration; (mil) scouting; (telv) scanning

explora•dor -dora mf explorer ‖ m boy scout; (mil) scout

explorar tr to explore; (mil) to scout; (telv) to scan

explosión f explosion; (*de gases en un motor*) combustion

explosi•vo -va adj & m explosive ‖ f (phonet) explosive

explotación f operation, running; exploitation; **explotación abusiva** (geol) overexploitation (of resources)

explotar tr to operate, run; (*una mina*) work; exploit ‖ intr to explode

exponente m exponent; (fig) interpreter, apologist

exponer §54 tr to expose; (*explicar*) expound; (*a un niño recién nacido*) abandon ‖ intr to display, show, exhibit; (eccl) to expose the Host ‖ ref to expose oneself; be on view

exportación f exportation, export; (*mercaderías que se exportan*) exports

exporta•dor -dora mf exporter

exportar tr & intr to export

exposición f exposition; (*a un peligro; con relación a los puntos cardinales*) exposure; (phot) exposure; (rhet) exposition; **exposición universal** world's fair

exposición-venta f sales exhibit

exposímetro m light meter

expósi•to -ta mf foundling

exposi•tor -tora mf exhibitor

exprés m express train; (Mex) express company

expresa•do -da adj above-mentioned

expresamente adv express, expressly

expresar tr to express ‖ ref to express oneself

expresión f expression; (*acción de exprimir*) squeezing; (*zumo exprimido*) juice; **expresiones** regards

expresi•vo -va adj expressive; kind, affectionate

expre•so -sa adj express ‖ m (*tren muy rápido; correo extraordinario*) express; express company

exprimidera f squeezer; **exprimidera de naranjas** orange squeezer

exprimi•do -da adj lean, skinny; stiff, stuckup; affected, prim, prudish

exprimidor m wringer; squeezer; **exprimidor de ropa** clothes wringer

exprimir tr to squeeze, press; (*p.ej., la ropa blanca*) wring, wring out; (*extraer apretando*) express

ex profeso adv on purpose

expropiar tr to expropriate

expues•to -ta adj dangerous, hazardous

expugnar tr to take by storm

expulsanie•ves m (pl -ves) snowplow

expulsar tr to expel

expulsión f expulsion

expurgar §44 tr to expurgate

exquisi•to -ta adj exquisite

extasiar §77 & regular ref to go into ecstasy

éxta•sis m (pl -sis) ecstasy

extáti•co -ca adj ecstatic

extemporal adj unseasonable

extemporáne•o -a adj unseasonable; untimely, inopportune

extender §51 tr to extend, stretch out, spread out; spread; (*un documento*) draw up ‖ ref to extend, stretch out; spread; **extenderse a** or **hasta** to amount to

extendidamente adv at length, in detail

extensión f extension; (*vasta superficie, p.ej., del océano*) expanse; (*alcance, importancia*) extent; extending

extensi•vo -va adj extensive; **hacer extensivos a** to extend (*e.g., good wishes*) to

exten•so -sa adj extensive, extended, vast; **por extenso** at length, in detail

extenuar §21 tr to weaken, emaciate

exterior adj exterior, outer, outside; foreign ‖ m exterior, outside; appearance, bearing; **al exterior** or **a lo exterior** on the outside; outwardly; **del exterior** from abroad; **en el exterior** on the outside; abroad; **en exteriores** (mov) on location

exterioridad f externals, outward appearance; **exterioridades** pomp, show

exteriorista adj outgoing, outgiving ‖ mf extrovert

exteriorizar §60 tr to reveal ‖ ref to unbosom one's heart

exterminar tr to exterminate

exterminio m extermination

exter•no -na adj external ‖ mf day pupil

extinción f extinction; cancellation, elimination

extinguidor m (SAm) (*incendios*) fire extinguisher

extinguir §29 tr to extinguish, put out; wipe out, put an end to; fulfil, carry out; (*un plazo, un tiempo*) spend, serve ‖ ref to be extinguished, go out; come to an end

extin•to -ta adj (*volcán*) extinct; deceased ‖ mf deceased

extintor m fire extinguisher; **extintor de espuma** foam extinguisher; **extintor de granada** fire grenade

extirpar tr to extirpate, eradicate

extorno m premium adjustment (*based on change in policy*)

extorsión f extortion; harm, damage

extorsionar tr to harm, damage; extort

extra adj extra; **extra de** in addition to, besides ‖ mf (theat) extra ‖ m (*de un periódico*) extra; extra, bonus

extracción f extraction; (*en la lotería*) drawing numbers; **extracción de raíces** (math) evolution

extractar tr (*un escrito*) to abstract

extracto m (de un escrito) abstract; (pharm) extract
extractor m extractor; remover; **extractor de aire** ventilator; **extractor de humos** smoke evacuator
extracurricular adj extracurricular
extradición f extradition
extraer §75 tr to extract; pull; (la raíz) (math) to extract
extrafuerte adj heavy-duty
extragalácti•co -ca adj extragalactic
extralimitar ref to go too far
extramural adj extramural
extanjerismo m borrowing
extranje•ro -ra adj foreign, alien || mf foreigner, alien; **extranjero enemigo** enemy alien || m foreign country; **al extranjero** abroad; **del extranjero** from abroad; **en el extranjero** abroad
extrañar tr to banish, expatriate; surprise; find strange; miss || ref to be surprised; refuse
extrañeza f strangeness, peculiarity; (desavenencia) estrangement; wonder, surprise
extra•ño -ña adj foreign; (raro, singular) strange; extraneous; **extraño a** unconnected with || mf foreigner
extraoficial adj unofficial
extraordina•rio -ria adj extraordinary; extra, special || m extra dish; special mail; (de un periódico) extra
extrapla•no -na adj extra-flat
extrapolar tr & intr to extrapolate
extrarradio m outer edge of town
extrasensorial adj extrasensory
extraterrestre adj extraterrestrial; otherworldly
extravagancia f (singularidad, ridiculez) extravagance, wildness, folly

extravagante adj (singular, ridículo) extravagant, wild, foolish; (correspondencia en la casa de correos) in transit
extravia•do -da adj lost, misplaced; astray, gone astray; (lugar) out-of-the-way
extraviar §77 tr to lead astray, mislead; mislay, misplace || ref to get lost, go astray; go wrong; get out of line
extravío m going astray; loss; misleading; misconduct; misplacement
extrema f (escasez grande) extremity; (de la vida) end, last moment
extremar tr to carry far, carry to the limit || ref to strive hard
extremaunción f extreme unction; last rites (Roman Catholic)
extreme•ño -ña adj frontier
extremidad f extremity; end, tip; **extremidades** (pies y manos) extremities; **la última extremidad** one's last moment
extremismo m extremism
extremista mf extremist
extre•mo -ma adj extreme; utmost; critical, desperate || m extremity; (de la calle) end; (del dedo) tip; (punto último) extreme; great care; (de una conversación, una carta) point; winter pasture; **al extremo de** to the point of; **de extremo a extremo** from one end to the other; **hacer extremos** to be demonstrative, gush || f see **extrema**
extremo•so -sa adj extreme, forthright; effusive, gushy, demonstrative
extrínse•co -ca adj extrinsic
extroversión f extroversion
extroverti•do -da mf extrovert
exuberante adj exuberant; luxuriant
exudar tr & intr to exude
exultante adj exultant
exultar intr to exult
exvoto m votive offering
eyacular tr & intr to ejaculate

F

F, f (efe) f seventh letter of the Spanish alphabet
f.a.b. abbr **franco a bordo**
fabada f pork-and-bean stew (in Asturias)
fábrica f factory, plant; building, masonry; (eccl) vestry
fabricación f manufacture; **fabricación en serie** mass production
fabricante mf manufacturer
fabricar §73 tr to manufacture; devise, invent; fabricate
fabril adj factory
fabriquero m manufacturer; charcoal burner; churchwarden
fábula f fable; (p.ej., de un drama) plot, story; rumor, gossip; (mentira) story, lie; (objeto de murmuración) talk of the town

fabulario m book of fables
fabulo•so -sa adj fabulous
facción f faction; feature; battle; **estar de facción** (mil) to be on duty; **facciones** features
facciona•rio -ria adj factional
faceta f facet
facetada f (Mex) flat joke
face•to -ta adj (Mex) affected; (Mex) finicky || f see **faceta**
facial adj facial
fácil adj easy; pliant, yielding; likely; loose, wanton
facilidad f facility, ease, easiness; **facilidades de pago** easy payments
facilitar tr to facilitate, expedite; furnish, supply

facili•tón -tona *adj* bumbling, brash ‖ *mf* bumbler

facinero•so -sa *adj* wicked ‖ *mf* villain

facistol *m* choir desk

facón *m* (Arg, Urug) gaucho knife

facsimilar *tr* to facsimile; copy

facsímile *m* facsimile

factible *adj* feasible

factor *m* factor; commission merchant; baggageman; freight agent

factoría *f* trading post; (Ecuad, Peru) foundry; (Mex) factory

factura *f* invoice, bill; workmanship; **factura simulada** pro forma invoice; **según factura** as per invoice

facturación *f* invoicing, billing (*del equipaje*) checking

facturar *tr* to invoice, bill; (*el equipaje*) check

facultad *f* faculty; (*de la universidad*) school; knowledge, skill; power; **facultad de altos estudios** graduate school

facultar *tr* to empower, authorize

facultati•vo -va *adj* faculty; optional ‖ *m* doctor, physician

facundia *f* eloquence, fluency

facun•do -da *adj* eloquent, fluent

facha *mf* (*adefesio*) sight ‖ *f* look, appearance; **facha a facha** face to face

fachada *f* façade; (*de un libro*) title page; look, build, bearing; **hacer fachada con** to overlook, to look out on

facha•do -da *adj* — **bien fachado** good-looking ‖ *f* see *fachada*

fachenda *m* boaster, show-off ‖ *f* boasting

fachendear *intr* to boast, show off

fachendista or **fachen•dón -dona** or **fachendo•so -sa** *adj* boastful ‖ *mf* boaster, show-off

fachinal *m* (Arg) marshland

fada *f* fairy, witch

faena *f* work; toil; chore, task, job; (taur) windup; (taur) stunt, trick; (mil) fatigue, fatigue duty; (Guat, Mex, W-I) extra work, overtime; (Ecuad) morning work in the field; (Chile) gang of farm hands

faenero *m* (Chile) farm hand

Faetón *m* Phaëthon

fagot *m* bassoon

faisán *m* pheasant

faja *f* sash, girdle; bandage; band, strip; newspaper wrapper; (*de carretera*) lane; (*de tierra*) strip; **faja central** or **divisoria** median strip; **faja medical** supporter

fajar *tr* to wrap; bandage; swaddle; (*un periódico o revista*) put a wrapper on; beat, thrash; to attack ‖ *ref* to put on a sash

fajardo *m* meat pie

fajín *m* sash

fajina *f* bundle of sticks; fire wood; (mil) call to quarters

fajo *m* bundle; (*de papel moneda*) roll; swig; (Mex) blow; (Mex) leather belt; **fajos** swaddling clothes

falacia *f* deception; deceitfulness

falange *f* phalanx

falangia *f* daddy-longlegs

fa•laz *adj* (*pl* **-laces**) deceitful; deceptive

falba•lá *m* (*pl* **-aes**) gore; flounce, ruffle

falce *m* sickle; falchion

falda *f* skirt, dress; (*regazo*) lap; flap; fold; (*del sombrero*) brim; foothill; (*mujer*) skirt; **cosido a las faldas de** tied to the apron strings of

falde•ro -ra *adj* skirt; (*perro*) lap; lady-loving ‖ *m* lap dog

faldillas *fpl* skirts, coattails

faldón *m* coattail; shirttail; saddle flap

falible *adj* fallible

fáli•co -ca *adj* phallic

falo *m* penis, phallus

falsada *f* swoop (*of bird of prey*)

falsa•rio -ria *adj* lying ‖ *mf* falsifier, crook; liar

falsear *tr* to falsify; counterfeit; forge; (*la verdad*) distort; (*una cerradura*) pick; bevel ‖ *intr* to sag, buckle; give, give way

falsedad *f* falsity; (*mentira*) falsehood

falsete *m* falsetto; plug, tap; door (*between rooms*)

falsetista *f* falsetto

falsía *f* falsity, treachery; unsteadiness

falsificación *f* falsification; fake; counterfeit; forgery

falsificar §73 *tr* to falsify; fake; counterfeit; forge

falsilla *f* guide lines

fal•so -sa *adj* false; counterfeit; (*caballo*) vicious ‖ *m* patch; **coger en falso** (Mex) to catch in a lie; **envidar en falso** to bluff

falta *f* fault; lack, want; misdeed; absence; (*ausencia de la clase*) cut; (sport) fault; **a falta de** for want of; **echar en falta** to miss; **falta de ortografía** misspelling; **hacer falta** to be needed; be lacking; **hacerle falta a uno** to need, e.g., **le hacen falta a Juan estos libros** John needs these books; to miss, e.g., **Vd. me hace mucha falta** I miss you very much; **sin falta** without fail

faltar *intr* to be missing, be lacking, be wanting; fall short; run out; be absent; fail; die; lack, need, e.g., **me falta dinero** I lack money, I need money; **faltar a la clase** to cut class; **faltar a la verdad** to fail to tell the truth; **faltar a una cita** to fail to keep an appointment; **faltar . . . para** to be . . . to, e.g., **faltan cinco minutos para las dos** it is five minutes to two; **faltar poco para** to come near; **faltar por** to remain to be, e.g., **faltan por escribir dos cartas** two letters remain to be written

fal•to -ta *adj* short, lacking; (*peso o medida*) short; (Arg) dull, stupid; (Col) proud, vain; **falto de** short of ‖ *f* see **falta**

fal•tón -tona *adj* dilatory, remiss; (Arg) simple-minded

falto•so -sa *adj* addlebrained; (Col) quarrelsome; (CAm, Mex) disrespectful

faltriquera *f* pocket; handbag; **faltriquera de reloj** watch fob; **rascarse la faltriquera** to cough up

falúa *f* barge, tender

falucho *m* felucca

falla f failure, breakdown; defect; (geol) fault; (Mex) baby's bonnet

fallar tr to trump; judge, pass judgment on ‖ intr to fail, miss; misfire; sag, weaken; break down; judge, pass judgment

falleba f espagnolette

fallecer §22 intr to die; fail, expire

falleci•do -da adj deceased, late

falli•do -da adj unsuccessful; bankrupt; (deuda) uncollectible

fallir §13 intr to fail; (Ven) to go bankrupt

fa•llo -lla adj (Chile) silly, simple; **estar fallo a** to be out of (cards of a suit) ‖ m short suit; decision; judgment; verdict; **fallo humano** human error; **tener fallo a** or **de to be out of** ‖ f see **falla**

fama f fame; reputation; rumor; (Chile) bull's-eye; **correr fama** to be rumored; **es fama** it is said, it is rumored

faméli•co -ca adj famished, starving

familia f family

familiar adj familiar; family; (sin ceremonia) informal; (lenguaje, estilo) colloquial ‖ m member of the family; member of the household; acquaintance; **familiar dependiente** dependent

familiaridad f familiarity

familiarizar §60 tr to familiarize ‖ ref to become familiar; become too familiar; familiarize oneself

famo•so -sa adj famous; (excelente) famous; (formidable) some, e.g., **famoso sujeto** some guy

fámu•lo -la mf servant

fanal m beacon, lighthouse; lantern; bell glass, bell jar; lamp shade

fanáti•co -ca adj fanatic(al) ‖ mf fanatic; (sport) fan

fanatismo m fanaticism

fanega f 1.58 bu.; **fanega de tierra** 1.59 acres

fanfarria f fanfare; blustering

fanfa•rrón -rrona adj blustering, bragging; flashy ‖ mf blusterer, braggart

fanfarronada f bluster, bravado

fanfarronnear intr to bluster, brag

fanfarronería f blustering, bragging, sword rattling

fanfurriña f pet, peeve

fango m mud, mire; **llenar de fango** (fig) to sling mud at

fango•so -sa adj muddy; sticky, gooey

fanguero m (Cuba, Mex, P-R) mud, quagmire

fantasear tr to dream of ‖ intr to fancy, to daydream; **fantasear de** to boast of being

fantasía f fantasy; fancy, conceit, vanity; imagery; **con fantasía** (Arg) hard; **de fantasía** fancy, imitation; **tocar por fantasía** (Ven) to play by ear

fantasio•so -sa adj vain, conceited

fantasma m phantom, ghost; stuffed shirt; (telv) ghost; **fantasma magnético** magnetic curves ‖ f scarecrow, hobgoblin

fantas•món -mona adj (coll) conceited ‖ mf conceited person ‖ m stuffed shirt; (coll) scarecrow

fantásti•co -ca adj fantastic; fancy; conceited

fantoche m puppet, marionette; nincompoop, whippersnapper

faquín m street porter, errand boy

fara•lá m (pl -laes) ruffle, flounce; frill

faramalla mf cheat, swindler ‖ f jabber, claptrap; bluff, fake; (Chile) bragging

faramalle•ro -ra or **farama•llón -llona** adj scheming, swindling ‖ mf schemer, swindler

farándula f (baile) farandole; gossip, scheming; theater people; (de gente) (Arg) crush, milling

farandulear intr to boast, to show off

Faraón m Pharaoh

faraute m herald, messenger; interpreter; (actor) prologue; busybody

fardel m bag, bundle; sloppy person

fardo m bundle, package

farero m lighthouse keeper

farfa•lá m (pl -laes) ruffle, flounce

farfullar tr (p.ej., una lección) to sputter through; (p.ej., una tarea) stumble through ‖ intr to sputter

faringe f pharynx

fariseo m pharisee; Pharisee; lanky good-for-nothing

farmacéuti•co -ca adj pharmaceutical ‖ mf pharmacist

farmacia f pharmacy, drug store; **farmacia de guardia** drug store open all night

fármaco m drug, medicine

faro m lighthouse, beacon; floodlight; (aut) headlight; (fig) beacon; **faro piloto** (aut) spotlight; **faros de carretera** (aut) bright lights; **faros de cruce** (aut) dimmers; **faros de población** or **de situación** (aut) parking lights

farol m lamp, light; lantern; street light; (rr) headlight; (coll) conceited fellow; (Bol) bay window; **farol de tope** (naut) headlight

farola f lighthouse; street lamp, lamppost

farolear intr to boast, brag

farole•ro -ra adj boasting ‖ mf boaster ‖ m lamplighter

farolillo m heartseed; Canterbury bell; **farolillo veneciano** Chinese lantern, Japanese lantern

farota f minx, vixen

farotear intr (Col) to romp around, make a racket

faro•tón -tona adj brazen, cheeky ‖ mf cheeky person

farra f salmon trout; (SAm) revelry

fárrago m hodgepodge

farraquista m scatterbrain; muddlehead

farrear intr to celebrate; (coll) to goof off

farro m grits

farru•co -ca adj bold, fearless; ill-humored ‖ mf Galician abroad, Asturian abroad

farru•to -ta adj (Arg, Bol, Chile) sickly

farsa f farce; humbug

farsante adj & mf fake, fraud, humbug

fas — por fas o por nefas rightly or wrongly, in any event

fascinante adj fascinating

fascinar *tr* to fascinate, bewitch; cast a spell on, cast the evil eye on

fascismo *m* fascism

fascista *adj & mf* fascist

fase *f* phase

fastidiar *tr* to bore, annoy; cloy, sicken; disappoint ‖ *ref* to get bored; suffer, be a victim

fastidio *m* boredom, annoyance; distaste, nausea

fastidio•so -sa *adj* boring, annoying; cloying, sickening; annoyed, displeased

fas•to -ta *adj* happy, blessed ‖ *m* pomp, show

fastuo•so -sa *adj* vain, pompous; magnificent

fatal *adj* fatal; bad, evil; (law) unextendible

fatalidad *f* fatality; misfortune

fatalismo *m* fatalism

fatalista *mf* fatalist

fatalmente *adv* fatally; inevitably; unfortunately; badly, poorly

fatídi•co -ca *adj* ominous, fateful

fatiga *f* fatigue; hard breathing; **fatigas** hardship

fatigante *adj* tiresome; fatiguing

fatigar §44 *tr* to fatigue, tire, weary; annoy, bother ‖ *ref* to get tired

fatigo•so -sa *adj* fatiguing, tiring; trying, tedious

fa•tuo -tua *adj* fatuous; conceited ‖ *mf* simpleton

fauces *fpl* (anat) fauces; (fig) jaws, mouth

fauna *f* fauna

fauno *m* faun

faus•to -ta *adj* happy, fortunate ‖ *m* pomp, magnificence

fausto•so -sa *adj* magnificent

fau•tor -tora *mf* abettor, accomplice

favor *m* favor; **a favor de** under cover of; by means of; in favor of; **hágame Vd. el favor de** do me the favor to; **por favor** please; **vender favores** to peddle influence

favorable *adj* favorable

favorecer §22 *tr* to favor; flatter

favoritismo *m* favoritism

favori•to -ta *adj & mf* favorite

fayanca *f* unstable posture

faz *f* (*pl* **faces**) face; aspect, look; (*de monedas o medallas*) obverse; **faces** cheeks; **faz a faz** face to face

F.C. *abbr* **ferrocarril**

fe *f* faith; testimony, witness; certificate; **¡a fe mía!** upon my faith!; **dar fe de** to certify; **en fe de lo cual** in witness whereof; **fe de erratas** list of errata; **hacer fe** to be valid; **la fe del carbonero** simple faith

fealdad *f* ugliness

Febe *f* Phoebe

feble *adj* weak, sickly; (*moneda, aleación*) lacking in weight or fineness

Febo *m* Phoebus

febrero *m* February

febril *adj* feverish

fécula *f* starch

feculen•to -ta *adj* starchy; fecal

fecundar *tr* to fecundate, to fertilize

fecun•do -da *adj* fecund, fertile

fecha *f* date; **con fecha de** under date of; **de**

larga fecha of long standing; **hasta la fecha** to date

fechador *m* (Chile, Mex) canceler, postmark

fechar *tr* to date

fechoría *f* misdeed, villainy

federación *f* federation

federal *adj & mf* federal

federar *tr & ref* to federate

feéri•co -ca *adj* fairy

fehaciente *adj* authentic

feldespato *m* feldspar

felicidad *f* felicity, happiness; luck

felicitar *tr* to felicitate, congratulate, wish happiness to

feli•grés -gresa *mf* parishioner, church member

feligresía *f* parish; congregation

Felipe *m* Philip

fe•liz *adj* (*pl* **-lices**) happy; lucky; (*oportuno*) felicitous

fe•lón -lona *adj* perfidious, treacherous ‖ *mf* wicked person

felonía *f* perfidy, treachery

felpa *f* plush; drubbing; severe reprimand

felpu•do -da *adj* plushy, downy ‖ *m* mat, door mat

femenil *adj* feminine, womanly

femeni•no -na *adj* feminine; (*sexo*) female ‖ *m* feminine

fementi•do -da *adj* false, treacherous

feminismo *m* feminism

fenecer §22 *tr* to finish, close ‖ *intr* to come to an end; die

Fenicia *f* Phoenicia

feni•cio -cia *adj & mf* Phoenician ‖ *f* see **Fenicia**

fé•nix *m* (*pl* **-nix** or **-nices**) phoenix

fenobarbital *m* phenobarbital

fenomenal *adj* phenomenal

fenómeno *m* phenomenon; monster, freak

fe•o -a *adj* ugly ‖ *m* slight; **hacer un feo a** to slight ‖ **feo** *adv* (Arg, Col, Mex) bad, e.g., **oler feo** to smell bad

feo•te -ta *adj* ugly, hideous

feral *adj* cruel, bloody

fe•raz *adj* (*pl* **-races**) fertile

féretro *m* bier

feria *f* weekday; market; fair; day off; (Mex) small change; (Mex) con man; (CAm, Mex) extra, tip, gratuity; **revolver la feria** to upset the applecart

ferial *adj* week (*day*); market (*day*) ‖ *m* market; fair

feriante *adj* fair-going ‖ *mf* fairgoer

feriar *tr* to buy, sell; give, present; (Mex) to give change for

feri•no -na *adj* wild, savage; (*tos*) whooping (*cough*)

fermentación *f* ferment; fermentation

fermentar *tr & intr* to ferment

fermento *m* ferment

ferocidad *f* ferocity, fierceness

ferósti•co -ca *adj* irritable; hideous

fe•roz *adj* (*pl* **-roces**) ferocious, fierce

férre•o -a *adj* iron

ferrería *f* ironworks, foundry

ferretear *tr* to trim with iron; work in iron

fa
fe

ferretería *f* ironworks; hardware; hardware store

ferrete•ro -ra *mf* hardware dealer

ferrocarril *m* railroad, railway; **ferrocarril de cremallera** rack railway, mountain railroad

ferrocarrile•ro -ra *adj* railroad, rail ‖ *m* railroader

ferrotipo *m* tintype

ferrovia•rio -ria *adj* railroad, rail ‖ *m* railroader

fértil *adj* fertile

fertilizar §60 *tr* to fertilize

férula *f* flexible splint; ferule; **estar bajo la férula de** to be under the thumb of

férvi•do -da *adj* fervid; *(fiebre; sed)* burning

ferviente *adj* fervent

fervor *m* fervor, zeal

fervoro•so -sa *adj* ardent, zealous

festejar *tr* to fete, honor, entertain; celebrate; court, woo; (Mex) to beat, thrash

festejo *m* feast, entertainment; celebration; courting, wooing; (Peru) revelry; **festejos** public festivities

festín *m* feast, banquet

festinar *tr* to hurry through; (CAm) to entertain

festival *m* festival, music festival

festividad *f* festivity; feast day, witticism

festi•vo -va *adj* festive, gay; witty; *(digno no de celebrarse)* solemn

festón *m* festoon

festonear *tr* to festoon

fetiche *m* fetish

féti•do -da *adj* fetid, foul

feto *m* fetus

feú•co -ca or **feú•cho -cha** *adj* hideous, repulsive

feudal *adj* feudal

feudalismo *m* feudalism

feudo *m* fief; **feudo franco** freehold

fiable *adj* trustworthy

fiado *m* — **al fiado** on credit; **en fiado** on bail

fia•dor -dora *mf* bail; **salir fiador por** to go bail for ‖ *m* fastener; catch, pawl; (Chile, Ecuad) chin strap

fiambre *adj* cold, cold-served; *(noticias)* old, stale ‖ *m* cold lunch, cold food; stale news; (Arg) dull party; **fiambres** cold cuts

fiambrera *f* dinner pail, lunch basket

fiambrería *f* (Arg) delicatessen store

fianza *f* guarantee, surety; bond; bail; **fianza carcelera** bail

fiar §77 *tr* to entrust, confide; guarantee; give credit to; sell on credit ‖ *intr & ref* to trust

fiasco *m* fiasco

fibra *f* fiber; (fig) fiber, strength, vigor; **fibras del corazón** heartstrings

fibro•so -sa *adj* fibrous

ficción *f* fiction

ficciona•rio -ria *adj* fictional

fice *m* (ichth) hake

ficti•cio -cia *adj* fictitious

ficha *f* chip; counter; domino; filing card; police record; (elec) plug; **ficha catalográfica** index card; **ficha perforada** punch card; **llevar ficha** to have a police record; **ser una buena ficha** to be a sly fox

ficha•dor -dora *mf* file clerk

fichar *tr* to file; play, move; black-list; (Cuba) to cheat ‖ *intr* (Col) to die

fichero *m* card index, filing cabinet

fidedig•no -na *adj* reliable, trustworthy

fideicomisa•rio -ria *mf* trustee

fideicomiso *m* trusteeship

fidelería *f* (Arg, Ecuad, Peru) vermicelli factory, noodle factory

fidelidad *f* fidelity; punctiliousness; **alta fidelidad** (rad) high fidelity

fideo *m* skinny person; (Arg) joke; (Arg) confusion, disorder; **fideos** vermicelli

Fidias *m* Phidias

fiducia•rio -ria *adj & mf* fiduciary

fiebre *f* fever; **fiebre del heno** hay fever; **fibre tifoidea** typhoid fever

fiel *adj* faithful; exact; punctilious; honest, trustworthy ‖ *m* inspector of weights and measures; *(en las balanzas)* pointer; *(de las tijeras)* pin; **fiel de romana** inspector of weights in a slaughterhouse; **los fieles** faithful

fielato *m* inspector's office; octroi

fieltro *m* felt; felt hat; felt rug

fiera *f* wild animal; *(persona)* fiend; (taur) bull; **ser una fiera para** to be a fiend for

fierabrás *m* spitfire, little terror

fierecilla *f* shrew

fiereza *f* fierceness; cruelty; deformity

fie•ro -ra *adj* fierce, wild; cruel; deformed, ugly; huge, tremendous; **echar** or **hacer fieros** to bluster ‖ *f* see **fiera**

fierro *m* (SAm) branding iron

fierros *mpl* (Ecuad, Mex) tools

fiesta *f* feast, holy day; holiday; celebration, festivity; **estar de fiesta** (coll) to be in a holiday mood; **fiesta de la hispanidad** or **fiesta de la raza** Columbus Day; **fiesta de todos los santos** All Saints' Day; **fiesta onomástica** saint's day, birthday; **fiestas** holiday, vacation; **hacer fiesta** to take off *(from work)*; **hacer fiestas a** to act up to, to fawn on; **la fiesta brava** bullfighting; **no estar para fiestas** to be in no mood for joking; **por fin de fiestas** to top it off; **se acabó la fiesta** let's drop it

fieste•ro -ra *adj* merry, cheerful ‖ *mf* merry-maker, party-goer

figón *m* cheap restaurant

figura *f* figure; face, countenance; *(naipe)* face card; (mus) note; (theat) character; **figura retórica** figure of speech; **hacer figura** to cut a figure

figuración *f* representation; (Arg) status, social standing

figura•do -da *adj* figurative

figurar *tr* to depict, trace, represent; feign ‖ *intr* to figure, be in the limelight ‖ *ref* to figure, imagine

figurati•vo -va *adj* figurative, representative

figurería *f* face, grimace

figurilla *mf* silly little runt ‖ *f* figurine

figurín *m* dummy, model; fashion plate

figurina *f* figurine

figurita *mf* silly little runt
figurón *m* stuffed shirt; **figurón de proa** (naut) figurehead
fija *f* hinge; trowel; (*caballo*) (Peru) sure bet; **la fija** sure thing
fijacarte•les *m* (*pl* -les) billposter
fijación *f* fixing, fastening; posting; **fijación de precios** price fixing
fijado *m* (phot) fixing
fija•dor -dora *adj* fixing ‖ *m* carpenter who installs doors and windows; fixing bath; sprayer; (mas) pointer; hair set, hair spray
fijamárge•nes *m* (*pl* -nes) margin stop
fijapeína•dos *m* (*pl* -dos) hair set, hair spray
fijar *tr* to fix; fasten; (*carteles*) post; (*una fecha; los cabellos; una imagen fotográfica; los precios; la atención; una hora, una cita*) fix; (*residencia*) establish; paste, glue ‖ *ref* to settle; notice; **fijarse en** to notice; pay attention to; be intent on
fijeza *f* firmness, stability; steadfastness; **mirar con fijeza** to stare at
fi•jo -ja *adj* fixed; firm, solid, secure, fast; sure, determined; **de fijo** surely ‖ *f* see **fija**
fil *m* — **estar en fil** or **en un fil** to be alike; **fil derecho** leapfrog
fila *f* row, line; file; (*linea que los soldados forman de frente*) rank; dislike, hatred; **cerrar las filas** (mil) to close ranks; **en fila** in single file; **en filas** (mil) in active service; **fila india** single file, Indian file; **llamar a filas** (mil) to call to the colors; **pasarse a las filas de** to go over to; **romper filas** (mil) to break ranks
filamento *m* filament
filantropía *f* philanthropy
filántrop•po -pa *mf* philanthropist
filar *tr* (naut) to pay out slowly
filarmónica *f* (Mex) accordion
filarmóni•co -ca *adj* philharmonic
filatelia *f* philately
filatelista *mf* philatelist
filatería *f* fast talking; wordiness
filate•ro -ra *adj* fast-talking; wordy ‖ *mf* fast talker; great talker
file•no -na *adj* cute, tiny
filete *m* (*de carne o pescado*) filet or fillet; (*asador*) spit; edge, rim; narrow hem; (*de tornillo*) thread; snaffle bit; (archit, bb) fillet; (typ) rule, fancy rule
filetear *tr* to fillet; (*un tornillo*) thread; (bb) to tool
filiación *f* filiation; description, characteristics; (mil) regimental register
filial *adj* filial ‖ *f* affiliate, branch
filiar §77 *tr* to register ‖ *ref* to enroll
filibustero *m* filibuster, buccaneer
filigrana *f* filigree; (*en el papel*) watermark
filipi•no -na *adj* Filipine, Filipino ‖ *mf* Filipino ‖ **Filipinas** *fpl* Philippines
Filipo *m* Philip (*of Macedonia*)
Filis *f* Phyllis
filiste•o -a *adj & mf* Philistine ‖ *m* tall, fat fellow
film *m* (*pl* -**films or filmes**) film
filmadora *f* movie camera
filmar *tr* to film, shoot

filo *m* edge; ridge; dividing line; (CAm, Mex) hunger; **al filo de** at, at about; **dar filo a** to sharpen; **filo del viento** direction of the wind; **pasar al filo de la espada** to put to the sword; **por filo** exactly
filobús *m* trolley bus, trackless trolley
filocommunista *adj & mf* procommunist
filología philology
filólo•go -ga *mf* philologist
filón *m* seam, vein; (fig) gold mine
filo•so -sa *adj* sharp
filosofía *f* philosophy
filosófi•co -ca *adj* philosophic(al)
filóso•fo -fa *mf* philosopher
filote *m* (Col) corn silk; (Col) ear of green corn
filtración *f* filtering; leak; (fig) leak, loss
filtrado *m* filtrate
filtrar *tr* to filter ‖ *intr* to leak; ooze ‖ *ref* to filter; (*el dinero*) leak away, disappear
filtro *m* filter; (*brebaje para conciliar el amor*) philter, love potion
filu•do -da *adj* (SAm) sharp-edged
filván *m* featheredge
fimo *m* dung, manure
fin *m* end; aim, purpose, end; **a fin de** to, in order to; **a fin de que** in order that, so that; **a fines de** toward the end of, late in; **al fin** finally; **al fin del mundo** far, far away; **al fin y a la postre** or **al fin y al cabo** after all, in the end; **dar fin a** to put an end to; **fin de semana** weekend; **por fin** finally, in short; **sin fin** endless; endlessly; **un sin fin de** no end of
fina•do -da *adj* deceased, late ‖ *mf* deceased
final *adj* final ‖ *m* end; (mus) finale; **por final** finally ‖ *f* (sport) finals; **final de partido** windup
finalidad *f* end, purpose
finalista *mf* finalist
finalizar §60 *tr* to end, terminate; (*una escritura*) (law) to execute ‖ *intr* to end, terminate
financiación *f* financing
financiamiento *m* (SAm) financial backing
financiar *tr* to finance
financie•ro -ra *adj* financial ‖ *mf* financier
finanzas *fpl* finances
finar *intr* to die ‖ *ref* to yearn
finca *f* property, piece of real estate; farm, ranch; **buena finca** sly fellow
fincar §73 *tr* (P-R) to cultivate, farm ‖ *intr* to buy up real estate; (Col) to reside, rest, be based ‖ *ref* to buy up real estate
fincha•do -da *adj* vain, conceited
fi•nés -nesa *adj* Finnic; Finnish ‖ *mf* Finn ‖ *m* (*idioma uraliano*) Finnic; (*idioma de Finlandia*) Finnish
fineza *f* fineness; kindness, courtesy; token of affection, favor
fingi•do -da *adj* fake, sham; false, deceitful
fingir §27 *tr & intr* to feign, pretend, fake ‖ *ref* to pretend to be
finiquitar *tr* (*una cuenta*) to settle, to close; finish, wind up
finiquito *m* settlement, closing; **dar finiquito a** to settle, close; finish, wind up

fe
fi

finíti•mo -ma *adj* bordering, neighboring

fini•to -ta *adj* finite

finlan•dés -desa *adj* Finnish ‖ *mf* Finn, Finlander ‖ *m* Finnish

Finlandia *f* Finland

fi•no -na *adj* fine; (*ligero, casi transparente*) sheer; (*esbelto*) thin, slender; (*paño, papel, etc.*) thin; (*agua*) pure; polite, courteous; shrewd, cunning

finta *f* feint

finura *f* fineness, excellence; politeness, courtesy

finústi•co -ca *adj* overobsequious

firma *f* signature; signing; firm; firm name; mail to be signed; **con mi firma** under my hand; **firma en blanco** blank check

firmamento *m* firmament

firmante *adj* signatory ‖ *mf* signer, signatory

firmar *tr & intr* to sign

firme *adj* firm, steady; solid, hard; staunch, unswerving ‖ *adv* firmly, steadily ‖ *m* roadbed; **de firme** hard, e.g., **llover de firme** to rain hard

firmeza *f* firmness; constancy, fortitude

firmón *m* shyster who signs anything

fiscal *adj* fiscal, treasury ‖ *m* treasurer; district attorney; busybody

fiscalizar §60 *tr* to control, inspect; prosecute; pry into

fisco *m* state treasury, exchequer

fisga *f* fish spear; prying, snooping; banter, raillery

fisgar §44 *tr* to harpoon, fish with a spear; pry into ‖ *intr* to pry, snoop; mock, jeer ‖ *ref* to mock, jeer

fis•gón -gona *mf* (coll) mocker, jester; (coll) snooper, busybody

físi•co -ca *adj* physical; (Mex, W-I) finicky, prudish ‖ *mf* physicist ‖ *m* physique ‖ *f* physics; **física de las partículas** particle physics; **física del estado sólido** solid state physics; **física molecular** molecular physics

fisil *adj* fissionable

fisiología *f* physiology

fisiológi•co -ca *adj* physiological

fisión *f* fission

fisionable *adj* fissionable

fisonomía *f* physiognomy

fistol *m* sly fellow; (Mex) necktie pin

fisura *f* (anat, min) fissure; **fisura del paladar** cleft palate

fla•co -ca *adj* thin, skinny; feeble, weak, frail; insecure, unstable ‖ *m* weak spot

flacu•cho -cha *adj* skinny

flagrante *adj* occurring, actual; **en flagrante** in the act

flamante *adj* bright, flaming; brand-new, spick-and-span

flameante *adj* flamboyant

flamear *intr* to flame; flare up (*with anger*); flutter, wave

flamen•co -ca *adj* Flemish; buxom; Andalusian gypsy; flashy, snappy, gypsyish ‖ *mf* Fleming ‖ *m* (*idioma*) Flemish; Andalusian gypsy dance, song, or music; (orn) flamingo

fláme•o -a *adj* flamelike

flamíge•ro -ra *adj* (poet) flaming; (archit) flamboyant

flan *m* custard

flanco *m* side, flank; **coger por el flanco** to catch off guard

Flandes *f* Flanders

flanquear *tr* to flank

flaquear *intr* to weaken, flag; become faint; become discouraged

flaqueza *f* thinness, skinniness; weakness; instability

flashback *m* (*retrospectiva*) flashback

flato *m* gas; gloominess, melancholy

flato•so -sa *adj* flatulent, windy; gloomy, melancholy

flauta *f* flute

flautín *m* piccolo

flautista *mf* flautist, flutist

flebitis *f* phlebitis

fleco *m* fringe; ragged edge; **flecos** bangs

flecha *f* arrow; (aer) sweepback

flechar *tr* (*el arco*) to draw; (*a una persona*) wound with an arrow, kill with an arrow; infatuate

flechero *m* archer, bowman

fleje *m* iron strap, iron hoop

flema *f* phlegm

flemáti•co -ca *adj* phlegmatic(al); (coll) cool

flemón *m* gumboil

flequillo *m* bangs

Flesinga *f* Flushing

fletante *m* shipowner; (Arg, Chile, Ecuad) conveyancer

fletar *tr* (*una nave*) to charter; (*ganado*) load; (*bestias de carga, carros, etc.*) (Arg, Chile, Ecuad, Mex) to hire ‖ *ref* (Arg) to sneak in, slip in; (Cuba, Mex) to beat it, clear out

flete *m* (naut) freight, cargo; (Arg, Bol, Col, Urug) race horse; **salir sin flete** (Col, Ven) to beat it

flexible *adj* flexible; (*sombrero*) soft ‖ *m* soft hat; (elec) flexible cord

flexo *m* gooseneck lamp

flinflanear *intr* to tinkle

flirt *m* or **flirtación** *f* flirting

flirtear *intr* to flirt

flojear *intr* to ease up, idle; flag, weaken

flojedad *f* slackness; looseness; limpness; laziness; weakness

flojel *m* fluff, nap; down, soft feathers

flo•jo -ja *adj* slack, loose; limp; languid; lazy; weak; (*precios*) sagging; (*viento*) light; lax, careless

flor *f* flower; (*de árbol frutal*) blossom; (*del cuero*) grain; (fig) compliment, bouquet; **a flor de** even with, flush with; **a flor de agua** at water level; **decir flores a** to flatter; to flirt with; **flor de la edad** bloom of youth; **flor de la vida** prime of life; **flor del campo** wild flower; **flor de lis** (*escudo de armas de Francia*) lily, fleur-de-lis; **flor de mano** paper flower, artificial flower; **la flor de la canela** the tops; **la flor y nata de** the cream of

flora *f* flora

floral *adj* floral
florcita *f* little flower; **andar de florcita** (Arg, Bol, Chile, Urug) to stroll around with a flower in one's buttonhole, take it easy
florear *tr* to flower, decorate with flowers; (*los naipes*) stack; (*harina*) bolt ‖ *intr* (*la punta de la espada*) to quiver; twang away on a guitar; throw bouquets
florecer §22 *intr* to flower, blossom, bloom; (*prosperar*) flourish ‖ *ref* to become moldy
floreciente *adj* flowering, florescent; flourishing
florenti•no -na *adj* & *mf* Florentine
floreo *m* idle talk; bright remark; (*de la punta de la espada*) quivering; (*de la guitarra*) twanging; (mus) flourish; **andarse con floreos** to beat about the bush
florera *f* flower girl
florería *f* flower shop
flore•ro -ra *adj* flattering, jesting ‖ *mf* flatterer, jester; florist ‖ *m* (*vaso para flores*) vase; (*maceta con flores*) flowerpot; flower stand, jardiniere; (*cuadro, pintura*) flower piece ‖ *f* see **florera**
florescencia *f* florescence
floresta *f* woods, woodland; grove; rural setting; anthology
florete *m* (*esgrima*) fencing; (*espadín*) foil
floretear *tr* to decorate with flowers ‖ *intr* to fence
flori•do -da *adj* flowery, full of flowers; choice, select
florilegio *m* anthology
floripondio *m* (SAm) angel's-trumpet
florista *mf* florist
floristería *f* flower shop
florón *m* large flower; finial; rosette; (typ) tailpiece, vignette
flota *f* fleet; **flota petrolera** tanker fleet
flotación *f* buoyancy
flotador *m* float
flotaje *m* log driving
flotante *adj* floating; (*barba*) flowing ‖ *m* (Col) braggart
flotar *intr* to float; (*una bandera*) wave
flote *m* floating; **a flote** afloat
fluctuar §21 *intr* to fluctuate; bob up and down; wave; waver, be in danger
fluente *adj* fluent, flowing; (*hemorroides*) bleeding
fluidez *f* fluidity
flúi•do -da *adj* fluid; (*estilo, lenguaje*) fluent ‖ *m* fluid
fluir §20 *intr* to flow
flujo *m* flow, flux; (*acceso de la marea*) floodtide; **flujo de risa** fit of noisy laughter; **flujo de vientre** loose bowels; **flujo y reflujo** ebb and flow
flúor *m* fluorine
fluorescencia *f* fluorescence
fluorescente *adj* fluorescent
fluorhídri•co -ca *adj* hydrofluoric
fluorización *f* fluoridation
fluorizar §60 *tr* to fluoridate
fluoroscopio *m* fluoroscope
fluoruro *m* fluoride

flux *m* (*en el póker*) flush; suit of clothes; **estar en flux** to be penniless; **hacer flux** to blow in everything without settling accounts; **tener flux** to be lucky
fluxión *f* (*acumulación morbosa de humores*) congestion; (*enrojecimiento de la cara y el cuello*) flush; (*constipado de narices*) cold in the head; **fluxión de muelas** swollen cheek; **fluxión de pecho** pneumonia
foca *f* seal
focal *adj* focal
foco *m* focus; (*de vicios*) center; (*de un absceso*) core; electric light
fodo•lí *adj* (*pl* **-líes**) meddlesome
fodon•go -ga *adj* (Mex) dirty, slovenly
fo•fo -fa *adj* soft, fluffy, spongy
fogaje *m* (*contribución*) hearth money; blush, flush; (Arg) fire, blaze; (Arg, Mex) rash, eruption
fogata *f* blaze, bonfire
fogón *m* cooking stove; (*de máquina de vapor*) firebox
fogonazo *m* powder flash
fogonero *m* fireman, stoker
fogosidad *f* fire, spirit, dash
fogo•so -sa *adj* fiery, spirited
fol. *abbr* folio
folgo *m* foot muff
foliar *tr* to folio
folio *m* folio; **al primer folio** right off; **de a folio** enormous; **en folio** folio
folklore *m* folklore
follaje *m* foliage; gaudy ornament; (*palabrería*) fustian
follar *tr* to shape like a leaf ‖ §61 *tr* to blow with bellows
folletín *m* newspaper serial (*printed at bottom of page*); pamphlet
folleto *m* brochure, pamphlet, tract
fo•llón -llona *adj* careless, indolent, lazy; arrogant, cowardly ‖ *mf* lazy loafer, knave ‖ *m* noiseless rocket
fomentar *tr* to foment; foster, encourage, promote; warm
fonda *f* inn, restaurant; (Chile) refreshment stand
fondeadero *m* anchorage
fondea•do -da *adj* well-heeled
fondear *tr* (*un buque*) to search; scrutinize, examine closely ‖ *intr* to cast anchor ‖ *ref* to save up for a rainy day
fondillos *mpl* seat (*of trousers*)
fondista *mf* innkeeper
fondo *m* bottom; (*de un cuarto, una tienda*) back, rear; (*del mar, de una piscina, etc.*) floor; (*de un cilindro, barril, etc.*) head; background; (*de una casa*) depth; (*de un paño*) ground; (*caudal*) fund; (*lo esencial*) bottom; **a fondo** thoroughly; **bajos fondos sociales** underworld, scum of the earth; **colar a fondo** to sink; **dar fondo** to cast anchor; **echar a fondo** to sink; **en el fondo** at bottom; **estar en fondos** to have funds available; **fondo de amortización** sinking fund; **fondos** (*caudales, dinero*) funds; **irse a fondo** to go to the bottom; (*un negocio*)

fi
fo

to fail; **tener buen fondo** to be good-natured

fonducho *m* cheap eating house

fonéti•co -ca *adj* phonetic

foniatría *f* speech correction

fónica *f* phonics

fono *m* (Chile) earphone

fonoabsorbente *adj* sound-absorbent; sound-deadening

fonocaptor *m* pickup

fonógrafo *m* phonograph; record player

fonología *f* phonology

fontanería *f* plumbing; water-supply system

fontane•ro -ra *adj* fountain ‖ *m* plumber, tinsmith

foque *m* (naut) jib; (coll) piccadilly collar

foraji•do -da *adj* fugitive ‖ *mf* fugitive, outlaw, bandit

foráne•o -a *adj* foreign, strange; offshore

foraste•ro -ra *adj* outside, strange; foreign ‖ *mf* outsider, stranger

forbante *m* freebooter

forcejar or **forcejear** *intr* to struggle, resist, contend

forceju•do -da *adj* strong, husky, robust

fór•ceps *m* (*pl* -**ceps**) forceps

forestal *adj* forest

forja *f* forge; forging; silversmith's forge; foundry, ironworks; mortar

forjar *tr* to forge; build with stone and mortar; roughcast; (*mentiras*) forge ‖ *ref* to forge; hatch, think up

forma *f* form, shape; way; (*de un libro*) format; **de forma que** so that, with the result that; **tener buenas formas** to have a good figure

formación *f* formation; **formación de palabras** word formation

formal *adj* formal, ceremonious; express, definite; reliable; sedate; serious

formalidad *f* formality; reliability; seriousness

formar *tr* to form; to shape, fashion; train, educate ‖ *intr* to form; form a line, stand in line ‖ *ref* to form; form a line, stand in line; take form, grow, develop

formato *m* format

formidable *adj* formidable

formidolo•so -sa *adj* scared, frightened; frightful, horrible

fórmula *f* formula; prescription; **por fórmula** as a matter of form

formular *tr* to formulate

formulario *m* form, blank; **formulario de pedido** order blank

fornicación *f* fornication

fornicar *intr* to fornicate; to have sex

forni•do -da *adj* husky, sturdy, robust

foro *m* forum; (*abogacía*) bar; (*del escenario*) back, rear

forrado *m* lining; padding

forraje *m* forage, fodder

forrajear *tr* & *intr* to forage

forrar *tr* to line; (*un vestido*) face; (*un libro, un paraguas*) cover; (*un lienzo*) stretch ‖ *ref* (Guat, Mex) to stuff oneself

forro *m* lining; cover, covering; (naut)

sheathing, planking; **forro de freno** brake lining; **ni por el forro** not by a long shot

fortalecer §22 *tr* to fortify, strengthen

fortaleza *f* fortitude; strength, vigor; fortress, stronghold

fortificación *f* fortification

fortificante *m* tonic

fortificar §73 *tr* to fortify

fortín *m* small fort; bunker

fortui•to -ta *adj* fortuitous

fortuna *f* fortune; **correr fortuna** (naut) to ride the storm; **de fortuna** makeshift; **por fortuna** fortunately; **probar fortuna** to try one's luck

fortunón *m* windfall

forza•do -da *adj* forced; (*p.ej., entrada*) forcible; (*sonrisa*) (fig) forced; (*trabajos*) hard ‖ *m* galley slave

forzar §35 *tr* to force

forzo•so -sa *adj* unavoidable; strong, husky; (*trabajos*) hard; (*aterrizaje; marcha*) forced ‖ *f* — **hacer la forzosa a** to put the squeeze on

forzu•do -da *adj* strong, husky, robust

fosa *f* grave; (aut) pit; **fosa de los leones** (Bib) lions' den

fosar *tr* to dig a ditch around

fos•co -ca *adj* dark; cross, sullen; (*tiempo*) threatening

fosfato *m* phosphate

fosforera *f* matchbox

fosforescente *adj* phosphorescent

fósforo *m* (*cuerpo simple*) phosphorus; match; **fósforo de seguridad** safety match

fósil *adj* & *m* fossil

foso *m* hole, pit; (*que rodea un castillo o fortaleza*) moat; (theat & aut) pit

fotingo *m* jalopy, jitney

foto *f* photo; **foto fija** still

fotocopia *f* photocopy

fotocopiador *m* or **fotocopiadora** *f* photocopier

fotocopiar *tr* to photocopy

fotodrama *m* photoplay

fotofija *m* photo-finish camera

fotogéni•co -ca *adj* photogenic

fotograbado *m* photoengraving

fotografía *f* (*arte*) photography; (*imagen, retrato*) photograph; photograph gallery; **fotografía aérea** aerial photograph(y)

fotografiar §77 *tr* & *intr* to photograph

fotógra•fo -fa *mf* photographer

fotómetro *m* light meter

fotoperiodismo *m* photojournalism

fotopila *f* solar battery

fotostatar *tr* & *intr* to photostat

fotóstato *m* photostat

fototubo *m* phototube

fra. *abbr* **factura**

frac *m* (*pl* -**fraques**) full-dress coat, tails, swallow-tailed coat

fracasar *intr* to fail; break to pieces

fracaso *m* failure; breakdown, crash

fracción *f* fraction

fraccionar *tr* to divide up; break up

fracciona•rio -ria *adj* fractional

fractura f fracture; breaking open, breaking in

fracturar tr to fracture; break open, break in ‖ ref (p.ej., un brazo) to fracture

fragancia f fragrance; good reputation

fragante adj fragrant; **en fragante** (archaic) in the act

fragata f frigate; **fragata ligera** corvette

frágil adj fragile; (quebradizo; que cae fácilmente en el pecado) frail; (Mex) poor, needy

fragmento m fragment

fragor m crash, roar, thunder

fragoro•so -sa adj noisy, thundering

fragosidad f roughness, unevenness; (de un bosque) thickness, denseness; rough road

frago•so -sa adj rough, uneven; thick, dense; noisy, thundering

fragua f forge

fraguar §10 tr to forge; hatch, scheme; (mentiras) forge ‖ intr to forge; (la cal, el cemento) set

fraile m friar, monk; **fraile de misa y olla** friarling; **fraile rezador** praying mantis

frambesia f (pathol) yaws

frambuesa f raspberry

frambueso m raspberry bush

francachela f feast, spread; carousal, high time; (Arg) excessive familiarity

francalete m strap with buckle

fran•cés -cesa adj French; **despedirse a la francesa** to take French leave ‖ m Frenchman; (idioma) French ‖ f Frenchwoman

francesada f French remark; French invasion of Spain in 1808

francesilla f French roll; (bot) turban buttercup

Francia f France

francisca•no -na adj & mf Franciscan

francmasón m Freemason

francmasonería f Freemasonry

fran•co -ca adj generous, liberal; outspoken, candid, frank; (camino) free, open; (suelo) loamy; free, gratis, Frankish; **franco a bordo** free on board; **franco de porte** postpaid ‖ mf Frank ‖ m franc; (idioma) Frankish

francolín m black partridge

franco•te -ta adj frank, wholehearted

francotirador m sniper

franela f flannel

frangente m accident, mishap

frangir §27 tr to break up, break to pieces

frangollar tr to bungle, to botch

frangollo m porridge; mash for cattle; bungle, botch

franja f fringe; strip, band; (opt) fringe

franjar tr to fringe

franquear tr to exempt; cross, go over; grant; free, enfranchise; (un camino) open, clear; (una carta) frank, pay the postage for; **a franquear en destino** postage will be paid by addressee ‖ ref to yield; **franquearse con** to open one's heart to

franqueo m freeing, liberation; postage; **franqueo concertado** postage permit

franqueza f generosity; candidness, frankness; freedom

franquía f (naut) sea room; **en franquía** (naut & fig) in the open

franquicia f franchise; exemption, tax exemption; **franquicia postal** franking privilege

franquista mf Francoist

frasca f leaves, twigs, brush; (Guat, Mex) high jinks

frasco m flask; (p.ej., de aceitunas) jar

frase f phrase; (oración cabal) sentence; idiom; **frase hecha** saying, proverb; cliché; **gastar frases** to talk all around the subject

frasear tr to phrase ‖ intr to talk all around the subject

frasquera f bottle frame, liquor case

fratás m plastering trowel

fraternal adj brotherly, fraternal

fraternidad f fraternity, brotherhood

fraternizar §60 intr to fraternize

frater•no -na adj brotherly, fraternal

fraude m fraud; **fraude fiscal** tax evasion

fraudulen•to -ta adj fraudulent

fray m Fra

frecuencia f frequency; **alta frecuencia** high frequency; **baja frecuencia** low frequency; **con frecuencia** frequently

frecuentar tr (ir con frecuencia a) to frequent; keep up, repeat

frecuente adj frequent; (usual) common

fregadero m sink, kitchen sink

frega•do -da adj annoying, bothersome; cunning; (SAm) stubborn; (P-R) brazen ‖ m scrubbing; mopping; mess

frega•dor -dora mf dishwasher

fregar §66 tr (restregar) to rub; (restregar para limpiar) scrub, scour; (el pavimento) mop; (los platos) wash; annoy, bother

fregasue•los m (pl -los) mop, floor mop

frega•triz f (pl -trices) var of **fregona**

fre•gón -gona adj annoying, bothersome; brazen ‖ f (criada que friega el pavimento) scrub woman; (criada que lava la vajilla) dishwasher, scullery maid

freiduría f fried-fish shop

freír §58 & §83 tr to fry; bore to death ‖ intr to fry; **dejarle a uno freír en su aceite** to let someone stew in his own juice ‖ ref to fry; be bored to death; **freírsele a** to try to fool, scheme to deceive

fréjol m kidney bean

frenar tr to bridle, check, hold back; (un automóvil, tren) brake

frene•sí m (pl -síes) frenzy

frenéti•co -ca adj frantic; mad, furious; wild

frenillo m muzzle; **no tener frenillo en la lengua** to not mince one's words

freno m (parte de la brida) bit; (aparato para parar el movimiento de los vehículos) brake; (fig) brake, check, curb; **freno de contrapedal** coaster brake; **freno de disco** disk brake; **freno de tambor** drum brake; **morder el freno** to champ the bit

frenología f phrenology

frentazo m (Mex) rebuff

frente m & f (de un edificio) front ‖ m (mil)

fo
fr

front, front line; **al frente de** at the head of, in charge of ‖ *f* brow, forehead; face, front; head; **a frente** straight ahead; **arrugar la frente** to knit the brow; **de frente** straight ahead; abreast; **en frente de** in front of; against, opposed to; **frente a** in front of; compared with

freo *m* channel, strait

fresa *f* strawberry; (*de fresadora*) cutter

fresado *m* milling, millwork

fresadora *f* milling machine

fresal *m* strawberry patch

fresar *tr* to mill

fresca *f* fresh air; cool part of the day; blunt remark, piece of one's mind

fresca•chón -chona *adj* bouncing, buxom; (*viento*) brisk

fresca•les *mf* (*pl* **-les**) forward sort of person

frescamente *adv* recently; cheekily, brazenly

fres•co -ca *adj* (*acabado de hacer o suceder*) fresh; (*moderadamente frío*) cool; (*pintura*) fresh, wet; (*tela, vestido*) light; calm, unruffled; buxom, ruddy; cheeky, fresh; **estar fresco** to be in a fine pinch; **quedarse tan fresco** to show no offense, be indifferent or unconcerned ‖ *m* coolness; fresh air; fresh bacon; (fa) fresco; cool drink; **al fresco** in the open air; in the night air; **hace fresco** it is cool; **tomar el fresco** to go out for some fresh air ‖ *f* see **fresca**

frescor *m* freshness; cool, coolness

fresco•te -ta *adj* plump and rosy

frescura *f* freshness; cool, coolness; unconcern, offhand manner; sharp reply; cheek, impudence

fresno *m* ash tree; (*madera*) ash

fresquera *f* meat closet, food cabinet, icebox

fresquería *f* ice-cream parlor, soft-drink store

fresque•ro -ra *mf* fish dealer; (Peru) soft-drink vendor ‖ *f* see **fresquera**

freudismo *m* Freudianism

freza *f* dung; spawning; hole made by game

frialdad *f* coldness; carelessness, laxity; stupidity; (pathol) frigidity; (pathol) impotence; (fig) coolness, coldness

friáti•co -ca *adj* chilly; awkward, stupid; (*ropa*) cold

fricar §73 *tr* to rub

fricasé *m* fricassee

fricción *f* rubbing; massage; (pharm) rubbing liniment; (phys) friction

friccionar *tr* to rub; massage

friega *f* rubbing, massage; annoyance, bother; flogging, whipping

frigidez *f* frigidity; coldness

frígi•do -da *adj* frigid; cold

frigorífero *m* freezing chamber

frigorífi•co -ca *adj* refrigerating; cold-storage ‖ *m* refrigerator; (Arg, Urug) packing house, cold-storage plant

fríjol *m* bean, kidney bean; **fríjol de media luna** Lima bean; **¡fríjoles!** (W-I) absolutely no!

frijolear *tr* (Guat) to annoy, molest

frijolizar §60 *tr* (Peru) to bewitch

frí•o -a *adj* cold; dull, weak, colorless; (fig) cold, cool ‖ *m* cold; **fríos** chills and fever;

coger frío to catch cold; **hace frío** it is cold; **tener frío** (*una persona*) to be cold; **tomar frío** to catch cold

friole•ro -ra *adj* chilly ‖ *f* trifle, trinket; snack, bite

frisar *tr* to rub; to fit, fasten; (naut) to calk ‖ *intr* to agree, get along; **frisar con** or **en** to border on

friso *m* dado, wainscot; (archit) frieze

fri•són -sona *adj* & *mf* Frisian

fritada *f* fry

fri•to -ta *adj* fried; bored to death ‖ *m* fry; (Ven) daily bread

fritura *f* fry

frívo•lo -la *adj* frivolous; trifling

fronda *f* leaf; (*de helecho*) frond; sling-shaped bandage; **frondas** frondage, foliage

frondo•so -sa *adj* leafy; woodsy

frontalera *f* yoke pad

frontera *f* frontier, border; front, façade

fronteri•zo -za *adj* frontier, border; facing, opposite

fronte•ro -ra *adj* frontier, border; facing, opposite; front ‖ *f* see **frontera**

frontín *m* (Mex) flip, fillip

fron•tis *m* (*pl* **-tis**) front, façade

frontispicio *m* frontispiece; (coll) face

frontón *m* (*encima de puertas o ventanas*) gable, pediment; pelota court; pelota wall; handball court

frotamiento *m* rubbing; (phys) friction

frotar *tr* to rub; to chafe ‖ *ref* to rub

fro•tis *m* (*pl* **-tis**) (bact) smear

fructuo•so -sa *adj* fruitful

frugal *adj* (*en comer y beber*) temperate; (*no muy abundante*) frugal

fruición *f* enjoyment, satisfaction; (*del mal ajeno*) evil satisfaction

fruiti•vo -va *adj* enjoyable

frunce *m* shirr, shirring, gathering

frunci•do -da *adj* grim, gruff, stern; (Chile) temperate; (Chile) sad, gloomy ‖ *m* shirr, shirring, gathering

fruncir §36 *tr* to wrinkle, pucker, pleat; (*la frente*) knit; (*los labios*) curl, purse; (*la verdad*) twist, disguise; shirr, gather ‖ *ref* to affect modesty, be shocked

fruslería *f* trifle, trinket; (coll) futility, triviality

frusle•ro -ra *adj* futile, trivial, trifling ‖ *m* rolling pin

frustrar *tr* to frustrate, thwart

fruta *f* fruit; **fruta del tiempo** fruit in season; **fruta de sartén** fritter, pancake; **frutas** fruit; **frutas agrias** citrus fruit

frutal *adj* fruit ‖ *m* fruit tree

frutería *f* fruit store

frute•ro -ra *adj* fruit ‖ *mf* fruit dealer ‖ *m* fruit dish; tray of imitation fruit

frutilla *f* (*del rosario*) bead; Chilean strawberry; gumdrop

fruto *m* (bot & fig) fruit; **fruto de bendición** legitimate offspring; **frutos** produce; **sacar fruto de** to derive benefit from

fu *interj* faugh! fie!; (*del gato*) spit!; **ni fu ni fa** neither this nor that

fucilazo *m* heat lightning, sheet lightning

fuego *m* fire; (*para encender un cigarrillo*) light; (*de arma de fuego*) firing; lighthouse, beacon; hearth, home; rash, eruption; sore, fever blister; **abrir fuego** to open fire; **echar fuego** to blow up, hit the ceiling; **¡fuego!** fire!; **fuego fatuo** will-o'-the-wisp; **fuego graneado** or **nutrido** drumfire; **fuegos artificiales** fireworks; **hacer fuego** to fire, shoot; **marcar a fuego** to brand; **pegar fuego a** to set fire to, set on fire; **poner a fuego y sangre** to lay waste; **prenderse fuego** to catch on fire; **romper fuego** to open fire; stir up a row; **tocar a fuego** to sound the fire alarm

fuelle *m* fold, pucker, wrinkle; (*instrumento para soplar*) bellows; (*cubierta de coche*) folding carriage top; wind clouds; (*persona soplona*) gossip, talebearer

fuente *f* fountain, spring; font, baptismal font; platter, tray; (fig) source; **beber en buenas fuentes** to have good sources of information; **fuente de gasolina** gasoline pump; **fuente de sodas** soda fountain; **fuente para beber** drinking fountain; **fuentes termales** hot springs

fuer *m* — **a fuer de** as a, by way of

fuera *adv* out, outside; away, out of town; **desde fuera** from the outside; **fuera de** outside of; away from; out of; aside from; in addition to; **fuera de que** aside from the fact that; **fuera de sí** beside oneself; **por fuera** on the outside

fuera-bordo *m* outboard motor

fuere•ño -ña *mf* (Mex) hick, stranger

fuero *m* law, statute; code of laws; jurisdiction; exemption, privilege; **fuero interior** conscience, inmost heart; **fueros** pride, arrogance

fuerte *adj* strong; hard; loud; heavy; **hacerse fuerte** to stick to one's guns; (mil) to hole up, to dig in || *adv* hard; loud || *m* fort, fortress; forte, strong point

fuerza *f* force, strength, power; (*de un ejército*) main body; literal meaning; (phys) force; **a fuerza de** by dint of, by force of; **a la fuerza** forcibly, by force; **a viva fuerza** by main strength; **fuerza aérea** air force; **fuerza de agua** water power; **fuerza de sangre** animal power; **fuerza mayor** (law) force majeure, act of God; **fuerza motriz** motive power; **fuerza pública** police; **fuerza viva** kinetic energy; **hacer fuerza** to strain, struggle; to carry weight; **por fuerza** perforce, necessarily; **ser fuerza** + *inf* to be necessary to + *inf*

fuete *m* whip

fufar *intr* (*el gato*) to spit

fuga *f* flight; (*salida de un gas o líquido*) leak; ardor, vigor; (mus) fugue; **darse a la fuga** to take flight, run away; **fuga de capitales** capital flight; **poner en fuga** to put to flight

fugar §44 *ref* to flee, escape, run away

fu•gaz *adj* (*pl* **-gaces**) fleeting, passing; (*estrella*) shooting

fugiti•vo -va *adj* & *mf* fugitive

fugui•llas *m* (*pl* **-llas**) (coll) hustler

fula•no -na *mf* so-and-so

fulcro *m* fulcrum

fulgor *m* brilliance, radiance

fulgurar *intr* to flash

fulmicotón *m* guncotton

fulminar *tr* to strike with lightning; strike dead; (*censuras, amenazas, etc.*) thunder; (*balas o bombas*) hurl

fullería *f* trickery, cheating

fulle•ro -ra *adj* crooked, cheating || *mf* crook, cheat; **fullero de naipes** cardsharp

fumada *f* puff, whiff

fumadero *m* smoking room; **fumadero de opio** opium den

fuma•dor -dora *adj* smoking || *mf* smoker

fumar *tr* to smoke || *intr* to smoke; **fumar en pipa** to smoke a pipe; **se prohibe fumar** no smoking || *ref* to squander; stay away from; (*la clase*) cut

fumarada *f* (*de humo*) puff; (*de tabaco*) pipeful

fumigación *f* fumigation; **fumigación aérea** crop dusting

fumigar §44 *tr* to fumigate

fumista *m* stove or heater repairman; stove or heater dealer

fumistería *f* stove or heater shop

fumo•so -sa *adj* smoky

funámbu•lo -la *mf* ropewalker

función *f* function; duty, office, function; (*espectáculo teatral*) show, performance; **entrar en funciones** to take office, take up one's duties; **función benéfica** charitable performance; **función de aficionados** amateur performance; **función de títeres** puppet show; **función secundaria** side show

funcional *adj* functional

funcionariado *m* bureaucracy

funcionario *m* functionary, public official, civil servant

funcione•ro -ra *adj* officious, fussy

fund. *abbr* **fundador**

funda *f* case, sheath, envelope, slip; (*para una espada*) scabbard; (*para proteger los muebles*) slip cover; **funda de almohada** pillowcase; **funda de asientos** seat cover; **funda de gafas** spectacle case

fundación *f* foundation

fundadamente *adv* with good reason; on good authority

funda•dor -dora *adj* founding || *mf* founder

fundamental *adj* fundamental

fundamentar *tr* to lay the foundations of

fundamento *m* foundation; (*razón, motivo*) grounds, reason; basis; reliability, sense; (Col) skirt

fundar *tr* to found, base || *ref* — **fundarse en** to be based on; base one's opinion on

fundente *adj* molten || *m* flux

fundería *f* foundry

fundible *adj* fusible

fundición *f* (*acción de fundir*) founding; (*fábrica*) foundry; (*herrería*) forge; (*hierro colado*) cast iron; (typ) font

fundi•do -da *adj* melted; (*individuo*) ruined; (elec) shorted, blown out

fundidor *m* founder, foundryman

fundillo *m* (Cuba, Mex) behind, buttocks

fundir *tr* (*p.ej.*, *metales*) to found; (*campanas, estatuas*) cast; (*derretir para purificar*) smelt; (*colores*) mix; (*un filamento eléctrico*) burn out ‖ *intr* to smelt ‖ *ref* to melt; fuse; (*un filamento eléctrico*) burn out; fail, founder; (fig) to fuse, merge

fúnebre *adj* (*marcha, procesión*) funeral; (*triste*) funereal

funeral *adj* funeral; (*triste, lúgubre*) funereal ‖ *m* funeral; **funerales** funeral

funerala — **a la funerala** (mil) with arms inverted (*as a token of mourning*)

funerario **-ria** *adj* funeral ‖ *m* mortician, funeral director ‖ *f* (*empresa*) undertaking establishment; (*local*) funeral home, funeral parlor

funesto **-ta** *adj* ill-fated; sad, sorrowful; (*p.ej.*, *influencia*) baneful

fungir §27 *intr* (CAm, Mex) to act, function

fungo *m* (pathol) fungus

fungoso **-sa** *adj* fungous

funicular *adj* & *m* funicular

funique *adj* awkward; dull, tiresome

furgón *m* wagon, truck; (rr) freight car, boxcar; (rr) caboose

furgoneta *f* light truck, delivery truck

furia *f* fury

furibundo **-da** *adj* furious, frenzied

furioso **-sa** *adj* furious; (*muy grande*) terrific, tremendous

furor *m* rage, furor; **causar furor** to make a splash, cause a stir; **hacer furor** to be all the rage

furtivo **-va** *adj* furtive; sneaky, poaching

furúnculo *m* boil

fusa *f* (mus) demisemiquaver

fusco **-ca** *adj* dark

fuselado **-da** *adj* streamlined

fuselaje *m* fuselage

fusible *adj* fusible ‖ *m* (elec) fuse

fusil *m* gun, rifle

fusilar *tr* to shoot, execute; plagiarize

fusilazo *m* (*tiro de fusil*) gunshot, rifle shot; (*relámpago sin ruido*) heat lightning, sheet lightning

fusilería *f* rifle corps; rifles, guns; (*descarga*) fusillade

fusión *f* fusion; melting; **fusión de empresas** (com) merger

fusionar *tr* & *ref* to fuse, merge

fusta *f* brushwood, twigs; teamster's whip

fustán *m* fustian; cotton petticoat; (Ven) skirt

fuste *m* wood, timber; shaft, stem; (fig) importance, substance

fustigar §44 *tr* to whip, lash; rebuke harshly

fútbol *m* football; soccer; **fútbol asociación** soccer

fútil *adj* futile, trifling, inconsequential

futilidad *f* futility

futre *m* (SAm) dandy, dude

futuro **-ra** *adj* future ‖ *m* future; (gram) future; fiancé; **futuros** (com) futures ‖ *f* fiancée

G

G, g (ge) *f* eighth letter of the Spanish alphabet

G. *abbr* gracia

gabacho **-cha** *adj* & *mf* Pyrenean; (coll) Frenchy ‖ *m* (coll) Frenchified Spanish (*language*)

gabán *m* overcoat

gabardina *f* gabardine; raincoat with belt

gabarra *f* barge, lighter

gabarro *m* (*en una piedra*) nodule; (*en un tejido*) flaw, defect; mistake

gabinete *m* cabinet; (*de médico, abogado, etc.*) office; (*estudio, study; laboratory*; (Col) glassed-in balcony; **de gabinete** armchair, theoretical; **gabinete de aseo** washroom; **gabinete de lectura** reading room

gablete *m* gable

gacela *f* gazelle

gaceta *f* government journal; newspaper; **mentir más que la gaceta** to lie like a trooper

gacetilla *f* town talk, gossip column; short item

gacetillero *m* gossip columnist

gacetista *mf* newspaper reader; newsmonger

gacilla *f* (CAm) safety pin

gacha *f* watery mass; (Col, Ven) earthenware bowl; **gachas** mush, pap; porridge; mud; **gachas de avena** oatmeal; **hacerse unas gachas** to be mushy

gacho **-cha** *adj* turned down; flopping; (*sombrero*) slouch; **a gachas** on all fours ‖ *f* see **gacha**

gachumbo *m* (SAm) hard fruit shell

gachupín **-pina** *mf* (CAm, Mex) Spanish settler in Latin America

gaélico **-ca** *adj* Gaelic ‖ *mf* Gael ‖ *m* Gaelic (*language*)

gafa *f* clamp; (*enganche de los anteojos*) temple; **gafas** glasses; **gafas de sol** or **gafas para sol** sunglasses

gafe *m* jinx, hoodoo

gafo **-fa** *adj* claw-handed; foot-sore ‖ *f* see **gafa**

gaguear *intr* to stutter

gaita *f* hornpipe; hurdy-gurdy; chore, hard task; neck; **gaita gallega** bagpipe

gaitero **-ra** *adj* flashy, gaudy ‖ *m* piper, bagpipe player

gajes *mpl* wages, salary; **gajes del oficio** cares of office, occupational annoyances

gajo *m* broken branch; (*de un racimo de uvas*) small stem; (*división interior de ciertas frutas*) slice; (*de horca*) tine, prong; (*ramai de montes*) spur; curl

gala *f* fine clothes; (*lo más selecto*) choice, cream; tip, fee; **de gala** full-dress; **hacer gala de** to glory in; **llevarse la gala** to win approval

galafate *m* slick thief

galai•co -ca *adj* Galician

galán *m* good-looking fellow; lover, gallant, ladies' man; (*el que sirve de escolta a una dama*) escort, cavalier; (theat) leading man; **galán joven** (theat) juvenile; **primer galán** (theat) leading man

galancete *m* (theat) juvenile

gala•no -na *adj* elegant, graceful; spruce, smartly dressed; rich, tasteful

galante *adj* (*con las damas*) gallant; (*con los caballeros*) flirtatious; (*mujer*) wanton, loose

galantear *tr* to court, woo, make love to; sue, entreat

galantería *f* gallantry; charm, elegance; generosity

galanura *f* charm, elegance

galápago *m* pond tortoise; (*del arado*) moldboard; light saddle; ingot

galardón *m* reward, recompense

galardonar *tr* to reward, recompense

galaxia *f* galaxy

galbana *f* laziness; shiftlessness

galbano•so -sa *adj* lazy; phlegmatic

gale•no -na *adj* gentle; mild ‖ *m* (coll) physician, doctor

galeón *m* (naut) galleon

galeote *m* galley slave

galera *f* covered wagon; women's jail; (*de hospital*) ward; (naut & typ) galley

galerada *f* wagonload; (typ) galley; (typ) galley proof

galería *f* gallery; **galería de tiro** shooting gallery; **galerías** department store; **hablar para la galería** to play to the gallery

galerna *f* stormy wind from the northwest (*on the northern coast of Spain*)

Gales *f* Wales; **el país de Gales** Wales; **la Nueva Gales del Sur** New South Wales

ga•lés -lesa *adj* Welsh ‖ *m* Welshman; Welsh (*language*) ‖ *f* Welsh woman

galguear *intr* (CAm, Mex, Arg) to be hungry

gal•go -ga *adj* (Col) sweet-toothed ‖ *m* greyhound ‖ *f* greyhound bitch; rolling stone; mange, rash

Galia, la Gaul

gálibo *m* template, pattern; (rr) gabarit

galicismo *m* Gallicism

gáli•co -ca *adj* Gallic ‖ *m* syphilis; syphilitic

galillo *m* uvula; gullet

galimatí•as *m* (*pl* -as) gibberish, nonsense; confusion

galiparia *f* Frenchified Spanish

ga•lo -la *adj* Gaulish ‖ *mf* Gaul ‖ *m* Gaulish (*language*)

galocha *f* clog, wooden shoe

galón *m* braid, galloon; (*medida para líquidos*) gallon; (mil) chevron, stripe

galopar *intr* to gallop

galope *m* gallop; **a galope** at a gallop; in great haste; **a galope tendido** on the run

galopea•do -da *adj* hasty, sketchy ‖ *m* beating, punching

galopear *intr* to gallop

galopillo *m* scullion, kitchen boy

galopín *m* ragamuffin; (*hombre taimado*) wise guy; (naut) cabin boy

galpón *m* (SAm) iron shed; (Col) tile works

galvanizar §60 *tr* to electroplate; galvanize

galvanoplastia *f* electroplating

galladura *f* tread (*of egg*)

gallardete *m* streamer, pennant

gallardía *f* gallantry; elegance; nobility; generosity

gallar•do -da *adj* gallant; elegant; noble; generous; (*temporal*) fierce

gallear *intr* to stand out, excel; shout, yell, threaten

galle•go -ga *adj* & *mf* Galician

gallera *f* cockpit

galleta *f* hardtack, ship biscuit; cracker; little pitcher; slap

gallina *adj* chicken-hearted ‖ *mf* chicken-hearted person ‖ *f* hen; **estar como gallina en corral ajeno** to be like a fish out of water; **gallina ciega** blindman's buff; **gallina de Guinea** guinea fowl

gallinería *f* poultry shop; cowardice

galline•ro -ra *mf* poultry dealer ‖ *m* hencoop, henhouse; poultry basket; top gallery; babel, madhouse

gallipavo *m* turkey; sour note

gallito *m* (*el que figura sobre los demás*) somebody; **gallito del lugar** cock of the walk

gallo *m* cock, rooster; false note, sour note; boss; frog in the throat; (box) bantamweight; (Col, C-R, Mex) strong man; **gallo de bosque** wood grouse; **gallo de pelea** gamecock; **tener mucho gallo** to be cocky

gallofa *f* vegetables; French roll; talk, gossip

gallofear *intr* to beg, bum, loaf around

gallofe•ro -ra *adj* begging, loafing ‖ *mf* beggar, loafer

gama *f* doe, female fallow deer; (mus & fig) gamut

gamberrismo *m* gangsterism, rowdyism

gambe•rro -rra *adj* & *mf* libertine ‖ *m* hoodlum, tough, rowdy

gambeta *f* crosscaper; caper, prance

gambito *m* gambit

gamo *m* buck, male fallow deer

gamón *m* asphodel

gamonal *m* field of asphodel; boss

gamuza *f* chamois

gana *f* desire; will; **darle a uno la gana de** to feel like, e.g., **le da la gana de trabajar** he feels like working; **de buena gana** willingly, **de gana** in earnest; willingly; **de mala gana** unwillingly; **tener ganas de** to feel like, to have a mind to

ganadería *f* cattle, livestock; brand; stock; cattle raising; cattle ranch

ganade•ro -ra *adj* cattle, livestock ‖ *mf* cattle breeder; cattle dealer ‖ *m* cattleman

fu
ga

ganado *m* cattle, livestock; ganado caballar horses; ganado cabrío goats; ganado lanar sheep; ganado mayor large farm animals (*cows, bulls, horses, and mules*); ganado menor small farm animals (*sheep, goats, pigs*); ganado menudo young cattle; ganado moreno swine; ganado ovejuno sheep; ganado porcino swine; ganado vacuno cattle

gana•dor -dora *adj* winning; earning; hardworking ‖ *mf* winner; earner

ganancia *f* gain, profit; (Guat, Mex) extra, bonus; ganancias y pérdidas profit and loss

ganancial *adj* profit

ganancio•so -sa *adj* gainful, profitable; earning ‖ *mf* earner

ganapán *m* errand boy; boor

ganapierde *m & f* giveaway

ganar *tr* (*dinero trabajando*) to earn; (*la victoria luchando*) win; (*beneficios en los negocios*) gain; (*a una persona en una contienda*) beat, defeat; (*aventajar*) excel; (*la voluntad de una persona*) win over; (*alcanzar*) reach; ganar algo a alguien to win something from someone; ganar de comer to earn a living ‖ *intr* to earn; (*mejorar*) improve ‖ *ref* to win over; ganarse la vida to earn a livelihood

ganchero *m* log driver; (Chile) odd-jobber; (Ecuad) gentle mount

ganchillo *m* crochet needle; crochet, crochet work; hacer ganchillo to crochet

gancho *m* hook; shepherd's crook; coaxer; procurer, pimp; hairpin; (Col, Ecuad) lady's saddle; gancho de botalones (naut) gooseneck; echar el gancho a to hook in, to land; tener gancho (*una mujer*) to have a way with the men

gandaya *f* (coll) bumming, loafing

gandujar *tr* to pleat, shirr

gan•dul -dula *adj* loafing, idling ‖ *mf* loafer, idler

gandulear *intr* to loaf, idle

ganfo•rro -rra *mf* scoundrel

ganga *f* bargain

ganglio *m* ganglion

gangocho *m* burlap

gango•so -sa *adj* snuffling, nasal

gangrena *f* gangrene

gangrenar *tr & ref* to gangrene

gángster *m* gunman, gangster

gangsteril *adj* gangster(like)

gangsterismo *m* gangsterism; mobsterism

ganguear *intr* to snuffle, talk through the nose

gangue•ro -ra *adj* bargain-hunting; self-seeking ‖ *mf* bargain hunter

gano•so -sa *adj* desirous; (*caballo*) (Chile) spirited, fiery

gan•so -sa *mf* dope, dullard ‖ *m* goose; gander; ganso bravo wild goose ‖ *f* female goose

Gante Ghent

ganzúa *f* (*garfio*) picklock, lock pick; (*persona*) picklock; pumper (*of secrets*)

gañán *m* farm hand; rough, husky fellow

gañido *m* yelp; croak

gañir §12 *intr* (*el perro*) to yelp; (*p.ej., el cuervo*) croak

garabatear *tr* to scribble ‖ *intr* to hook; beat about the bush; scribble

garabato *m* hook; pothook; scribbling; weeding hoe; (*bozal*) muzzle; (*de una mujer*) winsomeness; garabato de carnicero meathook; garabatos wiggling of hands and fingers

garabato•so -sa *adj* full of scrawls; winsome

garage *m* or garaje *m* garage

garagista *m* garbage man

garambaina *f* gaudy trimming; garambainas simpering, smirking; (coll) scribble

garante *adj* responsible ‖ *mf* guarantor, voucher

garantía *f* guarantee, guaranty; warranty; garantía anticorrosión antirust warranty

garantir §1 *tr* to guarantee

garantizar §60 *tr* to guarantee

garañón *m* stud jackass; stud camel; stallion

garapiña *f* icing, sugar-coating; iced pineapple drink

garapiñar *tr* to ice, sugar-coat; candy

garapiñera *f* ice-cream freezer

garbanzo *m* chickpea; garbanzo negro (fig) black sheep

garbeo *m* walk; promenade

garbillar *tr* to sieve, screen riddle

garbillo *s* sieve, screen; riddled ore

garbo *m* jauntiness, grace, fine bearing; generosity

garbo•so -sa *adj* jaunty, graceful, spruce; sprightly; generous

gardu•ño -ña *mf* (archaic) sneak thief ‖ *f* stone marten, beech marten

garete *m* — al garete (naut) adrift

garfa *f* claw

garfio *m* hook, gaff

gargajear *intr* to cough up phlegm, hawk

gargajo *m* phlegm

garganta *f* throat; (*de un río, una vasija, etc.*) neck, throat; (*del pie*) instep; (*entre montañas*) ravine, gorge; (*del arado*) sheath; (*de una polea*) groove; (archit) shaft; tener buena garganta to have a good voice

gargantear *intr* to warble

gargantilla *f* necklace

gárgara *f* gargling; gárgaras (*líquido*) gargle; hacer gárgaras to gargle

gargarear *intr* to gargle

gargarismo *m* gargling; (*líquido*) gargle

gargarizar §60 *intr* to gargle

gárgola *f* gargoyle

garguero *m* gullet; (*caña del pulmón*) windpipe

garita *f* sentry box; porter's lodge; (*de una fortificación*) watchtower; railroad-crossing box; privy (*with one seat*); garita de centinela sentry box; garita de señales (rr) signal tower

garito *m* gambling den

garlito *m* fish trap; trap, snare

garlopa *f* jack plane, trying plane

garnar *intr* to drizzle

garra f claw, talon; catch, hook; **caer en las garras de** to fall into the clutches of
garrafa f carafe, decanter; **garrafa corchera** demijohn
garrafal adj awful, terrible
garrafiñar tr to snatch
garrafón m carboy, demijohn
garramar tr to snitch
garranchuelo m crab grass
garrapata f cattle tick, sheep tick; (mil) disabled horse; (Chile) little runt; (Mex) slut
garrapatear intr to scrawl, scribble
garrapato m pothook, scrawl; **garrapatos** scrawl
garri•do -da adj handsome, elegant
garroba f carob bean
garrocha f goad; (sport) pole
garrotazo m blow with a club
garrote m club, cudgel; garrote (method of execution; iron collar used for such execution); (Mex) brake; **dar garrote a** to garrote
garrote•ro -ra adj (Chile) stingy ‖ m (Mex) brakeman
garrotillo m croup
garrucha f pulley, sheave
gárru•lo -la adj chirping; (hablador) garrulous; (arroyo) babbling; (viento) rustling
garúa drizzle
garuar §21 intr to drizzle
garulla f mob, rabble
garza f heron; **garza real** gray heron
gar•zo -za adj blue ‖ f see garza
garzón m boy, youth; suitor; woman chaser
gas m gas; **gas de alumbrado** illuminating gas; **gas exhilarante** or **hilarante** laughing gas; **gas lacrimógeno** tear gas; **gas mostaza** mustard gas
gasa f gauze, chiffon; (tira de gasa negra con que se rodea el sombrero en señal de luto) hatband
Gascuña f Gascony
gasear tr to gas
gaseo•so -sa adj gaseous ‖ f soda water, carbonated water
gasificar §73 tr to gasify; exalt, elate ‖ ref to gasify
gasista m gas fitter; (Chile) gasworker
gasoducto m gas pipe line
gasógeno m gas generator, gas producer; mixture of benzine and alcohol used for lighting and cleaning
gas-oil m diesel oil
gasolina f gasoline
gasolinera f motor boat; gas station, filling station
gasómetro m gasholder, gas tank
gastadero m waste
gasta•do -da adj worn-out; used up; spent; (chiste) crummy, corny
gasta•dor -dora adj & mf spendthrift ‖ m convict; (mil) sapper, pioneer
gastadura f worn spot
gastar tr (dinero, tiempo) to spend; (en cosas inútiles) waste; (echar a perder con el uso) wear out; (consumir) use up; (p.ej., una

barba) wear; (un coche) keep; **gastarlas** to act, behave ‖ intr to spend ‖ ref to wear; wear out; become used up; waste away
gasto m cost, expense; wear; **gastos de conservación** or **de entretenimiento** upkeep; **gastos de explotación** operating expenses; **gastos menudos** petty expenses; **hacer el gasto** to do most of the talking; to be the subject of conversation; **hacer frente a los gastos** to meet expenses; **meterse en gastos con** to go to the expense of
gasto•so -sa adj wasteful, extravagant
gástri•co -ca adj gastric
gastronomía f gastronomy
gastróno•mo -ma mf gourmet
gata f she-cat; low-hanging cloud; Madrid woman; (Mex) maid, servant girl; **a gatas** on all fours, on hands and knees
gatada f catty act
gatatumba f faked attention, fake emotion, faked pain
gatazo m gyp
gatea•do -da adj catlike; grained, striped ‖ m crawling, climbing; scratching, clawing
gatear tr to scratch, claw; snitch ‖ intr to crawl, climb
gatera f cathole; (naut) hawsehole
gatería f cats, gang of toughs; fake humility
gate•ro -ra adj full of cats ‖ mf cat lover ‖ f see gatera
gates•co -ca adj catlike, feline
gatillo m (de arma de fuego) trigger; little pickpocket
gato m cat; tomcat; (instrumento para levantar pesos) jack, lifting jack; sly fellow; sneak thief; native of Madrid; **gato montés** wildcat; **gato rodante** dolly; **vender gato por liebre** to gyp, cheat
gatopardo m cheetah
gauchada f (SAm) sly trick; (SAm) good turn
gauchaje m (SAm) gathering of Gauchos
gauches•co -ca adj Gaucho
gau•cho -cha adj (SAm) Gaucho; (Arg, Chile) sly, crafty ‖ m (SAm) Gaucho; (SAm) good horseman ‖ m (Arg) mannish woman; (Arg) loose woman
gaultería f wintergreen
gaveta f drawer, till
gavia f ditch, drain; (ave) gull; (min) gang of basket passers; (naut) topsail
gavilán m sparrow hawk; (de la pluma) nib; (en la escritura) hair stroke; ingrowing nail
gavilla f sheaf, bundle; gang
gaviota f sea gull
gavota f gavotte
gaya f colored stripe; (ave) magpie
gayar tr to trim with colored stripes
ga•yo -ya adj cheerful, bright, showy ‖ m (orn) jay ‖ f see gaya
gayola f cage; jail
gayomba f Spanish broom
gazapa f lie
gazapatón m blunder, slip
gazapera f rabbit warren; gang, gang of thugs; brawl, row

ga
ga

gazapo *m* young rabbit; sly fellow; slip, boner, blunder; (*de actor*) fluff

gazmiar *tr* (*oliendo*) to sniff; (*comiendo*) nibble || *ref* to complain

gazmoñada *f* or **gazmoñería** *f* prudishness, priggishness

gazmoñe•ro -**ra** or **gazmo•ño** -**ña** *adj* prudish, priggish, strait-laced, demure || *mf* prude, prig

gaznápiro *m* gawk, boob, bumpkin

gaznate *m* gullet; (Mex) fritter

gazpacho *m* cold vegetable soup; (Hond) leftovers

gazuza *f* hunger

Gedeón *m* Gideon

gehena *m* Gehenna

géiser *m* geyser

gel *m* gel

gelatina *f* gelatine

gema *f* gem; (bot) bud

geme•lo -**la** *adj* & *mf* twin; **gemelos** twins; binoculars; cuff links; **gemelos de campo** field glasses; **gemelos de teatro** opera glasses || **Gemelos** *mpl* (astr) Gemini

gemido *m* moan, groan; wail, whine; howl, roar

Géminis *m* (astr) Gemini

gemiquear *intr* (Chile) to whine

gemir §50 *intr* to moan, groan; wail, whine; howl, roar

gen *m* gene

genciana *f* gentian

gendarme *m* policeman

genealogía *f* genealogy

generación *f* generation

genera•dor -**dora** *adj* generating || *m* generator

general *adj* general; common, usual; **en general** or **por lo general** in general || *m* general; **capitán general de ejército** five-star general; **general de brigada** brigadier, brigadier general; **general de división** major general || **generales** *fpl* general information, personal data

generala *f* general's wife; call to arms

generalato *m* generalship

generalidad *f* generality; majority; **la generalidad de** the general run of

generalísimo *m* generalissimo

generalizar §60 *tr* & *intr* to generalize || *ref* to become generalized

generar *tr* to generate

genéri•co -**ca** *adj* generic; (*artículo*) indefinite; (*nombre*) common; showing gender

género *m* kind, sort; way, manner; cloth, material; (biol, log) genus; (gram) gender; **de género** genre; **género chico** one-act play, one-act operetta; **género de punto** knit goods, knitwear; **género humano** humankind; **género ínfimo** light vaudeville; **género novelístico** fiction; **género picaresco** burlesque; **géneros** goods, merchandise, material; **géneros de pieza** yard goods; **géneros para vestidos** dress goods

genero•so -**sa** *adj* generous; highborn; noble, magnanimous; (*vino*) rich, full

géne•sis *f* (*pl* -**sis**) genesis || **el Génesis** (Bib) Genesis

genéti•co -**ca** *adj* genetic || *f* genetics

genial *adj* inspired, geniuslike; pleasant, agreeable; temperamental

geniazo *m* fiery temper

genio *m* (*índole, carácter*) temperament, disposition; (*don altísimo de invención; persona que lo posee; espíritu tutelar, deidad pagana*) genius; fire, spirit

genital *adj* genital || **genitales** *mpl* genitals

geniti•vo -**va** *adj* genitive

genitourina•rio -**ria** *adj* genitourinary

genocida *adj* genocidal || *mf* genocide

genocidio *m* genocide

Génova *f* Genoa

geno•vés -**vesa** *adj* & *mf* Genoese

gente *f* people; (*parentela, familia*) folks; race, nation; troops; **gente baja** lower classes, rabble; **gente bien** nice people; **gente de bien** decent people; **gente de capa parda** country people; **gente de coleta** bullfighters; **gente de color** colored people; **gente de la cuchilla** butchers; **genta de la vida airada** bullies; underworld; **gente del bronce** bright, lively people; **gente del rey** convicts; **gente de mal vivir** toughs, underworld; **gente de mar** seafaring people; **gente de paz** (*palabras con las cuales se contesta al que pregunta ¿quién?*) friend; **gente de pluma** (coll) clerks; **gente de su majestad** convicts; **gente de trato** tradespeople; **gente forzada** convicts; **gente menuda** small fry; common people

gentecilla *f* mob, rabble

gentil *adj* heathen, gentile; elegant, genteel; noble || *mf* heathen, pagan

gentileza *f* elegance, gentility, courtesy; gallantry; show, splendor; (*hidalguía*) nobility

gentilhombre *m* (*pl* **gentileshombres**) gentleman; messenger to the king; my good man; **gentilhombre de cámara** gentleman in waiting

gentili•cio -**cia** *adj* national; family; (gram) gentile

gentilidad *f* heathendom

gentío *m* crowd, mob

gentualla or **gentuza** *f* rabble, riffraff

genui•no -**na** *adj* genuine

geofísi•co -**ca** *adj* geophysical || *mf* geophysicist || *f* geophysics

geografía *f* geography

geográfi•co -**ca** *adj* geographic(al)

geógra•fo -**fa** *mf* geographer

geología *f* geology

geológi•co -**ca** *adj* geologic(al)

geólo•go -**ga** *mf* geologist

geómetra *mf* geometrician

geometría *f* geometry; **geometría del espacio** solid geometry

geométri•co -**ca** *adj* geometric(al)

geopolíti•co -**ca** *adj* geopolitical || *f* geopolitics

geranio *m* geranium

gerencia *f* management; manager's office

gerente *m* manager, director; **gerente de**

publicidad advertising manager; **gerente de ventas** sales manager
geriatría *f* geriatry
geriatra *adj* geriatrical || *mf* geriatrician
geriátri•co -ca *adj* geriatrical
germanía *f* gypsy slang, cant of thieves
germanizar §60 *tr* to Germanize
germen *m* germ; **germen plasma** germ plasm
germicida *adj* germicidal || *m* germicide
germinal *adj* germ; germinal
germinar *intr* to germinate
gerontología *f* gerontology
gerundio *m* gerund; present participle; bombastic writer or speaker
gestación *f* gestation
gestear *intr* to make faces
gesticular *intr* to make a face, to make faces; (*hacer ademanes*) to gesticulate
gestión *f* step, measure; management; action, proceeding, negotiation
gestionar *tr* to promote, pursue; manage; negotiate
gesto *m* face; wry face, grimace; look, appearance; (*movimiento, ademán*) gesture
ges•tor -tora *adj* managing || *m* manager
gestu•do -da *adj* cross-looking
ghetto *m* ghetto
giba *f* hump; annoyance
giga *f* jig
giganta *f* giantess
gigante *adj* giant || *m* giant; (*en las procesiones*) giant figure
gigantes•co -ca *adj* gigantic
gigantez *f* giant size
gigantilla *f* large-headed masked figure; little fat woman
gigan•tón -tona *mf* huge giant || *m* giant figure
gigote *m* chopped-meat stew; **hacer gigote** to chop up
gili *adj* foolish, stupid
gimnasia *f* gymnastics; **gimnasia sueca** Swedish movements, setting-up exercises
gimnasio *m* gymnasium; secondary school, academy
gimnasta *mf* gymnast
gimnásti•co -ca *adj* gymnastic || *f* gymnastics
gimotear *intr* to whine
gimoteo *m* whining
ginebra *f* gin; (*de voces*) buzz, din; confusion, disorder || **Ginebra** *f* Geneva
ginebri•no -na *adj & mf* Genevan
ginecología *f* gynecology
ginecológi•co -ca *adj* gynecologic(al)
ginecólo•go -ga *mf* gynecologist
ginesta *f* Spanish broom
gira *f* var of **jira**
gira•do -da *mf* drawee
gira•dor -dora *mf* drawer
giralda *f* weathercock (*in the form of person or animal*)
girándula *f* girandole
girar *tr* (*una visita*) to pay; (com) to draw || *intr* to turn; rotate, gyrate; trade; (com) to draw
girasol *m* sunflower, sycophant

girato•rio -ria *adj* revolving || *f* revolving bookcase
gi•ro -ra *adj* (Guat) drunk; (Mex) cocky || *m* turn; rotation; revolution; course, trend, turn; turn of phrase; boast, threat; gash, slash; line of business; trade; (com) draft; **giro a la vista** sight draft; **giro postal** money order || *f* see **gira**
giroflé *m* clove
giroscopio *m* gyroscope
gis *m* (Col) slate pencil
gitana *f* gypsy woman, gypsy girl
gitanada *f* gypsy trick; fawning, flattery
gitanería *f* band of gypsies; gypsy life; fawning, flattery
gitanes•co -ca *adj* gypsyish
gita•no -na *adj* gypsy; flattering; sly, tricky || *mf* gypsy || *m* Gypsy (*language*) || *f* see **gitana**
glaciación *f* freezing
glacial *adj* glacial; (*zona*) frigid; (fig) cold, indifferent
glaciar *m* glacier
glándula *f* gland; **glándula cerrada** ductless gland
glasé *m* glacé silk
glasea•do -da *adj* glossy, shiny
glicerina *f* glycerin
global *adj* total; global, world-wide
globo *m* globe; (*aparato que, lleno de un gas, se eleva en el aire*) balloon; (*bomba de lámpara*) globe, lamp shade; **globo de aire** (aut) air bag; **globo del ojo** eyeball; **globo sonda** trial balloon; **lanzar un globo sonda** (fig) to send up a trial balloon
glóbulo *m* globule; (physiol) corpuscle; **glóbulo rojo** red cell
gloria *f* glory; **ganar la gloria** to go to glory; **oler a gloria** to smell heavenly; **saber a gloria** to taste heavenly
gloriar §77 *tr* to glorify || *intr* to recite the rosary || *ref* to glory
glorieta *f* arbor, bower, summerhouse; public square; traffic circle
glorificar §73 *tr* to glorify || *ref* to glory
glorio•so -sa *adj* glorious; boastful
glosa *f* gloss
glosa•dor -dora *adj* commenting || *mf* commentator
glosar *tr* to gloss; audit; (Col) to scold || *intr* to find fault
glosario *m* glossary
glóti•co -ca *adj* glottal
glo•tón -tona *adj* gluttonous || *mf* glutton
glotonería *f* gluttony
glucosa *f* glucose
gluglú *m* (*del agua*) gurgle, glug; (*del pavo*) gobble; **hacer gluglú** to gurgle, to glug
gluglutear *intr* to gobble
gnomo *m* gnome
gob. *abbr* gobierno
gobernación *f* governing; government; department of the interior; (Arg) territory
gobernad•dor -dora *adj* governing || *m* governor
gobernalle *m* rudder, helm

ga
go

gobernante *adj* governing ‖ *mf* ruler ‖ *m* self-appointed head

gobernar §2 *tr* to govern; guide, direct; control, rule; (*un buque*) steer ‖ *intr* to govern; steer

goberno•so -sa *adj* orderly

gobierno *m* government; governor's office, governorship; management; control, rule; guidance; (*de un buque*) navigability; **de buen gobierno** (*buque*) navigable; **gobierno de monigotes** puppet government; **gobierno doméstico** housekeeping; **gobierno exilado** government in exile; **para su gobierno** for your guidance; **servir de gobierno** to serve as a guide

goce *m* enjoyment

go•do -da *adj* Gothic ‖ *mf* Goth; Spanish noble; (Arg, Chile) Spaniard

gofio *m* roasted corn meal

gol *m* goal

gola *f* gullet

goldre *m* quiver

goleta *f* schooner

golf *m* golf

golfán *m* white water lily

golfista *mf* golfer

gol•fo -fa *mf* ragamuffin ‖ *m* gulf; open sea; **golfo de Méjico** Gulf of Mexico; **golfo de Vizcaya** Bay of Biscay

Gólgota, el (Bib) Golgotha

golilla *f* gorget, ruff; magistrate's collar; pipe flange; (*de los caños de barro*) collar, sleeve; (*del gallo*) erectile bristles

golondrina *f* swallow; **empresa golondrina** fly-by-night outfit

golosina *f* delicacy, tidbit; eagerness, appetite; trifle

golosinear *intr* to go around eating candy

golo•so -sa *adj* sweet-toothed; (*glotón*) gluttonous; (*apetitoso*) tasty

golpe *m* blow, stroke, hit; bump, bruise; heartbeat; crowd, throng, flock; (*del bolsillo*) flap; (*pestillo*) bolt, latch; (*de licor*) shot; surprise, wonder; (*infortunio*) blow; witticism; **dar golpe** to make a hit; **de golpe** all at once, suddenly; **de golpe y porrazo** slambang; **de un golpe** at one stroke; **golpe de ariete** water hammer; **golpe de calor** heatstroke; **golpe de estado** coup d'état; **golpe de fortuna** stroke of fortune; **golpe de gracia** coup de grâce; **golpe de mano** surprise attack; **golpe de mar** surge; **golpe de ojo** glance; **golpe de teatro** dramatic turn of events; **golpe de tos** fit of coughing; **golpe de vista** glance, look; view; **golpe en vago** miss, flop; **golpe mortal** deathblow; **no dar golpe** to not raise a hand, not do a stroke of work

golpear *tr* to strike, hit, beat; bump, bruise ‖ *intr* to beat, strike; (*el reloj*) tick; (*el motor de combustión interna*) knock

golpete *m* door catch, window catch

golpetear *tr* & *intr* to beat; rattle

golpismo *m* government by coup d'état

gollería *f* delicacy, dainty; **pedir gollerías** to ask for too much

gollete *m* throat, neck; (*de botella*) neck

goma *f* gum, rubber; (*tira de goma elástica*) rubber band; (*neumático*) tire; **goma arábiga** gum arabic; **goma de borrar** eraser, rubber; **goma de mascar** chewing gum; **goma espumosa** foam rubber; **goma laca** shellac

gomecillo *m* blind man's guide

gomia *f* bugaboo; waster; glutton

gomo•so -sa *adj* gum; gummy ‖ *m* dude, dandy

góndola *f* gondola

gondolero *m* gondolier

gongo *m* gong

gonorrea *f* gonorrhea

gordal *adj* large-size

gordia•no -na *adj* Gordian

gordi•flón -flona or **gordin•flón -flona** *adj* chubby, pudgy, fatty ‖ *mf* fatty

gor•do -da *adj* fat, plump; fatty, greasy; coarse; big, large; whopping big; (*agua*) hard ‖ *m* fat, suet; first prize (*in lottery*) ‖ **gordo** *adv* — **hablar gordo** to talk big

gordura *f* fatness, plumpness, stoutness, corpulence; fat, grease

gorgojo *m* grub, weevil; dwarf, runt; **gorgojo del algodón** boll weevil

gorgojo•so -sa *adj* grubby

gorgón *m* (Col) concrete

gorgonear *intr* (*el pavo*) to gobble

gorgoritear *intr* to trill

gorgorito *m* trill

gorgotear *intr* to burble, gurgle

gorgotero *m* peddler, hawker

gorigori *m* lugubrious funeral chant

gorila *f* gorilla; (coll) thug; strong-arm man

gorjear *intr* to warble, trill ‖ *ref* (*el niño*) to gurgle

gorra *f* cap; bumming, sponging; **andar de gorra** to sponge; **colarse de gorra** (coll) to crash the gate; **gorra de visera** cap; **vivir de gorra** to live on other people

gorrada *f* tipping the hat

gorrear *intr* (Ecuad) to sponge

gorretada *f* tipping the hat

gorrión *m* sparrow; **gorrión triguero** bunting

gorrista *adj* sponging ‖ *mf* sponger

gorro *m* cap, bonnet; baby's bonnet; **gorro de dormir** nightcap

go•rrón -rrona *adj* sponging ‖ *mf* sponger ‖ *m* pivot; journal, gudgeon

gota *f* drop; (pathol) gout; **gotas** touch of rum or brandy in coffee; **sudar la gota gorda** to work one's head off

gotear *intr* to drip, dribble; (*llover a gotas espaciadas*) sprinkle

gotera *f* drip, dripping; mark left by dripping; (*en el techo*) leak; (*adorno de una cama*) valance; **estar lleno de goteras** to be full of aches and pains; **es una gotera** it's a constant drain; **goteras** aches, pains; (Col) environs, outskirts

góti•co -ca *adj* Gothic; noble, illustrious ‖ *m* Gothic

goto•so -sa *adj* gouty ‖ *mf* gout sufferer

gozar §60 *tr* (*poseer*) to enjoy ‖ *intr* to enjoy oneself; **gozar de** (*poseer*) to enjoy ‖ *ref* to enjoy oneself; rejoice

gozne *m* hinge
gozo *m* joy, enjoyment; **no caber en sí de gozo** to be beside oneself with joy; **saltar de gozo** to leap with joy
gozo•so -sa *adj* joyful; **gozoso con** or **de** joyful over
gozque *m* or gozquejo *m* little yapping dog
grabación *f* (*de disco*) recording; **grabación sobre cinta** tape recording
grabado *m* engraving; print, cut, picture; (*de disco*) recording; **grabado en madera** wood engraving, woodcut; **grabado fuera de texto** inset, insert
graba•dor -dora *adj* recording || *mf* engraver || *f* recorder; **grabadora de cinta** tape recorder
grabador-reproductor *m* cassette recorder
grabadura *f* engraving
grabar *tr* to engrave; (*un sonido, una canción, un disco, etc.*) record; **grabar en** or **sobre cinta** to tape-record || *ref* to become engraved
gracejada *f* (CAm, Mex) cheap comedy, clownishness
gracejar *intr* to be engaging, witty; joke
gracejo *m* lightness, winsome manner, charm; (CAm, Mex) clown
gracia *f* witticism, witty remark, joke; grace; gracefulness; favor; pardon; (*de un chiste*) point; name; **caer en gracia a** to be pleasing to; **de gracia** gratis; **decir dos gracias a** to tell someone a thing or two; **en gracia a** because of; **gracia de Dios** daily bread; air and sunshine; **gracias** thanks; **¡gracias!** thanks!; **gracias a** thanks to; **¡gracias a Dios!** thank heavens!; **hacer gracia** to be pleasing; **hacer gracia de algo a uno** to exempt or free someone from something; **hacerle a uno gracia** to strike someone as funny; **¡linda gracia!** nonsense!; **tener gracia** to be funny, be surprising
graciable *adj* kind, gracious; easy to grant
grácil *adj* thin, small, slender
gracio•so -sa *adj* (*que tiene donaire, gracia*) graceful; (*afable, fino*) gracious; (*agudo, chistoso*) funny, witty; (*que se da de balde*) free, gratis || *mf* comic || *m* gracioso (*gay, comic character in Spanish comedy*)
grada *f* step, stair; row of seats; grandstand; altar step; (agr) harrow; (*plano inclinado sobre el cual se construyen los barcos*) slip; **gradas** stone steps; (Chile, Peru) atrium; **gradas al aire libre** bleachers
gradar *tr* (agr) to harrow
gradería *f* stone steps; row of seats; bleachers; **gradería cubierta** grandstand
gradiente *m* (phys) gradient || *f* slope, gradient
grado *m* step; grade; degree; (*título que se da en las universidades*) degree; (*sección en las escuelas*) grade, form, class; (mil) rank; **de buen grado** willingly; **de grado en grado** by degrees; **de grado o por fuerza** willy-nilly; **de mal grado** unwillingly; **en sumo grado** to a great extent; **mal de mi grado** unwillingly, against my wishes

graduación *f* graduation; (*de las bebidas espirituosas*) strength; (mil) rank
gradual *adj* gradual
graduan•do -da *mf* (*persona próxima a graduarse en la universidad*) graduate (*candidate for a degree*)
graduar §21 *tr* to graduate, grade; (*un grifo, una válvula, etc.*) regulate; appraise, estimate || *ref* to graduate
grafía *f* graph
gráfi•co -ca *adj* graphic(al); printing; illustrated; picture, camera || *m* diagram || *f* graph
grafito *m* graphite
grafospasmo *m* writer's cramp
gragea *f* colored candy; sugar-coated pill
grajear *intr* (*los cuervos*) to caw; (*los niños*) gurgle
grajien•to -ta *adj* foul-smelling
gra•jo -ja *mf* rook, crow; chatterbox || *m* body odor
gral. *abbr* general
gramática *f* grammar; **gramática parda** shrewdness, mother wit
gramatical *adj* grammatical
gramáti•co -ca *adj* grammatical || *mf* grammarian || *f* see gramática
gramil *m* marking gauge, gauge
gramo *m* gram
gramófono *m* gramophone
gramola *f* console phonograph; portable phonograph
gran *adj* apocopated form of **grande,** used only before nouns of both genders in the singular
grana *f* seed; seeding; seeding time; red; **dar en grana** to go to seed
granada *f* pomegranate; (*proyectil explosivo*) grenade; **granada de mano** hand grenade; **granada de metralla** shrapnel; **granada extintora** fire extinguisher, fire grenade
granadero *m* grenadier
granadilla *f* passionflower
granadina *f* grenadine
grana•do -da *adj* choice, select; mature, expert || *m* pomegranate; **granado blanco** rose of Sharon || *f* see granada
granalla *f* filings
granangular *adj* wide-angle
granate *m* *adj invar & m* garnet
Gran Bretaña, la Great Britain
grande *adj* big, large; great || *m* grandee
grandeza *f* bigness, largeness; greatness; (*tamaño*) size; (*magnificencia*) grandeur; grandees; grandeeship
grandi•llón -llona *adj* oversize, overgrown
grandio•so -sa *adj* grandiose, grand
grandor *m* size
granea•do -da *adj* spattered; (*fuego*) heavy and continuous
granear *tr* to sow; (*la pólvora; una piedra litográfica*) grain; stipple
granel — a granel in bulk, loose; at random; lavishly
granelar *tr* (*el cuero*) to grain
granero *m* granary
granete *m* center punch

granífu•go -ga *adj* hail-dispersing
granito *m* granite
granizada *f* hailstorm; (Arg, Chile) iced drink
granizar §60 *tr* (*p.ej.*, *golpes*) to hail; sprinkle || *intr* to hail
granizo *m* hail
granja *f* farm, grange; dairy; country place
granjear *tr* to earn, gain; win, win over || *ref* to win, win over
granjería *f* husbandry; gain, profit
granje•ro -ra *mf* farmer; merchant, trader
grano *m* grain; (*baya*) berry; (*baya de la uva*) grape; (*tumorcillo en la piel*) pimple; (*peso*) grain; **grano de belleza** beauty spot; **grano de café** coffee bean; **granos** (*fruto de los cereales*) grain; **ir al grano** to come to the point
granuja *m* scoundrel; (*muchacho vagabundo*) waif || *f* loose grape; grapeseed
granujo *m* pimple
granular *adj* granular; pimply || *tr* & *ref* to granulate
gránulo *m* granule
grapa *f* clamp, clip, staple
grasa *f* fat, grease; (*polvo*) pounce; (Mex) shoe polish; **grasa de ballena** blubber; **grasas** slag
grasien•to -ta *adj* greasy
grasilla *f* pounce
gra•so -sa *adj* fatty, greasy || *m* fattiness, greasiness || *f* see **grasa**
grasones *mpl* wheat porridge
graso•so -sa *adj* greasy; (pathol) fatty
grata *f* wire brush; (*carta*) favor
gratificar §73 *tr* to gratify; reward, recompense; tip, fee
gratín *m* — al gratín au gratin
gratis *adv* gratis
gratisda•to -ta *adj* free, gratis
gratitud *f* gratitude
gra•to -ta *adj* pleasing; free; (Bol, Chile) grateful || *f* see **grata**
gratuidad *f* cost exemption; exemption from fees
gratui•to -ta *adj* gratuitous; free, gratis
grava *f* gravel; crushed stone
gravamen *m* burden, obligation; encumbrance, lien; assessment
gravar *tr* to burden, encumber; assess || *ref* to get worse
grave *adj* grave, serious, solemn; hard, difficult; (*que pesa*) heavy; (*sonido*) grave, deep, low; (*música*) majestic, noble; (*negocio*) important; (*enfermedad*) serious; (*acento*) grave; paroxytone
gravedad *f* gravity; seriousness; **de gravedad** seriously; gravely; **gravedad nula** weightlessness, zero gravity
gravedo•so -sa *adj* heavy, pompous
gravidez *f* pregnancy
grávi•do -da *adj* pregnant
gravitación *f* gravitation
gravitar *intr* to gravitate; **gravitar sobre** to weigh down on
gravo•so -sa *adj* burdensome, onerous, costly; boring, tiresome

graznar *intr* to caw, croak; cackle; (*al cantar*) (fig) cackle
graznido *m* caw, croak; cackle; (*canto que disuena mucho*) (fig) cackle
Grecia *f* Greece
grecia•no -na *adj* Grecian
gre•co -ca *adj* & *mf* Greek
greda *f* clay, fuller's earth
grega•rio -ria *adj* (*que vive confundido con otros*) gregarious; slavish, servile
gregoria•no -na *adj* Gregorian
gremial *adj* guild; trade-union, union || *m* guildsman; union member
gremio *m* guild, corporation; trade union, union; association, society
greña *f* confusion, entanglement; (*de cabello*) shock, tangled mop; **andar a la greña** to get into a hot argument; (*dos mujeres*) to pull each other's hair
greñu•do -da *adj* bushy-headed, shockheaded
gres *m* sandstone; stoneware
gresca *f* tumult, uproar; row, quarrel
grey *f* (*de ganado menor*) flock; group, party; nation, people; (*de fieles*) flock, congregation
grie•go -ga *adj* Greek || *mf* Greek || *m* (*idioma*) Greek; **hablar en griego** to not make sense
grieta *f* crack, crevice, chink; (*en la piel*) chap
grieta•do -da *adj* crackled || *m* crackleware
grietar *ref* to crack, split; (*la piel*) become chapped
gri•fo -fa *adj* (*pelo*) kinky, tangled; (*letra*) script; (W-I) colored; (Mex) drunk; (Col) conceited || *mf* (W-I) person of color; (Mex) drunk || *m* faucet, spigot, tap, cock; (myth) griffin; (Peru) gas station, (Mex) marijuana || *f* (Mex) marijuana
grilla *f* female cricket; (rad) grid; (Col) fight, quarrel; (SAm) annoyance, bother; **¡ésa es grilla!** (coll) you expect me to believe that!
grillar *intr* (*el grillo*) to chirp || *ref* (*las semillas, bulbos, etc.*) to sprout
grillete *m* fetter, shackle
grillo *m* (*insecto*) cricket; (*brote tierno*) sprout, shoot; **grillos** fetters, shackles
grima *f* fright, horror; **dar grima** to grate on the nerves
grin•go -ga *mf* (disparaging) foreigner; (*anglosajón*) gringo || *m* gibberish; **hablar en gringo** to talk nonsense
griñón *m* (*toca de monja*) wimple; (*melocotón*) nectarine
gripe *f* grippe
gris *adj* gray; dull, gloomy || *m* gray; **hacer gris** (*el tiempo*) to be sharp, be brisk
grisáce•o -a *adj* grayish
gri•sú *m* (*pl* -súes) firedamp
grita *f* shouting; hubbub, uproar; **dar grita a** to hoot at
gritar *intr* to shout, cry out
gritería *f* shouting, outcry, uproar
grito *m* cry, shout; scream, shriek; **el último grito** the latest thing, all the rage; **poner el**

grito en el cielo to raise the roof, scream wildly

gro. *abbr* **género**

Groenlandia *f* Greenland

grosella *f* currant; **grosella silvestre** gooseberry

grosellero *m* currant bush; **grosellero silvestre** gooseberry bush

grosería *f* grossness, coarseness; churlishness, rudeness; stupidity; vulgarity

grose•ro -ra *adj* gross, coarse; churlish, rude; stupid; vulgar ‖ *mf* churl, boor

grosor *m* thickness, bulk

grosura *f* fat, suet, tallow; meat diet; coarseness, vulgarity

grotes•co -ca *adj* grotesque

grúa *f* crane, derrick; **grúa de bote** (naut) davit; **grúa de auxilio** wrecking crane; **grúa de caballete** gantry crane

grúa-remolque *m* tow truck

grue•so -sa *adj* big, thick, bulky, heavy; coarse, ordinary; stout, fat; (*mar*) rough, heavy; **en grueso** in gross, in bulk ‖ *f* (*doce docenas*) gross

grulla *f* (orn) crane

grumete *m* ship's boy, cabin boy

grumo *m* clot, curd; bunch, cluster

grumo•so -sa *adj* clotty, curdly

gruñido *m* (*de cerdo*) grunt; (*de perro cuando amenaza*) growl; (*de persona*) grumble; (*de puerta*) creak; grumble, scolding

gruñir §12 *intr* (*el cerdo*) to grunt; (*el perro*) growl; (*una persona*) grumble; (*una puerta*) creak

gru•ñón -ñona *adj* grumpy, grumbly ‖ *mf* crosspatch

grupa *f* croup, rump

grupada *f* squall

grupal *adj* group

grupo *m* group; (mach & elec) unit

grupúsculo *m* splinter group

gruta *f* grotto

grutes•co -ca *adj* & *m* (fa) grotesque

Gruyère *m* Swiss cheese

gte. *abbr* **gerente**

guaca *f* (Bol, Peru) Indian tomb; hidden treasure

guacal *m* crate

guacama•yo -ya *adj* (P-R) flashy, sporty ‖ *m* macaw

guachapear *tr* to splash with the feet; bungle, botch ‖ *intr* to clank, clatter

guachinan•go -ga *adj* flattering, sly ‖ *mf* (disparaging term used by Cubans) Mexican

gua•cho -cha *adj* (SAm) homeless, orphan; (SAm) odd, unmatched

guadal *m* bog, swamp; sand hill, dune

Guadalupe *f* Gaudeloupe

guadama•cí *m* (*pl* -cíes) embossed leather

guadaña *f* scythe

guadañadora *f* mowing machine

guadañar *tr* to cut with a scythe

guadarnés *m* harness room; harness man

guagua *f* trifle; (SAm) baby; (W-I) bus; (Col) paca

guagüita *f* (Cuba, P-R) station wagon

guajada *f* (Mex) nonsense, folly

guaje *adj* (Hond, Mex) foolish, stupid ‖ *m* (Hond, Mex) calabash, gourd; (CAm) piece of junk

guaji•ro -ra *mf* (W-I) peasant, yokel

guajolote *m* turkey; (Mex) simpleton

gualda *f* (bot) weld, dyer's rocket

gual•do -da *adj* yellow ‖ *f* see **gualda**

gualdrapa *f* housing, trappings; dirty rag hanging from clothes

gualdrapear *tr* to line up head to tail ‖ *intr* (*las velas*) to flap

Gualterio *m* Walter

guanaco *m* (SAm) dope, simpleton; (SAm) tall lanky fellow; (zool) guanaco

guanajo *m* turkey; (W-I) boob, dunce

guano *m* palm tree; bird manure

guante *m* glove; **arrojar el guante** to throw down the gauntlet; **echar un guante** to pass the hat; **guantes** tip, fee; **recoger el guante** to take up the gauntlet; **salvo el guante** excuse my glove

guantelete *m* gauntlet

guantería *f* glove shop

guantón *m* box on the ear

guapear *intr* to bluster, swagger; dress to kill

guape•tón -tona *adj* handsome; flashy, sporty; bold, fearless ‖ *m* bully, tough

guapeza *f* good looks; flashiness, sportiness; (coll) boldness, daring; bravado

gua•po -pa *adj* handsome, good-looking; flashy, sporty; bold, daring ‖ *m* (*hombre pendenciero*) bully; gallant, lady's man

guapura *f* good looks

guarache *m* (Mex) leather sandal; (Mex) tire patch

guarapo *m* sugar-cane juice; fermented juice of sugar cane

guarda *mf* guard, custodian ‖ *m* (Arg) trolley-car conductor; **guarda de la aduana** customhouse officer; **guarda forestal** forest ranger ‖ *f* guard, custody; (*de la ley*) observance; (*de la espada*) guard; (*de la cerradura*) ward; (hb) flyleaf

guardabarrera *mf* (rr) gatekeeper

guardaba•rros *m* (*pl* -rros) fender, mudguard, dashboard

guardabosque *m* gamekeeper; forest ranger; shortstop

guardabrisa *m* windshield; (naut) glass candle shade

guardacantón *m* spur stone

guardacarril *m* (rr) railguard

guardacar•tas *m* (*pl* -tas) letter file

guardaco•ches *m* (*pl* -ches) car watcher

guardacos•tas *m* (*pl* -tas) revenue cutter, coast guard cutter; **guardacostas** *mpl* (*servicio*) coast guard

guarda•dor -dora *adj* guarding, protecting; mindful, observant; stingy ‖ *m* guardian, keeper; observer

guardaespal•das *m* (*pl* -das) bodyguard

guardafango *m* fender, mudguard

guardafre•nos *m* (*pl* -nos) (rr) brakeman, flagman

guardafuego *m* fender, fireguard

guardagu•jas *m* (*pl* -jas) (rr) switchman

guardajo•yas *m* (*pl* -yas) jewel case
guardalado *m* railing, parapet
guardalmacén *m* warehouseman; (Cuba) country station master
guardamalleta *f* valance
guardameta *m* goalkeeper
guardamue•bles *m* (*pl* -bles) warehouse, furniture warehouse
guardanieve *m* snowshed
guardapelo *m* locket
guardapolvo *m* (*sobretodo ligero*) duster; (*resguardo para preservar del polvo*) cover, cloth; (*del reloj*) inner lid; (*sobre una puerta o ventana*) hood
guardapuerta *f* storm door
guardar *tr* to guard; watch over; protect; put away; show, observe; save, e.g., ¡Dios guarde a la Reina! God save the Queen ‖ *intr* to keep, save; ¡guarda! look out!, watch out! ‖ *ref* to be on one's guard; **guardarse de** to look out for, watch out for, guard against
guardarraya *f* (CAm, W-I) boundary line, property line
guardarropa *mf* keeper of the wardrobe ‖ *m* (*armario donde se guarda la ropa*) wardrobe; (*local destinado a la custodia de ropa en establecimientos públicos*) checkroom, cloakroom; check boy ‖ *f* check girl, hat girl
guardarropía *f* (theat) wardrobe
guardasilla *f* chair rail
guardaventana *f* storm window
guardavía *m* (rr) trackwalker, lineman
guardavida *m* lifeguard
guardavien•tos *m* (*pl* -tos) (*abrigo contra los vientos*) windbreak; (*mitra de chimenea*) chimney pot
guardavivo *m* bead, corner bead
guardería *f* guard, guardship; **guardería infantil** day nursery
guardesa *f* woman guard
guardia *m* guard, guardsman; **guardia civil** rural policeman; **guardia marina** midshipman, middy; **guardia urbano** policeman ‖ *f* (*cuerpo de hombres armados; manera de defenderse en la esgrima*) guard; (naut) watch; **de guardia** on duty; on guard; **guardia civil** rural police; **guardia de asalto** shock troops; **guardia de corps** (mil) bodyguard; **guardia de cuartillo** (naut) dogwatch; **guardia suiza** Swiss Guards
guar•dián -diana *mf* guardian ‖ *m* watchman
guardilla *f* attic; attic room
guardo•so -sa *adj* careful, neat, tidy; (*que ahorra mucho*) thrifty; (*mezquino*) stingy
guarecer §22 *tr* to take in, give shelter to; keep, preserve; (*a un enfermo*) treat ‖ *ref* to take refuge, take shelter
guarida *f* den, lair; shelter; haunt, hangout, hide-out
guarismo *m* cipher, figure

guarnecer §22 *tr* to trim, adorn; equip, provide; bind, edge; (*joyas*) set; stucco, plaster; (*frenos*) line; (*un cojinete*) bush; (*una plaza fuerte*) man, garrison; (culin) garnish
guarnición *f* trimming; equipping; binding, edging; (*de joyas*) setting; stuccoing, plastering; (*de la espada*) guard; (*de frenos*) lining; (*del émbolo*) packing; (*tropa que guarnece un lugar*) garrison; (culin) garnish; **guarniciones** fixtures, fittings; (*de la caballería*) harness
guarnicionar *tr* to garrison
guarnicionero *m* harness maker
guaro *m* (CAm) sugar-cane liquor
gua•rro -rra *mf* hog
guasa *f* heaviness, churlishness; joking, kidding
guasca *f* rawhide; whip; **dar guasca a** to whip, thrash
guasería *f* (SAm) coarseness, crudity; (Chile) timidity
gua•so -sa *adj* (SAm) coarse, crude, uncouth ‖ *mf* (Chile) peasant ‖ *f* see **guasa**
gua•són -sona *adj* heavy, churlish; funny, comical ‖ *mf* dullard, churl; joker, kidder
guata *f* wadding, padding; (Arg, Chile, Peru) belly, paunch; (*de una parcd*) (Chile) bulging, warping; (Ecuad) boon companion; **echar guata** (Chile) to prosper
guatemalte•co -ca *adj* & *mf* Guatemalan
guáter *m* toilet, water closet
guau *m* (*ladrido del perro*) bowwow; (bot) woodbine, Virginia creeper; **guau guau** (*perro*) bowwow ‖ *interj* bowwow!
guay *interj* — ¡guay de mí! (poet) woe is me!
guayaba *f* guava, guava apple
guayabo *m* guava tree; lie, trick
guayaco *m* lignum vitae
Guayana *f* Guyana
gubernamental *adj* governmental; (*defensor*) strong-government
gubernati•vo -va *adj* governmental
gubia *f* gouge
guedeja *f* shock of hair; lion's mane
guerra *f* war, warfare; billiards; **Gran guerra** Great War; **guerra a muerte** war to the death; **guerra bacteriana** or **bacteriológica** germ warfare; **guerra de guerrillas** guerrilla warfare; **guerra de las dos Rosas** War of the Roses; **guerra de los Cien Años** Hundred Years' War; **guerra del Transvaal** Boer War; **guerra de ondas** radio jamming; **guerra de Troya** Trojan War; **guerra fría** cold war; **Guerra Mundial** World War; **guerra nuclear** nuclear war; **guerra relámpago** blitzkrieg; **hacer la guerra** to wage war
guerrea•dor -dora *adj* warring ‖ *mf* warrior
guerrear *intr* to war, wage war, fight; struggle, resist
guerre•ro -ra *adj* war, warlike; warring; mischievous ‖ *mf* fighter ‖ *m* warrior, soldier, fighting man ‖ *f* tight-fitting military jacket

guerrilla *f* band of skirmishers; guerrilla band; guerrilla warfare
guerrillear *intr* to skirmish; wage guerrilla warfare
guerrillero *m* guerrilla
guía *mf* guide, leader; adviser ‖ *m* (mil) guide ‖ *f* guide; guidance; directory; (*del viajero*) guidebook; (*caballo*) leader; (*de la bicicleta*) handle bar; (*del bigote*) turned-up end; (*de la sierra*) fence; marker; shoot, sprout; (mach) guide; (rr) timetable; **guías** reins; **guía sonora** sound track; **guía telefónica** telephone directory; **guía turística** tourist guide
guiadera *f* (mach) guide
guiar §77 *tr* to guide, lead; (*un automóvil*) steer, drive; pilot; (*una planta, una vid*) train ‖ *intr* to shoot, sprout ‖ *ref* — **guiarse por** to be guided by, go by
guija *f* pebble; grass pea
guijarro *m* cobble, cobblestone
guije•ño -ña *adj* pebbly; hard-hearted
guijo *m* gravel
guijo•so -sa *adj* gravelly; pebbly
güila *f* (Mex) prostitute
guillame *m* rabbet plane
Guillermo *m* William
guillotina *f* guillotine; paper cutter
guillotinar *tr* to guillotine
guimbalete *m* pump handle
guinche *m* or **güinche** *m* (mach) crane
guinda *f* sour cherry
guindal *m* sour cherry tree
guindaleza *f* (naut) hawser
guindar *tr* to hoist, raise; win; (*ahorcar*) hang, string up
guindilla *m* policeman, cop; Guinea pepper
guindo *m* sour cherry tree
guindola *f* (naut) boatswain's chair; (naut) life buoy
guinea *f* (*moneda*) guinea
guineo *m* small banana
guinga *f* gingham
guiña *f* (Col, Ven) bad luck
guiñada *f* wink; (naut) yaw
guiñapo *m* rag, tatter; ragamuffin
guiñar *tr* (*el ojo*) to wink ‖ *intr* to wink; (naut) to yaw ‖ *ref* to wink at each other
guiño *m* wink; **hacer guiños a** to make eyes at; **hacerse guiños a** to make faces at each other
guión *m* banner, standard; cross (*carried before prelate in procession*); (*signo ortográfico*) hyphen; (*signo ortográfico largo*)

dash; (mil) guidon; (mov & theat) scenario; (rad & telv) script; (mus) repeat sign; **guión de montaje** (mov) cutter's script; **guión de rodaje** (mov) shooting script
guionista *mf* (mov) scenarist; (mov) scriptwriter; (mov) subtitle writer
guirigay *m* gibberish; confusion, hubbub
guirindola *f* frill, jabot
guirlache *m* almond brittle, peanut brittle
guirnalda *f* garland, wreath
guisa *f* way, manner, wise; **a guisa de** in the manner of, like
guisado *m* stew, meat stew
guisante *m* pea; **guisante de olor** sweet pea
guisar *tr* to cook; stew; arrange, prepare ‖ *intr* to cook
guiso *m* dish
guisote *m* hash
guita *f* twine; (coll) dough, money
guitarra *f* guitar
guitarrista *mf* guitarist
gui•tón -tona *mf* tramp, bum
gula *f* gluttony; gorging, guzzling
gulo•so -sa *adj* gluttonous; guzzling
gumía *f* Moorish poniard
gurrumi•no -na *adj* weak, puny ‖ *m* henpecked husband ‖ *f* uxoriousness
gusanear *intr* to swarm
gusanera *f* nest of worms; ruling passion
gusanien•to -ta *adj* wormy, grubby
gusanillo *m* small worm; twist stitch; (*de la barrena*) spur; **matar el gusanillo** to take a shot of liquor before breakfast
gusano *m* worm; **gusano de luz** glowworm; **gusano de seda** silk worm; **gusano de tierra** earthworm
gusano•so -sa *adj* wormy, grubby
gusarapo *m* waterworm, vinegar worm
gustación *f* tasting, taste
gustar *tr* to taste; try, sample; please, be pleasing to; like, e.g., **me gustan estas peras** I like these pears ‖ *intr* to like e.g., **como Vd. guste** as you like; **gustar de** to like; like to
gustillo *m* slight taste, touch
gusto *m* taste; flavor; liking; caprice, whim; pleasure; **a gusto** as you like it; **con mucho gusto** with pleasure, gladly; **encontrarse a gusto** or **estar a gusto** to like it (*e.g., in the country*); **tanto gusto** so glad to meet you
gusto•so -sa *adj* tasty; agreeable, pleasant; ready, willing, glad
gutapercha *f* gutta-percha
gutural *adj* guttural

gu
ha

H

H, h (hache) *f* ninth letter of the Spanish alphabet
haba *f* bean, broad bean; (*simiente del café y* el cacao) bean; **ser habas contadas** to be a sure thing
Habana, La Havana

haber *m* salary, wages; credit, credit side; **haberes** property, wealth ‖ *v* §38 *tr* to have; get, get hold of ‖ *v aux* to have, e.g., **lo he visto a menudo** I have seen it often; **haber de** + *inf* to be to + *inf*, e.g., **ha de llegar a mediodía** he is to arrive at noon ‖ *v impers* there to be, e.g., **ha habido tres personas allí** there were three people there; **haber que** + *inf* to be necessary to + *inf;* **no hay de qué** you're welcome, don't mention it ‖ *ref* to behave oneself; **habérselas con** to deal with; to have it out with

habichuela *f* kidney bean; **habichuela verde** string bean
hábil *adj* skillful, capable; *(día)* work
habilidad *f* skill, ability, capability; *(lo que se ejecuta con gracia)* feat; *(enredo, embuste)* scheme, trick
habilido•so -sa *adj* skillful
habilitación *f* qualification; backing, financing; equipping, outfitting; **habilitaciones** fixtures
habilitar *tr* to qualify; back, finance; equip, fit out; *(en un examen)* pass
habitabilidad *f* habitability; (aut) interior (space)
habitable *adj* inhabitable
habitación *f* habitation; *(edificio donde se habita)* house, home, dwelling; *(aposento de la casa o el hotel)* room; *(donde vive una especie vegetal o animal)* habitat
habitante *mf (de una casa)* dweller, occupant; *(de una población)* inhabitant
habitar *tr* to inhabit, live in; *(una casa, un piso)* occupy ‖ *intr* to live
hábito *m* garment, dress; habit, custom; **ahorcar los hábitos** to doff the cassock, to leave the priesthood; to change jobs; **el hábito no hace al monje** clothes don't make the man
habitua•do -da *mf* habitué
habitual *adj* habitual; regular, usual
habituar §21 *tr* to accustom ‖ *ref* to become accustomed
habitud *f* relationship, connection; custom, habit
habla *f* speech; **al habla** speaking
hablada *f* talk, talking
habla•dor -dora *adj* talkative; gossipy ‖ *mf* talker, chatterbox; gossip
habladuría *f* cut, sarcasm; **andar con habladurías** to go around gossiping
hablante *adj* speaking ‖ *mf* speaker
hablar *tr (una lengua)* to speak, talk; *(disparates)* talk ‖ *intr* to speak, talk; **es hablar por demás** it's wasted talk; **estar hablando** *(una pintura, una estatua)* to be almost alive; **hablar claro** to talk straight from the shoulder
hablilla *f* story, piece of gossip
hablista *mf* speaker, good speaker
hacede•ro -ra *adj* feasible, practicable
hacenda•do -da *adj* landed, property-owning ‖ *mf* landholder, property owner; cattle rancher; plantation owner
hacendar §2 *tr (el dominio de bienes raíces)*

to pass on ‖ *ref* to buy property in order to settle down
hacende•ro -ra *adj* thrifty
hacendista *m* economist, fiscal expert; man of independent means
hacendo•so -sa *adj* hard-working, thrifty
hacer §39 *tr (crear, producir, formar)* to make; *(ejecutar, llevar a cabo)* do; *(un baúl)* pack; *(un papel)* play; *(un mandato)* give; *(un drama)* act, perform; pretend to be; *(una pregunta)* ask; **hace** ago, e.g., **hace un mes** a month ago; **hacer** + *inf* to have + *inf*, e.g., **le hice tomar un libro en la biblioteca** I had him get a book at the library; to make + *inf*, e.g., **el médico me hizo guardar cama** the doctor made me stay in bed; to have + *pp*, e.g., **hará construir una casa** he will have a house built; **hacer . . . que** to be . . . since, e.g., **hace un año que yo estuve aquí** it is a year since I was here; to be for. . . , e.g., **hace un año que estoy aquí** I have been here for a year; for expressions like **hacer frío** to be cold, see the noun ‖ *intr* to act; **hacer a** to fit; **hacer al caso** (coll) to be to the purpose; **hacer como que** + *ind* to pretend to + *inf;* **hacer de** to act as, work as; **hacer por** to try to ‖ *ref* to become, get to be, grow; **hacerse a** to become accustomed to; **hacerse a un lado** to step aside; **hacerse con** to make off with; **hacerse chiquito** to sing small; **hacérsele a uno difícil** to strike one as difficult; **hacerse viejo** to grow old; kill time
hacia *prep* toward; *(cierta hora o época)* about, near; **hacia abajo** downward; **hacia adelante** forward; **hacia arriba** upward; **hacia atrás** backward; the wrong way; **hacia dentro** inward; **hacia fuera** outward
hacienda *f* farmstead, landed estate, country property; property, possessions; ranch; (Arg) cattle, livestock; **hacienda pública** public finance, federal income; **haciendas** household chores
hacina *f* pile, heap; shock, stack
hacinar *tr* to pile, heap; stack
hacha *f* axe; *(hacha pequeña)* hatchet; torch, firebrand; four-wick wax candle; **hacha de armas** battleaxe
hachazo *m* blow with an axe
hachear *tr & intr* to hew, hack, or chop with an axe
hachero *m* torchbearer; *(candelero)* torch stand; *(leñador)* woodcutter
hachich *m* or **hachís** *m* hashish
hacho *m* torch; *(sitio elevado cerca de la costa)* beacon, beacon hill
hada *f* fairy; *(mujer que encanta por su belleza, gracia, etc.)* charmer; **hada madrina** fairy godmother
hadar *tr (determinar el hado)* to predestine, foreordain; *(pronosticar)* to foretell; *(encantar)* to charm, cast a spell on
hado *m* fate, destiny
haiga *m* (slang) flashy auto; (slang) sport

halagar §44 *tr* (*lisonjear*) to flatter; (*demostrar cariño a*) cajole, fawn on; (*agradar*) gratify, please

halago *m* flattery; cajolery; gratification; **halagos** flattery, blandishments

halagüe•ño -ña *adj* flattering; fawning; gratifying, pleasing; bright, rosy, promising

halar *tr* (naut) to haul, pull

halcón *m* falcon

halconear *intr* (*la mujer*) to chase after men

halconería *f* falconry

halconero *m* falconer

halda *f* skirt; **poner haldas en cinta** to pull up one's skirts to run; roll up one's sleeves

halieto *m* fish hawk, osprey

hálito *m* breath; vapor; (poet) gentle breeze

halitosis *f* halitosis

halo *m* halo

haló *interj* (*teléfono*) hello!

halógeno *m* halogen

halterio *m* dumbbell

halterofilia *f* weight lifting

halterofilista *mf* weight lifter

haluro *m* halide

hallar *tr* to find; (*averiguar*) find out, discover || *ref* to find oneself; to be; **hallarse bien con** to be satisfied with; **hallárselo todo hecho** to never have to turn a hand; **no hallarse** to feel uncomfortable, not like it

hallazgo *m* (*cosa hallada*) find; (*acción de hallar*) finding, discovery; (*premio al que ha hallado una cosa perdida*) reward, finder's reward, e.g., **diez dólares de hallazgo** ten dollars reward

hallulla *f* bread baked on embers or hot stones; (Chile) fine bread

hamaca *f* hammock

hamamelina *f* witch hazel

hambre *f* hunger; (*escasez general de comestibles*) famine; **matar de hambre** to starve to death, **morir de hambre** to starve to death, die of starvation; **pasar hambre** to go hungry; **tener hambre** to be hungry

hambrear *tr* & *intr* to starve, famish

hambrien•to -ta *adj* hungry, starving

hambruna *f* (SAm) mad hunger; (Ecuad) starvation

hamburguesa *f* hamburger sandwich

hamo *m* fishhook

hampa *f* underworld life; denizens of the underworld

hampes•co -ca *adj* underworld

hampón *m* bully, tough

hangar *m* (aer) hangar

hara•gán -gana *adj* idling, loafing, lazy || *mf* idler, loafer

haraganear *intr* to idle, loaf, hang around

harapien•to -ta *adj* ragged, tattered

harapo *m* rag, tatter; **andar** or **estar hecho un harapo** (coll) to go around in rags

harapo•so -sa *adj* ragged, tattered

harén *m* harem

harina *f* (*especialmente del trigo*) flour; (*de cualquier grano*) meal; **estar metido en harina** to be deeply absorbed; to be fat and heavy; **harina de avena** oatmeal; **harina**

de maíz corn meal; **ser harina de otro costal** to be a horse of another color

harine•ro -ra *adj* flour || *m* flour dealer; flour bin

harino•so -sa *adj* floury, mealy

harnear *tr* (Col, Chile) to sift

harnero *m* sieve

ha•rón -rona *adj* lazy || *mf* lazy loafer

harpillera *f* burlap, sackcloth

hartar *tr* to stuff, cram; satisfy, satiate; tire, bore; overwhelm, deluge || *intr* to have one's fill || *ref* to stuff; be satiated; tire, be bored

hartazgo *m* or **hartazón** *m* fill, bellyful; **darse un hartazgo** to eat one's fill; **darse un hartazgo de** to have or to get one's fill of

har•to -ta *adj* full, fed up; very much; **harto de** full of, fed up with, sick of || **harto** *adv* enough; very, quite

hartura *f* fill, satiety; full satisfaction; abundance

hasta *adv* even || *prep* until, till; to, as far as; down to, up to; as much as; **hasta ahora** up till now; **hasta aquí** so far; **hasta después** so long, good-by; **hasta la vista** or **hasta luego** so long, good-by; **hasta mañana** see you tomorrow; **hasta más no poder** to the utmost; **hasta no más** to the utmost; **hasta que** until, till

hastial *m* gable end; (*hombrón rústico*) bumpkin

hastiar §77 *tr* to surfeit, sicken, cloy; (*fastidiar*) bother, annoy, bore

hastío *m* surfeit, loathing, disgust; bother, annoyance, boredom

hataca *f* large wooden ladle; (*cilindro para extender la masa*) rolling pin

hatajo *m* small herd, small flock; (*p.ej., de disparates*) lot, flock

hato *m* (*de ganado vacuno*) herd; (*de ovejas*) flock; (*de ropa*) pack, bundle; (*de gente*) clique, ring; (*de gente malvada*) gang; everyday outfit; (*de disparates*) flock, lot; cattle ranch; **liar el hato** to pack up, pack one's baggage; **revolver el hato** to stir up trouble

haya *f* beech tree; (*madera*) beech || **La Haya** The Hague

hayaca *f* (Ven) mince pie

hayo *m* (Col) coca; (Col) coca leaves (*mixed for chewing*)

hayuco *m* beechnut, mast

haz *m* (*pl* **haces**) bunch, bundle; (*de leña*) fagot; (*de mieses*) sheaf; (*de rayos*) beam, pencil; (*de soldados*) file || *f* (*pl* **haces**) face; (*de la tierra*) surface; (*de paño o tela*) right side; (*de un edificio*) façade, front; **a sobre haz** on the surface; **ser de dos haces** to be two-faced

hazaña *f* feat, exploit, deed

hazañería *f* fuss

hazañe•ro -ra *adj* fussy

hazaño•so -sa *adj* gallant, courageous

hazmerreír *m* laughingstock, butt

he *adv* behold, lo and behold; **he aquí** here is, here are; **he allí** there is, there are

hebilla f buckle

hebra f thread; fiber; (en la madera) grain; (del discurso) (fig) thread; **de una hebra** (Chile) all at once; **pegar la hebra** to strike up a conversation; to keep on talking

hebre•o -a adj & mf Hebrew ‖ m (idioma) Hebrew

hebro•so -sa adj fibrous, stringy

hecatombe f hecatomb

hechicera f witch, sorceress; (mujer que por su belleza cautiva) enchantress

hechicería f witchcraft, sorcery, wizardry; (fig) fascination, charm

hechice•ro -ra adj bewitching, charming, enchanting; magic ‖ mf sorcerer, magician; charmer, enchanter ‖ m wizard, sorcerer ‖ f see **hechicera**

hechizar §60 tr to bewitch, cast a spell on; (fig) to bewitch, charm, enchant ‖ intr to practice sorcery; (fig) to be charming, enchant

hechi•zo -za adj fake, artificial; (de quita y pon) detachable; made, manufactured; (producto) local, home ‖ m spell, charm; magic, sorcery; (fig) magic, sorcery, glamour; (fig) charmer; **hechizos** (de una mujer) charms

he•cho -cha adj accustomed; finished; turned into; (traje) ready-made; (llegado a la edad adulta) full-grown ‖ m act, deed; fact; event; (hazaña) feat; **de hecho** in fact; **en hecho de verdad** as a matter of fact; **estar en el hecho de** to catch on to; **hecho consumado** fait accompli ‖ **hecho** interj all right!, OK!

hechura f form, shape, cut, build; creation, creature; workmanship; (Chile) drink, treat; **hechuras** cost of making; **no tener hechura** to be impracticable

heder §51 tr to bore, annoy, tire ‖ intr to stink, reek

hediondez f stench, stink

hedion•do -da adj stinking, smelly; annoying, boring; obscene, filthy, dirty ‖ m bean trefoil; skunk

hedor m stench, stink

helada f freezing; (escarcha) frost; **helada blanca** hoarfrost

heladera f refrigerator; (Chile) ice-cream tray

heladería f ice-cream parlor

hela•do -da adj cold, icy; (pasmado por el miedo, la sorpresa, etc.) frozen; (esquivo, indiferente) cold, chilly; (cubierto de azúcar) (Ven) iced ‖ m cold drink; (manjar) water ice; (sorbete) ice cream; **helado al corte** brick ice cream ‖ f see **helada**

hela•dor -dora adj freezing ‖ f ice-cream freezer

helar §2 tr to freeze; harden, congeal; dumbfound; discourage ‖ intr to freeze ‖ ref to freeze; harden, congeal, set; (cubrirse de hielo) to ice

helecho m fern

heléni•co -ca adj Hellenic

hele•no -na adj Hellenic ‖ mf Hellene

helero m glacier

hélice f helix; (de un buque) screw, propeller; (de un avión) propeller

helicóptero m helicopter

helio m helium

heliotropo m heliotrope

helipuerto m heliport

hematíe m red cell

hembra adj invar (animal, planta, herramienta) female; weak, thin, delicate ‖ f female; (del corchete) eye; (tuerca) nut; **hembra de terraja** (mach) die

hembraje m (SAm) females of a flock or herd

hembrilla f (mach) female part or piece; (armella) eyebolt

hemeroteca f periodical library

hemiciclo m (semicírculo) hemicycle; (gradería semicircular) amphitheater; (espacio central del salón de sesiones de las Cortes) floor

hemisferio m hemisphere

hemistiquio m hemistich

hemofilia f hemophilia

hemoglobina f hemoglobin

hemorragia f hemorrhage

hemorroides fpl hemorrhoids

hemóstato m hemostat

henal m hayloft

henar m hayfield

henchir §50 tr to fill; (un colchón) stuff; (a una persona, p.ej., de favores) heap, shower ‖ ref to be filled; stuff, stuff oneself

hendedura f crack, split, cleft

hender §51 tr to crack, split, cleave; (el aire, las ondas) cleave; make one's way through ‖ ref to crack, split

hendidura f crack, split, cleft

henil m hayloft, haymow

henna f henna

heno m hay

heñir §72 tr to knead; **hay mucho que heñir** there's still a lot of work to do

heraldía f heraldry

heráldi•co -ca adj heraldic ‖ f heraldry

heraldo m herald

herbáce•o -a adj herbaceous

herbajar tr & intr to graze

herbaje m herbage

herba•rio -ria adj herbal ‖ m (libro) herbal; (colección) herbarium

herbicida m weed killer

herbo•so -sa adj grassy

hercúle•o -a adj herculean

heredad f country estate

heredar tr & intr to inherit; **heredar a** to inherit from

herede•ro -ra mf heir, inheritor; owner of an estate; **heredero forzoso** heir apparent ‖ m heir ‖ f heiress

heredita•rio -ria adj hereditary

hereje mf heretic

herejía f heresy; insult, outrage; outrageous price

herencia f heritage, inheritance; (*transmisión de caracteres biológicos*) heredity; (*patrimonio de un difunto*) estate

heréti•co -ca adj heretic(al)

herida f injury, wound; insult, outrage; **renovar la herida** to open an old sore; **tocar en la herida** to sting to the quick

heri•do -da adj hurt, wounded; (*ofendido*) hurt || mf injured person, wounded person; **los heridos** the injured, the wounded || f see **herida**

herir §68 tr to injure, hurt, wound; (*ofender*) hurt; (*golpear*) strike; (*el sol sobre*) beat down upon; (*un instrumento de cuerda*) play; (*la cuerda de un instrumento*) pluck; touch, move

hermana f sister; **hermana de leche** foster sister; **hermana política** sister-in-law; **media hermana** half sister

hermanar tr to match, mate; combine, join; harmonize || ref to match; become attached as brothers or sisters or brother and sister

hermanastra f stepsister

hermanastro m stepbrother

hermandad f brotherhood; sisterhood; close friendship; close relationship

herma•no -na adj (*p.ej., idioma*) sister || mf companion, mate || m brother; **hermano de leche** foster brother; **hermano político** brother-in-law; **hermanos** brother and sister; brothers and sisters; **hermanos siameses** Siamese twins; **medio hermano** half brother; **primo hermano** first cousin || f see **hermana**

herméti•co -ca adj hermetic(al); air-tight; impenetrable; tight-lipped

hermosear tr to beautify, embellish

hermo•so -sa adj beautiful; (*caballero*) handsome

hermosura f beauty; (*mujer hermosa*) belle, beauty

hernia f hernia

héroe m hero

heroi•co -ca adj heroic; (*remedio*) desperate

heroína f heroine; (pharm) heroin

heroinómano m heroin addict

heroísmo m heroism

herrada f wooden bucket

herrador m horseshoer

herradura f horseshoe; **mostrar las herraduras** (*un caballo*) to kick, be vicious; (coll) to show one's heels

herraje m hardware, ironwork

herramental adj tool || m toolbox, tool bag

herramienta f tool; set of tools; (coll) teeth; (coll) horns

herrar §2 tr (*guarnecer con hierro*) to fit with hardware; (*un caballo*) to shoe; (*marcar con hierro candente*) to brand; (*un barril*) to hoop

herrería f forge, blacksmith shop; blacksmithing; ironworks; rumpus

herrero m blacksmith; **herrero de grueso** ironworker; **herrero de obra** steelworker

herrete m tip, metal tip

herretear tr to tip, put a metal tip on

herrín m rust

herón m (*tejo de hierro horadado*) quoit; (*arandela*) washer

herrumbre f rust; (*honguillo parásito*) rust, plant rot

herrumbro•so -sa adj rusty

herventar §2 tr to boil

hervidero m boiling; bubbling spring; (*en el pecho*) rattle; (*de gente*) swarm

hervidor m boiler, cooker

hervir §68 intr to boil; (*el mar; una persona encolerizada*) boil, seethe; swarm, teem

hervor m boil, boiling; (*de la juventud*) fire, restlessness; **alzar el hervor** to begin to boil

hervoro•so -sa adj ardent, fiery, impetuous

heterócli•to -ta adj irregular; unconventional

heterodinar tr to heterodyne

heterodi•no -na adj heterodyne

heterodo•xo -xa adj heterodox

heterogeneidad f heterogeneity

heterogéne•o -a adj heterogeneous

hexámetro m hexameter

hez f (pl **heces**) (fig) scum, dregs; **heces** lees, dregs; feces, excrement

hiato m hiatus

hibisco m hibiscus

hibridación f hybridization

hibridar tr & intr to hybridize

híbri•do -da adj & m hybrid

hidal•go -ga adj noble, illustrious || m nobleman || f noblewoman

hidalguez f or **hidalguía** f nobility

hidra f hydra

hidratar tr & ref to hydrate

hidrato m hydrate

hidráuli•co -ca adj hydraulic || f hydraulics

hidroala m (*vehículo mixto de buque y avión*) hydrofoil

hidroaleta f (*miembro alar del hidroala*) hydrofoil

hidroavión m hydroplane

hidrocarburo m hydrocarbon

hidroeléctri•co -ca adj hydroelectric

hidrófi•lo -la adj (*algodón*) absorbent (*cotton*)

hidrofobia f hydrophobia

hidrófu•go -ga adj waterproof

hidrógeno m hydrogen

hidropesía f dropsy

hidróxido m hydroxide

hiedra f ivy

hiel f bile, gall; (fig) gall, bitterness, sorrow; **echar la hiel** to strain, overwork

hielo m ice; (fig) coldness, coolness; **hielo flotante** drift ice, ice pack; **hielo seco** dry ice; **romper el hielo** (*quebrantar la reserva*) to break the ice

hiena f hyena

hienda f dung

hierba f grass; (*especialmente la que tiene propiedades medicinales*) herb; **hierba de la plata** honesty; **hierba del asno** evening primrose; **hierba de París** truelove; **hierba gatera** catnip; **hierba pastel** woad; **hierbas** grass, pasture; herb poison; years of age (*said of animals*); **mala hierba** weed, wayward young fellow

hierbabuena *f* mint

hierro *m* iron; (*marca candente que se pone a los ganados*) brand; **hierro colado** cast iron; **hierro colado en barras** pig iron; **hierro de desecho** scrap iron; **hierro de marcar** branding iron; **hierro dulce** wrought iron; **hierro fundido** cast iron; **hierro galvanizado** galvanized iron; **hierro ondulado** corrugated iron; **hierros** irons, fetters; **llevar hierro a Vizcaya** to carry coals to Newcastle

higa *f* baby's fist-shaped amulet; scorn, contempt; **dar higa** to misfire; **no dar dos higas por** to not give a rap for

hígado *m* liver; **echar los hígados** to strain, to overwork; **hígados** guts, courage; **malos hígados** hatred, grudge; **ser un hígado** to be a nuisance

higiene *f* hygiene

higiéni•co -ca *adj* hygienic

higo *m* fig; **higo chumbo** prickly pear; **higo paso** dried fig; **no valer un higo** to be not worth a continental

higuera *f* fig tree; **higuera chumba** prickly pear

hija *f* daughter; **hija política** daughter-in-law

hijas•tro -tra *mf* stepchild ‖ *m* stepson ‖ *f* stepdaughter

hi•jo -ja *mf* child; (*de un animal*) young; **hijo de bendición** legitimate child; good child; **hijo de la cuna** foundling; **hijo del amor** love child; **hijo de leche** foster child ‖ *m* son; **cada hijo de vecino** every man Jack, every mother's son; **hijo del agua** good sailor; good swimmer; **hijo de su padre** chip off the old block; **hijo de sus propias obras** self-made man; **hijo político** son-in-law; **hijos** children; descendants ‖ *f* see **hija**

hijodalgo *m* (*pl* **hijosdalgo**) nobleman

hijueia *f* little girl, little daughter; (*tira de tela*) gore; branch drain; side path

hijuelero *m* rural postman

hijuelo *m* shoot, sucker

hila *f* row, line; (*acción de hilar*) spinning; **a la hila** in single file; **hilas** (*hebras para curar heridas*) lint

hilacha *f* shred, fraying; **hilacha de acero** steel wool; **hilacha de algodón** cotton waste; **hilacha de vidrio** spun glass; **hilachas** lint; **mostrar la hilacha** (Arg) to show one's worst side

hilachen•to -ta tattered; in rags

hilachos *mpl* (Mex) rags, tatters

hilacho•so -sa *adj* frayed, raggedy

hilada *f* row, line; (mas) course

hilado *m* spinning; (*hilo*) yarn, thread

hila•dor -dora *adj* spinning ‖ *mf* spinner ‖ *f* spinning machine

hilandería *f* spinning; spinning mill

hilande•ro -ra *adj* spinning ‖ *m* spinning mill

hilar *tr & intr* to spin; **hilar delgado** to hew close to the line; **hilar largo** to drag on

hilarante *adj* laughable; (*gas*) laughing

hilaza *f* yarn, thread; lint; **descubrir la hilaza** to show one's true nature

hilera *f* row, line; fine thread, fine yarn; (*parhilera*) ridgepole; (mil) file

hilo *m* thread; (*hebras retorcidas*) yarn; (*alambre*) wire; (*de perlas*) string; (*de agua*) thin stream; (*de luz*) beam; linen, linen fabric; (*de un discurso, de la vida*) (fig) thread; **hilo bramante** twine; **hilo de la muerte** end of life; **hilo de masa** (aut) ground wire; **hilo de medianoche** midnight sharp; **hilo dental** dental floss; **hilo de tierra** (elec) ground wire; **irse al hilo** or **tras el hilo de la gente** to follow the crowd; **manejar los hilos** to pull strings; **perder el hilo de** to lose the thread of

hilván *m* basting, tacking; basting stitch; (Chile) basting thread; (Ven) hem; **hablar de hilván** to jabber along

hilvanar *tr* to baste, tack; sketch, outline; (*hacer con precipitación*) hurry; (Ven) to hem ‖ *intr* to baste, tack

himnario *m* hymnal, hymn book

himno *m* hymn; **himno nacional** national anthem

hin *m* neigh, whinny

hincadura *f* driving, thrusting, sticking

hincapié *m* stamping the foot; **hacer hincapié en** to lay great stress on, to emphasize

hincar §73 *tr* to drive, thrust, stick, sink; (*la rodilla*) go down on, fall on ‖ *ref* to kneel, kneel down; **hincarse de rodillas** to go down on one's knees

hincha *mf* (sport) fan, rooter ‖ *f* grudge, ill will

hinchable *adj* inflatable; (*goma de mascar*) bubble

hincha•do -da *adj* swollen; swollen with pride; (*estilo, lenguaje*) pompous, highflown ‖ *m* (*de un neumático*) inflation ‖ *f* (sport) fans, rooters

hinchar *tr* to swell; inflate; (*un neumático*) pump up; exaggerate, embroider ‖ *ref* to swell; swell up, become puffed up (*with pride*)

hinchazón *f* swelling; vanity, conceit; (*del estilo, lenguaje*) bombast

hinchismo *m* (sport) fans, rooters

hin•dú -dúa (*pl* **-dúes -dúas**) *adj & mf* Hindoo, Hindu

hiniesta *f* Spanish broom

hinojo *m* fennel; **de hinojos** on one's knees

hipar *intr* to hiccup; (*los perros cuando siguen la caza*) pant, snuffle; (*gimotear*) whimper; be worn out; **hipar por** to long for; long to

hiperacidez *f* hyperacidity

hipérbola *f* (geom) hyperbola

hipérbole *f* (rhet) hyperbole

hiperbóli•co -ca *adj* (geom & rhet) hyperbolic

hipersensible *adj* (*alérgico*) hypersensitive

hipertensión *f* hypertension, high blood pressure

hípica *f* (horseback) riding; equestrianism

hípi•co -ca *adj* horse, equine

hipnosis *f* hypnosis

hipnóti-co -ca *adj* hypnotic ‖ *mf* hypnotic ‖ *m* (*medicamento que provoca el sueño*) hypnotic
hipnotismo *m* hypnotism
hipnotista *mf* hypnotist
hipnotizar §60 *tr* to hypnotize
hipo *m* hiccup; longing, desire; **tener hipo contra** to have a grudge against; **tener hipo por** to desire eagerly
hipocondría-co -ca *adj & mf* hypochondriac
hipocresía *f* hypocrisy
hipócrita *adj* hypocritical ‖ *mf* hypocrite
hipodérmi-co -ca *adj* hypodermic
hipódromo *m* hippodrome, race track
hipopótamo *m* hippopotamus
hiposulfito *m* hyposulfite
hipoteca *f* mortgage; ¡**buena hipoteca!** you may believe it, if you want to!
hipotecar §73 *tr* to mortgage
hipoteca-rio -ria *adj* mortgage
hipotenusa *f* hypotenuse
hipóte-sis *f* (*pl* -sis) hypothesis; **hipótesis de guía** working hypothesis
hipotéti-co -ca *adj* hypothetic(al)
hiriente *adj* cutting, stinging
hirsu-to -ta *adj* hairy, bristly; (fig) brusque, gruff
hirviente *adj* boiling
hisopear *tr* to sprinkle with holy water
hisopo *m* (bot) hyssop; aspergillum, sprinkler of holy water; paint brush, shaving brush
hispalense *adj & mf* Sevillian
hispáni-co -ca *adj & mf* Hispanic
hispanista *mf* Hispanist
hispa-no -na *adj* Spanish; Spanish American ‖ *mf* Spaniard; Spanish American
hispanohablante or **hispanoparlante** *adj* Spanish-speaking ‖ *mf* speaker of Spanish
híspi-do -da *adj* bristly, spiny
histéri-co -ca *adj* hysterical
histerismo *m* hysteria
histología *f* histology
historia *f* history; story, tale; **de historia** notorious, infamous; **dejarse de historias** to come to the point; **historia de lagrimitas** (coll) sob story; **historias** gossip, meddling; **pasar a la historia** to become a thing of the past; **picar en historia** to turn out to be serious
historia-do -da *adj* richly adorned; overadorned; (*cuadro, dibujo*) storied
historial *adj* historical ‖ *m* record, dossier
historiar §77 & *regular tr* to tell the history of; tell the story of; (*un suceso histórico*) (fa) to depict
históri-co -ca *adj* historic(al)
historieta *f* anecdote, brief story; **historieta gráfica** comic strip
histrión *m* actor; juggler, buffoon
histrióni-co -ca *adj* histrionic
hita *f* brad; landmark, milestone
hi-to -ta *adj* fixed, firm; (*casa, calle*) next; (*caballo*) black ‖ *m* (*clavo fijado en la tierra*) peg, hob; (*juego*) quoits; (*blanco*) target; (*mojón*) landmark, milestone; **dar en el hito** to hit the nail on the head; **mirar**

de hito en hito to eye up and down ‖ *f* see **hita**
Hno. *abbr* **Hermano**
hoba-chón -chona *adj* lumpish
hocicar §73 *tr* to nuzzle, root; keep on kissing ‖ *intr* to nuzzle, root; run into a snag; (*la proa*) (naut) to dip
hocico *m* snout; (*de una persona*) snout; sour face; **caer de hocicos** to fall on one's face; **meter el hocico en todo** to poke one's nose into everything; **poner hocico** to make a face
hogaño *adv* this year; at the present time
hogar *m* fireplace, hearth; furnace; home; family life; (*hoguera*) bonfire
hogare-ño -ña *adj* home-loving ‖ *mf* home-body, stay-at-home
hogaza *f* large loaf of bread
hoguera *f* bonfire
hoja *f* (*de planta, libro, mesa, muelle, puerta plegadiza, etc.; pétalo de flor*) leaf; (*de planta acuática*) pad; (*de papel*) sheet; blank sheet; (*de cuchillo, sierra, espada, etc.*) blade; (*hojuela de metal*) foil; (*de persiana*) slat; (*del patín*) runner; **doblar la hoja** to change the subject; **hoja clínica** clinical chart; **hoja de afeitar** razor blade; **hoja de embalaje** packing slip; **hoja de encuadernador** (bb) end paper; **hoja de estaño** tin foil; **hoja de estudios** transcript; **hoja de guarda** (bb) flyleaf; **hoja del anunciante** tear sheet; **hoja de lata** tin, tin plate; **hoja de nenúfar** lily pad; **hoja de paga** pay roll; **hoja de parra** fig leaf; **hoja de pedidos** order blank; **hoja de rodaje** (mov) shooting record; **hoja de ruta** waybill; **hoja de servicios** service record; **hoja de trébol** cloverleaf (*intersection*); **hoja maestra** master blade (*of spring*); **hojas del autor** (typ) advance sheets; **hoja suelta** leaflet, handbill; (bb) flyleaf, **hoja volante** leaflet, handbill
hojalata *f* tin, tin plate
hojalatería *f* tinsmith's shop; tinwork
hojalatero *m* tinsmith, tinner
hojaldre *m & f* puff paste
hojarasca *f* dead leaves; trash, rubbish; bluff, vain show
hojear *tr* to leaf through ‖ *intr* to scale off; (*las hojas de los árboles*) flutter
hojita *f* leaflet; **hojita de afeitar** razor blade
hojo-so -sa *adj* leafy
hojuela *f* (*hoja de otra compuesta*) leaflet; (*fruta de sartén*) pancake; (*hoja muy delgada de metal*) foil; **hojuela de estaño** tin foil
hola *interj* hey!, hello!
Holanda *f* Holland
holan-dés -desa *adj* Dutch; **a la holandesa** (bb) half-bound ‖ *mf* Hollander ‖ *m* Dutchman; (*idioma*) Dutch ‖ *f* Dutch woman
holga-chón -chona *adj* lazy, idle ‖ *mf* loafer, idler
holgadero *m* hangout
holga-do -da *adj* idle, unoccupied; (*vestido*) loose, full, roomy; (*que vive con bienestar*) fairly well-off

hi
ho

holganza *f* idleness, leisure; pleasure, enjoyment

holgar §63 *intr* to idle, be idle; take it easy, rest up; not fit, be too loose; be unnecessary, be of no use; be glad ‖ *ref* to be glad; be amused

holga•zán -zana *adj* idle, lazy ‖ *mf* idler, loafer

holgazanear *intr* to idle, loaf, bum around

hol•gón -gona *adj* pleasure-loving ‖ *mf* loafer, lizard

holgorio *m* fun, merriment

holgura *f* looseness, fulness; enjoyment, merriment; comfort, easy circumstances; (mach) play

holocausto *m* holocaust

hollar §61 *tr* to tread on, to trample on

hollejo *m* hull, peel, skin

hollín *m* soot

hollinar *tr* (Chile) to cover with soot

hollinien•to -ta *adj* sooty

hombracho *m* big husky fellow

hombrada *f* manly act

hombradía *f* manliness, courage

hombre *m* man; husband, man; my boy, old chap; buen hombre good-natured fellow; ¡hombre al agua!' or ¡hombre a la mar! man overboard!; hombre bueno arbiter, referee; hombre de bien honorable man; hombre de buenas prendas man of parts; hombre de ciencia scientist; hombre de dinero man of means; hombre de estado statesman; hombre de letras man of letters; hombre de mundo man of the world; hombre de suposición man of straw; hombre hecho grown man ‖ *interj* man alive!, upon my word!

hombre-anuncio *m* sandwich man

hombrear *tr* (Arg) to carry on the shoulders; (Mex) to aid, back ‖ *intr* to try to be somebody; (*una mujer*) to be mannish; hombrear con to try to be equal

hombrecillo *m* little man; (*lúpulo*) hop

hombrera *f* (*del vestido*) shoulder; shoulder pad; epaulet

hombre-rana *m* (*pl* hombres-ranas) frogman

hombría *f* manliness; hombría de bien honor, probity

hombrillo *m* (*de la camisa*) yoke; shoulder piece

hombro *m* shoulder; arrimar el hombro to lend a hand, put one's shoulder to the wheel; encoger los hombros to let one's shoulders droop; encogerse de hombros to shrug one's shoulders; to crouch, to shrink with fear; to not answer; mirar por encima del hombro to look down upon; salir en hombros to be carried off on the shoulders of the crowd

hombru•no -na *adj* mannish

homenaje *m* homage; (feud) homage; (Chile) gift, favor; homenaje de boca lip service; rendir homenaje a to swear allegiance to

homeópata *mf* homeopath

homeopatía *f* homeopathy

homicida *adj* homicidal ‖ *mf* homicide

homicidio *m* homicide

homilía *f* homily

homogeneidad *f* homogeneity

homogeneizar §60 *tr* to homogenize

homogéne•o -a *adj* homogeneous

homologación *f* confirmation, ratification; (sport) validation

homologar §44 *tr* to confirm, ratify; (*un récord*) (sport) to validate

homólo•go -ga *adj* homologous ‖ *m* colleague

homóni•mo -ma *adj* homonymous; of the same name ‖ *mf* namesake ‖ *m* homonym

homosexual *adj* & *mf* homosexual; gay

homúnculo *m* guy, little runt

honda *f* sling

hondazo *m* blow with a sling

hondear *tr* (naut) to sound

hondillos *mpl* patches in the crotch of pants

hon•do -da *adj* deep; (*terreno*) low ‖ *m* bottom ‖ *f* see honda ‖ hondo *adv* deep

hondón *m* (*de la aguja*) eye; (*de un vaso*) bottom; lowland

hondonada *f* lowland, ravine

hondura *f* depth, profundity; meterse en honduras to go beyond one's depth

hondure•ño -ña *adj* & *mf* Honduran

honestidad *f* decency; chastity; modesty; honesty, probity; fairness, reasonableness

hones•to -ta *adj* decent; chaste, pure; modest; honest, upright; (*precio*) fair, reasonable

hongo *m* fungus, mushroom; (*sombrero*) bowler, derby

honor *m* honor; en honor a la verdad as a matter of fact, to tell the truth; hacer honor a to do honor to; (*la firma*) to honor

honorable *adj* honorable

honora•rio -ria *adj* honorary ‖ *s* fee, honorarium

honorífi•co -ca *adj* honorific

honra *f* honor; tener a mucha honra to be proud of

honradez *f* honesty, integrity

honra•do -da *adj* honorable

honrar *tr* to honor ‖ *ref* to feel honored

honrilla *f* — por la negra honrilla out of concern for what people will say

honro•so -sa *adj* honorable

hopo *m* tuft, shock (*of hair*); bushy tail; seguir el hopo a (coll) to keep right after

hora *f* hour; (*momento determinado para algo*) time; a la hora on time; a la hora de ahora right now; a la hora en punto on the hour; a las pocas horas within a few hours; dar hora to fix a time; dar la hora (*el reloj*) to strike; de última hora up-to-date; most up-to-date; (*noticias*) late; en buen hora or en hora buena safely, luckily; all right; en mal hora or en hora mala unluckily, in an evil hour; fuera de horas after hours; hasta altas horas until late into the night; hora de acostarse bedtime; hora de aglomeración rush hour; hora de cierre closing time; curfew; hora de comer mealtime; hora deshorada fatal hour; hora de verano daylight-saving time; hora de verdad (taur) kill; hora legal or

oficial standard time; **hora punta** peak hour; rush hour; **horas de afluencia** rush hour; **horas extra** overtime; **horas de consulta** office hours (*of a doctor*); **horas de ocio** leisure hours; **horas de punta** rush hour; **horas extraordinarias de trabajo** overtime

horadar *tr* to drill, bore, pierce

hora•rio -ria *adj* hour ‖ *m* hour hand; clock; (*de ferrocarriles*) timetable; **horario escolar** roster

horca *f* (*para levantar la paja*) pitchfork; (*para ahorcar a un condenado*) gallows, gibbet; (*de ajos, cebollas, etc.*) string

horcajadas — a horcajadas astride, astraddle

horcajadillas — a horcajadillas astride, astraddle

horcajadura *f* crotch

horcajo *m* (*confluencia de dos ríos*) fork; (*para mulas*) yoke

horcón *m* pitchfork; forked prop (*for fruit trees*); upright, prop

horchata *f* orgeat

horda *f* horde

horero *m* (*reloj*) hour hand

horizontal *adj* & *f* horizontal

horizonte *m* horizon

horma *f* form, mold; shoe tree; hat block; **hallar la horma de su zapato** to meet one's match

hormiga *f* ant; (*enfermedad que causa comezón*) itch

hormigón *m* concrete; **hormigón armado** reinforced concrete

hormigonera *f* concrete mixer

hormigo•so -sa *adj* antlike; full of ants; ant-eaten; (*picante*) itchy

hormiguear *intr* (*ponerse en movimiento gente o animales*) to swarm; (*experimentar una sensación de hormigas corriendo por el cuerpo*) crawl, creep; abound, teem

hormiguero *m* anthill; (*de gente*) swarm, mob

hormillón *m* hat block

hormón *m* or **hormona** *f* hormone

hornacina *f* niche

hornada *f* (*cantidad que se cuece de una vez en un horno*) batch, bake; (*conjunto de individuos de una misma promoción*) crop

hornazo *m* Easter cake filled with hard-boiled eggs; Easter gift to Lenten preacher

horne•ro -ra *mf* baker

hornilla *f* kitchen grate; pigeonhole

hornillo *m* kitchen stove; hot plate; (*de la pipa de fumar*) bowl

horno *m* oven, furnace; (*para cocer ladrillos*) kiln; **alto horno** blast furnace; **horno de cal** limekiln; **horno de fundición** smelting furnace; **horno de ladrillero** brickkiln

horóscopo *m* horoscope; **sacar un horóscopo** to cast a horoscope

horqueta *f* pitchfork; fork, prop; (*ángulo agudo en un río*) (Arg) bend

horquilla *f* pitchfork; (*de bicicleta*) fork; (*de microteléfono*) cradle; (*alfiler para sujetar el pelo*) hairpin

horrar *tr* to save

hórreo *m* granary; (in Asturias and Galicia) crib or granary raised on pillars (*to protect grain from mice and dampness*)

horrible *adj* horrible

horripilante *adj* hair-raising, blood-curdling

horror *m* horror; **tener horror a** to have a horror of

horrorizar §60 *tr* to horrify

horroro•so -sa *adj* horrid; hideous, ugly

hortaliza *f* vegetable

hortela•no -na *adj* garden ‖ *mf* gardener

hortera *m* clerk, helper ‖ *f* wooden bowl

hortícola *adj* horticultural

horticul•tor -tora *mf* horticulturist

horticultura *f* horticulture

hos•co -ca *adj* dark, dark-skinned; sullen, grim, gloomy

hospedaje *m* lodging

hospedar *tr* to lodge ‖ *ref* to lodge, stop, put up

hospedería *f* hospice; inn, hostelry

hospede•ro -ra *mf* innkeeper

hospicio *m* hospice; poorhouse; orphan asylum

hospital *m* hospital; **estar hecho un hospital** (*una persona*) to be full of aches and pains; (*una casa*) to be turned into a hospital; **hospital de la sangre** poor relations; **hospital de primera sangre** (mil) field hospital; **hospital robado** bare house

hospitala•rio -ria *adj* hospitable

hospitalidad *f* hospitality; (*estancia del enfermo en el hospital*) hospitalization

hospitalizar §60 *tr* to hospitalize

hosquedad *f* darkness; sullenness, grimness, gloominess

hostelería *f* restaurant and hotel business

hostería *f* inn, hostelry

hostia *f* sacrificial victim; wafer; (eccl) wafer, Host

hostigar §44 *tr* to scourge; harass; to pester; cloy, surfeit

hostigo•so -sa *adj* cloying, sickening

hostil *adj* hostile

hostilidad *f* hostility

hostilizar §60 *tr* to antagonize; (*al enemigo*) harry, harass

hotel *m* (*establecimiento donde se da comida y alojamiento por dinero*) hotel; (*casa particular lujosa*) mansion

hotele•ro -ra *adj* hotel ‖ *mf* hotelkeeper

hoy *adv* & *s* today; **de hoy a mañana** any time now; **de hoy en adelante** from now on; **hoy día** nowadays

hoya *f* hole, pit, ditch; (*sepultura*) grave; valley; (*almáciga*) seedbed; river basin

hoyanca *f* potter's field

hoyo *m* hole; grave; pockmark

hoyo•so -sa *adj* full of holes

hoyuelo *m* dimple; (*juego de muchachos*) pitching pennies

hoz *f* (*pl* **hoces**) sickle; narrow pass, defile; **de hoz y de coz** headlong, recklessly

hozar §60 *tr* & *intr* to nuzzle, root

hta. *abbr* **hasta**

huacal *m* var of **guacal**

huachinango *m* (Mex) red snapper

hucha *f* workingman's chest; (*alcancía*) toy bank; (*dinero ahorrado*) savings, nest egg

huchear *intr* to cry, shout

hue•co -ca *adj* hollow; (*mullido*) soft, fluffy, spongy; (*voz*) deep, resounding; vain, conceited; (*estilo, lenguaje*) affected, pompous ‖ *m* hollow; interval; (*en un muro, una hilera de coches, etc.*) opening; (*empleo sin proveer*) opening; **hueco de la axila** armpit; **hueco de escalera** stair well

huélfago *m* (vet) heaves

huelga *f* (*ocio*) rest, leisure, idleness; recreation; pleasant spot; (*cesación del trabajo en señal de protesta*) strike; (mach) play; **huelga de brazos caídos** sit-down strike; **huelga de hambre** hunger strike; **huelga general** general strike; **huelga patronal** lockout; **huelga por solidaridad** sympathy strike; **huelga sentada** sit-down strike; **ir a la huelga** or **ponerse en huelga** to go on strike

huelguista *mf* striker

huella *f* track, footprint; trace, mark; rut; (*acción de hollar*) tread, treading; (*peldaño en que se asienta el pie*) tread; **huella dactilar** or **digital** fingerprint; **huella de sonido** sound track; **seguir las huellas de** to follow in the footsteps of

huérfa•no -na *adj* orphan; orphaned; alone, deserted ‖ *mf* orphan; (Chile, Peru) foundling

hue•ro -ra *adj* rotten; (fig) empty, hollow; (Guat, Mex) blond; **salir huero** (coll) to flop, turn out bad ‖ *mf* (Guat, Mex) blond

huerta *f* vegetable garden; fruit garden; irrigated region

huerte•ro -ra *mf* (Arg, Peru) gardener

huerto *m* (*de árboles frutales*) orchard; (*de verduras*) kitchen garden

huesa *f* grave

huesear *intr* to beg (alms)

huesillo *m* (Chile, Peru) sun-dried peach

hueso *m* bone; (*de ciertas frutas*) stone, pit; drudgery; **a otro perro con ese hueso** tell that to the marines; **calarse hasta los huesos** to get soaked to the skin; **hueso de la alegría** crazy bone, funny bone; **hueso de la suerte** wishbone; **hueso duro de roer** a hard nut to crack; **la sin hueso** the tongue; **no dejarle a uno un hueso sano** to beat someone up; to pick someone to pieces; **no poder con sus huesos** to be all in; **soltar la sin hueso** to talk too much; to pour forth insults; **tener los huesos molidos** to be all fagged out

hueso•so -sa *adj* bony

hués•ped -peda *mf* (*persona alojada en casa ajena*) guest; (*persona que hospeda a otra en su casa*) host; (*mesonero*) innkeeper, host

hueste *f* followers; (*ejército*) army, host

huesu•do -da *adj* bony, big-boned

hueva *f* roe, fish roe

hueve•ro -ra *mf* egg dealer ‖ *f* eggcup; oviduct

huevo *m* egg; **huevo a la plancha** fried egg; **huevo al plato** shirred egg; **huevo del té** tea ball; **huevo de zurcir** darning egg or gourd; **huevo duro** hard-boiled egg; **huevo escalfado** poached egg; **huevo estrellado** or **frito** fried egg; **huevo pasado por agua** soft-boiled egg; **huevos revueltos** scrambled eggs

huída *f* flight; (*de un líquido*) leak; (*ensanche en un agujero*) flare, splay; (*de caballo*) shying

huidi•zo -za *adj* fugitive; evasive

huincha *f* (SAm) tape; (SAm) tape measure

huipil *m* (Mex) colorful poncho worn by Indian women

huir §20 *tr* to flee, avoid, shun; (*el cuerpo*) duck ‖ *intr* to flee; (*el tiempo*) fly; (*de la memoria*) to slip ‖ *ref* to flee

hule *m* (*tela impermeable*) oilcloth; rubber; (taur) blood, goring

hulear *intr* (CAm) to gather rubber

hulla *f* coal; **hulla azul** tide power; wind power; **hulla blanca** white power; water power

hullera *f* colliery, coal mine

humanidad *f* humanity; fatness

humanista *adj* & *mf* humanist

humanita•rio -ria *adj* & *mf* humanitarian

huma•no -na *adj* (*perteneciente al hombre*) human; (*compasivo, misericordioso; civilizador*) humane

humareda *f* cloud of smoke

humeante *adj* smoking, smoky; steamy, reeking

humear *tr* (SAm) to fumigate ‖ *intr* to smoke; steam, reek; put on airs; (*reliquias de un alboroto, enemistad, etc.*) last, persist

humectador *m* humidifier

humedad *f* humidity, dampness, moisture

humedecer §22 *tr* to humidify, dampen, moisten, wet

húme•do -da *adj* humid, damp, moist

humero *m* smokestack, chimney

húmero *m* humerus

humidificador *m* air humidifier

humildad *f* humility

humilde *adj* humble

humilladero *m* calvary, road shrine; priedieu

humillante *adj* humiliating

humillar *tr* (*abatir el orgullo de*) to humble; (*avergonzar*) humiliate; (*la cabeza*) bow; (*el cuerpo, las rodillas*) bend ‖ *ref* to humble oneself; cringe, grovel

humo *m* smoke; steam, fume; **a humo de pajas** lightly, thoughtlessly; **bajar los humos** (coll) to humble, take down a peg; **echar más humo que una chimenea** to smoke like a chimney; **humos** airs, conceit; hearths, homes; **irse todo en humo** to go up in smoke; **tragar el humo** to inhale; **vender humos** to peddle influence

humor *m* humor; **de mal humor** out of humor; **estar de humor para** to be in the humor for; **seguir el humor a** to humor
humorismo *m* humor, humorousness
humorista *mf* humorist
humorísti•co -ca *adj* humorous
humo•so -sa *adj* smoky
hundible *adj* sinkable
hundir *tr* to sink; plunge; (*abrumar*) overwhelm; confound, confute; destroy, ruin ‖ *ref* to sink; collapse; settle, cave in; come to ruin; disappear, vanish
húnga•ro -ra *adj* & *mf* Hungarian ‖ *m* (*idioma*) Hungarian
Hungría *f* Hungary
hupe *m* punk
huracán *m* hurricane
huraña *f* shyness, unsociability
hura•ño -ña *adj* shy, unsociable
hurgar §44 *tr* to poke; (fig) to stir up, incite; **peor es hurgallo** (i.e., **hurgarlo**) better keep hands off ‖ *intr* to poke ‖ *ref* (*la nariz*) to pick
hurgón *m* poker; thrust, stab
hurgonazo *m* (*con hurgón*) poke; jab, stab, thrust
hurgonear *tr* to poke; to jab, to stab at
hurgonero *m* poker

hu•rón -rona *adj* shy, diffident ‖ *mf* prier, snooper; shy person, diffident person ‖ *m* ferret
huronear *tr* to ferret, hunt with a ferret; to ferret out
huronera *f* ferret hole; lair, hiding place
hurtadillas — a hurtadillas by stealth, on the sly; **a hurtadillas de** unbeknown to
hurtar *tr* to steal; (*en pesos y medidas*) cheat; (*el suelo*) wear away; plagiarize; **hurtar el cuerpo** to dodge, duck ‖ *ref* to withdraw, hide
hurto *m* thieving; theft; **a hurto** stealthily, on the sly; **coger con el hurto en las manos** to catch with the goods; **hurto mayor** grand larceny
husma *f* snooping; **andar a la husma** to go around snooping
husmear *tr* to scent, smell out; pry into ‖ *intr* (*la carne*) to smell bad, become gamy
husmo *m* gaminess, high odor; **estar al husmo** to wait for a chance
huso *m* (*para hilar*) spindle; (*para devanar*) bobbin; (*cilindro del torno*) drum; **huso horario** time zone; **ser más derecho que un huso** to be as straight as a ramrod
huta *f* hunter's blind
huy *interj* ouch!
huyente *adj* (*frente*) receding; (*ojeada*) shifty

I

I, i (i) *f* tenth letter of the Spanish alphabet
ib. *abbr* ibídem
Ibéri•co -ca *adj* Iberian
ibe•ro -ra *adj* & *mf* Iberian
íbice *m* ibex
ice•berg *m* (*pl* -bergs) iceberg
iconoclasia *f* or **iconoclasmo** *m* iconoclasm
iconoclasta *mf* iconoclast
iconoscopio *m* (telv) iconoscope
ictericia *f* jaundice
ictericia•do -da *adj* jaundiced
ictiología *f* ichthyology
ida *f* going; departure; rashness; sally; trail; **de ida y vuelta** round-trip; **idas y venidas** comings and goings
idea *f* idea; **mudar de idea** to change one's mind
ideal *adj* & *m* ideal
idealista *adj* & *mf* idealist
idealizar §60 *tr* to idealize
idear *tr* to think up, devise
idemista *adj* yes-saying ‖ *mf* yes sayer
idénti•co -ca *adj* identic(al); (*muy parecido*) very similar
identidad *f* identity, sameness
identificación *f* identification
identificar §73 *tr* to identify
ideología *f* ideology
idíli•co -ca *adj* idyllic

idilio *m* idyll
idioma *m* language; (*modo particular de hablar*) idiom, speech
idiomáti•co -ca *adj* idiomatic; language, linguistic
idiosincrasia *f* idiosyncrasy
idiota *adj* idiotic ‖ *mf* idiot
idiotez *f* idiocy
idiotismo *m* ignorance; (*idiotez*) idiocy; (*gram*) idiom
i•do -da *adj* wild, scatterbrained; drunk ‖ **los idos** the dead ‖ *f* see **ida**
idolatrar *tr* to idolize
idolatría *f* idolatry; (*amor excesivo a una persona*) idolization
ídolo *m* idol
idoneidad *f* fitness, suitability
idóne•o -a fit, suitable
idus *mpl* ides
iglesia *f* church; **entrar en la iglesia** to go into the church; **llevar a la iglesia** to lead to the altar
iglesie•ro -ra *adj* (Arg) church-going ‖ *mf* (Arg) church goer
igna•ro -ra *adj* ignorant
ignominio•so -sa *adj* ignominious
ignorancia *f* ignorance
ignorante *adj* ignorant ‖ *mf* ignoramus
ignorar *tr* to not know, be ignorant of

ho
ig

igno•to -ta *adj* unknown
igual *adj* equal; (*liso, llano*) smooth, even, level; (*no variable*) firm, constant, equable; indifferent; **me es igual** it makes no difference to me ‖ *m* equal; equal sign; **al igual de** like, after the fashion of; **al igual que** as; while, whereas; **en igual de** instead of
iguala *f* equalization; agreement
igualización *f* equalization; agreement
igualar *tr* to equal; (*alisar, allanar*) smooth, even, level; make equal, match; deem equal ‖ *intr & ref* to be equal
igualdad *f* equality; smoothness, evenness; **igualdad de ánimo** equanimity; **igualdad de oportunidades** equal opportunity
igualmente *adv* likewise; **igualmente que** the same as
ijada *f* (*de animal*) flank; (*del cuerpo humano*) loin; (*dolor en estas partes*) stitch; **tener su ijada** to have its weak side or point
ijadear *intr* to pant
ijar *m* flank; loin
ilegal *adj* illegal
ilegible *adj* illegible
ilegíti•mo -ma *adj* illegitimate
ile•so -sa *adj* unscathed, unharmed
iletra•do -da *adj* unlettered, uncultured
ilíci•to -ta *adj* illicit, unlawful
ilimita•do -da *adj* limitless
ilitera•to -ta *adj* illiterate
ilógi•co -ca *adj* illogical
ilote *m* ear of corn
iludir *tr* to elude, evade
iluminación *f* illumination
iluminador *m* lighting engineer
iluminar *tr* to illuminate, light, light up ‖ *ref* to light up, brighten
ilusión *f* illusion; (*esperanza infundada*) delusion; enthusiasm, zeal; dream; **forjarse** or **hacerse ilusiones** to kid oneself, indulge in wishful thinking
ilusionar *tr* to delude ‖ *ref* to have illusions, indulge in wishful thinking; be enraptured, be beguiled
ilusionista *mf* prestidigitator, magician
ilusi•vo -va *adj* illusive
ilu•so -sa *adj* deluded, misguided; (*propenso a ilusionarse*) visionary
iluso•rio -ria *adj* illusory
ilustración *f* illustration; enlightenment; illustrated magazine
ilustra•do -da *adj* illustrated; learned, informed; enlightened
ilustrar *tr* (*adornar con grabados alusivos al texto*) to illustrate; make illustrious, make famous; explain, elucidate; enlighten ‖ *ref* to become famous; be enlightened
ilustre *adj* illustrious
imagen *f* image; picture
imaginación *f* imagination
imaginar *tr, intr & ref* to imagine
imagina•rio -ria *adj* imaginary
imaginati•vo -va *adj* imaginative ‖ *f* imagination; understanding

imaginería *f* fancy colored embroidery; carving or painting of religious images
imán *m* magnet; (fig) lodestone; **imán de herradura** horseshoe magnet; **imán inductor** (elec) field magnet
imanar or **imantar** *tr* to magnetize
imbatible *adj* unbeatable
imbécil *adj & mf* imbecile
imbecilidad *f* imbecility
imberbe *adj* beardless
imbíbi•to -ta *adj* including; included
imbornal *m* drain hole
imborrable *adj* indelible; unforgettable
imbuir §20 *tr* to imbue
imitación *adj invar* imitation ‖ *f* imitation; **a imitación de** in imitation of; **de imitación** imitation, fake
imita•do -da *adj* imitated; mock, sham; imitation
imitar *tr* to imitate
impaciencia *f* impatience
impacientar *tr* to make impatient ‖ *ref* to get impatient
impaciente *adj* impatient
impacto *m* impact, hit; (*señal que deja el proyectil*) mark; **impacto directo** direct hit
impar *adj* odd, uneven; (*que no tiene igual*) unmatched ‖ *m* odd number
imparcial *adj* impartial; (*que no entra en ningún partido*) nonpartisan
impartir *tr* to distribute, impart; (*lecciones*) to give
impás *m* finesse
impasible *adj* impassible, impassive
impávi•do -da *adj* dauntless, fearless, intrepid
impecable *adj* impeccable
impedancia *f* impedance
impedi•do -da *adj* disabled, crippled
impedimento *m* impediment, obstacle, hindrance
impedir §50 *tr* to hinder, prevent
impeler *tr* to impel; spur, incite
impenetrable *adj* impenetrable
impenitente *adj & mf* impenitent
impensable *adj* unthinkable
impensa•do -da *adj* unexpected
imperar *intr* to rule, reign, command
imperati•vo -va *adj & m* imperative
imperceptible *adj* imperceptible
imperdible *m* safety pin
imperdonable *adj* unpardonable, unforgivable
imperecede•ro -ra *adj* imperishable, undying
imperfección *f* imperfection
imperfec•to -ta *adj & m* imperfect
imperial *adj* imperial ‖ *f* imperial, roof (*of a coach or bus*)
imperialista *adj & mf* imperialist
impericia *f* unskillfulness, inexpertness
imperio *m* empire; dominion; sway
imperio•so -sa *adj* (*que manda con imperio*) imperious; (*indispensable*) imperative
imperi•to -ta *adj* unskilled, inexpert
impermeable *adj* impermeable; water-proof ‖ *m* raincoat
impersonal *adj* impersonal

impertérri•to -ta *adj* dauntless, intrepid
impertinencia *f* impertinence; irrelevance; fussiness
impertinente *adj* impertinent; (*que no viene al caso*) irrelevant; (*nimiamente susceptible*) fussy ‖ **impertinentes** *mpl* lorgnette
impetrar *tr* to beg (for); obtain by entreaty
ímpetu *m* impetus; force; haste
impetuo•so -sa *adj* impetuous
impiedad *f* (*falta de religión*) impiety; (*falta de compasión*) pitilessness
impí•o -a *adj* (*irreligioso*) impious; (*falto de compasión*) pitiless
impla *f* wimple
implacable *adj* relentless
implantar *tr* to implant; introduce
implementos *mpl* implements; tools
implicar §73 *tr* (*envolver*) to implicate; (*incluir en esencia*) imply ‖ *intr* to stand in the way
implíci•to -ta *adj* implicit, implied
implorar *tr* to implore
implume *adj* featherless
imponente *adj* imposing ‖ *mf* depositor, investor
imponer §54 *tr* (*la voluntad de uno, silencio, tributos*) to impose; (*dinero a rédito*) invest; (*dinero en depósito*) deposit; instruct; impute falsely ‖ *intr* to dominate, command respect ‖ *ref* (*responsabilidades*) to assume; command attention, command respect; **imponerse a** to dominate, command the respect of; **imponerse de** to learn, to find out
imponible *adj* taxable
impopular *adj* unpopular
impopularidad *f* unpopularity
importación *f* importation; import; imports
importa•dor -dora *mf* importer
importancia *f* importance; (*extensión, tamaño*) size; **ser de la importancia de** to be the concern of
importante *adj* important; large
importar *tr* (*introducir en un país*) to import; amount to; involve, imply; concern ‖ *intr* to import; be important; matter
importe *m* amount
importunar *tr* to importune
importu•no -na *adj* (*molesto*) importunate; (*fuera de sazón*) inopportune
imposibilita•do -da *adj* paralyzed, disabled
imposibilitar *tr* to make impossible ‖ *ref* to become paralyzed, become disabled
imposible *adj* impossible
imposición *f* (*de la voluntad de uno*) imposition; burden; imposture; (*de dinero*) deposit; (*typ*) make-up
impos•tor -tora *mf* impostor; slanderer
impostura *f* imposture
impotable *adj* undrinkable
impotencia *f* impotence
impotente *adj* impotent
impracticable *adj* impracticable, impassable; impractical
impreci•so -sa *adj* imprecise; vague
impregnar *tr* to impregnate, saturate
impremedita•do -da *adj* unpremeditated

imprenta *f* printing; printing shop; (*lo que se publica impreso*) printed matter; (*máquina para imprimir o prensar; conjunto de periódicos o periodistas*) press
imprentar *tr* (*la ropa*) (Chile) to press, iron; (Ecuad) to mark
imprescindible *adj* indispensable, essential
impresentable *adj* unpresentable
impresión *f* (*efecto producido en el ánimo; señal que una cosa deja en otra por presión*) impression; (*acción de imprimir*) printing; (*los ejemplares de una edición*) edition, issue; (*phot*) print; **impresión dactilar** or **digital** fingerprint
impresionable *adj* impressionable
impresionante *adj* impressive
impresionar *tr* to impress; (*un disco fonográfico*) record; (*phot*) to expose ‖ *intr* to make an impression ‖ *ref* to be impressed
impreso *m* printed paper or book; **impreso derivado** (*ordenador*) printout; **impresos** printed matter
impre•sor -sora *mf* printer
imprevisible *adj* unforeseeable
imprevisión *f* improvidence, lack of foresight
imprevi•sor -sora *adj* improvident
imprevis•to -ta *adj* unforeseen, unexpected ‖ **imprevistos** *mpl* emergencies, unforeseen expenses
imprimar *tr* to prime
imprimir *tr* (*respeto, miedo; movimiento*) to impart ‖ §83 *tr* to stamp, imprint, impress; (*un disco fonográfico*) press; (*typ*) to print
improbable *adj* improbable
improbar §61 *tr* to disapprove
improbidad *f* dishonesty; hardness, arduousness
ímpro•bo -ba *adj* dishonest; (*trabajo*) arduous
improcedente *adj* wrong; unfit, untimely
improducti•vo -va *adj* unproductive; unemployed
impronunciable *adj* unpronounceable
improperar *tr* to insult, revile
improperio *m* insult, affront
impropi•cio -cia *adj* unpropitious
impro•pio -pia *adj* improper; (*ajeno*) foreign
impróspe•ro -ra *adj* unsuccessful
impróvi•do -da *adj* unprepared
improvisación *f* improvisation; meteoric rise; (*mus*) impromptu
improvisadamente *adv* suddenly, unexpectedly; extempore
improvisar *tr* & *intr* to improvise
improvi•so -sa *adj* unforeseen, unexpected
imprudencia *f* imprudence; **imprudencia temeraria** criminal negligence
imprudente *adj* imprudent
impudicia *f* immodesty
impúdi•co -ca *adj* immodest
impues•to -ta *adj* informed ‖ *m* tax; **impuesto sobre el valor añadido** or **impuesto al valor agregado** value-added tax; **impuesto sobre la renta** income tax
impugnar *tr* to impugn, contest
impulsar *tr* to impel; drive

ig
im

impulsión *f* impulse, drive
impulsi•vo -va *adj* impulsive
impulso *m* impulse
impune *adj* unpunished
impunidad *f* impunity
impureza *f* impurity
impu•ro -ra *adj* impure
imputar *tr* to impute; credit on account
inabordable *adj* unapproachable
inacabable *adj* endless, interminable
inaccesible *adj* inaccessible
inacción *f* inaction
inacentua•do -da *adj* unaccented
inactividad *f* inactivity
inacti•vo -va *adj* inactive
inadecua•do -da *adj* inadequate; unsuited
inadvertencia *f* inadvertence, oversight
inadverti•do -da *adj* inadvertent, unwitting; careless, thoughtless; unseen, unnoticed
inagotable *adj* inexhaustible
inaguantable *adj* unbearable
inalámbri•co -ca *adj* wireless
inalcanzable *adj* unattainable
inamisto•so -sa *adj* unfriendly
inamovible *adj* irremovable; undetachable; (*incorporado*) built-in
inamovilidad *f* irremovability; tenure, permanent tenure
inane *adj* inane
inanición *f* starvation
inanima•do -da *adj* inanimate, lifeless
inapelable *adj* unappealable; unavoidable
inapetencia *f* loss of appetite
inapreciable *adj* inappreciable; imperceptible
inarmóni•co -ca *adj* unharmonious
inarrugable *adj* wrinkle-free
inarticula•do -da *adj* inarticulate
inartísti•co -ca *adj* inartistic
inasequible *adj* unattainable; unobtainable
inastillable *adj* nonshatterable, shatter-proof
inatacable *adj* unattackable; **inatacable por** resistant to
inaudi•to -ta *adj* unheard-of; outrageous
inauguración *f* inauguration; (*de una estatua*) unveiling
inaugural *adj* inaugural
inaugurar *tr* to inaugurate; (*p.ej., una estatua*) unveil
inaveriguable *adj* unascertainable
inca *mf* Inca
incai•co -ca *adj* Inca, Incan
incalificable *adj* unqualifiable; (*infame, atroz*) unspeakable
incambiable *adj* unchangeable
incandescente *adj* incandescent
incansable *adj* untiring, indefatigable
incapacitar *tr* to incapacitate; (law) to declare incompetent
inca•paz *adj* (*pl* **-paces**) incapable, unable; not large enough; stupid; (law) incompetent; frightful, unbearable
incasable *adj* unmarriageable; opposed to marriage; (*por su fealdad*) unable to find a husband
incautar *ref* — **incautarse de** to hold until claimed; (law) to seize, attach

incau•to -ta *adj* unwary, heedless
incendajas *fpl* kindling
incendiar *tr* to set on fire ‖ *ref* to catch fire
incendia•rio -ria *adj* incendiary ‖ *mf* incendiary, firebug
incendio *m* fire; (fig) fire, passion
incensar §2 *tr* to incense, burn incense before; (fig) to flatter
incensario *m* censer, incense burner
incenti•vo -va *adj* & *m* incentive
inceremonio•so -sa *adj* unceremonious
incertidumbre *f* uncertainty, incertitude
incesante *adj* unceasing
incesto *m* incest
incestuo•so -sa *adj* incestuous
incidencia *f* incidence; **por incidencia** by chance
incidente *adj* incident; incidental ‖ *m* incident
incidir *tr* to make an incision in ‖ *intr* — **incidir en culpa** to fall into guilt; **incidir en** or **sobre** to strike, impinge on
incienso *m* incense; (*olíbano*) frankincense
incier•to -ta *adj* uncertain
incineración *f* incineration; (*de cadáveres*) cremation
incinerar *tr* to incinerate; (*cadáveres*) cremate
incipiente *adj* incipient
incisión *f* incision; (*mordacidad en el lenguaje*) incisiveness, sarcasm
incisi•vo -va *adj* incisive; biting, sarcastic
inci•so -sa *adj* (*estilo del escritor*) choppy ‖ *m* comma; clause; sentence
incitar *tr* to incite
incivil *adj* rude, impolite
inciviliza•do -da *adj* uncivilized
inclemencia *f* inclemency; **a la inclemencia** in the open, without shelter
inclemente *adj* inclement
inclinación *f* inclination; bent, leaning, propensity; nod, bow
inclinar *tr*, *intr* & *ref* to incline; bend, bow
ínchi•to -ta *adj* illustrious, renowned
incluir §20 *tr* to include; (*en una carta*) inclose
inclusa *f* foundling home
incluse•ro -ra *mf* foundling
inclusión *f* inclusion; friendship
inclusive *adv* inclusive, inclusively ‖ *prep* including
inclusi•vo -va *adj* inclusive
inclu•so -sa *adj* inclosed ‖ *f* see **inclusa** ‖ **incluso** *adv* inclusively; (*hasta, aun*) even ‖ **incluso** *prep* including
incobrable *adj* uncollectible; irrecoverable
incógni•to -ta *adj* (*no conocido*) unknown; (*que no se da a conocer*) incognito ‖ *mf* (*persona*) incognito ‖ *m* (*condición de no ser conocido*) incognito; **de incógnito** (*sin ser conocido*) incognito ‖ *f* (math & fig) unknown quantity
incoherente *adj* incoherent
íncola *m* inhabitant
incolo•ro -ra *adj* colorless
incólume *adj* unharmed, safe

incombustible *adj* incombustible, fireproof; cold, indifferent

incomerciable *adj* unmarketable

incomible *adj* uneatable, inedible

incomodar *tr* to inconvenience, disturb

incomodidad *f* inconvenience; annoyance, discomfort

incómo•do -da *adj* inconvenient; annoying, uncomfortable ‖ *m* inconvenience; discomfort

incomparable *adj* incomparable

incompartible *adj* unsharable

incompasi•vo -va *adj* pitiless, unsympathetic

incompatible *adj* incompatible; (*acontecimientos, citas, horas de clase, etc.*) conflicting

incompetente *adj* incompetent

incompetible *adj* unmatchable

incomple•to -ta *adj* incomplete

incomponible *adj* unmendable, beyond repair

incomprable *adj* unpurchasable

incomprensible *adj* incomprehensible

incomprensión *f* incomprehension

incomunicación *f* isolation, solitary confinement

incomunica•do -da *adj* incommunicado; in solitary confinement

inconcebible *adj* inconceivable

inconclu•so -sa *adj* unfinished

inconcluyente *adj* inconclusive

inconcu•so -sa *adj* undeniable

incondicional *adj* unconditional

incone•xo -xa *adj* unconnected; (*inaplicable*) irrelevant

inconfidente *adj* distrustful

inconformidad *f* nonconformity; disagreement

inconformista *mf* nonconformist

inconfundible *adj* unmistakable

incon•gruo -grua *adj* incongruous

inconocible *adj* unknowable

inconquistable *adj* unconquerable; (*que no se deja vencer con ruegos y dádivas*) unbending, unyielding

inconsciencia *f* unconsciousness; unawareness

inconsciente *adj* unconscious; unaware; **lo inconsciente** the unconscious

inconsecuencia *f* (*falta de consecuencia o correspondencia en dichos y hechos*) inconsistency

inconsecuente *adj* inconsistent; (*que no se deduce de otra cosa*) inconsequential

inconsidera•do -da *adj* inconsiderate

inconsiguiente *adj* inconsequential, illogical

inconsistencia *f* (*falta de cohesión*) inconsistency

inconsistente *adj* inconsistent

inconsolable *adj* inconsolable

inconstante *adj* inconstant

inconstitucional *adj* unconstitutional

inconsútil *adj* seamless

incontable *adj* countless, innumerable

incontenible *adj* irrepressible

incontestable *adj* incontestable

incontinente *adj* incontinent ‖ *adv* at once, instantly

incontrastable *adj* invincible; inconvincible; (*argumento*) unanswerable

incontrovertible *adj* incontrovertible

inconveniencia *f* inconvenience; unsuitability; impoliteness; impropriety

inconveniente *adj* inconvenient; unsuitable; impolite; improper ‖ *m* drawback; disadvantage; objection

incordio *m* bore, nuisance

incorporación *f* incorporation, embodiment

incorpora•do -da *adj* (*el que estaba echado*) sitting up; (*montado en la construcción*) built-up

incorporar *tr* to incorporate, embody ‖ *ref* to incorporate; (*el que estaba echado*) sit up; **incorporarse a** to join

incorrecto -ta *adj* incorrect

incrédu•lo -la *adj* incredulous ‖ *mf* disbeliever, doubter

increíble *adj* incredible

incremento *m* increment, increase

increpar *tr* to chide, rebuke

incriminar *tr* to incriminate; (*un delito, falta, defecto*) exaggerate the gravity of

incruen•to -ta *adj* bloodless

incrustar *tr* to incrust; (*embutir por adorno*) inlay

incubadora *f* incubator

incubar *tr & intr* to incubate ‖ *ref* (fig) to be brewing

incuestionable *adj* unquestionable

inculcar §73 *tr* to inculcate‖ *ref* to become obstinate

inculpable *adj* blameless, guiltless

inculpar *tr* to accuse, blame

incultivable *adj* untillable

incul•to -ta *adj* uncultivated, untilled; uncultured; (*estilo*) coarse, sloppy

incumbencia *f* incumbency, duty, obligation, province

incumbir *intr* — **incumbir a** to be incumbent on

incumplimiento *m* nonfulfillment

incunable *m* incunabulum

incurable *adj & mf* incurable

incuria *f* carelessness, negligence

incurio•so -sa *adj* careless, negligent

incurrir *intr* — **incurrir en** to incur

incursión *f* incursion, inroad, raid

indagación *f* investigation, research

indagatorio *m* deposition of the accused

indagar §44 *tr* to investigate

indebidamente *adv* unduly

indebi•do -da *adj* undue; wrong

indecencia *f* indecency

indecente *adj* indecent

indecible *adj* unspeakable, unutterable

indeci•so -sa *adj* undecided, indecisive; (*contorno, forma*) vague, obscure

indeclinable *adj* unavoidable; (gram) indeclinable

indecoro•so -sa *adj* improper

indefectible *adj* unfailing

indefendible *adj* indefensible

indefen•so -sa *adj* defenseless, undefended

indefinible *adj* indefinable
indefini•do -da *adj* indefinite; limitless; vague
indeleble *adj* indelible
indelibera•do -da *adj* unpremeditated
indelica•do -da *adj* indelicate
indemne *adj* unharmed, undamaged
indemnidad *f* (*seguridad contra un daño*) indemnity
indemnización *f* (*compensación*) indemnity, indemnification; **indemnización por despido** severance pay
indemnizar §60 *tr* to indemnify
independencia *f* independence
independiente *adj* & *mf* independent
independizar §60 *tr* to free, emancipate ‖ *ref* to become independent
indescriptible *adj* indescribable
indeseable *adj* & *mf* undesirable
indesea•do -da *adj* unwanted
indesmallable *adj* runproof
indestructible *adj* indestructible
indetermina•do -da *adj* indeterminate; (gram) indefinite
indevo•to -ta *adj* impious; not fond, not devoted
india *f* wealth, riches; **Indias Occidentales** West Indies; **la India** India
indiana *f* printed calico
india•no -na *adj* & *mf* Spanish American; East Indian; West Indian ‖ *m* man back from America with great wealth; **indiano de hilo negro** (coll) skinflint ‖ *f* see **indiana**
indicación *f* indication; **por indicación de** at the direction of
indica•do -da *adj* appropriate, advisable; **muy indicado** just the thing, just the person
indica•dor -dora *adj* indicating, pointing ‖ *m* indicator; gauge; (*de tránsito*) traffic signal
indicar §73 *tr* to indicate
indicati•vo -va *adj* & *m* indicative
índice *m* index; **índice de libros prohibidos** (eccl) Index; **índice de materias** table of contents; **índice en el corte** thumb index
indiciar *tr* to betoken, indicate; surmise, suspect
indicio *m* sign, token, indication; **indicios vehementes** circumstantial evidence
indiferente *adj* indifferent; (*que no importa*) immaterial
indígena *adj* indigenous ‖ *mf* native
indigente *adj* indigent
indigestar *ref* to be indigestible; be disliked, be unbearable
indigestible *adj* indigestible
indigestión *f* indigestion
indignación *f* indignation
indigna•do -da *adj* indignant
indignar *tr* to anger, provoke ‖ *ref* to become indignant
indignidad *f* (*falta de mérito*) unworthiness; (*acción reprobable*) indignity
indig•no -na *adj* unworthy
índigo *m* indigo
in•dio -dia *adj* & *mf* Indian ‖ *f* see **india**

indirec•to -ta *adj* indirect ‖ *f* hint, innuendo; **indirecta del padre Cobos** broad hint
indiscernible *adj* indiscernible
indiscre•to -ta *adj* indiscreet
indiscrimina•do -da *adj* indiscriminate; non-discriminating
indisculpable *adj* inexcusable
indiscutible *adj* undeniable
indisoluble *adj* indissoluble
indispensable *adj* unpardonable; indispensable
indisponer §54 *tr* (*alterar la salud de*) to indispose, upset; disturb, upset; **indisponer a uno con** to set someone against, prejudice someone against ‖ *ref* to become indisposed; **indisponerse con** to fall out with
indisponible *adj* unavailable
indispues•to -ta *adj* indisposed
indistintamente *adv* indistinctly; indiscriminately, without distinction
indistin•to -ta *adj* indistinct
individual *adj* individual; (*habitación en un hotel; partido de tenis*) single
individualidad *f* individuality
indivi•duo -dua *adj* individual; indivisible ‖ *mf* (*persona indeterminada*) (coll) individual ‖ *m* (*cada persona*) individual; (*miembro de una corporación*) member, fellow
indócil *adj* unteachable; headstrong, unruly
indocumenta•do -da *adj* unidentified; unqualified ‖ *mf* nobody (*person of no account*)
indochi•no -na *adj* & *mf* Indo-Chinese ‖ **la Indochina** Indochina
indoeurope•o -a *adj* & *m* Indo-European
índole *f* kind, class; nature, disposition, temper
indolente *adj* stolid, impassive; (*perezoso*) indolent
indolo•ro -ra *adj* painless
indoma•do -da *adj* untamed
indone•sio -sia *adj* & *mf* Indonesian ‖ **la Indonesia** Indonesia
inducción *f* induction
inducido *m* (*de dínamo o motor*) (elec) armature
inducir §19 *tr* to induce
inductor *m* (*de dínamo o motor*) (elec) field
indudable *adj* doubtless
indulgente *adj* indulgent
indultar *tr* to pardon; free, exempt
indulto *m* pardon; exemption
indumentaria *f* clothing, dress; historical study of clothing
indumento *m* clothing, dress
industria *f* industry; **de industria** on purpose
industrial *adj* industrial ‖ *m* industrialist
industrializar §60 *tr* to industrialize
industriar *tr* to teach, instruct, train ‖ *ref* to get along, manage
industrio•so -sa *adj* industrious
inédi•to -ta *adj* unpublished; new, novel, unknown
inefable *adj* ineffable
ineficacia *f* inefficacy

inefi•caz adj (pl -caces) inefficacious, ineffectual
inelegible adj ineligible
ineludible adj inescapable
inenarrable adj indescribable
inencogible adj unshrinkable
inencontrable adj unobtainable
inequidad f inequity
inequívo•co -ca adj unmistakable
inercia f inertia
inerme adj unarmed
inerte adj inert; slow, sluggish
inescrupulo•so -sa adj unscrupulous
inescrutable or **inescudriñable** adj inscrutable
inespera•do -da adj unexpected, unforeseen; unhoped for
inestable adj unstable
inevitable adj unavoidable, inevitable
inexactitud f inaccuracy, inexactness
inexac•to -ta adj inaccurate, inexact
inexcusable adj inexcusable, unpardonable; unavoidable; indispensable
inexistencia f nonexistence
inexorable adj inexorable
inexperiencia f inexperience
inexplicable adj inexplicable, unexplainable
inexplica•do -da adj unexplained, unaccounted for
inexplora•do -da adj unexplored; (mar) uncharted
inexpresable adj inexpressible
inexpues•to -ta adj (phot) unexposed
inexpugnable adj impregnable; firm, unshakable
inextinguible adj unextinguishable; perpetual, lasting; (sed) unquenchable; (risa) uncontrollable
inextirpable adj ineradicable
infalible adj infallible
infamación f defamation
infamar tr to defame, discredit
infame adj infamous; vile, frightful || mf scoundrel
infamia f infamy
infancia f infancy
infan•do -da adj odious, unmentionable
infanta f female child; infanta (any daughter of a king of Spain; wife of an infante)
infante m male child; infante (any son of a king of Spain who is not heir to the throne); (mil) infantryman; **infante de coro** choirboy
infantería f infantry; **infantería de marina** marines, marine corps
infantil adj infant, infantile, childlike; innocent
infarto m (heart) infarct
infatigable adj indefatigable
infatuar §21 tr to make vain || ref to become vain
infaus•to -ta adj fatal, unlucky
infección f infection
infeccionar tr to infect
infeccio•so -sa adj infectious
infectar tr to infect
infec•to -ta adj foul, corrupt; infected; fetid

infecun•do -da adj sterile, barren
infe•liz (pl -lices) adj unhappy; simple, goodhearted || m wretch, poor soul
inferior adj inferior; lower; **inferior a** inferior to; lower than; less than; smaller than || m inferior
inferioridad f inferiority
inferir §68 tr to infer; lead to, entail; (una herida) inflict; (una ofensa) cause, offer
infernáculo m hopscotch
infernal adj infernal
infernar §2 tr to damn; irritate, annoy
infernillo m chafing dish
infestar tr to infest || ref to become infested
inficionar tr to infect || ref to become infected
infidelidad f infidelity; (conjunto de infieles) unbelievers
infidente adj faithless, disloyal
infiel adj (falto de fidelidad) unfaithful; (no exacto) inaccurate, inexact; (no cristiano) infidel || mf infidel
infierno m hell; **en el quinto infierno** or **en los quintos infiernos** far, far away
infijo m (gram) infix
infiltrar tr & ref to infiltrate
ínfi•mo -ma adj lowest; humblest, most abject; meanest, vilest
infinidad f infinity
infiniti•vo -va adj & m infinitive
infini•to -ta adj infinite || m infinite; (math) infinity || **Infinito** adv greatly, very much
infirme adj infirm
inflación f inflation; (vanidad) conceit
inflaciona•rio -ria adj inflationary
inflado m inflation (of a tire)
inflamable adj inflammable, flammable
inflamación f ignition, inflammation; ardor, enthusiasm; (pathol) inflammation
inflamar tr to set on fire; inflame || ref to catch fire; become inflamed
inflar tr to inflate; exaggerate; puff up with pride || ref to inflate; be puffed up with pride
inflexible adj inflexible; unyielding, unbending
inflexión f inflection; **inflexión vocálica** (metafonía) umlaut
inflexionar tr to umlaut
infligir §27 tr to inflict
influencia f influence
influenciar tr to influence
influenza f influenza
influir §20 intr to have influence; have great weight; **influir en** or **sobre** to influence
influjo m influence; rising tide
influyente adj influential
información f information; (law) judicial inquiry, investigation; **informaciones** testimonial
informal adj (que no se ajusta a las reglas debidas) informal; unreliable
informar tr & intr to inform || ref to inquire, find out
informática f computer science
informati•vo -va adj informational; (sección de un periódico) news

informe *adj* shapeless, formless; misshapen ‖ *m* piece of information; report; **informes** information; **informes confidenciales** inside information

infortuna•do -da *adj* unfortunate, unlucky

infortunio *m* misfortune; (*acaecimiento desgraciado*) mishap

infracción *f* infraction, infringement

infraconsumo *m* underconsumption

infrac•to -ta *adj* unperturbable

infraestructura *f* substructure; (rr) roadbed

inframundo *m* underworld

infrarro•jo -ja *adj* & *m* infrared

infrascri•to -ta *adj* undersigned; hereinafter mentioned

infrecuente *adj* infrequent

infringir §27 *tr* to infringe, break, violate

infructuo•so -sa *adj* fruitless, unfruitful

ínfulas *fpl* conceit, airs; **darse ínfulas** to put on airs

infunda•do -da *adj* unfounded, groundless, baseless

infundio *m* lie, fib

infundir *tr* to infuse, instill

infusión *f* infusion; (*acción de echar agua sobre el que se bautiza*) sprinkling; **estar en infusión para** to be all set for

ingeniar *tr* to think up ‖ *ref* to manage; **ingeniarse a** or **para** to manage to; **ingeniarse para ir viviendo** to manage to get along

ingeniería *f* engineering; **ingeniería genética** genetic engineering

ingeniero *m* engineer; **ingeniero de caminos, canales y puertos** government civil engineer

ingenio *m* talent, creative faculty; talented person; cleverness, skill, wit; (*artificio mecánico*) apparatus, device; (*del encuadernador*) paper cutter; engine of war; **afilar** or **aguzar el ingenio** to sharpen one's wits; **ingenio de azúcar** sugar refinery

ingeniosidad *f* ingenuity; wittiness

ingenio•so -sa *adj* (*dotado de ingenio; hecho con ingenio*) ingenious; (*agudo, sutil*) witty

ingéni•to -ta *adj* innate, inborn

ingente *adj* huge, enormous

ingenuidad *f* ingenuousness

inge•nuo -nua *adj* ingenuous

ingerir §68 *tr* & *ref* var of **injerir**

ingestión *f* (food) consumption; ingestion

Inglaterra *f* England

ingle *f* groin

in•glés -glesa *adj* English; **a la inglesa** in the English manner ‖ *m* Englishman; (*idioma*) English; **el inglés medio** Middle English; **los ingleses** the English ‖ *f* Englishwoman

ingramatical *adj* ungrammatical

ingratitud *f* ingratitude, ungratefulness

ingra•to -ta *adj* (*desagradecido*) ungrateful; (*desagradecido; desagradable, áspero; improductivo*) thankless ‖ *mf* ingrate

ingravidez *f* lightness, tenuousness; (*gravedad nula*) weightlessness

ingrávi•do -da *adj* light, tenuous; weightless

ingrediente *m* ingredient

ingresa•do -da *mf* new student

ingresar *tr* to deposit ‖ *intr* to enter, become a member; (*beneficios*) come in ‖ *ref* (Mex) to enlist

ingreso *m* entrance; admission; **ingresos** income, revenue

íngri•mo -ma *adj* solitary, alone

inhábil *adj* unable; unskillful; unfit, unqualified

inhabilidad *f* inability; unskillfulness; unfitness

inhabilitar *tr* to disable, to disqualify, to incapacitate

inhabita•do -da *adj* uninhabited

inhabitua•do -da *adj* unaccustomed

inherente *adj* inherent

inhibir *tr* to inhibit

inhospitala•rio -ria *adj* inhospitable

inhóspi•to -ta *adj* inhospitable

inhumanidad *f* inhumanity

inhuma•no -na *adj* inhuman, inhumane; (Chile) filthy

iniciación *f* initiation

inicial *adj* & *f* initial

iniciar *tr* to initiate ‖ *ref* to be initiated

iniciativa *f* initiative

ini•cuo -cua *adj* wicked, iniquitous

inigualable *adj* incomparable

iniguala•do -da *adj* unequaled

ininteligente *adj* unintelligent

ininteligible *adj* unintelligible

ininterrumpi•do -da *adj* uninterrupted

iniquidad *f* iniquity

injerencia *f* interference, meddling

injerir §68 *tr* to insert, introduce; (*alimentos*) take in; (hort) to graft ‖ *ref* to interfere, meddle, intrude

injertar *tr* (hort & surg) to graft

injerto *m* (hort & surg) graft; transplant

injuria *f* offense, insult; abuse, wrong; damage, harm

injuriar *tr* to offend, insult; abuse, wrong; harm, damage

injurio•so -sa *adj* offensive, insulting; abusive; harmful; (*lenguaje*) profane

injusticia *f* injustice

injustifica•do -da *adj* unjustified

injus•to -ta *adj* unjust

inmacula•do -da *adj* immaculate

inmanejable *adj* unmanageable; unhandy

inmarcesible *adj* unfading

inmaterial *adj* immaterial

inmaturo -ra *adj* immature

inmediación *f* immediacy; proximity, nearness; **inmediaciones** neighborhood, outskirts

inmediatamente *adv* immediately; **inmediatamente que** as soon as

inmedia•to -ta *adj* immediate; close, adjoining, next; next above; next below; (*pago*) prompt; **venir a las inmediatas** to get into the thick of the fight

inmejorable *adj* superb, unsurpassable

inmemorial *adj* immemorial

inmen•so -sa *adj* immense

inmensurable *adj* immeasurable

inmereci•do -da *adj* undeserved

inmergir §27 *tr* to immerse

inmersión *f* immersion
inmigración *f* immigration
inmigrante *mf* immigrant
inmigrar *intr* to immigrate
inminente *adj* imminent
inmiscuir §20 & regular *tr* to mix ‖ *ref* to meddle, interfere
inmobilia•rio -ria *adj* real-estate
inmoble *adj* motionless; firm, constant
inmodera•do -da *adj* immoderate
inmodes•to -ta *adj* immodest
inmódi•co -ca *adj* excessive
inmoral *adj* immoral
inmortal *adj* immortal, deathless ‖ *mf* immortal
inmortalizar §60 *tr* to immortalize
inmotiva•do -da *adj* groundless; unmotivated
inmovilizar §60 *tr* to immobilize; (*un caudal*) tie up
inmueble *m* property, piece of real estate; inmuebles real estate
inmun•do -da *adj* dirty, filthy
inmune *adj* immune
inmunizar §60 *tr* to immunize
inmutar *tr* to change, alter; disturb, upset ‖ *ref* to change, alter; change countenance; sin inmutarse without batting an eye
inna•to -ta *adj* innate, inborn; natural
innatural *adj* unnatural
innavegable *adj* (*río*) unnavigable; (*embarcación*) unseaworthy
innecesa•rio -ria *adj* unnecessary
innegable *adj* undeniable
innoble *adj* ignoble
innocuidad *f* harmlessness
inno•cuo -cua *adj* harmless
innovación *f* innovation
innovar *tr* to innovate
innumerable *adj* innumerable
inocencia *f* innocence
inocentada *f* simpleness; blunder; (Ecuad) April Fools' joke
inocente *adj* & *mf* innocent; coger por inocente to make an April fool of
inocen•tón -tona *adj* simple, gullible ‖ *mf* gull, dupe
inoculación *f* inoculation
inocular *tr* to inoculate; contaminate, pervert
inodo•ro -ra *adj* odorless ‖ *m* deodorizer; (*excusado que funciona con agua corriente*) toilet
inofensi•vo -va *adj* inoffensive
inolvidable *adj* unforgettable
inope *adj* impecunious
inopia *f* indigence
inoportu•no -na *adj* inopportune, untimely
inorgáni•co -ca *adj* inorganic
inortodo•xo -xa *adj* unorthodox
inoxidable *adj* (*acero*) stainless; inoxidizable
inquietante *adj* disquieting, upsetting
inquietar *tr* to disquiet, worry; stir up, excite
inquie•to -ta *adj* anxious, worried
inquietud *f* disquiet, worry, concern
inquili•no -na *mf* tenant, renter
inquina *f* aversion, dislike, ill will
inquirir §40 *tr* to inquire, inquire into
inquisición *f* inquiry; inquisition

insabible *adj* unknowable
insaciable *adj* insatiable
insania *f* insanity
insa•no -na *adj* insane; imprudent
insatisfacción *f* dissatisfaction
insatisfe•cho -cha *adj* unsatisfied
inscribir §83 *tr* to inscribe; (law) to record ‖ *ref* to enroll, register
inscripción *f* inscription; enrollment, registration
insecticida *adj* & *m* insecticide
insecto *m* insect
insegu•ro -ra *adj* insecure, unsafe; uncertain
insensa•to -ta *adj* foolish, stupid
insensible *adj* callous, hard-hearted, unfeeling; imperceptible
inseparable *adj* inseparable; undetachable ‖ *mf* inseparable ‖ *m* lovebird
insepul•to -ta *adj* unburied
inserción *f* insertion
inserir §68 *tr* to insert; (*injertar*) graft, engraft
insertar *tr* to insert
inservible *adj* useless
insidia *f* snare, ambush; plotting
insidiar *tr* to ambush, waylay; trap, trick
insidio•so -sa *adj* insidious
insigne *adj* noted, famous, renowned
insignia *f* badge, decoration, insignia; banner, standard
insignificante *adj* insignificant
insince•ro -ra *adj* insincere
insinuación *f* insinuation, hint
insinuante *adj* engaging, slick, crafty
insinuar §21 *tr* to insinuate; suggest, hint at ‖ *ref* to creep in, slip in; ingratiate oneself; flow, run; insinuarse en to work one's way in
insípi•do -da *adj* insipid, vapid
insistir *intr* to insist
insi•to -ta *adj* inbred, innate
insociable *adj* unsociable
insolencia *f* insolence
insolentar *tr* to make insolent ‖ *ref* to become insolent
insolente *adj* insolent
insóli•to -ta *adj* unusual
insoluble *adj* insoluble
insolvencia *f* insolvency
insomne *adj* sleepless
insomnio *m* insomnia
insondable *adj* fathomless; inscrutable
insonorización *f* soundproofing
insonoriza•do -da *adj* soundproof
insonorizar §60 *tr* to soundproof
insono•ro -ra *adj* soundproof
insospecha•do -da *adj* unsuspected
insostenible *adj* untenable
inspección *f* inspection; inspectorship; inspección técnica de vehículos (I.T.V.) car inspection
inspeccionar *tr* to inspect
inspiración *f* inspiration; inhalation
inspirante *adj* inspiring
inspirar *tr* & *intr* to inspire; (*atraer a los pulmones*) inhale, breathe in ‖ *ref* to be inspired

in
in

instalación *f* plant, factory; outfit, equipment; arrangements, fittings; installment; **instalación sanitaria** plumbing
instalar *tr* to install ‖ *ref* to settle
instantáne•o -a *adj* instantaneous ‖ *f* snapshot
instante *m* instant, moment; **al instante** right away, immediately; **por instantes** uninterruptedly; any time
instantemente *adv* insistently, urgently
instar *tr* to press, urge ‖ *intr* to be pressing, be urgent
instaurar *tr* to restore; reestablish
instigar §44 *tr* to instigate
instilar *tr* to instill
instinti•vo -va *adj* instinctive
instinto *m* instinct
institución *f* institution; **instituciones** (*de un Estado*) constitution; (*de una ciencia, arte, etc.*) principles
instituir §20 *tr* to institute, found
instituto *m* institute; (*de una orden religiosa*) rule, constitution; **instituto de segunda enseñanza** or **de enseñanza media** high school
institu•triz *f* (*pl* -**trices**) governess
instrucción *f* instruction; education
instructi•vo -va *adj* instructive
instruc•tor -tora *mf* teacher, instructor ‖ *m* (mil) drillmaster ‖ *f* instructress
instruí•do -da *adj* well-educated; well-posted
instruir §20 *tr* to instruct; (*un proceso o expediente*) draw up
instrumentar *tr* to instrument
instrumentista *mf* instrumentalist
instrumento *m* instrument; (*persona que se emplea para alcanzar un resultado*) tool; **instrumento de cuerda** (mus) stringed instrument; **instrumento de viento** (mus) wind instrument
insubordina•do -da *adj* insubordinate
insubstituíble *adj* irreplaceable
insudar *intr* to drudge
insuficiente *adj* insufficient
insufrible *adj* insufferable
ínsula *f* island; one-horse town
insular *adj* insular ‖ *mf* islander
insulina *f* insulin
insulsez *f* tastelessness; dullness, heaviness
insul•so -sa *adj* tasteless; dull, heavy
insultada *f* insult
insultar *tr* to insult ‖ *ref* to faint, swoon
insulto *m* insult; fainting spell
insume *adj* expensive
insumergible *adj* unsinkable
insuperable *adj* insurmountable
insurgente *adj* & *mf* insurgent
insurrección *f* insurrection
intac•to -ta *adj* intact, untouched
intachable *adj* blameless, irreproachable
integración *f* integration
integridad *f* integrity; virginity
ínte•gro -gra *adj* integral, whole; honest
intelecto *m* intellect
intelectual *adj* & *mf* intellectual

intelectualidad *f* intellectuality; (*conjunto de los intelectuales de un país o región*) intelligentsia
inteligencia *f* intelligence; **estar en inteligencia con** to be in collusion with
inteligente *adj* intelligent; trained, skilled
inteligible *adj* intelligible
intemperancia *f* intemperance
intemperante *adj* intemperate
intemperie *f* inclement weather; **a la intemperie** in the open, unsheltered
intempesti•vo -va *adj* unseasonable, inopportune, untimely
intención *f* intention; (*cautelosa advertencia*) caution; (*instinto dañino de un animal*) viciousness; **con intención** deliberately, knowingly; **de intención** on purpose
intendencia *f* intendance; (SAm) mayoralty
intendente *m* intendant; quartermaster general; (SAm) mayor
intensar *tr* & *ref* to intensify
intensidad *f* intensity
intensificar §73 *tr* & *ref* to intensify
intensión *f* intensity
intensi•vo -va *adj* intensive
inten•so -sa *adj* intense
intentar *tr* to try, to attempt; intend; try out
intento *m* intent, purpose; **de intento** on purpose
intentona *f* rash attempt (*to rob, escape, etc.*)
interacción *f* interaction
interamerica•no -na *adj* inter-American
intercalar *tr* to intercalate, insert
intercambiar *tr* & *ref* to interchange
intercambio *m* interchange, exchange
interceder *intr* to intercede
interceptar *tr* to intercept
intercep•tor -tora *mf* interceptor ‖ *m* trap; separator; (aer) interceptor
interdecir §24 *tr* to interdict, forbid
interés *m* interest; **intereses creados** vested interests; **poner a interés** to put out at interest
interesa•do -da *adj* interested ‖ *mf* interested party
interesante *adj* interesting
interesar *tr* to interest; involve ‖ *intr* to be interesting ‖ *ref* — **interesarse en** or **por** to be interested in, take an interest in
interescolar *adj* interscholastic, intercollegiate
interfec•to -ta *adj* murdered ‖ *mf* victim of murder
interferencia *f* interference
interferir §68 *tr* to interfere with ‖ *intr* to interfere
interfono *m* intercom
ínterin *adv* meanwhile ‖ *conj* while, as long as ‖ *m* (*pl* **intérines**) temporary incumbency
interinar *tr* to fill temporarily, fill in an acting capacity
interi•no -na *adj* temporary, acting, interim
interior *adj* interior, inner, inside; home, domestic ‖ *m* interior, inside; mind, soul; **interiores** entrails, insides

interioridad *f* inside; **interioridades** inside story, private matters
interjección *f* interjection
interlinear *tr* to interline; (typ) to space, lead
interlocu•tor -tora *mf* speaker, party; interviewer
intermedia•rio -ria *adj & mf* intermediary ‖ *m* (com) middleman
interme•dio -dia *adj* intermediate ‖ *m* interval, interim; (mus) intermezzo; (theat) intermission, entr'acte
intermitente *adj* intermittent ‖ *m* (aut) direction light, turning light
internacional *adj* international
internacionalizar §60 *tr* to internationalize
interna•do -da *mf* (mil) internee ‖ *m* boarding school
internamiento *m* internment
internar *tr* to send inland; intern ‖ *intr* to move inland ‖ *ref* to move inland; take refuge, hide; insinuate oneself; **internarse en** to go deeply into
internista *mf* internist
inter•no -na *adj* internal; inside ‖ *mf* boarding-school student; **interno de hospital** intern
interpelar *tr* to seek the protection or aid of; interrogate; interpellate
interpolar *tr* to interpolate; interpose; interrupt briefly
interponer §54 *tr* to interpose; appoint as mediator ‖ *ref* to intervene, intercede
interprender *tr* to take by surprise
interpresa *f* surprise action; surprise seizure
interpretar *tr* to interpret
intérprete *mf* interpreter
interrogación *f* interrogation; question mark
interrogar §44 *tr & intr* to question, interrogate
interrumpir *tr* to interrupt
interruptor *m* (elec) switch; **interruptor automático** (elec) circuit breaker; **interruptor del encendido** (aut) ignition switch; **interruptor de resorte** (elec) snap switch
intersección *f* (geom) intersection
intersticio *m* interstice; interval
intervalo *m* interval
intervención *f* intervention; inspection; (de cuentas) audit, auditing; (surg) operation; **intervención de los precios** price control; **no intervención** nonintervention
intervenir §79 *tr* to take up, work on; inspect, supervise; (cuentas) audit; (un teléfono) tap; (surg) operate on ‖ *intr* to mediate, intervene, intercede; participate; happen
interventor *m* election supervisor; (com) auditor
inter•view *m* (pl **-views**) interview
intervievar *tr* to interview
intesta•do -da *adj & mf* intestate
intesti•no -na *adj* internal; domestic ‖ *m* intestine; **intestino delgado** small intestine; **intestino grueso** large intestine
intimación *f* announcement, notification
intimar *tr* to announce ‖ *intr & ref* to become well-acquainted, to become intimate

intimidad *f* intimacy; (parte íntima o personal) privacy
intimidar *tr* to intimidate
inti•mo -ma *adj* intimate; (más interno) innermost
intitular *tr* to entitle ‖ *ref* to use a title; be called
intocable *mf* untouchable
intolerante *adj & mf* intolerant
inton•so -sa *adj* unshorn; ignorant; (libro o revista) uncut ‖ *mf* ignoramus
intoxicación *f* intoxication; poisoning
intoxicar §73 *tr* to poison, intoxicate
intracruzamiento *m* inbreeding
intranquilidad *f* uneasiness, worry
intranquilizar §60 *tr* to make uneasy, worry
intranqui•lo -la *adj* uneasy, worried
intransigente *adj & mf* intransigent, die-hard
intransiti•vo -va *adj* intransitive
intrascendente *adj* unimportant; nonessential
intratable *adj* unmanageable; impassable; unsociable
intrepidez *f* intrepidity
intrépi•do -da *adj* intrepid
intriga *f* intrigue
intrigar §44 *tr* (excitar la curiosidad de) to intrigue ‖ *intr* to intrigue ‖ *ref* to be intrigued
intrinca•do -da *adj* intricate
intrincar §73 *tr* to complicate; confuse, bewilder
intríngu•lis *m* (pl **-lis**) hidden motive, mystery
intrínse•co -ca *adj* intrinsic(al)
introducción *f* introduction
introducir §19 *tr* to introduce; insert, put in ‖ *ref* to gain access; meddle, interfere, intrude
introito *m* (de un escrito o una oración) introduction; (de un poema dramático) prologue; (eccl) introit
introspecti•vo -va *adj* introspective
introverti•do -da *mf* introvert
intru•so -sa *adj* intrusive ‖ *mf* intruder, interloper
intuición *f* intuition
intuir §20 *tr* to guess, sense
intuito *m* view, glance, look; **por intuito de** in view of
inundación *f* flood, inundation
inundar *tr* to flood, inundate
inurba•no -na *adj* discourteous, unmannerly
inusita•do -da *adj* (no ordinario) unusual; obsolete, out of use
inusual *adj* unusual
inútil *adj* useless
invadir *tr* to invade
invalidar *tr* to invalidate
invalidez *f* invalidity
inváli•do -da *adj & mf* invalid
invariable *adj* invariable
invasión *f* invasion
inva•sor -sora *mf* invader
invectiva *f* invective
invectivar *tr* to inveigh against
invencible *adj* invincible

in
in

invención *f* invention; finding, discovery; deception

invendible *adj* unsalable

inventar *tr* to invent

inventariar §77 **& regular** *tr* to inventory

inventario *m* inventory

inventi•vo -va *adj* inventive ǀǀ *f* inventiveness

invento *m* invention

inven•tor -tora *adj* inventive ǀǀ *mf* inventor

inverecun•do -da *adj* shameless, brazen

inverisímil *adj* improbable, unlikely

invernáculo *m* greenhouse, hothouse, conservatory

invernada *f* wintertime; (SAm) pasture land; (Ven) torrential rain

invernadero *m* greenhouse, hothouse; winter resort; winter pasture

invernal *adj* winter ǀǀ *m* cattle shed (*in winter-pasture land*)

invernar §2 *intr* to winter; be winter

inverni•zo -za *adj* winter; wintery

inverosímil *adj* improbable, unlikely

inversión *f* inversion; (*de dinero*) investment; (gram) inverted order

inversionista *adj* investment ǀǀ *mf* investor

inver•so -sa *adj* inverse, opposite; **a** or **por la inversa** on the contrary

inversor *m* investor

invertebra•do -da *adj* & *m* invertebrate

inverti•do -da *adj* inverted ǀǀ *mf* invert

invertir §68 *tr* to invert; (*dinero*) invest; (*tiempo*) spend; reverse

investidura *f* investment, investiture; station, standing

investigación *f* investigation, research; **investigación mercológica** market research

investigar §44 *tr* to investigate ǀǀ *intr* to research

investir §50 *tr* — **investir con** or **de** (*poner en posesión de*) to invest with

invetera•do -da *adj* inveterate, confirmed

invic•to -ta *adj* unconquered

invidencia *f* blindness

invidente *adj* blind ǀǀ *mf* blind person

invierno *m* winter; rainy season

inviolabilidad *f* inviolability; undamageability

invisible *adj* invisible ǀǀ *m* (Mex) hair net; **en un invisible** in an instant

invitación *f* invitation

invita•do -da *mf* guest

invitar *tr* to invite

invocar §73 *tr* to invoke

involunta•rio -ria *adj* involuntary

invulnerable *adj* invulnerable

inyección *f* injection; **inyección secundaria** booster shot

inyectable *adj* injectable ǀǀ *m* ampule, phial

inyecta•do -da *adj* bloodshot, inflamed

inyectar *tr* to inject ǀǀ *ref* to become congested; become inflamed

ionizar §60 *tr* to ionize ǀǀ *ref* to be ionized

ionosfera *f* ionosphere

ir §41 *intr* to go; be becoming, fit, suit; be at stake; **ir a** + *inf* to be going to + *inf* (*to express futurity*); **ir a buscar** to go get, go for; **ir a parar en** to end up in; **ir con**

cuidado to be careful; **ir con miedo** to be afraid; **ir con tiento** to watch one's step; **ir de caza** to go hunting; **ir de pesca** to go fishing; **lo que va de** so far (as); **¡qué va!** of course not!; **¡vaya!** the deuce!; what a. . . ! ǀǀ *ref* to go away; leak; wear away; get old; break to pieces

ira *f* anger, wrath, ire

iracun•do -da *adj* angry, wrathful, irate

Irak, el Iraq

Irán, el Iran

ira•nés -nesa or **ira•nio -nia** *adj* & *mf* Iranian

ira•qués -quesa or **iraquiano -na** *adj* & *mf* Iraqi

iris *m* (*pl* **iris**) (*del ojo*) iris; rainbow

Irlanda *f* Ireland

irlan•dés -desa *adj* Irish ǀǀ *m* Irishman; (*idioma*) Irish; **los irlandeses** the Irish ǀǀ *f* Irishwoman

ironía *f* irony

iróni•co -ca *adj* ironic(al)

ironizar §60 *tr* to ridicule

irracional *adj* irrational

irradiar *tr* to radiate, irradiate; (*difundir*) broadcast ǀǀ *intr* to radiate

irrazonable *adj* unreasonable

irreal *adj* unreal

irrealidad *f* unreality

irrebatible *adj* irrefutable

irreconocible *adj* unrecognizable

irrecuperable *adj* irretrievable

irrecusable *adj* unimpeachable

irredimible *adj* irredeemable

irreemplazable *adj* irreplaceable

irreflexión *f* rashness, thoughtlessness

irreflexi•vo -va *adj* rash, thoughtless

irregular *adj* irregular ǀǀ *m* (mil) irregular

irregularidad *f* irregularity; embezzlement

irrelevante *adj* irrelevant

irreligio•so -sa *adj* irreligious

irrellenable *adj* nonrefillable

irremediable *adj* irremediable

irremisible *adj* unpardonable

irreparable *adj* irreparable

irreprimible *adj* irrepressible

irreprochable *adj* irreproachable

irresistible *adj* irresistible

irresoluble *adj* unworkable, unsolvable

irrespetuo•so -sa *adj* disrespectful

irresponsable *adj* irresponsible

irresuel•to -ta *adj* hesitant, wavering

irreverente *adj* irreverent

irrigación *f* irrigation

irrigar §44 *tr* to irrigate

irrisible *adj* laughable, absurd

irrisión *f* derision, ridicule; laughingstock

irritante *adj* & *m* irritant

irritar *tr* to irritate ǀǀ *ref* to become exasperated

irrompible *adj* unbreakable

irrumpir *intr* to burst in; **irrumpir en** to burst into

irrupción *f* sudden attack; invasion

isi•dro -dra *mf* hick, jake, yokel

isla *f* island; (*manzana de casas*) block; **isla de peatones** or **isla de seguridad** safety zone (for pedestrians); **islas Baleares** Ba-

learic Islands; **islas Canarias** Canary Islands; **islas de Barlovento** Windward Islands; **islas de Sotavento** Leeward Islands; **islas Filipinas** Philippine Islands
Islam, el Islam
islan•dés -desa *adj* Icelandic ‖ *mf* Icelander ‖ *m* (*idioma*) Icelandic
Islandia *f* Iceland
isle•ño -ña *adj* island ‖ *mf* islander; (Cuba) Canarian
isleta *f* isle
isométri•co -ca *adj* isometric
isométrica *f* isometrics
isósce•les *adj* (*pl* -les) isosceles
isótopo *m* isotope
israe•lí (*pl* -líes) *adj* & *mf* Israeli

israelita *adj* & *mf* Israelite
istmo *m* isthmus
Italia *f* Italy
italia•no -na *adj* & *mf* Italian
itáli•co -ca *adj* Italic; (typ) italic ‖ *f* (typ) italics
itinera•rio -ria *adj* & *m* itinerary
izar §60 *tr* (naut) to hoist, haul up
izquierda *f* left hand; left-hand side; (pol) left; **a la izquierda** left, on the left, to the left
izquierdear *intr* to go wild, go astray, go awry
izquierdista *adj* leftist ‖ *mf* leftist, leftwinger
izquierdizante *adj* leftish
izquier•do -da *adj* left; left-hand; left-handed; crooked; **levantarse del izquierdo** to get out of bed on the wrong side ‖ *f* see **izquierda**

J

J, j (jota) *f* eleventh letter of the Spanish alphabet
jabalcón *m* strut, brace
jaba•lí *m* (*pl* -líes) wild boar
jabalina *f* javelin; wild sow
jabardillo *m* (*de insectos*) noisy swarm; noisy throng
jabeque *m* (naut) xebec; gash in the face
jabón *m* soap; cake of soap; **dar jabón a** to softsoap; **dar un jabón a** (coll) to upbraid, to reprimand; **jabón de afeitar** shaving soap; **jabón de Castilla** Castile soap; **jabón de tocador** or **de olor** toilet soap; **jabón de sastre** soapstone, French chalk; **jabón en polvo** soap powder
jabonado *m* soaping; (*ropa lavada o por lavar*) wash
jabonadura *f* soaping; **dar una jabonadura a** to lambaste, upbraid; **jabonaduras** soapy water; soapsuds
jabonar *tr* to soap; reprimand
jaboncillo *m* cake of toilet soap; **jaboncillo de sastre** soapstone, French chalk
jabone•ro -ra *adj* soap; (*toro*) yellowish, dirty-white ‖ *mf* soapmaker; soap dealer ‖ *f* soap dish
jabonete *m* cake of toilet soap
jabono•so -sa *adj* soapy, lathery
jaca *f* pony, jennet
jacal *m* (Guat, Mex, Ven) hut, shack
jácara *f* merry ballad; cheerful song and dance; night revelers; story, argument; fake, hoax, lie; annoyance, bother
jacarear *intr* to go serenading, go singing in the street; be disagreeable
jáca•ro -ra *adj* & *m* braggart ‖ *f* see **jácara**
jacinto *m* hyacinth
jaco *m* nag, jade; gray parrot
jactancia *f* boasting, bragging
jactancio•so -sa *adj* boastful, bragging

jactar *ref* to boast, brag; **jactarse de** to boast of
jade *m* jade
jadeante *adj* panting
jadear *intr* to pant
jadeo *m* panting
ja•ez *m* (*pl* -eces) harness, piece of harness; ilk, stripe, kind; **jaeces** trappings
jaguar *m* jaguar
jagüel *m* (Arg) reservoir
jaharrar *tr* to plaster
jalar *tr* to pull; flirt with ‖ *intr* to get out, beat it ‖ *ref* to get drunk
jalbegar §44 *tr* to whitewash; (*el rostro*) to paint ‖ *ref* to paint the face
jalbegue *m* whitewash; whitewashing; paint, make-up
jalda•do -da *adj* bright-yellow
jalea *f* jelly; **hacerse una jalea** to be madly in love
jalear *tr* (*a los que bailan y cantan*) to animate with clapping and shouting; (*a los perros*) to incite, urge on; (Chile) to tease, pester ‖ *intr* to dance the jaleo ‖ *ref* to have a noisy time; swing and sway
jaleo *m* cheering, shouting; jamboree; jaleo (*vivacious Spanish solo dance*)
jalis•co -ca *adj* (Guat, Mex) drunk ‖ *m* (Mex) straw hat
jalma *f* small packsaddle
jalón *m* surveying rod, range pole; (Guat, Mex) swig of liquor; (CAm) beau; **jalón de mira** leveling rod
jalonar *tr* to stake out, mark out
jaloncar *tr* (Mex) to pull, jerk
jalonero *m* (surv) rodman
jamaica *m* Jamaica rum ‖ *f* (Mex) charity fair
jamaica•no -na or **jamaiqui•no -na** *adj* & *mf* Jamaican
jamar *tr* to eat
jamás *adv* never; ever

jamba f jamb
jambaje m doorframe, window frame
jamelgo m jade, nag
jamete m samite
jamón m ham
jamona f fat middle-aged woman
jamugas fpl mule chair
jánda•lo -la adj & mf Andalusian
Jantipa f or **Jantipe** f Xanthippe
Japón, el Japan
japo•nés -nesa adj & mf Japanese ‖ m (idioma) Japanese
jaque m (lance del ajedrez) check; bully; **dar jaque a** to check; **dar jaque mate a** to checkmate; **en jaque** in check; **estar muy jaque** to be full of pep; **jaque mate** checkmate; **tener en jaque** to hold a threat over the head of ‖ interj check!
jaquear tr to check; (al enemigo) harass
jaqueca f sick headache; **dar una jaqueca a** to bore to death
jacqueco•so -sa adj boring, tiresome
jaquemar m jack (figure that strikes a clock bell)
jarabe m syrup; sweet drink; **jarabe de pico** lip service, idle promise
jarana f merrymaking; rumpus; carousal, spree; trick, deceit; jest, joke; small guitar; **ir de jarana** to go on a spree
jaranear tr (CAm, Col) to swindle, cheat ‖ intr to go on a spree; raise a rumpus; joke
jarane•ro -ra adj merrymaking; cheerful, merry ‖ mf merrymaker, reveler
jarano m sombrero
jarcia f fishing tackle; jumble, mess; **jarcias** tackle, rigging; **jarcia trozada** junk (old cable)
jardín m garden, flower garden; (baseball) field, outfield; (naut) privy, latrine; **jardín central** (baseball) center field; **jardín de la infancia** kindergarten; **jardín derecho** (baseball) right field; **jardín izquierdo** (baseball) left field
jardinera f jardiniere, flower stand; basket carriage; summer trolley car, open trolley car
jardinería f gardening
jardine•ro -ra mf gardener; **jardinero adornista** landscape gardener ‖ m (baseball) fielder, outfielder ‖ f see **jardinera**
jardinista mf landscape gardener
jarea f (Mex) hunger
jarear intr (Bol) to stop for a rest ‖ ref (Mex) to flee, run away; (Mex) to swing, sway; (Mex) to die of starvation
jareta f (sew) casing
jari•fo -fa adj showy, spruce, natty
jaro•cho -cha adj brusk, bluff ‖ m insulting fellow; Veracruz peasant
jarope m syrup; nasty potion
jarra f jug, jar, water pitcher; **de jarras** or **en jarras** with arms akimbo
jarrete m hock, gambrel
jarretera f garter
jarro m pitcher; **echar un jarro de agua (fría) a** to pour cold water on
jarrón m (vaso para adornar chimeneas,

consolas, etc.) vase; (sobre un pedestal) urn
jaspe m jasper
jaspea•do -da adj marbled, speckled ‖ m marbling, speckling
jaspear tr to marble, speckle
jateo m foxhound
ja•to -ta mf calf
Jauja f Cockaigne; ¿estamos aquí o en Jauja? where do you think you are?; **vivir en Jauja** to live in the lap of luxury
jaula m cage; (embalaje de listones de madera) crate; (Mex) open freight car; (Cuba, P-R) police wagon; **jaula de locos** insane asylum, madhouse
jauría f pack (of hounds)
java•nés -nesa adj & mf Javanese ‖ m (idioma) Javanese
jazmín m jasmine; **jasmín de la India** gardenia
jazz m jazz
J.C. abbr **Jesucristo**
jebe m alum; (SAm) rubber
jedive m khedive
jefa f female head or leader; **jefa de ruta** hostess (on a bus)
jefatura f headship, leadership; (de policía) headquarters
jefe m chief, boss, head, leader; (de una tribu) chieftain; **jefe de cocina** chef; **jefe do coro** choirmaster; **jefe de equipajes** (rr) baggage master; **jefe de estación** stationmaster; **jefe del estado** chief of state; **jefe del gobierno** chief executive; **jefe de redacción** editor in chief; **jefe de ruta** guide; **jefe de tren** (rr) conductor; **jefe de tribu** chieftain; **quedar jefe** (Chile) to gamble away everything
jején m gnat, sandfly
jenabe m or **jenable** m mustard
jengibre m ginger
Jenofonte m Xenophon
jeque m sheik
jerarca m hierarch, head
jerarquía f hierarchy; **de jerarquía** important
jeremiada f jeremiad
jeremiquear intr to moan; pour out one's troubles
jerez m sherry
jerga f coarse cloth; straw mattress; (lenguaje especial de ciertos oficios; lenguaje difícil de entender) jargon
jergón m straw mattress; ill-fitting clothes; (persona torpe y estúpida) lummox
Jericó Jericho
jerife m shereef
jerigonza f (lenguaje especial de ciertos oficios; lenguaje difícil de entender) jargon; (lenguaje vulgar, caló) slang; piece of folly
jeringa f syringe; (para inyectar materias blandas en una máquina) gun; annoyance, plague; **jeringa de engrase** or **grasa** grease gun
jeringar §44 tr to syringe; inject; give an enema to; plague
jeringazo m injection, shot; squirt

jeringuilla f (*jeringa pequeña*) syringe; (bot) mock orange

Jerjes m Xerxes

jeroglífi•co -ca adj & m hieroglyphic

Jerónimo m Jerome

jer•sey m (pl **-seis**) jersey, sweater

Jerusalén Jerusalem

Jesucristo m Jesus Christ

jesuíta adj & m Jesuit

jesuíti•co -ca adj Jesuitic(al)

Jesús m Jesus; (*imagen del niño Jesús*) bambino; **en un decir Jesús** in an instant; **¡Jesús, María y José!** my gracious!

jeta f hog's snout, pig face; (*rostro de una persona*) phiz, mug; **estar con tanta jeta** to make a long face; **poner jeta** to pucker one's lips

jetu•do -da adj thick-lipped; grim, gruff

Jhs. abbr Jesús

jíba•ro -ra mf (W-I) white peasant

jibia f cuttlefish

jícara f chocolate cup; (CAm, Mex, W-I) calabash cup

jícaro m calabash (tree)

jifia f swordfish

jilguero m linnet, goldfinch

jilote m (Mex) green ear of corn

jineta f (zool) genet

jinete m rider, horseman

jinetear tr (*caballos cerriles*) to break in ‖ intr to show off one's horsemanship

jinglar intr to swing, to rock

jingoísmo m jingoism

jingoísta adj & mf jingo

jipa•to -ta adj pale, wan; insipid, tasteless; (Guat) drunk

jipijapa m Panama hat ‖ f jipijapa; strip of jipijapa straw

jira f strip of cloth; outing, picnic; trip, tour; swing, political trip

jirón m rag, tatter, shred; (*de una falda*) facing, pennant; bit, drop, shred; **hacer jirones** to tear to shreds

jitomate m (Mex) tomato

joco•so -sa adj jocose, jocular

jocotal m (CAm, Mex) Spanish plum (*tree*)

jocote m (CAm, Mex) Spanish plum (*fruit*)

jocoyote m (Mex) baby (*youngest child*)

jofaina f washbowl, basin

jolgorio m fun, merriment

jonrón m (baseball) home run

Jordán m Jordan (*river*); **ir al Jordán** to be born again

Jordania f Jordan (*country*)

jorda•no -na adj & mf Jordanian

jorguín m sorcerer, wizard

jorguina f sorceress, witch

jorguinería f sorcery, witchcraft

jornada f journey, trip, stage; day's journey; (*horas del trabajo diario del obrero*) workday; (*tiempo que dura la vida de un hombre*) lifetime; battle; (*muerte*) passing; summer residence of diplomat or diplomatic corps; event, occasion; undertaking; (mil) expedition; (*de un drama*) (archaic) act; **a grandes** or **largas jornadas** by forced marches; **al fin de la jornada** in the

end; **caminar por sus jornadas** to proceed with circumspection; **hacer mala jornada** to get nowhere; **jornada ordinaria** full time; **jornada reducida** reduced working hours

jornal m day's work; day's pay; **a jornal** by the day; **jornal mínimo** minimum wage

jornalero m day laborer

joroba f hump; annoyance, bother

joroba•do -da adj humpbacked, hunchbacked; annoyed, bothered ‖ mf humpback, hunchback

jorobar tr to annoy, pester

jorongo m (Mex) poncho; (Mex) woolen blanket

jota f (*letra del alfabeto*) J; jota (*Spanish folk dance and music*); jot, iota, tittle; vegetable soup; **sin faltar una jota** with not a whit left out

joven adj young; **ser joven de esperanzas** to have a bright future ‖ mf youth, young person; **de joven** as a youth, as a young man, as a young woman

jovial adj jovial

joya f jewel; (*brocamantón*) diamond brooch; (*agasajo*) gift, present; (*persona o cosa de mucha valía*) (fig) jewel, gem; **joya de familia** heirloom; **joyas** jewelry; trousseau; **joyas de fantasía** costume jewelry

joyante adj glossy

joyero m jewel case, casket

joyería f (*conjunto de joyas*) jewelry; jewelry shop; jewelry trade

joye•ro -ra mf jeweler ‖ m jewel case, casket

Juan m John; **Buen Juan** sap, easy mark; **Juan Español** the Spanish people, the typical Spaniard; **San Juan Bautista** John the Baptist

Juana f Jane, Jean, Joan; **Juana de Arco** Joan of Arc, Jeanne d'Arc; **juanas** glove stretcher

juanete m bunion; high cheekbone

jubilación f retirement; (*renta de la persona jubilada*) pension, retirement annuity

jubila•do -da adj retired ‖ mf retired person, pensioner

jubilar tr to retire, pension; throw out ‖ intr to rejoice; retire, be pensioned ‖ ref to rejoice, retire, be pensioned; (Col) to decline, go to pieces; (CAm, Ven) to play hooky; (Cuba, Mex) to become a past master

jubileo m much coming and going, great doings; (eccl) jubilee; **por jubileo** once in a long time

júbilo m jubilation

jubilo•so -sa adj jubilant, joyful

jubón m jerkin

judaísmo m Judaism

judería f (*raza judaica*) Jewry; (*barrio de los judíos*) ghetto

judía f Jewess; kidney bean, string bean; **judía de careta** black-eyed bean; **judía de la peladilla** Lima bean

judicatura f judicature; (*cargo de juez*) judgeship

judicial adj judicial, judiciary

ja ju

judí•o -a *adj* Jewish ‖ *mf* Jew ‖ *f* see **judía**
juego *m* (*acción de jugar*) play, playing; (*ejercicio recreativo en el cual se gana o se pierde*) game; (*vicio de jugar*) gambling; (*lugar donde se ejecutan ciertos juegos*): (bowling) alley; (tennis) court; (baseball) field; (*tantos necesarios para ganar la partida*) game; (*de muebles*) suit, suite; (*de café*) service; (*de vajilla*) set; (*de luces, colores, aguas*) play; (mach) play; (*p.ej., de diplomacia*) (fig) to match, e.g., **una silla a juego** a chair to match; **conocer el juego de** to see through, to have the number of; **en juego** at hand; **hacer juego** to match; **hacer juego con** to match, to go with; **juego de alcoba** bedroom suit; **juego de azar** game of chance; **juego de bolas** (mach) ball bearing; **juego de campanas** chimes; **juego de comedor** dining-room suit; **juego de envite** gambling game, game played for money; **juego de escritorio** desk set; **juego de la cuna** cat's cradle; **juego de la pulga** tiddly-winks; **juego del corro** ring-around-a-rosy; **juego del salto** leapfrog; **juego del tres en raya** tick-tack-toe played with movable counters or pebbles; **juego de manos** legerdemain, sleight of hand; roughhousing; **juego de niños** (*cosa muy fácil*) child's play; **juego de palabras** play on words, pun; **juego de pelota** ball game; pelota; **juego de piernas** footwork; **juego de por ver** (Chile) game played for fun; **juego de prendas** game of forfeits, forfeits; **juego de suerte** game of chance; **juego de tejo** shuffleboard; **juego de timbres** glockenspiel; **juego de vocablos** or **voces** play on words, pun; **juego limpio** fair play; **juego público** gambling house; **juegos de sociedad** parlor games; **juegos malabares** juggling; flimflam; **juego sucio** foul play; **no ser cosa de juego** to be no laughing matter; **por juego** in fun, for fun; **verle a uno el juego** to be on to someone
juerga *f* carousal, spree; **juerga de borrachera** drinking bout, binge; **ir de juerga** (coll) to go on a spree
juerguista *mf* carouser, reveler
jue•ves *m* (*pl* **-ves**) Thursday; **Jueves Santo** Maundy Thursday
juez *m* (*pl* **jueces**) judge; **juez de alzadas** appellate judge; **juez de guardia** coroner; **juez de instrucción** examining magistrate; **juez de paz** justice of the peace; **juez de salida** (sport) starter; **juez de tiempo** (sport) timekeeper
jugada *f* (*lance*) play, throw, stroke, move; **mala jugada** dirty trick
juga•dor -dora *mf* player; gambler; **jugador de manos** prestidigitator; **jugador de ventaja** sharper
jugar §42 *tr* (*p.ej., un naipe, una partida de juego*) to play; (*una espada*) wield; (*arriesgar*) stake, risk; (*las manos, los dedos*) move; **jugarle a uno las bebidas** to match someone for the drinks ‖ *intr* to play; to gamble; (*hacer juego dos cosas*) match;

(*intervenir*) figure, participate; **jugar a** (*p.ej., los naipes, el tenis*) to play; **jugar con** (*un contrario*) to play; (*una persona; los sentimientos de una persona*) toy with; match; **jugar en** to have a hand in ‖ *ref* (*p.ej., la vida*) to risk; to be at stake; **jugarse el todo por el todo** to stake all, shoot the works
jugarreta *f* bad play, poor play; mean trick, dirty trick
juglar *m* minstrel, jongleur; (*bufón*) (archaic) juggler
juglaría *f* minstrelsy
jugo *m* (*p.ej., de la naranja*) juice; (*de la carne*) gravy; (*líquido orgánico*) juice; (fig) gist, essence, substance; **en su jugo** (culin) au jus; **jugo de muñeca** elbow grease
jugo•so -sa *adj* juicy; substantial, important
juguete *m* toy, plaything; (*burla*) joke, jest; (theat) skit; **de juguete** toy, e.g., **soldado de juguete** toy soldier; **juguete de movimiento** mechanical toy; **por juguete** for fun, in fun
juguetear *intr* to frolic, romp, sport
juguete•ro -ra *adj* toy ‖ *mf* toy dealer ‖ *m* whatnot, étagère
juguete-sorpresa *m* (*pl* **juguetes-sorpresa**) jack-in-the-box
jugue•tón -tona *adj* playful, frisky
juicio *m* judgment; (law) trial; **estar en su cabal juicio** to be in one's right mind; **estar fuera de juicio** to be out of one's mind; **juicio de Dios** (hist) ordeal; **pedir en juicio** (law) to sue
juicio•so -sa *adj* judicious, wise
julepe *m* julep; scolding; scare, fright
julepear *tr* to scold; whip; (SAm) to scare, frighten; (Mex) to weary, tire out
julio *m* July
julo *m* lead cow, lead mule
jumen•to -ta *mf* ass, donkey
juncal *adj* willowy, rushy; (fig) willowy, lissome
juncia *f* sedge; **vender juncia** to boast, brag
junco *m* (*embarcación china*) junk; (bot) rush, bulrush; **junco de Indias** (bot) rattan; **junco de laguna** (bot) rush, bulrush
junco•so -sa *adj* rushy, full of rushes
jungla *f* jungle
junio *m* June
junípero *m* juniper
junquera *f* rush, bulrush
junquillo *m* jonquil
junta *f* meeting, conference; board, council; junction, union; joint, seam; (*empaquetadura*) gasket; (*arandela*) washer; **junta de comercio** board of trade; **junta de charnela** (mach) knuckle; **junta de sanidad** board of health; **junta universal** (mach) universal joint
juntamente *adv* together; at the same time
juntar *tr* to join, unite; gather, gather together; (*una puerta*) half-close ‖ *ref* to gather together; go along; copulate
jun•to -ta *adj* joined, united; **jun•tos -tas** together ‖ *f* see **junta** ‖ **junto** *adv* together;

at the same time; **junto a** near, close to; **junto con** along with, together with; **todo junto** at the same time, all at once
juntura *f* junction; (*p.ej.*, *de una cañería*; *de un hueso*) joint; connection, coupling
jura *f* oath
jura•do -da *adj* (*enemigo*) sworn ‖ *m* (*conjunto de cuidadanos encargados de determinar la culpabilidad del acusado*; *conjunto de examinadores de un certamen*) jury; (*cada uno de los expresados individuous*) juror; juryman
juramentar *tr* to swear in ‖ *ref* to take an oath, be sworn in
juramento *m* oath; (*voto, reniego*) curse, swearword; **prestar juramento a** to swear to; **tomar juramento a** to swear in
jurar *tr* to swear; (*la verdad de una cosa*) swear to; swear allegiance to ‖ *intr* (*pronunciar un juramento*) to swear, take an oath; (*echar votos o reniegos*) swear, curse; **jurar + inf** to swear to + *inf* ‖ *ref* to swear; **jurársela** or **jurárselas a uno** to have it in for someone, swear to get even with someone
jure•ro -ra *mf* (SAm) false witness
jurídi•co -ca *adj* juridical
jurisconsulto *m* (*el que escribe sobre el derecho*) jurist; (*jurisperito*) legal expert
jurisdicción *f* jurisdiction

jurisperito *m* jurist, legal expert
jurisprudencia *f* jurisprudence
jurista *mf* jurist
juro *m* right of perpetual ownership; **de juro** inevitably, for sure
justa *f* joust, tournament
justamente *adv* just, just at that time; justly; (*ajustadamente*) tightly
justar *intr* to joust, to tilt
justicia *f* justice; (*castigo de muerte*) execution; **de justicia** justly, deservedly; **hacer justicia a** to do justice to; **ir por justicia** to go to court, to bring suit
justicie•ro -ra *adj* just, fair; stern, righteous
justificable *adj* justifiable
justifica•do -da *adj* (*hecho*) just, right; (*persona*) just, upright
justificante *m* voucher, proof
justificar §73 *tr* to justify; (typ) to justify
justillo *m* jerkin, waist
justipreciar *tr* to estimate, appraise
jus•to -ta *adj* just; right, exact; (*apretado*) tight ‖ *mf* just person ‖ *f* see **justa** ‖ **justo** *adv* just; right, in tune; tight; (*con estrechez*) in straitened circumstances
Jutlandia *f* Jutland
ju•to -ta *mf* Jute
juvenil *adj* juvenile, youthful
juventud *f* youth; young people
juzgado *m* court of law; courtroom, court of one judge
juzgar §44 *tr* & *intr* to judge; **a juzgar por** judging by; **juzgar de** to judge, pass judgment on

K

K, k (ka) *f* twelfth letter of the Spanish alphabet
karate *m* or **karaté** *m* karate
karateka *m* karate expert
kermesse *f* var of **quermés**
keroseno *m* kerosene, coal oil
kg. *abbr* **kilogramo**
kilate *m* var of **quilate**
kilo *m* kilo, kilogram
kilociclo *m* kilocycle
kilogramo *m* kilogram
kilometraje *m* kilometrage, distance in kilometers
kilométri•co -ca *adj* kilometric; (coll) interminable, long-drawn-out

kilómetro *m* kilometer
kilovatio *m* kilowatt
kilovatio-hora *m* (*pl* **kilovatios-hora**) kilowatt-hour
kimono *m* var of **quimono**
kinescopio *m* (telv) kinescope
kiosco *m* var of **quiosco**
kirieleisón *m* dirge; **cantar el kirieleisón** to beg mercy
km. *abbr* **kilómetro**
kph. *abbr* **kilómetros por hora**
kv. *abbr* **kilovatio**
kv-h *abbr* **kilovatio-hora**

L

L, l (ele) thirteenth letter of the Spanish alphabet
la *art def fem* of **el** ‖ *pron pers fem* her, it; you ‖ *pron dem* that, the one; **la que** who, which, that; she who, the one that
laberinto *m* labyrinth, maze

labia *f* fluency, smoothness
labial *adj* & *f* labial
labio *m* lip; (fig) edge, lip; **chuparse los labios** to smack one's lips; **labio leporino** harelip; **leer en los labios** to lip read
labiolectura *f* lip reading

labio•so -sa *adj* fluent, smooth
labor *f* labor, work; (*cultivo de los campos*) farming, tilling; (*obra de coser, bordar, etc.*) needlework, fancywork, embroidery; **hacer labor** to match; **labor blanca** linen work, linen embroidery; **labor de ganchillo** crocheting
laborable *adj* workable; arable, tillable; (*dia*) work
laborante *m* journeyman; political henchman
laborar *tr* to work || *intr* to scheme
laboratorio *m* laboratory; **laboratorio de idiomas** language laboratory; **laboratorio espacial** space laboratory; Skylab
laborio•so -sa *adj* (*trabajador*) laborious, industrious; (*trabajoso*) laborious, arduous
laborismo *m* British Labour Party
laborista *adj* Labour || *mf* Labourite
laborterapia *f* work therapy
labra *f* carving
labrada *f* fallow ground (*to be sown the following year*)
labrade•ro -ra *adj* arable, tillable
labra•do -da *adj* wrought, fashioned; carved; figured, embroidered || *m* carving; **labrado de madera** wood carving || *f* see **labrada**
labra•dor -dora *adj* work; farm || *mf* farmer; (*campesino*) peasant || *m* plowman; **el Labrador** Labrador
labrantí•o -a *adj* farm || *m* farmland
labranza *f* farming; farm, farmland
labrar *tr* to work, fashion; (*la piedra, la madera*) carve; (*arar*) plow; (*construir o mandar construir*) build; till, cultivate; cause, bring about || *in;:* to make a lasting impression
labrie•go -ga *mf* peasant
laca *f* lacquer; shellac; **laca de uñas** nail polish; **lacas** lacquer ware
lacayo *m* lackey, footman
lacear *tr* to tie with a bow; adorn with bows; (*la caza*) drive within shot; (*la caza menor*) trap, snare
laceria *f* poverty, want; trouble, bother; leprosy
lacerio•so -sa *adj* poor, needy
lacero *m* lassoer; poacher; dogcatcher
la•cio -cia *adj* faded, withered; languid; (*cabello*) lank, straight
lacóni•co -ca *adj* laconic
lacra *f* fault, defect; (*señal dejada por una enfermedad*) mark, remains; sore; scab, scar
lacrimóge•no -na *adj* tear, tear-producing
lacrimo•so -sa *adj* lachrymose, tearful
lactar *tr* to suckle
lácte•o -a *adj* milky
lacustre *adj* lake
ladear *tr* to tip, tilt; bend, lean; (*un avión*) bank || *intr* to tip, tilt; bend, lean; turn away, turn off; (*la aguja de brújula*) deviate || *ref* to tip, tilt; bend, lean; be equal, be even; (Chile) to fall in love; **ladearse a** (*un dictamen, un partido*) to lean to or toward
ladeo *m* tipping, tilting; bending, leaning; inclination, bent
lade•ro -ra *adj* side, lateral || *f* hillside

ladilla *f* crab louse; **pegarse como ladilla** to stick like a leech
ladi•no -na *adj* crafty, sly, cunning; polyglot
lado *m* side; direction; (*del hilo telefónico*) end; **al lado** nearby; **dejar a un lado** to leave aside; **de lado** square, e.g., **diez centímetros de lado** ten centimeters square; **de otro lado** on the other hand; **de un lado** on the one hand; **echar a un lado** to cast aside; to finish up; **hacer lado** to make room; **hacerse a un lado** to step aside; **lados** backers, advisers; **mirar de lado** or **de medio lado** to look askance at; to sneak a look at; **ponerse al lado de** to take sides with; **por el lado de** in the direction of; **tirar por su lado** to pull for oneself
ladrar *tr* (*p.ej., injurias*) to bark || *intr* to bark
ladrido *m* bark, barking; slander, blame
ladrillador *m* bricklayer
ladrillal *m* brickyard
ladrillo *m* brick; (*azulejo*) tile; (*p.ej., de chocolate*) cake; **ladrillo de fuego** or **ladrillo refractario** firebrick
la•drón -drona *adj* thievish, thieving || *mf* thief || *m* sluice gate; **ladrón de corazones** heartbreaker, lady-killer
ladronera *f* den of thieves; thievery; (*alcancía*) child's bank
ladronerío *m* (Arg) gang of thieves; (Arg) wave of thieving
ladronzue•lo -la *mf* petty thief
lagaña *f* var of **legaña**
lagar *m* wine press; olive press; (*establecimiento*) winery
lagarta *f* female lizard; sly woman; (ent) gypsy moth
lagartija *f* green lizard; wall lizard
lagarto *m* lizard; sly fellow; (Mex) fop, dandy; **lagarto de Indias** alligator
lago *m* lake
lagotear *tr* & *intr* to flatter, wheedle
lágrima *f* tear; (*de cualquier licor*) drop; **beberse las lágrimas** to hold back one's tears; **deshacerse en lágrimas** to weep one's eyes out; **lágrimas de cocodrilo** crocodile tears; **llorar a lágrima viva** to shed bitter tears
lagrimear *intr* to weep easily, be tearful; (*los ojos*) fill
lagrimo•so -sa *adj* tearful; (*ojos*) watery
laguna *f* (*lago pequeño*) lagoon; (*hueco, omisión*) lacuna, gap
laical *adj* lay
laicismo *m* secularism
laja *f* slab, flagstone
lama *f* mud, ooze, slim; pond scum
lambrija *f* earthworm; skinny person
lamedero *m* salt lick
lame•dor -dora *adj* licking || *mf* licker || *m* syrup; **dar lamedor** to lose at first in order to take in one's opponent
lamedura *f* lick, licking
lamentable *adj* lamentable
lamentación *f* lamentation
lamentar *tr*, *intr* & *ref* to lament, mourn

lamento *m* lament
lamento•so -sa *adj* lamentable; plaintive
lamer *tr* to lick; lap, lap against; (*las llamas un tejado*) to lick ‖ *ref* (*p.ej., los dedos*) to lick
lame•rón -rona *adj* (coll) sweet-toothed
lametada *f* lap, lick
lámina *f* sheet, plate, strip; (*plancha grabada*) engraving; (*pintura en cobre*) copper plate; (*figura estampada*) cut, picture, illustration
laminador *m* rolling mill
laminar *tr* to laminate; (*el hierro, el acero*) roll
lampadario *m* floor lamp
lámpara *f* lamp, light; (*mancha en la ropa*) grease spot, oil spot; (rad) vacuum tube; **atizar la lámpara** to fill up the glasses again; **lámpara de alcohol** spirit lamp; **lámpara de arco** arc lamp, arc light; **lámpara de bolsillo** flashlight; **lámpara de carretera** (aut) bright light; **lámpara de cruce** (aut) dimmer; **lámpara de pie** floor lamp; **lámpara de sobremesa** table lamp; **lámpara de socorro** trouble light; **lámpara de soldar** blowtorch; **lámpara de techo** ceiling light; (aut) dome light; **lámpara inundante** floodlight; **lámpara testigo** pilot light
lamparilla *f* rushlight; aspen
lampi•ño -ña *adj* beardless; hairless
lampista *mf* lamplighter ‖ *m* tinsmith, plumber, glazier, electrician
lana *f* wool; (CAm) common person; (CAm) swindler; **lana de acero** steel wool; **lana de ceiba** kapoc; **lana de escorias** mineral wool, rock wool; **lana de vidrio** glass wool
lance *m* cast, throw; (*en la red*) catch, haul; (*accidente en el juego*) play, move, stroke; (*ocasión crítica*) chance, pass, juncture; incident, event; (*riña*) row, quarrel; (taur) capework; **de lance** cheap; secondhand; **echar buen lance** to have a break; **lance de honor** affair of honor, duel; **tener pocos lances** to be dull and uninteresting
lancero *m* lancer, spearman, pikeman
lanceta *f* (surg) lancet; (Mex, SAm) sting
lancinante *adj* piercing
lancha *f* barge, lighter; flagstone, slab; (naut) longboat; (nav) launch; (Ecuad) mist, fog; (Ecuad) frost; **lancha automóvil** launch, motor launch; **lancha de auxilio** lifeboat (*stationed on shore*); **lancha de carreras** speedboat; **lancha de desembarco** (nav) landing craft; **lancha salvavidas** lifeboat (*on shipboard*)
lanchar *intr* (Ecuad) to get foggy; (Ecuad) to freeze
lan•dó *m* (*pl* -**dós**) landau
landre *f* swollen gland; hidden pocket
lanería *f* wool shop; **lanerías** woolens, woolen goods
langosta *f* (*insecto*) locust; (*crustáceo*) lobster, spiny lobster
langostera *f* lobster pot
langostín *m* or **langostino** *m* prawn (*Peneus*)
langostón *m* green grasshopper
languidecer §22 *intr* to languish

languidez *f* languor
lángui•do -da *adj* languid, languorous
lano•so -sa *adj* woolly
lanu•do da *adj* woolly; (Ecuad, Ven) coarse, ill-bred
lanza *f* lance, pike; (*de la manguera*) nozzle; (*palo de coche*) wagon pole
lanzabom•bas *m* (*pl* -**bas**) (aer) bomb release; (mil) trench mortar
lanzacohe•tes *m* (*pl* -**tes**) rocket launcher
lanzadera *f* shuttle; **parecer una lanzadera** to buzz around
lanza•do -da *adj* sloping; (*salida de una carrera*) (sport) running (*start*)
lanza•dor -dora *mf* thrower; **lanzador de lodo** (fig) mudslinger ‖ *m* launcher; (aer) jettison gear; (baseball) pitcher
lanzaespu•mas *m* (*pl* -**mas**) foam extinguisher
lanzalla•mas *m* (*pl* -**mas**) flame thrower
lanzamiento *m* throw, hurl, fling, launch; (*de un buque*) launching; (*de un cohete*) shot, launch; (*p.ej., de víveres*) (aer) airdrop; (*de bombas*) (aer) release; (*de paracaidistas*) (aer) jump; (law) dispossession; (naut) steeve
lanzami•nas *m* (*pl* -**nas**) (nav) mine layer
lanzapla•tos *m* (*pl* -**tos**) trap
lanzar §60 *tr* to throw, hurl, fling; (*un proyecto, un cohete, maldiciones, una ofensiva, un producto nuevo, un buque*) launch; (*una mirada*) cast; vomit, throw up; (*flores, hojas una planta*) put forth; (*una advertencia*) toss, toss out; (aer) to airdrop; (*bombas*) (aer) to release; (law) to dispossess ‖ *ref* to launch, launch forth; throw oneself; dash, rush; (aer) to jump; (sport) to sprint
lanzatorpe•dos *m* (*pl* -**dos**) (nav) torpedo tube
laña *f* clamp; rivet
lañar *tr* to clamp; (*objetos de porcelana*) rivet
lapicero *m* pencil holder; mechanical pencil; ball-point pen; **lapicero fuente** fountain pen
lápida *f* tablet, stone; **lápida supulcral** gravestone
lapidar *tr* to stone to death
lá•piz *m* (*pl* -**pices**) (*grafito*) black lead; (*barrita que sirve para escribir*) pencil, lead pencil; **lápiz de bolilla** (Para) ball-point pen; **lápiz de labios** lipstick; **lápiz de pizarra** slate pencil; **lápiz de pasta** (Chile) ball-point pen; **lápiz de plomo** graphite; **lápiz estíptico** styptic pencil; **lápiz labial** lipstick
lapizar §60 *tr* to mark or line with a pencil
la•pón -pona *adj* Lapp ‖ *mf* Lapp, Laplander ‖ *m* (*idioma*) Lapp
Laponia *f* Lapland
lapso *m* lapse
laquear *tr* to lacquer
lardo•so -sa *adj* greasy, fatty
larga *f* long billiard cue; **dar largas a** to postpone, put off
largamente *adv* at length, extensively; in comfort; generously; long, for a long time
largar §44 *tr* to let go, release; ease, slack; utter; (*un golpe*) deal, strike, give; (naut) to

unfurl; (Col) to give ‖ *ref* to move away; get away, sneak away, beat it; take to sea; (*el ancla*) to come loose

lar•go -ga *adj* long; abundant; liberal, generous; quick, ready; shrewd, cunning; (naut) loose, slack; **a la larga** in the long run, in the end; **a lo largo** lengthwise; at great length; far away; **a lo largo de** along; along with; throughout; in the course of; (*el mar*) far out in; **a lo más largo** at most; **hacerse a lo largo** to get out in the open sea; **largo de lengua** loose-tongued; **largo de uñas** light-fingered; **pasar de largo** to pass without stopping; take a quick look; miss; **ponerse de largo** to come out, make one's debut; **vestir de largo** to wear long clothes ‖ *m* length ‖ *f* see **larga** ‖ **largo** *adv* at length, at great length; abundantly ‖ **largo** *interj* get out of here!

largometraje *m* full-featured film, full-length movie

largor *m* length

larguero *m* (*palo, madero*) stringer; (*almohada larga*) bolster; (aer) longeron

largueza *f* length; liberality, generosity

larguiru•cho -cha *adj* gangling, lanky

largura *f* length

lárice *m* larch tree

laringe *f* larynx

larínge•o -a *adj* laryngeal

laringitis *f* laryngitis

laringoscopio *m* laryngoscope

larva *f* larva; mask; (*duende*) hobgoblin

lasca *f* advantage, benefit

lascar §73 *tr* (naut) to pay out, slacken; (Mex) to scratch, bruise; (*un objeto de porcelana*) (Mex) to chip

lascivia *f* lasciviousness

lasci•vo -va *adj* lascivious; playful

láser *m* laser

la•so -sa *adj* tired, exhausted; weak, wan

lástima *f* pity; (*quejido*) complaint; **contar lástimas** to tell a hard-luck story; **dar lástima** to be pitiful; **es lástima (que)** it is a pity (that); **estar hecho una lástima** to be a sorry sight; **hacer lástima** to be pitiful; **llorar lástimas** to put on a show of tears; **poner lástima** to be pitiful; **¡qué lástima!** what a pity!, what a shame!; **¡qué lástima de saliva!** what a waste of breath!

lastimar *tr* to hurt, injure; hurt, offend; bruise ‖ *ref* to hurt oneself; bruise oneself; complain

lastime•ro -ra *adj* hurtful, injurious; pitiful, sad, doleful

lastimo•so -sa *adj* pitiful

lastra *f* slab, flagstone

lastrar *tr* (aer & naut) to ballast

lastre *m* (aer & naut) ballast; (fig) wisdom, maturity; (coll) food; (rr) (Chile) ballast

lat. *abrr* **latín, latitud**

lata *f* (*hojalata*) tin, tin plate; (*envase*) tin, tin can; (*madero sin pulir*) log; (*tabla delgada*) lath; annoyance, bore; **dar la lata a** (coll) to pester; **es una lata** that's terribly boring; **estar en la lata** (Col) to be penni-

less; **¡que lata!** what a nuisance! what a curse!

latebra *f* hiding place

latebro•so -sa *adj* furtive, secretive

latente *adj* latent

lateral *adj* lateral

latido *m* (*del perro*) yelp; (*del corazón*) beat, throb; (*dolor*) pang, twinge

latifundio *m* large neglected landed estate

latigazo *m* lash; crack of whip; (*reprensión áspera*) lashing

látigo *m* whip, horsewhip; cinch strap

latiguear *tr* to lash, whip ‖ *intr* crack a whip

latiguillo *m* small whip; (*del actor u orador*) claptrap

latín *m* Latin; **latín de cocina** dog Latin, hog Latin; **latín rústico** or **vulgar** Vulgar Latin; **saber latín** or **mucho latín** to be very shrewd

latinajo *m* dog Latin, hog Latin; Latin word or phrase (*slipped into the vernacular*)

latinar or **latinear** *intr* to use Latin

lati•no -na *adj* Latin; (naut) lateen ‖ *mf* Latin

Latinoamérica *f* Latin America

latinoamerica•no -na *adj* Latin-American ‖ *mf* Latin American

latir *tr* (Ven) to annoy, bore, molest ‖ *intr* (*el perro*) to bark, yelp; (*el corazón*) beat, throb; **me late que** (Mex) I have a hunch that

latitud *f* latitude

la•to -ta *adj* broad ‖ *f* see **lata**

latón *m* brass; (Cuba) garbage pail

lato•so -sa *adj* annoying, boring ‖ *mf* bore

latrocinio *m* thievery; thievishness

laucha *f* (Arg, Chile) mouse

laúd *m* (mus) lute; (zool) leatherback turtle

laudable *adj* laudable

láudano *m* laudanum

laudato•rio -ria *adj* laudatory

laudo *m* (law) finding, decision

láurea *f* laurel wreath

laurea•do -da *adj* & *mf* laureate

laurean•do -da *mf* graduate, candidate for a degree

laurear *tr* to trim or adorn with laurel; crown with laurel; decorate, honor, reward

laurel *m* laurel; (*de la victoria*) laurels; **dormirse sobre sus laureles** to rest or sleep on one's laurels

láure•o -a *adj* laurel ‖ *f* see **láurea**

lauréola *f* crown of laurel, laurel wreath; (*aureola*) halo

lava *f* lava; (min) washing

lavable *adj* washable

lavabo *m* washstand; washroom, lavatory

lavaca•ras *mf* (*pl* -ras) fawner, flatterer, bootlicker

lavaco•ches *m* (*pl* -ches) car washer

lavada *f* wash(ing)

lavade•dos *m* (*pl* -dos) finger bowl

lavadero *m* laundry; (*tabla de lavar*) washboard; (*a orillas de un río*) washing place; (Guat, Mex, SAm) placer

lava•do -da *adj* brazen, fresh, impudent ‖ *m* wash, washing; **lavado a seco** dry cleaning; **lavado cerebral** or **de cerebro** brainwashing; **lavado químico** dry cleaning

lava•dor -dora *mf* washer ‖ *m* (phot) washer ‖ *f* washing machine; **lavadora de platos** or **de vajilla** dishwasher
lavadura *f* washing; (*agua sucia;. rozadura de una cuerda*) washings
lavafru•tas *m* (*pl* -**tas**) fruit bowl, finger bowl
lavama•nos *m* (*pl* -**nos**) (*pila con caño y llave*) washstand; (*jofaina*) washbowl
lavanda *f* lavender
lavandera *f* laundress, laundrywoman, washerwoman; (orn) sandpiper
lavandero *m* launderer, laundryman
lavándula *f* lavender
lavao•jos *m* (*pl* -**jos**) eyecup
lavaparabri•sas *m* (*pl* -**sas**) windshield washer
lavapla•tos (*pl* -**tos**) *mf* (*persona*) dishwasher ‖ *m* (*aparato*) dishwasher; (Chile) kitchen sink
lavar *tr* & *ref* to wash
lavativa *f* enema; annoyance, bore
lavatorio *m* washing; washstand; toilet; washroom; (*ceremonia de lavar los pies*) maundy; (med) wash, lotion
lavavajillas *m* dishwasher
lavazas *fpl* dirty water, wash water
laxante *adj* & *m* laxative
laxar *tr* to ease, slack; (*el vientre*) loosen
la•xo -xa *adj* lax, slack; (fig) lax, loose
laya *f* spade; kind, quality
layar *tr* to spade, dig with a spade
lazada *f* bowknot
lazar §60 *tr* to lasso
lazarillo *m* blind man's guide
lazari•no -na *adj* leprous ‖ *mf* leper
lázaro *m* raggedy beggar; **estar hecho un lázaro** to be full of sores
lazo *m* bow, knot, tic; lasso, lariat; snare, trap; bond, tie; **armar lazo a** to set a trap for; **caer en el lazo** to fall into the trap; **lazo de amor** truelove knot; **lazo de unión** (fig) tie, bond
Ldo. *abbr* **Licenciado**
le *pron pers* to him, to her, to it; to you; him; you
leal *adj* loyal, faithful; reliable, trustworthy ‖ *m* loyalist
lealtad *f* loyalty; reliability, trustworthiness
le•brel -brela *mf* whippet, small greyhound
lebrillo *m* earthen washtub
lebrón *m* large hare; coward; (Mex) slicker
lección *f* lesson; (*interpretación de un pasaje*) reading; **dar la lección** to recite one's lesson; **echar** or **señalar lección** to assign the lesson; **tomar una lección a** to hear the lesson of
leccionista *mf* private tutor
lecti•vo -va *adj* school (*e.g., day*)
lec•tor -tora *adj* reading ‖ *mf* reader ‖ *m* foreign-language teacher; (*empleado que anota el consumo registrado por el contador de agua, gas o electricidad*) meter reader; **lector mental** mind reader
lectura *f* reading; broad culture; public lecture; college subject; (*interpretación de un*

pasaje) reading; (elec) playback; (typ) pica; **lectura de la mente** mind reading
lechada *f* grout; whitewash; (*para hacer papel*) pulp; (CAm, Mex, W-I) whitewash
lechar *tr* to milk; (CAm, Mex, W-I) to whitewash
leche *f* milk; (coll) sperm; **estar con la leche en los labios** to lack experience, to be young and inexperienced; **leche de manteca** buttermilk; **leche desnatada** skim milk; **leche en polvo** milk powder; **tener mala leche** to behave like a cad
lechecillas *fpl* sweetbread
lechera *f* milkmaid, dairymaid; (*vasija para guardar la leche*) milk can; (*vasija para servir la leche*) milk pitcher
lechería *f* dairy, creamery
leche•ro -ra *adj* (*que da leche*) milch; (*perteneciente a la leche*) milk; (*cicatero*) (coll) stingy ‖ *m* milkman, dairyman; (coll) lucky dog ‖ *f* see **lechera**
lecho *m* bed; (*especie de sofá*) couch; (*cauce de río*) bed; layer, stratum; **abandonar el lecho** to get up (*from illness*); **lecho de plumas** (fig) feather bed
le•chón -chona *adj* filthy, sloppy ‖ *mf* suckling pig; (*persona sucia, desaseada*) pig ‖ *m* pig ‖ *f* sow
lecho•so -sa *adj* milky ‖ *m* papaya (*tree*) ‖ *f* papaya (*fruit*)
lechuga *f* lettuce; head of lettuce; (*fuelle formado en la tela*) frill; **lechuga romana** romaine lettuce
lechugui•no -na *adj* stylish, sporty ‖ *m* dandy ‖ *f* stylish young lady
lechuza *f* barn owl, screech owl; owllike woman
lechu•zo -za *adj* owlish; (*muleto*) yearling ‖ *m* bill collector; summons server; owllike fellow ‖ *f* see **lechuza**
leer §43 *tr* to read ‖ *intr* to read; lecture; **leer en** to read (*someone's thoughts*) ‖ *ref* to read, e.g., **este libro se lee con facilidad** this book reads easily
leg. *abbr* **legal, legislatura**
lega *f* lay sister
legación *f* legation
legado *m* (*don que se hace por testamento*) legacy; (*enviado diplomático*) legate
legajo *m* file, docket, dossier
legal *adj* legal; faithful, prompt, right
legalidad *f* legality; faithfulness, promptness
legalizar §60 *tr* to legalize; authenticate
légamo *m* slime, ooze
legamo•so -sa *adj* slimy, oozy
legaña *f* gum (*on edge of eyelids*)
legaño•so -sa *adj* gummy
legar §44 *tr* to bequeath, will
legata•rio -ria *mf* legatee
legenda•rio -ria *adj* legendary
legible *adj* legible
legión *f* legion
legislación *f* legislation
legisla•dor -dora *adj* legislating ‖ *mf* legislator
legislar *intr* to legislate
legislati•vo -va *adj* legislative

legislatura f (session of a) legislature
legista m law professor; law student
legitimar tr to legitimate; legitimize
legitimidad f legitimacy
legíti•mo -ma adj legitimate
le•go -ga adj lay; uninformed ‖ m layman; lay brother ‖ f see **lega**
legua f league; **a leguas** far, far away
leguleyo m pettifogger
legumbre f (hortaliza) vegetable; (bot) legume; (Chile) vegetable stew
leíble adj legible, readable
leída f reading
leí•do -da adj well-read; **leído y escribido** (coll) posing as learned ‖ f see **leída**
lejanía f distance, remoteness
leja•no -na adj distant, remote; (pariente) distant
lejía f lye; wash water; severe rebuke
lejiadora f washing machine
lejos adv far; **a lo lejos** in the distance; **de lejos** or **desde lejos** from a distance ‖ m glimpse; look from afar; **tener buen lejos** to look good at a distance
le•lo -la adj stupid, inane
lema m motto, slogan; theme
len adj soft, flossy
lena f spirit, vigor; breathing
lencería f linen goods, dry goods; linen closet; dry-goods store
lence•ro -ra mf linen dealer, dry-goods dealer
lendrera f fine-toothed comb
lendro•so -sa adj nitty, lousy
lene adj (suave al tacto) soft; (ligero) light; kind, agreeable
lengua f (anat) tongue; (idioma) language, tongue; (de tierra, de fuego, de zapato; badajo de campana; lengua de un animal usada como alimento) tongue; **buscar la lengua a** to pick a fight with; **dar la lengua** to chew the rag; **hacerse lenguas de** to rave about; **írsele a** (uno) **la lengua** to blab; **lengua madre** or **matriz** mother tongue (language from which another is derived); **lengua materna** mother tongue (language acquired by reason of nationality); **morderse la lengua** to hold one's tongue; **tener en la lengua** to have on the tip of one's tongue; **tener la lengua gorda** to talk thick; to be drunk; **tener mala lengua** to be blasphemous; to have an evil tongue; **tener mucha lengua** to be a great talker; **tirar de la lengua a** to draw out; **tomar en lenguas** to gossip about; **tomar lengua** or **lenguas** to pick up news
lenguado m sole
lenguaje m language
lengua•raz (pl **-races**) adj foul-mouthed, scurrilous; polyglot ‖ mf linguist
len•guaz adj (pl **-guaces**) garrulous
lengüeta f (de la balanza) pointer, needle; (del zapato) tongue; (anat) epiglottis; (carp) tongue; (de un instrumento de viento) (mus) reed; (Chile) paper cutter; (Mex) petticoat fringe; (SAm) chatterbox
lengüetada f licking, lapping

lengüetear intr to stick the tongue out; flicker, flutter; jabber, rant; lick
lengüilar•go -ga adj foul-mouthed, scurrilous
lengüisu•cio -cia adj (Mex, P-R) foul-mouthed, scurrilous
lenidad f lenience
lenocinio m pandering, procuring
lente m & f lens; **lente de aumento** magnifying glass; **lente de contacto** or **lente invisible** contact lens; **lentes** mpl nose glasses; **lentes de nariz** or **de pinzas** pince-nez; **lente telefotográfica** tele(photo)lens
lenteja f lentil; (del reloj) bob, pendulum bob
lentejuela f sequin, spangle
lentillas fpl contact lenses
lentitud f slowness
len•to -ta adj slow; sticky; (fuego) low
leña f firewood, kindling wood; **cargar de leña** to give a drubbing to; **llevar leña al monte** to carry coals to Newcastle
leña•dor -dora mf woodcutter ‖ m woodsman
leñame m lumber, timber; stock of firewood
leñero m wood merchant; wood purchaser; (sitio donde se guarda la leña) woodshed
leño m (madera) wood; (tronco de árbol, limpio de ramas) log; sap, blockhead; (poet) ship, vessel; **dormir como un leño** to sleep like a log
leño•so -sa adj woody
Leo m (astr) Leo
león m lion
leona f lioness
leona•do -da adj tawny, fulvous
leonera f lion cage, den of lions; dive, gambling joint; junk room, lumber room
leonero m lion keeper; keeper of a gambling joint
leontina f watch chain
leopardo m leopard
leopoldina f watch fob; (mil) Spanish shako
leotardo m leotard
lépa•ro -ra adj (CAm, Mex) indecent, improper
lepe m (Ven) flip in the ear; **saber más que Lepe** to be wide-awake
leperada f (CAm, Mex) coarseness, vulgarity
lepisma f (ent) silver fish, fish moth
lepori•no -na adj hare, harelike
lepra f leprosy
leprosería f leper house
lepro•so -sa adj leprous ‖ mf leper
lerdera f (CAm) laziness, apathy; (CAm) slowness
ler•do -da adj slow, dull; coarse, crude
lesbianismo m lesbianism
les•bio -bia adj & mf Lesbian ‖ f (mujer homosexual) Lesbian, lesbian
lesión f harm, hurt; (pathol) lesion
lesionar tr to harm, hurt, injure
lesi•vo -va adj harmful, injurious
lesna f awl
le•so -sa adj hurt, harmed, injured; wounded; offended; perverted; (SAm) simple, foolish
leste m (naut) east
letal adj lethal, deadly
letame m manure
letanía f litany; (enumeración seguida) litany

letárgi•co -ca *adj* lethargic
letargo *m* lethargy
letargo•so -sa *adj* lethargic
le•tón -tona *adj* Lettish ‖ *mf* Lett ‖ *m* (*idioma*) Lettish, Lett
Letonia *f* Latvia
letra *f* (*del alfabeto*) letter; (*modo de escribir propio de una persona*) hand, handwriting; (*de una canción*) words, lyric; (com) draft; (typ) type; (*sentido material*) (fig) letter; **a la letra** (*al pie de la letra*) to the letter; **a letra vista** (com) at sight; **bellas letras** belles lettres; **cuatro letras** or **dos letras** (*esquela, cartita*) a line; **en letras de molde** in print; **escribir en letra de molde** to print; **las letras y las armas** the pen and the sword; **letra a la vista** (com) sight draft; **letra de cambio** (com) bill of exchange; **letra de imprenta** (typ) type; **letra de mano** handwriting; **letra de molde** printed letter; **letra menuda** fine print; (fig) cunning; **letra muerta** dead letter; **letra negrilla** (typ) boldface; **letra redonda** or **redondilla** (typ) roman; **letras** (*literatura*) letters; (coll) a few words, a line; **primeras letras** elementary education, three R's
letra•do -da *adj* learned, lettered; pedantic ‖ *m* lawyer
letrero *m* sign, notice; (*p.ej., en una botella*) label
letrina *f* privy, latrine; (*cloaca*) sewer; (*cosa sucia*) (fig) cesspool
letrista *mf* lyricist, writer of lyrics (*for songs*); calligrapher, engrosser
leucemia *f* leukemia
leucorrea *f* leucorrhea
leudar *tr* to leaven, ferment with yeast ‖ *ref* (*la masa con la levadura*) to rise
leu•do -da *adj* leavened, fermented
leva *f* weighing anchor; (*mach*) cam; (mil) levy; (CAm, Col) trick; (CAm, Col) swindle
levada *f* (*de la espada, el florete, etc.*) flourish; (*de los astros*) rise; (*del émbolo*) stroke
levadi•zo -za *adj* (*puente*) lift
levadura *f* leaven; leavening; yeast; (*tabla*) board; **levadura comprimida** yeast cake; **levadura de cerveza** brewer's yeast; **levadura en polvo** baking powder
levantaco•ches *m* (*pl* -ches) auto jack
levantada *f* rising, getting up (*from bed or from sickbed*)
levantamiento *m* rise, elevation; insurrection, revolt, uprising; **levantamiento del cadáver** inquest; **levantamiento del censo** census taking; **levantamiento de planos** surveying
levantar *tr* to raise, lift, elevate; agitate, rouse, stir up; (*una sesión*) adjourn; (*la mesa*) clear; (*la voz*) raise; (*el campo*) break; (*gente para el ejército; un sitio; fondos*) raise; (*el ancla*) weigh; straighten up; build, construct, erect; establish, found; **levantar casa** to break up housekeeping; **levantar planos** to make a survey ‖ *ref* to rise; (*de la cama*) get up; (*de una silla*)

stand up; straighten up; (*sublevarse*) rise up, rebel
levantaválvu•las *m* (*pl* -las) valve lifter
levantaventana *m* sash lift
levante *m* east; (*viento*) levanter; (CAm, P-R) slander, libel ‖ **Levante** *m* (*países de la parte oriental del Mediterráneo*) Levant; northeastern Mediterranean shores of Spain, especially around Valencia, Alicante, and Murcia
levanti•no -na *adj* Levantine; of the northeastern Mediterranean shores of Spain ‖ *mf* Levantine; native or inhabitant of the northeastern Mediterranean shores of Spain
levar *tr* (*el ancla*) to weigh ‖ *ref* to set sail
leve *adj* (*de poco peso*) light; slight, trivial, trifling
levedad *f* lightness; triviality
leviatán *m* (Bib & fig) leviathan
levita *m* deacon ‖ *f* coat, frock coat
levitón *m* heavy frock coat
léxi•co -ca *adj* lexical ‖ *m* lexicon; (*caudal de voces de un autor*) vocabulary; (*conjunto de vocablos de una lengua o dialecto*) wordstock
lexicografía *f* lexicography
lexicográfi•co -ca *adj* lexicographic(al)
lexicógra•fo -fa *mf* lexicographer
lexicología *f* lexicology
lexicón *m* lexicon
ley *f* law; loyalty, devotion; norm, standard; (*de un metal*) fineness; **a ley de caballero** on the word of a gentleman; **de buena ley** sterling, genuine; **ley de la selva** law of the jungle; **ley del menor esfuerzo** line of least resistance; **ley marcial** martial law; **ley seca** dry law; **tener** or **tomar ley a** to become devoted to; **venir contra una ley** to break a law
leyenda *f* legend
leyente *adj* reading ‖ *mf* reader
lezna *f* awl
lía *f* plaited esparto rope; **lías** lees, dregs
lianza *f* (Chile) account, credit (*in a store*)
liar §77 *tr* to tie, bind; tie up, wrap up; (*un cigarillo*) roll; embroil, involve; **liarlas** to beat it; kick the bucket ‖ *ref* to join together, be associated; have a liaison; become embroiled, become involved; **liárselos** to roll one's own (*i.e., cigarettes*)
libación *f* libation; (*acción de beber vino u otro licor*) libation
liba•nés -nesa *adj & mf* Lebanese
Líbano, el Lebanon
libar *tr* to suck; taste, sip ‖ *intr* to pour out a libation; imbibe
libelo *m* lampoon, libel; (law) petition
libélula *f* dragonfly
liberación *f* liberation; (*cancelación de la carga que grava un inmueble*) redemption; (*de una cuenta*) settlement, closing; quittance
liberal *adj* liberal; (*expedito*) quick, ready; (pol) liberal; (*de amplias miras*) (Arg) liberal-minded ‖ *mf* (pol) liberal
liberalidad *f* liberality
liberar *tr* to free

libertad *f* liberty, freedom; **libertad de cátedra** academic freedom; **libertad de cultos** freedom of worship; **libertad de empresa** free enterprise; **libertad de enseñanza** academic freedom; **libertad de imprenta** freedom of the press; **libertad de los mares** freedom of the seas; **libertad de palabra** freedom of speech, free speech; **libertad de reunión** freedom of assembly; **libertad vigilada** probation; **plena libertad** free hand; **tomarse la libertad de** to take the liberty to

liberta•do -da *adj* bold, daring; free, brash, unrestrained

liberta•dor -dora *mf* liberator

libertar *tr* to liberate, set free; (*de un peligro, la muerte, etc.*) save

liberta•rio -ria *adj* anarchistic

libertinaje *m* licentiousness, profligacy; impiety, ungodliness

liberti•no -na *adj & mf* libertine

liber•to -ta *mf* (law) probationer ‖ *m* freedman ‖ *f* freedwoman

libídine *f* lewdness, lust; (*impulso a las actividades sexuales*) libido

libidino•so -sa *adj* libidinous

libido *f* libido

libra *f* pound; **Libra** *f* (astr) Libra; **libra esterlina** pound sterling

libraco *m* or **libracho** *m* trashy book

libra•do -da *mf* (com) drawee

libra•dor -dora *mf* (com) drawer

libranza *f* (com) draft; **libranza postal** money order

librar *tr* to free; save, spare; (*la esperanza*) place; (*batalla*) give, join; (com) to draw ‖ *intr* to be delivered, give birth; (*una religiosa*) receive a visitor in the locutory; (com) to draw; **librar bien** to come off well, succeed; **librar mal** to come off badly, fail ‖ *ref* to free oneself; escape

libre *adj* free; free, brash, outspoken; free, unmarried; free, loose, licentious; innocent, guiltless; **libre de culpa** (*seguro, divorcio*) no-fault; **libre de porte** postage prepaid

librea *f* livery

librecambio *m* free trade

librecambista *mf* freetrader

librepensa•dor -dora *adj* freethinking ‖ *mf* freethinker

librería *f* bookstore, bookshop; book business; (*mueble*) bookshelf; **librería de viejo** second-hand bookshop

libreril *adj* book

librero *m* bookseller; (*encuadernador*) bookbinder; (Cuba, Mex) bookshelf

libres•co -ca *adj* bookish

libreta *f* notebook; **libreta de banco** bankbook

libreto *m* (mus) libretto

librillo *m* earthen washtub; (*de papel de fumar, de sellos, etc.*) book

libro *m* book; **ahorcar los libros** to become a dropout; **a libro abierto** at sight; **hacer libro nuevo** to turn over a new leaf; **libro a la rústica** paperbound book; **libro de** **caballerías** romance of chivalry; **libro de cocina** cookbook; **libro de cheques** checkbook; **libro de chistes** joke book; **libro de lance** second-hand book; **libro de mayor venta** best seller; **libro de memoria** memo book; **libro de oro** guest book; **libro de recuerdos** scrapbook; **libro de teléfonos** telephone book; **libro de texto** textbook; **libro diario** day book; **libro en imágenes** picture book; **libro en rústica** paperbound book; **libro mayor** (com) ledger; **libro talonario** checkbook, stub book

libro-registro *m* (com) book

licencia *f* license; leave of absence; (mil) furlough; **licencia absoluta** (mil) discharge; **licencia por enfermedad** sick leave

licencia•do -da *adj* pedantic ‖ *mf* licenciate ‖ *m* lawyer; (mil) discharged soldier; university student (*wearing the long student gown*)

licenciar *tr* to license; allow, permit; confer the degree of licenciate or master on; (mil) to discharge ‖ *ref* to receive the degree of licenciate or master; become dissolute; (mil) to be discharged

licenciatura *f* licenciate, master's degree; graduation with a licenciate or master's degree; work leading to a licenciate or master's degree

licencio•so -sa *adj* licentious

liceo *m* (*sociedad literaria, establecimiento de enseñanza popular*) lyceum; (*instituto de segunda enseñanza*) (Chile) lycée; (Mex) primary school

licitación *f* bidding

licita•dor -dora *mf* bidder

licitar *tr* to bid on; (Arg) to buy at auction, to sell at auction ‖ *intr* to bid

líci•to -ta *adj* fair, just; licit, legal

licor *m* (*bebida espiritosa; cuerpo líquido*) liquor; (*bebida espiritosa preparada por mezcla de azúcar y substancias aromáticas*) liqueur

licorera *f* cellaret

licorista *mf* distiller; liquor dealer

licoro•so -sa *adj* spirituous, alcoholic; (*vino*) rich, generous

licuar §21 & regular *tr* to liquefy

lid *f* fight, combat; dispute, argument; **en buena lid** by fair means

líder *adj* leading ‖ *m* leader

liderar *tr & intr* to lead, be the leader

lidia *f* fight; bullfight

lidiadera *f* (Ecuad) quarreling, bickering

lidia•dor -dora *mf* fighter ‖ *ref* bullfighter

lidiar *tr* (*un toro*) to fight ‖ *intr* to fight; **lidiar con** to fight with; have to put up with

liebre *f* hare; (*hombre cobarde*) coward

liendre *f* nit

lien•to -ta *adj* damp, dank

lienza *f* strip of cloth

lienzo *m* linen (cloth); linen handkerchief; (*de edificio o pared*) face, front; (*pintura sobre lienzo*) canvas

liga f (*cinta elástica para asegurar las medias*) garter; (*aleación*) alloy; (*materia pegajosa para cazar pájaros*) birdlime; (*confederación, alianza*) league; (*muérdago*) mistletoe; band; **liga de goma** rubber band

ligado m (mus & typ) ligature

ligadura f tie, bond; (mus) ligature, glide; (surg) ligature

ligamento m ligament

ligar §44 tr to tie, bind; join, combine; alloy; (*bebidas*) mix; (surg) to ligate ‖ ref to league together; be committed; be bound or attached (*e.g., in friendship*)

ligereza f lightness; speed, rapidity; fickleness, inconstancy; tactlessness

ligero -ra adj light; (*té*) weak; (*tejido*) light, thin; quick; slight; **a la ligera** lightly; quickly; unceremoniously; **de ligero** thoughtlessly, rashly; **ligero de cascos** light-headed, scatter-brained; **ligero de lengua** loose-tongued; **ligero de pies** light-footed; **ligero de ropa** scantily clad ‖ **ligero** adv fast, rapidly

lignito m lignite

ligustro m privet

lija f (*pez*) dogfish; (*papel que sirve para pulir*) sandpaper; **darse lija** (W-I) to boast, brag, pat oneself on the back

lijar tr to sand, sandpaper

lila adj silly, simple ‖ m lilac (*color*) ‖ f lilac (*plant and flower*)

li·lac f (pl **-laques**) lilac

liliputiense adj & mf Lilliputian

lima f (*herramienta*) file; sweet lime; sweet-lime tree; (*del tejado*) hip; hip rafter; correcting, polishing; **lima de uñas** nail file; **lima hoya** valley (*of roof*)

limadura f filing; (*partecillas*) filings

limalla f filings

limar tr to file; file down; polish, touch up; smooth, smooth over; (*cercenar*) curtail

limaza f (*babosa*) slug; (Ven) large file

limazo m slime, sliminess

limbo m (*borde*) edge; (theol) limbo; **estar en el limbo** to be quite distraught

limen m (physiol, psychol & fig) threshold

limenso m (Chile) honeydew melon

lime·ño -ña adj & mf Limean

limero m sweet-lime tree

limita·do -da adj limited; dull-witted

limitador m — **limitador de corriente** clock meter; slot meter

limitar tr to limit; cut down, reduce ‖ intr — **limitar con** to border on

límite m limit; boundary, border

limítrofe adj bordering

limo m slime, mud

limón m lemon; lemon tree; (*de un coche o carro*) shaft

limonada f lemonade

limoncillo m citronella

limonera f shaft

limonero m lemon tree

limosna f alms

limosnear intr to beg

limosne·ro -ra adj almsgiving, charitable ‖ mf almsgiver; beggar ‖ m alms box

limo·so -sa adj slimy, muddy

limpia f cleaning

limpiaba·rros m (pl **-rros**) scraper, foot scraper

limpiabo·tas m (pl **-tas**) shoeshiner, bootblack; (fig) flatterer

limpiacrista·les m (pl **-les**) windshield washer

limpiachimene·as m (pl **-as**) chimney sweep

limpiadien·tes m (pl **-tes**) toothpick

limpia·dor -dora adj cleaning ‖ mf cleaner

limpiadura f cleaning; **limpiaduras** cleanings, dirt

limpiama·nos m (pl **-nos**) (Guat, Hond) towel

limpiamente adv in a clean manner; with ease, skillfully; simply, sincerely; unselfishly

limpiameta·les m (pl **-les**) metal polish

limpianieve m snowplow

limpiaparabri·sas m (pl **-sas**) windshield wiper

limpia·piés m (pl **-piés**) (Mex) door mat

limpiapi·pas m (pl **-pas**) pipe cleaner

limpiaplu·mas m (pl **-mas**) penwiper

limpiar tr to clean; (*purificar*) cleanse; (*de culpas*) exonerate; (*un árbol*) clean out, prune; (*zapatos*) shine; (*hurtar*) snitch; (*a una persona en el juego*) clean out; (*dinero en el juego*) clean up; (mil) to mop up; **limpiarle a uno de** to clean someone out of ‖ ref to clean, clean oneself

limpiaú·ñas m (pl **-ñas**) nail cleaner, orange stick

limpiaví·as m (pl **-as**) track cleaner

limpieza f (*acción de limpiar*) cleaning; (*calidad de limpio*) cleanness; (*hábito del aseo*) cleanliness; neatness, tidiness; honesty; chastity; ease, skill; (*observancia de las reglas en los juegos*) fair play; **limpieza de bolsa** emptiness of the pocketbook; **limpieza de la casa** house cleaning; **limpieza en seco** dry cleaning

lim·pio -pia adj clean; (*que tiene el hábito del aseo*) cleanly; neat, tidy; honest; chaste; clear, free; **dejar limpio** to clean out; **en limpio** (com) net; **estar limpio** to have no (criminal) record; be clean; **limpio de polvo y paja** free, for nothing; net, after deducting expenses; **poner en limpio** to make a clear or fair copy of; **quedar limpio** to be cleaned out; **sacar en limpio** to make a clear or clean copy of; deduce, understand ‖ f see **limpia** ‖ **limpio** adv fair; cleanly; **jugar limpio** to play fair

limpión m (*limpiadura ligera*) lick; (coll) cleaner; (Col) scolding; (Col, Ven) dustcloth; (Ecuad) dishcloth

limusina f limousine

lín. abbr **línea**

lina f (Chile) coarse wool

linaje m lineage; class, description; **linaje humano** mankind

linaju·do -da adj highborn ‖ mf highborn person

linaza f flaxseed, linseed

lince adj keen, shrewd, discerning; (*ojos*) keen ‖ m lynx; (fig) keen person

lincear tr to see into

linchamiento *m* lynching
linchar *tr* to lynch
lindante *adj* bordering, adjoining
lindar *intr* to border, be contiguous; **lindar con** to border on
linde *m & f* limit, boundary
linde•ro -ra *adj* bordering, adjoining ‖ *m* edge; boundary stone, landmark ‖ *f* limit, boundary; (bot) spicebush
lindeza *f* prettiness, niceness; elegance; witticism, funny remark; flirting; **lindezas** insults
lin•do -da *adj* pretty, nice; fine, perfect; **de lo lindo** a lot, a great deal; wonderfully ‖ *m* dude, sissy
lindura *f* prettiness, niceness
línea *f* line; (*contorno de una figura, un vestido*) lines; figure, waistline; **conservar la línea** to keep one's figure; **leer entre líneas** to read between the lines; **línea de agua** water line; **línea de batalla** line of battle; **línea de empalme** (rr) branch line; **línea de flotación** water line; **línea de fuego** firing line; **línea de fuerza** (elec) power line; (phys) line of force; **línea del partido** party line; **línea de mira** line of sight; **línea de montaje** assembly line; **línea de puntos** dotted line; **línea de tiro** (mil) line of fire; **línea férrea** railway; **línea internacional de cambio de fecha** international date line; **línea suplementaria** (mus) added line, ledger line
lineal *adj* linear
lineamentos *mpl* lineaments
linfa *f* lymph; (poet) water
linfáti•co -ca *adj* lymphatic
lingote *m* ingot, slug; (naut) ballast bar
lingual *adj & f* lingual
lingüista *mf* linguist
lingüísti•co -ca *adj* linguistic ‖ *f* linguistics
linimento *m* liniment
lino *m* flax; (*tela*) linen; (poet) sail
linóleo *m* linoleum
linón *m* lawn
linotipia *f* linotype
linotípi•co -ca *adj* linotype
linotipista *mf* linotype operator
linotipo *m* linotype
linterna *f* lantern; **linterna eléctrica** flashlight
lío *m* bundle; (*de papeles*) batch; muddle, mess; liaison, affair; **armar un lío** to raise a row; **hacerse un lío** to get into a jam
liofilización *f* freeze-drying
liofilizar §60 *tr* to freeze-dry
lionesa — **a la lionesa** (culin) lyonnaise
liorna *f* hubbub, uproar ‖ **Liorna** *f* Leghorn
lio•so -sa *adj* trouble-making; knotty, troublesome
liq.ⁿ *abbr* **liquidación**
líq.º *abbr* **líquido**
liquen *m* lichen
liquidación *f* (*de una cuenta*) sale
liquidar *tr* to liquefy; (com) to liquidate ‖ *intr* (com) to liquidate ‖ *ref* to liquefy
liquidez *f* liquidity

líqui•do -da *adj & m* liquid; (com) net ‖ *f* (phonet) liquid
lira *f* (mus) lyre; (*numen de un poeta*) inspiration; poems, poetry
lírica *f* lyric poetry
líri•co -ca *adj* lyric(al); (*músico, operístico*) lyric; fantastic, utopian ‖ *m* lyric poet; (Arg, Ven) visionary ‖ *f* see **lírica**
lirio *m* (bot) iris; **lirio blanco** (*azucena*) Madonna lily; **lirio de agua** (bot) calla, calla lily; **lirio de los valles** (bot) lily of the valley
lirismo *m* lyricism; spellbinding; fancy, illusion
lirón *m* (bot) water plantain; (zool) dormouse; (coll) sleepyhead
lis *m* (bot) lily ‖ *f* (bot) iris; (heral) fleur-de-lis
Lisboa *f* Lisbon
lisia•do -da *adj* hurt, injured; crippled; (*muy deseoso*) eager ‖ *mf* cripple
lisiar *tr* to hurt, injure; cripple ‖ *ref* to become crippled
lisimaquia *f* loosestrife
li•so -sa *adj* even, smooth; (*vestido*) plain, unadorned; (*franco, sincero*) simple, plain-dealing; brash, insolent; **liso y llano** simple, easy
lisonja *f* flattery
lisonjear *tr* to flatter; please ‖ *intr* to flatter
lisonje•ro -ra *adj* flattering; pleasing ‖ *mf* flatterer
lista *f* list; (*tira*) strip; (*en un tejido*) colored stripe; (*recuento en alta voz de las personas que deben estar en un lugar*) roll call; **lista de bajas** casualty list; **lista de comidas** bill of fare; **lista de correos** general delivery; **lista de espera** waiting list; **lista de frecuencia** frequency list; **lista de pagos** pay roll; **pasar lista** to call the roll
listar *tr* to list
listero *m* roll keeper, timekeeper
listín *m* telephone directory; (S-D) newspaper
lis•to -ta *adj* ready; quick, prompt; alert, wide-awake; **estar listo** to be ready; to be finished; **listo de manos** light-fingered; **pasarse de listo** to be shrewd, be clever ‖ *f* see **lista**
listón *m* (*cinta*) ribbon, tape; (*pedazo de tabla angosta*) lath, strip of wood
listonado *m* lath, lathing
lisura *f* evenness, smoothness; plainness; candor; brashness, insolence
lit. *abbr* **literalmente**
lite *f* lawsuit
litera *f* (*vehículo llevado por hombres o por animales*) litter; (*cama fija en los camarotes*) berth; **litera alta** upper berth; **litera baja** lower berth
literal *adj* literal
litera•rio -ria *adj* literary
litera•to -ta *adj* literary ‖ *mf* literary person; **literatos** literati
literatura *f* literature; **literatura de escape** or **de evasión** escape literature
litigación *s* litigation
litigante *adj & mf* litigant

litigar §44 *tr & intr* to litigate
litigio *m* litigation, lawsuit; dispute
litigio•so -sa *adj* litigious
litina *s* (chem) lithia
litio *m* (chem) lithium
litisexpensas *fpl* (law) costs
litografía *f* (*arte de grabar en piedra para la reproducción en estampa*) lithography; (*estampa*) lithograph
litografiar §77 *tr* to lithograph
litógra•fo -fa *mf* lithographer
litoral *adj* coastal, littoral ‖ *m* coast, shore
litro *m* liter
liturgia *f* liturgy
litúrgi•co -ca *adj* liturgic(al)
liviandad *f* lightness; inconstancy, fickleness; lewdness
livia•no -na *adj* light; inconstant, fickle; lewd ‖ *m* leading donkey; **livianos** lights, lungs
lívi•do -da *adj* livid
liza *f* combat, fight; (*campo para lidiar*) lists; **entrar en liza** to enter the lists
lo *art def neut* (used with *masc sg* form of *adj*) the, e.g., **lo bueno** the good; what is, e.g., **lo útil** what is useful; **lo mío** what is mine; (used with *adv* or inflected *adj*) the + noun, e.g., **lo aprisa que habla** the speed with which he speaks; **lo tacaños que son** the stinginess of them; how, e.g., **Vd., no sabe lo felices que son** you do not know how happy they are; **lo más as . . . as**, e.g., **lo más temprano posible** as early as possible ‖ *pron pers masc* him, it; you; (with **estar, ser, parecer**, and the like, it stands for an adjective or noun understood and is either not translated or is translated by ''so''), e.g., **Vd. está preparado pero ella no lo está** you are ready but she is not ‖ *pron dem* that; **de lo que** + *verb* than + *verb*, e.g., **ese libro ha costado más dinero de lo que vale** that book cost more money than it is worth; **lo de** the matter of, the question of, e.g., **lo de sus deudas** the matter of your debts; **lo de que** the fact that, the statement that; **lo de siempre** the same old story; **lo que** what, that which; **todo lo que** all (that), e.g., **me dió todo lo que tenía** he gave me all he had
loa *f* praise; (*del teatro antiguo*) prologue; short dramatic poem
loable *adj* laudable, praiseworthy
loar *tr* to praise
loba *f* she-wolf; ridge
lobagante *m* lobster (*Homarus*)
lobanillo *m* wen, cyst
lobato *m* wolf cub
lo•bo -ba *adj & mf* (Mex) half-breed ‖ *m* wolf; **coger** or **pillar un lobo** (coll) to go on a jag; **desollar** or **dormir un lobo** to sleep off a drunk; **lobo de mar** (ichth) sea wolf; (coll) old salt, sea dog; **lobo solitario** (fig) lone wolf ‖ *f see* **loba**
lóbre•go -ga *adj* dark, dismal; gloomy
lobreguez *f* darkness; gloominess
lobu•no -na *adj* wolf, wolfish
locación *f* lease
local *adj* local ‖ *m* quarters, place

localidad *f* (*lugar, sitio*) location, locality; (*plaza en un tren*) accommodations; (theat) seat
localización *f* localization; location; **localización de averías** trouble shooting
localizar §60 *tr* (*limitar a un punto determinado*) to localize; (*determinar el lugar de*) locate
locería *f* pottery
loción *f* wash; (pharm) lotion; **loción facial** after-shave lotion
lo•co -ca *adj* crazy, insane, mad; terrific, wonderful; **estar loco por** to be crazy about, to be mad about; **loco de amor** madly in love; **loco de atar** raving mad; **loco perenne** insane, demented; full of fun; **loco rematado** stark-mad; **volver loco** to drive crazy ‖ *mf* crazy person, lunatic ‖ *m* (*bufón*) fool
locomotora *f* engine, locomotive; **locomotora de maniobras** shifting engine
locro *m* (SAm) meat and vegetable stew
lo•cuaz *adj* (*pl* -**cuaces**) loquacious
locución *f* expression, locution; idiomatic phrase, idiom
locuela *f* speech, way of speaking
locue•lo -la *adj* wild, frisky ‖ *f see* **locuela**
locura *f* insanity, madness; folly, madness
locu•tor -tora *mf* announcer, commentator
locutorio *m* (*en un convento de monjas*) parlor, locutory; telephone booth
lodazal *m* mudhole
lodo *m* mud, mire; (*substancia que sirve para cerrar junturas, tapar grietas, etc.*) (chem) lute
lodo•so -sa *adj* muddy
logaritmo *m* logarithm
logia *f* (*p.ej., de francmasones*) lodge; (archit) loggia
lógi•co -ca *adj* logical ‖ *mf* logician ‖ *f* logic
logísti•co -ca *adj* logistic(al) ‖ *f* logistics
logopedía *f* speech correction
logrado -da *adj* successful
lograr *tr* to get; obtain; achieve, attain; **lograr** + *inf* to succeed in + *ger* ‖ *ref* to be successful
logrear *intr* to be a moneylender; profiteer
logre•ro -ra *adj* moneylending; profiteering ‖ *mf* moneylender; profiteer; (Chile) sponger
logro *m* attainment, success; gain, profit; usury; **dar** or **prestar a logro** to lend at usurious rates
loma *f* low hill, elevation
Lombardía *f* Lombardy
lombar•do -da *adj & mf* Lombard
lombriguera *f* wormhole in the ground; (bot) tansy
lom•briz *f* (*pl* -**brices**) worm, earthworm; (pathol) worm; (*persona muy alta y delgada*) beanpole; **lombriz de tierra** earthworm; **lombriz solitaria** tapeworm
lomera *f* (*de la guarnición*) backstrap; (*del tejado*) ridgepole; (bb) backing
lominhies•to -ta *adj* high-backed; conceited
lomo *m* (*de animal, libro, cuchillo*) back; (*tierra que levanta el arado*) ridge; (*carne*

li
lo

de lomo del animal) loin; (*pliegue del tejido*) crease; (bb) spine; **lomos** ribs
lona *f* canvas; sailcloth; (Mex) burlap
loncha *f* slab, flagstone; slice, strip
lonchería *f* snack bar
londinense *adj* London ‖ *mf* Londoner
Londres *m* London; **el Gran Londres** Greater London
longáni•mo -ma *adj* long-suffering
longaniza *f* pork sausage
longevidad *f* longevity
longe•vo -va *adj* long-lived
longitud *f* length; (astr & geog) longitude
lonja *f* exchange, commodity exchange; grocery store; wool warehouse; (*de carne*) slice; (*de cuero*) strip; (*a la entrada de un edificio*) elevated parvis; (Arg) rawhide
lonjeta *f* bower, summerhouse
lonjista *mf* grocer
lontananza *f* (*de una pintura*) background; **en lontananza** in the distance, on the horizon
loor *m* praise
loquear *intr* to talk nonsense, play the fool; carry on, have a high time
loquera *f* insanity
loquería *f* (Chile) madhouse, insane asylum
loque•ro -ra *mf* guard in a mental hospital ‖ *m* (Arg) confusion, pandemonium; (Arg) insane asylum
loques•co -ca *adj* crazy; funny, jolly
lorán *m* (naut) loran
lord *m* (*pl* **lores**) lord
lo•ro -ra *adj* dark-brown ‖ *m* parrot; cherry laurel; (Chile) spy; (Chile) glass bedpan; (Chile) third degree
losa *f* slab, flagstone; tomb
losange *m* lozenge; (baseball) diamond
lote *m* lot, share, portion; lottery prize; (Cuba, Mex) remnant; (Arg) dunce, simpleton; (Col) swallow, swig; (*de terreno*) (Cuba, Mex) lot
lotear *tr* (Chile) to divide up, divide into lots
lotería *f* lottery; (*juego casero*) lotto; (*cosa insegura, riesgo*) gamble
lote•ro -ra *mf* vendor of lottery tickets
lotizar §60 *tr* (Peru) to divide into lots
loto *m* lotus
loza *f* (*barro cocido y barnizado*) porcelain; crockery, earthenware; **loza fina** china, chinaware
lozanear *intr* to be luxuriant; be full of life ‖ *ref* (*deleitarse*) to luxuriate
lozanía *f* luxuriance, verdure; exuberance, vigor; pride, haughtiness
loza•no -na *adj* luxuriant, verdant; exuberant, vigorous; proud, haughty
lubricante *adj* & *m* lubricant
lubricar §73 *tr* to lubricate
lúbri•co -ca *adj* (*resbaladizo; lascivo*) lubricous (*slippery; lewd*)
lubrificar §73 to lubricate
lucera *f* skylight
lucerna *f* large chandelier; (*abertura, tronera*) loophole
lucero *m* bright star; (*planeta*) Venus; (*ventanillo en un muro*) light; **lucero del alba** or

de la mañana morning star; **lucero de la tarde** evening star; **luceros** (poet) eyes
luci•do -da *adj* generous, magnificent; brilliant, successful; sumptuous; (Arg) striking, dashing
lúci•do -da *adj* lucid
luciente *adj* bright, shining
luciérnaga *f* glowworm, firefly
lucifer *m* overbearing fellow ‖ **Lucifer** *m* Lucifer
lucífe•ro -ra *adj* (poet) bright, dazzling ‖ *m* morning star; (Col) match
lucimiento *m* brilliance, luster; show, dash; success; **quedar** or **salir con lucimiento** to come off with flying colors
lu•cio -cia *adj* shiny ‖ *m* salt pool; (*pez*) pike, luce
lucir §45 *tr* to light, light up; show, display; (*p.ej., un traje nuevo*) sport; help; plaster ‖ *intr* to shine ‖ *ref* to dress up; come off with great success; (*sobresalir, distinguirse*) shine; flop, e.g., **lucido me quedé** I was a flop
lucrar *tr* to get, obtain ‖ *intr* & *ref* to profit, make money
lucrati•vo -va *adj* lucrative
lucro *m* gain, profit; **lucros y daños** profit and loss
lucro•so -sa *adj* lucrative
luctuo•so -sa *adj* sad, mournful, gloomy
lucha *f* fight; (*disputa*) quarrel; (*actividad forzada*) struggle; (*combate cuerpo a cuerpo*) wrestling; **lucha antipolución** antipollution movement (or campaign); **lucha de la cuerda** (sport) tug of war; **lucha por la vida** struggle for existence
lucha•dor -dora *mf* fighter, wrestler
luchar *intr* (*combatir*) to fight; (*disputar*) quarrel; (*esforzarse*) struggle; (*pelear cuerpo a cuerpo*) wrestle
ludibrio *m* derision, mockery, scorn
ludir *tr, intr* & *ref* to rub, rub together
luego *adv* next, then; therefore; soon; once in a while; **desde luego** right away; of course; **hasta luego** good-bye, so long; **luego como** as soon as; **luego de** after, right after; **luego que** as soon as
luen•go -ga *adj* long
lúes *f* pestilence; **lúes canina** distemper; **lúes venérea** syphilis
lugano *m* (orn) siskin
lugar *m* place; site, spot; job, position; (*espacio*) room, space; (*asiento*) seat; village, hamlet; (geom) locus; **dar lugar** to make room; **dar lugar a** to give cause for; give rise to; **en lugar de** instead of, in place of; **hacer lugar** to make room; **lugar común** (*expresión trivial*) commonplace; (*retrete*) toilet, water closet; **lugar de cita** tryst; **lugares estrechos** close quarters; **lugar geométrico** locus; **lugar religioso** place of burial
lugarejo *m* hamlet
lugare•ño -ña *adj* village ‖ *mf* villager
lugarteniente *m* lieutenant
luge *m* sled
lúgubre *adj* dismal, gloomy, lugubrious

luir §20 *tr* (naut) to gall, wear; (Chile) to muss, rumple; (*vasijas de barro*) (Chile) to polish ‖ *ref* (Chile) to rub, wear away

luisa *f* (bot) lemon verbena

lujo *m* luxury; **de lujo** de luxe; **gastar mucho lujo** to live in high style; **lujo de** abundance of, excess of

lujo•so -sa *adj* luxurious

lujuria *f* lust, lechery

lujuriante *adj* (*lozano*) luxuriant, lush; (*libidinoso*) lustful

lujuriar *intr* to lust, be lustful; (*los animales*) copulate

lujurio•so -sa *adj* lustful, lecherous ‖ *mf* lecher

lu•lo -la *adj* (Chile) lank, slender ‖ *m* (Chile) bundle

lu•lú *m* (*pl* -**lúes**) spitz dog

lumbago *m* lumbago

lumbre *f* light; fire; (*para encender el cigarrillo*) light; (*hueco en un muro por donde entra la luz*) light; brightness, brilliance; knowledge, learning; **echar lumbre** to blow one's top; **lumbre del agua** surface of the water; **lumbres** tinderbox; **ni por lumbre** not for love or money; **ser la lumbre de los ojos de** to be the light of the eyes of

lumbrera *f* light, source of light; light, lamp; (*abertura por donde entran el aire y la luz*) louver; skylight; dormer window; air duct, ventilating shaft; (*persona insigne*) light, luminary; (mach) port; **lumbreras** eyes

luminar *m* luminary

luminiscente *adj* luminescent

lumino•so -sa *adj* luminous; (*idea*) bright

luminotecnia *f* lighting engineering

lun. *abbr* **lunes**

luna *f* moon; moonlight; (*tabla de cristal*) plate glass; (*espejo*) mirror; (*de los anteojos*) lens, glass; whim; **estar de buena luna** to be in a good mood; **estar de mala luna** to be in a bad mood; **luna de miel** honeymoon; **luna llena** full moon; **luna menguante** waning moon; **luna nueva** new moon; **media luna** half moon; (*figura de cuarto de luna creciente o menguante*) crescent; **quedarse a la luna de Valencia** to be disappointed

lunar *adj* lunar ‖ *m* (*mancha de la piel*) mole; (*punto en un diseño de puntos*) polka dot; (fig) stain, blot, stigma; **lunar postizo** beauty spot

lunáti•co -ca *adj & mf* lunatic

lu•nes *m* (*pl* -**nes**) Monday; **hacer San Lunes** to knock off on Monday

luneta *f* (*de los anteojos*) lens, glass; orchestra seat; (aut) rear window

lunfardo *m* (Arg) thief; underworld slang

lupa *m* magnifying glass

lupanar *m* brothel, bawdyhouse

lupia *mf* (Hond) quack, healer ‖ *f* wen, cyst; **lupias** (Col) small amount of money, small change

lúpulo *m* (*vid*) hop; (*flores desecadas de la vid*) hops

luquete *m* slice of orange or lemon used to flavor wine; (Chile) bald spot; (*en la ropa*) (Chile) spot, hole

lu•rio -ria *adj* (Mex) mad, crazy

lusitanismo *m* Lusitanism

lusita•no -na *adj & mf* Lusitanian, Portuguese

lustrabo•tas *m* (*pl* -**tas**) shoeshiner

lustrar *tr* to shine, polish ‖ *intr* to wander, roam

lustre *m* shine, polish; luster, gloss; (*fama, gloria*) (fig) luster

lustrina *f* (Chile) shoe polish

lustro *m* five years; chandelier

lustro•so -sa *adj* shining, bright, lustrous

lutera•no -na *adj & mf* Lutheran

luto *m* (*señal exterior de duelo*) mourning; (*duelo, aflicción*) sorrow, bereavement; **estar de luto** to be in mourning; **lutos** crape; **luto riguroso** deep mourning

lutocar *m* (Chile) trash cart

luz *f* (*pl* **luces**) light; window, light; electricity; (*dinero*) money; cash; **a primera luz** at dawn; **a toda luz** or **a todas luces** everywhere; by all means; **dar a luz** to have a child; to give birth to; to bring out; to publish; **entre dos luces** at twilight; half-seas over; **luces de carretera** (aut) bright lights; **luces de cruce** (aut) dimmers; **luz de balizaje** (aer) marker light; **luz de magnesio** magnesium light; flash bulb, flashlight; **luz de matrícula** license-plate light; **luz de parada** stop light; **luz trasera** taillight; **sacar a luz** to bring to light; **salir a luz** to come to light; come out, be published; take place; **ver la luz** to see the light, see the light of day

Luzbel *m* Lucifer

Ll

Ll, ll (elle) *f* fourteenth letter of the Spanish alphabet

llaga *f* sore, ulcer; sorrow, grief; (*entre dos ladrillos*) (mas) seam, joint; (fig) ulcer

llagar §44 *tr* to make sore; hurt

llama *f* flame, blaze; marsh, swamp; (zool) llama; (fig) fire, passion; **saltar de las llamas y caer en las brasas** to jump out of the frying pan into the fire

llamada *f* call; (*movimiento con que se llama la atención de uno*) sign, signal; knock, ring; reference, reference mark; (mil) call, call to arms; (Mex) cowardice; **batir** or **tocar a llamada** (mil) to sound the call to arms; **llamada a filas** (mil) call to the colors; **llamada a quintas** draft call; **llamada por cobrar** collect call

llamadera *f* goad

llama•do -da *adj* so-called ‖ *f* see **llamada**

llama•dor -dora *mf* caller ‖ *m* messenger; door knocker; push button

llamamiento *m* call; calling, vocation

llamar *tr* to call; (*dar nombre a*) name, call; summon; invoke, call upon; (*la atención*) attract ‖ *intr* to call; (*golpear en la puerta*) knock; (*hacer sonar la campanilla*) ring; (*el viento*) (naut) to veer ‖ *ref* to be called, be named; **se llama Juan** his name is John

llamarada *f* blaze, flare-up; (*encendimiento repentino del rostro*) flush; (fig) flare-up, outburst

llamarón *m* flare-up

llamati•vo -va *adj* showy, loud, flashy, gaudy; (*manjar*) thirst-raising

llamazar *m* swamp, marsh

llame *m* (Chile) bird net, bird trap

llamear *intr* to blaze, flame, flash

lla•món -mona *adj* (Mex) cowardly

llampo *m* (Chile) ore

llana *f* trowel, float; plain; **dar de llana** to smooth with the trowel

llanada *f* plain

llanero *m* ranger, plainsman

llaneza *f* plainness, simplicity; familiarity; sincerity

lla•no -na *adj* even, level, smooth; (*parecido a un plano geométrico*) plane; (*sencillo*) plain, simple; clear, evident; (*palabras*) frank; accented on the next to last syllable ‖ *m* plain; (*de la escalera*) landing ‖ *f* see **llana**

llanque *m* (Peru) rawhide sandal

llanta *f* (*cerco exterior de la rueda*) tire (*of iron or rubber*); (*borde exterior de la rueda*) rim; (*pieza de hierro más ancha que gruesa*) iron flat; **llanta de goma** rubber tire; **llanta de invierno** snow tire; **llanta de oruga** (*de un tractor de oruga*) track

llanto *m* weeping, crying; **en llanto** in tears

llanura *f* evenness, level, smoothness; (*terreno extenso y llano*) plain

llapan•go -ga *adj* (Ecuad) barefooted

llares *m* pothanger

llave *adj* key ‖ *f* (*pieza para abrir y cerrar las cerraduras*) key; (*herramienta*) wrench; (*grifo*) faucet, spigot, cock; (*de arma de fuego*) cock; (elec) switch; (*de un instrumento de viento*) (mus) key; (*de un enigma, secreto, traducción, cifra; lugar estratégico más propicio*) key; **bajo llave** under lock and key; **echar la llave a** to lock; **llave de caja** socket wrench; **llave de caño** pipe wrench; **llave de cubo** socket wrench; **llave de chispa** flintlock; **llave de estufa** damper; **llave de mandíbulas dentadas** alligator wrench; **llave de paso** stopcock; passkey; **llave de purga** drain cock; **llave espacial** space key; **llave inglesa** monkey wrench; **llave maestra** master key, skeleton key; **llave para tubos** pipe wrench

llave•ro -ra *mf* keeper of the keys; (*carcelero*) turnkey ‖ *m* key ring

llavín *m* latchkey

llegada *f* arrival

llegar §44 *tr* to bring up, bring close ‖ *intr* to arrive; happen; **llegar a** to arrive at; reach; amount to; be equal to; **llegar a + *inf*** to come to + *inf;* succeed in + *ger;* **llegar a ser** to become ‖ *ref* to come close

llena *f* flood

llenado *m* filling

llena•dor -dora *adj* (*alimento*) (Chile) filling

llenar *tr* to fill; (*un formulario*) fill out; (*ciertas condiciones*) fulfill; satisfy; (*colmar*) overwhelm ‖ *intr* (*la luna*) to be full ‖ *ref* to fill, fill up; stuff oneself; **llenarse a rebosar** to be filled to overflowing

llene *m* filling; full tank

lle•no -na *adj* full; **lleno a rebosar** full to overflowing; **lleno de goteras** full of aches and pains ‖ *m* fill, plenty; fulness, full enjoyment; completeness; full moon; (*en el teatro*) full house ‖ *f* see **llena**

lleva or **llevada** *f* carrying, conveying; ride; **lleva gratuita** free ride

llevade•ro -ra *adj* bearable, tolerable

llevar *tr* (*transportar*) to carry; (*traer consigo*) take; (*conducir*) lead; carry away, take away; (*cuentas, libros; la anotación en los naipes*) keep; (*la correspondencia con una persona*) carry on; (*un drama a la pantalla*) put on; (*buena o mala vida*) lead; (*aguantar*) bear, stand for; (*castigo*) suffer; get, obtain; win; (*cierto precio*) charge; (*traje, vestido*) wear; (*armas*) bear; (*cierto tiempo*) have been, e.g., **llevo ocho días en cama** I have been in bed for a week; (*ropa*) **a todo llevar** for all kinds of wear; **llevar** (*cierto tiempo*) **a** (*uno*) to be older than (*someone*) by (*a certain age*); (*cierta distancia*) **a** (*uno*) to be ahead of (*someone*) by (*a certain distance*); (*cierto peso*) **a** (*uno*) to be heavier than (*someone*) by (*a certain weight*); **llevar a las antenas** to put on the air; **llevarla hecha** to have it all figured out; **llevar puesto** to wear, to have on; **llevar + *pp*** to have + *pp*, e.g., **lleva conseguidas muchas victorias** he has won many victories ‖ *ref* to carry away; take, take away; carry off; win; get along; **llevarse algo a alguien** to take something away from someone

lloradue•los *mf* (*pl* **-los**) crybaby, sniveler

lloralásti•mas *mf* (*pl* **-mas**) poverty-crying skinflint

llorar *tr* to weep over; mourn, lament ‖ *intr* to weep, cry; (*los ojos*) water, run

llorera *f* crying; sobbing

lloriquear *intr* to whine, to whimper

lloriqueo *m* whining, whimpering

lloro *m* weeping, crying; tears

llo•rón -rona *adj* weeping, crying ‖ *mf* weeper, crybaby ‖ *m* weeping willow; pendulous plume ‖ *f* hired mourner

lloro•so -sa *adj* weepy; sad, tearful

llovedi•zo -za *adj* (*agua*) rain; (*techo*) leaky

llover §47 *tr* (*enviar como lluvia*) to rain ‖

intr to rain; **como llovido** unexpectedly; **llueva o no** rain or shine; **llueve** it is raining ‖ *ref* (*el techo*) to leak
llovido *m* stowaway
llovizna *f* drizzle
lloviznar *intr* to drizzle

llovizno•so -sa *adj* moist, damp (*from drizzle*); drizzly
lluvia *f* rain; rain water; (*copia, muchedumbre*) (fig) shower, downpour; **lluvia ácida** acid rain; **lluvia radiactiva** fallout, radioactive fallout
lluvio•so -sa *adj* rainy

M

M, m (eme) *f* fifteenth letter of the Spanish alphabet
m. *abbr* **mañana, masculino, meridiano, metro, minuto, muerto**
maca *f* flaw, blemish; bruise (*on fruit*); spot, stain; hammock
maca•co -ca *adj* ugly, misshapen ‖ *m* — **macaco de la India** rhesus
macadamizar §60 *tr* to macadamize
macadán *m* macadam
macana *f* cudgel, club; drug on the market; nonsense; (Arg) botch; (Arg) lie, trick
macanear *intr* to fib, lay it on; (Col, Ven) to manage (well)
macanu•do -da *adj* terrific, swell, grand; (Col, Ecuad) strong, husky
macarrón *m* macaroon; **macarrones** macaroni
macear *tr* to mace, hammer ‖ *intr* to pester, bore
macelo *m* slaughterhouse
macero *m* macebearer
maceta *f* stone hammer; flowerpot; flower vase; (*de herramienta*) handle; (*de cantero*) hammer; (Mex) head
macfarlán *m* inverness cape
macilen•to -ta *adj* pale, wan, gaunt
macillo *m* hammer (*of piano*)
macis *m* mace (*spice*)
macizar §60 *tr* to fill in, fill up
maci•zo -za *adj* solid; massive ‖ *m* solid; flower bed; bulk; mass; massif; wall space
macu•co -ca *adj* (Chile) sly, cunning; (Arg, Chile, Ven) important, notable; (Ecuad) old, worthless; (Arg, Chile, Peru) strong, husky ‖ *m* (Arg, Bol, Col) overgrown boy
mácula *f* spot; stain; blemish; trick, deception
macha *f* (Bol) drunkenness; (Arg) joke; (Bol) mannish woman
machaca *mf* pest, bore ‖ *f* crusher
machacar §73 *tr* to crush, mash, pound ‖ *intr* to pester, bore
macha•cón -cona *adj* boring, tiresome, importunate ‖ *mf* bore
machada *f* flock of billy goats; stupidity
machado *m* hatchet
machamartillo — **a machamartillo** solidly, firmly, lastingly
machaque•ro -ra *adj* tiresome, boring ‖ *mf* bore

machar *tr* to crush, grind, pound ‖ *ref* (Bol, Ecuad) to get drunk
machete *m* machete, cane knife
machi *mf* (Chile) quack, healer
machihembrar *tr* (*ensamblar a ranura y lengüeta*) to feather; (*ensamblar a caja y espiga*) mortise
machina *f* derrick, crane; pile driver; (P-R) merry-go-round
machismo *m* machismo; male chauvinism
machista *m* male chauvinist
macho *adj invar* (*animal, planta, herramienta*) male; strong, robust; dull, stupid ‖ *m* sledge hammer; abutment, pillar; male; he-mule; dullard; (*del corchete*) hook; (mach) male piece; (coll) he-man; (C-R) blond foreigner; **macho cabrío** he-goat, billy goat; **macho de aterrajar** or **macho de terraja** (mach) tap, screw tap
machona *f* (Arg, Bol, Ecuad, Guat) mannish woman
macho•rro -rra *adj* barren, sterile ‖ *f* barren woman; (Mex) mannish woman
machucar §73 *tr* to beat, pound, bruise
machu•cho -cha *adj* sedate, judicious; elderly
madamita *m* (coll) sissy
madeja *f* hank, skein; tangle of hair; (*hombre flojo*) jellyfish; **madeja sin cuenda** hopeless tangle
madera *m* Madeira wine ‖ *f* wood; piece of wood; knack, flair; makings; **madera aserradiza** lumber; **madera contrachapada** plywood; **madera de sierra** lumber; **madera laminada** plywood; **tener madera de** to have what it takes to
maderada *f* raft, float
maderaje *m* or **maderamen** *m* woodwork
maderería *f* lumberyard
madere•ro -ra *adj* lumber ‖ *m* lumberman; carpenter; log driver
madero *m* log, beam; ship, vessel; blockhead
madrastra *f* stepmother; bother
madraza *f* doting mother
madre *adj* mother ‖ *f* mother; matron; womb; main sewer; river bed; dregs; sediment; **madre adoptiva** foster mother; **madre de leche** wet nurse; **madre patria** mother country, old country; **madre política** mother-in-law; stepmother; **sacar de madre** to annoy, to upset

‖
ma

madreperla *f* (*molusco*) pearl oyster; (*nácar*) mother-of-pearl

madreselva *f* honeysuckle

madriga•do -**da** *adj* twice-married; (*toro*) that has sired; worldly-wise

madriguera *f* burrow, lair, den

madrile•ño -**ña** *adj* Madrid ‖ *mf* native or inhabitant of Madrid

madrina *f* godmother; patroness, protectress; prop, shore, brace; joke; leading mare; **madrina de boda** bridesmaid; **madrina de guerra** war mother

madrugada *f* early morning, dawn; early rising

madruga•dor -**dora** *adj* early-rising ‖ *mf* early riser

madrugar §44 *intr* to get up early; be out in front

madurar *tr* to ripen; mature; think out ‖ *intr* to ripen; mature

madurez *f* ripeness; maturity

madu•ro -**ra** ripe; mature

maestra *f* teacher; elementary girls' school; **maestra de escuela** schoolmistress

maestranza *f* arsenal, armory; navy yard; order of equestrian knights

maestría *f* mastery; mastership

maes•tro -**tra** *adj* master; masterly; chief, main; (*perro*) trained ‖ *m* master; teacher; (*en la música y la pintura*) maestro; **maestro de capilla** choirmaster; **maestro de ceremonias** master of ceremonies; **maestro de equitación** riding master; **maestro de escuela** elementary schoolteacher; **maestro de esgrima** fencing master; **maestro de obras** master builder ‖ *f* see **maestra**

Magallanes *m* Magellan

magancear *intr* (Col, Chile) to loaf around

magan•to -**ta** *adj* dull, spiritless

magia *f* magic

magiar *adj* & *mf* Magyar; Hungarian

mági•co -**ca** *adj* magic ‖ *mf* magician, wizard ‖ *f* magic

magín *m* fancy, imagination

magisterio *m* teaching; teachers

magistrado *m* magistrate

magistral *adj* masterly

magnáni•mo -**ma** *adj* magnanimous

magnesio *m* magnesium; (phot) flashlight

magnéti•co -**ca** *adj* magnetic

magnetismo *m* magnetism

magnetizar §60 *tr* magnetize

magneto *m* & *f* magneto

magnetofón *m* or **magnetófono** *m* tape recorder

magnetoscopia *f* video recorder

magnificar §73 *tr* to magnify; exalt

magnífi•co -**ca** *adj* magnificent

magnitud *f* magnitude

mag•no -**na** *adj* great, e.g., **Alejandro Magno** Alexander the Great

mago *m* magician; soothsayer; (fig) wizard, expert; **Magos de Oriente** Wise Men of the East

ma•gro -**gra** *adj* lean, thin ‖ *m* loin of pork ‖ *f* slice of ham

maguar §10 *ref* (Ven, W-I) to be disappointed

magüeta *f* heifer

magüeto *m* young bull

maguey *m* century plant

magullar *tr* to bruise ‖ *ref* to get bruised

magullón *m* bruise; contusion

mahometa•no -**na** *adj* & *mf* Mohammedan

mahometismo *m* Mohammedanism

mahones *mpl* (P-R, S-D) blue jeans

mahonesa *f* mayonnaise

maído *m* meow

maitines *mpl* matins

maíz *m* maize, Indian corn; **comer maíz** to accept bribes; **maíz en la mazorca** corn on the cob

maizal *m* cornfield

maja *f* flashy dame

majada *f* sheepfold; dung, manure

majaderear *tr* to bother, annoy

majadería *f* nonsensical remark; bother, nuisance

majade•ro -**ra** *adj* pestiferous, stupid ‖ *mf* bore, dunce ‖ *m* pestle

majar *tr* to crush, mash, grind, pound; annoy, bother

majestad *f* majesty

majestuo•so -**sa** *adj* majestic

ma•jo -**ja** *adj* sporty; handsome, dashing; pretty, nice; all dressed up ‖ *mf* sport ‖ *m* bully ‖ *f* see **maja**

mal *adj* apocopated form of **malo**, used only before nouns in masculine singular ‖ *adv* badly, poorly; wrong; hardly, scarcely; **mal de** short of; **mal que le pese** in spite of him ‖ *m* evil; damage, harm; wrong; sickness; misfortune; **mal de altura** mountain sickness; **mal de la tierra** homesickness; **mal de mar** seasickness; **mal de piedra** (pathol) stone; **mal de rayos** radiation sickness; **mal de vuelo** airsickness; **por mal de mis pecados** to my sorrow; **tener a mal** to object to; **¡mal haya . . . !** curses on . . . !

mala *f* mail; mailbag; mailboat

malabarista *mf* juggler; sneak thief

malacate *m* whim; (*hoisting machine*) (Mex, Hond) spindle

malaconseja•do -**da** *adj* ill-advised

malacrianza *f* var of **malcriadez**

malagradeci•do -**da** *adj* ungrateful

malandante *adj* unlucky, unfortunate

malandanza *f* bad luck, misfortune

malan•drín -**drina** *adj* evil, wicked ‖ *mf* scoundrel, rascal

malaria *f* malaria

malaventura *f* misfortune

mala•yo -**ya** *adj* & *mf* Malay

mala•zo -**za** *adj* perverse; evil; wicked

malbaratar *tr* to undersell; squander

malcasa•do -**da** *adj* mismated; undutiful

malcasar *tr* to mismate ‖ *intr* & *ref* to be mismated

malcaso *m* treachery

malconten•to -**ta** *adj* & *mf* malcontent

malcriadez *f* rudeness; bad manners

malcria•do -**da** *adj* ill-bred

malcriar §77 *tr* to spoil, pamper

maldad f evil, wickedness

maldecir §11 tr to curse || intr to curse, damn; **maldecir de** to slander, vilify

maldición f malediction, curse; oath, curse

maldispues•to -ta adj ill, indisposed; unwilling, ill-disposed

maldi•to -ta adj damned, accursed; wicked; (Mex) coarse, crude, indecent; **no saber maldita la cosa de** to not know a single thing about || **el Maldito** the Evil One || f (coll) tongue; **soltar la maldita** to talk too much

maleante adj wicked, evil || mf crook, hoodlum, rowdy

malear tr to spoil; corrupt || ref to spoil, get spoiled; be corrupted

malecón m levee, dike, mole, jetty

maledicencia f calumny, slander

maleficiar tr to damage, harm; to curse, bewitch, cast a spell on

maleficio m curse, spell; witchcraft

maléfi•co -ca adj evil; harmful

malentender §51 tr to misunderstand

malentendido m misunderstanding, misapprehension

malestar m malaise, indisposition

maleta m bungler; ham bullfighter || f valise; **hacer la maleta** to pack up

maletín m satchel

malevolencia f malice, malevolence

malévo•lo -la adj malevolent

maleza f thicket, underbrush; weeds

malfuncionamiento m malfunction

malgasta•do -da adj ill-spent

malgastar tr to waste, squander

malgenio•so -sa adj ill-tempered, irritable

malhabla•do -da adj foul-mouthed

malhada•do -da adj ill-starred

malhe•cho -cha adj deformed || m misdeed

malhe•chor -chora mf malefactor || f malefactress

malherir §68 tr to injure badly

malhumora•do -da adj ill-humored

malicia f (maldad) evil; (bellaquería, malevolencia) malice; insidiousness, trickiness; suspicion

malicio•so -sa adj evil; malicious; insidious, tricky

malignar tr to corrupt, vitiate; spoil

malignidad f malignity

malig•no -na adj (malévolo; pernicioso) malign; (malicioso; perjudicial) malignant; (pathol) malignant

malintenciona•do -da adj ill-disposed, evil-minded

malmaridada f faithless wife

malmeter tr to lead astray, misguide; alienate, estrange

ma•lo -la adj bad, poor, evil; (travieso) naughty, mischievous; (enfermo) sick, ill; (que no es como debiera ser) wrong; (inflamado, dolorido) sore; **a la mala** (Cuba, P-R) by force; (Mex) insincere; (Mex) mean; **estar de malas** to be out of luck; **lo malo es que** the trouble is that; **malo con** or **para con** mean to; **por malas o por buenas** willingly or unwillingly; **ser malo**

de engañar to be hard to trick || **el Malo** the Evil One || f see **mala**

malogra•do -da adj late, ill-fated

malograr tr to miss || ref to fail; come to an untimely end

malogro m failure, disappointment

maloliente adj malodorous, foul-smelling

malón m mean trick; (SAm) Indian incursion; (Chile) surprise party

malpara•do -da adj hurt; **salir malparado (de)** to fail (in), come out worsted (in)

malparar tr to mistreat

malparir intr to miscarry, have a miscarriage

malparto m miscarriage

malquerencia f dislike

malquerer §55 tr to dislike

malquistar tr to alienate, estrange || ref to become alienated

malquis•to -ta adj disliked, unpopular

malrotar tr to squander

malsa•no -na adj unhealthy

malsín m mischief-maker

malsonante adj obnoxious, odious

malsufri•do -da adj impatient

malta m malt || f asphalt, tar; dark beer; (Chile) premium beer

maltraer §75 tr to abuse, ill-treat; call down, scold

maltratar tr to abuse, ill-treat, maltreat; damage, spoil

maltre•cho -cha adj battered, damaged

malu•co -ca or **malu•cho -cha** adj sickish, upset

malva f mallow; **malva arbórea** hollyhock, rose mallow; **ser como una malva** to be meek and mild

malva•do -da adj evil, wicked || mf evildoer

malvarrosa f hollyhock, rose mallow

malvavisco m marsh mallow

malvender tr to sell at a loss

malversación f graft, embezzlement, misappropriation

malversar tr & intr to graft, embezzle

malvezar §60 tr to give bad habits to || ref to acquire bad habits

malla f mesh, meshing; (de la armadura) mail; (traje) tights; bathing suit

mallete m mallet

Mallorca f Majorca

mallor•quín -quina adj & mf Majorcan

mama f mamma

ma•má f (pl -más) mamma

mamada f suck; sucking; cinch; advantageous deal; easy profit

mama•lón -lona adj (Ven, W-I) loafing || mf (Cuba) sponger

mamama f (Hond) granny

mamamama f (Peru) granny

mamar tr to suck; learn as a child; swallow; wangle; **mamóla** he was taken in || intr to suck || ref to swallow; (obtener sin mérito) wangle; (SAm) to get drunk; **mamarse a uno** to get the best of someone; take someone in; (Col, Chile, Peru) to do away with someone

mamarracho m mess, sight; (hombre ridículo) milksop

mamelón *m* knoll, mound

mamífe•ro -ra *adj* mammalian ‖ *m* mammal, mammalian

mamola *f* chuck (*under the chin*); hacer la mamola a to chuck under the chin; take in, make a fool of

ma•món -mona *adj* sucking; fond of sucking ‖ *mf* suckling ‖ *m* shoot, sucker; (Guat, Hond) club; (Mex) soft cake ‖ *f* chuck (*under chin*)

mamonear *tr* (Guat, Hond) to beat, cudgel; (S-D) to put off, delay; (*el tiempo*) (S-D) to waste

mamotreto *m* memo book; batch of papers; hulk, bulk

mampara *f* screen; folding screen; (Peru) glass door

mamparo *m* bulkhead

mampostería *f* rubble, rubblework; masonry, stone masonry

ma•mut *m* (*pl* -muts) mammoth

manada *f* (*de ganado vacuno*) herd, drove; (*de ganado lanar*) flock; (*de lobos*) pack; (*de gente*) gang, troop; (*de hierba, trigo, etc.*) handful

manade•ro -ra *adj* flowing ‖ *m* spring, source; shepherd

manantial *adj* flowing, running ‖ *m* spring, source; (fig) source

manar *tr* to run with ‖ *intr* to pour forth, run; abound

manaza *f* big hand

mancar §73 *tr* to maim, cripple ‖ *intr* (*el viento*) (naut) to abate, subside

manca•rrón -rrona *adj* (*caballería*) skinny, worn-out; (Chile) tired out, exhausted ‖ *m* old nag; (Chile, Peru) dam, dike

manceba *f* mistress, concubine

mancebía *f* bawdyhouse, brothel; wild oats; youth

mance•bo -ba *adj* youthful ‖ *m* youngster; youth, young man; (*en una farmacia, barbería, etc.*) helper ‖ *f* see manceba

mancerina *f* saucer with hook to hold chocolate cup

mancilla *f* spot, blemish

mancillar *tr* to spot, blemish

man•co -ca *adj* armless, one-armed; one-handed; defective, faulty ‖ *mf* cripple ‖ *m* (Chile) old nag

mancomún — de mancomún jointly, in common

mancomunar *tr* to unite, combine; (*fuerzas, caudales, etc.*) pool ‖ *ref* to unite, combine

mancomunidad *f* association, union; (*asociación de provincias*) commonwealth

mancornar §61 *tr* (*un novillo*) to throw and hold on the ground; (*una res vacuna*) tie a horn and front leg of; (*dos reses*) tie together by the horns; (coll) to join, bring together

mancornas or mancuernas *fpl* (Mex) cuff links

mancuernillas *fpl* (Guat, Hond) cuff links

mancha *f* spot, stain; (*de vegetación*) patch; speckle; (fig) stain, blot; mancha solar sunspot

manchar *tr* to spot, stain; speckle; (fig) to stain, disgrace ‖ *intr* to spot; ¡mancha! wet paint!

manda *f* gift, offer; bequest, legacy

mandade•ro -ra *mf* messenger ‖ *m* errand boy

mandado *m* order, command; errand; hacer un mandado to run an errand

manda•más *m* (*pl* -mases) (slang) big shot; (*jefe político*) (slang) boss

mandamiento *m* order, command; (Bib) commandment; (law) writ; los cinco mandamientos the five fingers of the hand

mandar *tr* to order, command; (*legar*) bequeath; (*enviar*) send; mandar a distancia to operate by remote control; mandar + *inf* to have + *inf*, e.g., la mandé leer en voz alta I had her read aloud ‖ *intr* to be in command, be the boss; mandar llamar to send for; mandar por to send for; mande Vd. I beg your pardon ‖ *ref* (*un enfermo*) to manage to get around; (*dos piezas*) be communicating; mandarse con (*otra pieza*) to communicate with; be rude to

mandarina *f* tangerine

mandatario *m* agent, proxy; chief executive

mandato *m* mandate; term (*of office*)

mandíbula *f* jaw, jawbone; reír a mandíbula batiente to roar with laughter

mandil *m* apron

mando *m* command; control, drive; alto mando (mil) high command; mando a distancia remote control; mando a punta de dedo finger-tip control; mando de las válvulas timing gears; mando por botón push-button control; tener el mando y el palo to be the boss, rule the roost

mandolina *f* mandolin

man•dón -dona *adj* bossy ‖ *mf* domineering person ‖ *m* (*en las minas*) boss, foreman; (*en las carreras de caballos*) (Chile) starter

mandrágora *f* mandrake

mandril *m* (mach) chuck

mandrilar *tr* to bore

manea *f* hobble

manear *tr* to hobble

manecilla *f* (*de reloj*) hand; clasp, book clasp; (bot) tendril; (typ) fist, index

manejable *adj* manageable

manejar *tr* to manage; handle, wield; (*un automóvil*) drive ‖ *ref* to behave; get around, move about

manejo *m* management; handling; intrigue, scheming; horsemanship; driving; manejo a distancia remote control; manejo doméstico housekeeping

manera *f* manner, way; a la manera de in the manner of; like; de manera que so that; en gran manera to a great extent; extremely; sobre manera exceedingly

manga *f* (*parte del vestido*) sleeve; (*tubo de caucho*) hose; waterspout; (bridge) game; en mangas de camisa in shirt-sleeves; ir de manga to be in cahoots; manga de

agua waterspout; cloudburst; **manga de camisa** shirt-sleeve; **manga de riego** watering hose; **manga de viento** whirlwind; **manga marina** waterspout; **mangas** extras, profits

mangana f lasso

manganear tr to lasso; (Peru) to annoy, bother

manganeso m manganese

mango m handle; **mango de escoba** broomstick; (aer) stick, control stick

mangonear tr to plunder ‖ intr to loaf around; meddle; dabble

mangosta f mongoose

mangote m sleeve protector

manguera f hose; (tubo de ventilación) funnel

mangueta f fountain syringe; door jamb

manguitero m furrier

manguito m muff; sleeve guard; coffee cake; (mach) sleeve

ma•ní m (pl -níes or -nises) peanut

manía f mania; craze, whim; grudge; **tener manía a** to dislike

maniabier•to -ta adj open-handed

manía•co -ca adj maniac(al) ‖ mf maniac

maníaco-depresi•vo -va adj manic-depressive

maniatar tr to tie the hands of

maniáti•co -ca adj stubborn; queer, eccentric; (entusiasta) crazy ‖ mf crank, eccentric

manicero m peanut vendor

manicomio m madhouse, insane asylum

manicor•to -ta adj closefisted, tight

manicu•ro -ra mf manicure, manicurist ‖ f manicure, manicuring

mani•do -da adj shabby, worn; hackneyed; (culin) high ‖ f haunt, hangout

manifestación f manifestation; (reunión pública para dar a conocer un sentimiento u opinión) demonstration

manifestante mf demonstrator

manifestar §2 tr to manifest; (el Santísimo Sacramento) expose ‖ intr to demonstrate ‖ ref to become manifest

manifies•to -ta adj manifest ‖ m manifesto; (eccl) exposition of the Host; (naut) manifest

manigua f (Mex, W-I) thicket, jungle; **irse a la manigua** (W-I) to revolt

manija f handle; clamp; crank

manilar•go -ga adj ready-fisted; generous

manilla f bracelet; handcuff, manacle

manillar m handle bar

maniobra f handling; lever; maneuver; (naut) gear, tackle

maniobrar intr to work with the hands; maneuver; (rr) to shift

maniota f hobble

manipula•dor -dora mf manipulator ‖ m (telg) key

manipular tr to manipulate

mani•quí m (pl -quíes) manikin, mannequin; (para exponer prendas de ropa) dress form; (de pintores y escultores) lay figure; (fig) puppet; **ir hecho un maniquí** to be a

fashion plate ‖ f (mujer joven que luce los trajes de última moda) mannequin, model

manirro•to -ta adj lavish, prodigal

manivací•o -a adj empty-handed

manivela f crank; **manivela de arranque** starting crank

manjar m dish, food, tidbit, delicacy; lift, recreation

mano m first to play, e.g., **soy mano** I'm first ‖ f hand; (de cuadrúpedo) forefoot; (de pintura) coat; (de papel) quire; (saetilla de reloj u otro instrumento) hand; (lance en un juego) round, hand; (del elefante) trunk; pestle, masher; **a la mano** at hand, on hand; within reach; understandable; **a mano airada** violently; **asidos de la mano** hand in hand; **bajo mano** underhandedly; **caer en manos de** to fall into the hands of; **¡dame esa mano!** put it here!; **dar la mano** to lend a hand; **darse las manos** to join hands; to shake hands; **de las manos** hand in hand; **de primera mano** at first hand; first-hand; **de segunda mano** second-hand; **echar mano de** to resort to; **echar una mano** to lend a hand; to play a game; **en buena mano está** after you, you drink first; **escribir a la mano** to take dictation; **escribir a manos de** to write in care of; **estrecharse la mano** to shake hands; **ganarle a uno por la mano** to steal a march on someone; **lavarse las manos de** to wash one's hands of; **llegar a las manos** to come to blows; **malas manos** awkwardness; **mano de gato** cat's-paw; master hand; master touch; **mano de obra** labor; **mano derecha** right-hand man; **mano de santo** sure cure; **¡manos a la obra!** let's get to work!; **manos libres** outside work; **manos limpias** extras, perquisites; clean hands; **manos puercas** graft; **probar la mano** to try one's hand; **tener mano con** to have a pull with; **tener mano izquierda** to be on one's toes; **untar la mano a** to grease the palm of; **venir a las manos** to come to blows; **vivir de la mano a la boca** to live from hand to mouth

manojo m bunch, bundle, handful; **a manojos** in abundance

manopla f gauntlet; postilion's whip; (Chile) knuckles, brass knuckles

manosear tr to finger, paw; muss, rumple; fiddle with; pet ‖ ref to spoon, neck

manotada f slap

manotear tr to slap, smack; (Arg, Mex) to steal, snitch; ‖ intr to gesticulate

manquedad f lack of one or both hands or arms; disability; deficiency

mansalva — a mansalva without risk; without warning; **a mansalva de** safe from

mansarda f mansard, mansard roof

mansedumbre f gentleness, mildness, meekness; tameness

mansión f stay, sojourn; abode, dwelling; **hacer mansión** to stop, stay

man•so -sa adj gentle, mild, meek; tame ‖ m bellwether; farm

ma
ma

manta f blanket; heavy shawl; (coll) beating, thrashing; (Chile, Ecuad) poncho; (Col, Mex, Ven) coarse cotton cloth; **a manta de Dios** copiously; **dar una manta a** to toss in a blanket; **manta de coche** lap robe; **manta de viaje** steamer rug; **tirar de la manta** to let the cat out of the bag

mantear tr to toss in a blanket; abuse, mistreat

manteca f (grasa de los animales, esp. la del cerdo) lard; butter; pomade; (dinero) (slang) dough; **como manteca** smooth as butter; **manteca de puerco** lard; **manteca de vaca** butter

mantecado m custard ice cream, French ice cream

mantecón m mollycoddle, milksop

mantel m tablecloth; altar cloth

mantelería f table linen

mantelillo m embroidered centerpiece

mantelito m lunch cloth

mantener §71 tr to maintain; keep; keep up; sustain, defend ‖ ref to keep, remain, continue

mantenida f kept woman

mantenido m (hombre que vive a expensas de su mujer) (Guat, Mex, W-I) gigolo; (Guat, Mex, W-I) sponger

mantenimiento m maintenance; food, support, living

manteo m mantle, cloak

mantequera f churn, butter churn; butter dish

mantequería f creamery; delicatessen

mantequilla f butter; **mantequilla azucarada** hard sauce; **mantequilla derretida** drawn butter

mantilla f mantilla (silk or lace head scarf); **mantillas** swaddling clothes

mantillo m humus, mold

manto m mantle, cloak; (de chimenea) mantel; (ropa talar de algunos religiosos, catedráticos, alumnos) robe, gown; (fig) cloak

mantón m shawl, kerchief

manuable adj handy

manual adj (que se hace con las manos) hand; (fácil de manejar) handy; easy; easy to understand; easy-going; manual ‖ m manual, handbook; notebook

manubrio m handle; crank, winch

manuela f open hack (in Madrid)

manufactura f (fábrica) factory; (obra fabricada) manufacture

manufacturar tr to manufacture

manuscribir §83 tr to write by hand

manuscri•to -ta adj & m manuscript

manutención f maintenance; care, upkeep; shelter, protection

manutener §71 tr (law) to maintain, support

manzana f apple; (conjunto aislado de varias casas contiguas) block, city block; (remate en un mueble) knob, finial; **manzana de Adán** (Chile) Adam's apple

manzanar m apple orchard

manzanilla f camomile; (aceituna pequeña; vino blanco) manzanilla (small olive; white wine); (remate en un mueble) knob, finial

manzano m apple tree

maña f skill, dexterity; cunning, craftiness; bad habit, vice; (de lino, cáñamo, etc.) bunch; sister; **darse maña** to manage, contrive; **hacer maña** (Col) to fool around

mañana adv tomorrow; ¡hasta mañana! see you tomorrow!; **pasado mañana** the day after tomorrow ‖ m tomorrow; (tiempo venidero) morrow ‖ f morning; **de mañana** in the morning; **muy de mañana** very early in the morning; **por la mañana** in the morning; **tomar la mañana** to get up early; have a shot of liquor before breakfast

mañanear intr to be in the habit of getting up early

mañane•ro -ra adj morning; early-rising

mañanica f early morning, break of day

mañanita f woman's bed jacket

mañear tr to manage craftily ‖ intr to act with cunning

mañerear intr (Arg) to dawdle, dilly-dally

mañería f sterility

mañe•ro -ra adj clever, shrewd; simple, easy; skittish

ma•ño -ña mf (coll) Aragonese ‖ m brother ‖ f see **maña**

maño•so -sa adj skillful, clever; crafty, tricky; vicious

mañuela f craftiness, trickiness

mañue•las mf (pl -las) tricky person

mapa m map; **mapa itinerario** road map ‖ f — **llevarse la mapa** to take the prize

mapache m coon, raccoon

mapamundi m map of the world; (coll) buttocks, behind

mapurite m (CAm) skunk

maque m lacquer

maquear tr to lacquer; (Mex) to varnish

maqueta f (en tamaño reducido) maquette; (en tamaño natural) mock-up; (de un libro) dummy

maquillador m (theat) make-up man

maquillaje m (theat) make-up

maquillar tr & ref to make up

máquina f machine; (motor) engine; locomotive; plan, project; (fig) machinery; (coll) heap, pile, lot; (Cuba) auto; (Chile) ganging up; **escribir a máquina** to typewrite; **máquina de afeitar** safety razor; **máquina de apostar** gambling machine; **máquina de componer** typesetter; **máquina de coser** sewing machine; **máquina de escribir** typewriter; **máquina de lavar** washing machine; **máquina de sumar** adding machine; **máquina de volar** flying machine; **máquina fotográfica** camera; **máquina sacaperras** slot machine

maquinación f machination, scheming

máquina-herramienta f (pl **máquinas-herramientas**) machine tool

maquinal adj mechanical

maquinar tr to plot, scheme

maquinaria f machinery; applied mechanics

maquinilla f windlass, winch; clippers; **maquinilla cortapelos** clippers, hair clippers; **maquinilla de afeitar** safety razor; **maquinilla de rizar** curling iron

maquinista *mf* (*persona que fabrica máquinas*) machinist; (*persona que dirige una máquina o locomotora*) engineer; **segundo maquinista** (naut) machinist

mar *m & f* sea; tide, flood; **alta mar** high seas; **a mares** abundantly, copiously; **arrojarse a la mar** to plunge, take great risks; **baja mar** low tide; **correr los mares** to follow the sea; **hablar de la mar** to talk wildly, talk on and on; **hacerse a la mar** to put to sea; **la mar de** (fig) oceans of, large numbers of; **mar alta** rough sea; **mar ancha** high seas; **mar bonanza** calm sea; **mar Caribe** Caribbean Sea, Caribbean; **mar de las Antillas** Caribbean Sea; **mar de las Indias** Indian Ocean; **mar de nubes** cloud bank; **mar Latino** Mediterranean Sea; **mar llena** high tide; **meter la mar en un pozo** to attempt the impossible; **meterse mar adentro** (fig) to go beyond one's depth

maraña *f* undergrowth, thicket; silk waste; (*de hilo, pelo, etc.*) tangle; trick, scheme; puzzle

marañón *m* cashew

maraño•so -sa *adj* scheming ‖ *mf* schemer

maravilla *f* wonder, marvel; (bot) marigold, calendula; **a las maravillas** or **a las mil maravillas** magnificently; **a maravilla** wonderfully well; **por maravilla** rarely, occasionally

maravillar *tr* to astonish ‖ *ref* to wonder, marvel; **maravillarse con** or **de** to marvel at, wonder at

maravillo•so -sa *adj* wonderful, marvelous

marbete *m* label, tag; baggage check; edge, border; **marbete engomado** sticker

marca *f* mark; (*tipo de producto*) make, brand; (*de tamaño*) standard; score; record; height-measuring device; **de marca** outstanding; **marca de agua** watermark; **marca de fábrica** trademark; **marca de reconocimiento** (naut) landmark, seamark; **marca de taquilla** box-office record; **marca registrada** registered trademark

marca•do -da *adj* marked, pronounced

marcaje *m* (sport) scoring; (sport) interfering; (telp) dialing

marcapaso *m* or **marcapasos** *m* (heart) pacemaker

marcar §73 *tr* to mark; brand; embroider; (*p.ej., un pañuelo*) initial; (*la hora un reloj*) show; (*un tanto*) make, score; (*el número telefónico*) dial ‖ *ref* (*un buque*) to take bearings

marcear *tr* to shear ‖ *ref* to be Marchlike

marcial *adj* martial; gallant, noble

marcia•no -na *adj & mf* Martian

marco *m* frame; framework; (*de pesas y medidas*) standard

marcha *f* march; (*funcionamiento*) running, operation; (*p.ej., de los astros*) course, path; (*desenvolvimiento de un asunto*) course, march, progress; (*grado de velocidad*) rate of speed; (*de los engranajes*) (aut) speed; **cambiar de marcha** to shift gears; **en marcha** on the march; underway;

in motion; **marcha atrás** reverse; **marcha del hambre** hunger march; **marcha directa** high gear; **marcha forzada** (mil) forced march

marchamo *m* customhouse mark; (Arg, Bol) tax on slaughtered cattle

marchante *adj* commercial ‖ *m* dealer, merchant; customer

marchapié *m* running board

marchar *intr* to march; run, work, go; leave, go away; come along, proceed; **marchar en vacío** to idle ‖ *ref* to leave, go away

marchitar *tr* to wilt, wither ‖ *ref* to wilt, wither; languish

marchi•to -ta *adj* withered, faded; (fig) languid

marea *f* tide; tideland; gentle sea breeze; dew; drizzle; **marea alta** high tide; **marea baja** low tide; **marea creciente** or **entrante** flood tide; **marea menguante** ebb tide; **marea muerta** neap tide; **marea viva** spring tide; **rendir la marea** to stem the tide

marea•do -da *adj* nauseated, sick, lightheaded; seasick

mareaje *m* navigation, seamanship; (*de un buque*) course

marear *tr* to sail; annoy, pester ‖ *intr* to be annoying ‖ *ref* to get sick, get giddy; get seasick; be damaged at sea; fade

marejada *f* heavy sea; (*de desorden*) stirring, undercurrent; **marejada de fondo** ground swell

maremagno *m* or **maremágnum** *m* big mess

mareo *m* nausea, dizziness, sickness; seasickness; annoyance

marfil *m* ivory

marfile•ño -ña *adj* ivory

mar•fuz -fuza *adj* (*pl* -**fuces** -**fuzas**) cast aside, rejected; deceptive

marga *f* marl

margar §44 *tr* to marl

margarita *f* pearl; (bot) daisy; **margarita de los prados** English daisy; **margarita** (*impresora*) (*ordenador*) daisy wheel

margen *m & f* margin; border, edge; marginal note; **al margen de** aloof from; outside of; independent of; aside from; **dar margen para** to give occasion for; **dejar al margen** to leave out; **quedar al margen** to be left out of

marginal *adj* marginal

mariache *m* Mexican band and singers

marica *m* sissy, milksop ‖ *f* magpie

maricón *m* sissy

maridable *adj* marital

maridaje *m* married life; (fig) union

maridar *tr* to combine, unit ‖ *intr* to get married; to live as man and wife

marido *m* husband

mariguana *f* marihuana

mariguanza *f* (Chile) hocus-pocus; (Chile) pirouette; **mariguanzas** (Chile) clowning; (Chile) powwowing

marimacho *m* mannish woman

marimandona *f* queen bee, bossy woman

marimarica *m* sissy

marimorena *f* fight, row

marina *f* navy; (*conjunto de buques*) marine, fleet; (*cuadro o pintura*) seascape; shore, seaside; sailing, navigation; **marina de guerra** navy; **marina mercante** merchant marine

marinar *tr* to marinate, salt; (*un buque*) staff, man || *intr* to be a sailor

marinera *f* sailor blouse; (*blusa de niño*) middy, middy blouse

marinería *f* sailoring; sailors

marine•ro -ra *adj* sea, marine; seaworthy; seafaring || *m* mariner, seaman, sailor; **marinero de agua dulce** (*el que ha navegado poco*) landlubber (*person unacquainted with the sea*); **marinero matalote** (*hombre de mar, rudo y torpe*) landlubber (*awkward and unskilled seaman*) || *f* see **marinera**

marines•co -ca *adj* sailor; sailorly

mari•no -na *adj* marine, sea || *m* mariner, seaman, sailor || *f* see **marina**

marioneta *f* marionette

mariposa *f* butterfly; butterfly valve; wing nut; rushlight; (Col) blindman's buff; **mariposa nocturna** moth

mariposear *intr* to flit about; be fickle

mariposón *m* (Cuba, Guat, Mex) fickle flirt

mariquita *m* sissy, milksop, popinjay || *f* (ent) ladybird

marisabidilla *f* bluestocking

mariscal *m* blacksmith; (mil) marshal; **mariscal de campo** (mil) field marshal

marisco *m* shellfish; **mariscos** seafood

marisma *f* swamp, marsh, salt marsh

marisquería *f* seafood store, seafood restaurant

maríti•mo -ma *adj* maritime; marine, sea

maritor•nes *f* (*pl* **-nes**) mannish maidservant, wench

marmita *f* pot, boiler, kettle

marmitón *m* kitchen scullion

mármol *m* marble

marmóre•o -a *adj* marble

marmosete *m* vignette

marmota *f* marmot; sleepyhead; worsted cap; **marmota de Alemania** hamster; **marmota de América** ground hog, woodchuck

maroma *f* hemp rope, esparto rope; acrobatic stunt

maromear *intr* to perform acrobatic stunts, walk the tight rope; wobble, sway from side to side (*e.g., in politics*); hesitate

marome•ro -ra *mf* acrobat, tightrope walker; weaseler; opportunist

marqués *m* marquis; **los marqueses** the marquis and marchioness

marquesa *f* marchioness, marquise; (*sobre la puerta de un hotel*) marquee

marquesina *f* cover over field tent; (*sobre la puerta de un hotel*) marquee; locomotive cab

marquetería *f* cabinetwork, woodwork; (*taracea*) marquetry

marra•jo -ja *adj* sly, tricky; (*toro*) vicious

marrana *f* sow; slattern, slut

marranada *f* piggishness, filth

marranalla *f* rabble, riffraff

marra•no -na *adj* base, vile; dirty, sloppy || *mf* hog || *m* male hog, boar; filthy person, hog; cad, cur || *f* see **marrana**

marrar *intr* to miss, fail; go astray

marras *adv* long ago; **hacer marras que** (Bol, Ecuad) to be a long time since

marro *m* game resembling quoits and played with a stone; (*juego de muchachos*) tag; (*ladeo*) dodge, duck; slip, miss

marrón *adj invar* maroon (*dark-red*); tan (*shoes*) || *m* maroon; candied chestnut; stone (*used as a sort of quoit*)

marro•quí (*pl* **-quíes**) *adj & mf* Moroccan || *m* morocco, morocco leather

marro•quín -quina *adj & mf* var of **marroquí**

marrubio *m* horehound

marrue•co -ca *adj & mf* Moroccan

Marruecos *m* Morocco

marrulle•ro -ra *adj* cajoling, wheedling || *mf* cajoler, wheedler

Marsella *f* Marseille

marsopa *f* or **marsopla** *f* porpoise

mart. *abbr* **martes**

marta *f* pine marten; **marta cebellina** sable, Siberian sable; **marta del Canadá** fisher

Marte *m* Mars

mar•tes *m* (*pl* **-tes**) Tuesday; **martes de carnaval** or **carnestolendas** Shrove Tuesday

martillar *tr* to hammer; pester, worry || *intr* to hammer

martillazo *m* blow with a hammer

martillear *tr & intr* var of **martillar**

martillero *m* (Chile) auctioneer

martillo *m* hammer; auction house; (*persona*) scourge; (mus) tuning hammer; (*de arma de fuego*) cock

martín *m* — **martín pescador** (*pl* **martín pescadores**) kingfisher

martinete *m* drop hammer; pile driver; (*del piano*) hammer

martinico *m* ghost, goblin

mártir *mf* martyr

martirio *m* martyrdom

márts. *abbr* **mártires**

marullo *m* surge, swell

marxista *adj & mf* Marxist or Marxian

marzo *m* March

mas *conj* but

más *adv* more; most; **a lo más** at most, at the most; **a más de** besides, in addition to; **como el que más** as the next one, as well as anybody; **cuando más** at the most; **de más** extra; too much, too many; **estar de más** to be in the way; be unnecessary; be superfluous; **los más de** most of, the majority of; **más bien** rather; **más de** + *número* more than; **más de lo que** + *verbo* more than; **más que** more than; better than; **no . . . más** no longer; **no . . . más nada** nothing more; **no . . . más que** only || *prep* plus || *m* more; (*signo de adición*) plus

masa *f* mass; (*pasta que se forma con agua y harina*) dough; (*masa aplastada*) mash;

nature, disposition; (Chile, Ecuad) puff paste; (*p.ej.*, *de un automóvil*) (elec) ground; **las masas** the masses

masada *f* farm

masadero *m* farmer

masaje *m* massage; **masaje facial** facial

masajear *tr* to massage

masajista *m* masseur ‖ *f* masseuse

masar *tr* to knead; massage

mascar §73 *tr* to chew; mumble, mutter ‖ *ref* (*un cabo*) (naut) to gall

máscara *mf* (*persona*) mask, mummer ‖ *f* mask; (*traje, disfraz*) masquerade; **máscara antigás** gas mask

mascarada *f* masquerade

mascarilla *f* half mask; false face; death mask

mascarón *m* false face; (*persona fea*) fright; (archit) mask; **mascarón de proa** (naut) figurehead

mascota *f* mascot

mascujar *tr & intr* to chew with difficulty; mumble

masculi•no -na *adj* masculine; (*sexo*) male; (*traje*) men's ‖ *m* masculine

mascullar *tr & intr* to mumble, mutter; to chew with difficulty

masera *f* kneading trough

masilla *f* putty

masita *f* (mil) money withheld for clothing; (Arg, Bol) cake

masón *m* Mason

masonería *f* Masonry

masoquis•to -ta *adj* masochistic ‖ *mf* masochist

mastelero *m* (naut) topmast

masticar §73 *tr* to chew, masticate; meditate on; mumble

mástil *m* (*de una embarcación*) mast; (*de un violín o guitarra*) neck; stalk; (*de pluma*) shaft, stem; upright

mas•tín -tina *mf* mastiff; **mastín danés** Great Dane

mastodonte *m* mastodon

mastuerzo *m* (bot) cress; dolt

masturbación *f* masturbation

masturbar *tr & ref* to masturbate

mat. *abbr* **matemática**

mata *f* bush, shrub; blade, sprig; brush, underbrush; **mata de pelo** crop of hair, head of hair; **mata parda** chaparro (*oak*); **saltar de la mata** to come out of hiding

mataca•bras *m* (*pl* -bras) cold blast from the north

matacán *m* dog poison

matacande•las *m* (*pl* -las) candle snuffer

matadero *m* abattoir, slaughterhouse; drudgery

mata•dor -dora *mf* killer ‖ *m* matador; **matador de mujeres** lady-killer

matadura *f* sore, gall

matafue•gos *m* (*pl* -gos) fire extinguisher; (*oficial*) fireman

matalo•bos *m* (*pl* -bos) wolf's-bane

mata•lón -lona *mf* skinny old nag

matalotaje *m* (naut) ship stores; mess, hodgepodge

matamale•zas *m* (*pl* -zas) weed killer

matamari•dos *f* (*pl* -dos) many times a widow

matamo•ros *m* (*pl* -ros) bully

matamos•cas *m* (*pl* -cas) fly swatter; flypaper

matanza *f* slaughter, massacre; butchering; pork products; (CAm) butcher shop; (Ven) slaughterhouse

matape•rros *m* (*pl* -rros) harum-scarum, street urchin

matar *tr* to kill; butcher; (*el fuego, la luz*) put out; (*la cal*) slack; (*el metal*) mat; (*un color*) tone down; (*un naipe*) spot; play a card higher than; (*a un caballo*) gall; bore to death; (*el tiempo, el hambre, etc.*) (fig) to kill ‖ *intr* to kill ‖ *ref* to kill oneself; drudge, overwork; be disappointed; **matarse con** to quarrel with; **matarse por** to struggle for; struggle to

matarratas *m* rat poison; (*aguardiente de mala calidad*) rotgut

matarro•tos *m* (*pl* -tos) (Chile) pawnshop

matasa•nos *m* (*pl* -nos) quack doctor

matasellar *tr* to cancel, postmark

matase•llos *m* (*pl* -llos) postmark

matasie•te *m* (*pl* -te) bully, swashbuckler

matatí•as *m* (*pl* -as) moneylender, pawnbroker

matazar•zas *m* (*pl* -zas) weed killer

mate *adj* dull, flat ‖ *m* checkmate; (SAm) maté; (SAm) maté gourd; **dar mate a** to checkmate; make fun of; **dar mate ahogado a** to stalemate; **mate ahogado** stalemate

matear *tr* to plant at regular intervals; make dull; (Chile) to checkmate ‖ *ref* (*el trigo*) to sprout; (*un perro de caza*) hunt through the bushes

matemáti•co -ca *adj* mathematical ‖ *mf* mathematician ‖ *f* mathematics; **matemáticas** mathematics

materia *f* matter; material, stuff; **materia colorante** dyestuff; **materia de guerra** matériel; **materia prima** or **primera materia** raw material

material *adj* material; (*grosero*) crude ‖ *m* material; (*conjunto de objetos necesario para un servicio*) matériel; (typ) matter, copy; **material de guerra** matériel; **material fijo** (rr) permanent way; **material móvil** or **rodante** (rr) rolling stock; **ser material** to be immaterial

materialismo *m* materialism

materialista *mf* materialist; (Mex) truck driver

materializar §60 *tr* (*beneficios*) to realize

maternal *adj* maternal, mother; (*afectos, cuidados, etc.*) motherly

maternidad *f* maternity; motherhood

mater•no -na *adj* maternal, mother

matinal *adj* morning

matinée *f* matinée; dressing gown, wrapper

ma•tiz *m* (*pl* -tices) shade, hue, nuance

matizar §60 *tr* (*diversos colores*) to blend; (*un color, un sonido*) shade; (*en cuanto al color*) match

matón *m* bully, browbeater

matorral *m* thicket, underbrush
matraca *f* rattle, noisemaker; taunting, bantering; bore, pest; **dar matraca a** to taunt, to tease
matraquear *intr* to make a racket; to taunt, tease
ma•traz *m* (*pl* **-traces**) flask
matre•ro -ra *adj* cunning, shrewd ‖ *m* (SAm) cheat, swindler
matriarca *f* matriarch
matricida *adj* matricidal ‖ *mf* matricide
matricidio *m* matricide
matrícula *f* register, roster, roll; license; registry
matricular *tr & ref* to matriculate
matrimonialmente *adv* as husband and wife
matrimoniar *intr* to marry, get married
matrimonio *m* marriage, matrimony; (*marido y mujer*) married couple; **matrimonio consensual** common-law marriage
ma•triz *adj* (*pl* **-trices**) main, first, mother ‖ *f* matrix; (*de libro talonario*) stub; screw nut; first draft
matrona *f* matron; matronly lady
matronal *adj* matronly
matun•go -ga *adj* skinny, full of sores ‖ *m* old nag
maturran•go -ga *adj* (SAm) poor, clumsy ‖ *m* (SAm) stranger; (SAm) old nag ‖ *f* trickery
Matusalén *m* Methuselah; **vivir más años que Matusalén** to be as old as Methuselah
matute *m* smuggling; smuggled goods; gambling den
matutear *intr* to smuggle
matute•ro -ra *mf* smuggler
matutinal or **matuti•no -na** *adj* morning
maula *mf* lazy loafer; poor pay; tricky person, cheat ‖ *f* junk, trash; remnant; trickery
maulería *f* remnant shop; trickiness
maullar §8 *intr* to meow
maullido *m* or **maúllo** *m* meow
mausoleo *m* mausoleum
máxima *f* maxim; principle
máxime *adv* chiefly, mainly, especially
máxi•mo -ma *adj* maximum; top; superlative ‖ *m* maximum ‖ *f* see **máxima**
may. *abbr* **mayúscula**
maya *f* May queen; English daisy
mayal *m* flail
mayear *intr* to be Maylike
mayestáti•co -ca *adj* royal
mayido *m* meow
mayo *m* May; Maypole
mayonesa *f* mayonnaise
mayor *adj* greater; larger; older, elder; greatest; largest; oldest, eldest; major; elderly; (*calle*) main; (*altar; misa*) high; **hacerse mayor de edad** to come of age; **ser mayor de edad** to be of age ‖ *m* chief, head, superior; **al por mayor** wholesale; **mayor de edad** (*persona de edad legal*) major; **mayores** elders; ancestors, forefathers; **mayor general** staff officer
mayoral *m* boss, foreman; head shepherd; stagecoach driver; (Arg) streetcar conductor

mayorazgo *m* primogeniture; entailed estate descending by primogeniture; first-born son
mayordoma *f* stewardess, housekeeper
mayordomo *m* steward, butler, majordomo
mayoreo *m* wholesale
mayoría *f* (*mayor edad; el mayor número, la mayor parte*) majority; superiority; **alcanzar su mayoría de edad** to come of age; **mayoría cómoda** solid majority; **mayoría de edad** majority
mayoridad *f* majority
mayorista *adj* (Arg, Chile) wholesale ‖ *mf* (Arg, Chile) wholesaler
mayorita•rio -ria *adj* majority
mayormente *adv* chiefly, mainly, mostly
mayúscu•lo -la *adj* (*letra*) capital; awful, tremendous ‖ *f* capital, capital letter
maza *f* mace; heavy drumstick; bore, pedant; **la maza y la mona** constant companions; **maza de gimnasia** Indian club
mazacote *m* barilla; concrete, cement; botched job; tough, doughy food; (coll) bore
mazar §60 *tr* to churn
mazmorra *f* dungeon
mazo *m* mallet, maul; bunch; (*de la campana*) clapper; (*hombre fastidioso*) bore, pest
mazonería *f* stone masonry; (*obra de relieve*) relief; gold or silver embroidery
mazorca *f* ear of corn; cocoa bean; (*husada*) spindleful; (*de un balustre*) spindle; **comer maíz de** or **en la mazorca** to eat corn on the cob
mazorral *adj* coarse, crude
m/c *abbr* **mi cargo, mi cuenta, moneda corriente**
m/cta *abbr* **mi cuenta**
m/cte *abbr* **moneda corriente**
me (used as object of verb) *pron pers* me, to me ‖ *pron reflex* myself; to myself
meada *f* urination, water; urine stain
meadero *m* urinal
meados *mpl* urine
meaja *f* crumb; **meaja de huevo** tread
meandro *m* meander; wandering speech, wandering writing
mear *tr* to urinate on ‖ *intr & ref* to urinate
Meca, La Mecca
¡mecachis! *interj* wow!, geez!
mecáni•co -ca *adj* mechanical; low, mean ‖ *m* (*obrero perito en el arreglo de las máquinas*) mechanic; (*obrero que fabrica y compone máquinas*) machinist; workman, repairman; driver, chauffeur; **mecánicos** (CAm, Cuba, S-D) blue jeans ‖ *f* mechanics; (*aparato que da movimiento a un artefacto*) machinery, works; meanness; **mecánicas** household chores
mecánico-dentista *m* dental technician
mecanismo *m* mechanism, machinery
mecanizar §60 *tr* to mechanize; motorize
mecanógrafa *f* typist
mecanografía *f* typewriting; **mecanografía al tacto** touch typewriting
mecanografiar §77 *tr & intr* to typewrite

mecanógra•fo -fa *mf* typist, typewriter
mecapale•ro -ra *m* (Mex) messenger, porter
mece•dor -dora *adj* swinging, rocking ‖ *m* stirrer; *(columpio)* swing ‖ *f* rocker, rocking chair
mecer §46 *tr* *(un líquido)* to stir; *(la cuna)* rock ‖ *ref* to rock, swing
mecha *f* *(de vela o bujía)* wick; *(tubo de pólvora)* fuse; lock of hair; *(para mechar carne)* slice of bacon; bundle of thread; (Col, Ecuad, Ven) joke
mechar *tr* *(la carne)* to lard, interlard
mechera *f* shoplifter
mechero *m* *(p.ej., de cigarrillos)* lighter, pocket lighter; *(de aparato de alumbrado)* burner; *(de candelero)* socket; shoplifter; **mechero encendedor** pilot, pilot light
mechón *m* cowlick; (Guat) torch
medalla *f* medal; medallion
medallón *m* medallion; *(joya en que se colocan retratos, etc.)* locket
médano *m* dune, sandbank
media *f* stocking; (math) mean; **media corta** (Arg) sock; **media media** (Arg, Ecuad, Ven) sock; **y media** half past, e.g., **las dos y media** half past two
mediación *f* mediation
media•do -da *adj* half over; half-full; **a mediados de** about the middle of; **mediada la tarde** in the middle of the afternoon
media•dor -dora *mf* mediator
mediana *f* long billiard cue
medianería *f* party wall; party fence
mediane•ro -ra *adj* middle; mediating ‖ *mf* mediator; partner; owner of a row house
medianía *f* average; *(persona que carece de dotes relevantes)* mediocrity
media•no -na *adj* middling, medium; average, fair; mediocre ‖ *f* see **mediana**
medianoche *f* midnight; small meat pie
mediante *adj* interceding ‖ *prep* by means of, by virtue of
mediar *intr* to be half over; be in the middle; intercede, mediate; elapse; take place
mediatinta *f* half-tone
medible *adj* measurable
medical *adj* medical
medicamento *m* medicine
medicamento•so -sa *adj* medicinal
medicastro *m* quack
medicina *f* medicine; **medicina general** general medicine
medicinar *tr* to treat ‖ *ref* to take medicine
medición *f* measurement; metering
médi•co -ca *adj* medical ‖ *mf* doctor, physician; **médico de cabecera** family physician; **médico de urgencia** emergency doctor; **médico general** general practitioner
medida *f* measurement; measure; caution, moderation; **a medida de** in proportion to; according to; **a medida que** in proportion as; **en la medida que** to the extent that; **hecho a la medida** custom-made; **medida para áridos** dry measure; **medida para líquidos** liquid measure; **tomarle a uno las medidas** to take someone's measure, size up someone

medidamente *adv* with moderation
medidor *m* measurer; (Mex, SAm) meter
medie•ro -ra *mf* hosier; partner
medieval *adj* medieval
medievalista *mf* medievalist
medievo *m* Middle Ages
me•dio -dia *adj* middle; medium; medieval; half; a half, e.g., **media libra** a half pound; half a, e.g., **media naranja** half an orange; average, mean; mid, in the middle of, e.g., **a media tarde** in mid afternoon, in the middle of the afternoon; **a medias** half; half-and-half; **ir a medias (con)** to go halves (with), go fifty-fifty (with) ‖ *m* middle; medium, environment; step, measure; means; *(en el espiritismo)* medium; (baseball) shortstop; (arith) half; *(del ruedo)* (taur) center; **a medio** half; **en medio de** in the middle of; in the midst of; **justo medio** happy medium, golden mean; **medio ambiente** environment; situation; **medio centro** *(deporte)* center half; **medios de comunicación** mass media; **por medio de** by means of; **quitarse de en medio** to get out of the way ‖ *f* see **media** ‖ **medio** *adv* half
mediocre *adj* mediocre
mediocridad *f* mediocrity
mediodía *m* noon, midday; south; **en pleno mediodía** at high noon; **hacer mediodía** to stop for the noon meal
mediquillo *m* quack
medir §50 *tr* to measure ‖ *intr* to measure ‖ *ref* to act with moderation
meditabun•do -da *adj* meditative
meditar *tr* to meditate; plan, contemplate ‖ *intr* to meditate
mediterráne•o -a *adj* inland ‖ **Mediterráne•o -na** *adj* & *m* Mediterranean
mé•dium *m* (pl **-dium** or **diums**) medium
medra *f* growth, prosperity
medrana *f* fear
medrar *intr* to thrive, prosper, improve
medro *m* growth, prosperity; **medros** progress
medro•so -sa *adj* fearful, scared; frightful, terrible
médula *f* or **medula** *f* marrow, medulla; (bot) pith; (fig) pith, gist, essence; **médula espinal** spinal cord
medular *adj* pithy
medusa *f* jellyfish
mefistoféli•co -ca *adj* Mephistophelian
megaciclo *m* megacycle
megáfono *m* megaphone
me•go -ga *adj* meek, gentle, mild
megohmio *m* megohm
Méj. *abbr* Méjico
mejica•no -na *adj* & *mf* Mexican
Méjico *m* Mexico; **Nuevo Méjico** New Mexico
meji•do -da *adj* beaten with sugar and milk
mejilla *f* cheek
mejor *adj* better; best; *(licitador)* highest; **a lo mejor** unexpectedly; worse luck; perhaps, maybe; **el mejor día** some fine day ‖ *adv* better; best; **mejor dicho** rather

mejora *f* growth, improvement; higher bid; alteration
mejoramiento *m* improvement
mejorana *f* sweet marjoram
mejorar *tr* to improve; (*los licitadores el precio de una cosa*) raise; **mejorando lo presente** present company excepted ‖ *intr & ref* to improve, get better, recover; make progress; (*el tiempo*) to clear up; **¡que se mejore!** get well!
mejoría *f* improvement; (*en una enfermedad*) betterment, recovery
mejunje *m* brew, potion, mixture
mela•do -da *adj* honey-colored ‖ *m* thick cane syrup
melancolía *f* (*tristeza vaga*) melancholy; (*depresión moral*) melancholia
melancóli•co -ca *adj* melancholy
melaza *f* molasses
melcocha *f* taffy, molasses candy
melchor *m* German silver
melena *f* hair falling over the eyes; long hair, loose hair; (*del león*) mane; (*del caballo*) forelock; **andar a la melena** to pull each other's hair; to get into a fight; **estar en melena** (coll) to have one's hair down
melga *f* ridge made by plow; (Col, Chile) plot of ground to be sown; (Hond) small piece of work to be finished
melindre *m* honey fritter; (*dulce de pasta de mazapán*) ladyfinger; narrow ribbon; prudery, finickiness
melindrear *intr* to be prudish, be finicky
melindro•so -sa *adj* prudish, finicky
melocotón *m* peach tree; peach
melocotonero *m* peach tree
melodía *f* melody
melodio•so -sa *adj* melodious
melodramáti•co -ca *adj* melodramatic
melón *m* melon; (*Cucumis melo*) muskmelon; blockhead; bald head; **melón de agua** watermelon
melo•so -sa *adj* sweet, honeyed; gentle, mild, mellow
mella *f* dent, nick, notch; gap, hollow; harm, injury; **hacer mella a** to have an effect on; **hacer mella en** to harm
mellar *tr* to dent, nick, notch; harm
melli•zo -za *adj & mf* twin
membrana *f* membrane; (*del teléfono, micrófono*) diaphragm
membrete *m* note, memo; letterhead; heading; written invitation
membrillero *m* quince tree
membrillo *m* quince; quince tree
membru•do -da *adj* brawny, burly
memeches — a memeches (CAm) on horseback
memela *f* (CAm, Mex) cornmeal pancake
me•mo -ma *adj* foolish, simple ‖ *mf* fool, simpleton
memorán•dum *m* (*pl* -dum) memorandum book, notebook; (*sección en los periódicos*) professional services; (*papel con membrete*) letterhead
memorar *tr & ref* to remember

memoria *f* memory; (*exposición de ciertos hechos*) memoir; account, record; (*ordenador*) data storage, memory; **de memoria** by heart; **encomendar a la memoria** to commit to memory; **hablar de memoria** (coll) to say the first thing that comes to one's mind; **hacer memoria de** to bring up; **memorias** memoirs; regards
memorial *m* memorandum book; memorial, petition; (law) brief
memorizar §60 *tr* to memorize
mena *f* ore
menaje *m* household furniture; school supplies
mención *f* mention
mencionar *tr* to mention
men•daz *adj* (*pl* -daces) mendacious ‖ *mf* liar
mendicante *adj & mf* mendicant
mendigante *adj* begging, mendicant ‖ *mf* beggar, mendicant
mendigar §44 *tr* to beg for ‖ *intr* to beg, go begging
mendi•go -ga *mf* beggar
mendiguez *f* begging
mendo•so -sa *adj* false, wrong
mendrugo *m* crumb, crust
menear *tr* to stir, shake; wiggle; (*la cola*) wag; (*un negocio*) manage; **peor es meneallo** (i.e., **menearlo**) better keep hands off ‖ *ref* to shake; wiggle; wag; hustle, bestir oneself
meneo *m* stirring, shaking; wagging; hustling; drubbing, thrashing
menester *m* need; want, lack; job, occupation; **haber menester** to be necessary, to be need for; **menesteres** bodily needs; property; implements, tools; **ser menester** to be necessary
menestero•so -sa *adj* needy ‖ *mf* needy person
menestra *f* vegetable soup
menes•tral -trala *mf* mechanic
meng. *abbr* **menguante**
mengua *f* want, lack; poverty; decline; decrease, diminution; **en mengua de** to the discredit of
mengua•do -da *adj* timid, cowardly; simple, silly; mean, stingy; wretched, miserable; poor, needy; fatal
menguante *adj* decreasing; declining; waning ‖ *f* decrease; decline; low water; ebb tide; **menguante de la luna** wane, waning of the moon
menguar §10 *tr* to diminish, lessen; discredit ‖ *intr* to diminish, lessen; decline; decrease; (*la luna*) wane; (*la marea*) fall
mengue *m* (coll) devil
menina *f* young lady in waiting
menino *m* noble page of the royal family
menor *adj* less, lesser; smaller; younger; least; smallest; youngest; slightest; minor ‖ *m* minor; **al por menor** retail; **menor de edad** minor; **por menor** retail; in detail, minutely ‖ *f* minor premise
Menorca *f* Minorca
menoría *f* inferiority, subordination; (*tiempo de menor edad*) minority

menorista *adj* (Arg, Chile) retail ‖ *mf* (Arg, Chile) retailer

menor•quín -quina *adj & mf* Minorcan

menos *adv* less; fewer; least; fewest; **al menos** at least; **a lo menos** at least; **a menos que** unless; **echar de menos** to miss; **¡menos mal!** lucky break!; **menos mal que** it is a good thing that; **no poder menos de** + *inf* to not be able to help + *ger;* **por lo menos** at least; **tener en menos** to think little of; **venir a menos** to decline; become poor ‖ *prep* less, minus; *(al decir la hora)* of, to, e.g., **las tres menos diez** ten minutes of (or to) three ‖ *m* less; *(signo de resta o sustracción)* minus, minus sign

menoscabar *tr* to lessen, diminish, reduce; damage; discredit

menoscabo *m* lessening, reduction; damage; discredit; **con menoscabo de** to the detriment of

menoscuenta *f* part payment

menospreciable *adj* despicable, contemptible

menospreciar *tr* to underestimate, underrate; scorn, despise

menosprecio *m* underestimation; scorn

mensaje *m* message

mensajería *f* public conveyance; **mensajerías** transportation company; shipping line

mensaje•ro -ra *mf* messenger ‖ *m* harbinger

men•so -sa *adj* (Mex) foolish, stupid

menstruar §21 *intr* to menstruate

menstruo *m* menses

mensual *adj* monthly

mensualidad *f* monthly pay, monthly installment

ménsula *f* bracket; elbow rest

mensurar *tr* to measure

menta *f* mint; **menta piperita** peppermint; **menta romana** or **verde** spearmint

menta•do -da *adj* famous, renowned

mentar §2 *tr* to mention

mente *f* mind

mentecatería or **mentecatez** *f* simpleness, folly

menteca•to -ta *adj* simple, foolish ‖ *mf* simpleton, fool

mentidero *m* hangout; gossip column

mentir §68 *tr* to disappoint ‖ *intr* to lie; be misleading; *(un color)* clash; **¡miento!** my mistake!

mentira *f* lie; error, mistake; **mentira inocente** or **oficiosa** white lie; **parece mentira** it's hard to believe

mentirilla *f* fib, white lie; **de mentirillas** for fun

mentirón *m* whopper

mentiro•so -sa *adj* lying; false, deceptive; full of errors ‖ *mf* liar

men•tís *m* (*pl* **-tís**) insulting contradiction, **dar un mentís a** to give the lie to

mentón *m* chin

me•nú *m* (*pl* **-nús**) menu

menudamente *adv* in detail; at retail

menudear *tr* to make frequently; tell in detail; (Col) to sell at retail ‖ *intr* to happen

frequently, be frequent; go into detail; (Arg) to grow, increase

menudencia *f* smallness; trifle; meticulousness; **menudencias** pork products; (Col, Mex) giblets

menudeo *m* constant repetition; detailed accounting; **al menudeo** at retail

menudillos *mpl* giblets

menu•do -da *adj* small, slight, minute; futile, worthless; meticulous; common, vulgar; petty ‖ *m* innards *(of fowl and other animals)*; rice coal; **al menudo** at retail; **a menudo** often; **menudos** small change; **por menudo** in detail; at retail

meñique *adj* little, tiny; *(dedo)* little ‖ *m* little finger

meollo *m* marrow; pith; *(seso)* brain; brains, intelligence; gist, marrow, essence

me•ón -ona *adj* *(niño)* piddling; *(niebla)* dripping

mequetrefe *m* whippersnapper

mercachifle *m* peddler; small dealer

mercadear *intr* to deal, trade

merca•der -dera *mf* merchant; **mercader de grueso** wholesale merchant

mercadería *f* merchandise, commodity; **mercaderías** goods, merchandise

mercado *m* market; **lanzar al mercado** to put on the market; **mercado de valores** stock market; **mercado negro** black market

mercaduría *f* commodity

mercancía *f* trade, commerce; merchandise; piece of merchandise; **mercancías** goods, merchandise ‖ **mercancías** *msg* (*pl* **-as**) freight train

mercante *adj & m* merchant

mercantil *adj* mercantile

mercar §73 *tr* to buy ‖ *intr* to trade

merced *f* pay, wages; favor, grace; **a merced de** at the mercy of; **merced a** thanks to; **merced de agua** distribution of irrigating water; **vuestra merced** your grace

mercena•rio -ria *adj* mercenary ‖ *m* mercenary; day laborer, hireling

mercería *f* haberdashery, notions store; dry-goods store; hardware store

mercología *f* marketing

mercurio *m* mercury

merecer §22 *tr* to deserve, merit; *(lo que se desea)* attain; *(alabanza)* win; *(cierta suma)* be worth; **merecer la pena** to be worthwhile ‖ *intr* to be deserving; **merecer bien de** to deserve the gratitude of

mereci•do -da *adj* deserved ‖ *m* just deserts; **llevar su merecido** to get what's coming to one

mereciente *adj* deserving

merecimiento *m* desert, merit

merendar §2 *tr* to lunch on, have for lunch; keep an eye on, peep at ‖ *intr* to lunch ‖ *ref* to manage to get; *(en el juego)* (Chile) to clean out

merendero *m* lunchroom; picnic grounds

merendona *f* fine spread

merengar §44 *tr* to whip *(cream)*

merengue *m* meringue

mere•triz *f* (*pl* **-trices**) harlot

meridiana *f* lounge, couch; afternoon nap; meridian line; **a la meridiana** at noon

meridia•no **-na** *adj* meridian; bright, dazzling ‖ *m* meridian ‖ *f* see **meridiana**

meridional *adj* southern ‖ *mf* southerner

merienda *f* lunch, snack; hunchback

meri•no **-na** *adj* merino; (*cabello*) thick and curly ‖ *mf* merino ‖ *m* merino shepherd; merino wool

mérito *m* merit, desert; value, worth; **hacer mérito de** to make mention of; **hacer méritos** to try to please, put one's best foot forward

merito•rio **-ria** *adj* meritorious ‖ *m* volunteer worker; unpaid learner, apprentice

merluza *f* (*pez*) hake; drunk, spree

merma *f* decrease, reduction; leakage, shrinkage

mermar *tr* to decrease, reduce ‖ *intr* to decrease, shrink, dwindle

mermelada *f* marmalade

me•ro **-ra** *adj* mere, pure; (Col, Ven) alone ‖ *m* grouper, jewfish ‖ **mero** *adv* (CAm) almost, soon

merodea•dor **-dora** *adj* marauding ‖ *m* marauder

merodear *intr* to maraud

mes *m* month; monthly pay; menses; **caer en el mes del obispo** to come at the right time

mesa *f* table; (*mostrador*) counter; (*escritorio*) desk; (*de arma blanca o herramienta*) flat side; (*de escalera*) landing; (*comida*) fare, food; (*conjunto de dirigentes*) board; **alzar la mesa** to clear the table; **hacer mesa limpia** to clean up (*in gambling*); **levantar la mesa** to clear the table; **mesa de batalla** sorting table; **mesa de extensión** extension table; **mesa de juego** gambling table; **mesa de milanos** scanty fare; **mesa de trucos** pool table; **mesa perezosa** drop table; **poner la mesa** to set or lay the table; **tener a mesa y mantel** to feed, support; **tener mesa** to keep open house

mesana *f* (naut) mizzen

mesar *tr* (*los cabellos*) to tear, pull out ‖ *ref* — **mesarse los cabellos** to pull out one's hair; pull out each other's hair

mescolanza *f* jumble, hodgepodge, medley

meseguería *f* harvest watch

mesera *f* waitress

mesero *m* journeyman on monthly pay; waiter

meseta *f* plateau, tableland; (*de escalera*) landing

Mesías *m* Messiah

mesilla *f* mantel, mantelpiece; (*de escalera*) landing; window sill

mesita *f* stand, small table; **mesita portateléfono** telephone table

mesnada *f* armed retinue; band, company

mesón *m* inn, tavern; (Chile) bar; (Chile) counter

mesone•ro **-ra** *adj* inn, tavern ‖ *mf* innkeeper, tavern keeper

mester *m* (archaic) craft, trade; (archaic) literary genre; **mester de clerecía** clerical verse of the Middle Ages; **mester de ju-**

glaría popular minstrelsy of the Middle Ages

mesti•zo **-za** *adj* & *mf* half-breed; (*perro*) mongrel

mesura *f* dignity, gravity; calm, restraint; courtesy, civility

mesura•do **-da** *adj* dignified, sedate; calm, restrained; polite; moderate, temperate

mesurar *tr* to temper, moderate ‖ *ref* to act with restraint

meta *f* goal

metafonía *f* umlaut

metáfora *f* metaphor

metafóri•co **-ca** *adj* metaphorical

metal *m* metal; money; (*de la voz*) timbre; condition, quality; (mus) brass; **el vil metal** filthy lucre; **metal blanco** nickel silver; **metal de imprenta** type metal

metale•ro **-ra** *adj* (Bol, Chile, Peru) metal ‖ *m* (Bol, Chile, Peru) metalworker

metáli•co **-ca** *adj* metallic ‖ *m* metalworker; cash, coin

metalistería *f* metalwork

metalizar §60 *tr* to make metallic; put a metal coating on; turn into cash ‖ *ref* to become mercenary

metaloide *m* nonmetal

metalurgia *f* metallurgy

metamorfo•sis *f* (*pl* **-sis**) metamorphosis

metano *m* methane

metástasis *f* metastasis

metate *m* (CAm, Mex) flat stone on which corn is ground

metáte•sis *f* (*pl* **-sis**) metathesis

mete•dor **-dora** *mf* smuggler

metedura *f* disgrace, shame

meteduría *f* smuggling

metemuer•tos *m* (*pl* **-tos**) stagehand; busybody, meddler

meteo *f* weather bureau, weather report

meteóri•co **-ca** *adj* meteoric

meteoro *m* or **metéoro** *m* meteor; atmospheric phenomenon

meteorología *f* meteorology

meter *tr* to put, place; insert; (*un ruido*) make; (*miedo*) cause; (*mentiras*) tell; (*chismes, enredos*) start; (*dinero en el juego*) stake; to smuggle; (*un golpe*) strike ‖ *ref* to project; meddle, butt in; **meterse a** to set oneself up as; take it upon oneself to; **meterse con** to pick a quarrel with; **meterse en** to get into; to plunge into; empty into

meticulo•so **-sa** *adj* meticulous; shy, timid

meti•do **-da** *adj* close, tight; rich, abundant; meddlesome; **muy metido con** on close terms with; **muy metido en** deeply involved in ‖ *m* push; punch; strong lye; loose leaf; (*tela*) seam

metódi•co **-ca** *adj* methodic(al)

metodista *adj* & *mf* Methodist

método *m* method

metraje *m* distance or length in meters; (*cine*) **de corto metraje** short; (*cine*) **de largo metraje** full-length

metralla *f* scrap iron; grapeshot; shrapnel

métri•co **-ca** *adj* metric(al) ‖ *f* prosody

metro *m* meter; ruler; tape measure; subway;
  metro plegadizo folding rule
metrónomo *m* metronome
metrópoli *f* metropolis; mother country
metropolita•no -na *adj* metropolitan ‖ *m*
  subway; (eccl) metropolitan
Méx. *abbr* **México**
mexcal *m* agave liquor
mexica•no -na *adj & mf* Mexican
México *m* Mexico; **Nuevo México** New
  Mexico
mezcal *m* var of **mexcal**
mezcla *f* mixture; (*argamasa*) mortar; (*tejido*)
  tweed
mezclar *tr* to mix; blend ‖ *ref* to mix; (*introducirse uno entre otros*) mingle; intermar-
  ry; meddle
mezclilla *f* light tweed
mezcolanza *f* jumble, hodgepodge, medley
mezquinar *tr* to be stingy with ‖ *intr* to be
  stingy
mezquindad *f* meanness, stinginess; need,
  poverty; smallness, tininess; wretchedness
mezqui•no -na *adj* mean, stingy; needy,
  poor; small, tiny; wretched
mezquita *f* mosque
mi *adj poss* my
mí (used as object of a preposition) *pron pers*
  me ‖ *pron reflex* myself
miar §77 *intr* to meow
miau *m* meow
mica *f* mica, (Guat) flint, **ponerse una mica**
  (CAm) to go on a jag
mico *m* long-tailed monkey; libertine; hoodlum; **dar mico** to not keep a date
microbio *m* microbe
microbiología *f* microbiology
microbús *m* (Chile) jitney
microfaradio *m* microfarad
microficha *f* microcard
micro•film *m* (*pl* -**films** or -**filmes**) microfilm
microfilmar *tr* to microfilm
micrófono *m* microphone
microonda *f* microwave
microordenador *m* microcomputer
micropelícula *f* microfilm
microprocesador *m* chip, microprocessor
microscópi•co -ca *adj* microscopic
microscopio *m* microscope
microsurco *adj invar* microgroove ‖ *m* microgroove
microteléfono *m* handset, French telephone
mi•cho -cha *mf* pussy cat
miedo *m* fear, dread; **miedo cerval** great
  fear; **por miedo de** for fear of; **por miedo
  (de) que** for fear that; **tener miedo (a)** to
  be afraid (of); **tener miedo de** to be in fear
  of, be afraid of; be afraid to
miedo•so -sa *adj* fearful, afraid
miel *f* honey; (*jarabe saturado*) molasses;
  dejar con la miel en los labios to spoil the
  fun for; **hacerse de miel** to be peaches and
  cream
mielga *f* lucerne
miembro *m* member; (*extremidad del hombre y los animales*) member, limb

mientes *fpl* mind, thought; wish, desire; **caer
  en las mientes** or **en mientes** to come to
  mind; **parar** or **poner mientes en** to reflect
  on; **venírsele a uno a las mientes** to come
  to one's mind
mientras *conj* while; whereas; **mientras que**
  while; whereas; **mientras tanto** meanwhile
miérco•les *m* (*pl* -**les**) Wednesday; **miércoles
  de ceniza** Ash Wednesday
mies *f* cereal, grain; harvest time; **mieses**
  grain fields
miga *f* (*porción pequeña*) bit; (*parte más
  blanda del pan*) crumb; (fig) substance;
  hacer buenas migas con to get along well
  with; **migas** fried crumbs
migaja *f* bit, piece; (*de inteligencia*) smattering; **migajas** crumbs; leavings
migajón *m* crumb; substance
migar §44 *tr* (*el pan*) to crumb; (*p.ej., la
  leche*) put crumbs in
migrato•rio -ria *adj* migratory
miguelear *tr* (CAm) to make love to
miguele•ño -ña *adj* (Hond) impolite, discourteous
mijo *m* millet
mil *adj & m* thousand, a thousand, one
  thousand; **a las mil quinientas** at an unearthly hour
milagre•ro -ra *adj* superstitious; miracle-
  working
milagro *m* (*hecho sobrenatural*) miracle;
  (*cosa rara*) wonder; votive offering; **colgar
  el milagro a** to put the blame on; **vivir de
  milagro** to have a hard time getting along;
  have had a narrow escape
milagrón *m* fuss, excitement
milagro•so -sa *adj* miraculous; marvelous,
  wonderful
milano *m* burr, down; (orn) kite
mil•deu *m* (*pl* -**deues**) mildew
milena•rio -ria *adj* millennial ‖ *m* millennium
milenio *m* millennium
milenrama *f* yarrow
milési•mo -ma *adj & m* thousandth
miliamperio *m* milliampere
milicia *f* militia; soldiery; warfare; military
  service
milicia•no -na *adj* military ‖ *m* militiaman
miligramo *m* milligram
milímetro *m* millimeter
militante *adj* militant
militar *adj* military; army ‖ *m* soldier, military man ‖ *intr* to fight, go to war; struggle; serve in the army; (*surtir efecto*) militate
militarismo *m* militarism
militarista *adj & mf* militarist
militarizar §60 *tr* to militarize
mílite *m* soldier
milpa *f* (CAm, Mex) cornfield
milla *f* mile
millar *m* thousand
millarada *f* about a thousand; **echar milla-
  radas** to boast about one's wealth
millo *m* millet
millón *m* million

millona•rio -ria *adj* of a million or more inhabitants ‖ *mf* millionaire
mimar *tr* to fondle, pet; pamper, indulge, spoil
mimbre *m & f* (bot) osier; wicker, withe
mimbrear *intr & ref* to sway
mimbre•ño -ña *adj* willowy
mimbrera *f* (bot) osier, osier willow
mimbro•so -sa *adj* osier; (*hecho de mimbre*) wicker
mimeografiar §77 *tr* to mimeograph
mimeógrafo *m* mimeograph
mímica *f* mimicry; sign language
mimo *m* (*entre los griegos y romanos*) mime; fondling, petting; pampering
mimo•so -sa *adj* delicate, tender; finicky, fussy
mina *f* mine; (*de lápiz*) lead; (fig) mine, gold mine, storehouse; underground passage; (SAm) moll; **beneficiar una mina** to work a mine; **mina de carbón** or **mina hullera** coal mine; **voló la mina** the truth is out
minado *m* mine work; (nav) mining
mina•dor -dora *adj* (nav) mine-laying ‖ *m* (mil) miner; (nav) mine layer
minar *tr* to mine; undermine; consume; plug away at ‖ *intr* to mine
minarete *m* minaret
mineraje *m* mining; **mineraje a tajo abierto** strip mining
mineral *adj & m* mineral
mineralogía *f* mineralogy
minería *f* mining; mine operators
mine•ro -ra *adj* mining ‖ *m* miner; mine operator; (fig) source, origin
mingitorio *m* street urinal
min•gón -gona *adj* (Ven) spoiled, pampered
miniar *tr* to paint in miniature; (*un manuscrito*) illuminate
miniatura *f* miniature
miniaturización *f* miniaturization
minifalda *f* miniskirt
míni•mo -ma *adj* minimum; tiny, small, minute; least, smallest ‖ *m* minimum ‖ *f* tiny bit
mini•no -na *mf* kitty, pussy
miniordenador *m* minicomputer
ministerial *adj* ministerial
ministerio *m* ministry, cabinet, government; **formar ministerio** to form a government; **ministerio de Hacienda** Treasury Department (U.S.A.); Treasury (Brit); **ministerio de la Gobernación** Department of the Interior (U.S.A.); Home Office (Brit); **ministerio del Ejército** Department of the Army (U.S.A.); War Office (Brit); **ministerio de Marina** Department of the Navy (U.S.A.); Board of Admiralty (Brit); **Ministerio de Relaciones Exteriores** State Department; Foreign Ministry; **ministerio radiofónico** (theol) radio ministry
ministrar *tr* to administer; furnish
ministro *m* minister; bailiff, constable; **ministro de asuntos exteriores** foreign minister; **ministro de Gobernación** Home Secretary (Brit); **ministro de Hacienda** Secretary of the Treasury (U.S.A.); Chan-

cellor of the Exchequer (Brit); **ministro de Justicia** Attorney General (U.S.A.); **primer ministro** prime minister, premier
minorar *tr* to diminish, reduce; weaken
minorati•vo -va *adj & m* laxative
minoría *f* minority
minoridad *f* minority
minorista *m* retailer
minorita•rio -ria *adj* minority
minucia *f* trifle; **minucias** minutiae
minucio•so -sa *adj* minute, meticulous
minué *m* or **minuete** *m* minuet
minúscu•lo -la *adj* (*letra*) small; small, tiny ‖ *f* small letter
minusvalía *f* (physical) handicap
minuta *f* first draft, rough draft; memorandum; menu, bill of fare; roll, list
minutero *m* minute hand
minu•to -ta *adj* minute ‖ *m* minute ‖ *f* see **minuta**
mí•o -a *adj poss* mine; of mine, e.g., **un amigo mío** a friend of mine ‖ *pron poss* mine
miope *adj* near-sighted ‖ *mf* near-sighted person
miopía *f* near-sightedness
mira *f* (*de arma de fuego, telescopio, etc.*) sight; aim, object, purpose; target; watchtower; **estar a la mira** to be on the lookout; **poner la mira en** to have designs on
mirada *f* glance, look; **apuñalar con la mirada** to look daggers at; **mirada de soslayo** side glance
miradero *m* (*lugar desde donde se mira*) lookout; (*persona o cosa que es objeto de la atención pública*) cynosure
mira•do -da *adj* cautious, circumspect; **bien mirado** highly regarded ‖ *f* see **mirada**
mirador *m* belvedere; bay window, oriel
miramiento *m* considerateness, courtesy, regard; look; **miramientos** fuss, bother
miranda *f* eminence, vantage point
mirar *tr* to look at, watch; consider, contemplate; **mirar bien** to look with favor on; **mirar por encima** to glance at ‖ *intr* to look, glance; ¡**mira!** look out!; **mirar a** to look at, glance at; face, overlook; aim at; aim to; **mirar por** to look after ‖ *ref* to look at oneself; look at each other; **mirarse en ello** to watch one's step; **mirarse en una persona** to be all wrapped up in a person
mirasol *m* sunflower
miríada *f* myriad
mirilla *f* peephole; (*para dirigir visuales*) target; (phot) finder
miriñaque *m* hoop skirt, crinoline; bauble, trinket; (Arg) cowcatcher
mirística *f* nutmeg tree
mirlar *ref* to try to look important
mirlo *m* blackbird; solemn look; **mirlo blanco** rare bird; **soltar el mirlo** to start to jabber
mirmidón *m* tiny fellow, nincompoop
mi•rón -rona *adj* onlooking; nosy ‖ *mf* onlooker; (*de una partida de juego*) kibitzer; busybody

mirra *f* myrrh

mirto *m* myrtle

misa *f* mass; **cantar misa** to say mass; **como en misa** in dead silence; **misa cantada** High Mass; **misa de prima** early mass; **misa mayor** High Mass; **misa rezada** Low Mass

misal *m* missal

misantropía *f* misanthropy

misántropo *m* misanthrope

misar *intr* to say mass; to hear mass

misario *m* acolyte

misceláne•o -a *adj* miscellaneous ‖ *f* miscellany

miserable *adj* miserable, wretched; mean, stingy; despicable, vile ‖ *mf* cur, cad; wretch; miser

miseran•do -da *adj* pitiful

miserear *intr* to be stingy

miseria *f* misery, wretchedness; poverty; stinginess; trifle, pittance; **comerse de miseria** to live in great poverty

misericordia *f* compassion, mercy, pity

misericordio•so -sa *adj* merciful

míse•ro -ra *adj* miserable, wretched ‖ *mf* wretch

mísil *m* missile; **mísil crucero** cruise missile; **mísil dirigible** guided missile

misión *f* mission; ration for harvesters; **ir a misiones** to go away as a missionary

misional *adj* missionary

misionario *m* missionary; envoy, messenger

misionero *m* missionary

misi•vo -va *adj & f* missive

mismísi•mo -ma *adj* very same, self-same

mis•mo -ma *adj & pron indef* same; own, very; -self, e.g., **ella misma** herself; myself, e.g., **yo mismo** I myself; yourself, himself, herself, itself; **así mismo** likewise, also; **casi lo mismo** much the same; **lo mismo** just the same; **lo mismo me da** it's all the same to me; **mismo . . . que** same . . . as; **por lo mismo** for that very reason ‖ **mismo** *adv* right, e.g., **ahora mismo** right now; **aquí mismo** right here

mistela *f* flavored brandy; needled must, spiked must

misterio *m* mystery; **hablar de misterio** to talk mysteriously

misterio•so -sa *adj* mysterious

misticismo *m* mysticism

místi•co -ca *adj* mystic(al) ‖ *mf* mystic

mistificación *f* hoax, mystification

mistificar §73 *tr* to hoax, mystify

mistifori *m* hodgepodge

misturera *f* (Peru) flower girl

mita *f* mite, cheese mite; (SAm) Indian slave labor; (*turno en el trabajo*) (Arg, Chile) shift, turn

mitad *f* half; middle; **a (la) mitad de** halfway through; **cara mitad** better half; **en la mitad de** in the middle of; **la mitad de** half the; **mitad y mitad** half-and-half; **por la mitad** in half, in the middle

míti•co -ca *adj* mythical

mitigar §44 *tr* to mitigate, appease, allay

mitin *m* (*pl* **mitins** or **mítines**) meeting, rally

mito *m* myth

mitología *f* mythology

mitológi•co -ca *adj* mythological

mitón *m* mitten

mitra *f* chimney pot; (eccl) miter

mixtificación *f* hoax, mystification

mixtificar §73 *tr* to hoax, mystify

mixtifori *m* hodgepodge

mixtión *f* mixture

mix•to -ta *adj* mixed ‖ *m* compound number; sulphur match; explosive compound

mixtura *f* mixture

mixturar *tr* to mix

mixturera *f* (Peru) flower girl

miz *interj* here, pussy!, here, kitty!

mízcalo *m* edible milk mushroom

m/l *abbr* **mi letra**

m/n *abbr* **moneda nacional**

mobilia•rio -ria *adj* personal (*property*) ‖ *m* furniture, suite of furniture

moblaje *m* furniture, suite of furniture

moblar §61 *tr* to furnish

moca *m* Mocha coffee ‖ *f* (Ecuad) mudhole; (Mex) wineglass

mocador *m* handkerchief

mocar §73 *tr* to blow the nose of ‖ *ref* to blow one's nose

mocarro *m* snot

mocasín *m* moccasin

mocear *intr* to act young; sow one's wild oats

mocedad *f* youth; wild oats

mocerío *m* young people

mocero *adj masc* woman-crazy

mocetón *m* strapping young fellow

mocetona *f* buxom young woman

mocil *adj* youthful

moción *f* motion, movement; (*en junta deliberante*) motion; **hacer** or **presentar una moción** to make a motion

mocionante *mf* mover

mocionar *tr & intr* to move

moci•to -ta *adj* young ‖ *mf* youngster

moco *m* (*humor segregado por una membrana mucosa*) mucus; (*mocarro*) snot; (*extremo del pabilo de una vela*) snuff; **moco de candil** by candle light; **llorar a moco tendido** to cry like a baby; **moco de pavo** crest of a turkey; trifle; (bot) cockscomb

moco•so -sa *adj* snotty; snively; rude, ill-bred; flip, saucy; mean, worthless ‖ *mf* brat

mochar *tr* to butt; chop off; (Arg) to rob; (Col) to fire

mochil *m* errand boy for farmers in the field

mochila *f* knapsack, haversack; tool bag; (mil) ration

mochín *m* (slang) executioner

mo•cho -cha *adj* blunt, stub, flat; (*árbol*) topped; stub-horned; mutilated; (Mex) reactionary ‖ *m* butt end

mochuelo *m* (orn) little owl; (*de una o más palabras*) omission; **cargar con el mochuelo** or **tocarle a** (*uno*) **el mochuelo** to get the worst of a deal

moda *f* fashion, mode, style; **a la moda de** after the fashion of, in the style of; **alta**

mi
mo

moda haute couture; **de moda** in fashion; **fuera de moda** out of fashion; **pasar de moda** to go out of fashion

modales *mpl* manners

modalidad *f* manner, way, nature, kind

modelar *tr* to model; to form, shape; to mold ‖ *ref* to model; **modelarse sobre** to pattern oneself after

modelo *adj invar* model, e.g., **ciudad modelo** model city ‖ *mf* model, mannequin, fashion model ‖ *m* model, pattern; form, blank; equal, peer; style; **modelo estrella** (aut) crest-line model

modera•do -da *adj* moderate

moderador *m* regulator; *(para retardar el efecto de los neutrones)* moderator

moderar *tr* to moderate, control, restrain ‖ *ref* to moderate, control oneself, restrain oneself

modernizar §60 *tr* to modernize

moder•no -na *adj* modern

modestia *f* modesty

modes•to -ta *adj* modest

modicidad *f* moderateness, reasonableness

módi•co -ca *adj* moderate, reasonable

modificante *adj* modifying ‖ *m* (gram) modifier

modificar §73 *tr* to modify

modismo *m* idiom

modista *f* dressmaker; **modista de sombreros** milliner

modistería *f* dressmaking; ladies' dress shop

modistilla *f* dressmaker's helper; unskilled dressmaker

modisto *m* ladies' tailor

modo *m* manner, mode, way; (gram) mood, mode; **al** or **a modo de** like, on the order of; **de buen modo** politely; **de ese modo** at that rate; **de tal modo que** with the result that; **de modo que** so that; and so; **de ningún modo** by no means; **de todos modos** anyhow, at any rate; **en cierto modo** after a fashion; **modo de empleo** usage; instructions for use; **modo de ser** nature, disposition; **por modo de** as, by way of; **sobre modo** extremely; **uno a modo de** a sort of, a kind of

modorra *f* drowsiness, heaviness

modorrar *tr* to make drowsy ‖ *ref* to get drowsy, fall asleep; *(la fruta)* get squashy

modo•rro -rra *adj* drowsy, heavy; dull, stupid; *(fruta)* squashy ‖ *f* see **modorra**

modo•so -sa *adj* quiet, well-behaved

modrego *m* boor, awkward fellow

modulación *f* modulation; **modulación de altura** or **de amplitud** amplitude modulation; **modulación de frecuencia** frequency modulation

modular *tr & intr* to modulate

módulo *m* module; **módulo lunar** lunar lander, lunar module

modulo•so -sa *adj* harmonious

mofa *f* jeering, scoffing, mockery

mofeta *f* skunk; *(gas pernicioso que se desprende de las minas)* blackdamp, firedamp

moflete *m* fat cheek, jowl

mofletu•do -da *adj* fat-cheeked

mo•gol -gola *adj & mf* Mongol, Mongolian

mogollón *m* — **comer de mogollón** (coll) to sponge

mo•gón -gona *adj* one-horned, broken-horned

mogote *m* knoll, hillock; stack of sheaves; budding antler

mohatra *f* fake sale; cheating

mohien•to -ta *adj* moldy, musty; *(hierro)* rusty

mohín *m* face, grimace

mohina *f* annoyance, displeasure

mohi•no -na *adj* sad, melancholy, moody; *(caballo, buey, vaca)* black, black-nosed ‖ *mf* hinny ‖ *m* blue magpie ‖ *f* see **mohina**

moho *m* mold, must; *(del hierro)* rust; laziness; **no dejar criar moho** to keep in constant use, to use up quickly

moho•so -sa *adj* moldy, rusty; *(hierro)* rusty; *(chiste)* stale

Moisés *m* Moses

moja•do -da *adj* wet; *(p.ej., por la lluvia)* drenched, soaked; *(húmedo)* moist; *(phonet)* liquid ‖ *m* (Mex) wetback

mojar *tr* to wet; *(la lluvia a una persona)* drench, soak; *(humedecer)* dampen, moisten; *(ensopar)* dunk; stab ‖ *intr* — **mojar en** to get mixed up in ‖ *ref* to get wet; get drenched, get soaked

mojarrilla *mf* jolly person

moje *m* or **mojete** *m* sauce, gravy

mojicón *m* muffin, bun; slap in the face

mojiganga *f* masquerade, mummery; clowning

mojigatería or **mojigatez** *f* hypocrisy; prudery, sanctimoniousness

mojiga•to -ta *adj* hypocritical; prudish, sanctimonious ‖ *mf* hypocrite; prude, sanctimonious person

mojinete *m (de un muro)* coping; *(de un tejado)* ridge; (Arg) gable; (Chile) gable end

mojón *m* boundary stone, landmark; *(montón sin orden)* pile, heap; *(guía en desplobado)* road mark; *(porción de excremento humano)* turd

moldar *tr* to mold; put molding on

molde *m* mold; pattern; cast, stamp, matrix; *(persona)* model, ideal; *(letra)* **de molde** printed; **venir de molde** to be just right

moldear *tr* to mold; *(vaciar)* cast; put molding on

moldura *f* molding

moldurar *tr* to put molding on

mole *adj* soft ‖ *m* (Mex) stew seasoned with chili sauce ‖ *f* bulk, mass

molécula *f* molecule

molende•ro -ra *mf* miller, grinder ‖ *m* chocolate grinder; (CAm) grinding table

moler §47 *tr (granos)* to grind, mill; annoy, harass, weary; tire out, fatigue; chew; **moler a palos** to beat up

molesquina *f* moleskin

molestar *tr* to disturb, molest; bother, annoy; tire, weary ‖ *ref* to bother; be annoyed; **molestarse en** to take the trouble to

molestia f disturbance, discomfort; annoyance, bother, nuisance

moles•to -ta adj bothersome, troublesome; boring, tedious; bored, tired

molesto•so -sa adj bothersome

moleteado m knurl

moletear tr to knurl

molibdeno m molybdenum

molicie f softness; effeminacy; voluptuous living

moli•do -da adj ground; exhausted, worn out

molienda f grinding, milling; (*cantidad que se muele de una vez*) grist; (*molino*) mill; bore, annoyance; fatigue, weariness

molimiento m grinding; weariness

moline•ro -ra adj mill || m miller || f miller's wife

molinete m little mill; ventilating fan; (*juguete de papel*) windmill; (*movimiento que se hace con el bastón*) twirl; (*con la espada*) flourish; (naut) windlass; (*rueda de cohetes*) (Mex) pinwheel

molinillo m hand mill; **molinillo de café** coffee grinder

molino m mill; **luchar con los molinos de viento** to tilt at windmills; **molino de sangre** animal-driven mill; **molino de viento** windmill; **molino harinero** gristmill, flour mill

moloc m (Ecuad) mashed potatoes

molondrón m lazy bum; (Ven) large inheritance, much money

molusco m mollusk

mollar adj soft, tender; mushy, squashy; (*carne*) lean; profitable; gullible, easily taken in

mollear intr to give, yield; bend

molleja f gizzard; **criar molleja** to get lazy; **mollejas** sweetbread

mollejón m grindstone; big fat loafer; good-natured fellow

mollera f crown (*of the head*); brains, sense; **cerrado de mollera** stupid; **duro de mollera** stubborn

mollete m muffin

molli•no -na adj drizzly || f drizzle

mollizna f drizzle

momentánc•o -a adj momentary

momento m moment; **a cada momento** constantly, all the time; **al momento** at once; **de un momento a otro** at any moment

momería f clowning

mome•ro -ra adj clowning || mf clown

momia f mummy

momificar §73 tr to mummify

mo•mio -mia adj lean, skinny || m extra; (*ganga*) bargain; sinecure || f see **momia**

momo m face, grimace; (coll) caress

mona f female monkey; Barbary ape; ape, copycat; drunkenness; (*persona*) drunk; (taur) guard for right leg; **dormir la mona** to sleep off a drunk; **pillar una mona** to go on a jag; **pintar la mona** to put on airs

monacal adj monachal

monacato m monkhood

monacillo m altar boy, acolyte

monada f monkeyshine; (*gesto*) face, grimace, monkey face; darling; cuteness; flattery; folly, childishness

monaguillo m altar boy, acolyte

monaquismo m monasticism

monarca m monarch

monarquía f monarchy

monárqui•co -ca adj monarchic(al) || mf monarchist

monasterio m monastery

monásti•co -ca adj monastic

monda f pruning, trimming; parings, peelings; beating, whipping

mondadien•tes m (pl **-tes**) toothpick

mondadura f pruning, trimming; **mondaduras** peelings

mondar tr to clean; prune, trim; peel, pare, hull, husk; (*quitar con engaño los bienes a*) fleece; beat, whip

mon•do -da adj clean; pure; **mondo y lirondo** pure, unadulterated || f see **monda**

mondonga f kitchen wench

mondongo m intestines, insides; (*del hombre*) guts

monear intr to act like a monkey; boast || ref (Hond) to plug away; (Hond) to punch each other

moneda f coin; money; **la Moneda** the government of Chile; **moneda corriente** currency; common knowledge; **moneda falsa** counterfeit; **moneda menuda** change; **moneda metálica** or **sonante** specie; **moneda suelta** change; **pagar en la misma moneda** to pay back in one's own coin

monedar tr to coin, mint

monedero m moneybag; **monedero falso** counterfeiter

monería f monkeyshine; cuteness; childishness

mones•co -ca adj apish

moneta•rio -ria adj monetary

mon•gol -gola adj & mf Mongol, Mongolian

monigote m lay brother; rag figure, stuffed form; botched painting, botched statue; sap, boob

monipodio m collusion, deal, plot

monís m trinket; **monises** money, dough

mónita f cunning, smoothness, slickness

monitor m monitor

monja f nun; **monjas** lingering sparks in burning paper

monje m monk

monjía f monkhood

monjil adj nunnish || m nun's dress

mono -na adj cute, nice; blond; (*cabello*) red || m monkey, ape; (*traje de faena*) coveralls; whippersnapper, squirt; (*drogas*) withdrawal symptom; (coll) clown; (taur) attendant of picador; (Chile) pyramid of fruit or vegetables; **estar de monos** to be on the outs; **mono de Gibraltar** Barbary ape || f see **mona**

monóculo m monocle

monogamia f monogamy

monografía f monograph

monograma m monogram

monolíti•co -ca adj monolithic

mo
mo

monologar §44 *intr* to soliloquize
monólogo *m* monologue
monomanía *f* monomania
monomio *m* monomial
mono•no -na *adj* cute, sweet
monopatín *m* scooter
monoplano *m* monoplane
monopolio *m* monopoly
monopolizar §60 *tr* to monopolize
monorriel *m* monorail
monosabio *m* (taur) attendant of picador
monosílabo *m* monosyllable
monoteísta *adj* monotheistic ‖ *mf* monotheist
monotipia *f* or **monotipo** *m* monotype
monotonía *f* monotony
monóto•no -na *adj* monotonous
monóxido *m* monoxide
monseñor *m* monseigneur; (eccl) monsignor
monserga *f* gibberish
monstruo *m* monster
monstruosidad *f* monstrosity
monstruo•so -sa *adj* monstrous
monta *f* sum, total; **de poca monta** of little account
montacar•gas *m* (*pl* **-gas**) hoist, freight elevator
montadero *m* horse block
montadura *f* mounting; (*de una caballería de silla*) harness; (*engaste*) setting, mount
montaje *m* montage; setting up; (mach) assembly; (rad) hookup
montanero *m* forest ranger
montante *m* post, upright; (*suma*) amount; (*hueco cuadrilongo sobre una puerta*) transom; (*espadón*) broadsword ‖ *f* flood tide
montaña *f* mountain; mountain country; **la Montaña** the Province of Santander, Spain; **montaña de hielo** iceberg; **montaña rusa** roller coaster
monta•ñés -ñesa *adj* mountain ‖ *mf* mountaineer, highlander
montaño•so -sa *adj* mountainous
montapla•tos *m* (*pl* **-tos**) dumbwaiter
montar *tr* to mount, get on; (*un caballo, una bicicleta, los hombros de una persona*) ride; (*un servicio*) set up, establish; (*un fusil*) cock; (*una piedra preciosa*) set, mount; (*el caballo a la yegua*) cover; (*un reloj*) wind; (elec) to hook up; (mach) to assemble, to mount; (*la guardia*) (mil) to mount; (*un cabo*) (naut) to round; (*un buque*) (naut) to command; (*importar*) amount to ‖ *intr* to mount; get on top; weigh, be important; **tanto monta** it's all the same ‖ *ref* to mount; get on top; **montarse en cólera** to fly into a rage
monta•raz *adj* (*pl* **-races**) backwoods; wild, untamed ‖ *m* forester, warden
monte *m* mountain, mount; woods, woodland; obstruction, interference; backwoods, wilds; bank, kitty; dirty head of hair; **andar al monte** to take to the woods; **monte alto** forest; **monte bajo** thicket, brushwood; **monte de piedad** pawnshop; **monte pío** pension fund for widows and orphans; mutual benefit society; **monte tallar** tree farm

montear *tr* to hunt, track down; make a working drawing of; arch, vault
montecillo *m* mound, hillock
montepío *m* pension fund for widows and orphans; mutual benefit society
montera *f* cloth cap; glass roof; wife of hunter; bullfighter's black bicorne; (Hond) drunk, jag
montería *f* hunting, big-game hunting; hunting party; (Bol, Ecuad) canoe to shoot the rapids; (Mex) lumberman's camp
monterilla *f* (naut) moonsail
montero *m* hunter, huntsman; (Mex) sawmill
montés or **montesi•no -na** *adj* wild (*e.g., goat*)
montículo *m* mound, hillock
montilla *f* montilla (*a pale dry sherry*)
monto *m* sum, total
montón *m* pile, heap; (*de gente*) crowd; lot, great deal, great many; **a, de,** or **en montón** taken together; **a montones** in abundance; **ser del montón** to be quite ordinary
montonera *f* heap, pile; band of mounted rebels
montonero *m* guerrilla
montu•no -na *adj* wooded; wild, untamed, rustic
montuo•so -sa *adj* wooded, woody; rugged, hilly
montura *f* (*cabalgadura*) mount; (*de una cabalgadura*) harness; seat, saddle; (*de una piedra preciosa, de un instrumento astronómico*) mounting; (*de gafas*) frame
monumento *m* monument
monzón *m* monsoon
moña *f* doll; mannequin; ribbon, hair ribbon; drunk, jag
moño *m* topknot; crest, top; (Col) caprice, whim; (*de caballo*) (Chile) forelock; **moños** frippery
moquear *intr* to snivel
moqueo *m* snivel, sniveling
moquero *m* handkerchief
moquete *m* punch in the nose
moquillo *m* runny nose; (vet) distemper
moquita *f* mucus, snivel
mor *m* — **por mor de** for love of; because of
mora *f* black mulberry; blackberry; brambleberry; white mulberry
morada *f* dwelling; stay, sojourn
mora•do -da *adj* purple, mulberry ‖ *f* see **morada**
moral *adj* moral ‖ *m* black mulberry tree ‖ *f* (*ciencia de la conducta; conducta*) morals; (*espíritu, confianza*) morale; (*p.ej., de una fábula*) moral
moraleja *f* moral
moralidad *f* morality; (*de una fábula*) moral
morar *intr* to live, dwell
moratoria *f* moratorium
mórbi•do -da *adj* (*perteneciente a la enfermedad*) morbid; soft, delicate, mellow
morbo *m* sickness, illness; **morbo gálico** syphilis; **morbo regio** jaundice
morbo•so -sa *adj* morbid, diseased

morcilla *f* blood pudding, black pudding; (*añadidura que mete un actor en su papel*) gag

mor-daz *adj* (*pl* **-daces**) mordant, mordacious, sharp, caustic

mordaza *f* (*pañuelo o instrumento que se pone en la boca para impedir el hablar*) gag; (*aparato que sirve para apretar*) clamp, jaw; pipe vise; **poner la mordaza a** to gag

mordedura *f* bite

morder §47 *tr* to bite; nibble at; wear away; gossip about, ridicule; (Mex, Ven, W-I) to cheat ‖ *intr* to bite; take hold

mordicar §73 *tr* to bite, sting

mordida *f* bite; (*para eludir una multa*) (Mex) payoff

mordiente *m* mordant

mordiscar §73 *tr* to nibble at ‖ *intr* to nibble, gnaw away; champ

mordisco *m* nibble, bite; champ

more-no -na *adj* brown, dark-brown; dark, dark-complexioned; (*de la raza negra*) black; mulato ‖ *mf* black person; mulato ‖ *m* brunet ‖ *f* brunette; loaf of brown bread; rick of new-mown hay

morería *f* Moorish quarter; Moorish land

moretón *m* black-and-blue mark

morfina *f* morphine

morfinomanía *f* morphine habit, drug habit

morfinóma-no -na *adj* addicted to morphine, addicted to drugs ‖ *mf* morphine addict, drug addict

morfología *f* morphology

moribun-do -da *adj* moribund, dying ‖ *mf* dying person

morillo *m* andiron, firedog

morir §30 & §83 *intr* to die; (*el fuego, la luz, etc.*) die away; **morir ahogado** to drown; **morir de risa** to die laughing; **morir de viejo** to die of old age; **morir helado** to freeze to death; **morir quemado** to burn to death; **morir vestido** to die a violent death ‖ *ref* to die; be dying; die away, die out; (*una pierna, un brazo*) go to sleep; **morirse por** to be crazy about; be dying to

moris-co -ca *adj* Morisco, Moorish ‖ *mf* Moor converted to Christianity (*after the Reconquest*); (*descendiente de mulato y española o de mulata y español*) (Mex) Morisco

mo-ro -ra *adj* Moorish; (*vino*) unwatered ‖ *mf* Moor; **hay moros en la costa** there's trouble brewing; **moro de paz** man of peace ‖ *f* see **mora**

moro-cho -cha *adj* strong, robust; (SAm) dark

morón *m* mound, knoll; moron

moron-do -da *adj* bare, stripped

moronga *f* (CAm, Mex) sausage

moro-so -sa *adj* slow, tardy; (*retrasado en el pago de deudas*) delinquent

morra *f* (*de la cabeza*) top, crown; (*de gato*) purr; **andar a la morra** to come to blows

morrada *f* slap, punch; (*golpe dado con la cabeza*) butt

morral *m* nose bag; (*saco de cazador*) game bag; (*de soldado, viandante, etc.*) knapsack; boor, lout

morralla *f* small fish; (*gente de escaso valor*) rabble, trash; (*mezcla de cosas inútiles*) junk, trash; (Mex) change, small change

morriña *f* blues, melancholy; **morriña de la tierra** homesickness

morriño-so -sa *adj* sickly; (coll) blue, melancholy

morrión *m* helmet; (mil) bearskin

morro *m* (*cosa redonda*) knob; (*monte redondo*) knoll; (*guijarro*) pebble; (*saliente que forman los labios*) snout; **beber a morro** (slang) to drink out of the bottle; **estar de morro** or **de morros** to be on the outs; **poner morro** to make a snout; **por el morro** just like that, simply so

morrocotu-do -da *adj* strong, thick, heavy; (*asunto, negocio*) weighty; big, enormous; (Col) rich, wealthy; (Chile) graceless, monotonous

morsa *f* walrus

mortaja *f* shroud, winding sheet; cigarette paper; (carp) mortise

mortal *adj* mortal; deadly; mortally ill; deathly pale; sure, conclusive ‖ *m* mortal

mortalidad *f* mortality; death rate

mortandad *f* massacre, mortality, butchery

morteci-no -na *adj* dead; dying; failing, weak; **hacer la mortecina** to play dead, to play possum

mortero *m* (*vaso que sirve para machacar; argamasa*) mortar; (*en los molinos de aceite*) nether stone; (arti) mortar

mortífe-ro -ra *adj* deadly

mortificar §73 *tr* to vex, annoy; bother; mortify ‖ *ref* (Mex) to be mortified, be embarrassed

mortual *m* (CAm, Mex) inheritance

mortuo-rio -ria *adj* mortuary, funeral; (*casa*) of the deceased ‖ *m* (archaic) funeral

morueco *m* ram

moru-no -na *adj* Moorish

mosai-co -ca *adj* Mosaic ‖ *m* tile, paving tile; mosaic; **mosaico de madera** marquetry

mosca *f* fly; (*barba*) imperial; cash, dough; disappointment; bore, nuisance; **aflojar la mosca** to shell out, to fork out; **mosca borriquera** horsefly; **mosca de las frutas** fruit fly; **mosca del vinagre** fruit fly; **mosca muerta** hypocrite; **moscas** sparks; **moscas volantes** spots before the eyes; **papar moscas** to gape, gawk

moscareta *f* (orn) flycatcher

moscona *f* hussy, brazen woman

Moscú Moscow

mosquear *tr* (*moscas*) to shoo; beat, whip; answer sharply ‖ *intr* (Mex) to sneak a ride ‖ *ref* to shake off annoyances; take offense

mosquero *m* flytrap; fly swatter

mosquete *m* musket

mosquetear *intr* (Arg, Bol) to snoop

mosquete-ro -ra *adj* idle ‖ *mf* (Arg, Bol) bystander, snooper ‖ *m* musketeer ‖ *f* wallflower

mosquetón *m* snap hook

mo
mo

mosquitera f or **mosquitero** m mosquito net; fly net

mosquito m (*Culex pungens*) mosquito; (*insecto parecido al anterior*) gnat; (coll) tippler

mostacera f mustard jar

mostacho m mustache; spot on the face

mostachón m macaroon

mostaza f mustard; (*semilla; munición*) mustard seed; **subírsele a** (*uno*) **la mostaza a las narices** to fly into a rage

mosto m must; **mosto de cerveza** wort

mostrador m (*en las tiendas*) counter; (*en las tabernas*) bar; (*de reloj*) dial

mostrar §61 tr to show || ref to show; show oneself to be

mostrear tr to spot, splash

mostren•co -ca adj ownerless, unclaimed; (*que no tiene casa ni hogar*) homeless; (*animal*) stray; slow, dull; fat, heavy || mf dolt, dullard

mota f mote, speck; (*en el paño*) burl, knot; hill, rise; defect, fault; (Mex, W-I) powder puff

mote m device, emblem, riddle; (*apodo*) nickname; (Chile) mistake; (SAm) stewed corn

motear tr to speck, speckle; dapple, mottle || intr (Peru) to eat stewed corn

motejar tr to call names; scoff at, make fun of; **motejar de** to brand as

motín m mutiny, riot

motinista m (Peru) rioter

motivar tr to explain, account for; rationalize

moti•vo -va adj motive || m motive, reason; (mus) motif; **con motivo de** because of; on the occasion of; **de su motivo propio** on his own accord; **motivo conductor** (mus) leitmotif; **motivos** grcunds, reasons; (Chile) finickiness, prudery

moto m guidepost, landmark || f motorcycle

motobomba f fire truck, fire engine

motocarro m three-wheel delivery truck

motocicleta f motorcycle

motocine m drive-in theater

motogrúa f truck crane

motoli•to -ta adj simple, stupid; **vivir de motolito** to be a sponger, live on other people || f (orn) wagtail; (Ven) decent woman

motón m (naut) block, pulley

motonáuti•co -ca adj motorboat || f motorboating

motonaustismo m (sport) motorboating

motonave f motor launch; motor ship

motoneta f motor scooter; moped; light three-wheel delivery truck

mo•tor -tora adj motor, motive || m motor, engine; **motor a chorro** jet engine; **motor de arranque** (aut) starter, starting motor; **motor de cuatro tiempos** four-cycle engine; **motor de dos tiempos** two-cycle engine; **motor de explosión** internal-combustion engine; **motor de reacción** jet engine; **motor fuera de borda** outboard motor; **motor térmico** heat engine || f small motor boat

motorista mf motorist; motorcyclist; motorcycle racer || m motorcycle policeman; motorman

motorización f motorization

motorizar §60 tr to motorize

motosegadora f power mower

motovelero m (naut) motor sailer

motriz adj fem (*fuerza*) motive

movedi•zo -za adj shaky, unsteady; fickle, inconstant; (*arena*) quick, shifting

mover §47 tr to move; (*la cola el perro*) wag; (*discordia*) stir up || intr to move; abort, miscarry; bud, sprout || ref to move; be moved

movible adj movable; fickle, inconstant, changeable

móvil adj movable, mobile; fickle, changeable; moving || m moving body; cause, motive

movilizar §60 tr to mobilize

movimiento m movement, motion; **movimiento feminista** women's liberation (movement)

moza f girl, lass; mistress, concubine; maid; kitchen maid; (*en algunos juegos de naipes*) last hand; wash bat; **buena moza** or **real moza** good-looking woman; **moza de fortuna** or **del partido** prostitute; **moza de taberna** barmaid

mozalbete m lad, young fellow

mozárabe adj Mozarabic || mf Mozarab

mo•zo -za adj young, youthful; single, unmarried || m youth, lad; (*camarero*) waiter; (*criado*) servant; porter; (*cuelgacapas*) cloak hanger; **buen mozo** or **real mozo** handsome fellow; **mozo de caballerías** hostler, stable boy; **mozo de café** waiter; **mozo de cámara** (naut) cabin boy; **mozo de ciego** blind man's guide; **mozo de cordel** street porter, public errand boy; **mozo de cuadra** stable boy; **mozo de cuerda** public errand boy; **mozo de espuelas** groom who walks in front of master's horse; **mozo de esquina** street porter, public errand boy; **mozo de estación** station porter; **mozo de estoques** (taur) sword handler; **mozo de hotel** porter, bellhop; **mozo de paja y cebada** hostler (*at an inn*); **mozo de restaurante** waiter || f see **moza**

mozue•lo -la mf youngster || m lad, young fellow || f lass, young woman

m/p abbr **mi pagaré**

m/r abbr **mi remesa**

Mro. abbr **Maestro**

M.S. abbr **manuscrito**

mtd. abbr **mitad**

mu m moo || f bye-bye; **ir a la mu** to go bye-bye

muaré adj invar & m moiré

muca•mo -ma mf (Arg, Urug) house servant || f (Arg, Chile, Urug) servant girl

muceta f (*de los doctores en los actos universitarios*) hood; (eccl) mozzetta

muco•so -sa adj mucous || f mucous membrane

múcura f (Bol, Col, Ven, W-I) water pitcher; (Col) thickhead

muchacha *f* girl; young woman; servant girl
muchachada *f* youthful prank
muchachez *f* boyishness, girlishness
mucha•cho -cha *adj* young, youthful ‖ *mf* youth, young person; servant ‖ *m* boy ‖ *f* see **muchacha**
muchedumbre *f* crowd, multitude, flock
mu•cho -cha *adj* much, a lot of, a great deal of; (*tiempo*) a long ‖ *pron* much, a lot, a great deal ‖ **mu•chos -chas** *adj & pron* many ‖ **mucho** *adv* much; (*más de lo regular*) hard; often; a long time; **con mucho** by far; **ni con mucho** or **ni mucho menos** not by a long shot; **por mucho que** however much; **sentir mucho** to be very sorry; **tener mucho de** to take after
muda *f* change; change of voice; change of clothes; (*cambio de plumas o de piel*) molt, molting; molting season; **estar de muda** to be changing one's voice; **estar en muda** (coll) to keep too quiet; **hacer la muda** to molt; **muda de ropa** change of clothing
mudable *adj* fickle, inconstant
mudada *f* change of clothing; move, change of residence
mudadi•zo -za *adj* fickle, inconstant
mudanza *f* change; (*cambio de domicilio*) moving; fickleness, inconstancy; (*en el baile*) figure
mudar *tr* to change ‖ *intr* to change; **mudar de** to change ‖ *ref* to change; change clothing; move; move away; have a bowel movement; **mudarse de** to change
mudez *f* muteness, dumbness; continued silence
mu•do -da *adj* dumb, mute; (phonet) voiceless, surd ‖ *mf* mute ‖ *f* see **muda**
mueblaje *m* furniture, suite of furniture
mueble *adj* movable ‖ *m* piece of furniture; (*p.ej.*, *de un aparato de radio*) cabinet; **muebles** furniture
mueblería *f* furniture shop
mueblista *mf* furniture dealer
mucca *f* face, grimace
muela *f* grindstone; knoll, mound; back tooth; grinder; **muela cordal** wisdom tooth; **muela de esmeril** emery wheel, **muela del juicio** wisdom tooth; **muela de molino** millstone
muellaje *m* dockage, wharfage
muelle *adj* soft; voluptuous ‖ *m* (*pieza elástica de metal*) spring; (*obra en la orilla del mar o de un río*) dock, wharf, pier; (rr) freight platform; **muelle real** mainspring
muérdago *m* mistletoe
muérgano *m* (Col, Ven) piece of junk, drug on the market; (Col, Ecuad, Ven) boor, nobody
muermo *m* (vet) glanders
muerte *f* death; **cada muerte de obispo** once in a blue moon; **dar la muerte a** to put to death; **de mala muerte** crummy, not much of a; **estar a la muerte** to be at death's door; **muerte chiquita** nervous shudder
muer•to -ta *adj* dead; (*apagado, marchito*) flat, dull; (*cal, yeso*) slaked; **muerto de** dying of; **muerto por** crazy about ‖ *mf*

corpse, dead person ‖ *m* (*en los naipes*) dummy; **hacerse el muerto** to play possum; play deaf; **tocar a muerto** to toll
muesca *f* nick, notch; (carp) mortise
muestra *f* (*porción de un producto que sirve para conocer su calidad*) sample; model, specimen; (*rótulo sobre una tienda u hotel*) sign; show, exhibition, indication; (*esfera de reloj*) dial, face; (*parada del perro para levantar la caza*) set; (ademán, porte) bearing; **dar muestras de** to show signs of
mugido *m* moo, low; bellow, roar
mugir §27 *intr* (*la res vacuna*) to moo, low; (*con ira*) bellow; (*el viento, el mar*) roar
mugre *f* dirt, filth, grime
mugrien•to -ta *adj* dirty, filthy, grimy
muguete *m* lily of the valley
mujer *f* woman; (*esposa*) wife; **mujer de gobierno** housekeeper; **mujer de su casa** good manager; **mujer fatal** vamp; **ser mujer** to be a grown woman
mujeren•go -ga *adj* (Arg, Urug, CAm) effeminate
mujerie•go -ga *adj* feminine, womanly; effeminate, womanish; fond of women; **a mujeriegas** sidesaddle ‖ *m* flock of women
mujeril *adj* womanly; womanish
mújol *m* mullet, striped mullet
mula *f* mule, she-mule; junk, trash; (Arg) ingrate, traitor; (Arg) hoax; (C-R) jag, drunk; (Guat, Hond) anger, rage; (Mex) drug on the market; (Ven) flask; **devolver la mula** (CAm) to pay back in one's own coin; **echar la mula a** (Mex) to rake over the coals; **en mula de San Francisco** on shank's mare
mulada *f* drove of mules
muladar *m* dungheap, dunghill; dump, trash heap; filth
mula•to -ta *adj & mf* mulatto
muleta *f* (*palo para apoyarse al andar*) crutch; muleta (*cloth attached to a stick, used by matador*); support, prop; snack
muletilla *f* cross-handle cane; pet word, pet phrase; (taur) muleta
mulo *m* mule
multa *f* fine
multar *tr* to fine
multicopista *m* copying machine
multigrafiar §77 *tr* to multigraph
multígrafo *m* multigraph
multilateral *adj* multilateral
multiláte•ro -ra *adj* multilateral
multinacionales *mpl* multinational corporations
múltiple *adj* multiple, manifold ‖ *m* manifold; **múltiple de admisión** intake manifold; **múltiple de escape** exhaust manifold; **múltiple de uso** multipurpose
multiplicar §73 *tr, intr & ref* to multiply
multiplicidad *f* multiplicity
múlti•plo -pla *adj* multiple, manifold ‖ *m* (math) multiple
multitud *f* multitude
mulli•do -da *adj* soft, fluffy ‖ *m* stuffing (*for cushions, pillows, etc.*) ‖ *f* bedding, litter (*for animals*)

mo
mu

mullir §13 *tr* to soften, fluff up; (*la cama*) beat up, shake up; (*la tierra*) loosen around a stalk ‖ *ref* to get fluffy

munda•no -na *adj* mundane, worldly; (*mujer*) loose

mundial *adj* world-wide, world

mundillo *m* arched clotheshorse; cushion for making lace; warming pan; guelder-rose, cranberry tree; world (*of artists, scholars, etc.*)

mundo *m* world; **así va el mundo** so it goes; **desde que el mundo es mundo** since the world began; **echar al mundo** to bring into the world; to bring forth; **el otro mundo** the other world; **gran mundo** high society; **medio mundo** (*mucha gente*) half the world; **nada del otro mundo** nothing special, no great thing; **tener mucho mundo** to know one's way around; **todo el mundo** everybody; **ver mundo** to see the world, to travel

mundonuevo *m* peep show

munición *f* munition, ammunition; **de munición** (mil) government issue; (coll) done hurriedly

municionar *tr* to supply with munition

municipal *adj* municipal ‖ *m* policeman

munícipe *m* citizen

municipio *m* municipality; town council

munidad *f* susceptibility to infection

munífi•co -ca *adj* munificent

muñeca *f* (*figurilla infantil con que juegan las niñas*) doll; (*parte del cuerpo humano en donde se articula la mano con el brazo*) wrist; manikin, dress form; tea bag; (*mujer linda; mozuela frívola*) doll; **muñeca de trapo** rag doll, rag baby; **muñeca parlante** talking doll

muñeco *m* doll (*representing a male child or animal*); dummy, manikin; fop, effeminate fellow; (fig) puppet; (coll) lad, little fellow

muñequera *f* strap for wrist watch

muñequilla *f* (mach) chuck; (Arg, Chile) young ear of corn

muñidor *m* heeler, henchman

muñir §12 *tr* to convoke, summon; (pol) to fix, rig

muñón *m* (*p.ej., de un brazo cortado*) stump; (mach) journal, gudgeon; **muñón de cola** dock

mural *adj* mural

muralla *f* wall, rampart

murar *tr* to surround with a wall

murciélago *m* bat

murga *f* tin-pan band; trouble, bother; torment

muriente *adj* dying, faint

murmujear *tr & intr* to mumble

murmullar *intr* to murmur

murmullo *m* murmur; whisper; (*de aguas corrientes*) ripple; (*del viento*) rustle

murmurar *tr* to murmur, mutter; murmur at ‖ *intr* to murmur, mutter; whisper; (*las aguas corrientes*) ripple, purl; (*el viento*) rustle; gossip

muro *m* wall; **muro del sonido** sound barrier

murria *f* (coll) blues, dejection

musa *f* muse; **las Musas** the Muses; **soplarle a uno la musa** to be inspired to write poetry; be lucky at games of chance

musaraña *f* shrew, shrewmouse; bug, worm; **mirar a las musarañas** to stare vacantly

músculo *m* muscle

musculo•so -sa *adj* muscular

muselina *f* muslin

museo *m* museum; **museo de cera** waxworks

muserola *f* noseband

mus•go -ga *adj* dark-brown ‖ *m* moss

musgo•so -sa *adj* mossy, moss-covered

música *f* music; (*músicos que tocan juntos*) band; noise, racket; **con la música a otra parte** don't bother me, get out; **música celestial** nonsense; **música de fondo** background music; **poner en música** to set to music

musical *adj* musical

musicalidad *f* musicianship

music-hall *s* vaudeville theater, burlesque show

músi•co -ca *adj* musical ‖ *mf* musician; **músico mayor** bandmaster ‖ *f* see **música**

musicología *f* musicology

musicólo•go -ga *mf* musicologist

musiquero *m* music cabinet

musitar *tr & intr* to mutter, mumble

muslime *adj & mf* Muslim

muslo *m* thigh; (*de ave cocida*) leg, drumstick

mustiar *ref* to wither

mus•tio -tia *adj* sad, gloomy; (*marchito*) withered; (Mex) hypocritical; (Mex) standoffish

musul•mán -mana *adj & mf* Muslim

mutación *f* mutation; unsettled weather, change of weather; (biol) mutation, sport; (theat) change of scene

mutila•do -da *adj* crippled ‖ *mf* cripple

mutilar *tr* to mutilate; cripple

múti•lo -la *adj* mutilated; crippled

mutis *m* (theat) exit; **hacer mutis** (theat) to exit; keep quiet

mutual *adj* mutual

mutualidad *f* mutuality; mutual benefit; mutual benefit association

mutualista *mf* member of a mutual benefit association

mu•tuo -tua *adj* mutual, reciprocal

muy *adv* very; very much; too, e.g., **es muy tarde para dar un paseo tan largo** it is too late to take such a long walk; **muy de noche** late at night; **Muy señor mío** Dear Sir

N

N, n (ene) *f* sixteenth letter of the Spanish alphabet

n/ *abbr* **nuestro**

N. *abbr* **Norte**

nabo *m* turnip; (naut) mast

Nabucodonosor *m* Nebuchadnezzar

nácar *m* mother-of-pearl

nacara•do -da *adj* mother-of-pearl

nacatamal *m* (CAm, Mex) meat-filled tamale

nacela *f* nacelle

nacencia *f* birth; growth, tumor

nacer §22 *intr* to be born; bud, take rise, originate, appear; dawn ‖ *ref* bud, shoot, sprout; (*abrirse la ropa por las costuras*) split

naci•do -da *adj* natural, innate; apt, proper, fit; **nacida** née or nee ‖ *m* human being; growth, boil

naciente *adj* incipient; resurgent; (*sol*) rising ‖ *m* east

nacimiento *m* birth; origin, beginning, fountainhead; descent, lineage; (*de agua*) spring, fountainhead, crèche

nación *f* nation

nacional *adj* national; domestic ‖ *mf* national ‖ *m* militiaman

nacionalidad *f* nationality

nacionalismo *m* nationalism

nacionalista *adj* & *mf* nationalist

nacionalizar §60 *tr* to nationalize ‖ *ref* to be naturalized; become a citizen

nacista *adj* & *mf* Nazi

naco *m* (Arg, Bol, Urug) black rolled leaf of chewing tobacco; (Arg) fear, scare; (Col) stewed corn; (Col) mashed potatoes

nada *pron indef* nothing, not . . . anything; **de nada** don't mention it, you're welcome ‖ *adv* not at all

nadaderas *fpl* water wings

nada•dor -dora *adj* swimming, floating ‖ *mf* swimmer ‖ *m* (Chile) fishnet float

nadar *intr* to swim; float; fit loosely or too loosely; **nadar en** (*riqueza*) to be rolling in; (*suspiros*) be full of; (*sangre*) be bathed in

nadear *tr* to destroy, wipe out

nadería *f* trifle

nadie *pron indef* nobody, not . . . anybody; **nadie más** nobody else; **nadie más que** nobody but ‖ *m* nobody; **un don nadie** a nonentity

nado — **a nado** swimming, floating; **echarse a nado** to dive in; **pasar a nado** to swim across

nafta *f* naphtha

nagual *m* (Guat, Hond) (*dícese de un animal*) inseparable companion; (Mex) sorcerer, wizard; (Mex) lie

nagualear *intr* (Mex) to lie; (Mex) to be out looking for trouble all night

naguas *fpl* petticoat

naipe *m* playing card; deck of cards; **naipe de figura** face card; **tener buen naipe** to be lucky

naire *m* mahout

nalgada *f* shoulder, ham; blow on or with the buttocks

nalgas *fpl* buttocks, rump

nana *f* grandma; lullaby, cradlesong; (CAm, Mex, W-I) child's nurse; (Arg, Chile, Urug) child's complaint

nao *f* ship, vessel

napoleóni•co -ca *adj* Napoleonic

Nápoles *f* Naples

napolita•no -na *adj* & *mf* Neapolitan

naranja *f* orange; **media naranja** (coll) sidekick, better half; **naranja cajel** Seville orange, sour orange; **¡naranjas!** nonsense!

naranjada *f* orangeade; orange juice; orange marmalade

naranjal *m* orange grove

naranjo *m* orange tree; boob, simpleton

narciso *m* narcissus; fop, dandy; **narciso trompón** daffodil ‖ **Narciso** *m* Narcissus

narcóti•co -ca *adj* & *m* narcotic

narcotizar §60 *tr* to dope, drug

narcotraficante *mf* drug dealer

narguile *m* hookah

narigada *f* (SAm) pinch of snuff

nari•gón -gona *adj* big-nosed ‖ *m* big nose

narigu•do -da *adj* big-nosed; nose-shaped

nariguera *f* nose ring

na•riz *f* (*pl* **-rices**) nose; nostril; sense of smell; (*del vino*) bouquet; **nariz de pico de loro** hooknose; **sonarse las narices** to blow one's nose; **tabicarse las narices** to hold one's nose; **tener agarrado por las narices** to lead by the nose

narración *f* narration

narra•dor -dora *adj* narrating ‖ *mf* narrator

narrar *tr* to narrate

narrati•vo -va *adj* narrative ‖ *f* (*relato; habilidad en narrar*) narrative

narria *f* sled, sledge, drag

nasal *adj* & *f* nasal

nasalizar §60 *tr* to nasalize

nata *f* cream; whipped cream; élite, choice; skim, scum

natación *f* swimming

natal *adj* natal; native ‖ *m* birth; birthday

natali•cio -cia *adj* birth ‖ *m* birthday

natalidad *f* birth rate

naterón *m* cottage cheese

natillas *fpl* custard

natividad *f* birth; Christmas; (*día; festividad; pintura*) Nativity

nati•vo -va *adj* native; natural; natural-born; innate

na•to -ta *adj* born, e.g., **criminal nato** born criminal ‖ *f* see **nata**

natural *adj* natural; native; (mus) natural ‖ *mf* native ‖ *m* temper, disposition, nature; **al natural** au naturel; rough, unfinished; live; **del natural** from life, from nature

naturaleza *f* nature; disposition, temperament; nationality; **naturaleza muerta** still life

naturalidad *f* naturalness; nationality

naturalismo *m* naturalism

naturalista *mf* naturalist

naturalización *f* naturalization
naturalizar §60 *tr* to naturalize; acclimatize
∥ *ref* to become·naturalized; go native
naturalmente *adv* naturally; easily, readily
naturismo *m* nudism
naufragar §44 *intr* to be shipwrecked; fail
naufragio *m* shipwreck; failure, ruin
náufra•go -ga *adj* shipwrecked ∥ *mf* shipwrecked person ∥ *m* shark
náusea *f* nausea; **dar náuseas a** to nauseate; sicken, disgust; **tener náuseas** to be nauseated, be sick at one's stomach
nauseabun•do -da *adj* nauseating, nauseous, loathsome, sickening
nauta *m* mariner, sailor
náuti•co -ca *adj* nautical ∥ *f* sailing, navigation
nava *f* hollow plain between mountains
navaja *f* folding knife; razor; penknife; tusk of wild boar; razor clam; evil tongue; **navaja barbera** straight razor
navajada *f* or **navajazo** *m* slash, gash
navajero *m* razor case; razor cloth
naval *adj* naval; nautical; **naval militar** naval
nava•rro -rra *adj & mf* Navarrese ∥ **Navarra** *f* Navarre
navazo *m* garden in sandy marshland
nave *f* ship, vessel; (*de un taller, fábrica, tienda, iglesia, etc.*) aisle; commercial ground floor; hall, shed, bay, building; **nave central** or **principal** (archit) nave; **nave lateral** (archit) aisle
navegable *adj* navigable
navegación *f* navigation; sailing; sea voyage; **navegación a vela** sailing
navega•dor -dora or **navegante** *adj* navigating ∥ *mf* navigator
navegar §44 *tr* to sail ∥ *intr* to navigate, sail; move around; (Mex) to suffer, bear
navel *f* (*pl* **-vels**) navel orange
Navidad *f* Christmas; Christmas time; ¡**Felices Navidades!** Merry Christmas!; **contar** or **tener muchas Navidades** to be pretty old
navidal *m* Christmas card
navide•ño -ña *adj* Christmas
navie•ro -ra *adj* ship, shipping ∥ *m* shipowner; outfitter
navío *m* ship, vessel; **navío de guerra** warship
náyade *f* naiad
nazare•no -na *adj & mf* Nazarene ∥ *m* penitent in Passion Week procession ∥ **nazarenas** *fpl* (SAm) large gaucho spurs
nazi *adj & mf* Nazi
N.B. *abbr* **nota bene** (Lat) note well
nébeda *f* catnip
neblina *f* fog, mist
neblino•so -sa *adj* foggy, misty
nebulo•so -sa *adj* nebulous, cloudy, misty, hazy, vague; gloomy, sullen ∥ *f* nebula
necedad *f* foolishness, stupidity, nonsense
necesa•rio -ria *adj* necessary ∥ *f* water closet, privy
neceser *m* toilet case; sewing kit; **neceser de belleza** vanity case; **neceser de costura** workbasket

necesidad *f* necessity; need, want; starvation; **de necesidad** from weakness; of necessity; **necesidad mayor** bowel movement; **necesidad menor** urination
necesita•do -da *adj* necessitous, poor, needy; **estar necesitado de** to be in need of ∥ *mf* needy person
necesitar *tr* to necessitate; need; **necesitar +** *inf* to have to, need to + *inf* ∥ *intr* to be in need; **necesitar de** to be in need of, need ∥ *ref* to be needed, be necessary
ne•cio -cia *adj* foolish, stupid; imprudent; stubborn; touchy ∥ *mf* fool
necrología *f* necrology
necromancia *f* necromancy
néctar *m* nectar
neerlan•dés -desa *adj* Netherlandish, Dutch ∥ *mf* Netherlander ∥ *m* Dutchman; (*idioma*) Netherlandish or Dutch ∥ *f* Dutchwoman
nefalista *mf* teetotaler
nefan•do -da *adj* base, infamous
nefas•to -ta *adj* ominous, fatal, tragic
negable *adj* deniable
negación *f* negation; denial; refusal
nega•do -da *adj* unfit, incompetent; dull, indifferent
negar §66 *tr* to deny; refuse; prohibit; disown; conceal ∥ *intr* to deny ∥ *ref* to avoid; refuse; deny oneself to callers; **negarse a** to refuse; **negarse a +** *inf* to refuse to + *inf*
negati•vo -va *adj* negative ∥ *f* negative; denial; refusal
negligencia *f* negligence
negligente *adj* negligent
negociable *adj* negotiable
negociación *f* negotiation; deal, matter
negociado *m* department, bureau; affair, business; (SAm) illegal dealing; (Chile) store
negociante *m* dealer, trader
negociar *tr* to negotiate ∥ *intr* to negotiate; deal, trade
negocio *m* business; affair, deal, transaction; profit; (SAm) store
negocio•so -sa *adj* businesslike
negrear *intr* to turn black; look black
negre•ro -ra *adj* slave-trading; (fig) slave-driving ∥ *mf* slave trader; (fig) slave driver
negrilla *f* (typ) boldface
ne•gro -gra *adj* black, dark; gloomy; fatal, wicked; (coll) broke ∥ *mf* black (person); dear, darling ∥ *m* black; **negro de humo** lampblack
negror *m* or **negrura** *f* blackness
negruz•co -ca *adj* blackish
néme•sis *f* (*pl* **-sis**) (*justo castigo; castigador*) nemesis ∥ **Némesis** Nemesis
nemoro•so -sa *adj* (poet) woody, sylvan
ne•ne -na *mf* baby; dear, darling ∥ *m* rascal, villain
nenúfar *m* white water lily
neo *m* neon
neocelan•dés -desa *adj* New Zealand ∥ *mf* New Zealander
neoesco•cés -cesa *adj & mf* Nova Scotian
neófi•to -ta *mf* neophyte

neologismo *m* neologism
neomejica•no -na *adj* & *mf* New Mexican
neomicina *f* neomycin
neón *m* neon
neoyorki•no -na *adj* New York ‖ *mf* New Yorker
Nepal, el Nepal
nepa•lés -lesa *adj* & *mf* Nepalese
nepente *m* nepenthe
nepote *m* relative and favorite of the Pope ‖ **Nepote** Nepos
neptunio *m* neptunium
Neptuno *m* Neptune
nereida *f* Nereid
Nerón *m* Nero
nervio *m* nerve; (*del ala del insecto*) rib; strength, vigor
nerviosidad *f* nervousness
nervio•so -sa *adj* nervous; energetic, vigorous, sinewy; (*célula; centro; tónico*) nerve; (*sistema; enfermedad; postración, colapso*) nervous
nervosidad *f* nervosity; ductility, flexibility; (*de un argumento*) force, cogency
nervo•so -sa *adj* var of **nervioso**
nervu•do -da *adj* vigorous, sinewy
nervura *f* backbone (*of book*)
nesga *f* gore
nesgar §44 *tr* to gore
ne•to -ta *adj* net
neumáti•co -ca *adj* pneumatic; air ‖ *m* tire
neumonía *f* pneumonia
neuralgia *f* neuralgia
neurología *f* neurology
neurona *f* neuron
neuro•sis *f* (*pl* **-sis**) neurosis; **neurosis de guerra** shell shock
neuróti•co -ca *adj* & *mf* neurotic
neutral *adj* & *mf* neutral
neutralidad *f* neutrality
neutralismo *m* neutralism
neutralista *adj* & *mf* neutralist
neutralizar §60 *tr* to neutralize
neu•tro -tra *adj* neuter; (*que no es de un color ni de otro*) neutral; (bot, chem, elec, phonet, zool) neutral; (*verbo*) intransitive
neutrón *m* neutron
neva•do -da *adj* snow-covered; snow-white ‖ *f* snowfall
nevar §2 *tr* to make snow-white ‖ *intr* to snow
nevasca *f* snowfall; snowstorm, blizzard
nevazón *f* (SAm) snowfall
nevera *f* icebox, refrigerator; icehouse; (P-R) jail
nevería *f* ice-cream parlor
neve•ro -ra *mf* ice-cream dealer ‖ *m* place of perpetual snow; perpetual snow ‖ *f* see **nevera**
nevisca *f* snow flurry
neviscar §73 *intr* to snow lightly
nevo *m* mole; **nevo materno** birth mark
nevo•so -sa *adj* snowy
ni *conj* neither, nor; **ni . . . ni** neither . . . nor; **ni . . . siquiera** not even
niacina *f* niacin

nicaragüense or **nicaragüe•ño -ña** *adj* & *mf* Nicaraguan
Nicolás *m* Nicholas
nicotina *f* nicotine
nicho *m* niche
nidada *f* (*huevos en el nido*) nestful of eggs; (*pajarillos en el nido*) nest, brood, hatch
nidal *m* (*donde la gallina pone sus huevos*) nest; nest egg; haunt; source; basis, foundation
nido *m* nest; haunt; home; source; (*de ladrones*) nest, den
niebla *f* fog, mist, haze; mildew; fog, confusion; **hay niebla** it is foggy; **niebla artificial** smoke screen
nie•to -ta *mf* grandchild ‖ *m* grandson; **nietos** grandchildren ‖ *f* granddaughter
nieve *f* snow; water ice
nigromancia *f* necromancy
nihilismo *m* nihilism
nihilista *mf* nihilist
Nilo *m* Nile; **Nilo Azul** Blue Nile
nilón *m* nylon
nimbo *m* nimbus; halo
nimiedad *f* excess; fussiness, fastidiousness; timidity
ni•mio -mia *adj* excessive; fussy, fastidious; tiny
ninfa *f* nymph; **ninfa marina** mermaid
ninfea *f* white water lily
ningún *adj* *indef* apocopated form of **ninguno,** used only before masculine singular nouns and adjectives
ningu•no -na *adj* *indef* no, not any ‖ *pron* *indef* none, not any; neither, neither one; **ninguno de los dos** neither one ‖ **ninguno** *pron* *indef* nobody, no one
niña *f* child, girl; (*del ojo*) pupil; **niña del ojo** apple of one's eye; **niña exploradora** girl scout
niñada *f* childishness
niñera *f* nursemaid
niñería *f* childishness; trifle
niñero -ra *adj* fond of children ‖ *f* see **niñera**
niñez *f* childhood; childishness; (fig) infancy
ni•ño -ña *adj* childlike, childish; young, inexperienced ‖ *mf* child; (*persona joven e inexperta*) babe; **desde niño** from childhood; **niño expósito** foundling; **niño travieso** imp ‖ *m* child, boy; **niño bonito** playboy; **niño de coro** choirboy; **niño de la bola** child Jesus; lucky fellow; **niño explorador** boy scout; **niño gótico** playboy ‖ *f* see **niña**
niño-probeta *m* test-tube baby
ni•pón -pona *adj* & *mf* Nipponese
níquel *m* nickel
niquelar *tr* to nickel-plate
nirvana, el nirvana
níspero *m* medlar (*tree and fruit*)
níspola *f* medlar (*fruit*)
nitidez *f* brightness, clearness; sharpness
níti•do -da *adj* bright, clear; sharp
nitrato *m* nitrate
nítri•co -ca *adj* nitric
nitro *m* niter; **nitro de Chile** saltpeter
nitrógeno *m* nitrogen

na
ni

nitroglicerina *f* nitroglycerine
nitro•so -sa *adj* nitrous
nitruro *m* nitride
nivel *m* level; **nivel de burbuja** spirit level; **nivel de vida** standard of living; **nivel sonoro** noise level
nivelar *tr* to level; even, make even, grade; survey
no *adv* not; no; **¿cómo no?** why not?; of course, certainly; **creer que no** to think not, believe not; **¿no?** is it not so?; **no bien** no sooner; **no más que** not more than; only; **no sea que** lest; **no . . . sino** only; **ya no** no longer
nobabia *f* (aer) dope
noble *adj* noble ‖ *m* noble, nobleman
nobleza *f* nobility
noción *f* notion, idea; rudiment
nocividad *f* harmfulness
noci•vo -va *adj* noxious, harmful
noctur•no -na *adj* nocturnal; lonely, sad, melancholy; night, nighttime
noche *f* night, nighttime; darkness; **buenas noches** good evening; good night; **de la noche a la mañana** overnight; unexpectedly, suddenly; **de noche** at night, in the nighttime; **esta noche** tonight; **hacer noche en** to spend the night in; **hacerse de noche** to grow dark; **muy de noche** late at night; **por la noche** at night, in the nighttime; **noche buena** Christmas Eve; **noche de estreno** (theat) first night; **noche de uvas** New Year's Eve; **noche vieja** New Year's Eve; watch night
nochebuena *f* Christmas Eve
nochebueno *f* Christmas cake; Yule log
nochero *m* sleepwalker
nodo *m* (astr, med, phys) node
No-Do *m* (acronym for **Noticiario y Documentales**) newsreel; newsreel theater
nodriza *f* wet nurse; vacuum tank
Noé *m* Noah
nogal *m* walnut; **nogal de la brujería** witch hazel
nómada or **nómade** *adj & mf* nomad
nomádi•co -ca *adj* nomadic
nombradía *f* fame, renown, reputation
nombra•do -da *adj* famous
nombramiento *m* naming; appointment
nombrar *tr* to name; appoint
nombre *m* name; fame, reputation; nickname; watchword; noun; **del mismo nombre** (elec) like; **de nombres contrarios** (elec) unlike; **nombre comercial** firm name; **nombre de lugar** place name; **nombre de pila** first name, Christian name; **nombre de soltera** maiden name; **nombre substantivo** noun; **nombre supuesto** alias
nomeolvi•des *f* (*pl* **-des**) forget-me-not
nómina *f* list, roll; payroll
nominal *adj* nominal; noun
nominar *tr* to name; appoint
nominati•vo -va *adj & m* nominative
non *adj* odd, uneven ‖ *m* odd number
nonada *f* trifle, nothing

no•no -na *adj & m* ninth
nopal *m* prickly pear
norcorea•no -na *adj & mf* North Korean
nordestada *f* or **nordeste** *m* (*viento*) northeaster (*wind*)
noria *f* chain pump; (*pozo*) draw well; Ferris wheel; treadmill, drudgery
norma *f* norm, standard; rule, method; (carp) square
normal *adj* normal; standard; perpendicular
Normandía *f* Normandy
norman•do -da *adj & mf* Norman ‖ *m* Norseman
norte *m* north; north wind; (*guía*) (fig) polestar, lodestar
Norteamérica *f* North America; America, the United States
norteamerica•no -na *adj & mf* North American; (*estadunidense*) American
norte•ño -ña *adj* northern
norue•go -ga *adj & mf* Norwegian ‖ **Noruega** *f* Norway
nos (used as object of verb) *pron pers* us; to us ‖ *pron reflex* ourselves, to ourselves; each other, to each other
noso•tros -tras *pron pers* we; us; ourselves
nostalgia *f* nostalgia
nota *f* note; (*en la escuela*) mark, grade; (*en el restaurante*) check; (mus) note; **nota de adorno** grace note; **nota tónica** keynote
notables *mpl* notables; prominent persons; (coll) VIPs
notar *tr* to note; dictate; annotate; criticize; discredit
notario *m* notary, notary public
noticia *f* news; notice, information; notion, rudiment; knowledge; **noticias de actualidad** news of the day; **noticias de última hora** late news; **una noticia** a piece of news, a news item
noticiar *tr* to notify; give notice of
noticia•rio -ria *adj* news ‖ *m* up-to-the-minute news; newsreel; newscast; **noticiario gráfico** picture page; **noticiario teatral** theater page
noticie•ro -ra *adj* news ‖ *m* newsman, reporter; late news
noticio•so -sa *adj* informed; learned; well-informed; newsy ‖ *m* news item
notificar §73 *tr* to notify; report on
no•to -ta *adj* known, well-known ‖ *m* south wind ‖ *f* see **nota**
notoriedad *f* general knowledge; fame
noto•rio -ria *adj* manifest, well-known
nov. *abbr* **noviembre**
novatada *f* hazing; beginner's blunder
nova•to -ta *adj* beginning ‖ *mf* beginner; freshman
novecien•tos -tas *adj & pron* nine hundred ‖ **novecientos** *m* nine hundred
novedad *f* newness, novelty; news; fashion; happening; change; failing health; **sin novedad** as usual; safe; well; without anything happening
novel *adj* new, inexperienced, beginning ‖ *m* beginner

novela f novel; story, lie; **novela caballista** novel of western life; **novela policíaca** or **policial** detective story; **novela por entregas** serial
novele•ro -ra adj fond of novelty; fond of fiction; gossipy; fickle
noveles•co -ca adj novelistic, fictional; romantic, fantastic
novelista mf novelist
novelísti•co -ca adj fictional ‖ f fiction
novelizar §60 tr to fictionalize
nove•no -na adj & m ninth
noventa adj, pron & m ninety
noventa•vo -va adj & m ninetieth
novia f fiancée; bride; **novia de guerra** war bride
noviazgo m engagement, courtship
novi•cio -cia adj & mf novice
noviembre m November
novilunio m new moon
novilla f heifer
novillada f drove of young bulls; (taur) fight with young bulls by aspiring bullfighters
novillero m herdsman of young cattle; (taur) aspiring fighter, untrained fighter; truant
novillo m young bull; (coll) cuckold; (Mex, P-R) fiancé; **hacer novillos** to play truant
novio m suitor; fiancé; bridegroom; **novios** engaged couple; bride and groom, newlyweds
novocaína f novocaine
nro. abbr **nuestro**
N.S. abbr **Nuestro Señor**
ntro. abbr **nuestro**
nubada f local shower; abundance
nubarrón m storm cloud
nube f cloud; **andar** (los precios) **por las nubes** to be sky-high; **bajar de las nubes** to come back to or down to earth; **poner en** or **sobre las nubes** to praise to the skies
nube-hongo f mushroom cloud
nubla•do -da adj cloudy ‖ m storm cloud; impending danger; abundance; **aguantar el nublado** to suffer resignedly
nublar tr to cloud, cloud over ‖ ref to become cloudy
nu•blo -bla adj cloudy ‖ m storm cloud
nublo•so -sa adj cloudy; adverse, unfortunate
nubosidad f clouding, clouds
nubo•so -sa adj cloudy
nuca f nape
nuclear adj nuclear
núcleo m nucleus; core; (de nuez) kernel; (de la fruta) stone; (de un electroimán) core
nudillo m knuckle; stocking stitch; plug (in wall)
nudo m knot; bond, tie, union; crux; tangle, plot; difficulty; (en el drama) crisis; center, juncture; (bot) node; (naut) knot; **cortar el**

nudo gordiano to cut the Gordian knot; **hacérsele a** (uno) **un nudo en la garganta** to get a lump in one's throat
nudo•so -sa adj knotted, knotty
nuera f daughter-in-law
nues•tro -tra adj poss our ‖ pron poss ours
nueva f news; piece of news; **nuevas** fpl news
Nueva York m & f New York; **el Gran Nueva York** Greater New York
Nueva Zelandia New Zealand
nueve adj & pron nine; **las nueve** nine o'clock ‖ m nine; (en las fechas) ninth
nue•vo -va adj new; **de nuevo** again, anew; **nuevo flamante** brand-new; **¿qué hay de nuevo?** what's new? ‖ mf novice; freshman ‖ f see **nueva**
nuevomejica•no -na adj & mf New Mexican
Nuevo Méjico m New Mexico
nuez f (pl **nueces**) nut; walnut; Adam's apple; **nuez dura** (árbol) hickory; hickory nut; **nuez moscada** nutmeg
nulidad f nullity; incapacity; nobody
nu•lo -la adj null, void, worthless
núm. abbr **número**
numen m deity; inspiration
numeral adj numeral
numerar tr to number; count; numerate
numerario m cash, coin, specie
numéri•co -ca adj numerical
número m number; (de un periódico) copy, issue; (de zapatos) size; lottery ticket; **cargar** or **cobrar al número llamado** (telp) to reverse the charges; **de número** (dícese de los individuos de una sociedad) regular; **mirar por el número uno** to look out for number one; **número de serie** series number; **número equivocado** (telp) wrong number
numero•so -sa adj numerous
nunca adv never; **no . . . nunca** not . . . ever, never; **nunca jamás** nevermore
nupcial adj nuptial
nupcialidad f marriage rate
nupcias fpl nuptials, marriage; **casarse en segundas nupcias** to marry the second time
nutria f otter
nutrición f nutrition
nutri•do -da adj great, intense, robust, vigorous, steady; full, abounding, rich, heavy; (carácter, letra) thick; (cañoneo) heavy, sustained
nutrimento m or **nutrimiento** m nourishment, nutriment
nutrir tr to nourish, feed; supply, stock; support, back up; fill to overflowing
nu•triz f (pl **-trices**) wet nurse

Ñ

Ñ, ñ (eñe) *f* seventeenth letter of the Spanish alphabet
ñadi *m* (Chile) broad, shallow swamp
ñajú *m* okra, gumbo
ñámbar *m* Jamaica rosewood
ñame *m* yam; (W-I) blockhead, dunce
ñan•dú *m* (*pl* -dúes) nandu, American ostrich
ñaño -ña *adj* close, intimate; spoiled, overindulged ‖ *m* elder brother ‖ *f* elder sister; nursemaid; dear
ñapa *f* something thrown in, lagniappe; de ñapa in the bargain
ñaque *m* junk, pile of junk

ña•to -ta *adj* pug-nosed; (Arg) ugly, deformed
ñeque *adj* (Am) strong, vigorous; (*dícese de los ojos*) drooping ‖ *m* slap, blow; pep
ñiqueñaque *m* (coll) trash
ñisca *f* bit, fragment; excrement
ñoclo *m* macaroon
ñolombre *m* old peasant; ¡viene ñolombre! here comes the bogeyman
ñon•go -ga *adj* slow, lazy; foolish, stupid; tricky; suspicious
ñoñería *f* or ñoñez *f* timidity; inanity; dotage
ño•ño -ña *adj* timid; inane; doting

O

O, o (o) eighteenth letter of the Spanish alphabet
o *conj* or; o . . . o either . . . or
oa•sis *m* (*pl* -sis) oasis
ob. *abbr* obispo
obduración *f* obduracy
obedecer §22 *tr* (with personal a) to obey ‖ *intr* to obey; obedecer a to yield to, be due to, be in keeping with, arise from
obediencia *f* obedience
obediente *adj* obedient
obelisco *m* obelisk; (typ) dagger
obertura *f* (mus) overture
obesidad *f* obesity
obe•so -sa *adj* obese
obispo *m* bishop
óbito *m* decease, demise
obituario *m* obituary
objeción *f* objection
objetable *adj* objectionable (*open to objection*)
objetar *tr* to object; (*dudas*) raise; (*una razón contraria*) set up, offer, present; object to
objeti•vo -va *adj* & *m* objective
objeto *m* object; subject matter; objetos de cotillión favors; objeto volante no identificado (ovni) unidentified flying object (UFO)
oblea *f* wafer; pill, tablet; hecho una oblea nothing but skin and bones
obli•cuo -cua *adj* oblique
obligación *f* obligation, duty; bond, debenture; obligaciones family responsibilities
obligacionista *mf* bondholder
obliga•do -da *adj* obliged, grateful; submissive; (mus) obbligato ‖ *m* (mus) obbligato
obligar §44 *tr* to obligate; oblige
obliterar *tr* to cancel
oblon•go -ga *adj* oblong
oboe *m* oboe; oboist
oboísta *mf* oboist
óbolo *m* mite
obra *f* work; obra de a matter of; obra de consulta reference work; obra maestra

masterpiece; obra pía charity; useful effort; obra prima shoemaking; obras construction, repairs, alterations; obra segunda shoe repairing; poner por obra to undertake, set to work on
obra•dor -dora *mf* worker ‖ *m* workman; shop, workshop ‖ *f* workingwoman
obraje *m* manufacture; processing
obrajero *m* foreman; (Arg) lumberman; (Bol) artisan
obrar *tr* to build; perform; work ‖ *intr* to work; act, operate, proceed; have a movement of the bowels; obra en mi poder I have at hand, I have in my possession
obrera *f* workingwoman
obrerismo *m* labor; labor movement
obre•ro -ra *adj* working; labor ‖ *m* workman; los obreros labor ‖ *f* see obrera
obrero-patronal *adj* labor management
obscenidad *f* obscenity
obsce•no -na *adj* obscene
obscurecer §22 *tr* to darken; dim; discredit; cloud, confuse ‖ *intr* to grow dark ‖ *ref* to cloud over; become dimmed; fade away
obscuridad *f* obscurity; darkness
obscu•ro -ra *adj* obscure; dark; gloomy; uncertain, dangerous; a obscuras in the dark ‖ *m* dark; (paint) shading
obsequia•do -da *mf* recipient; guest of honor
obsequiar *tr* to fawn over, flatter; present, give; court, woo
obsequio *m* flattery; gift; attention, courtesy; en obsequio de in honor of
obsequio•so -sa *adj* obsequious; obliging; courteous
observación *f* observation
observa•dor -dora *adj* observant ‖ *mf* observer
observancia *f* observance; deference, respectfulness
observar *tr* to observe
observatorio *m* observatory
obsesión *f* obsession
obsesionar *tr* to obsess

obsole•to -ta *adj* obsolete
obstaculizar §60 *tr* to prevent; obstruct
obstáculo *m* obstacle
obstante *adj* standing in the way; no obstante however, nevertheless; in spite of
obstar *intr* to stand in the way; obstar a or para to hinder, check, oppose
obstetricia *f* obstetrics
obstétri•co -ca *adj* obstetrical || *mf* obstetrician
obstinación *f* obstinacy
obstina•do -da *adj* obstinate
obstinar *ref* to be obstinate
obstrucción *f* obstruction
obstruccionar *tr* to hinder, obstruct
obstruir §20 *tr* to obstruct; block; stop up
obtención *f* obtaining
obtener §71 *tr* to obtain; keep
obtenible *adj* obtainable
obturación *f* plugging up, sealing off
obturador *m* stopper, plug; (aut) choke; (aut) throttle, (phot) shutter; obturador de guillotina drop shutter
obtu•so -sa *adj* obtuse
obús *m* howitzer; shell; (de válvula de neumático) plunger
obvención *f* extra, bonus, incidental
obvencional *adj* incidental
obviar §77 & regular *tr* to obviate, prevent || *intr* to stand in the way
ob•vio -via *adj* obvious; unnecessary
oca *f* goose
ocasión *f* occasion; opportunity, chance; danger, risk; aprovechar la ocasión to improve the occasion; aprovechar la ocasión de to avail oneself of the opportunity to; asir la ocasión por la melena to take time by the forelock; de ocasión secondhand
ocasiona•do -da *adj* dangerous, risky; exposed, subject, liable; annoying
ocasionar *tr* to occasion, cause; stir up; endanger
ocasional *adj* occasional; causal; causing; (*causa*) responsible; accidental
ocaso *m* west; (de un cuerpo celeste) setting; sunset; decline; end, death
occidental *adj* western; occidental
occidente *m* occident
oceáni•co -ca *adj* oceanic
océano *m* ocean
ocio *m* idleness, leisure; distraction, pastime; spare time
ocio•so -sa *adj* idle; useless, needless
oclusión *f* occlusion
oclusi•vo -va *adj* & *f* occlusive
ocote *m* (Mex) torch pine
octava *f* octave
octavilla *f* handbill; eight-syllable verse
octavín *m* piccolo
octa•vo -va *adj* eighth || *mf* octoroon || *m* eighth || *f* see octava
oct.ᵉ *abbr* octubre
octogési•mo -ma *adj* & *m* eightieth
octubre *m* October
ocular *adj* ocular, eye || *m* eyepiece, eyeglass, ocular
oculista *mf* oculist; fawner, flatterer

ocultar *tr* & *ref* to hide
ocul•to -ta *adj* hidden, concealed; (*misterioso, sobrenatural*) occult
ocupación *f* occupation; occupancy; employment
ocupa•do -da *adj* busy; occupied; ocupada pregnant
ocupante *adj* occupying || *mf* occupant || ocupantes *mpl* occupying forces
ocupar *tr* to occupy; busy, keep busy; employ; bother, annoy; attract the attention of || *ref* to be occupied; be busy; be preoccupied; bother
ocurrencia *f* occurrence; witticism; bright idea
ocurrente *adj* witty
ocurrir *intr* to occur, happen; come; (venir a la mente) occur
ocha•vo -va *adj* eighth; octagonal || *m* eighth; octagon
ochenta *adj, pron & m* eighty
ochenta•vo -va *adj & m* eightieth
ocho *adj & pron* eight; las ocho eight o'clock || *m* eight; (en las fechas) eighth
ochocien•tos -tas *adj & pron* eight hundred || ochocientos *m* eight hundred
oda *f* ode
odiar *tr* to hate
odio *m* hate, hatred
odio-amor *m* love-hate ⁺
odio•so -sa *adj* odious, hateful
Odisea *f* Odyssey
Odiseo *m* Odysseus
odontología *f* odontology, dentistry
odontólo•go -ga *mf* odontologist, dentist
odre *m* goatskin wine bag; (coll) toper
OEA *f* OAS
oeste *m* west; west wind
ofender *tr* & *intr* to offend || *ref* to take offense
ofensa *f* offense
ofensi•vo -va *adj & f* offensive
ofen•sor -sora *adj* offending || *mf* offender
oferta *f* offer; gift, present; oferta y demanda supply and demand
oficial *adj* official || *m* official, officer; skilled workman; clerk, office worker; journeyman; commissioned officer; oficial de derrota navigator
oficiar *tr* to announce officially in writing; (la misa) celebrate; officiate at || *intr* to officiate; oficiar de to act as
oficina *f* office; shop; pharmacist's laboratory; oficina de objetos perdidos lost-and-found department
oficines•co -ca *adj* office, clerical; bureaucratic
oficinista *mf* clerk, office worker
oficio *m* office, occupation; function, rôle; craft, trade; memo, official note; (eccl) office, service; de oficio officially; professionally; hacer oficios de to function as; tomar por oficio to take to, keep at
oficio•so -sa *adj* diligent; obliging; officious, meddlesome; profitable; unofficial
ofrecer *tr* & *intr* to offer; (una recepción) give || *ref* to offer; offer oneself; happen

ñ
of

ofrecimiento *m* offer, offering; **ofrecimiento de presentación** introductory offer
ofrenda *f* offering; gift
ofrendar *tr* to make offerings of; contribute
oftalmología *f* ophthalmology
oftalmólo•go -ga *mf* ophthalmologist
ofuscación *f* obfuscation; (mental) derangement
ofuscar §73 *tr* to obfuscate; dazzle
ogro *m* ogre
Oh *interj* O!, Oh!
ohmio *m* ohm
oíble *adj* audible
oída *f* hearing; **de** or **por oídas** by hearsay
oído *m* hearing; ear; **abrir tanto oído** to be all ears; **al oído** by listening; confidentia!y; **decir al oído** to whisper; **hacer** or **tener oídos de mercader** to turn a deaf ear
oír §48 *tr* to hear; listen to; (*una conferencia*) attend; **oír + inf** to hear + *inf*, e.g., **oí entrar a mi hermano** I heard my brother come in; hear + *ger*, e.g., **oí cantar a la muchacha** I heard the girl singing; hear + *pp*, e.g., **oí tocar la campana** I heard the bell ring; **oír decir que** to hear that; **oír hablar de** to hear about ‖ *intr* to hear; listen; **¡oíga!** say!, listen!; the idea!, the very idea!
ojada *f* (Col) skylight
ojal *m* buttonhole; eyelet; grommet
ojalá *interj* God grant . . . !, would to God . . . !; **¡ojalá que** would that . . . !, I hope that . . . !
ojeada *f* glimpse, glance; **buena ojeada** eyeful
ojear *tr* to eye, stare at; cast the evil eye on; (*la caza*) start, rouse; frighten, startle
ojera *f* eyecup, eyeglass; **ojeras** (*bajo los párpados inferiores*) rings, circles
ojeriza *f* grudge, ill will
ojero•so -sa *adj* with rings or circles under the eyes
ojete *m* eyelet, eyehole
ojienju•to -ta *adj* dry-eyed, tearless
ojituer•to -ta *adj* cross-eyed
ojiva *f* ogive, pointed arch
ojo *m* eye; (*de la escalera*) opening, well; (*del puente*) bay, span; (*de agua*) spring; **a ojos vistas** visibly, openly; **costar un ojo de la cara** to cost a mint, cost a fortune; **dar los ojos de la cara por** to give one's eyeteeth for; **hasta los ojos** up to one's ears; **mirar con ojos de carnero degollado** to make sheep's eyes at; **no pegar el ojo** to not sleep a wink; **ojo de buey** (archit, meteor, naut) bull's-eye; (bot) oxeye; **ojo de la cerradura** keyhole; **poner los ojos en blanco** to roll one's eyes; **saltar a los ojos** to be self-evident; **valer un ojo de la cara** to be worth a mint ‖ *interj* beware!; look out!; attention!; **¡mucho ojo!** be careful!, watch out!; **¡ojo con . . . !** look out for . . . !; **¡ojo, mancha!** fresh paint!
ojota *f* (SAm) sandal; (SAm) tanned llama hide
ola *f* wave; (*de gente apiñada*) surge

ole *m* or olé *m* bravo ‖ *interj* bravo!
oleada *f* big wave; (*de gente apiñada*) surge, swell
oleaje *m* surge, rush of waves
óleo *m* oil; holy oil; oil painting; **los santos óleos** extreme unction
oleoducto *m* pipe line
oler §49 *tr* to smell; pry into; sniff out ‖ *intr* to smell, smell fragrant, smell bad; **no oler bien** to look suspicious; **oler a** to smell of, smell like; smack of
olfatear *tr* to smell, scent, sniff; (*p.ej., un buen negocio*) scent, sniff out
olfato *m* smell, sense of smell; scent; keen insight
olíbano *m* frankincense
oliente *adj* smelling, odorous
oligarquía *f* oligarchy
Olimpíada *f* Olympiad
olímpi•co -ca *adj* Olympian; Olympic; haughty
oliscar §73 *tr* to smell, scent, sniff; investigate ‖ *intr* to smell bad
oliva *f* olive; olive tree; barn owl; olive branch, peace
olivar *m* olive grove
olivillo *m* mock privet
olivo *m* olive tree; **tomar el olivo** (taur) to duck behind the barrier; beat it
olmeda *f* or olmedo *m* elm grove
olmo *m* elm tree
olor *m* odor; promise, hope; trace, suspicion; **olores** (Chile, Mex) spice, condiment
oloro•so -sa *adj* odorous, fragrant
olote *m* (CAm & Mex) cob, corncob
olvidadi•zo -za *adj* forgetful; ungrateful
olvida•do -da *adj* forgetful; ungrateful
olvidar *tr* & *intr* to forget; **olvidar + inf** to forget to + *inf* ‖ *ref* to forget oneself; **olvidarse de** to forget; **olvidarse de + inf** to forget to + *inf*; **olvidársele a uno** to forget, e.g., **se me olvidó mi pasaporte** I forgot my passport; **olvidársele a uno + inf** to forget to + *inf*, e.g., **se me olvidó cerrar la ventana** I forgot to close the window
olvido *m* forgetfulness; oblivion
olla *f* pot, kettle; stew; eddy, whirlpool; **olla a** or **de presión** pressure cooker
ollería *f* potter's shop
ollero *m* potter
ombligo *m* navel; (*centro, punto medio*) (fig) navel
omino•so -sa *adj* ominous
omisión *f* omission; oversight, neglect
omi•so -sa *adj* neglectful, remiss
omitir *tr* to omit; overlook, neglect
ómni•bus *adj* accommodation ‖ *m* (*pl* -bus) bus, omnibus; **ómnibus de dos pisos** double-decker
omnímo•do -da *adj* all-inclusive
omnipotente *adj* omnipotent
omnisciente or omnis•cio -cia *adj* omniscient
omnívo•ro -ra *adj* omnivorous
omóplato *m* shoulder blade

once *adj & pron* eleven; **las once** eleven o'clock ‖ *m* eleven; (*en las fechas*) eleventh

oncea•vo -va *adj & m* eleventh

once•no -na *adj & mf* eleventh

oncología *f* oncology

onda *f* wave; flicker; (*en el pelo*) wave; **onda portadora** (rad) carrier wave; **ondas entretenidas** (rad) continuous waves

ondear *tr* (*en el pelo*) to wave ‖ *intr* to wave; ripple; flow; flicker; be wavy ‖ *ref* to wave, sway, swing

ondo•so -sa *adj* wavy

ondulación *f* undulation; wave; wave motion

ondula•do -da *adj* wavy, ripply; rolling; corrugated ‖ *m* (*en el pelo*) wave

ondular *tr* (*el pelo*) to wave ‖ *intr* to undulate; (*una bandera*) wave, flutter; (*las ondas del mar*) billow; (*una culebra*) wriggle

onero•so -sa *adj* onerous, burdensome

ónice *m* or **ónique** *m* or **ónix** *m* onyx

onomásti•co -ca *adj* of proper names ‖ *m* name day ‖ *f* study of proper names

onomatopéyi•co -ca *adj* onomatopoeic

ONU *f* UN

onza *f* ounce; (zool) snow leopard

onza•vo -va *adj & m* eleventh

opa•co -ca *adj* opaque; sad, gloomy

ópalo *m* opal

opción *f* option, choice; **opción nula** or **opción cero** zero option

ópera *f* opera; **ópera semiseria** light opera; **ópera seria** grand opera

operación *f* operation; transaction; **operaciones** (*ordenador*) software

operar *tr* to operate on ‖ *intr* to operate; work ‖ *ref* to occur, come about; be operated on

opera•rio -ria *mf* worker ‖ *m* workman ‖ *f* working woman

opereta *f* operetta

operista *mf* opera singer

operísti•co -ca *adj* operatic

opia•to -ta *adj m & f* opiate

opinable *adj* moot

opinar *intr* to opine; think; pass judgment

opinión *f* opinion, view; reputation; public image

opio *m* opium

opípa•ro -ra *adj* sumptuous, lavish

oponer §54 *tr* to oppose; (*resistencia*) to offer, put up ‖ *ref* to oppose each other; face each other; **oponerse a** to oppose, be opposed to; be against, resist; compete for

oporto *m* port, port wine

oportunidad *f* opportunity; opportuneness; **oportunidades** *fpl* witticisms

oportunista *adj* opportunistic ‖ *mf* opportunist

oportu•no -na *adj* opportune, timely; proper; witty

oposición *f* opposition; competitive examination

oposi•tor -tora *adj* rivaling, competing ‖ *mf* opponent; competitor

opresión *f* oppression

opresi•vo -va *adj* oppressive

opre•sor -sora *adj* oppressive ‖ *mf* oppressor

oprimir *tr* to oppress; squeeze, press

oprobiar *tr* to defame, revile

oprobio *m* opprobrium

oprobio•so -sa *adj* opprobrious

optar *tr* to enter; assume ‖ *intr* — **optar entre** to choose between; **optar por** to choose to

ópti•co -ca *adj* optical ‖ *mf* optician ‖ *f* optics

óptimamente *adv* to perfection

óptimismo *m* optimism

optimista *adj* optimistic ‖ *mf* optimist

ópti•mo -ma *adj* fine, excellent

optometrista *mf* optometrist

opues•to -ta *adj* opposite, contrary

opugnar *tr* to attack; lay siege to; contradict

opulen•to -ta *adj* opulent

opúsculo *m* short work, opuscule

oquedad *f* hollow; hollowness

ora *conj* — **ora . . . ora** now . . . now, now . . . then

oración *f* oration, speech; prayer; sentence; **oración dominical** Lord's prayer; **ponerse en oración** to get down on one's knees

oráculo *m* oracle

ora•dor -dora *mf* orator, speaker; **orador de plazuela** soapbox orator; **orador de sobremesa** after-dinner speaker

oraje *m* rough weather, storm

oral *adj* oral

orangután *m* orang-outang

orar *intr* to pray; make a speech

orato•rio -ria *adj* oratorical ‖ *m* oratorio; (*capilla privada*) oratory ‖ *f* (*arte de la elocuencia*) oratory

orbe *m* orb; world

órbita *f* orbit

orca *f* killer whale

Órcadas *fpl* Orkney Islands

órdago — **de órdago** (coll) swell, real

orden *m & f* order; **hasta nueva orden** until further notice; **orden** *f* **de allanamiento** search warrant; **orden** *m* **de colocación** word order; **orden de pago** money order

ordenador *m* computer; **ordenador de viaje** on-board computer

ordenancista *adj* strict, severe ‖ *mf* taskmaster, disciplinarian, martinet

ordenanza *m* errand boy; (mil) orderly ‖ *f* ordinance; order, system; command; **ser de ordenanza** to be the rule

ordenar *tr* to order; put in order; ordain ‖ *ref* to be ordained, take orders

ordeñadero *m* milk pail

ordeñar *tr* to milk

ordeño *m* milking

ordinal *adj* orderly; ordinal ‖ *m* ordinal

ordinariez *f* coarseness, crudeness

ordina•rio -ria *adj* ordinary ‖ *m* daily household expenses; delivery man

orear *tr* to air ‖ *ref* to be aired; dry in the air; take an airing

orégano *m* pot or wild marjoram, winter sweet

of
ol

oreja *f* ear; (*del zapato*) flap; (*de martillo*) claw; lug, flange, **aguzar las orejas** to prick up one's ears; **con las orejas caídas** crestfallen; **con las orejas tan largas** all ears; **descubrir** or **enseñar las orejas** to give oneself away

oreja•no -na *adj* (*res*) unbranded; (*animal*) skittish; shy; cautious

orejera *f* earflap, earmuff

orejeta *f* lug

ore•jón -jona *adj* coarse, uncouth; (Mex) skinny ‖ *m* strip of dried peach; pull on the ear; (*de la hoja de un libro*) dog's-ear

oreju•do -da *adj* big-eared

oreo *m* breeze

orfanato *m* orphanage

orfandad *f* orphanage, orphanhood

orfebre *m* goldsmith; silversmith

orfelinato *m* (SAm) orphanage

Orfeo *m* Orpheus

orfeón *m* glee club, choral society

organ•dí *m* (*pl* -díes) organdy

orgáni•co -ca *adj* organic

organillero -ra *mf* organ-grinder

organillo *m* barrel organ, hand organ, hurdy-gurdy

organismo *m* organism; organization

organista *mf* organist

organización *f* organization; **Organización de las Naciones Unidas (ONU)** United Nations (UN); **Organización de los Estados Americanos (OEA)** Organization of American States (OAS); **Organización del Tratado del Sudeste Asiático (O.T.A.S.E.)** Southwest Asia Treaty Organization (SEATO); **Organización para el Tratado del Atlántico Norte (O.T.A.N.)** North Atlantic Treaty Organization (NATO)

organizar §60 *tr* to organize

órgano *m* organ; (*de una máquina*) part; (*medio, conducto*) organ; (mus) organ

orgasmo *m* orgasm

orgía *f* orgy

orgiásti•co -ca *adj* orgiastic

orgullo *m* haughtiness; pride

orgullo•so -sa *adj* haughty; proud

oriental *adj* eastern; oriental

orientar *tr* to orient; guide, direct; (*una vela*) trim ‖ *ref* to orient oneself; find one's bearings

oriente *m* east; source, origin; east wind; youth ‖ **Oriente** *m* Orient; **el Cercano Oriente** the Near East; **el Extremo Oriente** the Far East; **el Lejano Oriente** the Far East; **el Oriente Medio** the Middle East; **el Próximo Oriente** the Near East; **gran oriente** (*logia masónica central*) grand lodge

orificar §73 *tr* to fill with gold

orífice *m* goldsmith

orificio *m* orifice, aperture, hole

origen *m* origin; source

original *adj* original; strange, odd, quaint ‖ *m* original; character; **de buen original** on good authority; **original de imprenta** copy

originar *tr* & *ref* to originate, start

orilla *f* border, edge; margin; bank, shore; sidewalk; breeze; **orillas** (Arg, Mex) outskirts; **salir a la orilla** to manage to get through

orillar *tr* to put a border or edge on; trim ‖ *intr* to come up to the shore

orillo *m* selvage, list

orín *m* rust; **orines** urine; **tomarse de orines** to get rusty

orina *f* urine

orinal *m* chamber pot

orinar *tr* to pass, urinate ‖ *intr* & *ref* to urinate

oriun•do -da *adj* & *mf* native; **ser oriundo de** to come from, hail from

orla *f* border, edge; trimming, fringe

orlar *tr* to border, put an edge on; trim, trim with a fringe

orn. *abbr* **orden**

ornamentar *tr* to ornament, adorn

ornamento *m* ornament, adornment

ornar *tr* to adorn

ornato *m* adornment, show

oro *m* gold; playing card (*representing a gold coin*) equivalent to diamond; **de oro y azul** all dressed up; **oro batido** gold leaf; **oro de ley** standard gold; **poner de oro y azul** to rake over the coals; **ponerle colores al oro** to gild the lily

oron•do -da *adj* big-bellied; hollow, spongy, puffed up; pompous, self-satisfied

oropel *m* tinsel; **gastar mucho oropel** to put up a big front

oropéndola *f* golden oriole

orozuz *m* licorice

orquesta *f* orchestra; **orquesta típica** regional orchestra

orquestar *tr* to orchestrate

órquide *f* or **orquídea** *f* orchid

ortiga *f* nettle; **ser como unas ortigas** to be a grouch

orto *m* rise (*of sun or star*)

ortodoncia *f* orthodontics; **aparato de ortodoncia** orthodontic appliance, braces

ortodo•xo -xa *adj* orthodox

ortografía *f* orthography; spelling

ortografiar §77 *tr* & *intr* to spell

oruga *f* caterpillar

orujo *m* bagasse of grapes or olives

orzuelo *m* sty

os *pron pers* & *reflex* (used as object of verb and corresponding to **vos** and **vosotros**) you, to you; yourself, to yourself; yourselves, to yourselves; each other, to each other

osa *f* she-bear; **Osa mayor** Great Bear; **Osa menor** Little Bear

osadía *f* boldness, daring

osa•do -da *adj* bold, daring

osamenta *f* skeleton; bones

osar *intr* to dare

osario *m* ossuary, charnel house

oscilar *intr* to oscillate; fluctuate; waver, hesitate

ósculo *m* kiss

oscurecer §22 *tr, intr* & *ref* var of **obscurecer**

oscuridad *f* var of obscuridad

oscu•ro -ra *adj* & *m* var of obscuro

osera *f* bear's den

osificar §73 *tr* & *ref* to ossify

oso *m* bear; **hacer el oso** to make a fool of oneself; to make love in the open; **oso blanco** polar bear; **oso hormiguero** ant bear; anteater; **oso lavador** raccoon

ostensorio *m* (eccl) monstrance

ostentar *tr* to show; make a show of ‖ *ref* to show off; boast

ostentati•vo -va *adj* ostentatious

ostento *m* portent, prodigy

ostento•so -sa *adj* magnificent, showy

osteópata *mf* osteopath

osteopatía *f* osteopathy

ostión *m* large oyster

ostra *f* oyster; **ostras en su concha** oyster cocktail, oysters on the half shell

ostracismo *m* ostracism

ostral *m* oyster bed, oyster farm

ostrería *f* oysterhouse

ostre•ro -ra *adj* oyster ‖ *m* oysterman; oyster bed, oyster farm

osu•do -da *adj* bony

osu•no -na *adj* bearish, bearlike

O.T.A.N., la NATO

O.T.A.S.E., la SEATO

otate *m* Mexican giant grass (*Guadua amplexifolia*); otate stick

otero *m* hillock, knoll

otomán *m* ottoman

otoma•no -na *adj* & *mf* Ottoman ‖ *f* ottoman

otoñal *adj* autumnal

otoño *m* autumn, fall

otorgar §44 *tr* to agree to; grant, confer; (law) to execute

o•tro -tra *adj indef* other, another ‖ *pron indef* other one, another one; **como dijo el otro** as someone said

ovación *f* ovation

ovacionar *tr* to give an ovation to

oval *adj* oval

óvalo *m* oval

ovante *adj* victorious, triumphant

ovario *m* ovary

oveja *f* ewe, female sheep; **oveja negra** (fig) black sheep; **oveja perdida** (fig) lost sheep

oveje•ro -ra *adj* sheep ‖ *mf* sheep raiser

oveju•no -na *adj* sheep, of sheep

ove•ro -ra *adj* blossom-colored; egg-colored

overol *m* overall

Ovidio *m* Ovid

ovillar *tr* to wind up; sum up ‖ *intr* to form into a ball ‖ *ref* to curl up into a ball

ovillo *m* ball of yarn; ball, heap; tangled ball; **hacerse un ovillo** to cower, recoil; (*hablando*) get all tangled up

ovni *m* UFO

óvulo *m* ovule; ovum

oxear *tr* & *intr* to shoo

oxiacanta *f* hawthorn

oxidación *f* oxidation

oxidar *tr* to oxidize ‖ *ref* to oxidize; get rusty

óxido *m* oxide; **óxido de carbono** carbon monoxide; **óxido de mercurio** mercuric oxide

oxígeno *m* oxygen

oxíto•no -na *adj* oxytone

oxte *interj* get out!, beat it!, **sin decir oxte ni moxte** without opening one's mouth

oyente *mf* hearer; (*a la radio*) listener; (*en la escuela*) auditor

ozono *m* ozone

P

P, p (pe) *f* nineteenth letter of the Spanish alphabet

P. *abbr* **Padre, Papa, Pregunta**

pabellón *m* pavilion; bell tent; flag, banner; (*de fusiles*) stack; canopy; summerhouse; (*de instrumento de viento*) bell

pabilo or pábilo *m* wick

Pablo *m* Paul

pábulo *m* food; support, encouragement, fuel

pacana *f* pecan

paca•to -ta *adj* mild, gentle

pacer §22 *tr* to pasture, graze; gnaw, eat away ‖ *intr* to pasture, graze

paciencia *f* patience

paciente *adj* & *mf* patient

pacienzu•do -da *adj* long-suffering

pacificar §73 *tr* to pacify ‖ *intr* to sue for peace ‖ *ref* to calm down

pacífi•co -ca *adj* pacific

pacifismo *m* pacifism

pacifista *adj* & *mf* pacifist

pa•co -ca *adj* (Chile) bay, reddish ‖ *m* paco, alpaca; Moorish sniper; sniper ‖ **Paco** *m* Frank

pacotilla *f* trash, junk; (Chile) rabble, mob; **hacer su pacotilla** to make a cleanup; **ser de pacotilla** to be shoddy, be poorly made

pacotille•ro -ra *mf* (Chile, Ven) peddler

pactar *tr* to agree upon ‖ *intr* to come to an agreement

pacto *m* pact, covenant

pacha•cho -cha *adj* (Chile) short-legged; (Chile) lax, lazy; (Chile) chubby

pa•chón -chona *adj* (CAm) shaggy, hairy, wooly ‖ *m* (*perro*) pointer; (*hombre flemático*) sluggard

pachorra *f* sluggishness, indolence

pachotada *f* silliness

padecer §22 *tr* to suffer; be victim of ‖ *intr* to suffer

padrastro *m* stepfather; hangnail

padre *adj* huge; (Peru) terrific ‖ *m* father; stallion, sire; **padres** parents; ancestors; **tener el padre alcalde** to have pull, have a friend at court

padrina *f* godmother

padrinazgo *m* godfathership; sponsorship, patronage

padrino *m* godfather; sponsor; (*en un desafío*) second; **padrino de boda** best man; **padrinos** godparents

padrón *m* poll, census; pattern, model; memorial column; indulgent father; stallion; (Col) stock bull

padrote *m* stock animal; (Mex) pimp, procurer

paella *f* saffron-flavored stew of chicken, seafood, and rice with vegetables

paf *interj* bang!

pág. *abbr* **página**

paga *f* pay, payment; wages; fine; **como paga y señal** on account; as down payment

paga-alquiler *f* rent, rent money

pagadero -ra *adj* payable

paga•do -da *adj* pleased, cheerful; **estamos pagados** we are quits; **pagado de sí mismo** self-satisfied, conceited

paga•dor -dora *adj* paying ‖ *mf* payer ‖ *m* paymaster

paganismo *m* paganism

paga•no -na *adj & mf* pagan ‖ *m* easy mark

pagar §44 *tr* to pay; pay for; (*una bondad, una visita*) return ‖ *intr* to pay ‖ *ref* to become fond; be flattered; boast; be satisfied

pagaré *m* promissory note, I.O.U.

página *f* page

paginar *tr* to page

pago *m* payment; (*de viñas u olivares*) district, region

pagote *m* easy mark

paila *f* large pan

pairar *intr* (naut) to lie to

país *m* country, land; landscape; **el país de Gales** Wales; **los Países Bajos** (*Bélgica, Holanda y Luxemburgo*) the Low Countries; (*Holanda*) The Netherlands; **países no alineados** nonaligned nations; Third World countries

paisaje *m* landscape

paisajista *mf* landscape painter

paisa•no -na *adj* of the same country ‖ *mf* peasant; civilian; (Mex) Spaniard ‖ *m* fellow countryman; **de paisano** in civies

paja *f* straw; chaff; trash, rubbish; **no dormirse en las pajas** to not let the grass grow under one's feet; **no levantar paja del suelo** to not lift a hand, not do a stroke of work

pájara *f* paper kite; paper rooster; bird; crafty female

pajarera *f* aviary; large bird cage

pajarería *f* flock of birds; bird store; pet shop

pajare•ro -ra *adj* bright, cheerful; bright-colored, gaudy ‖ *m* bird dealer; bird fancier ‖ *f* see **pajarera**

pajarita *f* paper kite; bow tie; wing collar; piccadilly

pájaro *m* bird; crafty fellow; expert; **pájaro bobo** penguin; motmot; **pájaro carpintero** woodpecker; **pájaro de cuenta** big shot; **pájaro mosca** hummingbird

pajarota *f* or **pajarotada** *f* hoax, canard

paje *m* page; valet; dressing table; (naut) cabin boy

pajilla *f* cornhusk cigarette; **pajilla de madera** excelsior

paji•zo -za *adj* straw; straw-colored; straw-thatched

pajuela *f* short straw; sulfur match or fuse; toothpick; (Bol) match

Pakistán, el var of **Paquistán**

pakista•ní (*pl* -níes) *adj & mf* var of **paquistaní**

pala *f* shovel; (*de remo, de la azada, etc.*) blade; (*del panadero*) peel; scoop; racket; (*del calzado*) upper; (*de excavadora*) bucket; shoulder strap; (coll) cunning, craftiness

palabra *f* word; speech; (*de una canción*) words; (*derecho para hablar en asambleas*) floor; **palabras mayores** words, angry words; **remojar la palabra** to wet one's whistle; **usar de la palabra** to speak, make a speech

palabre•ro -ra *adj* wordy, windy ‖ *mf* windbag

palabrota *f* vulgarity, obscenity

palabru•do -da *adj* talkative; chattering

palacie•go -ga *adj* palace, court ‖ *m* courtier

palacio *m* palace; mansion; **palacio municipal** city hall

palada *f* shovelful; (*de remo*) stroke

paladar *m* palate; taste; gourmet

paladear *tr* to taste, relish

paladín *m* champion, hero

palafrén *m* palfrey

palanca *f* lever; pole; crowbar; **palanca de mando** (aer) control stick; **palanca de mayúsculas** shift key

palancada *f* leverage

palangana *f* washbowl, basin

palanganear *intr* to brag, give oneself airs

palanganero *m* washstand

palangre *m* trawl, trawl line

palanqueta *f* jimmy; **palanquetas** (Arg) dumbbell

palatal *adj & f* palatal

palco *m* (theat) box

palear *tr* to beat, pound; shovel

palenque *m* paling, palisade; (SAm) hitching post; (C-R) Indian ranch; (Chile) pandemonium

paleta *f* palette; small shovel; trowel; (*de una rueda*) paddle; blade, bucket, vane; shoulder blade; (*dulce con un palito que sirve de mango*) lollipop

paletilla *f* shoulder blade

paleto *m* fallow deer; rustic, yokel

palia *f* altar cloth; (eccl) pall

paliacate *m* (Mex) bandanna

paliar §77 & regular *tr* to palliate

palidecer §22 *intr* to pale, to turn pale

palidez *f* paleness, pallor

páli•do -da *adj* pale, pallid

palillo *m* toothpick; drumstick; bobbin; **palillos** chopsticks; castanets; rudiments; trifles

palinodia *f* backdown; **cantar la palinodia** to eat crow, eat humble pie

palique *m* chit-chat, small talk

paliquear *intr* to chat, to gossip

paliza *f* beating, thrashing

palizada *f* fenced-in enclosure; stockade; embankment

palma *f* (*de la mano*) palm; (*árbol y hoja*) palm; **batir palmas** to clap, to applaud; **llevarse la palma** to carry off the palm

palmada *f* slap; hand, applause, clapping; **dar palmadas** to clap hands

palma•rio -ria *adj* clear, evident

palmatoria *f* candlestick

palmera *f* date palm

palmito *m* palmetto; woman's face; slender figure

palmo *m* span, palm; **dejar con un palmo de narices** to disappoint

palmotear *tr* to pat; clap, applaud || *intr* to clap, applaud

palo *m* stick; pole; staff; handle; tree; (*golpe*) whack; (*madera*) wood; (*grupo de naipes de la baraja*) suit; (naut) mast; **dar palos de ciego** to lay about, swing wildly; **de tal palo tal astilla** like father like son; **palo de escoba** broomstick; **palo en alto** (fig) big stick; **palo mayor** (naut) mainmast; **servir del palo** to follow suit

paloma *f* pigeon, dove; prostitute; (fig) dove, meek person; **paloma mensajera** carrier pigeon; **palomas** whitecaps

palomar *m* pigeon house, dovecote

palomilla *f* doveling; small butterfly; white horse; (*del caballo*) back; pillow block, journal bearing; (CAm, Mex) rabble, scum; **palomillas** whitecaps

palomita *f* doveling; (baseball) fly; **palomitas** popcorn

palpable *adj* palpable

palpar *tr* to touch, feel; grope through || *intr* to grope

palpitante *adj* throbbing; thrilling; (*cuestión*) burning

palpitar *intr* to palpitate, throb; (*un afecto*) flash, break forth

pálpito *m* (SAm) hunch

palta *f* (SAm) alligator pear, avocado (*fruit*)

palto *m* (SAm) alligator pear, avocado (*tree*)

palúdi•co -ca *adj* marshy; malarial

paludismo *m* malaria

palur•do -da *adj* rustic, boorish || *mf* rustic, boor

pallador *m* (SAm) Gaucho minstrel

pampa *f* pampa; **La Pampa** the Pampas

pámpana *f* vine leaf

pámpano *m* tendril; vine leaf

pan *m* bread; loaf; loaf of bread; wheat; food; livelihood; pie dough; (*de jabón, cera, etc.*) cake; gold foil or leaf; silver foil or leaf; **como el pan bendito** as easy as pie; **de pan llevar** arable, tillable; **llamar al pan pan y al vino vino** to call a spade a spade; **panes** grain, breadstuff; **venderse**

como pan bendito to sell like hot cakes || **Pan** *m* Pan

pana *f* corduroy; (aut) breakdown

panacea *f* panacea

panadería *f* bakery; baking business

panade•ro -ra *mf* baker; (Chile) flatterer

panadizo *m* felon; sickly person

panal *m* honeycomb

pana•má *m* (*pl* -maes) Panama hat

paname•ño -ña *adj* & *mf* Panamanian

panamerica•no -na *adj* Pan-American

pancarta *f* placard, poster

pancista *adj* weaseling || *mf* weaseler

páncre•as *m* (*pl* -as) pancreas

pancho *m* paunch, belly

pandear *intr* & *ref* to warp, bulge, buckle, sag, bend

pandereta *f* tambourine

pandilla *f* party, faction; gang, band; picnic, excursion

pan•do -da *adj* bulging; slow-moving; slow, deliberate

pandorga *f* kite; fat, lazy woman

panecillo *m* roll, crescent

panfleto *m* pamphlet

paniaguado *m* servant, minion; protégé, favorite

páni•co -ca *adj* panic, panicky || *m* panic

panizo *m* Italian millet; (Chile) gangue; (Chile) abundance

panocha *f* ear of grain; ear of corn; pancake made of corn and cheese; (Mex) panocha (*brown sugar*)

panoja *f* ear of grain; ear of corn

panorama *m* panorama

pano•so -sa *adj* mealy

panqué *m* or **panqueque** *m* pancake

pantalán *m* pier, wooden pier

pantalón *m* trousers; **calzarse los pantalones** to wear the pants; **pantalones** trousers, pants; **pantalones azules** (CAm) blue jeans; **pantalones de mezclilla** (C-R, Mex) blue jeans

pantalla *f* lamp shade; fire screen; motion-picture screen; television screen; (*persona que encubre a otra*) blind; (*cine, arte del cine*) screen; fan; **llevar a la pantalla** to put on the screen; **pantalla acústica** loudspeaker; **pantalla de plata** silver screen; **pequeña pantalla** television screen; **servir de pantalla a** to be a blind for

pantano *m* bog, marsh, swamp; dam, reservoir; trouble, obstacle

pantano•so -sa *adj* marshy, swampy; muddy; knotty, difficult

panteísmo *m* pantheism

panteón *m* pantheon; cemetery

pantera *f* panther

pantomima *f* pantomime

pantoque *m* (naut) bilge

pantorrilla *f* calf (*of leg*)

pantufla *f* or **pantuflo** *m* house slipper

panty *m* panty hose

panza *f* paunch, belly

panzu•do -da *adj* paunchy, big-bellied

pañal *m* diaper; shirttail; **pañales** swaddling clothes; infancy; early stages

pañe•ro -ra *adj* dry-goods, cloth ‖ *mf* dry-goods dealer, clothier

paño *m* cloth; rag; (*de agujas*) paper; (*ancho de la tela*) breadth; (*mancha en el rostro*) spot; (*en, p.ej., un espejo*) blur; sailcloth, canvas; **al paño** off-stage; **conocer el paño** to know one's business, to know the ropes; **paño de adorno** doily; **paño de cocina** washrag, dishcloth; **paño de lágrimas** helping hand, stand-by; **paño de mesa** tablecloth; **paño de tumba** crape; **paño mortuorio** pall; **paños menores** underclothing; **paños tibios** appeasement attempts

pañuelo *m* handkerchief; shawl; **pañuelo de hierbas** bandanna

papa *m* pope ‖ *f* potato; fake, hoax; food, grub; snap, cinch; **ni papa** nothing

pa•pá *m* (*pl* **-pás**) papa, daddy

papada *f* double chin; (*de animal*) dewlap; (Guat) stupidity

papado *m* papacy

papagayo *m* parrot

papalina *f* sunbonnet; drunk

papana•tas *m* (*pl* **-tas**) simpleton, gawk

paparrucha *f* hoax; trifle

papel *m* paper; piece of paper; rôle, part; character, figure; **desempeñar** or **hacer un papel** to play a rôle; **papel alquitranado** tar paper; **papel cebolla** onionskin; **papel de empapelar** wallpaper; **papel de esmeril** emery paper; **papel de estaño** tin foil; **papel de excusado** toilet paper; **papel de fumar** cigarette paper; **papel de lija** sandpaper; **papel de oficio** foolscap; **papel de seda** tissue paper; **papel de segundón** (fig) second fiddle; **papel de tornasol** litmus paper; **papel filtrante** filter paper; **papel higiénico** toilet paper; **papel moneda** paper money; **papel pintado** wallpaper; **papel secante** blotting paper; **papel viejo** waste paper; **papel volante** handbill, printed leaflet

papelada *f* farce; ridiculous act

papeleo *m* red tape

papelera *f* paper case; writing desk; wastebasket; paper factory

papelería *f* stationery store; mess of papers, litter

papelerío *m* paper work

papele•ro -ra *adj* paper; boastful, showy ‖ *mf* stationer; paper manufacturer; (Mex) paperboy ‖ *f* see **papelera**

papeleta *f* slip of paper; card, file card; ticket; **papeleta de empeño** pawn ticket

papelista *m* paper maker, paper manufacturer; stationer; paper hanger

pape•lón -lona *adj* bluffing, four-flushing ‖ *mf* bluffer, four-flusher ‖ *m* thin cardboard

papelonear *intr* to bluff, to four-flush

papelote *m* worthless piece of paper; paper kite

papel-prensa *m* newsprint

papera *f* goiter; mumps

papilla *f* pap; guile, deceit

papiro *m* papyrus

papirote *m* fillip, flick; nincompoop

paq. *abbr* **paquete**

paquear *tr* to snipe at ‖ *intr* to snipe

paque•te -ta *adj* self-important, pompous; (Arg) chic, dolled-up ‖ *m* package, parcel, bundle, bale; sport, dandy; **darse paquete** (Guat, Mex) to put on airs; **en paquete aparte** under separate cover, in a separate package; **paquetes postales** parcel post

Paquistán, el Pakistan

paquista•ní (*pl* **-níes**) or **paquistano -na** *adj* & *mf* Pakistani

Paquita *f* Fanny

par *adj* like, similar, equal; (math) even ‖ *m* pair, couple; peer; (elec, mech) couple; (math) even number; **a pares** in twos; **de par en par** wide-open; completely; overtly; **¿pares o nones?** odd or even? ‖ *f* par; **a la par** equally; jointly; at the same time; at par; **bajo la par** below par, under par; **sobre la par** above par

para *prep* to, for; towards; compared to; (*antes de*) by; **para + inf** in order to + *inf*; **para con** towards; **para que** in order that, so that

parabién *m* congratulation

parábola *f* parable

parabri•sa *m* or **parabri•sas** *m* (*pl* **-sas**) windshield

paracaí•das *m* (*pl* **-das**) parachute; **lanzarse en paracaídas** to parachute; **salvarse en paracaídas** to parachute to safety

paracaidismo *m* parachute jumping; (sport) sky diving

paracaidista *mf* parachutist ‖ *m* paratrooper

parachis•pas *m* (*pl* **-pas**) spark arrester

paracho•ques *m* (*pl* **-ques**) bumper

parachutar *intr* to parachute

parada *f* stop; end; stay; shutdown; (*en el juego*) stake; dam; (*para el ganado*) stall; stud farm; (*en la esgrima*) parry; (*tiro de caballerías de reemplazo*) relay; (mil) parade, dress parade, review; **parada de taxi** taxi stand

paradero *m* end; whereabouts; stopping place; wayside station

para•do -da *adj* slow, spiritless, witless; idle, unemployed; closed; proud, stiff; **quedar bien parado** to be lucky; **quedar mal parado** to be unlucky ‖ *f* see **parada**

paradoja *f* paradox

paradóji•co -ca *adj* paradoxical

parador *m* inn, wayside inn; motel; **parador de carretera** drive-in restaurant

parafina *f* paraffin

paragol•pes *m* (*pl* **-pes**) buffer, bumper

para•guas *m* (*pl* **-guas**) umbrella

Paraguay, el Paraguay

paraguaya•no -na or **paragua•yo -ya** *adj* & *mf* Paraguayan

paragüero *m* umbrella man; umbrella stand

paraíso *m* paradise

paraje *m* place, spot; state, condition

paralela *f* parallel, parallel line; **paralelas** parallel bars

paralelizar §60 *tr* to parallel, compare

parale•lo -la *adj* parallel ‖ *m* (geog) parallel ‖ *f* see **paralela**

paráli•sis *f* (*pl* **-sis**) paralysis
paralíti•co -ca *adj* & *mf* paralytic
paralizar §60 *tr* to paralyze ‖ *ref* to become paralyzed
parámetro *m* parameter; established boundary
páramo *m* high barren plain; bleak windy spot; (Bol, Col, Ecuad) cold drizzle
paranie•ves *m* (*pl* **-ves**) snow fence
paraninfo *m* assembly hall, auditorium
paranoi•co -ca *adj* & *mf* paranoiac
parapeto *m* parapet
paraplegia *f* paraplegia
parar *tr* to stop; check; change; prepare; put up, stake; parry; order; get, acquire; (*la atención*) fix; (*la caza*) point; (*typ*) to set ‖ *intr* to stop; (*en un hotel*) put up; **parar en** to become; run to, run as far as ‖ *ref* to stop; stop work; stand; turn, become; (*el perro de muestra*) point; (*el pelo*) stand on end; **pararse en** to pay attention to
pararra•yo *m* or **pararra•yos** *m* (*pl* **-yos**) (*barra metálica que sirve para preservar los edificios del rayo*) lightning rod; (*dispositivo que sirve para preservar una instalación eléctrica de la electricidad atmosférica o de las chispas que produce*) lightning arrester
parasíti•co -ca *adj* parasitic
parási•to -ta *adj* parasitic; (elec) stray ‖ *m* parasite; **parásitos atmosféricos** atmospherics, static
parasol *m* parasol
parato•pes *m* (*pl* **-pes**) bumper
Parcas *fpl* Fates
parcela *f* particle; plot of ground
parcelar *tr* to parcel, divide into lots
parcial *adj* partial; partisan ‖ *mf* partisan
par•co -ca *adj* frugal, sparing; moderate
parcómetro *m* parking meter
parchar *tr* to mend, patch
parche *m* plaster, sticking plaster; patch; drum; drumhead; daub, botch, splotch; **parche poroso** porous plaster
pardal *m* linnet; sly fellow
pardiez *interj* by Jove!
pardillo *m* linnet
par•do -da *adj* brown, drab; dark; cloudy; (*voz*) dull, flat; (*cerveza*) dark; mulatto ‖ *mf* mulatto ‖ *m* brown, drab; leopard
pardus•co -ca *adj* dark-brown, drabbish
parea•do -da *adj* rhymed ‖ *m* couplet
parear *tr* to pair; match ‖ *ref* to pair off
parecer *m* opinion; look, mien, countenance ‖ *v* §22 *intr* to appear; show up; look, seem; **me parece que. . . .** I think that. . . . ‖ *ref* to look alike, resemble each other; **parecerse a** to look like
pareci•do -da *adj* like, similar; **bien parecido** good-looking; **parecido a** like, e.g., **esta casa es parecida a la otra** this house is like the other one; **parecidos** alike, e.g., **estas casas son parecidas** these houses are alike ‖ *m* similarity, resemblance, likeness; **tener un gran parecido** to be a good likeness

pared *f* wall; **dejar pegado a la pared** to nonplus; **paredes** house
pareja *f* pair, couple; dancing partner; **correr parejas** or **a las parejas** to be abreast, arrive together; go together, match, be equal; **correr parejas con** to keep up with, keep abreast of; **parejas** (*de naipes*) pair
pareje•ro -ra *adj* even, equal; servile, fawning; forward, overfamiliar ‖ *m* race horse
pare•jo -ja *adj* equal, like; even, smooth ‖ *m* (CAm) dancing partner ‖ *f* see **pareja**
parentela *f* kinsfolk, relations
parentesco *m* relationship; bond, tie
parénte•sis *m* (*pl* **-sis**) parenthesis; break, interval
parhilera *f* ridgepole
paria *mf* pariah, outcast
paridad *f* par, parity; comparison
parien•te -ta *adj* related ‖ *mf* relative; (coll) spouse
parihuela *f* handbarrow; (*camilla*) stretcher
parir *tr* to bear, give birth to, bring forth ‖ *intr* to give birth; come forth, come to light; talk well
parisiense *adj* & *mf* Parisian
parking *m* parking (space)
parlamentar *intr* to talk, chat; parley
parlamento *m* parliament; parley; speech; (theat) speech
parlan•chín -china *adj* jabbering ‖ *mf* chatterbox
parlante *m* loudspeaker
parlar *intr* to speak with facility; chatter, talk too much; (*el loro*) talk
parle•ro -ra *adj* loquacious, garrulous; gossipy; (*ave*) singing, song; (*ojos*) expressive; (*arroyo, fuente*) babbling
parlotear *intr* to prattle, jabber, chin
parloteo *m* jabber, prattle
parnaso *m* (*colección de poesías*) Parnassus; **el Parnaso** Parnassus, Mount Parnassus
paro *m* shutdown, work stoppage; lockout; titmouse; (*de dados*) (SAm) throw; **paro forzoso** layoff
parodia *f* parody, travesty
parodiar *tr* to parody, travesty, burlesque
parón *m* stop; delay
paroxíto•no -na *adj* & *m* paroxytone
parpadear *intr* to blink, wink; flicker
parpadeo *m* blinking, winking; flicker
párpado *m* eyelid
parque *m* park; parking; parking lot; **parque de atracciones** amusement park
parqué *m* floor, inlaid floor
parqueadero *m* (Col) parking lot
parquear *tr* to park
parquímetro *m* parking meter
parra *f* grapevine; earthen jug
párrafo *m* paragraph; chat
parral *m* grape arbor
parranda *f* spree, party; (Col) large number; **andar de parranda** to go out on a spree, go out to celebrate
parricida *mf* patricide, parricide
parricidio *m* patricide, parricide

parrilla *f* grill, gridiron, broiler; grate, grating; grillroom, grill; **asar a la parrilla** to broil

párroco *m* parish priest

parroquia *f* parish; parish church; customers, clientele

parroquial *adj* parochial

parroquia•no -na *mf* parishioner; customer

parte *m* dispatch, communiqué; **parte meteorológico** weather report ‖ *f* part; share; party; side; direction; (*papel de un actor*) role; (law) party; **de un mes a esta parte** for about a month past; **en ninguna otra parte** nowhere else; **en ninguna parte** nowhere; **ir a la parte** to go shares; **la mayor parte** most, the majority; **parte del león** lion's share; **parte de por medio** (theat) bit part, walk-on; **partes** parts, gifts, talent; faction; parts, genitals; **por otra parte** in another direction; elsewhere; on the other hand; **por todas partes** everywhere; **salva sea la parte** excuse me for not mentioning where

partea•guas *m* (*pl* **-guas**) divide, ridge

partear *tr* to deliver

parte•luz *m* (*pl* **-luces**) mullion, sash bar

Partenón *m* Parthenon

partera *f* midwife

partición *f* partition, division

participar *tr* to notify, inform; give notice of ‖ *intr* to participate; partake

participio *m* participle

partícula *f* particle

particular *adj* particular; peculiar; private, personal ‖ *m* particular; matter, subject; individual; **particular a particular** (telp) person-to-person

particularizar §60 *tr* to itemize ‖ *ref* to stand out; specialize

partida *f* departure; entry, item; certificate; party, group, band; band of guerrillas; game; (*de cartas*) hand; (*de tenis*) set; lot, shipment; behavior; **mala partida** mean trick; **partida de campo** picnic; **partida doble** (com) double entry; **partida sencilla** (com) single entry

partida•rio -ria or **partidista** *adj & mf* partisan

parti•do -da *adj* generous, open-handed ‖ *m* (pol) party; decision; profit; advantage; step, measure; deal, agreement; protection, support; (*casamiento que elegir*) match; district, county; (sport) team; (sport) game, match; **partido de desempate** play-off; **tomar partido** to take a stand, take sides ‖ *f* see **partida**

partir *tr* to divide; distribute; share; split, split open; break, crack; upset, disconcert ‖ *intr* to start, depart, leave, set out; **a partir de** beginning with ‖ *ref* to become divided; crack, split

partisa•no -na *mf* (mil) partisan

partitura *f* (mus) score

parto *m* childbirth, confinement; newborn child; offspring; **estar de parto** to be in labor, be confined; **parto del ingenio** brain child

parva *f* light breakfast (*on fast days*); heap of unthreshed grain; heap, pile

parvulario *m* nursery school; kindergarten

parvulista *mf* kindergarten teacher

párvu•lo -la *adj* small, tiny; simple, innocent; humble ‖ *mf* child, tot; (*niño*) kindergartner

pasa *f* raisin; (*del pelo de los negros*) kink; **pasa de Corinto** currant

pasada *f* passage; passing; **de pasada** in passing, hastily; **mala pasada** mean trick

pasade•ro -ra *adj* passable ‖ *f* stepping stone; walkway, catwalk

pasadizo *m* passage, corridor, hallway, alley; catwalk

pasa•do -da *adj* past; gone by; overripe; spoiled; overdone; stale; burned out; antiquated; faded ‖ *m* past; **pasados** ancestors ‖ *f* see **pasada**

pasa•dor -dora *mf* smuggler ‖ *m* door bolt; bolt, pin; hatpin; brooch; stickpin; safety pin; strainer

pasaje *m* passage; fare; fares; passengers; **cobrar el pasaje** to collect fares

pasaje•ro -ra *adj* passing, fleeting; (*camino, calle*) common, traveled ‖ *mf* passenger; hotel guest; **pasajero colgado** straphanger; **pasajero no presentado** no-show

pasamano *m* lace trimming; (*baranda*) handrail; (naut) gangway

pasamonta•ña *m* or **pasamonta•ñas** *m* (*pl* **-ñas**) ski mask, storm hood

pasaporte *m* passport

pasapuré *m* potato masher

pasar *m* livelihood ‖ *tr* to pass; cross; take across; send, transfer, transmit; (*contrabando*) slip in; spend; swallow; excel; overlook, stand for; undergo, suffer; (*un libro*) go through; (*una película*) show; dry in the sun; tutor; study with or under; **pasarlo** to get along; live; (*dícese de la salud*) be; **pasar por alto** to disregard; omit, leave out, skip ‖ *intr* to pass; go; pass away; pass over; happen; last; spread; get along; yield; come in, e.g., **pase Vd.** come in; **pasar de** to go beyond, exceed; to go above; be more than; **pasar por** to pass by, down, through, over, etc.; pass as, pass for; stop or call at; **pasar sin** to do without ‖ *ref* to pass; go; excel; pass over; get along; pass away; take an examination; leak; go too far; become overripe, become overcooked; rot; melt; burn out; (*una llave, un tornillo*) not fit, be loose; forget; **pasarse por** to stop or call at; **pasarse sin** to do without

pasarela *f* footbridge; catwalk, gangplank

pasatiempo *m* pastime

pascua *f* Passover; Easter; Twelfth-night; Pentecost; Christmas; **dar las pascuas** to wish a Happy New Year; **estar como una pascua** or **unas pascuas** (coll) to be bubbling over with joy; **¡Felices Pascuas!** Merry Christmas!; **Pascua de flores** Easter; **Pascua del Espíritu Santo** Pentecost; **Pascua de Navidad** Christmas; **Pascua de Resurrección** or **Pascua florida** Easter; **Pascuas navideñas** Christmas

pase m (*permiso; billete gratuito; movimiento de las manos del mesmerista, el torero*) pass; (*en la esgrima*) feint; **pase de cortesía** complimentary ticket

paseante adj strolling || mf stroller

pasear tr to walk; promenade, show off || intr to take a walk; go for a ride || ref to take a walk; go for a ride; wander, ramble; take it easy

paseíllo m processional entrance of bullfighters

paseo m walk, stroll, promenade; ride; drive; avenue; **dar un paseo** to take a walk; take a ride; **enviar a paseo** to send on his way, dismiss without ceremony; **paseo de caballos** bridle path; **paseo de la cuadrilla** processional entrance of the bullfighters

pasillo m short step; passage, corridor; (theat) short piece, sketch

pasión f passion

pasi•vo -va adj passive; (*pensión*) retirement || m liabilities; debit side

pasmar tr to chill; frostbite; stun, benumb; dumbfound, astound || ref to chill; become frostbitten; be astounded; get lockjaw; (*los colores*) become dull or flat

pasmo m cold; lockjaw, tetanus; astonishment; wonder, prodigy

pasmo•so -sa adj astounding; awesome

paso m step; pace; (*de la escalera*) step; gait; walk; passing; passage; step, measure, démarche; pass, permit; strait; footstep, footprint; incident, happening; (*de hélice, tornillo*) pitch; (elec) pitch; (rad) stage; (theat) short piece, sketch, skit; **al paso** in passing, on the way; **al paso que** at the rate that; (*a la vez que, mientras*) while, whereas; **ceder el paso** to make way, to keep clear; **de paso** in passing; at the same time; **paso a nivel** grade crossing; **paso de ganado** cattle crossing; **paso de ganso** goose step

paspa f (SAm) crack in the lips

pasquín m lampoon

pasquinar tr to lampoon

pasta f paste, dough, pie crust, soup paste; mash; (*para hacer papel*) pulp; cardboard; board binding; (*de un diente*) filling; (*dinero*) (coll) dough; **pasta dentrífica** toothpaste; **pasta española** marbled leather binding, tree calf; **pastas** noodles, macaroni, spaghetti, etc.; **pasta seca** cookie

pastar tr & intr to graze

pastel m pie; pastry roll; pastel; settlement, pacification; cheat, trick; (typ) pi; (typ) smear; (coll) plot, deal; **pastel de cumpleaños** birthday cake

pastelería f pastry; pastry shop

pastele•ro -ra mf pastry cook

pastelillo m tart, cake; (*de mantequilla*) pat

pasterizar §60 tr to pasteurize

pastilla f tablet, lozenge, drop; (*pequeña masa pastosa*) dab; (*de jabón, chocolate, etc.*) cake

pasto m pasture; grass; food, nourishment; **a pasto** to excess; in abundance; **a todo**

pasto freely, without restriction; **de pasto** ordinary, everyday

pastor m shepherd; pastor

pastora f shepherdess

pastoral adj & f pastoral

pastorear tr (*a las ovejas o los fieles*) to shepherd; lie in ambush for; spoil, pamper; (Arg, Urug) to court

pasto•so -sa adj pasty, doughy; (*voz*) mellow; (Arg, Chile) grassy

pastura f pasture; fodder

pasu•do -da adj kinky

pata f paw, foot, leg; (*de un mueble*) leg; duck; **a cuatro patas** on all fours; **estirar la pata** to kick the bucket; **meter la pata** to butt in, to put one's foot in it; **pata de gallo** crow's-foot; blunder; piece of nonsense; **pata de palo** peg leg, wooden leg; **pata galana** game leg; lame person; **patas arriba** on one's back, upside down; topsyturvy

patada f kick; stamp, stamping; step; footstep, track; **en dos patadas** in a jiffy

patalear intr to kick; stamp the feet

pataleta f fit; feigned fit or convulsion; (dial) tantrum

patán m churl, boor, lout; peasant

pataplún interj kerplunk!

patata f potato

patear tr to kick; trample on || intr to stamp one's foot; bustle around; kick

patentar tr to patent

patente adj patent, clear, evident || f grant, privilege, warrant; patent; **de patente** (Chile) excellent, first-class; **patente de circulación** owner's license; **patente de invención** patent; **patente de sanidad** bill of health

paternal adj paternal, fatherly

paternidad f paternity, fatherhood; **paternidad literaria** authorship

pater•no -na adj paternal

pateta m (coll) the devil; cripple

patéti•co -ca adj pathetic

patetismo m pathos

patibula•rio -ria adj hair-raising

patíbulo m scaffold

patiesteva•do -da adj bowlegged

patilla f small paw or foot; pocket flap; watermelon; (naut) compass; **patillas** sideburns, side whiskers

patín m small patio; skate; skid, slide, runner; (*ave marina*) petrel; **patín de cuchilla** or **de hielo** ice skate; **patín de ruedas** roller skate

patinada f (SAm) (aut) skidding

patinadero m skating rink

patina•dor -dora mf skater

patinaje m skating; skidding; **patinaje artístico** figure skating; **patinaje de fantasía** fancy skating; **patinaje de figura** figure skating

patinar intr to skate; skid; slip

patinazo m skid; slip; slip, blunder

patinete m scooter

patio m patio, court, yard; campus; (rr) yard, switchyard; **patio de recreo** playground

pa
pa

patituer•to -ta *adj* crooked-legged; crooked, lopsided

patizam•bo -ba *adj* knock-kneed

pato *m* duck, drake; **pagar el pato** to be the goat; **pato de flojel** eider duck

patochada *f* blunder, stupidity

patojo *m* (CAm) street urchin

patología *f* pathology

patota *f* (Arg, Urug) teen-age gang

patraña *f* fake, humbug, hoax

patria *f* country; mother country, fatherland, native land; birthplace; (*p.ej., de las artes*) home; **patria chica** native heath

patriarca *m* patriarch

patri•cio -cia *adj* & *mf* patrician

patrimonio *m* patrimony

pa•trio -tria *adj* native, home; paternal ‖ *f* see **patria**

patriota *mf* patriot

patrióti•co -ca *adj* patriotic

patriotismo *m* patriotism

patrocinar *tr* to sponsor, patronize

patrocinio *m* sponsorship

patrón *m* sponsor, protector; patron saint; patron; landlord; owner, master; boss, foreman; host; (*de un barco*) skipper; pattern; standard; **patrón oro** gold standard; **patrón picado** stencil

patrona *f* patroness; landlady; owner, mistress; hostess

patronal *adj* management, employers

patronato *m* employers' association; foundation; board of trustees; patronage

patronear *tr* to skipper

patro•no -na *mf* sponsor, protector; employer ‖ *m* patron; landlord; boss, foreman; lord of the manor; **los patronos** the management ‖ *f* see **patrona**

patrulla *f* patrol; gang, band

patrullar *tr* & *intr* to patrol

paulati•no -na *adj* slow, gradual

pausa *f* pause; slowness, delay; (mus) rest

pausa•do -da *adj* slow, calm, deliberate ‖ **pausado** *adv* slowly, calmly

pausar *tr* & *intr* to slow down

pauta *f* ruler; guide lines; guideline, rule, guide, standard, model

pava *f* turkey hen; **pelar la pava** to make love at a window

pavesa *f* ember, cinder, spark

pavimentar *tr* to pave

pavimento *m* pavement

pa•vo -va *adj* (coll) silly, stupid ‖ *m* turkey; turkey cock; **comer pavo** to be a wallflower; **pavo real** peacock

pavón *m* bluing; peacock

pavonar *tr* to blue

pavonear *intr* & *ref* to strut, swagger

pavor *m* fear, terror, dread

pavoro•so -sa *adj* frightful, dreadful

payador *m* (SAm) gaucho minstrel

payasada *f* clownishness, clownish remark

payaso *m* clown; laughingstock

paz *f* (*pl* **paces**) peace; peacefulness; **dejar en paz** to leave alone, stop pestering; **estar en paz** to be even; to be quits; **hacer las**

paces con to make peace with, to come to terms with; **salir en paz** to break even

pazgua•to -ta *adj* simple, doltish ‖ *mf* simpleton, dolt

pazpuerca *f* slut, slattern

P.D. *abbr* **posdata**

peaje *m* toll

peatón *m* pedestrian; rural postman

pebete *m* punk, joss stick; fuse; (*cosa hedionda*) (coll) stinker

peca *f* freckle

pecado *m* sin

peca•dor -dora *adj* sinning, sinful ‖ *mf* sinner

pecamino•so -sa *adj* sinful

pecar §73 *intr* to sin; **pecar de** to be too, e.g., **pecar de confiado** to be too trusting

pecera *f* fish globe, fish bowl

pecino•so -sa *adj* slimy

pecio *m* flotsam

pecíolo *m* leafstalk

pécora *f* head of sheep; **buena pécora** or **mala pécora** schemer, scheming woman

peco•so -sa *adj* freckly, freckle-faced

peculado *m* embezzlement, peculation

peculiar *adj* peculiar

pecunia•rio -ria *adj* pecuniary

pechada *f* bump or push with the chest; tossing an animal (*with a bump of horse's chest*); bumping contest between two horsemen

pechar *tr* to pay as a tax; fulfill; take on; drive one's horse against; bump with the chest; strike for a loan ‖ *ref* (*dos jinetes*) to vie in a bumping contest

pechera *f* shirt front, shirt bosom; chest protector; (*del delantal*) bib; breast strap; (coll) bosom; **pechera postiza** dickey

pecho *m* chest; breast, bosom; heart, courage; **dar el pecho** to nurse, suckle; face it out; **de dos pechos** double-breasted; **de un solo pecho** single-breasted; **echar el pecho al agua** to put one's shoulder to the wheel; (coll) to speak out; **en pechos de camisa** in shirt sleeves; **tomar a pecho** to take to heart; **¡pecho al agua!** take heart!, put your shoulder to the wheel!

pechuga *f* (*del ave*) breast; slope, hill; brass, cheek; treachery, perfidy; (coll) bosom, breast

pechu•gón -gona *adj* big-chested; brazen ‖ *mf* sponger ‖ *m* slap or blow on the chest; fall on the chest

pedagogía *f* pedagogy

pedal *mf* pedal, treadle

pedalear *intr* to pedal

pedante *adj* pedantic ‖ *mf* pedant

pedantería *f* pedantry

pedantes•co -ca *adj* pedantic

pedantismo *m* pedantry

pedazo *m* piece; **hacer pedazos** to break to pieces; **hacerse pedazos** (coll) to fall to pieces; to strain, to wear oneself out; **pedazo de alcornoque, de animal** or **de bruto** dolt, imbecile, good-for-nothing; **pedazo del alma, de las entrañas** or **del corazón** (*niño*) darling, apple of one's eye; **pedazo de pan** (*pequeña cantidad*) crumb; (*precio bajo*) song

pederastia *f* pederasty

pedernal *m* flint; flintiness; flint-hearted person

pedestal *m* pedestal

pedestre *adj* pedestrian

pedestrismo *m* pedestrianism; walking; foot racing; cross-country racing

pedíatra *mf* pediatrician

pediatría *f* pediatrics

pedido *m* request; (*encargo de mercancías*) order

pedigüe•ño -ña *adj* insistent, demanding, bothersome

pedir §50 *tr* to ask, ask for; request; demand, require; need; ask for the hand of; (*mercancías*) order; (*gram*) to govern; **pedir prestado a** to borrow from ‖ *intr* to ask; beg; bring suit; **a pedir de boca** opportunely; as desired

pedorre•ro -ra *adj* flatulent ‖ *f* flatulence; (orn) tody; **pedorreras** tights

pedrada *f* stoning; hit or blow with a stone; hint, taunt

pedregal *m* rocky ground; pile of rocks

pedrego•so -sa *adj* stony, rocky; suffering from gallstones ‖ *mf* sufferer from gallstones

pedrejón *m* boulder

pedrera *f* quarry, stone quarry

pedrería *f* precious stones, jewelry

pedrusco *m* boulder

pedúnculo *m* stem, stalk

peer §43 *intr & ref* to break wind

pega *f* sticking; pitch varnish; drubbing; (*en un examen*) catch question; trick, joke; (W-I) work, jobs; **de pega** (coll) fake

pegadi•zo -za *adj* sticky; catching, contagious; sponging; fake, imitation

pegajo•so -sa *adj* sticky; contagious; tempting; soft, gentle; mushy

pegapega *f* glue

pegar §44 *tr* to stick, paste; fasten, attach, tie; (*carteles*) post; (*fuego*) set; (*una enfermedad*) transmit; (*un botón*) sew on; (*un grito*) let out; (*un salto*) take; (*un golpe, una bofetada*) let go; beat; **no pegar el ojo** to not sleep a wink ‖ *intr* to stick, catch; take root, take hold; cling; join; fit, match; be fitting; pass, be accepted; beat; knock ‖ *ref* to stick, catch; take root, take hold; hang on, stick around; (*una enfermedad*) be catching; **pegársela a uno** to make a fool of someone

pegatina *f* sticker (or tag)

pegotear *intr* to hang around, sponge

peina•do -da *adj* groomed; effeminate ‖ *m* hairdo, coiffure; (*manera de componer el pelo*) hairstyle; (*policía, soldados*) search; **peinado al agua** finger wave

peina•dor -dora *mf* hairdresser ‖ *m* wrapper, dressing gown; dressing table

peinar *tr* to comb; (*policía, soldados*) search ‖ *ref* to comb oneself, comb one's hair

peine *m* comb; sly fellow

peineta *f* back comb

pelada *f* pelt, sheepskin

peladero *m* wasteland

peladilla *f* sugar almond; small pebble

peladillo *m* clingstone peach

pela•do -da *adj* bare; bald; barren; penniless; (*decena, centena, etc.*) even ‖ *m* raggedy fellow; (W-I) haircut ‖ *f* see **pelada**

pelafus•tán -tana *mf* derelict, good-for-nothing

pelaga•tos *m* (*pl* -tos) wretch, ragamuffin

pelaje *m* coat, fur; (*especie, calidad*) sort, stripe

pelar *tr* (*pelo*) to cut; (*pelo, plumas*) pluck, pull out; peel, skin, husk, hull, shell; (*los dientes*) show; (*en el juego*) clean out; beat, thrash ‖ *ref* to peel off; lose one's hair; get a haircut; clear out, make a getaway; **pelárselas por** to crave; crave to

pelazón *f* poverty; misery

peldaño *m* step

pelea *f* fight; quarrel; struggle; **pelea de gallos** cockfight

pelear *intr* to fight; quarrel; struggle ‖ *ref* to fight, fight each other

pele•ón -ona *adj* pugnacious, quarrelsome; (*vino*) cheap, ordinary ‖ *mf* quarrelsome person ‖ *m* cheap wine ‖ *f* row, scuffle, fracas

peletería *f* furriery; fur shop; (Cuba) shoe store

pelete•ro -ra *mf* furrier; (Cuba) shoe dealer

peliagu•do -da *adj* furry, long-haired; arduous, ticklish

película *f* film; motion picture; **película de dibujos** animated cartoon; **película del Oeste** western; **película de terror** or **película horripilante** horror movie; **película sonora** sound film

pelicule•ro -ra *adj* moving-picture ‖ *mf* scenario writer ‖ *m* movie actor ‖ *f* movie actress

peligrar *intr* to be in danger

peligro *m* danger, peril, risk; **ponerse en peligro de paz** to be alerted for war

peligro•so -sa *adj* dangerous

pelillo *m* trifle; **echar pelillos a la mar** to bury the hatchet; **no pararse en pelillos** to not bother about trifles, pay no attention to small matters; **no tener pelillos en la lengua** to speak right out

pelirro•jo -ja *adj* red-haired, redheaded ‖ *mf* redhead

pelo *m* hair; (*en las frutas y el cuerpo humano*) down; (*del paño*) nap; (*de la madera*) grain; (*de un animal*) coat; (*en las piedras preciosas*) flaw; (*del caballo*) color; (*en el billar*) kiss; (*del reloj*) hairspring; hair trigger; fiber, filament; raw silk; **al pelo** with the hair, with the nap; perfectly, to the point; **con todos sus pelos y señales** chapter and verse; **en pelo** bareback; **escapar por un pelo** to escape by a hairbreadth, have a narrow escape; **no tener pelos en la lengua** to be outspoken, not mince words; **ponerle a uno los pelos de punta** to make one's hair stand on end; **tomar el pelo a** to make fun of, make a fool of; **venir a pelo** to come in handy

pe•lón -lona *adj* bald, hairless; dull, stupid; penniless
Pélope *m* Pelops
peloponense *adj* & *mf* Peloponnesian
Peloponeso *m* Peloponnesus
pelo•so -sa *adj* hairy
pelota *f* ball; ball game; handball; **en pelota** stripped; stark-naked; **pelota acuática** water polo; **pelota rodada** (baseball) grounder; **pelota vasca** pelota, jai alai
pelotari *mf* pelota player
pelotear *intr* to knock a ball around; wrangle, argue
pelotera *f* row, brawl
pelotón *m* large ball; gang, crowd; platoon; **pelotón de fusilamiento** firing squad; **pelotón de los torpes** awkward squad
peltre *m* pewter
peluca *f* wig
peluche *m* plush, pile
pelu•do -da *adj* hairy, furry; bushy
peluquear *tr* (Col, Ven) to cut the hair of ‖ *intr* (Col, Ven) to get a haircut
peluquería *f* hairdresser's, barbershop
peluque•ro -ra *mf* hairdresser; barber; wigmaker
peluquín *m* hairpiece; toupee
pelusa *f* down; lint, fuzz; nap; jealousy, envy
pellejo *m* skin; pelt, rawhide; peel, rind; wineskin; (*la vida de uno*) (coll) hide, skin; (coll) sot, drunkard; **dar, dejar** or **perder el pellejo** to die
pellizcar §73 to pinch; nip; take a pinch of ‖ *ref* to long, pine
pellizco *m* pinch; nip; bit, pinch
pena *f* punishment; penalty; pain, hardship, toil; sorrow, grief; effort, trouble; **a duras penas** hardly, with great difficulty; **de pena** of a broken heart; **pena privativa de libertad** imprisonment; **¡qué pena!** what a pity!; **so pena de** on pain of, under penalty of; **valer la pena** to be worthwhile (to)
penacho *m* crest; tuft, plume; arrogance; (bot) tassel
pena•do -da *adj* afflicted, grieved; difficult ‖ *mf* convict
penalidad *f* trouble, hardship; (law) penalty
penalizar §60 *tr* to punish; penalize
penar *tr* to penalize; punish ‖ *intr* to suffer; linger; **penar por** to pine for, long for ‖ *ref* to grieve
penca *f* pulpy leaf; cowhide; **coger una penca** to get a jag on
penco *m* nag, jade; boor
pendejo *m* pubes; pubic hair; (coll) coward
pendencia *f* dispute, quarrel, fight; pending litigation
pendencie•ro -ra *adj* quarrelsome ‖ *mf* wrangler
pender *intr* to hang, dangle; depend; be pending
pendiente *adj* pendent, hanging, dangling; pending; under way; expecting; **estar pendiente de** (*las palabras de una persona*) to hang on; depend on; be in the process of ‖ *m* earring, pendant; watch chain ‖ *f* slope, grade; dip, pitch

péndola *f* feather; pendulum; clock; pen, quill; queen post
pendolón *m* king post
pendón *m* banner, standard, pennon
péndulo *m* pendulum; clock
pene *m* penis
penetrar *tr* to penetrate; pierce; grasp; fathom ‖ *intr* to penetrate ‖ *ref* to grasp, fathom; realize; become convinced
penicilina *f* penicillin
península *f* peninsula
peninsular *adj* & *mf* peninsular; (*ibero*) Peninsular
penique *m* penny
penitencia *f* penitence; penance; **hacer penitencia** to do penance; eat sparingly; take potluck
penitente *adj* & *mf* penitent
penol *m* (naut) yardarm
peno•so -sa *adj* arduous, difficult; suffering; conceited; shy
pensa•dor -dora *adj* thinking ‖ *mf* thinker
pensamiento *m* thought; (*planta y flor*) pansy
pensar §2 *tr* to think; think over; (*un naipe, un número, etc.*) think of; intend to; **pensar de** to think of, e.g., **¿qué piensa Vd. de este libro?** what do you think of this book? ‖ *intr* to think; **pensar en** (*dirigir sus pensamientos a*) to think of (*to turn one's thoughts to*)
pensati•vo -va *adj* pensive, thoughtful
pensión *f* pension; annuity; allowance; boardinghouse; (*para ampliar estudios*) fellowship; **pensión completa** board and lodging
pensionar *tr* to pension
pensionista *mf* pensioner; boarder; boarding-school pupil; **medio pensionista** day boarder
pentagrama *m* staff, musical staff
Pentecostés, el Pentecost
penúlti•mo -ma *adj* penultimate; next to last ‖ *f* penult
penumbra *f* penumbra; semidarkness, half-light
penuria *f* shortage
peña *f* rock, boulder; cliff; club, group, circle
peñasco *m* pinnacle; crag
peñasco•so -sa *adj* rocky, craggy
peñón *m* rock, spire; **peñón de Gibraltar** rock of Gibraltar
peón *m* laborer; pedestrian; foot soldier; farm hand; (*en el ajedrez*) pawn; (*en las damas*) man; top, peg top; spindle, axle; (taur) attendant; **peón de albañil** or **de mano** hod carrier
peor *adj* & *adv* worse; worst
pepa *f* (*de la manzana*) (Col) seed; (*del durazno*) (Arg) stone; (*canica*) (Arg) marble; (Col) lie, cheat, trick
pepe *mf* foundling ‖ *m* bib; **Pepe** *m* Joe
pepinillo *m* gherkin
pepino *m* cucumber; **me importa un pepino** I couldn't care less
pepita *f* seed, pip; nugget; (vet) pip
peque *m* tot
pequén *m* (Chile) burrowing owl

peque·ñez *f* (*pl* -ñeces) smallness; infancy; trifle

peque·ño -ña *adj* little, small; young; low, humble

pequeño-burgués *adj* petit bourgeois

Pequín *m* Peking

pequi·nés -nesa *adj* & *mf* Pekinese

pera *f* pear; goatee; cinch, sinecure; pear-shaped bulb; pear-shaped switch

peral *m* pear tree

perca *f* (ichth) perch

percance *m* mischance, misfortune; **percances** perquisites

percatar *ref* — **percatarse de** to be aware of; beware of, guard against

percebe *m* barnacle; fool, sap

percepción *f* perception; collection

percibir *tr* to perceive; collect

percudir *tr* to tarnish, dull; spread through

percha *f* perch, pole, roost; clothes tree; coat hanger; coat hook; barber pole

perchero *m* rack, clothes rack, clothes hanger

perde·dor -dora *adj* losing || *mf* loser

perder §51 *tr* to lose; waste, squander; (*un tren, una ocasión*) miss; (*una asignatura*) flunk; ruin; spoil || *intr* to lose; fade || *ref* to get lost; miscarry; sink; become ruined; spoil; go to the dogs

perdición *f* perdition; loss; outrage; ruination

pérdida *f* loss; waste; ruination; **no tener pérdida** to be easy to find; **pérdida de reclamable** tax loss

perdi·do -da *adj* (*bala*) stray, wild; (*manga*) wide, loose; fruitless; (*horas*) off, spare, idle; distracted; inveterate; madly in love || *m* profligate, rake

perdido·so -sa *adj* unlucky; easily lost

perdigón *m* young partridge; profligate; heavy loser; (*alumno*) failure; **perdigones** (*granos de plomo*) shot; **perdigón zorrero** buckshot

per·diz *f* (*pl* -dices) partridge

perdón *m* pardon, forgiveness; **con perdón** by your leave

perdonable *adj* pardonable

perdonar *tr* to pardon, forgive, excuse; **no perdonar** to not miss, not omit

perdula·rio -ria *adj* careless, sloppy; incorrigible, vicious || *mf* good-for-nothing, profligate

perdurable *adj* long-lasting; everlasting

perdurar *intr* to last, last a long time, survive

perecede·ro -ra *adj* perishable; mortal || *m* extreme want

perecer §22 *intr* to perish; suffer; be in great want || *ref* to pine; **perecerse por** to be dying for; (*una mujer*) be mad about

peregrinación *f* peregrination; pilgrimage

peregri·no -na *adj* wandering, traveling; foreign; rare, strange; beautiful; mortal; (*ave*) migratory || *mf* pilgrim

perejil *m* parsley; (coll) frippery

perenne *adj* perennial

pereza *f* laziness; slowness

perezo·so -sa *adj* lazy; slow, dull, heavy || *mf* lazybones; sleepyhead || *m* (zool) sloth

perfección *f* perfection

perfeccionar *tr* to perfect, improve

perfec·to -ta *adj* & *m* perfect

perfidia *f* perfidy

pérfi·do -da *adj* perfidious

perfil *m* profile; side view; cross section; thin stroke; outline, sketch; **perfil aerodinámico** streamlining; **perfiles** finishing touches; courtesies

perfila·do -da *adj* (*cara*) long and thin; (*nariz*) well-formed; (*facciones*) delicate; streamlined

perfilar *tr* to profile, outline; perfect, polish, finish || *ref* to be outlined; show one's profile, stand sidewise; stand out; dress up

perforación *f* perforation; drilling; puncture; keypunching

perfora·dor -dora *adj* perforating; drilling || *f* pneumatic drill, rock drill

perforar *tr* to perforate; drill, bore; puncture; (*una tarjeta*) punch

perforista *mf* keypuncher

perfumar *tr* to perfume

perfume *m* perfume

pergamino *m* parchment

pergenio *m* rascal

pericia *f* skill, expertness

periclitar *intr* to be in jeopardy, be shaky

perico *m* (*pelo postizo*) periwig; parakeet; (slang) chamber pot; (CAm) compliment; **perico entre ellas** lady's man

periferia *f* periphery; surroundings

perifollos *mpl* finery, frippery, chiffons

perilla *f* pear-shaped ornament; goatee; knob, doorknob; (*del arzón*) pommel; (*de la oreja*) lobe; **de perilla** apropos, to the point

periodísti·co -ca *adj* newspaper, journalistic

periódi·co -ca *adj* periodic || *m* newspaper; periodical

periodismo *m* journalism

periodista *mf* journalist || *m* newspaperman || *f* newspaperwoman

período *m* period; compound sentence; (phys) cycle; **período lectivo** (*en la escuela*) term

peripues·to -ta *adj* dudish, all spruced up, sporty

periquete *m* jiffy; **en un periquete** in a jiffy

periquito *m* parakeet; **periquito de Australia** budgerigar

periscopio *m* periscope

peri·to -ta *adj* skilled, skillful; expert || *m* expert

perjudicar §73 *tr* to damage, impair, hurt, prejudice

perjudicial *adj* harmful, injurious, detrimental, prejudicial

perjuicio *m* harm, injury, damage, prejudice; **en perjuicio de** to the detriment of

perjurar *intr* to commit perjury; swear, be profane || *ref* to commit perjury; perjure oneself

perjurio *m* perjury

perla *f* pearl; **de perlas** perfectly

perlesía *f* palsy

permanecer §22 *intr* to stay, remain

permanencia *f* permanence; stay, sojourn

pe
pe

permanente *adj* permanent ‖ *f* permanent wave

permiso *m* permission; permit; time off; (*en el monedaje*) tolerance; leave; **con permiso** excuse me; **permiso de circulación** owner's license; **permiso de conducir** driver's license

permitir *tr* to permit, allow ‖ *ref* to be permitted; **no se permite fumar** no smoking

permutar *tr* to interchange; barter; to permute

pernear *intr* to kick; hustle; fuss, fret

pernera *f* trouser leg

pernicio•so -sa *adj* pernicious

pernil *m* trouser leg; (*anca y muslo*) ham

perno *m* bolt; **perno con anillo** ringbolt; **perno roscado** screw bolt

pernoctar *intr* to spend the night

pero *conj* but, yet ‖ *m* but; fault, defect; **poner pero a** to find fault with

perogrullada *f* platitude, inanity

peroración *f* peroration; harangue

perorar *intr* to perorate; orate

peróxido *m* peroxide; **peróxido de hidrógeno** hydrogen peroxide

perpendicular *adj & f* perpendicular

perpetrar *tr* to perpetrate

perpetuar §21 *tr* to perpetuate

perpe•tuo -tua *adj* perpetual; life

perplejidad *f* perplexity; worry, anxiety

perple•jo -ja *adj* perplexed; worried, anxious; baffling, perplexing

perra *f* bitch; tantrum; drunkenness

perrada *f* pack of dogs; dirty trick

perrera *f* kennel, doghouse; tantrum; toil, drudgery

perro *m* dog; **el perro del hortelano** dog in the manger; **perro caliente** (slang) hot dog; **perro cobrador** retriever; **perro de aguas** spaniel; **perro de lanas** poodle; **perro de muestra** pointer; **perro faldero** lap dog; **perro marino** dogfish, shark; **perro raposero** foxhound; **perro viejo** (coll) wise old owl

perro-lazarillo *m* (*pl* **perros-lazarillos**) Seeing Eye dog

persa *adj & mf* Persian

persecución *f* persecution; pursuit; annoyance, harassment

perseguir §67 *tr* to persecute; pursue; annoy, harass

perseverar *intr* to persevere

persiana *f* slatted shutter; flowered silk; louver; Venetian blind; **persiana del radiador** (aut) louver

persistir *intr* to persist

persona *f* person; personage; **persona desplazada** displaced person; **personas** people; **por persona** per capita

personaje *m* personage; (theat) character; person of importance

personal *adj* personal ‖ *m* personnel, staff, force

personalidad *f* personality

personificar §73 *tr* to personify

perspectiva *f* perspective; outlook, prospect; appearance

perspi•caz *adj* (*pl* **-caces**) perspicacious, discerning; keen-sighted

persuadir *tr* to persuade

persuasión *f* persuasion

pertenecer §22 *intr* to belong; pertain ‖ *ref* to be independent, be free

perteneciente *adj* pertaining

pértiga *f* pole, rod, staff

perti•naz *adj* (*pl* **-naces**) pertinacious; (*dolor de cabeza*) persistent

pertinente *adj* pertinent, relevant

pertrechos *mpl* supplies, provisions, equipment; tools; **pertrechos de guerra** ordnance

perturbar *tr* to perturb; disturb; upset, disconcert; confuse, interrupt

Perú, el Peru

perua•no -na *adj & mf* Peruvian

perversidad *f* perversity

perversión *f* perversion

perver•so -sa *adj* perverse; wicked, depraved ‖ *mf* profligate

perverti•do -da *mf* pervert

pervertir §68 *tr* to pervert ‖ *ref* to become perverted; go to the bad

pesa *f* weight; (CAm, Col, Ven) butcher shop

pesacar•tas *m* (*pl* **-tas**) letter scales

pesadez *f* heaviness; slowness; tiresomeness; harshness; (phys) gravity

pesadilla *f* nightmare

pesa•do -da *adj* heavy; slow; tiresome; harsh; boring

pesadumbre *f* sorrow, grief; trouble; weight, heaviness

pesaje *m* weighing; (sport) weigh-in

pésame *m* condolence; **dar el pésame a** to extend one's sympathy to

pesantez *f* (phys) gravity

pesar *m* sorrow, regret; **a pesar de** in spite of ‖ *tr* to weigh; make sorry ‖ *intr* to weigh; be heavy; cause regret, cause sorrow

pesaro•so -sa *adj* sorrowful, regretful

pesca *f* fishing; catch; **ir de pesca** to go fishing; **pesca de bajura** off-shore fishing; **pesca de gran altura** deep-sea fishing

pescadería *f* fish market; fish store; fish stand

pescade•ro -ra *mf* fish dealer, fishmonger

pescado *m* fish (*that has been caught*)

pesca•dor -dora *adj* fishing ‖ *m* fisherman ‖ *f* fisherwoman, fishwife

pescante *m* coach box; (*de una grúa*) jib; (aut) front seat; (naut) davit; (theat) trap door

pescar §73 *tr* to fish; fish for; fish out; (*peces*) catch; (coll) to manage to get ‖ *intr* to fish

pescozón *m* slap on the neck or head

pescuezo *m* neck

pesebre *m* crib, rack, manger; crèche

pesero *m* (CAm, Col, Ven) butcher; (Mex) shared taxi

pesimismo *m* pessimism

pesimista *adj* pessimistic ‖ *mf* pessimist

pési•mo -ma *adj* very bad, abominable

peso *m* weight; scale, balance; burden, load; judgment, good sense; (*unidad monetaria*) peso; **caerse de su peso** to be self-evident; **llevar el peso de la batalla** to bear the brunt of the battle; **peso atómico** atomic weight; **peso molecular** molecular weight

pespuntar *tr* & *intr* to backstitch

pespunte *m* backstitch

pesquera *f* fishery; fishing grounds; (*presa para detener los peces*) weir

pesquería *f* fishing; fishery

pesque•ro -ra *adj* fishing ‖ *m* fishing boat ‖ *f* see **pesquera**

pesquis *m* acumen, keenness

pesquisa *m* (Arg) detective ‖ *f* inquiry, investigation

pesquisar *tr* to investigate, inquire into

pestaña *f* eyelash; flange; fringe, edging; index tab

pestañear *intr* to wink, blink; **sin pestañear** without batting an eye

peste *f* pest, plague; epidemic; stink, stench; abundance; (Col, Peru) head cold; (Chile) smallpox; **pestes** insults

pesticida *m* pesticide

pestífe•ro -ra *adj* pestiferous; stinking

pestilencia *f* pestilence

pestillo *m* bolt; doorlatch

petaca *f* cigar case; cigarette case; tobacco pouch; leather-covered hamper

pétalo *m* petal

petardear *tr* to swindle ‖ *intr* (aut) to backfire

petardeo *m* swindling; (aut) backfire

petardo *m* petard; bomb; swindle, cheat

petate *m* sleeping bag; bedding; luggage; cheat; poor soul; **liar el petate** to pack up and get out; to kick the bucket

petición *f* petition; request; plea; (law) claim, bill; **a petición de** at the request of; **petición de mano** formal betrothal

petimetre *m* dude, sport, dandy

petirrojo *m* redbreast, robin

Petrarca *m* Petrarch

petrificar §73 *tr* & *ref* to petrify

petróleo *m* petroleum; **petróleo combustible** fuel oil

petrole•ro -ra *adj* oil, petroleum ‖ *mf* oil dealer ‖ *m* oil tanker

petroquími•co -ca *adj* petrochemical

petulancia *f* flippancy, pertness

petulante *adj* flippant, pert

pez *m* (*pl* **peces**) fish; reward, just desert; **como un pez en el agua** snug as a bug in a rug; **pez de plata** (ent) silverfish; **salga pez o salga rana** blindly, hit or miss ‖ *f* pitch, tar

pezón *m* stem; nipple, teat

pezonera *f* linchpin

pezuña *f* hoof

piado•so -sa *adj* merciful; pitiful; pious

piafar *intr* (*el caballo*) to paw, to stamp

piano *m* piano; **piano de cola** grand piano; **piano de media cola** baby grand

piar §77 *intr* to peep, chirp

pica *f* pike; pikeman; picador's goad; (Col) pique, resentment

picada *f* peck; bite; (Bol) knock at the door; (Arg, Bol, Urug) narrow ford; (SAm) path, trail

picadillo *m* (*carne, verduras, ajos, etc. reducidos a pequeños trozos*) hash; (*carne picada*) mincemeat

pica•do -da *adj* perforated; pitted; (*tabaco*) cut; (*hielo*) cracked; (*mar*) choppy; piqued ‖ *m* mincemeat; (aer) dive; **picado con motor** (aer) power dive ‖ *f* see **picada**

picador *m* horsebreaker; (*torero de a caballo*) picador (*mounted bullfighter*); chopping block; meat grinder

picadura *f* bite, prick, sting; nick; puncture; cut tobacco; (*en un diente*) cavity

picaflor *m* hummingbird

picahie•los *m* (*pl* **-los**) ice pick

picamade•ros *m* (*pl* **-ros**) green woodpecker

picante *adj* biting, pricking, stinging; piquant, juicy, racy; (SAm) highly seasoned ‖ *m* mordancy; piquancy

pícap *m* (Bol, Chile, Col) var of **pick-up**

picapedrero *m* stonecutter

picaplei•tos *m* (*pl* **-tos**) troublemaker; shyster, pettifogger

picaporte *m* latch; latchkey; door knocker

picar §73 *tr* to prick, pierce, puncture; sting; bite; burn; peck; nibble; pit, pock; mince, chop up, cut up; stick, poke; spur; goad; perforate; (*hielo*) crack; harass, pursue; tame; pique, annoy ‖ *intr* to itch; (*el sol*) burn, nibble; have a smattering; be catching; (*los negocios*) pick up; (aer) to dive; (*caer en el lazo*) (coll) to bite; **picar en** to nibble at; dabble in; **picar muy alto** aim high, expect too much ‖ *ref* to rot; (*la ropa*) be moth-eaten; (*el vino*) turn sour; (*un diente*) be decayed; (*el mar*) get rough; be offended; get drunk; (*drogas*) get a fix, shoot up; **picarse de** to boast of being

picardía *f* roguishness, knavery; crudeness, coarseness; mischief

picares•co -ca *adj* roguish, rascally; picaresque; rough, coarse, crude; witty, humorous

píca•ro -ra *adj* roguish; scheming, tricky; low, vile, mischievous ‖ *mf* rogue; schemer

picaza *f* magpie

picazón *f* itch, itching; annoyance

pícea *f* spruce tree

pick-up *m* pickup; phonograph

pico *m* beak, bill; (*de jarra*) spout; (*del yunque*) beak; (*del pañuelo*) corner; nib, tip; (*de la pluma de escribir*) point; peak; (*herramienta*) pick; (*de dinero*) pile, lot; talkativeness; (elec) peak; (naut) bow, prow; **callar el pico** to shut up; **darse el pico** (*las palomas*) to bill; **pico de oro** silver-tongue; **tener mucho pico** to talk too much; **y pico** odd, e.g., **trescientos y pico** three hundred odd; a little after, e.g., **a las tres y pico** a little after three o'clock

picor *m* (*del paladar*) smarting; itch, itching, burning

pico•so -sa *adj* pock-marked

picota *f* pillory; peak, point, spire

picotazo *m* peck

pe
pi

picotear *tr* to peck ‖ *intr* (*el caballo*) to toss the head; chatter, jabber, gab; (*las mujeres*) wrangle
pichel *m* pewter tankard
pichón -chona *mf* darling ‖ *m* young pigeon; **pichón de barro** clay pigeon
pie *m* foot; footing; foothold; base, stand; (*de copa*) stem; (*de la cama*) footboard; cause, origin, reason; (*de la página*) foot, bottom; (theat) cue; (Chile) down payment; **a cuatro pies** on all fours; **al pie de fábrica** at the factory; **al pie de la letra** literally; **al pie de la obra** (com) delivered; **a pie** on foot, walking; **buscar cinco** (or **tres**) **pies al gato** to be looking for trouble; **de pie** standing; up and about; firm, steady; firmly, steadily; **en pie de guerra** on a war footing; **ir a pie** to go on foot, to walk; **morir al pie del cañón** to die in the harness, to die with one's boots on; **nacer de pie** or **de pies** to be born with a silver spoon in one's mouth; **pie de atleta** athlete's foot; **pie de cabra** crowbar; **pie de imprenta** imprint, printer's mark; **pie derecho** upright, stanchion; **pie marino** sea legs; **pie plano** flatfoot; **pie quebrado** (*de verso*) short line; **vestirse por los pies** to be a man
piedad *f* (*devoción a las cosas santas*) piety; (*misericordia*) pity, mercy
piedra *f* stone; rock; (*pedernal*) flint; heavy hailstone; (pathol) stone; **piedra angular** cornerstone; (fig) cornerstone, keystone; **piedra arenisca** sandstone; **piedra azul** (chem) bluestone; **piedra de albardilla** copestone; **piedra de amolar** grindstone; **piedra de chispa** flint; **piedra de pipas** meerschaum; **piedra imán** loadstone; **piedra miliar** or **miliaria** milestone; **piedra movediza** rolling stone; **piedra pómez** pumice, pumice stone
piel *f* skin; hide, pelt; fur; leather; (*de las frutas*) peel, skin; **piel de cabra** goatskin; **piel de foca** sealskin; **piel de gallina** goose flesh ‖ *m* — **piel roja** (*pl* **pieles rojas**) (*indio norteamericano*) redskin
pienso *m* feed, feeding; **ni por pienso** by no means, don't think of it
pierna *f* leg; post, upright; **dormir a pierna suelta** or **tendida** to sleep like a log; **estirar la pierna** to lie down on the job; kick the bucket; **estirar** or **extender las piernas** to stretch one's legs, go for a walk; **ser buena pierna** (Arg, Urug) to be a good-natured fellow
pieza *f* (*órgano de una máquina o artefacto; obra dramática; composición suelta de múscia; cañón; figura que sirve para jugar a las damas, al ajedrez, etc.; moneda*) piece; (*objeto; mueble; porción de tela*) piece or article; (*habitación, cuarto*) room; **buena pieza** hussy; sly fox; **pieza de recambio** or **de repuesto** spare part; **quedarse en una pieza** or **hecho una pieza** to be dumbfounded, stand motionless
pífano *m* fife; fifer
pifia *f* (billiards) miscue; (coll) miscue, slip

pifiar *intr* to miscue
pigmentar *tr* & *ref* to pigment
pigmento *m* pigment
pigmeo -a *adj* & *mf* pygmy
pijama *f* pajamas
pila *f* basin; trough; sink; font; pile, heap; (elec) battery, cell; (elec & phys) pile; **pila de linterna** flashlight battery
pilar *m* (*de una fuente*) basin, bowl; pillar; stone post, milestone; (*persona*) (fig) pillar ‖ *tr* (*el grano*) to crush, pound
Pilatos *m* Pilate
píldora *f* pill; bad news; **píldora para dormir** sleeping pill
pileta *f* sink; basin, bowl; font; swimming pool
pilón *m* pylon; drinking trough; loaf of sugar; counterpoise; drop hammer; (Mex, Ven) tip, gratuity; **de pilón** in addition, on top of it
pilotar *tr* to pilot
pilote *m* pile
piloto *m* pilot; first mate; (Chile) hail fellow well met
pillar *tr* to pillage, plunder; catch
pillo -lla *adj* roguish, rascally; sly, crafty ‖ *m* rogue, rascal; crafty fellow
pilluelo *m* scamp, little scamp
pimentero *m* pepper, black pepper; pepperbox
pimentón *m* cayenne pepper, red pepper; (*condimento preparado moliendo pimientos encarnados secos*) paprika
pimienta *f* pepper, black pepper; allspice, pimento; allspice tree
pimiento *m* (*planta*) pepper, black pepper; Guinea pepper
pimpante *adj* smart, spruce
pimpollo *m* sucker, shoot, sprout; rosebud; (*árbol nuevo*) sapling; handsome child; handsome young person
pina *f* fellow
pinacoteca *f* picture gallery
pináculo *m* pinnacle
pincel *m* brush; painter; painting; (*de luz*) pencil, beam
pincelada *f* brush stroke; touch, finish, flourish
pincelar *tr* to paint; picture; (med) to pencil
pinciano -na *adj* Valladolid ‖ *mf* native or inhabitant of Valladolid
pincha *f* kitchenmaid
pinchar *tr* to prick, jab, pierce, puncture; stir up, prod, provoke ‖ *intr* to have a puncture; **no pinchar ni cortar** to have no say ‖ *ref* (*drogas*) to get a fix, shoot up
pinchazo *m* prick, jab, puncture; provocation; **a prueba de pinchazos** punctureproof
pinche *m* scullion, kitchen boy; helper
pincho *m* thorn, prick; snack; spike
Píndaro *m* Pindar
pingajo *m* rag, tatter
pingo *m* rag, tatter; ragamuffin; horse; **andar** or **ir de pingo** (*una mujer*) to gad about
pingüe *adj* oily, greasy, fat; abundant, rich; fertile; profitable

pingüino m penguin

pinito m first step, little step; **hacer pinitos** to begin to walk; (fig) to take the first steps

pino m pine tree; first step; **hacer pinos** to begin to walk; (fig) to take the first steps

pinocha f pine needle

pinta m scoundrel ‖ f spot, mark, sign; dot; pint

pintacilgo m goldfinch

pintada f Guinea hen

pinta•do -da adj spotted, mottled; tipsy; accented; **el más pintado** the aptest one; the shrewdest one; the best one; **venir como pintado** to be just the thing ‖ m (acto de pintar) painting ‖ f see **pintada**

pintar tr to paint; (una letra, un acento, etc.) draw; picture, depict; put an accent mark on; **pintarla** to put it on, put on airs ‖ intr to paint; begin to turn red, begin to ripen; show, turn out ‖ ref to paint, put on make-up; begin to turn red, begin to ripen

pintarrajear tr to daub, smear

pin•to -ta adj speckled, spotted ‖ f see **pinta**

pin•tor -tora mf painter; **pintor de brocha gorda** painter, house painter; dauber

pintores•co -ca adj picturesque

pintura f (color preparado para pintar) paint; (arte; obra pintada) painting; **hacer pinturas** to prance; **no poder ver ni en pintura** to not be able to stand the sight of

pinture•ro -ra adj showy, conceited ‖ mf show-off

pinza f clothespin; (de langosta, cangrejo, etc.) claw; **pinzas** pliers; pincers; tweezers; forceps

pinzón m pump handle; (orn) finch

piña f fir cone, pine cone; knob; plug; cluster, knot; pineapple

piñonear intr (un arma de fuego) to click; reach the age of puberty; (coll) to be an old goat

piñoneo m click (of a firearm)

pí•o -a adj pious; merciful, compassionate; (caballo) pied, dappled ‖ m peeping, chirping; keen desire

piocha f jeweled head adornment; artificial flower made of feathers; pick

piojo m louse

piojo•so -sa adj lousy; mean, stingy

piola f string, cord

pione•ro -ra adj & mf pioneer

pipa f (para fumar tabaco) pipe; (medida para vinos) butt; wine cask; (simiente) pip; (mus) pipe, reed; (coll) handgun; **pipa de espuma de mar** meerschaum pipe; **pipa de riego** watering cart; **pipa de tierra** clay pipe

pipí m (coll) pee, urine; **hacer pipí** to pee, urinate

pipiolo m (CAm, Mex) child

pique m pique, resentment; eagerness; (insecto) chigger; (naipe) spade; **a pique** steep; **a pique de** in danger of; on the verge of; **echar a pique** to sink; ruin; **irse a pique** to sink; go to ruin, be ruined

piquera f bung, bunghole; (Mex) dive, joint

piquete m sharp jab; small hole; stake, picket; (de soldados, de huelguistas) picket; **piquete de ejecución** firing squad; **piquete de salvas** firing squad

pira f pyre

piragua f pirogue; (sport) single shell

piragüismo m canoeing

piragüista m (sport) crewman

pirámide f pyramid

pirata m pirate; **pirata aéreo** hijacker

pirata•do -da adj

piratear intr to pirate, be a pirate

piratería f piracy; **piratería aérea** hijacking, skyjacking, air piracy

pirca f (SAm) dry stone wall

pirco m (Chile) succotash

Pireo, el Piraeus

pirine•o -a adj Pyrenean ‖ **Pirineos** mpl Pyrenees

pirita f pyrites

pirófa•go -ga adj fire-eating ‖ mf fire-eater

piropear tr to flatter, flirt with

piropo m garnet, carbuncle; flattery, compliment, flirtatious remark

piróscafo m steamship

pirotecnia f pyrotechnics

pirotécni•co -ca adj pyrotechnical ‖ m powder maker, fireworks manufacturer

pirueta f pirouette; somersault; caper

piruetear intr to pirouette

pisada f tread; footstep; footprint; trampling

pisapape•les m (pl -les) paperweight

pisar tr to trample, tread on, step on, tamp, pack down; (p.ej., uvas) tread; cover part of; ram; (una tecla) strike; (mus) to pluck; (coll) to abuse, tread all over; **pisar algo a alguien** to snitch something from someone ‖ intr to be right above; step ‖ ref (Arg) to guess wrong, come out wrong

pisaverde m fop, dandy

piscina f swimming pool; fishpond

Piscis m (astr) Pisces

pisco m Peruvian brandy

pisicorre f (W-I) station wagon

piso m tread; floor; flooring; (de una carretera) surface; flat, apartment; **buscar piso** to be looking for a place to live; **piso alto** top floor; **piso bajo** street floor, ground floor; **piso principal** main floor, second floor

pisón m ram, tamper

pisotear tr to trample, tread on, tread under foot; abuse, tread all over

pisotón m stamp, tread

pista f track; trace, trail; clew; race track; (de bolera) alley; (de cabaret) floor; (aer) runway; **pista de esquí** ski run; **pista de patinar** skating rink

pisto m (para los enfermos) chicken broth; vegetable cutlet; jumbled speech or writing; mess; (CAm, Mex) money

pistola f pistol; sprayer; rock drill; **pistola de arzón** horse pistol; **pistola engrasadora** grease gun

pistolera f holster

pistolerismo m gangsterism

pistolero m gangster, gunman

pistón m piston

pi
pi

pistonear *intr* to knock
pistoneo *m* knock
pistonu•do -da *adj* stunning, swank
pita *f* century plant; hiss, hissing; glass marble; string, thread
pitar *tr* to pay, pay off; (*a un torero*) whistle disapproval of ‖ *intr* to blow a whistle, whistle; blow the horn, honk; talk nonsense; **no pitar** to not be popular; **salir pitando** to run away, dash away
pitazo *m* blast, toot, honk, whistle (sound)
pitear *intr* to whistle
pitillera *f* cigarette maker; cigarette case
pitillo *m* cigarette
pito *m* whistle; horn; fife; fifer; cigarette; jackstone; (*insecto*) tick; woodpecker; (coll) continental, straw, tinker's damn
pitón *m* lump, sprig; tenderling; (*del cuerno*) tip; nozzle, spout; python
pitonisa *f* witch, siren; pythoness
pitu•so -sa *adj* tiny, cute ‖ *mf* tot
piular *intr* to peep, chirp
pivotar *intr* to pivot
pivote *m* pivot; **pivote de dirección** (aut) kingpin
píxide *f* pyx
pizarra *f* slate; blackboard
pizarrero *m* roofer, slater
pizarrín *m* slate pencil
pizca *f* mite, whit, jot
placa *f* plaque, tablet; badge; plate; slab, sheet; scab; (anat, elec, electron, phot, zool) plate; **placa de matrícula** license plate; **placa giratoria** (*de ferrocarril; de gramófono*) turntable
placaminero *m* persimmon
placebo *m* placebo
pláceme *m* congratulation
placente•ro -ra *adj* pleasant, agreeable
placer *m* pleasure; sandbank, reef; **a placer** at one's convenience ‖ *v* §52 *tr* to please
place•ro -ra *adj* public ‖ *mf* market vendor; loafer, town gossip
pláci•do -da *adj* placid; pleasing
plaga *f* plague; pest; scourge; abundance; sore; clime, region
plagar §44 *tr* to plague, infest; (*de minas*) sow
plagiar *tr* to plagiarize
plagio *m* plagiarism; abduction, kidnaping
plan *m* plan; level, height; **plan de estudios** or **plan escolar** curriculum
plana *f* plain, flat country; trowel; cooper's plane; page
plancha *f* plate, sheet; iron, flatiron; gangplank; (coll) blunder; **a la plancha** grilled; (*huevo*) fried; **plancha de blindaje** armor plate
planchado *m* ironing; pressing
planchar *tr* (*la ropa interior blanca*) to iron; (*un traje de hombre*) to press ‖ *intr* to be a wallflower
planchear *tr* to plate
planear *tr* to plan, outline; (*una tabla*) plane ‖ *intr* to hover; (aer) to volplane, glide
planeta *m* planet
planicie *f* plain

planificar §73 *tr* to plan
planilla *f* list, roll, schedule; (*de candidatos para un puesto público*) (Mex) panel; (Mex) ballot; (Mex) commutation ticket
pla•no -na *adj* plane; level, smooth, even; flat ‖ *m* plan; map; (*superficie*) plane; (aer) plane; **de plano** clearly, plainly, flatly; flat; **levantar un plano** to make a survey; **primer plano** foreground ‖ *f* see **plana**
planta *f* (*del pie*) sole; foot; plan; project; floor plan; (*del personal de una oficina*) roster; plant, factory; (bot) plant; (sport) stance; **de planta** from the ground up; **echar plantas** to swagger, bully; **planta baja** ground floor; **planta del sortilegio** (bot) witch hazel; **tener buena planta** to make a fine appearance
plantar *tr* to plant; establish, found; (*un golpe*) plant; jilt; (*en la calle, en la cárcel*) throw ‖ *ref* to take a stand; gang together; (*un animal*) balk; land, arrive
plantear *tr* to plan, outline; establish, execute, carry out; state, set up, expound, pose
plantel *m* nursery garden; educational establishment
plantificar §73 *tr* to plan, outline; (*un golpe*) plant; (*en la calle, la cárcel*) throw ‖ *ref* to land, arrive
plantilla *f* plantlet, young plant; insole; reinforced sole; model, pattern, template; (*de empleados*) staff; (*del personal de una oficina*) roster; plan, design; (*bizcocho*) ladyfinger
plantío *m* planting; garden patch; tree nursery
plantón *m* (*que ha de ser transplantado*) shoot; graft; guard, watchman; waiting, standing around
plañide•ro -ra *adj* mournful, plaintive ‖ *f* hired mourner
plañir §12 *tr* to lament, grieve over ‖ *intr* to lament, grieve, bewail
plasma *m* plasma
plasmar *tr* to mold, shape
plasta *f* paste, soft mass; flattened object; poor job, bungle
plástica *f* (*arte de plasmar*) plastic; plastic arts
plásti•co -ca *adj* plastic ‖ *m* (*substancia*) plastic ‖ *f* see **plástica**
plata *f* silver; (*moneda o monedas*) silver; wealth; money; **en plata** briefly, to the point; plainly; **plata de ley** sterling silver
plataforma *f* platform; platform car; (*del ferrocarril*) roadbed; (*programa político*) platform; (*de lanzamiento de cohete*) pad; **plataforma giratoria** (rr) turntable
platal *m* piles of money, fortune
platanal *m* or **platanar** *m* banana plantation
plátano *m* banana; banana tree; plane tree; **plátano de occidente** buttonwood tree
platea *f* (theat) orchestra, parquet
platea•do -da *adj* silvered; silver-plated; (coll) well-to-do
platear *tr* to silver, coat or plate with silver
platero *m* silversmith; jeweler

plática *f* talk, chat; talk, informal lecture; sermon

platicar §73 *tr* to talk over, discuss ‖ *intr* to talk, chat; discuss; preach

platillo *m* plate; saucer; (*de la balanza*) pan; (mus) cymbal; **platillo volador** or **volante** flying saucer

platino *m* platinum

plato *m* dish; plate; (*de una comida*) course; daily fare; **plato fuerte** main course; **plato giratorio** (*del gramófono*) turntable

pla•tó *m* (*pl* **-tós**) (mov) set

Platón *m* Plato

platu•do -da *adj* rich

plausible *adj* praiseworthy; acceptable

playa *f* beach, shore, strand; **playa infantil** sand pile

playera *f* fishwoman; beach shoe

plaza *f* plaza, square; market place; town, city; fortified town; space, room; yard; office, employment; character, reputation; seat; **sentar plaza** to enlist; **plaza de armas** parade ground; public square; **plaza de gallos** cockpit; **plaza de toros** bullring; **plaza mayor** main square

plazo *m* term; time; time limit; date of payment; instalment; **a plazo** on credit, on time; **en plazos** in installments

pleamar *f* high tide, high water

plebe *f* common people

plebe•yo -ya *adj & mf* plebeian

plegadi•zo -za *adj* folding; pliable

plegar §66 *tr* to fold; crease; pleat ‖ *ref* to yield, give in

plegaria *f* prayer; noon call to prayer

pleito *m* litigation, lawsuit; dispute, quarrel; fight; **pleito de acreedores** bankruptcy proceedings; **pleito homenaje** (feud) homage; **pleito viciado** mistrial

plenilunio *m* full moon

plenitud *f* fullness, abundance

ple•no -na *adj* full; **en plena marcha** in full swing; **en pleno rostro** right in the face

pleuresía *f* pleurisy

pliego *m* (*de papel*) sheet; folder; cover, envelope; bid, specification; sealed letter; printer's proof

pliegue *m* fold, crease, pleat; **pliegue de tabla** box pleat

plisar *tr* to pleat

plomada *f* carpenter's lead pencil; plummet; plumb bob; sinker, sinkers; scourge tipped with lead balls

plomar *tr* to seal with lead

plomazo *m* (Guat, Mex, W-I) gunshot

plomería *f* lead roofing; leadwork, plumbing

plomero *m* lead worker; plumber

plomi•zo -za *adj* lead, leaden

plomo *m* lead; (*pedazo de plomo; bala*) lead; (elec) fuse; (coll) bore; **a plomo** plumb, perpendicularly; straight down; just right

pluma *f* feather; quill; plume; pen; faucet; (CAm) hoax; (Chile) crane, derrick; **pluma esferográfica** ball-point pen; **pluma estilográfica** or **pluma fuente** fountain pen

plumaje *m* plumage

plúmbe•o -a *adj* lead

plumero *m* (*caja o vaso para las plumas*) penholder; feather duster

plumífe•ro -ra *adj* (*escritor*) hack, second-rate; (poet) feathered ‖ *m* padded or quilted jacket, ski jacket; hack writer; newshound

plumilla *f* small feather; (*de la pluma fuente*) point, tip; (Ven) ball-point pen

plumón *m* down; feather bed; (Mex) felt-tipped pen

plumo•so -sa *adj* downy, feathery

plural *adj & m* plural

pluriempleo *m* moonlighting

plus *m* extra, bonus

plusmarca *f* (sport) record

plusmarquista *mf* (sport) record breaker

plusvalía *f* appreciation (*in value*)

Plutarco *m* Plutarch

plutonio *m* plutonium

población *f* population; village, town, city

poblada *f* (SAm) riot, mob

pobla•do -da *adj* thick, bushy ‖ *m* town, community ‖ *f* see **poblada**

poblar §61 *tr* to people, populate; found, settle, colonize; (*un estanque, una colmena*) stock; (*con árboles*) plant ‖ *intr* to settle, colonize; multiply, be prolific ‖ *ref* to become full, covered, or crowded

pobre *adj* poor ‖ *mf* pauper; beggar

pobreza *f* poverty, want; poorness

pocilga *f* pigpen

poción *f* potion, dose

po•co -ca *adj & pron* (*comp & super* **menos**) little; few, e.g., **poca gente** few people; **pocos** few; **unos pocos** a few ‖ *poco adv* little; **a poco** shortly afterwards; **a poco de** shortly after; **dentro de poco** shortly; **por poco** almost, nearly; **tener en poco** to hold in low esteem, think little of; **un poco (de)** a little

po•cho -cha *adj* faded, discolored; overripe; rotten; (Chile) chubby

podar *tr* to prune, to trim

podenco *m* hound

poder *m* power; power of attorney, proxy; **el cuarto poder** the fourth estate; **obra en mi poder** I have at hand, I have in my possession; **poder adquisitivo** purchasing power ‖ *v* §53 *intr* to be possible; be able, have power or strength; **a más no poder** as hard as possible; **no poder con** to not be able to stand, not be able to manage; **no poder más** to be exhausted, be all in; **no poder menos de** to not be able to keep from, not be able to help ‖ *v aux* to be able to, may, can, might, could; **no poder ver** to not be able to stand

poderhabiente *mf* attorney, proxy

poderío *m* power, might; wealth, riches; sway, dominion

podero•so -sa *adj* powerful, mighty; wealthy, rich

podio *m* podium

podre *f* pus

podredumbre *f* corruption, putrefaction; pus; deep grief

poema *m* poem

poesía f poetry; poem; **bella poesía** (fig) fairy tale
poeta m poet
poéti•co -ca adj poetic(al) || f poetics
poetisa f poetess
pola•co -ca adj Polish || mf Pole || m (idioma) Polish
polaina f legging
polar adj pole; polar || f polestar
polarizar §60 tr to polarize
polea f pulley
poleame m (naut) tackle
polen m pollen
policía m policeman || f police; policing; politeness; cleanliness; neatness; **policía urbana** street cleaning
policía•co -ca or **policial** adj police; (novela) detective
polifacéti•co -ca adj many-sided
políga•mo -ma adj polygamous || mf polygamist
poliglo•to -ta adj polyglot || mf polyglot, linguist
polígono m polygon
polígrafo m prolific writer; copying machine; ball-point pen; lie detector
polilla f moth
Polimnia f Polyhymnia
polinizar §60 tr to pollinate
polinomio m polynomial
polio f (path) polio
pólipo m polyp
polisón m bustle
polista mf poloist, polo player
politeísta adj polytheistic || mf polytheist
política f politics; policy; manners, politeness, courtesy; **política de café** parlor politics; **política del buen vecino** Good Neighbor Policy
políti•co -ca adj political; politic, tactful; polite, courteous; -in-law; e.g., **padre político** father-in-law || mf politician || f see **política**
polivalente adj manifold; (chem, bact) polyvalent
póliza f policy, contract; draft, check; customhouse permit; **póliza de seguro** insurance policy
polizón m bum, tramp; stowaway
polizonte m cop, policeman
polo m pole; popsicle; (juego) polo; **polo de agua** water polo; **polo de atracción popular** drawing card
pololear tr to bother, annoy; (Chile) to flirt with
polo•lo -la adj (Chile) youngster || m (Chile) flirt; side job
Polonia f Poland
pol•trón -trona adj idle, lazy, comfort-loving || f easy chair
polución f (del ambiente) pollution
polvareda f cloud of dust; rumpus
polvera f compact, powder case
polvo m dust; powder; pinch of snuff; **polvo dentífrico** tooth powder; **polvos** dust; powder; **polvos de la madre Celestina**

hocus-pocus; **polvos de talco** talcum powder
pólvora f powder, gunpowder; fireworks; (persona avispada) live wire; **correr como pólvora en reguero** to spread like wildfire
polvorear tr to dust, sprinkle with dust or powder
polvorien•to -ta adj dusty; powdery
polvorín m powder magazine; powder flask; (insecto) tick; (Chile) spitfire
polvoro•so -sa adj dusty; **poner pies en polvorosa** to take to one's heels
polla f pullet; (puesta en juegos de naipes) stake, kitty; (coll) lassie
pollera f poultry woman; chicken coop; poultry yard; go-cart; (Arg, Chile) skirt
pollero m poulterer; poultry yard
polli•no -na mf donkey, ass
polli•to -ta mf chick; (persona joven) chick, chicken
pollo m chicken; (persona joven) chicken
pomada f pomade
pómez f pumice stone
pomo m pome; (de la guarnición de la espada) pommel; (bola aromática) pomander; (frasco para perfume) flacon; **pomo de puerta** doorknob
pompa f pomp; soap bubble; swell, bulge; (de la ropa) billowing, ballooning; (de las alas del pavo real) spread; (naut) pump; **pompa fúnebre** funeral
pompis m behind, butt, rear end
pompo•so -sa adj pompous; high-flown, highfalutin
pómulo m cheekbone
ponche m (bebida) punch; **ponche de huevo** eggnog
ponchera f punch bowl
pon•cho -cha adj lazy, careless, easy-going; (Col) chubby || m poncho; greatcoat
ponderar tr to weigh; ponder, ponder over; exaggerate; praise to the skies; balance; weight
ponencia f paper, report
poner §54 tr to put, place, lay, set; arrange, dispose; (una observación) put in; (una pieza dramática) put on; (la mesa) set; assume, suppose; (una ley, un impuesto) impose; wager, stake; (huevos) lay; (por escrito) set down, put down; (tiempo) take; (p.ej., miedo) cause; make, turn; (la luz, la radio) turn on; (marcha directa) (aut) to go in; **poner en acción** to set in motion; **poner en limpio** to make a clean copy of; **poner por encima** to prefer, put ahead || ref to put or place oneself; become, get, turn; (el sol, los astros) set; (sombrero, saco, etc.) put on; dress, dress up; get spotted; get, reach, arrive; **ponerse a** to set out to, begin to; **ponerse tan alto** to take offense, become hoity-toity
poniente m west; west wind
ponqué m poundcake
pontífice m pontiff
pontón m pontoon; pontoon bridge; (buque viejo) hulk
ponzoña f poison

ponzoño•so -sa *adj* poisonous
popa *f* poop, stern
popote *m* (Mex) straw for brooms; (*para tomar refrescos*) (Mex) straw
populache•ro -ra *adj* popular; cheap, vulgar; rabble-rousing ‖ *mf* rabble-rouser
populacho *m* populace, mob, rabble
popular *adj* popular
popularizar §60 *tr* to popularize
populo•so -sa *adj* populous
popu•rrí *m* (*pl* **-rríes**) medley
poquedad *f* paucity, scantiness; scarcity; timidity; trifle
poqui•to -ta *adj* very little; timid, shy, backward
por *prep* by; through, over; via, by way of; in, e.g., **por la mañana** in the morning; for; because of; for the sake of; on account of; in exchange for; in order to; as; about, e.g., **por Navidad** about Christmastime; out of, e.g., **por ignorancia** out of ignorance; times, e.g., **tres por cuatro** four times three; **estar por** to be on the point of, be ready to; be still to be, e.g., **la carta está por escribir** the letter is still to be written; **ir por** to go for, to go after; to follow; **por ciento** per cent; **por entre** among, between; **por que** because; in order that; **por qué** why; **por + *adj* or *adv* + que** however
porcelana *f* porcelain, chinaware; (*usado por los plateros*) enamel; (Mex) washbowl
porcentaje *m* percentage
porción *f* portion
porche *m* porch, portico
pordiosear *intr* to beg, go begging
pordiose•ro -ra *mf* beggar
porfía *f* persistence, stubbornness, obstinacy; **a porfía** in emulation; insistently
porfia•do -da *adj* persistent, stubborn, obstinate; opinionated
porfiar §77 *intr* to persist; argue stubbornly
pórfido *m* porphyry
pormenor *m* detail, particular
pormenorizar §60 *tr* to detail, tell in detail; to itemize
poro *m* pore
poro•so -sa *adj* porous
poroto *m* (SAm) bean, string bean; (Chile) little runt
porque *conj* because; in order that
porqué *m* why; quantity, share; wherewithal, money
porquería *f* dirt, filth; trifle; crudity; (*alimento dañoso a la salud*) junk
porra *f* club, bludgeon; bore, nuisance; boasting; (*pelos enredados*) (Arg, Bol) knot, tangle; (Mex) claque
porrazo *m* clubbing; blow, bump, thump
porro *m* (*mariguana*) joint
porta *f* porthole
portaavio•nes *m* (*pl* **-nes**) aircraft carrier, flattop
portacandado *m* hasp
portada *f* front, façade; portal; title page; (*de una revista*) cover; **falsa portada** half title

portadis•cos *m* (*pl* **-cos**) turntable
porta•dor -dora *adj* (*onda*) (rad) carrier ‖ *mf* bearer; carrier ‖ *m* waiter's tray
portaequipaje *m* (aut) trunk
portaequipa•jes *m* (*pl* **-jes**) baggage rack
portaguan•tes *m* (*pl* **-tes**) (aut) glove compartment
portal *m* vestibule, entrance hall; porch, portico; arcade; city gate; (*de un túnel*) portal *m;* crèche
portalámpa•ras *m* (*pl* **-ras**) (elec) socket
portalón *m* gate, portal; (*en el costado del buque*) gangway
portamira *m* (surv) rodman
portamone•das *m* (*pl* **-das**) pocketbook
portanue•vas *mf* (*pl* **-vas**) newsmonger
portañuela *f* (*de los pantalones*) fly; (Col, Mex) carriage door
portapape•les *m* (*pl* **-les**) brief case
portaplu•mas *m* (*pl* **-mas**) penholder
portar *tr* to carry, bear; (hunt) to retrieve ‖ *ref* to behave, conduct oneself
portase•nos *m* (*pl* **-nos**) brassiere
portátil *adj* portable
portatinte•ro *m* inkstand
portavian•das *m* (*pl* **-das**) dinner pail
porta•voz *m* (*pl* **-voces**) megaphone; mouthpiece, spokesperson
portazgo *m* toll, road toll
portazo *m* bang, slam
porte *m* portage; carrying charge, freight; postage; behavior, conduct; dress, bearing; size, capacity; (Chile) birthday present; **porte concertado** mailing permit; **porte pagado** postage prepaid, freight prepaid
portear *tr* to carry, transport ‖ *intr* to slam ‖ *ref* (*las aves*) to migrate
portento *m* prodigy, wonder
portento•so -sa *adj* portentous, extraordinary
porte•ño -ña *adj* Buenos Aires; Valparaiso; pertaining to any large South American city with a port ‖ *mf* native or inhabitant of Buenos Aires, Valparaiso or any large South American city with a port
porte•ro -ra *mf* doorkeeper; gatekeeper; (sport) goalkeeper ‖ *m* porter, janitor; doorman; **portero electrónico** automatic door opener ‖ *f* portress, janitress
portezuela *f* small door; (*de un coche o automóvil*) door; pocket flap
pórtico *m* portico, porch; little gate
portilla *f* porthole; private cart road, private cattle pass
portillo *m* gap, opening; nick, notch; (*puerta chica en otra mayor*) wicket; gate; narrow pass; side entrance
portorrique•ño -ña *adj & mf* Puerto Rican
portua•rio -ria *adj* port, harbor, dock ‖ *m* dock hand, dock worker
Portugal *m* Portugal
portu•gués -guesa *adj & mf* Portuguese
porvenir *m* future
pos — en pos de after, behind; in pursuit of
posa *f* knell, toll
posada *f* inn, wayside inn; lodging; boardinghouse; home, dwelling; camp; **posadas** (Mex) pre-Christmas celebration

posade•ro -ra *mf* innkeeper; **posaderas** buttocks

posar *tr* to put down ‖ *intr* to put up, lodge; alight, perch; **pose** ‖ *ref* to alight, perch; settle; rest

posbéli•co -ca *adj* postwar

posdata *f* postscript

pose *f* pose; (phot) exposure

poseer §43 *tr* to own, possess, hold; have a mastery of ‖ *ref* to control oneself

posesión *f* possession; **tomar posesión** (*un cargo*) to take up

posesionar *tr* to give possession to ‖ *ref* to take possession

posesor *m* owner

poseta *f* (Ven) toilet, washroom

posfecha *f* postdate

posguerra *f* postwar period

posible *adj* possible; **hacer todo lo posible** to do one's best ‖ **posibles** *mpl* means, income, property

posición *f* position; standing

positi•vo -va *adj* positive ‖ *f* (phot) print, positive

poso *m* sediment, dregs; grounds; rest, quiet; **poso del café** coffee grounds

posponer §54 *tr* to subordinate; think less of

posta *f* (*de caballos*) relay; posthouse; stage; stake, wager; slice; **a posta** on purpose; **por la posta** posthaste; **postas** buckshot

postal *adj* postal ‖ *f* post card; **postal ilustrada** picture post card

poste *m* post, pillar, pole; **poste de alumbrado** or **de farol** lamppost; **poste de telégrafo** telegraph pole; (*persona muy alta y delgada*) beanpole; **poste indicador** road sign

póster *m* poster

postergar §44 *tr* to delay, postpone; pass over

posteridad *f* posterity; posthumous fame

posterior *adj* back, rear; later, subsequent

postigo *m* (*puerta chica en otra mayor*) wicket; (*puertecilla en una ventana*) peep window; (*puerta excusada*) postern; shutter

posti•zo -za *adj* false, artificial; (*cuello*) detachable ‖ *m* switch, false hair, rat

postóni•co -ca *adj* posttonic

postor *m* bidder; **el mejor postor** the highest bidder

postración *f* prostration

postrar *tr* to prostrate; weaken, exhaust ‖ *ref* to collapse, be prostrated; prostrate oneself

postre *adj* last, final; **a la postre** at last; afterwards ‖ *m* dessert; **postres** dessert

postulación *f* postulation; nomination

postulante *mf* applicant, candidate

póstu•mo -ma *adj* posthumous

postura *f* posture; attitude, stand; stake, wager; agreement, pact; egg, eggs; (*de huevos*) laying; **postura del sol** sunset

potabilizar §60 *tr* to make drinkable

potable *adj* drinkable

potaje *m* pottage; jumble; (*bebida*) mixture; scheme; **potajes** vegetables

potasa *f* potash

potasio *m* potassium

pote *m* pot, jug; flowerpot; **a pote** in abundance

potencia *f* potency; power; **potencia de choque** striking power

potenciación *f* (math) involution

potencial *adj* & *m* potential

potenciar *tr* (*las aguas de un río; el entusiasmo de una persona*) to harness; (*elevar a una potencia*) (math) to raise

potentado *m* potentate

potente *adj* powerful; big, huge

potestad *f* power

potista *mf* toper, soak

potosí *m* great wealth, gold mine

potra *f* filly; hernia, rupture

potranca *f* young mare

potro *m* colt; pest, annoyance

pozal *m* bucket, pail

pozo *m* well; pit; whirlpool; (min) shaft; (naut) hold; (Chile, Col) pool, puddle; (Ecuad) spring, fountain; **pozo de ciencia** fountain of knowledge; **pozo de lanzamiento** launching silo; **pozo de lobo** (mil) foxhole; **pozo negro** cesspool

P.P. *abbr* **porte pagado, por poder**

p.p.^{do} *abbr* **próximo pasado**

práctica *f* practice; method; skill; **prácticas** studies, training

prácticamente *adv* through practice, by experience

practicar §73 *tr* to practice; bring about; (*un agujero*) make, cut

prácti•co -ca *adj* practical; skillful, practiced; practicing ‖ *m* medical practitioner; (naut) pilot ‖ *f* see **práctica**

pradera *f* meadowland; prairie

prado *m* meadow, pasture; promenade

Praga *f* Prague

pral. *abbr* **principal**

pralte. *abbr* **principalmente**

prángana — **estar en la prángana** (Mex, W-I) to be broke; (P-R) to be naked

preámbulo *m* preamble; evasion; **no andarse en preámbulos** to come to the point

prebéli•co -ca *adj* prewar

prebenda *f* prebend; sinecure

preca•rio -ria *adj* precarious

precaución *f* precaution

precaver *tr* to stave off, head off ‖ *intr* & *ref* to be on one's guard; **precaverse contra** or **de** to guard against

precavido -da *adj* cautious

precedente *adj* preceding ‖ *m* precedent

preceder *tr* & *intr* to precede

precepto *m* precept; order, injunction; **los preceptos** the Ten Commandments

preces *fpl* devotions; supplications

precia•do -da *adj* esteemed, valued; precious, valuable; boastful, proud

preciar *tr* to appraise, estimate ‖ *ref* to boast

precintar *tr* to bind, strap; seal

precio *m* price; value, worth; esteem, credit; **a precio de quemazón** at a giveaway price; **precios de cierre** closing prices; **precio tope** ceiling price

preciosidad *f* preciousness; beauty, gem, jewel

precio•so -sa *adj* precious; valuable; witty; beautiful

preciosura *f* beauty; pretty woman

precipicio *m* precipice; destruction

precipitación *f* precipitation; **precipitación acuosa** rainfall; **precipitación radiactiva** fallout

precipitar *tr* to precipitate; rush, hurl, throw headlong ‖ *ref* to rush, throw oneself headlong

precipito•so -sa *adj* precipitous, rash, reckless; risky, dangerous

precisar *tr* to state precisely, specify; fix; need; oblige, force; determine ‖ *intr* to be necessary; be important; be urgent; **precisar de** to need

precisión *f* precision; necessity, obligation; (Chile) haste; **precisiones** data

preci•so -sa *adj* necessary; precise; (Ven) haughty

precita•do -da *adj* above-mentioned

precla•ro -ra *adj* illustrious, famous

preconizar §60 *tr* to proclaim, commend publicly

pre•coz *adj* (*pl* -coces) precocious

predato•rio -ria *adj* predatory

predecir §24 *tr* to predict, foretell

prédica *f* Protestant sermon; harangue

predicar §73 *tr* to preach; praise to the skies; scold, preach to

predicción *f* prediction; **predicción del tiempo** weather forecasting

predilec•to -ta *adj* favorite, preferred

predio *m* property, estate

predisponer §54 *tr* to predispose

predominante *adj* predominant

preeminente *adj* preëminent

preestreno *m* (mov) preview

prefabricar §73 *tr* to prefabricate

prefacio *m* preface

preferencia *f* preference; **de preferencia** preferably

preferente *adj* preferable; favored; (*acciones*) preferred

preferible *adj* preferable

preferir §68 *tr* to prefer

prefigurar *tr* to foreshadow

prefijar *tr* to prefix; prearrange

prefijo *m* prefix

pregón *m* proclamation, public announcement (*by town crier*)

pregonar *tr* to proclaim, announce publicly; hawk; reveal; outlaw; praise openly

pregonero *m* auctioneer; town crier

preguerra *f* prewar period

pregunta *f* question; **hacer una pregunta** to ask a question

preguntar *tr* to ask; to question ‖ *intr* to ask, inquire; **preguntar por** to ask after or for ‖ *ref* to ask oneself; wonder

pregun•tón -tona *adj* inquisitive ‖ *mf* inquisitive person

prejudicio *m* or prejuicio *m* prejudgment; prejudice

prelado *m* prelate

preliminar *adj* & *m* preliminary; **preliminares** (*de un libro*) front matter

preludio *m* prelude

premeditar *tr* to premeditate

premiar *tr* to reward; give an award to

premio *m* reward, prize; premium; **a premio** at a premium; **premio de enganche** (mil) bounty; **premio gordo** first prize

premio•so -sa *adj* tight, close; bothersome; strict, rigid; slow, dull

premisa *f* premise; mark, token, clue

premura *f* pressure, haste, urgency

premuro•so -sa *adj* pressing, urgent

prenda *f* pledge; security; pawn; jewel, household article; garment, article of clothing; gift, talent; darling, loved one; **en prenda** in pawn; **en prenda de** as a pledge of; **prenda perdida** forfeit; **prendas** (*juego*) forfeits; **prendas interiores** underwear

prendar *tr* to pawn; pledge; charm, captivate ‖ *ref* — **prendarse de** to take a liking for, fall in love with

prendedero *m* or prendedor *m* fillet, brooch; stickpin

prender *tr* to seize, grasp; catch; imprison; dress up; pin; fasten ‖ *intr* to catch; catch fire; take root; turn out well ‖ *ref* to dress up; be fastened; catch hold

prendería *f* second-hand shop

prende•ro -ra *mf* second-hand dealer

prenombra•do -da *adj* above mentioned; foregoing

prensa *f* press; printing press; vise; press, newspapers; press, frame; **entrar en prensa** to go to press; **meter en prensa** to put the squeeze on; **prensa amarilla** yellow press; **prensa taladradora** drill press

prensado *m* pressing; (*lustre de los tejidos prensados*) sheen

prensador *m* (CAm) paper clip

prensar *tr* to press; squeeze

preña•do -da *adj* pregnant; sagging, bulging; full, charged

preñez *f* pregnancy; fullness; impending danger; inherent confusion

preocupación *f* (*posesión anticipada; cuidado, desvelo*) preoccupation; (*posesión anticipada*) preoccupancy; bias, prejudice

preocupar *tr* to preoccupy, worry ‖ *ref* to become preoccupied, be worried

preparación *f* preparation

prepara•do -da *adj* ready, prepared ‖ *m* (pharm) preparation

preparar *tr* to prepare ‖ *ref* to prepare, get ready

preparati•vo -va *adj* preparatory ‖ *m* preparation, readiness

preponderante *adj* preponderant

preposición *f* preposition

prepóste•ro -ra *adj* reversed, upset, out of order, inopportune

prerrogativa *f* prerogative

presa *f* capture, seizure; catch, prey; booty, spoils; dam; trench, ditch, flume; bit, morsel; fang, tusk, claw; fishweir; (sport) hold; **hacer presa** to seize; **ser presa de** to be a victim of; be prey to

presagiar *tr* to presage, forebode

po
pr

presagio *m* presage, omen, token
présbita or **présbite** *adj* far-sighted ‖ *mf* far-sighted person
presbiteria•no -na *adj & mf* Presbyterian
prescindir *intr* — **prescindir de** to leave aside, leave out, disregard; do without, dispense with; avoid
prescribir §83 *tr & intr* to prescribe
presencia *f* presence; show, display; **presencia de ánimo** presence of mind
presenciar *tr* to witness, be present at
presentación *f* presentation; (*de una persona en el trato de otra u otras*) introduction; (*de un nuevo automóvil, libro, etc.*) appearance
presentador *m* or **presentadora** *f* (telv) moderator
presentar *tr* to present; introduce ‖ *ref* to present oneself; appear, show up; introduce oneself
presente *adj* present; **hacer presente** to notify of, remind of; **tener presente** to bear or keep in mind ‖ *interj* here!, present! ‖ *m* present, gift; person present
presentimiento *m* presentiment, premonition
presentir §68 *tr* to have a presentiment of
preservar *tr* to preserve, protect
preservati•vo -va *adj & m* preventive; preservative
presidencia *f* presidency; chairmanship
presidente *m* president; chairman; presiding judge
presidiario *m* convict
presidio *m* garrison; fortress; citadel; penitentiary; imprisonment; hard labor; aid, help
presidir *tr* to preside over; dominate ‖ *intr* to preside
presilla *f* loop, fastener; clip; paper clip; shoulder strap
presión *f* pressure; (*cerveza*) **a presión** on draught; **presión de inflado** tire pressure
presionar *tr* to press; put pressure on ‖ *intr* to press; **presionar sobre** to put pressure on
pre•so -sa *adj* seized; imprisoned ‖ *mf* prisoner; convict; **preso preventivo** pretrial prisoner; *f* see **presa**
presta•do -da *adj* lent, loaned; **dar prestado** to lend; **pedir** or **tomar prestado** to borrow
prestamista *mf* moneylender; pawnbroker
préstamo *m* loan; **préstamo lingüístico** loan word, borrowing
prestar *tr* to lend, loan; (*oído; ayuda; noticias*) give; (*atención*) pay; (*un favor*) do; (*un servicio*) render; (*juramento*) take; (*silencio*) keep; (*paciencia*) show ‖ *intr* (*un paño, la ropa*) give, yield; be useful ‖ *ref* to lend oneself, lend itself
prestata•rio -ria *mf* borrower
presteza *f* speed, promptness, readiness
prestidigitación *f* sleight of hand
prestidigita•dor -dora *adj* captivating ‖ *mf* magician; faker, impostor
prestigio *m* prestige; good standing; spell; illusion
prestigio•so -sa *adj* captivating, spellbinding; famous, renowned; illusory

pres•to -ta *adj* quick, prompt, ready; nimble ‖ **presto** *adv* right away
presumi•do -da *adj* conceited, vain ‖ *mf* would-be
presumir *tr* to presume ‖ *intr* to boast, be conceited
presunción *f* presumption; conceit
presuntuo•so -sa *adj* conceited, vain
presuponer §54 *tr* to presuppose; budget
presupuestar *tr* to budget; (*el coste de una obra*) estimate
presupuesto *m* budget; reason, motive; supposition; estimate
presuro•so -sa *adj* speedy, quick, hasty; zealous, persistent
pretencio•so -sa *adj* pretentious, showy; conceited, vain
pretender *tr* to claim, pretend to; try for, try to do; be a suitor for ‖ *intr* to insist; **pretender** + *inf* to try to + *inf*
pretendiente *mf* pretender, claimant; office seeker ‖ *m* suitor
pretensión *f* pretension; claim; pretense; presumption; effort, pursuit
pretéri•to -ta *adj & m* past
pretil *m* parapet, railing; walk along a parapet
pretina *f* girdle, belt; waistband
pretóni•co -ca *adj* pretonic
prevalecer §22 *intr* to prevail; take root; thrive
prevaler §76 *ref* — **prevalerse de** to avail oneself of, take advantage of
prevaricar §73 *intr* to collude, connive; play false; transgress; rave, be delirious
prevención *f* preparation; prevention; foresight; warning; prejudice; stock, supply; jail, lockup; guardhouse; **a** or **de prevención** spare, emergency
preveni•do -da *adj* prepared, ready; foresighted, forewarned; stocked, full
prevenir §79 *tr* to prepare, make ready; forestall, prevent, anticipate; overcome; warn; prejudice ‖ *intr* (*una tempestad*) to come up ‖ *ref* to get ready; come to mind
prever §80 *tr* to foresee
pre•vio -via *adj* previous; preliminary; after, with previous, subject to, e.g., **previo acuerdo** subject to agreement; **cita previa** by appointment
previsión *f* prevision, foresight; foresightedness; forecast; **previsión del tiempo** weather forecasting
prie•to -ta *adj* dark, blackish; stingy; mean; tight, compact; dark-complexioned ‖ *mf* (W-I) darling
prima *f* early morning; bonus, bounty; (ins) premium; (mil) first quarter of the night; (*cuerda*) (mus) treble
pri•mal -mala *adj & mf* yearling
prima•rio -ria *adj* primary ‖ *m* (elec) primary
primavera *f* spring, springtime; cowslip, primrose; robin
primer *adj* apocopated form of **primero**, used only before masculine singular nouns and adjectives

prime•ro -ra *adj* first; former; early; primary; prime; (*materia*) raw ‖ *m* first; **a primeros de** around the beginning of ‖ **primero** *adv* first
primicia *f* first fruits
primige•nio -nia *adj* original, primitive
primiti•vo -va *adj* primitive
pri•mo -ma *adj* first; prime, excellent; skillful; (*materia*) raw ‖ *mf* cousin; sucker, dupe; **primo carnal** or **primo hermano** first cousin, cousin-german ‖ *f* see **prima** ‖ **primo** *adv* in the first place
primogéni•to -ta *adj* & *mf* first-born
primor *m* care, skill, elegance; beauty
primoro•so -sa *adj* careful, skillful, elegant; fine, exquisite
princesa *f* princess; **princesa viuda** dowager princess
principal *adj* principal, main, chief; first, foremost; essential, important; famous, illustrious; (*piso*) second ‖ *m* principal, head, chief
príncipe *m* prince; **portarse como un príncipe** to live like a prince; **príncipe de Asturias** heir apparent of the King of Spain; **príncipe de Gales** prince of Wales; **príncipes** prince and princess
principiante *adj* beginning ‖ *mf* beginner, apprentice, novice
principiar *tr, intr* & *ref* to begin
principio *m* start, beginning; principle; origin, source; (culin) entree; **a principios de** around the beginning of; **en un principio** at the beginning; **principio de admiración** inverted exclamation point; **principio de interrogación** inverted question mark
pringar §44 *tr* to dip or soak in grease or fat; spot or stain with grease; make bleed; slander, run down; splash ‖ *intr* to meddle; (CAm, Mex) to drizzle ‖ *ref* to peculate
pringo•so -sa *adj* greasy, fatty
prioridad *f* priority; **de máxima prioridad** of the highest priority
prisa *f* hurry, haste; urgency; crush, crowd; **darse prisa** to hurry, make haste; **estar de prisa** or **tener prisa** to be in a hurry
prisión *f* seizure, capture; imprisonment; prison; **prisión celular** cell house; **prisiones** shackles, fetters
prisione•ro -ra *mf* prisoner; (*cautivo de una pasión o afecto*) captive ‖ *m* setscrew; studbolt
prisma *m* prism
prismáticos *mpl* binoculars
priva•do -da *adj* private ‖ *m* (*de un alto personaje*) favorite ‖ *f* cesspool
privar *tr* to deprive; forbid, prohibit ‖ *intr* to be in vogue; prevail; be in favor ‖ *ref* to deprive oneself; **privarse de** to give up
privilegiar *tr* to grant a privilege to
privilegio *m* privilege
pro *m* & *f* profit, advantage; **¡buena pro!** good appetite!; **de pro** of note, of worth; **el pro y el contra** the pros and the cons; **en pro de** on behalf of
proa *f* (aer) nose; (naut) prow
probable *adj* probable, likely

probador *m* fitting room
probar §61 *tr* to prove; test; try; (*clothing*) try on; try out; sample; fit; suit; (*vino*) touch ‖ *intr* to taste; **probar de** to take a taste of ‖ *ref* to try on
probidad *f* probity, integrity, honesty
problema *m* problem
pro•caz *adj* (*pl* **-caces**) impudent, insolent, bold
procedencia *f* origin, source; point of departure
procedente *adj* coming, originating; proper
proceder *m* conduct, behavior ‖ *intr* to proceed; originate; behave; be proper
procedimiento *m* procedure; proceeding; process
procelo•so -sa *adj* tempestuous, stormy
prócer *adj* high, lofty ‖ *m* hero, leader
procesamiento *m* (data) processing
procesar *tr* to sue, prosecute; indict; try; (*ordenador*) to process, data-process
procesión *f* procession; origin, emergence
proceso *m* process; progress; suit, lawsuit; **proceso verbal** minutes
proclama *f* proclamation; marriage banns
proclamar *tr* to proclaim; acclaim
proclíti•co -ca *adj* & *m* proclitic
procurador *m* attorney, solicitor, proxy
procurar *tr* to strive for; manage as attorney; yield, produce; try to
prodigar §44 *tr* to lavish; squander; waste ‖ *ref* to be a show-off
prodigio *m* prodigy
prodigio•so -sa *adj* prodigious, marvelous; fine, excellent
pródigo -ga *adj* prodigal; lavish ‖ *mf* prodigal
producción *f* production; crop, yield, produce; **producción en masa** or **en serie** mass production
producir §19 *tr* to produce; yield, bear; cause, bring about ‖ *ref* to explain oneself; come about; take place
producto *m* product; produce; proceeds
proeza *f* prowess; feat, stunt
prof. *abbr* **profeta**
profanar *tr* to profane
profa•no -na *adj* profane; indecent, immodest; worldly; lay ‖ *mf* profane; worldly person; layman
profecía *f* prophecy ‖ **las Profecías** (Bib) the Prophets
proferir §68 *tr* to utter
profesar *tr* & *intr* to profess
profesión *f* profession; **profesión de fe** confession of faith
profe•sor -sora *mf* teacher; professor
profeta *m* prophet
profetisa *f* prophetess
profetizar §60 *tr* to prophesy
profilácti•co -ca *adj* & *m* prophylactic; preventive ‖ *f* hygiene
prófu•go -ga *adj* & *mf* fugitive ‖ *m* slacker, draft dodger
profundidad *f* profundity; depth
profundizar §60 *tr* to deepen; fathom, get to the bottom of

pr
pr

profun•do -da *adj* profound; deep
progenie *f* descent, lineage, parentage
progno•sis *f* (*pl* -sis) prognosis; (*del tiempo*) forecast
programa *m* program; **programa continuo** (mov) continuous showing; **programa de estudios** curriculum; **programa (para ordenador)** program(me), software
programación *f* (*ordenador*) program(m)ing; (telv) scheduling
programador *m* or **programadora** *f* (*ordenador*) program(m)er
programar *tr* to program; (*ordenador*) program(me)
progresar *intr* to progress
progresista *adj & mf* (pol) progressive
progreso *m* progress; **hacer progresos** to make progress
prohibir *tr* to prohibit, forbid ‖ *ref* **se prohibe fijar carteles** post no bills
prohijar *tr* to adopt
prohombre *m* (*en los gremios de los artesanos*) master; leader, head; (coll) big shot
prójimo *m* fellow man, fellow creature, neighbor; fellow
pról. *abbr* **prólogo**
prole *f* progeny, offspring
proletariado *m* proletariat
proleta•rio -ria *adj & m* proletarian
proliferar *intr* to proliferate
prolífi•co -ca *adj* prolific
proli•jo -ja *adj* tedious, too long; fussy, fastidious; long-winded; tiresome
prologar §44 *tr* to preface, write a preface for
prólogo *m* prologue; preface
prolongar §44 *tr* to prolong, extend; (geom) to produce
promediar *tr* to divide into two equal parts; average ‖ *intr* to mediate; be half over
promedio *m* average, mean; middle
promesa *f* promise
promete•dor -dora *adj* promising
prometer *tr & intr* to promise ‖ *ref* to become engaged
prometi•do -da *adj* engaged, betrothed ‖ *m* promise; fiancé ‖ *f* fiancée
prominente *adj* prominent
promiso•rio -ria *adj* promissory
promoción *f* promotion; advancement; (*conjunto de individuos que obtienen un grado en un mismo año*) class, year, crop
promontorio *m* promontory, headland; unwieldy thing
promover §47 *tr* to promote; advance, further
promulgar §44 *tr* to promulgate
pronombre *m* pronoun
pronosticar §73 *tr* to prognosticate, foretell
pronóstico *m* prognostic, forecast; almanac; (med) prognosis
pron•to -ta *adj* quick, speedy; prompt; ready ‖ *m* jerk; sudden impulse, fit of anger ‖ **pronto** *adv* right away, soon; early; promptly; **lo más pronto posible** as soon as possible; **tan pronto como** as soon as
pronunciación *f* pronunciation

pronuncia•do -da *adj* marked; (*curva*) sharp; (*pendiente*) steep; bulky
pronunciamiento *m* insurrection, uprising; (*golpe de estado militar*) pronunciamiento; (law) decree
pronunciar *tr* to pronounce; utter; (*un discurso*) make, deliver; decide on ‖ *ref* to rebel; declare oneself
propaganda *f* propaganda; advertising
propagar §44 *tr* to propagate; spread; broadcast
propalar *tr* to divulge, spread
proparoxíto•no -na *adj & m* proparoxytone
propasar *ref* to go too far, take undue liberty
propender *intr* to tend, incline, be inclined
propensión *f* propensity; predisposition
propen•so -sa *adj* inclined, disposed, prone
propiciar *tr* to propitiate; support, favor, sponsor
propi•cio -cia *adj* propitious, favorable
propiedad *f* property; ownership; naturalness, likeness; **es propiedad** copyrighted; **propiedad horizontal** one-floor ownership in an apartment house; **propiedad literaria** copyright
propieta•rio -ria *mf* owner ‖ *m* proprietor ‖ *f* proprietress
propina *f* tip, fee, gratuity
propinar *tr* (*algo a beber*) to offer; (*medicamentos*) prescribe or administer; (*palos, golpes, etc.*) give ‖ *ref* (*una bebida*) to treat oneself to
propin•cuo -cua *adj* near, close at hand
pro•pio -pia *adj* proper, suitable; peculiar; characteristic; natural; same; himself, herself, etc.; own ‖ *m* messenger; native; **propios** public lands
proponer §54 *tr* to propose; propound; (*a una persona para un empleo*) náme, present ‖ *ref* to plan; propose
proporción *f* proportion; opportunity
proporciona•do -da *adj* proportionate; fit, suitable
proporcionar *tr* to furnish, provide, supply, give; proportion; adapt, adjust
proposición *f* proposition; **proposición dominante** main clause
propósito *m* aim, purpose, intention; subject matter; **a propósito** by the way; apropos, fitting; in place; **a propósito de** apropos of; **de propósito** on purpose; **fuera de propósito** irrelevant, beside the point
propuesta *f* proposal, proposition
propulsar *tr* to propel, drive
propulsión *f* propulsion; **propulsión a chorro** jet propulsion; **propulsión a cohete** rocket propulsion
pror. *abbr* **procurador**
prorratear *tr* to prorate
prórroga *f* extension, renewal
prorrogar §44 *tr* to defer, postpone, extend
prorrumpir *intr* to spurt, shoot forth; break forth, burst out
prosa *f* prose; chatter, idle talk
prosai•co -ca *adj* prose; prosaic, dull
proscribir §83 *tr* to outlaw, proscribe
proscrip•to -ta *mf* exile, outlaw

prosecución f continuation, prosecution; pursuit

proseguir §67 *tr* to continue, carry on ‖ *intr* to continue

prosélito *m* proselyte

prosista *mf* prose writer; chatterbox

prosódi•co -ca *adj* (*acento*) stress

prospectar *tr* & *intr* to prospect

prosperar *tr* to make prosper ‖ *intr* to prosper, thrive

prosperidad prosperity

próspe•ro -ra *adj* prosperous, thriving, successful

prosternar *ref* to prostrate oneself

prostituir §20 *tr* to prostitute ‖ *ref* to prostitute oneself; become a prostitute

prostituta f prostitute

prosu•do -da *adj* (Chile, Ecuad, Peru) pompous, solemn

protagonista *mf* protagonist

protagonizar §60 *tr* to play the leading rôle of

protección f protection; **protección adua-nera** protective tariff; **protección a la in-fancia** child welfare

proteger §17 *tr* to protect

protegida f protégée

protegido *m* protégé

proteína f protein

proter•vo -va *adj* perverse

protesta f protest; pledge, promise

protestante *adj* & *mf* protestant, Protestant

protestar *tr* to protest, asseverate; (*la fe*) profess ‖ *intr* to protest; **protestar de** (*aseverar con ahinco*) to protest (*to state positively*); **protestar contra** (*negar la validez de*) to protest (*to deny forcibly*)

protocolo *m* protocol

protoplasma *m* protoplasm

prototipo *m* prototype

protozoario *m* or **protozoo** *m* protozoön

provec•to -ta *adj* old, ripe

provecho *m* advantage, benefit; profit, gain; advance, progress; **¡buen provecho!** good luck!; good appetite!; **de provecho** useful; **provechos** perquisites

provecho•so -sa *adj* advantageous, beneficial; profitable; useful

proveedor -dora *mf* supplier, provider, purveyor; steward

proveer §43 & §83 *tr* to provide, furnish; supply; resolve, settle ‖ *intr* to provide; **proveer a** to provide for ‖ *ref* to supply oneself; have a bowel movement

provenir §79 *intr* to come, arise

Provenza, la Provence

provenzal *adj* & *mf* Provençal

proverbio *m* proverb

providencia f providence, foresight; step, measure

providencial *adj* providential

provincia f province

provisión f provision; supply, stock; **provi-siones de boca** foodstuffs

proviso•rio -ria *adj* provisory, provisional

provocar §73 *tr* to provoke; promote, bring about; incite, tempt, move ‖ *intr* to provoke; vomit

proxeneta *mf* go-between

proximidad f proximity; **proximidades** neighborhood

próxi•mo -ma *adj* next; near; neighboring, close; early; **próximo pasado** last

proyección f projection; influence

proyectar *tr* to project; cast; design ‖ *ref* to project, stick out; (*una sombra*) be project-ed, fall

proyectil *m* projectile; **proyectil buscador del blanco** homing missile; **proyectil diri-gido** or **teleguiado** guided missile

proyecto *m* project; **proyecto de ley** bill

proyector *m* projector, searchlight; projec-tion machine

prudencia f prudence

prudente *adj* prudent

prueba f proof; trial, test; examination; (*de un traje*) fitting; (*de un alimento o una bebida*) sample, sampling; evidence; acro-batics; sleight of hand; (sport) event; **a prueba** on approval, on trial; **a prueba de** proof against, -proof, e.g., **a prueba de escaladores** burglarproof; **a prueba de in-cendio** fireproof; **prueba de alcohol** alcohol-level test; **pruebas de planas** page proof; **pruebas de primeras** first proof (*for proofreader*); **pruebas de segundas** galley proof (*for author*)

pruebista *mf* acrobat

prurito *m* itching; eagerness, itch

psicoanálisis *m* psychoanalysis

psicoanalizar §60 *tr* to psychoanalyze

psicodéli•co -ca *adj* psychedelic

psicología f psychology

psicológi•co -ca *adj* psychologic(al)

psicólo•go -ga *mf* psychologist

psicópata *mf* psychopath

psico•sis f (*pl* -sis) psychosis; **psicosis de guerra** war psychosis, war scare

psicoterapia f psychotherapy; **psicoterapia de grupo** group therapy

psicóti•co -ca *adj* & *mf* psychotic

psique f cheval glass ‖ **Psique** f Psyche

psiquiatra *mf* psychiatrist

psiquiatría f psychiatry

psíqui•co -ca *adj* psychic

P.S.M. *abbr* por su mandato

pte. *abbr* parte, presente

púa f point; prick, barb; tine, prong; (*del fonógrafo*) needle; (*del peine*) tooth; thorn; (*del puerco espín*) spine, quill; sting; graft; plectrum; tricky person

pubertad f puberty

publicación f publication

publicar §73 *tr* to publish; publicize

publicidad f publicity; advertising; **publici-dad de lanzamiento** advance publicity

publicita•rio -ria *adj* publicity; advertising

públi•co -ca *adj* & *m* public

pucha f (W-I) small bouquet; (Mex) crescent roll

púcher *m* (*drogas*) pusher

puchero *m* pot, kettle; stew; daily bread; pouting; **hacer pucheros** to pout, screw up one's face

pucho *m* fag end, remnant; (*de cigarro*) stump; trifle, trinket; (*el hijo menor*) baby

puden•do -da *adj* ugly, shameful; obscene; (*partes*) private

pudiente *adj* powerful; well-off, well-to-do

pudín *m* pudding

pudor *m* modesty, shyness; chastity

pudoro•so -sa *adj* modest, shy; chaste

pudrición *f* rot, rotting

pu•drir §83 *tr* to rot; worry ‖ *intr* to be dead and buried ‖ *ref* to rot; be worried; (*en la cárcel*) languish

pueblo *m* people; common people; town, village; **puebla de Dios** or **de Israel** children of Israel

puente *m* bridge; (dent, mus) bridge; (aut) axle, rear axle; **hacer puente** to take the intervening day off; **puente aéreo** airlift, air bridge; **puente colgante** suspension bridge; **puente de engrase** grease lift; **puente levadizo** drawbridge, lift bridge

puer•co -ca *adj* piggish, hoggish; dirty, filthy; slovenly; coarse, mean; lewd ‖ *m* hog; **puerco espín** or **espino** porcupine ‖ *f* sow; slattern, slut

puericia *f* childhood

puericultura *f* child rearing, infant care

pueril *adj* puerile, childish

puerilidad *f* puerility, childishness

puerro *m* leek; (*mariguana, hachich*) joint

puerta *f* door, doorway; gate, gateway; **a puerta cerrada** or **a puertas cerradas** behind closed doors

puerto *m* harbor, port; haven; mountain pass; **puerto aéreo** airport; **puerto brigantino** Corunna; **puerto de arribada** port of call; **puerto de mar** seaport; **puerto franco** free port; **puerto marítimo** dock, port; **puerto seco** frontier customhouse

puertorrique•ño -ña *adj & mf* Puerto Rican

pues *adv* then, well; yes, certainly; why; anyhow; **pues bien** well then; **pues que** since ‖ *conj* for, since, because, inasmuch as ‖ *interj* well!, then!

puesta *f* setting; laying; putting; (*dinero apostado*) stake; **a puesta del sol** or **a puestas del sol** at sunset; **puesta a punto** adjustment; carrying out, completion; **puesta a tierra** (elec) grounding; **puesta de largo** coming out, social debut

pues•to -ta *adj* dressed; **puesto que** since, inasmuch as ‖ *m* place; booth, stand; office; station; barracks; (*para cazadores*) blind; **puesto a punto** (aut) tuning; **puesto de socorros** first-aid station ‖ *f* see **puesta**

púgil *m* pugilist

pugilato *m* boxing; fist fight

pugilismo *m* pugilism

pugna *f* fight, battle; struggle, conflict; **en pugna con** at issue; **en pugna con** at odds with

pugnar *intr* to fight, struggle; strive, persist

pug•naz *adj* (*pl* **-naces**) pugnacious

pujante *adj* powerful, mighty, vigorous

pujar *tr* (*un proyecto*) to push; (*un precio*) raise, bid up ‖ *intr* to struggle, strain; falter; (*por decir una cosa*) grope; snivel; **pujar para adentro** (CAm, W-I) to keep silent, say nothing

pul•cro -cra *adj* neat, tidy, trim; circumspect

pulga *f* flea; **de malas pulgas** peppery, hot-tempered; **hacer de una pulga un camello** or **un elefante** to make a mountain out of a molehill; **no aguantar pulgas** to stand for no nonsense

pulgada *f* inch

pulgar *m* thumb

puli•do -da *adj* pretty; neat; polished; clean, spotless

pulimentar *tr* to polish

pulimento *m* polish

pulir *tr* to polish; finish; give a polish to

pulmón *m* lung; **pulmón de acero** or **de hierro** iron lung

pulmonía *f* pneumonia

púlpito *m* pulpit

pulpo *m* octopus

pulque *m* (Mex) agave brandy

pulsación *f* pulsation, throb, beat; strike, striking; (*del pianista, el mecanógrafo*) touch

pulsar *tr* (*un botón*) to push; (*un piano, arpa, guitarra*) play; (*una tecla*) strike; feel or take the pulse of; sound out, examine ‖ *intr* to pulsate, throb, beat

pulsear *intr* to hand-wrestle

pulsera *f* bracelet; wristlet, watch strap; **pulsera de pedida** engagement bracelet

pulso *m* pulse; steadiness, steady hand; tact, care, caution; bracelet; wrist watch; **a pulso** with hand and wrist; by main strength; (*dibujo*) freehand; **sacar a pulso** to carry out against odds; **tomar el pulso a** to take the pulse of

pulular *intr* to swarm; bud, sprout

pulverizar §60 *tr* to pulverize; atomize; spray

pulla *f* dig, cutting remark; filthy remark; witticism

pum *interj* bang!

puma *m* cougar

puna *f* (SAm) bleak tableland in the Andes; (SAm) mountain sickness

pundonor *m* point of honor; face

pundonoro•so sa *adj* punctilious, scrupulous; haughty, dignified

pungir §27 *tr* to prick; sting

punta *f* (*extremo agudo*) point; tip, end; (*del cigarro*) butt; nail; point, cape, headland; (*del toro*) horn; (*del asta del ciervo*) tine, prong; style, graver; touch, tinge, trace; (*del vino*) souring; (elec) point; **de punta** on end; on tiptoe; **de punta en blanco** in full armor; in full regalia; **estar de punta** (con) to be at odds (with); **punta de combate** (*del torpedo*) warhead; **punta de lanza** spearhead; **punta de París** wire nail; **sacar punta a** to put a point on, to sharpen; **tener en la punta de la lengua** to have on the tip of one's tongue

puntabola *f* (Bol) ball-point pen

puntada f hint; (sew) stitch; (*dolor agudo*) stitch, sharp pain

puntal m prop, support; stay, stanchion; backing, support; bite, snack; (naut) depth of hold

puntapié m kick; **echar a puntapiés** to kick out

puntear tr to dot, mark with dots; (*guitarra*) pluck; stipple; stitch ‖ intr (naut) to tack

puntera f toe, toe patch; leather tip; (coll) kick

puntería f aim, aiming; marksmanship

puntero m pointer; (*del reloj*) hand; stonecutter's chisel; punch; leading animal

puntiagu·do -da adj sharp-pointed

puntilla f brad; narrow lace edging; (*de la pluma fuente*) point; (carp) tracing point; dagger; **de puntillas** on tiptoe; **puntilla francesa** finishing nail

puntillero m bullfighter who delivers coup de grace with dagger

puntillo·so -sa adj punctilious

punto m (*señal de dimensiones poco perceptibles*) point, dot; stitch, loop; mesh; (*rotura en un tejido de punto*) break; jot; cabstand, hackstand; (gram) period; (math, typ, sport, fig) point; **a buen punto** opportunely; **al punto** at once; **a punto de** on the point of; **a punto fijo** for certain; **de punto** knitted; **dos puntos** (gram) colon; **en punto** sharp, on the dot; **poner punto final a** to wind up, to bring to an end; **punto de admiración** exclamation mark or point; **punto de aguja** knitting; **punto de Hungría** herringbone; **punto de media** knitwork; **punto de mira** aim; center of attraction; **¡punto en boca!** mum's the word!; **punto interrogante** question mark; **punto menos** almost; **punto muerto** dead center; (aut) neuter; **puntos y rayas** dots and dashes; **punto y coma** msg semicolon

puntuación f punctuation; mark, grade; scoring

puntual adj punctual; certain, sure; exact, accurate

puntualizar §60 tr to fix in the memory; give a detailed account of; finish; draw up

puntuar §21 tr & intr to punctuate; score

puntura f puncture, prick

punzada f prick; shooting pain; (*del remordimiento*) pang

punzante adj sharp, pricking; barbed, biting, caustic

punzar §60 tr to prick, puncture, punch; to sting; to grieve ‖ intr to sting

punzón m punch; pick; burin, graver; budding horn, tenderling; **punzón de marcar** center punch

puñada f punch

puñado m handful, bunch

puñal m dagger, poniard

puñalada f stab; blow, sudden sorrow; **puñalada de misericordia** coup de grâce; **puñalada trapera** stab in the back

puñetazo m punch; bang with the fist

puño m fist; cuff; wristband; grasp; fistful, handful; hilt; (*p.ej., del paraguas*) handle; (*del bastón*) head; punch; **como un puño** whopping big; tiny, microscopic; closefisted; **de su propio puño** or **de su puño y letra** in his own hand, in his own writing; **puño de herro** brass knuckles

pupa f pimple; fever blister

pupila f (*del ojo*) pupil

pupi·lo -la mf boarder; orphan, ward; pupil ‖ f see **pupila**

pupitre m writing desk

puquio m (SAm) spring or pool of fresh, clear water

puré m purée; **puré de patatas** mashed potatoes; **puré de tomates** stewed tomatoes

purera f cigar case

pureza f purity

purga f purge; purgative; drain valve

purgante adj & m purgative

purgar §44 tr to purge; physic; drain; purify, refine; expiate; (*pasiones*) control, check; (*sospechas*) clear away ‖ ref to take a physic; unburden oneself

puridad f purity

purificar §73 tr to purify

purita·no -na adj & mf puritan; Puritan

pu·ro -ra adj pure; sheer; (*cielo*) clear; out-and-out, outright; **de puro** completely, totally; because of being ‖ m cigar

púrpura f purple

purpura·do -da adj purple ‖ m (eccl) cardinal

purpúre·o -a adj purple

pusilánime adj pusillanimous

pústula f pustule

puta f whore

putañear or **putear** intr to whore around, chase after lewd women

putati·vo -va adj spurious

putrefac·to -ta adj rotten, putrid

pútri·do -da adj putrid, rotten

puya f steel point; (*del gallo*) spur

pu
qu

Q

Q, q (cu) f twentieth letter of the Spanish alphabet

q.b.s.m. abbr **que besa su mano**

q.e.p.d. abbr **que en paz descanse**

q.e.s.m. abbr **que estrecha su mano**

quántum m (pl **quanta**) quantum

que pron rel that, which; who, whom; **el que** he who; which, the one which; who, the one who ‖ adv than ‖ conj that; for, because; let, e.g., **que entre** let him come in; **a que** I'll bet that

qué adj & pron interr what, which; **¿qué tal?**

how?; hello, how's everything? || *interj* what!; what a!; how!

quebrada *f* gorge, ravine, gap; brook; failure, bankruptcy

quebradi•zo -za *adj* brittle, fragile; frail

quebra•do -da *adj* weakened; bankrupt; ruptured; rough; winding || *m* (math) fraction || *f* see **quebrada**

quebrantable *adj* breakable

quebrantar *tr* to break; break open; break out of; grind, crush; soften, mollify; (*un contrato; la ley; un hábito; un testamento; el corazón de una persona*) break || *ref* to break; become broken

quebrantaterro•nes *m* (*pl* -nes) clodhopper

quebranto *m* break, breaking; heavy loss; great sorrow; discouragement

quebrar §2 *tr* to break; bend, twist; crush; overcome; temper, soften || *intr* to break; fail; weaken, give in || *ref* to break; weaken; become ruptured

queda *f* curfew

quedar *intr* to remain; stay; be left; be left over; stop, leave off; turn out; be; be found, be located; **quedar en** to agree on; agree to; **quedar por** + *inf* or **sin** + *inf* to remain to be + *pp* || *ref* to remain; stay; stop; be; be left; put up; **quedarse con** to keep, to take; **quedarse tan fresco** to show no offense

que•do -da *adj* quiet, still; gentle || *f* see **queda** || **quedo** *adv* softly, in a low voice; gropingly

quehacer *m* work, task, chore

queja *f* complaint, lament; whine, moan

quejar *ref* to complain, lament; whine, moan

quejido *m* complaint, whine, moan

quejumbre *f* complaining, whine, moan

quejumbro•so -sa *adj* complaining; whining, whiny

quema *f* fire; burning; **a quema ropa** point-blank; **de quema** distilled; **hacer quema** (Arg, Bol) to hit the mark

quemada *f* burnt brush; (Mex) fire

quemadero *m* incinerator; (*poste destinado para quemar a los condenados a la pena de fuego*) stake

quema•do -da *adj* burned; burnt out; angry || *m* burnt brush; **oler a quemado** to smell of fire; **saber a quemado** to taste burned || *f* see **quemada**

quema•dor -dora *adj* burning; incendiary || *m* burner

quemadura *f* burn; (agr) smut

quemar *tr* to burn; scald; set on fire; scorch; frostbite; sell too cheap; (CAm, Mex) to betray, inform against || *intr* to burn, be hot || *ref* to burn; be burning up; fret; (*estar cercano a lo que se busca*) be warm, be hot; **quemarse las cejas** to burn the midnight oil

quemarropa — **a quemarropa** point-blank

quemazón *f* burn; burning; intense heat; (*de un fusible*) blowout; itch; cutting remark; pique, anger; (hum) bargain sale; (Arg, Bol, Chile) mirage on the pampas

que•pis *m* (*pl* -pis) kepi

queque *m* cake

querella *f* complaint; dispute, quarrel

querellar *ref* to complain; whine

querencia *f* liking, affection; attraction; love of home; (*de animales*) haunt; favorite spot

querencio•so -sa *adj* homing; (*sitio*) favorite

querer *m* love, affection; liking, fondness || *v* §55 *tr* to wish, want, desire; like; love; **como quiera** anyhow; anyway; **como quiera que** whereas; inasmuch as; no matter how; **cuando quiera** any time; **donde quiera** anywhere; **querer bien** to love; **sin querer** unwillingly; unintentionally || *v aux* to wish to, want to, desire to; will; be about to, be trying to, e.g., **quiere llover** it is trying to rain; **querer decir** to mean; **querer más** to prefer to, would rather

queri•do -da *adj* dear || *mf* lover; paramour; dearie || *f* mistress

quermés *f* or **quermese** *f* bazaar; village or country fair

queroseno *m* var of **keroseno**

querubín *m* cherub

quesadilla *f* cheesecake; sweet pastry

quese•ro -ra *adj* cheesy || *mf* cheesemonger; cheesemaker || *f* cheese board; cheese mold; cheese dish

queso *m* cheese; **queso de cerdo** headcheese; **queso helado** brick ice cream; **queso para extender** cheese spread

quevedos *mpl* nose glasses

quiá *interj* oh, no!

quicio *m* pivot hole (*of hinge*); **fuera de quicio** out of order; **sacar de quicio** to put out of order; unhinge

quiebra *f* crack; damage, loss; bankruptcy

quien *pron rel* who, whom; he who, she who; someone who, anyone who

quién *pron interr* who, whom

quienquiera *pron indef* anyone, anybody; **quienquiera que** whoever; **a quienquiera que** whomever

quie•to -ta *adj* quiet, calm; virtuous

quietud *f* quiet, calm, stillness

quijada *f* jaw, jawbone

quijotes•co -ca *adj* quixotic

quilate *m* carat

quilo *m* kilogram; **sudar el quilo** to slave, be a drudge

quilla *f* keel; (*de ave*) breastbone; **dar de quilla** (naut) to keel over

quimera *f* chimera; dispute, quarrel

química *f* chemistry

quími•co -ca *adj* chemical || *mf* chemist || *f* see **química**

quimicultura *f* tank farming

quimono *m* kimono

quimioterapia *f* chemotherapy

quina *f* cinchona, Peruvian bark

quincalla *f* hardware

quincallería *f* hardware store; hardware business; hardware factory

quincalle•ro -ra *mf* hardware merchant

quince *adj & pron* fifteen || *m* fifteen; (*en las fechas*) fifteenth

quincea•vo -va *adj & m* fifteenth

quince•no -na *adj & m* fifteenth ‖ *f* fortnight, two weeks; two weeks' pay
quincuagési•mo -ma *adj & m* fiftieth
quiniela *f* pelota game of five; soccer lottery; daily double; (Arg, Urug) numbers game
quinien•tos -tas *adj & pron* five hundred ‖ **quinientos** *m* five hundred
quinina *f* quinine
quinqué *m* student lamp, oil lamp
quinquenal *adj* five-year
quinta *f* villa, country house; draft, induction; **ir a quintas** to be drafted; **redimirse de las quintas** to be exempted from the draft
quintacolumnista *mf* fifth columnist
quintal *m* quintal, hundredweight
quintar *tr* to draft
quinteto *m* quintet
quintilla *f* five-line stanza of eight syllables and two rhymes; any five-line stanza with two rhymes
quintilli•zo -za *mf* quint, quintuplet
Quintín — **armar la de San Quintín** to raise a rumpus, raise a row
quin•to -ta *adj* fifth ‖ *m* fifth; lot; pasture; draftee ‖ *f* see **quinta**
quinza•vo -va *adj & m* fifteenth
quiosco *m* kiosk, summerhouse; stand; **quiosco de música** bandstand; **quiosco de necesidad** comfort station; **quiosco de periódicos** newsstand
quiquiri•quí *m* (*pl* -**quíes**) cock-a-doodle-doo; cock of the walk
quirófano *m* operating room
quiromancia *f* or **quiromancía** *f* palmistry
quiropodista *mf* chiropodist
quiroprácti•co -ca *adj* chiropractic ‖ *mf* chiropractor
quirúrgi•co -ca *adj* surgical
quirurgo *m* surgeon
quiscal *m* grackle

quisicosa *f* puzzler
quisqui•do -da *adj* (Arg) constipated
quisquilla *f* trifle, triviality; **pararse en quisquillas** to bicker, make a fuss over trifles; **quisquillas** hairsplitting, quibbling
quisquillo•so -sa *adj* trifling; touchy; fastidious; hairsplitting
quiste *m* cyst
quis•to -ta *adj* — **bien quisto** well-liked, welcome; **mal quisto** disliked, unwelcome
quitaesmalte *m* nail-polish remover
quitaman•chas *mf* (*pl* -**chas**) (*persona*) clothes cleaner, spot remover ‖ *m* (*substancia*) clothes cleaner, spot remover
quitamo•tas *mf* (*pl* -**tas**) bootlicker, apple polisher
quitanie•ve *m* or **quitanie•ves** *m* (*pl* -**ves**) snowplow
quitapie•dras *m* (*pl* -**dras**) cowcatcher
quitapintura *m* paint remover
quitapón *m* pompon for draft mules; **de quitapón** detachable, removable
quitar *tr* to remove; take away; (*la mesa*) clear; (*esfuerzo, trabajo*) save; (*tiempo*) take; free; parry; **quitar algo a algo** to take something off something, remove something from something; **quitar algo a uno** to remove something from someone; take something away from someone ‖ *intr* — **de quita y pon** detachable, removable ‖ *ref* (*el sombrero, una prenda de vestir*) to take off; (*el sombrero en señal de cortesía*) tip; (*una mancha*) come out, come off; (*un vicio*) give up; withdraw
quitasol *m* parasol
quite *m* removal; hindrance; dodge; (*en la esgrima*) parry; (taur) passes made with the cape to draw the bull away from the man in danger
quizá or **quizás** *adv* maybe, perhaps
quó•rum *m* (*pl* -**rum**) quorum

R

R, r (ere) *f* twenty-first letter of the Spanish alphabet
R. *abbr* **respuesta, Reverencia, Reverendo**
rabada *f* hind quarter, rump
rabadilla *f* base of the spine
rábano *m* radish; **rábano picante** or **rusticano** horseradish; **tomar el rábano por las hojas** to be on the wrong track
ra•bí *m* (*pl* -**bíes**) rabbi
rabia *f* anger, rage; (*hidrofobia*) rabies; **tener rabia a** to have a grudge against
rabiar *intr* to rage, rave; get mad; go mad, have rabies; **que rabia** like the deuce; **rabiar por** to be dying for; be dying to
rabieta *f* tantrum
rabillo *m* leafstalk; flower stalk; (*en los cereales*) mildew spot; (*del ojo*) corner

rabio•so -sa *adj* mad, rabid
rabo *m* tail; (*del ojo*) corner; (fig) tail, train; **rabo verde** (CAm) old rake
ra•bón -bona *adj* bobtail; (Chile) bare, naked; (Mex) mean, wretched ‖ *f* camp follower; **hacer rabona** to play hooky
rabotada *f* swish of the tail; coarse remark
rabu•do -da *adj* long-tailed
racial *adj* racial
racimar *ref* to cluster, gather together
racimo *m* bunch; cluster; (*de perlas*) string
raciocinio *m* reasoning
ración *f* ration; allowance; **ración de hambre** starvation wages
racional *adj* rational
racionar *tr* to ration
racismo *m* racism

qu
ra

racista *adj & mf* racist

racha *f* split, crack; chip; squall, gust of wind; streak of luck

rada *f* (naut) road, roadstead

radar *m* radar

radiación *f* radiation

radiacti•vo -va *adj* radioactive

radia•dor -dora *adj* radiating ‖ *m* radiator

radiante *adj* radiant; (*alegre, sonriente*) radiant

radiar *tr* to radiate; radio; broadcast; cross out, erase ‖ *intr* to radiate

radicación *f* taking root; (math) evolution

radical *adj & m* radical

radicar §73 *intr* to take root; be located ‖ *ref* to take root; settle; (*un negocio*) be based

radio *m* edge, outskirts; (*de una rueda*) spoke, rung; (*de acción*) radius; (chem) radium; (math) radius ‖ *m & f* radio

radioaficiona•do -da *mf* radio amateur, radio fan

radiodifundir *tr & intr* to broadcast

radiodifusión *f* broadcasting

radioemisora *f* broadcasting station

radioescucha *mf* radio listener; radio monitor

radiofrecuencia *f* radio frequency

radiografiar §77 *tr* to X-ray; radio

radiograma *m* X-ray (*photograph*)

radiola *f* record player

radioperturbación *f* jamming

radioteléfono *m* radio(tele)phone

radioterapia *f* radiotherapy

radioyente *mf* radio listener

raer §56 *tr* to scrape, scrape off; smooth, level; wipe ‖ *ref* to become frayed, wear away

ráfaga *f* gust, puff; gust of wind; flash of light; (*de ametralladora*) burst; **ráfaga violenta** (aer) wind shear

raí•do -da *adj* threadbare; barefaced

ra•íz *f* (*pl* **-íces**) root; **a raíz de** close to the root of; even with; right after, hard upon; **de raíz** by the root; completely; **echar raíces** to take root

raja *f* crack, split; splinter, chip; slice

rajar *tr* to crack, split; splinter, chip; slice ‖ *intr* to boast; chatter ‖ *ref* to crack, split; splinter, chip; (Mex, CAm, W-I) to back down, break one's promise

rajatabla — a rajatabla desperately, ruthlessly

ralea *f* kind, quality; breed, ilk

ralear *intr* to thin out; be true to form

ralentí *m* slow motion

ra•lo -la *adj* sparse, thin

rallador *m* grater

rallar *tr* to grate; grate on, annoy

rallo *m* grater; scraper; rasp; (*de la regadera*) spout, nozzle; unglazed porous jug (*for cooling water by evaporation*)

rama *f* branch, bough; **andarse por las ramas** to beat about the bush; **en rama** raw; unbound; in sheets; in the grain

ramaje *m* branches, foliage

ramal *m* (*de una cuerda*) strand; halter; branch; (rr) branch line

ramalazo *m* lash; (*señal en el cutis por un golpe o enfermedad*) spot, pock; sharp pain; blow, sudden sorrow

rambla *f* dry ravine; avenue, boulevard

ramera *f* whore, harlot

ramificar §73 *tr & ref* to ramify

ramillete *m* bouquet; centerpiece, epergne; (bot) cluster

ramo *m* branch, limb; bouquet, cluster; (*de géneros, negocios, etc.*) line; (*p.ej., de una ciencia*) branch; (*de una enfermedad*) touch, slight attack

ramojo *m* brushwood, dead wood

ramonear *intr* to trim twigs; browse

rampa *f* ramp; cramp; (aer) apron; (Bol) litter, stretcher; **rampa de lanzamiento** launching pad

ram•plón -plona *adj* (*zapato*) heavy, coarse; common, vulgar

ramplonería *f* coarseness, vulgarity

rana *f* frog; **no ser rana** to be a past master; **rana toro** bullfrog

ran•cio -cia *adj* rank, rancid, stale; (*vino*) old; old, ancient; old, old-fashioned

ranchar *ref* (Col, Ven) to balk

ranchear *tr* to sack, pillage ‖ *intr & ref* to build huts, form a settlement

ranchera *f* (Ven) station wagon

ranchero *m* messman; rancher; ranchman

rancho *m* mess; meeting, gathering; camp; thatched hut; ranch; (naut) stock of provisions; (Arg) straw hat; **hacer rancho** to make room; **hacer rancho aparte** to be a lone wolf, go one's own way

randa *m* pickpocket ‖ *f* lace trimming

rango *m* rank; class, nature; pomp, splendor; (*elevada condición social*) status, standing

ranura *f* groove; slot

rapagón *m* stripling

rapar *tr* to shave; crop; scrape; snatch, filch ‖ *ref* to shave; (*una vida regalada*) lead

ra•paz (*pl* **-paces**) *adj* thievish; rapacious ‖ *m* young boy, lad

rapaza *f* young woman, lass

rapé *m* snuff

rápi•do -da *adj* rapid ‖ *m* (rr) express; **rápidos** (*de un río*) rapids

raposa *f* fox; female fox; (*persona*) (coll) fox

raposo *m* male fox; foxy fellow; slipshod fellow

raptar *tr* to abduct; kidnap

rapto *m* abduction; kidnaping; rapture; faint, swoon

raque *m* beachcombing; **andar al raque** to go beachcombing

raquear *intr* to beachcomb

raquero *m* priate; beachcomber

raqueta *f* racket; battledore; badminton; snowshoe; **raqueta y volante** battledore and shuttlecock

raquíti•co -ca *adj* (*que padece raquitis*) rickety; flimsy, weak, miserable

raquitis *f* rickets

raramente *adv* rarely, seldom; oddly

rareza *f* rareness; rarity; oddness, strangeness; peculiarity

ra•ro -ra *adj* rare; odd, strange; thin, sparse

ras *m* evenness; **a ras** close, even, flush; **a ras de** even with, flush with; **ras con ras** flush, at the same level; grazing

rasar *tr* to graze, skim ‖ *ref* to clear up

rascacie•los *m* (*pl* -los) skyscraper

rascamoño *m* fancy hairpin; (bot) zinnia

rascar §73 *tr* to scrape; scuff; scratch; scrape clean ‖ *ref* (*una cicatriz, un grano*) to pick; get drunk

rasete *m* satinet

rasga•do -da *adj* (*boca; ventana*) wide-open; (*ojos*) large; outspoken; (Col) generous ‖ *m* tear, rip, rent

rasgar §44 *tr* to tear, rip ‖ *ref* to become torn

rasgo *m* (*de una pluma de escribir*) flourish, stroke; trait, characteristic; feat, deed; flash of wit, bright remark; **a grandes rasgos** in bold strokes; **rasgos** (*de la cara*) features

rasguear *tr* to thrum on ‖ *intr* to make a flourish

rasgón *m* tear, rip, rent

rasguñar *tr* to scratch; sketch, outline

rasguno *m* scratch; sketch, outline

ra•so -sa *adj* smooth, flat, level, even; common, plain; clear, cloudless; (coll) brazen, shameless ‖ *m* flat country; satin; **al raso** in the open

raspa *f* stalk, stem; (*de mazorca de maíz*) beard; (*de pez*) spine, backbone; shell, rind; (CAm, Mex) dirty trick, nasty joke

raspadura *f* scraping; erasure; pan sugar

raspar *tr* to scrape, scrape off; scratch, scratch out; graze; (*el vino*) bite; take, steal; (W-I) to dismiss, fire; (W-I) to scold ‖ *intr* (Ven) to go away; (Ven) to die

raspear *tr* (SAm) to scold ‖ *intr* (*una pluma*) to scratch

rastra *f* rake; harrow; drag; track, trail; (*p.ej., de cebollas*) string; (naut) drag; **pescar a la rastra** to trawl

rastracuero *m* show-off; upstart; sharper, adventurer

rastreador *m* dredge; (nav) mine sweeper

rastrear *tr* to trail, track, trace; drag; dredge; check into ‖ *intr* to rake; skim the ground, fly low

rastre•ro -ra *adj* dragging, trailing; creeping; low-flying; groveling, cringing; low, vile

rastrillar *tr* to rake; (*cáñamo, lino*) hatchel, comb; (Arg, Col) to shoot, to fire; (*un fósforo*) (Arg, Col) to strike (*a match*)

rastrillo *m* rake; hackle, hatchel, flax comb; (*de cerradura o llave*) ward; grating, iron grate; (rr) cowcatcher

rastro *m* rake; harrow; track, trail; scent; trace, vestige; slaughterhouse; wholesale meat market; rag fair; **rastro de condensación** (aer) contrail

rastrojo *m* stubble

rasura *f* shaving; scraping

rasurar *tr* & *ref* to shave

rata *f* rat; female rat; **rata del trigo** hamster

ratear *tr* to apportion; snitch

ratería *f* baseness, meanness, vileness; petty thievery; petty theft

rate•ro -ra *adj* thievish; trailing, dragging; base, vile ‖ *mf* sneak thief

raticida *f* rat poison

ratificar §73 *tr* to ratify

rato *m* time, while, little while; **a ratos** from time to time; **a ratos perdidos** in spare time, in one's leisure hours; **buen rato** pleasant time; large amount; **pasar el rato** to waste one's time; **un rato** awhile

ratón *m* mouse; (Ven) hangover; **ratón de biblioteca** bookworm

ratonera *f* (*trampa*) mousetrap; (*agujero*) mousehole; nest of mice; hut, shop

raudal *m* stream, torrent; abundance

rau•do -da *adj* rapid, swift, impetuous

raya *f* stripe; (*línea fina; pez*) ray; (*en la imprenta, la escritura y la telegrafía*) dash; (*de los pantalones*) crease; (*en los cabellos*) part; boundary line, limit; (*para impedir la comunicación del incendio en los campos*) firebreak; (*del espectro*) (phys) line; (Mex) pay, wages; **a rayas** striped, **hacerse la raya** to part one's hair; **pasar de la raya** to go too far; **tener a raya** to keep within bounds

raya•no -na *adj* bordering; borderline

rayar *tr* (*papel*) to rule, line; stripe; scratch, score, mark; cross out; underscore ‖ *intr* to border; stand out; (*el alba, el día, la luz, el sol*) begin, arise, come forth; **rayar en** to verge on, border on ‖ *ref* (Col) to get rich

rayo *m* (*de luz*) ray; (*de rueda*) spoke; lightning, flash of lightning, stroke of lightning, thunderbolt; (*persona*) (fig) live wire; **echar rayos** to blow up, hit the ceiling; **rayo mortífero** death ray; **rayos X** X rays

rayón *m* rayon

raza *f* race; breed, stock; crack, slit; quality; ray of light (*coming through a crack*)

razón *f* reason; right, justice; account, story; (*cantidad o grado medidos por otra cosa tomada como unidad*) rate; (math) ratio; **a razón de** at the rate of; **con razón o sin ella** right or wrong; **hacer la razón** to return a toast; join at table; **meterse en razón** to listen to reason; **no tener razón** to be wrong; **razón social** firm name, trade name; **tener razón** to be right; be in the right

razonable *adj* reasonable

razonar *tr* to reason, reason out; itemize ‖ *intr* to reason

reabrir §83 *tr* & *ref* to reopen

reacción *f* reaction; **reacción en cadena** chain reaction

reaccionar *intr* to react

reacciona•rio -ria *adj* & *mf* reactionary

rea•cio -cia *adj* stubborn, obstinate

reactivo *m* reagent

real *adj* real; royal; fine, splendid ‖ *m* army camp; fairground; real (*old Spanish coin; Spanish money of account equal to a quarter of a peseta*)

realce *m* embossment, raised work; enhancement, lustre; emphasis; **bordar de realce** to embroider in relief; (fig) to embroider, to exaggerate

ra
re

realeza *f* royalty

realidad *f* reality; truth; **hecho realidad** come true, e.g., **un sueño hecho realidad** a dream come true

realismo *m* realism

realista *mf* (*persona que tiende a ver las cosas como son*) realist; (*partidario de la monarquía*) royalist

realización *f* realization, fulfillment; achievement; sale; **realización de beneficios** profit taking

realizar §60 *tr* to fulfill; carry out; turn into cash || *ref* to become fulfilled; be carried out

realquilar *tr* to sublet

realzar §60 *tr* to raise, elevate; emboss; enhance, set off; emphasize

reanimar *tr* to revive, restore; cheer, encourage || *ref* to revive, recover one's spirits

reanudar *tr* to renew, resume

reaparecer §22 *intr* to reappear

reata *f* rope to keep animals in single file; single file; **de reata** in single file; in blind submission; next, following

rebaba *f* burr, fin

rebaja *f* rebate; diminution

rebajar *tr* to lower; diminish, reduce; rebate; (*precios*) mark down; (*a una persona*) deflate; (carp) to rabbet || *ref* to stoop; humble oneself

rebajo *m* rabbet, groove; offset, recess

rebalsar *tr* to dam || *ref* to become dammed up; be checked; pile up, accumulate

rebanada *f* slice

rebanar *tr* to slice; cut through

rebañadera *f* grapnel

rebaño *m* flock

rebarbati•vo -va *adj* crabbed, surly

rebasar *tr* to exceed; overflow; sail past

rebatiña *f* grabbing, scramble; **andar a la rebatiña** to scramble

rebatir *tr* to repel, drive back; check; resist; strengthen, rebut, refute; deduct, rebate; beat hard

rebato *m* alarm, call to arms; alarm, excitement; (mil) surprise attack

rebeca *f* cardigan

rebelar *ref* to revolt, rebel; resist; break away

rebelde *adj* rebellious; stubborn || *mf* rebel

rebeldía *f* rebelliousness; defiance, stubbornness

rebelión *f* rebellion, revolt

rebe•lón -lona *adj* balky, restive

rebobinar *tr* to rewind; unwind

reborde *m* flange, rim, collar

rebosar *tr* to cause overflow || *intr* to overflow, run over; be in abundance; **rebosar de** or **en** to overflow with, burst with; be rich in; have an abundance of || *ref* to overflow, run over

rebotar *tr* to bend back; repel; annoy, worry || *intr* to bounce; bounce back, rebound || *ref* to become annoyed, become worried

rebote *m* bounce; rebound

rebozar §60 *tr* (*la cara*) to muffle up; cover with batter || *ref* to muffle up, muffle oneself up

rebozo *m* muffling; muffler; shawl; **de rebozo** secretly; **sin rebozo** frankly, openly

rebulta•do -da *adj* bulky, massive

rebullicio *m* hubbub, loud uproar

rebullir §13 *intr* to stir, begin to move; give signs of life || *ref* to stir, begin to move

rebusca *f* seeking, searching; gleaning; leavings, refuse

rebusca•do -da *adj* affected, unnatural, recherché

rebuscar §73 *tr* to seek after; search into; to glean

rebuznar *intr* to bray; talk nonsense

rebuzno *m* braying; nonsense

recade•ro -ra *mf* messenger || *m* errand boy

recado *m* errand; message; gift, present; daily marketing; compliments, regards; safety, security; equipment, outfit; **mandar recado** to send word; **recado de escribir** writing materials

recaer §15 *intr* to fall again; fall back; relapse; backslide; **recaer en** to fall to; **recaer sobre** to fall upon, devolve upon

recaída *f* relapse; backsliding

recalar *tr* to soak, saturate || *intr* to sight land

recalcar §73 *tr* to press, squeeze; cram, pack, stuff; (*sus palabras*) stress || *intr* (naut) to list, heel; **recalcar en** to lay stress on || *ref* to harp on the same string; sprawl; (*p.ej., la muñeca*) sprain

recalentar §2 *tr* to overheat; (*la comida*) to warm over

recalmón *m* (naut) lull

recamado *m* embroidery

recamar *tr* to embroider

recámara *f* dressing room; (*de un arma de fuego*) breech, chamber; reserve, caution; (Mex) bedroom

recamarera *f* (Mex) chambermaid

recambio *m* spare part; (*parte, rueda, etc.*) **de recambio** spare

recapacitar *tr* to run over in one's mind || *intr* to refresh one's memory; reflect

recargable *adj* rechargeable

recargar §44 *tr* to reload; overload; recharge; overcharge; overadorn; (*una cuota de impuesto*) increase; (elec) to recharge || *ref* to become more feverish

recargo *m* new burden; extra charge; new charge; (*que paga el contribuyente moroso*) penalty; (pathol) rise in temperature; **recargo de tarifa** extra fare

recata•do -da *adj* cautious, circumspect; modest; shy

recatar *tr* to hide, conceal || *ref* to hide; be afraid to take a stand

recato *m* caution, reserve; modesty

recauchutaje *m* recapping, retreading

recauchutar *tr* to recap, retread

recaudar *tr* (*impuestos, tributos*) to gather, collect; guard, watch over

recaudo *m* tax collecting; care, precaution; bail, surety; **a buen recaudo** under guard, in safety

recelar *tr* to fear, distrust || *intr* & *ref* to fear, be afraid

recelo *m* fear, distrust

recelo•so -sa *adj* fearful, distrustful
recensión *f* review, book review
recepción *f* reception; reception desk
recepcionista *m* room clerk ‖ *f* receptionist
receptáculo *m* receptacle; shelter, refuge
receptador *m* (coll) fence, holder of stolen goods
receptar *tr* to receive, welcome; (*delincuentes*) hide, conceal; (*cosas robadas*) receive
recepti•vo -va *adj* receptive; susceptible
receptor *m* receiver; **receptor de cabeza** headpiece; **receptor telefónico** receiver
receta *f* recipe; (pharm) prescription
recetar *tr* (*un medicamento*) to prescribe; request
recibí *m* receipt; received payment
recibida *f* reception; admission
recibi•dor -dora *mf* receiver; receiving teller; ticket collector ‖ *m* reception room
recibimiento *m* reception; welcome; reception room; (*visita en que una persona recibe a sus amistades*) at-home
recibir *tr* to receive; (*visitas*) entertain ‖ *intr* to receive; entertain ‖ *ref* to be received, be admitted; **recibirse de** to be admitted to practice as; be graduated as
recibo *m* reception; receipt; hall; parlor; at-home; **acusar recibo de** to acknowledge receipt of; **estar de recibo** to be at home; **ser de recibo** to be acceptable
reciclable *adj* recyclable
reciclado *m* or **reciclaje** *m* recycling
reciclar *tr* to recycle
recién *adv* (used before past participles) recently, just, newly, e.g., **recién llegado** newly arrived; just now, recently
reciente *adv* recently
recinto *m* area, inclosure, place
re•cio -cia *adj* strong; thick, coarse, heavy; harsh; hard, bitter, arduous; (*tiempo*) severe; swift, impetuous ‖ **recio** *adv* strongly; swiftly; hard; loud
reciprocidad *f* reciprocity
recípro•co -ca *adj* reciprocal
recital *m* (*de música o poesía*) recital
recitar *tr* to recite; (*un discurso*) deliver
reclamación *f* claim, demand; objection; protest, complaint
reclamar *tr* to claim, demand; (*un ave*) decoy, lure ‖ *intr* to cry out, protest, complain
réclame *m & f* advertising
reclamo *m* bird call; decoy bird; (*para aves*) lure; allurement, attraction; advertisement; blurb, puff; reference; (typ) catchword; (SAm) complaint
reclinar *tr* (*p.ej., la cabeza*) to lean, bend ‖ *ref* to recline
reclinatorio *m* prie dieu; couch, lounge
recluir §20 *tr* to seclude, shut in; imprison ‖ *ref* to go into seclusion
reclusión *f* seclusion; imprisonment
reclu•so -sa *adj* secluded; imprisoned ‖ *mf* prisoner; inmate
recluta *m* recruit ‖ *f* recruiting; (*del ganado disperso*) (Arg) roundup

reclutar *tr* to recruit; (Arg) to round up
recobrar *tr* to recover ‖ *ref* to recover; come to
recobro *m* recovery; (*de un motor*) pickup
recodar *intr* to lean; bend, twist, turn, wind
recodo *m* bend, twist, turn
recoger §17 *tr* to pick up; gather, collect; harvest; shorten, draw in; keep; welcome; lock up ‖ *ref* to take shelter, take refuge; withdraw; (*echarse en la cama*) retire; go home; cut down expenses
recogida *f* collection; withdrawal; suspension; **recogida de basuras** garbage collection
recogimiento *m* gathering, collecting; harvesting; seclusion, retreat; concentration; self-communion
recolectar *tr* to gather, gather in; (*el algodón*) pick
recombina•do -da *adj* (*genética*) recombinant
recomendable *adj* commendable
recomendar §2 *tr* to recommend; commend
recompensa *f* recompense, reward
recompensar *tr* to recompense, reward
recompostura *f* repair
recomprar *tr* to buy back, repurchase
reconcentrar *tr* to bring together; (*un sentimiento o afecto*) conceal, disguise ‖ *ref* to come together; be absorbed in thought
reconciliar *tr* to reconcile ‖ *ref* to become reconciled
recóndi•to -ta *adj* hidden, concealed
reconfortar *tr* to comfort, cheer
reconocer §22 *tr* to recognize; admit, acknowledge; examine; (mil) to reconnoiter ‖ *intr* (mil) to reconnoiter ‖ *ref* to be clear
reconoci•do -da *adj* grateful
reconocimiento *m* recognition; admission, acknowledgment; gratitude; reconnaissance; **reconocimiento médico** inquest
reconquista *f* reconquest
reconsiderar *tr* to reconsider
reconstruir §20 *tr* to reconstruct, rebuild, recast
recontar §61 *tr* (*volver a contar; narrar*) to recount (*to count again; narrate*)
reconvenir §79 *tr* to expostulate with, to remonstrate with
reconversión *f* reconversion
recopilar *tr* to compile
record *m* (*pl* records) (sport) record; **batir un record** to break a record; **establecer un récord** to make a record
recordar §61 *tr* to remember; remind ‖ *intr* to remember; get awake; come to; **si mal no recuerdo** if I remember correctly
recordati•vo -va *adj* reminding, reminiscent ‖ *m* reminder
recordatorio *m* reminder; memento
record•man (*pl* -men) record holder
recorrer *tr* to go over, go through; look over, look through; (*un libro*) run through; overhaul
recorrido *m* trip, run, route; (*del émbolo*) stroke; repair
recortado *m* cutout

re
re

recortar *tr* to trim, cut off; (*figuras en una tela, en un papel*) cut out; outline ‖ *ref* to stand out

recorte *m* cutting; (*de un periódico*) clipping; dodge, duck; **recortes** cuttings, trimmings

recostar §61 *tr* to lean ‖ *ref* to lean, lean back, sit back

recova *f* poultry business; poultry stand; (Arg) portico; (SAm) food market

recoveco *m* bend, turn, twist; subterfuge, trick

recreación *f* recreation

recreo *m* recreation; place of amusement

recrudecer §22 *intr* & *ref* to flare up, get worse

rectángu•lo -la *adj* right-angled ‖ *m* rectangle

rectificar §73 *tr* to rectify; (*un cilindro de motor*) rebore

rec•to -ta *adj* straight; (*ángulo*) right; right, just, righteous ‖ *m* rectum

rec•tor -tora *adj* governing, managing ‖ *mf* principal, superior ‖ *m* rector; (*de una universidad*) rector, president

recua *f* drove; (*de personas o cosas*) string, line

recuadro *m* panel, square; (*sección de un impreso encerrada dentro de un marco*) box

recubrir §83 *tr* to cover, cap, coat

recuento *m* count; recount; inventory

recuerdo *m* memory, remembrance; keepsake, souvenir

recuero *m* muleteer

recular *intr* to back up; (*un arma de fuego*) recoil; back down

reculón *m* backing; **a reculones** backing away, recoiling

recuperar *tr* & *ref* to recuperate, recover

recurrir *intr* to resort, have recourse; revert

recurso *m* recourse; resource; resort; appeal, petition

recusar *tr* to refuse, reject; (law) to challenge

rechazar §60 *tr* to refuse, reject; repel, drive back

rechazo *m* rejection; rebound, recoil

rechifla *f* catcall

rechiflar *tr* & *intr* to catcall, hiss ‖ *ref* to make fun

rechinar *intr* to creak, grate, squeak; act with bad grace; (Mex) to rage

rechistar *intr* to stir, say a word; **sin rechistar** without protest

rechon•cho -cha *adj* chubby, tubby, plump

rechupete — **de rechupete** fine, wonderful

red *f* net; netting; network, system; baggage netting; (fig) net, snare, trap; **a red barredera** with a clean sweep; **red barredera** dragnet

redacción *f* writing; editing; editorial staff; newspaper office, city room

redactar *tr* to write up; edit

redac•tor -tora *mf* writer; editor, newspaper editor; **redactor publicitario** copy writer

redada *f* (*de peces*) catch, netful; (*p.ej., de criminales*) haul, roundup

redecilla *f* hair net

rededor *m* surroundings; **al rededor (de)** around

redención *f* redemption; help, recourse

reden•tor -tora *mf* redeemer

redición *f* constant repetition

redi•cho -cha *adj* overprecise

redil *m* sheepfold

redimir *tr* to redeem; ransom; buy back

rédito *m* income, revenue, yield

redituar §21 *tr* to yield, produce

redobla•do -da *adj* stocky, heavy-built; heavy, strong; (mil) double-quick

redoblar *tr* to double; clinch; repeat ‖ *intr* (*un tambor*) to roll

redoble *m* doubling; clinching; repeating; roll of a drum

redoma *f* phial, flask

redoma•do -da *adj* sly, crafty

redonda *f* district, neighborhood; (mus) semibreve; **a la redonda** around, roundabout

redondear *tr* to round, make round; round off; round out ‖ *ref* to be well-off; be out of debt

redondel *m* circle; round cloak; (*espacio destinado a la lidia*) (taur) ring

redondilla *f* eight-syllable quatrain with rhyme abba or abab

redon•do -da *adj* round; straightforward; (*terreno*) pasture; honest; stupid ‖ *m* ring, circle; cash ‖ *f* see **redonda**

redopelo *m* row, scuffle; **al redopelo** against the grain, the wrong way; roughly, violently

reducir §19 *tr* & *ref* to reduce; **reducirse a** to come to, amount to; be obliged to

reducto *m* (fort) redoubt

redundante *adj* redundant

redundar *intr* to redound; overflow; **redundar en** to redound to

reduplicación *f* doubling

reelección *f* reëlection

reembarcar §73 *tr, intr* & *ref* to reship, reëmbark

reembarco *m* reshipment (*of persons*), reëmbarkation

reembarque *m* reshipment (*of goods*)

reembolsar *tr* to reimburse; refund ‖ *ref* to collect a debt, be reimbursed

reembolso *m* reimbursement; refund; **contra reembolso** collect on delivery; cash on delivery

reemplazar §60 *tr* to replace

reemplazo *m* replacement; (mil) replacements; (*hombre que sirve en lugar de otro*) (mil) replacement

reencuadernar *tr* (bb) to rebind

reencuentro *m* collision; (*de tropas*) clash

reenganchar *tr* & *ref* to reënlist

reentrada *f* reëntry

reestrenar *tr* (theat) to revive

reestreno *m* (theat) revival

reexamen *m* or **reexaminación** *f* reëxamination

reexpedición *f* forwarding, reshipment

reexpedir §50 *tr* to forward, reship

refacción *f* refreshment; allowance; repair, repairs; extra, bonus; spare part

refaccionar *tr* to finance; (SAm) to repair, renovate
refajo *m* underskirt, slip
referencia *f* reference; account, report
referi•do -da *adj* above-mentioned
referir §68 *tr* to refer; tell, report ‖ *ref* to refer
refinamiento *m* refinement
refinar *tr* to refine; polish, perfect
refinería *f* refinery
reflejar *tr* to reflect; reflect on; show, reveal ‖ *intr* to reflect
reflejo *m* glare; reflection; reflex; **reflejo acondicionado** conditioned reflex; **reflejo patelar** or **rotuliano** knee jerk
reflexión *f* reflection
reflexionar *tr* to reflect on or upon ‖ *intr* to reflect
reflugo *m* ebb
refocilar *tr* to cheer; strengthen ‖ *intr* (Arg, Urug) to lighten ‖ *ref* to be cheered; take it easy
reforma *f* reform; reformation; alteration, renovation ‖ **la Reforma** the Reformation
reformación *f* reformation
reformar *tr* to reform; mend, repair; alter, renovate; revise; reorganize ‖ *ref* to reform; hold oneself in check
reforzar §35 *tr* to reinforce; strengthen; encourage
refracción *f* refraction
refracta•rio -ria *adj* rebellious, unruly, stubborn
refrán *m* proverb, saying
refregar §66 *tr* to rub; upbraid
refrenar *tr* to curb, rein; check, restrain
refrendar *tr* to countersign; authenticate; visé; repeat
refrescar §73 *tr* to refresh; cool, refrigerate ‖ *intr & ref* to refresh; refresh oneself; cool off; go out for fresh air; (*el viento*) (naut) to blow up
refresco *m* refreshment; cold drink, soft drink
refriega *f* fray, scuffle
refrigerador *m* refrigerator; ice bucket
refrigerio *m* coolness; relief; pick-me-up, light lunch
refuerzo *m* reinforcement
refugia•do -da *mf* refugee
refugiar *tr* to shelter ‖ *ref* to take refuge
refugio *m* refuge; hospice; shelter; haunt; (*para peatones en medio de la calle*) safety zone; **refugio antiaéreo** air-raid shelter; **refugio antiatómico** fallout shelter
refundición *f* recast; revision; (*de una pieza dramática*) adaptation
refundir *tr* to recast; revise; (*una pieza dramática*) adapt ‖ *intr* to redound
refunfuñar *intr* to grumble, growl
refutar *tr* to refute
regadera *f* watering can; street sprinkler
regadí•o -a or **regadi•zo -za** *adj* irrigable ‖ *m* irrigated land
regala *f* gunwale
regala•do -da *adj* dainty, delicate; pleasing, pleasant; (*vida*) of ease

regalar *tr* to give; regale, entertain; treat; caress, fondle; indulge
regalía *f* privilege, perquisite; bonus; royalty; (Arg, Chile) muff
regaliz *m* licorice
regalo *m* gift, present; treat; joy, pleasure; **regalos de fiesta** favors
rega•lón -lona *adj* comfort-loving, pampered; (*vida*) soft, easy
regañar *tr* to scold ‖ *intr* to growl, snarl; grumble; quarrel; scold
regaño *m* scolding; growl, snarl; grumble
regar §66 *tr* to water, sprinkle; irrigate; spread, sprinkle, strew
regate *m* dodge, duck; (fig) dodge, subterfuge
regatear *tr* to haggle over; sell at retail; avoid, shun ‖ *intr* to haggle, bargain; duck, dodge; (naut) to race
regazo *m* lap
regenerar *tr & ref* to regenerate
regente *m* director, manager; registered pharmacist; (typ) foreman
regicida *mf* regicide
regicidio *m* regicide
regi•dor -dora *adj* ruling, governing ‖ *m* alderman, councilman
régimen *m* (*pl* **regímenes**) regime; diet; rate; management; (gram) government; **régimen de hambre** starvation diet; **régimen de justicia** rule of law
regimental *adj* regimental
regimentar §2 *tr* to regiment
regimiento *m* regiment; rule, government; city council
re•gio -gia *adj* regal, royal; magnificent
región *f* region
regir §57 *tr* to rule, govern; control, manage; guide, steer; (gram) to govern ‖ *intr* to prevail, be in force
registra•dor -dora *adj* registering, recording ‖ *m* registrar, recorder; inspector ‖ *f* cash register
registrar *tr* to register; record; examine, inspect ‖ *ref* to register; be recorded; take place
registro *m* registration, registry; recording; examination, inspection; entry, record; bookmark; manhole; (*de chimenea*) damper; (*de reloj*) regulator; (*de órgano*) (mus) stop; (*de piano*) (mus) pedal
regla *f* rule; (*para trazar líneas*) ruler; measure, moderation; order; menstruation; **regla de cálculo** slide rule; **reglas** monthlies, menses
reglamenta•rio -ria *adj* prescribed, statutory
reglamento *m* rules, regulations
reglar *tr* to regulate; (*papel*) rule ‖ *ref* to guide oneself, be guided
regleta *f* (typ) lead
regletear *tr* (typ) to lead, space
regocijar *tr* to cheer, delight ‖ *ref* to rejoice
regocijo *m* cheer, delight, rejoicing
regoldar §3 *intr* to belch
regolfar *intr & ref* to surge back, flow back, back up
regorde•te -ta *adj* dumpy, plump

regresar *intr* to return

regreso *m* return; **estar de regreso** to be back

regüeldo *m* belch, belching

reguero *m* drip, trickle; (*señal que deja una cosa que se va vertiendo*) track; irrigating ditch; **ser un reguero de pólvora** to spread like wildfire

regulador *m* regulator; (*de locomotora*) throttle; (mach) governor

regular *adj* regular; fair, moderate, medium; **por lo regular** as a rule ‖ *tr* to regulate; put in order; throttle

rehabilitación *f* rehabilitation

rehacer §39 *tr* to remake, make over, do over; mend, repair, renovate ‖ *ref* to recover, rally

rehén *m* hostage; **llevarse en rehenes** to carry off as a hostage; **toma de rehenes** hostage taking

rehilandera *f* pinwheel

rehilar *intr* to quiver; whiz by

rehilete *m* shuttlecock; (*que se lanza por diversión*) dart; dig, cutting remark; (taur) banderilla

rehuir §20 *tr* to avoid, shun; shrink from; refuse; dislike ‖ *intr & ref* to flee

rehusar *tr* to refuse, turn down

reimpresión *f* reprint

reimprimir §83 *tr* to reprint

reina *f* queen; **reina Margarita** aster, China aster; **reina viuda** queen dowager

reinado *m* reign

reinar *intr* to reign; prevail

reincidir *intr* to backslide; repeat an offense

reingreso *m* reëntry

reino *m* kingdom; **Reino Unido** United Kingdom

reinstalar *tr* to reinstate, reinstall

reintegrar *tr* to refund, pay back

reintegro *m* refund, payment

reír §58 *tr* to laugh at ‖ *intr & ref* to laugh; **reír de** or **reírse de** to laugh at

reja *f* grate, grating, grille; plowshare, colter; **entre rejas** behind bars

rejilla *f* screen; grating; lattice, latticework; cane, cane upholstery; foot brasier; fire grate; (electron) grid; (*de acumulador*) (elec) grid; (rr) baggage rack

rejón *m* spear; dagger; (taur) lance

rejonear *tr* (*el jinete al toro*) (taur) to jab with a lance made to break off in the bull's neck

rejuvenecimiento *m* rejuvenation

relación *f* relation; account, list; (*en un drama*) speech; **relación de ciego** blind man's ballad; **relaciones** betrothal, engagement; **relaciones públicas** public relations

relacionar *tr* to relate ‖ *ref* to be related

relai *m* or **relais** *m* (elec) relay

relajación *f* or **relajamiento** *m* relaxation; slackening; laxity; rupture, hernia

relajar *tr* to relax; slacken; debauch ‖ *intr* to relax ‖ *ref* to relax, become relaxed; become debauched; be ruptured

relamer *ref* to lick one's lips; gloat; to relish; boast; slick oneself up

relami•do -da *adj* prim, overnice

relámpago *m* flash of lightning; flash of wit; **relámpago fotogénico** flash bulb, flashlight; **relámpagos** lightning

relampaguear *intr* to lighten; flash

relatar *tr* to relate, report

relati•vo -va *adj* relative

relato *m* story; statement, report

relé *m* (elec) relay; **relé de televisión** television relay system

releer §43 *tr* to reread

relegar §44 *tr* to relegate; banish, exile; shelve, lay aside

relente *m* night dew, light drizzle

relevador *m* (elec) relay

relevancia *f* relevance; significance

relevante *adj* outstanding

relevar *tr* to emboss; make stand out; relieve; release; absolve; replace ‖ *intr* to stand out in relief

relevo *m* (elec) relay; (mil) relief; **relevos** (sport) relay race

relicario *m* shrine; (*medallón*) locket

relieve *m* relief; merit, distinction; **en relieve** in relief; **poner de relieve** to point out; to make stand out; **relieves** scraps, leftovers

religión *f* religion

religio•so -sa *adj* religious

relinchar *intr* to neigh

relincho *m* neigh, neighing; cry of joy

reliquia *f* relic; trace, vestige; **reliquia de familia** heirloom

reloj *m* watch; clock; meter; **como un reloj** like clockwork; **conocer el reloj** to know how to tell time; **reloj de caja** grandfather's clock; **reloj de carillón** chime clock; **reloj de cuarzo** quartz watch; **reloj de cuclillo** cuckoo clock; **reloj de ocho días cuerda** eight-day clock; **reloj de pulsera** wrist watch; **reloj de sol** sundial; **reloj despertador** alarm clock; **reloj registrador** time clock; **reloj registrador de tarjetas** punch clock

relojera *f* watch case; watch pocket

relojería *f* watchmaking, clockmaking; watchmaker's shop

reloje•ro -ra *mf* watchmaker, clockmaker ‖ *f* see **relojera**

reluciente *adj* shining, brilliant, flashing

relucir §45 *intr* to shine

relumbrar *intr* to shine, dazzle, glare

relumbre *m* beam, sparkle; flash; dazzle, glare

relumbrón *m* flash, glare; tinsel; **de relumbrón** showy, tawdry

rellano *m* (*en la pendiente de un terreno*) level stretch; (*de escalera*) landing

rellenar *tr* to refill; fill up; stuff; pad; fill out; cram, stuff ‖ *ref* to fill up; cram, stuff oneself

relle•no -na *adj* full, packed; stuffed ‖ *m* refill; filling, stuffing; padding, wadding; (*en un escrito*) filler

remachar *tr* (*un clavo ya clavado*) to clinch; (*un roblón*) rivet; stress, emphasize ‖ *ref* (Col) to maintain strict silence

remache *m* clinching; riveting; rivet

remanso *m* dead water, backwater

remar *intr* to row; toil, struggle

remata•do -da *adj* hopeless; **loco rematado** raving mad

rematador *m* auctioneer

rematar *tr* to finish, put an end to; finish off, kill off; (*en una subasta*) knock down ‖ *intr* to end ‖ *ref* to come to ruin

remate *m* end; crest, top, finial; closing; highest bid; (*en una subasta*) sale; **de remate** hopelessly

rembolsar *tr* to reimburse; repay; redeem

rembolso *m* reimbursement; **contra rembolso** C.O.D. (cash on delivery)

remecer §46 *tr & ref* to shake, swing, rock

remedar *tr* to copy, imitate; ape, mimic; mock

remediar *tr* to remedy; help; prevent; (*del peligro*) free, save

remediava•gos *m* (*pl* -**gos**) short cut

remedio *m* remedy; help; recourse; **no hay remedio** or **no hay más remedio** it can't be helped; **no tener remedio** to be unavoidable

remedión *m* (theat) substitute performance

remedo *m* copy, imitation; poor imitation

remendar §2 *tr* to patch, mend, repair; darn; emend, correct; touch up

remen•dón -dona *mf* mender, repairer; shoe mender; tailor (*who does mending*)

reme•ro -ra *mf* rower ‖ *m* oarsman

remesa *f* remittance; shipment

remesar *tr* to remit; ship

remezón *m* hard shake; tremor

remiendo *m* patch; mending, repair; retouching; emendation, correction; job printing, job work; **a remiendos** piecemeal

remilga•do -da *adj* prim and finicky; affected, smirking

remilgar §44 *intr* to be prim and finicky; smirk

remilgo *m* primness, affectation

remira•do -da *adj* circumspect, discreet

remisión *f* remission; reference

remitente *mf* sender, shipper

remitido *m* (*noticia de un particular a un periódico*) personal; letter to the editor

remitir *tr* to remit; forward, send, ship; refer; defer, postpone; pardon, forgive ‖ *intr* to remit, let up; refer ‖ *ref* to remit, let up; defer, yield

remo *m* oar; leg, arm, wing; toil, labor; (sport) rowing; **aguantar los remos** to lie or rest on one's oars

remoción *f* discharge, dismissal; removal

remodelación *f* remodeling

remodelar *tr* to remodel

remojar *tr* to soak, steep, dip; celebrate with a drink; **remojar la palabra** to wet one's whistle

remojo *m* soaking, steeping; **poner en remojo** to put off to a more suitable time

remolacha *f* beet; **remolacha azucarera** sugar beet

remolcador *m* tug, tugboat; towboat; tow car

remolcar §73 *tr* to tow; take in tow

remoler §47 *tr* to grind up; bore

remolinear *tr, intr & ref* to eddy, whirl about

remolino *m* eddy, whirlpool; swirl, whirl; disturbance, commotion; throng, crowd; cowlick

remo•lón -lona *adj* lazy, indolent ‖ *mf* shirker, quitter

remolonear *intr* to refuse to budge

remolque *m* tow; towing; trailer; **a remolque** in tow

remontar *tr* to mend, repair; frighten away; elevate, raise up; (*p.ej., un río*) go up ‖ *intr* (*en el tiempo*) go back ‖ *ref* to rise, rise up; soar; (*en el tiempo*) go back

remontuar *m* stem-winder

remoquete *m* punch; nickname; sarcasm; flirting

rémora *f* hindrance, obstacle

remordimiento *m* remorse

remo•to -ta *adj* remote; unlikely; **estar remoto** to be rusty

remover §47 *tr* to remove; shake; stir; disturb, upset; dismiss, discharge ‖ *ref* to move away

remozar §60 *tr* to rejuvenate ‖ *ref* to become rejuvenated

rempujar *tr* to push, jostle

rempujón *m* push, jostle

remuda *f* change, replacement; change of clothes

remudar *tr* to change, replace; move around

remuneración *f* remuneration; **remuneración por rendimiento** piece wage

renacer §22 *intr* to be reborn, be born again; recover

renacimiento *m* rebirth; renaissance

renacuajo *m* tadpole; (coll) shrimp, little squirt

Renania *f* Rhineland

ren•co -ca *adj* lame

rencor *m* rancor; **guardar rencor** to bear malice

rendición *f* surrender; submission; fatigue, exhaustion; yield

rendi•do -da *adj* tired, worn-out; submissive

rendija *f* crack, split, slit

rendimiento *m* submission; exhaustion; yield; output; (mech) efficiency

rendir §50 *tr* to conquer; subdue; surrender; exhaust, wear out; return, give back; yield, produce; (*gracias, obsequios, homenaje*) render ‖ *intr* to yield ‖ *ref* to surrender; yield, give in; be exhausted, be worn out

renegar §66 *tr* to deny vigorously; abhor, detest ‖ *intr* to curse; be insulting; **renegar de** to deny; curse; abhor, detest

renegociación *f* renegotiation

Renfe, la acronym for **la Red Nacional de los Ferrocarriles Españoles** the Spanish National Railroad System

renglón *m* line; **a renglón seguido** right below; **leer entre renglones** to read between the lines

reniego *m* curse

reno *m* reindeer

renombra•do -da *adj* renowned, famous

renombre *m* renown, fame

renovar §61 *tr* to renew; renovate; transform, restore; remodel

re
re

renquear *intr* to limp

renta *f* income; private income; annuity; public debt; rent; **renta nacional** gross national product

rentar *tr* to produce, yield

rentista *mf* bondholder; financier; person of independent means

renuente *adj* reluctant, unwilling

renuevo *m* sprout, shoot; renewal

renuncia *f* renunciation; resignation; (law) waiver

renunciar *tr* to renounce; resign ‖ *intr* to renounce; (*no servir al palo que se juega*) renege; **renunciar a** to give up, renounce, waive

renuncio *m* slip, mistake; (*en juegos de naipes*) renege; lie

reñi•do -da *adj* on bad terms; bitter, hard-fought

reñir §72 *tr* (*regañar*) to scold; (*una batalla, un desafío*) fight ‖ *intr* to fight; be at odds, fall out

re•o -a *adj* guilty, criminal ‖ **reo** *mf* offender, criminal; (law) defendant

reojo — **de reojo** askance, out of the corner of one's eye; hostilely

reorganizar §60 *tr* & *ref* to reorganize

reorientación *f* reorientation

reóstato *m* rheostat

repanchigar or **repantigar** §44 *ref* to sprawl, loll

reparar *tr* to repair, mend; make amends for; notice, observe; (*un golpe*) parry ‖ *intr* to stop; **reparar en** to notice, pay attention to ‖ *ref* to stop; refrain

reparo *m* repairing, repairs; notice, observation; doubt, objection; shelter; bashfulness

repa•rón -rona *adj* faultfinding ‖ *mf* faultfinder

repartida *f* distribution; issuing

repartir *tr* to distribute; (*naipes*) deal

reparto *m* distribution; (*de naipes*) deal; (theat) cast; **reparto de acciones gratis** stock dividend

repasar *tr* to repass; retrace; review; revise; (*la ropa*) mend

repasata *f* scolding, reprimand

repaso *m* revision; (*de una lección*) review; mending; reprimand

repatriar §77 *tr* to repatriate; send home ‖ *intr* & *ref* to be repatriated; go or come home

repeler *tr* to repel, repulse

repente *m* start, sudden movement; **de repente** suddenly

repenti•no -na *adj* sudden, unexpected

repentista *mf* (mus) improviser; (mus) sight reader

repentizar §60 *intr* to improvise; (mus) to sight-read, perform at sight

repercutir *intr* to rebound; reëcho, reverberate

repertorio *m* repertory

repetición *f* repetition; (mus) repeat

repetir §50 *tr* & *intr* to repeat

repicar §73 *tr* to mince, chop up; ring, sound; sting again ‖ *intr* peal, ring out, resound ‖ *ref* to boast, be conceited

repique *m* chopping, mincing; peal, ringing; squabble, quarrel

repiqueteo *m* pealing, ringing; beating, rapping

repisa *f* shelf, ledge; bracket; **repisa de chimenea** mantelpiece; **repisa de ventana** window sill

replantear *tr* to lay out again; reaffirm, reimplement

replegar §66 *tr* to fold over and over ‖ *ref* to fold, fold up; (mil) to fall back

reple•to -ta *adj* replete, full, loaded; fat, chubby

réplica *f* answer, retort; replica

replicar §73 *tr* to argue against ‖ *intr* to answer back, retort

repli•cón -cona *adj* saucy, flip

repliegue *m* fold, crease; (mil) falling back

repollo *m* cabbage; (*p.ej., de lechuga, col*) head

reponer §54 *tr* to replace, put back; restore; (*una pieza dramática*) revive; **repuso** he replied ‖ *ref* to recover; calm down

reportaje *m* reporting; news coverage; report

reportar *tr* to check, restrain; get, obtain; bring, carry; report ‖ *ref* to restrain or control oneself

reporte *m* report, news report; gossip

repórter *m* reporter

reporte•ro -ra *mf* reporter

reposa cabezas *f* (aut) head rest

reposar *intr* & *ref* to rest, repose; take a nap; (*en la sepultura*) lie, be at rest; (*poso, sedimento*) settle

reposición *f* replacement; (*de la salud*) recovery; (theat) revival

reposo *m* rest, repose

repostar *tr*, *intr* & *ref* to stock up; refuel

repostería *f* pastry shop, confectionery; pantry

reposte•ro -ra *mf* pastry cook, confectioner

repregunta *f* (law) cross-examination

repreguntar *tr* (law) to cross-examine

reprender *tr* to reprehend, scold

represa *f* dam; damming; repression, check; (*de un buque*) recapture

represalia *f* reprisal; retaliation

represar *tr* to dam; repress, check; (*de un buque*) to recapture

representación *f* representation; dignity, standing; performance; **en representación de** representing; **representación exclusiva** sole dealership

representante *adj* representing ‖ *mf* representative; actor, player; (com) agent, representative

representar *tr* to represent; show, express; state, declare; act, perform, play; (*determinada edad*) appear to be ‖ *ref* to imagine

representati•vo -va *adj* representative

reprimenda *f* reprimand

reprimir *tr* to repress

reprobación *f* reproof; flunk, failure

reprobar §61 *tr* to reprove; flunk, fail

reprochar *tr* to reproach

reproche *m* reproach
reproducción *f* reproduction; breeding
reproducir §19 *tr* & *ref* to reproduce
repro•pio -pia *adj* balky
reptar *intr* to crawl; to cringe
reptil *m* reptile
república *f* republic
republica•no -na *adj* & *mf* republican ‖ *m* patriot
repudiar *tr* to repudiate, disown, disavow
repues•to -ta *adj* secluded; spare, extra ‖ *m* stock, supply; serving table; pantry; **de repuesto** spare, extra
repugnante *adj* repugnant, disgusting
repugnar *tr* to conflict with; contradict; object to, avoid; revolt, be repugnant to ‖ *intr* to be repugnant
repujar *tr* to emboss
repulgar §44 *tr* to hem, border
repulgo *m* hem, border
repuli•do -da *adj* highly polished; all dolled up
repulsar *tr* to reject, refuse
repulsi•vo -va *adj* repulsive
repuntar *tr* (*animales dispersos*) (Arg, Chile, Urug) to round up ‖ *intr* to begin to appear; (naut) to begin to rise; (naut) to begin to ebb ‖ *ref* to begin to turn sour; fall out
repuso *see* **reponer**
reputación *f* reputation, repute
reputar *tr* to repute; esteem
requebra•dor -dora *adj* flirtatious ‖ *mf* flirt
requebrar §2 *tr* to break into smaller pieces; flatter, flirt with
requemar *tr* to burn again; parch; overcook; inflame; bite, sting ‖ *ref* to become tanned or sunburned; smolder, burn within
requerir §68 *tr* to notify; summon; request; urge; check, examine; require; seek, look for; reach for; court, make love to
requesón *m* cottage cheese
requiebro *m* fine crushing; flattery, flattering remarks, flirtation
requisi•to -ta *adj* requisite ‖ *m* requisite, requirement; accomplishment; **requisito previo** prerequisite
res *f* head of cattle; beast; **reses** cattle
resabio *m* unpleasant aftertaste; bad habit, vice
resabio•so -sa *adj* sly, crafty; (*caballo*) vicious
resaca *f* surge, surf; undertow; (com) redraft; (slang) hangover
resalir §65 *intr* to jut out, project
resaltar *tr* to emphasize ‖ *intr* to bounce, rebound; jut out, project; stand out
resanar *tr* to retouch, patch, repair
resarcir §36 *tr* to indemnify, make amends to; (*un daño, un agravio*) repay; (*una pérdida*) make good; to mend, repair ‖ *ref* — **resarcirse de** to make up for
resbaladi•zo -za *adj* slippery; skiddy; risky; (*memoria*) shaky
resbalar *intr* to slide; skid; slip ‖ *ref* to slide; slip; (fig) to slip, to misstep

rescatar *tr* to ransom, redeem; rescue; (*el tiempo perdido*) make up for; relieve; atone for; (Mex) to resell
rescate *m* ransom, redemption; rescue; salvage; ransom money
rescindir *tr* to rescind
rescoldera *f* heartburn
rescoldo *m* embers; smoldering; doubt, scruple; **arder en rescoldo** to smolder
resenti•do -da *adj* resentful
resentimiento *m* resentment; sorrow, disappointment
resentir §68 *ref* to be resentful; **resentirse de** to feel the bad effects of; resent; suffer from
reseña *f* outline; book review; newspaper account; (mil) review
reseñador *m* reviewer; critic
reseñar *tr* to outline; (*un libro*) review; (mil) to review
reserva *f* reserve; reservation; **con** or **bajo la mayor reserva** in strictest confidence; **reserva de caza** game preserve
reservar *tr* to reserve; put aside; postpone; exempt; keep secret ‖ *ref* to save oneself, bide one's time; beware, be distrustful
resfriado *m* cold
resfriar §77 *tr* to cool, chill ‖ *intr* to turn cold ‖ *ref* to catch cold; cool off, grow cold
resguardar *tr* to defend; protect, shield ‖ *ref* to take shelter; protect oneself
resguardo *m* defense; protection; check, voucher; collateral; (naut) wide berth, sea room
residencia *f* residence; impeachment; **residencia de ancianos** nursing home; home for the aged
residenciar *tr* to call to account; impeach
residir *intr* to reside
residuo *m* residue, remains; remainder; **residuos radiactivos** radioactive waste
resignación *f* resignation
resignar *tr* to resign ‖ *ref* to resign, become resigned; **resignarse con** (*p.ej., su suerte*) to be resigned to
resina *f* resin
resistencia *f* resistance; strength; **resistencia de rejilla** (electron) grid leak
resistente *adj* resistant; strong; (hort) hardy; **resistente al rayado** scratch-resistant
resistir *tr* to bear, stand; (*la tentación*) resist ‖ *intr* to resist; hold out; resisting a (*la violencia; la risa*) resist; refuse to ‖ *ref* to resist; struggle; **resistirse a** to refuse to
resma *f* ream
resobrina *f* grandniece, greatniece
resobrino *m* grandnephew, greatnephew
resolución *f* resolution; **en resolución** in brief, in a word
resolver §47 & §83 *tr* to resolve; solve; decide on; dissolve ‖ *ref* to resolve; make up one's mind
resollar §61 *intr* to breathe; breathe hard, pant; stop for a rest
resonar §61 *intr* to resound, echo
resoplar *intr* to puff; snort
resoplido *m* puffing; snort

re
re

resorte *m* spring; springiness; means; province, scope; rubber band; **resorte espiral** coil spring; **tocar resortes** to pull wires, pull strings

respailar *intr* — **ir respailando** to scurry along

respaldar *m* back; ‖ *tr* to back; indorse ‖ *ref* to lean back; sprawl

respaldo *m* back; backing; indorsement

respectar *tr* (with personal **a**) to concern; **por lo que respecta a . . .** as far as . . . is concerned

respecti•vo -va *adj* respective

respecto *m* respect, reference, relation; **al respecto** in the matter; **respecto a** or **de** with respect to, in or with regard to

respetable *adj* respectable

respetar *tr* to respect

respeto *m* respect; consideration; **campar por sus respetos** to be inconsiderate, go one's (his, her, etc.) own way; **de respeto** spare, extra

respetuo•so -sa *adj* respectful; awesome, impressive; humble, obedient

respigón *m* hangnail

respingar §44 *intr* to balk, shy; (*elevarse el borde, p.ej., de la falda*) curl up; give in unwillingly

respin•gón -gona *adj* (*nariz*) snubby, upturned; surly, churlish

respirar *tr* to breathe ‖ *intr* to breathe; breathe freely; breathe a sigh of relief; catch one's breath, stop for a rest; **no respirar** to not breathe a word; **sin respirar** without respite, without letup

respiro *m* breathing; respite, breather, breathing spell; (*para el pago de una deuda*) extension of time

resplandecer §22 *intr* to shine; flash, glitter

resplandeciente *adj* brilliant; resplendent

resplandor *m* brilliance, radiance; resplendence; glare

responder *tr* to answer ‖ *intr* to answer, respond; correspond; answer back; **responder de** (*una cosa*) to answer for; **responder por** (*una persona*) to answer for

respon•dón -dona *adj* (coll) saucy

responsable *adj* responsible; **responsable de** responsible for

responsabilizar *tr* to put in charge; hold responsible ‖ *ref* to assume responsibility

respuesta *f* answer, response

resquebrajar *tr & ref* to crack, split

resquemar *tr & intr* to bite, sting ‖ *ref* to be parched; (*resentirse sin manifestarlo*) smolder

resquemo *m* bite, sting

resquicio *m* crack, chink; chance, opportunity

restablecer §22 *tr* to reëstablish, restore ‖ *ref* to recover

restañar *tr* to retin; (*sangre*) stanch, stop the flow of

restar *tr* to deduct; reduce; take away; (*una pelota*) return; subtract ‖ *intr* to remain, be left

restaurante *m* restaurant; **restaurante automático** automat

restaurar *tr* to restore; to recover

restitución *f* restitution, return

restituir §20 *tr* to return, give back; restore ‖ *ref* to return, come back

resto *m* rest, remainder, residue; (*en juegos de naipes*) stakes; (*de una pelota*) return; **a resto abierto** without limit; **echar el resto** to stake all, shoot the works; **restos** remains, mortal remains; **restos de serie** remnants

restregar §66 *tr* to rub hard; scrub hard

restringir §27 *tr* to restrict; constrict, to contract

resucitar *tr & intr* to resuscitate; resurrect; revive

resuel•to -ta *adj* resolute, resolved, determined; prompt, quick

resuello *m* breathing; hard breathing, panting

resulta *f* result; outcome; vacancy; **de resultas de** as a result of

resultado *m* result

resultar *intr* to result; prove to be, turn out to be; be, become

resumen *m* summary, résumé; **en resumen** in brief, in a word

resumir *tr* to summarize, sum up ‖ *ref* to be reduced, be transformed

resurrección *f* resurrection

retaguardia *f* rearguard

retal *m* piece, remnant

retama *f* Spanish broom; **retama de escoba** furze

retar *tr* to challenge, dare; blame, find fault with

retardación *f* retardation

retardar *tr* to retard, slow down

retardo *m* retard, delay

retazo *m* piece, remnant; scrap, fragment

retén *m* store, stock, reserve; catch, pawl; (mil) reserve

retener §71 *tr* to retain, keep, withhold; detain, arrest; (*el pago de un haber*) stop

retentiva *f* memory; recall

reticente *adj* deceptive, misleading; noncommittal

retintín *m* jingle, tinkling; (*en el oído*) ringing; tone of reproach, sarcasm, mockery

retiñir §12 *intr* to jingle, tinkle (*los oídos*) ring

retirada *f* retirement, withdrawal; place of refuge; (mil) retreat, retirement; (*toque*) (mil) retreat; **batirse en retirada** to beat a retreat

retirar *tr* to retire, withdraw; take away; pull back ‖ *ref* to retire, withdraw; (mil) to retire

reto *m* challenge, dare; threat

retocar §73 *tr* to retouch; touch up; (*un disco de fonógrafo*) play back

retoño *m* sprout, shoot, sucker

retorcer §74 *tr* to twist; twist together; (*las manos*) wring; (fig) to twist, misconstrue ‖ *ref* to twist; writhe

retóri•co -ca *adj* rhetorical ‖ *f* rhetoric

retornar *tr* to return, give back; back, back up ‖ *intr* & *ref* to return, go back
retorno *m* return; barter, exchange; reward, requital; **retorno terrestre** (elec) ground
retorta *f* (chem) retort
retozar §60 *intr* to frolic, gambol, romp
retozo *m* frolic, gambol, romping; **retozo de la risa** giggle, titter
reto•zón -zona *adj* frolicsome, frisky
retracción *f* retraction; (pathol) atrophy
retractar *tr* & *ref* to retract
retráctil *adj* retractable
retraer §75 *tr* to bring again, bring back; dissuade ‖ *ref* to withdraw, retire; take refuge
retraí•do -da *adj* solitary; reserved, shy
retransmisión *f* rebroadcasting
retransmitir *tr* to rebroadcast
retrasa•do -da *adj* (mentally) retarded
retrasar *tr* to delay, retard; put off; (*un reloj*) set or turn back ‖ *intr* to be too slow; (*en los estudios*) be or fall behind ‖ *ref* to delay, be late, be slow, be behind time; (*un reloj*) go or be slow
retraso *m* delay; **tener retraso** to be late
retratar *tr* to portray; photograph; imitate ‖ *ref* to sit for a portrait; have one's picture taken
retrato *m* portrait; photograph; copy, imitation; description; **el vivo retrato de** the living image of
retrepar *ref* to lean back, lean back in the chair
retreta *f* (mil) retreat, tattoo; outdoor band concert
retrete *m* toilet, lavatory
retribuir §20 *tr* to repay, pay back
retroacti•vo -va *adj* retroactive
retroalimentación *f* feedback
retroceder *intr* to retrogress; back away; back down, back out
retroceso *m* retrogression; (*de un arma de fuego*) recoil; (*de una enfermedad*) flare-up; (mach, mov) rewind(ing)
retrocohete *m* retrorocket
retrodisparo *m* retrofiring
retropropulsión *f* (aer) jet propulsion
retrospecti•vo -va *adj* retrospective ‖ *f* (mov) flashback
retrovisor *m* rear-view mirror
retrucar §73 *intr* to answer, reply; (billiards) kiss
retruco *m* (billiards) kiss
retruécano *m* pun
retumbar *intr* to resound, rumble
retumbo *m* resounding, rumble, echo
reumáti•co -ca *adj* & *mf* rheumatic
reumatismo *m* rheumatism
reunificación *f* reunification
reunión *f* reunion, gathering, meeting; assemblage
reunir §59 *tr* to join, unite; assemble, gather together, bring together; reunite; (*dinero*) raise ‖ *ref* to unite; assemble, gather together, come together, meet; reunite
reválida *f* final examination (*for a higher degree*)

revalorar *tr* to revaluate
revalorizar §60 *tr* to revaluate
revejecer §22 *intr* & *ref* to grow old before one's time
revelación *f* revelation
revelado *m* (phot) development
revelador *m* (phot) developer
revelar *tr* to reveal; (phot) to develop
revender *tr* to resell; retail
reventa *f* resale
reventar §2 *tr* to smash, crush; burst, blow out, explode; ruin; annoy, bore; (*a una persona*) work to death; (*a un caballo*) run to death ‖ *intr* to burst, blow out, explode; (*las olas*) break; (*morir*) croak; (*de ira*) blow up, hit the ceiling; **reventar por** to be dying to ‖ *ref* to burst, blow out, explode; be worked to death; (*un caballo*) be run to death
reventón *m* burst; (aut) blowout
rever §80 *tr* to revise, review; (*un caso legal*) retry
reverberar *intr* to reverberate
reverbero *m* reflector; street lamp; chafing dish
reverencia *f* reverence; bow, curtsy
reverenciar *tr* to revere, reverence ‖ *intr* to bow, curtsy
reveren•do -da *adj* & *m* reverend
reverso *m* back; wrong side; reverse
revertir §68 *intr* to revert
revés *m* back, reverse; wrong side; backhand; (*desgracia, contratiempo*) reverse, setback; **al revés** wrong side out; inside out; upside down; backwards
revestir §50 *tr* to put on, don; cover, coat, face, line, surface; assume, take on; disguise; (*un cuento*) adorn; invest ‖ *ref* to put on vestments; be haughty; gird oneself
revirar *tr* to turn, twist; turn over
revisada *f* examination; revision
revisar *tr* to revise, review, check; audit
revisión *f* revision, review, check
revisionismo *m* revisionism
revisionista *adj* & *mf* revisionist
revisor *m* inspector, examiner; (rr) conductor, ticket collector
revista *f* review; (mil) review; (theat) review, revue; (law) new trial
revistar *tr* (mil) to review
revivir *tr* & *intr* to revive
revocar §73 *tr* to revoke; dissuade; drive back, drive away; plaster, stucco
revocatoria *f* (SAm) recall; repeal; cancellation
revolar §61 *intr* & *ref* to flutter, flutter around
revolcar §81 *tr* to knock down; (*a un adversario*) floor; (*a un alumno en un examen*) flunk, fail ‖ *ref* to wallow, roll around; be stubborn
revolotear *tr* to fling up ‖ *intr* to flutter, flutter around, flit
revoltijo *m* or **revoltillo** *m* mess, jumble; stew

re
re

revolto•so -sa *adj* rebellious, riotous; (*niño*) unruly, mischievous; complicated; winding ‖ *mf* troublemaker, rioter

revolución *f* revolution

revoluciona•rio -ria *adj* & *mf* revolutionary

revolver §47 & §83 *tr* to shake; stir; turn around; turn upside down; wrap up; mess up; disturb; (*sus pasos*) retrace; alienate, estrange ‖ *intr* to retrace one's steps ‖ *ref* to retrace one's steps; turn around; toss and turn; (*un astro en su órbita*) revolve; (*el mar*) get rough

revólver *m* revolver

revuelco *m* upset, tumble; wallowing

revuelo *m* whirl, flying around; stir, commotion

revuelta *f* revolution, revolt; disturbance; turning point; fight, row

rey *m* king; swineherd; **los Reyes Católicos** Ferdinand and Isabella; **los Reyes Magos** the Three Wise Men; **ni rey ni roque** nobody; **rey de zarza** wren; **reyes** king and queen; **Reyes** Twelfth-night

reyerta *f* quarrel, wrangle

reyezuelo *m* (orn) kinglet; **reyezuelo mo•ñudo** goldcrest

rezaga•do -da *mf* straggler, laggard

rezagar §44 *tr* to outstrip, leave behind; postpone ‖ *ref* to fall behind

rezar §60 (*una oración*) to pray; (*una oración; la misa*) say; (coll) to say, to read; (*anunciar*) (coll) to call for ‖ *intr* to pray; grumble; (coll) to say, to read; **rezar con** to concern

rezo *m* prayer; devotions

rezón *m* grapnel

rezongar §44 *tr* (CAm) to scold ‖ *intr* to grumble, growl

rezumar *intr* to ooze, seep ‖ *ref* to ooze, seep; to leak; (*una especie*) leak out

ría *f* estuary, fiord

riachuelo *m* rivulet, streamlet

riada *f* flood, freshet

ribazo *m* slope, embankment

ribera *f* bank, shore; riverside

ribere•ño -ña *adj* riverside

ribero *m* levee, dike

ribete *m* edge, trimming, border; (*a un cuento*) embellishment

ribetear *tr* to edge, trim, border, bind

ri•co -ca *adj* rich; dear, darling

ridiculizar §60 *tr* to ridicule

ridícu•lo -la *adj* ridiculous; touchy ‖ *m* ridiculous situation; **poner en ridículo** to ridicule, expose to ridicule

riego *m* irrigation; watering

riel *m* ingot; curtain rod; rail

rielar *intr* to shimmer, gleam; (poet) to twinkle

rienda *f* rein; **a rienda suelta** swiftly, violently; with free rein

riente *adj* laughing; bright, cheerful

riesgo *m* risk, danger; **correr riesgo** to run or take a risk

riesgo•so -sa *adj* risky; dangerous

rifa *f* raffle; fight, quarrel

rifar *tr* to raffle, raffle off ‖ *intr* to raffle; fight, quarrel

rígi•do -da *adj* rigid, stiff; strict, severe

riguro•so -sa *adj* rigorous; severe

rima *f* rhyme; **rimas** poems, poetry

rimar *tr* & *ref* to rhyme

rimbombante *adj* resounding; flashy

rímel *m* mascara

rimero *m* heap, pile

Rin *m* Rhine

rincón *m* corner; nook; piece of land; (coll) home

rinconera *f* corner piece of furniture; corner table; corner cupboard

ringla *f*, **ringle** *m* or **ringlera** *f* row, tier

ringorrango *m* curlicue; frill, frippery

rinoceronte *m* rhinoceros

riña *f* fight, scuffle

riñón *m* kidney; (fig) heart, center, interior; **tener bien cubierto el riñón** to be well-heeled

río *m* river; **pescar en río revuelto** to fish in troubled waters

riostra *f* brace, stay; guy wire

riostrar *tr* to brace, stay

ripia *f* shingle

ripio *m* debris; rubble; (*palabras inútiles empleadas para completar el verso*) padding; **no perder ripio** to not miss a trick

riqueza *f* riches, wealth; richness; **riquezas del subsuelo** mineral resources

risa *f* laugh, laughter

risco *m* cliff, crag; honey fritter

risible *adj* laughable

risotada *f* guffaw, horse laugh

ristra *f* string of onions, string of garlic; (coll) string, row, file

ristre *m* lance rest

risue•ño -ña *adj* smiling

rítmi•co -ca *adj* rhythmic(al)

ritmo *m* rhythm; **a gran ritmo** at great speed

rito *m* rite

rival *mf* rival

rivalidad *f* rivalry; enmity

rivalizar §60 *intr* to vie, compete; **rivalizar con** to rival

riza•do -da *adj* curly; ripply ‖ *m* curl, curling; rippling

rizador *m* curling iron, hair curler

rizar §60 *tr* & *ref* to curl; (*la superficie del agua*) ripple

ri•zo -za *adj* curly ‖ *m* curl, ringlet; ripple; (aer) loop; **rizar el rizo** (aer) to loop the loop

ro *interj* — **¡ro ro!** hushaby!, bye-bye!

roba•dor -dora *mf* robber, thief

róbalo or **robalo** *m* (*Labrax lupus*) bass; (*Centropomus undecimalis*) snook

robar *tr* to rob, steal; (*un naipe o ficha de dominó*) draw ‖ *intr* & *ref* to steal

robinete *m* faucet, spigot, cock

roblar *tr* to clinch, rivet

roble *m* oak; (*Quercus robur*) British oak tree; husky fellow

roblón *m* rivet

robo *m* robbery, theft; (*naipe tomado del monte*) draw; **robo con escalamiento** burglary
ro•bot *m* (*pl* **-bots**) robot
robótica *f* robotics
robotización *f* use of robots; robotization
robus•to -ta *adj* robust
roca *f* rock
rocalla *f* pebbles; stone chips; large glass bead
rocallo•so -sa *adj* stony, pebbly
roce *m* rubbing; close contact
rociada *f* sprinkling; dew; (*de balas, piedras, etc.*) shower; (*de invectivas*) volley
rociadera *f* sprinkling can
rociar §77 *tr* to sprinkle; spray; bedew; scatter ‖ *intr* to drizzle; **rocía** there is dew
rocín *m* hack, nag; work horse, draft horse; riding horse; rough guy
rocío *m* dew; drizzle; sprinkling
rocke•ro -ra *mf* rock singer
roco•so -sa *adj* rocky
rodada *f* rut, track
roda•do -da *adj* (*fácil, fluído*) rounded, fluent; (*tránsito*) vehicular ‖ *f* see **rodada**
rodadura *f* rolling; rut; (*de neumático*) tread
rodaja *f* disk, caster; round slice
rodaje *m* wheels; (*de una película cinematográfica*) shooting, filming; **en rodaje** (aut) being run in; (mov) being filmed
rodamiento *m* bearing; (*de un neumático*) tread; **rodamientos** running gear
Ródano *m* Rhone
rodante *adj* rolling; on wheels; (Chile) wandering
rodapié *m* baseboard, washboard
rodar §61 *tr* to roll; (*una película cinematográfica*) shoot, film, take, screen, project; drag along; (*una llave*) turn; (*la escalera*) roll down; (*un nuevo coche*) run in; (*válvulas de un motor*) grind ‖ *intr* to roll, roll along; roll down; rotate, revolve; tumble; roam, wander about; (*por medio de ruedas*) run; prowl
Rodas *f* Rhodes
rodear *tr* to surround; round up ‖ *intr* to go around; go by a roundabout way; beat about the bush ‖ *ref* to turn, twist, toss about
rodela *f* buckler, target; padded ring
rodeo *m* detour, roundabout way; dodge, duck; rodeo, roundup; **andar con rodeos** to beat about the bush; **dar un rodeo** to go a roundabout way
rodilla *f* knee; floor rag, mop; padded ring; **de rodillas** kneeling, on one's knees
rodillera *f* kneepad; baggy knee; (*de prenda de vestir*) knee; (*del órgano*) (mus) knee swell
rodillo *m* roller; rolling pin; road roller; inking roller; (*de la máquina de escribir*) platen
rodrigar §44 *tr* to prop, prop up, stake
rodrigón *m* prop, stake
roer §62 *tr* to gnaw, gnaw away at; (*un hueso*) pick; wear down

rogar §63 *tr* & *intr* to beg; pray; **hacerse de rogar** to like to be coaxed
roí•do -da *adj* miserly, stingy
ro•jo -ja *adj* red; ruddy; red-haired; Red ‖ *mf* (*comunista*) Red ‖ *m* red; **al rojo** to a red heat
rollar *tr* to roll, roll up
rolli•zo -za *adj* round, cylindrical; plump, stocky ‖ *m* round log
rollo *m* roll, coil; roller, rolling pin; round log; yoke pad; rôle; (*de tela*) bolt
romadizo *m* cold in the head
romance *adj* (*neolatino*) Romance ‖ *m* Romance language; Spanish language; romance of chivalry; octosyllabic verse with alternate lines in assonance; narrative poem in octosyllabic verse; ballad; **romance heroico** hendecasyllabic verse with alternate lines in assonance
romancero *m* collection of Old Spanish romances
romancillo *m* verse of less than eight syllables with alternate lines in assonance
románi•co -ca *adj* (*neolatino*) Romance, Romanic; (*arquitectura*) Romanesque ‖ *m* Romanesque
roma•no -na *adj* & *mf* Roman
romanticismo *m* romanticism
románti•co -ca *adj* romantic
romanza *f* (mus) romance, romanza
romería *f* pilgrimage; crowd, gathering
rome•ro -ra *mf* pilgrim ‖ *m* rosemary
ro•mo -ma *adj* blunt, dull; flat-nosed
rompeáto•mos *m* (*pl* **-mos**) atom smasher
rompecabe•zas *m* (*pl* **-zas**) riddle, puzzle; (*figura que ha sido cortada en trozos menudos y que hay que recomponer*) jigsaw puzzle
rompehie•los *m* (*pl* **-los**) iceboat, icebreaker
rompehuel•gas *m* (*pl* **-gas**) strikebreaker
rompeo•las *m* (*pl* **-las**) mole, breakwater
romper §83 *tr* to break; break through; break up; tear ‖ *intr* to break; (*las flores*) break open, burst open; break down; **romper a** to start to, burst out
rompiente *m* reef, shoal; (*oleaje que choca contra las rocas*) breaker
rompope *m* eggnog
ron *m* rum; **ron de laurel** or **de malagueta** bay rum
ronca *f* (*época del celo*) rut; cry of buck in rutting season; bullying
roncar §73 *intr* to snore; (*el viento, el mar*) roar; cry in rutting season; bully
ronce•ro -ra *adj* slow, poky; grouchy
ron•co -ca *adj* hoarse; harsh ‖ *f* see **ronca**
roncha *f* weal, welt; black-and-blue mark
ronchar *tr* to crunch
ronda *f* (*de un policía; de visitas; de cigarros o bebidas*) round; (*juego del corro*) (Chile) ring-around-a-rosy; **ronda negociadora** round of negotiations
rondar *tr* to go around; fly around; patrol; hang around; court ‖ *intr* to patrol by night; gad about at nighttime; go serenading; prowl; (mil) to make the rounds
ronquedad *f* hoarseness; harshness

ronquera *f* hoarseness
ronquido *m* snore; rasping sound
ronronear *intr* to purr
ronroneo *m* purr, purring
ronzal *m* halter
ronzar §60 *tr* to crunch, munch
roña *f* scab, mange; sticky dirt; pine bark; stinginess; spite, ill will; (Col) malingering; **jugar a roña** (Peru) to play for fun
roño•so -sa *adj* scabby, mangy; dirty, filthy; stingy; spiteful
ropa *f* clothing, clothes; dry goods; **a quema ropa** point-blank; **ropa blanca** linen; **ropa de cama** bed linen; bed-clothes; **ropa dominguera** Sunday best; **ropa hecha** ready-made clothes; **ropa interior** underwear; **ropa sucia** laundry
ropaje *m* clothes, clothing; gown, robe; drapery
ropaveje•ro -ra *mf* old-clothes dealer
rope•ro -ra *mf* ready-made clothier; wardrobe keeper ‖ *m* wardrobe, clothes closet
roque *m* rook, castle
roque•ño -ña *adj* rocky; hard, flinty
rorro *m* baby; (Mex) doll
rosa *f* rose; **rosa de los vientos** or **rosa náutica** (naut) compass card; **rosas** popcorn; **verlo todo de color de rosa** to see everything through rose-colored glasses
rosa•do -da *adj* rose-colored, rosy; pink; flushed ‖ *f* frost
rosaleda or **rosalera** *f* rose garden
rosario *m* rosary; (*de sucesos*) string; chain pump
ros•bif *m* (*pl* **-bifs**) roast beef
rosca *f* coil, spiral; (*de una espiral*) turn; twisted roll; (*de un tornillo*) thread; (Chile) padded ring
roscar §73 *tr* to thread
roseta *f* sprinkling spout or nozzle; red spot on cheek; **rosetas** popcorn
rosetón *m* rose window
rosita *f* little rose; (Chile) earring; **rositas** popcorn
rosquilla *f* coffeecake, doughnut, cruller
rostro *m* face; snout; beak; (*retrato*) **de rostro entero** full-faced
rostropáli•do -da *mf* paleface
rota *f* rout, defeat; (naut) route, course
rotisería *f* fast-food restaurant; delicatessen
rotograbado *m* rotogravure
rótula *f* lozenge; kneecap; knuckle
rotulador *m* felt pen
rotular *tr* to label, title, letter
rótulo *m* label, title; poster, show bill
rotun•do -da *adj* round; rotund, sonorous, full; peremptory
rotura *f* break, breaking; breach, opening; tear, tearing
roturación *f* (agr) reclamation
roya *f* (agr) blight, rust
rozamiento *m* rubbing; friction; (*desavenencia*) (fig) friction
rozar §60 *tr* to graze; scrape; border on; grub, stub; (*las tierras*) clear; (*la hierba*) nibble; (*leña menuda*) cut and gather ‖ *intr*

to graze by ‖ *ref* to be on close terms, rub elbows, hobnob; falter, stammer; be alike
roznar *tr* to crunch ‖ *intr* to bray
roznido *m* crunch, crunching noise; bray, braying
Rte. *abbr* **Remite**
ru•bí *m* (*pl* **-bíes**) ruby; (*de un reloj*) ruby, jewel
rubia *f* blonde; station wagon; peseta; **rubia oxigenada** peroxide blonde; **rubia platino** platinum blonde
rubia•les *mf* (*pl* **-les**) goldilocks
ru•bio -bia *adj* blond, fair; golden ‖ *m* blond ‖ *f* see **rubia**
rublo *m* ruble
rubor *m* bright red; blush, flush; bashfulness
ruborizar §60 *tr* to make blush ‖ *ref* to blush
rúbrica *f* title, heading; (*rasgo después de la firma de uno*) flourish
rubricación *f* listing; itemization
ru•bro -bra *adj* red ‖ *m* title, heading; (Chile) (com) entry
rudimento *m* rudiment
ru•do -da *adj* coarse, rough; rude, crude; dull, stupid; hard, severe
rueca *f* distaff
rueda *f* wheel; caster, roller; (*de gente*) ring, circle; round slice; pinwheel; (*de la cola del pavo*) spread; sunfish; **hacer la rueda** (*el pavo*) to spread its tail; **hacer la rueda a** to play up to; **rueda de andar** treadmill; **rueda de cadena** sprocket, sprocket wheel; **rueda de escape** escapement wheel; **rueda de fuego** pinwheel; **rueda dentada** gearwheel; **rueda de paletas** paddle wheel; **rueda de prensa** press conference; **rueda de presos** line-up; **rueda de recambio** spare wheel; **rueda de tornillo sin fin** worm wheel; **rueda motriz** drive wheel
ruedo *m* turn, rotation; round mat; selvage; hemline; (taur) ring; **a todo ruedo** at all events
ruego *m* request, entreaty; prayer
ru•fián -fiana *mf* bawd, go-between ‖ *m* cur, cad
ru•fo -fa *adj* sandy, sandy-haired; curly-haired
rugido *m* roar; (*de las tripas*) rumble
rugir §27 *intr* to roar; rumble
rugo•so -sa *adj* rugged, wrinkled
ruibarbo *m* rhubarb
ruido *m* noise; rumor; row, rumpus
ruido•so -sa *adj* noisy; loud; sensational
ruin *adj* base, mean, vile; stingy; (*animal*) vicious
ruina *f* ruin
ruindad *f* baseness, meanness, vileness; stinginess; viciousness
ruino•so -sa *adj* tottery, run-down
ruiseñor *m* nightingale
ruleta *f* roulette; (CAm, Arg) tape measure
ruletero *m* (Mex) cruising taxi driver (*in search of fares*)
rulo *m* roll; rolling pin; (hair) curler
ruma•no -na *adj* & *mf* Rumanian

rumbo *m* bearing, course, direction; pomp, show; generosity; (CAm) noisy celebration; **por aquellos rumbos** in those parts; **rumbo a** bound for
rumbo•so -sa *adj* pompous, magnificent; generous
rumiar *tr & intr* to ruminate
rumor *m* rumor; (*de voces*) murmur, buzz; rumble
rumorear *tr* to rumor, circulate by a rumor ‖ *intr* to murmur, buzz, rumble ‖ *ref* to be rumored; **se rumorea que** it is rumored that
rumoro•so -sa *adj* noisy, loud, rumbling

runfla *f* or **runflada** *f* string, row; (*en los naipes*) sequence
ruptor *m* (elec) contact breaker
ruptura *f* rupture, break; crack, split; (*cesación de relaciones*) rupture
Rusia *f* Russia; **la Rusia Soviética** Soviet Russia
ru•so -sa *adj & mf* Russian
rúst. *abbr* **rústica**
rústi•co -ca *adj* rustic; coarse, crude, clumsy; (*latín*) Vulgar; **en rústica** paper-bound ‖ *m* rustic, peasant
ruta *f* route; **ruta aérea** air lane
rutilante *adj* shining, sparkling
rutina *f* routine
rutina•rio -ria *adj* routine

S

S, s (ese) *f* twenty-second letter of the Spanish alphabet
S. *abbr* **San, Santo, sobresaliente, sur**
sábado *m* (*de los cristianos*) Saturday; (*de los judíos*) Sabbath
sábalo *m* shad
sabana *f* savanna, pampa; **ponerse en la sabana** (Ven) to get rich overnight
súbana *f* sheet; altar cloth
sabandija *f* insect, bug, worm; (*persona*) vermin; **sabandijas** (*animales o personas*) vermin
sabanilla *f* kerchief; altar cloth
sabañón *m* chilblain
sabe•dor -dora *adj* aware, informed
sabelotodo *m* (*pl* **sabelotodo**) know-it-all, wise guy
saber *m* knowledge, learning ‖ *v* §64 *tr & intr* to know; to find out; to taste; **a saber** namely, to wit; **me sabe mal** I'm sorry, I regret; **no saber dónde meterse** to not know which way to turn; **que yo sepa** as far as I know; **saber a** to taste of; smack of; **saber a poco** to be just a taste, taste like more; **saber de** to be aware of; hear from ‖ *ref* to know; be or become known
sabidi•llo -lla *adj & mf* know-it-all
sabi•do -da *adj* well-informed; learned; **de sabido** certainly, surely
sabiduría *f* wisdom; knowledge, learning
sabiendas — a sabiendas knowingly, consciously; **a sabiendas de que** knowing that, aware that
sabihon•do -da *adj & mf* know-it-all
sa•bio -bia *adj* wise; learned; (*animal*) trained ‖ *mf* wise person, scholar, scientist ‖ *m* wise man, sage
sablazo *m* stroke with a saber, wound made by a saber; sponging; **dar un sablazo a** to hit for a loan
sable *m* saber, cutlass; (coll) sponging

sablear *tr* to hit for a loan, sponge on ‖ *intr* to go around sponging
sablista *mf* sponger
sabor *m* taste, flavor
saborcillo *m* slight taste, touch
saborear *tr* to flavor; taste; savor; entice; ‖ *ref* to smack one's lips; **saborearse de** to taste; to savor
sabotaje *m* sabotage
sabotear *tr & intr* to sabotage
sabro•so -sa *adj* tasty, savory, delicious
sabueso *m* bloodhound; sleuth
saburro•so -sa *adj* (*boca*) foul; (*lengua*) coated
sacaboca•do *m* or **sacaboca•dos** *m* (*pl* **-dos**) ticket punch; sure thing
sacabotas *m* (*pl* **-tas**) bootjack
sacacor•chos *m* (*pl* **-chos**) corkscrew
sacaman•chas *mf* (*pl* **-chas**) clothes cleaner, spot remover; dry cleaner; dyer
sacamue•las *m* (*pl* **-las**) tooth puller; quack, cheat
sacamuer•tos *m* (*pl* **-tos**) stagehand
sacapintura *m* paint remover
sacapun•tas *m* (*pl* **-tas**) pencil sharpener
sacar §73 *tr* (*un clavo, una espada, agua, una conclusión*) to draw; pull out; pull up; take out; extract, remove; show; bring out, publish; find out, solve; (*un secreto*) elicit, draw out; copy; (*una fotografía*) take; except, exclude; get, obtain; produce, invent, imitate; (*un premio*) win; (*una pelota*) serve; (*el pecho*) stick out; **sacar a bailar** to drag in; **sacar a relucir** to bring up unexpectedly; **sacar en claro** or **en limpio** to recopy clearly; deduce, clear up ‖ *ref* (Mex) to make off
sacarina *f* saccharin
sacasi•llas *m* (*pl* **-llas**) stagehand
sacerdocio *m* priesthood
sacerdote *m* priest
saciar *tr* to satiate

ro
sa

saco *m* bag, sack; coat, jacket; sack, plunder, pillage; (*de mentiras*) pack; **saco de dormir** sleeping bag; **saco de noche** overnight bag

sacramento *m* sacrament

sacrificar §73 *tr* to sacrifice; slaughter || *intr* to sacrifice || *ref* to sacrifice; sacrifice oneself

sacrificio *m* sacrifice; **sacrificio del altar** Sacrifice of the Mass

sacrilegio *m* sacrilege

sacríle•go -ga *adj* sacrilegious

sacristán *m* sacristan; sexton; **sacristán de amén** yes man

sacristía *f* sacristy, vestry

sa•cro -cra *adj* sacred

sacudida *f* shake, jar, jolt, jerk, bump; (elec) shock

sacudi•do -da *adj* intractable; determined || *f* see **sacudida**

sacudir *tr* to shake; beat; jar, jolt, rock; shake off || *ref* to shake, to shake oneself; rock; **sacudirse bien** to wangle one's way out

sádi•co -ca *adj* sadistic || *mf* sadist

saeta *f* arrow, dart; (*del reloj*) hand; magnetic needle

saetilla *f* small arrow; (*del reloj*) hand; magnetic needle; (bot) arrowhead

saetín *m* flume, millrace

sa•gaz *adj* (*pl* **-gaces**) sagacious; keen-scented

Sagitario *m* (astr) Sagittarius

sagra•do -da *adj* sacred || *m* asylum, haven, sanctuary; **acogerse a sagrado** to take sanctuary

sagrario *m* sanctuary, shrine; ciborium

sahariana *f* tight-fitting military jacket

sahornar *ref* to skin oneself

sahumar *tr* to perfume with smoke or incense; (Chile) to gold-plate, silver-plate

sainete *m* one-act farce; flavor, relish, spice, zest; sauce, seasoning; tidbit

sa•jón -jona *adj* & *mf* Saxon

sal *f* salt; grace, charm; wit; (CAm) misfortune; **sal de sosa** washing soda; **sales aromáticas** smelling salts; **sal gema** rock salt

sala *f* hall; drawing room, living room, sitting room; **sala de batalla** sorting room; **sala de calderas** boiler room; **sala de enfermos** infirmary; **sala de espera** waiting room; **sala de estar** living room, sitting room; **sala de fiestas** night club; **sala del cine** moving-picture house; **sala de máquinas** engine room

saladillo *m* salted peanut

Salamina *f* Salamis

salar *tr* to salt; spoil, ruin; bring bad luck to

salario *m* wages, pay; **salario de hambre** starvation wages

salcochar *tr* to boil in salt water

salcocho *m* food boiled in salt water

salchicha *f* sausage

salchiche•ro -ra *mf* pork butcher

saldar *tr* to settle, liquidate; sell out

saldo *m* settlement; balance; remnant; bargain; **saldo de mercancías** job lot; **saldo deudor** debit balance

salero *m* saltshaker, saltcellar; salt lick; grace, charm, wit

salero•so -sa *adj* charming, winsome, lively; salty, witty

salgar §44 *tr* (*el ganado*) to salt

salida *f* start; departure; exit; outcome, result; subterfuge; pretext; outlay, expenditure; projection; outlying fields; (elec) output; (sport) start; (mil) sally, sortie; (coll) witticism, sally; **salida de baño** bathrobe; **salida del sol** sunrise; **salida de teatro** evening wrap; **salida de teatros** aftertheater party; **salida de tono** irrelevancy, impropriety; **salida lanzada** (sport) running start; **tener salida** to sell well; (*una muchacha*) to be popular with the boys

saliènte *adj* projecting; (*p.ej., tren*) outbound; (*sol*) rising || *m* east || *f* projection; (*de la carretera*) shoulder

salir §65 *intr* to go out, come out; leave, go away, depart; sail; run out, come to an end; appear, show up; (*una mancha*) come out, come off; (*p.ej., el sol*) rise; shoot, spring, come up; project, stick out; make the first move; result, turn out; be elected; **salga lo que saliere** come what may; **salir a** to amount to; open into; resemble, look like; **salir al, encuentro a** to go to meet; take a stand against; get ahead of; **salir bien en un examen** to pass an examination; **salir con bien** to be successful; **salir de** to depart from; cease being; get rid of; (*p.ej., su juicio, sentido*) lose; **salir disparado** to start like a shot; **salir pitando** to start off on a mad run; blow up, hit the ceiling; **salir reprobado** (*en un examen*) to fail || *ref* to slip out, escape; slip off, run off; leak; boil over; **salirse con la suya** to have one's own way; carry one's point

salitre *m* saltpeter

saliva *f* saliva; **gastar saliva** to rattle along; to waste one's breath

salmo *m* psalm

salmón *m* salmon

salmuera *f* brine, pickle; salty food or drink

salobre *adj* brackish, saltish

salón *m* salon, drawing room; (*de un buque*) saloon; meeting room; **salón de actos** auditorium; **salón de baile** ballroom; **salón de belleza** beauty parlor; **salón del automóvil** automobile show; **salón de refrescos** ice-cream parlor; **salón de tertulia** or **salón social** lounge

saloncillo *m* (*p.ej., de un teatro*) rest room

salpicadero *m* control panel; (aut) dashboard

salpicar §73 *tr* to splash; sprinkle

salpimentar §2 *tr* to salt and pepper, season with salt and pepper; (fig) to sweeten

salpullido *m* rash, eruption

salpullir §13 *tr* to cause a rash on; splotch || *ref* to break out

salsa *f* sauce, dressing, gravy; **salsa de ají** chili sauce; **salsa de tomate** catsup, ketchup; **salsa inglesa** Worcestershire sauce

salsera *f* gravy dish; small saucer (*to mix paints*)

saltaban•co *m* or **saltaban•cos** *m* (*pl* -**cos**) quack, mountebank; prestidigitator; nuisance

saltamon•tes *m* (*pl* -**tes**) grasshopper

saltar *tr* to jump, jump over; skip, skip over ‖ *intr* to jump, leap, hop, skip; bounce; shoot up, spurt; come loose, come off; crack, break, burst; chip; project, stick out; **saltar a la vista** or **los ojos** to be self-evident; **saltar por** to jump over, jump out of ‖ *ref* to skip; come off

saltatum•bas *m* (*pl* -**bas**) burying parson

salteador *m* highwayman, holdup man

saltear *tr* to attack, hold up, waylay; take by surprise

saltimbanco *m* var of **saltabanco**

salto *m* jump, leap, bound; skip; dive; fall, waterfall; leapfrog; **salto de altura** high jump; **salto de ángel** swan dive; **salto de cama** morning wrap, dressing gown; **salto de carpa** jackknife; **salto de esquí** ski jump; **salto de viento** (naut) sudden shift in the wind; **salto mortal** somersault; **salto ornamental** fancy dive

salubre *adj* healthful, salubrious

salud *f* health; welfare; salvation; greeting; **gastar, vender** or **verter salud** to radiate health ‖ *interj* greetings!; **¡salud y pesetas!** health and wealth!

saludar *tr* to greet, salute, hail, bow to; give regards to ‖ *intr* to salute; bow

saludo *m* greeting, salute, bow; salutation; **saludo final** conclusion

salutación *f* salutation, greeting, bow

salva *f* greeting, welcome; salvo; oath; tray; (*de aplausos, de una batería de artillería*) round

salvado *m* bran

salva•dor -**dora** *mf* savior, saver, rescuer ‖ **el Salvador** the Saviour; (*país de la América Central*) El Salvador

salvadore•ño -**ña** *adj* & *mf* Salvadoran

salvaguardar *tr* to safeguard

salvaguardia *m* bodyguard, escort ‖ *f* safeguard, safe-conduct; protection, shelter

salvaje *adj* wild, uncultivated; savage; stupid ‖ *mf* savage; dolt

salvaji•no -**na** *adj* wild; (*de la carne de los animales monteses*) gamy ‖ *f* wild animal; wild animals

salvamante•les *m* (*pl* -**les**) coaster

salvamento *m* salvation; lifesaving; rescue; salvage; place of safety

salvar *tr* to save, rescue; to salvage; (*una dificultad*) avoid, overcome; (*un obstáculo*) clear, get around; (*una distancia*) cover, get over; rise above; jump over; make an exception of; **salvar apariencias** to save face ‖ *ref* to save oneself, escape danger; be saved; **sálvese el que pueda** every man for himself

salvavi•das *m* (*pl* -**das**) life preserver; lifeboat; (*empleado de una estación de salvamento*) lifeguard

salvedad *f* reservation, exception

salvia *f* (bot) sage

sal•vo -**va** *adj* safe; omitted; **a salvo** safe, out

of danger; **a salvo de** safe from ‖ **salvo** *prep* save, except for; **salvo error u omisión (s.e.u.o.)** barring error or omission; **salvo que** unless ‖ *f* see **salva**

salvoconducto *m* safe-conduct

sámara *f* (bot) key, key fruit

san *adj* apocopated and unstressed form of **santo**

sanaloto•do *m* (*pl* -**do**) cure-all

sanar *tr* to cure, heal ‖ *intr* to heal; recover

sanción *f* (*aprobación*) sanction; (*castigo, pena*) penalty

sancionar *tr* (*aprobar*) to sanction; (*imponer pena a*) penalize

sancochar *tr* to parboil

sandalia *f* sandal

sándalo *m* (yellow) sandalwood

san•dez *f* (*pl* -**deces**) folly, nonsense; piece of folly

sandía *f* watermelon

san•dio -**dia** *adj* foolish, nonsensical

saneamiento *m* sanitation, drainage; guarantee

sanear *tr* to guarantee; indemnify; make sanitary, drain, dry up

sangrar *tr* to bleed; drain; tap; (typ) to indent; (coll) to rob ‖ *intr* to bleed; **estar sangrando** to be new or recent; be plain or obvious ‖ *ref* to have oneself bled; (*los colores*) run

sangre *f* blood; **a sangre** by horsepower; **a sangre fría** in cold blood; **pura sangre** *m* thoroughbred; **sangre torera** bullfighting in the blood

sangría *f* bleeding; outlet, draining; ditch, trench; (*bebida*) sangaree; tap; tapping; (typ) indentation

sangrien•to -**ta** *adj* bloody; bleeding; cruel, sanguinary

sangrigor•do -**da** *adj* unpleasant

sangrilige•ro -**ra** *adj* nice, pleasant

sangripesa•do -**da** *adj* unpleasant

sangüesa *f* raspberry

sangüeso *m* raspberry bush

sanguijuela *f* leech

sanguina•rio -**ria** *adj* sanguinary, bloodthirsty

sanidad *f* healthiness; healthfulness; health; sanitation; **sanidad pública** health department

sanita•rio -**ria** *adj* sanitary

sa•no -**na** *adj* hale, healthy; healthful; sound; sane; earnest, sincere; safe, sure; whole, untouched, unharmed; **sano y salvo** safe and sound

santiague•ro -**ra** *adj* Santiago de Cuba ‖ *mf* native or inhabitant of Santiago de Cuba

santia•gués -**guesa** *adj* Santiago de Compostela ‖ *mf* native or inhabitant of Santiago de Compostela

santagui•no -**na** *adj* Santiago de Chile ‖ *mf* native or inhabitant of Santiago de Chile

santiamén *m* jiffy; **en un santiamén** in the twinkling of an eye

santidad *f* holiness, sanctity, saintliness; **su Santidad** his Holiness

santificar §73 *tr* to sanctify, hallow, consecrate; (*las fiestas*) keep; excuse, justify
santiguar §10 *tr* to bless, make the sign of
the cross over; punish, slap, abuse ‖ *ref* to
cross oneself, make the sign of the cross
san•to -ta *adj* holy, saintly, blessed; (*día*)
live-long; artless, simple; santo y bueno
well and good ‖ *mf* saint ‖ *m* name day;
image of a saint; a santo de because of;
desnudar a un santo para vestir a otro to
rob Peter to pay Paul; írsele a uno el santo
al cielo to forget what one was up to; santo
y seña password, watchword
Santo Domingo Hispaniola
santuario *m* sanctuary, shrine; (Col) buried
treasure; (Col, Ven) Indian idol
santu•rrón -rrona *adj* sanctimonious ‖ *mf*
sanctimonious person
saña *f* fury, rage; cruelty
sañu•do -da *adj* furious, enraged; cruel
sapiente *adj* wise, intelligent
sapo *m* toad; (coll) stuffed shirt; (Chile) little
runt
saque *m* (*en el tenis*) serve, service; server;
service line; (Col) distillery; tener buen
saque to be a heavy eater and drinker
saquear *tr* to sack, plunder, pillage, loot
sarampión *m* measles
sarao *m* soirée, evening party
sarape *m* (Guat, Mex) bright-colored woolen
poncho
sarcasmo *m* sarcasm
sarcásti•co -ca *adj* sarcastic
sardina *f* sardine; como sardinas en banasta
or en lata packed in like sardines
sar•do -da *adj & mf* Sardinian
sarga *f* serge
sargento *m* sergeant
sarmiento *m* vine shoot, running stem
sarna *f* itch, mange
sarno•so -sa *adj* itchy, mangy
sarrace•no -na *adj & mf* Saracen
sarracina *f* scuffle, free fight; bloody brawl
sarro *m* crust; (*p.ej., en la lengua*) fur; (*en
los dientes*) tartar
sarta *f* string; line, fine, series
sartén *f* frying pan; saltar de la sartén y dar
en las brasas to jump from the frying pan
into the fire
sastre *m* tailor
satélite *m* satellite; satélite de comunicaciones communications satellite; satélite
espía spy satellite
satelizar §60 *tr* to put into orbit; (pol) to
make a satellite of ‖ *ref* to go into orbit
satén *m* sateen
satíri•co -ca *adj* satiric(al) ‖ *mf* satirist
satirizar §60 *tr & intr* to satirize
satisfacción *f* satisfaction
satisfacer §39 *tr & intr* to satisfy ‖ *ref* to
satisfy oneself, be satisfied, take satisfaction
satisfacto•rio -ria *adj* satisfactory
saturar *tr* to saturate; satiate
sauce *m* willow tree; sauce de Babilonia or
sauce llorón weeping willow
saúco *m* elder, elderberry

savia *f* sap
saxofón *m* or saxófono *m* saxophone
saya *f* skirt; petticoat
sayo *m* smock frock, tunic; garment
sazón *f* ripeness; season; time, occasion;
taste, seasoning; a la sazón at that time; en
sazón in season, ripe; on time, opportunely
sazonar *tr* to ripen; season ‖ *ref* to ripen,
mature
s/c *abbr* su cuenta
S.E. *abbr* Su Excelencia
se *pron reflex* himself, to himself; herself, to
herself; itself, to itself; themselves, to
themselves; yourself, to yourself; yourselves, to yourselves; oneself, to oneself;
each other, to each other ‖ *pron pers* (used
before the pronouns lo, la, le, etc.) to him,
to her, to it, to them, to you
sebo *m* tallow; fat, suet
seca *f* drought; dry season
secador *m* drier, hair drier
secadora *f* clothes drier
secafir•mas *m* (*pl* -mas) blotter
secano *m* dry land, unwatered land
secansa *f* sequence
secante *m* blotting paper
secar §73 *tr* to dry, wipe dry; annoy, bore ‖
ref to dry, get dry; dry oneself; wither; be
dry, be thirsty; (*un pozo*) run dry
secarropa *f* clothes dryer; secarropa de travesaños clotheshorse
sección *f* section; cross section; sección de
fondo editorial section
secesión *f* secession
se•co -ca *adj* dry; dried up, withered; lank,
lean; harsh, sharp; (*bebida*) straight, indifferent; plain, unadorned ‖ *f* see seca
secreta•rio -ria *adj* confidential, trusted ‖ *mf*
secretary
secreter *m* secretary (*writing desk*)
secre•to -ta *adj* secret ‖ *m* secret; secrecy;
hiding place, secret drawer; (*mecanismo
oculto para abrir una cerradura*) key; en
el secreto de las cosas on the inside
secta *f* sect
secta•rio -ria *adj & mf* sectarian
sector *m* sector; sector de distribución house
current, power line
se•cuaz *adj* (*pl* -cuaces) partisan ‖ *mf* partisan, follower
secuela *f* sequel, result
secuencia *f* sequence
secuestrar *tr* to kidnap; (*un avión*) to hijack;
(law) to sequester
secular *adj* secular
secundar *tr* to second, back
secunda•rio -ria *adj* secondary ‖ *m* (elec)
secondary
sed *f* thirst; drought; tener sed to be thirsty
seda *f* silk; como una seda smooth as silk;
easy as pie; sweet-natured; seda encerada
dental floss
sedal *m* fish line
sedán *m* sedan; sedán de reparto delivery
truck
sede *f* (*p.ej., del gobierno*) seat; (eccl) see;
Santa Sede Holy See

sedenta•rio -ria *adj* sedentary
sede•ño -ña *adj* silk, silken
sedición *f* sedition
sedicio•so -sa *adj* seditious
sedien•to -ta *adj* thirsty; (*terreno*) dry; anxious, eager
sedimento *m* sediment
sedo•so -sa *adj* silky
seducción *f* seduction; charm, captivation
seducir §19 *tr* to seduce; tempt, lead astray; charm, captivate
seducti•vo -va *adj* seductive; tempting; charming, captivating
seduc•tor -tora *adj* seductive; tempting; charming ‖ *mf* seducer; tempter; charmer
sefar•dí (*pl* **-díes**) *adj* Sephardic ‖ *mf* Sephardi
sega•dor -dora *adj* harvesting ‖ *m* harvestman ‖ *f* harvester; mowing machine; **segadora de césped** lawn mower; **segadora trilladora** combine
segar §66 *tr* to reap, harvest, mow; mow down ‖ *intr* to reap, harvest, mow
segazón *f* harvest; harvest time
seglar *adj* secular, lay ‖ *m* layman ‖ *f* laywoman
segmento *m* segment; **segmento de émbolo** piston ring
segregacionista *mf* segregationist
segregar §44 *tr* to segregate
seguida *f* series, succession; **de seguida** without interruption, continuously; at once; in a row; **en seguida** at once, immediately
seguidilla *f* Spanish stanza made up of a quatrain and a tercet; **seguidillas** seguidilla (*Spanish dance and music*)
segui•do -da *adj* continued, successive; straight, direct; running, in a row; **todo seguido** straight ahead ‖ *f* see **seguida**
seguimiento *m* chase, hunt, pursuit; continuation; (*de vehículos espaciales*) tracking
seguir §67 *tr* to follow; pursue; continue; dog, hound ‖ *intr* to go on, continue; still be, be now; keep + *ger* ‖ *ref* to follow, ensue; issue, spring
según *prep* according to, as per; **según que** according as ‖ *conj* as, according as
segunda *f* double meaning; (aut & mus) second
segundero *m* second hand; **segundero central** sweep-second, center-second
segun•do -da *adj* second ‖ *m* second; **ser sin segundo** to be second to none ‖ *f* see **segunda**
segur *f* axe; sickle
segurador *s* security, bondsman
seguridad *f* security; safety; surety; certainty; assurance; confidence
segu•ro -ra *adj* sure, certain; secure, safe; reliable; constant; steady, unfailing ‖ *m* assurance, certainty; safety; confidence; insurance; **a buen seguro** surely, truly; **seguro contra accidentes** accident insurance; **seguro de desempleo** or **desocupación** unemployment insurance; **seguro de enfermedad** health insurance; **seguro de incendios** fire insurance; **seguro**

sobre la vida life insurance; **sobre seguro** without risk ‖ **seguro** *adv* surely
seis *adj & pron* six; **las seis** six o'clock ‖ *m* six; (*en las fechas*) sixth
seiscien•tos -tas *adj & pron* six hundred ‖ **seiscientos** *m* six hundred
selección *f* selection
seleccionar *tr* to select, choose
selec•to -ta *adj* select, choice
selva *f* forest, woods; jungle
selváti•co -ca *adj* woodsy; rustic, wild
sellar *tr* to seal; stamp; close; finish up
sello *m* seal; stamp; signet; wafer; **sello aéreo** air-mail stamp; **sello de correo** postage stamp; **sello de urgencia** special-delivery stamp; **sello fiscal** revenue stamp
semáforo *m* semaphore; traffic light
semana *f* week; week's pay; **semana inglesa** working week of five and a half days
semanal *adj* weekly
semanalmente *adv* weekly
semana•rio -ria *adj & m* weekly
semánti•co -ca *adj* semantic ‖ *f* semantics
semblante *m* face, mien, countenance; appearance, expression, look
semblanza *f* biographical sketch, portrait
sembrado *m* sown ground, grain field
sembrar §2 *tr* to seed, sow; scatter, spread; sprinkle
semejante *adj* like, similar; such; **semejante a** like; **semejantes** alike, e.g., **estas sillas son semejantes** these chairs are alike ‖ *m* resemblance, likeness; fellow, fellow man
semejanza *f* similarity, resemblance; simile; **a semejanza de** like
semejar *tr* to resemble, be like ‖ *intr & ref* to be alike; **semejar a** or **semejarse a** to resemble, be like
semen *m* semen
semental *adj* (*animal*) stud, breeding ‖ *m* sire; stallion; stock bull
semestral *adj* semester
semestre *m* semester
semibola *f* little slam
semibreve *f* (mus) whole note
semiconductor *m* semiconductor
semiconsciente *adj* semiconscious
semicul•to -ta *adj* semilearned
semidifun•to -ta *adj* half-dead
semidormi•do -da *adj* half-asleep
semifinal *adj & f* (sport) semifinal
semilla *f* seed; **semilla de césped** grass seed
semillero *m* seedbed
seminario *m* seminary; seminar; nursery
semi-remolque *m* semitrailer
semita *mf* Semite ‖ *m* (*idioma*) Semitic
semíti•co -ca *adj* Semitic
semivi•vo -va *adj* half-alive
semovientes *mpl* stock, livestock
sempiter•no -na *adj* everlasting
Sena *m* Seine
senado *m* senate
senador *m* senator
senaduría *f* senatorship
sencillez *f* simplicity, plainness, candor
senci•llo -lla *adj* simple, plain, candid; single ‖ *m* change, loose change

senda *f* path, footpath
sendero *m* path, footpath, byway
sen•dos -das *adj pl* one each, one to each, e.g., **les dio sendos libros** he gave one book to each of them, he gave each of them a book
senectud *f* age, old age
senil *adj* senile
senilidad *f* senility
senilismo *m* (pathol) senility
seno *m* bosom, breast; lap; heart; womb; bay, gulf; cavity, hollow, recess; asylum, refuge
sensación *f* sensation
sensatez *f* good sense
sensa•to -ta *adj* sensible
sensibilizar §60 *tr* to sensitize
sensible *adj* appreciable, perceptible, noticeable, sensible; considerable; sensitive; deplorable, regrettable
sensiblería *f* mawkishness
sensible•ro -ra *adj* mawkish
sensiti•vo -va *adj* (*de los sentidos*) sense, sensitive; sentient; stimulating
senso•rio -ria *adj* sensory
sensual *adj* sensual, sensuous
sentada *f* sitting; **de una sentada** at one sitting
senta•do -da *adj* seated; settled; stable, permanent; sedate; **dar por sentado** to take for granted ‖ *f* see **sentada**
sentar §2 *tr* to seat; settle; fit, suit; agree with ‖ *ref* to sit, sit down; settle, settle down
sentencia *f* maxim; (law) sentence
sentenciar *tr* to sentence; (*una cuestión*) to decide; (*p.ej., un libro a la hoguera*) to consign
senti•do -da *adj* felt; deep-felt; sensitive; eloquent; **darse por sentido** to take offense ‖ *m* sense, meaning; direction; consciousness; **sentido común** common sense
sentimiento *m* sentiment; feeling; sorrow, regret
sentir *m* feeling; opinion; judgment ‖ §68 *tr* to feel; hear; be or feel sorry for; sense ‖ *intr* to feel; be sorry, feel sorry ‖ *ref* to feel; feel oneself to be; be resentful; crack, be cracked; **sentirse de** to feel; have a pain in; resent
seña *f* sign, mark, token; password, watchword; **por las señas** to all appearances; **por más señas** or **por señas** as a greater proof; **seña de tráfico** traffic sign; **señas** address; description
señal *f* sign, mark, token; landmark; bookmark; trace, vestige; scar; signal; traffic light; representation; reminder; pledge; brand; down payment; **señal de ocupado** (telp) busy signal; **señal de tramo** (rr) block signal; **señal de vídeo** video signal; **señal digital** fingerprint; **señal para marcar** (telp) dial tone
señala *f* (Chile) earmark (*on livestock*)
señala•do -da *adj* noted, distinguished
señalar *tr* to mark; show, indicate; point at, point out; signal; brand; determine, fix;

appoint; sign and seal; scar; threaten ‖ *ref* to distinguish oneself, excel
señalizar §60 *tr* to signal
señor *m* sir, mister; lord, master, owner; **muy señor mío** Dear Sir; **señores** Mr. and Mrs.; ladies and gentlemen
señora *f* madam, missus; mistress, owner; wife; **muy señora mía** Dear Madam; **Nuestra Señora** our Lady; **señora de compañía** chaperon
señorear *tr* to dominate, rule; master, control; seize, take control of; tower over; excel ‖ *intr* to strut, swagger ‖ *ref* to strut, swagger; control oneself; **señorearse de** to seize, take control of
señoría *f* lordship; ladyship; rule, sway
señoril *adj* lordly; haughty; majestic
señorío *m* dominion, sway, rule; mastery; arrogance, lordliness, majesty; gentry, nobility
señorita *f* young lady; miss
señorito *m* master; young gentleman; playboy
señuelo *m* decoy, lure; bait; enticement
separación *f* separation; **separación de poderes** (pol) separation of powers
separa•do -da *adj* separate; separated; apart; **por separado** separately; under separate cover
separar *tr* to separate; dismiss, discharge ‖ *ref* to separate; resign
separata *f* reprint, offprint
sept.ᵉ *abbr* **septiembre**
septeto *m* septet
sépti•co -ca *adj* septic
septiembre *m* September
sépti•mo -ma *adj & m* seventh
sepulcro *m* sepulcher, tomb, grave; **santo sepulcro** Holy Sepulcher
sepultar *tr* to bury; hide away
sepultura *f* burial; grave; **estar con un pie en la sepultura** to have one foot in the grave
sepulturero *m* gravedigger
sequedad *f* dryness, drought; gruffness, surliness
sequía *f* drought
séquito *m* retinue, suite; following, popularity
ser *m* being; essence; life ‖ *v* §69 *v aux* (to form passive voice) to be, e.g., **el discurso fue aplaudido por todos** the speech was applauded by everybody ‖ *intr* to be; **a no ser por** if it were not for; **a no ser que** unless; **érase que se era** once upon a time there was; **es decir** that is to say; **sea lo que fuere** be that as it may; **ser de** to belong to; become of; be, e.g., **el reloj es de oro** the watch is gold; **ser de ver** to be worth seeing; **soy yo** it is me, it is I
serafín *m* seraph; great beauty (*person*)
serena *f* night love song; night dew, night air
serenar *tr* to calm; pacify; cool; settle
serenata *f* serenade
serenidad *f* serenity; **serenidad del espíritu** peace of mind

sere•no -na *adj* serene, calm; clear, cloudless ‖ *m* night watchman; night dew, night air ‖ *f* see **serena**

serial *adj* serial ‖ *m* (telv) serial; **serial lacrimógeno** soap opera; **serial radiado** (rad) serial

serie *f* series; **de serie** serial; stock, e.g., **coche de serie** stock car; **en serie** mass; **fuera de serie** custom-built, special; outsize

seriedad·*f* seriousness; reliability; sternness, severity; solemnity

se•rio -ria *adj* serious; reliable; stern; solemn

sermón *m* sermon

sermonear *tr & intr* to sermonize

serpear or **serpentear** *intr* to wind, meander; wriggle, squirm

serpentín *m* coil

serpiente *f* serpent, snake; **serpiente de cascabel** rattlesnake

serranía *f* range of mountains, mountainous country

serra•no -na *adj* highland, mountain ‖ *mf* highlander, mountaineer

serrar §2 *tr* to saw

serrería *f* sawmill

serrín *m* sawdust

serrucho *m* handsaw

Servia *f* Serbia

servicial *adj* accommodating, obliging

servicio *m* service; (tennis) service, serve; (Am) toilet; **en acto de servicio** in the line of duty; **fuera de servicio** out of service; inoperative; (coll) down; **libre servicio** self-service; **servicio de grúa** (aut) towing service; **servicio postventa** customer service; **servicio telegráfico y telefónico** wire service

servi•dor -dora *mf* servant; humble servant; (tennis) server; **servidor de Vd.** your servant, at your service ‖ *m* waiter; suitor ‖ *f* waitress

servidumbre *f* servitude; servants, help; compulsion; (law) easement; **servidumbre de la gleba** serfdom; **servidumbre de paso** (law) right of way; **servidumbre de vía** (rr) right of way

servil *adj* servile

servilleta *f* napkin

servilletero *m* napkin ring

ser•vio -via *adj & mf* Serbian ‖ *f* see **Servia**

servir §50 *tr* to serve; help, wait on; (*un pedido*) fill; (tennis) serve; **para servir a Vd.** at your service ‖ *intr* to serve; (*en los naipes*) follow suit; **servir de** to serve as; be used as; **servir para** to be good for, be used for ‖ *ref* to help oneself, serve oneself; have the kindness to, deign to; **servirse de** to use, make use of; **sírvase** please

serv.° *abbr* **servicio**

servocroata *adj & mf* Serbo-Croatian

servodirección *f* (aut) power steering

servoembrague *m* (aut) automatic clutch

servofreno *m* power brake

sésamo *m* sesame; **sésamo ábrete** open sesame

sesenta *adj, pron & m* sixty

sesenta•vo -va *adj & m* sixtieth

sesgar §44 *tr* (*el paño*) to cut on the bias; bevel, slant, slope

ses•go -ga *adj* beveled, slanting, sloped; oblique; stern; calm ‖ *m* bevel; bias; slant, slope; turn; compromise; **al sesgo** obliquely; on the bias

sesión *f* session; sitting; meeting; (*cada representación de un drama o película*) show; **sesión continua** (mov) continuous showing; **sesión de espiritistas** séance, spiritualistic séance

sesionar *intr* to be in session

seso *m* brain; brains, intelligence; **calentarse** or **devanarse los sesos** to rack one's brain

sestear *intr* to take a siesta; (*el ganado*) rest in the shade

sesu•do -da *adj* brainy; (Chile) stubborn

seta *f* bristle; toadstool

setecien•tos -tas *adj & m* seven hundred ‖ **setecientos** *m* seven hundred

setenta *adj, pron & m* seventy

setenta•vo -va *adj & m* seventieth

seto *m* fence; **seto vivo** hedge, quickset

seudónimo *m* pseudonym, pen name

s.e.u.o. *abbr* **salvo error u omisión**

seve•ro -ra *adj* severe; stern; strict

sevicia *f* ferocity, cruelty

sexo *m* sex; **el bello sexo** the fair sex; **el sexo feo** the sterner sex

sextante *m* sextant

sex•to -ta *adj & m* sixth

sexual *adj* sexual, sex

si *conj* if; whether; I wonder if; **por si acaso** just in case; **si acaso** if by chance; **si no** otherwise

sí *adv* yes; indeed; (gives emphasis to verb and is often equivalent to English auxiliary verb) **él sí habla español** he does speak Spanish ‖ *pron reflex* himself, herself, itself, themselves; yourself, yourselves; oneself; each other ‖ *m* (*pl* -síes) yes; **dar el sí** to say yes

sia•més -mesa *adj & mf* Siamese

siberia•no -na *adj & mf* Siberian

sibila *f* sibyl

sicalipsis *f* spiciness, suggestiveness

sicalípti•co -ca *adj* spicy, suggestive, sexy

Sicilia *f* Sicily

sicilia•no -na *adj & mf* Sicilian

sico. . . var of **psico. . .**

sicofanta *m* or **sicofante** *m* informer, spy; slanderer

sico•sis *f* (*pl* -sis) psychosis; (*afección de la piel*) sycosis

SIDA *abbr* **síndrome de inmunidad deficiente adquirida**

sideral or **sidére•o -a** *adj* sidereal

siderurgia *f* iron and steel industry

sidra *f* cider; **sidra achampañada** hard cider

siega *f* reaping, mowing; harvest; crop

siembra *f* sowing; seeding; seedtime; sown field

siempre *adv* always; **de siempre** usual; **para siempre** or **por siempre** forever; **por siempre jamás** forever and ever; **siempre que** whenever; provided
siempreviva *f* everlasting flower
sien *f* temple (*of head*)
sierpe *f* serpent, snake
sierra *f* saw; sierra, mountain range; **sierra circular** buzz saw; **sierra continua** band saw; **sierra de armero** hacksaw; **sierra de bastidor** bucksaw; **sierra de hilar** ripsaw; **sierra de vaivén** jig saw; **sierra sin fin** band saw
sier•vo -va *mf* slave; servant; **siervo de la gleba** serf
sieso *m* anus
siesta *f* siesta; hot time of day; **siesta del carnero** nap before lunch
siete *adj & pron* seven; **las siete** seven o'clock ǁ *m* seven; (*en las fechas*) seventh; (coll) V-shaped tear or rip
sífilis *f* syphilis
sifón *m* siphon; siphon bottle; (*tubo doblemente acodado*) trap
sig.ᵉ *abbr* **siguiente**
sigilar *tr* to seal, stamp; conceal, keep silent
sigilo *m* seal; concealment, reserve; **sigilo sacramental** inviolable secrecy of the confessional
sigilo•so -sa *adj* tight-lipped; reserved
sigla *f* initial; abbreviation, symbol
siglo *m* (*cien años*) century; (*comercio de los hombres*) world; (*largo tiempo*) age; **siglo de la ilustración** or **de las luces** Age of Enlightenment
signar *tr* to mark; sign; make the sign of the cross over
signatura *f* library number; (mus & typ) signature
significado *m* meaning
significar §73 *tr* to signify, mean; point out, make known ǁ *intr* to be important
signo *m* sign; mark; sign of the cross; fate, destiny; **signo de admiración** exclamation mark; **signo de interrogación** question mark; **signo externo** status symbol
siguiente *adj* following; next
sílaba *f* syllable; **última sílaba** ultima
silbar *tr* (*p.ej., una canción*) to whistle; (*un silbato*) blow; (*a un actor*) hiss ǁ *intr* to whistle; (*ir zumbando por el aire*) whiz, whiz by
silbato *m* whistle
silbido *m* whistle, whistling, hiss; (rad) howling, squealing; **silbido de oídos** ringing in the ears
silbo *m* whistle, hiss
silenciador *m* silencer; (aut) muffler
silencio *m* silence; (*toque que manda que cada cual se acueste*) (mil) taps; (mus) rest
silencio•so -sa *adj* silent, noiseless; quiet, still ǁ *m* (aut) muffler
sílfide *f* sylph
silo *m* silo; cave, dark place
silogismo *m* syllogism
silueta *f* silhouette

silva *f* (*materias escritas sin orden*) miscellany; verse of iambic hendecasyllables intermingled with seven-syllable lines
silvestre *adj* wild; rustic, uncultivated
silvicultura *f* forestry
silla *f* chair; **silla alta** high chair; **silla de balanza** rocking chair; **silla de cubierta** deck chair; **silla de junco** rush-bottomed chair; **silla de manos** sedan chair; **silla de montar** saddle, riding saddle; **silla de ruedas** wheel chair; **silla de tijera** folding chair; **silla giratoria** swivel chair; **silla hamaca** (Arg) rocking chair; **silla plegadiza** folding chair; **silla poltrona** armchair, easy chair; **sillas apilables** chairs that can be stacked or nested
sillar *m* ashlar
silleta *f* bedpan
sillico *m* chamber pot, commode
sillín *m* saddle (*of bicycle*)
sillón *m* armchair, easy chair; **sillón de orejas** wing chair
sima *f* chasm, abyss
simbióti•co -ca *adj* symbiotic
simbóli•co -ca *adj* symbolic(al)
simbolizar §60 *tr* to symbolize
símbolo *m* symbol; **Símbolo de la fe** or de **los Apóstoles** Apostles' Creed
simetría *f* symmetry
simétri•co -ca *adj* symmetric(al)
simiente *f* seed, sperm
símil *adj* like, similar ǁ *m* similarity; (rhet) simile
similar *adj* similar
similigrabado *m* (typ) half-tone
similor *m* ormolu, similor; **de similor** fake, sham
simio *m* monkey
simpatía *f* affection, attachment, liking; friendliness; congeniality; **tomar simpatía a** to take a liking for
simpáti•co -ca *adj* agreeable, pleasant, likeable, congenial
simpatizar §60 *intr* to be congenial, get on well together; **simpatizar con** to get on well with
simple *adj* simple; single ǁ *mf* simpleton ǁ *m* (*planta medicinal*) simple
simpleza *f* simpleness; stupidity
simplificar §73 *tr* to simplify
simulacro *m* phantom, vision; idol; image; semblance, show; pretense; sham battle; **simulacro de ataque aéreo** air-raid drill; **simulacro de combate** sham battle
simula•do -da *adj* fake; (com) pro forma
simular *tr* to simulate, feign, fake ǁ *intr* to malinger; pretend
simultanear *tr* to do simultaneously ǁ *intr* to work simultaneously
simultáne•o -a *adj* simultaneous
sin *prep* without; **sin embargo** nevertheless, however; **sin que** + *subj* without + *ger*
sinagoga *f* synagogue
sinapismo *m* mustard plaster; bore, nuisance
sincerar *tr* to vindicate, justify
sinceridad *f* sincerity
since•ro -ra *adj* sincere

síncopa f (phonet) syncope
síncope m fainting spell
sincróni•co -ca adj synchronous
sincronizar §60 tr & intr to synchronize
sindicar §73 tr & ref to syndicate
sindicato m syndicate; labor union
síndico m trustee; (en una quiebra) receiver
sin•diós (pl -diós) adj godless ‖ mf atheist
síndrome m syndrome; **síndrome de choque tóxico** toxic-shock syndrome; **síndrome de inmunidad deficiente adquirida (SIDA)** acquired immune-deficiency syndrome **(AIDS)**
sinecura f sinecure
sinfín m endless amount, number
sinfonía f symphony
sinfóni•co -ca adj symphonic
singladura f (naut) day's run
singular adj singular; special; single ‖ m singular; **en singular** in particular
singularizar §60 tr to distinguish, single out ‖ ref to distinguish oneself, stand out
sinhueso f (coll) tongue
sinies•tro -tra adj evil, perverse; calamitous, disastrous ‖ m calamity, disaster ‖ f left hand, left-hand side
sinnúmero m great amount, great number
sino conj but, except; **no . . . sino** only, **no . . . sino que** only; **no solo . . . sino que** not only . . . but also ‖ m fate, destiny
sinóni•mo -ma adj synonymous ‖ m synonym
sinop•sis f (pl -sis) synopsis
sinrazón f wrong, injustice
sinsabor m displeasure; anxiety, trouble, worry
sinsonte m mockingbird
sinsostenismo m (coll) bra-less fashion
sintaxis f syntax
sínte•sis f (pl -sis) synthesis
sintéti•co -ca adj synthetic(al)
sintetizar §60 tr to synthesize
síntoma m symptom; sign; **síntoma de abstinencia** withdrawal symptom
sintonía f (rad) tuning; (rad) theme song
sintonizar §60 tr (el aparato receptor) to tune; (la estación emisora) tune in
sinuo•so -sa adj sinuous; winding; wavy; evasive
sinvergüenza adj brazen, shameless ‖ mf scoundrel, rascal
sionismo m Zionism
siqui. . . var of psiqui. . .
siquiera adv even; at least ‖ conj although, even though
sirena f siren; mermaid; **sirena de la playa** bathing beauty; **sirena de niebla** foghorn
sirga f towrope, towline
sirgar §44 tr to tow
Siria f Syria
si•rio -ria adj & mf Syrian ‖ **Sirio** m (astr) Sirius ‖ f see **Siria**
sirvienta f maid, servant girl
sirviente m servant; waiter
sisa f petty theft; (para fijar los panes de oro) sizing
sisal m sisal, sisal hemp

sisar tr to filch, snitch; (lo que se ha de dorar) size
sisear tr to hiss ‖ intr to hiss; sizzle
siseo m hiss, hissing; sizzle, sizzling
Sísifo m Sisyphus
sismógrafo m seismograph
sismología f seismology
sistema m system; **el Sistema** the Establishment, established order
sistematizar §60 tr to systematize
sístole f systole
sitial m place of honor
sitiar tr to surround, hem in; siege, besiege
sitio m place, spot, room; location, site; country place; seat; cattle ranch; taxi stand; (mil) siege
si•to -ta adj situated, located
situación f situation, position; **pedir situación** (aer) to ask for bearings
situar §21 tr to situate, locate, place; (dinero) place, invest; (un pedido) place ‖ ref to take a position; settle; take place, (aer) to get one's bearings
s.l. abbr **sin lugar**
S.M. abbr **Su majestad**
smo•king m (pl -kings) tuxedo, dinner coat
so prep under, e.g., **so pena de** under penalty of ‖ interj whoa!; you. . .!, e.g., **¡so animal!** you beast!
sobaco m armpit
sobajar tr to crush, to rumple; to humiliate
sobaquera f (en el vestido) armhole; (para resguardar del sudor la parte del vestido correspondiente al sobaco) shield
sobaquina f underarm odor
sobar tr to knead; massage; beat, slap; paw, pet, feel; annoy, be fresh to; flatter; (un hueso dislocado) (CAm) to set; (la cabalgadura) (Arg) to tire out; (Col) to flay, skin; (P-R) to bribe
soberanía f sovereignty
sobera•no -na adj sovereign; superb ‖ mf sovereign ‖ m (moneda) sovereign
sober•bio -bia adj proud, haughty; arrogant; magnificent, superb ‖ f pride, haughtiness; arrogance; magnificence
so•bón -bona adj malingering; fresh, mushy, spoony
soborna•do -da adj twisted; out of shape
sobornar tr to bribe
soborno m bribery; (SAm) extra load; **de soborno** (Bol) in addition; **soborno de testigo** (law) subornation of perjury
sobra f extra, surplus; **sobras** leftovers, leavings; trash
sobradillo m penthouse
sobra•do -da adj excessive; superfluous; bold, daring; rich, wealthy ‖ m attic, garret ‖ **sobrado** adv too
sobrante adj remaining, leftover, surplus ‖ m leftover, surplus
sobrar tr to exceed, surpass ‖ intr to be more than enough; be in the way; be left, remain
sobre prep on, upon; over; above; about; near; after; in addition to; out of, e.g., **en nueve casos sobre diez** in nine out of ten

si
so

cases ‖ *m* envelope; **sobre de ventanilla** window envelope

sobrealimentar *tr* to overfeed; supercharge

sobrecama *f* bedspread

sobrecarga *f* overload, extra load; overcharge; surcharge

sobrecargar §44 *tr* to overload, overburden; overcharge; surcharge; (aer) to pressurize

sobrecargo *m* (naut) supercargo; purser ‖ *f* flight attendant, stewardess

sobrecejo *m* frown

sobreceño *m* frown

sobrecoger §17 *tr* to surprise, catch; scare, terrify ‖ *ref* to be surprised; be scared; **sobrecogerse de** to be seized with

sobrecubierta *f* extra cover; (*de un libro*) jacket, dust jacket

sobredi•cho -cha *adj* above-mentioned

sobredosis *f* overdose

sobreestimar *tr* to overestimate

sobreexcitar *tr* to overexcite ‖ *ref* to become overexcited

sobreexponer §54 *tr* to overexpose

sobreexposición *f* overexposure

sobregirar *tr* & *intr* to overdraw

sobregiro *m* overdraft

sobreherido *adj* slightly wounded

sobrehombre *m* superman

sobrehuma•no -na *adj* superhuman

sobrellevar *tr* to bear, carry; (*la carga de otra persona*) ease; (*los trabajos o molestias de la vida*) share; (*molestias*) suffer with patience

sobremanera *adv* exceedingly, beyond measure

sobremesa *f* tablecloth, table cover; **de sobremesa** desk, e.g., **reloj de sobremesa** desk clock; after-dinner, e.g., **discurso de sobremesa** after-dinner speech

sobremodo *adv* var of **sobremanera**

sobrenadar *intr* to float

sobrenatural *adj* supernatural

sobrenombrar *tr* to surname; nickname

sobrenombre *m* surname; nickname

sobrentender §51 *tr* to understand ‖ *ref* to be understood, be implied

sobrepasar *tr* to excel, surpass, outdo; exceed; overtake ‖ *ref* to outdo each other; go too far

sobrepeine *adv* slightly, briefly ‖ *m* hair trimming

sobrepe•lliz *f* (*pl* **-llices**) surplice

sobreponer §54 *tr* to superpose, put on top; superimpose ‖ *ref* to control oneself; triumph over adversity; **sobreponerse a** to overcome

sobreprecio *m* extra charge, surcharge

sobreproducción *f* overproduction

sobrepujar *tr* to excel, surpass

sobresaliente *adj* projecting; conspicuous, outstanding; (*en un examen*) distinguished ‖ *mf* substitute; understudy

sobresalir §65 *intr* to project, jut out; stand out, excel

sobresaltar *tr* to assail, rush upon; startle, frighten ‖ *intr* to stand out clearly ‖ *ref* to be startled, be frightened; start, wince

sobresalto *m* fright, scare; start, shock, wince; **de sobresalto** suddenly, unexpectedly

sobrescribir §83 *tr* to address

sobrescrito *m* address

sobrestante *m* boss, foreman

sobresueldo *m* extra wages, extra pay

sobretiro *m* offprint

sobretodo *adv* especially ‖ *m* overcoat, topcoat

sobrevenir §79 *intr* to happen, take place; supervene, set in; **sobrevenir a** to overtake

sobrevidriera *f* window screen; window grill; storm window

sobrevivencia *f* (Ecuad) survival

sobreviviente *adj* surviving ‖ *mf* survivor

sobrevivir *intr* to survive; **sobrevivir a** to survive, outlive

sobrevolar §61 *tr* to overfly

sobriedad *f* sobriety, moderation

sobrina *f* niece

sobrino *m* nephew

so•brio -bria *adj* sober, moderate, temperate

socaire *m* (naut) lee; **al socaire de** (naut) under the lee of; (coll) under the shelter of; **estar al socaire** to shirk

socapa *f* subterfuge; **a socapa** clandestinely

socarrén *m* eaves

socarrar *tr* to singe, scorch

soca•rrón -rrona *adj* crafty, cunning, sly; sneering; roguish

socavar *tr* to undermine, dig under

socavón *m* cave-in; cave; (min) gallery

sociable *adj* sociable

social *adj* social; company, e.g., **edificio social** company building

socialismo *m* socialism

socialista *mf* socialist

sociedad *f* society; company, firm; **buena sociedad** (*mundo elegante*) society; **sociedad anónima** stock company; **sociedad de control** holding company; **Sociedad de las Naciones** League of Nations; **sociedad distribuidora** (wholesale) distributor

so•cio -cia *mf* partner; companion; member ‖ *m* fellow; (scornful) guy

sociología *f* sociology

socorrer *tr* to aid, help, succor

socorri•do -da *adj* ready; handy, useful; hackneyed, trite, worn; well stocked

socorrismo *m* first aid

socorro *m* aid, help, succor

socoyote *m* (Mex) baby, youngest son

soda *f* soda; soda water

sodio *m* sodium

so•ez *adj* (*pl* **-eces**) base, mean, vile

so•fá *m* (*pl* **-fás**) sofa; **sofá cama** day bed

soflama *f* glow, flicker; blush; deceit, cheating

soflamar *tr* to flimflam; make blush ‖ *ref* to become scorched

sofocar §73 *tr* to choke, suffocate, stifle, smother; quench, extinguish; make blush; bother, harass ‖ *ref* to choke, suffocate; blush; get excited; get out of breath

sofoco *m* blush, embarrassment

sofrenar *tr* (*un caballo*) to check suddenly; (*una pasión*) control; chide, reprimand

soga *m* sly fellow ‖ *f* rope, cord; **dar soga a** to make fun of; **hacer soga** to lag behind

soja *f* soy, soy bean

sojuzgar §44 *tr* to subjugate, subdue

sol *m* sun; sunlight; sunny side; **de sol a sol** from sunrise to sunset; **hacer sol** to be sunny; **soles** (poet) eyes

solamente *adv* only

solana *f* sunny spot; sun porch

solanera *f* sunburn; sunny spot

solapa *f* lapel; pretext, pretense; flap

solapa•do -da *adj* overlapping; cunning, underhanded, sneaky

solapar *tr* to put lapels on; overlap; conceal, cover up ‖ *intr* to overlap

solapo *m* lapel; flap; chuck under chin

solar *adj* solar; ancestral ‖ *m* ground, plot; backyard; manor house, ancestral mansion; noble lineage; (Cuba) tenement ‖ *v* §61 *tr* to pave, floor; (*zapatos*) sole

solarie•go -ga *adj* ancestral; manorial

solario *m* sun porch

so•laz *m* (*pl* **-laces**) solace, consolation; recreation; **a solaz** with pleasure

soldada *f* wages, pay

soldadera *f* (Mex) camp follower

soldadesca *f* soldiery; undisciplined troops

soldado *m* soldier; **soldado de a pie** foot soldier, **soldado de juguete** toy soldier; **soldado de marina** marine; **soldado de plomo** tin soldier; **soldado de primera** private first class; **soldado raso** buck private

soldadura *f* solder; soldering; weld; welding; **soldadura al arco** arc welding; **soldadura autógena** welding; **soldadura a tope** butt welding; **soldadura por puntos** spot welding

soldar §61 *tr* to solder; (*sin materia extraña*) weld ‖ *ref* (*los huesos*) to knit

solear *tr* to sun ‖ *ref* to sun, sun oneself

soledad *f* solitude, loneliness; longing, grieving; lonely spot

soledo•so -sa *adj* solitary, lonely; longing, grieving

solemne *adj* solemn; (*error, mentira, etc.*) downright

soler §47 *intr* to be accustomed to

solera *f* crossbeam; lumber, timber; mother liquor, mother of the wine; blend of sherry; old vintage sherry; tradition, standing; (Chile) curb; (Mex) brick, tile, stone; **de solera** or **de rancia solera** of the good old school, of the good old times

solevantar *tr* to raise up; rouse, stir up, incite ‖ *ref* to rise up; revolt

solevar *tr* to raise up; incite to rebellion ‖ *ref* to rise up; revolt

solicitante *mf* petitioner; applicant

solicitar *tr* to solicit, ask for; apply for; woo, court; drive, pull; (*la atención*) attract; (phys) to attract

solíci•to -ta *adj* solicitous; careful, diligent; obliging; fond, affectionate

solicitud *f* solicitude; petition, request; application

solidar *tr* to harden; establish, prove

solida•rio -ria *adj* jointly liable; jointly binding; **solidario con** or **de** integral with

solidarizar §60 *ref* to declare one's solidarity (with); identify (with)

solidez *f* solidity; strength, soundness; constancy

sóli•do -da *adj* solid; strong, sound ‖ *m* solid

soliloquio *m* soliloquy

solista *adj* (*p.ej., instrumento*) (mus) solo ‖ *mf* (mus) soloist

solita•rio -ria *adj* solitary; lonely ‖ *mf* hermit, recluse, solitary ‖ **en solitario** alone, solo ‖ *m* (*juego y diamante*) solitaire ‖ *f* tapeworm

sóli•to -ta *adj* accustomed, customary

soliviantar *tr* to rouse, stir up, incite

soliviar *tr* to lift, lift up

so•lo -la *adj* only, sole; alone; lonely; (*p.ej., whisky*) straight; (*café*) black; **a mis solas** alone, all by myself; **a solas** alone, unaided ‖ *pron* only one ‖ *m* (mus) solo

sólo *adv* only, solely

solomillo *m* sirloin

solomo *m* sirloin; loin of pork

solsticio *m* solstice

soltador *m* release; **soltador del margen** margin release

soltar §61 *tr* to untie, unfasten, loosen; let go; let go of; (*una observación*) drop, let slip; (*el agua*) turn on ‖ *ref* to get loose or free; come loose, come off; loosen up; burst out; thaw out, let oneself go

solte•ro -ra *adj* single, unmarried ‖ *m* bachelor ‖ *f* unmarried woman

solterona *f* older unmarried woman

soltura *f* looseness; agility, ease, freedom; fluency; dissoluteness; release

solución *f* solution

solucionar *tr* to solve, resolve

solventar *tr* (*lo que uno debe*) to settle, pay up; (*una dificultad*) solve

solvente *adj* solvent; (*fuente*) believable; reliable ‖ *m* solvent

sollastre *m* scullion

sollozar §60 *intr* to sob

sollozo *m* sob

sombra *f* (*falta de luz brillante*) shade; (*imagen obscura que proyecta un cuerpo opaco*) shadow; shady side; darkness; parasol; ignorance; ghost, spirit; grace, charm, wit; favor, protection; luck; **a la sombra** in the shade; in jail; **a sombra de tejado** stealthily, sneakingly; **ni por sombra** by no means; without any notice; **no ser su sombra** to be but a shadow of one's former self; **sombra (de ojos)** eye shadow; **tener buena sombra** to be likeable; to bring good luck

sombrear *tr* to shade; (*un dibujo*) hatch

sombrerera *f* bandbox, hatbox

sombrerería *f* hat store, hat factory; millinery shop

sombrere•ro -ra *mf* hatter, hat maker ‖ *f* see **sombrerera**

SO
SO

sombrero *m* hat; **sombrero de copa** high hat, top hat; **sombrero de muelles** opera hat; **sombrero de paja** straw hat; **sombrero de pelo** high hat; **sombrero de tres picos** three-cornered hat; **sombrero gacho** slouch hat; **sombrero hongo** derby; **sombrero jarano** sombrero

sombrilla *f* parasol, sunshade; **sombrilla de playa** beach umbrella; **sombrilla protectora** (mil) umbrella

sombrí•o -a *adj* shady; somber; gloomy

sombro•so -sa *adj* shadowy, full of shadows; shady

some•ro -ra *adj* brief, summary; slight; superficial, shallow

someter *tr* to subdue, subject; (*razones, reflexiones; un negocio*) submit || *ref* to yield, submit, surrender

someti•do -da *adj* humble, submissive

sometimiento *m* subjection

somier *m* bedspring, spring mattress

somnolencia *f* sleepiness, drowsiness

somorgujar *tr* to plunge, submerge || *intr* to dive, || *ref* to plunge

son *m* sound; news, rumor; pretext, motive; manner, mode; **en son de** in the manner of, by way of; as

sona•do -da *adj* talked-about; famous, noted

sonaja *f* jingle

sonajero *m* rattle, child's rattle

sonámbu•lo -la *mf* sleepwalker, somnambulist

sonar §61 *tr* to sound, ring; (*un instrumento de viento, un silbato*) blow; (*un instrumento de viento*) play || *intr* to sound, ring; (*un reloj*) strike; seem; sound familiar; **sonar a** to sound like, have the appearance of || *ref* to be rumored; (*las narices*) blow

sonda *f* sounding; plummet, lead; drill; (surg) probe, sound

sondar or **sondear** *tr* & *intr* to sound, probe

sonetizar §60 *intr* to sonneteer

soneto *m* sonnet

sóni•co -ca *adj* sonic

sonido *m* sound; report, rumor

sonido silencioso ultrasound

sonoridad *f* sonority

sonorizar §60 *intr* (*una película cinematográfica*) to record sound effects on; (*una consonante sorda*) voice || *ref* to voice

sono•ro -ra *adj* sound; clear, loud, resounding

sonreír §58 *intr* & *ref* to smile

sonriente *adj* smiling

sonrisa *f* smile

sonrojar or **sonrojear** *tr* to make one blush || *ref* to blush

sonrojo *m* blush; word that causes blushing

sonrosar or **sonrosear** *tr* to rose-color; make blush || *ref* to become rose-colored; blush

sonsacar §73 *tr* to pilfer; entice away; elicit, draw out

son•so -sa *adj* stupid

sonsonete *m* rhythmical tapping; sing-song

soña•dor -dora *adj* dreamy || *mf* dreamer

soñar §61 *tr* to dream; **ni soñarlo** not even in a dream, by no means || *intr* to dream;

soñar con to dream of; **soñar despierto** to daydream

soñolien•to -ta *adj* sleepy, dozy, drowsy, somnolent; lazy

sopa *f* (*pan u otra cosa empapada en un líquido*) sop; soup; **hecho una sopa** soaked to the skin, sopping wet; **sopa de pastas** noodle soup

sopapo *m* chuck under the chin; blow, slap

sopetear *tr* to dip, dunk; abuse

sopetón *m* slap, box; **de sopetón** suddenly

sopista *mf* beggar

soplar *tr* to blow; blow away; blow up, inflate; snitch, swipe; inspire; prompt; tip off; (*la dama a un rival*) cut out; squeal on || *intr* to blow; squeal || *ref* to be puffed up, be conceited; swill, gulp, gobble

soplete *m* blowpipe

soplillo *m* blower, fan; chiffon, silk gauze; light sponge cake

soplo *m* blowing, blast; breath; gust of wind; instant, moment; (*informe dado en secreto*) tip; squealing; squealer

so•plón -plona *adj* tattletale || *mf* tattletale, squealer

sopor *m* sleepiness, drowsiness; stupor

soporífico *m* soporific; nightcap

soportal *m* porch, portico, arcade

soportar *tr* to support, hold up, bear; endure, suffer

soporte *m* support, bearing, rest, standard; base, stand

soprano *mf* (*persona*) soprano || *m* (*voz*) soprano

sor *f* (used before names of nuns) Sister

sorber *tr* to sip; absorb, soak up

sorbete *m* sherbet, water ice

sorbetera *f* ice-cream freezer; high hat

sorbo *m* sip; gulp

sordera or **sordez** *f* deafness

sórdi•do -da *adj* sordid

sordina *f* silencer; (mus) mute; (mus) damper; **a la sordina** silently, on the quiet

sor•do -da *adj* deaf; silent, mute; muffled, dull; (*dolor, ruido*) dull || *mf* deaf person; **hacerse el sordo** to pretend to be deaf; turn a deaf ear

sordomu•do -da *adj* deaf and dumb || *mf* deaf-mute

sorgo *m* sorghum, broomcorn

sorna *f* slowness; sluggishness; cunning

sorochar *ref* to blush; (SAm) to become mountain-sick

soroche *m* flush, blush; (SAm) mountain sickness; (Bol, Chile) silver-bearing galena

sorprendente *adj* surprising

sorprender *tr* to surprise; catch; (*un secreto*) discover || *ref* to be surprised

sorpresa *f* surprise; surprise package

sorpresi•vo -va *adj* surprising

sortear *tr* to draw or cast lots for; choose by lot; dodge; duck through || *intr* to draw or cast lots

sorteo *m* drawing, casting of lots; choosing by lot; dodging; (taur) workout, performance

sortija *f* ring; curl; hoop; **sortija de sello** signet ring
sortilegio *m* sorcery, witchery
sortíle•go -ga *mf* fortuneteller || *m* sorcerer || *f* sorceress
sosa *f* soda
sosega•do -da *adj* calm, quiet, peaceful
sosegar §66 *tr* to calm, quiet, allay || *intr* to become calm, rest || *ref* to calm down, quiet down
sosiega *f* nightcap
sosiego *m* calm, quiet, serenity
sosla•yo -ya *adj* slanting, oblique; **al soslayo** or **de soslayo** slantingly; askance
so•so -sa *adj* insipid; tasteless; dull, inane || *f* see **sosa**
sospecha *f* suspicion
sospechar *tr* to suspect
sospecho•so -sa *adj* suspicious; suspect || *m* suspect
sostén *m* support; (*de un buque*) steadiness; brassiere
sostener §71 *tr* to support, hold up; sustain; maintain; bear, stand || *ref* to remain
sosteni•do -da *adj* & *m* (mus) sharp
sota *m* (Chile) boss, foreman || *f* (*en los naipes*) jack; jade, hussy
sotana *f* soutane, cassock
sótano *m* basement, cellar
sotavento *m* (naut) leeward
soterrar §2 *tr* to bury; hide away
soto *m* grove; brush, thicket, copse
so•viet *m* (*pl* **-viets**) soviet
soviéti•co -ca *adj* soviet, sovietic
sovoz — a sovoz sotto voce, in a low tone
soya *f* soybean
Sr. *abbr* **Señor**
Sra. *abbr* **Señora**
Srta. *abbr* **Señorita**
S.S.S. *abbr* **su seguro servidor**
ss.ss. *abbr* **seguros servidores**
stock *m* stock; inventory; **tener en stock** to carry; have in stock
su *adj poss* his, her, its, their, your, one's
suave *adj* suave, smooth, soft; gentle, mild, meek
suavizador *m* razor strop
suavizar §60 *tr* to smooth, ease, sweeten, soften, mollify; (*una navaja de afeitar*) strop
subalter•no -na *adj* & *mf* subaltern, subordinate
subasta *f* auction, auction sale; **sacar a pública subasta** to sell at auction
subastar *tr* to auction, sell at auction
subcampe•ón -ona *mf* (sport) runner-up
subcentral *f* (elec) substation
subconsciencia *f* subconscious, subconsciousness
subconsciente *adj* subconscious
subdesarrolla•do -da *adj* underdeveloped
súbdi•to -ta *adj* & *mf* subject
subentender §51 *tr* to understand || *ref* to be understood, be implied
subestimar *tr* to underestimate
subfusil *m* submachine gun

subi•do -da *adj* high, fine, superior; strong, intense; (*color*) bright; high, high-priced || *f* rise; ascent; (*p.ej.*, *al trono*) accession
subir *tr* to raise; lift; carry up; (*p.ej.*, *una escalera*) go up; (mus) to raise the pitch of || *intr* to go up, come up; rise; get worse; spread; **subir a** to climb; climb on; get in or into; get on, mount || *ref* to rise
súbi•to -ta *adj* sudden, unexpected; hurried; hasty, impetuous || **súbito** *adv* suddenly
subjeti•vo -va *adj* subjective
subjunti•vo -va *adj* & *m* subjunctive
sublevación *f* uprising, revolt
sublevado *m* rebel, insurrectionist
sublevar *tr* to incite to rebellion || *ref* to revolt
submarinista *mf* (sport) scuba diver; skin diver || *m* (nav) submariner
submari•no -na *adj* underwater, submarine || *m* submarine
subnormal *adj* (mentally) retarded
suboficial *m* sergeant major; noncommissioned officer
subordina•do -da *adj* & *mf* subordinate
subordinar *tr* to subordinate
subproducto *m* by-product
subrayar *tr* to underline; emphasize
subrepti•cio -cia *adj* surreptitious
subsanar *tr* to excuse, overlook; correct, repair
subscribir §83 *tr* to subscribe; subscribe to, endorse; subscribe to or for; sign; sign up || *ref* to subscribe
subseguir §67 *intr* & *ref* to follow next
subsidiar *tr* to subsidize
subsidiarias *fpl* feeder industries
subsidiario *m* subsidiary
subsidio *m* subsidy; aid, help
subsiguiente *adj* subsequent
subsistencia *f* subsistence, sustenance
subsistir *intr* to subsist
subsóni•co -ca *adj* subsonic
substancia *f* substance
substanciar *tr* to abstract, abridge
substanti•vo -va *adj* & *m* substantive
substitución *f* replacement; (chem, law, math) substitution
substitui•dor -dora *adj* & *mf* substitute
substituir §20 *tr* to replace; substitute for, take the place of || *intr* to take someone's place || *ref* to be replaced; relieve each other
substituti•vo -va *adj* & *m* substitute
substitu•to -ta *mf* substitute
substraer §75 *tr* to remove; deduct; rob, steal; subtract || *ref* to withdraw; **substraerse a** to evade, avoid, slip away from
subte *m* (Arg, Urug) subway
subteniente *m* second lieutenant
subterráne•o -a *adj* subterranean, underground || *m* subterranean; (Arg) subway
subtitular *tr* to subtitle
subtítulo *m* subtitle, subheading
suburbio *m* suburb; outlying slum
subvención *f* subvention, subsidy
subvencionar *tr* to subvention, subsidize

subvenir §79 *intr* to provide; **subvenir a** to provide for; (*gastos*) defray
subvertir §68 *tr* to subvert
subyugar §44 *tr* to subjugate, subdue
sucedáne•o -a *adj & m* substitute
suceder *tr* to succeed, follow ‖ *intr* to happen; **suceder a** (*p.ej., el trono*) to succeed to ‖ *ref* to follow one another
sucesi•vo -va *adj* successive; **en lo sucesivo** in the future
suceso *m* event, happening; issue, outcome; **sucesos de actualidad** current events
suciedad *f* dirt, filth; dirtiness, filthiness
su•cio -cia *adj* dirty, filthy; base, low; tainted; blurred; (sport) foul ‖ **sucio** *adv* (sport) foully, unfairly
sucumbir *intr* to succumb
sucursal *f* branch, branch office
Sudamérica *f* South America
sudamerica•no -na *adj & mf* South American
sudar *tr* to sweat; cough up ‖ *intr* to sweat; (*trabajar mucho*) sweat
sudario *m* shroud, winding sheet
sudcorea•no -na *adj & mf* South Korean
sudor *m* sweat; (fig) sweat, toil; **chorrear de sudor** to swelter
sudoro•so -sa *adj* sweaty
Suecia *f* Sweden
sue•co -ca *adj* Swedish ‖ *mf* Swede ‖ *m* (*idioma*) Swedish
suegra *f* mother-in-law
suegro *m* father-in-law
suela *f* sole; sole leather; (*fish*) sole
sueldacostilla *f* grape hyacinth
sueldo *m* salary, pay; **a sueldo** (*gángster*) on a contract, hired (to kill)
suelo *m* ground, soil, land; floor, flooring; pavement; (*p.ej., de una botella*) bottom; **no pisar en el suelo** to walk on air; **suelo franco** loam; **suelo natal** home country
suel•to -ta *adj* loose; free; easy; swift, agile, nimble; fluent; bold, daring; (*ejemplar*) single; (*verso*) blank; odd, separate; spare; bulk; **suelto de lengua** loose-tongued ‖ *m* small change; news item
sueñecillo *m* nap; **descabezar un sueñecillo** to take a nap
sueño *m* sleep; dream; (*cosa de gran belleza*) (fig) dream; **conciliar el sueño** to manage to go to sleep; **ni por sueños** by no means; **no dormir sueño** to not sleep a wink; **tener sueño** to be sleepy; **último sueño** (*muerte*) last sleep; **sueño hecho realidad** dream come true; **sueños dorados** daydreams
suero *m* serum
suerte *f* fortune, luck; piece of luck; fate, lot; kind, sort; way, manner; feat, trick; (taur) play, suerte; (Peru) lottery ticket; **de esta suerte** in this way; **de suerte que** so that, with the result that; **la suerte está echada** the die is cast; **suerte de capa** (taur) capework
suerte•ro -ra *adj* fortunate, lucky ‖ *m* (coll) lucky dog
sué•ter *m* (*pl* -ters) sweater

suficiente *adj* sufficient; adequate; fit, competent
sufijo *m* suffix
sufragar §44 *tr* to help, support, favor; defray ‖ *intr* (SAm) to vote
sufragio *m* help, succor; benefit; (*voto*) suffrage
sufragismo *m* woman suffrage
sufragista *mf* woman-suffragist ‖ *f* suffragette
sufri•do -da *adj* long-suffering; (*color*) serviceable; (*marido*) complaisant
sufrir *tr* to suffer; undergo, experience; support, hold up; tolerate; (*un examen*) take ‖ *intr* to suffer
sugerencia *f* suggestion
sugerir §68 *tr* to suggest
sugestión *f* suggestion
sugestionar *tr* to influence by suggestion
sugesti•vo -va *adj* suggestive; stimulating, striking, conspicuous
suicida *adj* suicidal ‖ *mf* suicide
suicidar *ref* to commit suicide
suicidio *m* suicide
Suiza *f* Switzerland
sui•zo -za *adj & mf* Swiss ‖ *f* see **Suiza**
sujeción *f* subjection; surrender; fastening; fastener
sujetador *m* bra(ssiere)
sujetahilo *m* (elec) binding post
sujetapape•les *m* (*pl* -les) paper clip
sujetar *tr* to subject; subdue; fasten, tighten ‖ *ref* to subject oneself, submit; stick, adhere
suje•to -ta *adj* subject, liable; able, capable ‖ *m* subject; fellow, individual; **buen sujeto** good egg
sulfato *m* sulfate
sulfito *m* sulfite
sulfúri•co -ca *adj* sulfuric
sulfuro *m* sulfide; **sulfuro de hidrógeno** hydrogen sulfide
sulfuro•so -sa *adj* sulfurous
sultán *m* sultan; (*galanteador*) sheik
suma *f* sum, addition; summary; sum and substance; **en suma** in short, in a word
sumadora *f* adding machine
sumamente *adv* extremely, exceedingly
sumar *tr* to add; sum up; amount to ‖ *intr* to add; amount; **suma y sigue** add and carry ‖ *ref* to add up; adhere
suma•rio -ria *adj & m* summary
sumergir §27 *tr* to submerge ‖ *ref* to submerge; (*un submarino*) dive
sumersión *f* submersion; (*de un submarino*) dive
sumidad *f* top, apex, summit
sumidero *m* drain, sewer; sink
suministrar *tr* to provide, supply
suministro *m* provision, supply; **suministros** supplies
sumir *tr* to sink; press down; overwhelm ‖ *ref* to sink; (*p.ej., los carrillos, el pecho*) be sunken; shrink, shrivel; cower; (*p.ej., el sombrero*) pull down
sumisión *f* submission (*sometimiento*) subjection
sumi•so -sa *adj* submissive

su•mo -ma *adj* high, great, extreme; supreme; **a lo sumo** at most, at the most ‖ *f* see **suma**

suncho *m* hoop

suntuo•so -sa *adj* sumptuous

supeditar *tr* to hold down, oppress

superar *tr* to surpass, excel; conquer

superávit *m* (com) surplus

supercarburante *m* high-test fuel

superchería *f* fraud, deceit

superficial *adj* superficial; surface

superficie *f* surface; exterior, outside; area; **superficie de sustentación** (aer) airfoil

super•fluo -flua *adj* superfluous

superhombre *m* superman

superintendente *mf* superintendent, supervisor; **superintendente de patio** (rr) yardmaster

superior *adj* superior; upper; higher; **superior a** superior to; higher than; more than; larger than ‖ *m* superior

superiora *f* mother superior

superiordad *f* superiority; authorities

superlati•vo -va *adj* & *m* superlative

supermercado *m* supermarket

super•no -na *adj* highest, supreme

superpetrolero *m* supertanker

superpoblar §61 *tr* to overpopulate

superponer §54 *tr* to superpose

superproduction *f* overproduction

supersóni•co -ca *adj* supersonic ‖ *f* supersonics

superstición *f* superstition

supersticio•so -sa *adj* superstitious

supertanquero *m* (SAm) supertanker

supervisar *tr* to supervise

supervivencia *f* survival; (law) survivorship

súpi•to -ta *adj* sudden; impatient; (Col) dumbfounded

suplantar *tr* to supplant by treachery; (*un documento*) to alter fraudulently

suplefal•tas *mf* (*pl* -**tas**) substitute, fill-in

suplemento *m* supplement; excess fare; **suplemento dominical** (*periódico*) Sunday supplement

súplica *f* entreaty, supplication; request

suplicante *adj* & *mf* suppliant

suplicar §73 *tr* & *intr* to entreat, implore; (law) to petition

suplicio *m* torture; punishment, execution; anguish

suplir *tr* to supplement, make up for; replace, take the place of; (*un defecto de otra persona*) cover up; (gram) to understand

suponer §54 *tr* to suppose; presuppose, imply; entail ‖ *intr* to have weight, have authority

suposición *f* supposition; distinction; falsehood, imposture

supositorio *m* suppository

supradi•cho -cha *adj* above-mentioned

supre•mo -ma *adj* supreme

supresión *f* suppression, elimination, omission; cancellation; deletion

suprimir *tr* to suppress, eliminate, do away with; cancel; delete

supues•to -ta *adj* supposed, assumed, hypothetical; **supuesto que** since, inasmuch as ‖ *m* assumption, hypothesis; **dar por supuesto** to take for granted; **por supuesto** of course, naturally

supurar *intr* suppurate, discharge pus

sur *m* south; south wind

Suramérica *f* South America

surcar §73 *tr* to furrow; plough; cut through; streak through

surco *m* furrow; wrinkle, rut, cut; (*del disco gramofónico*) groove; **echarse en el surco** to lie down on the job

surcorea•no -na *adj* & *mf* South Korean

sure•ño -ña *adj* southern ‖ *mf* southerner

surestada *f* (Arg) southeaster

surgir §27 *intr* to spout, spurt; come forth, spring up; arise, appear

suripanta *f* (hum) chorus girl; (scornful) slut, jade

surti•do -da *adj* assorted ‖ *m* assortment; supply, stock

surtidor *m* jet, spout, fountain; **surtidor de gasolina** gasoline pump

surtir *tr* to furnish, provide, supply ‖ *intr* to spout, spurt, shoot up

susceptible *adj* susceptible; touchy

suscitar *tr* to stir up, provoke; (*dudas, una cuestión*) to raise

susodi•cho -cha *adj* above-mentioned

suspender *tr* to hang; suspend; astonish; postpone; fail, flunk ‖ *ref* to be suspended

suspensión *f* suspension; astonishment; **suspensión de fuegos** cease fire

suspen•so -sa *adj* suspended, hanging; baffled, bewildered; (theat) closed ‖ *m* flunk, condition

suspensores *mpl* suspenders

suspensorio *m* jockstrap, supporter

suspi•caz *adj* (*pl* -**caces**) suspicious, distrustful

suspirar *intr* to sigh

suspiro *m* sigh; ladyfinger; (mus) quarter rest

sustentación *f* support, prop; (aer) lift

sustentar *tr* to sustain, support, feed; maintain; (*una tesis*) defend

sustento *m* sustenance, support, food; maintenance

susto *m* scare, fright

susurrar *tr* to whisper ‖ *intr* to whisper; murmur, rustle, purl, hum; be bruited about ‖ *ref* to be bruited about

susurro *m* whisper; murmur, rustle, purling, hum

susu•rrón -rrona *adj* whispering ‖ *mf* whisperer

sutil *adj* subtle; keen, observant; thin, delicate

su•yo -ya *adj poss* of his, of hers, of yours, of theirs, e.g., **un amigo suyo** a friend of his; *pron poss* his, hers, yours, theirs, its, one's; **hacer de las suyas** to be up to one's old tricks; **salirse con la suya** to have one's way; to carry one's point

T, t (te) *f* twenty-third letter of the Spanish alphabet
t. *abbr* **tarde**
taba *f* anklebone; (*del carnero*) knucklebone; (*juego*) knucklebones
tabaco *m* tobacco; cigar; snuff; (Cuba, CAm, Mex) punch; **tabaco en rama** leaf tobacco; **tabaco sin humo** smokeless tobacco
tabalada *f* bump, thump, heavy fall; slap
tabalear *tr* to rock, sway ‖ *intr* to drum with the fingers
tabanazo *m* slap; slap in the face
tabanco *m* stand, stall, booth
tábano *m* horsefly, gadfly
tabanque *m* treadle wheel
tabaola *f* noise, hubbub
tabaquera *f* snuffbox; (*de la pipa de fumar*) bowl; (Arg, Chile) tobacco pouch
tabaquería *f* tobacco store, cigar store
tabaque•ro -ra *adj* tobacco ‖ *mf* tobacconist; cigar maker ‖ *m* (Bol) pocket handkerchief ‖ *f* see **tabaquera**
tabardete *m* or **tabardillo** *m* sunstroke; harum-scarum
tabarra *f* bore, tiresome talk
taberna *f* tavern, saloon, barroom, pub
tabernáculo *m* tabernacle
tabernera *f* barmaid
tabernero *m* tavern keeper; bartender
tabica *f* (*para cubrir un hueco*) board; (*del frente de un escalón*) riser
tabicar §73 *tr* to close up, shut up; wall up
tabique *m* thin wall; partition wall, partition
tabla *f* (*de madera*) board; (*de metal*) sheet; (*de piedra*) slab; (*de tierra*) strip; (*cuadro pintado en una tabla*) panel; (*lista, catálogo; índice de materias*) table; **escapar** or **salvarse en una tabla** to have a narrow escape; **tabla de lavar** washboard; **tabla de planchar** ironing board; **tabla de salvación** lifesaver, helping hand; **tablas** draw, tie; (*escenario del teatro*) stage; (*de la plaza de toros*) barrier; **tener tablas** to have stage presence
tablado *m* flooring; scaffold; (*escenario del teatro*) stage
tablear *tr* to cut into boards; divide into plots or patches; level, grade
tablero *m* boarding; timber; table top; gambling table; cutting board; checkerboard, chessboard; counter; blackboard; **poner al tablero** to risk; **tablero de instrumentos** (aer) control panel; (aut) dashboard
tableta *f* small board; (*taco de papel; comprimido, pastilla*) tablet
tabletear *intr* to rattle
tabilla *f* tablet; splint; bulletin board
tablón *m* plank; beam
tabloncillo *m* (taur) seat in last row
ta•bú *m* (*pl* **-búes**) taboo
tabuco *m* hovel
tabulador *m* tabulator
tabular *tr* to tabulate
taburete *m* stool
tac *m* tick

tacada *f* stroke (*of a billiard cue*)
taca•ño -ña *adj* stingy
táci•to -ta *adj* tacit; silent
tacitur•no -na *adj* taciturn; melancholy
taco *m* bung, plug; wad, wadding; billiard cue; pad, tablet; drumstick; snack, bite; drink; oath, curse; heel; muddle, mess; (Mex) rolled-up tortilla with fillings, taco
tacón *m* heel
taconear *tr* (Chile) to fill, stuff ‖ *intr* to click the heels; strut
taconeo *m* click, clicking (*of heels*)
tácti•co -ca *adj* tactical ‖ *m* tactician ‖ *f* tactics
tacto *m* (sense of) touch; (*del dactiló-grafo, el pianista, el instrumento*) touch; skill; tact
tacha *f* defect, fault, flaw
tachar *tr* to erase; strike out; blame, find fault with
tacho *m* tin sheet; (Arg) garbage can; (Arg) watch; (Arg, Chile) boiler; (Cuba) sugar pan
tachón *m* scratch, erasure; ornamental tack or nail; trimming
tachonar *tr* to adorn with ornamental tacks; trim with ribbon; spangle, stud
tachuela *f* tack; hobnail; (Chile, Mex) runt, half pint; (SAm) drinking cup
Tadeo *m* Thaddeus
tafetán *m* taffeta; **tafetanes** flags, colors; finery; **tafetán inglés** court plaster
tafilete *m* morocco leather; sweatband
tagarote *m* sparrow hawk; scrivener; lout; gentleman sponger
tagua *f* (Chile) mud hen; (*arbusto*) (SAm) ivory palm; (*fruto*) (SAm) ivory nut
taha•lí *m* (*pl* **-líes**) baldric
tahona *f* horse-driven flour mill; bakery
ta•hur -hura *adj* gambling; cheating ‖ *mf* gambler; cheat; cardsharp
tailan•dés -desa *adj* & *mf* Thai
Tailandia *f* Thailand
taima•do -da *adj* sly, crafty; (Arg, Ecuad) lazy; (Chile) gruff, sullen
tajada *f* cut; slice; hoarseness; drunk
tajadero *m* chopping block
tajalá•piz *m* (*pl* **-pices**) pencil sharpener
tajamar *m* cutwater; dike, dam
tajar *tr* to cut; slice; (*un lápiz*) sharpen
tajo *m* cut; cutting edge; chopping block; execution block; steep cliff ‖ **Tajo** *m* Tagus
tal *adj indef* such; such a ‖ *pron indef* so-and-so; such a thing; someone ‖ *adv* so; in such a way; **con tal (de) que** provided (that); **¿qué tal?** how?; hello!, how's everything?
talabarte *m* sword belt
talabartero *m* saddler, harness maker
talache *m* or **talacho** *m* (Mex) mattock
taladrar *tr* to bore, drill, pierce, perforate; (*un billete*) punch; (*un problema*) get to the bottom of
taladro *m* drill; auger; drill hole; drill press
tálamo *m* bridal bed

talán *m* ding-dong

talante *m* countenance, mien; desire, will, pleasure; way, manner

talar *adj* (*traje, vestidura*) long ‖ *tr* (*árboles*) to fell; destroy, lay waste

talco *m* tinsel; talc; **talco en polvo** talcum powder

talega *f* bag, sack; **talegas** money, wealth

talego *m* big bag, sack; slob; **tener talego** to have money tucked away

talcguilla *f* small bag; bullfighter's breeches

talento *m* talent

talento•so -sa *adj* talented

Tales *m* Thales

Talía *f* Thalia

talismán *m* talisman

talón *m* heel; (aut) lug, flange; check, voucher, coupon; (*de un cheque*) stub

talona•rio -ria *adj* stub ‖ *m* stub book, checkbook

talonear *intr* to dash along

talud *m* slope

talla *f* cut; carving; height, stature; size; ransom; reward; (*diamante*) cut, polish; (Arg) chatting, prattle; (CAm) fraud, lie; (Col) beating, thrashing

tallar *tr* to carve; (*una piedra preciosa*) cut; (*naipes*) deal; appraise; engrave; grind; size up; (Col) beat, thrash ‖ *intr* (Arg) to chat, converse; (Chile) to make love

tallarín *m* noodle

talle *m* shape, figure, stature; waist; fit; appearance, outline; bodice

taller *m* shop, workshop; factory, mill; atelier, studio; laboratory; **taller agremiado** closed shop; **taller carrocero** (aut) body shop; **taller franco** open shop; **taller penitenciario** workhouse

tallo *m* stem, stalk; shoot, sprout; (Col) cabbage

tamal *m* (CAm, Mex) tamale; (Chile) bundle; (coll) intrigue

tamañi•to -ta *adj* so small; very small; confused, disconcerted

tama•ño -ña *adj* so big; such a big; very big, very large; so small; **abrir tamaños ojos** to open one's eyes wide ‖ *m* size

tambaleante *adj* staggering

tambalear *intr* & *ref* to stagger, reel, totter

también *adv* also, too

tambo *m* (Arg, Chile) brothel; (SAm) roadside inn; (Arg, Urug) dairy

tambor *m* drum; (*persona que toca el tambor*) drummer; sieve, screen; eardrum, coffee roaster; **a tambor batiente** with drums beating; in triumph; **tambor mayor** drum major

tamborilear *tr* to praise to the skies ‖ *intr* to drum

Támesis *m* Thames

ta•miz *m* (*pl* **-mices**) sieve

tamizar §60 *tr* to sift, sieve

tamo *m* fuzz, fluff

tampoco *adv* neither, not either; **ni yo tampoco** nor I either

tampón *m* stamp pad

tan *adv* so; **tan . . . como** or **cuan** as . . . as;

tan siquiera at least; **un tan** + *adj* such a + *adj* ‖ *m* boom (*of a drum*)

tanatología *f* thanatology

tanda *f* turn; shift, relay; task; coat, layer; game, match; flock, lot, pack; show; habit, bad habit

tangente *adj* & *f* tangent; **escaparse, irse** or **salir por la tangente** to evade the issue

Tánger *f* Tangier

tanguista *f* hostess (*in a night club*)

ta•no -na *adj* & *mf* (Arg) Neapolitan, Italian

tanque *m* tank; (dial) dipper, drinking cup

tantán *m* tom-tom; clanging; boom

tantear *tr* to compare; size up; probe, test, feel out; sketch, outline; keep the score of ‖ *intr* to keep score; to grope; **¡tantee Vd.!** just imagine!, fancy that!

tanteo *m* comparison; careful consideration; test, probe, trial; trial and error; score

tan•to -ta *adj* & *pron indef* so much; as much; **tanto . . . como** as much . . . as; both . . . and; **tan•tos -tas** so many; as many; **tantos . . . como** as many . . . as; **y tantos** odd, or more, e.g., **veinte y tantos** twenty odd, twenty or more ‖ *m* copy; counter, chip; point; portion, part; **apuntar los tantos** to keep score; **entre tanto** in the meantime; **estar al tanto de** to be aware of, to be or keep informed about; **poner al tanto de** to make aware of, to keep informed of; **por lo tanto** or **por tanto** therefore ‖ **tanto** *adv* so much; so hard; so often; so long; as much

tañer §70 *tr* (*un instrumento músico*) to play; (*una campana*) to ring ‖ *intr* to drum with the fingers

tañido *m* sound, tone; twang; ring, tang

tapa *f* lid, cover, top, cap; (*de un cilindro, un barril*) head; (*de una compuerta*) gate; (*de un libro*) board cover; shirt front; (aut) valve cap; **levantarse** or **saltarse la tapa de los sesos** to blow one's brains out; **tapas** appetizer, free lunch

tapabalazo *m* fly (*of trousers*)

tapabarro *m* (Chile) mudguard

tapaboca *f* slap in the mouth; muffler; squelch, squelcher

tapacu•bo *m* or **tapacu•bos** *m* (*pl* **-bos**) (aut) hubcap

tapadera *f* lid, cover, cap

tapagote•ras *m* (*pl* **-ras**) (Arg) roofing cement; (Col) roofer

tapaguje•ros *m* (*pl* **-ros**) (coll) bungling mason; substitute, replacement

tapar *tr* to cover; cover up, hide; plug, stop, stop up; conceal; obstruct; wrap up; (*un diente*) (Chile) to fill

tapara *f* (Ven) gourd; **vaciarse como una tapara** (Ven) to spill all one knows

taparrabo *m* loincloth; bathing trunks

tapera *f* (SAm) ruins; (SAm) shack

tapete *m* rug; runner; table scarf; **estar sobre el tapete** to be on the carpet, be under discussion; **tapete verde** card table, gambling table

tapia *f* mud wall, adobe wall

tapiar *tr* to wall up, wall in; close up

t
ta

tapicería _f_ tapestries; upholstery; tapestry shop; upholstery shop
tapicero _m_ tapestry maker; upholsterer; carpet maker; carpet layer
ta•piz _m_ (_pl_ **-pices**) tapestry
tapizar §60 _tr_ to tapestry; upholster; carpet; cover
tapon _m_ stopper, cork; cap; bottle cap; bung, plug; (elec) fuse; (surg) tampon; **tapón de algodón** (surg) swab; **tapón de cubo** (aut) hubcap; **tapón de desagüe** drain plug; **tapón de tráfico** traffic jam; **tapón de vaciado** (aut) drain plug
taponar _tr_ to plug, stop up; (surg) to tampon
taponazo _m_ pop
taque _m_ click; knock, rap
taqué _m_ (aut) tappet
taquigrafía _f_ shorthand, stenography
taquigrafiar §77 _tr_ to take down in shorthand ‖ _intr_ to take shorthand
taquígra•fo -fa _mf_ stenographer
taquilla _f_ ticket rack; ticket window; ticket office; box office; gate, take; file; (C-R) inn, tavern
taquille•ro -ra _adj_ box-office ‖ _mf_ ticket agent
taquimeca _mf_ shorthand-typist
taquimecanógra•fo -fa _mf_ shorthand-typist
tarabilla _f_ millclapper; catch; turnbuckle; (_de la hebilla de la correa_) tongue; chatterbox; jabber; **soltar la tarabilla** to talk a blue streak
tarabita _f_ (_clavillo de la hebilla_) tongue; (SAm) rope of rope bridge
taracea _f_ marquetry, inlaid work
tarambana _adj & mf_ (coll) crackpot
tararear _tr & intr_ to hum
tarasca _f_ dragon (_in Corpus Christi procession_); (_mujer fea_) hag
tarascada _f_ bite; tart reply
tardanza _f_ slowness, delay, tardiness
tardar _intr_ to be long, be slow; be late; **a más tardar** at the latest; **tardar en** + _inf_ to be late in + _ger_ ‖ _ref_ to be long, be slow; be late
tarde _adv_ late; too late; **hacerse tarde** to grow late; **tarde o temprano** sooner or later ‖ _f_ afternoon; evening; **de la tarde a la mañana** overnight; suddenly, in no time; unexpectedly
tardecer §22 _intr_ to grow dark, grow late
tardí•do -a _adj_ late, delayed; dilatory, tardy; slow
tar•do -da _adj_ slow; late; slow, dull, dense
tar•dón -dona _mf_ poke, slow poke
tarea _f_ task, job; care, worry
tarifa _f_ tariff; price list; rate; fare; (telp) toll; **tarifa recargada** extra fare
tarima _f_ platform; stand; stool; low bench; (_entablado para dormir_) bunk
tarjeta _f_ card; **tarjeta de buen deseo** or **de felicitación** greeting card; **tarjeta de crédito** credit card; **tarjeta de visita** calling card, visiting card; **tarjeta navideña** Christmas card; **tarjeta perforada** punch card; **tarjeta postal** post card, postal card
tarjetero _m_ card case; card index

tarquín _m_ mire, slime, mud
tarro _m_ jar; milk pail; horn; (SAm) top hat
tarta _f_ tart, cake; pan
tartajear _intr_ to stutter
tartalear _intr_ to stagger, sway; be speechless
tartamudear _intr_ to stutter, stammer
tartamudeo _m_ stuttering, stammering
tartamu•do -da _mf_ stutterer, stammerer
tartán _m_ Scotch plaid
tarugo _m_ wooden plug; wooden paving block; (Guat, Mex) dolt, blockhead
tasa _f_ appraisal; measure, standard; rate; ceiling price
tasación _f_ appraisal; regulation
tasajo _m_ jerked beef
tasar _tr_ to appraise; regulate; hold down, keep within bounds; grudge
tasca _f_ dive, joint; tavern; (Peru) surf, breakers
tata _m_ daddy ‖ _f_ nursemaid; little sister
tate _m_ hashish; hashish user
tato _m_ little brother
tatuaje _m_ tattoo, tattooing
tatuar §21 _tr & ref_ to tattoo
tauri•no -na _adj_ bullfighting
Tauro _m_ (astr) Taurus
taurófi•lo -la _mf_ bullfight fan
tauromaquia _f_ bullfighting
taxear _intr_ (aer) to taxi
taxi _m_ taxi, taxicab ‖ _f_ taxi dancer
taxista _mf_ taxi driver
taza _f_ cup; (_de la fuente_) basin; (_del inodoro_) bowl
te _pron pers & reflex_ thee, to thee; you, to you; thyself, to thyself; yourself, to yourself
té _m_ tea; **té bailable** tea dance
tea _f_ torch, firebrand
teatral _adj_ theatrical
teatre•ro -ra _mf_ theater-goer
teatro _m_ theater; **dar teatro a** to bally-hoo; **teatro de estreno** first-run house; **teatro de repetorio** stock company
teatrólo•go -ga _mf_ theater critic ‖ _m_ actor ‖ _f_ actress
Tebas _f_ Thebes
tebe•o -a _adj & mf_ Theban ‖ _m_ comic book, funny paper
teca _f_ teak
tecla _f_ (_de piano, máquina de escribir, etc._) key; touchy subject; **dar en la tecla** to get the knack of it; **tecla de cambio** shift key; **tecla de escape** margin release; **tecla de espacios** space bar; **tecla de retroceso** backspacer
teclado _m_ keyboard; **teclado manual** (mus) manual
teclear _tr_ to feel out ‖ _intr_ to run over the keys; drum, thrum; (Chile) to be at death's door; (_un jugador_) (Chile) to be losing one's last cent
tecleo _m_ fingering; touch; (_de la máquina de escribir_) click
técni•co -ca _adj_ technical ‖ _m_ technician; expert ‖ _f_ technique; technics
tecolote _m_ eagle owl (_of Central America_); (Mex) night policeman

techado *m* roof; **bajo techado** indoors
techar *tr* to roof
techo *m* ceiling; roof; (*sombrero*) hat; **techo de paja** thatched roof
techumbre *f* ceiling; roof
tedio *m* ennui, boredom
tedio•so -sa *adj* tedious, boresome
teja *f* roofing tile; shovel hat; yew tree; linden tree; **a toca teja** (coll) for cash; **teja de madera** shingle
tejadillo *m* cover, top; (*de coche*) roof
tejado *m* tile roof; roof; **tejado de vidrio** (fig) glass house
tejama•ní *m* (*pl* **-níes**) shake (*long shingle*)
tejar *m* tile works ‖ *tr* to tile, roof with tiles
teja•roz *m* (*pl* **-roces**) eaves
teje•dor -dora *adj* weaving; scheming ‖ *mf* weaver; schemer
tejer *tr & intr* to weave
tejido *m* weave, texture; web; fabric, textile; tissue; (biol & fig) tissue; **tejido adhesivo** friction tape; **tejido conjuntivo** (anat) connective tissue; **tejido de saco** (Mex) burlap; **tejido de punto** knitted fabric, jersey
tejo *m* disk; quoit; yew tree
tejón *m* badger
tela *f* cloth, fabric; (*de cebolla*) skin; (*del insecto*) web; film; (bb) cloth; (paint) canvas; (*dinero*) (slang) dough; **poner en tela de juicio** to question, doubt; **tela de alambre** wire screen; **tela de araña** spider web, cobweb; **tela emplástica** court plaster; **tela metálica** chicken wire; wire screen
telar *m* loom; frame; embroidery frame; (bb) sewing press
telaraña *f* spider web, cobweb
telecomedia serial *f* sitcom
telecontrol *m* remote control
telediario *m* daytime television news
teledifundir *tr & intr* to telecast
teledifusión *f* telecasting; telecast
telefonar *tr & intr* to telephone
telefonazo *m* telephone call
telefonear *tr & intr* to telephone
telefonema *m* telephone message
telefonista *mf* telephone operator
teléfono *m* telephone; **teléfono automático** dial telephone; **teléfono público** pay phone
teleg. *abbr* **telégrafo, telegrama**
telegrafiar §77 *tr & intr* to telegraph
telegrafista *mf* telegrapher
telégrafo *m* telegraph; **telégrafo de banderas** wigwagging; **telégrafo de máquinas** (naut) engine-room telegraph; **telégrafo sin hilos** wireless telegraph
telegrama *m* telegram
telecimpresor *m* teletype, teleprinter
Telémaco *m* Telemachus
telemando *m* remote control
telemetrar *tr* to telemeter
telemetría *f* telemetry
telémetro *m* telemeter; (mil) range finder
telen•do -da *adj* sprightly, lively
telerreceptor *m* television set
telescopar *tr & ref* to telescope

telescopio *m* telescope
telesilla *f* chair lift
telespecta•dor -dora *mf* viewer, televiewer; **telespectadores** television audience
telesquí *m* ski lift, ski tow
teleta *f* blotter, blotting paper
teletipo *m* teletype
teletubo *m* (telv) picture tube
televidente *mf* viewer, televiewer
televisar *tr* to televise
televisión *f* television; **televisión en circuito cerrado** closed-circuit television; **televisión en colores** color television; **televisión por cable** cable television
televi•sor -sora *adj* televising; television ‖ *m* television set ‖ *f* television transmitter
telón *m* drop curtain; **telón de acero** (fig) iron curtain; **telón de boca** (theat) front curtain; **telón de fondo** or **foro** (theat) backdrop
tema *m* theme, subject; exercise; (gram) stem; (mus) theme ‖ *f* fixed idea; persistence; grudge; **a tema** in emulation
temario *m* agenda
temblar §2 *intr* to tremble, shake, quiver, shiver; **estar temblando** to teeter
tem•blón -blona *adj* shaking, tremulous ‖ *m* aspen tree
temblor *m* temor, shaking, trembling; **temblor de tierra** earthquake
tembloro•so -sa *adj* trembling, shaking, tremulous
tem•bo -ba *adj* (Col) silly, stupid
temer *tr & intr* to fear
temera•rio -ria *adj* rash, reckless, foolhardy
temeridad *f* rashness, recklessness, foolhardiness, temerity
temero•so -sa *adj* frightful, dread; timid; fearful
temible *adj* dreadful, terrible, fearful
temor *m* fear, dread
témpano *m* small drum; drumhead; (*de barril*) head; (*de tocino*) flitch; (*de hielo*) iceberg, floe; (archit) tympan; (mus) kettledrum
temperamental *adj* temperamental
temperamento *m* temperament; conciliation, compromise; weather
temperar *tr* to temper, soften, moderate, calm; tune ‖ *intr* to go to a warmer climate
temperatura *f* temperature; weather
temperie *f* weather, state of the weather
tempestad *f* storm, tempest; **tempestad de arena** sandstorm; **tempestades de risas** gales of laughter
tempesti•vo -va *adj* opportune, timely
tempestuo•so -sa *adj* stormy, tempestuous
templa•do -da *adj* temperate; moderate; lukewarm, medium; brave, courageous; drunk, tipsy; (SAm) in love; (CAm, Mex) clever
templanza *f* temperence; mildness
templar *tr* to temper; soften; ease, dilute; (*colores*) blend; (*velas*) trim ‖ *intr* (*el tiempo*) to warm up ‖ *ref* to temper; moderate; fall in love; die

ta
te

temple *m* weather, state of the weather; temper, disposition; humor; average; dash, boldness; (*del acero, el vidrio, etc.*) temper

templo *m* temple

témpora *f* Ember days

temporada *f* season; period; (*p.ej., de buen tiempo*) spell; **de temporada** temporarily; vacationing

temporal *adj* temporal; temporary ‖ *m* weather; storm, tempest; spell of rainy weather

temporáne•o -a or **tempora•rio -ria** *adj* temporary

temporizar §60 *intr* to temporize; putter around

temprane•ro -ra *adj* early

tempra•no -na *adj* early ‖ **temprano** *adv* early

tenacidad *f* tenacity; persistence

tenacillas *fpl* sugar tongs; hair curler; tweezers; snuffers

te•naz *adj* (*pl* **-naces**) tenacious; persistent

tenazas *fpl* pincers, pliers; tongs

tenazón — a or **de tenazón** without taking aim; offhand

tenazuelas *fpl* tweezers

tendedera *f* clothesline; litter

tendedero *m* drier, frame for drying clothes; drying ground

tendencia *f* tendency

tender §51 *tr* to spread; stretch out; extend; reach out; offer, tender; (*la ropa*) hang out; (*con una capa de cal o yeso*) coat; (*un puente*) throw, build; (*una trampa*) set; (*conductores eléctricos, vías de ferrocarril, cañerías*) lay; (*la cama*) make; (*un cadáver*) lay out ‖ *intr* to tend ‖ *ref* to stretch out; throw one's cards on the table; run at full gallop

ténder *m* tender

tenderete *m* stand, booth

tende•ro -ra *mf* shopkeeper, storekeeper ‖ *m* tent maker

tendido *m* (*p.ej., de un cable*) laying; (*de una cortina de humo*) spreading; (*de alambres*) hanging, stretching; wires; (*trecho de ferrocarril*) stretch; (*ropa que tiende la lavandera*) wash; (*de cal o yeso*) coat; (*del tejado*) slope; (*de panes*) batch; (taur) uncovered stand; (Col) bedclothes

tendón *m* tendon

tenducha *f* or **tenducho** *m* miserable old store

tenebro•so -sa *adj* dark, gloomy; (*negocio*) dark, shady; (*estilo*) obscure

tenedor *m* holder, bearer; fork, table fork; **tenedor de acciones** stockholder; **tenedor de bonos** bondholder; **tenedor de libros** bookkeeper

teneduría *f* bookkeeping

tenencia *f* tenure, tenancy; (mil & nav) lieutenancy

tener §71 *tr* to have; hold; keep; own, possess; consider; (*recibir*) get; esteem; stop; **no tenerlas todas consigo** to be alarmed, dismayed; **no tener nada que ver con** to

have nothing to do with; **no tener sobre qué caerse muerto** to not have a cent to one's name; **tener que** to have to; for expressions like **tener hambre** to be hungry, see the noun ‖ *ref* to stop; catch oneself, keep from falling; consider oneself; fit, go

tenería *f* tannery

tenida *f* meeting, session

teniente *adj* holding, owning; unripe; mean, miserly; hard of hearing ‖ *m* lieutenant; **teniente coronel** lieutenant colonel; **teniente de navío** (nav) lieutenant

tenis *m* tennis

tenista *mf* tennis player

tenor *m* tenor, character, import, drift; (mus) tenor; **a tenor de** in accordance with

tenorio *m* lady-killer

tensión *f* tension, stress; (elec) tension, voltage; (mech) stress; **tensión arterial** or **sanguínea** blood pressure

ten•so -sa *adj* tense, tight, taut

tentación *f* temptation

tentáculo *m* tentacle, feeler

tenta•dor -dora *adj* tempting ‖ *m* tempter

tentar §2 *tr* to touch; (*el camino*) feel; try, attempt; examine; try out, test; tempt; probe

tentati•vo -va *adj* tentative ‖ *f* attempt; trial; feeler

tentempié *m* snack, bite, pick-me-up; (*juguete*) tumbler

tenue *adj* tenuous; light, soft; faint, subdued; (*estilo*) simple

teñir §72 *tr* to dye; stain; tinge, shade, color

teología *f* theology; **no meterse en teologías** to keep out of deep water; **teología liberacionista** liberation theology

teorema *m* theorem

teoría *f* theory; **teoría ondulatoria** wave theory

tepe *m* turf, sod

tequila *m* (Mex) tequila (*distilled liquor*)

terapéuti•co -ca *adj* therapeutic(al) ‖ *f* therapeutics

terapia *f* therapy; **terapia vocacional** occupational therapy

tercena *f* government tobacco warehouse; (Ecuad) butcher shop

tercermundista *adj* Third World

terce•ro -ra *adj* third ‖ *mf* third; mediator; go-between ‖ *m* procurer, bawd; referee, umpire

Tercero Mundo *m* Third World; nonaligned nations

terceto *m* tercet; trio

terciar *tr* to place diagonally; divide into three parts; (*p.ej., la capa, el fusil*) to swing over one's shoulder; (*licor*) water ‖ *intr* to intercede, mediate ‖ *ref* to happen; be opportune

tercia•rio -ria *adj* tertiary

ter•cio -cia *adj* third ‖ *m* third; (mil) corps; **hacer buen tercio a** to do a good turn

terciopelo *m* velvet

ter•co -ca *adj* stubborn; hard, resistant

Teresa *f* Theresa

tergiversar *tr* to slant, twist, distort
terliz *m* ticking
termal *adj* thermal; steam
termas *fpl* hot baths
térmi•co -ca *adj* temperature; steam; steam-generated
terminación *f* termination
terminal *adj* terminal ‖ *m* (elec) terminal
terminante *adj* final, definitive, peremptory
terminar *tr* to end, terminate; finish ‖ *intr* to end, terminate
término *m* end, limit; boundary; bearing; manner; term; **medio término** subterfuge, evasion; compromise; **primer término** foreground; (mov) close-up; **segundo término** middle distance; **término medio** average; **último término** background
termistor *m* (elec) thermistor
termite *m* termite
termoaislante *adj* heat-insulated
termodinámi•co -ca *adj* thermodynamic ‖ *f* thermodynamics
termómetro *m* thermometer; **termómetro clínico** clinical thermometer
termonuclear *adj* thermonuclear
termopar *m* (elec) thermocouple
Termópilas, las Thermopylae
ter•mos *m* (*pl* **-mos**) thermos bottle; hot-water heater; **termos de acumulación** (elec) off-peak heater
termosifón *m* hot-water boiler
termóstato *m* thermostat
terna *f* trio
terne•jo -ja *adj* (Ecuad, Peru) peppy, energetic
ternera *f* calf; (*carne*) veal
terneza *f* tenderness; fondness; love; **ternezas** flirting, flirtation
ternilla *f* gristle
terno *m* suit of clothes; oath, curse; trio; piece of luck; (Col) cup and saucer; (W-I) set of jewelry
ternura *f* tenderness; fondness, love
terquedad *f* stubbornness; hardness, resistance
terraja *f* diestock
terral *adj* (*viento*) land ‖ *m* land breeze
Terranova *m* (*perro*) Newfoundland (*dog*) ‖ *f* (*isla y provincia*) Newfoundland (*island and province*)
terraplén *m* fill; embankment; terrace, platform; earthwork, rampart
terrateniente *mf* landholder, landowner
terraza *f* terrace; veranda; flat roof; (*de jardín*) border; edge; sidewalk cafe; glazed jar with two handles
terremoto *m* earthquake
terrenal *adj* earthly, mundane, worldly
terre•no -na *adj* terrestrial; mundane, worldly ‖ *m* land, ground, terrain; lot, plot; (sport) field; (fig) field, sphere; **sobre el terreno** on the spot; with data in hand; **terreno echadizo** refuse dump
terre•ro -ra *adj* earthly; of earth; humble ‖ *m* pile, heap; mark, target; terrace; public square; (min) dump
terrestre *adj* terrestrial; ground, land

terrible *adj* terrible; gruff, surly, ill-tempered
territorio *m* territory
terromontero *m* hill, butte
terrón *m* clod; lump, cake
terror *m* terror
terrorismo *m* terrorism, frightfulness
terrorista *adj & mf* terrorist
terro•so -sa *adj* earthly, dirty
terruño *m* piece of ground; soil; country, native soil
ter•so -sa *adj* smooth, glossy, polished; smooth, limpid, flowing
tertulia *f* party, social gathering; literary gathering; game room; **estar de tertulia** to sit around and talk
tertulia•no -na *mf* party-goer; regular member
Tesalia, la Thessaly
te•sis *f* (*pl* **-sis**) thesis
te•so -sa *adj* taut, tight, tense ‖ *m* top of hill; (*en superficie lisa*) rough spot
tesón *m* grit, pluck, tenacity
tesone•ro -ra *adj* obstinate, stubborn, tenacious
tesorería *f* treasury
tesore•ro -ra *mf* treasurer
tesoro *m* treasure; treasury; treasure house; thesaurus
Tespis *m* Thespis
testa *f* head; front; head, brains; **testa coronada** crowned head
testaferro *m* dummy, figurehead, straw man
testamento *m* testament, will; **Antiguo Testamento** Old Testament; **Nuevo Testamento** New Testament; **Viejo Testamento** Old Testament
testar *tr* (Ecuad) to cross out ‖ *intr* to make a will
testaru•do -da *adj* stubborn, pig-headed
testera *f* front; (*de animal*) forehead; (*de coche*) back seat
testículo *m* testicle
testificar §73 *tr & intr* to testify
testigo *mf* witness; **testigo de vista, testigo ocular,** or **testigo presencial** eyewitness ‖ *m* (*evidencia*) witness; (*en un experimento*) control
testimoniar *tr* to attest, testify to, bear witness to
testimonio *m* testimony; affidavit; false witness
tes•tuz *m* (*pl* **-tuces**) (*p.ej., de caballo*) face; nape
teta *f* teat; breast
tetera *f* teapot; teakettle
tetilla *f* nipple
tétri•co -ca *adj* dark gloomy; sad, sullen, gloomy
textil *adj & m* textile
texto *m* text; **fuera de texto** tipped-in
textura *f* texture
tez *f* complexion
ti *pron pers* thee; you
tía *f* aunt; old lady, old woman; bawd; **no hay tu tía** there's no chance; **tía abuela** grandaunt
tiara *f* tiara

tibante *adj* (Col) haughty, proud

tibia *f* shinbone; pipe, flute

ti•bio -bia *adj* tepid, lukewarm; (SAm) angry ‖ *f* see **tibia**

tibor *m* large porcelain vase; chamber pot

tiburón *m* shark

Ticiano, El Titian

tictac *m* tick-tock

tiempo *m* time; weather; (gram) tense; (*de un motor de combustión interna*) cycle; (*de una sinfonía*) (mus) movement; (mus) tempo; **darse buen tiempo** to have a good time; **de cuatro tiempos** (mach) four-cycle; **de dos tiempos** (mach) two-cycle; **de un tiempo a esta parte** for some time now; **el Tiempo** Father Time; **fuera de tiempo** untimely, at the wrong time; **hacer buen tiempo** to be clear; **mucho tiempo** a long time; **tomarse tiempo** to bide one's time

tienda *f* store, shop; tent; **ir de tiendas** to go shopping; **tienda de campaña** army tent; camping tent; **tienda de modas** ladies' dress shop; **tienda de objetos de regalo** gift shop; **tienda de raya** (Mex) company store

tienta *f* cleverness; probe; (taur) testing the mettle of a young bull; **andar a tientas** to grope in the dark; feel one's way

tiento *m* touch; blind man's stick; rope-walker's pole; steady hand; care, caution; mahlstick; blow, hit; swig; **andarse con tiento** to watch one's step; **perder el tiento** to lose one's touch

tier•no -na *adj* tender; loving; tearful; soft

tierra *f* earth; ground; land; dirt; (elec) ground; **dar en tierra con** to upset, overthrow, ruin; **echar tierra a** to hush up; **en tierra, mar y aire** on land, on sea, and in the air; **irse a tierra** to topple, to collapse; **la tierra de nadie** (mil) no man's island; **tierra adentro** inland; **tierra de pan llevar** wheat land, cereal-growing land; **tierra firme** mainland; land, terra firma; **Tierra Firme** Spanish Main; **Tierra Santa** Holy Land; **tierra y escombros** landfill; **tomar tierra** to land; to fine one's way around; **venir** or **venirse a tierra** to topple, to collapse; **ver tierras** to see the world, to go traveling

tierral *m* cloud of dust

tie•so -sa *adj* stiff; tight, taut, tense; stubborn; bold, enterprising; strong, well; stiff, stuck-up; **tenérselas tiesas a** or **con** to stand up to ‖ **tieso** *adv* hard

ties•to -ta *adj* stiff; tight, taut, tense; stubborn ‖ *m* flowerpot; (*pedazo roto*) postherd ‖ **tiesto** *adv* hard

tiesura *f* stiffness

ti•fo -fa *adj* full, satiated ‖ *m* typhus; **tifo de América** yellow fever; **tifo de Oriente** bubonic plague

tifón *m* waterspout; typhoon

tigra *f* tigress; (female) jaguar

tigre *m* tiger; (male) jaguar

tijera *f* scissors, shears; sawbuck; **buena tijera** good cutter; good eater; gossip; **tijeras** scissors, shears

tijeretear *tr* to snip, clip, cut; meddle with ‖ *intr* to gossip

tila *f* linden tree; linden-blossom tea

tildar *tr* to put a tilde or dash over; erase, strike out; **tildar de** to brand as

tilde *m* & *f* tilde; accent mark; superior dash; blemish, flaw; censure ‖ *f* jot, tittle

tiliche *m* (CAm, Mex) trinket

tiliche•ro -ra *mf* (CAm) peddler

tilín *m* ting-a-ling

tilo *m* linden tree; linden-blossom tea

tilo•so -sa *adj* (CAm) dirty, filthy

timar *tr* to snitch; swindle ‖ *ref* to make eyes at each other

timba *f* game of chance; gambling den; (CAm, Mex) belly

timbal *m* kettledrum; (*pastel relleno*) casserole

timbrar *tr* to stamp

timbre *m* stamp, seal; tax stamp; stamp tax; deed of glory; (phonet & phys) timbre; **timbre nasal** twang; **timbres** glockenspiel

tími•do -da *adj* timid, bashful

timo *m* theft, swindle; lie; catch phrase

timón *m* (*del arado*) beam; rudder; (fig) helm; **timón de dirección** (aer) vertical rudder; **timón de profundidad** (aer) elevator

timonel *m* helmsman, steersman

timonera *f* (naut) pilot house, wheelhouse

timora•to -ta *adj* God-fearing; chicken-hearted

tímpano *m* eardrum; kettledrum

tina *f* large earthen jar; wooden vat; bathtub

tinaja *f* large earthen jar

tincazo *m* (Arg, Ecuad) fillip

tinglado *m* shed; intrigue, trick; (zool) leatherback

tinieblas *fpl* darkness

tino *m* feel (*for things*); good aim; knack; insight, wisdom; **coger el tino** to get the knack of it

tinta *f* ink; tint, hue; dyeing; **de buena tinta** on good authority; **tinta china** India ink; **tinta simpática** invisible ink

tinte *m* dye; dyeing; dyer's shop; (fig) coloring, false appearance

tinterillo *m* clerk, lawyer's clerk; pettifogger

tintero *m* inkstand, inkwell

tintín *m* clink; jingle

tintinear *intr* to clink; jingle

tin•to -ta *adj* red ‖ *m* red table wine ‖ *f* see *tinta*

tintorería *f* dyeing; dyeing establishment; dry-cleaning establishment

tintore•ro -ra *mf* dyer; dry cleaner

tintura *f* dye; dyeing; rouge; tincture; (fig) smattering; **tintura de tornasol** litmus, litmus solution; **tintura de yodo** iodine

tiña *f* ringworm; stinginess

tiño•so -sa *adj* scabby, mangy; stingy

tío *m* uncle; old man; guy, fellow; **tío abuelo** granduncle; **tíos** uncle and aunt

tiovivo *m* merry-go-round; carrousel

tipiadora *f* (*máquina*) typewriter; (*mujer*) typist

tipiar *tr* & *intr* to type, typewrite

tipicista *adj* regional, local

típi•co -ca *adj* typical; regional; quaint

tipismo *m* quaintness

tipista *mf* typist, typewriter

tiple *mf* soprano (*person*); treble-guitar player ‖ *m* soprano (*voice*); treble guitar

tipo *m* type; (*de descuento, de interés, de cambio*) rate; shape, figure, build; fellow, guy, specimen; **tener buen tipo** to have a good figure; **tipo de ensayo** or **prueba** eye-test chart; **tipo de impuesto** tax rate; **tipo de letra** typeface; **tipo menudo** small print

tipografía *f* typography

típula *f* (ent) daddy-longlegs

tira *m* (Arg, Chile, Col) detective ‖ *f* strip; **hecho tiras** (Chile) in rags; **tira emplástica** (Arg) court plaster; **tira proyectable** film strip; **tiras cómicas** comics, funnies

tirabala *f* popgun

tirabuzón *m* corkscrew; corkscrew curl

tirada *f* throw; distance, stretch; time, period; printing; edition, issue; shooting party, hunting party; tirade; **de** or **en una tirada** at one stroke; **tirada aparte** reprint

tira•do -da *adj* dirt-cheap; (*letra*) cursive ‖ *f* see **tirada**

tira•dor -dora *mf* shot, good shot ‖ *m* knob; doorknob; pull chain; **tirador certero** sharpshooter; **tirador emboscado** sniper

tirafondo *m* wood screw

tiraje *m* draft; printing, edition

tiramira *f* long, narrow mountain range; (*de personas o cosas*) string; distance, stretch

tiranía *f* tyranny

tiráni•co -ca *adj* tyrannic(al)

tira•no -na *adj* tyrannous ‖ *mf* tyrant

tirante *adj* tense, taut, tight; (fig) tense, strained ‖ *m* (*de los arreos de una caballería*) trace, **tirantes** suspenders

tirantez *f* tenseness, tautness, tightness; strain

tirar *tr* to throw, cast, fling; throw away; shoot, fire; (*alambre*) draw, pull, stretch; (*una línea*) draw; (*una coz, un pellizco*) give; print; attract; tear down, knock down; (phot) to print ‖ *intr* to pull; last; appeal, have an appeal; (*una chimenea*) draw; (*a la derecha, a la izquierda*) bear, turn; **ir tirando** to get along; **tirar a** to shoot at; (*la espada*) handle; shade into; tend to; aspire to; **tirar de** to pull, pull on; (*una espada*) draw; attract; boast of being; **tira y afloja** give and take; hot and cold ‖ *ref* to rush, throw oneself; give oneself over; lie down; serve time (in prison)

tirilla *f* neckband; **tirilla de bota** bootstrap; **tirilla de camisa** collarband

tiritar *intr* to shiver

tiro *m* throw; shot; charge, load; (*estampido*) report; rifle range; (*p.ej., de chimenea*) draft; (*de caballos*) team; (*de escalera*) flight; (*de las guarniciones*) trace; (*de un paño*) length; pull cord, pull chain; reach; hurt, damage; trick; theft; (min) shaft; (sport) drive, shot; (*alusión desfavorable*) shot; (fig) shot, marksman; **a tiro de fusil** within gunshot; **a tiro de piedra** within a

stone's throw; **matar a tiros** to shoot to death; **ni a tiros** not for love nor money; **poner el tiro muy alto** to hitch one's wagon to a star; **tiro al blanco** target practice; **tiro al vuelo** trapshooting; **tiro de la pesa** (sport) shot-put

tirón *m* tyro, novice; jerk; tug, pull; **de un tirón** all at once; at a stretch

tirotear *tr* to snipe at, blaze away at ‖ *ref* to fire at each other; bicker

tirria *f* dislike, grudge; **tener tirria a** to have it in for

tisana *f* tea, infusion

tísi•co -ca *adj* tubercular ‖ *mf* tubercular person, tubercular

tisis *f* consumption, tuberculosis

titanio *m* titanium

tít. *abbr* **título**

títere *m* marionette, puppet; fixed idea; whipper-snapper, nincompoop; **no dejar títere con cabeza** or **cara** to upset the applecart; **títeres** puppet show

titilar *tr* to titillate ‖ *intr* to flutter, quiver; twinkle

titubear *intr* to stagger, totter; stammer, stutter; waver, hesitate

titular *m* bearer, holder; incumbent; headline ‖ *f* capital letter ‖ *tr* to title, entitle ‖ *intr* to receive a title ‖ *ref* to be called; call oneself

titulillo *m* running head

título *m* title; titled person; regulation; bond; certificate; degree; diploma; headline; **a título de** as a, by way of, on the score of; **títulos** credentials

tiza *f* chalk

tiznar *tr* to soil with soot; spot, stain; to defame ‖ *ref* to become soiled; get spotted or stained; (Arg, Chile, CAm) to get drunk

tizne *m* & *f* soot ‖ *m* firebrand

tiznón *m* smudge, spot of soot

tizón *m* brand, firebrand; wheat smut; brand, dishonor

tizonear *intr* to stir up the fire

tlapalería *f* (Mex) paint store

toalla *f* towel; **toalla rusa** Turkish towel; **toalla sin fin** roller towel

toallero *m* towel rack

toar *tr* (naut) to tow

tobar *tr* (Col) to tow

tobillera *f* anklet; (sport) ankle support; (coll) subdeb; (coll) flapper

tobillo *m* ankle

tobo *m* (Ven) bucket

tobogán *m* toboggan; chute, slide

toca *f* toque; headdress

tocadis•cos *m* (pl -cos) record player; **tocadiscos automático** record changer

toca•do -da *adj* (*echado a perder; medio loco*) touched; **tocado de la cabeza** touched in the head ‖ *m* hairdo, coiffure; headdress

toca•dor -dora *mf* performer; player ‖ *m* boudoir; dressing table; dressing case, toilet case

tocante *adj* touching; **tocante a** concerning, with reference to

tocar §73 *tr* to touch; touch on; feel; ring; toll; strike; come to know, suffer, feel; (*el cabello*) do; (*un tambor*) beat; (mus) to play; (paint) to touch up ‖ *intr* to touch; **tocar a** to knock at; pertain to, concern; fall to the lot of; be the turn of; (*el fin*) approach; **tocar en** (*un puerto*) to touch at; (*tierra*) touch; touch on; approach, border on ‖ *ref* to put one's hat on, cover one's head; touch each other; be related; make one's toilet; become mentally unbalanced; (*el sombrero*) tip; **tocárselas** to beat it

toca•yo -ya *mf* namesake

tocino *m* bacon; salt pork

tocón *m* stump

tocuyo *m* (SAm) coarse cotton cloth

tochimbo *m* (Peru) smelting furnace

to•cho -cha *adj* rough, coarse, crude

todavía *adv* still, yet; **todavía no** not yet

to•do -da *adj* all, whole, every; any ‖ *m* whole; everything; **con todo** still, however; **del todo** wholly, entirely; **jugar el todo por el todo** to stake everything, shoot the works; **sobre todo** above all, especially; **todo el que** everybody who; **todo lo que** all that; **todos** all, everybody; **todos cuantos** all those who

todopodero•so -sa *adj* all-powerful, almighty

toga *f* (academic) gown

toldilla *f* poop, poop deck

toldería *f* (SAm) Indian camp, Indian village

toldo *m* awning; pride, haughtiness; (SAm) Indian hut

tole *m* hubbub, uproar; **tole tole** gossip, talk; **tomar el tole** to run away

tolerancia *f* tolerance; **por tolerancia** on sufferance

tolerar *tr* to tolerate

tolete *m* club, cudgel; raft; (Cuba) dunce

toletole *m* (Col) persistence, obstinacy; (Ven) merry life of a wanderer

tolon•dro -dra *adj* scatterbrained ‖ *mf* scatterbrain ‖ *m* bump, lump

tolva *f* hopper; chute

tolvanera *f* dust storm

tolla *f* quagmire; (Cuba) watering trough

tom. *abbr* **tomo**

toma *f* taking; seizure, capture; tap; intake; inlet; (elec) tap, outlet; (elec) plug; (elec) terminal; (*de rapé*) pinch; **toma de posesión** installation, induction; inauguration; **toma de tierra** (aer) landing; (rad) ground connection; **toma directa** high gear

toma-corrien•te *m* or **toma-corrien•tes** *m* (*pl* -tes*) (elec) current collector; (elec) tap, outlet; (elec) plug

tomadero *m* handle; intake, inlet

toma•dor -dora *mf* (com) drawee; thief; drinker, toper

tomar *tr* to take; get; seize; take on; (*un resfriado*) catch; (*p.ej., el desayuno*) have, eat; (*el café, un trago*) take, drink; **tomar a bien** to take in the right spirit; **tomar a mal** to take offense at; **tomarla con** to pick a quarrel with; have a grudge against; **tomar prestado** to borrow; **tomar sobre sí** to take upon oneself ‖ *intr* to take, turn ‖

ref to take; (*p.ej., el desayuno*) have, eat; (*el café*) take, drink; get rusty

tomate *m* tomato; (*en medias, calcetines, etc.*) tear, run

tomavis•tas *m* (*pl* -tas*) movie camera; cameraman

tómbola *f* raffle, charity raffle

tomillo *m* thyme

tomo *m* volume; bulk, importance, consequence; **de tomo y lomo** of consequence; bulky and heavy

ton. *abbr* **tonelada**

ton *m* — **sin ton ni son** without rhyme or reason

tonada *f* air, melody, song; singsong; (Cuba) hoax; (*pronunciación particular*) (Arg, Chile) accent

tonel *m* cask, barrel

tonelada *f* (*unidad de peso; unidad de volumen; unidad de desplazamiento*) ton; (*medida de capacidad para el vino*) tun

tonelaje *m* tonnage

tonele•ro -ra *mf* barrelmaker, cooper

tonga *f* coat, layer; (Arg, Col) task; (Col) sleep; (Cuba) heap, pile

tongonear *ref* to strut, swagger

tóni•co -ca *adj & m* tonic ‖ *f* (mus) keynote

tonillo *m* singsong; (*pronunciación particular*) accent

tono *m* tone; tune; (mus) pitch; (mus) key; (*de un instrumento de bronce*) (mus) slide; **dar el tono** to set the standard; **darse tono** to put on airs; **de buen tono** stylish, elegant; **estar a tono** to be in style; **poner a tono** (*un motor de automóvil*) to tune up; **tono mayor** (mus) major key; **tono menor** (mus) minor key

tonsila *f* tonsil

tonsilitis *f* tonsilitis

tonsurar *tr* to shear, clip

tontear *intr* to talk nonsense, act foolishly

tontería *f* foolishness, nonsense

ton•to -ta *adj* foolish, stupid, silly; **a tontas y a locas** wildly, recklessly; in disorder, haphazardly ‖ *mf* fool, dolt; **tonto de capirote** blatant fool

tonu•do -da *adj* (Arg) magnificent, showy, conceited

topacio *m* topaz

topar *tr* to butt; bump; run into, encounter ‖ *intr* to butt; succeed; lie, be found; **topar con** or **en** to run into, encounter

tope *adj* (*precio*) top; (*fecha*) last ‖ *m* butt; bumper; bump, collision; rub, difficulty; scuffle; masthead; **al tope** or **a tope** end to end; flush; **estar hasta el tope** or **los topes** to be loaded to the gunwales; be fed up; **tope de puerta** doorstop

topera *f* molehill

topetada *f* butt

topetar *tr* to butt ‖ *intr* to butt; **topetar con** to bump, bump into; to run across

topetón *m* butt; bump, collision

tópi•co -ca *adj* local ‖ *m* topic; (med) external application

topinera *f* molehill; **beber como una topinera** to drink like a fish

topo *m* mole; blunderer; stumbler, awkward person
topografía *f* topography
toque *m* touch; (*de una campana*) ringing; (*del tambor*) beat; sound; knock; stroke; check, test; (*punto esencial*) gist; (paint) touch; (coll) blow; **dar un toque a** to put to the test; feel out, sound out; **toque a muerto** knell, toll; **toque de diana** reveille; **toque de queda** curfew; **toque de retreta** (mil) tattoo; **toque de tambor** drumbeat
torada *f* drove of bulls
tórax *m* (*pl* -**rax**) thorax
torbellino *m* whirlwind; (*persona bulliciosa*) harum-scarum
torcecuello *m* (orn) wryneck
torcedura *f* twist; sprain; dislocation
torcer §74 *tr* to twist; bend; turn; sprain; (*la cara*) screw up; (*el tobillo*) wrench; turn; (*interpretar mal*) distort, misconstrue || *intr* to turn || *ref* to twist; bend, sprain, dislocate; turn sour; go crooked; fail
torci•do -da *adj* twisted; crooked; bent; (*ojos*) cross; (*persona o conducta*) crooked; (Guat) unlucky || *f* wick, lampwick; curlpaper
tor•do -da *adj* dapple-gray || *mf* dapple gray horse || *m* thrush; starling
torear *tr* (*toros*) to fight; banter, tease, string along || *intr* to fight bulls, be a bullfighter
toreo *m* bullfighting; (taur) performance
tore•ro -ra *adj* bullfighting || *mf* bullfighter
toril *m* (taur) bull pen
tormenta *f* storm; adversity, misfortune
tormento *m* torment, torture; anguish
tormento•so -sa *adj* stormy; (*barco*) storm-ridden
torna *f* return; dam; tap; **se han vuelto las tornas** the luck has changed; **volver las tornas** to give tit for tat
tornar *tr* to return, give back; turn, make || *intr* to return; turn; **tornar a** + *inf* verb + again, e.g., **tornó a abrir la puerta** he opened the door again || *ref* to turn, become
tornasol *m* sunflower; litmus; iridescence
tornasola•do -da *adj* changeable, iridescent
tornavía *m* (rr) turntable
torna•voz *m* (*pl* -**voces**) sounding board; **hacer tornavoz** to cup one's hands to one's mouth
tornear *tr* to turn, turn up || *intr* to go around; tourney; muse, meditate
torneo *m* tourney; match, tournament; **torneo radiofónico** quiz program
tornillo *m* (*cilindro que entra en la tuerca*) screw; (*clavo con resalto helicoidal*) bolt; (*instrumento con dos mandíbulas*) vise; (mil) desertion; (CAm, Ven) screw tree; **apretar los tornillos a** to put the screws on; **tener flojos los tornillos** to have a screw loose; **tornillo de mariposa** or **de orejas** thumbscrew; **tornillo de presión** setscrew; **tornillo para metales** machine screw
torniquete *m* (*para contener hemorragias*)

tourniquet; (*torno para cerrar un paso*) turnstile; **dar torniquete a** to twist the meaning of
torno *m* turn, revolution; (*máquina simple que consiste en un cilindro que gira sobre su eje*) winch, windlass; (*de alfarero*) potter's wheel; (*instrumento con dos mandíbulas*) vise; (*máquina herramienta que sirve para labrar metal o madera*) lathe; (*de coche*) brake; (*de un río*) bend, turn; revolving server; **en torno a** or **de** around; **torno de alfarero** potter's wheel; **torno de banco** bench vise; **torno de hilar** spinning wheel
toro *m* bull; **toro corrido** smart fellow; **toros** bullfight
torón *m* strand
toronja *f* grapefruit
toronjo *m* grapefruit (*tree*)
torpe *adj* slow, heavy; clumsy, awkward; stupid; lewd; crude, ugly
torpedear *tr* to torpedo
torpedo *m* torpedo; touring car
torpeza *f* torpidity, slowness; clumsiness, awkwardness; stupidity; lewdness; turpitude; crudeness, ugliness
torrar *tr* to toast
torre *f* tower; watchtower; (*en el ajedrez*) castle, rook; **torre del homenaje** donjon, keep; **torre de lanzamiento** launching tower; **torre de marfil** (fig) ivory tower; **torre de vigía** (naut) crow's-nest; **torre maestra** donjon, keep; **torre reloj** clock tower
torreja *f* (dial, Am) French toast
torrentada *f* flash flood
torrente *m* torrent
torreón *m* (archit) turret
torreta *f* (nav) turret
tórri•do -da *adj* torrid
torrija *f* French toast
torta *f* cake; (typ) font; slap; **ser tortas y pan pintado** to be a cinch; **torta a la plancha** hot cake, griddle cake
torticolis *m* or **tortícolis** *m* wryneck, stiff neck
tortilla *f* omelet; (CAm, Mex) tortilla (*cornmeal cake*); **tortilla a la española** potato omelet; **tortilla a la francesa** plain omelet; **tortilla de tomate** Spanish omelet
tórtola *f* turtledove
tortuga *f* tortoise, turtle
tortuo•so -sa *adj* winding; (fig) devious
tortura *f* torture
torturar *tr* to torture
tor•vo -va *adj* grim, stern
tos *f* cough; **tos ferina** whooping cough
tosca•no -na *adj* Tuscan || **la Toscana** Tuscany
tos•co -ca *adj* coarse, rough; uncouth
toser *intr* to cough
tósigo *m* poison; sorrow
tosiguero *m* poison ivy
tosquedad *f* coarseness, roughness; uncouthness

tostada *f* piece of toast; toast; **dar** or **pegar la tostada** or **una tostada a** to cheat, trick; **tostadas** toast

tosta•do -da *adj* brown; tan, sunburned ‖ *m* toasting; roasting ‖ *f* see **tostada**

tostador *m* toaster, roaster

tostar §61 *tr & ref* to toast; roast; tan, burn

tostón *m* roasted chickpea; toast dipped in olive oil; roast pig; scorched food

total *adj & m* total ‖ *adv* in a word

totalidad *f* totality; entirety; **en su totalidad** in its entirety

tóxi•co -ca *adj & m* toxic

toxicomanía *f* drug addiction

toxicóma•no -na *adj* drug-addicted ‖ *mf* drug addict

tozu•do -da *adj* stubborn

tpo. *abbr* **tiempo**

traba *f* bond, tie; clasp, lock; hobble, clog; obstacle, hindrance

traba•do -da *adj* tied, fastened; joined, connected; robust, sinewy; (*sílaba*) checked; tongue-tied; (*ojos*) (Col) cross

trabaja•do -da *adj* overworked, worn-out; strained, forced, labored; busy

trabaja•dor -dora *adj* working; industrious, hard-working ‖ *mf* worker, toiler ‖ *m* workman, workingman ‖ *f* workingwoman

trabajar *tr* to work; till; bother, disturb; (*a una persona*) work, drive ‖ *intr* to work; strain; warp; **trabajar en** or **por** to strive to ‖ *ref* to strive, exert oneself

trabajo *m* work; trouble; (*en contraposición de capital*) labor; **costar trabajo** + *inf* to be hard to + *inf*; **trabajo a destajo** piecework; **trabajo a domicilio** homework; **trabajo a jornal** timework; **trabajo de menores** child labor; **trabajo de oficina** clerical work; **trabajo de taller** shopwork; **trabajos** hardships, tribulations; **trabajos forzados** or **forzosos** hard labor, penal labor

trabajo•so -sa *adj* arduous, laborious; (*maganto*) wan, languid; (*falto de espontaneidad*) labored; unpleasant, annoying

trabalen•guas *m* (*pl* **-guas**) tongue twister, jawbreaker

trabar *tr* to join, unite; catch, seize; fasten; fetter; lock; begin; (*una batalla*) join; (*una conversación, amistad*) strike up ‖ *intr* to take hold ‖ *ref* to become entangled; jam; to foul; **trabársele a uno la lengua** to become tongue-tied

trabe *f* beam

trabilla *f* gaiter strap; belt loop; end stitch, loose stitch

trabuco *m* blunderbuss; popgun

trac *m* stage fright

tracale•ro -ra *adj* (CAm, Mex, W-I) cheating, tricky ‖ *mf* (CAm, Mex, W-I) cheat, trickster

tracción *f* traction; **tracción delantera** front drive; **tracción trasera** rear drive

tractor *m* tractor; **tractor de oruga** caterpillar tractor

tradición *f* tradition

tradicionista *mf* folklorist

traducción *f* translation; **traducción automática** machine translation

traducir §19 *tr* to translate; change

traduc•tor -tora *mf* translator

traer §75 *tr* to bring; bring on; draw, pull; make, keep; wear; have, carry; **traer a mal traer** to abuse, mistreat ‖ *intr* — **traer y llevar** to gossip ‖ *ref* to dress; behave; **traérselas** to get worse and worse, cause a lot of trouble

tráfago *m* traffic, trade; toil, drudgery

trafa•gón -gona *adj* hustling, lively; slick, tricky ‖ *mf* hustler, live wire

traficante *mf* dealer, merchant

traficar §73 *intr* to deal, trade, traffic; travel about

tráfico *m* trade; traffic

tragaderas *fpl* gullibility; tolerance; **tener buenas tragaderas** to be too gullible

tragalda•bas *mf* (*pl* **-bas**) glutton; easy mark

tragale•guas *mf* (*pl* **-guas**) (coll) great walker

traga•luz *m* (*pl* **-luces**) skylight, bull's-eye; cellar window

tragamone•das *m* (*pl* **-das**) or **tragape•rras** *m* (*pl-* **-rras**) slot machine

tragar §44 *tr* to swallow; swallow up; gulp down; (*creer fácilmente*) swallow; overlook; **no poder tragar** to not be able to stomach ‖ *intr & ref* to swallow

tragasable *m* sword swallower

tragavenado *f* (SAm) anaconda

tragaviro•tes *m* (*pl* **-tes**) stuffed shirt

tragedia *f* tragedy

trági•co -ca *adj* tragic(al) ‖ *m* tragedian

trago *m* swallow; swig; misfortune; **a tragos** slowly

tra•gón -gona *adj* gluttonous ‖ *mf* glutton

traición *f* treachery, betrayal; (*delito contra la patria*) treason; treacherous act; **alta traición** high treason; **a traición** treacherously; **hacer traición a** to betray

traicionar *tr* to betray

traicione•ro -ra *adj* treacherous; treasonable ‖ *mf* traitor

traída *f* conveyance, transfer; (Guat) sweetheart; **traída de aguas** water supply

traí•do -da *adj* worn, threadbare ‖ *f* see **traída**

trai•dor -dora *adj* treacherous; treasonable ‖ *mf* traitor; betrayer ‖ *m* villain ‖ *f* traitoress

traílla *f* leash; road scraper

traje *m* suit; clothes; dress; gown; **cortar un traje a** to gossip about; **traje a la medida** suit made to order; **traje de baño** bathing suit; **traje de calle** street clothes; **traje de ceremonia** or **de etiqueta** dress suit; full dress; evening clothes; **traje de faena** (mil) fatigue clothes; **traje de luces** bullfighter's costume; **traje de malla** tights; **traje de montar** riding habit; **traje de paisano** civilian clothes; **traje hecho** ready-made suit; **traje sastre** lady's tailor-made suit; **traje serio** formal dress; **vestir su primer traje largo** to come out, make one's debut

trajear *tr* to dress, clothe

trajín *m* carrying, transfer, conveyance; going and coming; bustle, commotion

trajinar *tr* to carry, convey; (Arg, Chile) to poke into; (Arg, Chile) to deceive; (Pan) to annoy ‖ *intr* to bustle around
tralla *f* lash, whiplash, whipcord
trama *f* weft, woof; plot, scheme, machination; (*de un drama o novela*) plot
tramar *tr* to weave; plot, scheme; (*un enredo*) hatch (*a plot*)
trambucar §73 *intr* (Col, Ven) to be shipwrecked; (Col, Ven) to go out of one's mind
tramitación *f* transaction, negotiation; procedure, steps; **tramitación automática de datos** data processing
tramitar *tr* to transact, negotiate
trámite *m* step, procedure; proceeding; transaction
tramo *m* tract; stretch; (*de una escalera*) flight; (*de un puente*) span; (*de un canal entre dos esclusas*) level
tramontana *f* north; north wind; pride, haughtiness
tramoya *f* stage machinery; scheme
tramoyista *adj* scheming, tricky ‖ *mf* schemer, impostor ‖ *m* stagehand
trampa *f* trap; trap door; (*de un mostrador*) flap; (*de los pantalones*) fly; **armar una trampa a** to lay a trap for; **trampa explosiva** (mil) booby trap
trampear *tr* to trick, swindle ‖ *intr* to cheat, manage to get along
trampilla *f* peephole in the floor; (*de los pantalones*) fly; (*de un secreter*) top, lid; (*de una mesa*) leaf, hinged leaf
trampolín *m* diving board; springboard; ski jump
tramposo -sa *adj* tricky, crooked ‖ *mf* cheat, swindler
tranca *f* beam, pole; crossbar; (Arg, Chile) drunk, spree; (P R) dollar; **a trancas y barrancas** through fire and water
trancar §73 *tr* to bar ‖ *intr* to stride along
trance *m* crisis; peril; trance; **a todo trance** at any cost; **último trance** (*de la vida*) last stage, end
tranco *m* long stride; threshold
tranquera *f* palisade, fence
tranquilidad *f* tranquillity
tranquilizante *m* tranquilizer
tranquilizar §60 *tr, intr & ref* to tranquilize, calm down
tranquilo -la *adj* tranquil, calm
tranquilla *f* feeler
tranquillo *m* knack
transacción *f* settlement, compromise; transaction
transaéreo *m* airliner
transar *tr* to settle ‖ *intr* to yield, give in, compromise
transatlántico -ca *adj & m* transatlantic
transbordador *m* ferry; **transbordador espacial** space shuttle
transbordar *tr* to transship; transfer ‖ *intr* to transfer, change trains
transbordo *m* transshipment; transfer
transcribir §83 *tr* to transcribe
transcripción *f* transcription

transcurrir *intr* to pass, elapse
transcurso *m* course (*of time*)
transepto *m* transept
transeúnte *adj* transient ‖ *mf* transient; passer-by
transferencia *f* transfer
transferir §68 *tr* to transfer; postpone
transformador *m* transformer
transformar *tr* to transform ‖ *ref* to transform, be transformed
tránsfuga *mf* turncoat; fugitive
transfusión *f* transfusion; **transfusión de sangre** transfusion, blood transfusion
transgredir §1 *tr* to transgress
transgresión *f* transgression
transido -da *adj* overcome, paralyzed; mean, cheap, stingy
transigencia *f* compromise; compromising
transigente *adj* compromising
transigir §27 *tr* to settle, compromise ‖ *intr* to settle, compromise; agree
transistor *m* transistor
transistorizar §60 *tr* transistorize
transitable *adj* passable, practicable
transitar *intr* to go, walk; to travel
transitivo -va *adj* transitive
tránsito *m* transit; traffic; stop; passage; transfer
transitorio -ria *adj* transitory
translúcido -da *adj* translucent
transmisión *f* transmission; **transmisión del pensamiento** thought transference
transmisor *m* transmitter; **transmisor de órdenes** (naut) engine-room telegraph
transmitir *tr & intr* to transmit
transmudar *tr* to transfer; persuade, convince
transmutar *tr, intr & ref* to transmute
transparecer §22 *intr* to show through
transparencia *f* transparency; slide
transparentar *ref* to show through
transparente *adj* transparent ‖ *m* curtain, window curtain; **transparente de resorte** window blind or shade
transpirar *intr* to transpire; (*dejarse conocer una cosa secreta*) transpire
transplantar *tr* to transplant
transponer §54 *tr* to transpose; disappear behind ‖ *ref* (*ocultarse detrás del horizonte*) to set; get sleepy
transportar *tr* to transport; (mus) to transpose
transporte *m* transport; transportation; (aer & naut) transport; **transporte colectivo** public transportation
transportista *mf* transport worker
transvestido -da *adj & mf* transvestite
transvestismo *m* transvestism
tranvía *m* trolley, trolley car, streetcar; **tranvía de sangre** horsecar
tranzar §60 *tr* to cut off, rip off; plait, braid
trapacear *tr* to chear, swindle
trapacería *f* cheating, swindling
trapacero -ra *adj* cheating, swindling ‖ *mf* cheat, swindler
trapajo *m* rag, tatter

to
tr

trápala *adj* chattering; cheating ‖ *mf* chatterbox; cheat ‖ *m* loquacity ‖ *f* noise, uproar; (*del trote de un caballo*) clatter; cheating

trapear *tr* to mop

trapecio *m* (geom) trapezoid; (sport) trapeze

trapecista *mf* trapeze performer

trape•ro -ra *mf* ragpicker; junk dealer

trapiche *m* sugar mill; olive press; ore crusher

trapien•to -ta *adj* raggedy, in rags

trapío *m* flipness, pertness; (*del toro de lidia*) spirit

trapisonda *f* brawl, row; scheming

trapisondista *mf* schemer

trapo *m* rag; (naut) canvas, sails; bullfighter's bright-colored cape; (*de la muleta*) cloth; **a todo trapo** full sail; **poner como un trapo** to rake over the coals; **sacar los trapos a la colada, a relucir** or **al sol** to wash one's dirty linen in public; **soltar el trapo** to burst out crying, to burst out laughing; **trapos** rags, duds; **trapos de cristianar** Sunday best

trapo•so -sa *adj* raggedy, in rags

tráquea *f* trachea, windpipe

traquea•do -da *adj* (*sendero*) (Arg) beaten

traquear *tr* to shake, rattle; fool with ‖ *intr* to crackle; rattle, chatter

traqueo *m* shake, rattle, chatter

traquetear *tr* & *intr* to rattle, jerk

tras *prep* after; behind; **tras de** behind; in addition to

trasatlánti•co -ca *adj* & *m* var of **transatlántico**

trasbordador *m* var of **transbordador**

trasbordar *tr* & *intr* var of **trasbordar**

trasbordo *m* var of **transbordo**

trascendencia *f* penetration, keenness; importance

trascendente *adj* penetrating; important

trascender §51 *tr* to go into, dig up ‖ *intr* to smell; come to be known, leak out

trascendi•do -da *adj* keen, perspicacious

trascocina *f* scullery

trascorral *m* back yard; backside

trascribir §83 *tr* var of **transcribir**

trascripción *f* var of **transcripción**

trascuarto *m* back room

trascurrir *intr* var of **transcurrir**

trascurso *m* var of **transcurso**

trasegar §66 *tr* to upset, turn topsy-turvy; decant, draw off

trase•ro -ra *adj* back, rear ‖ *m* buttock, rump

trasferir §68 *tr* var of **transferir**

trasformador *m* var of **transformador**

trasformar *tr* & *intr* var of **transformar**

trásfuga *mf* var of **tránsfuga**

trasfusión *f* var of **transfusión**

trasgo *m* goblin, hobgoblin; imp

trashojar *tr* to leaf through

trashumante *adj* nomadic, migrating

trasiego *m* upset, disorder; decantation

trasladar *tr* to transfer; postpone; copy, transcribe; transmit; move ‖ *intr* to go; move

traslado *m* transfer; copy, transcript; moving

traslapar *tr*, *intr* & *ref* to overlap

traslapo *m* lap, overlap

traslúci•do -da *adj* var of **translúcido**

traslucir §45 *tr* to guess ‖ *intr* to leak out ‖ *ref* to be translucent; leak out

traslumbrar *tr* to dazzle ‖ *ref* to be dazzled; vanish

trasluz *m* diffused light; glint, gleam; **al trasluz** against the light

trasmisión *f* var of **transmisión**

trasmisor *m* var of **transmisor**

trasmitir *tr* & *intr* var of **transmitir**

trasmóvil *m* (Col) mobile unit, radio pickup

trasmudar *tr* var of **transmudar**

trasmundo *m* afterlife, future life

trasmutar *tr*, *intr* & *ref* var of **transmutar**

trasnocha•do -da *adj* stale; haggard, rundown; hackneyed ‖ *f* last night; sleepless night; (mil) night attack

trasnocha•dor -dora *mf* night owl

trasnochar *tr* (*un problema*) to sleep over ‖ *intr* to spend the night; spend a sleepless night; stay up late

trasoír §48 *tr* to hear wrong

traspapelar *tr* to mislay ‖ *ref* to become mislaid

trasparecer §22 *intr* var of **transparecer**

trasparencia *f* var of **transparencia**

trasparente *adj* & *m* var of **transparente**

traspasar *tr* to cross, cross over; send; transfer; move; pierce, transfix; pain, grieve ‖ *ref* to go too far

traspié *m* slip, stumble; trip

traspirar *intr* var of **transpirar**

trasplantar *tr* var of **transplantar**

trasponer §54 *tr* & *ref* var of **transponer**

trasportar *tr* var of **transportar**

trasporte *m* var of **transporte**

trasportista *mf* var of **transportista**

traspunte *m* (theat) callboy

traspuntín *m* flap seat, folding seat, jump seat

trasquilar *tr* to crop, lop; (*las ovejas*) shear; curtail

trastazo *m* whack, blow

traste *m* fret; **dar al traste con** to throw away, ruin, spoil

trastera *f* attic, junk room

trastienda *f* back room

trasto *m* piece of furniture; piece of junk; good-for-nothing; **trastos** tools, implements, utensils; arms, weapons; junk; muleta and sword

trastornar *tr* to upset; overturn; disturb; perplex; daze, make dizzy; persuade

trastorno *m* upset; disturbance

trastrocar §81 *tr* to turn around, reverse, change

trasudor *m* cold sweat

trasueño *m* blurred dream, vague recollection

trasuntar *tr* to copy; abstract, sum up

trasunto *m* copy; record; likeness

trasverter §51 *intr* to run over, overflow

trasvolar §61 *tr* to fly over

trata *f* traffic, trade, slave trade; **trata de blancas** white slavery; **trata de esclavos** slave trade

tratado *m* (*escrito, libro*) treatise; (*convenio entre gobiernos*) treaty; agreement

tratamiento *m* treatment; title; **apear el tratamiento** to leave off the title

tratante *mf* dealer, retailer

tratar *tr* to handle; deal with; treat; **tratar a uno de** to address someone as; charge someone with being ‖ *intr* to deal; treat; try; **tratar de** to deal with; treat of; come in contact with; try to ‖ *ref* to deal; behave; (*bien o mal*) live; **tratarse de** to deal with; be a question of

trate•ro -ra *mf* (Chile) pieceworker

trato *m* treatment; deal, agreement; manner; business; title; friendly relations; **tener buen trato** to be very nice, be very pleasant; **trato colectivo** collective bargaining; **trato doble** double-dealing; **¡trato hecho!** it's a deal!

través *m* bend, bias, turn; reverse, misfortune; (naut) beam; **al** or **a través de** through, across; **dar al través con** to do away with; **mirar de través** to squint; look at out of the corner of one's eye

travesaño *m* crosspiece; (*de cama*) bolster; (*p.ej., de una sila*) rung

travesear *intr* to romp, carry on; sparkle, be witty; lead a wild life

travesía *f* crossing, voyage; crossroad; distance, passage; cross wind; (Arg, Dol) wasteland; (Chile) west wind

travesura *f* prank, antic, caper; mischief; sparkle, wit; slick trick

traviesa *f* crossing, voyage; rafter; side bet; (rr) tie

travie•so -sa *adj* cross; keen, shrewd; restless, fidgety; naughty, mischievous; debauched ‖ *f* see **traviesa**

trayecto *m* journey, passage, course; stretch, run

trayectoria *f* trajectory; path

traza *f* plan, design; scheme; means; appearance; mark, trace; footprint; streak, trait; **tener trazas de** to show signs of; look like

trazar §60 *tr* to plan, design; outline; trace; (*una línea*) draw; lay out, plot

trazo *m* line, stroke; trace; outline

trebejo *m* implement; chessman

trébol *m* clover; (*naipe que corresponde al basto*) club

trece *adj & pron* thirteen ‖ *m* thirteen; (*en las fechas*) thirteenth; **estarse, mantenerse** or **seguir en sus trece** to stand firm

trecea•vo -va *adj & m* thirteenth

trecho *m* stretch; while; **a trechos** at intervals

tregua *f* truce; respite, letup

treinta *adj & pron* thirty ‖ *m* thirty; (*en las fechas*) thirtieth

treinta•vo -va *adj & m* thirtieth

tremar *intr* to tremble, shake

tremen•do -da *adj* frightful, terrible, tremendous; (*muy grande*) tremendous

trementina *f* turpentine

tremer *intr* to tremble, shake

tremolar *tr & intr* to wave

tren *m* (*de coches o vagones; de ondas*) train; outfit, equipment; following, retinue; show, pomp; (*de la vida*) way; **tren aerodinámico de lujo** (rr) streamliner; **tren**

ascendente (rr) up train; **tren correo** (rr) mail train; **tren de aterrizaje** (aer) landing gear; **tren de laminadores** rolling mill; **tren de lavado** laundry; **tren de mercancías** freight train; **tren de mudadas** moving company; **tren descendente** (rr) down train; **tren de viajeros** passenger train; **tren ómnibus** (rr) accomodation train; **tren rápido** (rr) flyer

treno *m* dirge

trenza *f* braid, plait; tress; (*p.ej., de ajos*) string; **en trenzas** with her hair down

trenzar §60 *tr* to braid, plait ‖ *intr* to caper; prance

trepa•dor -dora *adj* climbing ‖ *mf* climber ‖ *f* (bot) climber

trepar *tr* to climb; drill, bore ‖ *intr* to climb; **trepar por** to climb up ‖ *ref* to lean back

trepidar *intr* to shake, vibrate; (Chile) to hesitate, waver

tres *adj & pron* three; **las tres** three o'clock ‖ *m* three; (*en las fechas*) third

trescien•tos -tas *adj & pron* three hundred ‖ **trescientos** *m* three hundred

tresillo *m* ombre; three-piece living-room suite; (mus) triplet

tresnal *m* (agr) shock

treta *f* trick, scheme; (*del esgrimidor*) feint

treza•vo -va *adj & m* thirteenth

triángulo *m* triangle

triar §77 *tr* to sort

tribu *f* tribe

tribuna *f* tribune, rostrum, platform; grandstand; (*en la iglesia*) gallery; **tribuna de la prensa** press box; **tribuna del órgano** (mus) organ loft; **tribuna de los acusados** (law) dock

tribunal *m* tribunal, court; **tribunal de apelación** appellate court; **tribunal tutelar de menores** juvenile court

tributar *tr* (*contribuciones, impuestos, etc.*) to pay; (*admiración, gratitud, etc.*) render

tributario -ria *adj* tributary; tax; **ser tributario de** to be indebted to ‖ *m* tributary

tributo *m* tribute; tax

tricornio *m* tricorn, three-cornered hat

trifocal *adj* trifocal

trifulca *f* wrangle, squabble

trigési•mo -ma *adj & m* thirtieth

trigo *m* wheat; (slang) dough, money; **trigo entero** whole wheat; **trigo sarraceno** buckwheat

trigonometría *f* trigonometry

trigue•ño -ña *adj* swarthy, olive-skinned

trilogía *f* trilogy

trilla *f* threshing

trilla•do -da *adj* (*sendero*) beaten; trite, commonplace

trilladora *f* threshing machine

trillar *tr* to thresh; mistreat, frequent

trilli•zo -za *mf* triplet

trillón *m* British trillion; quintillion (in U.S.A.)

trimestral *adj* quarterly

trimestre *m* quarter

trinado *m* trill, warble

tr
tr

trinar *intr* to trill, warble, quaver; get angry
trinca *f* trinity
trincar §73 *tr* to bind, lash, tie fast; crush; (slang) to kill ‖ *intr* to take a drink
trinchar *tr* to carve, slice
trinchera *f* cut; trench; trench coat
trineo *m* sleigh, sled
Trinidad *f* Trinity
trino *m* trill
trinquete *m* pawl, ratchet; (naut) foresail
trin•quis *m* (*pl* **-quis**) drink, swig
trío *m* sorting; trio; (mus) trio
tripa *f* gut, intestine; belly; (*del cigarro*) filler; **hacer de tripas corazón** to pluck up courage
triple *adj* & *m* triple
triplica•do -da *adj* & *m* triplicate; **por triplicado** in triplicate
triplicar §73 *tr* to triplicate ‖ *intr* to treble
trípode *m* tripod
tríptico *m* triptych
tripu•do -da *adj* big-bellied, potbellied
tripulación *f* crew
tripulante *m* crew member
tripular *tr* to man; fit out, equip
trique *m* crack, swish; **a cada trique** at every turn; **triques** (Mex) tools, implements
triquiñuela *f* chicanery, subterfuge
triquitraque *m* clatter; firecracker
tris *m* crackle; shave, inch; trice
trisar *tr* (Chile) to crack, chip ‖ *intr* to chirp
triscar §73 *tr* to mix; (*una sierra*) set ‖ *intr* to stamp the feet; romp, frisk around; (Col) to gossip
trismo *m* lockjaw
triste *adj* sad; dismal, gloomy; (*despreciable, ridículo*) sorry
tristeza *f* sadness; gloominess
tris•tón -tona *adj* wistful, melancholy
tritón *m* eft, newt, triton; (*hombre experto en la natación*) merman
trituradora *f* crushing machine
triturar *tr* to grind, crush; abuse
triunfal *adj* triumphal
triunfante *adj* triumphant
triunfar *intr* to triumph; trump; **triunfar de** to triumph over; trump
triunfo *m* triumph; trump; **sin triunfo** no trump
trivial *adj* trivial; trite, commonplace; (*sendero*) beaten
trivialidad *f* triviality; triteness
triza *f* shred; **hacer trizas** to tear to pieces
trizar §60 *tr* to tear to pieces
trocar §81 *tr* to exchange, swap; barter; confuse, twist, distort ‖ *intr* to swap ‖ *ref* to change; change seats
trocha *f* trail, narrow path; gauge
trofeo *m* trophy; victory
troj *f* or **troje** *f* granary; olive bin
trole *m* trolley pole
trolebús *m* trolley bus, trackless trolley
tromba *f* (*de polvo, agua, etc.*) whirl, column; **tromba marina** waterspout; **tromba terrestre** tornado
trombón *m* trombone
trompa *f* (*del elefante*) trunk; waterspout;

top; nozzle; (anat) duct, tube; (mus) horn; (Col, Chile) cowcatcher; **trompa de armonía** French horn; **trompa de Eustaquio** Eustachian tube
trompada *f* bump, collision; punch
trompar *intr* to spin a top
trompeta *f* trumpet; bugle, clarion; good-for-nothing; drunkenness
trompetear *intr* to trumpet, sound the trumpet
trompetilla *f* ear trumpet; Bronx cheer
trompicar §44 *tr* to trip, make stumble ‖ *intr* to stumble
trompicón *m* stumble
trompiza *f* fist fight
trompo *m* (*juguete*) top; (*en el ajedrez*) man; (*buque malo y pesado*) tub
tronada *f* thunderstorm
tronar §61 *tr* (Mex) to shoot ‖ *intr* to thunder; fail, collapse; **por lo que pueda tronar** just in case
troncar §44 *tr* to cut off the head of; (*un escrito*) cut, shorten
tronco *m* (*del cuerpo, del árbol, de una familia, del ferrocarril*) trunk; (*leño*) log; (*de caballerías*) team; sap, fathead; **estar hecho un tronco** to be knocked out; be sound asleep
troncha *f* slice; cinch
tronchar *tr* to smash, split; chop off
tronera *m* madcap, roisterer ‖ *f* embrasure, loophole; louver; (*de la mesa de billar*) pocket
tronido *m* thunderclap
trono *m* throne
tronquista *m* driver, teamster
tronzar §60 *tr* to shatter, break to pieces; pleat; wear out
tropa *f* troop; herd, drove; **en tropa** straggling, without formation; **tropas de asalto** shock troops, storm troops
tropel *m* crowd, throng; rush, hurry; jumble; **de** or **en tropel** in a mad rush
tropelía *f* mad rush; outrage
tropero *m* (Arg) cowboy
tropezar §18 *tr* to strike ‖ *intr* to stumble; slip, blunder; **tropezar con** or **en** to stumble over, trip over; run into; come upon
trope•zón -zona *adj* stumbly ‖ *m* stumble; stumbling place; **a tropezones** by fits and starts; falteringly; **dar un tropezón** to stumble, trip
tropical *adj* tropic(al)
trópico *m* tropic
tropiezo *m* stumble; stumbling block; slip, blunder, fault; obstacle; quarrel
tropilla *f* (Arg, Urug) drove of horses following a leading mare
troposfera *f* troposphere
troquel *m* die
trotaconven•tos *f* (*pl* **-tos**) procuress, bawd
trotamun•dos *m* (*pl* **-dos**) globetrotter
trotar *intr* to trot; to hustle
trote *m* trot; chore; **al trote** right away; **para todo trote** for everyday wear; **trote de perro** jog trot
trotona *f* chaperone

trovador *m* troubadour

trovadores•co -ca *adj* troubadour

trovero *m* trouvère

Troya *f* Troy; **ahí fué Troya** it's a shambles; **¡arda Troya!** come what may!

troya•no -na *adj* & *mf* Trojan

troza *f* log

trozar §60 *tr* to break to pieces; (*un tronco*) cut into logs

trozo *m* piece, fragment; block; excerpt, selection

truco *m* contrivance, device; trick; pocketing of ball; **truco de naipes** card trick; **trucos** pool

truculen•to -ta *adj* truculent

trucha *f* trout

trueno *m* thunder, thunderclap; shot, report; rake, roué; **trueno gordo** finale (*of fireworks*); big scandal; **truenos** (Ven) heavy shoes

trueque *m* barter; exchange, swap; trade-in; **a trueque de** in exchange for; **trueques** (Col) change

trufa *f* truffle; fib, lie

tru•hán -hana *adj* crooked; clownish ‖ *mf* crook; clown

trujal *m* wine press; oil press

trulla *f* noise, bustle; crowd; trowel

truncar §73 *tr* to cut off the head of; (*palabras o frases*) cut, slash; cut off, interrupt

trusas *fpl* trunk hose; trunks

tu *adj poss* thy, your

tú *pron pers* thou, you

tubérculo *m* (*rizoma engrosado, p.ej., de la patata*) tuber; (*protuberancia*) tubercle

tuberculosis *f* tuberculosis

tubería *f* tubing; piping

tubo *m* tube; pipe; **tubo de desagüe** drainpipe; **tubo de ensayo** test tube; **tubo de humo** flue; **tubo de imagen** picture tube; **tubo de vacío** vacuum tube; **tubo digestivo** alimentary canal; **tubo sonoro** chime

tuerca *f* nut; **tuerca de aletas** wing nut

tuer•to -ta *adj* crooked, bent; one-eyed; **a tuertas** upside down; crosswise; **a tuertas o a derechas** rightly or wrongly; thoughtlessly ‖ *mf* one-eyed person ‖ *m* wrong, harm, injustice; **tuertos** afterpains

tuétano *m* marrow; pith; **hasta los tuétanos** through and through; head over heels

tufi•llas *mf* (*pl* -llas) touchy person

tufillo *m* whiff, smell

tufo *m* fume, vapor; sidelock; foul odor, foul breath; **tufos** airs, conceit

tugurio *m* shepherd's hut; hovel

tuición *f* protection, custody

tulipán *m* tulip

tullecer §22 *tr* to abuse, mistreat ‖ *intr* to be crippled

tulli•do -da *adj* paralyzed, crippled ‖ *mf* paralytic, cripple

tullir §13 *tr* to cripple, paralyze; abuse, mistreat ‖ *ref* to become crippled or paralyzed

tumba *f* grave, tomb; tombstone; arched top; felling of trees

tumbacuarti•llos *mf* (*pl* -llos) old toper, rounder

tumbar *tr* to knock down; catch, trick; stun ‖ *intr* to tumble; capsize ‖ *ref* to lie down

tumbo *m* fall, tumble; boom, rumble; crisis; rise and fall of sea; rough surf

tumbona *f* hammock

tumor *m* tumor

túmulo *m* catafalque

tumulto *m* tumult

tuna *f* loafing, bumming; (bot) prickly pear

tunante *adj* bumming, loafing; crooked, tricky ‖ *mf* bum, loafer; crook

tundidora *f* lawn mower

tuneci•no -na *adj* & *mf* Tunisian

túnel *m* tunnel; **túnel de lavado** automatic car wash

tunes *mpl* (Col) little steps, first steps

Túnez (*ciudad*) Tunis; (*país*) Tunisia

tungsteno *m* tungsten

túnica *f* tunic

tu•no -na *adj* crooked, tricky ‖ *mf* crook ‖ *f* see **tuna**

tupé *m* toupee; nerve, cheek, brass

tupi•do -da *adj* thick, dense, compact; dull, stupid; clogged up

tupir *tr* to pack tight ‖ *ref* to stuff, stuff oneself

turba *f* crowd, mob; peat

turbamulta *f* job, rabble

turbar *tr* to disturb, trouble; stir up ‖ *ref* to be confused

turbiedad *f* muddiness; confusion

turbina *f* turbine

tur•bio -bia *adj* turbid, muddy, cloudy; confused; obscure

turbión *m* squall, thunderstorm; (*p.ej., de balas*) (fig) hail

turbocompresor *m* turbocompressor

turbohélice *m* turboprop

turbopropulsor *m* turboprop (*engine*)

turborreactor *m* turbojet (*engine*)

turbosupercargador *m* turbosupercharger

turbulen•to -ta *adj* turbulent

tur•co -ca *adj* Turkish ‖ *mf* Turk ‖ *m* (*idioma*) Turkish ‖ *f* (coll) binge; boozing; **coger una turca** to get drunk

turfista *adj* horsy ‖ *m* turfman

turismo *m* touring; touring car

turista *mf* tourist

turísti•co -ca *adj* tourist; touring

turnar *intr* to alternate, take turns

tur•nio -nia *adj* (*ojos*) cross; cross-eyed; (*que mira con ceño*) cross-looking

turno *m* turn, shift; **aguardar turno** to wait one's turn; **por turno** in turn; **turno diurno** day shift

turón *m* polecat

turquesa *s* turquoise

Turquía *s* Turkey

turrón *m* nougat; plum

tusa *f* corncob; corn silk; (Chile) mane; (Col) pockmark; (CAm, W-I) trollop

tusar *tr* to shear, clip, cut

tutear *tr* to thou, address familiarly ‖ *ref* to thou each other, address each other familiarly

tr
tu

tutela *f* guardianship; protection
tutelar *adj* guardian; protecting ‖ *tr* to protect, shelter, guide
tu•tor -tora or **-triz** *mf* (*pl* **-trices**) guardian, tutor

tu•yo -ya *adj poss* of thee ‖ *pron poss* thine, yours
tuza *f* gopher

U

U, u (u) *f* twenty-fourth letter of the Spanish alphabet
u *conj* (used before words beginning with *o* or *ho*) or
U. *abbr* **usted**
ubicar §73 *tr* to locate, place ‖ *intr & ref* to be situated
ubi•cuo -cua *adj* ubiquitous
ubre *f* udder
Ucrania *f* Ukraine
ucrania•no -na *adj & mf* Ukrainian
ucra•nio -nia *adj & mf* Ukrainian ‖ *f* see **Ucrania**
Ud. *abbr* **usted**
Uds. *abbr* **ustedes**
ufanar *ref* — **ufanarse con** or **de** to boast of, be proud of
ufanía *f* pride, conceit; cheer, satisfaction; ease, smoothness
ufa•no -na *adj* proud, conceited; cheerful, satisfied; easy, smooth
ujier *m* doorman, usher
úlcera *f* ulcer, fester, sore; **úlcera de decúbito** bedsore
ulcerar *tr & ref* to ulcerate, fester
ulterior *adj* ulterior; subsequent
ulteriormente *adv* subsequently, later
últimamente *adv* finally; lately, recently
ultimar *tr* to finish, end, conclude, wind up; kill, finish off
ultimátum *m* (*pl* **-tums**) ultimatum; definite decision
últi•mo -ma *adj* last, latest; final; excellent, superior; (*precio*) lowest, final; most remote; (*piso*) top; (*hora*) late; **a la última** in the latest fashion; **a última hora** at the eleventh hour; **a últimos de** toward the end of, in the latter part of; **de última hora** last-minute; **estar a lo último** or **en las últimas** to be up to date, be well-informed; be on one's last-legs; **por último** at last, finally; **último suplicio** capital punishment
ultraatmosféri•co -ca *adj* outer (*space*)
ultraeleva•do -da *adj* (rad) ultrahigh
ultrajar *tr* to outrage, offend
ultraje *m* outrage, offense
ultrajo•so -sa *adj* outrageous, offensive
ultramar *m* country overseas
ultramari•no -na *adj* overseas ‖ **ultramarinos** *mpl* groceries, delicatessen
ultranza — **a ultranza** to the death; unflinchingly
ultrarro•jo -ja *adj & m* infrared
ultratumba *adv* beyond the grave

ultraviola•do -da or **ultravioleta** *adj & m* ultraviolet
ululación *f* howl; whoop; (*del buho*) hoot; (*del disco del fonógrafo*) wow
ulular *intr* to howl; whoop; (*el buho*) hoot
ululato *m* howl; (*del buho*) hoot
umbilical *adj* umbilical
umbral *m* threshold, doorsill; (*madero que sostiene el muro encima de un vano*) lintel; (physiol, psychol & fig) threshold; **atravesar** or **pisar los umbrales** to cross the threshold; **estar en los umbrales de** to be on the threshold of
umbralada *f* (Col) threshold
umbrí•o -a *adj* shady ‖ *f* shady side
umbro•so -sa *adj* shady
un, una (the apocopated form **un** is used before masculine singular nouns and adjectives and before feminine singular nouns beginning with stressed *a* or *ha*) *art indef* a ‖ *adj* one
unánime *adj* unanimous
unanimidad *f* unanimity
unción *f* unction
uncir §36 *tr* (*bueyes*) to yoke, hitch
undéci•mo -ma *adj & m* eleventh
undo•so -sa *adj* wavy
ungir §27 *tr* to smear with ointment or with oil; anoint
ungüento *m* unguent, ointment, salve
únicamente *adv* only, solely
úni•co -ca *adj* only, sole; (*sin otro de su especie*) unique; one, e.g., **precio único** one price
unicornio *m* unicorn
unidad *f* (*concepto de una sola cosa o persona; cantidad que se toma como medida común de todas las demás de su clase; el número entero más pequeño*) unit; (*indivisión; armonía de conjunto; el número uno*) unity
uni•do -da *adj* united; smooth, even; close-knit
unifamiliar *adj casa* one-family
unificar §73 *tr* to unify
uniformar *tr* to make uniform; provide with a uniform
uniforme *adj* uniform ‖ *m* uniform; **uniforme de gala** (mil) full dress
uniformidad *f* uniformity
unilateral *adj* unilateral
unión *f* union; double ring; **Unión Soviética** Soviet Union
unir *tr & ref* to unite

unisonancia f (mus) unison; (de un orador) monotony

unísono — **al unísono** in unison; unanimously; **al unísono de** in unison with

unita•rio -ria adj unit

universal adj universal; all-purpose; (teclado de máquina de escribir) standard

universidad f university

universita•rio -ria adj university ‖ mf university student, college student ‖ m university professor

universo m universe

u•no -na pron one, someone; **a una** of one accord; **la una** one o'clock; **somos uno** we are one; **uno a otro, unos a otros** each other, one another; **uno que otro** one or more, a few; **u•nos -nas** some; pair of, e.g., **unas gafas** a pair of glasses; **unas tijeras** a pair of scissors; **unos cuantos** some; **uno y otro** both ‖ pron indef one, e.g., **uno no sabe qué hacer aquí** one does not know what to do here ‖ m (unidad y signo que la representa) one

untar tr to smear, grease; anoint; bribe ‖ ref to get smeared; grease oneself; embezzle

unto m grease; (gordura del cuerpo del animal) fat; (Chile) shoe polish; **unto de Méjico** or **de rana** bribe money

untuo•so -sa adj unctuous, greasy, sticky

uña f nail, fingernail, toenail; (pezuña) hoof; (del ancla) fluke, bill; (mach) claw, gripper; **enseñar** or **mostrar las uñas** to show one's teeth; **ser largo de uñas** to have long fingers; **ser uña y carne** to be hand in glove; **tener en la uña** to have on the tip of one's fingers

uñada f scratch, nail scratch; (impulso dado con la uña) flip

uñero m ingrowing nail; (inflamación del dedo en la raíz de la uña) whitlow

ural adj Ural ‖ **Urales** mpl Urals

uranio m uranium

urbanidad f urbanity

urbanismo m city planning

urbanista mf city planner

urbanísti•co -ca adj city-planning ‖ f city planning

urbanizar §60 tr (convertir en poblado) to urbanize; refine; polish

urba•no -na adj urban, city; (atento, cortés) urbane ‖ m policeman

urbe f metropolis

urdema•las mf (pl -las) schemer

urdimbre f warp; scheme, scheming; **estar en la urdimbre** (Chile) to be thin, be emaciated

urdir tr (los hilos) to beam; (una conspiración) hatch

urente adj burning, smarting

uretra f urethra

urgencia f urgency; **de urgencia** special-delivery

urgente adj urgent; (correo) special-delivery

urgir §27 intr to be urgent

urina•rio -ria adj urinary ‖ m urinal

urna f glass case; ballot box; (para guardar las cenizas de los cadáveres) urn; **acudir** or **ir a las urnas** to go to the polls

urología f urology

urraca f magpie

U.R.S.S. abbr **Unión de Repúblicas Socialistas Soviéticas**

urticaria f hives

Uruguay, el Uruguay

urugua•yo -ya adj & mf Uruguayan

usa•do -da adj (empleado; gastado por el uso; acostumbrado) used; skilled, experienced; (vocablo) **poco usado** rare

usanza f use, usage, custom

usar tr to use, make use of; (un cargo, un oficio) follow ‖ intr — **usar** + inf to be accustomed to + inf; **usar de** to use, have recourse to; **usar de la palabra** to speak, make a speech ‖ ref to be the custom

usina f factory, plant; powerhouse; (estación de tranvía) (Arg) carbarn

uso m use; custom, usage; wear, wear and tear; habit, practice; **al uso** according to custom; **en buen uso** in good condition; **hacer uso de la palabra** to speak, make a speech

usted pron pers you

usual adj (de uso común) usual; (que se usa con facilidad) usable; sociable

usualmente adv usually

usua•rio -ria mf user

usufructo m use, enjoyment

usufructuar §21 tr to enjoy the use of

usura f usury; profit; **pagar con usura** to pay back a thousandfold

usurero m loan shark; profiteer

usurpar tr to usurp

utensilio m utensil

útero m uterus, womb

útil adj useful ‖ **útiles** mpl utensils, tools, equipment

utilería f (Arg) properties, stage equipment

utilero m (Arg) property man

utilidad f utility, usefulness; profit, earnings

utilita•rio -ria adj utilitarian

utilizable adj usable

utilizar §60 tr to utilize, use ‖ ref — **utilizarse con, de** or **en** to make use of; **utilizarse para** to be good for

utopía f utopia

utopista adj & mf utopian

UU. abbr **ustedes**

uva f grape; wart on eyelid; (baya) berry; **estar hecho una uva** to have a load on; **uva crespa** gooseberry; **uva de Corinto** currant; **uva de raposa** nightshade; **uva espín** or **espina** gooseberry; **uva pasa** raisin; **uvas verdes** (de la fábula de Esopo) sour grapes

uve f (letra del alfabeto) V

uxoricida m uxoricide (husband)

uxoricidio m uxoricide (act)

uxo•rio -ria adj uxorious

tu

ux

V, v (ve *or* uve) *f* twenty-fifth letter of the Spanish alphabet

V. *abbr* **usted, vease, venerable**

V.A. *abbr* **Vuestra Alteza**

vaca *f* cow; (*cuero*) cowhide; (*carne de vaca o de buey*) beef; gambling pool; **hacer vaca** (Peru) to play truant; **vaca de la boda** (coll) goat, laughingstock; friend in need; **vaca de leche** milch cow; **vaca de San Antón** (ent) ladybird

vacación *f* (*cargo que está sin proveer*) vacancy; **de vacaciones** on vacation; **vacaciones** vacation; **vacaiones retribuídas** vacation with pay

vacacionista *mf* vacationist

vacancia *f* vacancy

vacante *adj* vacant ‖ *f* vacancy

vacar §73 *intr* (*un empleo, un cargo*) to be vacant, be unfilled; take off, take a vacation; **vacar a** to attend to; **vacar de** to lack, be devoid of

vacia•do -da *adj* hollow-ground ‖ *m* cast, casting; plaster cast

vaciante *f* ebb tide

vaciar §77 & **regular** *tr* to empty, drain; cast, mold; (*formar un hueco en*) hollow out; sharpen on a grindstone; copy, transcribe; explain in detail ‖ *intr* to empty; flow; (*el agua en el río*) fall, go down ‖ *ref* to blab

vacilación *f* vacillation; flickering; hesitancy, hesitation

vacilada *f* (Mex) spree, high time; (Mex) drunk

vacilante *adj* vacillating; (*luz*) flickering; (*irresoluto*) hesitant

vacilar *intr* to vacillate; (*la luz*) flicker; shake, wobble; (*estar irresoluto*) hesitate, waver

vací•o -a *adj* empty; (*hueco*) hollow; idle; useless, unsuccessful; (*vaca*) barren; presumptuous ‖ *m* emptiness; (*laguna, abertura; vacante*) vacancy; (*espacio que no contiene ninguna materia*) void; (*espacio de que se ha extraído el aire*) vacuum; (*ijada*) side, flank; **de vacío** light, unloaded; **hacer el vacío a** to isolate

vacuidad *f* vacuity, emptiness

vacuna *f* (*enfermedad de las vacas*) cowpox; (*virus cuya inoculación preserva de una enfermedad determinada*) vaccine

vacunación *f* vaccination

vacunar *tr* to vaccinate

vacu•no -na *adj* bovine; cowhide ‖ *f* see **vacuna**

va•cuo -cua *adj* vacant ‖ *m* cavity, hollow

vadear *tr* (*un río*) to ford; wade through; overcome; sound out ‖ *ref* to behave; manage

vado *m* ford; expedient, resource; **al vado o a la puente** one way or another; **no hallar vado** to see no way out; **tentar el vado** to feel one's way

vagabundaje *m* vagrancy

vagabundear *intr* to wander, roam; loaf around

vagabun•do -da *adj* vagabond ‖ *mf* vagabond, tramp; wanderer

vagancia *f* loafing, vagrancy

vagar *m* leisure; **con vagar** slowly; **estar de vagar** to have nothing to do ‖ §44 *intr* to wander, roam; be idle; have plenty of leisure; (*una cosa*) lie around; (*p.ej., una sonrisa por los labios*) play

vagido *m* cry of a newborn baby

vagina *f* vagina

vagneria•no -na *adj* & *mf* Wagnerian

va•go -ga *adj* wandering, roaming; idle, loafing; lax, loose; hesitating, wavering; (*indefinido, indeciso*) vague; (*mirada*) blank ‖ *m* vagabond; idler, loafer; **en vago** shakily; in vain; in the air; **poner en vago** to tilt

vagón *m* car, railroad car; **vagón cama** sleeping car; **vagón carbonero** coal car; **vagón cerrado** boxcar; **vagón cisterna** tank car; **vagón de carga** freight car; **vagón de cola** caboose; **vagón de mercancías** freight car; **vagón de plataforma** flatcar; **vagón frigorífico** refrigerator car; **vagón salón** chair car; **vagón tolva** hopper-bottom car; **vagón volquete** dump car

vagoneta *f* tip car; station wagon

vaguear *intr* to wander around

vaguedad *f* vagueness; vague remark

vaguido *m* faintness, fainting spell

vaharada *f* breath, exhalation

vahear *intr* to emit odors, give forth an aroma

vahído *m* faintness, fainting spell

vaho *m* odor, aroma, vapor, fume

vaina *f* sheath; scabbard; knife case; (*de ciertas semillas*) pod, husk; annoyance, bother; (Col) luck, stroke of luck

vainica *f* hemstitch

vainilla *f* vanilla

vainita *f* (Ven) string bean

vaivén *m* swing, seesaw, backward and forward motion; unsteadiness, inconstancy; risk, chance

vajilla *f* dishes, set of dishes; **lavar la vajilla** to wash the dishes; **vajilla de oro** gold plate; **vajilla de plata** silver plate, silverware; **vajilla de porcelana** chinaware

vale *m* promissory note; voucher; farewell; (Ven) chum, pal; **vale respuesta** reply coupon

valede•ro -ra *adj* valid, effective

vale•dor -dora *mf* defender, protector; (Mex) friend, companion

valedura *f* (Mex) favor, protection

valencia *f* (chem) valence

valentía *f* bravery, valor; feat, exploit; dash, boldness; boast; **pisar de valentía** to strut, swagger

valen•tón -tona *adj* arrogant, boastful ‖ *mf* braggart, boaster ‖ *f* bragging

valer *m* worth, merit, value ‖ §76 *tr* to defend; protect; favor, patronize; avail; yield; be worth, be valued at; be equal to; suit; **valer la pena** to be worthwhile (to);

valerle a uno + *inf* to help someone to + *inf*, to get someone to + *inf;* **valor lo que pesa** to be worth its (his, her, etc.) weight in gold; **valga lo que valiere** come what may; **¡válgame Dios!** bless my soul!, so help me God! || *intr* to have worth; be worthy; be valuable; be valid; prevail; hold, count; have influence; **hacer valer** (*sus derechos*) to assert; make felt; make good; turn to account; **más vale** it is better (to); **vale O.K.; valer para** to be useful for; **valer por** to be equal to || *ref* to help oneself, defend oneself; **valerse de** to make use of, avail oneself of

valero•so -sa *adj* valorous, brave; strong, active, effective

va•let *m* (*pl* **-lets**) (cards) jack

valía *f* value, worth; favor, influence; **mayor valía** or **plus valía** appreciation, increased value; unearned increment

validación *f* validation

validar *tr* to validate

validez *f* validity; strength, vigor

vali•do -da *adj* highly esteemed, influential || *m* court favorite; prime minister

váli•do -da *adj* valid; strong, robust

valiente *adj* valiant; strong, robust; fine, excellent; (*grande y excesivo*) terrific || *m* brave fellow; bully

valija *f* satchel, brief case; mailbag, mailpouch; mail; **valija diplomática** diplomatic pouch

valimiento *m* favor, protection; favor at court, favoritism

valio•so -sa *adj* valuable; influential; wealthy

va•lón -lona *adj* & *mf* Walloon

valor *m* value, worth; valor, courage; meaning, import; efficacy; equivalence; (*rédito*) income, return; effrontery; (*persona, cosa o cualidad dignas de ser poseídas*) (fig) asset; **¿cómo va ese valor?** how are you?; **valor de rescate** (ins) surrender value; **valores** securities

valoración *f* valuation, appraisal

valorar or **valorear** *tr* (*poner precio a*) to value, appraise; enhance the value of

valorizar §60 *tr* to value; enhance the value of; sell of (*for quick realization*)

vals *m* waltz

valsar *intr* to waltz

valuación *f* valuation, appraisal

valuar §21 *tr* to estimate

válvula *f* valve; **válvula corredize** slide valve; **válvula de admisión** intake valve; **válvula de escape** exhaust valve; **válvula de escape libre** cutout; **válvula de seguridad** safety valve; **válvula en cabeza** valve in the head, overhead valve

valla *f* fence, railing; barricade; hindrance, obstacle; (sport) hurdle; (W-I) cockpit; **valla paranieves** snow fence

vallado *m* barricade, stockade

valle *m* valley; river bed; valley dwellings; **valle de lágrimas** vale of tears

vampiresa *f* vampire

vampíri•co -ca *adj* vampire; ghoulish

vampiro *m* vampire; (*persona que se deleita con cosas horribles*) ghoul

vanadio *m* vanadium

vanagloriar §77 & regular *ref* to boast

vanaglorio•so -sa *adj* vainglorious, conceited, boastful

vanamente *adv* vainly

vandalismo *m* vandalism

vánda•lo -la *adj* & *mf* Vandal; (fig) vandal

vanguardia *f* (mil & fig) vanguard, van; **a vanguardia** in the vanguard

vanguardismo *m* avant-garde

vanguardista *adj* avant-garde || *mf* avant-gardist

vanidad *f* vanity; (*fausto*) pomp, show; **ajar la vanidad de** to take down a peg; **hacer vanidad de** to boast of

vanido•so -sa *adj* vain, conceited

va•no -na *adj* vain; hollow, empty; **en vano** in vain || *m* opening in a wall

vapor *m* steam; (*el visible: exhalación, vaho, niebla, etc.*) vapor; steamer, steamboat; **al vapor** at full speed; **vapores** gas (*belched*); blues; **vapor volandero** tramp steamer

vaporar *tr* & *ref* to evaporate

vaporizador *m* atomizer, sprayer

vaporizar §60 *tr* to vaporize; spray || *ref* to vaporize

vaporo•so -sa *adj* vaporous

vapular or **vapulear** *tr* whip, flog

vaquería *f* drove of cattle; dairy; (Mex) party

vaqueri•zo -za *adj* cattle || *f* winter stable for cattle

vaque•ro -ra *adj* cattle || *mf* cattle tender; (Peru) truant || *m* cow hand; cowboy; **vaqueros** blue jeans

vaqueta *f* leather; (P-R) strop; **zurrarle a uno la vaqueta** to tan someone's hide

vaquillona *f* (Arg, Chile) heifer

vara *f* pole, rod, staff; (*de carruaje*) shaft; (*bastón de mando*) wand; measuring stick; (taur) thrust with goad; **tener vara alta** to have the upper hand; **vara alcándara** shaft; **vara alta** upper hand; **vara buscadora** divining rod (*ostensibly to discover water or metals*); **vara de adivinar** divining rod; **vara de oro** goldenrod; **vara de pescar** fishing rod; **vara de San José** goldenrod

vara-alta *m* boss

varada *f* beaching; running aground

varadero *m* repair dock

varapalo *m* long pole; setback, disappointment, reverse

varar *tr* (*una embarcación*) to beach || *intr* to run aground; (*un negocio*) come to a standstill

varear *tr* (*los frutos de los árboles*) to beat down, knock down; beat, strike; (taur) to goad; (*los caballos de carreras*) (SAm) to exercise, train || *ref* to lose weight, get thin

varec *m* (bot) wrack

varenga *f* (naut) floor, floor timber

vareta *f* twig, stick; lime twig for catching birds; colored stripe; cutting remark; hint; **irse de vareta** to have diarrhea

variable *adj* & *f* variable

variación *f* variation

varia•do -da *adj* varied; variegated

variante *adj & f* variant

variar §77 to vary, change ‖ *intr* to vary, change; be different; variar de or en opinión to change one's mind

varice *f* or várice *f* varicose veins

varicela *f* chicken pox

varico•so -sa *adj* varicose

variedad *f* variety; variedades variety show, vaudeville

varilla *f* rod, stem, twig; (*bastón de mando*) wand; (*de paraguas, abanico, etc.*) rib; (*del corsé*) stay; (*de rueda*) wire spoke; jawbone; (Mex) peddler's wares; varilla de nivel dipstick; varilla de virtudes wand, magician's wand

varillaje *m* ribs, ribbing; (*de máquina de escribir*) type bars

varille•ro -ra *adj* (*caballo*) (Ven) race ‖ *m* (Mex) peddler

va•rio -ria *adj* (*de diversos colores; que tiene variedad*) various, varied; fickle, inconstant; varios various; several

varón *adj* male, e.g., hijo varón male child ‖ *m* man, male; grown man, adult male; man of standing; santo varón plain artless fellow

varonía *f* male issue

varonil *adj* manly, virile; courageous

Varsovia *f* Warsaw

vasa•llo -lla *adj & mf* vassal

vas•co -ca *adj & mf* Basque (*of Spain and France*) ‖ *m* Basque (*language*)

vas•cón -cona *adj & mf* Basque (*of old Spain*)

vasconga•do -da *adj & mf* Basque (*of Spain*) ‖ *m* Basque (*language*) ‖ las Vascongadas the Basque Provinces

vascuence *adj & m* Basque (*language*) ‖ *m* gibberish

vaselina *f* Vaseline

vasera *f* kitchen shelf; bottle rack, tumbler rack

vasija *f* container, vessel

vaso *m* tumbler, glass; vase, flower jar; (anat) duct, vessel; vaso de engrase (mach) grease cup; vaso de noche pot, chamber pot; vaso graduado measuring glass; vaso sanguíneo blood vessel

vástago *m* shoot, sapling; scion, offspring; rod, stem; vástago de émbolo piston rod; vástago de válvula valve stem

vastedad *f* vastness

vas•to -ta *adj* vast

vate *m* bard, seer, poet

váter *m* toilet, water closet

vataije *m* wattage

vaticinar *tr* to prophesy, predict

vaticinio *m* prophecy, prediction

vatídi•co -ca *adj* prophetical ‖ *mf* prophet

vatímetro *m* wattmeter

vatio *m* watt

vatio-hora *m* (*pl* vatios-hora) watt-hour

vaya *f* jest, jeer

Vd. *abbr* usted

Vds. *abbr* ustedes

V.E. *abbr* Vuestra Excelencia

vece•ro -ra *adj* alternating; yielding in alternate years ‖ *mf* person waiting his turn

vecinamente *adv* nearby

vecindad *f* neighborhood, vicinity; residency; residents; hacer mala vecindad to be a bad neighbor

vecindario *m* neighborhood, community; people, population

veci•no -na *adj* neighboring; like, similar ‖ *mf* neighbor; resident, citizen

veda *f* prohibition; (*de la caza y la pesca*) closed season

vedado *m* game preserve

vedar *tr* to forbid, prohibit; hinder, stop; veto

vedija *f* fleece, tuft of wool; mat of hair; matted hair

vee•dor -dora *adj* curious, spying ‖ *mf* busybody ‖ *m* supervisor, overseer

vega *f* fertile plain; (Cuba) tobacco plantation

vegetación *f* vegetation; vegetaciones adenoideas adenoids

vegetal *adj & m* vegetable

vegetaria•no -na *adj & mf* vegetarian

vego•so -sa *adj* (Chile) damp, wet

vehemencia *f* vehemence

vehemente *adj* vehement

vehículo *m* vehicle; vehículo espacial space vehicle

veinta•vo -va *adj & m* twentieth

veinte *adj & pron* twenty; a las veinte late, untimely ‖ *m* twenty; (*en las fechas*) twentieth

vientena *f* score, twenty

veintiún *adj* this apocopated form of veintiuno is used before masculine singular nouns and adjectives

veintiu•no -na *adj & pron* twenty-one ‖ *m* twenty-one; (*en las fechas*) twenty-first ‖ *f* (*juego de naipes*) twenty-one

vejación *f* vexation, annoyance

vejamen *m* vexation, annoyance; bantering, taunting

vejar *tr* to vex, annoy; taunt

vejestorio *m* old dodo

vejete *m* little old fellow

vejez *f* old age; oldness; dotage; platitude, old story; a la vejez, viruelas there's no fool like an old fool

vejiga *f* (*órgano que recibe la orina de los riñones*) bladder; (*ampolla*) blister; (*saco hecho de piel, goma, etc.*) bag, pouch, bladder; vejiga de la bilis or de la hiel gall bladder

vela *f* wakefulness; pilgrimage; evening; work in the evening; sail; sailboat; (*cilindro con una torcida que sirve para alumbrar*) candle; vigil (*before Eucharist*) awning; (Mex) scolding; a toda vela full sail; a vela under sail; a vela llena under full sail; en vela awake; estar entre dos velas to be half-seas over, have a sheet in the wind; hacerse a la vela to set sail; vela latina lateen sail; vela mayor mainsail; vela romana Roman candle

velada *f* evening party, soirée; vigil, watch

vela•do -da *adj* veiled, hidden; (phot) light-struck ‖ *f* see velada

velador *m* pedestal table, gueridon; wooden candlestick; watchman; (SAm) night table; (Mex) lamp globe

velaje *m* or **velamen** *m* (naut) canvas, sails

velar *adj & f* velar ‖ *tr* to watch over; guard; (*la guardia*) keep; hold a wake over; (*cubrir con un velo*) veil; (phot) to fog; (fig) to veil, hide, conceal ‖ *intr* to stay awake; stay awake working; keep vigil; (*el viento*) keep up all night; (*un escollo, un peñasco*) stick up out of the water; **velar por** or **sobre** to watch over ‖ *ref* (phot) to fog, be light-struck

velatorio *m* wake

veleidad *f* whim, caprice; fickleness, flightiness

veleido·so -sa *adj* whimsical, capricious; fickle, flighty

vele·ro -ra *adj* swift-sailing ‖ *m* sailboat

veleta *mf* (*persona inconstante*) weathercock ‖ *f* vane, weathervane, weathercock; (*de un molino*) rudder vane; (*de la caña de pescar*) bob; streamer, pennant; **veleta de manga** (aer) air sleeve, air sock

velís *m* (Mex) valise

velita *f* little candle

velo *m* veil; taking the veil; confusion, perplexity; (*disfraz*) veil; (*de lágrimas*) mist; (phot) fog; **correr el velo** to pull aside the curtain, to dispel the mystery; **tomar el velo** to take the veil; **velo del paladar** soft palate

velocidad *f* (*rapidez*) speed, velocity; (mech) velocity; **en gran velocidad** (rr) by express; **en pequeña velocidad** (rr) by freight; **primera velocidad** (aut) low gear; **segunda velocidad** (aut) second; **tercera velocidad** (aut) high gear; **velocidad con respecto al suelo** (aer) ground speed; **velocidad de crucero** cruising speed; **velocidad permitida** speed limit

velocímetro *m* speedometer

velón *m* brass olive-oil lamp

velorio *m* evening party or bee; wake; wake for a dead child; dull party; come-on

ve·loz *adj* (*pl* -**loces**) swift, speedy; agile, quick

vello *m* down, fuzz

vellocino *m* fleece; **vellocino de oro** Golden Fleece

vellón *m* fleece; unsheared sheepskin; lock of wool; copper coin; copper-silver alloy

vello·so -sa *adj* downy, hairy, fuzzy

velludillo *m* velveteen

vellu·do -da *adj* shaggy, hairy, fuzzy ‖ *m* (*felpa*) plush; (*terciopelo*) velvet

vena *f* vein; (*en piedras*) grain; (fig) poetical inspiration; **estar en vena** to be all set, be inspired; sparkle with wit; **vena de loco** fickle disposition

venablo *m* dart, javelin; **echar venablos** to burst forth in anger

venado *m* deer, stag; **pintar el venado** (Mex) to play hooky

venáti·co -ca *adj* fickle, unsteady; daffy, nutty

vence·dor -dora *adj* conquering, victorious ‖ *mf* conqueror, victor

vencejo *m* band, string; (orn) European swift, black martin

vencer §78 *tr* to vanquish, conquer; excel, outdo; overcome, surmount ‖ *intr* to conquer, be victorious; (*un plazo*) be up; (*un contrato*) expire; (*una letra*) mature, fall due ‖ *ref* to control oneself; (*un camino*) bend, turn; (Chile) to wear out, become useless

vencetósigo *m* milkweed, tame poison

venci·do -da *adj* conquered; (com) due, mature, payable

vencimiento *m* (*acción de vencer*) victory; (*hecho de ser vencido*) defeat; (com) expiration, maturity

venda *f* (*para ligar un miembro herido*) bandage; (*para tapar los ojos*) blindfold

vendaje *m* bandage, dressing; **vendaje enyesado** plaster cast

vendar *tr* (*un miembro, una herida*) to bandage; (*los ojos*) blindfold; (*cegar*) (fig) to blind; (*engañar*) (fig) to hoodwink

vendaval *m* strong southeasterly wind from the sea; strong wind, gale

vendedera *f* saleswoman, saleslady

vende·dor -dora *adj* selling ‖ *m* salesman ‖ *f* saleslady, sales girl

vendehú·mos *mf* (*pl* -**mos**) influence peddler

vendeja *f* public sale

vender *tr* to sell, betray, sell out; **vender salud** to be the picture of health ‖ *intr* to sell; **¡vendo, vendo, vendí!** going, going, gone! ‖ *ref* to sell oneself; sell, be for sale; betray oneself, give oneself away; **venderse caro** to be hard to see; be quite a stranger; **venderse en** (*p.ej., cien pesetas*) to sell for; **venderse por** to pass oneself off as

ven·dí *m* (*pl* -**díes**) certificate of sale

vendible *adj* salable, marketable

vendimia *f* vintage; (fig) big profit

vendimia·dor -dora *mf* vintager

vendimiar *tr* (*la uva*) to gather, harvest; (*las viñas*) gather the grapes of; make off with; kill

venduta *f* public sale; (W-I) greengrocery

Venecia *f* (*ciudad*) Venice; (*provincia*) Venetia

venecia·no -na *adj & mf* Venetian

veneno *m* poison, venom

veneno·so -sa *adj* poisonous, venomous

venera *f* scallop shell; (*manantial de agua*) spring; **empeñar la venera** to go all out, spare no expense

venerable *adj* venerable

venerar *tr* to venerate, revere; worship

venére·o -a *adj* venereal ‖ *m* venereal disease

venero *m* (*de agua*) spring; (*filón de mineral*) lode, vein; (fig) source

venezola·no -na *adj & mf* Venezuelan

Venezuela *f* Venezuela

venga·dor -dora *adj* avenging ‖ *mf* avenger

venganza *f* vengeance, revenge

vengar §44 *tr* to avenge ‖ *ref* to take revenge; **vengarse de** to take revenge on

vengati•vo -va *adj* vengeful, vindictive

venia *f* forgiveness, pardon; leave, permission; bow, greeting

venida *f* coming; return; flood, freshet

venide•ro -ra *adj* coming, future ‖ **venideros** *mpl* successors, posterity

venir §79 *intr* to come; **que viene** coming, next; **venga lo que viniere** come what may; **venir + ger** to be + *ger;* **venir a +** *inf* to come to + *inf;* to amount to + *ger;* to happen to + *inf;* to finally + *inf*, e.g., **después de una larga enfermedad, vino a morir** after a long illness he finally died; **venir a ser** to turn out to be ‖ *ref* to ferment; **venirse abajo** to collapse

veno•so -sa *adj* venous

venta *f* sale; roadside inn; (Chile) refreshment stand; (S-D) grocery store; **de venta** or **en venta** on sale, for sale; **ser una venta** to be an expensive place; **venta al descubierto** short sale

ventaja *f* advantage; (*en juegos o apuestas*) odds; extra pay

ventajo•so -sa *adj* advantageous

ventalla *f* valve

ventana *f* window; (*de la nariz*) nostril; **echar la casa por la ventana** to go to a lot of expense; **ventana batiente** casement; **ventana de guillotina** sash window; **ventana saferaiza** bay window

ventanal *m* church window; picture window

ventanear *intr* to be at the window all the time

ventanilla *f* (*de coche, de banco, de sobre*) window; ticket window; (*de la nariz*) nostril

ventanillo *m* (*postigo de puerta o ventana*) wicket; (*mirilla*) peephole

ventar §2 *tr* to sniff ‖ *impers* — **vienta** it is windy

ventarrón *m* gale, windstorm

ventear *tr* to sniff; dry in the wind; snoop into ‖ *intr* to snoop, pry around ‖ *impers* — **ventea** it is windy ‖ *ref* (*henderse*) to split; break wind; spend a lot of time in the open

vente•ro -ra *mf* innkeeper

ventilador *m* ventilator; fan; (naut) funnel; **ventilador aspirador** exhaust fan

ventilar *tr* to ventilate; (fig) to air, ventilate

ventisca *f* drift, snowdrift; (*borrasca*) blizzard

ventiscar §73 *intr* to snow and blow; (*la nieve*) drift

ventisquero *m* snowdrift; blizzard; snow-capped mountain; glacier

ventolera *f* blast of wind; (*molinete*) pinwheel; vanity, pride; wild idea; (Mex) wind

ventosa *f* vent, air hole; **pegar una ventosa a** to swindle

ventosear *intr* to break wind

vento•so -sa *adj* windy ‖ *f* see **ventosa**

ventregada *f* brood, litter; outpouring, abundance

ventrículo *m* ventricle

ventrílo•cuo -cua *mf* ventriloquist

ventriloquia *f* or **ventriloquismo** *m* ventriloquism

ventura *f* happiness; luck, chance; danger, risk; **a la ventura** at random; at a risk; **por ventura** perhaps, perchance; **probar ventura** to try one's luck

venture•ro -ra *adj* adventurous; fortunate, lucky ‖ *mf* adventurer

ventu•ro -ra *adj* future, coming ‖ *f* see **ventura**

venturón *m* stroke of luck

venturo•so -sa *adj* fortunate, lucky

Venus *m* (astr) Venus ‖ *f* (myth) Venus; (*mujer de belleza*) Venus

venus•to -ta *adj* beautiful, graceful

venza *f* goldbeater's skin

ver *m* (*vista*) sight; (*apariencia*) appearance; opinion; **a mi ver** in my opinion ‖ §80 *tr* to see; look at; (law) to hear, try; **no poder ver** to not be able to bear; **no tener nada que ver con** to have nothing to do with; **ver + inf** to see + *inf*, e.g., **ví entrar a mi hermano** I saw my brother come in; to see + *ger*, e.g., **ví bailar a la muchacha** I saw the girl dancing; to see + *pp*. e.g., **ví ahorcar al criminal** I saw the criminal hanged; **ver venir a uno** to see what someone is up to ‖ *intr* to see; **a más ver** so long; **a ver** let's see; **hasta más ver** good-bye, so long; **ver de** to try to; **ver y creer** seeing is believing ‖ *ref* to be seen; be obvious; see oneself; see each other; meet; (*encontrarse*) be, find oneself; **verse con** to see, have a talk with; **ya se ve** of course, certainly

vera *f* edge, border; **a la vera de** near, beside; **de veras** in truth; **jugar de veras** to play for keeps; **veras** truth, reality; earnestness

veracidad *f* veracity, truthfulness

veranda *f* verandah; bay window, closed porch

veraneante *mf* summer vacationist, summer resident

veranear *intr* to summer

veranie•go -ga *adj* summer; unimportant, insignificant

veranillo *m* Indian summer; **veranillo de San Martín** Indian summer

ve•raz *adj* (*pl* **-races**) veracious, truthful

verbena *f* fair, country fair, night festival; (bot) verbena

verbigracia *adv* for example

verbo *m* verb ‖ **Verbo** *m* (theol) Word

verbo•so -sa *adj* verbose, wordy

verdacho *m* green earth

verdad *f* truth; **a la verdad** in truth, as a matter of fact; **de verdad** really; **la verdad desnuda** the plain truth; **¿no es verdad?** or **¿verdad?** isn't that so? La traducción al inglés de esta pregunta depende generalmente de la aseveración que la precede. Si la aseveración es afirmativa, p.ej., **Vd. vivió aquí. ¿No es verdad?** You lived here. Did you not?; Si la aseveración es negativa, la pregunta es afirmativa, p.ej., **Vd. no vivió aquí. ¿No**

es verdad? You did not live here? Did you? Si el sujeto de la aseveración es un nombre sustantivo, va representado en la pregunta con un pronombre personal, p.ej., **Juan no estuvo aquí anoche. ¿No es verdad?** John was not here last evening. Was he?; **ser verdad** to be true; **verdad trillada** truism

verdade•ro -ra *adj* true; real; (*que dice siempre la verdad*) truthful

verde *adj* green; young, youthful; (*viuda*) merry; (*cuento*) shady, off-color; **están verdes** they're hard to reach ‖ *m* green; foliage, verdure

verdear *intr* to turn green, look green

verdecer §22 *intr* to turn green, grow green again

verdecillo *m* (orn) greenfinch

verdemar *m* sea green

verdete *m* verdigris

verdín *m* fresh green; (*capa verde de aguas estancadas*) mold, pond scum; (*cardenillo*) verdigris

verdise•co -ca *adj* half-dry

verdor *m* verdure; youth

verdo•so -sa *adj* greenish

verdugado *m* hoop skirt

verdugo *m* shoot, sucker; (*estoque*) rapier; (*azote*) scourge; (*roncha*) welt; executioner, hangman; torment; butcher bird, shrike

verdugón *m* wale, weal

verdulería *f* greengrocery

verdule•ro -ra *mf* greengrocer ‖ *f* fishwife

verdura *f* greenness; (*color verde de las plantas*) verdure; (*obscenidad*) smuttiness; **verduras** vegetables, greens

verecundia *f* bashfulness, shyness

verecun•do -da *adj* bashful, shy

vereda *f* path, lane; sidewalk

veredicto *m* verdict

verga *f* (naut) yard

vergel *m* flower and fruit garden

vergonzo•so -sa *adj* (*que causa vergüenza*) shameful; (*que tiene vergüenza*) ashamed; (*que se avergüenza con facilidad*) bashful, shy; (*que causa humillación*) embarrassing; shabby, wretched ‖ *mf* bashful person ‖ *m* armadillo

vergüenza *f* (*arrepentimiento*) shame; (*oprobio*) shamefulness; (*pudor, timidez*) bashfulness, shyness; (*desconcierto, humillación*) embarrassment; (*pundonor*) dignity, face; public punishment; **¡qué vergüenza!** shame on you!; **tener vergüenza** to be ashamed; **vergüenzas** privates, genitals

vericueto *m* rough, rocky ground

verídi•co -ca *adj* truthful

verificación *f* verification; checking, testing, inspection; **verificación a la ventura** spot check

verifica•dor -dora *adj* verifying ‖ *m* meter inspector

verificar §73 *tr* to verify, check; (*llevar a cabo*) carry out; (*los contadores de agua, gas y electricidad*) inspect ‖ *ref* to prove true; take place

verja *f* iron gate, iron fence, grating

ver•mú *m* (*pl* -**mús**) vermouth; matinée

vernácu•lo -la *adj* vernacular

verónica *f* (bot) veronica; (taur) veronica (*graceful pass in which the bullfighter waits for the bull with open cape*)

veroniquear *intr* (taur) to perform veronicas

verosímil *adj* likely, probable

verraco *m* male hog, boar

verraquear *intr* to grunt, grumble; cry hard

verruga *f* wart; bore, nuisance

verrugo *m* miser

versal *adj* & *f* capital

versalilla or **versalita** *f* small capital

Versalles Versailles

versar *intr* — **versar acerca de** or **sobre** to deal with, treat of ‖ *ref* — **versarse en** to be or become versed in

versátil *adj* fickle; versatile; (*arma*) multipurpose

versículo *m* verse (*in the Bible*)

versificación *f* versification

versificar §73 *tr* & *intr* to versify

versión *f* version; translation

verso *m* verse; (typ) verso; **versos pareados** rhymed couplet

vertebra•do -da *adj* & *m* vertebrate

vertedero *m* dump; weir, spillway

verter §51 *tr* (*un líquido, un polvo*) to pour; (*un recipiente*) empty; (*lágrimas; luz; sangre*) shed; (*descargar*) dump; translate ‖ *intr* to flow ‖ *ref* to run, empty

vertical *adj* & *f* vertical

vértice *m* vertex

vertiente *m* & *f* (*declive*) slope; (*colina por donde corre el agua*) shed ‖ *f* (Arg, Col, Chile) spring, fountain

vertigino•so -sa *adj* dizzy

vértigo *m* vertigo, dizziness; fit of insanity

vesícula *f* vesicle; **vesícula biliar** gall bladder

veso *m* polecat

Véspero *m* Vesper

vesperti•no -na *adj* evening ‖ *m* evening sermon

vestíbulo *m* vestibule; (theat) foyer, lobby

vestido *m* clothing, dress; (*de mujer*) gown, dress; (*de hombre*) suit; costume; **vestido de ceremonia** dress suit; **vestido de etiqueta** evening clothes; **vestido de etiqueta de mujer** or **vestido de noche** evening gown; **vestido de gala** (mil) full dress; **vestido de serio** evening clothes; **vestido de tarde-noche** cocktail dress

vestidura *f* clothing; (*del sacerdote*) vestment

vestigio *m* vestige, trace; track, footprint

vestir §50 *tr* to dress, clothe; adorn; cover up; disguise; (*tal o cual vestido*) wear; put on; **vestir el cargo** to look the part ‖ *intr* to dress; (*una prenda o la materia*) be dressy; **vestir de** (*p.ej., blanco*) to dress in; **vestir de etiqueta** to dress in evening clothes; **vestir de paisano** to dress in civilian clothes ‖ *ref* to dress, get dressed; dress oneself; (*de una enfermedad*) be up, about; **vestirse de** (*nubes, flores, hierba, etc.*) to be covered with; (*importancia, humildad, etc.*) assume

vestuario *m* (*las prendas de uno*) wardrobe;

dressing room; bathhouse; checkroom, cloakroom; (mil) uniform; (theat) dressing room

Vesubio, el Vesuvius

veta *f* vein; streak, stripe; **descubrir la veta de** to be on to

vetar *tr* to veto

vetea•do -da *adj* veined, striped ‖ *m* graining ‖ *f* (Ecuad) whipping

vetear *tr* to grain, stripe; (Eucad) to whip, flog

veteranía *f* experience, know-how

vetera•no -na *adj* & *mf* veteran

veterina•rio -ria *adj* veterinary ‖ *mf* veterinarian ‖ *f* veterinary medicine

vetus•to -ta *adj* old, ancient

vez *f* (*pl* **veces**) time; (*tiempo de hacer una cosa por turno*) turn; **a la vez** at the same time; **a la vez que** while; **alguna vez** sometimes; ever; **a su vez** in turn; on his part; **a veces** at times, sometimes; **cada vez** every time; **cada vez más** more and more; **cuántas veces** how often; **de una vez** at one time; once and for all; **de vez en cuando** once in a while; **dos veces** twice; **en vez de** instead of; **esperar vez** to wait one's turn; **hacer las veces de** to take the place of; **las más veces** most of the time; **muchas veces** often; **otra vez** again; **raras veces** or **rara vez** seldom, rarely; **repetidas veces** over and over again; **tal vez** perhaps; **tomar la vez a** to get ahead of; **una que otra vez** once in a while; **una vez** once

veza *f* vetch, spring vetch

v.g. or **v.gr.** *abbr* **verbigracia**

vía *f* road, route, way; (*par de rieles y el suelo en que se asientan*) (rr) track; (*el mismo carril*) (rr) rail, track; (anat) passage, tract; (fig) way; **por la vía de** via; **por vía aérea** by air; **por vía bucal** by mouth; **vía aérea** airway; **vía ancha** (rr) broad gauge; **vía de agua** waterway; (naut) leak; **vía estrecha** (rr) narrow gauge; **vía férrea** railway; **vía fluvial** waterway; **Vía Láctea** Milky Way; **vía muerta** (rr) siding; **vía normal** (rr) standard gauge; **vía pública** thoroughfare; **vías de hecho** (law) assault and battery ‖ *prep* via

viable *adj* feasible

viaducto *m* viaduct

viajante *adj* traveling ‖ *mf* traveler ‖ *m* drummer, traveling salesman

viajar *tr* to sell on the road; (*ciertas comarcas*) cover as salesman ‖ *intr* to travel, journey

viaje *m* trip, journey; travel book; water supply; (*drogas*) trip; **¡buen viaje!** bon voyage!; **viaje de ida y vuelta** or **viaje redondo** round trip; **viaje de pruebas** shakedown cruise, trial cruise

viaje•ro -ra *adj* traveling ‖ *mf* traveler; passenger

vial *adj* road, highway ‖ *m* tree-lined road

vianda *f* food, viand; meal

viandante *mf* traveler; itinerant

vitático *m* travel allowance; (eccl) viaticum

víbora *f* viper

vibración *f* vibration

vibrar *tr* to vibrate; (*la voz; la r*) roll; (*una lanza*) hurl ‖ *intr* to vibrate ‖ *ref* to be thrilled

vicaría *f* vicarage

vicario *m* vicar

vice•almirante *m* vice-admiral

vicepresiden•te -ta *mf* vice-president

viceversa *adv* vice versa

viciar *tr* to vitiate; (*una proposición*) to slant ‖ *ref* to become vitiated; give oneself up to vice; become addicted; (*una tabla*) warp

vicio *m* vice; pampering, spoiling; luxuriance, overgrowth; **hablar de vicio** to talk all the time, talk too much; **quejarse de vicio** to be a chronic complainer

vicio•so -sa *adj* vicious; faulty, defective; strong, robust; luxuriant, overgrown; dissolute; (*niño*) spoiled

víctima *f* victim, **víctima propiciatoria** scapegoat

victimar *tr* to kill, murder

victoria *f* victory

victorio•so -sa *adj* victorious

vid *f* vine, grapevine

vida *f* life; living, livelihood; **darse buena vida** to live high; live in comfort; **de por vida** for life; **en mi vida** never; **escapar con vida** to have a narrow escape; **ganar** or **ganarse la vida** to earn one's livelihood, make a living; **hacer por la vida** to get a bite to eat; **mudar de vida** to mend one's ways; **¡por vida mía!** upon my soul!; **vida airada** licentious living; **vida ancha** loose living; **vida de familia** or **de hogar** home life; **vida mía** my darling

vidalita *f* (Arg, Chile, Urug) mournful love song

vidente *mf* clairvoyant ‖ *m* prophet, see ‖ *f* seeress

videocasete *m* video cassette

videodisco *m* video disk

videograbación *f* video-tape recording

video-juego *m* video game

videoseñal *f* picture signal

videotocadiscos *m* video-disk player

vidria•do -da *adj* glazed; brittle ‖ *m* glaze, glazing; glazed pottery; dishes

vidriar §77 & **regular** *tr* to glaze ‖ *ref* (*los ojos*) to become glassy

vidriera *f* glass window, glass door; shopwindow, store window; **vidriera de colores** or **vidriera pintada** stained-glass window

vidriería *f* glassworks; glass store

vidriero *m* glass blower, glassworker; glazier; glass dealer

vidrio *m* glass; piece of glass; windowpane; **pagar los vidrios rotos** to take the blame, to be the goat; **vidrio cilindrado** plate glass; **vidrio de aumento** magnifying glass; **vidrio de color** stained glass; **vidrio deslustrado** ground glass; **vidrio tallado** cut glass

vidrio•so -sa *adj* glassy, vitreous; (*quebradizo*) brittle; (*resbaladizo*) slippery; (*que se* *resiente fácilmente*) touchy; (*mirada, ojos*) (fig) glassy

vie•jo -ja *adj* old ‖ *m* old man; **viejo verde** old goat, old rake ‖ *f* old woman

vie•nés -nesa *adj & mf* Viennese

viento *m* wind; course, direction; (*cuerda que mantiene una cosa derecha*) guy; (*gases intestinales*) wind; **ceñir el viento** (naut) to sail close to the wind; **viento de cola** (aer) tail wind; **viento en popa** (naut) tail wind; **vientos alisios** trade winds

vientre *m* belly; (*parte de la ondulación entre dos nodos*) (phys) loop; **evacuar** or **exonerar el vientre** to have a bowel movement; **vientre flojo** loose bowels

vier•nes *m* (*pl* **-nes**) Friday; **Viernes santo** Good Friday

viertea•guas *m* (*pl* **-guas**) *m* flashing

vietna•més -mesa *adj & mf* Vietnamese

viga *f* beam, girder, rafter; **estar contando las vigas** to gaze blankly at the ceiling; **viga de celosía** lattice girder

vigencia *f* force, operation; (*de una póliza de seguro*) life; **en vigencia** in force, in effect

vigente *adj* effective, in force

vigési•mo -ma *adj & m* twentieth

vigía *m* lookout, watch; **vigía de incendios** firewarden ‖ *f* watch; watchtower, (naut) rock, reef

vigiar §77 *tr* to watch over

vigilancia *f* vigilance, watchfulness; **bajo vigilancia médica** under the care of a physician

vigilante *adj* vigilant, watchful ‖ *m* guard, watchman; **vigilante nocturno** night watchman

vigilar *tr* to watch over; look out for ‖ *intr* to watch, keep guard

vigilia *f* vigil; wakefulness; night work, night study; (*víspera*) eve; (mil) guard, watch; **comer de vigilia** to fast, abstain from meat

vigor *m* vigor; in force; into effect; **en vigor** in vigor, in force; into effect

vigoriza•dor -dora *adj* invigorating ‖ *m* tonic; **vigorizador del cabello** hair tonic

vigorizante *adj* invigorating

vigorizar §60 *tr* to invigorate; encourage

vigoro•so -sa *adj* vigorous

vigueta *f* small beam, small girder

vihuela *f* Spanish lute

vil *adj* vile, base, mean ‖ *mf* scoundrel

vilano *m* bur, down

vileza *f* vileness, baseness

vilipendiar *tr* to scorn, despise

vilipendio•so -sa *adj* contemptible

vilo — **en vilo** in the air; (fig) up in the air

vilorta *f* reed hoop; (*arandela*) washer

villa *f* town; (*casa de recreo en el campo*) villa; **la Villa** the city (Madrid)

villancico *m* carol, Christmas carol

villanes•co -ca *adj* boorish, crude, rustic

villanía *f* humbleness, humble birth; vileness, meanness; foul remark

villa•no -na *adj* base, vile; rude, impolite ‖ *mf* peasant; knave, scoundrel

villorrio *m* small country town

vinagre *m* vinegar; (*persona de genio áspero*) grouch

vinagrera *f* vinaigrette; (bot) sorrel; (SAm) heartburn; **vinagreras** cruet stand

vinagreta *f* French dressing, vinaigrette sauce

vinagro•so -sa *adj* vinegary

vinariego *m* vineyardist

vinatería *f* wine business; wine shop

vinate•ro -ra *adj* wine ‖ *m* wine dealer, vintner

vincular *tr* to bind, tie, unite; continue; perpetuate; (*esperanzas*) found, base; (law) entail

vínculo *m* bond, tie; (law) entail

vindicar §73 *tr* (*vengar*) to avenge; (*exculpar*) vindicate

vindicta *f* revenge

vinicul•tor -tora *mf* winegrower

vinicultura *f* winegrowing

vinilo *m* vinyl

vino *m* wine; sherry reception, wine party; **tener mal vino** to be a quarrelsome drunk; **vino cubierto** dark-red wine; **vino de Jerez** sherry; **vino del terruño** local wine; **vino de mesa** table wine; **vino de Oporto** port wine; **vino de pasto** table wine; **vino de postre** after-dinner wine; **vino de segunda** second-run wine; **vino de solera** solera sherry; **vino tinto** red table wine

vinolen•to -ta *adj* too fond of wine

viña *f* vineyard; **ser una viña** to be a mine; **tener una viña** to have a sinecure

viña•dor -dora *mf* vineyardist, vinedresser ‖ *m* guard of a vineyard

viñedo *m* vineyard

viñeta *f* vignette, headpiece

viola•do -da *adj & m* violet (*color*)

violar *m* bed of violets ‖ *tr* to violate; ravish, rape; profane, desecrate; tamper with

violencia *f* violence

violentar *tr* to do violence to; (*p.ej., una casa*) break into ‖ *ref* to force oneself

violen•to -ta *adj* violent

violeta *m* (*color; colorante*) violet ‖ *f* (bot) violet

violín *m* violin; (billiards) bridge, cue rest; **embolsar el violín** (Arg, Ven) to cower, to slink away

violinista *mf* violinist

violón *m* (mus) bass viol; **tocar el violón** to talk nonsense

violoncelista *mf* cellist, violoncellist

violoncelo *m* (mus) cello, violoncello

violonchelista *mf* cellist, violoncellist

violonchelo *m* (mus) cello, violoncello

vira *f* welt; (*saetilla*) dart

virada *f* turn, change of direction; (naut) tack

virago *f* mannish woman

viraje *m* turn, swerve; (phot) toning

virar *tr* (naut) to wind; (naut) to tack, veer; (phot) to tone ‖ *intr* to turn, swerve; (naut) to tack, veer

virgen *adj* virgin ‖ *f* virgin, maiden

virginidad *f* virginity

Virgo *m* (astr) Virgo

vírgula *f* rod; thin line, light dash

virgulilla *f* fine line; diacritic mark

virilidad *f* virility

virin•go -ga *adj* (Col) naked

virolen•to -ta *adj* pock-marked; having small-pox
virología *f* virology
virote *m* (*saeta*) bolt; sporty young fellow; (coll) stuffed shirt
virrey *m* viceroy
virtual *adj* virtual
virtud *f* virtue
virtuosismo *m* virtuosity
virtuo•so -sa *adj* virtuous ‖ *m* virtuoso
viruela *f* smallpox; pock mark; **viruelas locas** chicken pox
virulencia *f* virulence
virulen•to -ta *adj* virulent
vi•rus *m* (*pl* -**rus**) virus
viruta *f* shaving
virutilla *f* thin shaving; **virutillas de acero** steel wool
visado *m* visa
visaje *m* face, grimace
visar *tr* to visa; to O.K.; (arti & surv) to sight
vísceras *fpl* viscera
visco *m* birdlime
viscosa *f* viscose
viscosilla *f* rayon thread
visco•so -sa *adj* viscous ‖ *f* see **viscosa**
visera *f* (*del yelmo, de las gorras, del parabrisas del automóvil, etc.*) visor; (*pequeña pantalla que se pone en la frente para resguardar la vista*) eyeshade; (W-I) blinder, blinker
visible *adj* visible; (*manifiesto*) evident; (*que llama la antención*) conspicuous
visigo•do -da *adj* Visigothic ‖ *mf* Visigoth
visillo *m* window curtain, window shade
visión *f* vision; view; (*persona fea y ridícula*) sight, scarecrow; **ver visiones** to be seeing things; **visión negra** (*del aviador*) blackout
visionar *tr* to contemplate, look at
visiona•rio -ria *adj* & *mf* visionary
visir *m* vizier; **gran visir** grand vizier
visita *f* visit; visitor, caller; inspection; **ir de visitas** to go calling; **pagar la visita a** to return the call of; **tener visita** to have callers; **visita de cumplido** formal call; **visita de médico** short call
visita•dor -dora *mf* frequent caller ‖ *m* inspector ‖ *f* (Hond, Ven) enema
visitante *adj* visiting ‖ *mf* visitor
visitar *tr* to visit; inspect
visite•ro -ra *adj* visiting; (*médico*) fond of making calls ‖ *mf* visitor
vislumbrar *tr* to descry, glimpse; surmise, suspect ‖ *ref* (*verse confusamente por la distancia*) glimmer; (*aparecer en la distancia*) loom
vislumbre *f* glimpse, glimmer; **vislumbres** inkling, notion
viso *m* sheen, gleam; (*de ciertas telas*) luster; streak, strain; appearance, thin veneer; elevation, height; colored material worn under transparent outer garment; **a dos visos** with a double purpose; **de viso** conspicuous; **hacer visos** to be iridescent
visón *m* mink
visor *m* (aer) bombsight; (phot) finder
víspera *f* eve, day before; **en vísperas de** on

the eve of; **víspera de año nuevo** New Year's Eve; **víspera de Navidad** Christmas Eve; **vísperas** (eccl) vespers, evensong
vista *m* custom-house inspector ‖ *f* (*sentido del ver*) vision, sight; (*paisaje que se ve desde un punto; estampa que representa un lugar*) view; (*panorama, perspectiva*) vista; comparison; purpose, design; (*ojeada*) glance, look; interview; eye; eyes; (law) hearing, trial; **a la vista** (com) at sight; **a vista de** in view of; compared with; **con vistas a** with a view to; **de vista** by sight; **doble vista** second sight; **hacer la vista gorda ante** to shut one's eyes to; **hasta la vista** good-bye, so long; **medir con la vista** to size up; **saltar a la vista** to be self-evident; **tener a la vista** to keep one's eyes on; (*p.ej., una carta*) to have at hand; **torcer la vista** to squint; **vista a ojo de pájaro** bird's-eye view; **vistas** (*aberturas de un edificio*) lights, openings; view, outlook; visible parts, parts that show
vistazo *m* look, glance
vistillas *fpl* eminence, height; **irse a las vistillas** to try to get a look at one's opponent's cards
vis•to -ta *adj* evident, obvious; in view of; **bien visto** looked upon with approval; **mal visto** looked upon with disapproval; **no visto** or **nunca visto** unheard-of; **por lo visto** apparently, judging from the facts; **visto bueno** approved, O.K.; **visto que** whereas, inasmuch as ‖ *m* whereas ‖ *f* see **vista**
visto•so -sa *adj* showy, flashy, loud
visual *adj* visual ‖ *f* line of sight
vital *adj* vital
vitali•cio -cia *adj* life. lifetime ‖ *m* life-insurance policy; life annuity
vitalidad *f* vitality
vitalizar §60 *tr* to vitalize
vitamina *f* vitamin
vitan•do -da *adj* hateful, odious; being shunned
vitela *f* vellum
viticul•tor -tora *mf* grape grower, vineyardist
viticultura *f* grape growing
vitola *f* cigar size; mien, appearance; (Cuba) cigar band
vítor *interj* hurray! ‖ *m* panegyric tablet; triumphal pageant
vitorear *tr* to cheer, acclaim
vitral *m* stained-glass window
vítre•o -a *adj* vitreous, glassy
vitrina *f* showcase, glass cabinet; shopwindow
vitrióli•co -ca *adj* (chem) vitriolic
vitrola *f* record player
vituallas *fpl* victuals
vituperable *adj* vituperable
vituperar *tr* to vituperate
viuda *f* widow; **viuda de marido vivo** or **viuda de paja** grass widow
viudedad *f* widowhood; dower; widow's pension

viudez _f_ (_estado de viuda_) widowhood; (_estado de viudo_) widowerhood

viu•do -da _adj_ left a widow; left a widower ‖ _m_ widower ‖ _f_ see **viuda**

viva _interj_ viva!, long live! ‖ _m_ viva

vivacidad _f_ longevity; vivacity, liveliness; brightness, brilliance

vivande•ro -ra _mf_ (mil) sutler, camp follower

vivaque _m_ bivouac; guardhouse; police headquarters; **estar al vivaque** to bivouac

vivaquear _intr_ to bivouac

vivar _m_ warren, burrow; aquarium ‖ _tr_ to cheer, acclaim

vivara•cho -cha _adj_ vivacious, lively

vi•vaz _adj_ (_pl_ **-vaces**) long-lived; vivacious, lively; keen, perceptive; (bot) perennial

víveres _mpl_ food, provisions, victuals

vivero _m_ tree nursery; fishpond; (_origen de cosas perjudiciales_) (fig) hotbed

viveza _f_ agility, briskness; ardor, vehemence; sharpness, keenness; perception; brightness, brilliance; witticism; (_de los ojos_) sparkle; (_acción o palabra poco consideradas_) thoughtlessness

vivide•ro -ra _adj_ livable

vívi•do -da _adj_ quick, perceptive; lively

vivienda _f_ dwelling; life, way of life; **vivienda unifamiliar** one-family house

viviente _adj_ living, alive

vivificar §73 _tr_ to vivify, enliven

vivir _m_ life, living ‖ _tr_ (_una experiencia o ventura_) to live; (_toda la vida; la vejez_) live out; (_habitar_) live in ‖ _intr_ to live; **¿quién vive?** (mil) who goes there?; **vivir de** (_p.ej., carne_) to live on; **vivir para ver** to live and learn; **vivir y dejar vivir** to live and let live

vivisección _f_ vivisection

vi•vo -va _adj_ living, alive, live; (_lleno de vida; intenso_) live; (_sutil, agudo_) sharp, keen; (_dolor_) acute; (_carne_) raw; active, effective; (_luz_) bright, intense; (_pronto y ágil_) quick; (_idioma_) living, modern; **de viva voz** viva voce, by word of mouth; **herir en lo vivo** to cut or to sting to the quick ‖ _mf_ living person; **los vivos y los muertos** the quick and the dead ‖ _m_ edging, border; (vet) mange

Vizcaya _f_ Biscay; **llevar hierro a Vizcaya** to carry coals to Newcastle

vizconde _m_ viscount

vizcondesa _f_ viscountess

V.M. _abbr_ **Vuestra Majestad**

V.°B.° _abbr_ **visto bueno**

vocablista _mf_ punster

vocablo _m_ word; **jugar del vocablo** to pun

vocabulario _m_ vocabulary

vocación _f_ vocation, calling

vocal _adj_ vocal ‖ _mf_ director ‖ _f_ vowel

vocalista _mf_ singer, vocalist

vocativo _m_ vocative

voceador _m_ town crier; (Col, Ecuad) paper boy

vocear _tr_ to cry, shout; cheer, acclaim; call, page; boast about publicly ‖ _intr_ to shout

vocería _f_ shouting, outcry; spokesmanship

vocerío _m_ shouting, outcry

vocero _m_ spokesman, mouthpiece

vociferar _tr_ (_injurias_) to shout; boast loudly about ‖ _intr_ to vociferate, shout

vocingle•ro -ra _adj_ loudmouthed; loud, talkative

vo•dú _m_ (_pl_ **-dúes**) voodoo

voduísta _adj_ & _mf_ voodoo

vol. _abbr_ **volumen, voluntad**

volada _f_ short flight; (_del jugador de billar_) (Arg) stroke; (Col, Ecuad) trick; (_noticia inventada_) (Mex) hoax

voladi•zo -za _adj_ projecting ‖ _m_ projection

vola•do -da _adj_ (typ) superior ‖ _f_ see **volada**

vola•dor -dora _adj_ flying; hanging, dangling; swift, fast ‖ _m_ rocket; flying fish

voladura _f_ blast, explosion

volandas — **en volandas** in the air; fast

volante _adj_ flying; unsettled ‖ _m_ shuttlecock; battledore and shuttlecock; (_rueda que regula el movimiento de una máquina_) flywheel; (_rueda de mano para la dirección del automóvil_) steering wheel; (_pieza del reloj movida por la espiral_) balance wheel; flunkey, lackey; (_criado que iba a pie delante del coche o caballo_) outrunner; (_de papel_) slip, leaflet; (sew) flounce, ruffle; **un buen volante** a good driver

volan•tín -tina _adj_ unsettled ‖ _m_ fish line; kite

volantista _m_ driver, man at the wheel

volan•tón -tona _mf_ fledgling ‖ _f_ (Ven) loose woman

volapié _m_ (taur) stroke in which the matador moves in for the kill; a **volapié** half running, half flying; half walking, half swimming

volar §61 _tr_ (_llevar en un aparato de aviación_) to fly; blow up, explode; irritate; (_una letra, tipo o signo_) (typ) to raise ‖ _intr_ to fly; fly away; disappear; jut out, project; (_una especie_) spread rapidly; (_p.ej., una torre_) rise in the air; **volar sin motor** (aer) to glide ‖ _ref_ to fly away; fly off the handle

volatería _f_ fowling with decoys; **de volatería** offhand

volátil _adj_ volatile

volatilizar _tr_ & _ref_ to volatilize

volatín _m_ ropewalker, acrobat, tumbler

volatine•ro -ra _mf_ ropewalker, acrobat, tumbler

volcán _m_ volcano

volcar §81 _tr_ to upset, overturn, dump; tip, tilt; (_a una persona un olor fuerte_) to make dizzy; change the mind of; irritate, tease ‖ _intr_ to upset ‖ _ref_ to turn upside down

volear _tr_ (tennis) to volley

voleo _m_ (tennis) volley; reeling punch; **del primer voleo** or **de un voleo** with a smash, all at once; **sembrar al voleo** to sow, broadcast

volframio _m_ wolfram

volibol _m_ volleyball

volquete _m_ dumpcart, dump truck

voltai•co -ca _adj_ voltaic

voltaje _m_ voltage

volta•rio -ria _adj_ fickle, inconstant; (Chile) willful; (Chile) sporty

vi
vo

voltea•do -da *mf* (Col) turncoat, deserter

voltear *tr* to upset, turn over; turn arourd; move, transform ‖ *intr* to roll over, tumble

volteo *m* upset, overturning; tumbling; (P-R) scolding

voltereta *f* tumble; turning up card to determine trump

voltímetro *m* voltmeter

voltio *m* volt

volti•zo -za *adj* curled, twisted; fickle

voluble *adj* easily turned; fickle, inconstant

volumen *m* volume; **volumen sonoro** volume; (geom) volume

volumino•so -sa *adj* voluminous

voluntad *f* will; (*amor, cariño*) fondness, love; **a voluntad** at will; **buena voluntad** willingness; **de buena voluntad** willingly; **de mala voluntad** unwillingly; **de su propia voluntad** of one's own volition; **última voluntad** last will and testament; last wish; **voluntad de hierro** iron will

voluntariedad *f* willfulness

volunta•rio -ra *adj* (*que se hace por espontánea voluntad*) voluntary; (*que tiene voluntad obstinada*) willful; (*que se presta voluntariamente a hacer algo*) volunteer ‖ *mfr* volunteer

voluntario•so -sa *adj* willful

voluptuo•so -sa *adj* (*que inspira complacencia en los placeres sensuales*) voluptuous; (*dado a los placeres sensuales*) voluptuary ‖ *mf* voluptuary

voluta *f* (archit) scroll, volute; (*p.ej., de humo*) ring

volvedor *m* screwdriver; (Col) extra, something thrown in; **volvedor de machos** tap wrench

volver §47 & §83 *tr* to turn; turn upside down; turn inside out; return, send back, give back; (*una puerta*) push to, pull to; translate; vomit ‖ *intr* to turn; return, come back; **volver a** + *inf* verb + again, e.g., **volvió a abrir la puerta** he opened the door again; **volver en sí** to come to; **volver por** to defend, stand up for ‖ *ref* to become; turn around; return, come back; change one's mind; turn, turn sour; **volverse atrás** to back out; **volverse contra** to turn on

vomitar *tr* to vomit, throw up; (*fuego los cañones*) belch forth; (*maldiciones*) utter; (*un secreto*) let out; (*lo que uno retiene indebidamente*) cough up ‖ *intr* to vomit, throw up; come across, disgorge

vómito *m* vomit, vomiting; **provocar a vómito** to nauseate; **vómitos del embarazo** morning sickness

voracidad *f* voracity

vorágine *f* whirlpool, vortex

vo•raz *adj* (*pl* **-races**) voracious

vormela *f* polecat

vórtice *m* vortex

vos *pron pers* (subject of verb and object of preposition; takes plural form of verb but is singular in meaning; used in addressing the Deity, the Virgin, etc., and distinguished

persons; in Spanish America is much used instead of **tú**) you

voso•tros -tras *pron pers* (plural of **tú**) you

votación *f* vote, voting; **votación de desempate** runoff election

votante *adj* voting ‖ *mf* voter

votar *tr* to vote for; (*sí, no*) vote; (*p.ej., un cirio a la Virgen*) vow ‖ *intr* to vote; vow; swear, curse

voti•vo -va *adj* votive

voto *m* (*sufragio; derecho de votar; persona que da su voto*) vote; (*promesa solemne*) vow; (*exvoto*) votive offering; (*blasfemia*) oath, curse; wish, desire; **echar votos** to swear, to curse; **regular los votos** to tally the votes; **voto de amén** vote of a yes man; yes man; **voto de calidad** casting vote; **voto informativo** straw vote; **votos** good wishes; **¡voto va!** come now!

voz *f* (*pl* **voces**) voice; (*vocablo*) word; **aclarar la voz** to clear one's throat; **a una voz** with one voice; **a voces** shouting; **a voz en cuello** or **en grito** at the top of one's voice; **correr la voz que** to be rumored that; **dar voces** to shout, cry out; **de viva voz** viva voce, by word of mouth; **en alta voz** aloud, in a loud voice; **en voz baja** in a low voice; **llevar la voz cantante** to have the say, be the boss; **voces** outcry

voz-guía *f* (*diccionario*) entry word

vro. *abbr* **vuestro**

V.S. *abbr* **Vueseñoría**

vuelco *m* upset, overturn; **darle a uno un vuelco el corazón** to have a presentiment

vuelo *m* flight; flying; (*de una falda*) flare, fullness; projection; lace cuff trimming; **al vuelo** at once; on the wing; scattered at random; (chess) en passant; **alzar el vuelo** to take flight; to dash away; **echar a vuelo las campanas** to ring a full peal; **tirar al vuelo** to shoot on the wing; **tocar a vuelo las campanas** to ring a full peal; **vuelo a ciegas** (aer) blind flying; **vuelo de distancia** (aer) long-distance flight; **vuelo de enlace** connecting flight; **vuelo de ensayo** or **de prueba** (aer) test flight; **vuelo espacial tripulado** manned space flight; **vuelo planeado** (aer) volplane; **vuelo rasante** (aer) hedgehopping; **vuelo sin escala** (aer) nonstop flight; **vuelo sin motor** (aer) glide, gliding

vuelta *f* turn; (*regreso; devolución*) return; (*dinero sobrante de un pago*) change; (*de un camino*) bend, turn; (*del pantalón*) cuff; cuff trimming; (*paseo corto*) stroll; (*revés*) other side; (*paliza*) beating, whipping; (*en un cabo*) loop; (*en la media*) clock; (*mudanza*) change; **a la vuelta** on returning; please turn the page; **a la vuelta de** at the end of; at the turn of; (*la esquina*) around; **a vuelta de** about; **a vuelta de correo** by return mail; **dar cien vueltas a** to run rings around, be way ahead of; **dar la vuelta de campana** to turn somersault; **darse una vuelta a la redonda** to tend to one's own business; **dar una vuelta** to take a stroll, take a walk; take a look; change one's ways; **dar vuelta** to turn around; (*el vino*) turn sour; **dar vuelta a** to reverse, turn around; **estar de vuelta** to be back; **quedarse con la vuelta** to keep the change; **vuelta de campana** somersault; **vuelta del mundo** trip around the world

vuelto *m* change

vues•tro -tra (corresponds to **vos** and **vosotros**) *adj poss* your ‖ *pron poss* yours

vulcanizar §60 *tr* to vulcanize

vulgacho *m* populace, mob

vulgar *adj* vulgar, popular, common, vernacular

vulgarismo *m* popular expression; (philol) popular word, popular form

vulgarizar §60 *tr* to popularize; translate into the vernacular ‖ *ref* to associate with the people

Vulgata *f* Vulgate

vulgo *adv* commonly ‖ *m* common people; (*personas que en una materia sólo conocen la parte superficial*) laity

vulnerable *adj* vulnerable

vulnerar *tr* to hurt, injure; (*la reputación de una persona*) damage; (*una ley, un precepto*) break

vulpeja *f* she-fox, vixen

V.V. or **VV** *abbr* **ustedes**

X

X, x (equis) *f* twenty-sixth letter of the Spanish alphabet

xenia *f* xenia

xenofobia *f* xenophobia

xenófo•bo -ba *mf* xenophobe

xenón *m* xenon

xerografía *f* xerography

xerografiar §77 *tr* to xerograph ‖ *intr* to make xerograph copies

xilófono *m* (mus) xylophone

xilografía *f* (*arte*) xylography; (*grabado*) xylograph

xpiano *abbr* **cristiano**

Xpo *abbr* **Cristo**

xptiano *abbr* **cristiano**

Xpto *abbr* **Cristo**

xunde *m* (Mex) reed basket, palm basket

Y

Y, y (ye) *f* twenty-seventh letter of the Spanish alphabet

y *conj* and

ya *adv* already; right away; now; **no ya** not only; **ya no** no longer; **ya que** since, inasmuch as

yac *m* (*bandera de proa*) (naut) jack; (*bóvido del Tíbet*) yak

yacer §82 *intr* to lie

yacija *f* bed, couch; (*sepultura*) grave

yacimiento *m* bed, field, deposit; **yacimiento de petróleo** oil field

yámbi•co -ca *adj* iambic

yambo *m* iamb, iambus

yanqui *adj & mf* Yankee

Yanquilandia *f* Yankeedom

yapa *f* bonus, extra, allowance; **de yapa** in the bargain, extra

yarda *f* yard, yardstick

yate *m* yacht

yedra *f* ivy

yegua *f* mare; (CAm) cigar butt

yeguada *f* stud

yelmo *m* helmet

yema *f* (*de huevo*) yolk; candied yolk; (*del invierno*) dead; (*renuevo*) bud; (fig) cream; **dar en la yema** to put one's finger on the

spot; **yema del dedo** finger tip; **yema mejida** eggnog

yente — yentes y vinientes *mpl* habitués, frequenters

yerba *f* var of **hierba**

yer•mo -ma *adj* deserted, uninhabited; (*suelo*) unsown; (*mujer*) not pregnant ‖ *m* desert, wilderness

yerno *m* son-in-law

yerro *m* error, mistake; **yerro de cuenta** miscalculation; **yerro de imprenta** printer's error

yer•to -ta *adj* stiff, rigid

yesca *f* punk, tinder; (*cosa que excita una pasión*) fuel; **echar una yesca** to strike a light

yeso *m* gypsum; plaster cast

yo *pron pers* I; **soy yo** it's me, it is I

yodhídri•co -ca *adj* hydriodic

yodo *m* iodine

yoduro *m* iodide

yoga *f* yoga

yogui *m* yogi

yogurt *m* yogurt

yola *f* shell (*boat*)

yonquí *m* (*drogas*) junkie, drug addict

yugo *m* yoke; **sacudir el yugo** to throw off the yoke

Yugoeslavia *f* Yugoslavia
yugoesla•vo -va *adj & mf* Yugoslav
yugular *adj & f* jugular ‖ *tr* to cut off, nip in the bud
yunque *m* anvil; drudge, work horse

yunta *f* yoke, team
yute *m* jute
yuxtaponer §54 *tr* to juxtapose
yuyo *m* (Arg, Chile) weed; **yuyos** (Col, Ecuad, Peru) greens

Z

Z, z (zeda or zeta) *f* twenty-eighth letter of the Spanish alphabet
zabordar *intr* (naut) to run aground
zabullir §13 *tr* (*p.ej., a un perro*) to duck, give a ducking to; throw, hurl ‖ *ref* (*meterse debajo del agua con ímpetu*) to dive; (*esconderse rápidamente*) duck
zacapela *f* or **zacapella** *f* row, rumpus
zacate *m* (CAm, Mex) hay, fodder; **zacate de empaque** excelsior
zacateca *m* (Cuba) undertaker, gravedigger
zacatín *m* old-clothes market
zacear *tr* (*al perro*) to chase away ‖ *intr* to lisp
zafaduría *f* (Arg) brazenness, effrontery
zafar *tr* to adorn, bedeck; loosen, untie; clear, free; (*un buque*) lighten ‖ *ref* to slip away; slip off, come off; **zafarse de** to get out of
zafarrancho *m* (naut) clearing the decks; (coll) havoc, ravage; (coll) scuffle, row; **zafarrancho de combate** (naut) clearing the deck for action
za•fio -fia *adj* rough, uncouth, boorish
zafiro *m* sapphire
za•fo -fa *adj* unhurt, intact; (naut) free, clear ‖ **zafo** *prep* (Col) except
zafra *f* olive-oil can; drip jar; sugar crop; sugar making; sugar-making season; (min) rubbish, muck
zaga *f* rear; load carried in the rear; (mil) rearguard; **a la zaga, a zaga** or **en zaga** behind, in the rear; **no ir en zaga a** to not be behind, be as good as
zagal *m* young fellow; strapping young fellow; shepherd boy; footboy
zagala *f* lass, maiden; young shepherdess
zaguán *m* vestibule, hall, entry
zague•ro -ra *adj* back, rear ‖ *m* (sport) back, backstop
zaherir §68 *tr* to upbraid, reproach; scold shamefully
zahones *mpl* chaps, hunting breeches
zaho•rí *m* (*pl* -**ríes**) keen observer; seer, clairvoyant
zahurda *f* pigpen
zai•no -na *adj* treacherous, false; (*caballo*) vicious; (*caballo*) dark-chestnut; **mirar a lo zaino** or **de zaino** to look askance at
za•lá *f* (*pl* -**laes**) Muslim prayer; **hacer la zalá a** to fawn on

zalagarda *f* ambush; skirmish; (*trampa para cazar animales*) trap; trick; row, rumpus; mock fight
zalamería *f* flattery, cajolery
zalame•ro -ra *adj* flattering, fawning ‖ *mf* flatterer, fawner
zalea *f* unsheared sheepskin
zalear *tr* to drag around, shake; (*al perro*) chase away
zalema *f* salaam
zamacuco *m* blockhead; sullen fellow; drunkenness
zamacueca *f* cueca (*Chilean courtship dance*)
zamarra *f* undressed sheepskin; sheepskin jacket
zam•bo -ba *adj* knock-kneed
zambra *f* merrymaking, celebration; Moorish boat
zambucar §73 *tr* to slip away, hide away
zambullida *f* dive, plunge; (fencing) thrust to the breast
zambulli•dor -dora *adj* diving, plunging ‖ *mf* diver, plunger ‖ *m* (orn) diver, loon
zambullir §13 *tr* (*p.ej., a un perro*) to duck, give a ducking to; throw, hurl ‖ *ref* (*meterse debajo del agua con ímpetu*) to dive; (*esconderse rápidamente*) duck
zampa *f* pile, bearing pile
zampacuarti•llos *mf* (*pl* -**llos**) toper, soak
zampalimos•nas *mf* (*pl* -**nas**) bum, ordinary bum
zampar *tr* to slip away, hide away; gobble down ‖ *ref* to slip away, hide away
zampator•tas *mf* (*pl* -**tas**) glutton; boor
zampear *tr* (*el terreno*) to strengthen with piles and rubble
zampoña *f* shepherd's pipe, rustic flute; nonsense, folly
zampuzar §60 *tr* to duck, give a ducking to; slip away, hide away
zanahoria *f* carrot
zanca *f* long leg; (*de la escalera*) horse
zancada *f* long stride; **en dos zancadas** in a flash, in a jiffy
zancadilla *f* booby trap; **echar la zancadilla a** to stick out one's foot and trip
zancajo *m* heel; **no llegar a los zancajos a** to not come up to, not be equal to
zancajo•so -sa *adj* duck-toed; down-at-the-heel
zancarrón *m* dirty old fellow
zanco *m* stilt; **en zancos** from a vantage point

zancu•do -da *adj* long-legged; (orn) wading ‖ *m* mosquito ‖ *f* wading bird

zanfonía *f* hurdy-gurdy

zangala *f* buckram

zangamanga *f* trick

zanganada *f* impertinence, impudence

zanganear *intr* to loaf around

zángano *m* (ent) drone; (fig) drone, loafer; (CAm) scoundrel

zangarrear *intr* to thrum a guitar

zangolotear *tr* to jiggle ‖ *intr* to fuss around ‖ *ref* to jiggle, flop around, rattle

zangoloteo *m* jiggle, jiggling, rattle; fuss, bother

zanguanga *f* malingering; flattery; **hacer la zanguanga** to malinger

zanguan•go -ga *adj* slow, lazy ‖ *mf* loafer ‖ *f* see **zanguanga**

zanja *f* ditch, trench; (SAm) gully; **abrir las zanjas** to lay the foundations

zanquear *intr* to waddle; to rush around

zanquilar•go -ga *adj* leggy, long-legged

zanquituer•to -ta *adj* bandy-legged

zapa *f* spade; sharkskin, (mil) sap

zapapico *m* mattock, pickax

zapar *tr* (mil) to sap, mine, excavate

zaparrastrar *intr* — **ir zaparrastrando** to go along trailing one's clothes on the ground

zapateado *m* clog dance, tap dance

zapatear *tr* to hit with the shoe; tap with the feet; abuse, ill-treat ‖ *intr* to tap-dance; *(las velas)* flap ‖ *ref* — **zapatearse con** to hold out against

zapatería *f* shoemaking; shoemaker's shop; *(tienda)* shoe store

zapate•ro -ra *adj* poorly cooked ‖ *mf* shoemaker; shoe dealer, **quedarse zapatero** to not take a trick; **¡zapatero, a tus zapatos!** stick to your last!; **zapatero de viejo** or **zapatero remendón** cobbler, shoemaker

zapatilla *f* slipper; *(escarpín)* pump; *(del grifo)* washer; *(del florete)* leather tip or button; cloven hoof

zapato *m* shoe, low shoe; **andar con zapatos de fieltro** to gumshoe; **como tres en un zapato** hard up; like sardines; **zapato de goma** overshoe; **zapato inglés** low shoe

zapatón *m* (Guat, SAm) overshoe

zapear *tr* *(al gato)* to scare away, chase away

zaque *m* wineskin; tippler, drunk

zaquiza•mí *m* (*pl* -míes) attic, garret; hovel, pigpen

zar *m* czar

zarabanda *f* (mus) saraband; noise, confusion, uproar; (Mex) beating, thrashing

zaragata *f* scuffle, row; **zaragatas** (W-I) flattery

Zaragoza *f* Saragossa

zaranda *f* sieve, screen; colander; (Ven) horn; (Ven) top

zarandajas *fpl* odds and ends, trinkets

zarandar *tr* to sift, screen; winnow, pick out, select; jiggle ‖ *ref* to jiggle; swagger, strut

zaraza *f* chintz, printed cotton

zarcillo *m* eardrop; (bot) tendril

zarigüeya *f* opossum

zarina *f* czarina

zarpa *f* claw, paw; (naut) weighing anchor

zarpar *tr* *(el ancla)* (naut) to weigh *(anchor)* ‖ *intr* (naut) to weigh anchor, set sail

zarpo•so -sa *adj* mud-splashed

zarracatería *f* cajolery, insincere flattery

zarracatín *m* sharp trader

zarramplín *m* botcher, bungler

zarrien•to -ta *adj* mud-splashed

zarza *f* blackberry, bramble *(bush)*

zarzamora *f* blackberry *(fruit)*

zarzaparrilla *f* sarsaparilla

zarzo *m* hurdle, wattle

zarzo•so -sa *adj* brambly

zarzuela *f* small bramble; (theat) zarzuela *(Spanish musical comedy);* **zarzuela grande** three-act zarzuela

zas *interj* bang!; **¡zas, zas!** bing, bang!

zascandilear *intr* to meddle, scheme

zepelín *m* zeppelin

Zeus *m* Zeus

zigzag *m* zigzag

zigzaguear *intr* to zigzag

zinc *m* (*pl* **zinces**) zinc

zipizape *m* scuffle, row, rumpus

ziszás *m* zigzag

zoca *f* public square

zócalo *m* (archit) socle; *(de una pared)* dado; (rad) socket; (Mex) public square, center square

zoca•to -ta *adj* *(fruto)* corky, pithy; left; left-handed ‖ *mf* left-handed person

zoclo *m* clog, wooden shoe

zo•co -ca *adj* left; left-handed ‖ *mf* left-handed person ‖ *m* clog, wooden shoe; Moroccan market place; (archit) socle; **andar de zocos en colodros** to jump from the frying pan into the fire ‖ *f* see **zoca**

zodíaco *m* zodiac

zofra *f* Moorish carpet, Moorish rug

zolo•cho -cha *adj* stupid, simple ‖ *mf* simpleton

zollipar *intr* to sob

zollipo *m* sob

zona *m* (pathol) shingles ‖ *f* zone; *(banda, faja)* belt, girdle; **zona a batir** target area; **zona desmilitarizada** demilitarized zone; **zona siniestrada** disaster area

zon•zo -za *adj* tasteless, insipid; dull, inane ‖ *mf* dolt, dimwit

zoófito *m* zoöphyte

zoología *f* zoölogy

zoológi•co -ca *adj* zoölogic(al)

zoólo•go -ga *mf* zoölogist

zopen•co -ca *adj* dull, stupid ‖ *mf* dullard, blockhead

zopilote *m* (Mex, CAm) turkey buzzard, turkey vulture

zo•po -pa *adj* crippled; awkward, gauche ‖ *mf* cripple

zoquete *m* *(de madera)* block, chunk, end; *(de pan)* bit, crust; chump, lout

zoquetu•do -da *adj* coarse, crude

zorra *f* fox; female fox; cunning person; prostitute; drunkenness; dray, truck; **pillar una zorra** to get drunk

yu
zo

zorrera f (*cueva de zorros*) foxhole; smoke-filled room; worry, confusion
zorrería f foxiness, craftiness
zorre•ro -ra adj sly, foxy; slow, heavy, tardy || f see **zorrera**
zorrillo m skunk
zorro m male fox; (*piel*) fox; (*hombre taimado*) fox; **estar hecho un zorro** to be overwhelmed with sleep; be dull and sullen; **zorros** duster
zorral m (orn) fieldfare; sly fellow; (Chile) simpleton
zozobra f capsizing, sinking; anxiety
zozobrar tr (*un buque*) to sink; (*un negocio*) wreck || intr to capsize, sink; (*la embarcación en la tempestad*) wallow; (*un negocio*) be in great danger; be greatly worried || ref to capsize, sink
zueco m clog, wooden shoe, sabot
zulacar §73 tr to waterproof
zulaque m waterproofing
zulú adj & mf (pl **-lús** o **-lúes**) Zulu
zullar ref to have a bowel movement; break wind
zullen•co -ca adj windy, flatulent
zumaque m sumach; wine
zumaya f (*autillo*) tawny owl; (*chotacabras*) goatsucker
zumba f bell worn by leading mule; (Mex) drunkenness; **hacer zumba a** to make fun of; **sin zumba** (Mex) in a rush, in a hurry
zumbador m buzzer; (Mex) pauraque; (Mex, CAm, W-I) hummingbird
zumbar tr to make fun of; (*un golpe, una bofetada*) let have || intr to buzz; zoom; (*los oídos*) ring; **zumbar a** (*frisar con*) to be close to, border on || ref (Cuba) to go too far, forget oneself; (P-R) to rush ahead; **zumbarse de** to make fun of
zumbido m buzz; zoom; blow, smack; **zumbido de ocupación** (telp) busy signal; **zumbido de oídos** ringing in the ears

zum•bón -bona adj waggish, playful || mf wag, jester
zumien•to -ta adj juicy
zumo m juice; advantage, profit; **zumo de cepas** or **de parras** fruit of the vine
zumo•so -sa adj juicy
zunchar tr to band, hoop
zuncho m band, hoop
zupia f (*del vino*) dregs; slop, wine full of dregs; (fig) junk, trash
zurcido m darning; darn; invisible mending
zurcir §36 tr to darn; (*una mentira*) hatch, concoct; (*unas mentiras*) weave (*a tissue of lies*)
zurdazo m (box) left, blow with the left
zur•do -da adj left; left-handed; **a zurdas** with the left hand; the wrong way || mf left-handed person
zurear intr to coo
zuro m stripped corncob
zurra f dressing, currying; scuffle, quarrel; drubbing, thrashing; (*trabajo o estudio continuados*) grind
zurrapa f thread, filament; trash, rubbish; **con zurrapas** in a sloppy manner
zurrar tr (*el cuero*) to dress, curry; get the best of; (*censurar con dureza*) dress down; (*castigar con azotes*) drub, thrash || ref (*hacer sus necesidades involuntariamente*) to have an accident; be scared to death; (Arg) to break wind noiselessly
zurriagar §44 tr to whip, horsewhip
zurriago m whip, lash
zurribanda f rain of blows; rumpus, scuffle
zurrir intr to buzz, grate
zurrón m shepherd's leather bag; leather bag; (*cáscara*) husk
zurrona f loose, evil woman
zurullo m soft roll; turd
zurupeto m unregistered broker; shyster notary
zuta•no -na mf so-and-so

Spanish Irregular Verbs

All simple tenses are shown in these tables if they contain one irregular form or more, except the conditional (which can always be derived from the stem of the future indicative) and the imperfect and future subjunctive (which can always be derived from the third plural preterit indicative minus the last syllable **-ron**).

The numbers are those that accompany the respective verbs and verbs of identical patterns where they are listed in their alphabetical places in this Dictionary. The letters (a) to (h) identify the tenses as follows:

(a) gerund   (e) present subjunctive
(b) past participle   (f) imperfect indicative
(c) imperative   (g) future indicative
(d) present indicative (h) preterit indicative

§1 **abolir:** defective verb used only in forms whose endings contain the vowel **i**

§2 **acertar**
  (c) **acierta,** acertad
  (d) **acierto, aciertas, acierta,** acertamos, acertáis, **aciertan**
  (e) **acierte, aciertes, acierte,** acertemos, acertéis, **acierten**

§3 **agorar:** like **§61** but with diaeresis on the **u** of **ue**
  (c) **agüera,** agorad
  (d) **agüero, agüeras, agüera,** agoramos, agoráis, **agüeran**
  (e) **agüere, agüeres, agüere,** agoremos, agoréis, **agüeren**

§4 **airar**
  (c) **aíra,** airad
  (d) **aíro, aíras, aíra,** airamos, airáis, **aíran**
  (e) **aíre, aíres, aíre,** airemos, airéis, **aíren**

§5 **andar**
  (h) **anduve, anduviste, anduvo, anduvimos, anduvisteis, anduvieron**

§6 **argüir:** like **§20** but with diaeresis on **u** in forms with accented **i** in the ending
  (a) **arguyendo**
  (b) **argüído**
  (c) **arguye,** argüid
  (d) **arguyo, arguyes, arguye,** argüimos, argüís, **arguyen**
  (e) **arguya, arguyas, arguya, arguyamos, arguyáis, arguyan**
  (h) **argüí,** argüiste, **arguyó,** argüimos, argüisteis, **arguyeron**

§7 **asir**
  (d) **asgo,** ases, ase, asimos, asís, asen
  (e) **asga, asgas, asga, asgamos, asgáis, asgan**

§8 **aunar**
  (c) **aúna,** aunad
  (d) **aúno, aúnas, aúna,** aunamos, aunáis, **aúnan**
  (e) **aúne, aúnes, aúne,** aunemos, aunéis, **aúnen**

§9 **avergonzar:** combination of **§3** and **§60**
  (c) **avergüenza,** avergonzad
  (d) **avergüenzo, avergüenzas, avergüenza,** avergonzamos, avergonzáis, **avergüenzan**
  (e) **avergüence, avergüences, avergüence, avergoncemos, avergoncéis, avergüencen**
  (h) **avergoncé,** avergonzaste, avergonzó, avergonzamos, avergonzasteis, avergonzaron

§10 **averiguar**
  (e) **averigüe, averigües, averigüe, averigüemos, averigüéis, averigüen**
  (h) **averigüé,** averiguaste, averiguó, averiguamos, averiguasteis, averiguaron

§11 bendecir
   (a) **bendiciendo**
   (c) **bendice,** bendecid
   (d) **bendigo, bendices, bendice,** bendecimos, bendecís, **bendicen**
   (e) **bendiga, bendigas, bendiga, bendigamos, bendigáis, bendigan**
   (h) **bendije, bendijiste, bendijo, bendijimos, bendijisteis, bendijeron**

§12 bruñir
   (a) **bruñendo**
   (h) **bruñí, bruñiste, bruñó,** bruñimos, bruñisteis, **bruñeron**

§13 bullir
   (a) **bullendo**
   (h) **bullí, bulliste, bulló,** bullimos, bullisteis, **bulleron**

§14 caber
   (d) **quepo,** cabes, cabe, cabemos, cabéis, caben
   (e) **quepa, quepas, quepa, quepamos, quepáis, quepan**
   (g) **cabré, cabrás, cabrá, cabremos, cabréis, cabrán**
   (h) **cupe, cupiste, cupo, cupimos, cupisteis, cupieron**

§15 caer
   (a) **cayendo**
   (b) **caído**
   (d) **caigo,** caes, cae, caemos, caéis, caen
   (e) **caiga, caigas, caiga, caigamos, caigáis, caigan**
   (h) caí, **caíste, cayó, caímos, caísteis, cayeron**

§16 cocer: combination of §47 and §78
   (c) **cuece,** coced
   (d) **cuezo, cueces, cuece,** cocemos, cocéis, **cuecen**
   (e) **cueza, cuezas, cueza, cozamos, cozáis, cuezan**

§17 coger
   (d) **cojo,** coges, coge, cogemos, cogéis, cogen
   (e) **coja, cojas, coja, cojamos, cojáis, cojan**

§18 comenzar: combination of §2 and §60
   (c) **comienza,** comenzad
   (d) **comienzo, comienzas, comienza,** comenzamos, comenzáis, **comienzan**
   (e) **comience, comiences, comience, comencemos, comencéis, comiencen**
   (h) **comencé,** comenzaste, comenzó, comenzamos, comenzasteis, comenzaron

§19 conducir
   (d) **conduzco,** conduces, conduce, conducimos, conducís, conducen
   (e) **conduzca, conduzcas, conduzca, conduzcamos, conduzcáis, conduzcan**
   (h) **conduje, condujiste, condujo, condujimos, condujisteis, condujeron**

§20 construir
   (a) **construyendo**
   (b) **construído**
   (c) **construye,** construid
   (d) **construyo, construyes, construye,** construimos, construís, **construyen**
   (e) **construya, construyas, construya, construyamos, construyáis, constru-**
      yan
   (h) construí, construiste, **construyó,** construimos, construisteis, **construyeron**

§21 continuar
   (c) **continúa,** continuad
   (d) **continúo, continúas, continúa,** continuamos, continuáis, **continúan**
   (e) **continúe, continúes, continúe,** continuemos, continuéis, **continúen**

§22 crecer
   (d) **crezco,** creces, crece, crecemos, crecéis, crecen
   (e) **crezca, crezcas, crezca, crezcamos, crezcáis, crezcan**

§23 **dar**
(d) **doy**, das, da, damos, dais, dan
(e) **dé**, des, **dé**, demos, deis, den
(h) **dí, diste, dio, dimos, disteis, dieron**

§24 **decir**
(a) **diciendo**
(b) **dicho**
(c) **di**, decid
(d) **digo, dices, dice**, decimos, decís, **dicen**
(e) **diga, digas, diga, digamos, digáis, digan**
(g) **diré, dirás, dirá, diremos, diréis, dirán**
(h) **dije, dijiste, dijo, dijimos, dijisteis, dijeron**

§25 **delinquir**
(d) **delinco**, delinques, delinque, delinquimos, delinquís, delinquen
(e) **delinca, delincas, delinca, delincamos, delincáis, delincan**

§26 **desosar:** like §61 but with **h** before **ue**
(c) **deshuesa**, desosad
(d) **deshueso, deshuesas, deshuesa**, desosamos, desosáis, **deshuesan**
(e) **deshuese, deshueses, deshuese**, desosemos, desoséis, **deshuesen**

§27 **dirigir**
(d) **dirijo**, diriges, dirige, dirigimos, dirigís, dirigen
(e) **dirija, dirijas, dirija, dirijamos, dirijáis, dirijan**

§28 **discernir**
(c) **discierne**, discernid
(d) **discierno, disciernes, discierne**, discernimos, discernís, **disciernen**
(e) **discierna, disciernas, discierna**, discernamos, discernáis, **disciernan**

§29 **distinguir**
(d) **distingo**, distingues, distingue, distinguimos, distinguís, distinguen
(e) **distinga, distingas, distinga, distingamos, distingáis, distingan**

§30 **dormir**
(a) **durmiendo**
(c) **duerme**, dormid
(d) **duermo, duermes, duerme**, dormimos, dormís, **duermen**
(e) **duerma, duermas, duerma, durmamos, durmáis, duerman**
(h) dormí, dormiste, **durmió**, dormimos, dormisteis, **durmieron**

§31 **empeller**
(a) **empellendo**
(h) empellí, empelliste, **empelló**, empellimos, empellisteis, **empelleron**

§32 **enraizar:** combination of §4 and §60
(c) **enraíza**, enraizad
(d) **enraízo, enraízas, enraíza**, enraizamos, enraizáis, **enraízan**
(e) **enraíce, enraíces, enraíce, enraicemos, enraicéis, enraícen**
(h) **enraicé**, enraizaste, enraizó, enraizamos, enraizasteis, enraizaron

§33 **erguir:** combination of §29 and §50 or §68
(a) **irguiendo**
(c) **irgue** or **yergue**, erguid
(d) **irgo, irgues, irgue,** } erguimos, erguís, { **irguen**
    yergo, yergues, yergue, }   { **yerguen**
(e) **irga, irgas, irga,** } irgamos, irgáis, { **irgan**
    yerga, yergas, yerga, }   { **yergan**
(h) erguí, erguiste, **irguió**, erguimos, erguisteis, **irguieron**

§34 **errar:** like §2 but with initial **ye** for **ie**
(c) **yerra**, errad
(d) **yerro, yerras, yerra**, erramos, erráis, **yerran**
(e) **yerre, yerres, yerre**, erremos, erréis, **yerren**

§35 esforzar: combination of §60 and §61
(c) **esfuerza**, esforzad
(d) **esfuerzo, esfuerzas, esfuerza**, esforzamos, esforzáis, **esfuerzan**
(e) **esfuerce, esfuerces, esfuerce, esforcemos, esforcéis, esfuercen**
(h) **esforcé**, esforzaste, esforzó, esforzamos, esforzasteis, esforzaron

§36 esparcir
(d) **esparzo**, esparces, esparce, esparcimos, esparcís, esparcen
(e) **esparza, esparzas, esparza, esparzamos, esparzáis, esparzan**

§37 estar
(c) **está**, estad
(d) **estoy, estás, está**, estamos, estáis, **están**
(e) **esté, estés, esté**, estemos, estéis, **estén**
(h) **estuve, estuviste, estuvo, estuvimos, estuvisteis, estuvieron**

§38 haber
(c) **hé**, habed
(d) **he, has, ha, hemos**, habéis, **han** (*v impers*) **hay**
(e) **haya, hayas, haya, hayamos, hayáis, hayan**
(g) **habré, habrás, habrá, habremos, habréis, habrán**
(h) **hube, hubiste, hubo, hubimos, hubisteis, hubieron**

§39 hacer
(b) **hecho**
(c) **haz**, haced
(d) **hago**, haces, hace, hacemos, hacéis, hacen
(e) **haga, hagas, haga, hagamos, hagáis, hagan**
(g) **haré, harás, hará, haremos, haréis, harán**
(h) **hice, hiciste, hizo, hicimos, hicisteis, hicieron**

§40 inquirir
(c) **inquiere**, inquirid
(d) **inquiero, inquieres, inquiere**, inquirimos, inquirís, **inquieren**
(e) **inquiera, inquieras, inquiera**, inquiramos, inquiráis, **inquieran**

§41 ir
(a) **yendo**
(c) **vé, vamos**, id
(d) **voy, vas, va, vamos, vais, van**
(e) **vaya, vayas, vaya, vayamos, vayáis, vayan**
(f) **iba, ibas, iba, íbamos, ibais, iban**
(h) **fui, fuiste, fue, fuimos, fuisteis, fueron**

§42 jugar: like §63 but with radical **u**
(c) **juega**, jugad
(d) **juego, juegas, juega**, jugamos, jugáis, **juegan**
(e) **juegue, juegues, juegue, juguemos, juguéis, jueguen**
(h) **jugué**, jugaste, jugó, jugamos, jugasteis, jugaron

§43 leer
(a) **leyendo**
(b) **leído**
(h) leí, **leíste, leyó, leímos, leísteis, leyeron**

§44 ligar
(e) **ligue, ligues, ligue, liguemos, liguéis, liguen**
(h) **ligué**, ligaste, ligó, ligamos, ligasteis, ligaron

§45 lucir
(d) **luzco**, luces, luce, lucimos, lucís, lucen
(e) **luzca, luzcas, luzca, luzcamos, luzcáis, luzcan**

§46 mecer
(d) **mezo**, meces, mece, mecemos, mecéis, mecen
(e) **meza, mezas, meza, mezamos, mezáis, mezan**

§47　**mover**
 (c) **mueve,** moved
 (d) **muevo, mueves, mueve,** movemos, movéis, **mueven**
 (e) **mueva, muevas, mueva,** movamos, mováis, **muevan**

§48　**oír**
 (a) **oyendo**
 (b) **oído**
 (c) **oye, oíd**
 (d) **oigo, oyes, oye, oímos,** oís, **oyen**
 (e) **oiga, oigas, oiga, oigamos, oigáis, oigan**
 (h) oí, **oíste, oyó, oímos, oísteis, oyeron**

§49　**oler:** like §47 but with **h** before **ue**
 (c) **huele,** oled
 (d) **huelo, hueles, huele,** olemos, oléis, **huelen**
 (e) **huela, huelas, huela,** olamos, oláis, **huelan**

§50　**pedir**
 (a) **pidiendo**
 (c) **pide,** pedid
 (d) **pido, pides, pide,** pedimos, pedís, **piden**
 (e) **pida, pidas, pida, pidamos, pidáis, pidan**
 (h) pedí, pediste, **pidió,** pedimos, pedisteis, **pidieron**

§51　**perder**
 (c) **pierde,** perded
 (d) **pierdo, pierdes, pierde,** perdemos, perdéis, **pierden**
 (e) **pierda, pierdas, pierda,** perdamos, perdáis, **pierdan**

§52　**placer**
 (d) **plazco,** places, place, placemos, placéis, placen
 (e) **plazca, plazcas, plazca, plazcamos, plazcáis, plazcan**
 (h) plací, placiste, plació (or **plugo**), placimos, placisteis, placieron

§53　**poder**
 (a) **pudiendo**
 (c) **(puede,** poded)
 (d) **puedo, puedes, puede,** podemos, podéis, **pueden**
 (e) **pueda, puedas, pueda,** podamos, podáis, **puedan**
 (g) **podré, podrás, podrá, podremos, podréis, podrán**
 (h) **pude, pudiste, pudo, pudimos, pudisteis, pudieron**

§54　**poner**
 (b) **puesto**
 (c) **pon,** poned
 (d) **pongo,** pones, pone, ponemos, ponéis, ponen
 (e) **ponga, pongas, ponga, pongamos, pongáis, pongan**
 (g) **pondré, pondrás, pondrá, pondremos, pondréis, pondrán**
 (h) **puse, pusiste, puso, pusimos, pusisteis, pusieron**

§55　**querer**
 (c) **quiere,** quered
 (d) **quiero, quieres, quiere,** queremos, queréis, **quieren**
 (e) **quiera, quieras, quiera,** queramos, queráis, **quieran**
 (g) **querré, querrás, querrá, querremos, querréis, querrán**
 (h) **quise, quisiste, quiso, quisimos, quisisteis, quisieron**

§56　**raer**
 (a) **rayendo**
 (b) **raído**
 (d) **raigo** (or **rayo**), raes, rae, raemos, raéis, raen
 (e) **raiga** (or **raya**), **raigas, raiga, raigamos, raigáis, raigan**
 (h) **raí, raíste, rayó, raímos, raísteis, rayeron**

§57 **regir:** combination of §27 and §50
    (a) **rigiendo**
    (c) **rige,** regid
    (d) **rijo, riges, rige,** regimos, regís, **rigen**
    (e) **rija, rijas, rija, rijamos, rijáis, rijan**
    (h) regí, registe, **rigió,** regimos, registeis, **rigieron**

§58 **reír**
    (a) **riendo**
    (b) **reído**
    (c) **ríe, reíd**
    (d) **río, ríes, ríe, reímos,** reís, **ríen**
    (e) **ría, rías, ría, riamos, riáis, rían**
    (h) reí, **reíste, rió, reímos, reísteis, rieron**

§59 **reunir**
    (c) **reúne,** reunid
    (d) **reúno, reúnes, reúne,** reunimos, reunís, **reúnen**
    (e) **reúna, reúnas, reúna,** reunamos, reunáis, **reúnan**

§60 **rezar**
    (e) **rece, reces, rece, recemos, recéis, recen**
    (h) **recé,** rezaste, rezó, rezamos, rezasteis, rezaron

§61 **rodar**
    (c) **rueda,** rodad
    (d) **ruedo, ruedas, rueda,** rodamos, rodáis, **ruedan**
    (e) **ruede, ruedes, ruede,** rodemos, rodéis, **rueden**

§62 **roer**
    (a) **royendo**
    (b) **roído**
    (d) **roo (roigo,** or **royo),** roes, roe, roemos, roéis, roen
    (e) **roa (roiga,** or **roya),** roas, roa, roamos, roáis, roan
    (h) roí, **roíste, royó, roímos, roísteis, royeron**

§63 **rogar:** combination of §44 and §61
    (c) **ruega,** rogad
    (d) **ruego, ruegas, ruega,** rogamos, rogáis, **ruegan**
    (e) **ruegue, ruegues, ruegue, roguemos, roguéis, rueguen**
    (h) **rogué,** rogaste, rogó, rogamos, rogasteis, rogaron

§64 **saber**
    (d) **sé,** sabes, sabe, sabemos, sabéis, saben
    (e) **sepa, sepas, sepa, sepamos, sepáis, sepan**
    (g) **sabré, sabrás, sabrá, sabremos, sabréis, sabrán**
    (h) **supe, supiste, supo, supimos, supisteis, supieron**

§65 **salir**
    (c) **sal,** salid
    (d) **salgo,** sales, sale, salimos, salís, salen
    (e) **salga, salgas, salga, salgamos, salgáis, salgan**
    (g) **saldré, saldrás, saldrá, saldremos, saldréis, saldrán**

§66 **segar:** combination of §2 and §44
    (c) **siega,** segad
    (d) **siego, siegas, siega,** segamos, segáis, **siegan**
    (e) **siegue, siegues, siegue, seguemos, seguéis, sieguen**
    (h) **segué,** segaste, segó, segamos, segasteis, segaron

§67 **seguir:** combination of §29 and §50
    (a) **siguiendo**
    (c) **sigue,** seguid
    (d) **sigo, siegues, sigue,** seguimos, seguís, **siguen**
    (e) **siga, sigas, siga, sigamos, sigáis, sigan**
    (h) seguí, seguiste, **siguió,** seguimos, seguisteis, **siguieron**

§68 sentir
(a) sintiendo
(c) siente, sentid
(d) siento, sientes, siente, sentimos, sentís, sienten
(e) sienta, sientas, sienta, sintamos, sintáis, sientan
(h) sentí, sentiste, sintió, sentimos, sentisteis, sintieron

§69 ser
(c) sé, sed
(d) soy, eres, es, somos, sois, son
(e) sea, seas, sea, seamos, seáis, sean
(f) era, eras, era, éramos, erais, eran
(h) fui, fuiste, fue, fuimos, fuisteis, fueron

§70 tañer
(a) tañendo
(h) tañí, tañiste, tañó, tañimos, tañisteis, tañeron

§71 tener
(c) ten, tened
(d) tengo, tienes, tiene, tenemos, tenéis, tienen
(e) tenga, tengas, tenga, tengamos, tengáis, tengan
(g) tendré, tendrás, tendrá, tendremos, tendréis, tendrán
(h) tuve, tuviste, tuvo, tuvimos, tuvisteis, tuvieron

§72 teñir: combination of §12 and §50
(a) tiñendo
(c) tiñe, teñid
(d) tiño, tiñes, tiñe, teñimos, teñis, tiñen
(e) tiña, tiñas, tiña, tiñamos, tiñáis, tiñan
(h) teñi, teñiste, tiñó, teñimos, teñisteis, tiñeron

§73 tocar
(e) toque, toques, toque, toquemos, toquéis, toquen
(h) toqué, tocaste, tocó, tocamos, tocasteis, tocaron

§74 torcer: combination of §47 and §78
(c) tuerce, torced
(d) tuerzo, tuerces, tuerce, torcemos, torcéis, tuercen
(e) tuerza, tuerzas, tuerza, torzamos, torzáis, tuerzan

§75 traer
(a) trayendo
(b) traído
(d) traigo, traes, trae, traemos, traéis, traen
(e) traiga, traigas, traiga, traigamos, traigáis, traigan
(h) traje, trajiste, trajo, trajimos, trajisteis, trajeron

§76 valer
(d) valgo, vales, vale, valemos, valéis, valen
(e) valga, valgas, valga, valgamos, valgáis, valgan
(g) valdré, valdrás, valdrá, valdremos, valdréis, valdrán

§77 variar
(c) varía, variad
(d) varío, varías, varía, variamos, variáis, varían
(e) varíe, varíes, varíe, variemos, variéis, varíen

§78 vencer
(d) venzo, vences, vence, vencemos, vencéis, vencen
(e) venza, venzas, venza, venzamos, venzáis, venzan

§79 venir
(a) viniendo
(c) ven, venid
(d) vengo, vienes, viene, venimos, venís, vienen
(e) venga, vengas, venga, vengamos, vengáis, vengan

       (g) **vendré, vendrás, vendrá, vendremos, vendréis, vendrán**
       (h) **vine, viniste, vino, vinimos, vinisteis, vinieron**

§80   **ver**
       (b) **visto**
       (d) **veo,** ves, ve, vemos, veis, ven
       (e) **vea, veas, vea, veamos, veáis, vean**
       (f) **veía, veías, veía, veíamos, veíais, veían**

§81   **volcar:** combination of **§61** and **§73**
       (c) **vuelca,** volcad
       (d) **vuelco, vuelcas, vuelca,** volcamos, volcáis, **vuelcan**
       (e) **vuelque, vuelques, vuelque, volquemos, volquéis, vuelquen**
       (h) **volqué,** volcaste, volcó, volcamos, volcasteis, volcaron

§82   **yacer**
       (c) **yaz** (or yace), yaced
       (d) **yazco (yazgo,** or **yago),** yaces, yace, yacemos, yacéis, yacen
       (e) **yazca (yazga,** or **yaga), yazcas, yazca, yazcamos, yazcáis, yazcan**

§83   The following verbs, some of which are included in the foregoing table, and their
       compounds have irregular past participles:

abrir	**hacer**	**escrito**	**poner**	**ver**	**podrido**
cubrir	**imprimir**	**frito**	**proveer**	**volver**	**roto**
decir	**abierto**	**hecho**	**pudrir**	**muerto**	**suelto**
escribir	**cubierto**	**impreso**	**romper**	**puesto**	**visto**
freír	**dicho**	**morir**	**solver**	**provisto**	**vuelto**

ENGLISH-SPANISH
INGLÉS-ESPAÑOL

Λ

A, a [e] primera letra del alfabeto inglés

a [e] *art indef* un

aback [ə'bæk] *adv* atrás; **to be taken aback** quedar desconcertado; **to take aback** desconcertar

abaft [ə'bæft] *adv* a popa, en popa; *prep* detrás de

abandon [ə'bændən] *s* abandono ‖ *tr* abandonar

abandonment [ə'bændənmənt] *s* abandono, abandonamiento; desembarazo

abase [ə'bes] *tr* degradar, humillar

abash [ə'bæ∫] *tr* avergonzar

abashed [ə'bæ∫t] *adj* avergonzado; humillado

abate [ə'bet] *tr* disminuir, reducir; deducir ‖ *intr* disminuir, moderarse

aba•tis ['æbətɪs] *s* (*pl* **-tis**) abatida

abattoir ['æbə,twar] *s* matadero

abba•cy ['æbəsi] *s* (*pl* **-cies**) abadía

abbess ['æbɪs] *s* abadesa

abbey ['æbi] *s* abadía

abbot ['æbət] *s* abad *m*

abbreviate [ə'brivɪ,et] *tr* abreviar

abbreviation [ə,brivɪ'e∫ən] *s* (*shortening*) abreviación; (*shortened form*) abreviatura

A B C [,e,bi'si] *s* abecé *m*; **A B C's** abecedario

abdicate ['æbdɪ,ket] *tr* & *intr* abdicar

abdomen ['æbdəmən] o [æb'domən] *s* abdomen *m*

abduct [æb'dʌkt] *tr* raptar, secuestrar

abduction [æb'dʌk∫ən] *s* rapto; secuestro

abed [ə'bɛd] *adv* en cama, acostado

aberration [,æbɛ're∫ən] *s* aberración; (*mind*) extravío

abet [ə'bɛt] *v* (*pret* & *pp* **abetted**; *ger* **abetting**) *tr* incitar (*a una persona, esp. al mal*); fomentar (*el crimen*)

abeyance [ə'be•əns] *s* suspensión; **in abeyance** en suspenso

ab•hor [æb'hɔr] *v* (*pret* & *pp* **-horred**; *get* **-horring**) *tr* aborrecer, detestar

abhorrence [əb'hɔrəns] *s* aversión; aborrecimiento

abhorrent [æb'hɔrənt] *adj* aborrecible, detestable

abide [ə'baɪd] *v* (*pret* & *pp* **abode** o **abided**) *tr* esperar; tolerar ‖ *intr* permanecer; **to abide by** cumplir con; atenerse a

abili•ty [ə'bɪlɪti] *s* (*pl* **-ties**) habilidad, capacidad; talento

abject [æb'dʒɛkt] *adj* abyecto, servil

abjure [æb'dʒur] *tr* abjurar

ablative ['æblətɪv] *s* ablativo

ablaut ['æblaut] *s* apofonía

ablaze [ə'blez] *adj* brillante; ardiente; encolerizado ‖ *adv* en llamas, ardiendo

able ['ebəl] *adj* hábil, capaz; **to be able to** poder

able-bodied ['ebəl'badid] *adj* sano; fornido; experto

abloom [ə'blum] *adj* floreciente ‖ *adv* en flor

abnormal [æb'nɔrməl] *adj* anormal

aboard [ə'bord] *adv* a bordo; al bordo; **all aboard!** ¡señores viajeros al tren!; **to go aboard** ir a bordo; **to take aboard** embarcar ‖ *prep* a bordo de; (*a train*) en

abode [ə'bod] *s* domicilio, residencia

abolish [ə'balɪ∫] *tr* eliminar, suprimir

abolition [,æbə'lɪ∫ən] *s* abolición

A-bomb ['e,bam] *s* bomba atómica

abominable [ə'bamɪnəbəl] *adj* abominable

abomination [ə,bamɪ'ne∫ən] *s* abominación

aborigines [,æbə'rɪdʒɪ,niz] *spl* aborígenes *mf*

abort [ə'bɔrt] *tr* & *intr* abortar

abortion [ə'bɔr∫ən] *s* aborto

abortionist [ə'bɔr∫ənɪst] *s* abortista *mf*

abound [ə'baund] *intr* abundar

about [ə'baut] *adv* casi; aquí; **to be about to** estar a punto de, estar para ‖ *prep* acerca de; con respecto a; cerca de; hacia, a eso de; **to be about** tratar de

above [ə'bʌv] *adj* antedicho ‖ *adv* arriba, encima ‖ *prep* sobre, encima de, más alto que; superior a; **above all** sobre todo

above-mentioned [ə'bʌv'mɛn∫ənd] *adj* sobredicho, antedicho, susodicho, prenombrado

abrasive [ə'bresɪv] o [ə'breziv] *adj* & *s* abrasivo

abreast [ə'brɛst] *adj* & *adv* de frente; **to be abreast of** correr parejas con; estar al corriente de

abridge [ə'brɪdʒ] *tr* abreviar; disminuir; condensar, resumir

abroad [ə'brɔd] *adv* al extranjero; en el extranjero; fuera de casa

abrupt [ə'brʌpt] *adj* brusco; repentino; áspero; abrupto, escarpado

abscess ['æbsɛs] *s* absceso

abscond [æb'skand] *intr* irse a hurtadillas; **to abscond with** alzarse con

absence ['æbsəns] *s* ausencia

absent ['æbsənt] *adj* ausente ‖ [æb'sɛnt] *tr*— **to absent oneself** ausentarse

absentee [,æbsən'ti] s ausente mf
absent-minded ['æbsənt'maɪndɪd] adj distraído, absorto
absinth ['æbsɪnθ] s (plant) absintio, ajenjo; (drink) absenta, ajenjo
absolute ['æbsə,lut] adj & s absoluto
absolutely 'æbsə,lutli] adv absolutamente ‖ [,æbsə'lutli] adv (coll) positivamente
absolution ['æbsə'luʃən] s absolución
absolve [æb'salv] tr absolver
absorb [æb'sɔrb] tr absorber; **to be or become absorbed** ensimismarse
absorbent [æb'sɔrbənt] adj absorbente; (cotton) hidrófilo
absorbing [æb'sɔrbɪŋ] adj absorbente
absorption [æb'sɔrpʃən] s abstracción; embebecimiento; absorción
abstain [æb'sten] intr abstenerse
abstemious [æb'stimɪ•əs] adj abstemio, sobrio
abstinent ['æbstɪnənt] adj abstinente
abstract ['æbstrækt] adj abstracto ‖ s resumen m, sumario, extracto ‖ tr resumir, compendiar, extractar ‖ [æb'strækt] tr abstraer; quitar
abstruse [æb'strus] adj abstruso
absurd [æb'sʌrd] o [æb'zʌrd] adj absurdo
absurdi•ty [æb'sʌrdɪti] o [æb'zʌrdɪti] s (pl -ties) absurdidad, absurdo
abundance [ə'bʌndəns] s abundancia, copia; (CAm) bastedad
abundant [ə'bʌndənt] adj abundante
abuse [ə'bjus] s maltrato; injuria, insulto; (bad practice; injustice) abuso ‖ [ə'bjuz] tr maltratar; injuriar, insultar; (to misapply, take unfair advantage of) abusar de
abusive [ə'bjusiv] adj injurioso, insultante; abusivo
abut [ə'bʌt] v (pret & pp **abutted**; ger **abutting**) intr—**to abut on** confinar con, terminar en
abutment [ə'bʌtmənt] s confinamiento; estribo, contrafuerte m
abyss [ə'bɪs] s abismo
academic [,ækə'dɛmɪk] adj académico
academic costume s toga, traje m de catedrático
academic freedom s libertad de cátedra, libertad de enseñanza
academician [ə,kædə'mɪʃən] s académico
academic subjects spl materias no profesionales
academic year s año escolar
acade•my [ə'kædəmi] s (pl -mies) academia
accede [æk'sid] intr acceder; **to accede to** acceder a, condescender a; (e.g., the throne) ascender a, subir a
accelerate [æk'sɛlə,ret] tr acelerar ‖ intr acelerarse
accelerator [æk'sɛlə,retər] s acelerador m
accent ['æksɛnt] s acento ‖ ['æksɛnt] o [æk'sɛnt] tr acentuar
accent mark s acento ortográfico
accentuate [æk'sɛntʃu,et] tr acentuar
accept [æk'sɛpt] tr aceptar
acceptable [æk'sɛptəbəl] adj aceptable
acceptance [æk'sɛptəns] s aceptación

access ['æksɛs] s acceso
accessible [æk'sɛsɪbəl] adj accesible
accession [æk'sɛʃən] s accesión; (to a dignity) ascenso; (of books in a library) adquisición
accesso•ry [æk'sɛsəri] adj accesorio ‖ s (pl -ries) accesorio; (to a crime) cómplice mf
accident ['æksɪdənt] s accidente m; **by accident** por casualidad
accidental [,æksɪ'dɛntəl] adj accidental
acclaim [ə'klem] s aclamación ‖ tr & intr aclamar
acclimate ['æklɪ,met] tr aclimatar ‖ intr aclimatarse
accolade [,ækə'led] s acolada; elogio, premio
accommodate [ə'kamə,det] tr acomodar; alojar
accommodating [ə'kamə,detɪŋ] adj acomodadizo, servicial
accommodation [ə,kamə'deʃən] s acomodación; **accommodations** facilidades, comodidades; (in a train) localidad; (in a hotel) alojamiento
accommodation train s tren m omnibus
accompaniment [ə'kʌmpənɪmənt] s acompañamiento
accompanist [ə'kʌmpənɪst] s acompañante m
accompa•ny [ə'kʌmpəni] v (pret & pp -nied) tr acompañar
accomplice [ə'kamplɪs] s cómplice mf, codelincuente mf
accomplish [ə'kamplɪʃ] tr realizar, llevar a cabo
accomplished [ə'kamplɪʃt] adj realizado; culto, talentoso; (fact) consumado
accomplishment [ə'kamplɪʃmənt] s realización; **accomplishments** prendas, talentos
accord [ə'kɔrd] s acuerdo; **in accord with** de acuerdo con: **of one's own accord** de buen grado, voluntariamente; **with one accord** de común acuerdo ‖ tr conceder, otorgar ‖ intr concordar, avenirse
accordance [ə'kɔrdəns] s conformidad; **in accordance with** de acuerdo con
according [ə'kɔrdɪŋ] adj — **according as** según que; **according to** según
accordingly [ə'kɔrdɪŋli] adv en conformidad; por consiguiente
accordion [ə'kɔrdɪ•ən] s acordeón m; filarmónica (Mex)
accost [ə'kɔst] o [ə'kast] tr abordar, acercarse a
accouchement [ə'kuʃmənt] s alumbramiento, parto
accoucheur [,æku'ʃʌr] s comadrón m
accoucheuse [,æku'ʃuz] s comadrona
account [ə'kaunt] s informe m, relato; cuenta; estado de cuenta; importancia; **by all accounts** según el decir general; **of no account** de poca importancia; **on account** como paga y señal; **on account of** a causa de; **to bring to account** pedir cuentas a; **to buy on account** comprar a plazos; **to turn to account** sacar provecho de, hacer valer

|| *intr*—**to account for** explicar; responder de

accountable [ə'kaʊntəbəl] *adj* responsable; explicable

accountant [ə'kaʊntənt] *s* contador *m*, contable *m*

accounting [ə'kaʊntɪŋ] *s* arreglo de cuentas; contabilidad

accouterments [ə'kutərmənts] *spl* equipo, avíos

accredit [ə'krɛdɪt] *tr* acreditar

accrue [ə'kru] *intr* acumularse; resultar

acct. *abbr* **account**

accumulate [ə'kjumjə,let] *tr* acumular || *intr* acumularse

accuracy ['ækjərəsi] *s* exactitud, precisión

accurate ['ækjərɪt] *adj* exacto

accusation [,ækjə'zeʃən] *s* acusación

accusative [ə'kjuzətɪv] *adj & s* acusativo

accuse [ə'kjuz] *tr* acusar

accustom [ə'kʌstəm] *tr* acostumbrar

ace [es] *s* as *m;* **to be within an ace of** estar a dos dedos de

acetate ['æsɪ,tet] *s* acetato

acetic acid [ə'sitɪk] *s* ácido acético

aceti•fy [ə'sɛtɪ,faɪ] *v* (*pret & pp* **-fied**) *tr* acetificar || *intr* acetificarse

acetone ['æsɪ,ton] *s* acetona

acetylene [ə'sɛtɪ,lin] *s* acetileno

acetylene torch *s* soplete oxiacetilénico

ache [ek] *s* achaque *m*, dolor *m* || *int* doler

achieve [ə'tʃiv] *tr* llevar a cabo; alcanzar, ganar, lograr

achievement [ə'tʃivmənt] *s* realización; (*feat*) hazaña

Achilles' heel [ə'kɪliz] *s* talón *m* de Aquiles

acid ['æsɪd] *adj* ácido; agrio, mordaz || *s* ácido

acidi•fy [ə'sɪdɪ,faɪ] *v* (*pret & pp* **-fied**) *tr* acidificar || *intr* acidificarse

acidi•ty [ə'sɪdɪti] *s* (*pl* **-ties**) acidez *f*

acid rain *s* lluvia ácida

acid test *s* prueba decisiva

ack•ack ['æk'æk] *s* (slang) artillería antiaérea; (slang) fuego antiaéreo

acknowledge [æk'nɑlɪdʒ] *tr* reconocer; acusar (*recibo de una carta*); agradecer (*p.ej., un favor*)

acknowledgment [æk'nɑlɪdʒmənt] *s* reconocimiento; (*of receipt of a letter*) acuse *m;* (*of a favor*) agradecimiento

acme ['ækmi] *s* auge *m*, colmo

acne ['ækni] *s* acne *f*

acolyte ['ækə,laɪt] *s* acólito

acorn ['ekɔrn] o ['ekərn] *s* bellota

acoustic [ə'kustɪk] *adj* acústico || **acoustics** *ssg* acústica

acquaint [ə'kwent] *tr* informar, poner al corriente; **to be acquainted** conocerse; **to be acquainted with** conocer; estar al corriente de

acquaintance [ə'kwentəns] *s* conocimiento; (*person*) conocido

acquiesce [,ækwɪ'ɛs] *intr* consentir, condescender, asentir

acquiescence [,ækwɪ'ɛsəns] *s* consentimiento, condescendencia, aquiescencia

acquire [ə'kwaɪr] *tr* adquirir

acquired im•mune'-de•fi'cien•cy syndrome (AIDS) *s* síndrome *m* de inmunidad deficiente adquirida (SIDA)

acquired taste *s* gusto adquirido

acquisition [,ækwɪ'zɪʃən] *s* adquisición

acquit [ə'kwɪt] *v* (*pret & pp* **acquitted**) *ger* **acquitting**) *tr* absolver, exculpar; **to acquit oneself** conducirse, portarse

acquittal [ə'kwɪtəl] *s* absolución, exculpación

acrid ['ækrɪd] *adj* acre, acrimonioso

acrobat ['ækrə,bæt] *s* acróbata *mf*

acrobatic [,ækrə'bætɪk] *adj* acrobático || **acrobatics** *ssg* (*profession*) acrobatismo; *spl* (*stunts*) acrobacia

acronym ['ækrənɪm] *s* acrónimo

acropolis [ə'krɑpəlɪs] *s* acrópolis *f*

across [ə'krɔs] o [ə'krɑs] *prep* al través de; al otro lado de; **to come across** encontrarse con; **to go across** atravesar

across'-the-board' *adj* comprensivo, general

acrostic [ə'krɔstɪk] o [ə'krɑstɪk] *s* acróstico

act [ækt] *s* acto; (law) decreto; **in the act** en flagrante || *tr* representar; desempeñar (*un papel*); **to act the fool** hacer el bufón; **to act the part of** hacer o desempeñar el papel de || *intr* actuar; funcionar, obrar; conducirse; **to act as if** hacer como que; **to act for** representar; **to act up** travesear; **to act up to** hacer fiestas a

acting ['æktɪŋ] *adj* interino || *s* actuación

action ['ækʃən] *s* acción; **to take action** tomar medidas

activate ['æktɪ,vet] *tr* activar

active ['æktɪv] *adj* activo

activi•ty [æk'tɪvɪti] *s* (*pl* **-ties**) actividad

act of God *s* fuerza mayor

actor ['æktər] *s* actor *m*

actress ['æktrɪs] *s* actriz *f*

actual ['æktʃuəl] *adj* real, efectivo

actually ['æktʃuəli] *adv* en realidad

actuar•y ['æktʃu,ɛri] *s* (*pl* **-ies**) actuario (de seguros)

actuate ['æktʃu,et] *tr* actuar; estimular, mover

acuity [ə'kju•ɪti] *s* agudeza

acumen [ə'kjumən] *s* cacumen *m*, perspicacia

acupuncture ['ækjə,pʌŋktʃər] *s* acupuntura

acute [ə'kjut] *adj* agudo

A.D. *abbr* **anno Domini** (Lat) **in the year of our Lord**

ad [æd] *s* (coll) anuncio

adage ['ædɪdʒ] *s* adagio, refrán *m*

Adam ['ædəm] *s* Adán *m;* **the old Adam** la inclinación al pecado

adamant ['ædəmənt] *adj* firme, inexorable

Adam's apple *s* nuez *f*

adapt [ə'dæpt] *tr* adaptar; refundir (*un drama*)

adaptation [,ædæp'teʃən] *s* adaptación; (*of a play*) refundición

add [æd] *tr* agregar, añadir; sumar || *intr* sumar; **to add up** subir a; (coll) querer decir

added line *s* (mus) línea suplementaria

adder [ˈædər] s víbora; serpiente f
addict [ˈædɪkt] s enviciado; adicto, partidario ‖ [əˈdɪkt] tr enviciar; entregar; **to addict oneself to** enviciarse con o en; entregarse a
addiction [əˈdɪkʃən] s enviciamiento; adhesividad
adding machine s sumadora, máquina de sumar
addition [əˈdɪʃən] s adición; **in addition** de pilón; **in addition to** además de
additive [ˈædɪtɪv] adj & s aditivo
address [əˈdrɛs] o [ˈædrɛs] s dirección; consignación ‖ [əˈdrɛs] s alocución, discurso; **to deliver an address** hacer uso de la palabra ‖ tr dirigirse a; dirigir (p.ej., una alocución, una carta); consignar
addressee [ˌædrɛˈsi] s destinatario; (com) consignatario
addressing machine s máquina para dirigir sobres
adduce [əˈdjus] o [əˈdus] tr aducir
adenoids [ˈædəˌnɔɪdz] spl vegetaciones adenoides
adept [əˈdɛpt] adj & s experto, perito
adequate [ˈædɪkwɪt] adj suficiente
adhere [ædˈhɪr] intr adherir, adherirse; conformarse
adherence [ædˈhɪrəns] s adhesión
adherent [ædˈhɪrənt] adj & s adherente m
adhesion [ædˈhiʒən] s (sticking) adherencia; (support, loyalty) adhesión; (pathol) adherencia; (phys) adherencia o adhesión
adhesive [ædˈhisɪv] adj adhesivo
adhesive tape s tafetán adhesivo
adieu [əˈdju] o [əˈdu] interj ¡adiós! ‖ s (pl **adieus** o **adieux**) adiós m; **to bid adieu to** desperdirse de
adjacent [əˈdʒesənt] adj adyacente
adjective [ˈædʒɪktɪv] adj & s adjetivo
adjoin [əˈdʒɔɪn] tr lindar con ‖ intr colindar
adjoining [əˈdʒɔɪnɪŋ] adj colindante, contiguo
adjourn [əˈdʒʌrn] tr prorrogar, suspender ‖ intr prorrogarse, suspenderse; (coll) ir
adjournment [əˈdʒʌrnmənt] s prorrogación, suspensión
adjust [əˈdʒʌst] tr ajustar, arreglar; corregir, verificar; (ins) liquidar
adjustable [əˈdʒʌstəbəl] adj ajustable, arreglable
adjustment [əˈdʒʌstmənt] s ajuste m, arreglo; (ins) liquidación de la avería
adjutant [ˈædʒətənt] s ayudante m
ad·lib [ˌædˈlɪb] v (pret & pp **-libbed**; ger **-libbing**) tr & intr improvisar
Adm. abbr **Admiral**
administer [ædˈmɪnɪstər] tr administrar; **to administer an oath** tomar juramento ‖ intr — **to administer to** cuidar de
administrator [ædˈmɪnɪsˌtretər] s administrador m
admiral [ˈædmɪrəl] s almirante m; buque m almirante
admiral·ty [ˈædmɪrəlti] s (pl **-ties**) almirantazgo
admire [ædˈmaɪr] tr admirar

admirer [ædˈmaɪrər] s admirador m; enamorado
admissible [ædˈmɪsɪbəl] adj admisible
admission [ædˈmɪʃən] s admisión; (in a school) ingreso; (reception) recibida; precio de entrada; **to gain admission** lograr entrar
ad·mit [ædˈmɪt] v (pret & pp **-mitted**; ger **-mitting**) tr admitir ‖ intr dar entrada; **to admit of** admitir, permitir
admittance [ædˈmɪtəns] s admisión; derecho de entrar; **no admittance** acceso prohibido, se prohibe la entrada
admonish [ædˈmɑnɪʃ] tr amonestar
ado [əˈdu] s bulla, excitación
adobe [əˈdobi] s adobe m; casa de adobe
adolescence [ˌædəˈlɛsəns] s adolescencia
adolescent [ˌædəˈlɛsənt] adj & s adolescente mf
adopt [əˈdɑpt] tr adoptar
adoption [əˈdɑpʃən] s adopción
adorable [əˈdorəbəl] adj adorable
adore [əˈdor] tr adorar
adorn [əˈdɔrn] tr adornar
adornment [əˈdɔrnmənt] s adorno
adrenal gland [ædˈrinəl] s glándula suprarrenal
Adriatic [ˌedrɪˈætɪk] adj & s Adriático
adrift [əˈdrɪft] adj & adv al garete, a la deriva
adroit [əˈdrɔɪt] adj diestro
adult [əˈdʌlt] o [ˈædʌlt] adj & s adulto
adulterate [əˈdʌltəˌret] tr adulterar
adulterer [əˈdʌltərər] s adúltero
adulteress [əˈdʌltərɪs] s adúltera
adulter·y [əˈdʌltəri] s (pl **-ies**) adulterio
adulthood [əˈdʌltˌhud] s adultez f
advance [ædˈvæns] adj adelantado; anticipado ‖ s adelanto, avance m; aumento, subida; **advances** propuestas; requerimiento amoroso; propuesta indecente; préstamo; **in advance** de antemano, por anticipado ‖ tr adelantar ‖ intr adelantar; adelantarse
advanced [ædˈvænst] adj avanzado; **advanced in years** avanzado de edad, entrado en años
advanced standing s traspaso de matrículas, traspaso de crédito académico
advanced studies spl altos estudios
advancement [ædˈvænsmənt] s adelanto, avance m; subida; promoción
advance publicity s publicidad de lanzamiento
advantage [ædˈvæntɪdʒ] s ventaja; lasca; **to take advantage of** aprovecharse de; abusar de, engañar
advantageous [ˌædvənˈtedʒəs] adj ventajoso
advent [ˈædvɛnt] s advenimiento ‖ **Advent** s (eccl) Adviento
adventure [ædˈvɛntʃər] s aventura ‖ tr aventurar ‖ intr aventurarse
adventurer [ædˈvɛntʃərər] s aventurero
adventuresome [ædˈvɛntʃərsəm] adj aventurero
adventuress [ædˈvɛntʃərɪs] s aventurera
adventurous [ædˈvɛntʃərəs] adj aventurero

adverb ['ædvʌrb] *s* adverbio
adversar•y ['ædvər,sɛri] *s* (*pl* -ies) adversario
adversi•ty [æd'vʌrsiti] *s* (*pl* -ties) adversidad
advertise ['ædvər,taiz] *tr* & *intr* anunciar
advertisement [,ædvər'taizmənt] o [æd-'vʌrtizmənt] *s* anuncio
advertiser ['ædvər,taizər] *s* anunciante *mf*
advertising ['ædvər,taiziŋ] *s* propaganda, publicidad, anuncios; reclame *m* & *f*
advertising agency *s* empresa anunciadora
advertising campaign *s* campaña de publicidad
advertising man *s* empresario de publicidad
advertising manager *s* gerente *m* de publicidad
advice [æd'vais] *s* consejo; aviso, noticia; **a piece of advice** un consejo
advisable [æd'vaizəbəl] *adj* aconsejable
advise [æd'vaiz] *tr* aconsejar, asesorar; advertir, avisar
advisement [æd'vaizmənt] *s* consideración; **to take under advisement** someter a consideración
advisory [æd'vaizəri] *adj* consultivo
advocate ['ædvə,ket] *s* defensor *m;* abogado ‖ *tr* abogar por
Aegean Sea [i'dʒi•ən] *s* Archipiélago; (*of the ancients*) mar Egeo
aegis ['idʒis] *s* égida
aerate ['cret] o ['e•ə,ret] *tr* airear
aerial ['cri•ol] *adj* aéreo ‖ *s* antena
aerialist ['cri•əlist] *s* volatinero
aerial photograph *s* fotografía aérea
aerodrome ['crə,drom] *s* aeródomo
aerodynamic [,crodai'næmik] *adj* aerodinámico ‖ **aerodynamics** *ssg* aerodinámica
aeronaut ['crə,nɔt] *s* aeronauta *mf*
aeronautic [,crə'nɔtik] *adj* aeronáutico ‖ **aeronautics** *ssg* aeronáutica
aerosol ['crə,sol] *s* aerosol *m*
aerospace ['cro,spes] *adj* aeroespacial
aesthete ['csθit] *s* esteta *mf*
aesthetic [cs'θɛtik] *adj* estético ‖ **aesthetics** *ssg* estética
afar [ə'far] *adv* lejos
affable ['æfəbəl] *adj* afable
affair [ə'fɛr] *s* asunto, negocio; lance *m;* amorío; encuentro, combate *m;* **affairs** negocios
affect [ə'fɛkt] *tr* influir en; impresionar, enternecer; (*to assume; to pretend*) afectar; aficionarse a
affectation [,æfɛk'teʃən] *s* afectación
affected [ə'fɛktid] *adj* afectado
affection [ə'fɛkʃən] *s* afecto, cariño, afección; (pathol) afección
affectionate [ə'fɛkʃənit] *adj* afectuoso, cariñoso
affidavit [,æfi'devit] *s* declaración jurada, acta notarial
affiliate [ə'fili,et] *adj* afiliado ‖ *s* afiliado; filial *f* ‖ *tr* afiliar ‖ *intr* afiliarse
affini•ty [ə'finiti] *s* (*pl* -ties) afinidad
affirm [ə'fʌrm] *tr* & *intr* afirmar
affirmative [ə'fʌrmətiv] *adj* afirmativo ‖ *s* afirmativa

affix ['æfiks] *s* añadidura; (gram) afijo ‖ [ə'fiks] *tr* añadir; atribuir (*p.ej.*, *culpa*); poner (*una firma, sello, etc.*)
afflict [ə'flikt] *tr* afligir; **to be afflicted with** sufrir de, adolecer de
affliction [ə'flikʃən] *s* aflicción, desgracia; achaque *m*
affluence ['æflu•əns] *s* (*abundance*) afluencia; (*wealth*) opulencia
afford [ə'fɔrd] *tr* proporcionar; **to be able to afford (to)** poder darse el lujo de, poder permitirse
affray [ə'fre] *s* pendencia, riña
affront [ə'frʌnt] *s* afrenta ‖ *tr* afrentar
Afghan ['æfgæn] *adj* & *s* afgano
Afghanistan [æf'gæni,stæn] *s* el Afganistán
afire [ə'fair] *adj* & *adv* ardiendo
aflame [ə'flem] *adj* & *adv* en llamas
afloat [ə'flot] *adj* & *adv* a flote; a bordo; inundado; sin rumbo; (*rumor*) en circulación
afoot [ə'fut] *adj* & *adv* a pie; en marcha
afoul [ə'faul] *adj* & *adv* enredado; en colisión; **to run afoul of** enredarse con
afraid [ə'fred] *adj* asustado; **to be afraid** tener miedo
Africa ['æfrikə] *s* Africa
African ['æfrikən] *adj* & *s* africano
aft [æft] *adj* & *adv* en popa
after ['æftər] *adj* siguiente ‖ *adv* después ‖ *prep* después de; según; **after all** al fin y al cabo ‖ *conj* después de que
af′ter-din′ner speaker *s* orador *m* de sobremesa
after-dinner speech *s* discurso de sobremesa
af′ter-hours′ *adv* después del trabajo
af′ter-life′ *s* vida venidera; resto de la vida
aftermath ['æftər,mæθ] *s* segunda siega; consecuencias, consecuencias desastrosas
af′ter-noon′ *s* tarde *f*
af′ter-shave′ lotion *s* loción facial
af′ter-taste′ *s* dejo, gustillo, resabio
af′ter-thought′ *s* idea tardía, expediente tardío
afterward ['æftəwərd] *adv* después, luego
af′ter-while′ *adv* dentro de poco
again [ə'gɛn] *adv* otra vez, de nuevo; además; **to + inf + again** volver a + inf, p.ej., **he will come again** volverá a venir
against [ə'gɛnst] *prep* contra; cerca de; en contraste con; por; para
agape [ə'gep] *adj* abierto de par en par ‖ *adv* con la boca abierta
agave [ə'gavi] *s* agave *f*
agave brandy *s* pulque *m* (Mex)
agave liquor *s* mexcal *m*, mezcal *m*
age [edʒ] *s* edad; vejez *f;* (*one hundred years; a long time*) siglo; edad mental; **of age** mayor de edad; **to come of age** alcanzar su mayoría de edad, llegar a mayor edad; **under age** menor de edad ‖ *tr* envejecer ‖ *intr* envejecer, envejecerse
age bracket *s* grupo de personas de la misma edad
aged [edʒd] *adj* de la edad de ‖ ['edʒid] *adj* anciano, viejo

ageism ['edʒɪzəm] s discriminación contra los ancianos
ageless ['edʒlɪs] adj eternamente joven
agen-cy ['edʒənsi] s (pl -cies) agencia; mediación
agenda [ə'dʒɛndə] s agenda, temario
agent ['ədʒənt] s agente m
Age of Enlightenment s siglo de las luces
agglomeration [ə,glamə'reʃən] s aglomeración
aggrandizement [ə'grændɪzmənt] s engrandecimiento
aggravate ['ægrə,vet] tr agravar; (coll) exasperar, irritar
aggregate ['ægrɪ,get] adj & s agregado ‖ tr agregar, juntar; ascender a
aggression [ə'grɛʃən] s agresión
aggressive [ə'grɛsɪv] adj agresivo
aggressor [ə'grɛsər] s agresor m
aghast [ə'gæst] adj horrorizado
agile ['ædʒɪl] adj ágil
agitate ['ædʒɪ,tet] tr & intr agitar
aglow [ə'glo] adj & adv fulgurante
agnostic [æg'nastɪk] adj & s agnóstico
ago [ə'go] adv hace, p.ej., **two days ago** hace dos días
ago-ny ['ægəni] s (pl -nies) angustia, congoja; (anguish; death struggle) agonía
agrarian [ə'grɛrɪ•ən] adj agrario ‖ s agrariense mf
agree [ə'gri] intr estar de acuerdo, ponerse de acuerdo; sentar bien; (gram) concordar
agreeable [ə'gri•əbəl] adj (to one's liking) agradable; (willing to consent) acorde, conforme
agreement [ə'grimənt] s acuerdo, convenio; concordancia; **in agreement** de acuerdo
agric. abbr **agriculture**
agriculture ['ægrɪ,kʌltʃər] s agricultura
agronomy [ə'granəmi] s agronomía
aground [ə'graʊnd] adv encallado, varado; **to run aground** encallar, varar
agt. abbr **agent**
ague ['egju] s escalofrío; fiebre f intermitente
ahead [ə'hɛd] adj & adv delante, al frente; **ahead of** antes de; delante de; al frente de; **to get ahead (of)** adelantarse (a)
ahoy [ə'hɔɪ] interj — **ship ahoy!** ¡ah del barco!
aid [ed] s ayuda, auxilio; (mil) ayudante m ‖ tr ayudar, auxiliar; **to aid and abet** auxiliar e incitar, ser cómplice de ‖ intr ayudar
aide [ed] s ayudante m; (mil) edecán m
aide-de-camp ['edə'kæmp] s (pl **aides-de-camp**) ayudante m de campo, edecán m
AIDS [edz] abbr **acquired immune-deficiency syndrome**
ail [el] tr inquietar; **what ails you?** ¿qué tiene Vd.? ‖ intr sufrir, estar enfermo
aileron ['elə,ran] s alerón m
ailing ['elɪŋ] adj enfermo, achacoso
ailment ['elmənt] s enfermedad, achaque m
aim [em] s puntería; intento; punto de mira ‖ tr apuntar, encarar; dirigir (p.ej., una observación) ‖ intr apuntar
air [ɛr] s aire m; **by air** por vía aérea; **in the open air** al aire libre; **on the air** en antena,

en la radio; **to let the air out of** desinflar; **to put on airs** darse aires; **to put on the air** llevar a las antenas; **to walk on air** no pisar en el suelo ‖ tr airear, ventilar; radiodifundir; (fig) ventilar
air'-a•tom'ic adj aeroatómico
air bag s (aut) globo de aire, bolsa de aire
air'borne' adj aerotransportado
air brake s freno de aire comprimido
air castle s castillo en el aire
air'-condi'tion tr climatizar
air conditioner s acondicionador m de aire
air conditioning s acondicionamiento del aire, clima m artificial, climatización
air corps s cuerpo de aviación
air'craft' ssg máquina de volar; spl máquinas de volar
aircraft carrier s portaaviones m
airdrome ['ɛr,drom] s aeródromo
air'drop' s lanzamiento ‖ tr lanzar
air field s campo de aviación
air'foil' s superficie f de sustentación
air force s fuerza aérea, ejército del aire
air gap s (phys) entrehierro
air'-ground' adj aeroterrestre
air hostess s aeromoza, azafata
air humidifier s humidificador m
air lane s ruta aérea
air'lift' s puente aéreo
air liner s transaéreo, avión m de travesía
air mail s correo aéreo, aeroposta
air'-mail' letter s carta aérea, carta por avión
air-mail pilot s aviador m postal
air-mail stamp s sello aéreo
air•man ['ɛrmən] s (pl **-men** [mən]) aviador m
air'plane' s avión m, aparato
airplane carrier s portaaviones m
air pocket s bache aéreo
air pollution s contaminación atmosférica
air'port' s aeropuerto
air raid s ataque aéreo
air'-raid' drill s simulacro de ataque aéreo
air-raid shelter s abrigo antiaéreo
air-raid warning s alarma aérea
air rifle s escopeta de viento, escopeta de aire comprimido
air'ship' s aeronave f
air'sick' adj mareado en el aire
air'sick'ness s mal m de vuelo
air sleeve o sock s veleta de manga
air'strip' s pista de despegue, pista de aterrizaje
air taxi s aerotaxi m
air'tight' adj herméticamente cerrado, estanco al aire
air'-traff'ic controller s controlador aéreo
air'waves' spl ondas de radio
air'way' s aerovía, vía aérea
airway lighting s balizaje m
air•y ['ɛri] adj (comp **-ier**; super **-iest**) airoso; aireado; alegre; impertinente; (coll) afectado
aisle [aɪl] s (in theater, movie, etc.) pasillo; (in a store, factory, etc.) nave f; (archit) nave f lateral; (any of the long passageways of a church) (archit) nave f

ajar [ə'dʒɑr] *adj* entreabierto, entornado
akimbo [ə'kɪmbo] *adj & adv* — **with arms akimbo** en jarras
akin [ə'kɪn] *adj* emparentado; semejante
alabaster ['ælə,bæstər] *s* alabastro
alarm [ə'lɑrm] *s* alarma ‖ *tr* alarmar
alarm clock *s* reloj *m* despertador
alarmist [ə'lɑrmɪst] *s* alarmista *mf*
alas [ə'læs] o [ə'lɑs] *interj* ¡ay!, ¡ay de mí!
Albanian [æl'benɪ•ən] *adj & s* albanés *m*
albatross ['ælbə,trɔs] o ['ælbə,trɑs] *s* albatros *m*
album ['ælbəm] *s* álbum *m*
albumen [æl'bjumən] *s* albumen *m*; albúmina
alchemy ['ælkɪmi] *s* alquimia
alcohol ['ælkə,hɔl] o ['ælkə,hɑl] *s* alcohol *m*
alcoholic [,ælkə'hɔlɪk] o [,ælkə'hɑlɪk] *adj & s* alcohólico
al'co•hol-lev'el test *s* prueba de alcohol
alcove ['ælkov] *s* gabinete *m*, rincón *m*; (*in a bedroom*) trasalcoba; (*in a garden*) cenador *m*
alder ['ɔldər] *s* aliso
alder•man ['ɔldərmən] *s* (*pl* -**men** [mən]) concejal *m*
ale [el] *s* ale *f* (*cerveza inglesa, obscura, espesa y amarga*)
alembic [ə'lɛmbɪk] *s* alambique *m*
alert [ə'lʌrt] *adj* listo, vivo; vigilante ‖ *s* (aer) alarma; (mil) alerta *m*; **to be on the alert** estar sobre aviso, estar alerta ‖ *tr* alertar
Aleutian Islands [ə'luʃən] *spl* islas Aleutas, islas Aleutianas
Alexandrine [,ælɪg'zændrɪn] *adj & s* alejandrino
alg. *abbr* **algebra**
algae ['ældʒi] *spl* algas
algebra ['ældʒɪbrə] *s* álgebra
algebraic [,ældʒɪ'bre•ɪk] *adj* algebraico
Algeria [æl'dʒɪrɪ•ə] *s* Argelia
Algerian [æl'dʒɪrɪ•ən] *adj & s* argelino
Algiers [æl'dʒɪrz] *s* Argel *f*
alias ['elɪ•əs] *adv* alias ‖ *s* alias *m*, nombre supuesto
ali•bi ['ælɪ,baɪ] *s* (*pl* -**bis**) coartada; (coll) excusa
alien ['elɪ•ən] *adj & s* extranjero
alienate ['eljə,net] o ['elɪ•ə,net] *tr* enajenar, alienar; desenamorar
alight [ə'laɪt] *v* (*pret & pp* **alighted** o **alit** [ə'lɪt]) *intr* bajar, apearse; posarse (*un ave*)
align [ə'laɪn] *tr* alinear ‖ *intr* alinearse
alike [ə'laɪk] *adj* semejantes; **to look alike** parecerse ‖ *adv* igualmente
alimentary canal [,ælɪ'mɛntəri] *s* canal alimenticio, tubo digestivo
alimony ['ælɪ,moni] *s* alimentos
alive [ə'laɪv] *adj* vivo, viviente; animado; **alive to** despierto para, sensible a; **alive with** hormigueante en
alka•li ['ælkə,laɪ] *s* (*pl* -**lis** o -**lies**) álcali *m*
alkaline ['ælkə,laɪn] *adj* alcalino
all [ɔl] *adj indef* todo, todos; todo el, todos los ‖ *pron indef* todo; todos, todo el mundo; **after all** sin embargo; **all of** todo el, todos

los; **all that** todo lo que, todos los que; **for all I know** que yo sepa; a lo mejor; **not at all** nada; no hay de qué ‖ *adv* enteramente; **all along** desde el principio; a lo largo de; **all at once** de golpe; **all right** bueno, corriente; **all too** excesivamente
Allah ['ælə] *s* Alá *m*
allay [ə'le] *tr* aliviar, calmar
all-clear ['ɔl'klɪr] *s* cese *m* de alarma
allege [ə'lɛdʒ] *tr* alegar
allegiance [ə'lidʒəns] *s* fidelidad, lealtad; homenaje *m*; **to swear allegiance to** jurar fidelidad a; rendir homenaje a
allegoric(al) [,ælɪ'gɑrɪk(əl)] o [,ælɪ'gɔrɪk(əl)] *adj* alegórico
allego•ry ['ælɪ,gori] *s* (*pl* -**ries**) alegoría
aller•gy ['ælərdʒi] *s* (*pl* -**gies**) alergia
alleviate [ə'livɪ,et] *tr* aliviar
alleviation [ə,livɪ'eʃən] *s* aligeramiento
alley ['æli] *s* callejuela; paseo arbolado, paseo de jardín; (bowling) pista; (tennis) espacio lateral
All Fools' Day *s* var of **April Fools' Day**
Allhallows [,ɔl'hæloz] *s* día *m* de todos los santos
alliance [ə'laɪ•əns] *s* alianza
alligator ['ælɪ,getər] *s* caimán *m*
alligator pear *s* aguacate *m*
alligator wrench *s* llave *f* de mandíbulas dentadas
alliteration [ə,lɪtə'reʃən] *s* aliteración
all-knowing ['ɔl'no•ɪŋ] *adj* omnisciente
allocate ['ælə,ket] *tr* asignar, distribuir
allot [ə'lɑt] *v* (*pret & pp* **allotted**; *ger* **allotting**) *tr* asignar, distribuir
all'-out' *adj* acérrimo
allow [ə'lau] *tr* dejar, permitir; admitir; conceder ‖ *intr* — **to allow for** tener en cuenta, **to allow of** permitir, admitir
allowance [ə'lau•əns] *s* permiso; concesión; ración; descuento, rebaja; tolerancia; **to make allowance for** tener en cuenta
alloy ['ælɔɪ] o [ə'lɔɪ] *s* aleación, liga ‖ [ə'lɔɪ] *tr* alear, ligar
all'-pow'er•ful *adj* todopoderoso
all'-pur'pose *adj* universal, para todo uso
All Saints' Day *s* día *m* de todos los santos
All Souls' Day *s* día *m* de los difuntos
allspice ['ɔl,spaɪs] *s* pimienta inglesa
all'-star' game *s* (sport) juego de estrellas
allude [ə'lud] *intr* aludir
allure [ə'lur] *s* tentación, encanto, fascinación ‖ *tr* tentar, encantar
alluring [ə'lurɪŋ] *adj* tentador, encantador, fascinante
allusion [ə'luʒən] *s* alusión
all'-weath'er *adj* para todo tiempo
al•ly ['ælaɪ] o [ə'laɪ] *s* (*pl* -**lies**) aliado ‖ [ə'laɪ] *v* (*pret & pp* -**lied**) *tr* aliar ‖ *intr* aliarse
almanac ['ɔlmə,næk] *s* almanaque *m*
almighty [ɔl'maɪti] *adj* todopoderoso, omnipotente
almond ['ɑmənd] o ['æmənd] *s* almendra
almond brittle *s* crocante *m*
almond tree *s* almendro
almost ['ɔlmost] o [ɔl'most] *adv* casi

ag
al

alms [amz] *s* limosna
alms'house' *s* casa de beneficencia
aloe ['ælo] *s* áloe *m*
aloft [ə'lɔft] o [ə'lɑft] *adv* arriba; (aer) en vuelo; (naut) en la arboladura
alone [ə'lon] *adj* solo; **let alone** sin mencionar; y mucho menos; **to let alone** no molestar; no mezclarse en ‖ *adv* solamente
along [ə'lɔŋ] o [ə'lɑŋ] *adv* conmigo, consigo, etc.; **all along** desde el principio; **along with** junto con ‖ *prep* a lo largo de
along'side' *adv* a lo largo; (naut) al costado; **to bring alongside** acostar ‖ *prep* a lo largo de; (naut) al costado de
aloof [ə'luf] *adj* apartado; reservado ‖ *adv* lejos, a distancia
aloud [ə'laʊd] *adv* alto, en voz alta
alphabet ['ælfə,bɛt] *s* alfabeto
alpine ['ælpaɪn] *adj* alpestre, alpino
Alps [ælps] *spl* Alpes *mpl*
already [ɔl'rɛdi] *adv* ya
Alsace [æl'ses] o ['ælsæs] *s* Alsacia
Alsatian [æl'seʃən] *adj & s* alsaciano
also ['ɔlso] *adv* también
alt. *abbr* **alternate, altitude**
altar ['ɔltər] *s* altar *m;* **to lead to the altar** conducir al altar
altar boy *s* acólito, monaguillo
altar cloth *s* sabanilla, palia
al'tar·piece' *s* retablo
altar rail *s* comulgatorio
alter ['ɔltər] *tr* alterar ‖ *intr* alterarse
alteration [,ɔltə'reʃən] *s* alteración; (*in a building*) reforma; (*in clothing*) arreglo
alternate ['ɔltərnɪt] o ['æltərnɪt] *adj* alterno ‖ ['ɔltər,net] o ['æltər,net] *tr & intr* alternar
alternating current *s* corriente alterna o alternativa
although [ɔl'ðo] *conj* aunque
altimetry [æl'tɪmɪtri] *s* altimetría
altitude ['æltɪ,tjud] *s* altitud, altura
al·to ['ælto] *s* (*pl* **-tos**) contralto
altogether [,ɔltə'gɛðər] *adv* enteramente; en conjunto
altruist ['æltru·ɪst] *s* altruísta *mf*
altruistic [,æltru'ɪstɪk] *adj* altruísta
alum ['æləm] *s* alumbre *m*
aluminum [ə'lumɪnəm] *s* aluminio
alum·na [ə'lʌmnə] *s* (*pl* **-nae** [ni]) graduada
alum·nus [ə'lʌmnəs] *s* (*pl* **-ni** [naɪ]) graduado
alveo·lus [æl'vi·ələs] *s* (*pl* **-li** [,laɪ]) **alvéolo**
always ['ɔlwɪz] o ['ɔlwez] *adv* siempre
A.M. *abbr* **ante meridiem,** i.e., **before noon; amplitude modulation**
Am. *abbr* **America, American**
amalgam [ə'mælgəm] *s* amalgama *f*
amalgamate [ə'mælgə,met] *tr* amalgamar ‖ *intr* amalgamarse
amass [ə'mæs] *tr* amontonar; amasar (*dinero*)
amateur ['æmət/ər] *adj & s* chapucero, principiante *mf;* aficionado
amateur performance *s* función de aficionados
amaze [ə'mez] *tr* asombrar, maravillar

amazing [ə'mezɪŋ] *adj* asombroso, maravilloso
Amazon ['æmə,zɑn] *s* Amazonas *m*
ambassador [æm'bæsədər] *s* embajador *m*
ambassadress [æm'bæsədrɪs] *s* embajadora
amber ['æmbər] *adj* ambarino ‖ *s* ámbar *m*
ambigui·ty [,æmbɪ'gju·ɪti] *s* (*pl* **-ties**) ambigüedad
ambiguous [æm'bɪgju·əs] *adj* ambiguo
ambition [æm'bɪʃən] *s* ambición
ambitious [æm'bɪʃəs] *adj* ambicioso
amble ['æmbəl] *s* ambladura ‖ *intr* amblar
ambulance ['æmbjələns] *s* ambulancia
ambush ['æmbʊʃ] *s* emboscada; **to lie in ambush** estar emboscado ‖ *tr* (*to station in ambush*) emboscar; (*to lie in wait for and attack*) insidiar ‖ *intr* emboscarse
ame·ba [ə'mibə] *s* (*pl* **-bas** o **-bae** [bi]) amiba
amelioration [ə,miljə'reʃən] *s* mejoramiento
amen ['e'mɛn] o ['a'mɛn] *interj* ¡amén! ‖ *s* amén *m*
amenable [ə'minəbəl] o [ə'mɛnəbəl] *adj* dócil; responsable
amend [ə'mɛnd] *tr* enmendar ‖ *intr* enmendarse ‖ **amends** *spl* enmienda; **to make amends for** enmendar
amendment [ə'mɛndmənt] *s* enmienda
ameni·ty [ə'minɪti] o [ə'mɛnɪti] *s* (*pl* **-ties**) amenidad
America [ə'mɛrɪkə] *s* América
American [ə'mɛrɪkən] *adj & s* americano; norteamericano, estadounidense
Americanize [ə'mɛrɪkə,naɪz] *tr* americanizar
amethyst ['æmɪθɪst] *s* amatista
amiable ['emɪ·əbəl] *adj* amable, bonachón
amicable ['æmɪkəbəl] *adj* amigable
amid [ə'mɪd] *prep* en medio de
amidship [ə'mɪdʃɪp] *adv* en medio del navío
amiss [ə'mɪs] *adj* inoportuno; malo ‖ *adv* inoportunamente; mal; **to take amiss** llevar a mal, tomar en mala parte
ami·ty ['æmɪti] *s* (*pl* **-ties**) amistad
ammeter ['æm,mitər] *s* anmetro, amperímetro
ammonia [ə'monɪ·ə] *s* amoníaco; agua amoniacal
ammunition [,æmjə'nɪʃən] *s* munición
amnes·ty ['æmnɪsti] *s* (*pl* **-ties**) amnistía ‖ *v* (*pret & pp* **-tied**) *tr* amnistiar
amniocentesis [,æmnɪ·osen'tisɪs] *s* amniocentesis *f*
amoeba [ə'mibə] *s* var of **ameba**
among [ə'mʌŋ] *prep* entre, en medio de, en el número de
amorous ['æmərəs] *adj* amoroso; erótico, sensual, voluptuoso
amortize ['æmər,taɪz] *tr* amortizar
amount [ə'maʊnt] *s* cantidad, importe *m* ‖ *intr* — **to amount to** ascender a; significar
amp. *abbr* **ampere, amperage**
ampere ['æmpɪr] *s* amperio
am'pere-hour' *s* amperio-hora *m*
amphibious [æm'fɪbɪ·əs] *adj* anfibio
amphitheater ['æmfɪ,θi·ətər] *s* anfiteatro
ample ['æmpəl] *adj* amplio; bastante, suficiente; abundante
amplifier ['æmplɪ,faɪ·ər] *s* amplificador *m*

ampli•fy [`æmplɪ,faɪ] v (pret & pp **-fied**) tr amplificar ‖ intr espaciarse

amplitude [`æmplɪ,tjud] s amplitud

amplitude modulation s modulación de amplitud

ampule [`æmpjul] s inyectable m

amputate [`æmpjə,tet] tr amputar

amt. abbr **amount**

amuck [ə`mʌk] adv frenéticamente; **to run amuck** atacar a ciegas

amulet [`æmjəlɪt] s amuleto

amuse [ə`mjuz] tr divertir, entretener

amusement [ə`mjuzmənt] s diversión, entretenimiento; pasatiempo, recreación; (in a park or circus) atracción

amusement park s parque m de atracciones

amusing [ə`mjuzɪŋ] adj divertido, gracioso

an [æn] o [ən] art indef (antes de sonido vocal) un

anachronism [ə`nækrə,nɪzəm] s anacronismo

anachronistic [ə,nækrə`nɪstɪk] adj anacrónico

anaemia [ə`nimɪ•ə] s anemia

anaemic [ə`nimɪk] adj anémico

anaesthesia [,ænɪs`θiʒə] s anestesia

anaesthetic [,ænɪs`θɛtɪk] adj & s anestésico

anaesthetize [æ`nɛsθɪ,taɪz] tr anestesiar

analogous [ə`næləgəs] adj análogo

analo•gy [ə`nælədʒi] s (pl **-gies**) analogía

analyse [`ænə,laɪz] tr analizar

analy•sis [ə`nælɪsɪs] s (pl **-ses** [,siz]) análisis m & f

analyst [`ænəlɪst] s analista mf

analytic(al) [,ænə`lɪtɪk(əl)] adj analítico

analyze [`ænə,laɪz] tr analizar

anarchist [`ænɔrkɪst] s anarquista mf

anarchy [`ænɔrki] s anarquía

anathema [ə`næθɪmə] s anatema m & f

anatomic(al) [,ænə`tɑmɪk(əl)] adj anatómico

anato•my [ə`nætəmi] s (pl **-mies**) anatomía

ancestor [`ænsɛstər] s antecesor m, antepasado

ances•try [`ænsɛstri] s (pl **-tries**) abolengo, alcurnia

anchor [`æŋkər] s ancla, áncora; (fig) áncora; **to cast anchor** echar anclas; **to weigh anchor** levar anclas ‖ tr sujetar con el ancla ‖ intr anclar, ancorar

ancho•vy [`æntʃovi] s (pl **-vies**) anchoa

ancient [`enʃənt] adj antiguo

and [ænd] o [ənd] conj y; **and so forth** y así sucesivamente

Andalusia [,ændə`luʒə] s Andalucía

Andalusian [,ændə`luʒən] adj & s andaluz m

Andean [æn`di•ən] adj & s andino

Andes [`ændiz] spl Andes mpl

andirons [`ænd,aɪ•ərnz] spl morillos

anecdote [`ænɪk,dot] s anécdota

anemia [ə`nimɪ•ə] s anemia

anemic [ə`nimɪk] adj anémico

aneroid barometer [`ænə,rɔɪd] s barómetro aneroide

anesthesia [,ænɪs`θiʒə] s anestesia

anesthetic [,ænɪs`θɛtɪk] adj & s anestésico

anesthetize [æ`nɛsθɪ,taɪz] tr anestesiar

aneurysm [`ænjə,rɪzəm] s aneurisma m

anew [ə`nju] o [ə`nu] adv de nuevo, nuevamente

angel [`endʒəl] s ángel m; (financial backer) caballo blanco

angelic(al) [æn`dʒɛlɪk(əl)] adj angélico, angelical

anger [`æŋgər] s cólera, ira ‖ tr encolerizar, airar

angina pectoris [æn`dʒaɪnə `pɛktərɪs] s angina de pecho

angle [`æŋgəl] s ángulo; punto de vista ‖ intr pescar con caña; intrigar

angle iron s ángulo de hierro, hierro angular

angler [`æŋglər] s pescador m de caña; intrigante mf

Anglo-Saxon [,æŋglo`sæksən] adj & s anglosajón m

an•gry [`æŋgri] adj (comp **-grier**; super **-griest**) encolerizado, airado; (pathol) inflamado, irritado; **to become angry at** enojarse de; **to become angry with** enojarse con o contra

anguish [`æŋgwɪʃ] s angustia, congoja

angular [`æŋgjələr] adj angular; (features) anguloso

anhydrous [æn`haɪdrəs] adj anhidro

aniline dyes [`ænɪlɪn] o [`ænɪ,laɪn] s colores mpl de anilina

animal [`ænɪməl] adj & s animal m

animal spirits spl ardor m, vigor m, vivacidad

animated cartoon [`ænɪ,metɪd] s película de dibujos, dibujo animado

animation [,ænɪ`meʃən] s animación

animosi•ty [,ænɪ`mɑsɪti] s (pl **-ties**) animosidad

anion [`æn,aɪ•ən] s anión m

anise [`ænɪs] s anís m

aniseed [`ænɪ,sid] s grano de anís

anisette [,ænɪ`zɛt] s anisete m

ankle [`æŋkəl] s tobillo

an'kle•bone s hueso del tobillo

ankle support s tobillera

anklet [`æŋklɪt] s ajorca; (sock) tobillera

annals [`ænəlz] spl anales mpl

anneal [ə`nil] tr recocer

annex [`ænɛks] s anexo; (of a building) pabellón m ‖ [ə`nɛks] tr anexar

annihilate [ə`naɪ•ə,let] tr aniquilar

anniversa•ry [,ænɪ`vʌrsəri] adj aniversario ‖ s (pl **-ries**) aniversario

annotate [`ænə,tet] tr anotar

announce [ə`naʊns] tr anunciar

announcement [ə`naʊnsmənt] s anuncio

announcer [ə`naʊnsər] s anunciador m; (rad) locutor m

annoy [ə`nɔɪ] tr fastidiar, molestar; majaderear; pololear; (Cuba, Mex) ciscar

annoyance [ə`nɔɪ•əns] s fastidio, molestia

annoying [ə`nɔɪ•ɪŋ] adj fastidioso, molesto

annual [`ænju•əl] adj anual ‖ s publicación anual; planta anual

annui•ty [ə`nju•ɪti] o [ə`nu•ɪti] s (pl **-ties**) anualidad; renta vitalicia

an•nul [ə`nʌl] v (pret & pp **-nulled**; ger **-nulling**) tr anular, invalidar

anode [`ænod] s ánodo

anoint 362 apogee

anoint [ə'nɔɪnt] *tr* ungir, untar
anomalous [ə'nɑmələs] *adj* anómalo
anoma•ly [ə'nɑməli] *s* (*pl* **-lies**) anomalía
anon. *abbr* **anonymous**
anonymity [,ænə'nɪmɪti] *s* anónimo; **to preserve one's anonymity** guardar o conservar el anónimo
anonymous [ə'nɑnɪməs] *adj* anónimo
another [ə'nʌðər] *adj* & *pron indef* otro
ans. *abbr* **answer**
answer ['ænsər] *s* contestación, respuesta; solución ‖ *tr* contestar, responder; resolver (*un problema o un enigma*) ‖ *intr* contestar, responder; **to answer for** responder de (*una cosa*); responder por (*una persona*)
ant [ænt] *s* hormiga
antagonism [æn'tægə,nɪzəm] *s* antagonismo
antagonize [æn'tægə,naɪz] *tr* oponerse a; enemistar, enajenar
antarctic [æn'ɑrktɪk] *adj* antártico ‖ **the Antarctic** las Tierras Antárticas
antecedent [,æntɪ'sidənt] *adj* antecedente ‖ *s* antecedente *m*; **antecedents** antecedentes *mpl*; antepasados
antechamber ['æntɪ,tʃembər] *s* antecámara
antedate ['æntɪ,det] *tr* antedatar; preceder
antelope ['æntɪ,lop] *s* antílope *m*
anten•na [æn'tɛnə] *s* (*pl* **-nae** [ni]) (ent) antena ‖ *s* (*pl* **-nas**) (rad) antena
autepenult [,æntɪ'pinʌlt] *s* antepenúltima
anteroom ['æntɪ,rum] *s* antecámara
anthem ['ænθəm] *s* himno; antífona
ant'hill' *s* hormiguero
antholo•gy [æn'θɑlədʒi] *s* (*pl* **-gies**) antología
anthracite ['ænθrə,saɪt] *s* antracita
anthrax ['ænθræks] *s* ántrax *m*
anthropology [,ænθrə'pɑlədʒi] *s* antropología
anti-aircraft [,æntɪ'ɛr,kræft] *adj* antiaéreo
antibiotic [,æntɪbaɪ'ɑtɪk] *adj* & *s* antibiótico
antibod•y ['æntɪ,badi] *s* (*pl* **-ies**) anticuerpo
anticipate [æn'tɪsɪ,pet] *tr* esperar, prever; anticipar; (*to get ahead of*) anticiparse a; impedir; prometerse (*p.ej., un placer*); temerse (*algo desagradable*)
antics ['æntɪks] *spl* cabriolas, gracias, travesuras
antidote ['æntɪ,dot] *s* antídoto
antifreeze [,æntɪ'friz] *s* anticongelante *m*
antiglare [,æntɪ'glɛr] *adj* antideslumbrante
antiknock [,æntɪ'nɑk] *adj* & *s* antidetonante *m*
antilabor [,æntɪ'lebər] *adj* antiobrero
Antilles [æn'tɪliz] *spl* Antillas
antimatter [,æntɪ,mætər] *s* antimateria
antimissile [,æntɪ'mɪsɪl] *adj* antiproyectil
antimony ['æntɪ,moni] *s* antimonio
antipas•to [,ɑntɪ'pasto] *s* (*pl* **-tos**) aperitivo, entremés *m*
antipa•thy [æn'tɪpəθi] *s* (*pl* **-thies**) antipatía
antipollution movement [,æntɪpə'luʃən] *s* lucha antipolución
antiquar•y ['æntɪ,kwɛri] *s* (*pl* **-ies**) anticuario
antiquated ['æntɪ,kwetɪd] *adj* anticuado
antique [æn'tik] *adj* antiguo ‖ *s* antigüedad
antique dealer *s* anticuario

antique store *s* tienda de antigüedades
antiqui•ty [æn'tɪkwɪti] *s* (*pl* **-ties**) antigüedad
anti-Semitic [,æntɪsɪ'mɪtɪk] *adj* antisemítico
antiseptic [,æntɪ'sɛptɪk] *adj* & *s* antiséptico
antislavery [,æntɪ'slevəri] *adj* antiesclavista
anti-Soviet [,æntɪ'sovɪ,ɛt] *adj* antisoviético
antitank [,æntɪ'tæŋk] *adj* antitanque
antiterrorist [,æntɪ'tɛrərɪst] *adj* & *s* antiterrorista *mf*
antithe•sis [æn'tɪθɪsɪs] *s* (*pl* **-ses** [,siz]) antítesis *f*
antitoxin [,æntɪ'tɑksɪn] *s* antitoxina
antitrust [,æntɪ'trʌst] *adj* anticartel
antiwar [,æntɪ'wɔr] *adj* antibélico
antler ['æntlər] *s* cuerna
antonym ['æntənɪm] *s* antónimo
Antwerp ['æntwərp] *s* Amberes *f*
anvil ['ænvɪl] *s* yunque *m*
anxie•ty [æŋ'zaɪ•əti] *s* (*pl* **-ties**) ansiedad, inquietud; ansia, anhelo
anxious ['æŋkʃəs] *adj* ansioso, inquieto; anhelante; **to be anxious to** tener ganas de
any ['ɛni] *adj indef* algún, cualquier; todo; **any place** dondequiera; **any time** cuando quiera; alguna vez ‖ *pron indef* alguno, cualquiera ‖ *adv* algo
an'y•bod'y *pron indef* alguno, alguien, cualquiera, quienquiera; todo el mundo; **not anybody** nadie
an'y•how' *adv* de cualquier modo; de todos modos; sin embargo
an'y•one' *pron indef* alguno, alguien, cualquiera
an'y•thing *pron indef* algo, alguna cosa; cualquier cosa; todo cuanto; **anything at all** cualquier cosa que sea; **anything else** cualquier otra cosa; **anything else?** ¿algo más?; **not anything** nada
an'y•way' *adv* de cualquier modo; de todos modos; sin embargo; sin esmero, sin orden ni concierto
an'y•where' *adv* dondequiera; adondequiera; **not anywhere** en ninguna parte
apace [ə'pes] *adv* aprisa
apart [ə'pɑrt] *adv* aparte; en pedazos; **to fall apart** caerse a pedazos; desunirse; ir al desastre; **to live apart** vivir separados; vivir aislado; **to stand apart** mantenerse apartado; **to take apart** descomponer, desarmar, desmontar; **to tell apart** distinguir
apartment [ə'pɑrtmənt] *s* apartamento
apartment house *s* casa de pisos
apathetic [,æpə'θɛtɪk] *adj* apático
apa•thy ['æpəθi] *s* (*pl* **-ties**) apatía; lerdera
ape [ep] *s* mono ‖ *tr* imitar, remedar
aperture ['æpərtʃər] *s* abertura, orificio
apex ['ɛpɛks] *s* (*pl* **apexes** o **apices** ['æpɪ,siz]) ápex *m*, ápice *m*
aphorism ['æfə,rɪzəm] *s* aforismo
aphrodisiac [,æfrə'dɪzɪ,æk] *adj* & *s* afrodisíaco
apiar•y ['epɪ,ɛri] *s* (*pl* **-ies**) abejar *m*, colmenar *m*
apiece [ə'pis] *adv* cada uno; por persona
apish ['epɪʃ] *adj* monesco; tonto
aplomb [ə'plɑm] *s* aplomo, sangre fría
apogee ['æpə,dʒi] *s* apogeo

apologetic [ə‚palə'dʒɛtɪk] *adj* lleno de excusas

apologist [ə'palədʒɪst] *s* defensor *m;* exponente *m*

apologize [ə'palə‚dʒaɪz] *intr* excusarse, disculparse; **to apologize for** disculparse de; **to apologize to** disculparse con

apology [ə'palədʒi] *s* (*pl* **-gies**) excusa; (*makeshift*) expediente *m*

apoplectic [‚æpə'plɛktɪk] *adj* & *s* apoplético

apoplexy ['æpə‚plɛksi] *s* apoplejía

apostle [ə'pasəl] *s* apóstol *m*

apostrophe [ə'pastrəfi] *s* (*written sign*) apóstrofo; (*words addressed to absent person*) apóstrofe *m* & *f*

apothecar•y [ə'paθɪ‚kɛri] *s* (*pl* **-ies**) boticario

apothecary's jar *s* bote *m* de porcelana

apothecary's shop *s* botica

appall [ə'pɔl] *tr* espantar, pasmar

appalling [ə'pɔlɪŋ] *adj* aterrador, espantoso, pasmoso

appara•tus [‚æpə'retəs] o [‚æpə'rætəs] *s* (*pl* **-tus** o **-tuses**) aparato

apparel [ə'pærəl] *s* indumentaria, vestido

apparent [ə'pærənt] *adj* aparente

apparition [‚æpə'rɪʃən] *s* aparición

appeal [ə'pil] *s* súplica, instancia, solicitud; atracción, interés *m;* (*law*) apelación ‖ *intr* ser atrayente; **to appeal to** (*to make an entreaty to*) suplicar; (*to be attractive to*) atraer, interesar; (*law*) apelar a

appear [ə'pɪr] *intr* (*to come into sight, to be in sight; to be published*) aparecer; (*to come into sight; to be in sight; to look; to seem*) parecer; (*to come before the public*) presentarse; (*to come before a court*) comparecer

appearance [ə'pɪrəns] *s* (*act of appearing*) aparición; (*outward look*) apariencia, aspecto; (*law*) comparecencia

appease [ə'piz] *tr* apaciguar

appeasement [ə'pizmənt] *s* apaciguamiento

appeasement attempts *spl* (coll) paños tibios *mpl*

appellate [ə'pɛlɪt] *adj* apelante

appellate court *s* tribunal *m* de apelación

appellate judge *s* juez *m* de alzadas

appendage [ə'pɛndɪdʒ] *s* apéndice *m*

appendicitis [ə‚pɛndɪ'saɪtɪs] *s* apendicitis *f*

appen•dix [ə'pɛndɪks] *s* (*pl* **-dixes** o **-dices** [dɪ‚siz]) apéndice *m*

appertain [‚æpər'ten] *intr* relacionarse

appetite ['æpɪ‚taɪt] *s* apetito

appetizer ['æpɪ‚taɪzər] *s* aperitivo, apetite *m*

appetizing ['æpɪ‚taɪzɪŋ] *adj* apetitoso

applaud [ə'plɔd] *tr* & *intr* aplaudir

applause [ə'plɔz] *s* aplauso, aplausos

apple ['æpəl] *s* manzana

ap'ple-jack' *s* aguardiente *m* de manzana

apple of the eye *s* niña del ojo

apple pie *s* pastel *m* de manzana

apple polisher *s* (slang) quitamotas *mf*

ap'ple-sauce' *s* compota de manzanas; (slang) música celestial

apple tree *s* manzano

appliance [ə'plaɪ•əns] *s* artificio, dispositivo, aparato; aplicación

applicant ['æplɪkənt] *s* aspirante *mf,* pretendiente *mf,* solicitante *mf*

ap•ply [ə'plaɪ] *v* (*pret* & *pp* **-plied**) *tr* aplicar ‖ *intr* aplicarse; dirigirse; **to apply for** pedir, solicitar

appoint [ə'pɔɪnt] *tr* designar, nombrar; señalar; amueblar

appointment [ə'pɔɪntmənt] *s* designación, nombramiento; empleo, puesto; cita; **appointments** instalación, accesorios, adornos; **by appointment** cita previa

apportion [ə'pɔrʃən] *tr* prorratear

appraisal [ə'prezəl] *s* tasación, valoración, apreciación

appraise [ə'prez] *tr* tasar, valorar, apreciar

appreciable [ə'priʃɪ•əbəl] *adj* apreciable; sensible

appreciate [ə'priʃɪ‚et] *tr* apreciar; aprobar; comprender; estar agradecido por ‖ *intr* subir de valor

appreciation [ə‚priʃɪ'eʃən] *s* aprecio; agradecimiento; plusvalía, aumento de valor

appreciative [ə'priʃɪ‚etɪv] *adj* apreciador; agradecido

apprehend [‚æprɪ'hɛnd] *tr* aprehender, prender; comprender; temer

apprehension [‚æprɪ'hɛnʃən] *s* aprehensión; (*fear, worry*) aprensión; comprensión

apprehensive [‚æprɪ'hɛnsɪv] *adj* (*fearful, worried*) aprehensivo, aprensivo

apprentice [ə'prɛntɪs] *s* aprendiz *m,* meritorio; chumero, chumera (CAm) ‖ *tr* poner de aprendiz

apprenticeship [ə'prɛntɪsʃɪp] *s* aprendizaje *m*

apprise o **apprize** [ə'praɪz] *tr* informar; apreciar, tasar

approach [ə'protʃ] *s* acercamiento; vía de entrada; proposición; (*to a problem*) enfoque *m* ‖ *tr* abordar, acercarse a; (*to bring closer*) acercar ‖ *intr* acercarse, aproximarse

approbation [‚æprə'beʃən] *s* aprobación

appropriate [ə'propri•ɪt] *adj* apropiado, a propósito ‖ [ə'propri‚et] *tr* apropiarse; asignar, destinar (*el parlamento determinada suma a un determinado fin*)

approval [ə'pruvəl] *s* aprobación; **on approval** a prueba

approve [ə'pruv] *tr* & *intr* aprobar

approximate [ə'praksɪmɪt] *adj* aproximado ‖ [ə'praksɪ‚met] *tr* aproximar ‖ *intr* aproximarse

apricot ['eprɪ‚kat] o ['æprɪ‚kat] *s* albaricoque *m*

apricot tree *s* albaricoquero

April ['eprɪl] *s* abril *m*

April fool *s* — **to make an April fool of** coger por inocente

April Fools' Day *s* día *m* de engañabobos, primer día de abril, en que se coge por inocente a la gente

apron ['eprən] *s* delantal *m;* (*of a workman*) mandil *m;* **tied to the apron strings of** cosido a las faldas de apropos [,æprə'po] *adj* oportuno || *adv* a propósito; **apropos of** a propósito de

apse [æps] *s* ábside *m*

apt [æpt] *adj* apto; a propósito; dispuesto, inclinado

aptitude ['æptɪ,tjud] *s* aptitud

aquamarine [,ækwəmə'rin] *s* aguamarina

aquaplane ['ækwə,plen] *s* acuaplano || *intr* correr en acuaplano

aquari•um [ə'kwɛrɪ•əm] *s* (*pl* -ums o -a [ə]) acuario

Aquarius [ə'kwɛrɪ•əs] *s* (astr) Acuario

aquatic [ə'kwætɪk] o [ə'kwɑtɪk] *adj* acuático || **aquatics** *spl* deportes acuáticos

aqueduct ['ækwə,dʌkt] *s* acueducto

aquiline nose ['ækwɪ,laɪn] *s* nariz aguileña

Arab ['ærəb] *adj* árabe || *s* árabe *mf*; caballo árabe

Arabia [ə'rebɪ•ə] *s* la Arabia

Arabian [ə'rebɪ•ən] *adj* árabe; arábigo || *s* árabe *mf*

Arabic ['ærəbɪk] *adj* arábigo || *s* árabe *m*, arábigo

Aragon ['ærə,gɑn] *s* Aragón *m*

Arago•nese [,ærəgə'niz] *adj* aragonés || *s* (*pl* -nese) aragonés *m*

arbiter ['ɑrbɪtər] *s* árbitro

arbitrary ['ɑrbɪ,trɛri] *adj* arbitrario

arbitrate ['ɑrbɪ,tret] *tr* & *intr* arbitrar

arbitration [,ɑrbɪ'treʃən] *s* arbitraje *m*

arbor ['ɑrbər] *s* emparrado, glorieta

arbore•tum [,ɑrbə'ritəm] *s* (*pl* -tums o -ta [tə]) jardín botánico de árboles

arbor vitae ['ɑrbər 'vaɪti] *s* árbol *m* de la vida

arbutus [ɑr'bjutəs] *s* madroño

arc [ɑrk] *s* arco

arcade [ɑr'ked] *s* arcada, galería

arch. *abbr* archaic, archaism, archipelago, architect

arch [ɑrtʃ] *adj* astuto; travieso; principal || *s* arco || *tr* arquear, enarcar; atravesar

archaeology [,ɑrkɪ'ɑlədʒi] *s* arqueología

archaic [ɑr'ke•ɪk] *adj* arcaico

archaism ['ɑrke,ɪzəm] *s* arcaísmo

archangel ['ɑrk,endʒəl] *s* arcángel *m*

archbishop ['ɑrtʃ'bɪʃəp] *s* arzobispo

archduke ['ɑrtʃ'djuk] *s* archiduque *m*

archene•my ['ɑrtʃ,ɛnimi] *s* (*pl* -mies) archie-nemigo

archeology [,ɑrkɪ'ɑlədʒi] *s* arqueología

archer ['ɑrtʃər] *s* arquero, flechero

archery ['ɑrtʃəri] *s* tiro de flechas

archipela•go [,ɑrkɪ'pɛləgo] *s* (*pl* -gos o -goes) archipiélago

architect ['ɑrkɪ,tɛkt] *s* arquitecto

architectural [,ɑrkɪ'tɛktʃərəl] *adj* arquitectó-nico, arquitectural

architecture ['ɑrkɪ,tɛktʃər] *s* arquitectura

archives ['ɑrkaɪvz] *spl* archivo

arch'way' *s* arcada

arc lamp *s* lámpara de arco

arctic ['ɑrktɪk] *adj* ártico || **the Arctic** las Tierras Articas

arc welding *s* soldadura de arco

ardent ['ɑrdənt] *adj* ardiente

ardor ['ɑrdər] *s* ardor *m*

arduous ['ɑrdju•əs] *adj* arduo, difícil; enér-gico; (*steep*) escarpado

area ['ɛrɪ•ə] *s* área, superficie *f*; comarca, región; zona; patio

ar'ea•way' *s* entrada baja de un sótano

Argentina [,ɑrdʒən'tinə] *s* la Argentina

Argentine ['ɑrdʒən,tin] o ['ɑrdʒən,taɪn] *adj* & *s* argentino || **the Argentine** la Argen-tina

Argentinean [,ɑrdʒən'tɪnɪ•ən] *adj* & *s* argen-tino

Argonaut ['ɑrgə,nɔt] *s* argonauta *m*

argue ['ɑrgju] *tr* argüir; **to argue into** per-suadir a + *inf*; **to argue out of** disuadir de + *inf* || *intr* argüir

argument ['ɑrgjəmənt] *s* argumento; disputa

argumentative [,ɑrgjə'mɛntətɪv] *adj* argu-mentador; ergotista *masc*

argumentativeness [,ɑrgjə'mɛntətɪvnɪs] *s* er-gotismo

aria ['ɑrɪ•ə] o ['ɛrɪ•ə] *s* (mus) aria

arid ['ærɪd] *adj* árido

aridity [ə'rɪdɪti] *s* aridez *f*

Aries ['ɛriz] *s* (astr) Aries *m*

aright [ə'raɪt] *adv* acertadamente; **to set aright** rectificar

arise [ə'raɪz] *v* (*pret* arose [ə'roz]; *pp* arisen [ə'rɪzən]) *intr* levantarse; subir; aparecer; **to arise from** provenir de

aristocra•cy [,ærɪs'tɑkrəsi] *s* (*pl* -cies) aristo-cracia

aristocrat [ə'rɪstə,kræt] *s* aristócrata *mf*

aristocratic [ə,rɪstə'krætɪk] *adj* aristocrático

Aristotelian [,ærɪstə'tilɪ•ən] *adj* & *s* aristoté-lico

Aristotle ['ærɪs,tɑtəl] *s* Aristóteles *m*

arith. *abbr* arithmetic

arithmetic [ə'rɪθmətɪk] *s* aritmética

arithmetical [,ærɪθ'mɛtɪkəl] *adj* aritmético

arithmetician [ə,rɪθmə'tɪʃən] *s* aritmético

ark [ɑrk] *s* arca de Noé

ark of the covenant *s* arca de la alianza

arm [ɑrm] *s* brazo; (*weapon*) arma; **arm in arm** de bracero, asidos del brazo; **in arms** de pecho, de teta; **the three arms of the service** los tres ejércitos; **to be up in arms** estar en armas; **to keep at arm's length** mantener a distancia; mantenerse a distan-cia; **to lay down one's arms** rendir las armas; **to rise up in arms** alzarse en armas; **under arms** sobre las armas || *tr* armar || *intr* armarse

armament ['ɑrməmənt] *s* armamento

armature ['ɑrmə,tʃər] *s* armadura; (*of a dy-namo or motor*) (elec) inducido

arm'chair' *adj* de gabinete || *s* butaca, sillón *m*, silla de brazos

Armenian [ɑr'minɪ•ən] *adj* & *s* armenio

armful ['ɑrm,fʊl] *s* brazado

arm'hole' *s* (*in clothing*) sobaquera

armistice ['ɑrmɪstɪs] *s* armisticio

armor ['ɑrmər] *s* armadura; coraza, blindaje *m* || *tr* acorazar, blindar

armored car *s* carro blindado

armorial bearings [ɑr'morɪ•əl] *spl* blasón *m*, escudo de armas

armor plate *s* plancha de blindaje

ar'mor-plate' *tr* acorazar, blindar

armor•y ['armǝri] *s* (*pl* -ies) arsenal *m;* (*arms factory*) armería

arm'pit' *s* sobaco, hueco de la axila

arm'rest' *s* apoyabrazos *m*

arms race *s* carrera armamentista

arms reduction *s* desarmamiento

ar•my ['armi] *adj* militar, castrense ‖ *s* (*pl* -mies) ejército

army corps *s* cuerpo de ejército

aroma [ǝ'romǝ] *s* aroma *m,* fragancia

aromatic [,ærǝ'mætik] *adj* aromático

around [ǝ'raund] *adv* alrededor, a la redonda; en la dirección opuesta ‖ *prep* alrededor de, en torno a o de; cerca de; (*the corner*) a la vuelta de

arouse [ǝ'rauz] *tr* despertar; excitar, incitar

arpeg•gio [ar'pɛdʒo] *s* (*pl* -gios) arpegio

arraign [ǝ'ren] *tr* acusar; presentar al tribunal

arrange [ǝ'rendʒ] *tr* arreglar, disponer; (mus) adaptar, refundir

array [ǝ're] *s* orden *m;* orden *m* de batalla; adorno, atavío ‖ *tr* poner en orden; poner en orden de batalla; adornar, ataviar

arrears [ǝ'rirz] *spl* atrasos; in arrears atrasado en pagos

arrest [ǝ'rɛst] *s* arresto, prisión; detención; under arrest bajo arresto ‖ *tr* arrestar; detener; atraer (*la atención*)

arresting [ǝ'rɛstɪŋ] *adj* impresionante

arrhythmia [ǝ'rɪθmi•ǝ] *s* arritmia

arrival [ǝ'raivǝl] *s* llegada; (*person*) llegado

arrive [ǝ'raiv] *intr* llegar; tener éxito

arrogance ['ærǝgǝns] *s* arrogancia

arrogant ['ærǝgǝnt] *adj* arrogante

arrogate ['ærǝ,get] *tr* — to arrogate to oneself arrogarse

arrow ['æro] *s* flecha

ar'row-head' *s* punta de flecha; (bot) saetilla

arsenal ['arsǝnǝl] *s* arsenal *m*

arsenic ['arsɪnɪk] *s* arsénico

arson ['arsǝn] *s* incendio premeditado, delito de incendio

art [art] *s* arte *m* & *f*

arter•y ['artǝri] *s* (*pl* -ies) arteria

artful ['artfǝl] *adj* astuto, mañoso; diestro, ingenioso

arthritic [ar'θrɪtɪk] *adj* & *s* artrítico

arthritis [ar'θraitɪs] *s* artritis *f*

artichoke ['artɪ,tʃok] *s* alcachofa

article ['artɪkǝl] *s* artículo; an article of clothing una prenda de vestir

articulate [ar'tɪkjǝlɪt] *adj* claro, distinto; capaz de hablar ‖ [ar'tɪkjǝ,let] *tr* articular

artifact ['artɪ,fækt] *s* artefacto

artifice ['artɪfɪs] *s* artificio

artificial [,artɪ'fɪʃǝl] *adj* artificial

artillery [ar'tɪlǝri] *s* artillería

artillery•man [ar'tɪlǝrimǝn] *s* (*pl* -men [mǝn]) artillero

artisan ['artɪzǝn] *s* artesano

artist ['artɪst] *s* artista *mf*

artistic [ar'tɪstɪk] *adj* artístico

artistry ['artɪstri] *s* habilidad artística

artless ['artlɪs] *adj* sencillo, natural; ingenuo, inocente; (*crude, clumsy*) chabacano

arts and crafts *spl* artes y oficios

art•y ['arti] *adj* (*comp* -ier; *super* -iest) (coll) ostentosamente artístico

Aryan ['ɛri•ǝn] o ['arjǝn] *adj* & *s* ario

as [æz] o [ǝz] *pron rel* que; the same as el mismo que ‖ *adv* tan; as . . . as tan . . . como; as for en cuanto a; as long as mientras que; ya que; as many as tantos como; as much as tanto como; as regards en cuanto a; as soon as tan pronto como; as soon as possible cuanto antes, los más pronto posible; as though como si; as to en cuanto a; as well también; as yet hasta ahora ‖ *conf* como; que; ya que; a medida que; as it seems por lo visto, según parece ‖ *prep* por, como; as a rule por regla general

asbestos [æs'bɛstǝs] *s* asbesto, amianto

ascend [ǝ'sɛnd] *tr* subir a (*p.ej., el trono*) ‖ *intr* ascender

ascendancy [ǝ'sɛndǝnsi] *s* ascendiente *m*

ascension [ǝ'sɛnʃǝn] *s* ascensión

Ascension Day *s* fiesta de la Ascensión

ascent [ǝ'sɛnt] *s* ascensión, subida; ascenso, promoción

ascertain [,æsǝr'ten] *tr* averiguar

ascertainable [,æsǝr'tenǝbǝl] *adj* averiguable

ascetic [ǝ'sɛtɪk] *adj* ascético ‖ *s* asceta *mf*

ascorbic acid [ǝ'skɔrbɪk] *s* ácido ascórbico

ascribe [ǝ'skraib] *tr* atribuir

aseptic [ǝ'sɛptɪk] o [e'sɛptɪk] *adj* aséptico

ash [æʃ] *s* ceniza; (*tree; wood*) fresno; ashes ceniza, cenizas; (*mortal remains*) cenizas

ashamed [ǝ'ʃemd] *adj* avergonzado; to be ashamed tener vergüenza

ashlar ['æʃlǝr] *s* sillar *m*

ashore [ǝ'ʃor] *adv* en tierra, a tierra

ash tray *s* cenicero

Ash Wednesday *s* miércoles *m* de ceniza

Asia ['eʒǝ] o ['eʃǝ] *s* Asia

Asia Minor *s* el Asia Menor

Asian ['eʒǝn] o ['eʃǝn] o Asiatic [,eʒɪ'ætɪk] o [,eʃɪ'ætɪk] *adj* & *s* asiático

aside [ǝ'said] *adv* aparte; aside from además de; to step aside hacerse a un lado ‖ *s* (theat) aparte *m*

asinine ['æsɪ,nain] *adj* tonto, necio

ask [æsk] o [ask] *tr* (*to request*) pedir; (*to inquire of*) preguntar; hacer (*una pregunta*); invitar; to ask in invitar a entrar ‖ *intr*—to ask about, after, or for; preguntar por; to ask for pedir

askance [ǝ'skæns] *adv* al sesgo, de soslayo; con desdén, sospechosamente

asleep [ǝ'slip] *adj* dormido; to fall asleep dormirse

asp [æsp] *s* áspid *m*

asparagus [ǝ'spærǝgǝs] *s* espárrago

aspect ['æspɛkt] *s* aspecto

aspen ['æspǝn] *s* tiemblo, álamo temblón

aspersion [ǝ'spʌrʒǝn] o [ǝ'spʌrʃǝn] *s* calumnia, difamación

asphalt ['æsfɔlt] *s* asfalto ‖ *tr* asfaltar

asphyxiate [æs'fɪksɪ,et] *tr* asfixiar

aspirant [ǝ'spairǝnt] o ['æspɪrǝnt] *s* pretendiente *mf,* candidato

aspire [ǝ'spair] *intr* aspirar

aspirin ['æspɪrɪn] *s* aspirina

ass [æs] s asno
assail [ə'sel] tr asaltar, acometer
assassin [e'sæsɪn] s asesino
assassinate [ə'sæsɪ,net] tr asesinar
assassination [ə,sæsɪ'neʃən] s asesinato
assault [ə'sɔlt] s asalto ‖ tr asaltar
assault and battery s vías de hecho, violencias
assay [ə'se] o ['æse] s ensaye m; muestra de ensaye ‖ [ə'se] tr ensayar; apreciar
assemble [ə'sɛmbəl] tr reunir; (mach) armar, montar ‖ intr reunirse
assem•bly [ə'sɛmbli] s (pl -blies) asamblea; reunión; (mach) armadura, montaje m
assembly hall s aula magna, paraninfo; salón m de sesiones
assembly line s línea de montaje
assembly plant s fábrica de montaje
assembly room s sala de reunión; (mach) taller m de montaje
assent [ə'sɛnt] s asentimiento, asenso ‖ intr asentir
assert [ə'sʌrt] tr afirmar, aseverar, declarar; to assert oneself imponerse, hacer valer sus derechos
assertion [ə'sʌrʃən] s aserción, aseveración
assess [ə'sɛs] tr amillarar, gravar; fijar (daños y perjuicios); apreciar, estimar
assessment [ə'sɛsmənt] s amillaramiento, gravamen m; fijación; apreciación, estimación
asset ['æsɛt] s posesión, ventaja; (person, thing, or quality worth having) (fig) valor m; assets (com) activo
assiduous [ə'sɪdjʊ•əs] adj asiduo
assign [ə'saɪn] tr asignar
assignment [ə'saɪnmənt] s asignación, cometido; lección
assimilate [ə'sɪmɪ,let] tr asimilarse (los alimentos, el conocimiento) ‖ intr asimilarse
assist [ə'sɪst] tr ayudar, asistir, auxiliar
assistant [ə'sɪstənt] adj & s auxiliar mf, ayudante mf
assistantship [ə'sɪstənt,ʃɪp] s ayudantía
assn. abbr association
associate [ə'soʃɪ•ɪt] adj asociado ‖ s asociado, socio ‖ [ə'soʃɪ,et] tr asociar ‖ intr asociarse
association [ə,soʃɪ'eʃən] s asociación
assort [ə'sɔrt] tr clasificar, ordenar
assortment [ə'sɔrtmənt] s surtido; clase f, grupo
asst. abbr assistant
assume [ə'sum] o [ə'sjum] tr asumir (p.ej., responsabilidádes); arrogarse; suponer, dar por sentado
assumption [ə'sʌmpʃən] s asunción; suposición
assurance [ə'ʃʊrəns] s aseguramiento; seguridad, confianza; (com) seguro
assure [ə'ʃʊr] tr asegurar; (com) asegurar
Assyria [ə'sɪrɪ•ə] s Asiria
Assyrian [ə'sɪrɪ•ən] adj & s asirio
astatine ['æstə,tin] s ástato
aster ['æstər] s (bot) aster m; (China aster) reina Margarita
asterisk ['æstə,rɪsk] s asterisco

astern [ə'stʌrn] adv por la popa
asthma ['æzmə] o ['æsmə] s asma f
astonish [ə'stanɪʃ] tr asombrar
astonishing [ə'stanɪʃɪŋ] adj asombroso
astound [ə'staʊnd] tr pasmar
astounding [ə'staʊndɪŋ] adj pasmoso
astraddle [ə'strædəl] adv a horcajadas
astray [ə'stre] adv por mal camino; to go astray extraviarse; gone astray desviado; to lead astray extraviar
astride [ə'straɪd] adv a horcajadas ‖ prep a horcajadas de
astrology [ə'stralədʒi] s astrología
astronaut ['æstrə,nɔt] s astronauta m
astronautic [,æstrə'nɔtɪk] adj astronáutico ‖ astronautics s astronáutica
astronavigation [,æstro,nævɪ'geʃən] s astronavegación
astronomer [ə'stranəmər] s astrónomo
astronomic(al) [,æstrə'namɪk(əl)] adj astronómico
astronomy [ə'stranəmi] s astronomía
astrophysics [,æstro'fɪzɪks] s astrofísica
Asturian [ə'stʊrɪ•ən] adj & s asturiano
astute [ə'stjut] adj astuto, sagaz
asunder [ə'sʌndər] adv a pedazos, en dos
asylum [ə'saɪləm] s asilo
asymmetry [ə'sɪmɪtri] s asimetría
at [æt] o [ət] prep en, p.ej., I saw her at the library la ví en la biblioteca; a, p.ej., at five o'clock a las cinco; de, p.ej., to be surprised at estar sorprendido de; to laugh at reírse de; en casa de, p.ej., at John's en casa de Juan
atavistic [,ætə'vɪstɪk] adj atávico
atheism ['eθɪ,ɪzəm] s ateísmo
atheist ['eθɪ•ɪst] s ateísta mf, ateo
Athenian [ə'θinɪ•ən] adj & s ateniense mf
Athens ['æθɪnz] s Atenas f
athirst [ə'θʌrst] adj sediento
athlete ['æθlit] s atleta mf
athlete's foot s pie m de atleta
athletic [æθ'lɛtɪk] adj atlético ‖ athletics s atletismo
Atlantic [æt'læntɪk] adj & s Atlántico
atlas ['ætləs] s atlas m
atmosphere ['ætməs,fɪr] s atmósfera
atmospheric [,ætməs'fɛrɪk] adj atmosférico ‖ atmospherics spl parásitos atmosféricos
atom ['ætəm] s átomo
atom bomb s bomba atómica
atomic [ə'tamɪk] adj atómico
atomic bomb s bomba atómica
atomic weight s peso atómico
atomize ['ætə,maɪz] tr atomizar
atomizer ['ætə,maɪzər] s pulverizador m, vaporizador m
atom smasher s rompeátomos m
atone [ə'ton] intr dar reparación; to atone for dar reparación por, expiar
atonement [ə'tonmənt] s reparación, expiación
atop [ə'tap] adv encima ‖ prep encima de
atrocious [ə'troʃəs] adj atroz; (coll) abominable, muy malo
atroci•ty [ə'trasɪti] s (pl -ties) atrocidad

atro‑phy ['ætrəfi] s (pathol) atrofia, retracción ‖ v (pret & pp **-phied**) tr atrofiar ‖ intr atrofiarse

attach [ə'tætʃ] tr atar, ligar; atribuir (p.ej., importancia); (law) embargar; **to be attached to** aficionarse a; (to be officially associated with) depender de

attaché [,ætə'ʃe] s agregado

attachment [ə'tætʃmənt] s atadura, enlace m; atribución; apego, cariño; accesorio; (law) embargo

attack [ə'tæk] s ataque m ‖ tr & intr atacar

attain [ə'ten] tr alcanzar, lograr

attainment [ə'tenmənt] s consecución, logro; **attainments** dotes fpl, prendas

attempt [ə'tɛmpt] s tentativa; (assault) atentado, conato ‖ tr procurar, intentar; (e.g., the life of a person) atentar a o contra

attend [ə'tɛnd] tr atender, asistir; asistir a (p.ej., la escuela); auxiliar (a un moribundo) ‖ intr atender; **to attend to** atender a

attendance [ə'tɛndəns] s asistencia, concurrencia; **to dance attendance** hacer antesala

attendant [ə'tɛndənt] adj & s asistente mf; concomitante m

attention [ə'tɛnʃən] s atención; **to attract attention** llamar la atención; **to call attention to** hacer presente; **to pay attention to** hacer caso de

attentive [ə'tɛntɪv] adj atento

attenuate [ə'tɛnjʊ,et] tr adelgazar; debilitar ‖ intr debilitarse; desaparecer

attest [ə'tɛst] tr atestiguar; juramentar ‖ intr dar fe; **to attest to** dar fe de

attic ['ætɪk] s buharda, guardilla, desván m

attire [ə'taɪr] s atavío, traje m ‖ tr ataviar, vestir

attitude ['ætɪ,tjud] o ['ætɪ,tud] s actitud, ademán m

attorney [ə'tʌrni] s abogado; procurador m

attract [ə'trækt] tr atraer; llamar (la atención)

attraction [ə'trækʃən] s atracción; (personal charm) atractivo

attractive [ə'træktɪv] adj atractivo; (agreeable, interesting) atrayente

attribute ['ætrɪ,bjut] s atributo ‖ [ə'trɪbjʊt] tr atribuir

atty. abbr **attorney**

auburn ['ɔbərn] adj & s castaño rojizo

auction ['ɔkʃən] s almoneda, remate m, subasta ‖ tr rematar, subastar

auctioneer [,ɔkʃən'ɪr] s subastador m, rematador m ‖ tr & intr rematar, subastar

auction house s martillo

audacious [ɔ'deʃəs] adj audaz

audaci‑ty [ɔ'dæsɪti] s (pl **-ties**) audacia

audience ['ɔdɪ‑əns] s (hearing; formal interview) audiencia; público, auditorio

audio frenquency ['ɔdɪ,o] s audiofrecuencia

audiometer [,ɔdɪ'amɪtər] s audiómetro

audit ['ɔdɪt] s intervención ‖ tr intervenir

audition [ɔ'dɪʃən] s audición ‖ tr dar audición a

auditor ['ɔdɪtər] s oyente mf; (com) interventor m

auditorium [,ɔdɪ'torɪ‑əm] s auditorio, anfiteatro, paraninfo

auger ['ɔgər] s barrena

augment [ɔg'mɛnt] tr & intr aumentar

augur ['ɔgər] s augur m ‖ tr & intr augurar; **to augur well** ser de buen agüero

augu‑ry ['ɔgəri] s (pl **-ries**) augurio

august [ɔ'gʌst] adj augusto ‖ **August** ['ɔgəst] s agosto

aunt [ænt] o [ɑnt] s tía

aurora [ɔ'rorə] s aurora

auspice ['ɔspɪs] s auspicio; **under the auspices of** bajo los auspicios de

austere [ɔs'tɪr] adj austero

Australia [ɔ'streljə] s Australia

Australian [ɔ'streljən] adj & s australiano

Austria ['ɔstrɪ‑ə] s Austria

Austrian ['ɔstrɪ‑ən] adj & s austríaco

authentic [ɔ'θɛntɪk] adj auténtico

authenticate [ɔ'θɛntɪ,ket] tr autenticar

author ['ɔθər] s autor m

authoress ['ɔθərɪs] s autora

authoritarian [ɔ,θɔrɪ'tɛrɪ‑ən] adj & s autoritario

authoritative [ɔ'θɔrɪ,tetɪv] adj autorizado; (dictatorial) autoritario

authori‑ty [ɔ'θɔrɪti] s (pl **-ties**) autoridad; **on good authority** de buena tinta, de fuente fidedigna

authorize ['ɔθə,raɪz] tr autorizar

authorship ['ɔθər,ʃɪp] s paternidad literaria

autistic [ɔ'tɪstɪk] s autístico

au‑to ['ɔto] s (pl **-tos**) (coll) auto, coche m

autobiogra‑phy [,ɔtobaɪ'agrəfi] s (pl **-phies**) autobiografía

autobus ['ɔto,bʌs] s autobús m

autocratic(al) [,ɔtə'krætɪk(əl)] adj autocrático

autograph ['ɔtə,græf] adj & s autógrafo ‖ tr autografiar

autograph seeker s cazaautógrafos m

automat ['ɔtə,mæt] s restaurante automático

automatic [,ɔtə'mætɪk] adj automático

automatic car wash s túnel m de lavado

automatic clutch s servoembrague m

automation [,ɔtə'meʃən] s automación, automatización

automa‑ton [ɔ'tamə,tan] s (pl **-tons** o **-ta** [tə]) autómata

automobile [,ɔtəmo'bil] u [,ɔtə'mobil] s automóvil m

automobile show s salón m del automóvil

autonomous [ɔ'tanəməs] adj autónomo

autonomy [ɔ'tanəmi] s autonomía

autop‑sy ['ɔtapsi] s (pl **-sies**) autopsia

autumn ['ɔtəm] s otoño

autumnal [ə'tʌmnəl] adj otoñal

auxilia‑ry [ɔg'zɪljəri] adj auxiliar ‖ s (pl **-ries**) auxiliar mf; **auxiliaries** tropas auxiliares

av. abbr **avenue, average, avoirdupois**

avail [ə'vel] s provecho, utilidad ‖ tr beneficiar; **to avail oneself of** aprovecharse de, valerse de ‖ intr aprovechar

available [ə'veləbəl] adj disponible; **to make available to** poner a la disposición de

avalanche ['ævə,læntʃ] s alud m, avalancha

avant-garde [ə,vɑnt'gɑrd] *adj* vanguardista ‖ *s* vanguardismo
avant-guardist [ə,vɑnt'gɑrdist] *s* vanguardista *mf*
avarice ['ævərɪs] *s* avaricia
avaricious [,ævə'rɪʃəs] *adj* avaricioso, avariento
Ave. *abbr* **Avenue**
avenge [ə'vɛndʒ] *tr* vengar; **to avenge oneself on** vengarse en
avenue ['ævə,nju] o ['ævə,nu] *s* avenida
aver [ə'vʌr] *v* (*pret & pp* **averred;** *ger* **averring**) *tr* afirmar, declarar
average ['ævərɪdʒ] *adj* común, mediano, ordinario ‖ *s* promedio, término medio; (naut) avería ‖ *tr* calcular el término medio de; prorratear; ser de un promedio de
averse [ə'vʌrs] *adj* renuente, contrario
aversion [ə'vʌrʒen] *s* aversión, antipatía; cosa aborrecida
avert [ə'vʌrt] *tr* apartar, desviar; impedir
aviar·y ['evɪ,ɛri] *s* (*pl* **-ies**) avería, pajarera
aviation [,evɪ'eʃən] *s* aviación
aviation medicine *s* aeromedicina
aviator ['evɪ,etər] *s* aviador *m*
avid ['ævɪd] *adj* ávido
avidity [ə'vɪdɪti] *s* avidez *f*
avocado [,ævə'kɑdo] *s* aguacate *m*
avocation [,ævə'keʃən] *s* distracción, diversión
avoid [ə'vɔɪd] *tr* evitar
avoidable [ə'vɔɪdəbəl] *adj* evitable
avoidance [ə'vɔɪdəns] *s* evitación
avow [ə'vau] *tr* admitir, confesar
avowal [ə'vauəl] *s* admisión, confesión
await [ə'wet] *tr* aguardar, esperar
awake [ə'wek] *adj* despierto ‖ *v* (*pret & pp* **awoke** [ə'wok] o **awaked**) *tr & intr* despertar
awaken [ə'wekən] *tr & intr* despertar
awakening [ə'wekəniɲ] *s* despertamiento; desilusión

award [ə'word] *s* premio; condecoración; adjudicación ‖ *tr* conceder; adjudicar
aware [ə'wɛr] *adj* enterado; **to become aware of** enterarse de, darse cuenta de
awareness [ə'wɛrnɪs] *s* conciencia
away [ə'we] *adj* ausente; distante ‖ *adv* lejos; a lo lejos; **away from** lejos de; **to do away with** deshacerse de; **to get away** escapar; **to go away** irse; **to make away with** robar, hurtar; **to run away** fugarse; **to send away** enviar; despedir; **to take away** llevarse; quitar
awe [ɔ] *s* temor *m* reverencial ‖ *tr* infundir temor reverencial a
awesome ['ɔsəm] *adj* imponente
awestruck ['ɔ,strʌk] *adj* espantado
awful ['ɔfəl] *adj* atroz, horrible; impresionante; (coll) muy malo, muy feo, enorme
awfully ['ɔfəli] *adv* atrozmente, horriblemente; (coll) muy, excesivamente
awfulness ['ɔfəlnɪs] *s* espantosidad (SAm)
awhile [ə'hwaɪl] *adv* un rato, algún tiempo
awkward ['ɔkwərd] *adj* desmañado, torpe, lerdo; embarazoso, delicado
awkward squad *s* pelotón *m* de los torpes
awl [ɔl] *s* alesna, lezna
awning ['ɔniɲ] *s* toldo
ax [æks] *s* hacha
axiom ['æksi·əm] *s* axioma *m*
axiomatic [,æksi·ə'mætɪk] *adj* axiomático
axis ['æksɪs] *s* (*pl* **axes** ['æksiz]) *s* eje *m*
axle ['æksəl] *s* eje *m*, árbol *m*
axle load *s* carga por eje
ax'le·tree *s* eje *m* de carretón
ay [aɪ] *adv & s* sí ‖ [e] *adv* siempre; **for ay** por siempre ‖ [e] *interj* ¡ay!
aye [aɪ] *adv & s* sí ‖ [e] *adv* siempre; **for aye** por siempre
azimuth ['æzɪməθ] *s* acimut *m*
Azores [ə'zorz] o ['ezorz] *spl* Azores *fpl*
Aztec ['æztɛk] *adj & s* azteca *mf*
azure ['æʒər] o ['eʒər] *adj & s* azul *m*

B

B, b [bi] segunda letra del alfabeto inglés
b. *abbr* **bass, bay, born, brother**
baa [bɑ] *s* be *m*, balido ‖ *intr* balar
babble ['bæbəl] *s* barboteo; charla; (*of a brook*) murmullo ‖ *tr* barbotar; decir indiscretamente ‖ *intr* barbotar; murmurar (*un arroyo*)
babe [beb] *s* rorro, criatura; (*innocent, gullible person*) niño; (slang) chica, chica hermosa
baboon [bæ'bun] *s* babuíno
ba·by ['bebi] *s* (*pl* **-bies**) rorro, criatura, bebé *m;* (*the youngest child*) benjamín *m* ‖ *v* (*pret & pp* **-bied**) *tr* mimar; tratar como niño
baby carriage *s* cochecillo para niños

baby grand *s* piano de media cola
babyhood ['bebi,hud] *s* primera infancia, niñez *f*
babyish ['bebi·ɪʃ] *adj* aniñado, infantil
Babylon ['bæbɪlən] o ['bæbɪ,lɑn] *s* Babilonia (*ciudad*)
Babylonia [,bæbɪ'loni·ə] *s* Babilonia (*imperio*)
Babylonian [,bæbɪ'loni·ən] *adj & s* babilonio
baby sitter *s* niñera tomada por horas
baccalaureate [,bækə'lɔri·ɪt] *s* bachillerato
bachelor ['bætʃələr] *s* (*unmarried man*) soltero; (*holder of bachelor's degree*) bachiller *mf;* (*apprentice knight*) doncel *m*
bachelorhood ['bætʃələr,hud] *s* celibato, soltería (*del hombre*)

bacil·lus [bəˈsɪləs] s (pl **-li** [laɪ]) bacilo

back [bæk] adj trasero, posterior; atrasado ‖ adv atrás, detrás; de vuelta; (ago) hace; **back of** detrás de; **to go back to** remontarse a; **to send back** devolver ‖ s espalda; dorso; (of a coin) reverso; (of a chair) espaldar m, respaldo; (of an animal, of a book) lomo; (of a hall, a room) fondo; (of a writing, a book) final m; **behind one's back** a espaldas de uno; **on one's back** postrado, en cama; a cuestas ‖ tr mover hacia atrás; apoyar, respaldar ‖ intr moverse hacia atrás; **to back down** u **out** volverse atrás, echarse atrás; **to back up** retroceder; regolfar (el agua)

back′ache′ s dolor m de espalda

back′bone′ s espinazo; (of a book) nervura; firmeza, resistencia

back′break′ing adj deslomador

back′down′ s palinodia, retractación

back′drop′ s telón m de fondo o de foro

backer [ˈbækər] s sostenedor m, defensor m; (of a business venture) impulsador m

back′fire′ s (aut) petardeo ‖ intr (aut) petardear

back′ground′ s fondo; antecedentes mpl; conocimientos, educación; (of a painting) lontananza

background music s música de fondo

backing [ˈbækɪŋ] s apoyo, sostén m; garantía, respaldo; financiamiento; (bb) lomera

back′lash′ s (mach) contragolpe m; (mach) juego; (fig) reacción violenta

back′log′ s (com) reserva de pedidos pendientes; (e.g., of work) acumulación

back number s número atrasado; (coll) persona anticuada

back pay s sueldo retrasado

back seat s puesto secundario; **to take a back seat** perder influencia

back′side′ s espalda; trasero

back′slide′ v (pret & pp **-slid** [ˌslɪd]) intr reincidir

backspacer [ˈbækˌspesər] s tecla de retroceso

back′stage′ adv detrás del telón; entre bastidores

back′stairs′ adj indirecto, secreto

back stairs spl escalera trasera; medios indirectos

back′stitch′ s pespunte m ‖ tr & intr pespuntar

back′stop′ s reja o red f para detener la pelota

back′swept′ wing s (aer) ala en flecha

back talk s respuesta insolente

backward [ˈbækwərd] adj atrasado, tardío; tímido ‖ adv de atrás; de espaldas; al revés; cada vez peor; para atrás, hacia atrás

back′wa′ter s remanso; (fig) atraso, yermo

back′woods′ spl monte m, región alejada de los centros de población

back yard s patio trasero, corral trasero

bacon [ˈbekən] s tocino

bacteria [bækˈtɪrɪə] pl de **bacterium**

bacterial [bækˈtɪrɪəl] adj bacteriano

bacteriologist [bækˌtɪrɪˈalədʒɪst] s bacteriólogo

bacteriology [bækˌtɪrɪˈalədʒɪ] s bacteriología

bacteri·um [bækˈtɪrɪəm] s (pl **-a** [ə]) bacteria

bad [bæd] adj (comp **worse** [wʌrs]; super **worst** [wʌrst]) malo; (money) falso; (debt) incobrable; **from bad to worse** de mal en peor; **to be in bad** (coll) caer en desgracia; **to be too bad** ser lástima; **to go to the bad** (coll) ir por mal camino; (coll) arruinarse; **to look bad** tener mala cara

bad breath s mal aliento

badge [bædʒ] s divisa, insignia

badger [ˈbædʒər] s tejón m

badly [ˈbædlɪ] adv mal; con urgencia; gravemente

badly off adj malparado; muy enfermo

badminton [ˈbædmɪntən] s juego del volante

baffle [ˈbæfəl] s deflector m; (rad) pantalla acústica ‖ tr confundir; burlar, frustrar

baffling [ˈbæflɪŋ] adj perplejo, desconcertador

bag [bæg] s saco; saquito de mano; (in clothing) bolsa; (purse) bolso; (take of game) caza; **to be in the bag** (slang) ser cosa segura ‖ v (pret & pp **bagged**; ger **bagging**) tr ensacar; coger, cazar ‖ intr hacer bolsa (un vestido)

baggage [ˈbægɪdʒ] s equipaje m; (mil) bagaje m

baggage car s furgón m de equipajes

baggage check s contraseña de equipajes

baggage rack s red f de equipajes

baggage room s sala de equipajes

bag′pipe′ s gaita, cornamusa

bag′pi′per s gaitero

bail [bel] s caución, fianza; **to go bail for** salir fiador por ‖ tr caucionar, afianzar; achicar (la embarcación; el agua); **to bail out** salir fiador por; achicar ‖ intr achicar; **to bail out** lanzarse en paracaídas

bailiff [ˈbelɪf] s alguacil m, corchete m

bailiwick [ˈbelɪwɪk] s alguacilazgo; **to be in the bailiwick of** ser de la pertenencia de

bait [bet] s carnada, cebo; señuelo; **to swallow the bait** tragar el anzuelo ‖ tr cebar, encarnar (el anzuelo); tentar, seducir; (to pester) hostigar

baize [bez] s bayeta

bake [bek] tr cocer al horno; cocer (loza, gres, etc.)

bakelite [ˈbekəˌlaɪt] s baquelita

baker [ˈbekər] s panadero, hornero

baker's dozen s docena del fraile

baker·y [ˈbekərɪ] s (pl **-ies**) panadería

baking powder [ˈbekɪŋ] s levadura en polvo

baking soda s bicarbonato de sosa

bal. abbr **balance**

balance [ˈbæləns] s (instrument for weighing) balanza; (state of equilibrium) equilibrio; (amount left over) resto; (amount still owed) saldo; (statement of debits and credits) balance m; **to lose one's balance** perder el equilibrio; **to strike a balance** hacer o pasar balance ‖ tr balancear; equilibrar; equilibrar, nivelar (el presupuesto) ‖ intr equilibrarse; (to waver) balancear

av
ba

balanced ['bælənst] *adj* equilibrado
balance of payments *s* balanza de pagos
balance of power *s* equilibrio político
balance sheet *s* balance *m*, avanzo
balco‧ny ['bælkəni] *s* (*pl* **-nies**) balcón *m;* (*in a theater*) galería, paraíso
bald [bɔld] *adj* calvo; franco, directo
baldness ['bɔldnɪs] *s* calvicie *f*
baldric ['bɔldrɪk] *s* tahalí *m*
bale [bel] *s* bala ‖ *tr* embalar
Balearic [,bælɪ'ærɪk] *adj* balear
Balearic Islands *spl* islas Baleares
baleful ['belfəl] *adj* funesto, maligno
balk [bɔk] *tr* burlar, frustrar ‖ *intr* emperrarse, resistirse
Balkan ['bɔlkən] *adj* balcánico ‖ **the Balkans** los Balcanes
balk‧y ['bɔki] *adj* (*comp* **-ier;** *super* **-iest**) rebelón, repropio
ball [bɔl] *s* bola, pelota; esfera, globo; (*of wool, yarn*) ovillo; (*of finger*) yema; (*projectile*) bala; (*dance*) baile *m*
ballad ['bæləd] *s* balada
ballade [bə'lɑd] *s* (mus) balada
ballast ['bæləst] *s* (aer, naut) lastre *m;* (rr) balasto ‖ *tr* lastrar; balastar
ball bearing *s* cojinete *m* de bolas
ballerina [,bælə'rinə] *s* bailarina
ballet ['bæle] *s* ballet *m*, baile *m*
ballistic [bə'lɪstɪk] *adj* balístico
balloon [bə'lun] *s* globo
ballot ['bælət] *s* balota; sufragio ‖ *intr* balotar
ballot box *s* urna electoral
ball'play'er *s* pelotari *m;* beisbolero
ball'-point' pen *s* bolígrafo, pluma estilográfica; biro (Arg); birome *f* (Arg, Urug); puntabola, punto bola (Bol); lapicero (CAm, Col); lápiz *m* de pasta (Chile); esferográfica, esfero (Col); estenógrafo (Cuba); lápiz *n:* de bolilla (Peru); plumilla (Ven)
ball'room' *s* salón *m* de baile
ballyhoo ['bælɪ,hu] *s* alharaca, bombo ‖ *tr* dar teatro a, dar bombo a
balm [bɑm] *s* bálsamo
balm‧y ['bɑmi] *adj* (*comp* **-ier;** *super* **-iest**) bonancible, suave
baloney [bə'loni] *interj* (coll) ¡aprieta!
balsam ['bɔlsəm] *s* bálsamo
Baltic ['bɔltɪk] *adj* báltico
Baltimore oriole ['bɔltɪ,mor] *s* cacique veranero
baluster ['bæləstər] *s* balaustre *m*
bamboo [bæm'bu] *s* bambú *m*
bamboozle [bæm'buzəl] *tr* (coll) embaucar, engañar
bamboozler [bæm'buzlər] *s* (coll) embaucador *m*, engañabobos *mf*
ban [bæn] *s* prohibición; excomunión, entredicho; (*of marriage*) amonestación ‖ *v* (*pret & pp* **banned;** *ger* **banning**) *tr* prohibir; excomulgar
banana [bə'nænə] *s* banana, plátano; (*tree*) banano, bananero, plátano
banana oil *s* esencia de pera

band [bænd] *s* banda; (*of people*) cuadrilla; (*of a hat*) cintillo; (*of a cigar*) anillo; liga de goma; (mus) banda. música, charanga ‖ *intr* abanderizarse
bandage ['bændɪdʒ] *s* venda ‖ *tr* vendar
bandanna [bæn'dænə] *s* pañuelo de hierbas
band'box' *s* sombrerera
bandit ['bændɪt] *s* bandido
band'mas'ter *s* músico mayor
bandoleer [,bændə'lɪr] *s* bandolera
band saw *s* sierra continua, sierra sin fin
band'stand' *s* quiosco de música
baneful ['benfəl] *adj* nocivo, venenoso; (*e.g., influence*) funesto
bang [bæŋ] *adv* de golpe ‖ *interj* ¡pum! ‖ *s* golpazo; (*of a door*) portazo; **bangs** flequillo ‖ *tr* golpear con ruido; cerrar (*p.ej., una puerta*) de golpe ‖ *intr* hacer estrépito
banish ['bænɪʃ] *tr* desterrar; despedir (*p.ej., miedo*)
banishment ['bænɪʃmənt] *s* destierro
banister ['bænɪstər] *s* balaustre *m*
bank [bæŋk] *s* banco; (*in certain games*) banca; (*small container for coins*) alcancía; (*of a river*) ribera, orilla; (*of earth, snow, clouds*) montón *m* ‖ *tr* depositar o guardar (*dinero*) en un banco; amontonar; cubrir (*un fuego*) con cenizas ‖ *intr* depositar dinero; **to bank on** (coll) contar con
bank account *s* cuenta de banco
bank'book' *s* libreta de banco
banker ['bæŋkər] *s* banquero
banking ['bæŋkɪŋ] *adj* bancario ‖ *s* banca
bank note *s* billete *m* de banco
bank roll *s* lío de papel moneda
bankrupt ['bæŋkrʌpt] *adj & s* bancarrotero; **to go bankrupt** hacer bancarrota ‖ *tr* hacer quebrar; arruinar
bankrupt‧cy ['bæŋkrʌptsi] *s* (*pl* **-cies**) bancarrota
banner ['bænər] *s* bandera, estandarte *m*
banner cry *s* grito de combate
banquet ['bæŋkwɪt] *s* banquete *m* ‖ *tr & intr* banquetear
bantamweight ['bæntəm,wet] *s* (box) gallo
banter ['bæntər] *s* burla, chanza ‖ *intr* burlar, chancear
baptism ['bæptɪzəm] *s* bautismo, bautizo; (fig) bautismo
Baptist ['bæptɪst] *adj & s* baptista *mf*, bautista *mf*
baptister‧y ['bæptɪstəri] *s* (*pl* **-ies**) baptisterio, bautisterio
baptize ['bæptaɪz] *tr* bautizar
bar. *abbr* **barometer, barrel, barrister**
bar [bɑr] *s* barra; (*of door or window*) tranca; (*of jail*) reja; barrera; (*legal profession*) abogacía; (*members of legal profession*) curia; (*of public opinion*) tribunal *m;* (mus) barra; (*unit between two bars*) (mus) compás *m;* **behind bars** entre rejas ‖ *prep* salvo; **bar none** sin excepción ‖ *v* (*pret & pp* **barred;** *ger* **barring**) *tr* barrear, atrancar; impedir; prohibir; excluir
bar association *s* colegio de abogados
barb [bɑrb] *s* púa, lengüeta; (*of a pen*) barbilla

Barbados [bɑr'bedoz] *s* la Barbada
barbarian [bɑr'bɛrɪ·ən] *s* bárbaro
barbaric [bɑr'bærɪk] *adj* bárbaro
barbarism ['bɑrbə,rɪzəm] *s* barbaridad *f;* (gram) barbarismo
barbari·ty [bɑr'bærɪti] *s* (*pl* **-ties**) barbarie *f*
barbarous ['bɑrbərəs] *adj* bárbaro
Barbary ape ['bɑrbəri] *s* mono de Gibraltar
barbed [bɑrbd] *adj* armado de púas; mordaz, punzante
barbed wire *s* alambre *m* de espino, alambre de púas
barber ['bɑrbər] *adj* barberil ‖ *s* barbero, peluquero
barber pole *s* percha de barbero
bar'ber·shop' *s* barbería, peluquería
bard [bɑrd] *s* bardo; (*horse armor*) barda ‖ *tr* bardar
bare [bɛr] *adj* desnudo; (*head*) descubierto; (*unfurnished*) desamueblado; (*wire*) sin aislar; mero, sencillo, puro ‖ *tr* desnudar; descubrir
bare'back' *adj & adv* en pelo, sin silla
barefaced ['bɛr,fest] *adj* desvergonzado
bare'foot' *adj* descalzo ‖ *adv* con los pies desnudos
bareheaded ['bɛr,hɛdɪd] *adj* descubierto ‖ *adv* con la cabeza descubierta
barelegged ['bɛr,lɛgɪd] o ['bɛr,lɛgd] *adj* con las piernas desnudas
barely ['bɛrli] *adv* aspenas; escasamente
bargain ['bɑrgɪn] *s* (*deal*) convenio, trato; (*cheap purchase*) ganga; **in the bargain** de añadidura ‖ *tr* — **to bargain away** vender regalado ‖ *intr* negociar; (*to haggle*) regatear
bargain counter *s* baratillo
bargain sale *s* venta de saldos
barge [bɑrdʒ] *s* gabarra, lanchón *m;* bongo (SAm) ‖ *intr* moverse pesadamente; **to barge in** entrar sin pedir permiso, entrar sin llamar a la puerta
barium ['bɛrɪ·əm] *s* bario
bark [bɑrk] *s* (*of tree*) corteza; (*of dog*) ladrido; (*boat*) barca ‖ *tr* ladrar (*p.ej., injurias*) ‖ *intr* ladrar
barley ['bɑrli] *s* cebada
barley water *s* hordiate *m*
bar magnet *s* barra imantada
bar'maid' *s* moza de taberna
barn [bɑrn] *s* granero, troje *m;* caballeriza, establo; cochera
barnacle ['bɑrnəkəl] *s* cirrópodo
barn owl *s* lechuza, oliva
barn'yard' *s* corral *m*
barnyard fowl *spl* aves *fpl* de corral
barometer [bə'rɑmɪtər] *s* barómetro
baron ['bærən] *s* barón *m*
baroness ['bærənɪs] *s* baronesa
baroque [bə'rok] *adj & s* barroco
barracks ['bærəks] *spl* cuartel *m*
barrage [bə'rɑʒ] *s* (*dam*) presa; (mil) barrera de fuego
barrel ['bærəl] *s* barril *m*, tonel *m;* (*of a gun, pen, etc.*) cañón *m*
barrel organ *s* organillo
barren ['bærən] *adj* árido, estéril

barricade [,bærɪ'ked] *s* barrera ‖ *tr* barrear
barrier ['bærɪ·ər] *s* barrera
barrier reef *s* barrera de arrecifes
barrister ['bærɪstər] *s* (Brit) abogado
bar'room' *s* bar *m*, cantina
bar'tend'er *s* cantinero, tabernero, barman *m*
barter ['bɑrtər] *s* trueque *m* ‖ *tr* trocar
base [bes] *adj* bajo, humilde; infame, vil; (*metal*) bajo de ley ‖ *s* base *f;* (*of electric light or vacuum tube; of projectile*) culote *m;* (mus) bajo ‖ *tr* basar
base'ball' *s* beisbol *m;* pelota de beisbol
baseball player *s* beisbolero, beisbolista *m*
base'board' *s* rodapié *m*
Basel ['bɑzəl] *s* Basilea
baseless ['beslɪs] *adj* infundado
basement ['besmənt] *s* sótano
bashful ['bæʃfəl] *adj* encogido, tímido
basic ['besɪk] *adj* básico
basic commodities *spl* artículos de primera necesidad
basilica [bə'sɪlɪkə] *s* basílica
basin ['besɪn] *s* jofaina, palangana; (*of a fountain*) tazón *m;* (*of a river*) cuenca; (*of a harbor*) dársena
ba·sis ['besɪs] *s* (*pl* **-ses** [siz]) base *f;* **on the basis of** a base de
bask [bæsk] o [bɑsk] *intr* asolearse, calentarse
basket ['bæskɪt] *s* cesta; (*large basket*) cesto; (*with two handles*) canasta; (*with lid*) excusabaraja; (*sport*) cesto, red *f*
bas'ket·ball' *s* baloncesto, basquetbol *m*
Basle [bɑl] *s* Basilea
Basque [bæsk] *adj & s* (*of Spain*) vascongado; (*of Spain and France*) vasco; (*of old Spain*) vascón *m*
bas-relief [,bɑrɪ'lif] *s* bajo relieve
bass [bes] *adj & s* (mus) bajo ‖ [bæs] *s* (ichth) róbalo; (ichth) micróptero
bass drum *s* bombo
bass horn *s* tuba
bas·so ['bæso] *s* (*pl* **-sos** o **-si** [si]) (mus) bajo
bassoon [bə'sun] *s* bajón *m*
bass viol ['vaɪ·əl] *s* violón *m*, contrabajo
bastard ['bæstərd] *adj & s* bastardo
bastard title *s* anteportada
baste [best] *tr* (*to sew slightly*) hilvanar; (*to moisten with drippings while roasting*) enlardar; (*to thrash*) azotar; (*to scold*) regañar
bat. *abbr* **battalion, battery**
bat [bæt] *s* palo; (coll) golpe *m;* (zool) murciélago ‖ *v* (*pret & pp* **batted;** *ger* **batting**) *tr* golpear; batear (*una pelota*); **without batting an eye** sin inmutarse, sin pestañear ‖ *intr* golpear
batch [bætʃ] *s* (*of bread*) hornada; (*of papers*) lío
bath [bæθ] *s* baño
bathe [beð] *tr* bañar ‖ *intr* bañarse; **to go bathing** ir a bañarse
bather ['beðər] *s* bañista *mf*
bath'house' *s* casa de baños; caseta de baños
bathing beach *s* playa de baños
bathing beauty *s* sirena de la playa
bathing resort *s* estación balnearia
bathing suit *s* traje *m* de baño, bañador *m*

bathing trunks *spl* taparrabo
bath'robe' *s* albornoz *m*, bata de baño; bata, peinador *m*
bath'room' *s* baño, cuarto de baño
bathroom fixtures *spl* aparatos sanitarios
bath'tub' *s* bañera, baño
bathyscaphe ['bæθə,skæf] *s* batiscafo
baton [bæ'tɑn] *s* bastón *m;* (mus) batuta
battalion [bə'tæljən] *s* batallón *m*
batter ['bætər] *s* pasta, batido; *(baseball)* bateador *m* ‖ *tr* magullar, estropear
battering ram *s* ariete *m*
batter•y ['bætəri] *s* *(pl* **-ies)** batería; *(primary)* (elec) pila; *(secondary)* (elec) acumulador *m;* (law) violencia
battle ['bætəl] *s* batalla; **to do battle** librar batalla ‖ *tr* batallar
battle array *s* orden *m* de batalla
battle cry *s* grito de combate
battledore ['bætəl,dor] *s* raqueta; **battledore and shuttlecock** raqueta y volante
bat'tlefield' *s* campo de batalla
battle front *s* frente *m* de combate
battlement ['bætəlmənt] *s* almenaje *m*
battle piece *s* (paint) batalla
bat'tle•ship' *s* acorazado
battue [bæ'tu] o [bæ'tju] *s* batida
bauble ['bɔbəl] *s* chuchería; cetro de bufón
Bavaria [bə'vɛri•ə] *s* Baviera
Bavarian [bə'vɛri•ən] *adj & mf* bávaro
bawd [bɔd] *s* alcahuete *m*, alcahueta
bawd•y ['bɔdi] *adj* *(comp* **-ier;** *super* **-iest)** indecente, obsceno
bawd'y•house' *s* mancebía, lupanar *m*
bawl [bɔl] *s* voces *fpl*, gritos ‖ *tr* — **to bawl out** (slang) regañar ‖ *intr* vocear, gritar; llorar ruidosamente
bay [be] *adj* bayo ‖ *s* bahía; aullido, ladrido; caballo bayo; (bot) laurel *m;* **to keep at bay** tener a raya ‖ *intr* aullar, ladrar
Bay of Biscay *s* golfo de Vizcaya
bayonet ['be•ənɪt] *s* bayoneta ‖ *tr* herir o matar con bayoneta
bay rum *s* ron *m* de laurel, ron de malagueta
bay window *s* ventana saslediza, mirador *m*
bazooka [bə'zukə] *s* bazuca
bbl. *abbr* **barrel, barrels**
B.C. *abbr* **before Christ**
bd. *abbr* **board**
be [bi] *v* *(pres* **am** [æm], **is** [ɪz] **are** [ɑr]; *pret* **was** [wɑz] o [wʌz], **were** [wʌr]; *pp* **been** [bɪn]) *intr* estar: ser; tener, p.ej., **to be cold** tener frío; **to be wrong** no tener razón: tener la culpa; **here is** o **here are** aquí tiene Vd.; **there is** o **there are** hay ‖ *v* *aux* estar, p.ej., **he is studying** está estudiando; ser, p.ej., **she was hit by a car** fué atropellada por un coche: deber, p.ej., **what am I to do?** ¿qué debo hacer? ‖ *v* *impers* ser, p.ej., **it is necessary to get up early** es necesario levantarse temprano; haber, p.ej., **it is sunny** hay sol; hacer, p.ej., **it is cold** hace frío
beach [bitʃ] *s* playa
beach'comb' *intr* raquear; **to go beachcombing** andar al raque
beach'comb'er *s* raquero; vago de playa

beach'head' *s* cabeza de playa
beach robe *s* albornoz *m*
beach shoe *s* playera
beach umbrella *s* sombrilla de playa
beach wagon *s* rubia, coche *m* rural
beacon ['bikən] *s* señal luminosa; *(lighthouse)* faro; *(hill overlooking sea)* hacho; radiofaro; *(guide)* faro ‖ *tr* iluminar, guiar ‖ *intr* brillar
bead [bid] *s* cuenta; *(of glass)* abalorio; *(of sweat)* gota; *(moulding on corner of wall)* guardavivo; **to say** o **tell one's beads** rezar el rosario
beadle ['bidəl] *s* bedel *m*
beagle ['bigəl] *s* sabueso
beak [bik] *s* pico; cabo, promontorio
beam [bim] *s* *(of wood)* viga; *(of light, heat, etc.)* rayo; (naut) bao; *(direction perpendicular to the keel)* (naut) través *m; (of hope)* (fig) rayo; **on the beam** siguiendo el haz del radiofaro; (coll) siguiendo el buen camino ‖ *tr* emitir *(luz, ondas)* ‖ *intr* brillar; sonreír alegremente
bean [bin] *s* haba *(Vicia faba)*; alubia, judía *(Phaseolus vulgaris)*; *(of coffee, cocoa)* haba; (slang) cabeza
bean'pole' *s* rodrigón *m* para frijoles; *(tall, skinny person)* (coll) poste *m* de telégrafo
bear [bɛr] *s* oso; *(in stock market)* bajista *mf* ‖ *v* *(pret* **bore** [bor]; *pp* **borne** [born]) *tr* cargar; traer; llevar *(armas)*; apoyar; aguantar; sentir, experimentar; producir, rendir *(frutos; interés)*; *(to give birth to)* parir; tener *(amor, odio)*; **to bear out** confirmar ‖ *intr* dirigirse, volver; **to bear on** referirse a; **to bear up** no perder la esperanza; **to bear with** ser indulgente para con
beard [bɪrd] *s* barba; *(of wheat)* arista
beardless ['bɪrdlɪs] *adj* imberbe
bearer ['bɛrər] *s* portador *m*
bearing ['bɛrɪŋ] *s* porte *m*. presencia; referencia, relación; (mach) cojinete *m;* **bearings** orientación; **to lose one's bearings** desorientarse
bearish ['bɛrɪʃ] *adj* bajista
bear'skin' *s* piel *f* de oso; *(military cap)* morrión *m*
beast [bist] *s* bestia
beast•ly ['bistli] *adj* *(comp* **-lier;** *super* **-liest)** bestial; (coll) muy malo ‖ *adv* (coll) muy mal
beast of burden *s* bestia de carga, acémila
beat [bit] *s* golpe *m; (of heart)* latido; *(of rhythm)* compás *m;* marca del compás; (mus) tiempo; (phys) batimiento; (rad) batido; *(of a policeman)* ronda; *(sponger)* (slang) embestidor *m* ‖ *v* *(pret* **beat;** *pp* **beat** o **beaten)** *tr* azotar, pegar; batir; sacudir *(una alfombra)*; aventajar; llevar *(el compás)*; tocar *(un tambor)*; *(a una persona en una contienda)* ganar; **to beat it** (slang) largarse; **to beat up** batir *(p.ej., huevos)*; (slang) aporrear ‖ *intr* batir; latir *(el corazón)*; **to beat against** azotar
beaten path ['bitən] *s* camino trillado
beater ['bitər] *s* batidor *m; (mixer)* batidora

beati·fy [bɪ'ætɪ,faɪ] *v* (*pret* & *pp* -**fied**) *tr* beatificar

beating ['bitɪŋ] *s* golpeo; (*of wings*) aleteo; (*with a whip*) paliza; (*defeat*) derrota

beau [bo] *s* (*pl* **beaus** o **beaux** [boz]) galán *m*, cortejo; novio; elegante *m*

beautician [bju'tɪʃən] *s* embellecedora, esteta *mf*, esteticista *mf*

beautiful ['bjutɪfəl] *adj* bello, hermoso

beauti·fy ['bjutɪ,faɪ] *v* (*pret* & *pp* -**fied**) *tr* hermosear, embellecer

beau·ty ['bjuti] *s* (*pl* -**ties**) beldad *f*, belleza; (*person*) preciosura

beauty contest *s* concurso de belleza

beauty parlor *s* salón *m* de belleza

beauty queen *s* reina de la belleza

beauty sleep *s* primer sueño (*antes de medianoche*)

beauty spot *s* lunar postizo; sitio pintoresco

beaver ['bivər] *s* castor *m;* piel *f* de castor

becalm [bɪ'kɑm] *tr* calmar, serenar

because [bɪ'kɔz] *conj* porque; **because of** por, por causa de

beck [bɛk] *s* seña (*con la cabeza o la mano*); **at the beck and call of** a la disposición de

beckon ['bɛkən] *s* seña (*con la cabeza o la mano*) ‖ *tr* llamar por señas; atraer, tentar ‖ *intr* hacer señas

be·come [bɪ'kʌm] *v* (*pret* -**came**; *pp* -**come**) *tr* convenir, sentar bien ‖ *intr* hacerse; llegar a ser; ponerse, volverse; convertirse en; **to become of** ser de, p.ej., **what will become of the soldier?** ¿qué será del soldado? hacerse, p.ej., **what became of his pencil?** ¿qué se ha hecho su lápiz?

becoming [bɪ'kʌmɪŋ] *adj* conveniente, decente; que sienta bien

bed [bɛd] *s* cama; (*of a river*) cauce *m;* (*of flower garden*) macizo; **to go to bed** acostarse; **to take to bed** encamarse

bed and board *s* pensión completa, casa y comida

bed'bug' *s* chinche *f*

bed'cham'ber *s* alcoba, cuarto de dormir

bed'clothes' *spl* ropa de cama

bed'cov'er *s* cubrecama, cobertor *m*

bedding ['bɛdɪŋ] *s* ropa de cama; (*for animals*) cama

bedev·il [bɪ'dɛvəl] *v* (*pret* & *pp* -**iled** o -**illed**; *ger* -**iling** o -**illing**) *tr* atormentar, confundir

bed'fast' *adj* postrado en cama

bed'fel'low *s* compañero o compañera de cama

bedlam ['bɛdləm] *s* confusión, desorden *m*, tumulto

bed linen *s* ropa de cama

bed'pan' *s* silleta

bed'post' *s* pilar *m* de cama

bedridden ['bɛd,rɪdən] *adj* postrado en cama

bed'room' *s* alcoba, cuarto de dormir

bed'side' *s* cabecera

bed'sore' *s* úlcera de decúbito; **to get bedsores** decentarse

bed'spread' *s* sobrecama, cobertor *m*

bed'spring' *s* colchón *m* de muelles, somier *m*

bed'stead' *s* cuja

bed'straw' *s* paja de jergón

bed'tick' *s* cutí *m*

bed'time' *s* hora de acostarse

bed warmer *s* calientacamas *m*

bee [bi] *s* abeja

beech [bitʃ] *s* haya

beech'nut' *s* hayuco

beef [bif] *s* carne *f* de vaca; ganado vacuno de engorde; (coll) fuerza muscular; (slang) queja ‖ *tr* — **to beef up** (coll) reforzar ‖ *intr* (slang) quejarse; (slang) soplar

beef cattle *s* ganado vacuno de engorde

beef'steak' *s* biftec *m*

bee'hive' *s* colmena

bee'line' *s* — **to make a beeline for** ir en línea recta hacia, ir derecho a

beer [bɪr] *s* cerveza; **dark beer** cerveza parda, cerveza negra; **light beer** cerveza clara

beeswax ['biz,wæks] *s* cera de abejas ‖ *tr* encerar

beet [bit] *s* remolacha

beetle ['bitəl] *s* escarabajo

beetle-browed ['bitəl,braud] *adj* cejijunto; (*sullen*) ceñudo

beet sugar *s* azúcar *m* de remolacha

be·fall [bɪ'fɔl] *v* (*pret* -**fell** ['fɛl]; *pp* -**fallen** ['fɔlən]) *tr* acontecer a ‖ *intr* acontecer

befitting [bɪ'fɪtɪŋ] *adj* conveniente; decoroso

before [bɪ'for] *adv* antes; delante, enfrente ‖ *prep* (*in time*) antes de; (*in place*) delante de; (*in the presence of*) ante ‖ *conj* antes (de) que

before'hand' *adv* de antemano, con anticipación

befriend [bɪ'frɛnd] *tr* ofrecer amistad a, amparar, proteger

befuddle [bɪ'fʌdəl] *tr* aturdir, confundir

beg [bɛg] *v* (*pret* & *pp* **begged**; *ger* **begging**) *tr* pedir, rogar, solicitar; mendigar; huesar ‖ *intr* mendigar; **to beg off** excusarse

be·get [bɪ'gɛt] *v* (*pret* -**got** ['gɑt]; *pp* -**gotten** o -**got**; *ger* -**getting**) *tr* engendrar

beggar ['bɛgər] *s* mendigo; pobre *mf*; pícaro, bribón *m*; sujeto, tipo

be·gin [bɪ'gɪn] *v* (*pret* -**gan** ['gæn]; *pp* **gun** ['gʌn]; *ger* -**ginning**) *tr* & *intr* comenzar, empezar; **beginning with** a partir de

beginner [bɪ'gɪnər] *s* principiante *mf*; iniciador *m*

beginning [bɪ'gɪnɪŋ] *s* comienzo, principio

begrudge [bɪ'grʌdʒ] *tr* dar de mala gana; envidiar

beguile [bɪ'gaɪl] *tr* engañar; divertir, entretener; engañar (*el tiempo*)

behalf [bɪ'hæf] *s* — **on behalf of** en nombre de; a favor de

behave [bɪ'hev] *intr* conducirse, comportarse; portarse bien; funcionar

behavior [bɪ'hevjər] *s* conducta, comportamiento; funcionamiento

behaviorism [bɪ'hevjə,rɪzəm] *s* comportamentismo

behead [bɪ'hɛd] *tr* decapitar, descabezar

behind [bɪ'haɪnd] *adv* detrás; hacia atrás; con retraso; **to stay behind** quedarse atrás ‖

prep detrás de; **behind the back of** a espaldas de; **behind the times** astrasado de noticias; **behind time** tarde ‖ *s* (slang) trasero, pompis *m*

behold [bɪˈhold] *v* (*pret & pp* **-held** [ˈhɛld]) *tr* contemplar ‖ *interj* ¡he aquí!

behoove [bɪˈhuv] *tr* convenir, tocar

being [ˈbiˈɪŋ] *adj* existente; **for the time being** por ahora, por el momento ‖ *s* ser, ente *m*

belch [bɛltʃ] *s* eructo, regüeldo ‖ *tr* vomitar (*p.ej.*, *llamas, injurias*) ‖ *intr* eructar, regoldar

beleaguer [bɪˈligər] *tr* sitiar, cercar

bel·fry [ˈbɛlfri] *s* (*pl* **-fries**) campanario

Belgian [ˈbɛldʒən] *adj & s* belga *mf*

Belgium [ˈbɛldʒəm] *s* Bélgica

be·lie [bɪˈlaɪ] *v* (*pret & pp* **-lied** [ˈlaɪd]; *ger* **-lying** [ˈlaɪ·ɪŋ]) *tr* desmentir

belief [bɪˈlif] *s* creencia

believable [bɪˈlivəbəl] *adj* creíble; (*source*) solvente

believe [bɪˈliv] *tr & intr* creer

believer [bɪˈlivər] *s* creyente *mf*

belittle [bɪˈlɪtəl] *tr* empequeñecer, despreciar

bell [bɛl] *s* campana; (*electric bell*) timbre *m*, campanilla; (*ring of bell*) campanada ‖ *intr* bramar, berrear

bell′boy′ *s* botones *m*

belle [bɛl] *s* beldad *f*, belleza

belles-lettres [ˌbɛlˈlɛtrə] *spl* bellas letras

bell gable *s* espadaña

bell glass *s* fanal *m*

bell′hop′ *s* (slang) botones *m*

bellicose [ˈbɛlɪˌkos] *adj* belicoso

belligerent [bəˈlɪdʒərənt] *adj & s* beligerante *mf*

bellow [ˈbɛlo] *s* bramido; **bellows** fuelle *m*, barquín *m* ‖ *tr* gritar ‖ *intr* bramar

bell ringer *s* campanero

bellwether [ˈbɛl,wɛðər] *s* manso

bel·ly [ˈbɛli] *s* (*pl* **-lies**) barriga, vientre *m*; estómago ‖ *v* (*pret & pp* **-lied**) *intr* hacer barriga; hacer bolso (*las velas*)

bel′ly·ache′ *s* (slang) dolor *m* de barriga ‖ *intr* (slang) quejarse

belly button *s* (coll) ombligo

belly dance *s* (coll) danza del vientre

bellyful [ˈbɛli,ful] *s* (slang) panzada

bel′ly-land′ *intr* (aer) aterrizar de panza

belong [bɪˈlɔŋ] *intr* pertenecer; deber estar

belongings [bɪˈlɔŋɪŋz] *spl* pertenencias, efectos; corotos

beloved [bɪˈlʌvɪd] o [bɪˈlʌvd] *adj & s* querido, amado

below [bɪˈlo] *adv* abajo; (*in a text*) más abajo; bajo cero, p.ej., **ten below** diez grados bajo cero ‖ *prep* debajo de; inferior a

belt [bɛlt] *s* cinturón *m*; (aer, mach) correa; (geog) faja, zona; **to tighten one's belt** ceñirse

bemoan [bɪˈmon] *tr* deplorar, lamentar

bench [bɛntʃ] *s* banco; (law) tribunal *m*

bend [bɛnd] *s* curva; (*in a road, river, etc.*) recodo, vuelta ‖ *v* (*pret & pp* **bent** [bɛnt]) *tr* encorvar; doblar (*un tubo; la rodilla*);

inclinar (*la cabeza*); dirigir (*sus esfuerzos*) ‖ *intr* encorvarse; doblarse; inclinarse

beneath [bɪˈniθ] *adv* abajo ‖ *prep* debajo de; inferior a

benediction [ˌbɛnɪˈdɪkʃən] *s* bendición *f*

benefaction [ˌbɛnɪˈfækʃən] *s* beneficio

benefactor [ˈbɛnɪ,fæktər] o [ˌbɛnɪˈfæktər] *s* bienhechor *m*

benefactress [ˈbɛnɪ,fæktrɪs] o [ˌbɛnɪˈfæktrɪs] *s* bienhechora

beneficence [bɪˈnɛfɪsəns] *s* beneficencia

beneficent [bɪˈnɛfɪsənt] *adj* bienhechor

beneficial [ˌbɛnɪˈfɪʃəl] *adj* beneficioso

beneficiar·y [ˌbɛnɪˈfɪʃɪ,ɛri] *s* (*pl* **-ies**) beneficiario

benefit [ˈbɛnɪfɪt] *s* beneficio; lasca; **for the benefit of** a beneficio de ‖ *tr* beneficiar

benefit performance *s* beneficio

benevolence [bɪˈnɛvələns] *s* benevolencia

benevolent [bɪˈnɛvələnt] *adj* benévolo; (*e.g.*, *institution*) benéfico

benign [bɪˈnaɪn] *adj* benigno

benigni·ty [bɪˈnɪgnɪti] *s* (*pl* **-ties**) benignidad

bent [bɛnt] *adj* encorvado, doblado, torcido; **bent on** resuelto a, empeñado en; **bent over** cargado de espaldas ‖ *s* encorvadura; inclinación *f*, propensión *f*

benzedrine [ˈbɛnzə,drin] *s* bencedrina

benzine [bɛnˈzin] *s* bencina

bequeath [bɪˈkwið] o [bɪˈkwiθ] *tr* legar

bequest [bɪˈkwɛst] *s* manda, legado

berate [bɪˈret] *tr* regañar, reñir

be·reave [bɪˈriv] *v* (*pret & pp* **-reaved** o **-reft** [ˈrɛft]) *tr* despojar, privar; desconsolar

bereavement [bɪˈrivmənt] *s* despojo, privación *f*; desconsuelo

berkelium [bərˈkɪlɪ·əm] *s* berkelio

Berliner [bərˈlɪnər] *s* berlinés *m*

ber·ry [ˈbɛri] *s* (*pl* **-ries**) baya; (*of coffee plant*) grano, haba

berserk [ˈbʌrsʌrk] *adj* frenético ‖ *adv* frenéticamente

berth [bʌrθ] *s* (*bed*) litera; (*room*) camarote *m*; (*for a ship*) amarradero; (coll) empleo, puesto

beryllium [bəˈrɪlɪ·əm] *s* berilio

be·seech [bɪˈsitʃ] *v* (*pret & pp* **-sought** [ˈsɔt] o **-seeched**) *tr* suplicar

be·set [bɪˈsɛt] *v* (*pret & pp* **-set;** *ger* **-setting**) *tr* acometer, acosar; cercar, sitiar

beside [bɪˈsaɪd] *adv* además, también ‖ *prep* cerca de, junto a; en comparación de; excepto; **beside oneself** fuera de sí; **beside the point** incongruente

besiege [bɪˈsidʒ] *tr* asediar, sitiar

besmirch [bɪˈsmʌrtʃ] *tr* ensuciar, manchar

bespatter [bɪˈspætər] *tr* salpicar

be·speak [bɪˈspik] *v* (*pret* **-spoke** [ˈspok]; *pp* **-spoken**) *tr* apalabrar, pedir de antemano

best [bɛst] *adj* super mejor; óptimo ‖ *adv* super mejor; **had best** debería ‖ *s* (lo) mejor; (lo) más; **at best** a lo más; **to do one's best** hacer lo mejor posible; **to get the best of** aventajar, sobresalir; **to make the best of** sacar el mejor partido de

best girl *s* (coll) amiga preferida, novia

be·stir [bɪˈstʌr] v (pret & pp **-stirred**; ger **-stirring**) tr excitar, incitar; **to bestir oneself** esforzarse, afanarse

best man s padrino de boda

bestow [bɪˈsto] tr otorgar, conferir; dedicar

best seller s éxito de venta, campeón m de venta; éxito de librería

bet. abbr **between**

bet [bɛt] s apuesta ‖ v (pret & pp **bet** o **betted**; ger **betting**) tr & intr apostar; **I bet a que,** apuesto a que; **to bet on** apostar por; **you bet** (slang) ya lo creo

be·take [bɪˈtek] v (pret **-took** [ˈtʊk]; pp **-taken**) tr — **to betake oneself** dirigirse; darse, entregarse

be·think [bɪˈθɪŋk] v (pret & pp **-thought** [ˈθɔt]) tr — **to bethink oneself of** considerar, acordarse de

Bethlehem [ˈbɛθlɪˌhɛm] s Belén m

betide [bɪˈtaɪd] tr presagiar; acontecer a ‖ intr acontecer

betoken [bɪˈtokən] tr anunciar, indicar, presagiar

betray [bɪˈtre] tr traicionar; descubrir, revelar

betrayal [bɪˈtreˌəl] s traición; descubrimiento, revelación

betroth [bɪˈtroð] o [bɪˈtrɔθ] tr prometer en matrimonio; **to become betrothed** desposarse

betrothal [bɪˈtroðəl] o [bɪˈtrɔθəl] s desposorios, esponsales mpl

betrothed [bɪˈtroð] o [bɪˈtrɔθt] s prometido, novio

better [ˈbɛtər] adj comp mejor; **it is better to** más vale; **to grow better** mejorarse; **to make better** mejorar ‖ adv comp mejor; más; **had better** debería; **to like better** preferir ‖ s superior; ventaja; **to get the better of** llevar la ventaja a ‖ tr aventajar; mejorar; **to better oneself** mejorar su posición

better half s (coll) cara mitad

betterment [ˈbɛtərmənt] s mejoramiento; (in an illness) mejoría

between [bɪˈtwin] adv en medio, entremedias ‖ prep entre; **between you and me** entre Vd. y yo; acá para los dos

be·tween′-decks′ s entrecubiertas, entrepuentes mpl

between decks adv entrecubiertas

bev·el [ˈbɛvəl] adj biselado ‖ s (instrument) cartabón m; (sloping part) bisel m ‖ v (pret & pp **-eled** o **-elled**; ger **-eling** o **-elling**) tr biselar

beverage [ˈbɛvərɪdʒ] s bebida

bev·y [ˈbɛvi] s (pl **-ies**) (of birds) bandada; (of girls) grupo

bewail [bɪˈwel] tr & intr lamentar

beware [bɪˈwɛr] tr guardarse de ‖ intr tener cuidado; **beware of . . . !** ¡ojo con . . . !, ¡cuidado con . . . !; **to beware of** guardarse de

bewilder [bɪˈwɪldər] tr aturdir, dejar perplejo, desatinar

bewilderment [bɪˈwɪldərmənt] s aturdimiento, perplejidad

beyond [bɪˈjɑnd] adv más allá, más lejos ‖ prep más allá de; además de; no capaz de; **beyond a doubt** fuera de duda; **beyond the reach of** fuera del alcance de ‖ s — **the great beyond** el más allá, el otro mundo

bg. abbr **bag**

bias [ˈbaɪəs] s sesgo, diagonal f; prejuicio; (electron) polarización de rejilla ‖ tr predisponer, prevenir

Bib. abbr **Bible, Biblical**

bib [bɪb] s babero; pepe m; (of apron) pechera

Bible [ˈbaɪbəl] s Biblia

Biblical [ˈbɪblɪkəl] adj bíblico

bibliographer [ˌbɪblɪˈɑgrəfər] s bibliógrafo

bibliogra·phy [ˌbɪblɪˈɑgrəfi] s (pl **-phies**) bibliografía

bibliophile [ˈbɪblɪˌə̩faɪl] s bibliófilo

bicameral [baɪˈkæmərəl] adj bicameral

bicarbonate [baɪˈkɑrbəˌnet] s bicarbonato

bicker [ˈbɪkər] s discusión ociosa ‖ intr discutir ociosamente

bicycle [ˈbaɪsɪkəl] s bicicleta

bid [bɪd] s oferta, postura; (in bridge) declaración ‖ v (pret **bade** [bæd] o **bid**; ger **bidden** [ˈbɪdən]) tr & intr ofrecer, pujar, licitar; (in bridge) declarar

bidder [ˈbɪdər] s postor m; (in bridge) declarante mf; **the highest bidder** el mejor postor

bidding [ˈbɪdɪŋ] s mandato, orden f; postura; (in bridge) declaración

bide [baɪd] tr — **to bide one's time** esperar la hora propicia

biennial [baɪˈɛnɪˌəl] adj bienal

bier [bɪr] s féretro, andas

bifocal [baɪˈfokəl] adj bifocal ‖ **bifocals** spl anteojos bifocales

big [bɪg] adj (comp **bigger**; super **biggest**) grande; (considerable) importante; (grownup) adulto; **big with child** preñada ‖ adv (coll) con jactancia; **to talk big** (coll) hablar gordo

bigamist [ˈbɪgəmɪst] s bígamo

bigamous [ˈbɪgəməs] adj bígamo

bigamy [ˈbɪgəmi] s bigamia

big-bellied [ˈbɪgˌbɛlɪd] adj panzudo

Big Dipper s Carro mayor

big game s caza mayor

big-hearted [ˈbɪgˌhɑrtɪd] adj magnánimo, generoso

bigot [ˈbɪgət] s intolerante mf, fanático

bigoted [ˈbɪgətɪd] adj intolerante, fanático

bigot·ry [ˈbɪgətri] s (pl **-ries**) intolerancia, fanatismo

big shot s (slang) pájaro de cuenta, señorón m, capitoste m

big stick s palo en alto

big toe s dedo gordo o grande (del pie)

bikini [bɪˈkini] s bikini m

bile [baɪl] s bilis f

bilge [bɪldʒ] s pantoque m ‖ tr desfondar

bilge pump s bomba de sentina

bilge water s agua de pantoque

bilge ways spl anguilas

bilingual [baɪˈlɪŋgwəl] adj bilingüe

bilious ['bɪljəs] *adj* bilioso
bilk [bɪlk] *tr* estafar, trampear
bill [bɪl] *s* (*statement of charges for goods or service*) cuenta, factura; (*paper money*) billete *m;* (*poster*) cartel *m,* aviso; cartel de teatro; (*draft of law*) proyecto de ley; (*handbill*) hoja suelta; (*of bird*) pico; (com) giro, letra de cambio ‖ *tr* facturar; cargar en cuenta a; anunciar por carteles ‖ *intr* darse el pico (*las palomas*); acariciarse (*los enamorados*); **to bill and coo** acariciarse y arrullarse
bill'board' *s* cartelera
billet ['bɪlɪt] *s* (mil) boleta; (mil) alojamiento ‖ *tr* (mil) alojar
billet-doux ['bɪle'du] *s* (*pl* **billets-doux** ['bɪle'duz]) esquela amorosa
bill'fold' *s* cartera de bolsillo, billetero
bill'head' *s* encabezamiento de factura
billiards ['bɪljərdz] *s* billar *m*
billion ['bɪljən] *s* (U.S.A.) mil millones; (Brit) billón *m*
bill of exchange *s* letra de cambio
bill of fare *s* lista de comidas, menú *m*
bill of lading ['ledɪŋ] *s* conocimiento de embarque
bill of sale *s* escritura de venta
billow ['bɪlo] *s* oleada, ondulación ‖ *intr* ondular, hincharse
bill'post'er *s* fijacarteles *m,* fijador *m* de carteles
bil·ly ['bɪli] *s* (*pl* **-lies**) cachiporra
billy goat *s* macho cabrío
bin [bɪn] *s* arcón *m,* hucha
bind [baɪnd] *v* (*pret & pp* **bound** [baʊnd]) *tr* ligar, atar; juntar, unir; (*with a garland*) enguirlandar; ribetear (*la orilla del vestido*); agavillar (*las mieses*); vendar (*una herida*); encuadernar (*un libro*); estreñir (*el vientre*)
binder·y ['baɪndəri] *s* (*pl* **-ies**) taller *m* de encuadernación
binding ['baɪndɪŋ] *s* atadura; (*of a book*) encuadernación
binding post *s* borne *m,* sujetahilo
binge [bɪndʒ] *s* (slang) borrachera; turca; **to go on a binge** (slang) pegarse una mona, coger una turca
binnacle ['bɪnəkəl] *s* bitácora
binoculars [bɪ'nɑkjələrz] o [baɪ'nɑkjələrz] *spl* gemelos, prismáticos
biochemical [,baɪ·ə'kemɪkəl] *adj* bioquímico
biochemist [,baɪ·ə'kemɪst] *s* bioquímico
biochemistry [,baɪ·ə'kemɪstri] *s* bioquímica
biodegradable [,baɪ·ədɪ'gredəbəl] *adj* biodegradable
biog. *abbr* **biographical, biography**
biographer [baɪ'ɑgrəfər] *s* biógrafo
biographic(al) [,baɪ·ə'græfɪk(əl)] *adj* biográfico
biogra·phy [baɪ'ɑgrəfi] *s* (*pl* **-phies**) biografía
biologist [baɪ'ɑlədʒɪst] *s* biólogo
biology [baɪ'ɑlədʒi] *s* biología
biophysical [,baɪ·ə'fɪzɪkəl] *adj* biofísico
biophysics [,baɪ·ə'fɪzɪks] *s* biofísica
bioplasm ['baɪ·ə,plæzəm] *s* bioplasma

biopsy ['baɪ·ɑpsi] *s* biopsia
biped ['baɪpɛd] *adj & s* bípedo
birch [bʌrtʃ] *s* abedul *m* ‖ *tr* azotar, varear
bird [bʌrd] *s* ave *f,* pájaro
bird cage *s* jaula
bird call *s* reclamo
bird'lime' *s* liga
bird of passage *s* ave *f* de paso
bird of prey *s* ave *f* de rapiña
bird'seed' *s* alpiste *m,* cañamones *mpl*
bird's'-eye' view *s* vista a ojo de pájaro
bird shot *s* perdigones *mpl*
birth [bʌrθ] *s* nacimiento; (*childbirth*) parto; origen *m*
birth certificate *s* partida de nacimiento
birth control *s* limitación de la natalidad, control de la natalidad, control de los nacimientos
birth'day' *s* cumpleaños *m,* natal *m;* (*of any event*) aniversario; **to have a birthday** cumplir años
birthday cake *s* pastel *m* de cumpleaños
birthday present *s* regalo de cumpleaños
birth'mark' *s* antojo, nevo materno
birth'place' *s* suelo natal, patria, lugar *m* de nacimiento
birth rate *s* natalidad
birth'right' *s* derechos de nacimiento; primogenitura
Biscay ['bɪske] *s* Vizcaya
biscuit ['bɪskɪt] *s* panecillo redondo; bizcocho
bisect [baɪ'sɛkt] *tr* bisecar ‖ *intr* empalmar (*dos caminos*)
bishop ['bɪʃəp] *s* obispo; (*in chess*) alfil *m*
bismuth ['bɪzməθ] *s* bismuto
bison ['baɪsən] *s* bisonte *m*
bit [bɪt] *s* poquito, pedacito; (*of food*) bocado; (*of time*) ratito; (*part of bridle*) bocado, freno; (*for drilling*) barrena; **a good bit** una buena cantidad
bitch [bɪtʃ] *s* (*dog*) perra; (*fox*) zorra; (*wolf*) loba; (vulg) mujer *f* de mal genio
bite [baɪt] *s* mordedura; (*of bird or insect*) picadura; (*burning sensation on tongue*) resquemo; (*of food*) bocado; (*snack*) (coll) tentempié *m,* refrigerio ‖ *v* (*pret* **bit** [bɪt]; *pp* **bit** o **bitten** ['bɪtən]) *tr* morder; picar (*los peces, los insectos*); resquemar (*la lengua los alimentos*); comerse (*las uñas*) ‖ *intr* morder; picar; resquemar; (*to be caught by a trick*) (slang) picar
biting ['baɪtɪŋ] *adj* penetrante; mordaz, picante
bitter ['bɪtər] *adj* amargo; (*e.g., struggle*) encarnizado; **to the bitter end** hasta el extremo; hasta la muerte
bitter almond *s* almendra amarga
bitterness ['bɪtərnɪs] *s* amargura
bitumen [bɪ'tjumən] *s* betún *m*
bivou·ac ['bɪvu,æk] *s* vivaque *m* ‖ *v* (*pret & pp* **-acked;** *ger* **-acking**) *intr* vivaquear
bizarre [bɪ'zɑr] *adj* original, raro
bk. *abbr* **bank, block, book**
bkg. *abbr* **banking**
bl. *abbr* **barrel**
b.l. *abbr* **bill of lading**

blabber [`blæbər] *tr* & *intr* barbullar
black [blæk] *adj* negro ‖ *s* negro; luto; **to wear black** ir de luto
black'-and-blue' *adj* encardenalado, amoratado
black'-and-white' *adj* en blanco y negro
black'ber'ry *s* (*pl* **-ries**) (*bush*) zarza; (*fruit*) zarzamora
black'bird' *s* mirlo
black'board' *s* encerado, pizarra
black box *s* registrador *m* de'vuelo
black'damp' *s* mofeta
blacken [`blækən] *tr* ennegrecer; (*to defame*) desacreditar, denigrar
blackguard [`blægard] *s* bribón *m*, canalla *m* ‖ *tr* injuriar, vilipendiar
black'head' *s* espinilla, comedón *m*
black hole *s* (astr) agujero negro
blackish [`blækɪʃ] *adj* negruzco
black'jack' *s* (*club*) cachiporra; (*flag*) bandera negra (*de pirata*) ‖ *tr* aporrear
black'mail' *s* chantaje *m* ‖ *tr* amenazar con chantaje
blackmailer [`blæk,melər] *s* chantajista *mf*
Black Maria [mə`raɪ•ə] *s* (cóll) coche *m* celular
black market *s* estraperlo, mercado negro
blackness [`blæknɪs] *s* negror *m*, negrura
black'out' *s* (*in wartime*) apagón *m*; (*in theater*) apagamiento de luces; (*of aviators*) visión negra; pérdida de la memoria; cegura
black sheep *s* (fig) oveja negra, garbanzo negro
black'smith' *s* (*man who works with iron*) herrero; (*man who shoes horses*) herrador *m*
black'thorn' *s* espino negro, endrino
black tie corbata de smoking; smoking *m*
bladder [`blœdər] *s* vcjiga
blade [bled] *s* (*of a knife, sword*) hoja; (*of a propeller*) aleta; (*of a fan*) paleta; (*of an oar*) pala; (*of an electric switch*) cuchilla; (*sword*) espada; tallo de hierba; (coll) gallardo joven
blame [blem] *s* culpa ‖ *tr* culpar
blameless [`blemlɪs] *adj* inculpable, irreprochable
blanch [blæntʃ] *tr* blanquear ‖ *intr* palidecer
bland [blænd] *adj* apacible; suave; (*character; weather*) blando
blandish [`blændɪʃ] *tr* engatusar, lisonjear
blank [blæŋk] *adj* en blanco; blanco, vacío; (*stare, look*) vago ‖ *s* blanco; papel blanco; formulario
blank check *s* firma en blanco; (fig) carta blanca
blanket [`blæŋkɪt] *adj* general, comprensivo ‖ *s* manta, frazada; (fig) capa, manto ‖ *tr* cubrir con manta; cubrir, obscurecer
blasé [bla`ze] *adj* hastiado
blaspheme [blæs`fim] *tr* blasfemar contra ‖ *intr* blasfemar
blasphemous [`blæsfɪməs] *adj* blasfemo
blasphe•my [`blæsfɪmi] *s* (*pl* **-mies**) blasfemia

blast [blæst] *s* (*of wind*) ráfaga; (*of air, sand, water*) chorro; (*of bellows*) soplo; (*of a horn*) toque *m*; carga de pólvora; voladura, explosión; **full blast** en plena marcha ‖ *tr* (*to blow up*) volar; arruinar; infamar, maldecir
blast furnace *s* alto horno
blast'off' *s* lanzamiento de cohete
blatant [`bletənt] *adj* ruidoso; vocinglero; intruso; chillón, cursi
blaze [blez] *s* llamarada; (*fire*) incendio; (*bonfire*) hoguera; luz *f* brillante ‖ *tr* encender, inflamar; **to blaze a trail** abrir una senda ‖ *intr* encenderse; resplandecer
bldg. *abbr* **building**
bleach [blitʃ] *s* blanqueo ‖ *tr* blanquear; colar (*la ropa*)
bleachers [`blitʃərz] *spl* gradas al aire libre
bleak [blik] *adj* desierto, yermo, frío, triste
bleat [blit] *s* balido ‖ *intr* balar
bleed [blid] *v* (*pret* & *pep* **bled** [blɛd]) *tr* & *intr* sangrar
blemish [`blɛmɪʃ] *s* mancha ‖ *tr* manchar
blend [blɛnd] *s* mezcla; armonía ‖ *v* (*pret* & *pp* **blended** o **blent** [blɛnt]) *tr* mezclar; armonizar; fusionar ‖ *intr* mezclarse; armonizar; fusionarse
bless [blɛs] *tr* bendecir; **to be blessed with** estar dotado de
blessed [`blɛsɪd] *adj* bendito, santo
blessedness [`blɛsɪdnɪs] *s* bienaventuranza
blessing [`blɛsɪŋ] *s* bendición
blight [blaɪt] *s* niebla, roya; ruina ‖ *tr* anublar; arruinar
blimp [blɪmp] *s* dirigible pequeño
blind [blaɪnd] *adj* ciego ‖ *s* (*window shade*) estor *m*, transparente *m* de resorte; (*Venetian blind*) persiana; pretexto, subterfugio ‖ *tr* cegar; (*to dazzle*) deslumbrar; (*to deceive*) cegar, vendar
blind alley *s* callejón *m* sin salida
blind date *s* cita a ciegas
blinder [`blaɪndər] *s* anteojera
blind flying *s* (aer) vuelo a ciegas
blind'fold' *adj* vendado de ojos ‖ *s* venda ‖ *tr* vendar los ojos a
blind landing *s* aterrizaje *m* a ciegas
blind man *s* ciego
blind'man's' **buff** *s* gallina ciega
blindness [`blaɪndnɪs] *s* ceguedad
blink [blɪŋk] *s* guiñada, parpadeo ‖ *tr* guiñar (*el ojo*) ‖ *intr* guiñar, parpadear, pestañear; oscilar (*la luz*)
blip [blɪp] *s* bache *m*
bliss [blɪs] *s* bienaventuranza, felicidad
blissful [`blɪsfəl] *adj* bienaventurado, feliz
blister [`blɪstər] *s* ampolla, vejiga ‖ *tr* ampollar ‖ *intr* ampollarse
blithe [blaɪð] *adj* alegre, animado
blitzkrieg [`blɪts,krig] *s* guerra relámpago
blizzard [`blɪzərd] *s* ventisca, chubasco de nieve
bloat [blot] *tr* hinchar ‖ *intr* hincharse, abotagarse
block [blak] *s* bloque *m*; (*of hatter*) horma; (*of houses*) manzana; (*for chopping meat*)

bi
bl

tajo; estorbo, obstáculo ‖ *tr* cerrar, obstruir; conformar (*un sombrero*)

blockade [blɑˈked] *s* bloqueo ‖ *tr* bloquear

blockade runner *s* forzador *m* de bloqueo

block and tackle *s* aparejo de poleas

block'bust'er *s* (coll) bomba rompedora

block'head' *s* tonto, zoquete *m*

block signal *s* (rr) señal *f* de tramo

blond [blɑnd] *adj* rubio, blondo ‖ *s* rubio (*hombre rubio*)

blonde [blɑnd] *s* rubia (*mujer rubia*)

blood [blʌd] *s* sangre *f;* **in cold blood** a sangre fría

bloodcurdling [ˈblʌd,kʌrdlɪŋ] *adj* horripilante

blood'hound' *s* sabueso

blood poisoning *s* envenenamiento de la sangre

blood pressure *s* presión arterial

blood pudding *s* morcilla

blood relation *s* pariente consanguíneo

blood'shed' *s* efusión de sangre

blood'shot' *adj* inyectado en sangre, encarnizado

blood'stream' *s* corriente *f* sanguínea

blood test *s* análisis *m* de sangre

blood'thirst'y *adj* sanguinario

blood transfusion *s* transfusión de sangre

blood vessel *s* vaso sanguíneo

blood•y [ˈblʌdi] *adj* (*comp* -ier; *super* -iest) sangriento ‖ *v* (*pret & pp* -ied) *tr* ensangrentar

bloom [blum] *s* florecimiento; flor *f* ‖ *intr* florecer

blossom [ˈblɑsəm] *s* brote *m*, flor *f; in blossom** en cierne ‖ *intr* cerner, florecer

blot [blɑt] *s* borrón *m* ‖ *v* (*pret & pp* **blotted;** *ger* **blotting**) *tr* (*to smear*) borrar; secar con papel secante; **to blot out** borrar ‖ *intr* borrarse; echar borrones (*una pluma*)

blotch [blɑtʃ] *s* manchón *m; (in the skin)* erupción

blotter [ˈblɑtər] *s* teleta, secafirmas *m*

blotting paper *s* papel *m* secante

blouse [blaʊs] *s* blusa

blow [blo] *s* (*hit, stroke*) golpe; (*blast of air*) soplo, soplido; (*blast of wind*) ventarrón *m; (of horn)* toque *m*, trompetazo; (*sudden sorrow*) estocada, ramalazo; (*boaster*) (slang) fanfarrón *m;* **to come to blows** venir a las manos ‖ *v* (*pret* **blew** [blu]; *pp* **blown**) ‖ *tr* soplar; sonar, tocar (*un instrumento de viento*); silbar (*un silbato*); sonarse (*las narices*); quemar (*un fusible*); (slang) malgastar (*dinero*); **to blow out** apagar soplando; quemar (*un fusible*); **to blow up** (*with air*) inflar; (*e.g., with dynamite*) volar, hacer saltar; ampliar (*una foto*) ‖ *intr* soplar; (*to pant*) jadear, resoplar; fundirse (*un fusible*); (slang) fanfarronear; **to blow out** apagarse con el aire; quemarse, fundirse (*un fusible*); reventar (*un neumático*); **to blow up** volarse; (*to fail*) fracasar; (*with anger*) (slang) estallar, reventar

blow'out' *s* (aut) reventón *m; (of a fuse)* quemazón *f;* (slang) tertulia concurrida, festín *m*

blowout patch *s* parche *m* para neumático

blow'pipe' *s* (*torch*) soplete *m; (peashooter)* cerbatana

blow'torch' *s* antorcha a soplete, lámpara de soldar

blubber [ˈblʌbər] *s* grasa de ballena; lloro ruidoso ‖ *intr* llorar ruidosamente

bludgeon [ˈblʌdʒən] *s* cachiporra ‖ *tr* aporrear; intimidar

blue [blu] *adj* azul; abatido, triste ‖ *s* azul *m;* **the blues** la murria, la morriña ‖ *tr* azular; añilar (*la ropa blanca*) ‖ *intr* azularse

blue'ber'ry *s* (*pl* -ries) mirtilo

blue chip *s* valor *m* de primera fila

blue'jay' *s* cianocita

blue jeans *spl* blujins *mpl*, vaqueros; pantalones de mezclilla (C-R, Mex); mecánicos (CAm, Cuba, S-D); pantalones azules (CAm); azulones (El Salv); mahones (P-R, S-D)

blue moon *s* cosa muy rara; **once in a blue moon** cada muerte de obispo, de Pascuas a Ramos

Blue Nile *s* Nilo Azul

blue'-pen'cil *tr* marcar o corregir con lápiz azul

blue'print' *s* cianotipo ‖ *tr* copiar a la cianotipia

blue'stock'ing *s* (coll) marisabidilla

blue streak *s* (coll) rayo; **to talk a blue streak** (coll) soltar la tarabilla

bluff [blʌf] *adj* escarpado ‖ *s* risco, peñasco escarpado; (*deception*) farol *m*, blof *m;* **to call someone's bluff** cogerle la palabra a uno ‖ *intr* farolear, papelonear

blunder [ˈblʌndər] *s* disparate *m*, desatino ‖ *intr* disparatar, desatinar

blunt [blʌnt] *adj* despuntado, embotado; brusco, franco, directo ‖ *tr* despuntar, embotar

bluntness [ˈblʌntnɪs] *s* embotadura; brusquedad, franqueza

blur [blʌr] *s* borrón *m*, mancha ‖ *v* (*pret & pp* **blurred;** *ger* **blurring**) *tr* empañar; obscurecer (*la vista*) ‖ *intr* empañarse

blurb [blʌrb] *s* anuncio efusivo

blurt [blʌrt] *tr* — **to blurt out** soltar abrupta e impulsivamente

blush [blʌʃ] *s* rubor *m*, sonrojo ‖ *intr* ruborizarse, sonrojarse

bluster [ˈblʌstər] *s* tumulto, gritos; jactancia ‖ *intr* soplar con furia (*el viento*); bravear, fanfarronear

blustery [ˈblʌstəri] *adj* tempestuoso; (*wind*) violento; (*swaggering*) fanfarrón

blvd. *abbr* **boulevard**

boar [bor] *s* (*male swine*) verraco; (*wild hog*) jabalí *m*

board [bord] *s* tabla; (*to post announcements*) tablillo; (*table with meal*) mesa; (*daily meals*) pensión; (*organized group*) junta, consejo; (naut) bordo; **in boards** (bb) en cartoné; **on board** en el tren; (naut) a bordo ‖ *tr* entablar; subir a (*un tren*);

embarcarse en (un buque) ‖ intr hospedarse; estar de pupilo
board and lodging s mesa y habitación,
pensión completa
boarder ['bɔrdər] s pensionista mf, pupilo
boarding house s pensión, casa de huéspedes
boarding school s escuela de internos
board of health s junta de sanidad
board of trade s junta de comercio
board of trustees s consejo de administración
board'walk' s paseo entablado a la orilla del
mar
boast [bost] s jactancia, baladronada ‖ intr
jactarse, baladronear, bravatear
boastful ['bostfəl] adj jactancioso
boat [bot] s barco, buque m, nave f; (small
boat) bote m; **to be in the same boat**
correr el mismo riesgo
boat hook s bichero
boat'house' s casilla para botes
boating ['botɪŋ] s paseo en barco
boat•man ['botmən] s (pl -men [mən]) barquero, lanchero
boat race s regata
boatswain s ['bosən] s contramaestre m
boatswain's chair s guindola
boatswain's mate s segundo contramaestre
bob [bɑb] s (of pendulum of clock) lenteja;
(of plumb line) plomo; (of a fishing line)
corcho; (of a horse) cola cortada; (of a girl)
pelo cortado corto; (jerky motion) sacudida
‖ v (pret & pp **bobbed**; ger **bobbing**) tr
cortar corto ‖ intr agitarse, menearse; **to
bob up and down** subir y bajar con sacudidas cortas
bobbin ['bɑbɪn] s broca, canilla, bobina
bobby pin ['bɑbi] s horquillita para el pelo
bob'by•socks' spl (coll) tobilleras (de jovencita)
bobbysoxer ['bɑbɪ,sɑksər] s (coll) tobillera
bobolink ['bɑbə,lɪŋk] s chambergo
bob'sled' s doble trineo articulado
bob'tail' s animal m rabón; cola corta; cola
cortada
bob'white' s colín m de Virginia
bock beer [bɑk] s cerveza de marzo
bode [bod] tr & intr anunciar, presagiar; **to
bode ill** ser un mal presagio; **to bode well**
ser un buen presagio
bodice ['bɑdɪs] s jubón m, corpiño
bodily ['bɑdɪli] adj corporal, corpóreo ‖ adv
en persona; en conjunto
bodkin ['bɑdkɪn] s (needle) aguja roma; (for
lady's hair) espadilla; (to make holes in
cloth) punzón m
bod•y ['bɑdi] s (pl -ies) cuerpo; (of a carriage or auto) caja, carrocería
bod'y•guard' s (mil) guardia de corps; guarda-
espaldas m
body shop s taller m carrocero
Boer [bor] o [bʊr] s bóer mf
Boer War s guerra del Transvaal
bog [bɑg] s pantano ‖ v (pret & pp **bogged**;
ger **bogging**) intr — **to bog down** atascarse, hundirse
bogey ['bogi] s duende m, coco

bo'gey•man' s (pl -men [,mɛn]) duende m,
espantajo
bogus ['bogəs] adj (coll) fingido, falso
bo•gy ['bogi] s (pl -gies) duende m, demonio,
coco
Bohemian [bo'himɪ•ən] adj & s bohemio
boil [bɔɪl] s hervor m, ebullición; (pathol)
divieso, furúnculo ‖ tr hacer hervir, herventar ‖ intr hervir, bullir; **to boil over**
salirse (un líquido) al hervir
boiler ['bɔɪlər] s caldera; (for cooking) marmita, olla
boil'er•mak'er s calderero
boiler room s sala de calderas
boiling ['bɔɪlɪŋ] adj hirviente, hirviendo ‖ s
hervor m, ebullición
boiling point s punto de ebullición
boisterous ['bɔɪstərəs] adj bullicioso, ruidoso, estrepitoso
bold [bold] adj audaz, arrojado, osado; descarado, impudente; temerario
bold'face' s negrilla
boldness ['boldnɪs] s audacia, arrojo, osadía;
descaro, impudencia; temeridad
Bolivia [bo'lɪvɪ•ə] s Bolivia
Bolivian [bo'lɪvɪ•ən] adj & s boliviano
boll weevil [bol] s gorgojo del algodón
Bologna [bə'lonjə] s Bolonia
Bolshevik ['bɑlʃəvɪk] o ['bolʃəvɪk] adj & s
bolchevique mf
Bolshevism ['bɑlʃə,vɪzəm] o ['bolʃə,vɪzəm]
s bolchevismo
bolster ['bolstər] s (of bed) larguero, travesaño; refuerzo, soporte m ‖ tr apoyar,
sostener; animar, alentar
bolt [bolt] s perno; (to fasten a door) cerrojo,
pasador m; (arrow) cuadrillo; (of lightning)
rayo; (of cloth or paper) rollo ‖ tr empernar; acerrojar; deglutir de una vez; cribar,
tamizar; disidir de (un partido político) ‖
intr salir de repente; disidir; desbocarse (un
caballo)
bolter ['boltər] s disidente mf; (sieve) criba,
tamiz m
bolt from the blue s rayo en cielo sin nubes;
suceso inesperado
bomb [bɑm] s bomba ‖ tr bombear, bombardear
bombard [bɑm'bɑrd] tr bombardear; (e.g.,
with questions) asediar
bombardment [bɑm'bɑrdmənt] s bombardeo
bombast ['bɑmbæst] s ampulosidad
bombastic [bɑm'bæstɪk] adj ampuloso
bomb crater s (mil) embudo de bomba
bomber ['bɑmər] s bombardero
bomb'proof' s a prueba de bombas
bomb release s lanzabombas m
bomb'shell' s bomba; **to fall like a bombshell** caer como una bomba
bomb shelter s refugio antiaéreo
bomb'sight' s mira de bombardeo, visor m
bona fide ['bonə,faɪdə] adj & adv de buena
fe
bonbon ['bɑn,bɑn] s bombón m, confite m
bond [bɑnd] s (tie, union) enlace m, vínculo,
lazo de unión; (interest-bearing certificate)

bono, obligación; (*surety*) fianza; (mas) aparejo; **bonds** cadenas, grillos; **in bond** en depósito bajo fianza

bondage ['bɑndɪdʒ] *s* cautiverio, servidumbre

bonded warehouse *s* depósito comercial

bond'hold'er *s* obligacionista *mf*, tenedor *m* de bonos

bonds•man ['bɑndzmən] *s* (*pl* **-men** [mən]) fiador *m*

bone [bon] *s* hueso; (*of fish*) espina; **bones** esqueleto; (*mortal remains*) huesos; castañuelas; (*dice*) (coll) dados; **to have a bone to pick with** tener una queja con; **to make no bones about** no andarse con rodeos en ‖ *tr* desosar; quitar la espina a; emballenar (*un corsé*) ‖ *intr* — **to bone up on** (coll) empollar, estudiar con ahinco

bone'head' *s* (coll) mentecato, zopenco

boneless ['bonlɪs] *adj* mollar, desosado; (*fish*) sin espinas

boner ['bonər] *s* (coll) patochada, plancha, gazapo

bonfire ['bɑn,faɪr] *s* hoguera

bonnet ['bɑnɪt] *s* gorra; (*sunbonnet*) papalina; (*of auto*) cubierta, capó *m*

bonus ['bonəs] *s* prima, plus *m;* dividendo extraordinario

bon•y ['boni] *adj* (*comp* **-ier;** *super* **-iest**) osudo; descarnado; (*fish*) espinoso

boo [bu] *s* rechifla; **not to say boo** no decir ni chus ni mus ‖ *tr & intr* abuchear, rechiflar

boo•by ['bubi] *s* (*pl* **-bies**) bobalicón *m*, zopenco; el peor jugador

booby prize *s* premio al peor jugador

booby trap *s* (*mine*) trampa explosiva; (*trick*) zancadilla

boogie-woogie ['bugi'wugi] *s* bugui-bugui *m*

book [buk] *s* libro; (*bankbook*) libreta; (*book containing records of business transactions*) libro-registro; (*of cigaret paper, stamps, etc.*) librillo; **to keep books** llevar libros ‖ *tr* reservar (*un pasaje*); escriturar (*a un actor*)

bookbinder ['buk,baɪndər] *s* encuadernador *m*

book'bind'er•y *s* (*pl* **-ies**) encuadernación (*taller*)

book'bind'ing *s* encuadernación (*acción, arte*)

book'case' *s* armario para libros, estante *m* para libros

book end *s* apoyalibros *m*

bookie ['buki] *s* (coll) corredor *m* de apuestas

booking ['bukɪŋ] *s* (*of passage*) reservación; (*of an actor*) escritura

booking clerk *s* taquillero (*que despacha pasajes o localidades*)

bookish ['bukɪʃ] *adj* libresco

book'keep'er *s* tenedor *m* de libros

book'keep'ing *s* teneduría de libros, contabilidad

book'mak'er *s* corredor *m* de apuestas

book'mark' *s* registro

book'plate' *s* ex libris *m*

book review *s* reseña

book'sell'er *s* librero

book'shelf' *s* (*pl* **-shelves** [, ʃɛlvz] estante *m* para libros

book'stand' *s* (*rack*) atril *m;* mostrador *m* para libros; puesto de venta para libros

book'store' *s* librería

book'worm' *s* polilla que roe los libros; (fig) ratón *m* de biblioteca

boom [bum] *s* (*sudden prosperity*) auge *m*, boom *m;* (*noise*) estampido, trueno; (*of a crane*) aguilón *m;* (naut) botalón *m* ‖ *intr* hacer estampido, tronar; estar en auge

boomerang ['bumə,ræŋ] *s* bumerán *m*

boom town *s* pueblo en bonanza

boon [bun] *s* bendición, dicha

boon companion *s* buen compañero

boor [bur] *s* patán *m*, rústico

boorish ['burɪʃ] *adj* rústico, zafio

boost [bust] *s* empujón *m* hacia arriba; (*in price*) alza; alabanza; ayuda ‖ *tr* empujar hacia arriba; alzar (*el precio*); alabar; ayudar

booster ['bustər] *s* cohete *m* lanzador; primera etapa de un cohete lanzador; (*enthusiastic backer*) bombista *mf*

booster shot *s* inyección secundaria

boot [but] *s* bota; **to boot** de añadidura, además; **to die with one's boots on** morir al pie del cañón ‖ *tr* dar un puntapié a; **to boot out** (slang) poner en la calle

boot'black' *s* limpiabotas *m*

booth [buθ] *s* casilla, quiosco; (*to telephone, to vote, etc.*) cabina; (*at a fair or market*) puesto

boot'jack' *s* sacabotas *m*

boot'leg' *adj* contrabandista; de contrabando ‖ *s* contrabando de licores ‖ *v* (*pret & pp* **-legged;** *ger* **-legging**) *tr* pasar de contrabando ‖ *intr* contrabandear en bebidas alcohólicas

bootlegger ['but,lɛgər] *s* destilador *m* clandestino, contrabandista *m*

boot'leg'ging *s* contrabando en bebidas alcohólicas

bootlicker ['but,lɪkər] *s* (slang) quitamotas *mf*, lavacaras *mf*

boot'strap' *s* tirilla de bota

boo•ty ['buti] *s* (*pl* **-ties**) botín *m*, presa

booze [buz] *s* (coll) bebida alcohólica ‖ *intr* borrachear

bor. *abbr* **borough**

borax ['boræks] *s* bórax *m*

Bordeaux [bɔr'do] *s* Burdeos

border ['bɔrdər] *adj* frontero, fronterizo ‖ *s* borde *m*, margen *m & f;* frontera; **borders** bambalinas ‖ *tr* bordear; deslindar ‖ *intr* confinar

border clash *s* encuentro fronterizo

bor'der•line' *adj* incierto, indefinido ‖ *s* frontera

bore [bor] *s* (*drill hole*) barreno; (*size of hole*) calibre *m;* (*of firearm*) alma, ánima; (*of cylinder*) alesaje *m;* (*wearisome person*) latoso, machaca *mf;* fastidio ‖ *tr* aburrir, fastidiar; barrenar, hacer (*un agujero*)

boredom ['bɔrdəm] *s* aburrimiento, fastidio

boring ['borɪŋ] *adj* aburrido, pesado; **that's terribly boring** es una lata

born [bɔrn] *adj* nacido; (*natural, by birth*) nato, innato; **to be born** nacer

borough ['bʌro] *s* (*town*) villa; distrito electoral de municipio

borrow ['baro] o ['bɔro] *tr* pedir o tomar prestado; apropiarse (*p.ej., una idea*); incorporar (*un elemento lingüístico extranjero*); **to borrow trouble** tomarse una molestia sin motivo alguno

borrower ['baro•ər] o ['bɔro•ər] *s* prestatario

borrowing ['baro•ɪŋ] o ['bɔro•ɪŋ] *s* préstamo; préstamo lingüístico, extranjerismo

bosom ['buzəm] *s* seno; (*of shirt*) pechera; corazón *m*, pecho

bosom friend *s* amigo de la mayor confianza

Bosporus ['baspərəs] *s* Bósforo

boss [bɔs] o [bas] *s* (coll) amo, capataz *m*, mandamás *m*, jefe *m;* (*in politics*) (coll) cacique *m;* protuberancia ‖ *tr* (coll) mandar, dominar

bossism ['bɔsɪzəm] *s* caciquismo

boss•y ['bɔsi] *adj* (*comp* **-ier;** *super* **-iest**) mandón

botanical [bə'tænɪkəl] *adj* botánico

botanist ['batənɪst] *s* botánico

botany ['batəni] *s* botánica

botch [batʃ] *s* remiendo chapucero ‖ *tr* remendar chapuceramente

both [boθ] *adj & pron* ambos ‖ *adv* igualmente ‖ *conj* a la vez; **both . . . and** tanto . . . como, así . . . como

bother ['baðər] *s* incomodidad, molestia, majadería, murga ‖ *tr* incomodar, molestar, majaderear, pololear ‖ *intr* molestarse

bothersome ['baðərsəm] *adj* incómodo, molesto, fastidioso

bottle ['batəl] *s* botella, frasco ‖ *tr* embotellar; **to bottle up** (nav) embotellar

bot'tle•neck' *s* gollete *m;* (*in traffic*) embotellado

bottle opener ['opənər] *s* abrebotellas *m*

bottom ['batəm] *adj* (*price*) (el) más bajo; (*e.g., dollar*) último ‖ *s* fondo; (*of a chair*) asiento; (*of jar*) culo; (coll) trasero; **at bottom** en el fondo; **to go to the bottom** irse a pique

bottomless ['batəmlɪs] *adj* sin fondo, insondable

boudoir [bu'dwar] *s* tocador *m*

bough [bau] *s* rama

bouillon ['buljan] *s* caldo

boulder ['boldər] *s* pedrejón *m*

boulevard ['bulə,vard] *s* bulevar *m*

bounce [bauns] *s* rebote *m* ‖ *tr* hacer botar; (slang) despedir ‖ *intr* botar, rebotar; saltar; **to bounce along** dar saltos al andar

bouncer ['baunsər] *s* cosa grande; (slang) apagabroncas *m*

bouncing ['baunsɪŋ] *adj* frescachón, vigoroso; (*baby*) gordinflón

bound [baund] *adj* atado, ligado; (*book*) encuadernado; dispuesto, propenso; puesto en aprendizaje; **bound for** con destino a, con rumbo a; **bound in boards** (bb) encartonado, en cartoné; **bound up in** entregado

a, muy adicto a; absorto en ‖ *s* salto; (*of a ball*) bote *m;* límite *m*, confín *m;* **bounds** región, comarca; **out of bounds** fuera de los límites; **within bounds** a raya

bounda•ry ['baundəri] *s* (*pl* **-ries**) límite *m*, frontera; (*established*) parámetro

boundary mark *s* (*annotation*) acotamiento

boundary stone *s* mojón *m*

bounder ['baundər] *s* persona vulgar y malcriada

boundless ['baundlɪs] *adj* ilimitado, inmenso, infinito

bountiful ['bauntɪfəl] *adj* generoso, liberal; abundante

boun•ty ['baunti] *s* (*pl* **-ties**) generosidad, liberalidad; don *m*, favor *m;* galardón *m*, premio; (*bonus*) prima; (mil) premio de enganche

bouquet [bu'ke] *s* ramillete *m;* (*aroma of a wine*) nariz *f*

bourgeois ['burʒwa] *adj & s* burgués *m*

bourgeoisie [,burʒwa'zi] *s* burguesía

bout [baut] *s* encuentro; rato; (*of an illness*) ataque *m*

bow [bau] *s* inclinación, reverencia; (*of a ship*) proa ‖ *tr* inclinar (*la cabeza*) ‖ *intr* inclinarse; **to bow and scrape** hacer reverencias obsequiosas; **to bow to** saludar, inclinarse delante ‖ [bo] *s* (*for shooting an arrow*) arco; lazo; nudo; (mus) arco; (*stroke of bow*) (mus) arqueada ‖ *tr* (mus) tocar con arco ‖ *intr* arquearse

bowdlerize ['baudlə,raɪz] *tr* expurgar

bowel ['bau•əl] *s* intestino; **bowels** intestinos; (*inner part*) entrañas

bowel movement *s* evacuación del vientre; **to have a bowel movement** evacuar el vientre

bower ['bau•ər] *s* emparrado, glorieta

bower•y ['bau•əri] *adj* frondoso, sombreado ‖ *s* (*pl* **-ies**) finca, granja

bowknot ['bo,nat] *s* lazada

bowl [bol] *s* (*for soup or broth*) escudilla, cuenco; (*for washing hands*) jofaina, palangana; (*of toilet*) cubeta, taza; (*of fountain*) tazón *m;* (*of spoon*) paleta; (*of pipe*) hornillo; (*hollow place*) concavidad, cuenco ‖ *tr* — **to bowl over** tumbar ‖ *intr* jugar a los bolos; **to bowl along** rodar

bowlegged ['bo,lɛgd] o ['bo,lɛgɪd] *adj* patiestevado

bowler ['bolər] *s* jugador *m* de bolos; (Brit) sombrero hongo

bowling ['bolɪŋ] *s* juego de bolos, boliche *m*

bowling alley *s* bolera, boliche *m*

bowling green *s* bolera encespada

bowshot ['bo,ʃat] *s* tiro de flecha

bowsprit ['bausprɪt] o ['bosprɪt] *s* bauprés *m*

bow tie [bo] *s* corbata de mariposa, pajarita

bowwow ['bau,wau] *interj* ¡guau! ‖ *s* guau guau *m*

box [baks] *s* caja; (*slap*) bofetada; (*plant*) boj *m;* (*in newspaper*) recuadro; (theat) palco ‖ *tr* encajonar; (*to slap*) abofetear; (naut) cuartear (*la aguja*) ‖ *intr* boxear

box'car' *s* vagón *m* de carga cerrado

boxer [ˈbɑksər] s embalador m; (sport) boxeador m

boxing [ˈbɑksɪŋ] s embalaje m; (sport) boxeo

boxing gloves spl guantes mpl de boxeo

box office s taquilla, despacho de localidades; boletería

box'-of'fice hit s éxito de taquilla

box-office record s marca de taquilla

box-office sale s venta de localidades en taquilla

box pleat s pliegue m de tabla

box seat s asiento de palco

box'wood' s boj m

boy [bɔɪ] s muchacho; (servant) mozo; (coll) compadre m

boycott [ˈbɔɪkɑt] s boicoteo ‖ tr boicotear

boyhood [ˈbɔɪhʊd] s muchachez f; muchachería

boyish [ˈbɔɪɪʃ] adj amuchachado, muchachil

boy scout s niño explorador

Bp. abbr **bishop**

b.p. abbr **bills payable, boiling point**

br. abbr **brand, brother**

b.r. abbr **bills receivable**

bra [brɑ] s (coll) portasenos m, sostén m, sujetador m

brace [bres] s riostra; berbiquí m; **braces** (Brit) tirantes mpl; (on teeth) aparato de ortodoncia ‖ tr arriostrar; asegurar, vigorizar; **to brace oneself** (coll) cobrar ánimo ‖ intr — **to brace up** (coll) cobrar ánimo

brace and bit s berbiquí y barrena

bracelet [ˈbreslɪt] s brazalete m, pulsera

bracer [ˈbresər] s (coll) trago de licor

bracing [ˈbresɪŋ] adj fortificante, tónico

bracket [ˈbrækɪt] s puntal m, soporte m; ménsula, repisa; (mark used in printing) corchete m; clase f, categoría ‖ tr acorchetar; agrupar

brackish [ˈbrækɪʃ] adj salobre

brad [bræd] s clavito, estaquilla

brag [bræg] s jactancia ‖ v (pret & pp **bragged;** ger **bragging**) intr jactarse, bravatear, palanganear

braggart [ˈbrægərt] s fanfarrón m

braid [bred] s (flat strip of cotton, silk, etc.) cinta, galón m; (something braided) trenza ‖ tr encintar, galonear; trenzar

brain [bren] s cerebro; **brains** cerebro, inteligencia; **to rack one's brains** devanarse los sesos ‖ tr descerebrar

brain child s parto del ingenio

brain drain s (coll) éxodo de técnicos

brainless [ˈbrenlɪs] adj tonto, sin seso

brain power s capacidad mental

brain'storm' s acceso de locura; confusión mental; buena idea, hallazgo

brain trust s grupo de peritos

brain'wash'ing s lavado cerebral

brain wave s onda encefálica; (coll) buena idea, hallazgo

brain'work' s trabajo intelectual

brain•y [ˈbreni] adj (comp **-ier;** super **-iest**) (coll) inteligente, sesudo

braise [brez] tr soasar y cocer (la carne) a fuego lento en vasija bien tapada

brake [brek] s freno; breque m; (for dressing flax) agramadera; (thicket) matorral m; (fern) helecho común ‖ tr frenar; brequear; agramar (el lino o el cañamo)

brake band s cinta de freno

brake drum s tambor m de freno

brake lining s forro o cinta de freno

brake•man [ˈbrekmən] s (pl **-men** [mən]) guardafrenos m

brake shoe s zapata de freno

bramble [ˈbræmbəl] s frambueso, zarza

bram•bly [ˈbræmbli] adj (comp **-blier;** super **-bliest**) zarzoso

bran [bræn] s afrecho, salvado

branch [bræntʃ] s (of tree) rama; (smaller branch; branch cut from tree; of a science, etc.) ramo; (of vine) sarmiento; (of road, railroad) ramal m; (of candlestick, river, etc.) brazo; (of a store, bank) sucursal f ‖ intr ramificarse; **to branch out** extender sus actividades

branch line s ramal m, línea de empalme

branch office s sucursal f

brand [brænd] s (kind, make) marca; (trademark) marca de fábrica; (branding iron) hierro de marcar; (mark stamped with hot iron) hierro; (dishonor) tizón m ‖ tr poner marca de fábrica en; herrar con hierro candente; tiznar (la reputación de una persona); **to brand as** tildar de

brandied [ˈbrændid] adj macerado en aguardiente

branding iron s hierro de marcar; fierro

brandish [ˈbrændɪʃ] tr blandear

brand'-new' adj nuevecito, flamante

bran•dy [ˈbrændi] s (pl **-dies**) aguardiente m

brash [bræʃ] adj atrevido, impetuoso; descarado, respondón ‖ s acceso, ataque m

brass [bræs] s latón m; (in army and navy) (slang) los mandamases; (coll) descaro; **brasses** (mus) cobres mpl

brass band s banda, charanga

brass hat s (slang) espadón m, mandamás m

brassiere [brəˈzɪr] s portasenos m, sostén m, sujetador m

brass knuckles spl llave inglesa, bóxer m

brass tack s clavito dorado de tapicería; **to get down to brass tacks** (coll) entrar en materia

brass winds spl (mus) cobres mpl, instrumentos músicos de metal

brass•y [ˈbræsi] adj (comp **-ier;** super **-iest**) hecho de latón; metálico; descarado

brat [bræt] s rapaz m, mocoso, braguillas m

brava•do [brəˈvado] s (pl **-does** o **-dos**) bravata

brave [brev] adj bravo, valiente ‖ s valiente m; guerrero indio norteamericano ‖ tr hacer frente a, arrostrar; desafiar, retar

bravery [ˈbrevəri] s bravura, valor m

bra•vo [ˈbravo] interj ¡bravo! ‖ s (pl **-vos**) bravo

brawl [brɔl] s pendencia, reyerta; alboroto ‖ intr armar pendencia; alborotar

brawler [ˈbrɔlər] s pendenciero; alborotador m

brawn [brɔn] s fuerza musculosa

brawn•y ['brɔni] adj (comp -ier; super -iest) fornido, musculoso

bray [bre] s rebuzno ‖ intr rebuznar

braze [brez] s soldadura de latón ‖ tr soldar con latón; cubrir de latón; adornar con latón

brazen ['brezən] adj de latón; descarado ‖ tr — to brazen through llevar a cabo descaradamente

brazier ['breʒər] s brasero

Brazil [brə'zɪl] s el Brasil

Brazilian [brə'zɪljən] adj & s brasileño

Brazil nut s castaña de Pará

breach [britʃ] s (opening) abertura; (in a wall) brecha; abuso, violación ‖ tr abrir brecha en

breach of faith s falta de fidelidad

breach of peace s perturbación del orden público

breach of promise s incumplimiento de la palabra de matrimonio

breach of trust s abuso de confianza

bread [bred] s pan m ‖ tr empanar

bread and butter s pan m con mantequilla; (coll) pan de cada día

bread crumbs spl pan rallado

breaded ['bredɪd] adj empanado

bread line s cola del pan

breadth [bredθ] s anchura; alcance m, extensión; (e.g., of judgment) amplitud f

bread'win'ner s sostén m de la familia

break [brek] s rompimiento; interrupción; intervalo, pausa; (split) hendidura, grieta; (in prices) baja; (in clouds) claro; (from jail) evasión, huída; (among friends) ruptura; (luck, good or bad) (slang) suerte f; (slang) disparate m; to give someone a break abrirle a uno la puerta ‖ v (pret broke [brok]; pp broken) tr romper, quebrar; cambiar (un billete); comunicar (una mala noticia); suspender (relaciones); faltar a (la palabra); batir (un récord); cortar (un circuito); quebrantar (un testamento; un hábito); romper (una ley); levantar (el campo); (mil) degradar; to break in forzar (una puerta); to break open abrir por la fuerza ‖ intr romperse, quebrarse; reventar; aclarar (el tiempo); bajar (los precios); quebrantarse (la salud); to break down perder la salud; prorrumpir en llanto; to break even salir sin ganar ni perder; to break in entrar por fuerza; irrumpir en; to break loose desprenderse; escaparse; desbocarse (un caballo); desencadenarse (una tempestad); to break out estallar, declararse; (in laughter, weeping) romper; (on the skin) brotar granos; to break through abrirse paso; abrir paso por entre; to break up desmenuzarse; levantarse (una reunión); to break with romper con

breakable ['brekəbəl] adj rompible

breakage ['brekɪdʒ] s estropicio; indemnización por objetos rotos

break'down' s mal éxito; avería, pana; (in health) colapso; (in negotiations) ruptura; análisis m

breaker ['brekər] s cachón m, rompiente m

breakfast ['brɛkfəst] s desayuno ‖ intr desayunar

breakfast food s cereal m para el desayuno

break'neck' adj vertiginoso; at breakneck speed a mata caballo

break of day s alba, amanecer m

break'through' s (mil) brecha, ruptura; (fig) descubrimiento sensacional

break'up' s disolución, dispersión; desplome m; (in health) postración

break'wa'ter s rompeolas m, escollera

breast [brɛst] s pecho, seno; (of fowl) pechuga; (of garment) pechera; to make a clean breast of it confesarlo todo

breast'bone' s esternón m; (of fowl) quilla

breast drill s berbiquí m de pecho

breast'pin' s alfiler m de pecho

breast stroke s brazada de pecho

breath [brɛθ] s aliento, respiración; out of breath sin aliento; short of breath corto de resuello; to gasp for breath respirar anhelosamente; under one's breath por lo bajo, en voz baja

breathe [brið] tr respirar; to breathe one's last dar el último suspiro ‖ intr respirar; to breathe freely cobrar aliento; to breathe in aspirar; to breathe out espirar

breathing spell s respiro, rato de descanso

breathless ['brɛθlɪs] adj falto de aliento, jadeante; intenso, vivo; sin aliento

breath'tak'ing adj conmovedor, imponente

breech [britʃ] s culata, recámara; breeches ['brɪtʃɪz] calzones mpl; (coll) pantalones mpl; to wear the breeches (coll) calzarse los pantalones

breed [brid] s casta, raza; clase f, especie f ‖ v (pret & pp bred [brɛd]) tr criar ‖ intr criar; criarse

breeder ['bridər] s (of animals) criador m; (animal) reproductor m

breeding ['bridɪŋ] s cría; crianza, modales mpl; bad breeding mala crianza; good breeding buena crianza

breeze [briz] s brisa

breez•y ['brizi] adj (comp -ier; super -iest) airoso; animado; vivo; (coll) desenvuelto, vivaracho

brevi•ty ['brɛvɪti] s (pl -ties) brevedad

brew [bru] s calderada de cerveza; mezcla ‖ tr fabricar (cerveza); preparar (té); (fig) tramar, urdir ‖ intr amenazar (una tormenta)

brewer ['bruər] s cervecero

brewer's yeast s levadura de cerveza

brewer•y ['bru•əri] s (pl -ies) cervecería, fábrica de cerveza

bribe [braɪb] s soborno; to take bribes comer maíz ‖ tr sobornar

briber•y ['braɪbəri] s (pl -ies) soborno

bric-a-brac ['brɪkə,bræk] s chucherías, curiosidades fpl

brick [brɪk] s ladrillo; (coll) buen sujeto ‖ tr enladrillar

brick'bat' s pedazo de ladrillo; (coll) palabra hiriente

bo
br

brick ice cream *s* queso helado, helado al corte

brickkiln ['brɪk,kɪln] *s* horno de ladrillero

bricklayer ['brɪk,le•ər] *s* ladrillador *m*

brick'yard' *s* ladrillal *m*

bridal ['braɪdəl] *adj* nupcial; de novia

bridal wreath *s* corona nupcial

bride [braɪd] *s* desposada, novia

bride'groom' *s* desposado, novio

bridesmaid ['braɪdz,med] *s* madrina de boda

bridge [brɪdʒ] *s* puente *m;* (*of nose*) caballete *m;* (*card game*) bridge *m* ‖ *tr* tender un puente sobre; salvar (*un obstáculo*); colmar, llenar (*un vacío*)

bridge'head' *s* (mil) cabeza de puente

bridle ['braɪdəl] *s* brida ‖ *tr* embridar ‖ *intr* engallarse, erguirse

bridle path *s* camino de herradura

brief [brif] *adj* breve, corto, conciso ‖ *s* resumen *m;* (law) escrito; **in brief** en resumen ‖ *tr* resumir; dar consejos anticipados a; dar informes a

brief case *s* cartera

briefing ['brifɪŋ] *s* órdenes *fpl;* (*of the press*) informe *m*

brier ['braɪ•ər] *s* zarza; brezo blanco

brig [brɪg] *s* (naut) bergantín *m;* prisión en buque de guerra

brigade [brɪ'ged] *s* brigada

brigadier [,brɪgə'dɪr] *s* general *m* de brigada

brigand ['brɪgənd] *s* bandolero

brigantine ['brɪgən,tin] *s* (naut) bergantín *m* goleta

bright [braɪt] *adj* brillante; (*e.g., day*) claro; (*color*) subido; listo, inteligente, despierto; (*idea, thought*) luminoso; (*disposition*) alegre, vivo

brighten ['braɪtən] *tr* abrillantar; alegrar, avivar ‖ *intr* avivarse; alegrarse; despejarse (*el cielo*)

bright lights *spl* luces *fpl* brillantes; (aut) faros o luces de carretera

brilliance ['brɪljəns] o **brilliancy** ['brɪljənsi] *s* brillantez *f*, brillo

brilliant ['brɪljənt] *adj* brillante

brillantine ['brɪljəntin] *s* brillantina

brim [brɪm] *s* borde *m;* (*of hat*) ala

brim'stone' *s* azufre *m*

brine [braɪn] *s* salmuera, agua salobre

bring [brɪŋ] *v* (*pret & pp* **brought** [brɔt]) *tr* traer; llevar; **to bring about** efectuar; **to bring back** devolver; **to bring down** abatir; **to bring forth** sacar a luz; **to bring in** traer a colación; servir (*una comida*); introducir, presentar; **to bring into play** poner en juego; **to bring on** causar, producir; **to bring out** sacar; presentar al público; **to bring suit** poner pleito; **to bring to** sacar de un desmayo; **to bring together** reunir; confrontar; reconciliar; **to bring to pass** efectuar, llevar a cabo; **to bring up** arrimar (*p.ej., una silla*); educar, criar; traer a colación; **to bring upon oneself** atraerse (*un infortunio*)

bringing-up ['brɪŋɪŋ'ʌp] *s* educación, crianza

brink [brɪŋk] *s* borde *m*, margen *m;* **on the brink of** al borde de

brisk [brɪsk] *adj* animado, vivo, vivaz

bristle ['brɪsəl] *s* cerda ‖ *intr* erizarse, encresparse; (*to be visibly annoyed*) encresparse

bris•tly ['brɪsli] *adj* (*comp* **-tlier;** *super* **-tliest**) cerdoso, erizado

Britannic [brɪ'tænɪk] *adj* británico

British ['brɪtɪʃ] *adj* británico ‖ **the British** los britanos

Britisher ['brɪtɪʃər] *s* britano

Briton ['brɪtən] *s* britano

Brittany ['brɪtəni] *s* Bretaña

brittle ['brɪtəl] *adj* quebradizo, frágil

bro. *abbr* **brother**

broach [brotʃ] *s* (*skewer*) asador *m*, espetón *m;* (*ornamental pin*) broche *m*, prendedero ‖ *tr* sacar a colación

broad [brɔd] *adj* ancho; liberal, tolerante; (*day, noon, etc.*) pleno

broad'cast' *s* radiodifusión; audición, programa radiotelefónico ‖ *v* (*pret & pp* **-cast**) *tr* difundir, esparcir ‖ (*pret & pp* **-cast** o **-casted**) *tr* radiodifundir, radiar, emitir

broadcasting station *s* emisora, estación de radiodifusión

broad'cloth' *s* paño fino

broaden ['brɔdən] *tr* ensanchar ‖ *intr* ensancharse

broad'loom' *adj* tejido en telar ancho y en color sólido

broad-minded ['brɔd'maɪndɪd] *adj* tolerante, de amplias miras

broad-shouldered ['brɔd'ʃoldərd] *adj* ancho de espaldas

broad'side' *s* (naut) costado; (naut) andanada; (coll) torrente *m* de injurias

broad'sword' *s* espada ancha

brocade [bro'ked] *s* brocado

broccoli ['brɑkəli] *s* brécol *m*, brécoles *mpl*

brochure [bro'ʃur] *s* folleto

brogue [brog] *s* acento irlandés

broil [brɔɪl] *tr* asar a la parrilla ‖ *intr* asarse

broiler ['brɔɪlər] *s* parrilla; pollo para asar a la parrilla

broken ['brokən] *adj* roto, quebrado; agotado; amansado; (*accent*) chapurrado; suelto

bro'ken-down' *adj* abatido; descompuesto; destartalado

broken-hearted ['brokən'hɑrtɪd] *adj* abrumado por el dolor

broker ['brokər] *s* corredor *m*

brokerage ['brokərɪdʒ] *s* corretaje *m*

bromide ['bromaɪd] *s* bromuro; (slang) trivialidad

bromine ['bromin] *s* bromo

bronchitis [brɑŋ'kaɪtɪs] *s* bronquitis *f*

bron•co ['brɑŋko] *s* (*pl* **-cos**) potro cerril

bron'co•bust'er *s* domador *m* de potros; vaquero

bronze [brɑnz] *adj* bronceado ‖ *s* bronce *m* ‖ *tr* broncear ‖ *intr* broncearse

brooch [brotʃ] o [brutʃ] *s* alfiler *m* de pecho, prendedero, pasador *m*

brood [brud] *s* cría; nidada; casta, raza ‖ *tr* empollar ‖ *intr* enclocar; **to brood on** meditar con preocupación

brook [bruk] *s* arroyo ‖ *tr* — **to brook no** no tolerar, no aguantar

broom [brum] o [brʊm] *s* escoba; (bot) hiniesta

broom'corn' *s* sorgo

broom'stick' *s* palo de escoba

bros. *abbr* **brothers**

broth [brɔθ] o [braθ] *s* caldo

brothel ['braθəl] o ['braðəl] *s* burdel *m;* (Mex) congal *m*

brother ['brʌðər] *s* hermano

brotherhood ['brʌðər,hud] *s* hermandad

broth'er-in-law' *s* (*pl* **brothers-in-law**) cuñado, hermano político; (*husband of one's wife's or husband's sister*) concuñado

brotherly ['brʌðərli] *adj* fraternal

brow [braʊ] *s* (*forehead*) frente *f;* (*eyebrow*) ceja; **to knit one's brow** fruncir las cejas

brow'beat' *v* (*pret* **-beat;** *pp* **beaten**) *tr* intimidar con mirada ceñuda

brown [braʊn] *adj* pardo, castaño, moreno; (*race*) cobrizo; tostado del sol ‖ *s* castaño, moreno ‖ *tr* poner moreno; tostar, quemar, broncear; (culin) dorar

brownish ['braʊnɪʃ] *adj* que tira a moreno

brown study *s* absorción, pensamiento profundo, ensimismamiento

brown sugar *s* azúcar terciado

browse [braʊz] *intr* (*to nibble at twigs*) ramonear; (*to graze*) pacer; hojear un libro ociosamente; **to browse about** o **around** curiosear

bruise [bruz] *s* contusión, magulladura, magullón *m* ‖ *tr* contundir, magullar ‖ *intr* contundirse, magullarse

brunet [bru'nɛt] *adj* moreno ‖ *s* moreno (*hombre moreno*)

brunette [bru'nɛt] *s* morena (*mujer morena*)

brunt [brʌnt] *s* fuerza, choque *m,* empuje *m;* (*e.g., of a battle*) peso, (lo) más reñido

brush [brʌʃ] *s* brocha, cepillo, escobilla; (*stroke*) brochada; (*light touch*) roce *m;* (*brief encounter*) encuentro, escaramuza; (*growth of bushes*) maleza; (elec) escobilla ‖ *tr* acepillar; (*to graze*) rozar; **to brush aside** echar a un lado ‖ *intr* pasar ligeramente; **to brush up on** repasar

brush'-off' *s* (slang) desaire *m;* **to give the brush-off to** (slang) despedir noramala

brush'wood' *s* broza, ramojo

brusque [brʌsk] *adj* brusco, rudo

brusqueness ['brʌsknɪs] *s* brusquedad

Brussels ['brʌsəlz] *s* Bruselas

Brussels sprouts *spl* bretones *mpl,* col *f* de Bruselas

brutal ['brutəl] *adj* brutal, bestial

brutali•ty [bru'tælɪti] *s* (*pl* **-ties**) brutalidad, crueldad

brutalization [,brutələ'zeʃən] *s* embrutecimiento

brute [brut] *adj* bruto; (*force*) inconsciente, ciego ‖ *s* bruto

brutish ['brutɪʃ] *adj* abrutado, estúpido

bu. *abbr* **bushel**

bubble ['bʌbəl] *s* burbuja; ampolla; ilusión, quimera ‖ *intr* burbujear; **to bubble over** desbordar, rebosar

buck [bʌk] *s* (*goat*) cabrón *m;* (*deer*) gamo; (*rabbit*) conejo; (*of a horse*) corveta, encorvada; (*youth*) pisaverde *m;* (slang) dólar *m;* **to pass the buck** (coll) echar la carga a otro ‖ *tr* hacer frente a, resistir a; (*to butt*) acornear, topetar; colar (*la ropa*); **to buck up** (coll) alentar, animar ‖ *intr* botarse, encorvarse; **to buck against** embestir contra

bucket ['bʌkɪt] *s* balde *m,* cubo; (*of a well*) pozal *m;* **to kick the bucket** (slang) estirar la pata, liar el petate

bucket seat *s* baquet *m*

buckle ['bʌkəl] *s* hebilla; (*bend, bulge*) alabeo, pandeo ‖ *tr* abrochar con hebilla ‖ *intr* (*to bend, bulge*) alabearse, pandear; **to buckle down to** (coll) dedicarse con empeño a

buck private *s* (slang) soldado raso

buckram ['bʌkrəm] *s* zangala; (bb) bocací *m,* bucarán *m*

buck'saw' *s* sierra de bastidor

buck'shot' *s* postas

buck'tooth' *s* (*of -teeth*) diente *m* saliente

buck'wheat' *s* alforfón *m,* trigo sarraceno

bud [bʌd] *s* botón *m,* brote *m;* **to nip in the bud** cortar de raíz ‖ *v* (*pret & pp* **budded;** *ger* **budding**) *intr* abotonar, brotar

bud•dy ['bʌdi] *s* (*pl* **-dies**) (coll) camarada *m,* cumpa *m* (coll) muchachito

budge [bʌdʒ] *tr* mover ‖ *intr* moverse

budget ['bʌdʒɪt] *s* presupuesto ‖ *tr* presuponer, presupuestar

budgetary ['bʌdʒɪ,tɛri] *adj* presupuestario

buff [bʌf] *adj* de ante ‖ *s* (*leather*) ante *m;* color *m* de ante; chaqueta de ante; rueda pulidora; (coll) piel desnuda; aficionado ‖ *tr* dar color de ante a; pulimentar

buffa•lo ['bʌfə,lo] *s* (*pl* **-loes** o **-los**) búfalo ‖ *tr* (slang) intimidar

buffer ['bʌfər] *s* amortiguador *m* de choques; tope *m,* paragolpes *m;* pulidor *m*

buffer state *s* estado tapón

buffet [bu'fe] *s* (*piece of furniture*) aparador *m;* restaurante *m* de estación ‖ ['bʌfɪt] *tr* abofetear, golpear, pegar

buffet car *s* coche *m* bar

buffet lunch *s* servicio de bufet

buffet supper *s* ambigú *m,* bufet *m*

buffoon [bə'fun] *s* bufón *m,* payaso

buffooner•y [bə'funəri] *s* (*pl* **-ies**) bufonada, chocarrería

bug [bʌg] *s* insecto, bicho, sabandija; microbio; (*bedbug*) (Brit) chinche *f;* (coll) defecto; (slang) micrófono escondido; (slang) loco; (slang) entusiasta *mf* ‖ *v* (*pret & pp* **bugged;** *ger* **bugging**) *tr* (slang) esconder un micrófono en

bug'bear' *s* espantajo; aversión

bug•gy ['bʌgi] *adj* (*comp* **-gier;** *super* **-giest**) infestado de bichos; (slang) loco ‖ *s* (*pl* **-gies**) calesa

bug'house' *adj* (slang) loco ‖ *s* (slang) manicomio, casa de locos

(Margin tab:) br bu

bugle ['bjugəl] s corneta
bugle call s toque m de corneta
bugler ['bjuglər] s corneta m
build [bɪld] s forma, hechura, figura; (*of human being*) talle m || v (*pret & pp* **built** [bɪlt]) *tr* construir, edificar; componer; establecer, fundar; crearse (*p.ej., una clientela*)
builder ['bɪldər] s constructor m; aparejador m, maestro de obras
building ['bɪldɪŋ] s construcción; edificio; (*one of several in a group*) pabellón m
building and loan association s sociedad f de crédito para la construcción
building lot s solar m
building site s terreno para construir
building trades spl oficios de edificación
build'-up' s acumulación, formación; (coll) propaganda anticipada
built'in' adj integrante, incorporado, empotrado
built'-up' adj armado, montado; (*land*) aglomerado
bulb [bʌlb] s (*of plant*) bulbo; (*of thermometer*) bola, cubeta; (*of syringe*) pera; (*of electric light*) ampolla, bombilla
Bulgaria [bʌl'gɛrɪ•ə] s Bulgaria
Bulgarian [bʌl'gɛrɪ•ən] adj & s búlgaro
bulge [bʌldʒ] s protuberancia, bulto, bombeo; **to get the bulge on** (coll) llevar la ventaja a || *intr* hacer bulto, bombearse
bulimia [bju'limɪ•ə] s bulimia
bulk [bʌlk] s bulto, volumen m; (*main mass*) grueso; **in bulk** a granel || *intr* abultar, hacer bulto; tener importancia
bulk'head' s mamparo; tabique hermético
bulk•y ['bʌlki] adj (*comp* -ier; *super* -iest) abultado, voluminoso, grueso
bull [bʊl] s toro; (*in stockmarket*) alcista m; (*papal document*) bula; disparate m; **to take the bull by the horns** asir al toro por las astas || *tr* — **to bull the market** jugar al alza
bull'dog' s dogo
bulldoze ['bʊl,doz] *tr* coaccionar, intimidar con amenazas
bulldozer ['bʊl,dozər] s explanadora de empuje, empujatierra
bullet ['bʊlɪt] s bala
bulletin ['bʊlətɪn] s boletín m; comunicado; (*of a school*) anuario
bulletin board s tablilla
bul'let•proof' adj a prueba de balas, blindado
bull'fight' s corrida de toros
bull'fight'er s torero
bull'fight'ing adj torero || s toreo
bull'finch' s (orn) camachuelo
bull'frog' s rana toro
bull-headed ['bʊl,hɛdɪd] adj obstinado, terco
bullion ['bʊljən] s oro en barras, plata en barras; (*twisted fringe*) entorchado
bullish ['bʊlɪʃ] adj obstinado; (*market*) en alza; (*speculator*) alcista, optimista
bullock ['bʊlək] s buey m
bull'pen' s (taur) toril m; (*jail*) (coll) prevención

bull'ring' s plaza de toros
bull's-eye ['bʊlz,aɪ] s (*of a target*) diana; (archit, meteor, naut) ojo de buey; **to hit the bull's-eye** hacer diana
bul•ly ['bʊli] adj (coll) excelente, magnífico || s (*pl* -lies) matón m, valentón m || v (*pret & pp* -lied) *tr* intimidar, maltratar
bulrush ['bʊl,rʌʃ] s junco; junco de laguna; (*Typha*) anea, espadaña; (Bib) papiro
bulwark ['bʊlwərk] s baluarte m || *tr* abaluartar; defender, proteger
bum [bʌm] s (slang) holgazán m; (slang) vagabundo; (slang) mendigo || v (*pret & pp* **bummed**; *ger* **bumming**) *tr* (slang) mendigar || *intr* holgazanear; (slang) vagabundear; (slang) mendigar
bumblebee ['bʌmbəl,bi] s abejorro
bump [bʌmp] s (*collision*) topetón m; (*shake*) sacudida; (*on falling*) batacazo; (*of plane in rough air*) rebote m; (*swelling*) hinchazón f, chichón m; protuberancia || *tr* dar contra, topar; (*to bruise*) abollar || *intr* chocar; dar sacudidas; **to bump into** tropezar con; encontrarse con
bumper ['bʌmpər] adj (coll) abundante, grande || s tope m, paratopes m; (aut) amortiguador m, parachoques m; vaso lleno
bumpkin ['bʌmpkɪn] s patán m, palurdo
bumptious ['bʌmpʃəs] adj engreído, presuntuoso
bump•y ['bʌmpi] adj (*comp* -ier; *super* -iest) (*ground*) desigual, áspero; (*air*) agitado
bun [bʌn] s buñuelo, bollo; (*of hair*) castaña
bunch [bʌntʃ] s manojo, puñado; (*of grapes, bananas, etc.*) racimo; (*of flowers*) ramillete m; (*of people*) grupo || *tr* agrupar, juntar || *intr* agruparse; arracimarse
bundle ['bʌndəl] s atado, bulto, lío, paquete m; (*of papers*) legajo; (*of wood*) haz m || *tr* atar, liar, empaquetar, envolver; **to bundle off** despedir precipitadamente; **to bundle up** arropar || *intr* — **to bundle up** arroparse
bung [bʌŋ] s bitoque m, tapón m
bungalow ['bʌŋgə,lo] s bungalow m, casa de una sola planta
bung'hole' s piquera, boca de tonel
bungle ['bʌŋgəl] s chapucería || *tr & intr* chapucear
bungler ['bʌŋglər] s chapucero
bungling ['bʌŋglɪŋ] adj chapucero || s chapucería
bunion ['bʌnjən] s juanete m
bunk [bʌŋk] s tarima; (slang) palabrería vana, música celestial
bunker ['bʌŋkər] s carbonera; (mil) fortín m
bun•ny ['bʌni] s (*pl* -nies) conejito
bunting ['bʌntɪŋ] s banderas colgadas como adorno; (*of a ship*) empavesado; (orn) gorrión triguero
buoy [bɔɪ] o ['bu•i] s boya; boya salvavidas, guindola || *tr* — **to buoy up** mantener a flote; animar, alentar
buoyancy ['bɔɪ•ənsi] o ['bujənsi] s flotación; alegría, animación
buoyant ['bɔɪ•ənt] o ['bujənt] adj boyante; alegre, animado

bur [bʌr] *s* erizo, vilano

burble [ˈbʌrbəl] *s* burbujeo ‖ *intr* burbujear

burden [ˈbʌrdən] *s* carga; (*of a speech*) tema *m;* (*of a poem*) estribillo ‖ *tr* cargar; agobiar, gravar

burden of proof *s* peso de la prueba

burdensome [ˈbʌrdənsəm] *adj* gravoso, oneroso

burdock [ˈbʌrdak] *s* bardana, cadillo

bureau [ˈbjʊro] *s* cómoda; despacho, oficina; departamento, negociado

bureaucra•cy [bjʊˈrakrəsi] *s* (*pl* **-cies**) burocracia; funcionariado

bureaucrat [ˈbjʊrə,kræt] *s* burócrata *mf*

bureaucratic [,bjʊrəˈkrætɪk] *adj* burocrático

burgess [ˈbʌrdʒɪs] *s* burgués *m*, ciudadano; alcalde *m* de un pueblo o villa

burglar [ˈbʌrglər] *s* escalador *m*

burglar alarm *s* alarma de ladrones

bur′glar•proof′ *adj* a prueba de escaladores; antirrobo

burglar•y [ˈbʌrgləri] *s* (*pl* **-ies**) robo con escalamiento

Burgundian [bərˈgʌndɪ•ən] *adj & s* borgoñón *m*

Burgundy [ˈbʌrgəndi] *s* la Borgoña; (*wine*) borgoña *m*

burial [ˈbɛrɪ•əl] *s* entierro

burial ground *s* cementerio

burlap [ˈbʌrlæp] *s* arpillera

burlesque [bərˈlɛsk] *adj* burlesco, festivo ‖ *s* parodia ‖ *tr* parodiar

burlesque show *s* espectáculo de bailes y cantos groseros, music-hall *m;* bataclán *m* (SAm)

bur•ly [ˈbʌrli] *adj* (*comp* **-lier;** *super* **-liest**) fornido, corpulento, membrudo

Burma [ˈbʌrmə] *s* Birmania

Bur•mese [bərˈmiz] *adj* birmano ‖ *s* (*pl* **-mese**) birmano

burn [bʌrn] *s* quemadura, quemazón *f* ‖ *v* (*pret & pp* **burned** o **burnt** [bʌrnt]) *tr* quemar ‖ *intr* quemar, quemarse; estar encendido (*p ej un faro*); **to burn out** quemarse (*un fusible*); fundirse (*una bombilla*); **to burn within** requemarse

burner [ˈbʌrnər] *s* (*of furnace*) quemador *m;* (*of gas fixture or lamp*) mechero

burning [ˈbʌrnɪŋ] *adj* ardiente ‖ *s* quema, incendio

burning question *s* cuestión palpitante

burnish [ˈbʌrnɪʃ] *s* bruñido ‖ *tr* bruñir ‖ *intr* bruñirse

burnoose [bərˈnus] *s* albornoz *m*

burnt almond [bʌrnt] *s* almendra tostada

burr [bʌr] *s* (*of plant*) erizo; (*of cut in metal*) rebaba

burrow [ˈbʌro] *s* madriguera, conejera ‖ *tr* hacer madrigueras en; socavar ‖ *intr* amadrigarse; esconderse

bursar [ˈbʌrsər] *s* tesorero universitario

burst [bʌrst] *s* explosión, reventón *m*, estallido; (*of machine gun*) ráfaga; salida brusca ‖ *v* (*pret & pp* **burst**) *tr* reventar ‖ *intr* reventar, reventarse; partirse (*el corazón*); **to burst into** irrumpir en (*un cuarto*); desatarse en (*amenazas*); prorrumpir en

(*lágrimas*); **to burst out crying** deshacerse en lágrimas; **to burst with laughter** reventar de risa

bur•y [ˈbɛri] *v* (*pret & pp* **-ied**) *tr* enterrar; **to be buried in thought** estar absorto en meditación; **to bury the hatchet** hacer la paz, echar pelillos a la mar

burying ground *s* cementerio

bus. *abbr* **business**

bus [bʌs] *s* (*pl* **busses** o **buses**) autobús *m* ‖ *tr* llevar en un autobús

bus boy *s* ayudante *m* de camarero

bus•by [ˈbʌzbi] *s* (*pl* **-bies**) morrión *m* de húsar, colbac *m*

bush [bʊʃ] *s* arbusto; (*scrubby growth*) matorral *m*, monte *m;* **to beat about the bush** andar con rodeos

bushel [ˈbʊʃəl] *s* medida para áridos (*35,23 litros en E.U.A. y 36,35 litros en Inglaterra*)

bushing [ˈbʊʃɪŋ] *s* buje *m*, forro

bush•y [ˈbʊʃi] *adj* (*comp* **-ier;** *super* **-iest**) arbustivo; peludo, lanudo; espeso

business [ˈbɪznɪs] *adj* comercial, de negocios ‖ *s* negocio, comercio; (*company, concern*) empresa; (*job, employment*) empleo, oficio; (*matter*) asunto, cuestión; (*duty*) obligación; (*right*) derecho; **on business** por negocios; **to have no business to** no tener derecho a; **to make it one's business to** proponerse; **to mean business** (coll) obrar en serio, hablar en serio; **to mind one's own business** no meterse en lo que no le importa a uno; **to send about one's business** mandar a paseo

business district *s* barrio comercial

businesslike [ˈbɪznɪs,laɪk] *adj* práctico, sistemático, serio

business•man [ˈbɪznɪs,mæn] *s* (*pl* **-men** [,mɛn]) comerciante *m*, hombre *m* de negocios

business suit *s* traje *m* de calle

bus•man [ˈbʌsmən] *s* (*pl* **-men** [mən]) conductor *m* de autobús

buss [bʌs] *s* (coll) beso sonado ‖ *tr* dar besos sonados a ‖ *intr* dar besos sonados; darse besos sonados

bust [bʌst] *s* busto; (*of woman*) pecho; (slang) fracaso, borrachera ‖ *tr* (slang) reventar, romper; (slang) arruinar; (slang) golpear, pegar ‖ *intr* (slang) reventar, fracasar

buster [ˈbʌstər] *s* muchachito

bustle [ˈbʌsəl] *s* (*of woman's dress*) polisón *m;* alboroto, bullicio ‖ *intr* ajetrearse, menearse

bus•y [ˈbɪzi] *adj* (*comp* **-ier;** *super* **-iest**) ocupado; (*e.g., street*) concurrido; (*meddling*) intruso, entremetido ‖ *v* (*pret & pp* **-ied**) *tr* ocupar; **to busy oneself with** ocuparse de

busybod•y [ˈbɪzi,badi] *s* (*pl* **-ies**) entremetido, fisgón *m*

busy signal *s* (telp) señal *f* de ocupado

but [bʌt] *adv* sólo, solamente, no . . . más que; **but for** a no ser por; **but little** muy poco ‖ *prep* excepto, salvo; **all but** casi ‖

conj pero; sino, p.ej., **nobody came but John** no vino sino Juan

butcher [ˈbʊtʃər] *s* carnicero; pesero (CAm, Col, Ven) ‖ *tr* matar (*reses para el consumo*); dar muerte a; (*to bungle*) chapucear

butcher knife *s* cuchilla de carnicero

butcher shop *s* carnicería; pesa (CAm, Col, Ven)

butcher·y [ˈbʊtʃəri] *s* (*pl* **-ies**) (*slaughterhouse*) matadero; (*wanton slaughter*) matanza, carnicería

butler [ˈbʌtlər] *s* despensero, mayordomo

butt [bʌt] *s* (*of gun*) culata; (*of cigaret*) colilla, punta; (*of horned animal*) cabezada, topetada, topetón *m;* (*target*) blanco; hazmerreír *m;* (*large cask*) pipa; (*rear end*) pompis *m* ‖ *tr* topar, topetar; acornear ‖ *intr* dar cabezadas; **to butt against** confinar con; **to butt in** (slang) entremeterse

butter [ˈbʌtər] *s* mantequilla ‖ *tr* untar con mantequilla; **to butter up** (coll) adular, lisonjear

but'ter·cup' *s* botón *m* de oro

butter dish *s* mantequillera

but'ter·fly' *s* (*pl* **-flies**) mariposa

butter knife *s* cuchillo mantequillero

but'ter·milk' *s* leche *f* de manteca

butter sauce *s* mantequilla fundida

but'ter·scotch' *s* bombón *m* escocés, bombón hecho con azúcar terciado y mantequilla

buttocks [ˈbʌtəks] *spl* nalgas; fundillo (Cuba, Mex)

button [ˈbʌtən] *s* botón *m* ‖ *tr* abotonar, abrocharse

but'ton·hole' *s* ojal *m* ‖ *tr* detener con conversación

but'ton·hook *s* abotonador *m*

but'ton·wood' **tree** *s* plátano de occidente

buttress [ˈbʌtrɪs] *s* contrafuerte *m;* (fig) apoyo, sostén *m* ‖ *tr* estribar; (fig) apoyar, sostener

butt weld *s* soldadura a tope

buxom [ˈbʌksəm] *adj* rolliza, frescachona

buy [baɪ] *s* (coll) compra; (*bargain*) (coll) ganga ‖ *v* (*pret & pp* **bought** [bɔt]) *tr* comprar; **to buy back** recomprar; **to buy off** comprar, sobornar; **to buy out** comprar la parte de (*un socio*); **to buy up** acaparar

buyer [ˈbaɪər] *s* comprador *m*

buzz [bʌz] *s* zumbido ‖ *intr* zumbar; **to buzz about** ajetrearse, cazcalear

buzzard [ˈbʌzərd] *s* alfaneque *m*

buzz bomb *s* bomba volante

buzzer [ˈbʌzər] *s* zumbador *m*

buzz saw *s* sierra circular

bx. *abbr* box

by [baɪ] *adv* cerca; a un lado; **by and by** luego ‖ *prep* por; cerca de, al lado de; (*not later than*) para; **by far** con mucho; **by the way** de paso; a propósito

by-and-by [ˈbaɪənd'baɪ] *s* porvenir *m*

bye-bye [ˈbaɪ'baɪ] *s* mu *f;* **to go bye-bye** ir a la mu ‖ *interj* (coll) ¡adiosito!; (*to a child*) ¡ro ro!

bygone [ˈbaɪgɔn] o [ˈbaɪgɑn] *adj* pasado ‖ *s* pasado; **let bygones be bygones** olvidemos lo pasado

bylaw [ˈbaɪˌlɔ] *s* reglamento, estatuto

bypass [ˈbaɪˌpæs] *s* desviación; tubo de paso ‖ *tr* desviar; eludir

by'-prod'uct *s* subproducto, derivado

bystander [ˈbaɪˌstændər] *s* asistente *mf*, circunstante *mf*

byway [ˈbaɪˌwe] *s* camino apartado

byword [ˈbaɪˌwʌrd] *s* objeto de oprobio; refrán *m*, muletilla; apodo

Byzantine [ˈbɪzənˌtin] o [bɪˈzæntin] *adj & s* bizantino

Byzantium [bɪˈzænʃɪ·əm] o [bɪˈzæntɪ·əm] *s* Bizancio

C

C, c [si] tercera letra del alfabeto inglés

c. *abbr* **cent, center, centimeter**

C. *abbr* **centigrade, Congress, Court**

cab [kæb] *s* coche *m* de plaza o de punto; taxi *m;* (*of a truck*) casilla

cabaret [ˌkæbəˈre] *s* cabaret *m*

cabbage [ˈkæbɪdʒ] *s* col *f*, berza

cab driver *s* cochero de plaza; taxista *mf*

cabin [ˈkæbɪn] *s* (*hut, cottage*) cabaña; (aer) cabina; (naut) camarote *m*

cabin boy *s* mozo de cámara

cabinet [ˈkæbɪnɪt] *s* (*piece of furniture for displaying objects*) escaparate *m*, vitrina; (*for a radio*) caja, mueble *m;* (*closet*) armario; (*private room; ministry of a government*) gabinete *m*

cab'inet·ma'ker *s* ebanista *m*

cab'inet·ma'king *s* ebanistería

cable [ˈkebəl] *adj* cablegráfico ‖ *s* cable *m;* cablegrama *m* ‖ *tr & intr* cablegrafiar

cable address *s* dirección cablegráfica

cable car *s* tranvía *m* de tracción por cable

cablegram [ˈkebəlˌgræm] *s* cablegrama *m*

cable television *s* televisión por cable

caboose [kəˈbus] *s* (rr) furgón de cola

cab'stand' *s* punto de coches, punto de taxis

cache [kæʃ] *s* escondrijo; víveres escondidos ‖ *tr* depositar en un escondrijo; ocultar

cachet [kæˈʃe] *s* sello

cackle [ˈkækəl] *s* (*of a hen*) cacareo; (*idle talk*) charla ‖ *intr* cacarear; charlar

cac·tus [ˈkæktəs] *s* (*pl* **-tuses** o **-ti** [taɪ]) cacto

cad [kæd] *s* sinvergüenza *mf*; **to behave like a cad** tener mala leche

cadaver [kə'dævər] s cadáver m
cadaverous [kə'dævərəs] adj cadavérico
caddie ['kædi] s caddie m (muchacho que lleva los utensilios en el juego de golf) ‖ intr servir de caddie
cadence ['kedəns] s cadencia
cadet [kə'dɛt] s hermano menor, hijo menor; (student at military school) cadete m
cadmium ['kædmɪ•əm] s cadmio
cadre ['kædri] s (mil) cuadro
Caesar ['sizər] s César m
café [kæ'fe] s bar m, cabaret m; restaurante m
café society s gente f del mundo elegante que frecuenta los cabarets de moda
cafeteria [,kæfə'tɪrɪ•ə] s cafetería
cage [kedʒ] s jaula ‖ tr enjaular
cageling ['kedʒlɪŋ] s pájaro enjaulado
ca•gey ['kedʒi] adj (comp **-gier;** super **-giest**) (coll) astuto
cahoots [kə'huts] s — **to be in cahoots** (slang) confabularse (dos o más personas); **to go cahoots** (slang) entrar por partes iguales
Cain [ken] s Caín m; **to raise Cain** (slang) armar camorra
Cairo ['kaɪro] s El Cairo
caisson ['kesən] s cajón m de aire comprimido, esclusa de aire
cajole [kə'dʒol] tr adular, lisonjear, halagar
cajoler•y [kə'dʒoləri] s (pl **-ies**) adulación, lisonja, halago
cake [kek] s pastel m, bollo, queque m; (small cake) pastelillo; (sponge cake) bizcocho; (of fish) fritada; (of earth) terrón m; (of soap) pan m, pastilla; (of ice) témpano; **to take the cake** (coll) ser el colmo ‖ intr apelmazarse, aterronarse
calabash ['kælə,bæʃ] s calabacera; jícaro; (fruit) calabaza
calamitous [kə'læmɪtəs] adj calamitoso
calami•ty [kə'læmɪti] s (pl **-ties**) calamidad
calci•fy ['kælsɪ,faɪ] v (pret & pp **-fied**) calcificar ‖ intr calcificarse
calcium ['kælsɪ•əm] s calcio
calculate ['kælkjə,let] tr calcular; (to reckon) (coll) calcular ‖ intr calcular; **to calculate on** contar con
calculating ['kælkjə,letɪŋ] adj de calcular; astuto, intrigante
calculating machine s calculadora, máquina de calcular
calcu•lus ['kælkjələs] s (pl **-luses** o **-li** [,laɪ]) (math, pathol) cálculo
caldron ['kɔldrən] s calderón m
calendar ['kæləndər] s calendario, almanaque m
calf [kæf] o [kɑf] s (pl **calves** [kævz] o [kɑvz]) ternero; (of the leg) pantorrilla
calf'skin' s becerro, becerrillo
caliber ['kælɪbər] s calibre m
calibrate ['kælɪ,bret] tr calibrar
cali•co ['kælɪ,ko] s (pl **-coes** o **-cos**) calicó m, indiana
California [,kælɪ'fɔrnɪ•ə] s California
calipers ['kælɪpərz] spl calibrador m, compás m de calibres
caliph ['kelɪf] o ['kælɪf] s califa m

caliphate ['kælɪ,fet] s califato
calisthenic [,kælɪs'θɛnɪk] adj calisténico ‖ **calisthenics** spl calistenia
calk [kɔk] tr calafatear
calking ['kɔkɪŋ] s calafateo
call [kɔl] s llamada; visita; (of a boat or airplane) escala; vocación; **within call** al alcance de la voz ‖ tr llamar; convocar (p.ej., una huelga); **to call back** mandar volver; **to call down** (coll) reprender, regañar; **to call in** hacer entrar; (from circulation) retirar; **to call off** aplazar, suspender; desconvocar; **to call out** llamar (a uno) que salga; **to call together** convocar, reunir; **to call up** llamar por teléfono; evocar, recordar ‖ intr llamar, gritar; hacer una visita; (naut) hacer escala; **to call on** acudir a; visitar; **to call out** gritar; **to go calling** ir de visitas
calla lily ['kælə] s cala, lirio de agua
call bell s timbre m de llamada
call'boy' s (in a hotel) botones m; (theat) traspunte m
caller ['kɔlər] s visitante mf
call girl s chica de cita
calling ['kɔlɪŋ] s profesión, vocación
calling card s tarjeta de visita
calliope [kə'laɪ•əpi] o ['kælɪ•op] s (mus) órgano de vapor ‖ **Calliope** [kə'laɪ•əpi] s Calíope f
call number s número de teléfono, (of a book) número de clasificación
callous ['kæləs] adj calloso; (fig) duro, insensible
call to arms s — **to sound the call to arms** (mil) batir o tocar a llamada
call to the colors s (mil) llamada a filas
callus ['kæləs] s callo
calm [kɑm] adj tranquilo, quieto; (sea) bonancible ‖ s tranquilidad, calma ‖ tr tranquilizar, calmar ‖ intr — **to calm down** tranquilizarse, calmarse; abonanzar, calmar (el viento, el tiempo)
calmness ['kɑmnɪs] s tranquilidad, calma
calorie ['kæləri] s caloría
calum•ny ['kæləmni] s (pl **-nies**) calumnia
calva•ry ['kælvəri] s (pl **-ries**) (at the entrance to a town) humilladero ‖ **Calvary** s Calvario
calyp•so [kə'lɪpso] s (pl **-sos**) calipso ‖ **Calypso** s Calipso f
cam [kæm] s leva
cambric ['kembrɪk] s batista
camel ['kæməl] s camello
came•o ['kæmɪ•o] s (pl **-os**) camafeo
camera ['kæmərə] s cámara fotográfica, máquina fotográfica
camera•man ['kæmərə,mæn] s (pl **-men** [,mɛn]) camarógrafo, tomavistas m
camomile ['kæmə,maɪl] s manzanilla
camouflage ['kæmə,flɑʒ] s camuflaje m ‖ tr camuflar
camp [kæmp] s campamento ‖ intr acampar
campaign [kæm'pen] s campaña ‖ intr hacer campaña
campaigner [kæm'penər] s propagandista mf; veterano

bu .
ca

camp'fire' s hoguera de campamento
camphor ['kæmfər] s alcanfor m
camp'stool' s silla de tijera, catrecillo
campus ['kæmpəs] s terrenos, recinto (de la universidad)
cam'shaft' s árbol m de levas
can [kæn] s bote m, envase m, lata ‖ v (pret & pp **canned;** ger **canning**) tr envasar, enlatar ‖ v (pret & cond **could**) v aux he **can come tomorrow** puede venir mañana; **can you swim?** ¿sabe Vd. nadar?
Canada ['kænədə] s el Canadá
Canadian [kə'nedɪ•ən] adj & s canadiense
canal [kə'næl] s canal m
canar•y [kə'nɛri] s (pl -ies) canario ‖ **Canaries** spl Canarias
can•cel ['kænsəl] v (pret & pp -**celed** o -**celled;** ger -**celing** o -**celling**) tr cancelar, eliminar, suprimir; matasellar, obliterar (sellos de correo)
canceler ['kænsələr] s matasellos m
cancellation [,kænsə'leʃən] s cancelación, eliminación, supresión; revocatoria; (of stamps) obliteración
cancer ['kænsər] s cáncer m; **Cancer** s (astr) Cáncer m
cancerous ['kænsərəs] adj canceroso
candela•brum [,kændə'lebrəm] s (pl -**bra** [brə] o -**brums**) candelabro
candid ['kændɪd] adj franco, sincero; imparcial
candida•cy ['kændɪdəsi] s (pl -**cies**) candidatura
candidate ['kændɪ,det] s candidato; (for a degree) graduando
candid camera s cámara indiscreta
candle ['kændəl] s bujía, candela, vela
can'dle•hold'er s candelero
can'dle•light' s luz f de vela; crepúsculo
candle power s bujía
can'dle•stick' s palmatoria
candor ['kændər] s franqueza, sinceridad; imparcialidad
can•dy ['kændi] s (pl -**dies**) bombón m, confite m, dulce m; dulces mpl ‖ v (pret & pp -**died**) tr almibarar, confitar, garapiñar ‖ intr almibararse
candy box s bombonera, confitera
candy store s confitería, dulcería
cane [ken] s (plant; stem) caña; (walking stick) bastón m; (for chair seats) junco, mimbre m, rejilla
cane seat s asiento de rejilla
cane sugar s azúcar m de caña
canine ['kenaɪn] adj canino ‖ s (tooth) canino; perro
canned goods spl conservas alimenticias
canner•y ['kænəri] s (pl -**ies**) conservera, fábrica de conservas
cannibal ['kænɪbəl] adj & s caníbal mf
canning ['kænɪŋ] adj conservero ‖ s conservería
cannon ['kænən] s cañón m; cañones
cannonade [,kænə'ned] s cañoneo ‖ tr cañonear
cannon ball s bala de cañón
cannon fodder s carne f de cañón

can•ny ['kæni] adj (comp -**nier;** super -**niest**) cauteloso, cuerdo; astuto
canoe [kə'nu] s canoa; bongo (SAm)
canoeing [kə'nu•ɪŋ] s piraguismo
canoeist [kə'nu•ɪst] s canoero
canon ['kænən] s canon m; (priest) canónigo
canonical [kə'nɑnɪkəl] adj canónico; aceptado, auténtico, establecido ‖ **canonicals** spl vestiduras sacerdotales
canonize ['kænə,naɪz] tr canonizar
canon law s cánones mpl, derecho canónico
canon•ry ['kænənri] s (pl -**ries**) canonjía
can opener ['opənər] s abrelatas m
cano•py ['kænəpi] s (pl -**pies**) dosel m, pabellón m; (over an entrance) marquesina; (for electrical fixtures) campana
canopy of heaven s bóveda celeste
cant [kænt] s hipocresía; jerga, jerigonza
cantaloupe ['kæntə,lop] s cantalupo
cantankerous [kæn'tæŋkərəs] adj de mal genio, pendenciero
canteen [kæn'tin] s (shop) cantina; (water flask) cantimplora; (mil) centro de recreo
canter ['kæntər] s medio galope ‖ intr ir a medio galope
canticle ['kæntɪkəl] s cántico
cantilever ['kæntɪ,livər] adj voladizo ‖ s viga voladiza
cantle ['kæntəl] s arzón trasero
canton [kæn'tɑn] tr acantonar
cantonment [kæn'tɑnmənt] s acantonamiento
cantor ['kæntər] s chantre m; (in a synagogue) cantor m principal
canvas ['kænvəs] s cañamazo, lona; (naut) vela, lona; (painting) lienzo; **under canvas** (mil) en tiendas; (naut) con las velas izadas
canvass ['kænvəs] s pesquisa, escrutinio; (of votes) solicitación ‖ tr escrutar, solicitar; discutir detenidamente
canyon ['kænjən] s cañón m
cap. abbr **capital, capitalize**
cap [kæp] s gorra, gorra de visera; (of academic costume) birrete m; (of bottle) cápsula; (e.g., of a fountain pen) capuchón m ‖ v (pret & pp **capped;** ger **capping**) tr cubrir con gorra; capsular (una botella); **to cap the climax** ser el colmo
capabili•ty [,kepə'bɪlɪti] s (pl -**ties**) habilidad, capacidad
capable ['kepəbəl] adj hábil, capaz
capacious [kə'peʃəs] adj espacioso, capaz
capaci•ty [kə'pæsɪti] s (pl -**ties**) (room, space; ability, aptitude) capacidad; (status, function) calidad; **in the capacity of** en calidad de
cap and bells spl caperuza de bufón; cetro de la locura
cap and gown s birrete y toga
caparison [kə'pærɪsən] s caparazón m ‖ tr engualdrapar
cape [kep] s cabo, promontorio; (garment) capa, esclavina
Cape Colony s la Colonia del Cabo
Cape Horn s el Cabo de Hornos
Cape of Good Hope s Cabo de Buena Esperanza

caper ['kepər] s (*gay jump*) cabriola; (*prank*) travesura; to cut capers dar cabriolas; hacer travesuras ‖ *intr* cabriolear; retozar

Cape'town' o Cape Town s El Cabo, la Ciudad del Cabo

cape'work' s (taur) suerte *f* de capa, lance *m*

capital ['kæpɪtəl] *adj* capital ‖ s (*money*) capital *m;* (*city*) capital *f;* (*top of a column*) capitel *m;* to make capital out of sacar beneficio de

capital flight s fuga de capitales

capitalism [['kæpɪtə,lɪzəm] s capitalismo

capitalize ['kæpɪtə,laɪz] *tr* escribir con mayúscula; capitalizar ‖ *intr* — to capitalize on aprovecharse de

capital letter s letra mayúscula

capital punishment s pena capital, último suplicio

capitol ['kæpɪtəl] s capitolio

capitulate [kə'pɪtʃə,let] *intr* capitular

capon ['kepan] s capón *m*

caprice [kə'pris] s capricho, antojo; veleidad

capricious [kə'prɪʃəs] *adj* caprichoso, antojadizo

Capricorn ['kæprɪ,kɔrn] s (astr) Capricornio

capsize ['kæpsaɪz] *tr* volcar ‖ *intr* volcar; tumbar, zozobrar (*un barco*)

capstan ['kæpstən] s cabrestante *m*

cap'stone' s coronamiento

capsule ['kæpsəl] s cápsula

Capt. *abbr* Captain

captain ['kæptən] s capitán *m* ‖ *tr* capitanear

captain•cy ['kæptənsi] s (*pl* -cies) capitanía

caption ['kæpʃən] s título; (*in a movie*) subtítulo

captivate ['kæptɪ,vet] *tr* cautivar, encantar

captive ['kæptɪv] *adj* & s cautivo

captivi•ty [kæp'tɪvɪti] s (*pl* -ties) cautividad, cautiverio

captor ['kæptər] s aprehensor *m*

capture ['kæptʃər] s apresamiento, captura; (*of a stronghold*) toma ‖ *tr* apresar, capturar; tomar (*una plaza*); captar (*p.ej., la atención de una persona*)

Capuchin nun ['kæpjʊtʃɪn] o ['kæpjʊʃɪn] s capuchina

car [kar] s coche *m;* (*of an elevator*) caja, carro

carafe [kə'ræf] s garrafa

caramel ['kærəməl] o ['karməl] s (*burnt sugar*) caramelo; bombón *m* de caramelo

carat ['kærət] s quilate *m*

caravan ['kærə,væn] s caravana

caravansa•ry [,kærə'vænsəri] s (*pl* -ries) caravanera

caraway ['kærə,we] s alcaravea

car'barn' s cochera de tranvías

carbide ['karbaɪd] s carburo

carbine ['karbaɪn] s carabina

carbolic acid [kar'balɪk] s ácido carbólico

car bomb s coche bomba

carbon ['karbən] s (*chemical element*) carbono; (*pole of arc light or battery*) carbón *m;* papel *m* carbón; (*in auto cylinders*) carbonilla

carbon copy s copia al carbón

carbon dioxide s dióxido de carbono

carbon monoxide s óxido de carbono, monóxido de carbono

carbon paper s papel *m* carbón

car'boy' s bombona, garrafón *m*

carbuncle ['karbʌŋkəl] s (*stone*) carbunclo, carbúnculo; (*pathol*) carbunclo, carbunco

carburetor ['karbə,retər] s carburador *m*

car caller s avisacoches *m*

carcass ['karkəs] s res muerta, cadáver *m*

carcinogen [kar'sɪnəjən] s carcinógeno

carcinoma [,karsə'nomə] s carcinógeno

card [kard] s tarjeta; (*for playing games*) naipe *m*, carta; (*for filing*) ficha; (*person*) (coll) sujeto, tipo

card'board' s cartón *m*

cardboard binding s encuadernación en pasta

card case s tarjetero

card catalogue s catálogo de fichas

cardiac ['kardɪ,æk] *adj* cardíaco ‖ s (*medicine; sufferer*) cardíaco

cardigan ['kardɪgən] s albornoz *m*, rebeca

cardinal ['kardɪnəl] *adj* cardinal; purpurado ‖ s (*prelate; bird*) cardenal *m;* número cardinal

card index s fichero, tarjetero

card party s tertulia de baraja

card'sharp' s fullero, tahur *m*

card trick s truco de naipes

care [ker] s (*worry*) inquietud, ansiedad; (*watchful attention*) esmero; (*charge*) cargo, custodia; care of suplicada en casa de; to take care of oneself cuidarse ‖ *intr* inquietarse, preocuparse; to care for cuidar de; amar, querer; to care to tener ganas de; I couldn't care less me importe un pepino

careen [kə'rin] *intr* inclinarse; mecerse precipitadamente

career [kə'rɪr] *adj* de carrera ‖ s carrera

care'free' *adj* despreocupado, libre de cuidados

careful ['kerfəl] *adj* (*acting with care*) cuidadoso; (*done with care*) esmerado; to be careful to cuidarse de

careless ['kerlɪs] *adj* descuidado, negligente

carelessness ['kerlɪsnɪs] s descuido, negligencia

car enthusiast s devoto del volante

caress [kə'res] s caricia ‖ *tr* acariciar ‖ *intr* acariciarse

caretaker ['ker,tekər] s curador *m*, guardián *m*, custodio

care'worn' *adj* fatigado, rendido

car'fare' s pasaje *m* de tranvía o autobús

car•go ['kargo] s (*pl* -goes o -gos) carga, cargamento

cargo boat s barco de carga

Caribbean [,kærɪ'biən] o [kə'rɪbiən] *adj* caribe ‖ s mar *m* Caribe

caricature ['kærɪkət/ər] s caricatura ‖ *tr* caricaturizar

caricaturist ['kærɪkət/ərɪst] s caricaturista *mf*

carillon ['kærɪ,lan] o [kə'rɪljən] s carillón *m*

car'load' s furgonada, vagonada

carnage ['kɑrnɪdʒ] *s* carnicería, matanza
carnation [kɑr'neʃən] *adj* encarnado ‖ *s* clavel *m*, clavel reventón
carnival ['kɑrnɪvəl] *adj* carnavalesco ‖ *s* (*period before Lent*) carnaval *m;* verbena, espectáculo de atracciones
car•ol ['kærəl] *s* canción alegre, villancico ‖ *v* (*pret & pp* **-oled** o **-olled;** *ger* **-oling** o **-olling**); *tr* celebrar con villancicos ‖ *intr* cantar con alegría
carom ['kærəm] *s* carambola ‖ *intr* carambolear
carousal [kə'rauzəl] *s* juerga, borrachera, jarana
carouse [kə'rauz] *intr* emborracharse, jaranear
carp [kɑrp] *s* (*pez*) carpa ‖ *intr* quejarse
carpenter ['kɑrpəntər] *s* carpintero
carpentry ['kɑrpəntri] *s* carpintería
carpet ['kɑrpɪt] *s* alfombra; **to be on the carpet** estar sobre el tapete ‖ *tr* alfombrar
carpet sweeper *s* barredora de alfombras
car´-rent´al service *s* alquiler *m* de coches
carriage ['kærɪdʒ] *s* carruaje *m;* (*cost of carrying*) porte *m*, transporte *m;* (*bearing*) porte *m*, continente *m;* (*mach*) carro
carrier ['kærɪ•ər] *s* portador *m*, transportador *m;* portador de gérmenes; empresa de transportes; (*mailman*) cartero; vendedor *m* de periódicos; portaaviones *m;* (*rad*) onda portadora
carrier pigeon *s* paloma mensajera
carrier wave *s* (rad) onda portadora
carrion ['kærɪ•ən] *adj* carroño; inmundo ‖ *s* carroña; inmundicia
carrot ['kærət] *s* zanahoria
carrousel [,kærə'zɛl] *s* caballitos, tiovivo
car•ry ['kæri] *v* (*pret & pp* **-ried**) *tr* llevar, portar, traer; transportar; sostener (*una carga*); **to carry away** llevarse; encantar, entusiasmar; **to carry into effect** llevar a cabo; **to carry one's point** salirse con la suya; **to carry out** llevar a cabo; **to carry the day** quedar victorioso, ganar la palma; **to carry weight** ser de peso ‖ *intr* tener alcance; **to carry on** continuar, perseverar; (coll) travesear; (coll) comportarse de un modo escandaloso; (coll) hacer locuras
cart [kɑrt] *s* carreta, carro ‖ *tr* carretear
carte blanche ['kɑrt'blɑnʃ] *s* carta blanca
cartel [kɑr'tɛl] *s* cartel *m*
Carthage ['kɑrθɪdʒ] *s* Cartago
Carthaginian [,kɑrθə'dʒɪnɪ•ən] *adj & s* cartaginés *m*
cart horse *s* caballo de tiro
cartilage ['kɑrtɪlɪdʒ] *s* cartílago
cartoon [kɑr'tun] *s* caricatura; (*comic strip*) tira cómica; (*film*) película de dibujos ‖ *tr* caricaturizar
cartoonist [kɑr'tunɪst] *s* caricaturista *mf*
cartridge ['kɑrtrɪdʒ] *s* cartucho
cartridge belt *s* canana
carve [kɑrv] *tr* trinchar (*carne*); esculpir, tallar
carving knife ['kɑrvɪŋ] *s* cuchillo de trinchar
car washer *s* lavacoches *m*
caryatid [,kærɪ'ætɪd] *s* cariátide *f*

cascade [kæs'ked] *s* cascada
case [kes] *s* (*instance; form of a word*) caso; (*box*) caja; (*small container*) estuche *m;* (*for cigarettes*) pitillera; (*sheath*) vaina, funda; (law) causa, pleito; **in case** caso que; **in no case** de ninguna manera ‖ *tr* encajonar, enfundar
casement ['kesmənt] *s* ventana batiente; bastidor *m* (*de la ventana*)
cash [kæʃ] *s* dinero contante; pago al contado; **cash on delivery** contra reembolso, pago contra entrega; **to pay cash** pagar al contado ‖ *tr* cobrar (*un cheque el portador*); abonar, pagar (*un cheque el banco*) ‖ *intr* — **to cash in on** (coll) sacar provecho de
cash and carry *s* pago al contado con transporte a cargo del comprador
cash´box´ *s* caja
cashew ['kæʃu] *s* anacardo, marañón *m*
cashew nut *s* anacardo, nuez *f* de marañón
cashier [kæ'ʃɪr] *s* cajero ‖ *tr* destruir; (*in the army*) degradar
cashier's check *s* cheque *m* de caja
cashier's desk *s* caja
cashmere ['kæʃmɪr] *s* casimir *m*, cachemir *m*
cash on hand *s* efectivo en caja
cash payment *s* pago al contado
cash purchase *s* compra al contado
cash register *s* caja registradora
casing ['kesɪŋ] *s* caja, cubierta, envoltura; (*of door or window*) marco, cerco; (*of tire*) cubierta; (sew) jareta
cask [kæsk] o [kɑsk] *s* casco, pipa, tonel *m*
casket ['kæskɪt] *s* (*box for valuables*) cajita, joyero; (*coffin*) caja, ataúd *m*
cassava [kə'sɑvə] *s* cazabe *m*, casabe *m*
casserole ['kæsə,rol] *s* cacerola; (*dish cooked in a casserole*) timbal *m*
cassette [kæ'sɛt] *s* casete *m*
cassette player *s* grabador-reproductor *m*
cassock ['kæsək] *s* balandrán *m*, sotana
cast [kæst] *s* echada, tiro; forma, molde *m;* aire *m*, semblante *m;* matiz *m*, tinte *m;* (*of actors*) reparto ‖ *v* (*pret & pp* **cast**) *tr* echar, tirar; volver (*los ojos*); proyectar (*una sombra*); colar, fundir (*metales*); depositar (*votos*); echar (*suertes*); (theat) repartir (*papeles*); **to cast aside** desechar; **to cast loose** soltar; **to cast out** arrojar, echar fuera; despedir, desterrar ‖ *intr* echar los dados; arrojar el sedal o el anzuelo; **to cast about** revolver proyectos; **to cast off** (naut) soltar las amarras
castanet [,kæstə'nɛt] *s* castañuela, castañeta
cast´a•way´ *adj & s* proscrito, réprobo; náufrago
caste [kæst] *s* casta; **to lose caste** desprestigiarse
caster ['kæstər] *s* ruedecilla de mueble; (*cruet stand*) angarillas, vinagreras; frasco
Castile [kæs'til] *s* Castilla
Castile soap *s* jabón *m* de Castilla
Castilian [kæs'tɪljən] *adj & s* castellano
casting ['kæstɪŋ] *s* fundición, pieza fundida; (theat) reparto
casting vote *s* voto de calidad

cast iron s hierro colado, hierro fundido

cast'-i'ron adj de hierro colado; fuerte, endurecido; duro, inflexible

castle ['kæsəl] s castillo; (chess) roque m, torre f ‖ tr & intr (chess) enrocar

castle in Spain o **castle in the air** s castillo en el aire

cast'off' adj abandonado, desechado; (clothing) de desecho ‖ s desecho

castor oil ['kæstər] s aceite m de ricino

castrate ['kæstret] tr capar, castrar

casual ['kæʒʊ•əl] adj casual, fortuito; descuidado, indiferente

casual•ty ['kæʒu•əltɪ] s (pl -ties) desgracia, accidente m; accidentado, víctima; (in war) baja

casualty list s lista de bajas

cat. abbr **catalogue, catechism**

cat [kæt] s gato; mujer maligna; **to bell the cat** ponerle cascabel al gato; **to let the cat out of the bag** revelar el secreto

catacomb ['kætə,kom] s catacumba

Catalan ['kætə,læn] adj & s catalán m

catalogue ['kætə,lɔg] o ['kætə,lɑg] s catálogo ‖ tr catalogar

Catalonia [,kætə'lonɪ•ə] s Cataluña

Catalonian [,kætə'lonɪ•ən] adj & s catalán m

catapult ['kætə,pʌlt] s catapulta ‖ tr catapultar

cataract ['kætə,rækt] s catarata; (pathol) catarata

catarrh [kə'tɑr] s catarro

catastrophe [kə'tæstrəfɪ] s catástrofe f

cat'call' s rechifla ‖ tr & intr rechiflar

catch [kætʃ] s (of a ball) cogida; (of fish) pesca; (of a lock) cerradera, pestillo; (booty) botín m, presa, (fastener) broche m; (good match) buen partido ‖ v (pret & pp **caught** [kɔt]) tr asir, coger, atrapar; llegar a oír; coger (un resfriado); (to come upon suddenly) sorprender; comprender; capturar (al delincuente); **to catch fire** encenderse; **to catch hold of** agarrar, coger; apoderarse de; **to catch it** (coll) merecerse un regaño; **to catch oneself** contenerse; recobrar el equilibrio; **to catch sight of** alcanzar a ver; **to catch up** arrebatar; coger al vuelo; (in a mistake) cazar ‖ intr pegarse (una enfermedad); enredarse; encenderse; **to catch at** agarrarse a, tratar de asir; **to catch on** prender en (p.ej., un gancho); comprender, coger el tino; **to catch up** salir del atraso; (in one's debts) ponerse al día; **to catch up with** emparejar con

catcher ['kætʃər] s (baseball) receptor, parador m

catching ['kætʃɪŋ] adj pegajoso, contagioso; atrayente, cautivador

catch question s pega

catchup ['kætʃəp] s salsa de tomate condimentada

catch'word' s lema m, palabra de efecto; (actor's cue) pie m; (typ) reclamo

catch•y ['kætʃɪ] adj (comp -ier; super -iest) (tune) animado, vivo; (title of a book) impresionante, llamativo; (question) intrincado; (breathing) espasmódico

catechism ['kætɪ,kɪzəm] s catecismo

catego•ry ['kætɪ,gorɪ] s (pl -ries) categoría; (sports) division

cater ['ketər] tr & intr abastecer, proveer; **to cater to** proveer a

cater-cornered ['kætər,kɔrnərd] adj diagonal ‖ adv diagonalmente

caterer ['ketərər] s abastecedor m, proveedor m de alimentos (esp. para fiestas caseras)

caterpillar ['kætər,pɪlər] s oruga

caterpillar tractor s tractor m de oruga

cat'fish' s bagre m

cat'gut' s (mus) cuerda de tripa; (surg) catgut m

Cath. abbr **Catholic**

cathartic [kə'θɑrtɪk] adj & s catártico

cathedral [kə'θidrəl] s catedral f

catheter ['kæθɪtər] s catéter m

catheterize ['kæθɪtə,raɪz] tr cateterizar

cathode ['kæθod] s cátodo

catholic ['kæθəlɪk] adj católico ‖ **Catholic** adj & s católico

catkin ['kætkɪn] s candelilla, amento

cat nap s sueñecito

catnip ['kætnɪp] s hierba gatera, nébeda

cat-o'-nine-tails [,kætə'naɪn,telz] s azote m con nueve ramales

cat's cradle s juego de la cuna

cat's-paw o **catspaw** ['kæts,pɔ] s mano f de gato, instrumento

catsup ['kætsəp] o [kɛtʃəp] s salsa de tomate condimentada

cat'tail' s anea, espadaña; amento

cattle ['kætəl] s ganado vacuno

cattle crossing s paso de ganado

cattle•man ['kætəlmən] s (pl -men [mən]) s ganadero

cattle raising s ganadería

cattle ranch s hacienda de ganado

cat•ty ['kætɪ] adj (comp -tier; super -tiest) (like a cat) felino, gatuno; (spiteful) malicioso; (gossipy) chismoso

cat'walk' s pasadero, pasarela

Caucasian [kɔ'keʒən] adj & s caucasiano, caucásico

Caucasus ['kɔkəsəs] s Cáucaso

caucus ['kɔkəs] s junta de políticos

cauliflower ['kɔlɪ,flɑu•ər] s coliflor f

cause [kɔz] s causa; (person) causante mf ‖ tr causar

cause'way' s (highway) calzada; calzada elevada

caustic ['kɔstɪk] adj cáustico

cauterize ['kɔtə,raɪz] tr cauterizar

caution ['kɔʃən] s (carefulness) cautela; (warning) advertencia, amonestación ‖ tr advertir, amonestar

cautious ['kɔʃəs] adj cauteloso, cauto

Cav. abbr **Cavalry**

cavalcade [,kævəl'ked] o ['kævəl,ked] s cabalgata

cavalier [,kævə'lɪr] adj (haughty) altivo, desdeñoso; (offhand) alegre, desenvuelto, inceremonioso ‖ s (horseman) caballero; (lady's escort) galán m

caval•ry ['kævəlrɪ] s (pl -ries) caballería

cavalry·man ['kævəlrimən] *s* (*pl* **-men** [mən]) soldado de caballería
cave [kev] *s* cueva, caverna ‖ *intr* — **to cave in** hundirse; (*to give in, yield*) (coll) ceder, rendirse
cave'-in' *s* hundimiento, derrumbe *m*, socavón *m*
cave man *s* hombre grosero
cavern ['kævərn] *s* caverna
cav·il ['kævɪl] *v* (*pret & pp* **-iled** o **-illed;** *ger* **-iling** o **-illing**) *intr* buscar quisquillas
cavi·ty ['kævɪti] *s* (*pl* **-ties**) cavidad; (*in a tooth*) picadura
cavort [kə'gɔrt] *intr* (coll) cabriolar
caw [kɔ] *s* graznido ‖ *intr* graznar
CB *abbr* **citizens band**
cc. *abbr* **cubic centimeter**
CD *abbr* **compact disk**
cease [sis] *tr* parar, suspender ‖ *intr* cesar; cesar de, dejar de + *inf*
cease'fire' *s* cese *m* de fuego ‖ *intr* suspender hostilidades
ceaseless ['sislɪs] *adj* incesante, continuo
cedar ['sidər] *s* cedro
cede [sid] *tr* ceder, traspasar
ceiling ['silɪŋ] *s* techo, cielo raso; (aer) techo, cielo máximo
ceiling price *s* precio tope
celebrant ['sɛlɪbrənt] *s* celebrante *m*
celebrate ['sɛlɪ,bret] *tr* celebrar ‖ *intr* (*to say mass*) celebrar; divertirse, festejarse; farrear
celebrated ['sɛlɪ,bretɪd] *adj* célebre, renombrado
celebration [,sɛlɪ'breʃən] *s* celebración; diversión, festividad
celebri·ty [sɪ'lɛbrɪti] *s* (*pl* **-ties**) (*fame; famous person*) celebridad
celery ['sɛləri] *s* apio
celestial [sɪ'lɛstʃəl] *adj* celeste, celestial
celiba·cy ['sɛlɪbəsi] *s* (*pl* **-cies**) celibato
celibate ['sɛlɪbɪt] *adj & s* célibe *mf*
cell [sɛl] *s* (*of convent or jail*) celda; (*of honeycomb*) celdilla; (*of electric battery*) elemento; (*of plant or animal; of photoelectric device; of political group*) célula
cellar ['sɛlər] *s* sótano; (*for wine*) bodega
cellaret [,sɛlə'rɛt] *s* licorera
cell house *s* prisión celular
cellist o **'cellist** ['tʃɛlɪst] *s* violoncelista *mf*
cel·lo o **'cel·lo** ['tʃɛlo] *s* (*pl* **-los**) violoncelo
cellophane ['sɛlə,fen] *s* celofán *m*
celluloid ['sɛljə,lɔɪd] *s* celuloide *m*
Celt [sɛlt] o [kɛlt] *s* celta *mf*
Celtic ['sɛltɪk] o ['kɛltɪk] *adj* céltico ‖ *s* (*language*) celta *m*
cement [sɪ'mɛnt] *s* cemento ‖ *tr* revestir con cemento; (*la amistad*) consolidar
cemeter·y ['sɛmɪ,tɛri] *s* (*pl* **-ies**) cementerio
cen. *abbr* **central**
censer ['sɛnsər] *s* incensario
censor ['sɛnsər] *s* censor *m* ‖ *tr* censurar
censure ['sɛnʃər] *s* censura ‖ *tr* censurar
census ['sɛnsəs] *s* censo; **to take the census** levantar el censo
cent. *abbr* **centigrade, central, century**
cent [sɛnt] *s* centavo

centaur ['sɛntɔr] *s* centauro
centennial [sɛn'tɛnɪ·əl] *adj & s* centenario
center ['sɛntər] *adj* centrista ‖ *s* centro ‖ *tr* centrar
center half *s* (*ball games*) medio centro
cen'ter·piece' *s* centro de mesa
center punch *s* granete *m*, punzón *m* de marcar
centigrade ['sɛntɪ,gred] *adj* centígrado
centimeter ['sɛntɪ,mitər] *s* centímetro
centipede ['sɛntɪ,pid] *s* ciempiés *m*
central ['sɛntrəl] *adj* central ‖ *s* (telp) central *f*, central de teléfonos; (*operator*) telefonista *mf*
Central America *s* Centro América, la América Central
Central American *adj & mf* centroamericano
centralize ['sɛntrə,laɪz] *tr* centralizar ‖ *intr* centralizarse
centrifuge ['sɛntrəfjudʒ] *s* centrifugadora
centu·ry ['sɛntʃəri] *s* (*pl* **-ries**) siglo
century plant *s* pita, maguey *m*
ceramic [sɪ'ræmɪk] *adj* cerámico
cereal ['sɪrɪ·əl] *adj & s* cereal *m*
ceremonious [,sɛrɪ'monɪ·əs] *adj* ceremonioso, etiquetero
ceremo·ny ['sɛrɪ,moni] *s* (*pl* **-nies**) ceremonia; **to stand on ceremony** hacer ceremonias, ser etiquetero
certain ['sʌrtən] *adj* cierto; **a certain** cierto; **for certain** por cierto
certainly ['sɛrtənli] *adj* ciertamente; (*gladly*) con mucho gusto
certain·ty ['sʌrtənti] *s* (*pl* **-ties**) certeza; **with certainty** a ciencia cierta
certificate [sər'tɪfɪkɪt] *s* certificación, certificado; (*of birth, death, etc.*) partida, fe *f*; (*document representing financial assets*) título ‖ [sər'tɪfɪ,ket] *tr* certificar
certified public accountant ['sʌrtɪ,faɪd] *s* contador público, censor jurado de cuentas
certi·fy ['sʌrtɪ,faɪ] *v* (*pret & pp* **-fied**) *tr* certificar
cervix ['sʌrvɪks] *s* (*pl* **cervices** [sər'vaɪsiz]) cerviz *f*
cessation [sɛ'seʃən] *s* cesación
cessation of hostilities *s* suspensión de hostilidades
cesspool ['sɛs,pul] *s* pozo negro; (fig) sitio inmundo
Ceylon [sɪ'lɑn] *s* Ceilán
Ceylo·nese [,silə'niz] *adj* ceilanés ‖ *s* (*pl* **-nese**) ceilanés *m*
cf. *abbr* **confer,** i.e., **compare**
C.F.I., c.f.i. *abbr* **cost, freight, and insurance**
cg. *abbr* **centigram**
ch. *abbr* **chapter, church**
chafe [tʃef] *s* fricción, roce *m;* desgaste *m;* irritación ‖ *tr* (*to rub*) frotar; (*to rub and make sore*) escocer; (*to wear*) desgastar; irritar ‖ *intr* escocerse, desgastarse; irritarse
chaff [tʃæf] *s* barcia; paja menuda; broza, desperdicio
chafing dish ['tʃefɪŋ] *s* cocinilla, infernillo

chagrin [ʃəˈgrɪn] s desazón f, disgusto ‖ tr desazonar, disgustar
chain [tʃen] s cadena ‖ tr encadenar
chain gang s cadena de presidiarios, collera, cuerda de presos
chain reaction s reacción en cadena
chain'smoke' intr fumar un pitillo tras otro
chain store s empresa con una cadena de tiendas; tienda de una cadena de tiendas
chair [tʃɛr] s silla; (de catedrático) cátedra; presidencia; **to take the chair** presidir la reunión; abrir la sesión ‖ tr presidir (una reunión)
chair lift s telesilla
chair·man [ˈtʃɛrmən] s (pl -men [mən]) presidente m
chairmanship [ˈtʃɛrmən‚ʃɪp] s presidencia
chair rail s guardasilla
chalice [ˈtʃælɪs] s cáliz m
chalk [tʃɔk] s (soft white limestone) creta; (piece used for writing) tiza ‖ tr marcar o escribir con tiza; **to chalk up** apuntar; marcar (un tanto)
challenge [ˈtʃælɪndʒ] s desafío; (law) recusación ‖ tr desafiar; (law) recusar
chamber [ˈtʃembər] s cámara; (of a gun) recámara; dormitorio, **chambers** oficina de juez
chamberlain [ˈtʃembərlɪn] s chambelán m
cham'ber·maid' s camarera
chamber pot s orinal m
chameleon [kəˈmiliən] s camaleón m
chamfer [ˈtʃæmfər] s chaflán m ‖ tr chaflanar
cham·ois [ˈʃæmi] s (pl -ois) gamuza
champ [tʃæmp] s mordisco; (slang) campeón m ‖ tr & intr mordiscar; (el freno) morder
champagne [ʃæmˈpen] s champaña m
champion [ˈtʃæmpiən] s campeón m ‖ tr defender
championess [ˈtʃæmpiənɪs] s campeona
championship [ˈtʃæmpiən‚ʃɪp] s campeonato
chance [tʃæns] o [tʃɑns] adj casual, imprevisto ‖ s oportunidad, ocasión; casualidad, suerte f, probabilidad, peligro, riesgo; chance m (SAm); **by chance** por casualidad; **to not stand a chance** no tener probabilidad de éxito; **to take a chance** probar fortuna; comprar un billete de lotería; **to take chances** probar fortuna; **to wait for, a chance** esperar la oportunidad ‖ intr acontecer; **to chance on** o **upon** tropezar con; **to chance to** acertar a
chancel [ˈtʃænsəl] o [ˈtʃɑnsəl] s entrecoro
chanceller·y [ˈtʃænsələri] o [ˈtʃɑnsələri] s (pl -ies) cancillería
chancellor [ˈtʃænsələr] s canciller m
chandelier [‚ʃændəˈlɪr] s araña de luces
change [tʃendʒ] s cambio, mudanza; suelto, moneda suelta; (surplus money returned with a purchase) vuelta; (of clothing) muda; **for a change** por variedad; **to keep the change** quedarse con la vuelta; ‖ tr cambiar, mudar; cambiar de, mudar de; reemplazar; **to change clothes** cambiar de ropa; **to change gears** cambiar de velocidades; **to change hands** cambiar de dueño;

to change money cambiar moneda; **to change one's mind** cambiar de parecer; **to change trains** cambiar de tren, transbordar ‖ intr cambiar, mudar; corregirse
changeable [ˈtʃendʒəbəl] adj cambiable; inconstante, cambiante, mudable
change of clothing s muda de ropa
change of heart s arrepentimiento, conversión
change of life s cesación natural de las reglas
change of voice s muda
chan·nel [ˈtʃænəl] s (body of water joining two others) canal m; (bed of river) álveo, cauce m; (means of communication) vía; (passage) conducto; (groove) ranura, surco; (telv) canal m; **the Channel** el Canal de la Mancha ‖ v (pret & pp -neled o -nelled; ger -neling o -nelling) tr acanalar; canalizar (esfuerzos, dinero, etc.)
chant [tʃænt] s (song) canción; (song sung in a monotone) canto ‖ tr & intr cantar
chanter [ˈtʃæntər] s cantor m; (priest) chantre m
chanticleer [ˈtʃæntɪ‚klɪr] s el gallo
chaos [ˈkeɑs] s caos m
chaotic [keˈɑtɪk] adj caótico
chap. abbr **chaplain, chapter**
chap [tʃæp] s (jaw) mandíbula; (cheek) mejilla; (crack in the skin) grieta; chico, tipo; **chaps** zahones mpl ‖ v (pret & pp chapped; ger chapping) tr agrietar, rajar ‖ intr agrietarse, rajarse
chapel [ˈtʃæpəl] s capilla
chaperon o **chaperone** [ˈʃæpə‚ron] s carabina, señora de compañía ‖ tr acompañar (una señora a una o más señoritas)
chaplain [ˈtʃæplɪn] s capellán m
chaplet [ˈtʃæplɪt] s (wreath for head) guirnalda; rosario
chapter [ˈtʃæptər] s capítulo; (of the Scriptures) capítula; (of a cathedral) cabildo
chapter and verse adv con todos sus pelos y señales
char [tʃɑr] v (pret & pp charred; ger charring) tr carbonizar; (to scorch) socarrar
character [ˈkærɪktər] s carácter m; (conspicuous person; person in a play or novel) personaje m; (part or role in a play) papel m; (fellow) (coll) tipo, sujeto
character assassination s asesinato de carácter
characteristic [‚kærɪktəˈrɪstɪk] adj característico ‖ s característica
characterize [ˈkærɪktə‚raɪz] tr caracterizar
char'coal' s carbón m de leña; (for sketching) carboncillo; (sketch) dibujo al carbón
charcoal burner s (person) carbonero; horno para hacer carbón de leña
charge [tʃɑrdʒ] s (of an explosive, of electricity, of soldiers against the enemy; responsibility) carga; (accusation; amount owed; recording of amount owed) cargo; encargamiento; (heral) blasón m; (attack) embestida; **in charge of** a cargo de; **to put in charge** responsabilizar; **to reverse the charges** (telp) cargar al número llamado; **to take charge of** hacerse cargo de ‖ tr

cargar; cobrar (*cierto precio*); (*to order*) encargar, mandar; cargar (*un acumulador;* al *enemigo*); **to charge to the account of someone** cargarle a uno en cuenta; **to charge with** cargar de ‖ *intr* embestir
charge account *s* cuenta corriente
chargé d'affaires [ʃɑrˈʒe dəˈfɛr] *s* (*pl* **chargés d'affaires**) encargado de negocios
charger [ˈtʃɑrdʒər] *s* caballo de guerra; (*of a battery*) cargador *m*
chariot [ˈtʃærɪ·ət] *s* carro romano
charioteer [ˌtʃærɪ·əˈtɪr] *s* carretero, auriga *m*
charisma [kəˈrɪzmə] *s* carisma
charismatic [ˌkɑrɪzˈmætɪk] *adj* carismático
charitable [ˈtʃærɪtəbəl] *adj* caritativo
chari·ty [ˈtʃærɪti] *s* (*pl* **-ties**) caridad; asociación de beneficencia, obra pía; **charity begins at home** la caridad bien ordenada empieza por uno mismo
charity performance *s* función benéfica
charlatan [ˈʃɑrlətən] *s* charlatán *m*
charlatanism [ˈʃɑrlətənˌɪzəm] *s* charlatanismo
Charlemagne [ˈʃɑrləˌmen] *s* Carlomagno
Charles [tʃɑrlz] *s* Carlos *m*
charlotte [ˈʃɑrlət] *s* carlota ‖ **Charlotte** *s* Carlota
charlotte russe [ˈʃɑrlət ˈrus] *s* carlota rusa
charm [tʃɑrm] *s* encanto, hechizo; (*trinket*) amuleto, dije *m* ‖ *tr* encantar, hechizar
charming [ˈtʃɑrmɪŋ] *adj* encantador
charnel [ˈtʃɑrnəl] *adj* cadavérico, horrible ‖ *s* carnero, osario
charnel house *s* carnero, osario
chart [tʃɑrt] *s* mapa geográfico; (naut) carta de marear; cuadro, diagrama *m* ‖ *tr* bosquejar; **to chart a course** trazar una ruta
charter [ˈtʃɑrtər] *s* carta (de privilegio) ‖ *tr* alquilar (*un autobús*); fletar (*un barco*)
charter member *s* socio fundador
char·woman [ˈtʃɑrˌwumən] *s* (*pl* **-women** [ˌwɪmɪn]) alquilona, asistenta
Charybdis [kəˈrɪbdɪs] *s* Caribdis *f*
chase [tʃes] *s* caza, persecución ‖ *tr* cazar, perseguir; **to chase away** ahuyentar
chasm [ˈkæzəm] *s* abismo
chas·sis [ˈtʃæsi] *s* (*pl* **-sis** [siz]) chasis *m*
chaste [tʃest] *adj* casto; (*style*) castizo
chasten [ˈtʃesən] *tr* castigar, corregir
chastise [tʃæsˈtaɪz] *tr* castigar
chastity [ˈtʃæstɪti] *s* castidad
chasuble [ˈtʃæzjəbəl] *s* casulla
chat [tʃæt] *s* charla, plática ‖ *v* (*pret & pp* **chatted;** *ger* **chatting**) *intr* charlar, platicar
chatelaine [ˈʃætəˌlen] *s* castellana
chattels [ˈtʃætəlz] *spl* bienes *mpl* muebles, enseres *mpl*
chatter [ˈtʃætər] *s* (*talk*) cháchara; (*rattling*) traqueo; (*of teeth*) castañeteo; (*of birds*) chirrido ‖ *intr* chacharear; traquear; castañetear, dentellar (*los dientes*)
chat·ter·box [ˈtʃætərˌbɑks] *s* charlador *m*, tarabilla
chattering [ˈtʃætərɪŋ] *adj* palabrudo
chauffeur [ˈʃofər] o [ʃoˈfʌr] *s* chófer *m*
chauvinism [ˈʃovɪnɪzəm] *s* chauvinismo
cheap [tʃip] *adj* barato; (*charging low prices*) no carero, baratero; (*flashy*) cursi; baladí;

to feel cheap sentirse avergonzado ‖ *adv* barato
cheapen [ˈtʃipən] *tr* abaratar
cheapness [ˈtʃipnɪs] *s* baratura; baratía; (*flashiness*) cursilería
cheat [tʃit] *s* trampa, fraude *m*; (*person*) trampista *mf*, defraudador *m* ‖ *tr* trampear, defraudar
check [tʃɛk] *s* (*of bank*) cheque *m*; (*for baggage*) talón *m*, contraseña; (*in a restaurant*) cuenta; (*in theater or movie*) contraseña, billete *m* de salida; (*restraint*) freno; (*to hold a door*) amortiguador *m*; (*in chess*) jaque *m*; inspección; comprobación, verificación; (*cloth*) paño a cuadros; **in check** en jaque; **to hold in check** contener, refrenar ‖ *interj* ¡jaque! ‖ *tr* parar súbitamente; contener, refrenar; amortiguar; facturar (*equipajes*); inspeccionar; comprobar, verificar; marcar, señalar; chequear; (*in chess*) jaquear, dar jaque a; **to check up** comprobar, verificar ‖ *intr* pararse súbitamente; corresponder punto por punto; **to check in** (*at a hotel*) llegar e inscribirse; **to check out** pagar la cuenta y despedirse; (slang) morir
check·book *s* talonario (de cheques), chequera
checker [ˈtʃɛkər] *s* inspector *m*; cuadro; dibujo a cuadros; (*in game of checkers*) ficha, pieza; **checkers** damas, juego de damas ‖ *tr* marcar con cuadros; diversificar, variar
check·er·board *s* damero, tablero
check girl *s* moza de guardarropa
checking account *s* cuenta corriente
check·mate *s* mate *m*, jaque *m* mate ‖ *tr* dar mate a, dar jaque mate a; (fig) derrotar completamente
check·out *s* (*from a hotel*) salida; hora de salida; (*in a self-service retail store*) revisión y pago
checkout counter *s* mostrador *m* de revisión
check·point *s* punto de inspección
check·rein *s* engallador *m*
check·room *s* guardarropa *m*; (rr) consigna, depósito de equipajes
check·up *s* verificación rigurosa; chequeo; (*of an automobile*) revisión; (med) reconocimiento general
cheek [tʃik] *s* mejilla, carrillo; (coll) descaro, frescura
cheek·bone *s* pómulo
cheek by jowl *adv* cara a cara, en estrecha intimidad
cheek·y [ˈtʃiki] *adj* (*comp* **-ier;** *super* **-iest**) (coll) descarado, fresco
cheer [tʃɪr] *s* alegría, regocijo; (*shout*) viva *m*, aplauso; **what cheer?** ¿qué tal? ‖ *tr* alegrar, animar; aplaudir, vitorear; dar la bienvenida a, con vivas y aplausos ‖ *intr* alegrarse, animarse; **cheer up!** ¡ánimo!
cheerful [ˈtʃɪrfəl] *adj* alegre
cheerio [ˈtʃɪrɪˌo] *interj* (coll) ¡hola! ¡qué tal!; (coll) ¡adiós! ¡hasta la vista!
cheerless [ˈtʃɪrlɪs] *adj* sombrío, triste
cheese [tʃiz] *s* queso

cheese'cloth' *s* estopilla

cheese spread *s* queso para extender

cheetah ['tʃitə] *s* gatopardo; leopardo indio

chef [ʃɛf] *s* primer cocinero, jefe *m* de cocina

chem. *abbr* chemical, chemist, chemistry

chemical ['kɛmɪkəl] *adj* químico ‖ *s* producto químico, substancia química

chemise [ʃə'miz] *s* camisa (de mujer)

chemist ['kɛmɪst] *s* químico

chemistry ['kɛmɪstri] *s* química

chemotherapy [,kimo'θɛrəpi] *s* quimioterapia

cherish ['tʃɛriʃ] *tr* acariciar; (*a hope*) abrigar, acariciar

cher•ry ['tʃɛri] *s* (*pl* -ries) (*fruit; color*) cereza; (*tree*) cerezo

cher•ub ['tʃɛrəb] *s* (*pl* -ubim [əbɪm]) querubín *m* ‖ *s* (*pl* -ubs) niño angelical

chess [tʃɛs] *s* ajedrez *m*

chess'board' *s* tablero de ajedrez

chess•man ['tʃɛs,mæn] *s* (*pl* -men [,mɛn]) pieza de ajedrez, trebejo

chess player *s* ajedrecista *mf*

chess set *s* ajedrez *m*

chest [tʃɛst] *s* (*part of body*) pecho; (*receptacle*) cajón *m*, cofre *m*; (*piece of furniture*) cómoda

chestnut ['tʃɛsnət] *s* (*tree, wood, color*) castaño; (*fruit*) castaña

chest of drawers *s* cómoda

cheval glass [ʃə'væl] *s* psique *f*

chevalier [,ʃɛvə'lɪr] *s* caballero

chevron ['ʃɛvrən] *s* galón *m* en forma de V invertida

chew [tʃu] *s* mascadura ‖ *tr* mascar; to chew gum chiclear; to chew the rag (slang) dar la lengua ‖ *intr* mascar

chewing gum *s* goma de mascar, chicle *m*

chg. *abbr* charge

chic [ʃik] *adj* & *s* chic *m*

chicaner•y [ʃɪ'kɛnəri] *s* (*pl* -ies) triquiñuela

chick [tʃɪk] *s* pollito; (slang) polla

chicken ['tʃɪkən] *s* pollo; (*young person*) pollo; (*young girl*) polla

chicken coop *s* pollera

chicken feed *s* (coll) calderilla

chickenhearted ['tʃɪkən,hɑrtɪd, varɪcɛlɑ] *adj* gallina

chicken pox *s* viruelas locas, varicela

chicken wire *s* alambrada, tela metálica

chick'pea' *s* garbanzo

chico•ry ['tʃɪkəri] *s* (*pl* -ries) achicoria

chide [tʃaɪd] *v* (*pret* chided o chid [tʃɪd]; *pp* chided, chid o chidden ['tʃɪdən]) *tr* reprender, regañar

chief [tʃif] *adj* principal ‖ *s* jefe *m*; (*of American Indians*) cacique *m*

chief executive *s* jefe *m* del gobierno

chief justice *s* presidente *m* de sala; presidente del tribunal supremo

chiefly ['tʃifli] *adv* principalmente, mayormente

chief of staff *s* jefe *m* de estado mayor

chief of state *s* jefe *m* del estado

chieftain ['tʃiftən] *s* (*of a clan or tribe*) jefe *m*; adalid *m*, caudillo

chiffon [ʃɪ'fɑn] *s* gasa, soplillo; chiffons atavíos, perifollos

chiffonier [,ʃɪfə'nɪr] *s* cómoda alta

chignon ['ʃinjɑn] *s* castaña, moño

chilblain ['tʃɪl,blen] *s* sabañón *m*

child [tʃaɪld] *s* (*pl* children ['tʃɪldrən]) *s* (*infant, youngster*) niño; pipiolo (CAm, Mex); (*one's offspring*) hijo; descendiente *mf*; with child encinta, embarazada

child'birth' *s* alumbramiento, parto

childhood ['tʃaɪldhʊd] *s* niñez *f*, puericia; from childhood desde niño

childish ['tʃaɪldɪʃ] *adj* aniñado, pueril

childishness ['tʃaɪldɪʃnɪs] *s* puerilidad

child labor *s* trabajo de menores

childless ['tʃaɪldlɪs] *adj* sin hijos

child'like' *adj* aniñado

child'-rear'ing *s* puericultura

child's play *s* juego de niños

child welfare *s* protección a la infancia

Chile ['tʃili] *s* Chile *m*

Chilean ['tʃɪlɪ•ən] *adj* & *s* chileno

chili sauce ['tʃɪli] *s* ají *m*, salsa de ají

chill [tʃɪl] *adj* frío ‖ *s* frío desapacible; (*sensation of cold*) escalofrío; (*lack of cordiality*) frialdad ‖ *tr* enfriar ‖ *intr* calofriarse

chill•y ['tʃɪli] *adj* (*comp* -ier; *super* -iest) (*causing shivering*) frío; (*sensitive to cold*) escalofriado, friolero; (*indifferent*) (fig) frío

chime [tʃaɪm] *s* campaneo, repique *m*; tubo sonoro; chimes juego de campanas ‖ *tr* & *intr* campanear, repicar

chime clock *s* reloj *m* de carillón

chimera [kaɪ'mɪrə] o [kɪ'mɪrə] *s* quimera

chimney ['tʃɪmni] *s* chimenea; (*for a lamp*) tubo

chimney cap *s* caperuza

chimney flue *s* cañón *m* de chimenea

chimney pot *s* mitra, guardavientos *m*

chimney sweep *s* limpiachimeneas *m*, deshollinador *m*

chimpanzee [tʃɪm'pænzi] o [,tʃɪmpæn'zi] *s* chimpancé *m*

chin [tʃɪn] *s* barba, mentón *m*; to keep one's chin up (coll) no desanimarse ‖ *v* (*pret & pp* chinned; *ger* chinning) *intr* (coll) charlar

china ['tʃaɪnə] *s* china, porcelana ‖ China *s* China

china closet *s* chinero

China•man ['tʃaɪnəmən] *s* (*pl* -men [mən]) (offensive) chino

chi'na•ware' *s* porcelana, vajilla de porcelana

Chi•nese [tʃaɪ'niz] *adj* chino ‖ *s* (*pl* -nese) chino

Chinese gong *s* batintín *m*

Chinese lantern *s* farolillo veneciano

Chinese puzzle *s* problema embrollado

chink [tʃɪŋk] *s* grieta, hendidura; sonido metálico

chin strap *s* barboquejo, carrillera

chintz [tʃɪnts] *s* zaraza

chip [tʃɪp] *s* astilla, brizna; (*in china*) desconchado; (*in poker*) ficha; chip off the old block hijo de su padre ‖ *v* (*pret & pp* chipped; *ger* chipping) *tr* astillar (*la ma-*

dera); desconchar (*la porcelana*); **to chip in** contribuir con su cuota ‖ *intr* astillarse; desconcharse

chipmunk ['tʃɪp,mʌŋk] *s* ardilla listada

chipper ['tʃɪpər] *adj* (coll) alegre, jovial, vivo

chiropodist [kaɪ'rapədɪst] o [kɪ'rapədɪst] *s* quiropodista *mf*

chiropractor ['kaɪrə,præktər] *s* quiropráctico

chirp [tʃʌrp] *s* chirrido, gorjeo ‖ *intr* chirriar, gorjear; hablar alegremente

chisel ['tʃɪzəl] *s* (*for wood*) escoplo, formón *m;* (*for stone and metal*) cincel *m* ‖ *v* (*pret & pp* **-eled** o **-elled**; *ger* **-eling** o **-elling**) *tr* escoplear; cincelar; (slang) estafar

chit-chat ['tʃɪt,tʃæt] *s* charla, palique *m;* hablilla, chismes *mpl*

chivalric ['ʃɪvəlrɪk] o [ʃɪ'vælrɪk] *adj* caballeresco

chivalrous ['ʃɪvəlrəs] *adj* caballeroso

chivalry ['ʃɪvəlri] *s* (*knighthood*) caballería; (*gallantry, gentlemanliness*) caballerosidad

chloride ['klɔraɪd] *s* cloruro

chlorine ['klɔrin] *s* cloro

chloroform ['klɔrə,fɔrm] *s* cloroformo ‖ *tr* cloroformizar

chlorophyll ['klɔrəfɪl] *s* clorofila

chock-full ['tʃak'fʊl] *adj* de bote en bote, colmado

chocolate ['tʃakəlɪt] *s* chocolate *m*

choice [tʃɔɪs] *adj* escogido, selecto, superior ‖ *s* elección, selección; lo más escogido; **to have no choice** no tener alternativa

choir [kwaɪr] *s* coro

choir'boy' *s* niño de coro, infante *m* de coro

choir desk *s* facistol *m*

choir loft *s* coro

choir'mas'ter *s* jefe *m* de coro, maestro de capilla

choke [tʃok] *s* estrangulación; (*of carburetor*) cierre *m*, obturador *m;* (elec) choque *m* ‖ *tr* ahogar, sofocar, estrangular; obstruir, tapar; (aut) obturar; **to choke down** atragantar ‖ *intr* sofocarse; atragantarse; **to choke on** atragantarse con

choke coil *s* (elec) bobina de reacción, choque *m*

cholera ['kalərə] *s* cólera *m*

choleric ['kalərɪk] *adj* colérico

cholesterol [kə'lɛstə,rol] *s* colesterol *m*

choose [tʃuz] *v* (*pret* **chose** [tʃoz]; *pp* **chosen** ['tʃozən]) *tr* escoger, elegir ‖ *intr* — **to choose between** optar entre; **to choose to** optar por

chop [tʃap] *s* golpe *m* cortante; (*of meat*) chuleta; **chops** boca, labios *m* ‖ *v* (*pret & pp* **chopped;** *ger* **chopping**) *tr* cortar, tajar; picar (*la carne*); **to chop off** tronchar; **to chop up** desmenuzar

chop'house' *s* restaurante *m*, figón *m*, colmado

chopper ['tʃapər] *s* (*person*) tajador *m;* (*tool*) hacha; (*of butcher*) cortante *m;* (slang) helicóptero

chopping block *s* tajo

chop•py ['tʃapi] *adj* (*comp* **-pier;** *super* **-piest**) (*sea*) agitado, picado; (*wind*) variable; (*style*) cortado, inciso

chop'sticks' *spl* palillos

choral ['kɔrəl] *adj* coral

chorale [ko'ral] *s* coral *m*

choral society *s* orfeón *m*

chord [kɔrd] *s* (*harmonious combination of tones*) (mus) acorde *m;* (aer, anat, geom) cuerda

chore [tʃor] *s* tarea, quehacer *m*

choreography [,kori'agrəfi] *s* coreografía

chorine [ko'rin] *s* (slang) corista, suripanta

chorus ['kɔrəs] *s* coro; (*refrain of a song*) estribillo

chorus girl *s* corista, conjuntista

chorus man *s* corista *m*, conjuntista *m*

chowder ['tʃaʊdər] *s* estofado de almejas o pescado

Chr. *abbr* **Christian**

Christ [kraɪst] *s* Cristo

christen ['krɪsən] *tr* bautizar

Christendom ['krɪsəndəm] *s* cristiandad

christening ['krɪsənɪŋ] *s* bautismo, bautizo

Christian ['krɪstʃən] *adj & s* cristiano

Christianity [,krɪstʃɪ'æniti] *s* cristianismo

Christianize ['krɪstʃə,naɪz] *tr* cristianizar

Christian name *s* nombre *m* de pila

Christmas ['krɪsməs] *adj* navideño ‖ *s* Navidad, Pascua de Navidad

Christmas card *s* aleluya navideña

Christmas carol *s* villancico

Christmas Eve *s* nochebuena

Christmas gift *s* aguinaldo, regalo de Navidad

Christmas tree *s* árbol *m* de Navidad

Christopher ['krɪstəfər] *s* Cristóbal *m*

chrome [krom] *adj* cromado ‖ *s* cromo ‖ *tr* cromar

chromium ['kromɪ•əm] *s* cromo

chro•mo ['kromo] *s* (*pl* **-mos**) (*colored picture*) cromo; (*piece of junk*) (slang) trasto

chromosome ['kromə,som] *s* cromosoma *m*

chron. *abbr* **chronological, chronology**

chronic ['kranɪk] *adj* crónico

chronicle ['kranɪkəl] *s* crónica ‖ *tr* narrar en una crónica; narrar, contar

chronicler ['kranɪklər] *s* cronista *mf*

chronolo•gy [krə'nalədʒi] *s* (*pl* **-gies**) cronología

chronometer [krə'namɪtər] *s* cronómetro

chrysanthemum [krɪ'sænθɪməm] *s* crisantemo

chub•by ['tʃʌbi] *adj* (*comp* **-bier;** *super* **-biest**) rechoncho, regordete

chuck [tʃʌk] *s* (*throw*) echada, tirada; (*under the chin*) mamola; (*of a lathe*) mandril *m* ‖ *tr* arrojar; **to chuck under the chin** hacer la mamola a

chuckle ['tʃʌkəl] *s* risa ahogada ‖ *intr* reírse con risa ahogada

chug [tʃʌg] *s* ruido explosivo sordo; (*of a locomotive*) resoplido ‖ *v* (*pret & pp* **chugged;** *ger* **chugging**) *intr* hacer ruidos explosivos sordos, moverse con ruidos explosivos sordos

chum [tʃʌm] *s* (coll) compinche *mf;* compañero de cuarto ‖ *v* (*pret & pp* **chummed; ger chumming**) *intr* (coll) ser compinche, ser compinches; (coll) compartir un cuarto
chum·my [ˈtʃʌmi] *adj* (*comp* **-mier;** *super* **-miest**) muy amigable, íntimo
chump [tʃʌmp] *s* tarugo, zoquete *m;* (coll) estúpido, tonto
chunk [tʃʌnk] *s* trozo, pedazo grueso
church [tʃʌrt] *s* iglesia
churchgoer [ˈtʃʌrtʃˌgoˑər] *s* persona que frecuenta la iglesia
church·man [ˈtʃʌrtʃmən] *s* (*pl* **-men** [mən]) sacerdote *m,* eclesiástico; feligrés *m*
church member *s* feligrés *m*
Church of England *s* Iglesia Anglicana
church'ward'en *s* capiller *m*
church'yard' *s* patio de iglesia; cementerio
churl [tʃʌrl] *s* palurdo, patán *m*
churlish [ˈtʃʌrlɪʃ] *adj* palurdo, insolente
churn [tʃʌrn] *s* mantequera ‖ *tr* mazar (*leche*); hacer (*mantequilla*) en una mantequera; agitar, revolver ‖ *intr* revolverse
chute [ʃut] *s* cascada, salto de agua; rápidos; conducto inclinado; (*e.g., into a swimming pool*) tobogán *m;* (*e.g., for grain*) tolva; paracaídas *m*
ciborium [sɪˈborɪˑɔm] *s* (*pl* **-a** [ɔ]) (*canopy*) ciborio, baldaquín *m;* (*cup*) copón *m*
Cicero [ˈsɪsəˌro] *s* Cicerón *m*
cider [ˈsaɪdər] *s* sidra
C.I.F., c.i.f. *abbr* **cost, insurance, and freight**
cigar [sɪˈgɑr] *s* cigarro, puro
cigar band *s* anillo de cigarro
cigar case *s* cigarrera, petaca
cigar cutter *s* cortacigarros *m*
cigaret o **cigarette** [ˌsɪgəˈrɛt] *s* cigarrillo, pitillo
cigarette case *s* pitillera
cigarette holder *s* boquilla
cigarette lighter *s* mechero, encendedor *m* de bolsillo
cigarette paper *s* papel *m* de fumar
cigar holder *s* boquilla
cigar store *s* estanco, tabaquería
cinch [sɪntʃ] *s* (*of saddle*) cincha; (*sure grip*) (coll) agarro; (*something easy*) (slang) breva ‖ *tr* cinchar; (coll) agarrar
cinder [ˈsɪndər] *s* ceniza; (*coal burning without flame*) pavesa
cinder bank *s* escorial *m*
Cinderella [ˌsɪndəˈrɛlə] *s* la Cenicienta
cinder track *s* pista de cenizas
cinema [ˈsɪnəmə] *s* cine *m*
cinematograph [ˌsɪnəˈmætəˌgræf] o [ˌsɪnəˈmætəˌgraf] *s* cinematógrafo ‖ *tr & intr* cinematografiar
cinnabar [ˈsɪnəˌbɑr] *s* cinabrio
cinnamon [ˈsɪnəmən] *s* canela
cipher [ˈsaɪfər] *s* cifra; cero; (*nonentity*) cero a la izquierda; (*key to a cipher*) clave *f* ‖ *tr* cifrar; calcular
circle [ˈsʌrkəl] *s* círculo ‖ *tr* circundar; dar la vuelta a; girar alrededor de
circuit [ˈsʌrkɪt] *s* circuito
circuit breaker *s* disyuntor *m*

circuitous [sərˈkjuˑɪtəs] *adj* indirecto, tortuoso
circular [ˈsʌrkjələr] *adj* tortuoso ‖ *s* circular *f,* carta circular
circularize [ˈsʌrkjələˌraɪz] *tr* anunciar por circular; enviar circulares a
circulate [ˈsʌrkjəˌlet] *tr & intr* circular
circumcise [ˈsʌrkəmˌsaɪz] *tr* circuncidar
circumference [sərˈkʌmfərəns] *s* circunferencia
circumflex [ˈsʌrkəmˌflɛks] *adj* circunflejo
circumlocution [ˌsʌrkəmloˈkjuʃən] *s* circunlocución, circunloquio
circumnavigate [ˌsʌrkəmˈnævɪˌget] *tr* circunnavegar
circumnavigation [ˌsʌrkəmˌnævɪˈgeʃən] *s* circunnavegación
circumscribe [ˌsʌrkəmˈskraɪb] *tr* circunscribir
circumspect [ˈsʌrkəmˌspɛkt] *adj* circunspecto
circumstance [ˈsʌrkəmˌstæns] *s* circunstancia; ceremonia, ostentación; **in easy circumstances** acomodado; **under no circumstances** de ninguna manera, ni a bala
circumstantial [ˌsʌrkəmˈstænʃəl] *adj* (*derived from circumstances*) circunstancial; (*detailed*) circunstanciado
circumstantial evidence *s* (law) indicios vehementes
circumstantiate [ˌsʌrkəmˈstænʃɪˌet] *tr* apoyar con pruebas y detalles; (*to describe in detail*) circunstanciar
circumvent [ˌsʌrkəmˈvɛnt] *tr* (*to catch by a trick*) entrampar, embaucar; (*to outwit*) burlar; (*to keep away from, get around*) evitar
circus [ˈsʌrkəs] *s* circo
cistern [ˈsɪstərn] *s* cisterna, aljibe *m*
citadel [ˈsɪtədəl] *s* ciudadela
citation [saɪˈteʃən] *s* (*of a text*) cita; (*before a court of law*) citación; (*for gallantry*) mención
cite [saɪt] *tr* (*to quote; to summon*) citar; (*for gallantry*) mencionar
citizen [ˈsɪtɪzən] *s* ciudadano; (*civilian*) paisano
citizen·ry [ˈsɪtɪzənri] *s* (*pl* **-ries**) conjunto de ciudadanos
citizens band *s* banda ciudadana
citizenship [ˈsɪtɪzən.ʃɪp] *s* ciudadanía
citron [ˈsɪtrən] *s* (*fruit*) cidra; (*tree*) cidro; (*candied rind*) cidrada
citronella [ˌsɪtrəˈnɛlə] *s* limoncillo (*Andropogon nardus*); aceite *m* de limoncillo
citrus fruit [ˈsɪtrəs] *s* agrios, frutas cítricas
cit·y [ˈsɪti] *s* (*pl* **-ies**) ciudad
city clerk *s* archivero
city council *s* ayuntamiento
city editor *s* redactor de periódico encargado de noticias locales
city fathers *spl* concejales *mpl*
city hall *s* casa consistorial
city plan *s* plano de la ciudad
city planner *s* urbanista *mf*
city planning *s* urbanismo
city room *s* redacción

cit′y-state′ s ciudad-estado f
civic [ˈsɪvɪk] adj cívico ‖ **civics** s estudio de los deberes y derechos del ciudadano
civic-mindedness [ˈmaɪndɪdnɪs] s civismo
civies [ˈsɪvɪz] spl (coll) traje m de paisano; **in civies** (coll) de paisano
civil [ˈsɪvɪl] adj civil
civilian [sɪˈvɪljən] adj civil ‖ s civil mf, paisano
civilian clothes spl traje m de paisano
civili•ty [sɪˈvɪlɪti] s (pl -ties) civilidad
civilization [ˌsɪvɪlɪˈzeʃən] s civilización
civilize [ˈsɪvɪˌlaɪz] tr civilizar
civil servant s funcionario del estado
claim [klem] s demanda, pretensión, reclamación ‖ tr demandar, pretender, reclamar; afirmar, declarar; **to claim to** + inf pretender + inf
claim check s comprobante m
clairvoyance [klɛrˈvɔɪ•əns] s clarividencia
clairvoyant [klɛrˈvɔɪ•ənt] adj & s clarividente mf
clam [klæm] s almeja; (tight-lipped person) (coll) chiticalla m ‖ intr — **to clam up** (coll) callarse la boca
clamber [ˈklæmər] intr — **to clamber up** subir gateando
clamor [ˈklæmər] s clamor m, clamoreo ‖ intr clamorear
clamorous [ˈklæmərəs] adj clamoroso
clamp [klæmp] s abrazadera, grapa; (vise-like device) mordaza ‖ tr agrapar, afianzar con abrazadera; sujetar en una mordaza ‖ intr — **to clamp down on** (coll) apretar los tornillos a
clan [klæn] s clan m
clandestine [klænˈdɛstɪn] adj clandestino
clang [klæŋ] s tantán m, sonido metálico resonante ‖ tr hacer sonar fuertemente ‖ intr sonar fuertemente
clank [klæŋk] s sonido metálico seco ‖ tr hacer sonar secamente ‖ intr sonar secamente
clannish [ˈklænɪʃ] adj exclusivista
clap [klæp] s golpe seco; (of the hands) palmada; (of thunder) estampido ‖ v (pret & pp **clapped;** ger **clapping**) tr batir (palmas); palmotear, aplaudir; **to clap shut** cerrar de golpe ‖ intr palmotear, dar palmadas
clap of thunder s estampido de trueno
clapper [ˈklæpər] s palmoteador m; (of a bell) badajo; (to cause grain to slide) tarabilla
clap′trap′ s faramalla; (of an actor) latiguillo
claque [klæk] s (paid clappers) claque f; (crush hat) clac m
claret [ˈklærɪt] s clarete m
clari•fy [ˈklærɪˌfaɪ] v (pret & pp -fied) tr clarificar; encolar (el vino)
clarinet [ˈklærɪˈnet] s clarinete m
clarion [ˈklærɪ•ən] adj claro, brillante ‖ s clarín m
clarity [ˈklærɪti] s claridad
clash [klæʃ] s choque m, encontrón m; estruendo, ruido ‖ intr chocar, entrechocarse

clasp [klæsp] s (fastener) abrazadera, cierre m; (for, e.g., a necktie) broche m; (buckle) hebilla; (embrace) abrazo; (grip) agarro ‖ tr abrochar; abrazar; agarrar, apretar (la mano); apretarse (la mano)
class. abbr **classical**
class [klæs] s clase f; ó (slang) elegancia, buen tono; (sports) división ‖ tr clasificar ‖ intr clasificarse
class consciousness s sentimiento de clase
classic [ˈklæsɪk] adj & s clásico; **the classics** las obras clásicas
classical [ˈklæsɪkəl] adj clásico
classical scholar s erudito en las lenguas clásicas
classicist [ˈklæsɪsɪst] s clasicista mf
classified [ˈklæsɪˌfaɪd] adj clasificado; clasificado como secreto
classified ads spl anuncios clasificados en secciones
classi•fy [ˈklæsɪˌfaɪ] v (pret & pp -fied) tr clasificar
class′mate′ s compañero de clase
class′room′ s aula, sala de clase
class struggle s lucha de clases
class•y [ˈklæsɪ] adj (comp -ier; super -iest) (slang) elegante
clatter [ˈklætər] s estruendo confuso; algazara, gresca; (of hoofs) trápala ‖ intr caer o moverse con estruendo confuso; hablar rápida y ruidosamente; **to clatter down the stairs** bajar la escalera ruidosamente
clause [klɔz] s (article in a legal document) cláusula; (gram) oración dependiente
clavichord [ˈklævɪˌkɔrd] s clavicordio
clavicle [ˈklævɪkəl] s clavícula
clavier [ˈklævɪ•ər] o [kləˈvɪr] s teclado ‖ [kləˈvɪr] s instrumento musical con teclado
claw [klɔ] s garra, uña; (of lobster, crab, etc.) pinza; (of hammer, wrench, etc.) oreja; (coll) dedos, mano f ‖ tr (to clutch) agarrar; (to scratch) arañar; (to tear) desgarrar
clay [kle] adj arcilloso ‖ s arcilla
clay pigeon s pichón m de barro
clay pipe s pipa de tierra
clean [klin] adj limpio; distinto, neto, nítido; completo ‖ adv completamente; **to come clean** (slang) confesarlo todo ‖ tr limpiar; (to tidy up) asear; **to be cleaned out** (of money) (slang) quedar limpio; **to clean out** limpiar; (slang) dejar limpio ‖ intr limpiarse; asearse; **to clean up** limpiarse; (coll) llevárselo todo; (in gambling) (slang) hacer mesa limpia; **to clean up after someone** limpiar lo que alguno ha ensuciado
clean bill of health s patente limpia de sanidad
cleaner [ˈklinər] s limpiador m; (dry cleaner) tintorero; (preparation) quitamanchas m; **to send to the cleaners** (slang) dejar limpio
cleaning [ˈklinɪŋ] s limpieza
cleaning fluid s quitamanchas m
cleaning woman s criada que hace la limpieza, alquilona

cleanliness ['klɛnlɪnɪs] s limpieza
clean·ly ['klɛnli] adj (comp -lier; super -liest) limpio (que tiene el hábito del aseo)
cleanse [klɛnz] tr limpiar, lavar, depurar
clean-shaven ['klin'ʃevən] adj lisamente afeitado
clean'up' s limpieza general; **to make a cleanup** (slang) hacer su pacotilla
clear [klɪr] adj claro; (cloudless) despejado; (of debts, etc.) libre ‖ adv claro, claramente; **clear through** de parte a parte ‖ tr despejar (un bosque); clarificar (lo que estaba turbio); (to make less dark) aclarar; saltar por encima de; (to prove the innocence of) absolver; sacar (una ganancia neta); abonar, acreditar; liquidar (una cuenta); (in the customhouse) despachar; salvar (un obstáculo); levantar (la mesa); desmontar (un terreno); **to clear the way** abrir camino ‖ intr clarificarse; aclararse; **to clear away** irse, desaparecer; **to clear up** abonanzarse (el tiempo); despejarse (el cielo, el tiempo)
clearance ['klɪrəns] s aclaración; abono, acreditación; espacio libre; (in a cylinder) espacio muerto; (com) compensación
clearance sale s venta de liquidación
clearing ['klɪrɪŋ] s (in a woods) claro; (com) compensación
clearing house s cámara de compensación
clear-sighted ['klɪr'saɪtɪd] adj clarividente, perspicaz
clear'sto'ry s (pl -ries) var of clerestory
cleat [klit] s abrazadera, listón m
cleavage ['klivɪdʒ] s división, hendidura; (fig) desunión
cleave [kliv] v (pret & pp **cleft** [klɛft] o **cleaved**) tr rajar, partir; hender (las aguas un buque, los aires una flecha) ‖ intr adherirse, pegarse; apegarse, ser fiel
cleaver ['klivər] s cortante m, cuchilla de carnicero
clef [klɛf] s (mus) clave f
cleft palate [klɛft] s fisura del paladar
clematis ['klɛmətɪs] s clemátide f
clemen·cy ['klɛmənsi] s (pl -cies) clemencia; (of the weather) benignidad
clement ['klɛmənt] adj clemente; (weather) benigno
clench [klɛntʃ] s agarro ‖ tr agarrar; apretar, cerrar (el puño, los dientes)
cleresto·ry ['klɪr,stori] s (pl -ries) claraboya
cler·gy ['klɜrdʒi] s (pl -gies) clerecía, clero
clergy·man ['klɜrdʒimən] s (pl -men [mən]) clérigo, pastor m
cleric ['klɛrɪk] s clérigo
clerical ['klɛrɪkəl] adj (of clergy) clerical; (of office work) oficinesco ‖ s clérigo, eclesiástico; (supporter of power of clergy) clerical m; **clericals** (coll) hábitos clericales
clerical error s error m de pluma
clerical work s trabajo de oficina
clerk [klɑrk] s (in a store) dependiente mf; (in an office) oficinista mf; (in a city hall) archivero; (in a church) lego, seglar m; (in law office, in court) escribano

clever ['klɛvər] adj hábil, diestro, mañoso; inteligente
cleverness ['klɛvərnɪs] s habilidad, destreza, maña; inteligencia
clew [klu] s indicio, pista
cliché [kli'ʃe] s (printing plate) clisé m; (trite expression) cliché m
click [klɪk] s golpecito; (of typewriter) tecleo; (of firearm) piñoneo; (of heels) taconeo; (of tongue) claqueo, chasquido ‖ tr hacer sonar con un golpecito seco; chascar (la lengua); **to click the heels** taconear; cuadrarse (un soldado) ‖ intr sonar con un golpecito seco; piñonear (el gatillo de un arma de fuego); claquear (la lengua)
client ['klaɪ·ənt] s cliente mf; cliente de abogado
clientele [,klaɪ·ən'tɛl] s clientela
cliff [klɪf] s acantilado, escarpa, risco
climate ['klaɪmɪt] s clima m
climax ['klaɪmæks] s colmo; orgasmo; **to cap the climax** ser el colmo
climb [klaɪm] s subida, trepa ‖ tr & intr escalar, subir, trepar
climber ['klaɪmər] s trepador m; ambicioso de figurar; (bot) enredadera, trepadora
clinch [klɪntʃ] s agarro, abrazo; (of a nail) remache m ‖ tr afianzar, sujetar; agarrar, abrazar; apretar (el puño); remachar (un clavo ya clavado); resolver decisivamente
cling [klɪŋ] v (pret & pp **clung** [klʌŋ]) intr adherirse, pegarse; **to cling to** agarrarse a, asirse de
cling'stone' peach s albérchigo, peladillo
clinic ['klɪnɪk] s clínica
clinical ['klɪnɪkəl] adj clínico
clinical chart s hoja clínica
clinician [klɪ'nɪʃən] s clínico
clink [klɪŋk] s tintín m ‖ tr hacer tintinear; chocar (vasos, copas) ‖ intr tintinear
clinker ['klɪŋkər] s escoria de hulla
clip [klɪp] s tijereteo, esquileo; grapa, pinza; (to fasten papers) sujetapapeles m, presilla de alambre; **at a good clip** a buen paso ‖ v (pret & pp **clipped;** ger **clipping**) tr tijeretear, esquilar; (to fasten with a clip) afianzar, sujetar; recortar (p.ej., un cupón) ‖ intr moverse con rapidez
clipper ['klɪpər] s tijera, cizalla; **clippers** maquinilla cortapelos; tijeras podadoras
clipping ['klɪpɪŋ] s tijereteo, esquileo; (from a newspaper) recorte m
clique [klik] s pandilla, corrillo ‖ intr — **to clique together** apandillarse
cliquish ['klikɪʃ] adj exclusivista
clk. abbr **clerk, clock**
cloak [klok] s capote m; (disguise, excuse) capa ‖ tr encapotar; disimular, encubrir
cloak-and-dagger ['klokən'dægər] adj de capa y espada (dícese de duelos, espionaje, etc.)
cloak-and-sword ['klokən'sord] adj de capa y espada (dícese, p.ej., de las costumbres caballerescas)
cloak hanger s cuelgacapas m
cloak'room' s guardarropa m; (Brit) excusado

ci
cl

clock [klɑk] *s* reloj *m* (de pared o de mesa); (*in a stocking*) cuadrado ‖ *tr* registrar; (*sport*) cronometrar

clock'mak'er *s* relojero

clock tower *s* torre *f* reloj

clock'wise' *adj & adv* en el sentido de las agujas del/reloj

clock'work' *s* mecanismo de relojería; **like clockwork** como un reloj

clod [klɑd] *s* terrón *m*

clod'hop'per *s* destripaterrones *m*, quebrantaterrones *m;* **clodhoppers** zapatos fuertes de trabajo

clog [klɑg] *s* estorbo, obstáculo; (*wooden shoe*) zueco; (*dance*) zapateado; (*hobble on animal*) traba ‖ *v* (*pret & pp* **clogged;** *ger* **clogging**) *tr* atascar ‖ *intr* atascarse; bailar el zapateado

clog dance *s* zapateado

cloister ['klɔɪstər] *s* claustro ‖ *tr* enclaustrar

cloistral ['klɔɪstrəl] *adj* claustral

close [klos] *adj* cercano, próximo; casi igual; (*translation*) fiel, exacto; (*fabric*) compacto; (*weather, atmosphere*) pesado, sofocante; (*stingy*) tacaño; (*battle, race, election*) reñido; (*friend*) íntimo; (*shut in, enclosed*) cerrado; (*narrow*) estrecho ‖ *adv* cerca; **close to** cerca de ‖ [kloz] *s* fin *m*, terminación; (*of business, of stock market*) cierre *m;* **at the close of day** a la caída de la tarde; **to bring to a close** poner término a; **to come to a close** tocar a su fin ‖ *tr* cerrar; (*to cover*) tapar; (*to finish*) concluir; saldar (*una cuenta*); cerrar (*un trato*); **to close in** cerrar, encerrar; **to close ranks** cerrar las filas ‖ *intr* cerrar, cerrarse; **to close in on** cerrar con (*el enemigo*)

close call [klos] *s* (coll) escape *m* por un pelo

closed car [klozd] *s* coche cerrado, conducción interior

closed chapter *s* asunto concluído

closed season *s* veda

closed shop *s* taller agremiado

closefisted ['klos'fɪstɪd] *adj* cicatero, tacaño, manicorto

close-fitting ['klos'fɪtɪŋ] *adj* ajustado, ceñido al cuerpo

close-lipped ['klos'lɪpt] *adj* callado, reservado

closely ['klosli] *adv* de cerca; estrechamente; fielmente; atentamente

close quarters [klos] *spl* lugar muy estrecho, lugares estrechos

close shave [klos] *s* afeitado a ras; (coll) escape *m* por un pelo

closet ['klɑzɪt] *s* (*wall*) alacena, closet *m;* (*wardrobe*) armario; (*small private room*) aposento, gabinete *m;* (*for keeping clothing*) guardarropa *m;* (*toilet*) retrete *m* ‖ *tr* — **to be closeted with** encerrarse con

close-up ['klos,ʌp] *s* (*moving picture*) vista de cerca; fotografía de cerca

closing ['klozɪŋ] *s* cerradura, cierre *m*

closing prices *spl* precios de cierre

closing time *s* hora de cierre

clot [klɑt] *s* grumo, coágulo ‖ *v* (*pret & pp* **clotted;** *ger* **clotting**) *intr* engrumecerse, coagularse

cloth [klɔθ] o [klɑθ] *s* paño, tela; ropa clerical; (*canvas, sails*) lona, trapo, vela; (*for binding books*) tela; **the cloth** la clerecía

clothe [kloð] *v* (*pret & pp* **clothed** o **clad** [klæd]) *tr* trajear, vestir; cubrir; (*e.g., with authority*) investir

clothes [kloz] o [kloθz] *spl* ropa, vestidos; **ropa de cama**

clothes'bas'ket *s* cesto de la ropa, cesto de la colada

clothes'brush' *s* cepillo de ropa

clothes closet *s* ropero

clothes dryer *s* secadora de ropa, secarropa

clothes hanger *s* colgador *m*, perchero

clothes'horse' *s* enjugador *m*, secarropa de travesaños

clothes'line' *s* cordel *m* para tender la ropa, tendedera

clothes'pin' *s* pinza, alfiler *m* de madera

clothes tree *s* percha

clothes wringer *s* exprimidor *m* de ropa

clothier ['kloojər] *s* (*person who sells readymade clothes*) ropero; (*dealer in cloth*) pañero

clothing ['kloðɪŋ] *s* ropa, vestidos, ropaje *m*

cloud [klaud] *s* nube *f* ‖ *tr* anublar ‖ *intr* — **to cloud over** anublarse

cloud bank *s* mar *m* de nubes

cloud'burst' *s* aguacero, chaparrón *m*

cloud-capped ['klaud,kæpt] *adj* coronado de nubes

cloudless ['klaudlɪs] *adj* despejado, sin nubes

cloud of dust *s* polvareda, nube *f* de polvo

cloud·y ['klaudi] *adj* (*comp* **-ier;** *super* **-iest**) nuboso, nublado; (*muddy, turbid*) turbio; confuso, obscuro; melancólico, sombrío

clove [klov] *s* (*flower*) clavo de especia; (*spice*) clavo

clover ['klovər] *s* trébol *m;* **to be in clover** vivir en el lujo

clo·ver·leaf' *s* (*pl* **-leaves** [,livz]) *s* cruce *m* en trébol

clove tree *s* clavero

clown [klaun] *s* bufón *m*, payaso; (*rustic*) patán *m* ‖ *intr* hacer el payaso

clownish ['klaunɪʃ] *adj* bufonesco; rústico

cloy [klɔɪ] *tr* hastiar, empalagar

club [klʌb] *s* porra, clava; (*playing card*) basto, trébol *m;* club *m*, casino ‖ *v* (*pret & pp* **clubbed;** *ger* **clubbing**) *tr* aporrear ‖ *intr* — **to club together** unirse; formar club

club car *s* coche *m* club, coche bar

club'house' *s* casino, club *m*

club·man ['klʌbmən] *s* (*pl* **-men** [mən]) clubista *m*

club·woman ['klʌb,wumən] *s* (*pl* **-women** [,wɪmɪn]) clubista *f*

cluck [klʌk] *s* cloqueo, clo clo ‖ *intr* cloquear, hacer clo clo

clue [klu] *s* indicio, pista

clump [klʌmp] *s* (*of earth*) terrón *m;* (*of trees or shrubs*) grupo; pisada fuerte ‖ *intr* — **to clump along** andar pesadamente

clum•sy ['klʌmzi] *adj* (*comp* **-sier;** *super* **-siest**) (*worker*) chapucero, desmañado, torpe; (*work*) chapucero, tosco,¡grosero

cluster ['klʌstər] *s* grupo; (*of grapes or other things growing or joined together*) racimo ‖ *intr* arracimarse; **to cluster around** reunirse en torno a; **to cluster together** agruparse

clutch [klʌtʃ] *s* (*grasp, grip*) agarro, apretón *m* fuerte; (*aut*) embrague *m;* (*aut*) pedal *m* de embrague; **to fall into the clutches of** caer en las garras de; **to throw the clutch in** embragar; **to throw the clutch out** desembragar ‖ *tr* agarrar, empuñar

clutter ['klʌtər] *tr* — **to clutter up** cubrir o llenar desordenadamente

cm. *abbr* **centimeter**

cml. *abbr* **commercial**

Co. *abbr* **Company, County**

coach [kotʃ] *s* coche *m,* diligencia; (aut) coche cerrado; (rr) coche de viajeros, coche ordinario *m;* (sport) entrenador *m* ‖ *tr* aleccionar; (sport) entrenar ‖ *intr* entrenarse

coach house *s* cochera

coaching ['kotʃɪŋ] *s* lecciones *fpl* particulares; (sport) entrenamiento

coach•man ['kotʃmən] *s* (*pl* **-men** [mən]) *s* cochero

coagulate [ko'ægjə,let] *tr* coagular ‖ *intr* coagularse

coal [kol] *s* carbón *m,* hulla ‖ *tr* proveer de carbón ‖ *intr* proveerse de carbón

coal'bin' *s* carbonera

coal bunker *s* carbonera

coal car *s* vagón carbonero

coal'deal'er *s* carbonero

coaling ['kolɪŋ] *adj* carbonero ‖ *s* toma de carbón

coalition [,ko•ə'lɪʃən] *s* unión; (*alliance between states or factions*) coalición

coal mine *s* mina de carbón

coal oil *s* aceite *m* mineral

coal scuttle *s* cubo para carbón

coal tar *s* alquitrán *m* de hulla

coal'yard' *s* carbonería

coarse [kors] *adj* (*of inferior quality*) basto, burdo; (*composed of large particles*) grueso; (*crude in manners*) grosero, rudo, vulgar

coarseness ['korsnɪs] *s* bastedad

coast [kost] *s* costa; **the coast is clear** ya no hay peligro ‖ *tr* costear ‖ *intr* deslizarse cuesta abajo; **to coast along** avanzar sin esfuerzo

coastal ['kostəl] *adj* costero

coaster ['kostər] *s* salvamanteles *m*

coaster brake *s* freno de contrapedal

coast guard *s* guardacostas *mpl;* guardia *m* de los guardacostas

coast guard cutter *s* escampavía de los guardacostas

coasting trade *s* cabotaje *m*

coast'land' *s* litoral *m*

coast'line' *s* línea de la costa

coast'wise' *adj* costanero ‖ *adv* a lo largo de la costa

coat [kot] *s* (*jacket*) americana, saco; (*topcoat*) abrigo, sobretodo; (*of an animal*) lana, pelo; (*of paint*) capa, mano *f* ‖ *tr* cubrir, revestir; dar una capa de pintura a

coated ['kotɪd] *adj* revestido; (*tongue*) saburroso

coat hanger *s* colgador *m*

coating ['kotɪŋ] *s* revestimiento; (*of paint*) capa; (*of plaster*) enlucido

coat of arms *s* escudo de armas

coat'room' *s* guardarropa *m*

coat'tail' *s* faldón *m*

coax [koks] *tr* engatusar

cob [kab] *s* zuro; **to eat corn on the cob** comer maíz en la mazorca

cobalt ['kobɔlt] *s* cobalto

cobbler ['kablər] *s* remendón *m,* zapatero de viejo

cob'ble•stone' *s* guijarro

cob'web' *s* telaraña

cocaine [ko'ken] *s* cocaína; (slang) coca

cock [kak] *s* (*rooster*) gallo; (*faucet, valve*) espita, grifo; (*of firearm*) martillo; (*weathervane*) veleta, caudillo, jefe *m* ‖ *tr* amartillar (*un arma de fuego*); ladear (*la cabeza*); enderezar, levantar

cockade [[ka'ked] *s* cucarda, escarapela

cock-a-doodle-doo ['kakə,dudəl'du] *s* quiquiriquí *m*

cock-and-bull story ['kakənd'bʊl] *s* cuento absurdo, cuento increíble

cocked hat [kakt] *s* sombrero de candil, sombrero de tres picos; **to knock into a cocked hat** (slang) apabullar

cockeyed ['kak,aɪd] *adj* bisojo, bizco; (coll) encorvado, torcido; (slang) disparatado, extravagante

cock'fight' *s* pelea de gallos

cockney ['kakni] *s* londinense *mf* de la clase pobre que habla un dialecto característico; dialecto de la clase pobre de Londres

cock of the walk *s* quiquiriquí *m,* gallito del lugar

cock'pit' *s* gallera; (aer) carlinga

cock'roach' *s* cucaracha

cockscomb ['kaks,kom] *s* cresta de gallo, gorro de bufón; (bot) cresta de gallo, moco de pavo

cock'sure' *adj* muy seguro de sí mismo

cock'tail' *s* coctel *m; (of fruit, oysters, etc.)* aperitivo

cocktail party *s* coctel *m*

cocktail shaker ['ʃekər] *s* coctelera

cock•y ['kaki] *adj* (*comp* **-ier;** *super* **-iest**) (coll) arrogante, hinchado; **to be cocky** (coll) tener mucho gallo

cocoa ['koko] *s* cacao; (*drink*) chocolate *m*

cocoanut o **coconut** ['kokə,nʌt] *s* coco

cocoanut palm o **tree** *s* cocotero

cocoon [kə'kun] *s* capullo

C.O.D., c.o.d. *abbr* **collect on delivery;** (Brit) **cash on delivery**

cod [kad] *s* abadejo, bacalao

coddle ['kadəl] *tr* consentir, mimar

code [kod] *s* (*of laws; of manners; of signals*) código; (*of telegraphy*) alfabeto; (*secret system of writing*) cifra, clave *f;* (com)

cifrario; **in code** en cifra ‖ *tr* (*to put in code*) cifrar
code word *s* clave telegráfica
codex ['kodɛks] *s* (*pl* **codices** ['kodɪ,siz] o ['kɑdɪ,siz]) *s* códice *m*
cod'fish' *s* abadejo, bacalao
codger ['kɑdʒər] *s* — **old codger** (coll) anciano, tío
codicil ['kɑdɪsɪl] *s* codicilo; apéndice *m*
codi•fy ['kɑdɪ,faɪ] o ['kodɪ,faɪ] *v* (*pret & pp* **-fied**) *tr* codificar
cod'-liv'er oil *s* aceite *m* de hígado de bacalao
coed o **co-ed** ['ko,ɛd] *s* alumna de una escuela coeducativa
coeducation [,ko,ɛdʒə'keʃən] *s* coeducación
coefficient [,ko•ɪ'fɪʃənt] *adj & s* coeficiente *m*
coerce [ko'ʌrs] *tr* forzar, coactar
coercion [ko'ʌrʃən] *s* compulsión, coacción
coeval [ko'ivəl] *adj & s* coetáneo
coexist [,ko•ɪg'zɪst] *intr* coexistir
coexistence [,ko•ɪg'zɪstəns] *s* coexistencia
coffee ['kɔfi] o ['kɑfi] *s* café *m;* (*plant*) cafeto; **black coffee** café solo; **to drink coffee** cafetear
coffee bean *s* grano de café
cof'fee•cake' *s* rosquilla (que se come con el café)
coffee dealer *s* cafetalero
coffee grinder *s* molinillo de café
coffee grounds *spl* poso del café
coffee mill *s* molinillo de café
coffee plantation *s* cafetal *m*
coffee planter *s* cafetalero
coffee pot *s* cafetera
coffee tree *s* cafeto
coffer ['kɔfər] o ['kɑfər] *s* arca, cofre *m;* **coffers** tesoro, fondos
cof'fer•dam' *s* ataguía, encajonado
coffin ['kɔfɪn] o ['kɑfɪn] *s* ataúd *m*
C. of S. *abbr* **Chief of Staff**
cog [kɑg] *s* diente *m* (*de rueda dentada*); rueda dentada; **to slip a cog** equivocarse
cogency ['kodʒənsi] *s* fuerza (*de un argumento*)
cogent ['kodʒənt] *adj* fuerte, convincente
cogitate ['kɑdʒɪ,tet] *tr & intr* cogitar, meditar
cognac ['kɑnjæk] *s* coñac *m*
cognizance ['kɑgnɪzəns] o ['kɑnɪzəns] *s* conocimiento; **to take cognizance of** enterarse de
cognizant ['kɑgnɪzənt] o ['kɑnɪzənt] *adj* sabedor, enterado
cog'wheel' *s* rueda dentada
cohabit [ko'hæbɪt] *intr* cohabitar
coheir [ko'ɛr] *s* coheredero
cohere [ko'hɪr] *intr* adherirse, pegarse; conformarse, corresponder
coherent [ko'hɪrənt] *adj* coherente
cohesion [ko'hiʒən] *s* cohesión
coiffeur [kwa'fʌr] *s* peluquero
coiffure [kwa'fjʊr] *s* peinado, tocado
coil [kɔɪl] *s* (*something wound in a spiral*) rollo; (*single turn of spiral*) vuelta; (*of a still*) serpentín *m;* (*of hair*) rizo; (*of a spring*) espiral *f;* (elec) carrete *m* ‖ *tr*

arrollar, enrollar; (naut) adujar ‖ *intr* arrollarse, enrollarse; (*like a snake*) serpentear
coil spring *s* resorte *m* espiral
coin [kɔɪn] *s* moneda; (*wedge*) cuña; **to pay back in one's own coin** pagar en la misma moneda; **to toss a coin** echar a cara o cruz ‖ *tr* acuñar; forjar, inventar (*palabras o frases*); **to coin money** (coll) ganar mucho dinero
coincide [,ko•ɪn'saɪd] *intr* coincidir
coincidence [ko'ɪnsɪdəns] *s* coincidencia
coition [ko'ɪ/ən] o **coitus** ['ko•ɪtəs] *s* coito
coke [kok] *s* coque *m*, cok *m*
col. *abbr* **colored, colony, column**
colander ['kʌləndər] o ['kɑləndər] *s* colador *m*, escurridor *m*
cold [kold] *adj* frío; **to be cold** (*said of a person*) tener frío; (*said of the weather*) hacer frío ‖ *s* frío; (*indisposition*) resfriado; **to catch cold** resfriarse, coger un resfriado
cold blood *s* — **in cold blood** a sangre fría
cold chisel *s* cortafrío
cold comfort *s* poca consolación
cold cream *s* colcrén *m*
cold cuts *spl* fiambres *mpl*
cold'heart'ed *adj* duro, insensible
cold meat *s* carne *f* fiambre
coldness ['koldnɪs] *s* frialdad
cold shoulder *s* — **to turn a cold shoulder on** (coll) tratar con suma frialdad
cold snap *s* corto rato de frío agudo
cold storage *s* conservación en cámara frigorífica
cold war *s* guerra fría
coleslaw ['kol,slɔ] *s* ensalada de col
colic ['kalɪk] *adj & s* cólico
coliseum [,kalɪ'si•əm] *s* coliseo
colitis [kə'laɪtɪs] *s* colitis *f*
coll. *abbr* **colleague, collection, college, colloquial**
collaborate [kə'læbə,ret] *intr* colaborar
collaborationist [kə,læbə're/ənɪst] *s* colaboracionista *mf*
collaborator [kə'læbə,retər] *s* colaborador *m*
collapse [kə'læps] *s* desplome *m;* (*in business*) fracaso; (pathol) colapso ‖ *intr* desplomarse; fracasar; postrarse, sufrir colapso
collapsible [kə'læpsɪbəl] *adj* abatible, plegable, desmontable
collar ['kalər] *s* cuello; (*of dog, horse*) collar *m;* (mach) collar
col'lar•band' *s* tirilla de camisa
col'lar•bone' *s* clavícula
collate [kə'let] o ['kalet] *tr* colacionar, cotejar
collateral [kə'lætərəl] *adj* colateral ‖ *s* (*relative*) colateral *mf;* (com) colateral *m*
collation [kə'le/ən] *s* (*act of comparing; light meal*) colación
colleague ['kalig] *s* colega *mf;* homólogo
collect ['kalɛkt] *s* (eccl) colecta ‖ [kə'lɛkt] *tr* acumular, reunir; colectar, recaudar (*impuestos*); coleccionar (*sellos de correo, antiguallas*); recolectar (*cosechas*); cobrar (*pasajes*); recoger (*billetes; el correo*); **to**

collect oneself reponerse ‖ *intr* acumularse; **collect on delivery** contra reembolso, cobro contra entrega
collect call *s* llamada por cobrar
collected [kə'lɛktɪd] *adj* sosegado, dueño de sí mismo
collection [kə'lɛkʃən] *s* colección; (*of taxes*) recaudación; (*of mail*) recogida
collection agency *s* agencia de cobros de cuentas
collective [kə'lɛktɪv] *adj* colectivo
collector [kə'lɛktər] *s* (*of stamps, antiques*) coleccionista *mf;* (*of taxes*) recaudador *m;* (*of tickets*) cobrador *m*
college ['kalɪdʒ] *s* colegio universitario; (*of cardinals, electors, etc.*) colegio
collide [kə'laɪd] *intr* chocar; **to collide with** chocar con
collie ['kali] *s* perro pastoril escocés
collier ['kaljər] *s* barco carbonero; minero de carbón
collier•y ['kaljəri] *s* (*pl* **-ies**) mina de carbón
collision [kə'lɪʒən] *s* colisión
colloid ['kalɔɪd] *adj & s* coloide *m*
colloquial [kə'lokwɪ•əl] *adj* coloquial, familiar
colloquialism [kə'lokwɪ•ə,lɪzəm] *s* coloquialismo
collo•quy ['kaləkwi] *s* (*pl* **-quies**) coloquio
collusion [kɔ'luʒən] *s* colusión, confabulación; **to be in collusion with** estar en inteligencia con
cologne [kə'lon] *s* agua de colonia, colonia ‖ **Cologne** *s* Colonia
colon ['kolən] *s* (anat) colon *m;* (gram) dos puntos
colonel ['kʌrnəl] *s* coronel *m*
colonel•cy ['kʌrnəlsi] *s* (*pl* **-cies**) coronelía
colonial [kə'lonɪ•əl] *adj* colonial ‖ *s* colono
colonize ['kalə,naɪz] *tr & intr* colonizar
colonnade [,kalə'ned] *s* columnata
colo•ny ['kaləni] *s* (*pl* **-nies**) colonia
colophon ['kalə,fan] *s* colofón *m*
color ['kʌlər] *s* color; **the colors** los colores, la bandera; **to call to the colors** llamar a filas; **to give** o **to lend color to** dar visos de probabilidad a; **under color of** so color de, bajo pretexto de; **with flying colors** con banderas desplegadas ‖ *tr* colorar, colorear; (*to excuse, palliate*) colorear; (*to dye*) teñir ‖ *intr* sonrojarse, ponerse colorado, demudarse
col'or-blind' *adj* ciego para los colores
colored ['kʌlərd] *adj* de color; (*specious*) colorado
colorful ['kʌlərfəl] *adj* colorido; pintoresco
coloring ['kʌlərɪŋ] *adj & s* colorante *m*
colorless ['kʌlərlɪs] *adj* incoloro; (fig) insulso
color photography *s* fotografía en colores
color salute *s* (mil) saludo con la bandera
color sergeant *s* sargento abanderado
color screen *s* (phot) pantalla de color
color television *s* televisión en colores
colossal [kə'lasəl] *adj* colosal
colossus [kə'lasəs] *s* coloso
colt [kolt] *s* potro

Columbus [kə'lʌmbəs] *s* Colón *m*
Columbus Day *s* día *m* de la raza, fiesta de la hispanidad
column ['kaləm] *s* columna
columnist ['kaləmɪst] *s* columnista *mf*
com. *abbr* **comedy, commerce, common**
Com. *abbr* **Commander, Commissioner, Committee**
coma ['komə] *s* (pathol) coma *m*
comb [kom] *s* peine *m;* (*currycomb*) almohaza; (*of rooster*) cresta; cresta de ola ‖ *tr* peinar; explorar con minuciosidad
com•bat ['kambæt] *s* combate *m* ‖ ['kambæt] o [kəm'bæt] *v* (*pret & pp* **-bated** o **-batted;** *ger* **-bating** o **-batting**) *tr & intr* combatir
combatant ['kambətənt] *adj & s* combatiente *m*
combat duty *s* servicio de frente
combination [,kambɪ'neʃən] *s* combinación
combine ['kambaɪn] *s* monopolio; segadora trilladora; (coll) combinación ‖ [kəm'baɪn] *tr* combinar ‖ *intr* combinarse
combining form *s* (gram) elemento de compuestos
combustible [kəm'bʌstɪbəl] *adj* combustible; (fig) ardiente, impetuoso ‖ *s* combustible *m*
combustion [kəm'bʌstʃən] *s* combustión
combustion chamber *s* cámara de combustión
come [kʌm] *v* (*pret* **came** [kem]; *pp* **come**) *intr* venir; **to come about** suceder; **to come across** encontrarse con; **to come after** venir detrás de; venir después de; venir por, venir en busca de; **to come again** volver; **to come apart** desunirse, desprenderse; **to come around** re̶stablecerse; volver en sí; rendirse; ponerse de acuerdo; cambiar de dirección; **to come at** alcanzar; **to come back** volver; rehabilitarse; **to come before** anteponerse; **to come between** interponerse; desunir, separar; **to come by** conseguir; **to come down** bajar; (*in social position, etc.*) descender; (*from one person to another*) ser transmitido; **to come downstairs** bajar (*de un piso a otro*); **to come down with** enfermarse de; **to come for** venir por, venir en busca de; **to come forth** salir; aparecer; **to come forward** avanzar; presentarse; **to come from** venir de; provenir de; **to come in** entrar; entrar en; empezar; ponerse en uso; **to come in for** conseguir, recibir; **to come into one's own** ser reconocido; **to come off** desprenderse; acontecer; **to come out** salir; salir a luz; ponerse de largo (*una joven*); divulgarse (*una noticia*); **to come out for** anunciar su apoyo de; **to come out with** descolgarse con; to come over dejarse persuadir; pasar, p.ej., **what's come over him?** ¿qué le ha pasado?; **to come through** salir bien, tener éxito; ganar; **to come to** volver en sí; **to come together** juntarse, reunirse; **to come true** hacerse realidad; **to come up** subir; presentarse; **to come upstairs** subir (*de un piso a otro*); **to come up to** acercarse a;

subir a; estar a la altura de; **to come up with** proponer

come'back' s rehabilitación; (slang) respuesta aguda; **to stage a comeback** rehabilitarse

comedian [kə'midɪ•ən] s cómico, comediante m; autor m de comedias

comedienne [kə,midɪ'ɛn] s cómica, comedianta

come'down' s humillación, revés m

come•dy ['kamədi] s (pl **-dies**) comedia cómica; (comicalness) comicidad

come•ly ['kʌmli] adj (comp **-lier; super -liest**) (attractive) donairoso, gracioso; (decorous) conveniente, decente

comet ['kamɪt] s cometa m

comfort ['kʌmfərt] s comodidad, confort m; (encouragement, consolation) confortación; (person) confortador m; (bed cover) colcha, cobertor m ǁ tr confortar

comfortable ['kʌmfərtəbəl] adj cómodo, confortable; (fairly well off) holgado; (salary) (coll) suficiente ǁ s colcha, cobertor m

comforter ['kʌmfərtər] s confortador m, consolador m; colcha, cobertor m; bufanda de lana

comforting ['kʌmfərtɪŋ] adj confortante

comfort station s quiosco de necesidad

comfrey ['kʌmfri] s consuelda

comic ['kamɪk] adj cómico ǁ s cómico; periódico cómico; **comics** tiras cómicas

comical ['kamɪkəl] adj cómico

comic book s tebeo

comic opera s ópera cómica

comic strip s tira cómica

coming ['kʌmɪŋ] adj que viene, venidero; prometedor ǁ s venida

coming out s (of stocks, bonds, etc.) emisión; (of a young girl) puesta de largo, entrada en sociedad

comma ['kamə] s coma f

command [kə'mænd] s (commanding) dominio, mando; (order, direction) mandato, orden f; (e.g., of a foreign language) dominio; (mil) comando; **to be in command of** estar al mando de; **to take command** tomar el mando ǁ tr mandar, ordenar; dominar (un idioma extranjero); merecer (p.ej., respeto); (mil) comandar ǁ intr mandar

commandant [,kamən'dænt] o [,kamən'dant] s comandante m

commandeer [,kamən'dɪr] tr reclutar forzosamente; expropiar; (coll) apoderarse de

commander [kə'mændər] s comandante m; (of a military order) comendador m

commandment [,kə'mændmənt] s (Bib) mandamiento

commemorate [kə'mɛmə,ret] tr conmemorar

commence [kə'mɛns] tr & intr comenzar, empezar

commencement [kə'mɛnsmənt] s comienzo, principio; día m de graduación; ceremonia de graduación

commend [kə'mɛnd] tr (to entrust) encargar, encomendar; (to recommend) recomendar; (to praise) alabar, elogiar

commendable [kə'mɛndəbəl] adj recomendable

commendation [,kamən'deʃən] s encargo, encomienda; recomendación; alabanza, elogio

comment ['kamɛnt] s comentario, comento ǁ intr comentar; **to comment on** comentar

commentar•y ['kamən,tɛri] s (pl **-ies**) comentario

commentator ['kamən,tetər] s comentarista mf

commerce ['kamərs] s comercio

commercial [kə'mʌrʃəl] adj comercial ǁ s anuncio publicitario radiofónico o televisivo; (rad & telv) programa publicitario

commercial traveler s agente viajero

commiserate [kə'mɪzə,ret] intr — **to commiserate with** condolerse de

commiseration [kə,mɪzə'reʃən] s conmiseración

commissar [,kamɪ'sar] s comisario (en Rusia)

commissar•y ['kamɪ,sɛri] s (pl **-ies**) (deputy) comisario; (store) economato

commission [kə'mɪʃən] s comisión; (mil) nombramiento; **to put in commission** poner en uso; poner (un buque) en servicio activo; **to put out of commission** inutilizar, descomponer; retirar (un buque) del servicio activo ǁ tr comisionar; poner en uso; poner (un buque) en servicio activo; (mil) nombrar

commissioned officer s oficial m

commissioner [kə'mɪʃənər] s comisario; (person authorized by a commission) comisionado

com•mit [kə'mɪt] v (pret & pp **-mitted;** ger **-mitting**) tr cometer (un crimen, una falta; un negocio a una persona); (to hand over) confiar, entregar; dar, empeñar (la palabra); (to bind, pledge) comprometer; internar (a un demente); (to memory) encomendar; **to commit oneself** comprometerse, empeñarse; **to commit to writing** poner por escrito

commitment [kə'mɪtmənt] s (act of committing) comisión; (to an asylum) internación; (written, order) auto de prisión; compromiso, cometido, empeño

committee [kə'mɪti] s comité m, comisión

commode [kə'mod] s (chest of drawers) cómoda; (washstand) lavabo; (chamber pot) sillico

commodious [kə'modɪ•əs] adj espacioso, holgado

commodi•ty [kə'madɪti] s (pl **-ties**) artículo de consumo, mercancía

commodity exchange s lonja, bolsa mercantil

common ['kamən] adj común ǁ s campo común, ejido; **commons** estado llano; (of a school) refectorio; **the Commons** (Brit) los Comunes

common carrier s empresa de transportes públicos

commoner ['kamənər] s plebeyo; (Brit) miembro de la Cámara de los Comunes

common law *s* derecho consuetudinario
com'mon-law' **marriage** *s* matrimonio consensual
com'mon•place' *adj* común, trivial, ordinario ‖ *s* lugar *m* común, trivialidad
common sense *s* sentido común
com'mon-sense' *adj* cuerdo, razonable
common stock *s* acción ordinaria; acciones ordinarias
commonweal ['kamən,wil] *s* bien público
com'mon•wealth' *s* estado, nación; república; (*state of U.S.A.*) estado; (*self-governing associated country*) estado libre asociado; (*association of states*) mancomunidad
commotion [kə'moʃən] *s* conmoción
commune [kə'mjun] *intr* conversar; (*eccl*) comulgar
communicant [kə'mjunɪkənt] *s* comunicante *mf*; (*eccl*) comulgante *mf*
communicate [kə'mjunɪ,ket] *tr* comunicar ‖ *intr* comunicarse
communicating [kə'mjunɪ,ketɪŋ] *adj* comunicador
communication [kə,mjunə'keʃən] *s* comunicación
communications satellite *s* satélite *m* de comunicaciones
communicative [kə'mjunɪ,ketɪv] *adj* comunicativo
communion [kɔ'mjunjən] *s* comunión; **to take communion** comulgar
communion rail *s* comulgatorio
communiqué [kɔ,mjunɪ'ke] o [kə'mjunɪ,ke] *s* comunicado, parte *m*
communism ['kamjə,nɪzəm] *s* comunismo
communist ['kamjənɪst] *s* comunista *mf*
communi•ty [kə'mjunɪti] *s* (*pl* **-ties**) vecindario; (*group of people living together*) comunidad
communize ['kamjə,naɪz] *tr* comunizar
commutation ticket [,kamjə'teʃən] *s* billete *m* de abono
commutator ['kamjə,tetər] *s* (elec) colector *m*
commute [kə'mjut] *tr* conmutar ‖ *intr* viajar con billete de abono
commuter [kə'mjutər] *s* abonado al ferrocarril
comp. *abbr* **compare, comparative, composer, composition, compound**
compact [kəm'pækt] *adj* compacto; breve, preciso ‖ ['kampækt] *s* convenio, pacto; estuche *m* de afeites
compact disk *s* disco compacto
companion [kəm'pænjən] *s* compañero
companionable [kəm'pænjənəbəl] *adj* afable, sociable, simpático
companionship [kəm'pænjən,ʃɪp] *s* compañerismo
companionway [kəm'pænjən,we] *s* (naut) escalera de cámara
compa•ny ['kʌmpəni] *s* (*pl* **-nies**) compañía; visita, visitas, invitado, invitados; (naut) tripulación; **to be good company** ser compañero alegre; **to keep company** ir juntos (*un hombre y una mujer*); **to keep some-**

one company hacerle compañía a una persona; **to part company** separarse; enemistarse
company building *s* edificio social
company office *s* domicilio social
comparative [kəm'pærətɪv] *adj & s* comparativo
compare [kəm'pɛr] *s* — **beyond compare** sin comparación, sin par ‖ *tr* comparar
comparison [kəm'pærɪsən] *s* comparación
compartment [kəm'partmənt] *s* compartimiento; (rr) departamento
compass ['kʌmpəs] *s* brújula, compás *m;* ámbito, recinto; alcance *m,* extensión; **compass** o **compasses** (*for drawing circles*) compás *m*
compass card *s* (naut) rosa náutica, rosa de los vientos
compassion [kəm'pæʃən] *s* compasión
compassionate [kəm'pæʃənɪt] *adj* compasivo
com•pel [kəm'pɛl] *v* (*pret & pp* **-pelled;** *ger* **-pelling**) *tr* forzar, obligar, compeler; imponer (*respeto, silencio*)
compendious [kəm'pɛndɪ•əs] *adj* compendioso
compendi•um [kəm'pɛndɪ•əm] *s* (*pl* **-ums** o **-a** [ə]) compendio
compensate ['kampən,set] *tr & intr* compensar; **to compensate for** compensar
compensation [,kampən'seʃən] *s* compensación
compete [kəm'pit] *intr* competir
competence ['kampɪtəns] o **competency** ['kampɪtənsi] *s* (*aptitude; legal capacity*) competencia; (*sufficient means to live comfortably*) buen pasar *m*
competent ['kampɪtənt] *adj* competente
competition [,kampɪ'tɪʃən] *s* (*rivalry*) competencia; (*in a match, examination, etc.*) certamen *m,* concurso; (*in business*) concurrencia
competitive [kəm'pɛtɪtɪv] *adj* — **to be competitive** poder competir
competitive examination *s* oposición
competitiveness [kəm'pɛtɪtɪvnɪs] *s* capacidad competiva
competitive prices *spl* precios de competencia
competitor [kəm'pɛtɪtər] *s* competidor *m*
compilation [,kampɪ'leʃən] *s* compilación, recopilación
compile [kəm'paɪl] *tr* compilar, recopilar
complacence [kəm'plesəns] o **complacency** [kəm'plesənsi] *s* (*quiet satisfaction*) complacencia; satisfacción de sí mismo
complacent [kəm'plesənt] *adj* (*willing to please*) complaciente; satisfecho de sí mismo
complain [kəm'plen] *intr* quejarse
complainant [kəm'plenənt] *s* (law) demandante *mf*
complaint [kəm'plent] *s* queja; reclamo; (*grievance*) agravio; (*illness*) enfermedad, mal *m;* (law) demanda, querella
complaisance [kəm'plezəns] o ['kamplɪ,zæns] *s* amabilidad, cortesía
complaisant [kəm'plezənt] o ['kamplɪ,zænt] *adj* amable, cortés

CO
CO

complement ['kɑmplɪmənt] *s* complemento; (nav) dotación ‖ *tr* complementar

complete [kəm'plit] *adj* completo ‖ *tr* completar, terminar, realizar

completion [kəm'pliʃən] *s* terminación, realización

complex [kəm'plɛks] o ['kɑmplɛks] *adj* (*not simple*) complexo; (*composite*) complejo; (*intricate*) complicado ‖ ['kɑmplɛks] *s* complejo; (psychol) complejo; (coll) obsesión

complexion [kəm'plɛkʃən] *s* (*constitution*) complexión; (*texture of skin, esp. of face*) tez *f*; aspecto general, índole *f*

compliance [kəm'plaɪ•əns] *s* condescendencia; sumisión, rendimiento; **in compliance with** de acuerdo con, en conformidad con

complicate ['kɑmplɪ,ket] *tr* complicar

complicated ['kɑmplɪ,ketɪd] *adj* complicado

complication ['kɑmplɪ,keʃən] *s* complicación

complici•ty [kəm'plɪsɪti] *s* (*pl* **-ties**) complicidad, codelincuencia

compliment ['kɑmplɪmənt] *s* (*show of courtesy*) cumplimiento; (*praise*) alabanza, halago; perico (CAm); **compliments** saludos, recuerdos ‖ ['kɑmplɪ,mɛnt] *tr* cumplimentar; alabar, halagar

complimentary copy [,kɑmplɪ'mɛntəri] *s* ejemplar *m* de cortesía

complimentary ticket *s* billete *m* de regalo, pase *m* de cortesía

com•ply [kəm'plaɪ] *v* (*pret & pp* **-plied**) *intr* conformarse; **to comply with** conformarse con, obrar de acuerdo con

component [kəm'ponənt] *adj* componente ‖ *m* componente *m*

compose [kəm'poz] *tr* componer; **to be composed of** estar compuesto de

composed [kəm'pozd] *adj* sosegado, tranquilo

composer [kəm'pozer] *s* componedor *m*; (mus) compositor *m*; autor *m*

composing stick *s* componedor *m*

composite [kəm'pɑzɪt] *adj & s* compuesto

composition [,kɑmpə'zɪʃən] *s* composición

compositor [kəm'pɑzɪtər] *s* cajista *mf*, componedor *m*

composure [kəm'poʒər] *s* serenidad, sosiego

compote ['kɑmpot] *s* (*stewed fruit*) compota; (*dish*) compotera

compound ['kɑmpaʊnd] *adj* compuesto ‖ *s* compuesto; (gram) vocablo compuesto ‖ [kɑm'paʊnd] *tr* componer, combinar; (*interest*) capitalizar

comprehend [,kɑmprɪ'hɛnd] *tr* comprender

comprehensible [,kɑmprɪ'hɛnsɪbəl] *adj* comprensible

comprehension [,kɑmprɪ'hɛnʃən] *s* comprensión

comprehensive [,kɑmprɪ'hɛnsɪv] *adj* comprensivo, inclusivo, completo

compress ['kɑmprɛs] *s* (med) compresa, bilma ‖ [kəm'prɛs] *tr* comprimir

compression [kəm'prɛʃən] *s* compresión

comprise o **comprize** [kəm'praɪz] *tr* abarcar, comprender, incluir

compromise ['kɑmprə,maɪz] *s* (*adjustment*) componenda, transigencia, transacción; (*endangering*) comprometimiento ‖ *tr* (*by mutual concessions*) componer, transigir; (*to endanger*) comprometer, exponer ‖ *intr* transigir, avenirse

comptroller [kən'trolər] *s* contralor *m*, interventor *m*

compulsory [kəm'pʌlsəri] *adj* obligatorio

computable [kəm'pjutəbəl] *adj* calculable

computation [,kɑmpju'teʃən] *s* cálculo, cómputo

compute [kəm'pjut] *tr & intr* computar, calcular

computer [kəm'pjutər] *s* ordenador *m*, computador *m*; (*person*) computador *m*, calculador *m*

computer dating *s* citas computerizadas

computer science *s* informática

comrade ['kɑmræd] o ['kɑmrɪd] *s* camarada *m*; cumpa *m* (SAm)

con. *abbr* **conclusion, consolidated, contra**

con [kɑn] *s* (*opposite opinion*) contra *m*; (*slang*) engaño ‖ *v* (*pret & pp* **conned;** *ger* **conning**) *tr* leer con atención, aprender de memoria; (*slang*) engañar

concave ['kɑnkev] o [kɑn'kev] *adj* cóncavo

conceal [kən'sil] *tr* encubrir, ocultar

concealment [kən'silmənt] *s* encubrimiento, ocultación; (*place*) escondite *m*

concede [kən'sid] *tr* conceder

conceit [kən'sit] *s* (*vanity*) orgullo, engreimiento; (*witty expression*) concepto, dicho ingenioso

conceited [kən'sitɪd] *adj* orgulloso, engreído

conceivable [kən'sivəbəl] *adj* concebible

conceive [kən'siv] *tr & intr* concebir

concentrate ['kɑnsən,tret] *tr* concentrar ‖ *intr* concentrarse; **to concentrate on** o **upon** reconcentrarse en

concentric [kən'sɛntrɪk] *adj* concéntrico

concept ['kɑnsɛpt] *s* concepto

conception [kən'sɛpʃən] *s* concepción

concern [kən'sʌrn] *s* (*business establishment*) empresa, casa comercial, razón *f* social; (*worry*) inquietud, preocupación; (*relation, reference*) concernencia; (*matter*) asunto, negocio ‖ *tr* atañer, concernir; interesar; **as concerns** respecto de; **to whom it may concern** a quien pueda interesar, a quien corresponda

concerning [kən'sʌrnɪŋ] *prep* respecto de, tocante a

concert ['kɑnsərt] *s* concierto ‖ [kən'sʌrt] *tr & intr* concertar

con'cert•mas'ter *s* concertino

concer•to [kən'tʃɛrto] *s* (*pl* **-tos** o **-ti** [ti]) concierto

concession [kən'sɛʃən] *s* concesión

concessive [kən'sɛsɪv] *adj* concesivo

concierge [,kɑnsɪ'ʌrʒ] *s* conserje *m*

conciliate [kən'sɪlɪ,et] *tr* conciliar; conciliarse (*el respeto, la estima*)

conciliatory [kən'sɪlɪ•ə,tori] *adj* conciliador

concise [kən'saɪs] *adj* conciso

conclude [kən'klud] *tr & intr* concluir

concluding [kən'kludɪŋ] *adj* final

conclusion [kən'kluʒən] *s* conclusión; (*of a letter*) despedida

conclusive [kən'klusɪv] *adj* concluyente

concoct [kən'kakt] *tr* confeccionar; (*a story*) forjar, inventar

concomitant [kən'kamɪtənt] *adj & s* concomitante *m*

concord ['kaŋkɔrd] *s* concordia; (gram, mus) concordancia

concordance [kən'kɔrdəns] *s* concordancia

concourse ['kaŋkors] *s* (*of people*) concurso; (*of streams*) confluencia; bulevar *m*, gran vía; (*of railroad station*) gran salón *m*

concrete ['kankrit] o [kan'krit] *adj* concreto; de hormigón ‖ *s* hormigón *m*

concrete block *s* bloque *m* de hormigón

concrete mixer *s* hormigonera, mezcladora de hormigón

concubine ['kaŋkjə,baɪn] *s* concubina

con•cur [kən'kʌr] *v* (*pret & pp* **-curred;** *ger* **-curring**) *intr* concurrir

concurrence [kən'kʌrəns] *s* (*happening together*) concurrencia; (*agreement*) acuerdo

concussion [kən'kʌʃən] *s* concusión

condemn [kən'dɛm] *tr* condenar

condemnation [,kandɛm'neʃən] *s* condenación

condense [kən'dɛns] *tr* condensar ‖ *intr* condensarse

condescend [,kandɪ'sɛnd] *intr* dignarse

condescending [,kandɪ'sɛndɪŋ] *adj* condescendiente con inferiores

condescension [,kandɪ'sɛnʃən] *s* dignación, aire *m* protector

condiment ['kandɪmənt] *s* condimento

condition [kən'dɪʃən] *s* condición; **on condition that** a condición (de) que ‖ *tr* acondicionar

conditional [kən'dɪʃənəl] *adj* condicional

conditioned reflex [kən'dɪʃənd] *s* reflejo acondicionado

condole [kən'dol] *intr* condolerse

condolence [kən'doləns] *s* condolencia

condominium [,kandə'mɪnɪ•əm] *s* condominio

condone [kən'don] *tr* condonar; (*legally*) despenalizar

condor ['kandər] *s* cóndor *m*

conduce [kən'djus] *intr* conducir

conducive [kən'djusɪv] *adj* conducente, contribuyente

conduct ['kandʌkt] *s* conducta ‖ [kən'dʌkt] *tr* conducir; **to conduct oneself** conducirse, comportarse

conductor [kən'dʌktər] *s* conductor *m*, guía *mf;* (elec & phys) conductor *m*, conductora *f;* (rr) revisor *m;* (*on trolley or bus*) cobrador *m*

conduit ['kandɪt] o ['kandu•ɪt] *s* canal *f* para alambres o cables

cone [kon] *s* cono; (*of pastry*) barquillo; (*of paper*) cucurucho

confectioner•y [kən'fɛkʃə,nɛri] *s* (*pl* **-ies**) (*shop*) confitería; (*sweetmeats*) dulces *mpl*, confites *mpl*, confituras

confedera•cy [kən'fɛdərəsi] *s* (*pl* **-cies**) confederación; (*for unlawful purpose*) conjuración

confederate [kən'fɛdərɪt] *s* confederado; cómplice *mf* ‖ [kən'fɛdə,ret] *tr* confederar ‖ *intr* confederarse

con•fer [kən'fʌr] *v* (*pret & pp* **-ferred;** *ger* **-ferring**) *tr* conferir ‖ *intr* conferenciar, consultar

conference ['kanfərəns] *s* conferencia, coloquio

confess [kən'fɛs] *tr* confesar ‖ *intr* confesar, confesarse

confession [kən'fɛʃən] *s* confesión

confessional [kən'fɛʃənəl] *s* confesonario

confession of faith *s* profesión de fe

confessor [kən'fɛsər] *s* (*person who confesses*) confesante *mf;* (*Christian, esp. in spite of persecution; priest*) confesor *m*

confide [kən'faɪd] *tr* confiar ‖ *intr* confiar, confiarse; **to confide in** confiarse en

confidence ['kanfɪdəns] *s* confianza; (*secret*) confidencia; **in strictest confidence** bajo la mayor reserva

confident ['kanfɪdənt] *adj* seguro ‖ *s* confidente *m*, confidenta

confidential [,kanfɪ'dɛnʃəl] *adj* confidencial

confine ['kanfaɪn] *s* confín *m;* **the confines** los confines ‖ [kən'faɪn] *tr* (*to keep within limits*) limitar, restringir; (*to keep shut in*) encerrar; **to be confined** estar de parto; **to be confined to bed** tener que guardar cama

confinement [kən'faɪnmənt] *s* limitación; encierro; parto, sobreparto

confirm [kən'fʌrm] *tr* confirmar

confirmed [kən'fʌrmd] *adj* confirmado; empedernido, inveterado

confiscate ['kanfɪs,ket] *tr* confiscar

conflagration [,kanflə'greʃən] *s* conflagración

conflict ['kanflɪkt] *s* conflicto; (*of interests, class hours, etc.*) incompatibilidad ‖ [kən'flɪkt] *intr* chocar, desavenirse

conflicting [kən'flɪktɪŋ] *adj* contradictorio; (*events, appointments, class hours, etc.*) incompatible, conflictivo

confluence ['kanflu•əns] *s* confluencia

conform [kən'fɔrm] *intr* conformar, conformarse

conformance [kən'fɔrməns] *s* conformidad

conformi•ty [kən'fɔrmɪti] *s* (*pl* **-ties**) conformidad

confound [kan'faund] *tr* confundir ‖ ['kan'faund] *tr* maldecir; **confound it!** ¡maldito sea!

confounded [kan'faundɪd] *adj* confundido; aborrecible; maldito

confrere ['kanfrɛr] *s* colega *m*

confront [kən'frʌnt] *tr* (*to face boldly*) confrontarse con, hacer frente a; (*to meet face to face*) encontrar cara a cara; (*to bring face to face; to compare*) confrontar

confrontation [,kanfrʌn'teʃən] *s* enfrentamiento

confuse [kən'fjuz] *tr* confundir

confusedness [kən'fjuzɪdnɪs] *s* desorientación

confusion [kən'fjuʒən] s confusión
confute [kən'fjut] tr confutar
Cong. abbr **Congregation, Congressional**
congeal [kən'dʒil] tr congelar ‖ intr congelarse
congenial [kən'dʒinjəl] adj simpático; agradable; compatible; (having the same nature) congenial
congenital [kən'dʒɛnɪtəl] adj congénito
conger eel ['kaŋgər] s congrio
congest [kən'dʒɛst] tr congestionar ‖ intr congestionarse
congestion [kən'dʒɛstʃən] s congestión
congratulate [kən'græt/ə,let] tr congratular, felicitar
congratulation [kən,græt/ə'le/ən] s congratulación, felicitación
congregate ['kaŋgrɪ,get] intr congregarse
congregation [,kaŋgrɪ'ge/ən] s congregación; feligresía, fieles mf (de una iglesia)
congress ['kaŋgrɪs] s congreso
congress•man ['kaŋgrɪsmən] s (pl -men [mən]) congresista m
conical ['kanɪkəl] adj cónico
conj. abbr **conjugation, conjunction**
conjecture [kən'dʒɛkt/ər] s conjetura ‖ tr & intr conjeturar
conjugal ['kandʒəgəl] adj conyugal
conjugate ['kandʒə,get] tr conjugar
conjugation [,kandʒə'ge/ən] s conjugación
conjunction [kən'dʒʌŋk/ən] s conjunción
conjuration [,kandʒə're/ən] s (superstitious invocation) conjuro; (magic spell) hechizo
conjure [kən'dʒur] tr (to appeal to solemnly) conjurar ‖ ['kʌndʒər] o ['kandʒər] tr (to exorcise, drive away) conjurar; **to conjure away** conjurar; **to conjure up** evocar; crear, suscitar (dificultades)
con man [kan] s (coll) embaucador m, embaucadora
connect [kə'nɛkt] tr conectar; asociar, relacionar ‖ intr enlazarse; asociarse, relacionarse; empalmar, enlazar (dos trenes)
connecting flight s vuelo de enlace
connecting rod s biela
connection [kə'nɛk/ən] s conexión; (relative) pariente mf; (of trains) combinación, enlace m, empalme m; (in subway) correspondencia; **in connection with** con respecto a; juntamente con
connective tissue [kə'nɛktɪv] s (anat) tejido conjunctivo
conning tower ['kanɪŋ] s torreta de mando
conniption [kə'nɪp/ən] s pataleta, berrinche m
connive [kə'naɪv] intr confabularse, estar en connivencia
conquer ['kaŋkər] tr vencer; (by force of arms) conquistar ‖ intr triunfar
conqueror ['kaŋkərər] s conquistador m, vencedor m
conquest ['kaŋkwɛst] s conquista
conscience ['kan/əns] s conciencia; **in all conscience** en conciencia
conscientious [,kan/ɪ'ɛn/əs] adj concienzudo
conscientious objector [ab'dʒɛktər] s objetante m de conciencia

conscious ['kan/əs] adj (aware of one's own existence) consciente; (deliberate) intencional; (self-conscious) encogido, tímido; **to become conscious** volver en sí
consciousness ['kan/əsnɪs] s conciencia, conocimiento
consciousness raising s concienciación
conscript ['kanskrɪpt] s conscripto, quinto ‖ [kən'skrɪpt] tr reclutar
conscription [kən'skrɪp/ən] s conscripción, quinta
consecrate ['kansɪ,kret] tr consagrar
consecutive [kən'sɛkjətɪv] adj (successive) consecutivo; (continuous) consecuente
consensus [kən'sɛnsəs] s consenso; **the consensus of opinion** la opinión general
consent [kən'sɛnt] s consentimiento; **by common consent** de común acuerdo ‖ intr consentir; **to consent to** consentir en
consequence ['kansɪ,kwɛns] s consecuencia; aires mpl de importancia
consequential [,kansɪ'kwɛn/əl] adj consiguiente; importante; altivo, pomposo
consequently ['kansɪ,kwɛntli] adv por consiguiente
conservation [,kansər've/ən] s conservación
conservatism [kən'sʌrvə,tɪzəm] s conservadurismo
conservative [kən'sʌrvətɪv] adj (preservative) conservativo; (disposed to maintain existing views and institutions) conservador; cauteloso, moderado ‖ s preservativo; conservador m
conservato•ry [kən'sʌrvə,tori] s (pl -ries) (school of music) conservatorio; (greenhouse) invernadero
consider [kən'sɪdər] tr considerar
considerable [kən'sɪdərəbəl] adj considerable
considerate [kən'sɪdərɪt] adj considerado
consideration [kən,sɪdə're/ən] s consideración; **for a consideration** por un precio; **in consideration of** en consideración de; en cambio de; **on no consideration** bajo ningún concepto; **out of consideration for** por respeto a; **without due consideration** sin reflexión
considering [kən'sɪdərɪŋ] adv (coll) teniendo en cuenta las circunstancias ‖ prep en vista de, en razón de ‖ conj en vista de que
consign [kən'saɪn] tr consignar
consignee [,kansaɪ'ni] s consignatario
consignment [kən'saɪnmənt] s consignación
consist [kən'sɪst] intr — **to consist in** consistir en; **to consist of** consistir en, constar de
consisten•cy [kən'sɪstənsi] s (pl -cies) (firmness, amount of firmness) consistencia; (logical connection) consecuencia
consistent [kən'sɪstənt] adj (holding firmly together) consistente; (agreeing with itself or oneself) consecuente; **consistent with** (in accord with) compatible con
consisto•ry [kən'sɪstəri] s (pl -ries) consistorio
consolation [,kansə'le/ən] s consolación, consuelo

console ['kɑnsol] *s* consola; mesa de consola ‖ [kən'sol] *tr* consolar
consommé [,kɑnsə'me] *s* consumado, consommé *m*
consonant ['kɑnsənənt] *adj* & *s* consonante *f*
consort ['kɑnsɔrt] *s* consorte *mf;* embarcación que acompaña a otra ‖ [kən'sɔrt] *tr* asociar ‖ *intr* asociarse; armonizar, concordar
consorti•um [kən'sɔr/ɪ•əm] *s* (*pl* -a [ə]) consorcio
conspicuous [kən'spɪkju• əs] *adj* manifiesto, claro, evidente; llamativo, vistoso, sugestivo; conspicuo, notable
conspira•cy [kən'spɪrəsi] *s* (*pl* -cies) conspiración, conjuración
conspire [kən'spaɪr] *intr* conspirar, conjurar
constable ['kɑnstəbəl] o ['kʌnstəbəl] *s* policía *m*, guardia *m*, alguacil *m*
constancy ['kɑnstənsi] *s* constancia; fidelidad
constant ['kɑnstənt] *adj* constante; incesante; fiel ‖ *s* constante *f*
constellation [,kɑnstə'le/ən] *s* constelación
constipate ['kɑnstɪ,pet] *tr* estreñir
constipation [,kɑnstɪ'pe/ən] *s* estreñimiento, estitiquez *f*
constituen•cy [kən'stɪt/u•ənsi] *s* (*pl* -cies) votantes *mpl;* clientela; comitentes *mpl;* distrito electoral
constituent [kən'stɪt/u•ənt] *adj* constitutivo, componente; (*having power to create or revise a constitution*) constituyente ‖ *s* constitutivo, componente *m;* (*person who appoints another to act for him*) comitente *mf*
constitute ['kɑnstɪ,tjut] *tr* constituir
constitution [,kɑnstɪ'tju/ən] *s* constitución
constrain [kən'stren] *tr* constreñir; detener; encerrar; restringir
construct [kən'strʌkt] *tr* construir
construction [kən'strʌk/ən] *s* construcción; interpretación
construe [kən'stru] *tr* interpretar; deducir, inferir; traducir; (*to combine syntactically*) construir; (*to explain the syntax of*) analizar
consul ['kɑnsəl] *s* cónsul *m*
consular ['kɑnsələr] *adj* consular
consulate ['kɑnsəlɪt] *s* consulado
consulship ['kɑnsəl,/ɪp] *s* consulado
consult [kən'sʌlt] *tr* & *intr* consultar
consultant [kən'sʌltənt] *s* consultor *m*
consultation [,kɑnsəl'te/ən] *s* (*consulting*) consulta; (*meeting*) consulta, consultación
consume [kən'sum] o [kən'sjum] *tr* consumir; (*to absorb the interest of*) preocupar; ‖ *intr* consumirse
consumer [kən'sumər] *s* consumidor *m;* (*of gas, electricity, etc.*) abonado
consumer credit *s* crédito consuntivo
consumer goods *spl* bienes *mpl* de consumo
consumerism [kən'sumə,rɪzəm] *s* consumerismo
consummate [kən'sʌmɪt] *adj* consumado ‖ ['kɑnsə,met] *tr* consumar
consumption [kən'sʌmp/ən] *s* consunción, consumo; (*pathol*) consunción, tisis *f*

consumptive [kən'sʌmptɪv] *adj* consuntivo; (*path*) tísico ‖ *s* tísico
cont. *abbr* **contents, continental, continued**
contact ['kɑntækt] *s* contacto; (elec) contacto; (elec) toma de corriente ‖ *tr* (coll) ponerse en contacto con ‖ *intr* contactar
contact breaker *s* (elec) ruptor *m*
contact lens *s* lente *m* de contacto, lente invisible, lentilla
contagion [kən'tedʒən] *s* contagio
contagious [kən'tedʒəs] *adj* contagioso
contain [kən'ten] *tr* contener; **to contain oneself** contenerse, refrenarse
container [kən'tenər] *s* continente *m*, recipiente *m*, vaso, caja, envase *m*, contenedor *m*
containment [kən'tenmənt] *s* contención, refrenamiento
contaminate [kən'tæmɪ,net] *tr* contaminar
contamination [kən,tæmɪ'ne/ən] *s* contaminación
contd. *abbr* **continued**
contemplate ['kɑntəm,plet] *tr* & *intr* contemplar; pensar, proyectar
contemplation [,kɑntəm'ple/ən] *s* contemplación; intención, propósito
contemporaneous [kən,tɛmpə'renɪ•əs] *adj* contemporáneo
contemporar•y [kən'tɛmpə,rɛri] *adj* contemporáneo, coetáneo ‖ *s* (*pl* -ies) contemporáneo, coetáneo
contempt [kən'tɛmpt] *s* desprecio; (law) contumacia
contemptible [kən'tɛmptɪbəl] *adj* despreciable
contemptuous [kən'tɛmpt/u•əs] *adj* despreciativo, desdeñoso
contend [kən'tɛnd] *tr* sostener, mantener ‖ *intr* contender
contender [kən'tɛndər] *s* contendiente *mf,* concurrente *mf*
content [kən'tɛnt] *adj* & *s* contento ‖ ['kɑntɛnt] *s* contenido; **contents** contenido ‖ [kən'tɛnt] *tr* contentar
contented [kən'tɛntɪd] *adj* contento, satisfecho
contentedness [kən'tɛntɪdnɪs] *s* contentamiento, satisfacción
contention [kən'tɛn/ən] *s* (*strife; dispute*) contención; (*point argued for*) argumento
contentious [kən'tɛn/əs] *adj* contencioso
contentment [kən'tɛntmənt] *s* contentamiento, contento
contest ['kɑntɛst] *s* (*struggle, fight*) contienda; (*competition*) competencia, concurso ‖ [kən'tɛst] *tr* disputar; tratar de conseguir ‖ *intr* contender
contestant [kən'tɛstənt] *s* contendiente *mf*
context ['kɑntɛkst] *s* contexto
contiguous [kən'tɪgju•əs] *adj* contiguo
continence ['kɑntɪnəns] *s* continencia
continent ['kɑntɪnənt] *adj* & *s* continente *m;* **the Continent** la Europa continental
continental [,kɑntɪ'nɛntəl] *adj* continental ‖ **Continental** *s* habitante *mf* del continente europeo

CO
CO

contingen•cy [kən'tɪndʒənsi] *s* (*pl* **-cies**) contingencia

contingent [kən'tɪndʒənt] *adj* & *s* contingente *m*

continual [kən'tɪnjʊ•əl] *adj* continuo

continue [kən'tɪnjʊ] *tr* & *intr* continuar; **to be continued** continuará

continui•ty [,kantɪ'nju•ɪti] o [,kantɪ'nu•ɪti] *s* (*pl* **-ties**) continuidad; (mov, rad, telv) guión *m;* (rad, telv) comentarios o anuncios entre las partes de un programa

continuous [kən'tɪnjʊ•əs] *adj* continuo

continuous showing *s* (mov) sesión continua

continuous waves *spl* (rad) ondas entretenidas

contortion [kən'tɔrʃən] *s* contorsión

contour [‘kantʊr] *s* contorno

contr. *abbr* **contracted, contraction**

contraband [‘kantrə,bænd] *adj* contrabandista ‖ *s* contrabando

contrabass [‘kantrə,bes] *s* contrabajo

contraceptive [,kantrə'sɛptɪv] *adj* & *s* anticonceptivo, contraceptivo

contract [‘kantrækt] *s* contrato; **on a contract (to kill)** a sueldo ‖ [‘kantrækt] o [kən'trækt] *tr* contraer (*p.ej.*, *matrimonio* ‖ *intr* (*to shrink*) contraerse; (*to enter into an agreement*) comprometerse; **to contract for** contratar

contraction [kən'trækʃən] *s* contracción

contractor [kən'træktər] *s* contratista *mf*

contradict [,kantrə'dɪkt] *tr* contradecir

contradiction [,kantrə'dɪkʃən] *s* contradicción

contradictory [,kantrə'dɪktəri] *adj* (*involving contradiction*) contradictorio; (*inclined to contradict*) contradictor

contrail [‘kan,trel] *s* (aer) estela de vapor, rastro de condensación

contral•to [kən'trælto] *s* (*pl* **-tos**) (*person*) contralto *mf;* (*voice*) contralto *m*

contraption [kən'træpʃən] *s* (coll) artilugio, dispositivo

contra•ry [‘kantreri] *adv* contrariamente ‖ *adj* contrario ‖ [kən'treri] *adj* obstinado, terco ‖ [‘kantreri] *s* (*pl* **-ries**) contrario; **on the contrary** al contrario

contrast [‘kantræst] *s* contraste *m* ‖ [kən'træst] *tr* comparar; poner en contraste ‖ *intr* contrastar

contravene [,kantrə'vin] *tr* contradecir; contravenir a (*una ley*)

contribute [kən'trɪbjut] *tr* contribuir ‖ *intr* contribuir; (*to a newspaper, conference, etc.*) colaborar

contribution [,kantrɪ'bjuʃən] *s* contribución; (*to a newspaper, conference, etc.*) colaboración

contributor [kən'trɪbjutər] *s* contribuidor *m*, contribuyente *mf;* colaborador *m*

contrite [kən'traɪt] *adj* contrito

contrition [kən'trɪʃən] *s* contrición

contrivance [kən'traɪvəns] *s* aparato, dispositivo; idea, plan *m*, designio

contrive [kən'traɪv] *tr* (*to devise*) idear, inventar; (*to scheme up*) maquinar, tramar;

(*to bring about*) efectuar; **to contrive to** + *inf* ingeniarse a + *inf* ‖ *intr* maquinar

con•trol [kən'trol] *s* gobierno, mando; chequeo; (*of a scientific experiment*) contrarregistro, control *m;* **controls** mandos; **to get under control** conseguir dominar (*un incendio*) ‖ *v* (*pret* & *pp* **-trolled;** *ger* **-trolling**) *tr* gobernar, mandar; comprobar, controlar; **to control oneself** dominarse

controlling interest *s* (el) mayor porcentaje de acciones

control panel *s* (aer) tablero de instrumentos

control stick *s* (aer) mango de escoba, palanca de mando

controversial [,kantrə'vʌrʃəl] *adj* controvertible, disputable; disputador

controver•sy [‘kantrə,vʌrsi] *s* (*pl* **-sies**) controversia, polémica

controvert [‘kantrə,vʌrt] o [,kantrə'vʌrt] *tr* (*to argue against*) contradecir; (*to argue about*) controvertir

contumacious [,kantju'meʃəs] *adj* contumaz

contuma•cy [‘kantjuməsi] *s* (*pl* **-cies**) contumacia

contume•ly [‘kantjumɪli] *s* (*pl* **-lies**) contumelia

contusion [kən'tjuʒən] *s* contusión; magullón *m*

conundrum [kə'nʌndrəm] *s* acertijo, adivinanza; problema complicado

convalesce [,kanvə'lɛs] *intr* convalecer

convalescence [,kanvə'lɛsəns] *s* convalecencia

convalescent [,kanvə'lɛsənt] *adj* & *s* convaleciente *mf*

convalescent home *s* clínica de reposo

convene [kən'vin] *tr* convocar ‖ *intr* convenir, reunirse

convenience [kən'vinjəns] *s* comodidad, conveniencia; **at your earliest convenience** a la primera oportunidad que Vd. tenga

convenient [kən'vinjənt] *adj* cómodo, conveniente; próximo

convent [‘kanvɛnt] *s* convento; convento de religiosas

convention [kən'vɛnʃən] *s* (*agreement*) convención, conveniencia; (*accepted usage*) costumbre *f*, conveniencia social, convención; (*meeting*) congreso, convención

conventional [kən'vɛnʃənəl] *adj* convencional

conventionali•ty [kən,vɛnʃə'nælɪti] *s* (*pl* **-ties**) precedente *m* convencional

converge [kən'vʌrʒ] *intr* convergir

conversant [kən'vʌrsənt] *adj* familiarizado, versado

conversation [,kanvər'seʃən] *s* conversación

conversational [,kanvər'seʃənəl] *adj* conversacional

converse [‘kanvʌrs] *adj* & *s* contrario ‖ [kən'vʌrs] *intr* conversar

conversion [kən'vʌrʒən] *s* conversión; (*unlawful appropriation*) malversación

convert [‘kanvʌrt] *s* convertido, converso ‖ [kən'vʌrt] *tr* convertir ‖ *intr* convertirse

convertible [kən'vʌrtɪbəl] *adj* convertible ‖ *s* (aut) convertible *m*, descapotable *m*

convex [ˈkɑnvɛks] o [kɑnˈvɛks] *adj* convexo
convey [kənˈve] *tr* llevar, transportar; comunicar, participar (*informes*); transferir, traspasar (*bienes de una persona a otra*)
conveyance [kənˈve•əns] *s* transporte *m;* comunicación, participación; vehículo; (*transfer of property*) traspaso; escritura de traspaso
convict [ˈkɑnvɪkt] *s* reo convicto, presidiario ‖ [kənˈvɪkt] *tr* probar la culpabilidad de; declarar convicto (*a un acusado*)
conviction [kənˈvɪkʃən] *s* convencimiento; condena, fallo de culpabilidad
convince [kənˈvɪns] *tr* convencer
convincing [kənˈvɪnsɪŋ] *adj* convincente
convivial [kənˈvɪvɪ•əl] *adj* jovial
convocation [ˌkɑnvəˈkeʃən] *s* asamblea
convoke [kənˈvok] *tr* convocar
convoy [ˈkɑnvɔɪ] *s* convoy *m*, conserva ‖ *tr* convoyar
convulse [kənˈvʌls] *tr* convulsionar; agitar; **to convulse with laughter** mover a risas convulsivas
coo [ku] *intr* arrullar
cook [kʊk] *s* cocinero ‖ *tr* cocer, cocinar, guisar; **to cook up** (coll) falsificar; (coll) maquinar, tramar ‖ *intr* cocer, cocinar
cook'book' *s* libro de cocina
cookie [ˈkʊki] *s* var de **cooky**
cooking [ˈkʊkɪŋ] *s* cocina, arte *m* de cocinar
cook'stove' *s* cocina económica
cook•y [ˈkʊki] *s* (*pl* -ies) pasta seca, pastelito dulce
cool [kul] *adj* fresco; frío, indiferente ‖ *s* fresco ‖ *tr* refrescar; moderar ‖ *intr* refrescarse; moderarse; **to cool off** refrescarse; serenarse
cooler [ˈkulər] *s* heladera, refrigerador *m;* refrigerante *m;* cárcel *f*
cool'-head'ed *adj* sereno, tranquilo, juicioso
coolie [ˈkuli] *s* culí *m*
coolish [ˈkulɪʃ] *adj* fresquito
coolness [ˈkulnɪs] *s* fresco, frescura; (fig) frialdad
coon [kun] *s* mapache *m*, oso lavandero
coop [kup] *s* gallinero; (*for fattening capons*) caponera; jaula, redil *m;* (*jail*) (slang) caponera; **to fly the coop** (slang) escabullirse ‖ *tr* encerrar en un gallinero; enjaular; **to coop up** emparedar
coöp. *abbr* **cooperative**
cooper [ˈkupər] *s* barrilero, tonelero
coöperate [koˈɑpə‚ret] *intr* cooperar
coöperation [ko‚ɑpəˈreʃən] *s* cooperación
coöperative [koˈɑpə‚retɪv] *adj* cooperativo
coöpt [koˈɑpt] *tr* cooptar
coördinate [koˈɔrdɪnɪt] *adj* coordenado; (gram) coordinante ‖ *s* (math) coordenada ‖ [koˈɔrdɪ‚net] *tr & intr* coordinar
cootie [ˈkuti] *s* (slang) piojo
cop [kɑp] *s* (slang) polizonte *m* ‖ *v* (*pret & pp* copped; *ger* copping) *tr* (slang) hurtar
copartner [koˈpɑrtnər] *s* consocio, copartícipe *mf*
cope [kop] *intr* — **to cope with** hacer frente a, enfrentarse con
cope'stone' *s* piedra de albardilla

copier [ˈkɑpɪ•ər] *s* (*person who copies*) copiante *mf*, copista *mf*, imitador *m;* (*apparatus*) copiador *m*, copiadora
copilot [ˈko‚paɪlət] *s* copiloto
coping [ˈkopɪŋ] *s* albardilla
copious [ˈkopɪ•əs] *adj* copioso
copper [ˈkɑpər] *adj* cobreño; (*in color*) cobrizo ‖ *s* cobre *m;* (*coin*) calderilla, vellón *m;* (slang) polizonte *m*
cop'per•head' *s* víbora de cabeza de cobre
cop'per•smith' *s* cobrero
coppery [ˈkɑpəri] *adj* cobreño; (*in color*) cobrizo
coppice [ˈkɑpɪs] o **copse** [kɑps] *s* soto, monte bajo
copulate [ˈkɑpjə‚let] *intr* copularse
cop•y [ˈkɑpi] *s* (*pl* -ies) copia; (*of a book*) ejemplar *m;* (*of a magazine*) número; (*document to be reproduced in print*) original *m*, manuscrito ‖ *v* (*pret & pp* -ied) *tr* copiar
cop'y•book' *s* cuaderno de escritura
copyist [ˈkɑpɪ•ɪst] *s* copiante *mf*, copista *mf;* imitador *m*
cop'y•right' *s* (derechos de) propiedad literaria ‖ *tr* registrar en el registro de la propiedad literaria
copy writer *s* escritor publicitario
co•quet [koˈkɛt] *v* (*pret & pp* -quetted; *ger* -quetting) *intr* coquetear; burlarse
coquet•ry [ˈkokətri] o [koˈkɛtri] *s* (*pl* -ries) coquetería; burla
coquette [koˈkɛt] *s* coqueta
coquettish [koˈkɛtɪʃ] *adj* coqueta
cor. *abbr* **corner, coroner, correction, corresponding**
coral [ˈkɑrəl] o [ˈkɔrəl] *adj* coralino ‖ *s* coral *m*
coral reef *s* arrecife *m* de coral
cord [kɔrd] *s* cordón *m;* piola ‖ *tr* acordonar
cordial [ˈkɔrdʒəl] *adj* cordial ‖ *s* licor tónico; (*medicine*) cordial *m*
cordiali•ty [kɔrˈdʒælɪti] *s* (*pl* -ties) cordialidad
corduroy [ˈkɔrdə‚rɔɪ] *s* pana; **corduroys** pantalones *mpl* de pana
core [kor] *s* corazón *m;* (*of an electromagnet*) núcleo
corespondent [‚korɪsˈpɑndənt] *s* cómplice *mf* del demandado en juicio de divorcio
Corinth [ˈkɔrɪnθ] *s* Corinto *f*
cork [kɔrk] *s* corcho; corcho, tapón *m* de corcho; tapón (*de cualquier materia*) ‖ *tr* encorchar, tapar con corcho
corking [ˈkɔrkɪŋ] *adj* (slang) brutal, extraordinario
cork oak *s* alcornoque *m*
cork'screw' *s* sacacorchos *m*, tirabuzón *m*
cormorant [ˈkɔrmərənt] *s* cormorán *m*, cuervo marino
corn [kɔrn] *s* (*in U.S.A.*) maíz *m;* (*in England*) trigo; (*in Scotland*) avena; grano (*de maíz, trigo*); (*on the foot*) callo; (coll) aguardiente *m;* (slang) trivialidad
corn bread *s* pan *m* de maíz
corn'cake' *s* tortilla de maíz
corn'cob' *s* mazorca de maíz, carozo

corncob pipe *s* pipa de fumar hecha de una mazorca de maíz
corn'crib' *s* granero para maíz
corn cure *adj* callicida *m*
cornea ['kɔrnɪ·ə] *s* córnea
corner ['kɔrnər] *s* ángulo; (*esp. where two streets meet*) esquina; (*inside angle formed by two or more surfaces; secluded place; region, quarter*) rincón *m*; (*of eye*) comisura, rabillo; (*of lips*) comisura; (*awkward position*) apuro, aprieto; monopolio; **around the corner** a la vuelta de la esquina; **to turn the corner** doblar la esquina; pasar el punto más peligroso ‖ *tr* arrinconar; monopolizar
corner cupboard *s* rinconera
corner room *s* habitación de esquina
cor'ner·stone' *s* piedra angular; (*of a new building*) primera piedra
cornet [kɔr'nɛt] *s* corneta
corn'field' *s* (*in U.S.A.*) maizal *m*; (*in England*) trigal *m*; (*in Scotland*) avenal *m*
corn flour *s* harina de maíz
corn'flow'er *s* cabezuela
corn'husk' *s* perfolla
cornice ['kɔrnɪs] *s* cornisa
Cornish ['kɔrnɪʃ] *adj & s* córnico
corn liquor *s* chicha
corn meal *s* harina de maíz
corn on the cob *s* maíz *m* en la mazorca
corn plaster *s* emplasto para los callos
corn silk *s* cabellos, barbas del maíz
corn'stalk' *s* tallo de maíz
corn'starch' *s* almidón *m* de maíz
cornucopia [,kɔrnə'kopɪ·ə] *s* cornucopia
Cornwall ['kɔrn,wɔl] *s* Cornualles
corn·y ['kɔrni] *adj* (*comp* **-ier**; *super* **-iest**) de maíz; (*coll*) gastado, trivial, pesado
corollar·y ['kɑrə,lɛri] o ['kɔrə,lɛri] *s* (*pl* **-ies**) corolario
coronation [,kɑrə'neʃən] o [,kɔrə'neʃən] *s* coronación
coroner ['kɑrənər] o ['kɔrənər] *s* juez *m* de guardia
coroner's inquest *s* pesquisa dirigida por el juez de guardia
coronet ['kɑrə,nɛt] o ['kɔrə,nɛt] *s* (*worn by members of nobility*) corona; (*ornamental band of jewels worn on head*) diadema *f*
Corp. *abbr* **Corporation**
corporal ['kɔrpərəl] *adj* corporal ‖ *s* (mil) cabo
corporation [,kɔrpə'reʃən] *s* (*provincial, municipal, or service entity*) corporación; sociedad anónima por acciones
corps [kor] *s* (*pl* **corps** [korz]) cuerpo; (mil) cuerpo
corps de ballet [kor də bæ'lɛ] *s* cuerpo de baile
corpse [kɔrps] *s* cadáver *m*
corpulent ['kɔrpjələnt] *adj* corpulento
corpuscle ['kɔrpəsəl] *s* corpúsculo, partícula; (physiol) glóbulo
corr. *abbr* **correspondence, corresponding**
cor·ral [kə'ræl] *s* corral *m* ‖ *v* (*pret & pp* **-ralled**; *ger* **-ralling**) *tr* acorralar

correct [kə'rɛkt] *adj* correcto; (*proper*) cumplido ‖ *tr* corregir
correction [kə'rɛkʃən] *s* corrección
corrective [kə'rɛktɪv] *adj & s* correctivo
correctness [kə'rɛktnɪs] *s* corrección; cumplimiento, cumplido
correlate ['kɔrə,let] *tr* correlacionar ‖ *intr* correlacionarse
correlation [,kɔrə'leʃən] *s* correlación
correlative [kə'rɛlətɪv] *adj & s* correlativo
correspond [,kɑrɪ'spɑnd] o [,kɔrɪ'spɑnd] *intr* corresponder; (*to communicate by writing*) corresponderse
correspondence [,kɑrɪ'spɑndəns] o [,kɔrɪ'spɑndəns] *s* correspondencia
correspondence school *s* escuela por correspondencia
correspondent [,kɑrɪ'spɑndənt] o [,kɔrɪ'spɑndənt] *adj* correspondiente ‖ *s* correspondiente *mf*; (*for a newspaper*) corresponsal *mf*
corresponding [,kɑrɪ'spɑndɪŋ] o [,kɔrɪ'spɑndɪŋ] *adj* correspondiente
corridor ['kɑrɪdər] o ['kɔrɪdər] *s* corredor *m*, pasillo
corroborate [kə'rɑbə,ret] *tr* corroborar
corrode [kə'rod] *tr* corroer ‖ *intr* corroerse
corrosion [kə'roʒən] *s* corrosión
corrosive [kə'rosɪv] *adj & s* corrosivo
corrugated ['kɑrə,getɪd] o ['kɔrə,getɪd] *adj* acanalado, ondulado
corrupt [kə'rʌpt] *adj* corrompido ‖ *tr* corromper ‖ *intr* corromperse
corruption [kə'rʌpʃən] *s* corrupción
corsage [kɔr'sɑʒ] *s* (*bodice*) corpiño, jubón *m*; (*bouquet*) ramillete *m* que se lleva en el pecho o la cintura
corsair ['kɔr,sɛr] *s* corsario
corset ['kɔrsɪt] *s* corsé *m*
corset cover *s* cubrecorsé *m*
Corsica ['kɔrsɪkə] *s* Córcega
Corsican ['kɔrsɪkən] *adj & s* corso
cortege [kɔr'teʒ] *s* procesión; (*retinue*) cortejo, séquito
cor·tex ['kɔr,tɛks] *s* (*pl* **-tices** [tɪ,siz]) corteza; corteza cerebral
cortisone ['kɔrtɪ,son] *s* cortisona
corvette [kɔr'vɛt] *s* corbeta
cosmetic [kaz'mɛtɪk] *adj & s* cosmético
cosmic ['kazmɪk] *adj* cósmico
cosmonaut ['kazmə,nɔt] *s* cosmonauta *mf*
cosmopolitan [,kazmə'pɑlɪtən] *adj & s* cosmopolita *mf*
cosmos ['kazmɑs] *s* cosmos *m*; (bot) cosmos
Cossack ['kɑ,sæk] *adj & s* cosaco
cost [kɔst] *s* (*pl* **cost**) *s* coste *m*, costo; **at cost** a coste y costas; **at all costs** a toda costa; **costs** (law) costas ‖ *v* (*pret & pp* **cost**) *intr* costar; **cost what it may** cueste lo que cueste
cost accounting *s* escandallo
Costa Rican ['kastə 'rikən] o ['kɔstə 'rikən] *adj & s* costarricense *mf*, costarriqueño
cost'-ben'e·fit analysis *s* análisis costebeneficio
cost exemption *s* gratuidad

cost, insurance, and freight costo, seguro y flete

cost•ly ['kɔstli] o ['kɑstli] adj (comp -lier; super -liest) costoso, dispendioso; (lavish) pródigo; (magnificent) suntuoso

cost of living s costo de la vida, carestía de la vida

costume ['kɑstjum] s traje m; (garb worn on stage, at balls, etc.) disfraz m, traje de época

costume ball s baile m de trajes

costume jewelry s joyas de fantasía, bisutería

cot [kɑt] s catre m

coterie ['kotəri] s círculo, grupo; (clique) corrillo

cottage ['kɑtɪdʒ] s cabaña; casita de campo

cottage cheese s naterón m, requesón m

cotter pin ['kɑtər] s chaveta

cotton ['kɑtən] s algodón m || intr — to cotton up to (coll) aficionarse a

cotton field s algodonal m

cotton gin s desmotadera de algodón

cotton picker ['pɪkər] s recogedor m de algodón; máquina para recolectar el algodón

cot'ton•seed' s semilla de algodón

cottonseed oil s aceite m de algodón

cotton waste s hilacha de algodón, estopa de algodón

cot'ton•wood' s chopo del Canadá, chopo de Virginia

cottony ['kɑtəni] adj algodonoso

couch [kaʊtʃ] s canapé m, sofá m || tr expresar

cougar ['kugər] s puma m

cough [kɔf] o [kɑf] s tos f || tr — to cough up arrojar por la boca; (slang) sudar, entregar || intr toser; (artificially, to attract attention) destoserse

cough drop s pastilla para la tos

cough syrup s jarabe m para la tos

could [kʊd] v aux pude, podía; podría

council ['kaʊnsəl] s (deliberative or legislative assembly) consejo; (of a municipality) concejo; (eccl) concilio

council•man ['kaʊnsəlmən] s (pl -men [mən]) concejal m

councilor ['kaʊnsələr] s consejero

coun•sel ['kaʊnsəl] s consejo; (advisor) consejero; (consultant) consultor m; (lawyer) abogado consultor; to keep one's own counsel no revelar sus intenciones || v (pret & pp -seled o -selled; ger -seling o -selling) tr aconsejar || intr aconsejarse

counselor ['kaʊnsələr] s consejero; abogado

count [kaʊnt] s (act of counting) cuenta, recuento; (result of counting) suma, total m; (nobleman) conde m; (charge) (law) cargo; to take the count (box) dejarse contar diez || tr contar; to count off separar contando; to count out no incluir; (sport) declarar vencido || intr contar; (to be worth consideration) valer; to count for valer; to count on contar con

countable ['kaʊntəbəl] adj contable

count'-down' s cuenta a cero, cuenta atrás

countenance ['kaʊntɪnəns] s cara, rostro, semblante m; (composure) compostura, serenidad; to keep one's countenance contenerse; to lose countenance conturbarse; to put out of countenance avergonzar, confundir || tr aprobar, apoyar, favorecer

counter ['kaʊntər] adj contrario || adv en el sentido opuesto; counter to a contrapelo de || s contador m; (piece of wood or metal for keeping score) ficha; (board in shop over which business is transacted) mostrador m; (box) contragolpe m || tr oponerse a; contradecir || intr (box) dar un contragolpe; to counter with replicar con

coun'ter•act' tr contrarrestar, contrariar

coun'ter•attack' s contraataque m || coun'ter•attack' tr & intr contraatacar

coun'ter•bal'ance s contrabalanza, contrapeso || coun'ter•bal'ance tr contrabalancear, contrapesar

coun'ter•clock'wise' adj & adv en el sentido contrario al de las agujas del reloj

coun'ter•cul'ture s contracultura

coun'ter•es'pionage s contraespionaje m

counterfeit ['kaʊntərfɪt] adj contrahecho, falsificado || s contrahechura, falsificación; moneda falsa || tr contrahacer, falsificar

counterfeiter ['kaʊntər,fɪtər] s contrahacedor m, falsificador m; monedero falso

counterfeit money s moneda falsa

countermand ['kaʊntər,mænd] o ['kaʊntər,-mɑnd] s contramandato || tr contramandar; hacer volver

coun'ter•march' s contramarcha || intr contramarchar

coun'ter•offen'sive s contraofensiva

coun'ter•pane' s cubrecama

coun'ter•part' s contraparte f; copia, duplicado

coun'ter•plot' s contratreta || v (pret & pp -plotted; ger -plotting) tr complotar contra (la treta de otro u otros)

coun'ter•point' s contrapunto

Counter Reformation s Contrarreforma

coun'ter•rev'olu'tion s contrarrevolución

coun'ter•sign' s contraseña || tr refrendar

coun'ter•sink' v (pret & pp -sunk) tr avellanar

coun'ter•spy' s (pl -spies) contraespía mf

coun'ter•stroke' s contragolpe m

coun'ter•weight' s contrapeso

countess ['kaʊntɪs] s condesa

countless ['kaʊntlɪs] adj incontable, innumerable

countrified ['kʌntrɪ,faɪd] adj campesino, rústico

coun•try ['kʌntri] s (pl -tries) (territory of a nation) país m; (land of one's birth) patria; (not the city) campo

country club s club m campestre

country cousin s isidro

country estate s heredad, hacienda de campo

coun'try·folk' _s_ gente _f_ del campo, campesinos

country gentleman _s_ propietario acomodado de finca rural

country house _s_ casa de campo, quinta

country jake [dʒek] _s_ (coll) patán _m_

country life _s_ vida rural

country·man ['kʌntrimən] _s_ (_pl_ -men [mən]) compatriota _m;_ campesino

country people _s_ gente _f_ del campo, gente de capa parda

coun'try·side' _s_ campiña

coun'try·wide' _adj_ nacional

country·woman ['kʌntrɪ,wʊmən] _s_ (_pl_ -women [,wɪmɪn]) compatriota _f;_ campesina

coun·ty ['kaʊnti] _s_ (_pl_ -ties) (_small political unit_) partido; (_domain of a count_) condado

county seat _s_ cabeza de partido

coup [ku] _s_ golpe _m_

coup de grâce [ku də 'grɑs] _s_ puñalada de misericordia, golpe _m_ de gracia

coup d'état [ku de'tɑ] _s_ golpe _m_ de estado

coupé [ku'pe] _s_ cupé _m_

couple ['kʌpəl] _s_ par _m;_ (_man and wife_) matrimonio; (_two people dancing together_) pareja; (elec, mech) par _m;_ (_two more or less_) (coll) par _m_ ‖ _tr_ acoplar, juntar, unir ‖ _intr_ juntarse, unirse

coupler ['kʌplər] _s_ (rr) enganche _m_

couplet ['kʌplɪt] _s_ copla, pareado

coupon [ku'pɑn] o [kju'pɑn] _s_ (_of a bond_) cupón _m;_ (_piece detached from larger piece_) talón _m_

courage ['kʌrɪdʒ] _s_ valor _m,_ ánimo; firmeza, resolución; **to have the courage of one's convictions** ajustarse abiertamente con su conciencia; **to pluck up courage** hacer de tripas corazón

courageous [kə'redʒəs] _adj_ valiente, animoso

courier ['kʌrɪ·ər] o ['kʊrɪ·ər] _s_ estafeta, mensajero; guía _m_

course [kors] _s_ (_onward movement_) curso; (_of a ship_) derrota, rumbo; (_of time_) transcurso; (_of events_) marcha; (_in school_) asignatura, curso; (_of a meal_) plato; campo de golf; (mas) hilada; **in the course of** en el decurso de; **of course** por supuesto, naturalmente

court [kort] _s_ (_of justice_) tribunal _m;_ (_of a king_) corte _f;_ (_open space enclosed by a building_) atrio, patio; (_for tennis_) cancha, pista; **to pay court to** hacer la corte a ‖ _tr_ cortejar; buscar, solicitar

courteous ['kʌrtɪ·əs] _adj_ cortés

courtesan ['kʌrtɪzən] o ['kortɪzən] _s_ cortesana

courte·sy ['kʌrtɪsi] _s_ (_pl_ -sies) cortesía

court'house' _s_ palacio de justicia

courtier ['kortɪ·ər] _s_ cortesano, palaciego

court jester _s_ bufón _m_

court·ly ['kortli] _adj_ (_comp_ -lier; _super_ -liest) cortés, cortesano; (_pertaining to the court_) cortesano

court'-mar'tial _s_ (_pl_ courts-martial) consejo de guerra ‖ _v_ (_pret_ & _pp_ -tialed o -tialled; _ger_ -tialing o -tialling) _tr_ someter a consejo de guerra

court plaster _s_ tafetán _m_ inglés

court'room' _s_ sala de justicia, tribunal _m_

courtship ['kortʃɪp] _s_ cortejo, galanteo; noviazgo

court'yard' _s_ atrio, patio

cousin ['kʌzɪn] _s_ primo

cove [kov] _s_ cala, ensenada

covenant ['kʌvənənt] _s_ convenio, pacto; contrato; (Bib) alianza ‖ _tr_ & _intr_ pactar

cover ['kʌvər] _s_ cubierta; (_of a magazine_) portada; (_place for one person at table_) cubierto; (_for a bed_) cobertor _m;_ **to take cover** ocultarse; **under cover** bajo cubierto, bajo techado; oculto; disfrazado; **under cover of** (_e.g., the night_) a cubierto de; so capa de; **under separate cover** bajo cubierta separada, por separado ‖ _tr_ cubrir; (_to line, to coat_) recubrir, revestir; recorrer (_cierta distancia_); cubrirse (_la cabeza_); tapar (_una olla_) ‖ _intr_ cubrirse

coverage ['kʌvərɪdʒ] _s_ (_amount or space covered_) alcance _m;_ (_of news_) reportaje _m;_ (_funds to meet liabilities_) cobertura

coveralls ['kʌvər,ɔlz] _s_ mono

cover charge _s_ precio del cubierto

covered ['kʌvərd] _adj_ cubierto; (_wire_) forrado; (_bridge_) cubierto

covered wagon _s_ carromato

cover girl _s_ (coll) muchacha hermosa en la portada de una revista

covering ['kʌvərɪŋ] _s_ cubierta, envoltura

covert ['kʌvərt] _adj_ disimulado, secreto

cov'er·up' _s_ efugio, subterfugio

covet ['kʌvɪt] _tr_ codiciar

covetous ['kʌvɪtəs] _adj_ codicioso

covetousness ['kʌvɪtəsnɪs] _s_ codicia

covey ['kʌvi] _s_ (_brood_) nidada; (_in flight_) bandada; corro, grupo

cow [kau] _s_ vaca ‖ _tr_ acobardar, intimidar

coward ['kau·ərd] _s_ cobarde _mf_

cowardice ['kau·ərdɪs] _s_ cobardía; llamada (Mex)

cowardly ['kau·ərdli] _adj_ cobarde; correlón (Col, Mex); llamón (Mex) ‖ _adv_ cobardemente

cow'bell' _s_ cencerro

cow'boy' _s_ vaquero; gaucho (Arg)

cowcatcher ['kau,kætʃər] _s_ quitapiedras _m,_ rastrillo; trompa (Col, Chile)

cower ['kau·ər] _intr_ agacharse

cow'herd' _s_ vaquero, pastor _m_ de ganado vacuno

cow'hide' _s_ cuero; (_whip_) zurriago ‖ _tr_ zurriagar

cowl [kaul] _s_ capucha, cogulla; (aer) cubierta del motor; (aut) cubretablero, bóveda

cow'lick' _s_ mechón _m,_ remolino (_pelos que se levantan sobre la frente_)

cowpox ['kau,paks] _s_ vacuna

coxcomb ['kaks,kom] _s_ petimetre _m,_ mequetrefe _m_

coxswain ['kaksən] o ['kak,swen] _s_ timonel _m;_ contramaestre _m_

coy [kɔɪ] _adj_ recatado, modesto; coquetón

co•zy [ˈkozi] *adj* (*comp* **-zier;** *super* **-ziest**) cómodo ‖ *s* (*pl* **-zies**) cubretetera
cp. *abbr* **compare**
c.p. *abbr* **candle power**
C.P.A. *abbr* **certified public accountant**
cpd. *abbr* **compound**
cr. *abbr* **credit, creditor**
crab [kræb] *s* cangrejo; (*grouch*) cascarrabias *mf*
crab apple *s* manzana silvestre
crabbed [ˈkræbɪd] *adj* avinagrado, ceñudo
crab grass *s* garranchuelo
crab louse *s* ladilla
crack [kræk] *adj* (coll) de primera clase; (*shot*) (coll) certero ‖ *s* grieta, hendidura; (*noise*) crujido, estallido; (coll) instante *m*, momento; (*joke*) (slang) chiste *m;* **at the crack of dawn** al romper el alba ‖ *tr* agrietar, hender; chasquear (*un látigo*); abrir (*una caja fuerte*) por la fuerza; cascar (*nueces*); descifrar (*un código*); (slang) decir (*un chiste*); (slang) descubrir (*un secreto*); **to crack a smile** (slang) sonreír; **to crack up** (coll) alabar, elogiar ‖ *intr* agrietarse; crujir; cascarse (*la voz de una persona*); enloquecerse; ceder, someterse; **to crack up** fracasar; perder la salud; estrellarse (*un avión*)
cracked [krækt] *adj* agrietado; (*ice*) picado; (coll) mentecato, loco
cracker [ˈkrækɔr] *s* galleta
crack'le•ware' *s* grietado
crack'pot' *adj & s* (slang) excéntrico, tarambana *mf*
crack'up' *s* fracaso; colisión; derrota; (aer) aterrizaje violento; (coll) colapso
cradle [ˈkredəl] *s* cuna; (*of handset*) horquilla ‖ *tr* acunar
cra'dle•song' *s* canción de cuna, arrullo
craft [kræft] o [krɑft] *s* arte *m*, arte manual; astucia, maña; nave *f* ‖ *spl* naves
craftiness [ˈkræftɪnɪs] *s* astucia
crafts•man [ˈkræftsmən] *s* (*pl* **-men** [mən]) artesano; artista *m*
craftsmanship [ˈkræftsmən,ʃɪp] *s* artesanía
craft•y [ˈkræfti] o [ˈkrɑfti] *adj* (*comp* **-ier;** *super* **-iest**) astuto, mañoso
crag [kræg] *s* peñasco, despeñadero
cram [kræm] *v* (*pret & pp* **crammed;** *ger* **cramming**) *tr* atascar, atracar, embutir; (coll) aprender apresuradamente ‖ *intr* atracarse; (*to study hard*) (coll) empollar
cramp [kræmp] *s* (*metal bar*) grapa, laña; (*clamp*) abrazadera; (*painful contraction of muscle*) calambre *m;* **cramps** retortijón *m* de tripas ‖ *tr* engrapar, lañar; apretar; dar calambre a
cranber•ry [ˈkræn,bɛri] *s* (*pl* **-ries**) arándano agrio
crane [kren] *s* (*bird*) grulla; (*derrick*) grúa, guinche *m*, güinche *m* ‖ *tr* estirar (*el cuello*) ‖ *intr* estirar el cuello
crani•um [ˈkrenɪəm] *s* (*pl* **-a** [ə]) cráneo
crank [kræŋk] *s* manivela, manubrio; (coll) estrafalario ‖ *tr* hacer girar (*el motor*) con la manivela

crank'case' *s* caja de cigüeñal, cárter *m* del cigüeñal
crank'shaft' *s* cigüeñal *m*
crank•y [ˈkræŋki] *adj* (*comp* **-ier;** *super* **-iest**) malhumorado; (*queer*) estrafalario
cran•ny [ˈkræni] *s* (*pl* **-nies**) hendidura, grieta, rendija
crape [krep] *s* crespón *m;* crespón fúnebre, crespón negro
crape'hang'er *s* (slang) aguafiestas *mf*
craps [kræps] *s* juego de dados; **to shoot craps** jugar a los dados
crash [kræʃ] *s* caída, desplome *m;* colisión, choque *m;* estallido, estrépito; fracaso; crac financiero; lienzo grueso; (aer) aterrizaje violento ‖ *tr* romper con estrépito, estrellar; **to crash a party** (slang) asistir a una fiesta sin invitación; **to crash the gate** (slang) colarse de gorra ‖ *intr* caer, desplomarse; romperse con estrépito, estallar; (*in business*) quebrar; aterrizar violentamente, estrellarse (*un avión*); **to crash into** chocar con
crash dive *s* sumersión instantánea (*de submarino*)
crash landing *s* aterrizaje violento
crash program *s* programa intensivo
crash test *s* (aut) ensayo de choque
crass [kræs] *adj* espeso, tosco; (*ignorance, mistake*) craso
crate [kret] *s* (*box made of slats*) jaula, (*basket*) banasta, cuévano ‖ *tr* embalar en jaula, embalar con listones
crater [ˈkretər] *s* cráter *m*
cravat [krəˈvæt] *s* corbata
crave [krev] *tr* anhelar, ansiar; pedir (*indulgencia*) ‖ *intr* — **to crave for** anhelar, ansiar; pedir con insistencia
craven [ˈkrevən] *adj & s* cobarde *mf*
craving [ˈkrevɪŋ] *s* anhelo, ansia, deseo ardiente
craw [krɔ] *s* buche *m*
crawl [krɔl] *s* arrastre *m;* gateado ‖ *intr* reptar, arrastrarse, gatear; (*to have a feeling of insects on skin*) hormiguear; **to crawl along** andar paso a paso; **to crawl up** trepar
crayon [ˈkre•ɔn] *s* creyón *m*
craze [krez] *s* boga, moda; locura, manía ‖ *tr* enloquecer
cra•zy [ˈkrezi] *adj* (*comp* **-zier;** *super* **-ziest**) loco; (*rickety*) desvencijado; achacoso, débil; **crazy as a bedbug** (slang) loco de atar; **to be crazy about** (coll) estar loco por; **to drive crazy** volver loco
crazy bone *s* hueso de la alegría
creak [krik] *s* crujido, rechinamiento ‖ *intr* crujir, rechinar
creak•y [ˈkriki] *adj* (*comp* **-ier;** *super* **-iest**) crujidero, rechinador
cream [krim] *s* crema; (*e.g., of society*) crema, nata y flor ‖ *tr* desnatar (*la leche*)
creamer•y [ˈkriməri] *s* (*pl* **-ies**) mantequería, quesería, lechería
cream puff *s* bollo de crema
cream separator *s* desnatadora

cream·y [ˈkrimi] *adj* (*comp* **-ier;** *super* **-iest**) cremoso

crease [kris] *s* arruga, pliegue *m;* (*in trousers*) raya ‖ *tr* arrugar, plegar

create [kriˈet] *tr* crear

creation [kriˈeʃən] *s* creación

creative [kriˈetɪv] *adj* creativo

creator [kriˈetər] *s* creador *m*

creature [ˈkritʃər] *s* criatura; (*being, strange being*) ente *m;* animal *m*

credence [ˈkridəns] *s* creencia; **to give credence to** dar fe a

credentials [krɪˈdɛnʃəlz] *spl* credenciales *fpl*

credible [ˈkrɛdɪbəl] *adj* creíble

credit [ˈkrɛdɪt] *s* crédito; **to take credit for** atribuirse el mérito de ‖ *tr* acreditar; **to credit a person with** atribuirle a una persona el mérito de

creditable [ˈkrɛdɪtəbəl] *adj* honorable, estimable

credit card *s* tarjeta de crédito

creditor [ˈkrɛdɪtər] *s* acreedor *m*

cre·do [ˈkrido] o [ˈkredo] *s* (*pl* **-dos**) credo

credulous [ˈkrɛdʒələs] *adj* crédulo; creído

creed [krid] *s* credo

creek [krik] *s* arroyo, riachuelo

creep [krip] *v* (*pret & pp* **crept** [krɛpt]) *intr* arrastrarse; (*on all fours*) gatear; (*to climb*) trepar; (*with a sensation of insects*) hormiguear; **to creep up on** acercarse insensiblemente a

creeper [ˈkripər] *s* planta rastrera, planta trepadora

creeping [ˈkripɪŋ] *adj* lento, progresivo; (*plant*) rastrero ‖ *s* arrastramiento

cremate [ˈkrimet] *tr* incinerar

cremation [krɪˈmeʃən] *s* cremación, incineración

cremato·ry [ˈkrimə,tori] *adj* crematorio ‖ *s* (*pl* **-ries**) crematorio

crème de menthe [krɛm də ˈmɑt] *s* crema de menta

Creole [ˈkriol] *adj & s* criollo

crescent [ˈkrɛsənt] *s* (*moon in first or last quarter*) creciente *f* de la luna; (*shape of moon in either of these phases*) media luna; panecillo (*en forma de media luna*)

cress [krɛs] *s* mastuerzo

crest [krɛst] *s* cresta

crestfallen [ˈkrɛst,fɔlən] *adj* cabizbajo

crest'-line' **model** *s* (aut) modelo estrella

Cretan [ˈkritən] *adj & s* cretense *mf*

Crete [krit] *s* Creta

cretonne [krɪˈtɑn] *s* cretona

crevice [ˈkrɛvɪs] *s* grieta

crew [kru] *s* equipo; (*of a ship*) dotación, tripulación; (*group, esp. of armed men*) banda, cuadrilla

crew cut *s* corte *m* de pelo a cepillo

crib [krɪb] *s* pesebre *m;* camita de niño; (coll) plagio; (*student's pony*) (coll) chuleta ‖ *v* (*pret & pp* **cribbed;** *ger* **cribbing**) *tr & intr* (coll) hurtar

cricket [ˈkrɪkɪt] *s* (ent) grillo; (sport) cricquet *m;* (coll) juego limpio

crier [ˈkraɪ·ər] *s* pregonero

crime [kraɪm] *s* crimen *m*, delito

criminal [ˈkrɪmɪnəl] *adj & s* criminal *mf;* delictivo

criminal code *s* código penal

criminal law *s* derecho penal

criminal negligence *s* imprudencia temeraria

criminology [,krɪmɪˈnɑlədʒi] *s* criminología

crimp [krɪmp] *s* rizado, rizo; **to put a crimp in** (coll) estorbar, impedir ‖ *tr* rizar

crimple [ˈkrɪmpəl] *tr* arrugar, rizar ‖ *intr* arrugarse, rizarse

crimson [ˈkrɪmzən] *adj & s* carmesí *m* ‖ *intr* enrojecerse

cringe [krɪndʒ] *intr* arrastrarse, reptar, encogerse

crinkle [ˈkrɪŋkəl] *s* arruga, pliegue *m;* (*in the water*) rizo u onda ‖ *tr* arrugar, plegar ‖ *intr* arrugarse

cripple [ˈkrɪpəl] *s* zopo, lisiado ‖ *tr* lisiar, estropear; dañar, perjudicar

cri·sis [ˈkraɪsɪs] *s* (*pl* **-ses** [siz]) crisis *f*

crisp [krɪsp] *adj* frágil, quebradizo; (*air, weather*) refrescante; decisivo

criteri·on [kraɪˈtɪrɪ·ən] *s* (*pl* **-a** [ə]) u **-ons**) criterio

critic [ˈkrɪtɪk] *s* crítico; (*reviewer*) reseñador; (*faultfinder*) criticón *m*

critical [ˈkrɪtɪkəl] *adj* crítico; (*faultfinding*) criticón

criticism [ˈkrɪtɪ,sɪzəm] *s* crítica

criticize [ˈkrɪtɪ,saɪz] *tr & intr* criticar

critique [krɪˈtik] *s* (*art of criticism*) crítica; ensayo crítico

croak [krok] *s* (*of raven*) graznido; canto de ranas ‖ *tr* graznar (*el cuervo*); croar (*la rana*); (*morir*) (slang) reventar

Croat [ˈkro·æt] *s* (*native or inhabitant*) croata *mf;* (*language*) croata *m*

Croatian [kroˈeʃən] *adj & mf* croata *mf*

cro·chet [kroˈʃe] *s* croché *m* ‖ *v* (*pret & pp* **-cheted** [ˈʃed];* *ger* **-cheting** [ˈʃe·ɪŋ]) *tr* trabajar con aguja de gancho ‖ *intr* hacer croché

crocheting [kroˈʃə·ɪŋ] *s* labor *f* de ganchillo

crochet needle *s* aguja de gancho

crock [krak] *s* cacharro, vasija de barro cocido

crockery [ˈkrakəri] *s* loza

crocodile [ˈkrakə,daɪl] *s* cocodrilo

crocodile tears *spl* lágrimas de cocodrilo

crocus [ˈkrokəs] *s* azafrán *m*, croco

crone [kron] *s* vieja acartonada, vieja arrugada

cro·ny [ˈkroni] *s* (*pl* **-nies**) compinche *mf*

crook [krʊk] *s* gancho, garfio; curva; (*of shepherd*) cayado; (coll) fullero, ladrón *m;* chalecón *m* (Mex) ‖ *tr* encorvar; (slang) empinar (*el codo*) ‖ *intr* encorvarse

crooked [ˈkrʊkɪd] *adj* encorvado, torcido; (*person or his conduct*) torcido; **to go crooked** (coll) torcerse

croon [krun] *intr* cantar con voz suave, cantar con melancolía exagerada

crooner [ˈkrunər] *s* cantor de voz suave, cantor melancólico

crop [krap] *s* cosecha; (*head of hair*) cabellera; cabello corto; (*of a bird*) buche *m;* (*whip*) látigo; (*of appointments, promo-*

tions, heroes, etc.) hornada ‖ *v (pret & pp* **cropped;** *ger* **cropping)** *tr* desmochar *(un árbol)*; desorejar *(a un animal)*; esquilar, trasquilar ‖ *intr* — **to crop out** o **up** aflorar; asomar, dejarse ver, manifestarse inesperadamente

crop dusting *s* aerofumigación, fumigación aérea

croquet [kro'ke] *s* crocquet *m*

croquette [kro'kɛt] *s* croqueta

crosier ['kroʒər] *s* báculo pastoral, cayado

cross [krɑs] o [krɔs] *adj* transversal, travieso; *(breed)* cruzado; malhumorado, enfadado ‖ *s* cruz *f; (of races; of two roads)* cruce *m;* **to take the cross** *(to join a crusade)* cruzarse ‖ *tr* cruzar; *(to oppose)* contrariar, frustrar; **to cross off** u **out** borrar; **to cross oneself** hacerse la señal de la cruz; **to cross one's mind** ocurrírsele a uno; **to cross one's t's** poner travesaño a las tes, poner el palo a las tes ‖ *intr* cruzar; cruzarse; **to cross over** atravesar de un lado a otro

cross'bones' *spl* huesos cruzados *(símbolo de la muerte)*

cross'bow' *s* ballesta

cross'breed' *v (pret & pp* **-bred** [,brɛd]) *tr* cruzar *(animales o plantas)*

cross'coun'try *adj* a campo traviesa; a través del país

cross'cur'rent contracorriente *f;* (fig) tendencia encontrada

cross'-exam'i·na'tion *s* interrogatorio riguroso; (law) repregunta

cross'ex·am'ine *tr* interrogar rigurosamente; (law) repreguntar

cross-eyed ['krɑs,aɪd] *adj* bisojo, bizco, ojituerto

crossing ['krɑsɪŋ] *s (of lines, streets, etc.)* cruce *m; (of the ocean)* travesía; *(of a river)* vado; (rr) crucero, paso a nivel

crossing gate *s* barrera, barrera de paso a nivel

crossing point *s* punto de cruce

cross'patch' *s* (coll) gruñón *m*

cross'piece' *s* travesaño

cross reference *s* contrarreferencia, remisión

cross'road' *s* vía transversal; **crossroads** encrucijada, cruce *m;* **at the crossroads** en el momento crítico

cross section *s* corte *m* transversal; (fig) sección representativa

cross street *s* calle traviesa, calle de travesía

cross'word' puzzle *s* crucigrama *m*

crotch [krɑtʃ] *s (forked piece)* horcajadura, bifurcación; *(between legs)* entrepierna, bragadura, horcajadura

crotchety ['krɑtʃɪti] *adj* caprichoso, estrambótico, de mal genio

crouch [krautʃ] *s* posición agachada ‖ *intr* agacharse, acuclillarse

croup [krup] *s* garrotillo, crup *m; (of horse)* anca, grupa

croupier ['krupɪ·ər] *s* crupié *m*

crouton ['krutɑn] *s* corteza de pan

crow [kro] *s* corneja, grajo, chova; *(cry of the cock)* quiquiriquí *m; (crowbar)* alzaprima; **as the crow flies** a vuelo de pájaro; **to eat**

crow (coll) cantar la palinodia; **to have a crow to pick with** (coll) tener que habérselas con ‖ *intr* cantar *(el gallo)*; jactarse; **to crow over** jactarse de

crow'bar' *s* alzaprima, pie *m* de cabra

crowd [kraud] *s* gentío, multitud; *(flock of people)* caterva, tropel *m; (mob, common people)* populacho, vulgo; *(clique, set)* corrillo, grupo ‖ *tr* apiñar, apretar, atestar; *(to push)* empujar ‖ *intr* apiñarse, apretarse, atestarse; *(to mill around)* arremolinarse

crowded ['kraudɪd] *adj* atestado, concurrido

crown [kraun] *s* corona; *(of hat)* copa ‖ *tr* coronar; (checkers) coronar; (slang) golpear en la cabeza

crowned head *s* testa coronada

crown prince *s* príncipe heredero

crown princess *s* princesa heredera

crow's'-foot' *s (pl* **-feet')** pata de gallo

crow's'-nest' *s* (naut) cofa de vigía, torre *f* de vigía

crucial ['kruʃəl] *adj* crucial; difícil, penoso

crucible ['krusɪbəl] *s* crisol *m*

crucifix ['krusɪfɪks] *s* crucifijo

crucifixion [,krusɪ'fɪkʃən] *s* crucifixión

cruci·fy ['krusɪ,faɪ] *v (pret & pp* **-fied)** *tr* crucificar

crude [krud] *adj (raw, unrefined)* crudo; *(lacking culture)* grosero, tosco; *(unfinished)* basto, sin labrar

crudi·ty ['krudɪti] *s (pl* **-ties)** crudeza; grosería, tosquedad; bastedad

cruel ['kru·əl] *adj* cruel

cruel·ty ['kru·əlti] *s (pl* **-ties)** crueldad

cruet ['kru·ɪt] *s* ampolleta

cruet stand *s* angarillas, vinagreras

cruise [kruz] *s* viaje *m* por mar; (aer, naut) crucero ‖ *tr* (naut) cruzar ‖ *intr* cruzar; (coll) andar de un lado a otro

cruise missile *s* misil *m* crucero

cruiser ['kruzər] *s* (nav) crucero

cruising ['kruzɪŋ] *adj* de crucero ‖ *s* (aer, naut) crucero

cruising radius *s* autonomía

cruising speed *s* velocidad de crucero

cruller ['krʌlər] *s* buñuelo

crumb [krʌm] *s* migaja; *(soft part of bread)* miga; *(given to a beggar)* mendrugo ‖ *tr* desmigar *(el pan)*; (culin) empanar, cubrir con pan rallado; limpiar *(la mesa)* de migajas ‖ *intr* desmigarse, desmenuzarse

crumble ['krʌmbəl] *tr* desmenuzar ‖ *intr* desmenuzarse; *(to fall to pieces gradually)* desmoronarse

crum·my ['krʌmi] *adj (comp* **-mier;** *super* **-miest)** (slang) desaseado, sucio; (slang) de mal gusto, de mala muerte

crumple ['krʌmpəl] *tr* arrugar, ajar, chafar ‖ *intr* arrugarse, ajarse

crunch [krʌntʃ] *tr* ronchar, ronzar ‖ *intr* crujir

crusade [kru'sed] *s* cruzada ‖ *intr* hacer una cruzada

crusader [kru'sedər] *s* cruzado

crush [krʌʃ] *s* aplastamiento; *(of people)* aglomeración, bullaje *m;* **to have a crush on**

cr
cr

(slang) estar perdido por ‖ *tr* aplastar, machacar, magullar; (*to grind*) moler; bocartear (*el mineral*); (*to oppress, grieve*) abrumar

crush hat *s* clac *m*

crust [krʌst] *s* corteza; corteza de pan; (*scab*) costra

crustacean [krʌsˈteʃən] *s* crustáceo

crustaceous [krʌsˈteʃəs] *adj* crustáceo

crust·y [ˈkrʌsti] *adj* (*comp* -ier; *super* -iest) (*scabby*) costroso; áspero, grosero, rudo

crutch [krʌtʃ] *s* muleta

crux [krʌks] *s* punto capital; enigma *m*

cry [kraɪ] *s* (*pl* cries) grito; (*weeping*) lloro, llorera; (*of peddler*) pregón *m;* (*of wolf*) aullido; (*of bull*) bramido; **in full cry** en plena persecución; **to have a good cry** desahogarse en lágrimas abundantes ‖ *v* (*pret & pp* cried) *tr* decir a gritos; (*to announce publicly*) pregonar; **to cry one's eyes** o **heart out** llorar amargamente; **to cry out** decir a gritos; pregonar ‖ *intr* gritar; (*to weep*) llorar; aullar (*el lobo*); bramar (*el toro*); **to cry for** clamar por; **to cry for joy** llorar de alegría; **to cry out** clamar; **to cry out against** clamar contra; **to cry out for** clamar, clamar por

cry·ba·by *s* (*pl* -bies) llorón *m*, llorona, lloraduelos *mf*

crypt [krɪpt] *s* cripta

cryptic(al) [ˈkrɪptɪk(əl)] *adj* enigmático, misterioso

crystal [ˈkrɪstəl] *s* cristal *m*

crystal ball *s* bola de cristal

crystalline [ˈkrɪstəlɪn] o [ˈkrɪstəˌlaɪn] *adj* cristalino

crystallize [ˈkrɪstəˌlaɪz] *tr* cristalizar ‖ *intr* cristalizarse

C.S. *abbr* **Christian Science, Civil Service**

ct. *abbr* **cent**

cu. *abbr* **cubic**

cub [kʌb] *s* cachorro

Cuban [ˈkjubən] *adj & s* cubano

cubbyhole [ˈkʌbɪˌhol] *s* chiribitil *m*

cube [kjub] *adj* (*root*) cúbico ‖ *s* cubo; (*of ice*) cubito ‖ *tr* cubicar

cubic [ˈkjubɪk] *adj* cúbico

cub reporter *s* (coll) reportero novato

cuckold [ˈkʌkəld] *adj & s* cornudo ‖ *tr* encornudar

cuckoo [ˈkukU] *adj* (slang) mentecato, loco ‖ *s* cuclillo, cuco; (*call of cuckoo*) cucú *m*

cuckoo clock *s* reloj *m* de cuclillo

cucumber [ˈkjukəmbər] *s* pepino

cud [kʌd] *s* bolo alimenticio; **to chew the cud** rumiar

cuddle [ˈkʌdəl] *s* abrazo cariñoso ‖ *tr* abrazar con cariño ‖ *intr* estar abrazados, arrimarse cariñosamente

cudg·el [ˈkʌdʒəl] *s* garrote *m*, porra; **to take up the cudgels for** salir a la defensa de ‖ *v* (*pret & pp* -eled o -elled; *ger* -eling o -elling) *tr* apalear, aporrear

cue [kju] *s* señal *f*, indicación; (*hint*) indirecta; (*rôle*) papel *m;* (*rod used in billiards*) taco; (*of hair*) coleta; (*of people in line*) cola; (theat) apunte *m*

cuff [kʌf] *s* (*of shirt*) puño; (*of trousers*) doblez *f*, vuelta; (*blow*) bofetada ‖ *tr* abofetear

cuff links *spl* gemelos

cuirass [kwɪˈræs] *s* coraza

cuisine [kwɪˈzin] *s* cocina (*arte culinario*)

culinary [ˈkjulɪˌnɛri] *adj* culinario

cull [kʌl] *tr* (*to choose, pick*) entresacar, escoger; (*to gather, pluck*) coger, recoger

culm [kʌlm] *s* (*coal dust*) cisco; (*stalk of grasses*) caña, tallo

culminate [ˈkʌlmɪˌnet] *intr* culminar; **to culminate in** conducir a, terminar en

culpable [ˈkʌlpəbəl] *adj* culpable

culprit [ˈkʌlprɪt] *s* acusado; reo

cult [kʌlt] *s* culto; secta

cultivate [ˈkʌltɪˌvet] *tr* cultivar

cultivated [ˈkʌltɪˌvetɪd] *adj* culto, cultivado

cultivation [ˌkʌltɪˈveʃən] *s* (*of the land, the arts, one's memory, etc.*) cultivo; (*refinement*) cultura

culture [ˈkʌltʃər] *s* cultura

cultured [ˈkʌltʃərd] *adj* culto

culvert [ˈkʌlvərt] *s* alcantarilla

cumbersome [ˈkʌmbərsəm] *adj* incómodo, molesto; (*clumsy*) pesado, inmanejable

cunning [ˈkʌnɪŋ] *adj* (*sly*) astuto; (*clever*) hábil; (*attractive*) gracioso, mono ‖ *s* astucia; habilidad, destreza

cup [kʌp] *s* taza; (*of thermometer*) cubeta; (mach) vaso de engrase; (sport) copa; (*of sorrow*) (fig) copa; **in one's cups** borracho ‖ *v* (*pret & pp* cupped; *ger* cupping) *tr* ahuecar dando forma de taza o copa a; poner ventosa a

cupboard [ˈkʌbərd] *s* alacena, aparador *m*, armario

cupidity [kjuˈpɪdɪti] *s* codicia

cupola [ˈkjupələ] *s* cúpula

cur [kʌr] *s* perro mestizo, perro de mala raza; (*despicable fellow*) canalla *m*

curate [ˈkjurɪt] *s* cura *m*

curative [ˈkjurətɪv] *adj* curativo ‖ *s* curativa

curator [kjuˈretər] *s* conservador *m*

curb [kʌrb] *s* (*of sidewalk*) encintado; (*of well*) brocal *m;* (*of bit*) barbada; (*market*) bolsín *m;* (*check, restraint*) freno; (vet) corva ‖ *tr* contener, refrenar

curb·stone *s* piedra de encintado; brocal *m* de pozo

curd [kʌrd] *s* cuajada ‖ *tr* cuajar ‖ *intr* cuajarse

curdle [ˈkʌrdəl] *tr* cuajar; **to curdle the blood** horrorizar ‖ *intr* cuajar

cure [kjur] *s* cura, curación ‖ *tr* curar ‖ *intr* curar; curarse

cure·all *s* sanalotodo

curfew [ˈkʌrfju] *s* queda, cubrefuego; toque *m* de queda; hora de cierre

curi·o [ˈkjurɪˌo] *s* (*pl* -os) curiosidad

curiosi·ty [ˌkjurɪˈɑsɪti] *s* (*pl* -ties) curiosidad

curious [ˈkjurɪ·əs] *adj* curioso

curl [kʌrl] *s* bucle *m*, rizo; (*spiral-shaped curl*) tirabuzón *m;* (*of smoke*) espiral *f;* (*curling*) rizado ‖ *tr* encrespar, ensortijar, rizar; (*to coil, to roll up*) arrollar; fruncir (*los labios*) ‖ *intr* encresparse, ensortijarse, rizarse; arrollarse; **to curl up** arrollarse; (*in bed*) encogerse; (*to break up, collapse*) (coll) desplomarse

curler [ˈkʌrlər] *s* (*hair*) rulo, bigudí *m*

curlicue [ˈkʌrlɪ,kju] *s* ringorrango

curling iron *s* rizador *m*, maquinilla de rizar

curl′pa′per *s* torcida, papelito para rizar el pelo

curl•y [ˈkʌrli] *adj* (*comp* **-ier;** *super* **-iest**) crespo, rizo

curmudgeon [kərˈmʌdʒən] *s* cicatero, tacaño, erizo

currant [ˈkʌrənt] *s* pasa de Corinto; (*Ribes alpinum*) calderilla

curren•cy [ˈkʌrənsi] *s* (*pl* **-cies**) moneda corriente, dinero en circulación; uso corriente

current [ˈkʌrənt] *adj* corriente ‖ *s* corriente *f;* (elec) corriente *f*

current account *s* cuenta corriente

current events *spl* actualidades, sucesos de actualidad

curricu•lum [kəˈrɪkjələm] *s* (*pl* **-lums** o **-la** [lə]) plan *m* de estudios

cur•ry [ˈkʌri] *s* (*pl* **-ries**) cari *m* ‖ *v* (*pret & pp* **-ried**) *tr* curtir (*las pieles*); almohazar (*el caballo*); **to curry favor** procurar complacer

cur′ry•comb′ *s* almohaza ‖ *tr* almohazar

curse [kʌrs] *s* maldición; (*profane oath*) reniego, voto; (*evil, misfortune*) calamidad ‖ *tr* maldecir ‖ *intr* jurar, echar votos; echar carnes (Mex)

cursed [ˈkʌrsɪd] o [kʌrst] *adj* maldito, aborrecible

cursive [ˈkʌrsɪv] *adj* cursivo ‖ *s* cursiva

cursory [ˈkʌrsəri] *adj* apresurado, rápido, superficial, de paso

curt [kʌrt] *adj* áspero, brusco; corto, conciso

curtail [kərˈtel] *tr* acortar, abreviar; cercenar

curtain [ˈkʌrtən] *s* cortina; (theat) telón *m;* **to draw the curtain** correr la cortina; **to drop the curtain** (theat) bajar el telón ‖ *tr* encortinar; separar con cortina; cubrir, ocultar

curtain call *s* llamada a la escena para recibir aplausos

curtain raiser [ˈrezər] *s* (theat) pieza preliminar

curtain ring *s* anilla

curtain rod *s* riel *m*

curt•sy [ˈkʌrtsi] *s* (*pl* **-sies**) cortesía, reverencia ‖ *v* (*pret & pp* **-sied**) *intr* hacer una cortesía

curve [kʌrv] *s* curva ‖ *tr* encorvar ‖ *intr* encorvarse; volver, virar

curved [kʌrvd] *adj* curvo, encorvado; (*crooked*) combo

cushion [ˈkʊʃən] *s* cojín *m*, almohada; (*of billiard table*) baranda ‖ *tr* amortiguar

cusp [kʌsp] *s* cúspide *f*

cuspidor [ˈkʌspɪ,dɔr] *s* escupidera

custard [ˈkʌstərd] *s* flan *m*, natillas

custodian [kəsˈtodɪ•ən] *s* custodio; (*of a house or building*) casero

custo•dy [ˈkʌstədi] *s* (*pl* **-dies**) custodia; **in custody** en prisión; **to take into custody** prender

custom [ˈkʌstəm] *s* costumbre; (*customers*) parroquia, clientela; **customs** aduana; derechos de aduana

customary [ˈkʌstə,mɛri] *adj* acostumbrado, de costumbre

cus′tom-built′ *adj* hecho por encargo, fuera de serie

customer [ˈkʌstəmər] *s* parroquiano, cliente *mf;* (*of a café or restaurant*) consumidor *m;* (coll) individuo, sujeto, tipo

customer service *s* servicio postventa

cus′tom-house′ *adj* aduanero ‖ *s* aduana

cus′tom-made′ *adj* hecho a la medida

customs clearance *s* despacho de aduana

customs officer *s* aduanero

custom tailor *s* sastre *m* a la medida

custom work *s* trabajo hecho a la medida

cut [kʌt] *s* corte *m;* (*piece cut off*) tajada; (*wound*) cuchillada; (*for a canal, highway, etc.*) desmonte *m;* (*shortest way*) atajo; (*in prices, wages, etc.*) reducción; (*of a garment*) corte *m*, hechura; (*in winnings, earnings, etc.*) parte *f;* (*diamond*) talla; (typ) estampa, grabado; (tennis) golpe *m* cortante; (*absence from school*) (coll) falta de asistencia; (*snub*) (coll) desaire *m;* (coll) palabra hiriente ‖ *v* (*pret & pp* **cut;** *ger* **cutting**) *tr* cortar; practicar (*un agujero*), reducir (*gastos*); capar, castrar; desleír, diluir; (coll) ausentarse de, faltar a (*la clase*), (coll) desairar; (coll) herir; **to cut down** cortar; derribar cortando; castigar (*gastos*); **to cut off** cortar; desheredar; amputar (*una pierna*); (elec) cortar (*la corriente, la ignición*); cerrar (*el carburador*); **to cut open** abrir cortando; **to cut out** cortar; sacar cortando; labrar; suprimir, omitir; (*to take the place of*) desbancar; soplar (*la dama a un rival*); (slang) dejarse de (*disparates*); **to cut short** terminar de repente; interrumpir, chafar; **to cut teeth** endentecer; **to cut up** desmenuzar, despedazar; criticar severamente; (coll) afligir ‖ *intr* cortar; cortarse; salir (*los dientes*); (coll) fumarse la clase; **to cut in** entrar de repente; interrumpir; (*in a dance*) cortar o separar la pareja; **to cut under** vender a menor precio que; **to cut up** (slang) travesear, hacer travesuras; (slang) jaranear

cut-and-dried [ˈkʌtənˈdraɪd] *adj* dispuesto de antemano; monótono, poco interesante

cutaway coat [ˈkʌtə,we] *s* chaqué *m*

cut′back′ *s* reducción; discontinuación, incumplimiento; (mov) retorno a una época anterior

cute [kjut] *adj* (coll) mono, monono; (coll) astuto, listo

cut glass *s* cristal tallado

cuticle [ˈkjutɪkəl] *s* cutícula

cutlass [ˈkʌtləs] *s* alfanje *m*

cutler [ˈkʌtlər] *s* cuchillero

cutlery [ˈkʌtləri] *s* cuchillería; (*knives, forks, and spoons*) cubierto

cutlet [ˈkʌtlɪt] *s* chuleta; croqueta

cut′out′ *s* (*design to be cut out*) recortado; (aut) escape *m* libre, válvula de escape libre

cut'-rate' *adj* de precio reducido
cutter ['kʌtər] *s* cortador *m;* *(machine)* cortadora; (naut) escampavía
cut'throat' *adj* asesino; implacable ‖ *s* asesino
cutting ['kʌtɪŋ] *adj* cortante; hiriente, mordaz ‖ *s* corte *m;* *(from a newspaper)* recorte *m;* (hort) esqueje *m*
cutting edge *s* canto de corte
cuttlefish ['kʌtəl,fɪʃ] *s* jibia
cut'wa'ter *s* espolón *m,* tajamar *m*
cwt. *abbr* **hundredweight**
cyanamide [saɪ'ænə,maɪd] *s* cianamida; cianamida de calcio
cyanide ['saɪ·ə,naɪd] *s* cianuro
cybernetics [,saɪbər'nɛtɪks] *s* cibernética
cycle ['saɪkəl] *s* ciclo; bicicleta; *(of an internal-combustion engine)* tiempo; (phys) periódo ‖ *intr* montar en bicicleta
cyclic(al) ['saɪklɪk(əl)] o ['sɪklɪk(əl)] *adj* cíclico
cyclone ['saɪklon] *s* ciclón *m*
cyl. *abbr* **cylinder, cylindrical**

cylinder ['sɪlɪndər] *s* cilindro
cylinder block *s* bloque *m* de cilindros
cylinder bore *s* alesaje *m*
cylinder head *s* *(of steam engine)* tapa del cilindro; *(of gas engine)* culata del cilindro
cylindric(al) [sɪ'lɪndrɪk(əl)] *adj* cilíndrico
cymbal ['sɪmbəl] *s* címbalo, platillo
cynic ['sɪnɪk] *adj & s* cínico
cynical ['sɪnɪkəl] *adj* cínico
cynicism ['sɪnɪ,sɪzəm] *s* cinismo
cynosure ['saɪnə,ʃʊr] o ['sɪnə,ʃʊr] *s* blanco de las miradas; guía, norte *m*
cypress ['saɪprəs] *s* ciprés *m*
Cyprus ['saɪprəs] *s* Chipre *f*
Cyrillic [sɪ'rɪlɪk] *adj* cirílico
Cyrus ['saɪrəs] *s* Ciro
cyst [sɪst] *s* quiste *m*
czar [zɑr] *s* zar *m;* (fig) autócrata *m*
czarina [zɑ'rinə] *s* zarina
Czech [tʃɛk] *adj & s* checo
Czecho-Slovak ['tʃɛko'slovæk] *adj & s* checoeslovaco o checoslovaco
Czecho-Slovakia [,tʃɛkoslo'vækɪ·ə] *s* Checoeslovaquia o Checoslovaquia

D

D, d [di] cuarta letra del alfabeto inglés
d. *abbr* **date, day, dead, degree, delete, diameter, died, dollar, denarius (penny)**
D. *abbr* **December, Democrat, Duchess, Duke, Dutch**
D.A. *abbr* **District Attorney**
dab [dæb] *s* toque ligero; masa pastosa ‖ *v* *(pret & pp* **dabbed;** *ger* **dabbing)** *tr* tocar ligeramente, frotar suavemente
dabble ['dæbəl] *tr* salpicar ‖ *intr* chapotear; **to dabble in** meterse en; jugar a *(la Bolsa);* especular en *(granos)*
dad [dæd] *s* (coll) papá *m*
dad•dy ['dædi] *s* *(pl* **-dies)** (coll) papá *m*
daffodil ['dæfədɪl] *s* narciso trompón
daff•y ['dæfi] *adj* *(comp* **-ier;** *super* **-iest)** (coll) chiflado
dagger ['dægər] *s* daga, puñal *m;* (typ) cruz *f,* obelisco; **to look daggers at** apuñalar con la mirada
dahlia ['dæljə] *s* dalia
dai•ly ['deli] *adj* cotidiano, diario ‖ *adv* diariamente ‖ *s* *(pl* **-lies)** diario
dain•ty ['denti] *adj* *(comp* **-tier;** *super* **-tiest)** delicado ‖ *s* *(pl* **-ties)** golosina
dair•y ['dɛri] *s* *(pl* **-ies)** lechería, vaquería
dais ['de•ɪs] *s* estrado
dai•sy ['dezi] *s* *(pl* **-sies)** margarita
daisy wheel *s* *(computer)* margarita *(impresora)*
dal•ly ['dæli] *v* *(pret & pp* **-lied)** *intr* juguetear, retozar; tardar, malgastai el tiempo
dam [dæm] *s* represa, embalse *m;* *(female quadruped)* madre *f;* (dent) dique *m* ‖ *v* *(pret & pp* **dammed;** *ger* **damming)** *tr*

represar, embalsar; cerrar, tapar, obstruir
damage ['dæmɪdʒ] *s* daño, perjuicio; *(to one's reputation)* desdoro; (com) avería; **damages** daños y perjuicios ‖ *tr* dañar, perjudicar; averiar
damascene ['dæmə,sin] o [,dæmə'sin] *adj* damasquino ‖ *s* ataujía, damasquinado ‖ *tr* ataujiar, damasquinar
dame [dem] *s* dama, señora; (coll) mujer *f*
damn [dæm] *s* terno; **I don't give a damn** (slang) maldito lo que me importa; **that's not worth a damn** (slang) eso no vale un pito ‖ *tr* condenar (a pena eterna); condenar; maldecir ‖ *intr* maldecir, echar ternos
damnation [dæm'neʃən] *s* damnación; (theol) condenación
damned [dæmd] *adj* condenado (a pena eterna); abominable, detestable ‖ **the damned** los malditos, los condenados (a pena eterna)
damp [dæmp] *adj* húmedo, mojado ‖ *s* humedad; *(firedamp)* grisú *m* ‖ *tr* humedecer, mojar; *(to deaden, muffle)* amortecer, amortiguar; *(to discourage)* abatir, desalentar; (elec) amortiguar *(ondas electromagnéticas)*
dampen ['dæmpən] *tr* humedecer, mojar; amortecer, amortiguar; abatir, desalentar
damper ['dæmpər] *s* *(of chimney)* registro; *(of piano)* apagador *m,* sordina
damsel ['dæmzəl] *s* señorita, muchacha
dance [dæns] *s* baile *m,* danza ‖ *tr & intr* bailar, danzar
dance band *s* orquesta de jazz

dance floor *s* pista de baile
dance hall *s* salón *m* de baile
dancer ['dænsər] *s* bailador *m*, danzador *m;* (*professional*) bailarín *m*
dancing partner *s* pareja (de baile)
dandelion ['dændı,laı•ən] *s* diente *m* de león
dandruff ['dændrəf] *s* caspa
dan•dy ['dændi] *adj* (*comp* -**dier;** *super* -**diest**) (coll) excelente, magnífico ‖ *s* (*pl* -**dies**) currutaco, petimetre *m;* lagarto (Mex)
Dane [den] *s* danés *m*, dinamarqués *m*
danger ['dendʒər] *s* peligro
dangerous ['dendʒərəs] *adj* peligroso; riesgoso
dangle ['dæŋgəl] *tr & intr* colgar flojamente, colgar en el aire
Danish ['denıʃ] *adj & s* danés *m*, dinamarqués *m*
dank [dæŋk] *adj* húmedo, liento
Danube ['dænjub] *s* Danubio
dapper ['dæpər] *adj* aseado, apuesto
dapple ['dæpəl] *adj* habado, rodado ‖ *tr* motear
dare [dɛr] *s* desafío, reto ‖ *tr* retar; **to dare to** (*to challenge to*) desafiar a ‖ *intr* osar, atreverse; **I dare say** talvez; **to dare to** (*to have the courage to*) atreverse a
dare'dev'il *s* calavera *m*, temerario
daring ['dɛrıŋ] *adj* atrevido, osado ‖ *s* atrevimiento, osadía
dark [dɑrk] *adj* obscuro; (*in complexion*) moreno; secreto, oculto; (*gloomy*) lóbrego; (*beer*) pardo ‖ *s* obscuridad, tinieblas; noche *f;* **in the dark** a obscuras
Dark Ages *spl* edad media; principios de la edad media
dark-complexioned ['dɑrkkəm'plɛkʃənd] *adj* moreno
darken ['dɑrkən] *tr* obscurecer; entristecer; cegar ‖ *intr* obscurecerse
dark horse *s* caballo desconocido; candidato nombrado inesperadamente
darkly ['dɑrkli] *adv* obscuramente; secretamente, misteriosamente
dark meat *s* carne *f* del ave que no es la pechuga
darkness ['dɑrknıs] *s* obscuridad
dark'room' *s* (phot) cuarto obscuro
darling ['dɑrlıŋ] *adj & s* querido, amado; predilecto; (*as address*) chata (Mex)
darn [dɑrn] *tr & intr* zurcir; (coll) maldecir
darnel ['dɑrnəl] *s* cizaña
darning ['dɑrnıŋ] *s* zurcido
darning needle *s* aguja de zurcir
dart [dɑrt] *s* dardo; (*small missile used in a game*) rehilete *m* ‖ *intr* lanzarse, precipitarse; volar como dardo
Darwinian [dɑr'wını•ən] *adj* darviniano
Darwinism ['dɑrwə,nızəm] *s* darvinismo
Darwinist ['dɑrwənıst] *s* darviniano
dash [dæʃ] *s* arranque *m;* (*splash*) rociada; carrera corta; (*spirit*) brío; pequeña cantidad; (*in printing, writing, telegraphy*) raya ‖ *tr* lanzar; estrellar, romper; frustrar (*las esperanzas de uno*); rociar, salpicar; **to dash off** escribir de prisa; **to dash to**

pieces hacer añicos ‖ *intr* estrellarse (*las olas del mar*); lanzarse, precipitarse; **to dash by** pasar corriendo; **to dash in** entrar como un rayo
dash'board' *s* tablero de instrumentos; cuadro de mando; (aut) guardabarros *m*, salpicadero
dashing ['dæʃıŋ] *adj* brioso; ostentoso, vistoso ‖ *s* (*of waves*) embate *m*
dastard ['dæstərd] *adj & s* vil *mf*, miserable *mf*, cobarde *mf*
data bank ['detə] *s* banco de datos, almacenamiento
da'ta-proc'ess *tr & intr* procesar
data processing *s* procesamiento; tramitación automática de datos
data storage *s* memoria, almacenamiento
date [det] *s* (*time*) fecha, data; (*palm*) datilera; (*fruit*) dátil *m;* (*appointment*) (coll) cita; **out of date** anticuado, fuera de moda; **to date** hasta la fecha; **under date of** con fecha de ‖ *tr* fechar, datar; (coll) tener cita con ‖ *intr* —**to date from** datar de
date line *s* línea de cambio de fecha
date palm *s* palmera (datilera)
dative ['detıv] *adj & s* dativo
datum ['detəm] o ['dætəm] *s* (*pl* **data** ['detə] o ['dætə]) dato
dau. *abbr* **daughter**
daub [dɔb] *s* embadurnamiento ‖ *tr* embadurnar
daughter ['dɔtər] *s* hija
daughter-in-law ['dɔtərın,lɔ] *s* (*pl* **daughters-in-law**) nuera, hija política
daunt [dɔnt] *tr* asustar, espantar; desanimar, acobardar
dauntless ['dɔntlıs] *adj* atrevido, intrépido, impávido
dauphin ['dɔfın] *s* delfín *m*
davenport ['dævən,port] *s* sofá *m* cama
davit ['dævıt] *s* (naut) pescante *m*, grúa de bote
daw [dɔ] *s* corneja
dawdle ['dɔdəl] *intr* malgastar el tiempo, haronear
dawn [dɔn] *s* amanecer *m*, alba ‖ *intr* amanecer; despuntar (*el día, la mañana*); empezar a mostrarse; **to dawn on** empezar a hacerse patente a
day [de] *adj* diurno ‖ *s* día *m;* (*of travel, work, worry, etc.*) jornada; (*from noon to noon*) (naut) singladura; **any day now** de un día para otro; **by day** de día; **the day after** el día siguiente; **the day after tomorrow** pasado mañana; **the day before** la víspera; la víspera de; **the day before yesterday** anteayer; **to call it a day** (coll) dejar de trabajar; **to win the day** ganar la jornada
day bed *s* sofá *m* cama, diván *m* cama
day'break' *s* amanecer *m*
day coach *s* (rr) coche *m* de viajeros
day'dream' *s* ensueño ‖ *intr* soñar despierto
day laborer *s* jornalero
day'light' *s* luz *f* del día; amanecer *m;* **in broad daylight** en pleno día; **to see daylight** comprender; ver el fin de una tarea difícil

cu
da

day'light'-sav'ing time *s* hora de verano
day nursery *s* guardería infantil
day off *s* asueto
day of reckoning *s* día *m* de ajustar cuentas
day shift *s* turno diurno
day'time' *adj* diurno ‖ día *m*
daze [dez] *s* aturdimiento; **in a daze** aturdido ‖ *tr* aturdir
dazzle ['dæzəl] *s* deslumbramiento ‖ *tr* deslumbrar
dazzling ['dæzlıŋ] *adj* deslumbrante
deacon ['dikən] *s* diácono
deaconess ['dikənɪs] *s* diaconisa
dead [dɛd] *adj* muerto; (coll) cansado ‖ *adv* (coll) completamente, muy ‖ *s* — **in the dead of night** en plena noche; **the dead** los muertos; **the dead of winter** lo más frío del invierno
dead beat *s* (slang) gorrón *m;* (slang) holgazán *m*
dead'bolt *s* cerrojo dormido
dead calm *s* calma chicha, calmazo
dead center *s* punto muerto
dead'drunk' *adj* difunto de taberna
deaden ['dɛdən] *tr* amortiguar, amortecer
dead end *s* callejón *m* sin salida
dead'latch' *s* aldaba dormida
dead'-let'ter office *s* departamento de cartas no reclamadas
dead'line' *s* línea vedada; fin *m* del plazo
dead'lock' *s* cerradura dormida; desacuerdo insuperable ‖ *tr* estancar
dead•ly ['dɛdli] *adj* (*comp* **-lier**; *super* **-liest**) mortal; (*sin*) capital; abrumador
dead pan *s* (slang) semblante *m* sin expresión
dead reckoning *s* (naut) estima
dead ringer ['rıŋər] *s* segunda edición
dead'wood' *s* leña seca; cosa inútil, gente *f* inútil
deaf [dɛf] *adj* sordo; **to turn a deaf ear** hacerse el sordo, hacer oídos de mercader
deaf and dumb *adj* sordomudo
deafen ['dɛfən] *tr* asordar, ensordecer
deafening ['dɛfənıŋ] *adj* ensordecedor
deaf'-mute' *s* sordomudo
deafness ['dɛfnɪs] *s* sordera
deal [dil] *s* negocio, trato; (*of cards*) mano *f;* turno de dar; (*share*) parte *f*, porción; (coll) convenio secreto; **a good deal (of)** o **a great deal (of)** mucho; **to make a great deal of** hacer fiestas a ‖ *v* (*pret & pp* **dealt** [dɛlt]) *tr* asestar (*un golpe*); repartir (*la baraja*) ‖ *intr* negociar, comerciar; intervenir; (*in card games*) ser mano; **to deal with** entender en; tratar de; tratar con
dealer ['dilər] *s* comerciante *mf*, concesionario; (*of cards*) repartidor *m*
dean [din] *s* decano; (eccl) deán *m*
deanship ['dinʃɪp] *s* decanato, deanato, deanazgo
dear [dɪr] *adj* (*beloved*) caro; (*expensive*) caro; (*charging high prices*) carero; **dear me!** ¡Dios mío! ‖ *s* queriao
dearie ['dɪri] *s* (coll) queridito
dearth [dʌrθ] *s* carestía
death [dɛθ] *s* muerte *f*; **to bleed to death** morir desangrado; **to bore to death** matar

de aburrimiento; **to burn to death** morir quemado; **to choke to death** morir atragantado; **to die a violent death** morir vestido; **to freeze to death** morir helado; **to put to death** dar la muerte a; **to shoot to death** matar a tiros; **to stab to death** escabechar; **to starve to death** matar de hambre; morir de hambre
death'bed' *s* lecho de muerte
death'blow' *s* golpe *m* mortal
death certificate *s* fe *f* de óbito, partida de defunción
death house *s* capilla (*de los reos de muerte*)
deathless ['dɛθlɪs] *adj* inmortal, eterno
deathly ['dɛθli] *adj* mortal, de muerte ‖ *adv* mortalmente; excesivamente
death penalty *s* pena de muerte
death rate *s* mortalidad
death rattle *s* estertor agónico
death ray *s* rayo mortífero
death warrant *s* sentencia de muerte; fin *m* de toda esperanza
death'watch' *s* vela de un difunto; guardia de un reo de muerte
debacle [de'bakəl] *s* desastre *m*, ruina, derrota; (*in a river*) deshielo
de•bar [dı'bar] *v* (*pret & pp* **-barred;** *ger* **-barring**) *tr* excluir; prohibir
debark [dı'bark] *tr & intr* desembarcar
debarkation [,dibar'keʃən] *s* (*of passengers*) desembarco; (*of freight*) desembarque *m*
debase [dı'bes] *tr* degradar; falsificar
debatable [dı'betəbəl] *adj* disputable
debate [dı'bet] *s* debate *m* ‖ *tr* debatir ‖ *intr* debatir; deliberar
debauchee [,dɛbɔ'ʃi] o [,dɛbɔ'tʃi] *s* libertino, disoluto
debaucher•y [dı'bɔtʃəri] *s* (*pl* **-ies**) libertinaje *m*, crápula
debenture [dı'bɛntʃər] *s* (*bond*) obligación; (*voucher*) vale *m*
debilitate [dı'bılı,tet] *tr* debilitar
debili•ty [dı'bılıti] *s* (*pl* **-ties**) debilidad
debit ['dɛbıt] *s* debe *m;* (*entry on debit side*) cargo ‖ *tr* adeudar, cargar
debit balance *s* saldo deudor
debonair [,dɛbə'nɛr] *adj* alegre; cortés
debris [de'bri] *s* despojos, ruinas
debt [dɛt] *s* deuda; **to run into debt** endeudarse, entramparse
debtor ['dɛtər] *s* deudor *m*
debut [de'bju] o ['debju] *s* estreno, debut *m*, **to make one's debut** estrenarse, debutar; ponerse de largo, entrar en sociedad (*una joven*)
debutante [,dɛbju'tant] o ['dɛbjə,tænt] *s* joven *f* que se pone de largo; debutante *f*
dec. *abbr* **deceased**
decade ['dɛked] *s* decenio, década
decadence ¡dı'kedəns] *s* decadencia
decadent [dı'kedənt] *adj & s* decadente *mf*
decanter [dı'kæntər] *s* garrafa
decapitate [dı'kæpı,tet] *tr* decapitar
decay [dı'ke] *s* (*decline*) decaimiento, descaecimiento; (*rotting*) podredumbre; (*of teeth*) caries *f* ‖ *tr* pudrir ‖ *intr* pudrirse; decaer; cariarse (*los dientes*)

decease [dɪ'sis] s fallecimiento ‖ *intr* fallecer
deceased [dɪ'sist] *adj* & s difunto
deceit [dɪ'sit] s engaño, fraude m
deceitful [dɪ'sitfəl] *adj* engañoso, fraudulento
deceive [dɪ'siv] *tr* & *intr* engañar
decelerate [dɪ'sɛlə,ret] *tr* desacelerar ‖ *intr* desacelerarse
December [dɪ'sɛmbər] s diciembre m
decen•cy ['disənsi] s (*pl* -cies) decencia, honestidad; (*propriety*) conveniencia
decent ['disənt] *adj* decente, honesto; (*proper*) conveniente
decentralize [dɪ'sɛntrə,laɪz] *tr* descentralizar
deception [dɪ'sɛpʃən] s engaño
deceptive [dɪ'sɛptɪv] *adj* engañoso
decide [dɪ'saɪd] *tr* & *intr* decidir
decimal ['dɛsɪməl] *adj* & s decimal m
decimal point s (*in Spanish the comma is used to separate the decimal fraction from the integer*) coma
decimate ['dɛsɪ,met] *tr* diezmar
decipher [dɪ'saɪfər] *tr* descifrar
deciphering [dɪ'saɪfərɪŋ] s desciframiento
decision [dɪ'sɪʒən] s decisión
decisive [dɪ'saɪsɪv] *adj* decisivo; determinado, resuelto
deck [dɛk] s (*of cards*) baraja; (*of ship*) cubierta; **between decks** (naut) entre cubiertas ‖ *tr* — **to deck out** adornar, engalanar
deck chair s silla de cubierta
deck hand s marinero de cubierta
deck'-land' *intr* apontizar
deck'-land'ing s apontizaje m
deckle edge ['dɛkəl] s barba
declaim [dɪ'klem] *tr* & *intr* declamar
declaration [,dɛklə'reʃən] s declaración
declarative [dɪ'klærətɪv] *adj* declarativo; (gram) enunciativo
declare [dɪ'klɛr] *tr* & *intr* declarar
declension [dɪ'klɛnʃən] s declinación
declination [,dɛklɪ'neʃən] s declinación
decline [dɪ'klaɪn] s bajada, declinación; (*in prices*) baja; (*in health, wealth, etc.*) bajón m; (*of sun*) ocaso ‖ *tr* & *intr* declinar; rehusar
declivi•ty [dɪ'klɪvɪti] s (*pl* -ties) declividad, declive m
decode [di'kod] *tr* descifrar
decoder [di'kodər] s (telv) decodificador m
decoding [di'kodɪŋ] s desciframiento
décolleté [,dekɑl'te] *adj* escotado
decompose [,dikəm'poz] *tr* descomponer ‖ *intr* descomponerse
decomposition [,dikumpə'zɪʃən] s descomposición
decompression [,dikəm'prɛʃən] s descompresión
decongest [,dikən'dʒɛst] *tr* descongestionar
decongestion [,dikən'dʒɛstʃən] s descongestión
decontamination [,dikəm,tæmɪ'neʃən] s descontaminación; **radioactive decontamination** descontaminación de radiactividad
decon•trol [,dikən'trol] *v* (*pret* & *pp* -trolled; *ger* -trolling) descontrolar

décor [de'kɔr] s decoración; (theat) decorado
decorate ['dɛkə,ret] *tr* decorar; (*with medal, badge*) condecorar
decoration [,dɛkə'reʃən] s decoración; (*medal, badge*) condecoración
decorator ['dɛkə,retər] s decorador m; (*of interiors*) adornista mf
decorous ['dɛkərəs] o [dɪ'korəs] *adj* decoroso
decorum [dɪ'korəm] s decoro
decoy [dɪ'kɔɪ] o ['dikɔɪ] s añagaza, señuelo; (*person*) entruchón m ‖ [dɪ'kɔɪ] *tr* atraer con señuelo; entruchar
decoy pigeon s cimbel m
decrease ['dikris] s disminución ‖ [dɪ'kris] *tr* disminuir ‖ *intr* disminuir, disminuirse
decree [dɪ'kri] s decreto ‖ *tr* decretar
decrepit [dɪ'krɛpɪt] *adj* decrépito
de•cry [dɪ'kraɪ] *v* (*pret* & *pp* -cried) *tr* censurar, denigrar
dedicate ['dɛdɪ,ket] *tr* dedicar
dedication [,dɛdɪ'keʃən] s dedicación; (*inscription in a book*) dedicatoria
deduce [dɪ'djus] *tr* deducir (*inferir, concluir; derivar*)
deduct [dɪ'dʌkt] *tr* deducir (*rebajar, substraer*)
deduction [dɪ'dʌkʃən] s deducción
deed [did] s acto, hecho; (*feat, exploit*) hazaña; (law) escritura ‖ *tr* traspasar por escritura
deem [dim] *tr* & *intr* creer, juzgar
deep [dip] *adj* profundo; (*sound*) grave; (*color*) subido; de hondo, p.ej., **two meters deep** dos metros de hondo; **deep in debt** cargado de deudas; **deep in thought** absorto en la meditación ‖ *adv* hondo; **deep into the night** muy entrada la noche
deepen ['dipən] *tr* profundizar ‖ *intr* profundizarse
deep-laid ['dip,led] *adj* concebido con astucia
deep mourning s luto riguroso
deep-rooted ['dip,rutɪd] *adj* profundamente arraigado
deep'-sea' fishing s pesca de gran altura
deep-seated ['dip,sitɪd] *adj* profundamente arraigado
deer [dɪr] s ciervo, venado
deer'skin' s piel f de ciervo
def. *abbr* defendant, deferred, definite
deface [dɪ'fes] *tr* desfigurar
de facto [di'fækto] *adv* de hecho
defamation [,dɛfə'meʃən] o [,difə'meʃən] s difamación
defame [dɪ'fem] *tr* difamar
default [dɪ'fɔlt] s falta, incumplimiento; **by default** (sport) por no presentarse; **in default of** por falta de ‖ *tr* dejar de cumplir; no pagar ‖ *intr* faltar; (sport) perder por no presentarse
defeat [dɪ'fit] s derrota ‖ *tr* derrotar, vencer
defeatism [dɪ'fitɪzəm] s derrotismo
defeatist [dɪ'fitɪst] *adj* & s derrotista mf
defecate ['dɛfɪ,ket] *intr* defecar
defect [dɪ'fɛkt] o ['difɛkt] s defecto, imperfección ‖ [dɪ'fɛkt] *intr* desertar

da
de

defection [dɪ'fɛkʃən] s defección; (*lack, failure*) falta

defective [dɪ'fɛktɪv] *adj* defectivo, defectuoso

defend [dɪ'fɛnd] *tr* defender

defendant [dɪ'fɛndənt] s (law) demandado, acusado

defender [dɪ'fɛndər] s defensor *m*

defense [dɪ'fɛns] s defensa

defenseless [dɪ'fɛnslɪs] *adj* indefenso

defensive [dɪ'fɛnsɪv] *adj* defensivo ‖ s defensiva

de•fer [dɪ'fʌr] *v* (*pret & pp* **-ferred;** *ger* **-ferring**) *tr* aplazar, diferir ‖ *intr* deferir

deference ['dɛfərəns] s deferencia

deferential [,dɛfə'rɛnʃəl] *adj* deferente

deferment [dɪ'fʌrmənt] s aplazamiento, dilación

defiance [dɪ'faɪəns] s oposición; desafío, provocación; **in defiance of** sin mirar a, a despecho de

defiant [dɪ'faɪ•ənt] *adj* provocante, hostil

deficien•cy [dɪ'fɪʃənsi] s (*pl* **-cies**) carencia, deficiencia; (com) descubierto

deficient [dɪ'fɪʃənt] *adj* deficiente, defectuoso

deficit ['dɛfɪsɪt] *adj* deficitario ‖ s déficit *m*

defile [dɪ'faɪl] o ['difaɪl] s desfiladero ‖ [dɪ'faɪl] *tr* corromper, manchar ‖ *intr* desfilar

define [dɪ'faɪn] *tr* definir

definite ['dɛfɪnɪt] *adj* definido

definition [,dɛfɪ'nɪʃən] s definición

definitive [dɪ'fɪnɪtɪv] *adj* definitivo

deflate [dɪ'flet] *tr* desinflar

deflation [dɪ'fleʃən] s desinflación; (*of prices*) deflación

deflect [dɪ'flɛkt] *tr* desviar ‖ *intr* desviarse

deflower [di'flau•ər] *tr* desflorar

deforest [di'fɑrɛst] o [di'fɔrɛst] *tr* desforestar, despoblar

deform [dɪ'fɔrm] *tr* deformar

deformed [dɪ'fɔrmd] *adj* deforme

deformi•ty [dɪ'fɔrmɪti] s (*pl* **-ties**) deformidad

defraud [dɪ'frɔd] *tr* defraudar

defray [di'fre] *tr* sufragar, subvenir a

defrost [di'frɔst] *tr* descongelar, deshelar

defroster [di'frɔstər] s descongelador *m*

deft [dɛft] *adj* diestro, hábil

defunct [dɪ'fʌŋkt] *adj* difunto

de•fy [dɪ'faɪ] *v* (*pret & pp* **-fied**) *tr* desafiar, provocar

deg. *abbr* **degree**

degeneracy [dɪ'dʒɛnərəsi] s degeneración

degenerate [dɪ'dʒɛnərɪt] *adj & s* degenerado ‖ [dɪ'dʒɛnə,ret] *intr* degenerar

degrade [dɪ'gred] *tr* degradar

degrading [dɪ'gredɪŋ] *adj* degradante

degree [dɪ'gri] s grado; **by degrees** de grado en grado; **to take a degree** graduarse, recibir un grado o título

dehumidifier [,dihju'mɪdɪ,faɪ•ər] s deshumedecedor *m*

dehydrate [di'haɪdret] *tr* deshidratar

deice [di'aɪs] *tr* deshelar

dei•fy ['di•ɪ,faɪ] *v* (*pret & pp* **-fied**) *tr* deificar

deign [den] *intr* dignarse

dei•ty ['di•ɪti] s (*pl* **-ties**) deidad; **the Deity** Dios *m*

dejected [dɪ'dʒɛktɪd] *adj* abatido

dejection [dɪ'dʒɛkʃən] s abatimiento

del. *abbr* **delegate, delete**

delay [dɪ'le] s retraso, tardanza; parón ‖ *tr* retrasar ‖ *intr* demorarse

delectable [dɪ'lɛktəbəl] *adj* deleitable

delegate ['dɛlɪgɪt] s diputado, delegado; (*to a convention*) congresista *mf* ‖ ['dɛlɪ,get] *tr* delegar

delete [dɪ'lit] *tr* borrar, suprimir

deletion [dɪ'liʃən] s supresión

deliberate [dɪ'lɪbərɪt] *adj* pensado, reflexionado; (*slow in deciding*) cauto, circunspecto; (*slow in moving*) espacioso, lento ‖ [dɪ'lɪbə,ret] *tr & intr* deliberar

delica•cy ['dɛlɪkəsi] s (*pl* **-cies**) delicadeza; (*choice food*) golosina

delicatessen [,dɛlɪkə'tɛsən] s colmado, tienda de ultramarinos ‖ *spl* ultramarinos

delicious [dɪ'lɪʃəs] *adj* delicioso, sabroso

delight [dɪ'laɪt] s deleite *m*, delicia ‖ *tr* deleitar ‖ *intr* deleitarse

delightful [dɪ'laɪtfəl] *adj* deleitoso, ameno, exquisito

delinquen•cy [dɪ'lɪŋkwənsi] s (*pl* **-cies**) culpa; (*in payment of debt*) morosidad; (*debt in arrears*) atrasos

delinquent [dɪ'lɪŋkwənt] *adj* culpado; (*in payment*) moroso, atrasado; no pagado ‖ s culpado; deudor moroso

delirious [dɪ'lɪrɪ•əs] *adj* delirante

deliri•um [dɪ'lɪrɪ•əm] s (*pl* **-ums** o **-a** [ə]) delirio

deliver [dɪ'lɪvər] *tr* entregar; asestar (*un golpe*); pronunciar, recitar (*un discurso*); transmitir, rendir (*energía*); partear (*a la mujer que está de parto*)

deliver•y [dɪ'lɪvəri] s (*pl* **-ies**) entrega; (*of mail*) distribución, reparto; (*of a speech*) declamación; (*childbirth*) alumbramiento, parto

delivery•man [dɪ'lɪvərimən] s (*pl* **-men** [mən]) mozo de reparto

delivery room s sala de alumbramiento

delivery service s servicio a domicilio

delivery truck s sedán *m* de reparto

dell [dɛl] s vallecito

delouse [di'laus] *tr* despiojar

delphinium [dɛl'fɪnɪ•əm] s (*Delphinium ajacis*) espuela de caballero; (*Delphinium consolida*) consuela real

delude [dɪ'lud] *tr* deludir, engañar

deluge ['dɛljudʒ] s diluvio ‖ *tr* inundar

delusion [dɪ'luʃən] s engaño, decepción

de luxe [dɪ'lʌks] *adj & adv* s de lujo

delve [dɛlv] *intr* cavar; **to delve into** cavar en

demagnetize [di'mægnɪ,taɪz] *tr* desimantar

demagogue ['dɛmə,gɑg] s demagogo

demand [dɪ'mænd] o [dɪ'mɑnd] s demanda; **to be in demand** tener demanda ‖ *tr* demandar perentoriamente

demanding [dɪ'mændɪŋ] *adj* exigente

demarcate [dɪ'market] o ['dɪmɑr,ket] *tr* demarcar

démarche [de'marʃ] *s* diligencia, gestión, paso

demeanor [dɪ'minər] *s* conducta, porte *m*

demented [dɪ'mɛntɪd] *adj* demente, dementado

demigod ['dɛmɪ,gad] *s* semidiós *m*

demijohn ['dɛmɪ,dʒan] *s* damajuana

demilitarize [di'mɪlɪtə,raɪz] *tr* desmilitarizar

demilitarized zone *s* zona desmilitarizada

demimonde ['dɛmɪ,mand] *s* mujeres de vida alegre

demise [dɪ'maɪz] *s* fallecimiento

demisemiquaver [,dɛmɪ'sɛmɪ,kwevər] *s* (mus) fusa

demitasse ['dɛmɪ,tæs] o ['dɛmɪ,tɑs] *s* taza pequeña

demobilize [di'mobɪ,laɪz] *tr* desmovilizar

democra•cy [dɪ'markrəsi] *s* (*pl* **-cies**) democracia

democrat ['dɛmə,kræt] *s* demócrata *mf*

democratic [,dɛmə'krætɪk] *adj* democrático

demodulate [di'madjə,let] *tr* desmodular

demolish [dɪ'malɪʃ] *tr* demoler

demolition [,dɛmə'lɪʃən] o [,dimə'lɪʃən] *s* demolición

demon ['dimən] *s* demonio

demoniacal [,dimə'naɪəkəl] *adj* demoníaco

demonstrate ['dɛmən,stret] *tr* demostrar ‖ *intr* demostrar; (*to show feelings in public gatherings*) manifestar

demonstration [,dɛmən'streʃən] *s* demostración; (*public show of feeling*) manifestación

demonstrative [dɪ'manstrətɪv] *adj* demostrativo; (*giving open exhibition of emotion*) extremoso

demonstrator ['dɛmən,stretər] *s* demostrador *m;* manifestante *mf*

demoralize [dɪ'mɔrə,laɪz] *tr* desmoralizar

demote [dɪ'mot] *tr* degradar

demotion [dɪ'moʃən] *s* degradación

de•mur [dɪ'mʌr] *v* (*pret & pp* **-murred;** *ger* **murring**) *intr* poner reparos

demure [dɪ'mjʊr] *adj* modesto, recatado; grave, serio

demurrage [dɪ'mʌrɪdʒ] *s* (com) estadía

den [dɛn] *s* (*of animals, thieves*) madriguera; (*dirty little room*) cuchitril *m;* lugar *m* de retiro; cuarto de estudio; (*of lions*) (Bib) fosa

denaturalize [di'nætjərə,laɪz] *tr* desnaturalizar

denatured alcohol [di'netʃərd] *s* alcohol desnaturalizado

denial [dɪ'naɪəl] *s* denegación; negación, desmentida

denim ['dɛnɪm] *s* dril *m* de algodón

denizen ['dɛnɪzən] *s* habitante *mf*, vecino

Denmark ['dɛnmark] *s* Dinamarca

denomination [dɪ,namɪ'neʃən] *s* denominación; categoría, clase *f;* secta, confesión, comunión

denote [dɪ'not] *tr* denotar

dénoument [denu'mã] *s* desenlace *m*

denounce [dɪ'naʊns] *tr* denunciar

dense [dɛns] *adj* denso; estúpido

densi•ty ['dɛnsɪti] *s* (*pl* **-ties**) densidad

dent [dɛnt] *s* abolladura, mella ‖ *tr* abollar, mellar ‖ *intr* abollarse, mellarse

dental ['dɛntəl] *adj & s* dental *f*

dental floss *s* hilo dental, seda encerada

dental technician *s* mecánico-dentista *m*

dentrifrice ['dɛntɪfrɪs] *s* dentífrico

dentist ['dɛntɪst] *s* dentista *mf*

dentistry ['dɛntɪstri] *s* odontología

denture ['dɛntʃər] *s* dentadura artificial

denunciation [dɪ,nʌnsɪ'eʃən] o [dɪ,nʌnʃɪ'eʃən] *s* denuncia

de•ny [dɪ'naɪ] *v* (*pret & pp* **-nied**) *tr* (*to declare not to be true*) negar; (*to refuse*) denegar; **to deny oneself to callers** negarse ‖ *intr* negar; denegar

deodorant [di'odərənt] *adj & s* desodorante *m*

deodorize [di'odə,raɪz] *tr* desodorizar

deoxidize [di'aksɪ,daɪz] *tr* desoxidar

dep. *abbr* **department, departs, deputy**

depart [dɪ'part] *intr* partir, salir, irse; desviarse

department [dɪ'partmənt] *s* departamento; (*of government*) ministerio

department store *s* grandes almacenes *mpl*

departure [dɪ'partʃər] *s* partida, salida; desviación

depend [dɪ'pɛnd] *intr* depender; **to depend on** depender de

dependable [dɪ'pɛndəbəl] *adj* confiable, fidedigno

dependence [dɪ'pɛndəns] *s* dependencia

dependen•cy [dɪ'pɛndənsi] *s* (*pl* **-cies**) dependencia; (*country, territory*) posesión

dependent [dɪ'pɛndənt] *adj* dependiente ‖ *s* carga de familia, familiar *m* dependiente

depict [dɪ'pɪkt] *tr* describir, representar, pintar

deplete [dɪ'plit] *tr* agotar, depauperar

deplorable [dɪ'plorəbəl] *adj* deplorable

deplore [dɪ'plor] *tr* deplorar

deploy [dɪ'plɔɪ] *tr* (mil) desplegar ‖ *intr* (mil) desplegarse

deployment [dɪ'plɔɪmənt] *s* (mil) despliegue *m*

depolarize [di'polə,raɪz] *tr* despolarizar

depopulate [di'papjə,let] *tr* despoblar

deport [dɪ'port] *tr* deportar; **to deport oneself** conducirse, portarse

deportation [,dipor'teʃən] *s* deportación

deportee [,dipor'ti] *s* deportado

deportment [dɪ'portmənt] *s* conducta, comportamiento

depose [dɪ'poz] *tr & intr* deponer

deposit [dɪ'pazɪt] *s* depósito; (*down payment*) señal *f,* pago anticipado; (min) yacimiento ‖ *tr* depositar ‖ *intr* depositarse

deposit account *s* cuenta corriente

depositor [dɪ'pazɪtər] *s* cuentacorrentista *mf,* imponente *mf*

depot ['dipo] o ['dɛpo] *s* almacén *m,* depósito; (mil) depósito; (rr) estación

depraved [dɪ'prevd] *adj* depravado

depravi•ty [dɪ'prævɪti] *s* (*pl* **-ties**) depravación

deprecate ['dɛprɪ,ket] *tr* desaprobar

depreciate [dɪ'priʃɪ,et] *tr* (*to lower value or price of*) depreciar; (*to disparage*) desapreciar ‖ *intr* depreciarse

depreciation [dɪ,priʃɪ'eʃən] *s* (*drop in value*) depreciación; (*disparagement*) desaprecio

depress [dɪ'prɛs] *tr* deprimir; desanimar, desalentar; bajar (*los precios*)

depression [dɪ'prɛʃən] *s* depresión; desaliento; (*slump*) crisis *f*

deprive [dɪ'praɪv] *tr* privar

deprived [dɪ'praɪvd] *adj* desventajado

dept. *abbr* **department**

depth [dɛpθ] *s* profundidad; (*of a house, of a room*) fondo; **in the depth of night** en mitad de la noche; **in the depth of winter** en pleno invierno; **to go beyond one's depth** meterse en agua demasiado profunda; (fig) meterse en honduras

depth of hold *s* (naut) puntal *m*

depu•ty ['dɛpjəti] *s* (*pl* **-ties**) diputado

derail [dɪ'rel] *tr* hacer descarrilar ‖ *intr* descarrilar

derailment [dɪ'relmənt] *s* descarrilamiento

derange [dɪ'rendʒ] *tr* desarreglar, descomponer; trastornar el juicio a

derangement [dɪ'rendʒmənt] *s* desarreglo, descompostura; locura; obfuscación

der•by ['dɑrbi] *s* (*pl* **-bies**) sombrero hongo

deregulate [dɪ'rɛgjə,let] *tr* descontrolar

derelict ['dɛrɪlɪkt] *adj* abandonado; negligente ‖ *s* pelafustán *m;* (naut) derrelicto

deride [dɪ'raɪd] *tr* burlarse de, ridiculizar

derision [dɪ'rɪʒən] *s* burla, irrisión

derive [dɪ'raɪv] *tr* & *intr* derivar

dermatitis [,dɑrmə'taɪtɪs] *s* dermatitis *f*

derogatory [dɪ'rɑgə,tori] *adj* despreciativo

derrick ['dɛrɪk] *s* grúa; (min) castillete *m*

dervish ['dɑrvɪʃ] *s* derviche *m*

desalinization [dɪ,selɪnɪ'zeʃən] *s* desalinización

desalt [di'sɔlt] *tr* desalar

descend [dɪ'sɛnd] *tr* bajar, descender (*la escalera*) ‖ *intr* bajar, descender; **to descend on** caer sobre, invadir

descendant [dɪ'sɛndənt] *adj* descendente ‖ *s* descendiente *mf*

descendent [dɪ'sɛndənt] *adj* descendente

descent [dɪ'sɛnt] *s* (*passing from higher to lower state*) descenso; (*extraction; lineage*) descendencia; cuesta, bajada; invasión

describe [dɪ'skraɪb] *tr* describir

description [dɪ'skrɪpʃən] *s* descripción

descriptive [dɪ'skrɪptɪv] *adj* descriptivo

de•scry [dɪ'skraɪ] *v* (*pret* & *pp* **-scried**) *tr* avistar, divisar; descubrir

desecrate ['dɛsɪ,kret] *tr* profanar

desegregation [di,sɛgrɪ'geʃən] *s* desegregación

desert ['dɛzərt] *adj* & *s* desierto, yermo ‖ [dɪ'zʌrt] *s* mérito; **he received his just deserts** llevó su merecido ‖ *tr* desertar de ‖ *intr* desertar

deserter [dɪ'zʌrtər] *s* desertor *m*

desertion [dɪ'zʌrʃən] *s* deserción; abandono de cónyuge

deserve [dɪ'zʌrv] *tr* & *intr* merecer

deservedly [dɪ'zʌrvɪdli] *adv* merecidamente

design [dɪ'zaɪn] *s* diseño; (*combination of details; art of designing*) dibujo; (*plan, scheme*) designio; **to have designs on** poner la mira en ‖ *tr* deseñar, dibjuar; idear, proyectar ‖ *intr* diseñar, dibujar

designate ['dɛzɪg,net] *tr* designar

designing [dɪ'zaɪnɪŋ] *adj* intrigante, maquinador

desirable [dɪ'zaɪrəbəl] *adj* deseable

desire [dɪ'zaɪr] *s* deseo ‖ *tr* desear

desirous [dɪ'zaɪrəs] *adj* deseoso

desist [dɪ'zɪst] *intr* desistir

desk [dɛsk] *s* bufete *m*, escritorio; (*lectern*) atril *m;* (*clerk's counter in a hotel*) caja

desk clerk *s* cajero, recepcionista *m*

desk set *s* juego de escritorio

desolate ['dɛsəlɪt] *adj* (*hopeless*) desolado; despoblado, yermo, desierto; solitario; (*dismal*) lúgubre ‖ ['dɛsə,let] *tr* desconsolar; (*to lay waste*) desolar, devastar; despoblar

desolation [,dɛsə'leʃən] *s* (*devastation; great affliction*) desolación; (*dreariness*) lobreguez *f*

despair [dɪ'spɛr] *s* desesperación ‖ *intr* desesperar, desesperarse

despairing [dɪ'spɛrɪŋ] *adj* desesperado

despera•do [,dɛspə'redo] o [,dɛspə'rɑdo] *s* (*pl* **-does** o **-dos**) criminal dispuesto a todo

desperate ['dɛspərɪt] *adj* dispuesto a todo; (*bitter, excessive*) encarnizado; (*hopeless*) desesperado; (*remedy*) heroico

despicable ['dɛspɪkəbəl] *adj* despreciable, ruin

despise [dɪ'spaɪz] *tr* despreciar, desdeñar

despite [dɪ'spaɪt] *prep* a despecho de

desponden•cy [dɪ'spɑndənsi] *s* (*pl* **cies**) abatimiento, desaliento

despondent [dɪ'spɑndənt] *adj* abatido, desalentado

despot ['dɛspɑt] *s* déspota *m*

despotic [dɛs'pɑtɪk] *adj* despótico

despotism ['dɛspə,tɪzəm] *s* despotismo

dessert [dɪ'zʌrt] *s* postre *m*

destination [,dɛstɪ'neʃən] *s* (*end of a journey or shipment*) destino; (*purpose*) destinación

destine [dɪ'stɪn] *tr* destinar

desti•ny ['dɛstɪni] *s* (*pl* **-nies**) destino

destitute ['dɛstɪ,tjut] *adj* (*being in complete poverty*) indigente; (*lacking, deprived*) desprovisto

destitution [,dɛstɪ'tjuʃən] *s* indigencia

destroy [dɪ'strɔɪ] *tr* destruir

destroyer [dɪ'strɔɪ•ər] *s* (nav) destructor *m*

destruction [dɪ'strʌkʃən] *s* destrucción

destructive [dɪ'strʌktɪv] *adj* destructivo

desultory ['dɛsəl,tori] *adj* deshilvanado, descosido

detach [dɪ'tætʃ] *tr* desprender, separar; (mil) destacar

detachable [dɪ'tætʃəbəl] *adj* desprendible, separable; (*collar*) postizo

detached [dɪ'tætʃt] *adj* separado, suelto; imparcial, desinteresado

detachment [dɪ'tætʃmənt] *s* desprendimiento, separación; imparcialidad, desinterés *m;* (mil) destacamento

detail [dɪ'tel] o ['ditel] s detalle m, pormenor m; (mil) destacamento ‖ [dɪ'tel] tr detallar; (mil) destacar
detain [dɪ'ten] tr detener; tener preso
detect [dɪ'tɛkt] tr detectar
detection [dɪ'tɛkʃən] s detección
detective [dɪ'tɛktɪv] s detective m
detective story s novela policíaca o policial
detector [dɪ'tɛktər] s detector m
detention [dɪ'tɛnʃən] s detención
de·ter [dɪ'tʌr] v (pret & pp **-terred;** ger **-terring**) tr impedir, refrenar
detergent [dɪ'təʌrdʒənt] adj & s detergente m
deteriorate [dɪ'tɪrɪ·ə'ret] tr deteriorar ‖ intr deteriorarse
determination [dɪ,tʌrmə'neʃən] s resolución; empecinamiento
determine [dɪ'tʌrmɪn] tr determinar
deterrent [dɪ'tʌrənt] s impedimento, refrenamiento
detest [dɪ'tɛst] tr detestar, aborrecer
dethrone [dɪ'θron] tr destronar
detonate ['dɛtə,net] o ['ditə,net] tr hacer estallar ‖ intr detonar
detour ['ditʊr] o [dɪ'tʊr] s desvío; rodeo, vuelta; manera indirecta ‖ tr desviar (el tráfico) ‖ intr desviarse
detoxification [di,tɑksəfə'keʃən] s desintoxicación
detoxi·fy [di'tɑksə,faɪ] v (pret & pp **-fied**) tr desintoxicar
detract [dɪ'trækt] tr detraer ‖ intr — **to detract from** disminuir, rebajar
detriment ['dɛtrɪmənt] s perjuicio, detrimento; **to the detriment of** en perjuicio de
detrimental [,dɛtrɪ'mɛntəl] adj perjudicial
deuce [djus] o [dus] s (in cards) dos m; **the deuce!** ¡demonio!
devaluation [di,væljʊ'eʃən] s desvalorización, devaluación
devastate ['dɛvəs,tet] tr devastar
devastation [,dɛvəs'teʃən] s devastación
develop [dɪ'vɛləp] tr desarrollar, desenvolver; (phot) revelar; explotar (una mina) ‖ intr desarrollarse, desenvolverse; evolucionar, manifestarse
developer [dɪ'vɛləpər] s fomentador m; (phot) revelador m
development [dɪ'vɛləpmənt] s desarrollo, desenvolvimiento; (phot) revelado; (of a mine) explotación; acontecimiento nuevo
developmental aid [dɪ,vɛləp'mɛntəl] s ayuda al desarrollo
deviate ['divɪ,et] tr desviar ‖ intr desviarse
deviation [,divɪ'eʃən] s desviación
deviationism [,divɪ'eʃə,nɪzəm] s desviacionismo
deviationist [,divɪ'eʃənɪst] s desviacionista mf
device [dɪ'vaɪs] s dispositivo, aparato; (trick) ardid m, treta; (motto) lema m, divisa; **to leave someone to his own devices** dejarle a uno que haga lo que se le antoje
dev·il ['dɛvəl] s diablo; **between the devil and the deep blue sea** entre la espada y la pared; **to raise the devil** (slang) armar un

alboroto ‖ v (pret & pp **iled** o **-illed;** ger **-iling** o **illing**) tr condimentar con picantes; (coll) acosar, molestar
devilish ['dɛvəlɪʃ] adj diabólico
devilment ['dɛvəlmənt] s (mischief) diablura; (evil) maldad
devil·try ['dɛvəltri] s (pl **-tries**) maldad, crueldad; (mischief) diablura
devious ['divɪ·əs] adj (straying) desviado, extraviado; (roundabout; shifty) tortuoso
devise [dɪ'vaɪz] tr idear, inventar; (law) legar
devoid [dɪ'vɔɪd] adj desprovisto
devote [dɪ'vot] tr dedicar
devoted [dɪ'votɪd] adj (zealous, ardent) devoto; dedicado
devotee [,dɛvə'ti] s devoto
devotion [dɪ'voʃən] s devoción; (to study, work, etc.) dedicación; **devotions** oraciones, preces fpl
devour [dɪ'vaʊr] tr devorar
devout [dɪ'vaʊt] adj devoto; cordial, sincero
dew [dju] o [du] s rocío
dew'drop' s gota de rocío
dew'lap' s papada
dew·y ['dju·i] o ['du·i] adj rociado
dexterity [dɛks'tɛrɪti] s destreza
D.F. abbr **Defender of the Faith**
diabetes [,daɪ·ə'bitɪs] s diabetes f
diabetic [,daɪ·ə'bɛtɪk] adj & s diabético
diabolic(al) [,daɪ·ə'bɑlɪk(əl)] adj diabólico
diacritical [,daɪ·ə'krɪtɪkəl] adj diacrítico
diadem ['daɪ·ə,dɛm] s diadema f
diaeresis [daɪ'ɛrɪsɪs] s (pl **-ses** [,siz]) diéresis f
diagnose [,daɪ·əg'nos] tr diagnosticar
diagno·sis [,daɪ·əg'nosɪs] s (pl **-ses** [siz]) diagnosis f, diagnóstico
diagonal [daɪ'ægənəl] adj & s diagonal f
diagram ['daɪ·ə,græm] s diagrama m
dial. abbr **dialect**
dial ['daɪ·əl] s (of radio) cuadrante m; (of watch) cuadrante m, esfera, muestra; (of telephone) disco selector ‖ tr sintonizar (el radiorreceptor); marcar (el número telefónico); llamar (a una persona) por teléfono automático ‖ intr (telp) marcar
dialect ['daɪ·ə,lɛkt] s dialecto
dialing ['daɪ·əlɪŋ] s (telp) marcaje m
dialogue ['daɪ·ə,lɔg] s diálogo
dial telephone s teléfono automático
dial tone s (telp) señal f para marcar
diam. abbr **diameter**
diameter [daɪ'æmɪtər] s diámetro
diametric(al) [,daɪ·ə'mɛtrɪk(əl)] adj diamétrico
diamond ['daɪmənd] s diamante m; (figure of a rhombus) losange m; (playing card) carró m, diamante m; (baseball) losange m
diaper ['daɪpər] s pañal m
diaphanous [daɪ'æfənəs] adj diáfano
diaphragm ['daɪ·ə,fræm] s diafragma m
diarrhea [,daɪ·ə'ri·ə] s diarrea; **to have diarrhea** cursear
dia·ry ['daɪ·əri] s (pl **-ries**) diario
diastole [daɪ'æstəli] s diástole f
diathermy ['daɪ·ə,θʌrmi] s diatermia

de
di

dice [daɪs] *spl* dados; *(small cubes)* cubitos; **to load the dice** cargar los dados ‖ *tr* cortar en cubos

dice'box' *s* cubilete *m*

dichloride [daɪˈkloraɪd] *s* dicloruro

dichoto•my [daɪˈkɑtəmi] *s (pl* **-mies)** dicotomía

dickey [ˈdɪki] *s* camisolín *m*, pechera postiza; babero de niño

dict. *abbr* **dictionary**

dictaphone [ˈdɪktə,fon] *s* dictáfono

dictate [ˈdɪktet] *s* mandato ‖ [ˈdɪktet] o [dɪkˈtet] *tr* dictar; mandar

dictation [dɪkˈteʃən] *s* dictado; *(orders; giving orders)* mandato; **to take dictation** escribir al dictado

dictator [ˈdɪktetər] o [dɪkˈtetər] *s* dictador *m*

dictatorship [dɪkˈtetərʃɪp] *s* dictadura

diction [ˈdɪkʃən] *s* dicción

dictionar•y [ˈdɪkʃən,ɛri] *s (pl* **-ies)** diccionario

dic•tum [ˈdɪktəm] *s (pl* **-ta** [tə]) dictamen *m;* aforismo, sentencia

didactic(al) [daɪˈdæktɪk(əl)] o [dɪˈdæktɪk(əl)] *adj* didáctico

die [daɪ] *s (pl* **-dice** [daɪs]) dado; **the die is cast** la suerte está echada ‖ *s (pl* **dies)** *(for stamping coins, medals, etc.)* troquel *m; (for cutting threads)* hembra de terraja ‖ *v (pret & pp* **died;** *ger* **dying)** *intr* morir; **to be dying** estar agonizando; **to die laughing** morir de risa

die'hard' *adj & s* intransigente *mf*

die'sel-elec'tric [ˈdizəl] *adj* dieseleléctrico

diesel engine *s* diesel *m*

diesel oil *s* gas-oil *m*

die'stock' *s* terraja

diet [ˈdaɪ•ət] *s* dieta, régimen alimenticio ‖ *intr* estar a dieta

dietitian [,daɪ•əˈtɪʃən] *s* dietista *mf*

diff. *abbr* **difference, different**

differ [ˈdɪfər] *intr (to be different)* diferir, diferenciarse; *(to dissent)* diferenciar; **to differ with** desavenirse con

difference [ˈdɪfərəns] *s* diferencia; **to make no difference** no importar; **to split the difference** partir la diferencia

different [ˈdɪfərənt] *adj* diferente

differentiate [,dɪfəˈrɛnʃɪ,et] *tr* diferenciar ‖ *intr* diferenciarse

difficult [ˈdɪfɪ,kʌlt] *adj* difícil

difficul•ty [ˈdɪfɪ,kʌlti] *s (pl* **-ties)** dificultad

diffident [ˈdɪfɪdənt] *adj* apocado, tímido

diffuse [dɪˈfjus] *adj* difuso ‖ [dɪˈfjuz] *tr* difundir ‖ *intr* difundirse

dig [dɪg] *s (poke)* empuje *m; (jibe)* pulla, palabra hiriente ‖ *v (pret & pp* **dug** [dʌg] o **digged;** *ger* **digging)** *tr* cavar, excavar; **to dig up** desenterrar ‖ *intr* cavar, excavar; **to dig in** (coll) poner manos a la obra; (mil) antrincherarse; **to dig under** socavar

digest [ˈdaɪdʒɛst] *s* compendio, resumen *m;* (law) digesto ‖ [dɪˈdʒɛst] o [daɪˈdʒɛst] *tr & intr* digerir

digestible [dɪˈdʒɛstɪbəl] o [daɪˈdʒɛstɪbəl] *adj* digerible, digestible

digestion [dɪˈdʒɛstʃən] o [daɪˈdʒɛstʃən] *s* digestión

digestive [dɪˈdʒɛstɪv] o [daɪˈdʒɛstɪv] *adj & s* digestivo

digit [ˈdɪdʒɪt] *s* dígito

digital telephone [ˈdɪdʒətəl] *s* teléfono digital

dignified [ˈdɪgnɪ,faɪd] *adj* digno, grave, decoroso

digni•fy [ˈdɪgnɪ,faɪ] *v (pret & pp* **-fied)** *tr* dignificar; engrandecer el mérito de

dignitar•y [ˈdɪgnɪ,tɛri] *s (pl* **-ies)** dignatario

digni•ty [ˈdɪgnɪti] *s (pl* **-ties)** dignidad; **to stand upon one's dignity** ponerse tan alto

digress [dɪˈgrɛs] o [daɪˈgrɛs] *intr* divagar

digression [dɪˈgrɛʃən] o [daɪˈgrɛʃən] *s* digresión, divagación

dike [daɪk] *s* dique *m; (bank of earth thrown up in digging)* montón *m; (causeway)* arrecife *m*, malecón *m*

dilapidated [dɪˈlæpɪ,detɪd] *adj* destartalado, desvencijado

dilate [daɪˈlet] *tr* dilatar ‖ *intr* dilatarse

dilatory [ˈdɪlə,tori] *adj* tardío

dilemma [dɪˈlɛmə] *s* dilema *m*, disyuntiva; encerrona

dilettan•te [,dɪləˈtænti] *adj* diletante ‖ *s (pl* **-tes** o **-ti** [ti]) diletante *mf*

diligence [ˈdɪlɪdʒəns] *s* diligencia; dedicación

diligent [ˈdɪlɪdʒənt] *adj* diligente

dill [dɪl] *s* eneldo

dillydal•ly [ˈdɪlɪ,dæli] *v (pret & pp* **-lied)** *intr* malgastar el tiempo, haraganear

dilute [dɪˈlut] o [daɪˈlut] *adj* diluído ‖ [dɪˈlut] *tr* diluir ‖ *intr* diluirse

dilution [dɪˈluʃən] *s* dilución

dim. *abbr* **diminutive**

dim [dɪm] *adj (comp* **dimmer;** *super* **dimmest)** débil, indistinto, confuso; obscuro, poco claro; *(chance)* escaso; *(not clearly understanding)* torpe, lerdo; **to take a dim view of** mirar escépticamente ‖ *v (pret & pp* **dimmed;** *ger* **dimming)** *tr* amortiguar *(la luz)*; poner *(un faro)* a media luz; disminuir ‖ *intr* obscurecerse

dime [daɪm] *s* moneda de diez centavos

dimension [dɪˈmɛnʃən] *s* dimensión

diminish [dɪˈmɪnɪʃ] *tr* disminuir ‖ *intr* disminuir, disminuirse

diminution [,dɪməˈnuʃən] *s* disminución

diminutive [dɪˈmɪnjətɪv] *adj (tiny)* diminuto; (gram) diminutivo ‖ *s* diminutivo

dimi•ty [ˈdɪmɪti] *s (pl* **-ties)** cotonía

dimly [ˈdɪmli] *adv* indistintamente

dimmer [ˈdɪmər] *s* amortiguador *m* de luz; (aut) lámpara de cruce, luz *f* de cruce

dimple [ˈdɪmpəl] *s* hoyuelo

dimwit [ˈdɪm,wɪt] *s* (slang) mentecato, bobo

dim•witted [ˈdɪm,wɪtɪd] *adj* (slang) mentecato, bobo

din [dɪn] *s* estruendo, ruido ensordecedor ‖ *v (pret & pp* **dinned;** *ger* **dinning)** *tr* ensordecer con mucho ruido; repetir insistentemente; impresionar con repetición ruidosa ‖ *intr* sonar estrepitosamente

dine [daɪn] *tr* dar de comer a; obsequiar con una cena o comida ‖ *intr* cenar, comer; **to dine out** cenar fuera de casa

diner ['daɪnər] *s* invitado a una cena, convidado a una comida; coche-comedor *m*

ding-dong ['dɪŋ,dɔŋ] *s* dindán *m*

din·gy ['dɪndʒi] *adj* (*comp* **-gier;** *super* **-giest**) deslustrado, sucio

dining car *s* coche-comedor *m*

dining room *s* comedor *m*

din'ing-room' suite *s* juego de comedor

dinner ['dɪnər] *s* cena, comida; (*formal meal*) banquete *m*

dinner coat o **jacket** *s* smoking *m*

dinner pail *s* fiambrera, portaviandas *m*

dinner set *s* vajilla

dinner time *s* hora de la cena o comida

dint [dɪnt] *s* abolladura; **by dint of** a fuerza de ‖ *tr* abollar

diocese ['daɪ·ə'sis] o ['daɪ·əsis] *s* diócesi *f* o diócesis *f*

diode ['daɪ·od] *s* diodo

dioxide [daɪ'aksaɪd] *s* dióxido

dip [dɪ] *s* zambullida, inmersión; baño corto; (*in a road*) depresión; (*of magnetic needle*) inclinación ‖ *v* (*pret & pp* **dipped;** *ger* **dipping**) *tr* sumergir; sacar con cuchara; (*bread*) sopetear; **to dip the colors** saludar con la bandera ‖ *intr* sumergirse; inclinarse hacia abajo; desaparecer súbitamente; **to dip into** hojear (*un libro*); meterse en (*un comercio*); **to dip into one's purse** gastar dinero

diphtheria [dɪf'θɪrɪ·ə] *s* difteria

diphthong ['dɪfθɔŋ] *s* diptongo

diphthongize ['dɪfθɔŋ,gaɪz] *tr* diptongar ‖ *intr* diptongarse

diploma [dɪ'plomə] *s* diploma *m*

diploma·cy [dɪ'ploməsi] *s* (*pl* **-cies**) diplomacia

diplomat ['dɪplə,mæt] *s* diplomático

diplomatic [,dɪplə'mætɪk] *adj* diplomático

diplomatic pouch *s* valija diplomática

dipper ['dɪpər] *s* cazo, cucharón *m*

dip'stick' *s* varilla de nivel

dire [daɪr] *adj* horrendo, espantoso

direct [dɪ'rɛkt] o [daɪ'rɛkt] *adj* directo; franco, sincero ‖ *tr* dirigir; mandar, ordenar

direct current *s* corriente continua

direct discourse *s* (gram) estilo directo

direct hit *s* blanco directo, impacto directo

direction [dɪ'rɛkʃən] o [daɪ'rɛkʃən] *s* dirección; instrucción; **directions** (*for use*) modo de empleo

direction light *s* (aut) intermitente *m*

direct object *s* (gram) complemento directo

director [dɪ'rɛktər] o [daɪ'rɛktər] *s* director *m*, administrador *m*; (*member of a governing body*) vocal *m*

directorship [dɪ'rɛktər,ʃɪp] o [daɪ'rɛktər,ʃɪp] *s* dirección, directorio

directo·ry [dɪ'rɛktəri] o [daɪ'rɛktəri] *s* (*pl* **-ries**) (*list of names and addresses; board of directors*) directorio; anuario telefónico, guía telefónica

dirge [dʌrdʒ] *s* endecha, canto fúnebre, treno; (eccl) misa de réquiem

dirigible ['dɪrɪdʒɪbəl] *adj* & *s* dirigible *m*

dirt [dʌrt] *s* (*soil*) tierra, suelo; (*dust*) polvo; (*mud*) barro, lodo; excremento; (*accumulation of dirt*) suciedad; (*moral filth*) suciedad, porquería, obscenidad; (*gossip*) chismes *mpl*

dirt'cheap' *adj* tirado, muy barato

dirt road *s* camino de tierra

dirt·y ['dʌrti] *adj* (*comp* **-ier;** *super* **-iest**) puerco, sucio; berroso, enlodado; polvoriento; (*obscene*) hediondo; bajo, vil ‖ *v* (*pret & pp* **-tied**) *tr* ensuciar

dirty linen *s* ropa sucia; **to air one's dirty linen in public** sacar los trapos sucios a relucir

dirty trick *s* (slang) perrada, mala partida

disabili·ty [,dɪsə'bɪlɪti] *s* (*pl* **-ties**) incapacidad, inhabilidad; disminución (*física*)

disable [dɪs'ebəl] *tr* incapacitar, inhabilitar, lisiar; (law) descalificar

disabled veteran *s* lisiado de guerra

disabuse [,dɪsə'bjuz] *tr* desengañar

disadvantage [,dɪsəd'væntɪdʒ] o [,dɪsəd'vantɪdʒ] *s* desventaja

disadvantaged [,dɪsəd'væntɪdʒd] *adj* & *s* desventajado

disadvantageous [dɪs,ædvən'teʒəs] *adj* desventajoso

disagree [,dɪsə'gri] *intr* desavenirse, desconvenirse; (*to quarrel*) altercar, contender; **to disagree with** no estar de acuerdo con; no sentar bien

disagreeable [,dɪsə'gri·əbəl] *adj* desagradable

disagreement [,dɪsə'grimənt] *s* desavenencia, desacuerdo; disensión; inconformidad

disappear [,dɪsə'pɪr] *intr* desaparecer, desaparecerse

disappearance [,dɪsə'pɪrəns] *s* desaparecimiento, desaparición

disappoint [,dɪsə'pɔɪnt] *tr* decepcionar, desilusionar, chasquear; **to be disappointed** chasquearse, llevarse chasco

disappointment [,dɪsə'pɔɪntmənt] *s* decepción, desilusión, chasco

disapproval [,dɪsə'pruvəl] *s* desaprobación

disapprove [,dɪsə'pruv] *tr* & *intr* desaprobar

disarm [dɪs'arm] *tr* desarmar ‖ *intr* desarmar, desarmarse

disarmament [dɪs'arməmənt] *s* desarme *m*, desarmamiento

disarming [dɪs'armɪŋ] *adj* congraciador, simpático

disarray [,dɪsə're] *s* desorden *m*; (*in apparel*) desatavío ‖ *tr* desordenar; desataviar

disaster [dɪ'zæstər] desastre *m*, siniestro

disaster area *s* zona siniestrada

disastrous [dɪ'zæstrəs] *adj* desastroso, desastrado

disavow [,dɪsə'vau] *tr* desconocer, negar, repudiar

disband [dɪs'bænd] *tr* disolver (*una asamblea*); licenciar (*tropas*) ‖ *intr* desbandarse

dis·bar [dɪs'bar] *v* (*pret & pp* **-barred;** *ger* **-barring**) *tr* (law) expulsar del foro

di

di

disbelief ['dɪsbɪ'lif] s incredulidad
disbelieve ['dɪsbɪ'lig] tr & intr descreer
disburse [dɪs'bʌrs] tr desembolsar
disbursement [dɪs'bʌrsmənt] s desembolso
disc. abbr discount, discoverer
disc [dɪsk] s disco
discard [dɪs'kɑrd] s descarte m; to put into the discard desechar ‖ tr descartar; desechar
discern [dɪ'zʌrn] o [dɪ'sʌrn] tr discernir, percibir
discerning [dɪ'zʌrnɪŋ] o [dɪ'sʌrnɪŋ] adj discerniente, perspicaz
discharge [dɪs'tʃɑrdʒ] s (of a gun, of a battery) descarga; (of a prisoner) liberación; (of a duty) desempeño; (of a debt, of an obligation) descargo; (from a job) despedida, remoción; (mil) certificado de licencia; (pathol) derrame m ‖ tr descargar; desempeñar (un deber); libertar (a un preso); despedir, remover (a un empleado); (from the hospital) dar de alta; (mil) licenciar ‖ intr descargar (un tubo, río, etc.); descargarse (un arma de fuego)
disciple [dɪ'saɪpəl] s discípulo
disciplinarian [,dɪsɪplɪ'nɛrɪ•ən] s ordenancista mf
discipline ['dɪsɪplɪn] s disciplina; castigo ‖ tr disciplinar; castigar
disclaim [dɪs'klem[tr desconocer, negar
disclose [dɪs'kloz] tr divulgar, revelar; descubrir
disclosure [dɪs'kloʒər] s divulgación, revelación; descubrimiento
disco ['dɪsko] abbr discotheque
discolor [dɪs'kʌlər] tr descolorar ‖ intr descolorarse
discomfiture [dɪs'kʌmfɪtʃər] s desconcierto; frustración
discomfort [dɪs'kʌmfərt] s incomodidad ‖ tr incomodar
disconcert [,dɪskən'sʌrt] tr desconcertar, confundir
disconnect [,dɪskə'nɛkt] tr desunir, separar; desconectar
disconsolate [dɪs'kɑnsəlɪt] adj desconsolado, desolado
discontent [,dɪskən'tɛnt] adj & s descontento ‖ tr descontentar
discontented [,dɪskən'tɛntɪd] adj descontento
discontinue [,dɪskən'tɪnju] tr descontinuar
discord ['dɪskɔrd] s desacuerdo, discordia; discordancia
discordance [dɪs'kɔrdəns] s discordancia
discotheque [,dɪsko'tɛk] s discoteca
discount ['dɪskaʊnt] s descuento ‖ ['dɪskaʊnt] o [dɪs'kaʊnt] tr descontar; descontar por exagerado
discount rate s tipo de descuento; tipo de redescuento
discourage [dɪs'kʌrɪdʒ] tr desalentar, desanimar; desaprobar; disuadir
discouragement [dɪs'kʌrɪdʒmənt] s desaliento; desaprobación; disuasión
discourse ['dɪskors] o [dɪs'kors] s discurso ‖ [dɪs'kors] intr discurrir
discourteous [dɪs'kʌrtɪ•əs] adj descortés

discourtesy [dɪs'kʌrtəsi] s (pl -sies) descortesía
discover [dɪs'kʌvər] tr descubrir
discovery [dɪs'kʌvəri] s (pl -ies) descubrimiento
discredit [dɪs'krɛdɪt] s descrédito ‖ tr desacreditar
discreditable [dɪs'krɛdɪtəbəl] adj deshonroso
discreet [dɪs'krit] adj discreto
discrepancy [dɪs'krɛpənsi] s (pl -cies) discrepancia
discrete [dɪs'krit] adj discreto
discretion [dɪs'krɛʃən] s discreción; at discretion a discreción
discriminate [dɪs'krɪmɪ,net] intr discriminar; to discriminate against discriminar
discrimination [dɪs,krɪmɪ'neʃən] s discriminación
discriminatory [dɪs'krɪmɪnə,tori] adj discriminatorio
discus ['dɪskəs] s (sport) disco
discuss [dɪs'kʌs] tr & intr discutir
discussion [dɪs'kʌʃən] s discusión
discus thrower ['θro•ər] s discóbolo
disdain [dɪs'den] s desdén m ‖ tr desdeñar
disdainful [dɪs'denfəl] adj desdeñoso
disease [dɪ'ziz] s enfermedad
diseased [dɪ'zizd] adj morboso
disembark [,dɪsɛm'bɑrk] tr & intr desembarcar
disembarkation [dɪs,ɛmbɑr'keʃən] s (of passengers) desembarco; (of freight) desembarque m
disembowel [,dɪsɛm'baʊ•əl] tr desentrañar
disenchant [,dɪsɛn'tʃænt] tr desencantar
disenchantment [,dɪsɛn'tʃæntmənt] s desencanto
disengage [,dɪsɛn'gedʒ] tr (from a pledge) desempeñar; (to disconnect) desenganchar; desembragar (el motor)
disengagement [,dɪsɛn'gedʒmənt] s desempeño; desenganche m; desembrague m
disentangle [,dɪsɛn'tæŋgəl] tr desenredar
disentanglement [,dɪsɛn'tæŋgəlmənt] s desenredo
disestablish [,dɪsɛs'tæblɪʃ] tr separar (la Iglesia) del Estado
disfavor [dɪs'fevər] s disfavor m
disfigure [dɪs'fɪgjər] tr desfigurar
disfranchise [dɪs'fræntʃaɪz] tr privar de los derechos de ciudadanía
disgorge [dɪs'gɔrdʒ] tr & intr vomitar
disgrace [dɪs'gres] s deshonra, vergüenza; disfavor m; metedura ‖ tr deshonrar, avergonzar; despedir con ignominia
disgraceful [dɪs'gresfəl] adj deshonroso, vergonzoso
disgruntle [dɪs•grʌntəl] tr disgustar, enfadar
disguise [dɪs'gaɪz] s disfraz m ‖ tr disfrazar
disgust [dɪs'gʌst] s asco, repugnancia ‖ tr dar asco a, repugnar
disgusting [dɪs'gʌstɪŋ] adj asqueroso, repugnante; bofe (CAm)
dish [dɪʃ] s (any container used at table) vasija; (shallow, circular dish; its contents) plato; to wash the dishes lavar la vajilla ‖ tr servir en un plato; (slang) arruinar

dish'cloth' s albero

dishearten [dɪsˈhɑrtən] tr descorazonar, desalentar, desanimar

dishev•el [dɪˈʃɛvəl] v (pret & pp -eled o -elled; ger -eling o -elling) desgreñar, desmelenar

dishonest [dɪsˈɑnɪst] adj no honrado, ímprobo

dishones•ty [dɪsˈɑnɪsti] s (pl -ties) falta de honradez, improbidad

dishonor [dɪsˈɑnər] s deshonra, deshonor m ‖ tr deshonrar, deshonorar; (com) no aceptar, no pagar

dishonorable [dɪsˈɑnərəbəl] adj ignominioso, deshonroso

dish'pan' s paila de lavar la vajilla

dish rack s escurreplatos m

dish'rag' s albero

dish'tow'el s paño para secar platos

dish'wash'er s (person) fregona; (machine) lavaplatos m, lavavajillas m

dish'wa'ter s agua de lavar platos, agua sucia

disillusion [ˌdɪsɪˈluʒən] s desilusión ‖ tr desilusionar

disillusionment [ˌdɪsɪˈluʒənmənt] s desilusión

disinclination [dɪsˌɪnklɪˈneʃən] s aversión, desafición

disinclined [ˌdɪsɪnˈklaɪnd] adj desinclinado

disinfect [ˌdɪsɪnˈfɛkt] tr desinfectar, desinficionar

disinfectant [ˌdɪsɪnˈfɛktant] adj & s desinfectante m

disingenuous [ˌdɪsɪnˈdʒɛnju•əs] adj insincero, poco ingenuo

disinherit [ˌdɪsɪnˈhɛrɪt] tr desheredar

disintegrate [dɪsˈɪntɪˌgret] tr desagregar, desintegrar ‖ intr desagregarse, desintegrarse

disintegration [dɪsˌɪntɪˈgreʃən] s desagregación, desintegración

disin•ter [ˌdɪsɪnˈtʌr] v (pret & pp -terred; ger -terring) tr desenterrar

disinterested [dɪsˈɪntəˌrɛstɪd] o [dɪsˈɪntrɪstɪd] adj desinteresado

disinterestedness [dɪsˈɪntəˌrɛstɪdnɛs] o [dɪsˈɪntrɪstɪdnɪs] s desinterés m

disjunctive [dɪsˈdʒʌŋktɪv] adj disyuntivo

disk [dɪsk] s disco

disk brake s freno de disco

disk jockey s (rad) locutor m de un programa de discos

dislike [dɪsˈlaɪk] s aversión, antipatía; to take a dislike for cobrar aversión a ‖ tr desamar

dislocate [ˈdɪsloˌket] tr dislocar, dislocarse (un hueso)

dislodge [dɪsˈlɑdʒ] tr desalojar

disloyal [dɪsˈlɔɪ•əl] adj desleal

disloyal•ty [dɪsˈlɔɪ•əlti] s (pl -ties) deslealtad

dismal [ˈdɪzməl] adj lúgubre, tenebroso; terrible, espantoso

dismantle [dɪsˈmæntəl] tr desarmar, desmontar

dismay [dɪsˈme] s consternación ‖ tr consternar

dismember [dɪsˈmɛmbər] tr desmembrar

dismiss [dɪsˈmɪs] tr despedir, destituir; desechar; alejar del pensamiento, echar en olvido

dismissal [dɪsˈmɪsəl] s despedida, destitución

dismount [dɪsˈmaʊnt] tr desmontar ‖ intr desmontarse

disobedience [ˌdɪsəˈbidi•əns] s desobediencia

disobedient [ˌdɪsəˈbidi•ənt] adj desobediente

disobey [ˌdɪsəˈbe] tr & intr desobedecer

disorder [dɪsˈɔrdər] s desorden m ‖ tr desordenar

disorderly [dɪsˈɔrdərli] adj desordenado; alborotador, revoltoso

disorderly conduct s conducta contra el orden público

disorderly house s burdel m, lupanar m

disorganize [dɪsˈɔrgəˌnaɪz] tr desorganizar

disorientation [dɪsˌɔriɛnˈteʃən] s desorientación

disown [dɪsˈon] tr desconocer, repudiar

disparage [dɪsˈpærɪdʒ] tr desacreditar, desdorar

disparagement [dɪsˈpærɪdʒmənt] s descrédito, desdoro

disparate [ˈdɪspərɪt] adj disparejo

dispari•ty [dɪsˈpærɪti] s (pl -ties) disparidad

dispassionate [dɪsˈpæʃənɪt] adj desapasionado

dispatch [dɪsˈpætʃ] s despacho ‖ tr despachar, (coll) despabilar (una comida)

dis•pel [dɪsˈpɛl] v (pret & pp -pelled; ger -pelling) tr desvanecer, disipar

dispensa•ry [dɪsˈpɛnsəri] s (pl -ries) dispensario

dispense [dɪsˈpɛns] tr dispensar (medicamentos); administrar (justicia); expender (p.ej., gasolina); (to exempt) eximir ‖ intr — to dispense with deshacerse de; pasar sin, prescindir de

disperse [dɪsˈpʌrs] tr dispersar ‖ intr dispersarse

displace [dɪsˈples] tr remover, trasladar; despedir, deponer; reemplazar; desplazar (un volumen de agua)

displaced person s persona desplazada

display [dɪsˈple] s despliegue m; exhibición, exposición; ostentación ‖ tr (to unfold; to reveal) desplegar; (to exhibit, show) exhibir, exponer; (to show ostentatiously) ostentar

display cabinet s vitrina, escaparate m

display window s escaparate m de tienda

displease [dɪsˈpliz] tr desagradar, disgustar, desplacer

displeasing [dɪsˈplizɪŋ] adj desagradable

displeasure [dɪsˈplɛʒər] s desagrado, disgusto, desplacer m

disposable [dɪsˈpozəbəl] adj (available for any use) disponible; (made to be thrown away after serving its purpose) desechable, descartable

disposal [dɪsˈpozəl] s disposición; donación, liquidación, venta; at the disposal of a la disposición de; to have at one's disposal disponer de

dispose [dɪs'poz] *tr* disponer; inducir, mover ‖ *intr* disponer; **to dispose of** disponer de; deshacerse de; dar, vender; acabar con

disposition [,dɪspə'zɪʃən] *s* disposición; índole *f*, genio, natural *m;* ajuste *m*, arreglo; venta

dispossess [,dɪspə'zɛs] *tr* desposeer; (*to evict, oust*) desahuciar

disproof [dɪs'pruf] *s* confutación, refutación

disproportionate [,dɪsprə'pɔrʃənɪt] *adj* desproporcionado

disprove [dɪs'pruv] *tr* confutar, refutar

dispute [dɪs'pjut] *s* disputa; **beyond dispute** sin disputa; **in dispute** disputado ‖ *tr &* *intr* disputar

disquali•fy [dɪs'kwɑlɪ,faɪ] *v* (*pret & pp* **-fied**) *tr* descalificar, desclasificar

disquiet [dɪs'kwaɪ•ət] *s* desasosiego, inquietud ‖ *tr* desasosegar, inquietar

disregard [,dɪsrɪ'gɑrd] *s* desatención, desaire *m* ‖ *tr* desatender, desairar, pasar por alto

disrepair [,dɪsrɪ'pɛr] *s* desconcierto, descompostura

disreputable [dɪs'rɛpjətəbəl] *adj* desacreditado, de mala fama; raído, usado, desaliñado

disrepute [,dɪsrɪ'pjut] *s* descrédito, mala fama; **to bring into disrepute** desacreditar, dar mala fama a

disrespect [,dɪsrɪ'spɛkt] *s* desacato ‖ *tr* desacatar

disrespectful [,dɪsrɪ'spɛktfəl] *adj* irrespetuoso

disrobe [dɪs'rob] *tr* desnudar ‖ *intr* desnudarse, despelotarse

disrupt [dɪs'rʌpt] *tr* romper; (*to throw into disorder*) desbaratar

dissatisfaction [,dɪssætɪs'fækʃən] *s* desagrado, descontento, insatisfacción

dissatisfied [dɪs'sætɪs,faɪd] *adj* descontento

dissatis•fy [dɪs'sætɪs,faɪ] *v* (*pret & pp* **-fied**) *tr* descontentar

dissect [dɪ'sɛkt] *tr* disecar

dissemble [dɪ'sɛmbəl] *tr* disimular ‖ *intr* disimular; obrar hipócritamente

disseminate [dɪ'sɛmɪ,net] *tr* diseminar, difundir

dissension [dɪ'sɛnʃən] *s* disensión

dissent [dɪ'sɛnt] *s* disensión; (*nonconformity*) disidencia ‖ *intr* disentir; (*from doctrine or authority*) disidir

dissenter [dɪ'sɛntər] *s* disidente *mf*

disservice [dɪs'sʌrvɪs] *s* deservicio

dissidence ['dɪsɪdəns] *s* disidencia

dissident ['dɪsɪdənt] *adj & s* disidente *mf*

dissimilar [dɪ'sɪmɪlər] *adj* disímil, desemejante

dissimilate [dɪ'sɪmɪ,let] *tr* disimilar ‖ *intr* disimilarse

dissimulate [dɪ'sɪmjə,let] *tr & intr* disimular

dissipate ['dɪsɪ,pet] *tr* disipar ‖ *intr* disiparse; entregarse a la disipación

dissipated ['dɪsɪ,petɪd] *adj* disipado, disoluto

dissipation [,dɪsɪ'peʃən] *s* disipación

dissociate [dɪ'soʃɪ,et] *tr* disociar

dissolute ['dɪsə,lut] *adj* disoluto

dissolution [,dɪsə'luʃən] *s* disolución

dissolve [dɪ'zɑlv] *tr* disolver ‖ *intr* (*to have the power of dissolving*) disolver; (*to pass into a liquid*) disolverse

dissonance ['dɪsənəns] *s* disonancia

dissuade [dɪ'swed] *tr* disuadir

dissyllabic [,dɪssɪ'læbɪk] *adj* disílabo, disilábico

dissyllable [dɪ'sɪləbəl] *s* disílabo

dist. *abbr* **distance, distinguish, district**

distaff ['dɪstæf] o ['dɪstɑf] *s* rueca

distaff side *s* rama femenina de la familia

distance ['dɪstəns] *s* distancia; **at a distance** a distancia; **in the distance** a lo lejos; **to keep at a distance** no permitir familiaridades; **to keep one's distance** mantenerse a distancia

distant ['dɪstənt] *adj* distante; (*relative*) lejano; (*not familiar*) frío, indiferente

distaste [dɪs'test] *s* aversión, repugnancia

distasteful [dɪs'testfəl] *adj* desagradable, repugnante

distemper [dɪs'tɛmpər] *s* enfermedad; (*of dogs*) moquillo

distend [dɪs'tɛnd] *tr* ensanchar, distender ‖ *intr* ensancharse, distender

distension [dɪs'tɛnʃən] *s* ensanche *m*, distensión

distill [dɪs'tɪl] *tr* destilar

distillation [,dɪstɪ'leʃən] *s* destilación

distiller•y [dɪs'tɪləri] *s* (*pl* **-ies**) destilería, destilatorio

distinct [dɪs'tɪŋkt] *adj* distinto; cierto, indudable; (*not blurred*) nítido, bien definido

distinction [dɪs'tɪŋkʃən] *s* distinción; (*distinguishing characteristic*) distintivo

distinctive [dɪs'tɪŋktɪv] *adj* distintivo

distinguish [dɪs'tɪŋgwɪʃ] *tr* distinguir

distinguished [dɪs'tɪŋgwɪʃt] *adj* distinguido

distort [dɪs'tɔrt] *tr* deformar, torcer; distorsionar; (*the truth*) falsear

distortion [dɪs'tɔrʃən] *s* deformación, torcimiento; (*of the truth*) falseamiento; (rad) deformación, distorsión

distract [dɪs'trækt] *tr* distraer

distraction [dɪs'trækʃən] *s* distracción

distraught [dɪs'trɔt] *adj* trastornado, perplejo, aturdido

distress [dɪs'trɛs] *s* pena, aflicción, angustia; infortunio, peligro ‖ *tr* apenar, afligir, angustiar

distressing [dɪs'trɛsɪŋ] *adj* penoso, angustioso

distress signal *s* señal *f* de socorro

distribute [dɪs'trɪbjut] *tr* distribuir, repartir

distribution [,dɪstrɪ'bjuʃən] *s* distribución, repartimiento, repartida

distributor [dɪs'trɪbjətər] *s* distribuidor *m;* (aut) distribuidor

district ['dɪstrɪkt] *s* comarca, región; (*of a city*) barrio; (*administrative division*) distrito ‖ *tr* dividir en distritos

district attorney *s* fiscal *m*

distrust [dɪs'trʌst] *s* desconfianza ‖ *tr* desconfiar de

distrustful [dɪs'trʌstfəl] *adj* desconfiado

disturb [dɪs'tʌrb] *tr* disturbar, incomodar, molestar; desordenar, revolver; inquietar, dejar perplejo; perturbar (*el orden público*)

disturbance [dɪs'tʌrbəns] *s* disturbio, molestia; desorden *m;* inquietud; tumulto, trastorno

disuse [dɪs'jus] *s* desuso

ditch [dɪtʃ] *s* zanja ‖ *tr* zanjar; echar en una zanja; (slang) deshacerse de ‖ *intr* amarar forzosamente

ditch reed *s* carrizo

dither ['dɪðər] *s* agitación, temblor; **to be in a dither** (coll) estar muy agitado

dit•to ['dɪto] *s* (*pl* **-tos**) ídem *m;* (*ditto symbol*) íd.; copia, duplicado ‖ *tr* copiar, duplicar

ditto mark *s* la sigla " (*es decir:* íd.)

dit•ty ['dɪti] *s* (*pl* **-ties**) cancioneta

diuretic [ˌdaɪə'rɛtɪk] *adj & s* diurético

div. *abbr* **dividend, division**

diva ['dɑvɑ] *s* (mus) diva

divan ['daɪvæn] o [dɪ'væn] *s* diván *m*

dive [daɪv] *s* zambullida; (*of a submarine*) sumersión; (aer) picado; (coll) leonera, tasca ‖ *v* (*pret & pp* **dived** o **dove** [dov]) *intr* zambullirse; (*to work as a diver*) bucear; sumergirse (*un submarino*); (aer) picar

dive'-bomb' *tr & intr* bombardear en picado

dive bombing *s* bombardeo en picado

diver ['daɪvər] *s* zambullidor *m;* buceador; (*person who works under water*) escafandrista *mf*, buzo; (orn) zambullidor *m*

diverge [dɪ'vʌrdʒ] o [daɪ'vʌrdʒ] *intr* divergir

divers ['daɪvərz] *adj* diversos, varios

diverse [dɪ'vʌrs] o [daɪ'vʌrs] *adj* (*different*) diverso; (*of various kinds*) variado

diversification [dɪˌvʌrsɪfɪ'keʃən] o [daɪˌvʌrsɪfɪ'keʃən] *s* diversificación

diversi•fy [dɪ'vʌrsɪˌfaɪ] o [daɪ'vʌrsɪˌfaɪ] *v* (*pret & pp* **-fied**) *tr* diversificar ‖ *intr* diversificarse

diversion [dɪ'vʌrʒən] o [daɪ'vʌrʒən] *s* diversión

diversi•ty [dɪ'vʌrsɪti] o [daɪ'vʌrsɪti] *s* (*pl* **-ties**) diversidad

divert [dɪ'vʌrt] o [daɪ'vʌrt] *tr* apartar, divertir; (*to entertain*) divertir, entretener; (mil) divertir

diverting [dɪ'vʌrtɪŋ] o [daɪ'vʌrtɪŋ] *adj* divertido

divest [dɪ'vɛst] o [daɪ'vɛst] *tr* desnudar; despojar, desposeer; **to divest oneself of** desposeerse de

divide [dɪ'vaɪd] *s* (geog) divisoria ‖ *tr* dividir ‖ *intr* dividirse

dividend ['dɪvɪˌdɛnd] *s* dividendo

dividers [dɪ'vaɪdərz] *spl* compás *m* de división

divination [ˌdɪvɪ'neʃən] *s* adivinación

divine [dɪ'vaɪn] *adj* divino ‖ *s* sacerdote *m*, clérigo ‖ *tr* adivinar

diving ['daɪvɪŋ] *s* zambullida; buceo

diving bell *s* campana de buzo

diving board *s* trampolín *m*

diving suit *s* escafandra

divining rod [dɪ'vaɪnɪŋ] *s* vara de adivinar; (*ostensibly to discover water or metals*) vara buscadora

divini•ty [dɪ'vɪnɪti] *s* (*pl* **-ties**) divinidad; teología; **the Divinity** Dios *m*

division [dɪ'vɪʒən] *s* división

divisor [dɪ'vaɪzər] *s* (math) divisor *m*

divorce [dɪ'vors] *s* divorcio; **to get a divorce** divorciarse ‖ *tr* divorciar (*los cónyuges*); divorciarse de (*la mujer o el marido*) ‖ *intr* divorciarse

divorcee [dɪvor'si] *s* persona divorciada; mujer divorciada

divulge [dɪ'vʌldʒ] *tr* divulgar, revelar

dizziness ['dɪzɪnɪs] *s* vértigo; confusión, perplejidad

diz•zy ['dɪzi] *adj* (*comp* **-zier**; *super* **-ziest**) (*suffering or causing dizziness*) vertiginoso; confuso, perplejo; aturdido, incauto; (coll) tonto

do. *abbr* **ditto**

do [du] *v* (*tercera persona* **does** [dʌz]; *pret* **did** [dɪd]; *pp* **done** [dʌn]) *tr* hacer; resolver (*un problema*); recorrer (*cierta distancia*); cumplir con (*un deber*); aprender (*una lección*); componer (*la cama*); tocar (*el cabello*); rendir (*homenaje*); **to do one's best** hacer todo lo posible; **to do over** volver a hacer; repetir; renovar; **to do right by** tratar bien; **to do someone out of something** (coll) defraudar algo a alguien; **to do to death** despachar, matar; **to do up** empaquetar; poner en orden; almidonar y planchar (*una camisa*) ‖ *intr* actuar, obrar; conducirse; servir, ser suficiente; estar, hallarse; **how do you do?** ¿cómo está Vd.?; **that will do** eso sirve, eso es bastante; no digas más; **to have done** haber terminado; **to have done with** no tener más que ver con; **to have nothing to do with** no tener nada que ver con; **to have to do with** tratar de; **to do away with** suprimir; matar; **to do for** servir para; **to do well** salir bien; **to do without** pasar sin ‖ *v aux* úsase 1) en oraciones interrogativas: **Do you speak Spanish?** ¿Habla Vd. español?; 2) en oraciones negativas; **I do not speak Spanish** No hablo español; 3) para substituir a otro verbo en oraciones elípticas; **Did you go to church this morning? Yes, I did** ¿Fué Vd. a la iglesia esta mañana? Sí, fuí; 4) para dar más energía a la oración; **I do believe what you told me** Yo sí creo lo que me dijo Vd.; 5) en inversiones después de ciertos adverbios; **Seldom does he come to see me** él rara vez viene a verme; 6) en tono suplicante con el imperativo; **Do come in** pase Vd., por favor

docile ['dɑsɪl] *adj* dócil

dock [dɑk] *s* (*wharf*) muelle *m;* (*waterway between two piers*) dársena; (*area including piers and waterways*) puerto de mar; muñón *m* de cola; (law) tribuna de los acusados ‖ *tr* (naut) atracar en el muelle; derrabar, descolar (*a un animal*); reducir o suprimir (*el salario*) ‖ *intr* (naut) atracar

dockage ['dɑkɪdʒ] *s* entrada en un puerto; (*charges*) muellaje *m*

di
do

docket ['dɑkɪt] s actas, orden m del día; lista de causas pendientes; **on the docket** (coll) pendiente, entre manos

dock hand s portuario

dock'yard' s arsenal m, astillero

doctor ['dɑktər] s doctor m; (physician) médico ‖ tr medicinar; (coll) componer, reparar ‖ intr (coll) ejercer la medicina; (coll) tomar medicinas

doctorate ['dɑktərɪt] s doctorado

doctrine ['dɑktrɪn] s doctrina

document ['dɑkjəmənt] s documento ‖ ['dɑkjə,mɛnt] tr documentar

documenta•ry [,dɑkjə'mɛntəri] adj documental ‖ s (pl -ries) documental m

documentation [,dɑkəmɛn'teʃən] s documentación

doddering ['dɑdərɪŋ] adj chocho, temblón

dodge [dɑdʒ] s esguince m, regate m; (fig) regate ‖ tr evitar (un golpe); (fig) evitar mañosamente ‖ intr regatear, hurtar el cuerpo; **to dodge around the corner** voltear la esquina

do•do ['dodo] s (pl -dos o -does) (coll) inocente m de ideas anticuadas

doe [do] s cierva, gama, coneja

doeskin ['do,skɪn] s ante m, piel f de ante; tejido fino de lana

doff [dɑf] o [dɔf] tr quitarse (el sombrero, la ropa)

dog [dɔg] o [dɑg] s perro; **to go to the dogs** darse al abandono; **lucky dog** (coll) lechero, suertero; **to put on the dog** (coll) darse ínfulas ‖ v (pret & pp **dogged;** ger **dogging**) tr acosar, perseguir

dog'catch'er s lacero

dog days spl canícula, canicularse mpl

doge [dodʒ] dux m

dogged ['dɔgɪd] adj tenaz, terco

doggerel ['dɔgərəl] s coplas de·ciego

dog•gy ['dɔgi] adj (comp **-gier;** super **-giest**) emperejilado ‖ s (pl **-gies**) perrito

dog'house' s perrera

dog in the manger s el perro del hortelano

dog Latin s latinajo, latín m de cocina

dogmatic [dɑg'mætɪk] adj dogmático; ergotista

dog racing s carreras de galgos

dog's-ear ['dɔgzɛɪr] s orejón m

dog show s exposición canina

dog's life s vida miserable

Dog Star s Canícula

dog'-tired' adj cansadísimo

dog'tooth' s (pl **-teeth** [,tiθ] colmillo

dog track s galgódromo

dog'watch' s (naut) guardia de cuartillo

dog'wood' s cornejo

doi•ly ['dɔɪli] s (pl **-lies**) pañito de adorno

doings ['du•ɪŋz] spl acciones, obras, actividad

doldrums ['dɑldrəmz] spl (naut) calmas ecuatoriales; desanimación, inactividad

dole [dol] s limosna; subsidio a los desocupados ‖ tr — **to dole out** distribuir en pequeñas porciones

doleful ['dolfəl] adj triste, lúgubre

doll [dɑl] s muñeca ‖ intr — **to doll up** (slang) emperejilarse

dollar ['dɑlər] s dólar m

dollar mark s signo del dólar

dol•ly ['dɑli] s (pl **-lies**) muñequita; (low, wheeled frame for moving heavy loads) gato rodante

dolphin ['dɑlfɪn] s delfín m

dolt [dolt] s bobalicón m

doltish ['doltɪʃ] adj bobalicón

dom. abbr **domestic, dominion**

domain [do'men] s dominio, heredad, propiedad; (of learning) campo

dome [dom] s cúpula, domo

dome light s (aut) lámpara de techo

domestic [də'mɛstɪk] adj & s doméstico

domesticate [də'mɛstɪ,ket] tr domesticar

domicile ['dɑmɪsɪl] o ['dɑmɪ,saɪl] s domicilio ‖ tr domiciliar

dominance ['dɑmɪnəns] s dominación

dominant ['dɑmɪnənt] adj & s dominante f

dominate ['dɑmɪ,net] tr & intr dominar

domination [,dɑmɪ'neʃən] s dominación

domineer [,dɑmɪ'nɪr] intr dominar

domineering [,dɑmɪ'nɪrɪŋ] adj dominante, mandón

Dominican [də'mɪnɪkən] adj & s dominicano

dominion [də'mɪnjən] s dominio

domi•no ['dɑmɪ,no] s (pl **-noes** o **-nos**) (costume) dominó m; antifaz m; persona que lleva dominó; ficha (del juego de dominó); **dominoes** ssg dominó (juego)

don [dɑn] s caballero, señor m, personaje m de alta categoría; (coll) preceptor m, socio de uno de los colegios de las Universidades de Oxford y Cambridge ‖ v (pret & pp **donned;** ger **donning**) tr ponerse (el sombrero, la ropa)

donate ['donet] tr dar, donar

donation [do'neʃən] s donación

done [dʌn] adj hecho, terminado; cansado, rendido; bien asado

done for (coll) cansado, rendido, agotado; (coll) arruinado, destruído; (coll) fuera de combate; (coll) muerto

donjon ['dʌndʒən] s torre f del homenaje

donkey ['dɑŋki] s asno, burro

donnish ['dɑnɪʃ] adj magistral, pedantesco

donor ['donər] s donador m

doodle ['dudəl] tr & intr borrajear

doom [dum] s ruina, perdición, muerte f; condena, juicio; juicio final; hado, destino ‖ tr condenar; sentenciar a muerte; predestinar a la ruina, a la muerte

doomsday ['dumz,de] s día m del juicio final; día del juicio

door [dor] s puerta; (of a carriage or automobile) portezuela; (one part of a double door) hoja, batiente m; **behind closed doors** a puertas cerradas; **to see to the door** acompañar a la puerta

door'bell' s campanilla de puerta, timbre m de puerta

door check s amortiguador m, cierre m de puerta

door'frame' *s* bastidor *m* de puerta, marco de puerta

door'head' *s* dintel *m*

door'jamb' *s* jamba de puerta

door'knob' *s* botón *m* de puerta, pomo de puerta

door knocker *s* aldaba

door latch *s* pestillo

door•man ['dormən] *s* (*pl* **-men** [mən]) portero; (*one who helps people in and out of cars*) abrecoches *m*

door'mat' *s* felpudo de puerta

door'nail' *s* clavo de adorno para puertas; **dead as a doornail** (coll) muerto sin duda alguna

door'post' *s* jamba de puerta

door scraper *s* limpiabarros *m*

door'sill' *s* umbral *m*

door'step' *s* escalón *m* delante de la puerta; escalera exterior

door'stop' *s* tope *m* de puerta

door'way' *s* puerta, portal *m*

dope [dop] *s* grasa lubricante; (acr) barniz *m*, nobabia; (slang) bobo, tonto; (slang) informes *mpl*; (slang) narcótico ‖ *tr* (slang) narcotizar, drogar; **to dope out** (slang) descifrar

dope fiend *s* (slang) toxicómano

dope sheet *s* (slang) hoja confidencial sobre los caballos de carreras

dormant ['dormənt] *adj* durmiente, latente

dormer window ['dormər] *s* buharda, buhardilla

dormito•ry ['dormɪ,tori] *s* (*pl* **-ries**) dormitorio común

dor•mouse ['dor,maus] *s* (*pl* **-mice** [,maɪs]) lirón *m*

dosage ['dosɪdʒ] *s* dosificación

dose [dos] *s* dosis *f*; (coll) mal trago ‖ *tr* medicinar; dosificar (*un medicamento*)

dossier ['dasɪ,e] *s* expediente *m*

dot [dat] *s* punto; **on the dot** (coll) en punto ‖ *v* (*pret & pp* **dotted**; *ger* **dotting**) *tr* (*to make with dots*) puntear; poner punto a; **to dot one's i's** poner los puntos sobre las íes

dotage ['dotɪdʒ] *s* chochera, chochez *f*; **to be in one's dotage** chochear

dotard ['dotərd] *s* viejo chocho

dote [dot] *intr* chochear; **to dote on** estar chocho por

doting ['dotɪŋ] *adj* chocho

dots and dashes *spl* (telg) puntos y rayas

dotted line ['datɪd] *s* línea de puntos; **to sign on the dotted line** firmar ciegamente

double ['dʌbəl] *adj* doble ‖ *adv* doble; dos juntos ‖ *s* doble *m*, duplo; (mov, theat) doble *mf*; **doubles** (tennis juego de dobles ‖ *tr* doblar; ser el doble de; (bridge) doblar ‖ *intr* doblarse; (mov, theat, bridge) doblar; **to double up** doblarse en dos; ocupar una misma habitación, dormir en una misma cama (*dos personas*)

double-barreled ['dʌbəl'bærəld] *adj* de dos cañones; (fig) para dos fines

double bass [bes] *s* contrabajo

double bassoon *s* contrabajón *m*

double bed *s* cama de matrimonio

double-breasted ['dʌbəl'brɛstɪd] *adj* cruzado, de dos pechos

double chin *s* papada

dou'ble-cross' *tr* traicionar (*a un cómplice*)

double date *s* cita de dos parejas

doub'le-deal'er *s* persona doble

double-edged ['dʌbəl'ɛdʒd] *adj* de dos filos

double entry *s* (com) partida doble

double feature *s* (mov) programa *m* doble, programa de dos películas de largo metraje

doubleheader ['dʌbəl'hɛdər] *s* tren *m* con dos locomotoras; (baseball) dos partidos jugados sucesivamente

double-jointed ['dʌbəl'dʒɔɪntɪd] *adj* de articulaciones dobles

dou'ble-park' *tr & intr* aparcar en doble fila

dou'ble-quick' *adj & adv* a paso ligero ‖ *s* paso ligero ‖ *intr* marchar a paso ligero

doublet ['dʌblɪt] *s* (*close-fitting jacket*) jubón *m*; (*counterfeit stone; each of two words having the same origin*) doblete *m*

double talk *s* (coll) galimatías *m*; (coll) habla ambigua para engañar

double time *s* pago doble por horas extraordinarias de trabajo; (mil) paso redoblado

doubleton ['dʌbəltən] *s* doblete *m*

double track *s* doble vía

doubling ['dʌblɪŋ] *s* reduplicación

doubt [daut] *s* duda; **beyond doubt** sin duda; **if in doubt** en caso de duda; **no doubt** sin duda ‖ *tr* dudar, dudar de ‖ *intr* dudar

doubter ['dautər] *s* incrédulo

doubtful ['dautfəl] *adj* dudoso

doubtless ['dautlɪs] *adj* indudable ‖ *adv* sin duda; probablemente

douche [duʃ] *s* ducha; (*instrument*) jeringa ‖ *tr* duchar ‖ *intr* ducharse

dough [do] *s* masa, pasta; (*money*) (slang) pasta

dough'boy' *s* (coll) soldado norteamericano de infantería

dough'nut' *s* rosquilla, buñuelo

dough•ty ['dauti] *adj* (*comp* **-tier**; *super* **-tiest**) (hum) fuerte, valiente

dough•y ['do•i] *adj* (*comp* **-ler**; *super* **-iest**) pastoso

dour [daur] o [dur] *adj* triste, melancólico, austero

douse [daus] *tr* empapar, mojar, salpicar; (slang) apagar (*la luz*)

dove [dʌv] *s* paloma

dovecote ['dʌv,kot] *s* palomar *m*

dove'tail' *s* cola de milano, cola de pato ‖ *tr* ensamblar a cola de milano, ensamblar a cola de pato; (*to make fit*) encajar ‖ *intr* (*to fit*) encajar; concordar, corresponder

dowager ['dau•ədʒər] *s* viuda con título o bienes que proceden del marido, p.ej., **dowager duchess** duquesa viuda; (coll) matrona, señora anciana respetable

dow•dy ['daudi] *adj* (*comp* **-dier**; *super* **-diest**) desaliñado

dow•el ['dau•əl] *s* clavija ‖ *v* (*pret & pp* **-eled** o **-elled**; *ger* **-eling** o **-elling**) *tr* enclavijar

dower ['dau•ər] *s* (*widow's portion*) viudedad; (*marriage portion*) dote *m & f*; (*natu-*

do
do

ral gift) prenda || *tr* señalar viudedad a; dotar

down [daʊn] *adj* descendente; abatido, triste; enfermo, malo; acostado, echado; (*money, payment*) anticipado; (*storage battery*) agotado; (mach) (coll) fuera de servicio || *adv* abajo; hacia abajo; en tierra; al sur; por escrito; al contado; **down and out** arruinado; sin blanca; **down from** desde; **down on one's knees** de rodillas; **down to** hasta; **down under** entre los antípodas; **down with . . . !** ¡abajo . . . !; **to get down to work** aplicarse resueltamente al trabajo; **to go down** bajar; **to lie down** acostarse; **to sit down** sentarse || *prep* bajando; **down the river** río abajo; **down the street** calle abajo || *s* (*of fruit and human body*) vello; (*of birds*) plumón *m;* descenso, revés *m* de fortuna; (*sand hill*) duna || *tr* derribar; (coll) tragar

down'cast' *adj* cariacontecido

down'fall' *s* caída, ruina; chaparrón *m;* nevazo

down'grade' *adj* (coll) pendiente, en declive || *adv* (coll) cuesta abajo || *s* bajada, declive *m;* **to be on the downgrade** decaer, declinar || *tr* disminuir la categoría de

downhearted ['daʊn,hɑrtɪd] *adj* abatido, desanimado

down'hill' *adj* pendiente || *adv* cuesta abajo; **to go downhill** ir cabeza abajo

down'pour' *s* aguacero, chaparrón *m*

down'right' *adj* absoluto, categórico; franco; claro || *adv* absolutamente

down'stairs' *adj* de abajo || *adv* abajo || *s* piso inferior, pisos inferiores; (*the help*) la servidumbre

down'stream' *adv* aguas abajo, río abajo

down'stroke' *s* carrera descendente

down'town' *adj* céntrico || *adv* al centro de la ciudad, en el centro de la ciudad || *s* barrios céntricos, calles céntricas

down train *s* tren *m* descendente

down'trend' *s* tendencia a la baja

downtrodden ['daʊn,trɑdən] *adj* pisoteado, oprimido

downward ['daʊnwərd] *adj* descendente || *adv* hacia abajo; hacia una época posterior

down•y ['daʊni] *adj* (*comp* -ier; *super* -iest) plumoso, felpudo, velloso; suave, blando

dow•ry ['daʊri] *s* (*pl* -ries) dote *m* & *f*

doz. *abbr* **dozen**

doze [doz] *s* duermevela, sueño ligero || *intr* dormitar

dozen ['dʌzən] *s* docena

dozy ['dozi] *adj* soñoliento

D.P. *abbr* **displaced person**

dpt. *abbr* **department**

dr. *abbr* **debtor, drawer, dram**

Dr. *abbr* **debtor, Doctor**

drab [dræb] *adj* (*comp* **drabber;** *super* **drabbest**) gris amarillento; monótono || *s* gris amarillento; ramera; mujer desaliñada

drach•ma ['drækmə] *s* (*pl* -mas o -mae [mi]) dracma

draft [dræft] *s* corriente *f* de aire; (*pulling; current of air in a chimney*) tiro; (*sketch,*

outline) bosquejo; (*first form of a writing*) borrador *m;* (*drink*) bebida, trago; (com) giro, letra de cambio, libranza; aire inspirado; (naut) calado; (mil) conscripción, quinta; **drafts** damas, juego de damas; **on draft** a presión; **to be exempted from the draft** redimirse de las quintas || *tr* dibujar; bosquejar; hacer un borrador de; redactar (*un documento*); (mil) quintar; **to be drafted** (mil) ir a quintas

draft age *s* edad *f* de quintas

draft beer *s* cerveza a presión

draft board *s* (mil) junta de reclutamiento

draft call *s* llamada a quintas

draft dodger ['dɑdʒər] *s* emboscado

draftee [,dræf'ti] *s* conscripto, quinto

draft horse *s* caballo de tiro

drafting room *s* sala de dibujo

drafts•man ['dræftsmən] *s* (*pl* -men [mən]) dibujante *m;* (*man who draws up documents*) redactor *m;* (*in checkers*) peón *m*

draft treaty *s* proyecto de convenio

draft•y ['dræfti] *adj* (*comp* -ier; *super* -iest) airoso, con corrientes de aire

drag [dræg] *s* (*sledge for conveying heavy bodies*) narria; (*on a cigarette*) chupada; fumada; (naut) rastra; (aer) resistencia al avance; (fig) estorbo, impedimento; **to have a drag** (slang) tener buenas aldabas, tener enchufe || *v* (*pret* & *pp* **dragged;** *ger* **dragging**) *tr* arrastrar; (naut) rastrear || *intr* arrastrarse por el suelo; avanzar muy lentamente; decaer (*el interés*); **to drag on** ser interminable, prolongarse interminablemente

drag'net' *s* red barredera

dragon ['drægən] *s* dragón *m*

drag'on-fly' *s* (*pl* -flies) caballito del diablo, libélula

dragoon [drə'gun] *s* (*soldier*) dragón *m* || *tr* tiranizar; forzar, constreñir

drain [dren] *s* dren *m*, desaguadero, desagüe *m;* (surg) dren *m;* (*source of continual expense*) (fig) desaguadero || *tr* drenar, desaguar; avenar (*terrenos húmedos*); escurrir (*una vasija; un líquido*) || *intr* desaguarse; escurrirse

drainage ['drenɪdʒ] *s* drenaje *m*, desagüe *m*

drain'board' *s* escurridero

drain cock *s* llave *f* de purga

drain'pipe' *s* tubo de desagüe, escurridero

drain plug *s* tapón *m* de desagüe; (aut) tapón de vaciado

drake [drek] *s* pato

dram [dræm] *s* dracma; trago de aguardiente

drama ['drɑmə] o ['dræmə] *s* drama *m;* (*art and genre*) dramática

dramatic [drə'mætɪk] *adj* dramático || **dramatics** *ssg* representación de aficionados; *spl* obras representadas por aficionados

dramatist ['dræmətɪst] *s* dramático

dramatize ['dræmə,taɪz] *tr* dramatizar

dram'shop' *s* bar *m*, taberna

drape [drep] *s* cortina, colgadura; (*hang of a curtain, skirt, etc.*) caída || *tr* cubrir con colgaduras; adornar con colgaduras; disponer los pliegues de (*una colgadura, una prenda de vestir*)

draper•y ['drepəri] s (*pl* **-ies**) colgaduras, ropaje *m*

drastic ['dræstɪk] *adj* drástico

draught [dræft] *s* & *tr* var de **draft**

draught beer *s* cerveza a presión

draw [drɔ] *s* (*in a game or other contest*) empate *m;* (*in chess or checkers*) tablas; (*in a lottery*) sorteo; (*card drawn from the bank*) robo; (*of a drawbridge*) compuerta; (*of a chimney*) tiro ‖ *v* (*pret* **drew** [dru]; *pp* **drawn** [drɔn]) *tr* tirar (*una línea; alambre*); (*to attract*) tirar; (*to pull*) tirar de; derretir (*la mantequilla*); sacar (*un clavo, una espada, agua, una conclusión*); atraerse (*aplausos*); atraer (*a la gente*); aspirar (*el aire*); llamar (*la atención*); dar (*un suspiro*); correr (*una cortina*); cobrar (*un salario*); sacarse (*un premio*); empatar (*una partida*); robar (*fichas, naipes*); levantar (*un puente levadizo*); calar (*un buque cierta profundidad*); hacer (*una comparación*); consumir (*amperios*); (*to sketch in lines*) dibujar; (*to sketch in words*) redactar; (com) girar, librar; (com) devengar (*interés*); **to draw forth** hacer salir; **to draw off** sacar, extraer; trasegar (*un líquido*); **to draw on** ocasionar, provocar; ponerse (*p.ej., los zapatos*); (com) girar a cargo de; **to draw oneself up** enderezarse con dignidad; **to draw out** (*to persuade to talk*) sonsacar, tirar de la lengua a; **to draw up** redactar (*un documento*); (mil) ordenar para el combate ‖ *intr* tirar, tirar bien (*una chimenea*); empatar; echar suertes; atraer mucha gente; dibujar; **to draw aside** apartarse; **to draw back** retroceder, retirarse; **to draw near** acercarse; acercarse a; **to draw to a close** estar para terminar; **to draw together** juntarse, unirse

draw'back' *s* desventaja, inconveniente *m*

draw'bridge' *s* puente levadizo

drawee [,drɔ'i] *s* girado, librado

drawer ['drɔ•ər] *s* dibujante *mf;* (com) girador *m*, librador *m* ‖ [drɔr] *s* cajón *m*, gaveta; **drawers** calzoncillos

drawing ['drɔ•ɪŋ] *s* dibujo; (*in a lottery*) sorteo

drawing board *s* tablero de dibujo

drawing card *s* polo de atracción popular

drawing room *s* sala, salón *m*

draw'knife' *s* (*pl* **-knives** [,naɪvz]) cuchilla de dos mangos

drawl [drɔl] *s* habla lenta y prolongada ‖ *tr* decir lenta y prolongadamente ‖ *intr* hablar lenta y prolongadamente

drawn butter [drɔn] *s* mantequilla derretida

drawn work *s* calado, deshilado

dray [dre] *s* carro fuerte, camión *m;* (*sledge*) narria

drayage ['dre•ɪdʒ] *s* acarreo

dread [drɛd] *adj* espantoso, terrible ‖ *s* pavor *m*, terror *m* ‖ *tr* & *intr* temer

dreadful ['drɛdfəl] *adj* espantoso, terrible; (coll) feo, desagradable

dread'naught' *s* (nav) gran buque acorazado

dream [drim] *s* sueño, ensueño; (*thing of great beauty*) sueño; (*fancy, illusion*) ensueño; **dream come true** sueño hecho realidad ‖ *v* (*pret* & *pp* **dreamed** o **dreamt** [drɛmt]) *tr* soñar; **to dream up** (coll) imaginar, inventar; ‖ *intr* soñar; **to dream of** soñar con

dreamer ['drimər] *s* soñador *m*

dream'land' *s* reino del ensueño

dream'world' *s* tierra de la fantasía

dream•y ['drimi] *adj* (*comp* **-ier;** *super* **-iest**) soñador; visionario; vago

drear•y ['drɪri] *adj* (*comp* **-ier;** *super* **-iest**) sombrío, triste; monótono, pesado

dredge [drɛdʒ] *s* draga ‖ *tr* dragar, rastrear; (culin) enharinar

dredger ['drɛdʒər] *s* draga (*barco*)

dredging ['drɛdʒɪŋ] *s* dragado

dregs [drɛgz] *spl* heces *fpl;* (*of society*) hez *f*

drench [drɛntʃ] *tr* mojar, empapar

dress [drɛs] *s* ropa, vestidos; vestido de mujer; (*skirt*) falda; traje *m* de etiqueta; (*of a bird*) plumaje *m* ‖ *tr* vestir; (*to provide with clothing*) trajear; peinar (*el pelo*); curar (*una herida*); zurrar (*el cuero*); empavesar (*un barco*); adornar, ataviar; aderezar, aliñar (*los manjares*), **to dress down** (coll) reprender; **to get dressed** vestirse ‖ *intr* (*to put one's clothing on*) vestirse; (*to wear clothes*) vestir; (mil) alinearse; **to dress up** vestirse de etiqueta; ponerse de veinticinco alfileres; disfrazarse

dress ball *s* baile *m* de etiqueta

dress coat *s* frac *m*

dresser ['drɛsər] *s* tocador *m;* cómoda con espejo; (*sideboard*) aparador *m;* **to be a good dresser** vestir con elegancia

dress form *s* maniquí *m*

dress goods *spl* géneros para vestidos

dressing ['drɛsɪŋ] *s* adorno; (*for food*) aliño, salsa; (*stuffing for fowl*) relleno; (*fertilizer*) abono; (*for a wound*) vendaje *m*

dress'ing-down' *s* (coll) repasata, regaño

dressing gown *s* bata, peinador *m*

dressing room *s* cuarto de vestir; (theat) camarín *m*

dressing station *s* (mil) puesto de socorro

dressing table *s* tocador *m;* peinador *m*

dress'mak'er *s* costurera, modista

dress'mak'ing *s* costura, modistería

dress rehearsal *s* ensayo general

dress shirt *s* camisa de pechera almidonada, camisa de pechera de encaje

dress shop *s* casa de modas

dress suit *s* traje *m* de etiqueta

dress tie *s* corbata de smoking, corbata de frac

dress•y ['drɛsi] *adj* (*comp* **-ier;** *super* **-iest**) (coll) elegante; (*showy*) acicalado, vistoso, peripuesto

dribble ['drɪbəl] *s* goteo; (coll) llovizna ‖ *tr* (sport) driblar ‖ *intr* gotear; (*at the mouth*) babear; (sport) driblar

driblet ['drɪblɪt] *s* gotita; pedacito

dried beef [draɪd] *s* cecina

dried fig *s* higo paso

dried peach *s* orejón *m*

do
dr

drier ['draɪ•ər] s enjugador m; (for hair) secador m; (for clothes) secadora; (rack for drying clothes) tendedero (de ropa)

drift [drɪft] s movimiento; (of sand, snow) montón m; (movement of snow) ventisca; tendencia, dirección; intención, sentido; (aer, naut) deriva; (rad, telv) desviación ‖ intr flotar a la deriva; amontonarse (la nieve); ventiscar; (aer, naut) derivar, ir a la deriva; (fig) vivir sin rumbo

drift ice s hielo flotante

drift'wood' s madera flotante; madera llevada por el agua; madera arrojada a la playa por el agua; (people) vagos

drill [drɪl] s taladro; instrucción; (fabric) dril m; (mil) ejercicio ‖ tr taladrar; instruir; (mil) enseñar el ejercicio a ‖ intr adiestrarse; (mil) hacer el ejercicio

drill'mas'ter s amaestrador m; (mil) instructor m

drill press s prensa taladradora

drink [drɪŋk] s bebida; **the drinks are on the house!** ¡convida la casa! ‖ v (pret **drank** [dræŋk]; pp **drunk** [drʌŋk]) tr beber; beberse (su sueldo); **to drink down** beber de una vez; **to drink in** beberse (las palabras de una persona); beberse (un libro); aspirar (el aire) ‖ intr beber; **to drink out of** beber de o en; **to drink to the health of** beber a o por la salud de

drinkable ['drɪŋkəbəl] adj bebedizo, potable

drinker ['drɪŋkər] s bebedor m

drinking ['drɪŋkɪŋ] s (el) beber

drinking cup s taza para beber

drinking fountain s fuente f para beber

drinking song s canción báquica, canción de taberna

drinking spree s bebezón m; bimba (Mex)

drinking trough s abrevadero

drinking water s agua para beber

drip [drɪp] s goteo; gotas ‖ v (pret & pp **dripped;** ger **dripping**) intr caer gota a gota, gotear

drip coffee s café m de maquinilla

drip'-dry' adj de lava y pon

drip pan s colector m de aceite

drive [draɪv] s paseo en coche; calzada; fuerza, vigor m; urgencia; campaña vigorosa; venta a bajo precio; (aut) tracción (delantera o trasera); (mach) transmisión, mando ‖ v (pret **drove** [drov]; pp **driven** ['drɪvən]) tr conducir, guiar, manejar (un automóvil); clavar, hincar (un clavo); arrear (a las bestias); (in a carriage or auto) llevar (a una persona); empujar, impeler; estimular; forzar, compeler; obligar a trabajar mucho; (sport) golpear con gran fuerza; **to drive away** ahuyentar; **to drive away** ahuyentar; **to drive back** rechazar; **to drive mad** volver loco ‖ intr ir en coche; **to drive at** aspirar a; querer decir; **to drive hard** trabajar mucho; **to drive in** entrar en coche; entrar en (un sitio) en coche; **to drive on the right** circular por la derecha; **to drive out** salir en coche; **to drive up** llegar en coche

drive-in restaurant ['draɪv,ɪn] s parador m de carretera

drive-in theater s auto-teatro, motocine m; autocine m (Chile, Cuba); autocínema f (Mex)

driv•el ['drɪvəl] s (slobber) baba; (nonsense) bobería ‖ v (pret -eled o -elled; ger eling o -elling) intr babear; (to talk nonsense) bobear

driver ['draɪvər] s conductor m; (of a carriage) cochero; (of a locomotive) maquinista m; (of pack animals) arriero

driver's license s carnet m de chófer, permiso de conducir

drive shaft s árbol m de mando, eje m motor

drive'way' s calzada; camino de entrada para coches

drive wheel s rueda motriz

drive'-your•self' service s alquiler m sin chófer

driving school s auto-escuela

drizzle ['drɪzəl] s llovizna ‖ intr lloviznar, garnar

droll [drol] adj chusco, gracioso

dromedar•y ['drɑmə,dɛri] s (pl -ies) dromedario

drone [dron] s zángano; (buzz, hum) zumbido; (of bagpipe) bordón m, roncón m; avión radiodirigido ‖ tr decir monótonamente ‖ intr hablar monótonamente; (to live in idleness) zanganear; (to buzz, hum) zumbar

drool [drul] s (slobber) baba; (slang) bobería ‖ intr babear; (slang) bobear

droop [drup] s inclinación ‖ intr caer, colgar; inclinarse; marchitarse; abatirse; encamarse (el grano)

drooping ['drupɪŋ] adj (eyelid, shoulder) caído

drop [drɑp] s gota; (slope) pendiente f; (earring) pendiente m; (in temperature) descenso; (of supplies from an airplane) lanzamiento; (trap door) escotillón m; (gallows) horca; (lozenge) pastilla; (small amount) chispa; (slit for letters) buzón m; (curtain) telón m; **a drop in the bucket** una gota en el mar ‖ v (pret & pp **dropped;** ger **dropping**) tr dejar caer; echar (una carta) al buzón; bajar (una cortina); soltar (una indirecta); escribir (una esquela); omitir, suprimir; abandonar, dejar; echar (el ancla); borrar de la lista (a un alumno); lanzar (bombas o suministros de un avión) ‖ intr caer; bajar; cesar, terminar; **to drop dead** caer muerto; **to drop in** entrar al pasar, visitar de paso; **to drop off** desaparecer; quedarse dormido; morir de repente; **to drop out** desaparecer; retirarse; darse de baja

drop curtain s telón m

drop hammer s martinete m

drop'-leaf' table s mesa de hoja plegadiza

drop'light' s lámpara colgante

drop'out' s fracasado, desertor m escolar; **to become a dropout** ahorcar los libros

dropper ['drɑpər] s cuentagotas m

drop shutter s obturador m de guillotina

dropsical [ˈdrɑpsɪkəl] *adj* hidrópico

dropsy [ˈdrɑpsi] *s* hidropesía

drop table *s* mesa perezosa

dross [drɔs] o [drɑs] *s* (*of metals*) escoria; (fig) escoria, hez *f*

drought [draʊt] *s* (*long period of dry weather*) sequía; (*dryness*) sequedad

drove [drov] *s* manada, rebaño, hato; gentío, multitud

drover [ˈdrovər] *s* ganadero

drown [draʊn] *tr* anegar, ahogar ‖ *intr* anegarse, ahogarse

drowse [draʊz] *intr* adormecerse, amodorrarse

drow•sy [ˈdraʊzi] *adj* (*comp* -sier; *super* -siest) soñoliento, modorro

drub [drʌb] *v* (*pret & pp* **drubbed;** *ger* **drubbing**) *tr* apalear, pegar, tundir; derrotar completamente

drudge [drʌdʒ] *s* yunque *m*, esclavo del trabajo ‖ *intr* afanarse

drudger•y [ˈdrʌdʒəri] *s* (*pl* -ies) trabajo penoso

drug [drʌg] *s* droga, medicamento; narcótico; **drug on the market** macana, artículo invendible ‖ *v* (*pret & pp* **drugged;** *ger* **drugging**) *tr* narcotizar; mezclar con drogas

drug addict *s* toxicómano, drogadicto; (coll) yonquí *m*

drug'-ad•dict'ed *adj* drogadicto

drug addiction *s* toxicomania

drug dealer *s* narcotraficante *mf*

druggist [ˈdrʌgɪst] *s* boticario, farmacéutico; (*dealer in drugs, chemicals, dyes, etc.*) droguero

drug habit *s* vicio de los narcóticos

drug store *s* farmacia, botica, droguería

drug traffic *s* contrabando de narcóticos

druid [ˈdruɪd] *s* druida *m*

drum [drʌm] *s* (*cylinder; instrument of percussion*) tambor *m;* (*container for oil, gasoline, etc.*) bidón *m* ‖ *v* (*pret & pp* **drummed;** *ger* **drumming**) *tr* reunir a toque de tambor; **to drum up trade** fomentar ventas ‖ *intr* tocar el tambor; (*with the fingers*) teclear

drum'beat' *s* toque *m* de tambor

drum brake *s* freno de tambor

drum corps *s* banda de tambores

drum'fire' *s* fuego graneado, fuego nutrido

drum'head' *s* parche *m* de tambor

drum major *s* tambor *m* mayor

drummer [ˈdrʌmər] *s* tambor *m*, baterista *mf*, tamborilero; agente viajero

drum'stick' *s* baqueta, palillo; (coll) muslo (*de ave cocida*)

drunk [drʌŋk] *adj* borracho; bolo (CAm, Mex); **to get drunk** emborracharse; coger una turca, embolarse (CAm, Mex) enchicharse (SAm) ‖ *s* (coll) borracho; (*spree*) (coll) borrachera

drunkard [ˈdrʌŋkərd] *s* borrachín *m*

drunken [ˈdrʌŋkən] *adj* borracho

drunken driving *s* — **to be arrested for drunken driving** ser arrestado por conducir en estado de embriaguez

drunkenness [ˈdrʌŋkənnɪs] *s* embriaguez *f;* bimba (Mex)

dry [draɪ] *adj* (*comp* **drier;** *super* **driest**) seco; (*thirsty*) sediento; (*dull, boring*) árido ‖ *s* (*pl* **drys**) (*prohibitionist*) (coll) seco ‖ *v* (*pret & pp* **dried**) *tr* secar; (*to wipe dry*) enjugar ‖ *intr* secarse; **to dry up** secarse completamente; (slang) callar, dejar de hablar

dry battery *s* pila seca; (*group of dry cells*) batería seca

dry cell *s* pila seca

dry'-clean' *tr* lavar en seco, limpiar en seco

dry cleaner *s* tintorero

dry cleaning *s* lavado a seco, limpieza en seco

dry'-clean'ing establishment *s* tintorería

dry dock *s* dique seco

dryer [ˈdraɪ•ər] *s* var de **drier**

dry'eyed' —*adj* ojienjuto

dry farming *s* cultivo de secano

dry goods *spl* mercancías generales (*tejidos, lencería, panería, sedería*)

dry ice *s* carbohielo, hielo seco

dry law *s* ley seca

dry measure *s* medida para áridos

dryness [ˈdraɪnɪs] *s* sequedad; (*e.g., of a speaker*) aridez *f*

dry nurse *s* ama seca

dry season *s* estación de la seca

dry wash *s* ropa lavada y secada pero no planchada

d.s. *abbr* **days after sight, daylight saving**

D.S.T. *abbr* **Daylight Saving Time**

dual [ˈdju•əl] o [ˈdu•əl] *adj & s* dual *m*

dual axle *s* eje tandem

duali•ty [dju•ælɪti] *s* (*pl* -ties) dualidad

dub [dʌb] *s* (slang) jugador *m* torpe ‖ *v* (*pret & pp* **dubbed;** *ger* **dubbing**) *tr* apellidar; armar caballero; (mov) doblar

dubbing [ˈdʌbɪŋ] *s* doblado, doblaje *m*

dubious [ˈdubɪ•əs] *adj* dudoso

ducat [ˈdʌkət] *s* ducado

duchess [ˈdʌtʃɪs] *s* duquesa

duch•y [ˈdʌtʃi] *s* (*pl* -ies) ducado

duck [dʌk] *s* pato; (*female*) pata; agachada rápida; (*in the water*) zambullida; **ducks** (coll) pantalones *mpl* de dril ‖ *tr* bajar rápidamente (*la cabeza*); (*in water*) chapuzar; (coll) esquivar, evitar (*un golpe*) ‖ *intr* chapuzar; **to duck out** (coll) escabullirse

duck'-toed' *adj* zancajoso

duct [dʌkt] *s* conducto, canal *m*

ductile [ˈdʌktɪl] *adj* dúctil

ductless gland [ˈdʌktlɪs] *s* glándula cerrada

duct'work' *s* canalización

dud [dʌd] *s* (slang) bomba que no estalla; (slang) fracaso; **duds** (coll) trapos, prendas de vestir

dude [dud] *s* caballerete *m*

due [dju] o [du] *adj* debido; aguardado, esperado; pagadero; **due to** debido a; **to fall due** vencer; **when is the train due?** ¿a qué hora debe llegar el tren? ‖ *adv* directa-

dr
du

mente, derecho ‖ *s* deuda; **dues** derechos; (*of a member*) cuota; **to get one's due** llevar su merecido; **to give the devil his due** ser justo hasta con el diablo

duel ['dju•əl] o ['du•əl] *s* duelo; **to fight a duel** batirse en duelo ‖ *v* (*pret & pp* **dueled** o **duelled;** *ger* **dueling** o **duelling**) *intr* batirse en duelo

duelist o **duellist** ['dju•əlɪst] o ['duəlɪst] *s* duelista *m*

dues-paying ['djuz,pe•ɪŋ] o ['duz,peɪŋ] *adj* cotizante

duet [dju'ɛt] o [du'ɛt] *s* dúo

duke [djuk] *s* duque *m*

dukedom ['djukdəm] *s* ducado

dull [dʌl] *adj* (*not sharp*) embotado, romo; (*color*) apagado; (*sound; pain*) sordo; (*stupid*) lerdo, torpe; (*business*) inactivo, muerto; (*boring*) aburrido, tedioso; (*flat*) deslucido, deslustrado ‖ *tr* embotar, enromar; deslucir, deslustrar; enfriar (*el entusiasmo*) ‖ *intr* embotarse, enromarse; deslucirse, deslustrarse

dullard ['dʌlərd] *s* estúpido

duly ['djuli] o ['duli] *adv* debidamente

dumb [dʌm] *adj* (*lacking the power to speak*) mudo; (*coll*) estúpido, torpe

dumb'bell' *s* halterio; (*slang*) estúpido, tonto

dumb creature *s* animal *m*, bruto

dumb show *s* pantomima

dumb'wait'er *s* montaplatos *m*

dumfound [,dʌm'faʊnd] *tr* pasmar, dejar sin habla

dum•my ['dʌmi] *adj* falso, fingido, simulado ‖ *s* (*pl* **-mies**) (*dress form*) maniquí *m*; cabeza para pelucas; (*in card games*) muerto; cartas del muerto; (*figurehead, straw man*) testaferro; (*skeleton copy of a book*) maqueta; imitación, copia; (*slang*) estúpido

dump [dʌmp] *s* basurero, vertedero; montón *m* de basuras; (*mil*) depósito de municiones; (*min*) terrero; **to be down in the dumps** (*coll*) tener murria ‖ *tr* descargar, verter; vaciar de golpe; vender en grandes cantidades y a precios inferiores a los corrientes

dumping ['dʌmpɪŋ] *s* descarga; venta en grandes cantidades y a precios inferiores a los corrientes

dumpling ['dʌmplɪŋ] *s* bola de pasta rellena de fruta o carne

dump truck *s* camión *m* volquete

dump•y ['dʌmpi] *adj* (*comp* **-ier;** *super* **-iest**) regordete, rollizo

dun [dʌn] *adj* bruno, pardo, castaño ‖ *s* acreedor importuno; (*demand for payment*) apremio ‖ *v* (*pret & pp* **dunner;** *ger* **dunning**) *tr* importunar para el pago, apremiar (*a un deudor*)

dunce [dʌns] *s* zopenco, bodoque *m*

dunce cap *s* capirote *m* que se le pone al alumno torpe

dune [djun] o [dun] *s* duna, médano

dung [dʌŋ] *s* estiércol *m* ‖ *tr* estercolar

dungarees [,dʌŋgə'riz] *spl* pantalones *mpl* de trabajo de tela basta de algodón

dungeon ['dʌndʒən] *s* calabozo, mazmorra; (*fortified tower of medieval castle*) torre *f* del homenaje

dung'hill' *s* estercolar *m;* lugar inmundo

dunk [dʌŋk] *tr* sopetear, ensopar

duo ['dju•o] o ['du•o] *s* dúo

duode•num [,du•ə'dinəm] *s* (*pl* **-na** [nə]) duodeno

dupe [djup] o [dup] *s* víctima, primo, inocentón *m* ‖ *tr* embaucar, engañar

duplex house ['duplɛks] *s* casa para dos familias

duplicate ['duplɪkɪt] *adj & s* duplicado; **in duplicate** por duplicado ‖ ['duplɪ,ket] *tr* duplicar

duplici•ty [dju'plɪsɪti] *s* (*pl* **-ties**) duplicidad

durable ['djʊrəbəl] o ['dʊrəbəl] *adj* durable, duradero

durable goods *spl* artículos duraderos

duration [dju'reʃən] o [dʊ'reʃən] *s* duración

during ['djʊrɪŋ] *prep* durante

dusk [dʌsk] *s* crepúsculo

dust [dʌst] *s* polvo ‖ *tr* (*to free of dust*) desempolvar; (*to sprinkle with dust*) polvorear; **to dust off** desempolvar

dust bowl *s* cuenca de polvo

dust'cloth' *s* trapo para quitar el polvo

dust cloud *s* nube *f* de polvo, polvareda

duster ['dʌstər] *s* paño, plumero; (*light overgarment*) guardapolvo

dust jacket *s* sobrecubierta

dust'pan' *s* pala para recoger la basura

dust rag *s* trapo para quitar el polvo

dust storm *s* tolvanera

dust•y ['dʌsti] *adj* (*comp* **-ier;** *super* **-iest**) polvoriento; (*grayish*) grisáceo

Dutch [dʌtʃ] *adj* holandés; (*slang*) alemán ‖ *s* (*language*) holandés *m;* (*language*) (*slang*) alemán *m;* **in Dutch** (*slang*) en la desgracia; (*slang*) en un apuro; **the Dutch** los holandeses; (*slang*) los alemanes; **to go Dutch** (*coll*) pagar a escote

Dutch•man ['dʌtʃmən] *s* (*pl* **-men** [mən]) holandés *m;* (*slang*) alemán *m*

Dutch treat *s* (*coll*) convite *m* a escote

dutiable ['djutɪ•əbəl] *adj* sujeto a derechos de aduana

dutiful ['djutɪfəl] *adj* obediente, sumiso, solícito

du•ty ['djuti] *s* (*pl* **-ties**) deber *m;* (*task*) faena, quehacer *m;* derechos de aduana; **in the line of duty** en acto de servicio; **off duty** libre; **on duty** de servicio, de guardia; **to do one's duty** cumplir con su deber; **to take up one's duties** entrar en funciones

du'ty-free' *adj* libre de derechos

D.V. *abbr* Deo volente, i.e., **God willing**

dwarf [dwɔrf] *adj & s* enano ‖ *tr* achicar, empequeñecer ‖ *intr* achicarse, empequeñecerse

dwarfish ['dwɔrfɪʃ] *adj* enano, diminuto

dwell [dwɛl] *v* (*pret & pp* **dwelled** o **dwelt** [dwɛlt]) *intr* vivir, morar; **to dwell on** o **upon** hacer hincapié en

dwelling ['dwɛlɪŋ] *s* morada, vivienda

dwelling house *s* casa, domicilio

dwindle [ˈdwɪndəl] *intr* disminuir; decaer, consumirse

dwt. *abbr* **pennyweight**

dye [daɪ] *s* tinte *m*, tintura, color *m* ‖ *v* (*pret & pp* **dyed;** *ger* **dyeing**) *tr* teñir

dyed-in-the-wool [ˈdaɪdɪnðəˌwul] *adj* intransigente

dyeing [ˈdaɪɪŋ] *s* tinte *m*, tintura

dyer [ˈdaɪər] *s* tintorero

dye'stuff *s* materia, colorante

dying [ˈdaɪɪŋ] *adj* moribundo

dynamic [daɪˈnæmɪk] o [dɪˈnæmɪk] *adj* dinámico

dynamite [ˈdaɪnəˌmaɪt] *s* dinamita ‖ *tr* dinamitar

dyna•mo [ˈdaɪnəˌmo] *s* (*pl* **-mos**) dínamo *f*

dynast [ˈdaɪnæst] *s* dinasta *m*

dynas•ty [ˈdaɪnəsti] *s* (*pl* **-ties**) dinastía

dysentery [ˈdɪsənˌtɛri] *s* disentería

dysfunction [dɪsˈfʌŋʃən] *s* disfunción

dyspepsia [dɪsˈpɛpsɪə] o [dɪsˈpɛpʃə] *s* dispepsia

dz. *abbr* **dozen**

E

E, e [i] quinta letra del alfabeto inglés

ea. *abbr* **each**

each [itʃ] *adj indef* cada ‖ *pron indef* cada uno; **each other** nos, se; uno a otro, unos a otros ‖ *adv* cada uno; por persona

eager [ˈigər] *adj* (*enthusiastic*) ardiente, celoso; **eager for** muy deseoso de; **eager to** + *inf* muy deseoso de + *inf*

eagerness [ˈigərnɪs] *s* ardor *m*, celo; deseo ardiente, empeño

eagle [ˈigəl] *s* águila

eagle owl *s* buho

ear [ɪr] *s* (*organ and sense of hearing*) oído; (*external part*) oreja; (*of corn*) mazorca; (*of wheat*) espiga; **all ears** con las orejas tan largas; **to be all ears** ser todo oídos, abrir tanto oído; **box on the ear** guantón *m;* **to prick up one's ears** aguzar las orejas; **to turn a deaf ear** hacer o tener oídos de mercader

ear'ache' *s* dolor *m* de oído

ear'drop' *s* arete *m*

ear'drum' *s* tímpano

ear'flap' *s* orejera

earl [ʌrl] *s* conde *m*

earldom [ˈʌrldəm] *s* condado

ear•ly [ˈʌrli] (*comp* **-lier;** *super* **-liest**) *adj* (*occurring before customary time*) temprano; (*first in a series*) primero; (*far back in time*) primero, remoto, antiguo; (*occurring in near future*) cercano, próximo ‖ *adv* temprano; en los primeros tiempos; **as early as** (*a certain time of day*) ya a; (*a certain time or date*) ya en; **as early as possible** lo más pronto posible; **early in** (e.g., *the month of December*) ya en; **early in the morning** muy de mañana; **early in the year** a principios del año; **to rise early** madrugar

early bird *s* (coll) madrugador *m*

early mass *s* misa de prima

early riser *s* madrugador *m*

ear'mark' *s* señal *f*, distintivo ‖ *tr* destinar, poner aparte (*para un fin determinado*)

ear'muff' *s* orejera

earn [ʌrn] *tr* ganar, ganarse; (*to get as one's due*) merecerse; (com) devengar (*intereses*) ‖ *intr* ganar; rendir

earnest [ˈʌrnɪst] *adj* serio, grave; **in earnest** en serio, de buena fe ‖ *s* arras

earnest money *s* arras

earnings [ˈʌrnɪŋz] *s* ganancia; salario

ear of corn *s* jilote *m;* chilote (CAm); **green ear of corn** jilote (Mex)

ear'phone' *s* audífono

ear'piece' *s* auricular *m*

ear'ring' *s* arete *m*

ear'shot' *s* alcance *m* del oído; **within earshot** al alcance del oído

ear'split'ting *adj* ensordecedor

earth [ʌrθ] *s* tierra; **to come back to** o **down to earth** bajar de las nubes

earthen [ˈʌrθən] *adj* de tierra; de barro

ear'then•ware' *s* loza, vasijas de barro

earthly [ˈʌrθli] *adj* terrenal; concebible, posible; **to be of no earthly use** no servir para nada

earth'quake' *s* terremoto, temblor *m* de tierra

earth'work' *s* terraplén *m*

earth'worm' *s* lombriz *f* de tierra

earth•y [ˈʌrθi] *adj* (*comp* **-ier;** *super* **-iest**) terroso; (*worldly*) mundanal; (*unrefined*) grosero; franco, sincero

ear trumpet *s* trompetilla

ear'wax' *s* cera de los oídos

ease [iz] *s* facilidad; (*readiness, naturalness*) desenvoltura, soltura; (*comfort, wellbeing*) comodidad, bienestar *m;* **with ease** con facilidad ‖ *tr* facilitar; aligerar (*un peso*); (*to let up on*) aflojar, soltar; aliviar, mitigar ‖ *intr* aliviarse, mitigarse, disminuir; moderar la marcha

easel [ˈizəl] *s* caballete *m*

easement [ˈizmənt] *s* alivio; (law) servidumbre

easily [ˈizɪli] *adv* fácilmente; suavemente; sin duda; probablemente

easiness [ˈizɪnɪs] *s* facilidad; desenvoltura, soltura; (e.g., *of motion of a machine*) suavidad; indiferencia

east [ist] *adj* oriental, del este ‖ *adv* al este, hacia el este ‖ *s* este *m*

du
ea

Easter ['istər] *s* Pascua de flores, Pascua de Resurrección, Pascua florida

Easter egg *s* huevo duro decorado o huevo de imitación que se da como regalo en el día de Pascua de Resurrección

Easter Monday *s* lunes *m* de Pascua de Resurrección

eastern ['istərn] *adj* oriental

East'er·tide' *s* alelyua *m*, tiempo de Pascua

eastward ['istwərd] *adv* hacia el este

eas·y ['izi] *adj* (*comp* **-ier;** *super* **-iest**) fácil; (*conducive to ease*) cómodo; (*not tight*) holgado; (*amenable*) manejable; (*not forced or hurried*) lento, pausado, moderado; **to have an easy job** (o **life**) estar echado (CAm, Mex, P-R) ‖ *adv* (coll) fácilmente; (coll) despacio; **to take it easy** (coll) descansar, holgar; (coll) ir despacio

easy chair *s* poltrona, silla poltrona

eas'y·go'ing *adj* despacioso, comodón

easy mark *s* (coll) víctima, inocentón *m*

easy money *s* dinero ganado sin pena; (com) dinero abundante

easy payments *spl* facilidades de pago

eat [it] *v* (*pret* **ate** [et]; *pp* **eaten** ['itən]) *tr* comer; **to eat away** corroer; **to eat up** comerse ‖ *intr* comer

eatable ['itəbəl] *adj* comestible ‖ **eatables** *spl* comestibles *mpl*

eaves [ivz] *spl* alero, socarrén *m*, tejaroz *m*

eaves'drop' *v* (*pret* & *pp* **-dropped;** *ger* **-dropping**) *intr* escuchar a escondidas, estar de escucha

ebb [ɛb] *s* reflujo; decadencia ‖ *intr* bajar (*la marea*); decaer

ebb and flow *s* flujo y reflujo

ebb tide *s* marea menguante

ebon·y ['ɛbəni] *s* (*pl* **-ies**) ébano

ebullient [ɪ'bʌljənt] *adj* hirviente; entusiasta

eccentric [ɛk'sɛntrɪk] *adj* excéntrico ‖ *m* (*odd person*) excéntrico; (*device*) excéntrica

eccentrici·ty [,ɛksɛn'trɪsɪti] *s* (*pl* **-ties**) excentricidad

ecclesiastic [ɪ,klizɪ'æstɪk] *adj* & *s* eclesiástico

echelon ['ɛʃə,lɑn] *s* escalón *m;* (mil) escalón ‖ *tr* (mil) escalonar

ech·o ['ɛko] *s* (*pl* **-oes**) eco ‖ *tr* repetir (*un sonido*); imitar ‖ *intr* hacer eco

éclair [e'klɛr] *s* bollo de crema

eclectic [ɛk'lɛktɪk] *adj* & *s* ecléctico

eclipse [ɪ'klɪps] *s* eclipse *m* ‖ *tr* eclipsar

eclogue ['ɛklɔg] o ['ɛklɑg] *s* égloga

ecologic(al) [,ikə'lɑdʒɪk(əl)] *adj* ecológico

ecologist [ɪ'kɑlədʒɪst] *s* ecologista *mf*, ecólogo

ecology [ɪ'kɑlədʒi] *s* ecología

economic [,ikə'nɑmɪk] *adj* económico (*perteneciente a la economía*)

economical [,ikə'nɑmɪkəl] *adj* económico (*ahorrador; poco costoso*)

economics [,ikə'nɑmɪks] *s* economía política

economist [ɪ'kɑnəmɪst] *s* economista *mf*

economize [ɪ'kɑnə,maɪz] *tr* & *intr* economizar

econo·my [ɪ'kɑnəmi] *s* (*pl* **-mies**) economía

ecsta·sy ['ɛkstəsi] *s* (*pl* **-sies**) éxtasis *m*

ecstatic [ɛk'stætɪk] *adj* extático

Ecuador ['ɛkwə,dɔr] *s* el Ecuador

Ecuadoran [,ɛkwə'dɔrən] o; **Ecuadorian** [,ɛkwhə'dɔrɪ·ən] *adj* & *s* ecuatoriano

ecumenic(al) [,ɛkjə'mɛnɪk(əl)] *adj* ecuménico

eczema ['ɛksɪmə] o [ɛg'zimə] *s* eczema *m* & *f*, eccema *m* & *f*

ed. *abbr* **edited, edition, editor**

ed·dy ['ɛdi] *s* (*pl* **-dies**) remolino ‖ *v* (*pret* & *pp* **-died**) *tr* & *intr* remolinear

edelweiss ['edəl,vaɪs] *s* estrella de los Alpes

edema [ɪ'dimə] *s* edema

edge [ɛdʒ] *s* (*of a knife, sword, etc.*) filo, corte *m;* (*of a cup, glass, piece of paper, piece of cloth, an abyss, etc.*) borde *m;* (*of a piece of cloth; of a body of water*) orilla; (*of a table*) canto; (*of a book*) corte *m;* (*of clothing*) ribete *m;* (slang) ventaja; **on edge** de canto; (fig) nervioso; **to have the edge on** (coll) llevar ventaja a; **to set the teeth on edge** dar dentera ‖ *tr* afilar, aguzar; bordear; ribetear (*un vestido*) ‖ *intr* avanzar de lado; **to edge in** lograr entrar

edgeways ['ɛdʒ,wez] *adv* de filo, de canto; **to not let a person get a word in edgeways** no dejarle a una persona decir ni una palabra

edging ['ɛdʒɪŋ] *s* orla, pestaña

edgy ['ɛdʒi] *adj* agudo, angular; nervioso, irritable

edible ['ɛdɪbəl] *adj* & *s* comestible *m*

edict ['idɪkt] *s* edicto

edification [,ɛdɪfɪ'keʃən] *s* edificación

edifice ['ɛdɪfɪs] *s* edificio

edi·fy ['ɛdɪ,faɪ] *v* (*pret* & *pp* **-fied**) *tr* edificar

edifying ['ɛdɪ,faɪ·ɪŋ] *adj* edificante

edit. *abbr* **edited, edition, editor**

edit ['ɛdɪt] *tr* preparar para la publicación; dirigir, redactar (*un periódico*)

edition [ɪ'dɪʃən] *s* edición

editor ['ɛdɪtər] *s* (*of a newspaper or magazine*) director *m*, redactor *m;* (*of a manuscript*) revisor *m;* (*of an editorial*) cronista *mf*

editorial [,ɛdɪ'torɪ·əl] *adj* editorial ‖ *s* editorial *m*, artículo de fondo

editorial staff *s* redacción, cuerpo de redacción

editor in chief *s* jefe *m* de redacción

educate ['ɛdʒʊ,ket] *tr* educar, instruir

education [,ɛdʒʊ'keʃən] *s* educación, instrucción

educational [,ɛdʒʊ'keʃənəl] *adj* educativo, educacional

educational institution *s* centro docente

educator ['ɛdʒʊ,ketər] *s* educador *m*

eel [il] *s* anguila; **to be as slippery as an eel** escurrirse como una anguila

ee·rie o **ee·ry** ['iri] *adj* (*comp* **-rier;** *super* **-riest**) espectral, misterioso

efface [ɪ'fes] *tr* destruir; borrar; **to efface oneself** retirarse, no dejarse ver

effect [ɪ'fɛkt] *s* efecto; **in effect** vigente; en efecto, en realidad; **to feel the effects of** resentirse de; **to go into effect** o **to take**

effect hacerse vigente, entrar en vigor; **to put into effect** poner en vigor || *tr* efectuar
effective [ɪ'fɛktɪv] *adj* eficaz; *(actually in effect)* efectivo; *(striking)* impresionante; **to become effective** hacerse efectivo, entrar en vigencia
effectual [ɪ'fɛktʃʊ•əl] *adj* eficaz
effectuate [ɪ'fɛktʃʊ,et] *tr* efectuar
effeminacy [ɪ'fɛmɪnəsi] *s* afeminación
effeminate [ɪ'fɛmɪnɪt] *adj* afeminado
effervesce [,ɛfər'vɛs] *intr* estar en efervescencia
effervescence [,ɛfər'vɛsəns] *s* efervescencia
effervescent [,ɛfər'vɛsənt] *adj* efervescente
effete [ɪ'fit] *adj* estéril, infructuoso
efficacious [,ɛfɪ'keʃəs] *adj* eficaz
effica•cy ['ɛfɪkəsi] *s* (*pl* **-cies**) eficacia
efficien•cy [ɪ'fɪʃənsi] *s* (*pl* **-cies**) eficiencia; (mech) rendimiento, efecto útil
efficient [ɪ'fɪʃənt] *adj* eficiente, eficaz; (*person*) competente; (mech) de buen rendimiento
effi•gy ['ɛfɪdʒi] *s* (*pl* **-gies**) efigie *f*
effort ['ɛfərt] *s* esfuerzo, empeño
effronter•y [ɪ'frʌntəri] *s* (*pl* **-ies**) desfachatez *f*, descaro
effusion [ɪ'fjuʒən] *s* efusión
effusive [ɪ'fjusɪv] *adj* efusivo, expansivo
e.g. *abbr* **exempli gratia, i.e., for example**
egg [ɛg] *s* huevo; (slang) buen sujeto || *tr* — **to egg on** incitar, instigar
egg beat´er *s* batidor *m* de huevos
egg´cup´ *s* huevera
egg´head´ *s* intelectual *mf*, erudito
eggnog ['ɛg,nɑg] *s* caldo de la reina, yema mejida
egg´plant´ *s* berenjena
egg´shell´ *s* cascarón *m*, cáscara de huevo
egoism ['ɛgo,ɪzəm] o ['igo,ɪzəm] *s* egoísmo
egoist ['ɛgo•ɪst] o ['igo•ɪst] *s* egoísta *mf*
egotism ['ɛgo,tɪzəm] o ['igo,tɪzəm] *s* egotismo
egotist ['ɛgotɪst] o ['igotɪst] *s* egotista *mf*
egregious [ɪ'gridʒəs] *adj* enorme, escandaloso
egress ['grɛs] *s* salida
Egypt ['idʒɪpt] *s* Egipto
Egyptian [ɪ'dʒɪpʃən] *adj & s* egipcio
eider ['aɪdər] *s* pato de flojel
cid´erdown´ *s* edredón *m*
eight [et] *adj & pron* ocho || *s* ocho; **eight o'clock** las ocho
eight´-day´ clock *s* reloj *m* de ocho días cuerda
eighteen ['et'tin] *adj, pron & s* dieciocho, diez y ocho
eighteenth ['et'tinθ] *adj & s* (*in a series*) decimoctavo; (*part*) dieciochavo || *s* (*in dates*) dieciocho, diez y ocho
eighth [etθ] *adj & s* octavo, ochavo || *s* (*in dates*) ocho
eight hundred *adj & pron* ochocientos || *s* ochocientos *m*
eightieth ['eti•θ] *adj & s* (*in a series*) octogésimo; (*part*) ochentavo
eigh•ty ['eti] *adj & pron* ochenta || *s* (*pl* **-ties**) ochenta *m*

either ['iðər] o ['aɪðər] *adj* uno u otro, cada . . . (de los dos), cualquier . . . de los dos; ambos || *pron* uno u otro, cualquiera de los dos || *adv* — **not either** tampoco, no . . . tampoco || *conj* — **either . . . or** o . . . o
ejaculate [ɪ'dʒækjə,let] *tr & intr* exclamar; (physiol) eyacular
eject [ɪ'dʒɛkt] *tr* arrojar, expulsar, echar; (*to evict*) desahuciar
ejection [ɪ'dʒɛkʃən] *s* expulsión; (*of a tenant*) desahucio
ejection seat *s* (aer) asiento lanzable
eke [ik] *tr* — **to eke out** ganarse (*la vida*) con dificultad
elaborate [ɪ'læbərɪt] *adj* (*done with great care*) elaborado; (*detailed, ornate*) primoroso, recargado || [ɪ'læbə,ret] *tr* elaborar || *intr* — **to elaborate on** o **upon** explicar con más detalles
elapse [ɪ'læps] *intr* pasar, transcurrir
elastic [ɪ'læstɪk] *adj & s* elástico
elasticity [,ilæs'tɪsɪti] *s* elasticidad
elated [ɪ'letɪd] *adj* alborozado, regocijado
elation [ɪ'leʃən] *s* alborozo, regocijo
elbow ['ɛlbo] *s* codo; (*in a river*) recodo; (*of a chair*) brazo; **at one's elbow** a la mano; **out at the elbows** andrajoso, enseñando los codos; **to crook the elbow** empinar el codo; **to rub elbows** codearse, rozarse; **up to the elbows** hasta los codos || *tr* — **to elbow one's way** abrirse paso a codazos || *intr* codear
elbow grease *s* (coll) muñeca, jugo de muñeca
elbow patch *s* codera
elbow rest *s* ménsula
el´bow•room´ *s* espacio suficiente; libertad de acción
elder ['ɛldər] *adj* mayor, más antiguo || *s* mayor, senor *m* mayor; (eccl) anciano; (*plant*) saúco
el´der•ber´ry *s* (*pl* **-ries**) saúco; baya del saúco
elderly ['ɛldərli] *adj* viejo, anciano
elder statesman *s* veterano de la política
eldest ['ɛldɪst] *adj* mayor, (el) más antiguo
elec. *abbr* **electrical, electricity**
elect [ɪ'lɛkt] *adj* (*chosen*) escogido; (*selected but not yet installed*) electo || *s* elegido; **the elect** los elegidos || *tr* elegir
election [ɪ'lɛkʃən] *s* elección
electioneer [ɪ,lɛkʃə'nɪr] *intr* solicitar votos
elective [ɪ'lɛktɪv] *adj* electivo || *s* asignatura electiva
electorate [ɪ'lɛktərɪt] *s* electorado
electric(al) [ɪ'lɛktrɪk(əl)] *adj* eléctrico
electric appliance *s* electrodoméstico
electric fan *s* ventilador cléctrico
electrician [,ɛlɛk'trɪʃən] *s* electricista *mf*
electricity [,ɛlɛk'trɪsɪti] *s* electricidad
electric percolator *s* cafetera eléctrica
electric shaver *s* electroafeitadora
electric tape *s* cinta aislante
electri•fy [ɪ'lɛktrɪ,faɪ] *v* (*pret & pp* **-fied**) *tr* (*to provide with electric power*) electrifi-

ea
el

car; (*to communicate electricity to; to thrill*) electrizar

electrocute [ɪ'lɛktrə,kjut] *tr* electrocutar

electrode [ɪ'lɛktrod] *s* electrodo

electrolysis [,ɛlɛk'trɑlɪsɪs] *s* electrólisis *f*

electrolyte [ɪ'lɛktrə,laɪt] *s* electrólito

electromagnet [ɪ,lɛktrə'mægnɪt] *s* electro, electroimán *m*

electromagnetic [ɪ,lɛktrəmæg'nɛtɪk] *adj* electromagnético

electromotive [ɪ,lɛktrə'motɪv] *adj* electromotor

electron [ɪ'lɛktrɑn] *s* electrón *m*

electronic [,ɛlɛk'trɑnɪk] *adj* electrónico ‖ **electronics** *s* electrónica

electroplating [ɪ'lɛktrə,pletɪŋ] *s* galvanoplastia

electrostatic [ɪ,lɛktrə'stætɪk] *adj* electrostático

electrotype [ɪ'lɛktrə,taɪp] *s* electrotipo ‖ *tr* electrotipar

eleemosynary [,ɛlɪ'mɑsɪ,nɛri] *adj* limosnero

elegance ['ɛlɪgəns] *s* elegancia

elegant ['ɛlɪgənt] *adj* elegante, elegantoso

elegiac [,ɛlɪ'dʒaɪ•æk] o [ɪ'lidʒɪ,æk] *adj* elegíaco

ele•gy ['ɛlɪdʒi] *s* (*pl* **-gies**) elegía

element ['ɛlɪmənt] *s* elemento; **to be in one's element** estar en su elemento

elementary [,ɛlɪ'mɛntəri] *adj* elemental

elephant ['ɛlɪfənt] *s* elefante *m*

elevate ['ɛlɪ,vet] *tr* elevar

elevated ['ɛlɪ,vetɪd] *adj* elevado ‖ *s* (coll) ferrocarril aéreo o elevado

elevation [,ɛlɪ'veʃən] *s* elevación

elevator ['ɛlɪ,vetər] *s* ascensor *m*; elevador *m* (Am); (*for freight*) montacargas *m*; (*for hoisting grain*) elevador de granos; (*warehouse for storing grain*) depósito de cereales; (aer) timón *m* de profundidad

eleven [ɪ'lɛvən] *adj & pron* once ‖ *s* once *m*; **eleven o'clock** las once

eleventh [ɪ'lɛvənθ] *adj & s* (*in a series*) undécimo, onceno; (*part*) onzavo ‖ *s* (*in dates*) once *m*

eleventh hour *s* último momento

elf [ɛlf] *s* (*pl* **elves** [ɛlvz]) elfo, trasgo; enano

elicit [ɪ'lɪsɪt] *tr* sacar, sonsacar

elide [ɪ'laɪd] *tr* elidir

eligible ['ɛlɪdʒɪbəl] *adj* elegible; deseable, aceptable

eliminate [ɪ'lɪmɪ,net] *tr* eliminar

elision [ɪ'lɪʒən] *s* elisión

elite [e'lit] *adj* selecto ‖ *s* — **the elite** la élite

elitist [e'litɪst] *adj & s* elitista *mf*

elk [ɛlk] *s* alce *m*

ellipse [ɪ'lɪps] *s* (geom) elipse *f*

ellip•sis [ɪ'lɪpsɪs] *s* (*pl* **-ses** [siz]) (gram) elipsis *f*

elliptic(al) [ɪ'lɪptɪk(əl)] *adj* (geom & gram) elíptico

elm tree [ɛlm] *s* olmo

elope [ɪ'lop] *intr* fugarse con un amante

elopement [ɪ'lopmənt] *s* fuga con un amante

eloquence ['ɛləkwəns] *s* elocuencia

eloquent ['ɛləkwənt] *adj* elocuente

else [ɛls] *adj* — **nobody else** ningún otro, nadie más; **nothing else** nada más; **somebody else** algún otro, otra persona; **something else** otra cosa; **what else** qué más, qué otra cosa; **who else** quién más; **whose else** .de qué otra persona ‖ *adv* de otro modo; **how else** de qué otro modo; **or else** si no, o bien; **when else** en qué otro tiempo; a qué otra hora; **where else** en qué otra parte

else'where' *adv* en otra parte, a otra parte

elucidate [ɪ'lusɪ,det] *tr* elucidar

elude [ɪ'lud] *tr* eludir

elusive [ɪ'lusɪv] *adj* fugaz, efímero; evasivo; elusivo; (*baffling*) deslumbrador

emaciated [ɪ'meʃɪ,etɪd] *adj* enflaquecido, macilento

emancipate [ɪ'mænsɪ,pet] *tr* emancipar

embalm [ɛm'bɑm] *tr* embalsamar

embankment [ɛm'bæŋkmənt] *s* terraplén *m*

embar•go [ɛm'bɑrgo] *s* (*pl* **-goes**) embargo ‖ *tr* embargar

embark [ɛm'bɑrk] *intr* embarcarse

embarkation [,ɛmbɑr'keʃən] *s* (*of passengers*) embarco; (*of freight*) embarque *m*

embarrass [ɛm'bærəs] *tr* (*to make feel self-conscious*) avergonzar; (*to put obstacles in the way of*) embarazar; poner en apuros de dinero

embarrassing [ɛm'bærəsɪŋ] *adj* desconcertante, vergonzoso; embarazoso

embarrassment [ɛm'bærəsmənt] *s* desconcierto, vergüenza; (*interference; perplexity*) embarazo; (*financial difficulties*) apuros

embas•sy ['ɛmbəsi] *s* (*pl* **-sies**) embajada

em•bed [ɛm'bɛd] *v* (*pret & pp* **-bedded;** *ger* **-bedding**) *tr* empotrar, encajar

embellish [ɛm'bɛlɪʃ] *tr* embellecer

embellishment [ɛm'bɛlɪʃmənt] *s* embellecimiento

ember ['ɛmbər] *s* ascua, pavesa; **embers** rescoldo

Ember days *spl* témpora

embezzle [ɛm'bɛzəl] *tr & intr* desfalcar, malversar

embezzlement [ɛm'bɛzəlmənt] *s* desfalco, malversación

embezzler [ɛm'bɛzlər] *s* malversador *m*

embitter [ɛm'bɪtər] *tr* blasonar; (fig) blasonar

emblem ['ɛmbləm] *s* emblema *m*

emblematic(al) [,ɛmblə'mætɪk(əl)] *adj* emblemático

embodiment [ɛm'bɑdɪmənt] *s* incorporación; personificación, encarnación

embod•y [ɛm'bɑdi] *v* (*pret & pp* **-ied**) *tr* incorporar; personificar, encarnar

embolden [ɛm'boldən] *tr* envalentonar

embolism ['ɛmbə,lɪzəm] *s* embolia

emboss [ɛm'bɔs] o [ɛm'bɑs] *tr* (*to raise in relief*) realzar; abollonar (*metal*); repujar (*cuero*)

embrace [ɛm'bres] *s* abrazo ‖ *tr* abrazar ‖ *intr* abrazarse

embrasure [ɛm'breʒər] *s* alféizar *m*

embroider [ɛm'brɔɪdər] *tr* bordar, recamar

embroider•y [ɛmˈbrɔɪdəri] s (pl -ies) bordado, recamado

embroil [ɛmˈbrɔɪl] tr embrollar; (to involve in contention) envolver

embroilment [ɛmˈbrɔɪlmənt] s embrollo; (in contention) envolvimiento

embry•o [ˈɛmbrɪˌo] s (pl -os) embrión m

embryology [ˌɛmbrɪˈɑlədʒi] s embriología

emend [ɪˈmɛnd] tr enmendar

emendation [ˌimɛnˈdeʃən] s enmienda

emerald [ˈɛmərəld] s esmeralda

emerge [ɪˈmʌrdʒ] intr emerger

emergence [ɪˈmʌrdʒəns] s emergencia (acción de emerger)

emergen•cy [ɪˈmʌrdʒənsi] s (pl -cies) emergencia (caso urgente)

emergency exit s salida de auxilio

emergency landing s aterrizaje forzoso

emergency landing field s aeródromo de urgencia

emergency physician s médico de urgencia

emersion [ɪˈmʌrʒən] o [ɪˈmʌrʃən] s emersión

emery [ˈɛməri] s esmeril m

emery cloth s tela de esmeril

emery wheel s esmeriladora, rueda de esmeril, muela de esmeril

emetic [ɪˈmɛtɪk] adj & s emético

emigrant [ˈɛmɪɡrənt] adj & s emigrante mf

emigrate [ˈɛmɪˌɡret] intr emigrar

émigré [emiˈɡre] o [ˈɛmɪˌɡre] s emigrado

eminence [ˈɛmɪnəns] s eminencia

eminent [ˈɛmɪnənt] adj eminente

emissar•y [ˈɛmɪˌsɛri] s (pl -ies) emisario

emission [ɪˈmɪʃən] s emisión

emit [ɪˈmɪt] v (pret & pp emitted; ger emitting) tr emitir

emotion [ɪˈmoʃən] s emoción

emotional [ɪˈmoʃənəl] adj emocional, emotivo

emperor [ˈɛmpərər] s emperador m

empathy [ˈɛmpəθi] s empatía

empha•sis [ˈɛmfəsɪs] s (pl -ses [ˌsiz]) énfasis m

emphasize [ˈɛmfəˌsaɪz] tr acentuar, hacer hincapié en

emphatic [ɛmˈfætɪk] adj enfático

emphysema [ˌɛmfɪˈsimə] s enfisema m

empire [ˈɛmpaɪr] s imperio

empiric(al) [ɛmˈpɪrɪk(əl)] adj empírico

empiricist [ɛmˈpɪrɪsɪst] s empírico

emplacement [ɛmˈplesmənt] s emplazamiento

employ [ɛmˈplɔɪ] s empleo ‖ tr emplear

employee [ɛmˈplɔɪˌi] o [ˌɛmplɔɪˈi] s empleado

employer [ɛmˈplɔɪˌər] s patrono

employment [ɛmˈplɔɪmənt] s empleo, colocación

employment agency s agencia de colocaciones

empower [ɛmˈpaʊˌər] tr autorizar, facultar; habilitar, permitir

empress [ˈɛmprɪs] s emperatriz f

emptiness [ˈɛmptɪnɪs] s vaciedad, vacuidad

emp•ty [ˈɛmpti] adj (comp -tier; super -tiest) vacío; (coll) hambriento ‖ v (pret & pp -tied) tr & intr vaciar

empty-handed [ˈɛmptiˈhændɪd] adj manivacío

empty-headed [ˈɛmptiˈhɛdɪd] adj tonto, ignorante

empye•ma [ˌɛmpɪˈimə] s (pl -mata [mətə]) empiema m

empyrean [ˌɛmpɪˈriˌən] adj & s empíreo

emulate [ˈɛmjəˌlet] tr & intr emular

emulator [ˈɛmjəˌletər] s émulo

emulous [ˈɛmjələs] adj émulo

emulsi•fy [ɪˈmʌlsɪˌfaɪ] v (pret & pp -fied) tr emulsionar

emulsion [ɪˈmʌlʃən] s emulsión

enable [ɛnˈebəl] tr habilitar, facilitar

enact [ɛnˈækt] tr decretar, promulgar; hacer el papel de

enactment [ɛnˈæktmənt] s ley f; (of a law) promulgación; (of a play) representación

enam•el [ɛnˈæməl] s esmalte m ‖ v (pret & pp -eled o -elled; ger -eling o -elling) tr esmaltar

enam′el•ware′ s utensilios de cocina de hierro esmaltado

enamor [ɛnˈæmər] tr enamorar

encamp [ɛnˈkæmp] tr acampar ‖ intr acampar, acamparse

encampment [ɛnˈkæmpmənt] s acampamiento

enchant [ɛnˈtʃænt] tr encantar

enchanting [ɛnˈtʃæntɪŋ] adj encantador

enchantment [ɛnˈtʃæntmənt] s encanto

enchantress [ɛnˈtʃæntrɪs] s encantadora

enchase [ɛnˈtʃes] tr engastar

encircle [ɛnˈsʌrkəl] tr encerrar, rodear; (mil) envolver

enclitic [ɛnˈklɪtɪk] adj & s enclítico

enclose [ɛnˈkloz] tr encerrar; (in a letter) adjuntar, incluir; to enclose herewith remitir adjunto

enclosure [ɛnˈkloʒər] s recinto; cosa inclusa, carta inclusa

encomi•um [ɛnˈkomɪˌəm] s (pl -ums o -a [ə]) encomio

encompass [ɛnˈkʌmpəs] tr encuadrar, abarcar

encore [ˈɑnkor] s bis m ‖ interj ¡bis!, ¡que se repita! ‖ tr pedir la repetición de (p.ej., de una pieza o canción); pedir la repetición a (un actor)

encounter [ɛnˈkaʊntər] s encuentro ‖ tr encontrar, encontrarse con ‖ intr batirse, combatirse

encourage [ɛnˈkʌrɪdʒ] tr animar, alentar; (to foster) fomentar

encouragement [ɛnˈkʌrɪdʒmənt] s ánimo, aliento; fomento

encroach [ɛnˈkrotʃ] intr — to encroach on o upon pasar los límites de; abusar de; invadir, entremeterse en

encumber [ɛnˈkʌmbər] tr embarazar, estorbar, impedir; (to load with debts, etc.) gravar

encumbrance [ɛnˈkʌmbrəns] s embarazo; estorbo; gravamen m

ency. o encyc. abbr encyclopedia

encyclical [ɛnˈsɪklɪkəl] o [ɛnˈsaɪklɪkəl] s encíclica

el
en

encyclopedia [ɛn,saɪklə'pidɪ•ə] *s* enciclopedia

encyclopedic [ɛn,saɪklə'pidɪk] *adj* enciclopédico

end [ɛnd] *s* (*in time*) fin *m;* (*in space*) extremo, remate *m;* (*e.g., of the month*) fines *mpl;* (*small piece*) cabo, pieza, fragmento; (*purpose*) intento, objeto, fin, mira; **at the end of** al cabo de; **a fines de; in the end** al fin; **no end of** (coll) un sin fin de; **to make both ends meet** pasar con lo que se tiene; **to no end** sin efecto; **to stand on end** poner de punta; ponerse de punta; erizarse, encresparse (*el pelo*); **to the end that** a fin de que ‖ *tr* acabar, terminar ‖ *intr* acabar, terminar; desembocar (*p.ej., una calle*); **to end up** acabar, morir; **to end up as** acabar siendo, parar en (*p.ej., ladrón*)

endanger [ɛn'dendʒər] *tr* poner en peligro

endear [ɛn'dɪr] *tr* hacer querer; **to endear oneself to** hacerse querer por

endearment [ɛn'dɪrmənt] *s* encariñamento

endeavor [ɛn'dɛvər] *s* esfuerzo, empeño ‖ *intr* esforzarse, empeñarse

endemic [ɛn'dɛmɪk] *adj* endémico ‖ *s* endemia

ending ['ɛndɪŋ] *s* fin *m*, terminación; (gram) desinencia, terminación

endive ['ɛndaɪv] *s* escarola

endless ['ɛndlɪs] *adj* interminable; (*chain, screw, etc.*) sin fin

end'most' *adj* último, extremo

endorse [ɛn'dɔrs] *tr* endosar; (fig) apoyar, aprobar

endorsee [,ɛndɔr'si] *s* endosatario

endorsement [ɛn'dɔrsmənt] *s* endoso; (fig) apoyo, aprobación

endorser [ɛn'dɔrsər] *s* endosante *mf*

endow [ɛn'dau] *tr* dotar

endowment [ɛn'daumənt] *adj* dotal ‖ *s* (*of an institution*) dotación; (*gift, talent*) dote *f*, prenda

end paper *s* hoja de encuadernador

endurance [ɛn'djurəns] *o* [ɛn'durəns] *s* aguante *m*, paciencia; (*ability to hold out*) resistencia, fortaleza; (*lasting time*) duración

endure [ɛn'djur] *o* [ɛn'dur] *tr* aguantar, tolerar, sufrir ‖ *intr* durar; sufrir con paciencia

enduring [ɛn'djurɪŋ] *o* [ɛn'durɪŋ] *adj* duradero, permanente, resistente

enema ['ɛnəmə] *s* enema, ayuda; (*liquid and apparatus*) lavativa

ene•my ['ɛnəmi] *adj* enemigo ‖ *s* (*pl* -mies) enemigo

enemy alien *s* extranjero enemigo

energetic [,ɛnər'dʒɛtɪk] *adj* enérgico, vigoroso

ener•gy ['ɛnərdʒi] *s* (*pl* -gies) energía; **alternate energy sources** energías alternas

energy crisis *s* crisis energética

enervate ['ɛnər,vet] *tr* enervar

enfeeble [ɛn'fibəl] *tr* debilitar

enfold [ɛnfold] *tr* arrollar, envolver

enforce [ɛn'fors] *tr* hacer cumplir, poner en vigor; obtener por fuerza; (*e.g., obedience*) imponer; (*an argument*) hacer valer

enforcement [ɛn'forsmənt] *s* compulsión; (*e.g., of a law*) ejecución

enfranchise [ɛn'fræntʃaɪz] *tr* franquear, libertar; conceder el derecho de sufragio a

eng. *abbr* **engineer, engraving**

engage [ɛn'gedʒ] *tr* ocupar, emplear; alquilar, reservar; atraer (*p.ej., la atención de una persona*); engranar con; trabar batalla con; **to be engaged, to be engaged to be married** estar prometido, estar comprometido para casarse; **to engage someone in conversation** entablar conversación con una persona ‖ *intr* empeñarse, comprometerse; empotrar, encajar; engranar; **to engage in** ocuparse en

engaged [ɛn'gedʒd] *adj* comprometido, prometido; (*column*) embebido, entregado

engagement [ɛn'gedʒmənt] *s* ajuste *m*, contrato, empeño; esponsales *mpl*, palabra de casamiento; (*duration of betrothal*) noviazgo; (*appointment*) cita; (mil) acción, batalla

engagement ring *s* anillo de compromiso, anillo de pedida

engaging [ɛn'gedʒɪŋ] *adj* agraciado, simpático

engender [ɛn'dʒɛndər] *tr* engendrar

engine ['ɛndʒɪn] *s* máquina; (*of automobile*) motor *m;* (rr) máquina, locomotora

engine driver *s* maquinista *m*

engineer [,ɛndʒə'nɪr] *s* ingeniero; (*engine driver*) maquinista *m* ‖ *tr* dirigir o construir como ingeniero; llevar a cabo con acierto

engineering [,ɛndʒə'nɪrɪŋ] *s* ingeniería

engine house *s* cuartel *m* de bomberos

engine•man ['ɛndʒɪnmən] *s* (*pl* -men [mən]) maquinista *m*, conductor *m* de locomotora

engine room *s* sala de máquinas; (naut) cámara de las máquinas

en'gine-room' telegraph *s* (naut) transmisor *m* de órdenes, telégrafo de máquinas

England ['ɪŋglənd] *s* Inglaterra

Englander ['ɪŋgləndər] *s* natural *m* inglés

English ['ɪŋglɪʃ] *adj* inglés ‖ *s* inglés *m;* (*in billiards*) efecto; **the English** los ingleses

English Channel *s* Canal *m* de la Mancha

English daisy *s* margarita de los prados

English horn *s* (mus) corno inglés, cuerno inglés

English•man ['ɪŋglɪʃmən] *s* (*pl* -men [mən]) inglés *m*

Eng'lish-speak'ing *adj* de habla inglesa, angloparlante

Eng'lish-wom'an *s* (*pl* -wom'en) inglesa

engraft [ɛn'græft] *tr* (hort & surg) injertar; (fig) implantar

engrave [ɛn'grev] *tr* grabar; (*in the memory*) grabar

engraver [ɛn'grevər] *s* grabador *m*

engraving [ɛn'grevɪŋ] *s* grabado

engross [ɛn'gros] *tr* absorber; poner en limpio; copiar califgáficamente

engrossing [ɛn'grosɪŋ] *adj* acaparador, absorbente

enguif [ɛnˈgʌlf] *tr* hundir, inundar

enhance [ɛnˈhæns] *tr* realzar

enhancement [ɛnˈhænsmənt] *s* realce *m*

enigma [ɪˈnɪgmə] *s* enigma *m*

enigmatic(al) [ˌɪnɪgˈmætɪk(əl)] *adj* enigmático

enjambment [ɛnˈdʒæmmənt] o [ɛnˈdʒæmbmənt] *s* encabalgamiento

enjoin [ɛnˈdʒɔɪn] *tr* encargar, ordenar

enjoy [ɛnˈdʒɔɪ] *tr* gozar; **to enjoy** + *ger* gozarse en + *inf;* **to enjoy oneself** divertirse

enjoyable [ɛnˈdʒɔɪ•əbəl] *adj* agradable, deleitable

enjoyment [ɛnˈdʒɔɪmənt] *s* (*pleasure*) placer *m; (pleasurable use*) goce *m*

enkindle [ɛnˈkɪndəl] *tr* encender

enlarge [ɛnˈlɑrdʒ] *tr* agrandar, aumentar; (phot) ampliar ‖ *intr* agrandarse, aumentar; (*to talk at length*) explayarse; exagerar; **to enlarge on** o **upon** tratar con más extensión; exagerar

enlargement [ɛnˈlɑrdʒmənt] *s* agrandamiento, aumento; (phot) ampliación

enlighten [ɛnˈlaɪtən] *tr* ilustrar, instruir

enlightenment [ɛnˈlaɪtənmənt] *s* ilustración, instrucción; dilucidación

enlist [ɛnˈlɪst] *tr* alistar; ganar (*a una persona; el favor, los servicios de una persona*) ‖ *intr* alistarse; **to enlist in** (*a cause*) poner empeño en

enliven [ɛnˈlaɪvən] *tr* avivar, animar

enmesh [ɛnˈmɛʃ] *tr* enredar

enmi•ty [ˈɛnmɪti] *s* (*pl* **-ties**) enemistad

ennoble [ɛnˈnobəl] *tr* ennoblecer

ennui [ˈɑnwi] *s* aburrimiento, tedio

enormous [ɪˈnɔrməs] *adj* enorme

enough [ɪˈnʌf] *adj, adv* & *s* bastante *m* ‖ *interj* ¡basta!, ¡no más!

enounce [ɪˈnauns] *tr* enunciar; pronunciar

en passant [ˌɑn pæˈsɑnt] *adv* (chess) al vuelo

enrage [ɛnˈredʒ] *tr* enrabiar, encolerizar

enrapture [ɛnˈræpt/ər] *tr* embelesar, transportar, arrebatar

enrich [ɛnˈrɪt/] *tr* enriquecer

enroll [ɛnˈrol] *tr* alistar, inscribir; (*to wrap up*) envolver, enrollar ‖ *intr* alistarse, inscribirse

en route [ɑn ˈrut] *adv* en camino; **en route to** camino de, rumbo a

ensconce [ɛnˈskɑns] *tr* esconder, abrigar; **to ensconce oneself** instalarse cómodamente

ensemble [ɑnˈsɑmbəl] *s* conjunto; grupo de músicos que tocan o cantan juntos; traje armonioso

ensign [ˈɛnsaɪn] *s* (*standard*) enseña, bandera; (*badge*) divisa, insignia ‖ [ˈɛnsən] o [ˈɛnsaɪn] *s* (nav) alférez *m* de fragata

enslave [ɛnˈslev] *tr* esclavizar

enslavement [ɛnˈslevmənt] *s* esclavización

ensnare [ɛnˈsnɛr] *tr* entrampar

ensue [ɛnˈsu] *intr* seguirse; resultar

ensuing [ɛnˈsu•ɪŋ] *adj* siguiente; resultante

ensure [ɛnˈʃur] *tr* asegurar, garantizar

entail [ɛnˈtel] *s* (law) vínculo ‖ *tr* acarrear, ocasionar; (law) vincular

entangle [ɛnˈtæŋgəl] *tr* enmarañar, enredar

entanglement [ɛnˈtæŋgəlmənt] *s* enmarañamiento, enredo

enter [ˈɛntər] *tr* entrar en (*una habitación*); entrar por (*una puerta*); (*in the customhouse*) declarar; (*to make a record of*) registrar, asentar; matricular (*a un alumno*); matricularse en; hacer miembro a; hacerse miembro de; (*to undertake*) emprender; asentar (*un pedido*); **to enter one's head** metérsele a uno en la cabeza ‖ *intr* entrar; (theat) entrar en escena, salir; **to enter into** entrar en; celebrar (*p.ej., un contrato*); **to enter on** o **upon** emprender

enterprise [ˈɛntər,praɪz] *s* (*undertaking*) empresa; (*spirit, push*) empuje *m*

enterprising [ˈɛntər,praɪzɪŋ] *adj* emprendedor

entertain [ˌɛntərˈten] *tr* entretener, divertir; (*to show hospitality to*) recibir; considerar, abrigar (*esperanzas, ideas, etc.*) ‖ *intr* recibir

entertainer [ˌɛntərˈtenər] *s* (*host*) anfitrión *m; (in public*) actor *m*, bailador *m*, músico, vocalista *mf* (*esp. en un café cantante*)

entertaining [ˌɛntərˈtenɪŋ] *adj* entretenido

entertainment [ˌɛntərˈtenmənt] *s* entretenimiento, diversión; atracción, espectáculo; buen recibimiento; (*of hopes, ideas, etc.*) consideración, abrigo

enthrall [ɛnˈθrɔl] *tr* cautivar, encantar; esclavizar, sojuzgar

enthrone [ɛnˈθron] *tr* entronizar

enthuse [ɛnˈθuz] o [ɛnˈθjuz] *tr* (coll) entusiasmar ‖ *intr* (coll) entusiasmarse

enthusiasm [ɛnˈθuzɪ,æzəm] *s* entusiasmo

enthusiast [ɛnˈθuzɪ,æst] *s* entusiasta *mf;* devoto

enthusiastic [ɛn,θuzɪˈæstɪk] *adj* entusiástico

entice [ɛnˈtaɪs] *tr* atraer, tentar, inducir al mal, extraviar

enticement [ɛnˈtaɪsmənt] *s* atracción, tentación; extravío

entire [ɛnˈtaɪr] *adj* entero

entirely [ɛnˈtaɪrli] *adv* enteramente; (*exclusively*) solamente

entire•ty [ɛtaɪrti] *s* (*pl* **-ties**) entereza; conjunto, totalidad

entitle [ɛnˈtaɪtəl] *tr* dar derecho a; (*to give a name to; to honor with a title*) intitular

enti•ty [ˈɛntɪti] *s* (*pl* **-ties**) entidad

entomb [ɛnˈtum] *tr* sepultar

entombment [ɛnˈtummənt] *s* sepultura

entomology [ˌɛntəˈmɑlədʒi] *s* entomología

entourage [ˌɑntuˈrɑʒ] *s* cortejo, séquito

entrails [ˈɛntrelz] *spl* entrañas

entrain [ɛnˈtren] *tr* despachar en el tren ‖ *intr* embarcar, salir en el tren

entrance [ˈɛntrəns] *s* entrada, ingreso; (theat) entrada en escena ‖ [ɛnˈtræns] *tr* arrebatar, encantar

entrance examination *s* examen *m* de ingreso; **to take entrance examinations** examinarse de ingreso

entrancing [ɛnˈtrænsɪŋ] *adj* arrebatador, encantador

entrant [ˈɛntrənt] *s* entrante *mf;* (sport) concurrente *mf*

en·trap [ɛn'træp] v (pret & pp **-trapped;** ger **-trapping**) tr entrampar

entreat [ɛn'trit] tr rogar, suplicar

entreat·y [ɛn'triti] s (pl **-ies**) ruego, súplica

entree ['ɑntre] s entrada, ingreso; (culin) entrada, principio

entrench [ɛn'trɛntʃ] tr atrincherar ‖ intr — **to entrench on** o **upon** infringir, violar

entrust [ɛn'trʌst] tr confiar

en·try ['ɛntri] s (pl **-tries**) entrada; (item) partida, entrada; (in a dictionary) artículo; (sport) concurrente mf

entry word s (in dictionary) voz-guía f

entwine [ɛn'twaɪn] tr entretejer, entrelazar

enumerate [ɪ'numə,ret] tr enumerar

enunciate [ɪ'nʌnsɪ,et] o [ɪ'nʌnʃɪ,et] tr enunciar; pronunciar

envelop [ɛn'vɛləp] tr envolver

envelope ['ɛnvə,lop] o ['ɑnvə,lop] s (for a letter) sobre m; (wrapper) envoltura

envenom [ɛn'vɛnəm] tr envenenar

enviable ['ɛnvɪ·əbəl] adj envidiable

envious ['ɛnvɪ·əs] adj envidioso

environment [ɛn'vaɪrənmənt] s medio ambiente; entorno; (surroundings) inmediaciones

environmental [ɛn,vaɪrən'mɛntəl] adj ambiental

environmental pollution s contaminación ambiental

environs [ɛn'vaɪrəns] spl inmediaciones, alrededores mpl

envisage [ɛn'vɪzɪdʒ] tr (to look in the face of) encarar; considerar, representarse

envoi ['ɛnvɔɪ] s despedida (copla al fin de una composición poética)

envoy ['ɛnvɔɪ] s (diplomatic agent) enviado; (short concluding stanza) despedida

en·vy ['ɛnvi] s (pl **-vies**) envidia ‖ v (pret & pp **-vied**) tr envidiar

enzyme ['ɛnzaɪm] s enzima f

epaulet o **epaulette** ['ɛpə,lɛt] s charretera

epenthe·sis [ɛ'pɛnθɪsɪs] s (pl **-ses** [,siz]) epéntesis f

epergne [ɪ'pʌrn] o [e'pɛrn] s ramillete m, centro de mesa

ephemeral [ɪ'fɛmərəl] adj efímero

epic ['ɛpɪk] adj épico ‖ s epopeya

epicure ['ɛpɪ,kjʊr] s epicúreo

epicurean [,ɛpɪkju'ri·ən] adj & s epicúreo

epidemic [,ɛpɪ'dɛmɪk] adj epidémico ‖ s epidemia

epidemiology [,ɛpɪ,dimɪ'ɑlədʒi] s epidemiología

epidermis [,ɛpɪ'dʌrmɪs] s epidermis f

epigram ['ɛpɪ,græm] s epigrama m

epilepsy ['ɛpɪ,lɛpsi] s epilepsia

epileptic [,ɛpɪ'lɛptɪk] adj & s epiléptico

Epiphany [ɪ'pɪfəni] s Epifanía

Episcopalian [ɪ,pɪskə'pelɪ·ən] adj & s episcopalista mf

episode ['ɛpɪ,sod] s episodio

epistemology [ɪ,pɪstɪ'mɑlədʒi] s epistemología

epistle [ɪ'pɪsəl] s epístola

epitaph ['ɛpɪ,tæf] s epitafio

epithet ['ɛpɪ,θɛt] s epíteto

epitome [ɪ'pɪtəmi] s epítome m; (fig) esencia, personificación

epitomize [ɪ'pɪtə,maɪz] tr epitomar; (fig) encarnar, personificar

epoch ['ɛpək] o ['ipɑk] s época

epochal ['ɛpəkəl] adj memorable, trascendental

ep'och-mak'ing adj que hace época

equable ['ɛkwəbəl] o ['ikwəbəl] adj constante, uniforme; sereno

equal ['ikwəl] adj igual; **equal to** a la altura de ‖ s igual mf ‖ v (pret & pp **equaled** o **equalled;** ger **equaling** o **equalling**) tr (to be equal to) igualarse a o con; (to make equal) igualar

equali·ty [ɪ'kwɑlɪti] s (pl **-ties**) igualdad

equalize ['ikwə,laɪz] tr igualar; (to make uniform) equilibrar

equally ['ikwəli] adv igualmente

equal opportunity s igualdad de oportunidades

equanimity [,ikwə'nɪmɪti] s ecuanimidad, igualdad de ánimo

equate [i'kwet] tr poner en ecuación; considerar equivalente(s)

equation [i'kweʃən] s ecuación

equator [i'kwetər] s ecuador m

equer·ry ['ɛkwəri] o [ɪ'kwɛri] s (pl **-ries**) caballerizo

equestrian [ɪ'kwɛstrɪ·ən] adj ecuestre ‖ m jinete m, caballista m

equestrian sport s hípica

equilateral [,ikwɪ'lætərəl] adj equilátero

equilibrium [,ikwɪ'lɪbrɪ·əm] s equilibrio

equinoctial [,ikwɪ'nɑkʃəl] adj equinoccial

equinox ['ikwɪ,nɑks] s equinoccio

equip [ɪ'kwɪp] v (pret & pp **equipped;** ger **equipping**) tr equipar

equipment [ɪ'kwɪpmənt] s equipo, avíos, pertrechos; aptitud, capacidad

equipoise ['ikwɪ,pɔɪz] o ['ɛkwɪ,pɔɪz] s equilibrio; contrapeso ‖ tr equilibrar; equipesar

equitable ['ɛkwɪtəbəl] adj equitativo

equi·ty ['ɛkwɪti] s (pl **-ties**) (fairness) equidad; valor líquido

equivalent [ɪ'kwɪvələnt] adj & s equivalente m

equivocal [ɪ'kwɪvəkəl] adj equívoco

equivocate [ɪ'kwɪvə,ket] intr usar de equívocos para engañar, mentir

equivocation [ɪ,kwɪvə'keʃən] s equívoco

era ['ɪrə] o ['irə] s era

eradicate [ɪ'rædɪ,ket] tr erradicar

erase [ɪ'res] tr borrar

eraser [ɪ'resər] s goma de borrar; (for blackboard) cepillo

erasure [ɪ'reʃər] o [ɪ'reʒər] s borradura, tachón m

ere [ɛr] prep antes de ‖ conj antes de que; más bien que

erect [ɪ'rɛkt] adj derecho, enhiesto, erguido; (hair) erizado ‖ tr (to set in upright position) erguir, enhestar; erigir (un edificio); armar, montar (una máquina)

erection [ɪ'rɛkʃən] s erección

erg [ʌrg] s ergio

ermine [ˈʌrmɪn] *s* armiño; (fig) toga, judicatura

erode [ɪˈrod] *tr* erosionar ‖ *intr* erosionarse

erosion [ɪˈroʒən] *s* erosión

err [ʌr] *intr* errar, equivocarse, marrar; pecar, marrar

errand [ˈɛrənd] *s* mandado, recado, comisión; **to run an errand** hacer un mandado

errand boy *s* recadero, mandadero

erratic [ɪˈrætɪk] *adj* irregular, inconstante, variable; excéntrico

erra•tum [ɪˈretəm] o [ɪˈrɑtəm] *s* (*pl* **-ta** [tə]) errata

erroneous [ɪˈronɪ•əs] *adj* erróneo

error [ˈɛrər] *s* error *m;* **human error** fallo humano

erudite [ˈɛrʊˌdaɪt] *adj* erudito

erudition [ˌɛrʊˈdɪʃən] *s* erudición

erupt [ɪˈrʌpt] *intr* hacer erupción (*la piel, los dientes de un niño*); erumpir (*un volcán*)

eruption [ɪˈrʌpʃən] *s* erupción

escalate [ˈɛskəˌlet] *intr* escalarse

escalation [ˌɛskəˈlɛʃən] *s* escalada, escalación

escalator [ˈɛskəˌletər] *s* escalera mecánica, móvil o rodante

escallop [ˈɛsˈkæləp] *s* concha de peregrino; (*on edge of cloth*) festón *m* ‖ *tr* hornear a la crema y con migajas de pan; cocer (*p.ej., ostras*) en su concha; festonear

escapade [ˌɛskəˈped] *s* calaverada, aventura atolondrada; (*flight*) escapada

escape [ɛsˈkep] *s* (*getaway*) escape *m*, escapatoria; (*from responsibilities, duties, etc.*) escapatoria ‖ *tr* evitar, eludir; **to escape someone** escapársele a uno; olvidársele a uno ‖ *intr* escapar, escaparse; **to escape from** escaparse a (*una persona*); escaparse de (*la cárcel*)

escapee [ˌɛskəˈpi] *s* evadido

escape literature *s* literatura de escape o de evasión

escapement [ɛsˈkepmənt] *s* escape *m*

escapement wheel *s* rueda de escape

escarpment [ɛsˈkɑrpmənt] *s* escarpa

eschew [ɛsˈtʃu] *tr* evitar, rehuir

escort [ˈɛskɔrt] *s* escolta; (*man or boy who accompanies a woman or girl in public*) acompañante *m*, caballero, galán *m* ‖ [ɛsˈkɔrt] *tr* escoltar

escutcheon [ɛsˈkʌtʃən] *s* escudo de armas; (*plate in front of lock on door*) escudo, escudete *m*

Eski•mo [ˈɛskɪˌmo] *adj* esquimal ‖ *s* (*pl* **-mos** o **-mo**) esquimal *mf*

esopha•gus [iˈsɑfəgəs] *s* (*pl* **-gi** [ˌdʒaɪ]) esófago

esp. *abbr* **especially**

espalier [ɛsˈpæljər] *s* espaldar *m*, espalera

especial [ɛsˈpɛʃəl] *adj* especial

espionage [ˈɛspɪ•ənɪdʒ] o [ˌɛspɪ•əˈnɑʒ] *s* espionaje *m*

esplanade [ˌɛspləˈned] *s* explanada

espousal [ɛsˈpauzəl] *s* desposorios; (*of a cause*) adhesión

espouse [ɛsˈpauz] *tr* casarse con; (*to advocate, adopt*) abogar por, adherirse a

Esq. *abbr* **Esquire**

esquire [ɛsˈkwaɪr] o [ˈɛskwaɪr] *s* escudero ‖ **Esquire** *s* título de cortesía que se escribe después del apellido y que se usa en vez de **Mr.**

essay [ˈɛse] *s* ensayo

essayist [ˈɛse•ɪst] *s* ensayista *mf*

essence [ˈɛsəns] *s* esencia

essential [ɛˈsɛnʃəl] *adj* & *s* esencial *m*

est. *abbr* **established, estate, estimated**

establish [ɛsˈtæblɪʃ] *tr* establecer

establishment [ɛsˈtæblɪʃmənt] *s* establecimiento; **the Establishment** (*established order*) el Sistema

estate [ɛsˈtet] *s* estado; situación social; (*landed property*) finca, hacienda, heredad; (*a person's possessions*) bienes *mpl*, propiedad; (*left by a decedent*) herencia, bienes relictos

esteem [ɛsˈtim] *s* estima ‖ *tr* estimar

esthete [ˈɛsθit] *s* esteta *mf*

esthetic [ɛsˈθɛtɪk] *adj* estético ‖ **esthetics** *ssg* estética

estimable [ˈɛstɪməbəl] *adj* estimable

estimate [ˈɛstɪmɪt] *s* (*calculation of value, judgment of worth*) estimación; (*statement of cost of work to be done*) presupuesto ‖ [ˈɛstɪˌmet] *tr* (*to judge, deem*) estimar; presupuestar (*el coste de una obra*)

estimation [ˌɛstɪˈmeʃən] *s* estimación

estrangement [ɛsˈtrendʒmənt] *s* extrañeza

estuar•y [ˈɛstʃʊˌɛri] *s* (*pl* **-ies**) estero

etc. *abbr* **et cetera**

etch [ɛtʃ] *tr* & *intr* grabar al agua fuerte

etcher [ˈɛtʃər] *s* aguafortista *mf*

etching [ˈɛtʃɪŋ] *s* aguafuerte *f*

eternal [ɪˈtʌrnəl] *adj* eterno

eterni•ty [ɪˈtʌrnɪti] *s* (*pl* **-ties**) eternidad

ether [ˈiθər] *s* éter *m*

ethereal [ɪˈθɪrɪ•əl] *adj* etéreo

ethical [ˈɛθɪkəl] *adj* ético

ethics [ˈɛθɪks] *ssg* ética

Ethiopian [ˌiθɪˈopɪ•ən] *adj* & *s* etíope *mf*

Ethiopic [ˌiθɪˈopɪk] *adj* & *s* etiópico

ethnic(al) [ˈɛθnɪk(əl)] *adj* étnico

ethnography [ɛθˈnɑɡrəfi] *s* etnografía

ethnology [ɛθˈnɑlədʒi] *s* etnología

ethyl [ˈɛθɪl] *s* etilo

ethylene [ˈɛθɪˌlin] *s* etileno

etiquette [ˈɛtɪˌkɛt] *s* etiqueta

et seq. *abbr* **et sequens, et sequentes, et sequentia** (Lat) **and the following**

étude [eˈtjud] *s* (mus) estudio

etymology [ˌɛtɪˈmɑlədʒi] *s* etimología

ety•mon [ˈɛtɪˌmɑn] *s* (*pl* **-mons** o **-ma** [mə]) étimo

eucalyp•tus [ˌjukəˈlɪptəs] *s* (*pl* **-tuses** o **-ti** [taɪ]) eucalipto

Eucharist [ˈjukərɪst] *s* Eucaristía

euchre [ˈjukər] *s* juego de naipes ‖ *tr* (coll) ser más listo que

eugenics [juˈdʒɛnɪks] *s* eugenesia

eulogistic [ˌjuləˈdʒɪstɪk] *adj* elogiador

eulogize [ˈjuləˌdʒaɪz] *tr* elogiar

eulo•gy [ˈjulədʒi] *s* (*pl* **-gies**) elogio

eunuch [ˈjunək] *s* eunuco

euphemism [ˈjufɪˌmɪzəm] *s* eufemismo

euphemistic [,jufɪ'mɪstɪk] *adj* eufemístico
euphonic [ju'fɑnɪk] *adj* eufónico
eupho‧ny ['jufəni] *s* (*pl* -**nies**) eufonía
euphoria [ju'forɪ‧ə] *s* euforia
euphuism ['jufju,ɪzəm] *s* eufuísmo
euphuistic [,jufju'ɪstɪk] *adj* eufuístico
Europe ['jurəp] *s* Europa
European [,jurə'pi‧ən] *adj* & *s* europeo
euthanasia [,juθə'neʒə] *s* eutanasia
evacuate [ɪ'vækju,et] *tr* & *intr* evacuar
evacuation [ɪ,vækju'eʃən] *s* evacuación
evade [ɪ'ved] *tr* evadir ‖ *intr* evadirse
evaluate [ɪ'vælju,et] *tr* evaluar
Evangel [ɪ'vændʒəl] *s* Evangelio
evangelic(al) [,ivæn'dʒɛlɪk(əl)] o [,ɛvən‑'dʒɛlɪk(əl)] *adj* evangélico
Evangelist [ɪ'vændʒəlɪst] *s* Evangelista *m*
evaporate [ɪ'væpə,ret] *tr* evaporar ‖ *intr* evaporarse
evasion [ɪ'veʒən] *s* evasión, evasiva
evasive [ɪ'vesɪv] *adj* evasivo; elusivo
eve [iv] *s* víspera; **on the eve of** en vísperas de
even ['ivən] *adj* (*smooth*) parejo, llano, liso; (*number*) par; constante, uniforme, invariable; (*temperament*) apacible, sereno; exacto, igual; **even with** al nivel de; **to be even** estar en paz; no deber nada a nadie; **to get even** desquitarse ‖ *adv* aun, hasta; sin embargo; también; exactamente, igualmente; **even as** así como; **even if** aunque, aun cuando; **even so** aun así; **even though** aunque, aun cuando; **even when** aun cuando; **not even** ni . . . siquiera; **to break even** salir sin ganar ni perder; (*in gambling*) salir en paz ‖ *tr* allanar, igualar
evening ['ivnɪŋ] *adj* vespertino ‖ *s* tarde *f*
evening clothes *spl* traje *m* de etiqueta
evening gown *s* vestido de noche (*de mujer*)
evening primrose *s* hierba del asno
evening star *s* estrella vespertina, lucero de la tarde
evening wrap *s* salida de teatro
e'ven‧song' *s* canción de la tarde; (*eccl*) vísperas
event [ɪ'vɛnt] *s* acontecimiento, suceso; (*outcome*) resultado; (*public function*) acto; (sport) prueba; **at all events** o **in any event** en todo caso; **in the event that** en caso que
e'ven‧tem'pered *adj* equilibrado
eventful [ɪ'vɛntfəl] *adj* lleno de acontecimientos; importante, memorable
eventual [ɪ'vɛntʃu‧əl] *adj* final
eventuali‧ty [ɪ'vɛntʃu'ælɪti] *s* (*pl*-**ties**) eventualidad
eventually [ɪ'vɛntʃu‧əli] *adv* finalmente, con el tiempo
eventuate [ɪ'vɛntʃu,et] *intr* concluir, resultar
ever ['ɛvər] *adv* (*at all times*) siempre; (*at any time*) jamás, nunca, alguna vez; **as ever** como siempre; **as much as ever** tanto como antes; **ever since** (*since that time*) desde entonces; después de que; **ever so** muy; **ever so much** muchísimo; **hardly ever** o **scarcely ever** casi nunca; **not . . . ever** no . . . nunca

ev'er‧glade' *s* tierra pantanosa cubierta de hierbas altas
ev'er‧green' *adj* siempre verde ‖ *s* planta siempre verde; **evergreens** ramas colgadas como adorno
ev'er‧last'ing *adj* sempiterno; (*lasting indefinitely*) duradero; (*wearisome*) aburrido, cansado ‖ *s* eternidad; (bot) siempreviva
ev'er‧more' *adv* eternamente; **for evermore** para siempre jamás
every ['ɛvri] *adj* todos los; (*each*) cada, todo; (*being each in a series*) cada, p.ej., **every three days** cada tres días; **every bit** (coll) todo, p.ej., **every bit a man** todo un hombre; **every now and then** de vez en cuando; **every once in a while** una que otra vez; **every other day** cada dos días, un día sí y otro no; **every which way** (coll) por todas partes; (coll) en desarreglo
ev'ery‧bod'y *pron indef* todo el mundo
ev'ery‧day' *adj* de todos los días; cotidiano, diario; común, ordinario
every man Jack o **every mother's son** *s* cada hijo de vecino
ev'ery‧one' o **every one** *pron indef* cada uno, todos, todo el mundo
ev'ery‧thing' *pron indef* todo
ev'ery‧where' *adv* en o por todas partes; a todas partes
evict [ɪ'vɪkt] *tr* desahuciar
eviction [ɪ'vɪkʃən] *s* desahucio
evidence ['ɛvɪdəns] *s* evidencia; (law) prueba
evident ['ɛvɪdənt] *adj* evidente
evil ['ivəl] *adj* malo, malvado, malazo, maléfico ‖ *s* mal *m*, maldad
e'vil‧do'er *s* malhechor *m*, malvado
e'vil‧do'ing *s* malhecho, maldad
evil eye *s* mal *m* de ojo
evil-minded ['ivəl'maɪndɪd] *adj* mal pensado, malintencionado
Evil One, the el enemigo malo
evince [ɪ'vɪns] *tr* manifestar, mostrar
evoke [ɪ'vok] *tr* evocar
evolution [,ɛvə'luʃən] *s* evolución; (math) extracción de raíces, radicación
evolutionary [,ɛvə'luʃə,nɛri] o **evolutionist** [,ɛgə'luʃənɪst] *s* evolucionista *mf*
evolve [ɪ'vɑlv] *tr* desarrollar; desprender (*olores, gases, calor*) ‖ *intr* evolucionar
ewe [ju] *s* oveja
ewer ['ju‧ər] *s* aguamanil *m*
ex. *abbr* **examination, example, except, exchange, executive**
ex [ɛks] *prep* sin incluir, sin participación en
exact [ɛg'zækt] *adj* exacto ‖ *tr* exigir
exacting [ɛg'zæktɪŋ] *adj* exigente
exaction [ɛg'zækʃən] *s* exacción
exactly [ɛg'zæktli] *adv* exactamente; (*sharp, on the dot*) en punto
exactness [ɛg,zæktnɪs] *s* exactitud
exaggerate [ɛg'zædʒə,ret] *tr* exagerar
exalt [ɛg'zɔlt] *tr* exaltar, ensalzar
exam [ɛg'zæm] *s* (coll) examen *m*
examination [ɛg,zæmɪ'neʃən] *s* examen *m;* **to take an examination** sufrir un examen, examinarse
examine [ɛg'zæmɪn] *tr* examinar

example 453 **exhaust pipe**

example [ɛg'zæmpəl] o [ɛg'zɑmpəl] s ejemplo; (*case serving as a warning to others*) ejemplar m; (*of mathematics*) problema m; **for example** por ejemplo

exasperate [ɛg'zæspə,ret] tr exasperar

excavate ['ɛkskə,vet] tr excavar

exceed [ɛk'sid] tr exceder; sobrepasar (*p.ej.*, *el límite de velocidad*)

exceedingly [ɛk'sidɪŋli] adv sumamente, sobremanera

ex•cel [ɛk'sɛl] v (*pret & pp* **-celled;** *ger* **-celling**) tr aventajar || *intr* sobresalir

excellence ['ɛksələns] s excelencia

excellen•cy ['ɛksələnsi] s (*pl* **-cies**) excelencia; **Your Excellency** Su Excelencia

excelsior [ɛk'sɛlsɪ•ər] s pajilla de madera, virutas de madera

except [ɛk'sɛpt] prep excepto; **except for** sin; **except that** a menos que || tr exceptuar

exception [ɛk'sɛpʃ/ən] s excepción; **to take exception** poner reparos, objetar; ofenderse; **with the exception of** a excepción de

exceptional [ɛk'sɛpʃ/ənəl] adj excepcional

excerpt ['ɛksʌrpt] s excerta, selección || [ɛk'sʌrpt] tr escoger

excess ['ɛksɛs] o [ɛk'sɛs] adj excedente, sobrante || [ɛk'sɛs] s (*amount or degree by which one thing exceeds another*) exceso, excedente m; (*excessive amount; immoderate indulgence, unlawful conduct*) exceso; **in excess of** más que, superior a

excess baggage s exceso de equipaje

excess fare s suplemento

excessive [ɛk'sɛsɪv] adj excesivo

ex'cess-prof'its tax s impuesto sobre beneficios extraordinarios

excess weight s exceso de peso

exchange [ɛks't/ʃɛndʒ] s (*of greetings, compliments, blows, etc.*) cambio; (*of prisoners, merchandise, newspapers, credentials, etc.*) canje m; periódico de canje; (*place for buying and selling*) bolsa, lonja; estación telefónica, central f de teléfonos; **in exchange for** en cambio de, a trueque de || tr cambiar; canjear (*prisioneros, mercancías, etc.*); darse, hacerse (*cortesías*); **to exchange greetings** saludarse; **to exchange shots** cambiar disparos

exchequer [ɛks't/ʃɛkər] o ['ɛkst/ʃɛkər] s tesorería; fondos nacionales

excise tax [ɛk'saɪz] o ['ɛksaɪz] m impuesto sobre ciertas mercancías de comercio interior

excitable [ɛk'saɪtəbəl] adj excitable

excite [ɛk'saɪt] tr excitar

excitement [ɛk'saɪtmənt] s excitación

exciting [ɛk'saɪtɪŋ] adj emocionante, conmovedor; (*stimulating*) excitante

exclaim [ɛks'klem] tr & intr exclamar

exclamation [,ɛksklə'meʃ/ən] s exclamación

exclamation mark o **point** s punto de admiración

exclude [ɛks'klud] tr excluir

exclusion [ɛks'kluʒən] s exclusión; **to the exclusion of** con exclusión de

exclusive [ɛks'klusɪv] adj exclusivo; (*clannish*) exclusivista; (*expensive*) (coll) carero; (*fashionable*) (coll) muy de moda; **exclusive of** con exclusión de

excommunicate [,ɛkskə'mjunɪ,ket] tr excomulgar

excommunication [,ɛkskə,mjunɪ'keʃ/ən] s excomunión

excoriate [ɛks'korɪ,et] tr (fig) desollar, vituperar

excrement ['ɛkskrəmənt] s excremento

excruciating [ɛks'kruʃ/ɪ,etɪŋ] adj atroz, agudísimo, vivísimo

exculpate ['ɛkskʌl,pet] o [ɛks'kʌlpet] tr exculpar

excursion [ɛks'kʌrʒən] s excursión

excursionist [ɛks'kʌrʒənɪst] s excursionista mf

excusable [ɛks'kjusəbəl] adj excusable

excuse [ɛks'kjus] s excusa || [ɛks'kjuz] tr excusar, dispensar; dispensar, perdonar

execute ['ɛksɪ'kjut] tr ejecutar; (law) celebrar, finalizar (*una escritura*)

execution [,ɛksɪ'kjuʃ/ən] s ejecución

executioner [,ɛksɪ'kjuʃ/ənər] s ejecutor m de la justicia, verdugo

executive [ɛg'zɛkjətɪv] adj ejecutivo || m poder ejecutivo; (*of a school, business, etc.*) dirigente mf

Executive Mansion s (U.S.A.) palacio presidencial

executor [ɛg'zɛkjətər] s albacea m, ejecutor testamentario

executrix [ɛg'zɛkjətrɪks] s albacea f, ejecutora testamentaria

exemplary [ɛg'zɛmpləri] o ['ɛgzəm,plɛri] adj ejemplar

exempli•fy [ɛg'zɛmplɪ,faɪ] v (*pret & pp* **-fied**) tr ejemplificar

exempt [ɛg'zɛmpt] adj exento || tr eximir, exentar

exemption [ɛg'zɛmpʃ/ən] s exención

exercise ['ɛksər,saɪz] s ejercicio; ceremonia; **to take exercise** hacer ejercicio || tr ejercer (*p.ej.*, *caridad, influencia*); ejercitar (*un arte, profesión, etc.*; adiestrar con el ejercicio*); inquietar, preocupar; poner (*cuidado*) || ref ejercitarse

exert [ɛg'zʌrt] tr ejercer (*una fuerza*); **to exert oneself** esforzarse

exertion [ɛg'zʌrʃ/ən] s esfuerzo, empeño; (*active use*) ejercicio

exhalation [,ɛks•hə'leʃ/ən] s (*of gas, vapors, etc.*) exhalación; (*of air from lungs*) espiración

exhale [ɛks'hel] o [ɛg'zel] tr exhalar (*gases, vapores*); espirar (*el aire aspirado*) || intr exhalarse; espirar

exhaust [ɛg'zɔst] s escape m; tubo de escape || tr (*to wear out, fatigue; to use up*) agotar; hacer el vacío en; apurar (*todos los medios*)

exhaust fan s ventilador m aspirador

exhaustion [ɛg'zɔst/ʃən] s agotamiento

exhaustive [ɛg'zɔstɪv] adj exhaustivo; comprensivo

exhaust manifold s múltiple m de escape

exhaust pipe s tubo de escape

eu
ex

exhaust valve s válvula de escape
exhibit [ɛgˈzɪbɪt] s exhibición; (law) documento de prueba ‖ tr exhibir
exhibition [ˌɛksɪˈbɪʃən] s exhibición
exhibitor [ɛgˈzɪbɪtər] s expositor m
exhilarating [ɛgˈzɪləˌretɪŋ] adj alegrador, regocijador, alborozador
exhort [ɛgˈzɔrt] tr exhortar
exhume [ɛksˈhjum] tr exhumar
exigen•cy [ˈɛksɪdʒənsi] s (pl -cies) exigencia
exigent [ˈɛksɪdʒənt] adj exigente
exile [ˈɛgzaɪl] o [ˈɛksaɪl] s destierro; (person) desterrado ‖ tr desterrar
exist [ɛgˈzɪst] intr existir
existence [ɛgˈzɪstəns] s existencia
existing [ɛgˈzɪstɪŋ] adj existente
exit [ˈɛgzɪt] o [ˈɛksɪt] s salida ‖ intr salir
exobiology [ˌɛksobaɪˈalədʒi] s exobiología
exodus [ˈɛksədəs] s éxodo
exonerate [ɛgˈzanəˌret] tr (to free from blame) exculpar; (to free from an obligation) exonerar
exorbitant [ɛgˈzɔrbɪtənt] adj exorbitante
exorcise [ˈɛksɔrˌsaɪz] tr exorcizar
exotic [ɛgˈzɑtɪk] adj exótico
exp. abbr expenses, expired, export, express
expand [ɛksˌpænd] tr dilatar (un gas, el metal); (to enlarge, develop) ampliar, ensanchar; (to unfold, stretch out) desplegar, extender; (math) desarrollar (una ecuación) ‖ intr dilatarse; amplíarse, ensancharse; desplegarse, extenderse
expanse [ɛksˈpæns] s extensión
expansion [ɛksˈpænʃən] s expansión
expansive [ɛksˈpænsɪv] adj expansivo
expatiate [ɛksˈpeʃɪˌet] intr espaciarse, explayarse
expatriate [ɛksˈpetrɪ•ɪt] adj & s expatriado
expect [ɛksˈpɛkt] tr esperar; (coll) creer, suponer
expectan•cy [ɛksˈpɛktənsi] s (pl -cies) expectación
expectant mother [ɛksˈpɛktənt] s futura madre
expectation [ˌɛksˈpɛkteʃən] s expectativa
expectorate [ɛksˈpɛktəˌret] tr & intr expectorar
expedien•cy [ɛksˈpidɪ•ənsi] s (pl -cies) conveniencia, oportunidad; ventaja personal
expedient [ɛksˈpidɪ•ənt] adj conveniente, oportuno; egoísta, ventajoso; (acting with self-interest) ventajista ‖ s expediente m
expedite [ˈɛksˈpɪˌdaɪt] tr apresurar, despachar; expediar; dar curso a (un documento)
expedition [ˌɛksˈpɪˈdɪʃən] s expedición
expeditious [ˌɛksˈpɪˈdɪʃəs] adj expeditivo
expeditiously [ˌɛksˈpɪˈdɪʃəsli] adv ejecutivamente
ex•pel [ɛksˈpɛl] v (pret & pp -pelled; ger -pelling) tr expeler, expulsar
expend [ɛksˈpɛnd] tr gastar, consumir
expendable [ɛksˈpɛndəbəl] adj gastable; (to be thrown away after use) desechable; (soldier) sacrificable
expenditure [ɛksˈpɛndɪtʃər] s gasto, consumo

expense [ɛksˈpɛns] s gasto; expenses gastos, expensas; to go to the expense of meterse en gastos con; to meet expenses hacer frente a los gastos
expense account s cuenta de gastos
expensive [ɛksˈpɛnsɪv] adj caro, costoso, dispendioso; (charging high prices) carero
experience [ɛksˈpɪrɪ•əns] s experiencia ‖ tr experimentar
experienced [ɛksˈpɪrɪ•ənst] adj experimentado
experiment [ɛksˈpɛrɪmənt] s experiencia, experimento ‖ [ɛksˈpɛrɪˌmɛnt] intr experimentar
expert [ˈɛkspərt] adj & s experto
expiate [ˈɛkspɪˌet] tr expiar
expiation [ˌɛkspɪˈeʃən] s expiación
expire [ɛksˈpaɪr] tr expeler (el aire de los pulmones) ‖ intr expirar (expeler el aire de los pulmones; acabarse, p.ej., un plazo; fallecer)
explain [ɛksˈplen] tr explicar; to explain away descartar con explicaciones; (to make excuse for) explicar ‖ intr explicar, explicarse
explanation [ˌɛkspləˈneʃən] s explicación; dilucidación
explanatory [ɛksˈplænəˌtori] adj explicativo
explicit [ɛksˈplɪsɪt] adj explícito
explode [ɛksˈplod] tr volar, hacer saltar; desacreditar (una teoría) ‖ intr explotar, estallar, reventar
exploit [ˈɛksplɔɪt] s hazaña, proeza ‖ [ɛksˈplɔɪt] tr explotar
exploitation [ˌɛksplɔɪˈteʃən] s explotación
exploration [ˌɛkspləˈreʃən] s exploración
explore [ɛksˈplor] tr explorar
explorer [ɛksˈplorər] s explorador m
explosion [ɛksˈploʒən] s explosión; (of a theory) refutación
explosive [ɛksˈplosɪv] adj explosivo ‖ s explosivo; (phonet) explosiva
exponent [ɛksˈponənt] s exponente m, expositor m; (math) exponente m
export [ˈɛksport] adj de exportación ‖ s exportación; exports (articles exported) exportación ‖ [ɛksˈport] o [ˈɛksport] tr & intr exportar
exportation [ˌɛkspɔrˈteʃən] s exportación
exporter [ɛksˈportər] s exportador m
expose [ɛksˈpoz] tr exponer; (to unmask) desenmascarar; (the Host) manifestar, exponer; (phot) impresionar
exposé [ˌɛkspoˈze] s desenmascaramiento
exposition [ˌɛkspəˈzɪʃən] s exposición; (rhet) exposición
expostulate [ɛksˈpastʃəˌlet] intr protestar; to expostulate with reconvenir
exposure [ɛksˈpoʒər] s (to a danger; position with respect to points of compass) exposición; (unmasking) desenmascaramiento; (phot) exposición
expound [ɛksˈpaund] tr exponer
express [ɛksˈprɛs] adj expreso ‖ adv (for a special purpose) expresamente; por expreso ‖ s expreso; by express (rr) en gran velocidad ‖ tr expresar; (to squeeze out)

exprimir; enviar por expreso; **to express oneself** expresarse

express company *s* compañía de transportes rápidos

expression [ɛks'prɛʃən] *s* expresión

expressive [ɛks'prɛsɪv] *adj* expresivo

expressly [ɛks'prɛsli] *adv* expresamente

express•man [ɛks'prɛsmən] *s* (*pl* -**men** [mən]) (U.S.A.) empleado del servicio de transportes rápidos

express train *s* tren expreso

express'way' *s* carretera de vía libre

expropriate [ɛks'proprɪ,et] *tr* expropiar

expulsion [ɛks'pʌlʃən] *s* expulsión

expunge [ɛks'pʌndʒ] *tr* borrar, cancelar, arrasar

expurgate ['ɛkspər,get] *tr* expurgar

exquisite ['ɛkskwɪzɪt] o [ɛks'kwɪzɪt] *adj* exquisito; agudo, vivo; sensible

ex-service•man [,ɛks'sʌrvɪs,mæn] *s* (*pl* -**men** [,mɛn]) ex militar *m*, ex combatiente *m*

extant ['ɛkstənt] o [ɛks'tænt] *adj* existente

extemporaneous [ɛks,tɛmpə'renɪ•əs] *adj* sin preparación; (*made for the occasion*) provisional

extempore [ɛks'tɛmpəri] *adj* improvisado ‖ *adv* improvisadamente

extemporize [ɛks'tɛmpə,raɪz] *tr & intr* improvisar

extend [ɛks'tɛnd] *tr* extender; dar, ofrecer; hacer extensivos (*p.ej., vivos deseos*); prorrogar (*un plazo*) ‖ *intr* extenderse

extended [ɛks'tɛndɪd] *adj* extenso; prolongado

extension [ɛks'tɛnʃən] *s* extensión; prolongación

extension ladder *s* escalera extensible

extension table *s* mesa de extensión

extensive [ɛks'tɛnsɪv] *adj* (*having great extent*) extenso; (*characterized by extension*) extensivo

extent [ɛks'tɛnt] *s* extensión; **to a certain extent** hasta cierto punto; **to a great extent** en sumo grado; **to the full extent** en toda su extensión

extenuate [ɛks'tɛnju,et] *tr* (*to make seem less serious*) atenuar; (*to underrate*) menospreciar, no dar importancia a

exterior [ɛks'tɪrɪ•ər] *adj & s* exterior *m*

exterminate [ɛks'tʌrmɪ,net] *tr* exterminar; (*insects*) desinsectar

external [ɛks'tʌrnəl] *adj* externo ‖ **externals** *spl* exterioridad

extinct [ɛks'tɪŋkt] *adj* desaparecido; (*volcano*) extinto

extinguish [ɛkstɪŋgwɪʃ] *tr* extinguir

extinguisher [ɛks'tɪŋgwɪʃər] *s* apagador *m*, extintor *m*

extirpate ['ɛkstər,pet] o [ɛks'tʌrpet] *tr* extirpar

ex•tol [ɛks'tol] o [ɛks'tal] *v* (*pret & pp* -**tolled**; *ger* -**tolling**) *tr* ensalzar

extort [ɛks'tɔrt] *tr* obtener por amenazas, fuerza o engaño

extortion [ɛks'tɔrʃən] *s* extorción

extra ['ɛkstrə] *adj* extra; (*spare*) de repuesto ‖ *adv* extraordinariamente ‖ *s* (*of a news-*

paper) extra *m*; pieza de repuesto; (*something additional*) extra *m*; (theat) extra *mf*

extract ['ɛkstrækt] *s* selección; (pharm) extracto ‖ [ɛks'trækt] *tr* (*to pull out, remove*) extraer; seleccionar (*pasajes de un libro*); (math) extraer

extraction [ɛks'trækʃən] *s* extracción

extracurricular [,ɛkstrəkə'rɪkjələr] *adj* extracurricular

extradition [,ɛkstrə'dɪʃən] *s* extradición

extra.fare *s* recargo de tarifa, tarifa recargada

ex'tra-flat' *adj* extraplano

extragalactic [,ɛkstrəgə'læktɪk] *adj* extragaláctico

extramural [,ɛkstrə'mjurəl] *adj* extramural

extraneous [ɛks'trenɪ•əs] *adj* ajeno, extraño

extraordinary [,ɛkstrə'ɔrdɪ,nɛri] o [ɛks-'trɔrdɪ,nɛri] *adj* extraordinario

extrapolate [ɛks'træpə,let] *tr & intr* extrapolar

extrasensory [,ɛkstrə'sɛnsəri] *adj* extrasensorio

extraterrestrial [,ɛkstrətə'rɛstri•əl] *adj* extraterrestre

extravagance [ɛks'trævəgəns] *s* derroche *m*, prodigalidad, gasto excesivo; (*wildness, folly*) extravagancia

extravagant [ɛks'trævəgənt] *adj* derrochador, pródigo, gastador; (*wild, foolish*) extravagante

extreme [ɛks'trim] *adj & s* extremo; **in the extreme** en sumo grado; **to go to extremes** excederse, propasarse

extremely [ɛks'trimli] *adv* extremadamente, sumamente

extreme unction *s* extremaunción

extremism [ɛks'trimɪzəm] *s* extremismo

extremi•ty [ɛks'trɛmɪti] *s* (*pl* -**ties**) extremidad; (*great want*) extrema necesidad; **extremities** medidas extremas; (*hands and feet*) extremidades

extricate ['ɛkstrɪ,ket] *tr* desembarazar, desenredar

extrinsic [ɛks'trɪnsɪk] *adj* extrínseco

extroversion [,ɛkstrə'vʌrʒən] *s* extroversión

extrovert ['ɛkstrə,vʌrt] *s* extrovertido

extrude [ɛks'trud] *intr* resaltar, sobresalir

exuberant [ɛg'zubərənt] *adj* exuberante

exude [ɛg'zud] o [ɛk'sud] *tr & intr* exudar

exult [ɛg'zʌlt] *intr* exultar, gloriarse

exultant [ɛg'zʌltənt] *adj* exultante

eye [aɪ] *s* ojo; (*of hook and eye*) hembra, corcheta; **to catch one's eye** llamar la atención a uno; **to feast one's eyes on** deleitar la vista en; **to lay eyes on** alcanzar a ver; **to make eyes at** hacer guiños a; **to roll one's eyes** poner los ojos en blanco; **to see eye to eye** estar completamente de acuerdo; **to shut one's eyes to** hacer la vista gorda ante; **without batting an eye** sin pestañear, sin inmutarse ‖ *v* (*pret & pp* **eyed**; *ger* **eying** o **eyeing**) *tr* ojear; **to eye up and down** mirar de hito en hito

eye'ball' *s* globo del ojo

eye'bolt' *s* armella, cáncamo

eye'brow' *s* ceja; **to raise one's eyebrows** arquear las cejas

ex
ey

eye'cup' s ojera, lavaojos m
eyeful ['aɪful] s (coll) buena ojeada
eye'glass' s (of optical instrument) ocular m; (eyecup) ojera, lavaojos m; eyeglasses gafas, anteojos
eye'lash' s pestaña
eyelet ['aɪlɪt] s ojete m, ojal m; (hole to look through) mirilla
eye'lid' s párpado
eye of the morning s sol m
eye opener ['opənər] s noticia asombrosa o inesperada; (coll) trago de licor
eye'piece' s ocular m
eye'shade' s visera
eye shadow s crema para los párpados; sombra (de ojos)

eye'shot' s alcance m de la vista
eye'sight' s vista; (range) alcance m de la vista
eye socket s cuenca del ojo
eye'sore' s cosa que ofende la vista
eye'strain' s vista fatigada
eye'-test' chart s escala tipográfica oftalmométrica, tipo de ensayo, tipo de prueba
eye'tooth' s (pl teeth') colmillo, diente canino; to cut one's eyeteeth (coll) tener el colmillo retorcido; to give one's eyeteeth for (coll) dar los ojos de la cara por
eye'wash' s colirio; (slang) halago para engañar
eye'wit'ness s testigo ocular, testigo presencial
ey•rie o ey•ry ['ɛri] s (pl -ries) nido de águilas, nido de aves de rapiña; (fig) altura, morada elevada

F

F, f [ɛf] sexta letra del alfabeto inglés
f. abbr feminine, folio
F. abbr Fahrenheit, Friday
fable ['febəl] s fábula
fabric ['fæbrɪk] s tejido; textura; (structure) fábrica
fabricate ['fæbrɪ, ket] tr fabricar
fabrication [,fæbrɪ'keʃən] s fabricación; mentira
fabulous ['fæbjələs] adj fabuloso
façade [fə'sɑd] s fachada
face [fes] s cara, rostro; (of cloth) haz f; (of earth) faz f; (grimace) mueca; (of watch) esfera, muestra; (impudence) descaro; in the face of en presencia de; to keep a straight face contener la risa; to lose face desprestigiarse; to save face salvar las apariencias; to show one's face dejarse ver || tr volver la cara hacia; arrostrar; revestir (un muro); forrar (un vestido); facing cara a || intr — to face about volver la mirada; dar media vuelta; cambiar de opinión; to face on dar a o sobre; to face up to encararse con
face card s figura, naipe m de figura
face lifting s cirugía estética
face powder s polvos de tocador
facet ['fæsɪt] s faceta
facial ['feʃəl] adj facial || s masaje m facial
facilitate [fə'sɪlɪ,tet] tr facilitar
facil•ty [fə'sɪlɪti] s (pl -ties) facilidad
facing ['fesɪŋ] s revestimiento, paramento
facsimile [fæk'sɪmɪli] s facsímile m || tr facsimilar
fact [fækt] s hecho; in fact en realidad; the fact is that ello es que
faction ['fækʃən] s facción; discordia
factional ['fækʃənəl] adj faccionario
factionalism ['fækʃənə,lɪzəm] s parcialidad, partidismo

factor ['fæktər] s factor m || tr descomponer en factores
facto•ry ['fæktəri] s (pl -ries) fábrica
factual ['fæktʃu•əl] adj verdadero, objetivo
facul•ty ['fækəlti] s (pl -ties) facultad
fad [fæd] s afición pasajera, moda pasajera
fade [fed] tr desteñir || intr desteñir, desteñirse; apagarse (un sonido); (rad) desvanecerse
fade'out' s desaparición gradual; (rad) desvanecimiento
fag [fæg] s (drudge) yunque m; (coll) cigarrillo || tr—to fag out cansar
fagot ['fægət] s haz m de leña
fail [fel] s—without fail sin falta || tr faltar a; reprobar, suspender (a un alumno); salir mal en (un examen) || intr malograrse, fracasar; salir mal (un alumno); fallar (un motor); (com) quebrar, hacer bancarrota; to fail to dejar de
failure ['feljər] s malogro, fracaso, mal éxito; (student) perdigón m; (com) quiebra
faint [fent] adj débil; to feel faint sentirse desfallecido || s desmayo || intr desmayarse
faint-hearted ['fent'hɑrtɪd] adj cobarde, tímido, apocado
fair [fɛr] adj justo, imparcial; regular, ordinario; favorable, propicio; (hair) rubio; (complexion) blanco; (sky) despejado; (weather) bueno, bonancible || adv imparcialmente; to play fair jugar limpio || s (exhibition) feria; (carnival) quermese m, verbena
fair'ground' s real m, campo de una feria
fairly ['fɛrli] adv justamente; bastante
fair-minded ['fɛr'maɪndɪd] adj justo, imparcial
fairness ['fɛrnɪs] s justicia, imparcialidad; (of weather) serenidad; (of complexion) blancura
fair play s juego limpio, limpieza

fair sex s bello sexo
fair to middling adj bastante bueno, mediano
fair'weath'er adj—a **fair-weather friend** amigo del buen viento
fair•y ['fɛri] adj feérico ‖ s (pl **-ies**) hada
fairy godmother s hada madrina
fair'y•land' s tierra de las hadas
fairy ring s corro de brujas
fairy tale s cuento de hadas; (fig) bella poesía
faith [feθ] s fe f; **to break faith with** faltar a la palabra dada a; **to keep faith with** cumplir la palabra dada a; **to pin one's faith on** tener puesta su esperanza en; **upon my faith!** ¡a fe mía!
faithful ['feθfəl] adj fiel, leal ‖ **the faithful** los fieles
faithless ['feθlɪs] adj infiel, desleal
fake [fek] adj (coll) falso, fingido ‖ s impostura, patraña; (person) farsante mf ‖ tr & intr falsificar, fingir
faker ['fekər] s (coll) impostor m, patrañero; (peddler) (coll) buhonero
falcon ['fɔkən] o ['fɔlkən] s halcón m
falconer ['fɔkənər] o ['fɔlkənər] s cetrero, halconero
falconry ['fɔkənri] o ['fɔlkənri] s cetrería, halconería
fall [fɔl] adj otoñal ‖ s caída; (of water) catarata, salto de agua; (of prices) baja; (autumn) otoño; **falls** catarata, caída de agua ‖ v (pret **fell** [fɛl]; pp **fallen** ['fɔlən]) intr caer, caerse; **to fall apart** caerse a pedazos; **to fall back** (mil) replegarse; **to fall behind** quedarse atrás; **to fall down** caerse; **to fall due** vencer (una letra); **to fall flat** caer tendido; no tener éxito; **to fall for** (slang) ser engañado por; (slang) enamorarse de; **to fall in** desplomarse (un techo); ponerse de acuerdo; **to fall in with** trabar amistades con; ponerse de acuerdo con; **to fall off** caer de; disminuir; **to fall out** desavenirse; **to fall out of** caerse de; **to fall out with** esquinarse con; **to fall over** caerse; (coll) adular, halagar; **to fall through** fracasar, malograrse; **to fall to** recaer (la herencia, la elección) en; **to fall under** estar comprendido en
fallacious [fə'leʃəs] adj erróneo, engañoso
falla•cy ['fæləsi] s (pl **-cies**) error m, equivocación
fall guy s (slang) cabeza de turco
fallible ['fælɪbəl] adj falible
falling star s estrella fugaz
fall'out' s caída radiactiva, precipitación radiactiva
fallout shelter s refugio antiatómico
fallow ['fælo] adj barbechado; **to lie fallow** estar en barbecho (tierra labrantía); (fig) quedar sin emplear, quedar sin ejecutar (una cosa provechosa) ‖ s barbecho ‖ tr barbechar
false [fɔls] adj falso; (hair, teeth, etc.) postizo ‖ adv falsamente; **to play false** traicionar
false colors spl pretextos falsos

false face s mascarilla; (ugly false face) carantamaula
false-hearted ['fɔls'hɑrtɪd] adj pérfido
falsehood ['fɔls•hud] s falsedad
false pretenses spl impostura, falsas apariencias
false return s declaración falsa
falset•to [fɔl'sɛto] s (pl **-tos**) (voice) falsete m; (person) falsetista m
falsi•fy ['fɔlsɪ,faɪ] v (pret & pp **-fied**) tr falsificar; (to disprove) refutar ‖ intr falsificar; mentir
falsi•ty ['fɔlsɪti] s (pl **-ties**) falsedad
falter ['fɔltər] s vacilación; (in speech) balbuceo ‖ intr vacilar; balbucear
fame [fem] s fama
famed [femd] adj afamado
familiar [fə'mɪljər] adj familiar; conocido; común; **familiar with** familiarizado con
familiari•ty [fə,mɪlɪ'ærɪti] s (pl **-ties**) familiaridad; conocimiento
familiarize [fə'mɪljə,raɪz] tr familiarizar
fami•ly ['fæmɪli] adj familiar; **in the family way** (coll) en estado de buena esperanza ‖ s (pl **-lies**) familia
family man s padre m de familia; hombre casero
family name s apellido
family physician s médico de cabecera
family tree s árbol genealógico
famish ['fæmɪʃ] tr & intr hambrear
famished ['fæmɪʃt] adj famélico
famous ['feməs] adj famoso; (notable, excellent) (coll) famoso
fan [fæn] s abanico; ventilador m; (slang) hincha mf, aficionado ‖ v (pret & pp **fanned**; ger **fanning**) tr abanicar; (to winnow) aventar; ahuyentar con abanico; avivar (el fuego); excitar (las pasiones), (slang) azotar ‖ intr abanicarse; **to fan out** salir (un camino) en todas direcciones
fanatic [fə'nætɪk] adj & s fanático
fanatical [fə'nætɪkəl] adj fanático
fanaticism [fə'nætɪ,sɪzəm] s fanatismo
fancied ['fænsid] adj imaginario
fancier ['fænsɪ•ər] s aficionado; visionario; (of animals) criador aficionado
fanciful ['fænsɪfəl] adj fantástico, extravagante; imaginativo
fan•cy ['fænsi] adj (comp **-cier**; super **-ciest**) de fantasía, de imitación; fino, de lujo, precioso; ornamental; primoroso; fantástico, extravagante ‖ s (pl **-cies**) fantasía; afición, gusto; **to take a fancy to** aficionarse a, prendarse de ‖ v (pret & pp **-cied**) tr imaginar
fancy ball s baile m de trajes
fancy dive s salto ornamental
fancy dress s traje m de fantasía
fancy foods spl comestibles mpl de lujo
fan'cy-free' adj libre del poder del amor
fancy jewelry s joyas de fantasía
fancy skating s patinaje m de fantasía
fan'cy•work' s (sew) labor f
fanfare ['fænfɛr] s fanfarria
fang [fæŋ] s colmillo; (of reptile) diente m
fan'light' s abanico

fantastic(al) [fæn'tæstɪk(əl)] *adj* fantástico
fanta•sy ['fæntəsi] *s* (*pl* **-sies**) fantasía
far [fɑr] *adj* lejano; **on the far side of** del otro lado de ‖ *adv* lejos; **as far as** hasta; en cuanto; **as far as I am concerned** por lo que a mí me toca; **as far as I know** que yo sepa; **by far** con mucho; **far and near** por todas partes; **far away** muy lejos; **far be it from me** no lo permita Dios; **far better** mucho mejor; **far different** muy diferente; **far from** lejos de; **far from it** ni con mucho; **far into** hasta muy adentro de; hasta muy tarde de; **far more** mucho más; **far off** a gran distancia; **how far** cuán lejos; **how far is it?** ¿cuánto hay de aquí?; **in so far as** en cuanto; **thus far** hasta ahora; **thus far this year** en lo que va del año; **to go far towards** contribuir mucho a
faraway ['fɑrə,we] *adj* lejano, distante; abstraído, preocupado
farce [fɑrs] *s* farsa; (*ridiculous act*) papelada
farcical ['fɑrsɪkəl] *adj* ridículo
fare [fɛr] *s* pasaje *m*; pasajero; alimento; comida; **to collect fares** cobrar el pasaje ‖ *intr* pasarlo, p.ej., **how did you fare?** ¿cómo lo pasó Vd.?
Far East *s* Extremo Oriente, Lejano Oriente
fare'well' *s* despedida; **to bid farewell to** o **to take farewell of** despedirse de ‖ *interj* ¡adiós!
far•fetched ['fɑr'fɛtʃt] *adj* traído por los pelos
far-flung ['fɑr'flʌŋ] *adj* de gran alcance, vasto
farm [fɑrm] *adj* agrícola; agropecuario ‖ *s* granja; terreno agrícola ‖ *tr* cultivar, labrar (*la tierra*) ‖ *intr* cultivar la tierra y criar animales
farmer ['fɑrmər] *s* granjero; agricultor *m*, labrador *m*
farm hand *s* peón *m*, mozo de granja
farm'house' *s* alquería, cortijo
farming ['fɑrmɪŋ] *s* agricultura, labranza
farm'yard' *s* corral *m* de granja
far'-off' *adj* lejano, distante
far-reaching ['fɑr'ritʃɪŋ] *adj* de mucho alcance
far-sighted ['fɑr'saɪtɪd] *adj* longividente; precavido; présbita
farther ['fɑrðər] *adj* más lejano; adicional ‖ *adv* más lejos, más allá; además, también; **farther on** más adelante
farthest ['fɑrðɪst] *adj* (el) más lejano; último ‖ *adv* más lejos; más
farthing ['fɑrðɪŋ] *s* (Brit) cuarto de penique
Far West *s* (U.S.A.) Lejano Oeste
fascinate ['fæsɪ,net] *tr* fascinar
fascinating ['fæsɪ,netɪŋ] *adj* fascinante, cautivador
fascism ['fæʃɪzəm] *s* fascismo
fascist ['fæʃɪst] *adj* & *s* fascista *mf*
fashion ['fæʃən] *s* moda, boga; estilo, manera; alta sociedad; **after a fashion** en cierto modo; **in fashion** de moda; **out of fashion** fuera de moda; **to go out of fashion** pasar de moda ‖ *tr* labrar, forjar
fashion designing *s* alta costura

fashion plate *s* figurín *m;* (*person*) (coll) figurín *m*, elegante *mf;* **to be a fashion plate** (coll) ir hecho un maniquí
fashion show *s* desfile *m* de modas
fast [fæst] *adj* rápido, veloz; (*clock*) adelantado; fijado; disipado; (*friend*) fiel ‖ *adv* aprisa, rápidamente; firmemente; (*asleep*) profundamente; **to hold fast** mantenerse firme; **to live fast** vivir de una manera disipada ‖ *s* ayuno; **to break one's fast** romper el ayuno ‖ *intr* ayunar
fast day *s* día *m* de ayuno
fasten ['fæsən] *tr* fijar; atar; abrochar; cerrar con llave; (*one's belt*) ajustarse; (*blame*) aplicar ‖ *intr* fijarse
fastener ['fæsənər] *s* asilla; (*snap, clasp*) cierre *m;* (*for papers*) sujetapapeles *m*
fast'-food' restaurant *s* rotisería
fast forward *s* (mach, mov) avance rápido
fastidious [fæs'tɪdɪ•əs] *adj* esquilmoso, quisquilloso, descontentadizo
fasting ['fæstɪŋ] *s* ayuno
fat [fæt] *adj* (*comp* **fatter;** *super* **fattest**) gordo; poderoso; opulento; (*profitable*) pingüe; (*spark*) caliente; **to get fat** engordar ‖ *s* grasa; (*suet*) gordo, sebo
fatal ['fetəl] *adj* fatal
fatalism ['fetə,lɪzəm] *s* fatalismo
fatalist ['fetəlɪst] *s* fatalista *mf*
fatali•ty [fə'tælɪti] *s* (*pl* **-ties**) fatalidad; (*in accidents, war, etc.*) muerte *f*
fate [fet] *s* sino, hado; **the Fates** las Parcas ‖ *tr* condenar, predestinar
fated ['fetɪd] *adj* hadado, predestinado
fateful ['fetfəl] *adj* fatídico; fatal
fat'head' *s* (coll) tronco, estúpido
father ['fɑðər] *s* padre *m;* (*an elderly man*) (coll) tío ‖ *tr* servir de padre a; engendrar; inventar
fatherhood ['fɑðər,hʊd] *s* paternidad
fa'ther-in-law' *s* (*pl* **fathers-in-law**) suegro
fa'ther-land' *s* patria
fatherless ['fɑðərlɪs] *adj* huérfano de padre, sin padre
fatherly ['fɑðərli] *adj* paternal
Father's Day *s* día *m* del padre
Father Time *s* el Tiempo
fathom ['fæðəm] *s* braza ‖ *tr* sondear; profundizar
fathomless ['fæðəmlɪs] *adj* insondable
fatigue [fə'tig] *s* fatiga; (mil) faena ‖ *tr* fatigar, cansar
fatigue clothes *spl* (mil) traje *m* de faena
fatigue duty *s* faena
fatten ['fætən] *tr* & *intr* engordar
fat•ty ['fæti] *adj* (*comp* **-tier;** *super* **-tiest**) graso; (*pathol*) grasoso; (*chubby*) (coll) gordiflón ‖ *s* (*pl* **-ties**) (coll) gordiflón *m*
fatuous ['fætʃu•əs] *adj* fatuo; irreal, ilusivo
faucet ['fɔsɪt] *s* grifo
fault [fɔlt] *s* (*misdeed, blame*) culpa; (*defect*) falta; (geol) falla; (sport) falta; **it's your fault** Vd. tiene la culpa; **to a fault** excesivamente; **to find fault with** culpar, echar la culpa a; hallar defecto en
fault'find'er *s* criticón *m*, reparón *m*

fault'find'ing adj criticón, reparón || s manía de criticar
faultless ['fɔltlɪs] adj perfecto, impecable
fault•y ['fɔlti] adj (comp -ier; super -iest) defectuoso, imperfecto
faun [fɔn] s fauno
fauna ['fɔnə] s fauna
favor ['fevər] s favor m; (letter) atenta, grata; **do me the favor to** hágame Vd. el favor de; **by your favor** con permiso de Vd.; **favors** regalos de fiesta, objetos de cotillón; **to be in favor with** disfrutar del favor de; **to be out of favor** caer en desgracia || tr favorecer; (coll) parecerse a
favorable ['fevərəbəl] adj favorable
favorite ['fevərɪt] adj & s favorito
favoritism ['fevərɪ,tɪzəm] s favoritismo
fawn [fɔn] s cervato || intr — **to fawn on** adular servilmente; hacer fiestas a
faze [fez] tr (coll) molestar, desanimar
FBI [,ɛf,bi'aɪ] s (letterword) **Federal Bureau of Investigation**
fear [fɪr] s miedo; **for fear of** por miedo de, por temor de; **for fear that** por miedo (de) que; **no fear** no hay peligro; **to be in fear of** tener miedo de || tr & intr temer
fearful ['fɪrfəl] adj medroso; (coll) enorme, muy malo
fearless ['fɪrlɪs] adj arrojado, intrépido
feasible ['fɪsɪbəl] adj factible, viable
feast [fist] s fiesta; (sumptuous meal) festín m, banquete m || tr & intr banquetear; **to feast on** regalarse con
feat [fit] s hazaña, proeza
feather ['fɛðər] s pluma; (plume; arrogance) penacho; clase f, género; **in fine feather** de buen humor; en buena salud || tr emplumar; (carp) machihembrar; **to feather one's nest** hacer todo para enriquecerse
feather bed s colchón m de plumas; (comfortable situation) lecho de plumas
feath'er•bed'ding s empleo de más obreros de lo necesario (exigido por los sindicatos)
feath'er•brain' s cascabelero
feath'er•edge' s (of board) bisel m; (of sharpened tool) filván m
feathery ['fɛðəri] adj plumoso
feature ['fitʃər] s facción; característica, rasgo distintivo; película principal; artículo principal; **features** facciones || tr delinear; ofrecer como cosa principal; (coll) destacar, hacer resaltar
feature writer s articulista mf
February ['fɛbru,ɛri] s febrero
feces ['fisiz] spl heces fpl, excremento
feckless ['fɛklɪs] adj abatido, sin valor; débil
federal ['fɛdərəl] adj & s federal mf
federate ['fɛdə,ret] adj federado || tr federar || intr federarse
federation [,fɛdə'reʃən] s federación
fedora [fɪ'dorə] s sombrero de fieltro suave con ala vuelta
fed up [fɛd] adj harto; **to get fed up with** desenamorarse de
fee [fi] s honorarios; (for admission, tuition, etc.) cuota, precio; (tip) propina || tr pagar; dar propina a

feeble ['fibəl] adj débil; caedizo
feeble-minded ['fibəl'maɪndɪd] adj imbécil; irresoluto, vacilante
feed [fid] s alimento, comida; (mach) dispositivo de alimentación || v (pret & pp fed [fɛd]) tr alimentar || intr alimentarse
feed'back' s regeneración, realimentación, retroalimentación; comentarios fpl; informaciones fpl; comentario privado y confidencial
feed bag s cebadera, morral m
feeder industries spl subsidiarias fpl
feed pump s bomba de alimentación
feed trough s comedero
feed wire s (elec) conductor m de alimentación
feel [fil] s sensación; (sense of what is right) tino || v (pret & pp felt [fɛlt]) tr sentir; (e.g., with the hands) palpar, tentar; tomar (el pulso); tantear (el camino) || intr (sick, tired, etc.) sentirse; palpar, **to feel bad** sentirse mal; condolerse; **to feel cheap** avergonzarse; **to feel comfortable** sentirse a gusto; **to feel for** buscar tentando; condolerse de; **to feel like** tener ganas de; **to feel safe** sentirse a salvo; **to feel sorry** sentir; arrepentirse; **to feel sorry for** compadecer, arrepentirse de
feeler ['filər] s (something said to draw someone out) huscapié m, tranquilla; **feelers** (of insect) anténulas, palpos; (of mollusk) tentáculos
feeling ['filɪŋ] s (with senses) sensación; (impression, emotion) sentimiento; presentimiento; parecer m
feign [fen] tr aparentar, fingir || intr fingir; **to feign to be** fingirse
feint [fent] s (threat) finta; (of fencer) pase m, treta || intr hacer una finta
feldspar ['fɛld,spɑr] s feldespato
felicitate [fə'lɪsɪ,tet] tr felicitar
felicitous [fə'lɪsɪtəs] adj (opportune) feliz; elocuente
fell [fɛl] adj cruel, feroz, mortal || tr talar (árboles)
felloe ['fɛlo] s aro de la rueda; (part of this) pina
fellow ['fɛlo] s (coll) mozo, tipo, sujeto; (coll) pretendiente m; prójimo; (of a society) socio, miembro; (holder of fellowship) pensionista mf
fellow being s prójimo
fellow citizen s conciudadano
fellow countryman s compatriota mf
fellow man s prójimo
fellow member s consocio
fellowship ['fɛlo,ʃɪp] s compañerismo; (for study) pensión
fellow traveler s compañero de viaje
felon ['fɛlən] s delincuente mf de mayor cuantía; (pathol) panadizo
felo•ny ['fɛləni] s (pl -nies) delito de mayor cuantía; **to compound a felony** aceptar dinero para no procesar
felt [fɛlt] s fieltro
felt'-tipped' pen s rotulador m; plumón m (Mex)

fa
fe

female [´fimel] *adj* (*sex*) femenino; (*animal, plant, piece of a device*) hembra ‖ *s* hembra
feminine [´fɛmɪnɪn] *adj* & *s* femenino
feminism [´fɛmɪ,nɪzəm] *s* feminismo
fen [fɛn] *s* pantano
fence [fɛns] *s* cerca, cercado; (*for stolen goods*) alcahuete *m;* receptador; (*of a saw*) guía; **on the fence** (coll) indeciso ‖ *tr* cercar ‖ *intr* esgrimir
fencing [´fɛnsɪŋ] *s* (*art*) esgrima; (*act*) esgrimidura
fencing academy *s* escuela de esgrima
fend [fɛnd] *tr* — **to fend off** apartar, resguardarse de ‖ *intr* — **to fend for oneself** (coll) tirar por su lado
fender [´fɛndər] *s* (*mudguard*) guardafango, guardabarros *m;* (*of locomotive*) quitapiedras *m;* (*of trolley car*) salvavidas *m;* (*of fireplace*) guardafuego
fennel [´fɛnəl] *s* hinojo
ferment [´fɑrmɛnt] *s* fermento; fermentación ‖ [fər´mɛnt] *tr* & *intr* fermentar
fern [fʌrn] *s* helecho
ferocious [fə´roʃəs] *adj* feroz
feroci·ty [fə´rɑsɪti] *s* (*pl* **-ties**) ferocidad
ferret [´fɛrɪt] *s* hurón *m* ‖ *tr* — **to ferret out** huronear ‖ *intr* huronear
Ferris wheel [´fɛrɪs] *s* rueda de feria, noria
fer·ry [´fɛri] *s* (*pl* **-ries**) bote *m* de paso, ferry-boat *m* ‖ *v* (*pret* & *pp* **-ried**) *tr* pasar (*viajeros, mercancías*) a través del río ‖ *intr* cruzar el río en barco
fer´ry·boat´ *s* bote *m* de paso, ferry-boat *m*
fertile [´fʌrtɪl] *adj* fértil
fertilize [´fʌrtɪ,laɪz] *tr* abonar, fertilizar; (*to impregnate*) fecundar
fervid [´fʌrvɪd] *adj* férvido, vehemente
fervor [´fʌrvər] *s* fervor *m*
fervent [´fʌrvənt] *adj* ferviente, fervoroso
fester [´fɛstər] *s* úlcera ‖ *tr* enconar ‖ *intr* enconarse (*una herida*): el ánimo de uno)
festival [´fɛstɪvəl] *adj* festivo ‖ *s* fiesta; (*of music*) festival *m*
festive [´fɛstɪv] *adj* festivo
festivi·ty [fɛs´tɪvɪti] *s* (*pl* **-ties**) festividad
festoon [fɛs´tun] *s* festón *m* ‖ *tr* festonear
fetch [fɛtʃ] *tr* ir por, hacer venir, traer; venderse a, venderse por
fetching [´fɛtʃɪŋ] *adj* (coll) encantador, atractivo
fete [fet] *s* fiesta ‖ *tr* festejar
fetid [´fɛtɪd] *o* [´fitɪd] *adj* fétido
fetish [´fitɪʃ] *o* [´fɛtɪʃ] *s* fetiche *m*
fetlock [´fɛtlɑk] *s* espolón *m;* (*tuft of hair*) cerneja
fetter [´fɛtər] *s* grillete *m*, grillo ‖ *tr* engrillar; impedir
fettle [´fɛtəl] *s* estado, condición; **in fine fettle** en buena condición
fetus [´fitəs] *s* feto
feud [fjud] *s* odio hereditario, enemistad de larga duración
feudal [´fjudəl] *adj* feudal
feudalism [´fjudə,lɪzəm] *s* feudalismo
fever [´fivər] *s* fiebre *f*, calentura

fever blister *s* escupidura, fuegos en los labios
feverish [´fivərɪʃ] *adj* febril, calenturiento
few [fju] *adj* & *pron* pocos, no muchos; **a few** unos pocos, unos cuantos; **quite a few** muchos
fiancé [,fi•ɑn´se] *s* novio, prometido; novillo (Mex, P-R)
fiancée [,fi•ɑn´se] *s* novia, prometida
fias·co [fɪ´æsko] *s* (*pl* **-cos** o **-coes**) fiasco
fib [fɪb] *s* mentirilla ‖ *v* (*pret* & *pp* **fibbed;** *ger* **fibbing**) *intr* decir mentirillas, macanear
fiber [´faɪbər] *s* fibra; carácter *m*, índole *f*
fibrous [´faɪbrəs] *adj* fibroso
fickle [´fɪkəl] *adj* inconstante, veleidoso
fiction [´fɪkʃən] *s* (*invention*) ficción; (*branch of literature*) novelística; **pure fiction!** ¡puro cuento!
fictional [´fɪkʃənəl] *adj* novelesco
fictionalize [´fɪkʃənə,laɪz] *tr* novelizar
fictitious [fɪk´tɪʃəs] *adj* ficticio
fiddle [´fɪdəl] *s* violín *m* ‖ *tr* tocar (*un aire*) con el violín; **to fiddle away** (coll) malgastar ‖ *intr* tocar el violín; **to fiddle with** manosear
fiddler [´fɪdlər] *s* (coll) violinista *mf*
fiddling [´fɪdlɪŋ] *adj* (coll) despreciable, insignificante
fideli·ty [fɪ´dɛlɪti] *s* (*pl* **-ties**) fidelidad
fidget [´fɪdʒɪt] *intr* agitarse, menearse; **to fidget with** manosear
fidgety [´fɪdʒɪti] *adj* inquieto, nervioso
fiduciar·y [fɪ´djuʃɪ,ɛri] *adj* fiduciario ‖ *s* (*pl* **-ies**) fiduciario
fie [faɪ] *interj* ¡qué vergüenza!
fief [fif] *s* feudo
field [fild] *adj* (mil) de campaña ‖ *s* campo; (*sown with grain*) sembrado; (baseball) jardín *m;* (elec) campo magnético; (*of motor or dynamo*) (elec) inductor *m*
fielder [´fildər] *s* (baseball) jardinero
field glasses *spl* gemelos de campo
field hockey *s* hockey *m* sobre hierba
field magnet *s* imán *m* inductor
field marshal *s* (mil) mariscal *m* de campo
field´piece´ *s* cañón *m* de campaña
fiend [find] *s* diablo; (*person*) fiera; **to be a fiend for** ser una fiera para
fiendish [´findɪʃ] *adj* diabólico
fierce [firs] *adj* feroz, fiero; (*wind*) furioso; (coll) muy malo
fierceness [´firsnɪs] *s* ferocidad, fiereza; furia
fier·y [´faɪri] *adj* (*comp* **-ier;** *super* **-iest**) ardiente, caliente; brioso
fife [faɪf] *s* pífano
fifteen [´fɪf´tin] *adj, pron* & *s* quince *m*
fifteenth [´fɪf´tinθ] *adj* & *s* (*in a series*) decimoquinto; (*part*) quinzavo ‖ *s* (*in dates*) quince *m*
fifth [fɪfθ] *adj* & *s* quinto ‖ *s* (*in dates*) cinco *m*
fifth column *s* quinta columna
fifth columnist *s* quintacolumnista *mf*
fiftieth [´fɪftɪ•θ] *adj* & *s* (*in a series*) quincuagésimo; (*part*) cincuentavo
fif·ty [´fɪfti] *adj* & *pron* cincuenta ‖ *s* (*pl* **-ties**) cincuenta *m*

fif'ty-fif'ty *adv* — **to go fifty-fifty** (coll) ir a medias

fig. *abbr* **figure, figuratively**

fig [fɪg] *s* higo, breva; (*tree*) higuera; (*merest trifle*) bledo

fight [faɪt] *s* lucha, pelea; ánimo, brío; **to pick a fight with** meterse con, buscar la lengua a ‖ *tr* luchar con; dar (*batalla*); lidiar (*al toro*) ‖ *intr* luchar, pelear; **to fight shy of** tratar de evitar

fighter ['faɪtər] *s* luchador *m*, peleador *m*; (*warrior*) combatiente *m*; (*game person*) porfiador *m*; (aer) avión *m* de combate, caza *m*

fig leaf *s* hoja de higuera; (*on statues*) hoja de parra

figment ['fɪgmənt] *s* ficción, invención

figurative ['fɪgjərətɪv] *adj* figurado; (*representing by a likeness*) figurativo

figure ['fɪgjər] *s* figura; (*bodily form*) talle *m*; precio; **to be good at figures** ser listo en aritmética; **to cut a figure** hacer figura; **to have a good figure** tener buen tipo; **to keep one's figure** conservar la línea ‖ *tr* adornar con figuras; figurarse, imaginar; suponer, calcular; **to figure out** descifrar ‖ *intr* figurar; **to figure on** contar con

fig'ure-head' *s* (naut) figurón *m* de proa, mascarón *m* de proa; (*straw man*) testaferro

figure of speech *s* figura retórica

figure skating *s* patinaje artístico

figurine [,fɪgjə'rin] *s* figurilla, figurina

filament ['fɪləmənt] *s* filamento

filch [fɪltʃ] *tr* birlar, ratear

file [faɪl] *s* fila, hilera; (*tool*) lima; (*collection of papers*) archivo; (*cabinet*) archivador *m*, fichero ‖ *tr* poner en fila; limar; archivar, clasificar; anotar ‖ *intr* desfilar; **to file for** solicitar

file case *s* fichero

file clerk *s* fichador *m*

filet [fɪ'le] o ['fɪle] *s* filete *m* ‖ *tr* cortar en filetes

filial ['fɪlɪ•əl] o ['fɪljəl] *adj* filial

filiation [,fɪlɪ'eʃən] *s* filiación

filibuster ['fɪlɪ,bʌstər] *s* obstrucción (*de la aprobación de una ley*); obstruccionista *mf*; (*buccaneer*) filibustero ‖ *tr* obstruir (*la aprobación de una ley*)

filigree ['fɪlɪ,gri] *adj* afiligranado ‖ *s* filigrana ‖ *tr* afiligranar

filing ['faɪlɪŋ] *s* (*of documents*) clasificación; limadura, **filings** limadura, limalla

filing cabinet *s* archivador *m*, clasificador *m*

filing card *s* ficha

Filipi•no [,fɪlɪ'pino] *adj* filipino ‖ *s* (*pl* -**nos**) filipino

fill [fɪl] *s* (*sufficiency*) hartazgo; (*place filled with earth*) terraplén *m*; **to have** o **get one's fill of** darse un hartazgo de ‖ *tr* llenar; rellenar; despachar (*un pedido*); tapar (*un agujero*); empastar (*un diente*); inflar (*un neumático*); llenar, ocupar (*un puesto*); colmar (*lagunas*); **to fill out** llenar (*un formulario*) ‖ *intr* llenarse; rellenarse; **to fill in** hacer de suplente; **to fill up** ahogarse de emoción

filler ['fɪlər] *s* relleno; (*of cigar*) tripa; *sizing* aparejo; (*in a writing*) relleno

fillet ['fɪlɪt] *s* cinta, tira; (*for hair*) prendedero; (archit, bb) filete *m* ‖ *tr* filetear ‖ ['fɪle] o ['fɪlɪt] *s* (*of meat or fish*) filete *m* ‖ *tr* cortar en filetes

filling ['fɪlɪŋ] *s* (*of a tooth*) empaste *m*; (*e.g., of a turkey*) relleno; (*of cigar*) tripa

filling station *s* estación gasolinera

fillip ['fɪlɪp] *s* aguijón *m*, estímulo; (*with finger*) capirotazo

fil•ly ['fɪli] *s* (*pl* -**lies**) potra; (coll) muchacha retozona

film [fɪlm] *s* película; (mov) película, film *m*; (phot) película ‖ *tr* filmar

film library *s* cinemateca

film star *s* estrella de la pantalla

film strip *s* tira proyectable

film•y ['fɪlmi] *adj* (*comp* -**ier**; *super* -**iest**) delgadísimo, diáfano, sutil

filter ['fɪltər] *s* filtro ‖ *tr* filtrar ‖ *intr* filtrarse

filtering ['fɪltərɪŋ] *s* filtración

filter paper *s* papel *m* filtrante

filter tip *s* embocadura de filtro

filth [fɪlθ] *s* suciedad, porquería

filth•y ['fɪlθi] *adj* (*comp* -**ier**; *super* -**iest**) sucio, puerco

filthy lucre ['lukər] *s* (coll) el vil metal (*dinero, raíz de muchos males*)

filtrate ['fɪltret] *s* filtrado ‖ *tr* filtrar ‖ *intr* filtrarse

fin. *abbr* **finance**

fin [fɪn] *s* aleta

final ['faɪnəl] *adj* final; (*last in a series*) último; decisivo, terminante ‖ *s* examen *m* final; **finals** (sport) final *f*

finale [fɪ'nɑli] *s* (mus) final *m*

finalist ['faɪnəlɪst] *s* finalista *mf*

finally ['faɪnəli] *adv* finalmente, por último

finance ['faɪnæns] *s* financiación; **finances** finanzas ‖ *tr* financiar

financial [faɪ'nænʃəl] *adj* financiero

financier [,faɪnən'sɪr] *s* financiero

financing ['faɪnænsɪŋ] *s* financiación, financiamiento

finch [fɪntʃ] *s* pinzón *m*

find [faɪnd] *s* hallazgo ‖ *v* (*pret & pp* **found** [faʊnd]) *tr* hallar, encontrar; **to find out** averiguar, darse cuenta de ‖ *intr* (*law*) pronunciar fallo; **to find out about** informarse de

finder ['faɪndər] *s* (*of camera*) visor *m*; (*of microscope*) portaobjeto cuadriculado

finding ['faɪndɪŋ] *s* descubrimiento; (*law*) laudo, fallo

fine [faɪn] *adj* fino; (*weather*) bueno; divertido ‖ *adv* (coll) muy bien; **to feel fine** (coll) sentirse muy bien de salud ‖ *s* multa ‖ *tr* multar

fine arts *spl* bellas artes

fineness *s* fineza; (*of metal*) ley *f*

fine print *s* letra menuda, tipo menudo

finer•y ['faɪnəri] *s* (*pl* -**ies**) adorno, galas, atavíos

fine-spun ['faɪn,spʌn] *adj* estirado en hilo finísimo; (fig) alambicado

fe
fi

finesse [fɪ'nɛs] s sutileza; (*in bridge*) impás *m* ‖ *tr* hacer el impás con ‖ *intr* hacer un impás

fine-toothed comb ['faɪn,tuθt] s lendrera, peine *m* de púas finas; **to go over with a fine-toothed comb** escudriñar minuciosamente

finger ['fɪŋgər] s dedo; **to burn one's fingers** cogerse los dedos; **to put one's finger on the spot** poner el dedo en la llaga; **to slip between the fingers** irse de entre los dedos; **to snap one's fingers at** tratar con desprecio; **to twist around one's little finger** manejar a su gusto ‖ *tr* manosear; (slang) acechar, espiar; (slang) identificar

finger board s (*of guitar*) diapasón *m;* (*of piano*) teclado

finger bowl s lavadedos *m*, lavafrutas *m*

finger dexterity s (mus) dedeo

fingering ['fɪŋgərɪŋ] s manoseo; (mus) digitación

fin'ger·nail' s uña

fingernail polish s esmalte *m* para las uñas

fin'ger·print' s huella digital, dactilograma *m* ‖ *tr* tomar las huellas digitales de

finger tip s punta del dedo; **to have at one's finger tips** tener en la punta de los dedos, saber al dedillo

finial ['fɪnɪ·əl] s florón *m*

finical ['fɪnɪkəl] o **finicky** ['fɪnɪki] *adj* delicado, melindroso

finish ['fɪnɪʃ] s acabado; fin *m*, conclusión ‖ *tr* acabar; **to be finished** estar listo ‖ *intr* acabar; **to finish** + *ger* acabar de + *inf;* **to finish by** + *ger* acabar por + *inf*

finishing nail s puntilla francesa

finishing school s escuela particular de educación social para señoritas

finishing touch s toque *m* final, última mano

finite ['faɪnaɪt] *adj* finito

finite verb s forma verbal flexional

Finland ['fɪnlənd] s Finlandia

Finlander ['fɪnləndər] s finlandés *m*

Finn [fɪn] s (*member of a Finnish-speaking group of people*) finés *m;* (*native or inhabitant of Finland*) finlandés *m*

Finnish ['fɪnɪʃ] *adj* finlandés ‖ s (*language*) finlandés *m*

fir [fʌr] s abeto

fire [faɪr] s fuego; (*destructive burning*) incendio; **through fire and water** a trancos y barrancos; **to be on fire** estar ardiendo; **to be under enemy fire** estar expuesto al fuego del enemigo; **to catch fire** encenderse; **to hang fire** estar en suspensión; **to open fire** abrir fuego, romper el fuego; **to set on fire, to set fire to** pegar fuego a; **under fire** bajo el fuego del enemigo; acusado, inculpado ‖ *interj* (mil) ¡fuego! ‖ *tr* encender; calentar (*el horno*); cocer (*ladrillos*); disparar (*un arma de fuego*); pegar (*un tiro*); excitar (*la imaginación*); (coll) despedir (*a un empleado*) ‖ *intr* encenderse; **to fire on** hacer fuego sobre; **to fire up** cargar el horno; calentar el horno

fire alarm s alarma de incendios, avisador *m* de incendios; **to sound the fire alarm** tocar a fuego

fire'arm' s arma de fuego

fire'ball' s bola de fuego; (*lightning*) rayo en bola

fire'bird' s cacique veranero

fire'boat' s buque *m* con mangueras para incendios

fire'box' s caja de fuego, fogón *m*

fire'brand' s tizón *m;* (*hothead*) botafuego

fire'break' s raya

fire'brick' s ladrillo refractario

fire brigade s cuerpo de bomberos

fire'bug' s (coll) incendiario

fire company s cuerpo de bomberos; compañía de seguros

fire'crack'er s triquitraque *m*

fire'damp' s grisú *m*, mofeta

fire department s servicio de bomberos

fire'dog' s morillo

fire drill s ejercicio para caso de incendio

fire engine s coche *m* bomba, bomba de incendios, motobomba

fire escape s escalera de salvamento

fire extinguisher s extintor *m*, apagafuegos *m*, extinguidor *m*

fire'fly' s (*pl* -flies) luciérnaga

fire'guard' s guardafuego

fire hose s manguera para incendios

fire'house' s cuartel *m* de bomberos, estación de incendios

fire hydrant s boca de incendio

fire insurance s seguro contra incendios

fire irons *spl* badil *m* y tenazas

fireless cooker ['faɪrlɪs] s cocinilla sin fuego

fire·man ['faɪrmən] s (*pl* -men [mən]) (*man who stokes fires*) fogonero; (*man who extinguishes fires*) bombero

fire'place' s chimenea, chimenea francesa

fire plug s boca de agua

fire power s (mil) potencia de fuego

fire'proof' *adj* incombustible; a prueba de incendio ‖ *tr* hacer incombustible

fire sale s venta de mercancías averiadas en un incendio

fire screen s pantalla de chimenea

fire ship s brulote *m*

fire shovel s badil *m*

fire'side' s hogar *m*

fire'trap' s edificio sin medios adecuados de escape en caso de incendio

fire wall s cortafuego

fire'ward'en s vigía *m* de incendios

fire'wa'ter s aguardiente *m*

fire'wood' s leña

fire'works' *spl* fuegos artificiales

firing ['faɪrɪŋ] s encendimiento; (*of bricks*) cocción; (*of a gun*) disparo; (*of soldiers*) tiroteo; (*of an internal-combustion engine*) encendido; (*of an employee*) (coll) despedida

firing line s línea de fuego, frente *m* de batalla

firing order s (aut) orden *m* del encendido

firing squad s (*for saluting at a burial*) piquete *m* de salvas; (*for executing*) pelotón *m* de fusilamiento, piquete *m* de ejecución

firm [fʌrm] *adj* firme ‖ *s* empresa, casa comercial

firmament ['fʌrməmənt] *s* firmamento

firm name *s* razón *f* social

firmness ['fʌrmnɪs] *s* firmeza

first [fʌrst] *adj* primero ‖ *adv* primero; **first of all** ante todo ‖ *s* primero; (aut) primera (velocidad); (mus) voz *f* principal; **at first** al principio; en primer lugar; **from the first** desde el principio

first aid *s* cura de urgencia, primeros auxilios

first'-aid'kit *s* botiquín *m*, equipo de urgencia

first-aid station *s* puesto de socorro, puesto de primera intención

first'-born' *adj & s* primogénito

first'-class' *adj* de primera, de primera clase ‖ *adv* en primera clase

first cousin *s* primo hermano

first draft *s* borrador *m*

first finger *s* dedo índice, dedo mostrador

first floor *s* piso bajo

first fruits *spl* primicia

first lieutenant *s* teniente

firstly ['fʌrstli] *adv* en primer lugar

first mate *s* (naut) piloto

first name *s* nombre *m* de pila

first night *s* (theat) noche *f* de estreno

first'-night'er *s* (theat) estrenista *mf*

first officer *s* (naut) piloto

first quarter *s* cuarto creciente (*de la luna*)

first'-rate' *adj* de primer orden; (coll) excelente ‖ *adv* (coll) muy bien

first'-run' house *s* teatro de estreno

fiscal ['fɪskəl] *adj* (*pertaining to public treasury*) fiscal; económico ‖ *s* (*public prosecutor*) fiscal *m*

fiscal year *s* año económico, ejercicio

fish [fɪʃ] *s* pez *m*; (*that has been caught, that is ready to eat*) pescado; **to be like a fish out of water** estar como gallina en corral ajeno; **to be neither fish nor fowl** no ser carne ni pescado; **to drink like a fish** beber como una topinera, beber como una esponja ‖ *tr* pescar ‖ *intr* pescar; **to fish for compliments** buscar alabanzas; **to go fishing** ir de pesca; **to take fishing** llevar de pesca

fish'bone' *s* espina de pez

fish bowl *s* pecera

fisher ['fɪʃər] *s* pescador *m*; embarcación de pesca; (zool) marta del Canadá

fisher•man ['fɪʃərmən] *s* (*pl* -men [mən]) pescador *m*; barco pesquero

fisher•y ['fɪʃəri] *s* (*pl* -ies) (*activity*) pesca; (*business*) pesquería; (*grounds*) pesquera

fish glue *s* cola de pescado

fish hawk *s* halieto

fish'hook' *s* anzuelo

fishing ['fɪʃɪŋ] *adj* pesquero ‖ *s* pesca

fishing ground *s* pesquería, pesquera

fishing reel *s* carrete *m*

fishing rod *s* caña de pescar

fishing tackle *s* aparejo de pescar, avíos de pesca

fishing torch *s* candelero

fish line *s* sedal *m*

fish market *s* pescadería

fish'plate' *s* (rr) eclisa

fish'pool' *s* piscina

fish spear *s* fisga

fish story *s* (coll) andaluzada, patraña; **to tell fish stories** (coll) mentir por la barba

fish'tail' *s* (aer) coleadura ‖ *intr* (aer) colear

fish'wife' *s* (*pl* -wives [ˌwaɪvz]) pescadera; (*foul-mouthed woman*) verdulera

fish'worm' *s* lombriz *f* de tierra (*cebo para pescar*)

fish•y ['fɪʃi] *adj* (*comp* -ier; *super* -iest) que huele o sabe a pescado; (coll) dudoso, inverosímil

fission ['fɪʃən] *s* (biol) escisión; (phys) fisión

fissionable ['fɪʃənəbəl] *adj* fisionable; físil

fissure ['fɪʃər] *s* hendidura, grieta; (anat, min) fisura

fist [fɪst] *s* puño; (typ) manecilla; **to shake one's fist at** amenazar con el puño

fist fight *s* pelea con los puños

fisticuff ['fɪstɪˌkʌf] *s* puñetazo; **fisticuffs** pelea a puñetazos

fit [fɪt] *adj* (*comp* -fitter; *super* -fittest) apropiado, conveniente; apto; sano; **fit to be tied** (coll) impaciente, encolerizado; **fit to eat** bueno de comer; **to feel fit** gozar de buena salud; **to see fit** juzgar conveniente ‖ *s* ajuste *m*, tallo *m*; (*of one piece with another*) encaje *m*; (*of coughing*) acceso, ataque *m*; (*of anger*) arranque *m*, chivo; **by fits and starts** intermitentemente ‖ *v* (*pret & pp* -fitted; *ger* fitting) *tr* ajustar, entallar; cuadrar, sentar; encajar; cuadrar con (*p.ej., las señas de una persona*); equipar, preparar; servir para; estar de acuerdo con (*p.ej., los hechos*); **to fit out o up** pertrechar ‖ *intr* ajustar; encajar; sentar; **to fit in** caber en; encajar en

fitful ['fɪtfəl] *adj* caprichoso; intermitente, vacilante

fitness ['fɪtnɪs] *s* conveniencia; aptitud; tempestividad; buena salud

fitter ['fɪtər] *s* ajustador *m*; (*of machinery*) montador *m*; (*of clothing*) probador *m*

fitting ['fɪtɪŋ] *adj* apropiado, conveniente, justo ‖ *s* ajuste *m*; encaje *m*; (*of a garment*) prueba; tubo de ajuste; **fittings** accesorios, avíos; (*iron trimmings*) herraje *m*

fitting room *s* probador *m*

five [faɪv] *adj & pron* cinco ‖ *s* cinco; **five o'clock** las cinco

five hundred *adj & pron* quinientos ‖ *s* quinientos *m*

five'-year' plan *s* plan *m* quinquenal

fix [fɪks] *s*—**in a tight fix** (coll) en calzas prietas; **to be in a fix** (coll) hallarse en un aprieto; **to get a fix** (*drugs*) picarse, pincharse ‖ *tr* arreglar, componer, reparar; fijar (*una fecha; los cabellos; una imagen fotográfica; los precios; la atención; una hora, una cita*); calar (*la bayoneta*); (coll) desquitarse con; (pol) muñir ‖ *intr* fijarse; **to fix on** decidir, escoger

fixed [fɪkst] *adj* fijo

fixing [ˈfɪksɪŋ] *adj* fijador ‖ *s* (*fastening*) fijación; (phot) fijado

fixing bath *s* fijador *m*

fixture [ˈfɪkstʃər] *s* accesorio, artefacto; (*of a lamp*) guarnición; **fixtures** (*e.g., of a store*) instalaciones

fizz [fɪz] *s* ruido sibilante; bebida gaseosa; (Brit) champaña ‖ *intr* hacer un ruido sibilante

fizzle [ˈfɪzəl] *s* (coll) fracaso ‖ *intr* chisporrotear débilmente; (coll) fracasar

fl. *abbr* **flourished, fluid**

flabbergast [ˈflæbərˌgæst] *tr* (coll) dejar sin habla, dejar estupefacto

flab·by [ˈflæbi] *adj* (*comp* **-bier;** *super* **-biest**) flojo, lacio

flag [flæg] *s* bandera ‖ *v* (*pret & pp* **flagged;** *ger* **flagging**) *tr* hacer señal a (*una persona*) con una bandera; hacer señal de parada a (*un tren*) ‖ *intr* aflojar, flaquear

flag captain *s* (nav) capitán *m* de bandera

flageolet [ˌflædʒəˈlɛt] *s* chirimía, dulzaina

flag·man [ˈflægmən] *s* (*pl* **-men** [mən]) (rr) guardafrenos *m;* (rr) guardavía *m*

flag of truce *s* bandera de parlamento

flag'pole' *s* asta de bandera; (surv) jalón *m*

flagrant [ˈflegrənt] *adj* enorme, escandaloso

flag'ship' *s* (nav) capitana

flag'staff' *s* asta de bandera

flag'stone' *s* losa

flag stop *s* (rr) apeadero

flail [flel] *s* mayal *m* ‖ *tr* golpear con mayal; golpear, azotar

flair [flɛr] *s* instinto, perspicacia

flak [flæk] *s* fuego antiaéreo

flake [flek] *s* (*thin piece*) hojuela; (*of snow*) copo ‖ *intr* desprenderse en hojuelas; caer en copos pequeños

flak·y [ˈfleki] *adj* (*comp* **-ier;** *super* **-iest**) escamoso, laminoso

flamboyant [flæmˈbɔɪ·ənt] *adj* flameante; llamativo; rimbombante; (architi) flameante, flamígero

flame [flem] *s* llama ‖ *tr* (*to sterilize with a flame*) llamear ‖ *intr* flamear

flame thrower [ˈθro·ər] *s* lanzallamas *m*

flaming [ˈflemɪŋ] *adj* llameante; flamante, resplandeciente; apasionado

flamin·go [fləˈmɪŋgo] *s* (*pl* **-gos** o **-goes**) flamenco

flammable [ˈflæməbəl] *adj* inflamable

Flanders [ˈflændərz] *s* Flandes *f*

flange [flændʒ] *s* pestaña

flank [flæŋk] *s* flanco; *tr* flanquear

flannel [ˈflænəl] *s* franela

flap [flæp] *s* (*fold in clothing; of a hat*) falda; (*of a pocket*) cartera; (*of a table*) hoja plegadiza; (*of shoe*) oreja; (*of an envelope*) tapa; (*of wings*) aletazo; (*of the counter in a store*) trampa ‖ *v* (*pret & pp* **flapped;** *ger* **flapping**) *tr* golpear con ruido seco; batir, sacudir (*las alas*) ‖ *intr* aletear; flamear con ruido

flare [flɛr] *s* llamarada, destello; cohete *m* de señales; (aer) bengala; (*outward curvature*) abocinamiento; (*of a dress*) vuelo ‖ *tr* abocinar ‖ *intr* arder con gran llamarada,

destellar; (*to spread outward*) abocinarse; **to flare up** inflamarse; recrudecer (*una enfermedad*); encolerizarse

flare star *s* (astr) estrella fulgurante

flare'-up' *s* llamarada; (*of an illness*) retroceso; (coll) llamarada, arrebato de cólera

flash [flæʃ] *s* (*of light*) relumbrón *m*, ráfaga; (*of lightning*) relámpago; (*of hope*) rayo; (*of joy*) acceso; (*of insight*) rasgo; mensaje *m* urgente ‖ *tr* quemar (*pólvora*); enviar (*un mensaje*) como un rayo ‖ *intr* destellar, centellear; relampaguear (*los ojos*); **to flash by** pasar como un rayo

flash'back' *s* (mov) retrospectiva, flashback *m*

flash bulb *s* luz *f* de magnesio; bombilla de destello

flash flood *s* torrentada, avenida repentina

flashing [ˈflæʃɪŋ] *s* despidiente *m* de agua, vierteaguas *m*

flash'light' *s* linterna eléctrica, lámpara eléctrica de bolsillo; (*of a lighthouse*) luz *f* intermitente, fanal *m* de destellos; (*for taking photographs*) flash *m*, relámpago

flashlight battery *s* pila de linterna

flashlight bulb *s* bombilla de linterna

flashlight photography *s* fotografía instantánea de relámpago

flash sign *s* anuncio intermitente

flash·y [ˈflæʃi] *adj* (*comp* **-ier;** *super* **-iest**) chillón, llamativo

flask [flæsk] *s* frasco; frasco de bolsillo; (*for laboratory use*) matraz *m*, redoma

flat [flæt] *adj* (*comp* **flatter;** *super* **flattest**) plano; (*nose; boat*) chato; (*surface*) mate, deslustrado; (*beer*) muerto; (*tire*) desinflado; (*e.g., denial*) terminante; (mus) bemol ‖ *adv*—**to fall flat** caer de plano; (fig) no surtir efecto, no tener éxito ‖ *s* banco, bajío; (*apartment*) piso; (mus) bemol *m;* (coll) neumático desinflado

flat'boat' *s* chalana

flat'car' *s* vagón *m* de plataforma

flat'foot' *s* pie plano

flat-footed [ˈflætˌfʊtɪd] *adj* de pies planos; (coll) inflexible

flat'head' *s* (*of a bolt*) cabeza chata; clavo, tornillo o perno de cabeza chata; (coll) tonto, mentecato

flat'i'ron *s* plancha

flatten [ˈflætən] *tr* allanar, aplanar; chafar, aplastar; achatar ‖ *intr* allanarse, aplanarse; aplastarse; achatarse; **to flatten out** ponerse horizontal, enderezarse

flatter [ˈflætər] *tr* lisonjear; cepillar (*to make more attractive than is*) favorecer ‖ *intr* lisonjear

flatterer [ˈflætərər] *s* lisonjero; (coll) limpiabotas *m*

flattering [ˈflætərɪŋ] *adj* lisonjero

flatter·y [ˈflætəri] *s* (*pl* **-ies**) lisonja

flat'top' *s* portaaviones *m*

flatulence [ˈflætʃələns] *s* flatulencia

flat'ware' *s* vajilla de plata; vajilla de porcelana

flaunt [flɔnt] *tr* ostentar, hacer gala de

flautist [ˈflɔtɪst] *s* flautista *mf*

flavor [´flevər] s sabor m, gusto; condimento, sazón f; (of ice cream) clase f ‖ tr saborear; condimentar, sazonar; aromatizar, perfumar

flavoring [´flevərɪŋ] s condimento, sainete m

flaw [flɔ] s defecto, imperfección; (crack) grieta

flawless [´flɔlɪs] adj perfecto, entero

flax [flæks] s lino

flaxen [´flæksən] adj blondo, rubio

flax´seed´ s linaza

flay [fle] tr desollar

flea [fli] s pulga

flea´bite´ s picadura de pulga; molestia insignificante

fleck [flɛk] s pinta, punto; partícula, pizca ‖ tr puntear

fledgling [´flɛdʒlɪŋ] s pajarito, volantón m; (fig) novato, novel m

flee [fli] v (pret & pp **fled** [flɛd]) tr & intr huir

fleece [flis] s (coat of wool) lana; (wool shorn at one time; tuft of wool or hair) vellón m ‖ tr esquilar; (to strip of money) desplumar

fleec•y [´flisi] adj (comp **-ier;** super **-iest**) lanudo; (clouds) aborregado

fleet [flit] adj veloz ‖ s armada; (of merchant vessels, airplanes, automobiles) flota

fleeting [´flitɪŋ] adj fugaz, efímero; transitorio

Fleming [´flɛmɪŋ] s flamenco

Flemish [´flɛmɪʃ] adj & s flamenco

flesh [flɛʃ] s carne f; in the flesh en persona; to lose flesh perder carnes; to put on flesh cobrar carnes

flesh and blood s (relatives) carne y sangre; el cuerpo humano

fleshiness [´flɛʃɪnɪs] s carnosidad

fleshless [´flɛʃlɪs] adj descarnado

flesh´pot´ s olla, marmita; **fleshpots** vida regalona; suntuosos nidos de vicios

flesh wound s herida superficial

flesh•y [´flɛʃi] adj (comp **-ier;** super **-iest**) carnoso

flex [flɛks] tr doblar ‖ intr doblarse

flexible [´flɛksɪbəl] adj flexible

flexible cord s (elec) flexible m

flick [flɪk] s (with finger) papirote m; (with whip) latigazo; ruido seco ‖ tr golpear rápida y ligeramente

flicker [´flɪkər] s llama trémula; (of eyelids) parpadeo; (of emotion) temblor momentáneo ‖ intr flamear con llama trémula; aletear

flier [´flaɪər] s aviador m; tren rápido; (coll) negocio arriesgado; (coll) hoja volante

flight [flaɪt] s fuga, huída; (of an airplane) vuelo; (of birds) bandada; (of stairs) tramo; (of fancy) arranque m; to put to flight poner en fuga; to take flight darse a la fuga

flight attendant s sobrecargo, sobrecarga

flight deck s (nav) cubierta de vuelo

flight•y [´flaɪti] adj (comp **-ier;** super **-iest**) veleidoso; casquivano

flim•flam [´flɪm,flæm] s (coll) engaño, trampa; (coll) tontería ‖ v (pret & pp **-flammed;** ger **-flamming**) tr (coll) engañar, trampear

flim•sy [´flɪmzi] adj (comp **-sier;** super **-siest**) débil, endeble, flojo

flinch [flɪntʃ] intr encogerse de miedo

fling [flɪŋ] s echada, tiro; baile escocés muy vivo; to go on a fling echar una cana al aire; to have a fling at ensayar, probar; to have one's fling correrla, mocear ‖ v (pret & pp **flung** [flʌŋ]) tr arrojar; (e.g., on the floor, out the window, in jail) echar; to fling open abrir de golpe; to fling shut cerrar de golpe

flint [flɪnt] s pedernal m

flint´lock´ s llave f de chispa; trabuco de chispa

flint•y [´flɪnti] adj (comp **-ier;** super **-iest**) pedernalino; (fig) empedernido

flip [flɪp] adj (comp **flipper;** super **flippest**) (coll) petulante ‖ s capirotazo ‖ v (pret & pp **flipped;** ger **flipping**) tr echar de un capirotazo, mover de un tirón; to flip a coin echar a cara o cruz; to flip one's lid (coll) deschavetar; to flip shut cerrar de golpe (p. ej., un abanico)

flippancy [´flɪpənsi] s petulancia

flippant [´flɪpənt] adj petulante

flip side s contraportada (del disco)

flirt [flʌrt] s (woman) coqueta; (man) galanteador m ‖ intr coquetear (una mujer); galantear (un hombre); to flirt with flirtear con; pololear (Chile); acariciar (una idea); jugar con (la muerte)

flit [flɪt] v (pret & pp **flitted;** ger **flitting**) intr revolotear, volar; pasar rápidamente

flitch [flɪtʃ] s hoja de tocino

float [flot] s (raft) balsa; (of fishing line) flotador m; (of mason) llana; carroza alegórica, carro alegórico ‖ tr poner a flote; lanzar (una empresa); emitir (acciones, bonos, etc.) ‖ intr flotar

floating [´flotɪŋ] adj flotante

flock [flɑk] s (of birds) bandada; (of sheep) grey f, rebaño, manada; (of people) muchedumbre; (e.g., of nonsense) hatajo; (of faithful) grey f, rebaño ‖ intr congregarse, reunirse; llegar en tropel

floe [flo] s banquisa, témpano

flog [flɑg] v (pret & pp **flogged;** ger **flogging**) tr azotar, fustigar

flood [flʌd] s inundación; (caused by heavy rain) diluvio; (sudden rise of river) crecida; (of tide) pleamar f; (of words, etc.) diluvio, torrente m ‖ tr inundar; (to overwhelm) abrumar ‖ intr desbordar, rebosar; entrar a raudales

flood´gate´ s (of a dam) compuerta; (of a canal) esclusa

flood´light´ s faro de inundación ‖ tr iluminar con faro de inundación

flood tide s pleamar f, marea montante

floor [flor] s (inside bottom surface of room) piso, suelo; (story of a building) piso, alto; (of the sea, a swimming pool, etc.) fondo; (of an assembly hall) hemiciclo; (naut) varenga; to ask for the floor pedir la palabra; to have the floor tener la palabra; to take the floor tomar la palabra ‖ tr entarimar; derribar, echar al suelo; (coll)

confundir, envolver, revolcar (*al adversario en controversia*); (coll) vencer
floor lamp *s* lámpara de pie
floor mop *s* fregasuelos *m*, estropajo
floor plan *s* planta
floor show *s* espectáculo de cabaret
floor timber *s* (naut) varenga
floor'walk'er *s* jefe *m* de sección
floor wax *s* cera de pisos
flop [flɑp] *s* fracaso, caída; (*person*) berzas *m*, berzotas *m;* **to take a flop** caerse ‖ *v* (*pret* & *pp* **flopped;** *ger* **flopping**) *intr* agitarse; caerse; venirse abajo; fracasar; **to flop over** volcarse; cambiar de partido
flora [ˈflɔrə] *s* flora
floral [ˈflɔrəl] *adj* floral
Florentine [ˈflɔrən,tin] *adj* & *s* florentino
florescence [floˈrɛsəns] *s* florescencia
florid [ˈflɔrɪd] *adj* (*complexion*) encarnado; (*showy, ornate*) florido
Florida Keys [ˈflɔrɪdə] *s* Cayos de la Florida
florist [ˈflɔrɪst] *s* florero, florista *mf*
floss [flɑs] *s* cadarzo; (*of corn*) cabellos
floss silk *s* seda floja sin torcer
floss•y [ˈflɑsi] *adj* (*comp* **-ier;** *super* **-iest**) ligero, velloso; (slang) cursi, vistoso
flotsam [ˈflɑtsəm] *s* pecio
flotsam and jetsam *s* pecios, despojos; (*trifles*) baratijas; gente *f* trashumante, gente perdida
flounce [flaʊns] *s* faralá *m*, volante *m* ‖ *tr* adornar con faralaes o volantes ‖ *intr* moverse airadamente
flounder [ˈflaʊndər] *s* platija ‖ *intr* forcejear, obrar torpemente, andar tropezando
flour [flaʊr] *adj* harinero ‖ *s* harina
flourish [ˈflʌrɪʃ] *s* (*with the sword*) molinete *m;* (*with the pen*) plumada, rasgo; (*as part of signature*) rúbrica; (*mus*) floreo ‖ *tr* blandir (*la espada*) ‖ *intr* florecer, prosperar
flourishing [ˈflʌrɪʃɪŋ] *adj* floreciente, próspero
flour mill *s* molino de harina
floury [ˈflaʊri] *adj* harinoso
flout [flaʊt] *tr* mofarse de, burlarse de ‖ *intr* mofarse, burlarse
flow [flo] *s* flujo ‖ *intr* fluir; subir (*la marea*); ondear (*el pelo en el aire*); **to flow into** desaguar en, desembocar en; **to flow over** rebosar; **to flow with** henar en, abundar en
flower [ˈflaʊ•ər] *s* flor *f* ‖ *tr* florear ‖ *intr* florecer
flower bed *s* macizo, parterre *m*
flower garden *s* jardín *m*
flower girl *s* florera; (*at a wedding*) damita de honor
flower piece *s* ramillete *m;* (*painting*) florero
flow'er•pot' *s* tiesto, maceta
flower shop *s* floristería
flower show *s* exposición de flores
flower stand *s* florero
flowery [ˈflaʊ•əri] *adj* florido, cubierto de flores
flu [flu] *s* (coll) gripe *f*, influenza
fluctuate [ˈflʌkt∫ʊ,et] *intr* fluctuar

flue [flu] *s* cañón *m* de chimenea; tubo de humo
fluency [ˈflu•ənsi] *s* afluencia, facundia
fluent [ˈflu•ənt] *adj* (*flowing*) fluente; afluente, facundo, flúido
fluently [ˈflu•əntli] *adv* corrientemente
fluff [flʌf] *s* pelusa, tamo; vello, pelusilla; (*of an actor*) gazapo ‖ *tr* esponjar, mullir ‖ *intr* esponjarse
fluff•y [ˈflʌfi] *adj* (*comp* **-ier;** *super* **-iest**) fofo, esponjoso, mullido; velloso
fluid [ˈflu•ɪd] *adj* & *s* flúido
fluidity [fluˈɪdɪti] *s* fluidez *f*
fluke [fluk] *s* (*of anchor*) uña; (*in billiards*) chiripa
flume [flum] *s* caz *m*, saetín *m*
flunk [flʌŋk] *s* (coll) reprobación ‖ *tr* (coll) reprobar, dar calabazas a; perder (*un examen o asignatura*) ‖ *intr* (coll) fracasar, salir mal; **to flunk out** (coll) tener que abandonar los estudios por no poder aprobar
flunk•y [ˈflʌŋki] *s* (*pl* **-ies**) lacayo; adulador *m*
fluor [ˈflu•ɔr] *s* fluorita
fluorescence [,flu•əˈrɛsəns] *s* fluorescencia
fluorescent [,flu•əˈrɛsənt] *adj* fluorescente
fluoridate [ˈflu•ərɪ,det] *tr* fluorizar
fluoridation [ˈflu•ərɪˈdeʃən] *s* fluorización
fluoride [ˈflu•ə,raɪd] *s* fluoruro
fluorine [ˈflu•ə,rin] *s* flúor *m*
fluorite [ˈflu•ə,raɪt] *s* fluorita
fluoroscope [ˈflu•ərə,skop] *s* fluoroscopio
fluor spar *s* espato flúor
flur•ry [ˈflʌri] *s* (*pl* **-ries**) agitación; (*of wind*) racha, ráfaga; (*of rain*) chaparrón *m;* (*of snow*) nevisca ‖ *v* (*pret* & *pp* **-ried**) *tr* agitar
flush [flʌʃ] *adj* rasante, nivelado; (*set in, in order to be flush*) embutido; abundante; robusto, vigoroso; próspero, bien provisto; coloradote; (*in printing*) justificado; **flush with** a ras de ‖ *adv* ras con ras, al mismo nivel ‖ *s* (*of water*) flujo repentino; (*in the cheeks*) rubor *m;* sonrojo; (*in the springtime*) floración repentina; (*of joy*) acceso; (*of youth*) vigor *m;* chorro del inodoro; (*in poker*) flux *m* ‖ *tr* (*to cause to blush*) abochornar; limpiar con un chorro de agua; hacer saltar (*una liebre*) ‖ *intr* abochornarse, estar encendido (*el rostro*); (*to gush*) brotar
flush outlet *s* (elec) caja de enchufe embutida
flush switch *s* (elec) llave embutida
flush tank *s* depósito de limpia
flush toilet *s* inodoro con chorro de agua
fluster [ˈflʌstər] *s* confusión, aturdimiento ‖ *tr* confundir, aturdir
flute [flut] *s* (*of a column*) estría; (mus) flauta ‖ *tr* estriar, acanalar
flutist [ˈflutɪst] *s* flautista *mf*
flutter [ˈflʌtər] *s* aleteo, revoloteo; confusión, turbación ‖ *intr* aletear, revolotear; flamear, ondear; agitarse; alterarse (*el pulso*); palpitar (*el corazón*)
flux [flʌks] *s* (*flow; flowing of tide*) flujo; (*for fusing metals*) flujo, fundente *m*

fly [flaɪ] s (pl **flies**) mosca; (of trousers) portañuela, bragueta; (for fishing) mosca artificial; **flies** (theat) bambalinas; **to die like flies** morir como chinches ‖ v (pret **flew** [flu]; pp **flown** [flon]) tr hacer volar (una cometa); dirigir (un avión); (to carry in an airship) volar; atravesar en avión; desplegar, llevar (una bandera) ‖ intr volar; huir; ondear (una bandera); **to fly off** salir volando; desprenderse; **to fly open** abrirse de repente; **to fly over** trasvolar; **to fly shut** cerrarse de repente

fly ball s (baseball) palomita

fly'blow' s cresa

fly'-by-night' adj indigno de confianza

fly'catch'er s moscareta, papamoscas m

fly chaser s espantamoscas m

flyer ['flaɪ•ər] s var de **flier**

fly'-fish' tr & intr pescar con moscas artificiales

flying ['flaɪ•ɪŋ] adj volante; rápido, veloz ‖ s aviación

flying boat s hidroavión m

flying buttress s arbotante m

flying colors spl gran éxito

flying field s campo de aviación

flying saucer s platillo volante

flying sickness s mal m de altura

flying time s horas de vuelo

fly in the ointment s mosca muerta que malea el perfume

fly'leaf' s (pl **-leaves'**) guarda, hoja de guarda

fly net s (for a bed) mosquitero; (for a horse) espantamoscas m

fly'pa'per s papel m matamoscas

fly'speck' s mancha de mosca

fly'swatter ['swatər] s matamoscas m

fly'trap' s atrapamoscas m

fly'wheel' s volante m

fm. abbr **fathom**

F.M. abbr **frequency modulation**

foal [fol] s potro ‖ intr parir (la yegua)

foam [fom] s espuma ‖ intr espumar

foam extinguisher s lanzaespumas m, extintor m de espuma

foam rubber s caucho esponjoso, espuma de caucho

foam•y ['fomi] adj (comp **-ier;** super **-iest**) espumoso, espumajoso

fob [fab] s faltriquera de reloj; (chain) leopoldina; (ornament) dije m

F.O.B. abbr **free on board**

focal ['fokəl] adj focal

fo•cus ['fokəs] s (pl **-cuses** o **-ci** [saɪ]) foco; **in focus** enfocado; **out of focus** desenfocado ‖ v (pret & pp **-cused** o **-cussed;** ger **-cusing** o **-cussing**) tr enfocar; fijar (la atención) ‖ intr enfocarse

fodder ['fadər] s forraje m

foe [fo] s enemigo

fog [fag] o [fɔg] s niebla; (phot) velo ‖ v (pret & pp **fogged;** ger **fogging**) tr envolver en niebla; (to blur) empañar; (phot) velar ‖ intr empañarse; (phot) velarse

fog bank s banco de nieblas

fog bell s campana de nieblas

fog'bound' adj atascado en la niebla, envuelto en la niebla

fog•gy ['fagi] o ['fɔgi] adj (comp **-gier;** super **-giest**) neblinoso, brumoso; confuso; (phot) velado; **it is foggy** hay neblina

fog'horn' s sirena de niebla

foible ['fɔɪbəl] s flaqueza, lado flaco

foil [fɔɪl] s (thin sheet of metal) hojuela, laminilla; (of mirror) azogado, plateado; contraste m, realce m; (sword) florete m ‖ tr frustrar; azogar, platear (un espejo)

foist [fɔɪst] tr — **to foist something on someone** encajar una cosa a uno

fol. abbr **folio, following**

fold [fold] s pliegue m, doblez m; arruga; (for sheep) aprisco, redil m; (of the faithful) rebaño ‖ tr plegar, doblar; cruzar (los brazos); **to fold up** doblar (p.ej., un mapa) ‖ intr plegarse, doblarse

folder ['foldər] s (covers for holding papers) carpeta; (pamphlet) folleto

folderol ['faldə,ral] s tontería, necedad; bagatela

folding ['foldɪŋ] adj plegadizo, plegable; plegador

folding camera s cámara de fuelle

folding chair s silla de tijera, silla plegadiza; (of canvas) catrecillo

folding cot s catre m de tijera

folding door s puerta plegadiza

folding rule s metro plegadizo

foliage ['foli•ɪdʒ] s follaje m

foli•o ['foli•o] adj en folio ‖ s (pl **-os**) (sheet) folio; infolio, libro en folio ‖ tr foliar

folk [fok] adj popular, tradicional, del pueblo ‖ s (pl **folk** o **folks**) gente f; **folks** (coll) gente (familia)

folk etymology s etimología popular

folk'lore' s folkore m

folk music s música folklórica

folk song s canción típica, canción tradicional

folk•sy ['foksi] adj (comp **-sier;** super **-siest**) (coll) sociable, tratable; (like common people) (coll) plebeyo

folk'way' s costumbre tradicional

follicle ['falɪkəl] s folículo

follow ['falo] tr seguir; seguir el hilo de; interesarse en (las noticias del día) ‖ intr seguir; resultar; **as follows** como sigue; **it follows** síguese

follower ['falo•ər] s seguidor m; secuaz mf, partidario; imitador m; discípulo

following ['falo•ɪŋ] adj siguiente ‖ s séquito; partidarios

fol'low-up' adj consecutivo; recordativo ‖ s carta recordativa, circular recordativa

fol•ly ['fali] s (pl **-lies**) desatino, locura; empresa temeraria; **follies** revista teatral

foment [fo'mɛnt] tr fomentar

fond [fand] adj afectuoso, cariñoso; **to become fond of** encariñarse con, aficionarse a o de

fondle ['fandəl] tr acariciar, mimar

fondness ['fandnɪs] s afición, cariño

font [fant] s (source; source of water) fuente f; (for holy water) pila; (of type) fundición

food [fud] *adj* alimenticio ‖ *s* comida, alimento; **food for thought** cosa en qué pensar

food store *s* tienda de comestibles, colmado

food'stuffs' *spl* comestibles *mpl*, víveres *mpl*

fool [ful] *s* tonto, necio; (*jester*) bufón *m;* (*person imposed on*) inocente *mf*, víctima; **to make a fool of** poner en ridículo; **to play the fool** hacer el tonto ‖ *tr* embaucar, engañar; **to fool away** malgastar (*tiempo, dinero*) ‖ *intr* tontear; **to fool around** (coll) malgastar el tiempo; **to fool with** (coll) ajar, manosear

fooler•y ['fuləri] *s* (*pl* **-ies**) locura, tontería, babosada

fool'har'dy *adj* (*comp* **-dier**; *super* **-diest**) temerario

fooling ['fulɪŋ] *s* broma; engaño; **no fooling** hablando en serio

foolish ['fulɪʃ] *adj* tonto; ridículo; gilí

fool'proof' *adj* (coll) a prueba de mal trato; (coll) infalible

fools'cap' *s* gorro de bufón; papel *m* de oficio

fool's errand *s* caza de grillos

fool's scepter *s* cetro de locura

foot [fut] *s* (*pl* **feet** [fit]) pie *m;* **to drag one's feet** ir a paso de caracol; **to have one foot in the grave** estar con un pie en la sepultura; **to put one's best foot forward** (coll) hacer méritos; **to put one's foot in it** (coll) meter la pata; (coll) tirarse una plancha; **to stand on one's own feet** volar con sus propias alas; **to tread under foot** hollar ‖ *tr* pagar (*la cuenta*); **to foot it** andar a pie; bailar

footage ['futɪdʒ] *s* distancia o largura en pies

foot'ball' *s* (*game*) balompié *m*, fútbol *m;* (*ball*) balón *m*

foot'board' *s* (*support for foot*) estribo; (*of bed*) pie *m*

foot'bridge' *s* pasarela, puente *m* para peatones

foot'fall' *s* paso

foot'hill' *s* colina al pie de una montaña

foot'hold' *s* arraigo, pie *m;* **to gain a foothold** ganar pie

footing ['futɪŋ] *s* pie *m*, p.ej., **he lost his footing** perdió el pie; **on a friendly footing** en relaciones amistosas; **on an equal footing** en pie de igualdad; **on a war footing** en pie de guerra

foot'lights' *spl* candilejas, batería; (fig) tablas, escena

foot'loose' *adj* libre, no comprometido

foot•man ['futmən] *s* (*pl* **-men** [mən]) lacayo, criado de librea

foot'mark' *s* huella

foot'note' *s* nota al pie de la página

foot'path' *s* senda para peatones

foot'print' *s* huella

foot race *s* carrera a pie

foot'rest' *s* apoyapié *m*, descansapié *m*

foot rule *s* regla de un pie

foot soldier *s* soldado de a pie

foot'sore' *adj* despeado

foot'step' *s* paso; **to follow in the footsteps of** seguir los pasos de

foot'stone' *s* lápida al pie de una sepultura

foot'stool' *s* escabel *m*, escañuelo

foot warmer *s* calientapiés *m*

foot'wear' *s* calzado

foot'work' *s* juego de piernas

foot'worn' *adj* (*road*) trillado; (*person*) despeado

foozle ['fuzəl] *s* chambonada; (coll) chambón *m*, torpe *m* ‖ *tr* chafallar; errar (*un golpe*) de manera torpe ‖ *intr* chambonear

fop [fɑp] *s* currutaco, petimetre *m;* lagarto (Mex)

for [fər] *prep* para; por; como, p.ej., **he uses his living room for an office** usa la sala como oficina; de, p.ej., **time for bed** hora de acostarse; desde hace, p.ej., **he has been here for a week** está aquí desde hace una semana; en honor de; a pesar de ‖ *conj* pues, porque

for. *abbr* **foreign**

forage ['fɔrɪdʒ] *adj* forrajero ‖ *s* forraje *m* ‖ *tr & intr* forrajear; saquear

foray ['fɑre] o ['fɔre] *s* correría; saqueo ‖ *intr* hacer correrías

for•bear [fɔr'bɛr] *v* (*pret* **-bore** ['bor]; *pp* **-borne** ['born]) *tr* abstenerse de ‖ *intr* contenerse

forbearance [fɔr'bɛrəns] *s* abstención; paciencia

for•bid [fɔr'bɪd] *v* (*pret* **-bade** ['bæd] o **-bad** ['bæd]; *pp* **-bidden** ['bɪdən]; *ger* **-bidding**) *tr* prohibir

forbidding [fɔr'bɪdɪŋ] *adj* repugnante, repulsivo

force [fɔrs] *s* fuerza; (*staff of workers*) personal *m;* (*of soldiers, police, etc.*) cuerpo; (phys) fuerza; **by force** a la mala (Cuba, P-R); **by force of** a fuerza de; **by main force** con todas sus fuerzas; **in force** vigente, en vigor; en gran número; **to join forces** juntar diestra con diestra ‖ *tr* forzar; obligar; **to force back** hacer retroceder; **to force open** abrir por fuerza; **to force through** llevar a cabo por fuerza

forced [fɔrst] *adj* forzado

forced air *s* aire *m* a presión

forced landing *s* aterrizaje forzado o forzoso

forced march *s* marcha forzada

forceful ['fɔrsfəl] *adj* enérgico, eficaz

for•ceps ['fɔrsəps] *s* (*pl* **-ceps** o **-cipes** [sɪ,piz]) (dent, surg) pinzas; (obstet) fórceps *m*

force pump *s* bomba impelente

forcible ['fɔrsɪbəl] *adj* eficaz, convincente; forzado

ford [fɔrd] *s* vado ‖ *tr* vadear

fore [for] *adj* anterior; (naut) de proa ‖ *adv* antes, anteriormente; delante; (naut) avante ‖ *interj* ¡ojo!, ¡cuidado! ‖ *s* delantera; **to the fore** destacado; a mano; vivo

fore and aft *adv* de popa a proa

fore'arm' *s* antebrazo ‖ **fore•arm'** *tr* armar de antemano; prevenir

fore'bear' *s* antepasado

forebode [fɔr'bod] *tr* (*to portend*) presagiar; (*to have a presentiment of*) presentir, prever

foreboding [for'bodɪŋ] s presagio; presentimiento

fore'cast' s pronóstico ‖ v (pret & pp -cast o-casted) tr pronosticar

forecastle ['foksəl], ['for,kæsəl], o ['for,kɑsəl] s castillo de proa

fore•close' tr excluir; extinguir el derecho de redimir (una hipoteca); privar del derecho de redimir una hipoteca

fore•doom' tr condenar de antemano, predestinar al fracaso

fore edge s canal f

fore'fa'ther s antepasado

fore'fin'ger s dedo índice, dedo mostrador

fore'front' s puesto delantero; sitio de actividad más intensa; **in the forefront** a vanguardia

fore•go' v (pret -went'; pp -gone') tr & intr preceder

foregoing ['for,go•ɪŋ] o [for'go•ɪŋ] adj anterior, precedente, prenombrado

fore'gone' conclusion s resultado inevitable; decisión adoptada de antemano

fore'ground' s primer plano, primer término

forehanded ['for,hændɪd] adj (thrifty) ahorrado; hecho de antemano

forehead ['forɪd] o ['fɑrɪd] s frente f

foreign ['fɑrɪn] adj extranjero, exterior; **foreign to** (not belonging to or connected with) ajeno a

foreign affairs spl asuntos exteriores

for'eign-born' adj nacido en el extranjero

foreigner ['fɑrɪnər] s extranjero

foreign exchange s cambio extranjero; (currency) divisa

foreign minister s ministro de asuntos exteriores

foreign ministry s ministerio de relaciones exteriores

foreign office s ministerio de asuntos exteriores

foreign service s servicio diplomático y consular; servicio militar extranjero

foreign trade s comercio extranjero

fore'leg' s brazo, pata delantera

fore'lock' s mechón m de pelo sobre la frente; (of a horse) copete m; **to take time by the forelock** asir la ocasión por la melena

fore•man ['formən] s (pl -men [mən]) capataz m, mayoral m, sobrestante m; (in a machine shop) contramaestre m; presidente m de jurado

foremast ['forməst], ['for,mæst], o ['for,mɑst] s palo de trinquete

foremost ['for,most] adj primero, principal, más eminente

fore'noon' adj matinal ‖ s mañana

fore'part' s parte delantera; primera parte

fore'paw' s pata delantera

fore'quar'ter s cuarto delantero

fore'run'ner s precursor m; predecesor m; antepasado; anuncio, presagio

fore•sail ['forsəl] o ['for,sel] s trinquete m

fore•see' v (pret -saw'; pp -seen') tr prever

foreseeable [for'si•əbəl] adj previsible

fore•shad'ow tr presagiar, prefigurar

fore•short'en tr escorzar

fore•short'ening s escorzo

fore'sight' s previsión, presciencia

fore'sight'ed adj previsor, presciente

fore'skin' s prepucio

forest ['fɑrɪst] o ['fɔrɪst] adj forestal ‖ s bosque m

fore•stall' tr impedir, prevenir; anticipar; acaparar

forest ranger ['rendʒər] s guarda m forestal, montanero

forestry ['fɑrɪstri] o ['fɔrɪstri] s silvicultura, ciencia forestal

fore'taste' s goce anticipado, conocimiento anticipado

fore•tell' v (pret & pp -told') tr predecir; presagiar

fore'thought' s premeditación; providencia, previsión

forever [fɔr'ɛvər] adv por siempre; siempre

fore•warn' tr prevenir, poner sobre aviso

fore'word' s advertencia, prefacio

forfeit ['fɔrfɪt] adj perdido ‖ s multa, pena; prenda perdida; **forfeits** (game) prendas ‖ tr perder el derecho a

forfeiture ['fɔrfɪtʃər] s multa, pena; prenda perdida

forgather [fɔr'gæðər] intr reunirse; encontrarse; **to forgather with** asociarse con

forge [fɔrdʒ] s fragua; (blacksmith shop) herrería; ‖ tr fraguar, forjar; falsificar (la firma de otra persona); fraguar, forjar (mentiras) ‖ intr fraguar, forjar; **to forge ahead** avanzar despacio y con esfuerzo

forger•y ['fɔrdʒəri] s (pl -ies) falsificación

for•get [fɔr'gɛt] v (pret -got [gɑt]; pp -got o -gotten; ger -getting) tr olvidar, olvidarse de, olvidársele a uno, p.ej., **he forgot his overcoat** se le olvidó su abrigo; **forget it!** ¡no se preocupe!, **to forget oneself** no pensar en sí mismo; ser distraído; propasarse

forgetful [fɔr'gɛtfəl] adj olvidado, olvidadizo; descuidado

forgetfulness [fɔr'gɛtfəlnɪs] s olvido; descuido

for•get'-me-not' s nomeolvides m

forgivable [fɔr'gɪvəbəl] adj perdonable

for•give [fɔr'gɪv] v (pret -gave'; pp -giv'en) tr perdonar

forgiveness (fɔr'gɪvnɪs) s perdón m; misericordia

forgiving [fɔr'gɪvɪŋ] adj perdonador, misericordioso, clemente

for•go [fɔr'go] v (pret -went'; pp -gone') tr privarse de

fork [fɔrk] s horca; (of a gardener; of bicycle) horquilla; (of two rivers) horcajo; (of railroad) ramal m; (of a tree) horqueta; (for eating) tenedor m ‖ tr ahorquillar; cargar con horquilla; (in chess) amenazar (dos piezas) ‖ intr bifurcarse

forked [fɔrkt] adj ahorquillado

forked lightning s relámpago en zigzag

fork'lift' truck s carretilla elevadora de horquilla

forlorn [fɔr'lɔrn] *adj* desamparado; desesperado; miserable

forlorn hope *s* empresa desesperada

form [fɔrm] *s* forma; (*paper to be filled out*) formulario; (*construction to give shape to cement*) encofrado; (*type in a frame*) molde *m* ‖ *tr* formar ‖ *intr* formarse

formal ['fɔrməl] *adj* formal, ceremonioso; etiquetero

formal attire *s* vestido de etiqueta

formal call *s* visita de cumplido

formali•ty [fɔr'mælɪti] *s* (*pl* **-ties**) (*standard procedure*) formalidad; ceremonia, etiqueta

formal party *s* reunión de etiqueta

formal speech *s* discurso de aparato

format ['fɔrmæt] *s* formato

formation ['fɔr'meʃən] *s* formación

former ['fɔrmər] *adj* (*preceding*) anterior; (*long past*) antiguo; primero (*de dos*); **the former** aquél

formerly ['fɔrmərli] *adv* antes, en tiempos pasados

form'-fit'ting *adj* ceñido al cuerpo

formidable ['fɔrmɪdəbəl] *adj* formidable

formless ['fɔrmlɪs] *adj* informe

form letter *s* carta general

formu•la ['fɔrmjələ] *s* (*pl* **-las** o **-lae** [,li] fórmula

formulate ['fɔrmjə,let] *tr* formular

fornicate ['fɔrnə,ket] *intr* fornicar

fornication [,fɔrnə'keʃən] *s* fornicación

for•sake [fɔr'sek] *v* (*pret* **-sook** ['sʊk]; *pp* **-saken** ['sekən]) *tr* abandonar, desamparar; dejar

fort [fɔrt] *s* fuerte *m*, fortaleza

forte [fɔrt] *s* (*strong point*) fuerte *m*, caballo de batalla ‖ ['fɔrte] *adj* (mus) fuerte

forth [fɔrθ] *adv* adelante; **and so forth** y así sucesivamente; **from this day forth** de hoy en adelante; **to go forth** salir

forth'com'ing *adj* próximo, venidero

forth'right' *adj* directo, franco, sincero ‖ *adv* derecho; sinceramente, francamente; en seguida

forth'with' *adv* inmediatamente

fortieth ['fɔrtɪ•ɪθ] *adj* & *s* (*in a series*) cuadragésimo; (*part*) cuarentavo

fortification [,fɔrtɪfɪ'keʃən] *s* fortificación

forti•fy ['fɔrtɪ,faɪ] *v* (*pret* & *pp* **-fied**) *tr* fortificar; encabezar (*vinos*)

fortitude ['fɔrtɪ,tjud] *s* fortaleza, firmeza

fortnight ['fɔrtnaɪt] *s* quincena, dos semanas

fortress ['fɔrtrɪs] *s* fortaleza

fortuitous [fɔr'tju•ɪtəs] *adj* fortuito

fortunate ['fɔrtʃənɪt] *adj* afortunado

fortune ['fɔrtʃən] *s* fortuna; (*money*) platal *m;* **to make a fortune** enriquecerse; **to tell someone his fortune** decirle a uno la buenaventura

fortune hunter *s* cazador *m* de dotes

for'tune•tel'ler *s* adivino, agorero

for•ty ['fɔrti] *adj* & *pron* cuarenta ‖ *s* (*pl* **-ties**) cuarenta *m*

fo•rum ['forəm] *s* (*pl* **-rums** o **-ra** [rə]) foro; (*e.g., of public opinion*) tribunal *m*

forward ['fɔrwərd] *adj* delantero; precoz; atrevido, impertinente ‖ *adv* hacia adelante; **to bring forward** pasar a cuenta nueva; **to come forward** adelantarse; **to look forward to** esperar con placer anticipado ‖ *tr* cursar, hacer seguir, reexpedir; fomentar, patrocinar

fossil ['fɑsɪl] *adj* & *s* fósil *m*

foster ['fɑstər] o ['fɔstər] *adj* adoptivo, de leche, de crianza ‖ *tr* fomentar

foster brother *s* hermano de leche

foster home *s* hogar *m* de adopción

foster mother *s* madre adoptiva; (*nurse*) ama de leche

foster sister *s* hermana de leche

foul [faʊl] *adj* sucio, puerco; (*air*) viciado; (*wind*) contrario; (*weather*) malo; obsceno; pérfido; (*breath*) fétido; (baseball) fuera del cuadro

foul-mouthed ['faʊl'maʊðd] o ['faʊl'maʊθt] *adj* deslenguado

foul play *s* mal encuentro; (sport) juego sucio

foul'spo'ken *adj* malhablado

found [faʊnd] *tr* fundar; (*to melt, to cast*) fundir

foundation [faʊn'deʃən] *s* fundación; (*endowment*) dotación; (*basis*) fundamento; (*masonry support*) cimiento

founder ['faʊndər] *s* fundador *m; (of metals)* fundidor *m* ‖ *intr* despearse (*un caballo*); hundirse, irse a pique (*un buque*); (*to fail*) fracasar

foundling ['faʊndlɪŋ] *s* niño expósito; pepe *mf*

foundling hospital *s* casa de expósitos

found•ry ['faʊndri] *s* (*pl* **-ries**) fundición

foundry•man ['faʊndrɪmən] *s* (*pl* **-men** [mən]) fundidor *m*

fount [faʊnt] *s* fuente *f*

fountain ['faʊntən] *s* fuente *f*, manantial *m*

foun'tain•head' *s* nacimiento

fountain pen *s* pluma estilográfica, pluma fuente

fountain syringe *s* mangueta

four [for] *adj* & *pron* cuatro ‖ *s* cuatro; **four o'clock** las cuatro; **on all fours** a gatas

four'-cy'cle *adj* (mach) de cuatro tiempos

four'-cyl'inder *adj* (mach) de cuatro cilindros

four'-flush' *intr* (coll) bravear, papelonear

fourflusher ['for,flʌʃər] *s* bravucón *m*

four-footed ['for'fʊtɪd] *adj* cuadrúpedo

four hundred *adj* & *pron* cuatrocientos ‖ *s* cuatrocientos *m;* **the four hundred** la alta sociedad

four'-in-hand' *s* corbata de nudo corredizo; coche tirado por cuatro caballos

four'-lane' *adj* cuadriviario

four'-leaf' *adj* cuadrifoliado

four'-legged ['for'lɛgɪd] o ['for'lɛgd] *adj* de cuatro patas; (*schooner*) de cuatro mástiles

four'-let'ter word *s* palabra impúdica de cuatro letras

four'-mo'tor plane *s* cuadrimotor *m*

four'-o'clock' *s* dondiego

four'post'er *s* cama imperial

four'score' *adj* cuatro veintenas de

foursome ['forsəm] *s* cuatrinca; cuatro jugadores; juego de cuatro

fourteen ['fɔr'tin] *adj, pron & s* catorce *m*
fourteenth ['fɔr'tinθ] *adj & s* (*in a series*) decimocuarto; (*part*) catorzavo ‖ *s* (*in dates*) catorce *m*
fourth [forθ] *adj & s* cuarto ‖ *s* (*in dates*) cuatro
fourth estate *s* cuarto poder
four'-way' *adj* de cuatro direcciones; (elec) de cuatro terminales
fowl [faʊl] *s* ave *f;* aves; gallina; gallo; carne *f* de ave
fowling piece *s* escopeta de caza
fox [fɑks] *s* zorra; (*fur*) zorro; (*cunning person*) (fig) zorro ‖ *tr* (coll) engañar con astucia
fox'glove' *s* dedalera
fox'hole' *s* zorrera; (mil) pozo de lobo
fox'hound' *s* perro raposero, perro zorrero
fox hunt *s* caza de zorras
fox terrier *s* fox-terrier *m* (*casta de perro de talla pequeña*)
fox trot *s* trote corto (*de caballo*); fox-trot *m* (*baile de compás cuaternario*)
fox·y ['fɑksi] *adj* (*comp* -**ier**; *super* -**iest**) (coll) hermosa y erótica; zorrero, astuto, taimado
foyer ['fɔɪər] *s* (*of a private house*) vestíbulo; (theat) salón *m* de entrada, vestíbulo
fr. *abbr* **fragment, franc, from**
Fr. *abbr* **Father, French, Friday**
Fra [fru] *s* fray *m*
fracas ['frekəs] *s* alboroto, riña
fraction ['frækʃən] *s* fracción; porción muy pequeña
fractional ['frækʃənəl] *adj* fraccionario; insignificante
fractious ['frækʃəs] *adj* reacio, rebelón; quisquilloso, regañón
fracture ['fræktʃər] *s* fractura ‖ *tr* fracturar; (*e.g., an arm*) fracturarse; *intr* fracturarse
fragile ['frædʒɪl] *adj* frágil
fragment ['frægmənt] *s* fragmento
fragrance ['fregrəns] *s* fragancia
fragrant ['fregrənt] *adj* fragante
frail [frel] *adj* (*not robust*) débil; (*easily broken; morally weak*) frágil ‖ *s* cesto de junco
frail·ty ['frelti] *s* (*pl* -**ties**) debilidad; (*moral weakness*) fragilidad
frame [frem] *s* (*of a picture, mirror*) marco, (*of glasses*) montura, armadura; (*structure*) armazón *f,* esqueleto; (*for embroidering*) bastidor *m;* (*of government*) sistema *m;* (mov, telv) encuadre *m;* (naut) cuaderna ‖ *tr* (*to put in a frame*) enmarcar; formar, forjar; construir; redactar, formular; (slang) incriminar (*a un inocente*)
frame house *s* casa de madera
frame of mind *s* manera de pensar
frame'-up' *s* (slang) treta, trama para incriminar a un inocente
frame'work' *s* armazón *f,* esqueleto, entramado
franc [fræŋk] *s* franco
France [fræns] o [frɑns] *s* Francia
franchise ['fræntʃaɪz] *s* franquicia, privilegio; (*right to vote*) sufragio

Franciscan [fræn'sɪskən] *adj & s* franciscano
frank [fræŋk] *adj* franco, sincero ‖ *s* carta franca, envío franco; franquicia postal; sello de franquicia ‖ *tr* franquear ‖ **Frank** *s* (*member of a Frankish tribe*) franco; (*masculine name*) Paco
frankfurter ['fræŋkfərtər] *s* salchicha de carne de vaca y de cerdo
frankincense ['fræŋkɪn,sɛns] *s* olíbano
Frankish ['fræŋkɪʃ] *adj & s* franco
frankness ['fræŋknɪs] *s* franqueza, abertura, sinceridad
frantic ['fræntɪk] *adj* frenético
frappé [fræ'pe] *adj* helado ‖ *s* refresco helado de zumo de frutas
frat [fræt] *s* (slang) club *m* de estudiantes
fraternal [frə'tʌrnəl] *adj* fraternal
fraterni·ty [frə'tʌrnɪti] *s* (*pl* -**ties**) (*brotherliness*) fraternidad; cofradía; asociación secreta; (U.S.A.) club *m* de estudiantes
fraternize ['frætər,naɪz] *intr* fraternizar
fraud [frɔd] *s* fraude *m;* embelequería (Col, Mex, W-I); (*person*) (coll) impostor *m*
fraudulent ['frɔdjələnt] *adj* fraudulento
fraught [frɔt] *adj*—**fraught with** cargado de, lleno de
fray [fre] *s* combate *m,* riña, batalla ‖ *intr* deshilacharse, raerse
freak [frik] *s* (*sudden fancy*) capricho, antojo; (*person, animal*) fenómeno, esperpento
freakish ['frikɪʃ] *adj* caprichoso, antojadizo; raro, fantástico
freckle ['frɛkəl] *s* peca
freckle-faced ['frɛkəl,fest] *adj* pecoso
freckly ['frɛkli] *adj* pecoso
free [fri] *adj* (*comp* **freer** ['fri·ər]; *super* **freest** ['fri·ɪst]) libre; gratis, franco; liberal, generoso; **to be free with** dar abundantemente; **to set free** libertar ‖ *adv* libremente; en libertad; de balde, gratis ‖ *v* (*pret & pp* **freed** [frid]; *ger* **freeing** ['fri·ɪŋ]) *tr* libertar, poner en libertad; soltar; exentar, eximir
free and easy *adj* despreocupado
freebooter ['fri,butər] *s* forbante *m,* filibustero, pirata *m*
free'born' *adj* nacido libre; propio de un pueblo libre
freedom ['fridəm] *s* libertad
freedom of speech *s* libertad de palabra
freedom of the press *s* libertad de imprenta
freedom of the seas *s* libertad de los mares
freedom of worship *s* libertad de cultos
free enterprise *s* libertad de empresa
free fight *s* sarracina, riña tumultuaria
free'-for-all' *s* concurso abierto a todo el mundo; sarracina, riña tumultuaria
free hand *s* plena libertad, carta blanca
free'hand' drawing *s* dibujo a pulso
freehanded ['fri,hændɪd] *adj* dadivoso, generoso
free'hold' *s* (law) feudo franco
free lance *s* soldado mercenario; periodista *mf* sin empleo fijo; (*writer not on regular salary*) destajista *mf*

fo
fr

free lunch s tapas, enjutos
free•man ['friman] s (pl -men [man]) hombre m libre; ciudadano
Free'ma'son s francmasón m
Free'ma'sonry s francmasonería
free of charge adj gratis, de balde
free on board adj franco a bordo
free port s puerto franco
free ride s llevada gratuita
free service s servicio post-venta
free'-spo'ken adj franco, sin reserva
free'stone' adj & s abridero
free'think'er s librepensador m
free thought s librepensamiento
free trade s librecambio
free'trad'er s librecambista mf
free'way' s autopista
free will s libre albedrío
freeze [friz] s helada || v (pret froze [froz]; pp frozen) tr helar; congelar (créditos, fondos, etc.) || intr helarse; congelarse; helársele a uno la sangre (p.ej., de miedo)
freeze'-dry' v (pret & pp -dried) tr liofilizar
freeze drying s liofilización
freezer ['frizər] s heladora, sorbetera
freezing ['friziŋ] s glaciación
freight [fret] s carga; (naut) flete m; by freight como carga; (rr) en pequeña velocidad || tr enviar por carga
freight car s vagón m de carga, vagón de mercancías
freighter ['fretər] s buque m de carga, carguero
freight platform s (rr) muelle m
freight station s (rr) estación de carga
freight train s mercancías msg, tren m de mercancías
freight yard s (rr) patio de carga
French [frɛntʃ] adj & s francés m; the French los franceses
French chalk s jaboncillo de sastre
French doors spl puertas vidrieras dobles
French dressing s salsa francesa, vinagreta
French fried potatoes spl patatas fritas en trocitos
French horn s (mus) trompa de armonía
French horsepower s caballo de fuerza, caballo de vapor
French leave s despedida a la francesa; to take French leave despedirse a la francesa
French•man ['frɛntʃmən] s (pl -men [mən]) francés m
French telephone s microteléfono
French toast s torrija
French window s puerta ventana
French'wom'an s (pl -wom'en) francesa
frenzied ['frɛnzid] adj frenético
fren•zy ['frɛnzi] (pl -zies) frenesí m
frequen•cy ['frikwənsi] s (pl -cies) frecuencia
frequency list s lista de frecuencia
frequency modulation s modulación de frecuencia
frequent ['frikwənt] adj frecuente || [fri'kwɛnt] o ['frikwənt] tr frecuentar
frequently ['frikwəntli] adv con frecuencia, frecuentemente

fres•co ['frɛsko] s (pl -coes o -cos) fresco || tr pintar al fresco
fresh [frɛʃ] adj fresco; (water) dulce; (wind) fresquito; novicio, inexperto; (cheeky) (slang) fresco; (toward women) (slang) atrevido; fresh paint! ¡ojo mancha! || adv recientemente, recién; fresh in (coll) recién llegado, acabado de llegar; fresh out (coll) recién agotado
freshen ['frɛʃən] tr refrescar || intr refrescarse
freshet ['frɛʃɪt] s avenida, crecida
fresh•man ['frɛʃmən] s (pl -men [mən]) novato; estudiante mf de primer año
freshness ['frɛʃnɪs] s frescura; (cheek) (slang) frescura
fresh'-wa'ter adj de agua dulce; no acostumbrado a navegar; de poca monta
fret [frɛt] s (interlaced design) calado; (mus) ceja, traste m; queja || v (pret & pp fretted; ger fretting) tr adornar con calados || intr irritarse, quejarse, agitarse
fretful ['frɛtfəl] adj irritable, enojadizo, displicente
fret'work' s calado
Freudianism ['frɔɪdɪ•ə,nɪzəm] s freudismo
friar ['fraɪ•ər] s fraile m friar•y ['fraɪ•əri] s (pl -ies) convento de frailes
fricassee [,frikə'si] s fricasé m
friction ['frikʃən] s fricción, rozamiento; (fig) desavenencia, rozamiento
friction tape s cinta aislante
Friday ['fraɪdi] s viernes m
fried [fraɪd] adj frito
fried egg s huevo a la plancha, huevo frito o estrellado
friend [frɛnd] s amigo; (in answer to "Who is there?") gente f de paz; to be friends with ser amigo de; to make friends trabar amistades; to make friends with hacerse amigo de
friend•ly ['frɛndli] adj (comp -lier; super -liest) amigo, amistoso, amigable
friendship ['frɛndʃɪp] s amistad
frieze [friz] s (archit) friso
frigate ['frɪgɪt] s fragata
fright [fraɪt] s susto, espanto; (grotesque or ridiculous person) (coll) espantajo; to take fright at asustarse de
frighten ['fraɪtən] tr asustar, espantar; to frighten away espantar, ahuyentar || intr asustarse
frightful ['fraɪtfəl] adj espantoso, horroroso; (coll) feúcho, repugnante; (coll) enorme, tremendo
frightfulness ['fraɪtfəlnɪs] s espanto, horror m; terrorismo; espantosidad (SAm)
frigid ['frɪdʒɪd] adj frío; (fig) frío; (zone) glacial
frigidity [frɪ'dʒɪdɪti] s frialdad; (pathol) frialdad; (fig) frialdad, frigidez f
frill [frɪl] s lechuga; (of birds and other animals) collarín m; (frippery) (coll) ringorrango; (in dress, speech etc.) (coll) afectación
fringe [frɪndʒ] s franja, orla; (opt) franja || tr franjar, orlar

fringe benefits *spl* beneficios accesorios; beneficios sociales

fripper•y [ˈfrɪpəri] *s* (*pl* **-ies**) (*flashiness*) cursilería; (*flashy clothes*) perejil *m*, perifollos

frisk [frɪsk] *tr* (slang) cachear; (slang) registrar y robar ‖ *intr* retozar

frisk•y [ˈfrɪski] *adj* (*comp* **-ier;** *super* **-iest**) juguetón, retozón; (*horse*) fogoso

fritter [ˈfrɪtər] *s* fruta de sartén; fragmento ‖ *tr*—**to fritter away** desperdiciar, malgastar poco a poco

frivolous [ˈfrɪvələs] *adj* frívolo

friz [frɪz] *s* (*pl* **frizzes**) rizo, pelo rizado apretadamente ‖ *v* (*pret & pp* **frizzed;** *ger* **frizzing**) *tr* rizar, rizar apretadamente

frizzle [ˈfrɪzəl] *s* rizo apretado; chirrido, siseo ‖ *tr* rizar apretadamente; asar o freír en parrilla ‖ *intr* chirriar, sisear

friz•zly [ˈfrɪzli] *adj* (*comp* **-zlier;** *super* **-zliest**) muy ensortijado

fro [fro] *adv*—**to and fro** de acá para allá; **to go to and fro** ir y venir

frock [frɑk] *s* vestido; bata, blusa; (*of priest*) vestido talar

frock coat *s* levita

frog [frɑg] o [frɔg] *s* rana; (*button and loop on a garment*) alamar *m;* (*in throat*) ronquera, gallo

frog'man *s* (*pl* **-men'**) hombre-rana *m*

frol•ic [ˈfrɑlɪk] *s* juego alegre, travesura; fiesta, holgorio ‖ *v* (*pret & pp* **-icked;** *ger* **-icking**) *intr* juguetear, travesear, jaranear

frolicsome [ˈfrɑlɪksəm] *adj* juguetón, travieso

from [frʌm], [frɑm] o [frəm] *prep* de; desde; de parte de; según; a, p.ej., **to take something away from someone** quitarle algo a alguien

front [frʌnt] *adj* delantero, anterior ‖ *s* frente *m & f;* (*of a shirt*) pechera; (*of a book*) principio; apariencia falsa (*p.ej., de riqueza*); ademán estudiado; (mil) frente *m;* **in front of** delante de, frente a, en frente de; **to put on a front** (coll) gastar mucho oropel; **to put up a bold front** (coll) hacer de tripas corazón ‖ *tr* (*to face*) dar a; (*to confront*) afrontar, arrostrar; (*to supply with a front*) poner frente o fachada a ‖ *intr*—**to front on** dar a; **to front towards** mirar hacia

frontage [ˈfrʌntɪdʒ] *s* fachada, frontera; terreno frontero

front door *s* puerta de entrada

front drive *s* (aut) tracción delantera

frontier [frʌnˈtɪr] *adj* fronterizo ‖ *s* frontera

frontiers•man [frʌnˈtɪrzmən] *s* (*pl* **-men** [mən]) hombre *m* de la frontera, explorador *m*

frontispiece [ˈfrʌntɪsˌpis] *s* (*of book*) portada; (archit) frontispicio

front matter *s* preliminares *mpl* (*de un libro*)

front page *s* primera plana

front porch *s* soportal *m*

front room *s* cuarto que da a la calle

front row *s* primera fila

front seat *s* asiento delantero

front steps *spl* escalones *mpl* de acceso a la puerta de entrada

front view *s* vista de frente

frost [frɔst] o [frɑst] *s* (*freezing*) helada; (*frozen dew*) escarcha; (slang) fracaso ‖ *tr* cubrir de escarcha; escarchar (*confituras*); helar (*el frío las plantas*); deslustrar (*el vidrio*)

frost'bit'ten *adj* dañado por la helada; quemado por la helada o la escarcha

frosted glass *s* vidrio deslustrado

frosting [ˈfrɔstɪŋ] o [frɑstɪŋ] *s* garapiña; (*of glass*) deslustre *m*

frost•y [ˈfrɔsti] o [ˈfrɑsti] *adj* (*comp* **-ier;** *super* **-iest**) cubierto de escarcha; escarchado; frío, poco amistoso; canoso, gris

froth [frɔθ] o [frɑθ] *s* espuma; frivolidad, vanidad ‖ *intr* espumar, echar espuma; (*at the mouth*) espumajear

froth•y [ˈfrɔθi] o [ˈfrɑθi] *adj* (*comp* **-ier;** *super* **-iest**) espumoso; frívolo, vano

froward [ˈfrowərd] *adj* díscolo, indócil

frown [fraun] *s* ceño, entrecejo ‖ *intr* fruncir el entrecejo; **to frown at** *u* **on** mirar con ceño, desaprobar

frows•y o **frowz•y** [ˈfrauzi] *adj* (*comp* **-ier;** *super* **-iest**) desaseado, desaliñado; maloliente; mal peinado

frozen foods [ˈfrozən] *spl* viandas congeladas

frt. *abbr* **freight**

frugal [ˈfrugəl] *adj* (*moderate in the use of things*) parco; (*not very abundant*) frugal

fruit [frut] *adj* (*tree*) frutal; (*boat, dish*) frutero ‖ *s* (*such as apple, pear, strawberry*) fruta; frutas, p.ej., **I like fruit** me gustan las frutas; (*part containing seed*) fruto; (*effect, result*) (fig) fruto

fruit cake *s* torta de frutas

fruit cup *s* compota de frutas picadas

fruit fly *s* mosca del vinagre; mosca de las frutas

fruitful [ˈfrutfəl] *adj* fructuoso

fruition [fruˈɪʃən] *s* buen resultado, cumplimiento; **to come to fruition** lograrse cumplidamente

fruit jar *s* tarro para frutas

fruit juice *s* jugo de frutas

fruitless [ˈfrutlɪs] *adj* infructuoso

fruit of the vine *s* zumo de cepas o de parras

fruit salad *s* ensalada de frutas, macedonia de frutas

fruit stand *s* puesto de frutas

fruit store *s* frutería

frumpish [ˈfrʌmpɪʃ] *adj* basto, desgarbado, desaliñado

frustrate [ˈfrʌstret] *tr* frustrar

fry [fraɪ] *s* (*pl* **fries**) fritada ‖ *v* (*pret & pp* **fried**) *tr & intr* freír

frying pan [ˈfraɪ•ɪŋ] *s* sartén *f;* **to jump from the frying pan into the fire** saltar de la sartén y dar en las brasas

ft. *abbr* **foot, feet**

fudge [fʌdʒ] *s* dulce *m* de chocolate

fuel [ˈfju•əl] *s* combustible *m;* (fig) pábulo; **alternate fuel** combustible alternativo ‖ *v* (*pret & pp* **fueled** o **fuelled;** *ger* **fueling** o

fr
fu

fuelling) *tr* aprovisionar de combustible ‖ *intr* aprovisionarse de combustible

fuel cell *s* cámara de combustible, célula electrógena

fuel oil *s* aceite *m* combustible

fuel tank *s* depósito de combustible

fugitive ['fjudʒɪtɪv] *adj* & *s* fugitivo

fugue [fjug] *s* (mus) fuga

ful•crum ['fʌlkrəm] *s* (*pl* **-crums** o **-cra** [krə]) fulcro

fulfill [fʊl'fɪl] *tr* (*to carry out*) cumplir, realizar; cumplir con (*una obligación*); llenar (*una condición*)

fulfillment [fʊl'fɪlmənt] *s* cumplimiento, realización

full [fʊl] *adj* lleno; (*dress, garment*) amplio, holgado; (*formal dress*) de etiqueta; (*voice*) sonoro, fuerte; (*of food*) harto, **full of aches and pains** lleno de goteras; **full of fun** muy divertido, muy chistoso; **full of play** muy juguetón; **full to overflowing** lleno a rebosar ‖ *adv* completamente; **full many (a)** muchísimos; **full well** muy bien, perfectamente ‖ *s* colmo; **in full** por completo; sin abreviar; **to the full** completamente ‖ *tr* abatanar

full-blooded ['fʊl'blʌdɪd] *adj* vigoroso; completo, pletórico; de raza

full-blown ['fʊl'blon] *adj* (*flower, blossom*) abierto; desarrollado, maduro

full-bodied ['fʊl'bɑdɪd] *adj* fuerte, espeso, consistente; aromático

full dress *s* traje *m* de etiqueta; (mil) uniforme *m* de gala

full'-dress' coat *s* frac *m*

full-faced ['fʊl'fest] *adj* carilleno; (*view*) de cuadrado; (*portrait*) de rostro entero

full-fledged ['fʊl'flɛdʒd] *adj* hecho y derecho, nada menos que

full-grown ['fʊl'gron] *adj* crecido, completamente desarrollado

full house *s* lleno, entrada llena; (poker) fulján *m*

full'-length' mirror *s* espejo de cuerpo entero, espejo de vestir

full-length movie *s* largometraje *m*, cinta de largo metraje

full load *s* plena carga; (aer) peso total

full moon *s* luna llena, plenilunio

full name *s* nombre *m* y apellidos

full'-page' *adj* a página entera

full powers *spl* plenos poderes, amplias facultades

full sail *adv* a todo trapo

fulll'-scale' *adj* de tamaño natural; total, completo; pleno

full-sized ['fʊl'saɪzd] *adj* de tamaño natural

full speed *adv* a toda velocidad

full stop *s* parada completa; (gram) punto

full swing *s* plena actividad

full tilt *adv* a toda velocidad

full'-time' *adj* a tiempo completo

full'-view' *adj* de vista completa

full volume *s* (rad) máximo de volumen

fully ['fʊli] o ['fʊlli] *adv* completamente; cabalmente; por lo menos

fulsome ['fʊlsəm] *adj* bajo, craso, de mal gusto

fumble ['fʌmbəl] *tr* no coger (*la pelota*), dejar caer (*la pelota*) desmañadamente; manosear desmañadamente ‖ *intr* revolver papeles; titubear; andar a tientas; (*in one's pockets*) buscar con las manos

fume [fjum] *s* humo, vapor *m*, gas *m*, vaho ‖ *tr* (*to treat with fumes*) ahumar ‖ *intr* (*to give off fumes*) humear; (*to show anger*) echar pestes; **to fume at** echar pestes contra

fumigate ['fjumɪˌget] *tr* fumigar

fumigation [ˌfjumɪ'geʃən] *s* fumigación

fun [fʌn] *s* divertimiento; broma, chacota; **to be fun** ser divertido; **to have fun** divertirse; **to make fun of** reírse de, burlarse de

function ['fʌŋkʃən] *s* función ‖ *intr* funcionar

functional ['fʌŋkʃənəl] *adj* funcional

functionar•y ['fʌŋkʃəˌnɛri] *s* (*pl* **-ies**) funcionario

fund [fʌnd] *s* fondo; **funds** fondos ‖ *tr* consolidar (*una deuda*)

fundamental [ˌfʌndə'mɛntəl] *adj* fundamental ‖ *s* fundamento

funeral ['fjunərəl] *adj* funeral; (*march, procession*) fúnebre; (*expense*) funerario ‖ *s* funeral *m*, funerales *mpl*, pompa fúnebre (*de cuerpo presente*); **it's not my funeral** (slang) no corre a mi cuidado

funeral director *s* empresario de pompas fúnebres

funeral home o **parlor** *s* funeraria

funeral service *s* oficio de difuntos, misa de cuerpo presente

funereal [fju'nɪriəl] *adj* fúnebre

fungous ['fʌŋgəs] *adj* fungoso

fungus ['fʌŋgəs] *s* (*pl* **funguses** o **fungi** ['fʌndʒaɪ]) hongo; (pathol) hongo

funicular [fju'nɪkjələr] *adj* & *s* funicular *m*

funk [fʌŋk] *s* (coll) miedo, cobardía; cobarde *mf;* **in a funk** asustado

fun•nel ['fʌnəl] *s* embudo; (*smokestack*) chimenea; (*tube for ventilation*) manguera, ventilador *m* ‖ *v* (*pret* & *pp* **-neled** o **-nelled;** *ger* **-neling** o **-nelling**) *tr* verter por medio de un embudo

funnies ['fʌniz] *spl* páginas cómicas, tiras cómicas, tebeo

fun•ny ['fʌni] *adj* (*comp* **-nier;** *super* **-niest**) cómico; divertido, chistoso; (coll) extraño, raro; **to strike someone as funny** hacerle a uno gracia

funny bone *s* hueso de la alegría

funny paper *s* páginas cómicas

fur. *abbr* furlong, furnished

fur [fʌr] *s* piel *f;* abrigo de pieles; (*on the tongue*) sarro

furbelow ['fʌrbəˌlo] *s* (*ruffle*) faralá *m;* (*frippery*) ringorrango

furbish ['fʌrbɪʃ] *tr* acicalar, limpiar; **to furbish up** renovar

furious ['fjʊriəs] *adj* furioso

furl [fʌrl] *tr* enrollar; (naut) aferrar

fur-lined ['fʌrˌlaɪnd] *adj* forrado con pieles

furlong ['fʌrlɔŋ] o ['fʌrlɑŋ] *s* estadio

furlough ['fʌrlo] s licencia ‖ tr dar licencia a

furnace ['fʌrnɪs] s horno; (to heat a house) calorífero

furnish ['fʌrnɪʃ] tr amueblar; proporcionar, suministrar

furnishings ['fʌrnɪʃɪŋz] spl muebles mpl; (things to wear) artículos

furniture ['fʌrnɪtʃər] s muebles mpl, mobiliario; (naut) aparejo; **a piece of furniture** un mueble

furniture dealer s mueblista mf

furniture store s mueblería

furrier ['fʌrɪər] s peletero

furrier·y ['fʌrɪ·əri] s (pl -ies) peletería

furrow ['fʌro] s surco ‖ tr surcar

further ['fʌrðər] adj adicional; nuevo; más lejano ‖ adv además; más lejos ‖ tr adelantar, promover, fomentar

furtherance ['fʌrðərəns] s adelantamiento, promoción, fomento

furthermore ['fʌrðər,mor] adv además

furthest ['fʌrðɪst] adj (el) más lejano ‖ adv más lejos

furtive ['fʌrtɪv] adj furtivo

fu·ry ['fjuri] s (pl -ries) furia

furze [fʌrz] s aulaga; retama de escoba

fuse [fjuz] s (tube or wick filled with explosive material) mecha; (device for detonating an explosive charge) espoleta; (elec) fusible m, cortacircuitos m, tapón m; **to burn out a fuse** quemar un fusible ‖ tr fundir; (to unite) fusionar ‖ intr fundirse; fusionarse

fuse box s caja de fusibles

fuselage ['fjuzəlɪdʒ] s fuselaje m

fusible ['fjuzɪbəl] adj fundible, fusible

fusillade [,fjuzɪ'led] s fusilería; (e.g., of questions) andanada ‖ tr atacar o matar con una descarga de fusilería, fusilar

fusion ['fjuʒən] s fusión

fuss [fʌs] s alharaca, hazañería; (coll) disputa por ligero motivo; **to make a fuss** hacer alharacas; **to make a fuss over** hacer fiestas a; disputar sobre ‖ tr atolondrar, inquietar, confundir ‖ intr hacer alharacas, inquietarse por bagatelas

fuss·y ['fʌsi] adj (comp -ier; super -iest)] alharaquiento, alborotado; descontentadizo, quisquilloso, melindroso; funcionero, hazañero; muy adornado

fustian ['fʌstʃən] s (coarse cloth) fustán m; (sort of velveteen) pana; (bombast) cultedad, follaje m

fust·y ['fʌsti] adj (comp -ier; super -iest) mohoso, rancio; que huele a cerrado; pasado de moda

futile ['fjutɪl] adj (unproductive) estéril; (unimportant) fútil

futili·ty [fju'tɪlɪti] s (pl -ties) esterilidad; futilidad

future ['fjutʃər] adj futuro ‖ s futuro, porvenir m; (gram) futuro; **futures** (com) futuros; **in the future** en el futuro; **in the near future** en un futuro próximo

fuze [fjuz] s (tube or wick filled with explosive material) mecha; (device for detonating an explosive charge) espoleta; (elec) fusible m ‖ tr poner la espoleta a

fuzz [fʌz] s (as on a peach) pelusa, vello; (in pockets and corners) borra, tamo; **the fuzz** (slang) policía m, guardia m urbano

fuzz·y ['fʌzi] adj (comp -ier; super -iest) cubierto de pelusa, velloso; polvoriento; (indistinct) borroso

fu
ga

G

G, g [dʒi] s séptima letra del alfabeto inglés

G. abbr German, Gulf

g. abbr gender, genitive, gram

gab [gæb] s (coll) cotorreo ‖ (pret & pp gabbed; ger gabbing) intr (coll) cotorrear

gabardine ['gæbər,din] s gabardina

gabble ['gæbəl] s cotorreo, parloteo ‖ intr cotorrear, parlotear

gable ('gebəl] s (of roof) aguilón m; (over a door or window) gablete m, frontón m

gable end s hastial m

gable roof s tejado de dos aguas

gad [gæd] v (pret & pp gadded; ger gadding) intr callejear, andar de acá para allá; **to gad about** pindonguear (una mujer)

gad'a·bout' adj callejero ‖ s cirigallo; (woman) pindonga

gad'fly' s (pl -flies) tábano

gadget ['gædʒɪt] s adminículo, chisme m, artilugio

Gael [gel] s gaélico

Gaelic ['gelɪk] adj & s gaélico

gaff [gæf] s garfio, arpón m; **to stand the gaff** (slang) tener aguante

gag [gæg] s mordaza, (interpolation by an actor) morcilla; (joke)) chiste m, payasada ‖ v (pret & pp gagged; ger gagging) tr amordazar; dar bascas a ‖ intr sentir bascas, arquear

gage [gedʒ] s (pledge) prenda; (challenge) desafío

gaie·ty ['ge·iti] s (pl -ties) alegría, algazara, diversión; (of colors) viveza

gaily ['geli] adv alegremente

gain [gen] s ganancia; (increase) aumento ‖ tr ganar; (to reach) alcanzar ‖ intr ganar terreno; mejorar (un enfermo), adelantarse (un reloj); **to gain on** ir alcanzando

gainful ['genfəl] adj ganancioso, provechoso

gain'say' v (pret & pp -said ['sed] o ['sɛd]) tr negar; contradecir; prohibir

gait [get] s paso, manera de andar

gaiter ['getər] s polaina corta

gal. abbr gallon

gala ['gelə] *adj* de gala ‖ *s* fiesta
galax•y ['gæləksi] *s* (*pl* -ies) galaxia
gale [gel] *s* ventarrón *m;* gales of laughter tempestades de risas; to weather the gale correr el temporal; (fig) ir tirando
Galician [gə'lɪʃən] *adj* & *s* gallego
gall [gɔl] *s* bilis *f,* hiel *f;* vejiga de la bilis; (*something bitter*) (fig) hiel *f;* rencor *m,* odio; (*gallnut*) agalla; (*audacity*) (coll) descaro ‖ *tr* lastimar rozando; irritar ‖ *intr* raerse; (naut) mascarse (*un cabo*)
gallant ['gælənt] *adj* (*attentive to women*) galante; (*pertaining to love*) amoroso ‖ ['gælənt] *adj* (*stately, grand*) gallardo; (*spirited, daring*) hazañoso; (*showy, gay*) vistoso, festivo ‖ *s* hombre *m* valiente; (*man attentive to women*) galán *m*
gallant•ry ['gæləntri] *s* (*pl* -ries) galantería; gallardía
gall bladder *s* vejiga de la bilis, vesícula biliar
gall duct *s* conducto biliar
galleon ['gælɪ•ən] *s* (naut) galeón *m*
galler•y ['gæləri] *s* (*pl* -ies) galería; (*in church, theater, etc.*) tribuna; (*cheapest seats in theater*) gallinero; to play to the gallery (coll) hablar para la galería
galley ['gæli] *s* (naut & typ) galera; (naut) cocina
galley proof *s* (typ) galerada, pruebas de segundas
galley slave *s* galeote *m;* (*drudge*) esclavo del trabajo
Gallic ['gælɪk] *adj* gálico
galling ['gɔlɪŋ] *adj* irritante, ofensivo
gallivant ['gælɪ,vænt] *intr* andar a placer
gall'nut' *s* agalla
gallon ['gælən] *s* galón *m* (*medida*)
galloon [gə'lun] *s* galón *m* (*cinta*)
gallop ['gæləp] *s* galope *m;* at a gallop a galope ‖ *tr* hacer galopar ‖ *intr* galopar; to gallop through (fig) hacer muy aprisa
gal•lows ['gæloz] *s* (*pl* -lows o -lowses) horca
gallows bird *s* (coll) carne *f* de horca
gall'stone' *s* cálculo biliar
galore [gə'lor] *adv* en abundancia
galosh [gə'lɑʃ] *s* chanclo alto
galvanize ['gælvə,naɪz] *tr* galvanizar
galvanized iron *s* hierro galvanizado
gambit ['gæmbɪt] *s* gambito
gamble ['gæmbəl] *s* (coll) empresa arriesgada ‖ *tr* aventurar en el juego; to gamble away perder en el juego ‖ *intr* jugar; (*in the stock market*) especular, aventurarse
gambler ['gæmblər] *s* jugador *m;* especulador *m*
gambling ['gæmblɪŋ] *s* juego
gambling den *s* garito
gambling house *s* casa de juego, juego público
gambling table *s* mesa de juego
gam•bol ['gæmbəl] *s* cabriola, retozo, salto ‖ *v* (*pret* & *pp* -boled o -bolled; *gen* -boling o -bolling) *intr* cabriolar, retozar, saltar
gambrel ['gæmbrəl] *s* corvejón *m*
gambrel roof *s* techo a la holandesa

game [gem] *adj* bravo, peleón; dispuesto, resuelto; (*leg*) cojo; de caza ‖ *s* (*form of play*) juego; (*single contest*) partida; (*score*) tantos; (*in bridge*) manga; (*any sport*) deporte *m;* (*animal or bird hunted for sport or food*) caza; (*any pursuit*) actividad; (*pursuit of diplomacy*) juego; the game is up estamos frescos; to make game of burlarse de; to play the game jugar limpio
game bag *s* morral *m*
game bird *s* ave *f* de caza
game'cock' *s* gallo de pelea
game'keep'er *s* guardabosque *m*
game of chance *s* juego de azar
game preserve *s* vedado
game warden *s* guardabosque *m*
gamut ['gæmət] *s* (mus & fig) gama
gam•y ['gemi] *adj* (*comp* -ier; *super* -iest) (*having flavor of uncooked game*) salvajino; bravo, peleón
gander ['gændər] *s* ganso
gang [gæŋ] *adj* múltiple ‖ *s* (*of workmen*) brigada, cuadrilla; (*of thugs*) pandilla ‖ *intr* — to gang up acuadrillarse; to gang up against u on atacar juntos; conspirar contra
gangling ['gæŋglɪŋ] *adj* larguirucho
gangli•on ['gæŋglɪ•ən] *s* (*pl* -ons o -a [ə]) ganglio
gang'plank' *s* plancha, pasarela
gangrene ['gæŋgrin] *s* gangrena ‖ *tr* gangrenar ‖ *intr* gangrenarse
gangster ['gæŋstər] *adj* gangsteril ‖ *s* gángster *m,* pistolero
gangsterism ['gæŋstə,rɪzəm] *s* gangsterismo; acciones de los gangsters
gang'way' *s* (*passageway*) pasillo; (*gangplank*) plancha, pasarela; (*in ship's side*) portalón *m* ‖ *interj* ¡abran paso!, ¡paso libre!
gantlet ['gɔntlɪt] *s* (rr) vía traslapada
gan•try ['gæntri] *s* (*pl* -tries) caballete *m,* poíno; (rr) puente *m* transversal de señales
gantry crane *s* grúa de caballete
gap [gæp] *s* (*break, open space*) laguna; (*in a wall*) boquete *m;* (*between mountains*) garganta, quebrada; (*between two points of view*) sima
gape [gep] o [gæp] *s* abertura, brecha; (*yawn*) bostezo; mirada de asombro; the gapes ganas de bostezar ‖ *intr* estar abierto de par en par; bostezar; embobarse; to gape at mirar embobado; to stand gaping embobarse
G.A.R. *abbr* Grand Army of the Republic
garage [gə'raz] *s* garage *m*
garb [gɑrb] *s* vestidura ‖ *tr* vestir
garbage ['gɑrbɪdʒ] *s* basuras, desperdicios, bazofia
garbage can *s* cubo para bazofia, latón *m* de la basura
garbage collection *s* recogida de basuras
garbage disposal *s* evacuación de basuras
garbage heap *s* basural *m* (CAm)
garble ['gɑrbəl] *tr* mutilar (*un texto*)
garden ['gɑrdən] *s* (*of vegetables*) huerto; (*of flowers*) jardín *m*

gardener ['gɑrdənər] s (of vegetables) hortelano; (of flowers) jardinero
gardenia [gɑr'dinɪ•ə] s gardenia, jazmín m de la India
gardening ['gɑrdənɪŋ] s horticultura; jardinería
garden party s fiesta que se da en un jardín o parque
gargle ['gɑrgəl] s gargarismo || intr gargarizar
gargoyle ['gɑrgɔɪl] s gárgola
garish ['gɛrɪʃ] adj charro, chillón, cursi
garland ['gɑrlənd] s guirnalda
garlic ['gɑrlɪk] s ajo
garment ['gɑrmənt] s prenda de vestir
garner ['gɑrnər] tr (to gather, collect) acopiar; adquirir; (cereales) entrojar
garnet ['gɑrnɪt] adj & s granate m
garnish ['gɑrnɪʃ] s adorno; (culin) aderezo, condimento de adorno || tr adornar; (culin) aderezar; (law) embargar
garret ['gærɪt] s buhardilla, desván m
garrison ['gærɪsən] s plaza fuerte; (troops) guarnición || tr guarnecer, guarnicionar (una plaza fuerte); guarnecer una plaza fuerte de (tropas)
garrote [gə'rɑt] o [gə'rot] s estrangulación para robar; (method of execution; iron collar used for such execution) garrote m || tr estrangular; estrangular para robar; agarrotar, dar garrote a
garrulous ['gærələs] adj gárrulo, locuaz
garter ['gɑrtər] s liga, jarretera
garth [gɑrθ] s patio de claustro
gas [gæs] s gas m; gasolina; (coll) palabrería || v (pret & pp gassed; ger gassing) tr abastecer de gas; (to attack, asphyxiate, or poison with gas) gasear; abastecer de gasolina || intr despedir gas; (slang) charlar
gas'bag' s (aer) cámara de gas; (slang) charlatán m
gas burner s mechero de gas
Gascony ['gæskəni] s Gascuña
gas engine s motor m a gas
gaseous ['gæsɪ•əs] adj gaseoso
gas fitter s gasista m
gas generator s gasógeno
gash [gæʃ] s cuchillada, chirlo || tr acuchillar
gas heat s calefacción por gas
gas'hold'er s gasómetro
gasi•fy ['gæsɪ,faɪ] v (pret & pp -fied) tr gasificar || intr gasificarse
gas jet s mechero de gas; llama de gas
gasket ['gæskɪt] s empaquetadura
gas'light' s luz f de gas
gas main s cañería de gas
gas mask s careta antigás
gas meter s contador m de gas
gasohol ['gæsə,hɔl] s alconafta
gasoline ['gæsə,lin] o [,gæsə'lin] s gasolina
gasoline pump s poste m distribuidor m de gasolina, surtidor m de gasolina
gasp [gæsp] s respiración entrecortada; (of death) boqueada || tr decir con voz entrecortada || intr boquear
gas producer s gasógeno
gas range s cocina a gas

gas station s estación gasolinera
gas stove s cocina a gas
gas tank s gasómetro; (aut) depósito de gasolina
gastric ['gæstrɪk] adj gástrico
gastronomy [gæs'trɑnəmi] s gastronomía
gas'works' s fábrica de gas
gate [get] s puerta; (in fence or wall; of bird cage) portillo; (of sluice or lock) compuerta; (number of people paying admission; amount they pay) entrada, taquilla; (rr) barrera; (fig) entrada, camino; to crash the gate (coll) colarse de gorra
gate'keep'er s portero; (rr) guardabarrera mf
gate'post' s poste m de una puerta de cercado
gate'way' s entrada, paso, camino
gather ['gæðər] tr recoger, reunir; recolectar (la cosecha); coger (leña, flores, etc.); cubrirse de (polvo); recoger (una persona sus pensamientos); (bb) alzar; (sew) fruncir; (to deduce) (fig) calcular, deducir; to gather oneself together componerse || intr reunirse, amontonarse; saltar (lágrimas)
gathering ['gæðərɪŋ] s reunión; recolección; (bb) alzado; (sew) frunce m
gaud•y ['gɔdi] adj (comp -ier; super -iest) cursi, chillón, llamativo
gauge [gedʒ] s medida, norma; calibre m; (of liquid in a container) nivel m; (of carpenter) gramil m; (of gasoline) medidor m; (rr) ancho de vía, entrevía || tr medir; calibrar; graduar; aforar (la cantidad de agua de una corriente); arquear (una nave)
gauge glass s tubo indicador, vidrio de nivel
Gaul [gɔl] s la Galia; (native) galo
Gaulish ['gɔlɪʃ] adj & s galo
gaunt [gɔnt] o [gɑnt] adj desvaído, macilento; hosco, tétrico
gauntlet ['gɔntlɪt] o ['gɑntlɪt] s guantelete m; guante con puño abocinado; carrera de baquetas; (rr) vía traslapada; to run the gauntlet correr baquetas, pasar por baquetas; to take up the gauntlet recoger el guante; to throw down the gauntlet arrojar el guante
gauze [gɔz] s gasa, cendal m
gavel ['gævəl] s mazo, martillo
gavotte [gə'vɑt] s gavota
gawk [gɔk] s (coll) palurdo, papanatas m || intr (coll) mirar de modo impertinente; papar moscas, mirar embobado
gawk•y ['gɔki] adj (comp -ier; super -iest) desgarbado, torpe, bobo
gay [ge] adj homosexual; alegre, festivo; (brilliant) vistoso; amigo de los placeres
gaye•ty ['ge•ɪti] s var de gaiety
gaze [gez] s mirada fija || intr mirar fijamente
gazelle [gə'zɛl] s gacela
gazette [gə'zɛt] s periódico; anuncio oficial
gazetteer [,gæzə'tɪr] s diccionario geográfico
gear [gɪr] s pertrechos, utensilios; (of transmission, steering, etc.) mecanismo, aparato; rueda dentada; (two or more toothed wheels meshed together) engranaje m; out of gear desengranado; (fig) descompuesto; to throw into gear engranar; to throw out

ga
ge

of **gear** desengranar; (fig) descomponer ‖
tr & intr engranar
gear'box' *s* caja de engranajes; (aut) caja de
velocidades
gear case *s* caja de engranajes
gear'shift' *s* cambio de marchas, cambio de
velocidades
gearshift lever *s* palanca de cambio de marchas
gear'wheel' *s* rueda dentada
gee [dʒi] *interj* ¡caramba!; **gee up!** (*get up!*,
said to a horse) ¡arre!; **geez!** ¡mecachis!
Gehenna [gɪ'hɛnə] *s* gehena *m*
Geiger counter ['gaɪgər] *s* contador *m* de
Geiger
gel [dʒɛl] *s* gel *m* ‖ *v* (*pret & pp* **gelled;** *ger*
gelling) *intr* cuajarse en forma de gel
gelatine ['dʒɛlətɪn] *s* gelatina
geld [gɛld] *v* (*pret & pp* **gelded** o **gelt** [gɛlt])
tr castrar
gem [dʒɛm] *s* gema, piedra preciosa; (fig)
joya, preciosidad
Gemini ['dʒɛmɪ,naɪ] *s* (*constellation*) Géminis *m* o Gemelos; (*sign of zodiac*) Géminis *m*
gen. *abbr* **gender, general, genitive, genus**
gender ['dʒɛndər] *s* (gram) género; (coll)
sexo
genealo•gy [,dʒɛnɪ'ælədʒi] *s* (*pl* **-gies**) genealogía
general ['dʒɛnərəl] *adj & s* general *m; gen-*
eral of the army capitán general de
ejército; **in general** en general o por lo
general
general delivery *s* lista de correos
generalissi•mo [,dʒɛnərə'lɪsɪmo] *s* (*pl* **-mos**)
generalísimo
generali•ty [,dʒɛnə'rælɪti] *s* (*pl* **-ties**) generalidad
generalize ['dʒɛnərə'laɪz] *tr & intr* generali-
zar
generally ['dʒɛnərəli] *adv* por lo general
general medicine *s* medicina general
general practitioner *s* médico general
generalship ['dʒɛnərəl,ʃɪp] *s* generalato; don
m de mando
general staff *s* estado mayor general
general strike *s* huelga general
generate ['dʒɛnə,ret] *tr* (*to beget*) engendrar;
generar (*electricidad*); (geom) engendrar
generating station *s* central *f*
generation ['dʒɛnə'reʃən] *s* generación
generator ['dʒɛnə,retər] *s* generador *m*
generic [dʒɪ'nɛrɪk] *adj* genérico
generous ['dʒɛnərəs] *adj* generoso; abundante, grande
gene•sis ['dʒɛnɪsɪs] *s* (*pl* **-ses** [,siz]) génesis *f*
‖ **Genesis** *s* (Bib) el Génesis
genetic [dʒɪ'nɛtɪk] *adj* genético
genetic engineering *s* ingeniería genética
genetics [dʒɪ'nɛtɪks] *s* genética
Geneva [dʒɪ'nivə] *s* Ginebra
Genevan [dʒɪ'nivən] *adj & s* ginebrino
genial ['dʒinɪ•əl] *adj* afable, complaciente
genie ['dʒini] *s* genio
genital ['dʒɛnɪtəl] *adj* genital ‖ **genitals** *spl*
genitales *mpl*, órganos genitales

genitive ['dʒɛnɪtɪv] *adj & s* genitivo
genitourinary [,dʒɛnəto'jurɪ,nɛri] *adj* geni-
tourinario
genius ['dʒinjəs] o ['dʒini•əs] *s* (*pl* **geniuses**)
(*great inventive gift; person possessing it*)
genio ‖ *s* (*pl* **genii** ['dʒini,aɪ]) (*guardian
spirit; pagan deity*) genio
Genoa ['dʒɛno•ə] *s* Génova
genocidal [,dʒɛnə'saɪdəl] *adj* genocida
genocide ['dʒɛnə'saɪd] *s* (*act*) genocidio;
(*person*) genocida *mf*
Geno•ese [,dʒɛno'iz] *adj* genovés ‖ *s* (*pl*
-ese) genovés *m*
genre ['ʒanrə] *adj* de género
gent. o **Gent.** *abbr* **gentleman, gentlemen**
genteel [dʒɛn'til] *adj* gentil, elegante; cortés,
urbano
gentian ['dʒɛnʃən] *s* genciana
gentile ['dʒɛntɪl] o ['dʒɛntaɪl] *adj* gentilicio;
(gram) gentilicio ‖ ['dʒɛntaɪl] *adj & s* no
judío; cristiano; (*pagan*) gentil *mf*
gentili•ty [dʒɛn'tɪlɪti] *s* (*pl* **-ties**) gentileza
gentle ['dʒɛntəl] *adj* apacible, benévolo;
dulce, manso, suave; cortés, fino; (*e.g.,
tap on the shoulder*) ligero
gen'tle•folk' *s* gente bien nacida
gentle•man ['dʒɛntəlmən] *s* (*pl* **-men** [mən])
s caballero; (*attendant to a person of high
rank*) gentilhombre *m*
gentleman in waiting *s* gentilhombre *m* de
cámara
gentlemanly ['dʒɛntəlmənli] *adj* caballeroso
gentleman of leisure *s* señor *m* que vive sin
trabajar, caballero de vida holgada
gentleman of the road *s* salteador *m* de
caminos
gentleman's agreement *s* acuerdo verbal
gentle sex *s* bello sexo, sexo débil
gentry ['dʒɛntri] *s* gente bien nacida
genuine ['dʒɛnju•ɪn] *adj* genuino; sincero,
franco
genus ['dʒinəs] *s* (*pl* **genera** ['dʒɛnərə] o
genuses) (biol, log) género
geog. *abbr* **geography**
geographer [dʒɪ'agrəfər] *s* geógrafo
geographic(al) [,dʒi•ə'græfɪk(əl)] *adj* geográfico
geogra•phy [dʒɪ'agrəfi] *s* (*pl* **-phies**) geografía
geol. *abbr* **geology**
geologic(al) [,dʒi•ə'ladʒɪk(əl)] *adj* geológico
geologist [dʒɪ'alədʒɪst] *s* geólogo
geology [dʒɪ'alədʒi] *s* (*pl* **-gies**) geología
geom. *abbr* **geometry**
geometric(al) [,dʒi•ə'mɛtrɪk(əl)] *adj* geométrico
geometrician [dʒɪ,amɪ'trɪʃən] *s* geómetra *mf*
geome•try [dʒɪ'amɪtri] *s* (*pl* **-tries**) geometría
geophysics [,dʒi•ə'fɪzɪks] *s* geofísica
geopolitics [,dʒi•ə'palɪtɪks] *s* geopolítica
George [dʒɔrdʒ] *s* Jorge *m*
geranium [dʒɪ'renɪ•əm] *s* geranio
geriatrical [,dʒɛrɪ'ætrɪkəl] *adj* geriátrico
geriatrician [,dʒɛrɪ•ə'trɪʃən] *s* geriatra *mf*
geriatrics [,dʒɛrɪ'ætrɪks] *s* geriatría
germ [dʒʌrm] *s* germen *m*
German ['dʒʌrmən] *adj & s* alemán *m*

germane [dʒər'men] *adj* pertinente, relacionado

Germanize ['dʒʌrmə,naɪz] *tr* germanizar

German measles *s* rubéola

German silver *s* melchor *m*, alpaca

Germany ['dʒʌrməni] *s* Alemania

germ carrier *s* portador *m* de gérmenes

germ cell *s* célula germen

germicidal [,dʒʌrmɪ'saɪdəl] *adj* germicida

germicide ['dʒʌrmɪ,saɪd] *s* germicida *m*

germinate ['dʒʌrmɪ,net] *intr* germinar

germ plasm *s* germen *m* plasma

germ theory *s* teoría germinal

germ warfare *s* guerra bacteriana, guerra bacteriológica

gerontology [,dʒɛrən'talədʒi] *s* gerontología

gerund ['dʒɛrənd] *s* gerundio

gerundive [dʒɪ'rʌndɪv] *s* gerundio adjetivo

gestation [dʒɛs'teʃən] *s* gestación

gesticulate [dʒɛs'tɪkjə,let] *intr* accionar, manotear

gesticulation [dʒɛs,tɪkjə'leʃən] *s* ademán *m*, manoteo

gesture ['dʒɛstʃər] *s* ademán *m*, gesto; demostración, muestra ‖ *intr* hacer ademanes, hacer gestos

get [gɛt] *v* (*pret* got [gɑt]; *pp* got o gotten ['gɑtən]; *ger* getting) *tr* conseguir, obtener; recibir; ir por, buscar; tomar (*p ej*, *un billete*); alcanzar; encontrar, hallar; hacer (*p.ej.*, *la comida*), resolver (*un problema*); aprender de memoria; captar (*una estación emisora*); **to get across** hacer aceptar; hacer comprender; **to get back** recobrar; **to get down** descolgar; (*to swallow*) tragar; **to get off** quitar (*p.ej.*, *una mancha*); **to get someone to** + *inf* lograr que alguien + *subj;* **to get** + *pp* hacer + *inf;* **to have got** (coll) tener; **to have got to** + *inf* (coll) tener que + *inf* ‖ *intr* (*to become*) hacerse, ponerse, volverse; (*to arrive*) llegar; **get up!** (*to an animal*) ¡arre!; **to get about** estar levantado (*un convaleciente*); **to get along** seguir andando; irse; ir tirando; tener éxito; llevarse bien; **to get along in years** ponerse viejo; **to get along with** congeniar con; **to get angry** enfadarse; **to get around** divulgarse; salir mucho, ir a todas partes; eludir; manejar (*a una persona*); **to get away** conseguir marcharse; evadirse; **to get away with** llevarse, escaparse con; (coll) hacer impunemente; **to get back** volver, regresar; **to get back at** (coll) desquitarse con; **to get behind** quedarse atrás; apoyar, abogar por; **to get by** lograr pasar; (*to manage to shift*) (coll) arreglárselas; **to get going** ponerse en marcha; **to get in** entrar; volver a casa; llegar (*un tren*); **to get in with** llegar a ser amigo de; **to get married** casarse; **to get off** apearse; marcharse; **to get old** envejecer; **to get on** subir; llevarse bien; **to get out** salir, marcharse, divulgarse; **to get out of** bajar de (*un coche*); librarse de; perder (*la paciencia*); **to get out of the way** quitarse de en medio; **to get run over** ser atropellado; **to get through** pasar por entre; terminar; **to get to be** llegar a ser; **to get under way** ponerse en camino; **to get up** levantarse; **to not get over it** (coll) no volver de su asombro

get'a•way' *s* escapatoria, escape *m;* (*of an automobile*) arranque *m*

get'-to•geth'er *s* reunión, tertulia

get'-up' *s* (coll) disposición, presentación; (coll) atavío, traje *m*

gewgaw ['gjugɔ] *adj* cursi, charro, chillón ‖ *s* fruslería, chuchería; adorno, charro

geyser ['gaɪzər] *s* géiser *m* ‖ ['gizər] *s* (Brit) calentador *m* de agua

ghast•ly ['gæstli] o ['gɑstli] *adj* (*comp* **-lier;** *super* **-liest**) cadavérico, espectral; espantoso, horrible

Ghent [gɛnt] *s* Gante

gherkin ['gʌrkɪn] *s* pepinillo

ghet•to ['gɛto] *s* (*pl* **-tos**) ghetto

ghost [gost] *s* espectro, fantasma *m;* (telv) fantasma *m;* **not a ghost of a** ni sombra de; **to give up the ghost** entregar el alma, rendir el alma

ghost•ly ['gostli] *adj* (*comp* **-lier;** *super* **-liest**) espectral

ghost story *s* cuento de fantasmas

ghost writer *s* colaborador anónimo, escritor anónimo de obras firmadas por otra persona

ghoul [gul] *s* demonio que se alimenta de cadáveres; ladrón *m* de tumbas; (*person who revels in horrible things*) vampiro

ghoulish ['gulɪʃ] *adj* vampírico, horrible

G.H.Q. *abbr* **General Headquarters**

GI ['dʒi'aɪ] *s* (*pl* **GI's**) (coll) soldado raso (*del ejército norteamericano*)

giant ['dʒaɪ•ənt] *adj* & *s* gigante *m*

giantess ['dʒaɪ•əntɪs] *s* giganta

gibberish ['dʒɪbərɪʃ] o ['gɪbərɪʃ] *s* guirigay *m*

gibbet ['dʒɪbɪt] *s* horca ‖ *tr* ahorcar; poner a la vergüenza

gibe [dʒaɪb] *s* remoque *m*, mofa ‖ *intr* mofarse; **to gibe at** mofarse de

giblets ['dʒɪblɪts] *spl* menudillos

giddiness ['gɪdɪnɪs] *s* vértigo, vahído, falta de juicio

gid•dy ['gɪdi] *adj* (*comp* **-dier;** *super* **-diest**) vertiginoso; mareado; casquivano, ligero de cascos

Gideon ['gɪdɪ•ən] *s* (Bib) Gedeón *m*

gift [gɪft] *s* regalo; (*natural ability*) don *m*, dote *f*, prenda

gifted ['gɪftɪd] *adj* talentoso; muy inteligente

gift horse *s* —**never look a gift horse in the mouth** a caballo regalado no se le mira el diente

gift of gab *s* (coll) facundia, labia

gift shop *s* comercio de objetos de regalo, tienda de regalos

gift'wrap' *v* (*pret* & *pp* **-wrapped;** *ger* **-wrapping**) *tr* envolver en paquete regalo

gigantic [dʒaɪ'gæntɪk] *adj* gigantesco

giggle ['gɪgəl] *s* risita, risa ahogada, retozo de la risa ‖ *intr* reírse bobamente

ge
gi

gigo·lo [ˈdʒɪgə ˌlo] s (pl **-los**) acompañante m profesional de mujeres; (*man supported by a woman*) mantenido

gild [gɪld] v (pret & pp **gilded** o **gilt** [gɪlt]) tr dorar

gilding [ˈgɪldɪŋ] s dorado

gill [gɪl] s (*of fish*) agalla; (*of cock*) barba ‖ [dʒɪl] s cuarta parte de una pinta

gillyflower [ˈdʒɪlɪˌflaʊ·ər] s alhelí m

gilt [gɪlt] adj & s dorado

gilt-edged [ˈgɪltˌɛdʒd] adj de toda confianza, de lo mejor que hay

gilt'head' s dorada

gimcrack [ˈdʒɪm ˌkræk] adj de oropel ‖ s chuchería

gimlet [ˈgɪmlɪt] s barrena de mano

gimmick [ˈgɪmɪk] s (slang) adminículo; (slang) adminículo mágico

gin [dʒɪn] s (*alcoholic liquor*) ginebra; desmotadera de algodón; trampa; (*fish trap*) garlito; torno de izar ‖ v (pret & pp **ginned**; *ger* **ginning**) tr desmotar

gin fizz s ginebra con gaseosa

ginger [ˈdʒɪndʒər] s jenjibre m; (coll) energía, viveza

ginger ale s cerveza de jengibre gaseosa

gin'ger·bread' s pan m de jengibre; adorno charro

gingerly [ˈdʒɪndʒərli] adj cauteloso, cuidadoso ‖ adv cautelosamente

gin'ger·snap' s galletita de jengibre

gingham [ˈgɪŋəm] s guinga

giraffe [dʒɪˈræf] s jirafa

girandole [ˈdʒɪrənˌdol] s girándula

gird [gʌrd] v (pret & pp **girt** [gʌrt] o **girded**) tr ceñir; (*to equip*) dotar; (*to prepare*) aprestar; (*to surround, hem in*) rodear, encerrar

girder [ˈgʌrdər] s viga, trabe f

girdle [ˈgʌrdəl] s faja; corsé pequeño ‖ tr ceñir; circundar, rodear

girl [gʌrl] s muchacha, niña, chica; (*servant*) moza

girl friend s (coll) amiguita

girlhood [ˈgʌrlhʊd] s muchachez f; juventud femenina

girlish [ˈgʌrlɪʃ] adj de muchacha; juvenil

girl scout s niña exploradora

girth [gʌrθ] s (*band*) cincha; (*waistband*) pretina; circunferencia

gist [dʒɪst] s esencia

give [gɪv] s elasticidad ‖ v (pret **gave** [gev]; pp **given** [ˈgɪvən] tr dar; ocasionar (*molestia, trabajo, etc.*); representar (*una obra dramática*); (*lessons*) impartir; pronunciar (*un discurso*); **to give away** dar de balde; revelar; llevar (*a la novia*); (coll) traicionar; **to give back** devolver; **to give forth** despedir (*p.ej. olores*); **to give oneself up** entregarse; **to give up** abandonar, dejar (*un empleo*); renunciar ‖ intr dar; dar de sí; romperse (*p.ej., una cuerda*); **to give in** ceder, rendirse; **to give out** agotarse; no poder más; **to give up** darse por vencido

give'-and-take' s concesiones mutuas; conversación sazonada de burlas

give'a·way' s (coll) revelación involuntaria; (coll) traición; (*e.g., in checkers*) (coll) ganapierde m & f

given [ˈgɪvən] adj dado; (math) conocido; **given that** dado que, suponiendo que

given name s nombre m de pila

giver [ˈgɪvər] s dador m, donador m

gizzard [ˈgɪzərd] s molleja

glacial [ˈgleʃəl] adj glacial

glacier [ˈgleʃər] s glaciar m, helero

glad [glæd] adj (comp **gladder**; super **gladdest**) alegre, contento; **to be glad (to)** alegrarse (de)

gladden [ˈglædən] tr alegrar

glade [gled] s claro, claro herboso (*en un bosque*)

glad hand s (coll) acogida efusiva

gladiola [ˌglædɪˈolə] s estoque m

gladly [ˈglædli] adv alegremente; de buena gana, con mucho gusto

gladness [ˈglædnɪs] s alegría, regocijo

glad rags spl (slang) trapitos de cristianar; (slang) vestido de etiqueta

glamorous [ˈglæmərəs] adj fascinador, elegante

glamour [ˈglæmər] s fascinación, elegancia, hechizo

glamour girl s belleza exótica

glance [glæns] s ojeada, vistazo, golpe m de vista; **at a glance** de un vistazo; **at first glance** a primera vista ‖ intr lanzar una mirada; **to glance at** lanzar una mirada a; examinar de paso; **to glance off** desviarse de soslayo; desviarse de, al chocar; **to glance over** mirar por encima

gland [glænd] s glándula

glanders [ˈglændərz] spl muermo

glandulous [ˈglændʒələs] adj glanduloso

glare [glɛr] s fulgor m deslumbrante, luz intensa; mirada feroz, mirada de indignación ‖ intr relumbrar; lanzar miradas feroces; **to glare at** echar una mirada feroz a

glaring [ˈglɛrɪŋ] adj deslumbrante, relumbrante; (*look*) feroz, penetrante; manifiesto, que salta a la vista

glass [glæs] s vidrio, cristal m; (*tumbler*) vaso, copa; (*mirror*) espejo; (*glassware*) vajilla de cristal; **glasses** anteojos

glass blower [ˈblo·ər] s soplador m de vidrio, vidriero

glass case s vitrina

glass cutter s cortavidrios m

glass door s puerta vidriera

glassful [ˈglæsful] s vaso

glass'house' s invernadero; (fig) tejado de vidrio

glassine [glæˈsin] s papel m cristal

glass'ware' s cristalía, vajilla de vidrio

glass wool s cristal hilado

glass'works' s cristalería vidriería

glass'work'er s vidriero

glass·y [ˈglæsi] adj (comp **-ier**; super **-iest**) vidrioso

glaze [glez] s vidriado, esmalte m; (*of ice*) capa resbaladiza ‖ tr vidriar, esmaltar; garapiñar (*golosinas*)

glazier [ˈglezər] s vidriero

gleam [glim] s destello, rayo de luz; luz f tenue; (of hope) rayo ‖ intr destellar; brillar con luz tenue

glean [glin] tr espigar; (to gather bit by bit, e.g., out of books) espigar

glee [gli] s alegría, regocijo

glee club s orfeón m

glib [glɪb] adj (comp **glibber**; super **glibbest**) locuaz; (tongue) suelto; fácil e insincero

glide [glaɪd] s deslizamiento; (aer) vuelo sin motor, planeo; (mus) ligadura ‖ intr deslizarse; (aer) volar sin motor, planear; **to glide along** pasar suavemente

glider [ˈglaɪdər] s (aer) planeador m, deslizador m

glimmer [ˈglɪmər] s luz f tenue; (faint perception) vislumbre f ‖ intr brillar con luz tenue; (to appear faintly) vislumbrarse

glimmering [ˈglɪmərɪŋ] adj tenue, trémulo ‖ s luz f tenue; vislumbre f

glimpse [glɪmps] s vislumbre f; **to catch a glimpse of** entrever, vislumbrar ‖ tr vislumbrar

glint [glɪnt] s destello, rayo ‖ intr destellar

glisten [ˈglɪsən] s centelleo ‖ intr centellear

glitter [ˈglɪtər] s resplandor m, brillo ‖ intr resplandecer, brillar

gloaming [ˈglomɪŋ] s crepúsculo vespertino

gloat [glot] intr relamerse; **to gloat over** mirar con satisfacción maligna

globe [glob] s globo

globetrotter [ˈglob,tratər] s trotamundos m

globule [ˈglabjul] s glóbulo

glockenspiel [ˈglakən,spil] s juego de timbres, órgano de campanas

gloom [glum] s lobreguez f tinieblas, obscuridad; abatimiento, tristeza; aspecto abatido

gloom·y [ˈglumi] adj (comp **-ier**; super **-iest**) (dark; sad) lóbrego; pesimista

glori·fy [ˈglorɪ,faɪ] v (pret & pp **-fied**) tr glorificar; (to enhance) realzar

glorious [ˈglorɪəs] adj glorioso; espléndido, magnífico; (coll) alegre

glo·ry [ˈglori] s (pl **-ries**) gloria; **to go to glory** ganar la gloria; (slang) fracasar ‖ v (pret & pp **-ried**) intr gloriarse

gloss [glas] s brillo, lustre m; (note, commentary) glosa; glosario ‖ tr (to annotate) glosar; lustrar, satinar; **to gloss over** disculpar, paliar

glossa·ry [ˈglasəri] s (pl **-ries**) glosario

gloss·y [ˈglasi] adj (comp **-ier**; super **-iest**) brillante, lustroso; (silk) joyante

glottal [ˈglatəl] adj glótico

glove [glʌv] s guante m

glove compartment s portaguantes m

glove stretcher s ensanchador m, juanas

glow [glo] s (light of incandescence) resplandor m; (e.g., of sunset) brillo, esplendor m; sensación de calor; color m en las mejillas ‖ intr brillar sin llama; estar encendido (el rostro, el cielo); estar muy animado

glower [ˈglau·ər] s ceño, mirada ceñuda ‖ intr mirar con ceño

glowing [ˈgloɪŋ] adj ardiente, encendido; radiante; entusiasta, elogioso

glow'worm' s gusano de luz, luciérnaga

glucose [ˈglukos] s glucosa

glue [glu] s cola; pegapega ‖ tr encolar; pegar fuertemente

glue pot s cazo de cola

gluey [ˈglu·i] adj (comp **gluier**; super **gluiest**) pegajoso; (smeared with glue) encolado

glug [glʌg] s gluglú m ‖ v (pret & pp **glugged**; ger **glugging**) intr hacer gluglú (el agua)

glum [glʌm] adj (comp **glummer**; super **glummest**) hosco

glut [glʌt] s abundancia, gran acopio; exceso; **to be a glut on the market** abarrotarse ‖ v (pret & pp **glutted**; ger **glutting**) tr hartar, saciar; inundar (el mercado); obstruir

glutton [ˈglʌtən] adj & s glotón m

gluttonous [ˈglʌtənəs] adj glotón

glutton·y [ˈglʌtəni] s (pl **-ies**) glotonería, gula

glycerine [ˈglɪsərɪn] s glicerina

G.M. abbr **general manager, Grand Master**

G-man [ˈdʒi,mæn] s (pl **-men** [,mɛn]) (coll) agente m de la policía federal

G.M.T. abbr **Greenwich mean time**

gnarl [nɑrl] s nudo ‖ tr torcer ‖ intr gruñir

gnarled [nɑrld] adj nudoso, retorcido

gnash [næʃ] tr hacer rechinar (los dientes) ‖ intr hacer rechinar los dientes

gnat [næt] s jején m

gnaw [nɔ] tr roer; practicar (un agujero) royendo

gnome [nom] s gnomo

go [go] s (pl **goes**) ida; (coll) energía, ímpetu m; (coll) boga; (coll) ensayo; (for traffic) paso libre; **it's a go** (coll) es un trato hecho; **it's all the go** (coll) hace furor; **it's no go** (coll) es imposible; **on the go** (coll) en continuo movimiento; **to make a go of** (coll) lograr éxito en ‖ v (pret **went** [wɛnt]; pp **gone** [gɔn] o [gɑn]) tr (coll) soportar, tolerar; **to go it alone** obrar sin ayuda ‖ intr ir; (to work, operate) funcionar, marchar; andar (p.ej., desnudo); volverse (p.ej., loco); **going, going, gone!** ¡vendo, vendo, vendí!; **so it goes** así va el mundo; **to be going to** + inf ir a + inf; **to be gone** haber ido; haberse agotado; haber dejado de ser; **to go against** ir en contra de; **to go ahead** seguir adelante; **to go away** irse, marcharse; **to go back** volver; **to go by** pasar por; guiarse por; atenerse a; **to go down** bajar; hundirse (un buque); **to go fishing** ir de pesca; **to go for** ir por; **to go get** ir por, ir a buscar; **to go house hunting** ir a buscar casa; **to go hunting** ir de caza; **to go in** entrar; entrar en; (to fit in) caber en; **to go in for** dedicarse a, interesarse por; **to go into** entrar en; investigar; (aut) poner (p.ej., primera); **to go in with** asociarse con; **to go off** irse, marcharse; llevarse a cabo; estallar (p.ej., una bomba); dispararse (un fusil); **to go on** seguir adelante; ir tirando; **to go on** + ger seguir + ger; **to go on with** continuar; **to**

go out salir; pasar de moda; apagarse (*un fuego, una luz*); declararse en huelga; (*for entertainment, etc.*) salir; **to go over** tener éxito; releer; examinar, revisar; pasar por encima de; **to go over to** pasarse a las filas de; **to go through** pasar por; llegar al fin de; agotar (*una fortuna*); **to go with** ir con, acompañar; salir con (*una muchacha*); hacer juego con; **to go without** andarse sin, pasarse sin

goad [god] *s* aguijada, aguijón *m* ‖ *tr* aguijonear; (SAm) espuelar

go'-a•head' *adj* (coll) emprendedor ‖ *s* (coll) señal *f* para seguir adelante, luz *f* verde

goal [gol] *s* meta; (*in football*) gol *m*

goal'keep'er *s* guardameta *m*, portero

goal line *s* raya de la meta

goal post *s* poste *m* de la meta

goat [got] *s* cabra; (*male goat*) macho cabrío; (coll) víctima inocente; **to be the goat** (slang) pagar el pato; **to get the goat of** (slang) tomar el pelo a; **to ride the goat** (coll) ser iniciado en una sociedad secreta

goatee [go'ti] *s* perilla

goat'herd' *s* cabrero

goat'skin' *s* piel *f* de cabra

goat'suck'er *s* chotacabras *m*

gob [gab] *s* (coll) masa informe y pequeña; (coll) marinero de guerra

gobble ['gabəl] *s* gluglú *m* ‖ *tr* engullir; **to gobble up** engullirse ávidamente; (coll) asir de repente, apoderarse ávidamente de ‖ *intr* engullir; gluglutear, gorgonear (*el pavo*)

gobbledegook ['gabəldɪ,guk] *s* (coll) lenguaje obscuro e incomprehensible, galimatías *m*

go'-be•tween' *s* (*intermediary*) medianero; (*in promoting marriages*) casamentero; (*in shady love affairs*) alcahuete *m*, alcahueta

goblet ['gablɪt] *s* copa

goblin ['gablɪn] *s* duende *m*, trasgo

go'-by' *s* (coll) desaire *m;* **to give someone the go-by** (coll) negarse al trato de alguien

go'cart' *s* andaderas; cochecito para niños; carruaje ligero

god [gad] *s* dios *m;* **God forbid** no lo quiera Dios; **God grant** permita Dios; **God willing** Dios mediante

god'child' *s* (*pl* chil'dren) ahijado, ahijada

god'daugh'ter *s* ahijada

goddess ['gadɪs] *s* diosa

god'fa'ther *s* padrino

God'-fear'ing *adj* timorato; devoto, pío

God'for•sak'en *adj* dejado de la mano de Dios; (coll) desolado, desierto

god'head' *s* divinidad ‖ **Godhead** *s* Dios *m*

godless ['gadlɪs] *adj* infiel, impío; desalmado, malvado

god•ly ['gadli] *adj* (*comp* **-lier;** *super* **-liest**) devoto, pío

god'moth'er *s* madrina

God's acre *s* campo santo

god'send' *s* cosa llovida del cielo, bendición

god'son' *s* ahijado

God'speed' *s* bienandanza, buena suerte, buen viaje *m*

go'-get'ter *s* (slang) buscavidas *mf,* persona emprendedora

goggle ['gagəl] *intr* volver los ojos; abrir los ojos desmesuradamente

goggle-eyed ['gagəl,aɪd] *adj* de ojos saltones

goggles ['gagəlz] *spl* anteojos de camino, gafas contra el polvo

going ['go•ɪŋ] *adj* en marcha, funcionando; **going on** casi, p.ej., **it is going on nine o'clock** son casi las nueve ‖ *s* ida, partida

going concern *s* empresa que marcha

goings on *spl* actividades; bulla, jarana

goiter ['gɔɪtər] *s* bocio

gold [gold] *adj* áureo, de oro; dorado ‖ *s* oro

gold'beat'er *s* batidor *m* de oro, batihoja *m*

goldbeater's skin *s* venza

gold brick *s* — **to sell a gold brick** (coll) vender gato por liebre

gold'crest' *s* reyezuelo moñudo

gold digger ['dɪgər] *s* (slang) extractora de oro

golden ['goldən] *adj* áureo, de oro; (*gilt*) dorado; (*hair*) rubio; excelente, favorable, floreciente

golden age *s* edad de oro, siglo de oro

golden calf *s* becerro de oro

Golden Fleece *s* vellocino de oro

golden mean *s* justo medio

golden plover *s* chorlito

gold'en•rod' *s* vara de oro, vara de San José

golden rule *s* regla de la caridad cristiana

golden wedding *s* bodas de oro

gold-filled ['gold,fɪld] *adj* empastado en oro

gold'finch' *s* jilguero, pintacilgo

gold'fish' *s* carpa dorada, pez *m* de color

goldilocks ['goldɪ ,laks] *s* rubiales *mf*

gold leaf *s* pan *m* de oro

gold mine *s* mina de oro; **to strike a gold mine** (fig) encontrar una mina

gold plate *s* vajilla de oro

gold'-plate' *tr* dorar

gold'smith' *s* orfebre *m*

gold standard *s* patrón *m* oro

golf [galf] *s* golf *m* ‖ *intr* jugar al golf

golf club *s* palo de golf; asociación de jugadores de golf

golfer ['galfər] *s* golfista *mf*

golf links *spl* campo de golf

Golgotha ['galgəθə] *s* el Gólgota

gondola ['gandələ] *s* góndola

gondolier [,gandə'lɪr] *s* gondolero

gone [gɔn] *o* [gan] *adj* agotado; arruinado; desaparecido; muerto; **gone on** (coll) enamorado de

gong [gɔŋ] *o* [gaŋ] *s* batintín *m*

gonorrhea [,ganə'ri•ə] *s* gonorrea

goo [gu] *s* (slang) substancia pegajosa

good [gʊd] *adj* (*comp* **better;** *super* **best**) bueno; **good and . . .** (coll) muy, p.ej., **good and cheap** muy barato; **good for** bueno para; capaz de hacer; capaz de pagar; capaz de vivir (*cierto tiempo*); **to be good at** tener talento para; **to be no good** (coll) no servir para nada; (coll) ser un perdido; **to make good** tener éxito; cumplir (*sus promesas*); pagar (*una deuda*); responder de (*los daños*) ‖ *s* bien *m*, provecho, utilidad; **for good** para siempre; **for good and all** de una vez para siempre; **goods** efectos; géneros, mercancías; **the good** lo bueno; los buenos; **to catch with the goods** (slang) coger en flagrante; **to deliver the goods** (slang) cumplir lo prometido; **to do good** hacer el bien; dar salud o fuerzas a; **to the good** de sobra, en el haber; **what is the good of . . . ?** ¿para qué sirve . . . ?

good afternoon s buenas tardes

good'by' o **good'bye'** s adiós m ‖ interj ¡adiós!

good day s buenos días

good evening s buenas noches, buenas tardes

good fellow s (coll) buen chico, buen sujeto

good fellowship s compañerismo

good'-for-noth'ing adj inútil, sin valor ‖ s pelafustán m perdido

Good Friday s Viernes santo

good graces spl favor m, estimación

good-hearted ['gud'hartɪd] adj de buen corazón

good-humored ['gud'jumərd] adj de buen humor; afable

good-looking ['gud'lukɪŋ] adj guapo, bien parecido

good looks spl hermosura, guapeza

good-ly ['gudli] adj (comp **-ller;** super **-llest**) considerable; bien parecido, hermoso; bueno, excelente

good morning s buenos días

good-natured ['gud'netʃərd] adj bonachón, afable

Good Neighbor Policy s política del buen vecino

goodness ['gudnɪs] s bondad; **for goodness' sake!** ¡por Dios!; **goodness knows!** ¡quién sabe! ‖ interj ¡válgame Dios!

good night s buenas noches

good sense s buen sentido, sensatez f

good-sized ['gud'saɪzd] adj bastante grande, de buen tamaño

good speed s adiós m y buena suerte

good-tempered ['gud'tempərd] adj de natural apacible

good time s rato agradable; **to have a good time** divertirse; **to make good time** ir a buen paso; llegar en poco tiempo

good turn s favor m, servicio

good way s buen trecho

good will s buena voluntad; (com) buen nombre m, clientela

good-y ['gudi] adj (coll) beatuco, santurrón ‖ s (pl **-ies**) (coll) golosina ‖ interj (coll) ¡qué bien!, ¡qué alegría!

gooey ['gu·i] adj (comp **gooier;** super **gooiest**) (slang) pegajoso, fangoso

goof [guf] s (slang) tonto ‖ tr & intr (slang) chapucear ‖ intr — **to goof off** farrear

goof-y ['gufi] adj (comp **-ier;** super **-iest**) (slang) tonto, mentecato

goon [gun] s (roughneck) (coll) gamberro, canalla m; (coll) terrorista m de alquiler; (slang) estúpido

goose [gus] s (pl **geese** [gis]) ánsar m, ganso, oca; **the goose hangs high** todo va a pedir

de boca; **to cook one's goose** malbaratarle a uno los planes; **to kill the goose that lays the golden eggs** matar la gallina de los huevos de oro ‖ s (pl **gooses**) plancha de sastre

goose'ber'ry s (pl **-ries**) (plant) grosellero silvestre; (fruit) grosella silvestre

goose egg s huevo de oca; (slang) cero

goose flesh s carne f de gallina

goose'neck' s cuello de cisne; (naut) gancho de botalones

goose pimples spl carne f de gallina

goose step s (mil) paso de ganso

G.O.P. abbr **Grand Old Party**

gopher ['gofər] s ardilla de tierra, ardillón m; (Geomys) tuza

Gordian knot ['gɔrdɪ·ən] s nudo gordiano; **to cut the Gordian knot** cortar el nudo gordiano

gore [gor] s sangre derramada, sangre cuajada; (insert in a piece of cloth) cuchillo, nesga ‖ tr (to pierce with a horn) acornar; poner cuchillo o nesga a; nesgar

gorge [gɔrdʒ] s garganta, desfiladero; (in a river) atasco de hielo ‖ tr atiborrar ‖ intr atiborrarse

gorgeous ['gɔrdʒəs] adj primoroso, brillante, magnífico, suntuoso

gorilla [gə'rɪlə] s gorila

gorse [gɔrs] s aulaga

gor-y ['gori] adj (comp **-ier;** super **-iest**) ensangrentado, sangriento

gosh [gaʃ] interj ¡caramba!

goshawk ['gas,hɔk] s azor m

gospel ['gaspəl] s evangelio ‖ **Gospel** s Evangelio

gospel truth s evangelio, pura verdad

gossamer ['gasəmər] s telaraña flotante; gasa sutilísima, tela impermeable muy delgada; impermeable m de tela muy delgada

gossip ['gasɪp] s chismes m; (person) chismoso, bocaza; **piece of gossip** chisme m ‖ intr chismear

gossip column s mentidero

gossip columnist s gacetillero, cronista mf social

gossipy ['gasɪpɪ] adj chismoso

Goth [gaθ] s godo; (fig) bárbaro

Gothic ['gaθɪk] adj & s gótico

gouge [gaudʒ] s gubia; (cut made with a gouge) muesca; (coll) estafa ‖ tr excavar con gubia; (coll) estafar

goulash ['gulaʃ] s puchero húngaro

gourd [gord] o [gurd] s calabaza

gourmand ['gurmənd] s gastrónomo; glotón m, goloso

gourmet ['gurme] s gastrónomo delicado

gout [gaut] s gota

gout-y ['gauti] adj (comp **-ier;** super **-iest**) gotoso

gov. abbr **governor, government**

govern ['gʌvərn] tr gobernar; (gram) regir ‖ intr gobernar

governess ['gʌvərnɪs] s aya, institutriz f

government ['gʌvərnmənt] s gobierno; (gram) régimen m

governmental [ˌgʌvərn'mɛntəl] *adj* gubernamental, gubernativo
government in exile *s* gobierno exilado
governor ['gʌvərnər] *s* gobernador *m;* (*of a jail, castle, etc.*) alcaide *m;* (mach) regulador *m*
governorship ['gʌvərnərʃɪp] *s* gobierno
govt. *abbr* **government**
gown [gaʊn] *s* (*of a woman*) vestido; (*of a professor, judge, etc.*) toga; (*of a priest*) traje *m* talar; (*dressing gown*) bata, peinador *m;* (nightgown) camisa de dormir
G.P.O. *abbr* **General Post Office, Government Printing Office**
gr. *abbr* **gram, grams, grain, grains, gross**
grab [græb] *s* asimiento, presa; (coll) robo ‖ *v* (*pret & pp* **grabbed**; *ger* **grabbing**) *tr* asir, agarrar; arrebatar ‖ *intr* — **to grab at** tratar de asir
grace [gres] *s* (*charm; favor; pardon*) gracia; (*prayer at table*) benedícite *m;* (*extension of time*) demora; **to be in the good graces of** gozar del favor de; **to say grace** rezar el benedícite; **with good grace** de buen talante ‖ *tr* adornar, engalanar; favorecer
graceful ['gresfəl] *adj* agraciado, gracioso
grace note *s* apoyatura, nota de adorno
gracious ['greʃəs] *adj* graciable, gracioso; misericordioso ‖ *interj* ¡válgame Dios!
grackle ['grækəl] *s* (*myna*) estornino de los pastores; (*purple grackle*) quiscal *m*
grad. *abbr* **graduate**
gradation [gre'deʃən] *s* (*gradual change*) paso gradual; (*arrangement in grades*) graduación; (*step in a series*) paso, grado
grade [gred] *s* grado; (*slope*) pendiente *f;* (*mark for work in class*) calificación, nota; **to make the grade** lograr subir la cuesta; vencer los obstáculos ‖ *tr* graduar, calificar; dar nota a (*un alumno*); explanar, nivelar
grade crossing *s* (rr) paso a nivel, cruce *m* a nivel
grade school *s* escuela elemental
gradient ['gredɪ•ənt] *adj* pendiente ‖ *s* pendiente *f;* (phys) gradiente *m*
gradual ['grædʒʊ•əl] *adj* paulatino
gradually [grædʒʊ•əli] *adv* paulatinamente, gradualmente, poco a poco
graduate ['grædʒʊ•ɪt] *adj* graduado ‖ *s* graduado; (*candidate for a degree*) graduando; vasija graduada ‖ ['grædʒʊ,et] *tr* graduar ‖ *intr* graduarse
graduate school *s* facultad de altos estudios
graduate student *s* estudiante graduado
graduate work *s* altos estudios
graduation [ˌgrædʒʊ'eʃən] *s* graduación, ceremonia de graduación
graft [græft] *s* (hort & surg) injerto; (coll) soborno político, ganancia ilegal ‖ *tr & intr* (hort & surg) injertar; (coll) malversar
graham bread ['gre•əm] *s* pan *m* integral
graham flour *s* harina de trigo sin cerner
grain [gren] *s* (*small seed; tiny particle of sand, etc.; small unit of weight*) grano; (*cereal seeds*) granos; (*in stone*) vena; (*in wood*) fibra; **against the grain** a contrapelo

‖ *tr* granear (*la pólvora; una piedra litográfica*); crispir, vetear (*la madera*); granular (*una piel*)
grain elevator *s* elevador *m* de granos; (*tall building where grain is stored*) depósito de cereales
grain'field' *s* sembrado
graining ['grenɪŋ] *s* veteado
gram [græm] *s* gramo
grammar ['græmər] *s* gramática
grammarian [grə'mɛrɪ•ən] *s* gramático
grammar school *s* escuela pública elemental
grammatical [grə'mætɪkəl] *adj* gramático
gramophone ['græmə,fon] *s* (trademark) gramófono
grana•ry ['grænəri] *s* (*pl* **-ries**) granero
grand [grænd] *adj* espléndido, grandioso; importante, principal
grand'aunt' *s* tía abuela
grand'child' *s* (*pl* **chil'dren**) nieto, nieta
grand'daugh'ter *s* nieta
grand duchess *s* gran duquesa
grand duchy *s* gran ducado
grand duke *s* gran duque *m*
grandee [græn'di] *s* grande *m* de España
grandeur ['grændʒər] o ['grændʒʊr] *s* grandeza, magnificencia
grand'fa'ther *s* abuelo; (*forefather*) antepasado
grandfather's clock *s* reloj *m* de caja
grandiose ['grændɪ,os] *adj* grandioso; hinchado, pomposo
grand jury *s* jurado de acusación
grand larceny *s* hurto mayor
grand lodge *s* gran oriente *m*
grandma ['grænd ,ma], ['græm ,ma], o ['græmə] *s* (coll) abuela, abuelita
grand'moth'er *s* abuela
grand'neph'ew *s* resobrino
grand'niece *s* resobrina
grand opera *s* ópera seria
grandpa ['grænd,pa], ['græn,pa], o ['græmpə] *s* (coll) abuelo, abuelito
grand'par'ent *s* abuelo, abuela
grand piano *s* piano de cola
grand slam *s* (bridge) bola
grand'son' *s* nieto
grand'stand' *s* gradería cubierta, tribuna
grand strategy *s* alta estrategia
grand total *s* gran total *m*, suma de totales
grand'un'cle *s* tío abuelo
grand vizier *s* gran visir *m*
grange [grendʒ] *s* (*farm with barns, etc.*) granja; (*organization of farmers*) cámara agrícola
granite ['grænɪt] *s* granito
grant [grænt] o [grant] *s* concesión; donación, subvención; traspaso de propiedad ‖ *tr* conceder; dar (*permiso, perdón*); transferir (*bienes inmuebles*); **to take for granted** dar por sentado; tratar con indiferencia
grantee [græn'ti] o [gran'ti] *s* cesionario
grant'-in-aid' *s* (*pl* **grants-in-aid**) subvención concedida por el gobierno para obras de utilidad pública; pensión para estimular

conocimientos científicos, literarios, artísticos

grantor [græn'tɔr] or [gran'tɔr] s cesionista mf, otorgante mf

grant winner s bequista mf (CAm, Cuba)

granular ['grænjələr] adj granular

granulate ['grænjə,let] tr granular ‖ intr granularse

granule ['grænjul] s gránulo

grape [grep] s (fruit) uva; (vine) vid f

grape arbor s parral m

grape'fruit' s (fruit) toronja; (tree) toronjo

grape hyacinth s sueldacostilla

grape juice s zumo de uva

grape'shot' s metralla

grape'vine' s vid f, parra; **by the grapevine** por vías secretas, por vías misteriosas

graph [græf] s (diagram) gráfica; (gram) grafía

graphic(al) ['græfɪk(əl)] adj gráfico

graphite ['græfaɪt] s grafito

graph paper s papel cuadriculado

grapnel ['græpnəl] s rebañadera; (anchor) rezón m

grapple ['græpəl] s asimiento, presa; lucha cuerpo a cuerpo ‖ tr asir, agarrar ‖ intr agarrarse; luchar a brazo partido; **to grapple with** luchar a brazo partido con; tratar de resolver

grappling iron s arpeo

grasp [græsp] s asimiento; (power, reach) poder m, alcance m; (fig) comprensión; **to have a good grasp of** saber a fondo; **within the grasp of** al alcance de ‖ tr (with hand) empuñar; (to get control of) apoderarse de; (fig) comprender ‖ intr — **to grasp at** tratar de asir; aceptar con avidez

grasping ['græspɪŋ] adj avaro, codicioso

grass ['græs] s hierba; (pasture land) pasto; (lawn) césped m; **to go to grass** ir a pacer; disfrutar de una temporada de descanso; gastarse, arruinarse; morir; **to not let the grass grow under one's feet** no dormirse en las pajas

grass court s cancha de césped

grass'hop'per s saltamontes m

grass pea s almorta, guija

grass'-roots' adj de la gente común

grass seed s semilla de césped

grass widow s viuda de paja, viuda de marido vivo

grass•y ['græsi] adj (comp -ier; super -iest) herboso

grate [gret] s (at a window) reja; (for cooking) parrilla ‖ tr (to put a grate on) enrejar; rallar (p.ej., queso) ‖ intr crujir, rechinar; **to grate on** (fig) rallar

grateful ['gretfəl] adj agradecido; (pleasing) agradable

grater ['gretər] s rallador m

grati•fy ['grætɪ,faɪ] v (pret & pp -fied) tr complacer, gratificar

gratifying ['grætɪ,faɪ•ɪŋ] adj grato, satisfactorio

grating ['gretɪŋ] adj áspero, irritante; (sound) chirriante ‖ s enrejado

gratis ['gretɪs] o ['grætɪs] adj gracioso, gratuito ‖ adv gratis, de balde

gratitude ['grætɪ,tjud] s gratitud, reconocimiento

gratuitous [grə'tju•ɪtəs] o [grə'tu•ɪtəs] adj gratuito

gratui•ty [grə'tju•ɪti] s (pl -ties) propina; feria (CAm, Mex)

grave [grev] adj (serious, dangerous; important) grave; solemne; (sound; accent) grave ‖ s sepulcro, sepultura; **to have one foot in the grave** estar con un pie en la sepultura

gravedigger ['grev,dɪgər] s enterrador m, sepulturero, entierramuertos m

gravel ['grævəl] s grava, cascajo

graven image ['grevən] s ídolo

grave'stone' s lápida sepulcral

grave'yard' s camposanto

gravitate ['grævɪ,tet] intr gravitar; ser atraído

gravitation [,grævɪ'teʃən] s gravitación

gravi•ty ['grævɪti] s (pl -ties) gravedad

gravure [grə'vjur] s fotograbado

gra•vy ['grevi] s (pl -vies) (juice from cooking meat) jugo; (sauce made with this juice) salsa; (slang) ganga, breva

gravy dish s salsera

gray [gre] adj gris; (gray-haired) cano, canoso ‖ s gris m; traje m gris ‖ intr encanecer

gray'beard' s anciano, viejo

gray-haired ['gre,hɛrd] adj canoso

gray'hound' s galgo

grayish ['gre•ɪʃ] adj grisáceo; (person; hair) entrecano

gray matter s substancia gris; (intelligence) (coll) materia gris

graze [grez] tr (to touch lightly) rozar; (to scratch lightly in passing) raspar; pacer (la hierba); apacentar (el ganado); (to lead to the pasture) pastar ‖ intr pacer, pastar

grease [gris] s grasa ‖ [gris] o [griz] tr engrasar; (slang) sobornar

grease cup [gris] s vaso de engrase

grease gun [gris] s engrasador m de pistón, jeringa de engrase, bomba de engrase

grease lift [gris] s puente m de engrase

grease paint [gris] s maquillaje m

grease pit [gris] s fosa de engrase

grease spot [gris] s lámpara, mancha de grasa

greas•y ['grisi] o ['grizi] adj (comp -ier; super -iest) grasiento, pringoso

great [gret] adj grande; (coll) excelente ‖ **the great** los grandes

great'-aunt' s tía abuela

Great Bear s Osa Mayor

Great Britain ['brɪtən] s la Gran Bretaña

great'coat' s gabán m de mucho abrigo

Great Dane s mastín m danés

Greater London s el Gran Londres

Greater New York s el Gran Nueva York

great'-grand'child' s (pl -chil'dren) bisnieto, bisnieta

great'-grand'daugh'ter s bisnieta

great'-grand'fa'ther s bisabuelo

great'-grand'moth'er s bisabuela

great'-grand'par'ent s bisabuelo, bisabuela

go
gr

great'-grand'son' *s* bisnieto
greatly ['gretli] *adj* grandemente
great'-neph'ew *s* resobrino
greatness ['gretnis] *s* grandeza
great'-niece' *s* resobrina
great'-un'cle *s* tío abuelo
Great War *s* Gran guerra
Grecian ['griʃən] *adj* & *s* griego
Greece [gris] *s* Grecia
greed [grid] *s* codicia, avaricia; (*in eating and drinking*) glotonería
greed•y ['gridi] *adj* (*comp* **-ier;** *super* **-iest**) codicioso, avaro; glotón
Greek [grik] *adj* & *s* griego
green [grin] *adj* verde; inexperto ‖ *s* verde *m;* (*lawn*) césped *m;* **greens** verduras
green'back' *s* (U.S.A.) billete *m* de banco (*de dorso verde*)
green corn *s* maíz tierno
green earth *s* verdacho
greener•y ['grinəri] *s* (*pl* **-ies**) (*foliage*) verdura; (*hothouse*) invernáculo
green-eyed ['grin,aid] *adj* de ojos verdes; celoso
green'gage' *s* ciruela claudia
green grasshopper *s* langostón *m*
green'gro'cer *s* verdulero
green'gro'cer•y *s* (*pl* **-ies**) verdulería
green'horn' *s* novato; (*dupe*) primo, inocentón *m;* papanatas *m,* isidro; colegial *mf* (Mex)
green'house' *s* invernáculo
greenish ['griniʃ] *adj* verdoso
Greenland ['grinlənd] *s* Groenlandia
greenness ['grinnis] *s* verdura, verdor *m;* falta de experiencia
green'room' *s* saloncillo; chismería de teatro
greensward ['grin,swɔrd] *s* césped *m*
green thumb *s* pulgares *mpl* verdes (*don de criar plantas*)
green vegetables *spl* verduras
green'wood' *s* bosque *m* verde, bosque frondoso
greet [grit] *tr* saludar; acoger, recibir; presentarse a (*los ojos u los oídos de uno*)
greeting ['gritiŋ] *s* saludo; acogida, recibimiento ‖ **greetings** *interj* ¡salud!
greeting card *s* tarjeta de buen deseo
gregarious [grɪ'gɛrɪ•əs] *adj* (*living in the midst of others*) gregario; (*fond of the company of others*) sociable
Gregorian [grɪ'gorɪ•ən] *adj* gregoriano
grenade [grɪ'ned] *s* granada; (*to put out fires*) granada extintora
grenadier [,grɛnə'dɪr] *s* granadero
grenadine [,grɛnə'din] *s* granadina
grey [gre] *adj, s* & *intr* var de **gray**
grid [grid] *s* parrilla, rejilla; (*electron*) rejilla; (*of a storage battery*) (elec) rejilla
griddle ['grɪdəl] *s* plancha
grid'dle•cake' *s* tortada (de harina) a la plancha
grid'i'ron *s* parrilla; campo de fútbol
grid leak *s* (electron) resistencia de rejilla, escape *m* de rejilla

grief [grif] *s* aflicción, pesar *m;* (coll) desgracia, disgusto; **to come to grief** fracasar, arruinarse
grievance ['grivəns] *s* agravio, injusticia; despecho, disgusto; motivo de queja
grieve [griv] *tr* afligir, penar ‖ *intr* afligirse, apenarse; **to grieve over** añorar
grievous ['grivəs] *adj* doloroso, penoso; atroz, cruel; (*deplorable*) lastimoso
griffin ['grifin] *s* (myth) grifo
grill [grɪl] *s* parrilla ‖ *tr* emparrillar; someter (*a un acusado*) a un interrogatorio muy apremiante
grille [grɪl] *s* reja, verja; (*of an automobile*) parrilla, rejilla
grill'room' *s* parrilla
grim [grɪm] *adj* (*comp* **grimmer;** *super* **grimmest**) (*fierce*) cruel, feroz; (*repellent*) horrible, siniestro; (*unyielding*) formidable, implacable; (*stern-looking*) ceñudo
grimace ['grɪməs] o [grɪ'mes] *s* mueca, gesto ‖ *intr* hacer muecas, gestear
grime [graim] *s* mugre *f;* (*soot*) tizne *m* & *f*
grim•y ['graimi] *adj* (*comp* **-ier;** *super* **-iest**) mugriento; tiznado
grin [grɪn] *s* sonrisa bonachona; mueca (*mostrando los dientes*) ‖ *v* (*pret* & *pp* **grinned;** *ger* **grinning**) *intr* sonreírse bonachonamente; hacer una mueca (*mostrando los dientes*)
grind [graind] *s* molienda; (*long hard work or study*) (coll) zurra; (*student*) (coll) empollón *m* ‖ *v* (*pret* & *pp* **ground** [graund]) *tr* moler; (*to sharpen*) afilar, amolar; tallar (*lentes*); pulverizar; picar (*carne*); rodar (*las válvulas de un motor*); dar vueltas a (*un manubrio*) ‖ *intr* hacer molienda; molerse; rechinar; (coll) echar los bofes
grinder ['graindər] *s* (*to sharpen tools*) muela, esmoladera; (*to grind coffee, pepper, etc.*) molinillo; (*back tooth*) muela
grind'stone' *s* esmoladera, piedra de amolar; **to keep one's nose to the grindstone** trabajar con ahinco
grin•go ['grɪŋgo] *s* (*pl* **-gos**) (disparaging) gringo
grip [grɪp] *s* (*grasp*) asimiento; (*withhand*) apretón *m;* (*handle*) asidero; saco de mano; **to come to grips (with)** luchar cuerpo a cuerpo (con); arrostrarse (con) ‖ *v* (*pret* & *pp* **gripped;** *ger* **gripping**) *tr* asir, agarrar; tener asido; absorber (*la atención*); absorber la atención a (*una persona*)
gripe [graip] *s* (coll) queja; **gripes** retortijón *m* de tripas ‖ *intr* (coll) quejarse, refunfuñar
grippe [grɪp] *s* gripe *f*
gripping ['grɪpɪŋ] *adj* conmovedor, impresionante
gris•ly ['grɪzli] *adj* (*comp* **-lier;** *super* **-liest**) espantoso, espeluznante
grist [grɪst] *s* (*batch of grain for one grinding*) molienda; (*grain that has been ground*) harina; (coll) acopio, acervo; **to be grist to one's mill** (coll) serle a uno de mucho provecho

gristle ['grɪsəl] adj (comp -tlier; super -tliest) cartilaginoso, ternilloso

grist'mill' s molino harinero

grit [grɪt] s arena, guijo fino; (fig) ánimo, valentía; grits farro, sémola ‖ v (pret & pp gritted; ger gritting) tr hacer rechinar (los dientes); cerrar fuertemente (los dientes)

grit•ty ['grɪti] adj (comp -tier; super -tiest) arenoso; (fig) valiente, resuelto

griz•zly ['grɪzli] adj (comp -zlier; super -zliest) grisáceo; canoso ‖ s (pl -zlies) oso gris

grizzly bear s oso gris

groan [gron] s gemido, quejido ‖ intr gemir, quejarse; estar muy cargado, crujir por exceso de peso

grocer ['grosər] s abacero, tendero de ultramarinos

grocer•y ['grosəri] s (pl -ies) abacería, tienda de ultramarinos, colmado; groceries víveres mpl, ultramarinos

grocery store s abacería, tienda de ultramarinos, colmado

grog [grɑg] s grog m

grog•gy ['grɑgi] adj (comp -gier; super -giest) (coll) inseguro, vacilante; (shaky, e.g., from a blow) (coll) atontado, (coll) borracho

groin [grɔɪn] s (anat) ingle f, (archit) arista de encuentro

groom [grum] s (bridegroom) novio; mozo de caballos ‖ tr asear, acicalar; almohazar (caballos); enseñar (a un político) para presentarse como candidato

grooms•man ['grumzmən] s (pl -men [mən]) padrino de boda

groove [gruv] s ranura; (of a pulley) garganta; (of a phonograph record) surco; (mark left by a wheel) rodada; (coll) rutina, hábito arraigado ‖ tr ranurar, acanalar

grope [grop] intr andar a tientas; (for words) pujar; to grope for buscar a tientas, buscar tentando; to grope through palpar (p.ej., la obscuridad)

gropingly ['gropɪŋli] adv a tientas

grosbeak ['gros ,bik] s pico duro

gross [gros] adj (dense, thick) denso, espeso; (coarse; vulgar) grosero; (fat, burly) grueso; (with no deductions) bruto ‖ s conjunto, totalidad; (twelve dozen) gruesa; in gross en grueso ‖ tr obtener un ingreso bruto de

grossly ['grosli] adv aproximadamente

gross national product s renta nacional

grotesque [gro'tɛsk] adj (ridiculous, extravagant) grotesco; (fa) grutesco ‖ s (fa) grutesco

grot•to ['grɑto] s (pl -toes o -tos) gruta

grouch [graʊtʃ] s (coll) mal humor m; (person) (coll) cascarrabias mf, vinagre m ‖ intr (coll) refunfuñar

grouch•y ['graʊtʃi] adj (comp -ier; super -iest) (coll) gruñón, malhumorado

ground [graʊnd] adj molido ‖ s (earth, soil, land) tierra; (piece of land) terreno; (basis foundation) causa, fundamento; motivo, razón f; (elec) tierra; (body of auto-

mobile corresponding to ground) (elec) masa; (elec) borne m de tierra; ground for complaint motivo de queja; grounds terreno; jardines mpl; causa, fundamento; (of coffee) posos; on the ground of con motivo de; to break ground empezar la excavación; to fall to the ground fracasar, abandonarse; to gain ground ganar terreno; to give ground ceder terreno; to lose ground perder terreno; to stand one's ground mantenerse firme; to yield ground ceder terreno ‖ tr establecer, fundar; (elec) poner a tierra; to be grounded estar sin volar (un avión); to be well grounded ser muy versado ‖ intr (naut) encallar, varar

ground connection s (rad) toma de tierra

ground crew s (aer) personal m de tierra

grounder ['graʊndər] s (baseball) pelota rodada

ground floor s piso bajo

ground glass s vidrio deslustrado

ground hog s marmota de América

ground lead [lid] s (elec) conductor m a tierra

groundless ['graʊndlɪs] adj infundado; inmotivado

ground plan s primer proyecto; (of a building) planta

ground speed s (aer) velocidad con respecto al suelo

ground swell s marejada de fondo

ground troops spl (mil) tropas terrestres

ground wire s (rad) alambre m de tierra; (aut) hilo de masa

ground'work' s infraestructura

group [grup] adj grupal; colectivo ‖ s grupo ‖ tr agrupar ‖ intr agruparse

group therapy s psicoterapia de grupo

grouse [graʊs] s perdiz blanca, bonasa americana, gallo de bosque; (slang) refunfuño ‖ intr (slang) refunfuñar

grout [graʊt] s lechada ‖ tr enlechar

grove [grov] s arboleda, bosquecillo

grov•el ['grʌvəl] o ['grɑvəl] v (pret & pp -eled o -elled; ger -eling o -elling) intr arrastrarse servilmente; rebajarse servilmente; deleitarse en vilezas

grow [gro] v (pret grew [gru]; pp grown [gron] tr cultivar (plantas); criar (animales); dejarse (la barba) ‖ intr crecer; cultivarse; criarse; brotar, nacer; (to become) hacerse, ponerse, volverse; to grow angry enfadarse; to grow old envejecerse; to grow out of tener su origen en; perder (p.ej., la costumbre); to grow together adherirse el uno al otro; to grow up crecer, desarrollar

growing child ['groɪŋ] s muchacho de creces

growl [graʊl] s gruñido; refunfuño ‖ intr gruñir (el perro); refunfuñar

grown'up' adj adulto; juicioso ‖ s (pl grown-ups) adulto; grown-ups personas mayores

growth [groθ] s crecimiento; desarrollo; aumento; (of trees, grass, etc.) cobertura; (pathol) tumor m

growth stock s acción crecedera

grub [grʌb] s (*drudge*) esclavo del trabajo; (*larva*) gorgojo; (coll) comida, alimento ‖ v (*pret & pp* **grubbed**; *ger* **grubbing**) tr arrancar (*tocones*); desmalezar (*un terreno*) ‖ intr cavar; trabajar como esclavo

grub•by [ˈgrʌbi] adj (*comp* **-bier**; *super* **-biest**) gorgojoso; sucio, roñoso

grudge [grʌdʒ] s rencor m, inquina; **to have a grudge against** guardar rencor a, tener inquina a ‖ tr dar de mala gana; envidiar

grudgingly [ˈgrʌdʒɪŋli] adv de mala gana

gru•el [ˈgruːəl] s avenate m ‖ v (*pret & pp* **-eled** o **-elled**; *ger* **-elling** o **-elling**) tr agotar, castigar cruelmente

gruesome [ˈgruːsəm] adj espantoso, horripilante

gruff [grʌf] adj áspero, brusco, rudo; (*voice, tone*) ronco

grumble [ˈgrʌmbəl] s gruñido, refunfuño; ruido sordo y prolongado ‖ intr gruñir, refunfuñar; retumbar

grump•y [ˈgrʌmpi] adj (*comp* **-ier**; *super* **-iest**) gruñón, malhumorado

grunt [grʌnt] s gruñido ‖ intr gruñir

G-string [ˈdʒiːˌstrɪŋ] s (*loincloth*) taparrabo; (*worn by women entertainers*) cubresexo

gt. *abbr* **great**; **gutta** (Lat) **drop**

g.u. *abbr* **genitourinary**

Guadeloupe [ˌgwɑdəˈluːp] s Guadalupe f

guarantee [ˌgærənˈtiː] s garantía; (*guarantor*) garante mf; persona de quien otra sale fiadora ‖ tr garantizar

guarantor [ˈgærənˌtɔr] s garante mf

guaran•ty [ˈgærənti] s (*pl* **-ties**) garantía ‖ v (*pret & pp* **-tied**) tr garantizar

guard [gɑrd] s (*act of guarding; part of handle of sword*) guarda; (*person who guards or takes care of something*) guarda mf; (*group of armed men; posture in fencing*) guardia; (*member of group of armed men*) guardia m; (*in front of trolley car*) salvavidas m; (sport) coraza; (rr) guardabarrera mf; (rr) guardafrenos m; **off guard** desprevenido; **on guard** alerta, prevenido; de centinela; **to mount guard** montar la guardia; **under guard** a buen recaudo ‖ tr guardar ‖ intr estar de centinela; **to guard against** guardarse de, precaverse contra o de

guard'house' s cuartel m de la guardia; prisión militar

guardian [ˈgɑrdɪ•ən] adj tutelar ‖ s guardián m; (law) curador m, tutor m

guardian angel s ángel m custodio, ángel de la guarda

guardianship [ˈgɑrdɪ•ənˌʃɪp] s amparo, protección; (law) curaduría, tutela

guard'rail' s baranda; (naut) barandilla; (rr) contracarril m

guard'room' s cuarto de guardia; cárcel f militar

guards•man [ˈgɑrdzmən] s (*pl* **-men** [mən]) guardia m, soldado de guardia

Guatemalan [ˌgwɑtɪˈmɑlən] adj & s guatemalteco

guerrilla [gəˈrɪlə] s guerrillero; montonero

guerrilla warfare s guerra de guerrillas

guess [gɛs] s conjetura, suposición; adivinación ‖ tr & intr conjeturar, suponer; (*to judge correctly*) acertar, adivinar; (coll) creer, suponer; **I guess so** (coll) creo que sí, me parece que sí

guess'work' s conjetura; **by guesswork** por conjeturas

guest [gɛst] s convidado; (*lodger*) huésped m; (*of a boarding house*) pensionista mf; (*of a hotel*) cliente mf; (*caller*) vista

guest book s libro de oro

guest room s cuarto de reserva

guffaw [gəˈfɔ] s risotada, carcajada ‖ intr risotear, reír a carcajadas

guidance [ˈgaɪdəns] s guía, gobierno, dirección; **for your guidance** para su gobierno

guide [gaɪd] s (*person*) guía mf; (*book*) guía; (*guidance*) guía; dirección; poste m indicador; (mach) guía, guiadera; (mil) guía m ‖ tr guiar

guide'board' s señal f de carretera

guide'book' s guia m, guía del viajero

guided missile [ˈgaɪdɪd] s proyectil dirigido o teleguiado; misil m dirigible

guide dog s perro-lazarillo

guide'line' s cuerda de guía; norma, pauta, directorio

guide'post' s poste m indicador

guidon [ˈgaɪdən] s (mil) guión m; (mil) portaguión m

guild [gɪld] s (*medieval association of craftsmen*) gremio; asociación benéfica

guild'hall' s casa consistorial

guile [gaɪl] s astucia, dolo, maña

guileful [ˈgaɪlfəl] adj astuto, doloso, mañoso

guileless [ˈgaɪllɪs] adj cándido, inocente, sencillo

guillotine [ˈgɪləˌtin] s guillotina ‖ [ˌgɪləˈtin] tr guillotinar

guilt [gɪlt] s culpa

guiltless [ˈgɪltlɪs] adj inocente, libre de culpa

guilt•y [ˈgɪlti] adj (*comp* **-ier**; *super* **-iest**) culpable; (*charged with guilt*) culpado; (*found guilty*) reo

guimpe [gɪmp] o [gæmp] s canesú m

guinea [ˈgɪni] s (*monetary unit*) guinea; gallina de Guinea

guinea fowl s pintada, gallina de Guinea

guinea hen s pintada, gallina de Guinea (*hembra*)

guinea pig s conejillo de Indias; (fig) cobayo

guise [gaɪz] s traje m; aspecto, semejanza; **under the guise of** so capa de

guitar [gɪˈtɑr] s guitarra

guitarist [gɪˈtɑrɪst] s guitarrista mf

gulch [gʌltʃ] s barranco, quebrada

gulf [gʌlf] s golfo

Gulf of Mexico s golfo de Méjico

Gulf Stream s Corriente f del Golfo

gull [gʌl] s gaviota; (coll) bobo ‖ tr estafar, engañar

gullet [ˈgʌlɪt] s gaznate m, garguero; esófago

gullible [ˈgʌlɪbəl] adj crédulo; creído; **to be too gullible** tener buenas tragaderas

gul•ly [ˈgʌli] s (*pl* **-lies**) barranca, arroyada; (*channel made by rain water*) badén m

gulp [gʌlp] s trago ‖ tr — **to gulp down** engullir; reprimir (p.ej., sollozos) ‖ intr respirar entrecortadamente

gum [gʌm] s goma; chanclo de goma; (firm flesh around base of teeth) encía; (mucous on edge of eyelid) legaña ‖ v (pret & pp **gummed**; ger **gumming**) tr engomar ‖ intr exudar goma

gum arabic s goma arábiga

gum'boil' s flemón m

gum boot s bota de agua

gum'drop' s frutilla

gum•my ['gʌmi] adj (comp **-mier**; super **-miest**) gomoso; (eyelid) legañoso

gumption ['gʌmpʃən] s ánimo, iniciativa, empuje m, fuerza; juicio, seso

gum'shoe' s chanclo de goma; (coll) detective m ‖ v (pret & pp **-shoed**; ger **-shoeing**) intr (slang) andar con zapatos de fieltro

gun [gʌn] s escopeta, fusil m, cañón m; (for injections) jeringa; (coll) revólver m; **to stick to one's guns** mantenerse en sus trece ‖ v (pret & pp **gunned**; ger **gunning**) tr hacer fuego sobre; (slang) acelerar rápidamente (un motor, un avión) ‖ intr andar a caza, disparar; **to gun for** ir en busca de; buscar para matar

gun'boat' s cañonero

gun carriage s cureña, encabalgamiento

gun'cot'ton s fulmicotón m, algodón m pólvora

gun'fire' s fuego (de armas de fuego); cañoneo

gun•man ['gʌnmən] s (pl **-men** [mən]) bandido armado, pistolero; gángster m

gun metal s bronce m de cañón; metal pavonado

gunnel ['gʌnəl] s (naut) borda, regala

gunner ['gʌnər] s artillero; cazador m

gunnery ['gʌnəri] s artillería

gunny sack ['gʌni] s saco de yute

gun'pow'der s pólvora

gun'run'ner s contrabandista m de armas de fuego

gun'run'ning s contrabando de armas de fuego

gun'shot' s escopetazo, tiro de fusil; alcance m de un fusil; **within gunshot** a tiro de fusil

gunshot wound s escopetazo

gun'smith' s armero

gun'stock' s caja de fusil

gunwale ['gʌnəl] s (naut) borda, regala

gup•py ['gʌpi] s (pl **-pies**) lebistes m

gurgle ['gʌrgəl] s gorgoteo, gluglú m; (of a child) gorjeo ‖ intr gorgotear, hacer gluglú; gorjearse (el niño)

gush [gʌʃ] s borbollón m, chorro ‖ intr surgir, salir a borbollones; (coll) hacer extremos, ser extremoso

gusher ['gʌʃər] s pozo de chorro de petróleo; (coll) personal extremosa

gushing ['gʌʃɪŋ] adj surgente; (coll) extremoso ‖ s borbollón m, chorro; (coll) efusión, extremos

gush•y ['gʌʃi] adj (comp **-ier**; super **-iest**) (coll) efusivo, extremoso

gusset ['gʌsɪt] s escudete m

gust [gʌst] s (of wind) ráfaga; (of rain) aguacero; (of smoke) bocanada; (of noise) explosión; (of anger or enthusiasm) arrebato

gusto ['gʌsto] s deleite m, entusiasmo; **with gusto** con sumo placer

gust•y ['gʌsti] adj (comp **-ier**; super **-iest**) tempestuoso, borrascoso

gut [gʌt] s tripa; cuerda de tripa; **guts** tripas; (slang) agallas ‖ v (pret & pp **gutted**; ger **gutting**) tr destripar; destruir lo interior de

gutta-percha ['gʌtə'pʌrtʃə] s gutapercha

gutter ['gʌtər] s (on side of road) cuneta; (in street) arroyo; (of roof) canal f; (ditch formed by rain water) badén m; barrios bajos

gut'ter-snipe' s pilluelo, hijo de la miseria; gamberro

guttural ['gʌtərəl] adj gutural ‖ s sonido gutural

guy [gaɪ] s viento, cable m de retén; (coll) tipo, tío, sujeto ‖ tr (coll) burlarse de

Guyana [gaɪ'ænə] s Guayana

guy wire s cable m de retén

guzzle ['gʌzəl] tr & intr beber con exceso

guzzler ['gʌzlər] s borrachín m

gym [dʒɪm] s (coll) gimnasio

gymnasi•um [dʒɪm'nezi•əm] s (pl **-ums** o **-a** [ə]) gimnasio

gymnast ['dʒɪmnæst] s gimnasta mf

gymnastic [dʒɪm'næstɪk] adj gimnástico ‖ **gymnastics** spl gimnasia, gimnástica

gym suit s chandal m, chándal m

gynecologic(al) [,gaɪnəko'ladʒɪk(əl)] or [,dʒaɪnəko'ladʒɪk(əl)] adj ginecológico

gynecologist [,gaɪnə'kalədʒɪst] or [,dʒaɪnə-'kalədʒɪst] s ginecólogo

gynecology [,gaɪnə'kalədʒi] or [,dʒaɪnə-'kalədʒi] s ginecología

gyp [dʒɪp] s (slang) estafa, timo; (person) (slang) estafador m, timador m ‖ v (pret & pp **gypped**; ger **gypping**) tr (slang) estafar, timar

gypsum ['dʒɪpsəm] s yeso, aljez m

gyp•sy ['dʒɪpsi] adj gitano ‖ s (pl **-sies**) gitano ‖ **Gypsy** s gitano (idioma)

gypsyish ['dʒɪpsi•ɪʃ] adj gitanesco

gypsy moth s lagarta

gyrate ['dʒaɪret] intr girar

gyroscope ['dʒaɪrə,skop] s giroscopio

gr
gy

H, h [etʃ] octava letra del alfabeto inglés
h. *abbr* **harbor, high, hour, husband**
haberdasher ['hæbər ,dæʃər] *s* camisero;
(*dealer in notions*) mercero
haberdasher•y ['hæbər ,dæʃəri] *s* (*pl* **-ies**)
camisería, tienda de artículos para hom-
bres; artículos para hombres
habit ['hæbɪt] *s* costumbre *f*, hábito; (*costume*) traje *m;* **to be in the habit of**
acostumbrar
habitat ['hæbɪ,tæt] *s* habitación
habitation [,hæbɪ'teʃən] *s* habitación
habit-forming ['hæbɪt ,fɔrmɪŋ] *adj* envicia-
dor
habitual [hə'bɪtʃʊ•əl] *adj* habitual
habitué [hə,bɪtʃʊ'e] *s* habituado
hack [hæk] *s* (*cut*) corte *m;* (*notch*) mella;
(*cough*) tos seca; coche *m* de alquiler;
caballo de alquiler; caballo de silla; (*old
nag*) rocín *m;* escritor *m* a sueldo ‖ *tr*
cortar, machetear
hack•man ['hækmən] *s* (*pl* **-men** [mən]) cochero de punto
hackney ['hækni] *s* caballo de silla; coche *m*
de alquiler; esclavo del trabajo
hackneyed ['hæknid] *adj* trillado, gastado
hack'saw' *s* sierra de armero, sierra de cortar
metales
haddock ['hædək] *s* eglefino
haem ... [hɛm] o [him] = **hemo ...**
haft [hæft] o [hɑft] *s* mango, puño
hag [hæg] *s* (*ugly old woman*) tarasca; (*witch*)
bruja
haggard ['hægərd] *adj* ojeroso, macilento,
trasnochado
haggle ['hægəl] *intr* regatear
Hague,The [heg] La Haya
hail [hel] *s* (*frozen rain*) granizo; (*greeting*)
saludo; **within hail** al alcance de la voz ‖
interj ¡salud!, ¡salve! ‖ *tr* saludar; dar vivas
a, acoger con vivas; aclamar; granizar
(*p.ej., golpes*) ‖ *intr* granizar; **to hail from**
venir de, ser oriundo de
hail'-fel'low well met *s* compañero muy afable y simpático
Hail Mary *s* avemaría
hail'stone' *s* piedra de granizo
hail'storm' *s* granizada
hair [hɛr] *s* pelo, cabellos; **to a hair** con la
mayor exactitud; **to cut the hair of** peluquear; **to get in one's hair** (slang) enojarle
a uno; **to have one's hair down** estar en
melena; **to let one's hair down** (slang)
hablar con mucha desenvoltura; **to make
one's hair stand on end** ponerle a uno los
pelos de punta; **to not turn a hair** no
inmutarse; **to split hairs** pararse en quisquillas
hair'breadth' *s* (el) grueso de un pelo, casi
nada; **to escape by a hairbreadth** escapar
por un pelo
hair'brush' *s* cepillo de cabeza
hair'cloth' *s* tela de crin; (*worn as a penance*) cilicio

hair curler ['kʌrlər] *s* rizador *m*, tenacillas,
bigudí *m*, rulo
hair'cut' *s* corte *m* de pelo; **to get a haircut**
cortarse el pelo, peluquear
hair'do' *s* (*pl* **-dos**) peinado, tocado
hair'dress'er *s* peinador *m*, peluquero
hair dryer *s* secador *m*
hair dye *s* tinte *m* para el pelo
hairless ['hɛrlɪs] *adj* pelón
hair net *s* redecilla
hair piece *s* peluquín *m*
hair'pin' *s* horquilla
hair-raising ['hɛr,rezɪŋ] *adj* (coll) espeluznante, horripilante
hair restorer [rɪ'storər] *s* crecepelo
hair ribbon *s* cinta para el cabello
hair set *s* fijapeinados *m*
hair shirt *s* calicio
hairsplitting ['hɛr,splɪtɪŋ] *adj* quisquilloso
‖ *s* quisquillas
hair spray *s* laca
hair'spring' *s* espiral *f*
hair'style' *s* peinado
hair tonic *s* vigorizador *m* del cabello
hair•y ['hɛri] *adj* (*comp* **-ier;** *super* **-iest**)
peludo, cabelludo
hake [hek] *s* merluza; (*genus: Urophycis*) fice
m
halberd ['hælbərd] *s* alabarda
halberdier [,hælbər'dɪr] *s* alabardero
halcyon days ['hælsɪ•ən] *s* días tranquilos,
época de paz
hale [hel] *adj* sano, robusto; **hale and hearty**
sano y fuerte ‖ *tr* llevar a la fuerza
half [hæf] *adj* medio; **a half** o **half a** medio;
half the la mitad de ‖ *adv* medio, p.ej.,
half asleep medio dormido; a medio, p.ej.,
half finished a medio acabar; a medias,
p.ej., **half owner** dueño a medias; **half
past** y media, p.ej., **half past three** las
tres y media; **half . . . half** medio . . .
medio ‖ *s* (*pl* **halves** [hævz]) mitad; (arith)
medio; **in half** por la mitad; **to go halves** ir
a medias
half'-and-half' *adj* mitad y mitad; indeterminado ‖ *adv* a medias, en partes iguales ‖ *s*
mezcla de leche y crema; mezcla de dos
cervezas inglesas
half'back' *s* (football) medio
half-baked ['hæf,bekt] *adj* a medio cocer;
incompleto; poco juicioso, inexperto
half binding *s* (bb) encuadernación a la holandesa, media pasta
half'-blood' *s* mestizo; medio hermano
half boot *s* bota de media caña
half'-bound' *adj* (bb) a la holandesa
half'-breed' *s* mestizo
half brother *s* medio hermano
half-cocked ['hæf'kakt] *adv* (coll) con precipitación; **to go off half-cocked** obrar precipitadamente y antes del momento propio
half fare *s* medio billete
half'-full' *adj* mediado
half-hearted ['hæf,hartɪd] *adj* indiferente,
frío

half holiday *s* mañana o tarde *f* de asueto

half hose *spl* calcetines *mpl*

half'-hour *s* media hora; **on the half-hour** a la media en punto, cada media hora

half leather *s* (bb) encuadernación a la holandesa, media pasta

half'-length' *adj* de medio cuerpo

half'-mast' *s* — **at half mast** a media asta

half moon *s* media luna

half mourning *s* medio luto

half note *s* (mus) nota blanca

half pay *s* media paga; medio sueldo

halfpen·ny [ˈhepəni] o [ˈhepni] *s* (*pl* **-nies**) medio penique

half pint *s* media pinta; (*little runt*) (slang) gorgojo, mirmidón *m*

half'-seas' over *adj* — **to be half-seas over** (slang) estar entre dos velas, estar entre dos luces

half shell *s* (*either half of a bivalve*) concha; (*oysters*) **on the half shell** en su concha

half sister *s* media hermana

half sole *s* media suela

half'-sole' *tr* poner media suela a

half'-staff' *s* — **at half-staff** a media asta

half through *prep* a la mitad de

half-timbered [ˈhæf,tɪmbərd] *adj* entramado

half title *s* anteportada, falsa portada

half'tone' *s* (phot & paint) mediatinta; (typ) similigrabado

half'-track' *s* media oruga, semitractor *m*

half'-truth' *s* verdad a medias

half'way' *adj* a medio camino; incompleto, hecho a medias ‖ *adv* a medio camino; **halfway through** a la mitad de; **to meet halfway** partir el camino con; partir la diferencia con; hacer concesiones mutuas (*dos personas*)

half-witted [ˈhæf ,wɪtɪd] *adj* imbécil; necio, tonto

halibut [ˈhælɪbət] *s* halibut *m*

halide [ˈhælaɪd] o [ˈhelaɪd] *s* (chem) haluro

halitosis [,hælɪˈtosɪs] *s* halitosis *f*, aliento fétido

hall [hɔl] (*passageway*) corredor *m*; (*entranceway*) vestíbulo, zaguán *m*; (*large meeting room*) sala, salón *m*; (*assembly room of a university*) paraninfo; (*building, e.g., of a university*) edificio

halleluiah o **hallelujah** [,hælɪˈlujə] *s* aleluya *m* & *f* ‖ *interj* ¡aleluya!

hall'mark' *s* marca de contraste; (*distinguishing feature*) (fig) sello

hal·lo [həˈlo] *s* (*pl* **-los**) grito ‖ *interj* ¡hola!; (*to incite dogs in hunting*) ¡sus! ‖ *intr* gritar

hallow [ˈhælo] *tr* santificar

hallowed [ˈhælod] *adj* santo, sagrado

Halloween o **Hallowe'en** [,hæloˈin] *s* víspera de Todos los Santos

hallucination [hə,lusɪˈnefən] *s* alucinación

hallucinogenic [hə,lusɪnoˈdʒɛnɪk] *adj* alucinante

hall'way' *s* corredor *m*; vestíbulo, zaguán *m*

ha·lo [ˈhelo] *s* (*pl* **-los** o **-loes**) halo

halogen [ˈhælədʒən] *s* halógeno

halt [hɔlt] *adj* cojo, renco ‖ *s* alto, parada; **to call a halt** mandar hacer alto; **to come to a**

halt pararse, detenerse, interrumpirse ‖ *tr* parar, detener ‖ *intr* hacer alto

halter [ˈhɔltər] *s* (*for leading or fastening horse*) cabestro, ronzal *m*, dogal *m*; (*noose*) dogal *m*, cuerda de ahorcar; muerte *f* en la horca

halting [ˈhɔltɪŋ] *adj* cojo, renco; vacilante

halve [hæv] *tr* partir en dos, partir por la mitad

halyard [ˈhæljərd] *s* (naut) driza

ham [hæm] *s* (*part of leg behind knee*) corva; (*thigh and buttock*) pernil *m*; (*cured meat from hog's hind leg*) jamón *m*; (slang) comicastro; (slang) aficionado (*a la radio*); **hams** nalgas

ham and eggs *spl* huevos con jamón

hamburger [ˈhæm,bʌrgər] *s* hamburguesa

hamlet [ˈhæmlɪt] *s* aldehuela, caserío

hammer [ˈhæmər] *s* martillo; (*of piano*) macillo, martinete *m*; **to go under the hammer** venderse en pública subasta ‖ *tr* martillar; **to hammer out** formar a martillazos; sacar en limpio a fuerza de mucho esfuerzo‖ *intr* martillar; **to hammer away** trabajar asiduamente

hammock [ˈhæmək] *s* hamaca

hamper [ˈhæmpər] *s* canasto, cesto grande con tapa ‖ *tr* estorbar, impedir

hamster [ˈhæmstər] *s* marmota de Alemania, rata del trigo

ham·string [ˈhæm,strɪŋ] *v* (*pret & pp* **-strung**) *tr* desjarretar; (fig) estropear, incapacitar

hand [hænd] *adj* (*done or operated with the hands*) manual ‖ *s* mano *f*; (*workman*) obrero, peón *m*; (*way of writing*) escritura, puño y letra; (*signature*) firma; (*clapping of hands*) salva de aplausos; (*of clock or watch*) mano *f*; manecilla; (*all the cards in one's hand*) juego; (*a round of play*) mano *f*; (*player*) jugador *m*; (*source, origin*) fuente *f*; (*skill*) destreza; **all hands** (naut) toda la tripulación; (coll) todas; **at first hand** de primera mano; directamente, de buena tinta; **at hand** disponible; **hand in glove** uña y carne; **hand in hand** asidos de la mano; juntos; **hands up!** ¡arriba las manos! **hand to hand** cuerpo a cuerpo; **in hand** entre manos; **in his own hand** de su propio puño; **on hand** entre manos; disponible; **on hands and knees** (*crawling*) a gatas; (*beseeching*) de rodillas; **on the one hand** por una parte; **on the other hand** por otra parte; **out of hand** luego, en seguida; desmandado; **to be at hand** obrar en mi (nuestro) poder (*una carta*); **to change hands** mudar de manos; **to clap hands** batir palmas; **to eat out of one's hand** aceptar dócilmente la autoridad de uno; **to fall into the hands of** caer en manos de; **to have a hand in** tomar parte en; **to have one's hands full** estar ocupadísimo; **to hold hands** tomarse de las manos; **to hold up one's hands** (*as a sign of surrender*) alzar las manos; **to join hands** darse las manos; casarse; **to keep one's hands off** no tocar, no meterse en; **to lend a hand**

echar una mano; **to live from hand to mouth** vivir al día, vivir de la mano a la boca; **to not lift a hand** no levantar paja del suelo; **to play into the hands of** hacer el caldo gordo a; **to raise one's hand** (*in taking an oath*) alzar el dedo; **to shake hands** estrecharse la mano; **to show one's hand** descubrir su juego; **to take in hand** hacerse cargo de; tratar, estudiar (*una cuestión*); **to throw up one's hands** darse por vencido; **to try one's hand** probar la mano; **to turn one's hand to** dedicarse a, ocuparse en; **to wash one's hands of** lavarse las manos de; **under my hand** con mi firma, bajo mi firma, de mi puño y letra; **under the hand and seal of** firmado y sellado por ‖ *tr* dar, entregar; **to hand in** entregar; **to hand on** transmitir; **to hand out** repartir

hand'bag' *s* saco de noche; bolso de señora

hand baggage *s* equipaje *m* de mano

hand'ball' *s* pelota; juego de pelota a mano

hand'bill' *s* hoja volante

hand'book' manual *m;* guía de turistas; registro para apuestas

hand'breadth' *s* palmo menor

hand'car' *s* (rr) carrito de mano

hand'cart' *s* carretilla de mano

hand control *s* mando a mano

hand'cuff' *s* manilla; **handcuffs** manillas, esposas ‖ *tr* poner esposas a

handful ['hænd,fʊl] *s* puñado, manojo

hand glass *s* espejo de mano; lupa

hand grenade *s* granada de mano

hand gun *s* (coll) pipa

hand'-held' calculator *s* calculador a mano

handi-cap ['hændɪ,kæp] *s* desventaja, obstáculo; (sport) handicap *m;* (med) disminución, minusvalía ‖ *v* (*pret & pp* **-capped**; *ger* **-capping**) *tr* poner trabas a; (sport) handicapar

handicraft ['hændɪ,kræft] *s* destreza manual; arte mecánica

handiwork ['hændɪ,wʌrk] *s* hechura, trabajo; obra manual

handkerchief ['hæŋkərtʃɪf] *s* pañuelo

handle ['hændəl] *s* (*of a basket, crock, pitcher*) asa; (*of a shovel, rake, etc.*) mango; (*of an umbrella, sword*) puño; (*of a door, drawer*) tirador *m;* (*of a hand organ*) manubrio; (*of a water pump*) guimbalete *m;* (*opportunity, pretext*) asidero; **to fly off the handle** (slang) salirse de sus casillas ‖ *tr* manosear, manipular; dirigir, manejar, gobernar; comerciar en ‖ *intr* manejarse

handle bar *s* manillar *m,* guía

handler ['hændlər] *s* (sport) entrenador *m*

hand'made' *adj* hecho a mano

hand'maid' o **hand'maid'en** *s* criada, sirvienta

hand'-me-down' *s* (coll) prenda de vestir de segunda mano

hand organ *s* organillo

hand'out' *s* comida que se da de limosna; comunicado de prensa

hand-picked ['hænd ,pɪkt] *adj* escogido a mano; escogido escrupulosamente; escogido con motivos ocultos

hand'rail' *s* barandilla, pasamano

hand'saw' *s* serrucho, sierra de mano

hand'set' *s* microteléfono

hand'shake' *s* apretón *m* de manos

handsome ['hænsəm[*adj* hermoso, elegante, guapo; considerable

hand'spring' *s* voltereta sobre las manos

hand'-to-hand' *adj* cuerpo a cuerpo

hand'-to-mouth' *adj* inseguro, precario; impróvido

hand'work' *s* trabajo a mano

hand'-wres'tle *intr* pulsear

hand'-writ'ing *s* escritura; (*writing by hand which characterizes a particular person*) letra

hand•y ['hændi] *adj* (*comp* **-ier**; *super* **-iest**) (*easy to handle*) manuable; (*within easy reach*) próximo, a la mano; (*skillful*) diestro, hábil; **to come in handy** venir a pelo

handy man *s* dije *m,* factótum *m*

hang [hæŋ] *s* (*of a dress, curtain, etc.*) caída; (*skill; insight*) tino; **I don't care a hang** (coll) no me importa un bledo; **to get the hang of it** (coll) coger el tino ‖ *v* (*pret & pp* **hung** [hʌŋ]) *tr* colgar; tender (*la ropa mojada*); pegar (*el papel pintado*); fijar (*un cartel, un letrero*); enquiciar (*una puerta, una ventana*); bajar (*la cabeza*); **hang it!** (coll) ¡caramba!; **to hang up** colgar (*el sombrero*); impedir los progresos de ‖ *intr* colgar, pender; estar agarrado; vacilar; **to hang around** esperar sin hacer nada; haraganear; rondar; **to hang on** colgar de; depender de; estar pendiente de (*las palabras de una persona*); estar sin acabar de morir; agarrarse; **to hang out** asomarse; (slang) recogerse, alojarse; **to hang over** (*to threaten*) cernerse sobre; **to hang together** mantenerse unidos; **to hang up** (telp) colgar ‖ *v* (*pret* **hanged** o **hung**) *tr* ahorcar ‖ *intr* ahorcarse

hangar ['hæŋər] o ['hæŋgɑr] *s* cobertizo; (aer) hangar *m*

hang'bird' *s* pájaro de nido colgante; (*Baltimore oriole*) cacique veranero

hanger ['hæŋər] *s* colgador *m,* suspensión; (*hook*) colgadero

hang'er•on' *s* (*pl* **hangers-on**) secuaz *mf;* parásito; (*sponger*) pegote *m*

hanging ['hæŋɪŋ] *adj* colgante, pendiente ‖ *s* ahorcadura, muerte *f* en la horca; **hangings** colgaduras

hang•man ['hæŋmən] *s* (*pl* **-men** [mən]) verdugo

hang'nail' *s* padrastro, respigón *m*

hang'out' *s* guarida, querencia; (*place to loaf and gossip*) mentidero

hang'o'ver *s* (slang) resaca

hank [hæŋk] *s* madeja

hanker ['hæŋkər] *intr* sentir anhelo

Hannibal [hænɪbəl] *s* Aníbal *m*

haphazard [,hæp'hæzərd] *adj* casual, fortuito, impensado ‖ *adv* al acaso, a la ventura

hapless [ˈhæplɪs] *adj* desgraciado, desventurado

happen [ˈhæpən] *intr* acontecer, suceder; (*to turn out*) resultar; (*to be the case by chance*) dar la casualidad; **to happen in** entrar por casualidad; **to happen on** encontrarse con; **to happen to** hacerse de; **to happen to** + *inf* por casualidad + *ind*, p.ej., **I happened to see her at the theater** por casualidad la ví en el teatro

happening [ˈhæpənɪŋ] *s* acontecimiento, suceso

happily [ˈhæpɪli] *adv* felizmente

happiness [ˈhæpɪnɪs] *s* felicidad

hap·py [ˈhæpi] *adj* (*comp* **-pier**; *super* **-piest**) feliz; (*pleased*) contento; **to be happy to** alegrarse de, tener gusto en

hap'py-go-luck'y *adj* irresponsable, impróvido ‖ *adv* a la buenaventura

happy medium *s* justo medio

Happy New Year *interj* ¡Feliz Año Nuevo!

harangue [həˈræŋ] *s* arenga ‖ *tr* & *intr* arengar

harass [ˈhærəs] o [həˈræs] *tr* acosar, hostigar; molestar, vejar

harbinger [ˈhɑrbɪndʒər] *s* precursor *m*; anuncio, presagio ‖ *tr* anunciar, presagiar

harbor [ˈhɑrbər] *adj* portuario ‖ *s* puerto ‖ *tr* albergar; alcahuetar, encubrir (*delincuentes u objetos robados*); guardar (*sentimientos de odio*)

harbor master *s* capitán *m* de puerto

hard [hɑrd] *adj* duro; (*difficult*) difícil; (*water*) crudo, duro; (*solder*) fuerte; (*work*) asiduo; (*drinker*) empedernido; espiritoso, fuertemente alcohólico; **to be hard on** (*to treat severely*) ser muy duro con; (*to wear out fast*) gastar, echar a perder ‖ *adv* duro; fuerte; mucho; **hard upon** a raíz de; **to drink hard** beber de firme; **to rain hard** llover de firme

hard and fast *adj* inflexible, riguroso ‖ *adv* firmemente

hard-bitten [ˈhɑrdˈbɪtən] *adj* terco, tenaz, inflexible

hard-boiled [ˈhɑrdˈbɔɪld] *adj* (*egg*) duro, muy cocido; duro, inflexible

hard candy *s* caramelos

hard cash *s* dinero contante y sonante

hard cider *s* sidra muy fermentada

hard coal *s* antracita

hard-earned [ˈhɑrdˈʌrnd] *adj* ganado a pulso

harden [ˈhɑrdən] *tr* endurecer ‖ *intr* endurecerse

hardening [ˈhɑrdənɪŋ] *s* endurecimiento

hard facts *spl* realidades

hard-fought [ˈhɑrdˈfɔt] *adj* reñido

hard-headed [ˈhɑrdˈhɛdɪd] *adj* astuto, sagaz; terco, tozudo

hard-hearted [ˈhɑrdˈhɑrtɪd] *adj* duro de corazón

hardihood [ˈhɑrdɪ, hud] *s* audacia, resolución; descaro, insolencia

hardiness [ˈhɑrdɪnɪs] *s* fuerza, robustez; audacia, resolución

hard labor *s* trabajos forzados

hard luck *s* mala suerte

hard'-luck' story *s* (coll) cuento de penas; **to tell a hard-luck story** (coll) contar lástimas

hardly [ˈhɑrdli] *adv* apenas; escasamente; casi no; (*with great difficulty*) a duras penas; (*grievously*) penosamente; **hardly ever** casi nunca

hardness [ˈhɑrdnɪs] *s* dureza; (*of water*) crudeza

hard of hearing *adj* duro de oído, teniente

hard-pressed [ˈhɑrdˈprɛst] *adj* acosado; (*for money*) apurado, alcanzado

hard rubber *s* vulcanita

hard sauce *s* mantequilla azucarada

hard'-shell' clam *s* almeja redonda

hard'-shell' crab *s* cangrejo de cáscara dura

hardship [ˈhɑrdʃɪp] *s* penalidad, infortunio, apuro

hard'tack' *s* galleta, sequete *m*

hard times *spl* período de miseria, apuros

hard to please *adj* difícil de contentar

hard up *adj* (coll) apurado, alcanzado

hard'ware' *s* ferretería, quincalla; (*metal trimmings*) herraje *m;* (*computer*) ordenador *m*

hardware·man [ˈhɑrd, wɛrmən] *s* (*pl* **-men** [mən]) ferretero, quincallero

hardware store *s* ferretería, quincallería

hard-won [ˈhɑrd, wʌn] *adj* ganado a pulso

hard'wood' *s* madera dura; árbol *m* de madera dura

hardwood floor *s* entarimado

har·dy [ˈhɑrdi] *adj* (*comp* **-dier**; *super* **-diest**) fuerte, robusto; audaz, resuelto; (*rash*) temerario; (*hort*) resistente

hare [hɛr] *s* liebre *f*

harebrained [ˈhɛr, brend] *adj* atolondrado

hare'lip *s* labio leporino

harelipped [ˈhɛr, lɪpt] *adj* labiohendido

harem [ˈhɛrəm] *s* harén *m*

hark [hɑrk] *intr* escuchar; **to hark back** volver (*la jauría*) sobre la pista; **to hark back to** volver a, recordar

harken [ˈhɑrkən] *intr* escuchar, atender

harlequin [ˈhɑrləkwɪn] *s* arlequín *m*

harlot [ˈhɑrlət] *s* meretriz *f*

harm [hɑrm] *s* daño, perjuicio ‖ *tr* dañar, perjudicar, hacer daño a

harmful [ˈhɑrmfəl] *adj* dañoso, perjudicial; maléfico; (*e.g., pests*) dañino

harmfulness [ˈhɑrmfəlnɪs] *s* nocividad

harmless [ˈhɑrmlɪs] *adj* innocuo, inofensivo

harmlessness [ˈhɑrmlɪsnɪs] *s* innocuidad

harmonic [hɑrˈmɑnɪk] *adj* & *s* armónico

harmonica [hɑrˈmɑnɪkə] *s* armónica

harmonious [hɑrˈmoniˑəs] *adj* armonioso

harmonize [ˈhɑrmə, naɪz] *tr* & *intr* armonizar

harmo·ny [ˈhɑrməni] *s* (*pl* **-nies**) armonía

harness [ˈhɑrnɪs] *s* arreos, guarniciones; **to get back in the harness** volver a la rutina; **to die in the harness** morir al pie del cañón ‖ *tr* enjaezar, poner las guarniciones a; enganchar; captar (*las aguas de un río*)

harness maker *s* guarnicionero

harness race *s* carrera con sulky

harp [hɑrp] *s* arpa ‖ *intr* — **to harp on** repetir porfiadamente

ha
ha

harpist ['hɑrpɪst] *s* arpista *mf*
harpoon [hɑr'pun] *s* arpón *m* ‖ *tr & intr* arponear
harpsichord ['hɑrpsɪ ,kɔrd] *s* clave *m*
har•py ['hɑrpi] *s* (*pl* **-pies**) arpía
harrow ['hæro] *s* (agr) grada ‖ *tr* (agr) gradar; atormentar
harrowing ['hæro•ɪŋ] *adj* horripilante, espantoso
har•ry ['hæri] *v* (*pret & pp* **-ried**) *tr* acosar, hostilizar, hostigar; atormentar, molestar
harsh [hɑrʃ]] *adj* (*to touch, taste, eyes, hearing*) áspero; duro, cruel
harshness ['hɑrʃnɪs] *s* aspereza; dureza, crueldad
hart [hɑrt] *s* ciervo
harum-scarum ['hɛrəm'skɛrəm] *adj* atolondrado ‖ *adv* atolondradamente ‖ *s* mataperros *m*
harvest ['hɑrvɪst] *s* cosecha; corte *m* ‖ *tr & intr* cosechar
harvester ['hɑrvɪstər] *s* cosechero; (*helper*) agostero; (*machine*) segadora
harvest home *s* entrada de los frutos; fiesta de segadores; canción de segadores
harvest moon *s* luna de la cosecha
has-been ['hæz'bɪn] *s* (coll) antigualla
hash [hæʃ] *s* picadillo ‖ *tr* picar
hash house *s* bodegón *m*
hashish ['hæʃɪʃ] *s* hachich *m;* (coll) tate *m*
hashish user *s* (coll) tate *m*
hasp [hæsp] o [hɑsp] *s* portacandado; (*of book covers*) broche *m*
hassle ['hæsəl] *s* (coll) riña, disputa
hassock ['hæsək] *s* cojín *m* (*para los pies o las rodillas*)
haste [hest] *s* prisa; **in haste** de prisa; **to make haste** darse prisa
hasten ['hesən] *tr* apresurar; apretar (*el paso*) ‖ *intr* apresurarse
hast•y ['hesti] *adj* (*comp* **-ier;** *super* **-iest**) apresurado, inconsiderado, impulsivo, colérico
hat [hæt] *s* sombrero; **to keep under one's hat** (coll) callar, no divulgar; **to throw one's hat in the ring** (coll) decidirse a bajar a la arena
hat'band' *s* cintillo; (*worn to show mourning*) gasa
hat block *s* horma, conformador *m*
hat'box' *s* sombrerera
hatch [hætʃ] *s* (*brood*) cría, nidada; (*trap door*) escotillón *m;* (*lower half of door*) media puerta; (*opening in ship's deck*) escotilla; (*lid for opening in ship's deck*) cuartel *m* ‖ *tr* empollar (*huevos*); sombrear (*un dibujo*); maquinar, tramar ‖ *intr* empollarse; salir del huevo
hat'-check' girl *s* guardarropa
hatchet ['hætʃɪt] *s* destral *m*, hacha pequeña; **to bury the hatchet** envainar la espada
hatch'way' *s* (*trap door*) escotillón *m;* (*opening in ship's deck*) escotilla
hate [het] *s* odio, aborrecimiento ‖ *tr & intr* odiar, aborrecer, detestar
hateful ['hetfəl] *adj* odioso, aborrecible
hat'pin' *s* aguja de sombrero, pasador *m*

hat'rack' *s* percha
hatred ['hetrɪd] *s* odio, aborrecimiento
hat shop *s* bonetería
hatter ['hætər] *s* sombrerero
haughtiness ['hɔtɪnɪs] *s* altanería, altivez *f*
haugh•ty ['hɔti] *adj* (*comp* **-tier;** *super* **-iest**) altanero, altivo
haul [hɔl] *s* (*pull, tug*) tirón *m;* (*amount caught*) redada; (*distance transported*) trayecto, recorrido; (*roundup, e.g., of thieves*) redada ‖ *tr* acarrear, transportar; (naut) halar
haunch [hɔntʃ] o [hɑntʃ] *s* (*hip*) cadera; (*hind quarter of an animal*) anca; (*leg of animal used for food*) pierna
haunt [hɔnt] o [hɑnt] *s* guarida, nidal *m,* querencia ‖ *tr* andar por, vagar por; frecuentar; inquietar, molestar; perseguir (*las memorias a una persona*)
haunted house *s* casa de fantasmas
haute couture [ot ku'tyr] *s* alta moda
Havana [hə'vænə] *s* La Habana
have [hæv] *v* (*pret & pp* **had** [hæd]) *tr* tener; (*to get, to take*) tomar; **to have and to hold** (úsase sólo en el infinitivo) para ser poseído en propiedad; **to have got** (coll) tener, poseer; **to have got to** + *inf* (coll) tener que + *inf;* **to have it in for** (coll) tener tirria a; **to have it out with** (coll) habérselas con, emprenderla con; **to have on** llevar puesto; **to have** (*something*) **to do with** tener que ver con; **to have what it takes to** tener madera de; **to have** + *inf* hacer, mandar + *inf,* p.ej., **I had him go out that door** le hice salir por esa puerta; **to have** + *pp* hacer, mandar + *inf,* p.ej., **I had my watch repaired** hice componer mi reloj ‖ *intr* — **to have at** atacar, embestir; **to have to** + *inf* tener que + *inf;* **to have to do with** (*to be concerned with*) tratar de; (*to have connections with*) tener relaciones con ‖ *v aux* haber, p.ej., **he has studied his lesson** ha estudiado su lección
havelock ['hævlɑk] *s* cogotera
haven ['hevən] *s* puerto; abrigo, asilo, buen puerto
have-not ['hæv,nɑt] *s* — **the haves and the have-nots** (coll) los ricos y los desposeídos
haversack ['hævər,sæk] *s* barjuleta; (*of soldier*) mochila
havoc ['hævək] *s* estrago, estragos; **to play havoc with** hacer grandes estragos en
haw [hɔ] *s* (*of hawthorn*) baya, simiente *f;* (*in speech*) vacilación ‖ *interj* ¡a la izquierda! ‖ *tr & intr* volver a la izquierda
haw'-haw' *s* carcajada
hawk [hɔk] *s* halcón *m*, gavilán *m*, cernícalo; (*mortarboard*) esparavel *m;* (*sharper*) (coll) fullero ‖ *tr* pregonar; **to hawk up** arrojar tosiendo ‖ *intr* carraspear, gargajear
hawker ['hɔkər] *s* buhonero
hawksbill turtle ['hɔks,bɪl] *s* carey *m*
hawse [hɔz] *s* (naut) muz *m;* (*hole*) (naut) escobén *m;* (naut) longitud de cadenas
hawse'hole' *s* (naut) escobén *m*
hawser ['hɔzər] *s* (naut) guindaleza
haw'thorn' *s* espino, oxiacanta

hay [he] *s* heno; **to hit the hay** (slang) acostarse; **to make hay while the sun shines** hacer su agosto

hay fever *s* fiebre *f* del heno

hay'field' *s* henar *m*

hay'fork' *s* horca; (*machine*) elevador *m* de heno

hay'loft' *s* henil *m*, henal *m*

hay'mak'er *s* (box) golpe *m* que pone fuera de combate

haymow ['he,mau] *s* henil *m;* acopio de heno

hay'rack' *s* pesebre *m*

hayrick ['he,rɪk] *s* almiar *m*

hay ride *s* paseo de placer en carro de heno

hay'seed' *s* simiente *f* de heno; (coll) patán *m*, campesino

hay'stack' *s* almiar *m*

hay'wire' *adj* (slang) descompuesto; (slang) destornillado, loco ‖ *s* alambre *m* para embalar el heno

hazard ['hæzərd] *s* peligro, riesgo; (*chance*) acaso, azar *m;* (golf) obstáculo; **at all hazards** por grande que sea el riesgo ‖ *tr* arriesgar; aventurar (*una opinión*)

hazardous ['hæzərdəs] *adj* peligroso, arriesgado

haze [hez] *s* calina, bruma; (fig) confusión, vaguedad ‖ *tr* dar novatada a

hazel ['hezəl] *adj* castaño claro ‖ *s* avellano

ha'zel•nut *s* avellana

hazing ['hezɪŋ] *s* novatada

ha•zy ['hezi] *adj* (*comp* **-zier;** *super* **-ziest**) calinoso, brumoso; confuso, vago

H-bomb ['etʃ,bɑm] *s* bomba de hidrógeno

H.C. *abbr* **House of Commons**

hd. *abbr* **head**

hdqrs. *abbr* **headquarters**

H.E. *abbr* **His Eminence, His Excellency**

he [hi] *pron pers* (*pl* **they**) él ‖ *s* (*pl* **hes**) macho, varón *m*

head [hɛd] *s* cabeza; (*of a bed*) cabecera, (*caption*) encabezamiento; (*of a boil*) centro; (*on a glass of beer*) espuma; (*of a drum*) parche *m;* (*of a cane*) puño; (*of a barrel, cylinder, etc.*) fondo, tapa; (*of cylinder of automobile engine*) culata; crisis *f*, punto decisivo; **at the head of** al frente de; **from head to foot** de pies a cabeza; **head over heels** en un salto mortal; hasta los tuétanos; precipitadamente; **heads** (*of a coin*) cara; **heads or tails?** ¿cara o cruz?; ¡águila o sol? (Mex); **over one's head** fuera del alcance de uno; (*going to a higher authority*) por encima de uno; **to be out of one's head** (coll) delirar; **to come into one's head** pasarle a uno por la cabeza; **to go to one's head** subírsele a uno a la cabeza; **to keep one's head** no perder la cabeza; **to keep one's head above water** no dejarse vencer; **to put heads together** consultarse entre sí; **to not make head or tail of** no ver pies ni cabeza a ‖ *tr* acaudillar, dirigir, mandar; estar a la cabeza de (*p.ej., la clase*); venir primero en (*una lista*) ‖ *intr* — **to head towards** dirigirse hacia

head'ache' *s* dolor *m* de cabeza

head'band' *s* cinta para la cabeza; (*of a book*) cabezada

head'board' *s* cabecera de cama

head'cheese' *s* queso de cerdo

head'dress' *s* (*style of hair*) tocado; prenda para la cabeza

header ['hɛdər] *s* — **to take a header** (coll) caerse de cabeza

head'first' *adv* de cabeza; precipitadamente

head'gear' *s* sombrero; (*for protection*) casco

head'hunt'er *s* cazador *m* de cabezas

heading ['hɛdɪŋ] *s* encabezamiento; (*of a letter*) membrete *m;* (*of a chapter of a book*) cabecera

headland ['hɛdlənd] *s* promontorio

headless ['hɛdlɪs] *adj* sin cabeza; sin jefe; estúpido

head'light' *s* (aut) faro; (naut) farol *m* de tope; (rr) farol *m*

head'line' *s* (*of newspaper*) cabecera; (*of a page of a book*) titulillo, título de página ‖ *tr* poner cabecera a; (slang) destacar, dar cartel a (*un actor*)

head'lin'er *s* (slang) atracción principal

head'long' *adj* de cabeza; precipitado ‖ *adv* de cabeza; precipitadamente

head•man ['hɛd,mæn] *s* (*pl* **-men** [,mɛn]) caudillo, jefe *m*

head'mas'ter *s* director *m* de un colegio

head'most' *adj* delantero, primero

head office *s* oficina central

head of hair *s* cabellera

head'-on' *adj* & *adv* de frente; **head-on collision** colisión de frente

head'phone' *s* auricular *m* de casco, receptor *m* de cabeza

head'piece' *s* (*any covering for head*) casco, yelmo, morrión *m;* (*brains, judgment*) cabeza, juicio; cabecera de cama; (*headset*) auricular *m* de casco, receptor *m* de cabeza; (typ) cabecera, viñeta

head'quar'ters *s* centro de dirección; (*of police*) jefatura; (mil) cuartel *m* general

head'rest' *s* apoyo para la cabeza; (aut) reposa cabezas

head'set' *s* auricular *m* de casco, receptor *m* de cabeza

head'ship' *s* jefatura, dirección

head'stone' *s* (*cornerstone*) piedra angular; (*on a grave*) lápida sepulcral

head'stream' *s* afluente *m* principal

head'strong' *adj* cabezudo, terco

head'wait'er *s* jefe *m* de camareros, encargado de comedor

head'wa'ters *spl* cabecera

head'way' *s* avance *m*, progreso; espacio libre; **to make headway** avanzar, progresar

head'wear' *s* prendas de cabeza

head wind *s* viento de frente, viento por la proa

head'work' *s* trabajo intelectual

head•y ['hɛdi] *adj* (*comp* **-ier;** *super* **-iest**) excitante, emocionante; impetuoso, violento; (*intoxicating*) cabezudo; (*clever*) sesudo

ha
he

heal [hil] *tr* curar, sanar; cicatrizar; remediar (*un daño*) ‖ *intr* curar, sanar; cicatrizarse; remediarse

healer [ˈhilər] *s* curador *m*, sanador *m*

health [hɛlθ] *s* salud *f;* **to be in good health** estar bien de salud; **to be in poor health** estar mal de salud; **to drink to the health of** beber a la salud de; **to radiate health** verter salud; **to your health!** ¡a su salud!

healthful [ˈhɛlθfəl] *adj* saludable; sano

health insurance *s* seguro de enfermedad

health•y [ˈhɛlθi] *adj* (*comp* **-ier;** *super* **-iest**) sano; saludable

heap [hip] *s* montón *m* ‖ *tr* amontonar, apilar; (*to supply with, e.g., favors*) colmar; (*to bestow in great quantity*) dar generosamente ‖ *intr* amontonarse, apilarse

hear [hɪr] *v* (*pret* & *pp* **heard** [hʌrd]) *tr* oír; **to hear it said** oírlo decir ‖ *intr* oír; **hear! hear!** ¡bravo!; **to hear about;** oír hablar de; **to hear from** tener noticias de; **to hear of** oír hablar de; **to hear tell of** oír hablar de; **to hear that** oír decir que

hearer [ˈhɪrər] *s* oyente *mf*

hearing [ˈhɪrɪη] *s* (*sense*) oído; (*act*) oída; audiencia; **in the hearing of** en presencia de; **within hearing** al alcance del oído

hearing aid *s* aparato auditivo

hear'say' *s* rumor *m;* **by hearsay** de o por oídas

hearse [hʌrs] *s* coche *m* fúnebre, carroza fúnebre

heart [hɑrt] *s* corazón *m;* (*e.g., of lettuce*) cogollo; **after one's heart** enteramente del gusto de uno; **by heart** de memoria; **heart and soul** de todo corazón; **to break the heart of** partir el corazón de; **to die of a broken heart** morir de pena; **to eat one's heart out** sufrir en silencio; **to get to the heart of** llegar al fondo de; **to have one's heart in one's work;** trabajar con entusiasmo; **to have one's heart in the right place** tener buenas intenciones; **to lose heart** descorazonarse; **to open one's heart to** descubrirse con; **to take heart** cobrar aliento; **to take to heart** tomar a pecho; **to wear one's heart on one's sleeve** llevar el corazón en la mano; **with all one's heart** con toda el alma de uno; **with one's heart in one's mouth** con el credo en la boca

heart'ache' *s* angustia, congoja

heart attack *s* ataque *m* de corazón, ataque cardíaco

heart'beat' *s* latido del corazón

heart'break' *s* angustia, dolor *m* abrumador

heart'break'er *s* ladrón *m* de corazones

heartbroken [ˈhɑrt,brokən] *adj* transido de dolor, muerto de pena

heart'burn' *s* acedía, rescoldera; (*jealousy*) celos

heart disease *s* enfermedad del corazón

hearten [ˈhɑrtən] *tr* alentar, animar

heart failure *s* debilidad coronaria; (*death*) paro del corazón; (*faintness*) desfallecimiento, desmayo

heartfelt [ˈhɑrt,fɛlt] *adj* cordial, sentido, sincero

hearth [hɑrθ] *s* hogar *m*

hearth'stone' *s* solera del hogar; (*home*) hogar *m*

heartily [ˈhɑrtɪli] *adv* cordialmente; con buen apetito; de buena gana; bien, mucho

heartless [ˈhɑrtlɪs] *adj* cruel, inhumano *m*

heart pacemaker *s* marcapaso, marcapasos *m*

heart-rending [ˈhɑrt,rɛndɪη] *adj* angustioso, que parte el corazón

heart'seed' *s* farolillo

heart'sick' *adj* afligido, desconsolado

heart'strings' *spl* fibras del corazón, entretelas

heart'-to-heart' *adj* franco, sincero

heart trouble *s* — **to have heart trouble** enfermar del corazón

heart'wood' *s* madera de corazón

heart•y [ˈhɑrti] *adj* (*comp* **-ier;** *super* **-iest**) cordial, sincero; sano, fuerte; (*meal*) abundante; (*laugh*) bueno; (*eater*) grande

heat [hit] *adj* térmico ‖ *s* calor *m;* (*warming of a room, house, etc.*) calefacción; (*rut of animals*) celo; (*in horse racing*) carrera de prueba; (*fig*) ardor *m*, ímpetu *m;* **in heat** encelo ‖ *tr* calentar; calefaccionar (*p.ej., una casa*); (*fig*) acalorar, excitar ‖ *intr* calentarse; (*fig*) acalorarse, excitarse

heated [ˈhitɪd] *adj* acalorado

heater [ˈhitər] *s* calentador *m;* (*for central heating*) calorífero; (*electron*) calefactor *m*

heater man *s* calefactor *m*

heath [hiθ] *s* (*shrub*) brezo; (*tract of land*) brezal *m*

hea•then [ˈhiðən] *adj* gentil, pagano; irreligioso ‖ *s* (*pl* **-then** o **-thens**) gentil *mf*, pagano

heathendom [ˈhiðəndəm] *s* gentilidad

heather [ˈhɛðər] *s* brezo

heating [ˈhitɪη] *adj* calentador ‖ *s* calefacción

heat'-in'su•lat•ed *adj* termoaislante

heat lightning *s* fucilazo, relámpago de calor

heat shield *s* blindaje térmico, escudo térmico

heat'stroke' *s* insolación; golpe *m* de calor

heat wave *s* (*phys*) onda calorífica; (*coll*) ola de calor

heave [hiv] *s* esfuerzo para levantar; esfuerzo para levantarse; **heaves** (*vet*) huélfago ‖ *v* (*pret* & *pp* **heaved** o **hov** [hov]) *tr* alzar, levantar; arrojar, lanzar; exhalar (*un suspiro*) ‖ *intr* levantarse y bajar alternativamente; palpitar (*el pecho*); elevarse; hacer esfuerzos por vomitar

heaven [ˈhɛvən] *s* cielo; **for heaven's sake!** o **good heavens!** ¡válgame Dios!; **heavens** (*firmament*) cielo ‖ **Heaven** *s* cielo (*mansión de los bienaventurados*)

heavenly [ˈhɛvənli] *adj* (*body*) celeste; (*life, home*) celestial; (*fig*) celestial

heavenly body *s* astro, cuerpo celeste

heav•y [ˈhɛvi] *adj* (*comp* **-ier;** *super* **-iest**) (*of great weight*) pesado; (*liquid*) espeso, denso; (*cloth, paper, sea, line*) grueso;

(*traffic*) denso; (*crop, harvest*) abundante, copioso; (*expense*) fuerte; (*rain*) recio; (*features*) basto; (*eyes*) agravado; (*gunfire*) fragoroso; (*heart*) abatido, triste; (*drinker*) grande; (*stock market*) postrado; (*clothing*) de mucho abrigo ‖ *adv* pesadamente; **to hang heavy;** pasar (*el tiempo*) con gran lentitud

heav'y•du'ty *adj* extrafuerte

heavy-hearted ['hɛvi'hɑrtɪd] *adj* afligido, acongojado

heav'y•set' *adj* costilludo, espalnudo

heav'y•weight' *s* (box) peso pesado

Hebrew ['hibru] *adj & s* hebreo

hecatomb ['hɛkə,tom] *s* hecatombe *f*

heckle ['hɛkəl] *tr* interrumpir (*a un orador*) con preguntas impertinentes

hectic ['hɛktɪk] *adj* (coll) agitado, turbulento

hedge [hɛdʒ] *s* cercado, vallado; (*of bushes*) seto vivo; apuesta compensatoria; (*in stock market*) operación compensatoria ‖ *tr* cercar con vallado; cercar con seto vivo; **to hedge in** encerrar, rodear ‖ *intr* no querer comprometerse; hacer apuestas compensatorias; hacer operaciones compensatorias

hedge'hog' *s* erizo; (*porcupine*) puerco espín *m*

hedge'hop' *v* (*pret & pp* -**hopped;** *ger* -**hopping**) *intr* (aer) volar rasando el suelo

hedgchopping ['hɛdʒ,hɑpɪŋ] *s* (aer) vuelo rasante

hedge'row' *s* cercado de arbustos, seto vivo

heed [hid] *s* atención, cuidado; **to take heed** ir con cuidado ‖ *tr* atender a, hacer caso de ‖ *intr* atender, hacer caso

heedless ['hidlɪs] *adj* desatento, descuidado

heehaw ['hi,hɔ] *s* (*of donkey*) rebuzno; risotada ‖ *intr* rebuznar; reír groseramente

heel [hil] *s* (*of foot*) calcañar *m*, talón *m*; (*of stocking or shoe*) talón *m*; (*raised part of shoe below heel*) tacón *m*; (slang) sinvergüenza *mf*; **down at the heel** desaliñado, mal vestido; **to cool one's heels** (coll) hacer antesala; **to kick up one's heels** (slang) mostrarse alegre; **to show a clean pair of heels** o **to take to one's heels** poner pies en polvorosa

heeler ['hilər] *s* (slang) muñidor *m*

heft•y ['hɛfti] *adj* (*comp* -**ier;** *super* -**iest**) (*heavy*) pesado; (*strong*) fuerte, fornido

hegemo•ny [hɪ'dʒɛməni] o ['hɛdʒɪ-,moni] *s* (*pl* -**nies**) hegemonía

hegira [hɪ'dʒaɪrə] o ['hɛdʒɪrə] *s* fuga, huída

heifer ['hɛfər] *s* novilla, vaquilla

height [haɪt] *s* altura; (*e.g., of folly*) colmo

heighten ['haɪtən] *tr* hacer más alto; (*to increase the amount of*) aumentar; (*to set off, bring out*) realzar ‖ *intr* aumentarse

heinous ['henəs] *adj* atroz, nefando

heir [ɛr] *s* heredero

heir apparent *s* (*pl* **heirs apparent**) heredero forzoso

heirdom ['ɛrdəm] *s* herencia

heiress ['ɛrɪs] *s* heredera

heirloom ['ɛr,lum] *s* joya de familia, reliquia de familia

helicopter ['hɛlɪ,kɑptər] *s* helicóptero

heliotrope ['hili•ə,trop] *s* heliotropo

heliport ['hɛlɪ,port] *s* helipuerto

helium ['hili•əm] *s* helio

helix ['hilɪks] *s* (*pl* **helixes** o **helices** ['hɛlɪ,siz]) hélice *f*

hell [hɛl] *s* infierno

hell-bent ['hɛl'bɛnt] *adj* (slang) muy resuelto; **hell-bent on** (slang) empeñado en

hell'cat' *s* (*bad-tempered woman*) arpía, mujer perversa; (*witch*) bruja

hellebore ['hɛlɪ,bor] *s* eléboro

Hellene ['hɛlin] *s* heleno

Hellenic [hɛ'lɛnɪk] *adj* helénico

hell'fire' *s* fuego del infierno

hellish ['hɛlɪʃ] *adj* infernal

hel•lo [hɛ'lo] *s* saludo ‖ *interj* ¡qué tal!; (*on telephone*) ¡diga!

hello girl *s* (coll) chica telefonista

helm [hɛlm] *s* barra del timón; rueda del timón; (fig) timón *m* ‖ *tr* dirigir, gobernar

helmet ['hɛlmɪt] *s* casco; (*of ancient armor*) yelmo

helms•man ['hɛlmzmən] *s* (*pl* -**men** [mən]) timonel *m*

help [hɛlp] *s* ayuda, socorro; (*of food*) ración; (*relief*) remedio, p.ej., **there's no help for it** no hay remedio; criados; empleados; obreros; **to come to the help of** acudir en socorro de ‖ *interj* ¡socorro! ‖ *tr* ayudar, socorrer; aliviar, mitigar; (*to wait on*) servir; **it can't be helped** no hay remedio; **so help me God!** ¡así Dios me salve!; **to help down** ayudar a bajar; **to help a person with his coat** ayudarle a una persona a ponerse el abrigo; **to help oneself** valerse por sí mismo; servirse; **to help up** ayudar a subir; ayudar a levantarse; **to not be able to help** + *ger* no poder menos de + *inf*, p.ej., **he can't help laughing** no puede menos de reír ‖ *intr* ayudar

helper ['hɛlpər] *s* ayudante *mf*; (*in a drug store, barbershop, etc.*) mancebo

helpful ['hɛlpfəl] *adj* útil, provechoso; servicial

helping [['hɛlpɪŋ] *s* ración (*de alimento*)

helpless ['hɛlplɪs] *adj* (*weak*) débil; (*powerless*) impotente; (*penniless*) desvalido; (*confused*) perplejo; (*situation*) irremediable

help'meet' *s* compañero; (*wife*) compañera

helter-skelter ['hɛltər'skɛltər] *adj, adv & s* cochite hervite *m*

hem [hɛm] *s* tos fingida; (*of a garment*) bastilla, dobladillo ‖ *interj* ¡ejem! ‖ *v* (*pret & pp* **hemmed;** *ger* **hemming**) *tr* bastillar, dobladillar; **to hem in** encerrar, rodear ‖ *intr* destoserse; vacilar; **to hem and haw** vacilar al hablar; ser evasivo

hemisphere ['hɛmɪ,sfɪr] *s* hemisferio

hemistich ['hɛmɪ,stɪk] *s* hemistiquio

hem'line' *s* ruedo de la falda, borde *m* de la falda

hem'lock' *s* (*Tsuga canadensis*) abeto del Canadá; (*herb and poison*) cicuta

hemoglobin [,hɛmə'globɪn] o [,himə'globɪn] *s* hemoglobina

he
he

hemophilia [,hɛmə'fɪlɪ•ə] o [,himə'fɪlɪ•ə] *s* hemofilia

hemorrhage ['hɛmərɪdʒ] *s* hemorragia

hemorrhoids ['hɛmə,rɔɪdz] *spl* hemorroides *fpl*

hemostat ['hɛmə,stæt] o ['himə,stæt] *s* hemóstato

hemp [hɛmp] *s* cáñamo

hemstitch ['hɛm,stɪtʃ] *s* vainica ‖ *tr* hacer vainica en ‖ *intr* hacer vainica

hen [hɛn] *s* gallina

hence [hɛns] *adv* de aquí; desde ahora; por lo tanto, por consiguiente; de aquí a, p.ej., **three weeks hence** de aquí a tres semanas

hence'forth' *adv* de aquí en adelante

hench•man ['hɛntʃmən] *s* (*pl* **-men** [mən]) secuaz *m*, servidor *m;* (*political schemer*) muñidor *m*

hen'coop' *s* gallinero

hen'house' *s* gallinero

henna ['hɛnə] *s* alcana, alheña; (*dye*) henna *f* ‖ *tr* alheñarse (*el pelo*)

hen'peck' *tr* dominar (*la mujer al marido*)

henpecked husband *s* calzonazos *m*, gurrumino

hep [hɛp] *adj* (slang) enterado; **to be hep to** (slang) estar al corriente de

her [hʌr] *adj poss* su; el . . . de ella ‖ *pron pers* la; ella; **to her** le; a ella

herald ['hɛrəld] *s* heraldo; anunciador *m* ‖ *tr* anunciar; ser precursor de

heraldic [hɛ'rældɪk] *adj* heráldico

herald•ry ['hɛrəldri] *s* (*pl* **-ries**) (*office or duty of herald*) heraldía; (*science of armorial bearings*) blasón *m*, heráldica; (*heraldic device; coat of arms*) blasón; pompa heráldica

herb [ʌrb] o [hʌrb] *s* hierba; hierba aromática; hierba medicinal

herbaceous [hʌr'beʃəs] *adj* herbáceo

herbage ['ʌrbɪdʒ] o ['hʌrbɪdʒ] *s* herbaje *m*

herbal ['ʌrbəl] o ['hʌrbəl] *adj & s* herbario

herbalist ['hʌrbəlɪst] o ['ʌrbəlɪst] *s* herbolario

herbari•um [hʌr'bɛrɪ•əm] *s* (*pl* **-ums** o **-a** [ə]) herbario

herb doctor *s* herbolario

herculean [hʌr'kulɪ•ən] *adj* (*hard to perform*) penoso, laborioso; (*strong, big*) hercúleo

herd [hʌrd] *s* manada, rebaño, hato; (*of people*) chusma, multitud ‖ *tr* reunir en manada; reunir ‖ *intr* reunirse en manada; reunirse, ir juntos

herds•man ['hʌrdzmən] *s* (*pl* **-men** [mən]) manadero; (*of sheep*) pastor *m;* (*of cattle*) vaquero

here [hɪr] *adj* presente ‖ *adv* aquí; **here and there** acá y allá; **here is** o **here are** aquí tiene Vd.; **that's neither here nor there** eso no viene al caso ‖ *s —* **the here and the hereafter** esta vida y la futura ‖ *interj* ¡presente!

hereabouts ['hɪrə,baʊts] *adv* por aquí, cerca de aquí

here•af'ter *adv* de aquí en adelante; en lo · sucesivo; en la vida futura ‖ **the hereafter** la otra vida, el más allá

here•by' *adv* por esto; por la presente

hereditary [hɪ'rɛdɪ,tɛri] *adj* hereditario

heredi•ty [hɪ'rɛdɪti] *s* (*pl* **-ties**) herencia

here•in' *adv* aquí dentro; en este asunto

here•of' *adv* de esto

here•on' *adv* en esto, sobre esto

here•sy ['hɛrəsi] *s* (*pl* **-sies**) herejía

heretic ['hɛrətɪk] *adj* herético ‖ *s* hereje *mf*

heretical [hɪ'rɛtɪkəl] *adj* herético

heretofore [,hɪtru'for] *adv* antes, hasta ahora

here•u•pon' *adv* en esto, sobre esto; en seguida

here•with' *adv* adjunto, con la presente; de este modo

heritage ['hɛrɪtɪdʒ] *s* herencia

hermetic(al) [hʌr'mɛtɪk(əl)] *adj* hermético

hermit ['hʌrmɪt] *s* eremita *m*, ermitaño

hermitage ['hʌrnɪtɪdʒ] *s* ermita

herni•a ['hʌrnɪ•ə] *s* (*pl* **-as** o **-ae** [,i]) hernia

he•ro ['hɪro] *s* (*pl* **-roes**) héroe *m*

heroic [hɪ'ro•ɪk] *adj* heroico ‖ **heroics** *spl* verso heroico; lenguaje rimbombante

heroin ['hɛro•ɪn] *s* heroína (*polvo cristalino*); (slang) caballo

heroin addict *s* heroinómano

heroine ['hɛro•ɪn] *s* heroína (*mujer*)

heroism ['hɛro,ɪzəm] *s* heroísmo

heron ['hɛrən] *s* garza; (*Ardea cinerea*) airón *m*, garza real

herring ['hɛrɪŋ] *s* arenque *m*

her'ring•bone *s* (*in fabrics*) espina de pescado; (*in hardwood floors*) espinapez *m*, punto de Hungría

hers [hʌrz] *pron poss* el suyo, el de ella; suyo

herself [hʌr'sɛlf] *pron pers* ella misma; sí, sí misma; se, p.ej., **she enjoyed herself** se divirtió; **with herself** consigo

hesitan•cy ['hɛzɪtənsi] *s* (*pl* **-cies**) vacilación

hesitant ['hɛzɪtənt] *adj* vacilante

hesitate ['hɛzɪ,tet] *intr* vacilar, titubear; (*to stutter*) titubear

hesitation [,hɛzɪ'teʃən] *s* vacilación

heterodox ['hɛtərə,dɑks] *adj* heterodoxo

heterodyne ['hɛtərə,daɪn] *adj* heterodino ‖ *tr* heterodinar

heterogenei•ty [,hɛtərədʒɪ'ni•ɪti] *s* (*pl* **-ties**) heterogeneidad

heterogeneous [,hɛtərə'dʒɪnɪ•əs] *adj* heterogéneo

hew [hju] *v* (*pret* **hewed;** *pp* **hewed** o **hewn**) *tr* cortar, tajar; (*with an ax*) hachear; labrar (*madera*); picar (*piedra*); **to hew down** derribar a hachazos ‖ *intr —* **to hew close to the line** (coll) hilar delgado

hex [hɛks] *s* (coll) bruja; (coll) hechizo ‖ *tr* (coll) embrujar

hexameter [hɛks'æmɪtər] *s* hexámetro

hey [he] *interj* ¡oye!, ¡oiga!

hey'day' *s* época de mayor prosperidad

hf. *abbr* half

H.H. *abbr* His Highness, Her Highness; His Holiness

hia•tus [haɪ'etəs] *s* (*pl* **-tuses** o **-tus**) (*gap*) abertura, laguna; (*in a text; in verse*) hiato

hibernate ['haɪbər,net] *intr* invernar; estar inactivo

hibiscus [hɪ'bɪskəs] o [haɪ'bɪskəs] *s* hibisco

hiccough o **hiccup** ['hɪkəp] *s* hipo ‖ *intr* hipar

hick [hɪk] *adj & s* (coll) campesino, palurdo

hicko•ry ['hɪkəri] *s* (*pl* **-ries**) nuez encarcelada, nuez dura (*árbol*)

hickory nut *s* nuez encarcelada, nuez dura (*fruto*)

hidden ['hɪdən] *adj* escondido, oculto; obscuro

hide [haɪd] *s* cuero, piel *f;* **hides** corambre *f;* **neither hide nor hair** ni un vestigio; **to tan someone's hide** (coll) zurrarle a uno la badana ‖ *v* (*pret* **hid** [hɪd]; *pp* **hid** o **hidden** ['hɪdən]) *tr* esconder, ocultar ‖ *intr* esconderse, ocultarse; **to hide out** (coll) recatarse

hide'-and-seek' *s* escondite *m;* **to play hide-and-seek** jugar al escondite

hide'bound' *adj* fanático, obstinado, dogmático

hideous ['hɪdɪ•əs] *adj* (*very ugly*) feote; (*heinous*) atroz, nefando; (*distressingly large*) brutal, enorme

hide'-out' *s* (coll) guarida, refugio, escondrijo

hiding ['haɪdɪŋ] *s* ocultación; (*place of concealment*) escondite *m*, escondrijo; **in hiding** escondido, oculto; (*in ambush*) emboscado

hiding place *s* escondite *m*, escondrijo

hie [haɪ] *v* (*pret & pp* **hied;** *ger* **hieing** o **hying**) *tr* — **hie thee home** apresúrate a volver a casa ‖ *intr* apresurarse, ir volando

hierar•chy ['haɪ•ə,rɑrki] *s* (*pl* **-chies**) jerarquía

hieroglyphic [,haɪ•ərə'glɪfɪk] *adj & s* jeroglífico

hi-fi ['haɪ'faɪ] *adj* de alta fidelidad ‖ *s* alta fidelidad

hi-fi fan *s* aficionado a la alta fidelidad

hi-fi set *s* equipo de alta fidelidad

higgledy-piggledy ['hɪgəldɪ'pɪgəldɪ] *adj* confuso, revuelto ‖ *adv* confusamente, revueltamente

high [haɪ] *adj* alto; (*river*) crecido; (*sound*) agudo; (*wind*) fuerte; (coll) borracho; (*intoxicated*) embriagado; (*drugs*) emporrado; (*culin*) manido; **high and dry** abandonado, desamparado; **high and mighty** (coll) muy arrogante ‖ *adv* en sumo grado; a gran precio; **to aim high** poner el tiro muy alto; **to come high** venderse caro ‖ *s* (aut) marcha directa; **on high** en el cielo

high altar *s* altar *m* mayor

high'ball' *s* highball *m*

high blood pressure *s* hipertensión arterial

high'born' *adj* linajudo, de ilustre cuna

high'boy' *s* cómoda alta con patas altas

high'brow' *adj & s* (slang) erudito

high chair *s* silla alta

high command *s* alto mando

high cost of living *s* carestía de la vida

higher education *s* enseñanza superior

higher-up [,haɪ•ər'ʌp] *s* (coll) superior jerárquico

high explosive *s* explosivo rompedor

highfalutin [,haɪfə'lutən] *adj* (coll) pomposo, presuntuoso

high fidelity *s* alta fidelidad

high'-fre'quency *adj* de alta frecuencia

high gear *s* marcha directa, toma directa

high'-grade' *adj* de calidad superior

high-handed ['haɪ'hændɪd] *adj* arbitrario

high hat *s* sombrero de copa

high'-hat' *adj* (coll) copetudo, esnob; **to be high-hat** tener mucho copete ‖ **high'-hat'** *v* (*pret & pp* **-hatted;** *ger* **-hatting**) *tr* desairar

high-heeled shoe ['haɪ,hild] *s* zapato de tacón alto

high horse *s* ademán *m* arrogante

high'jack' *tr* var de **hijack**

high jinks [dʒɪŋks] *spl* (slang) jarana, payasada

high jump *s* salto de altura

highland ['haɪlənd] *s* región montañosa; **highlands** montañas, tierras altas

high life *s* alta sociedad, gran mundo

high'light' *s* elemento sobresaliente ‖ *tr* destacar

highly ['haɪli] *adv* altamente; en sumo grado; a gran precio; con aplauso general; **to speak highly of** decir mil bienes de

High Mass *s* misa cantada, misa mayor

high-minded ['haɪ'maɪndɪd] *adj* noble, magnánimo

highness ['haɪnɪs] *s* altura ‖ **Highness** *s* Alteza

high noon *s* pleno mediodía

high-pitched ['haɪ'pɪtʃt] *adj* agudo; tenso, impresionable

high-powered ['haɪ'paʊ•ərd] *adj* de alta potencia

high'-pres'sure *adj* de alta presión; (fig) emprendedor, enérgico ‖ *tr* (coll) apremiar

high-priced ['haɪ'praɪst] *adj* de precio elevado

high priest *s* sumo sacerdote

high rise *s* edificio de muchos pisos

high'road' *s* camino real

high school *s* escuela de segunda enseñanza

high sea *s* mar gruesa; **high seas** alta mar

high society *s* alta sociedad, gran mundo

high'-speed' *adj* de alta velocidad

high-spirited ['haɪ'spɪrɪtɪd] *adj* animoso; vivaz; (*horse*) fogoso

high spirits *spl* alegría, buen humor *m*, animación

high-strung ['haɪ'strʌŋ] *adj* tenso, impresionable

high'-test' fuel *s* supercarburante *m*

high tide *s* pleamar *f*, marea alta; (fig) punto culminante

high time *s* hora, p.ej., **it is high time for you to go** ya es hora de que Vd. se marche; (slang) jarana, parranda

high treason *s* alta traición

high water *s* aguas altas; pleamar *f*, marea alta

high'way' *s* carretera

highway·man [ˈhaɪˌwemən] *s* (*pl* -men [mən]) salteador *m* de caminos

hijack [ˈhaɪˌdʒæk] *tr* (coll) robar (*a un contrabandista de licores*); (coll) robar (*el licor a un contrabandista*)

hijacker [ˈhaɪˌdʒækər] *s* pirata aéreo

hijacking [ˈhaɪˌdʒækɪŋ] *s* piratería aérea

hike [haɪk] *s* caminata, marcha; (*increase, rise*) aumento ‖ *tr* elevar de un tirón; aumentar ‖ *intr* dar una caminata

hiker [ˈhaɪkər] *s* caminador *m*, aficionado a las caminatas

hilarious [hɪˈlɛrɪ·əs] o [haɪˈlɛrɪ·əs] *adj* jubiloso, regocijado

hill [hɪl] *s* colina, collado ‖ *tr* aporcar (*las hortalizas*)

hillbil·ly [ˈhɪlˌbɪli] *s* (*pl* -lies) (coll) rústico montañés (*del sur de los EE.UU.*)

hillock [ˈhɪlək] *s* altozano, montecillo

hill'side' *s* ladera

hill'top' *s* cumbre *f*, cima

hill·y [ˈhɪli] *adj* (*comp* -ier; *super* -iest) colinoso; (*steep*) empinado

hilt [hɪlt] *s* empuñadura, puño; **up to the hilt** completamente

him [hɪm] *pron pers* le, lo; él; **to him** le; a él

himself [hɪmˈsɛlf] *pron pers* él mismo; sí, sí mismo; se, p.ej., **he enjoyed himself** se divirtió; **with himself** consigo

hind [haɪnd] *adj* posterior, trasero ‖ *s* cierva

hinder [ˈhɪndər] *tr* estorbar, impedir; obstruccionar

hindmost [ˈhaɪndˌmost] *adj* postrero, último

Hindoo [ˈhɪndu] *adj & s* hindú *m*

hind'quar'ter *s* cuarto trasero

hindrance [ˈhɪndrəns] *s* estorbo, impedimento, obstáculo

hind'sight' *s* (*of a firearm*) mira posterior; percepción tardía, sabiduría tardía

Hindu [ˈhɪndu] *adj & s* hindú *m*

hinge [hɪndʒ] *s* (*of a door*) charnela, gozne *m*, bisagra; (*of a mollusk*) charnela; (bb) cartivana; punto capital ‖ *tr* engoznar ‖ *intr* — **to hinge on** depender de

hin·ny [ˈhɪni] *s* (*pl* -nies) burdégano, mohino

hint [hɪnt] *s* indirecta, insinuación; **to take the hint** darse por aludido ‖ *tr & intr* insinuar; indicar; **to hint at** aludir indirectamente a

hinterland [ˈhɪntərˌlænd] *s* región interior

hip [hɪp] *s* cadera; (*of a roof*) caballete *m*, lima

hip'bone' *s* cía, hueso de la cadera

hipped [hɪpt] *adj* (*livestock*) renco; (*roof*) a cuatro aguas; **hipped on** (coll) obsesionado por

hippety-hop [ˈhɪpɪtɪˈhɑp] *adv* (coll) a coxcojita

hip·po [ˈhɪpo] *s* (*pl* -pos) (coll) hipopótamo

hippodrome [ˈhɪpəˌdrom] *s* hipódromo

hippopota·mus [ˌhɪpəˈpɑtəməs] *s* (*pl* -muses o -mi [ˌmaɪ]) hipopótamo

hip roof *s* tejado a cuatro aguas

hire [haɪr] *s* alquiler *m*; precio; salario; **for hire** de alquiler ‖ *tr* alquilar (*p.ej., un coche*); ajustar (*p.ej., a un criado*) ‖ *intr* —**to hire out** ajustarse

hired girl *s* criada

hired man *s* (coll) mozo de campo

hireling [ˈhaɪrlɪŋ] *adj & s* alquiladizo

his [hɪz] *adj poss* su; el . . . de él ‖ *pron poss* el suyo, el de él; suyo

Hispanic [hɪsˈpænɪk] *adj & s* hispánico

Hispaniola [ˌhɪspənˈjolə] *s* Santo Domingo

hispanist [ˈhɪspənɪst] *s* hispanista *mf*

hispanophilia [ˌhɪspænoˈfɪli·ə] *s* españolería

hiss [hɪs] *s* siseo, silbido ‖ *tr* sisear, silbar (*p.ej., una escena, a un actor por malo*) ‖ *intr* sisear, silbar

hist. *abbr* **historian, history**

histology [hɪsˈtɑlədʒi] *s* histología

historian [hɪsˈtorɪ·ən] *s* historiador *m*

historic(al) [hɪsˈtɔrɪk(əl)] *adj* histórico

histo·ry [ˈhɪstəri] *s* (*pl* -ries) historia

histrionic [ˌhɪstrɪˈɑnɪk] *adj* histriónico; teatral ‖ **histrionics** *s* actitud teatral, modales *mpl* teatrales

hit [hɪt] *s* golpe *m*; (*of a bullet*) impacto; (*blow that hits its mark*) tiro certero; (*sarcastic remark*) censura acerba; (baseball) batazo; (coll) éxito; **to make a· hit** (coll) dar golpe; **to make a hit with** caer en la gracia de (*una persona*) ‖ *v* (*pret & pp* **hit;** *ger* **hitting**) *tr* golpear, pegar; dar con, dar contra, chocar con; dar en (*p.ej., el blanco*); censurar acerbamente; (*to run over in a car*) atropellar; afectar mucho (*un acontecimiento a una persona*) ‖ *intr* chocar; **to hit against** dar contra; **to hit on** dar con (*lo que se busca*)

hit'-and-run' *adj* que atropella y se da a la huída

hitch [hɪtʃ] *s* (*jerk*) tirón *m;* dificultad; obstáculo; **without a hitch** a pedir de boca, sin tropiezo ‖ *tr* (*to tie*) atar, sujetar; enganchar (*un caballo*); uncir (*bueyes*); (slang) casar

hitch'hike' *intr* (coll) hacer autostop, viajar en autostop

hitch'hik'er *s* autostopista *mf*

hitching post *s* poste *m* para atar a las cabalgaduras

hither [ˈhɪðər] *adv* acá, hacia acá; **hither and thither** acá y allá

hith'er·to' *adv* hasta ahora, hasta aquí

hit'-or-miss' *adj* descuidado, casual

hit parade *s* (rad) canciones que gozan de más popularidad en la actualidad

hit record *s* (coll) disco de mucho éxito

hit'-run' *adj* que atropella y se da a la huída

hive [haɪv] *s* (*box for bees*) colmena; (*swarm*) enjambre *m;* **hives** urticaria ‖ *tr* encorchar (*abejas*)

H.M. *abbr* **Her Majesty, His Majesty**

H.M.S. *abbr* **Her Majesty's Ship, His Majesty's Ship**

hoard [hord] *s* (*of money, provisions, etc.*) cúmulo; tesoro escondido ‖ *tr* acumular secretamente; atesorar (*dinero*) ‖ *intr* guardar víveres, atesorar dinero

hoarding [ˈhordɪŋ] *s* acumulación secreta; atesoramiento

hoar'frost' *s* helada blanca, escarcha

hoarse [hors] *adj* ronco

hoarseness ['horsnɪs] s ronquedad; (*from a cold*) ronquera
hoar·y ['hori] adj (*comp* -ier; *super* -iest) cano, canoso; (*old*) vetusto
hoax [hoks] s pajarota, mistificación ‖ *tr* mistificar
hob [hɑb] s repisa interior del hogar; **to play hob with** (coll) trastornar
hobble ['hɑbəl] s (*limp*) cojera; (*rope used to tie legs of animal*) manea, traba ‖ *tr* dejar cojo; manear, trabar; dificultar ‖ *intr* cojear; tambalear
hobble skirt s falda de medio paso
hob·by ['hɑbi] s (*pl* -bies) comidilla, afición favorita, trabajo preferido; **to ride a hobby** entregarse demasiado al tema favorito
hob'by·horse' s (*stick with horse's head*) caballito; (*rocking horse*) caballo mecedor
hob'gob'lin s duende m, trasgo; (*bogy*) bu m, coco
hob'nail' s tachuela ‖ *tr* clavetear con tachuelas; (fig) atropellar
hob·nob ['hɑb,nɑb] v (*pret & pp* -nobbed; *ger* -nobbing) *intr* codearse, rozarse; beber juntos
ho·bo ['hobo] s (*pl* -bos o -boes) vagabundo
Hobson's choice ['hɑbsənz] s alternativa entre la cosa ofrecida o ninguna
hock [hɑk] s jarrete m, corvejón m ‖ *tr* (*to hamstring*) desjarretar; (coll) empeñar
hockey ['hɑki] s hockey m, chueca
hock'shop' s (slang) casa de empeños, monte m de piedad
hocus-pocus ['hokəs'pokəs] s (*meaningless formula*) abracadabra m; burla, engaño; juego de manos
hod [hɑd] s capacho, cuezo; cubo para carbón
hod carrier s peón m de albañil, peón de mano
hodgepodge ['hɑdʒ,pɑdʒ] s baturrillo
hoe [ho] s azada, azadón m ‖ *tr & intr* azadonar
hog [hɑg] o [hɔg] s cerdo, puerco ‖ v (*pret & pp* hogged; *ger* hogging) *tr* (slang) tragarse lo mejor de
hog'back' s cuchilla
hoggish ['hɑgɪʃ] o ['hɔgɪʃ] adj comilón; glotón; egoísta
hog Latin s latín m de cocina
hogs'head' s pipa de 63 galones o más; medida de capacidad de 63 galones
hog'wash' s bazofia
hoist [hɔɪst] s (*apparatus for lifting*) montacargas m, torno izador, grúa; empujón m hacia arriba ‖ *tr* alzar, levantar; enarbolar (*p.ej., una bandera*); (naut) izar
hoity-toity ['hɔɪti'tɔɪti] adj frívolo, veleidoso; arrogante, altanero; **to be hoity-toity** ponerse tan alto
hokum ['hokəm] s (coll) música celestial, tonterías
hold [hold] s (*grip*) agarro; (*handle*) asa, mango; autoridad, dominio; (*in wrestling*) presa; (aer) cabina de carga; (mus) calderón m; (naut) bodega; **to take hold of** agarrar, coger; apoderarse de ‖ v (*pret & pp* held [hɛld]) *tr* tener, retener; (*to hold*

up, *support*) apoyar, sostener; (*e.g., with a pin*) sujetar; contener, tener cabida para; ocupar (*un cargo, puesto, etc.*); celebrar (*una reunión*); sostener (*una opinión*); (mus) sostener (*una nota*); **to hold back** detener; retener; contener; **to hold in** refrenar; **to hold one's own** mantenerse firme, no perder terreno; **to hold over** aplazar, diferir; **to hold up** apoyar, sostener; (*to rob*) (coll) atracar ‖ *intr* ser valedero, seguir vigente; pegarse; **hold on!** ¡un momento!; **to hold back** refrenarse; **to hold forth** poner cátedra; **to hold off** esperar; mantenerse a distancia; **to hold on** agarrarse bien; **to hold on to** asirse de; **to hold out** no cejar; ir tirando; **to hold out for** insistir en
holder ['holdər] s tenedor m, posesor m; (*for a cigar or cigaret*) boquilla; (*to hold, e.g., a hot plate*) cojinillo; (*e.g., of a passport*) titular m; asa, mango
holding ['holdɪŋ] s tenencia, posesión; **holdings** valores habidos
holding company s sociedad de control, compañía tenedora
hold'up' s (*stop, delay*) detención; atraco, asalto; precio excesivo
holdup man s atracador m, salteador m
hole [hol] s agujero; (*in cheese, bread, etc*) ojo; (*in a road*) bache m; (*den of animals, den of vice*) guarida; (*dirty, disorderly dwelling*) cochitril m; **in the hole** adeudado, perdidoso; **to burn a hole in one's pocket** írsele a uno (*el dinero*) de entre las manos; **to pick holes in** (coll) poner reparos a ‖ *intr* — **to hole up** encovarse; buscar un rincón cómodo
holiday ['hɑlɪ,de] s día festivo; vacación
holiday attire s trapos de cristianar
holiness ['holɪnɪs] s santidad; **his Holiness** su Santidad
Holland ['hɑlənd] s Holanda
Hollander ['hɑləndər] s holandés m
hollow ['hɑlo] adj hueco; (*voice*) ahuecado, sepulcral; (*eyes, cheeks*) hundido; falso, engañoso ‖ *adv* — **to beat all hollow** (coll) derrotar completamente ‖ s hueco, cavidad; (*small valley*) vallecito ‖ *tr* ahuecar, excavar
hol·ly ['hɑli] s (*pl* -lies) acebo
hol'ly·hock' s malva arbórea
holm oak [hom] s encina
holocaust ['hɑlə,kɔst] s holocausto
holster ['holstər] s pistolera
ho·ly ['holi] adj (*comp* -lier; *super* -liest) santo; (*e.g., writing*) sagrado; (*e.g., water*) bendito
Holy Ghost s Espíritu Santo
holy orders spl órdenes sagradas; **to take holy orders** recibir las órdenes sagradas, ordenarse
holy rood [rud] s crucifijo ‖ **Holy Rood** s Santa Cruz
Holy Scripture s Sagrada Escritura
Holy See s Santa Sede
Holy Sepulcher s santo sepulcro

ho

hi
ho

holy water s agua bendita
Holy Writ s Sagrada Escritura
homage ['hamɪdʒ] o ['amɪdʒ] s homenaje m; (feud) homenaje, pleito homenaje
home [hom] adj casero, doméstico; nacional || s casa, domicilio, hogar m; (native heath) patria chica; (of the arts, etc.) patria; (for the sick, poor, etc.) asilo; (sport) meta; **at home** en casa; en su propio país; (ready to receive callers) de recibo; (at ease, comfortable) a gusto; (sport) en campo propio; **away from home** fuera de casa; **make yourself at home** está Vd. en su casa || adv en casa; a casa; **to see home** acompañar a casa; **to strike home** dar en lo vivo
home'bod'y s (pl **-ies**) hogareño
homebred ['hom,brɛd] adj doméstico; sencillo, inculto, tosco
home'brew' s cerveza o vino caseros
homecoming ['hom,kʌmɪŋ] s regreso al hogar
home country s suelo natal
home delivery s distribución a domicilio
home front s frente doméstico
home'land' s tierra natal, patria
homeless ['homlɪs] adj sin casa, sin hogar
home life s vida de familia
home-loving ['hom,lʌvɪŋ] adj casero, hogareño
home'ly ['homli] adj (comp **-lier;** super **-liest**) (not attractive or good-looking) feo; (plain, not elegant) sencillo, llano
homemade ['hom'med] adj casero, hecho en casa
homemaker ['hom,mekər] s ama de casa
home office s domicilio social, oficina central || **Home Office** s (Brit) ministerio de la Gobernación
homeopath ['homɪ·ə,pæθ] o ['hamɪ·ə,pæθ] s homeópata mf
homeopathy [,homɪ'apəθi] o [,hamɪ'apəθi] s homeopatía
home plate s (baseball) puesto meta
home port s puerto de origen
home rule s autonomía, gobierno autónomo
home run s (baseball) jonrón m, cuadrangular m
home'sick' adj nostálgico; **to be homesick (for)** sentir nostalgia (de)
home'sick'ness s nostalgia, mal m de la tierra
homespun ['hom,spʌn] adj hilado en casa; sencillo, llano
home'stead' s casa y terrenos, heredad
home stretch s esfuerzo final, último trecho
home town s ciudad natal
homeward ['homwərd] adj de regreso || adv hacia casa; hacia su país
home'work' s trabajo a domicilio; (of a student) deber m, trabajo escolar
homey ['homi] adj (comp **homier;** super **homiest**) (coll) íntimo, cómodo
homicidal [,hamɪ'saɪdəl] adj homicida
homicide ['hamɪ,saɪd] s (act) homicidio; (person) homicida mf
homi•ly ['hamɪli] s (pl **-ies**) homilía

homing ['homɪŋ] adj (animal) querencioso; (weapon) buscador del blanco
homing pigeon s paloma mensajera
hominy ['hamɪni] s maíz molido
homogenei•ty [,hamədʒɪ'ni•ɪti] s (pl **-ties**) homogeneidad
homogeneous [,hamə'dʒini•əs] adj homogéneo
homogenize [hə'madʒə,naɪz] tr homogeneizar
homonym ['hamənɪm] s homónimo
homonymous [hə'manɪməs] adj homónimo
homosexual [,hamə'sɛkʃu•əl] adj & s homosexual mf
hon. abbr honorary
Hon. abbr Honorable
Honduran [han'durən] adj & s hondureño
hone [hon] s piedra de afilar || tr afilar, amolar, asentar
honest ['anɪst] adj honrado, probo, recto; (money) bien adquirido; sincero; genuino
honesty ['anɪsti] s honradez f, probidad, rectitud; (bot) hierba de la plata
hon•ey ['hʌni] adj meloso, dulce; (coll) querido || s miel f; (coll) vida mía; **it's a honey** (slang) es una preciosidad || v (pret & pp **-eyed** o **-ied**) tr enmelar, endulzar con miel; adular, lisonjear
hon'ey•bee' s abeja doméstica, abeja de miel
hon'ey•comb' s panal m || tr (to riddle) acribillar; llenar, penetrar
hon'ey•dew' **melon** s melón muy dulce, blanco y terso
honeyed ['hʌnid] adj dulce, enmelado; melodioso; adulador
honey locust s acacia de tres espinas
hon'ey•moon' s luna de miel; viaje m de bodas || intr pasar la luna de miel
honeysuckle ['hʌni,sʌkəl] s madreselva
honk [haŋk] s (of wild goose) graznido; (of automobile horn) bocinazo || tr tocar (la bocina) || intr graznar (el ganso silvestre); tocar la bocina
honkytonk ['haŋki,taŋk] s (slang) sala de fiestas de mala muerte
honor ['anər] s (distinction; award for distinction; integrity) honor m; (good reputation; chastity) honor, honra || tr honrar; hacer honor a (su firma); aceptar y pagar (una letra)
honorable ['anərəbəl] adj (behaving with honor; performed with honor) honrado; (bringing honor; associated with honor) honroso; (worthy, of honor) honorable
honorary ['anə,rɛri] adj honorario
honorific [,anə'rɪfɪk] adj honorífico || s antenombre m
honor system s acatamiento voluntario del reglamento
hood [hud] s capilla; (one with a point) caperuza; (one which covers the face) capirote m; (worn with academic gown) muceta, capirote m; (of a chimney) sombrerete m; (aut) capó m, cubierta; (slang) gamberro || tr encapirotar; ocultar
hoodlum ['hudləm] s (coll) gamberro, maleante m

hoodoo ['hudu] *s* (*body of primitive rites*) vudú *m;* (coll) mala suerte ‖ *tr* traer mala suerte a

hood'wink' *tr* burlar, engañar, vendar

hooey ['hu•i] *s* (slang) música celestial

hoof [huf] o [hʊf] *s* casco, pezuña; **on the hoof** (*cattle*) vivo, en pie ‖ *tr* & *intr* (coll) caminar; **to hoof it** (coll) caminar, ir a pie; (coll) bailar

hoof'beat' *s* pisada, ruido de la pisada (*de animal ungulado*)

hook [hʊk] *s* gancho; (*for fishing*) anzuelo; (*to join two things*) enganche *m;* (*bend, curve*) ángulo, recodo; (box) crochet *m,* golpe *m* de gancho; (*of hook and eye*) corchete *m,* macho; **by hook or by crook** por fas o por nefas; **to swallow the hook;** tragar el anzuelo ‖ *tr* enganchar; (*to bend*) encorvar, doblar; coger, pescar (*un pez*); (*to wound with the horns*) acornar ‖ *intr* engancharse; encorvarse, doblarse

hookah ['hʊkə] *s* narguile *m*

hook and eye *s* broche *m,* corchete *m* (*macho y hembra*)

hook and ladder *s* carro de escaleras de incendio

hooked rug *s* tapete *m* de crochet

hook'nose' *s* nariz *f* de pico de loro

hook'up' *s* montaje *m*

hook'worm' *s* anquilostoma *m*

hooky ['hʊki] *s* — **to play hooky** hacer novillos

hooligan ['hulɪgən] *s* gamberro

hooliganism ['hulɪgən,ɪzəm] *s* gamberrismo

hoop [hup] o [hʊp] *s* aro ‖ *tr* herrar, enarcar, enzunchar

hoop skirt *s* miriñaque *m*

hoot [hut] *s* resoplido, ululato; grito ‖ *tr* reprobar a gritos; echar a gritos (*p.ej., a un cómico*) ‖ *intr* resoplar, ulular; **to hoot at** dar grita a

hoot owl *s* autillo, cárabo

hop [hɑp] *s* saltito; (coll) vuelo en avión; (coll) sarao; (coll) baile *m;* lúpulo, hombrecillo; **hops** (*dried flowers of hop vine*) lúpulo ‖ *v* (*pret* & *pp* **hopped;** *ger* **hopping**) *tr* cruzar de un salto; (coll) atravesar (*p.ej., el mar*) en avión; (coll) subir a (*un tren, taxi, etc.*) ‖ *intr* saltar, brincar; (*on one foot*) saltar a la pata coja

hope [hop] *s* esperanza ‖ *tr* & *intr* esperar; **to hope for** esperar

hope chest *s* ajuar *m* de novia

hopeful ['hopfəl] *adj* (*feeling hope*) esperanzado; (*giving hope*) esperanzador

hopeless ['hoplɪs] *adj* desesperanzado, (*situation*) desesperado

hopper ['hɑpər] *s* (*funnel-shaped container*) tolva; (*of blast furnace*) tragante *m*

hopper car *s* (rr) vagón *m* tolva

hop'scotch' *s* infernáculo

horde [hord] *s* horda

horehound ['hor,haʊnd] *s* marrubio; extracto de marrubio

horizon [hə'raɪzən] *s* horizonte *m*

horizontal [,hɑrɪ'zɑntəl] o [,hɔrɪ'zɑntəl] *adj* & *s* horizontal *f*

hormone ['hɔrmon] *s* hormón *m* u hormona

horn [hɔrn] *s* (*bony projection on head of certain animals*) cuerno; (*of bull*) asta, cuerno; (*of moon, anvil, etc.*) cuerno; (*of automobile*) bocina; (mus) cuerno; (*French horn*) (mus) trompa de armonía; **to blow one's own horn** cantar sus propias alabanzas; **to pull in one's horns** contenerse, volverse atrás ‖ *intr* — **to horn in** (slang) entrometerse (en)

hornet ['hɔrnɪt] *s* crabrón *m,* avispón *m*

hornet's nest *s* panal *m* del avispón; **to stir up a hornet's nest** (coll) armar camorra, armar cisco

horn of plenty *s* cuerno de la abundancia

horn'pipe' *s* chirimía

horn-rimmed glasses ['hɔrn'rɪmd] *spl* anteojos de concha

horn•y ['hɔrni] *adj* (*comp* **-ier;** *super* **-iest**) córneo; (*callous*) calloso; (*having hornlike projections*) cornudo

horoscope ['hɑrə,skop] o ['hɔrə,skop] *s* horóscopo; **to cast a horoscope** sacar un horóscopo

horrible ['hɑrɪbəl] o ['hɔrɪbəl] *adj* horrible; (coll) muy desagradable

horrid ['hɑrɪd] o ['hɔrɪd] *adj* horroroso; (coll) muy desagradable

horri•fy ['hɑrɪ,faɪ] o ['hɔrɪ,faɪ] *v* (*pret* & *pp* **-fied**) *tr* horrorizar

horror ['hɑrər] o ['hɔrər] *s* horror *m;* **to have a horror of** tener horror a

horror movie *s* película de terror, película horripilante

hors d'oeuvre [ɔr 'dʌrv] *s* (*pl* **hors d'oeuvres** [ɔr 'dʌrvz]) *s* entremés *m*

horse [hɔrs] *s* caballo; (*of carpenter*) caballete *m;* **hold your horses** (coll) pare Vd. el carro; **to back the wrong horse** (coll) jugar a la carta mala; **to be a horse of another color** (coll) ser harina de otro costal

horse'back' *s* — **on horseback** a caballo ‖ *adv* — **to ride horseback** montar a caballo

horseback riding *s* hípica

horse blanket *s* manta para caballo

horse block *s* montadero

horse'break'er *s* domador *m* de caballos

horse'car' *s* tranvía *m* de sangre

horse chestnut *s* (*tree*) castaño de Indias; (*nut*) castaña de Indias

horse collar *s* collera

horse dealer *s* chalán *m*

horse doctor *s* veterinario

horse'fly' *s* (*pl* **-flies**) mosca borriquera, tábano

horse'hair' *s* crines *fpl* de caballo; (*fabric*) tela de crin

horse'hide' *s* cuero de caballo

horse laugh *s* risotada

horse•man ['hɔrsmən] *s* (*pl* **-men** [mən]) jinete *m,* caballista *m*

horsemanship ['hɔrsmən,ʃɪp] *s* equitación, manejo

horse meat *s* carne *f* de caballo

horse opera *s* (U.S.A.) melodrama *m* del Oeste

horse pistol s pistola de arzón
horse'play' s chanza pesada, payasada
horse'pow'er s caballo de vapor inglés
horse race s carrera de caballos
horse'rad'ish s (*plant*) rábano picante o rusticano; (*condiment*) mostaza de los alemanes
horse sense s (coll) sentido común
horse'shoe' s herradura
horseshoe magnet s imán m de herradura
horseshoe nail s clavo de herrar
horse show s concurso hípico
horse'tail' s cola de caballo
horse thief s abigeo, cuatrero
horse'-trade' intr chalanear
horse trading s chalanería
horse'-trad'ing adj chalanesco
horse'whip' s látigo ‖ v (*pret* & *pp* -whipped; *ger* -whipping) tr dar latigazos a
horse•woman ['hɔrs,wʊmən] s (*pl* -women [,wɪmɪn]) amazona, caballista f
hors•y ['hɔrsi] adj (*comp* -ier; *super* -iest) caballar, hípico; (*interested in horses and horse racing*) carrerista, turfista; (coll) desmañado
horticultural [,hɔrtɪ'kʌltʃərəl] adj hortícola
horticulture ['hɔrtɪ,kʌltʃər] s horticultura
horticulturist [,hɔrtɪ'kʌltʃərɪst] s horticultor m
hose [hoz] s (*stocking*) media; (*sock*) calcetín m; (*flexible tube*) manguera ‖ hose spl calzas
hosier ['hoʒər] s mediero, calcetero
hosiery ['hoʒəri] s calcetas; calcetería
hospice ['hɑspɪs] s hospicio
hospitable ['hɑspɪtəbəl] o [hɑs'pɪtəbəl] adj hospitalario
hospital ['hɑspɪtəl] s hospital m
hospitali•ty [,hɑspɪ'tælɪti] s (*pl* -ties) hospitalidad
hospitalize ['hɑspɪtə,laɪz] tr hospitalizar
host [host] s anfitrión m; (*at an inn*) huésped m, mesonero; (*army*) hueste f; multitud, sinnúmero ‖ Host s (eccl) hostia
hostage ['hɑstɪdʒ] s rehén m; to be held a hostage quedar en rehenes
hostage taking s toma de rehenes
hostel•ry ['hɑstəlri] s (*pl* -ries) parador m, hostería
hostess ['hostɪs] s anfitriona; dueña, patrona; (*in a night club*) tanguista; (aer) azafata, aeromoza; (*e.g., on a bus*) jefa de ruta
hostile ['hɑstɪl] adj hostil
hostili•ty [hɑs'tɪlɪti] s (*pl* -ties) hostilidad
hostler ['hɑslər] o ['ɑslər] s mozo de cuadra, mozo de paja y cebada
hot [hɑt] adj (*comp* hotter; *super* hottest) (*water, air, coffee, etc.*) caliente; (*climate, country; taste*) cálido; (*fiery, excitable*) caluroso; (*pursuit*) enérgico; (*in rut*) caliente; (coll) muy radiactivo; to be hot (*said of a person*) tener calor; (*said of the weather*) hacer calor; to make it hot for (coll) hostilizar
hot air s (slang) palabrería, música celestial
hot'-air' furnace s calorífero de aire

hot and cold running water s circulación de agua fría y caliente
hot baths spl caldas, termas
hot'bed' s (hort) almajara; (*e.g., of vice*) sementera, semillero
hot-blooded ['hɑt'blʌdɪd] adj apasionado; temerario, irreflexivo
hot cake s torta a la plancha; to sell like hot cakes (coll) venderse como pan bendito
hot dog s (slang) perro caliente
hotel [ho'tɛl] adj hotelero ‖ s hotel m
ho•tel'-keep'er s hotelero
hot'head' s botafuego
hot-headed ['hɑt'hɛdɪd] adj caliente de cascos
hot'house' s estufa, invernáculo
hot plate s hornillo, calientaplatos m
hot springs spl fuentes fpl termales
hot-tempered ['hɑt'tɛmpərd] adj irascible
hot water s — to be in hot water (coll) estar en calzas prietas
hot'-wa'ter boiler s termosifón m
hot-water bottle s bolsa de agua caliente
hot-water heater s calentador m de acumulación
hot-water heating s calefacción por ·agua caliente
hot-water tank s depósito de agua caliente
hound [haʊnd] s podenco, perro de caza; to follow the hounds o to ride the hounds cazar a caballo con jauría ‖ tr acosar, hostigar
hour [aʊr] s hora; by the hour por horas; in an evil hour en hora mala; on the hour a la hora en punto cada hora; to keep late hours acostarse tarde; to work long hours trabajar muchas horas cada día
hour'glass' s reloj m de arena
hour hand s horario, horero
hourly ['aʊrli] adj de cada hora; por hora ‖ adv cada hora; muy a menudo
house [haʊs] s (*pl* houses ['haʊzɪz]) casa; (*legislative body*) cámara; teatro; (*size of audience*) entrada, p.ej., a good house mucha entrada; to keep house tener casa puesta; hacer los quehaceres domésticos; to put one's house in order arreglar sus asuntos ‖ [haʊz] tr domiciliar, alojar, hospedar
house arrest s arresto domiciliario
house'boat' s barco vivienda
house'break'er s escalador m
housebreaking ['haʊs,brekɪŋ] s escalo, allanamiento de morada
housebroken ['haʊs,brokən] adj (*perro o gato*) enseñado (*a hábitos de limpieza*)
house cleaning s limpieza de la casa
house coat s bata
house current s sector m de distribución, canalización de consumo
house'fly' s (*pl* -flies) mosca doméstica
houseful ['haʊs,fʊl] s casa llena
house'fur'nishings spl menaje m, enseres domésticos
house'hold' adj casero, doméstico ‖ s casa, familia

house'hold'er s dueño de la casa; jefe m de familia

house'-hunt' intr — **to go house-hunting** ir a buscar casa

house'keep'er s ama de llaves, mujer f de gobierno

house'keep'ing s manejo doméstico, gobierno doméstico; **to set up housekeeping** poner casa

housekeeping apartment s apartamento con cocina

house'maid' s criada de casa

house meter s contador m de abonado

house'moth'er s mujer encargada de una residencia de estudiantes

house of cards s castillo de naipes

house of ill fame s lupanar m, casa de prostitución

house painter s pintor m de brocha gorda

house physician s médico residente

house'top' s tejado; **to shout from the housetops** pregonar a los cuatro vientos

housewarming ['haʊs,wɔrmɪŋ] s fiesta para celebrar el estreno de una casa; **to have a housewarming** estrenar la casa

house'wife' s (pl -wives) ama de casa, madre f de familia

house'work' s quehaceres domésticos

housing ['haʊzɪŋ] s (of a horse) gualdrapa; (aut) cárter m; (mach) caja, bastidor m

housing shortage s crisis f de viviendas

hovel ['hʌvəl] s casucha, choza; (shed for cattle, tools, etc.) cobertizo

hover ['hʌvər] intr cernerse (un ave); (to hesitate; to be in danger) fluctuar; asomar (p.ej., una sonrisa en los labios de uno)

how [haʊ] adv cómo; (at what price) a cómo; **how early** cuándo, a qué hora, **how else** de qué otra manera; **how far** hasta dónde; cuánto, p.ej., **how far is it to the airport?** ¿cuánto hay de aquí al aeropuerto?; **how long** cuánto tiempo; **how many** cuántos; **how much** cuánto; lo mucho que; **how often** cuántas veces; **how old are you?** ¿cuántos años tiene Vd.?; **how soon** cuándo, a qué hora; **how + adj** qué + adj, p.ej., **how beautiful she is!** ¡qué hermosa es!; lo + adj, p.ej., **you know how intelligent he is** Vd. sabe lo inteligente que es; **to know how to + inf** saber + inf

howdah ['haʊdə] s castillo

how·ev'er adv no obstante, sin embargo; por muy . . . que, por mucho . . . que

howitzer ['haʊ·ɪtsər] s cañón m obús

howl [haʊl] s aullido; chillido; risa muy aguda; (of wind) bramido ‖ tr decir a gritos; **to howl down** imponerse a gritos a (una persona) ‖ intr aullar; chillar; reír a más no poder; bramar (el viento)

howler ['haʊlər] s aullador m; (coll) plancha, desacierto

hoyden ['hɔɪdən] s muchacha traviesa, tunantuela

H.P. abbr **horsepower**

hr. abbr **hour**

H.R.H. abbr **Her** (o **His**) **Royal Highness**

ht. abbr **height**

hub [hʌb] s cubo; (fig) centro, eje m

hubbub ['hʌbəb] s gritería, alboroto

hub'cap' s tapacubo, embellecedor m

huck'ster ['hʌkstər] s (peddler) buhonero; vendedor m ambulante de hortalizas; vil traficante m, sujeto ruin

huddle ['hʌdəl] s (coll) reunión secreta; **to go into a huddle** (coll) conferenciar en secreto ‖ intr acurrucarse, arrimarse

hue [hju] s matiz m; gritería; **hue and cry** vocería de indignación

huff [hʌf] s arrebato de cólera; **in a huff** encolerizado, ofendido

hug [hʌg] s abrazo ‖ v (pret & pp hugged; ger hugging) tr abrazar; apretar con los brazos; ahogar entre los brazos; navegar muy cerca de (la costa); ceñirse a (p.ej., un muro) ‖ intr abrazarse

huge [hjudʒ] adj enorme, descomunal

huh [hʌ] interj ¡eh!

hulk [hʌlk] s (body of an old ship) casco; (clumsy old ship) carcamán m, carraca; (old ship tied up at a wharf and used as a warehouse, prison, etc.) pontón m; (shell of an old building, piece of furniture, machine, etc.; heavy, unwieldy person) armatoste m

hulking ['hʌlkɪŋ] adj grueso, pesado

hull [hʌl] s (of ship or hydroplane) casco; (of a dirigible) armazón f; (of certain vegetables) hollejo, vaina ‖ tr deshollejar, desvainar; mondar, pelar

hullabaloo ['hʌləbə,lu] o [,hʌləbə'lu] s alboroto, gritería, tumulto

hum [hʌm] s canturreo, tarareo; (of a bee, machine, etc.) zumbido ‖ interj ¡ejem! ‖ v (pret & pp hummed; ger humming) tr canturrear, tararear ‖ intr canturrear, tararear; (to buzz) zumbar; (coll) estar muy activo

human ['hjumən] adj humano (perteneciente al hombre)

human being s ser humano

humane [hju'men] adj humano (compasivo)

humanist ['hjumənɪst] adj & s humanista mf

humanitarian [hju,mænɪ'tɛrɪ·ən] adj & s humanitario

humani·ty [hju'mænɪti] s (pl -ties) humanidad

hu'man·kind' s género humano

humble ['hʌmbəl] adj humilde ‖ tr humillar

humble pie s — **to eat humble pie** cantar la palinodia

hum'bug' s patraña; (person) patrañero ‖ v (pret & pp -bugged; ger -bugging) tr embaucar, engañar

hum'drum' adj monótono, tedioso

humer·us ['hjumərəs] s (pl -i [,aɪ]) húmero

humid ['hjumɪd] adj húmedo

humidifier [hju'mɪdɪ,faɪ·ər] s humectador m

humidi·fy [hju'mɪdɪ,faɪ] v (pret & pp -fied) tr humedecer

humidity [hju'mɪdɪti] s humedad

humiliate [hju'mɪlɪ,et] tr humillar

humiliating [hju'mɪlɪ,etɪŋ] adj humillante

humili·ty [hju'mɪlɪti] s (pl -ties) humildad

hummingbird ['hʌmɪŋ,bʌrd] s colibrí m, pájaro mosca
humongous [hju'mʌŋəs] adj (coll) descomunal
humor ['hjumər] o ['jumər] s humor m; **out of humor** de mal humor; **to be in the humor for** estar de humor para ‖ tr seguir el humor a; manejar con delicadeza
humorist ['hjumərɪst] s humorista mf
humorous ['hjumərəs] adj humorístico
hump [hʌmp] s corcova, joroba; (in the ground) montecillo
hump'back' s corcova, joroba; (person) corcovado, jorobado
humus ['hjuməs] s mantillo
hunch [hʌntʃ] s corcova, joroba; (premonition) (coll) corazonada ‖ tr encorvar ‖ intr encorvarse
hunch'back' s corcova, joroba; (person) corcovado, jorobado
hundred ['hʌndrəd] adj cien ‖ s ciento, cien; **a hundred** u **one hundred** ciento; cien; **by the hundreds** a centenares
hundredth ['hʌndredθ] adj & s centésimo
hun'dred•weight' s quintal m
Hundred Years' War s guerra de los Cien Años
Hungarian [hʌŋ'gɛrɪ•ən] adj & s húngaro
Hungary ['hʌŋgəri] s Hungría
hunger ['hʌŋgər] s hambre f ‖ intr hambrear; **to hunger for** tener hambre de
hunger march s marcha del hambre
hunger strike s huelga de hambre
hun•gry ['hʌŋgri] adj (comp **-grier;** super **-griest**) hambriento; **to be hungry** tener hambre; galguear (Arg, CAm, Mex); **to go hungry** pasar hambre
hunk [hʌŋk] s (coll) buen pedazo, pedazo grande
hunt [hʌnt] s (act of hunting) caza; (hunting party) cacería; (a search) busca; **on the hunt for** a caza de ‖ tr cazar; (to seek, look for) buscar ‖ intr cazar; buscar; **to go hunting** ir de caza; **to hunt for** buscar; **to take hunting** llevar de caza
hunter ['hʌntər] s cazador m; perro de caza
hunting ['hʌntɪŋ] adj de caza ‖ s (act) caza; (art) cacería, montería
hunting dog s perro de caza
hunting ground s cazadero
hunt'ing•horn' s cuerno de caza
hunting jacket s cazadora
hunting lodge s casa de montería
hunting season s época de caza
huntress ['hʌntrɪs] s cazadora
hunts•man ['hʌntsmən] s (pl **-men** [mən]) cazador m, montero
hurdle ['hʌrdəl] s (hedge over which horses must jump) zarzo; (wooden frame over which runners and horses must jump) valla; (fig) obstáculo; **hurdles** carrera de vallas ‖ tr saltar por encima de
hurdle race s carrera de vallas
hurdy-gur•dy ['hʌrdi'gʌrdi] s (pl **-dies**) organillo
hurl [hʌrl] s lanzamiento ‖ tr lanzar

hurrah [hu'rɑ] o **hurray** [hu're] s viva m ‖ interj ¡viva!; **hurrah for. . .!** ¡viva. . .! ‖ tr aplaudir, vitorear ‖ intr dar vivas
hurricane ['hʌrɪ,ken] s huracán m
hurried ['hʌrid] adj apresurado; hecho de prisa
hur•ry ['hʌri] s (pl **-ries**) prisa; **to be in a hurry** tener prisa, estar de prisa ‖ v (pret & pp **-ried**) tr apresurar, dar prisa a ‖ intr apresurarse, darse prisa; **to hurry after** correr en pos de; **to hurry away** marcharse de prisa; **to hurry back** volver de prisa; **to hurry up** darse prisa
hurt [hʌrt] adj (injured) lastimado, herido; (offended) resentido, herido ‖ s (harm) daño; (injury) herida; (pain) dolor m ‖ v (pret & pp **hurt**) tr (to harm) dañar, perjudicar; (to injure) lastimar, herir; (to offend) ofender, herir; (to pain) doler ‖ intr doler
hurtle ['hʌrtəl] intr lanzarse con violencia, pasar con gran estruendo
husband ['hʌzbənd] s marido, esposo ‖ tr manejar con economía
husband•man ['hʌzbəndmən] s (pl **-men** [mən]) agricultor m, granjero
husbandry ['hʌzbəndri] s agricultura, labranza; buena dirección, buen gobierno (de la hacienda de uno)
hush [hʌʃ] s silencio ‖ interj ¡chito! ‖ tr callar; **to hush up** echar tierra a (un escándalo) ‖ intr callarse
hushaby ['hʌʃə,baɪ] interj ¡ro ro!
hush'-hush' adj muy secreto
hush money s precio del silencio
husk [hʌsk] s cáscara, hollejo, vaina; (of corn) perfolla ‖ tr descascarar, deshollejar, desvainar; espinochar (el maíz)
husk•y ['hʌski] adj (comp **-ier;** super **-iest**) fortachón, fornido; (voice) ronco
hus•sy ['hʌzi] o ['hʌsi] s (pl **-sies**) buena pieza, moza descarada; mujer desvergonzada
hustle ['hʌsəl] s (coll) energía, vigor m ‖ tr apresurar; echar a empellones ‖ intr apresurarse; (coll) menearse, trabajar con gran ahinco
hustler ['hʌslər] s trafagón m, buscavidas mf
hut [hʌt] s casucha, choza
hyacinth ['haɪ•əsɪnθ] s jacinto
hybrid ['haɪbrɪd] adj & s híbrido
hybridization [,haɪbrɪdɪ'zeʃən] s hibridación
hybridize ['haɪbrɪ,daɪz] tr & intr hibridar
hy•dra ['haɪdrə] s (pl **-dras** o **-drae** [dri]) hidra
hydrant ['haɪdrənt] s boca de agua, boca de riego; (water faucet) grifo
hydrate ['haɪdret] s hidrato ‖ tr hidratar ‖ intr hidratarse
hydraulic [haɪ'drɔlɪk] adj hidráulico ‖ **hydraulics** s hidráulica
hydraulic ram s ariete hidráulico
hydriodic [,haɪdrɪ'ɑdɪk] adj yodhídrico
hydrobromic [,haɪdrə'bromɪk] adj bromhídrico
hydrocarbon [,haɪdrə'kɑrbən] s hidrocarburo
hydrochloric [,haɪdrə'klorɪk] adj clorhídrico

hydroelectric [,haɪdro•ɪ'lɛktrɪk] *adj* hidroeléctrico

hydrofluoric [,haɪdrəflu'ɔrɪk] *adj* fluorhídrico

hydrofoil ['haɪdrə,fɔɪl] *s* superficie hidrodinámica; (*wing designed to lift vessel*) hidroaleta; (*vessel*) hidroala *m*

hydrogen ['haɪdrədʒən] *s* hidrógeno

hydrogen bomb *s* bomba de hidrógeno

hydrogen peroxide *s* peróxido de hidrógeno

hydrogen sulfide *s* sulfuro de hidrógeno

hydrometer [haɪ'drɑmɪtər] *s* areómetro

hydrophobia [,haɪdrə'fobɪ•ə] *s* hidrofobia

hydroplane ['haɪdrə,plen] *s* hidroavión *m*

hydroxide [haɪ'drɑksaɪd] *s* hidróxido

hyena [haɪ'inə] *s* hiena

hygiene ['haɪdʒin] *s* higiene *f*

hygienic [,haɪdʒɪ'ɛnɪk] *adj* higiénico

hymn [hɪm] *s* himno

hymnal ['hɪmnəl] *s* himnario

hyp. *abbr* **hypotenuse, hypothesis**

hyperacidity [,haɪpərə'sɪdɪti] *s* hiperacidez *f*

hyperbola [haɪ'pɑrbələ] *s* (geom) hipérbola

hyperbole [haɪ'pɑrbəli] *s* (rhet) hipérbole *f*

hyperbolic [,haɪpər'bɑlɪk] *adj* (geom & rhet) hiperbólico

hypersensitive [,haɪpər'sɛnsɪtɪv] *adj* extremadamente sensible; (*allergic*) hipersensible

hypertension [,haɪpər'tɛnʃən] *s* hipertensión

hyphen ['haɪfən] *s* guión *m*

hyphenate ['haɪfə,net] *tr* unir con guión; escribir con guión

hypno•sis [hɪp'nosɪs] *s* (*pl* **-ses** [siz]) hipnosis *f*

hypnotic [hɪp'nɑtɪk] *adj* hipnótico ‖ *s* (*person; sedative*) hipnótico

hypnotism ['hɪpnə,tɪzəm] *s* hipnotismo

hypnotist ['hɪpnətɪst] *s* hipnotista *mf*

hypnotize ['hɪpnə,taɪz] *tr* hipnotizar

hypochondriac [,haɪpə'kɑndrɪ,æk] *s* hipocondríaco

hypocri•sy [hɪ'pɑkrəsi] *s* (*pl* **-sies**) hipocresía

hypocrite ['hɪpəkrɪt] *s* hipócrita *mf*

hypocritical [,hɪpə'krɪtɪkəl] *adj* hipócrita

hypodermic [,haɪpə'dʌrmɪk] *adj* hipodérmico

hyposulfite [,haɪpə'sʌlfaɪt] *m* hiposulfito

hypotenuse [haɪ'pɑtɪ,nus] *s* hipotenusa

hypothe•sis [haɪ'pɑθɪsɪs] *s* (*pl* **-ses** [,siz]) hipótesis *f*

hypothetic(al) [,haɪpə'θɛtɪk(əl)] *adj* hipotético

hyssop ['hɪsəp] *s* (bot) hisopo

hysteria [hɪs'tɪrɪ•ə] *s* histerismo, histeria

hysteric [hɪs'tɛrɪk] *adj* histérico ‖ **hysterics** *s* paroxismo histérico

hysterical [hɪs'tɛrɪkəl] *adj* histérico

hu
ic

I

I, i [aɪ] novena letre del alfabeto inglés

I. *abbr* **Island**

I [aɪ] *pron pers* (*pl* **we** [wi]) yo, **it is I** soy yo

iambic [aɪ'æmbɪk] *adj* yámbico

iam•bus [aɪ'æmbəs] *s* (*pl* **-bi** [baɪ]) yambo

ib. *abbr* **ibidem**

Iberian [aɪb'ɪrɪ•ən] *adj* ibérico ‖ *s* ibero

ibex ['aɪbɛks] *s* (*pl* **ibexes** o **ibices** ['ɪbɪ,siz]) íbice *m*, cabra montés

ibid. *abbr* **ibidem**

ice [aɪs] *s* hielo; **to break the ice** (*to overcome reserve*) romper el hielo; **to cut no ice** (coll) no importar nada; **to skate on thin ice** (coll) buscar el peligro ‖ *tr* helar; enfriar con hielo; (*to cover with icing*) garapiñar ‖ *intr* helarse

ice age *s* época glacial

ice bag *s* bolsa para hielo

iceberg ['aɪs,bʌrg] *s* banquisa, iceberg *m*

ice'boat' *s* cortahielos *m*, rompehielos *m*; trineo con vela para deslizarse sobre el hielo

ice'bound' *adj* rodeado de hielo; detenido por el hielo

ice'box' *s* nevera, fresquera

ice'break'er *s* cortahielos *m*, rompehielos *m*

ice'cap' *s* bolsa para hielo; manto de hielo

ice cream *s* helado

ice'-cream' cone *s* cucurucho de helado, barquillo de helado

ice-cream freezer *s* heladora, garapiñera

ice-cream parlor *s* salón *m* de refrescos, tienda de helados

ice-cream soda *s* agua gaseosa con helado

ice cube *s* cubito de hielo

ice hockey *s* hockey *m* sobre patines

Iceland ['aɪslənd] *s* Islandia

Icelander ['aɪs,lændər] *s* islandés *m*

Icelandic [aɪs'lændɪk] *adj* islandés ‖ *s* islandés *m* (*idioma*)

ice•man ['aɪs,mæn] *s* (*pl* **-men** [,mɛn]) vendedor *m* de hielo, repartidor *m* de hielo

ice pack *s* hielo flotante; bolsa de hielo

ice pail *s* enfriadera

ice pick *s* picahielos *m*

ice skate *s* patín *m* de cuchilla, patín de hielo

ice skating *s* patinaje *m* sobre hielo

ice tray *s* bandejita de hielo

ice water *s* agua helada

ichthyology [,ɪkθɪ'ɑlədʒi] *s* ictiología

icicle ['aɪsɪkəl] *s* carámbano

icing ['aɪsɪŋ] *s* garapiña, capa de azúcar; (aer) formación de hielo

iconoclasm [aɪ'kɑnə,klæzəm] *s* iconoclasia, iconoclasmo

iconoclast [aɪ'kɑnə,klæst] *s* iconoclasta *mf*

icy [ˈaɪsi] *adj* (*comp* **icier**; *super* **iciest**) cubierto de hielo; (*slippery*) resbaladizo; (*fig*) frío

id. *abbr* **idem**

id [ɪd] *s* (psychoanalysis) ello

I.D. *abbr* **identity card**

idea [aɪˈdi·ə] *s* idea

ideal [aɪˈdi·əl] *adj* & *s* ideal *m*

idealist [aɪˈdi·əlɪst] *adj* & *s* idealista *mf*

idealize [aɪˈdi·ə‚laɪz] *tr* idealizar

identic(al) [aɪˈdɛntɪk(əl)] *adj* idéntico

identification [aɪ‚dɛntɪfɪˈkeʃən] *s* identificación

identification tag *s* disco de identificación

identify [aɪˈdɛntɪ‚faɪ] *v* (*pret* & *pp* **-fied**) *tr* identificar ‖ *intr* — **to identify with** solidarizar con

identi·ty [aɪˈdɛntɪti] *s* (*pl* **-ties**) identidad

identity card *s* carta de identificación

ideolo·gy [‚aɪdɪˈɑlədʒi] o [‚ɪdɪˈɑlədʒi] *s* (*pl* **-gies**) ideología

ides [aɪdz] *spl* idus *mpl*

idio·cy [ˈɪdɪ·əsi] *s* (*pl* **-cies**) idiotez *f*

idiom [ˈɪdɪ·əm] *s* (*expression that is contrary to the usual patterns of the language*) modismo; (*style of language*) idioma *m*, lenguaje *m*; (*style of an author*) estilo; (*character of a language*) índole *f*

idiomatic [‚ɪdɪ·əˈmætɪk] *adj* idiomático

idiosyncra·sy [‚ɪdɪ·əˈsɪnkrəsi] *s* (*pl* **-sies**) idiosincrasia

idiot [ˈɪdɪ·ət] *s* idiota *mf*

idiotic [‚ɪdɪˈɑtɪk] *adj* idiota

idle [ˈaɪdəl] *adj* desocupado, ocioso; **at idle moments** a ratos perdidos; **to run idle** marchar en ralentí ‖ *tr* — **to idle away** gastar ociosamente (*el tiempo*) ‖ *intr* estar ocioso, holgar; marchar (*un motor*) en ralentí

idleness [ˈaɪdəlnɪs] *s* desocupación, ociosidad

idler [ˈaɪdlər] *s* haragán *m*, ocioso

idol [ˈaɪdəl] *s* ídolo

idola·try [aɪˈdɑlətri] *s* (*pl* **-tries**) idolatría

idolize [ˈaɪdə‚laɪz] *tr* idolatrar

idyll [ˈaɪdəl] *s* idilio

idyllic [aɪˈdɪlɪk] *adj* idílico

if [ɪf] *conj* si; **as if** como si; **even if** aunque; **if so** si es así; **if true** si es cierto

ignis fatuus [ˈɪgnɪsˈfætʃʊ·əs] *s* (*pl* **ignes fatui** [ˈɪgnizˈfætʃʊ‚aɪ]) fuego fatuo

ignite [ɪgˈnaɪt] *tr* encender ‖ *intr* encenderse

ignition [ɪgˈnɪʃən] *s* inflamación; (aut) encendido

ignition switch *s* (aut) interruptor *m* de encendido

ignoble [ɪgˈnobəl] *adj* innoble

ignominious [‚ɪgnəˈmɪnɪ·əs] *adj* ignominioso

ignoramus [‚ɪgnəˈreməs] *s* ignorante *mf*

ignorance [ˈɪgnərəns] *s* ignorancia

ignorant [ˈɪgnərənt] *adj* ignorante

ignore [ɪgˈnor] *tr* no hacer caso de, pasar por alto

ilk [ɪlk] *s* especie *f*, jaez *m*

ill. *abbr* **illustrated, illustration**

ill [ɪl] *adj* (*comp* **worse** [wʌrs]; *super* **worst** [wʌrst]) enfermo, malo ‖ *adv* mal; **to take ill** tomar a mal; caer enfermo

ill-advised [ˈɪlədˈvaɪzd] *adj* desaconsejado, malaconsejado, desavisado

ill at ease *adj* inquieto, incómodo

ill-bred [ˈɪlˈbrɛd] *adj* malcriado

ill-considered [ˈɪlkənˈsɪdərd] *adj* desconsiderado, mal considerado

ill-disposed [ˈɪldɪsˈpozd] *adj* malintencionado, maldispuesto

illegal [ɪˈligəl] *adj* ilegal

illegible [ɪˈlɛdʒɪbəl] *adj* ilegible

illegitimate [‚ɪlɪˈdʒɪtɪmɪt] *adj* ilegítimo

ill fame *s* mala fama, reputación de inmoral

ill-fated [ˈɪlˈfetɪd] *adj* aciago, funesto

ill-gotten [ˈɪlˈgɑtən] *adj* mal ganado

ill health *s* mala salud

ill-humored [ˈɪlˈhjumərd] *adj* malhumorado

illicit [ɪˈlɪsɪt] *adj* ilícito

illitera·cy [ɪˈlɪtərəsi] *s* (*pl* **-cies**) ignorancia; analfabetismo

illiterate [ɪˈlɪtərɪt] *adj* (*uneducated*) iliterato; (*unable to read or write*) analfabeto ‖ *s* analfabeto

ill-mannered [ˈɪlˈmænərd] *adj* de malos modales

illness [ˈɪlnɪs] *s* enfermedad

illogical [ɪˈlɑdʒɪkəl] *adj* ilógico

ill-spent [ˈɪlˈspɛnt] *adj* malgastado

ill-starred [ˈɪlˈstɑrd] *adj* malhadado

ill-tempered [ˈɪlˈtɛmpərd] *adj* de mal genio

ill-timed [ˈɪlˈtaɪmd] *adj* inoportuno, intempestivo

ill'-treat' *tr* maltratar

illuminate [ɪˈlumɪ‚net] *tr* alumbrar, iluminar; miniar (*un manuscrito*)

illuminating gas *s* gas *m* de alumbrado

illumination [ɪ‚lumɪˈneʃən] *s* iluminación

illusion [ɪˈluʒən] *s* ilusión

illusive [ɪˈlusɪv] *adj* ilusivo

illusory [ɪˈlusəri] *adj* ilusorio

illustrate [ˈɪləs‚tret] o [ɪˈlʌstret] *tr* ilustrar

illustration [‚ɪləsˈtreʃən] *s* ilustración

illustrious [ɪˈlʌstrɪ·əs] *adj* ilustre

ill will *s* mala voluntad

image [ˈɪmɪdʒ] *s* imagen *f*; **the very image of** la propia estampa de

image·ry [ˈɪmɪdʒri] *s* (*pl* **-ries**) (*formation of mental images; product of the imagination*) fantasía; (*images collectively*) imágenes *fpl*

imaginary [ɪˈmædʒɪ‚nɛri] *adj* imaginario

imagination [ɪ‚mædʒɪˈneʃən] *s* imaginación

imagine [ɪˈmædʒɪn] *tr* & *intr* imaginar; (*to conjecture*) imaginarse

imbecile [ˈɪmbɪsɪl] *adj* & *s* imbécil *mf*

imbecili·ty [‚ɪmbɪˈsɪlɪti] *s* (*pl* **-ties**) imbecilidad

imbibe [ɪmˈbaɪb] *tr* (*to drink*) beber; (*to absorb*) embeber; (*to become absorbed in*) embeberse de o en ‖ *intr* beber, empinar el codo

imbue [ɪmˈbju] *tr* imbuir

imitate [ˈɪmɪ‚tet] *tr* imitar

imitation [‚ɪmɪˈteʃən] *adj* (*e.g., jewelry*) imitado, imitación, de imitación ‖ *s* imitación; **in imitation of** a imitación de

immaculate [ɪ'mækjəlɪt] *adj* inmaculado
immaterial [ˌɪmə'tɪrɪ•əl] *adj* inmaterial; poco importante
immature [ˌɪmə'tjur] *adj* inmaturo
immeasurable [ɪ'mɛʒərəbəl] *adj* inmensurable
immediacy [ɪ'midɪ•əsi] *s* inmediación
immediate [ɪ'midɪ•ɪt] *adj* inmediato
immediately [ɪ'midɪ•ɪtli] *adv* inmediatamente, en seguida
immemorial [ˌɪmɪ'morɪ•əl] *adj* inmemorial
immense [ɪ'mɛns] *adj* inmenso; (coll) excelente
immerge [ɪ'mʌrdʒ] *intr* sumergirse
immerse [ɪ'mʌrs] *tr* sumergir, inmergir
immersion [ɪ'mʌrʃən] o [ɪ'mʌrʒən] *s* sumersión, inmersión
immigrant ['ɪmɪgrənt] *adj & s* inmigrante *mf*
immigrate ['ɪmɪˌgret] *intr* inmigrar
immigration [ˌɪmɪ'greʃən] *s* inmigración
imminent ['ɪmɪnənt] *adj* inminente
immobile [ɪ'mobɪl] *adj* inmoble, inmóvil
immobilize [ɪ'mobɪˌlaɪz] *tr* inmovilizar
immoderate [ɪ'madərɪt] *adj* inmoderado
immodest [ɪ'madɪst] *adj* inmodesto
immoral [ɪ'mɔrəl] *adj* inmoral
immortal [ɪ'mɔrtəl] *adj & s* inmortal *mf*
immortalize [ɪ'mɔrtəˌlaɪz] *tr* inmortalizar
immune [ɪ'mjun] *adj* inmune
immunize ['ɪmjəˌnaɪz] *tr* inmunizar
imp [ɪmp] *s* diablillo; (*child*) niño travieso
impact ['ɪmpækt] *s* impacto
impair [ɪm'pɛr] *tr* empeorar, deteriorar
impan•el [ɪm'pænəl] *v* (*pret & pp* **-eled** o **-elled**; *ger* **-eling** o **-elling**) *tr* inscribir en la lista de los jurados; elegir (*un jurado*)
impart [ɪm'part] *tr* (*to make known*) dar a conocer, hacer saber; (*to transmit, communicate*) imprimir
impartial [ɪm'parʃəl] *adj* imparcial
impassable [ɪm'pæsəbəl] *adj* intransitable, impracticable
impasse [ɪm'pæs] o ['ɪmpæs] *s* callejón *m* sin salida
impassible [ɪm'pæsɪbəl] *adj* impasible
impassioned [ɪm'pæʃənd] *adj* ardiente, vehemente
impassive [ɪm'pæsɪv] *adj* impasible
impatience [ɪm'peʃəns] *s* impaciencia
impatient [ɪm'peʃənt] *adj* impaciente
impeach [ɪm'pitʃ] *tr* residenciar
impeachment [ɪm'pitʃmənt] *s* residencia
impeccable [ɪm'pɛkəbəl] *adj* impecable
impecunious [ˌɪmpɪ'kjunɪ•əs] *adj* inope
impedance [ɪm'pidəns] *s* impedancia
impede [ɪm'pid] *tr* estorbar, dificultar
impediment [ɪm'pɛdɪmənt] *s* impedimento; (*e.g., in speech*) defecto
im•pel [ɪm'pɛl] *v* (*pret & pp* **-pelled**; *ger* **-pelling**) *tr* impeler, impulsar
impending [ɪm'pɛndɪŋ] *adj* inminente
impenetrable [ɪm'pɛnətrəbəl] *adj* impenetrable
impenitent [ɪm'pɛnɪtənt] *adj & s* impenitente *mf*

imperative [ɪm'pɛrɪtɪv] *adj* (*commanding*) imperativo; (*urgent, absolutely necessary*) imperioso ‖ *s* imperativo
imperceptible [ˌɪmpər'sɛptɪbəl] *adj* imperceptible, inapreciable
imperfect [ɪm'pʌrfɪkt] *adj & s* imperfecto
imperfection [ˌɪmpər'fɛkʃən] *s* imperfección
imperial [ɪm'pɪrɪ•əl] *adj* imperial; majestuoso ‖ *s* (*goatee*) perilla; (*top of coach*) imperial *f*
imperialist [ɪm'pɪrɪ•əlɪst] *adj & s* imperialista *mf*
imper•il [ɪm'pɛrɪl] *v* (*pret & pp* **-iled** o **-illed**; *ger* **-iling** o **-illing**) *tr* poner en peligro
imperious [ɪm'pɪrɪ•əs] *adj* imperioso
imperishable [ɪm'pɛrɪʃəbəl] *adj* imperecedero
impersonal [ɪm'pʌrsənəl] *adj* impersonal
impersonate [ɪm'pʌrsəˌnet] *tr* personificar; hacer el papel de
impertinence [ɪm'pʌrtɪnəns] *s* impertinencia
impertinent [ɪm'pʌrtɪnənt] *adj & s* impertinente *mf*
impetuous [ɪm'pɛtʃu•əs] *adj* impetuoso
impetus ['ɪmpɪtəs] *s* ímpetu *m*
impie•ty [ɪm'paɪ•əti] *s* (*pl* **-ties**) impiedad
impinge [ɪm'pɪndʒ] *intr* — **to impinge on** o **upon** incidir eno sobre, herir; infringir, violar
impious ['ɪmpɪ•əs] *adj* impío
impish ['ɪmpɪʃ] *adj* endiablado, travieso
implant [ɪm'plænt] *tr* implantar
implement ['ɪmplɪmənt] *s* instrumento, utensilio, herramienta; **implements** implementos *mpl* ‖ ['ɪmplɪˌmɛnt] *tr* poner por obra, llevar a cabo; (*to provide with implements*) pertrechar
implicate ['ɪmplɪˌket] *tr* implicar, comprometer, enredar
implicit [ɪm'plɪsɪt] *adj* implícito, (*unquestioning*) absoluto, ciego
implied [ɪm'plaɪd] *adj* implícito, sobrentendido
implore [ɪm'plor] *tr* implorar, suplicar
im•ply [ɪm'plaɪ] *v* (*pret & pp* **-plied**) *tr* dar a entender; implicar, incluir en esencia
impolite [ˌɪmpə'laɪt] *s* descortés; desacomodido (SAm)
import [ɪm'port] *s* importación; artículo importado; importancia, significación ‖ *tr* importar; significar ‖ *intr* importar
importance [ɪm'portəns] *s* importancia
important [ɪm'portənt] *adj* importante
importation [ˌɪmpor'teʃən] *s* importación
importer [ɪm'portər] *s* importador *m*
importunate [ɪm'portʃənɪt] *adj* importuno
importune [ˌɪmpor'tjun] *tr* importunar
impose [ɪm'poz] *tr* imponer ‖ *intr* — **to impose on** o **upon** abusar de
imposing [ɪm'pozɪŋ] *adj* imponente
imposition [ˌɪmpə'zɪʃən] *s* (*of someone's will*) imposición; abuso, engaño
impossible [ɪm'pasɪbəl] *adj* imposible
impostor [ɪm'pastər] *s* impostor *m*, embaucador *m*
imposture [ɪm'pastʃər] *s* impostura
impotence ['ɪmpətəns] *s* impotencia

ic
im

impotent [ˈɪmpətənt] *adj* impotente
impound [ɪmˈpaʊnd] *tr* acorralar, encerrar; rebalsar (*agua*); (law) embargar, secuestrar
impoverish [ɪmˈpɑvərɪʃ] *tr* empobrecer
impracticable [ɪmˈpræktɪkəbəl] *adj* impracticable; (*intractable*) intratable
impractical [ɪmˈpræktkəl] *adj* impracticable; soñador, utópico
impregnable [ɪmˈprɛgnəbəl] *adj* inexpugnable
impregnate [ɪmˈprɛgnet] *tr* (*to make pregnant*) empreñar; (*to soak*) empapar; (*to fill the interstices of*) impregnar; (*to infuse, infect*) imbuir
impresari•o [ˌɪmprɪˈsɑrɪˌo] *s* (*pl* -**os**) empresario, empresario de teatro
impress [ɪmˈprɛs] *tr* (*to have an effect on the mind or emotions of*) impresionar; (*to mark by using pressure*) imprimir; (*on the memory*) grabar; (mil) enganchar
impression [ɪmˈprɛʃən] *s* impresión
impressionable [ɪmˈprɛʃənəbəl] *adj* impresionable
impressive [ɪmˈprɛsɪv] *adj* impresionante
imprint [ˈɪmprɪnt] *s* impresión; (typ) pie *m* de imprenta || [ɪmˈprɪnt] *tr* imprimir
imprison [ɪmˈprɪzən] *tr* encarcelar
imprisonment [ɪmˈprɪzənmənt] *s* encarcelamiento; pena privativa de libertad
improbable [ɪmˈprɑbəbəl] *adj* improbable
impromptu [ɪmˈprɑmptju] o [ɪmˈprɑmptu] *adj* improvisado || *adv* de improviso || *s* improvisación; (mus) impromptu *m*
improper [ɪmˈprɑpər] *adj* impropio; (*contrary to good taste or decency*) indecoroso
improve [ɪmˈpruv] *tr* perfeccionar,· mejorar; aprovechar (*la oportunidad*) || *intr* perfeccionarse, mejorar; **to improve on** o **upon** mejorar
improvement [ɪmˈpruvmənt] *s* perfeccionamiento, mejoramiento; (*e.g., in health*) mejoría; (*useful employment, e.g., of time*) aprovechamiento
improvident [ɪmˈprɑvɪdənt] *adj* imprevisor
improvise [ˈɪmprəˌvaɪz] *tr & intr* improvisar
imprudent [ɪmˈprudənt] *adj* imprudente
impudence [ˈɪmpjədəns] *s* insolencia, descaro, impertinencia
impudent [ˈɪmpjədənt] *adj* insolente, descarado, impertinente
impugn [ɪmˈpjun] *tr* poner en tela de juicio
impulse [ˈɪmpʌls] *s* impulso
impulsive [ɪmˈpʌlsɪv] *adj* impulsivo
impunity [ɪmˈpjunɪti] *s* impunidad
impure [ɪmˈpjʊr] *adj* impuro
impuri•ty [ɪmˈpjʊrɪti] *s* (*pl* -**ties**) impureza, impuridad
impute [ɪmˈpjut] *tr* imputar
in [ɪn] *adj* interior || *adv* dentro; en casa, en la oficina; **in here** aquí dentro; **in there** allí dentro; **to be in** estar en casa; **to be in for** estar expuesto a; **to be in with** gozar del favor de || *prep* en; (*within*) dentro de; (*over, through*) por; (*a period of the day*) en o por; **dressed in . . .** vestido de . . . ; **in so far as** en tanto que; **in that** en que,

por cuanto || *s* — **ins and outs** recovecos, pormenores minuciosos
inability [ˌɪnəˈbɪlɪti] *s* inhabilidad, incapacidad
inaccessible [ˌɪnækˈsɛsɪbəl] *adj* inaccesible
inaccura•cy [ɪnˈækjərəsi] *s* (*pl* -**cies**) inexactitud, incorrección
inaccurate [ɪnˈækjərɪt] *adj* inexacto, incorrecto
inaction [ɪnˈækʃən] *s* inacción
inactive [ɪnˈæktɪv] *adj* inactivo
inactivity [ˌɪnækˈtɪvɪti] *s* inactividad
inadequate [ɪnˈædɪkwɪt] *adj* insuficiente, inadecuado
inadvertent [ˌɪnədˈvʌrtənt] *adj* inadvertido
inadvisable [ˌɪnədˈvaɪzəbəl] *adj* poco aconsejable, imprudente
inane [ɪnˈen] *adj* inane
inanimate [ɪnˈænɪmɪt] *adj* inanimado
inappreciable [ˌɪnəˈpriʃɪˈəbəl] *adj* inapreciable
inappropriate [ˌɪnəˈproprɪˈɪt] *adj* no apropiado, no a propósito
inarticulate [ˌɪnɑrˈtɪkjəlɪt] *adj* (*sounds, words*) inarticulado; (*person*) incapaz de expresarse
inartistic [ˌɪnɑrˈtɪstɪk] *adj* antiartístico, inartístico
inasmuch as [ˌɪnəzˈmʌtʃˌæz] *conj* ya que, puesto que; en cuanto, hasta donde
inattentive [ˌɪnəˈtɛntɪv] *adj* desatento
inaugural [ɪnˈɔgjərəl] *adj* inaugural || *s* discurso inaugural
inaugurate [ɪnˈɔgjəˌret] *tr* inaugurar
inauguration [ɪnˌɔgjəˈreʃən] *s* (*formal initiation or opening*) inauguración; (*investiture of a head of government*) toma de posesión
inborn [ˈɪnˈbɔrn] *adj* innato, ingénito
inbreeding [ˈɪnˌbridɪŋ] *s* intracruzamiento
inc. *abbr* **inclosure, included, including, incorporated, increase**
Inca [ˈɪŋkə] *adj* incaico || *s* inca *mf*
incandescent [ˌɪnkənˈdɛsənt] *adj* incandescente
incapable [ɪnˈkepəbəl] *adj* incapaz
incapacitate [ˌɪnkəˈpæsɪˌtet] *tr* incapacitar, inhabilitar
incapaci•ty [ˌɪnkəˈpæsɪti] *s* (*pl* -**ties**) incapacidad
incarcerate [ɪnˈkɑrsəˌret] *tr* encarcelar
incarnate [ɪnˈkɑrnɪt] *adj* encarnado || [ɪnˈkɑrnet] *tr* encarnar
incarnation [ˌɪnkɑrˈneʃən] *s* encarnación
incendiarism [ɪnˈsɛndɪˌəˌrɪzəm] *s* incendio intencionado; incitación al desorden
incendiar•y [ɪnˈsɛndɪˌɛri] *adj* incendiario || *s* (*pl* -**ies**) incendiario
incense [ˈɪnsɛns] *s* incienso || *tr* (*to burn incense before*) incensar || [ɪnˈsɛns] *tr* exasperar, encolerizar
incense burner *s* incensario
incentive [ɪnˈsɛntɪv] *adj & s* incentivo
inception [ɪnˈsɛpʃən] *s* principio, comienzo
incertitude [ɪnˈsʌrtˌtjud] *s* incertidumbre
incessant [ɪnˈsɛsənt] *adj* incesante
incest [ˈɪnsɛst] *s* incesto
incestuous [ɪnˈsɛstʃʊˌəs] *adj* incestuoso

inch [ɪntʃ] *s* pulgada; **to be within an inch of** estar a dos dedos de ‖ *intr* — **to inch ahead** avanzar poco a poco

incidence ['ɪnsɪdəns] *s* incidencia; *(range of occurrence)* extensión

incident ['ɪnsɪdənt] *adj & s* incidente *m*

incidental [,ɪnsɪ'dɛntəl] *adj* incidente; *(incurred in addition to the regular amount)* obvencional ‖ *s* elemento incidental; **incidentals** gastos menudos

incidentally [,ɪnsɪ'dɛntəli] *adv* incidentemente; a propósito

incipient [ɪn'sɪpɪ•ənt] *adj* incipiente

incision [ɪn'sɪʒən] *s* incisión

incisive [ɪn'saɪsɪv] *adj* incisivo

incite [ɪn'saɪt] *tr* incitar

incl. *abbr* **inclosure, inclusive**

inclemen•cy [ɪn'klɛmənsi] *s (pl* -**cies**) inclemencia

inclement [ɪn'klɛmənt] *adj* inclemente

inclination [,ɪnklɪ'neʃən] *s* inclinación

incline ['ɪnklaɪn] o [ɪn'klaɪn] *s* declive *m*, pendiente *f* ‖ [ɪn'klaɪn] *tr* inclinar ‖ *intr* inclinarse

inclose [ɪn'kloz] *tr* encerrar; *(in a letter)* adjuntar, incluir; **to inclose herewith** remitir adjunto

inclosure [ɪn'kloʒər] *s* recinto; cosa inclusa, carta inclusa

include [ɪn'klud] *tr* incluir, comprender

including [ɪn'kludɪŋ] *prep* incluso, inclusive; imbíbito (Guat, Mex)

inclusive [ɪn'klusɪv] *adj* inclusivo; **inclusive of** comprensivo de ‖ *adv* inclusive

incogni•to [ɪn'kɑgnɪ,to] *adj* incógnito ‖ *adv* de incógnito ‖ *s (pl* -**tos**) incógnito

incoherent [,ɪnko'hɪrənt] *adj* incoherente

incombustible [,ɪnkəm'bʌstɪbəl] *adj* incombustible

income ['ɪnkʌm] *s* renta, ingreso, utilidad

income tax *s* impuesto sobre rentas

in'come-tax' return *s* declaración de impuesto sobre rentas

in'com'ing *adj* de entrada, entrante; *(tide)* ascendente ‖ *s* entrada

incommunicado [,ɪnkə,mjunə'kɑdo] *adj* incomunicado

incomparable [ɪn'kɑmpərəbəl] *adj* incomparable; inigualable

incompatible [,ɪnkəm'pætɪbəl] *adj* incompatible

incompetent [ɪn'kɑmpɪtənt] *adj* incompetente

incomplete [,ɪnkəm'plit] *adj* incompleto

incomprehensible [,ɪnkɑmprɪ'hɛnsɪbəl] *adj* incomprehensible

incomprehension [ɪn,kɑmprɪ'hɛnʃən] *s* incomprensión

inconceivable [,ɪnkən'sivəbəl] *adj* inconcebible

inconclusive [,ɪnkən'klusɪv] *adj* inconcluyente

incongruous [ɪn'kɑŋgru•əs] *adj* incongruo

inconsequential [ɪn,kɑnsɪ'kwɛnʃəl] *adj (lacking proper sequence of thought or speech)* inconsecuente; *(trivial)* de poca importancia

inconsiderate [,ɪnkən'sɪdərɪt] *adj* desconsiderado, inconsiderado

inconsisten•cy [,ɪnkən'sɪstənsi] *s (pl* -**cies**) *(lack of coherence)* inconsistencia; *(lack of logical connection or uniformity)* inconsecuencia

inconsistent [,ɪnkən'sɪstənt] *adj (lacking coherence of parts)* inconsistente; *(not agreeing with itself or oneself)* inconsecuente

inconsolable [,ɪnkən'soləbəl] *adj* inconsolable

inconspicuous [,ɪnkən'spɪkju•əs] *adj* poco impresionante, poco aparente

inconstant [ɪn'kɑnstənt] *adj* inconstante

incontinent [ɪn'kɑntɪnənt] *adj* incontinente

incontrovertible [,ɪnkɑntrə'vʌrtɪbəl] *adj* incontrovertible

inconvenience [,ɪnkən'vini•əns] *s* incomodidad, inconveniencia, molestia ‖ *tr* incomodar, molestar

inconvenient [,ɪnkən'vzini•ənt] *adj* incómodo, inconveniente, molesto

incorporate [ɪn'kɔrpə,ret] *tr* incorporar; constituir en sociedad anónima ‖ *intr* incorporarse; constituirse en sociedad anónima

incorporation [ɪn'kɔrpə'reʃən] *s* incorporación; constitución en sociedad anónima

incorrect [,ɪnkə'rɛkt] *adj* incorrecto

increase ['ɪnkris] *s* aumento; ganancia, interés *m;* **to be on the increase** ir en aumento ‖ [ɪn'kris] *tr* aumentar; *(by prop agation)* multiplicar ‖ *intr* aumentar; multiplicarse

increasingly [ɪn'krisɪŋli] *adv* cada vez más

incredible [ɪn'krɛdɪbəl] *adj* increíble

incredulous [ɪn'krɛdʒələs] *adj* incrédulo

increment ['ɪnkrɪmənt] *s* incremento

incriminate [ɪn'krɪmɪ,net] *tr* acriminar, incriminar

incrust [ɪn'krʌst] *tr* incrustar

incubate ['ɪnkjə,bet] *tr & intr* incubar

incubator ['ɪnkjə,betər] *s* incubadora

inculcate [ɪn'kʌlket] o ['ɪnkʌl,ket] *tr* inculcar

incumben•cy [ɪn'kʌmbənsi] *s (pl* -**cies**) incumbencia

incumbent [ɪn'kʌmbənt] *adj* — **to be incumbent on** incumbir a ‖ *s* titular *m*

incunabula [,ɪnkju'næbjələ] *spl (beginnings)* orígenes *mpl; (early printed books)* incunables *mpl*

in-cur [ɪn'kʌr] *v (pret & pp* -**curred;** *ger* -**curring)** *tr* incurrir en; *(a debt)* contraer

incurable [ɪn'kjurəbəl] *adj & s* incurable *mf*

incursion [ɪn'kʌrʒən] *s* incursión, correría

ind. *abbr* **independent, industrial**

indebted [ɪn'dɛtɪd] *adj* adeudado; obligado

indebtedness [ɪn'dɛtɪdnɪs] *s* endeudamiento

indecen•cy [ɪn'disənsi] *s (pl* -**cies**) indecencia, deshonestidad

indecent [ɪn'disənt] *adj* indecente, deshonesto; lépero (CAm, Mex)

indecisive [,ɪndɪ'saɪsɪv] *adj* indeciso

indeclinable [,ɪndɪ'klaɪnəbəl] *adj* (gram) indeclinable

indeed [ɪn'did] *adv* verdaderamente, claro ‖ *interj* ¡de veras!

indefatigable [,ɪndɪ'fætɪgəbəl] *adj* incansable, infatigable

im
in

indefensible [ˌɪndɪ'fɛnsɪbəl] *adj* indefendible
indefinable [ˌɪndɪ'faɪnəbəl] *adj* indefinible
indefinite [ɪn'dɛfɪnɪt] *adj* indefinido
indelible [ɪn'dɛlɪbəl] *adj* indeleble
indelicate [ɪn'dɛlɪkɪt] *adj* indelicado
indemnification [ɪnˌdɛmnɪfɪ'kəʃən] *s* indemnización
indemni·fy [ɪn'dɛmnɪˌfaɪ] *v* (*pret* & *pp* **-fied**) *tr* indemnizar
indemni·ty [ɪn'dɛmnɪti] *s* (*pl* **-ties**) (*security against loss*) indemnidad; (*compensation*) indemnización
indent [ɪn'dɛnt] *tr* dentar, mellar; (*typ*) sangrar
indentation [ˌɪndɛn'teʃən] *s* mella, muesca; (*typ*) sangría
indenture [ɪn'dɛntʃər] *s* escritura, contrato; contrato de aprendizaje ‖ *tr* obligar por contrato
independence [ˌɪndɪ'pɛndəns] *s* independencia
independen·cy [ˌɪndɪ'pɛndənsi] *s* (*pl* **-cies**) independencia; país *m* independiente
independent [ˌɪndɪ'pɛndənt] *adj* & *s* independiente *mf*
indescribable [ˌɪndɪ'skraɪbəbəl] *adj* indescriptible
indestructible [ˌɪndɪ'strʌktɪbəl] *adj* indestructible
indeterminate [ˌɪndɪ'tʌrmɪnɪt] *adj* indeterminado
index [ˈɪndɛks] *s* (*pl* **indexes** o **indices** [ˈɪndɪ,siz] *s* índice *m;* (*typ*) manecilla ‖ *tr* poner índice a; poner en un índice ‖ **Index** *s* *Índice de los libros prohibidos*
index card *s* ficha catalográfica
index finger *s* dedo índice
index tab *s* pestaña
India [ˈɪndɪ·ə] *s* la India
India ink *s* tinta china
Indian [ˈɪndɪ·ən] *adj* & *s* indio
Indian club *s* maza de gimnasia
Indian corn *s* maíz *m*, panizo
Indian file *s* fila india ‖ *adv* en fila india
Indian Ocean *s* mar *m* de las Indias, océano Índico
Indian summer *s* veranillo de San Martín
India paper *s* papel *m* de China
India rubber *s* caucho
indicate [ˈɪndɪ,ket] *tr* indicar
indication [ˌɪndɪ'keʃən] *s* indicación
indicative [ɪn'dɪkətɪv] *adj* & *s* indicativo
indicator [ˈɪndɪ,ketər] *s* indicador *m*
indict [ɪn'daɪt] *tr* (*law*) acusar, procesar
indictment [ɪn'daɪtmənt] *s* acusación, procesamiento; auto de acusación formulado por el gran jurado
indifferent [ɪn'dɪfərənt] *adj* indiferente; (*not particularly good*) pasadero, mediano
indigenous [ɪn'dɪdʒɪnəs] *adj* indígena
indigent [ˈɪndɪdʒənt] *adj* indigente
indigestible [ˌɪndɪ'dʒɛstɪbəl] *adj* indigestible
indigestion [ˌɪndɪ'dʒɛstʃən] *s* indigestión
indignant [ɪn'dɪgnənt] *adj* indignado
indignation [ˌɪndɪg'neʃən] *s* indignación
indigni·ty [ɪn'dɪgnɪti] *s* (*pl* **-ties**) indignidad

indi·go [ˈɪndɪgo] *adj* azul de añil ‖ *s* (*pl* **-gos** o **-goes**) índigo
indirect [ˌɪndɪ'rɛkt] *adj* indirecto
indirect discourse *s* estilo indirecto
indiscernible [ˌɪndɪ'zʌrnɪbəl] o [ˌɪndɪ'sʌrnɪbəl] *adj* indiscernible
indiscreet [ˌɪndɪs'krit] *adj* indiscreto
indiscriminate [ˌɪndɪs'krɪmənɪt] *adj* indiscriminado
indispensable [ˈɪndɪs'pɛnsəbəl] *adj* indispensable, imprescindible
indispose [ˌɪndɪs'poz] *tr* indisponer
indisposed [ˌɪndɪs'pozd] *adj* (*disinclined*) maldispuesto; (*somewhat ill*) indispuesto
indissoluble [ˌɪndɪ'saljəbəl] *adj* indisoluble
indistinct [ˌɪndɪ'stɪŋkt] *adj* indistinto
indite [ɪn'daɪt] *tr* redactar, poner por escrito
individual [ˌɪndɪ'vɪdʒʊ·əl] *adj* individual ‖ *s* individuo
individuali·ty [ˌɪndɪ,vɪdʒʊ,'ælɪti] *s* (*pl* **-ties**) individualidad; (*person of distinctive character*) personaje *m*
Indochina [ˈɪndo'tʃaɪnə] *s* la Indochina
Indo-Chi·nese [ˈɪndotʃaɪ'niz] *adj* indochino ‖ *s* (*pl* **-nese**) indochino
indoctrinate [ɪn'daktrɪ,net] *tr* adoctrinar
Indo-European [ˈɪndo,jurə'pi·ən] *adj* & *s* indoeuropeo
indolent [ˈɪndələnt] *adj* indolente
Indonesia [ˌɪndo'niʃə] o [ˌɪndo'niʒə] *s* la Indonesia
Indonesian [ˌɪndo'niʃən] o [ˌɪndo'niʒən] *adj* & *s* indonesio
indoor [ˈɪn,dor] *adj* interior, de puertas adentro; (*inclined to stay in the house*) casero
indoors [ˈɪn'dorz] *adv* dentro, en casa, bajo techado, bajo cubierto
indorse [ɪn'dors] *tr* endosar; (fig) apoyar, aprobar
indorsee [ˌɪndor'si] *s* endosatario
indorsement [ɪn'dorsmənt] *s* endoso; (fig) apoyo, aprobación
indorser [ɪn'dorsər] *s* endosante *mf*
induce [ɪn'djus] *tr* inducir; causar, ocasionar
inducement [ɪn'djusmənt] *s* aliciente *m*, estímulo, incentivo
induct [ɪn'dʌkt] *tr* instalar; introducir, iniciar; (mil) quintar
induction [ɪn'dʌkʃən] *s* instalación; introducción; (elec & log) inducción; (mil) quinta
indulge [ɪn'dʌldʒ] *tr* gratificar (*p.ej., los deseos de uno*); mimar (*a un niño*) ‖ *intr* abandonar; **to indulge in** entregarse a, permitirse el placer de
indulgence [ɪn'dʌldʒəns] *s* gusto, inclinación; intemperancia, desenfreno; (*leniency*) indulgencia
indulgent [ɪn'dʌldʒənt] *adj* indulgente
industrial [ɪn'dʌstrɪ·əl] *adj* industrial
industrialist [ɪn'dʌstrɪ·əlɪst] *s* industrial *m*
industrialize [ɪn'dʌstrɪ·ə,laɪz] *tr* industrializar
industrious [ɪn'dʌstrɪ·əs] *adj* industrioso, aplicado
indus·try [ˈɪndəstri] *s* (*pl* **-tries**) industria
inebriation [ɪn,ibrɪ'eʃən] *s* embriaguez *f*
inedible [ɪn'ɛdɪbəl] *adj* incomible

ineffable [ɪn'ɛfəbəl] *adj* inefable
ineffective [,ɪnɪ'fɛktɪv] *adj* ineficaz; *(person)* incapaz
ineffectual [,ɪnɪ'fɛktʃʊ•əl] *adj* ineficaz, fútil
inefficacy [ɪn'ɛfɪkəsi] *s* ineficacia
inefficient [,ɪnɪ'fɪʃənt] *adj* de mal rendimiento
ineligible [ɪn'ɛlɪdʒɪbəl] *adj* inelegible
inequali•ty [,ɪnɪ'kwɑlɪti] *s (pl* -ties) desigualdad
inequi•ty [ɪn'ɛkwɪti] *s (pl* -ties) inequidad
ineradicable [,ɪnɪ'rædɪkəbəl] *adj* inextirpable
inertia [ɪn'ʌrʃə] *s* inercia
inescapable [,ɪnɛs'kepəbəl] *adj* ineludible
inevitable [ɪn'ɛvɪtəbəl] *adj* inevitable
inexact [,ɪnɛg'zækt] *adj* inexacto
inexcusable [,ɪnɛks'kjuzəbəl] *adj* indisculpable, inexcusable
inexhaustible [,ɪnɛg'zɔstɪbəl] *adj* inagotable
inexorable [ɪn'ɛksərəbəl] *adj* inexorable
inexpedient [,ɪnɛk'spidɪ•ənt] *adj* malaconsejado, inoportuno
inexpensive [,ɪnɛk'spɛnsɪv] *adj* barato, poco costoso
inexperience [,ɪnɛk'spɪrɪ•əns] *s* inexperiencia
inexplicable [ɪn'ɛksplɪkəbəl] *adj* inexplicable
inexpressible [,ɪnɛk'sprɛsɪbəl] *adj* inexpresable
Inf. *abbr* **Infantry**
infallible [ɪn'fælɪbəl] *adj* infalible
infamous ['ɪnfəməs] *adj* infame
infa•my ['ɪnfəmi] *s (pl* -mies) infamia
infan•cy ['ɪnfənsi] *s (pl* -cies) infancia
infant ['ɪnfənt] *adj* infantil; *(in the earliest stage)* (fig) naciente ‖ *s* criatura, nene *m*
infant care *s* puericultura
infantile ['ɪnfən,taɪl] o ['ɪnfəntɪl] *adj* infantil, *(childish)* aniñado
infan•try ['ɪnfəntri] *s (pl* -tries) infantería
infantry•man ['ɪnfəntrimən] *s (pl* -men [mən]) infante *m*, soldado de infantería
infarct [ɪn'fɑrkt] *s* infarto
infatuated [ɪn'fætʃʊ,etɪd] *adj* apasionado, locamente enamorado
infect [ɪn'fɛkt] *tr* inficionar, infectar; influir sobre
infection [ɪn'fɛkʃən] *s* infección
infectious [ɪn'fɛkʃəs] *adj* infeccioso
in•fer [ɪn'fʌr] *v (pret & pp* -ferred; *ger* -ferring) *tr* inferir; (coll) conjeturar, suponer
inferior [ɪn'fɪrɪ•ər] *adj & s* inferior *m*
inferiority [ɪn,fɪrɪ'ɑrɪti] *s* inferioridad
inferiority complex *s* complejo de inferioridad
infernal [ɪn'fʌrnəl] *adj* infernal
infest [ɪn'fɛst] *tr* infestar
infidel ['ɪnfɪdəl] *adj & s* infiel *mf*
infideli•ty [,ɪnfɪ'dɛlɪti] *s (pl* -ties) infidelidad
in'field' *s* (baseball) cuadro interior
infiltrate ['ɪnfɪl,tret] *tr* infiltrar; infiltrarse en ‖ *intr* infiltrarse
infinite ['ɪnfɪnɪt] *adj & s* infinito
infinitive [ɪn'fɪnɪtɪv] *adj & s* infinitivo

infini•ty [ɪn'fɪnɪti] *s (pl* -ties) infinidad; (math) infinito
infirm [ɪn'fʌrm] *adj* infirme, achacoso; *(unsteady)* inestable, inseguro; poco firme, poco sólido
infirma•ry [ɪn'fʌrməri] *s (pl* -ries) enfermería
infirmi•ty [ɪn'fʌrmɪti] *s (pl* -ties) achaque *m;* inestabilidad
in'fix *s* (gram) infijo
inflame [ɪn'flem] *tr* inflamar
inflammable [ɪn'flæməbəl] *adj* inflamable
inflammation [,ɪnflə'meʃən] *s* inflamación
inflate [ɪn'flet] *tr* inflar ‖ *intr* inflarse
inflation [ɪn'fleʃən] *s* inflación; *(of a tire)* inflado
inflationary [ɪn'fleʃən,ɛri] *adj* inflacionario
inflect [ɪn'flɛkt] *tr* doblar, torcer; modular *(la voz)*; (gram) modificar por inflexión
inflection [ɪn'flɛkʃən] *s* inflexión
inflexible [ɪn'flɛksɪbəl] *adj* inflexible
inflict [ɪn'flɪkt] *tr* infligir
influence ['ɪnfluˑəns] *s* influencia ‖ *tr* influir sobre, influenciar
influential [,ɪnflu'ɛnʃəl] *adj* influyente
influenza [,ɪnflu'ɛnzə] *s* influenza
inform [ɪn'fɔrm] *tr* informar, avisar, enterar ‖ *intr* informar
informal [ɪn'fɔrməl] *adj (not according to established rules)* informal; *(unceremonious; colloquial)* familiar
information [,ɪnfər'meʃən] *s* información, informes *mpl*
informational [,ɪnfər'meʃənəl] *adj* informativo
informed sources *spl* los entendidos
infraction [ɪn'frækʃən] *s* infracción
infrared [,ɪnfrə'rɛd] *adj & s* infrarrojo
infrequent [ɪn'frikwənt] *adj* infrecuente
infringe [ɪn'frɪndʒ] *tr* infringir ‖ *intr*—to infringe on o upon invadir, abusar de
infringement [ɪn'frɪndʒmənt] *s* infración
infuriate [ɪn'fjʊrɪ,et] *tr* enfurecer
infuse [ɪn'fjuz] *tr* infundir
infusion [ɪn'fjuʒən] *s* infusión
ingenious [ɪn'dʒinjəs] *adj* ingenioso
ingenui•ty [,ɪndʒɪ'njuˑɪti] o [,ɪndʒɪ'nuˑɪti] *s (pl* -ties) ingeniosidad
ingenuous [ɪn'dʒɛnjuˑəs] *adj* ingenuo
ingenuousness [ɪn'dʒɛnjuˑəsnɪs] *s* ingenuidad
ingest [ɪn'dʒɛst] *tr* injerir
in'go'ing *adj* entrante
ingot ['ɪngət] *s* lingote *m*
ingraft [ɪn'græft] *tr* (hort & surg) injertar; (fig) implantar
ingrate ['ɪngret] *s* ingrato
ingratiate [ɪn'greʃɪ,et] *tr*—to ingratiate oneself with congraciarse con
ingratiating [ɪn'greʃɪ,etɪŋ] *adj* atrayente, obsequioso
ingratitude [ɪn'grætɪ,tjud] *s* ingratitud, desagradecimiento
ingredient [ɪn'gridɪ•ənt] *s* ingrediente *m*
in'grow'ing nail *s* uñero
ingulf [ɪn'gʌlf] *tr* hundir, inundar
inhabit [ɪn'hæbɪt] *tr* habitar, poblar

in
in

inhabitant [ɪn'hæbɪtənt] s habitante *mf*
inhale [ɪn'hel] *tr* aspirar, inspirar ‖ *intr* aspirar, inspirar; tragar el humo
inherent [ɪn'hɪrənt] *adj* inherente
inherit [ɪn'hɛrɪt] *tr & intr* heredar
inheritance [ɪn'hɛrɪtəns] s herencia; mortual *m* (CAm, Mex)
inheritor [ɪn'hɛrɪtər] s heredero
inhibit [ɪn'hɪbɪt] *tr* inhibir, prohibir
inhospitable [ɪn'hɑspɪtəbəl] o [,ɪnhɑs-'pɪtəbəl] *adj* inhospitalario; (*affording no shelter or protection*) inhóspito
inhuman [ɪn'hjumən] *adj* inhumano
inhumane [,ɪnhju'men] *adj* inhumano
inhumani•ty [,ɪnhju'mænɪti] s (*pl* **-ties**) inhumanidad
inimical [ɪ'nɪmɪkəl] *adj* enemigo
iniqui•ty [ɪ'nɪkwɪti] s (*pl* **-ties**) iniquidad
ini•tial [ɪ'nɪʃəl] *adj & s* inicial *f* ‖ *v* (*pret* **-tialed** o **-tialled; *ger* -tialing** o **tialling**) *tr* firmar con sus iniciales; marcar (*p.ej., un pañuelo*)
initiate [ɪ'nɪʃɪ,et] *tr* iniciar
initiation [ɪ,nɪʃɪ'eʃən] s iniciación
initiative [ɪ'nɪʃɪ•ətɪv] o [ɪ'nɪʃətɪv] s iniciativa
inject [ɪn'dʒɛkt] *tr* inyectar; introducir (*una especie, una advertencia*)
injection [ɪn'dʒɛkʃən] s inyección
injudicious [,ɪndʒu'dɪʃəs] *adj* imprudente
injunction [ɪn'dʒʌŋkʃən] s admonición, mandato; (law) entredicho
injure ['ɪndʒər] *tr* (*to harm*) dañar, hacer daño a; (*to wound*) herir, lisiar, lastimar; (*to offend*) agraviar
injurious [ɪn'dʒurɪ•əs] *adj* dañoso, perjudicial; (*offensive*) agravioso
inju•ry ['ɪndʒəri] s (*pl* **-ries**) (*harm*) daño; (*wound*) herida, lesión; (*offense*) agravio
injustice [ɪn'dʒʌstɪs] s injusticia
ink [ɪŋk] s tinta ‖ *tr* entintar
inkling ['ɪŋklɪŋ] s sospecha, indicio, noción vaga, vislumbre *f*
ink'stand' s (*cuplike container*) tintero; (*stand for ink, pens, etc.*) portatintero
ink'well' s tintero
ink•y ['ɪŋki] *adj* (*comp* **-ier;** *super* **-iest**) entintado; negro
inlaid ['ɪn,led] o [,ɪn'led] *adj* embutido, taraceado
inland ['ɪnlənd] *adj & s* interior *m* ‖ *adv* tierra adentro
in'-law' s (coll) pariente político
in•lay ['ɪn,le] s embutido ‖ [ɪn'le] o ['ɪn,le] *v* (*pret & pp* **-laid**) *tr* embutir, taracear
in'let s ensenada, cala, caleta
in'mate' s (*in a hospital or home*) asilado, recluso, acogido; (*in a jail*) presidiario, preso
inn [ɪn] s mesón *m*, posada
innate [ɪ'net] o ['ɪnet] *adj* ingénito, innato
inner ['ɪnər] *adj* interior; secreto
in'ner•spring' mattress s colchón *m* de muelles interiores
inner tube s cámara (de neumático)
inning ['ɪnɪŋ] s mano *f*, entrada, turno
inn'keep'er s mesonero, posadero
innocence ['ɪnəsəns] s inocencia

innocent ['ɪnəsənt] *adj & s* inocente *mf*
innovate ['ɪnə,vet] *tr* innovar
innovation [,ɪnə've ʃən] s innovación
innuen•do [,ɪnju'ɛndo] s (*pl* **-does**) indirecta, insinuación
innumerable [ɪ'numərəbəl] *adj* innumerable, incontable
inoculate [ɪn'ɑkjə,let] *tr* inocular; (fig) imbuir
inoculation [ɪn,ɑkjə'leʃən] s inoculación
inoffensive [,ɪnə'fɛnsɪv] *adj* inofensivo
inoperative [ɪn'ɑpərətɪv] *adj* fuera de servicio
inopportune [ɪn,ɑpər'tjun] *adj* inoportuno
inordinate [ɪn'ɔrdɪnɪt] *adj* excesivo; (*unrestrained*) desenfrenado
inorganic [,ɪnɔr'gænɪk] *adj* inorgánico
in'put' s gasto, consumo; (elec) entrada; (mech) potencia consumida
inquest ['ɪnkwɛst] s encuesta; (*of coroner*) pesquisa judicial, levantamiento del cadáver
inquire [ɪn'kwaɪr] *tr* averiguar, inquirir ‖ *intr* preguntar; **to inquire about, after** o **for** preguntar por; **to inquire into** averiguar, inquirir
inquir•y [ɪn'kwaɪri] o ['ɪnkwɪri] s (*pl* **-ies**) averiguación, encuesta; pregunta
inquisition [,ɪnkwɪ'zɪʃən] s inquisición
inquisitive [ɪn'kwɪzɪtɪv] *adj* curioso, preguntón
in'road' s incursión
ins. *abbr* **insulated, insurance**
insane [ɪn'sen] *adj* loco, insano, dementado
insane asylum s manicomio, casa de locos
insani•ty [ɪn'sænɪti] s (*pl* **-ties**) demencia, locura, insania, loquera
insatiable [ɪn'seʃəbəl] *adj* insaciable
inscribe [ɪn'skraɪb] *tr* inscribir; dedicar (*una obra literaria*)
inscription [ɪn'skrɪpʃən] s inscripción; (*of a book*) dedicatoria
inscrutable [ɪn'skrutəbəl] *adj* inescrutable
insect ['ɪnsɛkt] s insecto
insect control s desinsectación
insecticide [ɪn'sɛktɪ,saɪd] *adj & s* insecticida *m*
insecure [,ɪnsɪ'kjʊr] *adj* inseguro
inseparable [ɪn'sɛpərəbəl] *adj* inseparable
insert ['ɪnsʌrt] s inserción ‖ [ɪn'sʌrt] *tr* insertar
insertion [ɪn'sʌrʃən] s inserción; (*strip of lace*) entredós *m*
in•set ['ɪn,sɛt] s intercalación ‖ [ɪn'sɛt] o ['ɪn,sɛt] *v* (*pret & pp* **-set;** *ger* **-setting**) *tr* intercalar, encastrar
in'shore' *adj* cercano a la orilla ‖ *adv* cerca de la orilla; hacia la orilla
in'side' *adj* interior; interno; secreto ‖ *adv* dentro, adentro; **inside of** dentro de; **to turn inside out** volver al revés; volverse al revés ‖ *prep* dentro de ‖ s interior *m;* **insides** (coll) entrañas; **on the inside** (coll) en el secreto de las cosas
inside information s informes *mpl* confidenciales
insider [,ɪn'saɪdər] s persona enterada

insidious [ɪn'sɪdɪ·əs] *adj* insidioso
in'sight' *s* penetración
insigni·a [ɪn'sɪgnɪ·ə] *s* (*pl* **-a** o **-as**) insignia
insignificant [,ɪnsɪg'nɪfɪkənt] *adj* insignificante
insincere [,ɪnsɪn'sɪr] *adj* insincero; malo (Mex)
insinuate [ɪn'sɪnju,et] *tr* insinuar
insipid [ɪn'sɪpɪd] *adj* insípido
insist [ɪn'sɪst] *intr* insistir
insofar as [,ɪnso'fɑr,æz] *conj* en cuanto
insolence ['ɪnsələns] *s* insolencia
insolent ['ɪnsələnt] *adj* insolente
insoluble [ɪn'sɑljəbəl] *adj* insoluble
insolven·cy [ɪn'sɑlvənsi] *s* (*pl* **-cies**) insolvencia
insomnia [ɪn'sɑmnɪ·ə] *s* insomnio
insomuch [,ɪnso'mʌtʃ] *adv* hasta tal punto; **insomuch as** ya que, puesto que; **insomuch that** hasta el punto que
inspect [ɪn'spɛkt] *tr* inspeccionar
inspection [ɪn'spɛkʃən] *s* inspección
inspiration [,ɪnspɪ'reʃən] *s* inspiración
inspire [ɪn'spaɪr] *tr & intr* inspirar
inspiring [ɪn'spaɪrɪŋ] *adj* inspirante
inst. *abbr* **instant** (*i.e.*, **present month**)
Inst. *abbr* **Institute, Institution**
install [ɪn'stɔl] *tr* instalar
installment [ɪn'stɔlmənt] *s* instalación; entrega; **in installments** por entregas; a plazos
installment buying *s* compra a plazos
installment plan *s* pago a plazos, compra a plazos; **on the installment plan** con facilidades de pago
instance ['ɪnstəns] *s* caso, ejemplo; **for instance** por ejemplo
instant ['ɪnstənt] *adj* instantáneo || *s* instante *m*, momento; mes *m* corriente
instantaneous [,ɪnstən'tenɪ·əs] *adj* instantáneo
instantly ['ɪnstəntli] *adv* al instante
instead [ɪn'stɛd] *adv* preferiblemente; en su lugar; **instead of** en vez de, en lugar de
in'step' *s* empeine *m*
instigate ['ɪnstɪ,get] *tr* instigar
in·still' *tr* instilar
instinct ['ɪnstɪŋkt] *s* instinto
instinctive [ɪn'stɪŋktɪv] *adj* instintivo
institute ['ɪnstɪ,tjut] *s* instituto || *tr* instituir
institution [,ɪnstɪ'tjuʃən] *s* institución
instruct [ɪn'strʌkt] *tr* instruir
instruction [ɪn'strʌkʃən] *s* instrucción
instructions for use *spl* modo de empleo
instructive [ɪn'strʌktɪv] *adj* instructivo
instructor [ɪn'strʌktər] *s* instructor *m*
instrument ['ɪnstrəmənt] *s* instrumento || ['ɪnstrə,mɛnt] *tr* instrumentar
instrumentalist [,ɪnstrə'mɛntəlɪst] *s* instrumentista *mf*
instrumentali·ty [,ɪnstrəmən'tælɪti] *s* (*pl* **-ties**) agencia, mediación
instrument panel *s* cuadro de mando; salpicadero
insubordinate [,ɪnsə'bɔrdɪnɪt] *adj* insubordinado
insufferable [ɪn'sʌfərəbəl] *adj* insufrible

insufficient [,ɪnsə'fɪʃənt] *adj* insuficiente
insular ['ɪnsələr] o ['ɪnsjulər] *adj* insular; (fig) de miras estrechas
insulate ['ɪnsə,let] *tr* aislar
insulation [,ɪnsə'leʃən] *s* aislación
insulator ['ɪnsə,letər] *s* aislador *m*
insulin ['ɪnsəlɪn] *s* insulina
insult ['ɪnsʌlt] *s* insulto, insultada, escopetazo || [ɪn'sʌlt] *tr* insultar
insurable [ɪn'ʃurəbəl] *adj* asegurable
insurance [ɪn'ʃurəns] *s* seguro
insure [ɪn'ʃur] *tr* asegurar
insurer [ɪn'ʃurər] *s* asegurador *m*
insurgent [ɪn'sʌrdʒənt] *adj & s* insurgente *mf*
insurmountable [,ɪnsər'maʊntəbəl] *adj* insuperable
insurrection [,ɪnsə'rɛkʃən] *s* insurrección
insusceptible [,ɪnsə'sɛptɪbəl] *adj* insusceptible
int. *abbr* **interest, interior, internal, international**
intact [ɪn'tækt] *adj* intacto, ileso
in'take' *s* (*place of taking in*) entrada; (*act or amount*) toma; (mach) admisión
intake manifold *s* múltiple *m* de admisión, colector *m* de admisión
intake valve *s* válvula de admisión
intangible [ɪn'tændʒɪbəl] *adj* intangible; vago, indefinido
integer ['ɪntɪdʒər] *s* (arith) entero
integral ['ɪntɪgrəl] *adj* íntegro; **integral with** solidario de || *s* conjunto
integration [,ɪntɪ'greʃən] *s* integración
integrity [ɪn'tɛgrɪti] *s* integridad
intellect ['ɪntə,lɛkt] *s* intelecto; (*person*) intelectual *m*
intellectual [,ɪntə'lɛktʃu·əl] *adj & s* intelectual *mf*
intellectuali·ty [,ɪntə,lɛktʃu'ælɪti] *s* (*pl* **-ties**) intelectualidad
intelligence [ɪn'tɛlɪdʒəns] *s* inteligencia; información
intelligence bureau *s* departamento de inteligencia
intelligence quotient *s* cociente *m* intelectual
intelligent [ɪn'tɛlɪdʒənt] *adj* inteligente; espabilado
intelligentsia [ɪn,tɛlɪ'dʒəntsɪ·ə] o [ɪn,tɛlɪ'gɛntsɪ·ə] *s* intelectualidad (*conjunto de los intelectuales de un país o región*)
intelligible [ɪn'tɛlɪdʒɪbəl] *adj* inteligible
intemperance [ɪn'tɛmpərəns] *s* intemperancia
intemperate [ɪn'tɛmpərɪt] *adj* intemperante; (*climate*) riguroso
intend [ɪn'tɛnd] *tr* pensar, proponerse, intentar; (*to mean for a particular purpose*) destinar; (*to signify*) querer decir
intendance [ɪn'tɛndəns] *s* intendencia
intendant [ɪn'tɛndənt] *s* intendente *m*
intended [ɪn'tɛndɪd] *adj & s* (coll) prometido, prometida
intense [ɪn'tɛns] *adj* intenso

in
in

intensi•fy [ɪn'tɛnsɪ,faɪ] v (pret & pp **-fied**) tr intensificar, intensar; (phot) reforzar ‖ intr intensificarse, intensarse

intensi•ty [ɪn'tɛnsɪti] s (pl **-ties**) intensidad

intensive [ɪn'tɛnsɪv] adj intensivo

intent [ɪn'tɛnt] adj atento; resuelto; intenso; **intent on** resuelto a ‖ s (purpose) intento; (meaning) acepción, sentido; **to all intents and purposes** en realidad de verdad

intention [ɪn'tɛnʃən] s intención

intentional [ɪn'tɛnʃənəl] adj intencional, deliberado

in•ter [ɪn'tʌr] v (pret & pp **-terred**; ger **-terring**) tr enterrar

interact ['ɪntər,ækt] s (theat) entreacto ‖ [,ɪntər'ækt] intr obrar recíprocamente

interaction [,ɪntər'æk/ən] s interacción

inter-American [,ɪntərə'mɛrɪkən] adj interamericano

inter•breed [,ɪntər'brid] v (pret & pp **-bred** ['brɛd]) tr entrecruzar ‖ intr entrecruzarse

intercalate [ɪn'tʌrkə,let] tr intercalar

intercede [,ɪntər'sid] intr interceder

intercept [,ɪntər'sɛpt] tr interceptar

interceptor [,ɪntər'sɛptər] s interceptor m

interchange ['ɪntər,tʃɛndʒ] s intercambio; (on a highway) correspondencia ‖ [,ɪntər-'tʃɛndʒ] tr intercambiar ‖ intr intercambiarse

intercollegiate [,ɪntərkə'lidʒɪ•ɪt] adj interescolar

intercom ['ɪntər,kɑm] s interfono

intercourse ['ɪntər,kors] s comunicación, trato; (interchange of products, ideas, etc.) intercambio; (copulation) cópula, comercio; **to have intercourse** juntarse

intercross [,ɪntər'krɔs] o [,ɪntər'krɑs] tr entrecruzar ‖ intr entrecruzarse

interdict ['ɪntər,dɪkt] s entredicho ‖ [,ɪntər'dɪkt] tr interdecir

interest ['ɪntərɪst] s interés m; **the interests** las grandes empresas, el grupo influyente; **to put out at interest** poner a interés ‖ tr interesar

interested ['ɪntə,rɛstɪd] adj interesado

interesting ['ɪntə,rɛstɪŋ] adj interesante

interface ['ɪntər,fes] s (computer) entrecara

interfere [,ɪntər'fɪr] intr inmiscuirse, injerirse, interferir; (sport) parar una jugada; **to interfere with** dificultar, impedir, interferir

interference [,ɪntər'fɪrəns] s injerencia, interferencia

interim ['ɪntərɪm] adj interino ‖ s intermedio, intervalo; **in the interim** entretanto

interior [ɪn'tɪrɪ•ər] adj & s interior m

interject [,ɪntər'dʒɛkt] tr interponer ‖ intr interponerse

interjection [,ɪntər'dʒɛk/ən] s interposición; exclamación; (gram) interjección

interlard [,ɪntər'lɑrd] tr interpolar; mechar (la carne)

interline [,ɪntər'laɪn] tr interlinear; entretelar (una prenda de vestir)

interlining ['ɪntər,laɪnɪŋ] s (of a garment) entretela

interlink [,ɪntər'lɪŋk] tr eslabonar

interlock [,ɪntər'lɑk] tr trabar ‖ intr trabarse

interlope [,ɪntər'lop] intr entremeterse; traficar sin derecho

interloper [,ɪntər'lopər] s intruso

interlude ['ɪntər,lud] s intervalo; (mus) interludio; (theat) intermedio

intermarriage [,ɪntər'mærɪdʒ] s casamiento entre parientes; casamiento entre personas de distintas razas, castas, etc.

intermediar•y [,ɪntər'midɪ,ɛri] adj intermediario ‖ s (pl **-ies**) intermediario

intermediate [,ɪntər'midɪ•ɪt] adj intermedio

in•ter•me'di•ate-range' missile s cohete m de alcance medio

interment [ɪn'tʌrmənt] s entierro

intermez•zo [,ɪntər'mɛtso] o [,ɪntərmɛdzo] s (pl **-zos** o **-zi** [tsi] o [dzi]) (mus) intermedio, intermezzo

intermingle [,ɪntər'mɪŋgəl] tr entremezclar ‖ intr entremezclarse

intermittent [,ɪntər'mɪtənt] adj intermitente

intermix [,ɪntər'mɪks] tr entremezclar ‖ intr entremezclarse

intern ['ɪntʌrn] s interno de hospital ‖ [ɪn'tʌrn] tr internar, recluir

internal [ɪn'tʌrnəl] adj interno

inter'nal-combus'tion engine s motor m de explosión

internal revenue s rentas internas

international [,ɪntər'næ/ənəl] adj internacional

international date line s línea internacional de cambio de fecha

internationalize [,ɪntər'næ/ənə,laɪz] tr internacionalizar

internecine [,ɪntər'nisɪn] adj sanguinario

internee [,ɪntʌr'ni] s (mil) internado

internist [ɪn'tʌrnɪst] s internista mf

internment [ɪn'tʌrnmənt] s internamiento

internship ['ɪntʌrn,/ɪp] s residencia de un médico en un hospital

interpellate [,ɪntər'pɛlet] o [ɪn'tʌrpɪ,let] tr interpelar

interplay ['ɪntər,ple] s interacción

interpolate [ɪn'tʌrpə,let] tr interpolar

interpose [,ɪntər'poz] tr interponer

interpret [ɪn'tʌrprɪt] tr interpretar

interpreter [ɪn'tʌrprɪtər] s intérprete mf; (fig) exponente mf

interrogate [ɪn'tɛrə,get] tr & intr interrogar

interrogation [ɪn,tɛrə'ge/ən] s interrogación

interrogation mark o **point** s signo de interrogación

interrupt [,ɪntə'rʌpt] tr interrumpir

interscholastic [,ɪntərskə'læstɪk] adj interescolar

intersection [,ɪntər'sɛk/ən] s (of streets, roads, etc.) cruce m, bocacalle f; cruza (SAm); (geom) intersección

intersperse [,ɪntər'spʌrs] tr entremezclar, esparcir

interstice [ɪn'tʌrstɪs] s intersticio

intertwine [,ɪntər'twaɪn] tr entrelazar ‖ intr entrelazarse

interval ['ɪntərvəl] s intervalo; **at intervals** (now and then) de vez en cuando; (here and there) de trecho en trecho

intervene [ˌɪntərˈvin] *intr* intervenir
intervening [ˌɪntərˈvinɪŋ] *adj* intermedio
intervention [ˌɪntərˈvɛnʃən] *s* intervención
interview [ˈɪntərˌvju] *s* entrevista, interview *m* ‖ *tr* entrevistarse con
inter·weave [ˌɪntərˈwiv] *v* (*pret* **-wove** [ˈwov] o **-weaved**; *pp* **-wove, woven** o **weaved**) *tr* entretejer
intestate [ɪnˈtɛstet] *adj* & *s* intestado
intestine [ɪnˈtɛstɪn] *s* intestino
inthrall [ɪnˈθrɔl] *tr* cautivar, encantar; esclavizar, sojuzgar
inthrone [ɪnˈθron] *tr* entronizar
intima·cy [ˈɪntɪməsi] *s* (*pl* **-cies**) intimidad
intimate [ˈɪntɪmɪt] *adj* íntimo ‖ *s* amigo íntimo ‖ [ˈɪntɪˌmet] *tr* insinuar, intimar
intimation [ˌɪntɪˈmeʃən] *s* insinuación
intimidate [ɪnˈtɪmɪˌdet] *tr* intimidar
intitle [ɪnˈtaɪtəl] *tr* dar derecho a; (*to give a name to; to honor with a title*) intitular
into [ˈɪntu] o [ˈɪntʊ] *prep* en; hacia; hacia el interior de
intolerant [ɪnˈtalərənt] *adj* & *s* intolerante *mf*
intomb [ɪnˈtum] *tr* sepultar
intombment [ɪnˈtummənt] *s* sepultura
intonation [ˌɪntoˈneʃən] *s* entonación
intone [ɪnˈton] *tr* entonar
intoxicant [ɪnˈtaksɪkənt] *s* bebida alcohólica
intoxicate [ɪnˈtaksɪˌket] *tr* embriagar, emborrachar; (*to exhilarate*) alegrar, excitar; (*to poison*) envenenar, intoxicar
intoxication [ɪnˌtuksɪˈkeʃən] *s* embriaguez *f*; alegría, excitación; (*poisoning*) envenenamiento, intoxicación
intractable [ɪnˈtræktəbəl] *adj* intratable
intransigent [ɪnˈtrænsɪdʒənt] *adj* & *s* intransigente *mf*
intransitive [ɪnˈtrænsɪtɪv] *adj* intransitivo
intrench [ɪnˈtrɛntʃ] *tr* atrincherar ‖ *intr*—**to intrench on** o **upon** infringir, violar
intrepid [ɪnˈtrɛpɪd] *adj* intrépido
intrepidity [ˌɪntrɪˈpɪdɪti] *s* intrepidez *f*
intricate [ˈɪntrɪkɪt] *adj* intrincado
intrigue [ɪnˈtrig] *s* intriga; intriga amorosa, enredo amoroso ‖ *tr* (*to arouse the curiosity of*) intrigar ‖ *intr* intrigar; tener intrigas amorosas
intrinsic(al) [ɪnˈtrɪnsɪk(əl)] *adj* intrínseco
introd. *abbr* **introduction**
introduce [ˌɪntrəˈdjus] *tr* introducir; (*to make acquainted*) presentar
introduction [ˌɪntrəˈdʌkʃən] *s* introducción; (*of one person to another or others*) presentación
introductory offer [ˌɪntrəˈdʌktəri] *s* ofrecimiento de presentación, oferta preliminar
introit [ˈɪntro·ɪt] *s* (eccl) introito
introspective [ˌɪntrəˈspɛktɪv] *adj* introspectivo
introvert [ˈɪntrəˌvʌrt] *s* introvertido
intrude [ɪnˈtrud] *intr* injerirse, entremeterse
intruder [ɪnˈtrudər] *s* intruso, entremetido
intrusive [ɪnˈtrusɪv] *adj* intruso
intrust [ɪnˈtrʌst] *tr* confiar
intuition [ˌɪntjuˈɪʃən] *s* intuición
inundate [ˈɪnənˌdet] *tr* inundar
inundation [ˌɪnənˈdeʃən] *s* inundación

inure [ɪnˈjʊr] *tr* acostumbrar, endurecer, aguerrir ‖ *intr* ponerse en efecto; **to inure to** redundar en
inv. *abbr* **inventor, invoice**
invade [ɪnˈved] *tr* invadir
invader [ɪnˈvedər] *s* invasor *m*
invalid [ɪnˈvælɪd] *adj* inválido (*nulo, de ningún valor*) ‖ [ˈɪnvəlɪd] *adj* inválido (*por viejo o por enfermo*) ‖ [ˈɪnvəlɪd] *s* inválido
invalidate [ɪnˈvælɪˌdet] *tr* invalidar
invalidity [ˌɪnvəˈlɪdɪti] *s* invalidez *f*
invaluable [ɪnˈvæljuˌəbəl] *adj* inestimable, inapreciable
invariable [ɪnˈvɛrɪ·əbəl] *adj* invariable
invasion [ɪnˈveʒən] *s* invasión
invective [ɪnˈvɛktɪv] *s* invectiva
inveigh [ɪnˈve] *intr*—**to inveigh against** lanzar invectivas contra
inveigle [ɪnˈvegəl] o [ɪnˈvigəl] *tr* engatusar
invent [ɪnˈvɛnt] *tr* inventar
invention [ɪnˈvɛnʃən] *s* invención, invento
inventive [ɪnˈvɛntɪv] *adj* inventivo
inventiveness [ɪnˈvɛntɪvnɪs] *s* inventiva
inventor [ɪnˈvɛntər] *s* inventor *m*
invento·ry [ˈɪnvənˌtori] *s* (*pl* **-ries**) inventario; stock *m* ‖ *v* (*pret* & *pp* **-ried**) *tr* inventariar
inverse [ɪnˈvʌrs] *adj* inverso
inversion [ɪnˈvʌrʒən] o [ɪnˈvʌrʃən] *s* inversión
invert [ˈɪnvʌrt] *s* invertido ‖ [ɪnˈvʌrt] *tr* invertir
invertebrate [ɪnˈvʌrtɪˌbret] o [ɪnˈvʌrtɪbrɪt] *adj* & *s* invertebrado
inverted exclamation point *s* principio de admiración
inverted question mark *s* principio de interrogación
invest [ɪnˈvɛst] *tr* (*to vest, to install*) investir; invertir (*dinero*); (*to besiege*) cercar, sitiar; (*to surround, envelop*) cubrir, envolver
investigate [ɪnˈvɛstɪˌget] *tr* investigar
investigation [ɪnˌvɛstɪˈgeʃən] *s* investigación
investment [ɪnˈvɛstmənt] *s* (*of money*) inversión; (*with an office or dignity*) investidura; (*siege*) cerco, sitio
investment capital *s* capital *m* de inversión
investor [ɪnˈvɛstər] *s* inversionista *mf*; inversor *m*
inveterate [ɪnˈvɛtərɪt] *adj* inveterado, empedernido
invidious [ɪnˈvɪdɪ·əs] *adj* irritante, odioso, injusto
invigorate [ɪnˈvɪgəˌret] *tr* vigorizar
invigorating [ɪnˈvɪgəˌretɪŋ] *adj* vigorizador, vigorizante
invincible [ɪnˈvɪnsɪbəl] *adj* invencible
invisible [ɪnˈvɪzɪbəl] *adj* invisible
invisible ink *s* tinta simpática
invitation [ˌɪnvɪˈteʃən] *s* invitación, convite *m*
invite [ɪnˈvaɪt] *tr* invitar, convidar
inviting [ɪnˈvaɪtɪŋ] *adj* atractivo, seductor; (*e.g., food*) apetitoso
invoice [ˈɪnvɔɪs] *s* factura; **as per invoice** según factura ‖ *tr* facturar

in
in

invoke [ɪn'vok] *tr* invocar; evocar, conjurar (*p.ej.*, *los demonios*)

involuntary [ɪn'vɑlən,tɛri] *adj* involuntario

involution [,ɪnvə'luʃən] *s* (math) elevación a potencias, potenciación

involve [ɪn'vɑlv] *tr* envolver, comprometer

invulnerable [ɪn'vʌlnərəbəl] *adj* invulnerable

inward ['ɪnwərd] *adj* interior ‖ *adv* interiormente, hacia dentro

iodide ['aɪ•ə,daɪd] *s* yoduro

iodine ['aɪ•ə,din] *s* yodo ‖ ['aɪ•ə,daɪn] *s* tintura de yodo

ion ['aɪ•ən] o ['aɪ•ɑn] *s* ion *m*

ionize ['aɪ•ə,naɪz] *tr* ionizar

ionosphere [aɪ'ɑnə,sfɪr] *s* ionosfera

IOU ['aɪ,o'ju] *s* (letterword) pagaré *m*

I.Q. ['aɪ'kju] *abbr* & *s* (letterword) **intelligence quotient**

Iran [ɪ'rɑn] o [aɪ'ræn] *s* el Irán

Iranian [ɪ'reni•ən] o [aɪ'renɪ•ən] *adj* & *s* iranés *m* o iranio

Iraq [ɪ'rɑk] *s* el Irak

Ira•qi [ɪ'rɑki] *adj* iraqués o iraquiano ‖ *s* (*pl* -**qis**) iraqués *m* o iraquiano

irate ['aɪret] o [aɪ'ret] *adj* airado

ire [aɪr] *s* ira, cólera

Ireland ['aɪrlənd] *s* Irlanda

iris ['aɪrɪs] *s* (*of the eye*) iris *m;* (*rainbow*) iris, arco iris; (bot) lirio

Irish ['aɪrɪʃ] *adj* irlandés ‖ *s* (*language*) irlandés *m;* whisky *m* de Irlanda; **the Irish** los irlandeses

Irish•man ['aɪrɪʃmən] *s* (*pl* -**men** [mən]) irlandés *m*

Irish stew *s* guisado de carne con patatas y cebollas

I'rish•wom'an *s* (*pl* -**wom'en**) irlandesa

irk [ʌrk] *tr* fastidiar, molestar

irksome ['ʌrksəm] *adj* fastidioso, molesto

iron ['aɪ•ərn] *adj* férreo ‖ *s* hierro; (*implement used to press or smooth clothes*) plancha; **irons** (*fetters*) hierros, grilletes *mpl;* **strike while the iron is hot** a hierro caliente batir de repente ‖ *tr* planchar (*la ropa*); **to iron out** allanar (*una dificultad*)

i'ron-bound' *adj* zunchado con hierro; (*unyielding*) férreo, duro, inflexible; (*rockbound*) escabroso, rocoso

ironclad ['aɪ•ərn'klæd] *adj* acorazado, blindado; inflexible, exigente

iron curtain *s* (fig) telón *m* de hierro, cortina de hierro

iron digestion *s* estómago de avestruz

ironhanded ['aɪ•ərn,hændɪd] *adj* severo; rigoroso; de mano férrea

iron horse *s* (coll) locomotora

ironic(al) [aɪ'rɑnɪk(əl)] *adj* irónico

ironing ['aɪ•ərnɪŋ] *s* planchado; ropa planchada; ropa por planchar

ironing board *s* tabla de planchar

iron lung *s* pulmón *m* de acero o de hierro

i'ron•ware' *s* ferretería

iron will *s* voluntad de hierro

i'ron•work' *s* herraje *m;* **ironworks** ferrería, herrería

i'ron•work'er *s* herrero de grueso; (*metalworker*) cerrajero

iro•ny ['aɪrəni] *s* (*pl* -**nies**) ironía

irradiate [ɪ'redɪ,et] *tr* irradiar; (med) someter a radiación ‖ *intr* irradiar

irrational ['ɪræʃənəl] *adj* irracional

irrecoverable [,ɪrɪ'kʌvərəbəl] *adj* incobrable, irrecuperable

irredeemable [,ɪrɪ'diməbəl] *adj* irredimible

irrefutable [,ɪrɪ'fjutəbəl] o [ɪ'rɛfjutəbəl] *adj* irrebatible

irregular [ɪ'rɛgələr] *adj* irregular ‖ *s* (mil) irregular *m*

irrelevance [ɪ'rɛləvəns] *s* impertinencia, inaplicabilidad

irrelevant [ɪ'rɛləvənt] *adj* impertinente, inaplicable; irrelevante

irreligious [,ɪrɪ'lɪdʒəs] *adj* irreligioso

irremediable [,ɪrɪ'midɪ•əbəl] *adj* irremediable

irremovable [,ɪrɪ'muvəbəl] *adj* inamovible

irreparable [ɪ'rɛpərəbəl] ɪadj irreparable

irreplaceable [,ɪrɪ'plesəbəl] *adj* insustituíble, irreemplazable

irrepressible [,ɪrɪ'prɛsɪbəl] *adj* irreprimible, incontenible

irreproachable [,ɪrɪ'protʃəbəl] *adj* irreprochable

irresistible [,ɪrɪ'zɪstɪbəl] *adj* irresistible

irrespective [,ɪrɪ'spɛktɪv] *adj* — **irrespective of** sin hacer caso de, independiente de

irresponsible [,ɪrɪ'spɑnsɪbəl] *adj* irresponsable

irretrievable [,ɪrɪ'trivəbəl] *adj* irrecuperable

irreverent [ɪ'rɛvərənt] *adj* irreverente

irrevocable [ɪ'rɛvəkəbəl] *adj* irrevocable

irrigate ['ɪrɪ,get] *tr* irrigar

irrigation [,ɪrɪ'geʃən] *s* irrigación

irritant ['ɪrɪtənt] *adj* & *s* irritante *m*

irritate ['ɪrɪ,tet] *tr* irritar

irruption [ɪ'rʌpʃən] *s* irrupción

is. *abbr* **island**

isinglass ['aɪzɪŋ,glæs] o ['aɪzɪŋ,glɑs] *s* (*form of gelatine*) cola de pescado, colapez *f;* mica

isl. *abbr* **island**

Islam ['ɪsləm] o [ɪs'lɑm] *s* el Islam

island ['aɪlənd] *adj* isleño ‖ *s* isla

islander ['aɪləndər] *s* isleño

isle [aɪl] *s* isleta

isolate ['aɪsə,let] aislar

isolated ['aɪsə,letɪd] *adj* aislado; insulado; alejado

isolation [,aɪsə'leʃən] *s* aislamiento

isolationist [,aɪsə'leʃənɪst] *s* aislacionista *mf*

isometric [,aɪsə'mɛtrɪk] *adj* isométrico

isometrics *s* isométrica

isosceles [aɪ'sɑsə,liz] *adj* isosceles

isotope ['aɪsə,top] *s* isótopo

Israe•li [iz'reli] *adj* israelí ‖ *s* (*pl* -**lis** [liz]) israelí *mf*

Israelite ['ɪzrɪ•ə,laɪt] *adj* & *s* israelita *mf*

issuance ['ɪʃu•əns] *s* emisión, expedición

issue ['ɪʃu] *s* (*outgoing; outlet*) salida; (*result*) consecuencia, resultado; (*offspring*) descendencia, sucesión; (*of a magazine*) edición, impresión, tirada, número; (*e.g.*, *of a bond*) emisión; (*yield, profit*) beneficios, producto; punto en disputa; (*distribution*) repartida; (pathol) flujo; **at issue** en disputa; **to face the issue** afrontar la situación; **to force the issue** forzar la solución; **to take issue with** llevar la contraria a ‖ *tr* publicar, dar a luz (*un nuevo libro, una revista, etc.*); emitir, expedir (*títulos, obligaciones, etc.*); distribuir (*ropa, alimento*) ‖ *intr* salir; **to issue from** provenir de

isthmus [ˈɪsməs] *s* istmo

it [ɪt] *pron pers* (aplícase a cosas inanimadas, a niños de teta, a animales cuyo sexo no se conoce; y muchas veces no se traduce) él, ella; lo, la; **it is I** soy yo; **it is snowing** nieva; **it is three o'clock** son las tres

ital. *abbr* **italics**

Ital. *abbr* **Italian, Italy**

Italian [ɪˈtæljən] *adj & s* italiano

italic [ɪˈtælɪk] *adj* (typ) itálico ‖ **italics** *s* (typ) itálica, bastardilla ‖ **Italic** *adj* itálico

italicize [ɪˈtælɪ,saɪz] *tr* imprimir en bastardilla; subrayar

Italy [ˈɪtəli] *s* Italia

itch [ɪtʃ] *s* comezón *f*; (pathol) sarna; (*eager-

ness) (fig) comezón, prurito ‖ *tr* dar comezón a ‖ *intr* picar; **to itch to** tener prurito por

itch·y [ˈɪtʃi] *adj* (*comp* **-ier;** *super* **-iest**) picante, hormigoso; (pathol) sarnoso

item [ˈaɪtəm] *s* artículo; noticia, suelto; (*in an account*) partida

itemization [,aɪtəmaɪˈzeʃən] *s* rubricación

itemize [ˈaɪtə,maɪz] *tr* particularizar, especificar, pormenorizar

itinerant [aɪˈtɪnərənt] o [ɪˈtɪnərənt] *adj* ambulante, errante ‖ *s* viandante *mf*

itinerar·y [aɪˈtɪnə,rɛri] o [ɪˈtɪnə,rɛri] *adj* itinerario ‖ *s* (*pl* **-ies**) itinerario

its [ɪts] *adj poss* su ‖ *pron poss* el suyo; suyo

itself [ɪtˈsɛlf] *pron pers* mismo; sí, sí mismo; se

ivied [ˈaɪvid] *adj* cubierto de hiedra

ivo·ry [ˈaɪvəri] *adj* marfileño ‖ *s* (*pl* **-ries**) marfil *m;* **ivories** (slang) teclas del piano; (slang) bolas de billar; (*dice*) (slang) dados; (slang) dientes *mpl*

ivory tower *s* (fig) torre *f* de marfil; (fig) inocencia

ivy [ˈaɪvi] *s* (*pl* **-ies**) hiedra

J

J, j [dʒe] *s* décima letra del alfabeto inglés

J. *abbr* **Judge, Justice**

jab [dʒæb] *s* hurgonazo; (*prick*) pinchazo; (*with elbow*) codazo ‖ *v* (*pret & pp* **jabbed;** *ger* **jabbing**) *tr* hurgonear; dar un codazo a ‖ *intr* hurgonear

jabber [ˈdʒæbər] *s* chapurreo ‖ *tr & intr* chapurrear

jabot [dʒæˈbo] o [ˈdʒæbo] *s* chorrera

jack [dʒæk] *s* (*for lifting heavy objects*) gato, cric *m;* (*fellow*) mozo, sujeto, (*jackass*) asno, burro; (*in card games*) sota, valet *m;* (*small ball for bowling*) boliche *m;* (*jackstone*) cantillo; (*device for turning a spit*) torno de asador; (*figure which strikes a clock bell*) jaquemar *m;* (*to remove a boot*) sacabotas *m;* marinero; (*flag at the bow*) (naut) yac *m;* (rad & telv) jack *m;* (elec) caja de enchufe; (slang) dinero; **every man Jack** cada hijo de vecino; **jacks** cantillos, juego de los cantillos ‖ *tr* — **to jack up** alzar con el gato; (coll) subir (*sueldos, precios, etc.*); (coll) recordar su obligación a

jackal [ˈdʒækəl] *s* chacal *m*

jackanapes [ˈdʒækə,neps] *s* mequetrefe *m*

jack'ass' *s* asno, burro

jack'daw' *s* corneja

jacket [ˈdʒækɪt] *s* chaqueta; (*folded paper*) cubierta, envoltura; (*paper cover of a book*) sobrecubierta; (*metal casing*) camisa

jack'ham'mer *s* martillo perforador

jack'-in-the-box' *s* caja de sorpresa, jugete-

sorpresa *m*, muñeco en una caja de resorte

jack'knife' *s* (*pl* **-knives'**) navaja de bolsillo; (*fancy dive*) salto de carpa

jack of all trades *s* hombre que hace toda clase de oficios dije *m*

jack-o'-lantern [ˈdʒækə,læntərn] *s* fuego fatuo; linterna hecha con una calabaza cortado de modo que remede una cabeza humana

jack pot *s*—**to hit the jack pot** (slang) ponerse las botas

jack rabbit *s* liebre grande norteamericana

jack'screw' *s* cric *m* o gato de tornillo

jack'stone' *s* cantillo, **jackstones** cantillos, juego de los cantillos

jack'-tar' *s* (coll) marinero

jade [dʒed] *adj* verdoso como el jade ‖ *s* (*ornamental stone*) jade *m;* verde *m* de jade; (*worn-out horse*) jamelgo; picarona, mujerzuela ‖ *tr* cansar, ahitar, saciar

jaded [ˈdʒedɪd] *adj* ahito, saciado

jag [dʒæg] *s* diente *m*, púa; **to have a jag on** (slang) estar borracho

jagged [ˈdʒægɪd] *adj* dentado, mellado; rasgado en sietes

jaguar [ˈdʒægwar] *s* jaguar *m*

jail [dʒel] *s* cárcel *f;* **to break jail** escaparse de la cárcel ‖ *tr* encarcelar

jail'bird' *s* (coll) preso, encarcelado; (coll) infractor *m* habitual

jail'break' *s* escapatoria de la cárcel

jail delivery *s* evasión de la cárcel

jailer [ˈdʒelər] *s* carcelero

jalop•y [dʒə'lɑpi] s (pl **-ies**) automóvil viejo y ruinoso

jam [dʒæm] s apiñadura, apretura; (e.g., in traffic) embotellamiento, bloqueo; (preserve) compota, conserva; (difficult situation) (coll) aprieto, apuros ‖ v (pret & pp jammed; ger jamming) tr apiñar, apretujar; machucarse (p.ej., un dedo); (rad) perturbar, sabotear; **to jam on the brakes** frenar de golpe

Jamaican [dʒə'mekən] adj & s jamaicano; jamaiquino (Am)

jamb [dʒæm] s jamba

jamboree [,dʒæmbɔ'ri] s (coll) francachela, holgorio; reunión de niños exploradores

jamming ['dʒæmɪŋ] s radioperturbación

jam nut s contratuerca

jam-packed ['dʒæm'pækt] adj (coll) apiñado, apretujado, atestado

jam session s reunión de músicos de jazz para tocar improvisaciones

jangle ['dʒæŋgəl] s cencerreo; altercado, riña ‖ tr hacer sonar con ruido discordante ‖ intr cencerrear; reñir

janitor ['dʒænɪtər] s portero, conserje m

janitress ['dʒænɪtrɪs] s portera

January ['dʒænju,ɛri] s enero

Ja•pan [dʒə'pæn] s laca japonesa; obra japonesa laqueada; aceite m secante japonés ‖ v (pret & pp **-panned;** ger **-panning**) tr barnizar, charolar, laquear con laca japonesa ‖ **Japan** s el Japón

Japa•nese [,dʒæpə'niz] adj japonés ‖ s (pl **-nese**) japonés m

Japanese beetle s escarabajo japonés

Japanese lantern s farolillo veneciano

Japanese persimmon s caqui m

jar [dʒɑr] s tarro; (e.g., of olives) frasco; (of a storage battery) recipiente m; (jolt) sacudida; ruido desapacible; sorpresa desagradable; **on the jar** (said of a door) entreabierto, entornado ‖ v (pret & pp **jarred;** ger **jarring**) tr sacudir; chocar; (with a noise) traquetear ‖ intr sacudirse; traquetear; disputar; **to jar on** irritar

jardiniere [,dʒɑrdɪ'nɪr] s (stand) jardinera; (pot, bowl) florero

jargon ['dʒɑrgən] s jerga, jerigonza

jasmine ['dʒæsmɪn] s jazmín m

jasper ['dʒæspər] s jaspe m

jaundice ['dʒɔndɪs] o ['dʒɑndɪs] s ictericia; (fig) envidia, celos, negro humor

jaundiced ['dʒɔndɪst] o ['dʒɑndɪst] adj ictericiado; (fig) avinagrado

jaunt [dʒɔnt] o [dʒɑnt] s caminata, excursión, paseo

jaun•ty ['dʒɔnti] o ['dʒɑnti] adj (comp **-tier;** super **-tiest**) airoso, gallardo, vivo; elegante, de buen gusto

Java•nese [,dʒævə'niz] adj javanés ‖ s (pl **-nese**) javanés m

javelin ['dʒævlɪn] o ['dʒævələn] s jabalina

jaw [dʒɔ] s mandíbula, quijada; **into the jaws of death** a las garras de la muerte; **jaws** boca, garganta ‖ tr (slang) regañar ‖ intr (slang) regañar; (slang) chacharear, chismear

jaw'bone' s mandíbula, quijada

jaw'break'er s (word) (coll) trabalenguas m; (candy) (coll) hinchabocas m; (mach) trituradora de quijadas

jay [dʒe] s (orn) arrendajo; (coll) tonto, necio

jay'walk' intr (coll) cruzar la calle descuidadamente

jay'walk'er s (coll) peatón descuidado

jazz [dʒæz] s (mus) jazz m; (coll) animación, viveza ‖ tr—**to jazz up** (coll) animar, dar viveza a

jazz band s orquesta de jazz

J.C. abbr **Jesus Christ, Julius Caesar**

jct. abbr **junction**

jealous ['dʒɛləs] adj celoso; envidioso; (watchful in keeping or guarding something) solícito, vigilante

jealous•y ['dʒɛləsi] s (pl **-ies**) celosía, celos; envidia; solicitud, vigilancia

jean [dʒin] s dril m; **jeans** pantalones mpl de dril

Jeanne d'Arc [,ʒɑn'dɑrk] s Juana de Arco

jeep [dʒip] s jip m, pequeño automóvil de propulsión total

jeer [dʒɪr] s befa, mofa, vaya ‖ tr befar ‖ intr mofarse; **to jeer at** befar, mofarse de

jelab [dʒə'lɑb] s chilaba

jell [dʒɛl] s jalea ‖ intr (to become jellylike) cuajarse; (to take hold, catch on) (fig) cuajar

jel•ly ['dʒɛli] s (pl **-lies**) jalea ‖ v (pret & pp) tr convertir en jalea ‖ intr convertirse en jalea

jel'ly•bean' s frutilla

jel'ly•fish' s aguamala, medusa; (weak person) (coll) calzonazos m

jeopardize ['dʒɛpər,daɪz] tr arriesgar, exponer, poner en peligro

jeopardy ['dʒɛpərdi] s riesgo, peligro

jeremiad [,dʒɛrɪ'maɪ•æd] s jeremiada

Jericho ['dʒɛrɪ,ko] s Jericó

jerk [dʒʌrk] s arranque m, estirón m, tirón m; tic m, espasmo muscular; **by jerks** a sacudidas ‖ tr mover de un tirón; arrojar de un tirón; atasajar (carne) ‖ intr avanzar a tirones

jerked beef s tasajo

jerkin ['dʒʌrkɪn] s jubón m, justillo

jerk'wa'ter train s (coll) tren de ferrocarril económico

jerk•y ['dʒʌrki] adj (comp **-ier;** super **-iest**) (road; style) desigual; que va dando tumbos, que anda a tirones

jersey ['dʒʌrsi] s jersey m, chaqueta de punto

Jerusalem [dʒɪ'rusələm] s Jerusalén

jest [dʒɛst] s broma, chanza, chiste m; cosa de risa; **in jest** en broma ‖ intr bromear

jester ['dʒɛstər] s bromista mf, burlón m; (professional fool of medieval rulers) bufón m

Jesuit ['dʒɛʒʊ•ɪt] o ['dʒɛzj,•ɪt] adj & s jesuíta m

Jesuitic(al) [,dʒɛʒʊ'ɪtɪk(əl)] o [,dʒɛzjʊ'ɪtɪk(əl)] adj jesuítico

Jesus ['dʒizəs] s Jesús m

Jesus Christ s Jesucristo

jet [dʒɛt] *adj* de azabache; azabachado ‖ *s* (*of a fountain*) surtidor *m;* (*of gas*) mechero; (*stream shooting forth from nozzle, etc.*) chorro; avión *m* a reacción, avión de chorro; (*hard black mineral; lustrous black*) azabache *m* ‖ *v* (*pret & pp* **jetted;** *ger* **jetting**) *tr* arrojar en chorro ‖ *intr* chorrear, salir en chorro; volar en avión de chorro

jet age *s* era de los aviones de chorro
jet'-black' *adj* azabachado
jet bomber *s* bombardero de reacción a chorro
jet coal *s* carbón *m* de bujía, carbón de llama larga
jet engine *s* motor *m* a chorro, motor de reacción
jet fighter *s* caza *m* de reacción, cazarreactor *m*
jet'lin'er *s* avión *m* de travesía con propulsión a chorro
jet plane *s* avión *m* de chorro
jet propulsion *s* propulsión a chorro, propulsión de escape
jetsam [ˈdʒɛtsəm] *s* (naut) echazón *f;* cosas desechadas
jet set *s* gente acomodada que viajan mucho por avión
jet stream *s* escape *m* de un motor cohete; (meteor) chorros de viento (*que soplan de oeste a este a la altura de 10 kilómetros*)
jettison [ˈdʒɛtɪsən] *s* (naut) echazón *f* ‖ *tr* (naut) echar al mar; desechar, rechazar
jettison gear *s* (aer) lanzador *m*
jet·ty [ˈdʒɛti] *s* (*pl* **-ties**) (*structure projecting into sea to protect harbor*) escollera, malecón *m;* (*wharf*) muelle *m,* desembarcadero
Jew [dʒu] *s* judío
jewel [ˈdʒu·əl] *s* piedra preciosa; (*valuable personal ornament*) alhaja, joya; (*of a watch*) rubí *m;* (*article of costume jewelry*) joya de imitación; (*highly prized person or thing*) alhaja, joya
jewel case *s* guardajoyas *m,* estuche *m,* joyero
jeweler o **jeweller** [ˈdʒu·ələr] *s* joyero; relojero
jewelry [ˈdʒu·əlri] *s* joyería, joyas
jewelry shop *s* joyería; relojería
Jewess [ˈdʒu·ɪs] *s* judía
jew'fish' *s* mero
Jewish [ˈdʒu·ɪʃ] *adj* judío
Jew·ry [ˈdʒu·ri] *s* (*pl* **-ries**) judería
jews'-harp o **jew's-harp** [ˈdjuz,harp] *s* birimbao
jib [dʒɪb] *s* (*of a crane*) aguilón *m,* pescante *m;* (naut) foque *m*
jib boom *s* (naut) botalón *m* de foque
jibe [dʒaɪb] *s* remoque *m,* mofa ‖ *intr* mofarse; (coll) concordar (*dos cosas*); **to jibe at** mofarse de
jif·fy [ˈdʒɪfi] *s* (*pl* **-fies**)—**in a jiffy** (coll) en un santiamén
jig [dʒɪg] *s* (*dance and music*) giga; **the jig is up** (slang) ya se acabó todo, estamos perdidos

jigger [ˈdʒɪgər] *s* (*for fishing*) anzuelo de cuchara; (*for separating ore*) criba de vaivén; (*flea*) nigua; (*gadget*) cosilla, chisme *m,* dispositivo; vasito para medir el licor de un coctel (*onza y media*)
jiggle [ˈdʒɪgəl] *s* zangoloteo ‖ *tr* zangolotear ‖ *intr* zangolotearse
jig saw *s* sierra de vaivén
jig'saw' puzzle *s* rompecabezas *m* (*figura que ha sido cortada caprichosamente en trozos menudos y que hay que recomponer*)
jilt [dʒɪlt] *tr* dar calabazas a (*un novio*)
jim·my [ˈdʒɪmi] *s* (*pl* **-mies**) palanqueta ‖ *v* (*pret & pp* **-mied**) *tr* forzar con palanqueta; **to jimmy open** abrir con palanqueta
jingle [ˈdʒɪngəl] *s* (*small bell*) cascabel *m;* (*of tambourine*) sonaja; (*sound*) cascabeleo; rima infantil; (rad) anuncio rimado y cantado ‖ *tr* hacer sonar ‖ *intr* cascabelear
jin·go [ˈdʒɪngo] *adj* jingoísta ‖ *s* (*pl* **-goes**) jingoísta *mf;* **by jingo!** (coll) ¡caramba!
jingoism [ˈdʒɪngo,ɪzəm] *s* jingoísmo
jinx [dʒɪŋks] *s* gafe *m* ‖ *tr* (coll) traer mala suerte a
jitters [ˈdʒɪtərz] *spl* (coll) inquietud, nerviosidad; **to give the jitters to** (coll) poner nervioso; **to have the jitters** (coll) ponerse nervioso
jittery [ˈdʒɪtəri] *adj* (coll) nervioso
Joan of Arc [ˈdʒon əv ˈark] *s* Juana de Arco
job [dʒab] *s* (*piece of work*) trabajo; (*task, chore*) quehacer *m,* tarea; (*work done by contract*) destajo; (*employment*) empleo, oficio; (coll) robo; **by the job** a destajo; **on the job** trabajando de aprendiz; (slang) vigilante, atento a sus obligaciones; **to be out of a job** estar desocupado, estar sin trabajo; **to lie down on the job** (slang) echarse en el surco, estirar la pierna
job analysis *s* análisis *m* ocupacional
jobber [ˈdʒabər] *s* comerciante medianero; (*pieceworker*) destajero; (*dishonest official*) agiotista *m*
job'hold'er *s* empleado; (*in the government*) burócrata *mf*
jobless [ˈdʒablɪs] *adj* desocupado, sin empleo
job lot *s* saldo de mercancías
job market *s* oportunidades *fpl* de empleo
job printer *s* impresor *m* de remiendos
job printing *s* remiendo
job security *s* garantía de empleo continuo
jock [dʒak] *s* (slang) atleta *m*
jockey [ˈdʒaki] *s* jockey *m* ‖ *tr* montar (*un caballo*) en la pista; maniobrar; embaucar
jockstrap [ˈdʒak,stræp] *s* suspensorio (*para sostener el escroto*)
jocose [dʒoˈkos] *adj* jocoso
jocular [ˈdʒakjələr] *adj* jocoso, festivo
jodhpurs [ˈdʒadpərz] *spl* pantalones *mpl* de equitación
jog [dʒag] *s* golpecito; (*to the memory*) estímulo; trote corto ‖ *v* (*pret & pp* **jogged;** *ger* **jogging**) *tr* empujar levemente; estimular (*la memoria*) ‖ *intr*—**to jog along** avanzar al trote corto
jogging [ˈdʒagɪŋ] *s* trote *m* corto
jog trot *s* trote *m* de perro; (fig) rutina

john [dʒɑn] s (slang) retrete m; inodoro
John Bull s el inglés típico, el pueblo inglés
John Hancock ['hænkɑk] s (coll) la firma de uno
johnnycake ['dʒɑni,kek] s pan m de maíz
John'ny-come'-late'ly s recién llegado
John'ny-jump'-up' s (pansy) pensamiento, trinitaria, violeta
John'ny-on-the-spot' s (coll) el que está siempre presente y listo
John the Baptist s San Juan Bautista
join [dʒɔɪn] tr juntar, unir, ensamblar; asociarse a, unirse a; incorporarse a, ingresar en; abrazar (un partido); hacerse socio de (una asociación); alistarse en (el ejército); trabar (batalla); desaguar en (el océano) ‖ intr juntarse, unirse; confluir (p.ej., dos ríos)
joiner ['dʒɔɪnər] s carpintero; (coll) el que tiene la manía de incorporarse a muchas asociaciones
joint [dʒɔɪnt] s (in a pipe) empalme m, juntura, (of bones) articulación, juntura, coyuntura; (backbone of book) nervura; (hinge of book) cartivana; (in woodwork) emsambladura; (of meat) tajada; (marijuana) porro, puerro; (elec) empalme m; (gambling den) (slang) garito; (slang) restaurante m de mala muerte; **out of joint** desencajado, descoyuntado; (fig) en desorden, desbarajustado; **to throw out of joint** descoyuntarse (p.ej., el brazo)
joint account s cuenta en común
Joint Chiefs of Staff spl (U.S.A.) Estado mayor conjunto
jointly ['dʒɔɪntli] adv juntamente, en común
joint owner s condueño
joint session s sesión conjunta
joint'-stock' company s sociedad anónima, compañía por acciones
jointure ['dʒɔɪntʃər] s bienes mpl parafernales
joist [dʒɔɪst] s viga
joke [dʒok] s broma, chiste m; (trifling matter) cosa de reír; (person laughed at) bufón m, hazmerreír m; **no joke** cosa seria; **to tell a joke** contar un chiste, **to play a joke on** gastar una broma a ‖ tr—**to joke one's way into** conseguir (p.ej., un empleo) burla burlando ‖ intr bromear, hablar en broma; **joking aside** o **no joking** burlas aparte
joke book s libro de chistes
joker ['dʒokər] s bromista mf; (wise guy) sábelotodo; (playing card) comodín m; (hidden provision) cláusula engañadora
jol·ly ['dʒɑli] adj (comp **-lier;** super **-liest**) alegre, festivo ‖ adv (coll) muy, harto ‖ v (pret & pp **-lied**) tr (coll) candonguear
jolt [dʒolt] s sacudida ‖ tr sacudir ‖ intr dar tumbos
Jonah ['dʒonə] s Jonás m; (fig) ave f de mal agüero
jongleur ['dʒɑŋglər] s juglar m, trovador m
jonquil ['dʒɑŋkwɪl] s junquillo
Jordan ['dʒɔrdən] s (country) Jordania; (river) Jordán m
Jordan almond s almendra de Málaga

Jordanian [dʒɔr'denɪ•ən] adj & s jordano
josh [dʒɑʃ] tr (coll) dar broma a ‖ intr dar broma
jostle ['dʒɑsəl] s empellón m, empujón m ‖ tr empellar, empujar ‖ intr chocar, encontrarse; avanzar a fuerza de empujones o codazos
jot [dʒɑt] s—**I don't care a jot for** no se me da un bledo de s v (pret & pp **jotted;** ger **jotting**) tr—**to jot down** apuntar, anotar
jounce [dʒaʊns] s sacudida ‖ tr sacudir ‖ intr dar tumbos
journal ['dʒʌrnəl] s (newspaper) periódico; (magazine) revista; (daily record) diario; (com) libro diario; (naut) cuaderno de bitácora; (mach) gorrón m, muñón m
journalese [,dʒʌrnə'liz] s lenguaje periodístico
journalism ['dʒʌrnə,lɪzəm] s periodismo
journalist ['dʒʌrnəlɪst] s periodista mf
journalistic [,dʒʌrnə'lɪstɪk] adj periodístico
journey ['dʒʌrni] s viaje m ‖ intr viajar
journey·man ['dʒʌrnimən] s (pl **-men** [mən]) oficial m
joust [dʒʌst] o [dʒust] o [dʒaust] s justa ‖ intr justar
jovial ['dʒovɪ•əl] adj jovial
joviality [,dʒovɪ'ælɪti] s jovialidad
jowl [dʒaul] s (cheek) moflete m; (jawbone) quijada; (of cattle) papada; (of fowl) barba
joy [dʒɔɪ] s alegría, regocijo; **to leap with joy** saltar de gozo
joyful ['dʒɔɪfəl] adj alegre; **joyful over** gozoso con o de
joyless ['dʒɔɪlɪs] adj triste, sin alegría
joyous ['dʒɔɪ•əs] adj alegre
joy ride s (coll) paseo de recreo en coche; (coll) paseo alocado en coche
J.P. abbr **Justice of the Peace**
Jr. abbr **junior**
jubilant ['dʒubɪlənt] adj jubiloso
jubilation [,dʒubɪ'leʃən] s júbilo, viva alegría
jubilee ['dʒubɪ,li] s (jubilation) júbilo; aniversario; quincuagésimo aniversario; (eccl) jubileo
Judaism ['dʒude,ɪzəm] s judaísmo
judge [dʒʌdʒ] s juez m; **to be a good judge of** ser buen juez de o en ‖ tr & intr juzgar; **judging by** a juzgar por
judge advocate s (in the army) auditor m de guerra; (in the navy) auditor de marina
judgeship ['dʒʌdʒʃɪp] s judicatura
judgment ['dʒʌdʒmənt] s juicio; (legal decision) sentencia, fallo
judgment day s día m del juicio
judgment seat s tribunal m
judicature ['dʒudɪkətʃər] s judicatura
judicial [dʒu'dɪʃəl] adj judicial; (becoming a judge) crítico, juicioso
judicia·ry [dʒu'dɪʃɪ,ɛri] adj judicial ‖ s (pl **-ies**) (judges of a city, country, etc.) judicatura; (branch of government that administers justice) poder m judicial
judicious [dʒu'dɪʃəs] adj juicioso
jug [dʒʌg] s botija, jarra, cántaro; (jail) (slang) chirona

juggle [ˈdʒʌgəl] s juego de manos; (*trick, deception*) trampa ‖ *tr* hacer suertes con (*p.ej., bolas*); alterar fraudulentamente, falsear (*cuentas, documentos, etc.*); **to juggle away** escamotear ‖ *intr* hacer suertes; hacer trampas

juggler [ˈdʒʌglər] s malabarista *mf;* impostor *m*

juggling [ˈdʒʌglɪŋ] s juegos malabares

Jugoslav [ˈjugoˈslɑv] adj & s yugoeslavo

Jugoslavia [ˈjugoˈslɑvɪ•ə] s Yugoeslavia

jugular [ˈdʒʌgjələr] adj & s yugular *f*

juice [dʒus] s jugo, zumo; (*natural fluid of an animal body*) jugo; (slang) electricidad; (slang) gasolina; **to stew in one's own juice** (coll) freír en su aceite

juic•y [ˈdʒusi] adj (comp **-ier;** super **-iest**) jugoso, zumoso; (*interesting, spicy*) picante

jukebox [ˈdʒuk,bɑks] s tocadiscos *m* tragamonedas

julep [ˈdʒulɪp] s julepe *m*

julienne [,dʒuliˈɛn] s sopa juliana

July [dʒuˈlaɪ] s julio

jumble [ˈdʒʌmbəl] s revoltijo, masa confusa ‖ *tr* emburujar, revolver

jum•bo [ˈdʒʌmbo] adj (coll) enorme, colosal ‖ s (pl **-bos**) (*large clumsy person*) (coll) elefante *m;* (coll) objeto enorme

jump [dʒʌmp] s salto; (*in a parachute*) lanzamiento; (*of prices*) alza repentina; **to be always on the jump** (coll) andar siempre de aquí para allí; **to get** o **to have the jump on** (slang) ganar la ventaja a ‖ *tr* saltar; hacer saltar (*a un caballo*); (*in checkers*) comer; salir (*un tren*) fuera de (*el carril*) ‖ *intr* saltar; (*in a parachute from an airplane*) lanzarse; pasar del tope (*el carro de la máquina de escribir*); **to jump at** apresurarse a aceptar (*un convite*); apresurarse a aprovechar (*la oportunidad*); **to jump on** saltar a (*un tren*); (slang) regañar, criticar; **to jump over** saltar por, pasar de un salto; saltar (*la página de un libro*); **to jump to a conclusion** sacar una conclusión precipitadamente

jumper [ˈdʒʌmpər] s saltador *m;* blusa de obrero; **jumpers** traje holgado de juego para niños

jumping jack [ˈdʒʌmpɪŋ] s títere *m*

jump'ing-off' place s fin *m* del camino

jump seat s estrapontín *m*, traspuntín *m*

jump spark s (elec) chispa de entrehierro

jump suit s vestido unitario (*como de paracaidista*)

jump wire s (elec) alambre *m* de cierre

jump•y [ˈdʒʌmpi] adj (comp **-ier;** super **-iest**) saltón; asustadizo, nervioso

junc. abbr **junction**

junction [ˈdʒʌŋkʃən] s juntura, unión; (*of pieces of wood*) ensambladura; (*of two rivers*) confluencia; (*rail connection*) empalme *m;* (rr) estación de empalme

juncture [ˈdʒʌŋktʃər] s juntura, unión; (*time, occasion*) coyuntura; **at this juncture** a esta sazón, a estas alturas

June [dʒun] s junio

jungle [ˈdʒʌŋgəl] s jungla, selva; revoltijo, maraña

junior [ˈdʒunjər] adj menor, de menor edad; joven; del penúltimo año; hijo, p.ej., **John Jones, Junior** Juan Jones, hijo ‖ s menor *m;* socio menor; alumno del penúltimo año

junior college s escuela de estudios universitarios de primero y segundo años

junior high school s escuela intermedia entre la primaria y la secundaria

juniper [ˈdʒunɪpər] s enebro; (*red cedar*) cedro de Virginia

juniper berry s enebrina

junk [dʒʌŋk] s chatarra, hierro viejo; ropa vieja; (*useless stuff*) (coll) trastos viejos, baratijas viejas; (*old cable*) jarcia trozada; (*Chinese ship*) junco; (naut) carne salada ‖ *tr* (slang) echar a la basura; reducir a hierro viejo

junk dealer s chatarrero, chapucero

junket [ˈdʒʌŋkɪt] s manjar *m* de leche, cuajo y azúcar; (*outing*) viaje *m* de recreo; (*trip paid out of public funds*) jira ‖ *intr* hacer un viaje de recreo; ir de jira

junkie [ˈdʒʌŋki] s (slang) toxicómano, narcotómano, yonqui *m*

junk•man [ˈdʒʌŋk,mæn] s (pl **-men** [,mɛn]) chatarrero, chapucero; ropavejero, tripulante *m* de junco

junk room s leonera, trastera

junk shop o **junk store** s tienda de trastos viejos; baratío (CAm); barata (Col, Mex)

junk yard s chatarrería

juridical [dʒuˈrɪdɪkəl] adj jurídico

jurisdiction [,dʒurɪsˈdɪkʃən] s jurisdicción

jurisprudence [,dʒurɪsˈprudəns] s jurisprudencia

jurist [ˈdʒurɪst] s jurista *mf*

juror [ˈdʒurər] s (*individual*) jurado

ju•ry [ˈdʒuri] s (pl **-ries**) (*group*) jurado

jury box s tribuna del jurado

jury•man [ˈdʒurimən] s (pl **-men** [mən]) (*individual*) jurado

jury-rig [ˈdʒuri,rɪg] v (pret & pp **-rigged;** ger **-rigging**) *tr* (naut) aparejar temporariamente

Jus. P. abbr **justice of the peace**

just [dʒʌst] adj justo ‖ adv justamente, justo; hace poco, apenas; sólo; (coll) absolutamente; **just** + pp acabado de + inf, p.ej., **just received** acabado de recibir; recién + pp, p.ej., **just arrived** recién llegado; **just as** como; en el momento en que; tal como, lo mismo que; **just beyond** un poco más allá (de); **just now** hace poco; ahora mismo; **just out** acabado de aparecer, recién publicado; **to have just** + pp acabar de + inf, p.ej., **I have just arrived** acabo de llegar; **I had just arrived** acababa de llegar

justice [ˈdʒʌstɪs] s justicia; (*judge*) juez *m;* (*just deserts*) premio merecido; **to bring to justice** aprehender y condenar por justicia; **to do justice to** hacer justicia a; apreciar debidamente

justice of the peace s juez *m* de paz

justifiable [ˈdʒʌstɪ,faɪ•əbəl] adj justificable

jo
ju

justi•fy [ˈdʒʌstɪˌfaɪ] v (pret & pp **-fied**) tr justificar; (typ) justificar

justly [ˈdʒʌstli] adj justamente, debidamente

jut [dʒʌt] v (pre & pp **jutted; ger jutting**) intr—**to jut out** resaltar, proyectarse

jute [dʒut] s yute m ‖ **Jute** m juto

Jutland [ˈdʒʌtlənd] s Jutlandia

juvenile [ˈdʒuvənɪl] o [ˈdʒuvəˌnaɪl] adj juvenil; para jóvenes ‖ s joven mf, mocito;

libro para niños; (theat) galán m, galancete m

juvenile court s tribunal m tutelar de menores

juvenile delinquency s delincuencia de menores

juvenile lead [lid] s (theat) papel m de galancete; (theat) galancete m

juvenilia [ˌdʒuvəˈnɪlɪ•ə] spl obras de juventud

juxtapose [ˌdʒʌkstəˈpoz] tr yuxtaponer

K

K, k [ke] undécima letra del alfabeto inglés

k. abbr **karat, kilogram**

K. abbr **King, Knight**

kale [kel] s col f, berza; (slang) dinero, pasta

kaleidoscope [keˈlaɪdəˌskop] s calidoscopio

kangaroo [ˌkæŋgəˈru] s canguro

kapok [ˈkepɑk] s capoc m, lana de ceiba

kaput [kəˈpʊt] adj (slang) roto; gastado; inútil

karate [kəˈrɑti] m karate m, karaté m

karate expert s karateka m

katydid [ˈketidɪd] s saltamontes m cuyo macho emite un sonido chillón

kayak [ˈkaɪæk] s kayak m

kc. abbr **kilocycle**

kedge [kɛdʒ] s (naut) anclote m

keel [kil] s quilla ‖ intr—**to keel over** (naut) dar de quilla; volcarse; (coll) desmayarse

keelson [ˈkɛlsən] o [ˈkilsən] s (naut) sobrequilla

keen [kin] adj (having a sharp edge) agudo, afilado; (sharp, cutting) mordaz, penetrante; (sharp-witted) sutil, astuto, perspicaz; (eager, much interested) entusiasta; intenso, vivo; (slang) maravilloso; **to be keen on** ser muy aficionado a

keep [kip] s manutención, subsistencia; (of medieval castle) torre f del homenaje; **for keeps** (coll) de veras; (coll) para siempre; **to earn one's keep** (coll) ganarse la vida ‖ v (pret & pp **kept** [kɛpt] tr guardar, conservar; (deciding to make a purchase) quedarse con; cumplir, guardar (su palabra, su promesa); llevar (cuentas); apuntar (los tantos); tener (criados, caballos, huéspedes); cultivar (una huerta); dirigir (un hotel, una escuela); celebrar (una fiesta); hacer tardar (a una persona); **to keep away** tener alejado; **to keep back** retener; beberse (las lágrimas); reservar, no divulgar; **to keep down** reprimir; reducir (los gastos) al mínimo; **to keep** (a person) **from** + ger no dejarle (a una persona) + inf; **to keep in** no dejar salir; **to keep off** tener a distancia; no dejar penetrar (p.ej., la lluvia); evitar (p.ej., el polvo); **to keep out** no dejar entrar; no dejar penetrar; **to keep someone informed**

(about) ponerle a uno al corriente (de); **to keep someone waiting** hacerle a uno esperar; **to keep up** mantener, conservar ‖ intr permanecer, quedarse; conservarse, no echarse a perder; **to keep** + ger seguir + ger; **to keep away** mantenerse a distancia; no dejarse ver; **to keep from** + ger abstenerse de + inf; **to keep informed** (about) ponerse al corriente (de); **to keep in with** (coll) congraciarse con, no perder el favor de; **to keep off** no acercarse a; no pisar (el césped); **to keep on** + ger seguir + ger; **to keep on with** continuar con; **to keep out** mantenerse fuera, no entrar; **to keep out of** no entrar en; no meterse en; evitar (el peligro); **to keep quiet** estarse quieto; **to keep** to seguir por, llevar (la derecha, la izquierda); **to keep to oneself** quedarse a solas; **to keep up** continuar; no rezagarse; **to keep up with** correr parejas con; llevar adelante, proseguir

keeper [ˈkipər] s guardián m, custodio; (of a game preserve) guardabosque m; (of a magnet) armadura, culata

keeping [ˈkipɪŋ] s custodia, cuidado; (of a holiday) celebración; **in keeping with** de acuerdo con, en armonía con; **in safe keeping** en lugar seguro, a buen recaudo; **out of keeping with** en desacuerdo con

keep'sake' s recuerdo

keg [kɛg] s cuñete m, cubeto

ken [kɛn] s alcance m de la vista, alcance del saber; **beyond the ken of** fuera del alcance de

kennel [ˈkɛnəl] s perrera

kep•i [ˈkepi] o [ˈkɛpi] s (pl **-is**) quepis m

kept woman [kɛpt] s entretenida, manceba

kerchief [ˈkʌrtʃɪf] s pañuelo, mantón m

kerchoo [kərˈtʃu] interj ¡ah-chís!

kernel [ˈkʌrnəl] s (inner part of a nut or fruit stone) almendra núcleo; (of wheat or corn) grano; (fig) medula

kerosene [ˈkɛrəˌsin] o [ˌkɛrəˈsin] s keroseno

kerosene lamp s lámpara de petróleo

kerplunk [kərˈplʌŋk] interj ¡pataplún!

ketchup [ˈkɛtʃəp] s salsa de tomate condimentada

kettle ['kɛtəl] s caldera, marmita; (*teakettle*) tetera

ket'tle-drum' s timbal *m*, tímpano

key [ki] *adj* clave ‖ s (*of door, trunk, etc.*) llave *f;* (*of piano, typewriter, etc.*) tecla; (*wedge or cotter used to lock parts together*) clavija, cuña, chaveta; (*reef or low island*) cayo; (bot) sámara; (*tone of voice*) tono; (mus) clave *f* o llave *f;* (telg) manipulador *m;* (*to a puzzle, secret, translation, code*) (fig) clave o llave; (*place giving control to a region*) (fig) llave *f;* (fig) persona principal; **off key** desafinado; desafinadamente ‖ *tr* acuñar, enchavetar; **to key up** alentar, excitar

key'board' s teclado

key fruit s sámara

key'hole' s ojo de la cerradura; (*of a clock*) agujero de cuerda

key money s pago ilícito al casero

key'note' s (mus) tónica, nota tónica; (fig) idea fundamental

keynote speech s discurso de apertura (*en que se expone el programa de un partido político*)

key'punch'er s perforista *mf*

key ring s llavero

key'stone' s clave *f*, espinazo; (fig) piedra angular

Key West s Cayo Hueso

key word s palabra clave

kg. *abbr* **kilogram**

K.G. *abbr* **Knight of the Garter**

kha•ki ['kɑki] o ['kæki] *adj* caqui ‖ s (*pl* -kis) caqui *m*

khedive [kə'div] s jedive *m*

kibitz ['kɪbɪts] *intr* (coll) dar consejos molestos a los jugadores

kibitzer ['kɪbɪtsər] s (coll) mirón molesto (*de una partida de juego*); (coll) entremetido

kiblah ['kɪblɑ] s alquibla

kibosh ['kaɪbɑʃ] o [kɪ'bɑʃ] s (coll) música celestial; **to put the kibosh on** (coll) desbaratar, imposibilitar

kick [kɪk] s puntapié *m;* (*of an animal*) coz *f;* (*of a gun*) coz, culatazo; (*complaint*) (slang) queja, protesta; (*of liquor*) (slang) fuerza, estímulo; (*thrill*) gusto, placer in tenso; **to get a kick out of** (slang) hallar mucho placer en ‖ *tr* acocear, dar de puntapiés a; sacudir (*los pies*); **to kick out** (coll) echar a puntapiés a la calle; (coll) echar, despedir; **to kick the bucket** (coll) morir; **to kick up a row** (slang) armar un bochinche ‖ *intr* cocear; dar culetazos (*un arma de fuego*); (coll) quejarse; **to kick about** (coll) quejarse de; **to kick against the pricks** dar coces contra el aguijón; **to kick off** (football) dar el golpe de salida

kick'back' s (coll) contragolpe *m;* (slang) devolución a un cómplice de una parte de lo robado

kick'off' s (football) golpe *m* de salida, puntapié *m* inicial

kid [kɪd] s (*young goat*) cabrito; (*leather*) cabritilla; (coll) chiquillo, chico; **kids** guantes *mpl* o zapatos de cabritilla ‖ *v* (*pret*

& *pp* **kidded;** *ger* **kidding**) *tr* (slang) embromar, tomar el pelo a; **to kid oneself** (slang) forjarse ilusiones ‖ *intr* (slang) decirlo en broma

kidder ['kɪdər] s (slang) bromista *mf*

kid gloves *spl* guantes *mpl* de cabritilla; **to handle with kid gloves** tratar con suma discreción o cautela

kid'nap' *v* (*pret* & *pp* **-naped** o **-napped;** *ger* **naping** o **-napping**) *tr* secuestrar

kidnaper o **kidnapper** ['kɪd,næpər] s secuestrador *m*, ladrón *m* de niños

kidney ['kɪdni] s riñon *m;* (coll) clase *f*, especie *f;* (coll) carácter *m*

kidney bean s judía

kidney stone s cálculo renal

kill [kɪl] s matanza; (*of a wild beast, an army, a pack of hounds*) ataque *m* final; (*creek*) arroyo, riachuelo; **for the kill** para el golpe final ‖ *tr* matar; ahogar (*un proyecto de ley*); quitar (*el sabor*); producir una impresión irresistible en

killer ['kɪlər] s matador *m*

killer whale s orca

killing ['kɪlɪŋ] *adj* matador; (*exhausting*) abrumador; (coll) muy divertido, de lo más ridículo ‖ s matanza; (*game killed on a hunt*) cacería, piezas; (coll) gran ganancia; **to make a killing** (coll) enriquecerse de golpe

kill'-joy' s aguafiestas *mf*

kiln [kɪl] o [kɪln] s horno

kil•o ['kɪlo] o ['kilo] s (*pl* -os) kilo, kilogramo; kilómetro

kilocycle ['kɪlə,saɪkəl] s kilociclo

kilogram ['kɪlə,græm] s kilogramo

kilometer ['kɪlə,mitər] s kilómetro (*distancia*); **kilometer** [kɪ'lɑmətər] s kilómetro (*instrumento*)

kilometric [,kɪlə'mɛtrɪk] *adj* kilométrico

kilowatt ['kɪlə,wɑt] s kilovatio

kilowatt-hour ['kɪlə,wɑt'aur] s (*pl* **kilowatt-hours**) kilovatio-hora

kilt [kɪlt] s enagüillas, falda corta

kilter ['kɪltər] s—**to be out of kilter** (coll) estar descompuesto

kimo•no [kɪ'monə] s (*pl* -nos) quimono

kin [kɪn] s (*family relationship*) parentesco; (*relatives*) deudos; **near of kin** muy allegado; **of kin** allegado; **the next of kin** el pariente más próximo, los parientes próximos

kind [kaɪnd] *adj* bueno, bondadoso; (*greeting*) afectuoso; **kind to** bueno para con ‖ s clase *f*, especie *f*, suerte *f*, género; **a kind of** uno a modo de; **all kinds of** (coll) gran cantidad de; **in kind** en especie; en la misma moneda; **kind of** (coll) algo, más bien; **of a kind** de una misma clase; (*poor, mediocre*) de poco valor, de mala muerte; **of the kind** por el estilo

kindergarten ['kɪndər,gɑrtən] s parvulario, escuela de párvulos, jardín *m* de la infancia

kindergartner ['kɪndər,gɑrtnər] s (*child*) párvulo; (*teacher*) parvulista *mf*

kind-hearted ['kaɪnd'hɑrtɪd] *adj* bondadoso, de buen corazón

kindle ['kɪndəl] *tr* encender ‖ *intr* encenderse
kindling ['kɪndlɪŋ] *s* encendajas
kindling wood *s* leña
kind·ly ['kaɪndli] *adj* (*comp* **-lier;** *super* **-liest**) (*kind-hearted*) bondadoso; apacible, benigno; favorable ‖ *adv* bondadosamente; cordialmente; con gusto; por favor; **to not take kindly to** no aceptar de buen grado
kindness ['kaɪndnɪs] *s* bondad; **have the kindness to** tenga Vd. la bondad de
kindred ['kɪndrɪd] *adj* emparentado; afín, semejante ‖ *s* parentela; semejanza, afinidad
Kinescope ['kɪnɪ,skop] *s* (trademark) cinescopio, kinescopio
kinetic [kɪ'nɛtɪk] *adj* cinético ‖ **kinetics** *s* cinética
kinetic energy *s* fuerza viva, energía cinética
kinfolk ['kɪn,fok] *s* (coll) pariente(s)
king [kɪŋ] *s* rey *m;* (cards, chess, & fig) rey; (checkers) dama
king'bolt' *s* pivote *m* central
kingdom ['kɪŋdəm] *s* reino
king'fish'er *s* martín *m* pescador
king·ly ['kɪŋli] *adj* (*comp* **-lier;** *super* **-liest**) real, regio; (*stately*) majestuoso ‖ *adv* regiamente
king'pin' *s* (bowling) bolo delantero; pivote *m* central; (aut) pivote de dirección; (coll) persona principal; (coll) jefe *m* de criminales
king post *s* pendolón *m*
king's evil *s* escrófula
kingship ['kɪŋ,ɪp] *s* dignidad real
king'-size' *adj* de tamaño largo
king's ransom *s* riquezas de Creso
kink [kɪŋk] *s* (*twist, e.g., in a rope*) enroscadura, coca; (*e.g., in hair*) pasa; (*soreness in neck*) torticolis *m;* (*flaw, difficulty*) estorbo, traba; (*mental twist*) chifladura, manía ‖ *tr* enroscar ‖ *intr* enroscarse
kink·y ['kɪŋki] *adj* (*comp* **-ier;** *super* **-iest**) encarrujado, ensortijado; (coll) perverso, raro
kinsfolk ['kɪnz,fok] *s* parentela, familia, deudos
kinship ['kɪnʃɪp] *s* parentesco; semejanza, afinidad
kins·man ['kɪnzmən] *s* (*pl* **-men** [mən]) pariente *m*
kins·woman ['kɪnz,wʊmən] *s* (*pl* **-women** [,wɪmɪn]) parienta
kipper ['kɪpər] *s* arenque acecinado, salmón acecinado ‖ *tr* acecinar (*el arenque o el salmón*)
kiss [kɪs] *s* beso; (billiards) retruco; (*confection*) dulce *m*, merengue *m* ‖ *tr* besar; **kiss away** borrar con besos (*las pensas de una persona*) ‖ *intr* besar; besarse; (billiards) retrucar
kit [kɪt] *s* cartera de herramientas; (*case and its contents for various purposes*) estuche *m;* (*of a soldier*) equipo, pertrechos; (*of a traveler*) equipaje *m;* (*pail, tub*) balde *m*
kitchen ['kɪtʃən] *s* cocina
kitchenette [,kɪtʃə'nɛt] *s* cocinilla
kitchen garden *s* huerto

kitch'en·maid' *s* ayudanta de cocina, pincha
kitchen police *s* (mil) trabajo de cocina; soldados que están de cocina
kitchen range *s* cocina económica
kitchen sink *s* fregadero; **everything but the kitchen sink** sin faltar apenas nada; completísimo
kitch'en-ware' *s* utensilios de cocina
kite [kaɪt] *s* cometa; (orn) milano; **to fly a kite** hacer volar una cometa
kith and kin [kɪθ] *spl* parientes *mpl;* parientes y amigos
kitten ['kɪtən] *s* gatito, minino
kittenish ['kɪtənɪʃ] *adj* juguetón, retozón; (*coy, flirtatious*) coquetón
kit·ty ['kɪti] *s* (*pl* **-ties**) gatito, minino; (*in card games*) polla, puesta ‖ *interj* ¡miz!
kleptomaniac [,klɛptə'mɛnɪ,æk] *s* cleptómano
km. *abbr* **kilometer**
knack [næk] *s* tino, tranquillo, maña
knapsack ['næp,sæk] *s* mochila
knave [nev] *s* bribón *m*, pícaro; (cards) sota
knaver·y ['nevəri] *s* (*pl* **-ies**) bribonería, picardía
knead [nid] *tr* amasar, sobar
knee [ni] *s* rodilla; (*of animal*) codillo; (*e.g., of trousers*) rodillera; (mach) ángulo, codo; **to bring** (*someone*) **to his knees** rendir, vencer; **to go down on one's knees** hincarse de rodillas, caer de rodillas; **to go down on one's knees to** implorar de rodillas
knee breeches ['brɪtʃɪz] *spl* pantalones cortos
knee'cap' *s* rótula; (*protective covering*) rodillera
knee'-deep' *adj* metido hasta las rodillas
knee'high' *adj* que llega hasta la rodilla
knee'-hole' *s* hueco para acomodar las rodillas
knee jerk *s* reflejo rotuliano
kneel [nil] *v* (*pret & pp* **knelt** [nɛlt] o **kneeled**) *intr* arrodillarse; estar de rodillas
knee'pad' *s* rodillera
knee'pan' *s* rótula
knee swell *s* (*of organ*) (mus) rodillera
knell [nɛl] *s* doble *m*, toque *m* de difuntos; mal agüero; **to toll the knell of** anunciar la muerte de, anunciar el fin de ‖ *intr* doblar, tocar a muerto; sonar tristemente
knickers ['nɪkərz] *spl* pantalones *mpl* de media pierna
knickknack ['nɪk,næk] *s* chuchería,bujería, baratija
knife [naɪf] *s* (*pl* **-knives** [naɪvz] cuchillo; (*of a paper cutter or other instrument*) cuchilla; **to go under the knife** (coll) hacerse operar ‖ *tr* acuchillar; (slang) traicionar
knife sharpener *s* afilador *m*, afilón *m*
knife switch *s* (elec) interruptor *m* de cuchilla
knight [naɪt] *s* caballero; (chess) caballo ‖ *tr* armar caballero
knight-errant ['naɪt'ɛrənt] *s* (*pl* **knights-errant**) caballero andante
knight-errant·ry ['naɪt'ɛrəntri] *s* (*pl* **-ries**) caballería andante; (*quixotic behavior*) quijotada

knighthood ['naɪt•hʊd] s caballería
knightly ['naɪtli] adj caballeroso, caballeresco
Knight of the Rueful Countenance s Caballero de la triste figura (Don Quijote)
knit [nɪt] v (pret & pp **knitted** o **knit;** ger **knitting**) tr tejer a punto de aguja; enlazar, unir; fruncir (las cejas) arrugar (la frente) ‖ intr hacer calceta, hacer malla; trabarse, unirse; soldarse (un hueso)
knit goods spl géneros de punto
knitting ['nɪtɪŋ] s punto de media, trabajo de punto
knitting machine s máquina de hacer tejidos de punto
knitting needle s aguja de hacer media
knit'wear' s géneros de punto
knob [nɑb] s (lump) bulto, protuberancia; (of a door) botón m, tirador m; (of a radio set) botón, perilla; (ornament on furniture) manzana; colina o montaña redondeada
knock [nɑk] s golpe m; (e.g., on a door) toque m, llamada; (with a door knocker) aldabazo; (of an internal-combustion engine) pistoneo; (slang) censura, crítica ‖ tr golpear; (repeatedly) golpetear; (slang) censurar, criticar; **to knock down** (with a blow, punch, etc.) derribar; (to the highest bidder) rematar; desarmar, desmontar (un aparato o máquina); **to knock off** hacer saltar con un golpe; suspender (el trabajo); poner fin a; (slang) matar; **to knock out** agotar; (box) poner fuera de combate ‖ intr tocar, llamar; golpear, pistonear (el motor de combustión interna); (slang) censurar, criticar; **to knock about** andar vagando; **to knock against** dar contra, tropezar con; **to knock at** tocar a, llamar a (la puerta); **to knock off** dejar de trabajar
knocker ['nɑkər] s (on a door) aldaba; (coll) criticón m
knock-kneed ['nɑk,nid] adj patizambo, zambo
knock'out' s golpe decisivo, puñetazo decisivo; (box) (el) fuera de combate; (elec) destapadero; real moza
knockout drops spl (slang) gotas narcóticas
knoll [nol] s loma, otero
knot [nɑt] s nudo; (worn as ornament) lazo; corrillo, grupo; (difficult matter; bond or tie) nudo; nudo o lazo de matrimonio; (protuberance in a fabric) envoltorio; (naut) nudo; **to tie the knot** (coll) casarse ‖ v (pret & pp **knotted;** ger **knotting**) tr anudar; fruncir (las cejas) ‖ intr anudarse
knot'hole' s agujero en la madera (que deja un nudo al desprenderse)
knot•ty ['nɑti] adj (comp **-tier;** super **-tiest**) nudoso; (fig) espinoso, difícil

know [no] s **—to be in the know** estar enterado, tener informes secretos ‖ v (pret **knew** [nju] o [nu]; pp **known**) tr & intr (by reasoning or learning) saber; (by the senses or by perception; through acquaintance or recognition) conocer; **as far as I know** que yo sepa; **to know about** saber de; **to know best** ser el mejor juez, saber lo que más conviene; **to know how to** + inf saber + inf; **to know it all** (coll) sabérselo todo; **to know what one is doing** obrar con conocimiento de causa; **to know what's what** (coll) saber cuántas son cinco; **you ought to know better** deberías tener vergüenza
knowable ['no•əbəl] adj conocible
know'-how' s conocimiento, destreza, habilidad
knowingly ['no•ɪŋli] adv a sabiendas, con conocimiento de causa; (on purpose) adrede
know'-it-all' adj & s (coll) sabidillo, sabelotodo mf
knowledge ['nɑlɪdʒ] s (faculty) ciencia, conocimientos, el saber; (awareness, acquaintance, familiarity) conocimiento; **to have a thorough knowledge of** conocer a fondo; **to my knowledge** que yo sepa; **to the best of my knowledge** según mi leal saber y entender; **with full knowledge** con conocimiento de causa; **without my knowledge** sin saberlo yo
knowledgeable ['nɑlɪdʒəbəl] adj (coll) conocedor, inteligente
know'-noth'ing s ignorante mf
knuckle ['nʌkəl] s nudillo; (of a quadruped) jarrete m; (mach) junta de charnela; **knuckles** bóxer m ‖ intr—**to knuckle down** someterse, darse por vencido; aplicarse con empeño al trabajo
knurl [nʌrl] s moleteado ‖ tr moletear, cerrillar (p.ej., las piezas de moneda)
k.o. abbr **knockout**
kook [kuk] s (coll) tipo raro; excéntrico
Koran [ko'rɑn] o [ko'ræn] s Corán m
Korea [ko'ri•ə] s Corea
Korean [ko'ri•ən] adj & s coreano
kosher ['koʃər] adj autorizado por la ley judía; (coll) genuino, auténtico
kowtow ['kau,tau] o ['ko,tau] intr arrodillarse y tocar el suelo con la frente; doblegarse servilmente, mostrarse servilmente obsequioso
Kt. abbr **Knight**
kudos ['kjudɑs] o ['kudɑs] s (coll) gloria, renombre m, fama
kw. abbr **kilowatt**
K.W.H. abbr **kilowatt-hour**

L

L, l [ɛl] duodécima letra del alfabeto inglés
l. *abbr* **liter, line, league, length**
L. *abbr* **Latin, Low**
la•bel ['lebəl] *s* etiqueta, marbete *m*, rótulo; (*descriptive word*) calificación ‖ *v* (*pret & pp* **-beled** o **-belled;** *ger* **-beling** o **-belling**) *tr* poner etiqueta o marbete a, rotular; calificar
labial ['lebɪ•əl] *adj & s* labial *f*
labor ['lebər] *adj* obrero ‖ *s* trabajo, labor *f;* (*job, task*) tarea, faena; (*manual work involved in an undertaking; the wages for such work*) mano *f* de obra; (*wage-earning workers as contrasted with capital and management*) los obreros; (*childbirth*) parto; **labors** esfuerzos; **to be in labor** estar de parto ‖ *intr* trabajar; (*to exert oneself*) forcejar; estar de parto; moverse penosamente; cabecear y balancear (*un buque*); **to labor under** ser víctima de
labor and management *spl* los obreros y los patronos
laborato•ry ['læbərə,tori] *s* (*pl* **-ries**) laboratorio
labored ['lebərd] *adj* penoso, dificultoso; artificial, forzado
laborer ['lebərər] *s* trabajador *m*, obrero; (*unskilled worker*) bracero, jornalero, peón *m*
laborious [lə'borɪ•əs] *adj* laborioso
la'bor-man'agement *adj* obrero-patronal
labor union *s* gremio obrero, sindicato
Labourite ['lebə,raɪt] *s* laborista *mf*
Labrador ['læbrə,dɔr] *s* el Labrador
labyrinth ['læbɪrɪnθ] *s* laberinto
lace [les] *s* encaje *m;* (*string to tie shoe, corset, etc.*) cordón *m*, lazo; (*braid*) galón *m* de oro o plata ‖ *tr* adornar con encaje; atar (*los zapatos, el corsé*); (coll) dar una paliza a
lace trimming *s* randa
lace'work' *s* encaje *m*, obra de encaje
lachrymose ['lækrɪ,mos] *adj* lacrimoso
lacing ['lesɪη] *s* cordón *m;* lazo; galón *m;* (coll) paliza
lack [læk] *s* carencia, falta; (*complete lack*) defecto ‖ *tr* carecer de, necesitar ‖ *intr* (*to be lacking*) faltar
lackadaisical [,lækə'dezɪkəl] *adj* desaprovechado, indiferente
lackey ['læki] *s* lacayo; secuaz *m* servil
lacking ['lækɪη] *prep* sin, carente de
lack'lus'ter *adj* delustrado, deslucido
laconic [lə'kɑnɪk] *adj* lacónico
lacquer ['lækər] *s* laca ‖ *tr* laquear
lacquer ware *s* lacas, objetos de laca
lacu•na [lə'kjunə] *s* (*pl* **-nas** o **-nae** [ni]) laguna
lac•y ['lesi] *adj* (*comp* **-ier;** *super* **-iest**) de encaje; (fig) diáfano
lad [læd] *s* muchacho, chico
ladder ['lædər] *s* escalera; (*stepladder*) escala, escalera de mano; (*two ladders fastened together at the top with hinges*)

escalera de tijera; (*stepping stone*) (fig) escalón *m*
ladder truck *s* carro de escaleras de incendio
ladies' room *s* cuarto tocador
ladle ['ledəl] *s* cazo; (*for soup*) cucharón *m;* (*of tinsmith*) cucharilla ‖ *tr* servir con cucharón; sacar con cucharón
la•dy ['ledi] *s* (*pl* **-dies**) señora, dama
la'dy-bird' o **la'dy•bug'** *s* mariquita, vaca de San Antón
la'dy•fin'ger *s* melindre *m*
lady-in-waiting *s* camarera de la reina
la'dy-kil'ler *s* ladrón *m* de corazones
la'dy•like' *adj* elegante; **to be ladylike** ser muy dama
la'dy•love' *s* amada, amiga querida
lady of the house *s* ama de casa
ladyship ['ledi,ʃɪp] *s* señoría
lady's maid *s* doncella
lady's man *s* perico entre ellas
lag [læg] *s* retraso ‖ *v* (*pret & pp* **lagged;** *ger* **lagging**) *intr* retrasarse; **to lag behind** quedarse atrás, rezagarse
lager beer ['lɑgər] *s* cerveza reposada
laggard ['lægərd] *s* perezoso, rezagado
lagoon [lə'gun] *s* laguna
laid paper [led] *s* papel vergueteado
laid up *adj* almacenado, ahorrado; (naut) inactivo; (coll) encamado por estar enfermo
lair [lɛr] *s* cubil *m*
lai•ty ['le•ɪti] *s* legos
lake [lek] *adj* lacustre ‖ *s* lago
lamb [læm] *s* cordero; carne *f* de cordero; piel *f* de cordero; (*meek person*) (fig) cordero
lambaste [læm'best] *tr* (*to thrash*) (coll) dar una paliza a; (*to reprimand harshly*) (coll) dar una jabonadura a
lamb chop *s* chuleta de cordero
lambkin ['læmkɪn] *s* corderito; (fig) nenito
lamb'skin' *s* piel *f* de cordero, corderina; (*dressed with its wool*) corderillo
lame [lem] *adj* cojo; (*sore*) dolorido; (*e.g., excuse*) débil, pobre ‖ *tr* encojar
lament [lə'ment] *s* lamento; (*dirge*) elegía ‖ *tr* lamentar ‖ *intr* lamentarse
lamentable ['læməntəbəl] *adj* lamentable
lamentation [,læmən'teʃən] *s* lamentación
laminate ['læmɪ,net] *tr* laminar
laminated glass *s* cristal laminado
lamp [læmp] *s* lámpara
lamp'black' *s* negro de humo
lamp chimney *s* tubo de lámpara
lamp'light' *s* luz *f* de lámpara
lamp'light'er *s* farolero
lampoon [læm'pun] *s* pasquín *m*, libelo ‖ *tr* pasquinar
lamp'post' *s* poste *m* de farol
lamp shade *s* pantalla de lámpara
lamp'wick' *s* mecha de lámpara, torcida
lance [læns] *s* lanza; (surg) lanceta ‖ *tr* alancear; (surg) abrir con lanceta
lance rest *s* ristre *m*
lancet ['lænsɪt] *s* (surg) lanceta

land [lænd] *adj* terrestre; *(wind)* terral ‖ *s* tierra; **on land, on sea, and in the air** en tierra, mar y aire; **to make land** atracar a tierra; **to see how the land lies** medir el terreno, ver el cariz que van tomando las cosas ‖ *tr* desembarcar; conducir *(un avión)* a tierra; coger *(un pez)*; (coll) conseguir ‖ *intr* desembarcar; *(to reach land)* arribar, aterrar; aterrizar *(un avión)*; *(to arrive or come to rest)* ir a dar, ir a parar; **to land on one's feet** caer de pies; **to land on one's head** caer de cabeza

landau ['lændɔ] o ['lændaʊ] *s* landó *m*

land breeze *s* terral *m*

landed ['lændɪd] *adj (owning land)* hacendado; *(real-estate)* inmobiliario; **landed property** bienes *mpl* raíces

land'fall' *s (sighting land)* aterrada; *(landing of ship or plane)* aterraje *m;* tierra vista desde el mar; *(landslide)* derrumbe *m*

land'fill' *s* tierra y escombros

land grant *s* donación de tierras

land'hold'er *s* terrateniente *mf,* hacendado

landing ['lændɪŋ] *s (of ship or plane)* aterraje *m; (of passengers)* desembarco; *(place where passengers and goods are landed)* desembarcadero; *(of stairway)* desembarco, descanso

landing beacon *s* (aer) radiofaro de aterrizaje

landing craft *s* (nav) lancha de desembarco

landing field *s* (aer) pista de aterrizaje

landing force *s* (nav) compañía de desembarco

landing gear *s* (aer) tren *m* de aterrizaje

landing stage *s* embarcadero flotante

landing strip *s* (aer) faja de aterrizaje

land'la'dy *s (pl* **-dies)** *(e.g., of an apartment)* casera, dueña; *(of a lodging house)* ama, patrona; *(of an inn)* mesonera, posadera

landlocked ['lænd,lɑkt] *adj* rodeado de tierra

land'lord' *s (e.g., of an apartment)* casero, dueño; *(of a lodging house)* amo, patrón *m; (of an inn)* mesonero, posadero

land'lub'ber *s (person unacquainted with the sea)* marinero de agua dulce; *(awkward and unskilled seaman)* marinero matalote

land'mark' *s (boundary stone)* mojón *m; (feature of landscape that marks a location)* guía; suceso que hace época; (naut) marca de reconocimiento

land office *s* oficina del catastro

land'-of'fice business *s* (coll) negocio de mucho movimiento

land'own'er *s* terrateniente *mf,* hacendado

landscape ['lænd,skep] *s* paisaje *m* ‖ *tr* ajardinar

landscape architect *s* arquitecto paisajista

landscape gardener *s* jardinero adornista, jardinista *mf*

landscape painter *s* paisajista *mf*

landscapist ['lænd,skepɪst] *s* paisajista *mf*

land'slide' *s* derrumbe *m,* derrumbamiento de tierra, corrimiento; (fig) mayoría de votos abrumadora; (fig) victoria arrolladora

landward ['lændwərd] *adv* hacia tierra, hacia la costa

land wind *s* terral *m*

lane [len] *s (narrow street or passage)* callejuela; *(path)* carril *m; (of an automobile highway)* faja; *(of an air or ocean route)* derrotero, vía

langsyne ['læŋ'saɪn] *adv* (Scotch) hace mucho tiempo ‖ *s* (Scotch) tiempo de antaño

language ['læŋgwɪdʒ] *s* idioma *m,* lengua; *(way of speaking or writing, style; figurative or poetic expression; communication of meaning said to be employed by flowers, birds, art, etc.)* lenguaje *m; (of a special group of people)* jerga

language laboratory *s* laboratorio de idiomas

languid ['læŋgwɪd] *adj* lánguido

languish ['læŋgwɪʃ] *intr* languidecer; afectar languidez

languor ['læŋgər] *s* languidez *f*

languorous ['læŋgərəs] *adj* lánguido; *(causing languor)* enervante

lank [læŋk] *adj* descarnado, larguirucho; *(hair)* lacio

lank•y ['læŋki] *adj (comp* **-ier;** *super* **-iest)** descarnado, larguirucho

lantern ['læntərn] *s* linterna

lantern slide *s* diapositiva, tira de vidrio

lanyard ['lænjərd] *s* (naut) acollador *m*

lap [læp] *s (of human body or clothing)* regazo; *(loose fold)* caída, doblez *f; (overlap of garment)* traslapo; *(with the tongue)* lametada; *(of the waves)* chapaleteo; *(in a race)* (sport) etapa, vuelta; **to live in the lap of luxury** llevar una vida regalada ‖ *v (pret & pp* **lapped;** *ger* **lapping)** *tr* beber con la lengua; lamer *(las olas la playa)*; *(to overlap)* traslapar; juntar a traslapo; **to lap up** tragar a lengüetadas; (coll) aceptar con entusiasmo ‖ *intr* traslapar; traslaparse *(dos o más cosas)*; **to lap against** lamer *(las olas la playa)*; **to lap over** salir fuera, rebosar

lap'board' *s* tabla faldera

lap dog *s* perro de falda

lapel [lə'pɛl] *s* solapa

Lap'land' *s* Laponia

Laplander ['læp,lændər] *s* lapón *m (habitante)*

Lapp [læp] *s* lapón *m (habitante; idioma)*

lap robe *s* manta de coche

lapse [læps] *s (passing of time; slipping into guilt or error)* lapso; *(fall, decline)* caída, caída en desuso; *(e.g., of an insurance policy)* invalidación ‖ *intr* caer en culpa o error; decaer, pasar *(p.ej., el entusiasmo)*; caducar *(p.ej., una póliza de seguro)*

lap'wing' *s* ave fría

larce•ny ['lɑrsəni] *s (pl* **-nies)** hurto, robo

larch [lɑrtʃ] *s* alerce *m,* lárice *m*

lard [lɑrd] *s* cochevira, manteca de puerco ‖ *tr* (culin) mechar

larder ['lɑrdər] *s* despensa

large ['lɑrdʒ] *adj* grande; **at large** en libertad

large intestine *s* intestino grueso

largely ['lɑrdʒli] *adj* por la mayor parte

largeness ['lɑrdʒnɪs] *s* grandeza

large'-scale' *adj* en grande escala, grande escala

lariat ['lærɪ•ət] s (for catching animals) lazo; (for tying grazing animals) cuerda, soga
lark [lɑrk] s alondra; (coll) parranda; **to go on a lark** (coll) andar de parranda, echar una cana al aire
lark'spur' s (rocket larkspur) espuela de caballero; (field larkspur) consuelda real
lar•va ['lɑrvə] s (pl -vae [vi]) larva
laryngeal [lə'rɪndʒɪ•əl] adj laríngeo
laryngitis [,lærɪn'dʒaɪtɪs] s laringitis f
laryngoscope [lə'rɪŋgə,skop] s laringoscopio
larynx ['lærɪŋks] s (pl **larynxes** o **larynges** [lə'rɪndʒiz]) laringe f
lascivious [lə'sɪvɪ•əs] adj lascivo
lasciviousness [lə'sɪvɪ•əsnɪs] s lascivia
laser ['lezər] s láser m
lash [læʃ] s (cord on end of whip) tralla; (blow with whip; scolding) latigazo; (e.g., of animal's tail) coletazo; (of waves) embate m; (eyelash) pestaña || tr (to beat, whip) azotar; (to bind, tie) atar; (to shake, to switch) agitar, sacudir; (to attack with words) increpar, reñir || intr lanzarse, pasar rápidamente; **to lash out at** azotar; embestir; vituperar
lashing ['læʃɪŋ] s atadura; paliza, zurra; (severe scolding) latigazo
lass [læs] s muchacha, chica; amada
las•so ['læso] o [læ'su] s (pl -sos o -soes) lazo || tr lazar
last [læst] o [lɑst] adj (after all others; the only remaining; utmost, extreme) último; (most recent) pasado; **before last** antepasado; **every last one** todos sin excepción; **last but one** penúltimo || adv después de todos; por último; por última vez || s última persona; última cosa; fin m; (for holding shoe) horma; **at last** por fin; **at long last** al fin y al cabo; **stick to your last!** ¡zapatero, a tus zapatos!; **the last of the month** a fines del mes; **to breathe one's last** dar el último suspiro; **to see the last of** no volver a ver; **to the last** hasta el fin || intr durar; resistir; dar buen resultado (p.ej., una prenda de vestir); seguir así
lasting ['læstɪŋ] adj perdurable, duradero
lastly ['læstli] adv finalmente, por último
last'-min'ute news s noticias de última hora
last name s apellido
last night adv anoche
last quarter s cuarto menguante
last rites spl (theol) extremaunción
last sleep s último sueño
last straw s acabóse m, colmo
Last Supper, the la Cena
last will and testament s última disposición, última voluntad
last word s última palabra; (latest style) (coll) última palabra
lat. abbr **latitude**
Lat. abbr **Latin**
latch [lætʃ] s picaporte m || tr cerrar con picaporte
latch'key' s llavín m
latch'string' s cordón m de aldaba; **the latchstring is out** ya sabe Vd. que ésta es su casa

late [let] adj (happening after the usual time) tardío; (person) atrasado; (hour of the night) avanzado; (news) de última hora; (party, meeting, etc.) que termina tarde; (coming toward the end of a period of time) de fines de; (incumbent of an office) anterior; (deceased) difunto, fallecido; **of late** recientemente, últimamente; **to be late** ser tarde; tardar (p.ej., el tren); **to be late in** + ger tardar en + inf; **to grow late** hacerse tarde || adv tarde; **late in** (the week, the month, etc.) a fines de, hacia fines de; **late in life** a una edad avanzada
late-comer ['let,kʌmər] s recién llegado; (one who arrives late) rezagado
lateen sail [læ'tin] s vela latina
lateen yard s entena
lately ['letli] adv recientemente, últimamente
latent ['letənt] adj latente
lateral ['lætərəl] adj lateral
lath [læθ] o [lɑθ] s lata, listón; enlistonado || tr enlistonar
lathe [leð] s torno (máquina que sirve para labrar madera, hierro, etc. con un movimiento circular)
lather ['læðər] s espuma de jabón; espuma de sudor || tr enjabonar; (coll) tundir, zurrar || intr espumar
lathery ['læðəri] adj espumoso, jabonoso
lathing ['læθɪŋ] s enlistonado
Latin ['lætɪn] o ['lætən] adj latino || s (language) latín m; (person) latino
Latin America s Latinoamérica, América Latina
Latin American s latinoamericano
Lat'in-Amer'ican adj latinoamericano
latitude ['lætɪ,tjud] s latitud
latrine [lə'trin] s letrina
latter ['lætər] adj (more recent) posterior; segundo (de dos); **the latter** éste; **the latter part of** fines mpl de (p.ej., el siglo)
lattice ['lætɪs] s enrejado || tr enrejar
lattice girder s viga de celosía
lat'tice•work' s enrejado
Latvia ['lætvɪ•ə] s Letonia, Latvia
laudable ['lɔdəbəl] adj laudable
laudanum ['lɔdənəm] o ['lɔdnəm] s láudano
laudatory ['lɔdə,tori] adj laudatorio
laugh [læf] s risa || tr—**to laugh away** ahogar en risas; **to laugh off** tomar a risa || intr reír, reírse
laughable ['læfəbəl] adj risible
laughing ['læfɪŋ] adj reidor; **to be no laughing matter** no ser cosa de risa || s risa, (el) reír
laughing gas s gas m hilarante
laugh'ing•stock' s hazmerreír m
laughter ['læftər] s risa, risas
launch [lɔntʃ] s (of a ship) botadura; (of a rocket) lanzamiento; (open motorboat) lancha automóvil; (nav) lancha || tr botar, lanzar (un buque); (to throw; to start, set going, send forth) lanzar || intr lanzarse
launching ['lɔntʃɪŋ] s lanzamiento
launching pad s plataforma de lanzamiento
launching tower s torre f de lanzamiento

launder ['lɔndər] *tr* lavar y planchar ‖ *intr* resistir el lavado
launderer ['lɔndərər] *s* lavandero
laundress ['lɔndrɪs] *s* lavandera
laun•dry ['lɔndri] *s* (*pl* **-dries**) lavadero; lavado de la ropa; ropa lavada o para lavar
laundry•man ['lɔndrimən] *s* (*pl* **-men** [mən]) lavandero
laun'dry•wom'an *s* (*pl* **-wom'en**) lavandera
laureate ['lɔrɪ•ɪt] *adj* laureado ‖ *s* laureado; poeta laureado
lau•rel ['lɔrəl] *s* laurel *m;* **laurels** laurel (*de la victoria*); **to rest** o **sleep on one's laurels** dormirse sobre sus laureles ‖ *v* (*pret & pp* **-reled** o **-relled;** *ger* **-reling** o **-relling**) *tr* laurear, coronar de laurel
lava ['lɑvə] o ['lævə] *s* lava
lavato•ry ['lævə,tori] *s* (*pl* **-ries**) (*room equipped for washing hands and face*) lavabo; (*bowl with running water*) lavamanos *m;* (*toilet*) excusado
lavender ['lævəndər] *s* alhucema, espliego, lavanda
lavender water *s* agua de alhucema, agua de lavanda
lavish ['lævɪʃ] *adj* pródigo ‖ *tr* prodigar
law [lɔ] *s* (*of man, of nature, of science*) ley *f;* (*branch of knowledge concerned with law; body of laws; study of law; profession of law*) derecho; **to enter the law** hacerse abogado; **to go to law** recurrir a la ley; **to lay down the law** dar órdenes terminantes; **to maintain law and order** mantener la paz; **to practice law** ejercer la profesión de abogado; **to read law** estudiar derecho
law-abiding ['lɔ•ə,baɪdɪŋ] *adj* observante de la ley
law'break'er *s* infractor *m* de la ley
law court *s* tribunal *m* de justicia
lawful ['lɔfəl] *adj* legal, legítimo
lawless ['lɔlɪs] *adj* ilegal; (*unbridled*) desenfrenado, licencioso
law'mak'er *s* legislador *m*
lawn [lɔn] *s* césped *m;* (*fabric*) linón *m*
lawn mower *s* cortacésped *m,* tundidora de césped
law office *s* bufete *m,* despacho de abogado
law of nations *s* derecho de gentes
law of the jungle *s* ley *f* de la selva
law student *s* estudiante *mf* de derecho
law'suit' *s* pleito, proceso, litigio
lawyer ['lɔjər] *s* abogado
lax [læks] *adj* (*in morals, discipline, etc.*) laxo, relajado; vago, indeterminado; (*loose, not tense*) laxo, flojo, suelto
laxative ['læksətɪv] *adj & s* laxante *m*
lay [le] *adj* (*not belonging to clergy*) lego, seglar; (*not having special training*) lego, profano ‖ *s* situación, orientación ‖ *v* (*pret & pp* **laid** [led]) *tr* poner, colocar; dejar en el suelo; tender (*un cable*); echar (*los cimientos; la culpa*); situar (*la acción de un drama*); asentar (*el polvo*); poner (*huevos la gallina; la mesa una criada*); formar (*planes*); hacer (*una apuesta*); **to be laid in** ser (*la escena*) en; **to lay aside** echar a un

lado; ahorrar; **to lay down** afirmar, declarar; dar (*la vida*); deponer (*las armas*); **to lay low** abatir, derribar; obligar a guardar cama; matar; **to lay off** despedir (*a obreros*); (*to mark off the boundaries of*) marcar, trazar; **to lay open** descubrir, revelar; (*to a risk or danger*) exponer; **to lay out** extender, tender; marcar (*una tarea, un trabajo*); gastar (*dinero*); amortajar (*a un difunto*); **to lay up** obligar a guardar cama; ahorrar; (*naut*) desarmar ‖ *intr* poner (*las gallinas*); **to lay about** dar palos de ciego; **to lay for** acechar; **to lay off** (*coll*) dejar de trabajar; (*coll*) dejar de molestar; **to lay over** detenerse durante un viaje; **to lay to** (*naut*) capear
lay brother *s* donado, lego
lay day *s* (*naut*) día *m* de estadía
layer ['le•ər] *s* (*e.g., of paint*) capa; (*e.g., of bricks*) camada; (*e.g., of coal, rocks*) estrato, capa; (*hort*) codadura ‖ *tr* (*hort*) acodar
layer cake *s* bizcocho de varias camadas
layette [le'ɛt] *s* canastilla
lay figure *s* maniquí *m*
laying ['le•ɪŋ] *s* colocación; (*of eggs*) postura; (*of a cable*) tendido
lay•man ['lemən] *s* (*pl* **men** [mən]) (*person who is not a clergyman*) lego, seglar *m;* (*person who has no special training*) lego, profano
lay'off' *s* (*dismissal of workmen*) despido; (*period of unemployment*) paro forzoso
lay of the land *s* cariz *m* que van tomando las cosas
lay'out' *s* plan *m;* (*of tools*) equipo; disposición, organización; (*coll*) banquete *m,* festín *m*
lay'o'ver *s* parada en un viaje
lay sister *s* donada
laziness ['lezɪnɪs] *s* pereza; lerdera; (*coll*) galbana
la•zy ['lezi] *adj* (*comp* **-zier;** *super* **-ziest**) perezoso; (*coll*) galbanoso
la'zy•bones' *s* (*coll*) perezoso
lb. *abbr* **pound**
l.c. *abbr* **lower case; loco citato (Lat) in the place cited**
Ld. *abbr* **Lord**
lea [li] *s* prado
lead [lɛd] *adj* plomizo ‖ *s* plomo; (*of lead pencil*) mina; (*for sounding depth*) (naut) escandallo; (typ) interlínea, regleta ‖ [lɛd] *v* (*pret & pp* **leaded;** *ger* **leading**) *tr* emplomar; (typ) interlinear, regletear ‖ *s* [lid] *s* (*foremost place*) primacía; (*guidance*) conducta, guía, dirección; indicación; ejemplo; (cards) salida; (*leash*) traílla; (*of a newspaper article*) primer párrafo; (elec) conductor *m;* (elec & mach) avance *m;* (min) filón *m;* (rad) alambre *m* de entrada; (theat) papel *m* principal; (theat) galán *m;* (theat) dama; **to take the lead** tomar la delantera ‖ [lid] *v* (*pret & pp* **led** [lɛd]) *tr* conducir, llevar; liderar; (*to command*) acaudillar, mandar; estar a la cabeza de; dirigir (*p.ej., una orquesta*); llevar

(*buena o mala vida*); salir con (*cierto naipe*); (elec & mach) avanzar; **to lead someone to** + *inf* llevar a alguien a + *inf* ‖ *intr* ir delante, enseñar el camino; ser el primero; tener el mando; (cards) salir, ser mano; (mus) llevar la batuta; **to lead up to** conducir a, llevar a; llevar la conversación a

leaded gasoline ['lɛdɪd] *s* gasolina con plomo

leaden ['lɛdən] *adj* (*of lead; like lead*) plomizo; (*heavy as lead*) plúmbeo; (*sluggish*) tardo, indolente; (*with sleep*) cargado; triste, lóbrego

leader ['lidər] *s* caudillo, jefe *m*, líder *m*; (*ringleader*) cabecilla *m*; (*of an orchestra*) director *m*; (*in a dance; among animals*) guión *m*; (*horse*) guía; (*in a newspaper*) artículo de fondo

leader dog *s* perro-lazarillo

leadership ['lidərʃɪp] *s* caudillaje *m*, jefatura; dotes *fpl* de mando

leading ['lidɪŋ] *adj* primero, principal; preeminente; delantero; líder

leading article *s* artículo de fondo

leading edge *s* (aer) borde *m* de ataque

leading lady *s* primera actriz, dama

leading man *s* primer actor *m*, primer galán *m*

leading question *s* pregunta tendenciosa

leading strings *spl* andadores *mpl*

lead-in wire ['lid,ɪn] *s* (rad) bajada de antena, alambre *m* de entrada

lead pencil [lɛd] *s* lápiz *m*

leaf [lif] *s* (*pl* **leaves** [livz]) hoja; (*of vine*) pámpano; (*hinged leaf of table*) trampilla; **to shake like a leaf** temblar como un azogado; **to turn over a new leaf** hacer libro nuevo ‖ *intr* echar hojas; **to leaf through** hojear, trashojar

leafless ['liflɪs] *adj* deshojado

leaflet ['liflɪt] *s* hoja suelta, hoja volante; (*blade of compound leaf*) hojuela

leaf'stalk' *s* pecíolo

leaf•y ['lifi] *adj* (*comp* **-ier;** *super* **-iest**) hojoso, frondoso

league [lig] *s* (*unit of distance*) legua; (*association, alliance*) liga; (*sports*) división ‖ *tr* asociar ‖ *intr* asociarse, ligarse

League of Nations *s* Sociedad de las Naciones

leak [lik] *s* (*in a roof*) gotera; (*in a ship*) agua, vía de agua; (*of water, gas, electricity, steam*) escape *m*, fuga, salida; agujero, grieta, raja (*por donde se escapa el agua, etc.*); (*of money, news, etc.*) filtración; **to spring a leak** tener un escape; (naut) empezar a hacer agua ‖ *tr* dejar escapar, dejar salir (*el agua, gas, etc.*); dejar filtrar (*una noticia*) ‖ *intr* rezumarse (*un barril*); escaparse, salirse (*el agua, gas, etc.*); (naut) hacer agua; **to leak away** filtrarse (*el dinero*); **to leak out** rezumarse (*una especie*); trascender (*un hecho que estaba oculto*)

leakage ['likɪdʒ] *s* escape *m*, fuga, salida; (com) merma

leak•y ['liki] *adj* (*comp* **-ier;** *super* **-iest**) agujereado, roto; (*roof*) llovedizo; (naut) que hace agua; (coll) indiscreto

lean [lin] *adj* magro, mollar; (*thin*) flaco; (*gasoline mixture*) pobre; **lean years** años de carestía ‖ *v* (*pret & pp* **leaned** o **leant** [lɛnt] *tr* inclinar, ladear, arrimar ‖ *intr* inclinarse, ladearse, arrimarse; (fig) inclinarse, tender; **to lean against** arrimarse a, estar arrimado a; **to lean back** retreparse, recostarse; **to lean on** apoyarse en; (*with the elbows*) acodarse sobre; **to lean out (of)** asomarse (a); **to lean over backwards** (coll) extremar la imparcialidad; **to lean toward** (fig) inclinarse a, ladearse a

leaning ['linɪŋ] *adj* inclinado ‖ *s* inclinación; (fig) inclinación, tendencia

lean'-to' *s* (*pl* **-tos**) colgadizo

leap [lip] *s* salto; **by leaps and bounds** a pasos agigantados; **leap in the dark** salto a ciegas, salto en vago ‖ *v* (*pret & pp* **leaped** o **leapt** [lɛpt]) *tr* saltar *s* ‖ *intr* saltar; dar un salto (*el corazón de uno*)

leap day *s* día *m* intercalar

leap'frog' *s* fil derecho, juego del salto; **to play leapfrog** jugar a la una la mula

leap year *s* año bisiesto

learn [lʌrn] *v* (*pret & pp* **learned** o **learnt** [lʌrnt]) *tr* aprender; oír decir; saber (*una noticia*) ‖ *intr* aprender

learned ['lʌrnɪd] *adj* docto, erudito; (*e.g., word*) culto

learned journal *s* revista científica

learned society *s* sociedad de eruditos

learned word *s* cultismo, voz culta

learned world *s* mundo de la erudición

learner ['lʌrnər] *s* principiante *mf*, aprendiz *m*, estudiante *mf*

learning ['lʌrnɪŋ] *s* (*act and time devoted*) aprendizaje *m*; (*scholarship*) erudición

lease [lis] *s* arrendamiento, locación; **to give a new lease on life** renovar completamente; volver a hacer feliz ‖ *tr* arrendar ‖ *intr* arrendarse

lease'hold' *adj* arrendado ‖ *s* arrendamiento; bienes raíces arrendados

leash [liʃ] *s* traílla; **to strain at the leash** sufrir la sujeción con impaciencia ‖ *tr* atraillar

least [list] *adj* (el) menor, mínimo, más pequeño ‖ *adv* menos ‖ *s* (el) menor; (lo) menos; **at least** o **at the least** al menos, a los menos, por lo menos; **not in the least** de ninguna manera

leather ['lɛðər] *s* cuero

leath'er•back' turtle *s* laúd *m*

leath'er•neck' *s* (slang) soldado de infantería de marina de los EE.UU.

leathery ['lɛðəri] *adj* correoso, coriáceo

leave [liv] *s* (*permission*) permiso; (*permission to be absent*) licencia; (*farewell*) despedida; **on leave** con licencia; **to give leave to** dar licencia a; **to take leave (of)** despedirse (de) ‖ *v* (*pret & pp* **left** [lɛft]) *tr* (*to let stay; to stop, give up; to disregard*) dejar; (*to go away from*) salir de; (*to bequeath*) legar; **leave it to me!** ¡déjemelo a mí!; **to be left** quedar p.ej., **the letter was left unanswered** la carta quedó sin contestar; **to leave alone** dejar en paz, dejar tranquilo; **to leave no stone unturned** no dejar piedra por mover; **to leave off** dejar; no ponerse (*una prenda de vestir*); **to leave out** omitir; **to leave things as they are** dejarlo como está ‖ *intr* irse, marcharse; eliminarse (Mex); salir (*un avión, un tren, un vapor*)

leaven ['lɛvən] *s* levadura; (fig) influencia ‖ *tr* leudar; (fig) transformar

leavening ['lɛvənɪŋ] *s* levadura

leave of absence *s* licencia

leave'-tak'ing *s* despedida

leavings ['livɪŋz] *spl* desperdicios, sobras

Leba•nese [,lɛbə'niz] *adj* libanés ‖ *s* (*pl* -nese) libanés *m*

Lebanon ['lɛbənən] *s* el Líbano

Lebanon Mountains *spl* cordillera del Líbano

lecher ['lɛt/ər] *s* libertino, lujurioso

lecherous ['lɛt/ərəs] *adj* lascivo, lujurioso

lechery ['lɛt/əri] *s* lascivia, lujuria

lectern ['lɛktərn] *s* atril *m*

lecture ['lɛkt/ər] *s* conferencia; (*tedious reprimand*) sermoneo ‖ *tr* instruir por medio de una conferencia; sermonear ‖ *intr* dar una conferencia, dar conferencias

lecturer ['lɛkt/ərər] *s* conferenciante *mf*

ledge [lɛdʒ] *s* (*projection in a wall*) retallo; cama de roca; arrecife *m*

ledger ['lɛdʒər] *s* (com) libro mayor

ledger line *s* (mus) línea suplementaria

lee [li] *s* (*shelter*) (naut) socaire *m;* (*quarter sheltered from the wind*) sotavento; **lees** heces *fpl*

leech [lit/] *s* sanguijuela; **to stick like a leech** pegarse como ladilla

leek [lik] *s* puerro

leer [lɪr] *s* mirada de soslayo, mirada lujuriosa ‖ *intr*—**to leer at** mirar de soslayo, mirar lujuriosamente

leery ['lɪri] *adj* (coll) receloso, suspicaz

leeward ['liwərd] o ['lu•ərd] *adj* (naut) de sotavento ‖ *adv* (naut) a sotavento ‖ *s* (naut) sotavento

Leeward Islands ['liwərd] *spl* islas de Sotavento

lee'way' *s* (aer & naut) deriva; (coll) tiempo de sobra, espacio de sobra, dinero de sobra; (coll) libertad de acción

left [lɛft] *adj* izquierdo ‖ *adv* hacia la izquierda ‖ *s* (*left hand*) izquierda; (box) zurdazo; (pol) izquierda; **on the left** a la izquierda

left field *s* (baseball) jardín izquierdo

left'-hand' drive *s* conducción o dirección a la izquierda

left-handed ['lɛft'hændɪd] *adj* (*individual*) zurdo; (*clumsy*) desmañado, torpe; insincero; contrario a las agujas del reloj

leftish ['lɛftɪ/] *adj* izquierdizante

leftist ['lɛftɪst] *adj* & *s* izquierdista *mf*

left'o'ver *adj* & *s* sobrante *m; **leftovers** *spl* sobras

left'-wing' *adj* izquierdista

left-winger ['lɛft'wɪŋər] *s* (coll) izquierdista *mf*

leg. *abbr* **legal, legislature**

leg [lɛg] *s* (*of man or animal*) pierna; (*of animal, table, chair, etc.*) pata; (*of boot or stocking*) caña; (*of trousers*) pernera; (*of a cooked fowl*) muslo; (*of a journey*) etapa, trecho; **to be on one's last legs** estar sin recursos; estar en las últimas; **to not have a leg to stand on** (coll) no tener justificación alguna, no tener disculpa alguna; **to pull the leg of** (coll) tomar el pelo a; **to shake a leg** (coll) darse prisa; (*to dance*) (coll) bailar; **to stretch one's legs** estirar las piernas, dar un paseíto

lega•cy ['lɛgəsi] *s* (*pl* -cies) legado

legal ['ligəl] *adj* legal

legali•ty [lɪ'gælɪti] *s* (*pl* -ties) legalidad

legalization [,ligələ'zefən] *s* legalización despenalización

legalize ['ligə,laɪz] *tr* legalizar; despenalizar

legal tender *s* curso legal

legate ['lɛgɪt] *s* legado

legatee [,lɛgə'ti] *s* legatario

legation [lɪ'gefən] *s* legación

legend ['lɛdʒənd] *s* leyenda

legendary ['lɛdʒən,dɛri] *adj* legendario

legerdemain [,lɛdʒərdɪ'men] *s* juego de manos, prestidigitación; (*cheating, trickery*) trapacería

legging ['lɛgɪŋ] *s* polaina

leg•gy ['lɛgi] *adj* (*comp* -gier; *super* -giest) zanquilargo; de piernas largas y elegantes

leg'horn' *s* sombrero de paja de Italia ‖ **Leghorn** *s* Liorna

legible ['lɛdʒɪbəl] *adj* legible

legion ['lidʒən] *s* legión

legislate ['lɛdʒɪs,let] *tr* imponer mediante legislación ‖ *intr* legislar

legislation ['lɛdʒɪs'lefən] *s* legislación

legislative ['lɛdʒɪs,letɪv] *adj* legislativo

legislator ['lɛdʒɪs,letər] *s* legislador *m*

legislature ['lɛdʒɪs,let/ər] *s* asamblea legislativa, cuerpo legislativo

legitimacy [lɪ'dʒɪtɪməsi] *s* legitimidad

legitimate [lɪ'dʒɪtɪmɪt] *adj* legítimo ‖ [lɪ'dʒɪtɪ,met] *tr* legitimar

legitimate drama *s* drama serio (*a distinción del cine o el melodrama*)

legitimize [lɪ'dʒɪtɪ,maɪz] *tr* legitimar

leg'work' *s* (coll) el mucho caminar

leisure ['liʒər] o ['lɛʒər] *s* desocupación, ocio; **at leisure** desocupado, libre; **at one's leisure** a la comodidad de uno, cuando uno pueda

leisure activities *spl* recreos pasatiempos

leisure class *s* gente acomodada

leisure hours *spl* horas de ocio, ratos perdidos

leisurely ['liʒərli] o ['lɛʒərli] *adj* lento, pausado ‖ *adv* lentamente, despacio, sin prisa

leisure wear *s* ropa de recreo, traje *m* informal

lemon ['lɛmən] *s* limón *m;* (slang) artículo de fábrica defectuosa

lemonade [,lɛmə'ned] *s* limonada

lemon squeezer *s* exprimidera de limón

le
le

lemon verbena s luisa
lend [lɛnd] s (*pret & pp* **lent** [lɛnt]) *tr* prestar
lending library s biblioteca de préstamo
length [lɛŋθ] s largura, largo; (*of time*) extensión; (naut) eslora; **at length** por fin; largamente; **to go to any length** hacer cuanto esté de su parte; **to keep at arm's length** mantener a distancia; mantenerse a distancia
lengthen [ˈlɛŋθən] *tr* alargar || *intr* alargarse
length'wise' *adj* longitudinal || *adv* longitudinalmente
length•y [ˈlɛŋθi] *adj* (*comp* **-ier;** *super* **-iest**) muy largo, prolongado
leniency [ˈlinɪ•ənsi] s clemencia, indulgencia, lenidad
lenient [ˈlinɪ•ənt] *adj* clemente, indulgente
lens [lɛnz] s lente *m & f;* (*of the eye*) cristalino
Lent [lɛnt] s cuaresma *f*
Lenten [ˈlɛntən] *adj* cuaresmal
lentil [ˈlɛntəl] s lenteja
Leo [ˈli•o] s (astr) Leo
leopard [ˈlɛpərd] s leopardo
leotard [ˈli•ə,tɑrd] s leotardo
leper [ˈlɛpər] s leproso
leper house s leprosería
leprosy [ˈlɛprəsi] s lepra
leprous [ˈlɛprəs] *adj* leproso; (*covered with scales*) escamoso
Lesbian [ˈlɛzbɪ•ən] *adj* lesbio || s lesbio; (*female homosexual*) lesbia
lesbianism [ˈlɛzbɪ•ə,nɪzəm] s lesbianismo
lese majesty [ˈliz'mædʒɪsti] s delito de lesa majestad
lesion [ˈliʒən] s lesión
less [lɛs] *adj* menor || *adv* menos; **less and less** cada vez menos; **less than** menos que; (*followed by numeral*) menos de; (*followed by verb*) menos de lo que || s menos *m*
lessee [lɛs'i] s arrendatario
lessen [ˈlɛsən] *tr* disminuir, reducir a menos; quitar importancia a || *intr* disminuirse, reducirse; amainar (*el viento*)
lesser [ˈlɛsər] *adj* menor, más pequeño
lesson [ˈlɛsən] s lección
lessor [ˈlɛsər] s arrendador *m*
lest [lɛst] *conj* no sea que, de miedo que
let [lɛt] *v* (*pret & pp* **let;** *ger* **letting**) *tr* dejar, permitir; alquilar, arrendar; **let + inf** que + *subj*, p.ej., **let him come in** que entre; **let alone** y mucho menos; **let good enough alone** bueno está lo bueno; **let us + inf** vamos a + *inf*, p.ej., **let us eat** vamos a comer, comamos; **to let** se alquila; **to let alone** dejar en paz, dejar tranquilo; **to let be** no tocar; dejar en paz; **to let by** dejar pasar; **to let down** dejar bajar; desilusionar, traicionar; dejar plantado; **to let fly** disparar; (fig) disparar, soltar (*palabras injuriosas*); **to let go** soltar, desasirse de; vender; **to let in** dejar entrar, dejar entrar en; **to let it go at that** no hacer o decir nada más; **to let know** hacer saber; **to let loose** soltar; **to let on** (coll) dar a entender; **to let out** dejar salir; revelar, publicar; dar, soltar (*p.ej., más cuerda*); dar (*un grito*);

ensanchar (*un vestido que aprieta*); dar en arrendamiento; (coll) despedir; **to let through** dejar pasar, dejar pasar por; **to let up** dejar subir; dejar levantarse || *intr* alquilarse, arrendarse; **to let down** (coll) ir más despacio; **to let go** desasirse; **to let go of** desasirse de; **to let on** (coll) fingir; **to let out** (coll) despedirse, cerrarse (*p.ej., la escuela*); **to let up** (coll) desistir; (coll) aflojar, amainar
let'down' s disminución; aflojamiento; desilusión, decepción; humillación
lethal [ˈliθəl] *adj* letal
lethargic [lɪ'θɑrdʒɪk] *adj* (*affected with lethargy*) letárgico; (*producing lethargy*) letargoso
lethar•gy [ˈlɛθərdʒi] s (*pl* **-gies**) letargo
Lett [lɛt] s letón *m*
letter [ˈlɛtər] s (*written message*) carta; (*of the alphabet*) letra; (*literal meaning*) (fig) letra; **letters** (*literature*) letras; **to the letter** al pie de la letra || *tr* estampar o marcar con letras
letter box s buzón *m* (*caja*)
letter carrier s cartero
letter drop s buzón *m* (*agujero*)
letter file s guardacartas *m*
let'ter•head' s membrete *m;* (*paper with printed heading*) memorándum *m*
lettering [ˈlɛtərɪŋ] s inscripción; letras
letter of credit s carta de crédito
letter opener [ˈopənər] s abrecartas *m*
letter paper s papel *m* de cartas
let'ter-per'fect *adj* que tiene bien aprendido su papel; correcto, exacto
let'ter•press' s impresión tipográfica; texto (*a distinción de los grabados*)
letter scales *spl* pesacartas *m*
Lettish [ˈlɛtɪʃ] *adj* letón || s letón *m*
lettuce [ˈlɛtɪs] s lechuga
let'up' s (coll) calma, interrupción; **without letup** (coll) sin cesar
leucorrhea [,lukə'ri•ə] s leucorrea
leukemia [lu'kimɪ•ə] s leucemia
Levant [lɪ'vænt] s Levante *m* (*países de la parte oriental del Mediterráneo*)
Levantine [ˈlɛvən,tin] o [lɪ'væntɪn] *adj & s* levantino
levee [ˈlɛvi] s (*embankment to hold back water*) ribero; (*reception at court*) besamanos *m*
lev•el [ˈlɛvəl] *adj* raso, llano; nivelado; (coll) sensato, juicioso; **level with** al nivel de, a flor de, a ras de || s (*device for determining horizontal position; degree of elevation*) nivel *m;* (*flat and even area of land*) terreno llano, llanura; (*part of a canal between two locks*) tramo; **to be on the level** obrar sin engaño, decir la pura verdad; **to find one's level** hallar su propio nivel || *v* (*pret & pp* **-eled** o **-elled;** *ger* **-eling** o **-elling**) *tr* nivelar; (*to smooth, flatten out*) arrasar, allanar; (*to bring down*) derribar, echar por tierra; apuntar (*un arma de fuego*); (fig) allanar (*dificultades*) || *intr*—**to level off** (aer) enderezarse para aterrizar

level-headed [ˈlɛvəlˈhɛdɪd] *adj* sensato, juicioso

leveling rod *s* (surv) jalón *m* de mira

lever [ˈlivər] o [ˈlɛvər] *s* palanca ‖ *tr* apalancar

leverage [ˈlivərɪdʒ] o [ˈlɛvərɪdʒ] *s* palancada; poder *m* de una palanca; (fig) influencia, poder *m*

leviathan [lɪˈvaɪəθən] *s* (Bib & fig) leviatán *m;* buque *m* muy grande

levitation [ˌlɛvɪˈteʃən] *s* levitación

levi•ty [ˈlɛvɪti] *s* (*pl* **-ties**) frivolidad; (*fickleness*) ligereza

lev•y [ˈlɛvi] *s* (*pl* **-ies**) (*of taxes*) exacción, recaudación; dinero recaudado; (mil) leva, enganche *m*, recluta ‖ *v* (*pret & pp* **-ied**) *tr* exigir, recaudar (*impuestos*); (mil) enganchar, reclutar; hacer (*la guerra*)

lewd [lud] *adj* lascivo, lujurioso; obsceno

lewdness [ˈludnɪs] *s* lascivia, lujuria; obscenidad

lexical [ˈlɛksɪkəl] *adj* léxico

lexicographer [ˌlɛksɪˈkɑgrəfər] *s* lexicógrafo

lexicographic(al) [ˌlɛksɪkəˈgræfɪk(əl)] lexicográfico

lexicography [ˌlɛksɪˈkɑgrəfi] *s* lexicografía

lexicology [ˌlɛksɪˈkɑlədʒi] *s* lexicología

lexicon [ˈlɛksɪkən] *s* léxico, lexicón *m*

liabili•ty [ˌlaɪəˈbɪlɪti] *s* (*pl* **-ties**) (*e.g., to disease*) propensión; responsabilidad, obligación; desventaja; **liabilities** deudas; (*as detailed in balance sheet*) pasivo

liability insurance *s* seguro de responsabilidad civil

liable [ˈlaɪəbəl] *adj* (*e.g., to disease*) propenso, expuesto; responsable; **to be liable to** + *inf* (coll) amenazar + *inf*

liaison [ˈliəˌzɑn] *s* enlace *m*, unión; (*illicit relationship between a man and woman*) amancebamiento, enredo, lío; (mil, nav & phonet) enlace *m*

liaison officer *s* (mil) oficial *m* de enlace

liar [ˈlaɪər] *s* mentiroso

lib. *abbr* librarian, library

libation [laɪˈbeʃən] *s* libación; (*drink*) libación

li•bel [ˈlaɪbəl] *s* calumnia, difamación; levante (CAm, P-R); (*defamatory writing*) libelo ‖ *v* (*pret & pp* **-beled** o **-belled;** *ger* **-beling** o **-belling**) *tr* calumniar, difamar

libelous [ˈlaɪbələs] *adj* calumniador

liberal [ˈlɪbərəl] *adj* (*generous; done or given generously*) liberal; (*open-minded*) tolerante, de amplias miras; (*translation*) libre; (pol) liberal ‖ *s* liberal *mf*

liberali•ty [ˌlɪbəˈrælɪti] *s* (*pl* **-ties**) liberalidad

liberal-minded [ˈlɪbərəlˈmaɪndɪd] *adj* tolerante, de amplias miras

liberate [ˈlɪbəˌret] *tr* libertar; (*to disengage from a combination*) (chem) desprender

liberation [ˌlɪbəˈreʃən] *s* liberación; (chem) desprendimiento

liberation theology *s* teología liberacionista

liberator [ˈlɪbəˌretər] *s* libertador *m*

libertine [ˈlɪbərˌtin] *adj & s* libertino

liber•ty [ˈlɪbərti] *s* (*pl* **-ties**) libertad; **to take the liberty to** tomarse la libertad de

liberty-loving [ˈlɪbərtiˈlʌvɪŋ] *adj* amante de la libertad

libidinous [lɪˈbɪdɪnəs] *adj* libidinoso

libido [lɪˈbido] o [lɪˈbaɪdo] *s* libídine *f*, libido *f*

Libra [ˈlibrə] *s* (astr) Libra

librarian [laɪˈbrɛrɪ•ən] *s* bibliotecario

librar•y [ˈlaɪˌbrɛri] o [ˈlaɪbrəri] *s* (*pl* **-ies**) biblioteca

library number *s* signatura

library school *s* escuela de bibliotecarios

library science *s* bibliotecnia; biblioteconomía

libret•to [lɪˈbrɛto] *s* (*pl* **-tos**) (mus) libreto

license [ˈlaɪsəns] *s* licencia ‖ *tr* licenciar

license number *s* número de matrícula

license plate o **tag** *s* chapa de circulación, placa de matrícula

licentious [laɪˈsɛnʃəs] *adj* licencioso, disoluto

lichen [ˈlaɪkən] *s* liquen *m*

lick [lɪk] *s* lamedura; (*place where animals go to lick*) lamedero; (*blow*) (coll) bofetón *m*; (*speed*) (coll) velocidad; (*beating*) (coll) zurra; (*quick cleaning*) (coll) limpión *m;* **to give a lick and a promise to** (coll) hacer rápida y superficialmente ‖ *tr* lamer; lamerse (*p ej., los dedos*); lamer (*las llamas un tejado*); (*to beat, thrash*) (coll) zurrar; (*to conquer*) (coll) vencer ‖ *intr* lengüetear

licorice [ˈlɪkərɪs] *s* regaliz *m*, orozuz *m;* dulce *m* de regaliz

lid [lɪd] *s* (*of a box, trunk, chest, etc.*) tapa, tapadera; (*of a dish, pot, etc.*) cobertera; (*eyelid*) párpado; (*hat*) (slang) techo

lie [laɪ] *s* mentira; **to catch in a lie** coger en una mentira; **to give the lie to** dar un mentís a ‖ *v* (*pret & pp* **lied;** *ger* **lying**) *tr*—**to lie oneself out of** o **to lie one's way out of** librarse de un aprieto mintiendo ‖ *intr* mentir ‖ *v* (*pret* **lay** [le]; *pp* **lain** [len]; *ger* **lying**) *intr* estar echado; hallarse, estar situado; (*e.g., in the grave*) yacer, estar enterrado; **to lie down** echarse, acostarse

lie detector *s* detector *m* de mentiras

lien [lin] o [ˈli•ən] *s* gravamen *m*, derecho de retención

lieu [lu] *s*—**in lieu of** en lugar de, en vez de

lieutenant [luˈtɛnənt] *s* lugarteniente *m;* (mil) teniente *m;* (nav) teniente de navío

lieutenant colonel *s* (mil) teniente coronel *m*

lieutenant commander *s* (nav) capitán *m* de corbeta

lieutenant governor *s* (U.S.A.) vicegobernador *m* (*de un Estado*)

lieutenant junior grade *s* (nav) alférez *m* de navío

life [laɪf] *adj* (*animate*) vital; (*lifelong*) perpetuo; (*annuity, income*) vitalicio; (*working from nature*) (fa) del natural ‖ *s* (*pl* **lives** [laɪvz]) vida; (*of an insurance policy*) vigencia; **for life** de por vida; **for the life of me** así me maten; **the life and soul of** (*e.g., a party*) la alegría de; **to come to life** volver a la vida; **to depart this life** partir de esta vida; **to run for one's life** salvarse por los pies

le
li

life annuity s renta vitalicia
life belt s cinturón m salvavidas
life'boat' s bote m de salvamento, bote salvavidas; (*for shore-based rescue services*) lancha de auxilio
life buoy s boya salvavidas, guindola
life expectancy s expectación de vida
life float s balsa salvavidas
life'guard' s salvavidas m, guardavida m
life imprisonment s cadena perpetua
life insurance s seguro sobre la vida
life jacket s chaleco salvavidas
lifeless ['laɪflɪs] adj muerto, sin vida; (*in a faint*) desmayado, exánime; (*dull, colorless*) deslucido
life'like' adj natural, vivo
life line s cuerda salvavidas; cuerda de buzo
life'long' adj perpetuo, de toda la vida
life of leisure s vida de ocio
life of Riley ['raɪli] s (slang) vida regalada
life of the party s (coll) alegría de la fiesta, alma de la fiesta
life preserver [prɪ'zʌrvər] s chaleco salvavidas
lifer ['laɪfər] s (slang) presidiario de por vida
life'sav'er s salvador m (*de vidas*); (*something that saves a person from a predicament*) (coll) tabla de salvación
lifesaving ['laɪf,sevɪŋ] adj de salvamento ‖ s salvamento (*de vidas*)
life sentence s condena a cadena perpetua
life'-size' adj de tamaño natural
life span s período de vida
life'time' adj vitalicio ‖ s vida, curso de la vida, jornada
life'work' s obra principal de la vida de uno
lift [lɪft] s elevación, levantamiento; ayuda (*para levantar una carga*); (aer) sustentación; **to give a lift to** invitar (*a un peatón*) a subir a un coche; llevar en un coche; (fig) reanimar ‖ tr elevar, levantar; quitarse (*el sombrero*); (naut) izar (*velas, vergas, etc.*); (fig) reanimar, exaltar; (coll) robar; (coll) plagiar ‖ intr elevarse, levantarse; disiparse (*las nubes, las nieblas, la obscuridad, etc.*)
lift bridge s puente levadizo
lift'-off s despegue m vertical
lift truck s carretilla elevadora
ligament ['lɪgəmənt] s ligamento
ligature ['lɪgətʃər] s (mus & surg) ligadura; (mus & typ) ligado
light [laɪt] adj (*in weight*) ligero, leve, liviano; (*having illumination; whitish*) claro; (*hair*) blondo, rubio; (*complexion*) blanco; (*oil*) flúido; (*beer*) claro; (*reading*) poco serio; (*heart*) alegre, despreocupado; (*carrying a small cargo or none at all*) (naut) boyante; **light in the head** (*dizzy*) aturdido, mareado; (*simple, silly*) tonto, necio; **to make light of** no dar importancia a, no tomar en serio ‖ adv sin carga; sin equipaje ‖ s luz f; (*to light a cigarette*) lumbre f, fuego; (*to control traffic*) luz, señal f; (*window or other opening in a wall*) luz, claro, hueco; (*example, shining figure*) lumbrera; **according to one's lights** según Dios le da

a uno a entender; **against the light** al trasluz; **in this light** desde este punto de vista; **lights** noticias; (*of sheep, etc.*) bofes mpl; **to come to light** salir a luz, descubrirse; **to shed** o **throw light on** echar luz sobre; **to strike a light** echar una yesca; encender un fósforo ‖ v (*pret & pp* **lighted** o **lit** [lɪt] tr (*to furnish with illumination*) alumbrar, iluminar; (*to set afire, ignite*) encender; **to light up** iluminar ‖ intr alumbrarse; encenderse; posar (*un ave*); (*from an auto*) bajar; **to light into** (*to attack*) (slang) arremeter contra; (*to scold, berate*) (slang) poner de oro y azul; **to light out** (slang) poner pies en polvorosa; **to light upon** tropezar con, hallar por casualidad
light bulb s (elec) bombilla
light complexion s tez blanca
lighten ['laɪtən] tr (*to make lighter in weight*) aligerar; iluminar; (*to cheer up*) alegrar, regocijar ‖ intr (*to become less dark*) iluminarse; (*to give off flashes of lightning*) relampaguear; (fig) iluminarse (*los ojos, la cara de una persona*)
lighter ['laɪtər] s (*to light a cigarette*) encendedor m; (*flat-bottomed barge*) alijador m
light-fingered ['laɪt'fɪŋgərd] adj largo de uñas, listo de manos
light-footed ['laɪt'fʊtɪd] adj ligero de pies
light-headed ['laɪt'hɛdɪd] adj (*dizzy*) aturdido, mareado; (*simple, silly*) tonto, necio, ligero de cascos
light-hearted ['laɪt'hɑrtɪd] adj alegre, libre de cuidados
light'house' s faro
lighthouse keeper s farero
lighting ['laɪtɪŋ] s alumbrado, iluminación
lighting engineer s iluminador m
lighting fixtures spl artefactos de alumbrado
lightly ['laɪtli] adj ligeramente
light meter s exposímetro
lightness ['laɪtnɪs] s (*in weight*) ligereza; (*in illumination*) claridad
lightning ['laɪtnɪŋ] s relámpagos, relampagueo ‖ intr relampaguear
lightning arrester [ə'rɛstər] s pararrayos m
lightning bug s luciérnaga
lightning rod s pararrayos m
light opera s opereta
light'ship' s buque m fanal, buque faro
light·struck ['laɪt,strʌk] adj velado
light'weight' adj ligero; de entretiempo, p.ej., **lightweight coat** abrigo de entretiempo
light'-year' s año luz
lignite ['lɪgnaɪt] s lignito
lignum vitae ['lɪgnəm'vaɪti] s guayaco, palo santo
likable ['laɪkəbəl] adj simpático
like [laɪk] adj parecido, semejante; parecido a, semejante a, p.ej., **this hat is like mine** este sombrero es parecido al mío; (elec) del mismo nombre; **like father like son** de tal palo tal astilla; **to feel like** + ger tener ganas de + inf; **to look like** parecerse a; parecer que, p.ej., **it looks like rain** parece que va a llover ‖ adv como; **like enough**

(coll) probablemente; **nothing like** ni con mucho ‖ *prep* a semejanza de ‖ *conj* (coll) del mismo modo que; (coll) que, p.ej., **it seems like he is right** parece que tiene razón ‖ *s* (*liking*) gusto, preferencia; (*fellow, fellow man*) prójimo, semejante *m;* **and the like** y cosas por el estilo; **to give like for like** pagar en la misma moneda ‖ *tr* gustar de, p.ej., **I like music** gusto de la música; gustar p.ej., **Mary likes peaches** a María. le gustan los melocotones; **to like best** o **better** preferir; **to like it in** encontrarse a gusto en (*p.ej., el campo*); **to like to** + *inf* gustarle a uno + *inf*, p.ej., **I like to travel** me gusta viajar; gustarle a uno que + *subj*, p.ej., **I should like him to come to see me** me gustaría que él viniese a verme ‖ *intr* querer, p.ej., **as you like** como Vd. quiera; **if you like** si Vd. quiere

likelihood ['laɪklɪˌhʊd] *s* probabilidad
like•ly ['laɪklɪ] *adj* (*comp* **-lier;** *super* **-liest**) probable; a propósito; prometedor; **to be likely to** + *inf* ser probable que + *ind*, p.ej., **Mary is likely to come to see us tomorrow** es probable que María vendrá a vernos mañana ‖ *adv* probablemente
like-minded ['laɪk'maɪndɪd] *adj* del mismo parecer; de natural semejante
liken ['laɪkən] *tr* asemejar, comparar
likeness ['laɪknɪs] *s* (*picture or image*) retrato; (*similarity*) semejanza, parecido; forma, aspecto, apariencia
like'wise' *adv* igualmente, asimismo; **to do likewise** hacer lo mismo
liking ['laɪkɪŋ] *s* gusto, afición, simpatía; **to be to the liking of** ser del gusto de; **to have a liking for** aficionarse a
lilac ['laɪlək] *adj* de color lila ‖ *s* lilac *m*, lila
Lilliputian [ˌlɪlɪ'pjuʃən] *adj & s* liliputiense *mf*
lilt [lɪlt] *s* paso airoso, movimiento airoso; canción cadenciosa, música alegre
lil•y ['lɪlɪ] *s* (*pl* **-ies**) (*Lilium candidum*) azucena, lirio blanco; cala, lirio de agua; (*fleur-de-lis, the royal arms of France*) flor *f* de lis; **to gild the lily** ponerle colores al oro
lily of the valley *s* lirio de los valles, muguete *m*
lily pad *s* hoja de nenúfar
lima bean ['laɪmə] *s* judía de la peladilla, frijol *m* de media luna
limb [lɪm] *s* (*arm or leg*) miembro; (*of a tree*) rama; (*of a cross; of the sea*) brazo; **to be out on a limb** (coll) estar en un aprieto
limber ['lɪmbər] *adj* ágil; flexible ‖ *intr*—**to limber up** agilitarse
lim•bo ['lɪmbo] *s* (*pl* **-bos**) lugar *m* de olvido; (theol) limbo
lime [laɪm] *s* (*calcium oxide*) cal *f;* (*Citrus aurantifolia*) limero agrio; (*its fruit*) lima agria; (*linden tree*) tila o tilo
lime'kiln' *s* calera, horno de cal
lime'light' *s* —**to be in the limelight** estar a la vista del público
limerick ['lɪmərɪk] *s* quintilla jocosa

lime'stone' *adj* calizo ‖ *s* caliza, piedra caliza
limit ['lɪmɪt] *s* límite *m;* **to be the limit** (slang) ser el colmo; **to go the limit** no dejar piedra por mover ‖ *tr* limitar
lim'ited-ac'cess high'way *s* carretera de vía libre
limited monarchy *s* monarquía constitucional
limitless ['lɪmɪtlɪs] *adj* ilimitado
limousine ['lɪməˌzin] o [ˌlɪmə'zin] *s* (aut) limusina
limp [lɪmp] *adj* flojo, débil, flexible ‖ *s* cojera ‖ *intr* cojear
limpid ['lɪmpɪd] *adj* diáfano, cristalino
linage ['laɪnɪdʒ] *s* (typ) número de líneas
linchpin ['lɪntʃˌpɪn] *s* pezonera
linden ['lɪndən] *s* tila, tilo
line [laɪn] *s* línea; (*of people, houses, etc.*) hilera; (*rope, string*) cuerda, cordel *m;* (*wrinkle*) arruga; (*for fishing*) sedal *m;* (*written or printed line; line of goods*) renglón *m;* manera (*de pensar*); (*of the spectrum*) (phys) raya; **all along the line** por todas partes; desde cualquier punto de vista; **in line** alineado; dispuesto, preparado; **in line with** de acuerdo con; **out of line** desalineado; en desacuerdo, to bring **into line** poner de acuerdo; **to draw the line at** no ir más allá de; **to fall in line** conformarse; formar cola; alinearse; **to have a line on** (coll) estar enterado de; **to read between the lines** leer entre líneas; **to stand in line** hacer cola; **to toe the line** obrar como se debe; **to wait in line** hacer cola, esperar vez ‖ *tr* alinear, rayar; arrugar (*p.ej., la cara*); formar hilera a lo largo de (*la acera, la calle*); forrar (*un vestido*); guarnecer (*un freno*) ‖ *intr*—**to line up** ponerse en fila; hacer cola
lineage ['lɪnɪˌɪdʒ] *s* linaje *m*
lineaments ['lɪnɪˌəmənts] *spl* lineamentos
linear ['lɪnɪər] *adj* lineal
line•man ['laɪnmən] *s* (*pl* **-men** [mən]) (elec) celador *m,* recorredor *m* de la línea; (rr) guardavía *m;* (surv) cadenero
linen ['lɪnən] *adj* de lino ‖ *s* (*fabric*) lienzo, lino; (*yarn*) hilo de lino; ropa blanca, ropa de cama
linen closet *s* armario para la ropa blanca
line of battle *s* línea de batalla
line of fire (mil) línea de tiro
line of least resistance *s* ley *f* del menor esfuerzo; **to follow the line of least resistance** seguir la corriente, no oponer resistencia
line of sight *s* visual *f;* (*of firearm*) línea de mira
liner ['laɪnər] *s* vapor *m* de travesía; (baseball) pelota rasa, lineazo
line'-up' *s* agrupación, formación; (*of prisoners*) rueda
linger ['lɪŋgər] *intr* estarse, quedarse; (*to be tardy*) demorar, tardar; tardar en marcharse; tardar en morirse; pasearse con paso lento; **to linger over** contemplar, reflexionar

lingerie [,lænʒə'ri] *s* ropa interior de mujer
lingering ['lɪŋgərɪŋ] *adj* prolongado
lingual ['lɪŋgwəl] *adj & s* lingual *f*
linguist ['lɪŋgwɪst] *s (person skilled in several languages)* poligloto; *(specialist in linguistics)* lingüista *mf*
linguistic [lɪŋ'gwɪstɪk] *adj* lingüístico ‖ **linguistics** *s* lingüística
liniment ['lɪnɪmənt] *s* linimento
lining ['laɪnɪŋ] *s (of a coat)* forro, forrado; *(of auto brake)* guarnición; *(of a furnace)* camisa; *(of a wall)* revestimiento
link [lɪŋk] *s* eslabón *m*; **links** campo de golf ‖ *tr* eslabonar ‖ *intr* eslabonarse
linkup ['lɪŋk,ʌp] *s* conexión; *(in space)* acoplamiento
linnet ['lɪnɪt] *s* pardillo
linoleum [lɪ'nolɪ•əm] *s* linóleo
linotype ['laɪnə,taɪp] *(trademark) adj* linotípico ‖ *s (machine)* linotipia; *(matter produced by machine)* linotipo ‖ *tr* componer con linotipia
linotype operator *s* linotipista *mf*
linseed ['lɪn,sid] *s* linaza
linseed oil *s* aceite *m* de linaza
lint [lɪnt] *s* borra, pelusa, hilaza; *(used to dress wounds)* hilas
lintel ['lɪntəl] *s* dintel *m*, umbral *m*
lion ['laɪ•ən] *s* león *m*; *(men of strength and courage)* (fig) león; (fig) celebridad muy solicitada; **to beard the lion in his den** ir a desafiar la cólera de un jefe; **to put one's head in the lion's mouth** meterse en la boca del lobo
lioness ['laɪ•ənɪs] *s* leona
lion-hearted ['laɪ•ən,hɑrtɪd] *adj* valiente
lionize ['laɪ•ə,naɪz] *tr* agasajar
lions' den *s* (Bib) fosa de los leónes
lion's share *s* (la) parte *f* del león
lip [lɪp] *s* labio; *(slang)* lenguaje *m* insolente; **to hang on the words of** estar pendiente de las palabras de; **to smack one's lips** chuparse los labios
lip'-read' *v (pret & pp* -**read** [,rɛd]) *tr & intr* leer en los labios
lip reading *s* labiolectura
lip service *s* homenaje *m* de boca, jarabe *m* de pico
lip'stick' *s* lápiz *m* de labios, lápiz labial
liq. *abbr* **liquid, liquor**
lique•fy ['lɪkwɪ,faɪ] *v (pret & pp* -**fied**) *tr* liquidar ‖ *intr* liquidarse
liqueur [lɪ'kʌr] *s* licor *m*
liquid ['lɪkwɪd] *adj* líquido ‖ *s* líquido; (phonet) líquida
liquidate ['lɪkwɪ,det] *tr & intr* liquidar
liquidity [lɪ'kwɪdɪti] *s* liquidez *f*
liquid measure *s* medida para líquidos
liquor ['lɪkər] *s* licor *m*
Lisbon ['lɪzbən] *s* Lisboa
lisle [laɪl] *s* hilo fino de algodón, muy retorcido, sedalina
lisp [lɪsp] *s* ceceo ‖ *intr* cecear
lissome ['lɪsəm] *adj* flexible, elástico; ágil, ligero
list [lɪst] *s* lista; *(strip)* lista, tira; *(border)* orilla; *(selvage)* orillo; (naut) ladeo; **lists**

liza; **to enter the lists** entrar en liza; **to have a list** (naut) irse a la banda ‖ *tr* alistar, listar; registrar ‖ *intr* (naut) irse a la banda
listen ['lɪsən] *intr* escuchar; obedecer; **to listen in** escuchar a hurtadillas; escuchar por radio; **to listen to** escuchar; obedecer; **to listen to reason** meterse en razón
listener ['lɪsənər] *s* oyente *mf*; radioescucha *mf*, radioyente *mf*
listening post ['lɪsənɪŋ] *s* puesto de escucha
listing ['lɪstɪŋ] *s (items)* rubricación
listless ['lɪstlɪs] *adj* distraído, desatento, indiferente
listlessness ['lɪstlɪsnɪs] *s* apatía; indiferencia
list price *s* precio de catálogo, precio de tarifa
lit. *abbr* **liter, literal, literature**
lita•ny ['lɪtəni] *s (pl* -**nies**) letanía; *(repeated series)* (fig) letanía
liter ['lɪtər] *s* litro
literacy ['lɪtərəsi] *s* capacidad de leer y escribir; instrucción
literal ['lɪtərəl] *adj* literal
literary ['lɪtə,rɛri] *adj* literario; *(individual)* literato
literate ['lɪtərɪt] *adj* que sabe leer y escribir; *(well-read)* literato, muy leído; *(educated)* instruído ‖ *s* persona que sabe leer y escribir; literato, erudito
literati [,lɪtə'rɑti] *spl* literatos
literature ['lɪtərətʃər] *s* literatura; impresos, escritos de publicidad
lithe [laɪθ] *adj* flexible, cimbreño
lithia ['lɪθ•ə] *s* (chem) litina
lithium ['lɪθɪ•əm] *s* (chem) litio
lithograph ['lɪθə,græf] *s* litografía ‖ *tr* litografiar
lithographer [lɪ'θɑgrəfər] *s* litógrafo
lithography [lɪ'θɑgrəfi] *s* litografía
litigant ['lɪtɪgənt] *adj & s* litigante *mf*
litigate ['lɪtɪ,get] *tr & intr* litigar
litigation [,lɪtɪ'gəʃən] *s* litigación; *(lawsuit)* litigio
litigious [lɪ'tɪdʒəs] *adj* litigioso
litmus ['lɪtməs] *s* tornasol *m*
litmus paper *s* papel *m* de tornasol
litter ['lɪtər] *s* desorden *m*; *(scattered rubbish)* basura, papelería; *(young brought forth at one birth)* camada, ventregada; *(bedding for animals)* cama, paja; *(vehicle carried by men or animals)* litera; *(stretcher)* camilla, parihuela ‖ *tr* esparcir papeles por; esparcir *(desechos, papeles, etc.)*; cubrir *(el suelo)* con paja ‖ *intr* parir
lit'ter•bug' *s* persona que ensucia las calles tirando papeles rotos
littering ['lɪtərɪŋ] *s*—**no littering** se prohibe tirar papeles rotos
little ['lɪtəl] *adj (in size)* pequeño; *(in amount)* poco, p.ej., **little money** poco dinero; **a little** un poco de, p.ej., **a little money** un poco de dinero ‖ *adv* poco; **little by little** poco a poco ‖ *s* poco; **a little** un poco; *(somewhat)* algo; **to make little of** no dar importancia a, no tomar en serio; **to think little of** tener en poco; no vacilar en

Little Bear s Osa menor
Little Dipper s Carro menor
little finger s dedo auricular, dedo meñique; **to twist around one's little finger** manejar con suma facilidad
lit'tle•neck' s almeja redonda (*Venus mercenaria*)
little owl s mochuelo (*Athene noctua*)
little people spl hadas; gente menuda
Little Red Ridinghood ['raɪdɪŋ,hʊd] s Caperucita Roja
little slam s (bridge) semibola
liturgic(al) [lɪ'tʌrdʒɪk(əl)] adj litúrgico
litur•gy ['lɪtərdʒi] s (pl **-gies**) liturgia
livable ['lɪvəbəl] adj habitable, vividero; llevadero, tolerable
live [laɪv] adj (*living; full of life; intense*) vivo; (*coals; flame*) ardiente; de actualidad; (elec) cargado ‖ [lɪv] tr llevar (*tal o cual vida*); vivir (*una experiencia, una aventura; un actor sus personajes*); **to live down** borrar (*una falta*); **to live out** vivir (*toda la vida*); salir con vida de (*un desastre, una guerra*) ‖ intr vivir; **to live and learn** vivir para ver; **to live and let live** vivir y dejar vivir; **to live high** darse buena vida; **to live on** seguir viviendo; vivir de (*p.ej., carne*); vivir a expensas de; **to live up to** cumplir (*lo prometido*); gastar (*todas sus rentas*)
live coal s ascua
livelihood ['laɪvlɪ,hʊd] s vida; **to earn one's livelihood** ganarse la vida
livelong ['lɪv,lɔŋ] o ['lɪv,lɑŋ] adj—**all the livelong day** todo el santo día
live•ly ['laɪvli] adj (comp **-lier**; super **-liest**) animado, vivaz; alegre, festivo; (*active, keen*) vivo; (*resilient*) elástico
liven ['laɪvən] tr animar, regocijar ‖ intr animarse, regocijarse
liver ['lɪvər] s vividor m; habitante mf; (anat) hígado
liver•y ['lɪvəri] s (pl **-ies**) librea
livery•man ['lɪvərimən] s (pl **-men** [mən]) dueño de una cochera; mozo de cuadra
livery stable s cochera de carruajes de alquiler
live'stock' adj ganadero ‖ s ganadería
live wire s (elec) alambre cargado; (slang) trafagón m
livid ['lɪvɪd] adj lívido, amoratado; encolerizado; pálido
living ['lɪvɪŋ] adj vivo, viviente ‖ s vida; **to earn** o **to make a living** ganarse la vida
living quarters spl aposentos, habitaciones
living room s sala, sala de estar
living wage s jornal m suficiente para vivir
lizard ['lɪzərd] s lagarto; (slang) holgón m
load [lod] s carga; **loads** (coll) muchísimo; **loads of** (coll) gran cantidad de; **to get a load of** (slang) escuchar, oír; (slang) mirar; **to have a load on** (slang) estar borracho ‖ tr cargar ‖ intr cargar; cargarse
loaded ['lodɪd] adj cargado; (slang) muy borracho; (slang) muy rico
loaded dice spl dados cargados
load'stone' s piedra imán; (fig) imán m

loaf [lof] s (pl **loaves** [lovz]) pan m; (*of sugar*) pilón m ‖ intr haraganear
loafer ['lofər] s haragán m
loam [lom] s suelo franco; (*mixture used in making molds*) tierra de moldeo
loamy ['lomi] adj franco
loan [lon] s (*among individuals*) préstamo; (*between companies or governments*) empréstito; **to hit for a loan** (coll) dar un sablazo a ‖ tr prestar
loan shark s (coll) usurero
loan word s préstamo lingüístico
loath [loθ] adj poco dispuesto; **nothing loath** de buena gana
loathe [loð] tr abominar, detestar
loathing ['loðɪŋ] s abominación, detestación
loathsome ['loðsəm] adj abominable, asqueroso
lob [lɑb] v (pret & pp **lobbed**; ger **lobbing**) tr (tennis) volear desde muy alto
lob•by ['lɑbi] s (pl **-bies**) salón m de entrada, vestíbulo; cabilderos ‖ v (pret & pp **-bied**) intr cabildear
lobbying ['lɑbɪ•ɪŋ] s cabildeo
lobbyist ['lɑbɪ•ɪst] s cabildero
lobster ['lɑbstər] s (*spiny lobster*) langosta; (*Homarus*) bogavante m
lobster pot s langostera
local ['lokəl] adj local ‖ s tren suburbano; (*branch of a union*) junta local; noticia de interés local
locale [lo'kæl] s localidad
locali•ty [lo'kælɪti] s (pl **-ties**) localidad
localize ['lokə,laɪz] tr localizar
local option s derecho local de legislar sobre la venta de bebidas alcohólicas
locate [lo'ket] o ['loket] tr (*to discover the location of*) localizar; (*to place, to settle*) colocar, establecer; (*to ascribe a particular location to*) situar ‖ intr establecerse
location |lo'ke/ən] s (*place, position*) localidad; (*act of placing*) colocación; (*act of finding*) localización; **on location** (mov) en exteriores
loc. cit. abbr **loco citato** (Lat) **in the place cited**
lock [lɑk] s cerradura; (*of a canal*) esclusa; (*of hair*) bucle m, (*of a firearm*) llave f; **lock, stock, and barrel** (coll) del todo, por completo; **under lock and key** bajo llave ‖ tr echar la llave a, cerrar con llave; (*to key*) acuñar; hacer pasar (*un buque*) por la esclusa; abrazar, enlazar; **to lock in** encerrar, poner debajo de llave; **to lock out** cerrar la puerta a, dejar en la calle; dejar sin trabajo (*a los obreros*); **to lock up** encerrar poner debajo de llave; encarcelar
locker ['lɑkər] s armario cerrado con llave
locket ['lɑkɪt] s guardapelo, medallón m
lock'jaw' s trismo, oclusión forzosa de la boca
lock nut s contratuerca
lock'out' s huelga patronal
lock'smith' s cerrajero
lock step s marcha en fila apretada
lock stitch s punto encadenado
lock tender s esclusero

li
lo

lock'up' *s* cárcel *f*
lock washer *s* arandela de seguridad
locomotive [,lokə'motɪv] *s* locomotora
lo•cus ['lokəs] *s* (*pl* -ci [saɪ]) sitio, lugar *m;* lugar (geométrico)
locust ['lokəst] *s* (ent) langosta (*Pachytylus*); (ent) cigarra (*Cicada*); (bot) acacia falsa
lode [lod] *s* filón *m,* venero, veta
lode'star' *s* (astr) estrella polar; estrella de guía; (*guide, direction*) guía, norte *m*
lodge [lɑdʒ] *s* casa de guarda; casa de campo; (*e.g., of Masons*) logia ‖ *tr* alojar, hospedar; depositar, colocar; presentar (*una queja*) ‖ alojarse, hospedarse; quedar colgado, ir a parar
lodger ['lɑdʒər] *s* inquilino (*en parte de una casa*)
lodging ['lɑdʒɪŋ] *s* alojamiento, hospedaje *m;* (*without meals*) cobijo
loft [lɔft] *s* (*attic*) desván *m,* sobrado; (*hayloft*) henal *m,* pajar *m;* (*in theater or church*) galería; (*in a store or office building*) piso alto
loft•y ['lɔfti] *adj* (*comp* -ier; *super* -iest) (*towering; sublime*) encumbrado; (*haughty*) altivo, orgulloso
log. *abbr* **logarithm**
log [lɔg] *s* leño, tronco; (*log chip*) (naut) barquilla; (*chip and line*) (naut) corredera; (aer) diario de vuelo; **to sleep like a log** dormir como un leño ‖ *v* (*pret & pp* logged; *ger* logging) *tr* registrar; recorrer (*cierta distancia*)
logarithm ['lɔgə,rɪðəm] *s* logaritmo
log'book' *s* (aer) libro de vuelo; (naut) cuaderno de bitácora
log cabin *s* cabaña de troncos
log chip *s* (naut) barquilla
log driver *s* ganchero, maderero
log driving *s* flotaje *m*
logger ['lɔgər] *o* ['lɑgər] *s* leñador *m,* maderero; grúa de troncos; tractor *m*
log'ger•head' *s* mentecato; **at loggerheads** reñidos
loggia ['lodʒə] *s* (archit) logia
logic ['lɑdʒɪk] *s* lógica
logical ['lɑdʒɪkəl] *adj* lógico
logician [lo'dʒɪʃən] *s* lógico
logistic(al) [lo'dʒɪstɪk(əl)] *adj* logístico
logistics [lo'dʒɪstɪks] *s* logística
log'jam' *s* atasco de rollizos; (fig) estancación
log line *s* (naut) corredera
log'roll' *intr* trocar favores políticos
log'wood' *s* campeche *m*
loin [lɔɪn] *s* lomo; **to gird up one's loins** apercibirse para la acción
loin'cloth' *s* taparrabo
loiter ['lɔɪtər] *tr*—**to loiter away** malgastar (*el tiempo*) ‖ *intr* holgazanear, rezagarse
loiterer ['lɔɪtərər] *s* holgazán *m,* rezagado
loll [lɑl] *intr* colgar flojamente; arrellanarse, repantigarse
lollipop ['lɑli,pɑp] *s* paleta (*dulce en el extremo de un palito*)
Lombard ['lɑmbɑrd] *adj & s* lombardo
Lombardy ['lɑmbərdi] *s* Lombardía

Lombardy poplar *s* álamo de Italia, chopo lombardo
lon. *abbr* **longitude**
London ['lʌndən] *adj* londinense ‖ *s* Londres *m*
Londoner ['lʌndənər] *s* londinense *mf*
lone [lon] *adj* solo, solitario; (*sole, single*) único
loneliness ['lonlinɪs] *s* soledad
lone•ly ['lonli] *adj* (*comp* -lier; *super* -liest) soledoso
lonesome ['lonsəm] *adj* soledoso; (*spot, atmosphere*) solitario
lone wolf *s* (fig) lobo solitario
long. *abbr* **longitude**
long [lɔŋ] *o* [lɑŋ] (*comp* **longer** ['lɔŋgər] *o* ['lɑŋgər]; *super* **longest** ['lɔŋgɪst] *o* ['lɑŋgɪst]) *adj* largo; de largo, p.ej., **two meters long** dos metros de largo ‖ *adv* mucho tiempo, largo tiempo; **as long as** mientras; (*provided*) con tal de que; (*inasmuch as*) puesto que; **before long** dentro de poco; **how long** cuánto tiempo; **long ago** hace mucho tiempo; **long before** mucho antes; **longer** más tiempo; **long since** desde hace mucho tiempo; **no longer** ya no; **so long!** (coll) ¡hasta luego!; **so long as** con tal de que ‖ *intr* anhelar, suspirar; **to long for** anhelar por, ansiar
long'boat' *s* (naut) lancha
long'-dis'tance call *s* (telp) llamada a larga distancia
long-distance flight *s* (aer) vuelo a distancia
long'-drawn'-out' *adj* prolongado, pesado
longeron ['lɑndʒərən] *s* larguero
longevity [lɑn'dʒɛvɪti] *s* longevidad
long face *s* (coll) cara triste
long'hair' *adj & s* intelectual *mf;* aficionado a la música clásica
long'hand' *s* escritura a mano
longing ['lɔŋɪŋ] *adj* anhelante ‖ *s* anhelo, ansia
longitude ['lɑndʒɪ,tjud] *s* longitud
long johns *spl* ropa interior que cubre brazos y piernas
long-lived ['lɔŋ'laɪvd] *o* (coll) ['lɔŋ'lɪvd] *adj* longevo, de larga vida
long-playing record ['lɔŋ'ple•ɪŋ] *s* disco de larga duración; elepé *m*
long primer ['prɪmər] *s* (typ) entredós *m*
long'-range' *adj* de largo alcance
longshore•man ['lɔŋ,ʃormən] *s* (*pl* -men [mən]) *s* estibador *m,* portuario
long'-stand'ing *adj* que existe desde hace mucho tiempo
long'-suf'fering *adj* longánimo, sufrido
long suit *s* (cards) palo fuerte; (fig) fuerte *m*
long'-term' *adj* a largo plazo
long'-wind'ed *adj* difuso, palabrero; discursisto
look [lʊk] *s* (*appearance*) aspecto, apariencia; (*glance*) mirada; (*search*) búsqueda; **looks** aspecto, apariencia; **to take a look at** echar una mirada a ‖ *tr* expresar con la mirada; representar (*la edad que uno tiene*); **to look daggers at** apuñalar con la mirada; **to look the part** vestir el cargo; **to look up**

(*e.g., in a dictionary*) buscar; ir a visitar, venir a ver ‖ *intr* mirar; buscar; parecer; **look out!** ¡cuidado!, ¡ojo!; **to look after** mirar por; ocuparse en; **to look at** mirar; **to look back** mirar hacia atrás; (fig) mirar el pasado; **to look down on** mirar por encima del hombro; **to look for** buscar; creer, p.ej., **I look for rain** creo que va á llover; **to look forward to** esperar con placer anticipado; **to look ill** tener mala cara; **to look in on** pasar por la casa o la oficina de; **to look into** averiguar, estudiar; **to look like** parecerse a; amenazar, p.ej., **it looks like rain** amenaza lluvia, parece que va a llover; **to look oneself** parecer el mismo; tener buena cara; **to look out** tener cuidado; mirar por (*p.ej., la ventana*); **to look out for** mirar por, cuidar de; guardarse de; **to look out on** dar a; **to look through** mirar por; hojear (*un libro*); **to look toward** dar a; **to look up to** admirar, mirar con respeto; **to look well** tener buena cara
lookalike [ˈlukə,laɪk] *adj & s* doble; parecido
looker-on [,lukərˈɑn] *s* (*pl* **lookers-on**) mirón *m*, espectador *m*
looking glass [ˈlukɪŋ] *s* espejo
look'out' *s* vigilancia; (*tower*) atalaya; (*person keeping watch*) vigilante *mf;* (*man watching from lookout tower*) atalaya *m;* (*care, concern*) (coll) cuidado; **to be on the lookout for** estar a la mira de
loom
   [lum] *s* telar *m* ‖ *intr* (*to appear indistinctly*) vislumbrarse; amenazar, parecer inevitable
loon [lun] *s* tonto, bobo; (orn) zambullidor *m*
loon-y [ˈluni] *adj* (*comp* **-ier;** *super* **-iest**) (slang) loco ‖ *s* (*pl* **-ies**) (slang) loco
loop [lup] *s* lazo; (*in a cable or rope*) vuelta; (*of a river*) meandro; (*of a road*) recoveco; (*for fastening a button*) presilla; (aer) rizo; (elec) circuito cerrado; (*part of vibrating body between two nodes*) vientre *m;* **to loop the loop** (aer) rizar el rizo ‖ *tr* hacer lazos en; enlazar ‖ *intr* formar lazo; (aer) hacer el rizo
loop'hole' *s* (*narrow opening in wall*) lucerna; (*means of evasion*) efugio, escapatoria
loose [lus] *adj* (*dress, tooth, screw, bowels*) flojo; (*fitting, thread, wire, rivet, tongue, bowels*) suelto; (*sleeve*) perdido; (*earth, soil*) desmenuzado; (*unpackaged*) a granel, sin envase; (*unbound papers*) sin encuadernar; (*pulley*) loco; (*translation*) libre; (*life, morals*) relajado; (*woman*) fácil, frágil; **to become loose** desatarse, aflojarse; **to break loose** ponerse en libertad; **to turn loose** soltar ‖ *s*—**to be on the loose** ser libre, estar sin trabas; estar de juerga ‖ *tr* soltar; desatar, desencadenar
loose end *s* cabo suelto; **at loose ends** desarreglado, indeciso
loose'-leaf' notebook *s* cuaderno de hojas cambiables, cuaderno de hojas sueltas
loosen [ˈlusən] *tr* desatar, aflojar, desapretar; aflojar, laxar (*el vientre*) ‖ *intr* desatarse, aflojarse, desapretarse

looseness [ˈlusnɪs] *s* flojedad, soltura; (*in morals*) relajamiento
loose'strife' *s* lisimaquia; salicaria
loose-tongued [ˈlusˈtʌŋd] *adj* largo de lengua, ligero de lengua
loot [lut] *s* botín *m*, presa ‖ *tr* saquear, pillar
lop [lɑp] *v* (*pret & pp* **lopped;** *ger* **lopping**) *tr* dejar caer (*p.ej., los brazos*); **to lop off** cortar; podar (*un árbol, una vid*) ‖ *intr* colgar
lopsided [ˈlɑpˈsaɪdɪd] *adj* ladeado, sesgado; desproporcionado, asimétrico, patituerto
loquacious [loˈkweʃəs] *adj* locuaz
loran [ˈlɔræn] *s* (naut) lorán *m*
lord [lɔrd] *s* señor *m;* (Brit) lord *m;* (hum & poet) marido ‖ *tr*—**to lord it over** dominar despóticamente, imponerse a
lord-ly [ˈlɔrdli] *adj* (*comp* **-lier;** *super* **-liest**) señoril; magnífico; despótico, imperioso; altivo, arrogante
Lord's Day, the el domingo
lordship [ˈlɔrdʃɪp] *s* señoría, excelencia
Lord's Prayer *s* oración dominical, padrenuestro
Lord's Supper *s* sagrada comunión; Cena del Señor
lore [lor] *s* ciencia, saber *m;* ciencia popular, saber *m* popular
lorgnette [lɔrnˈjɛt] *s* (*eyeglasses*) impertinentes *mpl;* (*opera glasses*) gemelos de teatro con manija
lor-ry [ˈlɑri] o [ˈlɔri] *s* (*pl* **-ries**) carro de plataforma; (Brit) autocamión *m;* (Brit) vagoneta
lose [luz] *v* (*pret & pp* **lost** [lɔst] o [lɑst]) *tr* perder; no lograr salvar (*el médico al enfermo*); **to lose heart** desalentarse; **to lose oneself** perderse, errar el camino; ensimismarse ‖ *intr* perder; quedar vencido; retrasarse (*el reloj*)
loser [ˈluzər] *s* perdedor *m*
losing [ˈluzɪŋ] *adj* perdedor ‖ **losings** *spl* pérdidas, dinero perdido
loss [lɔs] o [lɑs] *s* pérdida; **to be at a loss** estar perplejo, no saber qué hacer; **to be at a loss to** + *inf* no saber como + *inf;* **to sell at a loss** vender con pérdida
loss leader *s* artículo vendido a gran descuento
loss of face *s* pérdida de prestigio, desprestigio
lost [lɔst] o [lɑst] *adj* perdido; (fig) desviado; **lost in thought** ensimismado, abismado; **lost to** perdido para; insensible a
lost'-and-found' department *s* oficina de objetos perdidos
lost sheep *s* oveja perdida
lot [lɑt] *s* (*for building*) solar *m*, parcela; (*fate, destiny*) suerte *f;* (*portion, parcel*) lote *m;* (*of people*) grupo; (coll) gran cantidad, gran número; (coll) sujeto, tipo; **a lot (of)** o **lots of** (coll) mucho, muchos; **to cast** o **to throw in one's lot with** compartir la suerte de; **to draw** o **to cast lots** echar suertes
lotion [ˈloʃən] *s* loción
lotter-y [ˈlɑtəri] *s* (*pl* **-ies**) lotería

lotto ['lɑto] s lotería
lotus ['lotəs] s loto
loud [laʊd] adj alto; (noisy) ruidoso; (voice) fuerte; (garish) chillón, llamativo; (conspicuously vulgar) charro, cursi; (foul-smelling) apestoso, maloliente ‖ adv alto, en voz alta; ruidosamente
loud'mouth' s bocaza, bocona, bocón m
loudmouthed ['laʊd,maʊθt] o ['laʊd-,maʊ ð d] adj vocinglero
loud'speak'er s altavoz m, parlante m, pantalla acústica
lounge [laʊndʒ] s diván m, sofá m cama; salón m de descanso, salón social ‖ intr repantigarse a su sabor, recostarse cómodamente; to lounge around estar arrimado a la pared, pasearse perezosamente
lounge lizard s (slang) holgón m
louse [laʊs] s (pl lice [laɪs]) piojo
lous•y ['laʊzi] adj (comp -ier; super -iest) piojoso; (mean) vil, ruin; (filthy) asqueroso, sucio; (bungling) chapucero; lousy with (slang) colmado de (p.ej., dinero)
lout [laʊt] s patán m
louver ['luvər] s (opening to let in air and light) lumbrera; tablilla de persiana; (aut) persiana del radiador
lovable ['lʌvəbəl] adj amable
love [lʌv] s amor m; (tennis) cero, nada; not for love nor money ni a tiros; to be in love (with) estar enamorado (de); to fall in love (with) enamorarse (de); to make love to cortejar, galantear ‖ tr amar, querer; gustar de, tener afición a
love affair s amores mpl, amorío
love'bird' s inseparable m; lovebirds recién casados muy enamorados
love child s hijo del amor
love feast s ágape m
love'-hate' s odio-amor m
loveless ['lʌvlɪs] adj abandonado, sin amor; (feeling no love) desamado
lovelorn ['lʌv,lɔrn] adj abandonado por su amor, herido de amor
love•ly ['lʌvli] adj (comp -lier; super -liest) bello, hermoso; adorable, precioso; (coll) encantador, gracioso
love match s matrimonio de amor
love potion s filtro, filtro de amor
lover ['lʌvər] s amante mf; (e.g., of hunting, sports) aficionado; (e.g., of work) amigo
love seat s confidente m
love'sick' adj enfermo de amor
love'sick'ness s mal m de amor
love song s canción de amor
loving ['lʌvɪŋ] adj amoroso, afectuoso
lov'ing-kind'ness s bondad infinita, misericordia
low [lo] adj bajo; (diet; visibility; opinion) malo; (dress, waist) escotado; (depressed) abatido; gravemente enfermo; (fire) lento; to lay low dejar tendido, derribar; matar; to lie low no dejarse ver ‖ adv bajo ‖ s punto bajo; precio más bajo, precio mínimo; (moo of cow) mugido; (aut) primera marcha, primera velocidad; (meteor) depresión ‖ intr mugir (la vaca)

low'born' adj de humilde cuna
low'boy' s cómoda baja con patas cortas
low'brow' adj & s (slang) ignorante mf
low'-cost' housing s casas baratas
Low Countries, the los Países Bajos
low'-down' adj (coll) bajo, vil, ruin ‖ low'-down' s (slang) informes mf confidenciales, hechos verdaderos
lower ['lo•ər] adj bajo, inferior ‖ tr & intr bajar ‖ ['laʊ•ər] intr poner mala cara, fruncir el entrecejo; encapotarse (el cielo)
lower berth ['lo•ər] s litera baja, cama baja
Lower California ['lo•ər] s la Baja California
lower case ['lo•ər] s (typ) caja baja
lower middle class ['lo•ər] s pequeña burguesía
lowermost ['lo•ər,most] adj (el) más bajo
low'-fre'quency adj de baja frecuencia
low gear s primera marcha, primera velocidad
low'-key' adj modesto; moderado
lowland ['lolənd] s tierra baja ‖ Lowlands spl Tierra Baja (de Escocia)
low life s gentuza
low•ly ['loli] adj (comp -lier; super -liest) humilde; (in growth or position) bajo
Low Mass s misa rezada
low-minded ['lo'maɪndɪd] adj vil, ruin
low neck s escote m, escotado
low-necked ['lo'nɛkt] adj escotado
low-pitched ['lo'pɪtʃt] adj (sound) grave; (roof) de poco declive
low'-pres'sure adj de baja presión
low-priced ['lo'praɪst] adj barato, de precio bajo
low shoe s zapato inglés
low'-speed' adj de baja velocidad
low-spirited ['lo'spɪrɪtɪd] adj abatido
low spirits spl abatimiento
low tide s bajamar f, marea baja; (fig) punto más bajo
low visibility s (aer) poca visibilidad
low water s (of a river) nivel mínimo; (because of drought) estiaje m; bajamar f, marea baja
loyal ['lɔɪ•əl] adj leal
loyalist ['lɔɪ•əlɪst] s leal m
loyal•ty ['lɔɪ•əlti] s (pl -ties) lealtad
lozenge ['lɑzɪndʒ] s losange m; (candy cough drop) pastilla, tableta
LP ['ɛl'pi] s (letterword) (trademark) disco de larga duración; elepé m
Ltd. abbr limited
lubricant ['lubrɪkənt] adj & s lubricante m
lubricate ['lubrɪ,ket] tr lubricar
lubricous ['lubrɪkəs] adj (slippery; lewd) lúbrico (resbaladizo; lascivo); incierto, inconstante
lucerne [lu'sʌrn] s mielga
lucid ['lusɪd] adj claro, inteligible; (rational, sane) lúcido; (bright, shining) luciente; (clear, transparent) cristalino
Lucifer ['lusɪfər] s Lucifer m
luck [lʌk] s (good or bad) suerte f; (good) suerte, buena suerte; down on one's luck de mala suerte, de malas; in luck de buena

suerte, de buenas; **out of luck** de mala suerte, de malas; **to bring luck** traer buena suerte; **to try one's luck** probar fortuna; **worse luck** desgraciadamente

luckily ['lʌkɪli] *adj* afortunadamente

luckless ['lʌklɪs] *adj* desgraciado

luck·y ['lʌki] *adj* (*comp* **-ier**; *super* **-iest**) afortunado; derecho (CAm); (*supposed to bring luck*) de buen agüero; **to be lucky** tener suerte; quedar bien parado

lucky hit *s* (coll) golpe *m* de fortuna

lucrative ['lukrətɪv] *adj* lucrativo

ludicrous ['ludɪkrəs] *adj* absurdo, ridículo

lug [lʌg] *s* orejeta; (*pull, tug*) estirón *m*, esfuerzo ‖ *v* (*pret* & *pp* **lugged**; *ger* **lugging**) *tr* tirar con fuerza de; (*to bring up irrelevantly*) (coll) traer a colación

luggage ['lʌgɪdʒ] *s* equipaje *m*

lugubrious [lu'gubrɪ•əs] o [lu'gjubrɪ•əs] *adj* lúgubre

lukewarm ['luk,wɔrm] *adj* tibio, templado

lull [lʌl] *s* momento de calma, momento de silencio; (naut) recalmón *m* ‖ *tr* adormecer; calmar, aquietar; apaciguar

lulla·by ['lʌlə,baɪ] *s* (*pl* **-bies**) arrullo, canción de cuna

lumbago [lʌm'bego] *s* lumbago

lumber ['lʌmbər] *s* madera aserrada, madera aserradiza, madera de sierra; trastos viejos ‖ *intr* andar pesadamente

lum·ber·jack' *s* leñador *m*, hachero

lumber·man ['lʌmbərmən] *s* (*pl* **-men** [mən]) (*dealer*) maderero; (*man who cuts down lumber*) leñador *m*, hachero

lumber room *s* leonera, trastera

lum'ber·yard' *s* maderería, depósito de maderas

luminar·y ['lumɪ,nɛri] *s* (*pl* **-ies**) luminar *m*, lumbrera

luminescent [,lumɪ'nɛsənt] *adj* luminiscente

luminous ['lumɪnəs] *adj* luminoso

lummox ['lʌməks] *s* (coll) jergón *m*

lump [lʌmp] *s* terrón *m*; (*swelling*) chichón *m*, bulto, hinchazón *m*; (*stupid person*) (coll) bodoque *m*; **in the lump** en grueso, por junto; **to get a lump in one's throat** hacérsele a (*uno*) un nudo en la garganta ‖ *tr* juntar, mezclar; (*to make into lumps*) aterronar; (coll) aguantar, tragar (cosa repulsiva)

lumpish ['lʌmpɪʃ] *adj* hobachón, torpe, pesado

lump sum *s* suma global, suma total

lump·y ['lʌmpi] *adj* (*comp* **-ier**; *super* **-iest**) aterronado, borujoso; torpe, pesado; (*sea*) agitado

luna·cy ['lunəsi] *s* (*pl* **-cies**) demencia, locura

lunar ['lunər] *adj* lunar

lunar lander o **lunar module** *s* módulo lunar

lunar landing *s* alunizaje *m*

lunatic ['lunətɪk] *adj* & *s* lunático, loco

lunatic asylum *s* manicomio

lunatic fringe *s* minoría fanática

lunch [lʌnʃ] *s* (*regular midday meal*) almuerzo; (*light meal*) colación, merienda ‖ *intr* almorzar; merendar, tomar una colación

lunch basket *s* fiambrera

lunch cloth *s* mantelito

luncheon ['lʌntʃən] *s* almuerzo; almuerzo de ceremonia

lunch'room' *s* cantina, merendero

lung [lʌŋ] *s* pulmón *m*

lung cancer *s* cáncer *m* pulmonar

lunge [lʌndʒ] *s* arremetida, embestida; (*with a sword*) estocada ‖ *intr* arremeter, lanzarse; **to lunge at** arremeter contra

lurch [lʌrtʃ] *s* sacudida, tumbo; (naut) bandazo; **to leave in the lurch** dejar en la estacada, dejar colgado ‖ *intr* dar una sacudida, dar un tumbo; (naut) dar un bandazo

lure [lur] *s* (*decoy*) cebo, señuelo; (fig) aliciente *m*, señuelo ‖ *tr* atraer con cebo, atraer con señuelo; (fig) atraer, tentar, seducir; **to lure away** llevarse con señuelo; (*from one's obligations*) desviar

lurid ['lurɪd] *adj* sensacional; (*gruesome*) espeluznante; (*fiery*) ardiente, encendido

lurk [lʌrk] *intr* acechar, andar furtivamente

luscious ['lʌʃəs] *adj* delicioso; lujoso; voluptuoso

lush [lʌʃ] *adj* jugoso, lozano; lujuriante; lujoso

Lusitanian [,lusɪ'tenɪ•ən] *adj* & *s* lusitano

lust [lʌst] *s* deseo vehemente; (*greed*) codicia; (*strong sexual appetite*) lujuria; entusiasmo ‖ *intr* lujuriar; **to lust after** o **for** codiciar; desear con lujuria

luster ['lʌstər] *s* (*gloss*) lustre *m*; (*of certain fabrics*) viso; (*fame, glory*) (fig) lustre

lus'ter·ware' *s* loza con visos metálicos

lustful ['lʌstfəl] *adj* lujurioso

lustrous ['lʌstrəs] *adj* lustroso

lust·y ['lʌsti] *adj* (*comp* **-ier**; *super* **-iest**) fuerte, robusto, lozano

lute [lut] *s* (mus) laúd *m*; (*substance used to close or seal a joint*) (chem) lodo

Lutheran ['luθərən] *adj* & *s* luterano

luxuriance [lʌg'ʒurɪ•əns] *s* lozanía

luxuriant [lʌg'ʒurɪ•ənt] *adj* lozano, lujuriante; (*overornamented*) recargado

luxuriate [lʌg'ʒurɪ,et] o [lʌk'ʃurɪ,et] *intr* crecer con lozanía; entregarse al lujo; (*to find keen pleasure*) lozanearse

luxurious [lʌg'ʒurɪ•əs] o [lʌk'ʃurɪ•əs] *adj* lujoso

luxu·ry ['lʌkʃəri] o ['lʌgʒəri] *s* (*pl* **-ries**) lujo

lye [laɪ] *s* lejía

lying ['laɪ•ɪŋ] *adj* mentiroso ‖ *s* el mentir

ly'ing-in' hospital *s* casa de maternidad, clínica de parturientas

lymph [lɪmf] *s* linfa

lymphatic [lɪm'fætɪk] *adj* linfático

lynch [lɪntʃ] *tr* linchar

lynching ['lɪntʃɪŋ] *s* linchamiento

lynch law *s* justicia de la soga

lynx [lɪŋks] *s* lince *m*

lynx-eyed ['lɪŋks,aɪd] *adj* de ojos linces

lyonnaise [,laɪ•ə'nez] *adj* (culin) a la lionesa

lyre [laɪr] *s* (mus) lira

lyric ['lɪrɪk] *adj* lírico ‖ *s* poema lírico; (*words of a song*) (coll) letra

lyrical ['lɪrɪkəl] *adj* lírico

lyricism ['lɪrɪ,sɪzəm] *s* lirismo

lyricist ['lɪrɪsɪst] *s* (*writer of words for songs*) letrista *mf*; (*poet*) poeta lírico

lo
ly

M

M, m [ɛm] decimotercera letra del alfabeto inglés

m. *abbr* **married, masculine, meter, midnight, mile, minute, month**

ma'am [mæm] o [mɑm] *s* (coll) señora

macadam [mə'kædəm] *s* macadán *m*

macadamize [mə'kædə,maɪz] *tr* macadamizar

macaro•ni [,mækə'roni] *s* (*pl* **-nis** o **-nies**) macarrones *mpl*

macaroon [,mækə'run] *s* mostachón *m*, almendrado

macaw [mə'kɔ] *s* aracanga, guacamayo

mace' [mes] *s* maza; (*spice*) macis *m*

mace'bear'er *s* macero

machination [,mækɪ'neʃən] *s* maquinación

machine [mə'ʃin] *s* máquina; automóvil *m*, coche *m*; (*of a political party*) camarilla ‖ *tr* trabajar a máquina

machine gun *s* ametralladora

ma•chine'-gun' *tr* ametrallar

ma•chine'-made' *adj* hecho a máquina

machiner•y [mə'ʃinəri] *s* (*pl* **-ies**) maquinaria

machine screw *s* tornillo para metales

machine shop *s* taller mecánico

machine stenography *s* estenotipia

machine tool *s* máquina-herramienta

machine translation *s* traducción automática

machinist [mə'ʃinɪst] *s* (*person who makes machines*) maquinista *mf*; (*person who operates machines*) mecánico; (naut) segundo maquinista; (theat) maquinista *mf*, tramoyista *mf*

mackerel ['mækərəl] *s* caballa, escombro

mackerel sky *s* cielo aborregado

mackintosh ['mækɪn,tɑʃ] *s* impermeable *m*

mad [mæd] *adj* (*comp* **madder**; *super* **maddest**) (*angry*) enojado, furioso; (*crazy*) loco; (*foolish*) tonto, necio; (*rabid*) rabioso; **to be mad about** (coll) estar loco por; **to drive mad** volver loco; **to go mad** volverse loco; rabiar (*un perro*)

madam ['mædəm] *s* señora

mad'cap' *s* alocado, tarambana *mf*

madden ['mædən] *tr* (to make angry) enojar, enfurecer; (*to make insane*) enloquecer

made-to-order ['medtə'ɔrdər] *adj* hecho de encargo; (*clothing*) hecho a la medida

made'-up' *adj* inventado, ficticio; (*artificial*) postizo; (*face*) pintado

mad'house' *s* casa de locos, manicomio

madman ['mæd,mæn] *s* (*pl* **-men** [,mɛn]) loco

madness ['mædnɪs] *s* furia, rabia; locura; (*of a dog*) rabia

Madonna lily [mə'dɑnə] *s* azucena

maelstrom ['melstrəm] *s* remolino

mag. *abbr* **magazine**

magazine ['mægə,zin] o [,mægə'zin] *s* (*periodical*) revista, magazine *m*; (*warehouse*) almacén *m*; (*for cartridges*) cámara; (*for powder*) polvorín *m*; (naut) santabárbara; (phot) almacén *m*

Magellan [mə'dʒɛlən] *s* Magallanes *m*

maggot ['mægət] *s* cresa

Magi ['medʒaɪ] *spl* magos de Oriente, Reyes Magos

magic ['mædʒɪk] *adj* mágico ‖ *s* magia; ilusionismo, prestidigitación; **as if by magic** como por encanto

magician [mə'dʒɪʃən] *s* (*entertainer with sleight of hand*) ilusionista *mf*, prestidigitador *m*; (*sorcerer*) mágico

magistrate ['mædʒɪs,tret] *s* magistrado

magnanimous [mæg'nænɪməs] *adj* magnánimo

magnesium [mæg'niʃɪ•əm] o [mæg'niʒɪ•əm] *s* magnesio

magnet ['mægnɪt] *s* imán *m*

magnetic [mæg'nɛtɪk] *adj* magnético; (fig) atrayente, cautivador

magnetic curves *spl* fantasma magnético

magnetic field *s* campo magnético

magnetism ['mægnɪ,tɪzəm] *s* magnetismo

magnetize ['mægnɪ,taɪz] *tr* magnetizar, imanar

magne•to [mæg'nito] *s* (*pl* **-tos**) magneto *m* & *f*

magnificent [mæg'nɪfɪsənt] *adj* magnífico

magni•fy ['mægnɪ,faɪ] *v* (*pret* & *pp* **-fied**) *tr* magnificar; exagerar

magnifying glass *s* lupa, vidrio de aumento

magnitude ['mægnɪ,tjud] *s* magnitud

magpie ['mæg,paɪ] *s* picaza, urraca

Magyar ['mægjɑr] *adj* & *s* magiar *mf*

mahlstick ['mɑl,stɪk] o ['mɔl,stɪk] *s* tiento

mahoga•ny [me'hagəni] *s* (*pl* **-nies**) caoba

Mahomet [mə'hɑmɪt] *s* Mahoma *m*

mahout [mə'haut] *s* naire *m*, cornaca *m*

maid [med] *s* (*female servant*) criada, moza; (*young girl; housemaid*) doncella; gata (Mex); (*spinster*) soltera

maiden ['medən] *s* doncella

maid'en•hair' *s* (bot) cabello de Venus

maid'en•head' *s* himen *m*

maidenhood ['medən,hud] *s* doncellez *f*

maiden lady *s* soltera

maiden name *s* apellido de soltera

maiden voyage *s* primera travesía

maid'-in-wait'ing *s* (*pl* **maids-in-waiting**) dama

maid of honor *s* (*at a wedding*) primera madrina de boda; (*attendant on a princess*) doncella de honor; (*attendant on a queen*) dama de honor

maid'serv'ant *s* criada, doméstica

mail [mel] *s* correspondencia, correo; (*of armor*) malla; **by return mail** a vuelta de correo ‖ *tr* echar al correo

mail'bag' *s* valija

mail'boat' *s* vapor *m* correo

mail'box' *s* buzón *m*

mail car *s* carro correo, coche-correo, ambulancia de correos

mail carrier *s* cartero

mailing list *s* lista de envío

mailing permit *s* porte concertado

mail•man ['mel,mæn] *s* (*pl* **-men** [,mɛn]) cartero

mail order *s* pedido postal

mail'-or'der house *s* casa de ventas por correo

mail'plane' *s* avión-correo

mail train *s* tren *m* correo

maim [mem] *tr* estropear, mutilar

main [men] *adj* principal, primero, maestro, mayor ‖ *s* cañería maestra; **in the main** mayormente

main clause *s* proposición dominante

main course *s* plato principal, plato fuerte

main deck *s* cubierta principal

mainland ['men,lænd] o ['menlənd] *s* continente *m*, tierra firme

main line *s* (rr) tronco, línea principal

mainly ['menli] *adv* principalmente, en su mayor parte

mainmast ['menməst], o ['men,mæst] o ['men,mɑst] *s* palo mayor

mainsail ['mensəl] o ['men,sel] *s* vela mayor

main'spring' *s* (*of watch*) muelle *m* real; (fig) móvil *m*, origen *m*

main'stay' *s* (naut) estay *m* mayor; (fig) soporte *m* principal

main'stream' *s* vía principal

main street *s* calle *f* mayor

maintain [men'ten] *tr* mantener; (*to support*) (law) manutener

maintenance ['mentɪnəns] *s* mantenimiento; (*upkeep*) conservación; gastos de conservación

maître d'hôtel [,metər do'tɛl] *s* (*butler*) mayordomo; (*headwaiter*) jefe *m* de comedor

maize [mez] *s* maíz *m*

majestic [mə'dʒɛstɪk] *adj* majestuoso

majes•ty ['mædʒɪsti] *s* (*pl* -ties) majestad

major ['medʒər] *adj* (*greater*) mayor; (*elder*) mayor de edad; (mus) mayor ‖ *s* (educ) especialización; (mil) comandante *m* ‖ *intr* (educ) especializarse

Majorca [mə'dʒɔrkə] *s* Mallorca

Majorcan [mə'dʒɔrkən] *adj & s* mallorquín *m*

major•do•mo [,medʒər'domo] *s* (*pl* -mos) mayordomo

major general *s* general *m* de división

majori•ty [mə'dʒɔriti] *adj* mayoritario ‖ *s* (*pl* -ties) (*being of full age; larger number or part*) mayoría, (*full age*) mayoridad; (mil) comandancia

make [mek] *s* (*brand*) marca; (*form, build*) hechura; carácter *m*, natural *m;* **on the make** (slang) buscando provecho ‖ *v* (*pret & pp* **made** [med]) *tr* hacer; cometer (*un error*); efectuar (*un pago*); ganar (*dinero; una baza*); coger (*un tren*); dar (*dinero una empresa*); pronunciar (*un discurso*); cerrar (*un circuito*); poner (*a uno, p.ej., nervioso*); ser, p.ej., **she will make a good wife** será una buena esposa; **to make** + *inf* hacer + *inf*, p.ej., **she made him study** le hizo estudiar; **to make into** convertir en; **to make known** declarar; dar a conocer; **to make of** pensar de; **to make oneself known** darse a conocer; **to make out** distinguir, vislumbrar; descifrar; escribir (*una receta*); llenar (*un cheque*); **to make over** convertir; rehacer (*un traje*); (com) transfe-

rir; **to make up** preparar, confeccionar; inventar (*un cuento*); recobrar (*el tiempo perdido*); (theat) maquillar ‖ *intr* estar (*p.ej., seguro*); **to make away with** llevarse; deshacerse de; matar; **to make believe** fingir, p.ej., **he made believe he knew me** fingió conocerme; **to make for** ir hacia; embestir contra; contribuir a (*p.ej., mejores relaciones*); **to make much of** (coll) hacer fiestas a, mostrar cariño a; **to make off** largarse; **to make off with** llevarse, hacerse con; **to make out** arreglárselas; **to make toward** encaminarse a; **to make up** maquillarse, pintarse; componerse, hacer las paces; **to make up for** suplir; compensar por (*una pérdida*); **to make up to** (coll) tratar de congraciarse con

make'-be•lieve' *adj* simulado ‖ *s* pretexto, simulación, fantasía

maker ['mekər] *s* constructor *m*, fabricante *mf*

make'shift' *adj* de fortuna, provisional ‖ *s* expediente *m;* (*person*) tapagujeros *m*

make'-up' *s* composición, constitución; afeite *m*, maquillaje *m;* (typ) imposición

make-up man *s* (theat) maquillador *m*

make'weight' *s* contrapeso; suplente *mf*

making ['mekɪŋ] *s* fabricación; material necesario; causa del éxito; **makings** elementos, materiales *mpl;* (*personal qualities necessary for some purpose*) madera

malachite ['mælə,kaɪt] *s* malaquita

maladjustment [,mælə'dʒʌstmənt] *s* desadaptación

mala•dy ['mælədi] *s* (*pl* -dies) dolencia, enfermedad

malaise [mæ'lez] *s* indisposición, malestar *m*

malapropism [,mælæ'prɑp,ɪzəm] *s* despropósito

malapropos [,mælæprə'po] *adj* impropio ‖ *adv* fuera de propósito

malaria [mə'lɛrɪ•ə] *s* malaria, paludismo

Malay ['mele] o [mə'le] *adj & s* malayo

malcontent ['mælkən,tɛnt] *adj & s* malcontento

male [mel] *adj* (*sex*) masculino; (*animal, plant, piece of a device*) macho; (*human being*) varón, p.ej., **male child** hijo varón ‖ *s* macho; varón *m*

male chauvinism *s* machismo

male chauvinist *s* machista *m*

malediction [,mælɪ'dɪkʃən] *s* maldición

malefactor ['mælɪ,fæktər] *s* malhechor *m*

male nurse *s* enfermero

malevolent [mə'lɛvələnt] *adj* malévolo

malfunction [,mæl'fʌŋkʃən] *s* malfuncionamiento *s intr* ir de través; estropearse

malice ['mælɪs] *s* malicia, malevolencia; **to bear malice** guardar rencor; **with malice prepense** [prɪ'pɛns] (law) con malicia y premeditación

malicious [mə'lɪʃəs] *adj* malicioso, malévolo

malign [mə'laɪn] *adj* maligno ‖ *tr* calumniar

malignant [mə'lɪgnənt] *adj* maligno

maligni•ty [mə'lɪgnɪti] *s* (*pl* -ties) malignidad

m
ma

malinger [mə'lɪŋgər] *intr* hacer la zanguanga, fingirse enfermo

mall [mɔl] o [mæl] *s* alameda, paseo de árboles

mallet ['mælɪt] *s* (*wooden hammer*) mazo; (*for croquet and polo*) mallete *m*

mallow ['mælo] *s* malva

malnutrition [,mælnju'trɪʃən] *s* desnutrición

malodorous [mæl'odərəs] *adj* maloliente

malt [mɔlt] *s* malta *m;* (coll) cerveza

maltreat [mæl'trit] *tr* maltratar

mamma ['mɑmə] o [mə'mɑ] *s* mama o mamá *f*

mammal ['mæməl] *s* mamífero

mammalian [mæ'melɪ•ən] *adj* & *s* mamífero

mammoth ['mæməθ] *adj* gigantesco, enorme ‖ *s* mamut *m*

man [mæn] *s* (*pl* **-men** [mɛən]) *s* hombre *m;* (*in chess*) pieza; (*in checkers*) pieza, peón *m;* **a man** uno, p.ej., **a man can't get work in this town** uno no puede obtener empleo en este pueblo; **as one man** unánimamente; **man alive!** ¡hombre!; **man and wife** marido y mujer; **to be one's own man** no depender de nadie ‖ *v* (*pret* & *pp* **manned**) *ger* **manning**) *tr* dotar, tripular (*un buque*); guarnecer (*una fortaleza*); servir (*los cañones*)

man about town *s* bulevardero, hombre *m* de mucho mundo

manacle ['mænəkəl] *s* manilla; **manacles** esposas ‖ *tr* poner esposas a

manage ['mænɪdʒ] *tr* manejar ‖ *intr* arreglárselas; **to manage to** ingeniarse a o para; **to manage to get along** ingeniarse para ir viviendo

manageable ['mænɪdʒəbəl] *adj* manejable

management ['mænɪdʒmənt] *s* manejo, dirección, gerencia; (*group who manage a business*) la empresa, la parte patronal, los patronos

manager ['mænədʒər] *s* director *m*, administrador *m*, gerente *mf;* empresario; (sport) manager *m*

managerial [,mænə'dʒɪrɪ•əl] *adj* empresarial

mandate ['mændet] *s* mandato ‖ *tr* asignar por mandato

mandolin ['mændəlɪn] *s* mandolina

mandrake ['mændrek] *s* mandrágora

mane [men] *s* (*of horse*) crines *fpl;* (*of lion, of person*) melena

maneuver [mə'nuvər] *s* maniobra ‖ *tr* hacer maniobrar ‖ *intr* maniobrar

manful ['mænfəl] *adj* varonil, resuelto

manganese ['mæŋgə,nis] o ['mæŋgə,niz] *s* manganeso

mange [mendʒ] *s* sarna

manger ['mendʒər] *s* pesebre *m*

mangle ['mæŋgəl] *tr* lacerar, aplastar

man•gy ['mendʒi] *adj* (*comp* **-gier;** *super* **-giest**) sarnoso; (*dirty, squalid*) roñoso

man'han'dle *tr* maltratar

man'hole' *s* caja de registro, pozo de inspección

manhood ['mænhʊd] *s* virilidad; hombres *mpl*

man hunt *s* caza al hombre

mania ['menɪ•ə] *s* manía

maniac ['menɪ,æk] *adj* & *s* maníaco

manic-depressive ['mænɪkdɪ'prɛsɪv] *adj* & *s* maníaco-depresivo

manicure ['mænɪ,kjʊr] *s* (*care of hands*) manicura; (*person*) manicuro, manicura ‖ *tr* hacer la manicura a (*una persona*); hacer (*las manos y las uñas*)

manicurist ['mænɪ,kjʊrɪst] *s* manicuro, manicura

manifest ['mænɪ,fɛst] *adj* manifiesto ‖ *s* (naut) manifiesto ‖ *tr* manifestar

manifes•to [,mænɪ'fɛsto] *s* (*pl* **-toes**) manifiesto

manifold ['mænɪ,fold] *adj* múltiple, vario; polivalente ‖ *s* copia, ejemplar *m;* (*pipe with outlets or inlets*) colector *m*, múltiple *m*

manikin ['mænɪkɪn] *s* maniquí *m;* (*dwarf*) enano

man in the moon *s* cara o cuerpo de hombre imaginarios en la luna llena

manioc ['mænɪɑk] *s* cazabe *m*, casabe *m*

manipulate [mə'nɪpjə,let] *tr* manipular

man'kind' *s* el género humano ‖ **man'kind'** *s* el sexo masculino, los hombres

manliness ['mænlɪnɪs] *s* masculinidad, virilidad

man•ly ['mænli] *adj* (*comp* **-lier;** *super* **-liest**) masculino, varonil

manned spaceship [mænd] *s* astronave tripulada

mannequin ['mænɪkɪn] *s* maniquí *m;* (*young woman employed to exhibit clothing*) maniquí *f*

manner ['mænər] *s* manera; **bad manners** malcriadez *f*, malacrianza; **by all manner of means** de todos modos; **in a manner of speaking** como si dijéramos; **in the manner of** a la manera de; **manners** modales *mpl*, crianza; **to the manner born** avezado desde la cuna

mannish ['mænɪʃ] *adj* hombruno

man of letters *s* hombre *m* de letras

man of means *s* hombre *m* de dinero

man of parts *s* hombre *m* de buenas prendas

man of straw *s* hombre *m* de suposición

man of the world *s* hombre *m* de mundo

man-of-war [,mænəv'wɔr] *s* (*pl* **men-of-war** [,mɛnəv'wɔr]) *s* buque *m* de guerra

manor ['mænər] *s* señorío

manor house *s* casa solariega

man overboard *interj* ¡hombre al agua!

man'pow'er *s* número de hombres; personal *m* competente; (mil) fuerzas nacionales

mansard ['mænsɑrd] *s* mansarda; piso de mansarda

man'serv'ant *s* (*pl* **men'serv'ants**) criado

mansion ['mænʃən] *s* hotel *m*, palacio; (*manor house*) casa solariega

man'slaugh'ter *s* (law) homicidio sin premeditación

mantel ['mæntəl] *s* manto (*de chimenea*); (*shelf above it*) mesilla, repisa de chimenea

man'tel•piece' *s* mesilla, repisa de chimenea

mantle ['mæntəl] s capa, manto ‖ tr vestir con manto; cubrir, tapar; ocultar ‖ intr encenderse (el rostro)

manual ['mænjʊ•əl] adj manual ‖ s (book) manual m; (mil) ejercicio; (mus) teclado manual

manual training s enseñanza de los artes y oficios

manufacture [,mænjə'fæktjər] s fabricación; obraje m; (thing manufactured) manufactura ‖ tr fabricar, manufacturar

manufacturer [,mænjə'fæktjərər] s fabricante mf

manure [mə'njʊr] o [mə'nʊr] s estiércol m ‖ tr estercolar

manuscript ['mænjə,skrɪpt] adj & s manuscrito

many ['mɛni] adj & pron muchos; **a good many** o **a great many** un buen número; **as many as** tantos como; hasta, p.ej., **as many as twenty** hasta veinte; **how many** cuántos; **many a** muchos, p.ej., **many a person** muchas personas; **many another** muchos otros; **many more** muchos más; **so many** tantos; **too many** demasiados; **twice as many as** dos veces más que

many-sided ['mɛni,saɪdɪd] adj multilátero; (having many interests or capabilities) polifacético

map [mæp] s mapa m; (of a city) plano ‖ v (pret & pp **mapped;** ger **mapping**) tr trazar el mapa de; indicar en el mapa; **to map out** trazar el plan de

maple ['mepəl] s arce m

maquette [mɑ'kɛt] s maqueta

Mar. abbr **March**

mar [mɑr] v (pret & pp **marred;** ger **marring**) tr desfigurar, estropear; frustrar

maraud [mə'rɔd] tr saquear ‖ intr merodear

marauder [mə'rɔdər] s merodeador m

marble ['mɑrbəl] adj marmóreo ‖ s mármol m; (little ball of glass, etc.) canica; **marbles** (game) canica ‖ tr crispir, jaspear

march [mɑrtʃ] s marcha; (frontier, territory) marca; **to steal a march on someone** ganarle a uno por la mano ‖ tr hacer marchar ‖ intr marchar ‖ **March** s marzo

marchioness ['mɑrʃənɪs] s marquesa

mare [mɛr] s (female horse) yegua; (female donkey) asna

margarine ['mɑrdʒərɪn] s margarina

margin ['mɑrdʒɪn] s margen m & f; (collateral deposited with a broker) doble m

marginal ['mɑrdʒɪnəl] adj marginal

margin release s tecla de escape

margin stop s fijamárgenes m, cierrarrenglón m, cortarrenglón m

marigold ['mæri,gold] s clavelón m; (Calendula) maravilla, flamenquilla

marihuana o **marijuana** [,mɑri'hwɑnə] s mariguana; grifa, grifo (Mex)

marina [mə'rinə] s dársena

marinate ['mæri,net] tr escabechar, marinar

marine [mə'rin] adj marino, marítimo ‖ s marina; soldado de infantería de marina; **marines** infantería de marina; **tell that to the marines** (coll) cuénteselo a su abuela, a otro perro con ese hueso

mariner ['mærɪnər] s marino

marionette [,mæri•ə'nɛt] s marioneta, títere m

marital status ['mærɪtəl] s estado civil

maritime ['mæri,taɪm] adj marítimo

marjoram ['mɑrdʒərəm] s orégano; mejorana

mark [mɑrk] s marca, señal f; (label) marbete m; (of punctuation) punto; (in an examination) calificación, nota; (used instead of signature by an illiterate person) cruz f, signo; (spot, stain) mancha; (coin) marco; (starting point in a race) raya; (target to shoot at) blanco; **to be beside the mark** no venir al caso; **to hit the mark** dar en el blanco; **to leave one's mark** dejar memoria de sí; **to make one's mark** llegar a ser célebre; **to miss the mark** errar el tiro; **to toe the mark** ponerse en la raya; obedecer rigurosamente ‖ tr marcar, señalar; dar nota a (un alumno); calificar (un examen); advertir, notar; **to mark down** poner por escrito; rebajar el precio de

mark'down' s reducción de precio

market ['mɑrkɪt] s mercado; **to bear the market** jugar a la baja; **to bull the market** jugar al alza; **to play the market** jugar a la bolsa; **to put on the market** lanzar al mercado ‖ tr llevar al mercado; vender

marketable ['mɑrkɪtəbəl] adj comerciable, vendible

market basket s cesta para compras

marketing ['mɑrkɪtɪŋ] s mercología, mercadotecnia

market place s plaza del mercado

market price s precio corriente

market research s investigación mercológica

marking gauge ['mɑrkɪŋ] s gramil m

marks•man ['mɑrksmən] s (pl **-men** [mən]) tirador m; **a good marksman** un buen tiro

marksmanship ['mɑrksmən,ʃɪp] s puntería

mark'up' s aumento de precio

marl [mɑrl] s marga ‖ tr margar

marmalade ['mɑrmə,led] s mermelada

marmot ['mɑrmət] s marmota

maroon [mə'run] adj & s marrón m, castaño obscuro ‖ tr dejar abandonado (en una isla desierta)

marquee [mɑʃr'ki] s marquesina

marquess ['mɑrkwɪs] s marqués m

marque•try ['mɑrkətri] s (pl **-tries**) marquetería (taracea)

marquis ['mɑrkwɪs] s marqués m

marquise [mɑr'kiz] s marquesa; (over the entrance to a hotel) marquesina

marriage ['mærɪdʒ] s casamiento, matrimonio; (married life; intimate union) maridaje m

marriageable ['mærɪdʒəbəl] adj casadero

marriage portion s dote m & f

marriage rate s nupcialidad

married life ['mærɪd] s vida conyugal

marrow ['mæro] s médula, tuétano

mar•ry ['mæri] v (pret & pp **-ried**) tr casar (el sacerdote o el juez a un hombre y una *mujer*); (*to take in marriage*) casar con, casarse con; (*to unite intimately*) maridar; **to get married to** casar con, casarse con ‖ *intr* casar, casarse; **to marry into** emparentar con (*p.ej., una familia rica*); **to marry the second time** casarse en segundas nupcias

Mars [mɑrz] *s* Marte *m*

Marseille [mɑr'sɛ:j] *s* Marsella

marsh [mɑrʃ] *s* ciénaga, pantano

mar•shal ['mɑrʃəl] *s* cursor *m* de procesiones, maestro de ceremonias; (mil) mariscal *m;* (U.S.A.) oficial *m* de justicia ‖ *v* (*pret & pp* **-shaled** o **-shalled; ger -shaling** o **-shalling**) *tr* conducir con ceremonia; ordenar, reunir (*los hechos de una argumentación*)

marsh mallow *s* (bot) malvavisco

marsh'mal'low *s* bombón *m* de merengue y gelatina; bombón de malvavisco

marsh•y ['mɑrʃi] *adj* (*comp* **-ier;** *super* **-iest**) pantanoso, palúdico

marten ['mɑrtən] *s* (*pine marten*) marta; (*beech marten*) garduña

martial ['mɑrʃəl] *adj* marcial

martial law *s* ley *f* marcial; **to be under martial law** estar en estado de guerra

Martian ['mɑrʃən] *adj & s* marciano

martin ['mɑrtɪn] *s* (orn) avión *m*

martinet [,mɑrtɪ'nɛt] o ['mɑrtɪ,nɛt] *s* ordenancista *mf*

martyr ['mɑrtər] *s* mártir *mf*

martyrdom ['mɑrtərdəm] *s* martirio

mar•vel ['mɑrvəl] *s* maravilla ‖ *v* (*pret & pp* **-veled** o **-velled;** *ger* **-veling** o **-velling**) *intr* maravillarse; **to marvel at** maravillarse con o de

marvelous ['mɑrvələs] *adj* maravilloso

Marxist ['mɑrksɪst] *adj & s* marxista *mf*

masc. *abbr* **masculine**

mascara [mæs'kærə] *s* tinte *m* para las pestañas; rímel *m*

mascot ['mæskɑt] *s* mascota

masculine ['mæskjəlɪn] *adj & s* masculino

mash [mæʃ] *s* (*crushed mass*) masa; (*to form wort*) masa de cebada ‖ *tr* machacar, majar

mashed potatoes [mæʃt] *spl* puré *m* de patatas

masher ['mæʃər] *s* (*device*) mano *f;* (slang) galanteador atrevido

mask [mæsk] o [mɑsk] *s* máscara; (*of beekeeper*) carilla; (*made from a corpse*) mascarilla; (*person*) máscara *mf;* (phot) desvanecedor *m* ‖ *tr* enmascarar; (phot) desvanecer ‖ *intr* enmascararse

masked ball [mæskt] *s* baile *m* de máscaras

masochism ['mæsə,kɪzəm] *s* masoquismo

masochist ['mæsəkɪst] *s* masoquista *mf*

masochistic [,mæsə'kɪstɪk] *adj* masoquista

mason ['mesən] *s* albañil *m* ‖ **Mason** *s* masón *m*

mason•ry ['mesənri] *s* (*pl* **-ries**) albañilería ‖ **Masonry** *s* masonería

masquerade [,mæskə'red] o [,mɑskə'red] *s* mascarada; (*costume, disguise*) máscara; (*false show*) farsa ‖ *intr* enmascararse; **to masquerade as** disfrazarse de

masquerade ball *s* baile *m* de máscaras

mass [mæs] *s* masa; gran cantidad; (*bulk, heap*) mole *f;* (*something glimpsed, e.g., in the fog*) bulto informe; (*big splotch in a painting*) gran mancha; (*celebration of the Eucharist*) misa; **the masses** las masas ‖ *tr* juntar, reunir; enmasar (*tropas*) ‖ *intr* juntarse, reunirse

massacre ['mæsəkər] *s* carnicería, matanza ‖ *tr* degollar, matar

massage [mə'sɑʒ] *s* masaje *m* ‖ *tr* masar, masajear

masseur [mæ'sœr] *s* masajista *m*

masseuse [mæ'sœz] *s* masajista *f*

massive ['mæsɪv] *adj* macizo; sólido, imponente

mass media *spl* medios *spl* de comunicación

mass meeting *s* mitin *m* popular

mass production *s* fabricación en serie

mast [mæst] o [mɑst] *s* (*for a flag*) palo; (*of a ship*) palo, mástil *m;* (*food for swine*) bellotas, hayucos; **before the mast** como simple marinero

master ['mæstər] o ['mɑstər] *s* (*employer*) dueño, patrón *m;* (*male head of household*) amo; (*man who possesses some special skill; teacher*) maestro; (*commander of merchant vessel*) capitán *m;* (*title of respect for a boy*) señorito ‖ *tr* dominar

master bedroom *s* alcoba de respeto

master blade *s* hoja maestra (*de una ballesta*)

master builder *s* maestro de obras

masterful ['mæstərfəl] o ['mɑstərfəl] *adj* hábil, experto; dominante, imperioso

master key *s* llave maestra

masterly ['mæstərli] o ['mɑstərli] *adj* magistral ‖ *adv* magistralmente

master mechanic *s* maestro mecánico

mas'ter•mind' *s* mente directora ‖ *tr* dirigir con gran acierto

master of ceremonies *s* maestro de ceremonias; (*in a night club, radio, etc.*) animador *m*

mas'ter•piece' *s* obra maestra

master stroke *s* golpe maestro

mas'ter•work' *s* obra maestra

master•y ['mæstəri] o ['mɑstəri] *s* (*pl* **-ies**) (*command, as of a subject*) dominio; ventaja, superioridad; (*skill*) maestría

mast'head' *s* (*of a newspaper*) cabecera editorial; (naut) tope *m*

masticate ['mæstɪ,ket] *tr* masticar

mastiff ['mæstɪf] o ['mɑstɪf] *s* mastín *m*

masturbate ['mæstər,bet] *tr* masturbar ‖ *intr* masturbarse

masturbation [,mæstər'beʃən] *s* masturbación

mat [mæt] *s* (*for floor*) estera; (*for a cup, vase, etc.*) esterilla, ruedo; (*before a door*) felpudo; (*around a picture*) borde *m* de cartón ‖ *v* (*pret & pp* **matted;** *ger* **matting**) *tr* (*to cover with matting*) esterar; enmarañar ‖ *intr* enmarañarse

match [mætʃ] *s* fósforo; (*wick*) mecha; (*counterpart*) compañero; (*suitable partner in marriage*) partido; (*suitably associated* *pair*) pareja; (*game, contest*) match *m*, partido; **to be a match for** poder con, poder vencer; **to meet one's match** hallar la horma de su zapato ‖ *tr* igualar; aparear, emparejar; hacer juego con; **to match someone for the drinks** jugarle a uno las bebidas ‖ *intr* hacer juego, correr parejas; **to match** a juego, p.ej., **a chair to match** una silla a juego

match'box' *s* fosforera; (*of wax matches*) cerillera

matchless ['mætʃlɪs] *adj* incomparable, sin par

matchmaker ['mætʃ,mekər] *s* casamentero

mate [met] *s* compañero; (*e.g., of a shoe*) compañero, hermano; (*husband or wife*) cónyuge *mf*; (*to a female*) macho; (*to a male*) hembra; (*in chess*) mate *m*; (*naut*) piloto ‖ *tr* aparear, casar; (*in chess*) dar jaque mate a; **to be well mated** hacer una buena pareja ‖ *intr* aparearse, casarse

material [mə'tɪrɪ•əl] *adj* material, importante ‖ *s* material *m*; (*what a thing is made of*) materia; (*cloth, fabric*) tela, género

materialism [mə'tɪrɪ•ə,lɪzəm] *s* materialismo

materialist [mə'tɪrɪ•əlɪst] *s* materialista *mf*

materialize [mə'tɪrɪ•ə,laɪz] *intr* realizarse

matériel [mə,tɪrɪ'ɛl] *s* material *m*; materíal de guerra

maternal [mə'tʌrnəl] *adj* materno, (*motherly*) maternal

maternity [mə'tʌrnɪti] *s* maternidad

maternity hospital *s* casa de maternidad

math. *abbr* mathematics

mathematical [,mæθɪ'mætɪkəl] *adj* matemático

mathematician [,mæθɪmə'tɪʃən] *s* matemático

mathematics [,mæθɪ'mætɪks] *s* matemática, matemáticas

matinée [,mætɪ'ne] *s* matinée *f*, función de tarde

mating season *s* época de celo

matins ['mætɪnz] *spl* maitines *mpl*

matriarch ['metrɪ•ɑrk] *s* matriarca

matricidal [,metrɪ'saɪdəl] *adj* matricida

matricide ['metrɪ,saɪd] *s* (*act*) matricidio; (*person*) matricida *mf*

matriculate [mə'trɪkjə,let] *tr* matricular ‖ *intr* matricularse

matrimony ['mætrɪ,moni] *s* (*pl* -nies) matrimonio

matron ['metrən] *s* matrona

matronly ['metrənli] *adj* matronal

matter ['mætər] *s* (*physical substance; pus*) materia; (*subject talked or written about*) asunto; (*reason, ground*) motivo; (*copy for printer*) material *m*; (*printed material*) impresos; **a matter of** cosa de, obra de; **for that matter** en cuanto a eso; **in the matter** al respecto; **no matter** no importa; **no matter when** cuando quiera; **no matter where** dondequiera; **what is the matter?** ¿qué hay?; **what is the matter with you?** ¿qué tiene Vd.? ‖ *intr* importar

matter of course *s* cosa de cajón; **as a matter of course** por rutina

matter of fact *s*—**as a matter of fact** en realidad, en honor a la verdad

matter-of-fact ['mætərəv,fækt] *adj* prosaico, práctico, de poca imaginación

mattock ['mætək] *s* zapapico

mattress ['mætrɪs] *s* colchón *m*

mature [mə'tʃʊr] o [mə'tʊr] *adj* maduro; (*due*) pagadero, vencido ‖ *tr* madurar ‖ *intr* madurar; (*to become due*) (com) vencer

maturity [mə'tʃʊrɪti] o [mə'tʊrɪti] *s* madurez *f*; (com) vencimiento

maudlin ['mɔdlɪn] *adj* lacrimoso, sensiblero; chispo y lloroso

maul [mɔl] *tr* aporrear, maltratar

maulstick ['mɔl,stɪk] *s* tiento

maundy ['mɔndi] *s* lavatorio

Maundy Thursday *s* Jueves Santo

mausoleum [,mɔsə'li•əm] *s* (*pl* -ums o -a [ə]) mausoleo

maw [mɔ] *s* (*of fowl*) buche *m*; (*of fish*) vejiga de aire

mawkish ['mɔkɪʃ] *adj* (*sickening*) empalagoso; (*sentimental*) sensiblero

max. *abbr* maximum

maxim ['mæksɪm] *s* máxima

maximum ['mæksɪməm] *adj* & *s* máximo

may *v aux* it may be puede ser; **may I come in?** ¿puedo entrar? **may you be happy!** ¡que seas feliz! ‖ May *s* mayo

maybe ['mebi] o ['mɛbɪ] *adv* acaso, quizá, tal vez

May Day *s* primero de mayo; fiesta del primero de mayo

Mayday ['me,de] *interj* (*ships, airplanes*) ¡socorro!

mayhem ['mehɛm] o ['me•əm] *s* (law) mutilación criminal

mayonnaise [,me•ə'nez] *s* mayonesa

mayor ['me•ər] o [mɛr] *s* alcalde *m*

mayoress ['me•ərɪs] o ['mɛrɪs] *s* alcaldesa

May'pole' *s* mayo

Maypole dance *s* danza de cintas

May queen *s* maya

maze [mez] *s* laberinto

M.C. *abbr* **Master of Ceremonies, Member of Congress**

mdse. *abbr* **merchandise**

me [mi] *pron pers* me; mí; **to me** me; a mí; **with me** conmigo

meadow ['mɛdo] *s* prado, vega

mead'ow•land' *s* pradera

meager ['migər] *adj* escaso, pobre; flaco, magro

meal [mil] *s* (*regular repast*) comida; (*edible grain coarsely ground*) harina

meal'time' *s* hora de comer

mean [min] *adj* (*intermediate*) medio; (*low in station or rank*) humilde, obscuro; (*shabby*) andrajoso, raído; (*stingy*) mezquino, tacaño; (*of poor quality*) inferior, pobre; (*small-minded*) vil, ruin, innoble; insignificante; (*vicious, as a horse*) arisco, mal intencionado; (coll) indispuesto; (coll) avergonzado; (coll) de mal genio; **no mean** famoso, excelente ‖ *s* promedio, término medio; **by all means** sí, por cierto, sin

ma
me

falta; **by means of** por medio de; **by no means** de ningún modo, en ningún caso; **means** bienes *mpl* de fortuna; *(agency)* medio, medios; **means to an end** paso para lograr un fin; **to live on one's means** vivar de sus rentas ‖ *v (pret & pp* **meant** [mɛnt]) *tr* significar, querer decir; **to mean to** pensar ‖ *intr*—**to mean well** tener buenas intenciones

meander [mɪˈændər] *s* meandro ‖ *intr* serpentear; vagar

meaning [ˈminɪŋ] *s* sentido, significado

meaningful [ˈminɪŋfəl] *adj* significativo

meaningless [ˈminɪŋlɪs] *adj* sin sentido

meanness [ˈminnɪs] *s* bajeza, vileza, ruindad; *(stinginess)* mezquindad; *(lowliness)* humildad, pobreza

mean'time' *adv* entretanto, mientras tanto ‖ *s* medio tiempo; **in the meantime** entretanto, mientras tanto

mean'while' *adv & s* var de **meantime**

measles [ˈmizəlz] *s* sarampión *m;* *(German measles)* rubéola

mea·sly [ˈmizli] *adj (comp* **-slier;** *super* **-sliest)** sarampioso; (slang) despreciable, mezquino

measurable [ˈmɛʒərəbəl] *adj* medible

measure [ˈmɛʒər] *s* medida; *(step, procedure)* paso, gestión; *(legislative bill)* proyecto de ley; *(of verse)* pie *m;* (mus) compás *m;* **beyond measure** con exceso; **in a measure** hasta cierto punto; **in great measure** en gran parte; *(suit)* **to measure** hecho a la medida; **to take measures** tomar las medidas necesarias; **to take someone's measure** tomarle a uno las medidas ‖ *tr* medir; recorrer *(cierta distancia)*; **to measure out** medir; distribuir ‖ *intr* medir

measurement [ˈmɛʒərmənt] *s (act of measuring)* medición; *(measuring; dimension)* medida

measuring glass *s* vaso graduado

meat [mit] *s* carne *f; (food in general)* manjar *m,* vianda; *(substance, gist)* meollo

meat ball *s* albóndiga

meat grinder *s* picador *m*

meat'hook' *s* garabato de carnicero

meat market *s* carnicería

meat·y [ˈmiti] *adj (comp* **-ier;** *super* **-iest)** carnoso; (fig) jugoso, substancioso

Mecca [ˈmɛkə] *s* La Meca

mechanic [mɪˈkænɪk] *s* mecánico

mechanical [mɪˈkænɪkəl] *adj* mecánico, maquinal; *(machinelike)* (fig) maquinal

mechanical toy *s* juguete *m* de movimiento

mechanics [mɪˈkænɪks] *ssg* mecánica

mechanism [ˈmɛkə,nɪzəm] *s* mecanismo

mechanize [ˈmɛkə,naɪz] *tr* mecanizar

med. *abbr* **medicine, medieval**

medal [ˈmɛdəl] *s* medalla

medallion [mɪˈdæljən] *s* medallón *m*

meddle [ˈmɛdəl] *intr* meterse, entremeterse

meddler [ˈmɛdlər] *s* entremetido

meddlesome [ˈmɛdəlsəm] *adj* entremetido

media [ˈmidɪə] *abbr* **mass media**

median [ˈmidɪən] *adj* intermedio, medio ‖ *s* punto medio, número medio

median strip *s* faja central o divisoria

mediate [ˈmidɪ,et] *tr* dirimir *(una controversia)*; reconciliar ‖ *intr (to be in the middle)* mediar; *(to intervene to settle a dispute)* intervenir

mediation [,midɪˈeʃən] *s* mediación

mediator [ˈmidɪ,etər] *s* mediador *m*

medical [ˈmɛdɪkəl] *adj* médico

medical student *s* estudiante *mf* de medicina

medicine [ˈmɛdɪsɪn] *s (science and art)* medicina; *(remedy, treatment)* medicina, medicamento

medicine cabinet *s* armario botiquín

medicine kit *s* botiquín *m*

medicine man *s* curandero, hechicero *(entre los pieles rojas)*

medieval [,midɪˈivəl] o [,mɛdɪˈivəl] *adj* medieval

medievalist [,midɪˈivəlɪst] o [,mɛdɪˈivəlɪst] *s* medievalista *mf*

mediocre [ˈmidɪ,okər] o [,midɪˈokər] *adj* mediocre

mediocri·ty [,midɪˈɑkrɪti] *s (pl* **-ties)** mediocridad

meditate [ˈmɛdɪ,tet] *tr & intr* meditar

Mediterranean [,mɛdɪtəˈrenɪ·ən] *adj & s* Mediterráneo

medi·um [ˈmidɪ·əm] *adj* intermedio; a medio asar ‖ *s (pl* **-ums** o **-a** [ə]) medio; *(in spiritualism)* medio, médium *m; (publication)* órgano; **through the medium of** por medio de

me'dium-range' *adj* de alcance medio

medlar [ˈmɛdlər] *s (tree and fruit)* níspero; *(fruit)* níspola

medley [ˈmɛdli] *s* mescolanza; (mus) popurrí *m*

medul·la [mɪˈdʌlə] *s (pl* **-lae** [li]) médula

meek [mik] *adj* dócil, manso

meekness [ˈmiknɪs] *s* docilidad, mansedumbre

meerschaum [ˈmɪrʃəm] *s* [ˈmɪrʃɔm] *s* espuma de mar; pipa de espuma de mar

meet [mit] *adj* conveniente, a propósito ‖ *s* concurso deportivo ‖ *v (pret & pp* **met** [mɛt]) *tr* encontrar, encontrarse con; *(to make the acquaintance of)* conocer; empalmar con *(otro tren o autobús)*; ir a esperar; honrar, pagar *(una letra)*; hacer frente a *(gastos)*; cumplir *(sus obligaciones)*; batirse con; hallar *(la muerte)*; tener *(mala suerte)*; aparecer a *(la vista)* ‖ *intr* encontrarse; reunirse; conocerse; **till we meet again** hasta la vista; **to meet with** encontrarse con; reunirse con; empalmar *(un tren)* con *(otro tren)*; tener *(un accidente)*

meeting [ˈmitɪŋ] *s* junta, sesión; reunión; encuentro; *(of two rivers or roads)* confluencia; desafío, duelo

meeting of the minds *s* concierto de voluntades

meeting place *s* lugar *m* de reunión

megabucks [ˈmɛgə,bʌks] *s* (slang) vastas cantidades de dinero

megacycle [ˈmɛgə,saɪkəl] *s* megaciclo

megaphone [ˈmɛgə,fon] *s* megáfono

megohm [ˈmɛg,om] *s* megohmio

melancholia [ˌmɛlənˈkolɪ•ə] s melancolía
melanchol•y [ˈmɛlən,kɑli] adj melancólico ‖ s (pl **-ies**) melancolía
melee [ˈmele] o [ˈmɛle] s refriega, reyerta
mellow [ˈmɛlo] adj maduro, jugoso; suave, meloso; melodioso ‖ tr suavizar ‖ intr suavizarse
melodious [mɪˈlodɪ•əs] adj melodioso
melodramatic [ˌmɛlədrəˈmætɪk] adj melodramático
melo•dy [ˈmɛlədi] s (pl **-dies**) melodía
melon [ˈmɛlən] s melón m
melt [mɛlt] tr derretir; fundir (metales); ablandar, aplacar ‖ intr derretirse; fundirse; ablandarse, aplacarse; **to melt away** desvanecerse; **to melt into** convertirse gradualmente en; deshacerse en (lágrimas)
melt′down′ s fusión; (atomic reactor) fusión del combustible por fisión no controlada
melting pot s crisol m; (fig) caldero de razas
member [ˈmɛmbər] s miembro
membership [ˈmɛmbər,ʃɪp] s asociación; (e.g., of a club) personal m; número de miembros
membrane [ˈmɛmbren] s membrana
memen•to [mɪˈmɛnto] s (pl **-tos** o **-toes**) recordatorio, prenda de recuerdo
mem•o [ˈmɛmo] s (pl **-os**) (coll) apunte m, membrete m
memoir [ˈmɛmwɑr] s memoria; biografía; **memoirs** memorias
memoran•dum [ˌmɛməˈrændəm] s (pl **-dums** o **-da** [də]) apunte m, membrete m
memorial [mɪˈmorɪ•əl] adj conmemorativo ‖ s monumento conmemorativo; (petition) memorial m
memorial arch s arco triunfal
Memorial Day s día m de los caídos
memorialize [mɪˈmorɪ•ə,laɪz] tr conmemorar
memorize [ˈmɛmə,raɪz] tr aprender de memoria
memo•ry [ˈmɛməri] s (pl **-ries**) memoria; (recall) retentiva; (computer) memoria, almacenaje m o almacenamiento (de datos); **to commit to memory** encomendar a la memoria
menace [ˈmɛnɪs] s amenaza ‖ tr & intr amenazar
ménage [meˈnaʒ] s casa, hogar m; economía doméstica
menagerie [məˈnæʒəri] o [məˈnædʒəri] s casa de fieras; colección de fieras
mend [mɛnd] s remiendo; **to be on the mend** ir mejorando ‖ tr (to repair) componer, reparar; (to patch) remendar; (to improve) reformar, mejorar ‖ intr mejorar
mendacious [mɛnˈdeʃəs] adj mendaz
mendicant [ˈmɛndɪkənt] adj & s mendicante mf
mending [ˈmɛndɪŋ] s remiendo, zurcido
menfolk [ˈmɛn,fok] spl hombres mpl
menial [ˈminɪ•əl] adj bajo, servil ‖ s criado, doméstico
menses [ˈmɛnsiz] spl menstruo
men's furnishings spl artículos para caballeros
men's room s lavabo para caballeros

menstruate [ˈmɛnstru,et] intr menstruar
mental case s (coll) paciente mf mental; estrafalario
mental giant s (coll) genio
mental hygiene s higiene f mental
mental illness [ˈmɛntəl] s enfermedad mental
mental reservation s reserva mental
mental test s prueba de inteligencia
mention [ˈmɛnʃən] s mención ‖ tr mencionar; **don't mention it** no hay de qué; **not to mention** sin contar
menu [ˈmɛnju] o [ˈmenju] s menú m, lista de comidas; comida
meow [mɪˈau] s maullido ‖ intr maullar
Mephistophelian [ˌmɛfɪstəˈfilɪ•ən] adj mefistofélico
mercantile [ˈmʌrkən,til] o [ˈmʌrkən,taɪl] adj mercantil
mercenar•y [ˈmʌrsə,nɛri] adj mercenario ‖ s (pl **-ies**) mercenario
merchandise [ˈmʌrtʃən,daɪz] s mercancías, mercaderías
merchant [ˈmʌrtʃənt] adj mercante ‖ s mercante m, mercader m
merchant•man [ˈmʌrtʃəntmən] s (pl **-men** [mən]) buque m mercante
merchant marine s marina mercante
merchant vessel s buque m mercante
merciful [ˈmʌrsɪfəl] adj misericordioso
merciless [ˈmʌrsɪlɪs] adj despiadado, cruel, implacable
mercu•ry [ˈmʌrkjəri] s (pl **-ries**) mercurio, azogue m; columna de mercurio
mer•cy [ˈmʌrsi] s (pl **-cies**) misericordia; (discretionary power) merced f; **at the mercy of** a merced de
mere [mir] adj mero, puro; nada más que
meretricious [ˌmɛrɪˈtrɪʃəs] adj postizo, de oropel; cursi, llamativo
merge [mʌrdʒ] tr enchufar, fusionar ‖ intr enchufarse, fusionarse; convergir (p.ej., dos caminos); **to merge into** convertirse gradualmente en
merger [ˈmʌrdʒər] s fusión de empresas
meridian [məˈrɪdɪ•ən] adj meridiano; (el) más elevado ‖ s meridiano; (fig) auge m, apogeo
meringue [məˈræŋ] s merengue m
meri•no [məˈrino] adj merino ‖ s (pl **-nos**) merino
merit [ˈmɛrɪt] s mérito ‖ tr merecer
merlon [ˈmʌrlən] s almena, merlón m
mermaid [ˈmʌr,med] s sirena; (girl who swims well) ninfa marina
mer•man [ˈmʌr,mæn] s (pl **-men** [ˌmɛn]) tritón m; (good swimmer) tritón
merriment [ˈmɛrɪmənt] s alegría, regocijo
mer•ry [ˈmɛri] adj (comp **-rier**; super **-riest**) alegre, regocijado; **to make merry** divertirse
Merry Christmas interj ¡Felices Pascuas!, ¡Felices Navidades!
mer′ry-go-round′ s tiovivo, caballito; serie ininterrumpida (de fiestas, tertulias, etc.)
mer′ry•mak′er s fiestero, jaranero
mesh [mɛʃ] s (net, network) red f; (each open space of net) malla; (engagement of gears)

me
me

engrane *m;* **meshes** celada, red *f* ‖ *tr* enredar; (mach) engranar ‖ *intr* enredarse; (mach) engranar

mess [mɛs] *s* (*dirty condition*) cochinería; fregado, lío, embrollo; (*meal for a group of people; such a group*) rancho; (*refuse*) bazofia; **to get into a mess** meterse en un lío; **to make a mess of** ensuciar, echar a perder ‖ *tr* ensuciar; desarreglar; estropear, echar a perder ‖ *intr* comer; **to mess around** (coll) ocuparse en fruslerías

message [ˈmɛsɪdʒ] *s* mensaje *m;* recado

messenger [ˈmɛsəndʒər] *s* mensajero; (*one who goes on errands*) mandadero; precursor *m*

mess hall *s* sala de rancho; comedor *m* de militares

Messiah [məˈsaɪ·ə] *s* Mesías *m*

mess kit *s* utensilios de rancho

mess′mate′ *s* comensal *mf,* compañero de rancho

mess of pottage [ˈpatɪdʒ] *s* (Bib) plato de lentejas; cosa de ningún valor

Messrs. [ˈmɛsərz] *pl* de **Mr.**

mess•y [ˈmɛsɪ] *adj* (*comp* **-ier;** *super* **-iest**) desaliñado, desarreglado; sucio

met. *abbr* **metropolitan**

metal [ˈmɛtəl] *adj* metálico ‖ *s* metal *m;* (fig) brío, ánimo

metallic [mɪˈtælɪk] *adj* metálico

metallurgy [ˈmɛtəˌlʌrdʒɪ] *s* metalurgia

metal polish *s* limpiametales *m*

met′al•work′ *s* metalistería

metamorpho•sis [ˌmɛtəˈmɔrfəsɪs] *s* (*pl* **-ses** [ˌsiz]) metamorfosis *f*

metaphor [ˈmɛtəˌfɔr] *s* metáfora

metaphorical [ˌmɛtəˈfɑrɪkəl] o [ˌmɛtə-ˈfɔrɪkəl] *adj* metafórico

metastasis [məˈtæstəsɪs] *s* metástasis *f*

metathe•sis [mɪˈtæθɪsɪs] *s* (*pl* **-ses** [ˌsiz]) metátesis *f*

mete [mit] *tr*—**to mete out** repartir

meteor [ˈmitɪ·ər] *s* estrella fugaz; (*atmospheric phenomenon*) meteoro

meteorology [ˌmitɪ·əˈralədʒi] *s* meteorología

meter [ˈmitər] *s* (*unit of measurement; verse*) metro; (*instrument for measuring gas, electricity, water*) contador *m;* (mus) compás *m,* tiempo ‖ *tr* medir (con contador)

metering [ˈmitərɪŋ] *s* medición

meter reader *s* lector *m* (del contador)

methane [ˈmɛθen] *s* metano

method [ˈmɛθəd] *s* método

methodic(al) [mɪˈθadɪk(əl)] *adj* metódico

Methodist [ˈmɛθədɪst] *adj* & *s* metodista *mf*

Methuselah [mɪˈθuzələ] *s* Matusalén *m;* **to be as old as Methuselah** vivir más años que Matusalén

meticulous [mɪˈtɪkjələs] *adj* meticuloso, minucioso

metric(al) [ˈmɛtrɪk(əl)] *adj* métrico

metronome [ˈmɛtrəˌnom] *s* metrónomo

metropolis [mɪˈtrapəlɪs] *s* metrópoli *f*

metropolitan [ˌmɛtrəˈpalɪtən] *adj* metropolitano ‖ *s* (eccl) metropolitano

mettle [ˈmɛtəl] *s* ánimo, brío; **on one's mettle** dispuesto a hacer todo el esfuerzo posible

mettlesome [ˈmɛtəlsəm] *adj* animoso, brioso

mew [mju] *s* maullido; (orn) gaviota; **mews** (Brit) caballerizas alrededor de un corral

Mexican [ˈmɛksɪkən] *adj* & *s* mejicano

Mexico [ˈmɛksɪˌko] *s* Méjico

mezzanine [ˈmɛzəˌnin] *s* entresuelo

mfr. *abbr* **manufacturer**

mi. *abbr* **mile**

mica [ˈmaɪkə] *s* mica

microbe [ˈmaɪkrob] *s* microbio

microbiology [ˌmaɪkrəbaɪˈalədʒi] *s* microbiología

microcard [ˈmaɪkrəˌkard] *s* microficha

microcomputer [ˈmaɪkrəkəmˌpjutər] *s* microordenador *m*

microfarad [ˌmaɪkrəˈfæræd] *s* microfaradio

microfilm [ˈmaɪkrəˌfɪlm] *s* microfilm *m,* micropelícula ‖ *tr* microfilmar

microgroove [ˈmaɪkrəˌgruv] *adj* microsurco ‖ *s* microsurco; disco microsurco

microphone [ˈmaɪkrəˌfon] *s* micrófono

microprocessor [ˈmaɪkrəˌprasɛsər] *s* microprocesador *m*

microscope [ˈmaɪkrəˌskop] *s* microscopio

microscopic [ˌmaɪkrəˈskapɪk] *adj* microscópico

microwave [ˈmaɪkrəˌwev] *s* microonda

mid [mɪd] *adj* medio, p.ej., **in mid course** a medio camino

mid′day′ *adj* del mediodía ‖ *s* mediodía *m*

middle [ˈmɪdəl] *adj* medio ‖ *s* centro, medio; (*of the human body*) cintura; **about the middle of** a mediados de; **in the middle of** en medio de

middle age *s* mediana edad ‖ **Middle Ages** *spl* Edad Media

middle class *s* burguesía, clase media

Middle East *s* Oriente Medio

Middle English *s* el inglés medio

middle finger *s* dedo cordial, de en medio o del corazón

mid′dle•man′ *s* (*pl* **-men** [ˌmɛn]) intermediario

middling [ˈmɪdlɪŋ] *adj* mediano, regular, pasadero ‖ *adv* (coll) medianamente; (coll) así, así ‖ *s* (*coarsely ground wheat*) cabezuela; **middlings** artículos de calidad o precio medianos

mid•dy [ˈmɪdi] *s* (*pl* **-dies**) (coll) aspirante *m* de marina; (*child's blouse*) marinera

middy blouse *s* marinera

midget [ˈmɪdʒɪt] *s* enano, liliputiense *mf*

midland [ˈmɪdlənd] *adj* de tierra adentro ‖ *s* región central

mid′night′ *adj* de medianoche; **to burn the midnight oil** quemarse las cejas ‖ *s* medianoche *f*

midriff [ˈmɪdrɪf] *s* (anat) diafragma *m;* talle *m*

midship•man [ˈmɪdˌʃɪpmən] *s* (*pl* **-men** [mən]) guardia marina *m,* aspirante *m* de marina

midst [mɪdst] *s* centro; **in the midst of** en medio de; en lo más recio de mid'stream' *s*—in midstream en pleno río

mid'sum'mer *s* pleno verano

mid'way' *adj* situado a mitad del camino ‖ *adv* a mitad del camino ‖ *s* mitad del camino; (*of a fair or exposition*) avenida central

mid'week' *s* mediados de la semana

mid'wife' *s* (*pl* -wives) partera, comadrona

mid'win'ter *s* pleno invierno

mid'year' *adj* de mediados del año ‖ *s* mediados del año; **midyears** (coll) examen *m* de mediados del año escolar

mien [min] *s* aspecto, semblante *m*, porte *m*

miff [mɪf] *s* (coll) desavenencia ‖ *tr* (coll) ofender

might [maɪt] *s* fuerza, poder *m;* **with might and main** con todas sus fuerzas, a más no poder ‖ *v aux* se emplea para formar el modo potencial, p.ej., **she might not come** es posible que no venga

might•y ['maɪti] *adj* (*comp* -ier; *super* -iest) potente, poderoso; (*of great size*) grandísimo ‖ *adv* (coll) muy

migrant worker ['maɪgrənt] *s* bracero migratorio

migrate ['maɪgret] *intr* emigrar

migratory ['maɪgrə,tori] *adj* migratorio

mil *abbr* **military, militia**

milch [mɪltʃ] *adj* lechero

mild [maɪld] *adj* blando, suave; dócil, manso; leve, ligero; (*climate*) templado

mildew ['mɪl,dju] *s* (*mold*) moho; (*plant disease*) mildeu *m*

mile [maɪl] *s* milla inglesa

mileage ['maɪlɪdʒ] *s* recorrido en millas

mileage ticket *s* billete contado por millas, semejante al billete kilométrico

mile'post' *s* poste miliario

mile'stone' *s* piedra miliaria; **to be a milestone** hacer época

milieu [mɪl'ju] *s* ambiente *m*, medio

militancy ['mɪlɪtənsi] *s* belicosidad

militant ['mɪlɪtənt] *adj* militante, belicoso

militarism ['mɪlɪtə,rɪzəm] *s* militarismo

militarist ['mɪlɪtərɪst] *adj* & *s* militarista *mf*

militarize ['mɪlɪtə,raɪz] *tr* militarizar

military ['mɪlɪ,tɛri] *adj* militar ‖ *s* (los) militares

Military Academy *s* (U.S.A.) Academia General Militar

military police *s* policía militar

militate ['mɪlɪ,tet] *intr* militar

militia [mɪ'lɪʃə] *s* milicia

militia•man ['mɪ'lɪʃəmən] *s* (*pl* -men [mən]) miliciano

milk [mɪlk] *adj* lechero, de leche ‖ *s* leche *f* ‖ *tr* ordeñar; chupar (*los bienes de uno*); abusar de, explotar ‖ *intr* dar leche

milk can *s* lechera

milk diet *s* régimen lácteo

milking ['mɪlkɪŋ] *s* ordeño

milk'maid' *s* lechera

milk•man ['mɪlk,mæn] *s* (*pl* -men [,mɛn]) lechero

milk of human kindness *s* compasión, humanidad

milk pail *s* ordeñadero

milk shake *s* batido de leche

milk'sop' *s* calzonazos *m*, marica *m*

milk'weed' *s* algodoncillo, vencetósigo

milk•y ['mɪlki] *adj* (*comp* -ier; *super* -iest) lechoso, lácteo

Milky Way *s* Vía Láctea

mill [mɪl] *s* (*for grinding grain*) molino; (*for making fabrics*) hilandería; (*for cutting wood*) aserradero; (*for refining sugar*) ingenio; (*for producing steel*) fábrica; (*to grind coffee*) molinillo; (*part of a dollar*) milésima; **to put through the mill** (coll) poner a prueba, someter a un entrenamiento riguroso ‖ *tr* moler (*granos*); acordonar, cerrillar (*monedas*); laminar (*el acero*); triturar (*mena*); (*with a milling cutter*) fresar; batir (*chocolate*) ‖ *intr*—to **mill about** o **around** arremolinarse

mill end *s* retal *m* de hilandería

millennial [mɪ'lɛnɪ•əl] *adj* milenario

millenni•um [mɪ'lɛnɪ•əm] *s* (*pl* -ums o -a [ə]) milenario, milenio

miller ['mɪlər] *s* molinero; (ent) polilla blanca

millet ['mɪlɪt] *s* mijo, millo

milliampere [,mɪlɪ'æmpɪr] *s* miliamperio

milligram ['mɪlɪ,græm] *s* miligramo

millimeter ['mɪlɪ,mitər] *s* milímetro

milliner ['mɪlɪnər] *s* modista *mf* de sombreros

millinery ['mɪlɪ,nɛri] o ['mɪlɪnəri] *s* artículos para sombreros de señora; confección de sombreros de señora; venta de sombreros de señora

millinery shop *s* sombrerería

milling ['mɪlɪŋ] *s* (*of grain*) molienda; (*of coins*) acordonamiento, cordoncillo; fresado

milling machine *s* fresadora

million ['mɪljən] *adj* millón de, millones de ‖ *s* millón *m*

millionaire [,mɪljən'ɛr] *s* millonario

millionth ['mɪljənθ] *adj* & *s* millonésimo

millivolt ['mɪlɪ,volt] *s* vmilivoltio

mill'pond' *s* represa de molino

mill'race' *s* caz *m*

mill'stone' *s* muela de molino; (fig) carga pesada

mill wheel *s* rueda de molino

mill'work' *s* carpintería de taller

mime [maɪm] *s* mimo ‖ *tr* remedar

Mimeograph ['mɪm•ə,græf] o ['mɪmɪ•ə,grɑf] *s* (trademark) mimeógrafo ‖ *tr* mimeografiar

mim•ic ['mɪmɪk] *s* imitador *m*, remedador *m* ‖ *v* (*pret* & *pp* -icked; *ger* -icking) *tr* imitar, remedar

mimic•ry ['mɪmɪkri] *s* (*pl* -ries) mímica, remedo

min. *abbr* **minimum, minute**

minaret [,mɪnə'rɛt] o ['mɪnə,rɛt] *s* alminar *m*, minarete *m*

mince [mɪns] *tr* desmenuzar; picar (*carne*) ‖ *intr* andar remilgadamente; hablar remilgadamente

mince'meat' *s* cuajado, picadillo

mince pie *s* pastel relleno de carne picada con frutas

me
mi

mind [maɪnd] s mente f, espíritu m; **to bear in mind** tener presente; **to be not in one's right mind** no estar en sus cabales; **to be of one mind** estar de acuerdo; **to be out of one's mind** estar fuera de juicio; **to change one's mind** mudar de parecer; **to go out of one's mind** volverse loco; **to have a mind to** tener ganas de; **to have in mind to** pensar en; **to have on one's mind** preocuparse con; **to lose one's mind** perder el juicio; **to make up one's mind** resolverse; **to my mind** a mi parecer; **to say whatever comes into one's mind** decir lo que se le viene a la boca; **to set one's mind on** resolverse a; **to slip one's mind** escaparse de la memoria; **to speak one's mind** decir su parecer; **with one mind** unánimamente ‖ *tr* (*to take care of*) cuidar, estar al cuidado de; obedecer; fijarse en; sentir molestia por; **do you mind the smoke?** ¿le molesta el humo?; **mind your own business** no se meta Vd. en lo que no le toca ‖ *intr* tener inconveniente; tener cuidado; **never mind** no se preocupe, no se moleste

mind'-bend'ing *adj* (coll) alucinante

mind'-blow'ing *adj* (coll) alucinante en exceso

mind'-bog'gling *adj* deslumbrante; abrumador

mindful [ˈmaɪndfəl] *adj* atento; **mindful of** atento a, cuidadoso de

mind reader s adivinador m del pensamiento ajeno, lector m mental

mind reading s adivinación del pensamiento ajeno, lectura de la mente

mine [maɪn] *pron poss* el mío; mío ‖ s mina; **to work a mine** beneficiar una mina ‖ *tr* minar; beneficiar (*un terreno*); extraer (*mineral, carbón, etc.*) ‖ *intr* minar; abrir minas

mine field s campo de minas

mine layer s buque m portaminas, lanzaminas m

miner [ˈmaɪnər] s minero; (mil, nav) minador m

mineral [ˈmɪnərəl] *adj* & s mineral m

mineralogy [ˌmɪnəˈrælədʒi] s mineralogía

mineral resources spl riquezas del subsuelo

mineral wool s lana de escorias

mine sweeper s dragaminas m

mingle [ˈmɪŋgəl] *tr* mezclar, confundir ‖ *intr* mezclarse, confundirse; asociarse

miniature [ˈmɪni·ət/ər] o [ˈmɪnɪt/ər] s miniatura; **to paint in miniature** miniar, pintar de miniatura

miniaturization [ˌmɪni·ət/əriˈzeʃən] o [ˌmɪnɪt/əriˈzeʃən] s miniaturización

minicomputer [ˈmɪnɪkəmˌpjutər] s miniordenador m

minimal [ˈmɪnɪməl] *adj* mínimo

minimize [ˈmɪnɪˌmaɪz] *tr* empequeñecer

minimum [ˈmɪnɪməm] *adj* & s mínimo

minimum wage s jornal mínimo

mining [ˈmaɪnɪŋ] *adj* minero ‖ s mineraje m, minería; (nav) minado

minion [ˈmɪnjən] s paniaguado

minion of the law s esbirro, polizonte m

miniskirt [ˈmɪnɪˌskʌrt] s minifalda

minister [ˈmɪnɪstər] s ministro; pastor m protestante ‖ *tr* & *intr* ministrar

ministerial [ˌmɪnɪsˈtɪri·əl] *adj* ministerial

minis•try [ˈmɪnɪstri] s (*pl* -tries) ministerio

mink [mɪŋk] s visón m

minnow [ˈmɪno] s pececillo; (ichth) foxino

minor [ˈmaɪnər] *adj* (*smaller*) menor; de menor importancia; (*younger*) menor de edad; (mus) menor ‖ s menor m de edad; (educ) asignatura secundaria

Minorca [mɪˈnɔrkə] s Menorca

Minorcan [mɪˈnɔrkən] *adj* & s menorquín m

minori•ty [maɪˈnɔrɪti] *adj* minoritario ‖ s (*pl* -ties) (*being under age; smaller number or part*) minoría; (*less than full age*) minoridad

minstrel [ˈmɪnstrəl] s (*retainer who sang and played for his lord*) ministril m; (*medieval musician and poet*) juglar m, trovador m; (U.S.A.) cantor cómico disfrazado de negro

minstrel•sy [ˈmɪnstrəlsi] s (*pl* -sies) juglaría; compañía de juglares; poesía trovadoresca

mint [mɪnt] s casa de moneda; (plant) menta, hierbabuena; montón m de dinero; fuente f inagotable ‖ *tr* acuñar; (fig) inventar

minuet [ˌmɪnjuˈɛt] s minué m, minuete m

minus [ˈmaɪnəs] *adj* menos ‖ *prep* menos; falto de, sin ‖ s menos m

minute [maɪˈnjut] o [maɪˈnut] *adj* diminuto, menudo ‖ [ˈmɪnɪt] s minuto; (*short space of time*) momento; **minutes** acta; **to write up the minutes** levantar acta; **up to the minute** al corriente; de última hora

minute hand [ˈmɪnɪt] s minutero

minutiae [mɪˈnjuʃɪ,i] o [mɪˈnuʃɪ,i] spl minucias

minx [mɪŋks] s moza descarada

miracle [ˈmɪrəkəl] s milagro

miracle play s auto

miraculous [mɪˈrækjələs] *adj* milagroso

mirage [mɪˈrɑʒ] s espejismo

mire [maɪr] s fango, lodo

mirror [ˈmɪrər] s espejo; (aut) retrovisor m ‖ *tr* reflejar

mirth [mʌrθ] s alegría, regocijo

mir•y [ˈmaɪri] *adj* (*comp* -ier; *super* -iest) fangoso, lodoso; sucio

misadventure [ˌmɪsədˈvɛntʃər] s desgracia, contratiempo

misanthrope [ˈmɪsənˌθrop] s misántropo

misanthropy [mɪsˈænθrəpi] s misantropía

misapprehension [ˌmɪsæprɪˈhɛnʃən] s malentendido

misappropriation [ˌmɪsəˌproprɪˈeʃən] s malversación

misbehave [ˌmɪsbɪˈhev] *intr* conducirse mal, portarse mal

misbehavior [ˌmɪsbɪˈhevɪ•ər] s mala conducta, mal comportamiento

misc. *abbr* miscellaneous, miscellany

miscalculation [ˌmɪskælkjəˈleʃən] s mal cálculo

miscarriage [mɪsˈkærɪdʒ] s aborto, malparto; fracaso, malogro; (*of a letter*) extravío

miscar·ry [mɪsˈkæri] v (pret & pp **-ried**) intr abortar, malparir; malograrse; extraviarse (una carta)

miscellaneous [ˌmɪsəˈlenɪ·əs] adj misceláneo

miscella·ny [ˈmɪsəˌleni] s (pl **-nies**) miscelánea

mischief [ˈmɪstʃɪf] s (harm) daño, mal m; (disposition to annoy) malicia; (prankishness) travesura

mis'chief-mak'er s malsín m, cizañero

mischievous [ˈmɪstʃɪvəs] adj dañoso, malo; malicioso; travieso

misconception [ˌmɪskənˈsɛpʃən] s concepto erróneo, mala interpretación

misconduct [mɪsˈkɑndəkt] s mala conducta

misconstrue [ˌmɪskənˈstru] o [mɪsˈkɑnstru] tr interpretar mal

miscount [mɪsˈkaʊnt] s cuenta errónea ‖ tr & intr contar mal

miscue [mɪsˈkju] s (in billiards) pifia; (slip) pifia ‖ intr pifiar; (theat) equivocarse de apunte

misdate [mɪsˈdet] tr fechar erróneamente

mis·deal [ˈmɪsˌdil] s repartición errónea ‖ [mɪsˈdil] v (pret & pp **-dealt** [ˈdɛlt]) tr & intr repartir mal

misdeed [mɪsˈdid] o [ˈmɪsˌdid] s malhecho, fechoría

misdemeanor [ˌmɪsdɪˈminər] s mala conducta; (law) delito de menor cuantía

misdirect [ˌmɪsdɪˈrɛkt] o [ˌmɪsdaɪˈrɛkt] tr dirigir erradamente; hacer perder el camino

misdoing [mɪsˈdu·ɪŋ] s mala acción

miser [ˈmaɪzər] s avaro, verrugo; codo (Guat, Mex)

miserable [ˈmɪzərəbəl] adj miserable; (coll) achacoso, indispuesto

miserly [ˈmaɪzərli] adj avariento, mezquino

miser·y [ˈmɪzəri] s (pl **-ies**) miseria; pelazón f

misfeasance [mɪsˈfizəns] s (law) fraude m

misfire [mɪsˈfaɪr] s falla de tiro; (of internal-combustion engine) falla de encendido ‖ intr fallar (un arma de fuego, el encendido de un motor)

mis·fit [ˈmɪsˌfɪt] s vestido mal cortado; cosa que no encaja bien; persona mal adaptada a su ambiente ‖ [mɪsˈfɪt] v (pret & pp **-fitted**; ger **-fitting**) tr & intr encajar mal, sentar mal

misfortune [mɪsˈfɔrtʃən] s desgracia

misgiving [mɪsˈgɪvɪŋ] s mal presentimiento, rescoldo

misgovern [mɪsˈgʌvərn] tr desgobernar

misguidance [mɪsˈgaɪdəns] s error m, extravío

misguided [mɪsˈgaɪdɪd] adj descarriado, malaconsejado

mishap [ˈmɪsˌhæp] o [mɪsˈhæp] s accidente m, percance m

mishmash [ˈmɪʃˌmæʃ] s baturillo; mezcolanza

misinform [ˌmɪsɪnˈfɔrm] tr dar informes erróneos a

misinterpret [ˌmɪsɪnˈtɛrprɪt] tr interpretar mal

misjudge [mɪsˈdʒʌdʒ] tr & intr juzgar mal

mis·lay [mɪsˈle] v (pret & pp **-laid** [ˌled]) tr extraviar, perder; (among one's papers) traspapelar

mis·lead [mɪsˈlid] v (pret & pp **-led** [ˌlɛd]) tr (to lead astray) extraviar, descaminar; (to lead into wrongdoing) seducir, inducir al mal; (to deceive) engañar

misleading [mɪsˈlidɪŋ] adj engañoso

mismanagement [mɪsˈmænɪdʒmənt] s mala administración, desgobierno

misnomer [mɪsˈnomər] s nombre improprio, mal nombre

misplace [mɪsˈples] tr colocar fuera de su lugar; colocar mal; (to mislay) (coll) extraviar, perder

misprint [ˈmɪsˌprɪnt] s errata de imprenta ‖ [mɪsˈprɪnt] tr imprimir con erratas

mispronounce [ˌmɪsprəˈnaʊns] tr pronunciar mal

mispronunciation [ˌmɪsprəˌnʌnsɪˈeʃən] o [ˌmɪsprəˌnʌnʃɪˈeʃən] s pronunciación incorrecta

misquote [mɪsˈkwot] tr citar equivocadamente

misrepresent [ˌmɪsrɛprɪˈzɛnt] tr tergiversar

miss [mɪs] s falta, error m; fracaso, malogro; tiro errado; jovencita, muchacha ‖ tr echar de menos, perder (el tren, la función, la oportunidad); errar (el blanco; la vocación); no entender, no comprender; omitir; no ver; no dar con, no encontrar; librarse de (p.ej., la muerte); escapársele a uno, p.ej., **I missed what you said** se me escapó lo que dijo Vd.; por poco, p.ej., **the car missed hitting me** el coche por poco me atropella ‖ intr fallar; errar el blanco; malograrse ‖ **Miss** s señorita

missal [ˈmɪsəl] s misal m

misshapen [mɪsˈʃepən] adj deforme, contrahecho

missile [ˈmɪsɪl] adj arrojadizo ‖ s arma arrojadiza; proyectil m; proyectil dirigido, misil m

missile gap s desigualdad de armas proyectiles poseídas por dos potencias

missil(e)ry [ˈmɪsəlri] s cohetería; ciencia de las armas proyectiles

missing [ˈmɪsɪŋ] adj extraviado, perdido; desaparecido; ausente; **to be missing** hacer falta; haber desaparecido

missing link s hombre m mono

missing persons spl desaparecidos

mission [ˈmɪʃən] s misión; casa de misión

missionar·y [ˈmɪʃənˌɛri] adj misional ‖ s (pl **-ies**) (one sent to work to propagate his faith) misionario, misionero; (on a political or diplomatic mission) misionario

missive [ˈmɪsɪv] adj misivo ‖ s misiva

mis·spell [mɪsˈspɛl] v (pret & pp **-spelled** o **-spelt** [ˈspɛlt]) tr & intr deletrear mal, escribir mal

misspelling [mɪsˈspɛlɪŋ] s falta de ortografía

misspent [mɪsˈspɛnt] adj malgastado

misstatement [mɪsˈstetmənt] s relación equivocada, relación falsa

misstep [mɪsˈstɛp] s paso falso; (slip in conduct) resbalón m

mi
mi

miss•y ['mɪsi] s (pl -ies) (coll) señorita

mist [mɪst] s neblina; (of tears) velo; (fine spray) vapor m

mis•take [mɪs'tek] s error m, equivocación; and no mistake sin duda alguna; by mistake por descuido; to make a mistake equivocarse ‖ v (pret -took ['tʊk]; pp -taken) tr tomar (por otro; por lo que no es); entender mal; to be mistaken for equivocarse con

mistaken [mɪs'tekən] adj (person) equivocado; (idea) erróneo; (act) desacertado

mistakenly [mɪs'tekənli] adv equivocadamente, por error

mistletoe ['mɪsəl,to] s (Viscum album) muérdago; (Phoradendron flavescens, used in Christmas decorations in the U.S.A.) cabellera

mistreat [mɪs'trit] tr maltratar

mistreatment [mɪs'tritmənt] s maltratamiento

mistress ['mɪstrɪs] s (of a household) ama, dueña; moza, querida, manceba; (Brit) maestra de escuela

mistrial [mɪs'traɪ•əl] s pleito viciado de nulidad

mistrust [mɪs'trʌst] s desconfianza ‖ tr desconfiar de ‖ intr desconfiar

mistrustful [mɪs'trʌstfəl] adj desconfiado

mist•y ['mɪsti] adj (comp -ier; super -iest) brumoso, neblinoso; indistinto

misunder•stand [,mɪsʌndər'stænd] v (pret & pp -stood ['stʊd]) tr no comprender, entender mal

misunderstanding [,mɪsʌndər'stændɪŋ] s malentendido; (disagreement) desavenencia

misuse [mɪs'jus] s abuso, mal uso; (of funds) malversación ‖ [mɪs'juz] tr abusar de, emplear mal; malversar (fondos)

misword [mɪs'wʌrd] tr redactar mal

mite [maɪt] s (small contribution) óbolo; (small amount) pizca; (ent) ácaro

miter ['maɪtər] s mitra; (carp) inglete m ‖ tr cortar ingletes en; juntar con junta a inglete

miter box s caja de ingletes

mitigate ['mɪtɪ,get] tr mitigar, atenuar, paliar

mitten ['mɪtən] s confortante m, mitón m

mix [mɪks] tr mezclar; amasar (una torta); aderezar (ensalada); to mix up equivocar, confundir ‖ intr mezclarse; asociarse

mixed [mɪkst] adj mixto, mezclado; (e.g., candy) variados; (coll) confundido

mixed company s reunión de personas de ambos sexos

mixed drink s bebida mezclada

mixed feelings s concepto vacilante

mixer ['mɪksər] s (of concrete) mezcladora, hormigonera; to be a good mixer (coll) tener don de gentes

mixture ['mɪkstʃər] s mezcla, mixtura

mix'-up' s confusión; enredo, lío; (of people) equivocación

mizzen ['mɪzən] s mesana

mo. abbr month

M.O. abbr money order

moan [mon] s gemido ‖ intr gemir

moat [mot] s foso

mob [mɑb] s chusma, populacho; (crowd bent on violence) muchedumbre airada ‖ v (pret & pp mobbed; ger mobbing) tr asaltar, atropellar

mobile ['mobɪl] o ['mobɪl] adj móvil

mobility [mo'bɪlɪti] s movilidad

mobilization [,mobɪlɪ'zeʃən] s movilización

mobilize ['mobɪ,laɪz] tr movilizar ‖ intr movilizar, movilizarse

mob rule s gobierno del populacho

mobster ['mɑbstər] s (slang) gamberro, pandillero, gángster

mobsterism ['mɑbstə,rɪzəm] s gangsterismo; acciones de los gangsters

moccasin ['mɑkəsɪn] s mocasín m

Mocha coffee ['mokə] s moca m, café m de moca

mock [mɑk] adj simulado, fingido ‖ s burla, mofa ‖ tr burlarse de, mofarse de; despreciar; engañar ‖ intr mofarse; to mock at mofarse de

mocker•y ['mɑkəri] s (pl -ies) burla, mofa, escarnio; (subject of derision) hazmerreír m; (poor imitation) mal remedo; (e.g., of justice) negación

mock'ing•bird' s burlón m, sinsonte m

mock orange s jeringuilla, celinda

mock privet s olivillo

mock turtle soup s sopa de cabeza de ternera

mock'-up' s maqueta

mode [mod] s modo, manera; (fashion) moda; (gram) modo

mod•el ['mɑdəl] adj modelo, p.ej., model city ciudad modelo ‖ s modelo ‖ v (pret & pp -eled o -elled; ger -eling o -elling) tr (to fashion in clay, wax, etc.) modelar ‖ intr modelarse; servir de modelo

model airplane s aeromodelo

mod'el-air'plane builder s aeromodelista mf

model-airplane building s aeromodelismo

model sailing s navegación de modelos a vela

moderate ['mɑdərɪt] adj moderado; (tiempo) templado; (precio) módico ‖ ['mɑdə,ret] tr moderar; presidir (una asamblea) ‖ intr moderarse

moderator ['mɑdə,retər] s (over an assembly) presidente m; (mediator) árbitro; (telv) presentador m, presentadora; (for slowing down neutrons) moderador m

modern [mɑdərn] adj moderno

modernize ['mɑdər,naɪz] tr modernizar

modest ['mɑdɪst] adj modesto

modes•ty ['mɑdɪsti] s (pl -ties) modestia

modicum ['mɑdɪkəm] s pequeña cantidad

modifier ['mɑdɪ,faɪ•ər] s (gram) modificante m

modi•fy ['mɑdɪ,faɪ] v (pret & pp -fied) tr modificar

modish ['modɪʃ] adj de moda, elegante

modulate ['mɑdʒə,let] tr & intr modular

modulation [,mɑdʒə'leʃən] s modulación

mohair ['mo,hɛr] s mohair m (pelo de cabra de Angora)

Mohammedan [mo'hæmɪdən] adj & s mahometano

Mohammedanism [mo'hæmɪdə,nɪzəm] *s* mahometismo

moist [mɔɪst] *adj* húmedo, mojado; (*weather*) lluvioso; (*eyes*) lagrimoso

moisten ['mɔɪsən] *tr* humedecer ‖ *intr* humedecerse

moisture ['mɔɪstʃər] *s* humedad

molar ['molər] *s* diente *m* molar

molasses [mə'læsɪz] *s* melaza

molasses candy *s* melcocha

mold [mold] *s* molde *m;* cosa moldeada; (*shape*) forma; (*fungus*) moho; (*humus*) mantillo; (fig) carácter *m*, índole *f* ‖ *tr* amoldar, moldear; (*to make moldy*) enmohecer ‖ *intr* enmohecerse

molder ['moldər] *s* moldeador *m* ‖ *intr* convertirse en polvo, consumirse

molding ['moldɪŋ] *s* moldeado; (*cornice, shaped strip of wood, etc.*) moldura

mold•y ['moldi] *adj* (*comp* -ier; *super* -iest) (*overgrown with mold*) mohoso; (*stale*) rancio, pasado

mole [mol] *s* (*breakwater*) rompeolas *m;* (*inner harbor*) dársena; (*spot on skin*) lunar *m;* (*small mammal*) topo

molecular physics [mə'lɛkjələr] *s* física molecular

molecular weight *s* peso molecular

molecule ['malɪ,kjul] *s* molécula

mole'hill' *s* topinera

mole'skin' *s* piel *f* de topo, molesquina

molest [mə'lɛst] *tr* molestar; faltar al respeto a (*una mujer*)

moll [mal] *s* (slang) mujer *f* del hampa; (slang) ramera

molli•fy ['malɪ,faɪ] *v* (*pret & pp* -fied) *tr* apaciguar, aplacar

mollusk ['maləsk] *s* molusco

mollycoddle ['malɪ,kadəl] *s* mantecón *m*, marica *m* ‖ *tr* consentir, mimar

molt [molt] *s* muda ‖ *intr* hacer la muda

molten ['moltən] *adj* fundido, derretido; fundido, vaciado

molybdenum [mə'lɪbdɪnəm] o [,malɪb-'dinəm] *s* molibdeno

moment ['momənt] *s* momento; **at any moment** de un momento a otro

momentary ['momən,tɛri] *adj* momentáneo

momentous [mo'mɛntəs] *adj* importante, grave

momen•tum [mo'mɛntəm] *s* (*pl* -tums o -ta [te]) ímpetu *m;* (mech) cantidad de movimiento

monarch ['manərk] *s* monarca *m*

monarchic(al) [mə'narkɪk(əl)] *adj* monárquico

monarchist ['manərkɪst] *adj & s* monárquico, monarquista *mf*

monar•chy ['manərki] *s* (*pl* -chies) monarquía

monaster•y ['manəs,tɛri] *s* (*pl* -ies) monasterio

monastic [mə'næstɪk] *adj* monástico

monasticism [mə'næstɪ,sɪzəm] *s* monaquismo

Monday ['mʌndi] *s* lunes *m*

monetary ['manɪ,tɛri] *adj* monetario; pecuniario

money ['mʌni] *s* dinero; **to make money** ganar dinero; dar dinero (*una empresa*)

mon'ey•bag' *s* monedero, talega; **money-bags** (*wealth*) (coll) talegas; (*wealthy person*) (coll) ricacho

moneychanger ['mʌni,tʃendʒər] *s* cambista *mf*

moneyed ['mʌnid] *adj* adinerado

moneylender ['mʌni,lɛndər] *s* prestamista *mf*

mon'ey•mak'er *s* acaudalador *m;* (fig) manantial *m* de beneficios

money order *s* giro postal, orden *m* de pago

Mongol ['maŋgəl] *adj & s* mogol *mf*

Mongolian [maŋ'golɪən] *adj & s* mogol *mf*

mon•goose ['maŋgus] *s* (*pl* -gooses) mangosta

mongrel ['mʌŋgrəl] *adj & s* mestizo

monitor ['manɪtər] *s* monitor *m* ‖ *tr* controlar (*la señal*); escuchar (*radio transmisiones*); superentender

monk [mʌŋk] *s* monje *m*

monkey ['mʌŋki] *s* mono; simio; **to make a monkey of** tomar el pelo a ‖ *intr*—**to monkey around** haraganear; **to monkey with** ajar, manosear

mon'key•shine' *s* (slang) monería, monada, payasada

monkey wrench *s* llave inglesa

monkhood ['mʌŋkhud] *s* monacato; los monjes

monkshood ['mʌŋks•hud] *s* cogulla de fraile

monocle ['manəkəl] *s* monóculo

monogamy [mə'nagəmi] *s* monogamia

monogram ['manə,græm] *s* monograma *m*

monograph ['manə,græf] *s* monografía

monolithic [,manə'lɪθɪk] *adj* monolítico

monologue ['manə,lɔg] *s* monólogo

monomania [,manə'menɪ•ə] *s* monomanía

monomial [mə'nomɪ•əl] *s* monomio

monopolize [mə'napə,laɪz] *tr* monopolizar; acaparar (*p.ej., la conversación*)

monopo•ly [mə'napəli] *s* (*pl* -lies) monopolio

monorail ['manə,rel] *s* monorriel *m*

monosyllable ['manə,sɪləbəl] *s* monosílabo

monotheist ['manə,θi•ɪst] *adj & s* monoteísta *mf*

monotonous [me'natənəs] *adj* monótono

monotony [me'natəni] *s* monotonía

monotype ['manə,taɪp] *s* (*machine; method*) monotipia; (*machine*) monotipo

monotype operator *s* monotipista *mf*

monoxide [mə'naksaɪd] *s* monóxido

monseigneur [,mansen'jœr] *s* monseñor *m*

monsignor [man'sinjər] *s* (*pl* **monsignors** o **monsignori** [,monsi'njori]) (eccl) monseñor *m*

monsoon [man'sun] *s* monsón *m*

monster ['manstər] *adj* monstruoso ‖ *s* monstruo

monstrance ['manstrəns] *s* custodia, ostensorio

monstrosi•ty [man'strasɪti] *s* (*pl* -ties) monstruosidad; esperpento

monstrous ['manstrəs] *adj* monstruoso

mi
mo

month [mʌnθ] s mes m
month•ly ['mʌnθli] adj mensual ‖ adv mensualmente ‖ s (pl -lies) revista mensual; **monthlies** (coll) reglas
monument ['manjəmənt] s monumento
moo [mu] s mugido ‖ intr mugir
mood [mud] s humor m, genio; (gram) modo; **moods** accesos de mal humor
mood•y ['mudi] adj (comp -ier; super -iest) triste, hosco, melancólico; caprichoso, veleidoso
moon [mun] s luna
moon'beam' s rayo lunar
moon'light' s claror m de luna, luz f de la luna
moon'light'ing s multiempleo, pluriempleo
moon'sail' s (naut) monterilla
moon'shine' s luz f de la luna; (idle talk) cháchara, música celestial; (coll) whisky destilado ilegalmente
moon shot s lanzamiento a la Luna
moor [mur] s brezal m, páramo ‖ tr (naut) amarrar ‖ intr (naut) echar las amarras ‖ **Moor** s moro
Moorish ['murɪʃ] adj moro
moor'land' s brezal m
moose [mus] s (pl moose) alce m de América
moot [mut] adj discutible, dudoso
mop [map] s aljofifa, fregasuelos m, estropajo; (of hair) espesura ‖ v (pret & pp **mopped**; ger **mopping**) tr aljofifar; enjugarse (la frente con un pañuelo); **to mop up** limpiar de enemigos
mope [mop] intr andar abatido, entregarse a la melancolía
moped ['mopɛd] s motoneta
mopish ['mopɪʃ] adj abatido, melancólico
moral ['marəl] o ['mɔrəl] adj moral ‖ s (of a fable) moraleja, moral f; **morals** (ethics; conduct) moral f
moral certainty s evidencia moral
morale [mə'ræl] o [mə'ral] s moral f (estado de ánimo, confianza en sí mismo)
morali•ty [mə'ræliti] s (pl -ties) moralidad
morals charge s acusación por delito sexual
morass [mə'ræs] s pantano
moratori•um [,mɔrə'tori•əm] o [,marə'tori•əm] s (pl -ums o -a [əl]) s moratoria
morbid ['mɔrbɪd] adj (feelings, curiosity) malsano; (gruesome) horripilante; (pertaining to disease; pathologic) morboso
mordacious [mɔr'deʃəs] adj mordaz
mordant ['mɔrdənt] adj mordaz ‖ s mordiente m
more [mor] adj & adv más; **more and more** cada vez más; **more than** más que; (followed by numeral) más de; (followed by verb) más de lo que ‖ s más m
more•o'ver adv además, por otra parte
Moresque [mo'rɛsk] adj moro; (archit) árabe ‖ s estilo árabe
morgue [mɔrg] s depósito de cadáveres
moribund ['mɔri,bʌnd] o ['mari,bʌnd] adj moribundo
Moris•co [mə'rɪsko] adj morisco, moro ‖ s (pl -cos o -coes) moro; moro de España;

(offspring of mulatto and Spaniard, in Mexico) morisco
morning ['mɔrnɪŋ] adj matinal ‖ s mañana; (time between midnight and dawn) madrugada; **in the morning** de mañana, por la mañana
morning coat s chaqué m
morn'ing•glo'ry s (pl -ries) dondiego de día
morning sickness s vómitos del embarazo
morning star s lucero del alba
Moroccan [mə'rakən] adj & s marroquí mf o marroquín m
morocco [mə'rako] s (leather) marroquí m o marroquín m ‖ **Morocco** s Marruecos m
moron ['moran] s (person of arrested intelligence) morón m; (coll) imbécil mf
morose [mə'ros] adj adusto, hosco, malhumorado
morphine ['mɔrfin] s morfina
morphology [mɔr'faləd3i] s morfología
Morris chair ['marɪs] o ['mɔrɪs] s poltrona extensible
morrow ['maro] o ['mɔro] s (future time) mañana m; (time following some event) día m siguiente; **on the morrow** en el día de mañana; el día siguiente
morsel ['mɔrsəl] s bocadito; pedacito
mortal ['mɔrtəl] adj & s mortal m
mortality [mɔr'tæliti] s mortalidad; (death or destruction on a large scale) mortandad
mortar ['mɔrtər] s (bowl used for crushing; mixture of lime, etc.) mortero; (arti) mortero
mor'tar•board' s esparavel m; gorro académico cuadrado
mortgage ['mɔrgɪd3] s hipoteca ‖ tr hipotecar
mortgagee [,mɔrgɪ'd3i] s acreedor hipotecario
mortgagor ['mɔrgɪd3ər] s deudor hipotecario
mortician [mɔr'tɪʃən] s empresario de pompas fúnebres
morti•fy ['mɔrti,faɪ] v (pret & pp -fied) tr humillar; mortificar (el cuerpo, las pasiones); **to be mortified** avergonzarse
mortise ['mɔrtɪs] s mortaja, muesca ‖ tr amortajar, enmuescar
mortise lock s cerradura embutida
mortuar•y ['mɔrtʃu,ɛri] adj mortuorio ‖ s (pl -ies) depósito de cadáveres; funeraria
mosaic [mo'ze•ɪk] m mosaico
Moscow ['maskaʊ] o ['masko] s Moscú
Moses ['mozɪz] o ['mozɪs] s Moisés m
Mos•lem ['mazləm] o ['masləm] adj & s var of **Muslim**, musulmán m
mosque [mask] s mezquita
mosqui•to [məs'kito] s (pl -toes o -tos) mosquito
mosquito net s mosquitero
moss [mɔs] o [mas] s musgo
moss'back' s (coll) reaccionario; (old-fashioned person) (coll) fósil m
moss•y ['mɔsi] o ['masi] adj (comp -ier; super -iest) musgoso
most [most] adj más; la mayor parte de, los más de ‖ adv más; muy, sumamente; (coll) casi ‖ s la mayor parte, el mayor número,

los más; **most of** la mayor parte de, el mayor número de; **to make the most of** sacar el mejor partido de

mostly [`mostli] *adv* por la mayor parte, mayormente; casi

moth [mɔθ] o [mɑθ] *s* mariposa nocturna; (*clothes moth*) polilla

moth ball *s* bola de alcanfor, bola de naftalina

moth'-ball' fleet *s* (nav) flota en conserva

moth'-eat'en *adj* apolillado; (fig) anticuado

mother [`mʌðər] *adj* (*love*) maternal; (*tongue*) materno; (*country*) madre; (*church*) metropolitano ‖ *s* madre *f*; (*an elderly woman*) (coll) tía ‖ *tr* servir de madre a

mother country *s* madre patria

Mother Goose *s* supuesta autora o narradora de una colección de cuentos infantiles (in Spain: *Cuentos de Calleja*)

motherhood [`mʌðər,hud] *s* maternidad

moth'er-in-law' *s* (*pl* **mothers-in-law**) suegra

moth'er·land' *s* patria

motherless [`mʌðərlɪs] *adj* huérfano de madre, sin madre

motherly [`mʌðərli] *adj* maternal

moth'er-of-pearl [`mʌðərəv`pʌrl] *adj* nacarado ‖ *s* nácar *m*

Mother's Day *s* día *m* de la madre

mother superior *s* superiora

mother tongue *s* (*language naturally acquired by reason of nationality*) lengua materna; (*language from which another language is derived*) lengua madre, lengua matriz

mother wit *s* gracia natural, chispa

moth hole *s* apolilladura

mothy [`mɔθi] o [`mɑθi] *adj* (*comp* **-ler**; *super* **-iest**) apolillado

motif [mo`tif] *s* motivo

motion [`moʃən] *s* movimiento; (*signal, gesture*) seña, indicación; (*in a deliberating assembly*) moción; **to set in motion** poner en acción ‖ *intr* hacer señas con la mano o la cabeza

motionless [`moʃənlɪs] *adj* inmoble, inmóvil

motion picture *s* película cinematográfica

mo'tion-pic'ture *adj* cinematográfico

motivate [`motɪ,vet] *tr* animar, incitar, mover

motive [`motɪv] *adj* (*promoting action*) motivo; (*producing motion*) motor ‖ *s* motivo

motive power *s* fuerza motriz, potencia motora o motriz; (rr) conjunto de locomotoras de un ferrocarril

motley [`motli] *adj* abigarrado; mezclado, variado

motor [`motər] *adj* motor ‖ *s* motor *m*; motor eléctrico; automóvil *m* ‖ *intr* viajar en automóvil

mo'tor·boat' *s* gasolinera, canoa automóvil

mo'tor·bus' *s* autobús *m*

motorcade [`motər,ked] *s* caravana de automóviles

mo'tor·car' *s* automóvil *m*

mo'tor·cy'cle *s* motocicleta

motorist [`motərɪst] *s* motorista *mf*, automovilista *mf*

motorize [`motə,raɪz] *tr* motorizar

motor launch *s* lancha automóvil

motor·man [`motərmən] *s* (*pl* **-men** [mən]) conductor *m* de tranvía, conductor de locomotora eléctrica

motor sailer [`selər] *s* motovelero

motor scooter *s* motoneta

motor ship *s* motonave *f*

motor truck *s* autocamión *m*

motor vehicle *s* vehículo motor, autovehículo

mottle [`mɑtəl] *tr* abigarrar, jaspear, motear

mot·to [`mɑto] *s* (*pl* **-toes** o **-tos**) lema *m*, divisa

mould [mold] *s*, *tr*, & *intr* var de **mold**

moulder [`moldər] *s* & *intr* var de **molder**

moulding [`moldɪŋ] *s* var de **molding**

mouldy [`moldi] *adj* var de **moldy**

mound [maund] *s* montón *m* de tierra; montecillo

mount [maunt] *s* (*hill, mountain*) monte *m;* (*horse for riding*) montura; (*setting for a jewel*) montadura; soporte *m;* cartón *m*, tela (*en que está pegada una fotografía*); (mach) montaje *m* ‖ *tr* subir (*una escalera, una cuesta*); subir a (*una plataforma*); escalar (*una muralla*); montar (*un servicio; una piedra preciosa*); poner a caballo; pegar (*vistas, pruebas*); (mil) montar (*la guardia*) ‖ *intr* montar, montarse; aumentar, subir (*los precios*)

mountain [`mauntən] *s* montaña; **to make a mountain out of a molehill** hacer de una pulga un camello

mountain climbing *s* alpinismo, montañismo

mountaineer [,mauntə`nɪr] *s* montañés *m*

mountainous [`mauntənəs] *adj* montañoso

mountain railroad *s* ferrocarril *m* de cremallera

mountain range *s* cordillera, sierra

mountain sickness *s* mal *m* de las montañas

mountebank [`mauntɪ,bæŋk] *s* saltabanco

mounting [`mauntɪŋ] *s* (*of a precious stone, of an astronomical instrument*) montura; papel *m* de soporte; papel o tela (*en que está pegada una fotografía*); (mach) montaje *m*

mourn [morn] *tr* llorar (*p.ej., la muerte de una persona*); lamentar (*una desgracia*) ‖ *intr* lamentarse; vestir de luto

mourner [`mornər] *s* doliente *mf*; (*person who makes a public profession of penitence*) penitente *mf*; (*person hired to attend a funeral*) plañidera; **mourners** duelo

mourners' bench *s* banco de los penitentes

mournful [`mornfəl] *adj* (*sorrowful*) doloroso; (*gloomy*) lúgubre

mourning [`mornɪŋ] *s* luto; **to be in mourning** estar de luto

mourning band *s* crespón *m* fúnebre, brazal *m* de luto

mouse [maus] *s* (*pl* **mice** [maɪs]) ratón *m*

mouse'hole' *s* ratonera

mouser [`mauzər] *s* desmurador *m*

mouse'trap' *s* ratonera

mo
mo

moustache [məs'tæʃ] o [məs'tɑʃ] s bigote m, mostacho

mouth [mauθ] s (pl **mouths** [mauðz]) boca; (of a river) desembocadura, embocadura; **by mouth** por vía bucal; **to be born with a silver spoon in one's mouth** nacer de pie; **to make one's mouth water** hacérsele a uno la boca agua; **to not open one's mouth** no decir esta boca es mía

mouthful ['mauθ,fʊl] s bocado

mouth organ s armónica de boca

mouth'piece' s (of wind instrument) boquilla; (of bridle) embocadura; (spokesman) portavoz m

mouth'wash' s enjuague m, enjuagadientes m

movable ['muvəbəl] adj movible, móvil

move [muv] s movimiento; (démarche) acción, gestión, paso; (from one house to another) mudanza; **on the move** en marcha, en movimiento; **to get a move on** (slang) menearse, darse prisa; **to make a move** dar un paso; hacer una jugada || tr mover; evacuar (el vientre); (to stir, excite the feelings of) conmover, enternecer; **to move up** adelantar (una fecha) || intr moverse; desplazarse (un viajante; un planeta); mudarse, mudar de casa; (e.g., to another store, to another city) trasladarse; hacer una jugada; hacer una moción; venderse, tener salida (una mercancía); evacuarse, moverse (el vientre); **to move away** apartarse; marcharse; mudarse de casa; **to move in** instalarse; alternar con, frecuentar (la buena sociedad); **to move off** alejarse

movement ['muvmənt] s movimiento; aparato de relojería; (of the bowels) evacuación; (e.g., of a symphony) tiempo

movie ['muvi] s película, cinta

movie camera s filmadora, cámara cinematográfica

movie•goer ['movi,go•ər] s aficionado al cine

movie house s cineteatro

mov'ie•land' s (coll) cinelandia

movie star s cineasta m

moving ['muvɪŋ] adj conmovedor, impresionante || s movimiento; (from one house to another) mudanza

moving picture s película cinematográfica

moving spirit s alma (de una empresa)

moving stairway s escalera mecánica, móvil o rodante

mow [mo] v (pret **mowed**; pp **mowed** o **mown**) tr segar; **to mow down** matar (soldados) con fuego graneado || intr segar

mower ['mo•ər] s segador m; segadora mecánica

mowing machine s segadora mecánica

Mozarab [mo'zærəb] s mozárabe mf

Mozarabic [mo'zærəbɪk] adj mozárabe

M.P. abbr **Member of Parliament, Military Police**

m.p.h. abbr **miles per hour**

Mr. ['mɪstər] s (pl **Messrs.** ['mɛsərz]) señor m (tratamiento)

Mrs. ['mɪsɪz] s señora (tratamiento)

MS. o **ms.** abbr **manuscript**

Mt. abbr **Mount**

much [mʌtʃ] adj & pron mucho; **too much** demasiado || adv mucho; **however much** por mucho que; **how much** cuánto; **too much** demasiado; **very much** muchísimo

mucilage ['mjusɪlɪdʒ] s goma para pegar; (gummy secretion in plants) mucílago

muck [mʌk] s estiércol húmedo; suciedad, porquería; (min) zafra

muck'rake' intr (coll) exponer ruindades

mucous ['mjukəs] adj mucoso

mucus ['mjukəs] s moco

mud [mʌd] s barro, fango, lodo; **to sling mud at** llenar de fango

muddle ['mʌdəl] s confusión, embrollo || tr confundir, embrollar; atontar, aturdir || intr obrar torpemente; **to muddle through** salir del paso a pesar suyo

mud'dle•head' s farraguista mf, cajón m de sastre

mud•dy ['mʌdi] adj (comp **-dier**; super **-diest**) barroso, fangoso, lodoso; (obscure) turbio || v (pret & pp **-died**) tr embarrar, enturbiar

mud'guard' s guardabarros m

mud'hole' s atolladero, ciénaga

mudslinger ['mʌd,slɪŋər] s (fig) lanzador m de lodo

muezzin [mju'ɛzɪn] s almuecín m, almuédano

muff [mʌf] s manguito || tr & intr chapucear

muffin ['mʌfɪn] s mollete m

muffle ['mʌfəl] tr arropar; (about the face) embozar; amortiguar (un ruido); enfundar (un tambor)

muffler ['mʌflər] s bufanda, tapaboca; (aut) silenciador m, silencioso

mufti ['mʌfti] s traje m de paisano

mug [mʌg] s pichel m; (slang) jeta, hocico || v (pret & pp **mugged**; ger **mugging**) tr (slang) fotografiar; (slang) atacar || intr (slang) hacer muecas

mugger ['mʌgər] s ladron m asaltador

mug•gy ['mʌgi] adj (comp **-gier**; super **-giest**) bochornoso, sofocante

mulat•to [mju'læto] o [mə'læto] s (pl **-toes**) mulato

mulber•ry ['mʌl,bɛri] s (pl **-ries**) (tree) moral m; (fruit) mora

mulct [mʌlkt] tr defraudar

mule [mjul] s mulo, macho; (slipper) babucha

mule chair s artolas, jamugas

muleteer [,mjulə'tɪr] s mulatero

mulish ['mjulɪʃ] adj terco, obstinado

mull [mʌl] tr calentar (vino) con especias || intr—**to mull over** reflexionar sobre

mullion ['mʌljən] s parteluz m

Multigraph ['mʌltɪ,græf] o ['mʌltɪ,grɑf] s (trademark) multígrafo || tr multigrafiar

multilateral [,mʌltɪ'lætərəl] adj (having many sides) multilátero; (participated in by more than two nations) multilateral

multinational corporations spl multinacionales mpl

multiple ['mʌltɪpəl] adj múltiple, múltiplo || s (math) múltiplo

multiple sclerosis *s* esclerosis *f* múltiple
multiplex ['mʌltɪˌplɛks] *adj* múltiple
multiplici•ty [ˌmʌltɪ'plɪsɪti] *s* (*pl* -ties) multiplicidad
multi•ply ['mʌltɪˌplaɪ] *v* (*pret & pp* -plied) *tr* multiplicar ‖ *intr* multiplicar, multiplicarse
multipurpose [ˌmʌltɪ'pʌrpəs] *adj* múltiple de uso; versátil
multitude ['mʌltɪˌtjud] o ['mʌltɪˌtud] *s* multitud
mum [mʌm] *adj* callado; **mum's the word!** ¡punto en boca!; **to keep mum about** callar ‖ *interj* ¡chitón!
mumble ['mʌmbəl] *tr & intr* mascullar, mascujar
mummer•y ['mʌməri] *s* (*pl* -ies) mojiganga
mum•my ['mʌmi] *s* (*pl* -mies) momia
mumps [mʌmps] *s* papera
munch [mʌntʃ] *tr* ronzar
mundane ['mʌnden] *adj* mundano
municipal [mju'nɪsɪpəl] *adj* municipal
municipali•ty [mjuˌnɪsɪ'pælɪti] *s* (*pl* -ties) municipio
munificent [mju'nɪfɪsənt] *adj* munífico
munition [mju'nɪʃən] *s* munición ‖ *tr* municionar
munition dump *s* depósito de municiones
mural ['mjurəl] *adj* mural ‖ *s* pintura mural, decoración mural
murder ['mʌrdər] *s* asesinato, homicidio ‖ *tr* asesinar; (*to spoil, mar*) (coll) estropear
murderer ['mʌrdərər] *s* asesino
murderess ['mʌrdərɪs] *s* asesina
murderous ['mʌrdərəs] *adj* asesino; cruel, sanguinario
murk•y ['mʌrki] *adj* (*comp* -ier; *super* -iest) (*hazy*) calinoso; (*gloomy*) lóbrego
murmur ['mʌrmər] *s* murmullo ‖ *tr & intr* murmurar
mus. *abbr* **museum, music**
muscle ['mʌsəl] *s* músculo; (fig) fuerza muscular
muscular ['mʌskjələr] *adj* musculoso
muse [mjuz] *s* musa; **the Muses** las Musas ‖ *intr* meditar, reflexionar; **to muse on** contemplar
museum [mju'ziəm] *s* museo
mush [mʌʃ] *s* gachas; (coll) sentimentalismo exagerado, sensiblería
mush'room' *s* hongo, seta ‖ *intr* aparecer de la noche a la mañana; **to mushroom into** convertirse rápidamente en
mushroom cloud *s* nube-hongo *f*
mush•y ['mʌʃi] *adj* (*comp* -ier; *super* -iest) mollar, pulposo; (coll) sensiblero, sobón; (*with women*) (coll) baboso; **to be mushy** (coll) hacerse unas gachas
music ['mjuzɪk] *s* música; **to face the music** (coll) afrontar las consecuencias, **to set to music** poner en música
musical ['mjuzɪkəl] *adj* musical, músico
musical comedy *s* comedia musical
musicale [ˌmjuzɪ'kæl] *s* velada musical, concierto casero
music box *s* caja de música
music cabinet *s* musiquero

music hall *s* salón *m* de conciertos; (Brit) teatro de variedades
musician [mju'zɪʃən] *s* músico
musicianship [mju'zɪʃən, ʃɪp] *s* musicalidad
musicologist [ˌmjuzɪ'kalədʒɪst] *s* musicólogo
musicology [ˌmjuzɪ'kalədʒi] *s* musicología
music rack o **music stand** *s* atril *m*
musk [mʌsk] *s* almizcle *m;* olor *m* de almizcle
musk deer *s* almizclero
musket ['mʌskɪt] *s* mosquete *m*
musketeer [ˌmʌskɪ'tɪr] *s* mosquetero
musk'mel'on *s* melón *m*
musk'rat' *s* almizclera
Muslim ['mʌzləm] o ['mʌsləm] *adj* muslime, islámico, mahometano ‖ *s* muslime *mf*, musulmán *m*
muslin ['mʌzlɪn] *s* muselina
muss [mʌs] *tr* (*the hair*) (coll) descabellar, desarreglar; (*clothing*) (coll) chafar, arrugar
muss•y ['mʌsi] *adj* (*comp* -ier; *super* -iest) desaliñado, desgreñado
must [mʌst] *s* mosto; (*mold*) moho; cosa que debe hacerse ‖ *v aux* **I must study my lesson** debo estudiar mi lección; **he must work tomorrow** tiene que trabajar mañana; **she must be ill** estará enferma
mustache [məs'tæʃ], [mɛs'taʃ], o ['mʌstæʃ] *s* bigote *m*, mostacho
mustard ['mʌstərd] *s* mostaza
mustard gas *s* gas *m* mostaza
mustard plaster *s* sinapismo, cataplasma *f*
muster ['mʌstər] *s* asamblea; matrícula de revista; **to pass muster** pasar revista; ser aceptable ‖ *tr* llamar a asamblea; reunir para pasar revista; reunir, acumular; **to muster in** alistar; **to muster out** dar de baja a; **to muster up courage** cobrar ánimo
muster roll *s* lista de revista
mus•ty ['mʌsti] *adj* (*comp* -tier; *super* -tiest) (*moldy*) mohoso; (*stale*) trasnochado; anticuado, pasado de moda
mutation [mju'teʃən] *s* mutación
mute [mjut] *adj & s* mudo ‖ *tr* poner sordina a
mutilate ['mjutɪˌlet] *tr* mutilar
mutilated *adj* mútilo, mutilado, mocho
mutineer [ˌmjutɪ'nɪr] *s* amotinado
mutinous ['mjutɪnəs] *adj* amotinado
muti•ny ['mjutɪni] *s* (*pl* -nies) motín *m* ‖ *v* (*pret & pp* -nied) *intr* amotinarse
mutt [mʌt] *s* (slang) perro cruzado; (slang) bobo, tonto
mutter ['mʌtər] *tr & intr* murmurar
mutton ['mʌtən] *s* carnero, carne *f* de carnero
mutton chop *s* chuleta de carnero
mutual ['mjutʃu•əl] *adj* mutual, mutuo
mutual aid *s* apoyo mutuo
mutual benefit association *s* mutualidad
mutual fund *s* sociedad inversionista mutualista
muzzle ['mʌzəl] *s* (*projecting part of head of animal*) hocico; (*device to keep animal from biting*) bozal *m;* (*of firearm*) boca ‖ *tr*

mo
mu

abozalar; (*to keep from speaking*) amordazar

my [maɪ] *adj poss* mi

myriad [ˈmɪrɪ•əd] *s* miríada

myrrh [mʌr] *s* mirra

myrtle [ˈmʌrtəl] *s* arrayán *m*, mirto

myself [maɪˈsɛlf] *pron pers* yo mismo; mí, mí mismo; me, p.ej., **I enjoyed myself** me divertí; **with myself** conmigo

mysterious [mɪsˈtɪrɪ•əs] *adj* misterioso

myster•y [ˈmɪstəri] *s* (*pl* **-ies**) misterio

mystic [ˈmɪstɪk] *adj* & *s* místico

mystical [ˈmɪstɪkəl] *adj* místico

mysticism [ˈmɪstɪˌsɪzəm] *s* misticismo

mystification [ˌmɪstɪfɪˈkeʃən] *s* confusión, mistificación

mysti•fy [ˈmɪstɪˌfaɪ] *v* (*pret* & *pp* **-fied**) *tr* rodear de misterio; (*to hoax*) confundir, mistificar

myth [mɪθ] *s* mito

mythical [ˈmɪθɪkəl] *adj* mítico

mythological [ˌmɪθəˈlɑdʒɪkəl] *adj* mitológico

mytholo•gy [mɪˈθɑlədʒi] *s* (*pl* **-gies**) mitología

N

N, n [ɛn] decimocuarta letra del alfabeto inglés

n. *abbr* **neuter, nominative, noon, north, noun, number**

N. *abbr* **Nationalist, Navy, Noon, North, November**

N.A. *abbr* **National Academy, National Army, North America**

nab [næb] *v* (*pret* & *pp* **nabbed;** *ger* **nabbing**) *tr* (slang) agarrar, coger; (slang) poner preso, prender

nag [næg] *s* caballejo, jaco; pequeño caballo de silla ‖ *v* (*pret* & *pp* **nagged;** *ger* **nagging**) *tr* importunar regañando ‖ *intr* regañar

naiad [ˈne•æd] o [ˈnaɪ•æd] *s* náyade *f;* (fig) nadadora

nail [nel] *s* (*of finger*) uña; (*to fasten wood, etc.*) clavo; **to hit the nail on the head** dar en el clavo ‖ *tr* clavar

nail brush *s* cepillo de uñas

nail clippers *spl* cortauñas *m*

nail file *s* lima para las uñas

nail polish *s* esmalte *m* para las uñas, laca de uñas

nailset [ˈnel.sɛt] *s* contrapunzón *m*

naïve [nɑˈiv] *adj* cándido, ingenuo

naked [ˈnekɪd] *adj* desnudo; **to go naked** ir desnudo, andar a la cordobana; **to strip naked** desnudar; desnudarse; **with the naked eye** a simple vista

name [nem] *s* nombre *m;* (*first name*) nombre de pila; (*last name*) apellido; fama, reputación, renombre *m;* linaje, *m*, raza; **to call someone names** maltratar a uno de palabra; **to go by the name of** ser conocido por el nombre de; **to make a name for oneself** darse a conocer, hacerse un nombre; **what is your name?** ¿cómo se llama Vd.? ‖ *tr* nombrar; fijar (*un precio*)

name day *s* santo

nameless [ˈnemlɪs] *adj* sin nombre, anónimo

namely [ˈnemli] *adv* a saber, es decir

namesake [ˈnem.sek] *s* homónimo, tocayo

nanny goat [ˈnæni] *s* (coll) cabra

nap [næp] *s* lanilla, flojel *m;* sueñecillo; **to take a nap** descabezar un sueñecillo ‖ *v* (*pret* & *pp* **napped;** *ger* **napping**) *intr* echar un sueñecillo; estar desprevenido; **to catch napping** coger desprevenido

napalm [ˈnepɑm] *s* (mil) gelatina incendiaria

nape [nep] *s* cogote *m*, nuca

naphtha [ˈnæfθə] *s* nafta

napkin [ˈnæpkɪn] *s* servilleta; (*of a baby*) (Brit) pañal *m*

napkin ring *s* servilletero

Naples [ˈnepəlz] *s* Nápoles

Napoleonic [nəˌpoliˈɑnɪk] *adj* napoleónico

narc [nɑrk] *s* (slang) agente *m* de policía antidroga

narcissus [nɑrˈsɪsəs] *s* (bot) narciso ‖ **Narcissus** *s* Narciso

narcotic [nɑrˈkɑtɪk] *adj* & *s* narcótico

narrate [næˈret] *tr* narrar

narration [næˈreʃən] *s* narración

narrative [ˈnærətɪv] *adj.* narrativo ‖ *s* (*story, tale; art of telling stories*) narrativa

narrator [næˈretər] *s* narrador *m*

narrow [ˈnæro] *adj* angosto; estrecho; intolerante; minucioso; (*sense of a word*) estricto ‖ **narrows** *spl* angostura, paso estrecho ‖ *tr* enangostar, estrechar; reducir, limitar ‖ *intr* enangostarse, estrecharse; reducirse, limitarse

narrow escape *s* trance *m* difícil; **to have a narrow escape** escapar por un pelo, salvarse en una tabla

narrow gauge *s* trocha angosta, vía estrecha

narrow-minded [ˈnæroˈmaɪndɪd] *adj* intolerante, de miras estrechas, poco liberal

nasal [ˈnezəl] *adj* & *s* nasal *f*

nasalize [ˈnezəˌlaɪz] *tr* nasalizar ‖ *intr* ganguear

nasturtium [nəˈstʌrʃəm] *s* capuchina, espuela de galán

nas•ty [ˈnæsti] *adj* (*comp* **-tier;** *super* **-tiest**) asqueroso, sucio; desagradable; desvergonzado; amenazador; horrible

natatorium [ˌnetəˈtorɪ•əm] *s* piscina de natación

nation [ˈneʃən] *s* nación

national [ˈnæʃənəl] *adj* & *s* nacional *mf*
national anthem *s* himno nacional
national hero *s* benemérito de la patria
national holiday *s* fiesta nacional
nationalism [ˈnæʃənə͵lɪzəm] *s* nacionalismo
nationalist [ˈnæ͵ʃənəlɪst] *adj* & *s* nacionalista *mf*
nationali•ty [ˈnæ͵ʃənˏælɪti] *s* (*pl* -ties) nacionalidad, naturalidad
nationalize [ˈnæʃənə͵laɪz] *tr* nacionalizar
na'tion-wide' *adj* de toda la nación
native [ˈnetɪv] *adj* nativo, natural; indígena; (*language*) materno; **to go native** vivir como los indígenas ‖ *s* natural *mf*; indígena *mf*
native land *s* patria
nativi•ty [nəˈtɪvɪti] *s* (*pl* -ties) nacimiento ‖ **Nativity** *s* (*day; festival; painting*) natividad
NATO [ˈneto] *s* (acronym) la O.T.A.N.
nat•ty [ˈnæti] *adj.* (*comp* -tier; *super* -tier; *super* -tiest) elegante, garboso
natural [ˈnætʃərəl] *adj* natural; (mus) natural ‖ *s* imbécil *mf*; (mus) tono natural, nota natural; (*sign*) (mus) becuadro; (mus) tecla blanca; (coll) cosa de éxito certero
naturalism [ˈnætʃərə͵lɪzəm] *s* naturalismo
naturalist [ˈnætʃərəlɪst] *s* naturalista *mf*
naturalization [͵nætʃərəlɪˈzeʃən] *s* naturalización
naturalization papers *spl* carta de naturaleza
naturalize [ˈnætʃərə͵laɪz] *tr* naturalizar
naturally [ˈnætʃərəli] *adv* naturalmente; claro, desde luego, por supuesto
nature [ˈnetʃər] *s* naturaleza; **from nature** del natural
naught [nɔt] *s* nada; cero; **to bring to naught** anular, invalidar, destruir; **to come to naught** reducirse a nada, frustrarse
naugh•ty [ˈnɔti] *adj* (*comp* -tier; *super* -tiest) desobediente, pícaro; desvergonzado; (*story, tale*) verde
nausea [ˈnɔʃɪ•ə] o [ˈnɔsɪ•ə] *s* náusea
nauseate [ˈnɔʃɪ͵et] o [ˈnɔsɪ͵et] *tr* dar náuseas a ‖ *intr* nausear, marearse
nauseating [ˈnɔʃɪ͵etɪŋ] o [ˈnɔsɪ͵etɪŋ] *adj* nauseabundo, asqueroso
nauseous [ˈnɔʃɪ•əs] o [ˈnɔsɪ•əs] *adj* nauseabundo
nautical [ˈnɔtɪkəl] *adj* náutico, marino, naval
nav. *abbr* **naval, navigation**
naval [ˈnevəl] *adj* naval, naval militar
Naval Academy *s* (U.S.A.) Escuela Naval Militar
naval officer *s* oficial *m* de marina
naval station *s* apostadero
nave [nev] *s* (*of a church*) nave *f* central, nave principal; (*of a wheel*) cubo
navel [ˈnevəl] *s* ombligo; (*center point, middle*) (fig) ombligo
navel orange *s* navel *f*, naranja de ombligo
navigability [͵nævɪgəˈbɪlɪti] *s* (*of a river*) navegabilidad; (*of a ship*) buen gobierno
navigable [ˈnævɪgəbəl] *adj* (*river, canal, etc.*) navegable; (*ship*) marinero, de buen gobierno
navigate [ˈnævɪ͵get] *tr* & *intr* navegar

navigation [͵nævɪˈgeʃən] *s* navegación
navigator [ˈnævɪ͵getər] *s* navegador *m*, navegante *m*; (*he who is in charge of course of ship or plane*) oficial *m* de derrota; (Brit) peón *m*
nav•vy [ˈnævi] *s* (*pl* -vies) (Brit) bracero, peón *m*
na•vy [ˈnevi] *adj* azul oscuro ‖ *s* (*pl* -vies) marina de guerra; (*personnel*) marina; azul oscuro
navy bean *s* frijol blanco común
navy blue *s* azul marino, azul oscuro
navy yard *s* arsenal *m* de puerto
Nazarene [͵næzəˈrin] *adj* & *s* nazareno
Nazi [ˈnatsi] o [ˈnætsi] *adj* & *s* nazi *mf*, nacista *mf*
n.b. *abbr* nota bene (Lat) note well
N-bomb [ˈɛn͵bam] *s* bomba de neutrones
Neapolitan [͵ni•əˈpalitən] *adj* & *s* napolitano
neap tide [nip] *s* marea muerta
near [nɪr] *adj* cercano, próximo; íntimo; imitado ‖ *adv* cerca; íntimamente ‖ *prep* cerca de; hacia, por ‖ *tr* acercarse a ‖ *intr* acercarse
nearby [ˈnɪr͵baɪ] *adj* cercano, próximo ‖ *adv* cerca
Near East *s* Cercano Oriente., Próximo Oriente
nearly [ˈnɪrli] *adv* casi; de cerca; íntimamente; por poco, p.ej., **he nearly fell** por poco se cae
near-sighted [ˈnɪr͵saɪtɪd] *adj* miope
near-sightedness *s* miopía
neat [nit] *adj* aseado, pulcro; pulido; diestro, primoroso; puro, sin mezcla ‖ *ssg* res vacuna ‖ *spl* ganado vacuno
neat's'-foot'oil *s* aceite *m* de pie de buey
Nebuchadnezzar [͵nɛbjəkədˈnɛzər] *s* Nabucodonosor *m*
nebu•la [ˈnɛbjələ] *s* (*pl* -lae [͵li] o -las) nebulosa
nebular [ˈnɛbjələr] *adj* nebular
nebulous [ˈnɛbjələs] *adj* nebuloso
necessary [ˈnɛsɪ͵sɛri] *adj* necesario
necessitate [nɪˈsɛsɪ͵tet] *tr* necesitar, exigir
necessitous [nɪˈsɛsɪtəs] *adj* necesitado
necessi•ty [nɪˈsɛsɪti] *s* (*pl* -ties) necesidad
neck [nɛk] *s* cuello; (*of a bottle*) gollete *m*; (*of violin or guitar*) mástil *m*; istmo, península; estrecho; **neck and neck** parejos; **to break one's neck** (coll) matarse trabajando; **to stick one's neck out** (coll) descubrir el cuerpo ‖ *intr* (slang) acariciarse (*dos enamorados*)
neck'band' *s* tirilla de camisa
necklace [ˈnɛklɪs] *s* gargantilla, collar *m*
necktie [ˈnɛk͵taɪ] *s* corbata
necktie pin *s* alfiler *m* de corbata
necrology [nɛˈkralədʒi] *s* necrología
necromancy [ˈnɛkrə͵mænsi] *s* necromancia, nigromancia
nectarine [͵nɛktəˈrin] *s* griñón *m*
née o **nee** [ne] *adj* nacida o de soltera, p.ej., **Mary Wilson, née Miller** Maria Wilson, nacida Miller o María Wilson, de soltera Miller

need [nid] *s* necesidad; pobreza; **in need** necesitado ‖ *tr* necesitar ‖ *intr* estar necesitado; ser necesario ‖ *v aux*—**if need be** si fuere necesario; **to need** + *inf* deber, tener que + *inf*

needful ['nidfəl] *adj* necesario ‖ **the needful** lo necesario; (slang) el dinero

needle ['nidəl] *s* aguja; **to look for a needle in a haystack** buscar una aguja en un pajar ‖ *tr* coser con aguja; (coll) aguijonear, incitar; (coll) añadir alcohol a (*la cerveza o el vino*)

needle bath *s* ducha en alfileres

needle'case' *s* alfiletero

needle point *s* bordado al pasado; encaje *m* de mano

needless ['nidlɪs] *adj* innecesario, inútil

needle'work' *s* costura, labor *f*

needs [nidz] *adv* necesariamente, forzosamente

need•y ['nidi] *adj* (*comp* **-ier;** *super* **-iest**) necesitado, indigente ‖ **the needy** los necesitados

ne'er-do-well ['nɛrdu,wɛl] *adj & s* holgazán, perdido

negation [nɪ'geʃən] *s* negación

negative ['nɛgətɪv] *adj* negativo ‖ *s* negativa; electricidad negativa, borne negativo; (gram) negación; (math) término negativo; (phot) prueba negativa ‖ *tr* desaprobar; anular

neglect [nɪ'glɛkt] *s* negligencia, descuido ‖ *tr* descuidar; **to neglect to** dejar de, olvidarse de

neglectful [nɪ'glɛktfəl] *adj* negligente, descuidado

négligée o **negligee** [,nɛglɪ'ʒe] *s* bata de mujer, traje *m* de casa

negligence ['nɛglɪdʒəns] *s* negligencia, descuido

negligent ['nɛglɪdʒənt] *adj* negligente, descuidado

negligible ['nɛglɪdʒɪbəl] *adj* insignificante, imperceptible

negotiable [nɪ'goʃɪ•əbəl] *adj* negociable; transitable

negotiate [nɪ'goʃɪ,et] *tr* negociar; (coll) salvar, vencer ‖ *intr* negociar

negotiation [nɪ,goʃɪ'eʃən] *s* negociación; trámite *m;* **round of negotiations** ronda negociadora

Ne•gro ['nigro] *adj* (*usually offensive*) negro ‖ *s* (*pl* **-groes**) (*usually offensive*) negro

neigh [ne] *s* relincho ‖ *intr* relinchar

neighbor ['nebər] *adj* vecino ‖ *s* vecino; (*fellow man*) prójimo ‖ *tr* ser vecino de; ser amigo de ‖ *intr* estar cercano; tener relaciones amistosas

neighborhood ['nebər,hud] *s* vecindad, vecindario, cercanías; **in the neighborhood of** en las inmediaciones de; (coll) cerca de, aproximadamente

neighboring ['nebərɪŋ] *adj* vecino, colindante

neighborly ['nebərli] *adj* buen vecino, amable, sociable

neither ['niðər] o ['naɪðər] *adj indef* ninguno . . . (de los dos); **neither one** ninguno de los dos ‖ *pron indef* ninguno (de los dos); ni uno ni otro, ni lo uno ni lo otro ‖ *conj* ni; tampoco, ni . . . tampoco, p.ej., **neither do I** yo tampoco, ni yo tampoco; **neither . . . nor** ni . . . ni

neme•sis ['nɛmɪsɪs] *s* (*pl* **-ses** [,sɪz]) (*someone or something that punishes*) némesis *f* ‖ **Nemesis** *s* Némesis *f*

neologism [nɪ'alə,dʒɪzəm] *s* neologismo

neomycin [,ni•ə'maɪsɪn] *s* neomicina

neon ['ni•ɑn] *s* neo, neón *m*

neophyte ['ni•ə,faɪt] *s* neófito

Nepal [nɪ'pɔl] *s* el Nepal

Nepa•lese [,nɛpə'liz] *adj* nepalés ‖ *s* (*pl* **-lese**) nepalés *m*

nepenthe [nɪ'pɛnθi] *s* nepente *m*

nephew ['nɛfju] o ['nɛvju] *s* sobrino

Nepos ['nipɑs] o ['nɛpɑs] *s* Nepote *m*

Neptune ['nɛpt/un] o ['nɛptjun] *s* Neptuno

neptunium [nɛp't/uni•əm] o [nɛp'tjuni•əm] *s* neptunio

nerd [nʌrd] *s* (slang) tipo insípido; sujeto estúpido

Nereid ['nɪrɪ•ɪd] *s* nereida

Nero ['nɪro] *s* Nerón *m*

nerve [nʌrv] *adj* (*center; system; tonic; disease; prostration; breakdown*) nervioso ‖ *s* nervio; ánimo, valor *m;* audacia; (coll) descaro; **nerves** excitabilidad nerviosa: to **get on one's nerves** irritar los nervios a uno; **to strain every nerve** esforzarse al máximo

nerve-racking ['nʌrv,rækɪŋ] *adj* irritante, exasperante

nervous ['nʌrvəs] *adj* nervioso

nervous breakdown *s* colapso nervioso

nervousness ['nʌrvəsnɪs] *s* nerviosidad

nervous shudder *s* muerte chiquita

nerv•y ['nʌrvi] *adj* (*comp* **-ier;** *super* **-iest**) (*strong, vigorous*) nervioso; atrevido, audaz; (coll) descarado

nest [nɛst] *s* nido; (*where hen lays eggs*) nidal *m;* (*birds in a nest*) nidada; (*set of things fitting within each other*) juego; (*of, e.g., thieves*) nido; **to feather one's nest** hacer todo para enriquecerse ‖ *tr* colocar en un nido ‖ *intr* anidar

nest egg *s* (*eggs left in a nest to induce hen to lay more*) nidal *m;* ahorros, hucha

nestle ['nɛsəl] *tr* poner en un nido; arrimar afectuosamente ‖ *intr* anidar; arrimarse cómodamente; **to nestle up to** arrimarse a

net [nɛt] *adj* neto, líquido ‖ *s* red *f;* precio neto, peso neto, ganancia líquida ‖ *v* (*pret & pp* **netted;** *super* **netting**) *tr* enredar, tejer; coger con red; producir (*cierta ganancia líquida*)

nether ['nɛðər] *adj* inferior, más bajo

Netherlander ['nɛðər,lændər] o ['nɛðərləndər] *s* neerlandés *m*

Netherlandish ['nɛðər,lændɪʃ] o ['nɛðərləndɪʃ] *adj* neerlandés ‖ *s* neerlandés *m*

Netherlands, The ['nɛðərləndz] los Países Bajos (*Holanda*)

netting [ˈnɛtɪŋ] s red f
nettle [ˈnɛtəl] s ortiga ‖ tr irritar, provocar
net'work' s red f; (rad & telv) cadena
neuralgia [njuˈrældʒə] s neuralgia
neurology [njuˈralədʒi] s neurología
neuron [ˈnjurɑn] o [ˈnurɑn] s neurona
neuro•sis [njuˈrosɪs] s (pl -ses [siz]) neurosis f
neurotic [njuˈrɑtɪk] adj & s neurótico
neut. abbr **neuter**
neuter [ˈnjutər] adj neutro ‖ s género neutro; (aut) punto muerto
neutral [ˈnjutrəl] adj (on neither side in a quarrel or war) neutral; (having little or no color) neutro; (bot, chem, elec, phonet, zool) neutro ‖ s neutral mf; (aut) punto neutral, punto muerto
neutralism [ˈnjutrə,lɪzəm] s neutralismo
neutralist [ˈnjutrəlɪst] adj & s neutralista mf
neutrality [njuˈtrælɪti] s neutralidad
neutralize [ˈnjutrə,laɪz] tr neutralizar
neutron [ˈnjutrɑn] s neutrón m
neutron bomb s bomba de neutrones, bomba neutrónica
never [ˈnɛvər] adv nunca; en mi vida; de ningún modo; **never fear** no hay cuidado; **never mind** no importa
nev'er•more' adv nunca más
nevertheless [,nɛvərðəˈlɛs] adv no obstante, sin embargo
new [nju] o [nu] adj nuevo; **what's new?** ¿qué hay de nuevo?
new arrival s recién llegado; recién nacido
new'born' adj recién nacido; renacido
New Castile s Castilla la Nueva
New'cas'tle s—**to carry coals to Newcastle** echar agua al mar, llevar hierro a Vizcaya, llevar leña al monte
newcomer [ˈnju,kʌmər] s recién llegado, recién venido
New England s la Nueva Inglaterra
newfangled [ˈnju,fæŋgəld] adj de última moda, recién inventado
Newfoundland [ˈnjufənd,lænd] s (island and province) Terranova ‖ [njuˈfaundlənd] s (dog) Terranova m
newly [ˈnjuli] adv nuevamente; **newly** + pp recién + pp
new'ly•wed' s recién casado
New Mexican adj & s neomejicano, nuevomejicano
New Mexico s Nuevo Méjico
new moon s luna nueva, novilunio
news [njuz] o [nuz] s noticias; periódico; **a news item** una noticia; **a piece of news** una noticia
news agency s agencia de noticias
news beat s exclusiva, anticipación de una noticia por un periódico
news'boy' s vendedor m de periódicos
news'cast' s noticiario radiofónico ‖ tr radiodifundir (noticias) ‖ intr radiodifundir noticias
news'cast'er s cronista mf de radio
news conference s var de **press conference**
news coverage s reportaje m
news'let'ter s circular f noticiera

news•man [ˈnjuzmən] s (pl -men [mən]) noticiero
New South Wales s la Nueva Gales del Sur
news'pa'per adj periodístico ‖ s periódico
newspaper•man [ˈnjuz,pepər,mæn] s (pl -men [,mɛn]) periodista m
news'print' s papel-prensa m
news'reel' s actualidades, noticiario cinematográfico
news'stand' s quiosco de periódicos, puesto de periódicos
news'week'ly s (pl -lies) semanario de noticias
news'wor'thy adj de gran actualidad, de interés periodístico
news•y [ˈnjuzi] adj (comp -ier; super -iest) (coll) informativo
new'-world' adj del Nuevo Mundo
New Year's card s tarjeta de felicitación de Año Nuevo
New Year's Day s el Día de Año Nuevo
New Year's Eve s la noche vieja, la víspera de año nuevo
New York [jɔrk] adj neoyorkino ‖ s Nueva York
New Yorker [ˈjɔrkər] s neoyorkino
New Zealand [ˈzilənd] adj neocelandés ‖ s Nueva Zelanda
New Zealander [ˈziləndər] s neocelandés m
next [nɛkst] adj próximo, siguiente; dc al lado; venidero, que viene ‖ adv luego, después; la próxima vez; **next to** junto a; después de; **next to nothing** casi nada; **the next best** lo mejor después de eso; **to come next** venir después, ser el que sigue
next door s la casa de al lado; **next door to** en la casa siguiente de; (coll) casi
next'door' adj siguiente, de al lado
next of kin s (pl **next of kin**) pariente más cercano
niacin [ˈnaɪ•əsɪn] s niacina
Niagara Falls [naɪˈægərə] spl las Cataratas del Niágara
nibble [ˈnɪbəl] s mordisco ‖ tr & intr mordiscar; picar (un pez); **to nibble at** picar de o en
Nicaraguan [,nɪkəˈrɑgwən] adj & s nicaragüense, nicaragüeño
nice [naɪs] adj delicado, fino, sutil; primoroso, pulido, refinado; dengoso, melindroso; atento, cortés, culto; escrupuloso, esmerado; agradable, simpático; decoroso, conveniente; complaciente; preciso; satisfactorio; (weather) bueno; (attractive) bonito; **nice and . . .** (coll) muy, mucho; **not nice** (coll) feo
nice-looking [ˈnaɪsˈlukɪŋ] adj hermoso, guapo, bien parecido
nicely [ˈnaɪsli] adv con precisión; escrupulosamente; satisfactoriamente; (coll) muy bien
nice•ty [ˈnaɪsəti] s (pl -ties) precisión; sutileza; finura; **to a nicety** con la mayor precisión
niche [nɪtʃ] s hornacina, nicho; colocación conveniente
Nicholas [ˈnɪkələs] s Nicolás m

nick [nɪk] s mella, muesca; **in the nick of time** en el momento crítico ‖ tr mellar, hacer muescas en; cortar

nickel [ˈnɪkəl] s níquel m; (U.S.A.) moneda de cinco centavos ‖ tr niquelar

nick'el-plate' tr niquelar

nicknack [ˈnɪkˌnæk] s chuchería, friolera

nick'name' s apodo, mote m ‖ tr apodar

nicotine [ˈnɪkəˌtin] s nicotina

niece [nis] s sobrina

nif•ty [ˈnɪfti] adj (comp -**tier**; super -**tiest**) (slang) elegante; (slang) excelente

niggard [ˈnɪgərd] adj & s tacaño

night [naɪt] adj nocturno ‖ s noche f; **at o by night** de noche or por la noche; **night before last** anteanoche; **to make a night of it** (coll) divertirse hasta muy entrada la noche

night'cap' s gorro de dormir; trago antes de acostarse, sosiega

night club s cabaret m, café m cantante, sala de fiestas

night driving s conducción de noche

night'fall' s anochecer m, caída de la noche

night'gown' s camisa de dormir

nightingale [ˈnaɪtənˌgel] s ruiseñor m

night latch s cerradura de resorte

night' letter s carta telegráfica nocturna

night'long' adj de toda la noche ‖ adv durante toda la noche

nightly [ˈnaɪtli] adj nocturno; de cada noche ‖ adv de noche, por la noche; cada noche

night'mare' s pesadilla

nightmarish [ˈnaɪtˌmɛrɪʃ] adj espeluznante, horroroso

night owl s buho nocturno; (coll) anochecedor m, trasnochador m

night'shirt' s camisa de dormir

night'time' adj nocturno ‖ s noche f

night'walk'er s vagabundo nocturno; ladrón nocturno; ramera callejera nocturna; sonámbulo

night watch s guardia de noche, ronda de noche; sereno; (mil) vigilia

night watchman s vigilante nocturno

nihilism [ˈnaɪ•ɪˌlɪzəm] s nihilismo

nihilist [ˈnaɪ•ɪlɪst] s nihilista mf

nil [nɪl] s nada

Nile [naɪl] s Nilo

nimble [ˈnɪmbəl] adj ágil, ligero; listo, vivo

nim•bus [ˈnɪmbəs] s (pl -**buses** o -**bi** [baɪ]) nimbo

Nimrod [ˈnɪmrad] s Nemrod m

nincompoop [ˈnɪnkəmˌpup] s badulaque m, papirote m

nine [naɪn] adj & pron nueve ‖ s nueve m; equipo de béisbol; **nine o'clock** las nueve; **the Nine** las nueve musas

nine hundred adj & pron novecientos ‖ s novecientos m

nineteen [ˈnaɪnˈtin] adj, pron & s diecinueve m, diez y nueve m

nineteenth [ˈnaɪnˈtinθ] adj & s (in a series) decimonono; (part) diecinueveavo ‖ s (in dates) diecinueve m

ninetieth [ˈnaɪntɪ•θ] adj & s (in a series) nonagésimo; (part) noventavo

nine•ty [ˈnaɪnti] adj & pron noventa ‖ s (pl -**ties**) noventa m

ninth [naɪnθ] adj & s nono, noveno ‖ s (in dates) nueve m

nip [nɪp] s mordisco, pellizco; helada, escarcha; traguito; **nip and tuck** a quién ganará ‖ v (pret & pp **nipped**; ger **nipping**) tr mordiscar, pellizcar; helar, escarchar; (slang) asir, coger; **to nip in the bud** atajar en el principio ‖ intr beborrotear

nipple [ˈnɪpəl] s (of female) pezón m; (of male; of nursing bottle) tetilla; (mach) tubo roscado de unión, entrerrosca

Nippon [nɪˈpɑn] s el Japón

Nippon•ese [ˌnɪpəˈniz] adj nipón ‖ s (pl -**ese**) nipón m

nip•py [ˈnɪpi] adj (comp -**pier**; super -**piest**) mordaz, picante; frío, helado; (Brit) ágil, ligero

nirvana [nɪrˈvanə] s el nirvana

nit [nɪt] s piojito; (egg of insect) liendre f

niter [ˈnaɪtər] s nitro; (agr) nitro de Chile

nitrate [ˈnaɪtret] s nitrato; (agr) nitrato de potasio, nitrato de sodio

nitric acid [ˈnaɪtrɪk] s ácido nítrico

nitride [ˈnaɪtraɪd] s nituro

nitrogen [ˈnaɪtrədʒən] s nitrógeno

nitroglycerin [ˌnaɪtrəˈglɪsərɪn] s nitroglicerina

nitrous oxide [ˈnaɪtrəs] s óxido nitroso

nitwit [ˈnɪtˌwɪt] s (slang) bobalicón m

no [no] adj indef ninguno; **no admittance** no se permite la entrada; **no matter** no importa; **no parking** se prohibe estacionarse; **no smoking** se prohibe fumar; **no thoroughfare** prohibido el paso; **no use** inútil; **with no** sin ‖ adv no; **no good** de ningún valor; ruin, vil; **no longer** ya no; **no sooner** no bien

Noah [ˈno•ə] s Noé m

nob•by [ˈnabi] adj (comp -**bier**; super -**biest**) (slang) elegante; (slang) excelente

nobili•ty [noˈbɪlɪti] s (pl -**ties**) nobleza; (of sentiments, character, etc.) nobleza, ennoblecimiento

noble [ˈnobəl] adj & s noble m

noble•man [ˈnobəlmən] s (pl -**men** [mən]) noble m, hidalgo

nobod•y [ˈnoˌbadi] o [ˈnobədi] pron indef nadie, ninguno; **nobody but** nadie más que; **nobody else** nadie más, ningún otro ‖ s (pl -**ies**) nadie m, don nadie

nocturnal [nakˈtʌrnəl] adj nocturno

nod [nad] s inclinación de cabeza; seña con la cabeza; (of a person going to sleep) cabezada ‖ v (pret & pp **nodded**; ger **nodding**) tr inclinar (la cabeza); indicar con una inclinación de cabeza ‖ intr inclinar la cabeza; (in going to sleep) cabecear

node [nod] s bulto, protuberancia; nudo, enredo; (astr, med & phys) nodo; (bot) nudo

no'-fault' adj (divorce, insurance) libre de culpa

nohow [ˈnoˌhau] adv (coll) de ninguna manera

noise [nɔɪz] s ruido ‖ tr divulgar

noiseless [ˈnɔɪzlɪs] adj silencioso, sin ruido

noise level s nivel sonoro
nois•y ['nɔɪzi] adj (comp **-ier;** super **-iest**) ruidoso; bullero; (boisterous) estrepitoso
nom. abbr **nominative**
nomad ['nomæd] adj & s nómada mf
nomadic [no'mædɪk] adj nomádico
no man's land s terreno sin reclamar; (mil) la tierra de nadie
nominal ['nɑmɪnəl] adj nominal; (price) módico
nominate ['nɑmɪ,net] tr postular como candidato; (to appoint) nombrar, designar
nomination [,nɑmɪ'neʃən] s postulación
nominative ['nɑmɪnətɪv] adj & s nominativo
nominee [,nɑmɪ'ni] s propuesto, candidato
nonaligned nations [,nɑnə'laɪnd] spl países no alineados; países no comprometidos
nonbelligerent [,nɑnbə'lɪdʒərənt] adj & s no beligerante m
nonbreakable [nɑn'brekəbəl] adj irrompible
nonchalance ['nɑnʃələns] s indiferencia, desenvoltura
nonchalant ['nɑnʃələnt] adj indiferente, desenvuelto
noncom ['nɑn,kɑm] s (coll) clase, suboficial m
noncombatant [nɑn'kɑmbətənt] adj & s no combatiente m
noncommissioned officer [,nɑnkə'mɪʃənd] s clase, suboficial m
noncommittal [,nɑnkə'mɪtəl] adj evasivo, reticente
noncommitted [,nɑnkə'mɪtɪd] adj no empeñado
non compos mentis ['nɑn'kɑmpəs'mɛntɪs] adj falto de juicio, loco
nonconformist [,nɑnkən'fɔrmɪst] s disidente mf; inconformista mf
nonconformity [,nɑnkən'fɔrmɪti] s inconformidad
nondelivery [,nɑndɪ'lɪvəri] s falta de entrega
nondescript ['nɑndɪ,skrɪpt] adj inclasificable, indefinido
nondiscriminating [,nɑndɪs'krɪmɪ,netɪŋ] adj indiscriminado
none [nʌn] pron indef nadie, ninguno, ningunos; **none of** ninguno de; nada de; **none other** ningún otro || adv nada, de ninguna manera; **none the less** sin embargo, no obstante
nonenti•ty [nɑn'ɛntɪti] s (pl **-ties**) cosa inexistente; (person) nulidad
nonessential [,nɑnɛ'sɛnʃəl] adj intrascendente
nonexistence [,nɑnɛg'zɪstəns] s inexistencia
nonfiction [nɑn'fɪkʃən] s literatura no novelesca
nonfulfillment [,nɑnfʊl'fɪlmənt] s incumplimiento
nonintervention [,nɑnɪntər'vɛnʃən] s no intervención
nonmetal ['nɑn,mɛtəl] s metaloide m
nonpartisan [nɑn'pɑrtɪzən] adj imparcial
nonpayment [nɑn'pemənt] s falta de pago
non•plus ['nɑnplʌs] o [nɑn'plʌs] s estupefacción || v (pret & pp **-plused** o **-plussed;** ger

-plusing o **-plussing**) tr dejar estupefacto, dejar pegado a la pared
nonprofit [nɑn'prɑfɪt] adj sin fin lucrativo
nonrefillable [,nɑnrɪ'fɪləbəl] adj irrellenable
nonresident [nɑn'rɛzɪdənt] s transeúnte mf
nonresidential [nɑn,rɛzɪ'dɛnʃəl] adj comercial
nonscientific [nɑn,saɪ•ən'tɪfɪk] adj anticientífico
nonsectarian [,nɑnsɛk'tɛrɪ•ən] adj no sectario
nonsense ['nɑnsɛns] s disparate m, tontería; esperpento; **to talk nonsense** hablar en gringo
nonsensical [nɑn'sɛnsɪkəl] adj disparatado, tonto
nonskid ['nɑn'skɪd] adj antideslizante
nonstop ['nɑn'stɑp] adj & adv sin parar, sin escala
nonsupport [,nɑnsə'port] s falta de manutención
noodle ['nudəl] s tallarín m; (slang) mentecato, tonto; (slang) cabeza
noodle soup s sopa de pastas, sopa de fideos
nook [nʊk] s rinconcito
noon [nun] s mediodía m; **at high noon** en pleno mediodía
no one o **no-one** ['no,wʌn] pron indef nadie, ninguno; **no one else** nadie más, ningún otro
noontime ['nun,taɪm] s mediodía m
noose [nus] s lazo corredizo; (to hang a criminal) dogal m; trampa || tr lazar; hacer un lazo corredizo en
nor [nɔr] conj ni
Nordic ['nɔrdɪk] adj & s nórdico
norm [nɔrm] s norma
normal ['nɔrməl] adj normal
Norman ['nɔrmən] adj & s normando
Normandy ['nɔrməndi] s Normandía
Norse [nɔrs] adj nórdico; noruego || s (ancient Scandinavian language) nórdico; (language of Norway) noruego; **the Norse** los nórdicos; los noruegos
Norse•man ['nɔrsmən] s (pl **-men** [mən]) normando
north [nɔrθ] adj septentrional, del norte || adv al norte, hacia el norte || s norte m
North America s Norteamérica, la América del Norte
North American adj & s norteamericano
north'east'er s (wind) nordestada, nordeste m (viento)
northern ['nɔrðərn] adj septentrional; (Hemisphere) boreal
North Korea s la Corea del Norte
North Korean adj & s norcoreano
northward ['nɔrθwərd] adv hacia el norte
north wind s norte m, aquilón m
Norway ['nɔrwe] s Noruega
Norwegian [nɔr'widʒən] adj & s noruego
nos. abbr **numbers**
nose [noz] s nariz f; (aer) proa; **to blow one's nose** sonarse las narices; **to count noses** averiguar cuántas personas hay; **to follow one's nose** seguir todo derecho; avanzar guiándose por el instinto; **to hold one's**

nose tabicarse las narices; **to lead by the nose** llevar por la barba, tener agarrado por las narices; **to look down one's nose at** mirar por encima del hombro; **to pay through the nose** pagar un precio escandaloso; **to pick one's nose** hurgarse las narices; **to poke one's nose into** meter las narices en; **to speak through the nose** ganguear; **to thumb one's nose at** señalar (a una persona) poniendo el pulgar sobre la nariz en son de burla; tratar con sumo desprecio; **to turn up one's nose at** mirar con desprecio; **under the nose of** en las narices de, en las barbas de ‖ *tr* olfatear ‖ *intr* ventear; **to nose about** curiosear; **to nose over** capotar (un avión); **to nose up** encabritarse (un buque, un avión)

nose bag *s* cebadera, morral *m*

nose'band' *s* muserola, sobarba

nose'bleed' *s* hemorragia nasal

nose cone *s* cono de proa

nose dive *s* (aer) descenso de picado; (fig) descenso precipitado

nose'-dive' *intr* (aer) picar; (fig) descender precipitadamente

nosegay ['noz,ge] *s* ramillete *m*

nose ring *s* nariguera

no'-show' *s* pasajero no presentado

nostalgia [na'stældʒə] *s* nostalgia

nostril ['nastrıl] *s* nariz *f*, ventana

nos•y ['nozi] *adj* (comp **-ier**; super **-iest**) (coll) curioso, husmeador

not [nat] *adv* no; **not at all** nada, de ningún modo; **not yet** todavía no; **to think not** creer que no; **why not?** ¿cómo no?

notable ['notəbəl] *adj & s* notable *m*

notarize ['notə,raız] *tr* abonar con fe notarial

nota•ry ['notəri] *s* (*pl* **-ries**) notario

notch [natʃ] *s* muesca, mella, corte *m;* (U.S.A.) desfiladero, paso; (coll) grado ‖ *tr* hacer muescas en, mellar

note [not] *s* nota; apunte *m;* esquela, cartita; marca, señal *f;* (com) pagaré *m*, vale *m;* canto, melodía; acento, voz *f;* (mus) nota ‖ *tr* notar, apuntar; marcar, señalar

note'book' *s* cuaderno. libro de apuntes

noted ['notıd] *adj* aramado, conocido

note paper *s* papel *m* de cartas

note'wor'thy *adj* notable, digno de notarse

nothing ['nʌθıŋ] *pron indef* nada; **for nothing** inútilmente; de balde, gratis; **nothing doing** (slang) ni por pienso; **nothing else** nada más; **that's nothing to me** eso nada me importa; **to make nothing of** no hacer caso de; no aprovecharse de; no entender; despreciar; **to think nothing of** no hacer caso de; tener por fácil; despreciar ‖ *adv* nada, de ninguna manera; **nothing daunted** sin temor alguno ‖ *s* nada; nadería, friolera

notice ['notıs] *s* atención, reparo, advertencia; aviso, noticia; letrero; mención, reseña; llamada; notificación; **on short notice** con poco tiempo de aviso; **to escape one's notice** pasarle inadvertido a uno; **to serve notice** dar noticia, hacer saber ‖ *tr* notar, observar, reparar, reparar en; mencionar

noticeable ['notısəbəl] *adj* sensible, perceptible; notable

noti•fy ['notı,faı] *v* (*pret & pp* **-fied**) *tr* notificar, avisar, hacer saber

notion ['noʃən] *s* noción; capricho; **notions** mercería, artículos menudos; **to have a notion to** + *inf* pensar + *inf*, tener ganas de + *inf*

notorie•ty [,no'tə'raı•əti] *s* (*pl* **-ties**) mala reputación; (condition of being well known) notoriedad; (person) notable *mf*

notorious [no'torı•əs] *adj* reputado, mal reputado; bien conocido

no'-trump' *adj & s* sin triunfo; **a no-trump hand** un sin triunfo

notwithstanding [,natwıð'stændıŋ] o [,natwiθ'stændıŋ] *adv* no obstante ‖ *prep* a pesar de ‖ *conj* a pesar de que

nougat ['nugət] *s* turrón *m*

noun [naun] *s* nombre, nombre sustantivo

nourish ['nʌrıʃ] *tr* alimentar, nutrir; abrigar (p.ej., esperanzas)

nourishing ['nʌrıʃıŋ] *adj* alimenticio, nutritivo

nourishment ['nʌrıʃmənt] *s* alimento, nutrimento

Nov. *abbr* **November**

Nova Scotia ['novə'skoʃə] *s* la Nueva Escocia

Nova Scotian ['novə'skoʃən] *adj & s* neoescocés *m*

novel ['navəl] *adj* nuevo; insólito, extraño, original ‖ *s* novela

novelist ['navəlıst] *s* novelista *mf*

novel•ty ['navəlti] *s* (*pl* **-ties**) novedad, innovación; **novelties** bisutería, baratijas

November [no'vɛmbər] *s* noviembre *m*

novice ['navıs] *s* novicio

novocaine ['novə,ken] *s* novocaína

now [nau] *adv* ahora; ya; entonces; **from now on** de ahora en adelante; **how now?** ¿cómo?; **just now** hace un momento; **now and again** o **now and then** de vez en cuando; **now . . . now** ora . . . ora, ya . . . ya; **now that** ya que; **now then** ahora bien ‖ *interj* ¡vamos! ‖ *s* actualidad

nowadays ['nau•ə,dez] *adv* hoy en día, hoy día

no'way' o **no'ways'** *adv* de ningún modo

no'where' *adv* en ninguna parte, a ninguna parte; **nowhere else** en ninguna otra parte

noxious ['nakʃəs] *adj* nocivo

nozzle ['nazəl] *s* (of hoe) lanza; (of sprinkling can) rallow, roseta; (of candlestick) cubo; (slang) nariz *f*

N.T. *abbr* **New Testament**

nth [ɛnθ] *adj* n^mo (enésimo); **to the nth degree** elevado a la potencia *n;* a más no poder

nuance [nju'ans] o ['nju•ans] *s* matiz *m*

nub [nʌb] *s* protuberancia; pedazo; (coll) meollo

nuclear ['nuklı•ər] *adj* nuclear

nu'cle•ar-pow'ered *adj* accionado por energía nuclear

nuclear test ban *s* proscripción de las pruebas nucleares

nuclear war *s* guerra nuclear

nucle·us ['nuklɪ·əs] *s* (*pl* **-i** [,aɪ] o **-uses**) núcleo

nude [njud] o [nud] *adj* desnudo ‖ *s*—**in the nude** desnudo; **the nude** el desnudo

nudism ['njudɪzəm] o ['nudɪzəm] *s* (des)nudismo; naturismo

nudge [nʌdʒ] *s* codazo suave ‖ *tr* dar un codazo suave a, empujar suavemente

nugget ['nʌgɪt] *s* pedazo; (*of, e.g., gold*) pepita; preciosidad

nuisance ['njusəns] o ['nusəns] *s* molestia, estorbo; majadería; persona o cosa fastidiosas; **to be a nuisance** ser un hígado

nuke [njuk] o [nuk] *s* (slang) arma atómica ‖ *tr* (slang) atacar con arma atómica; aniquilar

null [nʌl] *adj* nulo; **null and void** nulo, írrito, nulo y sin valor

nulli·ty ['nʌlɪti] *v* (*pl* **-ties**) nulidad

nulli·fy ['nʌlɪfaɪ] *v* (*pret & pp* **-fied**) anular, invalidor

numb [nʌm] *adj* entumecido; **to get numb** envararse ‖ *tr* entumecer

number ['nʌmbər] *s* número; **a number of** varios ‖ *tr* numerar; ascender a (*cierto número*); **his days are numbered** tiene sus días contados o sus horas contadas; **to be numbered among** hallarse entre; **to number among** contar entre

numberless ['nʌmbərlɪs] *adj* innumerable

numeral ['njumərəl] o ['numərəl] *adj* numeral ‖ *s* número

numerical [nju'mɛrɪkəl] o [nu'mɛrɪkəl] *adj* numérico

numerous ['njumərəs] o ['numərəs] *adj* numeroso

numskull ['nʌm,skʌl] *s* (coll) bodoque *m*, mentecato

nun [nʌn] *s* monja, religiosa

nuptial ['nʌpʃəl] *adj* nupcial ‖ **nuptials** *spl* nupcias, bodas

nurse [nʌrs] *s* enfermera; (*to suckle a child*) ama de cría, nodriza; (*to take care of a child*) niñera ‖ *tr* cuidar (*a una persona enferma*); amamantar; alimentar, criar; tratar de curarse de (*p.ej., un resfriado*); abrigar (*p.ej., odio*) ‖ *intr* ser enfermera

nurser·y ['nʌrsəri] *s* (*pl* **-ies**) cuarto de los niños; (*of plants*) criadero, plantel *m*, semillero; (fig) semillero

nursery·man ['nʌrsərɪmən] *s* (*pl* **-men** [mən]) cultivador *m* de semillero

nursery rhymes *spl* versos para niños

nursery tales *spl* cuentos para niños

nursing bottle *s* biberón *m*

nursing home *s* clínica de reposo; (*for the aged*) residencia de ancianos

nurture ['nʌrtʃər] *s* alimentación, nutrimento; crianza, educación ‖ *tr* alimentar, nutrir; criar, educar; acariciar (*p.ej., una esperanza*)

nut [nʌt] *s* nuez *f*; (*to screw on a bolt*) tuerca; (slang) estrafalario; **a hard nut to crack** (coll) hueso duro de roer

nut'crack'er *s* cascanueces *m*

nutmeg ['nʌt,mɛg] *s* nuez moscada; (*tree*) mirística

nutriment ['njutrɪmənt] *s* nutrimento

nutrition [nju'trɪʃən] *s* nutrición

nutritious [nju'trɪʃəs] *adj* nutricioso, nutritivo

nuts *adj* (slang) loco; estrafalario ‖ *interj* (slang) ¡no!, ¡niego!, ¡de ninguna manera!

nut'shell' *s* cáscara de nuez; **in a nutshell** en pocas palabras

nut·ty ['nʌti] *adj* (*comp* **-tier**; *super* **-tiest**) abundante en nueces; que sabe a nueces; (slang) chiflado, loco; **nutty about** (slang) loco por

nuzzle ['nʌzəl] *tr* hocicar, hozar ‖ *intr* hocicar; arrimarse cómodamente; arroparse bien

nylon ['naɪlɑn] *s* nilón *m*; **nylons** medias de nilón

nymph [nɪmf] *s* ninfa

O

O, o [o] decimoquinta letra del alfabeto inglés

O *interj* ¡oh!; ¡ay!, p.ej., **how pretty she is!** ¡Ay qué linda!; **O that. . . !** ¡Ojalá que. . . !

oaf [of] *s* zoquete *m*, zamacuco; niño contrahecho

oak [ok] *s* roble *m*

oaken ['okən] *adj* hecho de roble

oakum ['okəm] *s* estopa, estopa de calafatear

oar [or] *s* remo; **to lie** o **rest on one's oars** aguantar los remos; aflojar en el trabajo ‖ *tr* conducir a remo ‖ *intr* remar, bogar

oars·man ['orzmən] *s* (*pl* **-men** [mən]) remero

OAS ['o'e'ɛs] *s* (*letterword*) OEA *f*

oa·sis [o'esɪs] *s* (*pl* **-ses** [siz]) oasis *m*

oat [ot] *s* avena; **oats** (*edible grain*) avena; **to feel one's oats** (slang) estar fogoso y brioso; (slang) estar muy pagado de sí mismo; **to sow one's wild oats** correrla, pasar las mocedades

oath [oθ] *s* juramento; **on oath** bajo juramento; **to take an oath** prestar juramento

oat'meal' *s* harina de avena; gachas de avena

ob. *abbr* **obiit** (Lat) **died**

obbligato [,ɑblɪ'gato] *adj & s* obligado

obduracy ['ɑbdjərəsi] *s* obduración

obdurate [ˈabdjərɪt] *adj* obstinado, terco; empedernido
obedience [oˈbidɪ•əns] *s* obediencia
obedient [oˈbidɪ•ənt] *adj* obediente
obeisance [oˈbesəns] u [oˈbisəns] *s* saludo respetuoso; homenaje *m*, respeto
obelisk [ˈabəlɪsk] *s* obelisco
obese [oˈbis] *adj* obeso
obesity [oˈbisɪti] *s* obesidad
obey [oˈbe] *tr & intr* obedecer
obfuscate [abˈfʌsket] o [ˈabfəs,ket] *tr* ofuscar
obituar•y [oˈbɪtʃu,ɛri] *adj* necrológico ‖ *s* (*pl* -ies) necrología
obj. *abbr* **object, objection, objective**
object [ˈabdʒɪkt] *s* objeto ‖ [abˈdʒɛkt] *tr* objetar ‖ *intr* hacer objeciones
objection [abˈdʒɛkʃən] *s* reparo, objeción; **to have no objections to make** no tener nada que objetar
objectionable [abˈdʒɛkʃənəbəl] *adj* desagradable, reprensible; (*causing disapproval*) objetable
objective [abˈdʒɛktɪv] *adj & s* objetivo
obl. *abbr* **oblique, oblong**
obligate [ablɪ,get] *tr* obligar
obligation [,ablɪˈgeʃən] *s* obligación; encargamiento
oblige [əˈblaɪdʒ] *tr* obligar; complacer; **much obliged** muchas gracias
obliging [əˈblaɪdʒɪŋ] *adj* complaciente, condescendiente, servicial
oblique [əˈblik] *adj* oblicuo; indirecto, evasivo
obliterate [əˈblɪtə,ret] *tr* borrar; arrasar, destruir
oblivion [əˈblɪvɪ•ən] *s* olvido
oblivious [əˈblɪvɪ•əs] *adj* olvidadizo
oblong [ˈablɔŋ] o [ˈablɑŋ] *adj* oblongo
obnoxious [əbˈnɑkʃəs] *adj* detestable, ofensivo
oboe [ˈobo] *s* oboe *m*
oboist [ˈobo•ɪst] *s* oboísta *mf*
obs. *abbr* **obsolete**
obscene [abˈsin] *adj* obsceno
obsceni•ty [abˈsɛnɪti] o [abˈsinɪti] *s* (*pl* -ties) obscenidad
obscure [əbˈskjʊr] *adj* obscuro; (*vowel*) relajado, neutro
obscuri•ty [əbˈskjʊrɪti] *s* (*pl* -ties) obscuridad
obsequies [ˈabsɪkwɪz] *spl* exequias
obsequious [əbˈsikwɪ•əs] *adj* obsequioso, servil, rastrero
observance [əbˈzʌrvəns] *s* observancia; ceremonia, rito
observant [əbˈzʌrvənt] *adj* observador
observation [,abzərˈveʃən] *s* observación; observancia
observato•ry [əbˈzʌrvə,tori] *s* (*pl* -ries) observatorio
observe [əbˈzʌrv] *tr* observar; (*a holiday; silence*) guardar
observer [əbˈzʌrvər] *s* observador *m*
obsess [əbˈsɛs] *tr* obsesionar
obsession [əbˈsɛʃən] *s* obsesión
obsolescent [,absəˈlɛsənt] *adj* arcaizante

obsolete [ˈabsə,lit] *adj* desusado, caído en desuso; obsoleto
obstacle [ˈabstəkəl] *s* obstáculo
obstetrical [abˈstɛtrɪkəl] *adj* obstétrico
obstetrics [abˈstɛtrɪks] *ssg* obstetricia
obstina•cy [ˈabstɪnəsi] *s* (*pl* -cies) obstinación
obstinate [ˈabstɪnɪt] *adj* obstinado
obstruct [abˈstrʌkt] *tr* obstruir; obstruccionar
obstruction [əbˈstrʌkʃən] *s* obstrucción
obtain [əbˈten] *tr* obtener ‖ *intr* existir, prevalecer
obtrusive [əbˈtrusɪv] *adj* entremetido, intruso
obtuse [əbˈtjus] o [əbˈtus] *adj* obtuso
obviate [ˈabvɪ,et] *tr* obviar
obvious [ˈabvɪ•əs] *adj* obvio
occasion [əˈkeʒən] *s* ocasión; **to improve the occasion** aprovechar la ocasión
occasional [əˈkeʒənəl] *adj* raro, poco frecuente; alguno que otro; de circunstancia
occasionally [əˈkeʒənəli] *adv* ocasionalmente, de vez en cuando
occident [ˈaksɪdənt] *s* occidente *m*
occidental [,aksɪˈdɛntəl] *adj* occidental
occlusive [əˈklusɪv] *adj* oclusivo ‖ *s* oclusiva
occult [əˈkʌlt] o [ˈakʌlt] *adj* oculto
occupancy [ˈakjepənsi] *s* ocupación
occupant [ˈakjepənt] *s* ocupante *mf*; inquilino
occupation [,akjəˈpeʃən] *s* ocupación
occupational therapy *s* terapia vocacional
occu•py [ˈakjə,paɪ] *v* (*pret & pp* -pied) *tr* ocupar; habitar
oc•cur [əˈkʌr] *v* (*pret & pp* -curred; *ger* -curring) *intr* ocurrir, acontecer, suceder; encontrarse; (*to come to mind*) ocurrir
occurrence [əˈkʌrəns] *s* acontecimiento; caso, aparición
ocean [ˈoʃən] *s* océano
o'cean-go'ing *adj* transoceánico
oceanic [,oʃɪˈænɪk] *adj* oceánico
ocean liner *s* buque transoceánico
o'clock [əˈklak] *adv* por el reloj; **it is one o'clock** es la una; **it is two o'clock** son las dos; **what o'clock is it?** ¿qué hora es?
Oct. *abbr* **October**
octave [ˈaktɪv] o [ˈaktev] *s* octava
October [akˈtobər] *s* octubre *m*
octo•pus [ˈaktəpəs] *s* (*pl* -puses o -pi [,paɪ]) pulpo
octoroon [,aktəˈrun] *s* octavo
ocular [ˈakjələr] *adj & s* ocular *m*
oculist [ˈakjəlɪst] *s* oculista *mf*
O.D. *abbr* **officer of the day, olive drab, overdose**
odd [ad] *adj* suelto; (*number*) impr; (*that doesn't match*) dispar; libre, de ocio; sobrante; extraño, raro, singular; y pico, y tantos, p.ej., **two hundred odd** doscientos y pico ‖ **odds** *ssg* o *spl* (*in betting*) ventaja; apuesta desigual; puntos de ventaja; **at odds** de monos, riñendo; **by all odds** muy probablemente, sin duda alguna; **it makes no odds** lo mismo da; **the odds are** lo probable es; la ventaja es de; **to be at odds** estar de punta, estar encontrados; **to set at odds** enemistar, malquistar

odd'ball' adj & s excéntrico; disente
oddi•ty ['adɪti] s (pl **-ties**) rareza, cosa rara
odd jobs spl pequeñas tareas
odd lot s lote m inferior al centenar
odds and ends spl pedacitos varios, cajón m
  de sastre
ode [od] s oda
odious ['odɪ•əs] adj odioso, abominable
odor ['odər] s olor m; **to be in bad odor**
  tener mala fama
odorless ['odərlɪs] adj inodoro
odorous ['odərəs] adj oloroso
Odysseus [o'dɪsjus] u [o'dɪsɪ•əs] s Odiseo
Odyssey ['adɪsi] s Odisea
Oedipus ['ɛdɪpəs] o ['idɪpəs] s Edipo
oenology [i'nalədʒi] s enotecnia
of [ɑv] o [əv] prep de, p.ej., **the top of the
  mountain** la cima de la montaña; a: **to
  smell of** oler a; con: **to dream of** soñar
  con; en: **to think of** pensar en; menos: **a
  quarter of two** las dos menos un cuarto
off. abbr **office, officer, official**
off [ɔf] o [ɑf] adj malo, p.ej., **off day** día,
  malo; (account, sum) errado; más distante;
  libre; sin trabajo; quitado; apagado; (electric current) cortado; de descuento, de
  rebaja; de la parte del mar; (season) muerto
  ‖ adv fuera, a distancia, lejos, allá; **off of**
  (coll) de; (coll) a expensas de; **to be off**
  ponerse en marcha ‖ prep de, desde, al
  lado de, a nivel de; fuera de; libre de;
  (naut) a la altura de ‖ tr (slang) matar,
  asesinar
offal ['ɑfəl] u ['ɔfəl] s (of butchered meat)
  carniza; basura, desperdicios
off and on adv unas veces sí y otras no
off'beat' adj (slang) insólito, chocante, original
off'chance' s posibilidad poco probable
off'-col'or adj descolorido; indispuesto; (indecent, risqué) colorado, subido de color
offend [ə'fɛnd] tr & intr ofender
offender [ə'fɛndər] s ofensor m
offense [ə'fɛns] s ofensa; **to take offense (at)**
  ofenderse (de)
offensive [ə'fɛnsɪv] adj ofensivo ‖ f ofensiva
offer ['ɔfər] o ['ɑfər] s ofrecimiento, oferta ‖
  tr ofrecer; rezar (oraciones); oponer (resistencia)
offering ['ɔfərɪŋ] o ['ɑfərɪŋ] s ofrecimiento;
  (gift, present) oferta; (presentation in worship) ofrenda
off'hand' adj hecho de improviso; brusco,
  desenvuelto ‖ adv de improviso, súbitamente; bruscamente
office ['ɔfɪs] o ['ɑfɪs] s oficina, despacho;
  función, oficio; cargo, ministerio; (of a
  lawyer) bufete m; (of a doctor) consultorio
office boy s mandadero
office desk s escritorio ministro
of'fice•hold'er s funcionario, burócrata m
office hours spl horas de oficina; (of a doctor) horas de consulta
officer ['ɔfɪsər] o ['ɑfɪsər] s jefe m, director
  m; (of army, an order, a society, etc.)
  oficial m; agente m de policía

office seeker ['sikər] s aspirante m, pretendiente m
office supplies spl suministros para oficinas
official [ə'fɪʃəl] adj oficial ‖ s jefe m, director
  m; (of a society) dignatario
officiate [ə'fɪʃɪ,et] intr oficiar
officious [ə'fɪʃəs] adj oficioso
off'-peak' adj (hours, stop, etc.) de valle; de
  menor tránsito
off-peak heater s (elec) termos m de acumulación
off-peak load s (elec) carga de las horas de
  valle
off'print' s sobretiro
off'set' s compensación; (typ) offset m ‖
  off'set' v (pret & pp **-set**; ger **-setting**) tr
  compensar; imprimir por offset
off'shoot' s (of plant) retoño, renuevo; (of a
  family or race) descendiente mf; (branch)
  ramal m; consecuencia
off'shore' adj (wind) terral; (fishing) de bajura; (said of islands) costero; **offshore
  drilling rig** barca perforador ‖ adv a lo
  largo
off'spring' s descendencia, sucesión; hijo,
  hijos
off'-stage' adj de entre bastidores
off'-the-rec'ord adj extraoficial, confidencial
often ['ɔfən] o [ɑfən] adv a menudo, muchas
  veces; **how often?** ¿cuántas veces?; **not
  often** pocas veces
ogive ['odʒaɪv] u [o'dʒaɪv] s ojiva
ogle ['ogəl] tr & intr ojear; mirar amorosa-
  mente
ogre ['ogər] s ogro
ohm [om] s ohmio
oil [ɔɪl] adj (burner; field; well) de petróleo;
  (pump; stove) de aceite; (company, tanker)
  petrolero; (land) petrolífero ‖ s aceite m;
  (consecrated oil; painting) óleo; **to burn
  the midnight oil** quemarse las cejas; **to
  pour oil on troubled waters** mojar la
  pólvora; **to strike oil** encontrar una capa de
  petróleo; (fig) enriquecerse de súbito ‖ tr
  aceitar; lubricar; lisonjear; (to bribe) untar
  ‖ intr proveerse de petróleo (un buque)
oil'can' s aceitera
oil'cloth' s encerado, hule m
oil field s yacimiento de petróleo
oil gauge indicador m del nivel de aceite
oil pan s colector m de aceite
oil shortage s carestía (or escasez f) de
  petróleo
oil tanker s petrolero
oil•y ['ɔɪli] adj (comp **-ier**; super **-iest**) aceitoso; liso, resbaladizo; zalamero
ointment ['ɔɪntmənt] s ungüento
O.K. ['o'ke] adj (coll) aprobado, conforme ‖
  adv (coll) muy bien, está bien ‖ s (coll)
  aprobación ‖ v (pret & pp **O.K.'d**; ger
  O.K.'ing) tr (coll) aprobar
okra ['okrə] s quingombó m
old [old] adj viejo; antiguo; (wine) añejo;
  how old is? ¿cuántos años
  tiene . . . ?; **of old** de antaño, antiguamente; **to be . . . years old** tener . . . años

old age s ancianidad, vejez *f;* **to die of old age** morir de viejo

old boy s viejo; graduado; **the Old Boy** (slang) el diablo

Old Castile s Castilla la Vieja

old-clothes•man [ˈoldˈkloðz,mæn] s (*pl* **-men** [mɛn]) ropavejero

old country s madre patria

old-fashioned [ˈoldˈfæʃənd] *adj* chapado a la antigua; anticuado, fuera de moda

old fo•gey u **old fo•gy** [ˈfogi] s (*pl* **-gies**) persona un poco ridícula por sus ideas o costumbres atrasadas

Old Glory s la bandera de los Estados Unidos

Old Guard s (U.S.A.) bando conservador del partido republicano

old hand s practicón *m,* veterano

old maid s solterona

old master s (paint) gran maestro; obra de un gran maestro

old moon s luna menguante

old salt s lobo de mar

old school s gente chapada a la antigua

old′-time′ *adj* del tiempo viejo

old-timer [ˈoldˈtaɪmər] s (coll) antiguo residente, veterano; (coll) persona chapada a la antigua

old wives' tale s cuento de viejas

old′-world′ *adj* del Viejo Mundo

oleander [,oliˈændər] s adelfa

oligar•chy [ˈalɪ,garki] s (*pl* **-chies**) oligarquía

olive [ˈalɪv] *adj* aceitunado ‖ s aceituna

olive branch s ramo de olivo; (*peace*) oliva; hijo, vástago

olive grove s olivar *m*

olive oil s aceite *m, aceite de oliva*

olive tree s aceituno, olivo

Olympiad [oˈlɪmpɪ,æd] s Olimpíada

Olympian [oˈlɪmpɪ•ən] *adj* olímpico ‖ s dios griego

Olympic [oˈlɪmpɪk] *adj* olímpico

omelet u **omelette** [ˈaməlɪt] o [ˈamlɪt] s tortilla (de huevos)

omen [ˈomən] s agüero

ominous [ˈamɪnəs] *adj* ominoso

omission [oˈmɪʃən] s omisión

omit [oˈmɪt] v (*pret & pp* **omitted;** *ger* **omitting**) *tr* omitir

omnibus [ˈamnɪ,bʌs] o [ˈamnɪbəs] *adj* general; (*volume*) colecticio ‖ s ómnibus *m*

omnipotent [amˈnɪpətənt] *adj* omnipotente

omniscient [amˈnɪʃənt] *adj* omnisciente

omnivorous [amˈnɪvərəs] *adj* omnívoro

on [an] u [ɔn] *adj* puesto, p.ej., **with his hat on** con el sombrero puesto; principiando; en funcionamiento; encendido; conectado; **the deal is on** ya está concertado el trato; **the game is on** ya están jugando; **the race is on** allá van los corredores; **what is on at the theater this evening?** ¿qué representan esta noche? ‖ *adv* adelante; encima; **and so on** y así sucesivamente; **come on!** ¡anda, anda!; **farther on** más allá, más adelante; **later on** más tarde, después; **to be on to a person** (coll) conocerle a uno el juego; **to have on** tener puesto; **to . . . on** seguir + *ger,* **he played on** siguió to-

cando ‖ *prep* en, sobre, encima de; a, p.ej., **on foot** a pie; **on my arrival** a mi llegada; bajo, p.ej., **on my responsibility** bajo mi responsabilidad; contra, p.ej., **an attack on liberty** un ataque contra la libertad; de, p.ej., **on good authority** de buena tinta; **on a journey** de viaje; hacia, p.ej., **to march on the capital** marchar hacia la capital; por, p.ej., **on all sides** por todos lados; tras, p.ej., **defeat on defeat** derrota tras derrota; **on** + *ger* al + *inf,* p.ej., **on arriving** al llegar

on and on *adv* continuamente, sin cesar, sin parar

on′-board′ computer s ordenador de viaje

once [wʌns] *adv* una vez; antes, p.ej., **once so happy** antes tan feliz; alguna vez, p.ej., **if this once becomes known** si esto llega a saberse alguna vez; **all at once** de súbito, de repente; **at once** en seguida; a la vez en el mismo momento; **for once** una vez por lo menos; **once and again** repetidas veces; **once in a blue moon** cada muerte de obispo; **once in a while** de vez en cuando; luego; **once more** otra vez; una vez más; **once upon a time there was** érase una vez, érase que se era ‖ *conj* una vez que ‖ s una vez; vez, p.ej., **this once** esta vez

once′-o′ver s (slang) examen rápido; **to give a thing the once-over** (coll) examinar una cosa superficialmente

oncology [aŋˈkalədʒi] s oncología

one [wʌn] *adj* un, uno; un tal, p.ej., **one Smith** un tal Smith; único, p.ej., **one price** precio único ‖ *pron* uno, p.ej., **one does not know what to do here** uno no sabe qué hacer aquí; se, p.ej., **how does one go to the station?** ¿cómo se va a la estación?; **I for one** yo por lo menos; **it's all one and the same to me** me es igual; **my little one** mi chiquito; **of one another** el uno del otro, los unos de los otros, p.ej., **we took leave of one another** nos despedimos el uno del otro; **one and all** todos; **one another** se, p.ej., **they greeted one another** se saludaron; uno a otro, unos a otros, p.ej., **they looked at one another** se miraron uno a otro; **one by one** uno a uno; **one o'clock** la una; **one or two** unos pocos; **one's** su, el . . . de uno; **the blue book and the red one** el libro azul y el rojo; **the one and only** el único; **the one that** el que, la que; **this one** éste; **that one** ése, aquél; **to make one** unir; casar ‖ s uno

one′-fam′i•ly house s vivienda unifamiliar

one′-horse′ *adj* de un solo caballo, tirado por un solo caballo; (coll) insignificante, de poca monta

onerous [ˈanərəs] *adj* oneroso

one′self′ *pron* uno mismo; sí, sí mismo; se; **to be oneself** tener dominio de sí mismo; conducirse con naturalidad

one-sided [ˈwʌnˈsaɪdɪd] *adj* de un solo lado; injusto, parcial; desigual; unilateral

one′-track′ *adj* de carril único; (coll) con un solo interés

one'-way' *adj* de una solo dirección, de dirección única; (*ticket*) sencillo, de ida

onion [ʌnjən] *s* cebolla

on'ion•skin' *s* papel *m* de seda, papel cebolla

on'look'er *s* mirón *m*, espectador *m*

only [ʻonlɪ] *adj* solo, único ‖ *adv* solamente, sólo, únicamente; no . . . más que; **not only . . . but also** no sólo . . . sino también ‖ *conj* sólo que, pero

onomatopoeic [,anə,mætəʻpi•ɪk] *adj* onomatopéyico

on'set' *s* arremetida, embestida; (*of an illness*) principio

onward [ʻanwərd] u **onwards** [ʻanwərdz] *adv* adelante, hacia adelante

onyx [ʻanɪks] *s* ónice *m* u ónix *m*

ooze [uz] *s* chorro suave; cieno; limo, lama ‖ *tr* rezumar ‖ *intr* rezumar, rezumarse; manar suavemente (*p.ej., la sangre de una herida*); agotarse poco a poco

op. *abbr* **opera, operation, opus, opposite**

opal [ʻopəl] *s* ópalo

opaque [oʻpek] *adj* opaco; (*writer's style*) obscuro; estúpido

open [ʻopən] *adj* abierto; descubierto, destapado; sin tejado; vacante; (*hour*) libre; discutible, pendiente; (*hand*) liberal; (*hunting season*) legal; **to break** o **to crack open** abrir con violencia, abrir por la fuerza; **to throw open** abrir de par en par ‖ *s* abertura; (*in the woods*) claro; **in the open** al aire libre; a campo raso; en alta mar; abiertamente ‖ *tr* abrir; desbullar (*una ostra*) ‖ *intr* abrir; abrirse; estrenarse (*un drama*); **to open into** desembocar en; **to open on** dar a; **to open up** descubrirse; descubrir el pecho

o'pen-air' *adj* al aire libre, a cielo abierto

open-eyed [ʻopən,aɪd] *adj* alerta, vigilante; con ojos asombrados; hecho con los ojos abiertos

open-handed [ʻopən'hændɪd] *adj* maniabierto, liberal

open-hearted (opən'hartɪd) *adj* franco, sincero

open house *s* coliche *m*; **to keep open house** recibir a todos, gustar de tener siempre convidados en casa

opening [ʻopənɪŋ] *s* abertura; (*of, e.g., school*) apertura; (*in the woods*) claro; (*vacancy*) hueco, vacante *f*; (*chance to say something*) ocasión

opening night *s* noche *f* de estreno

opening number *s* primer número

opening price *s* primer curso, precio de apertura

open-minded [ʻopən'maɪndɪd] *adj* receptivo, razonable, imparcial

open secret *s* secreto a voces

open shop *s* taller franco

o'pen-work' *s* calado

opera [ʻapərə] *s* ópera

opera glasses *spl* gemelos de teatro

opera hat *s* clac *m*, sombrero de muelles

opera house *s* teatro de la ópera

operate [ʻapə,ret] *tr* hacer funcionar; dirigir; manejar; explotar ‖ *intr* funcionar; operar;

to operate on operar (*p.ej., una hernia; a un niño*)

operatic [,apəʻrætɪk] *adj* operístico

operating expenses *spl* gastos de explotación

operating room *s* quirófano

operating table *s* mesa operatoria

operation [,apəʻreʃən] *s* operación; funcionamiento; explotación

operator [ʻapə,retər] *s* operador *m*, maquinista *m*; (com) empresario; (coll) corredor *m* de bolsa; (surg, telp) operador *m*

operetta [,apəʻrɛtə] *s* opereta

opiate [ʻopɪ•ɪt] u [ʻop,et] *adj & s* opiato

opinion [əʻpɪnjən] *s* opinión; **in my opinion** a mi parecer; **to have a high opinion of** tener buen concepto de

opinionated [əʻpɪnjə,netɪd] *adj* porfiado en su parecer, dogmático

opinion poll *s* encuesta demoscópica

opium [ʻopɪ•əm] *s* opio

opium den *s* fumadero de opio

opossum [əʻpasəm] *s* zarigüeya

opponent [əʻponənt] *s* contrario

opportune [,apərʻtjun] *adj* oportuno

opportunist [,apərʻtjunɪst] *s* oportunista *mf*; maromero

opportuni•ty [,apərʻtjunɪti] *s* (*pl* -**ties**) oportunidad, ocasión

oppose [əʻpoz] *tr* oponerse a

opposite [ʻapəsɪt] *adj* opuesto; de enfrente, p.ej., **the house opposite** la casa de enfrente ‖ *prep* enfrente de ‖ *s* contrario

opposite number *s* igual *mf*, doble *mf*

opposition [,apəʻzɪʃən] *s* oposición

oppress [əʻprɛs] *tr* oprimir

oppression [əʻprɛʃən] *s* opresión

oppressive [əʻprɛsɪv] *adj* opresivo; sofocante, bochornoso

opprobrious [əʻprobrɪ•əs] *adj* oprobioso

opprobrium [əʻprobrɪ•əm] *s* oprobio

optic [ʻaptɪk] *adj* óptico ‖ *s* (coll) ojo; **optics** *ssg* óptica

optical [ʻaptɪkəl] *adj* óptico

optician [apʻtɪʃən] *s* óptico

optimism [ʻaptɪ,mɪzəm] *s* optimismo

optimist [ʻaptɪmɪst] *s* optimista *mf*

optimistic [,aptɪʻmɪstɪk] *adj* optimístico

optimize [ʻaptɪ,maɪz] *tr* mejorar en todo lo posible

option [ʻapʃən] *s* opción

optional [ʻapʃənəl] *adj* facultativo, potestativo

optometrist [apʻtamɪtrɪst] *s* optometrista *mf*

opulent [ʻapjələnt] *adj* opulento

or [ɔr] *conj* o, u

oracle [ʻarəkəl] u [ʻɔrəkəl] *s* oráculo

oracular [oʻrækjələr] *adj* sentencioso; ambiguo, misterioso; fatídico; sabio

oral [ʻorəl] *adj* oral

orange [ʻarɪndʒ] u [ʻɔrɪndʒ] *adj* anaranjado ‖ *s* naranja

orangeade [,arɪndʒʻed] u [,ɔrɪndʒʻed] *s* naranjada

orange blossom *s* azahar *m*

orange grove *s* naranjal *m*

orange juice *s* zumo de naranja

orange squeezer *s* exprimidera de naranjas

ol
or

orange tree s naranjo
orang-outang [o'ræŋʊ,tæŋ] s orangután m
oration [o're∫ən] s oración, discurso
orator ['ɑrətər] u ['ɔrətər] s orador m
oratorical [,ɔrə'tɔrɪkəl] adj oratorio
oratori•o [,ɔrə'tɔrɪ,o] s (pl -os) oratorio
orato•ry ['ɔrə,tori] s (pl -ries) (art of public speaking) oratoria; (small chapel) oratorio
orb [ɔrb] s orbe m
orbit ['ɔrbɪt] s órbita; **to go into orbit** entrar en órbita ‖ tr poner en órbita; moverse en órbita alrededor de ‖ intr moverse enorbita
orbiter ['ɔrbɪtər] s satélite m (artificial)
orchard ['ɔrt∫ərd] s huerto
orchestra ['ɔkɪstrə] s orquesta; (parquet) platea
orchestrate ['ɔrkɪs,tret] tr orquestar
orchid ['ɔrkɪd] s orquídea
ordain [ɔr'den] tr (eccl) ordenar; destinar; mandar
ordeal [ɔr'dil] u [ɔr'di•əl] s prueba rigurosa o penosa; (hist) juicio de Dios
order ['ɔrdər] s (way one thing follows another; formal or methodical arrangement; peace, quiet; class, category) orden m; (command; honor society; monastic brotherhood; fraternal organization) orden f; tarea, p.ej., **a big order** una tarea peliaguda; (com) pedido; (com) giro, libranza; (formation) (mil) orden lm; (command) (mil) orden f; **in order that** para que, a fin de que; **in order to** + inf para + inf, a fin de + inf; **to get out of order** descomponerse; **to give an order** dar una orden; (com) hacer un pedido ‖ tr ordenar; mandar; encargar, pedir; mandar hacer; **to order around** ser muy mandón con; **to order someone away** mandar a uno que se marche
order blank s hoja de pedidos
order•ly ['ɔrdərli] adj ordenado, gobernoso; tranquilo, obediente ‖ s (pl -lies) asistente m en un hospital; (mil) ordenanza m
ordinal ['ɔrdɪnəl] adj & s ordinal m
ordinance ['ɔrdɪnəns] s ordenanza
ordinary ['ɔrdɪ,nɛri] adj ordinario
ordnance ['ɔrdnəns] s artillería, cañones mpl; pertrechos de guerra
ore [or] s mena, mineral metalífero
organ ['ɔrgən] s órgano
organ•dy ['ɔrgəndi] s (pl -dies) organdí m
or'gan-grind'er s organillero
organic [ɔr'gænɪk] adj orgánico
organism ['ɔrgə,nɪzəm] s organismo
organist ['ɔrgənɪst] s organista mf
organize ['ɔrgə,naɪz] tr organizar
organ loft s tribuna del órgano
orgasm ['ɔrgæzəm] s orgasmo
orgiastic [,ɔrdʒi'æstɪk] adj orgiástico
or•gy ['ɔrdʒi] s (pl -gies) orgía
orient ['ori•ənt] s oriente m ‖ **Orient** s oriente ‖ **orient** ['ori,ɛnt] tr orientar
oriental [,ori'ɛntəl] adj oriental
orifice ['ɔrɪfɪs] s orificio
origin ['ɔrɪdʒɪn] s origen m
original [ə'rɪdʒɪnəl] adj & s original m

originate [ə'rɪdʒɪ,net] tr originar ‖ intr originarse
oriole ['ori,ol] s oropéndola
Orkney Islands ['ɔrkni] spl Órcadas
ormolu ['ɔrmə,lu] s (gold powder used in gilding) oro molido; (alloy of zinc and copper) similor m; bronce dorado
ornament ['ɔrnəmənt] s ornamento ‖ ['ɔrnə,mɛnt] tr ornamentar
ornate [ɔr'net] u ['ɔrnet] adj muy ornado; (style) florido
orphan ['ɔrfən] adj & s huérfano ‖ tr dejar huérfano
orphanage ['ɔrfənɪdʒ] s (institution) orfanato; órfelinato (SAm); (state, condition) orfandad
orphan asylum s asilo de huérfanos
Orpheus ['ɔrfjus] u ['ɔrfɪ•əs] s Orfeo
orthodontic appliance [,ɔrθə'dɑntɪk] s aparato de ortodoncia
orthodontics [,ɔrθə'dɑntɪks] s ortodoncia
orthodox ['ɔrθə,dɑks] adj ortodoxo
orthogra•phy [ɔr'θɑgrəfi] s (pl -phies) ortografía
oscillate ['ɑsɪ,let] intr oscilar
osier ['oʒər] s mimbre m & f; sauce mimbrero
ossi•fy ['ɑsɪ,faɪ] v (pret & pp -fied) tr osificar ‖ intr osificarse
ostensible [ɑs'tɛnsɪbəl] adj aparente, pretendido, supuesto
ostentatious [,ɑstɛn'te∫əs] adj (pretentious) ostentativo; (showy) ostentoso
osteopath ['ɑstɪ•ə,pæθ] s osteópata mf
osteopathy [,ɑstɪ'ɑpəθi] s osteopatía
ostracism ['ɑstrə,sɪzəm] s ostracismo
ostrich ['ɑstrɪt∫] s avestruz m
O.T. abbr **Old Testament**
other ['ʌðər] adj & pron indef otro ‖ adv— **other than** de otra manera que
otherwise ['ʌðər,waɪz] adv otramente, de otra manera; en otras circunstancias; fuera de eso; si no, de otro modo
otherworldly ['ʌðər,wʌrldli] adj extraterrestre
otter ['ɑtər] s nutria
ottoman ['ɑtəmən] s (corded fabric) otomán m; (sofa) otomana; escañuelo con cojín ‖ **Ottoman** adj & s otomano
ouch [aʊt∫] interj ¡ax!
ought [ɔt] s alguna cosa; cero; **for ought I know** por lo que yo sepa ‖ v aux se emplea para formar el modo potencial, p.ej., **he ought to go at once** debiera salir en seguida
ounce [aʊns] s onza
our [aʊr] adj poss nuestro
ours [aʊrz] pron poss el nuestro; nuestro
ourselves [aʊr'sɛlvz] pron pers nosotros mismos; nos, p.ej., **we enjoyed ourselves** nos divertimos
oust [aʊst] tr echar fuera, desposeer; desahuciar (al inquilino)
out [aʊt] adj ausente; apagado; exterior; divulgado; publicado; (size) poco común ‖ adv afuera, fuera; al aire libre; hasta el fin; **out for** buscando; **out of** de; entre; de

entre; fuera de; más allá de; (*kindness, fear, etc.*) por; (*money*) sin; (*a suit of cards*) fallo a; sobre, p.ej., **in nine out of ten cases** en nueve casos sobre diez; **out to** + *inf* esforzándose por + *inf* ‖ *prep* por; allá en ‖ *interj* ¡fuera de aquí! ‖ *s* cesante *mf;* **to be at outs** u **on the outs** estar de monos

out and away *adv* con mucho

out'-and-out' *adj* perfecto, verdadero, rematado ‖ *adv* completamente

out'-and-out'er *s* intransigente *mf;* extremista *mf*

out•bid' *v* (*pret* **-bid;** *pp* **-bid** o **-bidden;** *ger* **-bidding**) *tr* pujar más que (*otra persona*); (bridge) sobrepasar

out'board' motor *s* motor *m* fuera de borda, fuera-bordo *m*

out'break' *s* tumulto, motín *m;* (*of anger*) arranque *m;* (*of war*) estallido; (*of an epidemic*) brote *m*

out'build'ing *s* dependencia, edificio accesorio

out'burst' *s* explosión, arranque *m;* **outburst of laughter** carcajada

out'cast' *s* proscripto, paria *mf;* vagabundo

out'come' *s* resultado

out'cry' *s* (*pl* **-cries**) grito; gritería, clamoreo

out•dat'ed *adj* fuera de moda, anticuado

out•do' *v* (**-did;** *pp* **-done**) *tr* exceder; **to outdo oneself** excederse a sí mismo

out'door' *adj* al aire libre

out'doors' *adv* al aire libre, fuera de casa ‖ *s* aire *m* libre, campo raso

outer space [ˈaʊtər] *s* espacio exterior

out'field' *s* (baseball) jardín *m*

out'field'er *s* (baseball) jardinero

out'fit' *s* equipo; traje *m;* juego de herramientas; (*of soldiers*) cuerpo; (*of a bride*) ajuar *m;* (com) compañía ‖ *v* (*pret & pp* **-fitted;** *ger* **-fitting**) *tr* equipar

out'go'ing *adj* de salida; cesante; (*tide*) descendente; (*nature, character*) exteriorista ‖ *s* salida

out•grow' *v* (*pret* **-grew;** *pp* **-grown**) *tr* crecer más que; ser ya grande para; ser ya viejo para; ser ya más apto que; dejar (*las cosas de los niños; a los amigos de la niñez, etc.*) ‖ *intr* extenderse

out'growth' *s* excrecencia, bulto; (*of leaves in springtime*) nacimiento; consecuencia, resultado

outing [ˈaʊtɪŋ] *s* jira, excursión al campo

outlandish [aʊtˈlændɪʃ] *adj* estrafalario; de aspecto extranjero; de acento extranjero

out•last' *tr* durar más que; sobrevivir a

out'law' *s* forajido, bandido; prófugo, proscrito ‖ *tr* proscribir; declarar ilegal

out'lay' *s* desembolso ‖ **out•lay'** *v* (*pret & pp* **-laid**) *tr* desembolsar

out'let' *s* salida; desaguadero; orificio de salida; (elec) caja de enchufe; (*tap*) (elec) toma de corriente *m*

out'line' *s* contorno; trazado; esquema *m;* esbozo, bosquejo; compendio ‖ *tr* contornar; trazar; trazar el esquema de; esbozar, bosquejar; compendiar

out•live' *tr* sobrevivir a; durar más que

out'look' *s* perspectiva; expectativa; concepto de la vida, punto de vista; atalaya

out'ly'ing *adj* remoto, circundante, de las afueras

out•mod'ed *adj* fuera de moda

out•num'ber *tr* exceder en número, ser más numeroso que

out'-of-date' *adj* fuera de moda, anticuado

out'-of-door' *adj* al aire libre

out'-of-doors' *adj* al aire libre ‖ *adv* al aire libre, fuera de casa ‖ *s* aire *m* libre, campo raso

out'-of-print' *adj* agotado

out'-of-the-way' *adj* apartado, remoto; poco usual, poco común

out of tune *adj* desafinado ‖ *adv* desafinadamente

out of work *adj* desempleado, sin trabajo

out'pa'tient *s* paciente *mf* de consulta externa

out'post' *s* avanzada

out'put' *s* rendimiento; (elec) salida; (mech) rendimiento de trabajo, efecto útil

out'rage *s* atrocidad; ultraje *m* ‖ *tr* maltratar; ultrajar; escandalizar

outrageous [aʊtˈredʒəs] *adj* (*grossly offensive*) ultrajoso, (*shocking, fierce*) atroz; (*extreme*) extravagante

out•rank' *tr* exceder en rango o grado

out'rid'er *s* carrerista *m;* (Brit) viajante *m* de comercio

out'right' *adj* cabal, completo; franco, sincero ‖ *adv* enteramente; de una vez; sin rodeos; en seguida

out'run'ner *s* volante *m* (*criado*)

out'set' *s* principio

out'side' *adj* exterior; superficial; ajeno; (*price*) (el) máximo ‖ *adv* fuera, afuera; **outside of** fuera de ‖ *prep* fuera de; más allá de; (coll) a excepción de ‖ *s* exterior *m;* superficie *f;* apariencia

outsider [ˌaʊtˈsaɪdər] *s* forastero; intruso

out'skirts' *spl* afueras

out'spo'ken *adj* boquifresco, franco

out•stand'ing *adj* sobresaliente, prominente; sin pagar, sin cobrar

outward [ˈaʊtwərd] *adj* exterior; superficial ‖ *adv* exteriormente, hacia fuera

out•weigh' *tr* pesar más que; contrapesar, compensar

out•wit' *v* (*pret & pp* **-witted;** *ger* **-witting**) *tr* burlar, ser más listo que; despistar (*al perseguidor*)

oval [ˈovəl] *adj* oval ‖ *s* óvalo

ova•ry [ˈovəri] *s* (*pl* **-ries**) ovario

ovation [oˈveʃən] *s* ovación

oven [ˈʌvən] *s* horno

over [ˈovər] *adj* acabado, concluído; superior; adicional; excesivo ‖ *adv* encima; al otro lado, a la otra orilla; hacia abajo; al revés; patas arriba; otra vez, de nuevo; de añadidura; (*at the bottom of a page*) a la vuelta; acá, p.ej., **hand over the money** déme acá el dinero; **over again** una vez más; **over against** enfrente de; a distinción de; en contraste con; **over and over** repetidas veces; **over here** acá; **over in** allá en; **over there** allá ǁ *prep* sobre, encima de, por encima de; por; de un extremo a otro de; al otro lado de; más allá de; desde; (*a certain number*) más de; acerca de; por causa de; durante; **over and above** además de, en exceso de

o'ver·all' *adj* cabal, completo; extremo, total ǁ **overalls** *spl* pantalones *mf* de trabajo; overol *m*

o'ver·bear'ing *adj* altanero, imperioso

o'ver·board' *adv* al agua; **man overboard!** ¡hombre al agua!; **to throw overboard** arrojar, echar o tirar por la borda

o'ver·cast' *adj* encapotado, nublado ǁ *s* cielo encapotado ǁ *v* (*pret & pp* -**cast**) *tr* nublar

o'ver·charge' *s* cargo excesivo; recargo de precio; sobrecarga; (elec) carga excesiva ǁ o'ver·charge' *tr* hacer pagar más del valor, cobrar demasiado a; cargar (*p.ej., 50 pesetas*) de más; (elec) poner una carga excesiva a

o'ver·coat' *s* abrigo, gabán *m*, sobretodo

o'ver·come' *v* (*pret* -**came**; *pp* -**come**) *tr* vencer; rendir; superar (*dificultades*)

o'ver·crowd' *tr* atestar, apiñar; poblar con exceso

o'ver·do' *v* (*pret* -**did**; *pp* -**done**) *tr* exagerar; agobiar; asurar, requemar ǁ *intr* cansarse mucho, excederse en el trabajo

o'ver·dose' *s* sobredosis *f*, dosis excesiva ǁ *intr* tomar una dosis excesiva

o'ver·draft' *s* sobregiro, giro en descubierto

o'ver·draw' *v* (*pret* -**drew**; *pp* -**drawn**) *tr & intr* sobregirar

o'ver·due' *adj* atrasado; vencido y no pagado

o'ver·eat' *v* (*pret* -**ate**; *pp* -**eaten**) *tr & intr* comer con exceso

o'ver·es'ti·mate *tr* sobreestimar

o'ver·exer'tion *s* esfuerzo excesivo

o'ver·ex'ploi·ta'tion *s* (*of resources*) explotación abusiva

o'ver·expose' *tr* sobreexponer

o'ver·expo'sure *s* sobreexposición

o'ver·flow' *s* desbordamiento, rebosamiento, derrame *m*; caño de reboso ǁ o'ver·flow' *intr* desbordar, rebosar

o'ver·fly' *v* (*pret* -**flew**; *pp* -**flown**) *tr* sobrevolar

o'ver·grown' *adj* demasiado grande para su edad; denso, frondoso

o'ver·hang' *v* (*pret & pp* -**hung**) *tr* sobresalir por encima de, estar pendiente o colgando sobre, salir fuera del nivel de; amenazar ǁ *intr* estar pendiente, estar colgando

o'ver·haul' *tr* examinar, registrar, revisar; ir alcanzando, alcanzar; componer, rehabilitar, reacondicionar

o'ver·head' *adj* de arriba; aéreo, elevado; general, de conjunto ǁ o'ver·head' *adv* por encima de la cabeza; arriba, en lo alto ǁ o'ver·head' *s* gastos generales

o'ver·hear *v* (*pret & pp* -**heard**) *tr* oír por casualidad; acertar a oír, alcanzar a oír

o'ver·heat *tr* recalentar ǁ *intr* recalentarse

overjoyed [,over'dʒɔɪd] *adj* lleno de alegría; **to be overjoyed** no caber de contento

o'ver·kill' *s* exceso de potencia; exceso de eficacia ǁ *intr* exceder lo necesario

overland ['ovər,lænd] u ['ovərlənd] *adj & adv* por tierra, por vía terrestre

o'ver·lap' *v* (*pret & pp* -**lapped**; *ger* -**lapping**) *tr* solapar, traslapar ǁ *intr* solapar, traslapar; traslaparse (*dos o más cosas*); suceder (*dos hechos*) en parte al mismo tiempo

o'ver·load' *s* sobrecarga ǁ o'ver·load' *tr* sobrecargar

o'ver·look' *tr* dominar con la vista; pasar por alto, no hacer caso de; perdonar, tolerar; espiar, vigilar; cuidar de, dirigir; dar a, p.ej., **the window overlooks the garden** la ventana da al jardín

o'ver·lord' *s* jefe supremo ǁ o'ver·lord' *tr* dominar despóticamente, imponerse a

overly ['ovərli] *adv* (coll). excesivamente, demasiado

o'ver·night' *adv* toda la noche; de la tarde a la mañana; **to stay overnight** pasar la noche

overnight bag *s* saco de noche

o'ver·pass' *s* viaducto

o'ver·pop'u·late' *tr* superpoblar

o'ver·pow'er *tr* dominar, supeditar, subyugar; colmar, dejar estupefacto

overpowering *adj* abrumador, arrollador, irresistible

o'ver·produc'tion *s* superproducción, sobreproducción

o'ver·rate' *tr* exagerar el valor de

o'ver·run' *v* (*pret* -**ran**; *pp* -**run**; *ger* -**running**) *tr* cubrir enteramente; infestar; exceder; **to overrun one's time** quedarse más de lo justo; hablar más de lo justo

o'ver·sea' u o'ver·seas' *adj* de ultramar ǁ o'ver·sea' u o'ver·seas' *adv* allende los mares, en ultramar

o'ver·seer' *s* director *m*, superintendente *mf*

o'ver·shad'ow *tr* sombrear; (fig) eclipsar

o'ver·shoe' *s* chanclo, zapato de goma

o'ver·shoot' *v* (*pret & pp* -**shot**) *tr* tirar por encima de o más allá de; **to overshoot oneself** pasarse de listo, excederse

o'ver·sight' *s* inadvertencia, descuido

o'ver·sleep' *v* (*pret & pp* -**slept**) *intr* dormir demasiado tarde

o'ver·step' *v* (*pret & pp* -**stepped**; *ger* -**stepping**) *tr* exceder, traspasar

o'ver·stock' *tr* abarrotar

o'ver·sup·ply' *s* (*pl* -**plies**) provisión excesiva ǁ o'ver·sup·ply' *v* (*pret* -**plied**) *tr* proveer en exceso

overt ['ovərt] u [o'vʌrt] *adj* abierto, manifiesto; premeditado

o'ver·take' *v* (*pret* -**took**; *pp* -**taken**) *tr* alcanzar; sobrepasar; sorprender; sobrevenir a

o'ver-the-count'er *adj* vendido directamente al comprador; vendido en tienda al por mayor

o'ver·throw' *s* derrocamiento; trastorno ǁ o'ver·throw' *v* (*pret* -**threw**; *pp* -**thrown**) *tr* derrocar; trastornar

o'ver•time' adj & adv en exceso de las horas regulares ‖ s horas extraordinarias de trabajo, horas extra

o'ver•trump s contrafallo ‖

o'ver•trump' tr & intr contrafallar

overture ['ovərtʃər] s insinuación, proposición; (mus) obertura

o'ver•turn' s vuelco; movimiento de mercancías ‖ o'ver•turn' tr volcar; trastornar; derrocar ‖ intr volcar; trastornarse

overweening [,ovər'winɪŋ] adj arrogante, presuntuoso

o'ver•weight' adj excesivamente gordo o grueso ‖ s sobrepeso; exceso de peso; peso de añadidura

overwhelm [,ovər'hwɛlm] tr abrumar; inundar; anonadar; (with favors, gifts, etc.) colmar

o'ver•work' s trabajo excesivo, exceso de trabajo; trabajo fuera de las horas regulares ‖ o'ver•work' tr hacer trabajar demasiado; oprimir con el trabajo ‖ intr trabajar demasiado

Ovid ['avɪd] s Ovidio

ovum ['ovəm] s óvulo

ow [au] interj ¡ax!

owe [o] tr deber, adeudar ‖ intr tener deudas

owing ['o•ɪŋ] adj adeudado; debido, pagadero; owing to debido a, por causa de

owl [aul] s buho, lechuza, mochuelo

own [on] adj propio, p.ej., **my own brother** mi propio hermano ‖ s suyo, lo suyo; **on one's own** (coll) por su propia cuenta; (without taking advice from anyone) por su cabeza; (without help from anyone) de su

cabeza; **to come into one's own** entrar en posesión de lo suyo; tener el éxito merecido, recibir el honor merecido; **to hold one's own** no aflojar, no cejar, mantenerse firme ‖ tr poseer; reconocer ‖ intr confesar; **to own up to** (coll) confesar de plano (una culpa, un delito, etc.)

owner ['onər] s amo, dueño, poseedor m, posesor m, proprietario

ownership ['onər,ʃɪp] s posesión, propiedad

owner's license s permiso de circulación, patente f de circulación

ox [aks] s (pl oxen) ['aksən] buey m

ox'cart' s carreta de bueyes

oxide ['aksaɪd] s óxido

oxidize ['aksɪ,daɪz] tr oxidar ‖ intr oxidárse

oxygen ['aksɪdʒən] s oxígeno

oxygen tent s cámara o tienda de oxígeno

oxytone ['aksɪ,ton] adj & s oxítono

oyster ['ɔɪstər] adj ostrero ‖ s ostra

oyster bed s ostrero

oyster cocktail s ostras en su concha

oyster fork s desbullador m

oys'ter•house' s ostrería

oys'ter•knife' s abreostras m

oyster•man ['ɔɪstərmən] s (pl -men [mən]) ostrero

oyster opener ['opənər] s desbullador m

oyster shell s desbulla, concha de ostra

oyster stew s sopa de ostras

oz. abbr ounce, ounces

ozone ['ozon] s ozono; (coll) aire fresco

ozone layer s capa de ozono

ozs. abbr ounces

P

P, p [pi] decimosexta letra del alfabeto inglés

p. abbr page, participle

P.A. abbr Passenger Agent, power of attorney, Purchasing Agent

pace [pes] s paso; **to keep pace with** ir, andar o avanzar al mismo paso que; **to put through one's paces** poner (a uno) a prueba; dar a (uno) ocasión de lucirse; **to set the pace** establecer el paso; dar el ejemplo ‖ tr establecer el paso para; medir a pasos; recorrer a pasos; **to pace the floor** pasearse desesperadamente por la habitación ‖ intr andar a pasos regulares

pace'mak'er s (med) marcapaso, marcapasos m

pacific [pə'sɪfɪk] adj pacífico ‖ Pacific adj & s Pacífico

pacifier ['pæsɪ,faɪ•ər] s pacificador m, chupon m; (teething ring) chupador m

pacifism ['pæsɪ,fɪzəm] s pacifismo

pacifist ['pæsɪfɪst] adj & s pacifista mf

paci•fy ['pæsɪ,faɪ] v (pret & pp -fied) tr pacificar

pack [pæk] s lío, fardo; paquete m; (of hounds) jauría; (of cattle) manada; (of evildoers) pandilla; (of lies) sarta, montón m; (of playing cards) baraja; (of cigarettes) cajetilla; (of floating ice) témpano; (med) compresa ‖ tr empaquetar; embaular; encajonar; hacer (el baúl, la maleta); conservar en latas; apretar, atestar; cargar (una acémila); escoger de modo fraudulento (un jurado); **to be packed in** (coll) estar como sardinas en banasta ‖ intr empaquetarse; hacer el baúl, hacer la maleta; consolidarse, formar masa compacta

package ['pækɪdʒ] s paquete m ‖ tr empaquetar

pack animal s acémila, animal m de carga

packing box o case s caja de embalaje

packing house s frigorífico

packing slip s hoja de embalaje

pack'sad'dle s albarda

pack'thread' s bramante m

pack train s recua

pact [pækt] s pacto

pad [pæd] *s* conjincillo, almohadilla; (*of writing paper*) bloc *m;* (*for inking*) tampón *m;* (*of an aquatic plant*) hoja; (*for launching a rocket*) plataforma *f;* (*sound of footsteps*) pisada ‖ *v* (*pret & pp* **padded;** *ger* **padding**) *tr* acolchar, rellenar; meter mucho ripio en (*un escrito*) ‖ *intr* andar, caminar; caminar despacio y pesadamente

paddle [ˈpædəl] *s* (*of a canoe*) canalete *m;* (*of a wheel*) pala, paleta; (*for spanking*) palo ‖ *tr* impulsar con canalete; (*to spank*) apalear ‖ *intr* remar con canalete; remar suavemente; (*to splash*) chapotear

paddle wheel *s* rueda de paletas

paddock [ˈpædək] *s* dehesa; (*at a racecourse*) paddock *m*

paddy wagon [ˈpædi] *s* (coll) camión *m* de policía

pad'lock' *s* candado ‖ *tr* cerrar con candado; (*to lock up officially*) condenar (*una habitación, un teatro*)

pagan [ˈpegən] *adj & s* pagano

paganism [ˈpegəˌnɪzəm] *s* paganismo

page [pedʒ] *s* (*of a book*) página; (*boy attendant*) paje *m;* (*in a hotel or club*) botones *m* ‖ *tr* paginar; buscar llamando

pageant [ˈpædʒənt] *s* espectáculo público

pageant•ry [ˈpædʒəntri] *s* (*pl* -**ries**) pompa, fausto; (*empty display*) bambolla

pail [pel] *s* balde *m*, cubo

pain [pen] *s* dolor *m;* **on pain of** so pena de; **pains** esmero, trabajo; dolores de parto; **to take pains** esmerarse ‖ *tr & intr* doler

painful [ˈpenfəl] *adj* doloroso; penoso

pain'kill'er *s* analgésico; calmante *m* del dolor

painless [ˈpenlɪs] *adj* sin dolor, indoloro; fácil, sin trabajo

pains'tak'ing *adj* esmerado

paint [pent] *s* pintura‖ *tr* pintar ‖ *intr* pintar; pintarse, repintarse

paint'box' *s* caja de colores

paint'brush' *s* brocha, pincel *m*

painter [ˈpentər] *s* pintor *m*

painting [ˈpentɪŋ] *s* pintura

paint remover [rɪˈmuvər] *s* sacapintura *m*, quitapintura *m*

pair [pɛr] *s* par *m;* (*of people*) pareja; (*of cards*) parejas ‖ *tr* aparear ‖ *intr* aparearse

pair of scissors *s* tijeras

pair of trousers *s* pantalones *mpl*

pajamas [peˈdʒɑməz] o [peˈdʒæməz] *spl* pijama

Pakistan [ˌpɑkɪˈstɑn] *s* el Paquistán

Pakistani [ˌpɑkɪˈstɑni] *adj & s* paquistano, paquistaní *mf*

pal [pæl] *s* (coll) compañero; cumpa *m* (SAm) ‖ *v* (*pret & pp* **palled;** *ger* **palling**) *intr* (coll) ser compañeros

palace [ˈpælɪs] *s* palacio

palatable [ˈpælətəbəl] *adj* sabroso, apetitoso

palatal [ˈpælətəl] *adj & s* palatal *f*

palate [ˈpælɪt] *s* paladar *m*

pale [pel] *adj* pálido; (*color*) claro ‖ *s* estaca; palizada; límite *m*, término ‖ *intr* palidecer

pale'face' *s* rostropálido

palette [ˈpælɪt] *s* paleta

palfrey [ˈpɔlfri] *s* palafrén *m*

palisade [ˌpælɪˈsed] *s* estaca; estacada; (*line of cliffs*) acantilado

pall [pɔl] *s* paño de ataúd, paño mortuorio; (eccl) palia ‖ *tr* hartar, saciar; quitar el sabor a ‖ *intr* perder el sabor; **to pall on** hartar, saciar

pall'bear'er *s* acompañante *m* de un cadáver; portador *m* del féretro

palliate [ˈpælɪˌet] *tr* paliar

pallid [ˈpælɪd] *adj* pálido

pallor [ˈpælər] *s* palidez *f*, palor *m*

palm [pɑm] *s* (*of the hand*) palma; (*measure*) palmo; (*tree and leaf*) palma; **to carry off the palm** llevarse la palma; **to grease the palm of** (slang) untar la mano a; **to yield the palm to** reconocer por vencedor ‖ *tr* esconder en la mano; escamotear (*una carta*); **to palm off something on someone** encajarle una cosa a uno

palmet•to [pælˈmɛto] *s* (*pl* -**tos** o -**toes**) palmito

palmist [ˈpɑmɪst] *s* quiromántico

palmistry [ˈpɑmɪstri] *s* quiromancia

palm leaf *s* palma, hoja de la palmera

palm oil *s* aceite *m* de palma; (slang) propina; (slang) soborno

Palm Sunday *s* domingo de ramos

palpable [ˈpælpəbəl] *adj* palpable

palpitate [ˈpælpɪˌtet] *intr* palpitar

pal•sy [ˈpɔlzi] *s* (*pl* -**sies**) perlesía ‖ *v* (*pret & pp* -**sied**) *tr* paralizar

pal•try [ˈpɔltri] *adj* (*comp* -**trier;** *super* -**triest**) vil, ruin, mezquino

pamper [ˈpæmpər] *tr* mimar, consentir

pamphlet [ˈpæmflɪt] *s* folleto, panfleto

pan [pæn] *s* cacerola, cazuela, sartén *f;* caldera, perol *m* ‖ *v* (*pret & pp* **panned;** *ger* **panning**) *tr* cocer, freír; separar (*el oro*) en la gamella; (coll) criticar ásperamente ‖ *intr* separar el oro en la gamella; dar oro; **to pan out well** (coll) tener éxito, dar buen resultado ‖

Pan *s* Pan

panacea [ˌpænəˈsi•ə] *s* panacea

Panama Canal [ˈpænəˌmɑ] *s* canal *m* de Panamá

Panama Canal Zone *s* Zona del Canal

Panama hat *s* panamá *m*

Panamanian [ˌpænəˈmeni•ən] *adj & s* panameño

Pan-American [ˌpænəˈmɛrɪkən] *adj* panamericano

pan'cake' *s* hojuela, panqueque *m* ‖ *intr* (aer) desplomarse

pancake landing *s* aterrizaje aplastado, aterrizaje en desplome

pancreas [ˈpænkri•əs] *s* páncreas *m*

panda [ˈpændə] *s* panda *mf*

pander [ˈpændər] *s* alcahuete *m* ‖ *intr* alcahuetear; **to pander to** gratificar

pane [pen] *s* cristal *m*, vidrio, hoja de vidrio

pan•el [ˈpænəl] *s* panel *m*, entrepaño, cuarterón *m;* grupo de personas en discusión cara al público; (aut, elec) tablero, panel *m;* (law) lista de personas que pueden servir como jurados ‖ *v* (*pret & pp* **peled** o -**elled;**

ger **-elling** o **-elling**) *tr* adornar con cuarterones, labrar en cuarterones; artesonar (*un techo o bóveda*)

panel discussion *s* coloquio cara al público

panelist [ˈpænəlɪst] *s* coloquiante *mf* cara al público

panel lights *spl* luces *fpl* del tablero

pang [pæŋ] *s* dolor agudo; (*of remorse*) punzada; (*of death*) agonía

pan'han'dle *s* mango de sartén ‖ *intr* (slang) mendigar, pedir limosna

pan·ic [ˈpænɪk] *adj* & *s* pánico ‖ *v* (*pret* & *pp* **-icked**; *ger* **-icking**) *tr* sobrecoger de pánico ‖ *intr* sobrecogerse de pánico

pan'ic-strick'en *adj* muerto de miedo, sobrecogido de terror

pano·ply [ˈpænəpli] *s* (*pl* **-plies**) panoplia, traje *m* ceremonial

panorama [ˌpænəˈræmə] o [ˌpænəˈrɑmə] *s* panorama *m*

pan·sy [ˈpænzi] *s* (*pl* **-sies**) pensamiento

pant [pænt] *s* jadeo; palpitación; **pants** pantalones *mpl*; **to wear the pants** (coll) calzarse los pantalones ‖ *intr* jadear; palpitar

pantheism [ˈpænθɪˌɪzəm] *s* panteísmo

pantheon [ˈpænθɪˌɑn] *s* panteón *m*

panther [ˈpænθər] *s* pantera; puma

panties [ˈpæntiz] *spl* pantaloncillos de mujer

pantomime [ˈpæntəˌmaɪm] *s* pantomima

pan·try [ˈpæntri] *s* (*pl* **-tries**) despensa

panty hose *s* panty *m*

pap [pæp] *s* papilla, papas

papa·cy [ˈpepəsi] *s* (*pl* **-cies**) papado

paper [ˈpepər] *s* papel *m*; (*newspaper*) periódico; (*of needles*) paño ‖ *tr* empapelar

pa'per·back' *s* libro en rústica

pa'per·boy' *s* vendedor *m* de periódicos

paper clip *s* clip *m*, sujetapapeles *m*; presilla; prensador (CAm); gancho de papel (Col)

paper cone *s* cucurucho

paper cutter *s* cortapapeles *m*, guillotina

paper doll *s* muñeca de papel

paper hanger *s* empapelador *m*, papelista *mf*

paper knife *s* cortapapeles *m*

paper mill *s* fábrica de papel

paper money *s* papel *m* moneda

paper profits *spl* ganancias no realizadas sobre valores no vendidos

paper tape *s* cinta perforada

pa'per·weight' *s* pisapapeles *m*

paper work *s* preparación o comprobación de escritos; papelerío

paprika [pæˈprikə] o [ˈpæprɪkə] *s* pimentón *m*

papy·rus [pəˈpaɪrəs] *s* (*pl* **-ri** [raɪ]) papiro

par. *abbr* **paragraph, parallel, parenthesis, parish**

par [pur] *adj* a la par; nominal; normal ‖ *s* paridad; valor *m* nominal; **above par** sobre la par; con beneficio; con premio; **below par** o **under par** bajo la par; con pérdida; (coll) indispuesto; **to be on a par with** correr parejas con

parable [ˈpærəbəl] *s* parábola

parachute [ˈpærəˌʃut] *s* paracaídas *m* ‖ *intr* parachutar, lanzarse en paracaídas; **to parachute to safety** salvarse en paracaídas

parachute jump *s* salto en paracaídas

parachutist [ˈpærəˌʃutɪst] *s* paracaidista *mf*

parade [pəˈred] *s* desfile *m*; paseo; ostentación ‖ *tr* ostentar, pasear ‖ *intr* desfilar, pasar por las calles; (mil) formar en parada

paradise [ˈpærəˌdaɪs] *s* paraíso

paradox [ˈpærəˌdɑks] *s* paradoja; persona o cosa incomprensibles

paradoxical [ˌpærəˈdɑksɪkəl] *adj* paradójico

paraffin [ˈpærəfɪn] *s* parafina

paragon [ˈpærəˌgɑn] *s* dechado

paragraph [ˈpærəˌgræf] *s* párrafo

Paraguay *s* el Paraguay

Paraguayan [ˌpærəˈgwaɪ·ən] *adj* & *s* paraguayano, paraguayo

parakeet [ˈpærəˌkit] *s* perico, periquito

paral·lel [ˈpærəˌlɛl] *adj* paralelo ‖ *s* (línea) paralela; (plano) paralelo; (geog) paralelo; **parallels** (typ) doble raya vertical ‖ *v* (*pret* & *pp* **-leled** o **-lelled**; *ger* **-leling** o **-lelling**) *tr* ser paralelo a; poner en dirección paralela; correr parejas con; (*to compare*) paralelizar

parallel bars *spl* paralelas, barras paralelas

paraly·sis [pəˈrælɪsɪs] *s* (*pl* **-ses** [ˌsiz]) parálisis *f*

paralytic [ˌpærəˈlɪtɪk] *adj* & *s* paralítico

paralyze [ˈpærəˌlaɪz] *tr* paralizar

parameter [pəˈræmətər] *s* parámetro

paramount [ˈpærəˌmaʊnt] *adj* capital, supremo, principalísimo

paranoiac [ˌpærəˈnɔɪ·æk] o **paranoid** [ˈpærəˌnɔɪd] *adj* & *s* paranoico

parapet [ˈpærəˌpɛt] *s* parapeto

paraphernalia [ˌpærəfərˈneli·ə] *spl* trastos, atavíos

paraplegia [ˌpærəˈplidʒə] *s* paraplegia

parasite [ˈpærəˌsaɪt] *s* parásito

parasitic(al) [ˌpærəˈsɪtɪk(el)] *adj* parasítico, parasitario

parasol [ˈpærəˌsɔl] *s* quitasol *m*, parasol *m*

pa'ra·troop'er *s* paracaidista *m*

pa'ra·troops' *spl* tropas paracaidistas

parboil [ˈpɑrˌbɔɪl] *tr* sancochar; calentar con exceso

par·cel [ˈpɑrsəl] *s* paquete *m*, atado, bulto ‖ *v* (*pret* & *pp* **-celed** o **-celled**; *ger* **-celing** o **-celling**) *tr* empaquetar; parcelar (*el terreno*); **to parcel out** repartir

parcel post *s* paquetes *mpl* postales

parch [pɑrtʃ] *tr* abrasar, tostar; **to be parched** tener mucha sed

parchment [ˈpɑrtʃmənt] *s* pergamino

pardon [ˈpɑrdən] *s* perdón *m*; (*remission of penalty by the state*) indulto; **I beg your pardon** dispense Vd. ‖ *tr* perdonar, dispensar; indultar

pardonable [ˈpɑrdənəbəl] *adj* perdonable

pardon board *s* junta de perdones

pare [pɛr] *tr* mondar (*fruta*); pelar (*patatas*); cortar (*callos, uñas*); despalmar (*la palma córnea de los animales*); adelgazar; reducir (*gastos*)

parent [ˈpɛrənt] *adj* madre, matriz, principal ‖ *s* padre o madre; autor *m*, fuente *f*, origen *m*; **parents** padres *mpl*

parentage ['pɛrəntɪdʒ] s paternidad o maternidad; abolengo, linaje m
parent company compañía matriz
parenthe•sis [pə'rɛnθɪsɪs] s (pl -ses [,siz]) paréntesis m
parenthood ['pɛrənt,hʊd] s paternidad o maternidad
pariah [pə'raɪ•ə] o ['parɪ•ə] s paria mf
paring knife ['pɛrɪŋ] s cuchillo para mondar
parish ['pærɪʃ] s parroquia, feligresía
parishioner [pə'rɪʃənər] s parroquiano, feligrés m
Parisian [pə'rɪʒən] adj & s parisiense mf
parity ['pærɪti] s paridad
park [park] s parque m ‖ tr estacionar, parquear; (coll) colocar, dejar ‖ intr estacionar, parquear
parking ['parkɪŋ] s aparcamiento, estacionamiento; (space) parking m; **no parking** se prohibe estacionarse
parking lights spl (aut) faros de situación
parking lot s parque m de estacionamiento
parking meter s reloj m de estacionamiento, parquímetro, parcómetro
parking ticket s aviso de multa
park'way s gran vía adornado con árboles
parley ['parli] s parlamento ‖ intr parlamentar
parliament ['parlɪmənt] s parlamento
parlor ['parlər] s sala; parlatorio, locutorio
parlor car s coche-salón m
parlor politics spl política de café
Parnassus [par'næsəs] s (collection of poems) parnaso; el Parnaso; **to try to climb Parnassus** hacer pinos en poesía
parochial [pə'rokɪ•əl] adj parroquial; estrecho, limitado
paro•dy ['pærədi] s (pl -dies) parodia ‖ v (pret & pp -died) tr parodiar
parole [pə'rol] s palabra de honor; libertad bajo palabra ‖ tr dejar libre bajo palabra
paroxytone [pær'aksɪ,ton] adj & s paroxítono
par•quet [par'ke] s entarimado; (theat) platea ‖ v (pret & pp -queted ['ked]); ger -queting ['ke•ɪŋ] tr entarimar
parricide ['pærɪ,saɪd] s (act) parricidio; (person) parricida mf
parrot ['pærət] s papagayo, loro; (fig) papagayo ‖ tr repetir o imitar como loro
par•ry ['pæri] s (pl -ries) parada, quite m ‖ v (pret & pp -ried) tr parar; defenderse de
parse [pars] tr analizar (una oración) gramaticalmente; describir (una palabra) gramaticalmente
parsley ['parsli] s perejil m
parsnip ['parsnɪp] s chirivía
parson ['parsən] s cura m, párroco; clérigo; pastor m protestante
part [part] s parte f; (of a machine) pieza; (of the hair) raya; (theat) parte f, papel m; **part and parcel** parte esencial, parte inseparable, elemento esencial; **parts** partes fpl; prendas, dotes fpl; **to do one's part** cumplir con su obligación; **to look the part** vestir el cargo; **to take the part of** tomar el partido de, defender; desempeñar

el papel de ‖ tr dividir, partir, separar; **to part the hair** hacerse la raya ‖ intr separarse; **to part with** deshacerse de, abandonar; despedirse de
par•take [par'tek] v (pret -took ['tʊk]; pp -taken) tr compartir; comer; beber ‖ intr participar
Parthenon ['parθɪ,nan] s Partenón m
partial ['parʃəl] adj parcial; aficionado
participate [par'tɪsɪ,pet] intr participar
participle ['partɪ,sɪpəl] s participio
particle ['partɪkəl] s partícula, corpúsculo
particle physics s física de las partículas
particular [pər'tɪkjələr] adj particular; difícil, exigente, quisquilloso; esmerado; minucioso; **a particular . . .** cierto . . . ‖ s particular m
partisan ['partɪzən] adj & s partidario, partidista mf; (mil) partisano
partition [par'tɪʃən] s partición, distribución; división; proción; tabique m ‖ tr repartir; dividir en cuartos, aposentos; tabicar
partner ['partnər] s compañero; (wife or husband) cónyuge mf; (in a dance) pareja f; (in business) socio
partnership ['partnər,ʃɪp] s asociación; consorcio, vida en común; (com) sociedad, asociación comercial
partridge ['partrɪdʒ] s perdiz f
part'-time' adj por horas, parcial
par•ty ['parti] adj de partido; de gala ‖ s (pl -ties) convite m, reunión, fiesta, tertulia, recepción; (for fishing, hunting, etc.; of armed men) partida; cómplice mf, interesado; (pol) partido; (coll) persona, individuo
party girl s chica de vida alegre
party-goer ['parti,go•ər] s tertuliano; fiestero
party line s (between two properties) linde m, lindero; (of communist party) línea del partido; (telp) línea compartida
party politics s política de partido
pass. abbr **passenger, passive**
pass [pæs] o [pas] s paso; (permit; free ticket; movement of hands of mesmerist, of bullfighter) pase m; (in an examination) aprobación; nota de aprobación ‖ tr pasar; pasar de largo (una luz roja); aprobar (un proyecto de ley; un examen; a un alumno); ser aprobado en (un examen); dejar atrás; cruzarse con; expresar (una opinión); pronunciar (una sentencia), dar (la palabra); dejar sin protestar; no pagar (un dividendo); **to pass off** colar, pasar, hacer aceptar (una moneda falsa); disimular (p.ej., una ofensa con una risa); **to pass over** omitir, pasar por alto; excusar; desdeñar; dejar sin protestar; postergar (a un empleado) ‖ intr pasar; pasarse (introducirse); aprobar; **to bring to pass** llevar a cabo; **to come to pass** suceder; **to pass as** pasar por; **to pass away** pasar, pasar a mejor vida; **to pass off** pasar (una enfermedad, una tempestad, etc.); tener lugar; **to pass out** salir; (slang) desmayarse; **to pass over to** pasarse a (p.ej., el enemigo)

passable ['pæsəbəl] o ['pɑsəbəl] *adj* pasadero; (*law*) promulgable

passage ['pæsɪdʒ] *s* pasaje *m;* paso; pasillo; (*of time*) transcurso; (*of bowels*) evacuación

pass'book' *s* cartilla, libreta de banco

passenger ['pæsəndʒer] *adj* de viajeros ǁ *s* pasajero, viajero

passer-by ['pæsər'baɪ] o ['pɑsər'baɪ] *s* (*pl* **passers-by**) transeúnte *mf*

passing ['pæsɪŋ] o ['pɑsɪŋ] *adj* pasajero; corriente; de aprobado ǁ *s* (*act of passing; death*) paso; (*in an examination*) aprobación

passion ['pæʃən] *s* pasión

passionate ['pæʃənɪt] *adj* apasionado

passive ['pæsɪv] *adj* pasivo ǁ *s* voz pasiva, verbo pasivo

pass'key' *s* llave *f* de paso

Pass'o'ver *s* pascua (*de los hebreos*)

pass'port' *s* pasaporte *m*

pass'word *s* santo y seña

past [pæst] o [pɑst] *adj* pasado; último; que fué, p.ej., **past president** presidente que fué; acabado, concluído ǁ *adv* más allá; por delante ǁ *prep* más allá de; más de; por delante de; fuera de; después de, p.ej., **past two o'clock** después de las dos, **past belief** increíble; **past cure** incurable; **past hope** sin esperanza ǁ *s* pasado

paste [pest] *s* (*dough; spaghetti, etc.*) pasta; (*for sticking things together*) engrudo ǁ *tr* engrudar, pegar con engrudo

paste'board' *s* cartón *m*

pasteurize ['pæstə,raɪz] *tr* pasterizar

pastime ['pæs,taɪm] *s* pasatiempo

pastor ['pæstər] *s* pastor *m*, clérigo, cura *m*

pastoral ['pæstərəl] *adj* & *s* pastoral *f*

pas•try ['pestri] *s* (*pl* **-tries**) pastelería

pastry cook *s* pastelero, repostero

pastry shop *s* pastelería, repostería

pasture ['pæstər] *s* pasto, pastura, dehesa ǁ *tr* apacentar, pacer ǁ *intr* apacentarse, pacer

past•y ['pesti] *adj* (*comp* **-ier;** *super* **-iest**) pastoso; flojo, fofo, pálido

pat [pæt] *s* golpecito, palmadita; ruido de pasos ligeros; (*of butter*) pastelillo ǁ *v* (*pret & pp* **patted;** *ger* **patting**) *tr* dar golpecitos a, golpear ligeramente; palmotear, acariciar con la mano; **to pat on the back** elogiar, cumplimentar

patch [pætʃ] *s* remiendo, parche *m;* terreno, pedazo de terreno; mancha; lunar postizo ǁ *tr* remendar; **to patch up** componer (*una desavenencia*); componer lo mejor posible (*una cosa descompuesta*); hacer aprisa y mal

patent ['petənt] *adj* patente; abierto ǁ ['pætənt] *adj* de patentes ǁ *s* patente *f*, patente de invención; propiedad industrial; **patent applied for** se ha solicitado patente ǁ *tr* patentar

patent leather ['pætənt] *s* charol *m*

patent medicine ['pætənt] *s* medicamento de patente

patent rights ['pætənt] *spl* derechos de patente

paternal [pə'tʌrnəl] *adj* paterno; (*affection*) paternal

paternity [pe'tʌrnɪti] *s* paternidad

path [pæθ] *s* senda, sendero; trayectoria

pathetic [pə'θɛtɪk] *adj* patético

path'find'er baquiano; explorador *m*

patholo•gy [pə'θɑlədʒi] *s* patología

pathos ['peθɑs] *s* patetismo

path'way' *s* senda, sendero

patience ['peʃəns] *s* paciencia

patient ['peʃənt] *adj* paciente ǁ *s* paciente *mf*, enfermo

patriarch ['petri,ɑrk] *s* patriarca *m*

patrician [pə'trɪʃən] *adj* & *s* patricio

patricide ['pætri,saɪd] *s* (*act*) parricidio; (*person*) parricida *mf*

Patrick ['pætrɪk] *s* Patricio

patrimo•ny ['pætri,moni] *s* (*pl* **-nies**) patrimonio

patriot ['petri•ət] *s* patriota *mf*

patriotic [,petri'ɑtɪk] *adj* patriótico

patriotism ['petri•ə,tɪzəm] *s* patriotismo

pa•trol [pə'trol] *s* patrulla ǁ *v* (*pret & pp* **-troled** o **-trolled;** *ger* **-troling** o **-trolling**) *tr* & *intr* patrullar

patrol•man [pə'trolmən] *s* (*pl* **-men** [mən]) guardia *m* municipal, vigilante *m* de policía

patrol wagon *s* camión *m* de policía; carro-patrulla *m* (SAm)

patron ['petrən] *adj* tutelar ǁ *s* parroquiano; patrocinador *m*

patronize ['petrə,naɪz] *tr* ser parroquiano de (*un tendero*); comprar de costumbre en; patrocinar; tratar con aire protector

patron saint *s* patrón *m*, santo titular

patter ['pætər] *s* golpeteo; (*of rain*) chapaleteo; charla, parloteo ǁ *intr* golpetear; charlar, parlotear

pattern ['pætərn] *s* patrón *m;* modelo

P.A.U. *abbr* Pan American Union

paucity ['pɔsɪti] *s* corto número; falta, escasez *f*, insuficiencia

Paul [pɔl] *s* Pablo; (*name of popes*) Paulo

paunch [pɔntʃ] *s* panza

paunchy ['pɔntʃi] *adj* panzudo

pauper ['pɔpər] *s* pobre *mf*, indigente *mf*

pause [pɔz] *s* pausa; (*mus*) calderón *m;* **to give pause (to)** dar que pensar (a) ǁ *intr* hacer pausa, detenerse brevemente; vacilar

pave [pev] *tr* pavimentar; (*with flagstones*) enlosar; (*with bricks*) enladrillar; (*with pebbles*) enchinar; **to pave the way (for)** preparar el terreno (para), abrir el camino (a)

pavement ['pevmənt] *s* pavimento; (*of brick*) enladrillado; (*of flagstone*) enlosado; (*sidewalk*) acera

pavilion [pə'vɪljən] *s* pabellón *m*

paw [pɔ] *s* pata; garra, zarpa; (*coll*) mano *f* ǁ *tr* dar zarpazos a, restregar con las uñas; golpear, patear (*el suelo los caballos*); (*coll*) manosear; (*to handle overfamiliarly*) (*coll*) sobar ǁ *intr* piafar (*el caballo*)

pawn [pɔn] *s* (*in chess*) peón *m;* (*security, pledge*) prenda; (*tool of another person*) instrumento; víctima ǁ *tr* empeñar, dar en prenda

pawn'bro'ker _s_ prestamista _mf_

pawn'shop' _s_ casa de empeños, monte _m_ de piedad

pawn ticket _s_ papeleta de empeño

pay [pe] _s_ paga; recompensa; castigo merecido ‖ _v_ (_pret_ & _pp_ **paid** [ped]) _tr_ pagar; prestar o poner (_atención_); dar (_cumplidos_); dar (_dinero una actividad comercial_); dar dinero a, ser provechoso a; pagar en la misma moneda; pagar con creces; sufrir (_el castigo de una ofensa_); hacer (_una visita_); cubrir (_los gastos_); **to pay back** devolver; pagar en la misma moneda; **to pay off** pagar y despedir (_a un empleado_); pagar todo lo adeudado a; vengarse de; redimir (_una hipoteca_) ‖ _intr_ pagar; ser provechoso, valer la pena; **pay as you enter** pague a la entrada; **pay as you go** pagar el impuesto de utilidades con descuentos anticipados; **pay as you leave** pague a la salida

payable ['pe•əbəl] _adj_ pagadero

pay boost _s_ aumento de salario

pay'check' _s_ cheque _m_ en pago del sueldo; sueldo

pay'day' _s_ día _m_ de pago

payee [pe'i] _s_ portador _m_ o tenedor _m_ (_de un giro_)

pay envelope _s_ sobre _m_ con el jornal; jornal _m_, salario

payer ['pe•ər] _s_ pagador _m_

pay load _s_ carga útil

pay'mas'ter _s_ pagador _m_

payment ['pemənt] _s_ pago; castigo

pay roll _s_ nómina, hoja de paga

pay station _s_ teléfono público

pd. _abbr_ **paid**

p.d. _abbr_ **per diem, potential difference**

pea [pi] _s_ guisante _m_, chícharo

peace [pis] _s_ paz _f;_ **to make peace with** hacer las paces con

peaceable ['pisəbəl] _adj_ pacífico

Peace Corps _s_ Cuerpo de Paz

peaceful ['pisfəl] _adj_ tranquilo, pacífico, sosegado

peace'mak'er _s_ iris _m_ de paz

peace of mind _s_ serenidad del espíritu

peace pipe _s_ pipa ceremonial (_de los pieles rojas_)

peach [pitʃ] _s_ melocotón _m;_ (slang) persona o cosa admirables

peach tree _s_ melocotonero

peach•y ['pitʃi] _adj_ (_comp_ **-ier;** _super_ **-iest**) (slang) estupendo, magnífico

pea'cock' _s_ pavo real, pavón _m;_ (fig) pinturero

peak [pik] _s_ pico, cima, cumbre _f;_ punta, extremo; máximo; (_of a cap_) visera; (_of a curve_) cresta; (elec) pico

peak hour _s_ hora punta

peak load _s_ (elec) carga de punta; demanda máxima

peal [pil] _s_ fragor _m;_ estruendo; (_of bells_) repique _m;_ juego de campanas ‖ _intr_ repicar; resonar

peal of laughter _s_ carcajada

peal of thunder _s_ trueno

pea'nut' _s_ cacahuete _m_, aráquida; **to work for peanuts** recibir poco sueldo

peanut vendor _s_ manicero

pear [pɛr] _s_ pera

pearl [pʌrl] _s_ margarita, perla; (_of running water_) murmullo ‖ _tr_ alijofarar

pearl oyster _s_ madreperla

pear tree _s_ peral _m_

peasant ['pɛzənt] _adj_ & _s_ campesino, rústico

pea'shoot'er _s_ cerbatana, bodoquera

pea soup _s_ sopa de guisantes; (coll) neblina espesa y amarillenta

peat [pit] _s_ turba

pebble ['pɛbəl] _s_ china, guija ‖ _tr_ agranelar (_el cuero_)

peck [pɛk] _s_ medida de áridos (_nueve litros_); montón _m;_ picotazo; beso dado de mala gana ‖ _tr_ picotear ‖ _intr_ picotear; (coll) comer melindrosamente; **to peck at** querer picar; regañar constantemente; (coll) comer melindrosamente

peculate ['pɛkjə,let] _tr_ & _intr_ malversar

peculíar [pɪ'kjuljər] _adj_ peculiar; singular, raro; excéntrico

pedagogue ['pɛdə,gɑg] _s_ pedagogo; dómine _m_, pedante _m_

pedagogy ['pɛdə,godʒi] o ['pɛdə,gɑdʒi] _s_ pedagogía

ped•al ['pɛdəl] _s_ pedal _m_ ‖ _v_ (_pret_ & _pp_ **-aled** o **-alled;** _ger_ **-aling** o **-alling**) _tr_ impulsar pedaleando ‖ _intr_ pedalear

pedant ['pɛdənt] _s_ pedante _mf_

pedantic [pɪ'dæntɪk] _adj_ pedantesco

pedant•ry ['pɛdəntri] _s_ (_pl_ **-ries**) pedantería

peddle ['pɛdəl] _tr_ ir vendiendo de puerta en puerta; traer y llevar (_chismes_); vender (_favores_) ‖ _intr_ ser buhonero

peddler ['pɛdlər] _s_ buhonero

pederasty ['pɛdə,ræsti] _s_ pederastia

pedestal ['pɛdɪstəl] _s_ pedestal _m_

pedestrian [pɪ'dɛstrɪən] _adj_ pedestre ‖ _s_ peatón _m_

pediatrician [,pidiə'trɪʃən] _s_ pediatra _mf_

pediatrics [,pidi'ætrɪks] _ssg_ pediatría

pedigree ['pɛdɪ,gri] _s_ árbol genealógico; ascendencia; fuente _f_, origen _m_

pediment ['pɛdɪmənt] _s_ frontón _m_

pee [pi] _s_ (coll) pipí _m_ ‖ _intr_ (coll) hacer pipí

peek [pik] _s_ mirada rápida y furtiva ‖ _intr_ mirar a hurtadillas

peel [pil] _s_ cáscara, pellejo ‖ _tr_ pelar ‖ _intr_ pelarse

peep [pip] _s_ mirada a hurtadillas; (_of chickens_) pío ‖ _intr_ mirar a hurtadillas; piar (_los pollos_)

peep'hole' _s_ atisbadero; (_in a door_) mirilla, ventanillo

peep show _s_ mundonuevo; (slang) vistas sicalípticas

peer [pir] _s_ par _m_ ‖ _intr_ mirar fijando la vista de cerca; **to peer at** mirar con ojos de miope; **to peer into** mirar hacia lo interior de, escudriñar

peerless ['pirlɪs] _adj_ sin par

peeve [piv] _s_ (coll) cojijo ‖ _tr_ (coll) enojar, irritar

peevish ['pivɪʃ] _adj_ cojijoso, displicente

peg [pɛg] *s* clavija, claveta, estaquilla; **to take down a peg** (coll) bajar los humos a ‖ *v* (*pret & pp* **pegged;** *ger* **pegging**) *tr* enclavijar; señalar con clavijas; fijar (*precios*) ‖ *intr* trabajar con ahinco; **to peg away at** afanarse en

peg leg *s* pata de palo

peg top *s* peonza; **peg tops** pantalones anchos de caderas y perniles ajustados

Peking ['pi'kɪŋ] *s* Pequín

Peking•ese [ˌpikɪ'niz] *adj* pequinés ‖ *s* (*pl* **-ese**) pequinés *m*

pelf [pɛlf] *s* dinero mal ganado

pell-mell ['pɛl'mɛl] *adj* tumultuoso ‖ *adv* atropelladamente

Peloponnesian [ˌpɛləpə'niʃən] *adj & s* peloponense *m*

Peloponnesus [ˌpɛləpə'nisəs] *s* Peloponeso

Pelops ['pilɑps] *s* Pélope *m*

pelota [pɛ'lotə] *s* pelota vasca

pelt [pɛlt] *s* pellejo; golpe violento; (*of a person*) (hum) pellejo ‖ *tr* golpear violentamente; apedrear ‖ *intr* golpear violentamente; caer con fuerza (*el granizo, la lluvia, etc.*); apresurarse

pen. *abbr* **peninsula**

pen [pɛn] *s* pluma; corral *m*, redil *m*; **the pen and the sword** las letras y las armas ‖ *v* (*pret & pp* **penned;** *ger* **penning**) *tr* escribir (*con pluma*); redactar ‖ *v* (*pret & pp* **penned** o **pent** [pɛnt]) *tr* acorralar, encerrar

penalize ['pinəˌlaɪz] *tr* penar; penalizar; (sport) sancionar

penal•ty ['pɛnlti] *s* (*pl* **-ties**) pena; (*for late payment*) recargo; (sport) sanción; **under penalty of** so pena de

penance ['pɛnəns] *s* penitencia; **to do penance** hacer penitencia

penchant ['pɛnʃənt] *s* afición, inclinación, tendencia

pen•cil ['pɛnsəl] *s* lápiz *m*; (*of light*) pincel *m*, haz *m* ‖ *v* (*pret & pp* **-ciled** o **-cilled;** *ger* **-ciling** o **-cilling**) *tr* marcar con lápiz; (med) pincelar

pencil sharpener *s* afilalápices *m*, cortalápices *m*

pendent ['pɛndənt] *adj* pendiente; sobresaliente ‖ *s* medallón *m*; (*earring*) pendiente *m*

pending ['pɛndɪŋ] *adj* pendiente ‖ *prep* hasta; durante

pendulum ['pɛndʒələm] *s* péndulo; (*of a clock*) péndola

pendulum bob *s* lenteja

penetrate ['pɛnɪˌtret] *tr & intr* penetrar

penguin ['pɛŋgwɪn] *s* pingüino, pájaro bobo

pen'hold'er *s* (*handle*) portaplumas *m*; (*box*) plumero

penicillin [ˌpɛnɪ'sɪlɪn] *s* penicilina

peninsula [pə'nɪnsələ] *s* península

peninsular [pə'nɪnsələr] *adj & s* peninsular *mf* ‖ **Peninsular** *adj & s* (*Iberian*) peninsular *mf*

penis ['pinəs] *s* pene *m*, falo

penitence ['pɛnɪtəns] *s* penitencia

penitent ['pɛnɪtənt] *adj & s* penitente *mf*

pen'knife' *s* (*pl* **-knives**) navaja, cortaplumas *m*

penmanship ['pɛnmənˌʃɪp] *s* caligrafía; (*hand of a person*) letra

pen name *s* seudónimo

pennant ['pɛnənt] *s* gallardete *m*

penniless ['pɛnɪlɪs] *adj* pelón, sin dinero

pennon ['pɛnən] *s* pendón *m*

pen•ny ['pɛni] *s* (*pl* **-nies**) (U.S.A.) centavo ‖ *s* (*pl* **pence** [pɛns]) (Brit) penique *m*

pen'ny•weight' *s* peso de 24 granos

pen pal *s* (coll) amigo por correspondencia

pen point *s* punta de la pluma; puntilla de la pluma fuente

pension ['pɛnʃən] *s* pensión, jubilación ‖ *tr* pensionar, jubilar

pensioner ['pɛnʃənər] *s* pensionista *mf;* **pensioners** clases pasivas

pensive ['pɛnsɪv] *adj* pensativo; melancólico

Pentecost ['pɛntɪˌkɔst] *s* el Pentecostés

penthouse ['pɛntˌhaʊs] *s* alpende *m*, colgadizo; casa de azotea

pent-up ['pɛnt'ʌp] *adj* contenido, reprimido

penult ['pinʌlt] *s* penúltima

penum•bra [pɪ'nʌmbrə] *s* (*pl* **-brae** [bri] o **-bras**) penumbra

penurious [pɪ'nʊrɪəs] *adj* (*stingy*) tacaño, mezquino; (*poor*) pobre, indigente

penury ['pɛnjəri] *s* tacañería, mezquindad; pobreza, miseria

pen'wip'er *s* limpiaplumas *m*

people ['pipəl] *spl* gente *f;* personas; gente del pueblo; se, p.ej., **people say** se dice ‖ *ssg* (*pl* **peoples**) pueblo, nación ‖ *tr* poblar

pep [pɛp] *s* (slang) ánimo, brío, vigor *m* ‖ *v* (*pret & pp* **pepped;** *ger* **pepping**) *tr*—**to pep up** (slang) animar, dar vigor a

pepper ['pɛpər] *s* (*spice*) pimienta; (*plant and fruit*) pimiento ‖ *tr* sazonar con pimienta; (*with bullets*) acribillar; salpicar

pep'per•box' *s* pimentero

pep'per•mint' *s* (*plant*) menta piperita; esencia de menta; pastilla de menta

pep talk *s* palabras alentadoras

per [pʌr] *prep* por; **as per** según

perambulator [pər'æmbjəˌletər] *s* cochecillo de niño

per capita [pər 'kæpɪtə] por cabeza, por persona

perceive [pər'siv] *tr* percibir

per cent o **percent** [pər'sɛnt] por ciento

percentage [pər'sɛntɪdʒ] *s* porcentaje *m;* (slang) provecho, ventaja

perception [pər'sɛpʃən] *s* percepción; comprensión, penetración

perch [pʌrtʃ] *s* percha, rama, varilla; sitio o posición elevada; (*fish*) perca ‖ *tr* colocar en un sitio algo elevado *intr* sentarse en un sitio algo elevado; posar (*un ave*)

percolator ['pʌrkəˌletər] *s* cafetera filtradora

per diem [pər'daɪəm] por día

perdition [pər'dɪʃən] *s* perdición

perennial [pə'rɛnɪəl] *adj* perenne; (bot) vivaz ‖ *s* planta vivaz

perfect ['pʌrfɛkt] *adj & s* perfecto ‖ [pər'fɛkt] *tr* perfeccionar

perfidious [pər'fɪdɪəs] *adj* pérfido

perfi·dy [ˈpʌrfɪdi] s (pl **-dies**) perfidia
perforate [ˈpʌrfə,ret] tr perforar
perforce [pərˈfors] adv por fuerza, necesariamente
perform [pərˈfɔrm] tr ejecutar; (theat) representar ‖ intr ejecutar; funcionar (p.ej., una máquina)
performance [pərˈfɔrməns] s ejecución; representación; funcionamiento; (theat) función
performer [pərˈfɔrmər] s ejecutante mf; actor m; acróbata mf
perfume [ˈpʌrfjum] s perfume m ‖ [pərˈfjum] tr perfumar
perfunctory [pərˈfʌŋktəri] adj hecho sin cuidado, hecho a la ligera; indiferente, negligente
perhaps [pərˈhæps] adv acaso, tal vez, quizá
per·il [ˈpɛrəl] s peligro ‖ v (pret & pp **-iled** o **-illed**; ger **-iling** o **-illing**) tr poner en peligro
perilous [ˈpɛriləs] adj peligroso
period [ˈpɪrɪ·əd] s período; (in school) hora; (gram) punto; (sport) division
period costume s traje m de época
periodic [,pɪrɪˈɑdɪk] adj periódico
periodical [,pɪrɪˈɑdɪkəl] adj periódico ‖ s periódico, revista periódica
peripher·y [pəˈrɪfəri] s (pl **-ies**) periferia
periscope [ˈpɛri,skop] s periscopio
perish [ˈpɛrɪʃ] intr perecer
perishable [ˈpɛrɪʃəbəl] adj perecedero; (merchandise) corruptible
periwig [ˈpɛri,wɪg] s perico
perjure [ˈpʌrdʒər] tr hacer (a una persona) quebrantar el juramento; **to perjure oneself** perjurarse
perju·ry [ˈpʌrdʒəri] s (pl **-ries**) perjurio
perk [pʌrk] tr alzar (la cabeza); aguzar (las orejas) ‖ intr pavonearse; engalanarse; **to perk up** reanimarse, sentirse mejor
permanence [ˈpʌrmənəns] s permanencia
permanency [ˈpʌrmənənsi] s (pl **-cies**) permanencia; persona, cosa o posición peremanentes
permanent [ˈpʌrmənənt] adj permanente ‖ s permanente f, ondulación permanente
permanent tenure s inamovilidadperversión
permanent way s (rr) material fijo
permeate [ˈpʌrmi,et] tr & intr penetrar
permission [pərˈmɪʃən] s permisión
per·mit [ˈpʌrmɪt] s permiso; cédula de aduana ‖ [pərˈmɪt] v (pret & pp **-mitted**; ger **-mitting**) tr permitir
permute [pərˈmjut] tr permutar
pernicious [pərˈnɪʃəs] adj pernicioso
pernickety [pərˈnɪkɪti] adj (coll) descontentadizo, quisquilloso
perorate [ˈpɛrə,ret] intr perorar
peroration [,pɛrəˈreʃən] s peroración
peroxide [pərˈɑksaɪd] s peróxido; peróxido de hidrógeno
peroxide blonde s rubia oxigenada
perpendicular [,pʌrpənˈdɪkjələr] adj & s perpendicular f
perpetrate [ˈpʌrpɪ,tret] tr perpetrar
perpetual [pərˈpɛtʃu·əl] adj perpetuo

perpetuate [pərˈpɛtʃu,et] tr perpetuar
perplex [pərˈplɛks] tr dejar perplejo
perplexed [pərˈplɛkst] adj perplejo
perplexi·ty [pərˈplɛksɪti] s (pl **-ties**) perplejidad; problema m
per se [per ˈsi] por sí mismo, en sí mismo, esencialmente
persecute [ˈpʌrsɪ,kjut] tr perseguir
persecution [,pʌrsɪˈkjuʃən] s persecución
persevere [,pʌrsɪˈvɪr] intr perseverar
Persian [ˈpʌrʒən] adj & s persa mf
persimmon [pərˈsɪmən] s placaminero
persist [pərˈsɪst] o [pərˈzɪst] intr persistir; empecinarse
persistent [pərˈsɪstənt] o [pərˈzɪstənt] adj persistente; (insistent) porfiado; (e.g., headache) pertinaz
person [ˈpʌrsən] s persona; **no person** nadie
personage [ˈpʌrsənɪdʒ] s personaje m; persona
personal [ˈpʌrsənəl] adj personal; de uso personal ‖ s nota de sociedad; (in a newspaper) remitido
personali·ty [,pʌrsəˈnælɪti] s (pl **-ties**) personalidad
personality cult s culto a la personalidad
personal property s bienes mpl muebles
personi·fy [pərˈsɑnɪ,faɪ] v (pret pp **-fied**) tr personificar
personnel [,pʌrsəˈnɛl] s personal m
per'son-to-per'son adv (telp) particular a particular
perspective [pərˈspɛktɪv] s perspectiva
perspicacious [,pʌrspɪˈkeʃəs] adj perspicaz
perspire [pərˈspaɪr] intr sudar, transpirar
persuade [pərˈswed] tr persuadir
persuasion [pərˈsweʒən] s persuasión; creencia religiosa; creencia fuerte
pert [pʌrt] adj atrevido, descarado; (coll) animado, vivo
pertain [pərˈten] intr pertenecer; **pertaining to** perteneciente a
pertinacious [,pʌrtɪˈneʃəs] adj pertinaz
pertinent [ˈpʌrtɪnənt] adj pertinente
perturb [pərˈtʌrb] tr perturbar
Peru [pəˈru] s el Perú
perusal [pəˈruzəl] s lectura cuidadosa
peruse [pəˈruz] tr leer con atención
Peruvian [pəˈruvi·ən] adj & s peruano
pervade [pərˈved] tr penetrar, esparcirse por, extenderse por
perverse [pərˈvʌrs] adj perverso; avieso, díscolo; contumaz; malazo
perversion [pərˈvʌrʒən] s perversión
perversi·ty [pərˈvʌrsɪti] s (pl **-ties**) perversidad; indocilidad; contumacia
pervert [ˈpʌrvərt] s renegado, apóstata; pervertido ‖ [pərˈvʌrt] tr pervertir; emplear mal (p.ej., los talentos que uno tiene)
pes·ky [ˈpɛski] adj (comp **-kier**; super **-kiest**) (coll) cargante, molesto
pessimism [ˈpɛsɪ,mɪzəm] s pesimismo
pessimist [ˈpɛsɪmɪst] s pesimista mf
pessimistic [,pɛsɪˈmɪstɪk] adj pesimista
pest [pɛst] s peste f; insecto nocivo; (misfortune) plaga; (annoying person, bore) machaca mf
pester [ˈpɛstər] tr molestar, importunar

pest'house' *s* lazareto, hospital *m* de contagiosos

pesticide ['pɛstɪ,saɪd] *s* pesticida *m*

pestiferous [pɛs'tɪfərəs] *adj* pestifero; (coll) engorroso, molesto

pestilence ['pɛstɪləns] *s* pestilencia

pestle ['pɛsəl] *s* mano *f* de almirez

pet [pɛt] *s* animal mimado, animal casero; niño mimado; favorito; enojo pasajero ‖ *v* (*pret & pp* **petted**; *ger* **petting**) *tr* acariciar, mimar ‖ *intr* (slang) besuquearse

petal [pɛtəl] *s* pétalo

petard [pɪ'tɑrd] *s* petardo

pet'cock' *s* llave *f* de desagüe, llave de purga

Peter ['pitər] *s* Pedro; **to rob Peter to pay Paul** desnudar a un santo para vestir a otro

petit-bourgeois [pə'ti'burʒwɑ] *adj* pequeñoburgués

petition [pɪ'tɪʃən] *s* petición; (*formal request signed by a number of people*) memorial *m*, instancia, solicitud ‖ *tr* suplicar; dirigir una instancia a, solicitar

pet name *s* nombre *m* de cariño

Petrarch ['pitrɑrk] *s* Petrarca *m*

petri·fy ['pɛtrɪ,faɪ] *v* (*pret & pp* **-fied**) *tr* petrificar ‖ *intr* petrificarse

petrochemical [,pɛtro'kɛmɪkəl] *adj* petroquímico

petrol ['pɛtrəl] *s* (Brit) gasolina

petroleum [pɪ'troli·əm] *s* petróleo

pet shop *s* pajarería

petticoat ['pɛtɪ,kot] *s* enaguas; (*woman, girl*) (slang) falda

pet·ty ['pɛti] *adj* (*comp* **-tier**; *super* **-tiest**) insignificante, pequeño; mezquino; intolerante

petty cash *s* caja de menores, efectivo para gastos menores

petty larceny *s* ratería, hurto

petty officer *s* (naut) suboficial *m*

petulant ['pɛtjələnt] *adj* malhumorado, enojadizo

pew [pju] *s* banco de iglesia

pewter ['pjutər] *s* peltre *m*; vajilla de peltre

Phaëthon ['fɛ·ɪθən] *s* Factón *m*

phalanx ['fɛlæŋks] *s* falange *f*

phallic ['fælɪk] *adj* fálico

phallus ['fæləs] *s* falo

phantasm ['fæntæzəm] *s* fantasma *m*

phantom ['fæntəm] *s* fantasma *m*

Pharaoh ['fɛro] *s* Faraón *m*

pharisee ['færɪ,si] *s* fariseo ‖ **Pharisee** *s* fariseo

pharmaceutical [,fɑrmə'sutɪkəl] *adj* farmacéutico

pharmacist ['fɑrməsɪst] *s* farmacéutico

pharma·cy ['fɑrməsi] *s* (*pl* **-cies**) farmacia

pharynx ['færɪŋks] *s* faringe *f*

phase [fez] *s* fase *f* ‖ *tr* poner en fase; llevar a cabo a etapas uniformes; (coll) inquietar, molestar; **to phase out** deshacer paulatinamente

pheasant ['fɛzənt] *s* faisán *m*

phenobarbital [,fino'bɑrbɪ,tæl] *s* fenobarbital *m*

phenomenal [fɪ'nɑmɪ,nɑn] *s* (*pl* **-na** [nə]) fenómenal

phial ['faɪ·əl] *s* frasco pequeño; inyectable *m*

Phidias ['fɪdɪ·əs] *s* Fidias *m*

philanderer [fɪ'lændərər] *s* galanteador *m*, tenorio

philanthropist [fɪ'lænθrəpɪst] *s* filántropo

philanthro·py [fɪ'lænθrəpi] *s* (*pl* **-pies**) filantropía

philatelist [fɪ'lætəlɪst] *s* filatelista *mf*

philately [fɪ'lætəli] *s* filatelia

Philip ['fɪlɪp] *s* Felipe *m*; (*of Macedon*) Filipo

Philippine ['fɪlɪ,pin] *adj* filipino ‖ **Philippines** *spl* Islas Filipinas

Philistine [fɪ'lɪstin] o ['fɪlɪ,stin] o ['fɪlɪ,staɪn] *adj & s* filisteo

philologist [fɪ'lɑlədʒɪst] *s* filólogo

philology [fɪ'lɑlədʒi] *s* filología

philosopher [fɪ'lɑsəfər] *s* filósofo

philosophic(al) [,fɪləsɑfɪk(əl)] *adj* filosófico

philoso·phy [fɪ'lɑsəfi] *s* (*pl* **-phies**) filosofía

philter ['fɪltər] *s* filtro

phlebitis [flɪ'baɪtɪs] *s* flebitis *f*

phlegm [flɛm] *s* flema *f*, gargajo; **to cough up phlegm** gargajear

phlegmatic(al) [flɛg'mætɪk(əl)] *adj* flemático; (coll) galbanoso

Phoebe ['fibɪ] *s* Febe *f*

Phoebus ['fibəs] *s* Febo

Phoenicia [fɪ'nɪʃə] o [fɪ'niʃə] *s* Fenicia

Phoenician [fɪ'nɪʃən] o [fɪ'niʃən] *adj & s* fenicio

phoenix ['finɪks] *s* fénix *m*

phone [fon] *s* (coll) teléfono; **to come** o **to go to the phone** acudir al teléfono, ponerse al aparato ‖ *tr & intr* (coll) telefonear

phone call *s* llamada telefónica

phoneme ['fonim] *s* fonema *m*

phonetic [fo'nɛtɪk] *adj* fonético

phonics ['fɑnɪks] *s* fónica

phonograph ['fonə,græf] *s* fonógrafo

phonology [fə'nɑlədʒi] *s* fonología

pho·ny ['foni] *adj* (*comp* **-nier**; *super* **-niest**) falso, contrahecho ‖ *s* (*pl* **-nies**) (slang) farsa; (coll) farsante *mf*

phosphate ['fɑsfet] *s* fosfato

phosphorescent [,fɑsfə'rɛsənt] *adj* fosforescente

phospho·rus ['fɑsfərəs] *s* (*pl* **-ri** [,raɪ]) fósforo

pho·to ['foto] *s* (*pl* **-tos**) foto *f*

photocopier ['foto,kɑpɪ·ər] *s* fotocopiador *m*; fotóstato *m*

pho'to·cop'y *s* fotocopia ‖ *v* (*pret & pp* **-ied**) *tr* fotocopiar

photoengraving [,foto·ɛn'grevɪŋ] *s* fotograbado

photo finish *s* (sport) llegada a la meta, determinada mediante el fotofija

pho'to·fin'ish camera *s* fotofija *m*

photogenic [,foto'dʒɛnɪk] *adj* fotogénico

photograph ['fotə,græf] *s* fotografía ‖ *tr & intr* fotografiar

photographer [fə'tɑgrəfər] *s* fotógrafo

photography [fə'tɑgrəfi] *s* fotografía

pe
ph

photojournalism [,fotə'dʒʌrnə,lɪzəm] *s* fotoperiodismo

pho'to•play' *s* fotodrama *m*

photostat ['fotə,stæt] *s* fotóstato ‖ *tr & intr* fotostatar

phototube ['fotə,tjub] fototubo

phrase [frez] *s* frase *f* ‖ *tr* frasear

phrenology [frɪ'nɑlədʒi] *s* frenología

phys. *abbr* **physical, physician, physics, physiology**

phys•ic ['fɪzɪk] *s* medicamento; purgante *m* ‖ *v* (*pret & pp* **-icked;** *ger* **-icking**) *tr* curar; purgar

physical ['fɪzɪkəl] *adj* físico

physician [fɪ'zɪʃən] *s* médico

physicist ['fɪzɪsɪst] *s* físico

physics ['fɪzɪks] *s* física

physiognomy [,fɪzɪ'ɑgnəmi] o [,fɪzɪ'ɑnəmi] *s* fisononía

physiological [,fɪzɪ•ə'lɑdʒɪkəl] *adj* fisiológico

physiology [,fɪzɪ'ɑlədʒi] *s* fisiología

physique [fɪ'zik] *s* físico, talle *m*, exterior *m*

pi [paɪ] *s* (math) pi *f*; (typ) pastel *m* ‖ *v* (*pret & pp* **pied;** *ger* **piing**) *tr* (typ) empastelar

pian•o [pɪ'æno] *s* (*pl* **-os**) piano

picaresque [,pɪkə'rɛsk] *adj* picaresco

picayune [,pɪkə'jun] *adj* de poca monta, mezquino

piccadil•ly [,pɪkə'dɪli] *s* (*pl* **-lies**) cuello de pajarita

picco•lo ['pɪkə,lo] *s* (*pl* **-los**) flautín *m*

pick [pɪk] *s* (*tool*) pico; (*choice*) selección; (*choicest*) flor *f* ‖ *tr* escoger; recoger (*p.ej., flores*); recolectar (*p.ej., algodón*); romper (*el hielo*) con un picahielos; escarbarse (*los dientes*); descañonar, desplumar (*un ave*); hurgarse (*la nariz*); rescarse (*una cicatriz, un grano*); roer (*un hueso*); mondar (*las frutas*); falsear, forzar (*una cerradura*); armar (*una pendencia*); herir (*las cuerdas de un instrumento*); buscar (*defectos*); hurtar de (*los bolsillos*); **to pick out** entresacar; **to pick someone to pieces** (coll) no dejarle a uno un hueso sano; **to pick up** recoger; recobrar (*ánimo; velocidad*); descolgar (*el receptor*); hallar por casualidad; aprender con la práctica; aprender de oidas; invitar a subir a un coche; entablar conservación con (*sin presentación previa*); captar (*una señal de radio*) ‖ *intr* comer melindrosamente; escoger esmeradamente; **to pick at** comer melindrosamente; tomarla con, regañar; **pick on** escoger; (coll) regañar; (coll) molestar; **to pick over** ir revolviendo y examinando; **to pick up** (coll) ir mejor, sentirse mejor; recobrar velocidad

pick'ax' *s* zapapico

picket ['pɪkɪt] *s* (*stake, pale*) piquete *m*; (*of strikers; of soldiers*) piquete *m* ‖ *tr* poner un cordón de piquetes a ‖ *intr* servir de piquete

picket fence *s* cerca de estacas

picket line *s* línea de piquetes

pickle ['pɪkəl] *s* encurtido; escabeche *m*, salmuera; (coll) apuro, aprieto ‖ *tr* encurtir; escabechar

pick-me-up ['pɪkmi,ʌp] *s* (coll) tentempié *m*; (coll) trago fortificante

pick'pock'et *s* carterista *m*, ratero; bolsero (Mex)

pick'up' *s* recolección; (*of a motor*) recobro; (*of an automobile*) aceleración; (elec) pick-up, fonocaptor *m*

pic•nic ['pɪknɪk] *s* jira, partida de campo ‖ *v* (*pret & pp* **-nicked;** *ger* **-nicking**) *intr* hacer una jira al campo, merendar en el campo

pictorial [pɪk'torɪ•əl] *adj* gráfico; ilustrado ‖ *s* revista ilustrada

picture ['pɪkt/ər] *s* cuadro; retrato; imagen *f*; lámina, grabado; fotografía; película; pintura ‖ *tr* dibujar; pintar; describir; **to picture to oneself** representarse

picture book *s* libro en imágenes

picture gallery *s* galería de pinturas

picture post card *s* postal ilustrada

picture show *s* exhibición de pinturas; cine *m*

picture signal *s* videoseñal *f*

picturesque [,pɪktjə'rɛsk] *adj* pintoresco

picture tube *s* tubo de imagen, tubo de televisión

picture window *s* ventana panorámica

piddling ['pɪdlɪŋ] *adj* de poca monta, insignificante

pie [paɪ] *s* pastel *m*; (*bird*) picaza; (typ) pastel *m* ‖ *v* (*pret & pp* **pied;** *ger* **pieing**) *tr* (typ) empastelar

piece [pis] *s* (*fragment; section of cloth*) pedazo; (*part of a machine; drama; single composition of music; coin; figure or block used in checkers, chess, etc.*) pieza; (*of land*) lote *m*, parcela; **a piece of advice** un consejo; **a piece of baggage** un bulto; **a piece of furniture** un mueble; **to break to pieces** despedazar, hacer pedazos; despedazarse; **to fall to pieces** desbaratarse, caer en ruina; **to give someone a piece of one's mind** decirle a uno su parecer con toda franqueza; **to go to pieces** desvencijarse; darse a la desesperación; ir al desastre (*un negocio*); sufrir un ataque de nervios; perder por completo la salud; **to pick someone to pieces** (coll) no dejarle a uno un hueso sano ‖ *tr* formar juntando piezas; remendar ‖ *intr* (coll) comer a deshora

piece goods *spl* géneros de pieza

piece'work' *s* destajo, trabajo a destajo

piece'work'er *s* destajero, destajista *mf*

pier [pɪr] *s* muelle *m*; (*of a bridge*) estribo, sostén *m*; (*of a harbor*) rompeolas *m*; (*wall between two openings*) (archit) entrepaño

pierce [pɪrs] *tr* agujerear, horadar, taladrar; atravesar, traspasar; picar; pinchar, punzar; (fig) traspasar (*de dolor*) ‖ *intr* penetrar, entrar a la fuerza

piercing ['pɪrsɪŋ] *adj* agudo, penetrante, desgarrador; (*pain*) lancinante

pier glass *s* espejo de cuerpo entero

pie•ty ['paɪ•əti] *s* (*pl* **-ties**) piedad, devoción

piffle ['pɪfəl] *s* (coll) disparates *mpl*, música celestial

pig [pɪg] *s* cerdo; (*young hog*) lechón *m*; (*domestic hog*) puerco, cochino; carne *f* de

puerco; (metal) lingote *m;* (*person who acts like a pig*) (coll) marrano, cochino
pigeon ['pɪdʒən] *s* paloma
pi'geon•hole' *s* hornilla, casilla de paloma; casilla || *tr* encasillar
pigeon house *s* palomar *m*
piggish ['pɪgɪʃ] *adj* glotón, voraz
pig'gy•back' *adv* a cuestas, en hombros
pig'-head'ed *adj* terco, cabezudo
pig iron *s* arrabio, hierro en lingotes
pigment ['pɪgmənt] *s* pigmento || *tr* pigmentar || *intr* pigmentarse
pig'pen' *s* pocilga; (fig) pocilga, corral *m* de vacas
pig'skin' *s* piel *f* de cerdo; (coll) balón *m* (*con que se juega al fútbol*)
pig'sty' *s* (*pl* **-sties**) pocilga
pig'tail' *s* coleta, trenza; (*of tobacco*) andullo
pike [paɪk] *s* pica; (*of an arrow*) punta; carretera; camino de barrera; (*fish*) lucio
piker ['paɪkər] *s* (slang) persona de poco fuste
Pilate ['paɪlət] *s* Pilatos *m*
pile [paɪl] *s* pila, montón *m;* (*stake*) pilote *m;* lanilla, pelusa; pira; (elec, phys) pila; (coll) caudal *m;* **piles** almorranas || *tr* apilar, amontonar || *intr* apilarse, amontonarse; **to pile in** o **into** entrar atropelladamente en; entrar todos en; subir todos a (*p.ej., un coche*)
pile driver *s* martinete *m*
pileup ['paɪl,ʌp] *s* (*collision*) choque en cadena
pilfer ['pɪlfər] *tr & intr* ratear
pilgrim ['pɪlgrɪm] *s* peregrino, romero
pilgrimage ['pɪlgrɪmɪdʒ] *s* peregrinación, romería
pill [pɪl] *s* píldora; mal trago, sinsabor *m;* (coll) persona molesta
pillage ['pɪlɪdʒ] *s* pillaje *m,* saqueo || *tr & intr* pillar, saquear
pillar ['pɪlər] *s* pilar *m;* **from pillar to post** de acá para allá sin objeto determinado
pillo•ry ['pɪləri] *s* (*pl* **-ries**) picota || *v* (*pret & pp* **-ried**) *tr* empicotar; (fig) motejar, poner en ridículo
pillow ['pɪlo] *s* almohada
pil'low•case' o **pil'low•slip'** *s* funda de almohada
pilot ['paɪlət] *s* piloto; (*of a harbor*) práctico; (*of a gas range*) mechero encendedor; (rr) trompa, delantera || *tr* pilotar; conducir
pilot run o **pilot test** *s* experimento piloto
pimp [pɪmp] *s* alcahuete *m*
pimple ['pɪmpəl] *s* barro, grano
pim•ply ['pɪmpli] *adj* (*comp* **-plier;** *super* **-pliest**) granujoso
pin [pɪn] *s* alfiler *m;* (*e.g., for a necktie*) prendedero; (*peg*) clavija; (*e.g., to hold scissors together*) clavillo, clavito; (bowling) bolo; **to be on pins and needles** estar en espinas || *v* (*pret & pp* **pinned**) *ger* **pinning**) *tr* alfilerar; clavar, fijar, sujetar; **to pin something on someone** (coll) acusarle a uno de una cosa; **to pin up** recoger y apuntar con alfileres; fijar en la pred con alfileres

pinafore ['pɪnə,for] *s* delantal *m* de niño
pin'ball' *s* billar romano, bagatela
pince-nez ['pæns,ne] *s* lentes *mpl* de nariz, lentes de pinzas
pincers ['pɪnsərz] *ssg* o *spl* pinzas
pinch [pɪntʃ] *s* pellizco; (*of hunger*) tormento; (slang) arresto; (slang) hurto, robo; **in a pinch** en un aprieto; en caso necesario || *tr* pellizcar; cogerse (*los dedos, p.ej., en una puerta*); apretar (*p.ej., el zapato a una persona*); contraer (*el frío la cara de uno*); limitar los gastos de; (slang) arrestar, prender; (slang) hurtar, robar || *intr* apretar; economizar, privarse de lo necesario
pinchers ['pɪntʃərz] *ssg* o *spl* var of **pincers**
pin'cush'ion *s* acerico
Pindar ['pɪndər] *s* Píndaro
pine [paɪn] *s* pino || *intr* languidecer; **to pine away** consumirse; **to pine for** penar por
pine'ap'ple *s* ananás *m,* piña
pine cone *s* piña
pine needle *s* pinocha
ping [pɪŋ] *s* silbido de bala || *intr* silbar (*una bala*); silbar como una bala
pin'head' *s* cabecilla de alfiler; cosa muy pequeña o insignificante; (coll) bobalicón *m*
pink [pɪŋk] *adj* rosado, sonrosado || *s* estado perfecto; comunistoide *mf;* (bot) clavel *m,* clavellina
pin money *s* alfileres *mpl*
pinnacle ['pɪnəkəl] *s* pináculo
pin'point' *adj* exacto, preciso || *s* punta de alfiler || *tr & intr* señalar con precisión
pin'prick' *s* alfilerazo
pinup girl ['pɪn,ʌp] *s* guapa
pin'wheel' *s* rueda de fuego, rueda giratoria de fuegos artificiales; molinete *m* (Mex); (*child's toy*) rehilandera, ventolera
pioneer [,paɪ•ə'nɪr] *s* pionero; (mil) zapador *m* || *intr* abrir nuevos caminos, explorar
pious ['paɪ•əs] *adj* pío, piadoso; mojigato; respetuoso
pip [pɪp] *s* (*seed*) pepita; (*on a card, dice, etc.*) punto; (vet) pepita
pipe [paɪp] *s* caño, conducto, tubo; (*to smoke tobacco*) pipa; (mus) pipa, caramillo, zampoña; (*of an organ*) cañón *m* || *tr* conducir por medio de tubos o cañerías; proveer de tuberías o cañerías || *intr* tocar el caramillo; **to pipe down** (slang) callarse
pipe cleaner *s* limpiapipas *m*
pipe dream *s* esperanza imposible, castillo en el aire
pipe line *s* cañería; tubería; oleoducto; fuente *f* de informes confidenciales
pipe organ *s* (mus) órgano
piper ['paɪpər] *s* flautista *m;* gaitero; **to pay the piper** pagar los vidrios rotos
pipe wrench *s* llave *f* para tubos
pippin ['pɪpɪn] *s* (*apple*) camuesa; (*tree*) camueso; (slang) real moza
piquancy ['pikənsi] *s* picante *m*
piquant ['pikənt] *adj* picante
pique [pik] *s* pique *m,* resentimiento || *tr* picar, enojar; despertar, excitar
piracy ['paɪrəsi] *s* piratería

Piraeus [paɪ'riˌəs] s el Pireo
pirate ['paɪrɪt] s pirata m ‖ tr pillar, robar; publicar fraudulentamente ‖ intr piratear
pirouette [ˌpɪru'ɛt] s pirueta ‖ intr piruetear
Pisces ['paɪsiz] s (astr) Piscis m
pistol ['pɪstəl] s pistola
piston ['pɪstən] s (mach) émbolo, pistón m; (mus) pistón m
piston displacement s cilindrada
piston ring s anillo de émbolo, aro de émbolo, segmento de émbolo
piston rod s vástago de émbolo
piston stroke s carrera de émbolo
pit [pɪt] s hoyo; (in the skin) cacaraña; (of certain fruit) hueso; (for cockfights, etc.) cancha, reñidero; (of the stomach) boca; abismo, infierno; (min) pozo; (theat) foso ‖ v (pret & pp **pitted**; ger **pitting**) tr marcar con hoyos; dejar hoyoso (el rostro); deshuesar (p.ej., una ciruela)
pitch [pɪtʃ] s (black sticky substance) pez f; echada, lanzamiento; cosa lanzada; pelota lanzada; (of a boat) arfada, cabezada; (of a roof) pendiente f; (of, e.g., a screw) paso; (of a winding) (elec) paso; (mus) tono, altura; (fig) grado, extremo; (coll) bombo, elogio ‖ tr echar, lanzar; elevar (el heno) con la horquilla; armar o plantar (una tienda de campaña); embrear; (mus) graduar el tono de ‖ intr caerse, caer de cabeza; bajar en declive, inclinarse; arfar, cabecear (un buque); **to pitch in** (coll) poner manos a la obra; (coll) comenzar a comer
pitch accent s acento de altura
pitcher ['pɪtʃər] s jarro; (in baseball) lanzador m
pitch'fork' s horca, horquilla; **to rain pitchforks** (coll) llover a cántaros
pitch pipe s (mus) diapasón m
pit'fall' s callejo, trampa; (danger for the unwary) escollo, atascadero
pith [pɪθ] s médula; (essential part) (fig) médula; (fig) fuerza, vigor m
pith•y ['pɪθi] adj (comp **-ier**; super **-iest**) medular; enérgico, expresivo
pitiful ['pɪtɪfəl] adj lastimoso; compasivo; despreciable
pitiless ['pɪtɪlɪs] adj despiadado, empedernido, incompasivo
pit-y ['pɪti] s (pl **-ies**) piedad, compasión, lástima; **for pity's sake!** ¡por piedad!; **to have** o **to take pity** on tener piedad de, apiadarse de; **what a pity!** ¡qué lástima!, !qué pena! ‖ v (pret & pp **-ied**) tr apiadarse de, compadecer
pivot ['pɪvət] s pivote m, gorrón m, eje m de rotación; (fig) eje m ‖ intr pivotar; **to pivot on** girar sobre; depender de
placard ['plækɑrd] s cartel m ‖ tr fijar carteles en; fijar (un anuncio) en sitio público; publicar por medio de carteles
place [ples] s sitio, lugar m; (of business) local m; (job) puesto; grado, rango; **in no place** en ninguna parte; **in place of** en lugar de; **out of place** fuera de su lugar; fuera de propósito; **to be looking for a**

place to live buscar piso; **to take place** tener lugar; situar ‖ tr poner, colocar; acordarse bien de; dar empleo a; prestar (dinero) a interés ‖ intr colocarse (un caballo en las carreras)
place•bo [plə'sibo] s (pl **-bos** o **-boes**) placebo
place card s tarjetita con el nombre (que indica la colocación de uno en la mesa)
placement ['plesmənt] s colocación
place name s nombre m de lugar, topónimo
placid ['plæsɪd] adj plácido, tranquilo
plagiarism ['pledʒəˌrɪzəm] s plagio
plagiarize ['pledʒəˌraɪz] tr plagiar
plague [pleg] s peste f, plaga; (great public calamity) plaga ‖ tr apestar, plagar; atormentar, molestar
plaid [plæd] s (cloth) tartán m; cuadros a la escocesa
plain [plen] adj llano, claro, evidente; abierto, franco; ordinario; feo; humilde; solo, natural; **in plain English** sin rodeos; **in plain sight** o **view** en plena vista ‖ s llano, llanura
plain clothes spl traje m de calle, traje de paisano
plainclothesman ['plen'kloðzˌmæn] s (pl **-men** [ˌmɛn]) policía m que lleva traje de paisano
plain omelet s tortilla a la francesa
plains•man ['plenzmən] s (pl **-men** [mən]) llanero
plaintiff ['plentɪf] s (law) demandante mf
plaintive ['plentɪv] adj quejumbroso
plan [plæn] s plan m, intento, proyecto; (drawing, diagram) plan m, plano; **to change one's plans** cambiar de proyecto ‖ v (pret & pp **planned**; ger **planning**) tr planear, planificar; **to plan to** proponerse ‖ intr hacer proyectos
plane [plen] adj plano ‖ s (surface) plano; aeroplano, avión m; (of an airplane) plano; (carp) cepillo; (tree) plátano ‖ tr cepillar ‖ intr viajar en aeroplano
plane sickness s mareo del aire, mal m de vuelo
planet ['plænɪt] s planeta m
plane tree s plátano
planing mill ['plenɪŋ] s taller m de cepillado
plank [plæŋk] s tabla gruesa, tablón m; artículo de un programa político ‖ tr entablar, entarimar
plant [plænt] s fábrica, taller m; (of an automobile) grupo motor; (educational establishment) plantel m; (bot) planta ‖ tr plantar; sembrar (semillas); inculcar (doctrinas); (slang) ocultar (géneros robados)
plantation [plæn'teʃən] s plantación, campo de plantas; (estate cultivated by workers living on it) hacienda
planter ['plæntər] s plantador m, cultivador m
plasma ['plæzmə] s plasma m
plaster ['plæstər] s (gypsum) yeso; (mixture of lime, sand, water, etc.) argamasa; (coating) enlucido; (poultice) emplasto ‖ tr en-

yesar; argamasar; enlucir; emplastar; embadurnar; pegar (*anuncios*)

plas'ter•board' *s* cartón *m* de yeso y fieltro

plaster cast *s* (surg) vendaje enyesado; (sculp) yeso

plaster of Paris *s* estuco de París

plastic ['plæstɪk] *adj* plástico ‖ *s* (*substance*) plástico; (*art of modeling*) plástica

plate [plet] *s* (*dish*) plato; (*sheet of metal, etc.*) chapa, placa; vajilla de oro, vajilla de plata; dentadura postiza, base *f* de la dentadura postiza; (baseball) puesto meta, puesto del batter; (anat, elec, electron, phot, zool) placa; (typ) clisé *m* ‖ *tr* chapear, planchear; blindar; platear, dorar, niquelar (*por la galvanoplastia*); (typ) clisar

plateau [plæ'to] *s* meseta

plate glass *s* vidrio o cristal cilindrado

platen ['plætən] *s* rodillo

platform ['plæt,fɔrm] *s* plataforma *f*; (*of passenger station*) andén *m*; (*of freight station*) cargadero; (*of a speaker*) tribuna; (*political program*) plataforma

platform car *s* plataforma *f*

platinum ['plætɪnəm] *s* platino

platinum blonde *s* rubia platino

platitude ['plætɪ,tjud] o ['plætɪ,tud] *s* perogrullada, trivialidad

Plato ['pleto] *s* Platón *m*

platoon [plə'tun] *s* pelotón *m*

platter ['plætər] *s* fuente *f*; (slang) disco de fonógrafo

plausible ['plɔzɪbəl] *adj* aparente, especioso; bien hablado; (coll) creíble

play [ple] *s* juego; (*act or move in a game*) jugada; (*drama*) pieza; (*of water, colors, lights*) juego; (mach) huelgo, juego; **to give full play to** dar rienda suelta a ‖ *tr* jugar (*p.ej., un naipe, una partida de juego*); jugar a (*p.ej., los naipes*); jugar con (*un contrario*); dar (*un chasco*); gastar (*una broma*); hacer (*una mala jugada*); dirigir (*agua, una manguera*); desempeñar (*un papel*); desempeñar el papel de; representar (*una obra dramática, un film*); apostar por (*un caballo*); tocar (*un instrumento, una pieza, un disco de fonógrafo*) ‖ *intr* jugar; desempeñar un papel, representar; correr (*una fuente*); rielar (*la luz en la superficie del agua*); vagar (*p.ej., una sonrisa por los labios*); **to play out** rendirse; agotarse; acabarse; **to play safe** tomar sus precauciones; **to play sick** hacerse el enfermo; **to play up to** hacer la rueda a

play'back' *s* lectura; aparato de lectura

play'bill' *s* (*poster*) cartel *m*; (*of a play*) programa *m*

player piano ['ple•ər] *s* autopiano

playful ['plefəl] *adj* juguetón, retozón; dicho en broma

playgoer ['ple,go•ər] *s* aficionado al teatro

play'ground' *s* campo de juego; patio de recreo

play'house' *s* casita de muñecas; teatro

playing card ['ple•ɪŋ] *s* naipe *m*

playing field *s* campo de deportes

play'mate' *s* compañero de juego

play'-off' *s* partido de desempate

play'pen' *s* parque *m*, corral *m* (*para bebés*)

play'thing' *s* juguete *m*

play'time' *s* hora de recreo, hora de juego

playwright ['ple,raɪt] *s* dramaturgo, autor dramático; comediógrafo

play'writ'ing *s* dramaturgia, dramática

plea [pli] *s* ruego, súplica; disculpa, excusa; (law) contestación a la demanda

plead [plid] *v* (*pret & pp* **pleaded** o **pled** [plɛd]) *tr* defender (*una causa*) ‖ *intr* suplicar; abogar; **to plead guilty** confesarse culpable; **to plead not guilty** negar la acusación, declararse inocente

pleasant ['plɛzənt] *adj* agradable; simpático; sangriligero

pleasant•ry ['plɛzəntri] *s* (*pl* **-ries**) broma, chiste *m*, dicho gracioso

please [pliz] *tr & intr* gustar; **as you please** como Vd. quiera; **if you please** si me hace el favor; **please + inf** hágame Vd. el favor de + *inf*; **to be pleased to** alegrarse de, complacerse en; **to be pleased with** estar satisfecho de o con

pleasing ['plizɪŋ] *adj* agradable, grato

pleasure ['plɛʒər] *s* placer *m*, gusto; **what is your pleasure?** ¿en qué puedo servirle?, ¿qué es lo que Vd. desea?; **with pleasure** con mucho gusto

pleasure seeker ['sikər] *s* amigo de los placeres

pleat [plit] *s* pliegue *m*, plisado ‖ *tr* plegar, plisar

plebeian [plɪ'bi•ən] *adj & s* plebeyo

pledge [plɛdʒ] *s* empeño, prenda; (*vow*) voto, promesa; (*toast*) brindis *m*; **as a pledge of** en prenda de; **to take the pledge** comprometerse a no tomar bebidas alcohólicas ‖ *tr* empeñar, prendar; dar (*la palabra*); brindar por

plentiful ['plɛntɪfəl] *adj* abundante, copioso

plenty ['plɛnti] *adv* (coll) completamente ‖ *s* abundancia, copia; suficiencia

pleurisy ['plʊrɪsi] *s* pleuresía

pliable ['plaɪ•əbəl] *adj* flexible, plegable; dócil

pliers ['plaɪ•ərz] *ssg* o *spl* alicates *mpl*

plight [plaɪt] *s* estado, situación; apuro, aprieto; compromiso solemne ‖ *tr* dar o empeñar (*su palabra*); **to plight one's troth** prometer fidelidad; dar palabra de casamiento

plod [plad] *v* (*pret & pp* **plodded**; *ger* **plodding**) *tr* recorrer (*un camino*) pausada y pesadamente ‖ *intr* caminar pausada y pesadamente; trabajar laboriosamente

plot [plat] *s* complot *m*, conspiración; (*of a play or novel*) argumento, trama, parcela, solar *m*; cuadro de flores; cuadro de hortalizas; plano, mapa *m* ‖ *v* (*pret & pp* **plotted**; *ger* **plotting**) *tr* fraguar, tramar, urdir, maquinar; dividir en parcelas o solares; trazar el plano de; trazar, tirar (*líneas*) ‖ *intr* conspirar

plough [plau] *s, tr & intr* var de **plow**

plover ['plʌvər] o ['plovər] *s* chorlito

plow [plaʊ] s arado; quitanieve m ‖ tr arar; surcar; quitar o barrer (la nieve); **to plow back** reinvertir (ganancias) ‖ intr arar; avanzar como un arado

plow·man [ˈplaʊmən] s (pl **-men** [mən]) arador m, yuguero

plow'share' s reja de arado

pluck [plʌk] s ánimo, coraje m, valor m; tirón m ‖ tr arrancar; coger (flores); desplumar (un ave); puntear (p.ej., una guitarra) ‖ intr dar un tirón; **to pluck up** recobrar ánimo

pluck·y [ˈplʌki] adj (comp **-ier;** super **-iest**) animoso, valiente

plug [plʌg] s taco, tarugo; boca de agua; tableta de tabaco; (hat) (slang) chistera; (elec) clavija, toma, ficha; (aut) bujía; (coll) rocín; (slang) elogio incidental ‖ v (pret & pp **plugged;** ger **plugging**) tr atarugar; calar (un melón); **to plug in** (elec) enchufar ‖ intr (coll) trabajar con ahinco

plum [plʌm] s (tree) ciruelo; (fruit) ciruela; (slang) turrón m, pingüe destino

plumage [ˈplumɪdʒ] s plumaje m

plumb [plʌm] adj vertical; (coll) completo ‖ adv a plomo; (coll) verticalmente; (coll) directamente ‖ tr aplomar; sondear

plumb bob s plomada

plumber [ˈplʌmər] s fontanero; (worker in lead) plomero

plumbing [ˈplʌmɪŋ] s instalación sanitaria; conjunto de cañerías; (working in lead) plomería; sondeo

plumbing fixtures spl artefactos sanitarios

plumb line s cuerda de plomada

plum cake s pastel aderezado con pasas de Corinto y ron

plume [plum] s (of a bird) pluma; (tuft of feathers worn as ornament) penacho ‖ tr emplumar; componerse (las plumas); **to plume oneself on** enorgulleclerse de

plummet [ˈplʌmɪt] s plomada ‖ intr caer a plomo, precipitarse

plump [plʌmp] adj rechoncho, regordete; brusco, franco ‖ adv de golpe; francamente ‖ s (coll) caída pesada; (coll) ruido sordo ‖ intr caer a plomo

plum pudding s pudín m inglés con pasas de Corinto, corteza de limón, huevos y ron

plum tree s ciruelo

plunder [ˈplʌndər] s pillaje m; botín m ‖ tr pillar, saquear

plunge [plʌndʒ] s zambullida; caída a plomo; sacudida violenta; salto; baño de agua fría; (of a boat) cabeceo ‖ tr zambullir; sumergir; hundir (p.ej., un puñal) ‖ intr zambullirse; sumergirse; hundirse (p.ej., en la tristeza); caer a plomo; arrojarse, precipitarse; cabecear (un buque); (slang) entregarse al juego, entregarse a las especulaciones

plunger [ˈplʌndʒər] s zambullidor m; émbolo buzo; (of a tire valve) obús m; (slang) jugador o especulador desenfrenado

plunk [plʌŋk] adv (coll) con un golpe seco, con un ruido de golpe seco ‖ tr (coll) arrojar, empujar o dejar caer pesadamente

‖ intr sonar o caer con un ruido de golpe seco

plural [ˈplʊrəl] adj & s plural m

plus [plʌs] adj más; y pico; **to be plus** (coll) tener por añadidura ‖ prep más ‖ s (sign) más m; añadidura

plush [plʌʃ] adj afelpado; (coll) lujoso, suntuoso ‖ s felpa; peluche m

Plutarch [ˈplutɑrk] s Plutarco

plutonium [pluˈtonɪəm] s plutonio

ply [plaɪ] s (pl **plies**) (e.g., of a cloth) capa, doblez m; (of a cable) cordón m ‖ v (pret & pp **plied**) tr manejar (la aguja, etc.); ejercer (un oficio); batir (el agua con los remos); importunar; navegar por (p.ej., un río) ‖ intr avanzar; **to ply between** hacer (un barco) el servicio entre

ply'wood' s chapeado, madera laminada

P.M. abbr **Postmaster, post meridiem** (Lat) **afternoon**

pneumatic [njuˈmætɪk] o [nuˈmætɪk] adj neumático

pneumatic drill s perforadora de aire comprimido

pneumonia [njuˈmonɪə] o [nuˈmonɪə] s neumonía o pulmonía

P.O. abbr **post office**

poach [potʃ] tr escalfar (huevos) ‖ intr cazar o pescar en vedado

poacher [ˈpotʃər] s cazador furtivo, pescador furtivo

pock [pɑk] s cacaraña, hoyuelo

pocket [ˈpɑkɪt] s bolsillo, faltriquera; (in billiards) tronera; (aer) bolsa de aire; (mil) bolsón m ‖ tr embolsar; entronerar (una bola de billar); tragarse (injurias)

pock'et·book' s portamonedas m; (of a woman) bolsa

pocket calculator s bolsicalculadora, calculadora de bolsillo

pocket handkerchief s pañuelo de bolsillo o de mano

pock'et·knife' s (pl **-knives**) navaja, cortaplumas m

pocket money s alfileres mpl, dinero de bolsillo

pock'mark' s cacaraña, hoyuelo

pod [pɑd] s vaina

podium [ˈpodɪəm] s podio

poem [ˈpoɪm] s poema m, poesía

poet [ˈpoɪt] s poeta m

poetess [ˈpoɪtɪs] s poetisa

poetic [poˈɛtɪk] adj poético ‖ **poetics** ssg poética

poetry [ˈpoɪtri] s poesía

pogrom [ˈpogrəm] s levantamiento contra los judíos

poignancy [ˈpɔɪnyənsi] s picante m, viveza, intensidad

poignant [ˈpɔɪnyənt] adj picante, vivo, intenso

point [pɔɪnt] s (of a sword, pencil; of land) punta; (of pen) pico; (of fountain pen) puntilla; (mark of imperceptible dimensions) punto; (of a joke) gracia; (elec) punta; (math, typ, sport, fig) punto; (coll) indirecta, insinuación; **beside the point**

fuera de propósito; **on the point of** a punto de; **to carry one's point** salirse con la suya; **to come to the point** venir al caso o al grano; **to get to the point** caer en la cuenta ‖ *tr* aguzar, sacar punta a; apuntar (*p.ej.*, *un arma de fuego*); resanar (*una pared*); **to point one's finger at** señalar con el dedo; **to point out** señalar, indicar, hacer notar ‖ *intr* apuntar; pararse (*el perro de muestra*); **to point at** señalar con el dedo

point'blank' *adj & adv* a quemarropa

pointed [ˈpɔɪntɪd] *adj* puntiagudo; picante; acentuado, directo

pointer [ˈpɔɪntər] *s* puntero; indicador *m*; (*of a clock*) manecilla; perro de muestra; (*mas*) fijador *m*; (*coll*) indicación, dirección

poise [pɔɪz] *s* aplomo, equilibrio ‖ *tr* equilibrar; considerar ‖ *intr* equilibrarse; estar suspendido

poison [ˈpɔɪzən] *s* veneno, ponzoña ‖ *tr* envenenar

poison ivy *s* tosiguero

poisonous [ˈpɔɪzənəs] *adj* venenoso

poi'son-pen' letter *s* carta calumniosa

poke [pok] *s* (*push*) empuje *m*, empujón *m*; (*thrust*) hurgonazo; (*with elbow*) codazo; (*slow person*) tardón *m* ‖ *tr* empujar; hacer (*un agujero*) a empujones; abrirse (*paso*) a empujones; atizar, hurgar (*el fuego*); **to poke fun at** burlarse de; **to poke one's nose into** entremeterse en ‖ *intr* fisgar, husmear; andar perezosamente

poker [ˈpokər] *s* hurgón *m*; (*card game*) póker *m*, pócar *m*

poker face *s* cara de jugador de póker; **to keep a poker face** disfrazar la expresión del rostro, mantener una expresión imperturbable

pok•y [ˈpokɪ] *adj* (*comp* **-ier**; *super* **-iest**) (coll) tardo, roncero

Poland [ˈpolənd] *s* Polonia

polar bear [ˈpolər] *s* oso blanco

polarize [ˈpolə,raɪz] *tr* polarizar

pole [pol] *s* (*long rod or staff*) pértiga; (*of a flag*) asta; (*upright support*) poste *m*; (*to push a boat*) botador *m*; (astr, biol, elec, geog, math) polo ‖ *tr* impeler (*un barco*) con botador ‖ **Pole** *s* polaco

pole'cat' *s* turón *m*, veso

pole'star' *s* estrella polar; (*guide*) norte *m*; (*center of interest*) miradero

pole vault *s* salto con garrocha o con pértiga

police [pəˈlis] *s* policía ‖ *tr* poner o mantener servicio de policía en; (mil) limpiar

police car *s* carro-patrulla *m*

police•man [pəˈlismən] *s* (*pl* **-men** [mən]) policía *m*, guardia urbano

police record *s* ficha

police state *s* estado-policía *m*

police station *s* cuartel *m* o estación de policía

poli•cy [ˈpalɪsi] *s* (*pl* **-cies**) política; (ins) póliza

polio [ˈpolɪ•o] *s* (coll) polio *f*

polish [ˈpalɪʃ] *s* pulimento; cera de lustrar; (*for shoes*) bola, betún *m*, lustre *m*; (*dia-*

mond) talla; elegancia; cultura, urbanidad ‖ *tr* pulimentar, pulir; embolar, dar betún a (*los zapatos*); **to polish off** (coll) terminar de prisa; (slang) engullir (*la comida*, *un trago*) ‖ **Polish** [ˈpolɪʃ] *adj & s* polaco

polisher [ˈpalɪʃər] *s* pulidor *m*; (*machine*) pulidora; (*for floors*, *tables*, *etc.*) enceradora

polite [pəˈlaɪt] *adj* cortés, fino, urbano; culto

politeness [pəˈlaɪtnɪs] *s* cortesía, fineza, urbanidad; cultura

politic [ˈpalɪtɪk] *adj* prudente, sagaz; astuto; juicioso

political [pəˈlɪtɪkəl] *adj* político

politician [ˌpalɪˈtɪʃən] *s* político; (*politician seeking personal or partisan gain*) politiquero

politics [ˈpalɪtɪks] *ssg* o *spl* política

poll [pol] *s* (*questionnaire to determine opinion*) encuesta; votación; lista electoral; cabeza; **polls** urnas electorales; **to go to the polls** acudir a las urnas; **to take a poll** hacer una encuesta ‖ *tr* dar (*un voto*); recibir (*votos*)

pollen [ˈpalən] *s* polen *m*

pollinate [ˈpalɪ,net] *tr* polinizar

polling booth [ˈpolɪŋ] *s* cabina o caseta de votar

polliwog [ˈpalɪ,wag] *s* renacuajo; (slang) persona que atraviesa el ecuador en un barco por primera vez

pollster [ˈpolstar] *s* encuestador *m*

poll tax *s* capitación, impuesto por cabeza

pollutant [pəˈlutənt] *s* contaminante *m*

pollute [pəˈlut] *tr* contaminar, corromper, ensuciar

pollution [pəˈluʃən] *s* contaminación; (*of the environment*) polución; (fig) corrupción

polo [ˈpolo] *s* polo

polo player *s* polista *mf*, jugador *m* de polo

polygamist [pəˈlɪgəmɪst] *s* polígamo

polygamous [pəˈlɪgəməs] *adj* polígamo

polyglot [ˈpalɪ,glat] *adj & s* poligloto

polygon [ˈpalɪ,gan] *s* polígono

Polyhymnia [ˌpalɪˈhɪmnɪ•ə] *s* Polimnia

polynomial [ˌpalɪˈnomɪ•əl] *s* polinomio

polyp [ˈpalɪp] *s* pólipo

polytheist [ˈpalɪ,θi•ɪst] *s* politeísta *mf*

polytheistic [ˌpalɪθiˈɪstɪk] *adj* politeísta

polyvalent [ˌpaliˈvelənt] *adj* (chem, bact) polivalente

pomade [pəˈmed] *s* pomada

pomegranate [ˈpam,grænɪt] *s* (*shrub*) granado; (*fruit*) granada

pom•mel [ˈpʌməl] o [ˈpaməl] *s* (*on hilt of sword*) pomo; (*on saddle*) perilla ‖ *v* (*pret & pp* **-meled** o **-melled**; *ger* **-meling** o **-melling**) *tr* apuñear, aporrear

pomp [pamp] *s* pompa, fausto

pompadour [ˈpampə,dur] *s* copete *m*

pompous [ˈpampəs] *adj* pomposo, faustoso

pon•cho [ˈpantʃo] *s* (*pl* **-chos**) capote *m* de monte, poncho

pond [pand] *s* estanque *m*, charca

ponder [ˈpandər] *tr* ponderar ‖ *intr* meditar; **to ponder over** ponderar, considerar con cuidado

pl
po

ponderous ['pɑndərəs] *adj* pesado, inmanejable; tedioso, fastidioso
pond scum *s* lama, verdín *m*
poniard ['pɑnjərd] *s* puñal *m*
pontiff ['pɑntɪf] *s* pontífice *m*
pontoon [pɑn'tun] *s* pontón *m*
po•ny ['poni] *s* (*pl* -nies) jaca, caballito; (*for drinking liquor*) (coll) pequeño vaso; (*translation used dishonestly in school*) (coll) chuleta
poodle ['pudəl] *s* perro de lanas
pool [pul] *s* (*small puddle*) charco; (*for swimming*) piscina; (*game*) trucos; (*in certain games*) polla, puesta; combinación de intereses; caudales unidos para un fin ‖ *tr* mancomunar
pool'room' *s* sala de trucos
pool table *s* mesa de trucos
poop [pup] *s* popa; (*deck*) toldilla
poor [pur] *adj* (*having few possessions; arousing pity*) pobre; (*not good, inferior*) malo
poor box *s* cepillo, caja de limosnas
poor'house' *s* asilo de pobres, casa de caridad
poorly ['purli] *adv* mal
poor white *s* pobre *mf* de la raza blanca (*en el sur de los EE.UU.*)
pop. *abbr* **popular, population**
pop [pɑp] *s* estallido, taponazo; bebida gaseosa ‖ *v* (*pret & pp* **popped;** *ger* **popping**) *tr* hacer estallar; **to pop the question** (coll) hacer una declaración de amor ‖ *intr* estallar
pop'corn' *s* rosetas, palomitas (de maíz)
pope [pop] *s* papa *m*
popeyed ['pɑp,aɪd] *adj* de ojos saltones; (*with fear, surprise, etc.*) desorbitado
pop'gun' *s* tirabala
poplar ['pɑplər] *s* álamo, chopo
pop•py ['pɑpi] *s* (*pl* -pies) amapola
pop'py•cock' *s* (coll) necedad, tontería
popsicle ['pɑpsɪkəl] *s* polo
populace ['pɑpjəlɪs] *s* populacho; chamuchina
popular ['pɑpjələr] *adj* popular
popularize ['pɑpjələ,raɪz] *tr* popularizar, vulgarizar
populous ['pɑpjələs] *adj* populoso
porcelain ['pɔrsəlɪn] *s* porcelana
porch [pɔrtʃ] *s* porche *m*, pórtico
porcupine ['pɔrkjə,paɪn] *s* puerco espín
pore [por] *s* poro ‖ *intr*—**to pore over** estudiar larga y detenidamente
pork [pork] *s* carne *f* de cerdo
pork chop *s* chuleta de cerdo
pornography [pɔr'nɑgræfi] *s* pornografía
pornographic [,pɔrnə'græfɪk] *adj* pornográfico
porno queen ['pɔrno] *s* (slang) actriz *f* de películas pornográficas
porous ['porəs] *adj* poroso
porous plaster *s* parche poroso
porphy•ry ['pɔrfɪri] *s* (*pl* -ries) pórfido
porpoise ['pɔrpəs] *s* marsopa, puerco de mar; (*dolphin*) delfín *m*
porridge ['pɔrɪdʒ] *s* gachas

port [port] *adj* portuario ‖ *s* puerto; (*opening in ship's side*) portilla; (*left side of ship or airplane*) babor *m;* oporto, vino de Oporto; (mach) lumbrera
portable ['portəbəl] *adj* portátil
portal ['portəl] *s* portal *m*
portend [por'tɛnd] *tr* anunciar de antemano, presagiar
portent ['portent] *s* augurio, presagio
portentous [por'tɛntəs] *adj* portentoso, extraordinario; amenazante, ominoso
porter ['portər] *s* (*doorkeeper*) portero, conserje *m;* (*in hotels and trains*) mozo de servicio; pórter *m* (*cerveza de Inglaterra de color obscuro*)
portfoli•o [port'foli,o] *s* (*pl* -os) cartera
port'hole' *s* porta, portilla
porti•co ['portɪ,ko] *s* (*pl* -coes *o* -cos) pórtico
portion ['porʃən] *s* porción; (*dowry*) dote *m* & *f*
port•ly ['portli] *adj* (*comp* -lier; *super* -liest) corpulento; grave, majestuoso
port of call *s* escala
portrait ['portret] *o* ['portrɪt] *s* retrato; **to sit for a portrait** retratarse
portray [por'tre] *tr* retratar
portrayal [por'tre•əl] *s* representación gráfica; retrato, descripción acertada
Portugal ['portʃəgəl] *s* Portugal *m*
Portu•guese ['portʃə,giz] *adj* portugués ‖ *s* (*pl* -guese) portugués *m*
port wine *s* vino de Oporto
pose [poz] *s* pose *f* ‖ *tr* plantear (*una pregunta, cuestión, etc.*) ‖ *intr* posar (*para retratarse; como modelo*); tomar una postura afectada; **to pose as** hacerse pasar por
posh [pɑʃ] *adj* (slang) elegante; (slang) lujoso, suntuoso
position [pə'zɪʃən] *s* posición; empleo, puesto; opinión; **to be in a position to** estar en condiciones de
positive ['pɑzɪtɪv] *adj* positivo ‖ *s* positiva
possess [pə'zɛs] *tr* poseer
possession [pə'zɛʃən] *s* posesión
possible ['pɑsɪbəl] *adj* posible
possum ['pɑsəm] *s* zarigüeya; **to play possum** hacer la mortecina
post [post] *s* (*piece of wood, metal, etc. set upright*) poste *m;* (*position*) puesto; (*job*) puesto, cargo; casa de correos ‖ *tr* fijar (*carteles*); echar al correo; apostar, situar; tener a. corriente; **post no bills** se prohibe fijar carteles
postage ['postɪdʒ] *s* porte *m*, franqueo; **postage will be paid by addressee** a franquear en destino
postage meter *s* franqueadora
postage stamp *s* sello de correo; estampilla, timbre *m* (Am)
postal ['postəl] *adj* postal ‖ *s* postal *f*
postal card *s* tarjeta postal
postal permit *s* franqueo concertado
postal savings bank *s* caja postal de ahorros
post card *s* tarjeta postal
post'date' *s* posfecha ‖ **post'date'** *tr* posfechar

poster ['postər] s cartel m, cartelón m, letrero; póster m

posterity [pɑs'tɛrɪti] s posteridad

postern ['postərn] s postigo, portillo

post'haste' adv por la posta, a toda prisa

posthumous ['pɑstʃʊməs] adj póstumo

post•man ['postmən] s (pl **-men** [mən]) cartero

post'mark' s matasellos m, timbre m de correos ‖ tr matasellar, timbrar

post'mas'ter s administrador m de correos

post-mortem [,post'mortəm] adj posterior a la muerte ‖ s examen m de un cadáver

post office s casa de correos

post'-of'fice box s apartado de correos, casilla postal

postpaid ['post,ped] adj con porte pagado, franco de porte

postpone [post'pon] tr aplazar

postscript ['post,skrɪpt] s posdata

posttonic [post'tɑnɪk] adj postónico

posture ['pɑstʃər] s postura ‖ intr adoptar una postura

post'war' adj de la posguerra

po•sy ['pozi] s (pl **-sies**) flor f, ramillete m

pot [pɑt] s pote m; (for flowers) tiesto; (for the kitchen) caldera, olla, puchero; vaso de noche, orinal m; (in gambling) puesta; (slang) mariguana

potash ['pɑt,æʃ] s potasa

potassium [pə'tæsɪ•əm] s potasio

pota•to [pə'teto] s (pl **-toes**) patata, papa; (sweet potato) batata, buniato

potato masher s pasapuré m

potato omelet s tortilla a la española

potbellied ['pɑt'bɛlid] adj barrigón, panzudo

poten•cy ['potənsi] s (pl **-cies**) potencia

potent ['potənt] adj potente

potentate ['potən,tet] s potentado

potential [pə'tɛnʃəl] adj & s potencial m

pot'hang'er s llares fpl

pot'hook' s garabato

potion ['poʃən] s poción

pot'luck' s lo que hay de comer; **to take potluck** hacer penitencia

pot shot s tiro a corta distancia

potter ['pɑtər] s alfarero; ollero ‖ intr ocuparse en fruslerías

potter's clay s arcilla figulina

potter's field s cementerio de los pobres, hoyanca

potter's shop s ollería

potter's wheel s torno de alfarero

potter•y ['pɑtəri] s (pl **-ies**) alfarería; cacharros (de alfarería)

pouch [pautʃ] s bolsa, saquillo; (of kangaroo) bolsa; (for tobacco) petaca; valija

poulterer ['poltərər] s pollero

poultice ['poltɪs] s cataplasma f

poultry ['poltri] s aves fpl de corral

pounce [pauns] intr—**to pounce on** saltar sobre, precipitarse sobre

pound [paund] s (weight) libra; (for stray animals) corral m de concejo ‖ tr golpear; machacar, moler; encerrar en el corral de concejo; bombardear incesantemente; (to keep walking over) desempedrar ‖ intr golpear

pound'cake' s pastel m en que entra una libra de cada ingrediente; ponqué m (Am)

pound sterling s libra esterlina

pour [por] tr vaciar, verter, derramar; echar; servir (p.ej., té); escanciar (vino) ‖ intr fluir rápidamente; llover a torrentes; **to pour out of** salir a montones de (p.ej., el teatro)

pout [paut] s mala cara, puchero ‖ intr poner mala cara, hacer pucheros

poverty ['pɑvərti] s pobreza; pelazón f

POW abbr **prisoner of war**

powder ['paudər] s polvo; (for face) polvos; (explosive) pólvora ‖ tr pulverizar; (to sprinkle with powder) empolvar, polvorear

powder puff s borla para empolvarse

powder room s cuarto tocador, cuarto de aseo

powdery ['paudəri] adj (like powder) polvoriento; (sprinkled with powder) empolvado; (crumbly) quebradizo

power ['pau•ər] s (ability to act or do something; possession) poder m; (control, influence; wealth) poderío; (influential nation; energy, force, strength) potencia; **the powers that be** las autoridades, los que mandan ‖ tr accionar, impulsar

power brake s servofreno

power dive s (aer) picado con motor

power failure s interrupción de fuerza

powerful ['pau•ərfəl] adj poderoso

pow'er•house' s central eléctrica

powerless ['pau•ərlɪs] adj impotente

power line s (elec) sector m de distribución

power mower s motosegadora

power of attorney s poder m

power plant s (aer) grupo motopropulsor; (aut) grupo motor; (elec) central eléctrica, estación generadora

power steering s (aut) servodirección

power tool s herramienta motriz

pp. abbr **pages**

p.p. abbr **parcel post, postpaid**

pr. abbr **pair, present, price**

P.R. abbr **public relations**

practical ['præktɪkəl] adj práctico

practically ['præktɪkəli] adv poco más o menos

practice ['præktɪs] s práctica; uso, costumbre; ensayo; (of a profession) ejercicio; (of a doctor) clientela ‖ tr practicar; ejercitar (p.ej., la caridad); ejercer (una profesión); estudiar (p.ej., el piano); tener por costumbre ‖ intr ejercitarse; practicar la medicina; ensayarse; entrenarse, adiestrarse; **to practice as** ejercer de (p.ej., abogado)

practitioner [præk'tɪʃənər] s (medical doctor) práctico

Prague [prɑg] o [preg] s Praga

prairie ['prɛri] s pradera, llanura, pampa

prairie dog s ardilla ladradora

prairie wolf s coyote m

praise [prez] s alabanza, elogío ‖ tr alabar, elogiar

praise'wor'thy adj laudable, plausible

pram [præm] *s* cochecillo de niño
prance [præns] o [prɑns] *s* cabriola, trenzado || *intr* cabriolar, trenzar
prank [præŋk] *s* travesura
prate [pret] *intr* charlar, parlotear
prattle [ˈprætəl] *s* charla, parloteo || *intr* charlar, parlotear, balbucear (*un niño*)
pray [pre] *tr* implorar, rogar, suplicar; rezar (*una oración*) || *intr* orar, rezar; **pray tell me** sírvase decirme
prayer [prɛr] *s* ruego, súplica; oración, rezo
prayer book *s* devocionario
preach [pritʃ] *tr* predicar; aconsejar (*p.ej., la paciencia*) || *intr* predicar
preacher [ˈpritʃər] *s* predicador *m*
preamble [ˈpri,æmbəl] *s* preámbulo
prebend [ˈprɛbənd] *s* prebenda
precarious [priˈkɛrɪ•əs] *adj* precario
precaution [priˈkɔʃən] *s* precaución
precede [priˈsid] *tr & intr* preceder
precedent [ˈprɛsɪdənt] *s* precedente *m*
precept [ˈprisɛpt] *s* precepto
precinct [ˈprisɪŋkt] *s* barriada; distrito electoral
precious [ˈprɛʃəs] *adj* precioso; caro, amado; (coll) considerable || *adv* (coll) muy, p.ej., **precious little** muy poco
precipice [ˈprɛsɪpɪs] *s* precipicio
precipitate [priˈsɪpɪ,tet] *adj & s* precipitado || *tr* precipitar || *intr* precipitarse
precipitous [priˈsɪpɪtəs] *adj* empinado, escarpado; (*hurried, reckless*) precipitoso
precise [priˈsais] *adj* preciso; meticuloso
precision [priˈsɪʒən] *s* precisión
preclude [priˈklud] *tr* excluir, imposibilitar
precocious [priˈkoʃəs] *adj* precoz
predatory [ˈprɛdə,tori] *adj* predatorio
predicament [priˈdɪkəmənt] *s* apuro, situación difícil
predict [priˈdɪkt] *tr* predecir
prediction [priˈdɪkʃən] *s* predicción
predispose [,pridɪsˈpoz] *tr* predisponer
predominant [priˈdɑmɪnənt] *adj* predominante
preëminent [priˈɛmɪnənt] *adj* preeminente
preëmpt [priˈɛmpt] *tr* apropiarse o apropiarse de
preen [prin] *tr* arreglarse (*las plumas*) con el pico; **to preen oneself** componerse, vestirse cuidadosamente
pref. *abbr* **preface, preferred, prefix**
prefabricate [priˈfæbrɪ,ket] *tr* prefabricar
preface [ˈprɛfɪs] *s* prefacio, advertencia || *tr* introducir, empezar
pre•fer [priˈfʌr] *v* (*pret & pp* **-ferred**; *ger* **-ferring**) *tr* preferir; presentar; promover
preferable [ˈprɛfərəbəl] *adj* preferible
preference [ˈprɛfərəns] *s* preferencia
prefix [ˈprifɪks] *s* prefijo || *tr* prefijar
pregnan•cy [ˈprɛgnənsi] *s* (*pl* **-cies**) preñez *f*, embarazo
pregnant [ˈprɛgnənt] *adj* preñado; encinta; **to make pregnant** dejar encinta
prejudice [ˈprɛdʒədɪs] *s* prejuicio; (*detriment*) perjuicio; **to the prejudice of** con perjuicio de; **without prejudice** (law) sin detrimento de sus propios derechos || *tr*

predisponer, prevenir; (*to harm*) perjudicar
prejudicial [,prɛdʒəˈdɪʃəl] *adj* perjudicial
prelate [ˈprɛlɪt] *s* prelado
pre-Lenten [priˈlɛntən] *adj* carnavalesco
prelim [priˈlɪm] *s* (coll) examen *m* preliminar
preliminar•y [priˈlɪmɪ,nɛri] *adj* preliminar || *s* (*pl* **-ies**) preliminar *m*
prelude [ˈprɛljud] o [ˈprilud] *s* preludio || *tr* preludiar
premeditate [priˈmɛdɪ,tet] *tr* premeditar
premier [prɪˈmɪr] o [ˈpriˈmɪr] *s* primer ministro, presidente *m* del consejo
première [preˈmjɛr] o [ˈprimɪ•ər] *s* estreno; actriz *f* principal
premise [ˈprɛmɪs] *s* premisa; **on the premises** en el local mismo; **premises** predio, local *m*
premium [ˈprimɪ•əm] *s* premio; (ins) prima
premonition [,priməˈnɪʃən] *s* presagio; presentimiento
preoccupancy [priˈɑkjəpənsi] *s* preocupación
preoccupation [priˈɑkjəˈpeʃən] *s* preocupación
preoccu•py [priˈɑkjə,paɪ] *v* (*pret & pp* **-pied**) *tr* preocupar
prepaid [priˈped] *adj* pagado por adelantado; con porte pagado
preparation [,prɛpəˈreʃən] *s* preparación; (*e.g., for a trip*) preparativo; (pharm) preparado
preparatory [prɪˈpærə,tori] *adj* preparativo, preparatorio
prepare [prɪˈpɛr] *tr* preparar || *intr* prepararse
preparedness [prɪˈpɛrɪdnɪs] o [prɪˈpɛrdnɪs] *s* preparación; preparación militar
pre•pay [priˈpe] *v* (*pret & pp* **-paid**) *tr* pagar por adelantado
preponderant [prɪˈpɑndərənt] *adj* preponderante
preposition [,prɛpəˈzɪʃən] *s* preposición
prepossessing [,pripəˈzɛsɪŋ] *adj* atractivo, simpático
preposterous [prɪˈpɑstərəs] *adj* absurdo, ridículo
prep school [prɛp] *s* (coll) escuela preparatoria
prerecorded [,prirɪˈkɔrdɪd] *adj* (rad & telv) grabado de antemano
prerequisite [,priˈrɛkwɪzɪt] *s* requisito previo
prerogative [prɪˈrɑgətɪv] *s* prerrogativa
Pres. *abbr* **Presbyterian, President**
presage [ˈprɛsɪdʒ] *s* presagio || [prɪˈsedʒ] *tr* presagiar
Presbyterian [,prɛzbɪˈtɪri•ən] *adj & s* presbiteriano
prescribe [prɪˈskraɪb] *tr & intr* prescribir
prescription [prɪˈskrɪpʃən] *s* prescripción; (pharm) receta
presence [ˈprɛzəns] *s* presencia
present [ˈprɛzənt] *adj* presente || *s* presente *m*, regalo || [prɪˈzɛnt] *tr* presentar, obsequiar
presentable [prɪˈzɛntəbəl] *adj* bien apersonado
presentation [,prɛzənˈteʃən] o [,prizənˈteʃən] *s* presentación

presentation copy s ejemplar m de cortesía con dedicatoria del autor

presentiment [prɪ'zɛntɪmənt] s presentimiento

presently ['prɛzəntli] adv luego, dentro de poco

preserve [prɪ'zʌrv] s conserva, compota; (for game) vedado ‖ tr conservar; preservar, proteger

preserved fruit s dulce m de almíbar

preside [prɪ'zaɪd] intr presidir; **to preside over** presidir

presiden•cy ['prɛzɪdənsi] s (pl -cies) presidencia

president ['prɛzɪdənt] s presidente m; (of a university) rector m

pres'i•dent-e•lect' s presidente m electo (todavía sin gobierno)

press [prɛs] s apretón m, empujón m; (e.g., of business) urgencia; muchedumbre; (machine for printing, for making wine; newspapers and newspapermen) prensa; (printing) imprenta; (closet) armario; **to go to press** entrar en prensa ‖ tr apretar (p.ej., un botón); (in a press) prensar; planchar (la ropa); imprimir (discos de fonógrafo); oprimir (una tecla); apresurar; abrumar; apremiar, instar; insistir en

press agent s agente m de publicidad

press conference s conferencia de prensa, rueda de prensa

pressing ['prɛsɪŋ] adj apremiante, urgente ‖ s planchado

press release s comunicado de prensa

pressure ['prɛʃər] s presión; premura, urgencia

pressure cooker ['kʊkər] s olla de presión, cocina de presión

pressurize ['prɛʃə,raɪz] tr (aer) sobrecargar

prestige [prɛs'tiʒ] o ['prɛstɪdʒ] s prestigio

presumably [prɪ'zuməbli] adv probablemente, verosímilmente

presume [prɪ'zjum] tr presumir; suponer; **to presume to** tomar la libertad de ‖ intr suponer; **to presume on** o **upon** abusar de

presumption [prɪ'zʌmpʃən] s presunción; pretensión

presumptuous [prɪ'zʌmptʃu•əs] adj confianzudo, desenvuelto

presuppose [,prisə'poz] tr presuponer

pretend [prɪ'tɛnd] tr aparentar, fingir ‖ intr fingir; **to pretend to** pretender (p.ej., el trono)

pretender [prɪ'tɛndər] s pretendiente mf

pretense [prɪ'tɛns] o ['pritɛns] s pretensión; fingimiento; **under false pretenses** con apariencias fingidas; **under pretense of** so pretexto de

pretentious [prɪ'tɛnʃəs] adj pretencioso, aparatoso; ambicioso, vasto

pretonic [prɪ'tɑnɪk] adj pretónico

pretrial prisoner s preso preventivo

pret•ty ['prɪti] adj (comp -tier; super -tiest) bonito, lindo; (coll) bastante, considerable ‖ adv algo; bastante; muy

prevail [prɪ'vel] intr prevalecer, reinar; **to prevail on** o **upon** persuadir

prevailing [prɪ'velɪŋ] adj prevaleciente, reinante; común, corriente

prevalent ['prɛvələnt] adj común, corriente, en boga

prevaricate [prɪ'værɪ,ket] intr mentir

prevent [prɪ'vɛnt] tr impedir ‖ intr obstar

prevention [prɪ'vɛnʃən] s (el) impedir; medidas de precaución

preventive [prɪ'vɛntɪv] adj & s preservativo

preview ['pri,vju] s vista anticipada; (private showing) (mov) preestreno; (showing of brief scenes for advertising) (mov) avance m

previous ['privi•əs] adj previo, anterior ‖ adv previamente; **previous to** con anterioridad a, antes de

prewar ['pri,wɔr] adj prebélico, de preguerra

prey [pre] s presa; víctima; **to be prey to** ser presa de ‖ intr cazar; **to prey on** o **upon** apresar y devorar; pillar, robar; tener preocupado

price [praɪs] s precio ‖ tr apreciar, estimar; fijar el precio de, poner precio a; pedir el precio de

price control s intervención de precios

price cutting s reducción de precios

price fixing s fijación de precios

price freezing s congelación de precios

priceless ['praɪslɪs] adj inapreciable, sin precio; (coll) absurdo, divertido

price war s guerra de precios

prick [prɪk] s (pointed weapon or instrument) espiche m; (sharp point) púa; (small hole made with sharp point) agujerillo; (spur) aguijón m; (jab; sharp pain) pinchazo, punzada; **to kick against the pricks** dar coces contra el aguijón ‖ tr pinchar; marcar con aguijerillos; dar una punzada a; (to sting) punzar; **to prick up** aguzar (las orejas)

prick•ly ['prɪkli] adj (comp -lier; super -liest) espinoso, puado, punzante

prickly heat s salpullido causado por el calor

prickly pear s (plant) chumbera; (fruit) higo chumbo

pride [praɪd] s orgullo; arrogancia; **the pride of** la flor y nata de ‖ tr—**to pride oneself on** o **upon** enorgullecerse de

priest [prist] s sacerdote m

priesthood ['prist•hʊd] s sacerdocio

priest•ly ['pristli] adj (comp -lier; super -liest) sacerdotal

prig [prɪg] s gazmoño, pedante mf

prim [prɪm] adj (comp **primmer**; super **primmest**) estirado, relamido

primary ['praɪ,mɛri] o ['praɪməri] adj primario ‖ s (pl -ries) elección preliminar; (elec) primario

prime [praɪm] adj primero, principal; (of the best quality) primo ‖ s flor f, juventud; primavera; alba, aurora; (la) flor y nata; (of a degree) (phys) minuto; (typ) virgulilla; **prime of life** edad viril, flor f de edad ‖ tr informar de antemano; cebar (un arma de fuego, una bomba, un carburador); (for painting) imprimar; poner la primera capa o la primera mano a; poner virgulilla a

pr
pr

prime minister s primer ministro
primer [ˈprɪmər] s cartilla ‖ [ˈpraɪmər] s (for paint) aprestado m; (mach) cebador m
primitive [ˈprɪmɪtɪv] adj primitivo
primp [prɪmp] tr acicalar, engalanar ‖ intr acicalarse, engalanarse
prim'rose' s primavera
primrose path s vida dada a los placeres de los sentidos
prin. abbr **principal**
prince [prɪns] s príncipe m; **to live like a prince** portarse como un príncipe
Prince of Wales s príncipe m de Gales
princess [ˈprɪnsɪs] s princesa
principal [ˈprɪnsɪpəl] adj principal ‖ s principal m, jefe m; (of a school) director m; criminal mf; (main sum, not interest) capital m
principle [ˈprɪnsɪpəl] s principio
print [prɪnt] s marca, impresión; (printed cloth) estampado; (design in printed cloth) diseño; grabado, lámina; letras de molde; (act of printing) impresión; edición; tirada; (phot) impresión; **in print** impreso, publicado; **out of print** agotado ‖ tr imprimir; estampar; hacer imprimir; publicar; escribir en caracteres de imprenta; (phot) tirar, imprimir; (fig) imprimir o grabar (en la memoria)
printed matter s impresos
printer [ˈprɪntər] s impresor m
printer's devil s aprendiz m de imprenta
printer's ink s tinta de imprenta
printer's mark s pie m de imprenta
printing [ˈprɪntɪŋ] s impresión; caracteres impresos; edición; tirada; letras de mano imitación de las impresas; (phot) tiraje m
printout [ˈprɪnt‚aut] s (computer) impreso derivado
prior [ˈpraɪ•ər] adj anterior ‖ adv anteriormente; **prior to** antes de
priori•ty [praɪˈɔrɪti] s (pl -ties) prioridad; **of the highest priority** de máxima prioridad
prism [ˈprɪzəm] s prisma m
prison [ˈprɪzən] s cárcel f, prisión ‖ tr encarcelar
prisoner [ˈprɪzənər] o [ˈprɪznər] s preso; (mil) prisionero
prison van s coche m celular
pris•sy [ˈprɪsi] adj (comp **-sier;** super **-siest**) (coll) remilgado, melindroso
priva•cy [ˈpraɪvəsi] s (pl **-cies**) aislamiento, retiro; secreto, reserva
private [ˈpraɪvɪt] adj particular, privado; confidencial; ‖ s soldado raso; **in private** privadamente; en secreto; **privates** partes pudendas
private first class s soldado de primera, aspirante m a cabo
private hospital s clínica, casa de salud
private property s bienes mpl particulares
private view s día m de inauguración
privet [ˈprɪvɪt] s aligustre m
privilege [ˈprɪvɪlɪdʒ] s privilegio
priv•y [ˈprɪvi] adj privado; **privy to** enterado secretamente de ‖ s (pl **-ies**) letrina

prize [praɪz] s premio; (something captured) presa ‖ tr apreciar, estimar
prize fight s partido de boxeo profesional
prize fighter s boxeador m profesional
prize ring s cuadrilátero de boxeo
pro [pro] prep en pro de ‖ s (pl **pros**) voto afirmativo; (coll) deportista mf profesional; **the pros and the cons** el pro y el contra
probabili•ty [‚prabəˈbɪlɪti] s (pl **-ties**) probabilidad; acontecimiento probable; tiempo probable
probable [ˈprabəbəl] adj probable
probation [proˈbeʃən] s libertad vigilada; período de prueba
probe [prob] s encuesta, indagación; (instrument) sonda ‖ tr indagar; sondar
problem [ˈprabləm] s problema m
procedure [proˈsidʒər] s procedimiento
proceed [proˈsid] intr proceder ‖ **proceeds** [ˈprosidz] spl producto, ganancia
proceeding [proˈsidɪŋ] s procedimiento; **proceedings** actas; diligencias
process [ˈprasɛs] s procedimiento; proceso, progreso; **in the process of time** con el tiempo ‖ tr elaborar; (electronic data) procesar
processing [ˈprasɛsɪŋ] s (electronic data) procesamiento
process server [ˈsʌrvər] s entregador m de la citación
proclaim [proˈklem] tr proclamar
proclitic [proˈklɪtɪk] adj & s proclítico
procommunist [proˈkamjənɪst] adj & s filocomunista mf
procrastinate [proˈkræstɪ‚net] tr diferir de un día para otro ‖ intr tardar, no decidirse
procure [proˈkjur] tr conseguir, obtener ‖ intr alcahuetear
prod [prad] s aguijada; empuje m ‖ v (pret & pp **prodded;** ger **prodding**) tr aguijar, pinchar; aguijonear, estimular
prodigal [ˈpradɪgəl] adj & s pródigo
prodigious [proˈdɪdʒəs] adj & s prodigioso, maravilloso; enorme, inmenso
prodi•gy [ˈpradɪdʒi] s (pl **-gies**) prodigio
produce [ˈprodjus] o [ˈprodus] s producto; productos agrícolas ‖ [proˈdjus] o [proˈdus] tr producir; presentar (p.ej., un drama) al público; (geom) prolongar
product [ˈpradəkt] s producto
production [proˈdʌkʃən] s producción
profane [proˈfen] adj profano; (language) injurioso, blasfemo ‖ s profano ‖ tr profanar
profani•ty [proˈfænɪti] s (pl **-ties**) blasfemia
profess [proˈfɛs] tr & intr profesar
profession [proˈfɛʃən] s profesión
professor [proˈfɛsər] s profesor m, catedrático; (coll) profesor, maestro
proffer [ˈprafər] s oferta, propuesta ‖ tr ofrecer, proponer
proficient [proˈfɪʃənt] adj perito, diestro, hábil
profile [ˈprofaɪl] s perfil m ‖ tr perfilar
profit [ˈprafɪt] s provecho, beneficio, utilidad, ganancia; **at a profit** con ganancia ‖ tr servir, ser de utilidad a ‖ intr sacar

provecho, ganar; adelantar, mejorar; **to profit by** aprovechar, sacar provecho de

profitable [ˈprɑfɪtəbəl] *adj* provechoso

profit and loss *s* ganancias y pérdidas

profiteer [ˌprɑfɪˈtɪr] *s* logrero, explotador *m* || *intr* lograr, explotar

profit margin *s* excedente *m* de ganancia

profit taking *s* realización de beneficios

profligate [ˈprɑflɪgɪt] *adj & s* libertino; pródigo

pro forma invoice [pro ˈfɔrmə] *s* factura simulada

profound [proˈfaʊnd] *adj* profundo

profuse [proˈfjus] *adj* (*extravagant*) pródigo; (*abundant*) profuso

progeny [ˈprɑdʒeni] *s* (*pl* -nies) prole *f*

prognosis [prɑgˈnosɪs] *s* (*pl* -ses [siz]) pronóstico

prognosis [prɑgˈnɑstɪk] *s* pronóstico

program [ˈprogræm] *s* programa *m*; (*computer*) **program(me)** programa (para ordenador) || *tr* programar; (*computer*) **program(me)** programar

program(m)er [ˈprogræmər] *s* (*computer*) programador *m*, programadora

program(m)ing [ˈprogræmɪŋ] *s* (*computer*) programación (de ordenadores)

progress [ˈprɑgrɛs] *s* progreso, progresos, **to make progress** hacer progresos || [prəˈgrɛs] *intr* progresar

progressive [prəˈgrɛsɪv] *adj* progresivo; (pol) progresista || *s* (pol) progresista *mf*

prohibit [proˈhɪbɪt] *tr* prohibir

project [ˈprɑdʒɛkt] *s* proyecto || [prəˈdʒɛkt] *tr* proyectar || *intr* proyectarse

projectile [prəˈdʒɛktɪl] *s* proyectil *m*

projection [prəˈdʒɛkʃən] *s* proyección

projector [prəˈdʒɛktər] *s* proyector *m*

proletarian [ˌprolɪˈtɛriˑən] *adj & s* proletario

proletariat [ˌprolɪˈtɛriˑət] *s* proletariado

proliferate [prəˈlɪfəˌret] *intr* proliferar

prolific [prəˈlɪfɪk] *adj* prolífico

prolix [ˈprolɪks] o [proˈlɪks] *adj* difuso, verboso

prologue [ˈprolɔg] *s* prólogo

prolong [proˈlɔŋ] *tr* prolongar

promenade [ˌprɑmɪˈned] *s* paseo; garbeo; baile *m* de gala || *intr* pasear o pasearse

promenade deck *s* (naut) cubierta de paseo

prominent [ˈprɑmɪnənt] *adj* prominente

promise [ˈprɑmɪs] *s* promesa || *tr & intr* prometer

promising young man *s* joven *m* de esperanzas

promissory [ˈprɑmɪˌsori] *adj* promisorio

promissory note *s* pagaré *m*

promontory [ˈprɑmənˌtori] *s* (*pl* -ries) promontorio

promote [prəˈmot] *tr* promover; fomentar

promotion [prəˈmoʃən] *s* promoción; fomento

prompt [prɑmpt] *adj* pronto, puntual; listo, dispuesto || *tr* incitar, mover; inspirar, sugerir; (theat) apuntar

prompter [ˈprɑmptər] *s* (theat) apuntador *m*

prompter's box *s* (theat) concha

promulgate [ˈprɑməlˌget] o [proˈmʌlget] *tr* promulgar

prone [pron] *adj* postrado boca abajo; extendido sobre el suelo; dispuesto, propenso

prong [prɔŋ] o [prɑŋ] *s* punta (*de un tenedor, horquilla, etc.*)

pronoun [ˈpronaʊn] *s* pronombre *m*

pronounce [prəˈnaʊns] *tr* pronunciar

pronouncement [prəˈnaʊnsmənt] *s* declaración; decisión, opinión

pronunciamento [prəˌnʌnsiˑəˈmɛnto] *s* (*pl* -tos) pronunciamiento

pronunciation [prəˌnʌnsiˈeʃən] o [prəˌnʌnʃiˈeʃən] *s* pronunciación

proof [pruf] *adj* de prueba; **proof against** a prueba de || *s* prueba

proof'read'er *s* corrector *m* de pruebas

prop [prɑp] *s* apoyo, puntal *m*; (*to hold up a plant*) rodrigón *m*; **props** (theat) accesorios || *v* (*pret & pp* **propped**; *ger* **propping**) *tr* apoyar, apuntalar; poner un rodrigón a

propaganda [ˌprɑpəˈgændə] *s* propaganda

propagate [ˈprɑpəˌget] *tr* propagar

proparoxytone [ˌprɑpærˈɑksɪˌton] *adj & s* proparoxítono

propel [prəˈpɛl] *v* (*pret & pp* -pelled; *ger* -pelling) *tr* propulsar, impeler

propeller [prəˈpɛlər] *s* hélice *f*

propensity [prəˈpɛnsɪti] *s* (*pl* -ties) propensión

proper [ˈprɑpər] *adj* propio, conveniente; decente, decoroso; exacto, justo

property [ˈprɑpərti] *s* (*pl* -ties) propiedad; **properties** (theat) accesorios

property owner *s* propietario de bienes raíces

prophecy [ˈprɑfɪsi] *s* (*pl* -cies) profecía

prophesy [ˈprɑfɪˌsaɪ] *v* (*pret & pp* -sied) *tr* profetizar

prophet [ˈprɑfɪt] *s* profeta *m*

prophetess [ˈprɑfɪtɪs] *s* profetisa

prophylactic [ˌprɑfɪˈlæktɪk] *adj & s* profiláctico

propitiate [prəˈpɪʃiˌet] *tr* propiciar

propitious [prəˈpɪʃəs] *adj* propicio

prop'jet *s* turbohélice *m*

proportion [prəˈporʃən] *s* proporción; **in proportion as** a medida que; **out of proportion** desproporcionado || *tr* proporcionar

proportionate [prəˈporʃənɪt] *adj* proporcionado

proposal [prəˈpozəl] *s* propuesta; oferta de matrimonio

propose [prəˈpoz] *tr* proponer || *intr* proponer matrimonio; **to propose to** pedir la mano a; proponerse a + *inf*

proposition [ˌprɑpəˈzɪʃən] *s* proposición, propuesta

propound [prəˈpaʊnd] *tr* proponer

proprietor [prəˈpraɪˑətər] *s* propietario

proprietress [prəˈpraɪˑətrɪs] *s* propietaria

propriety [prəˈpraɪˑəti] *s* (*pl* -ties) corrección, conducta decorosa, conveniencia; **proprieties** cánones *mpl* sociales, convenciones

propulsion [prəˈpʌlʃən] *s* propulsión

prorate [proˈret] *tr* prorratear

pr
pr

prosaic [pro'ze•ɪk] *adj* prosaico
proscribe [pro'skraɪb] *tr* proscribir
prose [proz] *adj* prosaico ‖ *s* prosa
prosecute ['prɑsɪ,kjut] *tr* llevar a cabo; (law) procesar
prosecutor ['prɑsɪ,kjutər] *s* acusador *m*, demandante *mf;* (*lawyer*) fiscal *m*
proselyte ['prɑsɪ,laɪt] *s* prosélito
prose writer *s* prosista *mf*
prosody ['prɑsədi] *s* métrica
prospect ['prɑspɛkt] *s* vista; esperanza; probabilidad de éxito; cliente *mf* o comprador *m* probable ‖ *tr* & *intr* prospectar; **to prospect for** buscar (*p.ej.*, oro, petróleo)
prosper ['prɑspər] *tr* & *intr* prosperar
prosperi•ty [prɑs'pɛrɪti] *s* (*pl* -ties) prosperidad
prosperous ['prɑspərəs] *adj* próspero
prostitute ['prɑstɪ,tjut] *s* prostituta; güila (Mex) ‖ *tr* prostituir
prostrate ['prɑstret] *adj* postrado, prosternado ‖ *tr* postrar
prostration [prɑs'treʃən] *s* postración
Prot. *abbr* **Protestant**
protagonist [pro'tægənɪst] *s* protagonista *mf*
protect [prə'tɛkt] *tr* proteger
protection [prə'tɛkʃən] *s* protección
protégé ['protə,ʒe] *s* protegido
protégée ['protə,ʒe] *s* protegida
protein ['proti•ɪn] o ['protin] *s* proteína
pro-tempore [pro'tɛmpəri] *adj* interino
protest ['protɛst] *s* protesta ‖ [pro'tɛst] *tr* & *intr* protestar
protestant ['prɑtɪstənt] *adj* & *s* protestante *mf* ‖ **Protestant** *adj* & *s* protestante *mf*
prothonotar•y [pro'θɑnə,tɛri] *s* (*pl* -ies) escribano principal (*de un tribunal*)
protocol ['protə,kɑl] *s* protocolo
protoplasm ['protə,plæzəm] *s* protoplasma *m*
prototype ['protə,taɪp] *s* prototipo
protozoön [,protə'zo•ɑn] *s* protozoo
protract [pro'trækt] *tr* prolongar
protrude [pro'trud] *intr* resaltar
proud [praʊd] *adj* orgulloso; soberbio; glorioso
proud flesh *s* carnosidad, bezo
prov. *abbr* **provincialism**
prove [pruv] *v* (*pret* **proved**; *pp* **proved** o **proven**) *tr* probar ‖ *intr* resultar; **to prove to be** venir a ser, resultar
proverb ['prɑvərb] *s* proverbio
provide [prə'vaɪd] *tr* proporcionar, suministrar ‖ *intr*—**to provide for** proveer a; asegurarse (*el porvenir*)
provided [prə'vaɪdɪd] *conj* a condición (de) que, con tal (de) que
providence ['prɑvɪdəns] *s* providencia
providential [,prɑvɪ'dɛnʃəl] *adj* providencial
providing [prə'vaɪdɪŋ] *conj* var de **provided**
province ['prɑvɪns] *s* provincia; (*sphere of activity or knowledge*) competencia
proving ground ['pruvɪŋ] *s* campo de ensayos
provision [prə'vɪʒən] *s* provisión; condición; estipulación
provi•so [prə'vaɪzo] *s* (*pl* -sos o -soes) condición, estipulación, salvedad

provoke [prə'vok] *tr* provocar
provoking [prə'vokɪŋ] *adj* provocador, irritante
prow [praʊ] *s* proa
prowess ['praʊ•ɪs] *s* proeza; destreza
prowl [praʊl] *intr* cazar al acecho, rodar, vagabundear
prowler ['praʊlər] *s* rondador *m;* ladrón *m*
proximity [prɑk'sɪmɪti] *s* proximidad
prox•y ['prɑksi] *s* (*pl* -ies) poder *m*, poderhabiente *mf*
prude [prud] *s* mojigato, gazmoño
prudence ['prudəns] *s* prudencia
prudent ['prudənt] *adj* prudente
pruder•y ['prudəri] *s* (*pl* -ies) mojigatería, gazmoñería
prudish ['prudɪʃ] *adj* mojigato, gazmoño
prune [prun] *s* ciruela pasa ‖ *tr* podar, escamondar
pry [praɪ] *v* (*pret* & *pp* **pried**) *tr*—**to pry open** forzar con la alzaprima o palanca; **to pry out of** arrancar (*p.ej.*, *un secreto*) a (*una persona*) ‖ *intr* entremeterse; **to pry into** entremeterse en
P.S. *abbr* **postscript, Privy Seal**
psalm [sɑm] *s* salmo
Psalter ['sɔltər] *s* Salterio
pseudo ['sudo] o ['sjudo] *adj* supuesto, falso, fingido
pseudonym ['sudənɪm] o ['sjudənɪm] *s* seudónimo
Psyche ['saɪki] *s* Psique *f*
psychedelic [,saɪkə'dɛlɪk] *adj* psicodélico
psychiatrist [saɪ'kaɪ•ətrɪst] *s* psiquiatra *mf*
psychiatry [saɪ'kaɪ•ətri] *s* psiquiatria
psychic ['saɪkɪk] *adj* psíquico; mediúmnico ‖ *s* médium *mf*
psychoanalysis [,saɪko•ə'nælɪsɪs] *s* psicoanálisis *m*
psychoanalyze [,saɪko'ænə,laɪz] *tr* psicoanalizar
psychologic(al) [,saɪkə'lɑdʒɪk(əl)] *adj* psicológico
psychologist [saɪ'kɑlədʒɪst] *s* psicólogo
psychology [saɪ'kɑlədʒi] *s* psicología
psychopath ['saɪkə,pæθ] *s* psicópata *mf*
psycho•sis [saɪ'kosɪs] *s* (*pl* -ses [siz]) psicosis *f;* estado mental
psychotherapy [,saɪkə'θɛrəpi] *s* psicoterapia
psychotic [saɪ'kɑtɪk] *adj* & *s* psicótico
pt. *abbr* **part, pint, point**
pub [pʌb] *s* (Brit) taberna
puberty ['pjubərti] *s* pubertad
public ['pʌblɪk] *adj* & *s* público
publication [,pʌblɪ'keʃən] *s* publicación
public conveyance *s* vehículo de servicio público
publicity [pʌb'lɪsɪti] *s* publicidad
publicize ['pʌblɪ,saɪz] *tr* publicar
public library *s* biblioteca municipal
public relations *spl* relaciones publicas
public school *s* (U.S.A.) escuela pública; (Brit) internado privado con dote
public speaking *s* elocución, oratoria

public spirit *s* celo patriótico del buen ciudadano

public toilet *s* quiosco de necesidad

public transportation *s* transporte colectivo

public utility *s* empresa de servicio público; **public utilities** acciones emitidas por empresas de servicio público

publish [ˈpʌblɪʃ] *tr* publicar

publisher [ˈpʌblɪʃər] *s* editor *m*

publishing house *s* casa editorial

pucker [ˈpʌkər] *s* (*small fold*) frunce *m;* pliego mal hecho ‖ *tr* fruncir (*una tela; la frente*); plegar mal ‖ *intr* plegarse mal

pudding [ˈpʊdɪŋ] *s* budín *m,* pudín *m*

puddle [ˈpʌdəl] *s* aguazal *m,* charco

pudg·y [ˈpʌdʒi] *adj* (*comp* **-ier;** *super* **-iest**) gordinflón, rechoncho

puerile [ˈpjuˑərɪl] *adj* pueril

puerili·ty [ˌpjuˑəˈrɪlɪti] *s* (*pl* **-ties**) puerilidad

Puerto Rican [ˈpwɛrto ˈrikən] *adj & s* puertorriqueño

puff [pʌf] *s* soplo vivo; (*of smoke*) bocanada; (*in clothing*) bullón *m;* borla de polvos; pastelillo de crema o jalea; alubanza exage rada; ráfaga, ventolera ‖ *tr* soplar; hinchar; alabar exageradamente ‖ *intr* soplar; hincharse; enorgullecerse exageradamente

puff paste *s* hojaldre *m & f*

pugilism [ˈpjudʒɪˌlɪzəm] *s* pugilismo

pugilist [ˈpjudʒɪlɪst] *s* pugilista *m*

pug-nosed [ˈpʌgˌnozd] *adj* braco

puke [pjuk] *s* (slang) vómito ‖ *tr & intr* (slang) vomitar

pull [pʊl] *s* estirón *m,* tirón *m;* (*on a cigar*) chupada; (*of a door*) tirador *m,* (slang) enchufe *m,* buenas aldabas ‖ *tr* tirar de; torcer (*un ligamento*); (typ) sacar (*una impresión a prueba*); **to pull down** demoler, derribar; bajar (*p.ej., la cortinilla*); abatir, degradar; **to pull oneself together** componerse, recobrar la calma ‖ *intr* tirar; moverse despacio, moverse con esfuerzo; **to pull at** tirar de (*p.ej., la corbata*); chupar (*p.ej., un cigarro*); **to pull for** (slang) abogar por, ayudar; **to pull for oneself** tirar por su lado; **to pull in** llegar (*un tren*) a la estación; **to pull out** partir (*un tren*) de la estación, **to pull strings** usar enchufe; **to pull through** salir a flote; recobrar la salud

pullet [ˈpʊlɪt] *s* polla

pulley [ˈpʊli] *s* polea

pulp [pʌlp] *s* pulpa; (*to make paper*) pasta; (*of tooth*) bulbo

pulpit [ˈpʊlpɪt] *s* púlpito

pulsate [ˈpʌlset] *intr* pulsar; vibrar

pulsation [pʌlˈseʃən] *s* pulsación; vibracion

pulse [pʌls] *s* pulso; **to feel** o **take the pulse of** tomar el pulso a

pulverize [ˈpʌlvəˌraɪz] *tr* pulverizar

pumice stone [ˈpʌmɪs] *s* pómez *f,* piedra pómez

pum·mel [ˈpʌməl] *v* (*pret & pp* **-meled** o **-melled;** *ger* **-meling** o **-melling**) *tr* apuñear, aporrear

pump [pʌmp] *s* bomba; (*slipperlike shoe*) escarpín *m,* zapatilla ‖ *tr* elevar o sacar (*agua*) por medio de una bomba; (coll)

tirar de la lengua a (*una persona*); **to pump up** hinchar, inflar (*un neumático*)

pump handle *s* guimbalete *m*

pumpkin [ˈpʌmpkɪn] o [ˈpuŋkɪn] *s* calabaza común; **some pumpkins** persona de muchas campanillas

pump-priming [ˈpʌmpˌpraɪmɪŋ] *s* inyección económica (*por parte del gobierno*)

pun [pʌn] *s* equívoco, retruécano ‖ *v* (*pret & pp* **punned;** *ger* **punning**) *intr* decir equívocos, jugar del vocablo

punch [pʌntʃ] *s* puñetazo; (*tool*) punzón *m;* (*for tickets*) sacabocado; (*drink*) ponche *m* ‖ *tr* dar un puñetazo a; taladrar, perforar (*un billete, una tarjeta*)

punch bowl *s* ponchera

punch card *s* tarjeta perforada, ficha perforada

punch clock *s* reloj *m* registrador de tarjetas

punch'-drunk' *adj* atontado (*p.ej., por una tunda de golpes*); completamente aturdido

punched tape *s* cinta perforada

punching bag *s* punching *m,* boxibalón *m*

punch line *s* broche *m* de oro, colofón *m* del artículo

punctilious [pʌŋkˈtɪliˑəs] *adj* puntilloso, pundonoroso

punctual [ˈpʌŋktʃuˑəl] *adj* puntual

punctuate [ˈpʌŋktʃuˌet] *tr* puntuar; acentuar, destacar; interrumpir ‖ *intr* puntuar

punctuation [ˌpʌŋktʃuˈeʃən] *s* puntuación

punctuation mark *s* signo de puntuación

puncture [ˈpʌŋktʃər] *s* puntura; (*of a tire*) picadura, pinchazo ‖ *tr* pinchar, picar, perforar

punc'ture-proof' *adj* a prueba de pinchazos

pundit [ˈpʌndɪt] *s* erudito, sabio

pungent [ˈpʌndʒənt] *adj* picante; estimulante

punish [ˈpʌnɪʃ] *tr* castigar; penalizar; (coll) maltratar

punishable [ˈpʌnɪʃəbəl] *adj* delictivo

punishment [ˈpʌnɪʃmənt] *s* castigo; (coll) maltrato

punk [pʌŋk] *adj* (slang) malo, de mala calidad ‖ *s* yesca, pebete *m;* (*decayed wood*) hupe *m;* (slang) pillo, gamberro

punster [ˈpʌnstər] *s* equivoquista *mf,* vocablista *mf*

pu·ny [ˈpjuni] *adj* (*comp* **-nier;** *super* **-niest**) encanijado, débil; insignificante, mezquino

pup [pʌp] *s* cachorro

pupil [ˈpjupəl] *s* alumno; (*of the eye*) pupila

puppet [ˈpʌpɪt] *s* títere *m;* (*doll*) muñeca; (*person controlled by another*) maniquí *m*

puppet government *s* gobierno de monigotes

puppet show *s* función de títeres

puppy love [ˈpʌpi] *s* (coll) primeros amores

purchase [ˈpʌrtʃəs] *s* compra; agarre *m* firme ‖ *tr* comprar

purchasing power *s* poder adquisitivo

pure [pjʊr] *adj* puro

purgative [ˈpʌrgətɪv] *adj & s* purgante *m*

purge [pʌrdʒ] *s* purga ‖ *tr* purgar

puri·fy [ˈpjʊrɪˌfaɪ] *v* (*pret & pp* **-fied**) *tr* purificar

puritan [ˈpjʊrɪtən] *adj & s* puritano ‖ **Puritan** *adj & s* puritano

pr
pu

purity [´pjʊrɪti] *s* pureza

purloin [pər´lɔɪn] *tr & intr* robar, hurtar

purple [´pʌrpəl] *adj* purpurado, rojo morado ‖ *m* púrpura, rojo morado

purport [´pʌrport] *s* significado, idea principal ‖ [pər´port] *tr* significar, querer decir

purpose [´pʌrpəs] *s* intención, propósito; fin *m*, objeto; **for the purpose** al efecto; **for what purpose?** ¿con qué fin?; **on purpose** adrede, de propósito; **to good purpose** con buenos resultados; **to no purpose** sin resultado; **to serve one's purpose** servir para el caso

purposely [´pʌrpəsli] *adv* adrede, de propósito

purr [pʌr] *s* ronroneo ‖ *intr* ronronear

purse [pʌrs] *s* bolsa; (*money collected for charity*) colecta ‖ *tr* fruncir

purser [´pʌrsər] *s* contador *m* de navío, comisario de a bordo

purse snatcher [´snætʃər] *s* carterista *mf*

purse strings *spl* cordones *mpl* de la bolsa; **to hold the purse strings** tener las llaves de la caja

pursue [pər´su] o [pər´sju] *tr* perseguir (*al que huye*); proseguir (*lo empezado*); seguir (*una carrera*); dedicarse a

pursuit [pər´sut] o [pər´sjut] *s* persecución; prosecución; (*e.g., of happiness*) busca o búsqueda; empleo

pursuit plane *s* caza *m*, avión *m* de caza

purvey [pər´ve] *tr* proveer, suministrar

pus [pʌs] *s* pus *m*

push [pʊʃ] *s* empuje *m*, empujón *m* ‖ *tr* empujar; pulsar (*un botón*); extender (*p.ej., conquistas*); **to push around** (coll) tratar a empujones; **to push aside** hacer a un lado; **to push through** forzar (*p.ej., una resolución*) ‖ *intr* empujar; **to push off** (coll) irse, salir; (naut) desatracarse

push button *s* botón *m* de llamada, botón interruptor

push´-but´ton control *s* mando por botón

push´cart´ *s* carretilla de mano

pusher [´pʊʃər] *s* (drugs) púcher *m*

pushing [´pʊʃɪŋ] *adj* emprendedor; entremetido, agresivo

pushy [´pʊʃi] *adj* (coll) agresivo; presumido

pusillanimous [ˌpjusɪ´lænɪməs] *adj* pusilánime

puss [pʊs] *interj* ¡miz! ‖ *s* micho; chica, muchacha; (slang) cara, boca

puss in the corner *s* las cuatro esquinas

puss•y [´pʊsi] *s* (*pl* **-ies**) michito

pussy willow *s* sauce norteamericano de amentos muy sedosos

pustule [´pʌstʃʊl] *s* pústula

put [pʊt] *v* (*pret & pp* **put**; *ger* **putting**) *tr* poner, colocar; arrojar, echar, lanzar; hacer (*una pregunta*); **to put across** llevar a cabo; hacer aceptar; **to put aside** poner aparte; rechazar; ahorrar (*dinero*); **to put down** anotar, apuntar; sofocar (*una insurrección*); rebajar (*los precios*); **to put off** posponer; deshacerse de; **to put on** ponerse (*la ropa*); poner en escena; llevar (*p.ej., un drama a la pantalla*); accionar (*un freno*); cargar (*impuestos*); fingir; atribuir; **to put oneself out** incomodarse, molestarse; afanarse, desvivirse; **to put out** extender (*la mano*); apagar (*el fuego, la luz*); poner en la calle; dar a luz, publicar; decepcionar; (sport) sacar fuera de la partida; **to put over** o **through** (coll) llevar a cabo; **to put up** construir, edificar; abrir (*un paraguas*); conservar (*fruta, legumbres*); (coll) incitar ‖ *intr* dirigirse; **to put on** fingir; **to put up** parar, hospedarse; **to put up with** aguantar, tolerar

put´-out´ *adj* contrariado, enojado

putrid [´pjutrɪd] *adj* pútrido; corrompido, perverso

putsch [pʊtʃ] *s* intentona de sublevación; sublevación; cuartelazo

putter [´pʌtər] *intr* trabajar sin orden ni sistema; **to putter around** ocuparse en fruslerías, temporizar

put•ty [´pʌti] *s* (*pl* **-ties**) masilla ‖ *v* (*pret & pp* **-tied**) *tr* enmasillar

putty knife *s* cuchillo de vidriero, espátula

put´-up´ *adj* (coll) premeditado con malicia

puzzle [´pʌzəl] *s* enigma *m;* acertijo, rompecabezas *m* ‖ *tr* confundir, poner perplejo; **to puzzle out** descifrar ‖ *intr* estar perplejo; **to puzzle over** tratar de descifrar

puzzler [´pʌzlər] *s* quisicosa

PW *abbr* **prisoner of war**

pyg•my [´pɪgmi] *adj* pigmeo ‖ *s* (*pl* **-mies**) pigmeo

pylon [´paɪlan] *s* pilón *m*

pyramid [´pɪrəmɪd] *s* pirámide *f* ‖ *tr* aumentar (*su dinero*) comprando o vendiendo al crédito y empleando las ganancias para comprar o vender más

pyre [paɪr] *s* pira

Pyrenean [ˌpɪrɪ´niˑən] *adj* pirineo

Pyrenees [´pɪrɪˌniz] *spl* Pirineos

pyrites [paɪ´raɪtiz] o [´paɪraɪts] *s* pirita

pyrotechnical [ˌpaɪrə´tɛknɪkəl] *adj* pirotécnico

pyrotechnics [ˌpaɪrə´tɛknɪks] *spl* pirotecnia

python [´paɪθən] *s* pitón *m*

pythoness [´paɪθənɪs] *s* pitonisa

pyx [pɪks] *s* píxide *f*, copón *m*

Q

Q, q [kju] decimoséptima letra del alfabeto inglés

Q. *abbr* **quarto, queen, question, quire**

Q.M. *abbr* **quartermaster**

qr. *abbr* **quarter, quire**

qt. *abbr* **quantity, quart**

qu. *abbr* **quart, quarter, quarterly, queen, query, question**

quack [kwæk] *adj* falso ‖ *s* graznido del pato; charlatán *m;* medicastro, curandero ‖ *intr* parpar (*el pato*)

quacker•y [ˈkwækəri] *s* (*pl* **-ies**) charlatanismo

quadrangle [ˈkwɑd,ræŋgəl] *s* cuadrángulo; patio cuadrangular

quadrant [ˈkwɑdrənt] *s* cuadrante *m*

quadroon [kwɑdˈrun] *s* cuarterón *m*

quadruped [ˈkwɑdru,pɛd] *adj* & *s* cuadrúpedo

quadruple [ˈkwɑdrupəl] o [kwɑdˈrupəl] *adj* & *s* cuádruple *m* ‖ *tr* cuadruplicar ‖ *intr* cuadruplicarse

quadruplet [ˈkwɑdru,plet] o [kwɑdˈruplet] *s* cuatrillizo

quaff [kwɑf] o [kwæf] *s* trago grande ‖ *tr* & *intr* beber en gran cantidad

quail [kwel] *s* codorniz *f* ‖ *intr* acobardarse

quaint [kwent] *adj* curioso, raro; afectado, rebuscado; fantástico, singular

quake [kwek] *s* temblor *m*, terremoto ‖ *intr* temblar

Quaker [ˈkwekər] *adj* & *s* cuáquero

Quaker meeting *s* reunión de cuáqueros; reunión en que hay poca conversación

quali•fy [ˈkwɑli,fai] *v* (*pret* & *pp* **-fied**) *tr* calificar; capacitar, habilitar ‖ *intr* capacitarse, habilitarse

quali•ty [ˈkwɑliti] *s* (*pl* **-ties**) (*characteristic; virtue*) calidad; (*property, attribute*) cualidad; (*of a sound*) timbre *m*

quality of life *s* calidad de vida

qualm [kwɑm] *s* escrúpulo de conciencia; duda, inquietud; (*nausea*) basca

quanda•ry [ˈkwɑndəri] *s* (*pl* **-ries**) incertidumbre, perplejidad

quanti•ty [ˈkwɑntiti] *s* (*pl* **-ties**) cantidad

quan•tum [ˈkwɑntəm] *adj* cuántico ‖ *s* (*pl* **-ta** [tə]) cuanto, quántum *m*

quantum theory *s* teoría cuántica

quarantine [ˈkwɑrən,tin] o [ˈkwɔrən,tin] *s* cuarentena; estación de cuarentena ‖ *tr* poner en cuarentena

quar•rel [ˈkwɑrəl] o [ˈkwɔrəl] *s* disputa, riña, pelea; **to have no quarrel with** no estar en desacuerdo con; **to pick a quarrel with** tomarse con ‖ *v* (*pret* & *pp* **-reled** o **-relled;** *ger* **-reling** o **-relling**) *intr* disputar, reñir, pelear

quarrelsome [ˈkwɑrəlsəm] o [ˈkwɔrəlsəm] *adj* pendenciero

quar•ry [ˈkwɑri] o [ˈkwɔri] *s* (*pl* **-ries**) cantera, pedrera; caza, presa ‖ *v* (*pret* & *pp* **-ried**) *tr* sacar de una cantera; extraer, sacar

quart [kwɔrt] *s* cuarto de galón

quarter [ˈkwɔrtər] *adj* cuarto ‖ *s* cuarto, cuarta parte; (*three months*) trimestre *m;* moneda de 25 centavos; cuarto de luna; barrio; región, lugar *m;* (*clemency*) (mil) cuartel *m;* **quarters** morada, vivienda; local *m;* (mil) cuarteles *mpl;* **to take up quarters** alojarse ‖ *tr* descuartizar

quar′ter-deck′ *s* alcázar *m*

quar′ter-hour′ *s* cuarto de hora; **on the quarter-hour** al cuarto en punto cada cuarto de hora

quarter•ly [ˈkwɔrtərli] *adj* trimestral ‖ *adv* trimestralmente ‖ *s* (*pl* **-lies**) publicación o revista trimestral

quar′ter•mas′ter *s* (mil) comisario; (nav) cabo de brigadas

quartet [kwɔrˈtet] *s* cuarteto

quartz [kwɔrts] *s* cuarzo

quartz watch *s* reloj de cuarzo

quasar [ˈkwesɑr] *s* (astr) objeto del espacio, fuente *f* cuasiestelar de radio

quash [kwɑʃ] *tr* sofocar, reprimir; anular, invalidar

quaver [ˈkwevər] *s* temblor *m*, estremecimiento; (mus) trémolo ‖ *intr* temblar, estremecerse

quay [ki] *s* muelle *m*, desembarcadero

queen [kwin] *s* reina; (*in chess*) dama o reina; (*in cards*) dama (*que corresponde al caballo*); abeja reina

queen bee *s* abeja reina, abeja maestra; (slang) marimandona, la que lleva la voz cantante

Queen dowager *s* reina viuda

queen•ly [ˈkwinli] *adj* (*comp* **-lier;** *super* **-liest**) de reina; como reina; regio

queen mother *s* reina madre

queen olive *s* aceituna de la reina, aceituna gordal

queen post *s* péndola

queen's English *s* inglés castizo

queer [kwir] *adj* curioso, raro; estrambótico, estrafalario; aturdido, indispuesto; (coll) sospechoso, misterioso ‖ *tr* (slang) echar a perder; (slang) comprometer

quell [kwel] *tr* sofocar, reprimir; mitigar (*una pena o dolor*)

quench [kwentʃ] *tr* apagar (*el fuego; la sed*); sofocar, reprimir; (electron) amortiguar

que•ry [ˈkwiri] *s* (*pl* **-ries**) pregunta; signo de interrogación; duda ‖ *v* (*pret* & *pp* **-ried**) *tr* interrogar; marcar con signo de interrogación; dudar

ques. *abbr* **question**

quest [kwest] *s* búsqueda; (*of the Holy Grail*) demanda; **in quest of** en busca de

question [ˈkwestʃən] *s* pregunta; (*problem for discussion*) cuestión; asunto, proposición; **beside the question** que no viene al caso; **beyond question** fuera de duda; **out of the question** imposible, indiscutible; **to ask a question** hacer una pregunta; **to be a question of** tratarse de, ser cuestión de; **to call in question** poner en duda; **without question** sin duda ‖ *tr* interrogar; cuestionar (*poner en tela de juicio*)

questionable [ˈkwestʃənəbəl] *adj* cuestionable

question mark *s* punto interrogante, signo de interrogación

questionnaire [,kwestʃənˈer] *s* cuestionario

queue [kju] *s* (*of hair*) coleta; (*of people*) cola ‖ *intr* hacer cola

quibble [ˈkwibəl] *intr* sutilizar

pu
qu

quick [kwɪk] *adj* rápido, veloz; ágil, vivo; despierto, listo; **the quick and the dead** los vivos y los muertos; **to cut** o **to sting to the quick** herir en lo vivo, tocar en la herida

quicken [ˈkwɪkən] *tr* acelerar, avivar; animar ‖ *intr* acelerarse; animarse

quick'lime' *s* cal viva

quick lunch *s* servicio de la barra, servicio rápido

quick'sand' *s* arena movediza

quick'sil'ver *s* azogue *m*

quiet [ˈkwaɪ•et] *adj* (still) quieto; silencioso; (*market*) (com) encalmado; **to keep quiet** callarse ‖ *s* quietud; silencio; **on the quiet** a las calladas ‖ *tr* aquietar; acallar ‖ *intr* aquietarse; callarse; **to quiet down** calmarse ‖ *interj* ¡silencio!

quill [kwɪl] *s* pluma de ave; cañón *m* de pluma; (*of hedgehog, porcupine*) púa

quilt [kwɪlt] *s* edredón *m*, colcha ‖ *tr* acolchar

quince [kwɪns] *s* membrillo

quinine [ˈkwaɪnaɪn] *s* quinina

quinsy [ˈkwɪnzi] *s* cinanquia, esquinencia

quintessence [kwɪnˈtɛsəns] *s* quintaesencia

quintet [kwɪnˈtɛt] *s* quinteto

quintuplet [kwɪnˈtjuplɛt] o [kwɪnˈtuplɛt] *s* quintillizo

quip [kwɪp] *s* chufleta, pulla ‖ *v* (*pret & pp* **quipped;** *ger* **quipping**) *tr* decir en son de burla ‖ *intr* echar pullas

quire [kwaɪr] *s* mano *f* de papel; (bb) alzado

quirk [kwʌrk] *s* excentricidad, rareza; sutileza; vuelta repentina

quit [kwɪt] *adj* libre, descargado; **to be quits** estar desquitados; **to call it quits** no seguir;

descontinuar; **to cry quits** pedir treguas ‖ *v* (*pret & pp* **quit** o **quitted;** *ger* **quitting**) *tr* dejar ‖ *intr* irse; (coll) dejar de trabajar

quite [kwaɪt] *adv* enteramente; verdaderamente; (coll) bastante, muy

quitter [ˈkwɪtər] *s* remolón *m;* (*of a cause*) desertor *m*

quiver [ˈkwɪvər] *s* temblor *m;* (*to hold arrows*) aljaba, carcaj *m* ‖ *intr* temblar

quixotic [kwɪksˈɑtɪk] *adj* quijotesco

quiz [kwɪz] *s* (*pl* **quizzes**) examen *m;* interrogatorio ‖ *v* (*pret & pp* **quizzed;** *ger* **quizzing**) *tr* examinar; interrogar

quiz game *s* torneo de preguntas y respuestas

quiz program *s* programa *m* de preguntas y respuestas, torneo radiofónico

quiz section *s* grupo de práctica

quizzical [ˈkwɪzɪkəl] *adj* curioso; cómico; burlón

quoin [kɔɪn] o [kwɔɪn] *s* esquina; piedra angular; (*wedge*) cuña ‖ *tr* (typ) acuñar

quoit [kwɔɪt] o [kɔɪt] *s* herrón *m*, tejo; **quoits** *ssg* hito

quondam [ˈkwɑndæm] *adj* antiguo, de otro tiempo

quorum [ˈkworəm] *s* quórum *m*

quota [ˈkwotə] *s* cuota

quotation [kwoˈteʃən] *s* (*from a book*) cita; (*of prices*) cotización

quotation marks *spl* comillas

quote [kwot] *s* (coll) cita; (coll) cotización; **close quote** fin de la cita; **quotes** (coll) comillas ‖ *tr & intr* citar; cotizar; **quote** cito

quotient [ˈkwoʃənt] *s* cociente *m*

q.v. *abbr* **quod vide** (Lat) **which see**

R

R, r [ɑr] decimoctava letra del alfabeto inglés

r. *abbr* **railroad, railway, road, rod, ruble, rupee**

R. *abbr* **railroad, railway, Regina** (Lat) **Queen; Republican, response, Rex** (Lat) **King; River, Royal**

rabbet [ˈræbɪt] *s* barbilla, rebajo ‖ *tr* embarbillar, rebajar

rab•bi [ˈræbaɪ] *s* (*pl* **-bis** o **-bies**) rabino

rabbit [ˈræbɪt] *s* conejo

rabbit ears *spl* (telv, rad) antena de conejo

rabble [ˈræbəl] *s* canalla, gentuza, palomilla, chamuchina

rabble rouser [ˈrauzər] *s* populachero, alborotapueblos *mf*

rabies [ˈrebiz] o [ˈrebɪˌiz] *s* rabia

raccoon [ræˈkun] *s* mapache *m*, oso lavador

race [res] *s* (*people of same stock*) raza; (*contest in speed, etc.*) carrera; (*channel to lead water*) caz *m* ‖ *tr* competir con, en una carrera; hacer correr de prisa; hacer

funcionar (*un motor*) a velocidad excesiva ‖ *intr* correr de prisa; correr en una carrera; competir en una carrera; embalarse (*un motor*); (naut) regatear

race horse *s* caballo de carreras

race riot *s* disturbio racista

race track *s* pista de carreras

racial [ˈreʃəl] *adj* racial

racing car *s* coche *m* de carreras

racism [ˈresizəm] *s* racismo

racist [ˈresist] *adj & s* racista

rack [ræk] *s* (*sort of shelf*) estante *m;* (*to hang clothes*) percha; (*for fodder for cattle*) pesebre *m;* (*for baggage*) red *f* de equipaje; (*for guns*) armero; (*bar made to gear with a pinion*) cremallera; **to go to rack and ruin** desvencijarse; ir al desastre ‖ *tr* estirar, forzar; atormentar; despedazar; oprimir, agobiar; **to rack off** trasegar (*el vino*); **to rack one's brains** calentarse la cabeza, devanarse los sesos

racket ['rækɪt] s raqueta; (*noise*) baraúnda, alboroto; (slang) trapisonda, trapacería; **to raise a racket** armar un alboroto

racketeer [,rækɪ'tir] s trapisondista *mf*, trapacista *mf* ‖ *intr* trapacear

rack railway s ferrocarril *m* de cremallera

rac•y ['resi] *adj* (*comp* **-ier**; *super* **-iest**) espiritoso, chispeante; perfumado; (*somewhat indecent*) picante

radar ['redɑr] s radar *m*

radar scanner s explorador *m* de radar

radiant ['redɪ•ənt] *adj* radiante, resplandeciente; (*cheerful, smiling*) radiante

radiate ['redɪ,et] *tr* radiar; difundir (*p.ej., felicidad*) ‖ *intr* rad'ar, irradiar

radiation [,redɪ'eʃən] s radiación

radiation sickness s enfermedad de radiación, mal *m* de rayos

radiator ['redɪ,etər] s radiador *m*

radiator cap s tapón *m* de radiador

radical ['rædɪkəl] *adj* & s radical *m*

radi•o ['redɪ,o] s (*pl* **-os**) radio *f*; radiograma *m* ‖ *tr* radiodifundir

radioactive [,redɪ•o'æktɪv] *adj* radiactivo

radioactive waste s residuos radiactivos

radio amateur s radioaficionado

radio announcer s locutor *m* de radio

ra'dio•broad'cast'ing s radiodifusión

radio frequency s radiofrecuencia

radio listener s radioescucha *mf*, radioyente *mf*

radiology [,redɪ'ɑlədʒi] s radiología

radio ministry s (theol) ministerio radiofónco

radio network s red *f* de emisoras

radio newscaster s cronista *mf* de radio

radio receiver s radiorreceptor *m*

radio set s aparato de radio

ra'dio•(tel'e)phone' s radioteléfono

ra'di•o•ther'apy s radioterapia

radish ['rædɪ] s rábano

radium [redɪ•əm] s radio

radi•us ['redɪ•əs] s (*pl* **-i** [,aɪ] o **-uses**) radio; (*range of operation*) radio; **within a radius of en** . . . a la redonda

raffle ['ræfəl] ‖ *tr* & *intr* rifar

raft [ræft] s armadía, balsa; (coll) gran número

rafter ['ræftər] s cabrio, contrapar *m*, traviesa

rag [ræg] s trapo; **to chew the rag** (slang) dar la lengua; **in rags** hilachento

ragamuffin ['rægə,mʌfɪn] s pelagatos *m*; golfo, chiquillo haraposo

rag baby o **rag doll** s muñeca de trapo

rage [redʒ] s rabia; **to be all the rage** estar en boga, hacer furor; **to fly into a rage** montar en cólera

ragged ['rægɪd] *adj* andrajoso; (*edge*) cortado en dientes

ragpicker ['ræg,pɪkər] s andrajero, trapero

rag'weed' s ambrosía

raid [red] s incursión, invasión; ataque de sorpresa; ataque aéreo ‖ *tr* invadir; atacar inesperadamente; capturar (*p.ej., la policía un garito*)

rail [rel] s carrill *m*, riel *m*; (*railing*) barandilla; (*of a bridge*) guardalado; (*at a bar*) apoyo para los pies; palo; **by rail** por ferrocarril; **rails** títulos o valores de ferrocarril ‖ *tr* poner barandilla a ‖ *intr* quejarse amargamente; **to rail at** injuriar, ultrajar

rail fence s cerca hecha de palos horizontales

rail'head' s (rr) cabeza de línea

railing ['relɪŋ] s barandilla, pasamano

rail'road' *adj* ferroviario ‖ s ferrocarril *m* ‖ *tr* (coll) llevar a cabo con demasiada precipitación; (slang) encarcelar falsamente ‖ *intr* trabajar en el ferrocarril

railroad crossing s paso a nivel

rail'way' *adj* ferroviario ‖ s ferrocarril *m*

raiment ['remənt] s prendas de vestir, indumentaria

rain [ren] s lluvia; **rain or shine** llueva o no, con buen o mal tiempo ‖ *tr* & *intr* llover

rain'bow' s arco iris

rain'coat' s impermeable *m*

rain'fall' s lluvia repentina; precipitación acuosa

rain•y ['reni] *adj* (*comp* **-ier**; *super* **-iest**) lluvioso

rainy day s día lluvioso; tiempo futuro de posible necesidad

raise [rez] s aumento ‖ *tr* levantar; aumentar; criar (*a niños, animales*); cultivar (*plantas*); reunir (*dinero*); suscitar (*una duda*); resucitar (*a los muertos*); dejarse (*barba, blgote*); poner (*una objeción*); plantear (*una pregunta*); levantar (*tropas; un sitio*); (math) elevar; (*to come in sight of*) (naut) avistar

raisin ['rezən] s pasa, uva seca

rake [rek] s rastro, rastrillo; (*person*) calavera *m*, libertino ‖ *tr* rastrillar; **to rake together** acumular (*dinero*)

rake'-off' s (slang) dinero obtenido ilícitamente

rakish ['rekɪʃ] *adj* airoso, gallardo; listo, vivo; libertino

ral•ly ['ræli] s (*pl* **-lies**) reunión popular, reunión política; recuperación, recobro ‖ *v* (*pret* & *pp* **-lied**) *tr* reunir; reanimar; recobrar (*la fuerza, la salud, el ánimo*) ‖ *intr* reunirse; recobrarse (*p.ej., los precios en la Bolsa*); recobrar la fuerza, la salud, el ánimo; **to rally to the side of** acudir a, ir en socorro de

ram [ræm] s (*male sheep*) morueco, carnero padre; (*device for battering, crushing, etc.*) pisón *m* ‖ *v* (*pret* & *pp* **rammed**; *ger* **ramming**) *tr* dar contra, chocar en; atestar, rellenar ‖ *intr* chocar; **to ram into** chocar en

ramble ['ræmbəl] s paseo ‖ *intr* pasear; serpentear (*p.ej., un río*); extenderse serpenteando (*las enredaderas*); (*to wander aimlessly; to talk in an aimless way*) divagar

rami•fy ['ræmɪ,faɪ] *v* (*pret* & *pp* **-fied**) *tr* ramificar ‖ *intr* ramificarse

ram'jet'(engine) s motor *m* autorreactor; estatorreactor *m*

ramp [ræmp] s rampa

qu ra

rampage ['ræmpedʒ] s alboroto; **to go on a rampage** alborotar, comportarse como un loco

rampart ['ræmpɑrt] s muralla, terraplén m; amparo, defensa

ram'rod' s atacador m, baqueta

ram'shack'le adj desvencijado, destartalado

ranch [rænʧ] s granja, hacienda

rancid ['rænsɪd] adj rancio

rancor ['ræŋkər] s rencor m

random ['rændəm] adj casual, fortuito; **at random** al azar, a la ventura

range [rendʒ] s (row, line) fila, hilera; (scope, reach) alcance m; (of speeds, prices, etc.) escala; campo de tiro; terreno de pasto; (of a boat or airplane) autonomía; (of the voice) extensión; (of colors) gama, serie f; (stove) cocina económica; **within range of** al alcance de || tr alinear; recorrer (un terreno); ir a lo largo de (la costa); arreglar, ordenar || intr fluctuar, variar (entre ciertos límites); extenderse; divagar, errar; **to range over** recorrer

range finder s telémetro

rank [ræŋk] adj exuberante, lozano; denso, espeso; grosero; maloliente; excesivo; incorregible, rematado; indecente, vulgar || s categoría, rango; condición, posición; distinción; (line of soldiers standing abreast) fila; (mil) empleo, grado || tr alinear; ordenar; tener grado o posición más alta que || intr ocupar el último grado; **to rank high** ocupar alta posición; ser tenido en alta estima; sobresalir; **to rank low** ocupar baja posición; **to rank with** estar al nivel de; tener el mismo grado que

rank and file s soldados de fila; pueblo, gente f común

rankle ['ræŋkəl] tr enconar, irritar || intr enconarse

ransack ['rænsæk] tr registrar, escudriñar; robar, saquear

ransom ['rænsəm] s rescate m || tr rescatar

rant [rænt] intr desvariar, despotricar

rap [ræp] s golpe corto y seco; (noise) taque m; (coll) ardite m, bledo; (slang) crítica mordaz; **to take the rap** (slang) pagar la multa; sufrir las consecuencias || v (pret & pp **rapped**; ger **rapping**) tr golpear con golpe corto y seco; decir vivamente; (slang) criticar mordazmente || intr golpear con golpe corto y seco; **to rap at the door** tocar a la puerta

rapacious [rə'peʃəs] adj rapaz

rape [rep] s rapto; (of a woman) estupro, violación || tr raptar; estuprar, violar

rapid ['ræpɪd] adj rápido || **rapids** spl (of a river) rápidos

rap'id-fire' adj de tiro rápido; hecho vivamente

rapier ['repɪ•ər] s estoque m, espadín m

rapt [ræpt] adj arrebatado, extático, transportado; absorto

rapture ['ræpʧər] s embeleso, éxtasis f, rapto

rare [rɛr] adj raro; (word) poco usado; (meat) poco asado; (gem) precioso

rare bird s mirlo blanco

rare•fy ['rɛrɪ,faɪ] v (pret & pp **-fied**) tr enrarecer || intr enrarecerse

rarely ['rɛrli] adv rara vez

rascal ['ræskəl] s bellaco, bribón m, pícaro; pergenio

rash [ræʃ] adj temerario || s brote m, salpullido, erupción

rasp [ræsp] o [rɑsp] s escofina; (sound of a rasp) sonido áspero || tr escofinar; irritar, molestar; decir con voz ronca || intr hacer sonido áspero

raspber•ry ['ræz,bɛri] o ['rɑz,bɛri] s (pl **-ries**) frambuesa, sangüesa

raspberry bush s frambueso, sangüeso

rat [ræt] s rata; (false hair) (coll) postizo; **to smell a rat** (coll) olerse una trama, sospechar una intriga

ratchet ['ræʧɪt] s trinquete m

rate [ret] s (amount or degree measured in proportion to something else) razón f; (of interest) tipo; velocidad; precio; **at any rate** de todos modos; **at the rate of** a razón de || tr valuar; estimar, juzgar; clasificar || intr ser considerado, ser tenido; estar clasificado

rate of exchange s tipo de cambio

rate table s baremo

rather ['ræðər] o ['rɑðər] adv algo, un poco; bastante; antes, más bien; mejor dicho; por el contrario; muy, mucho; **rather than** antes que, más bien que || interj ¡ya lo creo!

rati•fy ['rætɪ,faɪ] v (pret & pp **-fied**) tr ratificar

ra•tio ['reʃo] o ['reʃɪ,o] s (pl **-tios**) (math) razón f; (math) cociente m

ration ['reʃən] o ['ræʃən] s ración || tr racionar

ration book s cartilla de racionamiento

ration coupon s cupón m de racionamiento

rational ['ræʃənəl] adj racional

rat poison s matarratas m; raticida

rat race s (coll) lucha diaria por ganarse el pan

rattle ['rætəl] s (number of short, sharp sounds) traqueteo; (noise-making device) carraca, matraca; (child's toy) sonajero; baraúnda; (in the throat) estertor m || tr tabletear, traquetear; (to confuse) (coll) atortolar, desconcertar; **to rattle off** decir rápidamente || intr tabletear, traquetear

rat'tle•snake' s serpiente f de cascabel

rat'trap' s ratonera; trance apurado, atolladero

raucous ['rɔkəs] adj ronco

ravage ['rævɪdʒ] s destrucción, estrago, ruina || tr destruir, estragar, arruinar

rave [rev] intr desvariar, delirar; bramar, enfurecerse; **to rave about** hacerse lenguas de, deshacerse en elogios de

raven ['revən] s cuervo

ravenous ['rævənəs] adj famélico, hambriento, voraz; rapaz

ravine [rə'vin] s cañón m, hondonada

ravish ['rævɪʃ] tr encantar, entusiasmar; raptar; violar (a una mujer)

ravishing ['rævɪʃɪŋ] adj encantador

raw [rɔ] *adj* crudo; (*cotton, silk*) en rama; inexperto, principiante; ulceroso; (*weather, day*) crudo
raw deal *s* (slang) mala pasada
raw'hide' *s* cuero en verde; látigo hecho de cuero en verde
raw material *s* primera materia, materia prima
ray [re] *s* (*of light*) rayo; (*fine line; fish*) raya
rayon [`re•ɑn] *s* rayón *m*
raze [rez] *tr* arrasar, asolar
razor [`rezər] *s* navaja de afeitar
razor blade *s* hoja u hojita de afeitar
razor strop *s* asentador *m*, suavizador *m*
razz [ræz] *s* (slang) irrisión ‖ *tr* (slang) mofarse de
R.C. *abbr* **Red Cross, Reserve Corps, Roman Catholic**
R.D. *abbr* **Rural Delivery**
reach [ritʃ] *s* alcance *m;* extensión; **out of reach (of)** fuera del alcance (de); **within reach (of)** al alcance de ‖ *tr* alcanzar; extender; entregar con la mano; llegar a; ponerse en contacto con; influenciar; cumplir (*cierto número de años*) ‖ *intr* alcanzar; extender la mano o el brazo; **to reach after** o **for** esforzarse por coger
react [rɪ`ækt] *intr* reaccionar
reaction [rɪ`ækʃən] *s* reacción
reactionar•y [rɪ`ækʃən,ɛri] *adj* reaccionario; mocho (Mex) ‖ *s* (*pl* -**ies**) reaccionario
read [rid] *v* (*pret & pp* **read** [rɛd]) *tr* ler; recitar (*poesía*); estudiar (*derecho*); leer en, adivinar (*el pensamiento ajeno*); **to read over** recorrer, repasar ‖ *intr* leer; rezar, p.ej., **this page reads thus** esta página reza así; leerse, p.ej., **this book reads easily** este libro se lee con facilidad; **to read on** seguir leyendo
reader [`ridər] *s* lector *m;* libro de lectura
readily [`rɛdɪlɪ] *adv* de buena gana; fácilmente
reading [`ridɪŋ] *s* lectura; recitación
reading desk *s* atril *m*
reading glass *s* lente *f* para leer, vidrio de aumento; **reading glasses** anteojos para la lectura
reading lamp *s* lámpara de sobremesa
reading room *s* gabinete *m* de lectura; sala de lectura
read•y [`rɛdi] *adj* (*comp* -**ier;** *super* -**iest**) listo, preparado, pronto; ágil, diestro; vivo; disponible; **to make ready** preparar; prepararse ‖ *v* (*pret & pp* -**ied**) *tr* preparar ‖ *intr* prepararse
ready cash *s* dinero a la mano, dinero contante y sonante
read'y-made' clothing *s* ropa hecha
ready-made suit *s* traje hecho
reagent [rɪ`edʒənt] *s* reactivo
real [`ri•əl] *adj* real, verdadero
real estate *s* bienes *mpl* raíces, bienes inmuebles
re'al-es•tate' *adj* inmobiliario
realism [`ri•ə,lɪzəm] *s* realismo
realist [`ri•əlɪst] *s* realista *mf*
reali•ty [rɪ`ælɪti] *s* (*pl* -**ties**) realidad

realize [`ri•ə,laɪz] *tr* darse cuenta de; realizar, llevar a cabo; adquirir (*ganancias*); reportar (*ganancias*) ‖ *intr* (*to sell property for ready money*) realizar
realm [rɛlm] *s* reino
Realtor [`ri•əl,tɔr] o [`ri•əltər] *s* corredor *m* de bienes raíces
realty [`ri•əlti] *s* bienes *mpl* raíces, bienes inmuebles
ream [rim] *s* resma; **reams** (coll) montones *mpl* ‖ *tr* escariar
reap [rip] *tr & intr* (*to cut*) segar; (*to gather*), cosechar
reaper [`ripər] *s* (*person*) segador *m;* máquina segadora
reappear [,ri•ə`pɪr] *intr* reaparecer
reapportionment [,ri•ə`pɔrʃənmənt] *s* nuevo prorrateo
rear [rɪr] *adj* posterior, trasero; de atrás ‖ *s* espalda; (*of a room*) fondo; (*of a row; of an automobile*) cola; retaguardia; (slang) culo, trasero ‖ *tr* levantar; edificar; criar, educar ‖ *intr* encabritarse (*un caballo*)
rear admiral *s* contraalmirante *m*
rear drive *s* tracción trasera
rear end *s* (*buttocks*) nalgas, pompis *m*
rearmament [ri`ɑrməmənt] *s* rearme *m*
rear'-view' mirror *s* retrovisor *m*, espejo de retrovisión
rear window *s* (aut) luneta, luneta posterior
reason [`rizən] *s* razón *f;* **by reason of** con motivo de, a causa de; **to listen to reason** meterse en razón; **to stand to reason** ser razonable ‖ *tr & intr* razonar
reasonable [`rizənəbəl] *adj* razonable
reassessment [,ri•ə`sɛsmənt] *s* nuevo amillaramiento; nueva estimación
reassure [,ri•ə`ʃur] *tr* volver a asegurar; tranquilizar
reawaken [,ri•ə`wekən] *tr* volver a despertar ‖ *intr* volver a despertarse
rebate [`ribet] o [rɪ`bet] *s* rebaja ‖ *tr* rebajar
rebel [`rɛbəl] *adj & s* rebelde *mf* ‖ re•bel [rɪ`bɛl] *v* (*pret & pp* -**belled;** *ger* -**belling**) *intr* rebelarse
rebellion [rɪ`bɛljən] *s* rebelión
rebellious [rɪ`bɛljəs] *adj* rebelde
re•bind [ri`baɪnd] *v* (*pret & pp* -**bound** [`baund]) reatar; (*to edge, to border*) ribetear; (bb) reencuadernar
rebirth [`ribʌrθ] o [rɪ`bʌrθ] *s* renacimiento
rebore [rɪ`bor] *tr* rectificar
rebound [`ri,baund] o [rɪ`baund] *s* rebote *m* ‖ [rɪ`baund] *intr* rebotar
rebroad•cast [rɪ`brɔd,kæst] *s* retransmisión ‖ *v* (*pret & pp* -**cast** o -**casted**) *tr* retransmitir
rebuff [rɪ`bʌf] *s* desaire *m*, rechazo ‖ *tr* desairar, rechazar
re•build [ri`bɪld] *v* (*pret & pp* -**built** [`bɪlt]) *tr* reconstruir, reedificar
rebuke [rɪ`bjuk] *s* reprensión ‖ *tr* reprender
re•but [rɪ`bʌt] *v* (*pret & pp* -**butted;** *ger* -**butting**) *tr* rebatir, refutar
rebuttal [rɪ`bʌtəl] *s* rebatimiento, refutación
rec. *abbr* **receipt, recipe, record, recorder**
recall [rɪ`kɔl] o [`rikɔl] *s* llamada; (*memory*) recordación, retentiva; (*repeal*) revocación,

revocatoria; (*of a diplomat*) retirada ||
[rɪ'kɔl] *tr* hacer volver, mandar volver;
recordar; revocar; retirar (*a un diplomático*)
recant [rɪ'kænt] *tr* retractar || *intr* retractarse
re•cap ['ri,kæp] o [ri'kæp] *v* (*pret & pp*
-capped; *ger* **-capping**) *tr* recauchutar
recapitalization [ri,kæpɪtəlɪ'zeʃən] *s* recapitalización
recapitulation [,rikə,pɪtʃə'leʃən] *s* recapitulación
re•cast ['ri,kæst] *s* refundición; (*of a sentence*) reconstrucción || [ri'kæst] *v* (*pret &
pp* **-cast**) *tr* refundir; reconstruir (*p.ej., una
frase*)
recd. o **rec'd.** *abbr* **received**
recede [rɪ'sid] *intr* (*to move back*) retroceder;
(*to move away*) alejarse, retirarse; deprimirse (*p.ej., la frente de una persona*)
receipt [rɪ'sit] *s* recepción; (*acknowledgment*)
recibo; (*acknowledgment of payment*) recibí *m;* (*recipe*) receta; **receipt in full**
finiquito; **receipts** entradas, ingresos || *tr*
poner el recibí a
receive [rɪ'siv] *tr* recibir; receptar (*cosas que
son materia de delito*); **received payment**
recibí || *intr* recibir
receiver [rɪ'sivər] *s* receptor *m;* (*in bankruptcy*) contador *m*, síndico; receptor telefónico
receivership [rɪ'sivər,ʃɪp] *s* (law) sindicatura
receiving set *s* aparato receptor
receiving teller *s* recibidor *m* (*de un banco*)
recent ['risənt] *adj* reciente
recently ['risəntli] *adv* recientemente; endenantes; recién, p.ej., **recently arrived** recién llegado
receptacle [rɪ'sɛptəkəl] *s* receptáculo
reception [rɪ'sɛpʃən] *s* recepción; recibida
(*welcome*) recibimiento
reception desk *s* recepción
receptionist [rɪ'sɛpʃənɪst] *s* recepcionista *f*
receptive [rɪ'sɛptɪv] *adj* receptivo
recess [rɪ'sɛs] o ['risɛs] *s* intermisión; descanso; hora de recreo; (*in a surface*) depresión; (*in a wall*) hueco, nicho; escondrijo || [rɪ'sɛs] *tr* ahuecar; empotrar;
deprimir || *intr* prorrogarse, suspenderse
recession [rɪ'sɛʃən] *s* retroceso, retirada;
(*e.g., in a wall*) depresión; procesión de
vuelta; contracción económica
rechargeable [rɪ'tʃɑrdʒəbəl] *adj* recargable
recipe ['rɛsɪ,pi] *s* receta (*de cocina*)
reciprocal [rɪ'sɪprəkəl] *adj* recíproco
reciprocity [,rɛsɪ'prɑsɪti] *s* reciprocidad
recital [rɪ'saɪtəl] *s* narración; (*of music or
poetry*) recital *m*
recite [rɪ'saɪt] *tr* narrar; (*formally*) recitar
reckless ['rɛklɪs] *adj* atolondrado, temerario
reckon ['rɛkən] *tr* calcular; considerar; (coll)
calcular, conjeturar || *intr* calcular; **to
reckon on** contar con; **to reckon with**
tener en cuenta
reclaim [rɪ'klem] *tr* hacer utilizable; hacer
labrantío (*un terreno*); ganar (*terreno*) a la
mar; recuperar (*materiales usados*); conducir, guiar (*a los que hacen mala vida*)
reclamation [,rɪklə'meʃən] *s* (agr) roturación

recline [rɪ'klaɪn] *intr* reclinarse
recluse [rɪ'klus] o ['rɛklus] *s* solitario, ermitaño
recognize ['rɛkəg,naɪz] *tr* reconocer
recoil [rɪ'kɔɪl] *s* reculada; (*of a firearm*) reculada, culetazo || *intr* recular, apartarse;
recular (*un arma de fuego*)
recollect [,rɛkə'lɛkt] *tr & intr* recordar
recombinant [rɪ'kɑmbɪnənt] *adj* (*genetics*)
recombinado
recommend [,rɛkə'mɛnd] *tr* recomendar
recompense ['rɛkəm,pɛns] *s* recompensa || *tr*
recompensar
reconcile ['rɛkən,saɪl] *tr* reconciliar; **to reconcile oneself** resignarse
reconnaissance [rɪ'kɑnɪsəns] *s* reconocimiento
reconnoiter [,rɛkə'nɔɪtɛr] o [,rikɛ'nɔɪtɛr] *tr
& intr* reconocer
reconquest [ri'kɑŋkwɛst] *s* reconquista
reconsider [,rikən'sɪdər] *tr* reconsiderar
reconstruct [,rikən'strʌkt] *tr* reconstruir
reconversion [,rikən'vʌrʒən] *s* reconversión
record ['rɛkərd] *s* anotación; ficha, historial
m, historia personal; (*of a notary*) protocolo; (*of a phonograph*) disco; (educ) expediente académico; (sport) record *m*, plusmarca; **off the record** confidencialmente;
records anales *mpl*, memorias; archivo; **to
break a record** batir un record; **to have no
(criminal) record** (coll) estar limpio; **to
make a record** establecer un record; grabar un disco || [rɪ'kɔrd] *tr* asentar; registrar;
inscribir; grabar (*un sonido, una canción,
un disco fonográfico, etc.*)
record breaker *s* plusmarquista *mf*
record changer ['tʃendʒər] *s* cambiadiscos
m, tocadiscos automático
record holder *s* (sport) recordman *m*
recording [rɪ'kɔrdɪŋ] *adj* registrador; (wire
or tape) magnetofónico || *s* registro; (*of
phonograph records*) grabación o grabado
recording secretary *s* secretario escribiente,
secretario de actas
record player *s* tocadiscos *m*, pícap *m*, fonógrafo, vitrola, radiola
record store *s* disquería
recount ['ri,kaʊnt] *tr* (*to count again*) recontar || [rɪ'kaʊnt] *tr* (*to narrate*) recontar
recourse [rɪ'kors] o ['rikors] *s* recurso;
(*helping hand*) paño de lágrimas; **to have
recourse to** recurrir a
recover [rɪ'kʌvər] *tr* recobrar; rescatar; **to
recover consciousness** recobrar el conocimiento, volver en sí || *intr* recobrarse;
recobrar la salud; ganar un pleito
recover•y [rɪ'kʌvəri] *s* (*pl* **-ies**) recobro, recuperación; **past recovery** sin remedio
recreant ['rɛkrɪ•ənt] *adj & s* cobarde *mf*,
traidor *m*
recreation [,rɛkrɪ'eʃən] *s* recreación
recruit [rɪ'krut] *s* recluta *m* || *tr* reclutar || *intr*
alistar reclutas; ganar reclutas; restablecerse, reponerse
rect. *abbr* **receipt, rector, rectory**
rectangle ['rɛk,tæŋgəl] *s* rectángulo

recti•fy [ˈrɛktɪˌfaɪ] v (pret & pp -fied) tr rectificar

rec•tum [ˈrɛktəm] s (pl -ta [tə]) recto

recumbent [rɪˈkʌmbənt] adj reclinado, recostado

recuperate [rɪˈkjupəˌret] tr recuperar; establecer, reponer ‖ intr recuperarse, recobrarse

re•cur [rɪˈkʌr] v (pret & pp -curred; ger -curring) intr volver a ocurrir; volver a presentarse (a la memoria); volver (a un asunto)

recurrent [rɪˈkʌrənt] adj repetido; periódico; (illness) recurrente

recyclable [rɪˈsaɪkləbəl] adj reciclable

recycling [rɪˈsaɪklɪŋ] s reciclado, reciclaje m

red [rɛd] adj (comp **redder**; super **reddest**) rojo, colorado; (wine) tinto; enrojecido, inflamado ‖ s rojo; **in the red** (coll) endeudado; **to see red** (coll) enfurecerse ‖ **Red** adj & s (communist) rojo

red'bait' tr motejar (a uno) de rojo o comunista

red'bird' s cardenal m; piranga

red-blooded [ˈrɛdˌblʌdɪd] adj fuerte, valiente, vigoroso

red'breast' s petirrojo

red'bud' s ciclamor m del Canadá

red'cap' s (Brit) policía militar; (U.S.A.) mozo de estación

red cell s glóbulo rojo, hematíe m

red'coat' s (hist) soldado inglés

redden [ˈrɛdən] tr enrojecer ‖ intr enrojecerse

redeem [rɪˈdim] tr redimir; cumplir (una promesa)

redeemer [rɪˈdimər] s redentor m

redemption [rɪˈdɛmpʃən] s redención

red-haired [ˈrɛdˌhɛrd] adj pelirrojo

red'head' s pelirrojo

red herring s artificio para distraer la atención del asunto de que se trata

red'-hot' adj candente, calentado al rojo; ardiente, entusiasta; fresco, nuevo

rediscount rate [rɪˈdɪskaʊnt] s tipo de redescuento

rediscover [ˌrɪdɪsˈkʌvər] tr redescubrir

red'-let'ter day s día m memorable

red'-light' district s barrio de los lupanares, barrio de mala vida

red man s piel roja m

re•do [rɪˈdu] v (pret **-did** [ˈdɪd]; pp **-done** [ˈdʌn]) tr rehacer, repetir; refundir; reformar

redolent [ˈrɛdələnt] adj fragante, perfumado; **redolent of** que huele a

redoubt [rɪˈdaʊt] s (fort) reducto

redound [rɪˈdaʊnd] intr redundar; **to redound to** redundar en

red pepper s pimentón m

redress [rɪˈdrɛs] o [ˈridrɛs] s reparación; remedio ‖ [rɪˈdrɛs] tr repara; remediar

Red Ridinghood [ˈraɪdɪŋˌhʊd] s Caperucita Roja

red'skin' s piel roja m

red tape s expedienteo, papeleo

reduce [rɪˈdjus] o [rɪˈdus] tr reducir; (mil) degradar ‖ intr reducirse; reducir peso

reducing exercises spl ejercicios físicos para reducir peso

redundant [rɪˈdʌndənt] adj redundante

red'wood' s secoya

reed [rid] adj (organ, musical instrument) de lengüeta ‖ s (stalk) caña; (plant) carrizo, caña; (mus) instrumento de lengüeta; (of instrument) lengüeta

reëdit [riˈɛdɪt] tr refundir

reef [rif] s arrecife m, escollo; (min) filón m, veta ‖ tr (naut) arrizar

reefer [ˈrifər] s chaquetón m; (slang) pitillo de mariguana

reek [rik] intr vahear, humear; estar bañado en sudor; estar mojado con sangre; **to reek of** o **with** oler a

reel [ril] s (spool) carrete m; (of a shuttle) broca; (of motion pictures) cinta; (sway, staggering) tambaleo; **off the reel** (coll) fácil y prestamente ‖ tr aspar, devanar; **to reel off** (coll) narrar fácil y prestamente ‖ intr tambalear; cejar (p.ej., el enemigo)

reëlection [ˌriɪˈlɛkʃən] s reelección

reënlist [ˌriɛnˈlɪst] tr reenganchar ‖ intr reengancharse

reën•try [riˈɛntri] s (pl **-tries**) reingreso, nueva entrada; (return to earth's atmosphere) reentrada

reëxamination [ˌriɪɡˌzæmɪˈneʃən] s reexaminación

ref. abbr **referee, reference, reformation**

re•fer [rɪˈfʌr] v (pret & pp **-ferred**; ger **-ferring**) tr referir ‖ intr referirse

referee [ˌrɛfəˈri] s árbitro ‖ tr & intr arbitrar

reference [ˈrɛfərəns] adj (library, book, work) de consulta ‖ s referencia

referen•dum [ˌrɛfəˈrɛndəm] s (pl **-da** [də]) s referéndum m

refill [ˈrifɪl] s relleno ‖ [riˈfɪl] tr rellenar

refine [rɪˈfaɪn] tr refinar

refinement [rɪˈfaɪnmənt] s refinamiento; buena crianza, cultura

refiner•y [rɪˈfaɪnəri] s (pl **-ies**) refinería

reflect [rɪˈflɛkt] tr reflejar; (to meditate) reflexionar; **to reflect on** o **upon** reflexionar en o sobre; perjudicar

reflection [rɪˈflɛkʃən] s (thinking) reflexión; (reflected light; image) reflejo

reflex [ˈriflɛks] s reflejo

reforestation [ˌrifɑrɪsˈteʃən] o [ˌrifɑrɪsˈteʃən] s reforestación

reform [rɪˈfɔrm] s reforma ‖ tr reformar ‖ intr reformarse

reformation [ˌrɛfərˈmeʃən] s reformación ‖ **the reformation** la Reforma

reformato•ry [rɪˈfɔrməˌtori] s (pl **-ries**) reformatorio

reform school s casa de corrección

refraction [rɪˈfrækʃən] s refracción

refrain [rɪˈfren] s estribillo ‖ intr abstenerse

refresh [rɪˈfrɛʃ] tr refrescar ‖ intr refrescarse

refreshing [rɪˈfrɛʃɪŋ] adj confortante, restaurante

refreshment [rɪˈfrɛʃmənt] s refresco

refrigerator [rɪˈfrɪdʒəretər] s heladera, nevera, refrigerador m
refrigerator car s carro o vagón frigorífico
refuel [riˈfjul] tr & intr repostar
refuge [ˈrɛfjudʒ] s refugio; expediente m, subterfugio; **to take refuge (in)** refugiarse (en)
refugee [ˌrɛfjuˈdʒi] s refugiado
refund [ˈrifʌnd] s reembolso ‖ [rɪˈfʌnd] tr reembolsar ‖ [riˈfʌnd] tr consolidar
refurnish [riˈfʌrnɪʃ] tr amueblar de nuevo
refusal [rɪˈfjuzəl] s negativa
refuse [ˈrɛfjus] s basura, desecho, desperdicios ‖ [rɪˈfjuz] tr rehusar; rechazar, no querer aceptar; **to refuse to** negarse a
refute [rɪˈfjut] tr refutar
reg. abbr **register, registrar, registry, regular**
regain [rɪˈgen] tr recobrar, recuperar; volver a alcanzar; **to regain consciousness** recobrar el conocimiento, volver en sí
regal [ˈrigəl] adj regio
regale [rɪˈgel] tr regalar, agasajar
regalia [rɪˈgelɪ•ə] spl (of an office or order) distinctivos; galas, trajes mpl de lujo
regard [rɪˈgɑrd] s consideración, miramiento; (esteem) respeto; (particular matter) respecto; (look) mirada; **in regard to** respecto a o de; **regards** recuerdos; **without regard to** sin hacer caso de; **with regard to** respecto a o de ‖ tr considerar; mirar; tocar a, referirse a; **as regards** en cuanto a
regarding [rɪˈgɑrdɪŋ] prep tocante a, respecto a o de
regardless [rɪˈgɑrdlɪs] adj desatento, indiferente ‖ adj (coll) pese a quien pese, cueste lo que cueste; **regardless of** sin hacer caso de; a pesar de
regenerate [rɪˈdʒɛnəˌret] tr regenerar ‖ intr regenerarse
regent [ˌridʒənt] s regente mf
regicide [ˈrɛdʒɪˌsaɪd] s (act) regicidio; (person) regicida mf
regime o **régime** [reˈʒim] s régimen m
regiment [ˈrɛdʒɪmənt] s regimiento ‖ [ˈrɛdʒɪˌmɛnt] tr regimentar
regimental [ˌrɛdʒɪˌmɛntəl] adj regimental ‖ **regimentals** spl uniforme m militar
region [ˈridʒən] s región, comarca
register [ˈrɛdʒɪstər] s (record; book for keeping such a record) registro; reja regulable de calefacción; (of the voice or an instrument) extensión ‖ tr (to indicate by a record; to show, as on a scale) registrar; empadronar (los vecinos en el padrón); manifestar, dar a conocer; certificar (envíos por correo); inscribir ‖ intr registrarse; empadronarse; inscribirse
registered letter s carta certificada
registrar [ˈrɛdʒɪsˌtrɑr] s registrador m, archivero
registration fee [ˌrɛdʒɪsˈtreʃən] s derechos de matrícula
re·gret [rɪˈgrɛt] s pesar m, sentimiento; pesadumbre, remordimiento; **regrets** excusas ‖ v (pret & pp **-gretted;** ger **-gretting**) tr sentir, lamentar; lamentar la pérdida de;

arrepentirse de; **I regret** (apology) lo siento; me sabe mal; **to regret to** sentir
regrettable [rɪˈgrɛtəbəl] adj lamentable
regular [ˈrɛgjələr] adj regular; (coll) cabal, completo, verdadero ‖ s obrero permanente; parroquiano regular; **regulars** tropas regulares
regulate [ˈrɛgjəˌlet] tr regular
rehabilitate [ˌrihəˈbɪlɪˌtet] tr rehabilitar
rehabilitation [ˌrihəˌbɪlɪˈteʃən] s rehabilitación
rehearsal [rɪˈhɑrsəl] s ensayo
rehearse [rɪˈhɑrs] tr ensayar ‖ intr ensayarse
reign [ren] s reinado ‖ intr reinar
reimburse [ˌri•ɪmˈbʌrs] tr reembolsar, rembolsar
rein [ren] s rienda; **to give free rein to** dar rienda suelta a ‖ tr dirigir por medio de riendas; contener, refrenar, gobernar
reincarnation [ˌri•ɪnkɑrˈneʃən] s reencarnación
reindeer [ˈrenˌdɪr] s reno
reinforce [ˌri•ɪnˈfors] tr reforzar; armar (el hormigón)
reinforcement [ˌri•ɪnˈforsmənt] s refuerzo
reinstate [ˌri•ɪnˈstet] tr reinstalar
reiterate [riˈɪtəˌret] tr reiterar
reject [rɪˈdʒɛkt] tr rechazar
rejection [rɪˈdʒɛkʃən] s rechazamiento
rejoice [rɪˈdʒɔɪs] intr regocijarse
rejoinder [rɪˈdʒɔɪndər] s contestación; (law) contrarréplica
rejuvenation [rɪˌdʒuvɪˈneʃən] s rejuvenecimiento
rel. abbr **relating, relative, religion, religious**
relapse [rɪˈlæps] s recaída ‖ intr recaer
relate [rɪˈlet] tr (to establish relationship between) relacionar; (to narrate) contar, relatar
relation [rɪˈleʃən] s (connection; narration) relación; (narration) relato; (relative) pariente mf; (kinship) parentesco; **in relation to** o **with** tocante a, respecto a o de
relationship [rɪˈleʃən, ʃɪp] s (connection) relación; (kinship) parentesco
relative [ˈrɛlətɪv] adj relativo ‖ s deudo, pariente mf
relax [rɪˈlæks] tr & intr relajar
relaxation [ˌrilæksˈeʃən] s relajación; despreocupación
relaxation of tension s disminución de tensión; disminución de la tirantez internacional
relaxing [rɪˈlæksɪŋ] adj relajador; despreocupante, tranquilizador
relay [ˈrile] o [rɪˈle] s (elec) relais m, relevador m, relevo; (mil & sport) relevo; (sport) carrera de relevos ‖ v (pret & pp **-layed**) transmitir relevándose; transmitir con un relais; retransmitir (una emisión); reexpedir (un radiotelegrama) ‖ [rɪˈle] v (pret & pp **-laid**) tr volver a colocar, volver a tender
relay race s carrera de relevos
release [rɪˈlis] s liberación; (from jail) excarcelación; alivio; permiso de publicación, venta, etc.; obra o pieza lista para la pub-

licación, venta, etc.; (aer) lanzamiento; (mach) escape *m*, disparador *m* ‖ *tr* soltar; libertar; excarcelar (*a un preso*); permitir la publicación, venta, etc. de; (aer) lanzar (*una bomba*)

relent [rɪˈlɛnt] *intr* ablandarse, aplacarse

relentless [rɪˈlɛntlɪs] *adj* implacable

relevance [ˈrɛlɪvəns] *s* relevancia

relevant [ˈrɛlɪvənt] *adj* pertinente

reliable [rɪˈlaɪ•əbəl] *adj* confiable, fidedigno; (*source*) solvente

reliance [rɪˈlaɪ•əns] *s* confianza

relic [ˈrɛlɪk] *s* reliquia

relief [rɪˈlif] *s* alivio; caridad; (*projection of figures; elevation*) relieve *m*; (mil) relevo; **in relief** en relieve; **on relief** viviendo de socorro, recibiendo auxilio social

relieve [rɪˈliv] *tr* (*to release from a post*) relevar; aliviar; auxiliar (*a los necesitados*); (mil) relevar

religion [rɪˈlɪdʒən] *s* religión

religious [rɪˈlɪdʒəs] *adj* religioso

relinquish [rɪˈlɪŋkwɪʃ] *tr* abandonar, dejar

relish [ˈrɛlɪʃ] *s* buen sabor, gusto; condimento, sazón *f*; entremés *m;* buen apetito ‖ *tr* gustar de; comer o beber con placer

relocate [riˈloket] *tr* trasladar ‖ *intr* trasladarse

relocation [ˌriloˈkeʃən] *s* traslado

reluctance [rɪˈlʌktəns] *s* renuencia, aversión

reluctant [rɪˈlʌktənt] *adj* renuente, maldispuesto

re•ly [rɪˈlaɪ] *v* (*pret & pp* -**lied**) *intr* depender, confiar; **to rely on** depender de, confiar en

remain [rɪˈmen] *intr* permanecer, quedarse ‖ **remains** *spl* desechos, restos, restos mortales; obra póstuma

remainder [rɪˈmendər] *s* resto, residuo; libro casi invendible ‖ *tr* saldar (*libros que ya no se venden*)

re•make [riˈmek] *v* (*pret & pp* -**made** [ˈmed]) *tr* rehacer

remark [rɪˈmɑrk] *s* observación ‖ *tr & intr* observar; **to remark on** aludir a, comentar

remarkable [rɪˈmɑrkəbəl] *adj* notable, extraordinario

remar•ry [riˈmæri] *v* (*pret & pp* -**ried**) *intr* volver a casarse

reme•dy [ˈrɛmɪdi] *s* (*pl* -**dies**) remedio ‖ *v* (*pret & pp* -**died**) *tr* remediar

remember [rɪˈmɛmbər] *tr* acordarse de, recordar; dar recuerdos de parte de, p.ej., **remember me to your brother** déle Vd. a su hermano recuerdos de mi parte ‖ *intr* acordarse, recordar; **if I remember correctly** si mal no me acuerdo

remembrance [rɪˈmɛmbrəns] *s* recuerdo

remind [rɪˈmaɪnd] *tr* recordar

reminder [rɪˈmaɪndər] *s* recordatorio, recordativo

reminisce [ˌrɛmɪˈnɪs] *intr* entregarse a los recuerdos, contar sus recuerdos

remiss [rɪˈmɪs] *adj* descuidado, negligente

re•mit [rɪˈmɪt] *v* (*pret & pp* -**mitted;** *ger* -**mitting**) *tr* (*to send, to ship; to pardon*) remitir

remittance [rɪˈmɪtəns] *s* remesa

remnant [ˈrɛmnənt] *s* (*something left over*) remanente *m;* (*of cloth*) retal *m*, retazo; (*piece of cloth to be sold at reduced price*) saldo; vestigio

remod•el [riˈmɑdəl] *v* (*pret & pp* -**eled** o -**elled;** *ger* -**eling** o -**elling**) *tr* modelar de nuevo; rehacer, reconstruir; convertir, transformar; remodelar

remodeling [riˈmɑdəlɪŋ] *s* remodelación

remonstrate [rɪˈmɑnstret] *intr* protestar; **to remonstrate with** reconvenir

remorse [rɪˈmɔrs] *s* remordimiento

remorseful [rɪˈmɔrsfəl] *adj* compungido, arrepentido

remote [rɪˈmot] *adj* remoto

remote control *s* comando a distancia, telecontrol *m*, control remoto; **to operate by remote control** (co)mandar a distancia

removable [rɪˈmuvəbəl] *adj* amovible

removal [rɪˈmuvəl] *s* remoción; mudanza, traslado; (*dismissal*) deposición

remove [rɪˈmuv] *tr* remover; quitar de en medio, apartar matando ‖ *intr* removerse

remuneration [rɪˌmjunərˈeʃən] *s* remuneración

renaissance [ˌrɛnəˈsɑns] o [rɪˈnesəns] *s* renacimiento

rend [rɛnd] *v* (*pret & pp* **rent** [rɛnt]) *tr* (*to tear*) desgarrar; (*to split*) hender, rajar; estremecer (*un ruido el aire*)

render [ˈrɛndər] *tr* rendir (*gracias, obsequios, homenaje*); prestar, suministrar (*ayuda*); pagar (*tributo*); desempeñar (*un papel*); traducir (*sentimientos*); (*from one language to another*) verter; hacer (*justicia*); ejecutar (*una pieza de música*); derretir (*cera, manteca*); extraer la grasa o el sebo de; poner, volver

rendezvous [ˈrɑndəˌvu] *s* (*pl* -**vous** [ˌvuz]) cita; (*in space*) encuentro, reunión ‖ *v* (*pret & pp* -**voused** [ˌvud]; *ger* -**vousing** [ˌvu•ɪŋ]) *intr* reunirse en una cita

rendition [rɛnˈdɪʃən] *s* rendición; traducción; (mus) ejecución

renege [rɪˈnɪg] *s* renuncio ‖ *intr* renunciar; (coll) volverse atrás

renegotiation [ˌrɪniˌgoʃiˈeʃən] *s* renegociación

renew [rɪˈnju] o [rɪˈnu] *tr* renovar ‖ *intr* renovarse

renewable [rɪˈnju•əbəl] o [rɪˈnu•əbəl] *adj* renovable

renewal [rɪˈnju•əl] o [rɪˈnu•əl] *s* renovación

renounce [rɪˈnaʊns] *tr* renunciar; renunciar a (*p.ej., el mundo*) ‖ *intr* renunciar

renovate [ˈrɛnəˌvet] *tr* renovar; refaccionar; reformar (*p.ej., una tienda, una casa*)

renown [rɪˈnaʊn] *s* renombre *m*

renowned [rɪˈnaʊnd] *adj* renombrado

rent [rɛnt] *adj* desgarrado ‖ *s* alquiler *m*, arriendo; (*tear, slit*) desgarro ‖ *tr* alquilar, arrendar ‖ *intr* alquilarse, arrendarse

rental [ˈrɛntəl] *s* alquiler *m*, arriendo

renunciation [rɪˌnʌnsiˈeʃən] o [rɪˌnʌnʃiˈeʃən] *s* renunciación

reopen [riˈopən] *tr* reabrir ‖ *intr* reabrirse

re
re

reorganize [ri'ɔrgə,naɪz] *tr* reorganizar ‖ *intr* reorganizarse
reorientation [ri,orɪ•ən'teʃən] *s* reorientación
rep. *abbr* **report, reporter, representative, republic**
repair [rɪ'pɛr] *s* reparación; recompostura; **in repair** en buen estado ‖ *tr* reparar; refaccionar ‖ *intr* dirigirse; volver
repaper [ri'pepər] *tr* empapelar de nuevo
reparation [,rɛpə'reʃən] *s* reparación
repartee [,rɛpɑr'ti] *s* respuesta viva; agudeza y gracia en responder
repast [rɪ'pæst] o [rɪ'pɑst] *s* comida, comilona
repatriate [ri'petrɪ,et] *tr* repatriar
re•pay [rɪ'pe] *v* (*pret & pp* **-paid** ['ped]) *tr* reembolsar, rembolsar; resarcir (*un daño, una injuria*); compensar
repayment [rɪ'pemənt] *s* reembolso; resarcimiento; compensación
repeal [rɪ'pil] *s* abrogación, revocación; revocatoria ‖ *tr* abrogar, revocar
repeat [rɪ'pit] *s* repetición ‖ *tr & intr* repetir
re•pel [rɪ'pɛl] *v* (*pret & pp* **-pelled;** *ger* **-pelling**) *tr* rechazar, repeler; repugnar
repent [rɪ'pɛnt] *tr* arrepentirse de ‖ *intr* arrepentirse
repentance [rɪ'pɛntəns] *s* arrepentimiento
repentant [rɪ'pɛntənt] *adj* arrepentido
repertory theater ['rɛpər,tori] *s* teatro de repertorio
repetition [,rɛpɪ'tɪʃən] *s* repetición
repine [rɪ'paɪn] *intr* afligirse, quejarse
replace [rɪ'ples] *tr* (*to put back*) reponer; (*to take the place of*) reemplazar
replacement [rɪ'plesmənt] *s* reposición; reemplazo; pieza de repuesto; soldado reemplazante
replenish [rɪ'plɛnɪʃ] *tr* rellenar; reaprovisionar
replete [rɪ'plit] *adj* repleto
replica ['rɛplɪkə] *s* réplica
re•ply [rɪ'plaɪ] *s* (*pl* **-plies**) contestación, respuesta; contesto (Mex) ‖ *v* (*pret & pp* **-plied**) *tr & intr* contestar, responder
reply coupon *s* vale *m* respuesta
report [rɪ'port] *s* relato, informe *m;* voz *f,* rumor *m;* (*e.g., of a firearm*) detonación, tiro; denuncia ‖ *tr* relatar, informar acerca de; denunciar ‖ *intr* hacer un relato; redactar un informe; ser repórter; presentarse; **to report on** dar cuenta de, notificar
report card *s* certificado escolar
reportedly [rɪ'portɪdli] *adv* según se informa
reporter [rɪ'portər] *s* repórter *m*
reporting [rɪ'portɪŋ] *s* reportaje *m*
repose [rɪ'poz] *s* descanso ‖ *tr* descansar; poner (*confianza*) ‖ *intr* descansar
reprehend [,rɛprɪ'hɛnd] *tr* reprender
represent [,rɛprɪ'zɛnt] *tr* representar
representative [,rɛprɪ'zɛntətɪv] *adj* representativo ‖ *s* representante *mf*
repress [rɪ'prɛs] *tr* reprimir
reprieve [rɪ'priv] *s* suspensión temporal de un castigo, suspensión temporal de la pena de muerte; respiro, alivio temporal ‖ *tr* suspender temporalmente el castigo de o la

pena de muerte de; aliviar temporalmente
reprimand ['rɛprɪ,mænd] *s* reprimenda ‖ *tr* reconvenir, reprender
reprint ['ri,prɪnt] *s* reimpresión; tirada aparte ‖ [ri'prɪnt] *tr* reimprimir
reprisal [rɪ'praɪzəl] *s* represalia
reproach [rɪ'protʃ] *s* reproche *m;* oprobio ‖ *tr* reprochar; oprobiar
reproduce [,riprə'djus] *tr* reproducir ‖ *intr* reproducirse
reproduction [,riprə'dʌkʃən] *s* reproducción
reproof [rɪ'pruf] *s* reprobación
reprove [rɪ'pruv] *tr* reprobar
reptile ['rɛptɪl] *s* reptil *m*
republic [rɪ'pʌblɪk] *s* república
republican [rɪ'pʌblɪkən] *adj & s* republicano
repudiate [rɪ'pjudɪ,et] *tr* repudiar; no reconocer (*p.ej., una deuda*)
repugnant [rɪ'pʌgnənt] *adj* repugnante
repulse [rɪ'pʌls] *s* repulsión, rechazo ‖ *tr* repeler, rechazar
repulsive [rɪ'pʌlsɪv] *adj* repulsivo
reputation [,rɛpjə'teʃən] *s* reputación; buena reputación
repute [rɪ'pjut] *s* reputación; buena reputación ‖ *tr* reputar
reputedly [rɪ'pjutɪdli] *adv* según la opinión común
request [rɪ'kwɛst] *s* petición, solicitud; **at the request of** a petición de ‖ *tr* pedir
require [rɪ'kwaɪr] *tr* exigir, requerir
requirement [rɪ'kwaɪrmənt] *s* requisito; necesidad
requisite ['rɛkwɪzɪt] *adj & s* requisito
requital [rɪ'kwaɪtəl] *s* compensación, retorno
requite [rɪ'kwaɪt] *tr* corresponder a (*los beneficios, el amor, etc.*); corresponder con (*el bienhechor*)
re•read [ri'rid] *v* (*pret & pp* **-read** ['rɛd]) *tr* releer
rerun ['ri,rʌn] *s* (*film, play, etc.*) exhibición repetida, programa *m* repetido
resale ['ri,sel] o [ri'sel] *s* reventa
rescind [rɪ'sɪnd] *tr* rescindir
rescue ['rɛskju] *s* salvación, rescate *m,* liberación; **to go to the rescue of** acudir al socorro de ‖ *tr* salvar, rescatar, libertar
rescue party *s* pelotón *m* de salvamento
research [rɪ'sʌrtʃ] o ['risʌrtʃ] *s* investigación ‖ *intr* investigar
re•sell [ri'sɛl] *v* (*pret & pp* **-sold** ['sold]) *tr* revender; rescatar (Mex)
resemblance [rɪ'zɛmbləns] *s* parecido, semejanza
resemble [rɪ'zɛmbəl] *tr* parecerse a, asemejarse a
resent [rɪ'zɛnt] *tr* resentirse de o por
resentful [rɪ'zɛntfəl] *adj* resentido
resentment [rɪ'zɛntmənt] *s* resentimiento
reservation [,rɛzər'veʃən] *s* reserva
reserve [rɪ'zʌrv] *s* reserva ‖ *tr* reservar
reservoir ['rɛzər,vwɑr] *s* depósito; (*where water is dammed back*) embalse *m,* pantano; (*of wisdom*) fondo
re•ship [ri'ʃɪp] *v* (*pret & pp* **-shipped;** *ger* **-shipping**) *tr* reenviar, reexpedir; (*on a ship*) reembarcar ‖ *intr* reembarcarse

reshipment [ri'ʃipmənt] s reenvío, reexpedición; (of persons) reembarco; (of goods) reembarque m
reside [ri'zaid] intr residir
residence ['rɛzɪdəns] s residencia
resident ['rɛzɪdənt] adj & s residente mf, vecino
residue ['rɛzɪ,dju] s residuo
resign [ri'zain] tr dimitir, resignar, renunciar ‖ intr dimitir; (to yield, submit) resignarse; **to resign to** resignarse con (p.ej., su suerte)
resignation [,rɛzig'neʃən] s (from a job, etc.) dimisión; (state of being submissive) resignación
resin ['rɛzɪn] s resina
resist [ri'zist] tr resistir (la tentación); resistir a (la violencia; la risa) ‖ intr resistirse
resistance [ri'zistəns] s resistencia; **without resistance** sin rechistar
resole [ri'sol] tr sobresolar
resolute ['rɛzə,lut] adj resuelto
resolution [,rɛzə'luʃən] s resolución; **good resolutions** buenos propósitos
resolve [ri'zɔlv] s resolución ‖ tr resolver ‖ intr resolverse
resort [ri'zɔrt] s lugar muy frecuentado; (e.g., for vacations) estación; (for help or support) recurso; **as a last resort** como último recurso ‖ intr recurrir
resound [ri'zaund] intr resonar
resource [ri'sors] o ['risors] s recurso
resourceful [ri'sorsfəl] adj ingenioso
respect [ri'spɛkt] s (deference, esteem) respeto; (reference, relation; detail) respecto; **respects** recuerdos, saludos; **to pay one's respects (to)** ofrecer sus respetos (a); **with respect to** respecto a o de ‖ tr respetar
respectable [ri'spɛktəbəl] adj respetable; decente, presentable
respectful [ri'spɛktfəl] adj respetuoso
respectfully [ri'spɛktfəli] adv respetuosamente; **respectfully yours** de Vd. atento y seguro servidor
respecting [ri'spɛktɪŋ] prep con respecto a, respecto de
respective [ri'spɛktɪv] adj respectivo
respire [ri'spair] tr & intr respirar
respite ['rɛspɪt] s (temporary relief) respiro; (postponement, especially of death sentence) suspensión; **without respite** sin respirar
resplendent [ri'splɛndənt] adj resplandeciente
respond [ri'spand] intr responder
response [ri'spans] s respuesta
responsibility [ri,spansi'bɪlɪti] s responsabilidad; **to assume responsibility** responsabilizarse
responsible [ri'spansɪbəl] adj responsable; (job, position) de confianza; **to hold responsible** responsabilizar; **responsible for** responsable de
rest [rɛst] s (after exertion or work; sleep) descanso; (lack of motion) reposo; (of the dead) paz f; (what remains) resto; (mus) pausa; **at rest** (not moving) en reposo;

tranquilo; dormido; (dead) muerto; **the rest** lo demás; los demás; **to come to rest** venir a parar; **to lay to rest** enterrar ‖ tr descansar; parar; poner (p.ej., confianza) ‖ intr descansar; estar, hallarse; **to rest assured (that)** estar seguro, tener la seguridad (de que); **to rest on** descansar en o sobre, estribar en
restaurant ['rɛstərənt] s restaurante m
rest cure s cura de reposo
restful ['rɛstfəl] adj descansado, tranquilo, reposado
rest home s casa de reposo
resting place s lugar m de descanso; (of a staircase) descansadero; (of the dead) última morada
restitution [,rɛsti'tjuʃən] s restitución
restless ['rɛstlɪs] adj intranquilo; (sleepless) insomne
restock [ri'stak] tr reaprovisionar; repoblar (p.ej., un acuario)
restore [ri'stor] tr restaurar; (to give back) devolver
restrain [ri'stren] tr contener, refrenar; aprisionar
restraint [ri'strent] s restricción; comedimiento, moderación
restrict [ri'strikt] tr restringir
rest room s sala de descanso; excusado, retrete m; (of a theater) saloncillo
result [ri'zʌlt] s resultado; **as a result of** de resultas de ‖ intr resultar; **to result in** dar por resultado, parar en
resume [ri'zum] o [ri'zjum] tr reasumir; reanudar (el viaje, el vuelo, etc.); volver a tomar (su asiento) ‖ intr continuar; recomenzar; reanudar el hilo del discurso
résumé [,rɛzu'me] s resumen m
resurface [ri'sʌrfɪs] tr dar nueva superficie a ‖ intr volver a emerger (un submarino)
resurrect [,rɛzə'rɛkt] tr & intr resucitar
resurrection [,rɛzə'rɛkʃən] s resurrección
resuscitate [ri'sʌsɪ,tet] tr & intr resucitar
retail ['ritel] adj & adv al por menor ‖ s venta al por menor ‖ tr detallar, vendor al por menor ‖ intr vender al por menor; venderse al por menor
retailer ['ritelər] s detallista mf, minorista m, comerciante mf al por menor
retain [ri'ten] tr retener; contratar (a un abogado)
retaliate [ri'tæli,et] intr desquitarse, vengarse
retaliation [ri,tæli'eʃən] s desquite m, venganza
retard [ri'tard] s retardo ‖ tr retardar
retardation [,ritar'deʃən] s retardación
retarded [ri'tardɪd] adj subnormal, atrasado, retrasado
retch [rɛtʃ] tr vomitar ‖ intr arquear, esforzarse por vomitar
retching ['rɛtʃɪŋ] s arcadas
ret'd. abbr **returned**
reticence ['rɛtɪsəns] s reserva, circunspección, sigilo
reticent ['rɛtɪsənt] adj reservado, circunspecto
retinue ['rɛtɪ,nju] s comitiva, séquito

retire [rɪ'taɪr] *tr* retirar; jubilar (*a un empleado*) ‖ *intr* retirarse; jubilarse; (*to go to bed*) recogerse; (mil) retirarse

retirement [rɪ'taɪrmənt] *s* retiro; (*of an employee with pension*) jubilación; (mil) retirada

retirement annuity *s* jubilación

retort [rɪ'tɔrt] *s* respuesta pronta y aguda, réplica; (chem) retorta ‖ *intr* replicar

retouch [rɪ'tʌtʃ] *tr* retocar

retrace [rɪ'tres] *tr* repasar; **to retrace one's steps** volver sobre sus pasos

retract [rɪ'trækt] *tr* retractarse de, desdecirse de (*lo que se ha dicho*) ‖ *intr* retractarse, desdecirse

retractable [rɪ'træktəbəl] *adj* retráctil

retraction [rɪ'trækʃən] *s* retracción

re•tread ['ri,trɛd] *s* neumático recauchutado; neumático ranurado ‖ [rɪ'trɛd] *v* (*pret & pp* **-treaded**) *tr* recauchutar; volver a ranurar ‖ *v* (*pret* **-trod** ['trɑd]; *pp* **-trod** o **-trodden**) *tr* desandar ‖ *intr* volverse atrás

retreat [rɪ'trit] *s* (*act of withdrawing; place of seclusion*) retiro; (eccl) retiro; (mil) retreta, retirada; (*signal*) (mil) retreta; **to beat a retreat** retirarse; (mil) batirse en retirada ‖ *intr* retirarse

retrench [rɪ'trɛntʃ] *tr* cercenar ‖ *intr* recogerse

retribution [,rɛtrɪ'bjuʃən] *s* justo castigo; (theol) juicio final

retrieve [rɪ'triv] *tr* cobrar; reparar (*p.ej., un daño*); desquitarse de (*una pérdida, una derrota*); (hunt) cobrar, portar ‖ *intr* (hunt) cobrar, portar

retriever [rɪ'trivər] *s* perro cobrador, perro traedor

retroactive [,rɛtro'æktɪv] *adj* retroactivo

retrofiring [,rɛtro'faɪrɪŋ] *s* retrodisparo

retrogress ['rɛtrə,grɛs] *intr* retroceder; empeorar

retrorocket [,rɛtro'rɑkɪt] *s* retrocohete *m*

retrospect ['rɛtrə,spɛkt] *s* retrospección; **in retrospect** retrospectivamente

retrospective [,rɛtrə,spɛktɪv] *adj* retrospectivo

re•try [rɪ'traɪ] *v* (*pret & pp* **-tried**) *tr* reensayar; rever (*un caso legal*); procesar de nuevo (*a una persona*)

return [rɪ'tʌrn] *adj* repetido; de vuelta; **by return mail** a vuelta de correo ‖ *s* vuelta; devolución; recompensa; respuesta; informe *m*, noticia; ganancia, beneficio, rédito; (*of an election*) resultado; (*of income tax*) declaración; **in return (for)** en cambio (de); **many happy returns of the day!** ¡que cumpla muchos más! ‖ *tr* devolver; dar en cambio; corresponder a (*un favor*); dar (*una respuesta, las gracias*) ‖ *intr* volver; responder

return address *s* dirección del remitente

return bout o **engagement** *s* (box) combate *m* revancha

return game *s* desquite *m*

return ticket *s* billete *m* de vuelta; billete de ida y vuelta

return trip *s* viaje *m* de vuelta

reunification [ri,junɪfɪ'keʃən] *s* reunificación

reunion [ri'junjən] *s* reunión

reunite [,riju'naɪt] *tr* reunir ‖ *intr* reunirse

rev. *abbr* **revenue, reverse, review, revised, revision, revolution**

Rev. *abbr* **Revelation, Reverend**

rev [rɛv] *s* revolución ‖ *v* (*pret & pp* **revved**; *ger* **revving**) *tr* cambiar la velocidad de; **to rev up** acelerar ‖ *intr* acelerarse

revaluate [ri'vælju,et] *tr* revalorar, revalorizar, revaluar

revamp [ri'væmp] *tr* componer, renovar, remendar

reveal [rɪ'vil] *tr* revelar

reveille ['rɛvəli] *s* diana, toque *m* de diana

rev•el ['rɛvəl] *s* jarana, regocijo tumultuoso ‖ *v* (*pret & pp* **-eled** o **-elled**; *ger* **-eling** o **-elling**) *intr* jaranear; deleitarse

revelation [,rɛvə'leʃən] *s* revelación

revel•ry ['rɛvəlri] *s* (*pl* **-ries**) jarana, diversión tumultuosa

revenge [rɪ'vɛndʒ] *s* venganza ‖ *tr* vengar

revengeful [rɪ'vɛndʒfəl] *adj* vengativo

revenue ['rɛvə,nju] *s* renta, rédito; rentas públicas

revenue cutter *s* escampavía

revenue stamp *s* sello fiscal, timbre *m* del estado

reverberate [rɪ'vʌrbə,ret] *intr* reverberar

revere [rɪ'vɪr] *tr* reverenciar, venerar

reverence ['rɛvərəns] *s* reverencia ‖ *tr* reverenciar

reverend ['rɛvərənd] *adj & s* reverendo

reverie ['rɛvəri] *s* ensueño

reversal [rɪ'vʌrsəl] *s* inversión (*e.g., of opinion*) cambio

reverse [rɪ'vʌrs] *adj* invertido; contrario; de marcha atrás ‖ *s* (*opposite or rear*) revés *m*; contrario; contramarcha, marcha atrás; (*check, defeat*) revés *m*, contratiempo ‖ *tr* invertir; dar vuelta a; poner en marcha atrás; **to reverse oneself** cambiar de opinión; **to reverse the charges** cobrar al destinatario; (telp) cobrar al número llamado ‖ *intr* invertirse

reverse lever *s* palanca de marcha atrás

revert [rɪ'vʌrt] *intr* revertir; saltar atrás; **to revert to one's old tricks** volver a las andadas

review [rɪ'vju] *s* (*reëxamination; survey; magazine; musical show*) revista; (*of a book*) reseña, revista; (*of a lesson*) repaso; (mil) reseña, revista ‖ *tr* rever, revisar; reseñar (*un libro*); repasar (*una lección*); (mil) revistar

reviewer [rɪ'vju•ər] *s* (*critic*) reseñador *m*

revile [rɪ'vaɪl] *tr* ultrajar, vilipendiar

revise [rɪ'vaɪz] *s* revisión; refundición; (typ) segunda prueba ‖ *tr* rever, revisar; refundir (*un libro*); enmendar

revision [rɪ'vɪʒən] *s* revisión; revisada; (*of a book*) refundición; enmienda

revisionism [rɪ'vɪʒə,nɪzəm] *s* revisionismo

revisionist [rɪ'vɪʒənɪst] *adj & s* revisionista

revival [rɪ'vaɪvəl] *s* resucitación; reanimación; (*e.g., of learning*) renacimiento; despertamiento religioso; (theat) reestreno, reposición

revive [rɪ'vaɪv] *tr* revivir; (theat) reestrenar, reponer ‖ *intr* revivir; volver en sí, recordar

revoke [rɪ'vok] *tr* revocar

revolt [rɪ'volt] *s* rebelión, sublevación ‖ *tr* dar asco a, repugnar ‖ *intr* rebelarse, sublevarse

revolting [rɪ'voltɪŋ] *adj* asqueroso, repugnante; rebelde

revolution [,rɛvə'luʃən] *s* revolución

revolutionar•y [,rɛvə'luʃə,nɛri] *adj* revolucionario ‖ *s* (*pl* **-ies**) revolucionario

revolve [rɪ'vɑlv] *tr* hacer girar; (*in one's mind*) ‖ *intr* girar; revolverse (*un astro en su órbita*)

revolver [rɪ'vɑlvər] *s* revólver *m*

revolving bookcase *s* giratoria

revolving door *s* puerta giratoria

revolving fund *s* fondo rotativo

revue [rɪ'vju] *s* (theat) revista

revulsion [rɪ'vʌlʃən] *s* aversión, repugnancia; reacción fuerte

reward [rɪ'wɔrd] *s* premio, recompensa; (*money used to recapture or recover*) rescate *m;* hallazgo, p.ej., **five dollars reward** cinco dólares de hallazgo ‖ *tr* premiar, recompensar

rewarding [rɪ'wɔrdɪŋ] *adj* remunerador, provechoso, agradecido

re•wind ['ri,waɪnd] *s* (mach, mov) retroceso ‖ [ri'waɪnd] *v* (*pret & pp* **-wound** [waʊnd] *tr* (mach, mov) rebobinar

re•write [ri'raɪt] *v* (*pret* **-wrote** ['rot]; *pp* **-written** ['rɪtən]) *tr* escribir de nuevo; refundir (*un escrito*); redactar (*un escrito de otra persona*)

R.F. *abbr* **radio frequency**

R.F.D. *abbr* **Rural Free Delivery**

R.H. *abbr* **Royal Highness**

rhapso•dy ['ræpsədi] *s* (*pl* **-dies**) rapsodia

rheostat ['ri•ə,stæt] *s* reóstato

rhesus ['risəs] *s* macaco de la India

rhetoric ['rɛtərɪk] *s* retórica

rhetorical [rɪ'tɔrɪkəl] *adj* retórico

rheumatic [ru'mætɪk] *adj & s* reumático

rheumatism ['rumə,tɪzəm] *s* reumatismo

Rhine [raɪn] *s* Rin *m*

Rhineland ['raɪn,lænd] *s* Renania

rhine'stone' *s* diamante de imitación hecho de vidrio

rhinoceros [raɪ'nɑsərəs] *s* rinoceronte *m*

Rhodes [rodz] *s* Rodas *f*

Rhone [ron] *s* Ródano

rhubarb ['rubɑrb] *s* ruibarbo

rhyme [raɪm] *s* rima; **without rhyme or reason** sin ton ni son ‖ *tr & intr* rimar

rhythm ['rɪðəm] *s* ritmo

rhythmic(al) ['rɪðmɪk(əl)] *adj* rítmico

rial•to [rɪ'ælto] *s* (*pl* **-tos**) mercado ‖ **the Rialto** el puente del Rialto; el centro teatral de Nueva York

rib [rɪb] *s* costilla; (*of a fan or umbrella*) varilla; (*of a tire*) cuerda; (*in cloth*) canilla; (*of the wing of an insect*) nervio ‖ *v* (*pret & pp* **ribbed**; *ger* **ribbing**) *tr* proveer de

costillas; hacer canillas en; (slang) tomar el pelo a

ribald ['rɪbəld] *adj* grosero y obsceno

ribbon ['rɪbən] *s* cinta

rice [raɪs] *s* arroz *m*

rich [rɪtʃ] *adj* rico; (coll) platudo; (*color*) vivo; (*voice*) sonoro; (*wine*) generoso; azucarado, condimentado; (coll) divertido; (coll) ridículo; **to strike it rich** descubrir un buen filón ‖ **riches** *spl* riquezas; **the rich** los ricos

rickets ['rɪkɪts] *s* raquitis *f*

rickety ['rɪkɪti] *adj* (*object*) destartalado, desvencijado; (*person*) tambaleante, vacilante; (*suffering from rickets*) raquítico

rid [rɪd] *v* (*pret & pp* **rid;** *ger* **ridding**) *tr* desembarazar; **to get rid of** desembarazarse de, deshacerse de; matar

riddance ['rɪdəns] *s* supresión, libramiento; **good riddance!** ¡adiós, gracias!, ¡de buena me he librado!

riddle ['rɪdəl] *s* acertijo, adivinanza; (*person or thing hard to understand*) enigma *m;* criba gruesa ‖ *tr* acribillar; destruir (*un argumento; la reputación de una persona*); **to riddle with bullets** acribillar a balazos; **to riddle with questions** acribillar a preguntas

ride [raɪd] *s* paseo ‖ *v* (*pret* **rode** [rod]; *pp* **ridden** ['rɪdən]) *tr* montar (*un caballo*), montar sobre (*los hombros de una persona*); recorrer a caballo; flotar sobre (*las olas*); dominar, tiranizar; (coll) burlarse de; **to ride down** atropellar; vencer; **to ride out** luchar felizmente con (*una tempestad*); aguantar con buen éxito (*una desgracia*) ‖ *intr* montar; pasear en coche o carruaje; **to let ride** (slang) dejar correr; **to take riding** llevar de paseo

rider ['raɪdər] *s* jinete *m;* pasajero

ridge [rɪdʒ] *s* (*of a roof; of earth between two furrows*) caballete *m;* (*of a fabric*) cordoncillo; (*of mountains*) cordillera; (*of two plane surfaces*) arista

ridge'pole' *s* parhilera

ridicule ['rɪdɪ,kjul] *s* irrisión; **to expose to ridicule** poner en ridículo ‖ *tr* ridiculizar

ridiculous [rɪ'dɪkjələs] *adj* ridículo

riding academy *s* escuela de equitación

riding boot *s* bota de montar

riding habit *s* amazona, traje *m* de montar

rife [raɪf] *adj* común, corriente, general; abundante, lleno; **rife with** abundante en, lleno de

riffraff ['rɪf,ræf] *s* bahorrina, canalla

rifle ['raɪfəl] *s* rifle *m*, fusil *m* ‖ *tr* hurtar, robar; escudriñar y robar; desnudar, despojar

rifle range *s* tiro de rifle

rift [rɪft] *s* abertura, raja; desacuerdo, desavenencia

rig [rɪg] *s* equipaje *m;* carruaje *m* con caballo o caballos; traje extraño; (naut) aparejo ‖ *v* (*pret & pp* **rigged;** *ger* **rigging**) *tr* equipar; aprestar, disponer; improvisar; vestir de una manera extraña; arreglar de una manera fraudulenta; (naut) aparejar

re
ri

rigging [ˈrɪgɪŋ] s avíos, instrumentos, equipo; (naut) aparejo, cordaje m
right [raɪt] adj derecho; verdadero; exacto; conveniente; favorable; sano, normal; bien, correcto; señalado; correspondiente; que se busca, p.ej., **this is the right house** ésta es la casa que se busca; que se necesita, p.ej., **this is the right train** éste es el tren que se necesita; que debe, p.ej., **he is going the right way** sigue el camino que debe; **right or wrong** con razón o sin ella, bueno o malo; **to be all right** estar bien; estar bien de salud; **to be right** tener razón ‖ adv derechamente; directamente; correctamente; exactamente; favorablemente; en orden, en buen estado; hacia la derecha; completamente; (coll) muy; mismo, p.ej., **right here** aquí mismo; **all right** muy bien ‖ interj ¡bien! ‖ s (justice, reason) derecho; (right hand) derecha; (box) derechazo; (com) derecho; (pol) derecha; **by right** según derecho; **on the right** a la derecha; **to be in the right** tener razón ‖ tr enderezar; corregir, rectificar; hacer justicia a; deshacer (un entuerto) ‖ intr enderezarse
righteous [ˈraɪtʃəs] adj recto, justo; virtuoso
right field s (baseball) jardín derecho
rightful [ˈraɪtfəl] adj justo; legítimo
right'-hand' drive s conducción o dirección a la derecha
right-hand man s mano derecha, brazo derecho
rightist [ˈraɪtɪst] adj & s derechista mf
rightly [ˈraɪtli] adv derechamente; correctamente; con razón; convenientemente; **rightly or wrongly** con razón o sin ella; **rightly so** a justo título
right mind s entero juicio
right of way s derecho de tránsito o de paso; (law) servidumbre de paso; (rr) servidumbre de vía; **to yield the right of way** ceder el paso
rights of man spl derechos del hombre
right'-wing' adj derechista
right-winger [ˈraɪtˈwɪŋər] s (coll) derechista mf
rigid [ˈrɪdʒɪd] adj rígido
rigmarole [ˈrɪgmərol] s galimatías m
rigorous [ˈrɪgərəs] adj riguroso
rile [raɪl] tr (coll) exasperar
rill [rɪl] s arroyuelo
rim [rɪm] s canto, borde m; (of a wheel) llanta; (of a tire) aro
rime [raɪm] s (in verse) rima; (frost) escarcha; **without rime or reason** sin ton ni son ‖ tr & intr rimar
rind [raɪnd] s cáscara, corteza
ring [rɪŋ] s (circular band, line, or mark) anillo; (for the finger) sortija; (for curtains; for gymnastics) anilla; (for nose of animal) argolla; (for fruit jars) círculo de goma; (for some sport or exhibition) circo; (for boxing) cuadrilátero, ruedo; (for bullfight) redondel m, ruedo; boxeo; (of a group of people) corro; (of evildoers) pandilla; (under the eyes) ojera; (of the anchor) arga-

neo; (sound of a bell, of a clock) campanada; (of a small bell; of the glass of glassware) tintineo; (to summon a person) llamada; (character, nature, spirit) tono; **to be in the ring (for)** ser candidato (a); **to run rings around** dar cien vueltas a ‖ v (pret & pp **ringed**) tr cercar, rodear; (to put a ring on) anillar ‖ intr formar círculo o corro ‖ v (pret **rang** [ræŋ]; pp **rung** [rʌŋ]) tr tañer, tocar; (to peal, ring out) repicar; llamar al timbre; dar (las horas la campana del reloj); llamar por teléfono; **to ring up** llamar por teléfono; marcar (una compra) con el timbre ‖ intr sonar (una campana, un timbre, el teléfono); tintinear (el choque de copas, una campanilla); resonar, retumbar; llamar; zumbar (los oídos); **to ring for** llamar, llamar al timbre; **to ring off** terminar una llamada por teléfono; **to ring up** llamar por teléfono
ring-around-a-rosy [ˈrɪŋəˌraʊŋdəˈrozi] s juego del corro
ringing [ˈrɪŋɪŋ] adj resonante, retumbante ‖ s anillamiento; campaneo, repique m; (of the glass of glassware) tintineo; (in the ears) retintín m, silbido
ring'lead'er s cabecilla m
ring'mas'ter s hombre encargado de los ejercicios ecuestres y acrobáticos de un circo
ring'side' s lugar junto al cuadrilátero; lugar desde el cual se puede ver de cerca
ring'worm' s tiña
rink [rɪŋk] s patinadero
rinse [rɪns] s aclaración, enjuague m ‖ tr aclarar, enjuagar
riot [ˈraɪət] s alboroto, tumulto; regocijos ruidosos; (of colors) exhibición brillante; **to run riot** desenfrenarse; crecer lozanamente (las plantas) ‖ intr alborotarse, amotinarse
rioter [ˈraɪətər] s alborotador m, amotinado
riot squad s pelotón m de asalto
rip [rɪp] s rasgón m, siete m; (open seam) descosido ‖ v (pret & pp **ripped;** ger **ripping**) tr desgarrar, rasgar; descoser (lo que estaba cosido) ‖ intr desgarrarse, rasgarse; (coll) adelantar o moverse de prisa o con violencia; **to rip out with** (coll) decir con violencia
ripe [raɪp] adj maduro; acabado, hecho; dispuesto, preparado; (boil, tumor) madurado; (olive) negro
ripen [ˈraɪpən] tr & intr madurar
ripoff [ˈrɪpˌɔf] s (slang) estafa; timo
ripple [ˈrɪpəl] s temblor m, rizo; (sound) murmullo, susurro ‖ tr rizar ‖ intr rizarse; murmurar, susurrar
rise [raɪz] s (of temperature, prices, a road) subida; (of ground, of the voice) elevación; (of a heavenly body) salida; (of a step) altura; (in one's employment) ascenso; (of water) crecida; (of a source of water) nacimiento; (of a valve) levantamiento; **to get a rise out of** (slang) sacar una réplica mordaz a; **to give rise to** dar origen a ‖ v (pret **rose** [roz]; pp **risen** [ˈrɪzən]) intr subir; levantarse; salir (un astro); asomar (un

peligro); brotar (*un manantial, una planta*); (*in someone's esteem*) ganar; resucitar; **to rise above** alzarse por encima de; mostrarse superior a; **to rise early** madrugar; **to rise to** ponerse a la altura de

riser [ˈraɪzər] *s* contraescalón *m*, contrahuella; **early riser** madrugador *m;* **late riser** dormilón *m*

risk [rɪsk] *s* riesgo; **to run** o **take a risk** correr riesgo, correr peligro ‖ *tr* arriesgar; arriesgarse en (*una empresa dudosa*)

risk•y [ˈrɪski] *adj* (*comp* **-ier;** *super* **-iest**) arriesgado; riesgoso; escabroso

risqué [rɪsˈke] *adj* escabroso

rite [raɪt] *s* rito; **last rites** honras fúnebres

ritual [ˈrɪtʃʊ•əl] *adj* & *s* ritual *m*

riv. *abbr* **river**

ri•val [ˈraɪvəl] *s* rival *mf* ‖ *v* (*pret* & *pp* **-valed** o **-valled;** *ger* **-valing** o **-valling**) *tr* rivalizar con

rival•ry [ˈraɪvəlri] *s* (*pl* **-ries**) rivalidad

river [ˈrɪvər] *s* río; **down the river** río abajo; **up the river** río arriba

river basin *s* cuenca de río

river bed *s* cauce *m*

river front *s* orilla del río

riv′er•side′ *adj* ribereño ‖ *s* ribera

rivet [ˈrɪvɪt] *s* roblón *m*, remache *m;* (*e.g., to hold scissors together*) clavillo ‖ *tr* remachar; clavar (*p.ej., los ojos en una persona*)

rm. *abbr* **ream, room**

R.N. *abbr* **registered nurse, Royal Navy**

roach [rotʃ] *s* cucaracha

road [rod] *adj* itinerario, caminero ‖ *s* camino; (naut) rada; **to be in the road** estorbar el paso; incomodar; **to get out of the road** quitarse de en medio

road′bed′ *s* (*of a highway*) firme *m;* (rr) infraestructura

road′block′ *s* (mil) barricada; (fig) obstáculo

road′house′ *s* posada en el camino

road laborer *s* peón caminero

road map *s* mapa itinerario

road service *s* auxilio en carretera

road′side′ *s* borde *m* del camino, borde de la carretera

roadside inn *s* posada en el camino

road sign *s* señal *f* de carretera, poste *m* indicador

road′stead′ *s* rada

road′way′ *s* camino, vía

roam [rom] *s* vagabundeo ‖ *tr* vagar por, recorrer a la ventura ‖ *intr* vagar, andar errante

roar [ror] *s* bramido, rugido ‖ *intr* bramar, rugir; reírse a carcajadas

roast [rost] *s* asado; café tostado ‖ *tr* asar; tostar (*café*); (coll) despellejar ‖ *intr* asarse; tostarse

roast beef *s* rosbif *m*

roast of beef *s* carne de vaca asada o para asar

roast pork *s* carne de cerdo asada

rob [rab] *v* (*pret* & *pp* **robbed;** *ger* **robbing**) *tr* & *intr* robar

robber [ˈrabər] *s* robador *m*, ladrón *m*

robber•y [ˈrabəri] *s* (*pl* **-ies**) robo

robe [rob] *s* manto; abrigo; (*of a woman*) traje *m*, vestido; (*of a professor, judge, etc.*) toga, túnica; (*of a priest*) traje *m* talar; (*dressing gown*) bata; (*for lap in a carriage*) manta ‖ *tr* vestir ‖ *intr* vestirse

robin [ˈrabɪn] *s* (*in Europe*) petirrojo; (*in North America*) primavera

robot [ˈrobat] *s* robot *m*

robotics [roˈbatɪks] *s* robótica

robust [roˈbʌst] *adj* robusto; vigoroso

rock [rak] *s* roca; (*sticking out of water*) escollo; (*one that is thrown*) piedra; (slang) diamante *m*, piedra preciosa; **on the rocks** arruinado, en pobreza extrema; (*said of hard liquor*) (coll) sobre hielo ‖ *tr* acunar, mecer; (*to sleep*) arrullar; sacudir; **to rock to sleep** adormecer meciendo ‖ *intr* mecerse; sacudirse ‖ *abbr* **—rock-′n′-roll**

rock′-bot′tom *adj* (el) mínimo, (el) más bajo

rock candy *s* azúcar *m* cande

rock crystal *s* cristal *m* de roca

rocker [ˈrakər] *s* (*chair*) mecedora; (*curved piece at bottom of rocking chair or cradle*) arco; (mach) balancín *m;* (mach) eje *m* de balancín

rocket [ˈrakɪt] *s* cohete *m* ‖ *intr* subir como un cohete

rocket bomb *s* bomba cohete

rocket launcher [ˈlɔntʃər] *s* lanzacohetes *m*

rocket ship *s* aeronave *f* cohete

rock garden *s* jardín *m* entre rocas

rocking chair *s* mecedora, sillón *m* de hamaca

rocking horse *s* caballo mecedor

rock-′n′-roll [ˈrakənˈrol] *s* rock *m*

Rock of Gibraltar [dʒɪˈbrɔltər] *s* peñón *m* de Gibraltar

rock salt *s* sal *f* de compás, sal gema

rock singer *s* rockero, rockera

rock wool *s* lana mineral

rock•y [ˈraki] *adj* (*comp* **-ier;** *super* **-iest**) rocoso, roqueño; (slang) débil, poco firme

rod [rad] *s* vara; varilla; barra; (*authority*) vara alta; opresión, tiranía; (*of the retina*) bastoncillo; (*elongated microörganism*) bastoncito; (mach) vástago; (surv) jalón *m;* (Bib) linaje *m*, raza, vástago; (slang) revólver *m*, pistola; **to spare the rod** excusar la vara

rodent [ˈrodənt] *adj* & *s* roedor *m*

rod•man [ˈradmən] *s* (*pl* **-men** [mən]) jalonero, portamira *m*

roe [ro] *s* (*deer*) corzo; (*of fish*) hueva

rogue [rog] *s* bribón *m*, pícaro

rogues′ gallery *s* colección de retratos de malhechores para uso de la policía

roguish [ˈrogɪʃ] *adj* bribón, pícaro; travieso, retozón

rôle o **role** [rol] *s* papel *m;* **to play a rôle** desempeñar un papel

roll [rol] *s* (*of cloth, film, paper, fat, etc.*) rollo; (*roller*) rodillo; (*cake of bread*) panecillo; (*of dice*) echada; (*of a boat*) balance *m;* (*of a drum*) redoble *m;* (*of thunder*) retumbo; bamboleo; ondulación; rol *m;* lista; (*of paper money*) fajo; **to call the roll**

pasar lista || *tr* hace*r* rodar; empujar hacia adelante; cilindrar, laminar; (*to wrap up with rolling motion*) arrollar; alisar con rodillo; liar (*un cigarrillo*); mover de un lado a otro; poner (*los ojos*) en blanco; tocar redobles con (*el tambor*); vibrar (*la voz; la r*); **to roll one's own** liárselos; **to roll up** arremangar (*p.ej., las mangas*); amontonar (*p.ej., una fortuna*) || *intr* rodar; bambolear; balancear (*un barco*); girar; retumbar (*el trueno*); redoblar (*un tambor*); **to roll around** revolcarse

roll call *s* lista, (el) pasar lista

roller ['rolər] *s* rodillo; (*of a piece of furniture*) ruedecilla; (*of a skate*) rueda; ola larga y creciente

roller bearing *s* cojinete *m* de rodillos

roller coaster *s* montaña rusa

roller skate *s* patín *m* de ruedas

roller towel *s* toalla sin fin

rolling mill ['rolɪŋ] *s* taller *m* de laminación; tren *m* de laminadores

rolling pin *s* rodillo, hataca, rulo

rolling stock *s* (rr) material *m* móvil, material rodante

rolling stone *s* piedra movediza

roll'-top' desk *s* escritorio norteamericano, escritorio de cortina corrediza

roly-poly ['roli'poli] *adj* regordete, rechoncho

Rom. *abbr* **Roman, Romance**

roman ['romən] *adj* (typ) redondo || *s* (typ) letra redonda || **Roman** *adj & s* romano

Roman candle *s* vela romana

Roman Catholic *adj & s* católico romano

romance [ro'mæns] o ['romæns] *s* (*tale of chivalry*) roman *m;* cuento de aventuras; cuento de amor; intriga amorosa; novela sentimental; (mus) romanza || [ro'mæns] *intr* contar o escribir romances, cuentos de aventuras o cuentos de amor; pensar o hablar de un modo romántico; exagerar, mentir || **Romance** ['romæns] o [ro'mæns] *adj* (*Neo-Latin*) romance o románico

romance languages *spl* lenguas romances *or* románicas

romance of chivalry *s* libro de caballerías

Roman Empire *s* Imperio romano

Romanesque [,romən'ɛsk] *adj & s* románico

Roman nose *s* nariz aguileña

romantic [ro'mæntɪk] *adj* romántico; (*spot, place*) encantador

romanticism [ro'mæntɪ,sɪzəm] *s* romanticismo

romp [rɑmp] *intr* corretear, triscar

rompers ['rɑmpərz] *spl* traje holgado de juego

roof [ruf] o [rʊf] *s* (*top outer covering of a house*) tejado; (*of a car or bus*) imperial *f*, tejadillo; (*of the mouth*) paladar *m;* (*of heaven*) bóveda; (*home, dwelling*) (fig) techo; **to raise the roof** (slang) poner el grito en el cielo || *tr* techar

roofer ['rufər] o ['rʊfər] *s* techador *m*, pizarrero

roof garden *s* (*garden on the roof*) pérgola, azotea de baile y diversión

rook [rʊk] *s* (*bird*) grajo; (*in chess*) roque *m* || *tr* trampear

rookie ['rʊki] *s* (slang) bisoño, novato

room [rum] o [rʊm] *s* aposento, cuarto, habitación, pieza; espacio, sitio, lugar *m;* ocasión; **to make room** abrir paso, hacer lugar || *intr* alojarse

room and board *s* pensión completa

room clerk *s* empleado en la recepción, encargado de las reservas

roomer ['rumər] *s* inquilino

rooming house *s* casa donde se alquilan cuartos

room'mate' *s* compañero de cuarto

room•y ['rumi] *adj* (*comp* **-ier;** *super* **-iest**) amplio, espacioso

roost [rust] *s* percha de gallinero; gallinero; lugar *m* de descanso; **to rule the roost** ser el amo del cotarro, tener el mando y el palo || *intr* descansar (*las aves*) en la percha; estar alojado; pasar la noche

rooster ['rustər] *s* gallo

root [rut] o [rʊt] *s* raíz *f;* **to get to the root of** profundizar; **to take root** echar raíces || *tr* hocicar, hozar || *intr* arraigar; **to root for** (slang) gritar alentando

rooter ['rutər] o ['rʊtər] *s* (slang) hincha *mf*

rope [rop] *s* cuerda; (*of a hangman*) dogal *m;* (*to catch an animal*) lazo; **to jump rope** saltar a la comba; **to know the ropes** (slang) saber todas las tretas; espabilarse || *tr* atar con una cuerda; coger con lazo; **to rope in** (slang) embaucar, engañar

rope'walk'er *sl* funámbulo, volatinero

rosa•ry ['rozəri] *s* (*pl* **-ries**) rosario

rose [roz] *adj* de color de rosa || *s* rosa

rose'bud' *s* pimpollo, capullo de rosa

rose'bush' *s* rosal *m*

rose'-col'ored *adj* rosado; **to see everything through rose-colored glasses** verlo todo de color de rosa

rose garden *s* rosaleda, rosalera

rose hip *s* (bot) cinarrodón *m;* eterio

rosemar•y ['roz,mɛri] *s* (*pl* **-ies**) romero

rose of Sharon ['ʃɛrən] *s* granado blanco, rosa de Siria

rose window *s* rosetón *m*

rose'wood' *s* palisandro

rosin ['rɑzɪn] *s* colofonia, brea seca

roster ['rɑstər] *s* catálogo, lista; horario escolar, horas de clase

rostrum ['rɑstrəm] *s* tribuna

ros•y ['rozi] *adj* (*comp* **-ier;** *super* **-iest**) rosado, sonrosado; alegre

rot [rɑt] *s* podredumbre; (slang) tontería || *v* (*pret & pp* **rotted;** *ger* **rotting**) *tr* pudrir || *intr* pudrirse

rotate ['rotet] o [ro'tet] *tr* hacer girar; alternar || *intr* girar; alternar

rote [rot] *s* rutina, repetición maquinal; **by rote** de memoria, maquinalmente

rot'gut' *s* (slang) matarratas *m*

rotogravure [,rotəgrə'vjʊr] o [,rotə'grevjʊr] *s* rotograbado

rotten ['rɑtən] *adj* putrefacto, pútrido; corrompido

rotund [ro'tʌnd] *adj* redondo de cuerpo; (*language*) redondo
rouge [ruʒ] *s* arrebol *m*, colorete *m* ‖ *tr* arrebolar, pintar ‖ *intr* arrebolarse, pintarse
rough [rʌf] *adj* áspero; (*sea*) agitado, picado; (*crude, unwrought*) tosco, grosero; aproximado ‖ *tr* —**to rough it** vivir sin comodidades, hacer vida campestre
rough'cast' *s* modelo tosco; mezcla gruesa ‖ *v* (*pret & pp* -**cast**) *tr* (*to prepare in rough form*) bosquejar; dar a (*la pared*) una capa de mezcla gruesa
rough copy *s* borrador *m*
roughly ['rʌfli] *adv* asperamente; brutalmente; aproximadamente
roulette [ru'lɛt] *s* ruleta
round [raʊnd] *adj* redondo ‖ *adv* redondamente; alrededor; de boca en boca; por todas partes ‖ *prep* alrededor de; (*e.g., the corner*) a la vuelta de; cerca de; acá y allá en ‖ *s* camino, circuito; (*of a policeman; of visits, of drinks or cigars*) ronda; (*of applause; discharge of guns*) salva; (*discharge of a single gun*) disparo, tiro; (*of people*) corro, círculo; (*of golf*) partido; rutina, serie *f*, sucesión; redondez *f;* revolución; (box) asalto; **to go the rounds** ir de boca en boca; ir de mano en mano ‖ *tr* (*to make round*) redondear; cercar, rodear; doblar (*una esquina, un promontorio*); **to round off u out** redondear; acabar, completar, perfeccionar; **to round up** juntar, recoger; rodear (*el ganado*)
roundabout ['raʊndə,baʊt] *adj* indirecto ‖ *s* curso indirecto; (Brit) tío vivo; (Brit) glorieta de tráfico
rounder ['raʊndər] *s* (coll) pródigo; (coll) catavinos *m*, borrachín habitual
round'house' *s* cocherón *m*, casa de máquinas, depósito de locomotoras
round-shouldered ['raʊnd,ʃoldərd] *adj* cargado de espaldas
Round Table *s* Tabla Redonda
round'-trip' ticket *s* billete *m* de ida y vuelta
round'up' *s* (*of cattle*) rodeo; (*of criminals*) redada; (*of old friends*) reunión
rouse [raʊz] *tr* despertar; excitar, provocar; levantar (*la caza*) ‖ *intr* despertarse, despabilarse
rout [raʊt] *s* derrota; fuga desordenada ‖ *tr* derrotar; poner en fuga desordenada; arrancar hozando ‖ *intr* hozar
route [rut] o [raʊt] *s* ruta; itinerario ‖ *tr* encaminar
routine [ru'tin] *adj* rutinario ‖ *s* rutina
rove [rov] *intr* andar errante, vagar
row [raʊ] *s* (coll) camorra, pendencia, riña; (coll) alboroto, bullicio; (coll) balumba; **to raise a row** (coll) armar camorra ‖ [ro] *s* fila, hilera; (*of houses*) crujía; **in a row** seguidos, p.ej., **five hours in a row** cinco horas seguidas ‖ *intr* remar
rowboat ['ro,bot] *s* bote *m*, bote de remos
row•dy ['raʊdi] *adj* (*comp* -**dier;** *super* -**diest**) gamberro ‖ *s* (*pl* -**dies**) gamberro
rower ['ro•ər] *s* remero

royal ['rɔɪ•əl] *adj* real; (*magnificent, splendid*) regio
royalist ['rɔɪ•əlɪst] *s* realista *mf*
royal•ty ['rɔɪ•əlti] *s* (*pl* -**ties**) realeza; personaje *m* real, personajes reales; derechos de autor; derechos de inventor
r.p.m. *abbr* **revolutions per minute**
R.R. *abbr* **railroad, Right Reverend**
rub [rʌb] *s* frotación, roce *m;* **there's the rub** ahí está el busilis ‖ *v* (*pret & pp* **rubbed;** *ger* **rubbing**) *tr* frotar; **to rub elbows with** rozarse mucho con; **to rub out** borrar; (slang) asesinar ‖ *intr* frotar; **to rub off** quitarse frotando; borrarse
rubber ['rʌbər] *s* caucho, goma; goma de borrar; chanclo, zapato de goma; (*in bridge*) robre *m* ‖ *intr* (slang) estirar el cuello o volver la cabeza para ver
rubber band *s* liga de goma
rubber plant *s* árbol *m* del caucho
rubber plantation *s* cauchal *m*
rubber stamp *s* cajetín *m*, sello de goma; (*with a person's signature*) estampilla; (coll) persona que aprueba sin reflexionar
rub'ber-stamp' *tr* estampar con un sello de goma; (*with a person's signature*) estampillar; (coll) aprobar sin reflexionar
rubbish ['rʌbɪʃ] *s* basura, desecho, desperdicios; (coll) disparate *m*, tontería
rubble ['rʌbəl] *s* (*broken stone*) ripio; (*masonry*) mampostería
rub'down' *s* masaje *m*, fricción
rube [rub] *s* (slang) isidro, rústico
ruble ['rubəl] *s* rublo
ru•by ['rubi] *s* (*pl* -**bies**) rubí *m*
rudder ['rʌdər] *s* timón *m*, gobernalle *m*
rud•dy ['rʌdi] *adj* (*comp* -**dier;** *super* -**diest**) coloradote, rubicundo;
rude [rud] *adj* rudo; desacomodido (SAm)
rudiment ['rudɪmənt] *s* rudimento
rudeness ['rudnɪs] *s* malcriadez *f*, malacrianza
rue [ru] *tr* lamentar, arrepentirse de
rueful ['rufəl] *adj* lamentable; triste
ruffian ['rʌfɪ•ən] *s* hombre grosero y brutal
ruffle ['rʌfəl] *s* arruga; (*of drum*) redoble *m;* (sew) volante *m* ‖ *tr* arrugar; agitar, descomponer; enojar, molestar; confundir; redoblar (*el tambor*); (sew) fruncir un volante en, adornar o guarnecer con volante
rug [rʌg] *s* alfombra; alfombrilla; (*lap robe*) manta
rugged ['rʌgɪd] *adj* áspero, rugoso; recio, vigoroso; tempestuoso
ruin ['ru•ɪn] *s* ruina ‖ *tr* arruinar; estropear; echar a perder
rule [rul] *s* regla; autoridad, mando; regla de imprenta; (*reign*) reinado; (*of a court of law*) decisión, fallo; **as a rule** por regla general; **to be the rule** ser lo que se hace ‖ *tr* gobernar, regir; dirigir, guiar; contener, reprimir; (*to mark with lines*) reglar; (law) decidir, determinar; **to rule out** excluir, rechazar ‖ *intr* regir; prevalecer; **to rule over** gobernar, regir
rule of law *s* régimen *m* de justicia

ro
ru

ruler [ˈrulər] *s* gobernante *mf;* soberano; (*for ruling lines*) regla
ruling [ˈrulɪŋ] *adj* gobernante, dirigente, imperante ‖ *s* (*of a court or judge*) decisión, fallo; (*of paper*) rayado
rum [rʌm] *s* ron *m;* (*any alcoholic drink*) (U.S.A.) aguardiente *m*
Rumanian [ruˈmenɪ•ən] *adj & s* rumano
rumble [ˈrʌmbəl] *s* retumbo; (*of the intestines*) rugido; (slang) riña entre pandillas ‖ *intr* retumbar; avanzar retumbando
ruminate [ˈrumɪˌnet] *tr & intr* rumiar
rummage [ˈrʌmɪdʒ] *tr & intr* buscar revolviéndolo todo
rummage sale *s* venta de prendas usadas
rumor [ˈrumər] *s* rumor *m;* (coll) díceres *mpl;* bolado (CAm) ‖ *tr* rumorear; **it is rumored that** se rumorea que
rump [rʌmp] *s* anca, nalga; (*cut of beef*) cuarto trasero
rumple [ˈrʌmpəl] *s* arruga ‖ *tr* arrugar, ajar, chafar ‖ *intr* arrugarse
rumpus [ˈrʌmpəs] *s* (coll) batahola, alboroto; **to raise a rumpus** (coll) armar la de San Quintín
run [rʌn] *s* carrera; clase *f,* tipo; arroyo; (*e.g., in a stocking*) carrera; (*on a bank by depositors*) asedio; (*of consecutive performances of a play*) serie *f;* (baseball & mus) carrera; **in the long run** a la larga; **on the run** a escape; en fuga desordenada; **the common run of people** el común de las gentes; **the general run of** la generalidad de; **to have a long run** permanecer en cartel durante mucho tiempo; **to have the run of** hallar el secreto de; tener libertad de ir y venir por ‖ *v* (*pret* **ran** [ræn]; *pp* **run;** *ger* **running**) *tr* hacer funcionar; dirigir, manejar; trazar, tirar (*una línea*); exhibir (*un cine*); hacer (*mandados*); tener como candidato; burlar, violar (*un bloqueo*); tener (*calentura*); correr (*un caballo; un riesgo*); **to run down** cazar y matar; derribar; atropellar (*a un peatón*); (coll) denigrar, desacreditar; **to run in** rodar (*un nuevo coche*); **to run off** tocar (*una pieza de música*); tirar, imprimir; **to run up** (coll) aumentar (*gastos*) ‖ *intr* correr; (*on wheels*) rodar; darse prisa; trepar (*la vid*); ir y venir (*un vapor*); supurar (*una llaga*); colar (*un líquido*); correrse (*un color o tinte*); presentar su candidatura; andar, funcionar, marchar; deshilarse (*las medias*); migrar (*los peces*); estar en fuerza; (*to be worded or written*) rezar; **to run across** dar con, tropezar con; **to run away** correr, huir; desbocarse (*un caballo*); **to run down** escurrir, gotear (*un líquido*); descargarse (*un acumulador*); distenderse (*el muelle de un reloj*); acabarse la cuerda, p.ej., **the watch ran down** se acabó la cuerda; **to run for** presentar su candidatura a; **to run in the family** venir de familia; **to run into** tropezar con; chocar con, topar con; **to run off the track** descarrilar (*un tren*); **to run out** salir; expirar, terminar; acabarse; agotarse; **to run out of** acabársele a uno, e.g.,

I have run out of money se me ha acabado el dinero; **to run over** atropellar (*a un peatón*); registrar a la ligera; pasar por encima; leer rápidamente; rebosar (*un líquido*); **to run through** disipar rápidamente (*una fortuna*); registrar a la ligera; estar difundido en
run'a•way' *adj* fugitivo; (*horse*) desbocado ‖ *s* fugitivo; caballo desbocado; fuga
run'-down' *adj* desmedrado; desmantelado; inculto; (*clock spring*) sin cuerda, distendido; (*storage battery*) descargado
rung [rʌŋ] *s* (*of ladder or chair*) travesaño; (*of wheel*) radio, rayo
runner [ˈrʌnər] *s* corredor *m;* caballo de carreras; mensajero; (*of an ice skate*) cuchilla; (*of a sleigh*) patín *m;* (*long narrow rug*) pasacaminos *m;* (*strip of cloth for table top*) tapete *m;* (*in stockings*) carrera
run'ner-up' *s* (*pl* **runners-up**) subcampeón *m*
running [ˈrʌnɪŋ] *adj* corredor; (*expenses; water*) corriente; (*knot*) corredizo; (*sore*) supurante; (*writing*) cursivo; continuo; consecutivo; en marcha; (*start*) (*sport*) lanzado ‖ *s* carrera, corrida; administración, dirección; marcha, funcionamiento; **to be in the running** tener esperanzas o posibilidades de ganar
running board *s* estribo
running head *s* titulillo
running start *s* (*sport*) salida lanzada
run'off' e•lec'tion *s* votación de desempate
run-of-mine coal [ˈrʌnəvˈmaɪn] *s* carbón *m* tal como sale
run'-of-the-mill' *adj* (coll) ordinario; mediocre
run'proof' *adj* indesmallable
runt [rʌnt] *s* enano, hombrecillo; (*little child*) redrojo; animal achaparrado
run'way' *s* (*of a stream*) cauce *m;* senda trillada; (aer) pista de aterrizaje
rupture [ˈrʌptʃər] *s* ruptura; (*pathol*) quebradura; (*break in relations*) ruptura ‖ *tr* romper; causar una hernia en ‖ *intr* romperse; padecer hernia
rural free delivery [ˈrurəl] *s* distribución gratuita del correo en el campo
rural police *s* guardia civil
rural policeman *s* guardia civil *m*
ruse [ruz] *s* astucia, artimaña
rush [rʌʃ] *adj* urgente ‖ *s* prisa grande, precipitación; agolpamiento de gente; (bot) junco; **in a rush** de prisa ‖ *tr* empujar con violencia o prisa; despachar con prontitud; (slang) cortejar insistentemente (*a una mujer*); **to rush through** ejecutar de prisa, despachar rápidamente; expediar ‖ *intr* lanzarse, precipitarse; venir de prisa, ir de prisa; actuar con prontitud; **to rush through** lanzarse a través de, lanzarse por entre
rush-bottomed chair [ˈrʌʃˈbɑtəmd] *s* silla de junco
rush hour *s* hora de aglomeración, horas de punta, horas de afluencia
rush'light' *s* mariposa, lamparilla

rush order *s* pedido urgente
russet ['rʌsɪt] *adj* canelo
Russia ['rʌʃə] *s* Rusia
Russian ['rʌʃən] *adj & s* ruso
rust [rʌst] *s* orín *m*, moho, herrumbre; (agr) roña, roya; color rojizo o anaranjado ‖ *tr* aherrumbrar ‖ *intr* aherrumbrarse
rustic ['rʌstɪk] *adj* rústico; sencillo, sin artificio ‖ *s* rústico
rustle ['rʌsəl] *s* susurro, crujido ‖ *tr* hacer susurrar, hacer crujir; hurtar (*ganado*) ‖

intr susurrar, crujir; (slang) trabajar con ahinco
rusty ['rʌsti] *adj* (*comp* **-ier;** *super* **-iest**) herrumbroso, mohoso; rojizo; (*out of practice*) empolvado, desusado, remoto
rut [rʌt] *s* (*track, groove in road*) rodada, bache *m;* hábito arraigado; (*sexual excitement in animals*) celo; (*period of this excitement*) brama
ruthless ['ruθlɪs] *adj* despiadado, cruel
Ry. *abbr* **railway**
rye [raɪ] *s* centeno; whisky de centeno

S

S, s [ɛs] decimonona letra del alfabeto inglés
s *abbr* **second, shilling, singular**
Sabbath ['sæbəθ] *s* (*of Jews*) sábado; (*of Christians*) domínica; **to keep the Sabbath** observar el descanso dominical, guardar el domingo
saber ['sebər] *s* sable *m*
sable ['sebəl] *adj* negro ‖ *s* marta cebellina; **sables** vestidos de luto
sabotage ['sæbə,tɑʒ] *s* sabotaje *m* ‖ *tr & intr* sabotear
saccharin ['sækərɪn] *s* sacarina
sachet ['sæʃe] o [sæ'ʃe] *s* polvo oloroso; saquito de perfumes
sack [sæk] *s* saco; vino blanco generoso; (mil) saqueo, saco; (*of an employee*) (slang) despedida ‖ *tr* ensacar; saquear, pillar; (slang) despedir (*a un empleado*)
sack'cloth' *s* harpillera; (*worn for penitence*) cilicio
sacrament ['sækrəmənt] *s* sacramento
sacred ['sekrəd] *adj* sagrado
sacrifice ['sækrɪ,faɪs] *s* sacrificio; **at a sacrifice** con pérdida ‖ *tr* sacrificar; (*to sell at a loss*) malvender ‖ *intr* sacrificar; sacrificarse
Sacrifice of the Mass *s* sacrificio del altar
sacrilege ['sækrɪlɪdʒ] *s* sacrilegio
sacrilegious [,sækrɪ'lɪdʒəs] o [,sækrɪ'lidʒəs] *adj* sacrílego
sacristan ['sækrɪstən] *s* sacristán *m*
sacristy ['sækrɪsti] *s* (*pl* **-ties**) sacristía
sad [sæd] *adj* (*comp* **sadder;** *super* **saddest**) triste; (slang) malo
sadden ['sædən] *tr* entristecer ‖ *intr* entristecerse
saddle ['sædəl] *s* silla de montar; (*of a bicycle*) sillín *m* ‖ *tr* ensillar; **to saddle with** echar a cuestas a
sad'dle•bags' *spl* alforjas
sad'dle•bow' [,bo] *s* arzón delantero
sad'dle•tree' *s* arzón *m*
sadist ['sædɪst] *s* sádico
sadistic [sæ'dɪstɪk] *adj* sádico
sadness ['sædnɪs] *s* tristeza

safe [sef] *adj* seguro, ileso, salvo; cierto, digno de confianza; sin peligro, a salvo; **safe and sound** sano y salvo; **safe from** a salvo de ‖ *s* caja fuerte, caja de caudales
safe'-con'duct *s* salvoconducto
safe'-crack'er *s* ladrón *m* de cajas de caudales
safe'-depos'it box *s* caja de seguridad
safe'guard' *s* salvaguardia, medida de seguridad ‖ *tr* salvaguardar
safe•ty ['sefti] *adj* de seguridad ‖ *s* (*pl* **-ties**) seguridad; **to parachute to safety** lanzarse en paracaídas; **to reach safety** ponerse a salvo, llegar a lugar seguro
safety belt *s* (aer, aut) correa de seguridad, cinturón *m* de seguridad; (naut) cinturón *m* salvavidas; **retractable safety belt** cinturón *m* retráctil
safety match *s* fósforo de seguridad
safety pin *s* imperdible *m*, alfiler *m* de seguridad, gacilla
safety rail *s* guardarriel *m*
safety razor *s* maquinilla de seguridad
safety valve *s* válvula de seguridad
safety zone *s* (*for pedestrians*) isla de peatones *or* de seguridad
saffron ['sæfrən] *adj* azafranado ‖ *s* azafrán *m* ‖ *tr* azafranar
sag [sæg] *s* comba, combadura; (*e.g., of a cable*) flecha ‖ *v* (*pret & pp* **sagged;** *ger* **sagging**) *intr* combarse; (*to slacken, yield*) aflojar, ceder, doblegarse; bajar (*los precios*)
sagacious [sə'geʃəs] *adj* sagaz
sage ['sedʒ] *adj* sabio, cuerdo ‖ *s* sabio; (bot) salvia; (bot) artemisa
sage'brush' *s* (bot) artemisa
Sagittarius [,sædʒə'tɛri•əs] *s* (astr) Sagitario
sail [sel] *s* vela; barco de vela; paseo en barco de vela; **to set sail** hacerse a la vela; **under full sail** a vela llena ‖ *tr* gobernar (*un barco de vela*); navegar (*un mar, río, etc.*) ‖ *intr* navegar, navegar a la vela; salir, salir de viaje; deslizarse, flotar, volar; **to sail into** (slang) atacar, regañar, reñir

ru
sa

sail'boat' s barco de vela, buque m de vela, velero

sail'cloth' s lona, paño

sailing ['selɪŋ] adj de salida ‖ s paseo en barco de vela; navegación; salida

sailing vessel s buque velero

sailor ['selər] s (one who makes a living sailing) marinero; (an enlisted man in the navy) marino

saint [sent] adj & s santo ‖ tr (coll) canonizar

saintliness ['sentlɪnɪs] s santidad

Saint Vitus's dance ['vaɪtəsəs] s (pathol) baile m de San Vito

sake [sek] s respeto, bien, amor m; for his sake por su bien; for the sake of por, por motivo de, por amor a; for your own sake por su propio bien

salaam [sə'lɑm] s zalema ‖ tr saludar con zalemas, hacer zalemas a

salable ['seləbəl] adj vendible

salad ['sæləd] s ensalada

salad bowl s ensaladera

salad oil s aceite m de comer

Salamis ['sæləmɪs] s Salamina

sala•ry ['sæləri] s (pl -ries) sueldo

sale [sel] s venta; (auction) almoneda, subasta; for sale de venta; se vende(n)

sales'clerk' s dependiente mf de tienda

sales exhibit s exhibición-venta, exposición-venta

sales'la'dy s (pl -dies) vendedora

sales•man ['selzmən] s (pl -men [mən]) vendedor m, dependiente m de tienda

sales manager s gerente m de ventas

sales'man•ship' s arte de vender

sales'room' s salón m de ventas; salón de exhibición

sales talk s argumento para inducir a comprar

sales tax s impuesto sobre ventas

saliva [sə'laɪvə] s saliva

sallow ['sælo] adj cetrino

sal•ly ['sæli] s (pl -lies) paseo, viaje m; ímpetu m, arranque m; salida, ocurrencia; (mil) salida, surtida ‖ v, (pret & pp -lied) intr salir, hacer una salida; ir de paseo; to sally forth salir, avanzar con denuedo

salmon ['sæmən] s salmón m

salon [sæ'lɑn] s salón m

saloon [sə'lun] s cantina, taberna; (on a steamer) salón m

saloon'keep'er s tabernero

salt [sɔlt] s sal f; to be not worth one's salt no valer (uno) el pan que come ‖ tr salar; (to preserve with salt) salpresar; marinar (el pescado); salgar (al ganado); to salt away (slang) ahorrar, guardar para uso futuro

salt'cel'lar s salero

salted peanuts spl saladillos

saltine [sɔl'tin] s galletita salada

saltish ['sɔltɪʃ] adj salobre

salt lick s salero, lamedero

salt of the earth, the lo mejor del mundo

salt'pe'ter s (potassium nitrate) salitre m; (sodium nitrate) nitro de Chile

salt'sha'ker s salero

salt•y ['sɔlti] adj (comp -ier; super -iest) salado

salubrious [sə'lubrɪəs] adj salubre

salutation [,sæljə'teʃən] s salutación

salute [sə'lut] s saludo ‖ tr saludar

Salvadoran [,sælvə'dorən] o Salvadorian [,sælvə'dorɪ•ən] adj & s salvadoreño

salvage ['sælvɪdʒ] s salvamento ‖ tr salvar; recobrar

Salvation Army [sæl'veʃən] s ejército de Salvación

salve [sæv] o [sɑv] s ungüento ‖ tr curar con ungüento; preservar; aliviar

sal•vo ['sælvo] s (pl -vos o -voes) salva

Samaritan [sə'mærɪtən] adj & s samaritano

same [sem] adj & pron indef mismo; it's all the same to me lo mismo me da; just the same lo mismo, sin embargo; same . . . as mismo . . . que

samite ['sæmaɪt] o ['semaɪt] s jamete m

sample ['sæmpəl] s muestra ‖ tr catar, probar

sample copy s ejemplar m muestra

sancti•fy ['sæŋktɪ,faɪ] v (pret & pp -fied) tr santificar

sanctimonious [,sæŋktɪ'monɪ•əs] adj santurrón

sanction ['sæŋkʃən] s sanción ‖ tr sancionar

sanctuar•y ['sæŋktʃu,ɛri] s (pl -ies) santuario; asilo, refugio; to take sanctuary acogerse a sagrado

sand [sænd] s arena ‖ tr enarenar; lijar con papel de lija

sandal ['sændəl] s sandalia; cacle m (Mex)

san'dal•wood' s (bot) sándalo

sand'bag' s saco de arena

sand'bank' s banco de arena

sand bar s barra de arena

sand'blast' s chorro de arena ‖ tr limpiar con chorro de arena

sand'box' s (rr) arenero

sand dune s duna, médano

sand'glass' s reloj m de arena, ampolleta

sand' pa'per s papel m de lija ‖ tr lijar

sand'stone' s piedra arenisca

sand'storm' s tempestad de arena

sandwich ['sændwɪtʃ] s emparedado, sandwich m ‖ tr intercalar

sandwich man s hombre-anuncio

sand•y ['sændi] adj (comp -ier; super -iest) arenoso; (hair) rufo; cambiante, movible

sane [sen] adj cuerdo, sensato; (principles) sano

sanguinary ['sæŋgwɪn,ɛri] adj sanguinario

sanguine ['sæŋgwɪn] adj confiado, esperanzado; (countenance) coloradote

sanitary ['sænɪ,tɛri] adj sanitario

sanitary napkin s compresa higiénica

sanitation [,sænɪ'teʃən] s (sanitary measures) sanidad; (drainage) saneamiento

sanity ['sænɪti] s cordura, sensatez f

Santa Claus ['sæntə,klɔz] s el Papá Noel, San Nicolás

sap [sæp] s savia; (mil) zapa; (coll) necio, tonto ‖ v (pret & pp sapped; ger sapping) tr agotar, debilitar; zapar, socavar

sap'head' s (coll) cabeza de chorlito

sapling ['sæplɪŋ] *s* árbol *m* muy joven, pimpollo; jovenzuelo, mozuelo

sapphire ['sæfaɪr] *s* zafiro

saraband ['særə,bænd] *s* zarabanda

Saracen ['særəsən] *adj* & *s* sarraceno

Saragossa [,særə'gɑsə] *s* Zaragoza

sarcasm ['sɑrkæzəm] *s* sarcasmo; escopetazo (SAm)

sarcastic [sɑr'kæstɪk] *adj* sarcástico

sardine [sɑr'din] *s* sardina; **packed in like sardines** como sardinas en banasta o en lata

Sardinia [sɑr'dɪnɪ•ə] *s* Cerdeña

Sardinian [sɑr'dɪnɪ•ən] *adj* & *s* sardo

sarsaparilla [,sɑrsəpə'rɪlə] *s* zarzaparrilla

sash [sæʃ] *s* banda, faja; (*of a window*) marco

sash window *s* ventana de guillotina

satchel ['sætʃəl] *s* maletín *m*; (*of a schoolboy*) cartapacio

sateen [sæ'tin] *s* satén *m*

satellite ['sætə,laɪt] *s* satélite *m*

satellite country *s* país *m* satélite

satiate ['seʃɪ,et] *adj* ahito, harto ‖ *tr* saciar

satin ['sætən] *s* raso

satinet [,sætɪ'nɛt] *s* rasete *m*

satiric(al) [sə'tɪrɪk(əl)] *adj* satírico

satirist ['sætɪrɪst] *s* satírico

satirize ['sætɪ,raɪz] *tr* & *intr* satirizar

satisfaction [,sætɪs'fækʃən] *s* satisfacción

satisfactory [,sætɪs'fæktəri] *adj* satisfactorio

satis•fy ['sætɪs,faɪ] *v* (*pret* & *pp* -**ified**) *tr* & *intr* satisfacer

saturate ['sætʃə,ret] *tr* saturar

Saturday ['sætərdi] *s* sábado

sauce [sɔs] *s* salsa; moje *f*, mojete *m*; (*of fruit*) compota; (*of chocolate*) crema; gracia, viveza; (coll) insolencia, lenguaje descomedido ‖ *tr* condimentar ‖ [sɔs] o [sæs] *tr* (coll) ser respondón con

sauce'pan' *s* cacerola

saucer ['sɔsər] *s* platillo

sau•cy ['sɔsi] *adj* (*comp* -**cier**; *super* -**ciest**) descarado, insolente; gracioso, vivo

sauerkraut ['saʊr,kraʊt] *s* chucruta

saunter ['sɔntər] *s* paseo tranquilo y alegre ‖ *intr* dar un paseo tranquilo y alegre; pasear tranquila y alegremente

sausage ['sɔsɪdʒ] *s* salchicha, embutido; moronga (Mex)

savage ['sævɪdʒ] *adj* & *s* salvaje, *mf*

savant ['sævənt] *s* sabio, erudito

save [sev] *prep* salvo, excepto, menos ‖ *tr* salvar (*p.ej., una vida, un alma*); ahorrar (*dinero*); conservar, guardar, horrar; proteger, amparar; **God save the Queen!** ¡Dios guarde a la Reina!; **to save face** salvar las apariencias

saving ['sevɪŋ] *prep.* salvo, excepto; con el debido respeto a ‖ *adj* económico ‖ **savings** *spl* ahorros, economías

savings account *s* cuenta de ahorros

savings bank *s* banco de ahorros, caja de ahorros

savior ['sevjər] *s* salvador *m*

Saviour ['sevjər] *s* Salvador *m*

savor ['sevər] *s* sabor *m* ‖ *tr* saborear ‖ *intr* oler; **to savor of** oler a, saber a

savor•y ['sevəri] *adj* (*comp* -**ier**; *super* -**iest**) sabroso; picante; fragante ‖ *s* (*pl* -**ies**) (bot) ajedrea

saw [sɔ] *s* (*tool*) sierra; proverbio, refrán *m* ‖ *tr* aserrar, serrar

saw'buck' *s* cabrilla, caballete *m*

saw'dust' *s* aserrín *m*, serrín *m*

saw'horse' *s* cabrilla, caballete *m*

saw'mill' *s* aserradero, serrería; montero (Mex)

Saxon ['sæksən] *adj* & *s* sajón *m*

saxophone ['sæksə,fon] *s* saxofón *m*

say [se] *s* decir *m*; **to have one's say** decir su parecer ‖ *v* (*pret* & *pp* said [sɛd] *tr* decir; **I should say so!** ¡ya lo creo!; **it is said** se dice; **no sooner said than done** dicho y hecho; **that is to say** es decir, esto es; **to go without saying** caerse de su peso

saying ['se•ɪŋ] *s* dicho; proverbio, refrán *m*; **sayings** (*rumor*) díceres *mpl*

sc. *abbr* **scene, science, scruple, scilicet** (Lat) **namely**

scab [skæb] *s* costra; (*strikebreaker*) esquirol *m*; (slang) bribón *m*, golfo

scabbard ['skæbərd] *s* funda, vaina

scab•by ['skæbi] *adj* (*comp* -**bier**; *super* -**biest**) costroso; (coll) ruin, vil

scabrous ['skæbrəs] *adj* escabroso

scads [skædz] *spl* (slang) montones *mpl*

scaffold ['skæfəld] *s* andamio; (*to execute a criminal*) cadalso, patíbulo

scaffolding ['skæfəldɪŋ]*s* andamiaje *m*

scald [skɔld] *tr* escaldar

scale [skel] *s* escama; balanza; platillo de balanza; (*e.g., of a map*) escala; (mus) escala; **on a scale of** en escala de; **on a large scale** en grande escala; **scales** balanza ‖ *tr* escamar; descortezar, descostrar; escalar, subir, trepar; graduar ‖ *intr* descamarse; descortezarse, descostrarse; subir, trepar

scallop ['skɑləp] o ['skæləp] *s* concha de peregrino; (*shell or dish for serving fish*) concha; (*thin slice of meat*) escalope *m*; (*on edge of cloth*) festón ‖ *tr* cocer (*p.ej., ostras*) en su concha; festonear

scalp [skælp] *s* cuero cabelludo ‖ *tr* escalpar; comprar y revender (*billetes de teatro*) a precios extraoficiales

scalpel ['skælpəl] *s* escalpelo

scal•y ['skeli] *adj* (*comp* -**ier**; *super* -**iest**) escamoso

scamp [skæmp] *s* bribón *m*, golfo

scamper ['skæmpər] *intr* escaparse precipitadamente; **to scamper away** escaparse precipitadamente

scan [skæn] *v* (*pret* & *pp* **scanned**; *ger* **scanning**) *tr* escudriñar; escandir (*versos*); (telv) explorar; (coll) dar un vistazo a

scandal ['skændəl] *s* escándalo

scandalize ['skændə,laɪz] *tr* escandalizar

scandalous ['skændələs] *adj* escandaloso

Scandinavian [,skændɪ'nevɪ•ən] *adj* & *s* escandinavo

scanning ['skænɪŋ] *s* (telv) escansión, exploración

scansion ['skænʃən] *s* escansión

sa
sc

scant [skænt] *adj* escaso, insuficiente; solo, apenas suficiente ‖ *tr* escatimar

scant·y ['skænti] *adj* (*comp* **-ier;** *super* **-iest**) escaso, insuficiente, poco suficiente; (*clothing*) ligero

scape'goat' *s* cabeza de turco, víctima propiciatoria

scar [skɑr] *s* cicatriz *f*, señal *f*, lacra ‖ *v* (*pret* & *pp* **scarred;** *ger* **scarring**) *tr* señalar, marcar ‖ *intr* cicatrizarse

scarce [skɛrs] *adj* escaso, raro; **to make oneself scarce** (coll) no dejarse ver

scarcely ['skɛrsli] *adv* apenas; probablemente no; ciertamente no; **scarcely ever** raramente

scarci·ty ['skɛrsɪti] *s* (*pl* **-ties**) escasez *f*, carestía

scare [skɛr] *s* susto, alarma ‖ *tr* asustar, espantar; **to scare away** espantar, ahuyentar; **to scare up** (coll) juntar, recoger (*dinero*)

scare'crow' *s* espantajo, espantapájaros *m*

scarf [skɑrf] *s* (*pl* **scarfs** o **scarves** [skɑrvz]) bufanda; pañuelo para el cuello; (*cover for a table, bureau, etc.*) tapete *m;* corbata

scarf'pin' *s* alfiler *m* de corbata

scarlet ['skɑrlɪt] *adj* escarlata

scarlet fever *s* escarlata

scar·y ['skɛri] *adj* (*comp* **-ier;** *super* **-iest**) (*easily frightened*) (coll) asustadizo, espantadizo; (*causing fright*) (coll) espantoso

scathing ['skeðɪŋ] *adj* acerbo, duro

scatter ['skætər] *tr* esparcir, dispersar ‖ *intr* esparcirse, dispersarse

scatterbrain ['skætər,bren] *s* (coll) farraquista *m*

scatterbrained *adj* (coll) alegre de cascos, casquivano

scattered showers *spl* lluvias aisladas

scenari·o [sɪ'nɛri,o] o [sɪ'nɑri,o] *s* (*pls* **-os**) guión *m*, escenario

scenarist [sɪ'nɛrɪst] o [sɪ'nɑrɪst] *s* guionista *mf*, escenarista *mf*

scene [sin] *s* (*view*) paisaje *m;* (*in literature, art, the theater, the movie*) escena; escándalo, demostración de pasión; **behind the scenes** entre bastidores; **to make a scene** causar escándalo

scener·y ['sinəri] *s* (*pl* **-ies**) paisaje *m;* (theat) decoraciones

scene shifter ['ʃiftər] *s* tramoyista *m*

scenic ['sinɪk] o ['sɛnɪk] *adj* pintoresco; (*representing an action graphically*) gráfico; (*pertaining to the stage*) escénico

scent [sɛnt] *s* olor *m;* perfume *m;* (*sense of smell*) olfato; (*trail*) rastro, pista ‖ *tr* oler; perfumar; olfatear, ventear; sospechar

scepter ['sɛptər] *s* cetro

sceptic ['skɛptɪk] *adj* & *s* escéptico

sceptical ['skɛptɪkəl] *adj* escéptico

schedule ['skɛdʒul] *s* catálogo, cuadro, lista; plan *m*, programa *m;* (*of trains, planes, etc.*) horario ‖ *tr* catalogar; proyectar; fijar la hora de

scheme [skim] *s* esquema *m;* plan *m*, proyecto; (*trick*) ardid *m*, treta; (*plot*) intriga, trama ‖ *tr* & *intr* proyectar; tramar

schemer ['skimər] *s* proyectista *mf;* intrigante *mf*

scheming ['skimɪŋ] *adj* astuto, mañoso, intrigante ‖ *s* intriga

schism ['sɪzəm] *s* cisma *m;* facción cismática

schist [ʃɪst] *s* esquisto

scholar ['skɑlər] *s* (*pupil*) alumno; (*scholarship holder*) becario; (*learned person*) sabio, erudito

scholarly ['skɑkərli] *adj* sabio, erudito

scholarship ['skɑlər,ʃɪp] *s* erudición; (*grant to study*) beca

scholarship holder *s* bequista *mf* (CAm, Cuba)

school [skul] *s* escuela; (*of a university*) facultad; (*of fish*) banco, cardume *m* ‖ *tr* enseñar, instruir, disciplinar

school age *s* edad escolar

school attendance *s* escolaridad

school board *s* junta de instrucción pública

school'boy' *s* alumno de escuela

school day *s* día lectivo

school'girl' *s* alumna de escuela

school'house' *s* escuela

schooling ['skulɪŋ] *s* instrucción, enseñanza; experiencia

school'mate' *s* compañero de escuela

school'room' *s* aula, sala de clase

school'teach'er *s* maestro de escuela

school year *s* año lectivo

schooner ['skunər] *s* goleta

sci. *abbr* **science, scientific**

science ['saɪəns] *s* ciencia

science fiction *s* ciencia-ficción; novela científica

scientific [,saɪən'tɪfɪk] *adj* científico

scientist ['saɪəntɪst] *s* científico, sabio, hombre *m* de ciencia

sci-fi ['saɪ'faɪ] *s* (slang) *abbr* **science fiction**

scil. *abbr* **scilicet** (Lat) **namely**

scimitar ['sɪmɪtər] *s* cimitarra

scintillate ['sɪntɪ,let] *intr* chispear, centellear

scion ['saɪən] *s* vástago

Scipio ['sɪpɪ,o] *s* Escipión *m*

scissors ['sɪzərz] *ssg* o *spl* tijeras

scoff [skɔf] o [skɑf] *s* burla, mofa ‖ *intr* burlarse, mofarse; **to scoff at** burlarse de, mofarse de

scold [skold] *s* regañón *m*, regañona ‖ *tr* & *intr* regañar

scoop [skup] *s* (*instrument like a spoon*) cuchara, cucharón *m;* (*tool like a shovel*) pala; (*kitchen utensil*) paleta; (*for water*) achicador *m;* cucharada, palada, paletada; (*hollow made by a scoop*) hueco; (*big haul*) (coll) buena ganancia ‖ *tr* sacar con cuchara, pala, paleta; achicar (*agua*); **to scoop out** ahuecar, vaciar

scoot [skut] *s* (coll) carrera precipitada ‖ *intr* (coll) correr precipitadamente

scooter ['skutər] *s* monopatín *m*, patinete *m*

scope [skop] *s* alcance *m*, extensión; campo, espacio *m;* **to give free scope to** dar campo libre a

scorch [skɔrtʃ] *s* chamusco ‖ *tr* chamuscar; (*to dry, wither*) abrasar; criticar acerbamente ‖ *intr* chamuscarse; abrasarse

scorching ['skɔrtʃɪŋ] *adj* abrasador; acerbo, duro, mordaz

score [skor] *s* (*in a game*) cuenta, tantos; (*in an examination*) nota; entalladura, muesca; línea, raya; (*twenty*) veintena; (mus) partitura; **on the score of** a título de; **to keep score** apuntar los tantos ‖ *tr* anotar (*los tantos*); ganar, tantear (*tantos*); rayar, señalar; regañar acerbamente; (mus) instrumentar ‖ *intr* ganar tantos; marcar los tantos

score board *s* marcador *m*, cuadro indicador

scorn [skɔrn] *s* desdén *m*, desprecio ‖ *tr & intr* desdeñar, despreciar; **to scorn to** no dignarse

scornful ['skɔrnfəl] *adj* desdeñoso

Scorpio ['skɔrpɪ•o] *s* (astr) Escorpión *m*

scorpion ['skɔrpɪ•ən] *s* alacrán *m*, escorpión *m*

Scot [skat] *s* escocés *m*

Scotch [skatʃ] *adj* escocés ‖ *s* (*dialect*) escocés *m;* whiskey *m* escocés; **the Scotch** los escoceses

Scotch•man ['skatʃmən] *s* (*pl* **-men** [mən]) escocés *m*

Scotland ['skatlənd] *s* Escocia

Scottish ['skatɪʃ] *adj* escocés ‖ *s* (*dialect*) escocés *m;* **the Scottish** los escoceses

scoundrel ['skaundrəl] *s* bribón *m*, pícaro

scour [skaur] *tr* fregar, estregar; recorrer, explorar detenidamente

scourge [skʌrdʒ] *s* azote *m* ‖ *tr* azotar

scout [skaut] *s* (mil) escucha, explorador *m;* niño explorador, niña exploradora; exploración, reconocimiento; (slang) individuo, sujeto, tipo ‖ *tr* explorar, reconocer (*un territorio*); observar (*al enemigo*); negarse a creer

scout'mas'ter *s* jefe *m* de tropa de niños exploradores

scowl [skaul] *s* ceño, semblante ceñudo ‖ *intr* mirar con ceño, poner mal gesto, poner mala cara

scramble ['skræmbəl] *s* arrebatiña ‖ *tr* arrebatar; recoger de prisa; revolver; hacer un revoltillo de (*huevos*); trepar ‖ *intr* luchar; trepar

scrambled eggs *spl* revoltillo, huevos revueltos

scrap [skræp] *s* fragmento, pedacito; desecho; chatarra; (slang) riña, contienda; **scraps** desperdicios, desechos; (*from the table*) sobras ‖ *v* (*pret & pp* **scrapped;** *ger* **scrapping**) *tr* desechar, descartar, echar a la basura; reducir a hierro viejo ‖ *intr* (slang) reñir, pelear

scrap'book' *s* álbum *m* de recortes, libro de recuerdos

scrape [skrep] *s* raspadura; (*place scratched*) raspaza; aprieto, enredo; ‖ *tr* raspar; (*to gather together with much difficulty*) arañar ‖ *intr* raspar; **to scrape along** ir tirando; **to scrape through** aprobar justo

scrap heap *s* montón *m* de cachivaches

scrap iron *s* chatarra, desecho de hierro

scrap paper *s* papel *m* para apuntes; papel de desecho

scratch [skrætʃ] *s* arañazo, rasguño; marca, raya, garrapato; (billiards) chiripa; (sport) línea de partida; **to start from scratch** empezar desde el principio, empezar de cero; **up to scratch** en buena condición ‖ *tr* arañar, rasguñar; borrar, rasgar (*lo escrito*); garrapatear; (sport) borrar (*a un corredor o caballo*) ‖ *intr* arañar, rasguñar; garrapatear; raspear (*una pluma*)

scratch pad *s* cuadernillo de apuntes

scratch paper *s* papel *m* para apuntes

scratch'-re•sist'ant *adj* resistente al rayado

scrawl [skrɔl] *s* garrapatos ‖ *tr & intr* garrapatear

scraw•ny ['skrɔni] *adj* (*comp* **-nier;** *super* **-niest**) huesudo, flaco

scream [skrim] *s* chillido, grito ‖ *tr* vociferar ‖ *intr* chillar, gritar; reírse a gritos

screech [skritʃ] *s* chillido ‖ *intr* chillar

screech owl *s* buharro; (*barn owl*) lechuza

screen [skrin] *s* mampara, biombo; (*in front of chimney*) pantalla; (*to keep flies out*) alambrera; (*to sift sand*) tamiz *m;* (mov, phys, telv) pantalla; **to put on the screen** llevar a la pantalla, llevar al celuloide ‖ *tr* defender, proteger; cubrir, ocultar; cinematografiar; rodar, proyectar (*una película*); adaptar para el cine; tamizar (*p ej, arena*)

screen grid *s* (electron) rejilla blindada

screen'play' *s* cinedrama *m*

screw [skru] *s* tornillo; (*internal or female screw*) rosca, tuerca; (*of a boat*) hélice *f;* **to have a screw loose** (slang) tener flojos los tornillos; **to put the screws on** apretar los tornillos a ‖ *tr* atornillar; (*to twist, twist in*) enroscar; **to screw up** torcer (*el rostro*); ‖ *intr* atornillarse

screw'ball' *s* (slang) estrafalario, excéntrico

screw'driv'er *s* destornillador *m*, desatornillador *m*

screw eye *s* armella

screw jack *s* gato de tornillo

screw propeller *s* hélice *f*

scribal error ['skraɪbəl] *s* error *m* de escribiente

scribble ['skrɪbəl] *s* garrapatos ‖ *tr & intr* garrapatear

scribe [skraɪb] *s* (*teacher of Jewish law*) escriba *m;* escribiente *mf;* copista *mf;* autor *m*, escritor *m* ‖ *tr* arañar, rayar; trazar con punzón

scrimp [skrɪmp] *tr & intr* escatimar

script [skrɪpt] *s* escritura, letra cursiva; manuscrito, texto; (*of a play, movie, etc.*) palabras; (rad, telv) guión *m;* (typ) plumilla inglesa

scripture ['skrɪptʃər] *s* escrito sagrado ‖ **Scripture** *s* Escritura

script'writ'er *s* guionista *mf*, cinematurgo

scrofula ['skrɑfjələ] *s* escrófula

scroll [skrol] *s* rollo de papel, rollo de pergamino; (archit) voluta

scroll'work' *s* obra de volutas, adornos de voluta

scrub [skrʌb] *s* chaparral *m*, monte bajo; animal achaparrado; persona de poca monta; (*act of scrubbing*) fregado; (sport)

jugador *m* no oficial ‖ *v* (*pret* & *pp* **scrubbed;** *ger* **scrubbing**) *tr* fregar, restregar
scrub oak *s* chaparro
scrub woman *s* fregona
scruff [skrʌf] *s* nuca; piel *f* que cubre la nuca; capa, superficie *f;* espuma
scruple ['skrupəl] *s* escrúpulo
scrupulous ['skrupjələs] *adj* escrupuloso
scrutinize ['skrutɪ,naɪz] *tr* escudriñar, escrutar
scruti•ny ['skrutɪni] *s* (*pl* -**nies**) escudriñamiento, escrutinio
scubadiver ['skubə,dɪvər] *s* submarinista *mf*
scuff [skʌf] *s* rascadura, desgaste *m* ‖ *tr* rascar, desgastar
scuffle ['skʌfəl] *s* lucha, sarracina ‖ *intr* forcejear, luchar
scull [skʌl] *s* espadilla‖ *tr* impulsar con espadilla ‖ *intr* remar con espadilla
sculler•y ['skʌləri] *s* (*pl* -**ies**) trascocina
scullery maid *s* fregona
scullion ['skʌljən] *s* pinche *m*
sculptor ['skʌlptər] *s* escultor *m*
sculptress ['skʌlptrɪs] *s* escultora
sculpture ['skʌlptʃər] *s* escultura ‖ *tr* & *intr* esculpir
scum [skʌm] *s* espuma, nata; (*on metals*) escoria; (fig) escoria, canalla, gente baja; palomilla ‖ *v* (*pret* & *pp* **scummed;** *ger* **scumming**) *tr* & *intr* espumar
scum•my ['skʌmi] *adj* (*comp* -**mier;** *super* -**miest**) espumoso; (fig) vil, ruin
scurf [skʌrf] *s* (*shed by the skin*) caspa; (*shed by any surface*) costra
scurrilous ['skʌrɪləs] *adj* chocarrero, grosero, insolente, difamatorio
scur•ry ['skʌri] *v* (*pret* & *pp* -**ried**) *intr* echar a correr, escabullirse; **to scurry around** menearse; **to scurry away** ir respailando
scur•vy ['skʌrvi] *adj* (*comp* -**vier;** *super* -**viest**) despreciable, ruin, vil ‖ *s* escorbuto
scuttle ['skʌtəl] *s* (*bucket for coal*) cubo, balde *m;* (*trap door*) escotillón *m;* fuga, paso acelerado; (naut) escotilla ‖ *tr* barrenar, dar barreno a ‖ *intr* echar a correr
Scylla ['sɪlə] *s* Escila; **between Scylla and Charybdis** entre Escila y Caribdis
scythe [saɪð] *s* dalle *m*, guadaña
sea [si] *s* mar *m* & *f;* **at sea** en el mar; confuso, perplejo; **by the sea** a la orilla del mar; **to follow the sea** correr los mares, ser marinero; **to put to sea** hacerse a la mar
sea'board' *adj* costanero, costero ‖ *s* costa del mar, litoral *m*
sea breeze *s* brisa de mar
sea'coast' *s* costa marítima, litoral *m*
sea dog *s* (*seal*) foca; (coll) marinero viejo, lobo de mar
seafarer ['si,fɛrər] *s* marinero; viajero por mar
sea'food' *s* mariscos
seagoing ['si,go•ɪŋ] *adj* de alta mar
sea gull *s* gaviota
seal [sil] *s* (*raised design; stamp; mark*) sello; (*sea animal*) foca ‖ *tr* sellar; cerrar hermé-

ticamente; decidir irrevocablemente; (*with sealing wax*) lacrar
sea legs *spl* pie marino
sea level *s* nivel *m* del mar
sealing wax *s* lacre *m*
seal'skin' *s* piel *f* de foca
seam [sim] *s* costura; (*edges left after making a seam*) metido; (*mark, line*) arruga; (*scar*) costurón *m;* grieta, juntura; (min) filón *m*, veta
sea•man ['simən] *s* (*pl* -**men** [mən]) marinero; (nav) marino
sea mile *s* milla náutica
seamless ['simlɪs] *adj* inconsútil, sin costura
seamstress ['simstrɪs] *s* costurera; (*dressmaker's helper*) modistilla
seam•y ['simi] *adj* (*comp* -**ier;** *super* -**iest**) lleno de costuras; tosco, burdo; vil, soez; miserable
séance ['se•ɑns] *s* sesión de espiritistas
sea'plane' *s* hidroavión *m*, hidroplano
sea'port' *s* puerto de mar
sea power *s* potencia naval
sear [sɪr] *adj* seco, marchito; gastado, raído ‖ *s* chamusco, socarra ‖ *tr* chamuscar, socarrar; quemar; marchitar; cauterizar
search [sʌrtʃ] *s* busca; pesquisa, indagación; (*frisking a person*) cacheo; (*police, soldiers*) peinado; **in search of** en busca de ‖ *tr* averiguar, explorar; registrar ‖ *intr* buscar; (*police, soldiers*) peinar; **to search for** buscar; **to search into** indagar, investigar
search'light' *s* reflector *m*, proyector *m*
search warrant *s* auto de registro domiciliario, orden *f* de allanamiento
sea'scape' *s* vista del mar; (*painting*) marina
sea shell *s* concha marina
sea'shore' *s* costa, playa, ribera del mar
sea'sick' *adj* mareado
sea'sick'ness *s* mareo
sea'side' *s* orilla del mar, ribera del mar, playa
season ['sizən] *s* (*one of four parts of year*) estación; (*period of the year; period marked by certain activities*) temporada; (*opportune time; time of maturity, of ripening*) sazón *f;* **in season** en sazón; **in season and out of season** en tiempo y a destiempo; **out of season** fuera de sazón ‖ *tr* condimentar, sazonar; curar (*la madera*); moderar, templar
seasonal ['sizənəl] *adj* estacional
seasoning ['sizənɪŋ] *s* aderezo, aliño, condimento; (*of wood*) cura; (fig) sal *f*, chiste *m*
season ticket *s* billete *m* de abono
seat [sit] *s* asiento; (*of trousers*) fondillos; morada; sitio, lugar *m;* (*e.g., of government*) sede *f;* (*in parliament*) escaño; (*e.g., of a war*) teatro; (*e.g., of learning*) centro; (*of a saddle*) batalla; (*of human body*) nalgas; (theat) localidad; **reclining seat** (*as in car*) asiento abatible; ‖ *tr* sentar; tener asientos para; poner asiento a (*una silla*); echar fondillos a (*pantalones*); arraigar, establecer; **to be seated** estar. sentado; **to seat oneself** sentarse

seat belt *s* cinturón *m* de asiento
seat cover *s* funda de asiento, cubreasiento
SEATO ['sito] *s* (acronym) la O.T.A.S.E.
sea wall *s* dique marítimo
sea'way' *s* ruta marítima; avance *m* de un buque por mar; vía de agua interior para buques de alta mar; mar gruesa
sea'weed' *s* alga marina; plantas marinas
sea wind *s* viento que sopla del mar
sea'wor'thy *adj* marinero, en condiciones de navegar
sec. *abbr* **secant, second, secondary, secretary, section, sector**
secede [sɪ'sid] *intr* separarse, retirarse
secession [sɪ'sɛʃən] *s* secesión
seclude [sɪ'klud] *tr* recluir
secluded [sɪ'kludɪd] *adj* aislado, apartado, solitario
seclusion [sɪ'kluʒən] *s* reclusión, soledad
second ['sɛkənd] *adj* segundo; **to be second to none** ser tan bueno como el que más, no tener segundo ǁ *adv* en segundo lugar ǁ *s* segundo; artículo de segunda calidad; (*in dates*) dos *m;* (*in a challenge*) padrino; (aut) segunda (velocidad); (mus) segunda ǁ *tr* secundar; apoyar (*una moción*)
secondar•y ['sɛkən,dɛri] *adj* secundario ǁ *s* (*pl* **-ies**) (elec) secundario
sec'ond-best' *adj* (el) mejor después del primero
sec'ond-class' *adj* de segunda clase
second hand *s* segundero
sec'ond-hand' *adj* de segunda mano, de ocasión
second-hand bookshop *s* librería de viejo
second lieutenant *s* alférez *m*, subteniente *m*
sec'ond-rate' *adj* de segundo orden; de calidad inferior
second sight *s* doble vista
second wind *s* nuevo aliento
secre•cy ['sikrəsi] *s* (*pl* **-cies**) secreto; **in secrecy** en secreto
secret ['sikrɪt] *adj* & *s* secreto; **in secret** en secreto
secretar•y ['sɛkrɪ,tɛri] *s* (*pl* **-ies**) secretario; (*desk*) secreter *m*, escritorio
secrete [sɪ'krit] *tr* encubrir, esconder; (physiol) secretar
secretive [sɪ'kritɪv] *adj* callado, reservado
sect [sɛkt] *s* secta, comunión
sectarian [sɛk'tɛri•ən] *adj* & *s* sectario
section ['sɛkʃən] *s* sección; (*of a country*) región; (*of a city*) barrio; (*of a law*) artículo; (*department, bureau*) negociado; (rr) tramo
secular ['sɛkjələr] *adj* secular, seglar ǁ *s* clérigo secular
secularism ['sɛkjələ,rɪzəm] *s* laicismo
secure [sɪ'kjur] *adj* seguro ǁ *tr* asegurar; conseguir, obtener
securi•ty [sɪ'kjurɪti] *s* (*pl* **-ties**) seguridad; (*person*) segurador *m;* **securities** valores *mpl*, obligaciones, títulos
secy. o **sec'y.** *abbr* **secretary**
sedan [sɪ'dæn] *s* silla de manos; (aut) sedán *m*
sedate [sɪ'det] *adj* sentado, sosegado

sedative ['sɛdətɪv] *adj* & *s* sedativo
sedentary ['sɛdən,tɛri] *adj* sedentario
sedge [sɛdʒ] *s* juncia
sediment ['sɛdɪmənt] *s* sedimento
sedition [sɪ'dɪʃən] *s* sedición
seditious [sɪ'dɪʃəs] *adj* sedicioso
seduce [sɪ'djus] *tr* seducir
seducer [sɪ'djusər] *s* seductor *m*
seduction [sɪ'dʌkʃən] *s* seducción
seductive [sɪ'dʌktɪv] *adj* seductivo
sedulous ['sɛdjələs] *adj* cuidadoso, diligente
see [si] *s* (eccl) sede *f* ǁ *v* (*pret* **saw** [sɔ; *pp* **seen** [sin] *tr* ver; **to see off** ir a despedir; **to see through** llevar a cabo; ayudar en un trance difícil ǁ *intr* ver; **see here!** ¡mire Vd.!; **to see into** o **to see through** conocer el juego de
seed [sid] *s* semilla, simiente *f;* **to go to seed** dar semilla; echarse a perder ǁ *tr* sembrar; (*to remove the seeds from*) despepitar ǁ *intr* sembrar; dejar caer semillas
seed'bed' *s* semillero
seedling ['sidlɪŋ] *s* planta de semilla; árbol *m* de pie
seed•y ['sidi] *adj* (*comp* **-ier;** *super* **-iest**) lleno de granos; (coll) andrajoso, raído
seeing ['si•ɪŋ] *adj* vidente ǁ *s* vista, visión ǁ *conj* visto que
Seeing Eye dog *s* perro-lazarillo
seek [sik] *v* (*pret* & *pp* **sought** [sɔt] *tr* buscar; recorrer buscando; dirigirse a ǁ *intr* buscar; **to seek after** tratar de obtener; **to seek to** esforzarse por
seem [sim] *intr* parecer
seemingly ['simɪŋli] *adv* aparentemente, al parecer
seem•ly ['simli] *adj* (*comp* **-lier;** *super* **-liest**) decente, decoroso, correcto; bien parecido
seep [sip] *intr* escurrirse, rezumarse
seer [sɪr] *s* profeta *m*, vidente *m*
see'saw' *s* balancín *m*, columpio de tabla; (*motion*) vaivén *m* ǁ *intr* columpiarse; alternar; vacilar
seethe [sið] *intr* hervir
segment ['sɛgmənt] *s* segmento
segregate ['sɛgrɪ,get] *tr* segregar
segregationist [,sɛgrɪ'geʃənɪst] *s* segregacionista *mf*
Seine [sen] *s* Sena *m*
seismograph ['saɪzmə,græf] *s* sismógrafo
seismology [saɪz'mɑlədʒi] *s* sismología
seize [siz] *tr* agarrar, asir, coger; atar; prender, sujetar; apoderarse de; comprender; (law) embargar, secuestrar; aprovecharse de (*una oportunidad*)
seizure ['siʒər] *s* prendimiento, prisión; captura, toma; (*of an illness*) ataque *m;* (law) embargo, secuestro
seldom ['sɛldəm] *adv* raramente, rara vez
select [sɪ'lɛkt] *adj* escogido, selecto ǁ *tr* seleccionar
selectee [sɪ,lɛk'ti] *s* (mil) quinto
selection [sɪ'lɛkʃən] *s* selección; trozo escogido; (*of goods for sale*) surtido
self [sɛlf] *adj* mismo ǁ *pron* sí mismo ǁ *s* (*pl* **selves** [sɛlvz]) uno mismo; ser *m;* yo; **all by one's self** sin ayuda de nadie

sc
se

self'-abuse' s abuso de sí mismo; masturbación

self'-addressed' envelope s sobre m con el nombre y dirección del remitente

self'-cen'tered adj egocéntrico

self'-con'scious adj cohibido, apocado, tímido

self'-con•trol' s dominio de sí mismo; autodisciplina

self'-de•fense' s autodefensa; in self-defense en defensa propia

self'-de•ni'al s abnegación

self'-de•ter'mi•na'tion s autodeterminación

self'-dis'cipline s autodisciplina

self'-ed'u•cat'ed adj autodidacto

self'-em•ployed' adj que trabaja por su propia cuenta

self'-ev'i•dent adj patente, manifiesto

self'-ex•plan'a•tor'y adj que se explica por sí mismo

self'-glor'i•fi•ca'tion s egolatría

self'-gov'ernment s autogobierno, autonomía; dominio sobre sí mismo

self'-im•por'tant adj altivo, arrogante

self'-in•dul'gence s intemperancia, desenfreno

self'-in'terest s egoísmo, interés m personal

selfish ['sɛlfɪʃ] adj egoísta

selfishness ['sɛlfɪʃnɪs] s egoísmo

selfless ['sɛlflɪs] adj desinteresado

self'-liq'ui•dat'ing adj autoamortizable

self'-love' s amor propio, egoísmo

self'-made' man s hijo de sus propias obras

self'-por'trait s autorretrato

self'-pos•sessed' adj dueño de sí mismo

self'-pres'er•va'tion s propia conservación

self'-re•li'ant adj confiado en sí mismo

self'-re•spect'ing adj lleno de dignidad, decoroso

self'-right'eous adj santurrón

self'-sac'ri•fice' s sacrificio de sí mismo

self'-same' adj mismísimo

self'-sat'is•fied' adj pagado de sí mismo

self'-seal'ing adj autopegado

self'-seek'ing adj egoísta || s egoísmo

self'-ser'vice restaurant s restaurante m de libre servicio, restaurante de autoservicio

self'-start'er s arranque automático

self'-sup•port' s mantenimiento económico propio

self'-taught' adj autodidacto

self'-willed' adj obstinado, terco

self'-wind'ing clock s reloj m de cuerda automática, reloj de autocuerda

self'-wor'ship s egolatría

sell [sɛl] v (pret & pp sold [sold] tr vender; to sell out realizar, saldar; (to betray) vender || intr venderse, estar de venta; to sell for venderse a o en (p.ej., cien pesetas); to sell off bajar (el mercado de valores); to sell out venderlo todo, realizar

seller ['sɛlər] s vendedor m

sell'out' s (slang) realización, saldo; (slang) traición

Seltzer water ['sɛltsər] s agua de seltz

selvage ['sɛlvɪdʒ] s orillo, vendo

semantic [sɪ'mæntɪk] adj semántico || semantics s semántica

semaphore ['sɛmə,for] s semáforo; (rr) disco de señales

semblance ['sɛmbləns] s apariencia, imagen f, simulacro

semen ['simɛn] s semen m

semester [sɪ'mɛstər] adj semestral || s semestre m

semester hour s hora semestral

sem'ico'lon s punto y coma

sem'iconduc'tor s semiconductor m

sem'icon'scious adj semiconsciente

sem'ifi'nal adj & s (sport) semifinal f

sem'ilearn'ed adj semiculto

sem'imonth'ly adj quincenal || s (pl -lies) periódico quincenal

seminar ['sɛmɪ,nɑr] s seminario

seminar•y ['sɛmɪ,nɛri] s (pl -ies) seminario

sem'ipre'cious adj semiprecioso, fino

Semite ['sɛmaɪt] o ['simaɪt] s semita mf

Semitic [sɪ'mɪtɪk] adj semítico || s semita mf; (language) semita m

sem'itrail'er s semi-remolque m

sem'iweek'ly adj bisemanal || s (pl -lies) periódico bisemanal

sem'iyear'ly adj semestral

Sen. o sen. abbr Senate, Senator, Senior

senate ['sɛnɪt] s senado

senator ['sɛnətər] s senador m

senatorship ['sɛnətər,ʃɪp] s senaduría

send [sɛnd] v (pret & pp sent [sɛnt]) tr enviar, mandar; expedir, remitir; lanzar (una bola, flecha, etc.); to send back devolver, reenviar; to send packing despedir con cajas destempladas || intr (rad) transmitir; to send for enviar por, enviar a buscar

sender ['sɛndər] s remitente mf; (telg) transmisor m

send'-off' s (coll) despedida afectuosa

senile ['sinaɪl] o ['sinɪl] adj senil

senility [sɪ'nɪlɪti] s senilidad; (pathol) senilismo

senior ['sinjər] adj mayor, de mayor edad; viejo; del último año; padre, p.ej., John Jones, Senior Juan Jones, padre || s mayor m; socio más antiguo; alumno del último año

senior citizens spl gente f de edad

seniority [sin'jɔrɪti] s antigüedad; precedencia, prioridad

sensation [sɛn'seʃən] s sensación

sense [sɛns] s sentido; to make sense out of comprender, explicarse || tr intuir, sentir, sospechar; comprender

senseless ['sɛnslɪs] adj falto de sentido; desmayado; insensato, necio

sense of guilt s cargo de conciencia

sense of humor s sentido de humor

sense organ s órgano sensorio

sensibili•ty [,sɛnsɪ'bɪlɪti] s (pl -ties) sensibilidad; sensibilities sentimientos delicados

sensible ['sɛnsɪbəl] adj cuerdo, sensato; perceptible, sensible; equilibrado

sensitive ['sɛnsɪtɪv] adj sensible; (of the senses) sensorio, sensitivo

sensitize ['sɛnsɪˌtaɪz] *tr* sensibilizar
sensory ['sɛnsəri] *adj* sensorio
sensual ['sɛnʃʊ•əl] *adj* sensual, voluptuoso
sensuous ['sɛnʃʊ•əs] *adj* sensual
sentence ['sɛntəns] *s* (gram) frase *f*, oración; (law) sentencia ‖ *tr* sentenciar, condenar
sentiment ['sɛntɪmənt] *s* sentimiento
sentimentali•ty [ˌsɛntɪmən'tælɪti] *s* (*pl* -ties) sentimentalismo
sentinel ['sɛntɪnəl] *s* centinela *m* or *f; to stand sentinel* estar de centinela, hacer centinela
sen•try ['sɛntri] *s* (*pl* -tries) centinela *m* or *f*
sentry box *s* garita de centinela
separate ['sɛpərɪt] *adj* separado; suelto ‖ ['sɛpəˌret] *tr* separar ‖ *intr* separarse
separation [ˌsɛpə'reʃən] *s* separación
separation of powers *s* (pol) separación de poderes
Sephardic [sɪ'fɑrdɪk] *adj* sefardí, sefardita
Sephardim [sɪ'fɑrdɪm] *spl* sefardíes *mpl*
September [sɛp'tɛmbər] *s* septiembre *m*
septet [sɛp'tɛt] *s* septeto
septic ['sɛptɪk] *adj* séptico
sepulcher ['sɛpəlkər] *s* sepulcro
seq. *abbr* **sequentia** (Lat) **the following**
sequel ['sikwəl] *s* resultado, secuela; continuación
sequence ['sikwəns] *s* serie *f*, sucesión; (cards) secansa, escalera, runfla; (gram, mov & mus) secuencia
sequester [sɪ'kwɛstər] *tr* apartar, separar; (law) secuestrar
sequin ['sikwɪn] *s* lentejuela
ser•aph ['sɛrəf] *s* (*pl* -aphs o -aphim [əfɪm]) serafín *m*
Serb [sʌrb] *adj* & *s* servio
Serbia ['sʌrbɪ•ə] *s* Servia
Serbian ['sʌrbɪ•ən] *adj* & *s* servio
Serbo-Croatian [ˌsʌrbokro'eʃən] *adj* & *s* servocroata *mf*
sere [sɪr] *adj* seco, marchito
serenade [ˌsɛrə'ned] *s* serenata ‖ *tr* dar serenata a ‖ *intr* dar serenatas
serene [sɪ'rin] *adj* sereno
serenity [sɪ'rɛnɪti] *s* serenidad
serf [sʌrf] *s* siervo de la gleba
serfdom ['sʌrfdəm] *s* servidumbre de la gleba
serge [sʌrdʒ] *s* sarga
sergeant ['sɑrdʒənt] *s* sargento
ser'geant•at-arms' *s* (*pl* **sergeants-at-arms**) oficial *m* de orden
sergeant major *s* (*pl* **sergeant majors**) sargento mayor
serial ['sɪrɪ•əl] *adj* serial; publicado por entregas ‖ *s* cuento o novela por entregas; (rad) serial *m*, serial radiado, emisión seriada
serially ['sɪrɪ•əli] *adv* en serie, por series; por entregas
serial number *s* número de serie
se•ries ['sɪriz] *s* (*pl* -ries) serie *f*
serious ['sɪrɪ•əs] *adj* (*e.g., person, face, matter*) serio; (*e.g., condition, illness*) grave
sermon ['sʌrmən] *s* sermón *m*
sermonize ['sʌrməˌnaɪz] *tr* & *intr* sermonear
serpent ['sʌrpənt] *s* serpiente *f*

se•rum ['sɪrəm] *s* (*pl* **-rums** o **-ra** [rə]) suero
servant ['sʌrvənt] *s* criado, sirviente *m*
servant girl *s* criada, sirvienta
servant problem *s* crisis *f* del servicio doméstico
serve [sʌrv] *s* (*in tennis*) saque *m*, servicio ‖ *tr* servir; (*to supply*) abastecer, proporcionar; cumplir (*una condena*); (*in tennis*) servir; **it serves me right** bien me lo merezco ‖ *intr* servir; **to serve as** servir de
service ['sʌrvɪs] *s* servicio; **at your service** para servir a Vd.; **out of service** fuera de servicio; **the services** las fuerzas armadas ‖ *tr* instalar; mantener, reparar
serviceable ['sʌrvɪsəbəl] *adj* útil; duradero; cómodo
serviceman ['sʌrvɪsˌmæn] *s* (*pl* **-men** [ˌmən]) reparador *m*, mecánico; militar *m*
service record *s* hoja de servicios
service station *s* estación de servicio, taller *m* de reparaciones
service stripe *s* galón *m* de servicio
servile ['sʌrvɪl] *adj* servil
servitude ['sʌrvɪˌtjud] *s* servidumbre; trabajos forzados
sesame ['sɛsəmi] *s* sésamo; **open sesame** sésamo ábrete
session ['sɛʃən] *s* sesión; **to be in session** sesionar
set [sɛt] *adj* determinado, resuelto; inflexible, obstinado; fijo, firme; estudiado, meditado ‖ *s* (*of books, chairs, etc.*) juego; (*of gears*) tren *m;* (*of horses*) pareja; (*of diamonds*) aderezo; (*of tennis*) partida; (*of dishes*) servicio; (*of kitchen utensils*) batería; clase *f*, grupo; equipo; porte *m*, postura; (*of a garment*) caída, ajuste *m;* (*of glue*) endurecimiento; (*of cement*) fraguado; (*of artificial teeth*) caja; (mov) plató *m;* (rad) aparato; (theat) decoración ‖ *v* (*pret* & *pp* **set;** *ger* **setting**) *tr* asentar; colocar, poner; establecer, instalar; arreglar, preparar; adornar; apostar; poner (*un reloj*) en hora; (*in bridge*) reenvidar; poner, meter, pegar (*fuego*); fijar (*el precio*); engastar, montar (*una piedra preciosa*); encasar (*un hueso dislocado*); disponer (*los tipos*); triscar (*una sierra*); armar, colocar (*una trampa*); fijar (*el peinado*); poner (*la mesa*); dar (*un ejemplo*); **to set back** parar; poner obstáculos a; hacer retroceder; atrasar, retrasar (*el reloj*); **to set forth** exponer, dar a conocer; **to set one's heart on** tener la esperanza puesta en; **to set store by** dar mucha importancia a; **to set up** shop poner tienda; **to set up the drinks** (coll) convidar a beber ‖ *intr* ponerse (*el Sol, la Luna, etc.*); cuajarse (*un líquido*); endurecerse (*la cola*); fraguar (*el cemento, el yeso*); empollar (*una gallina*); caer, sentar (*una prenda de vestir*); **to set about** ponerse a; **to set out** ponerse en camino; emprender un negocio, **to set out to** ponerse a; **to set to** work poner manos a la obra; **to set upon** acometer, atacar
set'back' *s* revés *m*, contrariedad
set'screw' *s* tornillo de presión

se
se

settee [sɛ'ti] s sofá m, canapé m

setting ['sɛtɪŋ] s (environment) ambiente m; (of a gem) engaste m, montadura; (of cement) fraguado; (e.g., of the sun) puesta, ocaso; (theat) escena; (theat) puesta en escena, decoración

set'ting-up' exercises spl ejercicios sin aparatos, gimnasia sueca

settle ['sɛtəl] tr asentar, colocar; asegurar, fijar; componer, conciliar; calmar, moderar; matar (el polvo); casar; poblar, colonizar; ajustar, arreglar (cuentas) ‖ intr asentarse (un líquido, un edificio); establecerse; componerse; calmarse, moderarse; solidificarse; to settle down to work ponerse seriamente a trabajar; to settle on escoger; fijar (p.ej., una fecha)

settlement ['sɛtəlmənt] s establecimiento; colonia, caserío; decisión; (of accounts) arreglo, ajuste m; traspaso; casa de beneficencia

settler ['sɛtlər] s fundador m; poblador m; colono; árbitro, conciliador m

set'up' s porte m, postura; (e.g., of the parts of a machine) disposición; (coll) organización; (slang) invitación a beber

seven ['sɛvən] adj & pron siete ‖ s siete m; seven o'clock las siete

seven hundred adj & pron setecientos ‖ s setecientos m

seventeen ['sɛvən'tin] adj, pron & s diecisiete m, diez y siete

seventeenth ['sɛvən'tinθ] adj & s (in a series) decimoséptimo; (part) diecisieteavo ‖ s (in dates) diecisiete m

seventh ['sɛvənθ] adj & s séptimo ‖ s (in dates) siete m

seventieth ['sɛvəntɪ·ɪθ] adj & s (in a series) septuagésimo; (part) setentavo

seven•ty ['sɛvənti] adj & pron setenta ‖ s (pl -ties) setenta m

sever ['sɛvər] tr desunir, separar; romper (relaciones) ‖ intr desunirse, separarse

several ['sɛvərəl] adj diversos, varios; distintos, respectivos ‖ spl varios; algunos

severance pay ['sɛvərəns] s indemnización por despido

severe [sɪ'vɪr] adj severo; (weather) riguroso; recio, violento; (look) adusto; (pain) agudo; (illness) grave

sew [so] v (pret sewed; pp sewed o sewn) tr & intr coser

sewage ['su·ɪdʒ] o ['sju·ɪdʒ] s agua de albañal, aguas cloacales

sew'age-dis•pos'al plant s estación depuradora

sewer ['su·ər] o ['sju·ər] s albañal m, cloaca, alcantarilla ‖ tr alcantarillar

sewerage ['su·ərɪdʒ] o ['sju·ərɪdʒ] s desagüe m; (system) alcantarillado; aguas de albañal

sewing basket ['so·ɪŋ] s cesta de costura

sewing machine s máquina de coser

sex [sɛks] s sexo; the fair sex el bello sexo; the sterner sex el sexo feo

sex appeal s atracción sexual; encanto femenino

sexism ['sɛksɪzəm] s sexismo

sexist ['sɛksɪst] adj & s sexista

sextant ['sɛkstənt] s sextante m

sextet [sɛks'tɛt] s sexteto

sexton ['sɛkstən] s sacristán m

sexual ['sɛkʃʊ·əl] adj sexual

sex•y ['sɛksi] adj (comp -ier; super -iest) (slang) sicalíptico, erótico

shab•by ['ʃæbi] adj (comp -bier; super -biest) gastado, raído, usado; andrajoso, desaseado; ruin, vil

shack [ʃæk] s casucha, choza

shackle ['ʃækəl] s grillete m; (to tie an animal) maniota; (fig) impedimento, traba; shackles cadenas, esposas, grillos ‖ tr poner grilletes a; poner esposas a; encadenar; (fig) trabar

shad [ʃæd] s sábalo, alosa

shade [ʃed] s sombra; (of a lamp) pantalla; (of a window) cortina, estor m, visillo, cortina de resorte; (for the eyes) visera; (hue; slight difference) matiz m; shades (slang) gafas fpl de sol; the shades las tinieblas; (of the dead) las sombras ‖ tr sombrear; obscurecer; rebajar ligeramente (el precio)

shadow ['ʃædo] s sombra ‖ tr sombrear; simbolizar; acechar, espiar (a una persona); to shadow forth representar vagamente, representar de un modo profético

shadowy ['ʃædo·i] adj sombroso; ligero, vago; imaginario; simbólico

shad•y ['ʃedi] adj (comp -ier; super -iest) sombrío, umbroso; (coll) sospechoso; (coll) de mala fama; (story) (coll) verde; to keep shady (slang) no dejarse ver

shaft [ʃæft] s dardo, flecha, saeta; (of an arrow; of a feather) astil m; (of light) rayo; (of a wagon) vara alcándara, limonera; (of a mine; of an elevator) pozo; (of a column) fuste m, caña; (of a flag) asta; (of a motor) árbol m; (to make fun of someone) (slang)

shag•gy ['ʃægi] adj (comp -gier; super -giest) hirsuto, peludo, veludo; lanudo; áspero

shake [ʃek] s sacudida; (coll) apretón m de manos; (slang) instante m, momento ‖ v (pret shook [ʃʊk]; pp shaken) tr sacudir; agitar, apretar, estrechar (la mano a uno); inquietar, perturbar; (to get rid of) (slang) dar esquinazo a, zafarse de ‖ intr sacudirse; agitarse; temblar; inquietarse, perturbarse; (from cold) tiritar; shake! (coll) ¡choque Vd. esos cinco!, ¡vengan esos cinco!

shake'down' s (slang) exacción, concusión

shakedown cruise s viaje m de pruebas

shake'-up' s profunda conmoción; cambio de personal, reorganización completa

shak•y ['ʃeki] adj (comp -ier; super -iest) trémulo, vacilante, movedizo; indigno de confianza

shall [ʃæl] v (cond should [ʃʊd]) v aux empléase para formar (1) el fut de ind, p.ej., I shall do it lo haré; (2) el fut perf de ind, p.ej., I shall have done it lo habré hecho; (3) el modo potencial, p.ej., what shall I do? ¿qué he de hacer?, ¿qué debo hacer?

shallow [ˈʃælo] *adj* bajo, poco profundo; (fig) frívolo, superficial

sham [ʃæm] *adj* falso, fingido; postizo ‖ *s* fingimiento, falsificación, engaño; (*person*) (coll) farsante *mf;* ‖ *v* (*pret* & *pp* **shammed;** *ger* **shamming**) *tr* & *intr* fingir

sham battle *s* simulacro de combate

shambles [ˈʃæmbəlz] *s* destrucción, ruina; (*confusion, mess*) lío, revoltijo

shame [ʃem] *s* vergüenza; deshonra; (*disgrace-*) metedura; **shame on you!** ¡qué vergüenza!; **what a shame!** ¡qué lástima! ‖ *tr* avergonzar; deshonrar

shameful [ˈʃemfəl] *adj* vergonzoso

shameless [ˈʃemlɪs] *adj* descarado, desvergonzado

shampoo [ʃæmˈpu] *s* champú *m* ‖ *tr* lavar (*la cabeza*); lavar la cabeza a

shamrock [ˈʃæmrɑk] *s* trébol *m* irlandés

shanghai [ˈʃæŋhaɪ] o [ʃæŋˈhaɪ] *tr* embarcar emborrachando, embarcar narcotizando; llevarse con violencia, llevarse con engaño

shank [ʃæŋk] *s* (*of the leg*) caña, canilla; (*of an animal*) pierna; (*of a bird*) zanca; (*of an anchor*) caña; (*of the sole of a shoe*) enfranque *m;* astil *m,* caña, fuste *m;* extremidad, remate *m;* **to go** o **to ride on shank's mare** caminar en coche de San Francisco

shan·ty [ˈʃænti] *s* (*pl* **-ties**) chabola, choza

shape [ʃep] *s* forma; **in bad shape** (coll) arruinado; (coll) muy enfermo; **out of shape** deformado; descompuesto; (*twisted*) sobornado ‖ *tr* formar, dar forma a; amoldar ‖ *intr* formarse; **to shape up** tomar forma; desarrollarse bien

shapeless [ˈʃeplɪs] *adj* informe

shape·ly [ˈʃepli] *adj* (*comp* **-lier:** *super* **-liest**) bien formado, esbelto

share [ʃɛr] *s* parte *f,* porción; (*of stock in a company*) acción; **to go shares** ir a la parte ‖ *tr* (*to enjoy jointly*) compartir; (*to apportion*) repartir ‖ *intr* participar, tener parte

share'hold'er *s* accionista *m*

shark [ʃɑrk] *s* tiburón *m;* (*swindler*) estafador *m;* (slang) experto, perito

sharp [ʃɑrp] *adj* añlado, agudo; anguloso; (*curve, slope, etc.*) fuerte, pronunciado; (*photograph*) nítido; (*hearing*) fino; (*step, gait*) rápido; atento, despierto; picante, mordaz; listo, vivo; (mus) sostenido; (slang) elegante; **sharp features** facciones bien marcadas ‖ *adv* agudamente; en punto, p.ej., **at four o'clock sharp** a las cuatro en punto ‖ *s* (mus) sostenido

sharpen [ˈʃɑrpən] *tr* aguzar; sacar punta a (*un lápiz*) ‖ *intr* afilarse

sharper [ˈʃɑrpər] *s* fullero, jugador *m* de ventaja

sharp'shoot'er *s* tirador certero; (mil) tirador distinguido

shatter [ˈʃætər] *tr* hacer astillas, romper de un golpe; quebrantar (*la salud*); destruir, destrozar; agitar, perturbar ‖ *intr* hacerse pedazos, romperse

shat'ter·proof' *adj* inastillable

shave [ʃev] *s* afeitado; rebanada delgada; **to have a close shave** (coll) escapar en una

tabla ‖ *tr* afeitar (*la cara*); raer, raspar; (*to graze; to cut close*) rozar; (*to slice thin*) rebanar; (carp) cepillar ‖ *intr* afeitarse

shaving [ˈʃevɪŋ] *adj* de afeitar, para afeitar, p.ej., **shaving soap** jabón *m* de o para afeitar ‖ *s* afeitado; **shavings** acepilladuras, virutas

shaving lotion *s* loción facial

shawl [ʃɔl] *s* chal *m,* mantón *m*

she [ʃi] *pron pers* (*pl* **they**) ella ‖ *s* (*pl* **shes**) hembra

sheaf [ʃif] *s* (*pl* **sheaves** [ʃivz] gavilla; (*of paper*) atado

shear [ʃɪr] *s* hoja de la tijera; **shears** tijeras grandes); (*to cut metal*) cizalla ‖ *v* (*pret* **sheared;** *pp* **sheared** o **shorn** [ʃorn]) *tr* esquilar, trasquilar (*las ovejas*); cizallar; quitar cortando; tundir (*paño*)

sheath [ʃiθ] *s* (**sheaths** [ʃiðz]) envoltura, estuche *m,* funda; (*for a sword*) funda, vaina

sheathe [ʃið] *tr* enfundar, envainar

shed [ʃɛd] *s* cobertizo; (*line from which water flows in two directions*) vertiente *m* & *f* ‖ *v* (*pret* & *pp* **shed;** *ger* **shedding**) *tr* derramar, verter (*p.ej., sangre*); dar, echar, esparcir (*luz*); mudar (*la pluma, el pellejo*)

sheen [ʃin] *s* brillo, lustre *m;* (*of pressed cloth*) prensado

sheep [ʃip] *s* (*pl* **sheep**) carnero; (*female*) oveja; tonto; **to make sheep's eyes (at)** mirar con ojos de carnero degollado

sheep dog *s* perro ovejero, perro de pastor

sheep'fold' *s* aprisco, redil *m*

sheepish [ˈʃipɪʃ] *adj* avergonzado, corrido; tímido, tonto

sheep'skin' *s* (*undressed*) zalea; (*dressed*) badana; (coll) diploma *m*

sheer [ʃɪr] *adj* delgado, fino, ligero; casi transparente; escarpado; puro, sin mezcla; completo ‖ *intr* desviarse

sheet [ʃit] *s* (e.g., for the bed) sábana; (*of paper*) hoja; (*of metal*) hoja, lámina; (*of water*) extensión; hoja impresa; periódico; (naut) escota

sheet lightning *s* fucilazo

sheet metal *s* metal laminado

sheet music *s* música en hojas sueltas

sheik [ʃik] *s* jeque *m;* (*great lover*) (slang) sultán *m*

shelf [ʃɛlf] *s* (*pl* **shelves** [ʃɛlvz]) estante *m,* anaquel *m;* bajío, banco de arena; **on the shelf** arrinconado, desechado, olvidado

shell [ʃɛl] *s* (*of an egg, nut, etc.*) cáscara; (*of a crustacean*) caparazón *m,* concha; (*of a vegetable*) vaina; (*of a cartridge*) cápsula; (*of a boiler*) cuerpo; armazón *f,* esqueleto; bomba, proyectil *m;* (*long, narrow racing boat*) (sport) yola ‖ *tr* descascarar; desgranar, desvainar (*legumbres*); bombardear, cañonear; **to shell out** (coll) entregar (*dinero*)

shel·lac [ʃəˈlæk] *s* laca, goma laca ‖ *v* (*pret* & *pp* **-lacked)** *ger* **-lacking**) *tr* barnizar con goma laca; (slang) azotar, zurrar; (slang) derrotar

shell'fish' *s* marisco, mariscos

shell hole *s* (mil) embudo

shell shock *s* neurosis *f* de guerra
shelter ['ʃɛltər] *s* abrigo, asilo, amparo, refugio; **to take shelter** abrigarse, refugiarse || *tr* abrigar, amparar, proteger
shelve [ʃɛlv] *tr* poner sobre un estante; proveer de estantes; arrinconar, dejar a un lado; diferir indefinidamente
shepherd ['ʃɛpərd] *s* pastor *m* || *tr* pastorear (*a las ovejas o los fieles*)
shepherd dog *s* perro ovejero, perro de pastor
shepherdess ['ʃɛpərdɪs] *s* pastora
sherbet ['ʃʌrbət] *s* sorbete *m*
shereef [ʃɛ'rif] *s* jerife *m*
sheriff ['ʃɛrɪf] *s* alguacil *m* mayor
sher·ry ['ʃɛri] *s* (*pl* **-ries**) jerez *m*, vino de Jerez
shield [ʃild] *s* escudo; (*for armpit*) sobaquera; (elec) blindaje *m* || *tr* amparar, defender, escudar; (elec) blindar
shift [ʃɪft] *s* cambio; (*order of work or other activity*) turno; (*group of workmen*) tanda; maña, subterfugio || *tr* cambiar; deshacerse de; echar (*la culpa*); (aut) cambiar de (*marcha*) || *intr* cambiar, cambiar de puesto; mañear; (naut) correrse (*el lastre*); (rr) maniobrar; **to shift for oneself** ayudarse, ingeniarse
shift key *s* tecla de cambio, palanca de mayúsculas
shiftless ['ʃɪftlɪs] *adj* desidioso, perezoso
shiftlessness ['ʃɪftlɪsnɪs] *s* galbana
shift·y ['ʃɪfti] *adj* (*comp* **-ier;** *super* **-iest**) ingenioso, mañoso; evasivo, tramoyista; (*glance*) huyente
shilling ['ʃɪlɪŋ] *s* chelín *m*
shimmer ['ʃɪmər] *s* luz trémula || *intr* rielar
shin [ʃɪn] *s* espinilla || *v* (*pret & pp* **shinned;** *ger* **shinning**) *tr & intr* trepar
shin'bone' *s* espinilla
shine [ʃaɪn] *s* brillo, luz *f;* bruñido, lustre *m;* buen tiempo; (*on shoes*) (coll) lustre *m;* **to take a shine to** (slang) tomar simpatía a || *v* (*pret & pp* **shined**) *tr* pulir, lustrar; (coll) embolar, limpiar (*el calzado*) || *v* (*pret & pp* **shone** [ʃɔn]) *intr* brillar, lucir, resplandecer; hacer sol, hacer buen tiempo; (*to be distinguished, to stand out*) (fig) brillar, lucir
shingle ['ʃɪŋɡəl] *s* ripia, teja de madera; tejamaní *m* (Am); pelo a la garçonne; (coll) letrero de oficina; **shingles** (pathol) zona; **to hang out one's shingle** (coll) abrir una oficina; (coll) abrir un consultorio médico || *tr* cubrir con ripias; cortar (*el pelo*) a la garçonne
shining ['ʃaɪnɪŋ] *adj* brillante, luciente
shin·y ['ʃaɪni] *adj* (*comp* **-ier;** *super* **-iest**) brillante, lustroso; (*paper*) glaseado; (*from much wear*) brilloso
ship [ʃɪp] *s* nave *f*, buque *m*, barco, navío; (*steamer*) vapor *m;* aeronave *f* || *v* (*pret & pp* **shipped;** *ger* **shipping**) *tr* embarcar; enviar, remitir, remesar; armar (*los remos*); embarcar (*agua*) || *intr* embarcarse
ship'board' *s* bordo; **on shipboard** a bordo

ship'build'er *s* arquitecto naval, constructor *m* de buques
ship'build'ing *s* arquitectura naval, construcción de buques
ship'mate' *s* camarada *m* de a bordo
shipment ['ʃɪpmənt] *s* embarque *m* (*por agua*); envío, expedición, remesa
shipper ['ʃɪpər] *s* embarcador *m;* expedidor *m*, remitente *mf*
shipping memo ['ʃɪpɪŋ] *s* nota de remisión
ship'shape' *adj & adv* en buen orden
ship'side' *adj & adv* al costado del buque || *s* zona de embarque y desembarque; muelle *m*
ship's papers *spl* documentación del buque
ship's time *s* hora local del buque
ship'wreck' *s* naufragio; barco náufrago || *tr* hacer naufragar || *intr* naufragar
ship'yard' *s* astillero, varadero
shirk [ʃʌrk] *tr* evitar (*el trabajo*); faltar a (*un deber*) || *intr* escurrir el hombro
shirred eggs [ʃʌrd] *spl* huevos al plato
shirt [ʃʌrt] *s* camisa; **to keep one's shirt on** (slang) quedarse sereno; **to lose one's shirt** (slang) perder hasta la camisa
shirt'band' *s* cuello de camisa
shirt front *s* pechera de camisa, cami solín *m*
shirt sleeve *s* manga de camisa; **in shirt sleeves** en mangas de camisa
shirt'tail' *s* faldón *m*, pañal *m*
shirt'waist' *s* blusa (*de mujer*)
shiver ['ʃɪvər] *s* estremecimiento, tiritón *m* || *intr* estremecerse, tiritar
shoal [ʃol] *s* bajío, banco de arena
shock [ʃak] *s* (*sudden and violent blow or encounter*) choque *m;* (*sudden agitation of mind or emotions*) sobresalto; temblor *m* de tierra; (*of hair*) greña; (agr) tresnal *m;* (elec) sacudida; (med) choque *m;* (*profound depression*) (pathol) choque *m;* (coll) parálisis *f* || *tr* chocar; sobresaltar; dar una sacudida eléctrica a; chocar, escandalizar
shock absorber [æb'sɔrbər] *s* amortiguador *m*
shocker ['ʃakər] *s* (slang) novelucha; película horripilante
shocking ['ʃakɪŋ] *adj* chocante, escandalizador
shock troops *spl* tropas de asalto
shod·dy ['ʃadi] *adj* (*comp* **-dier;** *super* **-diest**) falso, de imitación
shoe [ʃu] *s* (*which goes above the ankle*) bota, botina; (*which does not go above the ankle*) zapato; (*of a tire*) cubierta; **to put on one's shoes** calzarse || *v* (*pret & pp* **shod** [ʃad]) *tr* calzar; herrar (*un caballo*)
shoe'black' *s* limpiabotas *m*
shoe'horn' *s* calzador *m*
shoe'lace' *s* cordón *m* de zapato, lazo de zapato
shoe'mak'er *s* zapatero; zapatero remendón
shoe mender ['mɛndər] *s* zapatero remendón
shoe polish *s* betún *m*, bola
shoe'shine' *s* brillo, lustre *m;* limpiabotas *m*
shoe store *s* zapatería

shoe'string' *s* cordón *m* de zapato, lazo de zapato; **on a shoestring** con muy poco dinero

shoe tree *s* horma

shoo [ʃu] *tr & intr* oxear

shoot [ʃut] *s (sprout, twig)* renuevo, vástago; conducto inclinado; *(for grain, sand, etc.)* tolva; tiro al blanco, cortamen *m* de tiradores; *(hunting party)* partida de caza ‖ *v (pret & pp* shot [ʃɑt]) *tr* tirar, disparar *(un arma)*; herir o matar con arma; *(to execute with a discharge of rifles)* fusilar; fotografiar; *(to take a moving picture of)* rodar, filmar; echar *(los dados)*; medir la altura de *(p.ej., el Sol)*; **to shoot down** derribar *(un avión)*; **to shoot up** (slang) destrozar echando balas a diestra y siniestra; *(drugs)* picarse, pincharse ‖ *intr* tirar; nacer, brotar; lanzarse, precipitarse, moverse rápidamente; punzar *(un dolor, una llaga)*; **to shoot at** tirar a; *(to strive for)* (coll) poner el tiro en

shooting gallery *s* galería de tiro al blanco

shooting match *s* certamen *m* de tiro al blanco; (slang) conjunto, totalidad

shooting star *s* estrella fugaz, estrella filante

shoot'out' *s* balaceo, balacera (SAm)

shop [ʃɑp] *s (store)* tienda; *(workshop)* taller *m;* **to talk shop** hablar de su oficio, hablar del propio trabajo *(fuera de tiempo)* ‖ *v (pret & pp* shopped; *ger* shopping) *intr* ir de compras, ir de tiendas; **to go shopping** ir de compras, ir de tiendas; **to send shopping** mandar a la compra; **to shop around** ir de tienda en tienda buscando gangas

shop'girl' *s* muchacha de tienda

shop'keep'er *s* tendero, baratero

shoplifter ['ʃɑp,lɪftər] *s* mechera, ratero de tiendas

shopper ['ʃɑpər] *s* comprador *m*

shopping center *s* centro comercial *(grupo de establecimientos minoristas, con aparcamiento)*

shopping district *s* barrio comercial

shop'win'dow *s* escaparate *m* (de tienda); aparador *m* (Méx)

shop'work' *s* trabajo de taller

shop'worn' *adj* desgastado con el trajín de la tienda

shore [ʃor] *s* orilla, ribera; costa, playa; shores (poet) clima *m*, región ‖ *tr* acodalar, apuntalar

shore dinner *s* comida de pescado y mariscos

shore leave *s* (nav) permiso para ir a tierra

shore line *s* línea de la playa; línea de buques costeros

shore patrol *s* (nav) patrulla en tierra

short [ʃɔrt] *adj (in space, time, and quantity)* corto; *(in time)* breve; *(in stature)* bajo; (fig) corto, sucinto; (fig) brusco, seco; **in a short time** dentro de poco; **in short** en fin; **on short notice** con poco tiempo de aviso; **to be short of** estar escaso de; **short of breath** corto de resuello ‖ *adv* brevemente, bruscamente; *(without possessing the stock sold)* al descubierto, p.ej., **to sell short** vender al descubierto; **to run short of**

acabársele a uno, p.ej., **I am running short of gasoline** se me acaba la gasolina; **to stop short** parar de repente ‖ *s* (elec) cortocircuito; (mov) cortometraje *m;* **shorts** calzones cortos, calzoncillos ‖ *tr* (elec) poner en cortocircuito ‖ *intr* (elec) ponerse en cortocircuito

shortage ['ʃɔrtɪdʒ] *s* carestía, escasez *f*, falta; déficit *m;* *(from pilfering)* substracción

short'cake' *s* torta de frutas; torta quebradiza

short'change' *tr* (coll) no devolver la vuelta debida a

short circuit *s* (elec) cortocircuito

short'cir'cuit *tr* (elec) cortocircuitar ‖ *intr* (elec) cortocircuitarse

short'com'ing *s* falta, defecto, desperfecto

short cut *s* atajo; *(method)* remediavagos *m*

shorten ['ʃɔrtən] *tr* acortar, abreviar ‖ *intr* acortarse, abreviarse

short'hand' *adj* taquigráfico ‖ *s* taquigrafía; **to take shorthand** taquigrafiar

short-lived ['ʃɔrt'laɪvd] o (coll) ['ʃɔrt'lɪvd] *adj* de breve vida, de breve duración

shortly ['ʃɔrtli] *adv* en breve, luego; descortésmente; **shortly after** poco tiempo después (de)

short'-range' *adj* de poco alcance

short sale *s* (coll) venta al descubierto

short-sighted ['ʃɔrt'saɪtɪd] *adj* miope; (fig) falto de perspicacia

short'stop' *s* (baseball) medio; guardabosque *m*, torpedero (Am)

short story *s* cuento

short-tempered ['ʃɔrt'tɛmpərd] *adj* de mal genio

short'-term' *adj* a corto plazo

shot [ʃɑt] *s* tiro, disparo; *(hit or wound made with a bullet)* balazo; *(distance)* alcance *m;* *(in certain games)* jugada, tirada, golpe *m;* *(of a rocket into space)* lanzamiento; conjetura, tentativa; fotografía, instantánea; *(small pellets of lead)* perdigones *mpl;* munición; *(marksman)* tiro; *(heavy metal ball)* (sport) pesa; *(hypodermic injection)* (slang) jeringazo; *(drink of liquor)* (slang) trago; **not by a long shot** ni con mucho, ni por pienso; **to start like a shot** salir disparado

shot'gun' *s* escopeta

shot'-put' *s* (sport) tiro de la pesa

should [ʃud] *v aux* empléase para formar (1) el pres de cond, *p.ej.,* **if I should wait for him, I should miss the train** si yo le esperase, perdería el tren; (2) el perf de cond, *p.ej.,* **if I had waited for him, I should have missed the train** si yo le hubiese esperado, habría perdido el tren; y (3) el modo potencial, *p.ej.,* **he should go at once** debiera salir en seguida; **he should have gone at once** debiera haber salido en seguida

shoulder ['ʃoldər] *s* hombro; *(of slaughtered animal)* brazuelo; *(of a garment)* hombrera; **across the shoulder** en bandolera; **to put one's shoulders to the wheel** arrimar el hombro, echar el pecho al agua; **to turn a cold shoulder to** volver las espaldas a ‖ *tr* cargar sobre las espaldas; tomar sobre sí, hacerse responsable de; empujar con el hombro para abrirse paso

shoulder blade *s* escápula, omóplato

shoulder strap *s* (*of underwear*) presilla; (mil) charretera

shout [ʃaut] *s* grito, voz *f* ‖ *tr* gritar, vocear; **to shout down** hacer callar a gritos ‖ *intr* gritar, dar voces

shove [ʃʌv] *s* empujón *m* ‖ *tr* empujar ‖ *intr* dar empujones, avanzar a empujones; **to shove off** alejarse de la costa; (slang) ponerse en marcha, salir

shov•el [ˈʃʌvəl] *s* pala ‖ *v* (*pret & pp* **-eled** o **-elled;** *ger* **-eling** o **-elling**) *tr* traspalar; espalar (*p.ej., la nieve*) ‖ *intr* trabajar con pala

show [ʃo] *s* exhibición, exposición, muestra; espectáculo; (*in the theater*) función; (*each performance of a play or movie*) sesión; demostración, prueba; indicación, señal *f*, signo; apariencia; (*e.g., of confidence*) alarde *m;* (coll) ocasión, oportunidad; ostentación; espectáculo ridículo, hazmerreír *m;* **to make a show of** hacer gala de; **to steal the show from** robar la obra a (*otro actor*) ‖ *tr* mostrar, enseñar; demostrar, probar; poner, proyectar (*un film*); (*e.g., to the door*) acompañar; **to show up** (coll) desenmascarar ‖ *intr* mostrarse, aparecer, asomar; salir (*p.ej., las enaguas*); **to show off** fachendear; **to show through** clarearse, transparentarse; **to show up** (coll) presentarse, dejarse ver

show bill *s* cartel *m*

show business *s* comercio de los espectáculos

show′case′ *s* vitrina (de exposición)

show′down′ *s* cartas boca arriba; (coll) revelación forzosa, arreglo terminante

shower [ˈʃau•ər] *s* (*sudden fall of rain*) aguacero, chaparrón *m;* (*shower bath*) ducha; (*e.g., of bullets*) rociada; despedida de soltera ‖ *tr* regar; **to shower with** colmar de ‖ *intr* llover

shower bath *s* ducha, baño de ducha

show girl *s* (theat) corista *f*, conjuntista *f*

show•man [ˈʃomən] *s* (*pl* **-men** [mən]) empresario de teatro, empresario de circo

show′-off′ *s* (coll) pinturero

show′piece′ *s* objeto de arte sobresaliente

show′place′ *s* sitio o edificio que se exhibe por su belleza o lujo

show′room′ *s* sala de muestras, sala de exhibición

show window *s* escaparate *m* (de tienda); aparador *m* (Mex)

show•y [ˈʃo•i] *adj* (*comp* **-ier;** *super* **-iest**) aparatoso, cursi, ostentoso

shrapnel [ˈʃræpnəl] *s* granada de metralla

shred [ʃrɛd] *s* jirón *m*, tira, triza; fragmento, pizca; **to tear to shreds** hacer trizas ‖ *v* (*pret & pp* **shredded** o **shred;** *ger* **shredding**) *tr* desmenuzar, hacer trizas; deshilar (*carne*)

shrew [ʃru] *s* (*nagging woman*) arpía, fierecilla; (*animal*) musaraña

shrewd [ʃrud] *adj* astuto; despierto; listo

shriek [ʃrik] *s* chillido, grito agudo; risotada chillona ‖ *intr* chillar

shrill [ʃrɪl] *adj* agudo, chillón

shrimp [ʃrɪmp] *s* camarón *m;* (*little insignificant person*) renacuajo

shrine [ʃraɪn] *s* relicario; sepulcro de santo; lugar sagrado

shrink [ʃrɪŋk] *v* (*pret* **shrank** [ʃræŋk] o **shrunk** [ʃrʌŋk]; *pp* **shrunk** o **shrunken**) *tr* contraer, encoger ‖ *intr* contraerse, encogerse; moverse hacia atrás; rehuirse, retirarse

shrinkage [ˈʃrɪŋkɪdʒ] *s* contracción, encogimiento; disminución, reducción; merma, pérdida

shriv•el [ˈʃrɪvəl] *v* (*pret & pp* **-eled** o **-elled;** *ger* **-eling** o **-elling**) *tr* arrugar, marchitar, fruncir ‖ *intr* arrugarse, marchitarse, fruncirse; **to shrivel up** avellanarse

shroud [ʃraud] *s* mortaja, sudario; cubierta, velo ‖ *tr* amortajar; cubrir, velar

Shrove Tuesday [ʃrov] *s* martes *m* de carnaval

shrub [ʃrʌb] *s* arbusto

shrubber•y [ˈʃrʌbəri] *s* (*pl* **-ies**) arbustos; plantío de arbustos

shrug [ʃrʌg] *s* encogimiento de hombros ‖ *v* (*pret & pp* **shrugged;** *ger* **shrugging**) *tr* contraer; **to shrug one's shoulders** encogerse de hombros ‖ *intr* encogerse de hombros

shudder [ˈʃʌdər] *s* estremecimiento ‖ *intr* estremecerse

shuffle [ˈʃʌfəl] *s* (*of cards*) barajadura; turno de barajar; (*of feet*) arrastramiento; evasiva; recomposición ‖ *tr* barajar (*naipes*); arrastrar (*los pies*); mezclar, revolver ‖ *intr* barajar; caminar arrastrando los pies; bailar arrastrando los pies; moverse rápidamente de un lado a otro; **to shuffle along** ir arrastrando los pies; ir tirando; **to shuffle off** irse arrastrando los pies

shuf′fle•board′ *s* juego de tejo

shun [ʃʌn] *v* (*pret & pp* **shunned;** *ger* **shunning**) *tr* esquivar, evitar, rehuir

shunt [ʃʌnt] *tr* apartar, desviar; (elec) poner en derivación; (rr) desviar

shut [ʃʌt] *adj* cerrado ‖ *v* (*pret & pp* **shut;** *ger* **shutting**) *tr* cerrar; **to shut in** encerrar; **to shut off** cortar (*electricidad, gas, etc.*); **to shut up** cerrar bien; aprisionar; (coll) hacer callar ‖ *intr* cerrarse; **to shut up** (coll) callarse la boca

shut′down′ *s* cierre *m*, paro

shutter [ˈʃʌtər] *s* celosía, persiana; (*outside a window*) contraventana; (*outside a show window*) cierre metálico; (phot) obturador *m*

shuttle [ˈʃʌtəl] *s* (*used in sewing*) lanzadera ‖ *intr* hacer viajes cortos de ida y vuelta

shuttle train *s* tren *m* lanzadera

shy [ʃaɪ] *adj* (*comp* **shyer** o **shier;** *super* **shyest** o **shiest**) arisco, recatado, tímido; (*fearful*) asustadizo; escaso, pobre; **I am shy a dollar** me falta un dólar ‖ *v* (*pret & pp* **shied**) *intr* esquivarse, hacerse a un lado; espantarse, respingar; **to shy away** alejarse asustado

shyster ['ʃaɪstər] *s* (coll) abogado trampista

Sia·mese [,saɪ·ə'miz] *adj* siamés ‖ *s* (*pl* **-mese**) siamés *m*

Siamese twins *spl* hermanos siameses

Siberian [saɪ'bɪrɪ·ən] *adj* & *s* siberiano

sibilant ['sɪbɪlənt] *adj* & *s* sibilante *f*

sibling ['sɪblɪŋ] *s* hermano o hermana

sibyl ['sɪbɪl] *s* sibila

Sicilian [sɪ'sɪljən] *adj* & *s* siciliano

Sicily ['sɪsɪli] *s* Sicilia

sick [sɪk] *adj* enfermo, malo; nauseado; (coll) mórbido, perverso; **sick and tired of** (coll) harto y cansado de; **sick at heart** afligido de corazón; **to be sick at one's stomach** tener náuseas; **to take sick** caer enfermo ‖ *tr* azuzar (*a un perro*)

sick'bed' *s* lecho de enfermo

sicken ['sɪkən] *tr* & *intr* enfermar

sickening ['sɪkənɪŋ] *adj* repelente, repugnante, nauseabundo

sick headache *s* jaqueca con náuseas

sickle ['sɪkəl] *s* hoz *f*

sick leave *s* licencia por enfermedad

sick·ly ['sɪkli] *adj* (*comp* **-lier;** *super* **-liest**) enfermizo

sickness ['sɪknɪs] *s* enfermedad, náusea

side [saɪd] *adj* lateral ‖ *s* lado; (*of a solid; of a phonograph record*) cara; (*of a hill*) falda; (*of human body, of a ship*) costado; facción, partido ‖ *intr* tomar partido; **to side with** tomar el partido de

side arms *spl* armas de cinto

side'board' *s* aparador *m*

side'burns' *spl* patillas

side dish *s* plato de entrada

side door *s* puerta lateral; puerta excusada

side effect *s* efecto secundario perjudicial (*de ciertos medicamentos*)

side glance *s* mirada de soslayo

side issue *s* cuestión secundaria

side'kick' *s* (slang) compañero regular

side line *s* negocio accesorio; **on the side lines** sin tomar parte

sidereal [saɪ'dɪrɪ·əl] *adj* sidéreo

side'sad'dle *adv* a asentadillas, a mujeriegas

side show *s* función secundaria, espectáculo de atracciones

side'split'ting *adj* desternillante

side'track' *s* apartadero, desviadero, vía muerta ‖ *tr* desviar (*un tren*); echar a un lado

side view *s* perfil *m*, vista de lado

side'walk' *s* acera; banqueta (Guat, Mex); vereda (Arg, Cuba, Peru)

sidewalk café *s* terraza, café *m* en la acera

sideward ['saɪdwərd] *adj* oblicuo, sesgado ‖ *adv* de lado, hacia un lado

side'ways' *adj* oblicuo, sesgado ‖ *adv* de lado, hacia un lado; a través

side whiskers *spl* patillas

side'wise' *s* oblicuo, sesgado ‖ *adv* de lado, hacia un lado; a través

siding ['saɪdɪŋ] *s* (rr) apartadero, desviadero, vía muerta

sidle ['saɪdəl] *intr* ir de lado; **to sidle up to** acercarse de lado a (*una persona*) para no ser visto

siege [sidʒ] *s* sitio, cerco; **to lay siege to** poner sitio o cerco a; (fig) asediar (*p.ej., el corazón de una mujer*)

sieve [sɪv] *s* cedazo, tamiz *m* ‖ *tr* cerner, tamizar

sift [sɪft] *tr* cerner, cribar; escudriñar, examinar; (*to screen, separate*) entresacar; (*to scatter with or as with a sieve*) empolvar

sigh [saɪ] *s* suspiro; **to breathe a sigh of relief** respirar ‖ *tr* decir con suspiros ‖ *intr* suspirar; **to sigh for** suspirar por

sight [saɪt] *s* vista; cosa digna de verse; (*of a firearm, telescope, etc.*) mira; (coll) gran cantidad, montón *m;* (coll) horror *m*, atrocidad; **at first sight** a primera vista; **at sight** a primera vista; (*translation*) a libro abierto; (com) a la vista; **out of sight** fuera del alcance de la vista; (*prices*) por las nubes; **to catch sight of** alcanzar a ver; **to know by sight** conocer de vista; **to not be able to stand the sight of** no poder ver ni en pintura; **to see the sights** visitar los puntos de interés ‖ *tr* avistar, alcanzar con la vista ‖ *intr* apuntar con una mira; (arti & surv) visar

sight draft *s* (com) giro a la vista, letra a la vista

sightless ['saɪtlɪs] *adj* ciego

sight'-read' *v* (*pret* & *pp* **-read** [,rɛd]) *tr* leer a libro abierto; (mus) ejecutar a la primera lectura ‖ *intr* leer a libro abierto; (mus) repentizar

sight reader *s* lector *m* a libro abierto; (mus) repentista *mf*

sight'see'ing *s* turismo, visita de puntos de interés; **to go sightseeing** ir a ver los puntos de interés

sightseer ['saɪt,si·ər] *s* turista *mf*, excursionista *mf*

sign [saɪn] *s* signo; señal *f*, marca; huella, vestigio; letrero, muestra; **to show signs of** dar muestras de, tener trazas de; **to make the sign of the cross** hacerse la señal de la cruz ‖ *tr* firmar; contratar; ceder, traspasar ‖ *intr* firmar; usar el alfabeto de los sordomudos; **to sign off** (rad) terminar la transmisión; **to sign up** (coll) firmar el contrato

sig·nal ['sɪgnəl] *adj* señalado, notable ‖ *s* señal *f* ‖ *v* (*pret* & *pp* **-naled** o **-nalled;** *ger* **-naling** o **-nalling**) *tr* señalar ‖ *intr* hacer señales

signal tower *s* (rr) garita de señales

signato·ry ['sɪgnɪ,tori] *s* (*pl* **-ries**) firmante *mf*

signature ['sɪgnətʃər] *s* firma; (mus & typ) signatura

sign'board' *s* cartelón *m*, letrero

signer ['saɪnər] *s* firmante *mf*

signet ring ['sɪgnɪt] *s* anillo sigilar, sortija de sello

significance [sɪg'nɪfəkəns] *s* significado, significación; relevancia

signi·fy ['sɪgnɪ,faɪ] *v* (*pret* & *pp* **-fied**) *tr* significar

sign'post' *s* hito, poste *m* de guía

sh si

silence [ˈsaɪləns] s silencio ‖ tr acallar; (mil) apagar el fuego ,de; (mil) apagar (*el fuego del enemigo*)
silent [ˈsaɪlənt] adj silencioso
silent movie s cine mudo
silhouette [ˌsɪluˈɛt] s silueta ‖ tr siluetear
silk [sɪlk] adj sedeño ‖ s seda; **to hit the silk** (slang) lanzarse en paracaídas
silken [ˈsɪlkən] adj sedeño
silk hat s sombrero de copa
silk'-stock'ing adj aristocrático ‖ s aristócrata mf
silk'worm' s gusano de seda
silk•y [ˈsɪlki] adj (comp **-ier;** super **-iest**) sedoso, asedado
sill [sɪl] s travesaño; (*of a door*) umbral m; (*of a window*) antepecho
silliness [ˈsɪlɪnɪs] tontería, simpleza, pachotada
sil•ly [ˈsɪli] adj (comp **-lier;** super **-liest**) necio, tonto; (coll) pavo
si•lo [ˈsaɪlo] s (pl **-los**) silo ‖ tr asilar
silt [sɪlt] s cieno, sedimento
silver [ˈsɪlvər] ad de plata; (*voice*) argentino; elocuente ‖ s plata ‖ tr platear; azogar (*un espejo*)
sil'ver•fish' s (ent) pez m de plata
silver foil s hoja de plata
silver lining s aspecto agradable de una condición desgraciada o triste
silver plate s vajilla de plata
silver screen s pantalla de plata
sil'ver•smith' s platero, orfebre m
silver spoon s riqueza heredada; **to be born with a silver spoon in one's mouth** nacer de pie
sil'ver-tongue' s (coll) pico de oro
sil'ver•ware' s plata, vajilla de plata; plata; cubertería
similar [ˈsɪmɪlər] adj similar, semejante, análogo
simile [ˈsɪmɪli] s (rhet) símil m
simmer [ˈsɪmər] tr cocer a fuego lento ‖ intr cocer a fuego lento; (coll) estar a punto de estallar; **to simmer down** (coll) tranquilizarse lentamente
simoon [sɪˈmun] s simún m
simper [ˈsɪmpər] s sonrisa boba ‖ intr sonreír bobamente
simple [ˈsɪmpəl] adj simple, sencillo ‖ s (*medicinal plant*) simple m
simple-minded [ˈsɪmpəlˈmaɪndɪd] adj candoroso, ingenuo; idiota, mentecato; estúpido, ignorante
simple substance s (chem) cuerpo simple
simpleton [ˈsɪmpəltən] s simple mf, bobo, mentecato
simulate [ˈsɪmjəˌlet] tr simular
simultaneous [ˌsaɪməlˈteni•əs] o [ˌsɪməlˈteni•əs] adj simultáneo ‖ adv—**to do simultaneously** simultanear
sin [sɪn] s pecado ‖ v (pret & pp **sinned;** ger **sinning**) intr pecar
since [sɪns] adv desde entonces, después ‖ prep desde; después de ‖ conj desde que; después (de) que; ya que, puesto que
sincere [sɪnˈsɪr] adj sincero

sincerity [sɪnˈsɛrɪti] s sinceridad
sinecure [ˈsaɪnɪˌkjur] s sinecura
sinew [ˈsɪnju] s tendón m; (fig) fibra, nervio, vigor m
sinful [ˈsɪnfəl] adj (*person*) pecador; (*act, intention, etc.*) pecaminoso
sing [sɪŋ] v (pret **sang** [sæŋ] o **sung** [sʌŋ]; pp **sung**) tr cantar; **to sing to sleep** arrullar ‖ intr cantar
singe [sɪndʒ] v (ger **singeing**) tr chamuscar, socarrar
singer [ˈsɪŋər] s cantante mf; (*in a night club*) vocalista mf
single [ˈsɪŋgəl] adj solo, único; simple, sencillo; particular; (*e.g., room in a hotel*) individual; (*copy*) suelto; (*unmarried*) soltero; solteril, de soltero ‖ tr escoger, elegir; **to single out** singularizar
single blessedness s el bendito celibato
single-breasted [ˈsɪŋgəlˈbrɛstɪd] adj sin cruzar, de un solo pecho
single entry s (com) partida simple
single file s fila india; **in single file** de reata
single-handed [ˈsɪŋgəlˈhændɪd] adj solo, sin ayuda
single life s vida de soltero
sin'gle-track' adj de vía única; (coll) de cortos alcances
sing'song' adj monótono ‖ s sonsonete m
singular [ˈsɪŋgjələr] adj & s singular m
sinister [ˈsɪnɪstər] adj amenazante, ominoso, funesto
sink [sɪŋk] s fregadero, pila ‖ v (pret **sank** [sæŋk] o **sunk** [sʌŋk]; pp **sunk**) tr hundir, sumergir; echar a pique; abrir, cavar (*un pozo*); hincar (*los dientes*); invertir (*mucho dinero*) perdiéndolo todo; (*basketball*) encestar ‖ intr hundirse; irse a pique; hundirse (*p.ej., el Sol en el horizonte*); descender, desaparecer; decaer (*un enfermo; una llama*); (*e.g., in a chair*) dejarse caer
sinking fund s fondo de amortización
sinless [ˈsɪnlɪs] adj impecable
sinner [ˈsɪnər] s pecador m
sinuous [ˈsɪnju•əs] adj sinuoso
sinus [ˈsaɪnəs] s seno
sip [sɪp] s sorbo, trago ‖ v (pret & pp **sipped;** ger **sipping**) tr sorber, beber a tragos
siphon [ˈsaɪfən] s sifón m ‖ tr sacar con sifón, trasegar con sifón
siphon bottle s sifón m
sir [sʌr] s señor m; (*British title*) sir m; **Dear Sir** Muy señor mío, Estimado señor
sire [saɪr] s padre m, semental m; caballo padre ‖ tr engendrar
siren [ˈsaɪrən] s sirena
Sirius [ˈsɪri•əs] s (astr) Sirio
sirloin [ˈsʌrlɔɪn] s solomillo
sirup [ˈsɪrəp] o [ˈsʌrəp] s var de **syrup**
sissi•fy [ˈsɪsɪˌfaɪ] v (pret & pp **-fied**) tr (coll) afeminar
sis•sy [ˈsɪsi] s (pl **-sies**) (coll) hermanita; (coll) maricón m, santito
sister [ˈsɪstər] adj (*ship*) gemelo; (*language*) hermano ‖ s hermana

sis'ter-in-law' s (pl **sisters-in-law**) cuñada, hermana política; (wife of one's husband's or wife's brother) concuñada

Sisyphus ['sɪsɪfəs] s Sísifo

sit [sɪt] v (pret & pp **sat** [sæt]; ger **sitting**) intr estar sentado; sentarse; echarse (un ave sobre los huevos); reunirse, celebrar junta; descansar; **to sit down** sentarse; **to sit still** estarse quieto; **to sit up** incorporarse (el que estaba echado)

sitcom ['sɪt,kɑm] s (coll) telecomedia serial

sit'-down' strike s hulega de sentados, huelga de brazos caídos

site [saɪt] s sitio, paraje m

sit'-in' s manifestación pacífica a modo de bloqueo

sitting ['sɪtɪŋ] s (period one remains seated) sentada; (before a painter) estadía; (of a court or legislature) sesión; **at one sitting** de una sentada

sitting duck s pato sentado en el agua (fácil de matar a tiro de escopeta); (coll) blanco de fácil alcance

sitting room s sala de estar

situate ['sɪt∫u,et] tr situar

situation [,sɪt∫ue∫ˈən] s situación; colocación, puesto; medio ambiente

sitz bath [sɪts] s baño de asiento

six [sɪks] adj & pron seis ‖ s seis m; **at sixes and sevens** en confusión, en desacuerdo; **six o'clock** las seis

six hundred adj & pron seiscientos ‖ s seiscientos m

sixteen ['sɪks'tin] adj, pron & s dieciséis m, diez y seis

sixteenth ['sɪks'tinθ] adj & s (in a series) decimosexto; (part) dieciseisavo ‖ s (in dates) dieciséis m

sixth [sɪksθ] adj & s sexto ‖ s (in dates) seis m

sixtieth ['sɪkstɪ•ɪθ] adj & s (in a series) sexagésimo; (part) sesentavo

six•ty ['sɪksti] adj & pron sesenta ‖ s (pl -ties) sesenta m

sizable ['saɪzəbəl] adj considerable, bastante grande

size [saɪz] s tamaño; (of a person or garment) talla; (of a pipe, a wire) diámetro, (for gilding) sisa, cola de retazo; (coll) verdadera situación ‖ tr clasificar según tamaño; sisar, encolar; **to size up** enfocar (un problema); medir con la vista

sizzle ['sɪzəl] s siseo ‖ intr sisear

S.J. abbr **Society of Jesus**

skate [sket] s patín m; (slang) adefesio, tipo ‖ intr patinar; **to skate on thin ice** buscar el peligro

skating rink s patinadero, pista de patinar

skein [sken] s madeja; enredo, maraña

skeleton ['skɛlɪtən] adj esquelético ‖ s esqueleto

skeleton key s llave maestra

skeptic ['skɛptɪk] adj & s escéptico

skeptical ['skɛptɪkəl] adj escéptico

sketch [skɛt∫] s boceto, dibujo; bosquejo, esbozo; drama corto, pieza corta ‖ tr dibujar; bosquejar, esbozar

sketch'book' s libro de bocetos; libro de esbozos literarios

skewer ['skju•ər] s broqueta ‖ tr espetar; traspasar con aguja

ski [ski] s (pl **skis** o **ski**) esquí m intr esquiar

skid [skɪd] s (of an auto) resbalón m; (of a wheel) patinaje m, patinazo; calzo ‖ v (pret & pp **skidded**; ger **skidding**) tr calzar ‖ intr resbalar (un coche); patinar (una rueda)

skid chain s cadena antirresbaladiza

skidding s (aut) patinada, derrapada, derrapaje m

skid row s barrio de mala vida

skier ['ski•ər] s esquiador m

skiff [skɪf] s esquife m

skiing ['ski•ɪŋ] s esquiismo

ski jacket s plumífero

skijoring [ski'dʒorɪŋ] s esquí remolcado

ski jump s salto de esquí; cancha de esquiar; trampolín m

ski lift s telesquí m

skill [skɪl] s destreza, habilidad, pericia

skilled [skɪld] adj hábil, experimentado, experto

skillet ['skɪlɪt] s cacerola de mango largo; sartén f

skillful ['skɪlfəl] adj diestro, hábil

skim [skɪm] v (pret & pp **skimmed**; ger **skimming**) tr desnatar (la leche); espumar (el caldo, el almíbar); (to graze) rasar, rozar; examinar ligeramente ‖ intr rozar; **to skim over** pasar rozando; examinar a la ligera

ski mask s pasamontaña m

skimmer ['skɪmər] s (utensil) espumadera; (straw hat) canotié m

skim milk s leche desnatada

skimp [skɪmp] tr escatimar; chapucear ‖ intr economizar, apretarse; chapucear

skimp•y ['skɪmpi] adj (comp **-ier**; super **-iest**) escaso; tacaño, mezquino

skin [skɪn] s piel f; (of an animal, of fruit) pellejo; **to be nothing but skin and bones** estar hecho un costal de huesos, estar en los huesos; **to get soaked to the skin** calarse hasta los huesos, **to save one's skin** salvar el pellejo ‖ v (pret & pp **skinned**; ger **skinning**) tr pelar, desollar; escoriarse (p.ej., el codo); (coll) timar; **to skin alive** (coll) desollar vivo; (coll) vencer completamente

skin'-deep' adj superficial

skin diver s submarinista mf

skin diving s submarinismo

skin'flint' s escasero, avaro

skin game s (slang) fullería

skin•ny ['skɪni] adj (comp **-nier**; super **-niest**) flaco, enjuto, magro, seco, delgaducho

skin'-tight' adj ajustado al cuerpo

skip [skɪp] s salto ‖ v (pret & pp **skipped**; ger **skipping**) tr saltar ‖ intr saltar; saltar espacios (la máquina de escribir); moverse saltando; irse precipitadamente

skip bombing s (aer) bombardeo de rebote

si

sk

ski pole *s* bastón *m* de esquiar
skipper [ˈskɪpər] *s* caudillo, jefe *m; (of a boat)* patrón *m;* gusano del queso ‖ *tr* patronear
skirmish [ˈskʌrmɪʃ] *s* escaramuza ‖ *intr* escaramuzar
skirt [skʌrt] *s* falda; borde *m*, orilla; *(woman)* (slang) falda ‖ *tr* seguir el borde de; moverse a lo largo de
ski run *s* pista de esquí
ski stick *s* bastón *m* de esquiar
skit [skɪt] *s* boceto burlesco, paso cómico
skittish [ˈskɪtɪʃ] *adj* caprichoso; asustadizo; tímido; *(bull)* abanto
skulduggery [skʌlˈdʌgəri] *s* (coll) trampa, embuste *m*
skull [skʌl] *s* cráneo, calavera
skull'cap' *s* casquete *m*
skunk [skʌŋk] *s* mofeta; *(person)* (coll) canalla *m*
sky [skaɪ] *s (pl* **skies)** cielo; **to praise to the skies** poner por las nubes, poner en el cielo
sky'div'ing *s* paracaidismo con plomada suelta inicial
Skylab [ˈskaɪˌlæb]*s* laboratorio espacial
sky'lark' *s* alondra ‖ *intr* jaranear
sky'light' *s* tragaluz *m*, claraboya
sky'line' *s* línea del horizonte, línea de los edificios contra el cielo
sky'rock'et *s* cohete *m* ‖ *intr* subir como un cohete
sky'scrap'er *s* rascacielos *m*
sky'writ'ing *s* escritura aérea
slab [slæb] *s* losa; plancha, tabla
slack [slæk] *adj* flojo; perezoso; negligente; inactivo ‖ *s* flojedad; inactividad; estación muerta, temporada inactiva; **slacks** pantalones flojos ‖ *tr* aflojar; apagar *(la cal)* ‖ *intr* atrasarse; descuidarse; **to slack up** aflojar el paso
slacker [ˈslækər] *s* perezoso; (mil) prófugo
slag [slæg] *s* escoria
slake [slek] *tr* aplacar, calmar; apagar *(la cal)*
slalom [ˈslɑləm] *s* eslálom *m*
slam [slæm] *s* golpe *m; (of a door)* portazo; (coll) crítica acerba ‖ *v (pret & pp* **slammed;** *ger* **slamming)** *tr* cerrar de golpe; golpear o empujar estrepitosamente; (coll) criticar acerbamente ‖ *intr* cerrarse de golpe
slam'-bang' *adv* (coll) de golpe y porrazo
slander [ˈslændər] *s* calumnia, difamación; levante (CAm, P-R) ‖ *tr* calumniar, difamar
slanderous [ˈslændərəs] *adj* calumnioso, difamatorio
slang [slæŋ] *s* caló *m*, jerigonza
slant [slænt] *s* inclinación; parecer *m*, punto de vista ‖ *tr* inclinar, sesgar; deformar, tergiversar *(un informe)* ‖ *intr* inclinarse, sesgarse
slap [slæp] *s* manazo, palmada; *(in the face)* bofetada; *(in the back)* espaldarazo; desaire *m*, insulto ‖ *v (pret & pp* **slapped;** *ger* **slapping)** *tr* dar una palmada a; abofetear
slash [slæʃ] *s* cuchillada ‖ *tr* acuchillar; hacer fuerte rebaja de *(precios, sueldos, etc.)*

slat [slæt] *s* lámina, tablilla
slate [slet] *s* pizarra; candidatura, lista de candidatos ‖ *tr* empizarrar; designar, destinar; poner en la lista de candidatos
slate pencil *s* pizarrín *m*
slate roof *s* empizarrado
slattern [ˈslætərn] *s* mujer desaliñada, pazpuerca
slaughter [ˈslɔtər] *s* carnicería, matanza ‖ *tr* matar
slaughter house *s* matadero
Slav [slɑv] o [slæv] *adj & s* eslavo
slave [slev] *adj & s* esclavo ‖ *intr* trabajar como esclavo
slave driver *s* negrero; (fig) negrero
slave'hold'er *s* dueño de esclavos
slavery [ˈslevəri] *s* esclavitud
slave trade *s* trata de esclavos
slave trader *s* negrero
Slavic [ˈslɑvɪk] o [ˈslævɪk] *adj & s* eslavo
slay [sle] *v (pret* **slew** [slu]; *pp* **slain** [slen]) *tr* matar
slayer [ˈsle•ər] *s* matador *m*
sled [slɛd] *s* luge *m* ‖ *v (pret & pp* **sledded;** *ger* **sledding)** *intr* deslizarse en luge o trineo
sledge hammer [slɛdʒ] *s* acotillo
sleek [slik] *adj* liso y brillante ‖ *tr* alisar y pulir; suavizar
sleep [slip] *s* sueño; **to be overcome with sleep** caerse de sueño; **to go to sleep** dormirse; dormirse, morirse *(un miembro)*; **to put to sleep** adormecer; matar por anestesia ‖ *v (pret & pp* **slept** [slɛpt]) *tr* pasar durmiendo; **to sleep it off** dormir la mona; **to sleep it over** consultar con la almohada; **to sleep off** dormir *(p.ej., una borrachera)* ‖ *intr* dormir
sleeper [ˈslipər] *s (person)* durmiente *mf; (girder)* durmiente *m*
sleeping bag *s* saco de dormir
Sleeping Beauty *s* la Bella Durmiente
sleeping car *s* coche-cama *m*
sleeping pill *s* píldora para dormir
sleepless [ˈsliplɪs] *adj* insomne, desvelado; pasado en vela
sleep'walk'er *s* sonámbulo; nochero
sleep•y [ˈslipi] *adj (comp* **-ier;** *super* **-iest)** soñoliento; **to be sleepy** tener sueño
sleep'y•head' *s* dormilón *m*
sleet [slit] *s* cellisca ‖ *intr* cellisquear
sleeve [sliv] *s* manga; (mach) manguito; **to laugh in** o **up one's sleeve** reírse para sí
sleigh [sle] *s* trineo ‖ *intr* pasearse en trineo
sleigh bell *s* cascabel *m*
sleigh ride *s* paseo en trineo
sleight of hand [slaɪt] *s* juego de manos, prestidigitación
slender [ˈslɛndər] *adj* esbelto, flaco, delgado; escaso, insuficiente
sleuth [sluθ] *s* sabueso
slew [slu] *s* (coll) montón *m*
slice [slaɪs] *s* rebanada, tajada; *(of an orange)* gajo ‖ *tr* rebanar, tajar; dividir; cortar
slick [slɪk] *adj* liso y brillante; meloso, suave; (coll) astuto, mañoso ‖ *s* lugar aceitoso y lustroso *(en el agua)*

slicker ['slıkər] *s* impermeable *m* de hule; (coll) embaucador *m*

slide [slaɪd] *s* resbalón *m;* (*slippery place*) resbaladero; (*slippery surface*) desliz *m;* derrumbamiento de tierra; (*image for projection*) diapositiva, transparencia; (*of a microscope*) plaquilla de vidrio; (*piece of a device that slides*) cursor *m;* (*of a trombone*) corredera (tubular) ‖ *v* (*pret & pp* **slid** [slɪd]) *tr* deslizar ‖ *intr* deslizar, resbalar; **to let slide** dejar pasar, no hacer caso de

slide fastener *s* cierre *m* cremallera, cierre relámpago

slide rule *s* regla de cálculo

slide valve *s* corredera, válvula corrediza

sliding contact *s* cursor *m*

sliding door *s* puerta de corredera

sliding scale *s* regla de cálculo; (*of salaries*) escala móvil

slight [slaɪt] *adj* delgado; leve; pequeño; cscaso; delgaducho ‖ *s* desatención, descuido; desaire *m*, menosprecio ‖ *tr* desatender, descuidar; desairar

slim [slɪm] *adj* (*comp* **slimmer;** *super* **slimmest**) delgado, esbelto; débil, leve, pequeño, escaso

slime [slaɪm] *s* légamo, (*of snakes, fish, etc.*) baba

slim·y ['slaɪmi] *adj* (*comp* **-ier;** *super* **-iest**) legamoso; baboso, viscoso; puerco, sucio

sling [slɪŋ] *s* (*to shoot stones*) honda; (*to hold up a broken arm*) cabestrillo ‖ *v* (*pret & pp* **slung** [slʌŋ]) *tr* lanzar con una honda; lanzar, tirar; poner en cabestrillo; colgar flojamente

sling'shot' *s* honda

slink [slɪŋk] *v* (*pret & pp* **slunk** [slʌŋk]) *intr* andar furtivamente; **to slink away** escabullirse, salir con el rabo entre piernas

slip [slɪp] *s* resbalón *m*, desliz *m;* falta, error *m*, desliz *m;* lapso; embarcadero; (*cover for a pillow, for furniture*) funda; (*piece of paper*) papeleta; (*cutting from a plant*) sarmiento; (*piece of underclothing*) combinación; (*of a dog*) traílla; huída, evasión; mozuelo, mozuela; **to give the slip to** burlar la vigilancia de ‖ *v* (*pret & pp* **slipped;** *ger* **slipping**) *tr* poner rápidamente; quitar rápidamente; pasar por alto; eludir, evadir; **to slip off** (coll) quitarse de prisa; **to slip on** (coll) ponerse de prisa; **to slip one's mind** olvidársele a uno ‖ *intr* deslizarse; patinar (*el embrague*); errar, equivocarse; (coll) declinar, deteriorarse; **to let slip** dejar pasar; decir inadvertidamente; **to slip away** escurrirse; **to slip by** pasar inadvertido; pasar rápidamente (*el tiempo*); **to slip out of one's hands** escurrirse de entre las manos; **to slip up** (coll) errar, equivocarse

slip cover *s* funda

slip of the pen *s* error *m* de pluma

slip of the tongue *s* error *m* de lengua

slipper ['slɪpər] *s* zapatilla, babucha

slippery ['slɪpəri] *adj* deslizadizo, resbaladizo; astuto, zorro, evasivo

slip'-up' *s* (coll) error *m*, equivocación

slit [slɪt] *s* hendidura, raja; cortada, incisión ‖ *v* (*pret & pp* **slit;** *ger* **slitting**) *tr* hender, rajar; cortar

slob [slɑb] *s* (slang) sujeto desaseado, puerco

slobber ['slɑbər] *s* baba; sensiblería ‖ *intr* babear; hablar con sensiblería

sloe [slo] *s* (*shrub*) endrino; (*fruit*) endrina

slogan ['slogən] *s* lema *m*, mote *m;* grito de combate; (*striking phrase used in advertising*) eslogan *m*

sloop [slup] *s* balandra

slop [slɑp] *s* gacha, zupia, agua sucia ‖ *v* (*pret & pp* **slopped;** *ger* **slopping**) *tr* salpicar, ensuciar ‖ *intr* derramarse; chapotear

slope [slop] *s* cuesta, pendiente *f;* (*of a continent or a roof*) vertiente *m & f* ‖ *tr* inclinar ‖ *intr* inclinarse

slop·py ['slɑpi] *adj* (*comp* **-pier;** *super* **-piest**) mojado y sucio; (*in one's dress*) desgalichado; (*in one's work*) chapucero

slot [slɑt] *s* ranura; (*for letters*) buzón *m*

sloth [sloθ] o [slɔθ] *s* pereza; (zool) perezoso

slot machine *s* tragamonedas *m*, máquina sacaperras

slot meter *s* contador automático

slouch [slaʊtʃ] *s* postura relajada; persona torpe de movimientos ‖ *intr* agacharse, andar caído de hombros; **to slouch in a chair** repanchigarse

slouch hat *s* sombrero gacho

slough [slaʊ] *s* cenagal *m*, fangal *m;* estado de abandono moral ‖ [slʌf] *s* (*of a snake*) camisa; (pathol) escara ‖ *tr* mudar, echar de sí ‖ *intr* caerse, desprenderse

Slovak ['slovæk] o [slo'væk] *adj & s* eslovaco

sloven·ly ['slʌvənli] *adj* (*comp* **-lier;** *super* **-liest**) desaseado, desaliñado

slow [slo] *adj* lento; (*sluggish*) cachazudo, despacioso; (*clock, watch*) atrasado; (*in understanding*) lerdo, tardo, torpe ‖ *adv* despacio ‖ *tr* retrasar, atrasar (*un reloj*) ‖ *intr* retardarse, ir más despacio; atrasarse (*un reloj*)

slow'down' *s* huelga de brazos caídos

slow motion *s* (*film*) ralentí *m;* **in slow motion** al ralentí, a cámara lenta

slow'-mo'tion *adj* a cámara lenta

slowness ['slonɪs] lentitud, lerdera

slow'poke' *s* tardón *m*

slug [slʌg] *s* (*heavy piece of metal*) lingote *m;* (*metal disk used as a coin*) ficha; (zool) limaza, babosa; (coll) porrazo, puñetazo ‖ *v* (*pret & pp* **slugged;** *ger* **slugging**) *tr* (coll) aporrear, apuñear

sluggard ['slʌgərd] *s* pachón *m*, perezoso

sluggish ['slʌgɪʃ] *adj* inactivo, indolente, tardo; pachorrudo, perezoso

sluice [slus] *s* canal *m;* (*floodgate*) compuerta; (*dam; flume*) presa

sluice gate *s* compuerta de presa

slum [slʌm] *s* barrio bajo ‖ *v* (*pret & pp* **slummed;** *ger* **slumming**) *intr* visitar los barrios bajos

slumber ['slʌmbər] *s* sueño ligero, sueño tranquilo ‖ *intr* dormir; dormitar

sk
sl

slump [slʌmp] s depresión, crisis económica; (in prices, stocks, etc.) baja repentina ‖ intr hundirse, desplomarse; bajar repentinamente (los precios, valores, etc.)

slur [slʌr] s pronunciación indistinta; reparo crítico; (mus) ligado ‖ v (pret & pp slurred; ger slurring) tr comerse (sonidos, sílabas); despreciar, insultar; (mus) ligar

slush [slʌʃ] s fango muy blando, aguanieve fangosa, nieve f a medio derretir; sentimentalismo tonto

slut [slʌt] s perra; (slovenly woman) pazpuerca; ramera, mala mujer

sly [slaɪ] adj (comp slyer o slier; super slyest o sliest) furtivo, secreto; astuto, socarrón; travieso; on the sly a hurtadillas

smack [smæk] adv (coll) de golpe, de sopetón ‖ s dejo, gustillo; palmada, manotada; golpe m; beso sonado; (of a whip) chasquido ‖ tr dar una manotada a; golpear; hacer chasquidos con (un látigo); besar sonoramente; to smack one's lips chuparse los labios ‖ intr—to smack of saber a, oler a

small [smɔl] adj pequeño, chico; (short in stature) bajo; pobre, obscuro, humilde; (typ) minúsculo

small arms spl armas ligeras

small beer s cerveza floja; bagatela; persona de poca monta

small business s pequeña empresa

small capital s versalilla o versalita

small change s suelto, dinero menudo

small fry s gente menuda; gente de poca monta

small'-fry' adj de niños, para niños; de poca monta

small hours spl primeras horas (de la mañana)

small intestine s intestino delgado

small-minded ['smɔl'maɪndɪd] adj tacaño, mezquino; intolerante

smallpox ['smɔl,pɑks] s viruela

small print s tipo menudo

small talk s palique m, charlas frívolas

small'-time' adj de poca monta

small'-town' adj lugareño, apegado a cosas lugareñas

smart [smɑrt] adj listo, vivo, inteligente; agudo, penetrante; astuto; elegante, majo; picante, punzante; (coll) grande, considerable ‖ s escozor m; dolor vivo ‖ intr escocer, picar; padecer, sufrir

smart aleck ['ælɪk] s (coll) fatuo, sabihondo

smart money s (fig) inversionistas mpl/fpl astutos; gente f bien informada

smart set s gente f chic, gente de buen tono

smash [smæʃ] s rotura violenta; fracaso, ruina; quiebra, bancarrota; (coll) choque violento, tope violento ‖ tr romper con fuerza; arruinar, destrozar; aplastar ‖ intr romperse con fuerza; arruinarse, destrozarse; aplastarse; to smash into chocar con, topar con

smash hit s (coll) éxito rotundo

smash'-up' s colisión violenta; ruina, desastre m; quiebra, bancarrota

smattering ['smætərɪŋ] s barniz m, tintura, migaja

smear [smɪr] s embarradura; calumnia; (bact) frotis m ‖ tr embarrar; calumniar ‖ intr embarrarse

smear campaign s campaña de calumnias

smell [smɛl] s olor m; (sense) olfato; fragancia, perfume m ‖ v (pret & pp smelled o smelt [smɛlt]) tr oler, olfatear ‖ intr oler; heder, oler mal; to smell of oler a

smelling salts spl sales aromáticas

smell·y ['smɛli] adj (comp -ier; super -iest) hediondo, maloliente

smelt [smɛlt] s (fish) eperlano, esperinque m ‖ tr & intr fundir

smile [smaɪl] s sonrisa ‖ intr sonreír, sonreírse

smiling ['smaɪlɪŋ] adj risueño

smirk [smʌrk] s sonrisa fatua y afectada ‖ intr sonreír fatua y afectadamente

smite [smaɪt] v (pret smote [smot]; pp smitten ['smɪtən] o smit [smɪt]) tr golpear o herir súbitamente y con fuerza; caer con fuerza sobre; apenar, afligir; castigar

smith [smɪθ] s forjador m, herrero

smith·y ['smɪθi] s (pl -ies) herrería

smitten ['smɪtən] adj afligido; muy enamorado

smock [smɑk] s bata

smock frock s blusa de obrero

smog [smɑg] s mezcla de humo y niebla

smoke [smok] s humo; to go up in smoke irse todo en humo ‖ tr (to cure or treat with smoke) ahumar; fumar (tabaco); to smoke out ahuyentar con humo, dar humazo a; descubrir ‖ intr humear; fumar; hacer humo (una chimenea dentro de la habitación)

smoked glasses spl gafas ahumadas

smoke evacuator s extractor de humos

smokeless powder ['smoklɪs] s pólvora sin humo

smokeless tobacco s tabaco sin humo

smoker ['smokər] s fumador m; (room) fumadero; (rr) coche-fumador m; reunión de fumadores

smoke rings spl anillos de humo; to blow smoke rings sacar humo formando anillos

smoke screen s cortina de humo

smoke'stack' s chimenea

smoking ['smokɪŋ] s el fumar; no smoking se prohibe fumar

smoking car s coche-fumador m, vagón m de fumar

smoking jacket s batín m

smoking room s fumadero, saloncito para fumadores

smok·y ['smoki] adj (comp -ier; super -iest) humoso; (emitting smoke) humeante

smolder ['smoldər] s fuego lento sin llama y con mucho humo ‖ intr arder en rescoldo, arder sin llamas; (fig) estar latente; (to burn within) (fig) requemarse; (fig) expresar (p.ej., los ojos) una ira latente

smooth [smuð] adj liso, terso, suave; plano, llano; igual; acaramelado, afable, blando, meloso; (water) tranquilo; (style) fluido;

smooth as butter como manteca ‖ *tr* alisar, suavizar; allanar; facilitar; **to smooth away** quitar (*p.ej.*, *obstáculos*) suavemente; **to smooth down** ablandar, calmar

smooth-faced ['smuð,fest] *adj* barbilampiño

smooth-spoken ['smuθ,spokən] *adj* meloso, lisonjero

smooth·y ['smuði] *s* (*pl* **-ies**) galante *m;* elegante *m;* adulador *m*

smother ['smʌðər] *tr* ahogar, sofocar; suprimir; reprimir

smudge [smʌdʒ] *s* tiznón *m;* mancha ‖ *tr* tiznar; manchar; ahumar, fumigar (*una huerta*)

smug [smʌg] *adj* (*comp* **smugger;** *super* **smuggest**) pagado de sí mismo; compuesto, pulcro; relamido

smuggle ['smʌgəl] *tr* meter de contrabando ‖ *intr* contrabandear

smuggler ['smʌglər] *s* contrabandista *mf*

smuggling ['smʌglɪŋ] *s* contrabando

smut [smʌt] *s* tiznón *m;* obscenidad; (agr) carbón *m*, tizón *m*

smut·ty ['smʌti] *adj* (*comp* **-tier;** *super* **-tiest**) tiznado, manchado; obsceno; (agr) atizonado

snack [snæk] *s* parte *f*, porción; bocadillo, tentempié *m*

snack bar *s* lonchería

snag [snæg] *s* (*of a tree*) tocón *m;* (*of a tooth*) raigón *m;* obstáculo, tropiezo; **to strike** o **to hit a snag** tropezar con un obstáculo

snail [snel] *s* caracol *m;* (*slow person*) pachón *m;* **at a snail's pace** a paso de caracol, a paso de tortuga

snake [snek] *s* culebra, serpiente *f*

snake in the grass *s* traidor *m*, amigo pérfido

snap [snæp] *s* (*crackling sound*) chasquido, estallido; (*of the fingers*) castañetazo; (*bite*) mordisco; (*cracker*) galletita; (*of cold weather*) corto periodo; (*catch or fastener*) broche *m* de presión; (phot) instantánea; (coll) brío, vigor *m*; (slang) breva, cosa fácil ‖ *v* (*pret* & *pp* **snapped;** *ger* **snapping**) *tr* asir, cerrar, etc. de golpe; castañetear (*los dedos*); chasquear (*el látigo*); fo tografiar instantáneamente; tomar (*una instantánea*); **to snap one's fingers at** tratar con desprecio; **to snap up** aceptar con avidez, comprar con avidez; cortar la palabra a ‖ *intr* chasquear, estallar; (*to crack*) saltar; (*from fatigue*) estallar; **to snap at** querer morder; asir (*una oportunidad*); **to snap out of it** (slang) cambiarse repentinamente; **to snap shut** cerrarse de golpe

snap'drag'on *s* (bot) boca de dragón

snap fastener *s* corchete *m* de presión

snap judgment *s* decisión atolondrada

snap·py ['snæpi] *adj* (*comp* **-pier;** *super* **-piest**) mordaz; (coll) elegante, garboso; (coll) enérgico, vivo; (*food*) acre, picante

snap'shot' *s* instantánea

snap switch *s* (elec) interruptor *m* de resorte

snare [snɛr] *s* lazo, trampa: (*of a drum*) bordón *m*, tirante *m*

snare drum *s* caja clara

snarl [snɑrl] *s* gruñido; regaño; maraña, enredo ‖ *tr* decir con un gruñido; enmarañar, enredar ‖ *intr* gruñir; regañar; enmarañarse, enredarse

snatch [snætʃ] *s* arrebatamiento; pedacito, trocito; ratito ‖ *tr* & *intr* arrebatar; **to snatch at** tratar de asir o agarrar; **to snatch from** arrebatar a

sneak [snik] *adj* furtivo ‖ *s* sujeto solapado ‖ *tr* mover a hurtadillas ‖ *intr* andar furtivamente, moverse a hurtadillas

sneaker ['snikər] *s* sujeto solapado; (coll) zapato blando, zapato de lona

sneak thief *s* ratero, descuidero

sneak·y ['sniki] *adj* (*comp* **-ier;** *super* **-iest**) solapado, furtivo

sneer [snɪr] *s* expresión de desprecio ‖ *intr* hablar con desprecio, echar una mirada de desprecio; **to sneer at** mofarse de

sneeze [sniz] *s* estornudo ‖ *intr* estornudar; **not to be sneezed at** (coll) no ser despreciable

snicker ['snɪkər] *s* risa tonta ‖ *intr* reírse tontamente

sniff [snɪf] *s* husmeo, venteo; sorbo por las narices ‖ *tr* husmear, ventear; sorber por las narices; (fig) husmear, averiguar; (fig) sospechar; (*heroin*) esnifar (*caballo*) ‖ *intr* ventear; **to sniff at** husmear; menospreciar

sniffle ['snɪfəl] *s* resuello fuerte y repetido; **the sniffles** ataque *m* de resoplidos ‖ *intr* resollar fuerte y repetidamente

snip [snɪp] *s* tijeretada; recorte *m*, pedacito; (coll) persona pequeña e insignificante ‖ *v* (*pret* & *pp* **snipped;** *ger* **snipping**) *tr* tijeretear

snipe [snaɪp] *s* agachadiza, becacín *m* ‖ *intr* paquear, tirar desde un escondite

sniper ['snaɪpər] *s* paco, tirador emboscado

snippet ['snɪpɪt] *s* recorte *m;* (coll) persona pequeña e insignificante

snip·py ['snɪpi] *adj* (*comp* **-pier;** *super* **-piest**) (coll) arrogante, desdeñoso; (coll) acre, brusco

snitch [snɪtʃ] *tr* & *intr* (slang) escamotear, ratear; manotear (Arg, Mex)

sniv·el ['snɪvəl] *s* gimoteo, lloriqueo; moqueo ‖ *v* (*pret* & *pp* **-eled** o **-elled;** *ger* **-eling** o **-elling**) *intr* gimotear, lloriquear; (*to have a runny nose*) moquear

snob [snɑb] *s* esnob *mf*

snobbery ['snɑbəri] *s* esnobismo

snobbish ['snɑbɪʃ] *adj* esnob, esnobista

snoop [snup] *s* buscavidas *mf*, curioso ‖ *intr* curiosear, ventear

snoopy ['snupi] *adj* curioso, entremetido

snoot [snut] *s* (slang) cara, narices *fpl*

snoot·y ['snuti] *adj* (*comp* **-ier;** *super* **-iest**) (slang) esnob

snooze [snuz] *s* (coll) sueñecito ‖ *intr* echar un sueñecito

snore [snor] *s* ronquido ‖ *intr* roncar

snort [snɔrt] *s* bufido ‖ *intr* bufar

snot [snɑt] *s* (slang) mocarro

snot·ty ['snɑti] *adj* (*comp* **-tier;** *super* **-tiest**) mocoso; asqueroso, sucio; (slang) engreído

snout [snaut] *s* hocico; (*something shaped like the snout of an animal*) morro; (*of a person*) (coll) hocico

snow [sno] *s* nieve *f* ‖ *intr* nevar

snow'ball' *s* bola de nieve ‖ *tr* lanzar bolas de nieve a ‖ *intr* aumentar rápidamente

snow'-blind' *adj* cegado por reflejos de la nieve

snow-capped ['sno,kæpt] *adj* coronado de nieve

snow'drift' *s* ventisquero, masa de nieve

snow'fall' *s* nevada

snow fence *s* valla paranieves

snow'flake' *s* copo de nieve, ampo

snow flurry *s* nevisca

snow job *s* (slang) decepción; engaño

snow line o **limit** *s* límite *m* de las nieves perpetuas

snow man *s* figura de nieve

snow'plow' *s* expulsanieves *m*, quitanieves *m*

snow'shoe' *s* raqueta de nieve

snow'storm' *s* nevasca, fuerte nevada

snow tire *s* llanta de invierno

snow'-white' *adj* blanco como la nieve

snow•y ['sno•i] *adj* (*comp* **-ier;** *super* **-iest**) nevoso

snowy owl *s* lechuza blanca

snub [snʌb] *s* desaire *m* ‖ *v* (*pret & pp* **snubbed;** *ger* **snubbing**) *tr* desairar

snub•by ['snʌbi] *adj* (*comp* **-bier;** *super* **-biest**) (*nose*) respingona

snuff [snʌf] *s* rapé; (*of a candlewick*) moco; **up to snuff** (slang) en buena condición; (slang) difícil de engañar ‖ *tr* husmear, olfatear; sorber por la nariz; despabilar (*una candela*); **to snuff out** apagar, extinguir

snuff'box' *s* tabaquera

snuffers ['snʌfərz] *spl* despabiladeras

snug [snʌg] *adj* (*comp* **snugger;** *super* **snuggest**) cómodo; (*garment*) ajustado, ceñido; (*well-off*) acomodado; (*in hiding*) escondido

snuggle ['snʌgəl] *intr* apretarse, arrimarse; dormir bien abrigado; **to snuggle up to** arrimarse a

so [so] *adv* así; tan + *adj* ǫ *adv*; por tanto; también; **and so** así pues; también, lo mismo; **and so on** y así sucesivamente; **or so** más o menos; **to think so** creer que sí; **so as to** + *inf* para + *inf*; **so far** hasta aquí; hasta ahora; **so long** hasta la vista; **so many** tantos; **so much** tanto; **so so** tal cual, así así; **so that** de modo que, de suerte que, así que; para que; con tal de que; **so to speak** por decirlo así ‖ *conj* as que ‖ *interj* ¡bien!; ¡verdad!

soak [sok] *s* mojada; (*toper*) (coll) potista *mf* ‖ *tr* empapar, remojar; embeber; (slang) aporrear; (slang) hacer pagar un precio exorbitante; **to soak up** absorber, embeber; (fig) entender; **soaked to the skin** calado hasta los huesos ‖ *intr* empaparse, remojarse

so'-and-so' *s* (*pl* **-sos**) fulano, fulano de tal; tal cosa

soap [sop] *s* jabón *m* ‖ *tr* jabonar

soap'box' *s* caja de jabón; tribuna callejera

soapbox orator *s* orador *m* de plazuela

soap bubble *s* burbuja de jabón, pompa de jabón

soap dish *s* jabonera

soap flakes *spl* copos de jabón

soap'mak'er *s* jabonero

soap opera *s* (coll) telenovela; serial lacrimógeno

soap powder *s* jabón *m* en polvo, polvo de jabón

soap'stone' *s* jaboncillo de sastre

soap'suds' *spl* jabonaduras

soap•y ['sopi] *adj* (*comp* **-ier;** *super* **-iest**) jabonoso

soar [sor] *intr* encumbrarse, subir muy alto, volar a gran altura; aspirar, pretender; (aer) planear

sob [sɑb] *s* sollozo ‖ *v* (*pret & pp* **sobbed;** *ger* **sobbing**) *tr* decir o expresar sollozando ‖ *intr* sollozar

sobbing *s* llorera

sober ['sobər] *adj* sobrio; no embriagado; grave, serio; cuerdo, sensato; sereno, tranquilo; (*color*) apagado ‖ *tr* poner sobrio; desemborrachar; **to sober up** desintoxicar ‖ *intr* volverse sobrio; desemborracharse; **to sober down** calmarse, sosegarse; **to sober up** desemborracharse

sobriety [so'braɪ•əti] *s* sobriedad, moderación; gravedad, seriedad; cordura, sensatez; serenidad

sobriquet ['sobrɪ,ke] *s* apodo

sob sister *s* (slang) periodista llorona

sob story *s* (slang) historia de lagrimitas

soc. o **Soc.** *abbr* **society**

so'-called' *adj* llamado, así llamado; supuesto

soccer ['sɑkər] *s* fútbol *m* asociación

sociable ['soʃəbəl] *adj* sociable

social ['soʃəl] *adj* social ‖ *s* reunión social

social climber ['klaɪmər] *s* ambicioso de figurar

socialism ['soʃə,lɪzəm] *s* socialismo

socialist ['soʃəlɪst] *s* socialista *mf*

socialite ['soʃə,laɪt] *s* (coll) personaje *m* de la buena sociedad

social register *s* guía *m* social, registro de la buena sociedad

socie•ty [sə'saɪ•əti] *s* (*pl* **-ties**) sociedad; (*companionship or company*) compañía; buena sociedad, mundo elegante

society editor *s* cronista *mf* de la vida social

sociology [,sosɪ'ɑlədʒi] o [,soʃɪ'ɑlədʒi] *s* sociología

sock [sɑk] *s* calcetín *m*; (slang) golpe *m* fuerte ‖ *tr* (slang) golpear con fuerza

socket ['sɑkɪt] *s* (*of the eyes*) cuenca; (*of a tooth*) alvéolo; (*of a candlestick*) cañón *m*; (*of a socket wrench*) cubo; (elec) portalámparas; (rad) zócalo

socket wrench *s* llave *f* de caja, llave de cubo

sod [sɑd] *s* césped *m*; terrón *m* de césped ‖ *v* (*pret & pp* **sodded;** *ger* **sodding**) *tr* encespedar

soda ['sodə] *s* soda, sosa; (*drink*) soda

soda fountain *s* fuente *f* de sodas

soda water *s* agua gaseosa
sodium ['sodɪ•əm] *adj* sódico, de sodio ‖ *s* sodio
sofa ['sofə] *s* sofá *m*
soft [sɔft] o [saft] *adj* blando, muelle; (*skin*) suave; (*iron*) dulce; (*hat*) flexible; (*solder*) tierno; (coll) fácil
soft-boiled egg ['sɔft'bɔɪld] o ['saft'bɔɪld] *s* huevo pasado por agua
soft coal *s* hulla grasa
soft drink *s* bebida no alcohólica, refresco
soften ['sɔfən] o ['safən] *tr* ablandar; **to soften up** (*by bombardment*) ablandar ‖ *intr* ablandarse
soft'-ped'al *tr* (mus) disminuir la intensidad de, por medio del pedal suave; (slang) moderar
soft soap *tr* jabón blando o graso; (coll) adulación
soft'-soap' *s* (coll) enjabonar, dar jabón a
soft'ware' *s* (*computer*) programa *m* (para ordenador), operaciones *fpl*
sog•gy ['sagi] *adj* (*comp* -**gier**; *super* -**giest**) remojado, ensopado
soil [sɔɪl] *s* suelo; país *m*, región; (*spot, stain*) mancha; (fig) mancha, deshonra ‖ *tr* manchar, ensuciar; manchar, deshonrar; viciar, corromper ‖ *intr* mancharse, ensuciarse
soil pipe *s* tubo de desagüe sanitario
soiree o **soirée** [swa'rc] *s* sarao, velada
sojourn ['sodʒʌrn] *s* estancia, permanencia ‖ ['sodʒʌrn] o [so'dʒʌrn] *intr* estarse, permanecer
soil. *abbr* **soluble, solution**
solace ['salɪs] *s* solaz *m*, consuelo ‖ *tr* solazar, consolar
solar ['solər] *adj* solar
solar battery *s* fotopila
solder ['sadər] *s* soldadura ‖ *tr* soldar
soldering iron *s* cautín *m*, soldador *m*
soldier ['soldʒər] *s* (*enlisted man as distinguished from an officer*) soldado; (*man in military service*) militar *m* ‖ *intr* servir como soldado
soldier of fortune *s* aventurero militar
soldier•y ['soldʒəri] *s* (*pl* -**ies**) soldadesca
sold out [sold] *adj* agotado; **the theater is sold out** todas las localidades están vendidas; **we are sold out of those neckties** se nos han agotado esas corbatas
sole [sol] *adj* solo, único; exclusivo ‖ *s* (*of foot*) planta; (*of shoe*) suela; (*fish*) lenguado ‖ *tr* solar
solely ['solli] *adv* solamente, únicamente
solemn ['saləm] *adj* solemne
solicit [sə'lɪsɪt] *tr* solicitar; intentar seducir
solicitor [sə'lɪsɪtər] *s* solicitador *m*, agente *m*; (law) procurador *m*
solicitous [sə'lɪsɪtəs] *adj* solícito
solicitude [sə'lɪsɪ‚tjud] o [sə'lɪsɪ‚tud] *s* solicitud
solid ['salɪd] *adj* sólido; unánime; (*sound, good*) sólido, macizo; (*e.g., clouds*) denso; (*without pause or interruption*) entero; (*e.g., gold*) puro ‖ *s* sólido
solidarity [‚salɪ'dɛrɪti] *s* solidaridad; **to declare one's solidarity with** solidarizar con

solid geometry *s* geometría del espacio
solidity [sə'lɪdɪti] *s* (*pl* -**ties**) solidez *f*
solid majority *s* mayoría cómoda
sol'id-state' *adj* transistorizado
solid-state physics *s* física del estado sólido
solid tire *s* (aut) macizo
solilo•quy [sə'lɪləkwi] *s* (*pl* -**quies**) soliloquio
solitaire ['salɪ‚ter] *s* (*game and diamond*) solitario; sortija solitario
solitar•y ['salɪ‚teri] *adj* solitario; **in solitary confinement** incomunicado ‖ *s* (*pl* -**ies**) solitario
solitary confinement *s* incomunicación, aislamiento penal
solitude ['salɪ‚tjud] o ['salɪ‚tud] *s* soledad
so•lo ['solo] *adj* (*instrument*) solista; a solas, hecho a solas ‖ *s* (*pl* -**los**) (mus) solo
soloist ['solo•ɪst] *s* solista *mf*
solstice ['salstɪs] *s* solsticio
solution [sə'luʃən] *s* solución
solve [salv] *tr* resolver, solucionar; adivinar (*un enigma*)
solvent ['salvənt] *adj* & *s* solvente *m*
somber ['sambər] *adj* sombrío
some [sʌm] *adj indef* algún; un poco de; unos; (coll) grande, bueno, famoso ‖ *pron indef pl* algunos, unos
some'bod'y *pron indef* alguien; **somebody else** algún otro, otra persona ‖ *s* (*pl* -**ies**) (coll) personaje *m*
some'day' *adv* algún día
some'how' *adv* de algún modo, de alguna manera; **somehow or other** de un modo u otro
some'one' *pron indef* alguien; **someone else** algún otro, otra persona
somersault ['sʌmər‚sɔlt] *s* salto mortal ‖ *intr* dar un salto mortal
something ['sʌmθɪŋ] *adv* algo, un poco; (coll) muy, excesivamente ‖ *pron indef* alguna cosa, algo; **something else** otra cosa
some'time' *adj* antiguo, de otro tiempo ‖ *adv* alguna vez; antiguamente
some'times' *adv* a veces, algunas veces
some'way' *adv* de algún modo
some'what' *adv* algo, un poco ‖ *s* alguna cosa, algo
some'where' *adv* en alguna parte, a alguna parte; en algún tiempo; **somewhere else** en otra parte, a otra parte
somnambulist [sam'næmbjəlɪst] *s* sonámbulo
somnolent ['samnələnt] *adj* soñoliento
son [sʌn] *s* hijo
song [sɔŋ] o [saŋ] *s* canción, canto; **for a song** muy barato; **to sing the same old song** volver a la misma canción
song'bird' *s* ave canora
Song of Songs *s* Cantar *m* de los Cantares
song writer *s* cantautor *m*
sonic ['sanɪk] *adj* sónico
sonic boom *s* (aer) estampido sónico
son'-in-law' *s* (*pl* **sons-in-law**) yerno, hijo político
sonnet ['sanɪt] *s* soneto

sn
so

sonneteer [,sɑnɪ'tɪr] s sonetista *mf;* poetastro ‖ *intr* sonetizar

son·ny ['sʌni] s (*pl* **-nies**) hijito

sonori·ty [sə'nɔrɪti] s (*pl* **-ties**) sonoridad

soon [sun] *adv* pronto, en breve; temprano; de buena gana; **as soon as** así que, en cuanto, luego que, tan pronto como; **as soon as possible** cuanto antes, lo más pronto posible; **had sooner** preferiría; **how soon?** ¿cuándo?; **soon after** poco después, poco después de; **sooner or later** tarde o temprano

soot [sʊt] o [sut] s hollín *m*

soothe [suð] *tr* aliviar, calmar, sosegar

soothsayer ['suθ,se·ər] s adivino

soot·y ['sʊti] o ['suti] *adv* (*comp* **-ier;** *super* **-iest**) holliniento, tiznado

sop [sɑp] s (*food soaked in milk, etc.*) sopa; regalo (*para acallar, apaciguar o sobornar*) ‖ *v* (*pret & pp* **sopped;** *ger* **sopping**) *tr* empapar, ensopar; **to sop up** absorber

sophisticated [sə'fɪstɪ,ketɪd] *adj* mundano, falto de simplicidad, corrido

sophomore ['sɑfə,mor] s estudiante *mf* de segundo año

sopping ['sɑpɪŋ] *adj* empapado; **sopping wet** hecho una sopa

sopran·o [sə'præno] o [sə'prɑno] *adj* de soprano; para soprano ‖ s (*pl* **-os**) soprano *mf*

sorcerer ['sɔrsərər] s brujo, hechicero

sorceress ['sɔrsərɪs] s bruja, hechicera

sorcer·y ['sɔrsəri] s (*pl* **-ies**) brujería, hechicería, sortilegio

sordid ['sɔrdɪd] *adj* sórdido

sore [sor] *adj* enrojecido, inflamado; (coll) resentido, picado; **to be sore at** (coll) estar enojado con ‖ s llaga, úlcera; pena, dolor *m*, aflicción; **to open an old sore** renovar la herida

sorely ['sorli] *adv* penosamente; con urgencia

sore throat s dolor *m* de garganta

sorori·ty [sə'rɔrɪti] s (*pl* **-ties**) hermandad de estudiantas

sorrel ['sɔrəl] *adj* alazán

sorrow ['sɔro] s dolor *m*, pena pesar *m;* arrepentimiento ‖ *intr* dolerse, apenarse, sentir pena; arrepentirse; **to sorrow for** añorar

sorrowful ['sɔrəfəl] *adj* doloroso, pesaroso, acongojado

sor·ry ['sɑri] o ['sɔri] *adj* (*comp* **-rier;** *super* **-riest**) afligido, apenado, pesaroso; arrepentido; malo, pésimo; despreciable, ridículo; **to be** o **feel sorry** sentir; arrepentirse; **to be** o **feel sorry for** compadecer; arrepentirse de; **I am sorry** lo siento, me sabe mal

sort [sɔrt] s clase *f*, especie *f;* modo, manera; **a sort of** uno a modo de; **out of sorts** de mal humor; **sort of** (coll) algo, en cierta medida ‖ *tr* clasificar, separar; escoger, entresacar

so'-so' *adj* mediano, regular, talcualillo ‖ *adv* así así, tal cual

sot [sɑt] s borracho

sotto voce ['sato 'votʃə] *adv* a sovoz, en voz baja

soubrette [su'brɛt] s (theat) confidenta de comedia; (theat) doncella coquetona

soul [sol] s alma; **upon my soul!** ¡por vida mía!

sound [saʊnd] *adj* sano: sólido, firme; solvente; sonoro; (*sleep*) profundo; prudente; legal, válido ‖ *adv* profundamente ‖ s sonido; ruido; (*passage of water*) estrecho, brazo de mar; (surg) sonda, tienta; **within sound of** al alcance de ‖ *tr* sonar; tocar (*p.ej., campanas*); tantear, sondear; auscultar (*p.ej., los pulmones*); entonar (*p.ej., alabanzas*) ‖ *intr* sonar, resonar; sondar; parecer; **to sound like** sonar a, sonar como

sound'-ab·sorb'ent *adj* fonoabsorbente

sound barrier s muro del sonido, barrera de sonido, barrera sónica

sound'-dead'en·ing *adj* fonoabsorbente

sound film s película sonora

soundly ['saʊndli] *adv* sanamente; profundamente; a fondo, completamente

sound'proof' *adj* antisonoro; insonorizado ‖ *tr* insonorizar

soundproofing ['saʊnd,prufɪŋ] s insonorización

soup [sup] s sopa

soup kitchen s comedor *m* de beneficencia, dispensario de alimentos

soup spoon s cuchara de sopa

sour [saʊr] *adj* agrio ‖ *tr* agriar ‖ *intr* agriarse

source [sors] s fuente *f*, manantial *m*

source material s fuentes *fpl* originales

sour cherry s (*tree*) guindo; (*fruit*) guinda

sour grapes *interj* ¡están verdes las uvas!

south [saʊθ] *adj* meridional, del sur ‖ *adv* al sur, hacia el sur ‖ s sur *m*, mediodía *m*

South America s Sudamérica, la América del Sur

South American *adj & s* sudamericano

southern ['sʌðərn] *adj* meridional

Southern Cross s Cruz *f* del Sur

southerner ['sʌðərnər] s meridional *mf;* sureño (Am)

South Korea s la Corea del Sur

South Korean *adj & s* surcoreano

south'paw' *adj & s* (slang in sport) zurdo

South Pole s polo sur, polo antártico

southward ['saʊθwərd] *adv* hacia el sur

south wind s austro, noto

souvenir [,suvə'nɪr] o ['suvə,nɪr] s recuerdo, memoria

sovereign ['sɑvrɪn] o ['sʌvrɪn] *adj* soberano ‖ s (*king; coin*) soberano; (*queen*) soberana

sovereign·ty ['sɑvrɪnti] o ['sʌvrɪnti] s (*pl* **-ties**) soberanía

soviet ['sovɪ,ɛt] o [,sovɪ'ɛt] *adj* soviético ‖ s soviet *m*

sovietize ['sovɪ·ɛ,taɪz] *tr* sovietizar

Soviet Russia s la Rusia Soviética

Soviet Union s Unión Soviética

sow [saʊ] s puerca ‖ [so] *v* (*pret* **sowed;** *pp* **sown** o **sowed**) *tr* sembrar; (*with mines*) plagar

soybean ['sɔɪ,bin] s soja; soya; semilla de soja

sp. *abbr* **special, species, specific, specimen, spelling**

spa [spɑ] *s* caldas, balneario

space [spes] *adj* espacial, del espacio ‖ *s* espacio; **in the space of** por espacio de ‖ *tr* espaciar

space bar *s* espaciador *m*, tecla de espacios

space'craft' *s* astronave *f*, cosmonave *f*

space flight *s* vuelo espacial

space key *s* llave *f* espacial

space•man ['spes,mæn] *s* (*pl* -men [,mɛn]) navegador *m* del espacio; astronauta *m*; visitante *m* a la Tierra del espacio exterior

space'ship' *s* nave *f* del espacio

space shuttle *s* transbordador *m* espacial

space station *s* apostadero espacial

space suit *s* escafandra espacial

space travel *s* cosmonavegación

space vehicle *s* vehículo espacial

spacious ['speʃəs] *adj* espacioso

spade [sped] *s* laya; (*playing card*) pique *m*; **to call a spade a spade** llamar al pan pan y al vino vino

spade'work' *s* trabajo preliminar

spaghetti [spə'gɛti] *s* espagueti *m*

Spain [spen] *s* España

span [spæn] *s* palmo, cuarta, llave *f* de la mano; espacio, lapso, trecho; (*of horses*) pareja; (*of a bridge*) ojo; (aer) envergadura ‖ *v* (*pret & pp* spanned; *ger* spanning) *tr* medir a palmos; atravesar, extenderse sobre

spangle ['spæŋgəl] *s* lentejuela ‖ *tr* adornar con lentejuelas; (*to stud with bright objects*) estrellar ‖ *intr* brillar

Spaniard ['spænjərd] *s* español *m*

spaniel ['spænjəl] *s* perro de aguas

Spanish ['spænɪʃ] *adj & s* español *m*; **the Spanish** los españoles

Spanish America *s* la América Española, Hispanoamérica

Spanish broom *s* retama

Spanish fly *s* abadejo, cantárida

Spanish Main *s* Costa Firme, Tierra Firme; mar *m* Caribe

Spanish moss *s* barba española

Spanish omelet *s* tortilla de tomate

Span'ish-speak'ing *adj* de habla española, hispanohablante, hispanoparlante

spank [spæŋk] *tr* azotar, zurrar

spanking ['spæŋkɪŋ] *adj* rápido; fuerte; (coll) muy grande, muy hermoso, extraordinario ‖ *s* azote *m*

spar *s* (mineral) espato; (naut) mástil *m*, palo, verga ‖ *v* (*pret & pp* sparred; *ger* sparring) *intr* pelear, reñir; boxear

spare [spɛr] *adj* sobrante; libre, disponible; de repuesto; delgado, enjuto, flaco; parco, sobrio ‖ *tr* pasar sin; perdonar; guardar, salvar; ahorrar; **to have . . . to spare** tener de sobra; **to spare oneself** ahorrarse esfuerzos

spare bed *s* cama de sobra

spare parts *spl* piezas de repuesto o de recambio

spare room *s* cuarto de reserva

sparing ['spɛrɪŋ] *adj* económico; (*scanty*) escaso

spark [spɑrk] *s* chispa; (*e.g., of truth*) centellita ‖ *tr* (coll) cortejar, galantear (*a una mujer*) ‖ *intr* chispear

spark coil *s* bobina de chispas, bobina de encendido

spark gap *s* (*of induction coil*) entrehierro; (*of spark plug*) espacio de chispa

sparkle ['spɑrkəl] *s* chispita, destello; (*wit*) travesura; alegría, viveza ‖ *intr* chispear; ser alegre; espumar, ser efervescente

sparkling ['spɑrklɪŋ] *adj* centelleante, chispeante; (*wine*) espumante, espumoso; (*water*) gaseoso

spark plug *s* bujía

sparrow ['spæro] *s* gorrión *m*

sparse [spɑrs] *adj* (*population*) poco denso; (*hair*) ralo

Spartan ['spɑrtən] *adj & s* espartano

spasm ['spæzəm] *s* espasmo; esfuerzo súbito y de breve duración

spasmodic ['spæz'mɑdɪk] *adj* espasmódico; intermitente; caprichoso

spastic ['spæstɪk] *adj* espástico

spat [spæt] *s* disputa, riña; botín *m*, polaina corta

spatial ['speʃəl] *adj* espacial

spatter ['spætər] *tr* salpicar; manchar ‖ *intr* chorrear; chapotear

spatula ['spætʃələ] *s* espátula

spavin ['spævɪn] *s* esparaván *m*

spawn [spɔn] *s* freza; prole *f*; producto, resultado ‖ *tr* engendrar ‖ *intr* desovar, frezar (*los peces*)

speak [spik] *v* (*pret* spoke [spok]; *pp* spoken) *tr* hablar (*un idioma*); decir (*la verdad*) ‖ *intr* hablar; **so to speak** por decirlo así; **speaking!** ¡al habla!; **to speak out** o **up** osar hablar, elevar la voz

speak'-eas'y *s* (*pl* -ies) (slang) taberna clandestina

speaker ['spikər] *s* hablante *mf*; orador *m*; (*of a legislative assembly*) presidente *m*; (rad) altavoz *m*

speaking ['spikɪŋ] *adj* hablante; **to be on speaking terms** hablarse ‖ *s* habla; elocuencia

speaking tube *s* tubo acústico

spear [spɪr] *s* lanza; (*for fishing*) arpón *m*; (*of grass*) hoja ‖ *tr* alancear, herir con lanza

spear'head' *s* punta de lanza ‖ *tr* dirigir, conducir; encabezar; dar impulso a

spear'mint' *s* menta verde, menta romana

spec. *abbr* special

special ['spɛʃəl] *adj* especial; **nothing special** (*no great thing*) nada del otro mundo ‖ *s* tren *m* especial

spe'cial•deliv'ery *adj* urgente, de urgencia

specialist ['spɛʃəlɪst] *s* especialista *mf*

speciali•ty [,spɛʃɪ'ælɪti] *s* (*pl* -ties) especialidad

specialize ['spɛʃə,laɪz] *tr* especializar ‖ *intr* especializar o especializarse

special•ty ['spɛʃəlti] *s* (*pl* -ties) especialidad

spe•cies ['spisiz] *s* (*pl* -cies) especie *f*

specific [spɪ'sɪfɪk] *adj & s* específico

speci•fy ['spɛsɪ,faɪ] *v* (*pret & pp* -fied) *tr* especificar

specimen [ˈspɛsɪmən] *s* espécimen *m;* (coll) tipo, sujeto

specious [ˈspiʃəs] *adj* especioso, engañoso

speck [spɛk] *s* mota, manchita ‖ *tr* motear, manchar, salpicar de manchas

speckle [ˈspɛkəl] *s* mota, punto ‖ *tr* motear, puntear

spectacle [ˈspɛktəkəl] *s* espectáculo; **spectacles** anteojos, gafas

spectator [ˈspɛktetər] *s* espectador *m*

specter [ˈspɛktər] *s* espectro

spec·trum [ˈspɛktrəm] *s* (*pl* **-tra** [trə] o **-trums**) espectro

speculate [ˈspɛkjə‚let] *intr* especular

speech [spitʃ] *s* habla; (*of an actor*) parlamento; (*talk before an audience*) conferencia, discurso

speech clinic *s* clínica de la palabra

speech correction *s* foniatría, logopedía

speech defect *s* defecto del habla

speechless [ˈspitʃlɪs] *adj* sin habla; estupefacto

speed [spid] *s* velocidad; (aut) marcha, velocidad; (slang) anfetaminas tomadas como alucinantes ‖ *v* (*pret & pp* **sped** [spɛd]) *tr* apresurar; despedir; ayudar ‖ *intr* apresurarse; adelantar, progresar; ir con exceso de velocidad

speeding [ˈspidɪŋ] *s* exceso de velocidad

speed king *s* as *m* del volante

speed limit *s* velocidad permitida

speedometer [spiˈdɑmɪtər] *s* (*to indicate speed*) velocímetro; velocímetro y cuentakilómetros unidos

speed record *s* marca de velocidad

speed·y [ˈspidi] *adj* (*comp* **-ier;** *super* **-iest**) rápido, veloz

spell [spɛl] *s* encanto, hechizo; tanda, turno; rato, poco tiempo; (*e.g., of good weather*) temporada; **to cast a spell on** encantar, hechizar ‖ *v* (*pret & pp* **spelled** o **spelt** [spɛlt]) *tr* deletrear; indicar, significar; **to spell out** (coll) explicar detalladamente ‖ *intr* deletrear ‖ *v* (*pret & pp* **spelled**) *tr* reemplazar, relevar

spell'bind'er *s* (coll) orador *m* fascinante, orador persuasivo

spelling [ˈspɛlɪŋ] *adj* ortográfico ‖ *s* (*act*) deletreo; (*subject or study*) ortografía; (*way a word is spelled*) grafía

spelunker [spɪˈlʌŋkər] *s* espeleólogo de afición

spend [spɛnd] *v* (*pret & pp* **spent** [spɛnt]) *tr* gastar; pasar (*una hora, un día, etc.*)

spender [ˈspɛndər] *s* gastador *m*

spending money *s* dinero para gastos menudos

spend'thrift' *s* derrochador *m*, pródigo

sperm [spʌrm] *s* esperma; (coll) leche *f*

sperm whale *s* cachalote *m*

spew [spju] *tr & intr* vomitar

sp. gr. *abbr* **specific gravity**

sphere [sfɪr] *s* esfera; astro, cuerpo celeste

spherical [ˈsfɛrɪkəl] *adj* esférico

sphinx [sfɪŋks] *s* (*pl* **sphinxes** o **sphinges** [ˈsfɪndʒiz]) esfinge *f*

spice [spaɪs] *s* especia; (*zest, piquancy*) sainete *m;* fragancia ‖ *tr* especiar; dar gusto o picante a

spice box *s* especiero

spick-and-span [ˈspɪkəndˈspæn] *adj* flamante; limpio, pulcro

spic·y [ˈspaɪsi] *adj* (*comp* **-ier;** *super* **-iest**) especiado; picante; aromático; enchiloso (CAm, Mex); sicalíptico

spider [ˈspaɪdər] *s* araña

spider web *s* tela de araña, telaraña

spiff·y [ˈspɪfi] *adj* (*comp* **-ier;** *super* **-iest**) (slang) guapo, elegante

spigot [ˈspɪgət] *s* grifo; (*plug to stop a vent*) espiche *m*

spike [spaɪk] *s* (*long, heavy nail*) estaca, escarpia; (*sharp projection or part*) punta, pico, púa; (bot) espiga ‖ *tr* empernar; acabar, poner fin a

spill [spɪl] *s* derrame *m;* líquido derramado; (coll) caída, vuelco ‖ *v* (*pret & pp* **spilled** o **spilt** [spɪlt]) *tr* derramar, verter; (coll) hacer caer, volcar ‖ *intr* derramarse, verterse; (coll) caer, volcarse

spill'way' *s* bocacaz *m*, canal *m* de desagüe

spin [spɪn] *s* vuelta, giro muy rápido; (coll) paseo en coche, etc.; **to go into a spin** (aer) entrar en barrena ‖ *v* (*pret & pp* **spun** [spʌn]; *ger* **spinning**) *tr* hacer girar; hilar (*p.ej., lino*); bailar (*un trompo*); **to spin off** (*derivative*) rendir; **to spin out** extender, prolongar; **to spin yarns** contar cuentos increíbles ‖ *intr* dar vueltas, girar; hilar; bailar (*un trompo*); (aer) entrar en barrena

spinach [ˈspɪnɪtʃ] o [ˈspɪnɪdʒ] *s* espinaca; (*leaves used as food*) espinacas

spinal [ˈspaɪnəl] *adj* espinal

spinal column *s* espina dorsal, columna vertebral

spinal cord *s* médula espinal

spinal disk *s* disco vertebral

spindle [ˈspɪndəl] *s* (*rounded rod tapering toward each end*) huso; (*small shaft, axle*) eje *m;* (*turned ornament in a baluster*) mazorca

spine [spaɪn] *s* espina, púa; (*rib, ridge*) cordoncillo; loma, cerro; (anat) espina; (bb) lomo; (fig) ánimo, valor *m*

spineless [ˈspaɪnlɪs] *adj* sin espinas, sin espinazo; sin firmeza de carácter

spinet [ˈspɪnɪt] *s* espineta

spinner [ˈspɪnər] *s* hilandero; máquina de hilar

spinning [ˈspɪnɪŋ] *adj* hilador ‖ *s* (*act*) hila; (*art*) hilandería

spinning wheel *s* torno de hilar

spin'-off' *s* derivado; subproducto

spinster [ˈspɪnstər] *s* (*obs or offensive*) solterona

spi·ral [ˈspaɪrəl] *adj & s* espiral *f* ‖ *v* (*pret & pp* **-raled** o **-ralled;** *ger* **-raling** o **-ralling**) *intr* dar vueltas como una espiral; (aer) volar en espiral

spiral staircase *s* escalera de caracol

spire [spaɪr] *s* cima, ápice *m;* (*of a steeple*) aguja, chapitel *m;* (*e.g., of grass*) tallo

spirit ['spɪrɪt] s espíritu m; humor m, temple m; personaje m; licur m ‖ tr—**to spirit away** llevarse misteriosamente
spirited ['spɪrɪtɪd] adj fogoso, espiritoso
spirit lamp s lámpara de alcohol
spiritless ['spɪrɪtlɪs] adj apocado, tímido, sin ánimo
spirit level s nivel m de burbuja
spiritual ['spɪrɪtʃʊ•əl] adj espiritual
spiritualism ['spɪrɪtʃʊə,lɪzəm] s espiritismo; (belief that all reality is spiritual) espiritualismo
spirituous liquors ['spɪrɪtʃʊ•əs] spl licores espirituosos
spit [spɪt] s esputo, saliva; (for roasting) asador m, espetón m; punta o lengua de tierra; **the spit and image of** la segunda edición de, el retrato de ‖ v (pret & pp **spat** [spæt] o **spit**; ger **spitting**) tr escupir ‖ intr escupir; lloviznar; neviscar; fufar (el gato)
spite [spaɪt] s despecho, rencor m, inquina; **in spite of** a pesar de, a despecho de; **out of spite** por despecho ‖ tr despechar, molestar, picar
spiteful ['spaɪtfəl] adj despechado, rencoroso
spit'fire' s fierabrás m; mujer f de mal genio
spittoon [spɪ'tun] s escupidera
splash [splæʃ] s rociada, salpicadura; (e.g., with the hands) chapaleo, chapoteo; **to make a splash** (coll) hacer impresión, llamar la atención, causar furor ‖ tr & intr salpicar; chapotear
splash'down' s acuatizaje m
spleen [splin] s mal humor m; (anat) bazo; **to vent one's spleen** descargar la bilis
splendid ['splɛndɪd] adj espléndido; (coll) magnífico, maravilloso
splendor ['splɛndər] s esplendor m
splice [splaɪs] s empalme m, junta ‖ tr empalmar, juntar
splint [splɪnt] s (splinter) astilla, tablilla; (surg) tablilla ‖ tr entablillar (un hueso roto)
splinter ['splɪntər] s astilla; (of stone, glass, bone) esquirla ‖ tr astillar ‖ intr astillarse, hacerse astillas
splinter group s grupúsculo; grupo disidente
split [splɪt] adj hendido, partido; dividido ‖ s división, fractura; (slang) porción ‖ v (pret & pp **split**; ger **splitting**) tr dividir, partir; **to split one's sides with laughter** desternillarse de risa ‖ intr dividirse a lo largo; **to split away (from)** separarse (de)
split fee s dicotomía (entre médicos)
split personality s personalidad desdoblada
splitting ['splɪtɪŋ] adj partidor; fuerte, violento; (headache) enloquecedor
splotch [splatʃ] s borrón m, mancha grande ‖ tr salpicar, manchar
splurge [splʌrdʒ] s (coll) fachenda, ostentación ‖ intr (coll) fachendear
splutter ['splʌtər] s chisporroteo; (manner of speaking) farfulla ‖ tr farfullar ‖ intr chisporrotear; farfullar
spoil [spɔɪl] s botín m, presa; **spoils** (taken from an enemy) botín, despojos; (of political victory) enchufes mpl ‖ v (pret & pp

spoiled o **spoilt** [spɔɪlt]) tr echar a perder, estropear; mimar (a un niño); amargar (una tertulia) ‖ intr echarse a perder
spoiled [spɔɪld] adj (child) consentido, mimado; (food) pasado, podrido
spoils•man ['spɔɪlzmən] s (pl -men [mən]) enchufista m
spoils system s enchufismo
spoke [spok] s (of a wheel) radio, rayo; (of a ladder) escalón m
spokes•man ['spoksmən] s (pl -men [mən]) o **spokesperson** s portavoz m, vocero
sponge [spʌndʒ] s esponja; **to throw in (o up) the sponge** (coll) tirar la esponja ‖ tr limpiar con esponja; borrar; absorber ‖ intr ser absorbente; **to sponge on** (coll) vivir a costa de
sponge cake s bizcocho muy ligero
sponger ['spʌndʒər] s esponja (gorrón, parásito); bolsero (SAm)
sponge rubber s caucho esponjoso
spon•gy ['spʌndʒi] adj (comp -gier; super -giest) esponjoso
sponsor ['spansər] s patrocinador m; (godfather) padrino; (godmother) madrina ‖ tr patrocinar
sponsorship ['spansər, ʃɪp] s patrocinio
spontaneous [span'teni•əs] adj espontáneo
spoof [spuf] s (slang) mistificación, engaño; (slang) broma ‖ tr (slang) mistificar, engañar ‖ intr (slang) bromear, burlar; (slang) parodiar
spook [spuk] s aparecido, espectro
spook•y ['spuki] adj (comp -ier; super -iest) espectral, espeluznante; (horse) asustadizo
spool [spul] s carrete m, bobina
spoon [spun] s cuchara ‖ tr cucharear ‖ intr (slang) besuquearse (los enamorados)
spoonful ['spun,ful] s cucharada
spoon•y ['spuni] adj (comp -ier; super -iest) (coll) baboso, sobón
sporadic(al) [spə'rædɪk(əl)] adj esporádico
spore [spor] s espora
sport [sport] adj deportivo, de deporte ‖ s deporte m; deportista mf; (person or thing controlled by some power or passion) juguete m; (laughingstock) hazmerreír m; (gambler) (coll) tahur m, jugador m; (in gambling or playing games) (coll) buen perdedor; (flashy fellow) (coll) guapo, majo; (biol) mutación; **to make sport of** burlarse de, reírse de ‖ tr (coll) lucir (p.ej., un traje nuevo) ‖ intr divertirse; estar de burla; juguetear
sport clothes spl trajes mpl de sport
sport fan s aficionado al deporte, deportista mf
sporting chance s riesgo de buen perdedor
sporting goods spl artículos de deporte
sporting house s casa de juego; casa de rameras
sports'cast'er s locutor deportivo
sports•man ['sportsmən] s (pl -men [mən]) deportista m; jugador honrado
sports news s noticiario deportivo
sports'wear' s trajes deportivos
sports writer s cronista deportivo

sp
sp

sport·y [ˈsportɪ] *adj* (*comp* **-ier;** *super* **-iest**) elegante, guapo; alegre, brillante; magnánimo; disipado, libertino

spot [spɑt] *s* mancha; sitio, lugar *m;* (coll) poquito; **on the spot** allí mismo; al punto; (slang) en dificultad; (slang) en peligro de muerte; **to hit the spot** tener razón; dar completa satisfacción ‖ *v* (*pret & pp* **spotted;** *ger* **spotting**) *tr* manchar; descubrir, reconocer ‖ *intr* mancharse, tener manchas

spot cash *s* dinero contante

spot check *s* verificación a la ventura

spotless [ˈspɑtlɪs] *adj* inmaculado, sin manchas

spot'light' *s* proyector *m* orientable; luz concentrada; (aut) faro piloto, faro giratorio; (fig) atención del público

spot remover [rɪˈmuvər] *s* (*person*) quitamanchas *mf;* (*material*) quitamanchas *m*

spot welding *s* soldadura por puntos

spouse [spauz] o [spaus] *s* cónyuge *mf*, consorte *mf*

spout [spaut] *s* (*to carry off water from roof*) canalón *m;* (*of a jar, pitcher, etc.*) pico; (*of a sprinkling can*) rallo, roseta; (*jet*) chorro; **up the spout** (slang) acabado, arruinado ‖ *tr* echar en chorro; (coll) declamar ‖ *intr* chorrear; (coll) declamar

sprain [spren] *s* torcedura, esguince *m* ‖ *tr* torcer, torcerse

sprawl [sprɔl] *intr* arrellanarse

spray [spre] *s* rociada; (*of the sea*) espuma; (*device*) pulverizador *m;* (*twig*) ramita ‖ *tr & intr* rociar

sprayer [ˈspre·ər] *s* rociador *m*, pulverizador *m*, vaporizador *m*

spread [sprɛd] *s* extensión; amplitud, anchura; difusión; diferencia; cubrecama, sobrecama; mantel *m*, tapete *m;* (*of the wings of a bird; of the wings of an airplane*) envergadura; (coll) festín *m*, comilona ‖ *v* (*pret & pp* **spread**) *tr* extender; difundir, propagar; esparcir; escalonar; abrir, separar; poner (*la mesa*) ‖ *intr* extenderse; difundirse; esparcirse; abrirse, separarse

spree [spri] *s* juerga, parranda; borrachera; **to go on a spree** ir de juerga; pillar una mona

sprig [sprɪg] *s* ramita

spright·ly [ˈspraɪtlɪ] *adj* (*comp* **-lier;** *super* **-liest**) alegre, animado, vivo

spring [sprɪŋ] *adj* primaveral; de manantial; de muelle, de resorte ‖ *s* (*season of the year*) primavera; (*issue of water from earth*) fuente *f*, manantial *m;* (*elastic device*) muelle *m*, resorte *m;* (*of an automobile or wagon*) ballesta; (*leap, jump*) brinco, salto; abertura, grieta; tensión, tirantez *f* ‖ *v* (*pret* **sprang** [spræŋ] o **sprung** [sprʌŋ];* *pp* **sprung**) *tr* soltar (*un muelle o resorte*); torcer, combar, encorvar; hacer saltar (*una trampa, una mina*) ‖ *intr* saltar; saltar de golpe; brotar, nacer, proceder; torcerse, combarse, encorvarse; **to spring at** abalanzarse sobre; **to spring forth** precipitarse; brotar; **to spring up** levantarse de un salto; brotar, nacer; presentarse a la vista

spring'board' *s* trampolín *m*

spring chicken *s* polluelo; (*young person*) (coll) pollita

spring fever *s* (hum) ataque *m* primaveral, galbana

spring mattress *s* colchón *m* de muelles, somier *m*

spring'time' *s* primavera

sprinkle [ˈsprɪŋkəl] *s* rociada; llovizna; pizca ‖ *tr* regar, rociar; salpicar, sembrar; espolvorear (*p.ej., azúcar*) ‖ *intr* rociar; lloviznar, gotear

sprinkling can *s* regadera, rociadera

sprint [sprɪnt] *s* (sport) embalaje *m* ‖ *intr* (sport) embalarse, lanzarse

sprite [spraɪt] *s* duende *m*, trasgo

sprocket [ˈsprɑkɪt] *s* diente *m* de rueda de cadena; rueda de cadena

sprout [spraut] *s* brote *m*, renuevo, retoño ‖ *intr* brotar, germinar, echar renuevos; crecer rápidamente

spruce [sprus] *adj* apuesto, elegante, garboso ‖ *s* abeto del Norte, abeto falso, pícea ‖ *tr* ataviar, componer ‖ *intr* ataviarse, componerse; **to spruce up** emperifollarse

spry [spraɪ] *adj* (*comp* **spryer** o **sprier;** *super* **spryest** o **spriest**) activo, ágil

spud [spʌd] *s* (*chisel*) escoplo; (agr) escoda; (coll) patata

spun glass [spʌn] *s* vidrio hilado, cristal hilado

spunk [spʌŋk] *s* (coll) ánimo, coraje *m*, corazón *m*, valor *m*

spun silk *s* seda cardada o hilada

spur [spʌr] *s* espuela; (*central point of an auger*) gusanillo; (*of a cock, mountain, warship*) espolón *m;* (rr) ramal corto; (*goad, stimulus*) (fig) espuela; **on the spur of the moment** impulsivamente, sin la reflexión debida ‖ *v* (*pret & pp* **spurred;** *ger* **spurring**) *ir* espolear; espuelar (SAm); **to spur on** espolear, aguijonear

spurious [ˈspjurɪ·əs] *adj* espurio

spurn [spʌrn] *s* desdén *m*, menosprecio ‖ *tr* desdeñar, menospreciar; rechazar con desdén

spurt [spʌrt] *s* chorro repentino; esfuerzo repentino; arranque *m* ‖ *intr* salir en chorro, salir a borbotones

sputnik [ˈspʌtnɪk] *s* sputnik *m;* satélite *m* artificial

sputter [ˈspʌtər] *s* (*manner of speaking*) farfulla; (*sizzling*) chisporroteo ‖ *tr* farfullar ‖ *intr* farfullar; chisporrotear

spy [spaɪ] *s* (*pl* **spies**) espía *mf* ‖ *v* (*pret & pp* **spied**) *tr* columbrar, divisar ‖ *intr* espiar; **to spy on** espiar

spy'glass' *s* catalejo, anteojo

spy satellite *s* satélite *m* espía

sq. *abbr* **square**

squabble [ˈskwɑbəl] *s* reyerta, riña ‖ *intr* reñir, disputar

squad [skwɑd] *s* escuadra

squadron [ˈskwɑdrən] *s* (aer) escuadrilla; (*of cavalry*) (mil) escuadrón *m;* (nav) escuadra

squalid [ˈskwɑlɪd] *adj* escuálido

squall [skwɔl] s grupada, turbión m; (*quarrel*) (coll) riña; (*upset, commotion*) (coll) chubasco

squalor [´skwɑlər] s escualidez f

squander [´skwɑndər] tr despilfarrar, malgastar

square [skwɛr] adj cuadrado, p.ej., **eight square inches** ocho pulgadas cuadradas; en cuadro, de lado, p.ej., **eight inches square** ocho pulgadas en cuadro, ocho pulgadas de lado; rectangular; justo, recto; honrado, leal; saldado; fuerte, sólido; (coll) abundante, completo; **to get square with** (coll) hacérselas pagar a ‖ adv en cuadro; en ángulo recto; honradamente, lealmente ‖ s cuadrado; (*of checkerboard or chessboard*) casilla, escaque m; (*city block*) manzana; (*open area in town or city*) plaza; (*carpenter's tool*) escuadra; **to be on the square** (coll) obrar de buena fe ‖ tr cuadrar; dividir en cuadros; ajustar, nivelar, conformar; saldar (*una cuenta*), (carp) escuadrar ‖ intr cuadrarse; **to square off** (coll) colocarse en posición de defensa

square dance s danza de figuras

square deal s (coll) trato equitativo

square meal s (coll) comida abundante

square shooter [´/utər] s (coll) persona leal y honrada

squash [skwɑ/] s aplastamiento; (bot) calabaza; (sport) frontón m con raqueta; ‖ tr aplastar, despachurrar; confutar (*un argumento*); acallar con un argumento, respuesta, etc. ‖ intr aplastarse

squash·y [´skwɑ/i] adj (comp **-ier**; super **-iest**) mojado y blando; (*muddy*) lodoso; (*fruit*) modorro

squat [skwɑt] adj en cuclillas; rechoncho ‖ v (*pret & pp* **squatted**; *ger* **squatting**) intr acuclillarse, agacharse; sentarse en el suelo; establecerse en terreno ajeno sin derecho; establecerse en terreno público para crear un derecho

squatter [´skwɑtər] s advenedizo, intruso, colono usurpador

squaw [skwɔ] s india norteamericana; mujer, esposa, muchacha

squawk [skwɔk] s graznido, (slang) queja chillona ‖ intr graznar; (slang) quejarse chillando

squaw man s blanco casado con india

squeak [skwik] s chillido; chirrido ‖ intr dar chillidos; chirriar

squeal [skwil] s chillido ‖ intr dar chillidos; (slang) delatar, soplar; **to squeal on** (slang) delatar, soplar (*a una persona*)

squealer [´skwilər] s (coll) soplón m

squeamish [´skwimɪ/] adj escrupuloso, remilgado; excesivamente modesto; (*easily nauseated*) asqueroso

squeeze [skwiz] s apretón m; **to put the squeeze on someone** (coll) hacer a uno la forzosa, meter en prensa a uno ‖ tr apretar; agobiar, oprimir; exprimir ‖ intr apretar; **to squeeze through** abrirse paso a estrujones por entre; salir de un aprieto a duras penas

squeezer [´skwizər] s exprimidera

squelch [skwɛlt/] s (coll) tapaboca ‖ tr apabullar, despachurrar

squid [skwɪd] s calamar m

squint [skwɪnt] s mirada bizca; mirada furtiva; (*strabismus*) bizquera ‖ tr achicar, entornar (*los ojos*) ‖ intr bizquear; torcer la vista; tener los ojos medio cerrados

squint-eyed [´skwɪnt,aɪd] adj bisojo, bizco; malévolo, sospechoso

squire [skwaɪr] s acompañante m (*de una señora*); (Brit) terrateniente m de antigua heredad; (U.S.A.) juez m de paz, juez local ‖ tr acompañar (*a una señora*)

squirm [skwʌrm] s retorcimiento ‖ intr retorcerse; **to squirm out of** escaparse de (*p.ej., un aprieto*) haciendo mucho esfuerzo

squirrel [´skwʌrəl] s ardilla

squirt [skwʌrt] s chorro; jeringazo; (coll) mono, presuntuoso ‖ tr arrojar a chorros ‖ intr salir a chorros

Sr. abbr **senior, Sir**

S.S. abbr **Secretary of State, steamship, Sunday school**

St. abbr **Saint, Strait, Street**

stab [stæb] s puñalada; (coll) tentativa; **to make a stab at** (slang) esforzarse por hacer ‖ v (*pret & pp* **stabbed**; *ger* **stabbing**) tr apuñalar; traspasar ‖ intr apuñalar

stab in the back s puñalada trapera

stable [´stebəl] adj estable ‖ s establo, cuadra, caballeriza

stack [stæk] s montón m, pila; (*of rifles*) pabellón m; (*of books in a library*) estantería, depósito; (*of a chimney*) cañón m; (*of straw*) niara; (*of firewood*) hacina; (coll) montón m, gran número ‖ tr amontonar, apilar; florear (*el naipe*); hacinar (*leña*)

stadi·um [´stedɪəm] s (pl **-ums** o **-a** [ə]) estadio

staff [stæf] s bastón m, apoyo, sostén m; personal m; (mil) estado mayor; (mus) pentagrama m ‖ tr dotar, proveer de personal, nombrar personal para

stag [stæg] adj exclusivo para hombres, de hombres solos ‖ s (*male deer*) ciervo; varón m; varón solo (*no acompañado de mujeres*)

stage [stedʒ] s escena; etapa, jornada; (*coach*) diligencia; (*scene of an event*) teatro; (*of a microscope*) portaobjeto; (rad) etapa; **by easy stages** a pequeñas etapas; lentamente; **to go on the stage** hacerse actor ‖ tr poner en escena, representar; preparar, organizar

stage·coach' s diligencia

stage'craft' s arte f teatral

stage door s (theat) entrada de los artistas

stage fright s trac m, miedo al público

stage·hand' s tramoyista m, metemuertos m, metesillas m

stage manager s director m de escena

stage'-struck' adj loco por el teatro

stage whisper s susurro en voz alta

stagger [´stægər] tr sorprender; asustar; escalonar (*las horas de trabajo*) ‖ intr tambalear, hacer eses al andar

staggering adj tambaleante; sorprendente

sp
st

stagnant ['stægnənt] *adj* estancado; (fig) estancado, inactivo, paralizado

staid [sted] *adj* grave, serio, formal

stain [sten] *s* mancha; tinte *m*, tintura; materia colorante || *tr* manchar; teñir; colorar || *intr* mancharse; hacer manchas

stained glass *s* vidrio de color

stained'glass' window *s* vidriera de colores, vidriera pintada, vitral *m*

stainless ['stenlɪs] *adj* inmanchable; (*steel*) inoxidable; inmaculado

stair [stɛr] *s* escalera; (*step of a series*) escalón *m;* **stairs** escalera

stair'case' *s* escalera

stair'way' *s* escalera

stair well *s* hueco de escalera

stake [stek] *s* estaca; (*of a cart or truck*) telero; (*to hold up a plant*) rodrigón *m;* (*in gambling*) puesta; premio del vencedor; **at stake** en juego; en gran peligro; **to die at the stake** morir en la hoguera; **to pull up stakes** (coll) irse; (coll) mudarse de casa || *tr* estacar; atar a una estaca; rodrigar (*plantas*); apostar; arriesgar, aventurar; **to stake all** jugarse el todo por el todo; **to stake off** o **to stake out** estacar, señalar con estacas

stale [stel] *adj* añejo, rancio, viejo; (*air*) viciado; (*joke*) mohoso; anticuado

stale'mate' *s* mate ahogado; **to reach a stalemate** llegar a un punto muerto || *tr* dar mate ahogado a; estancar, paralizar

stalk [stɔk] *s* tallo || *tr* cazar al acecho; acechar, espiar || *intr* cazar al acecho; andar con paso majestuoso; andar con paso altivo; **to stalk out** salir con paso airado

stall [stɔl] *s* cuadra, establo; pesebre *m;* (*booth in a market*) puesto; (*at a fair*) caseta; (Brit) butaca; (slang) pretexto || *tr* encerrar en un establo; poner trabas a; parar (*un motor*); **to stall off** (coll) eludir, evitar || *intr* atascarse, atollarse; pararse (*un motor*); (slang) eludir para engañar o demorar; **to stall for time** (slang) tardar para ganar tiempo

stallion ['stæljən] *s* caballo padre, caballo semental

stalwart ['stɔlwərt] *adj* fornido, forzudo; valiente; leal, constante || *s* persona fornida; partidario leal

stamen ['stemən] *s* estambre *m*

stamina ['stæmɪnə] *s* fuerza, nervio, vigor *m*, resistencia

stammer ['stæmər] *s* balbuceo, tartamudeo || *tr* balbucear (*p.ej., excusas*) || *intr* balbucear, tartamudear

stamp [stæmp] *s* (*device used for making an impression; mark made with it; piece of paper or mark used to show payment of postage*) sello; (*tool used for crushing or marking*) pisón *m;* (*tool for stamping coins and medals*) cuño, troquel *m;* marca, impresión; clase *f*, tipo || *tr* sellar; troquelar; estampar, imprimir; hollar, pisotear; indicar, señalar; poner el sello a; bocartear (*el mineral*); **to stamp out** apagar pateando;

extinguir por la fuerza; suprimir; **to stamp the feet** dar patadas || *intr* patalear

stampede [stæm'pid] *s* fuga precipitada; estampida (Am) || *tr* hacer huir en desorden; provocar a pánico || *intr* huir en tropel; obrar por común impulso

stamping grounds *spl* (slang) guarida (*sitio frecuentado por una persona*)

stamp pad *s* tampón *m*

stamp'-vend'ing machine *s* máquina expendedora de sellos

stance [stæns] *s* (sport) postura, planta

stanch [stantʃ] *adj* firme, fuerte; constante, leal; (*watertight*) estanco || *tr* estancar; retañar (*la sangre de una herida*)

stand [stænd] *s* parada; alto para defenderse; postura, posición; resistencia; estrado, tribuna; sostén *m* soporte *m*, pie *m;* puesto; quiosco || *v* (*pret & pp* **stood** [stʊd]) *tr* poner, colocar; poner derecho; soportar, tolerar, resistir; (coll) aguantar (*a una persona*); (coll) sufragar (*un gasto*); **to stand off** tener a raya; **to stand one's ground** mantenerse firme || *intr* estar, estar situado; estar parado; estacionarse; estar de pie, estar derecho; ponerse de pie, levantarse; resultar; persistir; mantenerse; **to stand aloof, apart** o **aside** mantenerse apartado; **to stand back of** respaldar; **to stand for** significar, representar; apoyar, defender; apadrinar; mantener (*p.ej., una opinión*); presentarse como candidato de; navegar hacia; (coll) tolerar; **to stand in line** hacer cola; **to stand out** sobresalir; destacarse, resaltar; **to stand up** ponerse de pie, levantarse; durar; **to stand up to** hacer; resueltamente frente a

standard ['stændərd] *adj* normal; (*typewriter keyboard*) universal; corriente, regular; legal; clásico || *s* patrón *m;* norma, regla establecida; bandera, estandarte *m;* emblema *m*, símbolo; soporte *m*, pilar *m*

standardize ['stændər,daɪz] *tr* normalizar, estandardizar

standard of living *s* nivel *m* de vida

standard time *s* hora legal, hora oficial

standee [stæn'di] *s* (coll) espectador *m* que asiste de pie; (coll) pasajero de pie

stand'-in' *s* (theat & mov) doble *mf;* (coll) buenas aldabas

standing ['stændɪŋ] *adj* derecho, en pie; de pie; parado, inmóvil; (*water*) encharcado, estancado; (*army; committee*) permanente; vigente || *s* condición, posición; reputación; parada; **in good standing** en posición acreditada; **of long standing** de mucho tiempo, de antigua fecha

standing army *s* ejército permanente

standing room *s* sitio para estar de pie

stand-offishness [,stænd'ɔfɪʃnɪs] *s* desarrimo

stand'point' *s* punto de vista

stand'still' *s* detención, parada; alto; descanso, inactividad; **to come to a standstill** cesar, pararse

stanza ['stænzə] *s* estancia, estrofa

staple ['stepəl] *adj* primero, principal; corriente, establecido || *s* (*to fasten papers*)

grapa; artículo o producto de primera necesidad; materia prima; fibra textil ‖ *tr* sujetar
con grapas

stapler ['steplər] *s* engrapador *m*, cosepa-
peles *m*

star [star] *s* (*heavenly body*) astro; (*heavenly
body except sun and moon; figure that
represents a star*) estrella; (*of football*) as *m*; (typ) estrella o
asterisco; (*fate, destiny*) (fig) estrella; **to
see stars** (coll) ver las estrellas; **to thank
one's lucky stars** estar agradecido por su
buena suerte ‖ *v* (*pret & pp* **starred;** *ger*
starring) *tr* estrellar, adornar o señalar con
estrellas; marcar con asterisco; presentar
como estrella (*a un actor*) ‖ *intr* ser la
estrella; lucirse; sobresalir

starboard ['starbərd] o ['star,bord] *adj* de
estribor ‖ *adv* a estribor ‖ *s* estribor *m*

starch [starʃ] *s* almidón *m*, fécula; arrogancia, entono; (slang) fuerza, vigor *m* ‖ *tr*
almidonar

stare [stɛr] *s* mirada fija ‖ *intr* mirar fija-
mente; **to stare at** clavar la vista en mirar
con fijeza

star'fish' *s* estrella de mar, estrellamar *m*

star'gaze' *intr* mirar las estrellas; ser distraído, soñar despierto

stark [stark] *adj* cabal, completo, puro; rígido, tieso, duro, severo ‖ *adv* completamente, enteramente; rígidamente, severamente

stark'-na'ked *adj* en pelota, en cueros

star'light' *s* luz *f* de las estrellas

starling ['starlɪŋ] *s* estornino

Star'-Span'gled Banner *s* bandera estrellada
(*bandera de los EE.UU.*)

start [start] *s* comienzo, principio; salida,
partida; lugar *m* de partida; (*scare*) sobresalto; (*sudden start*) arranque *m;* (*advantage*) ventaja ‖ *tr* empezar, principiar;
poner en marcha; hacer arrancar; dar la
señal de partida a; entablar (*una conversación*); levantar (*la caza*) ‖ *intr* empezar,
principiar; ponerse en marcha; arrancar; (*to
be startled*) sobresaltar; nacer, provenir;
starting from o **with** a partir de; **to start
after** salir en busca de

starter ['startər] *s* iniciador *m;* (*of a series*)
primero; (aut) arranque *m*, motor *m* de
arranque; (sport) juez *m* de salida

starting ['startɪŋ] *adj* de salida; de arranque
‖ *s* puesta en marcha

starting crank *s* manivela de arranque

starting point *s* punto de partida, arrancadero

startle ['startəl] *tr* asustar, sorprender, sobrecoger ‖ *intr* asustarse, sorprenderse sobrecogerse

startling ['startlɪŋ] *adj* alarmante, asombroso

starvation [star'veʃən] *s* hambre *f*, inanición

starvation diet *s* régimen *m* de hambre, cura
de hambre

starvation wages *spl* salario de hambre

starve [starv] *tr* hambrear; hacer morir de
hambre; **to starve out** hacer rendirse por

hambre ‖ *intr* hambrear; morir de hambre;
(coll) tener hambre

starving ['starvɪŋ] *adj* hambriento, famélico

stat. *abbr* **statuary, statute, statue**

state [stet] *adj* de estado; del estado; estatal;
público; de gala, de lujo ‖ *s* estado; fausto,
ceremonia, pompa; **to lie in state** estar
expuesto en capilla ardiente, estar de
cuerpo presente; **to live in state** gastar
mucho lujo; **to ride in state** pasear en
carruaje de lujo ‖ *tr* afirmar, declarar;
exponer, manifestar; plantear (*un problema*)

State Department *s* Ministerio de Relaciones
Exteriores

state•ly ['stetli] *adj* (*comp* **-lier;** *super* **-liest**)
imponente, majestuoso

statement ['stetmənt] *s* declaración; exposición, informe *m*, relación; (com) estado de
cuentas

state of mind *s* estado de ánimo

state'room' *s* camarote *m;* (rr) compartimiento particular

state'side' *adv* (coll) en (*or* a) los Estados
Unidos

states•man ['stetsmən] *s* (*pl* **-men** [mən])
estadista *m*, hombre *m* de estado

static ['stætɪk] *adj* estático, (rad) atmosférico
‖ *s* (rad) parásitos atmosféricos

station ['steʃən] *s* estación, condición, situación ‖ *tr* estacionar, apostar

station agent *s* jefe *m* de estación

stationary ['steʃən,ɛri] *adj* estacionario

station break *s* (rad) descanso, intermedio

stationer ['steʃənər] *s* papelero

stationery ['steʃən,ɛri] *s* efectos de escritorio; papel *m* para cartas

stationery store *s* papelería

station house *s* cuartelillo de policía

station identification *s* (rad & telv) indicativo de la emisora

sta'tion•mas'ter *s* jefe *m* de estación

station wagon *s* vagoneta, rubia, coche *m*
rural; camioneta (Arg, CAm, Col. Pan,
Peru, S-D); esteishon wagon *m* (Chile,
Col, Cuba, P-R); guagüita (Cuba, P-R);
camionetilla (Guat); carmelita (Hond); ranchera (Ven)

statistical [stə,tɪstɪkəl] *adj* estadístico

statistician [,stætɪs,tɪʃən] *s* estadístico

statistics [stə,tɪstɪks] *ssg* (*science*) estadística; *spl* (*data*) estadística o estadísticas

statue ['stætʃu] *s* estatua

statuesque [,stætʃu,ɛsk] *adj* escultural

stature [,stætʃər] *s* estatura, talla; carácter *m*,
habilidad

status ['stetəs] *s* condición, estado; situación
social, legal o profesional; (*prestige or
superior rank*) categoría

status seeking *s* esfuerzo por adquirir categoría

status symbol *s* símbolo de categoría social

statute ['stætʃut] *s* estatuto, ley *f*

statutory ['stætʃu,tori] *adj* estatutario, legal

staunch [stɔntʃ] o [stantʃ] *adj & tr* var de
stanch

st
st

stave [stev] *s* (*of a barrel*) duela; (*of a ladder*) peldaño; (*mus*) pentagrama *m* ‖*v* (*pret & pp* **staved** o **stove** [stov]) *tr* romper, destrozar; (*to break a hole in*) desfondar; **to stave off** mantener a distancia; evitar, impedir, diferir

stay [ste] *s* morada, permanencia, estancia; suspensión; (*of a corset*) ballena, varilla; apoyo, sostén *m;* (law) espera; (naut) estay *m* ‖ *tr* aplazar, detener; poner freno a ‖ *intr* quedar, quedarse, permanecer; parar, hospedarse; habitar; **to stay up** no acostarse, velar

stay'-at-home' *adj & s* hogareño

stead [stɛd] *s* lugar *m;* **in his stead** en su lugar, en lugar de él; **to stand in good stead** ser de provecho, ser ventajoso

stead'fast' *adj* fijo; resuelto; constante

stead•y ['stɛdi] *adj* (*comp* **-ier;** *super* **-iest**) constante, fijo, firme, seguro; regular, uniforme; resuelto; asentado; serio ‖ *v* (*pret & pp* **-ied**) *tr* estabilizar, reforzar; calmar (*los nervios*) ‖ *intr* estabilizarse; calmarse

steak [stek] *s* lonja, tajada; biftec *m*

steal [stil] *s* (coll) hurto, robo ‖ *v* (*pret* **stole** [stol]; *pp* **stolen**) *tr* hurtar, robar; atraer, cautivar; manotear (Arg, Mex) ‖ *intr* hurtar, robar; **to steal away** escabullirse; **to steal into** meterse a hurtadillas en; **to steal upon** aproximarse sin ruido a

stealth [stɛlθ] *s* cautela, recato; **by stealth** a hurtadillas

steam [stim] *adj* de vapor ‖ *s* vapor *m;* vaho, humo; **to get up steam** dar presión; **to let off steam** descargar vapor; (fig) desahogarse ‖ *tr* cocer al vapor; saturar de vapor; empañar (*p.ej., las ventanas*) ‖ *intr* echar vapor, emitir vapor; evaporarse; funcionar o marchar a vapor; **to steam ahead** avanzar por medio del vapor; (fig) hacer grandes progresos

steam'boat' *s* buque *m* de vapor

steamer ['stimər] *s* vapor *m*

steamer rug *s* manta de viaje

steamer trunk *s* baúl *m* de camarote

steam heat *s* calefacción por vapor

steam roller *s* apisonadora movida a vapor; (coll) fuerza arrolladora

steam'ship' *s* vapor *m*, buque *m* de vapor

steam shovel *s* pala mecánica de vapor

steam table *s* plancha caliente

steed [stid] *s* caballo; (*high-spirited horse*) corcel *m*

steel [stil] *adj* acerado; (*business, industry*) siderúrgico; (fig) duro, frío ‖ *s* acero; (*for striking fire from flint; for sharpening knives*) eslabón *m* ‖ *tr* acerar; **to steel oneself** acerarse

steel wool *s* virutillas de acero, estopa de acero

steelyard ['stil,jɑrd] *s* romana

steep [stip] *adj* escarpado, empinado; (*price*) alto, excesivo ‖ *tr* empapar, remojar; **steeped in** absorbido en

steeple ['stipəl] *s* aguja, campanario

stee'ple•chase' *s* carrera de campanario, carrera de obstáculos

stee'ple•jack' *s* escalatorres *m*

steer [stɪr] *s* buey *m* ‖ *tr* conducir, gobernar, guiar ‖ *intr* conducirse; **to steer clear of** (coll) evitar, eludir

steerage ['stɪrɪdʒ] *s* dirección; (naut) proa, entrepuente *m*

steerage passenger *s* (naut) pasajero de entrepuente

steering column *s* columna de dirección

steering committee *s* comité *m* paneador

steering wheel *s* (aut) volante *m;* (naut) rueda del timón

stem [stɛm] *s* (*of a goblet*) pie *m;* (*of a pipe, of a feather*) cañón *m;* (*of a column*) fuste *m;* (*of a watch*) botón *m;* (*of a key*) espiga, tija; (*of a word*) tema *m;* (bot) tallo, vástago; (*of a word*) tema *m;* (bot) tallo, vástago; **from stem to stern** de proa a popa ‖ *v* (*pret & pp* **stemmed;** *ger* **stemming**) *tr* (*to remove the stem from*) desgranar; (*to check*) detener, refrenar; (*to plug*) estancar; hacer frente a; rendir (*la marea*) ‖ *intr* nacer, provenir; **to stem from** originarse en, provenir de

stem'-wind'er *s* remontuar *m*

stench [stɛntʃ] *s* hedor *m*, hediondez *f*

sten•cil ['stɛnsəl] *s* cartón picado; (*work produced by it*) estarcido ‖ *v* (*pret & pp* **-ciled** o **-cilled;** *ger* **-ciling** o **-cilling**) *tr* estarcir

stenographer [stə'nɑgrəfər] *s* estenógrafo

stenography [stə'nɑgrəfi] *s* estenografía

step [stɛp] *s* paso; (*of staircase*) grada, peldaño; (*footprint*) huella, pisada; (*of carriage*) estribo; (*measure, démarche*) gestión, medida; (mus) intervalo; **step by step** paso a paso; **to watch one's step** proceder con cautela, andarse con tiento ‖ *v* (*pret & pp* **stepped;** *ger* **stepping**) *tr* escalonar; **to step off** medir a pasos ‖ *intr* dar un paso, dar pasos; caminar, ir; (coll) andar de prisa; **to step on it** (coll) acelerar la marcha, darse prisa; **to step on the starter** pisar el arranque

step'broth'er *s* medio hermano, hermanastro

step'child' *s* (*pl* **-children** [,tʃɪldrən]) hijastro

step'daugh'ter *s* hijastra

step'fa'ther *s* padrastro

step'lad'der *s* escala, escalera de tijera

step'moth'er *s* madrastra

steppe [stɛp] *s* estepa

stepping stone *s* estriberón *m*, pasadera; (fig) escalón *m*, escabel *m*

step'sis'ter *s* media hermana, hermanastra

step'son' *s* hijastro

stere•o ['stɛri,o] o ['stɪri,o] *adj* estereofónico; estereososcópico ‖ *s* (*pl* **-os**) música estereofónica, disco estereofónico; radiodifusión estereofónica; fotografía estereoscópica

stereo system *s* equipo de alta fidelidad

ster'e•o•type' *s* clisé *m*, estereotipo; concepción tradicional

stereotyped ['stɛri•ə,taipt] o ['stɪri•ə,taipt] *adj* estereotipado

sterile ['stɛrɪl] *adj* estéril

sterilization [,stɛrɪlɪ'zeʃən] *s* esterilización

sterilize ['stɛrɪ,laiz] *tr* esterilizar

sterling ['stʌrlɪŋ] *adj* fino, de ley; verdadero, genuino, puro, excelente ‖ *s* libras esterlinas; plata de ley; vajilla de plata

stern [stʌrn] *adj* austero, severo; decidido, firme ‖ *s* popa

stethoscope ['stɛθə,skop] *s* estetoscopio

stevedore ['stivə,dor] *s* estibador *m*

stew [stju] o [stu] *s* guisado, estofado ‖ *tr* guisar, estofar ‖ *intr* abrasarse; (coll) estar apurado

steward ['stu•ərd] *s* mayordomo; administrador *m;* (*of ship or plane*) camarero

stewardess ['stu•ərdɪs] *s* mayordoma; (*of ship or plane*) camarera; (*of plane*) azafata, aeromoza

stewed fruit *s* compota de frutas

stewed tomatoes *spl* puré *m* de tomates

stick [stɪk] *s* palo, palillo; bastón *m*, vara; (*of dynamite*) barra; (naut) mástil *m*, verga; (typ) componedor *m* ‖ *v* (*pret & pp* stuck [stʌk]) *tr* picar, punzar; apuñalar; clavar, hincar; pegar; (coll) confundir; **to stick out** asomar (*la cabeza*); sacar (*la lengua*); **to stick up** (*in order to rob*) (slang) asaltar, atracar ‖ *intr* estar prendido, estar hincado; pegarse; agarrarse (*la pintura*); encastillarse (*p.ej., una ventana*); resaltar, sobresalir; continuar, persistir; permanecer; atascarse; **to stick out** salir (*p.ej., el pañuelo del bolsillo*); sobresalir, proyectarse; velar (*un escollo*); resultar evidente; **to stick together** (coll) quedarse unidos, no abandonarse; **to stick up** destacarse; estar de punta (*el pelo*); **to stick up for** (coll) defender

sticker ['stɪkər] *s* etiqueta engomada, marbete engomado; pegatina; punta, espina; (coll) problema arduo

sticking plaster *s* esparadrapo

stick'pin' *s* alfiler *m* de corbata

stick'-up' *s* (slang) asalto, atraco

stick•y ['stɪki] *adj* (*comp* -ier; *super* -iest) pegajoso; (coll) húmedo, mojado; (*weather*) bochornoso

stiff [stɪf] *adj* tieso; entorpecido, entumecido; arduo, difícil; (*price*) (coll) excesivo; **to get stiff** envararse ‖ *s* (slang) cadáver *m*

stiff collar *s* cuello almidonado

stiffen ['stɪfən] *tr* atiesar; endurecer; espesar ‖ *intr* atiesarse; endurecerse, espesarse; obstinarse

stiff neck *s* torticolis *m;* obstinación

stiff-necked ['stɪf,nɛkt] *adj* terco, obstinado

stiffness ['stɪfnɪs] *s* envaramiento

stiff shirt *s* camisola

stifle ['staɪfəl] *tr* ahogar, sofocar; apagar, suprimir

stig•ma ['stɪgmə] *s* (*pl* -mas o -mata [mətə]) estigma *m*

stigmatize ['stɪgmə,taɪz] *tr* estigmatizar

stilet•to [stɪ'lɛto] *s* (*pl* -tos) estilete *m*, puñal *m*

still [stɪl] *adj* inmóvil, quieto, tranquilo; callado, silencioso; (*wine*) no espumoso ‖ *adv* tranquilamente; silenciosamente; aún, todavía ‖ *conj* con todo, sin embargo ‖ *s* alambique *m*, destiladera; destilería; foto-

grafía de lo inmóvil; (poet) silencio ‖ *tr* acallar; amortiguar; calmar ‖ *intr* callar; calmarse

still'birth' *s* parto muerto

still'born' *adj* nacido muerto

still life *s* (*pl* still lifes o still lives) bodegón *m*, naturaleza muerta

stilt [stɪlt] *s* zanco; (*in the water*) pilote *m*

stilted ['stɪltɪd] *adj* elevado; hinchado, pomposo, tieso

stimulant ['stɪmjələnt] *adj & s* estimulante *m*, excitante *m*

stimulate ['stɪmjə,let] *tr* estimular

stimu•lus ['stɪmjələs] *s* (*pl* -li [,laɪ]) estímulo *m*

sting [stɪŋ] *s* picadura; aguijón *m*; lanceta ‖ *v* (*pret & pp* stung [stʌŋ]) *tr* picar; aguijonear ‖ *intr* picar

stin•gy ['stɪndʒi] *adj* (*comp* -gier; *super* -giest) mezquino, tacaño

stink [stɪŋk] *s* hedor *m*, mal olor *m* ‖ *v* (*pret* stank [stæŋk] o stunk [stʌŋk]; *pp* stunk) *tr* dar mal olor a ‖ *intr* heder, oler muy mal; **to stink of** heder a; (slang) poseer (*p.ej., dinero*) en un grado que da asco

stint [stɪnt] *s* faena, tarea ‖ *tr* limitar, restringir ‖ *intr* ser económico, ahorrar con mezquindad

stipend ['staɪpənd] *s* estipendio

stipulate ['stɪpjə,let] *tr* estipular

stir [stʌr] *s* agitación, meneo; alboroto, tumulto; **to create a stir** meter ruido, causar furor ‖ *v* (*pret & pp* stirred; *ger* stirring) *tr* agitar, mover; revolver; conmover, excitar; atizar, avivar (*el fuego*); remover (*un líquido*); **to stir up** revolver; despertar; conmover; fomentar (*discordias*) ‖ *intr* bullirse, moverse; (*say a word*) rechistar

stirring ['stʌrɪŋ] *adj* conmovedor, emocionante

stirrup ['stʌrəp] o ['stɪrəp] *s* estribo

stitch [stɪtʃ] *s* puntada, punto; pedazo de tela; punzada, dolor *m* punzante; (coll) poquito; **to be in stitches** (coll) desternillarse de risa ‖ *tr* coser, bastear, hilvanar ‖ *intr* coser

stock [stak] *adj* común, regular; banal, vulgar; bursátil; ganadero, del ganado; (theat) de repertorio ‖ *s* surtido; capital *f* comercial; acciones, valores *mpl;* (*inventory*) stock *m;* (*of meat*) caldo; (*of a tree*) tronco; (*of an anvil*) cepo; (*of a rifle*) caja, culata; (*of a tree; of a family*) cepa; mango, manija; palo, madero; leño; (*livestock*) ganado; (theat) programa *m*, repertorio; **to have in stock** tener en stock; **in stock** en existencia; **out of stock** agotado; **to take stock** hacer el inventario; **to take stock in** (coll) dar importancia a, confiar en ‖ *tr* abastecer, surtir; tener existencias de; acopiar, acumular; poblar (*un estanque, una colmena, etc.*)

stockade [sta'ked] *s* estacada, empalizada ‖ *tr* empalizar

stock'breed'er *s* criador *m* de ganado

stock'bro'ker *s* bolsista *mf*, corredor *m* de bolsa

stock car *s* (aut) coche *m* de serie; (rr) vagón *m* para el ganado

stock company *s* (com) sociedad anónima; (theat) teatro de repertorio
stock dividend *s* acción liberada
stock exchange *s* bolsa
stock'hold'er *s* accionista *mf*, tenedor *m* de acciones
stockholder of record *s* accionista *mf* que como tal figura en el libro registro de la compañía
Stockholm ['stɑkhom] *s* Estocolmo
stocking ['stɑkɪŋ] *s* media
stock market *s* bolsa, mercado de valores; **to play the stock market** jugar a la bolsa
stock'pile' *s* reserva de materias primas ‖ *tr* acumular (*materias primas*) ‖ *intr* acumular materias primas
stock raising *s* ganadería
stock'room' *s* almacén *m;* sala de exposición
stock split *s* reparto de acciones gratis
stock•y ['stɑki] *s adj* (*comp* **-ier;** *super* **-iest**) bajo, grueso y fornido
stock'yard' *s* corral *m* de concentración de ganado
stoic ['sto•ɪk] *adj & s* estoico
stoke [stok]. *tr* atizar, avivar (*el fuego*); alimentar, cebar (*el horno*)
stoker ['stokər] *s* fogonero
stolid ['stɑlɪd] *adj* impasible, insensible
stomach ['stʌmək] *s* estómago; apetito; deseo, inclinación ‖ *tr* tragar; **to not be able to stomach** (coll) no poder tragar
stomach pump *s* bomba estomacal
stone [ston] *s* piedra; (*of fruit*) hueso; (pathol) mal *m* de piedra ‖ *tr* lapidar, apedrear; deshuesar (*la fruta*)
stone'-broke' *adj* arrancado, sin blanca
stone'-deaf' *adj* sordo como una tapia
stone'ma'son *s* albañil *m*
stone quarry *s* cantera, pedrera
stone's throw *s* tiro de piedra; **within a stone's throw** a tiro de piedra
ston•y ['stoni] *adj* (*comp* **-ier;** *super* **-iest**) pedregoso; duro, empedernido
stool [stul] *s* escabel *m*, taburete *m;* sillico, retrete *m;* (*bowel movement*) cámara, evacuación
stoop [stup] *s* encorvada, inclinación; escalinata de entrada ‖ *intr* doblarse, inclinarse, encorvarse; andar encorvado; humillarse, rebajarse
stoop•shouldered ['stup'ʃoldərd] *adj* cargado de espaldas
stop [stɑp] *s* parada, alto; parón; estada, estancia; cesación, fin *m*, suspensión; cerradura, tapadura; impedimento, obstáculo; freno; tope *m*, retén *m;* (*in writing; in telegrams*) punto; (*of a guitar*) llave *f*, traste *m;* **to put a stop to** poner fin a ‖ *v* (*pret & pp* **stopped;** *ger* **stopping**) *tr* parar, detener; acabar, terminar; estorbar, obstruir; interceptar; suspender; cerrar, tapar; rechazar (*un golpe*); retener (*un sueldo o parte de él*); **to stop up** cegar, obstruir, tapar ‖ *intr* parar, pararse, detenerse; quedarse, permanecer; alojarse, hospedarse; acabarse, terminarse; **to stop** + *ger* cesar de + *inf*, dejar de + *inf*

stop'cock' *s* llave *f* de cierre, llave de paso
stop'gap' *adj* provisional ‖ *s* substituto provisional
stop light *s* luz *f* de parada
stop'o'ver *s* parada intermedia, escala; billete *m* de parada intermedia
stoppage ['stɑpɪdʒ] *s* parada, detención; (*of work*) paro; interrupción; suspensión; obstáculo; (*of wages*) retención; (pathol) obstrucción
stopper ['stɑpər] *s* tapón *m;* taco, tarugo
stop sign o **stop signal** *s* señal *f* de alto, señal de parada
stop watch *s* reloj *m* de segundos muertos, cronómetro
storage ['storɪdʒ] *s* almacenaje *m;* (*costs*) derechos de almacenaje
storage battery *s* (elec) acumulador *m*
store [stor] *s* tienda, almacén *m;* **I know what is in store for you** sé lo que le espera; **to set store by** dar mucha importancia a ‖ *tr* abastecer; tener guardado, almacenar; **to store away** acumular
store'house' *s* almacén *m*, depósito; (*e.g., of wisdom*) (fig) mina
store'keep'er *s* tendero, almacenista *mf*
store'room' *s* cuarto de almacenar; (*for furniture*) guardamuebles *m;* (naut) despensa
store window *s* escaparate *m* (de tienda); aparador *m* (Mex)
stork [stork] *s* cigüeña; **to have a visit from the stork** recibir a la cigüeña
storm [storm] *s* borrasca, tempestad, tormenta; (mil) asalto; (naut) borrasca; (fig) tempestad, tumulto; **to take by storm** tomar por asalto ‖ *tr* asaltar ‖ *intr* tempestear; precipitarse
storm cloud *s* nubarrón *m*
storm door *s* contrapuerta, guardapuerta
storm sash *s* contravidriera
storm troops *spl* tropas de asalto
storm window *s* guardaventana, sobrevidriera
storm•y ['stormi] *adj* (*comp* **-ier;** *super* **-iest**) borrascoso, tempestuoso; (*session, meeting, etc.*) tumultuoso
sto•ry ['stori] *s* (*pl* **-ries**) historia, cuento, anécdota; enredo, trama; (coll) mentira; piso, alto ‖ *v* (*pret & pp* **-ried**) *tr* historiar
sto'ry•tel'ler *s* narrador *m;* (coll) mentiroso
stout [staut] *adj* corpulento, gordo, robusto; animoso; leal; terco ‖ *s* cerveza obscura fuerte
stove [stov] *s* (*for heating a house or room*) estufa; (*for cooking*) hornillo, cocina de gas, cocina eléctrica
stove'pipe' *s* tubo de estufa, tubo de hornillo; (*hat*) (coll) chistera, chimenea
stow [sto] *tr* guardar, meter, esconder; (naut) arrumar, estibar ‖ *intr*—**to stow away** embarcarse clandestinamente, esconderse en un barco o avión
stowage ['sto•ɪdʒ] *s* arrumaje *m*, estiba
stow'a•way' *s* llovido, polizón *m*
str. *abbr* **strait, steamer**
straddle ['strædəl] *s* esparrancamiento ‖ *tr* montar a horcajadas; (coll) tratar de favo-

recer a ambas partes en (*p.ej.*, *un pleito*) ‖
intr ponerse a horcajadas; (coll) tratar de
favorecer a ambas partes
strafe [strɑf] o [stref] *s* bombardeo violento ‖
tr bombardear violentamente
straggle ['strægəl] *intr* errar, vagar; andar
perdido, extraviarse; separarse; estar espar-
cido
straight [stret] *adj* derecho; recto; erguido;
(*hair*) lacio; continuo, seguido; honrado,
sincero; correcto; decidido, intransigente;
(*e.g.*, *whiskey*) solo; **to set a person
straight** mostrar el camino a una persona;
dar consejo a una persona; mostrar a una
persona el modo de proceder ‖ *adv* derecho; sin interrupción; sinceramente; exactamente; en seguida; **straight ahead** todo
seguido, derecho; **to go straight** enmendarse
straighten ['stretən] *tr* enderezar; poner en
orden ‖ *intr* enderezarse
straight face *s* cara seria
straight'for'ward *adj* franco, sincero; honrado
straight off *adv* luego, en seguida
straight razor *s* navaja barbera
straight'way' *adv* luego, en seguida
strain [stren] *s* tensión, tirantez *f;* esfuerzo
muy grande; fatiga excesiva, agotamiento;
(*of a muscle*) torcedura; aire *m*, melodía;
(*of a family or lineage*) cepa; linaje *m*,
raza; rasgo racial; genio, vena; huella, rastro ‖ *tr* estirar; torcer o torcerse (*p.ej.*, *la
muñeca*); forzar (*p.ej.*, *los nervios, la vista*); apretar; deformar; colar, tamizar ‖ *intr*
esforzarse; deformarse; colarse, tamizarse;
filtrarse; exprimirse (*un jugo*); resistirse; **to
strain at** hacer grandes esfuerzos por
strained [strend] *adj* (*smile*) forzado; (*friendship*) tirante
strainer ['strenər] *s* colador *m*
strait [stret] *s* estrecho; **straits** estrecho; **to
be in dire straits** estar en el mayor apuro,
hallarse en gran estrechez
strait jacket *s* camisa de fuerza
strait laced ['stret,lest] *adj* gazmoño
strand [strænd] *s* playa; filamento; (*of rope
or cable*) torón *m*, ramal *m;* (*of pearls*)
hilo; pelo ‖ *tr* deshebrar; retorcer, trenzar
(*cuerda, cable, etc.*); dejar extraviado;
(naut) varar
stranded ['strændɪd] *adj* desprovisto, desamparado; (*ship*) encallado; (*rope or cable*)
trenzado, retorcido
strange [strendʒ] *adj* extraño, singular;
nuevo, desconocido; novel, no acostumbrado
stranger ['strendʒər] *s* forastero; visitador
m; intruso; desconocido; principiante *mf*
strangle ['stræŋgəl] *tr* estrangular; reprimir,
suprimir ‖ *intr* estrangularse
strap [stræp] *s* (*of leather*) correa; (*of cloth,
metal, etc.*) banda, tira; (*to sharpen a
razor*) asentador *m* ‖ *v* (*pret & pp
strapped; ger strapping*) *tr* atar o liar con
correa, banda o tira; azotar con una correa;
fajar, vendar; asentar (*una navaja*)

strap'hang'er *s* (coll) pasajero colgado
stratagem ['strætədʒəm] *s* estratagema *f*
strategic(al) [strə'tidʒɪk(əl)] *adj* estratégico
strategist ['strætɪdʒɪst] *s* estratega *m*
strate·gy ['strætɪdʒi] *s* (*pl* **-gies**) estrategia
strati·fy ['strætɪ,faɪ] *v* (*pret & pp* **-fied**) *tr*
estratificar ‖ *intr* estratificarse
stratosphere ['strætə,sfɪr] o ['stretə,sfɪr] *s*
estratosfera
stra·tum ['stretəm] o ['strætəm] *s* (*pl* **-ta** [tə]
o **-tums**) estrato; (*e.g.*, *of society*) clase *f*
straw [strɔ] *adj* pajizo; baladí, de poca importancia; falso; ficticio ‖ *s* paja; (*for
drinking*) pajita; **I don't care a straw** no se
me da un bledo; **to be the last straw** ser el
colmo, no faltar más
straw'ber'ry *s* (*pl* **-ries**) fresa
straw hat *s* sombrero de paja; chupalla *m;*
(*with low flat crown*) canotié *m*
straw man *s* figura de paja; (*figurehead*)
testaferro; testigo falso
straw vote *s* voto informativo
stray [stre] *adj* extraviado, perdido; aislado,
suelto ‖ *s* animal extraviado o perdido ‖
intr extraviarse, perderse
streak [strik] *s* lista, raya; vena, veta; rasgo,
traza; (*of light*) rayo; (*of good luck*) racha;
(coll) tiempo muy breve; **like a streak**
(coll) como un rayo ‖ *tr* listar, rayar;
abigarrar ‖ *intr* rayarse; (coll) andar o pasar
como un rayo
stream [strim] *s* (*current*) corriente *f;* arroyo,
río; chorro, flujo; (*of people*) torrente *m;*
(*e.g.*, *of automobiles*) desfile *m* ‖ *intr*
correr, manar (*un líquido*); chorrear; flotar,
ondear; salir a torrentes
streamer ['strimər] *s* flámula, banderola;
cinta ondeante; rayo de luz
streamlined ['strim,laɪnd] *adj* aerodinámico,
perfilado
stream'lin'er *s* tren aerodinámico de lujo
street [strit] *adj* callejero ‖ *s* calle *f*
street'car' *s* tranvía *m*
street cleaner *s* basurero; (*device*) barredera
street clothes *spl* traje *m* de calle
street floor *s* piso bajo
street lamp *s* farol *m* (de la calle)
street sprinkler ['sprɪŋklər] *s* carricuba,
carro de riego, regadera
street'walk'er *s* cuntonera, carrerista
strength [strɛŋθ] *s* fuerza; intensidad; (*of
spirituous liquors*) graduación; (com) tendencia a la subida; (mil) número; **on the
strength of** fundándose en, confiando en
strengthen ['strɛŋθən] *tr* fortificar, reforzar;
confirmar ‖ *intr* fortificarse, reforzarse
strenuous ['strɛnju·əs] *adj* estrenuo, enérgico, vigoroso; arduo, difícil
stress [strɛs] *s* tensión, fuerza; compulsión;
acento; (mech) tensión; **to lay stress on**
hacer hincapié en ‖ *tr* someter a esfuerzo;
hacer hincapié en; acentuar
stress accent *s* acento prosódico
stretch [strɛtʃ] *s* estiramiento, estirón *m;*
(*distance in time or space*) trecho; (*section
of road*) tramo; extensión; (*of the imagina-*

st
st

tion) esfuerzo; (*confinement in jail*) (slang) condena; **at a stretch** de un tirón ‖ *tr* estirar; extender; tender; forzar, violentar; (fig) estirar (*el dinero*); **to stretch a point** hacer una concesión; **to stretch oneself** desperezarse ‖ *intr* estirarse; extenderse; tenderse; desperezarse; **to stretch out** (coll) echarse

stretcher ['strɛtʃər] *s* (*for gloves*) ensanchador *m;* (*for a painting*) bastidor *m;* (*to carry sick or wounded*) camilla

stretch'er-bear'er *s* camillero

strew [stru] *v* (*pret* **strewed;** *pp* **strewed** o **strewn**) *tr* derramar, esparcir; sembrar, salpicar; polvorear

stricken ['strɪkən] *adj* afligido; inhabilitado; herido; **stricken in years** debilitado por los años

strict [strɪkt] *adj* estricto, riguroso; (*exacting*) severo

stricture ['strɪktʃər] *s* crítica severa; (pathol) estrictura

stride [straɪd] *s* zancada, tranco; **to hit one's stride** alcanzar la actividad o velocidad acostumbrada; **to make great** (o **rapid**) **strides** avnzar a grandes pasos; **to take in one's stride** hacer sin esfuerzo ‖ *v* (*pret* **strode** [strod]; *pp* **stridden** ['strɪdən]) *tr* cruzar de un tranco; montar a horcajadas ‖ *intr* dar zancadas, caminar a paso largo, andar a trancos

strident ['straɪdənt] *adj* estridente

strife [straɪf] *s* contienda; rivalidad

strike [straɪk] *s* (*blow*) golpe *m;* (*stopping of work*) huelga; (*discovery of ore, oil, etc.*) descubrimiento repentino; golpe *m* de fortuna; **to go on strike** ir a la huelga ‖ *v* (*pret* & *pp* **struck** [strʌk]) *tr* golpear; pulsar (*una tecla*); herir, percutir; topar, dar con; acuñar (*monedas*); echar (*raíces*); frotar, rayar, encender (*un fósforo*); descubrir repentinamente (*mineral, aceite, etc.*); cerrar (*un trato*); arriar (*las velas*); dar (*la hora*); asumir, tomar (*una postura*); borrar, cancelar; impresionar; atraer (*la atención*); **to strike it rich** descubrir un buen filón, tener un golpe de fortuna ‖ *intr* dar, sonar (*una campana, un reloj*); declararse en huelga; (mil) dar el asalto; **to strike out** ponerse en marcha, echar camino adelante

strike'break'er *s* rompehuelgas *m*, esquirol *m*

strike pay *s* sueldo de huelguista

striker ['straɪkər] *s* golpeador *m;* huelguista *mf*

striking ['straɪkɪŋ] *adj* impresionante, llamativo, sorprendente; en huelga

striking power *s* potencia de choque

string [strɪŋ] *s* cuerdecilla; piola; pita; (*of pearls; of lies*) sarta; (*of beans*) hebra; (*of onions or garlic*) ristra; (row) hilera; (mus) cuerda; (*limitation, proviso*) (coll) condición; **strings** instrumentos de cuerda; **to pull strings** tocar resortes ‖ *v* (*pret* & *pp* **strung** [strʌŋ]) *tr* enhebrar, ensartar; atar con cuerdas; proveer de cuerdas; colgar de una cuerda; tender (*un cable, un alambre*);

encordar (*un violín, una raqueta*); colocar en fila; (slang) engañar, burlar; **to string along** (slang) traer al retortero; **to string up** (coll) ahorcar

string bean *s* habichuela verde, judía verde

stringed instrument [strɪŋd] *s* instrumento de cuerda

stringent ['strɪndʒənt] *adj* riguroso, severo, estricto; convincente

string quartet *s* cuarteto de cuerdas

strip [strɪp] *s* tira; (*of metal*) lámina; (*of land*) faja ‖ *v* (*pret* & *pp* **stripped;** *ger* **stripping**) *tr* desnudar; despojar; desforrar; deshacer (*la cama*); estropear (*el engranaje, un tornillo*); desvenar (*tabaco*); descortezar; **to strip of** despojar de ‖ *intr* desnudarse; despojarse; descortezarse

stripe [straɪp] *s* banda, lista, raya; gaya; cinta, franja; (mil & nav) galón *m;* índole *f,* tipo; **to win one's stripes** ganar los entorchados ‖ *tr* listar, rayar; gayar

strip mining *s* mineraje *m* a tajo abierto

strip'tease' *s* espectáculo de desnudamiento sensual

strive [straɪv] *v* (*pret* **strove** [strov]; *pp* **striven** ['strɪvən]) *intr* esforzarse; luchar

stroke [strok] *s* golpe *m;* (*of bell or clock*) campanada; (*of pen*) plumada; (*of brush*) pincelada, brochada; (*of arms in swimming*) brazada; (*in a game*) jugada; (*caress with hand*) caricia; (*with a racket*) raquetazo; (*of a piston*) carrera, embolada; (*of a paddle*) palada; (*of an oar*) remada; (*of lightning*) rayo; (*line, mark*) raya; (*of good luck*) golpe *m;* (*of wit*) agudeza, chiste *m;* (*of genius*) rasgo; ataque *m* de parálisis; **at the stroke of** (*e.g., five*) al dar las (*p.ej., cinco*); **to not do a stroke of work** no dar golpe, no levantar paja del suelo ‖ *tr* frotar suavemente, acariciar con la mano

stroll [strol] *s* paseo; **to take a stroll** dar un paseo ‖ *intr* pasear, pasearse; callejear, errar, vagar

stroller ['strolər] *s* paseante *mf;* cochecito para niños

strong [strɔŋ] o [strɑŋ] *adj* fuerte, resistente; recio, robusto; intenso; (*stock market*) firme; enérgico; marcado; picante; rancio

strong'-arm' man *s* (coll) gorila

strong'box' *s* cofre *m* fuerte, caja de caudales

strong drink *s* bebida alcohólica, bebida fuerte

strong'hold' *s* plaza fuerte

strong man *s* (*e.g., in a circus*) hércules *m;* (*leader, good planner*) alma, promotor *m;* (*dictator*) hombre *m* fuerte

strong-minded ['strɔŋ,maɪndɪd] o [strɑŋ-'maɪndɪd] *adj* independiente; de inteligencia vigorosa; (*e.g., woman*) hombruna

strontium ['strɑn/ɪ•əm] *s* estroncio

strop [strɑp] *s* suavizador *m* ‖ *v* (*pret* & *pp* **stropped;** *ger* **stropping**) *tr* suavizar, afilar

strophe ['strofɪ] *s* estrofa

structure ['strʌktʃər] *s* estructura; edificio

struggle ['strʌgəl] *s* lucha; esfuerzo, forcejeo ‖ *intr* luchar; esforzarse, forcejear

strum [strʌm] v (pret & pp **strummed;** ger **strumming**) tr arañar (un instrumento músico) sin arte ‖ intr cencerrear; **to strum on** rasguear

strumpet ['strʌmpɪt] s ramera

strut [strʌt] s (brace, prop) riostra, tornapunta; contoneo, pavoneo ‖ v (pret & pp **strutted;** ger **strutting**) intr contonearse, pavonearse

strychnine ['strɪknaɪn] o ['strɪknɪn] s estricnina

stub [stʌb] s fragmento, trozo; (of a cigar) colilla; (of a tree) tocón m; (of a pencil) cabo; (of a check) talón m ‖ v (pret & pp **stubbed;** ger **stubbing**) tr —**to stub one's toe** dar un tropezón

stubble ['stʌbəl] s rastrojo; (of beard) cañón m

stubborn ['stʌbərn] adj terco, testarudo, obstinado; porfiado; intratable; **to be stubborn** ser obstinado, empecinarse

stubbornness ['stʌbərnɪs] obstinación, s empecinamiento

stuc•co ['stʌko] s (pl -**coes** o -**cos**) estuco ‖ tr estucar

stuck'-up' adj (coll) estirado, orgulloso

stud [stʌd] s tachón m; botón m de camisa; montante m, pie derecho; clavo de adorno; (bolt) espárrago; caballeriza; (of mares) yeguada ‖ v (pret & pp **studded;** ger **studding**) tr tachonar

stud bolt s espárrago

stud'book' s registro genealógico de caballos

student ['stjudənt] o ['studənt] adj estudiantil ‖ s estudiante mf; (person who investigates), estudioso

student body s estudiantado, alumnado

stud'horse' s caballo padre, caballo semental

studied ['stʌdɪd] adj premeditado, hecho adrede; (affected) estudiado

studi•o ['studɪ,o] s (pl -**os**) estudio, taller m; (mov & rad) estudio

studious ['stjudɪ•əs] o ['studɪ•əs] adj estudioso; asiduo, solícito

stud•y ['stʌdi] s (pl -**ies**) estudio; solicitud; meditación profunda; (e.g., of a professor) gabinete m, estudio ‖ v (pret & pp -**ied**) tr & intr estudiar

stuff [stʌf] s materia; género, paño, tela; muebles mpl, baratijas; medicina; fruslerías; cosa, cosas ‖ tr rellenar; henchir, llenar; atascar, cerrar, tapar; embutir; (with food) atracar; meter sin orden, llenar sin orden; disecar (un animal muerto) ‖ intr atracarse, hartarse

stuffed shirt s (slang) tragavirotes m

stuffing ['stʌfɪŋ] s relleno

stuff•y ['stʌfi] adj (comp -**ier;** super -**iest**) sofocante, mal ventilado; aburrido, sin interés; (prim) (coll) relamido

stumble ['stʌmbəl] intr tropezar, dar un traspié; moverse a tropezones; hablar a tropezones; **to stumble on** o **upon** tropezar con

stumbling block s escollo, tropezadero

stump [stʌmp] s (of a tree, arm, etc.) tocón m; (of an arm) muñón m; (of a tooth) raigón m; (of a cigar) colilla; (of a tail)

rabo; paso pesado; fragmento, resto; tribuna pública; (for shading drawings) esfumino ‖ tr recorrer (el país) pronunciando discursos políticos; (coll) confundir, dejar sin habla; esfumar

stump speaker s orador callejero

stump speech s arenga electoral

stun [stʌn] v (pret & pp **stunned;** ger **stunning**) tr atolondrar, aturdir

stunning ['stʌnɪŋ] adj (coll) pasmoso, estupendo, pistonudo, elegante

stunt [stʌnt] s atrofia; (underdeveloped creature) engendro; (coll) suerte acrobática; (coll) faena, hazaña, proeza ‖ tr atrofiar ‖ intr (coll) hacer suertes acrobáticas

stunt flying s vuelo acrobático

stunt man s (mov) doble m que hace suertes peligrosas

stupe•fy ['stjupɪ,faɪ] v (pret & pp -**fied**) tr dejar estupefacto, pasmar; causar estupor a

stupendous [stu'pɛndəs] adj estupendo; enorme

stupid ['stupɪd] adj estúpido; (coll) sonso, pavo, gilí

stupor ['stjupər] o ['stupər] s estupor m, modorra

stur•dy ['stʌrdi] adj (comp -**dier;** super -**diest**) fuerte, robusto, fornido; firme, tenaz

sturgeon ['stʌrdʒən] s esturión m

stutter ['stʌtər] s tartamudeo ‖ tr decir tartamudeando ‖ intr tartamudear

sty [staɪ] s (pl **sties**) pocilga, zahurda; (pathol) orzuelo

style [staɪl] s estilo; moda; elegancia; **to live in great style** vivir en gran lujo ‖ tr intitular, nombrar

stylish ['staɪlɪʃ] adj de moda, elegante

styptic pencil ['stɪptɪk] s lápiz estíptico

Styx [stɪks] s Estigia

suave [swɑv] o [swev] adj suave; afable, fino, zalamero, pulido

sub. abbr **subscription, substitute, suburban**

subaltern [səb'ɔltərn] adj & s subalterno

subconscious [səb'kɑnʃəs] adj subconsciente ‖ s subconsciencia

subconsciousness [səb'kɑnʃəsnɪs] s subconsciencia

subdeb ['sʌb,dɛb] s tobillera

subdivide ['sʌbdɪ,vaɪd] o [,sʌbdɪ'vaɪd] tr subdividir ‖ intr subdividirse

subdue [səb'dju] tr sojuzgar, subyugar; amansar, dominar; suavizar

subdued [səb'djud] adj sojuzgado; sumiso; (e.g., light) suave

subheading ['sʌb,hɛdɪŋ] s subtítulo

subject ['sʌbdʒɪkt] adj sujeto; súbdito ‖ s asunto, materia, tema m; (person in his relationship to a ruler or government) súbdito; (gram, med, philos) sujeto ‖ [səb'dʒɛkt] tr sujetar, someter; sojuzgar

subject index s índice m de materias

subjection [səb'dʒɛkʃən] s sumisión, sometimiento

subjective [səb'dʒɛktɪv] adj subjetivo

subject matter s asunto, materia

subjugate ['sʌbdʒə,get] tr subyugar

st
su

subjunctive [səb'dʒʌŋktɪv] *adj & s* subjuntivo

sub·let [sʌb'lɛt] o ['sʌb,lɛt] *v* (*pret & pp* **-let;** *ger* **-letting**) *tr* realquilar, subarrendar

submachine gun [,sʌbmə'ʃin] *s* subfusil *m* ametrallador

submarine ['sʌbmə,rin] *adj & s* submarino ‖ *tr* (coll) atacar o hundir con un submarino

submarine chaser ['tʃesər] *s* cazasubmarinos *m*

submerge [səb'mʌrdʒ] *tr* sumergir ‖ *intr* sumergirse

submersion [səb'mʌrʒən] o [səb'mʌrʃən] *s* sumersión

submission [səb'mɪʃən] *s* sumisión

submissive [səb'mɪsɪv] *adj* sumiso

sub·mit [səb'mɪt] *v* (*pret & pp* **-mitted;** *ger* **-mitting**) *tr* someter; proponer, permitirse decir ‖ *intr* someterse

subordinate [səb'ɔrdɪnɪt] *adj & s* subordinado ‖ [səb'ɔrdɪ,net] *tr* subordinar

subornation of perjury [,sʌbər'neʃən] *s* (law) soborno de testigo

subplot ['sʌb,plɑt] *s* trama secundaria

subpoena o **subpena** [sʌb'pinə] o [sə'pinə] *s* comparendo ‖ *tr* mandar comparecer

sub rosa [sʌb'rozə] *adv* en secreto, en confianza

subscribe [səb'skraɪb] *tr* subscribir ‖ *intr* subscribir; subscribirse, abonarse; **to subscribe to** subscribirse a, abonarse a (*una publicación periódica*); subscribir (*una opinión*)

subscriber [səb'skraɪbər] *s* abonado

subsequent ['sʌbsɪkwənt] *adj* subsiguiente, posterior

subservient [səb'sʌrvɪ·ənt] *adj* servil; subordinado; útil

subside [səb'saɪd] *intr* calmarse; acabarse, cesar; bajar (*el nivel del agua*); amainar (*el viento*)

subsidiary [səb'sɪdɪ,ɛri] *adj & s* subsidiario

subsidize ['sʌbsɪ,daɪz] *tr* subsidiar, subvencionar; (*to bribe*) sobornar

subsi·dy ['sʌbsɪdi] *s* (*pl* **-dies**) subsidio, subvención

subsist [səb'sɪst] *intr* subsistir

subsistence [səb'sɪstəns] *s* subsistencia

subsonic [səb'sɑnɪk] *adj* subsónico

substance ['sʌbstəns] *s* substancia

substandard [sʌb'stændərd] *adj* inferior al nivel normal

substantial [səb'stænʃəl] *adj* considerable, importante; fuerte, sólido; acomodado, rico; esencial; (*food*) substancial

substantiate [səb'stænʃɪ,et] *tr* comprobar, establecer, verificar

substantive ['sʌbstəntɪv] *adj & s* substantivo

substation ['sʌb,steʃən] *s* (elec) subcentral *f*

substitute ['sʌbstɪ,tjut] o ['sʌbstɪ,tut] *adj* substitutivo ‖ *s* (*person*) substituto; (*thing, substance*) substitutivo; (mil) reemplazo ‖ *tr* poner (*a una persona o cosa*) en lugar de otra ‖ *intr* actuar de substituto; **to substitute for** substituir (with personal a)

substitution [,sʌbstɪ'tjuʃən] *s* empleo o uso (*de una persona o cosa en lugar de otra*);

(chem, law, math) substitución; imitación fraudulenta

subterranean [,sʌbtə'renɪ·ən] *adj & s* subterráneo

subtitle ['sʌb,taɪtəl] *s* substítulo ‖ *tr* subtitular

subtle ['sʌtəl] *adj* sutil; astuto; insidioso

subtle·ty ['sʌtəlti] *s* (*pl* **-ties**) sutileza; agudeza; distinción sutil

subtract [səb'trækt] *tr* substraer; (math) substraer, restar

suburb ['sʌbʌrb] *s* suburbio, arrabal *m;* **the suburbs** las afueras, los barrios externos

subvention [səb'vɛnʃən] *s* subvención ‖ *tr* subvencionar

subversive [səb'vʌrsɪv] *adj* subversivo ‖ *s* subversor *m*

subvert [səb'vʌrt] *tr* subvertir

subway ['sʌb,we] *s* galería subterránea; metro, ferrocarril subterráneo

succeed [sək'sid] *tr* suceder (*a una persona o cosa*) ‖ *intr* tener buen éxito

success [sək'sɛs] *s* buen éxito

successful [sək'sɛsfəl] *adj* feliz, próspero; acertado; logrado

succession [sək'sɛʃən] *s* sucesión; **in succession** seguidos, uno tras otro

successive [sək'sɛsɪv] *adj* sucesivo

succor ['sʌkər] *s* socorro ‖ *tr* socorrer

succotash ['sʌkə,tæʃ] *s* guiso de maíz tierno y habas

succumb [sə'kʌm] *intr* sucumbir

such [sʌtʃ] *adj & pron indef* tal, semejante; **such a** tal, semejante; **such a** + *adj* un tan + *adj;* **such as** quienes, los que

suck [sʌk] *s* chupada; mamada ‖ *tr* chupar; mamar; aspirar (*el aire*)

sucker ['sʌkər] *s* chupador *m;* mamón *m;* (bot & mach) chupón *m;* (coll) bobo, primo

suckle ['sʌkəl] *tr* lactar; criar, educar

suckling pig ['sʌklɪŋ] *s* lechón *m,* cerdo de leche

suction ['sʌkʃən] *adj* aspirante ‖ *s* succión

sudden ['sʌdən] *adj* súbito, repentino; **all of a sudden** de repente

suds [sʌdz] *spl* jabonadura; (coll) espuma, cerveza

sue [su] *tr* demandar; pedir; (law) procesar ‖ *intr* (law) poner pleito, entablar juicio; **to sue for damages** demandar por daños y perjuicios; **to sue for peace** pedir la paz

suede [swed] *s* gamuza, ante *m*

suet ['su·ɪt] o ['sju·ɪt] *s* sebo

suffer ['sʌfər] *tr & intr* sufrir, padecer

sufferance ['sʌfərəns] *s* tolerancia; paciencia; **on sufferance** por tolerancia

suffering ['sʌfərɪŋ] *adj* doliente ‖ *s* dolencia, sufrimiento

suffice [sə'faɪs] *intr* bastar, ser suficiente

sufficient [sə'fɪʃənt] *adj* suficiente

suffix ['sʌfɪks] *s* sufijo

suffocate ['sʌfə,ket] *tr* sofocar ‖ *intr* sofocarse

suffrage ['sʌfrɪdʒ] *s* sufragio; aprobación, voto favorable

suffragette [,sʌfrə'dʒɛt] *s* sufragista (*mujer*)

suffuse [sə'fjuz] *tr* saturar, bañar
sugar ['ʃʊgər] *adj* azucarero ‖ *s* azúcar *m* ‖ *tr* azucarar
sugar beet *s* remolacha azucarera
sugar bowl *s* azucarero
sugar cane *s* caña de azúcar
sug'ar-coat' *tr* azucarar; (fig) endulzar, dorar
suggest [səg'dʒɛst] *tr* sugerir
suggestion [səg'dʒɛstʃən] *s* sugestión, sugerencia; sombra, traza ligera
suggestive [səg'dʒɛstɪv] *adj* sugestivo; sicalíptico
suicidal [,suˑɪ'saɪdəl] o [,sjuˑɪ'saɪdəl] *adj* suicida
suicide ['suˑɪ,saɪd] *s* (*act*) suicidio; (*person*) suicida *mf*; **to commit suicide** suicidarse
suit [sut] o [sjut] *s* traje *m*, terno; (*of a lady*) traje *m* sastre; (*group forming a set*) juego; (*of cards*) palo; petición, súplica; cortejo, galanteo; (law) pleito, proceso; **to follow suit** servir del palo; seguir la corriente ‖ *tr* adaptar, ajustar; adaptarse a; sentar, ir o venir bien a; favorecer, satisfacer; **to suit oneself** hacer (*uno*) lo que le guste ‖ *intr* convenir, ser a propósito
suitable ['sutəbəl] *adj* apropiado, conveniente, adecuado
suit'case' *s* maleta, valija
suite [swɪt] *s* comitiva, séquito; (*group forming a set*) juego; serie *f*; (*of rooms*) crujía; habitación salón; (mus) suite *f*
suiting ['sutɪŋ] *s* corte *m* de traje
suit of clothes *s* traje completo (*de hombre*)
suitor ['sutər] o ['sjutər] *s* pretendiente *m;* (law) demandante *mf*
sulfa drugs ['sʌlfə] *spl* medicamentos sulfas
sulfate ['sʌlfet] *s* sulfato
sulfide ['sʌlfaɪd] *s* sulfuro
sulfite ['sʌlfaɪt] *s* sulfito
sulfur ['sʌlfər] *s* (chem) azufre *m;* véase **sulphur**
sulfuric [sʌl'fjʊrɪk] *adj* sulfúrico
sulfur mine *s* azufrera
sulfurous ['sʌlfərəs] *adj* sulfuroso ‖ *adj* (chem) sulfuroso
sulk [sʌlk] *s* murria ‖ *intr* amorrarse, enfurruñarse
sulk•y ['sʌlki] *adj* (*comp* -**ier**; *super* -**iest**) enfurruñado, murrio, resentido
sullen ['sʌlən] *adj* hosco, malhumorado, taciturno, triste
sul•ly ['sʌli] *v* (*pret & pp* -**lied**) *tr* empañar, manchar
sulphur ['sʌlfər] *adj* azufrado ‖ *s* azufre *m;* color de azufre ‖ *tr* azufrar
sultan ['sʌltən] *s* sultán *m*
sul•try ['sʌltri] *adj* (*comp* -**trier**; *super* -**triest**) bochornoso, sofocante
sum [sʌm] *s* suma; (coll) problema *m* de aritmética ‖ *v* (*pret & pp* **summed**; *ger* **summing**) *tr* sumar; **to sum up** sumar, resumir
sumac o **sumach** ['ʃumæk] o [sumæk] *s* zumaque *m*
summarize ['sʌmə,raɪz] *tr* resumir
summa•ry ['sʌməri] *adj* sumario ‖ *s* (*pl* -**ries**) sumario, resumen *m*

summer ['sʌmər] *adj* estival, veraniego ‖ *s* verano, estío ‖ *intr* veranear
summer resort *s* lugar *m* de veraneo
summersault ['sʌmər,sɔlt] *s* salto mortal ‖ *intr* dar un salto mortal
summer school *s* escuela de verano
summery ['sʌməri] *adj* estival, veraniego
summit ['sʌmɪt] *s* cima, cumbre *f*
summit conference o **summit meeting** *s* conferencia en la cumbre
summon ['sʌmən] *tr* convocar, llamar; evocar; (law) citar, emplazar
summons ['sʌmənz] *s* orden *f*, señal *f;* (law) citación, emplazamiento ‖ *tr* (coll) citar, emplazar
sumptuous ['sʌmptʃuˑəs] *adj* suntuoso
sun [sʌn] *s* sol *m;* **to have a place in the sun** ocupar su puesto en el mundo ‖ *v* (*pret & pp* **sunned**; *ger* **sunning**) *tr* asolear ‖ *intr* asolearse
sun bath *s* baño de sol
sun'beam' *s* rayo de sol
sun'bon'net *s* papalina
sun'burn' *s* quemadura de sol ‖ *v* (*pret & pp* -**burned** o -**burnt**) *tr* quemar al sol ‖ *intr* quemarse al sol
sundae ['sʌndi] *s* helado con frutas, jarabes o nueces
Sunday ['sʌndi] *adj* dominical; (*used or worn on Sunday*) dominguero ‖ *s* domingo
Sunday best *s* (coll) trapos de cristianar, ropa dominguera
Sunday's child *s* niño nacido de pies, niño mimado de la fortuna
Sunday school *s* escuela dominical, doctrina dominical
Sunday supplement *s* (*newspaper*) suplemento dominical
sunder ['sʌndər] *tr* separar; romper
sun'di'al *s* reloj *m* de sol, cuadrante *m* solar
sun'down' *s* puesta del sol
sundries ['sʌndriz] *spl* artículos diversos
sundry ['sʌndri] *adj* diversos, varios
sun'flow'er *s* girasol *m*, tornasol *m*
sun'glass'es *spl* gafas de sol, gafas para el sol
sunken ['sʌŋkən] *adj* hundido, sumido
sun lamp *s* lámpara de rayos ultravioletas
sun'light' *s* luz *f* del sol
sun'lit' *adj* iluminado por el sol
sun•ny ['sʌni] *adj* (*comp* -**nier**; *super* -**iest**) de sol; asoleado; brillante, resplandeciente; alegre, risueño; **to be sunny** hacer sol
sunny side *s* sol *m;* (fig) lado bueno, lado favorable
sun porch *s* solana
sun'rise' *s* salida del sol; **from sunrise to sunset** de sol a sol
sun'set' *s* puesta del sol
sun'shade' *s* quitasol *m*, sombrilla; toldo; visera contra el sol
sun'shine' *s* claridad del sol; alegría; **in the sunshine** al sol
sun'spot' *s* mancha solar
sun'stroke' *s* insolación
sun'tan' *s* bronceado
suntan lotion *s* bronceador *m*

su·
su

sup. *abbr* **superior, supplement**
sup [sʌp] *v* (*pret & pp* **supped;** *ger* **supping**) *intr* cenar
superannuated [ˌsupərˈænjuˌetɪd] *adj* jubilado, inhabilitado por ancianidad o enfermedad; fuera de moda
superb [səˈpʌrb] *adj* soberbio, estupendo, magnífico
supercar·go [ˈsupərˌkɑrgo] *s* (*pl* **-goes** o **-gos**) (naut) sobrecargo
supercharge [ˌsupərˈtʃɑrdʒ] *tr* sobrealimentar
supercilious [ˌsupərˈsɪliˑəs] *adj* arrogante, altanero, desdeñoso
superficial [ˌsupərˈfɪʃəl] *adj* superficial
superfluous [suˈpʌrfluˑəs] *adj* superfluo
superhuman [ˌsupərˈhjumən] *adj* sobrehumano
superimpose [ˌsupərɪmˈpoz] *tr* sobreponer
superintendent [ˌsupərɪnˈtɛndənt] *s* superintendente *mf*
superior [səˈpɪriˑər] *adj* superior; indiferente, sereno; arrogante; (typ) volado ‖ *s* superior *m*
superiority [səˌpɪriˈɑriti] *s* superioridad; indiferencia, serenidad; arrogancia
superlative [səˈpʌrlətɪv] *adj & s* superlativo
super·man [ˈsupərˌmæn] *s* (*pl* **-men** [ˌmɛn]) sobrehombre *m*, superhombre *m*
supermarket [ˈsupərˌmɑrkɪt] *s* supermercado
supernatural [ˌsupərˈnætʃərəl] *adj* sobrenatural
superpose [ˌsupərˈpoz] *tr* sobreponer, superponer
supersede [ˌsupərˈsid] *tr* reemplazar; desalojar
supersonic [ˌsupərˈsɑnɪk] *adj* supersónico ‖ **supersonics** *ssg* supersónica
superstitious [ˌsupərˈstɪʃəs] *adj* supersticioso
supertanker [ˈsupərˌtæŋkər] *s* superpetrolero, supertanquero
supervene [ˌsupərˈvin] *intr* sobrevenir
supervise [ˈsupərˌvaɪz] *tr* superintender, supervisar, dirigir
supervisor [ˈsupərˌvaɪzər] *s* superintendente *mf*, supervisor *m*, dirigente *mf*
supp. *abbr* **supplement**
supper [ˈsʌpər] *s* cena
supplant [səˈplænt] *tr* reemplazar
supple [ˈsʌpəl] *adj* flexible; dócil
supplement [ˈsʌplɪmənt] *s* suplemento ‖ [ˈsʌplɪˌmɛnt] *tr* suplir, completar
suppliant [ˈsʌpliˑənt] *adj & s* suplicante *mf*
supplication [ˌsʌpliˈkeʃən] *s* súplica
sup·ply [səˈplaɪ] *s* (*pl* **-plies**) suministro, provisión; surtido, repuesto; oferta, existencia; **supplies** pertrechos, provisiones, víveres *mf*; artículos, efectos ‖ *v* (*pret & pp* **-plied**) *tr* suministrar, aprovisionar; reemplazar
supply and demand *spl* oferta y demanda
support [səˈport] *s* apoyo, soporte *m*, sostén *m;* sustento ‖ *tr* apoyar, soportar, sostener; sustentar; aguantar
supporter [səˈportər] *s* partidario; (*jockstrap*) suspensorio; faja abdominal, faja medical

suppose [səˈpoz] *tr* suponer; creer; **to be supposed to** deber; **to suppose so** creer que sí
supposed [səˈpozd] *adj* supuesto
supposition [ˌsʌpəˈzɪʃən] *s* suposición
supposito·ry [səˈpɑziˌtori] *s* (*pl* **-ries**) supositorio
suppress [səˈprɛs] *tr* suprimir
suppression [səˈprɛʃən] *s* supresión
suppurate [ˈsʌpjəˌret] *intr* supurar
supreme [səˈprim] o [suˈprim] *adj* supremo
supt. *abbr* **superintendent**
surcharge [ˈsʌrˌtʃɑrdʒ] *s* sobrecarga ‖ [ˌsʌrˈtʃɑrdʒ] o [ˈsʌrˌtʃɑrdʒ] *tr* sobrecargar
sure [ʃur] *adj* seguro; **to be sure** seguramente, sin duda ‖ *adv* (coll) seguramente, claro; **sure enough** efectivamente
sure things *adv* (slang) seguramente ‖ *interj* ¡claro!, ¡seguro! ‖ *s* (slang) sacabocados *m*
sure·ty [ˈʃurti] o [ˈʃuriti] *s* (*pl* **-ties**) seguridad, garantía, fianza
surf [sʌrf] *s* cachones *mpl*, olas que rompen en la playa
surface [ˈsʌrfɪs] *adj* superficial ‖ *s* superficie *f* ‖ *tr* alisar, allanar; recubrir ‖ *intr* emerger (*p.ej., un submarino*)
surface mail *s* correo por vía ordinaria
surf'board' *s* patín *m* de mar
surfeit [ˈsʌrfɪt] *s* exceso; hartura, hastío; empacho, indigestión ‖ *tr* atracar, hastiar; encebadar (*las bestias*) ‖ *intr* atracarse, hastiarse; encebadarse
surf'-rid'ing *s* patinaje *m* sobre las olas
surge [sʌrdʒ] *s* oleada; (elec) sobretensión ‖ *intr* agitarse, ondular
surgeon [ˈsʌrdʒən] *s* cirujano
surger·y [ˈsʌrdʒəri] *s* (*pl* **-ies**) cirugía; sala de operaciones
surgical [ˈsʌrdʒɪkəl] *adj* quirúrgico
sur·ly [ˈsʌrli] *adj* (*comp* **-lier;** *super* **-liest**) áspero, rudo, hosco, insolente
surmise [sərˈmaɪz] o [ˈsʌrmaɪz] *s* conjetura, suposición ‖ [sərˈmaɪz] *tr & intr* conjeturar, suponer
surmount [sərˈmaunt] *tr* levantarse sobre; aventajar, sobrepujar; superar; coronar
surname [ˈsʌrˌnem] *s* apellido: (*added name*) sobrenombre *m* ‖ *tr* apellidar; sobrenombrar
surpass [sərˈpæs] o [sərˈpɑs] *tr* aventajar, sobrepasar
surplice [ˈsʌrplɪs] *s* sobrepelliz *f*
surplus [ˈsʌrplʌs] *adj* sobrante, excedente ‖ *s* sobrante *m*, exceso; (com) superávit *m*
surprise [sərˈpraɪz] *adj* inesperado, improviso ‖ *s* sorpresa; **to take by surprise** coger por sorpresa ‖ *tr* sorprender
surprise package *s* sorpresa
surprise party *s* reunión improvisada para felicitar por sorpresa a una persona
surprising [sərˈpraɪzɪŋ] *adj* sorprendente, sorpresivo
surrender [səˈrɛndər] *s* rendición ‖ *tr* rendir ‖ *intr* rendirse
surrender value *s* (ins) valor *m* de rescate
surreptitious [ˌsʌrɛpˈtɪʃəs] *adj* subrepticio

surround [sə'raund] *tr* cercar, rodear, circundar; (mil) sitiar

surrounding [sə'raundɪŋ] *adj* circundante, circunstante ‖ **surroundings** *spl* alrededores *mpl*, contornos; ambiente *m*, medio

surtax ['sʌr,tæks] *s* impuesto complementario

surveillance [sər'veləns] o [sər'veljəns] *s* vigilancia

survey ['sʌrve] *s* estudio, examen *m*, inspección, reconocimiento; agrimensura, medición, plano; levantamiento de planos; (*of opinion*) encuesta; (*of literature*) bosquejo ‖ [sʌr've] o ['sʌrve] *tr* estudiar, examinar, inspeccionar, reconocer; medir; levantar el plano de ‖ *intr* levantar el plano

surveyor [sər've•ər] *s* inspector *m;* agrimensor *m*

survival [sər'vaivəl] *s* supervivencia

survive [sər'vaiv] *tr* sobrevivir a (*otra persona; algún acontecimiento*) ‖ *intr* sobrevivir

surviving [sər'vaivɪŋ] *adj* sobreviviente

survivor [sər'vaivər] *s* sobreviviente *mf*

survivorship [sər'vaivər,ʃɪp] *s* (law) sobrevivencia

susceptible [sə'septibəl] *adj* susceptible; (*to love*) enamoradizo

suspect ['sʌspekt] o [səs'pekt] *adj & s* sospechoso ‖ [səs'pekt] *tr* sospechar

suspend [səs'pend] *tr* suspender ‖ *intr* dejar de obrar; suspender pagos

suspenders [səs'pendərz] *spl* tirantes *mpl*

suspense [səs'pens] *s* suspenso, suspensión; duda, incertidumbre; indecisión, irresolución; ansiedad

suspension bridge [səs'penʃən] *s* puente *m* colgante

suspicion [səs'pɪʃən] *s* sospecha, suspicacia; sombra, traza ligera

suspicious [səs'pɪʃəs] *adj* (*inclined to suspect*) suspicaz; (*subject to suspicion*) sospechoso

sustain [səs'ten] *tr* sostener, sustentar; apoyar, defender; confirmar, probar; sufrir (*p.ej., un daño, una pérdida*)

sustenance ['sʌstɪnəns] *s* sustento, alimentos; sostenimiento

sutler ['sʌtlər] *s* (mil) vivandero

swab [swab] *s* escobón *m*, estropajo; (naut) lampazo; (surg) tapón *m* de algodón ‖ *v* (*pret & pp* **swabbed;** *ger* **swabbing**) *tr* fregar, limpiar; (naut) lampacear; (surg) limpiar con algodón

swaddle ['swadəl] *tr* empañar, fajar

swaddling clothes *spl* pañales *mpl*

swagger ['swægər] *adj* (coll) muy elegante ‖ *s* fanfarronada; contoneo, paso jactancioso ‖ *intr* fanfarronear; contonear

swain [swen] *s* (*lad*) zagal; galán *m*, amante *m*

swallow ['swalo] *s* trago; (orn) golondrina ‖ *tr* tragar, deglutir; (fig) tragar, tragarse ‖ *intr* tragar, deglutir

swallow-tailed coat ['swalo,teld] *s* frac *m*

swal'low•wort' *s* vencetósigo

swamp [swamp] *s* pantano, marisma ‖ *tr* encharcar, inundar; (*e.g., with work*) abrumar

swamp•y ['swampi] *adj* (*comp* **-ier;** *super* **-iest**) pantanoso

swan [swan] *s* cisne *m*

swan dive *s* salto de ángel

swank [swæŋk] *adj* (slang) elegante, vistoso ‖ *s* (slang) elegancia vistosa

swan knight *s* caballero del cisne

swan's-down ['swanz,daun] *s* plumón *m* de cisne; moletón *m*, paño de vicuña

swan song *s* canto del cisne

swap [swap] *s* (coll) truque *m*, cambalache *m* ‖ *v* (*pret & pp* **swapped;** *ger* **swapping**) *tr & intr* trocar, cambalachear

swarm [swɔrm] *s* enjambre *m* ‖ *intr* enjambrar; volar en enjambres; hormiguear (*una multitud de gente o animales*)

swarth•y ['swɔrði] o ['swɔrθi] *adj* (*comp* **-ier;** *super* **-iest**) atezado, carinegro, moreno

swashbuckler ['swaʃ,bʌklər] *s* espada chín *m*, matasiete *m*, valentón *m*

swat [swat] *s* (coll) golpe violento ‖ *v* (*pret & pp* **swatted;** *ger* **swatting**) *tr* (coll) golpear con fuerza; (coll) aporrear, aplastar (*una mosca*)

sway [swe] *s* oscilación, vaivén *m;* dominio, imperio ‖ *tr* hacer oscilar; conmover; disuadir; gobernar, dominar ‖ *intr* oscilar; desviarse; tambalear, flaquear

swear [swer] *v* (*pret* **swore** [swor]; *pp* **sworn** [sworn]) *tr* jurar; juramentar; prestar (*juramento*); **to swear in** tomar juramento a; **to swear off** jurar renunciar a; **to swear out** obtener mediante juramento ‖ *intr* jurar; **to swear at** maldecir; **to swear by** jurar por; poner toda su confianza en; **to swear to** prestar juramento a; declarar bajo juramento; jurar + *inf*

sweat [swet] *s* sudor *m* ‖ *v* (*pret & pp* **sweat** o **sweated**) *tr* sudar (*agua por los poros; la ropa*); (slang) hacer sudar; **to sweat it out** (slang) aguantarlo hasta el fin ‖ *intr* sudar

sweater ['swetər] *s* suéter *m*

sweat shirt *s* pulóver *m* de mangas largas

sweat'shop' *s* taller *m* de trabajo afanoso y de poco sueldo

sweat•y ['sweti] *adj* (*comp* **-ier;** *super* **-iest**) sudoroso

Swede [swid] *s* sueco

Sweden ['swidən] *s* Suecia

Swedish ['swidɪʃ] *adj & s* sueco

sweep [swip] *s* barrido; alcance *m*, extensión; (*of wind*) soplo; (*of a well*) cigoñal *m* ‖ *v* (*pret & pp* **swept** [swept]) *tr* barrer; arrastrar; rozar, tocar; recorrer con la mirada, los dedos, etc. ‖ *intr* barrer; pasar rápidamente; extenderse; precipitarse; andar con paso majestuoso

sweeper ['swipər] *s* (*person*) barrendero; (*machine for sweeping streets*) barredera; barredera de alfombra; (nav) dragaminas *m*

sweeping ['swipɪŋ] *adj* arrebatador; comprensivo, extenso, vasto ‖ **sweepings** *spl* barreduras

SU
SW

sweep'sec'ond *s* segundero central

sweep'stakes' *ssg* o *spl* lotería en la cual una persona gana todas las apuestas; carrera que decide todas las apuestas; premio en las carreras de caballos

sweet [swit] *adj* dulce; oloroso; melodioso, grato al oído; fresco; bonito, lindo; amable; querido; to be sweet on (coll) estar enamorado de ‖ *adv* dulcemente; to smell sweet tener buen olor ‖ sweets *spl* dulces *mpl*, golosinas

sweet'bread' *s* lechecillas, mollejas

sweet'bri'er *s* eglantina

sweeten ['switən] *tr* azucarar, endulzar; suavizar; purificar ‖ *intr* azucararse, endulzarse; suavizarse

sweetener ['switənər] *s* eculcorante

sweet'heart' *s* enamorado o enamorada; amiga querida; galán *m*, cortejo

sweetish ['swit∫] *adj* dulzoso

sweet marjoram *s* mejorana

sweet'meats' *spl* dulces *mpl*, confites *mpl*, confitura

sweet pea *s* guisante *m* de olor

sweet potato *s* batata, camote *m*

sweet-scented ['swit,sɛntɪd] *adj* oloroso, perfumado

sweet tooth *s* gusto por los dulces

sweet-toothed ['swit,tuθt] *adj* dulcero, goloso

sweet william *s* clavel *m* de ramillete, minutisa

swell [swɛl] *adj* (coll) muy elegante; (slang) de órdago, magnífico ‖ *s* hinchazón *f*; bulto; marejada; oleaje *m;* (*of a crowd of people*) oleada; (coll) petimetre *m*, pisaverde *m* ‖ *v* (*pret* swelled; *pp* swelled o swollen ['swolən]) *tr* hinchar, inflar; abultar, aumentar; elevar, levantar; (fig) hinchar, engreír ‖ *intr* hincharse; abultarse, aumentar, crecer; elevarse, levantarse; embravecerse (*el mar*); (fig) hincharse, engreírse

swelled head *s* entono; to have a swelled head estar muy pagado de sí mismo, creerse gran cosa

swelter ['swɛltər] *intr* sofocarse de sudor

swept'back' wing *s* (aer) ala en flecha

swerve [swʌrv] *s* viraje *m*, desvío brusco ‖ *tr* desviar ‖ *intr* desviarse, torcer

swift [swɪft] *adj* rápido, veloz; pronto; repentino; correlón (SAm) ‖ *adv* rápidamente, velozmente ‖ *s* vencejo

swig [swɪg] *s* chisguete, tragantada ‖ *v* (*pret* & *pp* swigged; *ger* swigging) *tr* & *intr* beber a grandes tragos

swill [swɪl] *s* basura, inmundicia; tragantada ‖ *tr* beber a grandes tragos; emborrachar ‖ *intr* beber a grandes tragos; emborracharse

swim [swɪm] *s* natación *f*; the swim (*in affairs, society, etc.*) (coll) la corriente ‖ *v* (*pret* swam [swæm]; *pp* swum [swʌm]; *ger* swimming) *tr* pasar a nado ‖ *intr* nadar; deslizarse, escurrirse; padecer vahidos; dar vueltas (*la cabeza*); to swim across atravesar a nado

swimmer ['swɪmər] *s* nadador *m*

swimming pool *s* piscina

swimming suit *s* traje *m* de baño

swindle ['swɪndəl] *s* estafa, timo; leva (CAm, Col); embelequería (Col, Mex, P-R) ‖ *tr* & *intr* estafar, timar

swindler ['swɪndlər] *s* estafador *m*, estafadora; lana *m* (CAm)

swine [swaɪn] *s* cerdo, puerco; *spl* ganado porcino

swing [swɪŋ] *s* balance *m*, oscilación, vaivén *m;* (*device used for recreation*) columpio; hamaca; turno, período; fuerza, ímpetu *m;* (*trip*) jira; (box) golpe *m* de lado; (mus) ritmo constantemente repetido; in full swing en plena marcha ‖ *v* (*pret* & *pp* swung [swʌŋ]) *tr* blandir (*p.ej., un arma*); menear (*los brazos*); hacer oscilar; columpiar; manejar con éxito ‖ *intr* oscilar; balancearse; columpiar; estar colgado; dar una vuelta; to swing open abrirse de pronto (*una puerta*)

swinging door ['swɪŋɪŋ] *s* batiente *m* oscilante, puerta de vaivén

swinish ['swaɪnɪ∫] *adj* porcuno; (fig) cochino, puerco

swipe [swaɪp] *s* (coll) golpe *m* fuerte ‖ *tr* (coll) dar un golpe fuerte a; (slang) hurtar, robar

swirl [swʌrl] *s* remolino, torbellino ‖ *tr* hacer girar ‖ *intr* arremolinarse, remolinar; girar

swish [swɪ∫] *s* (*e.g., of a whip*) chasquido; (*of a dress*) crujido ‖ *tr* chasquear (*el látigo*) ‖ *intr* chasquear; crujir (*un vestido*)

Swiss [swɪs] *adj* & *s* suizo

Swiss chard [t∫ɑrd] *s* acelga

Swiss cheese *s* Gruyère *m*, queso suizo

Swiss Guards *spl* guardia suiza

switch [swɪt∫] *s* bastoncillo, latiguillo; latigazo; coletazo; (*false hair*) trenza postiza, moño postizo; (elec) llave *f*, interruptor *m*, conmutador *m;* (rr) agujas ‖ *tr* azotar, fustigar; (elec) conmutar; (rr) desviar; to switch off (elec) cortar, desconectar; to switch on (elec) cerrar (*el circuito*); (elec) encender, poner (*la luz, etc.*) ‖ *intr* cambiarse, moverse; desviarse

switch'back' *s* vía en zigzag

switch'board' *s* cuadro de distribución

switching engine *s* locomotora de maniobras

switch•man ['swɪt∫mən] *s* (*pl* -men [mən]) agujetero, guardagujas *m*

switch'yard' *s* patio de maniobras

Switzerland ['swɪtsərlənd] *s* Suiza

swiv•el ['swɪvəl] *s* eslabón giratorio ‖ *v* (*pret* & *pp* -eled o -elled; *ger* -eling o -elling) *intr* girar sobre un eje

swivel chair *s* silla giratoria

swoon [swun] *s* desmayo ‖ *intr* desmayarse

swoop [swup] *s* descenso súbito; (*of a bird of prey*) calada ‖ *intr* bajar rápidamente, precipitarse; abatirse (*p.ej., el ave de rapiña*)

sword [sord] *s* espada; at swords' points enemistados a sangre y fuego; to put to the sword pasar al filo de la espada, pasar a cuchillo

sword belt *s* cinturón *m*

sword'fish' *s* pez *m* espada

sword handler s (taur) mozo de estoques
sword rattling s fanfarronería
swords•man ['sordzmən] s (pl -men [mən]) espada m; esgrimidor m
sword swallower ['swalo•ər] s tragasable m
sword thrust s estocada, golpe m de espada
sworn [sworn] adj (enemy) jurado
sycophant ['sɪkəfənt] s adulador m; parásito
syll. abbr **syllable**
syllable ['sɪləbəl] s sílaba
syllogism ['sɪlə,dʒɪzəm] s silogismo
sylph [sɪlf] s sílfide f
sym. abbr **symbol, symmetrical, symphony, symptom**
symbiosis [,sɪmbaɪ'osɪs] o [,sɪmbi'osɪs] s simbiosis
symbiotic [,sɪmbaɪ'ɑtɪk] o [,sɪmbi'ɑtɪk] adj simbiótico
symbol ['sɪmbəl] s símbolo
symbolic(al) [sɪm'balɪk(əl)] adj simbólico
symbolize ['sɪmbə,laɪz] tr simbolizar
symmetric(al) [sɪ'mɛtrɪk(əl)] adj simétrico
symme•try ['sɪmɪtri] s (pl -tries) simetría
sympathetic [,sɪmpə'θɛtɪk] adj compasivo; favorablemente dispuesto
sympathize ['sɪmpə,θaɪz] intr compadecerse; **to sympathize with** compadecerse de; comprender
sympa•thy ['sɪmpəθi] s (pl -thies) compasión, conmiscración; **to be in sympathy with** estar de acuerdo con, ser partidario de; **to extend one's sympathy to** dar el pésame a
sympathy strike s huelga por solidaridad
symphonic [sɪm'fɑnɪk] adj sinfónico
sympho•ny ['sɪmfəni] s (pl -nies) sinfonía

symposi•um [sɪm'pozɪ•əm] s (pl -a [ə]) coloquio
symptom ['sɪmptəm] s síntoma m
syn. abbr **synonym, synonymous**
synagogue ['sɪnə,gɔg] s sinagoga
synchronize ['sɪŋkrə,naɪz] tr & intr sincronizar
synchronous ['sɪŋkrənəs] adj sincrónico
syncope ['sɪŋkə,pi] s (phonet) síncopa
syndicate ['sɪndɪkɪt] s sindicato ǁ ['sɪndɪ,ket] tr sindicar ǁ intr sindicarse
syndrome ['sɪndrom] s síndrome m
synonym ['sɪnənɪm] s sinónimo
synonymous [sɪ'nɑnɪməs] adj sinónimo
synop•sis [sɪ'nɑpsɪs] s (pl -ses [siz]) sinopsis f
syntax ['sɪntæks] s sintaxis f
synthe•sis ['sɪnθɪsɪs] s (pl -ses [,siz]) síntesis f
synthesize ['sɪnθɪ,saɪz] tr sintetizar
synthesizer s sintetizador m
synthetic(al) [sɪn'θɛtɪk(əl)] adj sintético
syphillis ['sɪfɪlɪs] s sífilis f
Syria ['sɪrɪ•ə] s Siria
Syrian ['sɪrɪ•ən] adj & s sirio
syringe [sɪ'rɪndʒ] o ['sɪrɪndʒ] s jeringa; (fountain syringe) mangueta; (syringe fitted with needle for hypodermic injections) jeringuilla ǁ tr jeringar
syrup ['sɪrəp] s almíbar m; (with fruit juices or medicinal substances) jarabe m
system ['sɪstəm] s sistema m
systematic(al) [,sɪstə'mætɪk(əl)] adj sistemático
systematize ['sɪstəmə,taɪz] tr sistematizar
systems analysis s análisis m & f de sistemas
systole ['sɪstəli] s sístole f

T

T, t [ti] vigésima letra del alfabeto inglés
t. abbr **teaspoon, temperature, tenor, tense, territory, town**
T. abbr **Territory, Testament**
tab [tæb] s apéndice m, proyección; marbete m; **to keep tab on** (coll) tener a la vista; **to pick up the tab** (coll) pagar la cuenta
tab•by ['tæbi] s (pl -bies) gato atigrado; gata; solterona; chismosa
tabernacle ['tæbər,nækəl] s tabernáculo
table ['tebəl] s mesa; (list, catalogue; index of a book) tabla; **to set the table** poner la mesa; **to turn the tables** volver las tornas; **under the table** completamente emborrachado ǁ tr aplazar la discusión de
tab•leau ['tæblo] s (pl -leaus o -leaux [loz]) cuadro vivo
ta'ble•cloth' s mantel m
table d'hôte ['tabəl'dot] s mesa redonda; comida a precio fijo
ta'ble•land' s meseta

table linen s mantelería
table manners spl modales mpl que uno tiene en la mesa
table of contents s índice m de materias, tabla de materias
ta'ble•spoon' s cuchara de sopa
tablespoonful ['tebəl,spun,ful] s cucharada
tablet ['tæblɪt] s (writing pad) bloc m; (slab) lápida, placa; (lozenge, pastille) comprimido, tableta
table talk s conversación de sobremesa
table tennis s tenis de mesa
ta'ble•ware' s servicio de mesa, artículos para la mesa
tabloid ['tæblɔɪd] s periódico sensacional
taboo [tə'bu] adj prohibido ǁ s tabú m ǁ tr prohibir
tabulate ['tæbjə,let] tr tabular
tabulator ['tæbjə,letər] s tabulador m
tacit ['tæsɪt] adj tácito
taciturn ['tæsɪ,tʌrn] adj taciturno

sw
ta

tack [tæk] *s* tachuela; nuevo plan de acción; (naut) virada; (sew) hilván *m* ‖ *tr* clavar con tachuelas; añadir; unir; (naut) virar; (sew) hilvanar ‖ *intr* cambiar de plan; (naut) virar

tackle ['tækəl] *s* avíos, enseres *mpl;* (naut) poleame *m* ‖ *tr* atacar, embestir; emprender

tack•y ['tæki] *adj* (*comp* **-ier;** *super* **-iest**) pegajoso; (coll) desaliñado

tact [tækt] *s* tacto, juicio, tino

tactful ['tæktfəl] *adj* discreto, político

tactical ['tæktɪkəl] *adj* táctico

tactician [tæk'tɪʃən] *s* táctico

tactics ['tæktɪks] *ssg* (mil) táctica ‖ *spl* táctica

tactless ['tæklɪs] *adj* indiscreto

tad'pole' *s* renacuajo

taffeta ['tæfɪtə] *s* tafetán *m*

taffy ['tæfi] *s* arropía, melcocha; (coll) lisonja, zalamería

tag [tæg] *s* etiqueta, marbete *m;* herrete *m;* pingajo; mechón *m;* vedija; (*curlicue in writing*) ringorrango; **to play tag** jugar al tócame tú ‖ *v* (*pret & pp* **tagged;** *ger* **tagging**) *tr* pegar un marbete a; marcar con marbete ‖ *intr* (coll) seguir de cerca

tag end *s* cabo flojo; retal *m*, retazo

Tagus ['tegəs] *s* Tajo

tail [tel] *adj* de cola ‖ *s* cola; **tails** (*of a coin*) cruz *f;* (coll) frac *m;* **to turn tail** mostrar los talones ‖ *tr* atar, juntar ‖ *intr* formar cola; **to tail after** pisar los talones a

tail assembly *s* (aer) empenaje *m*, planos de cola

tail end *s* cola, extremo; conclusión; **at the tail end** al final

tail'gate' *tr & intr* (aut) seguir demasiado de cerca

tail'light' *s* faro trasero; (rr) disco de cola

tailor ['telər] *s* sastre *m* ‖ *tr* entallar (*un traje*) ‖ *intr* ser sastre

tailoring ['telərɪŋ] *s* sastrería, costura

tai'lor-made' suit *s* traje *m* de sastre, traje hecho a la medida

tail'piece' *s* apéndice *m*, cabo; (*of stringed instrument*) (mus) cordal *m;* (typ) florón *m*

tail'race' *s* cauce *m* de salida; (min) canal *m* de desechos

tail spin *s* (aer) barrena picada

tail wind *s* (aer) viento de cola; (naut) viento en popa

taint [tent] *s* mancha; corrupción, infección ‖ *tr* manchar; corromper, inficionar

take [tek] *s* toma; presa, redada; (mov) toma; (slang) entradas, ingresos ‖ *v* (*pret* **took** [tʊk]; *pp* **taken**) *tr* tomar; (*to carry off with one*) llevarse; (*to remove*) quitar; quedarse con (*p.ej., una compra en una tienda*); comer (*una pieza, en el juego de ajedrez y en el de damas*); dar (*un paso, un salto, un paseo*); hacer (*un viaje; ejercicio*); seguir (*un consejo; una asignatura*); sacar (*una fotografía*); calzar, usar (*cierto tamaño de zapatos o guantes*); estudiar (*p.ej., historia, francés, matemáticas*); echar (*una siesta*); tomar (*un tren, autobús, tranvía*); aguantar, tolerar; soportar; **to take amiss**

llevar a mal; **to take apart** descomponer, desarmar, desmontar; **to take down** bajar; descolgar; poner por escrito, tomar nota de; desmontar; (*to humble*) quitar los humos a; **to take for** tomar por, p.ej., **I took you for someone else** le tomé por otra persona; **to take from** quitar a; **to take in** acoger, admitir; (*to welcome into one's home, one's company*) recibir; (*to encompass*) abarcar, comprender; ganar (*dinero*); visitar (*los puntos de interés*); (*to win over by flattery or deceit*) cazar; meter (*p.ej., las costuras de una prenda de vestir*); **to take it that** suponer que; **to take off** quitarse (*p.ej., el sombrero*); descontar; (coll) imitar, parodiar; **to take on** tomar, contratar; empezar; cargar con, tomar sobre sí; desafiar; **to take out** sacar; pasear (*p.ej., a un niño, un caballo*); omitir; extraer, separar; **to take place** tener lugar; **to take up** subir; levantar; apretar; coger; recoger; emprender, comenzar; tomar posesión de (*un cargo, un puesto*); tomar, estudiar; ocupar, llenar (*un espacio*) ‖ *intr* arraigar, prender; cuajar; actuar, obrar; salir, resultar; adherirse; pegar; (coll) tener éxito; **to take after** parecerse a; **to take off** levantarse; salir; (aer) despegar; **to take up with** (coll) estrechar amistad con; (coll) vivir con; **to take well** (coll) sacar buen retrato

take'-home' pay *s* salario neto

take'-off' *s* (aer) despegue *m;* (coll) imitación burlesca, parodia

talcum powder ['tælkəm] *s* polvos de talco; talco en polvo

tale [tel] *s* cuento, relato; embuste *m*, mentira

tale'bear'er *s* chismoso, cuentista *mf*

talent ['tælənt] *s* talento; gente *f* de talento

talented ['tæləntɪd] *adj* talentoso

talent scout *s* buscador *m* de nuevas figuras

talk [tɔk] *s* charla, plática; (*gossip*) fábula, comidilla; (*lecture*) conferencia; **to cause talk** dar que hablar ‖ *tr* hablar; convencer hablando; **to talk up** ensalzar ‖ *intr* hablar; parlar (*el loro*); **to talk on** discutir (*un asunto*); hablar sin para; continuar hablando; **to talk up** elevar la voz, osar hablar

talkative ['tɔkətɪv] *adj* hablador, locuaz, palabrudo

talker ['tɔkər] *s* hablador *m;* orador *m;* charlatán *m*, parlón *m;* discursista *mf*

talkie ['tɔki] *s* (coll) cine hablado

talking doll ['tɔkɪŋ] *s* muñeca parlante

talking film *s* película hablada

talking machine *s* máquina parlante

talking picture *s* cine hablado, cine parlante

talk show *s* (telv, rad) programa *m* de conversación e interviú

tall [tɔl] *adj* alto; (coll) exagerado

tallow ['tælo] *s* sebo

tal•ly ['tæli] *s* (*pl* **-lies**) cuenta ‖ *v* (*pret & pp* **-lied**) *tr* echar la cuenta de ‖ *intr* echar la cuenta; concordar, corresponder, conformarse

tally sheet *s* hoja en que se anota una cuenta

talon ['tælən] s garra
tambourine [,tæmbə'rin] s pandereta
tame [tem] adj manso, domesticado; dócil, sumiso; insípido || tr amansar, domesticar; domar (a un animal salvaje); someter; captar (una caída de agua)
tamp [tæmp] tr atacar (un barreno); apisonar
tamper ['tæmpər] s (person) apisonador m; (ram) pisón m || intr entremeterse; **to tamper with** manosear, tocar ajando; tratar de forzar (una cerradura); falsificar (un documento); corromper (p.ej., a un testigo)
tampon ['tæmpɑn] s (surg) tapón m || tr (surg) taponar
tan [tæn] adj requemado, tostado; de color de canela; marrón; café (Am) || v (pret & pp **tanned;** ger **tanning**) tr adobar, curtir, zurrar; quemar, tostar; (coll) zurrar, dar una paliza a
tang [tæŋ] s sabor m u olor m fuerte y picante; dejo, gustillo (ringing sound) tanido
tangent ['tændʒənt] adj tangente || s tangente f; **to fly off at a tangent** tomar subitamente nuevo rumbo, cambiar de repente
tangerine [,tændʒə'rin] s mandarina
tangible ['tændʒɪbəl] adj palpable, tangible
Tangier [tæn'dʒɪr] s Tánger f
tangle ['tæŋgəl] s enredo, maraña, lío || tr enredar, enmarañar || intr enredarse, enmarañarse
tank [tæŋk] s tanque m, depósito; (mil) tanque, carro de combate; (rr) ténder m; (heavy drinker) (slang) bodega
tank car s (rr) carro cuba, vagón m tanque
tanker ['tæŋkər] s barco tanque, buque m cisterna, barco cisternas; avión-nodriza m
tanker fleet s flota petrolera
tank farming s quimicultura, cultivo hidropónico
tank truck s camión m tanque
tanner ['tænər] s curtidor m
tannery ['tænəri] s (pl -ies) curtiduría, tenería
tantalize ['tæntə,laɪz] tr atormentar con falsas promesas
tantamount ['tæntə,maʊnt] adj equivalente
tantrum ['tæntrəm] s berrinche m, rabieta
tap [tæp] s golpecito, palmadita; canilla, espita; grifo; (elec) toma; (mach) macho de terraja; **on tap** sacado del barril, servido al grifo; listo, a mano; **taps** (signal to put out lights) (mil) silencio || v (pret & pp **tapped;** ger **tapping**) tr dar golpecitos o un golpecito a ɔ en; espitar, poner la espita a; sacar o tomar (quitando la espita); sangrar (un árbol); intervenir (un teléfono); derivar (electricidad); aterrajar (tuercas) || intr dar golpecitos
tap dance s zapateado
tap'-dance' intr zapatear
tape [tep] s cinta || tr proveer de cinta; medir con cinta; (coll) grabar en cinta magnetofónica
tape measure s cinta de medir
taper ['tepər] s cerilla, velita larga y delgada

|| tr ahusar || intr ahusarse; ir disminuyendo
tape'-re·cord' tr grabar sobre cinta
tape recorder [rɪ'kɔrdər] s magnetófono, grabadora de cinta
tapestry ['tæpɪstri] s (pl -tries) tapiz m || v (pret & pp **-tried**) tr tapizar
tape'worm' s solitaria, lombriz solitaria
tappet ['tæpɪt] s (aut) alzaválvulas m, taqué m
tap'room' s bodegón m, taberna
taps [tæps] s toque m de silencio; (slang) fin m, muerte f
tap water s agua de grifo
tap wrench s volvedor m de machos
tar [tɑr] s alquitrán m; (coll) marinero || v (pret & pp **tarred;** ger **tarring**) tr alquitranar; **to tar and feather** embrear y emplumar
tardy ['tɑrdi] adj (comp **-dier;** super **-diest**) tardío
target ['tɑrgɪt] s blanco
target area s zona a batir
target practice s tiro al blanco
tariff ['tærɪf] adj arancelario || (duties) arancel m; (rates in general) tarifa
tarnish ['tɑrnɪʃ] s deslustre m || tr deslustrar || intr deslustrarse
tar paper s papel alquitranado
tarpaulin [tɑr'pɔlɪn] s alquitranado, encerado, empegado
tarry ['tɑri] adj alquitranado, embreado || ['tæri] v (pret & pp **-ried**) intr detenerse, tardarse; tardar
tart [tɑrt] adj acre, agrio; (fig) áspero, mordaz || s tarta; (coll) puta
task [tæsk] s tarea; **to bring o take to task** llamar a capítulo
taskmaster s amo, superintendente mf; ordenancista mf, tirano
tassel ['tæsəl] s borla; (bot) penacho
taste [test] s gusto, sabor m; sorbo, trago; muestra; gusto, buen gusto; **in bad taste** de mal gusto; **in good taste** de buen gusto; **to acquire a taste for** tomar gusto a || tr gustar; (to sample) probar || intr saber; **to taste of** saber a
tasteless ['testlɪs] adj desabrido, insípido, de mal gusto
tasty ['testi] adj (comp **-ier;** super **-iest**) sabroso; de buen gusto
tatter ['tætər] s andrajo, harapo, guiñapo || tr hacer andrajos
tattered ['tætərd] adj andrajoso, haraposo, hilachento
tattle ['tætəl] s charla; habladuría || intr charlar; chismear, murmurar
tattletale ['tætəl,tel] adj revelador || s cuentista mf, chismoso
tatto [tæ'tu] s tatuaje m; (mil) retreta || tr tatuar o tatuarse
taunt [tɔnt] o [tɑnt] s mofa, pulla || tr provocar con insultos
Taurus ['tɔrəs] s (astr) Tauro
taut [tɔt] adj tieso, tirante
tavern ['tævərn] s taberna; mesón m, posada; bayun(c)a (CAm); borrachería (Mex)

taw•dry ['tɔdri] adj (comp -drier; super -driest) cursi, charro, vistoso

taw•ny ['tɔni] adj (comp -nier; super -niest) leonado

tax [tæks] s contribución, impuesto ‖ tr poner impuestos a (una persona); poner impuestos sobre (la propiedad); abrumar, cargar; agotar (la paciencia de uno)

taxable ['tæksəbəl] adj imponible

taxation [tæk'seʃən] s imposición de contribuciones; contribuciones, impuestos

tax collector s recaudador m de impuestos

tax cut s reducción de impuestos

tax deduction s exclusión de contribución

tax evader [ɪ'vedər] s burlador m de impuestos

tax evasion s fraude m fiscal

tax'-ex•empt' adj exento de impuesto

tax haven s asilo de los impuestos

tax•i ['tæksi] s (pl -is) taxi m ‖ v (pret & pp -ied; ger -iing o -ying) tr (aer) carretear ‖ intr ir en taxi; (aer) carretear, taxear

tax'i•cab' s taxi m

taxi dancer s taxi f

taxi driver s taista mf

tax'i•plane' s avioneta de alquiler

taxi stand s parada de taxis

tax loss s pérdida de reclamable

tax'pay'er s contribuyente mf

tax rate s tipo impositivo

tax relief s aligeramiento de impuestos

tax return s declaración de renta

t.b. abbr tuberculosis

tbs. o tbsp. abbr tablespoon, tablespoons

tea [ti] s té m; (medicinal infusion) tisana; caldo de carne

tea bag s muñeca

tea ball s huevo del té

tea'cart' s mesita de té (con ruedas)

teach [titʃ] v (pret & pp taught [tɔt]) tr & intr enseñar

teacher ['titʃər] s maestro, instructor m; (such as adversity) (fig) maestra

teacher's pet s alumno mimado

teaching ['titʃɪŋ] adj docente ‖ s enseñanza; doctrina

teaching aids spl material m auxiliar de instrucción

teaching staff s personal m docente

tea'cup' s taza para té

tea dance s té m bailable

teak [tik] s teca

tea'ket'tle s tetera

team [tim] s (e.g., of horses) tiro, tronco; (of oxen) yunta; (sport) equipo ‖ tr enganchar, uncir, enyugar ‖ intr—to team up asociarse, unirse; formar un equipo

team'mate' s compañero de equipo, equipier m

teamster ['timstər] s (of horses) tronquista m; (of a truck) camionista m

team'work' s espíritu de equipo; trabajo de equipo

tea'pot' s tetera

tear [tɪr] s lágrima; to burst into tears romper a llorar; to fill with tears arrasarse (los ojos) de o en lágrimas; to hold back one's tears beberse las lágrimas; to laugh away one's tears convertir las lágrimas en risas ‖ [tɛr] s desgarro, rasgón m ‖ [tɛr] v (pret tore [tor]; pp torn [torn]) tr desgarrar, rasgar; acongojar, afligir; mesarse (los cabellos); to tear apart romper en dos; to tear down derribar (un edificio); desarmar (una máquina); to tear off desgajar; to tear up romper (p.ej., un papel) ‖ intr desgarrarse, rasgarse; to tear along correr a toda velocidad

tear bomb [tɪr] s bomba lacrimógena

tearful ['tɪrfəl] adj lacrimoso

tear gas [tɪr] s gas lacrimógeno

tear-jerker ['tɪr,dʒʌrkər] s (slang) drama m o cine m que arrancan lágrimas

tear-off ['tɛr,ɔf] adj exfoliador

tea'room' s salón m de té

tear sheet [tɛr] s hoja del anunciante

tease [tiz] tr embromar, azuzar

tea'spoon' s cucharilla, cucharita

teaspoonful ['ti,spun,fʊl] s cucharadita

teat [tit] s teta, pezón m

tea time s hora del té

technical ['tɛknɪkəl] adj técnico

technicali•ty [,tɛknɪ'kælɪti] s (pl -ties) detalle técnico

technician [tɛk'nɪʃən] s técnico

technics ['tɛknɪks] ssg técnica

technique [tɛk'nik] s técnica

Teddy bear ['tɛdi] s oso de juguete, oso de trapo

tedious ['tidɪ•əs] o ['tidʒəs] adj tedioso, enfadoso

teem [tim] intr hormiguear; llover a cántaros; to teem with hervir de

teeming ['timɪŋ] adj hormigueante; (rain) torrencial

teen age [tin] s edad de 13 a 19 años

teen-ager ['tin,edʒər] s joven mf de 13 a 19 años de edad

teens [tinz] spl números ingleses que terminan en -teen (de 13 a 19); edad de 13 a 19 años; to be in one's teens tener de 13 a 19 años

tee•ny ['tini] adj (comp -nier; super -niest) (coll) diminuto, pequeñito

teeter ['titər] s vaivén m, balanceo ‖ intr balancear, oscilar

teethe [tið] intr endentecer

teething ['tiðɪŋ] s dentición

teething ring s chupador m

teetotaler [ti'totələr] s teetotalista mf, nefalista mf, abstemio

tel. abbr telegram, telegraph, telephone

tele•cast ['tɛlɪ,kæst] s teledifusión ‖ v (pret & pp -cast o -casted) tr & intr teledifundir

telegram ['tɛlɪ,græm] s telegrama m

telegraph ['tɛlɪ,græf] s telégrafo ‖ tr & intr telegrafiar

telegrapher [tɪ,lɛgrəfər] s telegrafista mf

telegraph pole s poste m de telégrafo

Telemachus [tɪ'lɛməkəs] s Telémaco

telemeter [tɪ'lɛmɪtər] s telémetro ‖ tr telemetrar

telemetry [tɪ'lɛmɪtri] s telemetría

telephone ['tɛlɪ,fon] s teléfono || tr & intr telefonear

telephone booth s locutorio, cabina telefónica

telephone call s llamada telefónica

telephone directory s anuario telefónico, guía telefónica

telephone exchange s estación telefónica, central f de teléfonos; conmutador m (SAm)

telephone operator s telefonista mf, centralista mf

telephone receiver s receptor telefónico

telephone table s mesita portateléfono

tele(photo)lens ['tɛlɪ(,fotə),lɛnz] s lente telefotográfica

teleprinter ['tɛlɪ,prɪntər] s teleimpresor m

telescope ['tɛlɪ,skop] s telescopio || tr telescopar || intr telescoparse

teletype ['tɛlɪ,taɪp] s teletipo || tr & intr transmitir por teletipo

teleview ['tɛlɪ,vju] tr & intr ver por televisión

televiewer ['tɛlɪ,vju•ər] s televidente mf, telespectador m

televise ['tɛlɪ,vaɪz] tr televisar

television ['tɛlɪ,vɪʃən] adj televisor || s televisión

television audience s telespectadores

television screen s pantalla televisora, pequeña pantalla

television set s televisor m, telerreceptor m

telex ['tɛlɛks] s servicio comerical de teletipo

tell [tɛl] v (pret & pp told [told]) tr decir; (to narrate; to count) contar; determinar; conocer, distinguir; I told you so! ¡por algo se lo dije!; to tell someone to + inf decircle a uno que + subj || intr hablar; surtir efecto; to tell on dejarse ver en (p.ej., la salud de uno); (coll) denunciar

teller ['tɛlər] s narrador m; (of a bank) cajero; (of votes) escrutador m

temper ['tɛmpər] s temple m, natural m, genio; cólera, mal genio; (of steel, glass, etc.) temple m; to keep one's temper dominar su mal genio; to lose one's temper encolerizarse, perder la paciencia || tr templar intr templarse

temperament ['tɛmpərəmənt] s disposición; temperamento sensible o excitable

temperamental [,tɛmpərə'mɛntəl] adj temperamental

temperance ['tɛmpərəns] s templanza

temperate ['tɛmpərɪt] adj templado

temperature [,tɛmpərət/ər] s temperatura

tempest ['tɛmpɪst] s tempestad

tempestuous [tɛm'pɛst/u•əs] adj tempestuoso

temple ['tɛmpəl] s (place of worship) templo; (side of forehead) sien f; (sidepiece of spectacles) gafa

tem•po ['tɛmpo] s (pl -pos o -pi [pi]) (mus) tiempo; (fig) ritmo (p.ej., de la vida)

temporal ['tɛmpərəl] adj temporal

temporary ['tɛmpə,rɛri] adj temporáneo, temporario, provisional, interino

temporize ['tɛmpə,raɪz] intr contemporizar, temporizar

tempt [tɛmpt] tr tentar

temptation [tɛmpt'teʃən] s tentación

tempter ['tɛmptər] s tentador m

tempting ['tɛmptɪŋ] adj tentador

ten [tɛn] adj & pron diez || s diez m; ten o'clock las diez

tenable ['tɛnəbəl] adj defendible

tenacious [tɪ'neʃəs] adj tenaz

tenacity [tɪ'næsɪti] s tenacidad

tenant ['tɛnənt] s arrendatario, inquilino; morador m, residente mf

tend [tɛnd] tr cuidar, vigilar; servir || intr tender, dirigirse; to tend to atender a; to tend to + inf tender a + inf

tenden•cy ['tɛndənsi] s (pl -cies) tendencia

tender ['tɛndər] adj tierno; (painfully sensitive) dolorido || n oferta; (naut) alijador m, falúa; (rr) ténder m || tr ofrecer, tender

tender-hearted ['tɛndər,hartɪd] adj compasivo, tierno de corazón

ten'der•loin' s filete m || Tenderloin s barrio de mala vida

tenderness ['tɛndərnɪs] s ternura, terneza; sensibilidad

tendon ['tɛndən] s tendón m

tendril ['tɛndrɪl] s zarcillo

tenement ['tɛnɪmənt] s habitación, vivienda; casa de vecindad

tenement house s casa de vecindad

tenet ['tɛnɪt] s dogma m, credo, principio

tennis ['tɛnɪs] s tenis m

tennis court s campo de tenis

tennis player s tenista mf

tenor ['tɛnər] s tenor m, carácter m, curso, tendencia; (mus) tenor

tense [tɛns] adj tenso, tieso; (person; situation) (fig) tenso; (relations) tirante || s (gram) tiempo

tension ['tɛnʃən] s tensión; ansia, congoja, esfuerzo mental; (in personal or diplomatic relations) tirantez f

tent [tɛnt] s tienda; tienda de campaña

tentacle ['tɛntəkəl] s tentáculo

tentative ['tɛntətɪv] adj tentativo

tenth [tɛnθ] adj & s décimo || s (in dates) diez m

tenuous ['tɛnju•əs] adj tenue; (thin in consistency) raro

tenure ['tɛnjər] s (of property) tenencia; (of an office) ejercicio, (protection from dismissal) inamovilidad

tepid ['tɛpɪd] adj tibio

tercet ['tʌrsɪt] s terceto

term [tʌrm] s término; (of imprisonment) condena; semestre m, período escolar; (of the presidency of the U.S.A.) mandato, período; terms condiciones || tr llamar, nombrar

termagant ['tʌrməgənt] s mujer regañona, mujer de mal genio

terminal ['tʌrmɪnəl] adj terminal || s término, fin m; (elec) terminal m; (rr) estación de fin de línea

terminate ['tʌrmɪ,net] tr & intr terminar

termination [,tʌrmɪ'neʃən] s terminación

terminus ['tʌrmɪnəs] s término; (rr) estación de cabeza, estación extrema

termite ['tʌrmaɪt] s termite m, comején m

ta
te

terrace ['tɛrəs] *s* terraza; (*flat roof of a house*) azotea

terra firma ['tɛrə 'fʌrmə] *s* tierra firme; on terra firma sobre suelo firme

terrain [tɛ'ren] *s* terreno

terrestrial [tə'rɛstrɪ•əl] *adj* terrestre

terrible ['tɛrɪbəl] *adj* terrible; muy desagradable

terrific [tə'rɪfɪk] *adj* terrífico; (coll) enorme, intenso, brutal

terri•fy ['tɛri,faɪ] *v* (*pret & pp* -fied) *tr* aterrorizar, atemorizar

territo•ry ['tɛrɪ,tori] *s* (*pl* -ries) territorio

terror ['tɛrər] *s* terror *m*

terrorize ['tɛrə,raɪz] *tr* aterrorizar; imponerse a, mediante el terror

terry cloth ['tɛri] *s* albornoz *m*

terse [tʌrs] *adj* breve, sucinto

tertiary ['tʌrʃɪ,ɛri] o ['tʌrʃəri] *adj* terciario

Test. *abbr* Testament

test [tɛst] *s* prueba, ensayo; examen *m* ‖ *tr* probar, poner a prueba; examinar

testament ['tɛstəmənt] *s* testamento

test flight *s* vuelo de ensayo

testicle ['tɛstɪkəl] *s* testículo

testi•fy ['tɛstɪ,faɪ] *v* (*pret & pp* -fied) *tr & intr* testificar

testimonial [,tɛstɪ'moni•əl] *s* recomendación, certificado; (*expression of esteem, gratitude, etc.*) homenaje *m*

testimo•ny ['tɛstɪ,moni] *s* (*pl* -nies) testimonio

testing grounds ['tɛstɪŋ] *spl* campo de pruebas

test pilot *s* (aer) piloto de pruebas

test tube *s* probeta, tubo de ensayo

test'-tube' baby *s* niño-probeta *m*

tether ['tɛðər] *s* atadura, traba; at the end of one's tether al límite de las posibilidades o la paciencia de uno ‖ *tr* apersogar

tetter ['tɛtər] *s* empeine *m*

text [tɛkst] *s* texto; tema *m*, lema *m*

text'book' *s* libro de texto

textile ['tɛkstɪl] o ['tɛkstaɪl] *adj & s* textil *m*

texture ['tɛkstʃər] *s* textura

Thai ['ta•i] o ['taɪ] *adj & s* tailandés *m*

Thailand ['taɪlənd] *s* Tailandia

Thales ['θeliz] *s* Tales *m*

Thalia [θə'laɪ•ə] *s* Talía

Thames [tɛmz] *s* Támesis *m*

than [ðæn] *conj* que, p.ej., he is richer than I es más rico que yo; (*before a numeral*) de, p.ej., more than twenty más de veinte; (*before a verb*) de lo que, p.ej., the crop is larger than was expected la cosecha es mayor de lo que se esperaba; (*before a verb with direct object understood*) del (de la, de los, de las) que, p.ej., they sent us more coffee than we ordered nos enviaron más café del que pedimos

thanatology [,θænə'talədʒi] *s* tanatología

thank [θæŋk] *tr* agradecer, dar las gracias a; to thank someone for something agradecerle a uno una cosa ‖ thanks *spl* gracias; thanks to gracias a, merced a ‖ thanks *interj* ¡gracias!

thankful ['θæŋkfəl] *adj* agradecido

thankless ['θæŋklɪs] *adj* ingrato

thanksgiving [,θæŋks'gɪvɪŋ] *s* acción de gracias

Thanksgiving Day *s* (U.S.A.) día *m* de acción de gracias

that [ðæt] *adj dem* (*pl* those) ese; aquel; that one ése; aquél ‖ *pron dem* (*pl* those) ése; aquél; eso; aquello ‖ *pron rel* que, quien, el cual, el que ‖ *adv* tan; that far tan lejos; hasta allí; that many tantos; that much tanto ‖ *conj* que; para que

thatch [θætʃ] *s* barda, paja; techo de paja ‖ *tr* cubrir de paja, techar con paja, bardar

thaw [θɔ] *s* deshielo, derretimiento; descongelación ‖ *tr* deshelar, derretir ‖ *intr* deshelarse, derretirse

the [ðə], [ðɪ], o [ði] *art def* el ‖ *adv* cuanto, p.ej., the more the merrier cuanto más mejor; the more . . . the more cuanto más . . . tanto más

theater ['θi•ətər] *s* teatro

the'ater-go'er *s* teatrero

theater news *s* actualidad escénica

theater page *s* noticiario teatral

theatrical [θi'ætrɪkəl] *adj* teatral

Thebes [θibz] *s* Tebas *f*

thee [ði] *pron pers* (archaic, poet, Bib) te; ti; with thee contigo

theft [θɛft] *s* hurto, robo

theft'-proof' *adj* antirroba

their [ðɛr] *adj poss* su; el . . . de ellos

theirs [ðɛrz] *pron poss* el suyo, el de ellos

them [ðɛm] *pron pers* los; ellos; to them les; a ellos

theme [θim] *s* tema *m;* (mus) tema *m*

theme song *s* (mus) tema *m* central; (rad) sintonía

them•selves' *pron pers* ellos mismos; sí, sí mismos; se, p.ej., they enjoyed themselves se divirtieron; with themselves consigo

then [ðɛn] *adv* entonces; después, luego, en seguida; además, también; by then para entonces; from then on desde entonces, de allí en adelante; then and there ahí mismo

thence [ðɛns] *adv* desde allí; desde entonces; por eso

thence'forth' *adv* de allí en adelante; desde entonces

theolo•gy [θi'alədʒi] *s* (*pl* -gies) teología

theorem ['θi•ərəm] *s* teorema *m*

theo•ry ['θi•əri] *s* (*pl* -ries) teoría

therapeutic [,θɛrə'pjutɪk] *adj* terapéutico ‖ therapeutics *ssg* terapéutica

thera•py ['θɛrəpi] *s* (*pl* -pies) terapia

there [ðɛr] *adv* allí, allá; there is o there are hay; aquí tiene Vd.

there'a-bouts' *adv* por allí; cerca, aproximadamente

there•af'ter *adv* de allí en adelante, después de eso

there•by' *adv* con eso; así, de tal modo; por allí cerca

therefore ['ðɛrfor] *adv* por lo tanto, por consiguiente

there•in' *adv* en esto, en eso; en ese respecto

there•of' *adv* de ello, de eso

Theresa [tə'risə] o [tə'rɛsə] *s* Teresa
there'u•pon' *adv* sobre eso, encima de eso;
por consiguiente; en seguida
thermistor [θər'mɪstər] *s* (elec) termistor *m*
thermocouple ['θʌrmo,kʌpəl] *s* (elec) termopar *m*
thermodynamic [,θʌrmodaɪ'næmɪk] *adj* ter-
modinámico || **thermodynamics** *ssg* ter-
modinámica
thermometer [θər'mɑmɪtər] *s* termómetro
thermonuclear [,θʌrmo'nuklɪ•ər] *adj* termonuclear
Thermopylae [θər'mɑpɪ,li] *s* las Termópilas
Thermos bottle ['θʌrməs] *s* termos *m*, botella termos, bolsa isɔtérmica
thermostat ['θʌrmə,stæt] *s* termóstato
thesau•rus [θɪ'sɔrəs] *s* (*pl* -ri [raɪ]) **tesoro;**
(*dictionary or the like*) tesauro, tesoro
these [ðiz] *pl de* **this**
the•sis ['θisɪs] *s* (*pl* -ses [siz]) tesis *f*
Thespis ['θɛspɪs] *s* Tespis *m*
Thessaly ['θɛsəli] *s* la Tesalia
they [ðe] *pron pers* ellos, ellas
thick [θɪk] *adj* espeso; grueso; denso; (coll)
estúpido; (coll) íntimo || *s* espesor *m*; **the
thick of** (*e.g., a crowd*) lo más denso de;
(*e.g., a battle*) lo más reñido de; **through
thick and thin** contra viento y marea
thicken ['θɪkən] *tr* espesar || *intr* espesarse;
complicarse (*el enredo*)
thicket ['θɪkɪt] *s* espesura, matorral *m*, soto
thick-headed ['θɪk'hɛdɪd] *adj* (coll) torpe,
estúpido
thick'-set' *adj* grueso, rechoncho
thief [θif] *s* (*pl* **thieves** [θivz]) ladrón *m*
thieve [θiv] *intr* hurtar, robar
thiever•y ['θivəri] *s* (*pl* -ies) latrocinio, hurto,
robo
thigh [θaɪ] *s* muslo
thigh'bone' *s* hueso del muslo, fémur *m*
thimble ['θɪmbəl] *s* dedal *m*
thin [θɪn] *adj* (*comp* **thinner;** *super* **thin-
nest**) delgado, flaco, tenue; (*cloth, paper,
sole of shoe, etc.*) fino; (*hair*) ralo; (*broth*)
aguado; (*excuse*) débil; claro, ligero,
escaso || *v* (*pret & pp* **thinned;** *ger* **thin-
ning**) *tr* adelgazar, enflaquecer; enrarecer;
aclarar; aguar; desleír (*los colores*) || *intr*
adelgazarse, enflaquecerse; enrarecerse; **to
thin out** ralear (*el pelo*)
thine [ðaɪn] *adj poss* (archaic & poet) tu ||
pron poss (*archaic & poet*) tuyo; el tuyo
thing [θɪŋ] *s* cosa; **of all things!** ¡qué sorpresa!; **to be the thing** ser la última moda,
to be the thing to do ser lo que debe
hacerse; **to see things** ver visiones, padecer alucinaciones
think [θɪŋk] *v* (*pret & pp* **thought** [θɔt]) *tr*
pensar; **to think it over** pensarlo; **to think
nothing of** tener en poco; creer fácil; no
dar importancia a, to think of pensar de,
p.ej., what do you think of this book? ¿qué
piensa Vd. de este libro?; **to think up**
imaginar; inventar (*p.ej., una excusa*) ||
intr pensar; **to think not** creer que no; **to
think of** (*to turn one's thoughts to*) pensar
en; pensar (*un número, un naipe, etc.*); **to

think so creer que sí; **to think well of** tener
buena opinión de
thinker ['θɪŋkər] *s* pensador *m*
third [θʌrd] *adj* tercero || *s* (*in a series*)
tercero; (*one of three equal parts*) tercio;
(*in dates*) tres *m*
third degree *s* (coll) interrogatorio bajo tortura
third rail *s* (rr) tercer carril *m*, carril de toma
third'-rate' *adj* de tercer orden; (fig) inferior
Third World *adj* tercermundista || *s* Terrcero
Mundo
Third World countries *spl* países no alineados
thirst [θʌrst] *s* sed *f* || *intr* tener sed; **to thirst
for** tener sed de
thirst•y ['θʌrsti] *adj* (*comp* -ier; *super* -iest)
sediento; **to be thirsty** tener sed
thirteen ['θʌr'tin] *adj, pron & s* trece *m*
thirteenth ['θʌrtinθ] *adj & s* (*in a series*)
decimotercero; (*part*) trezavo || *s* (*in dates*)
trece *m*
thirtieth ['θʌrtɪ•ɪθ] *adj & s* (*in a series*)
trigésimo; (*part*) treintavo || *s* (*in dates*)
treinta *m*
thir•ty ['θʌrti] *adj & pron* treinta || *s* (*pl* -ties)
treinta *m*
this [ðɪs] *adj dem* (*pl* **these**) este; **this one**
éste || *pron dem* (*pl* **these**) éste; esto || *adv*
tan
thistle ['θɪsəl] *s* cardo
thither ['θɪðər] o ['ðɪðər] *adv* allá, hacia
allá
Thomas ['tɑməs] *s* Tomás *m*
thong [θɔŋ] o [θɑŋ] *s* correa
tho•rax ['θoræks] *s* (*pl* -roxes o -raxes o
-races [rə,siz]) tórax *m*
thorn [θɔrn] *s* espina
thorn•y ['θorni] *adj* (*comp* -ier; *super* -iest)
espinoso; espinudo; (*difficult*) (fig) espinoso, espinudo
thorough ['θʌro] *adj* cabal, completo; concienzudo, cuidadoso
thor'ough-bred' *adj* de pura sangre; bien
nacido || *s* pura sangre *m*; persona bien
nacida
thor'ough-fare' *s* vía pública; **no thoroughfare** se prohibe el paso
thor'ough-go'ing *adj* cabal, completo, esmerado, perfecto
thoroughly ['θʌroli] *adv* a fondo
those [ðoz] *pl de* **that**
thou [ðaʊ] *pron pers* (archaic, poet & Bib)
tú || *tr & intr* tutear
though [ðo] *adv* sin embargo || *conj* aunque,
bien que; **as though** como sí
thought [θɔt] *s* pensamiento
thoughtful ['θɔtfəl] *adj* pensativo; atento,
considerado
thoughtless ['θɔtlɪs] *adj* irreflexivo; descuidado; inconsiderado
thought transference *s* transmisión del pensamiento
thousand ['θaʊzənd] *adj & s* mil *m*; **a thousand** u **one thousand** mil *m*
thousandth ['θaʊzəndθ] *adj & s* milésimo

thralldom ['θrɔldəm] s esclavitud, servidumbre

thrash [θræʃ] tr (agr) trillar; azotar, zurrar; to thrash out decidir después de una discusión cabal || intr trillar; agitarse, menearse

thread [θrɛd] s hilo; (mach) filete m, rosca; (of a speech, of life) hilo; to lose the thread of perder el hilo de || tr enhebrar, enhilar; ensartar (p.ej., cuentas); (mach) aterrajar, filetear

thread'bare' adj raído; gastado, desgastado, usado, viejo

threat [θrɛt] s amenaza

threaten ['θrɛtən] tr & intr amenazar

threatening ['θrɛtənɪŋ] adj amenazante

three [θri] adj & pron tres || s tres m; three o'clock las tres

three'-cor'nered adj triangular; (hat) de tres picos

three hundred adj & pron trescientos || s trescientos m

threepence ['θrɛpəns] o ['θrɪpəns] s suma de tres peniques; moneda de tres peniques

three'-ply' adj de tres capas

three R's [arz] spl lectura, escritura y aritmética, primeras letras

three'score' adj tres veintenas de

threno·dy ['θrɛnədi] s (pl -dies) treno

thresh [θrɛʃ] tr (agr) trillar; to thresh out decidir después de una discusión cabal || intr trillar; agitarse, menearse

threshing machine s máquina trilladora

threshold ['θrɛʃold] s umbral m; (physiol, psychol & fig) umbral, limen m; to be on the threshold of estar en los umbrales de; to cross the threshold atravesar o pisar los embrales

thrice [θraɪs] adv tres veces; repetidamente, sumamente

thrift [θrɪft] s economía, parquedad

thrift·y ['θrɪfti] adj (comp -ier; super -iest) económico, parco; próspero

thrill [θrɪl] s emoción viva || tr emocionar, conmover || intr emocionarse, conmoverse

thriller ['θrɪlər] s cuento o pieza de teatro espeluznante

thrilling ['θrɪlɪŋ] adj emocionante; espeluznante

thrive [θraɪv] v (pret thrived o throve [θrov]; pp thrived o thriven ['θrɪvən]) intr medrar, prosperar

throat [θrot] s garganta; to clear one's throat aclarar la voz

throb [θrɑb] s latido, palpitación, pulsación || v (pret & pp throbbed; ger throbbing) intr latir, palpitar, pulsar

throe [θro] s congoja, dolor m; throes angustia, agonía, esfuerzo penoso

throne [θron] s trono

throng [θrɔŋ] s gentío, tropel m, muchedumbre || intr agolparse, apiñarse

throttle ['θrɑtəl] s válvula reguladora; (of a locomotive) regulador m; (of an automobile) acelerador m || tr ahogar, sofocar; impedir, suprimir; (mach) regular; to throttle down reducir la velocidad de

through [θru] adj directo, sin paradas; acabado, terminado; to be through with haber terminado; no querer ocuparse más de || adv a través, de un lado a otro; completamente || prep por, a través de; por medio de; a causa de; todo lo largo de

through·out' adv por todas partes; en todos respectos; desde el principio hasta el fin || prep por todo . . .; durante todo . . .; a lo largo de

through'way' s carretera de peaje de acceso limitado

throw [θro] s echada, tirada, lance m; cobertor ligero || v (pret threw [θru]; pp thrown) tr arrojar, echar, lanzar; (los dados); lanzar (una mirada); desarzonar (a un jinete); proyectar (una sombra); tender (un puente); perder con premeditación (un juego, una carrera); to throw away tirar; malgastar; perder, no aprovechar; to throw in añadir, dar de más; to throw out arrojar, botar, desechar; echar a la calle; chispar; to throw over abandonar, dejar || intr arrojar, echar, lanzar; to throw up vomitar

thrum [θrʌm] v (pret & pp thrummed; ger thrumming) intr teclear; zangarrear; to thrum on rasguear

thrush [θrʌʃ] s tordo

thrust [θrʌst] s empuje m; acometida; (with horns) cornada; (with dagger) puñalada; (with sword) estocada; (with knife) cuchillada || v (pret & pp thrust) tr empujar; acometer; clavar, hincar; atravesar, traspasar

thud [θʌd] s baque m, ruido sordo || v (pret & pp thudded; ger thudding) tr & intr golpear con ruido sordo

thug [θʌg] s ladrón m, asesino; (coll) gorila

thumb [θʌm] s pulgar m, dedo gordo; all thumbs desmañado, chapucero, torpe; to twiddle one's thumbs menear ociosamente los pulgares; no hacer nada; under the thumb of bajo la férula de || tr manosear sin suidado; ensuciar con los dedos; hojear (un libro) con el pulgar; to thumb a ride pedir ser llevado en automóvil indicando la dirección con el pulgar; to thumb one's nose at señalar (a una persona) poniendo el pulgar sobre la nariz en son de burla; tratar con sumo desprecio

thumb index s escalerilla, índice m con pestañas

thumb'print' s impresión del pulgar || tr marcar con impresión del pulgar

thumb'screw' s tornillo de mariposa, tornillo de orejas

thumb'tack' s chinche m

thump [θʌmp] s golpazo, porrazo || tr golpear, aporrear || intr caer con golpe pesado; andar con pasos pesados; latir (el corazón) con golpes pesados

thumping ['θʌmpɪŋ] adj (coll) enorme, pesado

thunder ['θʌndər] s trueno; (of applause) estruendo; amenaza || tr fulminar (p.ej., censuras) || intr tronar; to thunder at tronar contra

thun'der-bolt' s rayo
thun'der-clap' s tronido
thunderous ['θʌndərəs] adj atronador, tronitoso
thun'der-show'er s chubasco con truenos
thun'der-storm' s tronada
thun'der-struck' adj atónito, estupefacto, pasmado
Thursday ['θʌrsdi] s jueves m
thus [ðʌs] adv así; **thus far** hasta aquí, hasta ahora
thwack [θwæk] s golpe m, porrazo || tr golpear, pegar
thwart [θwɔrt] adj transversal, oblicuo || adv de través || tr desbaratar, impedir, frustrar
thy [ðaɪ] adj poss (archaic & poet) tu
thyme [taɪm] s tomillo
thyroid gland ['θaɪrɔɪd] s glándula tiroides
thyself [ðaɪ'sɛlf] pron (archaic & poet) tú mismo; ti mismo; te; ti
tiara [taɪ'ɑrə] o [taɪ'ɛrə] s (papal miter) tiara; (female adornment) diadema f
tick [tɪk] s tictac m; funda (de almohada o colchón) (coll) crédito; (ent) garrapata; **on tick** (coll) al fiado || intr hacer tictac; latir (el corazón)
ticker ['tɪkər] s teleimpresor m de cinta; (slang) reloj m; (slang) corazón m
ticker tape s cinta de teleimpresor
ticket ['tɪkɪt] s billete m; boleto (Am); (theat) entrada, localidad; (for wrong parking) (coll) aviso de multa; (of a political party) (U.S.A.) lista de candidatos; **that's the ticket** (coll) eso es, eso es lo que se necesita
ticket agent s taquillero
ticket collector s revisor m
ticket office s taquilla, despacho de billetes
ticket scalper ['skælpər] s revendedor m de billetes de teatro
ticket window s taquilla, ventanilla
ticking ['tɪkɪŋ] s cutí m, terliz m
tickle ['tɪkəl] s cosquillas || tr cosquillear; gustar, satisfacer; divertir || intr cosquillear
ticklish ['tɪklɪʃ] adj cosquilloso; difícil, delicado; inseguro
tick-tock ['tɪk,tɑk] s tictac m
tidal wave ['taɪdəl] s aguaje m, ola de marea; (e.g., of popular indignation) ola
tidbit ['tɪd,bɪt] s buen bocado, bocadito
tiddlywinks ['tɪdli,wɪŋks] s juego de la pulga
tide [taɪd] s marea; temporada; **to go against the tide** ir contra la corriente; **to stem the tide** rendir la marea || tr llevar, hacer flotar; **to tide over** ayudar un poco; superar (una dificultad)
tide'wa'ter adj costanero || s agua de marea; orilla del mar
tidings ['taɪdɪŋz] spl noticias, informes mpl
ti-dy ['taɪdi] adj (comp -dier; super -diest) aseado, limpio, pulcro, ordenado || s (pl -dies) pañito bordado, cubierta de respaldar || v (pret & pp -died) tr asear, limpiar, arreglar, poner en orden || intr asearse
tie [taɪ] s atadura; lazo, nudo; (worn on neck) corbata; (in games and elections) empate m; (mus) ligado; (rr) traviesa || v (pret &

pp **tied**; ger **tying**) tr atar, liar; enlazar; hacer (la corbata); confinar, limitar; empatar (p.ej., una elección); empatársela a (una persona); **to be tied up** estar ocupado; **to tie down** confinar, limitar; **to tie up** atar; envolver; obstruir (el tráfico) || intr atar; empatar o empatarse (dos candidatos, dos equipos)
tie'pin' s alfiler m de corbata
tier [tɪr] s fila, ringlera; (theat) fila de palcos
tiger ['taɪgər] s tigre m
tiger lily s azucena atigrada
tight [taɪt] adj apretado, estrecho, ajustado; bien cerrado, hermético; compacto, denso; fijo, firme, sólido; (com) escaso; (sport) casi igual; (coll) agarrado, tacaño; (slang) borracho || adv firmemente; **to hold tight** mantener fijo; agarrarse bien || **tights** spl traje m de malla
tighten ['taɪtən] tr apretar; atiesar, estirar || intr apretarse; atiesarse, estirarse
tight-fisted ['taɪt'fɪstɪd] adj agarrado, tacaño
tight'-fit'ting adj ceñido, muy ajustado
tight'rope' s cuerda tirante
tight squeeze s (coll) brete m, aprieto
tightwad ['taɪt,wɑd] s avaro; codo (Guat, Mex)
tigress ['taɪgrɪs] s tigresa
tile [taɪl] s azulejo; (for floors) baldosa; (for roofs) reja || tr azulejar; embaldosar; tejar
tile roof s tejado (de tejas)
till [tɪl] prep hasta || conj hasta que || s cajón m o gaveta del dinero || tr labrar, cultivar
tilt [tɪlt] s inclinación; justa, torneo; **full tilt** a toda velocidad || tr inclinar; asestar (una lanza) || intr inclinarse; justar, tornear; luchar; **to tilt at** luchar con, arremeter contra; protestar contra
timber ['tɪmbər] s madera de construcción; madero, viga; bosque m, árboles mpl de monte
tim'ber-land' s bosque m maderable
timber line s límite m de la vegetación, límite del bosque maderable
timbre ['tɪmbər] s (phonet & phys) timbre m
time [taɪm] s tiempo; hora, p.ej., **time to eat** hora de comer; vez, p.ej., **five times** cinco veces; rato, p.ej., **a nice time** un buen rato; (period for payment) plazo; horas de trabajo; sueldo; tiempo de parir, término del embarazo; última hora; (phot) tiempo de exposición; **all the time** a cada momento; **for the time being** por ahora, por el momento; **on time** a tiempo, a la hora debida; (in installments) a plazos, **to bide one's time** esperar la hora propicia; **to do time** (coll) cumplir una condena; **to have a good time** darse buen tiempo; **to have no time for** no poder tolerar; **to lose time** atrasarse (el reloj); **to make time** avanzar con rapidez; **to pass the time of day** saludarse (dos personas); **to serve time** (in prison) tirarse; **to take one's time** no darse prisa, ir despacio; **what time is it?** ¿qué hora es? || tr calcular el tiempo de; medir en tiempo de; (sport) cronometrar
time bomb s bomba-reloj f

time'card' s hoja de presencia, tarjeta registradora
time clock s reloj m registrador
time exposure s exposición de tiempo
time fuse s espoleta de tiempos
time'keep'er s alistador m de tiempo; reloj m; (sport) cronometrador m, juez m de tiempo
time•ly ['taɪmli] adj (comp **-lier**; super **-liest**) oportuno
time'piece' s reloj m
time signal s señal horaria
time'ta'ble s horario, itinerario
time'work' s trabajo ajornal
time'worn' adj gastado por el tiempo
time zone s huso horario
timid ['tɪmɪd] adj tímido
timing gears ['taɪmɪŋ] spl engranaje m de distribución, mando de las válvulas
timorous ['tɪmərəs] adj tímido, miedoso
tin [tɪn] s (element) estaño; (tin plate) hojalata; (cup, box, etc.) lata || v (pret & pp **tinned**; ger **tinning**) tr estañar; (to pack in cans) enlatar; recubrir de hojalata
tin can s lata, envase m de hojalata
tincture ['tɪŋktʃər] s tintura
tin cup s taza de hojalata
tinder ['tɪndər] s yesca
tin'der•box' s lumbres fpl, yesquero; persona muy excitable; semillero de violencia
tin foil s hojuela de estaño, papel m de estaño
ting-a-ling ['tɪŋə,lɪŋ] s tilín m
tinge [tɪndʒ] s matiz m, tinte m; dejo, gustillo || v (ger **tingeing** o **tinging**) tr matizar, teñir; dar gusto o sabor a
tingle ['tɪŋgəl] s comezón f, picazón f || intr sentir comezón; zumbar (los oídos); (e.g., with enthusiasm) estremecerse
tin hat s (coll) yelmo de acero
tinker ['tɪŋkər] s calderero remendón; chapucero || intr ocuparse vanamente
tinkle ['tɪŋkəl] s retintín m || tr hacer retiñir m || tr hacer retiñir || intr retiñir
tin plate s hojalata
tin roof s tejdo de hojalata
tinsel ['tɪnsəl] s oropel m; (e.g., for a Christmas tree) lentejuelas de hojas de estaño
tin'smith' s hojalatero
tin soldier s soldadito de plomo
tint [tɪnt] s tinte m, matiz m || tr teñir, matizar, colorar ligeramente
tin'type' s ferrotipo
tin'ware' s objetos de hojalata
ti•ny ['taɪni] adj (comp **-nier**; super **-niest**) diminuto, menudo, pequeñito
tip [tɪp] s extremo, extremidad; (of shoestring) herrete m; (of arrow) casquillo; (of umbrella) regatón m; (of tongue) punta; (of shoe) puntera; (of cigarette) embocadura; inclinación; golpecito; soplo, aviso confidencial; (fee) propina, feria || v (pret & pp **tipped**; ger **tipping**) tr herretear; inclinar, ladear; volcar; golpear ligeramente; dar propina a; informar por debajo de cuerda; tocarse (el sombrero en señal de cortesía); **to tip in** (typ) encañonar (un pliego) || intr

dar una propina o propinas; inclinarse, ladearse; volcarse
tip'cart' s volquete m
tip'-off' s (coll) informe dado por debajo de cuerda
tipped'-in' adj (bb) fuera de texto
tipple ['tɪpəl] intr beborrotear
tip'staff' s vara de justicia; alguacil m de vara
tip•sy ['tɪpsi] adj (comp **-sier**; super **-siest**) achispado
tip'toe' s punta del pie; **on tiptoe** de puntillas; alerta; furtivamente || v (pret & pp **-toed**; ger **-toeing**) intr andar de puntillas
tirade ['taɪred] s diatriba, invectiva
tire [taɪr] s neumático, llanta de goma; (of metal) calce m, llanta || tr cansar; aburrir, fastidiar || intr (to be tiresome) cansar; (to get tired) cansarse; aburrirse, fastidiarse
tire chain s cadena de llanta, cadena antirresbaladiza
tired [taɪrd] adj cansado, rendido
tire gauge s indicador m de presión de inflado
tireless ['taɪrlɪs] adj incansable, infatigable
tire pressure s presión de inflado
tire pump s bomba para inflar neumáticos
tiresome ['taɪrsəm] adj cansado, fatigante, aburrido, pesado
tissue ['tɪʃu] s tejido fino; papel m de seda; (biol & fig) tejido
tissue paper s papel m de seda
titanium [taɪ'teni•əm] o [tɪ'teni•əm] s titanio
tithe [taɪð] s diezmo, décima parte; (tax paid to church) diezmo || tr dizmar
Titian ['tɪʃən] adj castaño rojizo || s el Ticiano
title ['taɪtəl] s título; (sport) campeonato || tr titular
title deed s título de propiedad
ti'tle•hold'er s titulado; (sport) campeón m
title page s portada, frontispicio
title rôle s (theat) papel m principal (el que corresponde al título de la abra)
titter ['tɪtər] s risita ahogada, risita disimulada || intr reír a medias, reír con disimulo
titular ['tɪtʃələr] adj titular; nominal
tn. abbr ton
to [tu] o [tʊ] o [tə] adv hacia adelante; **to and fro** de una parte a otra, de aquí para allá; **to come** to volver en sí || prep a, p.ej., **he is going to Madrid** va a Madrid; **they gave something to the beggar** dieron algo al pobre; **we are learning to dance** aprendemos a bailar; para, p.ej., **he is reading to himself** lee para sí; por, p.ej., **work to do** trabajo por hacer; hasta, p.ej., **to a certain extent** hasta cierto punto; en, p.ej., **from door to door** de puerta en puerta; con, p.ej., **kind to her** amable con ella; segun, p.ej., **to my way of thinking** según mi modo de pensar; menos, p.ej., **five minutes to ten** las diez menos cinco
toad [tod] s sapo
toad'stool' s agárico, seta; seta venenosa
to-and-fro ['tu•ənd'fro] adj alternativo, de vaivén

toast [tost] s tostadas; (drink) brindis m; **a piece of toast** una tostada || tr tostar; brindar a o por || intr tostarse; brindar

toaster [ˈtostər] s (of bread) tostador m; brindador m

toast'mas'ter s el que presenta a los oradores en un banquete, maestro de ceremonias

tobac•co [təˈbæko] s (pl -cos) tabaco

tobacco pouch s petaca

toboggan [təˈbɑgən] s tobogán m || intr deslizarse en tobogán

tocsin [ˈtɑksɪn] s campana de alarma; campana de alarma

today [tuˈde] adv & s hoy

toddle [ˈtɑdəl] s pasitos vacilantes || intr andar con pasitos vacilantes; hacer pinitos (un niño o un enfermo)

tod•dy [ˈtɑdi] s (pl -dies) ponche m

to-do [təˈdu] s (coll) alharaca, alboroto

toe [to] s dedo del pie; (of stocking) punta || v (pret & pp toed; ger toeing) tr—**to toe the line** o **the mark** ponerse a la raya; obrar como se debe

toe'nail' s uña del dedo del pie

tog [tɑg] s (coll) prenda de vestir

together [tuˈgɛðər] adv juntamente; juntos; al mismo tiempo; sin interrupción; de acuerdo; **to bring together** reunir; confrontar; reconciliar; **to call together** convocar; **to go together** ir juntos; ser novios; hacer juego; **to stick together** (coll) quedarse unidos, no abandonarse

toil [tɔɪl] s afán m, fatiga; faena, obra laboriosa; **toils** red f, lazo || intr atrafagar; moverse con fatiga

toilet [ˈtɔɪlɪt] s (dress or adornment) tocado, atavío; (dressing table) tocador m; (rest room) retrete m, inodoro, excusado; wáter m (Bol, Col, Chile, Peru, Urug); servicio (Bol, CAm, Ecuad); taza (Bol, Col, Guat, Mex); poseta (Ven); **to make one's toilet** asearse, acicalarse

toilet articles spl artículos de tocador

toilet paper s papel higiénico

toilet powder s polvos de tocador

toilet soap s jabón m de olor, jabón de tocador

toilet tank s cisterna

toilet water s agua de tocador

token [ˈtokən] s señal f, prueba; prenda, recuerdo; (used as money) ficha, tanto; **by the same token** por el mismo motivo; **in token of** en señal de

tolerance [ˈtɑlərəns] s tolerancia

tolerate [ˈtɑlə,ret] tr tolerar

toll [tol] s (of bells) doble m; (to pass along a road or over a bridge) peaje m; (to use a canal) derechos de paso; (to use a telephone) tarifa; (number of victims) baja, mortalidad || tr tocar a muerto (una campana); llamar con toque de difuntos || intr doblar

toll bridge s puente m de peaje

toll call s (telp) llamada a larga distancia

toll'gate' s barrera de peaje

toma•to [təˈmeto] o [təˈmɑto] s (pl -toes) (plant) tomatera o tomate m; (fruit) tomate

tomb [tum] s tumba, sepulcro

tomboy [ˈtɑm,bɔɪ] s moza retozona, muchacha traviesa

tomb'stone' s piedra o lápida sepulcral

tomcat [ˈtɑm,kæt] s gato macho

tome [tom] s tomo; libro grueso

tomorrow [tuˈmɔro] adv mañana || s mañana m; **the day after tomorrow** pasado mañana

tom-tom [ˈtɑm,tɑm] s tantán m

ton [tʌn] s tonelada; **tons** (coll) montones mpl

tone [ton] s tono || tr entonar || intr armonizar; **to tone down** moderarse; **to tone up** reforzarse

tone poem s poema sinfónico

tongs [tɔŋz] o [tɑŋz] spl tenazas; (e.g., for sugar) tenacillas

tongue [tʌŋ] s (anat) lengua; (of a wagon) vara, lanza; (of a belt buckle) tarabilla; (of shoe) lengua, lengüeta; (language) lengua, idioma m; **to hold one's tongue** morderse la lengua

tongue twister [ˈtwɪstər] s trabalenguas m

tonic [ˈtɑnɪk] adj & s tónico

tonic accent s acento prosódico

tonight [tuˈnaɪt] adv & s esta noche

tonnage [ˈtʌnɪdʒ] s tonelaje m

tonsil [ˈtɑnsəl] s tonsila, amígdala

tonsillitis [,tɑnsɪˈlaɪtɪs] s tonsilitis f, amigdalitis f

ton•y [ˈtoni] adj (comp -icr; super -icst) (slang) elegante, aristocrático

too [tu] adv (also) también; (more than enough) demasiado; **too bad!** ¡qué lástima!; **too many** demasiados; **too much** demasiado

tool [tul] s herramienta; (person used for one's own ends) instrumento; **tools** implementos mpl || tr trabajar con herramienta; (bb) filetear, estampar

tool bag s bolsa de herramientas

toolmak'er s tallador m de herramientas, herrero de herramientas

toot [tut] s (of horn) toque m; (of klaxon) bocinazo; (of locomotive) pitazo; (coll) parranda || tr sonar; **to toot one's own horn** cantar sus propias alabanzas || intr sonar

tooth [tuθ] s (pl teeth [tiθ]) diente m

tooth'ache' s dolor m de muelas

tooth'brush' s cepillo de dientes

toothless [ˈtuθlɪs] adj desdentado

tooth'paste' s pasta dentífrica, crema dental, crema dentífrica

tooth'pick' s limpiadientes m, mondadientes m, palillo

tooth powder s polvo dentífrico

top [tɑp] s (of a mountain, tree, etc.) cima; (of a mountain; high point) cumbre f; (of a tree) copa; (of a barrel, box, etc.) tapa; (of a page) principio; (of a table) tablero; (of a wall) coronamiento; (of a bathing suit) camiseta; (of a carriage or auto) capota; (toy) peón m, peonza; (naut) cofa; **at the top of** en lo alto de; (e.g., one's class) a la cabeza de; **at the top of one's voice** a voz en grito; **from top to bottom** de arriba abajo; de alto a bajo; completamente; **on top of** en lo alto de; encima de; **the tops** (slang) la flor de la canela; **to sleep like a top** dormir como un leño ‖ *v* (*pret & pp* **topped;** *ger* **topping**) *tr* coronar, rematar; cubrir; aventajar, superar; descopar (*p.ej., un árbol*)

topaz ['topæz] *s* topacio
top billing *s* cabecera de cartel
top'coat' *s* sobretodo; abrigo de entretiempo
toper ['topər] *s* borrachín *m*
top hat *s* chistera, sombrero de copa
top'-heav'y *adj* más pesado arriba que abajo
topic ['topɪk] *s* asunto, materia, tema *m*
top'knot' *s* moño
top'mast' *s* (naut) mastelero
top'most *adj* (el) más alto
topogra•phy [tə'pɑgrəfi] *s* (*pl* **-phies**) topografía
topple ['topəl] *tr* derribar, volcar ‖ *intr* derribarse, volcarse; caerse, venirse abajo
top priority *s* máxima prioridad
topsail ['topsəl] o ['top,sel] *s* (naut) gavia
top secret *adj* de mayor confidencia
top'soil' *s* capa superficial del suelo
topsy-turvy ['topsi'tʌrvi] *adj* desbarajustado ‖ *adv* en cuadro; patas arriba ‖ *s* desbarajuste *m*
torch [tɔrtʃ] *s* antorcha; lámpara de bolsillo; **to carry the torch for** (slang) amar desesperadamente
torch'bear'er *s* hachero; (fig) adicto, partidario
torch'light' *s* luz *f* de antorcha
torch song *s* canción lenta y melancólica de amor no correspondido
torment ['tɔrmɛnt] *s* tormento; murga ‖ [tɔr'mɛnt] *tr* atormentar
torna•do [tɔr'nedo] *s* (*pl* **-does** p **-dos**) tornado, tromba terrestre
torpe•do [tɔr'pido] *s* (*pl* **-does**) torpedo ‖ *tr* torpedear
torrent ['tɔrənt] *s* torrente *m*
torrid ['tɔrɪd] *adj* tórrido
tor•so ['tɔrso] *s* (*pl* **-sos**) torso
tortoise ['tɔrtəs] *s* tortuga
tortoise shell *s* carey *m*
torture ['tɔrtʃər] *s* tortura ‖ *tr* torturar, atormentar
toss [tɑs] *s* echada; alcance *m* de una echada ‖ *tr* arrojar, echar; lanzar al aire; agitar, menear; levantar airosamente (*la cabeza*); lanzar (*p.ej., un comentario*); echar a cara o cruz; **to toss off** hacer muy rápidamente; tragar de un golpe ‖ *intr* agitarse, menearse; **to toss and turn** (*in bed*) revolverse, dar vueltas
toss'-up' *s* cara o cruz; probabilidad igual
tot [tɑt] *s* párvulo, peque *m*, chiquitín *m*
to•tal ['totəl] *adj* total; (*e.g., loss*) completo ‖ *s* total *m* ‖ *v* (*pret & pp* **-taled** o **-talled;** *ger* **-taling** o **-talling**) *tr* ascender a, sumar
totter ['tɑtər] *s* tambaleo ‖ *intr* tambalear; estar para desplomarse
touch [tʌtʃ] *s* (*act*) toque *m;* (*sense*) tacto, tiento; (*of piano, pianist, typewriter, typist*) tacto; (*of an illness*) ramo, ataque

ligero; pizca, poquito; **to get in touch with** ponerse en comunicación o contacto con; **to lose one's touch** perder el tiento ‖ *tr* tocar; conmover, enternecer; probar (*vino, licor*); (*for a loan*) (slang) pedir prestado a, dar un sablazo a; **to touch up** retocar ‖ *intr* tocar; **to touch at** tocar en (*un puerto*)
touching ['tʌtʃɪŋ] *adj* conmovedor, enternecedor ‖ *prep* tocante a
touch typewriting *s* escritura al tacto
touch•y ['tʌtʃi] *adj* (*comp* **-ier;** *super* **-iest**) quisquilloso, enojadizo
tough [tʌf] *adj* correoso; tenaz; difícil; gamberro; (*e.g., luck*) malo ‖ *s* gamberro, guapetón *m;* (coll) gorila
toughen ['tʌfən] *tr* hacer correoso; hacer tenaz; dificultar ‖ *intr* ponerse correoso; hacerse tenaz; hacerse difícil
toupee [tu'pe] *s* peluquín *m*
tour [tur] *s* jira, paseo, vuelta; viaje largo; **on tour** de jira, de viaje ‖ *tr* viajar por, recorrer ‖ *intr* viajar por distracción o diversión
touring car ['turɪŋ] *s* coche *m* de turismo
tourist ['turɪst] *adj* turístico ‖ *s* turista *mf*
tourist guide *s* guía turística
tournament ['turnəmənt] o ['tʌrnəmənt] *s* torneo
tourney ['turni] o ['tʌrni] *s* torneo ‖ *intr* tornear
tourniquet ['turnɪˌkɛt] *s* torniquete *m*
tousle ['tauzəl] *tr* despeinar, enmarañar
tow [to] *s* remolque *m;* (*e.g., of hemp*) estopa; **to take in tow** dar remolque a; (fig) encargarse de ‖ *tr* remolcar
towage ['to•ɪdʒ] *s* remolque *m;* derechos de remolque
toward(s) [tord(z)] o [tə'word(z)] *prep* (*in the direction of*) hacia; (*with regard to*) para con; (*a certain hour*) cerca de, a eso de
tow'boat' *s* remolcador *m*
tow•el ['tau•əl] *s* toalla ‖ *v* (*pret & pp* **-eled** o **-elled;** *ger* **-eling** o **-elling**) *tr* secar con toalla
towel rack *s* toallero
tower ['tau•ər] *s* torre *f* ‖ *intr* encumbrarse, empinarse
towering ['tau•ərɪŋ] *adj* encumbrado; sobresaliente; excesivo
towing service ['to•ɪŋ] *s* servicio de grúa
tow'line' *s* cable *m* de remolque, sirga
town [taun] *s* problación, pueblo, villa; **in town** a la ciudad, en la ciudad
town clerk *s* escribano municipal
town council *s* concejo municipal
town crier *s* pregonero público
town hall *s* ayuntamiento, casa de ayuntamiento
towns' folk' *spl* vecinos del pueblo
township ['taunʃɪp] *s* sexmo; terreno público de seis millas en cuadro
towns•man ['taunzmən] *s* (*pl* **-men** [mən]) ciudadano, vecino; conciudadano, paisano
towns'peo'ple *spl* vecinos del pueblo
town talk *s* comidilla o hablillas del pueblo
tow'path' *s* camino de sirga

tow plane s avión m de remolque
tow'rope' s cuerda de remolque
tow truck s camión-grúa m
toxic ['taksɪk] adj & s tóxico
toxic shock syndrome s síndrome m de choque tóxico
toy [tɔɪ] adj de juguete ‖ s juguete m; (trifle) bagatela; (trinket) dije m, bujería ‖ intr jugar; divertirse; **to toy with** jugar con (los sentimientos de una persona); acariciar (una idea)
toy bank s alcancía hucha
toy soldier s soldado de juguete
trace [tres] s huella, rastro; indicio, vestigio; (of harness) tirante m; pizca ‖ tr rastrear; trazar (p.ej., una curva; los rasgos de una persona o cosa); averiguar el paradero de; remontar al origen de
trace element s elemento rastro
trache•a ['trekɪ•ə] s (pl -ae [‚i]) tráquea
track [træk] s (of foot) huella; (of a wheel) rodada, carril m; (of a boat) estela; (of railroad) vía; (of an airplane, a hurricane) trayectoria; (of a tractor) llanta de oruga; camino, senda; (course followed by a boat) derrota; (of ideas, events, etc.) sucesión; (sport) pista; **to keep track of** no perder de vista; no olvidar; **to lose track of** perder de vista; olvidar; **to make tracks** dejar pisadas; irse muy de prisa; **off the track** (also fig) desviado ‖ tr rastrear; seguir la huella o la pista de; dejar pisadas en, manchar pisando; **to track down** seguir y capturar; averiguar el origen de
tracking ['trækɪŋ] s seguimiento (de vehículos espaciales)
tracing station s estación de seguimiento
trackless trolley ['træklɪs] s filobús m, trolebús m
track meet s concurso de carreras y saltos
track'walk'er s guardavía m
tract [trækt] s espacio, tracto; folleto; (anat) canal m, sistema m
traction ['trækʃən] s tracción
traction company s empresa de tranvías
tractor ['træktər] s tractor m
trade [tred] s comercio; negocio, trato; trueque m, canje m; (calling, job) oficio; clientela, parroquia; (e.g., in slaves) trata ‖ tr cambiar, trocar; **to trade in** dar como parte del pago; **to trade off** cambalachear; ‖ intr comerciar; comprar; **to trade in** comerciar en; **to trade on** aprovecharse de
trade'mark' s marca de fábrica, marca registrada
trade name s nombre m comercial, razón f social; nombre de fábrica
trader ['tredər] s traficante mf
trade school s escuela de artes y oficios
trades•man ['tredzmən] s (pl -men [mən]) tendero; comerciante m; (Brit) artesano
trades union o **trade union** s sindicato, gremio de obreros
trade unionist s sindicalista mf
trade winds spl vientos alisios
trading post ['tredɪŋ] s factoría; (in stock exchange) puesto de compraventa

trading stamp s sello de premio, sello de descuento
tradition [trə'dɪʃən] s tradición
traduce [trə'djus] tr calumniar
traf•fic ['træfɪk] s tráfico, comercio; tráfico, circulación; (e.g., in slaves) trata ‖ v (pret & pp -ficked; ger -ficking) intr traficar
traffic circle s glorieta de tráfico
traffic court s juzgado de tráfico
traffic jam s embotellamiento, tapón m de tráfico
traffic light s luz f de tráfico, semáforo
traffic sign o **signal** s señal f de tráfico, seña de tráfico
traffic ticket s aviso de multa
tragedian [trə'dʒidɪ•ən] s trágico
trage•dy ['trædʒidi] s (pl -dies) tragedia
tragic ['trædʒɪk] adj trágico
trail [trel] s rastro, huella, pista; (path through rough country) trocha, senda, vereda; (of a gown) cola; (of smoke, a rocket, etc.) estela ‖ tr arrastrar; seguir la pista de; andar detrás de; llevar (p.ej., barro) con los pies ‖ intr arrastrar; rezagarse; arrastrarse, trepar (una planta); **to trail off** desaparecer poco a poco
trailer ['trelər] s remolque m, cochehabitación m, casa rodante; planta rastrera
trailing arbutus ['trelɪŋ] s epigea rastrera
train [tren] s (of railway cars; of waves) tren m; (of thought) hilo ‖ tr adiestrar; guiar (las plantas); (sport) entrenar ‖ intr adiestrarse; (sport) entrenarse
trained nurse s enfermera graduada
trainer ['trenər] s (sport) entrenador m
training ['trenɪŋ] s adiestramiento; instrucción; (sport) entrenamiento
training school s escuela práctica; reformatorio
training ship s buque m escuela
trait [tret] s característica, rasgo
traitor ['tretər] s traidor m
traitress ['tretrɪs] s traidora
trajecto•ry [trə'dʒɛktəri] s (pl -ries) trayectoria
tramp [træmp] s vagabundo; marcha pesada, ruido de pisadas ‖ tr pisar con fuerza; recorrer a pie ‖ intr andar a pie; vagabundear
trample ['træmpəl] tr pisotear ‖ intr—**to trample on** o **upon** pisotear
tramp steamer s vapor m volandero
trance [træns] o [trɑns] s arrobamiento, rapto; estado hipnótico
tranquil ['træŋkwɪl] adj tranquilo
tranquilize ['træŋkwɪ‚laɪz] tr & intr tranquilizar
tranquilizer ['træŋkwɪ‚laɪzər] s tranquilizante m
tranquillity [træŋkwɪlɪti] s tranquilidad
transact [træn'zækt] o [træns'ækt] tr tramitar; llevar a cabo
transaction [træn'zækʃən] o [træns'ækʃən] s tramitación, transacción
transatlantic [‚trænsət'læntɪk] adj & s transatlántico

to
tr

transcend [træn'sɛnd] *tr* exceder, superar ‖ *intr* sobresalir

transcribe [træn'skraɪb] *tr* transcribir

transcript ['trænskrɪpt] *s* trasunto, traslado; (educ) hoja de estudios, certificado de estudios

transcription [træn'skrɪpʃən] *s* transcripción

transept ['trænsɛpt] *s* crucero, transepto

trans•fer ['trænsfər] *s* traslado; transbordo; contraseña o billete *m* de transferencia ‖ [træns'fʌr] o ['trænsfər] *s* (*pret* & *pp* **-ferred;** *ger* **-ferring**) *tr* trasladar, transferir; transbordar ‖ *intr* cambiar de tren, tranvía, etc.

transfix [træns'fɪks] *tr* espetar, traspasar; dejar atónito

transform [træns'fɔrm] *tr* transformar ‖ *intr* transformarse

transformer [træns'fɔrmər] *s* transformador *m*

transfusion [træns'fjuʃən] *s* transfusión; (med) transfusión de la sangre

transgress [træns'grɛs] *tr* transgredir, violar; exceder, traspasar (*p.ej., los límites de la prudencia*) ‖ *intr* pecar, prevaricar

transgression [træns'grɛʃən] *s* transgresión; pecado, prevaricación

transient ['trænʃənt] *adj* pasajero, transitorio; de tránsito ‖ *s* transeúnte *mf*

transistor [træn'zɪstər] *s* transistor *m*

transistorize [træn'zɪstə,raɪz] *tr* transistorizar

transit ['trænsɪt] o ['trænzɪt] *s* tránsito

transitive ['trænsɪtɪv] *adj* transitivo ‖ *s* verbo transitivo

transitory ['trænsɪ,tori] *adj* transitorio

translate [træns'let] o ['trænslet] *tr* (*from one language to another*) traducir; (*from one place to another*) trasladar ‖ *intr* traducirse

translation [træns'leʃən] *s* traducción; traslación

translator [træns'letər] *s* traductor *m*

transliterate [træns'lɪtə,ret] *tr* transcribir

translucent [træns'lusənt] *adj* translúcido

transmission [træns'mɪʃən] *s* transmissión; (aut) cambio de marchas, cambio de velocidades

transmis'sion-gear' box *s* caja de cambio de marchas, caja de velocidades

trans•mit [træns'mɪt] *v* (*pret* & *pp* **-mitted;** *ger* **-mitting**) *tr* & *intr* transmitir

transmitter [træns'mɪtər] *s* transmisor *m*

transmitting set *s* aparato transmisor

transmitting station *s* estacion transmisora, emisora

transmute [træns'mjut] *tr* & *intr* transmutar

transom [trænsəm] *s* (*crosspiece*) travesaño; (*window over door*) montante *m;* (*of ship*) yugo de popa

transparen•cy [træns'pɛrənsi] *s* (*pl* **-cies**) transparencia

transparent [træns'pɛrənt] *adj* transparente

transpire [træns'paɪr] *intr* transpirar; (*to become known, leak out*) transpirar; (coll) acontecer, tener lugar

transplant ['træns,plænt] *s* transplante; injerto ‖ *tr* transplantar ‖ *intr* transplantarse

transport ['trænsport] *s* transporte *m;* (aer & naut) transporte *m;* rapto, éxtasis *m*, transporte *m* ‖ [træns'port] *tr* transportar

transportation [,trænspor'teʃən] *s* transporte *m;* (U.S.A.) pasaje *m*, billete *m* de viaje

transport worker *s* transportista *mf*

transpose [træns'poz] *tr* transponer; (mus) transportar

trans•ship [træns'ʃɪp] *v* (*pret* & *pp* **-shipped;** *ger* **-shipping**) *tr* transbordar

transshipment [træns'ʃɪpmənt] *s* transbordo

transvestism [træns'vɛstɪzəm] *s* transvestismo

transvestite [træns'vɛstaɪt] *adj* & *s* transvestido

trap [træp] *s* trampa; (*double-curved pipe*) sifón *m;* coche ligero de dos ruedas; (sport) lanzaplatos *m* ‖ *v* (*pret* & *pp* **trapped;** *ger* **trapping**) *tr* entrampar; atrapar (*a un ladrón*)

trap door *s* escotillón *m*, trampa; (theat) escotillón *m*, pescante *m*

trapeze [trə'piz] *s* trapecio

trapezold ['træpɪ,zɔɪd] *s* trapecio

trapper ['træpər] *s* cazador *m* de alforja

trappings ['træpɪŋz] *spl* (*adornments*) adornos, altavíos; (*of a horse's harness*) jaeces *mpl*

trap'shoot'ing *s* tiro al vuelo

trash [træʃ] *s* broza, basura, desecho; (*junk*) cachivaches *mpl;* (*nonsense*) disparates *mpl;* (*worthless people*) gentuza

trash can *s* basurero

trash pile *s* basural *m* (SAm)

travail ['trævel] o [trə'vel] *s* afán *m*, labor *f*, pena; dolores *mpl* del parto

trav•el ['trævəl] *s* viaje *m;* el viajar; (mach) recorrido ‖ *v* (*pret* & *pp* **-eled** o **-elled;** *ger* **-eling** o **-elling**) *tr* viajar por; recorrer ‖ *intr* vaijar; andar, recorrer

travel bureau *s* oficina de turismo

traveler ['trævələr] *s* viajero; (*salesman*) viajante *m*

traveler's check *s* cheque *m* de viajeros

traveling expenses *spl* gastos de viaje

traveling salesman *s* viajante *m*, agente viajero

traverse ['trævərs] o [trə'vʌrs] *tr* atravesar; recorrer, pasar por

traves•ty ['trævɪsti] *s* (*pl* **-ties**) parodia ‖ *v* (*pret* & *pp* **-tied**) *tr* parodiar

trawl [trɔl] *s* red barredera, espinel *m*, palangre *m* ‖ *tr* & *intr* pescar a la rastra

tray [tre] *s* bandeja; (chem & phot) cubeta

treacherous ['trɛtʃərəs] *adj* traicionero, traidor; incierto, poco seguro

treacher•y ['trɛtʃəri] *s* (*pl* **-ies**) traición alevosía

tread [trɛd] *s* (*stepping*) pisada; (*of stairs*) grada, huella, peldaño; (*of stilts*) horquilla; (*of a tire*) banda de rodamiento; (*of shoe*) suela; (*of an egg*) meaje, galladura ‖ *v* (*pret* **trod** [trɑd]; *pp* **trodden** ['trɑdən] o **trod**) *tr* pisar, pisotear; abrumar, agobiar ‖ *intr* andar, caminar

treadle ['trɛdəl] *s* pedal *m*

treadless ['trɛdlɪs] *adj* (*tire*) desgastado

tread'mill' s rueda de andar; (*futile drudgery*) noria

treas. abbr **treasurer, treasury**

treason ['trizən] s traición

treasonable ['trizənəbəl] adj traicionero, traidor

treasure ['trɛʒər] s tesoro ‖ tr atesorar

treasurer ['trɛʒərər] s tesorero

treasur•y ['trɛʒəri] s (pl **-ies**) tesorería; tesoro

treat [trit] s convite m; (*to a drink*) convidada; (*something providing particular enjoyment*) regalo, deleite m ‖ tr tratar; convidar, regalar; curar (*a un enfermo*) ‖ intr tratar; convidar, regalar; **to treat of** tratar de

treatise ['tritɪs] s tratado

treatment ['tritmənt] s tratamiento

trea•ty ['triti] s (pl **-ties**) tratado

treble ['trɛbəl] adj (*threefold*) tresdoble, triple; sobreagudo; (mus) atiplado; (mus) de tiple ‖ s (*person*) tiple mf; (*voice*) tiple ‖ tr triplicar ‖ intr triplicarse

tree [tri] s árbol m

tree farm s monte m tallar

treeless ['trilɪs] adj pelado, sin árboles

tree'top' s copa, cima de árbol

trellis ['trɛlɪs] s enrejado, espaldera; emparrado

tremble ['trɛmbəl] s temblor m, estremecimiento ‖ intr temblar, estremecerse

tremendous [trɪ'mɛndəs] adj tremendo

tremor ['trɛmər] o ['trimər] s temblor m

trench [trɛntʃ] s foso, zanja; (*for irrigation*) acequia; (mil) trinchera

trenchant ['trɛntʃənt] adj mordaz, punzante; enérgico, bien definido

trench coat s trinchera

trench mortar s (mil) lanzabombas m

trench'-plow' tr (agr) desfondar

trend [trɛnd] s curso, dirección, tendencia ‖ intr dirigirse, tender

trendy ['trɛndi] adj (coll) de (última) moda

trespass ['trɛspəs] s entrada sin derecho; infracción, violación; culpa, pecado ‖ intr entrar sin derecho; pecar; **no trespassing** prohibida la entrada; **to trespass against** pecar contra, **to trespass on** entrar sin derecho en; infringir, violar; abusar de (*p.ej., la paciencia de uno*)

tress [trɛs] s (*braid of hair*) trenza; (*curl*) bucle m, rizo

trestle ['trɛsəl] s caballete m; puente m o viaducto de caballetes

trial ['traɪəl] s ensayo, prueba; aflicción, desgracia; (law) juicio, proceso, vista; **on trial** a prueba; (law) en juicio; **to bring to trial** encausar

trial and error s método de tanteos

trial balloon s globo sonda; **to send up a trial balloon** (fig) lanzar un globo sonda

trial by jury s juicio por jurado

trial jury s jurado procesal

trial order s (com) pedido de ensayo

trial run s experimento piloto

triangle ['traɪ,æŋgəl] s triángulo

tribe [traɪb] s tribu f

tribunal [trɪ'bjunəl] o [traɪ'bjunəl] s tribunal m

tribune ['trɪbjun] s tribuna

tributar•y ['trɪbjə,tɛri] adj tributario ‖ s (pl **-ies**) tributario

tribute ['trɪbjut] s tributo

trice [traɪs] s momento, instante m; **in a trice** en un periquete

trick [trɪk] s ardid m, artimaña; leva (CAm, Col); (*knack*) maña; (*feat*) suerte f; (*prank*) travesura, burla, chasco; tanda, turno; ilusión; (*feat with cards*) truco; (*cards in one round*) baza; (coll) chiquita; **to be up to one's old tricks** hacer las suyas; **to play a dirty trick on** hacer una mala jugada a ‖ tr trampear; burlar, engañar; ataviar

tricker•y ['trɪkəri] s (pl **-ies**) tramperia, malas mañas

trickle ['trɪkəl] s chorro delgado, goteo ‖ intr escurrir, gotear; pasar gradual e irregularmente

trickster ['trɪkstər] s tramposo, embustero, embaucador m, embaucadora

trick•y ['trɪki] adj (comp **-ier;** super **-iest**) tramposo, engañoso, difícil; (*animal*) vicioso; (*ticklish to deal with*) delicado

tricorn ['traɪkɔrn] adj & s tricornio

tried [traɪd] adj fiel, probado, seguro

trifle ['traɪfəl] s bagatela, friolera, fruslería, basurita, chiquitura; (*trinket*) bagatela, baratija ‖ tr—**to trifle away** malgastar ‖ intr estar ocioso, holgar; **to trifle with** manosear; jugar con, burlarse de

trifling ['traɪflɪŋ] adj frívolo, fútil, ligero; insignificante, trivial

trifocal [traɪ'fokəl] adj trifocal ‖ s lente f trifocal; **trifocals** anteojos trifocales

trig. abbr **trigonometric, trigonometry**

trigger ['trɪgər] s (*e.g., of a gun*) disparador m, gatillo; (*of any device*) disparador ‖ tr poner en movimiento, provocar

trigonometry [,trɪgə'nɑmɪtri] s trigonometría

trill [trɪl] s trinado, trino; (*made with voice, esp. of birds*) gorjeo; (phonet) vibración ‖ tr decir o cantar gorjeando; pronunciar con vibración ‖ intr trinar; gorjear

trillion ['trɪljən] s (U.S.A.) billón m; (Brit) trillón m

trilo•gy ['trɪlədʒi] s (pl **-gies**) trilogía

trim [trɪm] adj (comp **trimmer;** super **trimmest**) acicalado, compuesto, elegante ‖ s condición, estado; buena condición; adorno, atavío; traje m, vestido; (*of sails*) orientación ‖ v (pret & pp **trimmed;** ger **trimming**) tr ajustar, adaptar; arreglar, componer; adornar, decorar; decorar, enguirnaldar (*el árbol de Navidad*); recortar; cortar ligeramente (*el pelo*); despabilar (*una lámpara o vela*); mondar, podar (*árboles, plantas*); acepillar, desbastar; (naut) orientar (*las velas*); (coll) derrotar, vencer; (coll) regañar

trimming ['trɪmɪŋ] s adorno, guarnición; franja, orla; (coll) paliza, zurra; (coll) derrota; **trimmings** accesorios, arrequives mpl; recortes mpl

tr

tr

trini•ty ['trɪnɪti] s (pl **-ties**) (group of three) trinca || **Trinity** s Trinidad

trinket ['trɪŋkɪt] s (small ornament) dije m; (trivial object) baratija, bujería, chuchería

tri•o ['tri•o] s (pl **-os**) (group of three) terna, trío; (mus) trío

trip [trɪp] s viaje m; jira, recorrido; (stumble) tropiezo; (act of causing a person to stumble) traspié m, zancadilla; (blunder) desliz m; (drugs) viaje || v (pret & pp **tripped;** ger **tripping**) tr trompicar, echar la zancadilla a; detener, estorbar; inclinar; coger en falta; coger en una mentira || intr ir conpaso rápido y ligero; brincar, saltar, correr; tropezar; **to trip over** tropezar con, contra o en

tripe [traɪp] s callos, mondongo; (slang) disparate m, barbaridad

trip'ham'mer s martillo pilón

triphthong ['trɪfθɔŋ] s triptongo

triple ['trɪpəl] adj & s triple m || tr triplicar || intr triplicarse

triplet ['trɪplɪt] s (offspring) trillizo; (stanza of three lines) terceto; (mus) terceto, tresillo

triplicate ['trɪplɪkɪt] adj & s triplicado; **in triplicate** por triplicado || ['trɪplɪ,ket] tr triplicar

tripod ['traɪpɑd] m trípode m

triptych ['trɪptɪk] s tríptico

trite [traɪt] adj gastado, trillado, trivial

triumph ['traɪ•əmf] s triunfo || intr triunfar; **to triumph over** triunfar de

triumphal arch [traɪ'ʌmfəl] s arco triunfal

triumphant [traɪ'ʌmfənt] adj triunfante

trivia ['trɪvɪ•ə] spl bagatelas, trivialidades

trivial ['trɪvɪ•əl] adj trivial, insignificante

triviali•ty [,trɪvɪ'ælɪti] s (pl **-ties**) trivialidad

Trojan ['trodʒən] adj & s troyano

Trojan horse s caballo de Troya

Trojan War s guerra de Troya

troll [trol] tr & intr pescar a la cacea

trolley ['trɑli] m polea o arco de trole; tranvía m

trolley bus s trolebús m

trolley car s coche m de tranvía

trolley pole s trole m

trolling ['trolɪŋ] s cacea, pesca a la cacea

trollop ['trɑləp] s (slovenly woman) cochina; mujer f de mala vida

trombone ['trɑmbon] s trombón m

troop [trup] s tropa; (of actors) compañía; (of cavalry) escuadrón m || intr agruparse; marcharse en tropel

trooper ['trupər] s soldado de caballería; corcel m de guerra; policía m de a caballo; (ship) transporte m; **to swear like a trooper** jurar como un carretero

tro•phy ['trofi] s (pl **-phies**) trofeo; (any memento) recuerdo

tropic ['trɑpɪk] adj tropical || s trópico

tropical ['trɑpɪkəl] adj tropical

tropics o **Tropics** ['trɑpɪks] spl zona tropical

troposphere ['trɑpə,sfɪr] s troposfera

trot [trɑt] s trote m || v (pret & pp **trotted;** ger **trotting**) tr hacer trotar; **to trot out** (slang) sacar para mostrar || intr trotar

troth [trɔθ] o [troθ] s fe f; verdad; esponsales mpl; **in troth** en verdad; **to plight one's troth** prometer fidelidad; dar palabra de casamiento

troubadour ['trubə,dor] o ['trubə,dʊr] adj trovadoresco || s trovador m

trouble ['trʌbəl] s apuro, dificultad; confusión, estorbo; conflicto; inquietud, preocupación; pena, molestia; mal m, enfermedad; murga; (of a mechanical nature) avería, falla, pana; **not to be worth the trouble** no valer la pena; **to pour out one's troubles** jeremiquear; **that's the trouble** ahí está el busilis; **the trouble is that** . . . lo malo es que . . .; **to be in trouble** estar en un aprieto; **to be looking for trouble** buscar tres pies al gato; **to get into trouble** enredarse, meterse en líos; **to take the trouble to** tomarse la molestia de || tr apurar; confundir, estorbar; inquietar, preocupar; apenar, afligir; incomodar, molestar; dar que hacer a; **to be troubled with** padecer de; **to trouble oneself** molestarse || intr apurarse; inquietarse, preocuparse; molestarse, darse molestia; **to trouble to** molestarse en

trouble lamp s lámpara de socorro

trou'ble•mak'er s perturbador m, alborotador m

troubleshooter ['trʌbəl,ʃutər] s localizador m de averías; (in disputes) componedor m

troubleshooting ['trʌbəl,ʃutɪŋ] s localización de averías; (of disputes) composición, arbitraje m

troublesome ['trʌbəlsəm] adj molesto, pesado, gravoso; impertinente; perturbador

trouble spot s lugar m de conflicto

trough [trɔf] o [traf] s (e.g., to knead bread) artesa; (for water for animals) abrevadero; (for feeding animals) comedero; (under eaves) canal f; (between two waves) seno

troupe [trup] s compañía de actores o de circo

trousers ['traʊsərz] spl pantalones mpl

trous•seau [tru'so] o ['truso] s (pl **-seaux** o **-seaus**) ajuar m de novia, equipo de novia

trout [traʊt] s trucha

trouvère [tru'vɛr] s trovero

trowel ['traʊ•əl] s paleta, llana

Troy [trɔɪ] s Troya

truant ['tru•ənt] s novillero; **to play truant** hacer novillos

truce [trus] s tregua

truck [trʌk] s carro; vegoneta; camión m; autocamión m; (to be moved by hand) carretilla; (of locomotive or car) carretón m; hortalizas para el mercado; (coll) desperdicios; (coll) negocio, relaciones || tr acarrear

truck driver s camionista mf; materialista m (Mex)

truck garden s huerto de hortalizas (para el mercado)

truculent ['trʌkjələnt] o ['trukjələnt] adj truculento

trudge [trʌdʒ] intr caminar, ir a pie; **to trudge along** marchar con pena y trabajo

true [tru] *adj* verdadero; exacto; constante; uniforme; fiel, leal; alineado; a plomo, a nivel; **to come true** hacerse realidad; **true to life** conforme a la realidad
true copy *s* copia fiel
true-hearted ['tru,hɑrtɪd] *adj* fiel, leal, sincero
true'love' *s* fiel amante *mf;* (bot) hierba de París
truelove knot *s* lazo de amor
truffle ['trʌfəl] o ['trufəl] *s* trufa
truism ['tru•ɪzəm] *s* perogrullada, verdad trillada
truly ['truli] *adv* verdaderamente; efectivamente; fielmente; **truly yours** de Vd. atto. y S.S., su seguro servidor
trump [trʌmp] *s* triunfo; (coll) buen chico, buena chica; **no trump** sin triunfo ‖ *tr* matar con un triunfo; aventajar, sobrepujar; **to trump up** forjar, inventar (*para engañar*) ‖ *intr* triunfar
trumpet ['trʌmpɪt] *s* trompeta; trompeta acústica; **to blow one's own trumpet** cantar sus propias alabanzas ‖ *tr* pregonar a son de trompeta ‖ *intr* trompetear
truncheon ['trʌntʃən] *s* cachiporra; bastón *m* de mando
trunk [trʌŋk] *s* (*of living body, tree, family, railroad*) tronco; (*chest for clothes, etc.*) baúl *m;* (*of an automobile*) portacquipaje *m;* (*of elephant*) trompa; **trunks** taparrabo
trunk hose *spl* trusas
truss [trʌs] *s* (*framework*) armadura; haz *m*, paquete *m*, lío; (*for holding back a hernia*) braguero ‖ *tr* armar; empaquetar; espetar; apretar (*barriles*)
trust [trʌst] *s* confianza; esperanza; cargo, custodia; depósito; crédito; obligación; (econ) trust *m*, cartel *m;* (law) fideicomiso; **in trust** en confianza; en depósito; **on trust** a crédito, al fiado ‖ *tr* confiar; confiar en; vender a crédito a ‖ *intr* confiar; fiar; **to trust in** fiarse a o de
trust company *s* banco fideicomisario, banco de depósitos
trustee [trʌs'ti] *s* administrador *m*, comisario; regente (universitario); (*of an estate*) fideicomisario
trusteeship [trʌs'tiʃɪp] *s* cargo de administrador, fideicomisario; (*of the UN*) fideicomiso
trustful ['trʌstfəl] *adj* confiado
trust'wor'thy *adj* confiable, fidedigno
trust•y ['trʌsti] *adj* (comp **-ier;** super **-iest**) honrado, fidedigno ‖ *s* (pl **-ies**) presidiario fidedigno (*que se ha merecido ciertos privilegios*)
truth [truθ] *s* verdad; **in truth** a la verdad, en verdad
truthful ['truθfəl] *adj* verídico, veraz
try [traɪ] *s* (pl **tries**) ensayo, intento, prueba ‖ *v* (pret & pp **tried**) *tr* ensayar, intentar, probar; comprobar, verificar; cansar; exasperar, irritar; (law) procesar (*a una persona*); (law) ver (*un pleito*); **to try on** probarse (*una prenda de vestir*) ‖ *intr*

ensayar, probar; esforzarse; **to try to** tratar de, intentar
trying ['traɪ•ɪŋ] *adj* cansado, molesto, irritante; penoso
tryst [trɪst] o [traɪst] *s* cita; lugar *m* de cita
tub [tʌb] *s* cuba, tina; (coll) baño; (*clumsy boat*) (coll) carcamán *m*, trompo; (*fat person*) (coll) cuba
tube [tjub] o [tub] *s* tubo; túnel *m;* (*of a tire*) cámara; (coll) ferrocarril subterráneo
tuber ['tjuber] o ['tubər] *s* tubérculo
tubercle ['tubərkəl] *s* tubérculo
tubercular [tu'bɑrkjələr] *adj* & *s* tísico
tuberculosis [tu,bʌrkjə'losɪs] *s* tuberculosis *f*
tuck [tʌk] *s* alforza ‖ *tr* alforzar; **to tuck away** encubrir, ocultar; **to tuck in** arropar, enmantar; remeter (*p.ej., la ropa de cama*); **to tuck up** arremangar (*un vestido*); guarnecer (*la cama*)
tucker ['tʌkər] *s* escote *m* ‖ *tr* —**to tucker out** (coll) agotar, cansar
Tuesday ['tjuzdi] *s* martes *m*
tuft [tʌft] *s* (*of feathers, hair, etc.*) penacho, copete *m;* manojo, racimo, ramillete *m;* borla ‖ *tr* empenachar ‖ *intr* crecer formando mechones
tug [tʌg] *s* estirón *m*, tirón *m;* (*boat*) remolcador *m* ‖ *v* (pret & pp **tugged;** ger **tugging**) *tr* arrastrar, tirar con fuerza de; remolcar (*un barco*) ‖ *intr* tirar con fuerza; esforzarse, luchar
tug'boat' *s* remolcador *m*
tug of war *s* lucha de la cuerda
tuition [tju'ɪʃən] *s* enseñanza; precio de la enseñanza
tulip ['tulɪp] *s* tulipán *m*
tumble ['tʌmbəl] *s* caída, tumbo; (*somersault*) voltereta, tumba; confusión, desorden *m* ‖ *intr* caerse, rodar; voltear; derribarse, volcarse; brincar, dar saltos; (*into bed*) echarse; (*to catch on*) (slang) caer, comprender; **to tumble down** desplomarse, hundirse, venirse abajo
tum'ble-down' *adj* destartalado, desvencijado
tumbler ['tʌmblər] *s* (*for drinking*) vaso; (*person who performs bodily feats*) volatinero; (*self-righting toy*) dominguillo, tentemozo
tumor ['tjumər] o ['tumər] *s* tumor *m*
tumult ['tumʌlt] *s* tumulto
tun [tʌn] *s* barril *m*, tonel *m;* (*measure of capacity for wine*) tonelada
tuna ['tunə] *s* atún *m*
tune [tjun] o [tun] *s* tonada, aire *m;* (*manner of acting or speaking*) tono; **in tune** afinado; afinadamente; **out of tune** desafinado; desafinadamente; **to change one's tune** mudar de tono ‖ *tr* acordar, afinar; (rad) sintonizar; **to tune in** (rad) sintonizar; **to tune out** (rad) desintonizar; **to tune up** poner a punto; poner a tono (*un motor de automóvil*)
tungsten ['tʌŋstən] *s* tungsteno
tunic ['tjunɪk] o ['tunɪk] *s* túnica
tuning *s* (aut) puesto a punto
tuning coil *s* (rad) bobina de sintonía

tuning fork s diapasón m
Tunis ['tunɪs] s Túnez (ciudad)
Tunisia [tu'nɪʒə] s Túnez (país)
Tunisian [tu'nɪʒən] adj & s tunecino
tun•nel ['tʌnəl] s túnel m; (min) galería ‖ v (pret & pp **-neled** o **-nelled; ger -neling** o **-nelling**) tr construir un túnel a través de o debajo de
turban ['tʌrbən] s turbante m
turbid ['tʌrbɪd] adj turbio
- **turbine** ['tʌrbɪn] o ['tʌrbaɪn] s turbina
turbocompressor [,tʌrbokəm'prɛsər] s turbocompresor m
turbofan ['tʌrbo,fæn] s turboventilador m
turbojet ['tʌrbo,dʒet] s turborreactor m; avión m de turborreacción
turboprop ['tʌrbo,prɑp] s turbopropulsor m; turbohelice m avión m de turbopropulsión
turbosupercharger [,tʌrbo'supər,tʃɑrdʒər] s turbosupercargador m
turbulent ['tʌrbjələnt] adj turbulento
tureen [tu'rin] o [tjʊ'rin] s sopera
turf [tʌrf] s (surface layer of grassland) césped m; terrón m de césped; (peat) turba; **the turf** el hipódromo; las carreras de caballos
turf•man ['tʌrfmən] s (pl **-men** [mən]) turfista m
Turk [tʌrk] s turco
turkey ['tʌrki] s pavo ‖ **Turkey** s Turquía
turkey vulture s aura
Turkish ['tʌrkɪʃ] adj & s turco
Turkish towel s toalla rusa
turmoil ['tʌrmɔɪl] s alboroto, disturbio, tumulto
turn [tʌrn] s vuelta; (time of action) turno; (change of direction) virada; (bend) recodo; (walk) paseo corto; (of a spiral, roll of wire, etc.) espira; aspecto; inclinación; vahido, vértigo; giro, expresión; servicio; (coll) sacudida, susto; **at every turn** a cada paso; **in trun** por turno; **to be one's turn** tocarle a uno, p.ej., **it's your turn** le toca a Vd.; **to take turns** alternar, turnar; **to wait one's turn** aguardar turno, esperar vez ‖ tr volver; dar vuelta a (p.ej., una llave); torcer (p.ej., el tobillo); doblar (la esquina); los ojos); (to make sour) agriar; (on a lathe) tornear; tener (p.ej., veinte años cumplidos); **to turn against** predisponer en contra de; **to turn around** volver; voltear; torcer (las palabras de una persona); **to turn aside** desviar; **to turn away** desviar; despedir; **to turn back** devolver; hacer retroceder; retrasar (el reloj); **to turn down** doblar hacia abajo; invertir; rechazar, rehusar; bajar (p.ej., el gas); **to turn in** doblar hacia adentro; entregar; **to turn off** apagar (la luz, la radio); cortar (el agua, gas, etc.); cerrar (la llave del agua, gas, etc.; la radio, la televisión); interrumpir (la corriente eléctrica); **to turn on** encender (la luz); poner (la luz, la radio, etc.); abrir (la llave del agua, gas, etc.); establecer (la corriente eléctrica); **to turn out** despedir; echar al campo (a los animales); volver al

revés; apagar (la luz); hacer, fabricar; **to turn up** doblar hacia arriba; levantar; arremangar (p.ej., las mangas); volver (un naipe); poner más alto o más fuerte (la radio); abrir la llave de (p.ej., el gas) ‖ intr volver, p.ej., **the road turns to the right** el camino vuelve a la derecha; virar (un automóvil, un avión, etc.); (to revolve) girar; volverse (p.ej., la conversación; la opinión; ciertos licores); **to turn against** cobrar aversión a; rebelarse contra; **to turn around** dar vuelta; **to turn aside** o **away** desviarse; alejarse; **to turn back** volver, regresar; retroceder; **to turn down** doblarse hacia abajo; invertirse; **to turn in** doblarse hacia adentro; replegarse; recogerse, volver a casa; (coll) recogerse, acostarse; **to turn into** entrar en; convertirse en; **to turn on** volverse contra; depender de; versar sobre; ocuparse de; **to turn out badly** salir mal; **to turn out right** acabar bien; **to turn out to be** venir a ser; resultar, salir; **to turn over** volcar, derribarse (un vehículo); **to turn up** doblarse hacia arriba; levantarse; acontecer; aparecer
turn'coat' s tránsfuga mf, apóstata mf, renegado; **to become a turncoat** volver la casaca, cambiarse la camisa
turn'down' adj (collar) caído ‖ s rechazamiento
turning light s (aut) intermitente m
turning point s punto de transición, punto decisivo
turnip ['tʌrnɪp] s nabo; (cheap watch) (slang) calentador m; (slang) tipo
turn'key' s carcelero, llavero de cárcel
turn of life s menopausia
turn of mind s natural m, inclinación
turn'out' s (gathering of people) con currencia; (number attending a show, etc.) entrada; (side track or passage) apartadero; (amount produced) producción; (array, outfit) equipaje m; carruaje m de lujo
turn'o'ver s (spill, upset) vuelco; cambio de personal; movimiento de mercancías; ciclo de compra y venta
turn'pike' s carretera de peaje
turnstile ['tʌrn,staɪl] s torniquete m
turn'ta'ble s (of phonograph) placa giratoria, plato giratorio; (rr) placa giratoria, plataforma giratoria
turpentine ['tʌrpən,taɪn] s trementina
turpitude ['tʌrpɪ,tjud] s torpeza, infamia, vileza
turquoise ['tʌrkɔɪz] o ['tʌrkwɔɪz] s turquesa
turret ['tʌrɪt] s torrecilla; (archit) torreón m; (nav) torreta
turtle ['tʌrtəl] s tortuga; **to turn turtle** derribarse patas arriba
tur'tle•dove' s tórtola
Tuscan ['tʌskən] adj & s toscano
Tuscany ['tʌskəni] s la Toscana
tusk [tʌsk] s colmillo
tussle ['tʌsəl] s agarrada ‖ intr agarrarse, asirse, reñir

tutor ['tjutər] o ['tutər] *s* maestro particular; (*guardian*) tutor *m* ‖ *tr* dar enseñanza particular a ‖ *intr* dar enseñanza particular; (coll) tomar lecciones particulares

tuxe•do [tʌk'sido] *s* (*pl* **-dos**) esmoquin *m*, smoking *m*

TV *abbr* **television**

twaddle ['twɑdəl] *s* charla, tonterías, música celestial ‖ *intr* charlar, decir tonterías

twang [twæŋ] *s* (*of musical instrument*) tañido; (*of voice*) timbre *m* nasal ‖ *tr* tocar con un tañido; decir con timbre nasal ‖ *intr* hablar por la nariz

twang•y [twæŋi] *adj* (*comp* **-ier;** *super* **-iest**) (*device*) tañente; (*person, voice*) gangoso

tweed [twid] *s* mezcla de lana; traje *m* de mezcla de lana; **tweeds** ropa de mezcla de lana

tweet [twit] *s* pío ‖ *intr* piar

tweeter ['twitər] *s* altavoz *m* para audiofrecuencias elevadas

tweezers ['twizərz] *spl* bruselas, pinzas, tenacillas

twelfth [twɛlfθ] *adj & s* (*in a seris*) duodécimo; (*part*) dozavo ‖ *s* (*in dates*) doce *m*

Twelfth'-night' *s* la víspera del día de Reyes; la noche del día de Reyes

twelve [twɛlv] *adj & pron* doce ‖ *s* doce *m;* **twelve o'clock** las doce

twentieth ['twɛnti•ıθ] *adj & s* (*in a series*) vigésimo; (*part*) veintavo ‖ *s* (*in dates*) veinte *m*

twen•ty ['twɛnti] *adj & pron* veinte ‖ *s* (*pl* **-ties**) veinte *m*

twice [twaıs] *adv* dos veces

twice'-told' *adj* dicho dos veces; trillado, sabido

twiddle ['twıdəl] *tr* menear o revolver ociosamente

twig [twıg] *s* ramito; **twigs** leña menuda

twilight ['twaı,laıt] *adj* crepuscular ‖ *s* crepúsculo

twill [twıl] *s* tela cruzada; (*pattern of weave*) cruzado ‖ *tr* cruzar

twin [twın] *adj & s* gemelo

twine [twaın] *s* guita, cuerda, bramante *m* ‖ *tr* enroscar, retorcer ‖ *intr* enroscarse, retorcerse

twinge [twınd3] *s* punzada, dolor agudo

twin'jet' plane *s* avión *m* birreactor

twinkle ['twıŋkəl] *s* centelleo; (*of eye*) pestañeo; instante *m* ‖ *intr* centellear; pestañear; moverse rápidamente

twin'-screw' *adj* (naut) de doble hélice

twirl [twʌrl] *s* vuelta, giro ‖ *tr* hacer girar; (baseball) lanzar (*la pelota*) ‖ *intr* dar vueltas, girar; piruetear

twist [twıst] *s* torcedura; enroscadura; curva, recodo; giro, vuelta; propensión, prejuicio; (*of mind or disposition*) sesgo ‖ *tr* torcer; retorcer; enroscar; hacer girar; entrelazar; desviar; (*to give a different meaning to*) torcer ‖ *intr* torcerse; retorcerse; enroscarse; dar vueltas; entrelazarse; desviarse; serpentear; **to twist and turn** (*in bed*) dar vueltas

twisted ['twıstıd] *adj* sobornado

twit [twıt] *v* (*pret & pp* **twitted;** *ger* **twitting**) *tr* reprender (*a uno*) recordando algo desagradable o poniéndole en ridículo

twitch [twıtʃ] *s* crispatura; ligero temblor ‖ *intr* crisparse; temblar (*p.ej., los párpados*)

twitter ['twıtər] *s* gorjeo; risita sofocada; inquietud ‖ *intr* gorjear; reír sofocadamente; temblar de inquietud

two [tu] *adj & pron* dos ‖ *s* dos *m;* **to put two and two together** atar cabos, sacar la conclusión evidente; **two o'clock** las dos

two'-cy'cle *adj* (mach) de dos tiempos

two'-cyl'inder *adj* (mach) de dos cilindros

two-edged ['tu,ɛd3d] *adj* de dos filos

two hundred *adj & pron* doscientos ‖ *s* doscientos *m*

twosome ['tusəm] *s* pareja; pareja de jugadores; juego de dos

two'-time' *tr* (slang) engañar en amor, ser infiel a (*una persona del otro sexo*)

tycoon [taı'kun] *s* (coll) magnate *m*

type [taıp] *s* tipo; (*piece*) (typ) tipo, letra; (*pieces collectively*) (typ) letra; letras impresas, letras escritas a máquina ‖ *tr* escribir a máquina, tipiar; representar, simbolizar ‖ *intr* escribir a máquina

type'face' *s* tipo de letra

type'script' *s* material escrito a máquina

typesetter ['taıp,sɛtər] *s* (typ) cajista *mf;* (typ) máquina de componer

type'write' *v* (*pret* **-wrote** [,rot]; *pp* **-written** [,rıtən]) *tr & intr* escribir a máquina, tipiar

type'writ'er *s* máquina de escribir; tipista *mf*

typewriter ribbon *s* cinta para máquinas de escribir

type'writ'ing *s* mecanografía; trabajo hecho con máquina de escribir

typhoid fever ['taıfɔıd] *s* fiebre tifoidea

typhoon [taı'fun] *s* tifón *m*

typical ['tıpıkəl] *adj* típico

typi•fy ['tıpı,faı] *v* (*pret & pp* **-fied**) *tr* simbolizar; ser ejemplo o modelo de

typist ['taıpıst] *s* mecanógrafo, tipista *mf*, mecanógrafa

typographic(al) [,taıpə'græfık(əl)] *adj* tipográfico

typographical error *s* error *m* de imprenta

typography [taı'pɑgrəfi] *s* tipografía

tyrannic(al) [tı'rænık(əl)] o [taı'rænık(əl)] *adj* tiránico

tyrannous ['tırənəs] *adj* tirano

tyran•ny ['tırəni] *s* (*pl* **-nies**) tiranía

tyrant ['taırənt] *s* tirano

ty•ro ['taıro] *s* (*pl* **-ros**) tirón *m*, novicio

tu
ty

U

U, u [ju] vigésima primera letra del alfabeto inglés

U. *abbr* **University**

ubiquitous [ju'bɪkwɪtəs] *adj* ubicuo

udder ['ʌdər] *s* ubre *f*

UFO *abbr* **unidentified flying object**

ugliness ['ʌglɪnɪs] *s* fealdad; (coll) malhumor *m*

ug·ly ['ʌgli] *adj* (*comp* **-lier;** *super* **-liest**) feo; (coll) malhumorado

ugly mug *s* (slang) carantamaula

Ukraine ['jukren] o [ju'kren] *s* Ucrania

Ukrainian [ju'krenɪ•ən] *adj* & *s* ucraniano, ucranio

ulcer ['ʌlsər] *s* llaga, úlcera; (*corrupting influence*) (fig) llaga

ulcerate ['ʌlsə,ret] *tr* ulcerar ‖ *intr* ulcerarse

ulterior [ʌl'tɪrɪ•ər] *adj* ulterior; (*concealed*) escondido, oculto

ultimate ['ʌltɪmɪt] *adj* último

ultima·tum [,ʌltɪ'metəm] *s* (*pl* **-tums** o **-ta** [tə]) ultimátum *m*

ultimo ['ʌltɪ,mo] *adv* de o en el mes próximo pasado

ultrahigh [,ʌltrə'haɪ] *adj* (electron) ultraelevado

ultrasound ['ʌltrə,saund] *s* sonido silencioso

ultraviolet [,ʌltrə'vaɪ•əlɪt] *adj* & *s* ultravioleta, ultraviolado

umbilical cord [ʌm'bɪlɪkəl] *s* cordón *m* umbilical

umbrage ['ʌmbrɪdʒ] *s*—**to take umbrage at** resentirse de o por

umbrella [ʌm'brɛlə] *s* paraguas *m;* (mil) sombrilla protectora

umbrella man *s* paragüero

umbrella stand *s* paragüero

umlaut ['umlaut] *s* inflexión vocálica, metafonía; (*mark*) diéresis *f* ‖ *tr* inflexionar; escribir con diéresis

umpire ['ʌmpaɪr] *s* árbitro ‖ *tr* & *intr* arbitrar

UN ['ju'ɛn] *s* (letterword) ONU *f*

unable [ʌn'ebəl] *adj* incapaz, imposibilitado; **to be unable to** no poder

unabridged [,ʌnə'brɪdʒd] *adj* sin abreviar, íntegro

unaccented [ʌn'æksɛntɪd] o [,ʌnæk'sɛntɪd] *adj* inacentuado

unaccountable [,ʌnə'kauntəbəl] *adj* inexplicable; irresponsable

unaccounted-for [,ʌnə'kauntɪd,fɔr] *adj* inexplicado; no hallado

unaccustomed [,ʌnə'kʌstəmd] *adj* (*unusual*) desacostumbrado; inhabituado

unafraid [,ʌnə'fred] *adj* sin miedo

unaligned [,ʌnə'laɪnd] *adj* no empeñado

unanimity [,junə'nɪmɪti] *s* unanimidad

unanimous [ju'nænɪməs] *adj* unánime

unanswerable [ʌn'ænsərəbəl] *adj* incontestable; (*argument*) incontrastable

unappreciative [,ʌnə'priʃɪ,etɪv] *adj* ingrato, desagradecido

unapproachable [,ʌnə'protʃəbəl] *adj* inabordable; incomparable, único

unarmed [ʌn'armd] *adj* desarmado, inerme

unascertainable [ʌn,æsər'tenəbəl] *adj* inaveriguable

unasked [ʌn'æskt] *adj* no solicitado; no convidado

unassembled [,ʌnə'sɛmbəld] *adj* desmontado, desarmado

unassuming [,ʌnə'sumɪŋ] o [,ʌnə'sjumɪŋ] *adj* modesto, sencillo

unattached [,ʌnə'tætʃt] *adj* independiente; (*loose*) suelto; (*not engaged to be married*) no prometido; (law) no embargado; (mil & nav) de reemplazo

unattainable [,ʌnə'tenəbəl] *adj* inasequible, inalcanzable

unattractive [,ʌnə'træktɪv] *adj* poco atrayente, desairado

unavailable [,ʌnə'veləbəl] *adj* indisponible

unavailing [,ʌnə'velɪŋ] *adj* ineficaz, inútil, vano

unavoidable [,ʌnə'vɔɪdəbəl] *adj* inevitable, ineluctable

unaware [,ʌnə'wɛr] *adj*—**to be unaware of** no estar al corriente de ‖ *adv* de improviso; sin saberlo

unawares [,ʌnə'wɛrz] *adv* (*unexpectedly*) de improviso; (*unknowingly*) sin saberlo

unbalanced [ʌn'bælənst] *adj* desequilibrado

unbandage [ʌn'bændɪdʒ] *tr* desvendar

un·bar [ʌn'bar] *v* (*pret* & *pp* **-barred;** *ger* **-barring**) *tr* desatrancar

unbearable [ʌn'bɛrəbəl] *adj* inaguantable

unbeatable [ʌn'bitəbəl] *adj* imbatible

unbecoming [,ʌnbɪ'kʌmɪŋ] *adj* inconveniente, indecente; que sienta mal

unbelievable [,ʌnbɪ'livəbəl] *adj* increíble

unbending [ʌn'bɛndɪŋ] *adj* inflexible

unbiased o **unbiassed** [ʌn'baɪ•əst] *adj* imparcial

un·bind [ʌn'baɪnd] *v* (*pret* & *pp* **-bound** ['baund]) *tr* desatar

unbleached [ʌn'blitʃt] *adj* sin blanquear

unbolt [ʌn'bolt] *tr* desatrancar (*p.ej.*, *una puerta*); (*to remove the bolts from*) desempernar

unborn [ʌn'bɔrn] *adj* no nacido, por nacer, futuro

unbosom [ʌn'buzəm] *tr* confesar, descubrir (*sus pensamientos, sus secretos*); **to unbosom oneself** abrir su pecho, desahogarse

unbound [ʌn'baund] *adj* (*book*) sin encuadernar

unbreakable [ʌn'brekəbəl] *adj* irrompible

unbuckle [ʌn'bʌkəl] *tr* deshebillar

unburden [ʌn'bʌrdən] *tr* descargar; **to unburden oneself of** desahogarse de

unburied [ʌn'bɛrid] *adj* insepulto

unbutton [ʌn'bʌtən] *tr* desabotonar

uncalled-for [ʌn'kɔld,fɔr] *adj* innecesario, no justificado; insolente

uncanny [ʌn'kæni] *adj* espectral, misterioso; extraordinario, maravilloso

uncared-for [ʌn'kɛrd,fɔr] *adj* desamparado, descuidado, abandonado

unceasing [ʌn'sisɪŋ] *adj* incesante

unceremonious [ˌʌnsɛriˈmonɪ•əs] *adj* incere-monioso
uncertain [ʌnˈsʌrtən] *adj* incierto
uncertain•ty [ʌnˈsʌrtənti] *s* (*pl* -ties) incerti-dumbre
unchain [ʌnˈtʃen] *tr* desencadenar
unchangeable [ʌnˈtʃendʒəbəl] *adj* incambi-able, inmutable
uncharted [ʌnˈtʃɑrtɪd] *adj* inexplorado
unchecked [ʌnˈtʃɛkt] *adj* no verificado; no refrenado; desenfrenado
uncivilized [ʌnˈsɪvɪˌlaɪzd] *adj* incivilizado
unclad [ʌnˈklæd] *adj* desvestido
unclaimed [ʌnˈklemd] *adj* sin reclamar; (*mail*) rechazado, sobrante
unclasp [ʌnˈklæsp] *tr* desabrochar
unclassified [ʌnˈklæsɪˌfaɪd] *adj* no clasifi-cado; no clasificado como secreto
uncle [ˈʌŋkəl] *s* tío
unclean [ʌnˈklin] *adj* desaseado, sucio
un•clog [ʌnˈklɑg] *v* (*pret* & *pp* -clogged; *ger* -clogging) *tr* desatrancar
unclouded [ʌnˈklaʊdɪd] *adj* despejado
uncollectible [ˌʌnkəˈlɛktɪbəl] *adj* incobrable
uncomfortable [ʌnˈkʌmfərtəbəl] *adj* inco-modo
uncommitted [ˌʌnkəˈmɪtɪd] *adj* no empe-ñado, no comprometido
uncommon [ʌnˈkɑmən] *adj* raro, poco común
uncompromising [ʌnˈkɑmprəˌmaɪzɪŋ] *adj* intransigente
unconcerned [ˌʌnkənˈsʌrnd] *adj* despreocu-pado, indiferente
unconditional [ˌʌnkənˈdɪʃənəl] *adj* incondi-cional
uncongenial [ˌʌnkənˈdʒinɪ•əl] *adj* antipático; incompatible; desagradable
unconquerable [ʌnˈkɑŋkərəbəl] *adj* in-conquistable
unconquered [ʌnˈkɑŋkərd] *adj* invicto
unconscionable [ʌnˈkɑnʃənəbəl] *adj* inescru-puloso; desrazonable, excesivo
unconscious [ʌnˈkɑnʃəs] *adj* inconsciente; (*temporarily deprived of consciousness*) desmayado; (*unintentional*) involuntario
unconsciousness [ʌnˈkɑnʃəsnɪs] *s* incon-sciencia; desmayo
unconstitutional [ˌʌnkɑnstɪˈtjuʃənəl] *adj* in-constitucional
uncontrollable [ˌʌnkənˈtroləbəl] *adj* ingober-nable; incontrolable; (*laughter*) inextingu-ible
unconventional [ˌʌnkənˈvɛnʃənəl] *adj* no convencional
uncork [ʌnˈkɔrk] *tr* destapar, descorchar
uncouth [ʌnˈkuθ] *adj* desgarbado, torpe, rústico
uncover [ʌnˈkʌvər] *tr* descubrir
unction [ˈʌŋkʃən] *s* (*anointing*) unción; sua-vidad hipócrita
unctuous [ˈʌŋktʃʊ•əs] *adj* untuoso; zalamero
uncultivated [ʌnˈkʌltɪˌvetɪd] *adj* inculto (*que no está cultivado*; rústico, grosero)
uncultured [ʌnˈkʌltʃərd] *adj* inculto, rústico, grosero

uncut [ʌnˈkʌt] *adj* sin cortar; (*book or mag-azine*) intonso
undamaged [ʌnˈdæmɪdʒd] *adj* indemne, ileso
undaunted [ʌnˈdɔntɪd] *adj* impávido, deno-dado
undecided [ˌʌndɪˈsaɪdɪd] *adj* indeciso
undefeated [ˌʌndɪˈfitɪd] *adj* invicto
undefended [ˌʌndɪˈfɛndɪd] *adj* indefenso
undefiled [ˌʌndɪˈfaɪld] *adj* inmaculado, im-poluto
undeniable [ˌʌndɪˈnaɪ•əbəl] *adj* innegable
under [ˈʌndər] *adj* inferior; (*clothing*) inte-rior ‖ *adv* debajo; más abajo; to go under hundirse; (*to fail*) fracasar ‖ *prep* bajo, debajo de; inferior a; under full sail a vela llena; under lock and key bajo llave; under oath bajo juramento; under pen-alty of death so pena de muerte; under sail a vela; under separate cover por separado, bajo cubierta separada; under steam bajo presión; under the hand and seal of firmado y' sellado por; under the nose of en las barbas de; under the weather algo indispuesto; under way en camino
un'der•age' *adj* menor de edad
un'der•bid' *v* (*pret* & *pp* bid; *ger* -bidding) *tr* ofrecer menos que
un'der•brush' *s* maleza
un'der•car'riage *s* carro inferior; (aer) tren *m* de aterrizaje
un'der•clothes' *s* ropa interior
un'der•con•sump'tion *s* infraconsumo
un'der•cov'er *adj* secreto
underdeveloped [ˌʌndərdɪˈvɛləpt] *adj* sub-desarrollado
un'der•dog' *s* víctima, perdidoso; the un-derdogs los de abajo
underdone [ˈʌndərˌdʌn] *adj* a medio asar, soasado
un'der•es'ti•mate' *tr* subestimar
un'der•gar'ment *s* prenda de vestir interior
un'der•go' *v* (*pret* -went; *pp* -gone) *tr* ex-perimentar; sufrir, padecer
un'der•grad'uate *adj* no graduado; (*course*) para el bachillerato ‖ *s* alumno no gra-duado de universidad
un'der•ground' *adj* subterráneo; clandestino ‖ *adv* bajo tierra; ocultamente ‖ *s* ferrocar-ril subterráneo; movimiento de resistencia
un'der•growth' *s* maleza
underhanded [ˈʌndərˌhændɪd] *adj* clan-destino, taimado, disimulado
un'der•line' o un'der•line' *tr* subrayar
underling [ˈʌndərlɪŋ] *s* subordinado, secuaz *m* servil
un'der•mine' *tr* socavar, minar
underneath [ˌʌndərˈniθ] *adj* inferior, más bajo ‖ *adv* debajo ‖ *prep* debajo de ‖ *s* parte baja, superficie *f* inferior
undernourished [ˌʌndərˈnʌrɪʃt] *adj* desnu-trido
un'der•nour'ish•ment *s* desnutrición
un'der•pass' *s* paso inferior
un'der•pay' *s* pago insuficiente ‖ *v* (*pret* & *pp* -paid) *tr* & *intr* pagar insuficientemente

un'der•pin' v (*pret* & *pp* **-pinned**; *ger* **-pinning**) *tr* apuntalar, socalzar

underprivileged [,ʌndər'prɪvɪlɪdʒd] *adj* desheredado, desamparado

un'der•rate' *tr* menospreciar

un'der•score' *tr* subrayar

un'der•sea' *adj* submarino || **un'der•sea'** *adv* debajo de la superficie del mar

un'der•sec're•tar'y *s* (*pl* **-ies**) subsecretario

un'der•sell' v (*pret* & *pp* **-sold**) *tr* vender a menor precio que; (*for less than the actual value*) malbaratar

un'der•shirt' *s* camiseta

undersigned ['ʌndər,saɪnd] *adj* infrascrito, subscrito

un'der•skirt' *s* enaguas, refajo

un'der•stand' v (*pret* & *pp* **-stood**) *tr* entender, comprender; sobrentender, subentender (*una cosa que no está expresa*) || *intr* entender, comprender

understandable [,ʌndər'stændəbəl] *adj* comprensible

understanding [,ʌndər'stændɪŋ] *adj* entendedor; (*tolerant, sympathetic*) comprensivo || *s* comprensión; (*intellectual faculty, mind*) entendimiento; (*agreement*) acuerdo; **to come to an understanding** llegar a un acuerdo

un'der•stud'y *s* (*pl* **-ies**) sobresaliente *mf*

un'der•take' v (*pret* **-took**; *pp* **-taken**) *tr* emprender; (*to agree to perform*) comprometerse a

undertaker [,ʌndər'tekər] o ['ʌndər,tekər] *s* empresario || ('ʌndər,tekər] *s* empresario de pompas fúnebres, director *m* de funeraria

undertaking [,ʌndər'tekɪŋ] *s* (*task*) empresa; (*pledge*) empeño || ['ʌndər,tekɪŋ] *s* (*business of funeral director*) funeraria

un'der•tak'ing establishment *s* funeraria, empresa de pompas fúnebres

un'der•tone' *s* voz baja; (*background sound*) fondo; color apagado

un'der•tow' *s* (*countercurrent below surface*) contracorriente *f;* (*on the beach*) resaca

un'der•wear' *s* ropa interior, prendas interiores

un'der•world' *s* (*criminal world*) inframundo, bajos fondos sociales; (*the earth*) mundo terrenal; (*pagan world of the dead*) averno, infierno; (*world under the water*) mundo submarino; (*opposite side of earth*) antípodas

un'der•write' v (*pret* **-wrote;** *pp* **-written**) *tr* subscribir; (*to insure*) asegurar

un'der•writ'er *s* subscritor *m;* asegurador *m;* compañía aseguradora

undeserved [,ʌndɪ'zʌrvd] *adj* inmerecido

undesirable [,ʌndɪ'zaɪrəbəl] *adj* & *s* indeseable *mf*

undetachable [,ʌndɪ'tætʃəbəl] *adj* inamovible

undignified [ʌn'dɪgnɪ,faɪd] *adj* poco digno, poco grave, indecoroso

undiscernible [,ʌndɪ'zʌrnɪbəl] o [,ʌndɪ'sʌrnəbəl] *adj* imperceptible, invisible

un•do' v (*pret* **-did**; *pp* **-done**) *tr* deshacer; anular, borrar; arruinar

undoing [ʌn'du•ɪŋ] *s* destrucción, pérdida, ruina

undone [ʌn'dʌn] *adj* sin hacer, por hacer; **to come undone** deshacerse, desatarse; **to leave nothing undone** no dejar nada por hacer

undoubtedly [ʌn'daʊtɪdli] *adv* indudablemente, sin duda

undramatic [,ʌndrə'mætɪk] *adj* poco dramático

undress ['ʌn,drɛs] o [ʌn'drɛs] *s* traje *m* de casa; vestido de calle; (mil) traje de cuartel || [ʌn'drɛs] *tr* desnudar; desvendar (*una herida*) || desnudarse

undrinkable [ʌn'drɪŋkəbəl] *adj* impotable

undue [ʌn'dju] *adj* indebido

undulate ['ʌndjə,let] *intr* ondular

unduly [ʌn'djuli] *adv* indebidamente

undying [ʌn'daɪ•ɪŋ] *adj* imperecedero

unearned increment [ʌn'ʌrnd] *s* plusvalía

unearth [ʌn'ʌrθ] *tr* desenterrar

unearthly [ʌn'ʌrθli] *adj* sobrenatural; fantástico, espectral; extraordinario

uneasy [ʌn'izi] *adj* (*worried*) inquieto; (*constrained*) encogido, embarazado

uneatable [ʌn'itəbəl] *adj* incomible

uneconomic(al) [,ʌnikə'nɑmɪk(əl)] *adj* antieconómica

uneducated [ʌn'ɛdjə,ketɪd] *adj* ineducado, sin instrucción; chontal

unemployed [,ʌnɛm'plɔɪd] *adj* desocupado, desempleado; improductivo

unemployment [,ʌnɛm'plɔɪmənt] *s* desocupación, desempleo

unemployment insurance *s* seguro de desempleo o desocupación, seguro contra el paro obrero

unending [ʌn'ɛndɪŋ] *adj* interminable

unequal [ʌn'ikwəl] *adj* desigual; **to be unequal to** (*a task*) no estar a la altura de

unequaled o **unequalled** [ʌn'ikwəld] *adj* inigualado

unerring [ʌn'ʌrɪŋ] o [ʌn'ɛrɪŋ] *adj* infalible, seguro

unessential [,ʌnɛsɛn'ʃəl] *adj* no esencial

uneven [ʌn'ivən] *adj* desigual; (*number*) impar

unexceptionable [,ʌnɛk'sɛpʃənəbəl] *adj* intachable, irreprensible

unexpected [,ʌnɛk'spɛktɪd] *adj* inesperado

unexplained [,ʌnɛk'splend] *adj* inexplicado

unexplored [,ʌnɛk'splord] *adj* inexplorado

unexposed [,ʌnɛk'spozd] *adj* (phot) inexpuesto

unfading [ʌn'fedɪŋ] *adj* inmarcesible

unfailing [ʌn'felɪŋ] *adj* indefectible; (*inexhaustible*) inagotable

unfair [ʌn'fɛr] *adj* injusto; desleal, doble, falso; (sport) sucio

unfaithful [ʌn'feθfəl] *adj* infiel

unfamiliar [,ʌnfə'mɪljər] *adj* poco familiar; poco familiarizado

unfasten [ʌnf'æsən] *tr* desatacar, desatar, soltar

unfathomable [ʌn'fæðəməbəl] *adj* insondable

unfavorable [ʌn'fevərəbəl] *adj* desfavorable

unfeathered [ʌn'fɛðərd] *adj* implume
unfeeling [ʌn'filɪŋ] *adj* insensible
unfetter [ʌn'fɛtər] *tr* desencadenar
unfilled [ʌn'fɪld] *adj* no lleno; por complir, pendiente
unfinished [ʌn'fɪnɪʃt] *adj* sin acabar; imperfecto, mal acabado; (*business*) pendiente
unfit [ʌn'fɪt] *adj* impropio, incapaz, inhábil; inservible, inútil
unfold [ʌn'fold] *tr* desplegar ‖ *intr* desplegarse
unforeseeable [,ʌnfor'si•əbəl] *adj* imprevisible
unforeseen [,ʌnfor'sin] *adj* imprevisto
unforgettable [,ʌnfər'gɛtəbəl] *adj* inolvidable
unforgivable [,ʌnfər'gɪvəbəl] *adj* imperdonable
unfortunate [ʌn'fɔrtjənɪt] *adj & s* desgraciado
unfounded [ʌn'faundɪd] *adj* infundado
unfreeze [ʌn'friz] *tr* deshelar; desbloquear (*el crédito*)
unfriendly [ʌn'frɛndli] *adj* inamistoso; desfavorable
unfruitful [ʌn'frutfəl] *adj* infructuoso
unfulfilled [,ʌnfəl'fɪld] *adj* incumplido
unfurl [ʌn'fʌrl] *tr* desplegar, extender
unfurnished [ʌn'fʌrnɪʃt] *adj* desamueblado
ungainly [ʌn'genli] *adj* desgarbado, desmañado
ungentlemanly [ʌn'dʒɛntəlmənli] *adj* poco caballeroso, descortés
ungird [ʌn'gʌrd] *tr* desceñir
ungodly [ʌn'gɑdli] *adj* impío, irreligioso; (*dreadful*) (coll) atroz
ungracious [ʌn'greʃəs] *adj* descortés; desagradable
ungrammatical [,ʌngrə'mætɪkəl] *adj* ingramatical
ungrateful [ʌn'gretfəl] *adj* ingrato, desagradecido
ungrudgingly [ʌn'grʌdʒɪŋli] *adj* de buena gana, sin quejarse
unguarded [ʌn'gɑrdɪd] *adj* indefenso; descuidado; (*moment*) de inadvertencia
unguent ['ʌŋgwənt] *s* ungüento
unhandy [ʌn'hændi] *adj* inmanejable; (*awkward*) desmañado
unhappiness [ʌn'hæpɪnɪs] *s* infelicidad
unhap•py [ʌn'hæpi] *adj* (*comp* **-pier**; *super* **-piest**) infeliz; (*unlucky*) desgraciado; (*fateful*) aciago
unharmed [ʌn'hɑrmd] *adj* indemne
unharmonious [,ʌnhɑr'moni•əs] *adj* inarmónico
unharness [ʌn'hɑrnɪs] *tr* desenjaezar, desguarnecer; desenganchar
unhealthy [ʌn'hɛlθi] *adj* malsano
unheard-of [ʌn'hʌrd,ʌv] *adj* inaudito
unhinge [ʌn'hɪndʒ] *tr* desgonzar; (fig) desequilibrar, trastornar
unhitch [ʌn'hɪtʃ] *tr* desenganchar
unho•ly [ʌn'holi] *adj* (*comp* **-lier**; *super* **-liest**) impío, malo, profano
unhook [ʌn'huk] *tr* desabrochar; desenganchar; (*to take down from a hook*) descolgar

unhoped-for [ʌn'hopt,fɔr] *adj* inesperado, no esperado
unhorse [ʌn'hɔrs] *tr* desarzonar
unhurt [ʌn'hʌrt] *adj* incólume, ileso
unicorn ['junɪ,kɔrn] *s* unicornio
unidentified flying object (UFO) *s* objeto volante no identificado (ovni)
unification [,junɪfɪ'keʃən] *s* unificación
uniform ['junɪ,fɔrm] *adj & s* uniforme *m* ‖ *tr* uniformar
uniformi•ty [,junɪ'fɔrmɪti] *s* (*pl* **-ties**) uniformidad
uni•fy ['junɪ,faɪ] *v* (*pret & pp* **-fied**) *tr* unificar
unilateral [,junɪ'lætərəl] *adj* unilateral
unimpeachable [,ʌnɪm'pitʃəbəl] *adj* irrecusable, intachable
unimportant [,ʌnɪm'pɔrtənt] *adj* poco importante; intrascendente
uninhabited [,ʌnɪn'hæbɪtɪd] *adj* inhabitado
uninspired [,ʌnɪn'spaɪrd] *adj* sin inspiración; aburrido, fastidioso
unintelligent [,ʌnɪn'tɛlɪdʒənt] *adj* ininteligente
unintelligible [,ʌnɪn'tɛlɪdʒɪbəl] *adj* ininteligible
uninterested [ʌn'ɪntrɪstɪd] *o* [ʌn'ɪntə,rɛstɪd] *adj* desinteresado
uninteresting [ʌn'ɪntə,rɛstɪŋ] *adj* poco interesante
uninterrupted [,ʌnɪntə'rʌptɪd] *adj* ininterrumpido
union ['junjən] *s* unión; (*organization of workmen*) gremio obrero, sindicato; unión matrimonial
unionize ['junjə,naɪz] *tr* agremiar ‖ *intr* agremiarse
union shop *s* taller *m* de obreros agremiados
union suit *s* traje *m* interior de una sola pieza
unique [ju'nik] *adj* único
unison ['junɪsən] *s* unisonancia; **in unison (with)** al unísono (de)
unit ['junɪt] *adj* unitario ‖ *s* unidad; (mach & elec) grupo
unite [ju'naɪt] *tr* unir ‖ *intr* unirse
united [ju'naɪtɪd] *adj* unido
United Kingdom *s* Reino Unido
United Nations *spl* Naciones Unidas
United States *adj* estadounidense ‖ **the United States** *s* los Estados Unidos *mpl*; Estados Unidos *msg*
uni•ty ['junɪti] *s* (*pl* **-ties**) unidad
univ. *abbr* **universal, university**
universal [,junɪ'vʌrsəl] *adj* universal
universal joint *s* cardán *m*, junta universal
universal product code (UPC) *s* código universal de producto
universe ['junɪ,vʌrs] *s* universo
universi•ty [,junɪ'vʌrsɪti] *adj* universitario ‖ *s* (*pl* **-ties**) universidad
unjust [ʌn'dʒʌst] *adj* injusto
unjustified [ʌn'dʒʌstɪ,faɪd] *adj* injustificado
unkempt [ʌn'kɛmpt] *adj* despeinado
unkind [ʌn'kaɪnd] *adj* poco amable; duro, despiadado
unknowable [ʌn'no•əbəl] *adj* inconocible, insabible

un
un

unknowingly [ʌn'no•ɪŋli] *adv* desconocidamente, sin saberlo

unknown [ʌn'non] *adj* desconocido, ignoto, incógnito ‖ *s* desconocido; (math) incógnita

unknown quantity *s* (math & fig) incógnita

unknown soldier *s* soldado desconocido

unlace [ʌn'les] *tr* desenlazar; desatar (*los cordones del zapato*)

unlatch [ʌn'læʧ] *tr* abrir levantando el picaporte

unlawful [ʌn'lɔfəl] *adj* ilegal

unleaded gasoline [ʌn'lɛdɪd] *s* gasolina sin plomo

unleash [ʌn'liʃ] *tr* destraillar; soltar, desencadenar

unleavened [ʌn'lɛvənd] *adj* ázimo

unless [ʌn'lɛs] *conj* a menos que, a no ser que

unlettered [ʌn'lɛtərd] *adj* iletrado, indocto; sin rotular; (*illiterate*) analfabeto

unlike [ʌn'laɪk] *adj* desemejante; desemejante de; (*poles of a magnet*) (elec) de nombres contrarios; (elec) de signo contrario ‖ *prep* a diferencia de

unlikely [ʌn'laɪkli] *adj* improbable

unlimber [ʌn'lɪmbər] *tr* preparar para la acción ‖ *intr* prepararse para la acción

unlined [ʌn'laɪnd] *adj* (*coat*) sin forro; (*paper*) sin rayar; (*face*) sin arrugas

unload [ʌn'lod] *tr* descargar; (coll) deshacerse de ‖ *intr* descargar

unloading [ʌn'lodɪŋ] *s* descarga, descargue m

unlock [ʌn'lak] *tr* abrir (*p.ej., una puerta*); (typ) desapretar

unloose [ʌn'lus] *tr* aflojar, soltar, desatar

unloved [ʌn'lʌvd] *adj* desamado

unlovely [ʌn'lʌvli] *adj* desgraciado

unluck•y [ʌn'lʌki] *adj* (*comp* **-ier;** *super* **-iest**) desgraciado, desdichado; aciago, nefasto; de mala suerte; **to be unlucky** quedar mal parado

un•make [ʌn'mek] *v* (*pret* & *pp* **-made** ['med]) *tr* deshacer; destruir

unmanageable [ʌn'mænɪdʒəbəl] *adj* inmanejable

unmanly [ʌn'mænli] *adj* afeminado; bajo, cobarde

unmannerly [ʌn'mænərli] *adj* descortés, malcriado

unmarketable [ʌn'markɪtəbəl] *adj* incomerciable

unmarriageable [ʌn'mærɪdʒəbəl] *adj* incasable

unmarried [ʌn'mærid] *adj* soltero

unmask [ʌn'mæsk] *tr* desenmascarar ‖ *intr* desenmascararse

unmatchable [ʌn'mæʧəbəl] *adj* incomparable, sin igual; (*price*) incompetible

unmerciful [ʌn'mʌrsɪfəl] *adj* despiadado, inclemente

unmesh [ʌn'mɛʃ] *tr* desengranar ‖ *intr* desengranarse

unmindful [ʌn'maɪndfəl] *adj* desatento, descuidado; **to be unmindful of** olvidar, no pensar en

unmistakable [ʌnmɪs'tekəbəl] *adj* inequívoco, inconfundible

unmixed [ʌn'mɪkst] *adj* puro, sin mezcla

unmoor [ʌn'mur] *tr* desamarrar (*un buque*); desaferrar (*las áncoras*)

unmotivated [ʌn'motɪˌvetɪd] *adj* inmotivado

unmoved [ʌn'muvd] *adj* fijo, inmoto; impasible

unmuzzle [ʌn'mʌzəl] *tr* desbozalar

unnatural [ʌn'næʧərəl] *adj* innatural; (*artificial, forced*) afectado; anormal; inhumano

unnecessary [ʌn'nɛsəˌsɛri] *adj* innecessario

unnerve [ʌn'nʌrv] *tr* acobardar, trastornar

unnoticeable [ʌn'notɪsəbəl] *adj* imperceptible

unnoticed [ʌn'notɪst] *adj* inadvertido

unobliging [ˌʌnə'blaɪdʒɪŋ] *adj* poco servicial, poco amable

unobserved [ˌʌnəb'zʌrvd] *adj* inadvertido, sin ser visto

unobtainable [ˌʌnəb'tenəbəl] *adj* inencontrable, inasequible

unobtrusive [ˌʌnəb'trusɪv] *adj* discreto, reservado

unoccupied [ʌn'akjəˌpaɪd] *adj* libre, vacante; (*not busy*) desocupado

unofficial [ˌʌnə'fɪʃəl] *adj* extraoficial, oficioso

unopened [ʌn'opənd] *adj* sin abrir; (*book*) no cortado

unorthodox [ʌn'ɔrθəˌdaks] *adj* inortodoxo

unpack [ʌn'pæk] *tr* desembalar, desempaquetar

unpalatable [ʌn'pælətəbəl] *adj* desabrido, ingustable

unparalleled [ʌn'pærəˌlɛld] *adj* incomparable, sin par, sin igual

unpardonable [ʌn'pardənəbəl] *adj* imperdonable

unpatriotic [ˌʌnpetrɪ'atɪk] o [ˌʌnpætrɪ'atɪk] *adj* antipatriótico

unperceived [ˌʌnpər'sivd] *adj* inadvertido

unperturbable [ˌʌnpər'tʌrbəbəl] *adj* infracto, imperturbable

unpleasant [ʌn'plɛzənt] *adj* antipático, desagradable; sangrigordo, sangripesado; bofe (CAm)

unpopular [ʌn'papjələr] *adj* impopular

unpopularity [ʌnˌpapjə'lærɪti] *s* impopularidad

unprecedented [ʌn'prɛsɪˌdɛntɪd] *adj* sin precedente, inaudito

unprejudiced [ʌn'prɛdʒədɪst] *adj* sin prejuicios, imparcial

unpremeditated [ˌʌnprɪ'mɛdɪˌtetɪd] *adj* impremeditado

unprepared [ˌʌnprɪ'pɛrd] *adj* desprevenido; falto de preparación

unprepossessing [ˌʌnpripə'zɛsɪŋ] *adj* poco atrayente

unpresentable [ˌʌnprɪ'zɛntəbəl] *adj* impresentable

unpretentious [ˌʌnprɪ'tɛnʃəs] *adj* modesto, sencillo

unprincipled [ʌn'prɪnsɪpəld] *adj* sin principios, sin conciencia

unproductive [ˌʌnprəˈdʌktɪv] *adj* improductivo

unprofitable [ʌnˈprɑfɪtəbəl] *adj* no provechoso, inútil

unpronounceable [ˌʌnprəˈnaʊnsəbəl] *adj* impronunciable

unpropitious [ˌʌnprəˈpɪʃəs] *adj* impropicio

unpublished [ʌnˈpʌblɪʃt] *adj* inédito

unpunished [ʌnˈpʌnɪʃt] *adj* impune

unpurchasable [ʌnˈpʌrtʃəsəbəl] *adj* incomprable

unquenchable [ʌnˈkwɛntʃəbəl] *adj* inextinguible

unquestionable [ʌnˈkwɛstʃənəbəl] *adj* incuestionable

unravel [ʌnˈrævəl] *v* (*pret & pp* **-eled** o **-elled;** *ger* **-eling** o **-elling**) *tr* deshebrar; desenredar, desenmarañar ‖ *intr* desenredarse, desenmarañarse

unreachable [ʌnˈritʃəbəl] *adj* inalcanzable

unreal [ʌnˈri·əl] *adj* irreal

unreality [ˌʌnrɪˌælɪti] *s* (*pl* **-ties**) irrealidad

unreasonable [ʌnˈrizənəbəl] *adj* irrazonable, desrazonable

unrecognizable [ʌnˈrɛkəgˌnaɪzəbəl] *adj* irreconocible

unreel [ʌnˈril] *tr* desenrollar ‖ *intr* desenrollarse

unrefined [ˌʌnrɪˌfaɪnd] *adj* no refinado, impuro; grosero, rudo, tosco

unrelenting [ˌʌnrɪˈlɛntɪŋ] *adj* inexorable, inflexible, implacable

unreliable [ˌʌnrɪˈlaɪ·əbəl] *adj* indigno de confianza, informal

unremitting [ˌʌnrɪˈmɪtɪŋ] *adj* constante, incesante; infatigable

unrenewable [ˌʌnrɪˈnju·əbəl] o [ˌʌnrɪˈnu·əbəl] *adj* irrenovable; (com) improrrogabie

unrented [ʌnˈrɛntɪd] *adj* desalquilado

unrepentant [ˌʌnrɪˈpɛntənt] *adj* impenitente

unrequited love [ˌʌnrɪˈkwaɪtɪd] *s* amor no correspondido

unresponsive [ˌʌnrɪˈspɑnsɪv] *adj* insensible, frío, desinteresado

unrest [ʌnˈrɛst] *s* intranquilidad, inquietud; alboroto, desorden *m*

unrig [ʌnˈrɪg] *v* (*pret & pp* **-rigged;** *ger* **-rigging**) *tr* (naut) desaparejar

unrighteous [ʌnˈraɪtʃəs] *adj* injusto, malvado, vicioso

unripe [ʌnˈraɪp] *adj* inmaturo, verde; prematuro, precoz

unrivaled o **unrivalled** [ʌnˈraɪvəld] *adj* sin rival, sin par

unroll [ʌnˈrol] *tr* desenrollar, desplegar

unromantic [ˌʌnroˈmæntɪk] *adj* poco romántico

unruffled [ʌnˈrʌfəld] *adj* tranquilo, sereno

unruly [ʌnˈruli] *adj* ingobernable, indómito, revoltoso

unsaddle [ʌnˈsædəl] *tr* desensillar (*un caballo*); desarzonar (*al jinete*)

unsafe [ʌnˈsef] *adj* inseguro, peligroso

unsaid [ʌnˈsɛd] *adj* callado, no dicho

unsalable [ʌnˈseləbəl] *adj* invendible

unsanitary [ʌnˈsænɪˌtɛri] *adj* antihigiénico, insalubre

unsatisfactory [ʌnˌsætɪsˈfæktəri] *adj* insatisfactorio, poco satisfactorio

unsatisfied [ʌnˈsætɪsˌfaɪd] *adj* insatisfecho

unsavory [ʌnˈsevəri] *adj* desabrido; (fig) infame, deshonroso

unscathed [ʌnˈskeðd] *adj* ileso, sano y salvo

unscientific [ˌʌnsaɪ·ənˈtɪfɪk] *adj* anticientífico

unscrew [ʌnˈskru] *tr* destornillar ‖ *intr* destornillarse

unscrupulous [ʌnˈskrupjələs] *adj* inescrupuloso

unseal [ʌnˈsil] *tr* desellar; (fig) abrir

unseasonable [ʌnˈsizənəbəl] *adj* intempestivo, inoportuno

unseaworthy [ʌnˈsiˌwʌrði] *adj* innavegable

unseemly [ʌnˈsimli] *adj* impropio, indecoroso, indigno

unseen [ʌnˈsin] *adj* invisible, oculto

unselfish [ʌnˈsɛlfɪʃ] *adj* desinteresado, generoso, altruísta

unsettled [ʌnˈsɛtəld] *adj* inhabitado, despoblado; sin residencia fija; indeciso; descompuesto; (*bills*) por pagar

unshackle [ʌnˈʃækəl] *tr* desherrar, desencadenar

unshaken [ʌnˈʃekən] *adj* imperturbado

unshapely [ʌnˈʃepli] *adj* desproporcionado, mal formado

unshatterable [ʌnˈʃætərəbəl] *adj* inastillable

unshaven [ʌnˈʃevən] *adj* sin afeitar

unsheathe [ʌnˈʃið] *tr* desenvainar

unshod [ʌnˈʃɑd] *adj* descalzo; (*horse*) desherrado

unshrinkable [ʌnˈʃrɪŋkəbəl] *adj* inencogible

unsightly [ʌnˈsaɪtli] *adj* feo, de aspecto malo, repugnante

unsinkable [ʌnˈsɪŋkəbəl] *adj* insumergible

unskilled [ʌnˈskɪld] *adj* inexperto

unskilled laborer *s* bracero, peón *m*

unskillful [ʌnˈskɪlfəl] *adj* desmañado

unsnarl [ʌnˈsnɑrl] *tr* desenredar

unsociable [ʌnˈsoʃəbəl] *adj* insociable, huraño

unsold [ʌnˈsold] *adj* invendido

unsolder [ʌnˈsɑdər] *tr* desoldar; (fig) desunir, separar

unsophisticated [ˌʌnsəˈfɪstɪˌketɪd] *adj* ingenuo, natural, sencillo

unsound [ʌnˈsaʊnd] *adj* poco firme; falso, erróneo; (*decayed*) podrido; (*sleep*) ligero

unsown [ʌnˈson] *adj* yermo, no sembrado

unspeakable [ʌnˈspikəbəl] *adj* indecible, inefable; (*atrocious, infamous*) incalificable

unsportsmanlike [ʌnˈsportsmənˌlaɪk] *adj* antideportivo

unstable [ʌnˈstebəl] *adj* inestable

unsteady [ʌnˈstɛdi] *adj* inseguro, inestable; irresoluto, inconstante; poco juicioso

unstinted [ʌnˈstɪntɪd] *adj* no escatimado, generoso, liberal

unstitch [ʌnˈstɪtʃ] *tr* descoser

unstop [ʌnˈstɑp] *v* (*pret & pp* **-stopped;** *ger* **-stopping**) *tr* destaponar

unstressed [ʌnˈstrɛst] *adj* sin énfasis; (*syllable*) inacentuado

un
un

unstrung [ʌn'strʌŋ] *adj* nervioso, trastornado

unsuccessful [,ʌnsək'sɛsfəl] *adj (person)* desairado; *(undertaking)* impróspero; **to be unsuccessful** no tener éxito

unsuitable [ʌn'sutəbəl] o [ʌn'sjutəbəl] *adj* inadecuado, inconveniente

unsurpassable [,ʌnsər'pæsəbəl] *adj* insuperable

unsuspected [,ʌnsəs'pɛktɪd] *adj* insospechado

unswerving [ʌn'swʌrvɪŋ] *adj* firme, inmutable, resoluto

unsymmetrical [,ʌnsɪ'mɛtrɪkəl] *adj* asimétrico, disimétrico

unsympathetic [,ʌnsɪmpə'θɛtɪk] *adj* incompasivo, indiferente

unsystematic(al) [,ʌnsɪstə'mætɪk(əl)] *adj* poco sistemático, sin sistema

untactful [ʌn'tæktfəl] *adj* indiscreto, falto de tacto

untamed [ʌn'temd] *adj* indomado, bravío

untangle [ʌn'tæŋgəl] *tr* desenredar, desenmarañar

unteachable [ʌn'titʃəbəl] *adj* indócil

untenable [ʌn'tɛnəbəl] *adj* insostenible

unthankful [ʌn'θæŋkfəl] *adj* ingrato, desagradecido

unthinkable [ʌn'θɪŋkəbəl] *adj* impensable

unthinking [ʌn'θɪŋkɪŋ] *adj* irreflexivo, desatento; irracional, instintivo

untidy [ʌn'taɪdi] *adj* desaseado, desaliñado; descachalandrado

un•tie [ʌn'taɪ] *v (pret & pp* **-tied;** *ger* **-tying)** *tr* desatar; deshacer *(un nudo, una cuerda); (to free from restraint)* soltar; resolver ‖ *intr* desatarse

until [ʌn'tɪl] *prep* hasta ‖ *conj* hasta que; **to wait until** aguardar a que, esperar a que

untillable [ʌn'tɪləbəl] *adj* incultivable

untimely [ʌn'taɪmli] *adj* intempestivo

untiring [ʌn'taɪrɪŋ] *adj* incansable

untold [ʌn'told] *adj* nunca dicho; *(uncounted)* innumerable, incalculable

untouchable [ʌn'tʌtʃəbəl] *adj* intangible ‖ *s* intocable *mf*

untouched [ʌn'tʌtʃt] *adj* intacto; íntegro; impasible; no mencionado

untoward [ʌn'tord] *adj* desfavorable; indecoroso

untrammeled o **untrammelled** [ʌn'træməld] *adj* libre, sin trabas

untried [ʌn'traɪd] *adj* no probado, no ensayado

untroubled [ʌn'trʌbləd] *adj* tranquilo, sosegado

untrue [ʌn'tru] *adj* falso; infiel

untrustworthy [ʌn'trʌst,wʌrði] *adj* indigno de confianza

untruth [ʌn'truθ] *s* falsedad, mentira

untruthful [ʌn'truθfəl] *adj* falso, mentiroso

untwist [ʌn'twɪst] *tr* destorcer ‖ *intr* destorcerse

unused [ʌn'juzd] *adj* inutilizado, no usado; nuevo; **unused to** [ʌn'juzdtʊ] o [ʌn'justʊ] *adj* no acostumbrado a

unusual [ʌn'juʒʊ•əl] *adj* inusual, insólito

unutterable [ʌn'ʌtərəbəl] *adj* indecible, inexpresable

unvanquished [ʌn'væŋkwɪʃt] *adj* invicto

unvarnished [ʌn'varnɪʃt] *adj* sin barnizar; (fig) sencillo, sin adornos

unveil [ʌn'vel] *tr* quitar el velo a; descubrir, develar, inaugurar, *(una estatua)* ‖ *intr* quitarse el velo

unveiling [ʌn'velɪŋ] *s* develación, inauguración

unventilated [ʌn'vɛntɪ,letɪd] *adj* sin ventilar

unvoice [ʌn'vɔɪs] *tr* afonizar, ensordecer ‖ *intr* afonizarse, ensordecerse

unwanted [ʌn'wɑntɪd] *adj* indeseado

unwarranted [ʌn'wɑrəntɪd] *adj* injustificado; no autorizado; sin garantía

unwary [ʌn'wɛri] *adj* incauto, imprudente

unwavering [ʌn'wevərɪŋ] *adj* firme, determinado, resuelto

unwelcome [ʌn'wɛlkəm] *adj* mal acogido; importuno, molesto

unwell [ʌn'wɛl] *adj* indispuesto, enfermo; (coll) menstruante

unwholesome [ʌn'holsəm] *adj* insalubre

unwieldy [ʌn'wildi] *adj* inmanejable, abultado, pesado

unwilling [ʌn'wɪlɪŋ] *adj* desinclinado, maldispuesto, renuente

unwillingly [ʌn'wɪlɪŋli] *adv* de mala gana

un•wind [ʌn'waɪnd] *v (pret & pp* **-wound** ['waund]) *tr* desenvolver; *(rewind)* rebobinar ‖ *intr* desenvolverse; distenderse *(el muelle del reloj)*

unwise [ʌn'waɪz] *adj* indiscreto, malaconsejado

unwished-for [ʌn'wɪʃt,fɔr] *adj* indeseado

unwitting [ʌn'wɪtɪŋ] *adj* inadvertido, inconsciente

unwonted [ʌn'wɑntɪd] *adj* poco común, raro, insólito

unworldly [ʌn'wʌrldi] *adj* no terrenal, no mundano, espiritual

unworthy [ʌn'wʌrði] *adj* indigno, desmerecedor

un•wrap [ʌn'ræp] *v (pret & pp* **-wrapped;** *ger* **wrapping)** *tr* desenvolver, desempapelar

unwrinkle [ʌn'rɪŋkəl] *tr* desarrugar ‖ *intr* desarrugarse

unwritten [ʌn'rɪtən] *adj* no escrito; *(blank)* en blanco; oral

unyielding [ʌn'jildɪŋ] *adj* firme, inflexible; terco, reacio

unyoke [ʌn'jok] *tr* desuncir

up [ʌp] *adj* ascendente; alto, elevado; derecho, en pie; terminado; cumplido; levantado de la cama; **to be up and about** estar levantado *(el que estaba enfermo)* ‖ *s* subida; **ups and downs** altibajos, vicisitudes ‖ *adv* arriba; en el aire; hacia arriba; al norte; **to be up** estar levantado; vencer *(un plazo)*; **to be up in arms** estar sobre las armas; protestar vehementemente; **to be up to a person** tocarle a una persona; **to get up** levantarse; **to go up** subir; **to keep up** mantener; continuar; mantenerse firme; **to keep up with** correr parejas con; **up above**

allá arriba; **up against it** (slang) en apuros; **up to** hasta; (*capable of*) a la altura de; (*informed of*) al corriente de; (*scheming*) armando, tramando; **what is up?** ¿qué pasa? || *prep* subiendo; **up the river** río arriba; **up the street** calle arriba

up-and-coming ['ʌpən'kʌmɪŋ] *adj* (coll) prometedor

up-and-doing ['ʌpən'du•ɪŋ] *adj* (coll) emprendedor

up-and-up ['ʌpən'ʌp] *s*—**on the up-and-up** (coll) mejorándose; (coll) abiertamente, sin dolo

up•braid' *tr* regañar, reprender

upbringing ['ʌp,brɪŋɪŋ] *s* educación, crianza

UPC *abbr* **universal product code**

up'coun'try *adv* (coll) hacia el interior, tierra adentro || *s* (coll) interior *m* del país

up•date' *tr* poner al día

upheaval [ʌp'hivəl] *s* trastorno, cataclismo

up'hill' *adj* ascendente; arduo, difícil, penoso || **up'hill'** *adv* cuesta arriba

up•hold' *v* (*pret & pp* -**held**) *tr* levantar; apoyar, sostener; defender

upholster [ʌp'holstər] *tr* tapizar

upholsterer [ʌp'holstərər] *s* tapicero

upholster•y [ʌp'holstəri] *s* (*pl* -**ies**) tapicería

up'keep' *s* conservación, manutención; gastos de conservación, gastos de entretenimiento

upland ['ʌplənd] o ['ʌplænd] *adj* alto, elevado || *s* tierra alta, terreno elevado

up'lift' *s* (*lifting*) elevación, levantamiento; mejora social; (*moral or spiritual improvement*) edificación || **up•lift'** *tr* elevar, levantar; edificar

upon [ə'pɑn] *prep* en, sobre, encima de; **upon** + *ger* al + *inf*, p.ej., **upon arriving** al llegar; **upon my word!** ¡por mi palabra!

upper ['ʌpər] *adj* alto, superior; (*country*) interior; (*clothing*) exterior || *s* (*of shoe*) pala; **on one's uppers** con las suelas gastadas; (coll) andrajoso, pobre, sin blanca

upper berth *s* litera alta, cama alta

upper case *s* (typ) caja alta

upper classes *spl* altas clases

upper hand *s* dominio, ventaja; **to have the upper hand** tener vara alta

upper middle class *s* burguesía

up'per•most' *adj* (el) más alto; (el) principal || *adv* en lo más alto, primero, en primer lugar

uppish ['ʌpɪʃ] *adj* (coll) copetudo, arrogante

up•raise' *tr* levantar

up'right' *adj* derecho, vertical; probo, recto || *adv* verticalmente || *s* montante *m*

uprising [ʌp'raɪzɪŋ] ['ʌp,raɪzɪŋ] *s* insurrección, levantamiento

up'roar' *s* alboroto, conmoción, tumulto

uproarious [ʌp'rorɪ•əs] *adj* tumultuoso; (*noisy*) ruidoso; (*funny*) muy cómico

up•root' *tr* desarraigar

up•set' o **up'set'** *adj* (*overturned*) volcado; trastornado; indispuesto || **up'set'** *s* (*overturn*) vuelco; (*unexpected defeat*) contra-

tiempo; (*disturbance*) trastorno; (*illness*) indisposición, enfermedad || **up•set'** *v* (*pret & pp* -**set**; *ger* -**setting**) *tr* volcar; trastornar; indisponer || *intr* volcar

upset price *s* precio mínimo fijado en una subasta

upsetting [ʌp'sɛtɪŋ] *adj* desconcertante

up'shot' *s* conclusión, resultado; esencia, quid *m*

up'side' *s* parte *f* superior, lado superior; **on the upside** (*said of prices*) subiendo

upside down *adv* alrevés, lo de arriba abajo, patas arriba; en confusión, revuelto; **to turn upside down** volcar; trastornar; volcarse; trastornarse

up'stage' *adj* situado al fondo de la escena; (coll) altanero, arrogante || *adv* al fondo de la escena || **up'stage'** *tr* (coll) mirar por encima del hombro, desairar

up'stairs' *adj* de arriba || *adv* arriba || *s* piso superior, pisos superiores

upstanding [ʌp'stændɪŋ] *adj* derecho; gallardo; probo, recto

up'start' *adj & s* advenedizo

up'stream' *adv* aguas arriba, río arriba

up'stroke' *s* carrera ascendente

up'swing' *s* movimiento hacia arriba; mejora notable; **on the upswing** mejorando notablemente

up'-to-date' *adj* corriente; reciente, moderno; de última hora, de última moda

up'-to-the-min'ute *adj* al día, de actualidad

up'town' *adj* de la parte alta de la ciudad || *adv* en la parte alta de la ciudad

up train *s* tren *m* ascendente

up'trend' *s* tendencia al alza

up'turn' *s* alza, subida, mejora

upturned [ʌp'tʌrnd] *adj* revuelto; (*part of clothing*) arremangado; (*nose*) respingada

upward ['ʌpwərd] *adj* ascendente || *adv* hacia arriba; **upward of** más de

Ural ['jurəl] *adj* ural || **Urals** *spl* Urales *mpl*

uranium [ju'renɪ•əm] *s* uranio

urban ['ʌrbən] *adj* urbano (*perteneciente a la ciudad*)

urbane [ʌr'ben] *adj* urbano (*atento, cortés*)

urban guerrilla *s* guerrillero urbano

urbanite ['ʌrbə,naɪt] *s* ciudadano

urbanity [ʌr'bænɪti] *s* urbanidad

urbanize ['ʌrbə,naɪz] *tr* urbanizar

urchin ['ʌrtʃɪn] *s* pilluelo, galopín *m;* patojo (CAm)

ure•thra [ju'riθrə] *s* (*pl* -**thras** o -**thrae** [θri]) uretra

urge [ʌrdʒ] *s* impulso, estímulo || *tr* apremiar, impeler, estimular; pedir instantánedmente; (*to try, to persuade*) instar || *intr* instar

urgen•cy ['ʌrdʒənsi] *s* (*pl* -**cies**) urgencia; instancia, apremio

urgent ['ʌrdʒənt] *adj* urgente; apremiante

urinal ['jurɪnəl] *s* (*receptacle*) orinal *m;* (*place*) urinario

urinary ['jurɪ,nɛri] *adj* urinario

urinate ['jurɪ,net] *tr* orinar (*p.ej., sangre*) || *intr* orinar, orinarse; (coll) hacer pipí

un
ur

urine ['jʊrɪn] s orina, orines *mpl;* (coll) pipí *m*

urn [ʌrn] s (*decorative vase*) jarrón *m;* cafetera o tetera con grifo; (*to hold ashes of the dead after cremation*) urna

urology [jʊ'rɑlədʒi] s urología

Uruguay ['jʊrə,gwaɪ] s el Uruguay

Uruguayan [,jʊrə'gwaɪ•ən] *adj & s* uruguayo

us [ʌs] *pron pers* nos; nosotros; **to us** nos; a nosotros

U.S.A. *abbr* **United States of America, United States Army, Union of South Africa**

usable ['juzəbəl] *adj* aprovechable, utilizable

usage ['jusɪdʒ] o ['juzɪdʒ] s usanza; (*e.g., of a language*) uso

usage instructions *spl* modo de empleo

use [jus] s uso, empleo; utilidad; **in use** en uso; **out of use** desusado; **to be of no use** no servir para nada; **to have no use for** no necesitar; no servirse de; (coll) tener en poco; **to make use of** servirse de ‖ [juz] *tr* usar, emplear, servirse de; **to use badly** maltratar; **to use up** agotar, consumir ‖ *intr* (empléase sólo en el pretérito y se traduce al español con el pretérito imperfecto o el verbo **soler**), p.ej., **I used to go out for a walk every evening** salía de paseo todas las tardes o solía salir de paseo todas las tardes

used [juzd] *adj* (*customarily employed; worn, partly worn-out; accustomed*) usado; **used to** ['juzdtʊ] o ['justʊ] acostumbrado a

useful ['jusfəl] *adj* útil

usefulness ['jusfəlnɪs] s utilidad

useless ['juslɪs] *adj* inservible, inútil

user ['juzər] s usuario

usher ['ʌʃər] s (*in a theater*) acomodador *m;* (*doorkeeper*) ujier *m,* portero ‖ *tr* acomodar; **to usher in** anunciar, introducir

U.S.S.R. *abbr* **Union of Soviet Socialist Republics**

usual ['juʒʊ•əl] *adj* usual, acostumbrado; **as usual** como de costumbre

usually ['juʒʊ•əli] *adj* usualmente, de ordinario

usurp [ju'zʌrp] *tr* usurpar

usu•ry ['juʒəri] s (*pl* **-ries**) usura

utensil [ju'tɛnsɪl] s utensilio; **utensils** corotos *mpl*

uter•us ['jutərəs] s (*pl* **-i** [,aɪ]); útero

utilitarian [,jutɪlɪ'tɛrɪ•ən] *adj* utilitario

utili•ty [ju'tɪlɪti] s (*pl* **-ties**) utilidad; empresa de servicio público

utilize ['jutɪ,laɪz] *tr* utilizar

utmost ['ʌt,most] *adj* sumo, extremo, último; más grande, mayor posible; más lejano ‖ *s*— **the utmost** lo sumo, lo mayor, lo más; **to the utmost** a lo sumo, a más no poder; **to do one's utmost** hacer todo lo posible

utopia [ju'topɪ•ə] s utopía

utopian [ju'topɪ•ən] *adj* utópico, utopista ‖ *s* utopista *m*

utter ['ʌtər] *adj* total, absoluto ‖ *tr* proferir, pronunciar; dar (*un suspiro*)

utterance ['ʌtərəns] s expresión, pronunciación; declaración

utterly ['ʌtərli] *adj* completamente, totalmente, absolutamente

uxoricide [ʌk'sorɪ,saɪd] s (*husband*) uxoricida *m;* (*act*) uxoricidio

uxorious [ʌk'sorɪ•əs] *adj* uxorio

V

V, v [vi] vigésima segunda letra del alfabeto inglés

v. *abbr* **verb, verse, versus, vide** (Lat) **see, voice, volt, volume**

V. *abbr* **Venerable, Vice, Viscount, Volunteer**

vacan•cy ['vekənsi] s (*pl* **-cies**) (*emptiness; gap, opening*) vacío; (*unfilled position or job*) vacancia, vacante *f,* vacío; piso vacante; cargo vacante

vacant ['vekənt] *adj* (*empty*) vacío; (*having no occupant; untenanted*) vacante; (*expression, look*) vago; distraído

vacate ['veket] *tr* dejar vacante; anular, invalidar, revocar ‖ *intr* (*to move out*) desalojar; (coll) irse, marcharse

vacation [ve'keʃən] s vacaciones; **on vacation** de vacaciones ‖ *intr* tomar vacaciones

vacationist [ve'keʃənɪst] s vacacionista *mf*

vacation with pay s vacaciones retribuídas

vaccinate ['væksɪ,net] *tr* vacunar

vaccination [,væksɪ'neʃən] s vacunación

vaccine [væk'sin] s vacuna

vacillate ['væsɪ,let] *intr* vacilar

vacillating ['væsɪ,letɪŋ] *adj* vacilante

vacui•ty [væ'kju•ɪti] s (*pl* **-ties**) vacuidad

vacu•um ['vækjʊ•əm] s (*pl* **-ums** o **-a** [ə])) vacío ‖ *tr* (coll) limpiar

vacuum cleaner s aspirador *m* de polvo

vacuum tank s (aut) aspirador *m* de gasolina, nodriza

vacuum tube s tubo de vacío

vagabond ['vægə,bɑnd] *adj & s* vagabundo

vagar•y [və'gɛri] s (*pl* **-ies**) capricho

vagina [və'dʒaɪnə] s vagina

vagran•cy ['vegrənsi] s (*pl* **-cies**) vagabundaje *m*

vagrant ['vegrənt] *adj & s* vagabundo

vague [veg] *adj* vago; impreciso

vain [ven] *adj* vano; (*conceited*) vanidoso; **in vain** en vano

vainglorious [ven'glorɪ•əs] *adj* vanaglorioso

valance ['væləns] s (*across the top of a window*) guardamalleta; (*drapery*) doselera

vale [vel] *s* valle *m*

valedictorian [,vælɪdɪk'tɔrɪ•ən] *s* alumno que pronuncia el discurso de despedida al fin del curso

valedicto•ry [,vælɪ'dɪktəri] *adj* de despedida ‖ *s* (*pl* -**ries**) discurso de despedida

valence ['veləns] *s* (chem) valencia

valentine ['vælən,taɪn] *s* tarjeta amorosa o jocosa del día de San Valentín

Valentine Day *s* día *m* de los corazones, día de los enamorados (*14 de febrero*)

vale of tears *s* valle *m* de lágrimas

valet ['vælɪt] o ['væle] *s* ayuda *m*, paje *m*

valiant ['væljənt] *adj* valiente, valeroso

valid ['vælɪd] *adj* válido, valedero

validate ['vælɪ,det] *tr* validar; (sport) homologar

validation [,vælɪ'deʃən] *s* validación; (sport) homologación

validi•ty [və'lɪdɪti] *s* (*pl* -**ties**) validez *f*

valise [və'lis] *s* maleta

valley ['væli] *s* valle *m;* (*of roof*) lima hoya

valor ['vælər] *s* valor *m*, ánimo

valorous ['vælərəs] *adj* valeroso

valuable ['vælju•əbəl] o ['væljəbəl] *adj* (*having monetary value*) valioso; (*highly thought of*) estimable ‖ **valuables** *spl* alhajas, objetos de valor

value ['vælju] *s* valor *m;* (*return for one's money in a purchase*) (coll) adquisición, inversión, p.ej., **an excellent value** una adquisición excelente ‖ *tr* (*to think highly of*) estimar; (*to set a price for*) valorar, valuar

val'ue-add'ed tax *s* impuesto sobre el valor añadido, impuesto al valor agregado

valueless ['væljulɪs] *adj* sin valor

valve [vælv] *s* válvula; (*of mollusk*) valva; (mus) llave *f*

valve cap *s* capuchón *m*

valve gears *spl* distribución

valve'-in-head' engine *s* motor *m* con válvulas en cabeza

valve lifter ['lɪftər] *s* levantaválvulas *m*

valve seat *s* asiento de válvula

valve spring *s* muelle *m* de válvula

valve stem *s* vástago de válvula

vamp [væmp] *s* (*of shoe*) empella; (*patchwork*) remiendo; (*woman who preys on men*) (slang) mujer *f* fatal, vampiresa ‖ *tr* poner empella a (*un zapato*); remendar; (*to concoct*) componer, enmendar; (jazz) improvisar (*un acompañamiento*); (slang) seducir (*una mujer mundana a un hombre*)

vampire ['væmpaɪr] *s* vampiro; (*woman who preys on men*) mujer *f* fatal, vampiresa

van [væn] *s* carro de carga, camión *m* de mudanzas; (mil & fig) vanguardia; (Brit) furgón *m* de equipajes

vanadium [və'nedɪ•əm] *s* vanadio

vandal ['vændəl] *adj* & *s* vándalo ‖ **Vandal** *adj* & *s* vándalo

vandalism ['vændə,lɪzəm] *s* vandalismo

vane [ven] *s* (*weathervane*) veleta; (*of windmill*) aspa; (*of propeller or turbine*) paleta; (*of feather*) barba

vanguard ['væn,gɑrd] *s* (mil & fig) vanguardia; **in the vanguard** a vanguardia

vanilla [və'nɪlə] *s* vainilla

vanish ['vænɪʃ] *intr* desvanecerse

vanishing cream ['vænɪʃɪŋ] *s* crema desvanecedora

vani•ty ['vænɪti] *s* (*pl* -**ties**) vanidad; (*dressing table*) tocador *m;* (*vanity case*) estuche *m* de afeites

vanity case *s* estuche *m* de afeites, neceser *m* de belleza

vanquish ['væŋkwɪʃ] *tr* vencer, rendir

vantage ground ['væntɪdʒ] *s* posición ventajosa

vapid ['væpɪd] *adj* insípido

vapor ['vepər] *s* vapor *m* (*el visible; exhalación, vaho, niebla, etc.*)

vaporize ['vepə,raɪz] *tr* vaporizar ‖ *intr* vaporizarse

vaporous ['vepərəs] *adj* vaporoso

vapor trail *s* (aer) estela de vapor, rastro de condensación

var. *abbr* **variant**

variable ['verɪ•əbəl] *adj* & *s* variable *f*

variance ['verɪ•əns] *s* diferencia, variación; **at variance with** en desacuerdo con

variant ['verɪ•ənt] *adj* & *s* variante *f*

variation [,verɪ'eʃən] *s* variación

varicose ['værɪ,kos] *adj* varicoso

varicose vein *s* (pathol) varice *f*

varied ['verɪd] *adj* variado, vario

variegated ['verɪ•ə,getɪd] o ['verɪ,getɪd] *adj* abigarrado, variado

varie•ty [və'raɪ•ɪti] *s* (*pl* -**ties**) variedad

variety show *s* variedades

variola [və'raɪ•ələ] *s* (pathol) viruela

various ['verɪ•əs] *adj* (*several; of different kinds*) varios; (*many-sided, many-colored*) vario

varnish ['vɑrnɪʃ] *s* barniz *m;* (fig) capa, apariencia ‖ *tr* barnizar; (fig) dar apariencia falsa a

varsi•ty ['vɑrsɪti] *adj* (sport) universitario ‖ *s* (*pl* -**ties**) (sport) equipo principal de la universidad

var•y ['veri] *v* (*pret* & *pp* -**ied**) *tr* & *intr* variar

vase [ves] o [vez] *s* florero, jarrón *m*

Vaseline ['væsə,lin] *s* (trademark) vaselina

vassal ['væsəl] *adj* & *s* vasallo

vast [væst] o [vɑst] *adj* vasto

vastly ['væstli] *adv* enormemente

vastness ['væstnɪs] *s* vastedad

vat [væt] *s* cuba, tina

vaudeville ['vodvɪl] o ['vodəvɪl] *s* variedades; (*light theatrical piece interspersed with songs*) zarzuela

vault [vɔlt] *s* (*underground chamber*) bodega; (*of a bank*) cámara acorazada; (*burial chamber*) sepultura, tumba; (*firmament*) bóveda celeste; (*leap*) salto; (archit) bóveda ‖ *tr* abovedar; saltar ‖ *intr* saltar

vaunt [vɔnt] *s* jactancia ‖ *tr* jactarse de ‖ *intr* jactarse

VCR *abbr* **video-cassette recorder**

veal [vil] *s* ternera, carne *f* de ternera

veal chop *s* chuleta de ternera

ur
ve

vedette [vɪ'dɛt] s buque m escucha; centinela m de avanzada

veer [vɪr] s viraje m ‖ tr virar ‖ intr virar; (naut) llamar (el viento)

vegetable ['vɛdʒɪtəbəl] adj vegetal ‖ s (plant) vegetal m; (edible part of plant) hortaliza, legumbre f

vegetable garden s huerto de hortalizas, huerto de verduras

vegetable soup s menestra, sopa de hortalizas

vegetarian [,vɛdʒɪ'tɛrɪ•ən] adj & s vegetariano

vehemence ['vi•ɪməns] s vehemencia

vehement ['vi•ɪmənt] adj vehemente

vehicle ['vi•ɪkəl] s vehículo

vehicular traffic [vɪ'hɪkjələr] s circulación rodada

veil [vel] s velo; to take the veil tomar el velo ‖ tr velar (cubrir con un velo; cubrir, disimular)

vein [ven] s vena; (streak) veta; (distinctive quality) rasgo ‖ tr vetear

velar ['vilər] adj & s velar f

vellum ['vɛləm] s vitela; papel m vitela

velocity [vɪ'lɑsɪti] s (pl -ties) velocidad

velvet ['vɛlvɪt] adj de terciopelo ‖ s terciopelo; (slang) ganancia limpia

velveteen [,vɛlvɪ'tin] s velludillo

velvety ['vɛlvɪti] adj aterciopelado

Ven. abbr Venerable

vend [vɛnd] tr vender como buhonero

vending machine s distribuidor automático

vendor ['vɛndər] s vendedor m, buhonero

veneer [və'nɪr] s chapa, enchapado; (fig) apariencia ‖ tr enchapar

venerable ['vɛnərəbəl] adj venerable

venerate ['vɛnə,ret] tr venerar

venereal [vɪ'nɪrɪ•əl] adj venéreo

Venetia [vɪ'niʃɪ•ə] o [vɪ'niʃə] s Venecia (provincia)

Venetian [vɪ'niʃən] adj & s veneciano

Venetian blind s persiana

Venezuela [,vɛnɪ'zwilə] s Venezuela

Venezuelan [,vɛnɪzwilən] adj & s venezolano

vengeance ['vɛndʒəns] s venganza; with a vengeance con furia, con violencia; excesivamente, con creces

vengeful ['vɛndʒfəl] adj vengativo

Venice ['vɛnɪs] s Venecia (ciudad)

venire [vɪ'naɪri] s (law) auto de convocación del jurado

venison ['vɛnɪsən] o ['vɛnɪzən] s carne f de venado

venom ['vɛnəm] s veneno

venomous ['vɛnəməs] adj venenoso

vent [vɛnt] s agujero, orificio; (outlet) salida; to give vent to dar libre curso a ‖ tr proveer de abertura; desahogar, expresar; to vent one's spleen descargar la bilis

vent'hole' s respiradero

ventilate ['vɛntɪ,let] tr ventilar

ventilator ['vɛntɪ,letər] s ventilador m

ventricle ['vɛntrɪkəl] s ventrículo

ventriloquism [vɛn'trɪlə,kwɪzəm] s ventriloquia

ventriloquist [vɛn'trɪləkwɪst] s ventrílocuo

venture ['vɛntʃər] s empresa arriesgada; at a venture a la buena ventura ‖ tr aventurar ‖ intr aventurarse; to venture on arriesgarse en

venturesome ['vɛntʃərsəm] adj (bold, daring) aventurero; (hazardous) aventurado

venturous ['vɛntʃərəs] adj (bold, daring) aventurero; (hazardous) aventurado, arriesgado

venue ['vɛnju] s (law) lugar m del crimen; (law) lugar donde se reúne el jurado; change of venue (law) traslado de jurisdicción

Venus ['vinəs] s (astr) Venus m; (myth) Venus f; (very beautiful woman) Venus f

veracious [vɪ'reʃəs] adj veraz

veracity [vɪ'ræsɪti] s (pl -ties) veracidad

veranda o verandah [və'rændə] s terraza, veranda, galería

verb [vʌrb] adj verbal ‖ s verbo

verbatim [vər'betɪm] adj textual ‖ adv palabra por palabra, al pie de la letra

verbena [vər'binə] s (bot) verbena

verbiage ['vʌrbɪ•ɪdʒ] s palabrería, verbosidad

verbose [vər'bos] adj verboso

verdant ['vʌrdənt] adj verde; cándido, sencillo

verdict ['vʌrdɪkt] s veredicto, fallo

verdigris ['vʌrdɪ,gris] s verdete m

verdure ['vʌrdʒər] s verdor m

verge [vʌrdʒ] s borde m, límite m; (of a column) fuste m; báculo; (eccl) cetro; on the verge of al borde de; a punto de; within the verge of al alcance de ‖ intr— to verge on o upon llegar casi hasta, rayar en

verification [,vɛrɪfɪ'keʃən] s verificación

veri•fy ['vɛrɪ,faɪ] v (pret & pp -fied) tr verificar, comprobar; (law) afirmar bajo juramento

verily ['vɛrɪli] adv verdaderamente, en verdad

veritable ['vɛrɪtəbəl] adj verdadero

vermicelli [,vʌrmɪ'sɛli] s fideos

vermilion [vər'mɪljən] adj bermejo ‖ s bermellón m

vermin ['vʌrmɪn] ssg (objectionable person) sabandija; bichería (SAm) ‖ spl (objectionable animals or persons) sabandijas

vermouth [vər'muθ] o ['vʌrmuθ] s vermú m

vernacular [vər'nækjələr] adj vernáculo ‖ s lenguaje vernáculo; idioma m corriente; (language peculiar to a class or profession) jerga

veronica [və'rɑnɪkə] s (bot & taur) verónica; lienzo de la Verónica

Versailles [vɛr'saɪ] s Versalles

versatile ['vʌrsətɪl] adj versátil; [person] de muchas habilidades; (informed on many subjects) polifacético, universal; (device or tool) útil para muchas cosas

verse [vʌrs] s verso; (in the Bible) versículo

versed [vʌrst] adj versado; to become versed in versarse en

versification [,vʌrsɪfɪ'keʃən] s versificación

ver·si·fy ['vʌrsɪ,faɪ] v (pret & pp -fied) tr & intr versificar

version ['vʌrʒən] s versión

ver·so ['vʌrso] s (pl -sos) (e.g., of a coin) reverso; (typ) verso

versus ['vʌrsəs] prep contra

verte·bra ['vʌrtɪbrə] s (pl -brae [,bri] o -bras) vértebra

vertebral disk ['vʌrtə,brəl] s disco vertebral

vertebrate ['vʌrtɪ,bret] adj & s vertebrado

ver·tex ['vʌrtɛks] s (pl -texes o -tices [tɪ,siz]) (top, summit) ápice m; (geom) vértice m

vertical ['vʌrtɪkəl] adj & s vertical f

vertical hold s (telv) bloqueo vertical

vertical rudder s (aer) timón m de dirección

vertical take-off m despegue m vertical

verti·go ['vʌrtɪ,go] s (pl -gos o -goes) vértigo

verve [vʌrv] s brío, ánimo, vigor m

very ['vɛri] adj mismísimo; (sheer, utter) mero, puro; (actual) verdadero ‖ adv muy; mucho, p.ej., to be very hungry tener mucha hambre

vesicle ['vɛsɪkəl] s vesícula

vesper ['vɛspər] s tarde f, caída de la tarde; oración de la tarde; canción de la tarde; vespers (eccl) vísperas ‖ Vesper s Véspero

vesper bell s campana que llama a vísperas

vessel ['vɛsəl] s vasija, recipiente m; (ship) bajel m, embarcación, buque m; (anat) vaso

vest [vɛst] s (of man's suit) chaleco; (jabot) chorrera; (undershirt) camiseta ‖ tr vestir; to vest in conceder (p.ej., poder) a; to vest with investir de ‖ intr vestirse; to vest in pasar a

vested interests spl intereses creados

vestibule ['vɛstɪ,bjul] s vestíbulo, zaguán m

vestige ['vɛstɪdʒ] s vestigio

vestment ['vɛstmənt] s vestidura

vest'-pock'et adj de bolsillo, en miniatura; diminuto

ves·try ['vɛstri] s (pl -tries) sacristía; (chapel) capilla; junta parroquial; reunión de la junta parroquial

vestry·man ['vɛstrimən] s (pl -men [mən]) miembro de la junta parroquial

Vesuvius [vɪ'suvɪ·əs] o [vɪ'sjuvɪ·əs] s el Vesubio

vet. abbr veteran, veterinary

vetch [vɛtʃ] s arveja, veza; (grass pea) almorta

veteran ['vɛtərən] adj & s veterano

veterinarian [,vɛtərɪ'nɛrɪ·ən] s veterinario

veterinar·y ['vɛtərɪ,nɛri] adj veterinario ‖ s (pl -ies) veterinario

veterinary medicine s veterinaria, medicina veterinaria

ve·to ['vito] s (pl -toes) veto ‖ tr vetar

vex [vɛks] tr vejar, molestar

vexation [vɛk'seʃən] s vejación, molestia

v.g. abbr verbi gratia (Lat) for example

via ['vaɪ·ə] prep vía, p.ej., via Lisbon vía Lisboa

viaduct ['vaɪ·ə,dʌkt] s viaducto

vial ['vaɪ·əl] s redoma, frasco pequeño

viati·cum [vaɪ'ætɪkəm] s (pl -cums o -ca [kə]) (eccl) viático

viand ['vaɪ·ənd] s vianda, manjar m

vibrate ['vaɪbret] tr & intr vibrar

vibration [vaɪ'breʃən] s vibración

vicar ['vɪkər] s vicario

vicarage ['vɪkərɪdʒ] s casa del vicario; (duties of vicar) vicaría

vicarious [vaɪ'kɛrɪ·əs] adj substituto; (punishment) sufrido por otro; (power, authority) delegado; (enjoyment) reflejado

vice [vaɪs] s vicio

vice'-ad'miral s vicealmirante m

vice'-pres'ident s vicepresidente m

viceroy ['vaɪsrɔɪ] s virrey m

vice versa ['vaɪsi 'vʌrsə] o ['vaɪs 'vʌrsə] adv viceversa

vicini·ty [vɪ'sɪnɪti] s (pl -ties) vecindad

vicious ['vɪʃəs] adj vicioso; malazo; (dog) bravo; (horse) arisco

victim ['vɪktɪm] s víctima

victimize ['vɪktɪ,maɪz] tr hacer víctima; engañar, estafar

victor ['vɪktər] s vencedor m

victorious [vɪk'torɪ·əs] adj victorioso

victo·ry ['vɪktəri] s (pl -ries) victoria

victuals ['vɪtəlz] spl vituallas, provisiones de boca

vid. abbr vide (Lat) see

video cassette s videocasete m

vid'e·o-cas·sette' recorder s videograbador m

video-cassette recording s videograbación

video disk s videodisco

video game s video-juego

video recorder s magnetoscopia

video signal ['vɪdɪ,o] s señal f de vídeo

video tape s cinta grabada de televisión

vid'e·o-tape' recording s videograbación

vie [vaɪ] v (pret & pp vied; ger vying) intr competir, emular, rivalizar

Vien·nese [,vi·ə'niz] adj vienés ‖ s (pl -nese) vienés m

Vietnam·ese [vɪ,ɛtnə'miz] adj vietnamés ‖ s (pl -ese) vietnamés m

view [vju] s vista; (purpose) intento, propósito, vista; to be on view estar expuesto (p.ej., un cadáver); to keep in view no perder de vista; no olvidar, tener presente; to take a dim view of no entusiasmarse por, mirar escépticamente; with a view to con vistas a ‖ tr ver, mirar; considerar, contemplar; examinar, inspeccionar

viewer ['vju·ər] s espectador m; telespectador m, televidente mf; proyector m de transparencias; mirador m de transparencias

view finder s (phot) visor m

view'point' s punto de vista

vigil ['vɪdʒɪl] s vigilia; to keep vigil velar

vigilance ['vɪdʒɪləns] s vigilancia

vigilant ['vɪdʒɪlənt] adj vigilante

vignette [vɪn'jɛt] s viñeta

vigor ['vɪgər] s vigor m

vigorous ['vɪgərəs] adj vigoroso

vile [vaɪl] adj vil; (disgusting) asqueroso, repugnante; (weather) muy malo

vili•fy ['vɪlɪ,faɪ] v (pret & pp -fied) tr difamar, denigrar
villa ['vɪlə] s villa, quinta
village ['vɪlɪdʒ] s aldea
villager ['vɪlɪdʒər] s aldeano
villain ['vɪlən] s malvado; (of a play) malo, traidor m
villainous ['vɪlənəs] adj malvado
villain•y ['vɪləni] s (pl -ies) maldad, perfidia
vim [vɪm] s fuerza, brío, vigor m
vinaigrette [,vɪnə'grɛt] s vinagrera
vinaigrette sauce s vinagreta
vindicate ['vɪndɪ,ket] tr vindicar, exculpar
vindictive [vɪn'dɪktɪv] adj vengativo
vine [vaɪn] s (creeping or climbing plant) enredadera; (grape plant) vid f, parra
vine'dress'er s viñador m, viticultor m
vinegar ['vɪnɪgər] s vinagre m
vinegarish ['vɪnɪgərɪʃ] adj avinagrado
vinegary ['vɪnɪgəri] adj vinagroso
vineyard ['vɪnjərd] s viña, viñedo
vineyardist ['vɪnjərdɪst] s viñador m, viticultor m
vintage ['vɪntɪdʒ] s vendimia; vino de buena cosecha; (coll) categoría, clase f
vintager ['vɪntɪdʒər] s vendimiador m
vintage wine s vino de buena cosecha
vintage year s año de buen vino
vintner ['vɪntnər] s vinatero
vinyl ['vaɪnɪl] s vinilo
violate ['vaɪ•ə,let] tr violar
violence ['vaɪ•ələns] s violencia
violent ['vaɪ•ələnt] adj violento
violet ['vaɪ•əlɪt] adj violado || s (color) violeta m, violado; (dye) violeta m; (bot) violeta f
violin [,vaɪ•ə'lɪn] s violín m
violinist [,vaɪ•ə'lɪnɪst] s violinista mf
violoncellist [,vaɪ•ələn'tʃɛlɪst] o [,vɪələn-'tʃɛlɪst] s violoncelista mf
violoncel•lo [,vaɪ•ələn'tʃɛlo] o [,vɪələn'tʃɛlo] s (pl -los) violoncelo
viper ['vaɪpər] s víbora
VIPs ['vi,aɪ'pis] spl (letterword) notables mpl
vira•go [vɪ'rego] s (pl -goes o -gos) mujer de mal genio
virgin ['vʌrdʒɪn] adj & s virgen f
virgin birth s parto virginal de María Santísima; (zool) partenogénesis f
Virginia creeper [vər'dʒɪnɪ•ə] s (bot) guau m
virginity [vər'dʒɪnɪti] s virginidad
Virgo ['vʌrgo] s (astr) Virgo
virility [vɪ'rɪlɪti] s virilidad
virology [vaɪ'rɑlədʒi] s virología
virtual ['vʌrtʃu•əl] adj virtual
virtue ['vʌrtʃu] s virtud
virtuosi•ty [,vʌrtʃu'ɑsɪti] s (pl -ties) virtuosismo
virtuo•so [,vʌrtʃu'oso] s (pl -sos o -si [si]) virtuoso
virtuous ['vʌrtʃu•əs] adj virtuoso
virulence ['vɪrjələns] s virulencia
virulent ['vɪrjələnt] adj virulento
virus ['vaɪrəs] s virus m
Vis. abbr Viscount
visa ['vɪzə] s visa || tr visar

visage ['vɪzɪdʒ] s cara, semblante m; aspecto, apariencia
vis-à-vis [,vizə'vi] adj enfrentados || adv frente a frente || prep enfrente de; respecto de
viscera ['vɪsərə] spl vísceras
viscount ['vaɪkaunt] s vizconde m
viscountess ['vaɪkauntɪs] s vizcondesa
viscous ['vɪskəs] adj viscoso
vise [vaɪs] s tornillo, torno
visé ['vize] o [vi'ze] s & tr var de visa
visible ['vɪzɪbəl] adj visible
Visigoth ['vɪzɪ,gɑθ] s visigodo
vision ['vɪʒən] s visión; (sense of sight) vista
visionar•y ['vɪʒə,nɛri] adj visionario || s (pl -ies) visionario
visit ['vɪzɪt] s visita || tr visitar; afligir, acometer; enviar (p.ej., castigo, venganza) || intr hacer visitas; visitarse (dos o más personas)
visitation [,vɪzɪ'teʃən] s visitación; gracia del cielo, castigo del cielo
visiting card s tarjeta de visita
visiting hours spl horas de visita
visiting nurse s enfermera ambulante
visitor ['vɪsɪtər] s visitante mf
visor ['vaɪzər] s visera; (disguise) máscara
vista ['vɪstə] s vista, panorama m
visual ['vɪʒu•əl] adj visual
visual acuity s agudeza visual
visualize ['vɪʒu•ə,laɪz] tr representarse en la mente; hacer visible
vital ['vaɪtəl] adj vital; (deadly) mortal || vitals spl partes fpl vitales, órganos vitales
vitality [vaɪ'tælɪti] s vitalidad
vitalize ['vaɪtə,laɪz] tr vitalizar
vitamin ['vaɪtəmɪn] s vitamina
vítiate ['vɪʃɪ,et] tr viciar
vitreous ['vɪtrɪ•əs] adj vítreo
vitriolic [,vɪtrɪ'ɑlɪk] adj (chem) vitriólico; (fig) cáustico, mordaz
vituperable [vaɪ'tupərəbəl] o [vaɪ'tjupərəbəl] adj vituperable
vituperate [vaɪ'tupə,ret] o [vaɪ'tjupə,ret] tr vituperar
viva ['vivə] interj ¡viva! || s viva m
vivacious [vɪ'veʃəs] o [vaɪ'veʃəs] adj vivaz, vivaracho
vivaci•ty [vɪ'væsɪti] o [vaɪ'væsɪti] s (pl -ties) vivacidad, animación
viva voce ['vaɪvə 'vosi] adv de viva voz
vivid ['vɪvɪd] adj vivo (intenso; brillante; expresivo)
vivi•fy ['vɪvɪ,faɪ] v (pret & pp -fied) tr vivificar
vivisection [,vɪvɪ'sɛkʃən] s vivisección
vixen ['vɪksən] s vulpeja; mujer regañona y colérica
viz. abbr videlicet (Lat) namely, to wit
vizier [vɪ'zɪr] o ['vɪzjər] s visir m
vocabular•y [vo'kæbjə,lɛri] s (pl -ies) vocabulario
vocal ['vokəl] adj vocal; (inclined to express oneself freely) expresivo
vocalist ['vokəlɪst] s vocalista mf
vocation [vo'keʃən] s vocación; empleo, ocupación

vocative ['vɑkətɪv] *s* vocativo
vociferate [vo'sɪfə,ret] *intr* vociferar
vociferous [vo'sɪfərəs] *adj* clamoroso, vocinglero
vogue [vog] *s* boga, moda; **in vogue** en boga, de moda
voice [vɔɪs] *s* voz *f;* **in a loud voice** en alta voz; **in a low voice** en voz baja; **with one voice** a una voz ‖ *tr* expresar; sonorizar (*una consonante sorda*) ‖ *intr* sonorizarse
voiceless ['vɔɪslɪs] *adj* sin voz; mudo; silencioso; (phonet) sordo
void [vɔɪd] *adj* (*empty*) vacío; (*useless*) vano; (law) inválido, nulo; **void of** desprovisto de ‖ *s* vacío; (*gap*) hueco ‖ *tr* vaciar; evacuar (*el vientre*); anular ‖ *intr* excretar
voile [vɔɪl] *s* espumilla
vol. *abbr* **volume**
volatile ['vɑlətɪl] *adj* volátil
volatilize ['vulətɪ,laɪz] *tr* volatilizar ‖ *intr* volatilizarse
volcanic [vɑl'kænɪk] *adj* volcánico
volca‧no [vɑl'keno] *s* (*pl* -noes o -nos) volcán *m*
volition [və'lɪʃən] *s* voluntad; **of one's own volition** por su propia voluntad
volley ['vɑli] *s* (*of stones, bullets, etc.*) descarga, lluvia; (mil) descarga; (tennis) voleo ‖ *tr & intr* volear
vol'ley‧ball' *s* volibol *m*
volplane ['vɑl,plen] *s* vuelo planeado ‖ *intr* planear
volt [volt] *s* voltio
voltage ['voltɪdʒ] *s* voltaje *m*
voltage divider *s* (rad) divisor *m* de voltaje
voltaic [vɑl'te‧ɪk] *adj* voltaico
volte-face [volt'fas] *s* cambio de dirección; cambio de opinión
volt'me'ter *s* voltímetro
voluble ['vɑljəbəl] *adj* locuaz, hablador
volume ['vɑljəm] *s* (*book; bulk; mass, e.g., of water*) volumen *m;* (*each book in a set*) tomo; (*degree of loudness*) volumen sonoro; (geom) volumen *m;* **to speak volumes** ser muy significativo; ser muy expresivo
voluminous [və'lumɪnəs] *adj* voluminoso
voluntar‧y ['vɑlən,tɛri] *adj* voluntario ‖ *s* (*pl* -ties) (eccl) solo de órgano
volunteer [,vɑlən'tɪr] *adj & s* voluntario ‖ *tr* ofrecer (*sus servicios*) ‖ *intr* ofrecerse; servir como voluntario; **to volunteer to** + *inf* ofrecerse a + *inf*
voluptuar‧y [və'lʌptʃu,ɛri] *adj* voluptuoso ‖ *s* (*pl* -ties) voluptuoso, sibarita *mf*
voluptuous [və'lʌptʃu‧əs] *adj* voluptuoso
volute [və'lut] *s* voluta

vomit ['vɑmɪt] *s* vómito; (*emetic*) vomitivo ‖ *tr & intr* vomitar
voodoo ['vudu] *adj* voduísta ‖ *s* (*practice*) vodú *m;* (*person*) voduísta *mf*
voracious [və'reʃəs] *adj* voraz
voracity [və'ræsɪti] *s* voracidad
vor‧tex ['vɔrtɛks] *s* (*pl* -texes o -tices [tɪ,siz]) vórtice *m*
vota‧ry ['votəri] *s* (*pl* -ries) persona ligada por votos solemnes; aficionado, partidario
vote [vot] *s* (*formal expression of choice; right to vote; person who votes*) voto; (*act of voting; votes considered together*) votación; **to put to the vote** poner a votación; **to tally the votes** regular los votos ‖ *tr* votar (*sí, no*); **to vote down** derrotar por votación; **to vote in** elegir por votación ‖ *intr* votar
vote getter ['gɛtər] *s* acaparador *m* de votos; (*slogan*) consigna que gana votos
voter ['votər] *s* votante *mf*
voting machine ['votɪŋ] *s* máquina registradora de votos
votive ['votɪv] *adj* votivo
votive offering *s* voto, exvoto
vouch [vautʃ] *tr* garantizar ‖ *intr*—**to vouch for** responder de (*una cosa*); responder por (*una persona*)
voucher ['vautʃər] *s* garante *mf;* (*certificate*) comprobante *m*
vouch‧safe' *tr* conceder, otorgar; permitir ‖ *intr*— **to vouchsafe to** + *inf* dignarse + *inf*
voussoir [vu'swar] *s* dovela
vow [vau] *s* voto; **to take vows** tomar el hábito religioso ‖ *tr* votar (*p.ej., un cirio a la Virgen*); jurar (*venganza*) ‖ *intr* votar; **to vow to** hacer votos de
vowel ['vau‧əl] *s* vocal *f*
voyage ['vɔɪ‧ɪdʒ] *s* travesía, trayecto; (*any journey*) viaje *m* ‖ *tr* atravesar (*p.ej., el mar*) ‖ *intr* viajar
voyager ['vɔɪ‧ɪdʒər] *s* pasajero, navegante *mf*, viajero
V.P. *abbr* **Vice-President**
vs. *abbr* **versus**
Vul. *abbr* **Vulgate**
vulcanize ['vʌlkə,naɪz] *tr* vulcanizar
vulg. *abbr* **vulgar**
Vulg. *abbr* **Vulgate**
vulgar ['vʌlgər] *adj* grosero; (*popular, common; vernacular*) vulgar
vulgari‧ty [vʌl'gærɪti] *s* (*pl* -ties) grosería
Vulgar Latin *s* latín vulgar, latín rústico
Vulgate ['vʌlget] *s* Vulgata
vulnerable ['vʌlnərəbəl] *adj* vulnerable
vulture ['vʌltʃər] *s* buitre *m;* (*American vulture*) catartes *m*, aura (*buitre americano*)

W

W, w ['dʌbəl,ju] vigésima tercera letra del alfabeto inglés

w *abbr* **watt**

w. *abbr* **week, west, wide, wife**

W. *abbr* **Wednesday, west**

wad [wɑd] *s (of cotton)* bolita, tapón *m; (of papers)* fajo, lío; *(in a gun)* taco ‖ *v (pret & pp* **wadded;** *ger* **wadding)** *tr* emborrar, rellenar; atacar *(una escopeta)*

waddle ['wɑdəl] *s* anadeo ‖ *intr* anadear

wade [wed] *intr* andar sobre terreno cubierto de agua; andar descalzo por la orilla; chapotear *(los niños)* con los pies desnudos; **to wade into** (coll) embestir con violencia; (coll) meter el hombro a; **to wade through** (coll) avanzar con dificultad por; (coll) leer con dificultad

wading bird ['wedɪŋ] *s* ave zancuda

wafer ['wefər] *s (for sealing letters; pill)* oblea; *(thin, crisp cake)* hostia; (eccl) hostia

waffle ['wɑfəl] *s* barquillo

waffle iron *s* barquillero

waft [wæft] o [wɑft] *tr* llevar por el aire; llevar por encima del agua ‖ *intr* flotar

wag [wæg] *s (of head)* meneo; *(of tail)* coleada; *(jester)* bromista *mf* ‖ *v (pret & pp* **wagged;** *ger* **wagging)** *tr* menear *(la cabeza, la cola)* ‖ *intr* menearse

wage [wedʒ] *s* salario; **wages** galardón *m*, premio ‖ *tr* hacer *(la guerra)*

wage earner ['ʌrnər] *s* asalariado

wager ['wedʒər] *s* apuesta; **to lay a wager** hacer una apuesta ‖ *tr & intr* apostar

wage'work'er *s* asalariado

waggish ['wægɪʃ] *adj* divertido, gracioso; *(person)* bromista

Wagnerian [vɑg'nɪrɪ•ən] *adj & s* vagneriano

wagon ['wægən] *s* carro, furgón *m*, carretón *m;* **on the wagon** (slang) sin tomar bebidas alcohólicas; **to hitch one's wagon to a star** poner el tiro muy alto

wag'tail' *s* aguanieves *m*, aguzanieves *m*

waif [wef] *s (foundling)* expósito; animal extraviado o abandonado; *(stray child)* granuja *m*

wail [wel] *s* gemido, lamento ‖ *intr* gemir, lamentar

wain•scot ['wenskət] o ['wenskɑt] *s* arrimadillo, friso de madera ‖ *v (pret & pp* **-scoted** o **-scotted;** *ger* **-scoting** o **-scotting)** *tr* poner arrimadillo o friso de madera a

waist [west] *s (of human body; corresponding part of garment)* talle *m*, cintura; *(garment)* corpiño, jubón *m*, blusa

waist'band' *s* pretina

waist'cloth' *s* taparrabo

waistcoat ['west,kot] o ['wɛskət] *s* chaleco

waist'line' *s* cintura

wait [wet] *s* espera; **to have a good wait** (coll) esperar sentado; **to lie in wait for** acechar emboscado ‖ *intr* esperar, aguardar; **to wait one's turn** esperar vez ‖ *intr* esperar, aguardar; **to wait for** esperar, aguardar; **to wait on**

atender, despachar *(a los parroquianos en una tienda)*; servir *(a una persona a la mesa)*; **to wait until** esperar a que

waiter ['wetər] *s* camarero, mozo de restaurante; *(tray)* bandeja

waiting list *s* lista de espera

waiting room *s (of station)* sala de espera; *(of doctor's office)* antesala

waitress ['wetrɪs] *s* camarera, moza de restaurante

waive [wev] *tr* renunciar a *(un derecho)*; diferir, poner a un lado

waiver ['wevər] *s* renuncia

wake [wek] *s (watch by the body of a dead person)* velatorio; *(of a boat or other moving object)* estela; **in the wake of** siguiendo inmediatamente; de resultas de ‖ *v (pret* **waked** o **woke** [wok];*pp* **waked)** *tr* despertar ‖ *intr—* **to wake to** darse cuenta de; **to wake up** despertar

wakeful ['wekfəl] *adj* desvelado

wakefulness ['wekfəlnɪs] *s* desvelo

waken ['wekən] *tr & intr* despertar

wale [wel] *s* verdugón *m*

Wales [welz] *s* Gales, el país de Gales

walk [wɔk] *s (act)* paseo; *(distance)* caminata; *(way of walking, bearing)* andar *m*, paso; *(of a horse)* andadura; *(place to walk animals)* cercado; empleo, cargo, carrera; **at a walk** al paso de una persona; **to go for a walk** salir a pasear; **to take a walk** dar un paseo ‖ *tr* pasear *(a un niño, un caballo)*; caminar *(recorrer caminando)*; hacer ir al paso *(un caballo)*; **to walk off** quitarse *(p.ej., un dolor de cabeza)* caminando ‖ *intr* andar, caminar, ir a pie; *(to stroll)* pasear; **to walk away from** alejarse caminando de; **to walk off with** cargar con, llevarse; **to walk out** salir repentinamente; declararse en huelga; **to walk out on** (coll) dejar airadamente

walkaway ['wɔkə,we] *s* (coll) triunfo fácil

walker ['wɔkər] *s* caminante *mf; (pedestrian)* peatón *m; (gocart)* andaderas

walkie-talkie ['wɔki'tɔki] *s* (rad) transmisorreceptor *m* portátil

walking papers *spl* (coll) despedida de un empleo

walking stick *s* bastón *m*

walk'-on' *s* (theat) parte *f* de por medio

walk'out' *s* (coll) huelga

walk'o'ver *s* (coll) triunfo fácil

wall [wɔl] *s* muro; *(between rooms; of a pipe, boiler, etc.)* pared *f; (of a fortification)* muralla; **to drive to the wall** poner entre la espada y la pared; **to go to the wall** rendirse; fracasar ‖ *tr* murar, amurallar *(una ciudad, un castillo)*; emparedar *(a un criminal)*; **to wall up** cerrar con muro

wall'board' *s* cartón *m* tabla

wallet ['wɑlɪt] *s* cartera de bolsillo

wall'flow'er *s* alhelí *m;* **to be a wallflower** (coll) comer pavo, planchar el asiento

Walloon [wɑ'lun] *adj & s* valón *m*

wallop ['wɑləp] s (coll) golpaza, puñetazo ‖ tr (coll) golpear fuertemente; (coll) vencer cabalmente

wallow ['wɑlo] s revuelco; (*place*) revolcadero ‖ intr revolcarse; (*e.g., in wealth*) nadar

wall'pa'per s papel *m* de empapelar, papel pintado ‖ tr empapelar

walnut ['wɔlnət] s (*tree and wood*) nogal *m;* nuez *f* de nogal

walrus ['wɔlrəs] o ['wɑlrəs] s morsa

Walter ['wɔltər] s Gualterio

waltz [wɔlts] s vals *m* ‖ tr hacer valsar; (coll) conducir directamente ‖ intr valsar

wan [wɑn] adj (*comp* **wanner;** *super* **wannest**) pálido, macilento; débil

wand [wɑnd] s vara; (*of deviner or magician*) varilla de virtudes

wander ['wɑndər] tr recorrer a la ventura ‖ intr errar, vagar; extraviarse, perderse; **to wander around** errar de una parte a otra

wanderer ['wɑndərər] s vagabundo; peregrino

wan'der·lust' s ansia de viajar

wane [wen] s decadencia, declinación; menguante *f* de la luna; **on the wane** decayendo, declinando; menguando (*la luna*) ‖ intr decaer, declinar, menguar (*la luna*)

wangle ['wæŋgəl] tr (*to obtain by scheming*) (coll) mamar o mamarse; (coll) adulterar, falsear (*cuentas*); **to wangle one's way out of** (coll) salir con maña de ‖ intr (*to get along by scheming*) (coll) sacudirse

want [wɑnt] o [wɔnt] s deseo; necesidad; carencia; **for want of** a falta de; **to be in want** pasar necesidad ‖ tr desear; necesitar; carecer de ‖ intr desear; **to want for** necesitar; carecer de

want ad s anuncio clasificado

wanton ['wɑntən] adj inconsiderado, desconsiderado; insensible, perverso; disoluto, licencioso; lascivo; cabezudo

war [wɔr] s guerra; **to go to war** declarar la guerra; (*as a soldier*) ir a la guerra; **to wage war** hacer la guerra ‖ v (*pret & pp* **warred;** *ger* **warring**) intr guerrear; **to war on** guerrear con, hacer la guerra a

warble ['wɔrbəl] s gorjeo, trino ‖ intr gorjear, trinar

warbler ['wɔrblər] s pájaro cantor; curruca de cabeza negra

war cloud s amenaza de guerra

ward [wɔrd] s (*person, usually a minor, under protection of another*) pupilo; (*guardianship*) custodia, tutela; (*of a city*) barrio, distrito; (*of a hospital*) cuadra, crujía; (*of a lock*) guarda ‖ tr— **to ward off** parar, desviar

warden ['wɔrdən] s guardián *m;* (*of a jail*) alcaide *m*, carcelero; (*of a church*) capiller *m;* (*in charge of fire prevention*) vigía *m*

ward heeler s muñidor *m*

ward'robe' s (*closet or cabinet for holding clothes*) guardarropa *m;* (*stock of clothing for a person*) vestuario; (theat) guardarropía

wardrobe trunk s baúl ropero

ward'room' s (nav) cámara de oficiales

ware [wɛr] s loza; **wares** efectos, artículos de comercio, mercancías

war effort s esfuerzo bélico

ware'house' s almacén *m;* (*for furniture*) guardamuebles *m*

warehouse·man ['wɛr,hɑusmən] s (*pl* **-men** [mən]) almacenista *m;* guardaalmacén *m*

war'fare' s guerra

war'head' s punta de combate

war horse s corcel *m* de guerra; (coll) veterano

warily ['wɛrɪli] adv cautelosamente

wariness ['wɛrɪnɪs] s cautela

war'like' adj guerrero

war loan s empréstito de guerra

war lord s jefe *m* militar

warm [wɔrm] adj (*being moderately hot*) caliente; (*neither hot nor cold*) templado; (*clothing*) abrigador; (*climate, region*) caluroso; (*color*) cálido; (fig) caluroso, cordial; **to be warm** (*said of a person*) tener calor; (*said of the weather*) hacer calor ‖ tr calentar, acalorar; (fig) animar, acalorar; **to warm up** recalentar (*p.ej., la comida*); hacer más amistoso ‖ intr calentarse; **to warm up** templar (*el tiempo*); (*with work or exercise*) acalorarse; **to warm up to** cobrar afecto a

warm-blooded ['wɔrm'blʌdɪd] adj apasionado, ardiente; (*animals*) de sangre caliente

war memorial s monumento a los caídos

warmer ['wɔrmər] s calentador *m*

warm-hearted ['wɔrm'hɑrtɪd] adj afectuoso, de buen corazón; cariñoso; simpático

warming pan s mundillo

warmonger ['wɔr,mʌŋgər] s belicista *mf*

war mother s madrina de guerra

warmth [wɔrmθ] s calor *m;* ardor *m*, entusiasmo; cordialidad

warm'-up' s calentón *m*

warn [wɔrn] tr advertir, avisar; (*to exhort*) amonestar; (*to advise*) aconsejar

warning adj de aviso ‖ s advertencia, aviso

War of the Roses s guerra de las dos Rosas

warp [wɔrp] s (*of a fabric*) urdimbre *f;* (*of a board*) comba, alabeo; aberración mental; (naut) espía ‖ tr combar, alabear; pervertir (*el juicio de una persona*); (naut) move, con espía ‖ intr combarse, alabearse; (naut) espiar

war'path' s—**to be on the warpath** prepararse para la guerra; estar buscando pendencia

war'plane' s avión *m* de guerra

warrant ['wɑrənt] o ['wɔrənt] s garantía, promesa; (*for arrest*) orden *f* de prisión; (*before a judge*) citación; cédula, certificado ‖ tr garantizar, prometer; autorizar; justificar

warrantable ['wɑrəntəbəl] o ['wɔrəntəbəl] adj garantizable; justificable

warrant officer s suboficial *m* de las clases

warren ['warən] o ['wɔrən] s (*where rabbits breed*) conejera; barrio densamente poblado

warrior ['wɔrjər] s guerrero

Warsaw ['wɔrsɔ] s Varsovia

war'ship' s buque *m* de guerra

wart [wɔrt] s verruga

war'time' s tiempo de guerra

war'-torn' *adj* devastado por la guerra

war to the death s guerra a muerte

war•y [wɛri] *adj* (*comp* **-ier;** *super* **-iest**) cauteloso

wash [waʃ] o [wɔʃ] s lavado; (*clothes washed or to be washed*) jabonado; (*dirty water*) lavazas; loción; (*place where surf breaks*) batiente *m;* (aer) estela turbulenta ‖ *tr* lavar; fregar (*los platos*); bañar, mojar; **to wash away** quitar lavando; derrubiar (*las aguas corrientes la tierra de las riberas*) ‖ *intr* lavarse; lavar la ropa; batir (*el agua*); derrubiarse

washable ['waʃəbəl] o ['wɔʃəbəl] *adj* lavable

wash and wear *adj* de lava y pon

wash'ba'sin s jofaina, palangana

wash'bas'ket s cesto de la colada

wash'board' s lavadero, tabla de lavar; (*baseboard*) rodapié *m*

wash'bowl' s jofaina, palangana

wash'cloth' s paño para lavarse

wash'day' s día *m* de la colada

washed-out ['waʃt,aut] o ['wəʃt,aut] *adj* desteñido; (coll) debilitado, rendido

washed-up ['waʃt,ʌp] o ['wɔʃt,ʌp] *adj* (coll) agotado, deslomado

washer ['waʃər] o ['wɔʃər] s lavador *m;* (*machine*) lavadora; (*ring of metal placed under head of bolt*) arandela; (*ring of rubber, etc., to keep a spigot from leaking*) zapatilla; (phot) lavador

wash'er•wom'an s (*pl* **-wom'en**) lavandera

wash goods *spl* tejidos lavables

washing ['waʃɪŋ] o ['wɔʃɪŋ] s (*act of washing; washed clothes or clothes to be washed*) lavado; (*dirty water; abraded material*) lavadura

washing machine s lejiadora, lavadora mecánica

washing soda s sal *f* de sosa

wash'out' s derrubio; derrumbe *m;* (coll) desilusión, fracaso

wash'rag' s paño para lavarse; paño de cocina

wash'room' s gabinete *m* de aseo, lavabo

wash'stand' s lavamanos *m*

wash'tub' s cuba de colada, tina de lavar

wash water s lavazas

wasp [wasp] s avispa

waste [west] s derroche *m*, desgaste *m;* (*garbage*) basura, despojo; (*wild region*) despoblado, yermo; (*of time*) pérdida; (*useless by-products*) desperdicios; excremento; (*for wiping machinery*) hilacha de algodón; **to lay waste** devastar, poner a fuego y sangre ‖ *tr* malgastar, perder ‖ *intr*—**to waste away** consumirse

waste'bas'ket s papelera

wasteful ['westfəl] *adj* derrochador, manirroto; devastador, destructivo

waste'-land' s peladero

waste paper s papeles usados, papel de desecho, papel viejo

waste pipe s tubo de desagüe

waste products *spl* desperdicios; materia excretada

wastrel ['westrəl] s derrochador *m*, malgastador *m;* pródigo, perdido

watch [watʃ] s reloj *m* (*de bolsillo o de pulsera*); (*lookout*) vigía *m;* (mil) vigilia; (naut) guardia; **to be on the watch for** estar a la mira de; **to keep watch over** velar ‖ *tr* (*to look at*) mirar; (*to oversee*) velar, vigilar; guardar; tener cuidado con ‖ *intr* mirar; (*to keep awake*) velar; **to watch for** acechar; **to watch out** tener cuidado; **to watch out for** estar a la mira de; tener cuidado con; guardarse de; **to watch over** velar, vigilar

watch'case' s caja de reloj

watch charm s dije *m*

watch crystal s cristal *m* de reloj

watch'dog' s perro de guarda, perro guardián; (fig) guardián *m* fiel

watchful ['watʃfəl] *adj* desvelado, vigilante

watchfulness ['watʃfəlnɪs] s desvelo, vigilancia

watch'mak'er s relojero

watch•man ['watʃmən] s (*pl* **-men** [mən]) vigilante *m*, velador *m*

watch night s noche vieja; oficio de noche vieja

watch pocket s relojera

watch strap s pulsera

watch'tow'er s atalaya, vigía

watch'word' s santo y seña; (*slogan*) lema *m*

water ['wɔtər] o ['watər] s agua; **of the first water** de lo mejor; **to back water** ciar; **to carry water on both shoulders** nadar entre dos aguas; **to fish in troubled waters** pescar en río revuelto; **to hold water** (coll) ser bien fundado; **to make water** (*to urinate*) hacer aguas; (naut) hacer agua; **to pour** o **throw cold water on** echar un jarro de agua (fría) a ‖ *tr* regar, rociar; abrevar (*el ganado*); aguar (*el vino*); proveer de agua ‖ *intr* abrevarse (*el ganado*); tomar agua (*una locomotora*); llorar (*los ojos*)

water carrier s aguador *m*

water closet s excusado, retrete *m*, váter *m*

water color s acuarela

wa'ter•course' s corriente *f* de agua; lecho de corriente

water cress s berzo

water cure s cura de aguas

wa'ter•fall' s cascada, caída de agua

water front s terreno ribereño

water gap s garganta, hondonada

water hammer s golpe *m* de ariete

water heater s calentador *m* de agua

water ice s sorbete *m*

watering can s regadera

watering place s aguadero; balneario

watering pot s regadera

watering trough s abrevadero**

water jacket s camisa de agua
water lily s ninfea, nenúfar m
water line s línea de agua, línea de flotación; nivel m de agua
water main s cañería de agua
wa·ter·mark' s (*in paper*) filigrana; marca de nivel de agua
wa'ter·mel'on s sandía
water meter s contador m de agua
water pipe s cañería de agua
water polo s polo de agua
water power s fuerza de agua, hulla blanca
wa'ter·proof' adj & s impermeable m
wa'ter·shed' s divisoria de aguas; (*drainage area*) cuenca
water ski s esquí acuático
wa'ter·spout' s (*to carry water from roof*) canalón m; (*funnel of wet air extending from cloud to surface of water*) manga de agua, tromba marina
wa'ter·sup·ply' system s fontanería
wa'ter·tight' adj estanco, hermético; (fig) seguro
water tower s arca de agua
water wagon s (mil) carro de agua; **on the water wagon** (slang) sin tomar bebidas alcohólicas
wa'ter·way' s vía de agua, vía fluvial; (naut) canalizo
water wheel s rueda de agua; turbina de agua; (*of steamboat*) rueda de paletas
water wings spl nadaderas
wa'ter·works' s estación de bombas
watery ['wɔtəri] o ['watəri] adj acuoso; (*said of the eyes*) lagrimoso, lloroso; insípido; húmedo, mojado
watt [wɑt] s vatio
wattage ['wɑtɪdʒ] s vatiaje m
watt'-hour' s (pl **watt-hours**) vatiohora
wattle ['wɑtəl] s (*of bird*) barba; (*of fish*) barbilla
watt'me'ter s vatímetro
wave [wev] s onda; (*of hair*) onda, ondulación; (*e.g., of heat or cold*) ola; (*e.g., of strikes*) oleaje m; señal hecha con la mano ‖ tr blandir (*la espada*); ondear, ondular (*el cabello*); hacer señal con (*la mano*); decir (*adiós*) con la mano; **to wave aside** rechazar ‖ intr ondear u ondearse; hacer señal con la mano
wave motion s movimiento ondulatorio
waver ['wevər] intr oscilar; (*to hesitate*) vacilar, titubear; (*to totter*) tambalear
wave theory s teoría ondulatoria
wav·y ['wevi] adj (comp **-ier**; super **-iest**) undoso, ondoso; (*water*) ondulado; (*hair*) ondeado
wax [wæks] s cera; **to be wax in one's hands** ser como una cera ‖ tr encerar; cerotear (*el hilo*) ‖ intr hacerse, volverse; crecer (*la luna*)
wax paper s papel encerado, papel parafinado
wax taper s cerilla
wax'works' s museo de cera
way [we] s vía, camino; dirección, sentido; manera, modo; costumbre, hábito; **across**

the way enfrente; **a good way** un buen trecho; **all the way** hasta el fin del camino; **any way** de cualquier modo; **by the way** a propósito; **in a way** hasta cierto punto; **in every way** en todos respectos; **in this way** de este modo; **on the way to** camino de, rumbo a; **on the way out** saliendo; desapareciendo; **out of the way** hecho, despachado; inconveniente, impropio; a un lado, apartado; fuera de lo común; **that way** por allí; de ese modo; **this way** por aquí; de este modo; **to be in the way** estorbar; **to feel one's way** tantear el camino; proceder con tiento; **to force one's way** abrirse paso por fuerza; **to get out of the way** quitarse de en medio; (*to finish*) quitarse de encima; **to give way** ceder, retroceder; romperse (*una cuerda*); fracasar; **to give way to** entregarse a; **to go out of one's way** dar un rodeo; dar un rodeo innecesario; darse molestia; **to have one's way** salirse con la suya; **to keep out of the way** no obstruir el paso; **to know one's way around** saber entendérselas; **to know one's way to** conocer el camino a, saber ir a; **to lead the way** enseñar el camino; ir o entrar primero; **to lose one's way** perder el camino, extraviarse; **to make one's way** avanzar; hacer carrera, acreditarse; **to make way for** dar paso a, hacer lugar para; **to mend one's ways** mudar de vida; **to not know which way to turn** no saber dónde meterse; **to put out of the way** alejar, apartar; quitar de en medio; **to see one's way to** ver el modo de; **to take one's way** irse, marcharse; **to wend one's way** seguir camino; **to wind one's way through** serpentear por; **to wing one's way** ir volando; **under way** en marcha, en camino; **way in** entrada; **way out** salida; **ways** maneras, modales mpl; (*for launching a ship*) anguilas; **which way?** ¿por dónde?; ¿cómo?
way'bill' s hoja de ruta
wayfarer ['we,ferər] s caminante mf
way'lay' v (pret & pp **-laid'**) tr detener de improviso; (*to attack from ambush*) insidiar, asaltar
way'side' s borde m del camino; **to fall by the wayside** (*to disappear*) caer en el camino; fracasar
way station s apeadero
way train s tren m ómnibus
wayward ['wewərd] adj díscolo, voluntarioso; voltario, caprichoso
w.c. abbr water closet, without charge
we [wi] pron pers nosotros
weak [wik] adj débil, flaco; caedizo; (*vowel; verb*) débil
weaken ['wikən] tr debilitar, enflaquecer ‖ intr debilitarse, enflaquecerse
weakling ['wiklɪŋ] s alfeñique m, canijo
weak-minded ['wik'maɪndɪd] adj irresoluto; simple, mentecato
weakness ['wiknɪs] s debilidad, flaqueza; caducidad; lado débil; afición, gusto
weal [wil] s verdugón m
wealth [wɛlθ] s riqueza

wealth•y ['wɛlθi] *adj* (*comp* -**ier;** *super* -**iest**) rico

wean [win] *tr* destetar; **to wean away from** apartar gradualmente de

weanling ['winlɪŋ] *adj* & *s* destetado

weapon ['wɛpən] *s* arma

wear [wɛr] *s* (*act of wearing*) uso; (*clothing*) ropa; estilo, moda; (*wasting away from use*) desgaste *m*, deterioro; (*lasting quality*) durabilidad; **for all kinds of wear** a todo llevar; **for everyday wear** para todo trote ‖ *v* (*pret* **wore** [wor]; *pp* **worn** [worn]) *tr* llevar, traer, llevar puesto; calzar (*cierto tamaño de zapato o guante*); (*to waste away by use*) desgastar, deteriorar; (*to tire*) agotar, cansar; **to wear out** consumir, gastar; agotar, cansar; abusar de (*la hospitalidad de una persona*) ‖ *intr* desgastarse, deteriorarse; **to wear off** pasar, desaparecer; **to wear out** gastarse, usarse; **to wear well** durar, ser duradero

wear and tear *s* uso y desgaste

weariness ['wɪrɪnɪs] *s* cansancio; aburrimiento

wearing apparel ['wɛrɪŋ] *s* ropaje *m*, prendas de vestir

wearisome ['wɪrɪsəm] *adj* aburrido, cansado, fastidioso

wea•ry ['wɪri] *adj* (*comp* -**rier;** *super* -**riest**) cansado ‖ *v* (*pret* & *pp* -**ried**) *tr* cansar ‖ *intr* cansarse

weasel ['wizəl] *s* comadreja

weaseler ['wizələr] *s* pancista *mf*

weasel words *spl* palabras ambiguas

weather ['wɛðər] *s* tiempo; mal tiempo; **to be under the weather** (coll) no estar muy católico; (coll) estar borracho ‖ *tr* aguantar (*el temporal, la adversidad*)

weather-beaten ['wɛðər,bitən] *adj* curtido por la intemperie

weather bureau *s* meteo *f*, servicio meteorológico

weath'er•cock' *s* veleta; (*fickle person*) (fig) veleta

weather forecasting *s* pronóstico del tiempo, previsión del tiempo

weather•man ['wɛðər,mæn] *s* (*pl* -**men** [,mɛn]) meteorologista *m*, pronosticador *m* del tiempo

weather report *s* parte meteorológico

weather station *s* estación meteorológica

weather stripping ['strɪpɪŋ] *s* burlete *m*, cierre hermético

weather vane *s* veleta

weave [wiv] *s* tejido ‖ *v* (*pret* **wove** [wov] o **weaved;** *pp* **wove** o **woven** ['wovən]) *tr* tejer; **to weave one's way** avanzar zigzagueando ‖ *intr* tejer; zigzaguear

weaver ['wivər] *s* tejedor *m*

web [wɛb] *s* tejido, tela; (*of spider*) tela; (*between toes of birds and other animals*) membrana; (*of an iron rail*) alma; (fig) tejido, tela, enredo

web-footed ['wɛb,futɪd] *adj* palmípedo, de pie palmeado

wed [wɛd] *v* (*pret* & *pp* **wed** o **wedded;** *ger* **wedding**) *tr* (*to join in marriage*) casar; casarse con ‖ *intr* casarse

wedding ['wɛdɪŋ] *adj* nupcial ‖ *s* bodas, nupcias, matrimonio

wedding cake *s* pastel *m* de boda

wedding day *s* día *m* de bodas

wedding march *s* marcha nupcial

wedding night *s* noche *f* de bodas

wedding ring *s* anillo nupcial

wedge [wɛdʒ] *s* cuña ‖ *tr* acuñar, apretar con cuña

wed'lock' *s* matrimonio

Wednesday ['wɛnzdi] *s* miércoles *m*

wee [wi] *adj* pequeñito, diminuto

weed [wid] *s* mala hierba; (coll) tabaco; **weeds** ropa de luto (*especialmente, de una viuda*) ‖ *tr* desherbar, escardar

weeding hoe *s* escardillo

weed killer *s* matamalezas *m*, herbicida *m*

week [wik] *s* semana; **week in week out** semana tras semana

week'day' *s* día *m* laborable

week'days' *adv* entresemana (SAm)

week'end' *s* fin *m* de semana ‖ *intr* pasar el fin de semana

week•ly ['wikli] *adj* semanal ‖ *adv* cada semana ‖ *s* (*pl* -**lies**) revista semanal, semanario

weep [wip] *v* (*pret* & *pp* **wept** [wɛpt]) *tr* llorar (*p.ej., la muerte de una persona*); derramar (*lágrimas*) ‖ *intr* llorar

weeper ['wipər] *s* llorón *m;* (*hired mourner*) llorona, plañidera

weeping willow *s* sauce *m* llorón

weep•y ['wipi] *adj* (*comp* -**ier;** *super* -**iest**) (coll) lloroso

weevil ['wivəl] *s* gorgojo

weft [wɛft] *s* (*yarns running across warp*) trama; (*fabric*) tejido

weigh [we] *tr* pesar; (naut) levantar (*el ancla*) ‖ *intr* pesar; **to weigh in** pesarse (*un jockey*)

weight [wet] *s* peso; (*of scales, clock, gymnasium, etc.*) pesa; **to lose weight** rebajar de peso; **to put on weight** ponerse gordo; **to throw one's weight around** (coll) hacer valer su poder ‖ *tr* cargar, gravar; (*statistically*) ponderar

weightless ['wetlɪs] *adj* ingrávido

weightlessness ['wetlɪsnɪs] *s* ingravidez *f;* antigravedad

weight lifter *s* halterofilista *mf*

weight lifting *s* halterofilia

weight•y ['weti] *adj* (*comp* -**ier;** *super* -**iest**) (*heavy*) pesado; (*troublesome*) gravoso; importante, influyente

weir [wɪr] *s* presa, vertedero; (*for catching fish*) pescadera

weird [wɪrd] *adj* misterioso, sobrenatural, espectral; extraño, raro

welcome ['wɛlkəm] *adj* bienvenido; grato, agradable; **you are welcome** (*i.e., gladly received*) sea Vd. bienvenido; (*in answer to thanks*) no hay de qué; **you are welcome to it** está a la disposición de Vd.; **you are welcome to your opinion** piense Vd. lo que quiera ‖ *interj* ¡bienvenido! ‖ *s* bienvenida, buena acogida ‖ *tr* dar la bienvenida a; acoger con gusto, recibir con amabilidad

weld [wɛld] *s* autógena; (bot) gualda ‖ *tr* soldar con autógena; (fig) unir ‖ *intr* soldarse

welder ['wɛldər] *s* soldador *m;* (*machine*) soldadora

welding ['wɛldɪŋ] *s* autógena, soldadura autógena

wel'fare' *s* bienestar *m;* (*effort to improve living conditions of the underprivileged*) asistencia, beneficencia; **to be on welfare** vivir de la asistencia pública

welfare state *s* gobierno socializante, estado de beneficencia, estado asistencial

well [wɛl] *adj* bien; bien de salud; **get well!** ¡que se mejore! ‖ *adv* bien; pues; pues bien; **as well** también; **as well as** así como; además de ‖ *interj* ¡vaya! ‖ *s* pozo; (*natural source of water*) fuente *f*, manantial *m* ‖ *intr*—**to well up** salir a borbotones

well-appointed ['wɛlə'pɔɪntɪd] *adj* bien amueblado, bien equipado

well-attended ['wɛlə'tɛndɪd] *adj* muy concurrido

well-behaved ['wɛlbɪ'hɛvd] *adj* de buena conducta

well'-be'ing *s* bienestar *m*

well'born' *adj* bien nacido

well-bred ['wɛl'brɛd] *adj* cortés, bien criado

well-disposed ['wɛldɪs'pozd] *adj* bien dispuesto

well-done ['wɛl'dʌn] *adj* bien hecho; (*meat*) bien asado

well-fixed ['wɛl'fɪkst] *adj* (coll) acaudalado

well-formed ['wɛl'fɔrmd] *adj* bien formado; (*nose*) perfilado

well-founded ['wɛl'faʊndɪd] *adj* bien fundado

well-groomed ['wɛl'grumd] *adj* de mucho aseo, atildado

well-heeled ['wɛl'hild] *adj* (coll) acomodado; **to be well-heeled** (coll) tener bien cubierto el riñón

well-informed ['wɛlɪn'fɔrmd] *adj* versado, bien enterado

well-intentioned ['wɛlɪn'tɛnʃənd] *adj* bien intencionado

well-kept ['wɛl'kɛpt] *adj* bien cuidado, bien atendido; (*secret*) bien guardado

well-known ['wɛl'non] *adj* bien conocido; familiar

well-meaning ['wɛl'minɪŋ] *adj* bien intencionado

well-nigh ['wɛl'naɪ] *adv* casi

well'-off' *adj* adinerado, acaudalado

well-preserved ['wɛlprɪ'zʌrvd] *adj* bien conservado

well-read ['wɛl'rɛd] *adj* leído, muy leído

well-spent ['wɛl'spɛnt] *adj* (*money, youth, life*) bien empleado

well-spoken ['wɛl'spokən] *adj* (*person*) bienhablado; (*word*) bien dicho

well'spring' *s* fuente *f*, manantial *m;* fuente inagotable

well sweep *s* cigoñal *m*

well-tempered ['wɛl'tɛmpərd] *adj* bien templado

well-thought-of ['wɛl'θɔt,ʌv] *adj* bien mirado

well-timed ['wɛl'taɪmd] *adj* oportuno

well-to-do ['wɛltə'du] *adj* adinerado, acaudalado; (coll) plateado

well-wisher ['wɛl'wɪʃər] *s* amigo, favorecedor *m*

well-worn ['wɛl'worn] *adj* trillado, vulgar

welsh [wɛlʃ] *intr* (slang) dejar de cumplir; **to welsh on** (slang) dejar de cumplir con ‖ **Welsh** *adj* galés ‖ *s* (*language*) galés *m;* **the Welsh** los galeses

Welsh•man ['wɛlʃmən] *s* (*pl* **-men** [mən]) galés *m*

Welsh rabbit o **rarebit** ['rɛrbɪt] *s* tostada cubierta de queso derretido en cerveza

welt [wɛlt] *s* (*finish along a seam*) ribete *m;* (*of a shoe*) vira; (*wale from a blow*) verdugón *m*

welter ['wɛltər] *s* confusión, conmoción; (*a tumbling about*) revuelco ‖ *intr* revolcar

wel'ter•weight' *s* (box) peso mediano ligero

wen [wɛn] *s* lobanillo

wench [wɛntʃ] *s* muchacha, jovencita; moza, criada

wend [wɛnd] *tr*—**to wend one's way** dirigir sus pasos, seguir su camino

west [wɛst] *adj* occidental, del oeste ‖ *adv* al oeste, hacia el oeste ‖ *s* oeste *m*

western ['wɛstərn] *adj* occidental ‖ *s* película del Oeste

West Indies ['ɪndiz] *spl* Indias Occidentales

westward ['wɛstwərd] *adv* hacia el oeste

wet [wɛt] *adj* (*comp* **wetter;** *super* **wettest**) mojado; (*damp*) húmedo; (*paint*) fresco; (*weather*) lluvioso; (coll) antiprohibicionista ‖ *s* (coll) antiprohibicionista *mf* ‖ *v* (*pret & pp* **wet** o **wetted;** *ger* **wetting**) *tr* mojar ‖ *intr* mojarse

wet'back' *s* mojado

wet bar *s* bar *m* con agua corriente

wet battery *s* pila húmeda

wet blanket *s* aguafiestas *mf*

wet goods *spl* caldos

wet nurse *s* ama de cría o de leche

w.f. *abbr* wrong font

w.g. *abbr* wire gauge

whack [hwæk] *s* (coll) golpe ruidoso; (coll) prueba, tentativa ‖ *tr* (coll) golpear ruidosamente

whale [hwel] *s* ballena; (*sperm whale*) cachalote *m;* **a whale at** (coll) un as de; **a whale for** (coll) un genio para; **a whale of a difference** (coll) una enorme diferencia; **a whale of a meal** (coll) una comida brutal ‖ *tr* (coll) azotar ‖ *intr* pescar ballenas

whale'bone' *s* ballena

wharf [hwɔrf] *s* (*pl* **wharves** [hwɔrvz] o **wharfs**) muelle *m*, embarcadero

what [hwɑt] *pron interr* qué; cuál; **what else?** ¿qué más?; **what if . . .?** ¿y si . . .?, ¿qué le parece si?; **what of it?** ¿qué importa? ‖ *pron rel* lo que; **what's what** lo que hay, toda la verdad ‖ *adj interr* qué ‖

adj rel el . . . que, la . . . que, etc. ‖ *interj* qué; **what a . . .!** qué . . . más o tan, p.ej., **what a beautiful day!** ¡qué día más (o tan) hermoso!

what•ev′er *pron* cualquiera; todo lo que ‖ *adj* cualquier; cualquier . . . que

what′not′ *s* juguetero

what's-his-name ['hwɑtsɪz,nem] *s* (coll) el señor fulano

wheal [hwil] *s* roncha

wheat [hwit] *s* trigo

wheedle ['hwidəl] *tr* engatusar; conseguir por medio de halagos

wheel [hwil] *s* rueda; (coll) bicicleta; **at the wheel** en el volante ‖ *tr* pasear (*a un niño*) en un cochecito; conducir (*a un enfermo*) en una silla de ruedas ‖ *intr* (coll) ir en bicicleta; **to wheel about** o **around** dar una vuelta; cambiar de opinión

wheelbarrow ['hwil,bæro] *s* carretilla

wheel base *s* batalla, paso, distancia entre ejes

wheel chair *s* silla de ruedas, cochecillo para inválidos

wheeler-dealer ['hwilər'dilər] *s* (slang) negociante *m* de gran influencia e independencia

wheel horse *s* caballo de varas; (fig) esclavo (*el que trabaja mucho y cumple con sus obligaciones*)

wheelwright ['hwil,raɪt] *s* carpintero de carretas

wheeze [hwiz] *s* resuello ruidoso ‖ *intr* resollar produciendo un silbido

whelp [hwɛlp] *s* cachorro ‖ *intr* parir

when [hwɛn] *adv* cuándo ‖ *conj* cuando

whence [hwɛns] *adv* de dónde; por lo tanto ‖ *conj* de donde

when•ev′er *conj* siempre que, cada vez que

where [hwɛr] *adv* dónde; adónde ‖ *conj* donde; adonde

whereabouts ['hwɛrə,baʊts] *s* paradero

whereas [hwɛr'æz] *conj* mientras que, al paso que; considerando ‖ *s* considerando

where•by′ *adv* por medio del cual

wherefore ['hwɛrfor] *adv* por qué, para qué; por eso, por tanto ‖ *conj* por lo cual ‖ *s* motivo, razón *f*

where•from′ *adv* de donde

where•in′ *adv* donde, en qué ‖ *conj* donde; en el que; en lo cual

where•of′ *adv* de qué ‖ *conj* de que; de lo cual

where′up•on′ *adv* con lo cual, después de lo cual

wherever [hwɛr'ɛvər] *conj* dondequiera que

wherewithal ['hwɛrwɪð,ɔl] *s* cumquibus *m*, medios

whet [hwɛt] *v* (*pret & pp* **whetted;** *ger* **whetting**) *tr* afilar, aguzar; despertar, estimular; abrir (*el apetito*)

whether ['wɛðər] *conj* si; **whether or no** en todo caso, de todas maneras; **whether or not** si . . . o no, ya sea que . . . o no

whet′stone′ *s* piedra de afilar

whey [hwe] *s* suero de la leche

which [hwɪtʃ] *pron interr* cuál; **which is which** cuál es el uno y cuál el otro ‖ *pron rel* que, el (la, etc.) que ‖ *adj interr* qué; cuál, cuál de los (las) ‖ *adj rel* el (la, etc.) . . . que

which•ev′er *pron rel* cualquiera ‖ *adj rel* cualquier; **whichever ones** cualesquiera

whiff [hwɪf] *s* soplo; fumada; olorcillo; acceso, arranque *m;* **to get a whiff of** percibir un olor fugaz de ‖ *intr* soplar (*el viento*); echar bocanadas (*el que fuma*)

while [hwaɪl] *conj* mientras, mientras que ‖ *s* rato; **a long while** largo rato; **a while ago** hace un rato; **between whiles** de vez en cuando ‖ *tr* **to while away** entretener (*el tiempo*); pasar (*p.ej., la tarde*) de un modo entretenido

whim [hwɪm] *s* capricho, antojo

whimper ['hwɪmpər] *s* lloriqueo ‖ *tr* decir lloriqueando ‖ *intr* lloriquear

whimsical ['hwɪmzɪkəl] *adj* caprichoso, extravagante, fantástico

whine [hwaɪn] *s* gimoteo, quejido ‖ *intr* gimotear, quejarse

whin•ny ['hwɪni] *s* (*pl* -**nies**) relincho ‖ *v* (*pret & pp* -**nied**) *intr* relinchar

whip [hwɪp] *s* látigo, zurriago; huevos batidos con nata ‖ *v* (*pret & pp* **whipped** o **whipt;** *ger* **whipping**) *tr* azotar, zurriagar, fustigar; batir (*huevos y nata*); (coll) derrotar, vencer; **to whip off** (coll) escribir de prisa; **to whip out** sacar de repente; **to whip up** (coll) preparar de prisa; (coll) avivar, excitar

whip′cord′ *s* tralla; tejido fuerte con costurones diagonales

whip hand *s* mano *f* del látigo; (*upper hand*) vara alta

whip′lash′ *s* tralla

whipped cream *s* nata, crema batida

whipper-snapper ['hwɪpər,snæpər] *s* arrapiezo, mequetrefe *m*

whippet ['hwɪpɪt] *s* perro lebrel

whipping boy ['hwɪpɪŋ] *s* cabeza de turco, víctima inocente

whipping post *s* poste *m* de flagelación

whippoorwill [,hwɪpər'wɪl] *s* chotacabras norteamericano (*Caprimulgus vociferus*)

whir [hwʌr] *s* zumbido ‖ *v* (*pret & pp* **whirred;** *ger* **whirring**) *intr* girar zumbando

whirl [hwʌrl] *s* vuelta, giro; remolino; (*of events, parties, etc.*) serie *f* interminable ‖ *tr & intr* remolinear; **my head whirls** siento vértigo

whirligig ['hwʌrlɪ,gɪg] *s* (ent) escribano del agua; tíovivo; (*pinwheel*) rehilandera, molinete *m;* peonza

whirl′pool′ *s* remolino, vorágine *f*

whirl′wind′ *s* torbellino, manga de viento

whirlybird ['hwʌrli,bʌrd] *s* (coll) helicóptero

whish [hwɪʃ] *s* zumbido suave ‖ *intr* zumbar suavemente

whisk [hwɪsk] *s* escobilla; toque ligero ‖ *tr* barrer, cepillar; **to whisk out of sight** escamotear ‖ *intr* moverse rápidamente

whisk broom *s* escobilla

whiskers ['hwɪskərz] *spl* barbas; (*on side of face*) patillas; (*of cat*) bigotes *mpl*

whiskey ['hwɪski] *adj* (*voice*) (coll) aguardentoso || *s* whisky *m*

whisper ['hwɪspər] *s* cuchicheo; (*of leaves*) susurro; **in a whisper** en voz baja || *tr* susurrar, decir al oído || *intr* cuchichear, hablar al oído: susurrar (*p.ej., las hojas*); (*to gossip*) susurrar, murmurar

whisperer ['hwɪspərər] *s* susurrón *m*

whispering ['hwɪspərɪŋ] *adj & s* (*gossiping*) susurrón *m*

whist [hwɪst] *s* whist *m* (*juego de naipes*)

whistle ['hwɪsəl] *s* (*sound*) silbido, silbo; pitazo; (*device*) silbato, pito; **to wet one's whistle** (coll) remojar la palabra || *tr* silbar (*p.ej., una canción* || *intr* silbar; pitear; **to whistle for** llamar con un silbido; (coll) tener que componérselas sin

whistle stop *s* apeadero, pueblecito

whit [hwɪt] *s*—**not a whit** ni pizca; **to not care a whit** no importarle a (*uno*) un bledo

white [hwaɪt] *adj* blanco || *s* blanco; (*of an egg*) clara; **whites** (pathol) pérdidas blancas, flujo blanco

white'caps' *spl* cabrillas, palomas

white coal *s* hulla blanca

white' col'lar *adj* oficinesco

white-collar crime *s* crímenes *mpl* de oficinistas

white feather *s*—**to show the white feather** mostrarse cobarde

white goods *spl* tejidos de algodón; ropa blanca; aparatos electrodomésticos

white-haired ['hwaɪt,hɛrd] *adj* de pelo blanco; (*gray-haired*) cano; (coll) favorito, predilecto

white heat *s* blanco, calor blanco; (fig) viva agitación

white lead [lɛd] *s* albayalde *m*

white lie *s* mentirilla, mentira inocente u oficiosa

white meat *s* pechuga, carne *f* de la pechuga del ave

whiten ['hwaɪtən] *tr* blanquear, emblanquecer || *intr* blanquear, emblanquecerse; palidecer

whiteness ['hwaɪtnɪs] *s* blancura

white plague *s* peste blanca (*tuberculosis*)

white slavery *s* trata de blancas

white tie *s* corbatín blanco; traje *m* de etiqueta

white'wash' *s* jalbegue *m*, lechada, blanqueadura; (*e.g., of a scandal*) encubrimiento || *tr* jalbegar, enjalbegar, encalar; absolver sin justicia; encubrir (*un escándalo*)

whither ['hwɪðər] *adv* adónde || *conj* adonde

whitish ['hwaɪtɪʃ] *adj* blanquecino, blancuzco

whitlow ['hwɪtlo] *s* panadizo, uñero

Whitsuntide ['hwɪtsən,taɪd] *s* semana de Pentecostés

whittle ['hwɪtəl] *tr* sacar pedazos a (*un trozo de madera*); **to whittle away** o **down** reducir poco a poco

whiz o **whizz** [hwɪz] *s* silbido, zumbido; (slang) perito, fenómeno || *v* (*pret & pp*

whizzed; *ger* whizzing) *intr*—**to whiz by** rehilar, silbar; pasar como una flecha

who [hu] *pron interr* quién; **who else?** ¿quién más?; **who goes there?** (mil) ¿quién vive?; **who's who** quién es el uno y quién el otro; quiénes son gente de importancia || *pron rel* que, quien; el (la, etc.) que

whoa [hwo] o [wo] *interj* ¡so!

who•ev'er *pron rel* quienquiera que, cualquiera que

whole [hol] *adj* todo, entero; (*intact*) ileso; (*not scattered or dispersed*) único, p.ej., **the whole interest for him was the child he was raising** el único interés para él era el niño que educaba; **made out of the whole cloth** enteramente falso o imaginario || *s* conjunto, todo; **as a whole** en conjunto; **on the whole** en general; por la mayor parte

wholehearted ['hol,hartɪd] *adj* sincero, cordial

whole note *s* (mus) semibreve *f*

whole'sale' *adj & adv* al por mayor || *s* venta al pormayor || *tr* vender al por mayor || *intr* vender al por mayor; venderse al por mayor

wholesaler ['hol,selər] *s* comerciante *mf* al por mayor

wholesome ['holsəm] *adj* (*conducive to good health*) saludable; (*in good health*) fresco, rollizo

wholly ['holi] *adv* enteramente, completamente

whole wheat *s* trigo entero

whom [hum] *pron interr* a quién || *pron rel* que, a quien; al (a la, etc.) que

whom•ev'er *pron rel* a quienquiera que

whoop [hup] o [hwup] *s* ululato || *tr*—**to whoop it up** (slang) armar una gritería || *intr* ulular

whooping cough ['hupɪŋ] o ['hʊpɪŋ] *s* tos ferina, tos convulsiva

whopper ['hwapər] *s* (coll) enormidad; (coll) mentirón *m*

whopping ['hwapɪŋ] *adj* (coll) enorme, grandísimo

whore [hor] *s* puta || *intr*—**to whore around** putañear, putear

whore'house' *s* burdel *m*; congal *m* (Mex)

whortleber•ry ['hwʌrtəl,bɛri] *s* (*pl* -**ries**) arándano

whose [huz] *pron interr* de quién || *pron rel* de quien, cuyo

why [hwaɪ] *adv* por qué; **why not?** ¿cómo no? || *s* (*pl* **whys**) porqué *m* || *interj* ¡toma!; **why, certainly!** ¡desde luego!, ¡por supuesto!; **why, yes!** ¡claro!, ¡pues sí!

wick [wɪk] *s* mecha, pabilo

wicked ['wɪkɪd] *adj* malo; malazo; (*mischievous*) travieso, revoltoso; (*vicious*) arisco; ofensivo

wicker ['wɪkər] *adj* mimbroso || *s* mimbre *m & f*

wicket ['wɪkɪt] *s* (*small door in a larger one*) portillo, postigo; (*small opening in a door*) ventanillo; (*ticket window*) taquilla; (*gate to regulate flow of water*) compuerta; (cricket) meta; (croquet) aro

wh
wi

wide [waɪd] *adj* ancho; de ancho; (*sense of a word*) amplio, lato ‖ *adv* de par en par; enteramente; lejos; **wide of the mark** lejos del blanco; fuera de propósito

wide'-an'gle *adj* granangular

wide'-a•wake' *adj* despabilado

widen [ˈwaɪdən] *tr* ensanchar ‖ *intr* ensancharse

wide'-o'pen *adj* abierto de par en par; **to be wide-open** estar (*p.ej., una ciudad*) abierta a los jugadores

wide'spread' *adj* (*arms, wings*) extendido; difundido, extenso

widow [ˈwɪdo] *s* viuda; (cards) baceta ‖ *tr* dejar viuda

widower [ˈwɪdo•ər] *s* viudo

widowhood [ˈwɪdo,hud] *s* viudez *f*

widow's mite *s* limosna que da un pobre

widow's pension *s* viudedad

widow's weeds *spl* luto de viuda

width [wɪdθ] *s* anchura

wield [wild] *tr* esgrimir, manejar (*la espada*); ejercer (*el poder*)

wife [waɪf] *s* (*pl* **wives** [waɪvz]) esposa, mujer *f*

wig [wɪg] *s* peluca

wiggle [ˈwɪgəl] *s* meneo rápido ‖ *tr* menear rápidamente ‖ *intr* menearse rápidamente

wig'wag' *s* comunicación con banderas ‖ *v* (*pret & pp* **-wagged;** *ger* **-wagging**) *tr* menear; mandar (*informes*) moviendo banderas ‖ *intr* menearse; señalar con banderas

wigwam [ˈwɪgwɑm] *s* choza cónica (*de los pieles rojas*)

wild [waɪld] *adj* (*not domesticated; growing without cultivation; uncivilized*) salvaje; (*unrestrained*) descabellado; (*frantic, mad*) frenético; (*riotous*) desenfrenado, revoltoso; extravagante; (*bullet, shot*) perdido; **wild about** loco por ‖ *adv* disparatadamente; **to run wild** crecer locamente; estar sin gobierno ‖ *s* desierto, yermo; **wilds** monte *m*, despoblado

wild boar *s* jabalí *m*

wild card *s* comodín *m*

wild'cat' *s* gato montés; lince *m;* empresa arriesgada

wildcat strike *s* huelga no autorizada por el sindicato

wilderness [ˈwɪldərnɪs] *s* desierto, yermo

wild'fire' *s* fuego fatuo; fucilazo; **to spread like wildfire** ser un reguero de pólvora, correr como pólvora en reguero

wild flower *s* flor *f* del campo

wild goose *s* ganso bravo

wild'-goose' chase *s* caza de grillos

wild'life' *s* animales *mf* salvajes

wild oats *spl* excesos de la juventud, mocedad; **to sow one's wild oats** llevar (*los mozos*) una vida de excesos

wild olive *s* acebuche *m*

wile [waɪl] *s* ardid *m* engaño; (*cunning*) astucia ‖ *tr* engatusar; **to wile away** entretener (*el tiempo*); pasar (*p.ej., la tarde*)

will [wɪl] *s* voluntad; (law) testamento; **at will** a voluntad ‖ *tr* querer; (*to bequeath*) legar ‖ *intr* querer; **do as you will** haga

Vd. lo que quiera ‖ *v* (*pret & cond* **would**) *v aux* **he will arrive at six o'clock** llegará a las seis; **he will go for days without smoking** pasa días enteros sin fumar

willful [ˈwɪlfəl] *adj* voluntarioso

willfulness [ˈwɪlʃəlnɪs] *s* voluntariedad

William [ˈwɪljəm] *s* Guillermo

willing [ˈwɪlɪŋ] *adj* dispuesto; gustoso, pronto; espontáneo; **willing or unwilling** que quiera, que no quiera

willingly [ˈwɪlɪŋli] *adv* de buena gana, de buena voluntad

willingness [ˈwɪlɪŋnɪs] *s* buena gana, buena voluntad

will-o'-the-wisp [ˈwɪləðə'wɪsp] *s* fuego fatuo; ilusión, quimera

willow [ˈwɪlo] *s* sauce *m*

willowy [ˈwɪlo•i] *adj* (*pliant*) juncal, mimbreño; (*slender, graceful*) juncal, cimbreño, esbelto; lleno de sauces

will power *s* fuerza de voluntad

willy-nilly [ˈwɪli'nɪli] *adv* de grado o por fuerza

wilt [wɪlt] *tr* marchitar ‖ *intr* marchitarse

wil•y [ˈwaɪli] *adj* (*comp* **-ier;** *super* **-iest**) artero, engañoso; astuto

wimple [ˈwɪmpəl] *s* griñón *m*, impla

win [wɪn] *s* (coll) éxito, triunfo ‖ *v* (*pret & pp* **won** [wʌn]; *ger* **winning**) *tr* ganar; **to win over** ganar, conquistar ‖ *intr* ganar; **to win out** ganar; (coll) tener éxito

wince [wɪns] *s* sobresalto ‖ *intr* sobresaltarse

winch [wɪntʃ] *s* maquinilla, torno; (*handle, crank*) manubrio

wind [wɪnd] *s* viento; (*gas in intestines*) (coll) viento; (*breath*) respiración, resuello; **to break wind** ventosear; **to get wind of** saber de, tener noticia de; **to sail close to the wind** (naut) ceñir el viento; **to take the wind out of one's sails** apagarle a uno los fuegos ‖ *tr* dejar sin aliento ‖ [waɪnd] *v* (*pret & pp* **wound** [waʊnd]) *tr* (*to coil; to wrap up*) arrollar, envolver, devanar (*alambre*); ovillar (*hilo*); torcer (*hebras*); hacer girar (*un manubrio*); dar cuerda a (*un reloj*); **to wind one's way through** serpentear por; **to wind up** arrollar, envolver; (coll) poner punto final a ‖ *intr* serpentear (*un camino*)

windbag [ˈwɪnd,bæg] *s* (*of bagpipe*) odre *m;* (coll) charlatán *m*, palabrero, discursista *mf*

windbreak [ˈwɪnd,brek] *s* guardavientos *m*

wind cone [wɪnd] *s* (aer) cono de viento

winded [ˈwɪndɪd] *adj* falto de respiración, sin resuello

windfall [ˈwɪnd,fɔl] *s* fruta caída del árbol; fortunón *m*, cosa llovida del cielo

winding sheet [ˈwaɪndɪŋ] *s* sudario, mortaja

winding stairs *spl* escalera de caracol

wind instrument [wɪnd] *s* (mus) instrumento de viento

windlass [ˈwɪndləs] *s* maquinilla, torno

windmill [ˈwɪnd,mɪl] *s* (*mill operated by wind*) molino de viento; (*modern wind-driven source of power*) aeromotor *m;* (*pinwheel*) molinete *m;* **to tilt at windmills** luchar con los molinos de viento

window ['wɪndo] s ventana; (*of ticket office; of envelope*) ventanilla; (*of coach, automobile*) ventanilla, portezuela
window dresser s escaparatista *mf*
window dressing s adorno de escaparates
window frame s marco de ventana
win'dow•pane' s cristal *m* o vidrio de ventana
window screen s alambrera, sobrevidriera
window shade s visillo, transparente *m* de resorte
win'dow•shop' v (*pret & pp* -shopped; *ger* -shopping) *intr* curiosear en las tiendas
window shutter s contraventana
window sill s repisa de ventana
windpipe ['wɪnd,paɪp] s tráquea
wind shear s (aer) ráfaga violenta
windshield ['wɪnd,ʃild] s parabrisa *m*
windshield washer s lavaparabrisas *m*
windshield wiper s limpiaparabrisas *m*
wind'shield-wip'er blade s escobilla de limpiaparabrisas
wind sock s (aer) cono de viento
windstorm ['wɪnd,stɔrm] s ventarrón *m*
wind-up ['waɪnd,ʌp] s conclusión; (sport) final *f* de partido
windward ['wɪndwərd] s barlovento; **to turn to windward** barloventear
Windward Islands *spl* islas de Barlovento
Windward Passage s paso de los Vientos
wind•y ['wɪndi] *adj* (*comp* -ier; *super* -iest) ventoso; (*unsubstantial*) vacío, palabrero, ampuloso, discursisto; **it is windy** hace viento
wine [waɪn] s vino || *tr* obsequiar con vino || *intr* beber vino
wine cellar s bodega
wine'glass' s copa para vino
winegrower ['waɪn,groˑər] s vinicultor *m*
winegrowing ['waɪn,groˑɪŋ] s vinicultura
wine making s enotecnia
wine press s lagar *m*
winer•y ['waɪnəri] s (*pl* -ies) lagar *m*
wine'skin' s odre *m*
winetaster ['waɪn,testər] s catavinos *m*
wing [wɪŋ] s ala; facción; bando; (theat) bastidor *m;* **to take wing** alzar el vuelo || *tr* herir en el ala; **to wing one's way** avanzar volando
wing chair s sillón *m* de orejas
wing collar s cuello de pajarita
wing nut s tuerca de aletas
wing'spread' s envergadura
wink [wɪŋk] s guiño; **to not sleep a wink** no pegar los ojos; **to take forty winks** (coll) descabezar el sueño || *tr* guiñar (*el ojo*) || *intr* guiñar; (*to blink*) parpadear, pestañear; **to wink at** guiñar el ojo a; fingir no ver
winner ['wɪnər] s ganador *m*, vencedor *m;* premiado
winning ['wɪnɪŋ] *adj* triunfante, victorioso; atrayente, simpático || **winnings** *spl* ganancias
winnow ['wɪno] *tr* aventar; entresacar || *intr* aletear
winsome ['wɪnsəm] *adj* atrayente, simpático, engañador; alegre

winter ['wɪntər] *adj* invernal || s invierno || *intr* invernar
win'ter•green' s gaultería, té *m* del Canadá; esencia de gaultería
win•try ['wɪntri] *adj* (*comp* -trier; *super* -triest) invernal, invernizo; helado, frío
wipe [waɪp] *tr* frotar para limpiar; enjugar (*la cara, el sudor, las manos*); **to wipe away** enjugar (*lágrimas*); **to wipe off** quitar frotando; **to wipe out** (coll) borrar, cancelar; (coll) aniquilar, destruir; (coll) enjugar (*deudas, un déficit*)
wiper ['waɪpər] s paño, trapo; (elec) contacto deslizante
wire [waɪr] s (*thread of metal*) alambre *m;* telégrafo; telegrama *m;* teléfono; **to pull wires** (coll) tocar resortes || *tr* alambrar; telegrafiar || *intr* telegrafiar
wire cutter s cortaalambres *m*
wire entanglement s (mil) alambrado
wire gauge s calibrador *m* de alambre
wire-haired ['waɪr,herd] *adj* de pelo áspero
wireless ['waɪrlɪs] *adj* inalámbrico, sin hilos
wire nail s punta de París, clavo de alambre
wire pulling ['puɪŋ] s (coll) empleo de resortes; enchufismo
wire recorder s grabadora de alambre
wire screen s alambrera, tela de alambre
wire service s servicio telegráfico y telefónico
wire'tap' v (*pret & pp* -tapped; *ger* -tapping) *tr* intervenir (*una conversación telefónica*)
wire tapping s escuchas telefónicas *fpl*
wiring ['waɪrɪŋ] s (elec) alambraje *m*
wir•y ['waɪri] *adj* (*comp* -ier; *super* -iest) alambrino; cimbreante; nervudo; vibrante
wisdom ['wɪzdəm] s sabiduría, cordura
wisdom tooth s muela cordal, muela del juicio
wise [waɪz] *adj* sabio, cuerdo; (*step, decision*) acertado, juicioso; **to be wise to** (slang) conocer el juego de; **to get wise** (coll) caer en el chiste || s modo, manera; **in no wise** de ningún modo
wiseacre ['waɪz,ekər] s sabihondo
wise'crack' s (slang) cuchufleta || *intr* (slang) cuchufletear
wise guy s (slang) sabelotodo
wish [wɪʃ] s deseo; **to make a wish** pensar algo que se desea || *tr* desear; dar (*los buenos días*) || *intr* desear; **to wish for** desear, anhelar
wish'bone' s espoleta, hueso de la suerte
wishful ['wɪʃfəl] *adj* deseoso
wishful thinking s optimismo a ultranza; **to indulge in wishful thinking** forjarse ilusiones
wistful ['wɪstfəl] *adj* melancólico, tristón, pensativo
wit [wɪt] s agudeza; (*person*) chistoso; (*keen mental power*) juicio; **to be at one's wits' end** no saber qué hacer; **to have the wit to** tener el tino de; **to live by one's wits** vivir del cuento
witch [wɪtʃ] s bruja, hechicera; (*old hag*) bruja

witch'craft' s brujería
witches' Sabbath s aquelarre m
witch hazel s (shrub) nogal m de la brujería, planta del sortilegio; (liquid) hamamelina, hazelina
with [wɪð] o [wɪθ] prep con; de
with•draw' v (pret -drew; pp -drawn) tr retirar ‖ intr retirarse
withdrawal [wɪð'drɔ•əl] o [wɪθ'drɔ•əl] s retirada
withdrawal symptom s síntoma m de abstinencia; (slang) mono
wither ['wɪðər] tr marchitar; (fig) aplastar, confundir ‖ intr marchitarse; confundirse
with•hold' v (pret & pp -held) tr retener; suspender (pago); negar (un permiso)
withholding tax s impuesto deducido del sueldo
with•in' adv dentro ‖ prep dentro de; al alcance de; poco menos de; con un margen de
with•out' adv fuera ‖ prep fuera de; (lacking, not with) sin; **to do without** pasar sin; **without** + ger sin + inf, p.ej., **he left without saying goodbye** salió sin despedirse; sin que + subj, p.ej., **he came in without anyone seeing him** entró sin que nadie le viese
with•stand' v (pret & pp -stood) tr aguantar, resistir
witness ['wɪtnɪs] s testigo mf; **in witness whereof** en fe de lo cual; **to bear witness** dar testimonio ‖ tr (to be present at) presenciar; (to attest) atestiguar, testimoniar; firmar como testigo
witness stand s banquillo o estrado de los testigos
witticism ['wɪtɪ,sɪzəm] s agudeza, dicho agudo, ocurrencia
wittingly ['wɪtɪŋli] adv a sabiendas
wit•ty ['wɪti] adj (comp -tier; super -tiest) agudo, ingenioso; (person) ocurrente, chistoso
wizard ['wɪzərd] s brujo, hechicero; (coll) as m, experto
wizardry ['wɪzərdri] s hechicería, magia
wizened ['wɪzənd] adj acartonado, arrugado
wk. abbr **week**
w.l. abbr **wave length**
woad [wod] s hierba pastel
wobble ['wɑbəl] s bamboleo, tambaleo ‖ intr bambolear, tambalear; bailar (una silla); (fig) vacilar, ser inconstante
wob•bly ['wɑbli] adj (comp -blier; super -bliest) bamboleante, inseguro; vacilante
woe [wo] s aflicción, miseria, infortunio ‖ interj —**woe is me!** ¡ay de mí!
woebegone ['wobɪ,gɔn] o ['wobɪ,gɑn] adj cariacontecido, triste
woeful ['wofəl] adj triste, miserable; (of poor quality) malo, pésimo
wolf [wʊlf] s (pl **wolves** [wʊlvz]) lobo; persona cruel, persona mañosa; (coll) tenorio; **to cry wolf** dar falsa alarma; **to keep the wolf from the door** ponerse a cubierto del hambre ‖ tr & intr comer vorazmente, engullir

wolf'hound' s galgo lobero
wolfram ['wʊlfrəm] s (element) volframio; (mineral) volframita
wolf's-bane o **wolfsbane** ['wʊlfs,ben] s matalobos m
woman ['wʊmən] s (pl **women** ['wɪmɪn]) mujer f
womanhood ['wʊmən,hʊd] s el sexo femenino; las mujeres
womanish ['wʊmənɪʃ] adj mujeril; (effeminate) afeminado
wom'an•kind' s el sexo femenino
womanly ['wʊmənli] adj (comp -lier; super -liest) femenil, mujeriego
woman suffrage s sufragismo
woman-suffragist ['wʊmən'sʌfrədʒɪst] s sufragista mf
womb [wʊm] s útero; (fig) seno
womenfolk ['wɪmɪn,fok] spl las mujeres
women's lib(eration movement) s movimiento feminista; feminismo
wonder ['wʌndər] s (something strange or surprising) maravilla; (feeling of surprise) admiración; (something strange, miracle) milagro; **for a wonder** cosa extraña; **no wonder that . . .** no es mucho que. . .; **to work wonders** hacer milagros ‖ tr preguntarse ‖ intr admirarse, maravillarse; **to wonder at** admirarse de, maravillarse con o de
wonder drugs spl drogas milagrosas
wonderful ['wʌndərfəl] adj maravilloso
won'der•land' s tierra de las maravillas; reino de las hadas
wonderment ['wʌndərmənt] s asombro, sorpresa
wont [wʌnt] o [wɔnt] adj acostumbrado; **to be wont to** acostumbrar ‖ s costumbre, hábito
wonted ['wʌntɪd] o ['wɔntɪd] adj acostumbrado, habitual
woo [wu] tr cortejar (a una mujer); tratar de conquistar; tratar de persuadir
wood [wʊd] s madera; (for making a fire) leña; barril m de madera; **out of the woods** (coll) fuera de peligro; (coll) libre de dificultades; **to take to the woods** andar a monte; **woods** bosque m
woodbine ['wʊd,baɪn] s (honeysuckle) madreselva; (Virginia creeper) guau m
wood carving s labrado de madera
wood'chuck' s marmota de América
wood'cock' s becada, coalla, chocha
wood'cut' s (typ) grabado en madera
wood'cut'ter s leñador m
wooded ['wʊdɪd] adj arbolado, enselvado
wooden ['wʊdən] adj de madera, hecho de madera; torpe, estúpido; sin ánimo
wood engraving s (typ) grabado en madera
wooden-headed ['wʊdən,hɛdɪd] adj (coll) torpe, estúpido
wooden leg s pata de palo
wooden shoe s zueco
wood grouse s gallo de bosque
woodland ['wʊdlənd] adj selvático ‖ s bosque m, monte m
woodland scene s (paint) boscaje m

wood•man ['wʊdmən] s (pl **-men** [mən]) leñador m

woodpecker ['wʊd,pɛkər] s carpintero, pájaro carpintero; (green woodpecker) picamaderos m

wood'pile' s montón m de leña

wood screw s tirafondo

wood'shed' s leñero

woods•man ['wʊdzmən] s (pl **-men** [mən]) leñador m

wood'wind' s (mus) instrumento de viento de madera

wood'work' s (working in wood) ebanistería, obra de carpintería; (things made of wood) maderaje m

wood'work'er s ebanista mf, carpintero

wood'worm' s carcoma

wood•y ['wʊdi] adj (comp **-ier;** super **-iest**) arbolado, enselvado; (like wood) leñoso

wooer ['wu•ər] s pretendiente m, galán m

woof [wuf] s (yarns running across warp) trama; (fabric) tejido

woofer ['wufər] s altavoz m para audiofrecuencias bajas

wool [wʊl] s lana

woolen ['wʊlən] adj de lana, hecho de lana ‖ s tejido de lana; **woolens** lanerías

woolgrower ['wʊl ,gro•ər] s criador m de ganado lanar

wool•ly ['wʊli] adj (comp **-lier;** super **-liest**) lanoso, lanudo; borroso, confuso

Worcestershire sauce ['wʊstərʃər] s salsa inglesa

word [wʌrd] s palabra; **to be as good as one's word** cumplir lo prometido; **to have a word with** hablar cuatro palabras con; **to have word from** recibir noticias de; **to keep one's word** cumplir su palabra; **to leave word** dejar dicho; **to send word that** mandar decir que; **words** (a quarrel) palabras mayores; (text of a song) letra ‖ tr redactar, formular ‖ **Word** s (theol) Verbo

word count s recuento de vocabulario

word formation s (gram) formación de palabras

wording ['wʌrdɪŋ] s fraseología, estilo

word order s (gram) orden m de colocación

word processing s redacción por medios electrónicos

word'stock' s vocabulario, léxico

word•y ['wʌrdi] adj (comp **-ier;** super **-iest**) verboso

work [wʌrk] s (exertion; labor, toil) trabajo; (result of exertion; human output; engineering structure) obra; (sew) labor f; **at work** trabajando; (not at home) en la oficina, en el taller, en la tienda; **out of work** sin trabajo, desempleado; **to shoot the works** (slang) echar el resto; **works** fábrica; mecanismo; (of clock) movimiento ‖ tr hacer trabajar; trabajar, obrar (la madera, el hierro); obrar (un milagro); explotar (una mina); **to work up** preparar; estimular, excitar ‖ intr trabajar; funcionar, marchar (un aparato, un motor); obrar (p.ej., un remedio); **to work loose** aflojarse; **to work out** resolverse

workable ['wʌrkəbəl] adj (feasible) practicable; (that can be worked) laborable

workaholic [,wʌrkə'hɔlɪk] s (coll) individuo con compulsión al trabajo

work'bench' s banco de trabajo, banco de taller

work'book' s (manual of instructions) libro de reglas; libro de ejercicios

work'box' s caja de herramientas; (for needlework) caja de labor

work'day' adj de cada día; ordinario, vulgar ‖ s día m de trabajo; (number of hours of work) jornada

work'days' adv entresemana (SAm)

worked-up ['wʌrkt'ʌp] adj muy conmovido, sobreexcitado, exaltado

worker ['wʌrkər] s trabajador m, obrero

work force s mano f de obra, personal obrero

work'horse' s caballo de carga; (tireless worker) yunque m

work'house' s taller penitenciario; (Brit) asilo de pobres

working class s clase obrera

work'ing-girl' s trabajadora joven

working hours spl horas de trabajo

working hypothesis s hipótesis f de guía

working•man ['wʌrkɪŋ,mæn] s (pl **-men** [,mɛn]) s obrero, trabajador m

working•woman ['wʌrkɪŋ,wʊmən] s (pl **-women** [,wɪmɪn]) obrera, trabajadora

work•man ['wʌrkmən] s (pl **-men** [mən]) obrero, trabajador m; (skilled worker) artífice m

workmanship ['wʌrkmən,ʃɪp] s destreza en el trabajo; (work executed) hechura, obra

work of art s obra de arte

work'out' s ensayo, prueba; (physical exercise) ejercicio

work'room' s (for manual work) obrador m, taller m; (study) gabinete m de trabajo

work'shop' s obrador m, taller m

work stoppage s paro

work therapy s laborterapia

world [wʌrld] adj mundial ‖ s mundo; **a world of** la mar de; **half the world** (a lot of people) medio mundo; **since the world began** desde que el mundo es mundo; **the other world** el otro mundo; **to bring into the world** echar al mundo; **to see the world** ver mundo; **to think the world of** tener un alto concepto de

world affairs spl asuntos internacionales

world'-class' adj sobresaliente

world•ly ['wʌrldli] adj (comp **-lier;** super **-liest**) mundano

world'ly-wise' adj que tiene mucho mundo

world's fair s exposición mundial

World War s Guerra Mundial

world'-wide' adj global, mundial

worm [wʌrm] s gusano; **worms** (pathol) lombrices fpl ‖ tr limpiar de lombrices; **to worm a secret out of a person** arrancar mañosamente un secreto a una persona; **to worm one's way into** insinuarse en

worm-eaten ['wʌrm,itən] adj carcomido; (fig) decaído, desgastado

worm gear s engranaje m de tornillo sin fin

worm'wood' s (*Artemisia*) ajenjo; (*Artemisia absinthium*) ajenjo del campo o ajenjo mayor; (*something bitter or grievous*) (fig) ajenjo

worm•y ['wʌrmi] adj (comp **-ier;** super **-iest**) gusaniento, gusanoso; (*worm-eaten*) carcomido; (*groveling*) rastrero, servil

worn [worn] adj roto, raído, gastado

worn'-out' adj muy gastado, inservible; (*by toil, illness*) consumido, rendido

worrisome ['wʌrisəm] adj inquietante; (*inclined to worry*) aprensivo, inquieto

wor•ry ['wʌri] s (pl **-ries**) inquietud, preocupación; (*cause of anxiety*) molestia ‖ v (pret & pp **-ried**) tr inquietar, preocupar; (*to harass, pester*) acosar, molestar; **to be worried** estar inquieto ‖ intr inquietarse, preocuparse; **don't worry** pierda Vd. cuidado

worse [wʌrs] adj & adv comp peor; **worse and worse** de mal en peor

worsen ['wʌrsən] tr & intr empeorar ‖ ref gravarse

wor•ship ['wʌrʃɪp] s adoración, culto; **your worship** vuestra merced ‖ v (pret & pp **-shiped** o **-shipped;** ger **-shiping** o **-shipping**) tr & intr adorar, venerar

worshiper o **worshipper** ['wʌrʃɪpər] s adorador m, devoto

worst [wʌrst] adj & adv super peor ‖ s (lo) peor; **at worst** en las peores circunstancias; **if worst comes to worst** si pasa lo peor; **to get the worst of** llevar la peor parte, salir perdiendo

worsted ['wʊstɪd] adj de estambre ‖ s estambre m; tela de estambre

wort [wʌrt] s (bot) hierba, planta; mosto de cerveza

worth [wʌrθ] adj del valor de; digno de; **to be worth** valer; tener una fortuna de; **to be worth** + ger valer la pena de + inf; **to be worth while** valer la pena, ser de mérito ‖ s valor m; mérito; **a dollar's worth of** un dólar de

worthless ['wʌrθlɪs] adj sin valor, inútil, inservible; (*person*) despreciable

worth'while' adj de mérito, digno de atención

wor•thy ['wʌrði] adj (comp **-thier;** super **-thiest**) digno; benemérito, meritorio ‖ s (pl **-thies**) benemérito; (*hum & iron*) personaje m

would [wʊd] v aux **she said she would do it** dijo que lo haría; **he would come if he could** vendría si pudiese; **he would go for days without smoking** pasaba días enteros sin fumar; **would that . . .!** ¡ojalá que . . .!

would'-be' adj llamado; supuesto ‖ s presumido

wound [wund] s herida ‖ tr herir

wounded ['wundɪd] adj herido ‖ **the wounded** los heridos

wow [wau] s (*of phonograph record*) ululación; (slang) éxito rotundo ‖ tr (slang) entusiasmar ‖ interj ¡cielos!, ¡mecachis!

wrack [ræk] s naufragio; vestigio; (*fucaceous seaweed*) varec m; **to go to wrack and ruin** desvencijarse; ir al desastre

wraith [reθ] s fantasma m, espectro

wrangle ['ræŋgəl] s pendencia, riña ‖ intr pelotear, reñir

wrap [ræp] s abrigo, manto ‖ v (pret & pp **wrapped;** ger **wrapping**) tr envolver; **to be wrapped up in** (fig) estar prendado de; **to wrap up** envolver; (*in clothing*) arropar; (coll) concluir ‖ intr—**to wrap up** arroparse

wrapper ['ræpər] s bata, peinador m; (*of newspaper or magazine*) faja; (*of tobacco*) capa

wrapping paper ['ræpɪŋ] s papel m de envolver, papel de embalar

wrath [ræθ] o [rɑθ] s cólera, ira; venganza

wrathful ['ræθfəl] o ['rɑθfəl] adj colérico, iracundo

wreak [rik] tr descargar (*la cólera*); infligir (*venganza*)

wreath [riθ] s (pl **wreaths** [riðz]) guirnalda; corona funeraria; (*worn as a mark of honor or victory*) corona de laurel; (*of smoke*) espiral f

wreathe [rið] tr enguirnaldar; ceñir, envolver; tejer (*una guirnalda*) ‖ intr elevarse en espirales (*el humo*)

wreck [rɛk] s destrucción, ruina; naufragio; catástrofe f, desastre m; despojos, restos; (*of one's hopes*) naufragio; **to be a wreck** estar hecho un cascajo, estar hecho una ruina ‖ tr destruir, arruinar; hacer naufragar; hacer chocar, descarrilar (*un tren*)

wrecking ball s bola rompedora

wrecking car s (aut) camión m de auxilio; (rr) carro de grúa

wrecking crane s grúa de auxilio

wren [rɛn] s buscareta, coletero, rey m de zarza

wrench [rɛntʃ] s llave f; (*pull*) arranque m, tirón m; (*twist of a joint*) esguince m ‖ tr torcerse (*p.ej., la muñeca*); (fig) torcer (*el sentido de una oración*)

wrest [rɛst] tr arrebatar, arrancar violentamente

wrestle ['rɛsəl] s lucha; partido de lucha ‖ intr luchar

wrestling match ['rɛslɪŋ] s partido de lucha

wretch [rɛtʃ] s miserable mf

wretched ['rɛtʃɪd] adj miserable; (*poor, worthless*) malísimo, pésimo

wriggle ['rɪgəl] s culebreo, meneo serpentino ‖ tr menear rápidamente ‖ intr culebrear, ondular; **to wriggle out of** escabullirse de

wrig•gly ['rɪgli] adj (comp **-glier;** super **-gliest**) retorciéndose; (fig) evasivo, tramoyista

wring [rɪŋ] v (pret & pp **wrung** [rʌŋ]) tr torcer; retorcer (*las manos*); exprimir (*el zumo, la ropa, etc.*); sacar por fuerza (*la verdad*); arrancar (*dinero*); **to wring out** exprimir (*la ropa*)

wringer ['rɪŋər] s exprimidor m

wrinkle [ˈrɪŋkəl] s arruga; (*clever trick or idea*) (coll) ardid m, truco ‖ tr arrugar ‖ intr arrugarse

wrin•kly [ˈrɪŋkli] adj (*comp* -klier; *super* -kliest) arrugado

wrist [rɪst] s muñeca

wrist'band' s bocamanga, puño

wrist watch s reloj m de pulsera

writ [rɪt] s escrito, escritura; (law) mandato, orden f

write [raɪt] v (*pret* wrote [rot]; *pp* written [ˈrɪtən]) tr escribir; **to write down** poner por escrito; bajar el precio de; **to write off** cancelar (*una deuda*); **to write up** describir extensamente por escrito; (*to ballyhoo*) dar bombo a ‖ intr escribir; **to write back** contestar por carta

writer [ˈraɪtər] s escritor m

writer's cramp s grafospasmo

write'-up' s (*favorable report*) bombo; (com) valoración excesiva

writhe [raɪð] intr contorcerse, retorcerse

writing [ˈraɪtɪŋ] s el escribir; (*something written*) escrito; profesión de escritor; **at this writing** al escribir ésta; **in one's own writing** de su puño y letra; **to put in writing** poner por escrito

writing desk s escritorio

writing materials spl recado de escribir

writing paper s papel m de escribir, papel de cartas

written accent [ˈrɪtən] s acento ortográfico

wrong [rɔŋ] adj injusto; malo; erróneo, equivocado; impropio; no . . . que se busca, p.ej., **this is the wrong house** ésta no es la casa que se busca; no . . . que se necesita, p.ej., **this is the wrong train** éste no es el tren que se necesita; no . . . que debe, p.ej., **he is going the wrong way** no sigue el camino que debe; **in the wrong place** mal colocado; **to be wrong** no tener razón; tener la culpa; **to be wrong with** pasar algo a, p.ej., **something is wrong with the motor** algo le pasa al motor ‖ adv mal; sin razón; al revés; **to go wrong** ir por mal camino; darse a la mala vida ‖ s daño, perjuicio; agravio, injusticia; error m; **to be in the wrong** no tener razón; tener la culpa; **to do wrong** obrar mal ‖ tr agraviar, hacer daño a, ofender, ser injusto con

wrongdoer [ˈrɔŋ,duˑər] s malhechor m

wrongdoing [ˈrɔŋ,duˑɪŋ] s malhecho, maldad

wrong number s (telp) número equivocado

wrong side s contrahaz f, revés m; (*of the street*) lado contrario; **to get out of bed on the wrong side** levantarse del lado izquierdo; **wrong side out** al revés

wrought iron [rɔt] s hierro dulce

wrought'-up' adj muy conmovido, sobreexcitado, exaltado

wry [raɪ] adj (*comp* wrier; *super* wriest) torcido, desviado, pervertido; irónico, burlón

wry'neck' s (orn) torcecuello; (pathol) torticolis m

wt. abbr weight

X

X, x [ɛks] vigésima cuarta letra del alfabeto inglés

Xanthippe [zæn'tɪpi] s Jantipa

Xavier [ˈzeviˑər] s Javier

xebec [ˈzibɛk] s (naut) jabeque m

xenia [ˈziniˑə] s xenia

xenon [ˈzinɑn] o [ˈzɛnɑn] s xenón m

xenophobe [ˈzɛnə,fob] s xenófobo

xenophobia [,zɛnə'fobiˑə] s xenofobia

Xenophon [ˈzɛnəfən] s Jenofonte m

xerograph [ˈzɪrə,græf] s fotocopia instantánea en seco ‖ tr & intr xerografiar

xerography [zɪ'rɑgrəfi] s xerografía

Xerxes [ˈzʌrksiz] s Jerjes m

Xmas [ˈkrɪsməs] s Navidad

X-rated [ˈɛks,retɪd] adj (*film, etc.*) no recomendado; pornográfico

X ray s rayo X; (*photograph*) radiograma m

X-ray [ˈɛks,re] adj radiográfico ‖ [ˈɛks're] tr radiografiar; tratar por medio de los rayos X

xylograph [ˈzaɪlə,græf] s xilografía

xylography [zaɪ'lɑgrəfi] s xilografía

xylophone [ˈzaɪlə,fon] s (mus) xilófono

Y

Y, y [waɪ] vigésima quinta letra del alfabeto inglés

y. abbr yard, year

yacht [jɑt] s yate m

yacht club s club náutico

yak [jæk] s (zool) yac m

yam [jæm] s ñame m; (*sweet potato*) boniato, camote m

yank [jæŋk] s (coll) tirón m ‖ tr (coll) sacar de un tirón ‖ intr (coll) dar un tirón

Yankee ['jæŋki] adj & s yanqui mf

Yankeedom ['jæŋkidəm] s Yanquilandia; los yanquis

yap [jæp] s ladrido corto; (slang) charla necia y ruidosa ‖ v (pret & pp yapped; ger yapping) intr ladrar con ladrido corto; (slang) charlar necia y ruidosamente

yard [jɑrd] s cercado, patio; (measure) yarda; (naut) verga; (rr) patio

yard'arm' s (naut) penol m

yard goods spl géneros de pieza

yard'mas'ter s (rr) superintendente m de patio

yard'stick' s yarda, vara de medir; (fig) criterio, norma

yarn [jɑrn] s hilado, hilaza; (coll) cuento increíble, burlería

yarrow ['jæro] s milenrama

yaw [jɔ] s (naut) guiñada; yaws (pathol) frambesia ‖ intr (naut) guiñar

yawl [jɔl] s (naut) bote m; (naut) queche m

yawn [jɔn] s bostezo ‖ intr bostezar; abrirse desmesuradamente

yd. abbr yard

yea [je] adv & s sí m

yean [jin] intr parir (la oveja, la cabra, etc.)

year [jɪr] s año; to be . . . years old cumplir . . . años; year in, year out año tras año

year'book' s anuario

yearling ['jɪrlɪŋ] adj & s primal m

yearly ['jɪrli] adj anual ‖ adv anualmente

yearn [jʌrn] intr suspirar; to yearn for suspirar por, anhelar por

yearning ['jʌrnɪŋ] s anhelo, deseo ardiente

yeast [jist] s levadura

yeast cake s levadura comprimida, pastilla de levadura

yell [jɛl] s grito, voz f ‖ tr decir a gritos ‖ intr gritar, dar voces

yellow ['jɛlo] adj amarillo; (cowardly) (coll) blanco; (journalism) sensacional ‖ s amarillo; yema de huevo ‖ intr amarillecer

yellowish ['jɛloˑɪʃ] adj amarillento

yellow jacket s avispón m

yellowness ['jɛlonɪs] s amarillez f

yellow press s prensa amarilla

yellow streak s vena de cobarde

yelp [jɛlp] s gañido ‖ intr gañir

yeo•man ['jomən] s (pl -men [mən]) (naut) pañolero; (naut) oficinista m de a bordo; (Brit) labrador acomodado

yeoman of the guard s (Brit) alabardero de palacio, continuo

yeoman's service s ayuda leal

yes [jɛs] adv sí ‖ s sí m; to say yes dar el sí ‖ v (pret & pp yessed; ger yessing) tr decir sí a ‖ intr decir sí

yes man s (coll) sacristán m de amén

yesterday ['jɛstərdi] o ['jɛstər,de] adj & s ayer m

yet [jɛt] adv todavía, aún; as yet hasta ahora; not yet todavía no ‖ conj sin embargo

yew tree [ju] s tejo

yield [jild] s producción, rendimiento; (crop) cosecha; (income produced) rédito ‖ tr producir, rendir, redituar ‖ intr entregarse, rendirse, someterse; acceder, ceder, consentir; producir

yodeling o yodelling ['jodəlɪŋ] s tirolesa

yoga ['jogə] s yoga

yogi ['jogi] s yogui m

yogurt ['jogərt] s yogurt m

yoke [jok] s (pair of draft animals) yunta; (device to join a pair of draft animals) yugo; (fig) yugo; (of a shirt) hombrillo; (elec) culata; to throw off the yoke sacudir el yugo ‖ tr uncir

yokel ['jokəl] s patán m

yolk [jok] s yema

yonder ['jɑndər] adj aquel, de más allá ‖ adv allá, más allá

yore [jor] s—of yore antaño, antiguamente

you [ju] pron pers usted, ustedes; le, la, les; with you consigo ‖ pron indef se, p.ej., you go in this way se entra por aquí

young [jʌŋ] adj (comp younger ['jʌŋgər]; super youngest ['jʌŋgɪst]) joven ‖ the young los jóvenes, la gente joven

young hopeful s joven m de esperanzas

young people spl jóvenes mpl, gente f joven

youngster ['jʌŋstər] s jovencito; (child) chico, chiquillo

your [jʊr] adj poss su, el (o su) de Vd. o de Vds.

Yours [jʊrz] pron poss suyo; de Vd., de Vds.; el suyo; el de Vd., el de Vds.; of yours suyo; de Vd., de Vds.; yours truly su seguro servidor; (coll) este cura (yo)

your•self [jʊrˈsɛlf] pron pers (pl -selves ['sɛlvz]) usted mismo; sí, sí mismo; se, p.ej., you enjoyed yourself se divirtió Vd.

youth [juθ] s (pl youths [juθs] o [juðz]) juventud; (person) jovenzuelo; jovenzuelos, jóvenes mpl

youthful ['juθfəl] adj juvenil, mocil

yowl [jaʊl] s aullido, alarido ‖ intr aullar, dar alaridos

yr. abbr year

Yugoslav ['jugoˈslɑv] adj & s yugoeslavo

Yugoslavia ['jugoˈslɑviˑə] s Yugoeslavia

Yule [jul] s la Navidad; la pascua de Navidad

Yule log s nochebueno, leño de nochebuena

Yuletide ['jul,taɪd] s la pascua de Navidad

Z

Z, z [zi] vigésima sexta letra del alfabeto inglés

za•ny ['zeni] adj (comp -nier; super -niest) cómico, gracioso, chiflado ‖ s (pl -nies) bufón m, payaso; mentecato

zeal [zil] s celo, entusiasmo

zealot [ˈzɛlət] *s* fanático, entusiasta *mf*
zealotry [ˈzɛlətri] *s* fanatismo
zealous [ˈzɛləs] *adj* celoso, entusiasta
zebra [ˈzibrə] *s* cebra
zebu [ˈzibju] *s* cebú *m*
zenith [ˈzinɪθ] *s* cenit *m*
zephyr [ˈzɛfər] *s* céfiro
zeppelin [ˈzɛpəlɪn] *s* zepelín *m*
ze•ro [ˈzɪro] *s (pl* -ros o -roes) cero
zero gravity *s* gravedad nula
zero growth *s* crecimiento cero
ze'ro-growth' *adj* sin aumento; estable
zero option *s* opción cero, opción nula
zest [zɛst] *s* entusiasmo; (*agreeable and piquant flavor*) gusto, sabor *m*
Zeus [zus] *s* Zeus *m*
zig•zig [ˈzɪg,zæg] *adj & adv* en zigzag ‖ *s* zigzag *m*, ziszas *m* ‖ *v* (*pret & pp* -zagged; *ger* -zagging) *intr* zigzaguear
zinc [zɪŋk] *s* cinc *m*
zinc etching *s* cincograbado
zinnia [ˈzɪnɪ•ə] *s* rascamoño
Zionism [ˈzaɪ•ə,nɪzəm] *s* sionismo
zip [zɪp] *s* (coll) silbido, zumbido; (coll)
energía, brío ‖ *v* (*pret & pp* **zipped;** *ger* **zipping**) *tr* cerrar con cierre relámpago, abrir con cierre relámpago; (coll) llevar con rapidez; **to zip up** dar gusto a ‖ *intr* silbar, zumbar; (coll) moverse con energía; **to zip by** (coll) pasar rápidamente
zip code *s* código postal
zipper [ˈzɪpər] *s* cierre *m* relámpago, cierre cremallera; chanclo con cierre relámpago; cíper (Mex)
zircon [ˈzʌrkɑn] *s* circón *m*
zirconium [zərˈkonɪ•əm] *s* circonio
zither [ˈzɪθər] *s* (mus) cítara
zodiac [ˈzodɪ,æk] *s* zodíaco
zone [zon] *s* zona; distrito postal ‖ *tr* dividir en zonas
zoölogic(al) [,zo•əˈlɑdʒɪk(əl)] *adj* zoológico
zoölogist [zoˈɑlədʒɪst] *s* zoólogo
zoölogy [zoˈɑlədʒi] *s* zoología
zoom [zum] *s* zumbido; (aer) empinada ‖ *tr* (aer) empinar ‖ *intr* zumbar; (aer) empinarsc
zoöphyte [ˈzo•ə,faɪt] *s* zoófito
Zu•lu [ˈzulu] *adj* zulú ‖ *s* (*pl* -lus) zulú *mf*

ya
zu

GRAMÁTICA INGLESA

1. PLURAL DE LOS SUBSTANTIVOS

Por regla general, la terminación de la palabra en plural es una s que se añade a la forma propia del singular: **program, programs; syllable, syllables; toe, toes**

La mayor parte de los substantivos terminados en **f** o **fe** forman el plural con **ves: leaf, leaves; wife, wives; half, halves**
Excepciones: **dwarfs; gulfs; safes; still-lifes; cliffs; roofs** etc.

Los substantivos que terminan en **y** precedida de consonante (o **y** precedida de **qu**) forman el plural cambiando la **y** en **ies: fly, flies; family, families; oddity, oddities; colloquy, colloquies**
Excepciones son los nombres propios: **Mary, Marys; Kennedy, Kennedys** etc.
(Nótese que **day/days, key/keys, monkey/monkeys** etc. tienen la forma regular.)

Los substantivos que terminan en **o** precedida de consonante forman el plural añadiendo **es** [z]: **potato, potatoes; tomato, tomatoes**
Excepciones: **radio, radios; memo, memos** etc.

Los substantivos que terminan en un sibilante ([s], [z], [ʃ], [tʃ], [ʒ] o [dʒ]) forman el plural añadiendo **es** [ɪz] o **s** [ɪz] (después de una **e** muda): **miss, misses; buzz, buzzes; wish, wishes; arch, arches** [ˈɑrtʃɪz]; **garage, garages; judge, judges**
(Nótese que cuando **ch** se pronuncia [k] se añade **s: monarch, monarchs** [ˈmɑnərks] etc.)

Algunos substantivos que terminan en **is** forman el plural cambiando **is** en **es** [iz]: **crisis, crises; synopsis, synopses** etc.

Plurales irregulares: **child, children; die, dice; foot, feet; goose, geese; louse, lice; mouse, mice; man, men; ox, oxen; tooth, teeth; woman, women**

2. GENDER OF NOUNS

All Spanish nouns are either masculine or feminine. Masculine nouns take the masculine article, **el** (**el padre** the father); feminine nouns take the feminine article, **la** (**la madre** the mother).

Nouns ending in **-a, -ad, -ud, -ión,** and **-umbre** are generally feminine, e.g., **mesa** *f* table, **libertad** *f* liberty, **virtud** *f* virtue, **lección** *f* lesson, **costumbre** *f* custom. Exceptions are, e.g., **día** *m* day, **idioma** *m* language.

Nouns ending in **-o, -aje,** and **-or** are generally masculine, e.g., **libro** *m* book, **viaje** *m* trip, **honor** *m* honor. Exceptions are, e.g., **mano** *f* hand, **labor** *f* labor.

Regardless of the ending, male persons and animals are generally masculine in gender, and female ones are generally feminine in gender, e.g., **hombre** *m* man, **mujer** *f* woman; **actor** *m* actor, **actriz** *f* actress.

Many nouns ending in **-d, -l, -n, -r,** and **-s** become feminine by adding **-a**, e.g., **huésped** *m*, **huéspeda** *f* guest; **león** *m* lion, **leona** *f* lioness; **professor** *m*, **profesora** *f* teacher, professor; **marqués** *m* marquis, **marquesa** *f* marchioness.

Some nouns are of either gender, e.g., **mar** *m & f* sea, **artista** *m & f* artist.

Some nouns have different meanings in masculine and feminine, e.g., **cólera** *m* cholera, **cólera** *f* anger; **cura** *m* curate, **cura** *f* cure.

3. PLURAL OF NOUNS

Nouns ending in a vowel form their plurals by adding **-s**, e.g., **libro** book, **libros** books; **fuente** fountain, **fuentes** fountains.

Nouns ending in **-í** and **-ú** form their plurals by adding **-es**, e.g., **rubí** ruby, **rubíes** rubies; **hindú** Hindu, **hindúes** Hindus.

Nouns ending in a consonant form their plural by adding **-es**, e.g., **amor** love, **amores** loves; **mes** month, **meses** months; **buey** ox, **bueyes** oxen.

Nouns ending in **-z** form their plurals by changing the **z** to **c** and adding **-es**, e.g., **lápiz** pencil, **lápices** pencils; **voz** voice, **voces** voices.

Nouns ending in **-s** usually do not change in the plural, e.g., **crisis** crisis, **crisis** crises; **viernes** Friday, **viernes** Fridays.

A syllable that is stressed in the singular is always stressed in the plural except in the nouns **carácter, espécimen,** and **régimen,** whose plurals are **caracteres, especimenes,** and **regímenes.** (The acute accent found on the last syllable of the singular of some nouns ending in **-n** and **-s** is omitted in the plural, e.g., **lección** lesson, but **lecciones** lessons; **marqués** marquis, but **marqueses** marquises.)

4. DEFINITE ARTICLE

The singulars of the definite article are **el,** masculine, and **la,** feminine; the plurals are **los,** masculine, and **las,** feminine, e.g., **el libro** the book, **los libros** the books; **la casa** the house, **las casas** the houses.

The form **el** must be used before feminine singular nouns beginning with stressed **a** or **ha,** e.g., **el agua** the water, **el hambre** the hunger. Exceptions are, e.g., **La Haya** The Hague, **la hache** the (letter) *h*.

The preposition **de** of, from, by, is combined with **el** to form **del**, e.g., **del hermano** of the brother; the preposition **a** to, for, at, is combined with **el** to form **al**, e.g., **al hermano** to the brother. These prepositions do not combine with **la, las,** or **los.**

There is a neuter form of the article: **lo.** It is used with the masculine singular form of adjective to express an abstraction or idea, e.g., **lo bueno** the good, **lo útil** what is useful.

The definite article is required before nouns used in a general sense, e.g., **El hombre es mortal** The human being is mortal; **La prudencia es necesaria en los negocios** Prudence is necessary in business.

The definite article is used:

(a) with masculine names of countries, e.g., **el Brasil, el Canadá, el Japón** (but not with **Chile, Méjico,** and **Panamá**), and with feminine names of countries and continents compounded with two or more words, e.g., **la América del Sur, la Gran Bretaña, el Asia Minor;**

(b) with titles, e.g., **el señor Aguilar** Mr. Aguilar, but omitted in direct address, e.g., **Hasta luego, señor Aguilar** Good-bye, Mr. Aguilar;

(c) with days of the week, e.g., **el viernes** Friday; with seasons, e.g., **la primavera** spring; and with expressions of time, e.g., **a la hora** on the hour;

(d) with parts of the body or articles of clothing, instead of possessive adjectives, e.g., **aguzar las orejas** to prick up one's ears, **ponerse el sombrero** to put on one's hat.

711

Los adjetivos que terminan en una consonante precedida de una vocal corta acentuada doblan la consonante: **big, bigger, biggest**

Los adjetivos y adverbios que terminan en **y** precedida de consonante cambian la **y** en **i**: **early, earlier, earliest**

Para construir el comparativo y el superlativo de los adjetivos y de los adverbios de dos o más sílabas debe emplearse las palabras **more** y **most**: **faithful, more faithful, most faithful; faithfully, more faithfully, most faithfully**

7. FORMAS IRREGULARES DEL COMPARATIVO Y DEL SUPERLATIVO

bad, ill, badly	**worse**	**worst**
good, well	**better**	**best**
little, small	**less, lesser**	**least**
far	**farther, further**	**farthest, furthest**
much, many	**more**	**most**
old	**older, elder**	**oldest, eldest**

8. SUPERLATIVO ABSOLUTO

El superlativo absoluto se construye con **very** o **most** + adjetivo o adverbio: **very cold**, friísimo; **very slowly**, despacísimo; **most excellent**, excelentísimo

9. CONSTRUCCIÓN DE FRASES COMPARATIVAS Y SUPERLATIVAS

El comparativo de superioridad:
This train is *later than* the other one. (más . . . que)
The train arrives *later than* the other one.
My friends are *more faithful than* yours.
This student copies *more faithfully than* the others.

El superlativo de superioridad:
This train is *the latest.* (el más . . .)
This train arrives *the latest.* (lo más . . .)
My friends are *the most faithful.*
This student copies *the most faithfully.*

El comparativo de inferioridad:
My friends are *less faithful than* yours. (menos . . . que)
This student copies *less faithfully than* the others.

El superlativo de inferioridad:
My friends are *the least faithful.* (los menos . . .)
This student copies *the least faithfully.* (lo menos . . .)

El comparativo de igualdad:
This train is *as late as* the other one. (tan . . . como)
This train arrives *as late as* the other one.
My friends are *as faithful as* yours.
This student copies *as faithfully as* the others.

10. PRONOMBRES PERSONALES

SUJETO	COMPLEMENTO	REFLEXIVO	POSESIVO
I	**me**	**myself**	**mine**
you	**you**	**yourself**	**yours**
he	**him**	**himself**	**his**
she	**her**	**herself**	**hers**
it	**it**	**itself**	**its own**
we	**us**	**ourselves**	**ours**
you	**you**	**yourselves**	**yours**
they	**them**	**themselves**	**theirs**

712

Los *adjetivos posesivos* son: **my, your, his, her, its, our, your, their**

Ejemplo del uso de pronombres personales y adjetivos posesivos: **We gave *her his* book** (o **We gave *his* book *to her*), but *I* told *myself* that *she* wanted *theirs*.** *Le* dimos *su* libro, pero *me* dije que *ella* quería *los suyos*.

El pronombre complemento indirecto puede usarse sin o con una preposición. Cuando no tiene una preposición, va delante del objeto directo **(his book): We gave *her* his book.** Cuando tiene una preposición, va después del objeto directo **(his book): We gave his book *to her*.**

Si el pronombre complemento es directo, no puede usarse una preposición: **We saw *her*.** La veíamos.

(Nótese que la misma regla se aplica cuando el objeto indirecto es un substantivo. Sin preposición: **We gave *our father* the book.** Con una preposición: **We gave the book *to our father*.** Dimos el libro a nuestro padre.)

11. CONJUGACIÓN REGULAR

PRESENTE **Simple present** (llego etc.)	PRETÉRITO **Simple past** (llegué etc.)	PRETÉRITO PERFECTO COMPUESTO **Present perfect** (he llegado etc.)	PRETÉRITO PLUSCUAM- PERFECTO **Past perfect** (había llegado etc.)
I arrive	**I arrived**	**I have arrived**	**I had arrived**
you arrive	**you arrived**	**you have arrived**	**you had arrived**
he arrives	**he arrived**	**he *has* arrived**	**he had arrived**
she arrives	**she arrived**	**she *has* arrived**	**she had arrived**
it arrives	**it arrived**	**it *has* arrived**	**it had arrived**
we arrive	**we arrived**	**we have arrived**	**we had arrived**
you arrive	**you arrived**	**you have arrived**	**you had arrived**
they arrive	**they arrived**	**they have arrived**	**they had arrived**

FUTURO **Future** (llegaré etc.)	CONDICIONAL **Conditional** (llegaría etc.)	CONJUGACIÓN CONTINUA **Present progressive** (estoy llegando etc.)
I will arrive	**I would arrive**	**I am arriving**
you will arrive	**you would arrive**	**you are arriving** (etc.)
he will arrive	**he would arrive**	
she will arrive	**she would arrive**	
it will arrive	**it would arrive**	**Past progressive**
we will arrive	**we would arrive**	(estaba llegando etc.)
you will arrive	**you would arrive**	**I was arriving**
they will arrive	**they would arrive**	**you were arriving** (etc.)

IMPERATIVO
Imperative
    arrive! ¡llega! ¡llegad! ¡illegue Vd.! ¡lleguen Vds.!
    let us arrive! ¡lleguemos!
    let him arrive! ¡que él llegue! **let her arrive!** ¡que ella llegue! **let it arrive!** ¡que llegue!
    let them arrive! ¡que lleguen!

Nótese que algunas veces en inglés la misma forma del verbo sirve para el pretérito y el imperfecto: **I arrived** llegaba, **you arrived** llegabas etc. Otras veces el imperfecto se expresa en inglés por medio de la conjugación continua: **I was arriving** estaba llegando etc.

12. FORMACIÓN DEL GERUNDIO

Por regla general, los verbos del inglés forman el gerundio añadiendo **ing** al infinitivo: **to land, landing**

Si el verbo termina en una **e** muda, se omite la **e: to arrive, arriving.** (Excepciones están indicadas para los verbos irregulares, p. 714.)

Si el verbo termina en una consonante simple precedida de una vocal corta acentuada, en general se dobla la consonante: **to star, starring; to rebel, rebelling.** (Estas consonantes dobladas están indicadas para los verbos irregulares, p. 714.)

Si el verbo termina en **ic**, el infinitivo en general añade **k** antes de añadir **ing: to picnic, picnicking; to panic, panicking**

13. FORMACIÓN DE LA TERCERA PERSONA DEL SINGULAR

Por regla general, la tercera persona del singular (presente) se forma añadiendo **s** al infinitivo: **to land, he lands; to arrive, she arrives**. (La pronunciación de esta **s** sigue las reglas para el plural de los substantivos.)

Si el verbo termina en un sibilante ([s], [z], [ʃ], [tʃ] o [dʒ]), se añade **es** [ɪz]: **to guess, she guesses; to match, he matches**

Si el verbo termina en una **o** precedida de consonante, en general se añade **es** [z]: **to echo, it echoes**. (Excepciones son los verbos irregulares **to do** y **to go,** p. 715.)

Si el verbo termina en **y** precedida de consonante, en general cambia la **y** en **i** antes de añadir **es: to dry, it dries**. (Excepciones están indicados para los verbos irregulares, más abajo.)

14. FORMACIÓN DEL PRETÉRITO Y PARTICIPIO PASADO

Por regla general, el pretérito y participio pasado (o pasivo) se forma añadiendo **ed** al infinitivo: **to land, they landed** y **they have landed**

Si el verbo termina en una **e** muda, pierde la **e** antes de añadir **ed: to arrive, she arrived** y **she has arrived**

Si el verbo termina en una consonante simple precedida de una vocal corta acentuada, en general se dobla la consonante: **to star, you starred** y **you have starred**

Si el verbo termina en **y** precedida de consonante, cambia la **y** en **i** antes de añadir **ed: to dry, it dried** y **it has dried**

Si el verbo termina en **ic**, el infinitivo en general añade **k** antes de añade **ed: to picnic, we picnicked** y **we have picnicked; to panic, they panicked** y **they have panicked**

15. CONJUGACIÓN DEL VERBO *TO BE*

Nótese que los verbos *ser* y *estar* son espresados por un solo verbo en inglés: **to be**

I am	I was	I have been	Gerundio:
you are	you were	you have been	being
he is	he was	he has been	
she is	she was	she has been	
it is	it was	it has been	
we are	we were	we have been	
you are	you were	you have been	
they are	they were	they have been	

16. VERBOS IRREGULARES

Indicados después del infinitivo están las formas irregulares
(a) del gerundio (véase sección 12.)
(b) de la tercera persona del singular, dentro de paréntesis (véase sección 13.)

Marcados con un asterisco (*) están los participios pasados (o pasivos) que han caído en desuso como formas del verbo, pero que son utilizados como adjetivos en algunas expresiones corrientes (p.ej., **burnt almonds** almendras tostadas; **a drunken driver** un conductor embriagado).

INFINITIVO	PRETÉRITO	PARTICIPIO PASADO
abide	**abode**	**abode**
arise	**arose**	**arisen**
awake	**awoke**	**awaked**
be (SECCIÓN 15)	**was, were**	**been**
bear	**bore**	**borne, *born**
beat	**beat**	**beat, beaten**
become	**became**	**become**
begin/-ning	**began**	**begun**

714

INFINITIVO	PRETÉRITO	PARTICIPIO PASADO
bend	bent	bent, *bended
bereave	bereaved, bereft	bereaved, *bereft
beseech (-es)	beseeched, besought	beseeched, besought
bet/-ting	bet, betted	bet, betted
bid/-ding	bade, bid	bidden
bide	bode, bided	bided
bind	bound	bound, *bounden
bite	bit	bit, bitten
bleed	bled	bled
blend	blended, blent	blended, blent
blow	blew	blown
break	broke	broken
breed	bred	bred
bring	brought	brought
build	built	built
burn	burned, burnt	burned, *burnt
burst	burst	burst
buy	bought	bought
can (AUXILIAR MODAL, INVARIABLE)		
canoe/-ing	canoed (REGULAR)	canoed
cast	cast	cast
catch (-es)	caught	caught
chide	chided, chid	chided, chid, chidden
choose	chose	chosen
cleave	cleaved, cleft	cleaved, *cleft, *cloven
cling	clung	clung
clothe	clothed	clothed, *clad
come	came	come
cost	cost	cost
could (AUXILIAR MODAL, INVARIABLE)		
creep	crept	crept
cut/-ting	cut	cut
deal	dealt	dealt
dig/-ging	dug, digged	dug, digged
dive	dived, dove	dived
do (-es) [dʌz]	did	done
draw	drew	drawn
dream	dreamed, dreamt	dreamed, dreamt
drink	drank	drunk, *drunken
drive	drove	driven
dwell	dwelled, dwelt	dwelled, dwelt
dye/-ing	dyed (REGULAR)	dyed
eat	ate	eaten
fall	fell	fallen
feed	fed	fed
feel	felt	felt
fight	fought	fought
find	found	found
flee/-ing	fled	fled
fling	flung	flung
fly (flies)	flew	flown
forbear	forbore	forborne
forbid/-ding	forbade, forbad	forbidden
forget/-ting	forgot	forgot, forgotten
forsake	forsook	forsaken
freeze	froze	frozen
get/-ting	got	got, gotten
gild	gilded, gilt	gilded, *gilt
gird	girt	girded
give	gave	given
go (-es)	went	gone

INFINITIVO	PRETÉRITO	PARTICIPIO PASADO
grind	ground	ground
grow	grew	grown
hang (colgar)	hung	hung
hang (ahorcar)	hanged (REGULAR)	hanged
have (has)	had	had
hear	heard	heard
heave	heaved, hove	heaved, hove
hew	hewed	hewed, hewn
hide	hid	hid, hidden
hit/-ting	hit	hit
hold	held	held
hurt	hurt	hurt
keep	kept	kept
kneel	knelt, kneeled	knelt, kneeled
knit/-ting	knitted, knit	knitted, *knit
know	knew	known
lade	laded	laded, *laden
lay (poner)	laid	laid
lead (conducir)	led	led
lean	leaned, leant	leaned, leant
leap	leaped, leapt	leaped, leapt
learn	learned, learnt	learned, learnt
leave	left	left
lend	lent	lent
let/-ting	let	let
lie/lying (yacer)	lay	lain
lie/lying (mentir)	lied (REGULAR)	lied
light	lighted, lit	lighted, lit
lose	lost	lost
make	made	made
may (AUXILIAR MODAL, INVARIABLE)		
mean	meant	meant
meet	met	met
melt	melted	melted, *molten
might (AUXILIAR MODAL, INVARIABLE)		
mow	mowed	mowed, *mown
might (AUXILIAR MODAL, INVARIABLE)		
ought (AUXILIAR MODAL, INVARIABLE)		
pay (pagar)	paid	paid
pay (largar)	payed (REGULAR)	payed
pen/-ning	penned, pent	penned, *pent
plead	pleaded, pled	pleaded, pled
put/-ting	put	put
quit/-ting	quit, quitted	quit, quitted
read	read	read
rend	rent	rent
rid/-ding	rid	rid
ride	rode	ridden
ring	rang	rung
rise	rose	risen
run/-ning	ran	run
saw	sawed	sawed, sawn
say	said	said
see/-ing	saw	seen
seek	sought	sought
sell	sold	sold
send	sent	sent
set/-ting	set	set
shake	shook	shaken
shall (AUXILIAR MODAL, INVARIABLE)		
shave	shaved	shaved, *shaven

INFINITIVO	PRETÉRITO	PARTICIPIO PASADO
shear	sheared	sheared, *shorn
shed/-ding	shed	shed
shine (brillar)	shone	shone
shine (pulir)	shined (REGULAR)	shined
shoe/-ing	shod	shod
shoot	shot	shot
should (AUXILIAR MODAL, INVARIABLE)		
show	showed	showed, shown
shred/-ding	shredded, shred	shredded, shred
shrink	shrank, shrunk	shrunk, shrunken
shut/-ting	shut	shut
sing	sang	sung
singe/-ing	singed (REGULAR)	singed
sink	sank, sunk	sunk, *sunken
sit/-ting	sat	sat
slay	slew	slain
sleep	slept	slept
slide	slid	slid
sling	slung	slung
slink	slunk	slunk
slit/-ting	slit	slit
smell	smelled, smelt	smelled, smelt
smite	smote	smit, *smitten
sow	sowed	sowed, sown
speak	spoke	spoken
speed	sped	sped
spell	spelled, spelt	spelled, spelt
spend	spent	spent
spill	spilled, spilt	spilled, spilt
spin/-ning	spun	spun
spit/-ting	spit, spat	spit, spat
split/-ting	split	split
spoil	spoiled, spoilt	spoiled, spoilt
spread	spread	spread
spring	sprang, sprung	sprung
stand	stood	stood
stave	staved, stove	staved, stove
steal	stole	stolen
stick	stuck	stuck
sting	stung	stung
stink	stank, stunk	stunk
strew	strewed	strewed, strewn
stride	strode	stridden
strike	struck	struck
string	strung	strung
strive	strove	striven
swear	swore	sworn
sweat/-ing	sweat, sweated	sweat, sweated
sweep	swept	swept
swell	swelled	swelled, swollen
swim/-ming	swam	swum
swing	swung	swung
take	took	taken
teach (-es)	taught	taught
tear	tore	torn
tell	told	told
think	thought	thought
thrive	thrived, throve	thrived, thriven
throw	threw	thrown
thrust	thrust	thrust
tread	trod	trod, *trodden

INFINITIVO	PRETÉRITO	PARTICIPIO PASADO
understand	understood	understood
vie (vying)	vied (REGULAR)	vied
wake	waked, woke	waked
wear	wore	worn
weave (tejer)	wove	woven, wove
weave (zigzaguear)	weaved (REGULAR)	weaved
wed/-ding	wed, wedded	wed, wedded
weep	wept	wept
wet/-ting	wet, wetted	wet, wetted
will (AUXILIAR MODAL, INVARIABLE)		
win/-ning	won	won
wind	wound	wound
work	worked, wrought	worked, *wrought
would (AUXILIAR MODAL, INVARIABLE)		
wring	wrung	wrung
write	wrote	written

17. CONSTRUCCIÓN DE LA ORACIÓN INTERROGATIVA

La oración interrogativa en general se construye con el auxiliar **to do,** que va delante del sujeto; el verbo toma la forma invariable del infinitivo sin **to: do you see this tree?** ¿ves este árbol? **did your country win?** ¿ganó su país?

Si el verbo es **to be** o un auxiliar modal **(can, could, may, might, must, ought, shall, should, will, would),** la oración interrogativa se construye sin **to do;** el sujeto va inmediatamente después del verbo: **are the students ready?** ¿están listos los estudiantes? **shall we go?** ¿nos vamos?

18. CONSTRUCCIÓN DE LA NEGACIÓN

La negación en general se construye con el auxiliar **to do** seguido de **not;** el verbo toma la forma invariable del infinitivo sin **to: I do not see it** no lo veo; **he does not play** él no juega; **her father did not come** su padre no vino

Si el verbo es **to be** o un auxiliar modal **(can, could, may, might, must, ought, shall, should, will, would),** la negación se construye sin **to do,** poniendo **no** inmediatamente después del verbo: **they are not here** no están aquí; **John will not win** Juan no ganará

19. CONTRACCIONES

Las contracciones son muy corrientes en inglés, especialmente en el lenguaje coloquial y la escritura familiar.

Contracciones del pronombre y del verbo:

I am = I'm [aɪm]
you are = you're [jur]
he is = he's [hiz]
she is = she's [ʃiz]
it is = it's [ɪts]
we are = we're [wir]
they are = they're [ðɛr]
who is = who's [huz]

I have = I've [aɪv]
you have = you've [juv]
he has = he's [hiz]
she has = she's [ʃiz]
it has = it's [ɪts]
we have = we've [wiv]
they have = they've [ðev]
who has = who's [huz]

I will = I'll [aɪl]
you will = you'll [jul]
he will = he'll [hil]
she will = she'll [ʃil]
it will = it'll [ɪtl]
we will = we'll [wil]
they will = they'll [ðel]
who will = who'll [hul]

I would = I'd [aɪd]
you would = you'd [jud]
he would = he'd [hid]
she would = she'd [ʃid]
we would = we'd [wid]
they would = they'd [ðed]
who would = who'd [hud]

Nótese que se usan las contracciones del pronombre y del verbo **to have** solamente con los participios pasados, p.ej., **she's written a book.** (No se usa la contracción en casos como **she has a book.**)

Nagaciones:

are not = aren't [ɑrnt]	do not = don't [dont]	
is not = isn't [ɪznt]	does not = doesn't [dʌznt]	
was not = wasn't [wɑznt]	did not = didn't [dɪdnt]	
were not = weren't [wʌrnt]		
	can not (o cannot) = can't [kænt]	
have not = haven't [hævnt]	could not = couldn't [kʊdnt]	
has not = hasn't [hæznt]		
had not = hadn't [hædnt]	might not = mightn't [maɪtnt]	
	must not = mustn't [mʌsnt]	
will not = won't [wont]	shall not = shan't [ʃænt]	
would not = wouldn't [wʊdnt]	should not = shouldn't [ʃʊdnt]	

Nótese: he is not = he's not o he isn't
you are not = you're not o you aren't
you have not = you've not o you haven't

También es posible hacer contracciones de un adverbio y un verbo o de un substantivo y un verbo:

there is = there's [ðɛrz]	three is = three's [θriz]
there will = there'll [ðɛrl]	(three's a crowd aquí sobra uno)
there would = there'd [ðɛrd]	John is = John's [dʒɑnz]
here is = here's [hirz]	(John's sick Juan está enfermo)

20. NÚMEROS CARDINALES Y ORDINALES

NÚMEROS CARDINALES (uno, etc.)		NÚMEROS ORDINALES (primero, etc.)
1	one	first
2	two	second
3	three	third
4	four	fourth
5	five	fifth
6	six	sixth
7	seven	seventh
8	eight	eighth
9	nine	ninth
10	ten	tenth
11	eleven	eleventh
12	twelve	twelfth
13	thirteen	thirteenth
14	fourteen	fourteenth
15	fifteen	fifteenth
16	sixteen	sixteenth
17	seventeen	seventeenth
18	eighteen	eighteenth
19	nineteen	nineteenth
20	twenty	twentieth
21	twenty-one	twenty-first
30	thirty	thirtieth
40	forty	fortieth
50	fifty	fiftieth
60	sixty	sixtieth
70	seventy	seventieth
80	eighty	eightieth
90	ninety	ninetieth
99	ninety-nine	ninety-ninth
100	one (o a) hundred	(one o a) hundredth
101	one hundred and one	(one) hundred and first

200	two hundred	two-hundredth
1000	one (o a) thousand	(one o a) thousandth
1001	one thousand and one	(one) thousand and first
1981	one thousand nine hundred and eighty-one	(one) thousand nine hundred and eighty-first
100,000	one (o a) hundred thousand	(one o a) hundred thousandth
1,000,000	one (o a) million	(one o a) millionth

Nótese que en inglés se usa el número cardinal para los tomos (**volume three** tomo tercero) y el número ordinal para las fechas (**July Fourth** el cuatro de julio). Si la fecha es un año, se dice, p.ej., **nineteen eighty-nine** o **nineteen hundred eighty-nine** (1989).

LA PRONUNCIACIÓN DEL INGLÉS

Los símbolos siguientes representan aproximadamente todos los sonidos del idioma inglés.

VOCALES

SÍMBOLO	SONIDO	EJEMPLO
[æ]	Más cerrado que la a de **caro**.	**hat** [hæt]
[ɑ]	Como la a de **bajo**.	**father** ['fɑðər]
		proper ['prɑpər]
[ɛ]	Como la e de **perro**.	**met** [mɛt]
[e]	Más cerrado que la e de **canté**. Suena como si fuese seguido de [ɪ].	**fate** [fet]
		they [ðe]
[ə]	Como la e de la palabra francesa **le**.	**heaven** ['hɛvən]
		pardon ['pɑrdən]
[i]	Como la i de **nido**.	**she** [ʃ i]
		machine [mə'ʃ in]
[ɪ]	Menos cerrado que la i de **nido**. Como la i de **tilde**.	**fit** [fɪt]
		beer [bɪr]
[o]	Más cerrado que la o de **habló**. Suena como si fuese seguido de [ʊ].	**nose** [noz]
		road [rod]
[ɔ]	Menos cerrado que la o de **torre**.	**bought** [bɔt]
		law [lɔ]
[ʌ]	Más o menos como **eu** en la palabra francesa **peur**.	**cup** [kʌp]
		come [kʌm]
		mother ['mʌðər]
[ʊ]	Menos cerrado que la u de **bulto**.	**pull** [pʊl]
		book [bʊk]
		wolf [wʊlf]
[u]	Como la u de **agudo**.	**rude** [rud]
		move [muv]
		tomb [tum]

DIPTONGOS

SÍMBOLO	SONIDO	EJEMPLO
[aɪ]	Como **ai** de **amáis**.	**night** [naɪt]
		eye [aɪ]
[aʊ]	Como **au** de **causa**.	**found** [faʊnd]
		cow [kaʊ]
[ɔɪ]	Como **oy** de **estoy**.	**voice** [vɔɪs]
		oil [ɔɪl]

CONSONANTES

SÍMBOLO	SONIDO	EJEMPLO
[b]	Como la **b** de **hombre**. Sonido bilabial oclusivo sonoro.	**bed** [bɛd] **robber** [ˈrabər]
[d]	Como la **d** de **conde**. Sonido dental oclusivo sonoro.	**dead** [dɛd] **add** [æd]
[dʒ]	Como la **y** de **cónyuge**. Sonido palatal africado sonoro.	**gem** [dʒɛm] **jail** [dʒel]
[ð]	Como la **d** de **nada**. Sonido interdental fricativo sonoro.	**this** [ðɪs] **father** [ˈfaðər]
[f]	Como la **f** de **fecha**. Sonido labiodental fricativo sordo.	**face** [fɛs] **phone** [fon]
[g]	Como la **g** de **gato**. Sonido velar oclusivo sonoro.	**go** [go] **get** [gɜt]
[h]	Sonido más aspirado pero menos áspero que el sonido velar fricativo sordo de la **j** de **junto**.	**hot** [hat] **alcohol** [ˈælkə,hɔl]
[j]	Como la **y** de **cuyo**. Sonido palatal semiconsonantal sonoro.	**yes** [jɛs] **unit** [ˈjunɪt]
[k]	Como la **c** de **cama**. Sonido velar oclusivo sordo.	**cat** [kæt] **chord** [kɔrd] **kill** [kɪl]
[l]	Como la **l** de **lado**. Sonido alveolar fricativo lateral sonoro.	**late** [let] **allow** [əˈlaʊ]
[m]	Como la **m** de **madre**. Sonido bilabial nasal sonoro.	**more** [mor] **command** [kəˈmænd]
[n]	Como la **n** de **carne**. Sonido alveolar nasal sonoro.	**nest** [nɛst] **manner** [ˈmænər]
[ŋ]	Como la **n** de **banco**. Sonido velar nasal sonoro.	**king** [kiŋ] **conquer** [ˈkaŋkər]
[p]	Como la **p** de **tapar**. Sonido bilabial oclusivo sordo.	**pen** [pɛn] **cap** [kæp]
[r]	La **r** más común en muchas partes de Inglaterra y en la mayor parte de los Estados Unidos y el Canadá es un sonido semivocal que se articula con la punta de la lengua elevada más hacia el paladar duro que en la **r** fricativa española y aun doblada hacia atrás. Intervocálica y al final de sílaba, es muy débil y casi no se puede oír. La **r**, precedida de los sonidos [ʌ] o [ə], da colorido propio a estos sonidos y desaparece completamente como sonido consonantal.	**run** [rʌn] **far** [far] **art** [art] **carry** [ˈkæri] **burn** [bʌrn] **learn** [lʌrn] **weather** [ˈwɛðər]
[s]	Como la **s** de **clase**. Sonido alveolar fricativo sordo.	**send** [sɛnd] **cellar** [ˈsɛlər]
[ʃ]	Como **ch** de la palabra francesa **chose**. Sonido palatal fricativo sordo.	**shall** [ʃæl] **machine** [məˈʃin] **nation** [ˈneʃən]
[t]	Como la **t** de **arte**. Sonido dental oclusivo sordo.	**ten** [tɛn] **dropped** [drapt]
[tʃ]	Como la **ch** de **mucho**. Sonido palatal africado sordo.	**child** [tʃaɪld] **much** [mʌtʃ] **nature** [ˈnetʃər]
[θ]	Como la **z** de **zapato** en la pronunciación de Castilla. Sonido interdental fricativo sordo.	**think** [θɪŋk) **truth** [truθ]
[v]	Como la **v** de la palabra francesa **avant**. Sonido labiodental fricativo sonoro.	**vest** [vɛst] **over**[ˈovər] **of** [av]
[w]	Como la **u** de **hueso**. Sonido labiovelar fricativo sonoro.	**work** [wʌrk] **tweed** [twid] **queen** [kwin]

ñ	eñe	Somewhat like **ni** in English **onion**, e.g., **año, enseñar.**
o	o	At the end of a syllable, like **o** in English **note,** but without the glide the English sound sometimes has, e.g, **boca, como.** When followed by a consonant in the same syllable, like **o** in English **organ,** e.g., **poste, norte.**
p	pe	Like **p** in English **pen,** e.g., **poco, aplicar.** It is often silent in **septiembre** and **séptimo.**
q	cu	Like **c** in English **come.** It is always followed by **ue** or **ui,** in which the **u** is silent, e.g., **querer, quitar.** The sound of English **qu** is represented in Spanish by **cu,** e.g., **frecuente.**
r	ere	Strongly trilled, when initial and when preceded by **l, n,** or **s,** e.g., **rico, alrededor, honra, israelí.** Pronounced with a single tap of the tongue in all other positions, e.g, **caro, grande, amar.**
rr	erre	Strongly trilled, e.g., **carro, tierra.**
s	ese	Generally, like **s** in English **say,** e.g., **servir, casa, este.** Before a voiced consonant (**b, d, g** [g], **l, r, m, n**), like **z** in English **zero,** e.g., **esbelto, desde, rasgar, eslabón, mismo, asno.**
t	te	Like **t** in English **stamp,** e.g., **tiempo, matar.**
u	u	Like **u** in English **rude,** e.g., **mudo, puño.** It is silent in **gue, gui, que,** and **qui,** but not in **güe** and **güi,** e.g., **guerra, guisa, querer, quitar,** but **agüero, lingüístico.** When preceded or followed by another vowel, it has the sound of English **w,** e.g., **fuego, deuda.**
v	ve or uve	Like Spanish **b** in all positions, e.g, **vengo, invierno, uva, huevo.**
x	equis	When followed by a consonant, like **s** in English **say,** e.g., **expresar, sexto.** Between two vowels, like **gs,** e.g., **examen, existencia, exótico;** and in some words, like **s** in **say,** e.g., **auxilio, exacto.** In **México** (for **Méjico**), like Spanish **j.**
y	ye or i griega	In the conjunction **y,** like **i** in English **machine.** When standing next to a vowel or between two vowels, like **y** in English **yes,** e.g., **yo, hoy, vaya.**
z	zeda or zeta	Like **th** in English **think** in Castilian, and like **c** in English **cent** in American Spanish, e.g., **zapato, zona.**

DIPHTHONG	SOUND
ai, ay	Like **i** in English **might,** e.g., **baile, hay**
au	Like **ou** in English **pound,** e.g., **causa**
ei, ey	Like **ey** in English **they,** e.g., **reina, ley**
eu	Like **ayw** in English **hayward,** e.g., **deuda**
oi, oy	Like **oy** in English **boy,** e.g., **estoy**

SPANISH PRONUNCIATION

The Spanish alphabet has twenty-eight letters. Note that **ch**, **ll**, and **ñ** are considered to be separate single letters and are so treated in the alphabetization of Spanish words. While **rr** is considered to be a distinct sign for a particular sound, it is not included in the alphabet and, except in syllabification—notably for the division of words at the end of a line—is not treated as a separate letter, perhaps because words never begin with it.

LETTER	NAME	SOUND
a	a	Like **a** in English **father**, e.g., **casa, fácil.**
b	be	When initial or preceded by **m**, like **b** in English **book,** e.g., **boca, combate.** When standing between two vowels and when preceded by a vowel and followed by **l** or **r**, like **v** in English **voodoo** except that it is formed with both lips, e.g., **saber, hablar, sobre.** It is generally silent before **s** plus a consonant and often dropped in spelling, e.g., **oscuro** for **obscuro.**
c	ce	When followed by **e** or **i**, like **th** in English **think** in Castilian and like **c** in English **cent** in American Spanish, e.g., **acento, cinco.** When followed by **a, o, u,** or a consonant, like **c** in English **come**, e.g., **cantar, como, cubo, acto, creer.**
ch	che	Like **ch** in English **much**, e.g., **escuchar.**
d	de	Generally, like **d** in **dog**, e.g., **diente, rendir.** When standing between two vowels, when preceded by a vowel and followed by **r**, and when final, like **th** in English **this**, e.g., **miedo, piedre, libertad.**
e	e	At the end of a syllable, like **a** in English **fate**, but without the glide the English sound sometimes has, e.g., **beso, menos.** When followed by a consonant in the same syllable, like **e** in English **met**, e.g., **perla, selva.**
f	efe	Like **f** in English **five**, e.g., **flor, efecto.**
g	ge	When followed by **e** or **i**, like **h** in English **home**, e.g., **gente, giro.** When followed by **a, o, u,** or a consonant, like **g** in English **go**, e.g., **gato, gota, agudo, grande.**
h	hache	Always silent, e.g., **hombre, alcohol.**
i	i	Like **i** in English **machine**, e.g., **camino, ida.** When preceded or followed by another vowel, it has the sound of English **y**, e.g., **tierra, reina.**
j	jota	Like **h** in English **home**, e.g., **jardín, junto.**
k	ka	Like English **k**, e.g., **kilociclo.**
l	ele	Like **l** in English **laugh**, e.g., **lado, ala.**
ll	elle	Somewhat like **lli** in **William** in Castilian and like **y** in English **yes** in American Spanish, e.g., **silla, llamar.**
m	eme	Like **m** in English **man**, e.g., **mesa, amar.**
n	ene	Generally, like **n** in English **name**, e.g., **andar, nube.** Before **v**, like **m** in English **man**, e.g., **invierno, enviar.** Before **c** [k] and **g** [g], like **n** in English **drink**, e.g., **finca, manga.**

[k]	Como la **c** de **cama**. Sonido velar oclusivo sordo.	cat [kæt] chord [kɔrd] kill [kɪl]
[l]	Como la **l** de **lado**. Sonido alveolar fricativo lateral sonoro.	late [let] allow [ə'laʊ]
[m]	Como la **m** de **madre**. Sonido bilabial nasal sonoro.	more [mor] command [kə'mænd]
[n]	Como la **n** de **carne**. Sonido alveolar nasal sonoro.	nest [nɛst] manner ['mænər]
[ŋ]	Como la **n** de **banco**. Sonido velar nasal sonoro.	king [kiŋ] conquer ['kɑŋkər]
[p]	Como la **p** de **tapar**. Sonido bilabial oclusivo sordo.	pen [pɛn] cap [kæp]
[r]	La **r** más común en muchas partes de Inglaterra y en la mayor parte de los Estados Unidos y el Canadá es un sonido semivocal que se articula con la punta de la lengua elevada más hacia el paladar duro que en la **r** fricativa española y aun doblada hacia atrás. Intervocálica y al final de sílaba, es muy débil y casi no se puede oir.	run [rʌn] far [fɑr] art [ɑrt] carry ['kæri]
	La **r**, precedida de los sonidos [ʌ] o [ə], da colorido propio a estos sonidos y desaparece completamente como sonido consonantal.	burn [bʌrn] learn [lʌrn] weather ['wɛðər]
[s]	Como la **s** de **clase**. Sonido alveolar fricativo sordo.	send [sɛnd] cellar ['sɛlər]
[ʃ]	Como **ch** de la palabra francesa **chose**. Sonido palatal fricativo sordo.	shall [ʃæl] machine [mə'ʃin] nation ['neʃən]
[t]	Como la **t** de **arte**. Sonido dental oclusivo sordo.	ten [tɛn] dropped [drɑpt]
[tʃ]	Como la **ch** de **mucho**. Sonido palatal africado sordo.	child [tʃaɪld] much [mʌtʃ] nature ['netʃər]
[θ]	Como la **z** de **zapato** en la pronunciación de Castilla. Sonido interdental fricativo sordo.	think [θiŋk) truth [truθ]
[v]	Como la **v** de la palabra francesa **avant**. Sonido labiodental fricativo sonoro.	vest [vɛst] over ['ovər] of [ɑv]
[w]	Como la **u** de **hueso**. Sonido labiovelar fricativo sonoro.	work [wʌrk] tweed [twid] queen [kwin]
[z]	Como la **s** de **mismo**. Sonido alveolar fricativo sonoro.	zeal [zil] busy ['bɪzi] his [hɪz]
[ʒ]	Como la **j** de la palabra francesa **jardin**. Sonido palatal fricativo sonoro.	azure ['eʒər] measure ['mɛʒər]